Kühl

Strafrecht – Allgemeiner Teil

PH
3000
K95(7)
+37

Strafrecht
Allgemeiner Teil

von

Dr. Dr. Dres. h. c. Kristian Kühl

o. Professor an der
Universität Tübingen

7., neu bearbeitete Auflage

Verlag Franz Vahlen München 2012

www.vahlen.de

ISBN 978 38006 4494 0

© 2012 Verlag Franz Vahlen GmbH
Wilhelmstraße 9, 80801 München
Druck und Bindung: Nomos Verlagsgesellschaft mbH & Co. KG
In den Lissen 12, 76547 Sinzheim

Satz: Druckerei C. H. Beck Nördlingen

Umschlaggestaltung: Martina Busch, Grafikdesign, Fürstenfeldbruck
Gedruckt auf säurefreiem, alterungsbeständigem Papier
(hergestellt aus chlorfrei gebleichtem Zellstoff)

Für Roswitha,
Katrin und Karolin

Vorwort

Der Allgemeine Teil des Strafrecht ist – anders als das Sanktionensystem der
§§ 38 ff. StGB – in seinem, die Dogmatik herausfordernden Teil der §§ 11–35, 52,
53 StGB wieder von Eingriffen des Gesetzgebers verschont geblieben. Die den dogmatischen Teil des AT betreffende Rechtsprechung und Literatur haben aber stark
zugenommen, so dass eine Neuauflage angezeigt war. Aus der Rspr. waren u. a. die
Entscheidungen zum „Behandlungsabbruch" (= BGHSt 55, 191 u. a. bei 18/17-19),
zur Geschäftsherrenhaftung und zum Compliance-Beauftragten (BGHSt 57, 42 u.
54, 44 bei 18/118 a–f), zum Beschleunigungswettrennen (BGHSt 53, 55 bei 4/89 u.
17/82 ff.), zu „Hells-Angels" (BGH NStZ 2012, 272 bei 7/63, 88, 100, 103, 105 u.
13/68, 73) und zur Beschneidung von Knaben (LG Köln NJW 2012, 2128 bei 9/26,
34, 114 u. 13/62) einzuarbeiten.

Die Literatur, auch die für dieses Lehrbuch wichtige Ausbildungsliteratur, explo-
diert förmlich, vor allem im online-Bereich. In der Übungsfall-Literatur ist zum drei-
bändigen Klausurenkurs von *Beulke* ein ebensolcher von *Hilgendorf* hinzugekommen, von *Kudlich* und *Seier* gibt es je einen Band mit AT-Fällen; ein Klausurtraining
bieten *Kindhäuser/Schumann/Lubig*. Neuere Kommentare waren zu berücksichtigen
(Anwaltskommentar, H-H und S/S/W). Auszuwerten waren die neuen AT-Lehrbücher von *Hoffmann-Holland, Murmann, Rengier*[3] und *Zieschang*[3]. Punktuell
wurden auch Lehrbücher zu speziellen Themen des Strafrecht herangezogen: so
etwa *Tiedemann* und *Wittig* zum Wirtschaftsstrafrecht; *Saliger* zum Umweltstrafrecht; *Ambos, Hecker* und *Satzger* zum europäischen/internationalen Strafrecht und
Werle zum Völkerstrafrecht. Über 40 Monographien wurden „ausgeschlachtet",
u. a. die Habilitationsschriften von *Engländer, Rotsch, Schramm, Valerius* und
Weisser. Kaum mehr einzufangen sind die immer dicker werdenden Festschriften,
z. B. für *Puppe* und *Roxin*, 2011.

Von den Neuerungen sind erwähnenswert: Hinweis auf das Strafanwendungs-
recht (1/30); Gefahrrealisierung (4/64 ff.); eigenverantwortliche Selbstgefährdung
(4/86 ff.); Eventualvorsatz (5/85 ff.); Nothilfe (7/138); „Irrtumsprobleme" (13/14 a);
Versuchsbeginn (15/61); Rücktrittswille (16/87 a); „Quasikausalität" (18/36 ff.);
nahe Gefahr bei der Ingerenz (18/93); erfolgsqualifiziertes Delikt durch Unterlassen
(19/7); mittelbare Täterschaft bei Verbotsirrtum (20/69); error in persona des Werkzeugs und Gehilfenvorsatz (20/89 a u. 242 a); Organhaftung nach § 14 (20/165 c);
fehlgeschlagener Versuch bei § 30 II (20/262 a).

Ohne die Unterstützung durch „einsatzfreudige" und kompetente Mitarbeiter
hätte diese Neuauflage nicht vollständig überarbeitet werden können. Ich danke
den akademischen Mitarbeitern Priv. Doz. Dr. *Edward Schramm* (für punktuelles
Sich-Einschalten), Dr. *Patrick Hinderer* (für die umsichtige Koordination), *Carolin
Brenner, Hannah Epple, Stephanie Siewert-Schatz* und *Sebastian Ritter* sowie den
studentischen Hilfskräften *Roschan Babat, Kathrin Groß, Johannes Sommer* und
Tamara Tolj und meiner Sekretärin *Ulrike Höschle*.

Tübingen, im August 2012   *Kristian Kühl*

Aus dem Vorwort zur 1. Auflage

Auf dem Gebiet des Allgemeinen Teils des Strafrechts herrscht kein Mangel an ausgezeichneten Lehrbüchern unterschiedlichsten Zuschnitts. Es bedurfte deshalb eines Anstoßes von außen, um mich zu einer weiteren Lehrdarstellung dieser Rechtsmaterie zu bewegen. Die stofflich bedingte Schwierigkeit des Unterfangens und vor allem die Schwierigkeit, eine neue Form der Darstellung zu finden, haben zu erheblichen Verzögerungen bei der Fertigstellung des Manuskripts und zu einem so nicht geplanten Umfang des Buches geführt.

Die Zielsetzung des Lehrbuches ist in dessen § 1 erläutert, so dass hier nur noch einmal das mir Wesentliche hervorgehoben werden soll: es geht nicht um einen weiteren, originellen AT mit eigenem System (wie etwa in den AT-Lehrbüchern von *Hruschka, Jakobs, Otto, Roxin* und *Schmidhäuser*), sondern um die Darstellung des Stoffes auf dem Boden des „überkommenen bzw. herrschenden Systems" (wie es etwa den AT-Lehrbüchern von *Ebert, Jescheck* und *Wessels* sowie dem *Lackner*-Kommentar zugrunde liegt); diese Darstellung ist entsprechend den Erfahrungen aus meinen Vorlesungen didaktisch ausgerichtet und versucht, die Umsetzung des Stoffes in Übungsarbeiten zumindest vorzubereiten. Man könnte das Lehrbuch deshalb auch ebenso gut als Lernbuch bezeichnen.

Gießen, den 2. Januar 1994   *Kristian Kühl*

Inhaltsverzeichnis

3. Unterabschnitt. Schuld

§ 10. Allgemeine Schuldfragen

§ 11. Schuldausschließungsgründe

§ 12. Entschuldigungsgründe

4. Unterabschnitt. Irrtum

§ 13. Irrtumslehre

5. Abschnitt. Das Unterlassungsdelikt

§ 18. Das vorsätzliche Unterlassungsdelikt

§ 19. Das fahrlässige Unterlassungsdelikt

6. Abschnitt. Täterschaft und Teilnahme

§ 20. Täterschaft und Teilnahme

7. Abschnitt. Konkurrenzen

§ 21. Konkurrenzen

Abkürzungsverzeichnis

a. A.	anderer Ansicht
a. a. O.	am angegebenen Ort
abl.	ablehnend
Abs.	Absatz
a. E.	am Ende
AE	Alternativentwurf
a. F.	alte Fassung
AfP	Archiv für Presserecht
AG	Amtsgericht
AIFO	AIDS-Forschung
a. i. i. c.	actio illicita in causa
AK	Alternativkommentar
AL	AD LEGENDUM
alic	actio libera in causa
allg.	allgemein
Alt.	Alternative
AMG	Arzneimittelgesetz
Anh.	Anhang
Anm.	Anmerkung
AO	Abgabenordnung
ApothekenG	Apothekengesetz
ARSP	Archiv für Rechts- und Sozialphilosophie
Art.	Artikel
AT	Allgemeiner Teil
AufenthG	Aufenthaltsgesetz
Aufl.	Auflage
b.	beachte
BA	Blutalkohol (Zeitschrift)
BayObLG	Bayerisches Oberstes Landesgericht
BayObLGSt	Entscheidungen des BayObLG in Strafsachen
BBG	Bundesbeamtengesetz
bD	Dallinger, Aus der Rechtsprechung des Bundesgerichtshofs in Strafsachen, in: MDR (Jahrgang, Seite)
BeckRS	Rechtsprechungssammlung in beck-online
Bd.	Band
Bem.	Bemerkung
best.	bestimmten
BGB	Bürgerliches Gesetzbuch
BGE	Entscheidungen des Schweizerischen Bundesgerichts
BGH	Bundesgerichtshof
BGHR	BGH-Rechtsprechung Strafsachen
BGHSt	Entscheidungen des BGH in Strafsachen
bH	Holtz, Aus der Rechtsprechung des Bundesgerichtshofs in Strafsachen, in: MDR (Jahrgang, Seite)
BImSchG	Gesetz zum Schutz vor schädlichen Umwelteinwirkungen durch Luftverunreinigungen, Geräusche, Erschütterungen und ähnliche Vorgänge (Bundes-Immissionsschutzgesetz)
BMJ	Bundesminister oder Bundesministerium der Justiz
BRRG	Beamtenrechtsrahmengesetz
BSeuchenG	Bundes-Seuchengesetz
BSG	Bundessozialgericht
Bsp.	Beispiel

Bspe.	Beispiele
Bspr.	Besprechung
BT	Besonderer Teil
BT-Dr.	Bundestagsdrucksache
BtMG	Gesetz über den Verkehr mit Betäubungsmitteln
BVerfG	Bundesverfassungsgericht
BVerwG	Bundesverwaltungsgericht
BWSchG	Baden-Württembergisches Schulgesetz
bzgl.	bezüglich
bzw.	beziehungsweise
CCZ	Corporate Compliance Zeitschrift
DAR	Deutsches Autorecht
ders.	derselbe
d. h.	das heißt
dies.	dieselbe
diff.	differenzierend
Diss.	Dissertation
DJT	Deutscher Juristentag
DÖV	Die öffentliche Verwaltung
DRiZ	Deutsche Richterzeitung
DRZ	Deutsche Rechtszeitschrift
E	Entscheidung oder Entwurf
E 62	Regierungsentwurf eines StGB mit Begründung
ebda.	ebenda
EGMR	Europäischer Gerichtshof für Menschenrechte
EKMR	Europäische Kommission für Menschenrechte
EMRK	Europäische Konvention zum Schutze der Menschenrechte und Grundfreiheiten
ESchG	Embryonenschutzgesetz
ESJ	Entscheidungssammlung für junge Juristen
etc.	et cetera
EuGRZ	Europäische Grundrechte Zeitschrift
Ev.	Evangelisches
f.	folgende (Seite oder Randnote)
FamRZ	Ehe und Familie im privaten und öffentlichen Recht (ab 9. 1962, 4: Zeitschrift für das gesamte Familienrecht)
ff.	folgende (Seiten oder Randnoten)
Fg.	Festgabe
Fn.	Fußnote(n)
Fs.	Festschrift
GA	Goltdammer's Archiv für Strafrecht
gem.	gemäß
GenStA	Generalstaatsanwaltschaft
GG	Grundgesetz für die Bundesrepublik Deutschland
ggf.	gegebenenfalls
GmbHG	Gesetz betreffend die Gesellschaften mit beschränkter Haftung
grs.	grundsätzlich
GS	Großer Senat
Gs.	Gedächtnisschrift
GWB	Gesetz gegen Wettbewerbsbeschränkungen
HA	Hausarbeit
h. M.	herrschende Meinung

HRR	Höchstrichterliche Rechtsprechung
HRRS	Online-Zeitschrift für Höchstrichterliche Rechtsprechung im Strafrecht
Hrsg.	Herausgeber
hrsg.	herausgegeben
i. d. R.	in der Regel
i. Erg.	im Ergebnis
i. e. S.	im engeren Sinne
IfSG	Infektionsschutzgesetz
insb.	insbesondere
i. S.	im Sinne
i. S. v.	im Sinne von
Iurratio	Die Zeitschrift für Stud. Iur.
i. V. m.	in Verbindung mit
i. w. S.	im weiteren Sinne
JA	Juristische Arbeitsblätter für Ausbildung und Examen
JahrbÖR	Jahrbuch des Öffentlichen Rechts
JahrbRuE	Jahrbuch für Recht und Ethik
JAR	Juristische Arbeitsblätter Rechtsprechung
JArbSchG...................	Gesetz zum Schutze der arbeitenden Jugend (Jugendarbeits- schutzgesetz)
JBl	Juristische Blätter (Österreich)
JK	Jura-Rechtsprechungskartei (Beilage der Zeitschrift Jura)
JR	Juristische Rundschau
Jura	Juristische Ausbildung
JuS	Juristische Schulung
JZ	Juristenzeitung
KG	Kammergericht
KK OWiG	Karlsruher Kommentar zum Ordnungswidrigkeitengesetz
Kriminalistik..............	Kriminalistik, Zeitschrift für die gesamte kriminalistische Wissenschaft und Praxis
krit.	kritisch
KritV	Kritische Vierteljahresschrift für Gesetzgebung und Rechtswissen- schaft
KWKG	Kriegswaffen-Kontrollgesetz
L	JuS-Lernbogen Seitenangabe
LBO	Landesbauordnung
LdR	Lexikon des Rechts
LdRerg	Ergänzbares Lexikon des Rechts (Loseblattwerk)
LG	Landgericht
LH	Lehrheft
Lit.	Literatur
LK	Leipziger Kommentar
LPartG	Lebenspartnerschaftsgesetz
LPG	Landespressegesetz
LR	Löwe-Rosenberg
Ls.	Leitsatz
m.	mit
M/D/H-GG	Maunz/Dürig/Herzog, Grundgesetz-Kommentar
MDR	Monatsschrift für Deutsches Recht (zitiert bei Holtz: bH)
MedR	Medizinrecht
MMW	Münchner Medizinische Wochenschrift
m. N.	mit Nachweisen
MRK	Menschenrechtskonvention (s. EMRK)

MschrKrim	Monatsschrift für Kriminologie und Strafrechtsreform
MUT	MUT – Forum für Kultur, Politik und Geschichte
m.w.	mit weiteren
m.w.N.	mit weiteren Nachweisen
NdsRpfl.	Niedersächsische Rechtspflege
Nied.	Niederschriften über die Sitzungen der Großen Strafrechtskommission; 14 Bände, Bonn 1956–1960
NJ	Neue Justiz
NJW	Neue Juristische Wochenschrift
NK	Nomos Kommentar
Nr.	Nummer(n)
NStE	Neue Entscheidungssammlung für Strafrecht, Loseblattsammlung
NStZ	Neue Zeitschrift für Strafrecht
NStZ-RR	Neue Zeitschrift für Strafrecht-Rechtsprechungs-Report Strafrecht
NuR	Natur und Recht
NZV	Neue Zeitschrift für Verkehrsrecht
NZWehrR	Neue Zeitschrift für Wehrrecht
o.	oben
o.g.	obengenannt
OGHSt	Entscheidungen des Obersten Gerichtshofs für die Britische Zone in Strafsachen
ÖJZ	Österreichische Juristen-Zeitung
OLG	Oberlandesgericht
OLGSt	Entscheidungen der Oberlandesgerichte zum Straf- und Strafverfahrensrecht
ordo	Jahrbuch für die Ordnung von Wirtschaft und Gesellschaft
OWiG	Gesetz über Ordnungswidrigkeiten
PdW	Prüfe Dein Wissen
ProstG	Prostitutionsgesetz
RBerG	Rechtsberatungsgesetz
recht	Informationen des Bundesministers der Justiz
Rechtstheorie	Rechtstheorie, Zeitschrift für Logik, Methodenlehre, Kybernetik und Soziologie des Rechts
RG	Reichsgericht
RGSt	Entscheidungen des Reichsgerichts in Strafsachen
Rn.	Randnote(n)
ROW	Recht in Ost und West
Rspr.	Rechtsprechung
RuP	Recht und Politik
S.	Satz oder Seite
s.	siehe
SeemannsG	Seemannsgesetz
SGB	Sozialgesetzbuch
SHG	Sozialhilfegesetz
SJZ	Süddeutsche Juristenzeitung
SK	Systematischer Kommentar
s.o.	siehe oben
sog.	sogenannt(en)
SoldG	Gesetz über die Rechtsstellung der Soldaten
Sp.	Spalte
StA	Staatsanwaltschaft
StGB	Strafgesetzbuch
StPO	Strafprozessordnung
StraFo	Strafverteidiger Forum

StrafR	Strafrecht
StRG	Strafrechtsreformgesetz
StudZR	Studentische Zeitschrift für Rechtswissenschaft
StV	Strafverteidiger
StVG	Straßenverkehrsgesetz
StVO	Straßenverkehrs-Ordnung
StVollzG	Gesetz über den Vollzug der Freiheitsstrafe und der freiheitsentziehenden Maßregeln der Besserung und Sicherung
s. u.	siehe unten
TMG	Telemediengesetz
TPG	Transplantationsgesetz
u.	und oder unten
u. a.	unter anderem, und andere
u. ä.	und ähnliche
UPR	Umwelt- und Planungsrecht
u. U.	unter Umständen
UZwG	Gesetz über den unmittelbaren Zwang bei Ausübung öffentlicher Gewalt durch Vollzugsbeamte des Bundes
v.	vom oder von
Var.	Variante
v. d.	von der
Verf.	Verfasser
VersG	Gesetz über Versammlungen und Aufzüge
vgl.	vergleiche
Vorbem	Vorbemerkung(en)
VRS	Verkehrsrechtssammlung
VVDStRL	Veröffentlichungen der Vereinigung der Deutschen Staatsrechtslehrer
VwVfG	Verwaltungsverfahrensgesetz
WaffG	Waffengesetz
WHG	Gesetz zur Ordnung des Wasserhaushalts (Wasserhaushaltsgesetz)
WiB	Woche im Bundestag
wistra	Zeitschrift für Wirtschaft. Steuer. Strafrecht
WiVerw	Wirtschaft und Verwaltung (Beilage zu Gewerbearchiv)
WpHG	Wertpapierhandelsgesetz
WR	Schriften zum Wirtschaftsrecht
WStG	Wehrstrafgesetz
z. B.	zum Beispiel
ZDG	Gesetz über den Zivildienst der Kriegsdienstverweigerer (Zivildienstgesetz)
ZfJ	Zentralblatt für Jugendrecht
ZfStrVo	Zeitschrift für Strafvollzug und Straffälligenhilfe
ZfW	Zeitschrift für Wasserrecht
ZGR	Zeitschrift für Unternehmens- und Gesellschaftsrecht
ZIP	Zeitschrift für Wirtschaftsrecht
ZIS	Online-Zeitschrift für internationale Strafrechtsdogmatik
zit.	zitiert
ZJS	Online-Zeitschrift für das Juristische Studium
ZNR	Zeitschrift für Neuere Rechtsgeschichte
ZPO	Zivilprozessordnung
ZRP	Zeitschrift für Rechtspolitik
ZStR	Schweizerische Zeitschrift für Strafrecht
ZStW	Zeitschrift für die gesamte Strafrechtswissenschaft

Verzeichnis der abgekürzt zitierten Literatur

Adler, 1998: Nothilfe zugunsten der Umwelt
Ahlers, 1994: Doping und strafrechtliche Verantwortlichkeit
Ahmed, 2007: Rücktritt vom versuchten Unterlassungsdelikt
AK-Bearbeiter: Kommentar zum Strafgesetzbuch (Reihe Alternativkommentare), hrsg. von *Wassermann*, Band 1, 1990
AK GG-Bearbeiter: Kommentar zum Grundgesetz für die Bundesrepublik Deutschland (Reihe Alternativkommentare), hrsg. von *Wassermann*, Bd. 1, 2. Aufl. 1989
AK StPO-Bearbeiter: Kommentar zur Strafprozessordnung (Reihe Alternativkommentare), hrsg. von *Wassermann*, Bd. 2/Teilband 1, 1992
Albrecht, 1998: Begründung von Garantenstellungen in familiären und familienähnlichen Beziehungen
Albrecht, 2010: Die „hypothetische Einwilligung" im Strafrecht
Alpmann/Schmidt, AT 1: Strafrecht Allgemeiner Teil, bearbeitet von *Krüger*, Band 1, 11. Aufl. 2004 (Reihe Juristische Lehrgänge *Alpmann/Schmidt*)
Alpmann/Schmidt, AT 2: Strafrecht Allgemeiner Teil, bearbeitet von *Krüger*, Band 2, 10. Aufl. 2004 (Reihe Juristische Lehrgänge *Alpmann/Schmidt*)
Altenhain, 1994: Die Strafbarkeit des Teilnehmers bei Exzess
Ambos, 2002: Der Allgemeine Teil des Völkerstrafrechts
Ambos, 2011: Fälle zum Internationalen Strafrecht
Amelung, 1995: Zum Verantwortungsmaßstab bei der mittelbaren Täterschaft durch Beherrschung eines nicht verantwortlichen Schädigers, in: *Schünemann/de Figueiredo* Dias (Hrsg.), Bausteine des europäischen Strafrechts, S. 247ff.
Amelung, 1998: Irrtum und Täuschung als Grundlage von Willensmängeln bei der Einwilligung des Verletzten
Amelung (Hrsg.), 2000: Individuelle Verantwortung und Beteiligungsverhältnisse bei Straftaten in bürokratischen Organisationen des Staates, der Wirtschaft und der Gesellschaft
Angerer, 2004: Rücktritt im Vorbereitungsstadium
AnwK-Bearbeiter: *Leipold/Tsambikakis/Zöller* (Hrsg.), Anwaltskommentar StGB, 2010
Arloth, StVollzG: Strafvollzugsgesetz, Kommentar, 3. Aufl. 2011
Arzt: Die Strafrechtsklausur, 7. Aufl. 2006
Ast, 2010: Normtheorie und Strafrechtsdogmatik
AWHH-Bearbeiter, BT: *Arzt/Weber/Heinrich/Hilgendorf*, Strafrecht, Besonderer Teil, 2. Aufl. 2009

Bade, 1988: Der Arzt an den Grenzen von Leben und Recht
Barthel, 2004: Die (Un-)Zumutbarkeit des erfolgsabwendenden Tuns
Baumann/Arzt/Weber, Strafrechtsfälle: Strafrechtsfälle und Lösungen, 6. Aufl. 1986
B-Weber/Mitsch: *Baumann/Weber/Mitsch*, Strafrecht, Allgemeiner Teil, 11. Aufl. 2003
Baunack, 1999: Grenzfragen der strafrechtlichen Beihilfe
Becker, 2012: Der Strafgrund der Verbrechensverabredung gemäß § 30 Abs. 2 StGB
Beling, 1906: Die Lehre vom Verbrechen
Bergmann, 1993: Zur Strafbewehrung verwaltungsrechtlicher Pflichten im Umweltstrafrecht, dargestellt an § 325 StGB
Berkl, 2007: Der Sportunfall im Lichte des Strafrechts
Bernsmann, 1989: Entschuldigung durch Notstand
Bethge, 1989: Art. Gewissensfreiheit, in: *Isensee/Kirchhof* (Hrsg.), Handbuch des Staatsrechts, Band VI, § 137, S. 435–469
Beulke, StPR: Strafprozessrecht, 11. Aufl. 2010
Beulke, KK I: Klausurenkurs im Strafrecht I, Ein Fall- und Repetitionsbuch für Anfänger, 5. Aufl. 2010
Beulke, KK II: Klausurenkurs im Strafrecht II, Ein Fall- und Repetitionsbuch für Fortgeschrittene, 2. Aufl. 2010

Beulke, KK III: Klausurenkurs im Strafrecht III, Ein Fall- und Repetitionsbuch für Examenskandidaten, 3. Aufl. 2009
Biewald, 2003: Regelmäßiges Verhalten und Verantwortlichkeit
Bitzilekis, 1984: Die neue Tendenz zur Einschränkung des Notwehrrechts
Blank, 1982: Die strafrechtliche Bedeutung des Art. 20 IV GG (Widerstandsrecht)
Blei: Strafrecht I, Allgemeiner Teil, 18. Aufl. 1983
Blei, PdW AT: Prüfe Dein Wissen, Strafrecht, Allgemeiner Teil, 12. Aufl. 1996
Blei, PdW BT 1: Prüfe Dein Wissen, Strafrecht, Besonderer Teil/1, 10. Aufl. 1996
Blei, PdW BT 2: Prüfe Dein Wissen, Strafrecht, Besonderer Teil/2, 6. Aufl. 1999
Block, 2008: Atypische Kausalverläufe in objektiver Zurechnung und subjektivem Tatbestand
Bloy, 1985: Die Beteiligungsform als Zurechnungstypus im Strafrecht
Bock, 1999: Rechtliche Voraussetzungen der Organentnahme von Lebenden und Verstorbenen
Bock, 2008: Atypische Kausalverläufe in objektiver Zurechnung und im subjektiven Tatbestand
Bock, 2011: Criminal Compliance
Bockelmann, BT 1: Strafrecht, Besonderer Teil/1. (Vermögensdelikte), 2. Aufl. 1982
B-Volk: *Bockelmann/Volk*, Strafrecht, Allgemeiner Teil, 4. Aufl. 1987
Böhm, 2006: Garantenpflichten aus familiären Beziehungen
Börgers, 2008: Studien zum Gefahrurteil im Strafrecht
Bosch, 2002: Organisationsverschulden im Unternehmen
Boß, 2002: Der halbherzige Rücktritt
Bottke, 1982: Suizid und Strafrecht
Bottke, 1988: Strafrechtliche Probleme von Aids und der Aids-Bekämpfung, in: *Schünemann/Pfeiffer* (Hrsg.), S. 171–249
Bottke, 1992: Täterschaft und Gestaltungsherrschaft
Bottke, 1994: Haftung aus Nichtverhinderung von Straftaten Untergebener in Wirtschaftsunternehmen de lege lata
Bottke, 1995: Strafrechtliche Probleme am Lebensbeginn und am Lebensende. Bestimmungsrecht versus Lebenserhaltung, in: *ders.* u. a. (Hrsg.), Lebensverlängerung aus medizinischer, ethischer und rechtlicher Sicht, S. 35 ff.
Bottke, 1996: Sinn oder Unsinn kriminalrechtlicher AIDS-Prävention?, in: *Szwarc* (Hrsg.), AIDS und Strafrecht, S. 277 ff.
Brähler, 2000: Die rechtliche Behandlung von Serienstraftaten und -ordnungswidrigkeiten
Brammsen, 1986: Die Entstehungsvoraussetzungen der Garantenpflichten
Bringewat, 1997: Tod eines Kindes
Brinkmann, 1996: Der Vertrauensgrundsatz als eine Regel der Erfahrung
Brückner, 2000: Das Angehörigenverhältnis der Eltern im Straf- und Strafprozessrecht
Burchard, 2008: „Irren ist menschlich"
Burgstaller, 1974: Das Fahrlässigkeitsdelikt im Strafrecht
Burkhardt, 1975: Der „Rücktritt" als Rechtsfolgebestimmung
Burkhardt, 1996: Tatbestandsmäßiges Verhalten und ex-ante-Betrachtung, in: *Wolter/Freund* (Hrsg.), Straftat, Strafzumessung und Strafprozess im gesamten Strafrechtssystem, S. 99 ff.
Burmann/Heß/Jahnke/Janker: Straßenverkehrsrecht, 22. Aufl. 2012
Buser, 1998: Zurechnungsfragen beim mittäterschaftlichen Versuch
Busse, 1968: Nötigung im Straßenverkehr
Bussmann, 2000: Verbot familialer Gewalt gegen Kinder
Byrd, 1994: Mißhandelte Frauen: Opfer ihrer Männer und Opfer des Strafrechts, in: *Bottke* (Hrsg.), Familie als zentraler Grundwert demokratischer Gesellschaften, S. 117 ff.

Calliess/Müller-Dietz: Strafvollzugsgesetz, Kommentar, 11. Aufl. 2008
Cannawurf, 2007: Die Beteiligung im Ausländerstrafrecht
Christmann, 1997: Zur Strafbarkeit sogenannter Tatsachenarrangements wegen Anstiftung
v. Coelln, 2008: Das „rechtliche Einstehen müssen" beim unechten Unterlassungsdelikt
Colombi Ciacchi, 2005: Fahrlässigkeit und Tatbestandsbestimmtheit
Constadinidis, 1982: Die „Actio illicita in causa"

Dannecker, 1993: Das intertemporale Strafrecht

v. Danwitz, 2005: Staatliche Straftatbeteiligung

Degener, 2001: „Die Lehre vom Schutzzweck der Norm" und die strafrechtlichen Erfolgsdelikte

Delonge, 1988: Die Interessenabwägung nach § 34 StGB und ihr Verhältnis zu den übrigen strafrechtlichen Rechtfertigungsgründen

Dencker, Klausuren: 30 Klausuren aus dem Strafrecht, 3. Aufl. 1994

Dencker, 1996: Kausalität und Gesamttat

Detlefsen, 2006: Grenzen der Freiheit – Bedingungen des Handelns – Perspektiven des Schuldprinzips

Diederich, 2001: Ratio und Grenzen des straflosen Notwehrexzesses

Die Examensklausur: Originalfälle, Musterlösungen, Hinweise. Hrsg. v. *Hanns Prütting, Klaus Stern, Herbert Wiedemann*, 2. Aufl. 2000

Dießner, 2008: Die Unterlassungsstrafbarkeit der Kinder- und Jugendhilfe bei familiärer Kindeswohlgefährdung

Dimitratos, 1989: Das Begriffsmerkmal der Gefahr in den strafrechtlichen Notstandsbestimmungen

Dominok, 2007: Strafrechtliche Unterlassungshaftung von Amtsträgern in Umweltbehörden

Donner, 2007: Die Zumutbarkeitsgrenzen der vorsätzlichen unechten Unterlassungsdelikte

Dreher, 2003: Objektive Erfolgszurechnung bei Rechtfertigungsgründen

Dury, 1997: Haftung des Trainers. Straf- und zivilrechtliche Verantwortlichkeit, in: *ders.* (Hrsg.), Der Trainer und das Recht, S. 9 ff.

Duttge, 2001: Zur Bestimmtheit des Handlungsunwerts von Fahrlässigkeitsdelikten

Dyrchs/Becher: Strafprozessrecht und Strafrecht, 1989

Eberbach, 1986: Rechtsprobleme der HTLV-III-Infektion (AIDS)

Ebert, 1975: Der Überzeugungstäter in der neueren Rechtsentwicklung

Ebert: Strafrecht, Allgemeiner Teil, 3. Aufl. 2001

Ebert (Hrsg.): Strafrecht Allgemeiner Teil, 16 Fälle mit Lösungen, 2003

Ebert, 2008: Menschenwürde in Notlagen, in: *Fritsche/Kreiser/Zerling* (Hrsg.), Wissenschaft und Werte im gesellschaftlichen Kontext, Abhandlungen der Sächsischen Akademie der Wissenschaften, Mathematisch-naturwissenschaftliche Klasse, Bd. 64, S. 53–65

Eckert, 1999: Schuld, Verantwortung, Unrechtsbewusstsein

Eckstein, 2001: Besitz als Straftat

Edlbauer, 2009: Die hypothetische Einwilligung als arztstrafrechtliches Haftungskorrektiv

Eidam, 2001: Unternehmen und Strafe, 2. Aufl. 2001

Eisele, BT I: Strafrecht – Besonderer Teil I, 2. Aufl. 2012

Eisele, BT II: Strafrecht – Besonderer Teil II, 2. Aufl. 2012

Eisele, 2004: Die Regelbeispielsmethode im Strafrecht

Eisenbart, 1998: Patienten-Testament und Stellvertretung in Gesundheitsangelegenheiten

Engisch, 1931: Die Kausalität als Merkmal der strafrechtlichen Tatbestände

Engländer, 2008: Grund und Grenzen der Nothilfe

Engländer, StPO: Examensrepetitorium Strafprozeßrecht, 5. Aufl. 2011

Ennuschat, 1998: Der Einfluss des Zivilrechts auf die strafrechtliche Begriffsbestimmung am Beispiel der Urkundenfälschung gemäß § 267 StGB

Erb, 1991: Rechtmäßiges Alternativverhalten und seine Auswirkungen auf die Erfolgszurechnung im Strafrecht

Erbs/Kohlhaas – Bearbeiter: Strafrechtliche Nebengesetze (Loseblattausgabe, 188. Lieferung, Stand Januar 2012)

Eser, Strafrecht II: Juristischer Studienkurs, Strafrecht II, 3. Aufl. 1980

Eser/Burkhardt, Strafrecht I: Juristischer Studienkurs, Strafrecht I, 4. Aufl. 1992

Exner, 2011: Sozialadäquanz im Strafrecht

Fad, 2005: Die Abstandnahme des Beteiligten von der Tat im Vorbereitungsstadium

Fahse/Hansen, Übungen für Anfänger: Übungen für Anfänger im Zivil- und Strafrecht, 9. Aufl. 2000

Fechner, 1991: Grenzen polizeilicher Notwehr

Felber, 1979: Die Rechtswidrigkeit des Angriffs in den Notwehrbestimmungen

Fellenberg, 2000: Zeitliche Grenzen der Fahrlässigkeitshaftung

Fezer: Juristischer Studienkurs Strafprozessrecht, 2. Aufl. 1995
Fiedler, 1990: Zur Strafbarkeit der einverständlichen Fremdgefährdung
Fisch, 2000: Strafbarkeitsausschluss durch berechtigte Geschäftsführung ohne Auftrag
Fischer: Strafgesetzbuch und Nebengesetze, 59. Aufl. 2012
Fischer, 1995: Die strafrechtliche Beurteilung von Werken der Kunst
Forster/Joachim, 1997: Alkohol und Schuldfähigkeit
Fortun, 1998: Die behördliche Genehmigung im strafrechtlichen Deliktsaufbau
Freier v., 1998: Kritik der Verbandsstrafe
Freund, 1992: Erfolgsdelikt und Unterlassen
Freund: Strafrecht Allgemeiner Teil, 2. Aufl. 2009
Frisch, 1983: Vorsatz und Risiko
Frisch, 1988: Tatbestandsmäßiges Verhalten und Zurechnung des Erfolgs
Frisch, 1993: Verwaltungsakzessorietät und Tatbestandsverständnis im Umweltstrafrecht
Frister, 1993: Die Struktur des „voluntativen Schuldelements"
Frister (Hrsg.): Die strafrechtliche Klausur, 1998
Frister: Strafrecht, Allgemeiner Teil, 5. Aufl. 2011
Fuchs, 1980: Probleme der Notwehr, in: Strafrechtliche Probleme der Gegenwart 8, S. 1 ff.
Fuchs, 1986: Grundfragen der Notwehr
Fuhrmann, 2004: Das Begehen der Straftat gem. § 25 Abs. 1 StGB
Fünfsinn, 1985: Der Aufbau des fahrlässigen Verletzungsdelikts durch Unterlassen im Strafrecht

Gallas, 1968: Beiträge zur Verbrechenslehre
Gallas, 1989: Studien zum Unterlassungsdelikt
Gänßle, 2003: Das behördliche Zulassen strafbaren Verhaltens, eine rechtfertigende Einwilligung?
Gehrig, 1986: Der Absichtsbegriff in den Straftatbeständen des Besonderen Teils des StGB
Geilen, 1975: Euthanasie und Selbstbestimmung
Geilen: Strafrecht, Allgemeiner Teil, 5. Aufl. 1980
Geppert, 1996: AIDS und Strafvollzug, in: *Szwarc* (Hrsg.), AIDS und Strafrecht, S. 235 ff.
G/K/M, Fallsammlung: *Gropp/Küpper/Mitsch,* Fallsammlung zum Strafrecht, 2. Aufl. 2012
Göbel, 1992: Die Einwilligung im Strafrecht als Ausprägung des Selbstbestimmungsrechts
Göhler: Ordnungswidrigkeitengesetz, 16. Aufl. 2012
Gonzáles-Rivero, 2001: Strafrechtliche Grenzen bei Defektzuständen
Gorka, 2000: Der Versuchsbeginn des Mittäters
Gössel/Dölling, BT 1: Strafrecht, Besonderer Teil, 1. Band, Straftaten gegen Persönlichkeits- und Gemeinschaftswerte, 2. Aufl. 2004
Gössel, BT 2: Strafrecht, Besonderer Teil, 2. Band, Straftaten gegen materielle Rechtsgüter des Individuums, 1996
Gössel, Fälle: Fälle und Lösungen, Strafrecht, 8. Aufl. 2001
Golbs, 2005: Das Vetorecht eines einwilligungsunfähigen Patienten
Graf, 2011: BGH-Rechtsprechung Strafrecht 2010
Gropp, 1981: Der straflose Schwangerschaftsabbruch
Gropp, 1992: Deliktstypen mit Sonderbeteiligung
Gropp: Strafrecht Allgemeiner Teil, 3. Aufl. 2005
Große Vorholt, 1999: Behördliche Stellungnahmen in der strafrechtlichen Produkthaftung
Groteguth, 1993: Norm- und Verbotsunkenntnis
Grotendiek, 2000: Strafbarkeit des Täters in Fällen der aberratio ictus und des error in persona
Grünewald, 2001: Zivilrechtlich begründete Garantenpflichten im Strafrecht?
Grupp, 2009: Das Verhältnis von Unrechtsbegründung und Unrechtsaufhebung bei der versuchten Tat
Günther, 1983: Strafrechtswidrigkeit und Strafunrechtsausschluss
Günzel, 2000: Das Recht auf Selbsttötung, seine Schranken und die strafrechtlichen Konsequenzen

Haas, 1978: Notwehr und Nothilfe
Haas, 2002: Kausalität und Rechtsverletzung

Haas, 2008: Die Theorie der Tatherrschaft und ihre Grundlagen
Haft: Strafrecht, Allgemeiner Teil, 9. Aufl. 2004
Haft, BT I: Strafrecht, Besonderer Teil I – Vermögensdelikte, 8. Aufl. 2004
Haft, BT II: Strafrecht, Besonderer Teil II – Delikte gegen die Person und die Allgemeinheit, 8. Aufl. 2005
Haft, Fallrepetitorium: Strafrecht, Fallrepetitorium zum Allgemeinen und Besonderen Teil, 5. Aufl. 2004
Hanack, 1975: Euthanasie in strafrechtlicher Sicht, in: *Hiersche* (Hrsg.), Euthanasie, S. 121 ff.
Hardtung, 2002: Versuch und Rücktritt bei den Teilvorsatzdelikten des § 11 Abs. 2 StGB
Harmdorf, 2002: Beteiligungsmodelle im Strafrecht
Hassemer: Einführung in die Grundlagen des Strafrechts, 2. Aufl. 1990
Hauck, 2007: Drittzueignung und Beteiligung
Hauf: Strafrecht Allgemeiner Teil, 2. Aufl. 2001
Hecker, 2007: Europäisches Strafrecht, 2. Aufl.
Hecker/Zöller, 2012: Fallsammlung zum Europäischen und Internationalen Strafrecht
Heckler, 2002: Die Ermittlung der beim Rücktritt vom Versuch erforderlichen Rücktrittsleistung anhand der objektiven Vollendungsgefahr
Heghmanns, 2000: Grundzüge einer Dogmatik der Straftatbestände zum Schutz von Verwaltungsrecht oder Verwaltungshandeln
Heidingsfelder, 1991: Der umgekehrte Subsumtionsirrtum
Heine, 1995: Die strafrechtliche Verantwortlichkeit von Unternehmen
Heine, 1996: Von individueller zu kollektiver Verantwortlichkeit, in: *Arnold* u. a. (Hrsg.), Grenzüberschreitungen, S. 51 ff.
Heinrich, AT I u. II: Strafrecht Allgemeiner Teil, Bd. I (2. Aufl. 2010), Bd. II (2. Aufl. 2010)
Heinrich, 2002: Rechtsgutzugriff und Entscheidungsträgerschaft
v. Heintschel-Heinegg, Strafrecht 1: Prüfungstraining Strafrecht, Bd. 1: Methodik der Fallbearbeitung, 1992
v. Heintschel-Heinegg, Strafrecht 2: Prüfungstraining Strafrecht, Bd. 2: Fälle mit Musterlösungen, 1992
Helle, 1991: Besondere Persönlichkeitsrechte im Privatrecht
Hellmann, 1987: Die Anwendbarkeit der zivilrechtlichen Rechtfertigungsgründe im Strafrecht
Helmrich, 2008: Die Berufung gewerblicher Sicherheitskräfte auf Notwehr und Nothilfe
Herzberg, 1972: Die Unterlassung im Strafrecht und das Garantenprinzip
Herzberg, Täterschaft: Täterschaft und Teilnahme, 1977
Herzberg, 1984: Die Verantwortung für Arbeitsschutz und Unfallverhütung im Betrieb
Herzberg, 1996: Die strafrechtliche Haftung für die Infizierung oder Gefährdung durch HIV, in: *Szwarc* (Hrsg.), AIDS und Strafrecht, S. 61 ff.
Hettinger, 1988: Die „actio libera in causa": Strafbarkeit wegen Begehungstat trotz Schuldunfähigkeit
Heuchemer, 2005: Der Erlaubnistatbestandsirrtum
H-H/Bearbeiter . . .: *von Heintschel-Heinegg* (Hrsg.), Strafgesetzbuch Kommentar, 2010
Hilgendorf, Fallsammlung: Fallsammlung zum Strafrecht, 5. Aufl. 2008
Hilgendorf, KK I: Fälle zum Strafrecht für Anfänger – Klausurenkurs I, 2011
Hilgendorf, KK II: Fälle zum Strafrecht für Fortgeschrittene – Klausurenkurs II, 2010
Hilgendorf, KK III: Fälle zum Strafrecht für Examenskandidaten – Klausurenkurs III, 2010
Hilgendorf, 1993: Strafrechtliche Produzentenhaftung in der „Risikogesellschaft"
Hillenkamp, 1971: Die Bedeutung von Vorsatzkonkretisierungen bei abweichendem Tatverlauf
Hillenkamp, 1981: Vorsatztat und Opferverhalten
Hillenkamp, AT-Problem: 32 Probleme aus dem Strafrecht, Allgemeiner Teil, 13. Aufl. 2010
Hillenkamp, BT-Problem: 40 Probleme aus dem Strafrecht, Besonderer Teil, 11. Aufl. 2009
Hinterhofer, 1998: Die Einwilligung im Strafrecht
Hirsch, 1993: Die Frage der Straffähigkeit von Personenverbänden
Hirsch, 1996: Strafrecht und Überzeugungstäter
HK-GS/Bearbeiter: *Dölling/Duttge/Rössner* (Hrsg.), Handkommentar Gesamtes Strafrecht, 2. Aufl. 2011
Hochmayr, 1997: Subsidiarität und Konsumtion
Hochmayr, 2005: Strafbarer Besitz von Gegenständen

Höcker, 2000: Das Grundrecht der Gewissensfreiheit und seine Auswirkungen im Strafrecht
Höh, 1985: Strafrechtlicher Anonymitätsschutz des Beschuldigten vor öffentlicher Identifizierung durch den Staatsanwalt – Zugleich ein Beitrag zur Rechtfertigungslehre bei § 203 II 2 StGB
Hoffmann-Holland: Strafrecht Allgemeiner Teil, 2. Aufl. 2011
Hohmann/Sander, BT I: Strafrecht Besonderer Teil I – Vermögensdelikte, 3. Aufl. 2010
Hohmann/Sander, BT II: Strafrecht Besonderer Teil II – Delikte gegen die Person und gegen die Allgemeinheit, 2. Aufl. 2011
Horlacher, 2007: Auskunftserlangung mittels Folter
Hoyer, 1997: Strafrechtsdogmatik nach Armin Kaufmann
Hoyer, 1998: Die strafrechtliche Verantwortlichkeit innerhalb von Weisungsverhältnissen
Hoyer, AT I: Strafrecht Allgemeiner Teil I, 1996
Hruschka: Strafrecht nach logisch-analytischer Methode, 2. Aufl. 1987
Hsu, 2007: „Doppelindividualisierung" und Irrtum
Hübner, 2004: Die Entwicklung der objektiven Zurechnung

Ingelfinger, 1992: Anstiftervorsatz und Tatbestimmtheit
Ingelfinger, 2004: Grundlagen und Grenzen des Tötungsverbots

Jäger, 2006: Zurechnung und Rechtfertigung als Kategorialprinzipien im Strafrecht
Jäger: Examens-Repetitorium Strafrecht Allgemeiner Teil, 5. Aufl. 2011
Jahn, 2004: Das Strafrecht des Staatsnotstandes
Jakobs, 1976: Schuld und Prävention
Jakobs: Strafrecht, Allgemeiner Teil, 2. Aufl. 1991
Jakobs, 1993: Kommentar: Rechtfertigung und Entschuldigung bei Befreiung aus besonderen Notlagen (Notwehr, Notstand, Pflichtenkollision), in: *Eser/Nishihara* (Hrsg.), Rechtfertigung und Entschuldigung IV, S. 143 ff.
Jakobs, 1996: Die strafrechtliche Zurechnung von Tun und Unterlassen
Jakobs, 2012: System der strafrechtlichen Zurechnung
Janke, 2000: Die Täterfreundlichkeit des Bundesgerichtshofs beim Rücktritt von versuchten Tötungsdelikten
Janker, 1988: Strafrechtliche Aspekte heimlicher Aids-Tests
Jarass/Pieroth, GG: Grundgesetz für die Bundesrepublik Deutschland, 11. Aufl. 2011
Jauernig, BGB: Bürgerliches Gesetzbuch, 14. Aufl. 2012
Jescheck, Fälle: Fälle und Lösungen zum Lehrbuch des Strafrechts, Allgemeiner Teil, mit Aufbaumustern, 3. Aufl. 1996
Jescheck/Weigend: Lehrbuch des Strafrechts, Allgemeiner Teil, 5. Aufl. 1996
Joecks: Studienkommentar zum StGB, 9. Aufl. 2010
Joerden, 1986: Dyadische Fallsysteme im Strafrecht
Joerden, 1988: Strukturen des strafrechtlichen Verantwortlichkeitsbegriffs: Relationen und ihre Verkettungen
Joerden, 2003: Menschenleben
Joerden, 2010: Logik im Recht, 2. Aufl.
John, 2006: Das erlaubte Kausieren verbotener Taten-Regressverbot

Kahlo, 1990: Das Problem des Pflichtwidrigkeitszusammenhangs bei den unechten Unterlassungsdelikten
Kahlo, 2001: Die Handlungsform der Unterlassung als Kriminaldelikt
Kaiser/Schöch, 2010: Kriminologie, Jugendstrafrecht, Strafvollzug, 7. Aufl.
Kaminski, 1992: Der objektive Maßstab im Tatbestand des Fahrlässigkeitsdelikts
Kamm, 1999: Die fahrlässige Mittäterschaft
Kampermann, 1992: Grundkonstellationen beim Rücktritt vom Versuch
Kargl, Strafrecht: Strafrecht. Ein Übungs- und Klausurenkurs, 1987
Kargl, 1993: Der strafrechtliche Vorsatz auf der Basis der kognitiven Handlungstheorie
Kattanek, 2000: Die Verletzung des Rechtes am gesprochenen Wort durch das Mithören anderer Personen
Kaufmann, 1954: Lebendiges und Totes in Bindings Normentheorie
Kaufmann, 1959: Die Dogmatik der Unterlassungsdelikte
Kelker, 2007: Zur Legitimität von Gesinnungsmerkmalen im Strafrecht

Keller, 1989: Rechtliche Grenzen der Provokation von Straftaten

Keller, 2004: Zur tatbestandlichen Handlungseinheit

Kern/Langer, Anleitung: Anleitung zur Bearbeitung von Strafrechtsfällen, 8. Aufl. 1985

Kern/Schmidhäuser, Strafrechtsfälle I: Strafrechtsfälle I aus dem Allgemeinen Teil, 7. Aufl. 1975

K/H/H-Bearbeiter: *Krey/Hellmann/Heinrich,* Strafrecht Besonderer Teil 1, 15. Aufl. 2012, und Strafrecht Besonderer Teil 2, 16. Aufl. 2012

Kienapfel, Strafrechtsfälle: Strafrechtsfälle – Zwischenprüfung, Klausurtechnik, Musterlösungen, 9. Aufl. 1989

Kiesecker, 1996: Die Schwangerschaft einer Toten

Kindhäuser, Strafgesetzbuch, Lehr- und Praxiskommentar, 4. Aufl. 2010

Kindhäuser, 1989: Gefährdung als Straftat

Kindhäuser, AT: Strafrecht Allgemeiner Teil, 5. Aufl. 2011

Kindhäuser, BT I: Strafrecht Besonderer Teil, Band I, 5. Aufl. 2012

Kindhäuser, BT II: Strafrecht Besonderer Teil II, Band II, 5. Aufl. 2008

Kirchner, 2003: Die Unterlassungshaftung bei rechtmäßigem Vorverhalten

Kissel, 1996: Aufrufe zum Ungehorsam und § 111 StGB

KK OWiG-Bearbeiter: *Senge* (Hrsg.), Karlsruher Kommentar zum Gesetz über Ordnungswidrigkeiten, 3. Aufl. 2006

Klimsch, 1993: Die dogmatische Behandlung des Irrtums über Entschuldigungsgründe unter Berücksichtigung der Strafausschließungs- und Strafaufhebungsgründe

Klumpe, 1998: Probleme der Serienstraftat

Knauer, 2001: Die Kollegialentscheidung im Strafrecht

Knauer, 2001a: Ärztlicher Heileingriff, Einwilligung und Aufklärung ..., in: *Roxin/Schroth* (Hrsg.), Medizinstrafrecht, 2. Aufl. 2001, S. 11 ff.

Knörzer, 2008: Fehlvorstellungen des Täters und deren „Korrektur" beim Rücktritt vom Versuch nach § 24 Abs. 1 StGB

Köhler, 1982: Die bewusste Fahrlässigkeit

Köhler: Strafrecht Allgemeiner Teil, 1997

Köhler, 2000: Christian Köhler, Beteiligung und Unterlassen beim erfolgsqualifizierten Delikt

Kölbl, 2006: Selbstbelastungsfreiheit

Könnecke, 2001: Die Strafbarkeit verdeckter Ermittler im Hinblick auf einsatzbedingte Straftaten

Koriath, 1994: Grundlagen der strafrechtlichen Zurechnung

Kostuch, 2004: Versuch und Rücktritt beim erfolgsqualifizierten Delikt

Kraatz, 2006: Die fahrlässige Mittäterschaft

Krack, 1994: List als Straftatbestandsmerkmal

Kratzsch, 1985: Verhaltenssteuerung und Organisation im Strafrecht

Kremer-Bax, 1999: Das personale Verhaltensunrecht bei der Fahrlässigkeitstat

Kretschmer, 2005: Der strafrechtliche Parteiverrat (§ 356 StGB)

Krey, 1993: Rechtsprobleme des strafprozessualen Einsatzes verdeckter Ermittler

Krey, AT 1: Strafrecht, Allgemeiner Teil 1, 3. Aufl. 2008

Krey, AT 2: Strafrecht, Allgemeiner Teil 2, 2. Aufl. 2005

Krey/Esser, AT: Deutsches Strafrecht Allgemeiner Teil, 4. Aufl. 2011

Krey, Strafverfahrensrecht 1: Strafverfahrensrecht Band 1, 1988

Krey, Strafverfahrensrecht 2: Strafverfahrensrecht Band 2, 1990

Kroß, 2004: Notwehr gegen Schweigegelderpressung

Krüger, 1994: Der Versuchsbeginn bei mittelbarer Täterschaft

K/S/L, Klausurtraining: *Kindhäuser/Schumann/Lubig,* Klausurtraining Strafrecht, 2011

Kudlich, AT-Fälle: Fälle mit Lösungen im Strafrecht Allgemeiner Teil, 2011

Kudlich, PdW AT: Prüfe dein Wissen, Strafrecht, Allgemeiner Teil, 3. Aufl. 2009

Kudlich, PdW BT I: Prüfe dein Wissen, Besonderer Teil I – Vermögensdelikte, 2. Aufl. 2007

Kudlich, PdW BT II: Prüfe dein Wissen, Besonderer Teil II – Delikte gegen die Person und die Allgemeinheit, 2. Aufl. 2009

Kudlich, 2004: Die Unterstützung fremder Straftaten durch berufsbedingtes Verhalten

Kühl, 1974: Die Beendigung des vorsätzlichen Begehungsdelikts

Kühl, 2001: Die Bedeutung der Rechtsphilosophie für das Strafrecht

Kühl, 2008: Freiheitliche Rechtsphilosophie

Kühl, HRR BT: Höchstrichterliche Rechtsprechung zum Besonderen Teil des Strafrechts, 2002
Kühl/Reichold/Ronellenfitsch: Einführung in die Rechtswissenschaft, 2011
Kuhlen, 1987: Die Unterscheidung von vorsatzausschließendem und nichtvorsatzausschließendem Irrtum
Kuhlen, 1989: Fragen einer strafrechtlichen Produkthaftung
Kühnbach, 2007: Solidaritätspflichten Unbeteiligter
Küper: Strafrecht Besonderer Teil, 7. Aufl. 2008
Küper, 1978: Versuchsbeginn und Mittäterschaft
Küper, 1979: Grund- und Grenzfragen der rechtfertigenden Pflichtenkollision im Strafrecht
Küper, 1983: Der „verschuldete" rechtfertigende Notstand
Küper, 1986: Darf sich der Staat erpressen lassen?
Küpper, 1990: Grenzen der normativierenden Strafrechtsdogmatik
Küpper, BT 1: Strafrecht Besonderer Teil 1, Delikte gegen Rechtsgüter der Person und Gemeinschaft, 3. Aufl. 2007
Kutzner, 2004: Die Rechtsfigur des Täters hinter dem Täter und der Typus der mittelbaren Täterschaft

Lackner/Kühl: Strafgesetzbuch mit Erläuterungen, 27. Aufl. 2011
Ladiges, 2007: Die Bekämpfung nicht-staatlicher Angreifer im Luftraum
Lagodny, 1996: Strafrecht vor den Schranken der Grundrechte
Lang, 2008: Die Idealkonkurrenz als Mißverständnis
Langer, 1986: Rechtliche Aspekte der Sterbehilfe, in: *Kruse/Wagner* (Hrsg.), Sterbende brauchen Solidarität, S. 101 ff.
Langer, 2007: Die Sonderstraftat, 2. Aufl. von „Das Sonderverbrechen", 2000
Laubenthal, Strafvollzug: Strafvollzug, Lehrbuch, 6. Aufl. 2011
Lauth, 2004: Antizipierte Notwehr
LdR: *Gerhard Ulsamer* (Hrsg.), Lexikon des Rechts/Strafrecht, Strafverfahrensrecht, 2. Aufl. 1996 (zitiert: Bearbeiter, LdR, Seite)
LdRerg: Ergänzbares Lexikon des Rechts-Loseblattwerks (Stand März 2012)
Lederer, 2011: Hemmschwellen im Strafrecht
Lehleiter, 1995: Der rechtswidrige verbindliche Befehl
Lenckner, 1965: Der rechtfertigende Notstand
Lenckner, 1986: Arzt und Strafrecht, in: *Forster* (Hrsg.), Praxis der Rechtsmedizin, S. 569–614
Lerche, 1961: Übermaß und Verfassungsrecht
Lesch, 1992: Das Problem der sukzessiven Beihilfe
Lesch, 2000: Notwehrrecht und Beratungsschutz
Leupold, 2005: Die Tathandlung der reinen Erfolgsdelikte und das Tatbestandsmodell der „alic" im Licht verfassungsrechtlicher Schranken
Levita, 1856: Das Recht der Notwehr
Linke, 2010: Der Rücktritt vom Versuch bei mehreren Tatbeteiligten gem. § 24 II StGB
LK-Bearbeiter: Leipziger Kommentar, Strafgesetzbuch, 12. Aufl. 2006 ff., hrsg. *von Laufhütte, Rissing-van Saan, Tiedemann;* Zitierungen aus der 10. Aufl., 1978–1989, sind mit einer hochgestellten 10 (z.B. LK[10]-*Vogler*), Zitierungen aus der 11. Aufl., 1992–2003 mit einer hochgestellten 11 (z.B. LK[11] *Hirsch*) gekennzeichnet.
Löffler-Bearbeiter: Presserecht-Kommentar zu den deutschen Landespressegesetzen …, hrsg. *v. Sedelmeier/Burkhardt,* 5. Aufl. 2006
Löw, 2002: Die Erkundigungspflicht beim Verbotsirrtum nach § 17 StGB
LR-Bearbeiter: *Löwe-Rosenberg,* StPO Großkommentar, hrsg. von *Rieß,* 25. Aufl. ab 1997
Ludwig, 1991: „Gegenwärtiger Angriff", „drohende" und „gegenwärtige Gefahr" im Notwehr- und Notstandsrecht
Lüderssen, 1998: *Lüderssen* (Hrsg.), Aufgeklärte Kriminalpolitik, Bd. I–V
Lugert, 1991: Zu den erhöht Gefahrtragungspflichtigen im differenzierten Notstand

M/D/H-GG: Maunz/Dürig/Herzog, Grundgesetz Kommentar, Stand: 2004
Maier, 2005: Die Objektivierung des Versuchsunrechts
Maiwald, 1980: Kausalität und Strafrecht
Maiwald, 2009: Einführung in das italienische Strafrecht und Strafprozeßrecht

Malitz, 1995: *Michael Malitz,* Zur behördlichen Duldung im Strafrecht
Malitz, 1998: *Kirsten Malitz,* Der untaugliche Versuch beim unechten Unterlassungsdelikt
v. Mangold/Klein/Starck, GG: Das Bonner Grundgesetz, Bd. 1, 5. Aufl. 2005
Manso-Porto, 2009: Normunkenntnis aus belastenden Gründen
Marlie, 2009: Unrecht und Beteiligung
Martius, 2008: Versuch über die Vorsatzzurechnung am Beispiel der aberratio ictus
Marx, 1993: Die behördliche Genehmigung im Strafrecht
Marxen: Kompaktkurs Strafrecht Allgemeiner Teil, 2003
Marxen BT: Kompaktkurs Strafrecht Besonderer Teil, 2004
Marxen, 1979: Die „sozialethischen" Grenzen der Notwehr
Matt, AT I: Strafrecht Allgemeiner Teil, 1996
Maurer: Allgemeines Verwaltungsrecht, 16. Aufl. 2006
Meißner, 1990: Die Interessenabwägungsformel in der Vorschrift über den rechtfertigenden Notstand (§ 34 StGB)
Merkel, 1995: Zaungäste? Über die Vernachlässigung philosophischer Argumente in der Strafrechtswissenschaft, in: Institut für Kriminalwissenschaft Frankfurt a. M. (Hrsg.), Vom unmöglichen Zustand des Strafrechts, S. 171 ff.
Merkel, 2001: Früheuthanasie
Merkel, 2007: An den Grenzen der Medizin …, in: *Roxin/Schroth* (Hrsg.), Handbuch des Medizinstrafrechts, 3. Aufl. 2007, S. 462 ff.
Meurer: Grundkurs Strafrecht II, Allgemeiner Teil, 4. Aufl. 1999
Meurer, 1996: AIDS und strafrechtliche Probleme der Schweigepflicht, in: *Szwarc* (Hrsg.), AIDS und Strafrecht, S. 133 ff.
Meurer/Kahle/Dietmeier, Übungskriminalität: Übungskriminalität für Einsteiger-Anfängerhausarbeiten im Strafrecht, 2000
Meyer-Goßner, StPO: Strafprozeßordnung, 54. Aufl. 2011 (bearb. z. T. auch von [Schmitt])
M-Gössel, Fälle: *Maurach-Gössel,* Fälle und Lösungen, Strafrecht, 6. Aufl. 1992
M-Gössel/Zipf, AT 2: *Maurach-Gössel/Zipf,* Strafrecht, Allgemeiner Teil, Teilband 2, 7. Aufl. 1989
Mikus, 2002: Die Verhaltensnorm des fahrlässigen Erfolgsdelikts
Mitsch, 1986: Straflose Provokation strafbarer Taten
Mitsch, 2004: Rechtfertigung und Opferverhalten
Mitsch, BT 2/1: Strafrecht Besonderer Teil 2, Teilband 1, 2. Aufl. 2003
Mitsch, BT 2/2: Strafrecht Besonderer Teil 2, Teilband 2, 2001
MK-Bearbeiter: *Joecks/Miebach* (Hrsg.), Münchener Kommentar Strafgesetzbuch, 2. Aufl. 2011; Zitierungen aus der 1. Aufl. 2003 ff. sind mit hochgestellter 1 (z. B. MK[1]-*Herzberg*) gekennzeichnet
Modrey, 2008: Grenzen der Strafbarkeit des Versuchs im deutschen und niederländischen Recht
Momsen, 2006: Die Zumutbarkeit als Begrenzung strafrechtlicher Pflichten
Montenbruck, 1983: Thesen zur Notwehr
Morbach, 2007: Die Chantage
Mosenheuer, 2009: Unterlassen und Beteiligung
Motsch, 2003: Der straflose Notwehrexzeß
M-Schroeder/Maiwald, BT 1: *Maurach-Schroeder/Maiwald,* Strafrecht, Besonderer Teil, Teilband 1, 10. Aufl. 2009
M-Schroeder/Maiwald, BT 2: *Maurach-Schroeder/Maiwald,* Strafrecht, Besonderer Teil, Teilband 2, 9. Aufl. 2003
Mühlbauer, 1999: Die Rechtsprechung des Bundesgerichtshofs zur Tötungshemmschwelle
Müller, 1993: Doping im Sport als strafbare Gesundheitsbeschädigung (§§ 223 Abs. 1, 230 StGB)?
Müller, 2000: Falsche Zeugenaussage und Beteiligungslehre
Müller, 2001: Fahrlässige Tätigkeitsübernahme und personale Zurechnung
v. Münch/Kunig, GG: von *Münch/Kunig* (Hrsg.), Grundgesetz-Kommentar, Band 1, 6. Aufl. 2012
Mürbe, AT: Strafrecht, Allgemeiner Teil, 1989
Murmann, GK: Grundkurs Strafrecht, 2011
Murmann, 1999: Versuchsunrecht und Rücktritt

Murmann, 2005: Die Selbstverantwortung des Opfers im Strafrecht
M-Zipf, AT 1: *Maurach-Zipf,* Strafrecht, Allgemeiner Teil, Teilband 1, 8. Aufl. 1992

Nappert, 1997: Die strafrechtliche Haftung von Gemeinderäten im Umweltstrafrecht
Naucke: Strafrecht – Eine Einführung, 10. Aufl. 2002
Nepomuk, 2008: Anstiftung und Tatinteresse
Neuheuser, 1996: Die Duldungspflicht gegenüber rechtswidrigem hoheitlichen Handeln im Strafrecht
Neumann, 1985: Zurechnung und „Vorverschulden"
Niedermair, 1999: Körperverletzung mit Einwilligung und die Guten Sitten
Niedermair, 2001: Verletzung von Privatgeheimnissen im Interesse des Patienten ..., in: *Roxin/Schroth* (Hrsg.), Medizinstrafrecht, 2. Aufl. 2001, S. 393 ff.
Niewenhuis 1984: Gefahr und Gefahrverwirklichung im Verkehrsstrafrecht
Nikolidakis, 2004: Grundfragen der Anstiftung
Nitz, 1997: Einsatzbedingte Straftaten verdeckter Ermittler
NK-Bearbeiter: *Kindhäuser/Neumann/Paeffgen* (Hrsg.), Nomos Kommentar zum Strafgesetzbuch, Band 1, 3. Aufl. 2010 (§§ 1–145 d), Band 2, 3. Aufl. 2010 (§§ 146–358)
Noak, 1999: Drittzueignung und 6. Strafrechtsreformgesetz

Osnabrügge, 2002: Die Beihilfe und ihr Erfolg
Otte, 1998: Der durch Menschen ausgelöste Defensivnotstand
Otto: Grundkurs Strafrecht – Allgemeine Strafrechtslehre, 7. Aufl. 2004
Otto, BT: Grundkurs Strafrecht – Die einzelnen Delikte, 7. Aufl. 2005
Otto, Übungen: Übungen im Strafrecht, 6. Aufl. 2005
Otto, 1993: Die Strafbarkeit von Unternehmen und Verbänden
Otto, 2007: Strafrechtliche Zurechnungsprobleme bei den sogenannten Verfolgerfällen
Otto/Bosch, Übungen: Übungen im Strafrecht, 7. Aufl. 2010

Papageorgiou-Gonatas, 1988: Wo liegt die Grenze zwischen Vorbereitungshandlungen und Versuch?
Pariona Arana, 2010: Täterschaft und Pflichtverletzung
Paul, 1998: Zusammengesetztes Delikt und Einwilligung
Pawlik, 2002: Der rechtfertigende Notstand
Pawlik, 2004: Person, Subjekt, Bürger
Perdomo-Torres, 2006: Garantenpflichten aus Vertrautheit
Perdomo-Torres, 2011: Die Duldungspflicht im rechtfertigenden Notstand
Pfeffer, 1989: Durchführung von HIV-Tests ohne den Willen des Betroffenen
Pfefferkorn, 2006: Grenzen strafbarer Fahrlässigkeit im französischen und deutschen Recht
Pieroth/Schlink, Grundrechte: Grundrechte Staatsrecht II, 20. Aufl. 2004
Platzgummer, 1964: Die Bewusstseinsform des Vorsatzes
Popp, 2002: Die strafrechtliche Verantwortung von Internet-Providern
Poseck, 1997: Die strafrechtliche Haftung der Mitglieder des Aufsichtsrats einer Aktiengesellschaft
Pouleas, 2008: Sozialethische Einschränkungen von Rechtfertigungsgründen
Priester, 1999: Das Ende des Züchtigungsrechts
Prüßner, 2004: Die von mehreren versuchte Tat
Puppe, 1992: Vorsatz und Zurechnung
Puppe, 2000: Die Erfolgszurechnung im Strafrecht
Puppe, AT: Strafrecht, Allgemeiner Teil im Spiegel der Rechtsordnung, 2. Aufl. 2011
Puppe, AT 1: Strafrecht, Allgemeiner Teil im Spiegel der Rechtsprechung, Bd. 1, Die Lehre vom Tatbestand, Rechtswidrigkeit, Schuld, 2002
Puppe, AT 2: Strafrecht, Allgemeiner Teil im Spiegel der Rechtsprechung, Bd. 2, Sonderformen des Verbrechens, 2005

Rackow, 2007: Neutrale Handlungen als Problem des Strafrechts
Rain, 1998: Die Einwilligung des Sportlers beim Doping
Randt, 1997: Mittelbare Täterschaft durch Schaffung von Rechtfertigungslagen
Ranft, Strafprozessrecht: Strafprozessrecht, 2. Aufl. 1995

Ransiek, 1996: Unternehmensstrafrecht
Rath, 1993: Zur strafrechtlichen Behandlung der aberratio ictus und des error in objecto des Täters
Rath, 1996: Zur Unbeachtlichkeit des error in persona vel in objecto
Rath, 2002: Das subjektive Rechtfertigungselement
Reichert-Hammer, 1991: Politische Fernziele und Unrecht
Rengier, 1986: Erfolgsqualifizierte Delikte und verwandte Erscheinungsformen
Rengier, AT: Strafrecht Allgemeiner Teil, 3. Aufl. 2011
Rengier, BT I: Strafrecht Besonderer Teil I, Vermögensdelikte, 14. Aufl. 2012
Rengier, BT II: Strafrecht Besonderer Teil II, Delikte gegen die Person und die Allgemeinheit, 13. Aufl. 2012
Renzikowski, 1994: Notstand und Notwehr
Renzikowski, 1997: Restriktiver Täterbegriff und fahrlässige Beteiligung
Retzko, 2001: Die Angriffsverursachung bei der Notwehr
Rey-Sanfiz, 2006: Die Begriffsbestimmung des Versuchs und ihre Auswirkung auf den Versuchsbeginn
Rieger, 1997: Die mutmaßliche Einwilligung in den Behandlungsabbruch
van Rienen, 2009: Die „sozialethischen" Einschränkungen des Notwehrrechts
Röckrath, 2004: Kausalität, Wahrscheinlichkeit und Haftung
Rogall, 1991: Die Strafbarkeit von Amtsträgern im Umweltbereich
Rogat, 1997: Die Zurechnung der Beihilfe
Rönnau, 2001: Willensmängel bei der Einwilligung im Strafrecht
Rosenau, 1998: Tödliche Schüsse im staatlichen Auftrag, 2. Aufl.
Rothenfußer, 2003: Kausalität und Nachteil
Rotsch: Klausuren 19–24 in: *Rotsch/Nolte/Pfeifer/Weitemeyer*, Die Klausur im Ersten Staatsexamen, 2003
Rotsch, 2009: „Einheitstäterschaft" statt Tatherrschaft
Roxin/Arzt/Tiedemann: Einführung in das Strafrecht und Strafprozessrecht, 5. Aufl. 2006
Roxin, AT I: Strafrecht, Allgemeiner Teil, Bd. I, 4. Aufl. 2006
Roxin, AT II: Strafrecht, Allgemeiner Teil, Bd. II, 2003
Roxin, HRR AT: Höchstrichterliche Rechtsprechung zum Allgemeinen Teil des Strafrechts, 1998
Roxin, TuT: Täterschaft und Tatherrschaft, 8. Aufl. 2006
Roxin/Achenbach, PdW Strafprozessrecht: Prüfe Dein Wissen, Strafprozessrecht, 16. Aufl. 2006
Roxin/Schroth, 2010: Roxin/Schroth (Hrsg.), Handbuch des Medizinstrafrechts, 4. Aufl. 2010
Roxin/Schünemann, Strafverfahrensrecht, 27. Aufl. 2012
Roxin/Schünemann/Haffke, Klausurenlehre: Strafrechtliche Klausurenlehre mit Fallrepetitorium, 4. Aufl. 1982
Rudolphi, 1984: Der Zweck staatlichen Strafrechts und die strafrechtlichen Zurechnungsformen, in: *Schünemann* (Hrsg.), Grundfragen des modernen Strafrechtssystems, S. 69–84
Rudolphi, AT-Fälle: Fälle zum Strafrecht, Allgemeiner Teil, 5. Aufl. 2000
Runte, 1991: Die Veränderung von Rechtfertigungsgründen durch Rechtsprechung und Lehre: moderne Strafrechtsdogmatik zwischen Rechtsstaatsprinzip und Kriminalpolitik

Sacher, 2006: Sonderwissen und Sonderfähigkeiten in der Lehre vom Straftatbestand
Safferling, 2008: Vorsatz und Schuld
Saliger, 2005: Parteiengesetz und Strafrecht
Saliger, UmwStR: Umweltstrafrecht, 2012
Samson, 1972: Hypothetische Kausalverläufe im Strafrecht
Samson, Strafrecht I: Wiederholungs- und Vertiefungskurs, Strafrecht I, 7. Aufl. 1988
Samson, Strafrecht II: Wiederholungs- und Vertiefungskurs, Strafrecht II, 5. Aufl. 1985
Sánchez-Lázaro, 2007: Täterschaft beim Fahrlässigkeitsdelikt
Sanchez-Vera, 1999: Pflichtdelikt und Beteiligung
Sangenstedt, 1989: Garantenstellung und Garantenpflicht von Amtsträgern
Satzger, 2011: Internationales und Europäisches Strafrecht, 5. Aufl.
Schaal, 2001: Strafrechtliche Verantwortlichkeit bei Gremienentscheidungen in Unternehmen

Schall, 1996: Probleme der Zurechnung von Umweltdelikten in Betrieben, in: *Schünemann* (Hrsg.), Deutsche Wiedervereinigung, Bd. III: Unternehmenskriminalität, S. 99 ff.

Scheinfeld, 2006: Der Tatbegriff des § 24 StGB

Scherf, 1992: Aids und Strafrecht

Schild, 1994: Täterschaft als Tatherrschaft

Schild, 2002: Sportstrafrecht

Schlehofer, 1996: Vorsatz und Tatabweichung

Schliebitz, 2002: Die Erfolgszurechnung beim „mißlungenen Rücktritt"

Schlör, 1984: Untersuchungen zur Rechtfertigung ungewollter Auswirkungen einer Notwehrhandlung

Schlösser, 2004: Soziale Tatherrschaft

Schlüchter, 1996: Grenzen strafbarer Fahrlässigkeit – Aspekte zu einem Strafrecht in Europa –

Schmid, 2002: Das Verhältnis von Tatbestand und Rechtswidrigkeit aus rechtstheoretischer Sicht

Schmidhäuser: Strafrecht, Allgemeiner Teil, Studienbuch, 2. Aufl. 1984

Schmidhäuser, Einführung: Einführung in das Strafrecht, 2. Aufl. 1984

Schmidt, 2007: Mehraktige Rechtfertigungskonstellationen am Beispiel des Festnahmerechts und der Notrechte

Schmidt, 2008: Grundrechte als verfassungsunmittelbare Strafbefreiungsgründe

Schmitz, 2001: Unrecht und Zeit

Schneider, 1987: Körperliche Gewaltanwendung in der Familie

Schneider, 1997: Tun und Unterlassen beim Abbruch lebensrettender medizinischer Behandlung

Schneider, Zwischenprüfung: Die Zwischenprüfung im Strafrecht, 1988

Schöne, 1974: Unterlassene Erfolgsabwendungen und Strafgesetz

S/S-Bearbeiter: Schönke/Schröder, Strafgesetzbuch, Kommentar, 28. Aufl. 2010

Scholz/Wohlers, Klausuren: Klausuren und Hausarbeiten im Strafrecht, 2. Aufl. 1999

Schramm, 2005: Untreue und Konsens

Schramm, 2011: Ehe und Familie im Strafrecht

Schramm, IntStR: Internationales Strafrecht, 2011

Schreiber, 1990: Rechtliche Aspekte der „Lebensqualität", in: *Schölmerich/Thews* (Hrsg.), „Lebensqualität" als Bewertungskriterium in der Medizin = Medizinische Forschung 2 (1990), S. 247 ff.

Schroeder, 1964: Der Täter hinter dem Täter

Schroth, 1993: Unternehmen als Normadressaten und Sanktionssubjekte

Schroth, 1998: Vorsatz und Irrtum

Schroth, 2005: *Schroth/König/Gutmann/Oduncu* (Hrsg.), Transplantationsgesetz-Kommentar

Schroth, BT: Strafrecht Besonderer Teil, 4. Aufl. 2006

Schubert, 2005: Der Versuch – Überlegungen zur Rechtsvergleichung und Harmonisierung

Schultz, 1984: Amtswalterunterlassen

Schulz, 1994: Kausalität und strafrechtliche Produkthaftung. Materiell- und prozeßrechtliche Aspekte, in: Lübbe (Hrsg.), Kausalität und Zurechnung, S. 41 ff.

Schumann, 1986: Strafrechtliches Handlungsunrecht und das Prinzip der Selbstverantwortung der Anderen

Schumann, 2006: Zum Standort des Rücktritts vom Versuch im Verbrechensaufbau

Schünemann, 1971: Grund und Grenzen der unechten Unterlassungsdelikte

Schünemann, 1988: Die Rechtsprobleme der Aids-Eindämmung – Eine Zwischenbilanz, in: *Schünemann/Pfeiffer* (Hrsg.), Die Rechtsprobleme von Aids, S. 373 ff.

Schünemann, 1991: Die strafrechtlichen Probleme des AIDS-Komplexes, in: *Busch/Heckmann/Marks* (Hrsg.), HIV/AIDS und Straffälligkeit, S. 93 ff.

Schünemann, 1994: Die strafrechtliche Verantwortlichkeit der Unternehmensleitung im Bereich von Umweltschutz und technischer Sicherheit, in: *Breuer* u. a. (Hrsg.), Umweltschutz und technische Sicherheit im Unternehmen, S. 137 ff.

Schünemann, 1994 a: Die Strafbarkeit der juristischen Person aus deutscher und europäischer Sicht, in: *ders./Gonzales* (Hrsg.), Bausteine des europäischen Wirtschaftsstrafrechts, S. 265 ff.

Schünemann, 1995: Die Funktion der Abgrenzung von Unrecht und Schuld, in: *ders./de Figueiredo Dias* (Hrsg.), Bausteine des europäischen Strafrechts, S. 149 ff.

Schünemann, 1995 a: Zum gegenwärtigen Stand der Dogmatik der Unterlassungsdelikte in Deutschland, in: *Gimbernat/Schünemann/Wolter* (Hrsg.), Internationale Dogmatik der objektiven Zurechnung und der Unterlassungsdelikte, S. 49 ff.

Schünemann, 1996: AIDS und Strafrecht, in: *Szwarc* (Hrsg.), AIDS und Strafrecht, S. 9 ff.

Schünemann, W. B., 1985: Selbsthilfe im Rechtssystem

Schwab, 1996: Täterschaft und Teilnahme bei Unterlassungen

Schwartz, 1999: Strafrechtliche Produkthaftung

Schwind/Franke/Winter, Anfängerübung: Übungen im Strafrecht für Anfänger, 5. Aufl. 2000

Schwartz, 2009: Die hypothetische Einwilligung im Strafrecht

Seeberg, 2005: Aufgedrängte Nothilfe, Notwehr und Notwehrexzess

Seelmann: Grundfälle zu den Eigentums- und Vermögensdelikten, 1988

Seelmann, 2002: Kollektive Verantwortung im Strafrecht

Seesko, 2004: Notwehr gegen Erpressung durch Drohung mit erlaubtem Verhalten

Seibert, 2006: Die Garantenpflichten beim Betrug

Seier, Anfänger Klausur: Die Anfängerklausur im Strafrecht, 2010

Selter, 2008: Kettenanstiftung und Kettenbeihilfe

Sengbusch, 2008: Die Subsidiarität der Notwehr

Seuring, 2004: Die aufgedrängte Nothilfe

Siciliano, 2008: Das Leben des fliehenden Diebes

Siekmann, 2005: Das Unrechtsbewußtsein der DDR-„Mauerschützen"

Sinn, 2007: Straffreistellung aufgrund von Drittverhalten

SK-Bearbeiter: *Rudolphi/Horn/Samson/Günther/Hoyer/Rogall/Sinn/Stein/Wolter/Wolters,* Gesamtredaktion: *Rudolphi/Wolter,* Systematischer Kommentar zum Strafgesetzbuch, Stand: Okt. 2011

SK StPO-Bearbeiter: *Rudolphi/Frisch/Paeffgen/Rogall/Schlüchter/Weßlau/Wolter/Degener/Frister/Velten/Wohlers,* Systematischer Kommentar zur Strafprozessordnung und zum Gerichtsverfassungsgesetz, Stand: 27. 1. 2010

Spendel, 1948: Die Kausalitätsformel der Bedingungstheorie für die Handlungsdelikte

Spickhoff, 2011: Medizinrecht

SSW-Bearbeiter: *Satzger/Schmitt/Widmaier:* Strafgesetzbuch Kommentar, 2009

Steen, 2011: Die Rechtsfigur des omnimodo facturus

Stein, 1988: Die strafrechtliche Beteiligungsformenlehre

Steindorff: Waffenrecht, Kommentar, 8. Aufl. 2007

Stellpflug, 1996: Der strafrechtliche Schutz des menschlichen Leichnams

Sternberg-Lieben, 1997: Die objektiven Schranken der Einwilligung im Strafrecht

Stoffers, 1992: Die Formel „Schwerpunkt der Vorwerfbarkeit" bei der Abgrenzung von Tun und Unterlassen

Strasser, 2008: Zurechnung von Retter-, Flucht- und Verfolgerfällen

Stratenwerth/Kuhlen: Strafrecht, Allgemeiner Teil I, 6. Aufl. 2011

Strauß, Strafrecht: Strafrecht, Fälle und Lösungen, 3. Aufl. 1998

Streng: Strafrechtliche Sanktionen, Grundlagen und Anwendung, 2. Aufl. 2002

Struensee, 2005: Grundlagenprobleme des Strafrechts

Stuckenberg, 2007: Vorstudien zu Vorsatz und Irrtum im Völkerstrafrecht

Suppert, 1973: Studien zur Notwehr und „notwehrähnlichen Lage"

Sydow, 2002: Die actio libera in causa nach dem Rechtsprechungswandel des Bundesgerichtshofs

Syrrothanassi, 2007: Die Regelung der Anstiftung in einem europäischen Modellstrafgesetzbuch

Tachau, 2005: Ist das Strafrecht strenger als das Zivilrecht?

Tag, 1994: Das Vorenthalten von Arbeitnehmerbeiträgen zur Sozial- und Arbeitslosenversicherung

Tag, 2000: Der Körperverletzungstatbestand im Spannungsfeld zwischen Patientenautonomie und Lex artis

Tamm, 2007: Die Zulässigkeit von Außenseitermethoden und die dabei zu beachtenden Sorgfaltspflichten

Teubner, Die Examens- und Übungsklausur: Die Examens- und Übungsklausur im Bürgerlichen Recht, Strafrecht und Öffentlichen Recht, 1995

Thalheimer, 2008: Die Vorfeldstrafbarkeit der §§ 30, 31 StGB
Theile, 1999: Tatkonkretisierung und Gehilfenvorsatz
Thewes, 1988: Rettungs- oder Todesschuss?
Thiel, 2000: Die Konkurrenz von Rechtfertigungsgründen
Thier, 2009: Zurechenbarkeit von Retterschäden bei Brandstiftungsdelikten
Tiedemann, Anfängerübung: Die Anfängerübung im Strafrecht, 4. Aufl. 1999
Tiedemann, AT: Wirtschaftsstrafrecht-Einführung und Allgemeiner Teil, 3. Aufl. 2010
Tiedemann, 1996: Strafbarkeit von juristischen Personen?, in: *Schoch/Stoll/Tiedemann* (Hrsg.), Freiburger Begegnung, S. 30 ff.
Timpe, 1983: Strafmilderungen des Allgemeinen Teils des StGB und das Doppelverwertungsverbot
Timpe, 1989: Die Nötigung
Toepel, 1992: Kausalität und Pflichtwidrigkeitszusammenhang beim fahrlässigen Erfolgsdelikt
Toepel, 2002: Grundstrukturen des Sachverständigenbeweises im Strafprozessrecht
Tolmein, 2004: Selbstbestimmungsrecht und Einwilligungsfähigkeit
Trück, 2000: Mutmaßliche Einwilligung und passive Sterbehilfe
Tsai, 2006: Zur Problematik der Tatbestandsalternativen im Strafrecht

Ulsenheimer, 2008: Arztstrafrecht in der Praxis, 4. Aufl.
Ulsenheimer, 2010: Der Arzt im Strafrecht, in: *Laufs/Kern* (Hrsg.) Handbuch des Arztrechts, 4. Aufl.
Urban, 2004: Mittelbare Täterschaft kraft Organisationsherrschaft

Valerius: Einführung in den Gutachtenstil, 3. Aufl. 2009
Valerius, 2011: Kultur und Strafrecht
Vehling, 1991: Die Abgrenzung von Vorbereitung und Versuch
Velten, 2002: Normkenntnis und Normverständnis
Vogel, 1993: Norm und Pflicht bei den unechten Unterlassungsdelikten
Volk: Grundkurs StPO, 7. Aufl. 2010

Wagner, 1984: Individualistische oder überindividualistische Notwehrbegründung
Wagner, BT-Fälle: Fälle zum Strafrecht, Besonderer Teil, 4. Aufl. 1998
Walter, 2006: Der Kern des Strafrechts
Walther, 1991: Eigenverantwortlichkeit und strafrechtliche Zurechnung
Warneke, 2007: Die Bestimmtheit des Beteiligtenvorsatzes
Webel, 1999: Strafbarkeit leicht fahrlässigen Verhaltens?
Weddig, 2008: Mittelbare Täterschaft und Versuchsbeginn bei der Giftfalle
Wege, 2011: Rücktritt und Normgeltung
Weißer, 1996: Kausalitäts- und Täterschaftsprobleme bei der strafrechtlichen Würdigung pflichtwidriger Kollegialentscheidungen
Weisser, 2011: Täterschaft in Europa
Welp, 1968: Vorangegangenes Tun als Grundlage einer Handlungsäquivalenz der Unterlassung
Welzel: Das deutsche Strafrecht, 11. Aufl. 1969
Welz, 2010: Zum Verhältnis von Anstiftung und Beihilfe
Werle, VölkerStrR: Völkerstrafrecht, 3. Aufl. 2012
W-Beulke: Wessels/Beulke, Strafrecht, Allgemeiner Teil, 41. Aufl. 2011
W-Hettinger: Wessels/Hettinger, Strafrecht, Besonderer Teil, 1. Band, 35. Aufl. 2011
W-Hillenkamp: Wessels/Hillenkamp, Strafrecht, Besonderer Teil, 2. Band, 34. Aufl. 2011
Winkemann, 1991: Probleme der Fahrlässigkeit im Umweltstrafrecht: erläutert anhand des § 324 III StGB
Winter, 2000: Der Abbruch rettender Kausalität
Wittig, WiStR: Wirtschaftsstrafrecht, 2. Aufl. 2011
Witzigmann, 2008: Das „absichtslos-dolose Werkzeug"
Wörner, 2009: Der fehlgeschlagene Versuch zwischen Tatplan und Rücktrittshorizont
Woesner, 2006: Die Notwehr und ihre Einschränkungen in Deutschland und in den USA
Wohlleben, 1996: Beihilfe durch äußerlich neutrale Handlungen
Wolff, 1965: Kausalität von Tun und Unterlassen

Wolff, 2002: Begünstigung, Strafvereitelung und Hehlerei

Wolff-Reske, 1995: Berufsbedingtes Verhalten als Problem mittelbarer Erfolgsverursachung

Wolter, 1981: Objektive und personale Zurechnung von Verhalten, Gefahr und Verletzung in einem funktionalen Straftatsystem

Wolter, 1993: Strafwürdigkeit und Strafbedürftigkeit in einem neuen Strafrechtssystem, in: *ders.* (Hrsg.), 140 Jahre Goltdammer's Archiv für Strafrecht, S. 269 ff.

Wolter, 1995: Objektive Zurechnung und modernes Strafrechtssystem, in: *Gimbernat/Schünemann/Wolter* (Hrsg.), Internationale Dogmatik der objektiven Zurechnung und der Unterlassungsdelikte, S. 3 ff.

Wolter, 1996: Zur Dogmatik und Rangfolge von materiellen Ausschlussgründen, Verfahrenseinstellung, Absehen und Mildern von Strafe, in: *ders./Freund* (Hrsg.), Straftat, Strafzumessung und Strafprozess im gesamten Strafrechtssystem, S. 1 ff.

Wolters: Fälle mit Lösungen für Fortgeschrittene im Strafrecht, 2. Aufl. 2006

Wortmann, 2002: Inhalt und Bedeutung der „Unzumutbarkeit normgemäßen Verhaltens" im Strafrecht

Zabel, 2007: Schuldtypisierung als Begriffsanalyse

Zaczyk, 1989: Das Unrecht der versuchten Tat

Zaczyk, 1993: Strafrechtliches Unrecht und die Selbstverantwortung des Verletzten

Zenker, 2003: Actio libera in causa

Ziegert, 1987: Vorsatz, Schuld und Vorverschulden

Ziehten, 2004: Grundlagen probabilistischer Zurechnung im Strafrecht

Zieschang: Strafrecht Allgemeiner Teil, 3. Aufl. 2012

Zieschang, 1998: Die Gefährdungsdelikte

Zimmermann, 2009: Rettungstötungen

Zippelius/Würtenberger, Staatsrecht: Deutsches Staatsrecht, 32. Aufl. 2008

1. Abschnitt. Überblick und Handlungsbegriff

§ 1. Überblick über die (dogmatische) AT-Materie

I. Ziel des AT-Lehrbuchs

Das Ziel, welches das hier vorgelegte AT-Lehrbuch verfolgt, ist die Befähigung des 1
Studenten zur Bearbeitung von strafrechtlichen Übungsarbeiten mit Problemen des
AT. Da in solchen Übungsarbeiten Fälle zu lösen sind, wird die AT-Materie so vorgestellt, dass – zusätzlich zur Sachinformation – deutlich wird, wie die jeweilige Materie
bei der Bearbeitung von Übungsfällen einzusetzen ist. Da diese Technik der Fallbearbeitung aber in einem Lehrbuch, das in erster Linie den zu kennenden Stoff vermitteln
muss, nur in Ansätzen gelingen kann (die Beispielsfälle können nicht „durchgeprüft"
werden), werden an allen Stellen, an denen üblicherweise AT-Probleme in Übungsarbeiten auftauchen, Hinweise auf „mustergültige" Fallbearbeitungen gegeben. Der Leser wird dadurch in die Lage versetzt, sich in „Musterlösungen" anzusehen, wie er das
aufgenommene Wissen bei der Fallbearbeitung anzuwenden hat.

Damit wird für das AT-Lehrbuch eine Literaturgattung erschlossen (die im Folgen- 2
den sog. **Übungsfall-Literatur**), die durch zahlreiche Fallsammlungen (z.B. „Fälle zum
Strafrecht AT" von *Rudolphi,* 5. Aufl. 2000; *Kudlich,* Fälle mit Lösungen im Strafrecht AT, 2011; *Beulke,* Klausurenkurs im Strafrecht I, 5. Aufl. 2010; *Hilgendorf,* Fälle zum Strafrecht für Anfänger – Klausurenkurs I, 2011; *Ebert* [Hrsg.], Strafrecht AT –
16 Fälle mit Lösungen, 2005), durch eine fallbezogene Problemsammlung („32 Probleme aus dem Strafrecht AT" von *Hillenkamp,* 13. Aufl. 2010), durch übungsbeglei-
tende Anleitungen mit Fällen und Lösungen (z.B. *Tiedemann,* Die Anfängerübung im
Strafrecht, 4. Aufl. 1999 oder *Otto/Bosch,* Übungen im Strafrecht, 7. Aufl. 2010),
durch spezielle Vorbereitung auf Klausuren (*Arzt,* Die Strafrechtsklausur, 7. Aufl.
2006) und durch monatlich erscheinende strafrechtliche Übungsfälle in den juristischen Ausbildungszeitschriften (JA, Jura und JuS; auch online: ZJS) ein solches Ausmaß angenommen hat, dass man bereits auswählen muss, aber – angesichts des großen Angebots – das geeignete Material auch auswählen kann. Ein nicht beabsichtigtes
Nebenprodukt dieses Einbezugs der Übungsfall-Literatur ist die von sonstigen AT-
Lehrbüchern zum Teil abweichende Intensität der Stoffvermittlung: Gebiete, in denen
viele Übungsfälle vorhanden waren, sind breiter als üblich dargestellt (z.B. die Rechtfertigungsgründe der §§ 32, 34: Notwehr und Notstand), Gebiete, in denen sich kaum
Übungsfälle finden, sind eher kurzgehalten (z.B. die Schuldunfähigkeit gem. § 20).

Da in Übungsfällen immer die **Strafbarkeitsfrage** zu beantworten ist, scheiden 3
nach der fallbezogenen Konzeption dieses Lehrbuchs die „Rechtsfolgen der Tat"
(§§ 38–76a) mit Ausnahme der Konkurrenzvorschriften (§§ 52, 53) als zu behandelnde Materie aus; ebenso der 4. und 5. Abschnitt des AT (§§ 77–77e: Strafantrag,
Ermächtigung, Strafverlangen; §§ 78–79b: Verjährung). Nicht behandelt werden die
§§ 3–7 (sog. internationales Strafrecht), nicht gesondert auch die §§ 8, 9 (Zeit und
Ort der Tat), obwohl sie Gegenstand von Übungsarbeiten sein könnten, soweit ersichtlich aber nicht sind. Zum Gegenstand des Lehrbuchs wird damit im Wesentlichen der 2. Abschnitt des AT des StGB: „Die Tat" (§§ 13–37). In diesem verhältnismäßig kleinen Abschnitt des StGB finden sich die Vorschriften, die man zur
Lösung von Übungsfällen mit AT-Problemen kennen muss. Freilich regeln die Vor-

schriften **die Straftat und ihre Erscheinungsformen** nicht erschöpfend, so dass auch „Ungeschriebenes" zu wissen ist (z. B. Kausalität und objektive Zurechnung als Kern des objektiven Tatbestandes der Erfolgsdelikte).

II. Das Grunddelikt, seine Abwandlungen und Anknüpfungen

4   Als Grunddelikt wird hier das Delikt bezeichnet, das den meisten einzelnen Delikten des BT zugrundeliegt, wenn man von deren Besonderheiten absieht. Man könnte zur Unterscheidung von dem Grunddelikt, das in einer Deliktsgruppe des BT Ausgangsvorschrift für strafschärfende und/oder strafmildernde Vorschriften ist (s. u. Rn. 6–8), auch von der Grundform, dem Grundmodell oder dem Modellfall der Straftat sprechen.[1] Dieses Delikt ist das:

vollendete vorsätzliche Begehungs-Delikt.[2]

4a   Als vollendetes vorsätzliches Begehungs-Delikt sind im BT sowohl die einfach strukturierten Delikte wie Totschlag gem. § 212 oder Körperverletzung gem. § 223 als auch die komplizierteren Delikte wie Diebstahl gem. § 242 oder Betrug gem. § 263 gefasst. All diese Delikte, seien sie nun Verbrechen (wie Totschlag gem. § 212) oder Vergehen (wie Körperverletzung, Diebstahl und Betrug gem. §§ 223, 242, 263), sind als durch Aktivität zu begehende (Begehungs-)Delikte umschrieben („töten", „körperlich misshandeln"). Sie sind in zeitlicher Hinsicht als vollendete (nicht bloß versuchte) Taten gefasst und verlangen in subjektiver Hinsicht vorsätzliches (nicht bloß fahrlässiges) Handeln (§ 15).

Im Einzelnen:

5   – **Delikt:** Delikte nach dem StGB können Verbrechen oder Vergehen sein. Wann ein **Verbrechen** vorliegt, sagt § 12 I. Liegt die Strafdrohung des jeweiligen Delikts des BT „im Mindestmaß" bei einer „Freiheitsstrafe von einem Jahr oder darüber", so handelt es sich um ein Verbrechen. Häufiger aber sind die **Vergehen** (§ 12 II), deren Strafdrohung durchaus über ein Jahr Freiheitsstrafe hinausgehen darf, aber auch darunter liegen kann, z. B. § 242: „bis zu fünf Jahren", aber nicht mindestens ein Jahr, sondern ein Monat (= „Mindestmaß" der zeitigen Freiheitsstrafe gem. § 38 II).

6   Diese einfache Zweiteilung verkompliziert sich bei Delikten des BT, die gegenüber einem Grunddelikt „Schärfungen oder Milderungen" enthalten (§ 12 III). Eine solche Schärfung enthält z. B. die Erpressung „in besonders schweren Fällen" gem. § 253 IV gegenüber der einfachen Erpressung gem. § 253 I. Eine solche Milderung enthält § 249 II („minder schwerer Fall" des Raubes) gegenüber dem einfachen Raub gem. § 249 I. Jeweils entscheidet nicht die Strafdrohung der „schärferen" oder „milderen" Vorschrift (sonst wäre § 253 IV ein Verbrechen und § 249 II ein Vergehen): sie hat für die Delikteinteilung nach § 12 III „außer Betracht" zu bleiben.

7   Erfolgt die Schärfung bzw. Milderung allerdings nicht durch die Formulierung „in besonders schweren Fällen" (§ 253 IV) oder „in minder schweren Fällen" (§ 249 II), sondern durch tatbestandliche Ausformulierung der Situation, die zur Schärfung bzw. Milderung führt (sog. **benannte Strafschärfungsgründe bzw. Straf-**

---

[1] So in der Reihenfolge des Textes *Lackner/Kühl,* Rn. 31 a vor § 13; *Hoyer,* AT I, S. 27 u. *Mitsch,* JuS 2001, 105; *Jescheck/Weigend,* S. 560.
[2] Anders *Herzberg,* JuS 1966, 377, der dieses Delikt als „qualifiziertes Versuchs-, Fahrlässigkeits- und Unterlassungsdelikt" deutet; zu Recht krit. *Rohrer,* JuS 1997, 574.

milderungsgründe), so kann sich der Deliktscharakter ändern, denn für sie gilt § 12 III nicht. Es kommt dann auf die Strafdrohung der Schärfungs- bzw. Milderungsvorschrift an. Beispiel für einen benannten Strafschärfungsgrund ist die schwere Freiheitsberaubung gem. § 239 III Nr. 1 (wenn der Täter „das Opfer länger als eine Woche der Freiheit beraubt"). Da die Strafdrohung hier im Mindestmaß „Freiheitsstrafe von einem Jahr" vorsieht, handelt es sich bei der schweren Freiheitsberaubung um ein Verbrechen, obwohl die einfache Freiheitsberaubung gem. § 239 I ein Vergehen ist.

Ein Beispiel für einen benannten Strafmilderungsgrund ist die Tötung auf Verlangen gem. § 216. Ein weiteres Beispiel für einen benannten Strafmilderungsgrund könnte § 213, 1. Alt. sein, wo die mildernde Situation (Provokation) tatbestandsmäßig umschrieben ist. Da die Strafdrohung im Mindestmaß unter einem Jahr Freiheitsstrafe liegt, ist § 216 ein Vergehen. Bei § 213, 1. Alt. ist die Frage, ob es sich um eine benannte Strafmilderung oder nur um ein Beispiel für eine unbenannte Strafmilderung („sonst ein minder schwerer Fall" i. S. der Alt. 2 des § 213) handelt, für die Einteilung in die Kategorien Verbrechen – Vergehen nicht mehr relevant, weil der Gesetzgeber 1998 die Strafdrohung auf ein Jahr Freiheitsstrafe im Mindestmaß angehoben hat; § 213 ist deshalb ebenso wie das Grunddelikt Totschlag gem. § 212 ein Verbrechen. Die Frage stellt sich aber etwa für den Strafschärfungsgrund des § 241 a IV Alt. 1, der nach der Strafdrohung Verbrechen ist, wohingegen § 241 a I ein Vergehen ist; ist die 1. Alt. ein benannter Strafschärfungsgrund, dann handelt es sich um ein Verbrechen; ist die 1. Alt. dagegen nur ein Beispiel eines unbenannten Strafschärfungsgrundes („sonst ein besonders schwerer Fall" i. S. der Alt. 2 des § 241 a IV), so handelt es sich um ein Vergehen, weil § 241 a I ein Vergehen ist (§ 12 III: die Schärfung bleibt „außer Betracht").

Bedeutung hat die Frage, ob ein Delikt Verbrechen oder Vergehen ist, insbesondere für die AT-Problematik der Strafbarkeit des Versuchs. Nach § 23 I ist der Versuch bei Vergehen nur dann strafbar, wenn das Gesetz (= das jeweilige Delikt im BT) es ausdrücklich bestimmt, dagegen bei Verbrechen immer, d. h. auch ohne ausdrückliche Anordnung im Gesetz.

Deshalb darf auf eine Prüfung, z. B. des Versuchs der schweren Freiheitsberaubung gem. § 239 III Nr. 1 (das vom Täter eingeschlossene Opfer, das zwei Wochen schmoren sollte, kann sich nach drei Tagen befreien), nicht mit dem Argument verzichtet werden, die einfache Freiheitsberaubung gem. § 239 I sei ein Vergehen, denn die benannte Strafschärfung des § 239 III Nr. 1 enthält, was für ihren Deliktscharakter entscheidend ist, eine Verbrechensstrafandrohung; seit dem 6. Strafrechtsreformgesetz ist zwar die Versuchsstrafbarkeit für die gesamte Freiheitsberaubung in § 239 II ausdrücklich angeordnet, doch bezieht sich diese Anordnung nur auf den davorstehenden Absatz 1. Dasselbe gilt schon immer für § 241 a, so dass für die Versuchsstrafbarkeit bei § 241 a IV Alt. 1 nicht auf dessen Verbrechenscharakter abgestellt werden muss, sondern auf § 241 a III verwiesen werden kann. Entscheidend auf den Verbrechenscharakter muss für die Versuchsstrafbarkeit z. B. bei der benannten Strafschärfung des § 221 II Nr. 1 („Tat gegen sein Kind") abgestellt werden, weil der Gesetzgeber für das Vergehen des Grunddelikts gem. § 221 I keine Versuchsstrafbarkeit angeordnet hat. Näheres beim Versuch (s. u. 15/11–16). – Auf den Verbrechenscharakter der schweren Freiheitsberaubung gem. § 239 III Nr. 1 kommt es aber noch an, wenn es z. B. um deren Verabredung i. S. von § 30 II Var. 3 oder z. B. um eine Bedrohung gem. § 241 mit ihrer Begehung geht. Ebenso ist eine versuchte Anstiftung zum schweren Bandendiebstahl (§§ 244 a I, 30 I) nur strafbar, wenn es sich – was angesichts der tatbestandlichen Ausformulierung von § 244 a I der Fall ist – beim schweren Bandendiebstahl um ein Verbrechen handelt.

10 – **Begehung**sdelikt: der unschöne Begriff der Begehung soll das aktive Verhalten vom Unterlassen als einer weiteren Form menschlichen Verhaltens scheiden. Obwohl die Delikte des BT in ihrer großen Mehrzahl so formuliert sind, dass man meinen könnte, sie würden ein aktives Verhalten des Täters voraussetzen, sind sie doch auch (unter bestimmten Voraussetzungen) durch **Unterlassen** zu verwirklichen. Die knappe Anordnung dieser Möglichkeit, ein Delikt durch Unterlassen begehen zu können, enthält § 13 I, der zugleich einschränkende Voraussetzungen enthält, insbesondere das Erfordernis der sog. Garantenstellung, die vorliegt, wenn der Unterlassende „rechtlich dafür einzustehen hat, dass der Erfolg nicht eintritt". So kann etwa die Mutter ihr Kind aktiv durch die Fütterung mit vergiftetem Brei töten (§ 212), sie kann es aber auch verhungern lassen (= ebenfalls § 212 durch Unterlassen einer Garantin für das Leben des Kindes).

11   Diese sog. **unechten Unterlassungsdelikte,** die durch Unterlassen begangenen Begehungsdelikte, sind AT-Materie. BT-Materie dagegen sind die wenigen **echten Unterlassungsdelikte,** die wie die unterlassene Hilfeleistung gem. § 323 c in einer besonderen Vorschrift des BT erfasst sind. Bei ihnen unterlässt kein Garant die von ihm geforderte Rettung des gefährdeten Rechtsguts, sondern es erfüllt ein Jedermann, der auf einen Unglücksfall trifft, seine mitmenschliche **Mindestsolidaritätspflicht** nicht. So z. B. der Fußgänger, der den Unfall und die Unfallflucht des PKW-Fahrers beobachtet hat und den angefahrenen Radfahrer verbluten lässt (= § 323 c). Der Fahrer hingegen, der den Unfall fahrlässig verursacht hat, macht sich nicht nur wegen fahrlässiger (aktiver) Tötung gem. § 222 strafbar, sondern möglicherweise auch wegen vorsätzlicher Tötung gem. § 212, begangen durch Unterlassen, wenn er infolge seines gefahrbegründenden Vorverhaltens als Garant für die Gefahrbeseitigung zuständig ist. – Bei manchen Delikten ergibt sich durch Auslegung, dass sie sowohl durch Tun als auch durch (echtes) Unterlassen begangen werden können; so etwa bei der Rechtsbeugung (§ 339) oder beim Parteiverrat (§ 356).[3]

12 – **vorsätzliches** Begehungsdelikt: alle Delikte, die nicht ausdrücklich fahrlässiges Handeln mit Strafe bedrohen, sind nur durch „vorsätzliches Handeln" auf strafbare Weise zu begehen (§ 15). Das StGB definiert weder das „vorsätzliche Handeln" noch das „fahrlässige Handeln". Immerhin ergibt sich im Umkehrschluss aus § 16 I, dass zum Vorsatz mindestens die Kenntnis der Tatumstände gehört. In einer gebräuchlichen, aber verkürzenden Formel wird der Vorsatz als Wissen und Wollen der Tatbestandsverwirklichung umschrieben. Was **Fahrlässigkeit** im Kern ist, lässt sich § 276 BGB entnehmen, wo von der Außerachtlassung der im Verkehr erforderlichen Sorgfalt die Rede ist. Beide Begriffe – Vorsatz und Fahrlässigkeit – sind wichtige AT-Materien, die hier nicht vorwegbehandelt werden können. – Vorsatz-Fahrlässigkeits-**Kombinationen** enthalten u. a. die erfolgsqualifizierten Delikte wie z.B. die Körperverletzung mit Todesfolge (§ 227 i.V.m. § 18), bei der durch die vorsätzliche Körperverletzung der Tod der verletzten Person „wenigstens" fahrlässig verursacht worden sein muss (näher dazu in § 17 a).

13   An dieser Stelle ist nur schon darauf hinzuweisen, dass bei Ablehnung eines vorsätzlichen Verhaltens nicht innerhalb desselben Delikts auf die Frage übergegangen werden darf, ob der Täter sich nicht zumindest fahrlässig verhalten habe. Es ist vielmehr – kraft Anordnung durch § 15 – ein **Fahrlässigkeitsdelikt** zu suchen, dass solch fahrlässiges Handeln unter Strafe stellt. Diese Suche ist z. B. bei Tötungs- und

---

[3] Zu § 339 vgl. *Lackner/Kühl*, § 339 Rn. 5 a; zu § 356 vgl. *Kretschmer,* 2005, S. 182 ff.

Körperverletzungsdelikten erfolgreich (§ 222: fahrlässige Tötung, § 229: fahrlässige Körperverletzung), so dass nach Ablehnung des Tötungs- oder Körperverletzungsvorsatzes (der Schütze hat nicht gewusst, dass er einen Menschen vor sich hatte, weil er den am Boden kauernden Jagdfreund für einen Rehbock gehalten hat) auf die Prüfung der §§ 222, 229 übergegangen werden kann, je nachdem, ob der Jagdfreund durch den Schuss des Täters getötet oder nur verletzt wurde.

– **vollendetes** vorsätzliches Begehungsdelikt: die Delikte des BT sind als vollendete   14
umschrieben. Diese **formelle Vollendung** ist gegeben, wenn der Täter alle Tatumstände verwirklicht hat, die das jeweilige Delikt von seinem Täter zu verwirklichen verlangt. Für die Vollendung eines Totschlags gem. § 212 ist der Tod eines anderen Menschen Voraussetzung. Für die Vollendung des Diebstahls gem. § 242 ist die Wegnahme einer fremden beweglichen Sache erforderlich (nicht deren Zueignung, denn die muss nur beabsichtigt sein).

Die Strafbarkeit beginnt aber beim vorsätzlichen Begehungsdelikt (wie auch beim   15
vorsätzlichen Unterlassungsdelikt, der Versuch eines Fahrlässigkeitsdelikts ist dagegen nicht strafbar) schon früher, nämlich beim **Versuch,** es sei denn, es handelt sich um den Versuch eines Vergehens, bei dem die Anordnung der Versuchsstrafbarkeit fehlt (§ 23 I), z.B. der nicht strafbare Versuch der Aussetzung gem. § 221 I. Solange der Täter den Vollendungszeitpunkt des jeweiligen Delikts noch nicht erreicht hat, kann er Strafbefreiung vom Versuch unter den Voraussetzungen der **Rücktritts**vorschrift des § 24 erlangen. Wer z.B. die im Selbstbedienungsladen in die Jacketttasche gesteckte Zigarettenpackung doch wieder ins Regal zurücklegt, bevor er an die Kasse kommt, kann Strafbefreiung wegen Rücktritts nur erlangen, wenn er den Zigaretten-Diebstahl nicht schon durch Wegnahme vollendet hat (diese liegt nach fast allgemeiner Ansicht schon im Einstecken der Schachtel in die Jacketttasche).

Vor dem Versuchsstadium liegt das sog. **Vorbereitungsstadium,** das grundsätzlich   16
straflos ist. Ausnahmen sind nur in § 30 für Fälle vorgesehen, in denen sich mehrere auf eine Deliktsbegehung vorbereiten (z.B. durch Verabredung eines Bankraubs). Das vorbereitete Delikt muss – einschränkend – ein Verbrechen sein, so dass wieder § 12 heranzuziehen ist (beim Bankraub gem. § 249 kein Problem: nach der Strafandrohung ein Verbrechen). Wie § 24 enthält § 31 eine Rücktrittsvorschrift für die ausnahmsweise strafbaren Vorbereitungstäter, die aber dann nicht mehr zur Strafbefreiung führt, wenn die Täter das Versuchsstadium erreicht haben.

Regelmäßig aber beginnt die Strafbarkeitszone mit dem Versuch. Wann der Ver-   17
such konkret beginnt (bzw. wann die Vorbereitungsphase verlassen wird), regelt abstrakt § 22 mit der Formel vom unmittelbaren Ansetzen zur Tatbestandsverwirklichung. Die Handhabung dieser Formel ist ebenso wichtige AT-Materie wie die Bestimmung der Rücktrittsvoraussetzungen nach § 24.

Von der der Vollendung nachfolgenden sog. **Beendigungsphase** ist im AT – anders   18
als vom Versuch – nicht die Rede. Dennoch wird eine solche Beendigungsphase in unterschiedlichem Umfang anerkannt und hat mehrere Auswirkungen. Unproblematisch ist die Beendigungsphase bei den Dauerdelikten, wie etwa der Freiheitsberaubung, denn deren Unrecht erhöht sich bei längerer Dauer sogar (wie § 239 III Nr. 1 zeigt). Problematisch ist aber, ob die Beutesicherungsphase nach der Wegnahme noch zum Diebstahl gem. § 242 zu rechnen ist. Davon hängt u.a. ab, ob jemand, der dem Dieb erst beim Abtransport der vom Dieb allein weggenommenen Beute hilft, noch Beihilfe zum Diebstahl leistet (§§ 242, 27 – die Alternative wäre: Begünstigung gem. § 257).

19   Damit sind die Abwandlungen des Grunddelikts in einer ersten Übersicht veranschaulicht. Es fehlen noch die **Anknüpfungen** an dieses Grunddelikt. Damit ist „untechnisch" gemeint, dass ein Delikt auch von mehreren Personen begangen werden kann und dass eine Person durch ihr Verhalten auch mehrere Delikte begehen kann. Im ersten Fall geht es um die AT-Materie von Täterschaft und Teilnahme, im zweiten Fall um die der sog. Konkurrenzen.

20   Als mögliche Beteiligte an einer vorsätzlichen Deliktsbegehung kommen bei **Beteiligung mehrerer** als Täter insbesondere der mittelbare Täter, der die Tat nach § 25 I 2. Alt. durch einen anderen (das sog. Werkzeug) begeht, und die Mittäter in Betracht, die nach § 25 II die Tat gemeinschaftlich begehen. Ein (Haupt-)Täter kann aber auch durch Teilnehmer zur Tat gebracht (= Anstifter gem. § 26) oder bei der Tat unterstützt (= Gehilfe gem. § 27) werden.

    Mittelbarer Täter ist z. B. derjenige, der einen anderen durch das lebensbedrohliche Vorhalten einer Pistole dazu bringt, eine Straftat (z. B. eine Sachbeschädigung durch Einwerfen einer Scheibe) zu begehen.

    Mittäter sind z. B. die verabredungsgemäß arbeitsteilig vorgehenden Bankräuber: der eine hält mit einer Waffe den Kassierer in Schach, der andere steckt das Geld ein.

    Anstifter ist z. B. derjenige, der einen anderen durch einen „heißen Tipp" dazu bringt, eine „günstig gelegene" Sparkasse zu überfallen.

    Gehilfe ist z. B. der Lieferant des Giftes, mit dem der Belieferte einen anderen Menschen tötet.

21   Die **mehreren** von einem Täter begangenen **Delikte** stehen, wenn der Täter sie durch eine Handlung verwirklicht (z. B. der Schlag mit der Vase, der diese zerstört und den Getroffenen verletzt), in sog. Tateinheit zueinander (= § 52, im Beispiel: §§ 303, 223, 52). Brauchte der Täter dagegen mehrere Handlungen (z. B. nach Wegnahme der fremden Pistole erschießt er mit dieser seinen Nebenbuhler), so stehen die von ihm verwirklichten Taten im Konkurrenzverhältnis der sog. Tatmehrheit (§ 53, im Beispiel: §§ 242, 212, 53). Diese **Konkurrenzverhältnisse** stehen aber unter dem „es sei denn" – Vorbehalt, dass nicht nur ein scheinbares Konkurrenzverhältnis zwischen den verwirklichten Delikten besteht (sog. Gesetzeskonkurrenz). Sie liegt z. B. vor, wenn ein Delikt gar nicht angewendet werden will, wenn das Verhalten, durch das es der Täter verwirklicht, zugleich von einem anderen Delikt mit höherer Strafandrohung erfasst wird (sog. Subsidiarität, z. T. ausdrücklich angeordnet wie in § 265 a: bei der Zutrittserschleichung kann eine Täuschung des Kontrollpersonals zur Strafbarkeit wegen Betrugs gem. § 263 führen, demgegenüber dann § 265 a subsidiär ist).

Schaubild 1: Merkmale des Grundmodells

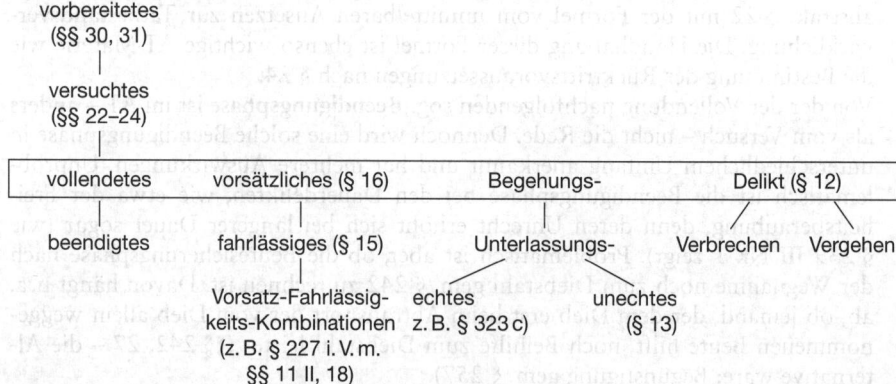

Schaubild 2: Hinzu kommen:

Täterschaft/Teilnahme (§§ 25–31)
Konkurrenzen (§§ 52, 53)

Zu den „Abwandlungen des Grundmodells" durch „leichtere Deliktsformen" wie „versuchtes Delikt, Teilnahmedelikt, Fahrlässigkeitsdelikt und Unterlassungsdelikt" vgl. *Hoyer,* AT I, S. 27, der die täterschaftliche Begehungsweise schon ausdrücklich beim „Grundmodell" einbezieht (s. das Schaubild nach 1/34).

III. Der Aufbau des vollendeten, vorsätzlichen Begehungsdelikts

Der Aufbau der (Straf-)**Tat** (= Überschrift des Zweiten Abschnitts des AT) ist **22** durch das StGB in seinen wesentlichen Elementen vorgegeben, wenn auch nicht in der Deutlichkeit, dass man dem Gesetz ein Aufbauschema entnehmen könnte. Die beiden wesentlichen **Aufbauelemente** aber sind deutlich voneinander geschieden. Es gibt Taten, die gerechtfertigt sind (z.B. durch Notwehr gem. § 32 oder z.B. durch rechtfertigenden Notstand gem. § 34). Es gibt aber auch Taten, die entschuldigt sind (z.B. durch entschuldigenden Notstand gem. § 35) und Taten, bei denen die Schuld ausgeschlossen ist (z.B. wegen Schuldunfähigkeit gem. § 20 oder z.B. wegen unvermeidbaren Verbotsirrtums gem. § 17). Wendet man diese Regelungen ins Positive, so kommt man zu den Aufbauelementen der Rechtswidrigkeit bzw. des Unrechts (die bzw. das bei Vorliegen eines Rechtfertigungsgrundes fehlt) und zum Aufbauelement der Schuld (die beim Vorliegen eines Schuldausschließungs- oder eines Entschuldigungsgrundes fehlt). **Unrecht** und **Schuld** sind also die beiden wesentlichen Aufbauelemente der Straftat.

Das Aufbauelement des Unrechts kann in zwei Elemente aufgegliedert werden. **23** Eine solche Aufgliederung ist deshalb sinnvoll, weil zunächst das Unrecht positiv begründet werden muss, bevor man sich der Frage zuwendet, ob das Unrecht nicht vielleicht doch wegen des Vorliegens eines Rechtfertigungsgrundes zu verneinen ist (zur näheren Begründung dieser Aufgliederung s.u. 6/1 ff.). Das Aufbauelement, das der Rechtfertigungsstufe innerhalb des Unrechts vorgeschaltet ist, heißt **Tatbestand.** Diesem Tatbestand kommt die Aufgabe zu, das typische Unrecht einer Tat zu begründen (näher *Maiwald,* FS Puppe, 2011, S. 695). Für die **Unrechtsbegründung** bedarf es beim Vorsatzdelikt nicht nur der Verwirklichung äußerer Tatumstände, sondern auch deren Kenntnis (§ 16 I) durch den Vorsatztäter sowie dessen Willen, den Tatbestand zu verwirklichen (zur materiellen Unrechtsbegründung durch das tatbestandsmäßige Verhalten s.u. 3/1 f.).

Damit ergibt sich ein **dreistufiger Aufbau** des vollendeten vorsätzlichen Bege- **24** hungsdelikts, der auf Stufe eins noch objektive und subjektive Teilstufen enthält:

1. Tatbestand
   a) objektiver
      – BT-Merkmale des jeweiligen Delikts
      – AT-Materien: Kausalität und objektive Zurechnung
   b) subjektiver
      – AT-Materie: Vorsatz
      – gegebenenfalls sonstige subjektive Unrechtsmerkmale wie z.B. die Zueignungsabsicht i.S. des § 242
2. Rechtswidrigkeit: Rechtfertigungsgrund (z.B. §§ 32, 34)?
   – objektive Voraussetzungen
   – subjektives Rechtfertigungselement

3. Schuld
- Schuldunfähigkeit (§ 20)?
- Unrechtsbewusstsein: Verbotsirrtum (§ 17)?
- Entschuldigungsgrund (z. B. § 35)?

25   **Zu Prüfungsstufe 1 a):** Auf dieser Stufe **dominiert** der **BT,** denn hier sind zunächst die geschriebenen Merkmale des jeweiligen Delikts zu prüfen. Bei einer § 212-Prüfung kommt es also darauf an, ob bei einem anderen Menschen der Tod eingetreten ist, bei einer § 242-Prüfung, ob eine fremde bewegliche Sache weggenommen wurde. Es gibt im BT aber auch ungeschriebene Merkmale wie z. B. die Vermögensverfügung beim Betrug gem. § 263, die zwischen dem täuschungsbedingten Irrtum und dem Vermögensschaden „vermittelt". AT-Materie kommt aber auch hier schon zum Zuge, insbesondere wenn es um die Prüfung der Frage geht, ob der eingetretene tatbestandsmäßige Erfolg kausal und objektiv zurechenbar auf das Verhalten des Täters zurückzuführen ist (näheres dazu unten in § 4).

26   **Zu Prüfungsstufe 1 b):** Hier **dominiert** sofort die AT-Materie, denn es ist nach Bejahung des objektiven Tatbestandes im subjektiven Tatbestand zu prüfen, ob der Täter vorsätzlich gehandelt hat. Dabei ist zumindest die Kenntnis der objektiven Tatumstände (§ 16 I) zu prüfen (näheres dazu unten in § 5). Fehlt es daran, so ist ein Tatumstandsirrtum gegeben, der nach § 16 I 2 die „Strafbarkeit wegen fahrlässiger Begehung ... unberührt" lässt (dieser Irrtum wird erst in der Irrtumslehre = in § 13 behandelt). BT-Materie kommt nur bei einigen Delikten, wie z. B. bei den sog. Absichtsdelikten, hinzu. So ist etwa beim Diebstahl gem. § 242 nach der Bejahung des Vorsatzes hinsichtlich der Wegnahme zu prüfen, ob der Täter auch in Zueignungsabsicht weggenommen hat.

27   **Zu Prüfungsstufe 2:** Hier ist nahezu ausschließlich AT-Materie einzubringen (mögliche Ausnahme: die § 240 II-Verwerflichkeitsprüfung, die als positive Rechtswidrigkeitsprüfung verstanden werden kann). Gesucht werden hier **Rechtfertigungsgründe,** die das durch die Bejahung der Tatbestandsmäßigkeit des Verhaltens indizierte Unrecht ausnahmsweise widerlegen können. Rechtfertigungsgründe können in der gesamten Rechtsordnung gefunden werden, also nicht nur im AT des StGB (z. B. § 127 StPO: das Festnahmerecht von jedermann). Es gibt sogar ungeschriebene, gewohnheitsrechtlich geltende Rechtfertigungsgründe wie die Einwilligung (s. 9/20), die mutmaßliche Einwilligung (s. 9/46) und das (freilich weitgehend derogierte) körperliche Züchtigungsrecht des Lehrers (s. 9/80).

28   Allgemein gilt für alle Rechtfertigungsgründe (mögliche Ausnahme: die Einwilligung), dass sie neben objektiven **subjektive Voraussetzungen** enthalten, so dass auch die Prüfung des jeweiligen Rechtfertigungsgrundes in eine objektive und in eine subjektive Teilstufe zu untergliedern ist. Wie der Vorsatz mindestens Kenntnis der objektiven Tatumstände voraussetzt, so verlangt das subjektive Rechtfertigungselement mindestens Kenntnis der objektiven Rechtfertigungsvoraussetzungen, z. B. bei der Notwehr u. a. die Kenntnis der Notwehrlage (= gegenwärtiger rechtswidriger Angriff). Näheres zu dieser Prüfungsstufe in §§ 6–9.

29   **Zu Prüfungsstufe 3:** Auch hier ist reine AT-Materie einzubringen. Auf eine positive Prüfung der **Schuld** kann (anders als beim Unrecht) verzichtet werden, da der Gesetzgeber die Schuld des Normal-Täters für das von ihm begangene Unrecht dann annimmt, wenn keine Schuldausschließungsgründe (§§ 20, 17) und keine Entschuldigungsgründe (§§ 33, 35) vorliegen. Die Prüfung auf dieser Stufe erfolgt also negativ: fehlt die Schuld wegen eines Schuldausschließungs- oder Entschuldigungsgrundes? Näheres zu dieser Prüfungsstufe in §§ 10–12.

Zu weiteren „Prüfungsstufen": Mit den Prüfungsstufen 1–3 sind die wesentlichen 30
Elemente der Straftat erfasst. Es gibt aber noch eine **Vorprüfungsstufe**, auf der u. a.
nach der **Handlungsqualität** des Täterverhaltens gefragt wird, wenn es zweifelhaft
erscheint, ob überhaupt eine menschliche Handlung vorliegt, die auf ihre Tatbestandsmäßigkeit, Rechtswidrigkeit und Schuld hin geprüft werden kann (näheres
dazu sogleich in § 2 Rn. 4–8).

Es gibt schließlich noch weitere Strafbarkeitsvoraussetzungen außerhalb von Unrecht und Schuld, wie etwa **objektive Strafbarkeitsbedingungen** (z. B. „Tod eines
Menschen" in § 231) oder **persönliche Strafbefreiungsgründe** (z. B. „zugunsten eines
Angehörigen" in § 258 VI). Diese sind aber BT-Materie und werden deshalb im AT-
Kurzlehrbuch nicht gesondert behandelt. Eine Ausnahme bildet freilich der persönliche Strafaufhebungsgrund des Rücktritts vom Versuch gem. § 24, der – wie bereits
gesagt – eine wichtige AT-Materie darstellt (Näheres dazu unten in § 16). Grundwissen zu den objektiven Bedingungen der Strafbarkeit bei *Rönnau*, JuS 2011, 697–
699. Zu den objektiven Strafbarkeitsbedingungen, auf die sich der Vorsatz nicht zu
erstrecken braucht (s. unten 5/18) gehört auch die AT-Materie der §§ 3–7 u. 9. –
Anwendbarkeit des deutschen Strafrechts bei Fällen mit Auslandsbezug (*Lackner/
Kühl*, § 3 Rn. 10). Dieser Ausschnitt des Internationalen Strafrechts und die dabei
praktizierte doppelte Geltungsprüfung (*Schramm*, IntStR, 2011, 1/5) ist allerdings
im Regelfall nur Gegenstand des strafrechtlichen Schwerpunktbereichs und spielt
bislang im Pflichtfachbereich nur eine untergeordnete Rolle (dennoch gibt es
Übungsfall-Literatur: *Ambos*, 2011, Fall 1, Rn. 3 ff. u. Fall 5, Rn. 3 ff.; *He-
cker/Zöller*, 2012, Fall 1, S. 1 u. 3, 5 ff., 9; Fall 2, S. 11 u. 16, 17 f.; Fall 3, S. 21 f. u.
24 ff., 27; Fall 4, S. 35 u. 38 ff.; Fall 5, S. 43 u. 46 ff., 49 f; Fall 6, S. 53 u. 56 f., 60
und öfter; *Rath*, JA 2006, 435; *Satzger*, Jura 2010, 108; *Walter*, JuS 2006, 871 u.
967. – Prüfungsschema bei *Schramm*, IntStR, 2011, 1/12).

Zum „Deliktsaufbau beim vorsätzlichen Begehungsdelikt" *Werle*, JuS 2001,
L 41–44 u. L 49–52 sowie L 59 mit detailliertem Aufbauvorschlag; außerdem *Stiebig*, Jura 2007, 908, 911 f. mit Hinweisen zur Klausurtechnik. Das dreistufige Aufbauschema erläutert für „Normalfälle" *Arzt*, Die Strafrechtsklausur, S. 187–190 u.
Zieschang, Rn. 11–17.

– Dieser Aufbau beharrt auf dem herkömmlichen Verständnis, wonach generelles
Unrecht der Tat und individuelle Schuld des Täters zu trennen sind (knapp und klar
Ebert, S. 29 u. SK-*Günther*, 9 vor § 32 [Mai 1998]: generelles Sollen – individuelles
Können). In der wissenschaftlichen Diskussion wird diese Trennung neuerdings wie-
der in Frage gestellt, weil nur schuldhaftes Verhalten Unrecht sein könne (dagegen
zu Recht *Greco*, GA 2009, 636 ff. u. *Roxin*, GA 2011, 678, 694 f., u. a. zu den neueren Monographien von *Sinn*, 2007 [m. krit. Bspr. *Beulke*, ZIS 2009, 170, *Jakobs*,
ZStW 119 (2007), 1002 ff., *Roxin*, JZ 2007, 835] und *Walter*, 2006 [m. krit. Bspr.
Gössel, GA 2007, 602, 604, *Heger*, JZ 2008, 35, *Kuhlen*, ZStW 120 (2008),
140 ff.]). Diese Diskussion kann hier nicht in ganzer Breite aufgerollt werden (zu
den Diskutanten gehört auch *Jakobs*, RW 2010, 283, 303, der der Rechtswidrigkeit
neben der Schuld keine „eigenständige *straf*rechtliche" Bedeutung zumisst: es handle sich bei der Rechtswidrigkeit um eine „Vorfrage, nicht um mehr"; vgl. auch schon
Pawlik, Fs. Otto, 2007, 133, 148 f.), ihr wird aber etwa bei der Rechtswidrigkeit des
Angriffs i. S. der Notwehr entgegengetreten (unten 7/58). Allgemeiner wird der Unterschied deutlich, wenn man das vom Gesetzgeber als richtig/legal anerkannte gerechtfertigte Verhalten (z. B. rechtfertigender Notstand gem. § 34) vom bloß als ver-
ständlich/nachvollziehbar gewerteten entschuldigten Verhalten (z. B. entschuldigender Notstand gem. § 35 StGB) abhebt (vgl. *Roxin*, AT I, 7/8); nur das gerecht-

fertigte, nicht das entschuldigte Verhalten muss man als Betroffener der Notstands-Rettungshandlung dulden (z. B. im berühmten Fall des „Brett des Karneades"; unten 12/16 u. *Kühl*, Jura 2009, 881, 883). Schon diese Einwände zeigen, dass die Trennung von Unrecht und Schuld dem geltenden Strafrecht entspricht.

IV. Der Übergang vom Grunddelikt zu dessen Abwandlungen

31   Als Abwandlungen vom Grunddelikt (= vollendetes, vorsätzliches Begehungsdelikt) sind schon vorgestellt worden:

   – das Versuchsdelikt
   – das Fahrlässigkeitsdelikt
   – das Unterlassungsdelikt

32   Zur Prüfung des **Versuchs** kommt man, wenn die Prüfung der objektiven Tatbestandsmäßigkeit zu einem negativen Ergebnis geführt hat. Fehlt ein erforderlicher objektiver Tatumstand des jeweiligen Delikts (z. B. das angeschossene Opfer hat überlebt = kein Tod eines anderen Menschen, wie er in § 212 für den Totschlag vorausgesetzt wird), so ist die Prüfung des **vollendeten** Delikts abzubrechen. Ist jedoch bei diesem Delikt der Versuch strafbar, so ist weiter zu prüfen, ob der Täter das von ihm nicht vollendete Delikt immerhin zu begehen versucht hat. Erste Tatbestands-Voraussetzung ist hier der Entschluss zur Tat, der im Wesentlichen die Prüfung des Vorsatzes verlangt. Erst danach ist die objektive Mindestvoraussetzung des Versuchs (§ 22: unmittelbares Ansetzen zur Tatbestandsverwirklichung) zu prüfen. Also: **umgekehrte Prüfung** des Tatbestandes beim versuchten im Vergleich zum vollendeten Delikt.

33   Zur Prüfung des **Fahrlässigkeitsdelikts** kommt man, wenn die Prüfung des subjektiven Tatbestands zu einem negativen Ergebnis geführt hat. Hat der Täter die objektiven Tatumstände des jeweiligen Delikts nicht vorsätzlich verwirklicht (z. B. er hat den getöteten Jagdfreund für einen Rehbock gehalten), so ist die Prüfung des **vorsätzlichen** Delikts abzubrechen. Es darf nun aber **nicht** innerhalb desselben Delikts (z. B. § 212) die Prüfung der Fahrlässigkeit erfolgen, sondern es ist nach einem Fahrlässigkeitsdelikt zu suchen, welches das Rechtsgut des abgelehnten Vorsatzdelikts auch gegen fahrlässige Verletzungen schützt (so z. B. § 222 das Rechtsgut Leben, das auch von § 212 geschützt ist). Die Prüfung des gefundenen Fahrlässigkeitsdelikts hat neu bei dessen Tatbestandsmäßigkeit anzusetzen, wobei im Unterschied zum Vorsatzdelikt keine Unterteilung in einen objektiven und in einen subjektiven Tatbestand vorzunehmen ist (nicht ganz unbestritten, s. u. 17/40 u. 42).

34   Zur Prüfung des **Unterlassungsdelikts** kommt man, wenn man kein aktives Verhalten finden kann, das auf seine Tatbestandsmäßigkeit, Rechtswidrigkeit und Schuld hin geprüft werden könnte. Die Weichenstellung zwischen Begehungs- und Unterlassungsdelikt erfolgt also vor der Prüfungsstufe 1 des Grunddelikts, so dass eine **weitere „Vorprüfungsstufe"** sinnvoll ist (neben der, auf der die Handlungsqualität geprüft wird, s. o. 1/30). Auf dieser Vorprüfungsstufe ist insbesondere bei Zweifelsfällen, in denen das Täterverhalten sowohl aktive wie passive Elemente aufweist (z. B. Abschalten der Herz-Lungen-Maschine durch Knopfdruck), zu entscheiden, woran die nachfolgende dreistufige Prüfung anknüpft: an ein aktives Verhalten (= Begehungsdelikt, z. B. Knopfdruck) oder an ein Unterlassen der geforderten Handlung (= Unterlassungsdelikt, z. B. Nicht-Weiterbehandeln durch die Herz-Lungen-Maschine).

Erweitertes Aufbauschema:
Vorprüfungsstufen – Handlungsqualität: Nichthandlung
(nichtobligatorische)– Tun oder Unterlassen

Normalprüfung
1. Tatbestand
   a) objektiver   (–) → Versuch?
   b) subjektiver   (–) → Fahrlässigkeitsdelikt?
2. Rechtswidrigkeit
3. Schuld   (–) → actio libera in causa?

§ 2. Der Handlungsbegriff

I. Die menschliche Handlung als Gegenstand strafrechtlicher Bewertung

Die **Bedeutung** der Handlungslehren und des Handlungsbegriffs als strafrechtli- 1
cher Grundkategorie hat im Vergleich zu den 50er und 60er Jahren deutlich **abgenommen**. Die bei weitem wichtigeren Deliktskategorien sind die Wertungsstufen des
Unrechts und der Schuld.[1] Die „Würfel der strafrechtlichen Dogmatik"[2] fallen nicht
in der Handlungslehre, sondern erst auf der ersten Bewertungsstufe des Unrechts,
das durch die Tatbestandsmäßigkeit begründet wird (s. u. 3/2).

Im Rahmen dieses Lehrbuchs muss deshalb auf die vielfältigen Handlungsbegriffe, wie sie 1a
die Wissenschaft entwickelt hat,[2a] nicht näher eingegangen werden. Herausgegriffen sei hier
nur der sog. negative Handlungsbegriff von Herzberg. Danach fallen Tun und Unterlassen unter einem einheitlichen Oberbegriff zusammen, der auch das Tun als ein Unterlassen versteht,
nämlich als dasjenige der gebotenen, aber unterlassenen Gegensteuerung. Wer beispielsweise
einen Menschen umbringe (§ 212 StGB), unterlasse es, seinen Tötungswunsch zu unterdrü-
cken; wer eine Vergewaltigung begehe (§§ 177, 178 StGB), versäume es, seinen Sexualtrieb im
Zaum zu halten. „Die Handlung des Strafrechts ist das vermeidbare Nichtvermeiden in Garantenstellung".[2b] Diese Lehre hat sich jedoch nicht durchsetzen können. Gegen sie wird etwa
eingewandt, dass sie „die Dinge auf den Kopf stellt" *(Lenckner);*[2c] Störungen des Rechtsfrie-
dens träten überwiegend als aktiv handelndes Eingreifen in die Rechtssphäre anderer in Erscheinung, weshalb auch daran die rechtliche Bewertung anknüpfen müsse.[2d] Bereits der Akt
der Gegensteuerung sehe beim Begehungsdelikt anders aus als beim Unterlassungsdelikt, denn
der Begehungstäter müsse sich entschließen, etwas zu unterlassen, der Unterlassungstäter dagegen, etwas zu tun. In einem Begehungsdelikt stecke daher kein Unterlassungsdelikt.[2e] Zudem müsste dann jeder Begehungstäter auch als Garant angesehen werden, was bei den unechten Unterlassungsdelikten vom Gesetz (§ 13 StGB) vorausgesetzt wird, beim
Begehungsdelikt jedoch konstruiert wirkt.[2f] Was außerdem mit dem Handlungsbegriff gewonnen werden müsse, seien nicht vereinheitlichende Bezeichnungen, sondern Kriterien für
die Abgrenzung von Handlung und Nichthandlung.[2g]

---

[1] *Roxin,* AT I, 8/42.
[2] S/S-*Lenckner/Eisele,* Vorbem §§ 13 ff. Rn. 37.
[2a] Vgl. *Roxin,* AT I, 8/33 ff.; S/S-*Lenckner/Eisele,* Vorbem §§ 13 ff. Rn. 36.
[2b] *Herzberg,* 1972, S. 177 u. jüngst in: Fs. Jakobs, 2007, S. 147, 157–159.
[2c] S/S-*Lenckner*25, Vorbem §§ 13 ff. Rn. 36.
[2d] *Roxin,* AT I, 8/38.
[2e] S/S-*Lenckner/Eisele,* Vorbem §§ 13 ff. Rn. 36.
[2f] Vgl. *Roxin,* AT I, 8/33; dazu auch LK-*Walter,* Rn. 29 vor § 13.
[2g] *Roxin,* AT I, 8/41.

2   Wertungen wie Unrecht oder Schuld müssen sich aber immer auf einen Gegenstand beziehen, und als dieser **Gegenstand** kommt bei der strafrechtlichen **Bewertung** nur das Verhalten eines Menschen[3] in Betracht. Die Handlung des möglichen Täters wird als rechtswidrig oder schuldhaft bewertet. Bevor man diese Bewertungen aber vornimmt, muss man wissen, dass der Täter sich wie ein Mensch, genauer: wie eine Person verhalten hat. Fehlt es schon daran – z.B. der mögliche Täter wurde durch einen anderen wie ein mechanisches Werkzeug in ein Schaufenster gestoßen[3a] –, so hat es keinen Sinn, dieses erzwungene Verhalten auf seinen Unrechts- und Schuldgehalt hin zu untersuchen. Es ist schon kein geeignetes Objekt strafrechtlicher Bewertung vorhanden.

3   „Bescheidener" Sinn des Handlungsbegriffs ist deshalb seine **negative Abgrenzungs-** bzw. **Ausscheidungsfunktion.**[4] Positiv gesprochen muss der Handlungsbegriff sicherstellen, dass ein tauglicher Gegenstand strafrechtlicher Bewertung vorhanden ist,[5] bevor die Bewertung anfängt.[5a] Die Prüfung, ob eine menschliche Handlung überhaupt vorliegt, kann auch in die Prüfung der Tatbestandsmäßigkeit dieser Handlung integriert werden,[6] sie sollte aber besser als „Vorprüfungsstufe" vor die Prüfungsstufe der Tatbestandsmäßigkeit „geschaltet" werden (und auch nur bei Bedarf – was selten genug der Fall sein wird – „vorgeschaltet" werden).[6a]

II. Nicht-Handlungen

4   Als Nicht-Handlungen sind **Geschehensabläufe** einzustufen, die zwar unter physischer Beteiligung eines Menschen ablaufen, die sich aber **ohne Mitwirkung seiner geistigen Kräfte** vollziehen.[7] Welche Geschehensabläufe das sind, ist trotz der nur groben Definition der Nicht-Handlung weithin unbestritten.

5   Keine Handlungen sind mit unwiderstehlicher Gewalt (vis absoluta) **erzwungene Handlungen.** So handelt etwa im obigen Beispiel (Rn. 2) der ins Schaufenster gestoßene Mensch nicht, weil er auf mechanische Weise zur Tat eines anderen (zu dessen Täterschaft s. 20/37a) eingesetzt wurde, ohne dass er eine Möglichkeit zur Gegensteuerung hatte. Das gilt auch für das weitere Schulbeispiel, in dem ein Mensch durch gewaltsames Führen seiner Hand zu einer Urkundenfälschung eingesetzt wird (eine unechte Urkunde stellt hier nur der die Hand-Führende her).[7a] Anders ist der Fall zu behandeln, in dem der zur Urkundenfälschung eingesetzte Mensch zur Un-

---

[3] *Hassemer,* S. 205, mit dem Hinweis auf Strafprozesse gegen Tiere in früheren Rechtsordnungen.

[3a] Bsp. auch von *Werle,* JuS 2001, L 33, L 34; ähnliches § 303 – Bsp. bei W-*Beulke,* Rn. 80, 84, 93, 99, 102 a.

[4] *Werle,* JuS 1986, L 42; *Hassemer,* S. 206 f., spricht von der ersten Prüfstelle der Strafbarkeit zur Ausgrenzung des Zufalls; *Schünemann,* 1995, S. 149, 174: bescheidene Selektionsleistung.

[5] Vgl. *Bloy,* ZStW 90 (1978), 632: „geeignetes Objekt".

[5a] *Herzberg,* GA 1995, 1, 7 u. in: Fs. Jakobs, 2007, S. 147, 162 f., hält dies für unzutreffend.

[6] So *Otto,* 5/40.

[6a] Ebenso W-*Beulke,* Fall 19, Rn. 893, 894, u. *Werle,* JuS 2001, L 34 u. L 59. – Für einen vortatbestandlichen natürlichen Handlungsbegriff LK-*Walter,* Rn. 28, 30 vor § 13.

[7] Vgl. die ähnlichen Definitionen von S/S-*Lenckner/Eisele,* Vorbem §§ 13 ff. Rn. 37 und von *Roxin,* AT I, 8/44. *B-Weber/Mitsch,* 13/28, sprechen von „der Willkürlichkeit des äußeren Verhaltens"; *Kindhäuser,* AT, 5/20: „Kein willensgesteuertes Verhalten" = „keine physische Vermeidbarkeit der Tatbestandsverwirklichung".

[7a] *Ennuschat,* 1998, S. 50 f.; *Ebert,* S. 23; zur Urkundenfälschung durch den die Hand-Führenden vgl. nur K/H/H-*Heinrich,* BT 1, Rn. 1008.

terschrift durch eine ihm bedrohlich vorgehaltene Pistole gebracht wird: er handelt, auch wenn sein möglicherweise tatbestandsmäßiges (§ 267) Verhalten jedenfalls wegen Notstands gerechtfertigt (§ 34) oder entschuldigt (§ 35) sein kann (zum sog. Nötigungsnotstand s. 8/127 ff.).[7b] Das gilt auch in der Abwandlung des obigen Schaufenster-Falles, in dem der Meister seinen Lehrling durch Androhung von Prügel dazu bringt, das Schaufenster des Konkurrenten mit einem Stein einzuwerfen (dazu näher 8/127 bei Fn. 205 sowie als Übungsfall bei *Kühl*, JuS 2007, 742 u. 746 f.: Versuchsfall). Der Zwang geht hier über den Willen des Genötigten, d. h. er begeht eine willentliche Handlung, auch wenn er in seiner Willensentschließung nicht frei war.[7c] Dabei spielt es keine Rolle, ob der Zwang wie in den letzten beiden Beispielsfällen durch eine Drohung oder durch Gewalt in Form der Willensbeugung = vis compulsiva (z. B. „Mürbemachen" des Opfers durch Prügel) ausgeübt wird.[7d] Anders liegen die beiden zuerst behandelten Fälle, denn in ihnen wandte der allein im strafrechtlichen Sinne Handelnde unwiderstehlichen Zwang (= vis absoluta) an.[7e]

Keine Handlungen sind auch Körperbewegungen im **Schlaf** oder im Zustand der Bewußtlosigkeit, weil während dieser Zustände der **geistige Steuerungsapparat** des Menschen völlig **ausgeschaltet** ist. Erstickt etwa die Mutter ihr Kleinkind im Schlaf, so kann ihr die Tötung des Kindes nicht im Hinblick auf dieses Ersticken als rechtswidrige Tötung vorgehalten werden (§ 222).[7f] Möglich bleibt freilich, dass ein Fahrlässigkeitsvorwurf wegen des unsorgfältigen Nebensichlegens des Kindes erhoben wird[8] (zu der auch denkbaren Konstruktion der actio libera in causa beim Fahrlässigkeitsdelikt vgl. dort 17/94). Ob der „Schlafwandler" dem Schlafenden gleichzustellen ist, ist umstritten; dafür spricht die „gänzlich fehlende Steuerungsmöglichkeit" (*Kaspar*, JA 2006, 855),[8a] dagegen aber, dass es sich als eine „koordinierte" Persönlichkeitsäußerung verstehen lässt, die eher einem Handeln unter Hypnose entspricht. Gerät der Kraftfahrer, der infolge der Monotonie des Fahrablaufs am Steuer einschläft, von der Fahrbahn ab, so liegt im Einschlafen eine Handlung, da – oder wenn – er auf Ermüdungserscheinungen reagieren kann (BGHSt 23, 156, 159).[8b] Dasselbe gilt für den Kraftfahrer, der am Steuer einen Krampfanfall erleidet und in eine Fußgängergruppe fährt; auch hier reicht es für die Annahme einer Handlung, dass er die Gefahr als Epileptiker kannte (vgl. BGHSt 40, 341, 343).[8c] In Fällen „sinnloser Trunkenheit" ist danach zu differenzieren, ob der Betrunkene trotz seines Zustandes bei der in Frage stehenden Handlung noch koordinierte Bewegungsabläufe erkennen lässt. Dies wird beim Torkeln in eine Fensterscheibe nicht

---

[7b] Ähnliches Bsp. von *Ulsenheimer*, Jura 1985, 97, 99, bei *Ennuschat*, 1998, S. 48 u. bei *Ebert*, S. 23; vgl. auch *Lackner/Kühl*, § 267 Rn. 19 u. *M-Schroeder/Maiwald*, BT 2, 65/62; gegen § 267 *K/H/H-Heinrich*, BT 1, Rn. 1009: Kein Herstellen einer unechten Urkunde (str.).

[7c] *B-Weber/Mitsch*, 13/32 m. Bspen.

[7d] Bsp. von *K/H/H-Hellmann*, BT 1, Rn. 369. – Zur Unterscheidung von vis absoluta und vis compulsiva *Küper*, BT, S. 422 u. *Lackner/Kühl*, § 240 Rn. 5.

[7e] Nach *Sinn*, 2007, S. 6 f., 324 (m. krit. Bspr. *Jakobs* ZStW 119 [2007], 1002, 1003), liegt hier eine zur Ohnmächtigkeit führende Machtwirkung vor.

[7f] *Fahl*, Jura 1998, 456, 457; ob das auch für das sog. „Schlafwandeln" gilt, ist wegen der koordinierten Bewegungen des „Schlafwandlers" zweifelhaft (für eine Gleichsetzung mit dem Schlaf *Heinrich*, AT I, Rn. 204 und *Kaspar* im Übungsfall, JA 2006, 855).

[8] *S/S-Lenckner/Eisele*, Vorbem §§ 13 ff. Rn. 39; vgl. auch *Krey/Esser*, AT, Fall 34, Rn. 296, mit BGHSt 23, 156: Einschlafen am Steuer bei Anzeichen von Übermüdung.

[8a] *W-Beulke*, Rn. 98; LK-*Walter*, 38 vor § 13.

[8b] *Hoffmann-Holland*, Rn. 92; *Zieschang*, Rn. 52.

[8c] *Rengier*, AT, 7/4 u. 7.

mehr der Fall sein, dagegen bei der Teilnahme an einer Schlägerei oder dem Ingangsetzen eines Pkw sehr wohl.[9]

7   Keine Handlungen sind **Reflexbewegungen,**[9a] bei denen ein äußerer Reiz ohne Zwischenschaltung des Bewusstseins zu einer Körperbewegung führt. Dies ist der Fall, wenn der Musterungsarzt den Kniereflex des Wehrpflichtigen testet und dabei von dem Fuß des Wehrpflichtigen getroffen wird.[10] Weitere Beispiele sind das Zusammenzucken infolge eines Stromstoßes oder das Schließen des Auges bei einem schmerzhaften Insektenstich.[11] Von diesen Reflexbewegungen sind aber **Kurzschlusshandlungen** bzw. **Spontanreaktionen** zu unterscheiden. Eine solche Noch-Handlung lag in einem der wenigen Rechtsprechungs-Fälle[12] mit Handlungs-Problematik vor, in dem eine Autofahrerin wegen eines ihr gegen das Auge geflogenen Insekts durch ihre ruckartige Abwehrbewegung die Kontrolle über ihren Wagen verlor und einen Zusammenstoß verursachte (OLG Hamm NJW 1975, 657 = Fall 3 bei *Eser/Burkhardt,* Strafrecht I, S. 29 ff.). Die Abwehrhandlung ist nicht unwillkürlich geschehen, sondern war durchaus zielgerichtet, auch wenn sie so schnell erfolgte, dass Gegenvorstellungen (das könnte gefährlich werden) nicht aufkamen.[13] Schwierig zu beurteilen sind sog. **Schreckreaktionen,** bei denen es z. B. zu Körperverletzungen eines anderen kommen kann; sie können in den ersten Phasen eine „rein reflektorische Antwort auf einen Außenreiz im Sinne eines Fremdreflexes" darstellen und damit als Handlung ausscheiden, doch schließt sich alsbald eine „erlebnisbedingte Reaktion" mit Handlungscharakter an.[13a]

8   Nicht ganz unumstritten ist die Handlungsqualität von sog. **automatisierten Verhaltensweisen,** wie z. B. Kupplungs- und Schaltvorgängen beim Autofahren.[14] Auch hier hat die Rechtsprechung eine Handlung in einem Fall angenommen, in dem eine Autofahrerin einem plötzlich vor ihr auftauchenden Tier von der Größe eines Hasen auswich und gegen die Leitplanke prallte, wodurch ihre Beifahrerin getötet wurde (OLG Frankfurt VRS 28 [1965], 364). Die Entscheidung hat zu Recht fast allge-

---

[9] Vgl. *Roxin,* AT I, 8/65 u. 70. u. S/S-*Lenckner/Eisele,* Vorbem §§ 13 ff. Rn. 39.

[9a] Ebenso *Roxin,* AT I, 8/67 [dazu methodisch krit. *Gössel,* Fs. Küper, 2007, S. 83, 90].

[10] Beispiel von *Werle,* JuS 2001, L 33, L 35; ähnliches Bsp. mit Abwandlung bei *B-Weber/Mitsch,* 13/29.

[11] Beispiel von M-*Zipf,* AT 1, 16/18, der dazu den Fall des OLG Hamm als Gegenbeispiel einstuft; ebenso *B-Weber/Mitsch,* 13/28 Fn. 45 u. LK-*Walter,* Rn. 38 vor § 13 sowie *Silva-Sanchez,* JahrbRuE 1994, 505, 507.

[12] Vgl. noch den Scheunenbrand-Fall des BGH NStZ 1989, 431, mit *Hassemer,* JuS 1990, 146 f.: urplötzliches und schreckenerregendes Auftauchen als mögliche Nicht-Handlung, die aber möglicherweise den Tod der Person durch Schock bewirkte, vor der der Täter aufgetaucht war.

[13] *Ebert,* S. 22; *Gropp,* 4/15–17; *Hoffmann-Holland,* Rn. 90 u. 93; *Jescheck/Weigend,* S. 224 Fn. 34; *Köhler,* S. 138; *Rengier,* AT, 7/17. – *Eser/Burkhardt,* Strafrecht I, Nr. 3 A 87 f., gehen auch in diesem Fall schon von einem Automatismus aus, wollen aber auf das „Autofahren als Gesamtvorgang" abstellen, da die impulsive Reaktion keine Handlung sei.

[13a] So aus rechtsmedizinischer Sicht *Forster/Joachim,* 1997, S. 2 f., die auch auf Reflexe, reflexartige Bewegungen und Automatismen anschaulich eingehen. – Aus der Rspr. vgl. LG Karlsruhe NJW 2005, 915, 916: „Herabsetzung der Geschwindigkeit als Schreckreaktion auf das nachfolgende Fahrzeug".

[14] LK-*Walter,* Rn. 37 Vor § 13; *Fischer,* Rn. 4 Vor § 13. – Zum Problem der Automatismen vgl. auch *Detlefsen,* 2006, S. 143, 272 [mit Bspr. *Zabel,* HRRS 2007, 230] u. *Merkel,* ZStW 119 (2007), 214 ff., die das generell-abstrakte Kriterium des (zugänglichen) Lernprozesses aufstellt (S. 246); *Jakobs,* 6/35–39 u. *Stratenwerth/Kuhlen,* 6/7 f.; zur Abgrenzung von Reflexen *Maiwald,* ZStW 86 (1974), 626, 644.

meine Zustimmung in der Literatur gefunden,[14a] die Begründungen freilich divergieren. Nach *Roxin* gehören „erlernte Handlungsdispositionen … zum Gefüge der Persönlichkeit" und sind deshalb Persönlichkeitsäußerungen, egal zu welchen Folgen sie führen.[15] *Lenckner/Eisele* heben zum einen darauf ab, dass die meisten alltäglichen Verhaltensweisen unterhalb der Bewusstseinsschwelle bleiben; zum anderen verweisen sie darauf, dass man solche mehr oder weniger automatischen Reaktionen ganz selbstverständlich daraufhin bewertet, ob sie „falsch" oder „richtig" sind.[16] Für die Handlungsqualität dieser fast automatisch ablaufenden Reaktionen spricht, dass sie eine Antwort des Täters (z. B. der Fahrerin) auf die von ihm – wenn auch nicht klar – erkannte Situation sind, die auch anders hätten ausfallen können.[17] Führt der Automatismus zwangsläufig zur Fehlbewegung, so könnte allenfalls noch an das Autofahren als Handlung angeknüpft werden;[18] ob daran allerdings ein Fahrlässigkeitsvorwurf (Sorgfaltswidrigkeit des Fahrens mit solchen erlernten Handlungsmustern) geknüpft werden kann, erscheint zweifelhaft.

Ob Handlungen nur von natürlichen Personen vorgenommen werden können oder **9** ob auch **Unternehmen/Verbände** handeln können, ist umstritten.[19] Da es nach geltendem Recht jedoch bisher noch keine Strafbarkeit von Unternehmen/Verbände gibt,[20] muss diese Streitfrage hier – und auch in Übungsfällen – nicht entschieden werden.

Soweit Schreckreaktionen (oben 7) und automatisierte Verhaltensweisen (oben 8) **10** als Handlungen einzustufen sind, kommt – wie bei letzteren schon angesprochen – **Fahrlässigkeit** in Betracht; **Vorsatz** ist aber – z. B. bei Gefahrbewusstsein – nicht auszuschließen.[21]

> **Übungsfälle** zu „Nicht-Handlungen" finden sich bei: *Alpmann/Schmidt*, AT 1, Fall 2, S. 79; *Eser/Burkhardt*, Strafrecht I, Fall 3, S. 29 u. 40; *Haft*, Fallrepetitorium, Nr. 22, 24–30, 33 u. 291; *Hilgendorf*, KK I, Fall 7 Rn. 7 (Selbstschussanlage) und Fall 9, Rn. 1 f. (Spontanreaktion); *Jäger*, Rn. 24, 25: Fall 3 (OLG Hamm NJW 1975, 657, nachgebildet); *Jescheck*, Fälle, Fall 24 S. 37 f.; *Kaspar*, JA 2006, 855 („Schlafwandler"); *Krey/Esser*, AT, Fall 35, Rn. 297 („epileptischer Anfall"); *K/H/H-Heinrich*, BT 1, Fall 109, Rn. 1008–1010 (Drohung und vis compulsiva bei Urkundenherstellung); *Rönnau*, JuS 2000, L 28 u. L 31; *Schütze*, in: Ebert (Hrsg.), Fall 1, S. 1 f. u. 23 f.

[14a] Vgl. aber *Merkel*, ZStW 119 (2007), 214, 248: innerhalb einer Zeitspanne von mindestens einer halben Sekunde keine Zurechnung aktiven oder passiven Verhaltens.

[15] *Roxin*, AT I, 8/68.

[16] S/S-*Lenckner/Eisele*, Vorbem §§ 13 ff. Rn. 41/42.

[17] Vgl. auch *Stratenwerth*, Fs. Welzel, 1974, S. 279 f.: unbewusste Steuerung. – Auf die Möglichkeit der Einschaltung des steuernden Willens hebt dagegen SK-*Rudolphi*, Rn. 20 Vor § 1, ab; ebenso KK OWiG-*Rengier*, Rn. 7 Vor § 8; ähnlich *Jescheck/Weigend*, S. 224 Fn. 34: bei genügender Übung beherrschbar; ähnlich auch *Frister*, AT, 8/6 f.

[18] Vgl. *Eser/Burkhardt*, Strafrecht I, o. Fn. 13, sowie *Jakobs*, 6/39: vermeidbar in eine Situation manövriert, in der er wegen Schreckens automatisch falsche Reaktionen leistet.

[19] Gegen Handlungen juristischer Personen mangels „physisch geistiger Substanz" *Roxin*, AT I, 8/59; für die Möglichkeit des Handelns von Unternehmen dagegen *Hirsch*, 1993, S. 9 ff.; *Tiedemann*, 1996, S. 45–48 u. in: AT, Rn. 243 (mit Hinweis auf BGHSt 37, 106, 114, wo von der „unternehmensbezogenen Sicht der Handlung" gesprochen werde); dagegen LK-*Schünemann*, § 25 Rn. 125: „undeutlich und schwer haltbar"); *Seelmann*, 2002, S. 13 u. in: Fs. Schmid, 2001, S. 169, 177; *Dannecker*, GA 2001, 101, 111. Für ein „modernes Kollektivstrafrecht" *Schünemann*, 1994 a, S. 265, 295 u. in: Fs. Tiedemann, 2008, S. 429 ff. – Kritisch zur „Verbandsstrafe" *Köhler*, S. 557–567 u. *von Freier*, GA 2009, 98.

[20] Das geltende deutsche Recht sieht immerhin in § 30 Ordnungswidrigkeitengesetz eine Verbandsgeldbuße als Sanktion gegen juristische Personen und Personenvereinigungen vor; vgl. *Gropp*, 5/4 b; *Tiedemann*, Fs. Achenbach, 2011, S. 563, 567 ff.; zusf. *Laue*, Jura 2010, 339.

[21] Vgl. LK-*Vogel*, § 15 Rn. 143 m. w. N.

11   Ist der bloße **Besitz** unter Strafe gestellt, wie es etwa bei Drogen (§ 29 I Nr. 3 BtMG), Waffen (§ 51 I WaffG; dazu MK[1]-*Heinrich*, 140–148 zu § 1 WaffG) oder kinderpornographischen Schriften (§ 184 b IV 2 StGB) der Fall ist, stellt sich die Frage, ob sich dies mit dem dogmatischen Prinzip vereinbaren lässt, dass nur Handlungen strafbar sein können. Teilweise wird dies verneint und die Besitzdelikte werden für verfassungswidrig erachtet.[22] Überwiegend jedoch wird der Besitz auf Handlungen (bei der Besitzbegründung, z. B. Kauf der Droge oder der Waffe, Herunterladen der kinderpornographischen Fotodatei auf den Computer) oder auf Unterlassungen (bei der Aufrechterhaltung des Besitzes durch Nichtweggabe, z. B. Nichtablieferung der Waffe oder Droge bei der Polizei, Nichtlöschen der Datei auf dem Computer) zurückgeführt. Dann müsste man aber konsequenterweise die Besitzbegründung bzw. das Unterlassen der Besitzaufgabe dem Täter nachweisen, was im Einzelfall schwierig oder sogar unmöglich sein kann. Auch soll dieser Nachweis nach dem Willen des Gesetzgebers bei der Strafbarkeit des bloßen Besitzes gerade nicht erforderlich sein, um so die Strafverfolgung (z. B. bei der Kinderpornographie) zu erleichtern. Manche Stimmen in der Literatur ordnen die Besitzdelikte deshalb einer neuen Form strafrechtlicher Verantwortung, den **Zustandsdelikten**, zu.[23] Deren Strafbarkeit hänge nicht vom Handlungsbegriff ab, an den der Gesetzgeber zudem nicht gebunden sei. Mit den Erfordernissen eines Herrschaftswillens und Besitzvorsatzes bzw. einer Besitzfahrlässigkeit werde auch dem Schuldprinzip Rechnung getragen.[24]

---

[22] *Lagodny*, 1996, S. 322 u. in: Fs. Amelung, 2009, S. 51, 57; *Struensee*, Fs. Grünwald, 1999, S. 722 (krit. *Scheinfeld*, GA 2007, 721, 725, der ein Unterlassen annimmt); dagegen *Roxin*, JahrbÖR 2011, 1, 28: Innehabung gefährlicher Sachen ist „Tat" i. S. der Verfassung.

[23] So *Eckstein*, 2001, S. 79 f.; zust. *Lampe*, ZStW 113 (2001), 885, 894 u. *Schroeder*, ZIS 2007, 444, 448; krit. *Deiters*, GA 2004, 58.

[24] *Eckstein*, 2001, S. 227, 240; ebenso *Schroeder*, ZIS 2007, 444, 449 u. *Fischer*, 4 vor § 13; vgl. auch *Hochmayr*, 2005, S. 145: „Erfolgsdauerdelikt".

2. Abschnitt. Das vollendete, vorsätzliche Begehungsdelikt

§ 3. Das Unrecht des vorsätzlichen Begehungsdelikts

I. Die Unrechtsbegründung: Tatbestandsmäßigkeit

Die Prüfung des aktiven Verhaltens (= Begehung) eines möglichen Täters muss 1
mehrere Bewertungsstufen bzw. Prüfungsschritte durchlaufen, bevor das Urteil gefällt werden kann, dass sich dieser wegen einer bestimmten Straftat strafbar gemacht hat oder nicht. Liegen die Mindestvoraussetzungen einer menschlichen
Handlung vor (zu dieser Vorprüfungsstufe s.o. § 2), so besteht die **erste** reguläre
Wertungsstufe in der Prüfung der **Tatbestandsmäßigkeit** des Verhaltens. Schon auf
dieser Prüfungsstufe kann ein Verhalten als (objektiv oder subjektiv) tatbestandsloses Verhalten von der weiteren Strafbarkeitsprüfung ausgeschieden werden.

Der Sache nach geht es bei der Prüfung der Tatbestandsmäßigkeit eines Verhal- 2
tens um die **Unrechtsbegründung**. Hat sich der Täter tatbestandsmäßig verhalten,
so hat er typischerweise Unrecht begangen, denn die einzelnen Delikte greifen mit
gegenständlichen Umschreibungen Verhaltensweisen heraus, die typischerweise Unrecht sind. Wer z.B. einen anderen Menschen vorsätzlich tötet, verwirklicht das in
§ 212 umschriebene Unrecht. Dieses Unrechts-Urteil ist aber kein endgültiges Urteil über die Rechtswidrigkeit der Tat. Für dieses endgültige Urteil über die Tat bedarf es vielmehr noch eines **weiteren Prüfungsschritts**, in dem untersucht wird, ob
das tatbestandsmäßige Verhalten nicht ausnahmsweise von einem (auch außerhalb
des Strafrechts in der Gesamtrechtsordnung existierenden) **Rechtfertigungsgrund**
gedeckt ist (zur umstrittenen Notwendigkeit einer solchen zweiten Wertungsstufe
innerhalb der Rechtswidrigkeit s.u. 6/4 ff.). Bevor aber über den Unrechtsausschluss durch Rechtfertigung nachgedacht werden kann, muss erst ein rechtferti-
gungsbedürftiges Unrecht begründet worden sein.

II. Wesen und Elemente des Unrechts

Das durch die Prüfung der Tatbestandsmäßigkeit zu begründende Unrecht des 3
Verhaltens eines Täters besteht materiell zunächst in der Verletzung des Rechtsguts
eines anderen (auch der Allgemeinheit). Der Totschläger i.S. des § 212 verletzt
durch die Verursachung des Todes eines anderen Menschen das Rechtsgut ‚Leben'
dieses anderen. Die **Rechtsgutsverletzung** erfasst den (mehr oder weniger) hand-
greiflichen Übergriff in die vom Recht geschützte Freiheitssphäre eines anderen.
Schon durch diese Rechtsgutsverletzung verwirklicht der Täter ein sog. Erfolgsunrecht (auch Erfolgsunwert genannt). Erfolg ist dabei der Schaden, den der verletzte
Rechtsgutsträger erleidet.

Das Unrecht erschöpft sich aber nicht in dem durch die Rechtsgutsverletzung 4
verwirklichten **Erfolgsunrecht**. Zusätzlich ist die Verwirklichung eines sog. **Handlungsunrechts** (auch Handlungsunwert genannt) erforderlich. Mit diesem Handlungsunrecht ist **äußerlich** die Art und Weise der Herbeiführung des Erfolges
(= Rechtsgutsverletzung) gemeint. Bestimmte Rechtsgüter schützt das Strafrecht

kraft gesetzgeberischer Entscheidung nicht wie § 823 BGB „rundum", sondern nur gegen bestimmte (besonders gefährliche [Gewalt] oder sozialethisch verwerfliche [List]) Angriffe. So wird etwa das Vermögen nicht gegen jede Schädigung geschützt, sondern nur gegen besondere Angriffe durch Täuschung, Zwang, Treuverletzung und Ausbeutung (§§ 263, 253, 266, 291).

5   Das Handlungsunrecht wird aber auch durch subjektive Elemente mitkonstituiert. Insbesondere der **Vorsatz** des Täters ist der Kern des **personalen Handlungsunrechts** (auch Intentionsunwert genannt). Hinter dieser nicht ganz unumstrittenen, aber weitgehend anerkannten Auffassung steht ein Verständnis der Verbotsnorm als **Bestimmungsnorm** (auch: Verhaltensnorm). Sie will den Täter durch die Angabe des verbotenen Verhaltens davon abhalten, Unrecht zu begehen. Durch die vorsätzliche (wissentliche und willentliche) Missachtung der Verbotsnorm verwirklicht der Täter personal verstandenes Handlungsunrecht, das wegen der bewussten Auflehnung gegen das Recht schwerer wiegt als das Unrecht, das ein leichtsinniger Fahrlässigkeitstäter verwirklicht.

Außer dem Vorsatz sind auch die sonstigen subjektiven Tatbestandsmerkmale wie insbesondere die Absichten (z.B. die Zueignungsabsicht beim Diebstahl gem. § 242) unstreitige Elemente des subjektiven Handlungsunrechts (zur näheren Begründung s. u. 5/5 beim subjektiven Tatbestand).

6   Dass sich das Unrecht der Vorsatztat nicht in dem personalen bzw. subjektiven Handlungsunrecht erschöpft, sondern auch ein **Erfolgsunrecht** ist, kann damit erklärt werden, dass die in den Unrechtstatbeständen vertypten Verbotsnormen des Strafrechts nicht nur als Pflicht-, sondern auch als **Schutznormen** zu verstehen sind. Sie gewährleisten die Freiheitssphäre des von ihnen geschützten Rechtsgutsträgers gegen Übergriffe durch Täter. Strafrechtliche Normen verbieten bestimmte Handlungen in erster Linie deshalb, weil diese zu Rechtsgutsverletzungen bei anderen führen können. Diese Normen enthalten in sich eine bewertende Abgrenzung von Freiheitsräumen („Bewertungsnormen"), sie teilen dem einzelnen Freiheitsräume zu. Wer in diese geschützte Freiheitssphäre übergreift, verletzt die Schutznorm und verwirklicht damit Erfolgsunrecht.

Zur **Vertiefung** dieser knappen Einführung geeignet:
Ebert/Kühl, Jura 1981, 231–236; Grundwissen zum Handlungs- und Erfolgsunrecht bei *Hohn,* JuS 2008, 494 f., der auch Hinweise zu Fallbearbeitung gibt; vgl. außerdem: *Bloy,* JuS 1988, L 25–28; *Eser/Burkhardt,* Strafrecht I, Fall Nr. 3, A 89–106; *Graul,* JuS 1995, L 41–L 44; *Kindhäuser,* AT, 6/1–6; *Otto,* 1/21–47; *Roxin,* AT I, 10/88–101; *Schönke/Schröder/Lenckner,* Vorbem §§ 13 ff. Rn. 49–60 a; LK-*Vogel,* Rn. 52–55 u. *Köhler,* S. 115–129, der den Begriff der Straftat in einen rechtsphilosophisch fundierten freiheitlichen Begründungszusammenhang stellt; aus der neueren Diskussion zum Erfolgsunwert vgl. *Lüderssen,* Fs. Herzberg, 2008, S. 109 ff. u. *Schroeder,* Fs. Otto, 2007, S. 165, 172 ff. sowie *Sancinetti,* Fs. Jakobs, 2007, S. 583 ff.; vgl. auch schon *Roxin,* ZStW 116 (2004) 929 ff., der die „zentrale Kategorie des Unrechts" in der „Verwirklichung eines unerlaubten Risikos" sieht (S. 931); zum „eng verwobenen" Zusammenwirken von Handlungs- und Erfolgsunwert bei der Unrechtsbegründung *Kudlich,* Fs. Benakis, 2008, S. 265, 277 ff.; nach *Haas,* ZStW 123 (2011), 226, 258, ist der Erfolgseintritt kein „Faktor …, der das Unrecht erhöht", was die Versuchsstrafbarkeit zeige.

III. Objektiver und subjektiver (Unrechts-)Tatbestand

7   Als Folgerung aus der oben skizzierten **dualistischen Unrechtskonzeption** (Handlungs- und Erfolgsunrecht) ergibt sich zum einen, dass der im Tatbestand umschriebene Erfolg unrechtskonstituierend ist, zum anderen, dass der Vorsatz als personaler

Unrechtsbestandteil im (subjektiven) Tatbestand und nicht erst bei der Schuld zu prüfen ist.

1. Objektiver Tatbestand

Die einzelnen Delikte des BT enthalten objektive Tatumstände in sehr unter- 8 schiedlichem Umfang. Oft wird nur der Erfolg angegeben, vielfach auch eine bestimmte Handlung. Hinzu kommen bei einigen Delikten Angaben zur Person des Täters, gelegentlich wird auch die Tatsituation beschrieben. Auf diese Besonderheiten wird hier im AT nicht gesondert eingegangen (vgl. jedoch die Angaben zum Vorsatzgegenstand unten 5/13 ff.) Genuine **AT-Materie** ist aber die bei den zahlreichen Erfolgsdelikten des BT auftretende Frage nach der **Kausalität** des Verhaltens für den Erfolgseintritt. Im Falle der Bejahung dieser Kausalitäts-Frage ist – haftungseinschränkend – zu fragen, ob der Erfolg dem Täter als sein Werk **objektiv zugerechnet** werden kann. Eine solche Erfolgszurechnung setzt außer einer engen Verbindung zwischen tatbestandsmäßiger Handlung und tatbestandsmäßigem Erfolg auch bei nicht verhaltensgebundenen Delikten ein **tatbestandsmäßiges Verhalten** von bestimmter Qualität voraus: Schaffung einer rechtlich relevanten, unerlaubten Gefahr für das Rechtsgut.

2. Subjektiver Tatbestand

Hier ist gem. § 15 „vorsätzliches Handeln" festzustellen. Der **Vorsatz** ist genuine 9 AT-Materie, auf den sich die folgende Darstellung deshalb weitgehend im subjektiven Tatbestand beschränkt. Einzelne Delikte des BT enthalten zusätzlich subjektive Merkmale, die der Täter, will er den Tatbestand verwirklichen, aufweisen muss. So muss z. B. der Dieb gemäß § 242 in Zueignungsabsicht wegnehmen. Auf diese **besonderen subjektiven Unrechtsmerkmale**, die im objektiven Tatbestand keine Entsprechung finden, wird nur in der Einleitung zum Vorsatz-Kapitel eingegangen (s. u. 5/1 u. 5).

> Zur näheren Kennzeichnung des objektiven und subjektiven Tatbestandes vgl. ergänzend: *Roxin*, AT I, 10/54–87. – Zur objektiven und subjektiven Zurechnung von Erfolgen einführend *Kudlich*, JA 2010, 681.

1. Unterabschnitt. Tatbestandsmäßigkeit

§ 4. Objektiver Tatbestand: Kausalität und objektive Zurechnung

I. Einführung

Viele Delikte des BT drohen Strafe nur für den Fall an, dass der potentielle Täter 1 durch sein Verhalten eine Verletzung oder Schädigung des potentiellen Opfers herbeiführt. So muss etwa der von § 212 angesprochene „Totschläger" durch sein Verhalten einen anderen Menschen getötet haben. Zum Kernstück des objektiven Tatbestands wird damit die Verbindung zwischen der tatbestandsmäßigen Handlung des Täters und dem tatbestandsmäßigen Erfolg, also die Verbindung zwischen der Tötungs-**Handlung** und dem Todes-**Erfolg**.

2   Mit dem Erfordernis einer solchen **Verbindung** ist klargestellt, dass allein die Feststellung einer tatbestandsmäßigen Handlung und eines tatbestandsmäßigen Erfolges noch nicht für die Bejahung des objektiven Tatbestandes ausreicht. Ist etwa der Tod des Opfers O, dem A ein langsam wirkendes Gift gegeben hat, vor Eintritt der tödlichen Wirkung durch den Schuss des B herbeigeführt worden, so ist eine Verbindung zwischen der Tötungshandlung des A (dem Vergiften) und dem Tod des O nicht so ohne weiteres zu begründen. Ähnliche Begründungsprobleme wirft der Fall auf, in dem das durch einen Messerstich todesgefährlich verletzte Opfer durch einen Unfall auf dem Krankentransport oder deshalb ums Leben kommt, weil es die lebensrettende Operation verweigert: Können diese Todeseintritte noch dem Messerstecher angelastet werden?

3   Die Zweifel, die in diesen Fällen an der Verbindung zwischen der Tötungs-Handlung (Vergiften bzw. Messerstich) und dem beim Opfer eingetretenen Todes-Erfolg bestehen, rühren daher, dass die tatbestandsmäßigen Handlungen nicht so ohne weiteres zum Tod der Opfer geführt haben. Im Vergiftungsfall ist angesichts des Todesschusses schon die Ursächlichkeit der Giftgabe für den Tod zweifelhaft; beim Messerstecherfall kann man in der Krankentransport-Variante daran zweifeln, ob sich im Unfall-Tod die durch den Messerstich für den Verletzten begründete Todesgefahr realisiert hat, in der Operationsverweigerungs-Variante könnte das verletzte Opfer durch seine Weigerung dem Messerstecher die Verantwortung für den Tod abgenommen haben.

4   Bringt man die angedeuteten Zweifel auf den Begriff, so kann man von Zweifeln an der **Kausalität** (im Vergiftungsfall) und von Zweifeln an der **objektiven Zurechnung** (im Messerstecherfall) sprechen. Damit sind die Stichworte gefallen, die die oben so genannte „Verbindung" präzisieren. Es besteht heute[1] in der strafrechtlichen Literatur die weit verbreitete Auffassung,[2] dass die von den Erfolgsdelikten geforderte „**Verbindung**" zwischen Handlung und Erfolg **zweistufig** zu prüfen ist: auf der Stufe 1 ist stets die Ursächlichkeit des Verhaltens für den Erfolg zu prüfen, auf Stufe 2 ist bei gegebenem Anlass die Frage zu erörtern, ob der Erfolg dem Täterverhalten objektiv zugerechnet werden kann. Während man von der Ursächlichkeit auch als strafrechtlicher Laie eine ungefähre Vorstellung hat, bedarf der Begriff der objektiven Zurechnung einer ersten groben Erläuterung: es geht darum, ob der vom Täter durch sein Verhalten verursachte **Erfolg** auch wertungsmäßig gerade als „**sein Werk**", d. h. als Unrecht, nicht als Unglück, erscheint.[3]

5   Die Problematik der **Kausalität** kann im Folgenden für den objektiven Tatbestand des **vorsätzlichen** Begehungsdelikts und für den Tatbestand des **fahrlässigen** Bege-

---

[1] Zur geschichtlichen Entwicklung vgl. knapp *Ebert*, LdR, S. 503 f. u. *Frisch*, JuS 2011, 19, 21 ff.; ausführlicher *Schröder*, Fs. Androulakis, 2004, S. 651 ff.; *Hübner*, 2004 u. *Schumann*, Jura 2008, 408–413. – Zur Wiederbelebung der Lehre von der objektiven Zurechnung um 1969/1970 s. *Roxin*, Gs. A. Kaufmann, 1989, S. 240.

[2] Vgl. aus der Lehrbuch-Literatur *Ebert*, S. 45 f.; *Gropp*, 5/40; *Hoyer*, AT I, S. 34 u. 38; *Jescheck/Weigend*, S. 277; *Murmann*, GK, 23/4; *W-Beulke*, Rn. 155; außerdem *Erb*, JuS 1994, 450; *Dencker*, 1996, S. 28 u. *Stiebig*, Jura 2007, 908, 911 sowie HK-GS/*Duttge*, 5 vor § 13; nach *Arzt*, S. 122, ist „die natürliche Kausalität als Basis für objektive Zurechnung zu verstehen". – Krit. zur zweistufigen Prüfung *Puppe*, Jura 1997, 408; im Übungsfall auch *Gössel*, Fälle, Fall 4, S. 77 f. u. 81 f.

[3] Vgl. *Bloy*, JuS 1988, L 42; *Ebert/Kühl*, Jura 1979, 562; *Kudlich*, JA 2010, 681, 684; *Maiwald*, JuS 1984, 440; *Rengier*, Fs. Roxin, 2001, S. 811; *Kretschmer*, Jura 2008, 265; *Otto*, 6/3 und 10/2; *W-Beulke*, Rn. 176; krit. zu diesem „Bild" von der Kausalität als „Vorstufe" normativer Zurechnungserwägungen *Frisch*, Fs. Gössel, 2002, S. 51, 69 ff., der aber letztlich doch an einer der objektiven Zurechnung vorgeschalteten Kausalitätsprüfung festhalten will.

hungsdelikts **gemeinsam** dargestellt werden, denn das Bestehen eines Kausalzusammenhanges zwischen Handlung und Erfolg ist Mindestvoraussetzung für die Strafbarkeit bei allen Erfolgsdelikten. Erfolgsdelikte gibt es im Fahrlässigkeitsbereich noch häufiger als im Vorsatzbereich, z.B. fahrlässige Tötung gem. § 222 oder fahrlässige Körperverletzung gem. § 229. Die **Lehre von der objektiven Zurechnung** muss dagegen bei der Darstellung des Fahrlässigkeitsdelikts Konstellationen[3a] und Kriterien ansprechen, die beim Vorsatzdelikt noch keine Bedeutung haben. Dennoch gibt es auch beim Vorsatzdelikt normative Zurechnungskriterien, die die weite Kausalhaftung schon im objektiven Tatbestand einschränken können.

Informativer Überblick über das Problemfeld von Kausalität und objektiver Zurechnung im Strafrecht bei *Rönnau*, in: JuS 2004, 113, 114–115 und bei *Kudlich*, JA 2010, 681–686. – Zu Grundlinien und Kernproblemen der „Zurechnungslehre" *Frisch*, JuS 2011, 19, 22 f. – Eine rechtsphilosophische Begründung der objektiven Zurechnung aus der „praktischen Philosophie des Idealismus" unternimmt *Müssig*, Fs. Jakobs, 2007, S. 405, 411–428; aus philosophischer Sicht hält *Aichele*, ZStW 123 (2011) sowohl die Äquivalenztheorie zur Erklärung der Kausalität als auch die Lehre von der objektiven Zurechnung zur Rechtfertigung von Zurechnungsurteilen für „untauglich". – Zur Problematik der objektiven Zurechnung bei einzelnen Delikten des BT wie §§ 303, 231, 263 *Rengier*, Fs. Roxin, 2001, S. 811, 813 ff.

II. Kausalität

Auch wenn man als juristischer Laie eine ungefähre Vorstellung vom Begriff der Kausalität bzw. der Ursächlichkeit hat, bedarf doch dieser Begriff einer näheren Bestimmung, um die zuverlässige Beantwortung der **Frage** zu ermöglichen, **ob ein bestimmtes Verhalten für einen bestimmten Erfolg kausal war.** Die Kausalität, auf die die strafrechtliche Beurteilung der Verbindung eines Verhaltens mit einem Erfolg abzielt, ist die im naturwissenschaftlichen Sinne: zwischen dem Verhalten des potenziellen Täters und dem beim Opfer eingetretenen Erfolg muss eine nach **Naturgesetzen**[4] zu erklärende Verbindung bestehen. Ob eine solche Erklärung anhand von Naturgesetzen gelingt, liegt damit letztlich in der Hand des empirisch arbeitenden Naturwissenschaftlers oder sonstigen Fachmanns;[5] er muss beispielsweise als Sachverständiger vor Gericht die tödliche oder körperverletzende Wirkung eines Medikaments nachweisen. Solche Nachweise sind jedoch nur in seltenen Zweifelsfällen erforderlich, denn **normalerweise** reicht unser **Erfahrungswissen** aus, um die Bezie-

6

[3a] Weitergehend für eine „unterschiedliche Zurechnung für Fahrlässigkeits- und Vorsatzdelikte" *Schild*, Fs. Jakobs, 2007, S. 601, 613.

[4] *Schroth*, 1998, S. 95: „Für kausale Erklärungen braucht man Naturgesetze." – Zur Kausalität als „Prozess der Energieübertragung" *Haas*, 2002, S. 193 f., als „Wirkkraft" *Pérez-Barberá*, ZStW 114 (2002), 600, 603. – Die hier nicht näher zu behandelnde Problematik der „generellen Kausalität" (krit. NK-*Puppe*, Rn. 83–89 vor § 13) ergibt sich, wenn schon zweifelhaft ist, ob das zur konkreten Kausalbestimmung erforderliche allgemeine Naturgesetz besteht; vgl. *Armin Kaufmann*, JZ 1971, 572; *Stratenwerth*, Rn. 216; *Kuhlen*, 1989, S. 63 ff.; *Maiwald*, 1980, S. 91 ff.; *Hilgendorf*, 1993, S. 117; *Wohlers*, JuS 1995, 1017. – Steht die „generelle (statistische) Kausalität" fest, so muss dem Täter vor einer Verurteilung „doch stets zusätzlich die konkrete Kausalität bei den angeklagten Taten nachgewiesen werden" (*Tiedemann*, NJW 1990, 2052); vgl. auch *Zieschang*, 1998, S. 102 ff.: prozeßrechtliches Problem. – Zur statistischen Kausalität *Rolinski*, Fs. Miyazawa, 1995, S. 648; krit. zum Begriff der „statistischen Kausalität" *Köhler*, S. 142.

[5] Nach *Jescheck/Weigend*, S. 283: „Das sachkundige Urteil des Fachmanns"; vgl. *Maiwald*, JuS 1984, 440: z.B. der Arzt bei der Frage nach der Todesursache. – Skeptisch für einmalige historische Vorgänge *Lampe*, Gs. A. Kaufmann, 1989, S. 190 Fn. 3.

hung von Ursache und Wirkung bei menschlichem Verhalten beurteilen zu können: Wenn A mit einer Pistole auf B schießt und dieser nach dem Einschlag der Kugel in der linken oberen Brusthälfte tot umfällt, so weiß jeder, auch wenn er den naturgesetzlichen Verlauf nicht exakt beschreiben kann, dass der Tod des B die Wirkung ist, welche die Handlung des A als Ursache gehabt hat. – An ihre Grenzen stößt die Erklärung des naturgesetzlichen Kausalzusammenhangs bei **psychisch vermittelter** Kausalität, bei der auf einen Motivationszusammenhang abgestellt werden muss;[5a] so etwa bei der Frage, ob der vom Betrüger durch Täuschung hervorgerufene Irrtum für die erforderliche Vermögensverfügung des Irrenden kausal war (vgl. *Lackner/Kühl*, § 263 Rn. 54; zum sog. „Referendar"-Fall des BGHSt 13, 13 ff. krit. *Roxin*, Fs. Achenbach, 2011, S. 409, 420 f.), bei dem Entschluss zur Verfolgung des flüchtenden Täters, bei dessen Umsetzung sich der Verfolger den Fuß verstaucht (Übungsfall von *Stuckenberg*, AL 2011, 305, 313) oder – noch problematischer – beim Einsturz des Daches einer Eissporthalle mit tödlichen Folgen für Besucher, wenn dieser auf ein drei Jahre altes Gutachten mit einem falschen Satz zurückgeführt werden kann (*Stübinger*, ZIS 2011, 606, 609 [zu BGH NJW 2010, 1087]: auf welche Weise wird „eine bloß geistige Form des Tuns zu einer realen Schädigung vermittelt …").

6a   Schwierigkeiten bereitet der Rechtsprechung die Feststellbarkeit des Kausalzusammenhangs vor allem in Fällen aus dem Bereich der sog. **strafrechtlichen Produkthaftung,**[5b] in denen es um den Nachweis geht, ob ein bestimmtes Produkt für Körperverletzungen (§ 229) ursächlich ist, die der Verbraucher bei seiner Einnahme/Verwendung erleidet. Die Rspr. bejaht in diesen Fällen die **generelle Kausalität** auch dann, wenn der naturgesetzliche Wirkungszusammenhang nicht (im Einzelnen) geklärt oder nicht aufklärbar ist. Nach der umstritten gebliebenen Entscheidung des LG Aachen (JZ 1971, 507 ff. m. krit. Bspr. *Armin Kaufmann*, JZ 1971, 575) im sog. Contergan-Verfahren hatte sich der BGH in jüngster Zeit gleich zwei Mal[5c] mit der Kausalitätsproblematik im Bereich der Produkthaftung zu befassen:
– Im sog. Lederspray-Fall begnügte sich der BGH zu Recht mit der Feststellung, dass andere in Betracht kommende Schadensursachen auszuschließen seien; dabei dürfe offen bleiben, welche Substanz des Ledersprays die Verletzungen der Verbraucher herbeigeführt habe (BGHSt 37, 106 ff. = *Roxin*, HRR AT, Fall 92, S. 141 ff. u. 211 f.).[5d]

[5a] *Lackner/Kühl*, Rn. 10 vor § 13 m. w. N.; ergänzend: *Roxin*, AT I, 11/31 f. u. in Fs. Achenbach, 2011, S. 409, 421; *Frister*, 9/37 u. W-*Beulke*, Rn. 156, jeweils mit BGHSt 48, 34, 49 – „Gubener-Verfolgungsfall" – als Bsp.; zwischen Begehungs- und Unterlassungsdelikten diff. *Bosch*, Fs. Puppe, 2011, S. 373, 376 u. Roxin a.a.O., S. 427; krit. *Renzikowski*, Fs. Puppe, 2011, S. 201, der fragt, ob sie „dem Begriff nach möglich" ist. – Zur zivilrechtlichen Rspr. vgl. BGH NJW 1971, 1980 f. u. OLG Braunschweig MedR 2008, 372 ff.: Entschluß der Schwangeren zum Abbruch durch Arzt mitbestimmt, der durch Befundnichterhebung eine kontraindizierte Medikamenteneinnahme verursachte. – Zur philosophischen Problematik vgl. *Walter*, Mentale Verursachung, 2006 u. *Merkel*, Fs. Puppe, 2011, S. 151, 166 ff.

[5b] Aus der Literatur zur Kausalitätsproblematik im Bereich der Produkthaftung vgl. die Nachweise o. Fn. 4, sowie *Hassemer*, Produktverantwortung im modernen Strafrecht, 1994 (2. Aufl. 1996 m. krit. Bspr. *Hilgendorf*, JZ 1997, 611); *Kuhlen*, JZ 1994, 1142; *Puppe*, JZ 1994, 1147; *Schulz*, 1994, S. 41, und in: *Lüderssen*, 1998, Bd. III, S. 43, 63; *Kühne*, NJW 1997, 195; *Bode*, Fs. BGH, 2000, S. 515, 518 ff.; *Bosch*, 2002, S. 85; *Tiedemann*, AT, Rn. 169–175. – Eingehend *Toepel*, 2002, S. 174, 186 ff., der auf § 261 StPO abstellt und kein mehrheitlich anerkanntes oder gesichertes Wissen des naturwissenschaftlichen Sachverständigen für die Überzeugungsbildung des Richters verlangt.

[5c] Zu beiden Urteilen *Tiedemann*, AT, Rn. 172, 173.

[5d] Zur kontroversen Aufnahme der Entscheidung in der Literatur vgl.: *Beulke/Bachmann*, JuS 1992, 737; *Brammsen*, Jura 1991, 533; *Erb*, JuS 1994, 449; *Hirte*, JZ 1992, 253; *Kuhlen*,

– Im sog. Holzschutzmittel-Fall wird die Kausalität vom BGH sogar dann bejaht, wenn unter Naturwissenschaftlern keine Einigkeit darüber besteht, ob und wie das Holzschutzmittel die höchst unterschiedlichen Gesundheitsbeeinträchtigungen der Verbraucher bewirkt hat; der Ausschluss anderer Ursachen könne auch dadurch erfolgen, dass „nach einer Gesamtbewertung der naturwissenschaftlichen Erkenntnisse und anderer Indiztatsachen die – zumindest – Mitverursachung des Holzschutzmittels zweifelsfrei festgestellt wird" (BGHSt 41, 206, 216).[5e]

Aus der **Übungsfall-Literatur** zur Kausalität bei der Produkthaftung: *Hilgendorf,* KK II, Fall 13, Rn. 6 f.; *Jäger,* Rn. 365, 366: Fall 64 (BGHSt 37, 106 nachgebildet); *Krell,* JuS 2012, 537, 539; *Kudlich,* AT-Fälle, Fall 2, S. 29–31; *Seher,* in: *Ebert* (Hrsg.), Fall 2, S. 2 f. u. 42 f. („statische Determination").

Auf der **Zurechnungsstufe 1** – der **Kausalität** – soll noch keine wertende Auswahl   7 der strafrechtlich relevanten Ursachen erfolgen. Dementsprechend besteht weitgehend Einigkeit darüber, dass die sog. **Äquivalenztheorie** (auch Bedingungstheorie genannt) die für das Strafrecht passende Kausalitätstheorie ist. Nach dieser Theorie ist **jeder Umstand, der zum Eintritt des Erfolges mit-beigetragen hat,** eine **Ursache.**[6] Auch entfernteste und unwesentliche Umstände fallen deshalb zunächst in die strafrechtliche Beurteilung: nicht nur der Todesschütze und derjenige, der ihm die Pistole besorgt hat, sondern auch der Waffenverkäufer, der Waffenhersteller,[7] letztlich sogar die Eltern des Todesschützen[8] kommen als mögliche Todesverursacher in Betracht. Schon wegen dieser **Uferlosigkeit** der Äquivalenztheorie kann dem Kausalzusammenhang nur ein begrenzter Wert für die Feststellung der strafrechtlichen Haftung einer Person zuerkannt werden. Dennoch sollte zumindest im Bereich der menschlichen Aktivität, also bei den sog. Begehungsdelikten (Gegenbegriff: Unterlassungsdelikte), auf die Feststellung des Kausalzusammenhangs nicht verzichtet werden. Das Gesetz fordert ihn (wenn auch nicht oft ausdrücklich, vgl. aber z. B. bei Fahrlässigkeitsdelikten wie §§ 222, 229, und bei den erfolgsqualifizierten Delikten wie §§ 227, 251), und es entspricht auch unseren alltäglichen Vorstellungen, einer Person nur dann einen Erfolg anzulasten, wenn ihr Verhalten wenigstens eine Ursache für dessen Eintritt war.[9] Mit dem Verzicht auf eine Gewichtung der möglichen Ursachen

---

NStZ 1990, 566; *Meier,* NJW 1992, 3194; *Otto,* Jura 1992, 94; *Puppe,* AT 1, 2/7–9, JR 1992, 30 u. in: Jura 1997, 408, 409; *Samson,* StV 1990, 183; *Rotsch,* wistra 1999, 321; *Schwartz,* Strafrechtliche Produkthaftung, 1999, S. 64 ff.; *Eidam,* 2001, S. 448 ff.; *Tiedemann,* Fs. Achenbach, 2011, S. 563, 571 ff. u. *Saliger,* UmwStrR, Rn. 231.

[5e] Zur (noch) kontroversen Aufnahme dieser Entscheidung in der Literatur vgl.: *Otto,* 6/34–36 und JK 96, StGB Vor § 13/8; *Hoyer,* GA 1996, 160; *Puppe,* AT 1, 2/10–21 u. JZ 1996, 318; *Schulz,* JA 1996, 185; *Volk,* NStZ 1996, 105; *Hamm,* StV 1997, 159; *Eidam,* 2001, S. 458 ff.; *Saliger,* UmwStrR, Rn. 231. – SK-*Rudolphi,* Rn. 42 c, stimmt dieser Entscheidung zu, kritisiert aber BGHSt 37, 106.

[6] Vgl. *Hruschka,* S. 402: „wenn die Tat bei objektiver ex-post-Betrachtung zum Eintritt jenes Ereignisses [Erfolg] zumindest mitgewirkt hat." – Vgl. auch *Hettinger,* JuS 1990, L 74: Kausalität als ein ex post festzustellender spezifischer Zusammenhang zwischen der Tathandlung und der durch sie bewirkten Folge. – Zum zusätzlichen Erfordernis der Adäquanz im Zivilrecht vgl. BGH NJW 2002, 2232 f. m. Bspr. *Emmerich,* JuS 2002, 1124; zu den Gründen der Nicht-Durchsetzung dieser sog. Adäquanztheorie im Strafrecht s. *Lackner/Kühl,* Rn. 9 vor § 13.

[7] Zur Kausalität von Hersteller und Verkäufer eines Kraftfahrzeugs, mit dem ein tödlicher Unfall herbeigeführt wird, s. *Otto,* 6/17; zum Waffenhersteller ebenso *Ebert,* S. 46.

[8] Zur „Zeugung als condicio sine qua non" vgl. *Ebert,* S. 48.

[9] *Hassemer,* S. 221, rechnet den „Umgang mit Kausalität" zu den grundlegenden kulturellen Handlungsmustern, von denen sich das Strafrecht nicht zu weit entfernen dürfe. – Zum

hinsichtlich ihrer Bedeutung für den Erfolg[10] bzw. mit der Anerkennung aller Ursachen eines Erfolgs als **gleichwertig** („äquivalent") geht die Äquivalenztheorie zugleich davon aus, dass ein Erfolg nicht nur eine einzige Ursache haben kann. Es kommen also auch mehrere Handlungen als Kausalfaktoren für einen Erfolg in Betracht, und es reicht die „**Mit-Ursächlichkeit**"[11] einer Handlung neben anderen für die Kausalität aus. – Neuerdings wird der „vorrechtliche" Ausgangspunkt der Bedingungstheorie bestritten und der Kausalitätsbegriff als „Rechtsbegriff" verstanden; Kausal ist danach nicht schon jede Bedingung des Erfolges, sondern nur ein objektiv rechtsverletzendes Verhalten, mit dem auf die jeweilig betroffene Rechtssphäre eingewirkt und der Erfolg durch Energieübertragung bewirkt wird.[11a] Ob durch diese Vermengung von Kausalität und rechtlichen Erwägungen nicht der Fortschritt einer „wertfreien" Kausalitätslehre ohne Grund in Frage gestellt wird, muss zumindest gefragt werden.

8   Wie aber prüft man, ob ein bestimmtes Verhalten einer Person nach der Äquivalenztheorie ursächlich für einen bestimmten Erfolg war? Als **methodische Hilfsmittel** zur Feststellung des Kausalzusammenhangs konkurrieren heute zwei Formeln: die **condicio-sine-qua-non-Formel und die Formel von der gesetzmäßigen Bedingung.**[11b] Beide Formeln haben zahlreiche Anhänger, sind also allemal „vertretbare" Hilfsmittel zur Kausalitäts-Prüfung. In strafrechtlichen Gutachten ist es inzwischen fast üblich geworden, die Kausalität sicherheitshalber nach beiden Formeln zu prüfen;[12] eine Streitentscheidung ist nach dieser doppelten Kausalitätsprüfung regelmäßig nicht erforderlich, da beide Formeln – zumindest bei richtiger Anwendung – zu denselben Ergebnissen führen.[12a] Praktikabler für Falllösungen ist die condicio-Formel[12b] – wenn das nicht gewesen wäre, wäre jenes nicht passiert = im Fall: hätte T nicht auf O geschossen und ihn getroffen, wäre O nicht tot. Wollte man diesen einfachen Fall mit der Formel von der gesetzmäßigen Bedingung lösen, so müsste man eine ganze Reihe von Naturgesetzen der Physiologie, Chemie, Ballistik usw. aufbieten, um das klare Ergebnis zu belegen.

---

inneren Zusammenhang zwischen Kausalität und Verantwortlichkeit einer Person für die Folgen ihres Handelns s. *Joerden,* 1988, S. 14 Fn. 7. – Zum Zusammenhang von Handlung und Verursachen aus philosophischer Sicht *Keil,* Handeln und Verursachen, 2000.

[10] Vgl. *Bloy,* JuS 1988, L 42.

[11] *Küpper,* JuS 1990, 185. Vgl. mit Beispielsfällen *Kienapfel,* Strafrechtsfälle, § 16 = S. 132 – Aus der Rspr. vgl. LG Karlsruhe NJW 2005, 915, 916: die Mitursächlichkeit der „Schreckreaktion" der von einem „Raser" bedrängten Fahrerin beseitigt nicht die Ursächlichkeit des drängelnden „Rasers" für den Tod der ausweichenden Fahrerin.

[11a] So *Haas,* 2002, S. 185 ff. – Vgl. auch *Frisch,* Fs. Gössel, 2002, S. 51, 58, der im Ursachenbegriff eine erste „normative Entscheidung" sieht: „Ausgrenzung des Unzureichenden" = Nicht-Bedingungen, sowie *Schumann,* Jura 2008, 408, 415, der auf „statistische oder probalistische Kausalitätstheorien" setzt.

[11b] Die Unvereinbarkeit beider Formeln mit der Äquivalenztheorie behauptet *Rothenfußer,* 2003, S. 6, 8 u. 111, der selbst keine naturgesetzliche Verknüpfung zwischen einem vorangegangenen Ereignis und einem nachfolgenden Erfolg verlangt, S. 112 zu diesem „beachtlichen" neuen Konzept vgl. *Jäger,* Rn. 30. – Als Alternative zu beiden Formeln nennt *Hoyer,* Fs. Rudolphi, 2004, S. 95, 105, die Risikoerhöhung. – Zu beiden Formeln krit. *Puppe,* GA 2010, 551 ff.

[12] *Frisch,* 1988, S. 522, empfiehlt sogar „eine kombinierende Verwendung" beider Kausalitätsformeln, die er „als sich sinnvoll ergänzende Institute zur Ausfilterung bestimmter nicht zurechenbarer Erfolge" versteht (S. 523). – Anders *Puppe,* Jura 1997, 408, 415 f.

[12a] Ebenso W-*Beulke,* Rn. 168 a u. *Arzt,* S. 112 Fn. 3, der jedoch eine doppelte Kausalitätsprüfung für fehleranfällig hält (Fn. 9).

[12b] Ebenso *Murmann,* GK, 23/17; ähnlich *Kudlich,* JA 2010, 681, 682: „griffiger".

Übungsfälle mit „doppelter" Kausalitätsprüfung finden sich bei: *Buttel/Rotsch,* JuS 1996, 327 u. 332; *Hellmann,* Jus 1990, L 61 u. L 62; *Herrmann/Heyer,* JA 2012,190; *Noak/Collin,* Jura 2006, 544 u. 546 f.; *Rudolphi,* AT-Fälle, Fall 1, S. 1 u. 9 f.; eine „dreifache" Kausalitätsprüfung mit der im Strafrecht überholten „Adäquanztheorie" findet sich bei *Jahn/Ebner,* JuS 2007, 923 u. 925 f.

1. Die condicio-Formel und ihre richtige Anwendung

In der Rechtsprechung[13] fest verankert und auch in weiten Teilen der Literatur   9
für praktikabel gehalten wird die **condicio-Formel.** Selbst Kritiker dieser Formel empfehlen, bei der Prüfung eines konkreten Falles von ihr auszugehen, da sie in der überwiegenden Zahl der Fälle zu richtigen Ergebnissen führe.[14] **Ursache im Sinne des Strafrechts ist danach jede Bedingung eines Erfolges, die nicht hinweggedacht werden kann, ohne dass der Erfolg entfiele.** Die Formel fordert den Rechtsanwender also zu einem hypothetischen Eliminationsverfahren auf: würde der eingetretene Erfolg entfallen, wenn man sich die Handlung als nicht geschehen (weg-)denkt, so ist die Handlung kausal für den Erfolg; bliebe es hingegen trotz Wegdenkens der Handlung beim eingetretenen Erfolg, so ist die Handlung nicht kausal für den Erfolg, da dieser auch ohne jene eingetreten wäre. So kompliziert sich dieses Verfahren auch zunächst anhört, so bekannt ist einem doch die geforderte Überlegung in den Worten: hättest Du das nicht getan, wäre jenes nicht passiert. Auch die Rechtsprechung greift oft auf solch einfache und gängige Formulierungen zurück, wenn sie die Kausalität prüft: „ohne den Brand wäre es zu diesen Folgen nicht gekommen … ohne das Feuer wäre sie nicht zu Tode gekommen;"[15] „Ohne die Handlung des A. wäre keine Verletzung und ohne diese auch nicht der Tod des Verletzten eingetreten" (RGSt 54, 349, im sog. „Bluter"-Fall; s. dazu Rn. 29). – Die condicio-Formel hilft auch der tatsächlich problematischen, **psychisch** vermittelten Kausalität (o. Rn. 6). So hätte etwa der Verfolger nicht den Entschluss zur Verfolgung des Flüchtenden gefasst und sich bei der Verfolgung nicht den Fuß verstaucht, wenn der Täter nicht geflüchtet wäre: das Weglaufen kann nicht hinweggedacht werden, ohne dass der Verletzungserfolg entfiele (so *Stuckenberg,* AL 2011, 305, 313).

Die Feststellung: hätte A dem B nicht mit der Faust auf die Nase geschlagen, so   10
wäre das Nasenbein des B nicht gebrochen, hat strafrechtlich die Bedeutung, dass der Schlag des A kausal für die Gesundheitsbeschädigung des B i.S. des § 223 war. Die Feststellung hingegen: hätte A dem O das langsam wirkende Gift nicht gegeben,

---

[13] BGHSt 1, 332; 2, 20, 24; 7, 112, 114; 24, 31, 34; 31, 96, 98; 33, 322; 45, 270, 294 f.; 49, 1, 3 m. Bspr. *Neubacher,* Jura 2005, 857, 861; BayObLG NJW 2003, 371, 373; vgl. auch die zivilrechtliche Entscheidung BGH NJW 2002, 1643 f. – BGHSt 1, 332, ist der Ausgangsfall für die Darstellung der Kausalität bei *Eser/Burkhardt,* Strafrecht I, Nr. 4; BGHSt 2, 20 = *Roxin,* HRR AT, Fall 1, S. 1 u. 157. – Krit. zur Rspr. *Puppe,* Jura 1997, 408 und *dies.* in: NK Rn. 90 ff. vor § 13, sowie *Otto,* JK 97, StGB vor § 13/10 zu BGH NStZ-RR 1996, 355.

[14] *Wolff,* 1965, S. 31; ähnlich *Arzt,* S. 86: geeignet für „praxisnahe Falllösung". *Hilgendorf,* JZ 1997, 611: im juristischen Alltag unverzichtbar; vgl. auch *Freund,* 2/63: Ausgangspunkt für Kausalitätsfeststellung, und *Gropp* 5/14 f.: Grundlage der Zurechnung. Die Attraktivität der Formel erklärt *Samson,* Fs. Grünwald, 1999, S. 585, 605, damit, dass sie nur „erfolgsmächtige Handlungen" für kausal erkläre, deren Verbot „unmittelbar unter dem Gesichtspunkt des Rechtsgüterschutzes" legitimierbar sei. – Zurückhaltender *Kuhlen,* 1989, S. 35: „für viele Fälle eine einleuchtende Problemformulierung". Im Grundsatz zustimmend auch *Köhler,* S. 140, der jedoch zwischen Ursache und Bedingung differenziert. Zu den verschiedenen Formulierungen und den möglichen Lesarten dieser Formel eingehend *Koriath,* 1994, S. 463–470. Zur richtigen Schreibweise *Achenbach,* Fs. Achenbach, 2011, S. 597 f.

[15] BGH NStZ 1989, 431.

wäre O trotzdem, d. h. wie tatsächlich geschehen, an dem Schuss aus der Pistole des B gestorben, führt dazu, dass die Ursächlichkeit der Handlung des A für den Tod des O verneint werden muss. Gerade wegen der **Ausscheidung** solcher Handlungen, die so wenig mit bestimmten Erfolgen zu tun haben, dass sie hinweggedacht (= vernachlässigt) werden können, leuchtet die condicio-Formel intuitiv ein.[16]

Übungsfälle mit „geschickter" Anwendung der condicio-Formel finden sich bei: *Bakowitz/ Bülte*, StudZR 2010, 150 u. 152; *Beulke*, KK I, Fall 2, Rn. 119 u. 122; *Eisele*, JA 2003, 40 u. 43; *Heinrich/Reinbacher*, JA 2007, 264 u. 265; *Heghmanns/Kusnik*, AL 2010, 275 u. 281; *Hertel*, Jura 2011, 392 u. 393; *Hilgendorf*, KK I, Fall 1, Rn. 2, Fall 4, Rn. 1 und Fall 6, Rn. 1; *Jahn/Ebner*, JuS 2007, 923 u. 925; *Kudlich*, PdW AT, Fall 35; *Mitsch*, JuS 1996, 410: Fall 35; *Sowada*, Jura 1994, 37 f. u. 44; *Noltensmeier/Henn*, JA 2007, 772 f.; *Norouzi*, JuS 2006, 531 u. 532; *Putzke*, ZJS 2011, 522; *Rudolphi*, AT-Fälle, Fall 13, S. 148 u. 149; *Seier*, Anfängerklausur, Nr. 2 S. 23 u. 24; *Tiedemann*, Anfängerübung, Fall 1, S. 165 u. 169, Fall 4, S. 179 u. 180, sowie Fall 8, S. 202 u. 213; *Wagner/Drachsler*, ZJS 2011, 530 u. 531.

a) Hypothetische Ersatzursachen und Kausalverläufe

11   In die Irre führen kann die Formel freilich, wenn der Erfolg auch bei Wegdenken der zu prüfenden Handlung infolge einer dann zum Zuge kommenden Ersatzursache eingetreten wäre: Der vom Pistolenschuss des A tödlich getroffene O wäre auch ohne den Schuss des A zu Tode gekommen, weil B in dem PKW des O, in den dieser gerade einsteigen wollte, eine mit dem Zünder gekoppelte Autobombe eingebaut hatte. Der Gefahr, dass in solchen oder ähnlichen Schulfällen[16a] die Kausalität des Pistolenschusses für den Tod mit dem Argument verneint wird, dass auch bei Wegdenken des Schusses dieser Erfolg eingetreten wäre, begegnen die Vertreter der condicio-Formel mit verschiedenen Hinweisen zur Anwendung dieser Formel. Ob es sich bei diesen **Anwendungsregeln** um bloße Modifizierungen des Prinzips handelt,[17] oder ob diese der Beweis dafür sind, „dass diese Formel den gemeinten Bedingungszusammenhang logisch falsch beschreibt",[18] wird unterschiedlich beurteilt.

12   Eine heute[19] allgemein akzeptierte Anwendungsregel bzw. ein Korrekturvorschlag lautet: **Hypothetische Kausalverläufe dürfen nicht berücksichtigt werden.** Das damit angesprochene, zusätzliche, d. h. nicht schon in der condicio-Formel enthaltene[20] **Verbot des Hinzudenkens von Ersatzursachen** fordert dazu auf, das hypothetische Eliminationsverfahren nicht zu weit zu treiben: nach dem Wegdenken der Handlung dürfen nicht wirksam gewordene Ursachen, die an deren Stelle den Erfolg herbeigeführt hätten, nicht berücksichtigt werden. Maßgeblich sollen also nur die tatsächlich verwirklichten Ursachen sein: „Eine Handlung gilt dann als kausal, wenn ohne sie – unter alleiniger Berücksichtigung der dann übrig bleibenden Umstände – der

---

[16] So auch *Frisch,* 1988, S. 522 u. in: Fs. Gössel, 2002, S. 51, der aber Zweifel an der „Richtigkeit der Qualifikation" der Formel aus der „kritischen Analyse der Verbesserungs- und Ergänzungsformeln" herleitet, S. 53 ff.

[16a] Schulfall auch bei *Kudlich,* JA 2010, 681, 683 u. bei *Zieschang,* Rn. 58 u. 66.

[17] So etwa *Ebert/Kühl,* Jura 1979, 563 f.; *Ebert,* S. 46; *Kindhäuser,* 81 vor § 13; *Samson,* Strafrecht I, Fälle 2–4.

[18] So NK-*Puppe,* Rn. 88 vor § 13.

[19] Sie stammt von *Spendel,* 1948, S. 38; aus der aktuellen Literatur vgl. *Frister,* 9/27; *Roxin,* AT I, 11/23; *W-Beulke,* Rn. 161; *Fischer,* Rn. 31 vor § 13; *Lackner/Kühl,* 10 vor § 13; *S/S-Lenckner/Eisele,* Rn. 80 vor § 13 u. *Kindhäuser,* ZStW 120 (2008), 481, 483 ff.: auch aus Opferschutzgründen; einschr. auf ein Verbot der Berücksichtigung noch nicht vollständig durchgeführter Reservehandlungen *Sancinetti,* ZStW 120 (2008), 661, 691 ff.

[20] Vgl. *Kühl,* JR 1983, 33.

konkrete Erfolg nicht eingetreten wäre."[21] Dementsprechend formuliert der BGH allgemein für „Ersatztäter": „Eine Handlung kann auch dann nicht hinweggedacht werden, ohne dass der konkrete Erfolg entfiele, wenn die Möglichkeit oder die Wahrscheinlichkeit besteht, dass ohne die Handlung des Täters ein anderer eine – in Wirklichkeit jedoch nicht geschehene – Handlung vorgenommen hätte, die ebenfalls den Erfolg herbeigeführt haben würde" (BGHSt 45, 270, 295 u. 49, 1, 3 f. [m. Bspr. *Puppe*, NStZ 2004, 554, *Saliger*, JZ 2004, 977, 980, *Roxin*, StV 2004, 485, 486, *Neubacher*, Jura 2005, 857, 861 u. *Otto*, JK 9/04, StGB vor 13/16], jeweils unter Berufung auf BGHSt 2, 20, 24).[22]

> Zur Einübung dieser „Hauptregel, die bei der Anwendung der condicio-Formel streng einzuhalten ist", empfehlen sich die Fälle 2 und 3 bei *Samson*, Strafrecht I, S. 18–20. Außerdem geeignet: *Frank*, Jura 2006, 783 u. 784; *Jahn/Ebner*, JuS 2007, 923 u. 925; *Krack/Kische*, ZJS 2009, 684 u. 685 f.; *Mitsch*, JuS 1996, 410: Fall 35; *Noltensmeier/Henn*, JA 2007, 772 u. 773; *Norouzi*, JuS 2007, 146 u. 147 f.; *Schumann*, 2010, 529 u. 531; *Blei*, PdW AT, Fall 41; *Eser/Burkhardt*, Strafrecht I, Fall 4, S. 49 u. 54; *Haft*, Fallrepetitorium, Nr. 76; *Jescheck*, Fälle, Fall 27, S. 40 f.; *Valerius*, Klausur 6, S. 109 u. 115; *Wolters*, Fall 1, S. 1 f. u. 5.

Weitere Regeln zur richtigen Anwendung der condicio-Formel in Fällen bereitstehender, aber nicht verwirklichter Reserveursachen lauten: **13**
– für die Kausalität genügt es, dass die Handlung den Eintritt des Erfolges **beschleunigt** hat;
– entscheidend ist, ob bei Hinwegdenken der Bedingung der Erfolg in seiner **konkreten** Gestalt entfiele (in dieser Weise, unter diesen Umständen, in diesem Augenblick).

Dass die **Beschleunigung** des Erfolgseintrittes für die Kausalität einer Handlung   **14** ausreicht, liegt daran, dass durch den frühen Erfolgseintritt der sonst zu erwartende Eintritt des Erfolges keine Verwirklichungschance mehr bekam: er wurde vom allein maßgeblichen, wirklichen Erfolgseintritt überholt. Schulbeispiel ist der sofort tödliche Schuss auf ein bereits todkrankes Opfer;[23] denkt man sich den Schuss weg, so entfiele der Tod, weil es zum einen verboten ist, die Ersatzursache (tödliche Erkrankung) hinzuzudenken, und weil es zum anderen ausreicht, dass der Schuss den Todeseintritt beschleunigt hat (*Kühl*, JA 2009, 321, 325). Würde die Beschleunigung des Erfolgseintritts für die Begründung der Kausalität nicht ausreichen, so würde es angesichts der Sterblichkeit aller Menschen überhaupt keine verursachten Todes-Erfolge geben. Auch die Rspr. stellt auf die Beschleunigung ab, so etwa in dem Fall, in dem die Krankenschwester moribunden Patienten blutdrucksenkende Medika-

---

[21] *Puppe*, ZStR 107 (1990), 144 Fn. 3, die allerdings auch dieses Verfahren der Kausalitätsermittlung noch nicht für korrekt hält; es bleibe unklar, welche Art von Bedingungszusammenhang gefordert werde. – Kritisch zur Begründung auch *Frisch*, Fs. Gössel, 2002, S. 51, 54. – Den „genetischen" Nachweis eines lückenlosen Kausalverlaufs verlangt *Röckrath*, 2004, S. 28 f.

[22] Aus der Rspr. vgl. noch: AG Zerbst NJ 2004, 181 mit Anm. *Krüger*. – Zu BGHSt 49, 1 noch W-*Beulke*, Rn. 197 u. *Hoffmann-Holland*, Rn. 127, jeweils mit Fallschilderung. – Hinsichtlich der Berücksichtigung von „Ersatztätern" diff. *Frister*, 9/27, 30 u. *Hoyer*, Fs. Jakobs, 2007, S. 175, 185 f., dazu im Übungsfall *Krack/Kische*, ZJS 2009, 684 ff.

[23] Dieses Beispiel zeigt nach *Frisch*, 1988, S. 53, besonders deutlich, dass es bei der Erfolgsbeschleunigung gar nicht um eine Problematik der Kausalität geht, sondern um ein Problem des tatbestandlich gemeinten Erfolges: Erfolg i. S. des § 212 sei die Lebensverkürzung und für diese sei die „beschleunigende" Handlung ganz unproblematisch Bedingung; vgl. jedoch im Übungsfall: *Frisch/Murmann*, JuS 1999, 1196, 1202. – Vgl. zur Erfolgsbestimmung auch schon *Puppe*, ZStW 92 (1980), 880 f.: nachteilige Veränderung der Ausgangssituation.

mente spritzte: „Durch den starken Blutdruckabfall trat bei jedem der fünf Patienten der Tod früher ein, als dies ohne das Eingreifen der Angeklagten geschehen wäre" (BGH StV 2009, 524 mit Anm. *Neumann*).

> Aus der **Übungsfall-Literatur** zur Beschleunigung vgl. *Esser/Röhling*, Jura 2009, 866 u. 867; *Marxen*, Fall 4 a, S. 27 u. 30; *Wolters*, Fall 1, S. 1 f. u. 5.

15   Das Abstellen auf den **Erfolg in seiner konkreten Gestalt** ist eine weitere, problematische Anwendungsregel der condicio-Formel. Auch mit dieser Regel wird versucht, hypothetische Ersatzursachen von der Kausalität auszuschließen: lässt man als Erfolg z. B. nicht allgemein den Tod des Opfers gelten, sondern stellt man auf den Tod durch Erschießen am Tage X in Y ab, so scheiden Ersatzursachen, die den Tod desselben Opfers unter anderen Umständen bewirkt hätten, als Kausalfaktoren aus.[24] Schwierigkeiten bereitet zunächst, die Umstände einzugrenzen, die für die Erfolgkonkretisierung herangezogen werden dürfen, d. h. relevante Umstände des tatbestandsmäßigen Erfolges von tatbestandlich **irrelevanten Begleitumständen** dieses Erfolges abzugrenzen: So soll das Ablenken eines aufs rechte Auge gezielten Schlages auf das linke Auge ein kausaler Beitrag zur Körperverletzung des Getroffenen sein, während es für ein Tötungsdelikt irrelevant sein soll, ob der Tod des vergifteten Opfers am Ort X oder am Ort Y eintritt.[25] Außerdem besteht die Gefahr, den konkreten Erfolg etwa durch Einbeziehung des zu ihm führenden Kausalverlaufs so zu konkretisieren bzw. zu manipulieren,[26] dass nur die tatsächlich verwirklichte Bedingung als kausal in Betracht kommt, so etwa, wenn man im „Scharfrichter-Fall" den Fallbeiltod eines Mörders aus der Hand des Vaters des Ermordeten vom Fallbeiltod aus der Hand des sonst tätig gewordenen Scharfrichters abhebt;[26a] – dass der Scharfrichter rechtmäßig gehandelt hätte, schließt allenfalls die objektive Zurechnung aus (s. u. Rn. 80). Schließlich wird etwa durch die Erfolgskonkretisierung „Erschießungstod" schon die Ursache (der Schuss) festgelegt.

> Zur Einübung in diese problematische, aber gebräuchliche Anwendungsregel lesenswert: *Schlüchter*, JuS 1976, 380–382 und 518–520. Weitere geeignete **Übungsfälle** bei: *Esser/Röhling*, JuS 2009, 866 u. 867; *Eser/Burkhardt*, Strafrecht I, Fall 4, S. 49 u. 53; *Hilgendorf*, KK II, Fall 5, Rn. 38; *Jescheck*, Fälle, Fall 27, S. 40 f.; *Krell*, JuS 2012, 537, 539; *Kudlich*, PdW AT, Fall 41; *Meurer/Kahle/Dietmeier*, Übungskriminalität, Fall 4, S. 49 f. u. 73; *Rudolphi*, AT-Fälle, Fall 1, S. 1 u. 10; *Scholz/Wohlers*, Klausuren, Bsp. einer Klausurbearbeitung, S. 91 u. 92; *Valerius*, Klausur 6, S. 109 u. 115.

16   Zum besseren Verständnis der Probleme, die hypothetische Ersatzursachen der condicio-Formel bereiten, soll noch kurz auf den sog. **„Massenkarambolage-Fall"** (BGHSt 30, 228) eingegangen werden: Der Angeklagte war infolge überhöhter Geschwindigkeit mit seinem Ford auf den nach einem Auffahrunfall umgestürzt auf der Überholspur liegengebliebenen Citroen aufgeprallt und hatte diesen auf seinen inzwischen ausgestiegenen Fahrer geschleudert; der Fahrer erlitt dabei Verletzungen, die er „etwa in gleichem Umfang" auch erlitten hätte, wenn der Angeklagte rechtzeitig hätte anhalten können. Dann wäre nämlich der nachfol-

---

[24] *Frisch*, 1988, S. 53 Fn. 207, sieht auch hierin kein Kausalproblem, sondern die Vorfrage nach der Präzisierung des tatbestandlichen Erfolges gestellt.

[25] Vgl. *S/S-Lenckner/Eisele*, Vorbem §§ 13 ff. Rn. 79; mit ähnlichen und weiteren Beispielen *Jakobs*, 7/14–17.

[26] Vgl. die scharfe Kritik von *Puppe*, ZStW 99 (1987), 596, und in: NK, Rn. 98 vor § 13: Zirkelschlüssiges Verfahren; krit. auch *Hilgendorf*, NStZ 1994, 566; s. aber auch *Erb*, JuS 1994, 450–452 u. *Roxin*, AT I, 11/22, gegen *Puppes* „Vermischung von Kausalität und objektiver Zurechnung".

[26a] *B-Weber/Mitsch*, 14/18 m. w. N. in Fn. 24; zum Fall auch *Puppe*, GA 2010, 551, 552.

gende Opel so auf den Ford geprallt, dass dieser den Citroen ebenfalls auf dessen Fahrer geschleudert hätte. – Denkt man sich das verkehrswidrige Verhalten des Angeklagten weg, so wäre der Citroen-Fahrer dennoch verletzt worden, da dann der Opel-Fahrer als „Ersatztäter"[27] die Verletzungen bewirkt hätte; eine unbefangene Anwendung der condicio-Formel würde also dazu führen, die Kausalität zwischen dem Verhalten des Angeklagten und den Verletzungen des Citroen-Fahrers zu verneinen. Ein Ergebnis, das niemand akzeptieren kann! Zur Vermeidung dieses Ergebnisses kann man (und sollte man in einer Fallbearbeitung) auf der Grundlage der condicio-Formel zwei Wege beschreiten. Man kann zum einen das Verbot des Hinzudenkens von Ersatzursachen (hier: von Ersatztätern und ihrem rechtswidrigen Verhalten) anwenden.[28] Man kann zum anderen auf den Erfolg in seiner konkreten Gestalt[29] abheben: „Dann ergibt sich, wenn man das Verhalten des Angeklagten hinwegdenkt, dass der Erfolg als solcher zwar ebenfalls eingetreten wäre, aber doch in etwas anderer Art und Weise (nämlich einige Sekunden später, an einer etwas anderen Stelle der Straße und mit ähnlichen, aber nicht völlig identischen Verletzungen)."[30] Beide Wege führen zwar zum richtigen Ergebnis, sind aber nicht unproblematisch: die Erfolgskonkretisierung wirkt angesichts der nahezu gleichen Verletzungen des Opfers gekünstelt, das Hinzudenk-Verbot muss zusätzlich und gleichzeitig (= widersprüchlich?) zur Hinwegdenk-Anweisung der condicio-Formel beachtet werden. Die Formel von der gesetzmäßigen Bedingung tut sich hier – wie noch zu zeigen sein wird – leichter.[31]

Die Probleme, die hypothetische Ersatzursachen der condicio-Formel bereiten, 17 sind aber damit noch nicht erschöpft. Bricht jemand durch aktives Eingreifen den auf das lebensgefährdete Opfer zulaufenden **rettenden Kausalverlauf** ab (z.B. durch Anhalten des Balkens, der auf den Ertrinkenden zutreibt), so setzt er zwar keinen schädigenden Kausalverlauf in Richtung auf das Opfer in Gang, dennoch könnte er für den Tod des Opfers kausal geworden sein.[32] Die Anwendung der condicio-Grundformel würde zu einer solchen Annahme von Kausalität führen: „Hindert z.B. der A den B daran, C zu retten, so entfällt der Tod des C, wenn man das Tun des A wegdenkt."[33] Hält man sich freilich an die Anwendungsregel, die das Hinzudenken von hypothetischen Kausalverläufen verbietet, so müsste man die Rettungshandlung des B unberücksichtigt lassen, denn sie hat ja noch nicht wirklich zur Rettung geführt; dann aber wäre C auch bei Wegdenken der Abbruchshandlung des A gestorben, so dass diese Handlung nicht für den Todeserfolg kausal wäre.

[27] Zur Unbeachtlichkeit des Vorhandenseins eines Ersatztäters vgl. *Blei*, S. 101, mit einem weiteren Beispiel.

[28] So *Kühl*, JR 1983, 33, trotz Bedenken gegen die Vereinbarkeit dieses Verbots mit der condicio-Formel. Auf die Nichtberücksichtigung hypothetischer Kausalverläufe stellt in diesem Fall und in vergleichbaren Fällen auch SK-*Hoyer*, Anh. zu § 16 Rn. 68, ab.

[29] So etwa *Ranft*, NJW 1984, 1423 f., der zum konkreten Erfolg „die zum Erfolg führende Kausalkette selbst" hinzunimmt; ebenso *Schlüchter*, JA 1984, 639.

[30] Zum Fall vgl. *Schlüchter*, JA 1984, 674: „(zumindest leicht) abgewandelter Erfolg".

[31] Zu deren Anwendung auf den Massenkarambolage-Fall vgl. *Kühl*, JR 1983, 33; *Eser/Burkhardt*, Strafrecht I, Nr. 4 A 34 u. *Roxin*, AT I, 11/23, 24. – Vgl. auch die eigene Kausalitätsformel von *Puppe*, JuS 1982, 660 ff., die die Kausalitätsfrage im Massenkarambolage-Fall ebenfalls problemloser beantwortet als die condicio-Formel.

[32] Von einem streng kausalen Standpunkt aus ist diese „Kausalität" nicht zu begründen, „denn die den äußeren Erfolg (Wirkung) verursachenden Umstände sind von dem Täter gerade nicht hervorgebracht"; so *Kahlo*, 1990, S. 54 Fn. 57, der den Abbruch eines rettenden Kausalverlaufs als besondere Form aktiven Veränderns/Gestaltens begreift (S. 156 f., 339, im Anschluss an *Wolff*, 1965, S. 29 f.). Nach *Otto*, 6/14, zeigt sich in solchen und ähnlichen Fällen, dass die Äquivalenztheorie mit der condicio-Formel auch „logische Bedingungen" und nicht nur Ursachen im naturwissenschaftlichen Sinne (causa efficiens) erfasse. – Eingehend *Reinhold*, Unrechtszusammenhang und der Abbruch rettender Kausalverlaufe, 2009.

[33] *Wolff*, 1965, S. 31. – Ebenso – „beim gegenwärtigen Stand der Lehre von der Kausalität im Strafrecht" – *Hruschka*, S. 74.

18   Zur Vermeidung dieses wenig einleuchtenden Ergebnisses wird deshalb ein **Gebot des Hinzudenkens von rettenden Kausalverläufen** aufgestellt. Die Anwendungsregel der condicio-Formel zur Berücksichtigung hypothetischer Ersatzursachen lautet dann vollständig: „Verboten ist es nur, Ersatzursachen hinzuzudenken, die anstelle der wegzudenkenden Handlung wirksam geworden wären. Geboten ist es dagegen, solche Umstände hinzuzudenken, die den Erfolg verhindert hätten, wenn die Handlung nicht stattgefunden hätte." [34] Mit dieser doppelten „Anreicherung" der „Grundformel durch Verbote des Hinzudenkens von Ersatzursachen, Gebote des Hinzudenkens rettender Kausalverläufe" werden zwar die problematischen Fälle im Ergebnis so bewältigt, wie es der fast allgemeinen Auffassung entspricht, doch wird die condicio-Formel damit fast zu einer „konstruktivistisch anmutenden ... Kunstformel." [35]

> **Übungsfälle** zur Problematik des Abbruchs rettender Kausalverläufe finden sich bei: *Frisch/Murman*, JuS 1999, 1196 u. 1202; *Kudlich*, PdW AT, Fall 44, *Marxen*, Fall 4 d, S. 33; *Mitsch*, JuS 1996, 311: Fall 29 c; *Philipps/Boley*, Jura 1993, 256 u. 265; *Raddatz/Krüger*, JA-Übungsblätter 1983, 115 f.; *Rudolphi*, AT-Fälle, Fall 1, S. 1 u. 9 f. sowie Fall 15, S. 177 u. 187; *Samson*, Strafrecht I, Fall 4, S. 21.

b) Alternative Kausalität („Doppelkausalität")

19   Begründungsschwierigkeiten bereiten der condicio-Formel nicht nur die hypothetischen Ersatzursachen, sondern auch die Fälle der alternativen Kausalität, auch „Doppelkausalität" genannt.[35a] Der Schulfall aus diesem Bereich ist die Vergiftung des Opfers O durch A und B, die ihm unabhängig voneinander je eine tödliche Menge Gift unter das Essen gemischt[36] oder in einen Erfrischungstrunk gerührt haben.[37] Unter der Voraussetzung, dass beide Giftgaben gleichzeitig ihre tödliche Wirkung entfaltet haben,[38] führt die Prüfung der Kausalität nach der condicio-Formel bei A wie bei B dazu, dass ihre Handlungen nicht kausal waren, weil bei deren Hinwegdenken die Handlung des anderen den Wegfall des Todeserfolges verhindert hätte. Häufig wird deshalb eine weitere Modifikation der condicio-Formel zur Stärkung ihrer Geltungskraft[39] vorgeschlagen: **von mehreren Bedingungen, die zwar alternativ, aber nicht kumulativ hinweggedacht werden können, ohne dass der Erfolg entfiele, ist jede für den Erfolg ursächlich.**[40]

---

[34] *Samson*, Strafrecht I, S. 21; *Hoffmann-Holland*, Rn. 113; *Murmann*, GK, 23/24; *Kudlich*, JA 2010, 681, 683; vgl. auch *Roxin*, AT I, 11/33: „Ergänzung" durch hinzugedachten Kausalverlauf; *Krack*, JuS 1995, 8. Nach *Gropp*, 5/32, liegt der eigentliche Grund für diese Ausnahme in der „Quasikausalität" beim Unterlassungsdelikt.

[35] *Frisch*, 1988, S. 523.

[35a] *Dencker*, 1996, S. 50; *Puppe*, ZIS 2012, 267 (gegen *Kindhäusers* Rehabilitierung der condicio-Formel in GA 2012, 134); *B-Weber/Mitsch*, 14/38–42; SK-*Rudolphi*, Rn. 51 vor § 1. – Zur Doppelkausalität im Zivilrecht vgl. BGH NJW 2004, 2526, 2528.

[36] So Beispiel 22 bei *Ebert/Kühl*, Jura 1979, 568. Weiteres Beispiel bei *Gropp*, 5/25: Mafia-Fall.

[37] So Fall 5 bei *Samson*, Strafrecht I, S. 22.

[38] Hat eine Giftgabe ihre tödliche Wirkung schon erreicht, bevor die andere ihre Wirkung entfalten konnte, so ist nur die tatsächlich wirksam gewordene Giftgabe kausal für den Tod, da die andere Giftgabe eine hypothetische Ersatzursache ist, die nicht hinzugedacht werden darf.

[39] *Volk*, GA 1976, 175 f.

[40] *Ebert/Kühl*, Jura 1979, 568, nach *Welzel*, S. 45. Ebenso *Blei*, S. 103; *Hauf*, S. 19; *Murmann*, GK, 23/20; *W-Beulke*, Rn. 157; *Zieschang*, Rn. 77; ebenso LK-*Walter*, Rn. 77 vor § 13, unter Betonung zweier „zeitgleich wirkenden Handlungen"; kritisch S/S-*Lenckner/Eisele*, Vor-

Ob diese weitere Anwendungsregel wirklich erforderlich ist, scheint zumindest in dem an- **20** geführten Schulfall[41] zweifelhaft. Haben nämlich gleichzeitig wirkende Teilmengen des Giftes von A und B den Tod des O herbeigeführt, so konnten die jeweiligen Restmengen ihrer Giftgaben nicht mehr wirksam werden; sie sind also hypothetische Ersatzursachen, die nicht hinzugedacht werden dürfen. Denkt man sich bei der Prüfung der Kausalität des A dessen Giftgabe weg, so wäre O am Leben geblieben, da die von B gegebene, wirksam gewordene Teilmenge zur Tötung des O nicht ausgereicht hätte. Dass O bei Wegdenken der Handlung des A dann durch die Restmenge der Giftgabe des B getötet worden wäre, darf als hypothetischer Kausalverlauf nicht hinzugedacht werden. Also ist die Handlung des A kausal für den Tod des O.[42] Mit derselben Argumentation kommt man dann auch zur Bejahung der Kausalität zwischen der Handlung des B und dem Tod des O.

Fälle alternativer Kausalität kommen auch in der Praxis vor. So wurde etwa im **20a** Fall, den BGHSt 39, 195 zu beurteilen hatte, das Opfer durch zwei Schüsse desselben Täters (der 1. Schuss war mit Tötungsvorsatz, der 2. fahrlässig hinsichtlich des Lebens des Opfers abgegeben worden) getötet; das Opfer starb – nach Ansicht des BGH – am Zusammentreffen der Verletzungsfolgen beider Schüsse, von denen jeder auch allein zum Tod geführt hätte. Der BGH bejahte die Kausalität beider Schüsse und kam zu dem erstaunlichen Ergebnis, dass derselbe Täter sowohl eine vorsätzliche als auch eine fahrlässige Tötung (§ 212 und § 222) an ein- und demselben Opfer begangen habe, wobei letztere als subsidiär hinter der für die Strafbarkeit letztlich allein übrigbleibenden vorsätzlichen Tötung zurücktrete (aus der kontroversen Diskussion um diesen vom Schulfall der alternativen Kausalität abweichenden Fall vgl. die Entscheidungsbesprechungen von *Rogall*, JZ 1993, 1066; *Murmann/Rath* NStZ 1994, 217; *Toepel*, JuS 1994, 1009; *Wolter*, JR 1994, 468, u. *Otto* JK 93, StGB vor § 13/2; *Dencker*, 1996, S. 118 Fn. 232; *Krey/Esser*, AT, Fall 42, Rn. 318 f.; als Ausgangsfall bei *Rotsch*, Fs. Roxin, 2011, S. 377, 378 ff., der die Lösung bei der objektiven Zurechnung sucht: Versuch durch 1. Schuß, Vollendung durch 2. Schuß).

Die Konstellation der alternativen Kausalität, hier auch klarstellend **Mehrfach-** **20b** **kausalität**[42a] genannt, gewinnt in jüngster Zeit praktische Relevanz bei **Kollektiventscheidungen** in Gremien. Auch hier ist die Kausalität der die Entscheidung tragen-

---

[41] bem §§ 13 ff. Rn. 74: das Grundprinzip der condicio-Formel sei nicht mehr gewahrt; krit. auch *Dencker*, 1996, S. 52 ff., 116; Kausalität verneinend *Toepel*, 1992, S. 72 ff. *Köhler*, S. 146, verneint die objektive Zurechnung; ebenso *Rotsch*, Fs. Roxin, 2011, S. 377, 395: Versuch für beide. Nach *Freund*, 7/135–138, ist beiden Giftgebern der Todeserfolg als „tötungstatbestandsmäßige Verhaltensfolge anzulasten". – Krit. zur Behandlung der alternativen Kausalität durch beide Kausalitätsformeln *Merkel*, Fs. Puppe, 2011, S. 151 ff.

[41] So auch *Kudlich*, JA 2010, 682, 683, der mit der Grundformel und dem Erfolg in seiner konkreten Gestalt auszukommen meint. Vgl. aber etwa den problematischeren „Schrottplatz-Fall" von *Joerden*, 1986, S. 152.

[42] Diese Argumentation hat *Samson*, Strafrecht I, S. 22 f., entwickelt. Vgl. auch *Frisch*, 1988, S. 53 Fn. 204 u. SSW-*Kudlich*, vor § 13 Rn. 37. – Nach *Kuhlen*, NStZ 1990, 570 Fn. 70, ergibt diese Argumentation nicht, dass die Bejahung der Kausalität auch im Fall der Doppelkausalität mit der condicio-Formel verträglich ist; sie bestreite nur, dass der Standardfall ein Fall der Doppelkausalität sei.

[42a] *Hoyer*, AT I S. 37; *Dencker*, 1996, S. 51 u. 63; *Puppe*, Jura 1997, 408, 414 u. in: NK, Rn. 108 vor § 13: „Doppelkausalität oder Mehrfachkausalität"; *Roxin*, AT I, 11/19; *Saliger*, UmwStrR, Rn. 234. – B-*Weber/Mitsch*, 14/37, sprechen von „kumulativer Kausalität", ebenso *Marxen*, Fall 4 b, S. 30 f. – Scharfsinnige Einwände gegen beide Einordnungen erheben S/S-*Lenckner/ Eisele*, Vorbem. §§ 13 ff., Rn. 83 a, die aber dem Ergebnis zustimmen; kritisch zu beiden Einordnungen auch LK-*Walter*, Rn. 83 vor § 13, der auch im Ergebnis abweicht, aber Versuch für möglich hält (Rn. 84). – Für eine Ergänzung der condicio-Formel *Röckrath*, 2004, S. 29 ff. u. in: NStZ 2003, 641. – Zur Mehrfachkausalität von Sorgfaltspflichtverletzungen *Dold*, Rechtstheorie 2010, S. 109 ff.

den Stimmen zu bejahen, obwohl einzelne – die allerdings anders als im Schulfall „für sich gesehen den Erfolg nicht bewirken können" (LS/S-*Lenckner/Eisele*, Vorbem §§ 13 ff. Rn. 83 a) – von ihnen ohne Auswirkung auf die Entscheidung hinweggedacht werden können.[42b] So etwa, wenn drei Geschäftsführer einer GmbH, für deren Entscheidungen das Mehrheitsprinzip gilt, einstimmig die Einleitung von Abwässern in einen Fluss beschließen; jeder von ihnen ist für die Gewässerverunreinigung (§ 324) ursächlich, auch wenn jeder einwenden kann, auf seine Stimme sei es angesichts der zwei anderen Stimmen nicht angekommen;[42c] ebenso in der Fallabwandlung der Lederspray-Entscheidung (BGHSt 37, 106 ff. betraf die Strafbarkeit für fahrlässiges Unterlassen, s. u. 18/39 a–39 d [dort auch zur „Politbüro"-Entscheidung BGHSt 48, 77, 94 in Rn. 39 e] 103, 103 a und 19/3), wenn vier Geschäftsführer der Hersteller-GmbH einstimmig für die Weiterproduktion des Sprays entscheiden, und es vorhersehbar zu Gesundheitsbeschädigungen der Verbraucher (§ 229) kommt.[42d] Fassen etwa Gemeinderatsmitglieder mit großer Mehrheit einen rechtswidrigen, die Strafbarkeit wegen Untreue (§ 266) begründenden Beschluss,[42e] so hat jedes zustimmende Gemeinderatsmitglied kausal zum Vermögensnachteil der Gemeinde beigetragen, auch wenn jedes sagen kann, auf seine Stimme sei es nicht angekommen, weil auch die Stimmen der anderen zustimmenden Mitglieder zu einem (Mehrheits-)Beschluss geführt hätten.[42f] – Die Einordnung einer **Stimmenthaltung** ist umstritten (für Kausalität BGH NJW 2006, 522, 523 m. zust. Bspr. *Vogel/Hocke*, JZ 2006, 568; krit. *Hanft*, Jura 2007, 58, 60 f., der in ihr ein Unterlassen sieht; dazu auch *Hombrecher*, JA 2012, 535, 536 u. *Tiedemann*, AT, Rn. 179 b). – Zur Mehrfachkausalität vgl. auch Rn. 27 a. – Zur objektiven Zurechnung, die mangels Pflichtwidrigkeitszusammenhangs fehlen soll, *Murmann*, GK, 23/113–115.

21   Nicht zu verwechseln mit der alternativen Kausalität ist die sog. **kumulative Kausalität**. Damit sind Fälle gemeint, in denen erst zwei unabhängig voneinander vorgenommene Handlungen durch ihr Zusammenwirken den Erfolg herbeiführen (z. B. zwei für sich allein nicht tödliche Giftgaben). Da bei Hinwegdenken einer Giftgabe der Tod entfiele, sind beide Giftgaben kausal.[43] – Auch für Kollektiventscheidungen

---

[42b] *Lackner/Kühl*, Rn. 11 vor § 13; für alternative Kausalität auch *Hanft*, Jura 2007, 58, 60; *Dreher*, JuS 2004, 18; *Hombrecher*, JA 2012, 535; *Kindhäuser*, AT, 10/41; W-*Beulke*, Rn. 158 a, der aber wohl eine mittäterschaftliche Lösung favorisiert; für eine Kombination von alternativer und kumulativer Kausalität SSW-*Kudlich*, vor § 13 Rn. 43; eingehend *Corell*, 2007, S. 128 ff.

[42c] Bsp. von *Hoyer*, AT I, S. 37 f.; mit ähnlichem Bsp. ebenso *Krey/Esser*, AT, Fall 43, Rn. 323 f.

[42d] Fallabwandlung von *Ransiek*, 1996, S. 67; ähnliche Fallabwandlung bei *Dencker*, 1996, S. 51 u. 188; vgl. auch *Schünemann*, 1994, S. 144 u. *Bode*, Fs. BGH, 2000, S. 515, 527 f.

[42e] Bsp. von *B-Weber/Mitsch*, 14/37; vgl. dazu auch *Dencker*, 1996, S. 185; *Jakobs*, Fs. Miyazawa, 1995, S. 429; aus der Rspr. vgl. den „Mannesmann"-Entscheidung BGH NJW 2006, 522, 527, m. zust. Bspr. *Hanft*, Jura 2007, 58, 60.

[42f] Zur Vielfalt denkbarer pflichtwidriger Kollegialentscheidungen und dem sich daraus ergebenden Kausalitätsproblem eingehend *Weißer*, 1996, S. 162 ff.; knapper im Übungsfall *Kudlich*, AT-Fälle, S. 32 f. – Zur Lösung der Kausalitätsproblematik durch die Annahme von Mittäterschaft – so BGHSt 37, 107, 129 – vgl. *Beulke/Bachmann*, JuS 1992, 737; *Dencker*, in: Amelung (Hrsg.), 2000, S. 63, 67 f.; *Schaal*, 2001, S. 192 ff.; *Corell*, 2007, S. 201; *Tiedemann*, AT, Rn. 176–179 a; im Erg. auch LK-*Schünemann*, § 25 Rn. 196; dagegen *Kudlich*, AT-Fälle, S. 33; NK-*Puppe*, Rn. 107 vor § 13 u. in: GA 2004, 129, 133 (krit. zu Puppes Behandlung der alternativen Kausalität *Merkel*, Fs. Puppe, 2011, S. 151, 161 ff.).

[43] *Dencker*, 1996, S. 49; *B-Weber/Mitsch*, 14/37; *Gropp*, 5/26; *Kindhäuser*, 87 vor § 13; MK-*Freund*, 342 vor §§ 13 ff.; SK-*Rudolphi*, Rn. 51 a vor § 1; S/S-*Lenckner/Eisele*, Vorbem §§ 13 ff. Rn. 83, mit dem Hinweis auf eine mögliche wesentliche Abweichung vom Kausalver-

wird mit der kumulativen Kausalität eine Lösung versucht,[43a] doch hilft diese nur in Fällen mit einer Stimme Mehrheit.[43b] Schließlich wird eine Verbindung der Überlegung zur alternativen und kumulativen Kausalität vorgeschlagen.[43c] – Zu kumulativer und alternativer Kausalität aus rechtslogischer Sicht *Joerden*, 2010, S. 84 ff.

> Aus der **Übungsfall-Literatur** zur alternativen und kumulativen Kausalität vgl.: *Alpmann/Schmidt*, AT 1, Fälle 9 und 10, S. 51 f. sowie AT 2, Fall 5, S. 22 u. 25 („Gremienentscheidung"); *Buttel/Rotsch*, JuS 1996, 327 u. 331 f.; *Hilgendorf*, KK I, Fall 9, Rn. 10 (kumulative Kausalität); *Jäger*, Rn. 365, 366: Fall 64 (BGHSt 37, 106 nachgebildet: Kausal, „da alle gezählten Stimmen zu der Mehrheitsentscheidung beigetragen haben"); *Kudlich*, AT-Fälle, Fall 3, S. 31–34 (mit Schaubild) u. in: PdW AT, Fälle 38, 39; *Magnus*, Jura 2009, 390; *Marxen*, Fall 4 b, S. 30 f. (Kumulative Kausalität bei Kollektiventscheidungen) u. Fall 4 c, S. 32; *Meurer/Kahle/Dietmeier*, Fall 5, S. 77 f. u. 94 f.; *Rotsch*, Klausur 19, S. 269 f. u. 270–274 (gegen Umformulierung der condicio-Formel); *Samson*, Strafrecht I, Fall 5, S. 22; *Seher*, in: *Ebert* (Hrsg.), Fall 2, S. 2 f. u. 32–35 (fehlende Kausalität bei Vorstandsbeschlüssen); *Seier*, Anfängerklausur, Nr. 2, S. 23 u. 25 sowie 29 f.; *Valerius*, Klausur 6, S. 109 u. 111 (zu beiden „Kausalitäten") u. S. 115 (zur alternativen Kausalität); *Wolters*, Fall 1, S. 1 f. u. 5, 11 f. („Kumulative Kausalität").

2. Die Formel von der gesetzmäßigen Bedingung

Die Formel von der gesetzmäßigen Bedingung hat inzwischen den größeren Teil **22** der Lehrbuch- und Kommentarliteratur erobert[44] und kann deshalb bei der Lösung strafrechtlicher Übungsfälle mit Kausalitätsproblematik verwendet werden. Diese Formel steht wie die condicio-Formel insofern auf dem Boden der Äquivalenztheorie, als auch sie die Gleichwertigkeit aller Erfolgsbedingungen betont. Es genügt also auch hier, dass die Handlung irgendwie zum Erfolg beigetragen hat, dass sie eine von mehreren Ursachen des Erfolges war.[45] Sie lautet „in ihrer kürzesten und klarsten Form: **Ein Verhalten ist dann Ursache eines Erfolges, wenn dieser Erfolg mit dem Verhalten durch eine Reihe von Veränderungen gesetzmäßig verbunden ist.**"[46] In einer etwas angereicherteren Form lautet sie bei *Jescheck/Weigend:* „... ob sich an eine Handlung zeitlich nachfolgende Veränderungen in der Außenwelt angeschlossen haben, die mit der Handlung nach den uns bekannten Naturgesetzen notwendig verbunden waren ...".[47] Unter Verzicht auf hypothetische Überlegungen

---

laut bei vorsätzlicher Giftgabe, u. *Kudlich*, JA 2010, 681, 683, der auf mögliche Korrekturen bei der objektiven Zurechnung oder beim Vorsatz (abweichender Kausalverlauf) hinweist; auf beides hinweisend *Zieschang*, Rn. 80. – Zur Kausalität kumulativ wirkender Tatbeiträge bei der Gewässerverunreinigung und bei einem Schulbeispiel der Sachbeschädigung vgl. *Rengier*, in: *Schulz* (Hrsg.), Ökologie und Recht, 1991, S. 51; zu § 324 vgl. *Schall*, NStZ 1992, 211.

[43a] Nw. oben Fn. 42 a u. unten Rn. 27 a, Fn. 57 b; vgl. auch *Saliger*, UmwStrR, Rn. 235 f.

[43b] W-*Beulke*, Rn. 158 a; S/S-*Lenckner/Eisele*, Vorbem §§ 13 ff., Rn. 83 a.

[43c] *Kudlich*, AT-Fälle, S. 33.

[44] Nach *Schlüchter*, JA 1984, 674 Fn. 17: „Ganz h.M."; *Roxin*, AT I, 11/15: „weitgehend durchgesetzt". Nach *Jescheck/Weigend*, S. 280 Fn. 14, freilich wird die condicio-Formel im Schrifttum vielfach angewendet. – Kritisch zur Formel von der gesetzmäßigen Bedingung *Koriath*, 1994, S. 483–488; *Dencker*, 1996, S. 25 u. *Frister*, AT, 9/6–8: macht condicio-Formel nicht entbehrlich.

[45] Vgl. S/S-*Lenckner/Eisele*, Vorbem §§ 13 ff. Rn. 76.

[46] So *Puppe*, ZStR 107 (1990), 148 Fn. 9, nach *Engisch. Rönnau*, in: *Rönnau* u. a., JuS 2004, 113, 114 spricht von „Dominoeffekt". Vgl. auch *Schulz*, Fs. Lackner, 1987, S. 39: „Nach der Theorie von der gesetzmäßigen Bedingung ist ein Ereignis (Bedingung) für ein anderes zeitlich unterscheidbares und nicht logisch impliziertes Ereignis (Wirkung) dann kausal, wenn die beiden Ereignisse in ihrer Aufeinanderfolge (natur-)gesetzmäßig verknüpft sind."

[47] *Jescheck/Weigend*, S. 283.

wird nach dieser Formel direkt und positiv danach gefragt, ob die konkrete Handlung im konkreten Erfolg wirksam geworden ist.

23   Ein Vorteil dieser Formel gegenüber der condicio-Formel besteht darin, dass sie das Erfordernis eines **naturgesetzlichen** Zusammenhangs deutlich anspricht. Freilich muss auch sie den Nachweis dieses Zusammenhanges letztlich dem Fachmann in Naturgesetzen überlassen. Dass sie als methodisches Hilfsmittel taugt, liegt wie bei der condicio-Formel daran, dass uns unser **Erfahrungswissen** in den meisten Fällen die Überzeugung von einer gesetzmäßigen Verbindung zwischen Handlung und Erfolg verschafft. Die Verwendung der Formel von der gesetzmäßigen Bedingung läuft deshalb häufig auf eine bloße Bekräftigung des immer schon gewussten Kausalzusammenhanges hinaus („... liegt zweifellos eine gesetzmäßige Verbindung vor ..."). Erscheint uns ein bestimmter Zusammenhang zwischen Handlung und Erfolg ziemlich sicher, lässt er sich aber in der Form einer Gesetzmäßigkeit nur schwer darstellen, so kommt die Gesetzmäßigkeitsformel eher in Begründungsschwierigkeiten als die pragmatische condicio-Formel.[48]

24   Vorteile behauptet die Formel von der gesetzmäßigen Bedingung vor allem im Bereich der hypothethischen Ersatzursachen. Daran ist richtig, dass sie durch den **Verzicht auf hypothetische Erwägungen** nicht in die oben bei der condicio-Formel beschriebenen Schwierigkeiten kommt; sie muss deshalb auch keine modifizierenden Anwendungsregeln formulieren. Dennoch sehen sich auch Vertreter dieser Formel „genötigt", die Problematik hypothetischer Ersatzursachen klarstellend anzusprechen. Um diese Klarstellungen nicht zu verfehlen, ist auch derjenige Bearbeiter strafrechtlicher Übungsarbeiten, der die einfache Formel von der gesetzmäßigen Bedingung verwenden will, „gezwungen", erläuternde Grundsätze der Kausalität zusätzlich zur Grundformel zu beherrschen. Solche Grundsätze lassen sich etwa der Kommentierung *Lenckners* im *Schönke/Schröder* entnehmen. Als Pendant zur sog. Hauptanwendungsregel der condicio-Formel heißt es hier: Eine Handlung, die für den Erfolg tatsächlich wirksam geworden ist, bleibt für diesen auch dann ursächlich, wenn derselbe Erfolg zum gleichen Zeitpunkt auf Grund einer – tatsächlich **nicht wirksam** gewordenen – Reserveursache eingetreten wäre.[49]

25   Auch Pendants zur Beschleunigungsregel und zur Erfolgskonkretisierung erscheinen hier: Die Kausalität einer Handlung entfällt nicht deshalb, weil ohne sie der gleiche Erfolg durch andere Ursachen, aber zeitlich später herbeigeführt worden wäre, und zwar auch dann nicht, wenn diese schon vor der tatsächlich wirksam gewordenen Bedingung vorgelegen haben; es reicht z. B. die geringfügige **Beschleunigung** des Erfolgseintritts.[50] – Maßgebend für die Kausalität der Handlung ist, ob diese in dem den tatbestandsmäßigen **Erfolg** ausmachenden Geschehen **in seiner konkreten Gestalt** wirksam geworden ist; es reicht die Beeinflussung oder Intensivierung eines bereits eingetretenen oder eintretenden Erfolges; – ohne Bedeutung sind Veränderungen, die lediglich die tatbestandlich irrelevanten Begleitumstände des Erfolges betreffen.[51]

26   Auch für die Fälle des **Abbruchs rettender Kausalverläufe** (s. o. Rn. 17 sowie u. Rn. 57) bedarf es eines gewissen Argumentationsaufwandes: „Da jeder Erfolg mit dem Nichtvorhandensein bestimmter negativer, ihn erfahrungsgemäß ausschließen-

---

[48] *Frisch*, 1988, S. 522; vgl. näher *Puppe*, ZStW 95 (1983), 301, sowie *Schulz*, Fs. Lackner, 1987, S. 41 f.

[49] Vgl. S/S-*Lenckner/Eisele*, Vorbem §§ 13 ff. Rn. 81.

[50] S/S-*Lenckner/Eisele*, Vorbem §§ 13 ff. Rn. 80; ebenso SK-*Rudolphi*, Rn. 46 vor § 1.

[51] *Roxin*, AT I, 11/21; S/S-*Lenckner/Eisele*, Vorbem §§ 13 ff. Rn. 79; zur Abgrenzung dieser Begleitumstände von „Handlungen, die den Erfolgsmodus berühren", LK-*Walter*, Rn. 79 vor § 13.

der Bedingungen gesetzmäßig verknüpft ist, stellt die Ausschaltung vorhandener derartiger Bedingungen für den nun eingetretenen Erfolg ihrerseits eine gesetzmäßige Bedingung dar."[52] – Schließlich werden auch die Fälle der **alternativen Kausalität** gesondert angesprochen: „Wenn beide Bedingungen nach menschlichem Erfahrungswissen den Erfolg mitbewirkt haben", sind beide kausal für den Erfolg.[53]

Auf der Grundlage der Formel von der gesetzmäßigen Bedingung bewegt sich **27** auch die Kausalitäts-Formel von *Puppe*: „Eine Ursache ... ist ein notwendiger Bestandteil einer nach Kausalgesetzen zureichenden und außerdem wahren Erklärung des Erfolges."[54] Richtig sei deshalb an dem „Wegdenk-Verfahren" der condicio-Formel das Hinzudenkverbot;[55] es gehe nur um das Hinwegdenken einer Handlung „aus einer bereits vorliegenden kausalen Erklärung des Erfolges, um zu prüfen, ob die Erklärung dadurch unschlüssig wird, die Handlung also deren notwendiger Bestandteil ist." Die „**Notwendigkeit eines einzelnen Bestandteils** einer kausalen Erklärung"[56] werde nach Aufstellung der Kausalerklärung dadurch erreicht, dass der fragliche Bestandteil aus der Erklärung gestrichen werde: „Läßt sich dann der Erfolg aus den verbliebenen Tatsachen nach Naturgesetzen ableiten, so hat sich dieser Bestandteil als nicht notwendig und damit als Nichtursache erwiesen. Eine Ursache ist er nur dann, wenn die Erklärung zusammenbricht, der Erfolg also nicht ableitbar ist, sobald man diese Tatsache streicht."[57]

Auch für die Problematik der **Mehrfachkausalität** bei **Kollektiventscheidungen** **27a** (s. o. Rn. 20 b) bietet die Lehre von der gesetzmäßigen Bedingung Lösungen an. Sie tut sich dabei sogar leichter als die condicio-Formel, weil sie direkt nach dem gesetzmäßigen Zusammenhang von Abstimmung und Beschluss bzw. Beschlussausführung fragt, und dieser Zusammenhang ist für jede zum Beschluss notwendige Ja-Stimme (z. B. für die Auslieferung eines als gefährlich für körperliche Unversehrtheit der Benutzer erkannten Produkts) gegeben.[57a] *Puppe* begründet dieses Ergebnis näher damit, dass jede Stimme notwendiger Bestandteil einer hinreichenden Bedingung des Beschlusses ist, die jeweils aus der Mindestzahl von Stimmen gebildet wird, die für den Beschluss hinreicht, d. h. notwendiger Bestandteil einer minimal hinreichenden Bedingung ist.[57b]

---

[52] *Ebert*, LdR, S. 506 – Die Kausalität bejahte auf der Grundlage seiner Formel der gesetzmäßigen Bedingung schon *Engisch*, 1931, S. 27 f.; zust. *Puppe*, ZStW 92 (1980), 859 ff., und in: ZStW 95 (1983), 299 f., sowie SK-*Rudolphi*, Rn. 43 vor § 1; vgl. auch *Roxin*, AT I, 11/33 f.; *Hoyer*, AT I, S. 37.

[53] Vgl. *Kindhäuser*, 90 vor § 13; S/S-*Lenckner/Eisele*, Vorbem §§ 13 ff. Rn. 82 u. SK-*Rudolphi*, Rn. 51 vor § 1. – Eingehend zur „Zurechnung bei alternativer Kausalität" *Kindhäuser*, GA 2012, 134 ff.: Berufung auf alternative Erfolgsverursachung „unzulässig"; krit. zu Kindhäuser jetzt *Puppe*, ZIS 2012, 267 ff.

[54] ZStW 99 (1987), 599; GA 2003, 764, 767, und in: NK, Rn. 103 vor § 13; krit. *Samson*, Fs. Rudolphi, 2004, S. 259 ff. u. *Dold*, Rechtstheorie 2010, S. 109 ff., der den Rechtsanwender wegen der nach seiner Formel aufwendigen Berechnungen auf den Sachverständigen verweist.

[55] ZStR 107 (1990), 150.

[56] ZStW 99 (1987), 599. Vgl. die einfache und allgemeinere Formulierung von *Kuhlen*, 1989, S. 63 Fn. 151, wonach „als Ursache nur in Betracht kommt, was zur Erklärung eines Ereignisses notwendig ist."

[57] ZStR 107 (1990), 153.

[57a] *Poseck*, 1997, S. 156 ff.; näher *Hilgendorf*, NStZ 1994, 561, 565 f.; vgl. außerdem *Sofos*, Mehrfachkausalität beim Tun und Unterlassen, 1998, S. 163 ff., 197 f., *Corell*, 2007, S. 144 ff. u. S/S-*Lenckner/Eisele*, Vorbem §§ 13 ff. Rn. 83 a; krit. zur Begründung *Seher*, in: Ebert (Hrsg.), Fall 2, S. 2 f. u. 34.

[57b] NK-*Puppe*, Rn. 108 vor § 13; im Wesentlichen zust. *Roxin*, AT I, 11/19, dem aber auch eine Lösung über die kumulative Kausalität einleuchtet (s. oben Rn. 20 b Fn. 42 a m. w. N. zu

27b　Eine „modifizierte condicio-sine-qua-non Formel", die Elemente der Formel von der gesetzmäßigen Bedingung aufnimmt, formuliert *Kindhäuser* (AT, 10/15): „Ein Verhalten ist die Ursache eines Erfolgs, wenn es unter den gegebenen Umständen nicht hinweggedacht werden kann, ohne dass der Eintritt dieses Erfolgs in seiner konkreten Gestalt nach Maßgabe der anerkannten Kausalgesetze entfiele."

3. Weitere Kausalitätsfragen

28　Üblicherweise[58] werden mindestens noch zwei Fallgruppen im Rahmen der Lehre von der Kausalität angesprochen, und zwar sowohl von Vertretern der condicio-Formel als auch von Vertretern der Formel von der gesetzmäßigen Bedingung: atypische Kausalverläufe und mögliche Unterbrechungen des Kausalzusammenhangs.

a) Atypische Kausalverläufe

29　Diese Fallgruppe bereitet hinsichtlich der Kausalität keine besonderen Probleme; zumindest über das die Kausalität bejahende Ergebnis besteht Einigkeit. **Schulfälle** aus diesem Bereich sind der Unfalltod des bereits durch einen Messerstich lebensgefährlich Verletzten auf dem Krankentransport[59] sowie der Tod eines Leichtbluters infolge eines Faustschlages auf die Nase.[60] Auch der statistisch unwahrscheinliche Tod des von seinem Neffen zu einer Flugreise überredeten Erbonkels durch den Absturz des Flugzeuges wird hier erörtert.[61]

30　Die **condicio-Formel** führt zur Kausalität des Messerstichs und des Faustschlags, weil bei deren Hinwegdenken der Tod des jeweiligen Opfers entfallen wäre.[62] Denn – so kann man im ersten Fall präzisierend ergänzen – wäre das Opfer nicht durch den Messerstich lebensgefährlich verletzt worden, wäre es nicht in einen Krankentransporter gekommen und hätte deshalb auch nicht mit diesem einen tödlichen Unfall erleiden können; dass sich auch der Messerstich möglicherweise tödlich ausgewirkt hätte, darf als hypothetischer Kausalverlauf nicht hinzugedacht werden. Nach der **Gesetzmäßigkeitsformel** wird dasselbe Ergebnis mit der Überlegung erreicht,

letzterer Lösung); wie *Puppe* jetzt *Kraatz*, 2006, S. 334, 367; krit. zu *Puppe* LK-*Schünemann*, § 25 Rn. 195: „verkappte normative Zurechnung"; trotz weitgehender Anerkennung doch gegen Puppe's Theorie der Mindestbedingung *Greco*, ZIS 2011, 674, 684–686: aus einem dogmatischen (nur scheinbar Subsumtion unter ein Kausalgesetz) und einem wissenschaftspragmatischen (zu schwierig) Grund; *Greco* plädiert für die Lösung über die fahrlässige Mittäterschaft (S. 686). – *Toepel*, Fs. Puppe, 2011, S. 289 ff., konfrontiert *Puppes* Kausalitätstheorie mit der von Michael S. *Moore*.

[58] Kritisch hierzu *Frisch*, 1988, S. 54, der diese Fragen bei der „Präzisierung des mißbilligten Risikos" prüfen will.

[59] Vgl. Beispiel 14 bei *Ebert/Kühl*, Jura 1979, 566; weiterer Schulfall bei *Kudlich*, JA 2010, 681, 684. – Aus der Rspr. vgl. LG Karlsruhe NJW 2005, 915, 916: Kein außergewöhnlicher Kausalverlauf, wenn eine Autofahrerin einem „Raser" mit tödlichen Folgen infolge einer „Schreckreaktion" ausweicht.

[60] Vgl. Beispiel 15 bei *Ebert/Kühl*, Jura 1979, 566; Fall b) bei *B-Weber/Mitsch*, 14/vor 1; vgl. auch *Duttge*, NStZ 2006, 266, 273 mit Fn. 82, der die Nw. zur Rspr. enthält, u. *Block*, 2008, S. 46 sowie *Roxin*, AT I, 11/27. – Im Fall RGSt 54, 349, hatte der Täter einen Stein auf seinen Bruder geworfen, aber einen „in der Nähe vorbeigehenden Schüler ... am Kopf getroffen"; trotz der „Unerheblichkeit ... der blutenden Verletzung" starb der Getroffene, „der ein ‚Bluter' war"; das RG bejahte zu Recht die Kausalität: „Ohne die Handlung ... wäre keine Verletzung und ohne diese auch nicht der Tod des Verletzten eingetreten." – Zur objektiven Zurechnung s. unten Rn. 65.

[61] Etwa von *Haft*, S. 52 u. *Block*, 2008, S. 46.

[62] Vgl. zur Argumentation ferner *B-Weber/Mitsch*, 14/25 u. 43.

dass die Atypizität des Geschehensablaufs nichts an der gesetzlichen Verbindung zwischen der zeitlich vorangehenden Handlung und dem späteren Erfolg ändert; hinzukommende Ursachen wie der Verkehrsunfall oder die seltene Konstitution des Opfers beseitigen die Kausalität der früheren Ursachen (Messerstich, Faustschlag) nicht.[63] Auch an der Kausalität der Überredung zur Flugreise durch den Neffen für den Tod des Erbonkels beim Absturz des Flugzeuges ist nach beiden Formeln nicht zu zweifeln.

> **Übungsfälle** mit atypischen Kausalverläufen finden sich bei: *Ellbogen,* Jura 1998, 483 u. 489 f.; *Gropengießer/Mutschler,* Jura 1995, 155 u. 157; *Haft,* Fallrepetitorium, Nr. 77, 79, 82 u. 83; *Hilgendorf,* KK III, Fall 4, Rn. 35; *Kühl/Hinderer,* JuS 2010, 697 u. 700; *Otto/Bosch,* Übungen, Fall 9, S. 19 f.; *Schulz,* JA 1999, 203 f.; *Singelnstein,* JA 2011, 756 u. 757; *Theiß/Winkler,* JuS 2006, 1083 u. 1087.

b) Unterbrechung des Kausalzusammenhangs

Auch in dieser Fallgruppe kommt man auf der Grundlage der Äquivalenztheorie **31** immer dann zur Bejahung der Kausalität, wenn die erste oder entferntere Bedingung trotz des Eingreifens einer weiteren oder näheren Bedingung noch **fortwirkt**,[64] denn nach dieser Theorie sind eben alle Ursachen gleichwertig, und es reicht, dass die zu prüfende Handlung eine von mehreren möglichen Ursachen des Erfolges ist. Typische Fälle dieser Fallgruppe sind das **Eintreten eines Dritten** in die vom Täter in Gang gesetzte Ursachenreihe, z. B. der Sprechstundenhilfe, die das vom Arzt in seinem Medikamentenschrank verwahrte Gift zu einer vorsätzlichen Tötung ihres Geliebten benutzt,[65] oder des Arztes, der das bereits tödlich durch einen Messerstich verletzte Opfer durch einen Kunstfehler fahrlässig tötet;[66] aber auch das **Opfer selbst** kann sich in den Kausalverlauf einschalten, indem es nach einem lebensgefährlichen Messerstich die lebensrettende Bluttransfusion verweigert.[67] Der „Kausalzusammenhang" zwischen der Überlassung eines Betäubungsmittels und dem Tod wird „nicht dadurch unterbrochen, dass die Empfängerin … sich dieses Mittel selbst verabreichte" (BGH NJW 2001, 1802, 1804).

Das Verhalten des Dritten bzw. des Opfers kann jeweils nur wirksam werden, **32** weil es an das vorangegangene Verhalten des fraglichen Täters **anknüpfen** kann.[68]

---

[63] Vgl. SK-*Rudolphi,* Rn. 47 vor § 1; zum Bluter-Fall auch *Seher,* Jura 2001, 871 und *Rengier,* AT, 13/69–73.

[64] Vgl. *Ebert,* S. 43, u. *Meurer,* S. 37, mit BGHSt 7, 112, als Bsp.

[65] Vgl. Beispiel 16 bei *Ebert/Kühl,* Jura 1979, 567. Weitere Beispiele aus der Rechtsprechung finden sich bei *Jescheck/Weigend,* S. 280 f. – BGHSt 4, 360 ff., wird behandelt von *Roxin,* HRR AT, Fall 2, S. 2 f. u. 157 f. Vgl. mit weiteren Beispielen aus der Rechtsprechung *Roxin,* Fs. Tröndle, 1989, S. 177.

[66] Zu Fällen fahrlässiger Zweithandlungen vgl. S/S-*Lenckner/Eisele,* Vorbem §§ 13 ff. Rn. 77.

[67] Speziell zum sich vorsätzlich einschaltenden Opfer SK-*Rudolphi,* Rn. 48 vor § 1; aus der Rspr. vgl. OLG Celle NJW 2001, 2816: Verweigerung der Einwilligung in eine notwendige Operation.

[68] Vgl. BGH NStZ 2001, 29 m. Bspr. *Trüg,* JA 2001, 365 u. *Otto,* JK 01, StGB Vor § 13/13, der – im Gegensatz zu *Trüg* – die objektive Zurechnung bezweifelt (ebenso zu diesem „Pflegemutterfall" W-*Beulke,* Rn. 164 u. 192; zu diesem von ihr sog. „Freundschaftsdienstfall" vgl. auch *Puppe,* AT 1, 20/18–21: Kausalität und objektive Zurechnung bejahend); BGH NStZ 2002, 253 m. Bspr. *Freund,* JuS 2002, 640 u. *Otto,* JK 12/02, StGB § 211/38; OLG Stuttgart StraFo 2011, 281; LG Nürnberg-Fürth NJW 2006, 1824, 1825. – Aus der zivilrechtlichen Rspr. vgl. OLG Braunschweig MedR 2008, 372 ff. – Kritisch zu dieser Argumentation *Koriath,* 1994, S. 517 ff., 520.

Die Verwahrung im Medikamentenschrank bzw. die Messerstiche sind also nicht hinwegdenkbar, ohne dass der Tod des jeweiligen Opfers entfiele.

33   **Anders** wird nur die „sog. ‚abgebrochene' Kausalität"[69] behandelt. In der so bezeichneten Fallgruppe schaltet das intervenierende Ereignis (z. B. der Dritte bzw. das Opfer) die Fortwirkung der früheren Ursache aus; man spricht deshalb auch vom „Neueröffnungseffekt" der hinzutretenden Ursache.[70] „Ein Ursachenzusammenhang ist nur zu verneinen, wenn ein späteres Ereignis … die Fortwirkung der ursprünglichen Bedingung beseitigt und seinerseits allein unter Eröffnung einer neuen Ursachenreihe den Erfolg herbeigeführt hat" (BGH NJW 2001, 1075, 1077 [mit BGHSt 39, 322, 324] m. Anm. *Eisele*, NStZ 2001, 416, 417 u. BGH NJW 2002, 1643, 1645, wo dieser Fall allerdings jeweils nicht vorlag; ebenso BGH NStZ 2002, 253 [m. Bspr. *Freund*, JuS 2002, 640 u. *Otto*, JK 12/02, StGB § 211/38] und OLG Celle NJW 2001, 2816 f. m. Anm. *Walther*, StV 2002, 367). So etwa in dem schon in der Einführung angesprochenen Fall, dass das von A dem Opfer O gegebene, aber langsam wirkende Gift seine tödliche Wirkung deshalb nicht mehr entfalten kann, weil O zuvor durch einen Schuss des B getötet wird. Wegen dieser Beschleunigung des Erfolgseintrittes wird bezüglich der Ursache, die die frühere Ursache „abgebrochen" hat, auch von **überholender Kausalität** gesprochen.[71] Hier eröffnet B mit seinem Schuss eine neue Kausalreihe, die nicht auf der ersten, von A gesetzten Bedingung aufbaut. Die Giftgabe des A kann also hinweggedacht werden, ohne dass der Tod des O entfiele;[72] dass der Tod dann durch das Gift bewirkt worden wäre, darf als hypothetischer Kausalverlauf nicht hinzugedacht werden. Nach der Gesetzmäßigkeitsformel ist die Ursächlichkeit der Giftgabe des A zu verneinen, weil B durch seinen Schuss „die Wirkung der Handlung des A beseitigt und unabhängig von dieser Handlung eine neue Ursachenreihe in Gang gesetzt und damit den Erfolg herbeigeführt hat";[73] nur das Verhalten des B steht mit dem Tod des O in einem „kausalgesetzlichen Zusammenhang".[74] Kann der Todesschütze freilich sein Opfer nur deshalb treffen, weil es durch die Giftgabe bereits so geschwächt ist, dass es sich nicht wehren bzw. dass es nicht fliehen kann, so knüpft der Schütze an die Giftgabe mit der Folge an, dass auch diese für den Todes-Erfolg kausal bleibt.[75]

34   Die Unterbrechungs-/Abbruchsproblematik kann sich auch in Fällen stellen, in denen sich nicht ein Dritter oder das Opfer, sondern der **Täter selbst** durch weitere Aktivitäten in den Ursachenzusammenhang einschaltet und damit den von ihm selbst in Gang gesetzten früheren Ursachenzusammenhang unterbricht/abbricht.[76] Ein Fall, in dem diese Problematik angesprochen werden musste, lag der Entscheidung BGH NJW 1989, 2479, zugrunde: Der Angeklagte hatte zunächst fahrlässig eine Scheune in Brand gesetzt, wollte dann, als sein Pullover von den Flammen ergriffen wurde, aus der Scheune flüchten; nachdem er eine Leiter zum Erdgeschoss der Scheune hinuntergestiegen war, stellte sich ihm die Bäuerin in den Weg; der Angeklagte warf sie mit einem Griff zum Hals zu Boden, woran die Bäuerin mögli-

---

[69] *Gropp*, 5/23.
[70] *Eser/Burkhardt*, Strafrecht I, Nr. 5 A 11.
[71] So etwa von *Baumann/Weber/Mitsch*, 14/30, zum Fall auch 14/15 u. 32; *Krey/Esser*, AT, Fall 39, Rn. 312–314; *Roxin*, AT I, 11/30. – Mit ähnlichem Bsp. *Kudlich*, JA 2011, 681, 684. – Aus rechtslogischer Sicht *Joerden*, 2010, S. 82 ff.
[72] *Ebert*, S. 47; *Hauf*, S. 21 f.; *Matt*, AT I, S. 66 f.
[73] So *Jescheck/Weigend*, S. 284, für einen ähnlichen Fall.
[74] So SK-*Rudolphi*, Rn. 50 vor § 1, zum vorliegenden Fall.
[75] Vgl. *Ebert/Kühl*, Jura 1979, 567 u. *Kindhäuser*, 84 vor § 13.
[76] Vgl. *Blei*, S. 103.

cherweise starb (neben dem Griff an den Hals kamen auch noch der Schreck oder ein Brandschock als Todesursache in Betracht). Der BGH bejaht zu Recht die Kausalität zwischen Brandlegung und Tod, denn „ohne den Brand wäre es zu diesen Folgen nicht gekommen"; jede der möglichen weiteren Todesursachen (Griff an den Hals, Schreck, Schock) hänge mit der Brandlegung zusammen.[77] Fraglich sei allein, ob das „Dazwischentreten" des Angeklagten durch das Vorgehen gegen die Bäuerin eine neue Ursachenreihe eröffnet habe, die allein zu deren Tod geführt habe. Auch dies wird zu Recht abgelehnt: „Die Brandlegung wirkte unabhängig von dem Vorgehen des Angeklagten gegen die Bäuerin fort." Wenn der BGH allerdings von „kumulativer Kausalität" (Brandlegung + Vorgehen gegen die Bäuerin) spricht, so ist das – auch nach der oben (4/21) vertretenen, gebräuchlichen Terminologie – irreführend. Besser passt jedenfalls der Begriff **„fortwirkende Kausalität"**, da es „um die Beurteilung der sukzessiven Verhaltensweisen desselben Täters geht."[78]

Zur Einübung in die Problematik atypischer Kausalverläufe, aber auch schon in die Un- **35** terbrechungs-/Abbruchsproblematik[79] bietet sich der „Verschluckens-Fall" des OLG Stuttgart[80] an: Hier war das Opfer durch den mit überhöhter Geschwindigkeit fahrenden Angeklagten angefahren und schwer verletzt worden; zum Tod kam es aber trotz einer erfolgreichen Operation erst durch eine Lungenentzündung, die das Opfer durch Verschlucken von Speiseteilen der ersten Krankenhausmahlzeit ausgelöst hatte. Zu Unrecht will hier das OLG Stuttgart die Kausalität des Anfahrens für den Tod in dem Fall ablehnen, dass das Verschlucken unabhängig von irgendwelchen unfallbedingten körperlichen Defekten erfolgte.[81] Denn ohne den Unfall wäre das Opfer nicht ins Krankenhaus gekommen und hätte sich deshalb auch nicht an der Krankenhausmahlzeit mit der Todesfolge verschlucken können.[82] Auch nach der Theorie von der gesetzmäßigen Bedingung hat der Fahrer eine Ursache für den Tod des Opfers gesetzt, da dieser Erfolg mit dem Anfahren „durch eine Reihe von Veränderungen der Außenwelt verknüpft ist."[83]

> **Übungsfälle** zur Unterbrechung des Kausalzusammenhangs und zur abgebrochenen Kausalität finden sich in Fn. 64, 65 sowie bei: *Bindzus/Ludwig*, JuS 1998, 1123 u. 1124; *Ebert,* in: *Ebert* (Hrsg.), Fall 3, S. 3 f. u. 48; *Eser/Burkhardt*, Strafrecht I, Fall 5, S. 63–68; *Frisch/Murmann*, JuS 1999, 1196 u. 1197; *Haft*, Fallrepetitorium, Nr. 84; *Jahn/Ebner*, JuS 2007, 923 u. 925; *Käßner/Seibert*, JuS 2006, 810 u. 814; *Kudlich*, AT-Fälle, Fall 2, S. 20 („überholende Kausalität"); *Laubenthal*, JuS 1989, 827 f. u. 828 f.; *Marxen*, Fall 4 a, S. 27 f. u. Fall 4 c, S. 32; *Schlüchter*, JuS 1976, 380: Fälle 11, 12 u. 13; *Wolters,* Fall 1, S. 1 f. u. 5, 10 f.

---

[77] Vgl. die Argumentation von *Küpper*, JuS 1990, 185: „Da die folgenden Handlungen durch das vorherige Geschehen vermittelt worden sind, stellt es eine condicio sine qua non für den tödlichen Ausgang dar." – Auch *Otto*, JK 90, StGB § 222/4, bejaht hier den von ihm so genannten „faktischen Zusammenhang …, d. h. der Nachweis, dass ein bestimmtes Ereignis als Voraussetzung eines anderen Ereignisses nach dem bekannten Erfahrungswissen anzusehen ist."

[78] *Küpper*, JuS 1990, 185; zust. SK-*Rudolphi*, Rn. 51 a vor § 1: mitwirkende Kausalität. Vgl. jedoch *Geilen*, JK, StGB § 15/2 „kumulativ mitwirkende Kausalität."

[79] Dort wird der Fall behandelt von *S/S-Lenckner/Eisele*, Vorbem §§ 13 ff. Rn. 77 u. SK-*Rudolphi*, Rn. 50 vor § 1.

[80] NJW 1982, 295.

[81] OLG Stuttgart, NJW 1982, 295; wohl auch *S/S-Lenckner/Eisele*, Vorbem §§ 13 ff. Rn. 77, 78.

[82] Vgl. die genauere Argumentation bei *Ebert*, JR 1982, 422; ebenso *Hellmann*, JuS 1990, L 62 u. 63.

[83] *Hellmann*, JuS 1990, L 62; vgl. auch *Puppe*, AT 1, 4/8–12, die den Fall nach dem sog. „Durchgängigkeitserfordernis" löst.

III. Objektive Zurechnung

36   Die Ergebnisse, zu denen die vorstehenden Kausalitäts-Überlegungen geführt haben, entsprechen zwar der allgemeinen Meinung in Kausalitätsfragen, doch werden sie nur deshalb von der allgemeinen Meinung akzeptiert, weil die Kausalität lediglich die erste Stufe zur Begründung strafrechtlicher Verantwortlichkeit darstellt. Vor der Bejahung der Strafbarkeit liegt noch ein weiter Weg, auf dem das die **Kausalität** bejahende **Zwischenergebnis** „korrigiert" werden kann. Genauer formuliert: das Kausalitätsergebnis kann als positives bestehen bleiben und dennoch kann die Strafbarkeitsfrage schon im objektiven Tatbestand verneint werden.

37   Das **Bedürfnis für** solche „**Korrekturen**" des Kausalitätsergebnisses ist allgemein anerkannt.[84] Diese seltene Einigkeit ist auch nicht verwunderlich, wenn man sich an einige der oben behandelten Fälle zur Kausalität erinnert, in denen ein Ursachenzusammenhang bejaht wurde, ja nach der Äquivalenztheorie bejaht werden musste. Kausalfaktoren waren danach die Eltern des Straftäters, der Hersteller der Mordwaffe, der seinen Erbonkel zur Flugreise überredende Neffe und auch der Messerstecher, obwohl der von ihm Verletzte bei einem Unfall auf dem Krankentransport oder deshalb starb, weil er die lebensrettende Operation verweigerte. Setzer ganz entfernter Bedingungen und Initiatoren ganz atypischer, abenteuerlicher Kausalverläufe sollten „möglichst früh" als mögliche Straftäter ausgeschieden werden;[85] auch bei sich in den Kausalverlauf einschaltenden Dritten oder Opfern wäre an eine „Entlassung" des Erstverursachers aus einer möglichen Strafbarkeit zu denken.[85a]

38   Eine solch frühe Möglichkeit, Verursacher von tatbestandsmäßigen Erfolgen aus dem Strafbarkeitsbereich herauszunehmen, bietet die **Lehre von der objektiven Zurechnung** bereits im objektiven Tatbestand.[85b] Dass diese Möglichkeit im Tatbestand des **fahrlässigen Erfolgsdelikts**, z. B. im Tatbestand der fahrlässigen Tötung gem. § 222, genutzt werden sollte, ist heute unbestritten. Bestritten hingegen wird die Notwendigkeit[86] oder zumindest die „praktische Bedeutung"[87] einer solchen Haf-

---

[84] Nach W-*Beulke*, Rn. 178, gehört das Bedürfnis nach einer „haftungseinschränkenden Korrektur" der Bedingungstheorie „heute zum gesicherten Bestand der Strafrechtsdogmatik." – Ähnlich *Joecks*, Rn. 35 vor § 13; *Seher*, Jura 2001, 814; *Rönnau*, in: *Rönnau* u. a. JuS 2004, 113, 114 f.; *Stiebig*, Jura 2007, 908, 911. – Nach *Frisch*, in: Stürner (Hrsg.), Die Bedeutung der Rechtsdogmatik für die Rechtsentwicklung, 2010, S. 174, ist die „unvollständige Antwort" der „viel zu weiten" Kausalität um die „spezifische normative Verantwortlichkeit des Handelnden für den Erfolgseintritt bei einer anderen Person"; ebenso *Frisch,* JuS 2011, 19, 20, 23 f. mit Beispielen.

[85] Nach *Stratenwerth/Kuhlen*, 8/20, verbietet es schon der gesunde Menschenverstand zu sagen, der Waffenhersteller sei ursächlich für alle Untaten mit diesen Waffen; nicht minder sinnlos sei die Annahme eines Kausalzusammenhangs bei ganz ungewöhnlichen Geschehensabläufen wie beim Absturz des Helikopters mit dem Opfer eines Mordanschlages. – Bereits den Erfolg verneint *Puppe*, 2000, S. 18 u. in: AT 1, 1/15. – Für Problemlösungen zum frühestmöglichen Zeitpunkt im Übungsfall *Noltensmeier/Henn*, JA 2007, 772, 773.

[85a] Dagegen selbst ein Vertreter der Lehre von der objektiven Zurechnung wie *Kindhäuser*, JahrbRuE, 2005, S. 527, 536 ff., der hier eine Vorsatzlösung – Irrtum über den Kausalverlauf (s. unten 13/41 ff.) – favorisiert.

[85b] Kritisch NK-*Paeffgen*, 35 vor § 32: „Struktur-Verschleifung"; *Paeffgen* will die von ihm so genannte „normative Zurechnung" nach vollständiger Prüfung des Tatbestandes „vor der Prüfung der Rechtswidrigkeit" ansprechen.

[86] Vgl. *Armin Kaufmann*, Fs. Jescheck, 1985, S. 251 ff., *Hirsch*, Fs. der Rechtswissenschaftlichen Fakultät zur 600-Jahr-Feier der Universität zu Köln, 1988, S. 399, und in: Fs. Lenckner, 1998, S. 119; *Krey*, AT 1, Rn. 282, 286 sowie *Koriath*, 1994, S. 524 ff., 537: kein einheitlich Ganzes; Zweifel an der Fruchtbarkeit dieses Ansatzes hat *Arzt*, S. 110 f.; die Kritik zusf.

tungseinschränkung im objektiven Tatbestand der **Vorsatzdelikte**. Die Lehre von der objektiven Zurechnung entfalte hier „den Effekt eines den gesamten objektiven Tatbestand an sich reißenden und in sich ertränkenden Strudels",[88] insbesondere behandele sie Vorsatz- und Rechtfertigungsfragen systemwidrig im Vorgriff auf den subjektiven Tatbestand und die Rechtswidrigkeitsebene.[89] Trotz dieser ernst zu nehmenden Einwände hat sich die Lehre von der objektiven Zurechnung auch beim Vorsatzdelikt[89a] so weitgehend „durchgesetzt",[90] dass auf ihre Darstellung in einem Lehrbuch nicht verzichtet werden kann;[90a] – vom Rechtskandidaten wird die Kenntnis dieser Lehre erwartet.

Weitgehende Einigkeit besteht hinsichtlich der Einordnung des Problems in den Bereich des **Unrechts**: Korrekturen, die erst im Bereich der Schuld erfolgen, verkennen, dass die Erfolgsverursachung zur Unrechtsbegründung nicht ausreicht, denn Verursachungsverbote sind nicht befolgbar und liegen deshalb auch den strafrechtlichen Verhaltensnormen nicht zugrunde.[91] **39**

Neuerdings erfährt die Lehre von der objektiven Zurechnung Kritik auch aus einer anderen Richtung: sie setze mit ihrer Erfolgszurechnung zu spät innerhalb des objektiven Tatbestands an; der richtige Standort für die von dieser Lehre angesprochenen Probleme sei die vernachlässigte Kategorie des **tatbestandsmäßigen Verhal-** **40**

Frisch, GA 2003, 719, 731 ff.; *Rönnau*, in: Rönnau u. a., JuS 2004, 113, 115 u. *Schumann*, Jura 2008, 408, 413 f. Gegen die geforderte Verlagerung in den subjektiven Tatbestand zu Recht *W-Beulke*, Rn. 178, unter Hinweis auf Fälle, bei denen es um den Schutzzweck der Norm, die Abschichtung von Verantwortungsbereichen und die eigenverantwortliche Selbstgefährdung geht.

[87] Vgl. *Tiedemann*, Anfängerübung, S. 60 u. 120 ff.; ausgewogen bilanzierend *Frisch*, Fs. Roxin, 2001, S. 213 ff., in: GA 2003, S. 719 ff. u. in: JuS 2011, 19 ff.

[88] *Struensee*, GA 1987, 97. – Plastisch auch *Schünemann*, GA 1999, 207: „riesiger Krake mit zahllosen Tentakeln", aber auch „der einzige Schlüssel, um eine ganze Anzahl moderner Problemfälle zu bewältigen" (a. a. O. S. 227). – *Haas*, 2002, S. 272 ff., 303, diagnostiziert das Trilemma, dass die objektive Zurechnungslehre entweder mit Risiken ohne Inhalt operiert, das Ziel der Haftungsbegründung nicht erreicht oder den Begriff des unerlaubten Risikos selbstbezüglich definiert. Krit. auch *Hilgendorf*, Fs. Weber, 2004, S. 33 ff.; *Kahlo*, Fs. Küper, 2007, S. 249 ff.; *Schumann/Schumann*, Fs. Küper, 2007, S. 551 ff.; *Schumann*, Jura 2008, 408, 413–415; *Stiebig*, Fg. Paulus, 2009, S. 151, 166 ff.; *Arzt*, Fs. Geppert, 2011, S. 1, 21 f. u. *Zieschang*, Rn. 86.

[89] Vgl. näher *Samson*, Strafrecht I, S. 16 f. sowie ders., ZStW 99 (1987), 633 u. in: Fs. Lüderssen, 2002, S. 587 ff.; vgl. dazu den Diskussionsbeitrag von *Jakobs* bei *Perron*, ZStW 99 (1987), 659: Gesinnungsbestrafung durch den Rückgriff auf subjektive Intentionen.

[89a] Im Rahmen der Lehre von der objektiven Zurechnung werden überwiegend die konstitutiven Erfordernisse des Fahrlässigkeitstatbestandes auch für den Vorsatztatbestand postuliert; vgl. *Lackner/Kühl*, 14 vor § 13 und § 15 Rn. 56; *Roxin*, AT I, § 11 Rn. 49, wonach „in jedem vorsätzlichen Delikt ein fahrlässiges darinsteckt"; *S/S-Lenckner/Eisele*, Vorbem §§ 13 ff. Rn. 93: die Frage nach der rechtlich relevanten Gefahrschaffung sei auch beim Vorsatzdelikt „identisch ... mit der Frage nach der objektiven Sorgfaltspflichtwidrigkeit"; *Schünemann*, GA 1999, 217: das rechtlich mißbilligte Risiko ist „eine sachlich nichts Neues bringende Umformulierung der alten Forderung, dass die für den Erfolg ursächliche Handlung objektiv sorgfaltswidrig sein muss", wobei *Schünemann* beim Vorsatzdelikt aber strengere Zurechnungsmaßstäbe anlegt (a. a. O. S. 220).

[90] *Otto*, 6/1–66; *Schünemann*, GA 1999, 212: „überwältigend herrschende Lehre in Deutschland"; *Wolter*, 1995, S. 3: die moderne Lehre von der objektiven Zurechnung habe sich in der deutschen Strafrechtswissenschaft „inhaltlich durchgesetzt".

[90a] So verfährt denn auch *Zieschang*, Rn. 89–108, obwohl er die Lehre von der objektiven Zurechnung ablehnt (Rn. 86).

[91] Vgl. *Ebert/Kühl*, Jura 1981, 231 f.; *Stratenwerth/Kuhlen*, 8/20; SK-*Rudolphi*, Rn. 53 u. 57 vor § 1; *S/S-Lenckner/Eisele*, Vorbem §§ 13 ff. Rn. 92; *W-Beulke*, Rn. 176, 180.

tens.[92] Ob es dieser Richtung allerdings wie beabsichtigt gelingt, die tatbestandsmäßig missbilligten Risikoschaffungen von nicht tatbestandsmäßigen Verhaltensweisen deutlich abzuheben, wird erst die weitere Diskussion zeigen.[93] Selbst wenn diese erfolgreich verlaufen sollte, fehlen noch die Prinzipien der Erfolgszurechnung nach einem Verhaltensnormverstoß (näher *Seher* in seiner noch unveröffentlichten Habilitationsschrift zur Entstehung der Lehre von der objektiven Zurechnung).

41   Schließlich gibt es auch noch den Einwand, es werde statt einer genauen Analyse der Tatsachen „allzu rasch der Rückzug auf allgemeine Wertungsformeln angetreten";[94] man solle sich lieber darum bemühen, Sonderfälle von Kausalität und ganz spezielle Kausalverläufe zu suchen.[95]

42   Die Lehre von der objektiven Zurechnung muss in ihrem gegenwärtigen Zustand einräumen, dass ihre einzelnen Kriterien weder terminologisch einheitlich noch sachlich vollständig geklärt sind.[96] Deshalb ist die [von *Kühl* übernommene] nüchterne Bilanz *Lackners* (der gegenwärtige Diskussionsstand sei durch eine Vielzahl zum Teil divergierender, jedoch untereinander eng verwandter Vorschläge gekennzeichnet, die bisher noch nicht zu einem allgemeinen Konsens geführt hätten[97]) wohl treffender als die positive Einschätzung eines Mitbegründers dieser Lehre wie *Roxin* (die Lehre von der objektiven Zurechnung liefere eine Vielzahl zurechnungsausschließender bzw. zurechnungsbegründender Maßstäbe, die in ihrer Gesamtheit zu einer sachgerechten Einschränkung des objektiven Tatbestands führen[98]).

1. Die Grundformel

43   Als eine Art Grundformel[99] der Lehre von der objektiven Zurechnung hat sich in den letzten Jahren die folgende herauskristallisiert: **Eine Gefahr (bzw. ein Risiko)**

---

[92] *Frisch*, 1988, S. 9 ff., 56 ff. u. in: GA 2003, 719, 733 ff. sowie in: JuS 2011, 205, 210 f.; zust. *Eser/Burkhardt*, Strafrecht I, Nr. 4 A 61; *Freund*, 1992, S. 9 f. und 22 f., sowie *Freund*, 2/72–77 a; *Kudlich*, Fs. Benakis, 2008, S. 265, 269; integrierend SK-*Rudolphi*, Rn. 57 Vor § 1; s. auch *Samson*, Fs. Grünwald, 1999, S. 585, 594. – Krit. *Diel*, 1997, S. 277 Fn. 345, die aber selbst die sog. Regressverbotsfälle nicht über die objektive Zurechnung lösen will, sondern sie außerhalb der Grenzen des Tatbestandes ansiedelt, d. h. sie sind nicht tatbestandsmäßig.

[93] Vgl. die Exemplifizierungsbemühungen von *Frisch*, 1988, S. 385 ff., sowie die Umsetzung dieses Konzepts im Lehrbuch von *Freund*, 2/8 ff., 46 ff.; 5/14 ff.; 6/29 ff. u. 7/35 ff. und im Grundkurs Strafrecht, von *Murmann*, 2011, 23/28–121.

[94] So *Puppe*, ZStW 99 (1987), 616.

[95] *Puppe*, ZStW 99 (1987), 595 u. 601.

[96] Vgl. *Ebert*, S. 53.

[97] *Lackner/Kühl*, Rn. 14 Vor § 13; ähnlich S/S-*Lenckner/Eisele*, Vorbem §§ 13 ff. Rn. 91: diese Lehre sei „noch in der Entwicklung begriffen", weshalb nur „ihr (vorläufiges) Ergebnis" präsentiert werden könne; diese Präsentation ist allerdings nicht gerade knapp gehalten: vgl. Rn. 91–102. Noch umfangreicher wird die Lehre von der objektiven Zurechnung von SK-*Rudolphi*, Rn. 57–81 a Vor § 1 dargestellt, doch meint selbst er, dass „die Bemühungen um die Ausarbeitung der allgemeinen Lehren der objektiven Zurechnung eines Erfolges auch noch am Anfang" stehen (Rn. 58).

[98] *Roxin*, Gs. A. Kaufmann, 1989, S. 242 – *Rengier*, 1986, S. 156, spricht von der „sich verfeinernden Lehre von der objektiven Zurechnung."

[99] Ebenso *Kretschmer*, Jura 2008, 265; *Kaspar*, JuS 2012, 112; *Kühl*, JA 2009, 321, 326; *Langer*, 2007, S. 77; *Murmann*, GK, 23/31; SSW-*Kudlich*, vor § 13 Rn. 50 u. W-*Beulke*, Rn. 178, 179; vgl. auch S/S-*Lenckner/Eisele*, Vorbem §§ 13 ff. Rn. 92 a: „Grundregel" mit den Mindestvoraussetzungen der objektiven Zurechnung. Vgl. auch die „Kurzform" von *Eser/Burkhardt*, Strafrecht I, Nr. 4 A 59, sowie das Schaubild bei *Hoyer*, AT I, S. 41. *Gropp*, 5/42, spricht vom „Leitgedanken", MK-*Freund*, 350 vor §§ 13 ff., von einer weithin akzeptierten Kernaussage. – Krit. *Zieschang*, Rn. 88, der die Lehre von der objektiven Zurechnung mangels Bestimmtheit ablehnt (Rn. 86).

qualifizierter Art muss geschaffen bzw. erhöht worden sein, und gerade diese Gefahr und keine andere (bzw. dieses Risiko) muss sich im tatbestandsmäßigen Erfolg realisiert haben. Das die Schaffung und Realisierung verbindende Glied ist die **Gefahr**; dies erfordert eine Wahrscheinlichkeit, dass das Verhalten des Täters zu einem Schaden (= Erfolg) des Opfers führen wird.[99a] Während das zweite Element dieser Formel – die Gefahrrealisierung[100] – terminologisch nur unwesentlich variiert wird (fast ebenso häufig wird von „Gefahrverwirklichung"[101] gesprochen, gelegentlich auch von einem „Umschlagen" der Gefahr in den Erfolg[102]) wird das erste Element – die Gefahrschaffung/Gefahrerhöhung – doch recht unterschiedlich qualifiziert: am zurückhaltendsten wird die Gefahr als „rechtlich relevante"[103] oder „tatbestandsrelevante Gefahr"[103a] angesprochen, häufiger jedoch wird die zupackendere Bezeichnung als „rechtlich missbilligte"[104] oder „rechtlich verbotene"[105] Gefahr gewählt; die Rede ist auch von einer „unerlaubten"[106] und einer „über das erlaubte Risiko hinausgehenden"[107] Gefahr. Sachlich machen diese unterschiedlichen Formulierungen keinen Unterschied aus. Mit der zurückhaltenden Qualifizierung soll nur der Verwechslungsgefahr vorgebeugt werden, es handele sich bei der objektiven Zurechnung nicht mehr um eine Tatbestands-, sondern um eine Rechtswidrigkeitsfrage, wenn von „rechtlich mißbilligter Gefahr" gesprochen werde.[108] Jedenfalls zeigt die „Grundformel", dass es der Lehre von der objektiven Zurechnung darum geht, – vorbehaltlich etwaiger Rechtfertigungsgründe – den „Unrechtscharakter des Erfolgs" zu bestimmen.[108a] Diese Grundformel wird inzwischen auch von der Rspr. bei der Prüfung der Zurechnung zugrundelegt (s. OLG Stuttgart, StraFo 2011, 281).

Diese systematische Frage[109] nach dem **Standort** der rechtlichen Missbilligung der 44 Gefahrschaffung/Gefahrerhöhung ist zwar inzwischen auch weitgehend zugunsten der Einordnung beim Tatbestand gelöst, doch gibt es noch beachtliche Gegenmeinungen, die (allgemein) eine Beschränkung der Lehre von der objektiven Zurechnung auf die Prüfung der Gefahrschaffung/Gefahrerhöhung und Gefahrrealisierung fordern und die Frage der rechtlichen Missbilligung der Rechtswidrig-

---

[99a] Ähnlich *Frisch,* JuS 2011, 116: „gewisse Möglichkeit oder Wahrscheinlichkeit".

[100] SK-*Rudolphi,* Rn. 57 vor § 1; *Ebert,* S. 53; *Otto,* 6/45; *W-Beulke,* Rn. 179; *Kudlich,* JA 2010, 681, 684, ergänzt die „Grundformel" um den „Schutzzweck der Verhaltensnorm" (dazu sogleich in Rn. 45).

[101] *Haft,* S. 56; *Jescheck/Weigend,* S. 287; *Fischer,* Rn. 25 vor § 13.

[102] *Stratenwerth/Kuhlen,* 15/24. Nach *Mitsch,* JuS 1995, 889, muss sich das Risiko im Erfolg „niedergeschlagen" haben, SK-*Hoyer,* Anh. zu § 16 Rn. 66 spricht von „ausgewirkt" haben.

[103] S/S-*Lenckner/Eisele,* Vorbem §§ 13 ff. Rn. 93; *W-Beulke,* Rn. 179.

[103a] *Haft,* S. 55.

[104] SK-*Rudolphi,* Rn. 57 vor § 1; ebenso *Haft,* S. 55; *Meurer,* S. 39, Rn. 180 sowie *Samson,* Strafrecht I, S. 15. Ebenso *Freund,* 1992, S. 22 f., aber innerhalb der Lehre vom tatbestandsmäßigen Verhalten und im Anschluss an *Frisch,* 1988, S. 33 ff., 428 f., 526. Nur „missbillige Gefahrschaffung" nach *Frisch,* JuS 2011, 116.

[105] *Jescheck/Weigend,* S. 287.

[106] *Roxin,* Fs. Tröndle, 1989, S. 185, sowie *ders.,* Gs. A. Kaufmann, 1989, S. 239; *Roxin,* AT I, 11/49: „... nicht durch erlaubtes Risiko gedeckten Gefahr"; ebenso *Mitsch,* JuS 1995, 889.

[107] *Otto,* 10/18, beim Fahrlässigkeitsdelikt. – Ähnlich *Kindhäuser,* AT, 11/5: unerlaubtes oder rechtlich missbilligtes tatbestandsmäßiges Risiko.

[108] S/S-*Lenckner/Eisele,* Vorbem §§ 13 ff. Rn. 92, mit dem Argument, dass auch der in Notwehr herbeigeführte Erfolg trotz der Rechtfertigung des Täterverhaltens objektiv zurechenbar sei.

[108a] So *Frisch,* GA 2003, 719, 722.

[109] *W-Beulke,* Rn. 177.

keitsebene zuordnen,[110] oder die (für das Fahrlässigkeitsdelikt) die Frage des erlaubten Risikos als Bewertungsfrage vom Gegenstand der Bewertung (objektive Zurechnung als Frage nach den Kriterien, die angeben, „wann der Zusammenhang zwischen Handlung und Erfolg so beschaffen ist, dass der Person der Erfolg als ihre Tat zugerechnet werden kann") trennen und dem Fahrlässigkeitselement der objektiven Sorgfaltspflichtverletzung zuweisen wollen.[111] Für die Einordnung beim **Tatbestand** spricht das in der obigen Grundformel noch nicht zum Ausdruck gebrachte Erfordernis, dass es bei der Lehre von der objektiven Zurechnung um die Erfassung von tatbestandsmäßiger Handlung und tatbestandsmäßigem Erfolg geht: nur die Schaffung/Erhöhung von Gefahren, denen der jeweilige Tatbestand (Tötung, Körperverletzung, Sachbeschädigung) entgegenwirken will, und nur solche Erfolge, deren Verhinderung der jeweilige Tatbestand bezweckt, sollen den weiteren Prüfungen zugeleitet werden, ob sie auch rechtswidrig und schuldhaft verwirklicht wurden.

45   Dieses Erfordernis wird deshalb auch schon bei Aufstellung von Zurechnungs-Grundformeln dadurch berücksichtigt, dass auf den **Schutzzweck** der jeweiligen Norm abgehoben wird. So etwa in knapper Formulierung von *Roxin:* der objektive Tatbestand setze bei Begehungsdelikten voraus, „dass sich in dem vom Täter verursachten Erfolg eine im Rahmen des Schutzzwecks der Norm liegende unerlaubte Gefahr verwirklicht."[112] Etwas detaillierter formuliert *Lenckner/Eisele:* ein tatbestandsmäßiger Erfolg sei nur dann zurechenbar, „wenn der Täter durch seine dafür ursächliche Handlung entgegen der dem Schutz des betreffenden Rechtsguts dienenden Verhaltensnorm und damit verbotswidrig ein entsprechendes Erfolgsrisiko geschaffen bzw. ein solches erhöht hat und gerade diese rechtlich verbotene Gefahr sich in dem konkreten Erfolg verwirklicht".[113]

> Mit dieser Grundformel arbeiten in der **Übungsfall-Literatur:** *Bindzus/Ludwig,* JuS 1998, 1123 u. 1124 f.; *Bott/Kühn,* Jura 2009, 72 u. 78; *Eiden/Köpferl,* Jura 2010, 780 u. 781; *Ellbogen,* Jura 1998, 483 u. 489 f.; *Esser/Röhling,* Jura 2009, 866 u. 867; *Fabricius/Zurwonne,* AL 2012, 201, 203; *Herrmann/Heyer,* JA 2012, 190; *Hertel,* Jura 2011, 391 u. 392; *Krack/Kische,* ZJS 2009, 684 u. 689; *Müller/Reschke,* Jura 2011, 305 u. 310; *Noltensmeier/Henn,* JA 2007, 772 u. 773; *Steinberg,* ZJS 2010, 518 u. 522; *Sternberg-Lieben/Sternberg-Lieben,* JuS 2005, 47 f.; *Wagner/Drachsler,* ZJS 2011, 530 u. 531. – Kritisch aber *Hilgendorf,* KK I, Fall 6, Rn. 10 f., 16; Fall 10, Rn. 2 und Fall 17, Rn. 2.

a) Die Schaffung der Gefahr bzw. deren Erhöhung

46   Das Fehlen einer rechtlich relevanten Gefahrschaffung/-erhöhung wird zunächst in Fällen **ganz entfernter,** rechtlich offensichtlich nicht einschlägiger **Verursachungen** von tatbestandsmäßigen Erfolgen zu deren Ausscheidung eingesetzt. Nicht zu-

---

[110] So nach *Stratenwerth,* AT I, 3. Aufl. 1981, Rn. 215, 224, 230, 348–352; aufgegeben von *Stratenwerth,* 4. Aufl. 2000, sowie von *Stratenwerth/Kuhlen,* jeweils 8/27.

[111] *Maiwald,* JuS 1984, 442 (und in: Fs. Miyazawa, 1995, S. 465 ff.), mit dem Hinweis, dass auch Ergebnisse guter Taten dem Täter als sein Werk zugerechnet werden. – Kritisch zur „Verquickung von objektivem Tatbestand und Fahrlässigkeitskriterien" *Hirsch,* Fs. Lenckner, 1998, S. 119, 125.

[112] *Roxin,* Gs. A. Kaufmann, 1989, S. 239; nicht so integriert, sondern eher additiv formuliert *Roxin,* Fs. Tröndle, 1989, S. 185: „... dass sich im Erfolg eine vom Täter geschaffene unerlaubte Gefahr verwirklicht und dass die Verhinderung eines Erfolges wie des eingetretenen vom Schutzzweck des Tatbestandes erfasst wird."

[113] *S/S-Lenckner/Eisele,* Vorbem §§ 13 ff. Rn. 92; ebenso *Kudlich,* JA 2010, 681, 686.

rechenbar sind danach z. B. Todeseintritte zum Zeugungsakt der Eltern des Todesschützen oder zum Waffenhersteller bzw. -verkäufer, nur weil der Todesschütze diese Waffe zur Tötung eingesetzt hat.[113a] Rechtlich relevant sind also nicht alle Bedingungen im Sinne der Äquivalenztheorie; von welcher Nähe an freilich die rechtliche Relevanz beginnt, lässt sich allgemein nur schwer sagen.

Mit demselben (und ebenso unbestrittenen) Ergebnis wird die rechtlich relevante   47 Gefahrschaffung auch in Fällen verneint, in denen der ins heraufziehende Gewitter Geschickte tatsächlich vom Blitz erschlagen wird,[114] oder in denen der Empfänger einer unwahren Todesmeldung einen Herzschlag erleidet.[115] So einleuchtend die Ablehnung der Zurechnung der Todeserfolge zum Veranlasser des Gewitterspaziergangs bzw. zum Berichterstatter auch ist, so blass ist die Begründung mit der fehlenden rechtlich relevanten Gefahrschaffung.[116] Gemeint ist wohl die **geringe Wahrscheinlichkeit** solcher Erfolgseintritte.[117] Diese Fälle werden deshalb auch bei anderen Kriterien der objektiven Zurechnung behandelt (s. u. bei den Kriterien der Beherrschbarkeit bzw. der Eigenverantwortlichkeit).

Die rechtlich relevante Gefahrschaffung soll auch dann fehlen, wenn für andere   48 zwar ein mehr oder weniger großes Schadens-/Verletzungsrisiko begründet wird, dieses aber im Rahmen des **erlaubten Risikos** liegt. Wird etwa der Erbonkel zu einer Flugreise überredet, so ist das mit jeder Flugreise verbundene Absturz- und Lebensrisiko angesichts der statistischen Unwahrscheinlichkeit solcher Abstürze und angesichts der allgemeinen Nützlichkeit des Flugverkehrs kein Risiko, dessen Schaffung die Rechtsordnung verbietet (s. unten Rn. 97).[118] Das erlaubte Risiko, das mit dem – trotz erhöhter statistischer Unfallgefahr – ebenso sozial nützlichen Straßenverkehr verbunden ist, begrenzt auch die strafrechtliche Haftung für tödliche Unfallfolgen,

---

[113a] Nach *Renzikowski*, 1997, S. 60 f., liegt in diesen Fällen überhaupt kein relevantes Risiko vor.

[114] Dieser Fall ist in der Ausbildungsliteratur allgegenwärtig, vgl. statt vieler *Roxin*, AT I, 11/55, und W-*Beulke*, Rn. 183; er findet sich schon bei *Welzel*, S. 66; neuerdings *Frisch*, JuS 2011, 116, 117 f., mit dem zutreffenden Hinweis, dass „böse Hintergedanken" des Neffen am Ergebnis nichts ändern; – zum sozialen Nutzen z. B. von Luft- und Straßenverkehr und deren Erlaubtheit *Frisch* a. a. O. S. 118 f.: nicht missbilligte Risikoschaffung wenn doch eine schädliche Folge ausgelöst werde.

[115] Diese Begründung findet sich bei S/S-*Lenckner/Eisele*, Vorbem §§ 13 ff. Rn. 93; *Haft*, S. 55; *Jescheck/Weigend*, S. 287. – Eine Haftung für den erlogenen Bericht hält für diskutabel *Jakobs*, 7/65.

[116] Kaum genauer sind Begründungen mit dem Fehlen einer „tatsächlich" relevanten Gefahrschaffung (so *Ebert*, S. 52) bzw. einer sozialadäquaten Risikoschaffung (so in positiver Formulierung *Haft*, S. 55); ähnlich auch *Freund*, JuS 2000, 754, 755: böse Absicht schafft keine rechtlich unerlaubte Schädigungsmöglichkeit. Vgl. auch *Hruschka*, S. 404, der für einen ähnlichen Fall eine Gefahr deshalb ablehnt, weil kein vernünftiger Mensch den Tod durch einen Meteor erwartet hätte.

[117] *Roxin*, Gs. A. Kaufmann, 1989, S. 238, spricht für den Gewitter-Fall von „geringer statistischer Wahrscheinlichkeit". Ähnlich B-*Weber/Mitsch*, 14/45: völlige Unwahrscheinlichkeit der Kausalität; kein messbares Risiko einer Rechtsgüterverletzung (Fn. 72); dies sollen jedoch Gründe für eine Ausnahme von der condicio-Formel und damit für die Verneinung schon der Kausalität sein; gegen Kausalität auch *Hilgendorf*, Jura 1995, 514, 521.

[118] Vgl. *Roxin*, AT I, 11/68; SK-*Rudolphi*, Rn. 62 vor § 1; W-*Beulke*, Rn. 184; *Prittwitz*, JA 1988, 439. Kritisch zur Lösung dieses Falles mit dem Fehlen eines rechtlich relevanten Risikos *Hirsch*, (o. Fn. 86), S. 405 f. – *Frisch*, 1983, S. 141 f., lehnt wegen fehlenden unerlaubten Risikos nicht erst die Erfolgszurechnung sondern schon ein tatbestandsmäßiges Verhalten ab; zur Begründung führt *Frisch*, JuS 2011, 116, 117 f., an, dass es sich hier um Risiken handelt, denen sich Personen „fortlaufend ... freiwillig in Wahrnehmung ihrer Handlungsfreiheit aussetzen".

die mit einer verkehrsgerechten Teilnahme an diesem Verkehr in ursächlichem Zusammenhang stehen.[119] Das Risiko, Opfer des vorschriftsmäßigen Verhaltens eines anderen Verkehrsteilnehmers zu werden, ist zum **allgemeinen Lebensrisiko** von jedermann zu rechnen; für dessen Verwirklichung haftet deshalb kein anderer Mit-Verursacher.[120] Kein rechtlich relevantes Risiko soll auch in Fällen des „erlaubten Mindestrisikos" vorliegen, so z. B. wenn ein Mensch ohne Krankheitsanzeichen doch mit einer ansteckenden Krankheit behaftet sei und deshalb andere Menschen anstecken könnte.[121] Auch leichte Gefährdungen anderer durch Regelverstöße beim Sport (z. B. „normale" Fouls beim Fußballspiel) fallen noch ins erlaubte Risiko, auch sog. **Sportrisiko;**[121a] man kann sie auch für sozialadäquat erklären (s. oben Fn. 119).[121b]

49   Abgesehen von diesen klaren Fällen ist die Ermittlung des erlaubten Risikos freilich ein schwieriges Unterfangen. So ist es etwa nicht einfach, das unerlaubte Risiko in Situationen zu bestimmen, in denen es nicht unwahrscheinlich ist, dass Dritte das eigene Verhalten zum Anlass nehmen, eine vorsätzliche Straftat zu begehen[122] (z. B. das vom Arzt unsorgfältig verwahrte Gift wird von der Sprechstundenhilfe zu einem Mord an ihrem Geliebten verwendet[122a]). In der Regel wird in solchen sog. **Regressverbotsfällen** die Haftung des Erstverursachers,[122b] der **fahrlässig** handelt,[122c] für Erfolge abgelehnt, die der **vorsätzlich** sich in den Kausalverlauf einschaltende Zweitverursacher angerichtet hat. Dabei wird von manchen bei der Begründung dieser Haftungseinschränkung auf das Fehlen einer „unerlaubten Gefahrschaffung"[123] durch den Erstverursacher abgehoben, wobei das erlaubte Risiko durch den sog.

---

[119] Vgl. *Frisch,* JuS 2011, 116, 119; *Roxin,* AT I, 11/66–68; *Stratenwerth/Kuhlen,* 8/32 sowie S/S-*Sternberg-Lieben,* § 15 Rn. 144. – Nach *Kaspar,* JuS 2012, 112, 113, ist damit die Sorgfaltspflichtverletzung i. S. der Fahrlässigkeitsdelikte ausgeschlossen. – Ebenfalls auf der Tatbestandsebene wird die **Sozialadäquanz,** wonach Verhaltensweisen, die sich völlig im Rahmen der normalen, geschichtlich gewordenen sozialen Ordnung bewegen (*Lackner/Kühl,* 29 vor § 32), zur Begründung des Tatbestandsausschlusses herangezogen (*Rönnau,* JuS 2011, 311, 312, der auch „Grundwissen" vermittelt und Hinweise zur Fallbearbeitung gibt, S. 313). Dagegen suchen *B-Weber/Mitsch,* 14/82, erst auf der Ebene der Rechtswidrigkeit eine Lösung: Rechtfertigungsgrund des verkehrsrichtigen Verhaltens.

[120] Vgl. *Stratenwerth/Kuhlen,* 8/28 u. 30; *Murmann,* GK, 23/69. – Speziell zum erlaubten Risiko im „Produktstrafrecht" *Große-Vorholt,* Behördliche Stellungnahme in der strafrechtlichen Produkthaftung, 1997, S. 100 ff.

[121] *Jakobs,* 7/42. – Vgl. auch den „Grippe-Fall" bei *Herzberg,* NJW 1987, 1462; *Prittwitz,* JA 1988, 438.

[121a] *Rössner,* Fs. Hirsch, 1999, S. 313, 319; *Lackner/Kühl,* § 228 Rn. 2 a m. w. N.; mit dem Beispiel eines „regelkonformen Tackling" beim Fußballspiel *Kudlich,* JA 2010, 681, 685; für die Verortung bei der Rechtfertigung *Langer,* 2007, S. 77 Fn. 173: wegen ihrer Wertstruktur.

[121b] *Rönnau,* JuS 2011, 311, 312; HK-GS/*Dölling,* § 228 Rn. 26; vgl. auch *Otto,* Fs. Amelung, 2009, S. 225, 234.

[122] „Versuche zur Bestimmung des unerlaubten Risikos bei unvorsätzlichem Ersthandeln" schildert *Roxin,* Fs. Tröndle, 1989, S. 187–190.

[122a] Ähnliche Beispiele bei *Schünemann,* GA 1999, 224: Verkauf eines Kraftfahrzeugs oder eines Messers, die für ein Attentat verwendet werden.

[122b] Ebenso *Mitsch,* BT 2/2, 1/121 mit Bsp. 2; a. A. *Kindhäuser,* 136–143 vor § 13 u. in: AT, 11/35–45 sowie in: JahrbRuE 2005, 527, 535 ff.: kein Regressverbot; vgl. auch *Kudlich,* 2004, S. 374 ff. – Zur dabei auftretenden Problematik der Garantenstellung kraft Ingerenz vgl. 18/104.

[122c] Bei *vorsätzlicher* Gefahrschaffung kann sich die Frage der Beteiligung stellen; zur besonders umstrittenen Bewertung der Beihilfe bei neutralen, insbes. berufstypischen Handlungen vgl. 20/222 f.

[123] *Roxin,* Fs. Tröndle, 1989, S. 185.

Vertrauensgrundsatz konkretisiert wird: „Jedermann darf sich im Regelfall darauf verlassen, dass andere keine vorsätzlichen Straftaten begehen." [124] Mit dieser Regel sind zugleich **Ausnahmen** anerkannt, z. B. bei erkennbarer **Tatgeneigtheit** anderer zu Vorsatztaten (zum Amoklauf von Winnenden s. unten Rn. 85).[125] Zweifel am Fehlen einer unerlaubten Gefahrschaffung können sich auch aus der Überlegung ergeben, dass etwa im Arzt-Sprechstundenhilfe-Fall das vom Arzt übertretene Verwahrungsverbot hinsichtlich des Giftes möglicherweise auch solche Missbräuche wie den Giftmord verhindern sollte.[126] Dennoch erscheint das Vertrauen des Arztes auf das Ausbleiben eines solchen Missbrauchs wohl nicht unberechtigt,[127] jedenfalls berechtigter, als wenn er auch darauf vertrauen wollte, dass seine Sprechstundenhilfe niemals aus Unachtsamkeit das Gift für die Herstellung einer Rezeptur verwenden würde. Der Vermieter von Wohnungen, der Renovierungsabfälle im Hauseingangsbereich vorschriftswidrig zwischenlagert, soll darauf vertrauen dürfen, dass sie nicht von einem vorbeikommenden Brandstifter als Brandlegungsmittel missbraucht und durch den Brand Hausbewohner getötet werden (s. unten Rn. 85 Fn. 219 a).[127a]

Der Vertrauensgrundsatz wird von manchen Autoren auch noch zur Lösung von 50 Zurechnungsproblemen verwendet, die sich in Fällen nachträglichen **pflichtwidrigen** (= fahrlässigen) Verhaltens Dritter stellen[128] (z. B. der ärztliche Kunstfehler, der den vom Unfallverursacher schon Verletzten tötet). Er ist hier aber nicht mehr so

---

[124] *Roxin,* Fs. Tröndle, 1989, S. 186 f. Vgl. auch S/S-*Sternberg-Lieben,* § 15 Rn. 149, SK-*Rudolphi,* Rn. 72 vor § 1; *Schünemann,* GA 1999, 224; *Kudlich,* 2004, S. 376 ff. u. H-H/*Kudlich,* § 15 Rn. 46.1: Sachgrund für das erlaubte Risiko; *Eidam,* JA 2011, 912, 913 ff.: „Ausprägung" des erlaubten Risikos (S. 916); *Kaspar,* JuS 2012, 112, 113; krit. *Diel,* 1997, S. 191 ff.

[125] So schon LK[11]-*Schroeder,* § 16 Rn. 184; ausführlich *Roxin,* Fs. Tröndle, 1989, S. 190 ff.; *Schmoller,* Fs. Trifferer, 1996, S. 244–246; *Heinrich,* Fs. Geppert, 2011, S. 171, 178 f.; *Kaspar,* JuS 2012, 112, 114; ebenso *Frister,* AT, 10/13. – MK-*Duttge,* § 15 Rn. 149, stellt auf die „Pflichtwidrigkeit" ab. – Diese Situation stellte sich im Fall des BGHSt 49, 1 (Untergebrachter nutzt den von Anstaltsärzten fahrlässig gewährten Ausgang zu vorsätzlichen Tötungen), wurde aber nicht gewürdigt; zu Recht krit. *Roxin,* StV 2004, 485, 486 f. u. in: AT I, 24/29: erkennbare Tatgeneigtheit; krit. auch *Saliger,* JZ 2004, 979; zw., ob einschlägig *Neubacher,* Jura 2005, 857, 862; zweifelnd auch *Weisser,* 2011, S. 524 f.; vgl. auch Fall 3 b von *Hillenkamp,* 31. AT-Problem, S. 186 f., der auch auf S. 192 f. nach Zurechnungskriterien gelöst wird; so auch *Frisch,* JuS 2011, 116, 121: Schaffen einer rechtlich missbilligten Gefahr durch Ermöglichung rechtswidrigen Verhaltens.

[126] Vgl. S/S-*Sternberg-Lieben,* § 15 Rn. 157 u. W-*Beulke,* Rn. 192.

[127] Vgl. zur näheren Begründung *Roxin,* Fs. Tröndle, 1989, S. 194 f.; zur Unbeachtlichkeit von Verstößen gegen besondere Verbote z. B. hinsichtlich der Verwahrung gefährlicher Gegenstände, vgl. S/S-*Lenckner/Eisele,* Vorbem §§ 13 ff. Rn. 101 a. Anders für einen vergleichbaren Fall (die vom Jäger an die Wirtshausgarderobe gehängte Büchse wird von einem Dritten zum Erschießen des X benutzt) B-*Weber/Mitsch,* 14/34: kausal und fahrlässig gehandelt. – Aus der Rspr. vgl. BayObLG NJW 2003, 371, 373 mit i. Erg. zust. Bspr. *Otto,* JK 8/03, StGB vor § 13/14, wo der Arzt sich nicht darauf hätte verlassen können, dass seine Patienten die kontraindiziert und unkontrolliert verschriebenen Suchtmittel nicht weitergeben.

[127a] Eine Strafbarkeit des Vermieters wegen fahrlässiger Tötung gem. § 222 wurde deshalb abgelehnt vom OLG Stuttgart NStZ 1997, 190, mit im Ergebnis zust. Bspr. *Gössel,* JR 1997, 517 u. *Otto,* JK 97, StGB vor § 13/1; zust. auch *Kretschmer,* Jura 2008, 265 u. *Puppe,* AT 1, 5/35–38, die auch die Verortung bei der Bestimmung der Sorgfaltspflicht und nicht bei der objektiven Zurechnung für richtig hält; ebenso *Kaspar,* JuS 2012, 112, 114; zust. auch S/S-*Lenckner/Eisele,* Vorbem §§ 13 ff. Rn. 102, wo die objektive Zurechnung verneint wird. – Der Fall ist auch Bsp. 3 bei *Hillenkamp,* 32. AT-Problem, S. 235 f.

[128] So z. B. SK-*Rudolphi,* Rn. 73 vor § 1. – Aus der Rspr. vgl. OLG Karlsruhe NStZ-RR 2000, 141 f.

einleuchtend,[129] denn zum einen soll sich der Erstverursacher wegen seines eigenen fahrlässigen Verhaltens nicht auf diesen Grundsatz berufen dürfen,[130] zum anderen ist das Vertrauen auf das Ausbleiben nachträglichen Fehlverhaltens weniger gut begründet, da solches Fehlverhalten nicht so selten wie eine vorsätzliche Straftat ist.[131] Schließlich sollte die dem Kausalitätsergebnis entsprechende Überlegung, dass jeder fahrlässige Verursacher eines Erfolges trotz zeitlicher Aufeinanderfolge diesen auch objektiv zugerechnet bekommt („Kumulation zweier Fahrlässigkeiten … – nicht Alternativität"[132]), nicht unbeachtet bleiben.

51 Bringt man den Vertrauensgrundsatz trotz der genannten Bedenken[132a] auch hier zur Anwendung, so sind zunächst dann **Ausnahmen** vom Zurechnungsausschluss zu machen, wenn **Anzeichen** für ein **Fehlverhalten Dritter** vorhanden sind.[133] Trotz berechtigten Vertrauens auf das korrekte Verhalten Dritter wird eine objektive Zurechnung des Erfolges zum vertrauenden Erstverursacher dann befürwortet, wenn der Dritte sich nur durch ein **Unterlassen** der Erfolgsabwendung „einschaltet" (z. B. der Arzt, der als Zweitschädiger das vom Unfallverursacher verletzte Opfer pflichtwidrig nicht behandelt).[134] Einen Grenzfall stellt der bisher hier allein als Beispiel behandelte Fall dar, in dem der nach einem von A verursachten Unfall aussteigende Beifahrer B dem A fälschlich meldet, das angefahrene Unfallopfer sei nur harmlos verletzt. Soweit B damit einen von A bereits in Gang gesetzten rettenden Kausalverlauf abbricht (dazu vgl. 4/17f., 26, 57; 18/18 ff.) liegt kein bloßes Unterlassen vor (zur mittelbaren Täterschaft des B vgl. 20/267). Von einem Abbruch des rettenden Kausalverlaufs kann aber dann keine Rede sein, wenn A erst auf Grund richtiger Information einen rettenden Kausalverlauf in Gang setzen könnte.

52 Hält man den Vertrauensgrundsatz für geeignet, in den Zweitverursacherfällen das erlaubte Risiko zu konkretisieren, so muss man ihn auch zur Anwendung bringen, wenn es um das nachträgliche aktive und passive **Fehlverhalten des Opfers**[135] geht (z. B. wenn das vom Erstverursacher schwer verletzte Opfer unvernünftigerweise darauf vertraut, dass es auch ohne eine Operation überleben werde[136]).

53 Einen gesicherten Anwendungsbereich erlangt das Kriterium der Gefahrschaffung bzw. Gefahrerhöhung mit seiner Umkehrung: Der Herabsetzung der Gefahr[137] oder der sog. **Risikoverringerung.**[138] Auch wer die rechtliche Missbilligung dieser Gefahr-

---

[129] Vgl. *Maiwald,* JuS 1989, 187 f. Gegen jede Differenzierung bei den Regressverbotsfällen *Diel,* 1997, S. 268 ff.

[130] *Maiwald,* JuS 1984, 441, und in: JuS 1989, 188. Diff. S/S-*Sternberg-Lieben,* § 15 Rn. 150 u. 215.

[131] Nach *Rengier,* 1986, S. 164, ist „leicht fahrlässiges Fehlverhalten eine so verbreitete Erscheinung …, dass man mit ihr immer zu rechnen hat".

[132] *Maiwald,* JuS 1984, 441, knapper in: JuS 1989, 72.

[132a] Bedenken auch bei *Stuckenberg,* Fs. Jakobs, 2007, S. 693, 709, nach dem es nur darauf ankommt, „welches unerlaubte Risiko der Täter objektiv gesetzt hat."

[133] SK-*Rudolphi,* Rn. 73, 74 vor § 1.

[134] Zum streitigen Diskussionsstand vgl. *Otto,* 6/57 u. in: Fs. Lampe, 2003, S. 491, 503 f.; *Roxin,* AT I, 11/143 u. SK-*Rudolphi,* Rn. 74 vor § 1; – wie hier *Kindhäuser,* 7 vor § 13 und in AT, 11/46, 47: Fall 17; zusf. *Ransiek,* JuS 2010, 678 f.

[135] Vgl. zum Streitstand klärend *Rengier,* 1986, S. 168 f.; vgl. auch OLG Celle StV 2002, 366 mit Anm. Walther.

[136] Der Fall findet sich bei *Bloy,* JuS 1988, L 43; ähnlich Fall 20 bei *Kindhäuser,* AT, 11/46, 53: Unterbrechung der Erfolgszurechnung wegen eigenverantwortlicher Risikoübernahme; so auch *Kindhäuser,* 151 vor § 13.

[137] *Otto,* 6/4 und 66: Fall 4; vgl. *Stratenwerth/Kuhlen,* 8/28: „Verminderung der Gefahr."

[138] Vgl. *Jescheck/Weigend,* S. 287 f.; *Murmann,* GK, 23/65; *Roxin,* AT I, 11/53 f. (krit. *Sousa Mendes,* GA 2011, 557, 568 ff.); S/S-*Lenckner/Eisele,* Vorbem §§ 13 ff. Rn. 94; SK-

schaffung/-erhöhung der Rechtswidrigkeitsebene vorbehalten möchte, kann diesem kausalitätseinschränkenden Zurechnungskriterium zustimmen. [139] Der Anwendungsbereich der Risikoverringerung enthält zum einen Fälle der **Abmilderung** von Verletzungen bzw. von Sachschäden (z.B. der auf den Kopf des Opfers in Bewegung gesetzte Schlag des A wird durch das Eingreifen des B auf die Schulter des Opfers abgelenkt;[140] oder: die Ablenkung eines Schlages bewirkt, dass eine wertvolle Vase nur angekratzt, aber nicht, wie vom Schläger gewollt, zertrümmert wird).[141] Zum andern geht es um Fälle des **zeitlichen Hinausschiebens** eines Erfolges (z.B. der Arzt kann durch die Behandlung seines Patienten dessen Leben nur um einige Tage verlängern).[142]

In beiden Fallgruppen ist an der Kausalität nicht zu zweifeln: der „Ablenker" hat **54** die tatsächlich eingetretene Schulterverletzung verursacht, der Arzt den tatsächlich eingetretenen Tod seines Patienten. Die hypothetische Erwägung freilich, dass die Verletzung bzw. der Sachschaden beim Nichteingriff in den schon in Gang gesetzten Kausalverlauf intensiver ausgefallen, der Tod des Patienten früher eingetreten wäre, führt hier zu einer Korrektur des Ergebnisses der Kausalitätsprüfung: trotz Kausalität des Eingreifenden für den Erfolg kann dieses Eingreifen nicht zur Erfolgszurechnung führen, weil es dem allgemeinen **Interesse** der strafrechtlichen Verhaltens- und Gewährleistungsnormen **an** der **Erhaltung** der strafrechtlich geschützten **Rechtsgüter** widersprechen würde, wenn diese Normen zur Sanktionierung von Handlungen eingesetzt würden, die zumindest teilweise oder zeitweise zur Erhaltung von bereits bedrohten Rechtsgütern führen. Der Gesichtspunkt der **Risikoverringerung** ist ein brauchbares Kürzel für diese Überlegung. Das Ergebnis, zu dem dieser Gesichtspunkt führt: **keine Tatbestandsverwirklichung eines Erfolgsdeliktes durch risikoverringernde Handlungen**, wird auch von denen gebilligt, die zur Erzielung dieses Ergebnisses nicht auf die fehlende objektive Zurechnung des Erfolges abstellen.[143]

Zu beachten ist allerdings, dass nicht jede Rettungshandlung, die zu einer min- **55** derschweren Folge führt, schon deshalb aus der Erfolgszurechnung ausscheidet, weil

---

Rudolphi, Rn. 58 vor § 1; *Kühl,* JA 2009, 321, 326; *Frisch,* JuS 2011, 116 f.; krit. *Puppe,* 2000, S. 23 u. in: AT 1, 1/23 sowie *Samson,* Fs. Lüderssen, 2002, S. 587: „Risikoauswechslung" ist nur scheinbare Risikoverringerung; *Sancinetti,* Fs. Jakobs, 2007, S. 583 ff. u. *Schumann,* Jura 2008, 408, 415. – Abweichend *Schmidhäuser,* 5/64, der hier kein Zurechnungsproblem sieht und von „scheinbarer Rechtsgutverletzung" wegen des fehlenden Handlungsunwerts spricht.

[139] So noch *Stratenwerth,* AT I, 3. Aufl. 1981, Rn. 224; s. auch *Seher,* Jura 2001, 814 ff.

[140] Beispiel 8 bei *Ebert/Kühl,* Jura 1979, 564 u. 573, Fall 6 A bei *Kindhäuser,* AT, 11/17 (dazu näher *ders.,* JahrbRuE 2005, S. 527, 533 f. u. in: ZStW 120 [2008], 481, 494 ff.); ähnliches Beispiel bei *Wolter,* 1995, S. 3, 4 f. und bei *Kudlich,* JA 2010, 681, 685.

[141] Beispiel von *Roxin,* Gs. A. Kaufmann, 1989, S. 244; *Frisch,* JuS 2011, 116, 117, hält das Bsp. für problematisch, weil man zweifeln könne, ob nicht eine „Neueröffnung" (dazu unten Rn. 55) vorliegt; sein Bsp.: die Gefahrherbeiführung durch Verabreichen von Gift durch D wird von T durch weitgehende Entgiftung der Substanz abgemildert.

[142] Beispiel von *Roxin,* Gs. A. Kaufmann, 1989, S. 243.

[143] Vgl. etwa *Armin Kaufmann,* Fs. Jescheck, 1985, S. 254 f., der hier eine entsprechende Einschränkung z.B. des Tatbestandsmerkmals „Töten" vornimmt, oder *Puppe,* ZStW 99 (1987), 598 f. und in: NK, Rn. 76 f. für § 13, die schon die allerdings normativ eingeschränkte Kausalität ablehnen will. Vgl. auch *B-Weber/Mitsch,* 14/29 u. 14/66–69, die eine sachgerechte Lösung mit der mutmaßlichen Einwilligung erzielen wollen; ebenso *Schumann,* Jura 2008, 408, 415 und *Kindhäuser,* ZStW 120 (2008), 481, 496 f.; wie hier *Mitsch,* BT 2/2, 2/121; auf der Rechtfertigungsebene löst diese Fälle auch *Köhler,* S. 148. – Gleich drei Lösungswege nennt *Zieschang,* Rn. 96: Kein Vorsatz, keine Sorgfaltspflichtverletzung und Notstandshilfe nach § 34.

ohne sie eine schwerere Folge eingetreten wäre. An der für die objektive Zurechnung erforderlichen Gefahrschaffung/-erhöhung fehlt es nur dann, wenn der Retter sich darauf beschränkt, die bereits in Gang gesetzte oder auf das Opfer zulaufende Ursachenreihe zu bremsen. Eröffnet er eine neue, eigenständige **Ursachenreihe**[144] – sog. Risikoersetzung (*Frisch,* JuS 2011, 116, 117) – (z. B. er wirft das vom Feuertod bedrohte Kind aus dem Fenster des brennenden Hauses, wodurch das Kind nur eine geringere Sturzverletzung erleidet[145]), so ist ihm deren Ergebnis als Erfolg zunächst objektiv zuzurechnen; es kommt freilich eine Rechtfertigung wegen Notstandshilfe gem. § 34 in Betracht (s. u. 8/34 u. 119).[146]

56   Nicht mehr zum Anwendungsbereich[147] der Risikoverringerung zählt die streitig diskutierte Fallgruppe aus dem Bereich der hypothetischen Kausalverläufe, in welcher der in den Kausalverlauf Eingreifende – nur – bewirkt, dass der Erfolg **in der gleichen Intensität und zur gleichen Zeit,** aber auf anderem Wege als ohne den Eingriff eintritt. Auf diese Fallgruppe wird bei den einzelnen Kriterien der objektiven Zurechnung unter dem Stichwort der „Intensivierung der Rechtsgutverletzung" zurückzukommen sein (s. u. 4/79 ff.).

57   Wer **Retter** in ihren Rettungsbemühungen torpediert, also rettende Kausalverläufe abbricht (s. o. Rn. 17 f. u. 26), dem werden die durch sein Eingreifen bedingten Erfolge auch objektiv zugerechnet. Rechnet man dem Gefährdeten den auf ihn zulaufenden, rettenden Kausalverlauf als Verbesserung seiner Situation zu, so schafft das diesen Rettungsverlauf abbrechende Eingreifen eine (wieder) erhöhte Gefahr für den Gefährdeten.[148]

58   Keine Gefahrsteigerung über das erlaubte Maß hinaus wird schließlich dann angenommen, wenn der vom Täter pflichtwidrig verursachte Erfolg ebenso bei dessen **pflichtgemäßem Verhalten** eingetreten wäre (z. B. das auf die Straße gelaufene Kind wäre auch bei Einhaltung der erlaubten Geschwindigkeit vom mit überhöhter Geschwindigkeit Fahrenden erfasst und getötet worden).[149] Damit wird eine (weitere) Ausnahme von dem Grundsatz der Nichtberücksichtigung hypothetischer Kausalverläufe gemacht, denn tatsächlich hat sich im Tod das pflichtwidrige Verhalten des Fahrers niedergeschlagen, so dass zumindest die Kausalität, möglicherweise sogar die Gefahrrealisierung angenommen werden kann.[150] Die Begründung für diese Ausnahme ist dann darin zu sehen, dass das pflichtwidrige Verhalten des Fahrers das

---

[144] S/S-*Lenckner/Eisele,* Vorbem §§ 13 ff. Rn. 94 u. *Heinrich,* AT I, Rn. 248; kritisch zu dieser Differenzierung *Joecks,* Rn. 43 vor § 13; *Hirsch,* Fs. Lenckner, 1998, S. 119, 125 f. u. 137 f.; *Sancinetti,* Fs. Jakobs, 2007, S. 583, 588 Fn. 27; LK-*Walter,* Rn. 93 vor § 13.

[145] Beispiel von W-*Beulke,* Rn. 195; vgl. zu diesem Beispielsfall auch *Kindhäuser,* ZStW 120 (2008), 481, 497 f.; *Otto,* 6/4: Fall 5 mit Lösung 6/66; *Frisch,* JuS 2011, 116, 117; *Murmann,* GK, 23/66 f.; *Roxin,* AT I, 11/54. Zum umgekehrten „Brandrettungsfall" (Vater wirft Kind nicht aus dem Fenster) s. u. 19/5.

[146] So *Jakobs,* 13/30; *Otto,* 8/183; *Roxin,* AT I, 16/102; W-*Beulke,* Rn. 195, für § 229, für § 223 erwägen sie auch die Ablehnung des Vorsatzes.

[147] Nach *Samson,* Strafrecht I, S. 16, bestehen „Überschneidungen" zwischen diesen Fallgruppen.

[148] Vgl. *Stratenwerth/Kuhlen,* 8/34: „Risikosteigerung". Zu demselben Ergebnis kommt die Lehre vom verändernden Bewirken; vgl. *Wolff,* 1965, S. 29 f. u. *Kahlo* 1990, S. 54 Fn. 57, 156 f. Zur Problematik auch *Renzikowski,* 1997, S. 110 f. u. *Haas,* 2002, 217 ff., der mit einer „Rechtsfiktion" arbeitet, sowie *Mitsch,* Fs. Roxin, 2011, S. 639, 651–654, zur Nichtzurechnung des Todes des von einem Erstverursacher Entführten durch den Folterverhinderer, der das „(sekundäre) Risiko" geschaffen habe, dass die Rettungschance durch „Rettungsfolter" vernichtet wird und sich das ursprüngliche Todesrisiko (vom Entführer gesetzt) realisiert.

[149] Vgl. *Otto,* 10/20, auch mit diesem Beispiel (= OLG Karlsruhe, GA 1970, 313).

[150] So *Küper,* Fs. Lackner, 1987, S. 254 f. und 339.

diesem im Verhältnis zum sich fehlerhaft verhaltenden Opfer **erlaubte Risiko** (Einhaltung der erlaubten Geschwindigkeit) **nicht erhöht** hat.[151]

Auf den damit angesprochenen sog. **Pflichtwidrigkeitszusammenhang** wird beim 59 Fahrlässigkeitsdelikt noch einmal und dann gründlicher einzugehen sein, denn: wie kann ein sorgfaltswidriges Verhalten im erlaubten Risiko liegen?[152] An dieser Stelle sei nur ein Hinweis zur Lösung des oben (4/16) behandelten Massenkarambolage-Falls unter dem Gesichtspunkt der Lehre von der objektiven Zurechnung gegeben: der Umstand, dass der vor seinem Citroen stehende Fahrer durch einen nachfolgenden, ebenfalls zu schnell fahrenden Ersatztäter ebenso verletzt worden wäre, wenn der tatsächlich allein ursächlich gewordene Fahrer noch rechtzeitig hätte anhalten können, führt nicht zur Entlastung des Verursachers, weil gerade ein schon in Gefahr befindliches Rechtsgut Schutz gegenüber allen potentiellen Angreifern (Täter und Ersatztäter) braucht; ein solcher Schutz würde aber vereitelt, wenn sich Fahrer und Ersatztäter durch den Hinweis auf den anderen wechselseitig entlasten könnten.[153]

> **Übungsfälle** zur Gefahrschaffung bzw. Gefahrerhöhung finden sich bei: *Bakowitz/Bülte,* StudZR 2010, 150 u. 152–154 (Sportrisiko); *Beulke,* KK II, Fall 7, Rn. 191 u. 193; *Eschenbach,* Jura 1999, 88 u. 89; *Frank,* Jura 2006, 783 u. 784; *Graul,* JuS 1999, 562 u. 567; *Haft,* Fallrepetitorium, Nr. 79, 952 u. 953; *Hardtung,* JuS 2008, 623 f. u. 626; *Hilgendorf,* KK I, Fall 13, Rn. 5 f. (Risikoverringerung) und KK II, Fall 5, Rn. 55 (Risikoverringerung); *Kargl,* Strafrecht, Hammerteich-Fall, S. 121 f.; *Kudlich,* PdW AT, Fall 45; *Marxen,* Fall 5 b, S. 37–39 (Risikoverringerung); *Mitsch,* JuS 1996, 310: Fall 29 c und JA 2006, 509 u. 513 f. (nicht erlaubte lebensrettende Weichenstellung); *Neubacher,* JuS 2005, 1101 u. 1104 f. (BGHSt 49, 1 – oben Fn. 122 b – nachgebildet); *Otto/Bosch,* Übungen, Fall 2, S. 83; *Putzke,* ZJS 2011, 522; *Rudolphi,* AT-Fälle, Fall 10, S. 113 u. 122 f.; *Samson,* Strafrecht I, Fall 1, S. 13 u. 15 f.; *Vogel/Fad,* JuS 2002, 786 u. 791.

b) Die Gefahrrealisierung

Die objektive Zurechnung eines Erfolges zu einer Person als deren „Werk" setzt 60 nicht nur voraus, dass diese Person durch ihr Verhalten die Gefahr für den Erfolgseintritt in rechtlich relevanter Weise geschaffen/erhöht hat, sondern auch, dass sich gerade dieses gefahrschaffende/-erhöhende Täterverhalten im Erfolg niedergeschlagen hat.[154] Eine **rechtlich relevante Gefahrschaffung/-erhöhung** reicht zur objektiven Zurechnung eines Erfolges auch nicht schon dann aus, wenn dieser Erfolg vom Gefahrschaffenden/-erhöhenden verursacht wurde. Das Erfordernis der Gefahrrealisierung verlangt vielmehr eine engere Verbindung zwischen Verhalten und Erfolg als den Ursachenzusammenhang im Sinne der Äquivalenztheorie.

Besonders anschaulich und überzeugend[155] wird dieses Kriterium bei **atypischen** 61 **Kausalverläufen** zur Ablehnung der Erfolgszurechnung eingesetzt, also in Fällen, in denen z. B. das durch einen Messerstich in die linke Brusthälfte bereits in Todesge-

---

[151] Vgl. S/S-*Lenckner/Eisele,* Vorbem §§ 13 ff. Rn. 99 a.

[152] Vgl. *Küper,* Fs. Lackner, 1987, S. 255 ff., 260.

[153] Vgl. näher *Kühl,* JR 1983, 34 (= im Ergebnis zustimmende Anmerkung zu BGHSt 30, 282); wie hier *Kindhäuser,* AT, 11/13; zum Fall auch W-*Beulke,* Rn. 688. – Mit generalpräventiven Erwägungen (die rechtsfriedensstörende Wirkung des Erfolgseintritts müsse durch den Zugriff auf den tatsächlichen Verursacher behoben werden) stützt dieses Ergebnis *Frisch,* 1988, S. 563.

[154] Vgl. *Rudolphi,* 1984, S. 83: „… dass es gerade die normwidrige Gefährlichkeit des Täterverhaltens ist, die sich zu dem konkreten Gefahrerfolg fortentwickelt oder in dem Verletzungserfolg realisiert." – Vgl. auch schon *Gallas,* Fs. Bockelmann, 1979, S. 163; *Wolter,* 1981, S. 29 ff., 49 f. u. jetzt *Frisch,* JuS 2011, 205 ff.

[155] Eingehend *Block,* 2000, S. 85 ff.; kritisch aber *Hirsch* (o. Fn. 86), S. 404 f.

fahr gebrachte Opfer durch einen Unfall auf dem Krankentransport oder bei einem Zimmerbrand im Krankenhaus getötet wird. Hier hat sich nicht die durch den Messerstich geschaffene Todesgefahr, sondern eine **ganz andere Gefahr realisiert,** die man als allgemeines Lebensrisiko, Unfallopfer im Straßenverkehr oder Brandopfer im Krankenhaus zu werden, bezeichnen kann.[156] Die Auswirkungen solch allgemeiner Lebensrisiken hat jeder selbst zu tragen, sie können deshalb nicht anderen als ihr Werk zugerechnet werden. Wenn in solchen Fällen von einer nur zufälligen Verbindung zwischen dem Verhalten des Täters und dem Todeseintritt gesprochen wird, so ist damit nicht etwa gemeint, dass es an der Kausalität des Täterverhaltens für den Erfolg fehlt; sie ist – wie oben (4/29 f.) gezeigt – sowohl nach der condicio-Formel als auch nach der Formel von der gesetzmäßigen Bedingung gegeben. Zufällig ist diese Verbindung nur insofern, als sich ein zufälliges Ereignis (Unfall, Brand) in den Ursachenzusammenhang eingemischt hat. Überwiegend, aber nicht einheitlich, wird der sog. „Brückenpfeiler"-Fall anders entschieden, weil sich die vom Täter durch Herunterstoßen des Opfers von einer Brücke geschaffene Gefahr nicht nur im Ertrinkens-Tod realisiert hätte, sondern auch – im tatsächlich eingetretenen – Tod durch Aufprall auf den Brückenpfeiler (s. dazu auch beim Irrtum über den Kausalverlauf unten 13/41).[156a]

62   Es kann auch nicht etwa – wie bei den oben (4/47) behandelten Fällen mit abenteuerlichem Kausalverlauf („Erbonkel-Gewitter-Fall") schon[157] – die rechtlich relevante Gefahrschaffung bezweifelt werden, denn die hier vorliegende **Ungewöhnlichkeit**[158] des weiteren Geschehensablaufs ändert nichts an der sogar eindeutig rechtlich missbilligten Gefahrschaffung durch die das Geschehen auslösende Handlung; so schafft z. B. der Messerstich in die Herzgegend zweifellos eine tatbestandlich relevante Gefahr für ein Tötungsdelikt. Man könnte freilich bei entsprechender Erfolgskonkretisierung auch sagen, dass mit dem Messerstich keine rechtlich relevante Gefahr für einen Unfall- bzw. einen Verbrennungstod geschaffen wurde.[159] Stellt man hingegen auf die durch den Messerstich geschaffene Todesgefahr ab, so muss man feststellen, dass sich diese Gefahr wegen des ungewöhnlichen, inadäquaten Weges zum Erfolg[160] nicht im Tod des Opfers realisiert hat.

[156] Vgl. zu dieser Argumentation bei der Lösung solcher Fälle *Kretschmer,* Jura 2000, 267, 273; *Kudlich,* JA 2010, 681, 685; *S/S-Lenckner/Eisele,* Vorbem §§ 13 ff. Rn. 95/96; *SK-Rudolphi,* Rn. 63 vor § 1. – Aus der Lehrbuchliteratur vgl. *Ebert,* S. 52; *Jescheck/Weigend,* S. 288; *W-Beulke,* Rn. 196 sowie 152 und 200 (Fall 6 b). – Im Übungsfall: *Kühl/Hinderer,* JuS 2010, 697, 700. – Vgl. die zum selben Ergebnis führende Kausalitätsargumentation von *Puppe,* ZStW 99 (1987), 608 ff. und in: Jura 1997, 624: nicht erfülltes „Durchgängigkeitserfordernis". *Murmann,* GK, 24/66, lehnt die objektive Zurechnung mangels „Schutzzweckszusammenhangs" ab. – *Hirsch,* Fs. Lenckner, 1998, S. 119, 135, verneint in diesen Fällen schon die „Tötungs**handlung**".

[156a] Vgl. *Dold,* ZStW 120 (2010), 785 f. m.w.N., der selbst die objektive Zurechnung und nicht erst den Vorsatz für einschlägig hält (ebenso etwa *Roxin,* AT I, 12/153) und diese mit dem statistischen „Prinzip der maximalen homogenen Bezugsmenge" angeht, die es ermögliche, „Gefahren eindeutig und normativ plausibel zu beschreiben; dies führt im „Brückenpfeiler"-Fall zur Verneinung bereits des objektiven Tatbestandes.

[157] Hingegen kann bei abenteuerlichen Kausalverläufen, also etwa im Gewitter-Fall, auch erst die Realisierung der vom Veranlassenden geschaffenen Gefahr abgelehnt werden; vgl. *Roxin,* Gs. A. Kaufmann, 1989, S. 238.

[158] Die Terminologie („abenteuerlicher Kausalverlauf", „ungewöhnlicher Kausalverlauf") wird auch von *Roxin,* Gs. A. Kaufmann, 1989, S. 238, 240, verwendet.

[159] Vgl. *Roxin,* Gs. A. Kaufmann, 1989, S. 241.

[160] Vgl. klärend zur fehlenden Adäquanz *Jakobs,* 7/34: „Es geht darum, dass ein Verhalten (ein Schuss auf einen Menschen) einen Erfolg (den Tod) bedingt, aber auf einem ungewöhnli-

Schwierigkeiten kann es bereiten, ganz ungewöhnliche von noch adäquaten Kau- 63
salverläufen abzugrenzen: **mit welchen Verläufen konnte man noch rechnen?** So
liegt es wohl noch im Risikobereich eines todesgefährlichen Messerstichs, wenn
nach der Einlieferung des Verletzten ins Krankenhaus bei der Notfallbehandlung ein
medizinisches Gerät versagt und dieses Versagen zum Tod führt.[161] Auch dass der
vom Messerstich schwer Verletzte im Krankenhaus nach gelungener Operation an
einer bösartigen Wundinfektion stirbt, liegt sicher noch im Bereich dessen, womit
man rechnen konnte.[162] Aber wohl nicht mehr, dass ein 51-jähriger ohne altersbe-
dingte Anfälligkeiten infolge eines ihn nicht treffenden Schusses an einem durch den
Schreck verursachten Herzinfarkt stirbt (*Heghmanns/Kusnik*, AL, 2010, 275, 281);
auch wenn es durch einen Schreck zu einem Herzschlag kommt, ist das nicht das
„Werk" des Autofahrers, der das Steuer verreißt, wenn der Herzschlag nur infolge
des Vergessens der Einnahme der nötigen Herztabletten durch das Opfer auftrat
(*Hilgendorf*, KK I, Fall 9, Rn. 5 f.).

Die Gefahr muss keineswegs durch eine vorsätzliche Tat geschaffen werden, **auch** 64
fahrlässige Gefahrschaffungen lösen dieselbe Problematik aus. So ist der Tod des
aus Unachtsamkeit angefahrenen Unfallopfers dem Unfallverursacher etwa dann
nicht zuzurechnen, wenn das Opfer, das sich wegen seiner Verletzungen nicht vom
Unfallort entfernen kann, vom Blitz erschlagen wird, wohl aber dann, wenn typische Komplikationen (z. B. eine Thrombose) beim Heilungsprozess zum Tod führen.[163]

In Fällen **abnormer Konstitution des Opfers** (z. B. der Faustschlag auf die Nase 65
verursacht beim Leichtbluter dessen Tod; zur Kausalität s. oben Rn. 29) lässt sich
schwer bestreiten, dass sich die durch den Faustschlag geschaffene Gefahr im Tod
des Opfers realisiert hat;[164] dennoch wird die objektive Zurechnung häufig abgelehnt, wohl weil sich das erhöhte Risiko, das im Opfer angelegt war, in dessen Tod
niedergeschlagen hat.[165] Eine vom Täter durch einen kräftigen Tritt mit der Schuh-

---

chen und in diesem Sinn inadäquaten Weg (das angeschossene Opfer erstickt bei einem
nächtlichen Zimmerbrand im Krankenhaus, wohin es verbracht wurde)." *Jakobs* hält
freilich die Inadäquanz nicht für das taugliche Kriterium zur Ablehnung der objektiven Zurechnung.

[161] Vgl. zu Fall und Argumentation *Bloy*, JuS 1988, L 44; vgl. auch *Frister*, AT, 10/26, der
weitgehend eine objektive Zurechnung zum Erstverursacher bejaht, zumindest für die „Folgen
… naheliegender Behandlungsfehler".

[162] Vgl. zu diesem Fall und zu einer weiteren Abwandlung Fall 6 a, b bei W-*Beulke*, Rn. 152,
mit Lösungen Rn. 200 u. *Sternberg-Lieben/Sternberg-Lieben*, JuS 2012, 289, 293.

[163] Vgl. zu solchen Fällen *Jescheck/Weigend*, S. 288; M-*Gössel/Zipf*, AT 2, 43/95. –
Vgl. auch Bsp. 20 bei *Ebert*, S. 53: keine Realisierung der Unfallgefahr, wenn ein Narkoseun-
fall bei an sich harmloser Operation nach einem Verkehrsunfall zum Tod des Unfallopfers
führt.

[164] Für Zurechnung etwa *Haft*, S. 56; *Heinrich*, AT I, Rn. 249; *Jescheck/Weigend*, S. 289;
Schmidhäuser, 5/65. – Zur Kausalität s. oben Rn. 29. – RGSt 54, 349, 350, hat dem Steine-
werfer den Tod des getroffenen „Bluters", den er nicht treffen wollte, als fahrlässige Tötung
„zugerechnet", weil es allgemein vorhersehbar ist, dass „auch Menschen von regelmäßiger
Beschaffenheit durch Steinwurf getötet werden" können; vgl. auch OLG Stuttgart NJW 1956,
1451 m. Anm. *Henkel* sowie BGHSt 14, 52; der Rspr. folgend *Krey/Esser*, AT, Fall 50,
Rn. 346: atypischer Kausalverlauf.

[165] Gegen Zurechnung *Block*, 2008, S. 100 f.; *Puppe*, 2000, S. 277; *Rengier*, AT, 13/72 u. in:
Fs. Geppert, 2001, S. 479, 488 f.; *Seher*, Jura 2001, 814, 817 u. *Ebert/Kühl*, Jura 1979, 569,
die aber S. 574 eine Zurechnung nach dem Kriterium der Gefahrrealisierung in Betracht ziehen. Nach SK-*Hoyer*, Anh. zu § 16, Rn. 85 liegt der „Verblutungstod" außerhalb des Schutzbereichs der Fahrlässigkeitsnorm; B-*Weber/Mitsch*, 14/25, lehnen die Voraussehbarkeit und
damit erst die Fahrlässigkeit ab; nach *Duttge*, NStZ 2006, 266, 273, ist die Nicht-Zurech-

spitze gegen den Rumpf eines am Boden liegenden Opfers geschaffene Gefahr könnte sich deshalb nicht im Tod des Opfers realisiert haben, weil es sich um einen „Reflextod in Folge der Reizung des Solarplexus" – eine „medizinische Rarität" – handelte und der Tod durch eine organische Veränderung am Herzmuskel des Opfers begünstigt wurde (BGH NStZ 2008, 686 f., der die Vorhersehbarkeit und damit die fahrlässige Todesverursachung i.S. der Körperverletzung mit Todesfolge gem. §§ 227, 18 bejaht; zu Recht krit. zur Begründung der Vorhersehbarkeit *Hardtung*, StV 2008, 407 ff.; krit. wegen der „Vermischung" von Voraussehbarkeit und Gefahrverwirklichungszusammenhang *Rengier*, Fs. Geppert, 2011, S. 479, 482; zust. aber *Steinberg*, NStZ 2010, 72, 73, der eine Realisierung der durch den Tritt geschaffenen Gefahr und nicht die eines allgemeinen Lebensrisikos sieht).[165a]

66   Führt ein Verhalten des Opfers dazu, dass der vom Unfallverursacher ausgelöste todesgefährliche **Ursachenzusammenhang** eine **andere Richtung** erhält, so kommt schon die bei der Kausalität sog. Unterbrechungsproblematik in den Blickpunkt. Der dort (4/35) behandelte „Verschluckens-Fall" des OLG Stuttgart wirft – anders als bei der Kausalität – bei der objektiven Zurechnung unter dem Stichwort der Gefahrrealisierung Probleme auf: hat sich noch der Unfall mit seinen Verletzungen und der den Körper schwächenden, erforderlichen Operation im Lungenentzündungstod nach dem Verschlucken von Speiseteilen realisiert, oder hat sich ein allgemeines Lebensrisiko (Verschlucken bei Nahrungsaufnahme) verwirklicht. Die Ausgangsgefahr (das zu schnelle Fahren des Unfallverursachers) hat sich nur dann im Tod des Opfers realisiert, wenn „eine noch fortbestehende verletzungs- bzw. behandlungsbedingte Minderung der körperlichen Kräfte oder der Reaktionsfähigkeit des Unfallopfers" zu dem Verschlucken beigetragen hat.[166] Andernfalls hat sich die ja auch schon durch das Anfahren (mit den erheblichen Verletzungsfolgen) geschaffene Todesgefahr nicht mehr realisiert.[167] Die dann verbleibende Möglichkeit der Zurückführung des Erfolges auf ein allgemeines Lebensrisiko bietet hier eine klarere Begründung des Zurechnungsausschlusses als das Adäquanzkriterium, denn außerhalb dessen, womit man rechnen konnte, liegt ein tödliches Verschlucken nach einer unfallbedingten schweren Operation wohl nicht.[168]

67   Der eigentliche Bereich der **Unterbrechungsproblematik** wird erreicht, wenn sich Dritte oder das Opfer vorsätzlich oder fahrlässig, durch Tun oder Unterlassen, in ein Verletzungsgeschehen einschalten. Zur Lösung dieser sog. **Regressverbotsfälle** ist oben (4/49–51; zusf. 4/98) schon das Kriterium der erlaubten Gefahrschaffung, das mehr oder weniger berechtigte Vertrauen in die Korrektheit des Verhaltens anderer, eingesetzt worden. Man kann aber auch das Kriterium der Gefahrrealisierung verwenden und fragen, ob sich im Erfolg die vom Erstverursacher oder die vom Dritten

---

nung von für den Täter nicht erkennbaren „besonderen Opferdispositionen im Rahmen der allgemeinen Fahrlässigkeitslehre schon seit reichsgerichtlichen Zeiten anerkannt"; „generell erlaubt" nach *Frisch*, JuS 2011, 116, 118, weil „gewisse Verhaltensweisen zum Kreis der nicht beschränkbaren Handlungsfreiheit gehören"; für missbilligte Risikoschaffung bei Anhaltspunkten für eine entsprechende Disposition des Opfers.

[165a] Weitere Besprechungen: *Dehne-Niemann*, StraFo 2008, 126; *Jahn*, JuS 2008, 273 u. (zust.) *Satzger*, JK 3/09, StGB § 227 I/4.

[166] *Ebert*, JR 1982, 423. Ebenso *Hellmann*, JuS 1990, L 64; *Roxin*, AT, 11/71; S/S-*Lenckner/Eisele*, Vorbem §§ 13 ff. Rn. 95/96; SK-*Rudolphi*, Rn. 76 vor § 1. Im Ergebnis ebenso *Frisch*, 1988, S. 393 Fn. 43 und S. 440, der aber auf die mißbilligte Gefahrschaffung abstellt.

[167] Vgl. M-*Gössel/Zipf*, AT 2, 43/95.

[168] *Ebert*, JR 1982, 422: „Adäquanzkriterium nicht geeignet." Nach *Hellmann*, JuS 1990, L 64, liegt kein atypischer Kausalverlauf vor.

bzw. dem Opfer geschaffene Gefahr, oder ob sich gar beide Gefahren realisiert haben.[169] Die Verwendung des Kriteriums der Gefahrrealisierung soll hier nicht für alle Fallvarianten durchgespielt werden, denn die Ergebnisse entsprechen den oben mit dem Kriterium der Gefahrschaffung gewonnenen; außerdem wird auf diese Fälle noch bei den Zurechnungskriterien der Eigenverantwortlichkeit und der Opferautonomie (Rn. 84) zurückzukommen sein.[170]

An dieser Stelle soll nur davor gewarnt werden, den Erfolg immer oder vorschnell   68
als Realisierung der vom Dazwischentretenden geschaffenen Gefahr anzusehen, etwa weil dieser wegen seines späteren Kausalbeitrages näher am Erfolg dran ist. Nicht jedes **Dazwischentreten anderer** verhindert die Realisierung der vom Erstverursacher geschaffenen Gefahr[171] (z. B. **leichte** Behandlungsfehler nach schwerer Unfallverletzung führen zum Tod des Unfallopfers; dies schließt die Zurechnung des Todes zum Unfallverursacher nicht aus;[172] bei **groben** ärztlichen Behandlungsfehlern wird dagegen die Realisierung der ursprünglichen Gefahr öfter abgelehnt[173]). In sol-

---

[169] Vgl. *Otto*, 6/53 ff., und in: Fs. E. A. Wolff, 1999, S. 395, 403, nach dem sich „die jeweilige Weite der Verantwortungszuweisung aus dem Verhältnis der beiden Handlungen zueinander" ergibt. Vgl. auch *Haft*, S. 56; *Jescheck/Weigend*, S. 288; *Krey/Esser*, AT, Rn. 354; SK-*Rudolphi*, Rn. 72 f. vor § 1. – Bei der Bestimmung der Sorgfalts- oder Pflichtwidrigkeit siedeln die Problematik an *Puppe*, AT 1, 5/36 u. MK-*Duttge*, § 15 Rn. 145.

[170] Zu den verschiedenen Argumenten bei Fällen des Dazwischentretens eines vorsätzlich handelnden Dritten in den fahrlässig angestoßenen Kausalverlauf vgl. *Hillenkamp*, 32. AT-Problem, S. 230–234; knapper *W.-Beulke*, Rn. 192. Ein „Regressverbot nur bei Veränderung des Kausalverlaufs" anerkennt *Renzikowski*, 1997, S. 105 ff.

[171] Vgl. S/S-*Lenckner/Eisele*, Vorbem §§ 13 ff. Rn. 100 ff., insbes. 102. – Zur Besonderheit der Zurechnungsproblematik bei nur fahrlässiger Zweitverursachung *Hillenkamp*, 32. AT-Problem, 5. Hinweis, S. 230; dazu *Hauck*, GA 2009, 280, 295, der darauf abstellt, ob die Verletzung eine „adäquate Folge" des Fehlverhaltens des Erstverursachers ist.

[172] Vgl. S/S-*Sternberg-Lieben*, § 15 Rn. 169, der im Anschluss an OLG Stuttgart JZ 1980, 618, auf die Verwirklichung der vom Unfallverursacher pflichtwidrig geschaffenen Gefahr abstellt; vgl. auch OLG Celle StV 2002, 366 mit Anm. *Walther*, dem OLG zust. *Gössel/Dölling*, BT 1, 6/8; für eine Entlastung des Erstverursachers *Roxin*, AT I, 11/142: „einerlei, ob der Arzt leicht oder grob fahrlässig gehandelt hat"; ebenso *Frisch*, 1988, S. 437; diff. *Frisch*, JuS 2011, 205, 209, der eine Zurechnung auch zum Erstverursacher in Fällen „bloßer Risikovariation" durch den Arzt befürwortet. – Im Übungsfall *Kudlich*, AT-Fälle, Fall 12, S. 192 f.

[173] Vgl. zur Bewertung eines Behandlungsfehlers als „grob" BGH NJW 2012, 227: „wenn der Arzt eindeutig gegen bewährte ärztliche Behandlungsregeln verstoßen und einen Fehler begangen hat, der aus objektiver Sicht nicht mehr verständlich erscheint, weil er einem Arzt schlechterdings nicht unterlaufen darf"; zur Rspr. der Zivilgerichte vgl. *Wertenbruch*, NJW 2008, 2962, der aber nicht jeden groben Behandlungsfehler ausreichen lassen will, weil diese „nicht außergewöhnlich" sind, und eine Verletzung der ärztlichen Sorgfaltspflicht „in gröblichster Weise" verlangt. – Zur Zurechnungsproblematik: *Kühl*, JA 2009, 321, 326; *Wolter*, 1981, S. 347: „Bei wertender Betrachtungsweise realisiert sich nicht mehr die Gefahr des durch die Körperverletzung begründeten Todesrisikos, sondern eine andere Gefahr"; ähnlich *Block*, 2008, S. 124 ff.; dazu *Frisch*, JuS 2011, 205, 208: für das „Rechtsgefühl … nicht unplausibel"; kritisch zu dieser Begründung, im Ergebnis aber übereinstimmend *Otto*, Fs. E. A. Wolff, 1999, S. 395, 409, der darauf abstellt, dass die Möglichkeit grobfahrlässigen Verhaltens – anders als die fahrlässigen Verhaltens – nicht in jeder Rettungshandlung „mitangelegt" und keinesfalls typisch für ärztliche Rettungshandlungen sei; s. auch *Otto*, 6/56–59; krit. auch LK-*Walter*, Rn. 105, 107 f. vor § 13; dagegen stellt SK-*Rudolphi*, Rn. 73 vor § 1, auf den Vertrauensgrundsatz ab. A. A. jedoch *Maiwald*, JuS 1984, 442 Fn. 20, der auch hier eine „Kumulation zweier Fahrlässigkeiten" annimmt (S. 441); im Erg. auch *Puppe*, AT² 2011, 5/18, wenn einem groben Verschulden (z. B. des Brandstifters) ein ebenso grobes Fehlverhalten (z. B. des Feuerwehrmannes, der den Atemschutzeinsatz völlig unzureichend kontrolliert wie im Fall des OLG Stuttgart NJW 2008, 1971) nachfolgt. – Gegen jede Differenzierung von vorsätzlich und fahrlässig dazwischentretenden Dritten *Diel*, 1997, S. 268 ff.,

chen Unterbrechungsfällen wird auch danach differenziert, ob der Dritte die vom Erstverursacher geschaffene **Ausgangsgefahr** geändert hat (dann Zurechnung zum Dritten) oder nicht (dann haftet der Dritte neben dem Erstverursacher).[173a]

69   Wenig diskutiert, aber an dieser Stelle am ehesten diskutabel ist die mögliche Verhinderung der Realisierung der ursprünglich geschaffenen Gefahr durch den **Täter selbst**.[173b] Überfährt z.B. der fahrlässige Unfallverursacher das bereits todesgefährlich verletzte Unfallopfer, so könnte der Tod nur noch als Realisierung des (**vorsätzlichen**) Überfahrens und nicht mehr als Realisierung des (fahrlässigen) Anfahrens erscheinen.[174] Das Zurechnungsproblem stellt sich auch bei **fahrlässigem** Zweitverhalten des Täters und wird dann mit der Frage angegangen, ob das unmittelbare Ergebnis des zweiten Fehlverhaltens des Täters auch noch als Realisierung von dessen erstem Unfallverhalten angesehen werden kann; dies sei etwa bei der sachwidrigen Lagerung des Opfers durch den Unfallverursacher zu bejahen.[175]

70   Der Rechtsprechung stellte sich diese Problematik jüngst im oben (4/34) bei der Kausalität schon angesprochenen „Scheunenbrand-Fall":[176] der Realisierung der fahrlässigen Brandlegung im Tod der sich dem Brandleger in den Weg stellenden Bäuerin könnte die (spätere) fahrlässige Körperverletzung durch Niederwerfen entgegenstehen;[177] die Realisierung dieser Gefahr könnte dann aber durch das vorsätzliche Unterlassen der möglichen Lebensrettung der Bäuerin durch den Täter verhindert worden sein,[178] wenn man nachfolgenden vorsätzlichen Unterlassungen eine solche zurechnungsunterbrechende Wirkung zuerkennt.[179] Dann würde auch dem alkoholisierten Autofahrer der fahrlässig verursachte Tod des von ihm angefahrenen Mofafahrers dann nicht mehr zugerechnet, wenn er sich selbst durch vorsätzliches Unterlassen der möglichen Rettung wegen der Gefahr des Führerscheinsverlustes in seine eigene (Fahrlässigkeits-)Tat „dazwischengeschaltet" hat (vgl. BGHSt 7, 287 = Ausgangsfall bei *Heinrich,* Fs. Geppert, 2011, S. 172 = Fall 1 bei *Rengier,* AT, 49/vor 1).

71   Auch so genannte **Folgeverletzungen,** z.B. in Form von Dauerschäden, sollen dann keine Realisierung der Erstgefahr mehr sein, wenn die Primärverletzung be-

---

die zur Verneinung der Tatbestandsmäßigkeit des Verhaltens des Erstverursachers kommt; gegen diese Differenzierung bei „Ersttäter" und beim „Dazwischentretenden" *Block,* 2008, S. 266.

[173a] *Otto,* 6/58; *W-Beulke,* Rn. 192; – im Übungsfall *Käßner/Seibert,* JuS 2006, 810, 814; *Norouzi* JuS 2007, 146, 147; *Beulke,* KK III, Fall 1 Rn. 32f. und *Otto/Bosch,* Übungen, Fall 7, S. 162.

[173b] Jetzt thematisiert von *Heinrich,* Fs. Geppert, 2011, S. 171, 183ff.: Unterbrechung des „Zurechnungszusammenhangs" bei vorsätzlichem „Dazwischentreten" des Täters in seine eigene Tat.

[174] Mit diesem Ergebnis löst *Otto,* 6/64, dieses Beispiel. Ebenso *Burgstaller,* 1974, S. 124: Kein Risikozusammenhang. – Aus der Rspr. vgl. Fall des OLG Stuttgart NStZ 1997, 190, der o. Rn. 49 (Vertrauensgrundsatz) und u. Rn. 85 Fn. 219 (Prinzip der Eigenverantwortlichkeit) behandelt wird; dazu *Otto,* Fs. E.A. Wolff, 1999, S. 395, 413.

[175] *Rengier,* 1986, S. 175, der *Burgstallers* (Fn. 174) Fragestellung und Lösung referiert.

[176] BGH NJW 1989, 2479; vgl. dazu *Küpper,* JuS 1990, 186, der für § 222 keine Zurechnungsüberlegungen anstellt, sondern schlicht die Voraussehbarkeit des Todeseintritts trotz des ungewöhnlichen Kausalverlaufs bejaht.

[177] Erst recht kommt bei einer Rechtfertigung dieser Handlung eine Unterbrechung des Zurechnungszusammenhangs in Betracht, vgl. *Eue,* JZ 1990, 768.

[178] So die Erwägungen *Ottos,* JK 90, StGB § 222/4, zur möglichen zweifachen Unterbrechung des Zurechnungszusammenhangs.

[179] So *Rengier,* 1986, S. 178; für Unterbrechung des Zurechnungszusammenhangs bei vorsätzlichem Unterlassen *Heinrich,* Fs. Geppert, 2011, S. 171, 186.

reits ausgeheilt war, bevor es zur erneuten Verletzung kam[180] (z. B. der tödliche Sturz des Beinamputierten).

Mit der mangelnden Gefahrrealisierung wird auch in Fällen der **Veranlassung** **72** **fremder Selbstgefährdungen** argumentiert: hier realisiere sich im Tod z. B. des Heroinkonsumenten nicht die vom Verkäufer des Heroins veranlasste Gefahr, sondern allein das vom Veranlassten bewusst eingegangene Risiko,[181] bzw. die vom Opfer selbst gesetzte Gefahr.[182] Der Ausschluss der objektiven Zurechnung des Erfolges lässt sich zwar auch hier mit der fehlenden Gefahrrealisierung der Veranlasserhandlung umschreiben, doch wird der entscheidende Gesichtspunkt erst mit dem später zu behandelnden Prinzip der Eigenverantwortlichkeit angesprochen.

Schließlich wird auf die fehlende bzw. gegebene Gefahrrealisierung auch in Fall- **73** gruppen des sog. „**Pflichtwidrigkeitszusammenhangs**" und des sog. „**Schutzzweck-** **zusammenhangs**" abgestellt. Da beide Fallgruppen spezielle Probleme der objektiven Zurechnung beim Fahrlässigkeitsdelikt aufwerfen, sollen sie hier nur kurz behandelt werden. In Fällen, in denen der durch pflichtwidriges Verhalten (z. B. überhöhte Geschwindigkeit) verursachte Erfolg auch bei pflichtgemäßem Verhalten (z. B. bei Einhaltung der vorgeschriebenen Geschwindigkeit) des Täters eingetreten wäre, wird dessen objektive Zurechnung auch mit der Begründung abgelehnt, dass eine Realisierung der durch die Handlung begründeten Gefahr im Erfolg nicht stattgefunden hat.[183] Selbst wer auch hier hypothetische Überlegungen ablehnt, kann sich auf dieses Kriterium stützen und darauf abstellen, „ob die eingetretene Rechtsgutbeeinträchtigung nach dem verständigen Urteil eines objektiven Beobachters eine Verwirklichung jener Gefahr darstellt, die mit der konkreten Sorgfaltswidrigkeit auf Grund allgemeiner Erfahrungssätze, naturwissenschaftlicher Erkenntnisse oder der sonst für diese Sorgfaltswidrigkeit geltenden Regeln ... geschaffen wurde.[184] Wer das hypothetische Verfahren hingegen für praktikabel hält, kann eine Gefahrrealisierung auch schon dann annehmen, „wenn die sorgfaltswidrige Handlung eine Gefahrerhöhung über die Grenzen des erlaubten Risikos hinaus bewirkt hat."[185] Das damit angesprochene Sachproblem, warum der Handelnde trotz der

---

[180] Vgl. *Krey/Esser*, AT, Fall 52, Rn. 352; SK-*Rudolphi*, Rn. 77 vor § 1; S/S-*Sternberg-Lieben*, § 15 Rn. 162. Für Zurechnung bei „Durchgängigkeit" jedoch *Puppe*, Jura 1997, 626 u. in: AT 1, 7/1–10: „Der Fall Rudi Dutschke". – Zu den Spätfolgen bei einer HIV-Infektion s. u. 4/91.

[181] Vgl. zu dieser Argumentation mit der Gefahrrealisierung SK-*Rudolphi*, Rn. 79 a vor § 1. Vgl. jedoch auch S/S-*Lenckner/Eisele*, Vorbem §§ 13 ff. Rn. 101 a: keine verbotene Gefahrschaffung.

[182] So Fall 10 bei *Otto*, 6/4 und 66; vgl. auch *Joecks*, § 222 Rn. 14 mit Bsp., der eine Ausnahme für einen rettenden Eingriff mit erheblichen „Mortalitätsrisiken" erwägt und dafür auf OLG Celle NJW 2001, 2816 mit Anm. *Walther*, StV 2002, 367 hinweist; zu dieser Entscheidung s. oben Rn. 70 Fn. 172.

[183] Ebenso B-*Volk*, S. 162; W-*Beulke*, Rn. 197 u. 675 ff.; nach SK-*Hoyer*, Anh. zu § 16 Rn. 66 muss sich „speziell die Fahrlässigkeitskomponente des Verhaltens ... im Erfolg ausgewirkt haben." Abgelehnt wird diese Begründung von S/S-*Lenckner/Eisele*, Vorbem §§ 13 ff. Rn. 99 a, weil es die tatsächlich geschaffene Gefahr gewesen sei, die tatsächlich in den Erfolg umgeschlagen sei; *Lenckner/Eisele* lehnen deshalb bereits eine über das erlaubte Risiko hinausgehende Gefahrerhöhung ab; ähnlich *Kudlich*, JA 2010, 681, 685: Fehlen einer Risikoerhöhung gegenüber rechtmäßigem Alternativverhalten.

[184] M-*Gössel/Zipf*, AT 2, 43/105.

[185] So gibt SK-*Samson*, Bd. 1, 5. Aufl. (Juni 1989), Anh. zu § 16, Rn. 26, die Risikoerhöhungslehre *Roxins* wieder; nach SK-*Hoyer*, Anh. zu § 16 Rn. 72: „wenn die Erfolgswahrscheinlichkeit auf Grund des fahrlässigen Verhaltens höher war, als sie es bei pflichtgemäßem Verhalten des Täters gewesen wäre."

Pflichtwidrigkeit seiner Handlung und trotz Erfolgsverursachung von der Zurechnung des Erfolges entlastet werden soll, lässt sich aber mit dem Argument der angeblich fehlenden Gefahrrealisierung kaum lösen, denn welche Gefahr soll sich denn im tatsächlich eingetretenen Erfolg dann „realisiert" haben, wenn nicht die von der sorgfaltswidrigen Handlung ausgehende?[186]

74   Etwas plausibler wird das Argument mit der Gefahrrealisierung beim **Schutzzweckzusammenhang:** im konkreten Erfolg müsse sich diejenige rechtlich missbilligte Gefahr verwirklicht haben, deren Eintritt nach dem Schutzzweck der einschlägigen Norm vermieden werden sollte.[187] Hat der Täter einen Erfolg verursacht, der neben den Erfolgen liegt, denen die verletzte, aber (räumlich) begrenzte Sorgfaltsnorm entgegenwirken wollte, so kann man einigermaßen zwanglos von der Verwirklichung einer anderen[188] als der tatbestandlichen Gefahr sprechen, „weil sich im Schaden das – begrenzte – Risiko nicht (mehr) verwirklicht" hat (so z. B. wenn der die rote Ampel an einer Kreuzung missachtende Fahrer außerhalb des Kreuzungsbereichs ohne erneute Nachlässigkeit einen Unfall mit tödlichen Folgen verursacht).[189]

> **Übungsfälle** zur Gefahrrealisierung bzw. zur Unterbrechung des Zurechnungszusammenhangs finden sich bei: *Berkl,* JA 2006, 276 u. 277; *Beulke,* KK I, Fall 2 Rn. 119 u. 123–125; *Beulke,* KK III, Fall 1, Rn. 1 u. 31–33; *Britz/Müller-Dietz,* Jura 1997, 313 u. 320; *Buttel/Rotsch,* JuS 1995, 1096 u. 1097; *Freund,* JuS 2001, 475 u. 476; *Gropengießer/Mutschler,* Jura 1995, 155 u. 156 f.; *Gropp,* in: G/K/M, Fallsammlung, Fall 5, S. 93 f. u. 97 f.; *Hardtung,* JuS 2008, 623 f. u. 627; *Heghmanns/Kusnik,* AL 2010, 275 u. 281; *Heinrich/Reinbacher,* JA 2007, 264 u. 265; *Hellmann,* JuS 1990, L 61 u. L 63 f.; *Hilgendorf,* KK I, Fall 9, Rn. 5–7; KK III, Fall 4, Rn. 36 und Fall 14, Rn. 101; *Jahn/Ebner,* JuS 2007, 923 u. 926; *Kudlich,* AT-Fälle, Fall 3, S. 36 und Fall 13, S. 192 f. u. in: PdW AT, Fälle 37 u. 43; *Kühl/Hinderer,* JuS 2010, 697 u. 700; *Kuhlen/Roth,* JuS 1995, 711 u. 714; *Laubenthal,* JuS 1989, 828 f.; *Otto,* Jura 1994, 96 ff.; *Haft,* Fallrepetitorium, Nr. 74, 77, 79–83, 573 u. 1494; *Hillenkamp,* 32. AT-Problem, Bsp. 1, S. 230 mit Lösung S. 234 f. und Bsp. 2, S. 235; *Jescheck,* Fälle, Fälle 30 u. 31, S. 43–45; *Gössel,* Fälle, Fall 4, S. 77 f. u. 81 f.; *Käßner/Seibert,* JuS 2006, 810 u. 814; *Krey/Esser,* AT, Fall 46, Rn. 335–340; Fall 48, Rn. 344 u. Fall 51, Rn. 348–350; *Meurer/Kahle/Dietmeier,* Übungskriminalität, Fall 4, S. 49 f. u. 74, sowie Fall 5, S. 77 f. u. 93 f.; *Morgenstern,* JuS 2006, 251 u. 256; *Müller,* Jura 2005, 635; *Namavičius,* JA 2007, 190 u. 193 f.; *Norouzi,* JuS 2007, 146 u. 148; *Otto/Bosch,* Übungen, Fall 8, S. 191 f.; *Rackow,* JA 2003, 218 f. u. 220; *Rotsch,* Klausur 19, S. 269 u. 274 f. 283 f.; *Rudolphi,* AT-Fälle, Fall 12, S. 134 u. 141, Fall 13, S. 148 u. 149 f. sowie Fall 15, S. 177 u. 184; *Seher,* Jura 2001, 871; *Singelnstein,* JA 2011, 756 u. 757; *Tiedemann,* Anfängerübung, Fall 8, S. 202 u. 221; *Timpe,* Jura 2009, 465 u. 467 f.; *Wagner/Drachsler,* ZJS 2011, 530 u. 532; W-*Beulke,* Fall 6 d, Rn. 152 u. 200 („Schocktod").

2. Weitere einzelne Zurechnungskriterien

75   Die Fallgruppen, in denen trotz gegebenen Ursachenzusammenhangs zwischen Handlung und Erfolg Zweifel an der objektiven Zurechnung aufkommen können,

---

[186] *Küper,* Fs. Lackner, 1987, S. 255, hält den „Abschied von der Realisierungstheorie" für unvermeidlich.

[187] Vgl. W-*Beulke,* Rn. 182 u. 674; ebenso SK-*Rudolphi,* Rn. 64 vor § 1 u. *Rengier,* AT, 52/37; kritisch zum „Topos vom Schutzzweck der Norm" *Puppe,* Fs. Bemmann, 1997, S. 227 f., 232 u. eingehend *Degener,* 2001, S. 511: „entbehrlich"; krit. auch MK-*Freund,* 354 vor §§ 13 ff. u. LK-*Vogel,* § 15 Rn. 202: „nur ausnahmsweise erforderlich".

[188] So z. B. S/S-*Lenckner/Eisele,* Vorbem §§ 13 ff. Rn. 95/96.

[189] Beispiel und Argumentation finden sich bei *Küper,* Fs. Lackner, 1987, S. 250 f. u. bei SK-*Hoyer,* Anh. zu § 16 Rn. 87. Vgl. auch *Otto,* 10/27, für Fälle, in denen die verletzte Norm nur ganz bestimmte Erfolge verhindern soll, so dass ganz andere Erfolge außerhalb ihres Schutzzwecks liegen; zum Bsp. auch *Kudlich,* JA 2010, 681, 685.

werden zwar von der Grundformel nahezu vollständig erfasst, aber diese Erfassung gelingt mit Hilfe dieser Formel nur mehr oder weniger zufrieden stellend. Während das Kriterium der fehlenden, rechtlich relevanten Gefahrschaffung z. B. in Fällen der sog. Risikoverringerung besonders überzeugend eingesetzt werden konnte, gelang dem Kriterium der Gefahrrealisierung eine so zufrieden stellende Bewältigung der Problematik z. B. im Fall ungewöhnlicher Kausalverläufe. Es gab aber auch Konstellationen, in denen **Zweifel an der Leistungsfähigkeit** beider Kriterien und damit **an der Grundformel** insgesamt[190] angedeutet wurden. Selbst Anhänger dieser Grundformel halten **Ergänzungen** und **Begrenzungen** mittels zusätzlicher Zurechnungskriterien für erforderlich.[191] An dieser Stelle sollen nur noch drei solche Kriterien angesprochen werden, der Pflichtwidrigkeits- und der Schutzzweckzusammenhang bleiben dagegen der Darstellung der Zurechnungsproblematik beim Fahrlässigkeitsdelikt vorbehalten.

a) Beherrschbarkeit und Adäquanz

Das Kriterium der Beherrschbarkeit[191a] ist etwas in den Hintergrund der Diskussion geraten. Es meint die Beherrschbarkeit des zum Erfolg hinführenden Geschehens, und es wird mit dem allgemeinen Prinzip der **Bezweckbarkeit** begründet: Da Verhaltensnormen nur über den zwecksetzenden menschlichen Willen ihr Ziel (Rechtsgüterschutz) erreichen können, sollten auch nur solche Erfolge dem menschlichen Verhalten zugerechnet werden, die im beherrschbaren Machtbereich des Normadressaten liegen.[192] 76

Argumentative **Einsatzmöglichkeiten** bieten sich diesem Kriterium in folgenden Bereichen:[193] 77

– bei ganz entfernten Bedingungen: der Waffenhersteller kann nicht die Benutzung der Waffe zum Mord verhindern;
– bei abenteuerlichen Kausalverläufen: der Blitzschlag, der den in den Wald geschickten Erbonkel tötet, ist kein für Menschen beherrschbares Geschehen, sondern hier wirken Naturkräfte;[194]

---

[190] Solche Zweifel formulieren auch *Bloy*, JuS 1988, L 44; *Ebert*, LdR S. 508; *Puppe*, ZStW 99 (1987), 595.

[191] S/S-*Lenckner/Eisele*, Vorbem §§ 13 ff. Rn. 92 a.

[191a] Zur Beherrschbarkeit als „Voraussetzung von Zurechnung" s. *Hassemer*, Fs. Bemmann, 1997, S. 175, 178; nur ergänzend nach *Block*, 2008, S. 99 f. – Auf die „Bezweckbarkeit" eingeschränkt durch das „erlaubte Risiko" stellt *Hübner*, 2004, S. 291, ab. – Dass dieses Kriterium am Anfang der Entwicklung der Lehre von der objektiven Zurechnung stand, belegt *Kindhäuser*, AT, 11/2 Fn. 5, mit Hinweisen auf *Honig* und *Larenz*, aber auch auf *Roxin* und *Otto*; dazu auch *Schumann*, Jura 2008, 408, 412.

[192] Vgl. zu dieser Argumentation besonders *Ebert*, LdR 8/780, S. 5 f.; *Fischer*, Rn. 27 vor § 13 und SSW-*Kudlich*, vor § 13 Rn. 54. – Auf das „Prinzip der Steuerbarkeit des Verhaltens" stellt *Otto*, 6/8 u. 43 ff., in: Jura 1992, 91, und in: Fs. E.A. Wolff, 1999, S. 395, 404 f., 407, ab.

[193] Vgl. auch schon *Ebert/Kühl*, Jura 1979, 569.

[194] Für diesen Fall setzen *Eser/Burkhardt*, Strafrecht I, Nr. 4 A 62, den „Gedanken der Beherrschbarkeit des Kausalgeschehens" ein (*Raht*, JA 2005, 709, 710, den der Steuerbarkeit). Ebenso wie *Eser/Burkhardt* auch *Jäger*, 2006, S. 5, 20; *Kudlich*, JA 2010, 681, 685; *Krey/Esser*, AT, Rn. 334; W-*Beulke*, Rn. 183. *Hruschka*, S. 403, lehnt in einem ähnlichen Fall die objektive Vorhersehbarkeit des Erfolges ab; er nennt dieses Kriterium: „objektiver Finalzusammenhang" (S. 404). B-*Weber/Mitsch*, 14/45, verneinen bereits die Kausalität wegen völliger Unwahrscheinlichkeit. – *Puppe*, AT 1, 3/1: „erlaubt". – *Wolter*, 1995, S. 8, verneint bereits die Vorstufe der Handlung (s. o. 2/4 ff.) wegen fehlender menschlicher Beherrschbarkeit und objektiver Bezweckbarkeit.

– bei ungewöhnlichen Kausalverläufen: der Unfall des Krankentransporters ist für den Messerstecher nicht beherrschbar, es waltet der „blinde Zufall";[195]
– beim Dazwischentreten anderer Personen: vom Erstverursacher (z. B. Gift unvorsichtig verwahrenden Arzt) aus gesehen ist der Missbrauch durch den Dazwischentretenden (z. B. die das Gift zum Mord benutzende Sprechstundenhilfe) nicht beherrschbar.[196]

78   Die **Kritik** an diesem Kriterium geht zum einen dahin, dass – was von den Anhängern dieses Kriteriums aber auch nicht behauptet wird – eine Beherrschung des Kausalverlaufs bis hin zum Erfolg nicht verlangt werden kann, zum anderen dahin, dass es „zu ungenau und undifferenziert" sei.[197] Aber auch die Kritiker dieses Kriteriums lassen es in die oben (4/43 ff.) behandelte Grundformel einfließen, z. B. wenn ungewöhnliche Geschehensabläufe zu beurteilen sind.[198]

78a Die Kritik ist umso eher berechtigt, je mehr das Kriterium auf die bloße Vorhersehbarkeit des Geschehensablaufs reduziert wird. Dieser sog. Adäquanzzusammenhang führt z. B. dazu, dass in den sog. Regressverbotsfällen die Haftung des fahrlässigen „Ermöglichers" für den Erfolg, den ein sich dazwischen schaltender Vorsatztäter unmittelbar bewirkt hat, schon dann bestehen bleibt, wenn diese Vorsatztat vorhersehbar war.[199] Gerade für diese Fälle wird das Kriterium der Beherrschbarkeit neuerdings zur Verneinung der Tatbestandsmäßigkeit des Verhaltens des Erstverursachers bei vorsätzlichem und fahrlässigem Dazwischentreten eines Dritten mit der Begründung eingesetzt, das eigenverantwortliche Verhalten des Dritten sei vom Erstverursacher nicht beherrschbar.[199a]

> **Übungsfälle,** die mit den Kriterien der Beherrschbarkeit bzw. Adäquanz arbeiten, finden sich bei: *Hardtung,* JuS 2006, 54 u. 55, 58 („extreme Unwahrscheinlichkeit"); *Kauerhof,* Jura 2005, 790 u. 795 (noch im Bereich des Möglichen sind „abgeprallte Querschläger"); *Kudlich,* AT-Fälle, Fall 2, S. 18 f. (außerhalb aller „Lebenswahrscheinlichkeit"); *Schulz,* JA 1994, 217 u. 219 f.; *Eser/Burkhardt,* Fall Nr. 4, A 62; *Gössel,* Fälle, Fall 4, S. 77 f. u. 82.

b) Intensivierung der Rechtsgutsverletzung

79   Wie am Ende der Ausführungen zur Risikoverringerung (4/56) bereits angekündigt, ist hier auf die Fallgruppe aus dem Bereich der hypothetischen Kausalität zurückzukommen, in welcher der vom Täter verursachte Erfolg **zur gleichen Zeit** und **mit der gleichen Intensität** auch ohne die Handlung des Täters eingetreten wäre.[200]

---

[195] *Bloy,* JuS 1988, L 43, der für atypische Kausalverläufe das Kriterium der „Beherrschbarkeit des Geschehensablaufs" der Vorsatzablehnung vorzieht; auf die fehlende Gefahrrealisierung stellt ab *Kudlich,* JA 2010, 681, 685 (dazu oben Rn. 61). – Kritisch zu solchen Begründungen *Frisch,* 1983, S. 141, weil fast alles voraussehbar sei, und man auch mit sehr niedrigen Risiken planen könne.

[196] Vgl. *Hillenkamp,* 32. AT-Problem, S. 232, 1. Argument der „Lehre von der Unterbrechung des Zurechnungszusammenhangs"; außerdem *Kindhäuser,* AT, 11/45: nicht vorhersehbar. – Kritisch zur Adäquanztheorie *Koriath,* 1994, S. 470–483.

[197] *S/S-Lenckner/Eisele,* Vorbem §§ 13 ff. Rn. 92.

[198] Vgl. z. B. *Roxin,* Fs. Tröndle, 1989, S. 238, 240–242. Vgl. auch *Krümpelmann,* JR 1989, 358, der von „Zurechnung nach Beherrschbarkeit" spricht und diese von einer „Zufallshaftung" abhebt.

[199] Vgl. *Hillenkamp,* 32. AT-Problem, S. 230: „Lehre vom adäquaten Zurechnungszusammenhang".

[199a] *Diel,* 1997, S. 279 ff., 297 ff., 339 u. 379; vgl. auch *Kindhäuser,* AT, 11/45: nicht vorhersehbar.

[200] SK-*Rudolphi,* Rn. 59 vor § 1, im Anschluss an *Samson,* 1972, S. 98. – Vgl. zu dieser Fallgruppe auch *Arthur Kaufmann,* Fs. Jescheck, 1985, S. 274, der sie zu Recht von den Euthanasiefällen abhebt, in denen es eben nicht um den „gleichen" Tod geht, auch wenn der Getötete ohnehin „bald" gestorben wäre.

Da aus dem Sinn strafrechtlicher Verhaltens- und Gewährleistungsnormen – Erhaltung der strafrechtlich geschützten Rechtsgüter – überzeugend abgeleitet werden konnte, dass solchen Handlungen, die den Erfolgseintritt abschwächen oder zeitlich hinausschieben, diese Erfolge nicht zugerechnet werden können, liegt es nahe, auch gleich intensive und gleichzeitige Erfolge von der objektiven Zurechnung auszuscheiden, da die ursächliche Handlung angesichts der bereits angelegten schädigenden Kausalreihe nicht zur Verschlechterung der Situation des Rechtsguts geführt hat. Folgt man diesem Schluss, so wären „nur **rechtsgutsverschlechternde** Handlungen tatbestandsmäßig."[201]

Einigkeit besteht darüber, dass dieser Satz nur bei angelegter **Naturkausalität** Geltung beanspruchen kann, nicht jedoch bei sog. „**Ersatztätern**".[202] Wie oben (4/59) schon zum „Massenkarambolage-Fall" (BGHSt 30, 228) dargelegt wurde, kann sich der tatsächliche Verursacher nicht durch den Hinweis auf den hypothetischen, sich gleichfalls pflichtwidrig verhaltenden Ersatztäter von der Haftung für den Erfolg befreien, denn der Sinn der strafrechtlichen Verhaltens- und Gewährleistungsnormen fordert hier gerade, dass zur Erhaltung der Rechtsgüter des Gefährdeten Eingriffsverbote an beide potentielle Schädiger aufrecht erhalten werden. Der **Rechtsgüterschutz** fordert wohl auch bei Ersatztätern, die sich rechtmäßig verhalten würden (z. B. dem durch Einwilligung und Nothilfe gerechtfertigten) – etwa im „Scharfrichter-Fall" (s. o. Rn. 15) – die Erfolgszurechnung zum rechtswidrig Eingreifenden, da diesem gegenüber das Rechtsgut weiterhin Schutz genießt.[203]

Im verbleibenden, möglichen Anwendungsbereich der angelegten Naturkausalität sind die **Fälle bloßer Modifizierung**[204] der **Kausalkette** als zurechnungsausschließende weitgehend anerkannt (z. B. der Weichensteller stellt eine Weiche für einen Triebwagen mit der Folge um, dass dieser an einem Bergrutsch zerschellt; dieses für die Insassen tödliche Ereignis wäre zum selben Zeitpunkt und mit derselben Intensität aber auch dann eingetreten, wenn der Triebwagen auf dem vorgesehenen Gleis gefahren wäre). Unter Modifizierung wird dabei verstanden, dass der Täter nicht das Ob und Wann, sondern nur das Wie des Erfolgseintrittes beeinflusst hat.[205]

Umstritten hingegen sind Fälle, in denen eine Kausalkette gegen eine neue ausgewechselt wird (z. B. Steinwurf statt Steinschlag).[206] Wer die Unterscheidung von Risikomodifizierung und **Risikoauswechslung** nicht für durchführbar hält,[207] wird auch in diesen Fällen mangels Rechtsgutverschlechterung die objektive Zurechnung des Erfolges ablehnen. Wer die Eindeutigkeit des Eingriffsverbots bzw. des Verbots riskanter Handlungen dadurch geschwächt sieht, dass dieses Verbot nur noch für Handlungen gilt, die das Chancensaldo des gefährdeten Rechtsguts verschlechtern,

---

[201] *Samson*, Strafrecht I, S. 25. – Mit ähnlicher Formulierung verlangt *Hoyer*, Fs. Jakobs, 2007, S. 175, 188, die tatsächliche Schmälerung der Bestandschancen des betroffenen Rechtsguts.

[202] Nach SK-*Rudolphi*, Rn. 60 vor § 1, als „Ausnahme". Nach S/S-*Lenckner/Eisele*, Vorbem §§ 13 ff. Rn. 98, handelt es sich um den die „Regel" bestätigenden Fall.

[203] Vgl. *Roxin*, AT I, 11/60; S/S-*Lenckner/Eisele*, Vorbem §§ 13 ff. Rn. 98; *Joecks*, Rn. 46 vor § 13; diff. SK-*Rudolphi*, Rn. 61 vor § 1: nicht bei situationsgebundenen Rechtfertigungsgründen zugunsten des Ersatztäters wie z. B. § 32.

[204] Vgl. S/S-*Lenckner/Eisele*, Vorbem §§ 13 ff. Rn. 98: „Ausnahme" vom Grundsatz der Nichtberücksichtigung hypothetischer Ersatzursachen, der auch für Naturereignisse gelte; krit. *Ingelfinger*, 2004, S. 97; abl. *Kindhäuser*, ZStW 120 (2008), Heft 3, IV; bereits die Kausalität verneint *Puppe*, ZStW 92 (1980), 863, 881 (dagegen *Kindhäuser* a. a. O.).

[205] *Roxin*, AT I, 11/61; SK-*Rudolphi*, Rn. 59 vor § 1.

[206] Vgl. S/S-*Lenckner/Eisele*, Vorbem §§ 13 ff. Rn. 98.

[207] So *Samson*, Strafrecht I, S. 26.

wird für die objektive Zurechnung des Erfolgs plädieren;[208] es besteht freilich dann das Bedenken, dass der Täter nicht wegen seiner aktuellen Rechtsgutsverletzung, sondern wegen der Aufweichung des Verletzungs-Tabus belangt wird (sofern nicht eine Rechtfertigung wegen Notstands gem. § 34 in Betracht kommt).

> **Übungsfälle** zur „Intensivierung" bzw. „Risikoauswechslung" finden sich bei: *Ebert/Kühl*, Jura 1979, 570: Bspe. 7–9; *Samson*, Strafrecht I, Fall 5 a, S. 24 u. 25 f.

c) Prinzip der Eigenverantwortlichkeit

aa) Abgrenzung von Verantwortungsbereichen

83   Das Prinzip der Eigenverantwortlichkeit hat sich zunehmend zu einem selbstständigen Prinzip der Lehre von der objektiven Zurechnung entwickelt; zumindest gilt es als eine notwendige Ergänzung der Grundformel (Gefahrschaffung und Gefahrrealisierung) im Bereich der „erst durch ein Dritt- bzw. Opferverhalten vermittelten Kausalität."[209] Das Verantwortungsprinzip strebt eine Art Zuständigkeitsregelung an, durch welche die Verantwortungsbereiche verschiedener kausal in ein Geschehen verstrickter Personen abgegrenzt werden sollen.[210] Auch wenn die Bemühungen um die **Abgrenzung von Verantwortungsbereichen** noch „in den Anfängen" stecken sollten,[211] so haben sie doch bereits erste Früchte getragen.[212] Es geht hier um Fälle, in denen sich ein Dritter oder das Opfer selbst in den vom Erstverursacher angestoßenen Kausalverlauf (zur Kausalität in diesen Fällen s. oben Rn. 31–34) einschaltet, so dass sich die Frage stellt, ob die Verantwortung auf den Dritten (auch sog. Regressverbotsfall) oder das Opfer übergeht. Dazu ist unter den Gesichtspunkten der Gefahrschaffung (Rn. 49 ff.) und der Gefahrrealisierung (Rn. 67 ff.) schon etwas gesagt worden, die Problematik muss hier aber unter dem neuen Gesichtspunkt der Eigenverantwortlichkeit noch einmal aufgegriffen werden (alle Gesichtspunkte zusammengefasst unten in Rn. 98).

84   Das Prinzip geht von der These aus, dass jeder **grundsätzlich nur für sein eigenes Verhalten verantwortlich** ist.[212a] Damit ist zugleich gesagt, dass man für das eigenverantwortliche Verhalten anderer Personen grundsätzlich nicht verantwortlich ist. Das bringt vor allem in Fällen, in denen der Erstverursacher nur eine Bedingung da-

---

[208] So *Jakobs*, Fs. Lackner, 1987, S. 62. Zu diesem Ergebnis kommt auch *Frisch*, 1988, S. 567 f., mit generalpräventiven Überlegungen zur ratio des Erfolgserfordernisses (Demonstrationseignung des rechtsfriedensstörenden Erfolgseintritts für die Unwertigkeit der Handlung). Vgl. auch *Samson*, Fs. Grünwald, 1999, S. 585, 592.

[209] *S/S-Lenckner/Eisele*, Vorbem §§ 13 ff. Rn. 100; *S/S-Sternberg-Lieben*, § 15 Rn. 171; *Engländer*, Jura 2001, 534, 537 u. 2004, 234, 236; *Kudlich*, JA 2010, 681, 685. – Es findet auch in der Rspr. Verwendung, vgl. OLG Rostock NStZ 2001, 199, 200.

[210] Vgl. *Roxin*, AT I, 11/138: „Lehre von den Verantwortungsbereichen". – Speziell zum Verantwortungsbereich des Opfers *Cancio*, ZStW 111 (1999), 357 ff.

[211] *Schumann*, 1986, S. 5; SK-*Rudolphi*, Rn. 72 vor § 1.

[212] *Ebert*, LdR, S. 509 f. – So etwa bei der Verantwortungsbegrenzung in Produktionsketten, in denen eine Begrenzung der objektiven Zurechnung z. B. von Umweltstraftaten durch den jeweiligen innerbetrieblichen Funktions- und Verantwortungsbereich erfolgt; *Rudolphi*, FS. Lackner, 1987, S. 867 ff.; *Schall*, 1996, S. 104 ff.; *Lackner/Kühl*, § 324 Rn. 16. – Zur Bedeutung der Eigenverantwortung des Verbrauchers im Rahmen der strafrechtlichen Produkthaftung s. *Otto*, Fs. Hirsch, 1999, S. 291, 303.

[212a] Vgl. *Lenckner*, Fs. Engisch, 1969, S. 506 f.; *Otto*, 6/49; *Schumann*, 1986, S. 19 ff.; *Walther*, 1991, S. 78 ff.; krit. *Block*, 2008, S. 113. – Aus der Rspr.: OLG Stuttgart StraFo 2011, 281.

für gesetzt hat, dass ein Zweitverursacher eine gegen einen Dritten gerichtete vorsätzliche Straftat begehen kann, eine Entlastung des Erstverursachers[213] (z. B. des
Gift im Arzneimittelschrank verwahrenden Arztes von der vorsätzlichen Tötung, die
die Sprechstundenhilfe mit dem Gift begeht). Eine solche **Entlastung** kann das Verantwortungsprinzip auch noch dem Erstverursacher bringen, der durch sein
pflichtwidriges Verhalten bereits eine unmittelbare Gefahr für das Rechtsgut geschaffen hat, nämlich dann, wenn sich ein Zweitverursacher so in den Geschehensablauf einschaltet, dass die Verantwortung für den Erfolgseintritt auf ihn übergeht[214] (so möglicherweise auf den grob fehlerhaft operierenden Arzt, der den Tod
des schon vom Unfallverursacher lebensgefährlich verletzten Unfallopfers herbeiführt;[214a] oder auf das verletzte Opfer, das im Vertrauen darauf, dass es auch ohne
eine Operation überlebt, die zur Lebensrettung erforderliche Operation nicht vornehmen lässt bzw. in vollem Bewusstsein des ohne Operation zu erwartenden Todes
die Operation verweigert[215] bzw. trotz Belehrung die stationäre Behandlung mit
tödlichen Folgen verlässt[215a]). Übernimmt die Polizei die Verkehrssicherung nach einem Unfall, so nimmt sie dem angehaltenen Kraftfahrer die Verantwortung für den
Tod eines (nach Abbau der Sicherungsmaßnahmen) auffahrenden Kraftfahrzeugfüh-
rers ab (anders und für § 222 BGHSt 4, 360 m. zu Recht abl. Bspr. *Roxin*, HRR AT,
Fall 2, Antwort 3, S. 157).

Während das Verantwortlichkeitsprinzip in der Frage der Haftung des Ersttäters **85**
für Zweitschäden[216] (z. B. durch ärztliche Kunstfehler) nicht so unmittelbar greift –
immerhin hat auch der **Erstverursacher** durch sein fehlerhaftes Verhalten (z. B. beim
Verkehrsunfall) eine **Gefahr** für Rechtsgüter des Opfers **geschaffen**, so dass ihm die
Verantwortung für den Erfolg nicht immer schon deshalb abgenommen werden
kann, weil auch ein anderer (z. B. der Arzt) sich fehlerhaft verhalten hat[217] –, ist es in
Fällen der nur „mittelbar über das Medium eines freien Willens"[218] geschaffenen
Gefahr unmittelbar einschlägig: Hier trifft der Grundsatz zu, „wonach jeder sein

---

[213] Vgl. zu dieser Fallgruppe SK-*Rudolphi*, Rn. 72 vor § 1, sowie mit weiteren Beispielen
S/S-*Lenckner/Eisele*, Vorbem §§ 13 ff. Rn. 101/101 a. Vgl. auch *Joecks*, § 222 Rn. 23, u.
Kretschmer, Jura 2000, 267, 273, jeweils mit weiterem Bsp.

[214] Vgl. zu dieser Fallgruppe *Roxin*, AT I, 11/141 ff.; SK-*Rudolphi*, Rn. 73 vor § 1; S/S-
Lenckner/Eisele, Vorbem §§ 13 ff. Rn. 102 und W-*Beulke*, AT, Rn. 192, 192 a; nach *Kaspar*,
JuS 2012, 112, 113, fehlt es schon an der objektiven Vorhersehbarkeit.

[214a] Vgl. S/S-*Sternberg-Lieben*, § 15 Rn. 169; vgl. auch *Wolter*, Fs. Schroeder, 2006, S. 431,
441, nach dem i. S. einer modernen Regressverbotslehre die Verantwortung des Pharma-
unternehmens „ab der objektiven groben Fahrlässigkeit … des Arztes" endet; krit. *Roxin*,
AT I, 11/141 f., der auch bei leicht fahrlässigem Verhalten des Arztes eine Zurechnung zum
Erstverursacher ablehnt, wenn der Arzt „das ursprüngliche Risiko durch ein anderes ersetzt
(,verdrängt')." – Zum „groben" Behandlungsfehler s. oben Fn. 173.

[215] Zu diesen beiden Opferfällen unter dem Gesichtspunkt des „Prinzips der Selbstverantwortung" vgl. *Bloy*, JuS 1989, L 4; s. auch *Rengier*, AT, 13/84–86; *Roxin*, AT I, 11/118 u.
144; *Kudlich*, JA 2010, 681, 686; *Otto*, Fs. E. A. Wolff, 1999, S. 395, 410; *Schmoller*,
Fs. Triffterer, 1996, S. 249 ff.; *Schünemann*, GA 1999, 207, 224. Gegen eine Unterbrechung
der Zurechnung, weil „das Opfer die ihm mögliche und zumutbare Schadensabwendung unterlässt", *Renzikowski*, 1997, S. 111; krit. auch *Walther*, StV 2002, 367 in Anm. zu OLG Celle NJW 2001, 2816; zu dieser Entscheidung auch *Rengier*, AT, 13/86 Bsp. 2.

[215a] Vgl. den Fall des BGH NStZ 1994, 394, dessen Entscheidung durchweg auf Kritik gestoßen ist, vgl. etwa *Otto*, Fs. E. A. Wollff, 1999, S. 395, 398 f.; *Roxin*, AT I, 10/115; SK-
Rudolphi, Rn. 72 a vor § 1.

[216] SK-*Rudolphi*, Rn. 73 vor § 1.

[217] Vgl. *Otto*, 6/50 und in: Fs. E. A. Wolff, 1999, S. 395, 405; *Murmann*, GK, 23/56; *Roxin*,
AT I, 11/143; S/S-*Lenckner/Eisele*, Vorbem §§ 13 ff. Rn. 102.

[218] S/S-*Lenckner/Eisele*, Vorbem §§ 13 ff. Rn. 101.

Verhalten nur darauf einzurichten hat, dass er selbst Rechtsgüter nicht gefährdet, nicht aber darauf, dass andere dies nicht tun."[219] Hat nämlich der (eigentlich auch erst hinterher so zu nennende) **Erstverursacher nur Anlass** zur Begehung einer Straftat **gegeben** (Gift verwahrt), so muss erst einer diese Bedingung zum Anlass nehmen, bevor es zu der Tat (vorsätzliche Tötung eines Menschen durch die Sprechstundenhilfe mittels des Giftes) kommt. Im Regelfall schließt der Anlass Nehmende wegen seiner verantwortlichen Entscheidung zur Ausführung der vorsätzlichen[219a] oder auch fahrlässigen Handlung[220] den Anlass Gebenden von der Verantwortung aus (z. B. der alkoholbedingt einen Unfall Verursachende den Alkohol ausschenkenden Gastwirt oder der Kraftfahrer, der infolge deutlich überhöhter Geschwindigkeit in einer scharfen Rechtskurve die Beherrschung über sein Fahrzeug verlor und einen tödlichen Unfall verursachte, den provokativ gegen das Rechtsfahrgebot verstoßenden Kraftfahrer – „Du überholst mich nicht" –, der ihn zu seinem Fehlverhalten veranlasst hat = OLG Stuttgart StraFo 2011, 281: „autonomer Entschluss" des „Letztverursachers" entlastet den „Erstverursacher"). Jede Abweichung von dieser Regel, die auch dem Anlass Gebenden den Erfolg, den unmittelbar der Anlass Nehmende herbeigeführt hat, objektiv zurechnet, ist nach diesem Ansatz begründungspflichtig, da sie den eigenen Verantwortungsbereich erweitert. Solche Begründungen[221] können z. B. in der mangelnden Reife oder Erfahrung des Zweitverursachers liegen (z. B. eines Jugendlichen, der vom Erstverursacher mit von ihm nicht zu bewältigenden Arbeiten betraut wird und dabei Dritte verletzt[222]), oder etwa darin, dass konkrete Anhaltspunkte (s. oben Rn. 49) für eine Tat durch einen Dritten vorliegen.[222a] So könnte es in dem die Öffentlichkeit erregenden Amoklauf eines Schülers in Winnenden gewesen sein; er nahm die unabgeschlossen im Schlafzimmer liegenden Waffen seines (im Schützenverein aktiven) Vaters zur Tötung von Mitschülern (§§ 211, 212), sodass eine Zurechnung von deren Tod **auch** zum Verhalten des Vaters, der „nur" gegen waffenrechtliche Aufbewahrungsvorschriften verstoßen hat, im Regelfall ausscheidet, weil sich ein vorsätzlich Handelnder eingeschaltet hat (o. Fn. 219 a); dies wäre aber dann anders, wenn konkrete Anhaltspunkte für den Vater vorlagen, dass sein Sohn die Waffen zu vorsätzlichen Tötungstaten benutzen könnte (dies bejaht *Mitsch*, ZJS 2011, 128, 130 f.: das durch sein sorgfaltswidriges Verhalten geschaffene Risiko der Waffenbenutzung durch seinen unbefugten Sohn habe

---

[219] S/S-*Lenckner/Eisele*, Vorbem §§ 13 ff. Rn. 101.

[219a] Vgl. den oben Rn. 49 mit Fn. 127 a behandelten Fall des OLG Stuttgart NStZ 1997, 190 sowie den Brandstiftungs-Unterlassungsfall des OLG Rostock NStZ 2000, 199 f. mit Bspr. *Geppert*, JK 01, StGB § 13/32 (dem OLG zust. W-*Beulke*, Rn. 192 Fn. 62); a. A. aber *Joecks*, § 222 Rn. 25.

[220] Näher zu den Argumenten der von ihm sog. „Lehre vom begrenzten Verantwortungsbereich" in Fällen sich vorsätzlich einschaltender Dritter s. *Hillenkamp*, 32. AT-Problem, S. 234, der aber bei der Übertragung der Argumente auf sich fahrlässig Einschaltende zu Recht „Vorsicht" empfiehlt (S. 193); gegen jede Differenzierung aber *Diehl*, 1996, S. 268 ff.

[221] Vgl. die Ansätze von *Schumann*, 1986, S. 107 ff. – Kritisch zur Leistungsfähigkeit der „Lehre von den Verantwortungsbereichen" bei über Drittverhalten vermittelten Risiken *Frisch*, 1988, S. 238 f., und *Schmoller*, Fs. Trifferer, 1996, S. 244 ff.

[222] Vgl. den Fall des OLG Stuttgart JR 1985, 478 f., m. Anm. *Kindhäuser*, 1989, S. 480, in dem sich der möglicherweise überforderte Jugendliche allerdings selbst gefährdete und bei Müllwerkerarbeiten starb.

[222a] SK-*Rudolphi*, Rn. 72 vor § 1; *Murmann*, GK, 23/62. – Aus der Rspr. vgl. BGHSt 49, 1 mit Bspr. *Otto*, JK 9/04, StGB § 25 I/8; zum Fall mit Fallschilderung und gegen Entfallen des Zurechnungszusammenhangs durch eigenverantwortliches Dazwischentreten eines vorsätzlich Handelnden W-*Beulke*, Rn. 192.

sich im Tod der erschossenen Menschen realisiert);[222b] – zur Verantwortlichkeit des Vaters hinsichtlich des Suizides des Amokläufers s. Rn. 87.

> Aus der **Übungsfall-Literatur** zur Abgrenzung von Verantwortungsbereichen vgl.: *Beulke*, KK I, Fall 2, Rn. 119 u. 123–125 und KK III, Fall 1, Rn. 1 u. 31–33; *Corell*, Jura 2010, 627 u. 629 (eigenverantwortlich Dazwischentretender); *Hilgendorf*, KK II, Fall 5, Rn. 40 f.; *Jäger*, Fall 5, Rn. 42, 43 (Unfallverursacher u. Arztfehler); *Krey/Esser*, AT, Fall 48, Rn. 344 (grober ärztlicher Kunstfehler); *Kudlich*, AT-Fälle, Fall 13, S. 193, 199.

bb) Eigenverantwortliche Selbstgefährdung

Ein zum Regelfall zu zählender Teilbereich – die **eigenverantwortliche Selbstge-** **86** **fährdung**[223] – ist inzwischen zu einem auch von der Rechtsprechung[224] anerkannten gesicherten Anwendungsbereich des Prinzips der Eigenverantwortlichkeit geworden. Mit der eigenverantwortlichen Selbstgefährdung sind Fälle gemeint, in denen sich das spätere Opfer frei für Handlungen (z. B. das Setzen einer Heroinspritze) entscheidet, deren Gefährlichkeit es kennt (vgl. den Heroinspritzenfall BGHSt 32, 363 = *Roxin*, HRR AT, Fall 3, S. 3 f. u. 158). Durch die Verwirklichung dieser frei verantwortlichen, selbst gefährdenden Handlung nimmt das **Opfer** dem eine Bedingung für diese Handlung Setzenden (z. B. dem Heroinspritzenlieferanten) die **Verantwortung** für die (tödlichen) Folgen dieser Handlung ab. Der Tod ist ausschließlich Werk des Opfers, er kann dem dafür nur eine Bedingung Setzenden nicht objektiv zugerechnet werden.

Die Sicherheit in dieser Fallgruppe ist freilich auch durch die Tötungs- und Kör- **87** perverletzungstatbestände des BT des StGB mitbedingt, denn nach diesen **gesetzgeberischen Wertentscheidungen**[225] sind Selbsttötung und Selbstverletzung nicht tatbestandsmäßig; Tatobjekt der §§ 211 ff. und §§ 223 ff. muss jeweils ein anderer Mensch bzw. eine andere Person sein.[226] Da deshalb auch die vorsätzliche Anstiftung gem. § 26 und die vorsätzliche Beihilfe gem. § 27 zur Selbsttötung/Selbstverletzung straflos

---

[222b] Vgl. zu dieser Argumentation mit Varianten *Heinrichs*, Fs. Geppert, 2011, S. 171, 179; *Frister*, 10/14 mit Fn. 14; *Rengier*, AT, 13/93 u. 52/57–60; *Roxin*, AT I, 24/26 ff.; auf die objektive Vorhersehbarkeit abstellend *Zieschang*, Rn. 441; im Übungsfall vgl. *Hussels*, Jura 2005, 882 („Amoklauf").

[223] Vgl. *Renzikowski*, JR 2001, 248, 249; *Kudlich*, JA 2010, 681, 685; *Eisele*, JuS 2012, 577; *Ebert*, S. 49; *Krey/Esser*, AT, Rn. 355; *W-Beulke*, Rn. 185 u. 684; *Otto*, 6/60–63; einschr. *Herzberg*, Fs. Puppe, 2011, S. 497 ff. – Kritisch zur Einordnung bei der objektiven Zurechnung *Zaczyk*, 1993, S. 50, nach dem es am Unrecht dem Opfer gegenüber fehlt (S. 52), und *Freund*, JuS 1997, 237, nach dem es schon an einem tatbestandsmäßig-missbilligten Verhalten im Sinne eines Tötungsdelikts fehlt (ebenso schon *Frisch*, 1988, S. 156 ff. [u. in: JuS 2011, 120, der als sachlichen Grund anführt, dass man einer anderen Person Sachen, bei deren Fehlgebrauch es zu Güterbeeinträchtigungen kommen kann, dann überlassen darf, wenn es sich bei der anderen Person um eine zu vernünftiger Entscheidung fähige Person handelt – dann „nicht missbilligte Risikoschaffung"] und *Freund*, 1992, S. 195 ff.); ebenso *Hardtung*, NStZ 2001, 206, 207; zu Überschneidungen mit der Sorgfaltspflichtverletzung i. S. des Fahrlässigkeitsdelikts *Kaspar*, JuS 2012, 112, 113.

[224] BGHSt 32, 262 ff.; 46, 279, 288; 49, 34, 39; 53, 55, 60 u. 288, 290; BGH NStZ 1985, 25 m. Bspr. *Fahl*, JA 1998, 105 („Stechapfeltee"-Fall); BGH NStZ 2011, 341 m. krit. Anm. *Puppe*, JZ 2011, 911 ff.; AG Saalfeld NStZ 2006, 100, 101 m. Bspr. *Kudlich*, JA 2006, 570 f. Zu dieser „Wendung" der Rspr. vgl. *Roxin*, AT I, 11/110; *Joecks*, § 222 Rn. 11 f. u. LK-*Schünemann*, § 25 Rn. 110.

[225] Darauf hebt auch *Roxin*, Gs. A. Kaufmann, 1989, S. 185 f., für diese Fallgruppe ab.

[226] Vgl. *Lackner/Kühl*, Rn. 9 Vor § 211 u. § 223 Rn. 2; *Ingelfinger*, 2004, S. 219 ff.: fehlender Unrechtscharakter. – *Zieschang*, Rn. 90, sieht hier kein Zurechnungskriterium, sondern eine unmittelbare „Folgerung" aus den §§ 25 ff.

sind – sie setzen eine tatbestandsmäßige Haupttat voraus – (näher 20/138, auch zur straflosen „Quasi-Mittäterschaft" und „Quasi-mittelbaren Täterschaft" beim Suizid, den der Suizident „beherrscht"), darf aus Gründen der Widerspruchsfreiheit des Rechts[227] auch die fahrlässige Mitverursachung (Veranlassung, Ermöglichung oder Förderung) einer frei verantwortlichen Selbsttötung/Selbstverletzung nicht zur strafrechtlichen Verantwortlichkeit führen (z.B. des Polizisten, der seine Schusswaffe unvorsichtig in einem PKW lässt, für den Tod seiner Freundin, die sich während seiner kurzfristigen Abwesenheit mit dieser Waffe selbst erschießt[228]); ob das auch im Amoklauf in Winnenden der Fall war, als sich der Amokläufer mit der vom Vater nicht ordnungsgemäß aufbewahrten Waffe schließlich selbst tötete, kann man wegen der verzweifelten und ausweglosen Lage des Suizidenten bezweifeln (gegen Freiverantwortlichkeit des Suizids und für Strafbarkeit des Vaters aus § 222 *Mitsch*, ZJS 2011, 128, 130). Dann aber ist es nur konsequent,[229] den bloßen Mitverursacher auch dann aus der Verantwortung zu entlassen, wenn der Todes- oder Verletzungserfolg auf frei verantwortlichen, selbstgefährdenden Handlungen des Opfers beruht. Diese Konsequenz hat der BGH (St 32, 262) erstmals 1984 im sog. „Heroinspritzenfall", in dem dem Drogensüchtigen eine leere Heroinspritze ausgehändigt worden war, denn auch gezogen.[230] Wenig später hat der BGH die 1984 entwickelten Grundsätze zur eigenverantwortlichen Selbstgefährdung auch auf solche Drogenfälle angewendet, in denen die tödlich wirkende Droge selbst einem Konsumenten überlassen wurde;[230a] dies ist in Teilen der Literatur auf Kritik gestoßen,[230b] ist aber vom Grundsatz der Eigenverantwortlichkeit her konsequent, denn solange die Selbstgefährdung durch Drogenkonsum noch eigenverantwortlich geschieht, ist die Zurechnung des sich aus ihr entwickelnden Todes zum sorgfaltswidrigen und gegen § 29 BtMG verstoßenden Verhalten des Lieferanten ausgeschlossen. – Das gilt nach der Rspr. aber grundsätzlich nicht für die leichtfertige Verursachung des Todes i.S. des § 30 I Nr. 3 BtMG (BGHSt 37, 179; vgl. auch BGHSt 53, 288, 290 [dazu *Fischer*, § 222

---

[227] *Lackner/Kühl*, Rn. 11 Vor § 211 m.w.N.; ebenso *Mitsch*, JuS 1995, 790 f.; a.A. *Weber*, Fs. Spendel, 1992, S. 376.

[228] Vgl. BGHSt 24, 342 m. Anm. *Welp*, JR 1972, 427 = *Roxin*, HRR AT, Fall 5, S. 6 u. 159; zust. Bspr. auch von *Roxin*, Fs. Gallas, 1973, S. 243 ff.; zur BGH-Entscheidung auch *Achenbach*, Jura 2002, 542, 544 f.; Fall 5; *Kühl*, Jura 2010, 81; *Eisele*, JuS 2012, 577, 583 und *Kindhäuser*, AT, 11/23: Fall 8 sowie eingehend *Murmann*, GK, 23/72–80, der die Eigenverantwortlichkeit der F wegen Alkoholisierung und depressiver Verstimmung verneint.

[229] Vgl. *Schünemann*, NStZ 1982, 62: Wertungswiderspruch; dagegen *Hardtung*, NStZ 2001, 206. Vgl. auch *Hillenkamp*, 32. AT-Problem, S. 235 zu Bsp. 2: erst recht bei fahrlässiger Förderung fremder Selbstgefährdung. – Kritisch zur Tragweite des Arguments „Wertungswiderspruch" für das Fahrlässigkeitsdelikt *Fünfsinn*, StV 1985, 57 f., der allerdings auch die Haftung des Mitwirkenden durch die Eigenverantwortlichkeit des Handelnden ausgeschlossen sieht. – Kritisch zum sog. Teilnahmeargument *Murmann*, 2005, S. 391 ff.

[230] BGHSt 32, 262 ff. m. Anm. *Roxin*, NStZ 1984, 410 f.; vgl. zur Entscheidung auch *Otto*, Jura 1984, 536 ff. sowie *Stree*, JuS 1985, 179 ff.

[230a] BGH NJW 1985, 690, 691 und BGH NJW 2000, 2286 m. Bspr. *Geppert*, JK 01, StGB § 222/5 (Heroin) sowie Anm. *Hardtung*, NStZ 2001, 206 u. *Renzikowski*, JR 2001, 248 sowie BGH NStZ 1985, 25 ff. mit Bspr. *Fahl*, JA 1998, 105 (Stechapfeltee); *W-Beulke*, Rn. 186, 188 u. 684; *W-Hettinger*, Rn. 194.

[230b] Für „Fremdverantwortung bei Rauschgiftüberlassung" wegen des im Interesse des Opfers geschaffenen § 29 I 1 BtMG-Verbotes *Zaczyk*, 1993, S. 60; *Puppe*, Jura 1998, 29; ähnlich *Weber*, Fs. Spendel, 1992, S. 371 ff., 380, der sich auch auf BGHSt 37, 179, stützt; für Strafbarkeit zur Vermeidung von Widersprüchen zu §§ 29, 30 BtMG auch *Sternberg-Lieben*, Fs. Puppe, 2011, S. 1282, 1297 ff.; zur Einordnung dieser Entscheidung vgl. *Beulke/Schröder*, NStZ 1991, 393; *Hohmann*, MDR 1991, 1117; *Otto*, Jura 1991, 443; *Rudolphi*, JZ 1991, 572; *Köhler* MDR 1992, 739; *Zaczyk*, 1993, S. 60 f.; *Roxin*, AT I, 11/112.

Rn. 29]);[230c] anders soll wiederum bei Überlassung des Betäubungsmittels zum freien Suizid an einen unheilbar Schwerstkranken zu entscheiden sein (BGHSt 46, 279, 288: Prinzip der Eigenverantwortlichkeit).[230d]

So gesichert das Kriterium der eigenverantwortlichen Selbstgefährdung als sol- **88** ches auch erscheint, seine Anwendung ist nicht problemlos.[231] So ist es schon nicht einfach, die **Freiverantwortlichkeit** des Opfers zu bestimmen (wann kann z. B. der Drogensüchtige gerade wegen seiner Sucht die Tragweite des Verhaltens nicht mehr richtig einschätzen?[232]). Ein Teil des Schrifttums wendet hier sinngemäß die für eine Fremdschädigung geltenden Exkulpationsregeln (§§ 20, 35 StGB, § 3 JGG) an.[232a] Überwiegend wird jedoch der strengere Maßstab der **Einwilligungsfähigkeit** des Selbstschädigers genannt;[232b] für diese Ansicht spricht, dass an die Willensbildung bei der Gefährdung des eigenen Leibs und Lebens keine geringeren Anforderungen gestellt werden können als bei der Einwilligung in die Fremdverletzung und -tötung (§§ 216, 228), da es in beiden Fällen auf der Opferseite um den Umgang mit eigenen Gütern geht.[232c] Übertriebener sportlicher Ehrgeiz oder die Gruppendynamik von Wettbewerbsteilnehmern führt nicht zum Ausschluss der Freiverantwortlichkeit von Läufern, die bei schlechten Wetterbedingungen auf der Zugspitze ihre Laufkleidung nicht anpassten und zu Tode kamen (vgl. AG Garmisch-Partenkirchen SpuRt 2011, 127 ff. [= Bsp. 2 bei *Jäger*, Rn. 47 a] m. Bspr. *Jahn*, JuS 2011, 844).

– Die „Freiverantwortlichkeit des Selbstgefährdungsentschlusses" fehlt auch „bei einem die Selbstverantwortlichkeit betreffenden Irrtum"; so etwa, wenn der sich selbstgefährdende Drogenkonsument nicht das gewünschte und zugesagte Kokain, sondern das gefährlichere Heroin erhält (BGHSt 53, 288, 290 f.: fahrlässige Tötung

---

[230c] Dem BGH zust. *Rengier* BT II, 8/25 u. *Roxin*, AT I, 11/113. – Gegen eine unterschiedliche Zurechnung beim (fahrlässigen) Tötungsdelikt und bei § 30 I Nr. 3 BtMG *Renzikowski*, JR 2001, 248, 250: „Wertungswiderspruch"; *Hardtung*, NStZ 2001, 206, 208 u. *Geppert*, JK 01, StGB § 222/5; vgl. auch *Sternberg-Lieben* o. Fn. 230 b; zur Entscheidung auch *Duttge*, NStZ 2006, 266, 271; gegen die unterschiedliche Zurechnung auch *Kindhäuser*, AT, 11/34: Fall 13, der beide Delikte – § 3 I Nr. 3 BtMG und § 222 – bejaht: das BtMG-Verbot habe hier einen bevormundenden Effekt.

[230d] Im Erg. zust. *Sternberg-Lieben*, JZ 2002, 153, 154 f., der das § 29 BtMG erfüllende Verhalten nach § 34 rechtfertigen will; krit. *Duttge*, NStZ 2001, 546, 548; zur Entscheidung auch *Heuchemer*, JA 2001, 627; *Rigizahn*, JR 2002, 430 u. *Otto*, JK 01, StGB § 34/3 sowie *Rengier*, BT II, 8/25: untypischer Ausnahmefall.

[231] Zur Lösung der Probleme trägt bei *Otto*, Fs. Tröndle, 1989, S. 169–175 u. *Otto*, Übungen, Referendarhausarbeit, S. 178 f. u. 188–193.

[232] Speziell zur Verantwortlichkeit Drogenabhängiger für Selbstschädigungen durch Suchtstoffgebrauch *Amelung*, NJW 1996, 2393; zur „Mitwirkung an einer rauschbedingten Selbstgefährdung mit tödlichem Ausgang" *Stree*, JuS 1985, 182. Zu den Unklarheiten über die „Eigenverantwortlichkeit" s. *Frisch*, NStZ 1992, 3 und 63 f. Maßstabsfigur ist nach *Frisch*, JuS 2011, 120, „eine zu vernünftigen Entscheidungen fähige Person".

[232a] *Roxin*, AT I, 11/114; *Dannecker/Stoffers*, StV 1993, 644; *Dölling*, GA 1984, 71, 77.

[232b] So etwa *Amelung*, NJW 1996, 2395; *Frisch*, JuS 2011, 120; *Ebert*, S. 50; *Krey/Esser*, AT, Rn. 363; *Lackner/Kühl*, Rn. 12 Vor § 211 mit Verweis auf Rn. 13–13 b; *Murmann*, GK, 23/80; *Otto*, Fs. Tröndle, 1989, S. 174, und in Fs. E. A. Wolff, 1999, S. 395, 402 f.; *Rain*, 1998, S. 33 f.; *Rengier*, BT II, 8/23; *S/S-Lenckner*, Vorbem § 32 ff.; *W-Beulke*, Rn. 189; im Ansatz auch *Zaczyk*, 1993, S. 32 ff.; auf die zutreffende Risikoeinschätzung abstellend *Christmann*, Jura 2002, 679, 681; zusf. *Krawczyk/Neugebauer*, JA 2011, 264, 266 f., auch zur sog. Exkulpationslösung (s. dazu die Nw. in Fn. 232 a).

[232c] Zur Problematik der Überwindung §§ 216, 228 – Schranken bei Selbstgefährdungen vgl. NK-*Paeffgen*, § 228 Rn. 108. – Vgl. außerdem die Ausführungen unten im Text bei der Einwilligung in Fremdgefährdungen (17/82, 83) und bei der mittelbaren Täterschaft mit sich selbst schädigendem Tatmittler (20/46 ff., 50, 51).

durch den Lieferanten, der konkludent zum Ausdruck brachte, es handle sich um Kokain, ohne dies geprüft zu haben; zum Fall vgl. [krit.] *Walther,* HRRS 2009, 560 ff.; *Lange/Wagner,* NStZ 2011, 67 ff.; [zust.] *Frisch,* JuS 2011, 120 Fn. 36: missbilligte Risikoschaffung bei Überlassung von Sachen ohne Aufklärung über die Risiken; *Eisele,* JuS 2012, 577, 583).[232d] – An der Freiverantwortlichkeit fehlt es nicht bei Mitgliedern einer Gruppe, die bei einer „Psycholyse" – eine in Deutschland nicht anerkannte Therapiemethode – „willentlich" Betäubungsmittel mit tödlicher Wirkung zu sich nahmen; dass der Ausgebende als Arzt und ehemaliger Suchtberater das Risiko besser als die Gruppenmitglieder erfasste, hindert die Annahme einer eigenverantwortlichen Selbstgefährdung der mit der Droge vertrauten Opfer nicht, es „sei denn sie sind einem Irrtum über Dosierung infolge einer Fehlfunktion der Waage soll es zu einer „Überdosierung" gekommen sein – erlegen, denn dann wären die Konsumenten „über einen ganz wesentlichen Gesichtspunkt im Unklaren" gelassen worden (BGH NStZ 2011, 341 m. z.T. krit. Bespr. *Jäger,* JA 2011, 474, *Jahn,* JuS 2011, 372, *Kotz,* JR 2011, 266; *Puppe,* JR 2011, 911 u. *Stam,* StV 2011, 536; zum Fall auch *Eisele,* JuS 2012, 577, 583).

> Aus der **Übungsfall-Literatur** zur Freiverantwortlichkeit vgl.: *Albrecht/Kasper,* JuS 2010, 1071 (tödlicher Berglauf); *Beulke,* KK III, Fall 8, Rn. 336 u. 351–353 („Autosurfen"); *Fahl,* Jura 2009, 234 u. 237 (bei „17-jährigen Jungen heutzutage" zu bejahen); *Krell,* JuS 2010, 537, 539; *Kudlich,* AT-Fälle, Fall 5, S. 69–71 (Willensmangel, Irrtum); *Norouzi,* JuS 2006, 531 u. 532 („in Panik"); *Otto/Bosch,* Übungen, Fall 8, S. 192 f. („Panikverhalten"); *Safferling,* Jura 2004, 64, 66 („in Panik"); *Seier,* Anfängerklausur, Nr. 3, S. 35 und 38 f. (gegen Einwilligungslösung).

88a　　Auch kann die **Abgrenzung zwischen Selbst- und Fremdgefährdung** Schwierigkeiten bereiten.[233] Dies zeigen auch die neuerdings in diesem Zusammenhang diskutierten Fälle der Ansteckung des Sexualpartners mit AIDS. Der BGH bemüht in seiner ersten AIDS-Entscheidung (BGHSt 36, 1 = *Roxin,* HRR AT, Fall 8, S. 9 ff. u. 160 f.)[234] zwar den von ihm bei der erstmaligen Anerkennung der Fallgruppe der eigenverantwortlichen Selbstgefährdung im sog. Heroinspritzen-Fall aufgestellten Grundsatz, „dass derjenige, der lediglich die eigenverantwortlich gewollte und bewirkte Selbstgefährdung eines anderen veranlasst, ermöglicht oder fördert, regelmäßig nicht wegen eines … Körperverletzungs- oder Tötungsdelikts strafbar ist, auch wenn sich das von diesem bewusst eingegangene Risiko realisiert (BGHSt 32, 262 …)", doch möchte er es offen lassen,[235] „ob diese – insbesondere im Zusammenhang mit den Todesfällen

---

[232d] Als Bsp. 1 bei *Jäger,* Rn. 47; als Fall 4 bei *Oglakcioglu,* ZJS 2010, 340, 341 f.; zum Fall auch *Rengier,* BT II, 8/25; *Fischer,* § 222 Rn. 3, 28 a, 29.

[233] Vgl. *Lackner/Kühl,* Rn. 12 Vor § 211, mit Verweis auf Rn. 3 zu § 216, sowie Rn. 2 a zu § 228; vgl. auch *Dölling,* GA 1984, 71 ff., *Christmann,* Jura 2002, 679, 680 u. *Oglakcioglu,* ZJS 2010, 340–343; *Grünewald,* GA 2012, 364, 365 ff; *Eisele,* JuS 2012, 577, 581 f.; LK-*Vogel,* § 15 Rn. 233 u. *Roxin,* AT I, 11/121 ff. sowie *Cancio Meliá,* ZStW 111 (1999), 357 ff., der auf den „Selbstverantwortungsgrundsatz" abstellt und deshalb die Unterscheidung ablehnt. – Nach *S/S-Lenckner/Eisele,* Vorbem §§ 13 ff. Rn. 101, macht diese Unterscheidung unter dem Gesichtspunkt des Verantwortungsprinzips keinen grundsätzlichen Unterschied; gegen eine Unterscheidung auch *Stratenwerth,* Fs. Puppe, 2011, S. 1017 ff. – *Otto,* JZ 1997, 523, differenziert nach dem „Maßstab der Verantwortungszuweisung" und stellt darauf ab, „ob der Verletzte sich freiverantwortlich und in voller Kenntnis des Risikos und der Tragweite seiner Entscheidung in die Gefahrensituation begeben hat."

[234] Die Entscheidung betraf einen Versuchsfall, da es nicht zur Infizierung des Partners kam; dass es aber auch Fälle der Übertragung des Virus und damit Vollendungsfälle i. S. des § 224 gibt, zeigt die Entscheidung BGHSt 36, 262 ff.

[235] *Geppert,* JK 90, StGB, § 223 a/4, meint „zwischen den Zeilen" eine positive Stellungnahme zur Übertragbarkeit der Argumentation herauslesen zu können.

bei gemeinsamen Rauschgiftgenuss entwickelten – Rechtsgrundsätze auf sexuellen Umgang mit HIV-Infizierten überhaupt anwendbar sind."[236] In der Literatur ist die Auffassung verbreitet, dass regelmäßig auch Sexualkontakte mit AIDS-Risiko Selbstgefährdungen sind, wenn die beteiligten Partner mit gleichem Gefahrwissen handeln,[237] doch gibt es auch die Einschätzung, es liege hier immer nur eine tatbestandsmäßige Fremdgefährdung vor, weil die Ansteckungsgefahr vom bereits Infizierten ausgehe: „Für die von einem selbst, nämlich vom eigenen Körper in Verbindung mit bestimmten gesteuerten Verhaltensweisen, ausgehenden Gefahren ist man allemal selbst zuständig; … selbst verantwortlich."[238]

Ob diese generelle Verantwortlichkeit des einen Sexualpartners dem normaler- **89** weise **von beiden** Partnern **getragenen Geschehen** gerecht wird, kann man sicher dann bezweifeln, wenn auch der andere Partner den Sachverhalt und seine möglichen Konsequenzen kennt.[239] Man wird dann wegen der **gemeinsamen Tatherrschaft**[239a] bzw. **Risikobeherrschung** und der für jeden Partner bestehenden Möglichkeit, steuernd in den Geschehensablauf einzugreifen,[240] von einer Eigengefährdung des noch nicht Infizierten ausgehen müssen, wenn man seine eigenverantwortliche Entscheidung für das Risiko nicht übergehen will.[241]

Dieses Abgrenzungskriterium der (Mit-)Tatherrschaft bzw. Risikobeherrschung wird in der Rechtslehre vielfach allgemein, d. h. auch in den anderen Gefährdungs-Fallkonstellationen (s. u. Rn. 92 ff.) herangezogen, in denen die Unterscheidung von Selbst- und Fremdgefährdung von Bedeutung ist.[241a] Danach sieht es bei dem tragi-

---

[236] BGHSt 36, 1, 17. – Vgl. auch die Einschränkung für die Delikte des Betäubungsmittelrechts durch BGHSt 37, 179 ff., dazu *Hassemer*, JuS 1991, 515; *Rudolphi*, NStZ 1991, 572 ff.; *Beulke/Schröder*, NStZ 1991, 393 ff.; *Otto*, Jura 1991, 443 ff.; *Nestler-Tremel*, StV 1992, 273 ff.

[237] Vgl. *Lackner/Kühl*, Rn. 12 a Vor § 211, mit umfangreichen Nachweisen; ebenso LK-*Walter*, Rn. 133 vor § 13; *Rengier*, BT II, 20/6; *W-Hettinger*, Rn. 270, halten den Rückgriff auf die Regeln der eigenverantwortlichen Selbstgefährdung für „sachgerecht"; für eine die Mitverantwortung des anderen ausschließende Selbstgefährdung auch *Puppe*, Jura 1998, 28 „nicht sorgfaltswidrig"; s. auch BayObLG NJW 1990, 131.

[238] *Frisch*, JuS 1990, 369, sowie in: NStZ 1992, 66 f.; für fremdgefährdendes Verhalten auch *Roxin*, AT I, 11/133; *Schünemann*, JR 1989, 90 u. ders., 1996, S. 11 ff.; *Ebert*, S. 46; s. auch *Murmann*, 2005, S. 411, 427 ff.

[239] Vgl. *Otto*, Fs. Tröndle, 1989, S. 164, der freilich bei Vorsatz des Infizierten von einem Verletzungsgeschehen ausgehen will; nach *Otto*, BT, 16/17, sind beide Partner im Hinblick auf den gefährlichen Akt Mitträger der Tatherrschaft bei einer eigenverantwortlichen Selbstgefährdung; zum Verantwortungsprinzip in diesen Fällen vgl. *Otto*, 6/61–63, und in: Jura 1992, 97.

[239a] *Dölling*, GA 1984, 76; *Ebert*, S. 50; *Rain*, 1998, S. 31; SK-*Rudolphi*, Rn. 81 a vor § 1.

[240] Vgl. *Geppert*, JK 90, StGB, § 223 a/4; *Meier*, GA 1989, 219.

[241] Vgl. den Fall des BayObLG NJW 1990, 131, in dem einer Siebzehnjährigen die erforderliche Verstandes- und Verantwortungsreife für eine solche Entscheidung zugestanden wurde. – Diese Entscheidung wird zustimmend aufgegriffen von *Dölling*, JR 1990, 474; *Rengier*, BT II, 20/6; *W-Beulke*, Rn. 191; *W-Hettinger*, Rn. 270 u. LK-*Schünemann*, § 25 Rn. 111. – Zust. auch *Roxin*, AT I, 11/133 Fn. 279, obwohl er von einer einverständlichen Fremdgefährdung ausgeht; ebenso *Hellmann*, Fs. Roxin, 2001, S. 271, 284, der die objektive Zurechnung wegen „Eigenverantwortlichkeit" des Gefährdeten verneint; ebenso *Grünewald*, GA 2012, 364, 370 f. Nur im Ergebnis zust. auch *Frisch*, NStZ 1992, 66 f. u. *Müssig*, 2005, S. 364 Fn. 433; nach *Zaczyk*, 1993, S. 58 f., kann dem Täter keine Sonderpflicht für das Opfer auferlegt werden, „die das Risiko begründende Situation im Interesse des fraglichen Rechtsguts zu vermeiden".

[241a] Vgl. etwa S/S-*Lenckner*, Vorbem §§ 32 ff. Rn. 52 a, 107; *Roxin*, AT I, 11/105 ff.; *W-Beulke*, Rn. 190, 191.

schen Tod des aus einem getunten Sportwagen herausgeschleuderten Beifahrers nicht aus, denn hier scheint die alleinige Tatherrschaft beim Fahrer zu liegen, der bei einem riskanten Überholmanöver – parallel zu einem ebenfalls überholenden Kraftwagen – mit den linken Reifen auf den Grünstreifen kam, so dass der Wagen schleuderte und sich überschlug. So geht denn auch der BGH vom Fall „der Fremd- und nicht der Selbstgefährdung" aus, „weil unmittelbar vor sowie ab dem Beginn des Überholmanövers … die Herrschaft über das Geschehen allein bei den Fahrzeugführern" gelegen habe (BGHSt 53, 55, 61 m. überwiegend zust. Bspr. *Brüning,* ZJS 2009, 194; *Duttge,* NStZ 2009, 690; *Dölling,* Fs. Geppert, 2011, S. 54; *Jahn,* JuS 2009, 370; *Kudlich,* JA 2009, 398, 390 u. *Satzger,* JK 7/09, StGB § 222/8; im Übungsfall *Hinderer/Brutscher,* JA 2011, 907; diff. *Puppe,* GA 2009, 486 f., u. *Roxin,* JZ 2009, 339; krit. *Lasson,* ZIS 2009, 359, 367 u. *Renzikowski,* HRRS 2009, 347, 349; zust. auch *Murmann,* GK, 25/136 f. u. in: Fs. Puppe, 2011, S. 767 ff. sowie *Radtke,* Fs. Puppe 2011, S. 846 f. u. *Eisele,* JuS 2012, 577, 584; zum Fall auch *Stratenwerth,* Fs. Puppe 2011, S. 1020 f. u. *Arzt,* Fs. Geppert, 2011, S. 1, 17: gegen „stärkere ‚Herrschaft' dessen, der am Steuer sitzt"). Bedenken ergeben sich aber daraus, dass es sich um ein – wenn auch verbotenes – privates Rennen handelte, bei dem üblicherweise – vor allem bei Ralleys – auch der Beifahrer Einfluss auf den Rennverlauf nimmt, sei es auch nur durch Gesten oder Zeichen. Wäre es so gewesen, so käme auch ihm Mit-Tatherrschaft zu, sodass er sich selbst eigenverantwortlich gefährdet hätte; dafür spricht, dass sich Fahrer und Beifahrer von Rennen zu Rennen in ihren Rollen abwechselten, sodass jeder von ihnen von einer Selbstgefährdung ausgegangen sein wird, auch wenn er mal in der weniger einflussreichen Rolle des Beifahrers agierte (vgl. auch schon *Kühl,* NJW 2009, 1158). – Der BGH bezieht sich in dieser Entscheidung zum sog. „Beschleunigungsrennen" u. a. auf die ältere BGH-Entscheidung im sog. „Gisela"-Fall = BGHSt 19, 135, 139, und zwar wegen des dort für einen missglückten Doppelselbstmord – also ein Vorsatzdelikt – entwickelten Abgrenzungskriteriums der Tatherrschaft bzw. der „Herrschaft über den Geschehensablauf", das auch für „Fälle fahrlässiger Selbst- bzw. Fremdgefährdung" gelte (BGHSt 53, 55, 61). Dass diese ältere Entscheidung in der Strafrechtswissenschaft überwiegend auf Kritik stieß, wird nicht erwähnt. Die Kritik monierte vor allem, dass die Tatherrschaft durch Gasgeben des auf der Fahrerseite Sitzenden zwar zum Einströmen der für die Beifahrerin tödlichen Auspuffgase führt, dass sie aber – so sie danach noch das Fahrzeug durch die Beifahrertür verlassen konnte – die letzte Entscheidung über die Beendigung ihres Lebens hatte (näher *Kühl,* Jura 2010, 81, 82; s. auch unten 20/138). Nach Rspr. ist „maßgebliches **Abgrenzungskriterium**" zwischen Selbstgefährdung und Fremdgefährdung „die **Trennungslinie zwischen Täterschaft und Teilnahme**" (BGHSt 49, 34, 39 m. zust. Anm. *Sternberg-Lieben,* JuS 2004, 954, 955, krit. aber *Otto,* JK 11/04, StGB vor § 13/17 [zu dieser Entscheidung s. auch Rn. 92]; BGHSt 49, 166, 169; 53, 55, 60).[241b] Die Rechtsprechung und eine verbreitete Meinung in der Rechtslehre lässt jedoch die Verantwortung für das Geschehen und den Erfolg schon dann auf den bereits Infizierten übergehen, wenn er „kraft **überlegenen Sachwissens** das Risiko besser erfasst als der sich

---

[241b] *Kühl,* JA 2009, 321, 327; *Krawczyk/Neugebauer,* JA 2011, 264, 265 f.; *Grünewald,* GA 2012, 364, 365 ff. – Vgl. auch schon BGHSt 46, 279, 288; BGH NJW 2003, 2326, 2327 u. BGH NStZ 2004, 623 m. krit. Anm. *Arzt,* JZ 2004, 103; krit. *Beulke,* Fs. Otto, 2007, S. 207, 210 f. u. *Murmann,* FS Puppe, 2011, S. 767 ff., der die Testfrage stellt, ob das Verhalten verboten wäre, wenn der Täter es gegen den Willen des Opfers hatte; wenn ja: Fremdgefährdung, bei nein: Selbstgefährdung.

selbst Gefährdende."[242] Nach der Rechtsprechung des BGH soll dies selbst dann gelten, wenn der Infizierte erkennbar einer sog. Risikogruppe angehört, denn es gehe nicht an, „die Verantwortung für das Vermeiden einer so schwerwiegenden Gefahr von demjenigen, von dem die Gefährdung ausgeht und der dies weiß, zu verlagern auf den Gefährdeten, mag dieser sich auch unvorsichtig verhalten."[243] – Für die Fahrlässigkeitsstrafbarkeit reicht es, wenn der Mitwirkende das Risiko besser erfassen kann als der sich selbst Gefährdende.[243a] So kann es beim sog. „Wetttrinken" liegen, wenn der, der heimlich nur Wasser trinkt, den anderen 45 Gläser Tequila trinken lässt, die zu 4,4‰ BAK führen, wenn das Wissensdefizit des Opfers in der Risikobewertung des Trinkens für sein Leben gesehen wird, das sich ergab, weil er sah, dass dem vermeintlichen Mittrinker nichts passierte.[243b]

Das eingegangene Risiko bzw. die eigenverantwortliche Selbstgefährdung führt 90 danach also nicht immer zur Entlastung des Risikoträgers von der objektiven Zurechnung des Erfolges, der auch durch das riskante Verhalten des Opfers mitherbeigeführt wurde. Eine Entlastung kann der Infizierte zwar durch die Offenbarung seiner Krankheit gegenüber den potentiellen Sexualpartner erlangen,[244] doch wird es dann wohl wenig Partner geben. Man sollte ihn deshalb – in Anwendung des allgemeinen Zurechnungsausschlussgrundes des **erlaubten Risikos** – auch dann schon aus der Verantwortung entlassen, wenn er – trotz des auch dann verbleibenden Restrisikos – Sexualverkehr nur (durch Kondome) geschützt vornimmt,[245] denn dann nimmt er nur wahr, was staatliche Aufklärung ihm empfiehlt. Verzichtet der Infizierte auf diesen zumutbaren Schutz, so entlastet ihn das abstrakte Wissen des Partners um die bestehende Übertragungsgefahr angesichts seines konkreten und sicheren Wissens nicht.[246] – An der der eigenverantwortlichen Selbstgefährdung ähnlichen „Figur der eigenverantwortlichen Selbstverletzung" scheitert die Strafbarkeit

---

[242] BGHSt 36, 1, 17; BGH NJW 2000, 2286 f. [zust. *Kretschmer,* Jura 2000, 267, 275]; BayObLG NJW 2003, 371 mit i. Erg. zust. Bspr. *Freund/Klapp,* JR 2003, 431 u. *Otto,* JK 8/03, StGB vor § 13/14 sowie *Duttge,* NStZ 2006, 266, 274; AG Saalfeld NStZ 2006, 100, 101 m. Bspr. *Kudlich,* JA 2006, 570 f.; aus der Rechtslehre vgl. nur LK-*Schünemann,* § 25 Rn. 111 u. *Rengier,* BT II, 8/26; einschr. NK-*Neumann,* § 222 Rn. 3: auf die höhere Kompetenz zur Risikoeinschätzung kann es nur dort ankommen, wo dem Opfer die für die eigenverantwortliche Entscheidung erforderliche Risikokenntnis fehlt (so auch BayObLG NStZ 1997, 341 f.); nach NK-*Puppe,* 198 vor § 13, kommt es nicht darauf an, ob das sich selbst gefährdende Opfer „mehr weiß als der andere, sondern ob es genug weiß", um „kompetent" entscheiden zu können (im Bsp. des Mitfahrens im PKW eines angetrunkenen Fahrers sei es egal, ob der Fahrer das Risiko besser als der Mitfahrende abschätzen könne). – Nach OLG Karlsruhe NZV 1996, 325, soll auch das schuldhafte Vorgeben überlegenen Sachwissens für den Verantwortungsübergang reichen; im Erg. zust. LK-*Walter,* Rn. 113 vor § 13: Willensmangel des Opfers, das die Gefahr nicht überblickt.

[243] BGHSt 36, 1, 18; i. Erg. zust. *Puppe,* AT 1, 6/16–22; zust. auch LK-*Schünemann,* § 25 Rn. 111. – Differenzierend für solche Fälle *Bottke,* AIFO 1989, 470.

[243a] *Frisch,* 1988, S. 154 ff.; *Hardtung,* NStZ 2001, 206, 207; *Lackner/Kühl,* Rn. 12 vor § 211.

[243b] Vgl. LG Berlin bei *Krawczyk/Neugebauer,* JA 2011, 264, 268.

[244] Nach *Hillenkamp,* GA 1989, 325, muss er sich „ohne Wenn und Aber" seiner Wissensdominanz begeben und damit für den Gefährdeten erst die Voraussetzungen einer eigenverantwortlichen Entscheidung schaffen.

[245] Wegen des Restrisikos gegen diese Entlastungsmöglichkeit *Schünemann,* 1988, S. 488; *Rengier,* Jura 1989, 231; *Bottke,* 1996, S. 296 f.; *Herzberg,* 1996, S. 83; *Jäger,* Rn. 54; *Fischer,* Rn. 13 vor § 32. Für „erlaubtes Risiko" *Prittwitz,* JA 1988, 437, u. 440 in These 3; *Kunz,* ZStR 107 (1990), 49 ff.; *Renzikowski,* 1997, S. 274; *Knauer,* GA 1998, 428, 439; *Kühl,* JA 2009, 321, 327. – Umfassende Nachweise bei *Bottke* a. a. O. S. 294 f. in Fn. 54, 55.

[246] Zu dieser „Wissensdifferenz" vgl. *Kunz,* ZStR 107 (1990), 55 f.

des sog. „Pozzing" = „bewusste Durchführung des Geschlechtsverkehrs mit einem HIV-positiven Partner, getragen von dem Ziel, sich zu infizieren."[246a]

91   Es handelt sich dann (auch nach allgemeinen Zurechnungsregeln) um eine **unerlaubte Risikoschaffung** durch den Infizierten, die sich in der dadurch verursachten Infizierung des Partners, also im Körperverletzungs-Erfolg, auch **realisiert;**[247] – ob auch der zeitlich später eintretende Todes-Erfolg noch als Realisierung dieses Risikos betrachtet werden kann, oder ob „das Zurechnungsband wegen der langen Latenzzeit zu kappen" ist, betrifft eine andere, noch ungeklärte Frage, nämlich die nach den „Kriterien der zeitlichen Zurechnung".[248] Kontrovers beurteilt wird die **Zurechnung von Spätfolgen**[248a] vor allem dann, wenn zwischen Erstschaden (z. B. HIV-Infizierung) und Folgeschaden (z. B. Tod des Infizierten) keine Zäsur (z. B. Heilung) liegt, die Spätfolge sich vielmehr als Endpunkt eines nicht aufzuhaltenden Krankheitsgeschehens darstellt.

92   Doch zurück von den allgemeinen Zurechnungsfragen zum speziellen Zurechnungsausschlusskriterium der eigenverantwortlichen Selbstgefährdung. Es findet nicht nur in den bisher angesprochenen Drogen- und AIDS-Fällen Anwendung, sondern auch – als zusätzliches Kriterium – in den schon mehrfach „gelösten" **Schulfällen,**[249] in denen der Erbonkel auf eine für ihn tödlich verlaufende Flugreise geschickt wird. Um das auch bisher erzielte und allgemein für richtig erkannte Ergebnis: keine objektive Zurechnung des Todeserfolges zum veranlassenden Neffen, wieder zu erreichen, muss hier darauf abgestellt werden, dass der Onkel das Risiko einer Flugreise kannte und auf eigene Verantwortung dennoch flog; – das Ergebnis soll sich freilich auch hier ändern, wenn der Neffe „überlegenes Sachwissen" z. B. von einer an Bord befindlichen Zeitbombe hatte.[250] Weitere Beispiele geben die Teilnahme an riskanten Motorradrennen[251] oder Kfz-Rennen (s. oben Rn. 89) und die riskante Mitfahrt auf dem Sozius eines Motorrads ab, wobei im letzteren Fall trotz der verbalen Eingriffsmöglichkeit („Bitte lass mich absteigen") auch eine vom Fahrer ausgehende **Fremdgefährdung** angenommen wird,[252] die überzeugender in den Heroin-

---

[246a] *Brand/Lotz,* JR 2011, 513 ff. – Zur eigenverantwortlichen Selbstverletzung u. -gefährdung *Murmann,* GK, 23/72 ff. u. 91 ff.

[247] Vgl. *Rudolphi,* JZ 1990, 198. Zu den Voraussetzungen der Erfolgszurechnung bei Selbstgefährdung nach dem „Autonomieprinzip" vgl. auch *Otto,* Fs. Tröndle, 1989, S. 171 f., 175.

[248] Vgl. *Schlehofer,* NJW 1989, 2025, nach dem die fernen Folgen für unser gegenwärtiges Sozialleben ohne Bedeutung sind; gegen die Zurechnung von „Spätfolgen" in diesen Fällen *Herzberg,* JZ 1989, 114, sowie *ders.* schon in: JuS 1987, 782 f., und in: NJW 1987, 465. – Vgl. aber *Frisch,* JuS 1990, 365 f., der trotz einer unter Umständen erheblichen zeitlichen Spanne bis zum Eintritt des Todes von einer tatbestandsmäßigen Tötungshandlung ausgeht.

[248a] *Roxin,* AT I, 24/45, 46; vgl. *Herzberg,* 1996, S. 62–73; *Schünemann,* 1996, S. 18–37; *Knauer,* GA 1998, 428, 431 ff.; *Gómez,* GA 2001, 283 ff.; *Namias,* Die Zurechnung von Spätfolgen im Strafrecht, 1993, m. Bspr. *Hohmann,* GA 1995, 392 ff.; *Gless,* GA 2006, 689 ff.; NK-*Puppe,* Rn. 257 ff. vor § 13, und in: Jura 1997, 626 sowie S/S-*Sternberg-Lieben,* § 15 Rn. 162.

[249] Zur Selbstgefährdung im Erbonkel-Gewitter-Fall bereits *Schroeder,* 1964, S. 93 f. Zum Fall unter dem Gesichtspunkt des „Opferwillens" Murmann, 2005, S. 116. – Vgl. auch den ähnlichen Gewitter-Fall 8 bei *Otto,* 6/4 mit Lösung 6/66, und bei *Hirsch,* Fs. Lenckner, 1998, S. 119, 122 ff., der hier der Lehre von der objektiven Zurechnung Zugeständnisse macht, selbst aber bereits die „Tötungs**handlung**" ablehnt (S. 135).

[250] Ebenso W-*Beulke,* Rn. 184 u. *Greco,* ZStW 117, 519, 520.

[251] Vgl. Fall 14 bei K/H/H-*Hellmann,* BT 1, Rn. 120–124, sowie Fall 7 bei *Fiedler,* 1990, S. 10, mit Lösung S. 185. Vgl. zu diesen und ähnlichen Fällen *Schmoller,* Fs. Triffterer, 1996, S. 242 ff.

[252] Vgl. etwa *Dölling,* GA 1984, 80; *Prittwitz,* JA 1988, 432; kritisch dazu *Otto,* Fs. Tröndle, 1989, S. 170. – Die Teilnahme an Trunkenheitsfahrten wird von *Zaczyk,* 1993, S. 59, als Fremdgefährdung eingestuft, weil der Einsteigende darauf vertrauen darf, dass der Täter seine

Fällen dann gegeben sein soll, wenn der Spritzenlieferant dem einverstandenen Konsumenten auch noch die Spritze setzt (BGHSt 49, 34 mit z. T. krit. Bspr. *Sternberg-Lieben*, JuS 2004, 954 u. *Otto*, JK 11/04, StGB Vor § 13/17),[253] das Opfer sich also dessen gefährlicher Handlung aussetzt,[254] oder in Doping-Fällen, wenn der Arzt dem Sportler das körperverletzende Mittel injiziert oder ihm sonst den Dopingstoff beibringt.[254a] Auch die zur Aufnahme in eine „Jugendgang" hingenommenen Schläge sind keine eigenverantwortliche Selbstgefährdung, sondern eine (möglicherweise wegen Einwilligung gerechtfertigte) Fremdgefährdung (vgl. BayObLG NJW 1999, 122 mit Bspr. *Otto*, JR 1999, 124, *Amelung*, NStZ 1999, 458 und *Geppert*, JK 99, StGB § 228/1). – Zur rechtlichen Behandlung der einverständlichen Fremdgefährdung s. u. 9/29 sowie 17/82 f.

Eine Strafbarkeit des Risikoschaffenden wegen aktiven Tuns kommt grundsätz- **93** lich auch dann nicht in Betracht, wenn er **Beschützergarant** (18/47 ff.) für die Rechtsgüter (etwa Leib und Leben) des sich selbst Gefährdenden ist,[255] da die Verantwortung des Garanten nicht die eigene Verantwortung des Rechtsgutträgers ausschließt.[256] So führt die Garantenstellung des Arztes nicht zur Durchbrechung des Prinzips der Eigenverantwortlichkeit und damit auch nicht zur objektiven Zurechnung des Körperverletzungs- oder Todeserfolges, wenn der Patient ein ihm verschriebenes Medikament missbraucht und sich dadurch selbst gefährdet (OLG Zweibrücken NStZ 1995, 89 mit Anm. *Horn*, JR 1995, 304).[257]

Noch nicht behandelt werden soll an dieser Stelle (s. unten 18/105) das Problem, **94** ob das eigenverantwortliche Handeln des Opfers auch einer Handlungspflicht desjenigen entgegensteht, der hinsichtlich seiner aktiven Mitwirkung entlastet ist (muss z. B. der Heroinspritzenlieferant nach dem Eintritt der Bewusstlosigkeit beim Opfer den Notarzt herbeiholen?).[258]

Fahrweise seinem Fahrvermögen anpasst; krit. dazu *Roxin*, AT I, 11/135, der in diesen Fällen die Fremdgefährdung wie die Selbstgefährdung als zurechnungsausschließend behandelt (11/100); für Selbstgefährdung NK-*Puppe*, 193 vor § 13.

[253] So *Roxin*, NStZ 1984, 412.

[254] Vgl. W-*Beulke*, Rn. 190.

[254a] Im Erg. auch *Fischer*, § 222 Rn. 29: im Zweifel überlegenes Sachwissen des Arztes. – Anders bei Selbsteinnahme des zur Verfügung gestellten Mittels = Selbstgefährdung; vgl. *Otto*, SpuRt 1994, 10, 11 ff.; *Ahlers*, 1994, S. 109 ff.; *Dury*, 1997, S. 20 f.; *Kühl*, in: *Vieweg* (Hrsg.), Doping, 1998, S. 77, 81 ff.; *Kargl*, JZ 2002, 389, 392 ff.; *Heger*, JA 2003, 76, 78 f.; *Jahn*, ZIS 2006, 57, 60; eingehend *Schild*, 2002, S. 144 ff. zur „Straflosigkeit des Selbstdopings" u. S. 147 ff. zur „Strafbarkeit des Fremddopings"; z. T. abw. *Rain*, 1998, S. 30 ff., 53 f.: Selbstgefährdung auch bei Injektion durch Arzt, sofern dessen Täterschaft durch die überragende Verantwortung des Sportlers überlagert wird. – Zur Abgrenzung auch *Sternberg-Lieben*, ZIS 2011, 583 ff., der diese – wie hier – an der „Täterherrschaft über den Körperverletzungsvorgang" ausrichten will.

[255] *Lackner/Kühl*, Rn. 11 vor § 211, zu möglichen Ausnahmefällen Rn. 14 vor § 211; a. A. *Herzberg*, NJW 1986, 1638; *Jescheck/Weigend*, S. 574. – Im Übungsfall ebenso *Beulke*, KK III, Fall 8, Rn. 336 u. 347–349.

[256] *Zaczyk*, 1993, S. 47, mit Einschränkungen bei konstitutionellen Einsichts- und Willensmängeln; LK-*Schünemann*, § 25 Rn. 112.

[257] Ebenso *Roxin*, AT I, 11/111.

[258] Die Rechtsprechung bejaht dies: BGH NStZ 1984, 452 [vgl. jedoch BGH NJW 2001, 1802 mit hinsichtlich der Begründung krit. Bspr. *Sternberg-Lieben*, JZ 2001, 153, 156: „jedenfalls" nicht, wenn keine Rettungsmöglichkeit bestand (keine Vollendung) und der Unterlassene davon auch ausging (kein Versuch)]; kritisch dazu *Fünfsinn*, StV 1985, 58; *Roxin*, StV 1985, 320 f.; *Stree*, JuS 1985, 183 f.; *Zaczyk*, 1993, S. 7, die für eine Entlastung des in dieser Phase Nichthandelnden durch das Prinzip der Eigenverantwortlichkeit plädieren; ebenso *Kindhäuser*, AT, 11/30–32: Fall 11; a. A. *Gössel/Dölling*, BT 1, 2/92.

Übungsfälle zum Prinzip der Eigenverantwortlichkeit bzw. zur eigenverantwortlichen Selbstgefährdung finden sich bei: *Alpmann/Schmidt, AT 1, Fall 39, S. 197–200* (OLG Zweibrücken JR 1994, 518 nachgebildet; diese Entscheidung wird hier sogleich in Rn. 95 angesprochen); *Beulke/Mayer,* JuS 1987, 125 u. 126 f.; *Buttel/Rotsch,* JuS 1996, 327 u. 332 f.; *Eschenbach,* Jura 1999, 88 u. 91; *Esser/Röhling,* Jura 2009, 866 u. 867; *Fahl,* Jura 2009, 234 u. 237; *Frisch/Murmann,* JuS 1999, 1196 u. 1198; *Gropp,* in: G/K/M, Fallsammlung, Fall 5, S. 93 f. u. 102 f. (Abgrenzung zur Fremdgefährdung nach Tatherrschaft); *Hilgendorf,* KK I, Fall 17, Rn. 2; *Hillenkamp,* JuS 2001, 159 u. 160 f.; *Hinderer/Brutscher,* JA 2011, 907 u. 909 (BGHSt 53, 55, nachgebildet); *Jäger,* Rn. 46, 47: Fall 6 (BGHSt 32, 262 nachgebildet); *Käßner/Seibert,* JuS 2006, 810 u. 811 (Abgrenzung zur Fremdgefährdung nach Tatherrschaft); *Kienapfel,* Jura 1989, 145 f.; *Kretschmer,* Jura 1998, 224 u. 249; *Krey/Esser,* AT, Fall 56, Rn. 359 f.; *Kudlich,* AT-Fälle, Fall 4, S. 44 (in Selbstschussanlage gelaufen); PdW BT II, Fall 5 (BGHSt 32, 262 nachgebildet); *Marxen,* Fall 5 e, S. 41 f. (BGHSt 32, 262 nachgebildet); *Marxen/Eggert,* JuS 1979, 204 u. 207 f.; *Mitsch,* JuS 1995, 790 f.: Fall 4 b; *Niehaus,* AL 2008, 117 u. 119 (keine Steuerungsmacht des Beifahrers); *Norouzi,* JuS 2007, 146 u. 148, 149; *Oglakcioglu,* ZJS 2010, Fälle 2–4, S. 340–342; *Schramm,* JuS 1994, 405 u. 406; *Seier,* JuS 1989, L 11–L 15; *Haft,* Fallrepetitorium, Nr. 79; *Gössel,* Fälle, Fall 7, S. 124 f. u. 136; K/H/H-*Hellmann,* BT 1, Rn. 120–124: Fall 14; *Meurer/Kahle/Dietmeier,* Übungskriminalität, Fall 5, S. 77 f. u. 91, sowie Fall 7, S. 137 f. u. 143; *Otto,* Übungen, Referendarhausarbeit, S. 179 f. u. 186–203 (Scharfstellen einer Selbstschussanlage); *Otto/Bosch,* Übungen, Fall 14, S. 297 f. (zur Abfahrt überredet); *Rudolphi,* AT-Fälle, Fall 2, S. 13 u. 23; *Seier,* Anfängerklausur, Nr. 3, S. 35 u. 43; *Tiedemann,* Anfängerübung, Fall 8, S. 202 u. 221; *Wagner/Drachsler,* ZJS 2011, 530 u. 531; W-*Beulke,* Fall 6 c, Rn. 152 u. 200; *Wittig,* Jura-Sonderheft Examensklausurenkurs, 2000, S. 45 u. 47 f., 48 f.

95　　Die **Rechtsprechung** hat mit der Problematik der eigenverantwortlichen Selbstgefährdung (oft mit Abgrenzungsproblemen zur einverständlichen Fremdgefährdung) in letzter Zeit vor allem im **Straßenverkehr** zu tun.[258a] So etwa bei der Überlassung eines defekten Moppeds an einen führerscheinlosen Freund, der den Defekt kennt, trotzdem zu schnell fährt und zu Tode kommt (BayObLG NJW 1996, 3426, mit Bspr. *Fahl,* JA 1987, 834, u. *Otto,* JK 98, StGB vor § 13/12: eigenverantwortliche Selbstgefährdung; als Bsp. aufbereitet von *Kretschmer,* Jura 2000, 267, 275). Auf der Grenze zur Fremdgefährdung liegt der Fall, in dem das spätere Opfer seine Gefährdung durch die ungesicherte Mitnahme im Laderaum eines Pkw-Kombi im selben Umfang wie der Fahrzeugführer erkannt hat (OLG Zweibrücken JR 1994, 518 m. Anm. *Dölling* u. Bspr. *Otto,* JK 94, StGB vor § 13/4). Fremdgefährdung ist beim sog. **Autosurfen** anzunehmen, weil der auf dem Fahrzeugdach liegende Autosurfer nach Fahrtbeginn dem Fahrzeugführer „ausgeliefert" ist (vgl. OLG Düsseldorf NStZ-RR 1997, 325 mit Bspr. *Saal,* NVZ 1998, 49, 53 und [abl.] *Hammer,* JuS 1998, 785; ebenso im Übungsfall *Haft,* Fallrepetitorium, Nr. 259, 260 u. *Trüg,* JA 2002, 214 u. 218–220; anders *Beulke,* KK III Fall 8, Rn. 343).[258b] – Ein weiterer Anwendungsbereich liegt bei **ärztlichem Fehlverhalten,** das eine eigenverantwortliche Selbstgefährdung des Patienten ermöglicht, so etwa beim nichtindizierten Verschreiben von Suchtmitteln (übersehen vom BayObLG StV 1993, 641, mit zu Recht krit. Anm. *Dannecker/Stoffers*), bei Verschreibung von Suchtersatzmitteln zur Langzeittherapie (BayObLG NJW 1995, 797; zust. *Rengier,* BT II, 20/4; vgl. zur zweifelhaften Freiverantwortlichkeit des Heroinsüchtigen in diesem Fall *Amelung,* NJW 1996, 2394), beim nichtindizierten Verordnen von Psychopharmaka an einen

---

[258a] Vgl. außer den im Text genannten Entscheidungen noch: OLG Karlsruhe NStZ-RR 2000, 141, 143.

[258b] Ebenso *Müssig,* 2005, 365; *Rengier,* BT II, 20/6; für Selbstgefährdung *Hammer,* JuS 1998, 786 ff., *Puppe,* AT 1, 6/12–15; für Gleichbehandlung von Selbst- und Fremdgefährdung LK-*Vogel,* § 15 Rn. 241; zum Fall auch *Murmann,* 2005, S. 414 f.

Patienten mit Alkohol- und Medikamentenabhängigkeit (OLG Zweibrücken, NStZ 1995, 89 m. Bspr. *Otto*, JK 95, StGB vor § 13/7) und bei der Ausstellung eines Rezepts über DHC für einen codeinabhängigen Berufskraftfahrer (BayObLG JZ 1997, 521 m. Anm. *Otto*). – Auch im Bereich **sportlicher Betätigung** ist die Selbstverantwortung von Bedeutung (zum bereits erwähnten Doping oben 4/92); so z. B. bei der Teilnahme an einem Kletterkurs, bei dem der Kursleiter auf die Gefahren der Übungen hingewiesen hat (BayObLG NStZ-RR 1998, 328, 330) oder bei einem Lauf im Schnee auf die Zugspitze (AG Garmisch-Partenkirchen SpuRt 2011, 127 ff. m. Bspr. *Jahn*, JuS 2011, 344).

Übungsfall-Literatur und Rechtsprechung haben sich mit den sog. **Retterfällen**[259] **96** zu beschäftigen: Nach einer fahrlässigen/vorsätzlichen Inbrandsetzung eines Gebäudes verletzt sich ein freiwilliger Retter/ein zur Rettung verpflichteter Feuerwehrmann bei Rettungsversuchen bezüglich Menschen/Habseligkeiten. Die Rspr. verfährt hier unter Berufung auf den Schutzzweck der Norm (§§ 222, 229) sehr restriktiv und belässt die Verantwortung beim Brandsetzer/-stifter, wenn dieser dem sich freiwillig in Gefahr begebenden Retter „ein einsichtiges Motiv für gefährliche Rettungsmaßnahmen" geliefert hat (BGHSt 39, 322, 325 m. Bspr. *Amelung*, NStZ 1994, 338; *Meindl*, JA 1994, 100; *Sowada*, JZ 1994, 663; *Bernsman/Zieschang*, JuS 1995, 775; *Derksen*, NJW 1995, 240; *Günther*, StV 1995, 78 und *Otto*, JK 94, StGB vor § 13/3; zust. für „vernünftige Rettungshandlungen" *Kindhäuser*, AT, 11/58). Demgegenüber wird in Teilen der Literatur weitergehend eine die Haftung des Erstverursachers ausschließende freiverantwortliche Selbstgefährdung des Retters angenommen.[259a] Eine solche freiverantwortliche Selbstgefährdung wird überwiegend aber dann verneint, wenn der Retter, wie z. B. der Feuerwehrmann, zur Rettung verpflichtet war;[260] dies gilt jedoch nicht für überobligatorische und offen-

---

[259] Wie hier *Eisele*, JuS 2012, 577, 583; *Kindhäuser*, AT, 11/55 ff. und *Rengier*, BT II, 40/43: „Retterfälle". Eingehend *Frisch*, Fs. Nishihara, 1998, S. 66 ff., der von „Retterunfällen" spricht [von „Retterschäden" sprechen *Radtke/Hoffmann*, GA 2007, 201; MK-*Radtke*, § 306 c Rn. 16 u. LK-*Walter*, vor § 13 Rn. 116] und „im Vorfeld der ... Zurechnung" bei der Frage sucht, ob es zum Schutze dessen, der bei Eintritt bestimmter Situationen erfahrungsgemäß zu selbstgefährdendem Verhalten veranlasst wird, ... verboten ist, derartige Veranlassungssituationen ... zu schaffen" (S. 77); diese Frage bejaht *Frisch*, weil potentielle Retter „regelmäßig" ein vitales Interesse am Unterbleiben von Brandstiftungen haben (S. 79); ähnlich und auch auf „Solidarität" abstellend *Murmann*, 2005, S. 439 f., 481, und in: GK, 23/86–90; nach *Amelung*, GA 1999, 182, 197, nimmt der Brandstifter dem Retter „ein Stück rechtlich garantierter Freiheit"; nach *Degener*, 2001, S. 368, ist die Zwangslage des Retters Ausgangspunkt für die Haftungsbegründung des Veranlassers; eingehend zu Retterfällen *Biewald*, 2003, *Strasser*, 2008, S. 228 ff. m. krit. Bspr. *Duttge*, GA 2010, 245 und *Thier*, 2009, passim.
[259a] *Roxin*, AT I, 11/115–117, mit modifizierter Begründung in: Fs. Puppe, 2011, S. 909, 913; weitgehend ebenso *Schünemann*, GA 1999, 223, *Kühl*, JA 2009, 321, 327 u. NK-*Neumann*, § 222 Rn. 10; für Retter bei Sportunfällen ebenso *Kretschmer*, SpuRt, 2002, 4 ff.; krit. zur Rspr. *Hohmann/Sander* BT II, 4/8; der Rspr. zust. *Fischer*, § 222 Rn. 31; SK-*Hoyer*, Anh. zu § 16 Rn. 45; MK-*Duttge*, § 15 Rn. 156, MK¹-*Hardtung*, § 222 Rn. 23; S/S-*Sternberg-Lieben*, § 15 Rn. 168; im Ergebnis auch LK-*Walter*, vor § 13 Rn. 117. Eingehend zu Retterfällen i. S. der h. M. *Frisch*, 1988, S. 472 ff.; dagegen *Diel*, 1997, S. 147, 162, 242 ff., 254 f. u. 268, die ein Regressverbot der Eigenverantwortlichkeit zugunsten des Erstverursachers annimmt. Zum Ganzen auch *Geppert*, Jura 1998, 597, 602, *Puppe*, Jura 1998, 21 u. *Biewald*, 2003, S. 208. – Neue Zurechnungskriterien bei *Beckemper* und *Stuckenberg*, beide in: Fs. Roxin, 2011, S. 397 ff. u. 411, 423.
[260] *Frisch*, Fs. Nishihara, 1998, S. 66, 80 ff.; *Hoyer*, AT I, S. 40 f.; *Rengier*, BT II, 40/44 a; W-*Beulke*, Rn. 192 a; MK-*Duttge*, § 15 Rn. 157 u. einschränkend nach Art und Grenzen der Rettungspflicht MK-*Radtke*, § 306 c Rn. 20; SK-*Hoyer*, Anh. zu § 16 Rn. 44; S/S-

sichtlich unvernünftige Rettungsversuche (OLG Stuttgart NJW 2008, 1971 mit Anm. *Puppe*, NStZ 2009, 333 (krit. zu Puppe *Radtke*, Fs. Puppe, 2011, S. 831, 844) u. Bspr. *Roxin*, Fs. Puppe, 2011, S. 909, 927 ff.; zum Fall, insb. zum Vertrauensgrundsatz, *Puppe*, AT[2], 2011, 5/14–21: „nicht einschlägig"). – Auch in sog. „Verfolgerfällen" geht es um die Verursachung (zur Kausalität o. Rn. 9) von freiverantwortlichen Selbstgefährdungen von Verfolgern, die etwa bei der Verfolgung zu Tode stürzen (vgl. BGHSt 22, 362, 364). Ob die Maßstäbe hinsichtlich der objektiven Zurechnung des Schadens des Verfolgers zum Fliehenden/Flüchtenden hier dieselben sein sollten wie bei den Retterfällen ist umstritten.[260a]

> Retterfälle und Verfolgerfälle als **Übungsfälle** behandeln: *Bindzus/Ludwig*, JuS 1998, 1123 u. 1124 f.; *Buttel/Rotsch*, JuS 1996, 327 u. 332; *Corell*, Jura 2010, 630; *Haft*, Fallrepetitorium, Nr. 1494; *Mitsch*, Jus 1995, 889: Fall 5; *Gössel*, Fälle, Fall 11, S. 183 ff. u. 191; *Jäger*, Rn. 49, 50: Fall 7 (abgewandelter Fall nach BGHSt 39, 222); *Kress/Weisser*, JA 2006, 115 u. 119 f. (im Rahmen eines § 306 c-Versuchs); *Krey/Esser*, AT, Fall 57, Rn. 365–367; *Kudlich*, PdW BT II, Fall 215 (BGHSt 39, 322 nachgebildet); *Küpper*, in: G/K/M, Fallsammlung, Fall 11, S. 201 u. 209 f.; *Murmann*, Jura 2001, 258 u. 260 (im Rahmen von § 306 a II); *Noak/Collin*, Jura 2006, 544 u. 547 (im Rahmen von § 306 b I); *Otto/Bosch*, Übungen, Fall 12, S. 258 f. (§ 306 c-Fall; Polizist); *Reinbacher*, Jura 2007, 382 u. 386; *Rudolphi*, AT-Fälle, Fall 13, S. 148 u. 149 f.; *Seiterle*, Jura 2011, 958 u. 960 f. (zu § 306 b I u. mit Kritik an der Falllösung von *Kress/Weisser* und – im Anschluss an MK-*Radtke*, § 306 a, Rn. 20 – mit einer „grundsätzlichen Vermutung für die Eigenverantwortlichkeit der Retterhandlung"); *Stuckenberg*, AL 2011, 305 u. 313–315 („Verfolgerfall" mit „einsichtigem Verfolgungsmotiv"; dennoch gegen objektive Zurechnung, weil die Verletzung des Verfolgers durch „Ausrutschen auf nassem Boden … ein ubiquitäres Lebensrisiko" darstelle); *Tiedemann*, Anfängerübung, Fall 8, S. 202 u. 214 f. – Vgl. auch den „Retterfall" bei *Puppe*, AT 1, 6/34–36.

3. Abschließende Hinweise zur Fallbearbeitung

97 Die Vielzahl der genannten Kriterien sind von der Lehre der objektiven Zurechnung noch nicht zu einem allgemein anerkannten System ausgebaut. Angesichts dieses fehlenden Systems erscheint es sinnvoll, bei der Bearbeitung von Fällen, in denen das die Kausalität bejahende Ergebnis „unbefriedigend" erscheint, innerhalb der Prüfung der objektiven Zurechnung möglichst viele Zurechnungskriterien zur Stützung des für richtig erachteten Ergebnisses anzuführen. Dies ist selbst dann zu empfehlen, wenn das Ergebnis unstrittig oder wenig umstritten ist. So sollte z. B. das allgemein für richtig gehaltene, die Zurechnung verneinende Ergebnis in den Erbonkel-Gewitter-Flugreise-Fällen darauf gestützt werden, dass (1) vom Neffen keine rechtlich relevante Gefahr für den Tod des Onkels geschaffen wurde, dass (2) kein von Menschen beherrschbares Geschehen vorlag und dass (3) sich der Onkel eigenverantwortlich selbst gefährdete (*Zieschang*, Rn. 89 f., der diese Selbstgefährdung aber nicht bei der objektiven Zurechnung einordnet, sondern als „Folgerung" aus

---

Lenckner/Eisele, Vorbem §§ 13 ff. Rn. 101 c; SK-*Rudolphi*, Rn. 80 vor § 1; a. A. auch für diese Fälle *Roxin*, AT I, 11/117 u. 139 (bisher, and. jetzt in: Fs. Puppe, 2011, S. 909, 914 f.); *Otto*, Fs. E. A. Wolff, 1998, S. 395, 411; einschränkend NK-*Puppe*, Rn. 186, 186 a vor § 13; gegen eine berufs-/statusbezogene Unterscheidung *Radtke/Hoffmann*, GA 2007, 201 ff.

[260a] *Stuckenberg*, Fs. Puppe, 2011, S. 1039 ff.; monographisch *Otto*, 2007, S. 134 ff. und *Strasser*, 2008, S. 265 ff.; *Rengier*, AT, 52/51–54; nach *Roxin*, Fs. Puppe, 2011, S. 909, 926 existiert wegen des Selbstbegünstigungsprivilegs kein Fluchtverbot (ebenso schon *Strasser* a. a. O. S. 279 ff.); *Roxin*, AT I, 11/140, will aber zur Verfolgung verpflichtete Berufsträger ausnehmen, weil die typischen Risiken der Berufsausübung in ihrem Verantwortungsbereich liegen (zust. *Krey/Esser*, Rn. 368); diff. nach Einhaltung der Verkehrsregeln durch den Verfolger *Puppe*, AT I, 6/40 ff.

den §§ 25 ff.); im Bereich der objektiven Zurechnung wird auch das Kriterium der Sozialadäquanz zum Tatbestandsausschluss herangezogen (*Rönnau*, JuS 2011, 311, 312; s. schon oben Rn. 48 Fn. 119); – auch der Vorsatz kann verneint werden[260b] mit der Folgerung, dass auch kein Tötungsversuch vorliegt, wenn der Blitz nicht „zuschlägt" (s. unten 15/29).

Nicht ganz so unbestritten ist das Ergebnis in den sog. Regressverbotsfällen, in **98** denen ein Dritter die vom Ersthandelnden fahrlässig geschaffene Gelegenheit zur Begehung einer Vorsatztat ausnützt.[260c] Hier sind die zur Lösung eingesetzten Kriterien noch zahlreicher:[261] Der Adäquanzzusammenhang würde bei Vorhersehbarkeit und Beherrschbarkeit (s. oben Rn. 77 mit Fn. 196) der Vorsatztat zur Bejahung der Zurechnung des Erfolges zum Ersthandelnden führen,[262] häufiger aber wird der „Zurechnungszusammenhang"[263] verneint, wobei die Gründe vielgestaltig sind;[264] es wird aber auch schon eine unerlaubte Gefahrschaffung verneint (s. oben Rn. 49 ff.), weil wegen des erlaubten Risikos auf das Ausbleiben von Vorsatztaten vertraut werden darf;[265] schließlich wird auf die begrenzte Verantwortung des Ersthandelnden angesichts der vollen Verantwortung des Vorsatztäters abgestellt.[266] Für eine Zurechnung in bestimmten Fällen könnte der Gesichtspunkt der Gefahrrealisierung (s. oben Rn. 67 ff.) und der Umstand sprechen, dass sich ein Erfolg eingestellt hat, der nach dem Schutzzweck der verletzten Sorgfaltsnorm (sichere Aufbewahrung von Gift) verhindert werden sollte. Eine Falllösung müsste hier eine Entscheidung zwischen den verschiedenen Kriterien treffen, die nach der obigen Darstellung der Lehre von der objektiven Zurechnung zur Zurückweisung der für eine Zurechnung sprechenden Kriterien des Adäquanzzusammenhangs und der Gefahrrealisierung/Erfolg im Schutzbereich der Norm ausfallen müsste; die Entscheidung, welches der gegen eine Zurechnung sprechenden Kriterien das „passendste" für die sog. Regressverbotsfälle ist, könnte dann als ergebnisirrelevante Entscheidung für eine Falllösung offen bleiben.

[260b] So etwa jüngst von *Schumann/Schumann*, Fs. Küper, 2007, S. 543, 551 f. u. *Kindhäuser*, GA 2007, 447, 466: Keine „Vorsatzgefahr"; gegen Vorsatzverneinung *Herzberg*, Symp. Kunert, 2006, S. 9, 28 ff., der „wegen Sozialadäquanz und extremer Unwahrscheinlichkeit" kein Unrecht – weder vorsätzliches noch fahrlässiges – annimmt.

[260c] Vgl. OLG Stuttgart NStZ 1997, 190: Brandstifter nutzt vorschriftswidrig gelagerten Renovierungsabfall zur vorsätzlichen Tötung von Hausbewohnern; vgl. BGHSt 49, 1 mit Anm. *Roxin*, StV 2004, 485, 486 ff.: Untergebrachter nutzt den von Anstaltsärzten fahrlässig rechtswidrig erteilten Ausgang zu vorsätzlichen Tötungen; zum Fall mit Fallschilderung *Neubacher*, Jura 2005, 857, 862 und W-*Beulke*, Rn. 197; zur Problematik der sog. Regressverbotsfälle schon o. Rn. 49, 69 Fn. 174, 84 Fn. 215 a.

[261] *Samson*, ZStW 99 (1987), 632 f., nennt den „Gesichtspunkt der Sozialadäquanz, fehlender Steuerbarkeit, begrenzter Verantwortungsbereiche oder möglicher Distanzierung des Ersthandelnden von den Folgen seines Verhaltens"; er selbst will die Problematik durch eine Präzisierung des Inhalts der verletzten Norm lösen.

[262] Vgl. *Hillenkamp*, 32. AT-Problem, S. 230.

[263] *Hillenkamp*, 32. AT-Problem, S. 231.

[264] *Roxin*, Fs. Tröndle, 1989, S. 179–184, nennt drei neuere Lehren: das Prinzip der Eigenverantwortlichkeit bei *Welp*, den Grundsatz der Steuerbarkeit bei *Otto*, das Unwertgefälle zwischen Vorsatz und Fahrlässigkeit bei *Wehrle*.

[265] So *Roxin*, Fs. Tröndle, 1989, S. 186 f.; *Krey/Esser*, AT, Rn. 354 f., der aber in seinem Fall 53, Rn. 308, die Zurechnung bejaht: geladenes Gewehr, vom Täter an der Garderobe einer Bar aufgehängt, wird von Gast zum Erschießen des Barkeepers benutzt.

[266] Vgl. wieder *Hillenkamp*, 32. AT-Problem, S. 233.

§ 5. Subjektiver Tatbestand: Vorsatz und sonstige subjektive Tatbestandsmerkmale

I. Einführung

1   Der Gesetzgeber begnügt sich bei der Umschreibung der einzelnen Delikte des BT nicht mit der Angabe objektiver, äußerer Umstände wie z. B. der des Erfolgseintritts (Tod eines Menschen in §§ 212, 222). Er verwendet vielmehr auch **subjektive** (innere, täterpsychische) **Merkmale**[1] zur Kennzeichnung von einzelnen Delikten. So beispielsweise die „Absicht", sich oder einem Dritten die fremde bewegliche Sache rechtswidrig zuzueignen, zur Kennzeichnung des Diebstahls in § 242. Solche subjektiven Tatbestandsmerkmale sind im wesentlichen BT-Materie, denn nur durch Auslegung der einzelnen Delikte lassen sich diese subjektiven Merkmale zuverlässig bestimmen; auf sie wird deshalb im AT – außer in dieser Einführung – nicht eingegangen.

2   Wie schon der objektive Tatbestand vom Gesetzgeber nicht durchgehend ausdrücklich festgeschrieben wurde, so verzichtet der Gesetzgeber auch bei der Beschreibung des subjektiven Tatbestandes auf die ausdrückliche Nennung aller subjektiven Merkmale. War es im objektiven Tatbestand das nur selten ausdrücklich in einzelnen Delikten genannte Kausalitäts- (und objektive Zurechnungs-)Erfordernis, das vom Rechtsanwender als allgemeines (= AT-Materie) Erfordernis für alle Erfolgsdelikte zusätzlich eingebracht werden musste, so ist es im subjektiven Tatbestand das **allgemeine Vorsatz-Erfordernis**. Dieses Erfordernis wird zwar vom Gesetzgeber – weitergehend als das nur gelegentlich bei einzelnen Delikten genannte Verursachungserfordernis – in den einzelnen Delikten des BT völlig unterschlagen, doch wird es ausdrücklich – insofern klarer als das Kausalitätserfordernis – in einer Vorschrift des AT genannt: nach § 15 ist „strafbar ... nur vorsätzliches Handeln, wenn nicht das Gesetz fahrlässiges Handeln ausdrücklich mit Strafe bedroht." Mit dieser Vorschrift ist klargestellt, dass alle Delikte des BT, die nicht ausdrücklich auf fahrlässiges Handeln abstellen (so z. B. die fahrlässige Tötung gem. § 222), den Vorsatz des Täters als Strafbarkeitsvoraussetzung verlangen. Der Tatbestand dieser Nicht-Fahrlässigkeitsdelikte wird also erst vollständig, wenn das Vorsatzerfordernis in ihn hineingelesen wird;[2] dann lautet z. B. der Totschlag gem. § 212 nicht mehr: „Wer einen Menschen tötet ...", sondern: „Wer einen Menschen vorsätzlich tötet ...".

3   Die Hauptfunktion der in § 15 oder in einzelnen Deliktsumschreibungen des BT geforderten subjektiven Tatbestandsmerkmale besteht in der (**Unrechts-**)**Typisierung** der einzelnen Delikte. Eine solche Typisierung gelingt dem Gesetzgeber allein durch die Verwendung objektiver Merkmale nicht. Steht etwa nur fest, dass A den B getötet bzw. dessen Tod verursacht hat, so ist das keine ausreichende Entscheidungsgrundlage für die Einordnung des Verhaltens des A in § 212 (Totschlag) oder in § 222 (fahrlässige Tötung). Steht etwa nur fest, dass A dem B eine fremde bewegli-

---

[1] Vgl. *Bloy*, JuS 1989, L 2: „... Strafbarkeitsvoraussetzungen, die die subjektive (= innere) Tatseite betreffen"; *Warda*, Jura 1979, 74, spricht von Merkmalen, „die dem innerseelischen Bereich des Täters angehören", sowie von „innerpsychischen Gegebenheiten beim Täter." – Speziell zu Gesinnungsmerkmalen *Kelker*, 2007.
[2] Vgl. *Bloy*, JuS 1989, L 2; *Werle*, JuS 1986, L 51, sowie *Warda*, Jura 1979, 2.

che Sache weggenommen hat, so ist das keine ausreichende Entscheidungsgrundlage für die Einordnung des Verhaltens des A als Diebstahl gem. § 242 (nur bei Zueignungsabsicht), als straflos (wenn ohne Zueignungsabsicht, sog. straflose Gebrauchsentwendung) oder als „unbefugter Gebrauch eines Fahrzeugs" gem. § 248 b (ausnahmsweise strafrechtliche Erfassung der Gebrauchsentwendung hinsichtlich von Kraftfahrzeugen und Fahrrädern trotz fehlender Zueignungsabsicht).

Vorsatz und sonstige subjektive Tatbestandsmerkmale wie die Zueignungsabsicht   4 prägen nicht nur allgemein den „Delikstypus", sondern vor allem den „Unrechtstypus" des jeweiligen Delikts.[3] Es ist heute kaum noch streitig, „dass sich das strafrechtlich bedeutsame Unrecht nicht zulänglich kennzeichnen lässt, wenn man von der subjektiven Seite des Verhaltens absieht".[4] Die Überzeugungskraft dieser fast allgemeinen Auffassung ergibt sich schon aus „schlagenden" Beispielen: „Lustmord und fahrlässige Tötung unterscheiden sich nicht erst in der Schuldhöhe, sondern stellen schon verschieden gewichtiges Unrecht dar – obwohl die Unterschiede allein im subjektiven Bereich gefunden werden können."[5] Diese durch den Vorsatz bewirkte Steigerung des Unrechts von Tötungshandlungen wird durch die Überlegung begründet, dass die „strafrechtlich sanktionierte Norm … krasser verletzt" wird, „wenn der Täter das durch sie geschützte Interesse bewusst und gewollt angreift als wenn er es versehentlich beeinträchtigt."[6] Für eine **personale Unrechtslehre** ist es ohnehin zwingend, dass die persönliche Entscheidung des Täters für die Rechtsgutsverletzung, also der **Vorsatz** als Entschluss zur Handlung, als **Kern des Handlungsunrechts**, den Unrechtstatbestand prägt.[7]

Für die **sonstigen subjektiven Tatbestandsmerkmale** ist es zum Teil sogar unmit-   5 telbar evident,[8] dass sie als subjektive Elemente der Handlungsbeschreibung,[9] als nähere Charakterisierung des Handlungswillens des Täters[10] das **Unrecht** der Tat **mitbestimmen.** So ist die Zueignungsabsicht des vorsätzlich eine fremde bewegliche Sache Wegnehmenden unrechtssteigernd, wenn es sich bei der Sache um ein Kraftfahrzeug oder Fahrrad handelt (vgl. die Strafrahmen der §§ 242, 248 b), und sogar unrechtsbegründend bei der Wegnahme aller sonstigen Sachen. Nur die Zueignungsabsicht belegt, dass sich der Täter die eigentumsähnliche Position durch den dauerhaften Ausschluss des bisherigen Eigentümers an seiner rechtlich geschützten

---

[3] Zur Begrifflichkeit, aber auch zur Sache, vgl. *Bloy,* JuS 1989, L 2; *Werle,* JuS 2001, L 43 f.; *Roxin,* AT I, 10/63; NK-*Puppe,* § 15 Rn. 2.

[4] *Stratenwerth/Kuhlen,* 8/53. – Auch nach *Arzt,* S. 190, hat sich die Prüfung des Vorsatzes im subjektiven Tatbestand „weitgehend durchgesetzt".

[5] *Horn,* LdR, S. 1185.

[6] *Stratenwerth/Kuhlen,* 8/57. – Kritisch zu bloß quantitativen Formeln zur Abgrenzung des Vorsatz- und Fahrlässigkeitsunrechts *Köhler,* 1982, S. 372, der selbst zwischen unmittelbarem Vorsatzunrecht (der Täter weiß um die Verletzungsbedeutung seines Handelns) und mittelbarem Fahrlässigkeitsunrecht (über die Verletzung der Aufmerksamkeitsnorm vermittelt) differenziert; ähnlich *Kelker,* 2007, S. 470.

[7] Vgl. mit weiteren Argumenten *Ebert/Kühl,* Jura 1981, 232, sowie *Ebert,* S. 31; *Jescheck/Weigend,* S. 242; *S/S-Lenckner/Eisele,* Vorbem §§ 13 ff. Rn. 52–56; *W-Beulke,* Rn. 202; *Werle,* JuS 1986, L 51; *Satzger,* Jura 2008, 112, 119; *Kudlich,* Fs. Benakis, 2008, S. 265, 268; a. M. *Spendel,* Fs. Küper, 2007, S. 597, 602 u. *Walter,* 2006, S. 77 ff.

[8] *Stratenwerth/Kuhlen,* 8/58 sowie 131–151; ähnlich *Henn,* JA 2008, 699: „ohne weiteres einsichtig".

[9] *Lackner/Kühl,* Rn. 15 vor § 13.

[10] Vgl. *Jescheck/Weigend,* S. 317, sowie *Ebert/Kühl,* Jura 1981, 231 f. – Nach *Roxin,* AT I, 10/66, setzten diese subjektiven Tatbestandsmerkmale den Vorsatz voraus, daraus folge dann, dass auch der Vorsatz zum Tatbestand gehöre. – Zu Gesinnungsmerkmalen, die Unrecht oder Schuld betreffen können, *Kelker,* 2007.

Position verschaffen will;[11] das Verhalten des ohne Zueignungsabsicht Wegnehmenden (erfasst in § 248 b) „entspricht überhaupt nicht dem Unrechtstyp ‚Diebstahl'."[12]

II. Vorsatz

1. Begriff, Wesen, Gegenstand, Zeitpunkt und Alternativität des Vorsatzes

6   Das StGB enthält keine Begriffsbestimmung des von § 15 geforderten „vorsätzlichen Handelns"; sie wurde bewusst Rechtsprechung und Lehre überlassen.[13] Als eine freilich „unpräzise **Kurzformel**" hat sich die vom Vorsatz als „**Wissen und Wollen** der Tatbestandsverwirklichung" durchgesetzt.[14] Sie ist vor allem für den Einstieg in die Prüfung des subjektiven Tatbestandes bei Fallbearbeitungen hilfreich.[14a] „Tatbestandsverwirklichung" meint in dieser Formel genauer die „Verwirklichung aller Merkmale des objektiven Tatbestandes."[15] Verwirklichen wollen kann man aber nicht alle Merkmale des objektiven Tatbestandes, sondern nur die Handlung und den zukünftigen Erfolg. Hinsichtlich der anderen, bereits vorhandenen Umstände[16] wie z.B. der Fahruntüchtigkeit oder z.B. der AIDS-Infizierung des möglichen Täters kann sinnvollerweise nur Wissen verlangt werden;[17] Gleiches gilt für die Minderjährigkeit des Opfers z.B. einer Sexualstraftat.[18]

---

[11] Vgl. näher zu diesen Beispielen *Bloy*, JuS 1989, L 2; *Warda*, Jura 1979, 75 f.; W-*Beulke*, Rn. 138; *Werle*, JuS 1986, L 50. – Zur Zueignungsabsicht vgl. *Gehrig*, 1986, S. 58 f.

[12] *Warda*, Jura 1979, 75 f.; ähnlich S/S-*Lenckner/Eisele*, Vorbem §§ 13 ff. Rn. 63.

[13] Vgl. *Lackner/Kühl*, § 15 Rn. 2, mit Hinweis auf BT-Dr. V/4095, S. 8; *Satzger*, Jura 2008, 112 f. – Rechtsvergleichende Hinweise bei LK-*Vogel*, Rn. 76–99; speziell vergleichend mit dem englischen Recht und seinem Einzelfallbezug *Safferling*, 2007 m. Bspr. *Heger*, GA 2009, 667 u. *Roxin*, JZ 2008, 988, der das „Ergebnis" von *Safferling*, dass das englische Strafrecht im Vergleich zum deutschen Strafrecht repressiver und punitiver sei, für weiterer Erörterung für bedürftig hält; zum italienischen Recht *Canestrari*, GA 2004, 210; zu Vorsatz und Irrtum im Völkerstrafrecht *Stuckenberg*, 2007 m. krit. Bspr. *Schroeder*, ZStW 120 (2008), 619 u. *Ambos*, JZ 2008, 683.

[14] Vgl. *Ebert*, S. 54; *Otto*, 7/3; *Roxin*, AT I, 12/4; *Fischer*, § 15 Rn. 3 u. SSW-*Momsen*, §§ 15, 16 Rn. 7; aus der Rspr. vgl. BGHSt 36, 1, 11. Krit. zu dieser Formel *Herzberg*, Fg. BGH, 2000, S. 51, 64 u. schon *Hruschka*, S. 436, da sie ein „gleichrangiges Nebeneinander" suggeriere; in Wahrheit jedoch folge das Wollen „aus der Vornahme der Handlung und dem Wissen um diese Handlung"; *Hruschka* zustimmend *Köhler*, 1982, S. 192 Fn. 4, der der Formel aber einen kritischen Wert gegenüber den Vorstellungstheorien zumisst (vgl. S. 193, und schon S. 99, 101 u. 318 f.). Kritisiert wird die Formel auch von *Schmidhäuser*, 7/40, „wegen der Festlegung auf ein voluntatives Moment", sowie von *Freund*, 7/41: „sprachlich und sachlich schief"; nach *Schroth*, 1998, S. 3 f., lässt die Formel „offen, was denn nun der allgemeine Begriff des Vorsatzes sein soll." Krit. auch *Jakobs*, RW 2010, 283, 285: sie suggeriere eine Trennbarkeit und stelle als Addition dar, „was ‚Entfaltung' eines Begriffs sein sollte." Das „voluntative Element" ablehnend, aber vermittelnd mit der h.M. *Kindhäuser*, AT, 13/3: wenig bedeutsame praktische Auswirkungen.

[14a] Anders für den „hard case" der Abgrenzung von Eventualvorsatz und bewusster Fahrlässigkeit *Henn*, JA 2008, 699, 700: die Formel unterstelle die Notwendigkeit eines Wollenselements beim Vorsatz. Formulierungsvorschlag, der den Streit um die Notwendigkeit des Wollens berücksichtigt, bei *Putzke*, GA 2007, 120, 122.

[15] *Horn*, LdR, S. 1185 u. *Wolters*, LdRerg 8/1900, S. 1: traditionelle Lehrformel; ähnlich *Satzger*, Jura 2008, 112, 113: „… wer in Kenntnis aller objektiven Tatumstände tatbestandsmäßig handeln … will"; weiterer Formulierungsvorschlag bei *Putzke*, GA 2007, 120, 122. – Aus der Rspr. vgl. BGHSt 19, 295, 298. – Krit. zu solchen Definitionen *Freund*, FS. Küper, 2007, S. 63, 66 f., der selbst einen Gesetzvorschlag macht (S. 82).

[16] Dazu mit weiteren Beispielen *Satzger*, Jura 2008, 112, 113. – Kritisch zu dieser Unterscheidung *Jakobs*, 8/16.

[17] Vgl. zu diesen Beispielen SK-*Horn/Wolters*, § 316 Rn. 8 sowie § 223 Rn. 22 c.

[18] Vgl. S/S-*Perron/Eisele*, § 176 Rn. 10, und § 182 Rn. 13.

Aus der **Übungsfall-Literatur** vgl.: *Bung*, JA 2007, 682 u. 672; *Hilgendorf*, KK II, Fall 14, Fn. 15; *Stiebig*, Jura 2007, 908 u. 912; *Valerius*, Klausur 9, S. 139 u. 141.

Eine **Wissens-Beziehung** ist aber auf prognostische Weise hinsichtlich zukünftiger **7** Ereignisse wie z. B. des Erfolgseintrittes möglich; man spricht dann von der „Voraussicht oder Vorstellung" des Erfolgseintritts.[19] Man kann also den Erfolg nicht nur verwirklichen wollen, sondern ihn auch als zukünftige Folge des eigenen Verhaltens mehr oder weniger sicher voraussehen (= „um ihn wissen"). Eine Formel, die diese „Klarstellungen" erfasst, ist die vom Vorsatz als „Wille zur Verwirklichung eines Straftatbestandes in Kenntnis aller seiner objektiven Tatumstände."[20]

Dem Gesetz lässt sich nur die Unverzichtbarkeit des kognitiven bzw. intellektuel- **8** len Elements, also des Wissens, für den Vorsatzbegriff entnehmen. Aus § 16 I 1 ergibt sich im **Umkehrschluss**, dass für vorsätzliches Handeln die Kenntnis der Umstände erforderlich ist, die zum gesetzlichen Tatbestand gehören.[21] Das bedeutet nach der obigen Einführung präziser, dass es beim Vorsatz immer auf die Kenntnis der äußeren Umstände des Unrechtstatbestandes ankommt.[22]

Das **Wissenselement** des Vorsatzes ist **abstufbar** und erfasst nicht nur sicheres **9** Wissen – dann ist die Vorsatzform der „Wissentlichkeit" gegeben (s. s. Rn. 38–42) –, sondern auch das Wahrscheinlichkeitsurteil bis hin zur bloßen Möglichkeitsvorstellung hinsichtlich der Tatbestandsverwirklichung[23] (s. u. 2. = Rn. 28 ff.). Gesonderter Behandlung bedarf das Wissenselement (s. u. 3. = Rn. 90 ff.) wegen seiner zu klärenden Intensität (reicht sog. sachgedankliches Mitbewusstsein?), Art (ist Bedeutungskenntnis erforderlich und ausreichend?) und Konkretheit (wie konkret muss das Tatobjekt individualisiert sein?).[24] Jedenfalls ist „die aktuelle Kenntnis aller objektiven Tatumstände des gesetzlichen Tatbestands" (*Welzel*, S. 63) vorausgesetzt.[24a] Potenzielle Kenntnis ist beim Vorsatz – anders als beim Unrechtsbewusstsein als Schuldelement, das auch als potentielles Unrechtsbewusstsein die Schuld begründet (dazu unten 11/29 in Abgrenzung zum Vorsatz) – de lege lata nicht ausreichend, sollte aber de lege ferenda, etwa zur Erfassung der „auf Rechtsfeindschaft beruhenden Tatsachenblindheit" von terroristischen Straftätern oder der „Gedankenlosigkeit" von Vätern, die ihre Kinder zu Tode schütteln (dazu unten Rn. 88 a), überlegt werden.[24b]

---

[19] *Hettinger*, JZ 1990, 232, gegen *Frisch* (1988), sowie schon *Küper*, GA 1987, 503, gegen *Frisch* (1983); vgl. auch die *Frisch*-Kritik von *Ziegert*, 1987, S. 115, und von *Küpper*, ZStW 100 (1988), 778.

[20] *W-Beulke*, Rn. 203, in Anlehnung an die Formel von BGHSt 19, 298; ähnlich *Küper*, GA 1987, 503; *Henn*, JA 2008, 699, 700.

[21] Vgl. *Bloy*, JuS-Lernbogen 1/89, L 2; *Hettinger*, JuS 1989, L 17; *Warda*, Jura 1979, 3; *Geppert*, Jura 1986, 610; *Satzger*, Jura 2008, 112; *Henn*, JA 2008, 699, 701.

[22] Vgl. SK-*Rudolphi/Stein*, § 16 Rn. 1: „Kenntnis all der Umstände, die das konkrete tatbestandliche Unrecht einer Handlung konstituieren". Nach *Köhler*, S. 150: „Kenntnis der das jeweilige Tatbestandsmerkmal ... im Einzelfall konstituierenden faktischen Umstände".

[23] Vgl. *Warda*, Jura 1979, 4; *Frisch*, 1983, S. 25; *Samson*, JA 1989, 449. – *Schünemann*, GA 1987, 364, nennt drei Stufen „für das kognitive Komponente" des Vorsatzes: „das Fürmöglichhalten, das Fürwahrscheinlichhalten und die Gewißheit".

[24] Vgl. zu dieser Gliederung *Ebert*, S. 56–59, sowie *Bloy*, JuS 1989, L 3.

[24a] LK-*Vogel*, Rn. 58 vor § 15, der zu Recht darauf hinweist, dass es „hoch umstritten" ist, welche „Anforderungen an ein aktuelles Bewusstsein zu stellen sind", z. B. ob „sachgedankliches Mitbewusstsein" reicht (dazu unten Rn. 98 f.); „grundsätzlich" nach *Lackner/Kühl*, § 15 Rn. 9.

[24b] Dies tut etwa *Gaede*, ZStW 121 (2009), 239, 265 ff.: „Auf dem Weg zu einem potentiellen Vorsatz?" – Zu Tendenzen der „Normativierung" des Vorsatzes LK-*Vogel*, Rn. 64 ff. vor

10   Auch hinsichtlich des **voluntativen** bzw. **emotionalen Elements** des Wollens gibt es **Abstufungen** und Verdünnungen,[25] die z. B. hinsichtlich des Erfolgseintritts vom Anstreben – dann ist die Vorsatzform der „Absicht" gegeben (s. s. Rn. 33–37) – über das Billigen bis hin zur Gleichgültigkeit oder gar Unerwünschtheit gehen können[26] (vgl. dazu näher unter 2. = Rn. 28 ff.). Dieses Element ist darüber hinaus grundsätzlichen Bedenken hinsichtlich seiner Unverzichtbarkeit ausgesetzt. Für die **Verzichtbarkeit** des Willenselements könnte das Schweigen des Gesetzgebers zu diesem Element sprechen, doch müsste es sich dann um ein „beredtes Schweigen" handeln, was zumindest „historisch unzutreffend" ist.[27] Auch auf diesen „Streit um das voluntative Vorsatzelement"[28] wird bei der im Grenzbereich zur Fahrlässigkeit liegenden Vorsatzform des Eventualvorsatzes noch genauer einzugehen sein,[29] doch soll schon hier eine kurze Begründung für die Berechtigung auch dieses Elements aus dem „Wesen" des Vorsatzes gegeben werden.[29a]

11   Das „Wesen" des Vorsatzes als Kernstück des Handlungsunrechts ist nur unzulänglich erfasst, wenn man es auf die bloße passive Kenntnisnahme der Tatumstände beschränkt. Sicher muss der Vorsatztäter die Tatsituation kennen und den Erfolg zumindest als mögliche Folge seines Handelns voraussehen. Doch enthält der Vorsatz auch – schon umgangssprachlich – ein aktives Moment, nämlich die **Entscheidung** für die Handlung samt ihrer Folgen trotz Kenntnis der Tatumstände und Voraussicht der Folgen.[30] Der Vorsatztäter trifft eine ihm infolge seiner Informiertheit persönlich zurechenbare Fehlentscheidung[31] gegen das vom jeweiligen Straftatbestand geschützte Rechtsgut bzw. eine Entscheidung für die tatbestandlich umschriebene Rechtsgutsverletzung.[32] Nur dieses Entscheidungsmoment hebt den Vorsatztä-

---

§ 15. – Die Frage der „Präsenz" des Wissens stellt *Jakobs*, RW 2010, S. 283, 304 ff., dessen „dolus indirectus" ein Beispiel für die Normativierung ist (dazu LK-*Vogel*, Rn. 70 vor § 15 u. *Gaede*, a. a. O. S. 240, 262), weil er die „Gleichgültigkeit" erfasst; krit. zu seiner Einordnung durch *Gaede* jetzt *Jakobs*, RW 2010, 283, 308 Fn. 90.

[25] Vgl. *Tiedemann*, Anfängerübung, S. 124, und *Frisch*, 1983, S. 24: blutleere Verdünnung.

[26] Vgl. *Samson*, JA 1989, 449. – *Schünemann*, GA 1985, 364, unterscheidet für die „emotionale Komponente" des (bedingten) Vorsatzes drei Stufen: „die Unerwünschtheit, die Gleichgültigkeit und die Erwünschtheit."

[27] *Hillenkamp*, GA 1989, 326, gegen *Bottke*, der z. B. in: AIFO 1989, 472, § 16 zur Begründung für die Beschränkung des Vorsatzes auf das Wissenselement der Kenntnis anführt; wie hier *Satzger*, Jura 2008, 112, 115: Keine Entscheidung des Gesetzgebers.

[28] *Bloy*, JuS 1989, L 3. Vgl. zu diesem Streit mit weiteren Nachweisen S/S-*Sternberg-Lieben*, § 15 Rn. 12–14.

[29] Nach *Küper*, JZ 1987, 507, droht die Auseinandersetzung um das Willenselement des bedingten Vorsatzes „zu einem Streit um bloße Begriffe zu werden." Auch *Schünemann*, JR 1989, 94, hält den „heftigen Streit um die Preisgabe oder … Beibehaltung der voluntativen Vorsatzkomponente" praktisch, d. h. für die Ergebnisse, nicht für sonderlich bedeutend.

[29a] Ähnlich *Henn*, JA 2008, 699, 702, der aber auch vom Absichtsbegriff im StGB ausgeht und auf die Notwendigkeit eines Kriteriums der im Wissenselement identischen Formen des Eventualvorsatzes und der bewussten Fahrlässigkeit hinweist.

[30] Vgl. zu dieser Argumentation *Bloy*, JuS 1989, L 2, und schon *Stratenwerth*, ZStW 71 (1959), 54. Vgl. auch *Brammsen*, JZ 1989, 79, zum Willensmoment als „Gestaltungsmoment", sowie *Otto*, Jura 1996, 470: „der Täter kann nur wollen, was nach seiner Auffassung innerhalb seiner Steuerungsmöglichkeit liegt."

[31] Vgl. B-*Volk*, S. 70.

[32] Vgl. *Hassemer*, Gs. A. Kaufmann, 1989, S. 295 f., mit umfassenden Nachweisen zu den verschiedenen Formulierungen, mit denen der „Vorsatz als Entscheidung" umschrieben wird; *Hassemer* selbst spricht von „Entscheidung gegen das tatbestandlich geschützte Rechtsgut" und von „Entscheidung für das Unrecht" (S. 309); *Schulz*, Fs. Bemmann, 1997, S. 246, 257: der „Verwirklichungswille" müsse auf etwas gerichtet sein, „was vom Recht negativ bewertet

ter als intensiveren Rechtsgutsverletzer vom Fahrlässigkeitstäter ab, der selbst bei Bewusstheit der Möglichkeit der Tatbestandsverwirklichung auf den „guten Ausgang" seines Handelns „vertraut" und damit gerade keine Entscheidung gegen das Rechtsgut des möglichen Opfers getroffen hat.[33]

Die Stellungnahme des Vorsatztäters ist zwar eine informierte Entscheidung mit **12** bestimmten Wissensvoraussetzungen, aber sie offenbart auch seine in der Tat wirksam gewordene innere Einstellung:[34] er will die für mehr oder weniger sicher gehaltene Rechtsgutsverletzung durch sein Handeln verwirklichen, d.h. er weiß um die Möglichkeit der Tatbestandsverwirklichung und dennoch will er das tatbestandlich umschriebene Unrecht durch seine Handlung verwirklichen. Dieses persönliche Entscheidungsmoment bzw. dieser **Verwirklichungswille**[34a] macht nicht nur das „Wesen" des Vorsatzes aus, sondern begründet auch die „Notwendigkeit volitiver Merkmale"[35] im Vorsatzbegriff. Die Anerkennung der **Notwendigkeit** „volitiver" bzw. „voluntativer" Merkmale in dem soeben gekennzeichneten Sinne für den Vorsatzbegriff bedeutet noch nicht, dass auch „ ,Willensmomente', die in Wahrheit Gefühlseinstellungen meinen",[36] also z.B. Erwünschtsein oder Billigen, den Vorsatzbegriff mitbestimmen.

Der **Gegenstand**[37] des Vorsatzes ergibt sich wiederum aus der Irrtumsregelung des **13** **§ 16 I 1**: danach geht es – wenn man die Vorschrift ins Positive wendet – um die Kenntnis eines „Umstandes, der zum gesetzlichen Tatbestand gehört." Der Begriff „Umstand" zeigt schon an, dass es nicht um die in den jeweiligen Delikten des BT abstrakt formulierten Tatbestandsmerkmale geht, sondern um Umstände des realen Geschehens, die von den gesetzlichen Tatbestandsmerkmalen gemeint sind.[38] Zum „gesetzlichen Tatbestand" gehören nach dem bisher Gesagten nur solche Umstände,

---

wird, weshalb er vom Recht als Entscheidung gegen das Rechtsgut ... verstanden wird." – Kritisch zur Verwendung als generelles Vorsatzkriterium *Roxin,* AT I, 12/6 Fn. 4 und 12/23 Fn. 28; krit. auch *Müssig,* 2005, S. 177 ff.

[33] Vgl. *Satzger,* Jura 2008, 112, 115 f.; *Stratenwerth/Kuhlen,* 8/66 u. *Roxin,* JuS 1964, 58 ff.; nach *Roxin,* AT I, 12/6, macht die „Planverwirklichung" das Wesen des Vorsatzes aus: „Ein Erfolg ist als vorsätzlich herbeigeführt anzusehen, wenn und weil er bei objektiver Betrachtung dem Plan des Täters entspricht."

[34] *Köhler,* 1982, S. 332, spricht von „der konkret fehlsamen Einstellung zur Norm, die sich in Tatentschluss und -verwirklichung durchsetzt." Vgl. zur unterschiedlichen „Einstellung" des Vorsatz- und des Fahrlässigkeitstäters zur „Rechtsordnung" *Brammsen,* JZ 1989, 78 f., 81, der – wie *Otto,* 7/51 – aber zusätzlich zur „manifestierten Entschlossenheit" und zur „unrechtserhöhenden Mißachtung der bewussten Rechtsgutsbeeinträchtigung" noch auf „die Verletzung der Vertrauensgrundlage der Rechtsgesellschaft" abstellen zu müssen meint, um den Vorsatztäter als „Rechtsfeind" vom Fahrlässigkeitstäter abheben zu können.

[34a] *Jakobs,* RW 10, 283, 286, der das „Wollen" als „gestaltendes Element" verstanden wissen will und von dieser Sicht das „Billigen" i.S. der Rspr. und h.L. kritisiert (S. 287 f.; zur „Billigungstheorie" s. unten Rn. 56).

[35] *Hassemer,* Gs. A. Kaufmann, 1989, S. 297; krit. *Herzberg,* JuS 2008, 385, 390. – Zur Verknüpfung von Wissen und Wollen als notwendig aufeinander bezogene und nicht isolierbare Vorsatzelemente vgl. *Otto,* Jura 1996, 471.

[36] *Küper,* GA 1987, 507, plädiert für ein Heraushalten dieser „Willensmomente" aus dem Vorsatzbegriff.

[37] Dies ist die gebräuchliche Terminologie; anders formulieren z.B. S/S-*Sternberg-Lieben,* § 15 Rn. 15: „Bezugsobjekte des Vorsatzes"; ähnlich *Frisch,* 1983, S. 55, 340, 346: „Bezugspunkt des Vorsatzes", der diesen aber ausschließlich im tatbestandlich mißbilligten Verhalten sieht.

[38] Vgl. *Hettinger,* JuS 1988, L 73: Die in den Straftatbeständen abstrakt beschriebenen „Lebenssachverhalte"; Tatumstände sind dann „Elemente des Lebenssachverhalts" (*Hettinger,* JuS 1989, L 17).

„die das typische Unrecht der betreffenden Deliktsart tatbestandlich kennzeichnen."[39] Unter „Vorsatz" werden hier alle Erscheinungsformen des Vorsatzes gerechnet, weshalb etwa auch die Bezugsobjekte von Absichten gemeint sind, soweit sich diese Absichten überhaupt auf den objektiven Tatbestand beziehen,[40] also keine sog. besonderen Absichten sind. Positiv[41] zählen zu solchen **Umständen** bei den meisten Delikten des BT die **Tathandlung** (die z. B. § 212 als „töten" umschreibt), das **Tatobjekt** (das z. B. § 212 als „Mensch" angibt) und der **Erfolg** der Tat (den z. B. § 212 durch den Ausdruck „töten" als Tod voraussetzt; direkter wird der „Tod" als Erfolg von § 222 angegeben, was jedoch sachlich keinen Unterschied hinsichtlich der Erfolgsbestimmung beider Tötungsdelikte ausmacht).

14 Weiter werden von einigen Delikten erfasst: besondere **Tätereigenschaften** (z. B. Amtsträger bei Vorteilsannahme und Bestechlichkeit, s. §§ 331, 332, mit der Legaldefinition des Amtsträgers in § 11 I Nr. 2) und besondere Eigenschaften des **Opfers** (z. B. dessen Alter bei Sexualdelikten wie sexueller Missbrauch von Kindern, d. h. Personen unter vierzehn Jahren, gem. § 176 oder von Jugendlichen gem. § 182, d. h. nach § 182 I: Personen unter achtzehn Jahren, nach § 182 III: unter sechzehn Jahren). Gelegentlich wird auch noch der **Tatort** vom Delikt in die Beschreibung der Unrechtsmaterie aufgenommen (z. B. der Unfallort beim unerlaubten Entfernen vom Unfallort gem. § 142), schließlich wird auch bei manchen Delikten die **Ausführungsweise** der Tat (= Tatmodalitäten) näher als durch die Angabe der Tathandlung gekennzeichnet (z. B. Gewalt bei der Nötigung gem. § 240, die als Tathandlung das „nötigen" angibt; oder z. B. die heimtückische Vorgehensweise beim Mord gem. § 211, der als Tathandlung das „töten" angibt). Aus **§ 16 II** – wiederum ins Positive gewendet – ergibt sich zusätzlich, dass auch solche „Umstände" Bezugspunkte des Vorsatzes sind, „welche den Tatbestand eines milderen Gesetzes verwirklichen." Da nicht nur **privilegierende** Umstände (z. B. das ausdrückliche und ernstliche Verlangen bei der Tötung auf Verlangen gem. § 216), sondern auch **qualifizierende** Umstände das Unrecht des Grundtatbestandes modifizieren, sind auch letztere Gegenstand des Vorsatzes (z. B. die Verwendung eines gefährlichen Werkzeugs bei § 224 I Nr. 2).[42] Das gilt – zumindest analog – auch für Regelbeispiele, z. B. für das Stehlen einer Sache, die durch ein „verschlossenes Behältnis" gegen Wegnahme besonders gesichert ist (§ 243 I 2 Nr. 2).[42a]

15 Auf alle diese Umstände muss sich der Vorsatz des Täters beziehen, aber natürlich nur insoweit, als das jeweilige Delikt diesen Umständen entsprechende Tatbestandsmerkmale enthält; der Umfang der Vorsatzprüfung in Fallbearbeitungen hängt damit von der Zahl der objektiven Tatbestandsmerkmale ab und ist bei reinen Erfolgsdelikten wie Totschlag gem. § 212 geringer als bei um weitere objektive Tatbestandsmerkmale „angereicherten" Delikten wie z. B. Betrug gem. § 263. Zu beachten ist allerdings, dass auch ungeschriebene Tatbestandsmerkmale auf Umstände der Tat (z. B. die Umstände, die die Tatherrschaft des Täters begründen) ver-

---

[39] *Warda*, Jura 1979, 71.

[40] Vgl. zum Bezugsobjekt solcher Absichten *Gehrig*, 1986, S. 152–161, und zusammenfassend S. 168.

[41] Vgl. zum Folgenden wieder *Warda*, Jura 1979, 71. – Kritisch zu den „Umständen des objektiven Tatbestandes als Bezugspunkt des Vorsatzes" *Frisch*, 1983, S. 56 ff.

[42] So auch *Jakobs*, 8/43; SK-*Rudolphi/Stein*, § 16 Rn. 14; S/S-*Sternberg-Lieben*, § 15 Rn. 26. – Im Übungsfall *Edlbauer*, Jura 2007, 741 u. 746.

[42a] BGHSt 26, 244; *B-Weber/Mitsch*, 20/38; *Lackner/Kühl*, § 46 Rn. 12; *Fischer*, § 16 Rn. 11. – Wer Regelbeispiele als Tatbestandsmerkmale auffasst, kann das Vorsatzerfordernis des § 15 direkt anwenden, so *Eisele*, 2004, S. 283 ff. u. *Kindhäuser*, § 15 Rn. 4 mit 40 vor § 13.

weisen, die dann vom Vorsatz umfasst sein müssen. Dies führt auch bei reinen Erfolgsdelikten zu einer erweiterten Vorsatzprüfung, denn sie muss auf die **Verursachung** des Erfolges durch die Handlung des Täters erstreckt werden. Die Rechtsprechung[43] und ein Teil der Lehre[44] verlangen sogar, dass der zum Erfolg führende **Kausalverlauf** vom Vorsatz umfasst sein muss. Weicht der tatsächliche Kausalverlauf aber erheblich von dem Kausalverlauf ab, den sich der Täter vorgestellt hat, so wird es sich regelmäßig[45] um einen atypischen Kausalverlauf handeln, dessen Endpunkt (= der Erfolg) dem Auslöser des Kausalverlaufs nicht mehr objektiv zugerechnet werden kann. Die Ausscheidung solcher Konstellationen durch Verneinung des Vorsatzes hinsichtlich des Kausalverlaufes versubjektiviert die objektiv vorzunehmende „Grenzziehung zwischen Unrecht und Unglück (Zufall)."[46] Es fehlt hier an dem objektiven Zurechnungskriterium der Beherrschbarkeit[47] bzw. daran, dass sich im Erfolg wegen des inadäquaten Kausalverlaufs nicht die vom Auslöser dieses Kausalverlaufs geschaffene Gefahr realisiert hat.[48]

In Fällen freilich, in denen außer der Kausalität zwischen der Handlung und dem Erfolgseintritt die **objektive Zurechnung** dieses Erfolges bejaht wird, müssen auch die **Umstände**, aus denen sich die objektive Zurechnung ergibt, vom Vorsatz des Täters umfasst sein.[49] Der Täter muss also erkennen, dass er durch sein Handeln die Gefahr bzw. das Risiko der Tatbestandsverwirklichung heraufbeschwört, bei Erfolgsdelikten das Risiko der Objektsverletzung.[50] Das Gefahrwissen des Täters ist aber dann belanglos, wenn die von ihm erkannte und gewollte Gefahr von Rechts wegen erlaubt, toleriert wird,[51] denn dann fehlt es wiederum schon an der objekti-

16

---

[43] BGHSt 7, 325, 329; 9, 240, 242; 23, 133, 135.

[44] So etwa *Schumann/Schumann*, Fs. Küper, 2007, S. 543, 551 ff. Aus der Ausbildungsliteratur vgl. nur *Tiedemann*, Anfängerübung, S. 121 u. 123. – Gegen den Kausalverlauf als Vorsatzgegenstand *Schroth*, 1998, S. 94 f., der aber in der h. M. einen „richtigen Kern" sieht (dazu näher u. 13/45 b) sowie *Block*, 2008, S. 270.

[45] Vgl. auch *Lackner/Kühl*, § 15 Rn. 10: abweichende Ergebnisse nur „ausnahmsweise" für denkbar; ebenso *Kudlich*, JA 2010, 681, 687, mit Bsp. der Annahme der tatsächlichen Voraussetzungen einer eigenverantwortlichen Selbstgefährdung; vgl. auch *Henn*, JA 2008, 699, 701: „prognostische Wissensbeziehung".

[46] *Bloy*, JuS 1988, L 43.

[47] So *Bloy*, JuS 1988, L 43, sowie *Ebert*, S. 48 f., der aber auch auf die fehlende Gefahrrealisierung abstellt (S. 46).

[48] So nachdrücklich *Roxin*, Gs. A. Kaufmann, 1989, S. 241 f., gegen *Armin Kaufmann*, Fs. Jescheck, 1985, S. 264 ff. Für „sachwidrig" hält die Ablehnung der objektiven Zurechnung wegen fehlender Gefahrrealisierung *Hirsch*, Fs. Köln, 1988, S. 404. – Ausführlich zur „Verwirklichung des gesehenen Risikos" bei Kausalverlaufsabweichungen *Jakobs*, 8/64 ff.

[49] *Roxin*, AT I, 12/154; *Kudlich*, JA 2010, 681, 687; *Jakobs*, RW 2010, 283, 301 f.; *Sternberg-Lieben/Sternberg-Lieben*, JuS 2012, 289, 294; vgl. auch SK-*Rudolphi/Stein*, § 16 Rn. 12, die als Vorsatzgegenstand die tatbestandsrelevante (unerlaubte) Gefährlichkeit der Handlung nennen. Ähnlich *Jakobs*, 8/44 u. 63. – Kritisch zum Element der objektiven Zurechnung als Bezugspunkt des Wissens bzw. des Vorsatzes *Frisch*, 1983, S. 66 ff., und *Wolter*, 1995, S. 8 ff., der den Vorsatz nur auf die Schaffung eines unerlaubten Risikos, nicht aber auf die Verwirklichung dieses Risikos im Erfolg bezieht; ähnlich *Herzberg/Hardtung*, JuS 1999, 1073, 1076 mit Fall 12. – Für die unerlaubte Gefahrschaffung als Vorsatzgegenstand *Block*, 2008, S. 269 ff.

[50] Vgl. zum „Risiko" als Vorsatzgegenstand *Frisch* (1983), zust. *Küper*, GA 1987, 504. Vgl. ganz ähnlich auch zur Gefahrbegründung und -erhöhung als Vorsatzgegenstand *Otto*, NJW 1979, 2415, sowie *Brammsen*, JZ 1989, 80 f. und zusammenfassend S. 82: „... erstreckt sich auf die Entstehungselemente einer Straftat, die zurechenbare Erfolgsvermeidepflichtverletzung durch Gefahrbegründung/-erhöhung ...".

[51] Vgl. *Küper*, GA 1987, 505, auch insoweit *Frisch* (1983) zustimmend. Ebenso schon *Jakobs*, 8/44 sowie 8/65.

ven Zurechnung, konkreter an der rechtlich missbilligten Gefahrschaffung. Außer der Gefahrschaffung muss der Vorsatz auch die objektiv bejahte Gefahrrealisierung umfassen.[51a]

17   Die Frage, ob die **tatsächlichen Voraussetzungen eines Rechtfertigungsgrundes** Gegenstand des Vorsatzes sein müssen,[52] soll erst im Irrtumskapitel bei der Behandlung des Erlaubnistatumstandsirrtums beantwortet werden. Hier reicht der Hinweis auf den von *Hruschka* in Abweichung von „den üblicherweise vertretenen Lehren" entwickelten Vorsatzbegriff, der diesen Vorsatzgegenstand ausdrücklich erfasst: „Ein Täter handelt nur dann vorsätzlich, wenn er eine Tat und Tatumstände annimmt, die die objektiven Voraussetzungen eines Deliktstatbestandes erfüllen, und wenn es außerdem nicht der Fall ist, dass er von einer Tat und von Tatumständen ausgeht, die die objektiven Voraussetzungen eines Rechtfertigungstatbestandes erfüllen".[53]

18   **Kein** Gegenstand des Vorsatzes sind Umstände, die nicht von den Tatbestandsmerkmalen des Unrechtstatbestandes angesprochen werden, auch wenn sie ausdrücklich im (weiteren) gesetzlichen Tatbestand eines Deliktes des BT genannt sind; – so etwa die **objektiven Strafbarkeitsbedingungen**[54] wie „der Tod eines Menschen oder eine schwere Körperverletzung" bei der Beteiligung an einer Schlägerei gem. § 231.[55] Auch die in manchen Delikten noch ausdrücklich aufgenommene „**Rechtswidrigkeit**" oder „Widerrechtlichkeit" der Tat ist kein Vorsatzgegenstand.[56] Wie sich aus § 17 ergibt, lässt die fehlende „Einsicht, Unrecht zu tun" den Vorsatz unberührt. Das zeigt, „dass das Gesetz gegenständlich trennt zwischen den zum gesetzlichen Tatbestand gehörenden Umständen und dem Unrecht."[57] Mit anderen Worten: da das Verbot, dem der Täter zuwiderhandelt, „nicht Teil des Tatbestandes" ist,[58] ist es auch kein Vorsatzgegenstand; die Nichtkenntnis des Verbots ist eben „nur" ein die Schuld betreffender Verbotsirrtum gem. § 17. – Zu beachten ist allerdings,[59] dass die „Rechtswidrigkeit" dann zum Vorsatzgegenstand wird, wenn sie ein einzelnes (sei es auch ein subjektives) Tatbestandsmerkmal näher kennzeichnet, so z.B. die Rechtswidrigkeit der Zueignung, die die Zueignungsabsicht beim Diebstahl gem. § 242 einschränkend qualifiziert (nicht jede Wegnahme in Zueignungsabsicht reicht);[60] – zum Irrtum über die Rechtswidrigkeit der Zueignung s. unten 13/14a;

[51a] Mit Bsp. *Sternberg-Lieben/Sternberg-Lieben*, JuS 2012, 289, 294.

[52] Vgl. SK-*Rudolphi/Stein*, § 16 Rn. 10–13.

[53] *Hruschka*, S. 197, 210 f.

[54] *Warda*, Jura 1979, 290 f.; *Arzt*, S. 195 f., Bsp. 133, mit Aufbauhinweisen; *Gottwald*, JA 1998, 771, mit „klausurtaktischen" Hinweisen; zu dieser und anderen praktischen Konsequenzen *Rönnau*, JuS 2011, 697, 699, der für eine Prüfung bereits im objektiven Tatbestand plädiert; *Schroth*, 1998, S. 46; *Satzger*, Jura 2006, 108 ff. u. 2008, 112, 120; *Safferling*, 2008, S. 120 ff.; diff. NK-*Puppe*, § 15 Rn. 10.

[55] Vgl. *Lackner/Kühl*, § 231 Rn. 5 u. *Satzger*, Jura 2008, 112, 120.

[56] Vgl. *Warda*, Jura 1979, 294 ff.; *Schroth*, 1998, S. 45; *Safferling*, 2008, S. 169 f.; B-*Weber/Mitsch*, 20/30–36; S/S-*Sternberg-Lieben*, § 15 Rn. 7, 37 u. 104; a.A. für die „Unrechtmäßigkeit der Tat" als „geschriebenes oder ungeschriebenes Merkmal" *Herzberg*, JuS 2008, 385, 390.

[57] *Köhler*, 1982, S. 19, vgl. auch *ders.*, JZ 1981, 35; auf § 17 verweist auch *Henn*, JA 2008, 699, 701.

[58] *Tiedemann*, Anfängerübung, S. 123, der aber auch auf den abweichenden natürlichen Sprachgebrauch hinweist.

[59] Zur weiter diskutierten Ausnahme bei hinsichtlich des Unrechts unvollständig typisierten Tatbeständen s. *Lackner/Kühl*, § 15 Rn. 6.

[60] Zur Begründung dafür, dass sich die Absicht i.S. einer Zielvorstellung nicht auf die Rechtswidrigkeit der Zueignung beziehen muss, dass hier vielmehr auch bedingter Vorsatz

dort auch zum Irrtum über das Merkmal ‚unbefugt', das ein den Unrechtstatbestand komplettierendes Tatbestandsmerkmal, aber auch ein allgemeines Rechtswidrigkeitsmerkmal sein kann (*Lackner/Kühl*, 15 vor § 13).

Die bereits einführend angesprochenen **sonstigen subjektiven Tatbestandsmerkmale** kommen als Gegenstände des Vorsatzes deshalb in Betracht, weil sie zum Unrechtstatbestand gehören. Eine Beschränkung des Gegenstandsbereichs des Vorsatzes auf äußere Tatumstände, d. h. Umstände, die „das äußere Erscheinungsbild der Tat bestimmen",[61] erscheint aber deshalb sinnvoll, weil man die zusätzlichen subjektiven Tatbestandsmerkmale wie die besonderen Absichten neben[62] oder nach dem Vorsatz bezüglich der äußeren Umstände prüfen kann. Diese Prüfung wird automatisch die bei Absichtsmerkmalen integrierte Kenntnis umfassen.[63] Damit ist nicht ausgeschlossen, dass bei bestimmten subjektiven Merkmalen wie z. B. Konstitutions- und Gesinnungsmerkmalen ein „korrespondierendes Bewusstsein"[64] geprüft wird. Ein negatives Ergebnis führt dann ebenso zur Verneinung des subjektiven Tatbestandes wie das Fehlen des Vorsatzes bezüglich der äußeren Tatumstände. So fehlt es z. B. am subjektiven Mord-Merkmal der „niedrigen Beweggründe", wenn der einen Menschen vorsätzlich Tötende die die Niedrigkeit seines Beweggrundes begründenden Umstände nicht kennt, denn dann wird er nicht von niedrigen Motiven bewegt;[65] hingegen wird er wohl von niedrigen Motiven auch dann bewegt, wenn nur er selbst die ihn bewegenden Motive nicht als „niedrig" einstuft.[66] Grundsätzlich aber sind Motive, Tendenzen und Gesinnungseinstellungen nicht Vorsatzgegenstand.[66a]

Für den **Zeitpunkt**, zu welchem der Täter den Vorsatz „haben" muss, gibt das **20** Gesetz in § 16 I 1 den Hinweis: „bei Begehung der Tat". §§ 15, 16 I 1 sprechen außerdem vom „vorsätzlichen Handeln", so dass die Tatbegehung den Zeitpunkt des tatbestandsmäßigen Handelns meint.[67] Der Vorsatz des Täters muss also die **Tatbestandsausführungshandlung** begleiten,[67a] der Tötungsvorsatz z. B. die vom Täter gewählte Tötungshandlung (Schießen, Zustechen, Vergiften). Anspruchsvoller formuliert heißt das: „Koinzidenz von Vorsatz und Tathandlung",[68] „synchrones

19

---

reicht, vgl. *Gehrig*, 1986, S. 151 u. 168; dazu mit weiteren Beispielen *Warda*, Jura 1979, 296 f.; vgl. zum komplizierten Aufbau der Prüfung beim Diebstahl *Hettinger*, JuS 1989, L 18 Fn. 11 u. *Rengier*, BT I, 2/2 unter I.2.3.

[61] *Warda*, Jura 1979, 74, der zu Recht darauf hinweist, dass dazu nicht nur die unmittelbar Anschauung zugänglichen, sondern auch die nur geistig verstehbaren tatprägenden Merkmale zählen.

[62] Vgl. *Warda*, Jura 1979, 75; *Hettinger*, JuS 1989, L 18; *S/S-Sternberg-Lieben*, § 15 Rn. 24, die entsprechend für die „Motivationen" verfahren wollen.

[63] Vgl. *Warda*, Jura 1979, 76.

[64] *Jakobs*, 8/45 mit Fn. 96; vgl. auch *Schlehofer*, 1996, S. 112. Für Gesinnungsmerkmale diff. *S/S-Sternberg-Lieben*, § 15 Rn. 24; zu den einzelnen Gesinnungsmerkmalen und deren unterschiedlicher Legitimität *Kelker*, 2006, S. 527 ff. m. Bspr. *Otto*, ZStW 119 (2007), 993 ff.

[65] Vgl. *Horn*, LdR, S. 1185: „es fehlt am Mord, nicht erst am Mordvorsatz." Nach *S/S-Sternberg-Lieben*, § 15 Rn. 24, fehlt es „an der entsprechenden Motivation." Vgl. näher zu diesen Begründungen *Warda*, Jura 1979, 79.

[66] Vgl. *Lackner/Kühl*, § 211 Rn. 5 b, u. § 15 Rn. 17; *Schroth*, 1998, S. 46; *S/S-Eser*, § 211 Rn. 38; vgl. jedoch *Köhler*, JZ 1980, 238; zur Behandlung abweichender Moralvorstellungen aus fremden Kulturen *Kühl*, JuS 2010, 1041, 1047.

[66a] *Schroth*, 1998, S. 46.

[67] Vgl. *Hettinger*, JuS 1989, L 19: „Aus § 16 I 1 i. V.m. § 15 ergibt sich auch, dass der Täter im Zeitpunkt seines tatbestandlichen Handelns vorsätzlich ... handeln muss."

[67a] Ebenso *Satzger*, Jura 2008, 112, 118.

[68] *Hettinger*, JuS 1989, L 19.

Verhältnis zwischen Vorsatz und dem objektiv für den eingetretenen Erfolg kausalen Handeln",[69] „Symmetrie von objektivem und subjektivem Tatbestand"[70] oder „Simultaneitätsprinzip" i. S. v. zeitlichem Zusammenfallen.[71] Von dem sich daraus ergebenden Vorsatzzeitpunkt geht auch die Rechtsprechung aus: „Der Tatvorsatz muss im Zeitpunkt der Handlung vorliegen" (BGH JZ 1983, 864). „Den Vorsatz muss der Täter zum Zeitpunkt der Tathandlung haben" (BGH NStZ 2010, 503 [unter Bezug auf BGH NStZ 2004, 201, 202] m. Bspr. *Hecker*, JuS 2010, 1114). „Der auf das angewendete Strafgesetz bezogene Tatvorsatz muss im Zeitpunkt der Handlung vorliegen, die den in dieser Vorschrift vorausgesetzten Erfolg bewirkt" (BGH NStZ 1984, 214).

21   Daraus folgt zunächst, dass ein nur **vor** der Tatbestandsausführungshandlung vorhandener oder **nach** ihr gefasster „Vorsatz" **kein Vorsatz** i. S. des § 15 ist, obwohl zur Kennzeichnung dieser Konstellationen auch heute noch allgemein von „dolus antecedens" und „dolus subsequens" gesprochen wird; treffender wäre von „Vorhaben"[71a] und „nachträglicher Stellungnahme" zu sprechen.[72]

22   Schulfälle des „**dolus antecedens**" sind die fahrlässige, d. h. nichtvorsätzliche Tötung (z. B. durch einen „Jagd- oder Verkehrsunfall") eines Menschen, dessen Tötung der Unfallverursacher schon lange geplant bzw. vorgehabt hatte.[73] Bei der Tötungshandlung wusste der Unfallverursacher nichts von den tödlichen Folgen seines sorgfaltswidrigen Verhaltens und wollte deshalb auch nicht den Tod des Opfers durch diese Handlung herbeiführen.

23   In den Schulfällen des „**dolus subsequens**" erkennt der Unfallverursacher erst nach der fahrlässigen Tötung des Opfers, dass es sich um einen Menschen handelte, dem es „recht geschehen" ist.[74] Die **nachträgliche Billigung**[75] des Todeserfolges begründet keinen Tötungsvorsatz, weil der Täter bei der Vornahme seiner sorgfaltswidrigen Handlung nichts von den tödlichen Folgen für das Opfer wusste und deshalb auch dessen Tod nicht wollte. Erkennt er nachträglich die Situation, so ist es schon „passiert", d. h., der tatbestandsmäßige Erfolg ist bereits eingetreten.

24   Das Ergebnis ändert sich für beide Konstellationen nicht dadurch, dass der Unfallverursacher **bewusst fahrlässig** handelte, d. h. insofern von der tödlichen Folge seines Verhaltens „Kenntnis" hatte, als er ihren Eintritt für möglich hielt. Denn

---

[69] *Geilen*, JK, StGB, § 15/2.

[70] *Bloy*, JuS 1989, L 3.

[71] *Hruschka*, S. 4, der auch von „zeitlich koinzidieren" spricht (JZ 1983, 864). Vgl. *Brammsen*, 1986, S. 404: „Sog. Koinzidenz- oder auch Simultaneitätsprinzip"; ebenso *Hecker*, JuS 2010, 1114, 1115 u. SK-*Rudolphi/Stein*, § 16 Rn. 44.

[71a] Zust. *Jäger*, Rn. 72 Fn. 19.

[72] So *Hettinger*, JuS 1989, L 19.

[73] Vgl. *Hruschka*, Fall 1 = S. 1, und Lösung S. 2; *Hettinger*, JuS 1989, L 19; *Ebert*, S. 55, Bsp. 21; *Meurer*, S. 95; *Roxin*, AT I, 12/89; – mit weiterem Bsp. *Satzger*, Jura 2008, 112, 118.

[74] Vgl. *Hruschka*, Fall 2 = S. 4; *Hettinger*, JuS 1989, L 19; *Kindhäuser*, AT, 13/8; *Ebert*, S. 55, Bsp. 22 und *Otto*, 7/20, bringen **Sachbeschädigungs**-Beispiele; S/S-*Sternberg-Lieben*, § 15 Rn. 49 u. B-*Volk*, S. 70, ein **Hehlerei**-Beispiel (Hehlerei-Fall auch: LG Karlsruhe bei *Jahn*, JuS 2008, 174), wobei zu beachten ist, dass eine Unterschlagung nach § 246 in Frage kommt, wenn der „gutgläubige Hehler" erfährt, dass er eine gestohlene Sache „angekauft" hat, sie aber behält (*Zieschang*, Rn. 139); Tötungsbeispiel bei *Satzger*, Jura 2008, 112, 118. – Vgl. die Übersicht über die fünf „gängigsten Beispiele" bei *Brammsen*, 1986, S. 412 Fn. 56. – Kein „dolus subsequens" beim Dauerdelikt des § 239 a, wenn der Vorsatz während der Aufrechterhaltung der Herrschaft über das Opfer, d. h. vor Beendigung gefasst wird, *Mitsch*, BT 2/2, 2/79.

[75] Vgl. *Stratenwerth/Kuhlen*, 8/130 u. B-*Weber/Mitsch*, 20/62: „nachträglich"; ähnlich *Roxin*, AT I, 12/91: „sich hinterher darüber freut".

dann erkannte er zwar den Tod als mögliche Folge seines sorgfaltswidrigen Verhaltens, vertraute aber darauf, dass es zu diesem Erfolg nicht kommen werde, d. h. umgekehrt formuliert: er wollte den Tod des Opfers nicht; – nach Erkennen der Situation kann er ihn nur nicht mehr rückgängig machen.

Die „dolus-subsequens-Konstellation"[76] spielt auch in der **Rechtsprechung** eine 25
Rolle. So war der BGH mehrfach „gezwungen", Urteile aufzuheben, in denen der Satz verkannt worden war: „Einen der Handlung nachfolgenden Vorsatz (dolus subsequens) gibt es nicht."[77] „Verkannt" wurde dabei wohl nicht dieser allgemein akzeptierte Satz, sondern der Umstand, dass es sich bei dem zu entscheidenden Fall um eine solche Konstellation handelte, denn anders als in den Schulfällen lag der Todes-Erfolg zum Zeitpunkt der Fassung des Tötungsvorsatzes noch nicht vor.[78] Die Fälle lagen meist so, dass der Täter Tötungsvorsatz hatte und sein Opfer auch von ihm getötet wurde; die tatsächlichen Feststellungen ergaben aber, dass die mit Tötungsvorsatz ausgeführten Handlungen des Täters keinen ursächlichen Einfluss auf den Tod des Opfers hatten, weil allein eine frühere Handlung des Täters, bei der er noch keinen Tötungsvorsatz, sondern nur einen Körperverletzungsvorsatz hatte, für den Tod des Opfers ursächlich war. Ist ein solcher Sachverhalt festgestellt oder in-dubio-pro-reo zugunsten des Beschuldigten anzunehmen, so fehlt im Zeitpunkt der Tötungshandlung der Tötungsvorsatz. Der später gefasste Tötungsvorsatz kann nur zu einem versuchten Tötungsdelikt führen, weil objektiv im Zeitpunkt seines Vorliegens keine Tötungshandlung mehr vorgenommen wurde.

Ein vollendetes Tötungsdelikt wäre aber dann anzunehmen, wenn die nachfolgen- 26
de, vom Tötungsvorsatz getragene Handlung (z. B. Eintreten auf das zu Boden geschlagene Opfer) den durch die Ersthandlung (zu Boden schlagen) ausgelösten Todeserfolg zumindest zusätzlich mitverursacht hätte.[79] Kann diese Mit-Ursächlichkeit der vom Tötungsvorsatz getragenen Handlung aber nicht festgestellt werden, so kann man nicht wie die Instanzgerichte über die Konstruktion eines „Gesamtgeschehens" (bestehend aus beiden Täterhandlungen) zu einem vollendeten vorsätzlichen Tötungsdelikt kommen. Auch die Kategorie der **unwesentlichen Abweichung vom Kausalverlauf** führt nicht zu diesem, möglicherweise gefühlsmäßig als richtig empfundenen Ergebnis, da sie voraussetzt, dass sich der Täter bei Vornahme der objektiv für den Tod ursächlichen Ersthandlung überhaupt einen zum Tode führenden Kausalverlauf vorgestellt hat; das Fehlen dieser Vorstellung kann nicht „mit Hilfe der Kategorie der unwesentlichen Abweichung des tatsächlichen vom vorgestellten Kausalverlauf" ersetzt werden.[80] Der Vorsatz des Täters war eben nicht von Anfang an auf den „gleichen Enderfolg" gerichtet,[81] sondern bei der Ersthandlung auf Körperverletzung und erst bei der nachfolgenden Handlung auf den Tod des Opfers.

---

[76] Sie ist noch nicht so lange auf Fälle beschränkt, in denen der Vorsatz erst nach Eintritt des tatbestandsmäßigen Erfolges gefasst wird, vgl. zur Entwicklungsgeschichte *Brammsen,* 1986, S. 409–413.

[77] BGH JZ 1983, 864, mit zust. Anm. *Hruschka;* vgl. auch *Eser/Burkhardt,* Strafrecht I, Nr. 6 A 18; *Geilen,* JK, StGB, § 15/2, sowie *Jescheck/Weigend,* S. 294, jeweils mit Erwägungen zu anderen in Betracht kommenden Delikten wie §§ 227, 224, 222 oder ein Unterlassungsdelikt. – Hehlerei-Fall bei LG Karlsruhe m. Bspr. *Jahn,* JuS 2008, 174, 176.

[78] Vgl. *Brammsen,* 1986, S. 328 u. 412 f. Fn. 58, der deshalb die Prüfung der „Ingerenzsituation" vermisst: Hatte „der Täter noch eine Möglichkeit der Erfolgsvermeidung"?

[79] Vgl. *Geilen,* JK, StGB, § 15/2: „Kumulativ mitwirkende Kausalität" dadurch, „dass sich die zunächst sturzbedingt eingetretene Sickerblutung durch die nachfolgenden Fußtritte noch verstärkt und beschleunigt hat."

[80] *Hruschka,* JZ 1983, 865.

[81] *Geilen,* JK, StGB, § 15/2.

27   Die Festlegung des Vorsatz-Zeitpunkts auf die Tatbestandsausführungshandlung hat weiter zur Folge, dass ein nach Vornahme dieser Handlung (z. B. Einbau einer Zeitbombe in ein Flugzeug; z. B. Absenden eines beleidigenden Briefes), aber vor Erfolgseintritt (z. B. Explosion des Flugzeuges mit tödlicher Folge für Besatzung und Passagiere; z. B. Kenntnisnahme des beleidigenden Inhalts des Briefes durch den Empfänger) aufgegebener Vorsatz ein ausreichender Tötungs- bzw. Beleidigungsvorsatz ist.[82] Der Vorsatz muss **nicht bis zum Erfolgseintritt** „durchgehalten" werden,[83] selbst (erfolglose) Erfolgsverhinderungsbemühungen hindern die Annahme eines vollendeten vorsätzlichen Begehungsdeliktes nicht. [84] Eine andere Beurteilung kommt allenfalls in Fällen in Betracht, in denen der Täter seinen Vorsatz in einem Zeitpunkt aufgibt, in dem er seine Tat „noch nicht für vollendbar gehalten hat", also im Stadium des unbeendeten, aber tauglichen Versuchs (z. B. der Täter hält die dem Opfer verabreichte Giftmenge noch nicht für tödlich); hier könnten Rettungsbemühungen gem. § 24 berücksichtigt werden.[85]

> **Übungsfälle** zu Gegenstand und Zeitpunkt des Vorsatzes finden sich bei: *Alpmann/Schmidt*, AT 1, Fall 11, S. 56–58 (BGH JZ 1983, 864 nachgebildet), Fall 15, S. 69 f. u. AT 2, Fall 14, S. 85–87 (BGH NJW 2002, 1057 nachgebildet); *Beulke*, KK I, Fall 9, Rn. 300 u. 318 (Zeitpunkt der Vornahme der tatbestandlichen Ausführungshandlung); *Beulke*, KK III, Fall 4, Rn. 155 u. 159–161 (Vorsatz hinsichtlich der Rechtswidrigkeit der Zueignung i. S. des § 242); *Bloy*, JuS 1991, L 45 ff.; *Buttel/Rotsch*, JuS 1995, 1096 u. 1098; *Edlbauer*, Jura 2007, 941 u. 946 (Vorsatz hinsichtlich Qualifikationsmerkmalen bei § 224); *Gropengießer/Mutschler*, Jura 1995, 155 u. 157; *Gropp*, Jura 1988, 542 u. 546; *Saliger*, JuS 1995, 1004 u. 1006 f.; *Jäger*, Fall 12, Rn. 73, 74 (dolus antecedens); *Kudlich*, PdW AT, Fälle 51, 55; *Haft*, Fallrepetitorium, Nr. 344–346; *Kett-Straub/Stief*, JuS 2008, 236 u. 237 (Alter des Opfers bei § 176) u. 240 (objektive Strafbarkeitsbedingung); *K/H/H-Hellmann*, BT 2, Fall 27, Rn. 121 u. 128–131 (Vorsatz hinsichtlich der Rechtswidrigkeit der Zueignung i. S. des § 242); *Meurer/Kahle/Dietmeier*, Übungskriminalität, Fall 1, S. 1 u. 9; *Scholz/Wohlers*, Klausuren, Bsp. einer Hausarbeitsbearbeitung, S. 102 u. 106 f.; *Schütze*, in: *Ebert* (Hrsg.), Fall 1, S. 1 f. u. 24 (dolus subsequens); *Schwind/Franke/ Winter,* Anfängerübung, 2. Hausarbeit, S. 65 u. 97; *Sternberg-Lieben/ Sternberg-Lieben*, JuS 2005, 47 f. (dolus antecedens).

27a   Mehrere Vorsatzformen können in der Weise zusammentreffen, dass der Täter zwar nur eine Handlung vornehmen will, dabei es aber anstrebt oder sich damit abfindet, bei sich gegenseitig ausschließenden Tatbeständen anstelle des einen Tatbestands den anderen zu verwirklichen. Ein Beispielsfall für diese als **dolus alternativus** (oder alternativer Vorsatz bzw. Alternativvorsatz) bezeichnete Vorsatzkombination wäre der des Wilderers W, der seine einzige Kugel im Gewehr abfeuert, um den ihn verfolgenden Jäger J (§ 212) oder wenigstens dessen Jagdhund (§ 303) zu töten. Der Vorsatz des W erstreckt sich dabei zwar auf beide objektive Tatbestände (Mensch und Tier = Sache), aber letztlich kann W nur einen Tatbestand (§ 212 durch Tötung des J oder § 303 durch Tötung des Hundes) verwirklichen. Von diesem Vorsatz zu unterscheiden ist der **dolus cumulativus** (kumulativer Vorsatz), der vorliegt, wenn nach der Vorstellung des Täters neben der primär gewollten Tatbe-

---

[82] Vgl. mit solchen Beispielsfällen *Ebert*, S. 55 f.; *W-Beulke*, Rn. 206; *Roxin*, Fs. Würtenberger, 1977, S. 115; zu beiden Beispielen der Vorsatzaufgabe nach Beendigung des Versuchs vgl. *Herzberg*, Fs. Oehler, 1985, S. 173 Fn. 26.

[83] Vgl. *Roxin*, Fs. Würtenberger, 1977, S. 115; *Herzberg*, Fs. Oehler, 1985, S. 169 f. und 173, sowie *Wolter*, Fs. Leferenz, 1983, S. 548.

[84] *Wolter*, Fs. Leferenz, 1983, S. 548, sowie *Roxin*, AT I, 12/90.

[85] Vgl. *S/S-Eser*, § 24 Rn. 24; *M-Gössel/Zipf*, AT 2, 41/80; sowie die Fallbearbeitung von *Gropp*, Jura 1988, 542 ff., 546.

standsverwirklichung ein weiterer Erfolg (z.B. neben einer Körperverletzung noch eine Sachbeschädigung) eintreten könnte.

Während beim dolus cumulativus allgemein Tateinheit zwischen den (versuchten   **27b** bzw. vollendeten) Straftaten angenommen wird,[85a] ist die rechtliche **Bewertung** des **Alternativvorsatzes** höchst **umstritten:**[85b] Die herrschende Meinung siedelt die Lösung auf der **Konkurrenzebene** an und bejaht überwiegend Tateinheit zwischen beiden Delikten;[85c] teilweise werden aber auch differenzierte Konkurrenz-Lösungen favorisiert, z.B. dergestalt, dass der Versuch des leichteren Delikts als mitbestrafte Begleittat hinter das schwerere Delikt zurücktreten soll.[85d] Da der Täter aber letztlich nur einen Erfolg herbeiführen wollte, erscheint es angemessener, bereits auf der **Tatbestandsebene** nur einen – und zwar den schwersten – Vorsatz zu berücksichtigen, den leichteren Vorsatz mithin entfallen zu lassen und lediglich wegen des (versuchten oder vollendeten) schwersten Delikts zu bestrafen.[85e]

> Aus der **Übungsfall-Literatur** zum Alternativvorsatz vgl.: *Alpmann/Schmidt,* AT 1, Fall 13, S. 64–66; *Kudlich,* PdW AT, Fall 66; *Otto/Bosch,* Übungen, Fall 7, S. 163 ff.; *Rotsch,* Klausur 22, S. 326 f. u. 332 f., 338–340; *Schütze,* in: *Ebert* (Hrsg.), Fall 4, S. 4 f. u. 67 f.

2. Erscheinungsformen des Vorsatzes

Vorbemerkung: Alle Erscheinungsformen bzw. alle Arten des Vorsatzes müssen   **28** sich an den Vorgaben ausrichten, die bisher für den Vorsatz schon gemacht worden sind. Das bedeutet zum einen, dass sie sich alle als **Entscheidung** des Täters gegen das tatbestandlich geschützte Rechtsgut bzw. als Entscheidung für dessen Verletzung verstehen lassen müssen.[86] Zum anderen bedeutet es, dass die Vorsatzelemente des **Wissens und** des **Wollens** bei jeder Vorsatzart „auszumachen" sein müssen; – auch beim Eventualvorsatz (Rn. 43 ff.), obwohl es bei dieser Vorsatzart eine Diskussion um die Verzichtbarkeit des Wollens-Elements gibt.[86a] Die Erscheinungsformen des Vorsatzes werden zwar meistens im Rahmen der näheren Darstellung des Wollenselements behandelt, doch ist das insofern nicht ganz korrekt, als sich die anerkannten Vorsatzarten auch im Wissenselement unterscheiden;[87] so setzt z.B. die Wissent-

---

[85a] Vgl. *Joerden,* ZStW 95 (1983), 565, 578; *Satzger,* Jura 2008, 112, 118; LK-*Hillenkamp,* § 22 Rn. 37; SK-*Rudolphi/Stein,* § 16 Rn. 48; *W-Beulke,* Rn. 233.

[85b] Zu den verschiedenen Lösungsmöglichkeiten vgl. *Jeßberger/Sander,* JuS 2006, 1065 ff. u. *Kindhäuser,* § 15 Rn. 29–32. – Zum dolus alternativus bei § 226 II vgl. BGH NJW 2001, 980 m. krit. Anm. *Joerden,* JZ 2002, 414.

[85c] B-*Weber/Mitsch,* 20/63; *Jakobs,* AT, 8/33; NK-*Puppe,* § 15 Rn. 115; *Roxin,* AT I, 12/85; *Zieschang,* Rn. 173; letztlich auch *Jeßberger/Sander,* JuS 2006, 1065, 1067; auch nach *Walter,* 2006, S. 299, liegt ein Konkurrenzproblem vor; ebenso LK-*Hillenkamp,* § 22 Rn. 37; aus der Rspr.: BGH NStZ-RR 2006, 168 f. mit Bspr. *Bosch,* JA 2006, 330 u. *Satzger,* JK 3/06, StGB § 24/35.

[85d] S/S-*Cramer/Sternberg-Lieben,* § 15 Rn. 91/92; weitere diff. Lösungsansätze bei *Schmitz,* ZStW 112, 301, 318; *W-Beulke,* Rn. 231–237 (diesem folgend *Satzger,* Jura 2008, S. 112, 119) u. bei *Wolters,* LdRerg 8/1900, S. 7 f., der im Orientierung an § 154 a StPO vorschlägt.

[85e] So auch *Joerden,* ZStW 95 (1983), 565, 589; JZ 1990, 298 u. 2002, 414; *Kühl,* JuS 1980, 273, 275; *Silva-Sanchez,* ZStW 101 (1989), 352, 379; *Lackner/Kühl,* § 15 Rn. 29; *Otto,* 7/23; LK-*Vogel,* § 15 Rn. 136; NK-*Zaczyk,* § 22 Rn. 20; vgl. auch *Murmann,* GK, 24/30; krit. SK-*Rudolphi/Stein,* § 16 Rn. 53.

[86] So auch *Bloy,* JuS 1989, L 2; *Hassemer,* Gs. A. Kaufmann, 1989, S. 289 ff.; kritisch aber *Roxin,* AT I, 12/6 Fn. 4 und *Otto,* 7/61–77, der die Kenntnis des sozialen Bedeutungsgehalts des Tatbestandes verlangt.

[86a] Nach *Bung,* JA 2007, 868 u. 872 ist diese Diskussion „dogmatisch eine Herausforderung, aber für eine klausurmäßige Fallbearbeitung zu akademisch".

[87] Vgl. *Ebert,* S. 56 f.

lichkeit sicheres Wissen von der Tatbestandsverwirklichung voraus, während Absicht und Eventualvorsatz auch schon bei Kenntnis der Möglichkeit der Tatbestandsverwirklichung vorliegen können.

29   Mit diesem Beispiel sind zugleich die **drei** anerkannten Erscheinungsformen des Vorsatzes genannt: Absicht, Wissentlichkeit und Eventualvorsatz. Der Gesetzgeber hat auf ihre Definition ebenso verzichtet[88] wie auf die des Vorsatzes überhaupt. Vom **Eventualvorsatz** ist im StGB überhaupt nicht die Rede, er ist aber bei der Aufstellung des Vorsatzerfordernisses für alle Nicht-Fahrlässigkeitsdelikte in § 15 mitgemeint.[88a] Die „**Wissentlichkeit**" hingegen taucht – auch in der Formulierung „wider besseres Wissen" – in einigen Deliktsumschreibungen des BT auf (z. B. bei der Verleumdung gem. § 187) und meint dann auch die oben so bezeichnete Vorsatzart unter Ausschluss der beiden anderen Vorsatzarten. Häufig wird in Deliktsumschreibungen des BT neben „wissentlich" auch noch „absichtlich" als subjektives Tatbestandsmerkmal genannt (z. B. bei der Strafvereitelung gem. § 258 oder der schweren Körperverletzung gem. § 226 II); auch dies ist dann i. S. v. **Absicht** als Vorsatzform gemeint und schließt – zusammen mit „wissentlich" genannt – nur den Eventualvorsatz aus.[89]

30   Absicht ist aber nicht nur eine Erscheinungsform des Vorsatzes, sondern als „**besondere Absicht**" auch ein neben dem Vorsatz stehendes „**sonstiges subjektives Tatbestandsmerkmal**" (z. B. die Zueignungsabsicht beim Diebstahl gem. § 242, oder z. B. die Bereicherungsabsicht bei der Erpressung gem. § 253).[89a] Sie hat dann – anders als die Absicht als Vorsatzart – nicht die Tatumstände des objektiven Unrechtstatbestandes, sondern andere, darüber hinausgehende (rechtsgutsbezogene oder nicht rechtsgutsbezogene) Umstände zum Gegenstand.[90] Enthält eine Deliktsumschreibung im BT ausschließlich die Absichtlichkeit als subjektives Tatbestandsmerkmal (so z. B. beim unerlaubten Entfernen vom Unfallort gem. § 142 III Satz 2[90a]) und ist diese auf die Tatumstände des objektiven Tatbestandes bezogen, so ist leider nicht sicher, ob der Gesetzgeber damit die Absicht als Vorsatzform unter Ausschluss der beiden anderen Vorsatzarten gemeint hat;[91] möglich ist auch, dass nur der Eventualvorsatz ausgeschlossen sein soll, möglich ist sogar, dass alle drei Vorsatzarten genügen.[92] Der Umgang des Gesetzgebers mit der Absicht ist auch terminologisch uneinheitlich, denn er verwendet dazu Begriffe wie „‚Absicht', ‚absichtlich', ‚in der Absicht' sowie ähnliche Wendungen wie ‚um zu', ‚zur', ‚zum Zwecke'."[93]

31   Ebenso wie der Vorsatz allgemein müssen sich auch sämtliche Vorsatzarten auf alle Tatumstände des objektiven Tatbestandes beziehen. Dies kann zu einer **Aufspaltung** der Vorsatzarten hinsichtlich einer Tatbestandsverwirklichung führen, so kann z. B. der Täter den sexuellen Missbrauch (§ 182) beabsichtigen, aber hinsichtlich des Alters des Jugendlichen bedingt vorsätzlich handeln,[94] d. h. zumindest es für mög-

---

[88] Vgl. M-*Zipf*, AT 1, 22/23.

[88a] Für die Einbeziehung auch ins Völkerstrafrecht *Werle*, VölkerStrR, Rn. 467–469.

[89] Vgl. *Gehrig*, 1986, S. 140, der noch folgende Delikte nennt: §§ 87 I, 145 I u. II, 183 a, 258 a, 283 c, 344.

[89a] Zu den möglichen Funktionen und Bedeutungen des Absichtsbegriffs im StGB *Witzigmann*, JA 2009, 488 ff.

[90] Vgl. *Samson*, JA 1989, 452.

[90a] Vgl. *Lackner/Kühl*, § 142 Rn. 30.

[91] Vgl. *Samson*, JA 1989, 452.

[92] Vgl. *Lackner/Kühl*, § 15 Rn. 20.

[93] *Gehrig*, 1986, S. 11. Vgl. zum „wenig verlässlichen Sprachgebrauch des Gesetzgebers" *Ziegert*, 1987, S. 69 f.

[94] Vgl. zum bedingten Vorsatz hinsichtlich des Alters *Lackner/Kühl*, § 182 Rn. 7.

lich halten, dass er das (jüngst heraufgesetzte) Schutzalter noch nicht überschritten hat.[95]

Bei der folgenden Darstellung der drei Erscheinungsformen des Vorsatzes wird   32
der Vorsatz nicht in seiner ganzen Breite (= bezogen auf alle Umstände des objektiven Tatbestandes) thematisiert. Vielmehr wird nur der Vorsatz behandelt, der sich auf die Verwirklichung des tatbestandsmäßigen **Erfolges** bezieht, da sich bei diesem Vorsatzgegenstand die Vorsatzarten am deutlichsten unterscheiden lassen.[96] Die drei Vorsatzarten werden in der Reihenfolge behandelt, in der sie sich am deutlichsten als Entscheidung gegen das tatbestandlich geschützte Rechtsgut verstehen lassen. Da dies beim Eventualvorsatz am schwierigsten ist, wird dieser erst am Ende behandelt und nicht als „Grundform des Vorsatzes"[97] vorangestellt. Auf eine Zusammenfassung der Absicht und der Wissentlichkeit unter dem Begriff des **direkten Vorsatzes**[98] bzw. dolus directus mit der Untergliederung in einen solchen dolus directus 1. (Absicht) und 2. (Wissentlichkeit) Grades[99] wird wegen der Unterschiedlichkeit beider Vorsatzarten, aber auch deshalb verzichtet, weil diese Kunstbegriffe in keiner Weise anzeigen, um was es bei ihnen geht, wohingegen man sich unter Absicht und Wissentlichkeit doch schon etwas vorstellen kann.[100]

a) Absicht

Schon nach dem natürlichen Sprachgebrauch hat jemand einen Schaden (= Erfolg =   33
Rechtsgutverletzung im Sinne des Strafrechts) absichtlich dann angerichtet, wenn es ihm auf die Schädigung des anderen ankam. Dementsprechend wird unter Absicht als Vorsatzart verstanden, dass es dem Täter auf den Erfolgseintritt als Ziel seines Handelns ankommt.[101] Der tatbestandliche Erfolg ist das Ziel (*Lackner/Kühl*, § 15 Rn. 20 unter Berufung auf §§ 16, 17 I E 1962), das der Täter durch sein Handeln „anstrebt"[102] bzw. „erstrebt".[103] Absichtliches Handeln wird auch mit **zielgerichtetem Handeln**[104] identifiziert, die Absicht selbst als „auf den Erfolg zielgerichtetes Wol-

---

[95] Ob diese „Wissensbeziehung" für bereits vorliegende Situationsbedingungen ausreicht, ist umstritten, vgl. oben Rn. 6.

[96] So auch *Samson*, JA 1989, 449.

[97] So bezeichnet ihn *Frisch*, 1983, S. 496, der aber auch die beiden anderen Formen des Vorsatzes als besonders evidente Entscheidungen des Täters gegen das Recht versteht (S. 498 f.); ähnlich NK-*Puppe*, § 15 Rn. 105: „Sonderfälle".

[98] So z. B. S/S-*Sternberg-Lieben*, § 15 Rn. 65.

[99] So z. B. *Otto*, 7/29 ff.; *Samson*, JA 1989, 449 ff.; *Hoffmann-Holland*, Rn. 158 u. *Zieschang*, Rn. 120–122; zu den Vorteilen dieser Zusammenfassung s. *Roxin*, AT I, 12/5. – Zur historisch erklärbaren Entwicklung der Begriffe „dolus directus 2. Grades" und „dolus eventualis" *Lesch*, JA 1997, 802, 806, der beide unter dem Begriff „dolus indirectus" zusammenfasst, weil jeweils der Täter den Willen zur Vermeidung des Erfolgs nicht gefasst habe (S. 809).

[100] Die im Text verwendeten Begriffe benutzen auch LK-*Vogel*, § 15 Rn. 79 ff. u. 91 ff.; *Wolters*, LdRerg 8/1900, S. 5 sowie *Ebert*, S. 59 f. – W-*Beulke*, Rn. 213, ersetzen Wissentlichkeit durch „direkter Vorsatz (= dolus directus)".

[101] Vgl. *Ebert*, S. 59; *Jescheck/Weigend*, S. 297; *Meurer*, S. 87; W-*Beulke*, Rn. 211; *Krey/Esser*, AT, Rn. 378; K/H/H-*Hellmann*, BT 1, Rn. 286 u. BT 2, Rn. 71; LK-*Vogel*, § 15 Rn. 79; NK-*Puppe*, § 15 Rn. 106; zusf. *Witzigmann*, JA 2009, 488, 489; s. auch BGHSt 55, 206, 210: „Kommt es dem Täter auf den Erfolg an …".

[102] Vgl. *Jescheck/Weigend*, S. 297; *Kindhäuser*, § 15 Rn. 20; *Frisch*, 1983, S. 499.

[103] Vgl. *Samson*, JA 1989, 450; *Kindhäuser*, AT, 14/3; SK-*Rudolphi*, § 16 Rn. 36.

[104] *Gehrig*, 1986, S. 27; *Schlehofer*, 1996, S. 169: zielgerichtetes Streben; *Hoffmann-Holland*, Rn. 159: zielgerichtetes Wollen; vgl. auch *Otto*, 7/29; *Stratenwerth/Kuhlen*, 8/102.

len"[105] oder: „Absicht im Sinne eines auf den Erfolg ausgerichteten dolus directus ersten Grades" (BGHSt 55, 206, 210 zu § 1 I Nr. 2 ESchG [m. Anm. *Brunhöber,* HRRS 2010, 412, 413] unter Berufung auf BGHSt 9, 142, 146 zu § 94, 18, 151, 155 f. zu § 91, 29, 68, 72 f. zu § 184 I Nr. 7) charakterisiert. Der Begriff Absicht wird also sowohl durch das „Daraufankommen", „Erstreben", „Anstreben" als auch durch das Ziel des Handelns definiert.[106] Der Fall einer in diesem Sinne absichtlichen Tötung eines anderen Menschen, die der Totschlag gem. § 212 zwar nicht verlangt, wohl aber miterfasst, ist danach anzunehmen, wenn der Täter auf das Opfer schießt, um es zu töten, und er dieses Ziel auch durch den Schuss erreicht.

34   Die Absicht als Vorsatzform wird also durch ein besonders **intensives Wollen** gekennzeichnet.[107] Mit ihr bringt der Täter seine Entscheidung gegen das Rechtsgut besonders deutlich zum Ausdruck,[108] sein (Rechtsguts-)„Verletzungswille" ist „unproblematisch".[109] Dass das „Zielkriterium" bzw. das Anstreben des rechtlich missbilligten Erfolges (generalpräventiv) besonders rechtserschütternd wirkt und (spezialpräventiv) auf einen besonders gefährlichen Täter hinweist,[110] wird sich empirisch kaum nachweisen lassen, muss aber für die Einordnung der Absicht als Entscheidung für die Rechtsgutsverletzung auch nicht nachgewiesen werden.[111]

35   Das vom absichtlich Handelnden angestrebte Ziel muss nicht das Endziel und damit das Motiv, der Beweggrund seines Handelns sein.[112] „Weitere Beweggründe bzw. Nebenzwecke" stehen nach der Rspr. „der Annahme des Absichtserfordernisses ... nicht entgegen" (BGHSt 55, 206, 210; ebenso schon BGHSt 18, 151, 156). Jedenfalls genügt für die Absicht des Täters, dass es ihm auf den tatbestandsmäßigen Erfolg als notwendiges Zwischenziel seines Verhaltens ankommt.[113] Wer vom vorgestellten Endziel einer vorzeitigen Erbschaft zu einer Tötung seines Erbonkels bewegt wird, der strebt die Tötung des Erbonkels als **Zwischenziel** an, das er verwirklichen muss, um seinem Endziel (der Erbschaft) näher zu kommen. Immer noch erstrebt er den Tod als eine „Hauptfolge" seines Handelns, weil er „nach seiner Vorstellung" anders als durch die Verwirklichung dieser Folge nicht an sein Ziel kommt.[114] Kann aber das Handlungsziel nach der Tätervorstellung auch ohne das Zwischenstadium erreicht werden, so ist das Zwischenstadium kein notwendiges Durchgangsstadium, der Zwischenerfolg keine beabsichtigte Haupt-, sondern eine **Nebenfolge,** die der

---

[105] *Lackner/Kühl,* § 15 Rn. 20; vgl. auch S/S-*Sternberg-Lieben,* § 15 Rn. 65: „Absicht i. S. des direkt auf den Erfolg als Ziel gerichteten Willens", sowie *Freund,* 7/65: „zielgerichteter Erfolgswille".

[106] *Satzger,* Jura 2008, 112, 116: „gerade darauf ankommen". – Nach *Ziegert,* 1987, S. 70, geht es bei den zuerst genannten Definitionselementen „um die motivationale Orientierung der Psyche am Handlungsergebnis", bei der Ziel-Definition dagegen um „die als Wert erlebte Erfolgsvorstellung".

[107] Vgl. *Bloy,* JuS 1989, L 3; *Haft,* S. 156.

[108] Vgl. *Hassemer,* Gs. A. Kaufmann, 1989, S. 299; ähnlich *Stratenwerth/Kuhlen,* 8/102.

[109] *Köhler,* 1982, S. 15.

[110] Vgl. *Frisch,* 1983, S. 499.

[111] Vgl. die Kritik von *Gehrig,* 1986, S. 84 f., und *Küper,* GA 1987, 501.

[112] *Lackner/Kühl,* § 15 Rn. 20 u. *Roxin,* AT I, 12/10. Vgl. zur „motivierenden Erfolgsvorstellung" *Ziegert,* 1987, S. 72 ff. – Aus der Rspr. BGHSt 4, 107, 109 f.; 16, 1, 6 f.; 18, 151, 155; 18, 246, 251 f.; 29, 68, 72 f. (aufgegriffen von *Fischer,* § 15 Rn. 6).

[113] Vgl. *Satzger,* Jura 2008, 112, 116; *Witzigmann,* JA 2009, 488, 489; NK-*Paeffgen,* 100 vor § 32; S/S-*Sternberg-Lieben,* § 15 Rn. 66; *Jescheck/Weigend,* S. 297; *Hoffmann-Holland,* Rn. 159; *Kindhäuser,* AT, 14/4. – Ebenso BGHSt 55, 206, 212: vom Täter verfolgte Zwischenziele können eine tatbestandsrelevante Absicht ausmachen, sofern es ihm auf deren Erreichung ankommt; ebenso schon BGHSt 18, 246, 252 f.

[114] *Jakobs,* 8/15; sowie *Samson,* JA 1989, 450, und *Lesch,* JA 1997, 806.

Täter sonst vorsätzlich verwirklicht haben kann.[115] Handelt es sich beim tatbestandsmäßigen Erfolg um eine „Hauptfolge" bzw. „ein notwendiges Zwischenziel", so ändert die emotionale, gefühlsmäßige Ablehnung dieser Folge bzw. dieses Ziels nichts an der Absicht (z. B. der Tod des Erbonkels ist dem Täter unerwünscht, der Onkel tut ihm gar leid).[116]

Da schon die stark betonte Wollensseite die Vorsatzform der Absicht als klare **36** Entscheidung für die Rechtsgutsverletzung erscheinen lässt, werden an die **Wissensseite** geringe Anforderungen gestellt: Es reicht die Kenntnis, dass der angestrebte Erfolg auf Grund des eigenen Handelns möglicherweise eintreten wird. Ein Beispiel für eine solche Möglichkeitsvorstellung ist der Fall, dass der unsichere Schütze A auf B schießt, um ihn zu töten, aber mit der Möglichkeit des Fehlgehens des Schusses ebenso rechnet wie mit der Möglichkeit, ihn tödlich zu treffen.[117] Es reichen sogar „anerkanntermaßen geringfügige Möglichkeiten"[118] aus.

Auf diese **Möglichkeitsvorstellung**, die normalerweise mit dem Anstreben eines **37** Erfolges immer gegeben sein wird, sollte nicht verzichtet werden,[119] es fragt sich im Gegenteil, ob sie nicht noch „erhärtet" werden muss. Diese „Erhärtung" muss, nachdem oben (Rn. 16) die objektive Zurechnung zum Vorsatzgegenstand erklärt wurde, dahin gehen, „dass der Täter von einem tatbestandsmäßigen Risiko des Erfolgseintritts ausgeht."[120] Der Täter muss die **Voraussetzungen** kennen, von denen die **objektive Zurechnung** des Erfolges zu seinem Verhalten abhängt. Er kann weder die objektiven Voraussetzungen der Zurechnung noch die **Kenntnis** von ihnen durch seine Wünsche ersetzen (z. B. die Tötungsabsicht durch den Wunsch, der ins Gewitter geschickte Erbonkel möge vom Blitz erschlagen werden).[121]

---

[115] Vgl. *Samson*, JA 1989, 450; *Jakobs*, 8/15 u. *Kindhäuser*, AT, 14/5 f. – Krit. zur Abgrenzung von „notwendigem Durchgangsstadium" und „notwendiger Nebenfolge" *Hochmayr*, JBl 1998, 205, 209; krit. zur Unterscheidung von Haupt- und Nebenfolgen *Merkel*, 2001, S. 174 ff.

[116] Vgl. BGHSt 21, 283; LK-*Vogel*, § 15 Rn. 81; *Jakobs*, 8/15; *Puppe*, AT 1, 17/3; *Rengier*, AT, 14/8; W-*Beulke*, Rn. 211; *Köhler*, 1982, S. 15 u. 372: „... der subjektive Vollzug der Verletzungsbedeutung" ist „nicht zwingend von einer bestimmten Normeinstellung (Billigen, Einwilligung, Wünschen etc.) abhängig."

[117] Vgl. BGHSt 21, 283; zum Fall s. auch B-*Weber/Mitsch*, 20/42; *Haft*, S. 157 und *Roxin*, AT I, 12/8; ebenso BGHSt 35, 325, 327 f.; ein ähnliches Beispiel findet sich bei *Warda*, Jura 1979, 4, u. S/S-*Sternberg-Lieben*, § 15 Rn. 67: Zweifel beim Schützen wegen der großen Entfernung; weiteres Vergiftungs-Bsp. bei *Satzger*, Jura 2008, 112, 116; ebenso *Hoffmann-Holland*, Rn. 160; *Kindhäuser*, AT, 14/7 („Konkretisierte Möglichkeitsvorstellung") u. *Fischer*, § 15 Rn. 6. – Vgl. auch *Gehrig*, 1986, S. 27: An der Zweckbezogenheit des Handelns ändere sich dadurch nichts. – Beachte zur Abgrenzung von Absicht und Eventualvorsatz auch *Schroeder*, Fs. Rudolphi, 2004, S. 285, 291, mit Fällen (u.a. zu § 258), in denen der Täter handelt, „weil die Verwirklichung eines Tatbestandsmerkmals möglich ist".

[118] *Frisch*, 1983, S. 21, mit Nachweisen in Fn. 87. Vgl. etwa MK-*Joecks*, § 16 Rn. 14: „Minimum an Vorstellung".

[119] So aber LK[11]-*Schroeder*, § 16 Rn. 76; anders jetzt LK-*Vogel*, § 15 Rn. 84; anders auch *Witzigmann*, JA 2009, 488, 490.

[120] SK-*Rudolphi*, § 16 Rn. 36 u. 36 a; vgl. auch *Jakobs*, 8/17. Bei einer Einschränkung des Vorsatzgegenstandes auf das tatbestandsmäßige Verhalten muss die Absicht die „Risikobeladenheit" des Verhaltens in Richtung auf das gefährdete Rechtsgut erfassen, vgl. *Frisch*, 1983, S. 497.

[121] Vgl. B-*Volk*, S. 78; *Roxin*, AT I, 12/8, sowie *Ziegert*, 1987, S. 71 f.: „Bewußtseins der Tatmacht" als die „kognitive Untergrenze" auch der Absicht. – Vgl. auch *Frisch*, 1983, S. 13, zu „Bemühungen, selbst den Täter aus dem Vorsatz herauszunehmen, dem es auf die entsprechenden Folgen ankommt." – Kritisch zur Einschränkung des Wissenselements bei der Absicht *Küpper*, ZStW 100 (1988), 780 u. LK-*Vogel*, § 15 Rn. 85.

37a   Im Falle eines Versuchs muss die Absicht einen „endgültig gefassten Handlungs-
entschluss" enthalten, der aber durch eine „objektive Bedingung" für seine Umsetzung nicht in Frage gestellt wird (BGHSt 55, 206, 210 f. m. Bspr. *Kudlich*, JA 2010,
833, 834; näher beim Versuch unten 15/23 ff., 30).

> Aus der **Übungsfall-Literatur** zur Absicht vgl.: *Amelung/Boch*, JuS 2000, 261; *Dessecker*,
> Jura 2000, 592 u. 597; *Halecker*, AL 2010, 121 u. 123 (dolus directus 1. Grades); *Hegh-*
> *manns/Kusnik*, AL 2010, 275 u. 277 f. (zielgerichteter Erfolgswille = dolus directus 1. Grades);
> *Nelles/Pöppelmann*, Jura 1997, 212: Aufgabe 3; *Sternberg-Lieben*, Jura 1996, 544 u. 548;
> *Blei*, PdW AT, Fall 55; *Haft*, Fallrepetitorium, Nr. 349; *Jescheck*, Fälle, Fall 35, S. 48 f.;
> *Scholz/Wohlers*, Klausuren, Klausurbsp., S. 91 u. 93; *Schwind/Franke/Winter*, Anfängerübung,
> 1. Klausur, S. 51 u. 57 sowie 2. Klausur, S. 113 u. 117; *Tiedemann*, Anfängerübung, Fall 11,
> S. 239 u. 241.

b) Wissentlichkeit

38   Dem von der Wissenschaft verwendeten Begriff der Wissentlichkeit[122] lässt sich
ebenso wie dem vom Gesetzgeber verwendeten Begriff „wissentlich" oder „wider
besseres Wissen" schon das Charakteristische dieser (blasser auch „dolus directus
2. Grades"[123] genannten) Vorsatzart[124] entnehmen: es ist die starke Betonung des
Wissenselements. Der Täter weiß hier bei der Ausführung der tatbestandsmäßigen
Handlung, dass der tatbestandsmäßige Erfolg als Folge seines Handelns sicher eintreten wird. Dieses **sichere Wissen** um den künftigen Erfolgseintritt hat z. B. derjenige, der ein Haus in Brand setzt, um es zu zerstören (§§ 306, 306 a), der aber zugleich
weiß, dass – als unvermeidbare Folge seines Verhaltens – einige Hausbewohner in
den Flammen umkommen werden,[125] oder z. B. derjenige, der zur Erlangung der
Versicherungssumme ein gegen Untergang versichertes Schiff zerstört (§ 265) und
dabei den Tod der Besatzung als sichere Folge seines Verhaltens voraussieht.[126] In
beiden Fällen liegt auch eine vorsätzliche, genauer: wissentliche Tötung (§ 212) vor.

39   An diesen beiden Beispielsfällen wird deutlich, dass sich das sichere Wissen
anders als die Absicht nicht auf Hauptfolgen bzw. Zwischen- oder Endziele, sondern
ausschließlich auf **Nebenfolgen**[127] bezieht. Beabsichtigte Hauptfolge des Täterverhaltens ist jeweils die Zerstörung des Hauses bzw. des Schiffes durch eine Brandstiftung; diese Hauptfolge ist im Schiffsbeispiel ein notwendiges und deshalb
mitbeabsichtigtes Zwischenziel zur Erreichung des Endziels (= Erlangung der Ver-

---

[122] Vgl. *Jakobs*, 8/18; LK-*Vogel*, § 15 Rn. 91; *Schlehofer*, 1996, S. 169 der „eine an Sicherheit grenzende Wahrscheinlichkeit" ausreichen lässt.

[123] So z. B. *Samson*, JA 1989, 450 f. Nur „dolus directus" z. B. *Ziegert*, 1987, S. 78, nur „direkter Vorsatz" *Krey/Esser*, AT, Rn. 383.

[124] Kritisch zur begrifflichen Selbstständigkeit dieser Vorsatzart *Köhler*, 1982, S. 294, der sie
für „selbstständig sinnvoll ... nur im Sinne einer Schlussweise" hält, „in der bei bestimmten
Fällen von objektiv eindeutiger Geschehensqualität auch der subjektiv angemessene Vollzug
substituiert wird"; *Köhler* warnt deshalb vor „objektivistischer Überforderung" und vor einer
„dolus-präsumtion".

[125] Vgl. mit ähnlichem Beispiel *Heinrich*, AT I, Rn. 279; *Krey/Esser*, AT, Fall 60, Rn. 384;
W-*Beulke*, Fall 7 a, Rn. 213.

[126] Sog. „Fall Thomas", den von Binding als Beispielsfall übernehmen: *Jakobs*, 8/18; *Je-*
scheck/Weigend, S. 299; *Meurer*, S. 88; S/S-*Sternberg-Lieben*, § 15 Rn. 68; *Roxin*, AT I, 12/18;
Ziegert, 1987, S. 78 f.; krit. auch zu diesem Fall NK-*Puppe*, § 15 Rn. 110; ähnlicher Flugzeug-
Fall bei *Satzger*, Jura 2008, 112, 116.

[127] Vgl. schon die Überschrift bei *Jakobs*, 8/18: „Wissentlichkeit bei Nebenfolgen". Vgl.
Samson, JA 1989, 451: „Diese Vorsatzform kann nur bei Nebenfolgen auftreten"; vgl. auch
Lesch, JA 1997, 802, 806.

sicherungssumme). Der Tod der Hausbewohner bzw. der Besatzung ist dagegen nur eine Nebenfolge der beabsichtigten Brandlegung; im Schiffsbeispiel unterscheidet sich diese Nebenfolge von dem Zwischenziel dadurch, dass sie (der Tod der Besatzung) für die Erlangung der Versicherungssumme keine notwendige Voraussetzung darstellt (es reicht die Zerstörung des Schiffes durch Brand). Die Nebenfolge ist zwar nicht notwendiger Bestandteil zur Verwirklichung der Absicht des Täters, sie wird aber von ihm als unvermeidliche Nebenwirkung seines auf Absichtsverwirklichung zielenden Verhaltens erkannt. Absichtlich angestrebt wird sie trotz dieser Kenntnis nicht, ihr Eintritt wird lediglich als unvermeidlich hingenommen.[128]

Als Entscheidung für die Rechtsgutsverletzung lässt sich das „Handeln trotz Ge-   **40** wissheitsvorstellung"[129] deshalb verstehen, weil sich der erforderliche Verletzungs- Wille **zwangsläufig** aus der „Gewissheitsvorstellung" ergibt. Wer um sicher eintretende Folgen seines Verhaltens weiß, will diese auch in einem für den Vorsatz ausreichenden Maße; wer trotz „Gewissheitsvorstellung" hinsichtlich des Eintritts eines tatbestandsmäßigen Erfolges im Gefolge seiner Handlung handelt, der will diesen Erfolg (= die Rechtsgutsverletzung) auch herbeiführen. Dass er diesen Erfolg emotional, gefühlsmäßig nicht wünscht, ja dass ihm der Eintritt der Nebenfolge möglicherweise sogar unerwünscht ist, ändert angesichts der erkannten Unausweichlichkeit des Eintritts des Erfolges bzw. der Nebenfolge am Verwirklichungswillen des Handelnden nichts. Hätten die Wünsche das Handeln des Täters bestimmt, so hätte er seine auf andere Ziele gerichteten Absichten nicht in die Tat umgesetzt; Wünsche aber, die den Handlungswillen nicht beeinflussen, sind für den Vorsatz irrelevant. Wer schwerwiegende Folgen i. S. des § 226 II sicher voraussieht, handelt vorsätzlich, auch wenn er darauf „hofft", dass sich der Gesundheitszustand des Opfers von selbst bessert (BGH NStZ-RR 2006, 174, 175).

Die Entscheidung des Handelnden für die Rechtsgutsverletzung ist evident, ohne   **41** dass das sich hier aus dem Wissenselement ergebende Willenselement besonders angesprochen werden muss.[130] Die Einordnung der Wissentlichkeit als ebenso eindeutige Vorsatzform wie die Absicht[131] hängt nicht von empirisch ohnehin kaum zu belegenden präventiven Überlegungen ab, obwohl die Annahme einer besonders rechtserschütternden Wirkung der Tat und eines besonders gefährlichen Täters deshalb plausibel erscheint, weil die Tat von einem Täter begangen wurde, der sich trotz erkannter Verletzung des Rechtsguts eines anderen nicht von der Verwirklichung seiner Ziele hat abhalten lassen.[132]

Häufig unbeachtet bleibt eine hier bisher auch noch nicht angesprochene weitere   **42** Konstellation der Wissentlichkeit, die man abstrakt als **beabsichtigter unsicherer Erfolg mit sicherer Nebenfolge**[133] bezeichnen kann. Ein Beispielfall für diese Konstellation ergibt sich, wenn man das obige Schiffsbeispiel dahin abwandelt, dass der Täter

---

[128] Vgl. *Gehrig*, 1986, S. 28 f.

[129] *Lackner/Kühl*, § 15 Rn. 21.

[130] Vgl. *Bloy*, JuS 1989, L 3; *Hassemer*, Gs. A. Kaufmann, 1989, S. 299; *Jakobs*, 8/20; SK-*Rudolphi*, § 16 Rn. 37; *Stratenwerth/Kuhlen*, 8/107; *Ziegert*, 1987, S. 79 f. *Ransiek/Hüls*, NStZ 2011, 678, 679; noch LK-*Vogel*, § 15 Rn. 93: h. A. – Vgl. auch *Puppe*, AT 1, 17/14–17: „es ist der Wille selbst, der durch das Wissen begründet wird."

[131] Vgl. *Gehrig*, 1986, S. 85: Die Entscheidung gegen das Rechtsgut sei bei beiden Vorsatzarten „gleichermaßen evident".

[132] Vgl. zu diesen präventiven Argumenten *Frisch*, 1983, S. 500 f.

[133] *Jakobs*, 8/18; vgl. auch das ähnliche Beispiel 5 bei *Samson*, JA 1989, 450, sowie das „Flugzeug-Bomben-Beispiel" bei *Stratenwerth/Kuhlen*, 8/107 f. Kritisch *Hochmayr*, JBl 1998, 205, 214.

eine Zeitbombe an Bord installiert hat, aber am zeitgerechten Funktionieren von deren Zünder zweifelt. Unverändert bleibt hier die Gewissheitsvorstellung hinsichtlich des Todes der Besatzung, freilich nur für den Fall des Funktionierens des Zünders. Nimmt man die bloße Möglichkeitsvorstellung hinsichtlich des Zünders hinzu, so ist der Tod der Besatzung nur eine mögliche Folge der Installierung der Zeitbombe. Insofern reicht selbst eine Möglichkeitsvorstellung – wie schon für die Absicht – für die Vorsatzform der Wissentlichkeit bzw. des direkten Vorsatzes zweiten Grades.[134] „Sicher verbunden"[135] ist die Nebenfolge (Tod der Besatzung) nur mit der Hauptfolge bzw. dem (Zwischen-) Ziel des Täters (Zerstörung des Schiffes); deren Bewirkung bzw. dessen Erreichung hält der Täter aber nur für möglich (= ausreichend für die Absicht). Von „Wissentlichkeit im weiteren Sinne"[136] kann nur wegen dieser sicheren Verbindung bzw. gewissen Verknüpfung von erstrebter Hauptfolge bzw. angestrebtem Ziel und Nebenfolge (= tatbestandsmäßigem Erfolg) gesprochen werden.

> Aus der **Übungsfall-Literatur** zur Wissentlichkeit vgl.: *Radtke/Meyer,* JuS 2011, 521 u. 525; *Schulz,* JuS 1990, 654 u. 657; *Walter/Götz,* AL 2009, 27 u. 30 f.; *Blei,* PdW AT, Fall 50; *Hilgendorf,* KK I, Fall 3, Rn. 9; *Meurer/Kahle/Dietmeier,* Übungskriminalität, Fall 6, S. 103 f. u. 128, sowie Fall 7, S. 137 f. u. 159; *Otto,* Übungen, Referendarhausarbeit, S. 179 f. u. 219 f. (im Versuchsfall); *Rudolphi,* AT-Fälle, Fall 1, S. 1 u. 9.

c) **Eventualvorsatz**

43   War die Absicht als Vorsatzform so vom Wollenselement des Daraufankommens geprägt, dass als Wissenselement die bloße Möglichkeitsvorstellung ausreichte, und war die Wissentlichkeit schon vom Wissenselement des sicheren Wissens her so klar als Vorsatzform gekennzeichnet, dass das Wollenselement gar nicht mehr besonders angesprochen werden musste,[137] so bereitet die Anerkennung einer Vorsatzform Schwierigkeiten, bei der „sowohl beim Wissen als auch beim Wollen Abstriche vorzunehmen"[138] sind. Diese Vorsatzform wird Eventualvorsatz (dolus eventualis) oder auch bedingter Vorsatz genannt. Der zum tatbestandsmäßigen Handeln unbedingt, d. h. der fest entschlossene Täter[139] hält hier den Eintritt des tatbestandsmäßigen Erfolges als Folge seines Handelns nicht für sicher, sondern nur für möglich (= eventuell eintretend). Dieses **verdünnte Wissenselement** hinderte zwar bei der Absicht und der „Wissentlichkeit im weiteren Sinne" nicht die Annahme von Vorsatz, doch fand bei diesen Vorsatzarten eine Kompensation durch das starke Wollenselement bzw. durch die sichere Verbindung zwischen angestrebtem Ziel und Erfolgseintritt statt. An einer solchen **Kompensation fehlt** es jedoch beim Eventualvorsatz, so dass seine Anerkennung als Vorsatzart erst noch gesichert werden muss.

44   Diese Sicherung kann nur dadurch erfolgen, dass man auch diese Vorsatzart als **Entscheidung** des Täters **gegen** das straftatbestandlich geschützte **Rechtsgut** ausweist.[139a] Das bedeutet nach den obigen Festlegungen, dass auch diese Vorsatzart

---

[134] Ebenso *Murmann,* GK, 24/17. Vgl. den Hinweis für Fallbearbeitungen von *Schulz,* JuS 1990, 657.

[135] *Samson,* JA 1989, 450 u. 451.

[136] *Jakobs,* 8/18.

[137] Vgl. *Weigend,* ZStW 93 (1981), 659, zur „Bedeutungslosigkeit" des jeweils anderen Aspekts. Ebenso *Samson,* Strafrecht I, S. 29, mit informativer Tabelle.

[138] *Haft,* S. 158; vgl. *Geppert,* Jura 1986, 610: Abgeschwächtes Vorhandensein beider Vorsatzerfordernisse.

[139] Zur Differenz von bedingtem Entschluss (= bedingtem Wollen) und Eventualvorsatz vgl. B-*Volk,* S. 81; *Jakobs,* 8/21; *Jescheck/Weigend,* S. 303.

[139a] *Hassemer,* Gs. Armin Kaufmann, 1989, S. 289, 295; *Henn,* JA 2008, 699, 702; *Roxin,* AT I, 12/23; S/S-*Sternberg-Lieben,* § 15 Rn. 7.

ein Wollenselement wie z. B. „den Erfolg billigend in Kauf nehmen" oder „sich mit ihm abfinden" enthalten muss. Das die persönliche Entscheidung anzeigende Wollenselement kann freilich auch in einem angereicherten Wissenselement stecken bzw. versteckt sein, so z. B. wenn der Wissensbegriff – wie bei *Frisch* – die Dimension der verbindlichen persönlichen Sicht, des „Für-sich-Ausgehens" von der Gefahr mitenthält.[140]

Der Streit um die **Begriffselemente** des Eventualvorsatzes und damit um dessen **Definition** ist bis heute **nicht geklärt**, und dies trotz der Suche von Generationen von Strafrechtswissenschaftlern „nach der alles klärenden Zauberformel".[141] Für die Bearbeitung von Übungsfällen bedeutet dies, dass der Sachverhalt unter mehrere „Theorien" subsumiert werden muss. Die Anzahl der „Theorien" ist dabei beträchtlich: Sie schwankt zwischen zwei und zehn.[142] Zu dieser an sich schon „abschreckenden" Anzahl[142a] kommt noch die Uneinheitlichkeit in der Bezeichnung der „Theorien" als weiterer Verunsicherungsfaktor hinzu. Dennoch ist die Aneignung der „Theorien" und ihrer Grundaussagen für den Studenten unverzichtbar, da die **Abgrenzung von Eventualvorsatz und bewusster Fahrlässigkeit** nicht nur häufig über die im Gutachten zu beantwortende Frage der Strafbarkeit entscheidet,[143] sondern auch ein beliebtes Übungs- und Prüfungsthema darstellt.[144] **45**

Die sorgfältigste Zusammenstellung der Abgrenzungstheorien findet sich bei *Hillenkamp*, 32 Probleme aus dem Strafrecht AT, Problem 1. **46**

Er unterscheidet 2 Theoriegruppen:[145]

- **Vorstellungstheorien**, die die Abgrenzung im Bereich des Wissens um die Tatbestandsverwirklichung vornehmen (S. 1–5), und
- **Willenstheorien**, die auch auf der Willensseite abgrenzen (S. 6–11).

---

[140] Vgl. *Küper*, GA 1987, 506, zu *Frisch*, 1983, S. 192 ff., aber etwa auch zu *Kindhäuser*, ZStW 96 (1984), 25 ff., u. zu *Köhler* (1982). – Nach *Küpper*, ZStW 100 (1988), 779, fragt es sich, „ob hier nicht gleichsam durch die Hintertür doch wieder ein voluntatives Element eingeführt wird". Nicht durch die Hintertür, sondern offen verlangen *Eser/Burkhardt*, Strafrecht I, Nr. 7 A 28 u. 30, ein risikobezogenes Wollen!

[141] *Weigend*, ZStW 93 (1981), 661; ähnlich *Behrendt*, Fs. von Simson, 1983, S. 11, sowie *Hassemer*, JuS 1988, 994. – *Arzt*, S. 124, Bsp. 87, spricht von der „Unzulänglichkeit aller Formeln zum dolus eventualis". – Zur griechischen Gesetzeslage und Diskussion *Papageorgiu-Gonatas*, ZStW 118 (2006), 262 ff., der eine Tendenz zu einer dritten Schuldform ausmacht.

[142] Vgl. *Satzger*, Jura 2008, 112, 117: zwei; *Ebert*, S. 60: vier; *Jescheck/Weigend*, S. 302 ff.: fünf; *W-Beulke*, Rn. 217 ff.: sechs, ebenso *Dannecker*, JuS 1989, 215 f., in einer Fallbearbeitung, sowie *Frisch*, 1983, S. 4–22 u. 473–486; *Hillenkamp*, 1. AT-Problem, S. 1–11, bringt es auf sieben Theorien mit Varianten, *Brammsen*, JZ 1989, 77, sogar auf zehn, die ihm allerdings als Abgrenzungstheorien so ungenügend erscheinen, dass er auf ihre Darstellung verzichtet. *Roxin*, AT I, 12/32–65, behandelt elf Lösungen, die der von ihm vertretenen Ernstnahmetheorie ähneln oder von ihr abweichen.

[142a] Darin sehe ich *Lagodny*, Fs. Amelung 2009, S. 51, 61, recht, versuche aber durch Gruppenbildung die Anzahl zu reduzieren.

[143] Vgl. näher *Geppert*, Jura 1986, 610; *Roxin*, AT I, 12/21, sowie *Hassemer*, JuS 1988, 994, der es angesichts der praktischen Bedeutung dieser Abgrenzungsfrage für umso beunruhigender hält, dass es Rechtsprechung und Lehre noch nicht gelungen ist, diese Frage zu lösen.

[144] Vgl. *Sieg*, Jura 1986, 326 f.; *Satzger*, Jura 2008, 112, 116 f.

[145] *Hillenkamp* vermeidet damit die „abschreckend wirkende", bloße Aufzählung von Theorien, die sich noch in der 6. Aufl. 1990 befand; ebenso *Satzger*, Jura 2008, 112, 117: „Wissenstheorien" u. „Willenstheorien".

Innerhalb der Vorstellungstheorien werden 3 Theorien unterschieden: Möglich-keits-, Wahrscheinlichkeits- und Risikotheorien, wobei letztere in 3 Varianten unter-gliedert sind. Innerhalb der Willenstheorien werden 4 Theorien unterschieden: die Billigungs-, Gleichgültigkeits-, Vermeidungs- und Ernstnahmetheorien.

47   Die Vielzahl der „Theorien" darf nicht darüber hinwegtäuschen, dass bei deren Anwendung auf Fälle im Ergebnis oft Übereinstimmung zu erzielen sein wird. Um diese Einheitlichkeit in der Beurteilung von typischen Fallkonstellationen zu erhö-hen, werden auch verschiedene „Theorie-"Kombinationen angeboten.[146] So ist etwa nach *Schroeder* bedingter Vorsatz gegeben, „wenn der Täter die Tatbestandsver-wirklichung für möglich hält und billigt, für wahrscheinlich hält oder ihr gleichgül-tig gegenübersteht."[147] Mit dieser auch **„Vereinigungstheorie"**[148] genannten Kom-bination gelingt es, die Lücken der Billigungstheorie in Fällen zu schließen,[149] in denen z.B. der Täter den für wahrscheinlich gehaltenen Erfolgseintritt nicht positiv billigt, aber dennoch handelt, ohne die Gefahrsituation „durch kompensierende Verhaltensbemühungen zu entschärfen", oder in denen z.B. dem Täter der Er-folgseintritt „völlig gleichgültig ist und er sich daher auch über die ‚Ernstlichkeit' oder Nähe der Gefahr gar keine Gedanken macht."[150] Davon zu unterscheiden ist der Fall, dass der Täter aus Gleichgültigkeit bereits die Umstände des Geschehens (z.B. das Alter des Opfers) nicht erkennt (vgl. 13/7). Sollten freilich alle hier „verei-nigten Theorien" (Billigungs-, Wahrscheinlichkeits-, Gleichgültigkeits- und wohl auch Vermeidungs-, möglicherweise sogar die Ernstnahmetheorie) durchgreifenden Bedenken ausgesetzt sein, so wäre auch die „Vereinigungstheorie" kein Fortschritt; sollten Bedenken nur gegen einzelne der „vereinigten Theorien" bestehen, so würde das die „Vereinigungstheorie" nur treffen, wenn sie gerade diese einzelne „Theorie" zur Bewältigung des fraglichen Falles benötigt.

48   Eine **Kombination** der dreifach abgestuften Wissens- und Wollenskomponenten des Vorsatzes schlägt *Schünemann* auch zur Abgrenzung von Eventualvorsatz und bewusster Fahrlässigkeit vor. Nur die Kombination der untersten Wissenskompo-nente = „Fürmöglichhalten" (darüber stehen: „Fürwahrscheinlichhalten" und „Ge-wissheit") und der untersten Wollenskomponente = „Unerwünschtheit" (darüber stehen: „Gleichgültigkeit" und „Erwünschtheit") soll der bewussten Fahrlässigkeit zugeschlagen werden; begründet wird dies mit der Behauptung, dass „sich derjeni-

---

[146] Ob man diese allerdings als „gegenwärtig herrschende" bezeichnen kann (so *Schüne-mann*, JR 1989, 93 Fn. 51), erscheint zweifelhaft; *Schünemann*, GA 1985, 364, und 1988, S. 489, stellt auf die größere oder geringere Ausgeprägtheit des kognitiven oder emotionalen Elements ab; s. auch *Schünemann*, 1996, S. 15 ff.

[147] LK[11]-*Schroeder*, § 16 Rn. 93 [dazu LK-*Vogel*, § 15 Rn. 123]; MK-*Joecks*, § 16 Rn. 63.

[148] *Roxin*, AT I, 12/57, spricht von „Kombinationstheorien".

[149] Darin sieht auch *Frisch*, 1983, S. 22 Fn. 93, die positive Leistung dieser „kumulativen Kombination".

[150] LK[11]-*Schroeder*, § 16 Rn. 91 u. 93; zur „Gleichgültigkeit als Vorsatz?" kritisch *Kind-häuser*, Fs. Eser, 2005, S. 345 ff. u. knapper in: AT, 14/22, 26, 29; krit auch *Otto*, 7/43; be-achte jedoch *Puppe*, AT 1, 16/38; diff. *Roxin*, AT I, 12/40; als dieser Theorie nahestehend sehen sich S/S-*Cramer/Sternberg-Lieben*, § 15 Rn. 84; – zur **„Gleichgültigkeitstheorie"** vgl. auch *Satzger*, Jura 2008, 112, 117 u. krit. *Rengier*, AT, 14/25 u. *Zieschang*, Rn. 130, 131; nach *Schroth*, Fs. Widmaier, 2009, S. 779, 793, ist das „Egal-Gefühl" ein vorsatzrelevantes Faktum, das für Vorsatz spricht. Aus der Rspr. vgl. BGHSt 40, 304, 306; 50, 1, 7 (zum An-stiftervorsatz; dazu 20/191, 196); BGH NStZ 2007, 639, 640, die das Willenselement beja-hen; vgl. aber auch BGH StV 1995, 511; BayObLG NJW 2003, 371 f., die den Vorsatz schon wegen fehlenden Wissenselements verneinen; aus der Übungsfall-Literatur vgl.: *Heghmanns/Kusnik*, AL 2010, 275 u. 282.

ge, dem eine für möglich gehaltene Rechtsgutsverletzung unerwünscht ist, nicht eindeutig gegen das Recht stellt".[151] Diese Folgerung wird bei denen auf Bedenken stoßen, die meinen, dass man sich auch dann gegen das tatbestandlich geschützte Rechtsgut entscheidet, wenn man sich mit der als möglicherweise eintretend erkannten, unerwünschten Folge „abfindet". Geringeren Bedenken begegnet wohl die Erfassung derjenigen als Vorsatztäter, die entweder „gegenüber einer als möglich erkannten Rechtsgutsverletzung gleichgültig" sind, oder „um den wahrscheinlichen Eintritt" einer ihnen „an sich unerwünschten Rechtsgutsverletzung" wissen.

Auf die Möglichkeit, die Vagheit des Begriffs „dolus eventualis" durch ein **kom-** **49** **pensatorisches Zusammenspiel** verschiedener abstufbarer Begriffsmerkmale zu reduzieren, hat *Puppe* hingewiesen.[152] Ausgangspunkt ist für sie die Möglichkeitsvorstellung, die „von der Vorstellung annähernder Gewissheit bis zu den geringsten Wahrscheinlichkeitsgraden" abstufbar ist. Der Nachteil der „Wahrscheinlichkeitstheorie" – ohne Willkür ist eine Grenze innerhalb des fließenden Übergangs nicht zu ziehen – wird durch wiederum abstufbare Begriffe anderer „Theorien" ausgeglichen. Je niedriger nun die Stufe der vorgestellten Wahrscheinlichkeit ist, desto höher muss die beim anderen abstufbaren Begriff erreichte Stufe sein, z.B. eine stark positive Einstellung des Täters zum Erfolgseintritt nach der sog. „Willens-Billigungstheorie"; oder z.B. eine starke Präsenz der Erfolgsvorstellung im Bewusstsein des Täters im Moment seiner Handlung nach der sog. „Vorstellungstheorie". Stellt sich der Täter umgekehrt eine große Erfolgswahrscheinlichkeit vor, so reicht für die Annahme von Eventualvorsatz ein geringer Grad an Einverständnis mit dem Erfolg bzw. an Präsenz der Erfolgsvorstellung im Moment der Handlung.

So anziehend ein solches kompensatorisches Zusammenspiel auch für manche **50** sein mag, die für das Zusammenspiel eingesetzten Begriffe bzw. „Theorien" muten ohne nähere Erklärung etwas beliebig an. Es ist deshalb bei der Übernahme dieser (von *Puppe* so genannten) komparativen Gesetze ebenso wie bei der Übernahme der zuvor vorgestellten Kombinationen erforderlich, Klarheit über den Inhalt der „Theorien" bzw. über den Gehalt der Vorsatzkomponenten zu haben. Doch um diese Klarheit ist es leider schlecht bestellt.

Klärend ist hinsichtlich der „Theorien" die **grobe** Einteilung (s. o. Rn. 46)[153] in **51** solche, die ohne ein Willensmoment auskommen wollen (sog. kognitive oder intellektuelle Theorien), und in solche, die neben dem Wissens- auch ein Wollensmoment verlangen (sog. Einwilligungstheorien i. w. S.[154] oder volitive Theorien). Diese durch Reduktion auf verschiedene **Grundansätze** erreichte Klärung sollte jedoch nicht überschätzt werden, denn in kognitiven/intellektuellen Theorien kann ein Willenselement enthalten sein,[155] und unter volitiven Theorien laufen auch solche Theorien, denen es gar nicht auf eine positive innere Einstellung des Täters zum als möglicherweise eintretend vorausgesehenen Erfolg ankommt.

---

[151] *Schünemann*, GA 1985, 364; vgl. auch *Schünemann*, Fs. Hirsch, 1999, S. 363, 370 ff., der einen „typologischen Vorsatzbegriff" entwirft.

[152] *Puppe*, Gs. A. Kaufmann, 1989, S. 31. – Zu *Puppes* eigener Position s. Rn. 68 a.

[153] Vgl. z.B. *Bloy*, JuS 1989, L 4, der von zwei konkurrierenden Grundsätzen spricht; *Eser/Burkhardt*, Strafrecht I, Nr. 7 A 2, unterscheiden „zwei theoretische Grundkonzepte". – *Murmann*, GK, 24/23, unterscheidet „Willenstheorien" und „Vorstellungstheorien". – Vgl. auch *Samson*, Strafrecht I, S. 47–51; *Küpper*, ZStW 100 (1988), 758 ff. u. 764 ff., sowie knapp *Hassemer*, JuS 1988, 994.

[154] Vgl. dazu *Lackner/Kühl*, § 15 Rn. 24 m. w. N.

[155] Deshalb bildet *Geppert*, Jura 1986, 612 u. 2001, 55, 57, eine „selbstständige dritte Gruppe" für Lösungsansätze, „die letztlich wohl mehr mit Elementen des ‚Wissens' arbeiten".

52 Hinsichtlich der Vorsatzkomponenten beim Eventualvorsatz ist immerhin klar, dass als **intellektuelles/kognitives Element** zunächst die Möglichkeitsvorstellung hinsichtlich des zukünftig eintretenden Erfolges zu verlangen ist.[156] **Fehlt** es bereits an dieser **Möglichkeitsvorstellung**, so erreicht der von dem durch den Täter bedrohten Rechtsgut ausgehende Appell, es doch möglichst nicht zu verletzen, diesen nicht. Es kann ihm höchstens ein Fahrlässigkeitsdelikt angelastet werden, wenn die Rechtsgutverletzung in der Tatsituation mindestens objektiv voraussehbar war (sog. unbewusste Tatfahrlässigkeit). Eine Entscheidung gegen das (von ihm nur unwissentlich und deshalb auch unwillentlich verletzte) tatbestandlich geschützte Rechtsgut kann ihm hingegen nicht vorgehalten werden, da ihm das Bewusstsein von den Folgen seiner Tat, welches ihn zum Unterlassen der Handlung hätte motivieren können, fehlte.[157]

53 Würde die **Fahrlässigkeitsstrafbarkeit** nur auf diese Konstellation eingeschränkt, so wäre jedes Handeln schon bei einer Möglichkeitsvorstellung hinsichtlich des Erfolgseintrittes vorsätzliches Handeln. Soweit gehen jedoch – wie noch zu zeigen sein wird – selbst die kognitiven/intellektuellen Theorien nicht.[158] Nach weit überwiegender Ansicht gibt es vielmehr auch (bewusst) fahrlässiges Verhalten, bei dem der Täter die Möglichkeit des Erfolgseintritts auf Grund seines Handelns zwar erkennt, aber leichtsinnig darauf vertraut, er werde schon nicht eintreten. Die **Möglichkeitsvorstellung** bringt also noch **keine Abgrenzung** zwischen Vorsatz und Fahrlässigkeit, es gilt sie **aber** als **Mindestvoraussetzung** des Eventualvorsatzes festzuhalten; auch gerade für die Fallbeurteilung, denn immer wenn in einem Sachverhalt von einer vom fraglichen Täter erkannten Möglichkeit (z.B. sein Opfer werde möglicherweise infolge seines Verhaltens verletzt, getötet, geschädigt) die Rede ist, kann damit die Abgrenzungsfrage zwischen Eventualvorsatz und bewusster Fahrlässigkeit aufgeworfen sein (sie muss es nicht, denn auch bei der Absicht und auch bei der Wissentlichkeit i.w.S. kann eine Möglichkeitsvorstellung als intellektuelle Vorsatzkomponente ausreichen).[159]

54 Einer Klärung bedarf jedoch der oben (Rn. 10 f.) schon angesprochene, bis heute unentschiedene Streit um die Unverzichtbarkeit bzw. Verzichtbarkeit des **voluntativen/emotionalen Vorsatzelements**. Ein wichtiger Schritt zur Präzisierung des eigentlichen Streitpunktes besteht in der genaueren Bestimmung dieser Wollenskomponente. Auch hier besteht inzwischen weitgehende Einigkeit darüber, was mit dem Willensmoment nicht gemeint ist. **Nicht** gemeint sind alle die Willensmomente, die eher **Gefühlseinstellungen** betreffen.[160] **Emotionale Zuwendung** zum Rechtsgut (z.B. Mitleid mit dem Opfer, Bedauern seiner Verletzung bzw. Schädigung, Nichtbilligen seines Todes) hindern die Annahme von Eventualvorsatz ebenso wenig wie die **emotionale Abwendung** vom Rechtsgut (Gefühlskälte gegenüber dem Opfer, Erwünschtsein seiner Verletzung bzw. Schädigung, Billigung/Einverstandensein mit seinem Tod) das Vorliegen von Eventualvorsatz begründet. Auch „Momente des menschlichen Gefühlslebens" wie Rücksichtslosigkeit oder Gleichgültigkeit tragen den Begriff des

---

[156] Vgl. *Gropp*, 5/86.
[157] Vgl. *Samson*, Strafrecht I, S. 50 f.
[158] Selbst Gegner der Kategorie ‚bewusste Fahrlässigkeit' wie *Jakobs* und *Schmidhäuser* reichern die für den Eventualvorsatz zu verlangende Möglichkeitsvorstellung an; s. dazu unten im Text (Rn. 62 ff.); dagegen *Frister*, 11/25–27, der die Möglichkeitsvorstellung für ausreichend hält.
[159] Vgl. *Schulz*, JuS 1990, 657.
[160] Vgl. *Küper*, GA 1987, 507; ausdrücklich zustimmend *Brammsen*, 1989, S. 77; wie hier auch *Satzger*, Jura 2008, 112, 116.

Eventualvorsatzes nicht, selbst wenn sie „das psychische Geschehen in adäquater und nachvollziehbarer Weise" beschreiben; solche Gefühlszustände steuern das Verhalten des Täters nicht, sie begleiten es nur.[161]

Es kommt aber beim Vorsatz darauf an, die Entscheidung des Täters gegen das Rechtsgut herauszuarbeiten, und dafür sind emotionale Einstellungen zur Tat und ihren Folgen allenfalls als ein jederzeit entkräftbares **Indiz**[162] zu gebrauchen. Mit anderen Worten: die „emotive Stellung des Handelnden zum Rechtsgut ... im Handlungszeitpunkt hat für die dolus eventualis-bewusste Fahrlässigkeits-Abgrenzung zwar keine kriterielle, sondern hier eine symptomatische Bedeutung".[163] So ist z.B. die Unerwünschtheit des Todes des Opfers bzw. die Gleichgültigkeit des Täters gegenüber dem Tod des Opfers nur ein entkräftbares, kein durchschlagendes Argument für den Tötungseventualvorsatz, auch umgekehrt ist z.B. die Unerwünschtheit des Todes bzw. die Nichtgleichgültigkeit des Täters gegenüber dem Tod des Opfers nur ein widerlegbares Argument gegen diesen Vorsatz.

Die Übereinstimmung in der Ablehnung emotionaler Willensmomente als Vorsatzkriterien erfasst auch die Rechtsprechung, obwohl der **BGH** kontinuierlich die Formel der **Billigungstheorie** verwendet,[164] wonach der Vorsatztäter den als möglicherweise eintretend erkannten Erfolg auch „billigend in Kauf genommen" haben muss, und obwohl er zusätzlich dieses „Billigen" als das Charakteristikum des Eventualvorsatzes herausstreicht,[165] verlangt er in der Sache eine **gefühlsmäßige Bejahung des Erfolges** durch den Täter schon seit langem **nicht** mehr.[166]

Besonders deutlich wird dieser Verzicht auf die gefühlsmäßige Bejahung des Erfolges schon in dem in der Literatur[167] allgegenwärtigen „**Lederriemen-Fall**" aus dem Jahre 1955 (BGHSt 7, 363 = *Roxin,* HRR AT, Fall 7, S. 8 f. u. 159 f.), der gelegentlich auch „**Sandsack-Fall**" genannt wird:

A und B wollen ihren gemeinsamen Bekannten X berauben; der Tod des X wäre ihnen höchst unwillkommen. Sie versuchen zunächst, X mit einem Sandsack zu betäuben. Als dies nicht gelingt, würgen sie X mit einem mitgebrachten Lederriemen – eine Methode, die A und B ursprünglich schon erwogen, jedoch wegen ihrer Lebensgefährlichkeit verworfen hatten. Beim

---

[161] Vgl. *Behrendt,* Fs. von Simson, 1983, S. 17. *Hassemer,* Gs. A. Kaufmann, 1989, S. 298, spricht von „Begleitgefühlen des Handelnden", die seine Entscheidung nicht berühren. Nach *Jakobs,* 8/21 haben solche Einstellungen mit der Steuerung nichts zu tun, sondern allenfalls mit den Gründen, von der Steuerungsmöglichkeit keinen Gebrauch zu machen. – Speziell zum „grausamen Mord" *Grünewald,* Jura 2005, 519, 524 Fn. 52.

[162] Vg. *Frisch,* 1983, S. 475 u. 489 f., vgl. auch schon S. 333 ff.: Billigung und Ablehnung als „Indikatoren des Vorhandenseins oder Nichtvorhandenseins der maßgeblichen Vorsatzsubstrate."

[163] *Schroth,* NStZ 1990, 324.

[164] Vgl. *Hillenkamp,* 1. AT-Problem S. 6 f.; *Schroth,* NStZ 1990, 324; *Geppert,* Jura 2001, 55; *Safferling,* 2008, S. 176. – Umfangreiche Rechtsprechungsanalysen finden sich bei *Köhler,* 1982, S. 45–102 u. S. 289–296, sowie *Frisch,* 1983, S. 304–339 u. 379 bis 406; vgl. zu beiden *Küper,* GA 1987, 489 f., 495 f., 508 Fn. 18. – „Zur Entwicklung der Rechtsprechung" *Roxin,* AT I, 12/75–88, mit Beispielen 8–12. – Krit. zur BGH-Rspr. *Herzberg,* Fg. BGH, 2000, S. 51, 72 ff. u. in: Fs. Schwind, 2006, S. 317, 336 sowie *Langer,* 2007, S. 83: „Kümmerform" des Willenselements. – Der Rspr. folgend B-*Weber/Mitsch,* 20/53 f.

[165] „Irreführend" nach *Frisch,* JuS 1990, 366.

[166] Vgl. *Frisch,* JuS 1990, 366; *Schroth,* NStZ 1990, 324; *Köhler,* JZ 1981, 35; *Geppert,* Jura 2001, 55, 58.

[167] Vgl. aus der Ausbildungsliteratur: *Eser/Burkhardt,* Strafrecht I, Nr. 7, S. 83 ff.; *Hillenkamp,* 1. AT-Problem, S. 1 mit Lösung S. 11 f. und *Jäger,* Fall 13, Rn. 83 f. – Vgl. auch den „Würge-Fall" des BGH NStZ-RR 1997, 199, in dem der Täter auch eine Paketschnur zur Drosselung des Opfers einsetzte; weiterer Drosselungsfall bei BGH NStZ-RR 2008, 341 f.

festen Zuziehen des Lederriemens stirbt X. Wiederbelebungsversuche der Täter bleiben ohne Erfolg.[168]

In der Begründung seiner den Eventualvorsatz bejahenden Entscheidung hebt der BGH zwar zunächst hervor, dass die Billigung des Erfolges das entscheidende Unterscheidungsmerkmal des bedingten Vorsatzes von der bewussten Fahrlässigkeit bildet, fährt dann aber fort:

> „Bedingter Vorsatz kann auch dann gegeben sein, wenn dem Täter der Eintritt des Erfolges unerwünscht ist. Im Rechtssinne billigt er diesen Erfolg trotzdem, wenn er, um des erstrebten Zieles willen, notfalls, d.h. sofern er anders sein Ziel nicht erreichen kann, sich auch damit abfindet, dass seine Handlung den an sich unerwünschten Erfolg herbeiführt, und ihn damit für den Fall seines Eintritts will ..." (BGHSt 7, 369; ähnlich jetzt BGH NStZ 2011, 699, 702).

58   Die Kritik an dieser Begründung von Seiten der Literatur beschränkt sich weitgehend[169] auf die Beibehaltung des emotional gefärbten Begriffs der „Billigung";[170] die Ablehnung der „Erwünschtheit des Erfolges" als Vorsatzkriterium hingegen wird fast allgemein begrüßt. Auch in seiner **ersten AIDS-Entscheidung** aus dem Jahre 1988 hat der BGH (St 36, 1 = *Roxin*, HRR AT, Fall 8, S. 9 ff. u. 160 f.) an dieser Ablehnung festgehalten und die These aufrechterhalten, dass auch unerwünschte Erfolge gewollt sein können:

T ist HIV-infiziert und hierüber wie über die Ansteckungsrisiken durch seinen Hausarzt voll informiert. Er übt gleichwohl mit anderen Homosexuellen, die von der Infektion nichts wissen, ungeschützten Geschlechtsverkehr, ohne dass es zu einer Übertragung kommt. T gibt an, er habe stets gehofft, dass er seine Partner nicht anstecke.[171]

In der Begründung seiner den Eventualvorsatz hinsichtlich der versuchten gefährlichen Körperverletzung gem. § 224[172] bejahenden Entscheidung heißt es:

> „Nach der ständigen Rechtsprechung des Bundesgerichtshofs zur Abgrenzung von bedingtem Vorsatz und bewusster Fahrlässigkeit handelt der Täter vorsätzlich, wenn er den Eintritt des tatbestandlichen Erfolges als möglich und nicht ganz fern liegend erkennt und damit in der Weise einverstanden ist, dass er die Tatbestandsverwirklichung billigend in Kauf nimmt oder sich um des erstrebten Zieles willen wenigstens mit ihr abfindet, mag ihm auch der Erfolgseintritt an sich unerwünscht sein; ..." (BGHSt 36, 9).[172a]

---

[168] So fasst *Weigend*, ZStW 93 (1981), 659, den umfangreichen Sachverhalt von BGHSt 7, 363 ff., zusammen. Gekürzte Sachverhaltsschilderungen finden sich auch bei *Behrendt*, Fs. von Simson, 1983, S. 14; *Hillenkamp*, 1. AT-Problem, S. 1; *Krey/Esser*, AT, Fall 61, Rn. 387; *Schmidhäuser*, JuS 1980, 245; *Dencker*, 1996, S. 231: „Sandsack-Riemen-Fall"; *Hoffmann-Holland*, Rn. 172.

[169] Vgl. jedoch die Anmerkung von *Engisch*, NJW 1955, 1689, der wie schon in seinen „Untersuchungen über Vorsatz und Fahrlässigkeit" (1930, S. 190 ff.) mehr für den Vorsatz fordert als der BGH, nämlich: „Billigung des rechtswidrigen Erfolges oder wenigstens rücksichtslose Gleichgültigkeit gegen dessen Eintritt."

[170] Vgl. nur *Roxin*, JuS 1964, 53 ff. Vgl. auch *Schmidhäuser*, JuS 1980, 245 f., sowie *Langer*, GA 1990, 460: „Leerformel", die zu „Willkür und Beliebigkeit" bei der Rechtsanwendung führe. – Ähnlich kritisch *Puppe*, NStZ 1992, 576 f.: hat keinen eindeutigen Sinn, kann nur formelhaft verwendet werden.

[171] So fasst *Hillenkamp*, 1. AT-Problem, Bsp. 2 S. 12, den umfangreicheren Sachverhalt von BGHSt 36, 1 ff., zusammen. – Zur von ihm sog. „AIDS-Frage" aus italienischer Sicht *Canestrari*, GA 2004, 210, 225.

[172] Die Rechtsprechung gilt aber auch für den Vorsatz hinsichtlich der vollendeten gefährlichen Körperverletzung, wie BGHSt 36, 262 ff., 266 f., ausdrücklich betont; zum § 224 Vorsatz BGH NStZ 2006, 572 (Angriff mit Schusswaffen auf Fahrzeugführer).

[172a] Ebenso BGH NStZ 2001, 475, 476; 2002, 314 f. u. 315 f.; 2003, 431 u. 603 sowie BGH StV 2004, 79, 80; BayObLG NJW 2003, 371, 372 mit krit. Anm. *Freund/Klapp*, JR 2003,

Auch an dieser Rechtsprechung wird in der Literatur wieder die „Billigungs"-Terminologie kritisiert: das „trotz aller Unschärfen relativ klare psychische Datum …, dass der Täter sich um der Erreichung anderer Ziele willen notfalls mit der Möglichkeit des Erfolgseintritts abfindet" werde „irreführend" „definitorisch als Unterfall des vieldeutigen Billigens" geführt.[173]

Halten wir fest, was wir bisher auf dem Weg zur **Klärung** des Begriffs „Eventualvorsatz" erreicht haben: 59

– das Für-möglich-Halten des Erfolgseintritts ist intellektuelle Mindestvoraussetzung des Eventualvorsatzes
– das Erwünschtsein/Unerwünschtsein des Erfolges ist wie vergleichbare emotionale Einstellungen des Täters zum Erfolg kein taugliches Kriterium zur Bestimmung des Eventualvorsatzes.

Offen geblieben ist bei diesem Zwischenstand der Begriff des Eventualvorsatzes, insbesondere sind folgende Fragen bisher unbeantwortet:

– Muss zum Für-möglich-Halten des Erfolgseintritts ein „abgeschwächtes" Willenselement hinzukommen, und wenn ja, welches?
– Reicht es für die Bestimmung des Begriffs ‚Eventualvorsatz', dass die Möglichkeitsvorstellung „angereichert" wird, und wenn ja, wie muss diese „Anreicherung" aussehen?

Der Weg zur Beantwortung dieser Fragen ist steiniger als der bisher zurückgelegte   60
Weg. Es lässt sich jedoch nach der intensiven Diskussion dieser Fragen in der Literatur der letzten Jahre einiges zur „Anreicherung" des Wissenselements und zur „Abschwächung" des Wollenselements sagen. Dabei lässt die Terminologie schon ahnen, dass sich „kognitive und volitive Theorien" **aufeinanderzubewegen**. Zielpunkt dieser Bewegung ist die hier schon von Anfang an als leitend vorgestellte Entscheidung des Täters gegen das tatbestandlich geschützte Rechtsgut bzw. für die Rechtsgutsverletzung.

Die **neueren kognitiven Theorien** sind sich zwar in der Ablehnung eines selbst-   61
ständigen Willensmoments für den Eventualvorsatz einig, bieten aber hinsichtlich der Einschränkung des allein entscheidenden Kenntnis-Moments so viele Ansätze, dass hier nur ein (nicht erschöpfender) Überblick gegeben werden kann.[174]

Ein erster Ansatz arbeitet mit der ins Subjektive verlagerten Unterscheidung von   62
abstrakter und konkreter Gefahr. Schon *Schmidhäuser* als Vertreter der Möglichkeitstheorie fordert für den Eventualvorsatz-Täter, dass er sich „im entscheidenden Handlungsaugenblick der **konkreten Möglichkeit**" der Rechtsgutsverletzung „bewusst ist".[175] Er schließt damit – die „reine" Möglichkeitstheorie bzw. die bloße

---

431, 432. – Zum Vorsatz hinsichtlich des Gefährdungsschadens bei der Untreue nach § 266: BGH St 51, 100; BGH wistra 2007, 306 f.; BGH StV 2007, 581; in diesen Entscheidungen – dazu *Nack*, StraFo 2008, 277 ff. – wird das Billigen betont: damit werde mehr als ein Inkaufnehmen verlangt, es reiche aber ein Sich-damit-Abfinden. – Zum bedingten Betrugsvorsatz BGH wistra 2008, 342 f. – Zum Hehlerei-Vorsatz bei eBay-Versteigerungen LG Karlsruhe bei *Jahn*, JuS 2008, 174. – Zum Eventualvorsatz bei der Steuerhinterziehung *Ransiek/Hüls*, NStZ 2011, 678 ff.: Dominanz der Kenntnis.

[173] *Frisch*, JuS 1990, 366. Vgl. zur „Leerformel" des „Billigens im Rechtssinne" *Langer*, GA 1990, 460; ähnlich *Puppe*, NStZ 1991, 574: unbestimmt und schillernd; ebenso *dies.* in: NK § 15 Rn. 31.

[174] Vgl. deshalb die kritische Sichtung dieser Ansätze bei *Küpper*, ZStW 100 (1988), 759–764 u. 779 f. – Aus völkerstrafrechtlicher Perspektive *Ambos*, 2002, S. 769 f.

[175] *Schmidhäuser*, 7/101; vgl. auch *ders.*, JuS 1980, 244 f. sowie in: Fs. Oehler, 1985, S. 135 ff.; eine Möglichkeitstheorie vertritt auch *Kindhäuser*, AT, 14/27, 30 f.: „das konkrete Risiko des Erfolgseintritts vor Augen". – „Hohe Evidenz" bescheinigt diesem Vorsatzbegriff ohne Willenselement *Langer*, GA 1990, 458.

Möglichkeitsvorstellung einschränkend – die Vorstellung bloß abstrakter Gefahren für Rechtsgüter, wie sie vor allem bei riskantem Verhalten im Straßenverkehr vorkommen, aus, und versucht eine zusätzliche Einschränkung über den „entscheidenden **Zeitpunkt**" zu gewinnen: z. B. während des rasanten Fahrens sei sich der die Gefahr kennende Täter der konkreten Gefahr für andere Verkehrsteilnehmer nicht mehr bewusst.[176]

63   Noch deutlicher wird die Parallele zwischen den Begriffen abstrakte und konkrete Gefahr einerseits und der bewussten Fahrlässigkeit und des Eventualvorsatzes andererseits bei *Joerden*. Zwar urteile über die Gefahr ein objektiver Beobachter (der Richter), über den Vorsatz dagegen der Täter, doch sei die Struktur dieses Urteils ganz ähnlich.[177] Komme der Täter zu dem Urteil, der Erfolgseintritt sei möglich, so gehe er von der konkreten Gefahr für das Rechtsgut aus, und handele deshalb bedingt vorsätzlich. Halte der Täter hingegen erst für möglich, dass für das Rechtsgut eine **konkrete** Gefahr entstehen könnte, so geht er von einer der konkreten Gefahr vorgelagerten, **abstrakten Gefahr** für das Rechtsgut aus und handelt nur fahrlässig. Die zusätzliche Frage, bei welchen Inhalten der Tätervorstellung von der Annahme einer konkreten Gefahr und damit von Eventualvorsatz auszugehen ist, beantwortet *Joerden* mit der Überlegung, dass sich der Täter keinen **Einfluss** mehr **auf** die **Abwendung** des Erfolgseintritts zumisst. In *Schmidhäusers* Beispiel[178] vom Kraftfahrer, der in einer unübersichtlichen Kurve in der Annahme überholt, es werde ihm schon kein anderer Verkehrsteilnehmer entgegenkommen, entscheidet sich *Joerden* wie *Schmidhäuser* für die Annahme von bewusster Fahrlässigkeit, „weil der Täter sich in aller Regel in derartigen Fällen noch einen Einfluss auf die Abwendung des Erfolgseintritts zumessen wird, falls es denn zu einer konkreten Gefährdung kommen sollte".[179] Im „Lederriemen-Fall" hält *Joerden* die Bejahung des Eventualvorsatzes durch den BGH für zutreffend, denn „bei lebensnaher Würdigung des Sachverhalts haben sich die Täter im Hinblick auf den Weg zu einem eventuellen Erfolgseintritt … kein Stadium mehr vorgestellt, in dem sie noch einmal in die Lage versetzt sein würden, über die Abwendung des potentiellen Erfolgseintritts eine Entscheidung zu treffen. Vielmehr würde nach ihrer Vorstellung der Eintritt des Erfolges, wenn es denn dazu kommen sollte, **unmittelbar** durch ihr Verhalten (Würgen) herbeigeführt werden, ohne dass dem noch ein davon unterscheidbares Stadium eines konkreten Gefahreintritts vorgelagert wäre."[180] Zu demselben Ergebnis kommt auch *Schmidhäuser* mit der Begründung, dass die Täter im Bewusstsein handelten, der Erfolg könne konkret eintreten (sog. unsicheres Tatbewusstsein).[181]

64   Die Begriffe abstrakte und konkrete Gefahr spielen auch in der Gefährdungstheorie *Ottos* die entscheidende Rolle. *Otto* verlangt als intellektuelles Moment beim Eventualvorsatz, „dass sich der Täter der konkreten Gefahr der Rechtsgutsverletzung bewusst ist".[182] Das **Bewusstsein einer konkreten Gefahr** und damit Eventualvorsatz liege vor, wenn der Täter die Rechtsgutsverletzung im Geschehensablauf „bereits angelegt" sehe, „soweit nicht ein Zufall dem Geschehen einen ande-

---

[176] Vgl. zur Kritik dieser letzten Einschränkung *S/S-Sternberg-Lieben*, § 15 Rn. 75; *W-Beulke*, Rn. 217, sowie *Küpper*, ZStW 100 (1988), 761.
[177] Vgl. zum Folgenden *Joerden*, 1988, S. 150 ff. u. 167.
[178] *Schmidhäuser*, JuS 1980, 244.
[179] *Joerden*, 1988, S. 153.
[180] *Joerden*, 1988, S. 153.
[181] *Schmidhäuser*, JuS 1980, 246. Vgl. zum unsicheren Tatbewusstsein die Anfängerklausur bei *Kern/Langer*, Anleitung, S. 101 f. u. 105.
[182] Vgl. auch zum Folgenden *Otto*, 7/36 f.

ren Verlauf gibt". Die zur bewussten Fahrlässigkeit führende Möglichkeitsvorstellung gehe hingegen auf eine „abstrakte Gefahr"; hier erscheine dem Täter „die Realisierung der Rechtsgutverletzung als eine von mehreren Möglichkeiten", so dass es „gute Gründe ... für das Vertrauen" gebe, „dass sich diese Möglichkeit nicht realisiert".

Im Anschluss an *Otto* entwickelt *Brammsen* eine „**Gefährdungsformel**" mit dem   65
intellektuellen „Kriterium des Handelns im aktuellen Bewusstsein um die konkrete Gefahr für ein Rechtsgut".[183] Auch er hebt – wie schon *Otto*, aber auch *Joerden* – für die nähere Qualifizierung des Gefahrbewusstseins auf die Begriffe abstrakte und konkrete Gefahr ab und sieht die Differenz von bewusster Fahrlässigkeit und Eventualvorsatz im Bewusstsein von fehlenden oder gegebenen **Einflussmöglichkeiten** des Täters: „Fehlen nämlich Tatsachen, die dem Täter gestatten, sich eine Steuerungsmöglichkeit über den ingangggesetzten Geschehensablauf zuzuschreiben, dann ist sein Handeln nicht nur **abstrakt**, sondern **konkret** gefährlich. Steuerbares Verhalten ist willentliches Verhalten, Wunschvorstellungen genügen nicht! Weiß er um seine fehlenden Einflussmöglichkeiten und verwirklicht er dennoch die gefährliche Handlung, dann handelt er mit Eventualvorsatz."

Weitere Ansätze zur Präzisierung des intellektuellen Kenntnis-Moments können   66
hier nur noch stichwortartig genannt werden: Die bisher schon deutlich gewordene These, dass die Kenntnis des Vorsatztäters ein **Gefahrurteil** darstellt, hält eine ganze Reihe neuerer kognitiver Theorien zusammen. Dabei wird z.B. von *Herzberg* eine gesteigerte Gefahr schon im objektiven Tatbestand des Vorsatzdelikts[184] mit der hier interessierenden Folge verlangt, dass der Täter diese **ernst zu nehmende, unabgeschirmte Gefahr** kennen muss.[185] Ernstzunehmen soll nicht jede unerlaubte Gefahrsetzung sein, sondern nur die Gefahrsetzung von einem gewissen faktischen Gewicht, so dass Gefahren mit äußerst geringer Realisierungswahrscheinlichkeit ausscheiden. Besonders plastisch wird der Begriff der unabgeschirmten Gefahr in Fällen, in denen Abschirmungen von geringem Aufwand großen Erfolg versprechen, so z.B. die Kondombenutzung durch den HIV-Infizierten beim Geschlechtsverkehr mit dem unaufgeklärten Partner.

Andere, aber vergleichbare kognitive Ansätze verlangen das **Wissen** um eine   67
rechtlich oder sozial unerträgliche Gefahrsetzung.[186] So verlangt z.B. *Frisch* für die vom Täter zu kennende, tatbestandlich relevante Gefahr, dass sie nach objektiv-rechtlichen Maßstäben ein **intolerables Risiko** darstellt.[187] Damit sollen etwa im Straßenverkehr nur statistisch, nicht aber in concreto als gefährlich erkannte Verhaltensweisen ausgeschieden werden; so soll z.B. der Vorsatz bei dem eine unübersicht-

---

[183] *Brammsen*, JZ 1989, 80.
[184] Zur Kritik dieser Verlagerung der Abgrenzungsproblematik s. W-*Beulke*, Rn. 228, mit zahlreichen Nachweisen aus der neuesten Literatur, sowie *Eser/Burkhardt*, Strafrecht I, Nr. 7 A 25.
[185] *Herzberg*, JuS 1986, 249 ff., JZ 1988, 639 ff. u. in: Fs. Schwind, 2006, S. 317 ff. Vgl. auch *Schlehofer*, 1996, S. 169: „Kenntnis von der rechtlich missbilligten Gefahr der tatsächlichen Tatbestandsverwirklichung." – Kritisch zu diesem „höchst beachtlichen" Ansatz *Herzbergs Schünemann*, Fs. Hirsch, 1999, S. 363, 369 f., der u.a. eine Gleichsetzung von Gefährdungsvorsatz und Verletzungsvorsatz rügt; dies kritisiert auch *Köhler*, Fs. Hirsch, 1999, S. 65, 77 f.; krit. auch *Jakobs*, RW 2010, 283, 294, der die Frage, wann die Abschirmung stark genug ist, für unbeantwortet hält und das „Restrisiko" nicht der Fahrlässigkeit zuschlagen will (S. 295).
[186] Vgl. *Schünemann*, JR 1989, 94; *Bottke*, AIFO 1989, 471 f.
[187] *Frisch*, 1983, S. 26 ff., 101 f., 482 ff. u. in: JuS 1990, 366. – Krit. LK-*Vogel*, § 15 Rn. 35, 36, zu *Frisch* auch Rn. 124.

liche Kurve schneidenden Kraftfahrer fehlen, obwohl er die Gefahr eines Unfalles mit Folgen sah, also Verletzungsfolgen für möglich hielt.[188]

68   Die vor allem im älteren Schrifttum[189] vertretenen kognitiven Ansätze, die auf das Urteil des Täters über die **Wahrscheinlichkeit** des Erfolgseintritts infolge seiner Handlung abstellen, waren zwar in der wissenschaftlichen Diskussion zeitweise in den Hintergrund gerückt, erleben aber vereinzelt im neueren Schrifttum, so in abgewandelter Form etwa bei *Jakobs* und *Puppe,* eine Renaissance.[189a] *Jakobs* entwickelt eine Wahrscheinlichkeitstheorie, bei der aber so geringe Anforderungen an die Wahrscheinlichkeit gestellt werden, dass sie auch einer eingeschränkten Möglichkeitstheorie zugerechnet werden könnte:[190] „Bedingter Vorsatz liegt ... vor, wenn der Täter zum Handlungszeitpunkt urteilt, die Tatbestandsverwirklichung sei als Folge der Handlung **nicht unwahrscheinlich.**"[191] In Wirklichkeit ist aber die dem Täter bewusste Wahrscheinlichkeit, dass der Erfolg durch sein Handeln verwirklicht werden könnte, ein allgegenwärtiges Kriterium, das freilich mit anderen Kriterien kombiniert wird (s. o. Rn. 47 ff. zu den Vereinigungs- und Kombinationstheorien).[192] Wer sich den Erfolg nur als unwahrscheinliche oder ganz entfernte Folge eines Verhaltens vorstellt, hat danach keine ausreichende Kenntnis für einen Vorsatztäter.

68a   Eine Variante der Wahrscheinlichkeitstheorie stellt auch der normative Vorsatzbegriff dar, den *Puppe* in ihrer „Lehre von der Vorsatzgefahr" entwickelt hat.[192a] Der Vorsatz besteht danach im „bewussten Setzen einer Gefahr", die eine bestimmte Qualität in Form der sog. **Vorsatzgefahr** aufweisen muss. Die geschaffene Gefahr ist dann als Vorsatzgefahr zu qualifizieren, „wenn sie für sich betrachtet eine taugliche Methode zur Herbeiführung des Erfolgs darstellt".[192b] Der Täter handelt dann vorsätzlich, „wenn die Gefahr, die er (wissentlich oder vermeintlich) für das Rechtsgut schafft, von solcher Quantität und Qualität ist, dass ein Vernünftiger sie nur unter der Maxime eingehen würde, dass der Verletzungserfolg sein soll oder doch mindestens sein darf."[192c] *Puppe* lehnt es ab, beim Täter „auf konstitutions- oder situationsbe-

---

[188] Vgl. *Frisch,* 1983, S. 120 ff.; vgl. auch schon *Jakobs,* 8/32, mit Beispielen nicht entscheidungserheblicher Risiken. – Nach *Kargl,* 1993, S. 27, ist das abstrakte Wissen eines Kraftfahrers um die Folgen seines zu schnellen Fahrens kein „Tatwissen".

[189] Vgl. die Nachweise bei *Hillenkamp,* 1. AT-Problem, S. 3, die u. a. *Hellm. Mayer* und *Sauer* nennen, neuerdings aber *Kargl* und *Koriath* (vgl. dazu die folgende Fn. 189 a).

[189a] Zur „Wahrscheinlichkeitstheorie" vgl. *Satzger,* Jura 2008, 112, 117; *Kindhäuser,* AT, 14/17 und kritisch *Murmann,* GK, 24/30. – Einen „Wahrscheinlichkeitsvorsatz" verlangt *Kargl,* 1993, S. 70: Wenn aus der Sicht des Täters die Gründe, die für den schlechten Ausgang der Gefahr sprechen, ganz überwiegend sind. Vgl. auch *Koriath,* 1994, S. 632 ff.: „Vorsatz kann angenommen werden, wenn der Täter das Vorhandensein rechtlich relevanter Tatumstände und/oder den Eintritt rechtlich relevanter Erfolgsmomente und die mit diesen als Bedingungen oder Wirkungen notwendig verknüpften Folgen durch seine Handlung als wahrscheinlich vorausgesehen hat" (S. 651); ähnlich *Kindhäuser,* Fs. Eser, 2005, 345, 354, der auf eine für einen rechtstreuen Normadressaten „entscheidungsrelevante Wahrscheinlichkeit" für die Tatbestandsverwirklichung abstellt.

[190] Vgl. *Küpper,* ZStW 100 (1988), 763; *Schumann,* JZ 1989, 431, ordnet *Jakobs* der Wahrscheinlichkeitstheorie zu, *Hillenkamp,* 1. AT-Problem, S. 4, dagegen der Risikotheorie.

[191] *Jakobs,* 8/23, der aber auch eine „Untergrenze der Wahrscheinlichkeit" kennt (8/30), die von der Entscheidungserheblichkeit des erkannten Risikos abhängen soll.

[192] Vgl. *Lackner/Kühl,* § 15 Rn. 26.

[192a] *Puppe,* NStZ 1991, 574; *dies.,* Vorsatz und Zurechnung, 1992, S. 35 ff.; *dies.,* ZStW 103 (1991), S. 1 ff.; *dies.,* NK § 15 Rn. 64–83.

[192b] NK-*Puppe,* § 15 Rn. 69; dagegen mit Hinweis auf § 23 III *Kindhäuser,* AT, 14/20: auch objektiv ungeeignete Strategie kann Vorsatzgegenstand sein.

[192c] *Puppe,* ZStW 103 (1991), S. 41.

dingte irrationale Verarbeitungsmechanismen einzugehen, um seine wirkliche psychische Verfassung festzustellen";[192d] ein etwaiges Vertrauen des Täters auf das Ausbleiben des Erfolgs sei daher „ein für das subjektive Unrecht irrelevantes Gesinnungsmoment".[192e] Die Vorsatzfeststellung sei vielmehr „in einem normativen Sinne ... Zurechnung zum Willen".[192f] Gegen *Puppes* Lehre von der Vorsatzgefahr spricht, dass sie zu einer erheblichen Ausweitung der Vorsatzstrafbarkeit führt, da nach ihr auch derjenige Täter, der in Kenntnis der risikorelevanten Faktoren leichtsinnig auf das Ausbleiben des Erfolgs vertraut hat, als Vorsatztäter angesehen werden müsste. Bedenklich ist auch, dass nicht die individuelle Entscheidung des Täters für die mögliche Rechtsgutsverletzung im Zentrum der Vorsatzfeststellung steht, sondern eine nach Vernünftigkeitsmaßstäben erfolgende normative Zurechnung maßgeblich sein soll. Auch bleibt der Maßstab der Vernünftigkeit weitgehend im Dunkeln und kann daher keine sichere Entscheidungsgrundlage liefern. Zu befürchten ist schließlich, dass die Grenze zwischen Fahrlässigkeit und Vorsatz verwischt wird, wenn ein auf unvernünftigem Handeln beruhender, eklatanter Sorgfaltsmangel normativ als Vorsatz zugerechnet wird.[192g]

Ein letzter hier vorzustellender Ansatz ist von *Schumann* im Anschluss an *Struensee* entwickelt worden, und zwar gerade unter Ablehnung der Wahrscheinlichkeitstheorie, die den Vorsatzbegriff spalte (bei Absicht genüge die Möglichkeitsvorstellung) und keine Basis im objektiven Tatbestand habe (hier reiche Erfolgskausalität).[193] Gefordert wird eine **substantiierte Möglichkeitsvorstellung**, also eine Tatsachenbasis für das Wissen des Täters. Nicht die gekannte Höhe der Erfolgschance (= Wahrscheinlichkeitsurteil) entscheide in der Abgrenzung von Eventualvorsatz und bewusster Fahrlässigkeit, sondern das „Bewusstsein eines Quantums von Kausalfaktoren".[194] Vorsatztäter wie Fahrlässigkeitstäter hätten zwar eine „Erfolgskenntnis", doch enthalte die Kenntnis beim Fahrlässigkeitstäter mindestens einen Umstand weniger als die Kenntnis des Vorsatztäters.[195] Die für Vorsatz erforderliche Kenntnis von Erfolgsfaktoren müsse einen solchen Umfang annehmen, dass von einem ernst zu nehmenden Risiko gesprochen werden könne. Hat z. B. der Täter bei seinem Handkantenschlag auf den Kopf eines Kleinkindes den Wissensstand, dass diese Gewalthandlung das Leben des Opfers in äußerste Gefahr bringt, so reicht dies für die Annahme von Eventualvorsatz hinsichtlich der Tötung.[196]

69

[192d] *Puppe,* ZStW 103 (1991), S. 33.

[192e] NK-*Puppe,* § 15 Rn. 67.

[192f] NK-*Puppe,* § 15 Rn. 68.

[192g] Dazu und zu weiteren Kritikpunkten vgl. *Lackner/Kühl,* § 15 Rn. 25; *Kargl,* 1993, S. 69; *Köhler,* S. 165; *ders.,* Fs. Hirsch, 1999, S. 76 ff.; *Prittwitz,* 1993, S. 357 u. in: Fs. Puppe, 2011, S. 819, 823; *Roxin,* AT I, 12/47–52 u. in: Fs. Rudolphi, 2004, S. 243 ff., 257: unangemessene Beschränkung „auf eine bestimmte Gefahrvorstellung" [dagegen *Kindhäuser,* GA 2007, 447, 465 Fn. 56]; SK-*Rudolphi,* § 16 Rn. 5 b; *Verrel,* NStZ 2004, 309, 311; *Herzberg,* Fs. Schwind, 2006, S. 317, 326 ff.; *Jakobs,* RW 2010, 283, 296 f.; eingehende Anti-Kritik von *Puppe* in: NK, § 15 Rn. 84–87, in: AT 1, 16/41–48, knapper in: Fs. Grünwald, 1999, S. 469, 488.

[193] Vgl. *Schumann,* JZ 1989, 431 f.

[194] *Schumann,* JZ 1989, 433; *Struensee,* JZ 1987, 60 u. 541.

[195] Vgl. auch *Roxin,* Gs. A. Kaufmann, 1989, S. 250, zu *Struensee:* „Je mehr Risikofaktoren er wirklich bemerkt hat, desto mehr nähert sich sein Verhalten der bewussten Fahrlässigkeit und schließlich dem dolus eventualis"; *Roxin* fährt aber mit kritischem Unterton fort: „denn je mehr der Täter sieht, desto mehr wird sich die Möglichkeit der Tatbestandsverwirklichung aufdrängen".

[196] *Schumann,* JZ 1989, 433, gegen BGH NStZ 1988, 175. Kritisch zu dieser Entscheidung auch *Langer,* GA 1990, 461, da der Täter im Bewusstsein der Lebensgefährlichkeit, im Wissen um die konkrete Lebensgefährlichkeit, zuschlug.

70   Fasst man die unterschiedlichen kognitiven Ansätze vergröbernd zusammen, so
wird man sie dahin verstehen können, dass ein **qualifiziertes Gefahrurteil** des Täters
für den Eventualvorsatz deshalb hinreichend ist, weil er sich mit der Ausführung der
tatbestandsmäßigen Handlung im Bewusstsein der Gefahr für das tatbestandlich geschützte Rechtsgut gegen dieses entscheidet. Handeln im Wissen um die konkrete
Gefahr, bei Wahrscheinlichkeitsvorstellung oder bei der Kenntnis einer ausreichenden Zahl von Kausal- bzw. Erfolgsfaktoren bleibt vorsätzliches Handeln auch dann,
wenn der Täter den Erfolg nicht herbeiführen will.

71   Es gibt aber schon bei den Vertretern kognitiver Ansätze Stimmen, die das qualifizierte, substantiierte Gefahr-/Wahrscheinlichkeitsurteil nicht für ausreichend halten. So verlangt etwa *Jakobs* von der Kenntnis des Vorsatztäters, dass sie „Urteils-
qualität" haben müsse, genauer: es müsse sich „um ein für den Täter **gültiges
Urteil**" handeln, das bloße Denken an die Möglichkeit des Erfolges reiche nicht
aus.[197] Noch deutlicher tritt dieses Zusatzerfordernis an das Gefahrurteil bei *Frisch*
hervor, wenn er verlangt, „dass der Täter das von ihm erkannte tatbestandsrelevante
Risiko seiner Handlung ernst nimmt, für sich von diesem Risiko ausgeht, es in diesem Sinne zu seiner Entscheidungsgrundlage macht".[198] Für kognitiv hält *Frisch*
diese Einschränkung deshalb, weil es um die „Einschätzung des Risikos (Ausgehen
vom Erfolgseintritt als in concreto ernsthaft möglich)" geht. In das so strukturierte
Risikobewusstsein gehen aber außer dem Wissenselement auch Willensmomente
ein;[199] das „Für-sich-so-Sehen", die „verbindliche persönliche Sicht" und insbesondere das Ernstnehmen der Gefahr sind Elemente, die sich nicht auf die intellektuelle,
distanzierte Kenntnis zurückführen lassen.

72   Rückt das so qualifizierte, angereicherte Wissen als nicht nur theoretisches, sondern
praktisches Gefahrurteil in die Nähe des Wollens,[200] so erscheint es sinnvoll, sich in der
„Theorie"-Gruppe umzusehen, die ausdrücklich ein **zusätzliches Willenselement**[200a]
für den Eventualvorsatz verlangt. Die Diskussion innerhalb dieser Gruppe orientiert
sich – nach der Ausscheidung von Gefühlseinstellungen (s. o. Rn. 54 ff.) – zunächst an
Begriffen wie „Ernstnehmen" der Möglichkeit des Erfolgseintritts und „Sich-
Abfinden" mit dem Erfolgseintritt bzw. „Hinnehmen" des Erfolgseintritts.[201]

73   Mit dem Ernstnehmen der Möglichkeit des Erfolgseintritts wird anschaulich zum
Ausdruck gebracht, dass es auf die Verarbeitung dieser Möglichkeit durch den Täter

---

[197] *Jakobs*, 8/23, der selbst die Nähe zu volitiven Theorien, die auf das Sich-Abfinden mit
oder die Ernstnahme der Tatbestandsverwirklichung abstellen, betont (8/25); nach *Jakobs*,
RW 2010, 283, 291, 294, ist Vorsatz „der Wille mit dem Inhalt, eine entscheidungsrelevante
Gefahr zu gestalten". – Vgl. auch *Küpper*, ZStW 100 (1988), 763: Die Relevanz der voluta-
tiven Seite lasse sich erkennen.

[198] *Frisch*, JuS 1990, 366; vgl. auch schon *Frisch*, 1983, S. 192 ff.; *Freund*, JR 1988, 116,
sowie jetzt *Freund*, 7/68; „normative Risikotheorie" nach *Murmann*, GK, 24/32.

[199] So auch *Küpper*, ZStW 100 (1988), 779 f.: Durch die Hintertür werde ein voluntatives
Element eingeführt. – *Köhler*, JZ 1985, 671, spricht von der Integrierung des sachlichen Gehalts des „Willens"-Moments.

[200] Vgl. *Küper*, GA 1987, 506; SK-*Rudolphi*, § 16 Rn. 43.

[200a] Nach *Arzt*, S. 64 f., verlangt die h. M. „eine positive innere Reaktion des Täters"; abl.
Langer, 2007, S. 82 f.

[201] Vgl. zur ersten Orientierung *Bloy*, JuS 1989, L 4; *Geppert*, Jura 1986, 612; *Roxin*, AT I,
12/29 u. 72; – krit. zur Ernstnahmetheorie *Roxins Schroth*, NStZ 1992, 4 f. – Als Bestätigung
der Ernstnahmetheorie *Roxins* versteht *Schlüchter*, 1996, S. 88, ihre Auffassung, wonach sich
die Verletzung des Rechtsguts als solche mit dem Täterplan vertragen muss. – Kritisch auch
Schünemann, Fs. Hirsch, 1999, S. 363, 367: „Kein exakt beschreibbares und abgrenzbares
Bewusstseinsphänomen".

ankommt: wie hat „der Täter das Risikowissen **psychisch verarbeitet**"?[202] Für die Entscheidung gegen das tatbestandlich geschützte Rechtsgut reicht es nicht, dass der Täter die Verletzungsmöglichkeit „bloß theoretisch distanziert gesehen" hat, sondern es wird zusätzlich verlangt, dass er „sie als praktisch-gültige in concreto **anerkannt** oder ... sie ernstgenommen" hat.[203] Fällt die Entscheidung zugunsten der Vornahme der Handlung trotz Ernstnahme der mit ihrer Ausführung verbundenen Möglichkeit der Rechtsgutsverletzung, so ist die Entscheidung gegen das Rechtsgut deutlich geworden: Der Täter gibt der Handlung wegen irgendwelcher mit ihr verbundenen Erwartungen den Vorzug vor dem durch ihn voll erfassten Risiko der Verletzung des Rechtsguts eines anderen.[204]

Mit dieser Entscheidung gegen das Rechtsgut steht zugleich fest, dass der Täter sich 74 mit dessen Verletzung abfindet. Wer das Risiko der Rechtsgutsverletzung ernst nimmt und dennoch handelt, findet sich mit der Rechtsgutsverletzung für den Fall ihres Eintritts ab, d. h. er „will" den tatbestandlichen Erfolg „im Rechtssinne" verwirklichen. Das **Sich-Abfinden** mit dem Erfolg oder das „**Hinnehmen**" des Erfolges[205] bezeichnet das voluntative Element des Eventualvorsatzes sprachlich noch deutlicher als das Ernstnehmen der Verletzungsmöglichkeit. Das Ernstnehmen bereitet den Entschluss zur Ausführung der Handlung vor, das Sich-Abfinden mit dem Erfolg zeigt, dass der Täter gegen das Rechtsgut entschieden hat. Der Sache nach gehören freilich beide Begriffe als Stadien eines Entscheidungsprozesses zusammen.[206]

Das zeigt sich auch daran, dass sie einen gemeinsamen Gegenpol aufweisen: das 75 **Vertrauen** darauf, dass sich das erkannte Risiko der Rechtsgutsverletzung doch nicht verwirklichen werde.[207] Gerade durch diesen Gegenpol wird das voluntative Vorsatzelement auch für die Lösung von „Fällen" praktikabel. Wer aus bestimmten Gründen, insbesondere aus Erfahrung mit vergleichbaren Situationen darauf vertraut, dass es bei seinem für andere riskanten Verhalten (z. B. **riskantes Überholmanöver**) schon gut gehen wird, dem ist das Risiko seines Verhaltens zwar bewusst, er nimmt aber die Verletzungsmöglichkeit weder ernst, noch findet er sich mit dem Erfolg ab. Ein solches Vertrauen auf den guten Ausgang ist nicht nur dann „gerechtfertigt", wenn der Täter sich die Fähigkeit zuschreibt, die Gefahr im Falle ihres Auftretens zu meistern,[208] oder vom möglichen Opfer (z. B. dem Polizisten in der Poli-

---

[202] *Schroth*, NStZ 1990, 324; *Schroth*, NStZ 1992, 6–8, nennt als Maßstab des Eventualvorsatzes die „Aneignung der Unrechtskonstitutionsbedingungen"; ebenso *Schroth*, 1998, S. 13: „psychische Verarbeitung des Risikowissens, die deutlich macht, dass sich der Täter die unrechtskonstitutiven Elemente angeeignet hat"; krit. *Roxin*, AT I, 12/70 u. 71.

[203] *Köhler*, JZ 1981, 35 f., und in: Fs. Hirsch, 1999, S. 65, 77: „aktueller, durch Einsicht in die Situation unausweichlicher Geltungswille"; krit. hierzu *Schroth*, NStZ 1992, 5 f.

[204] Vgl. *Küper*, GA 1987, 508: Akt handlungsleitender Präferenzbestimmung.

[205] So *Küpper*, ZStW 100 (1988), 766; für Sich-Abfinden *Zieschang*, Rn. 129, 131. *Schall*, JuS 1990, 624, kombiniert die Hinnahme des Erfolges mit der erkannten Möglichkeit der Gefahrrealisierung. Zum Sichabfinden mit der Tatbestandsverwirklichung vgl. schon *Gallas*, Nied. 12 (1960), S. 111, 299 u. 489 f.

[206] Vgl. *Frisch*, JuS 1990, 366; *Weigend*, ZStW 93 (1981), 667. In der Literatur dominiert die additive Verwendung von Ernstnahme und Sich-Abfinden; vgl. z. B. SK-*Rudolphi*, § 16 Rn. 43; *Blei*, S. 116; *Ebert*, S. 60; *Haft*, S. 294; *Stratenwerth/Kuhlen*, 8/117; W-*Beulke*, Rn. 226. Krit. aber *Behrendt*, Fs. von Simson, 1983, S. 20 ff.: Es werde keine „voluntativ gefasste Theorie der Struktur des bedingten Vorsatzes" geleistet. – *Jescheck/Weigend*, S. 300, halten das Sich-Abfinden für ein Schuldmoment und nur das Ernstnehmen für ein Tatbestands-Vorsatzelement.

[207] Auf dieses Vertrauen rekurrieren in der Literatur: *Ebert*, S. 61; *Haft*, S. 295; *Jescheck/Weigend*, S. 301; *Roxin*, AT I, 12/27; *Stratenwerth/Kuhlen*, 8/117.

[208] Vgl. B-*Volk*, S. 84, mit Beispiel.

zeisperre) erwartet, dass es sich vor der gefährlichen Handlung (**Zufahren auf die Polizeisperre**) in Sicherheit bringen wird (z. B. durch Beiseitespringen),[209] sondern auch dann, wenn der gute Ausgang statistisch den Regelfall bildet. So ist z. B. die Annahme des HIV-Infizierten, es werde auch beim ungeschützten Sexualverkehr nicht zu einer Infizierung des Partners kommen, angesichts eines Infektionsrisikos von 0,1 bis 1 Prozent „berechtigt", sofern der Täter das Erfolgsrisiko so einschätzt, wie es objektiv ist.[210]

76   Freilich schützt nicht nur „berechtigtes" Vertrauen auf den guten Ausgang vor der Vorsatzstrafe und damit auch vor der praktisch wichtigen Versuchsstrafbarkeit, denn auch wer **leichtsinnigerweise**[211] auf einen guten Ausgang seines riskanten Verhaltens vertraut, trifft keine Entscheidung gegen das von ihm bedrohte Rechtsgut. Tritt der Erfolg entgegen seiner Erwartung dennoch ein, so kann dies zur Fahrlässigkeitsstrafbarkeit führen, wenn er die erforderliche Aufmerksamkeit hat vermissen lassen.[212] Auch wer die Gefahr, die von seinem Verhalten ausgeht, **verdrängt**, scheidet als Vorsatztäter aus; er nimmt die Verletzungsmöglichkeit nicht ernst und entscheidet sich deshalb nicht sehenden Auges für den Verletzungserfolg.[213] Selbst dem (z. B. aus Zeitgründen in kritischen Straßenverkehrssituationen) überhaupt nicht Stellung beziehenden Täter darf kein Vorsatz unterstellt werden, da er die Situation nicht so verarbeitet hat, dass von einer Entscheidung gegen das Rechtsgut gesprochen werden könnte.

77   Das „berechtigte" und das leichtsinnige Vertrauen entfällt freilich, wenn der Täter auf einen guten Ausgang nur hoffen kann. Dieses **Hoffen auf den guten Ausgang** wird häufig auch durch einen qualifizierten Vertrauensbegriff ausgedrückt: nicht „ernsthaftes Vertrauen", nur „vages Vertrauen" oder gar: „Gottvertrauen".[213a] Ein Beispiel aus dem Bereich des Straßenverkehrs, in dem Kraftfahrer freilich häufig ernsthaft auf die Meisterung gefährlicher Manöver vertrauen werden, ist das **Überholen vor einer Kuppe**: hier kann der Überholende „nur hoffen, aber nicht darauf vertrauen, dass kein Gegenverkehr kommt".[214] Auch im oben vorgestellten „Lederrie-

---

[209] Vgl. zu diesen Fällen mit Nachweisen zu der den Vorsatz ablehnenden Rechtsprechung S/S-*Sternberg-Lieben*, § 15 Rn. 87; vgl. auch *Frisch*, 1983, S. 230 f. u. 335; *Hillenkamp*, Gs. A. Kaufmann, 1989, S. 363 Fn. 55; *Schroth*, Fs. Widmaier, 2008, S. 779, 794; *Krey/Esser*, AT, Fall 63, Rn. 399 f. – Neuere Entscheidungen: BGH NZV 1992, 370 und 1996, 156; davon wird das „Mitschleifen" einer Person durch den Fahrer eines KfZ abgehoben (BGH NZV 2001, 266). Der Rspr. zust. *Köhler*, Fs. Hirsch, 1999, S. 65, 78. Vgl. auch den Übungsfall bei *Kudlich*, PdW AT, Fall 57.

[210] Vgl. *Frisch*, JuS 1990, 367. Dass wegen der nicht eben hohen Wahrscheinlichkeit der Infektion bei einmaligem Verkehr das „Ernstnehmen" verneint werden könnte, meint *Hillenkamp*, 1. AT-Problem, S. 12.

[211] Zum Leichtsinn als Charakteristikum der bewussten Fahrlässigkeit vgl. *Köhler*, 1982, S. 13, 18, 99, 101, 294, 318; ebenso *Köhler*, JZ 1981, 36, 38. Vgl. auch *Stratenwerth*, ZStW 71 (1959), 56, 64; krit. zu *Stratenwerth* aber *Behrendt*, Fs. von Simson, 1983, S. 21 f. Weiter rekurrieren auf den Leichtsinn zur Kennzeichnung der bewussten Fahrlässigkeit B-*Weber/Mitsch*, 20/54; *Jescheck/Weigend*, S. 301.

[212] Vgl. *Schroth*, NStZ 1990, 325; *Jakobs*, 8/23; speziell zum „grausamen Mord" *Grünewald*, Jura 2005, 519, 524 Fn. 52.

[213] Vgl. *Köhler*, JZ 1985, 671, gegen *Frisch*, 1983, S. 231 ff.; gegen *Frischs* Konzeption der hypothetischen Vorsatzzurechnung auch *Schroth*, NStZ 1990, 326, sowie schon *Jakobs*, 8/23; SK-*Rudolphi*, § 16 Rn. 45; *Stratenwerth/Kuhlen*, 8/118.

[213a] *Henn*, JA 2008, 699, 702.

[214] B-*Volk*, S. 85; vgl. zu diesem Beispiel auch *Jakobs*, 8/23. – Gegen das billigende Inkaufnehmen des Todes entgegenkommender Verkehrsteilnehmer beim „Überholen in einer unübersichtlichen Kurve" *Kudlich*, NJW 2011, 2586, 2587, weil es „rational keinen Grund" für den Fahrer/Täter gäbe, seine Fahrt „um den Preis des Todeseintritts" fortzusetzen; dieses Bsp. stellt *Kudlich* mit dem Fall eindeutigen ärztlichen Fehlverhaltens, z. B. Schönheitsoperation

men-Fall" ist es wohl nur eine Hoffnung der Täter gewesen, das Würgen werde nur zur Bewußtlosigkeit, nicht aber zum Tod des zu beraubenden Opfers führen;[215] damit ist zugleich gesagt, dass die Täter sich auch mit dem ihnen unerwünschten Tod des Opfers als ernsthaft erwogener Möglichkeit abgefunden haben.[216]

Ein solches Vertrauen, dass es schon gut gehen werde, hält auch der **BGH** für   78 vorsatzausschließend, macht aber die Einschränkung, dass es kein bloßes Hoffen sein darf. Die „ständige Rechtsprechung des Bundesgerichtshofs zur Abgrenzung von bedingtem Vorsatz und bewusster Fahrlässigkeit" zusammenfassend heißt es in der (oben, Rn. 58, schon hinsichtlich der Erfassung auch unerwünschter Erfolge zitierten) ersten AIDS-Entscheidung vom 4. Nov. 1988:

„… bewusste Fahrlässigkeit liegt hingegen vor, wenn der Täter mit der als möglich erkannten Tatbestandsverwirklichung nicht einverstanden ist und ernsthaft – nicht nur vage – darauf vertraut, der tatbestandliche Erfolg werde nicht eintreten …" (BGHSt 36, 9 f.).[216a]

Ein ernsthaftes Vertrauen auf das Ausbleiben einer Infizierung beim Sexualpart-   79 ner hat der BGH dem den Geschlechtsverkehr ungeschützt ausübenden Täter nicht zugebilligt, obwohl dieses Vertrauen angesichts der **geringen Ansteckungs-Wahrscheinlichkeit** durchaus „ernsthaft" genannt werden kann;[217] auch eine Verarbeitung des gekannten (geringen) Risikos dahin, dass sich beim Täter das Ergebnis: Vertrauen, einstellt,[218] wurde nicht erwogen. In der zweiten AIDS-Entscheidung vom 12. Okt. 1989 werden immerhin für den Fall Bedenken am Eventualvorsatz angemeldet, dass „die Partner mit ihren Sexualkontakten eine echte Lebensgemeinschaft anstreben" (BGHSt 36, 266).

Diese strengen Anforderungen an ein den Eventualvorsatz ausschließendes Ver-   80 trauen lässt der BGH allerdings bei der Frage des **Tötungsvorsatzes** fallen. Dieser soll im Hinblick auf die lange Inkubationszeit u. a. deshalb fehlen, weil „der Angeklagte möglicherweise die Hoffnung vieler HIV-Infizierter teile, in dieser Zeit werde ein Heilmittel gegen AIDS gefunden werden, und die Krankheit werde bei ihm selbst, aber auch bei seinen Partnern … erst nach der Entdeckung eines solchen Heilmittels ausbrechen" (BGHSt 36, 16 f.). Dass diese „Hoffnung" ein vorsatzausschließendes, ernsthaftes Vertrauen auf den Nichteintritt des tödlichen Ausgangs einer HIV-Infektion begründen können soll, ist kaum vorstellbar; ein solcher Täter müsste außer der geringen Ansteckungswahrscheinlichkeit auch die große Wahrscheinlichkeit eines tödlichen Ausgangs nach erfolgter Ansteckung verkennen und also ernsthaft davon ausgehen, dass er sich mit der Ansteckung des Partners, d. h. mit dem Körperverletzungserfolg abfinden muss, aber auf das Ausbleiben des Todes des Partners vertrauen darf.[219] Nicht unwahrscheinlich ist es freilich, dass der Täter

---

ohne Anästhesisten (vgl. BGHSt 56, 277, m. Anm. *Beckemper*, JZS 2012, 132, 135 f.), gleich und lehnt das voluntative Element wie auch der BGH ab (S. 2587; s. dazu unten Rn. 86 Fn. 236).

[215] Vgl. B-*Volk*, S. 85.

[216] Vgl. *Hillenkamp*, Gs. A. Kaufmann, 1989, S. 366 Fn. 69; *Köhler*, 1982, S. 295, 318, und in: JZ 1981, 35 f.; *Roxin*, AT I, 12/27; *Stratenwerth*, ZStW 71 (1959), 63.

[216a] Ebenso BGHStV 1997, 8, 9; BGH NJW 1999, 2533, 2534; BGH NStZ 2002, 315, 316 u. 2011, 699, 702.

[217] Vgl. außer *Frisch*, JuS 1990, 367: *Lüderssen*, StV 1990, 85; *Prittwitz*, StV 1989, 126; *Rengier*, Jura 1989, 227 f.; *Roxin*, AT I, 12/83; *Scherf*, 1992, S. 110–129 (Freispruch wegen mangelnden Vorsatznachweises). Anders aber *Meier*, GA 1989, 212–215.

[218] Vgl. *Schroth*, NStZ 1990, 326, und schon *Kreuzer*, ZStW 100 (1988), 798.

[219] Vgl. *Frisch*, JuS 1990, 367; für eine „erst recht" Bejahung des Tötungsvorsatzes *Schünemann*, JR 1989, 93. Kritisch zur Inkonsequenz des BGH *Roxin*, AT I, 12/84, der aber die Verneinung des Tötungs- (wie des Körperverletzungs-)Vorsatzes für richtig hält (12/85).

die fernen Todeserfolge nicht ernsthaft erwägt, sie verdrängt und deshalb auf ihr Ausbleiben vertraut.

81   Ein weiteres voluntatives Element wird mit dem **betätigten Vermeidungswillen** in jüngster Zeit vermehrt wieder angesprochen;[220] allerdings nur in Fällen, in denen sich dem Täter „Vermeidestrategien" überhaupt bieten.[221] Mit diesem Vermeidungswillen wird zwar kein positives Willenselement in den Vorsatzbegriff hineingenommen, aber ein willentliches Verhalten kann den Vorsatz positiv oder negativ beeinflussen. Die „sog. Vermeidungstheorie"[222] bzw. die „sog. Theorie der Gegenfaktoren"[223] beschränkt die Vorsatzrelevanz ihres jeweiligen Kriteriums auf „ernst gemeinte Gegensteuerungsversuche"[224] bzw. auf „ernsthafte Vermeidebemühungen".[225] Nimmt der Täter solche **Gegensteuerungsversuche** bzw. Vermeidebemühungen vor, so soll der Vorsatz ausgeschlossen sein. Dies lässt sich für den Fall, dass der HIV-Infizierte davon ausgeht, durch die Benutzung des Kondoms die Ansteckungsgefahr für den Sexualpartner ausgeschlossen zu haben, damit begründen, dass er dann schon den Erfolgseintritt (die Ansteckung) nicht für möglich hält,[226] d.h. es fehlt die Mindestvoraussetzung des Eventualvorsatzes. Nicht so eindeutig ist die Situation zu beurteilen, wenn der Täter seinen Gegensteuerungsversuch bzw. seine Vermeidebemühung nur für möglicherweise erfolgsverhindernd einschätzt: hat die Bemühung des Täters aus seiner Sicht eine reelle Chance, so ist ihre Vornahme vorsatzvernichtend, räumt der Täter aber dem Erfolgseintritt dieselbe reelle Chance ein, so entscheidet er sich für die mögliche Rechtsgutsverletzung und handelt deshalb mit Eventualvorsatz.[227]

82   Differenziert beurteilt werden muss auch die Situation, in der der Täter die **Möglichkeit einer Gegensteuerung** sieht, sie aber **nicht ergreift**. Hat er dabei die Vorstellung, dass der Einsatz des gegensteuernden Faktors (z.B. eines Kondoms) zur Vermeidung der Gefahr des Erfolgseintritts (Ansteckung des Sexualpartners) notwendig ist, so ergibt sich aus dem Nichteinsatz des Gegenfaktors die Entscheidung für die Rechtsgutsverletzung; seine Hoffnung, es werde auch so (d.h. ohne Kondom) gut gehen, ist dann ein „frommer Wunsch";[228] würde er ernsthaft vertrauen, so würde er sich auf das Ergebnis seines Gefahrvermeidungsversuchs verlassen.[229] Hält er freilich den Einsatz des Gegenfaktors für entbehrlich, weil er sein Verhalten nicht für so gefährlich hält und deshalb nicht ernsthaft mit der erkannten Möglichkeit des Erfolgseintritts rechnet (wie im oben schon behandelten Normalfall, dass der HIV-Infizierte von dem wirklichen, d.h. sehr geringen Risiko der Infizierung des Partners

---

[220] Grundlegend war hier *Armin Kaufmann*, ZStW 70 (1958), 64 ff. Aus der neueren Diskussion vgl. *Behrendt*, Fs. von Simson, 1983, S. 23 ff. u. in: JuS 1989, 950; *Hillenkamp*, Gs. A. Kaufmann, 1989, S. 351 f.; *Schlehofer*, NJW 1989, 2020; *Schünemann*, 1988, S. 488 ff.; *Schroth*, NStZ 1990, 325 f. – Aus der Rspr.: BGH NStZ 2002, 315 ff.; BGH NStZ-RR 2006, 100, 101 (Brandstiftungsvorsatz); zu „Bemühungen um Erfolgsvermeidung" wie Stillung der Blutung BGH NStZ 2006, 169 u. 2007, 331.

[221] Vgl. *Hillenkamp*, Gs. A. Kaufmann, 1989, S. 368.

[222] *Hillenkamp*, 1. AT-Problem, S. 8.

[223] *Behrendt*, Fs. von Simson, 1983, S. 23.

[224] *Behrendt*, Fs. von Simson, 1983, S. 26; vgl. *ders.*, in: JuS 1989, 950: ernster Gefahrvermeideversuch.

[225] *Schroth*, NStZ 1990, 326: Pseudovermeidetätigkeit könne dem Täter keine Privilegierung verschaffen.

[226] So *Hillenkamp*, Gs. A. Kaufmann, 1989, S. 362 u. 369.

[227] Vgl. *Hillenkamp*, Gs. A. Kaufmann, 1989, S. 364.

[228] *Hillenkamp*, Gs. A. Kaufmann, 1989, S. 365 u. 369.

[229] *Behrendt*, Fs. von Simson, 1983, S. 31.

auch für sich ausgeht), so darf aus dem Nichteinsatz des gegensteuernden Faktors nicht auf den Vorsatz geschlossen werden.[230]

Die Lösung des mehrfach angesprochenen „Lederriemen-Falles" nach der Vermeidungs- 83 theorie hängt davon ab, ob die Täter die zu Anfang vorgenommene, gegensteuernde Dosierung der Drosselung auch noch im erfolgsrelevanten Handlungsmoment durchhielten: Wenn nicht, so fehlt es am „ernst genommenen Gegensteuerungsversuch",[231] und die vorsatzbejahende Entscheidung des BGH ist zutreffend; wenn ja, dann kann das für Fahrlässigkeit sprechen, „weil A und B die Drosselung so dosierten, dass sie dem Ersticken gegensteuern zu können glaubten, ihren Vermeidungswillen also immerhin manifestierten".[232] Jedoch ist zu beachten, dass Vorsatz trotz dosierter Drosselung dann anzunehmen ist, wenn die Täter dem Erfolg ihrer Vermeidebemühungen keine größere Aussicht einräumten als dem Erfolgseintritt,[233] denn dann entschieden sie sich gegen die ernst genommene Möglichkeit des Erfolgseintritts.

Fasst man die Bemühungen um die Bestimmung eines gegenüber dem Wünschen 84 schwächeren **Wollenselements** beim Eventualvorsatz zusammen, so kann man **positiv** die Momente des Ernstnehmens und des Sich-Abfindens (Hinnehmens, Akzeptierens) des als möglicherweise eintretend erkannten Erfolges festhalten, **negativ** (d. h. die bewusste Fahrlässigkeit kennzeichnend) das ernsthafte Vertrauen auf das Ausbleiben dieses Erfolges und die Betätigung ernsthafter Vermeidungsbemühungen. Bezieht man dann noch die Bemühungen um die **Präzisierung** des über die bloße Möglichkeitsvorstellung hinausgehenden **Wissenselements** (mit dem Ergebnis: Kenntnis einer qualifizierten Gefahr für das vom Täter bedrohte Rechtsgut) ein, so ist der Eventualvorsatz folgendermaßen zu definieren:

Eventualvorsatz liegt vor, wenn sich der Täter für die Ausführung einer Handlung 85 entscheidet, obwohl er die von dieser Handlung ausgehende Gefahr für den Eintritt des tatbestandsmäßigen Erfolges erkannt, ernst genommen und sich mit ihr abgefunden hat.

Bewusste Fahrlässigkeit liegt vor, wenn der Täter beim Entschluss zur Tat ernsthaft darauf vertraut, dass es nicht zur Rechtsgutverletzung kommen werde, in bestimmten Fällen auch, wenn er ernsthafte Vermeidungsbemühungen betätigt.

Dies entspricht im Wesentlichen der Formel der ständigen Rechtsprechung. Beispielhaft sei eine neuere Entscheidung vom 27. 1. 2011 herausgegriffen, in der zum bedingten Tötungsvorsatz ausgeführt wird: „Das Willenselement des bedingten Vorsatzes ist ... nur gegeben, wenn der Täter den von ihm als möglich erkannten Eintritt des Todes billigt oder sich um des erstrebten Zieles willen damit abfindet. Bewusste Fahrlässigkeit liegt hingegen dann vor, wenn er mit der als möglich erkannten Tatbestandsverwirklichung nicht einverstanden ist und ernsthaft – nicht nur vage – darauf vertraut, der Tod werde nicht eintreten ... Dabei genügt für eine vorsätzliche Tatbegehung, dass der Täter den konkreten Erfolgseintritt akzeptiert und er sich innerlich mit ihm abgefunden hat ..., mag er auch seinen Wünschen nicht entsprochen haben. Hatte der Täter dagegen begründeten Anlass darauf zu vertrauen und vertraute er darauf, es werde nicht zum Erfolgseintritt kommen, kann bedingter Vorsatz nicht angenommen werden" (BGH NStZ 2011, 699, 701 f., unter Berufung auf BGH NStZ 2008, 93 u. 451; BGH NStZ-RR 2009, 372, 373,

---

[230] Vgl. *Hillenkamp*, Gs. A. Kaufmann, 1989, S. 366; vgl. jedoch *ders.*, 1. AT-Problem, S. 12, zur Konsequenz der Vermeidungstheorie in diesen Fällen: Vorsatzbejahung bei bewusstem Auslassen der ohne weiteres zumutbaren und hocheffizienten Risikoabschirmung.

[231] Vgl. *Behrendt*, Fs. von Simson, 1983, S. 14 u. 30.

[232] *Hillenkamp*, 1. AT-Problem, S. 12, für die sog. Vermeidungstheorie.

[233] Vgl. *Hillenkamp*, Gs. A. Kaufmann, 1989, S. 366 Fn. 69.

hinsichtlich des unerwünschten Erfolges auch auf BGHSt 7, 363, 369 [dazu oben Rn. 57]; der BGH hätte sich auch auf die ganz ähnliche Formel aus BGHSt 36, 1, 9 f. v. 4. 11. 1988 berufen können, oder auf BGHSt 56, 277, 284 v. 7. 7. 2011). Ebenso zum bedingten Brandstiftungsvorsatz: „... liegt nur dann vor, wenn der Täter den Eintritt des Erfolgs als möglich und nicht ganz fernliegend erkennt und damit in einer Weise einverstanden ist, dass er die Tatbestandsverwirklichung entweder billigend in Kauf nimmt oder sich wenigstens mit ihr abfindet" (BGH NStZ-RR 2010, 241; ähnlich schon BGH NStZ 2008, 451).

86   Ersetzt man in dieser Definition den „Eintritt des tatbestandsmäßigen Erfolges" durch die Tatbestandsverwirklichung, so ist der bedingte Vorsatz auch bezüglich der anderen Tatumstände (z. B. eigene Infizierung des Täters oder z. B. Alter des Opfers) definiert: Auch sie muss der Täter bei seiner Entscheidung zur Tat als möglicherweise vorhanden in Rechnung gestellt haben.

87   Ein besonderes Problem ergibt sich für die Rechtsprechung aus dem Umstand, dass der Eventualvorsatz (wie jeder Vorsatz) eine innere Beteiligung des Täters an seiner äußeren Handlung ist. **Wie** kann man nun diese innere Beteiligung **feststellen?**[234] Die definitorische Festlegung des Begriffsinhalts bringt für die Beantwortung dieser Frage nur eine mehr oder weniger brauchbare Vorgabe. Diese Vorgabe muss durch die Ausarbeitung von **Indikatoren** ergänzt werden,[234a] die dem Richter möglichst genau sagen, worauf er achten muss, wenn er den Eventualvorsatz (das Gefahrurteil, das Ernstnehmen, das Sich-Abfinden, d. h. insgesamt die Entscheidung für die Rechtsgutsverletzung) feststellen will. Da der Vorsatzbegriff kognitive und voluntative Elemente enthält, benötigt man Indikatoren für beide Begriffselemente. Als Indikatoren zur Feststellung des **kognitiven Elements** werden etwa genannt: die objektive Gefährlichkeit der Handlung und die Intelligenz des Täters, diese Gefährlichkeit zu erkennen; die Sichtbarkeit und Überschaubarkeit der Situation für den Handelnden; die Zeit, die der Handelnde für die Wahrnehmung der Situation hat; (als Gegenindikatoren:) Alkohol und andere Rauschmittel, die die Wahrnehmungsfähigkeit beeinträchtigen; die affektive Belastung des Handelnden in der konkreten Situation.[235] Als Indikatoren zur Feststellung des **voluntativen Elements** werden ge-

---

[234] Vgl. zu dieser Frage *Hillenkamp,* Gs. A. Kaufmann, 1989, S. 360 f.; *Köhler,* 1982, S. 98 ff.; *Schlehofer,* 1996, S. 164 ff.; *Schlüchter,* 1996, S. 88; *Philipps,* Fs. Roxin, 2001, S. 365. – Vgl. auch BGH JR 1993, 29, mit krit. Anm. *Schwarz.* – Mit Hinweisen zur Fallbearbeitung *Hermanns/Hülsmann,* JA 2002, 140, 144 f.

[234a] *Schroth,* Fs. Widmaier, 2008, S. 779, 794: Indikatoren und Gegenindikatoren; nach *Steinberg,* JZ 2010, 712 ff., können „Objektivierungen" auf der Ebene der „Indizienlehre" sinnvoll geleistet werden; krit. *Puppe,* GA 2006, 65: „Nur der Sinn des Begriffs begrenzt und legitimiert die Auswahl und Gewichtung der Indikatoren."

[235] Vgl. *Hassemer,* Gs. A. Kaufmann, 1989, S. 308; *Schroth,* NStZ 1990, 325; LK-*Vogel,* § 15 Rn. 102–105; NK-*Neumann,* § 212 Rn. 11–14, alle mit Rechtsprechungsnachweisen. – Kritisch zur Rechtsprechung *Puppe,* NStZ 1987, 363; *Freund,* JR 1988, 116; *Frisch,* 1983, S. 304 ff.; *Trück,* NStZ 2005, 233, 236 ff. – Nach *Prittwitz,* GA 1994, 554 ff. soll der Affekt den dolus eventualis ausschließen, wenn es sich um einen „Affekt i. e. S." handle, d. h. der Täter auf Grund einer Affektentladung „rot sieht" und nicht mehr zu einer bewussten Entscheidung und Abwägung in der Lage sei. – Aus der Rspr.: BGH StV 1992, 574 f. („panische Angst"); BGH NStZ 1992, 587 f. („hochgradige Erregung") mit Problematisierung *Schmitz,* JA 1992, 351 f. u. BGH NStZ 2003, 603 f. („hochgradige [affektive] Erregung"); BGH NStZ 2002, 314 f. („präsuizidale Situation"); BGH NStZ 2003, 369 f. („Einengung seiner Bewusstseinswahrnehmung"); BGH NStZ 2009, 303, 304; 2010, 571 m. krit. Bspr. *v. Heintschel-Heinegg,* JA 2010, 387 f.; BGH NStZ-RR 2010, 144; weitere Rspr. Nw. bei *Fischer,* § 212 Rn. 11, 12. – Zur hochgradigen **Alkoholisierung** vgl. BGH NStZ 2004, 329 f.; BGH NStZ-RR 2004, 140 f.; 2007, 199 u. 307; BGH NStZ 2009, 91 (3,55‰) m. Bspr. *Satzger,* JK 3/09, StGB

nannt: betätigtes Vermeideverhalten; Wahrscheinlichkeit der Selbstverletzung; emotive Nähe zwischen Täter und Opfer (das Opfer war für den Täter eine geliebte, verehrte Person); spezifisches Nachtatverhalten (z. B. Wiederbelebungsversuche).[236] Der BGH verlangt hier vom Tatrichter eine Gesamtschau aller objektiven und subjektiven Tatumstände;[236a] die Anhaltspunkte, die hier einer Prüfung unterzogen werden müssen (z. B. psychische Verfassung, Motive), müssen hier nicht im Einzelnen aufgezählt werden,[236b] weil sie in Übungsarbeiten mit notwendig kurzen Sachverhalten keine große Rolle spielen. – Informative „Übersicht" über die „Kriterien" der „Gesamtwürdigung" bei *Schroth*, BT, S. 63.

Auch wenn man diese **Objektivierung der Vorsatzgrenze** mangels Alternative (es gibt keinen direkten Zugang zum inneren Phänomen des Vorsatzes) akzeptiert, sollte man sich doch der **Gefahr** bewusst bleiben, dass die Objektivierung die wirkliche innere Einstellung des Täters verfehlen und zu **Vorsatzunterstellungen** führen kann. Diese Gefahr hat sich in der Rechtsprechung nicht selten realisiert, wenn aus dem Handeln im Bewusstsein seiner äußersten Gefährlichkeit für das Opfer auf den (meist: Tötungs-)Vorsatz geschlossen wurde.[237] Damit soll nicht bestritten werden, dass in solchen Situationen die Annahme von Eventualvorsatz „nahe liegend"[238] ist. Die Rechtsprechung erkennt inzwischen auch die Möglichkeit an, dass trotz Han-

88

---

§ 15/8; BGH NStZ-RR 2009, 372 f.; BGH NStZ 2009, 503; 2010, 571 u. 2012, 151 (Beeinträchtigung der Steuerungsfähigkeit durch Alkohol).

[236] Vgl. wieder *Hassemer*, Gs. A. Kaufmann, 1989, S. 308; *Schroth*, NStZ 1990, 325; zur neueren Rspr. s. LK-*Vogel*, § 15 Rn. 106–117. – Vgl. BGH NStZ 1992, 384 (keine negative Einstellung gegen das getötete Kind); BGH NStZ 2002, 314 f. (nicht feindselig gesonnen); vgl. auch BayObLG NStZ-RR 2004, 45: „hohes Maß an Gleichgültigkeit hinsichtlich möglicher Schmerzzufügungen bei Patienten". – Speziell zum „Vertuschen" nach ärztlichem Fehlverhalten BGHSt 56, 277, 285 m. Bspr. *Kudlich*, NJW 2011, 2856, 2587 u. *Beckemper*, ZJS 2012, 132, wo nachfolgendes Unterlassen mit möglicherweise bedingtem Tötungsvorsatz erwogen wird; bei aktivem ärztlichem Fehlverhalten wie etwa der Durchführung einer Schönheitsoperation ohne Anästhesisten wird es regelmäßig an Indikatoren für das voluntative Element fehlen, u. a. weil vom Heilungswillen des Arztes auszugehen ist (*Kudlich*, S. 2587; s. dazu schon oben Rn. 77 Fn. 214).

[236a] BGHSt 36, 1, 10; 56, 277, 284; BGH NStZ-RR 2003, 259, 265 u. 431 sowie 2007, 199, 267 u. 305; BGH NStZ 2008, 93; 2009, 91 (m. Bspr. *Satzger*, JK 3/09, StGB § 15/8); 2010, 571 f. (m. Bspr. *v. Heintschel-Heinegg*, JA 2010, 387 f.); 2011, 211 u. 699, 702; BGH NStZ-RR 2009, 350, 2010, 178 f.; 2011, 73 f. u. 2012, 105. – Zum Tötungsvorsatz in der Revision des BGH *Steinberg/Stam*, NStZ 2011, 177 ff., die die „Lückenhaftigkeit" der tatrichterlichen Feststellungen als häufigste Fehlerquelle ausmachen; kein Wunder, wenn man eine „Gesamtschau" fordert.

[236b] Näher *Lackner/Kühl*, § 15 Rn. 25; speziell für den Tötungsvorsatz *Fischer*, § 212 Rn. 7: „umfassende Würdigung der objektiven und subjektiven Tatumstände". – Aus der Rspr.: BGH NStZ-RR 2008, 309.

[237] Vgl. *Köhler*, JZ 1981, 36, sowie *ders.*, 1982, S. 98–102; krit. zur Rspr. *Volk*, Fg. BGH, 2000, S. 739, 744 u. *Trück*, NStZ 2005, 233, 234 ff.; vgl. auch die krit. Anm. von *Wrage* zu OLG Celle in: NZV 2002, 196 ff.; nach *Hermanns/Hülsmann*, JA 2002, 140, 143, gibt es „bislang kaum eine Alternative zur Objektivierung der Vorsatzgrenze".

[238] *Lackner/Kühl*, § 15 Rn. 25 mit zahlreichen Nachweisen zur Rspr.; vgl. etwa BGH NStZ 2004, 330 („längeres Strangulieren"); BGH StV 2004, 74 („Tritte mit größter Wucht in Bauchbereich"); BGH NStZ 2002, 541 („kräftiger Messerstich in die Herzregion"); weitere Rspr. zu äußerst gefährlichen Gewalthandlungen und deren „Indizwirkung" (*Fischer*, § 212 Rn. 8) für den Eventual-Tötungsvorsatz: BGH NStZ 2007, 150 u. 639 f.; 2008, 392 u. 435; 2009, 91 m. zust. Bspr. *Satzger*, JK 3/09, StGB § 15/8; 2009, 629 m. Bspr. *Jahn*, JuS 2009, 956 u. *Steinberg*, JZ 2010, 712; BGH NStZ-RR 2010, 178 f. u. 2011, 42, 144 f. u. 309; 2011, 73 f.; BGH NStZ 2010, 571 f. (m. Bspr. *v. Heintschel-Heinegg*, JA 2010, 387 f.); 2011, 211 u. 699, 702; 2012, 151.

delns im Bewusstsein äußerster Gefährlichkeit bei besonderen Fallgestaltungen der Eventualvorsatz fehlen kann, weil der Täter die Gefahr der als möglich erkannten Rechtsgutsverletzung nicht ernst genommen/hingenommen hat bzw. auf das Ausbleiben des Erfolgseintritts ernsthaft vertraut hat.[239] So z. B. im Fall eines zulässigen Schusswaffeneinsatzes durch einen Polizeibeamten zur Festnahme eines dringend tatverdächtigen Flüchtenden (BGH NJW 1999, 2533, 2534 f. m. krit. Anm. *Ingelfinger,* JR 2000, 299, 301 f.). Ob die Rechtsprechung diese Möglichkeit zu selten[240] oder gar zu oft erwägt,[241] ist damit freilich noch nicht entschieden. – Bei Tötungsdelikten verneint die Rspr. den Eventualvorsatz oft mit einer besonders hohen Hemmschwelle des Täters vor der Tötung eines Menschen; das Übersteigen dieser Schwelle muss danach besonders geprüft werden.[241a] Dies führt gerade bei gefährlichen Gewalttätigkeiten ohne nachvollziehbares Tötungsmotiv zu problematischen Einschränkungen des Vorsatzbereichs.[241b]

88a   Neuere **BGH**-Entscheidungen zu äußerst gefährlichen (meist: Gewalt-)Handlungen – wie etwa gezielten Schüssen[241c] – legen Vorsatz in folgenden Fällen widerlegbar nahe:

- Messerstich in linken oberen Brustkorb (NStZ 2003, 603 f.; ähnlich NStZ 2002, 541 f.: Messerstich in Herzregion; dazu *Hoffmann-Holland,* Rn. 176, und NStZ 2007, 331: Messerstich in die Brust)
- Messer in die Halswirbelsäule bis in das Rückenmark (NStZ 2006, 98 f.; dazu *Fischer,* § 212 Rn. 9; NK-*Puppe,* § 15 Rn. 90)
- Schläge gegen den Kopf eines Kleinkindes mit Aufprall gegen einen festen Gegenstand (NStZ 2006, 444 f.; dazu NK-*Puppe,* § 15 Rn. 90)
- Schläge mit Hammer auf Hinterkopf (NStZ 2007, 151; dazu *Fischer,* § 212 Rn. 8)
- wiederholte Verabreichung eines Schmerzmittels an Kleinkind (NStZ 2006, 36)

---

[239] Vgl. BGH NStZ 1988, 361, aufbereitet von *Hassemer,* JuS 1988, 994 f., kommentiert und durch weitere Beispiele ergänzt von *Otto,* JK 88, StGB § 15/4; vgl. auch die Rechtsprechungsbeispiele bei *Brammsen,* JZ 1989, 78. Aus der Rspr. vgl.: BGH StV 1993, 307; BGH StV 1997, 8 u. 8 f.; BGH NStZ 1999, 508; BGH NStZ-RR 2000, 327 m. Bspr. *Baier,* JA 2001, 194; BGH NStZ 2000, 583; BGH NZV 2001, 266 m. Bspr. *Martin,* JuS 2001, 924; BGH NStZ 2001, 475 (dazu NK-*Puppe,* § 15 Rn. 90); BGH NStZ-RR 2001, 369; BGH NStZ 2002, 315 ff., 2003, 536 u. 2004, 329 f.; NStZ-RR 2004, 140 f.; BGH NStZ-RR 2007, 307; 2008, 371; 2010, 144 f. u. 178 f.; BGH NStZ 2010, 276 f.; krit. zur Rspr. NK-*Puppe,* § 15 Rn. 88–99; die „fallanschauungsgesättigten Rechtsprechungsformeln" hält dagegen LK-*Vogel,* § 15 Rn. 128, für „vorzugswürdig".

[240] Vgl. die Rechtsprechungs-Beispiele bei *Brammsen,* JZ 1989, 77 und *Otto,* JK 88, StGB, § 15/4.

[241] Vgl. die Kritik an BGH NStZ 1988, 175, durch *Schumann,* JZ 1989, 427 ff., 434; *Langer,* GA 1990, 461. Die Rspr. hält *Steinberg,* JZ 2010, 712 ff. bei einem subjektiven Vorsatzbegriff für „folgerichtig".

[241a] Vgl. aus der neuesten Rspr. BGH NStZ-RR 2000, 327 (m. Bspr. *Baier*) u. 2001, 369 sowie BGH NStZ 2002, 314 f.; 2003, 431 f. u. 603 f.; 2005, 384, 386 u. 629 (m. Anm. *Schneider*); 2007, 150 f.; BGH NStZ-RR 2007, 307; BGH NStZ 2009, 91 m. Bspr. *Satzger,* JK 3/09, StGB § 15/8 u. 503; 2010, 276; BGH NStZ-RR 2010, 144, 178 f. u. 571 m. Bspr. *v. Heintschel-Heinegg,* JA 2010, 388 f.: „täterfreundlich"; BGH NStZ-RR 2009, 372, 2010, 144 f. u. 179 f.; 2011, 73 f.; BGH NStZ 2011, 211; zust. *Geppert,* Jura 2001, 55, 59 u. *Schroth,* Fs. Widmaier, 2008, 779, 788.

[241b] *Verrel,* NStZ 2004, 309; *Trück,* NStZ 2005, 233 u. *Lackner/Kühl,* § 212 Rn. 3; krit. auch *Edelbauer,* JA 2008, 725; *Rissing-van Saan,* Fs. Geppert, 2011, S. 497, 504; monographisch *Mühlbauer,* 1999, S. 53, 163 und *Lederer,* 2011, S. 135 ff.

[241c] Rspr. Nw. bei *Fischer,* § 212 Rn. 8; diff. *Schneider,* Fs. Dahs 2005, S. 189 ff.

- abrupter Spurwechsel bei hoher Geschwindigkeit (NStZ-RR 2005, 372; dazu *Fischer*, § 212 Rn. 9)
- Durchtrennen des Bremsschlauchs (NStZ 2006, 446)
- Gasexplosion (BGH NStZ 2007, 700 f.; dazu NK-*Puppe*, § 15 Rn. 90)
- Rammen eines Kleinwagens mit hoher Geschwindigkeit (NStZ 2010, 515; dazu *Fischer*, § 212 Rn. 9).

Auch bei gezielten Fußtritten gegen den Kopf einer am Boden liegenden Person (sog. Tot-Treten) liegt Eventualvorsatz nahe.[241d] Beim Schütteln eines Kleinkindes muss es sich um ein äußerst heftiges Schütteln handeln (BGH NStZ 2009, 264 m. Bspr. *Satzger*, JK 02/09, StGB § 24/38; zu den sog. Schüttelfällen vgl. *Schneider*, NStZ 2004, 202 f.). Beim Steine-Herabwerfen von einer Autobahnbrücke kommt es auf die Umstände, z. B. die Verkehrsdichte (hochgradige Gefahrenlage geschaffen), an (BGH NStZ 2010, 373 m. Bspr. *Jahn*, JuS 2010, 456; vgl. auch schon BGH NStZ-RR 1997, 294, 295; BGH DAR 1982, 297 u. BGH NJW 2003, 836 [in BGHSt 48, 119, nicht abgedruckt]).

Der studentische Bearbeiter von Fällen mit feststehendem Sachverhalt ist da übri- 89 gens in einer besseren Situation als der Richter. Ihm wird häufig schon in der Sachverhaltsschilderung die Entscheidung für oder gegen den Eventualvorsatz durch mehr oder weniger eindeutige Formulierungen („damit hat er sich abgefunden"; „er nahm dabei in Kauf"; „er vertraute aber darauf") vorgegeben; oder der Sachverhalt ist so offen formuliert („dabei erkannte er die Möglichkeit"; „er war sich bewusst, dass …"), dass man bei „lebensnaher Sachverhaltsauslegung" „alles vertreten" kann. Dennoch gilt auch hier „die Warnung vor vorschneller Annahme des bedingten Vorsatzes" (*Arzt*, S. 66).

> Zur **Einübung** in die Problematik der Abgrenzung von Eventualvorsatz und bewusster Fahrlässigkeit anhand von „musterhaften" Fallbearbeitungen sind geeignet: *Alpmann/Schmidt*, AT 1, Fall 12, S. 58–64 (BGHSt 7, 363 = „Lederriemen"-Fall nachgebildet); *Ambos*, Jura 2004, 492 f. u. 495 (Versuchsfall: Anbringen einer Handgranate an PKW); *Bakowitz/Bülte*, StudZR 2010, 150 u. 156 f.; *Berz/Saal*, Jura 2003, 205 u. 209; *Beulke*, Jura 1988, 641 u. 644; *Beulke*, KK I, Fall 1, Rn. 101 u. 106–108; *Beulke*, KK III, Fall 8, Rn. 336 u. 339 f. („Autosurfen"); *Bloy*, JuS 1991, L 44 ff.; *Bock*, JuS 2006, 603 u. 605; *Bung*, JA 2007, 868 u. 872; *Dannecker*, JuS 1989, 215 f.; *Dessecker*, Jura 2000, 592 u. 593; *Edlbauer*, Jura 2007, 941 u. 944 f. (Versuchsfall); *Eisenberg*, Jura 1989, 41 f.; *Ellbogen*, Jura 1998, 483 u. 485; *Eschenbach*, Jura 1999, 88 u. 89; *Fabricius/Zurwonne*, AL 2012, 201, 203; *Fahl*, Jura 1995, 654 u. 655 f., 658 f.; *Fahl*, Jura 2003, 60 u. 61 f.; *Frank*, Jura 2006, 783 u. 788 (Versuchsfall); *Gropp*, in: G/K/M, Fallsammlung, Fall 2, S. 25 f. u. 36–38; *Hauf*, JuS 1994, 678 u. 680; *Grothenrath/Hillenkamp*, StudZR 2010, 438 u. 440 f., 454 f.; *Heghmanns/Kusnik*, AL 2010, 275 u. 282 („Gleichgültigkeit"); *Hillenkamp*, JuS 1994, 405 u. 406 ff.; *Herzberg/Schlehofer*, JuS 1990, 559 u. 563; *Hohmann*, Jura 1993, 321 u. 323; *Knauer*, JuS 2002, 53 u. 57; *Krell*, JuS 2012, 537, 540; *Kudlich*, JuS 2000, L 13 u. L 15; *Kühl/Hinderer*, JuS 2009, 919 u. 920, 922 (Messerstich gegen „Angreifer"); *Kühl/Schramm*, JuS 2003, 681 u. 683 f. (in einem Versuchsfall: Schuss auf Verfolgerauto); *Küpper*, in: G/K/M, Fallsammlung, Fall 11, S. 201 u. 214 f.; *Langer*, Jura 2003, 135 u. 137 f.; *Lindhelm*, JA 2009, 783 u. 789; *Perron/Bott/Gutfleisch*, Jura 2006, 706 u. 710 f. (Versuchsfall); *Philipps/Boley*, Jura 1993, 256 u. 265; *Rengier/Jesse*, JuS 2008, 42 u. 43 (Versuchsfall); *Schramm*, JuS 1994, 405 u. 406 ff.; *Seier*, JA 1992, 206 ff.; *Tag*, Jura 1996, 904 u. 908 f.; *Theile*, ZJS 2009, 545 (Tod war ihm „wurscht"); *Theiß/Winkler*, JuS 2006, 1083 u. 1085 f. (Wurf mit Gullydeckel als Versuch) u. 1086 (Vollendungsfall); *Wagemann*, Jura 2006, 867 u. 869; mit strafprozessualer Einkleidung ferner *Hellmann*, JuS 1999, 264 u. 265. – Aus Anleitungsbü-

---

[241d] So aufgrund einer empirischen Erhebung zur Gefährlichkeitseinschätzung *Heinke*, NStZ 2010, 119, 123–125: die Rspr. lasse keine durchgehende Linie erkennen (S. 124 m. Nw. in Fn. 37); vgl. BGH NStZ 2005, 385; 2007, 639 u. 2010, 511; BGH NStZ-RR 2012, 77 u. 105: Tritte eines „Kickboxers"!

chern zur Fallbearbeitung: *Gössel,* Fälle, Fall 7, S. 124 f. u. 137; *Hilgendorf,* KK I, Fall 3, Rn. 2, 11 u. Fall 4, Rn. 18, KK II, Fall 5, Rn. 61–64 und Fall 13, Rn. 28 (Weiterproduktion und Vertrieb trotz Warnhinweisen); *Jäger,* Fall 13, Rn. 83, 84; *Jescheck,* Fälle, Fall 39, S. 53 f.; *Kern/Langer,* Anleitung, Anfänger-Klausur, S. 101 f. u. 105; *Krey/Esser,* AT, Fall 61, Rn. 387 f.; *Otto,* Übungen, Examensklausur Nr. 1, S. 145 u. 153; *Rotsch,* Klausur 22, S. 326 f. u. 327–332; *Rudolphi,* AT-Fälle, Fall 10, S. 113 u. 114 f.; *Samson,* Strafrecht I, Fall 9, S. 46 ff.; *Schütze,* in: *Ebert* (Hrsg.), Fall 1, S. 1 f. u. 20–22; *Seier,* Anfängerklausur, Nr. 5, S. 57 u. 63 f. („Fesselspiele"); *Singelnstein,* JA 2011, 756 u. 757 f. (in Anlehnung an BGH NStZ 2007, 700, 701); *Valerius,* Klausur 8, S. 129 u. 131 f. sowie Klausur 9, S. 139 u. 145; *Wagner,* BT-Fälle, Fall 6, S. 53 u. 59 (Zufahren auf Polizisten); *Wittig,* Jura-Sonderheft Examensklausurenkurs, 2000, S. 45 u. 46; *Wolters,* Fall 3, S. 59 f. u. 79 f. (in einem Versuchs-Fall: Zufahren auf Opfer). – Vgl. außerdem das in „Klausurkurzfassung" bearbeitete Bsp. bei *Joecks,* § 15 Rn. 30, 31 sowie Fälle 56, 58 bei *Kudlich,* PdW AT.

3. Das Wissen des Vorsatztäters

90   Wie bereits oben vorgemerkt (Rn. 9), muss das Wissen des Vorsatztäters hinsichtlich seiner Art, seiner Intensität und seiner Konkretheit gesondert untersucht werden.

a) Die Art des Wissens: Bedeutungskenntnis

91   Der Vorsatztäter muss – wie sich aus § 16 I ergibt – die Tatumstände kennen, die unter die gesetzlichen Merkmale des Tatbestandes fallen. Dies setzt zunächst voraus, dass er z. B. das Tatobjekt (konkret z. B. die zu beschädigende Sache in § 303) **sinnlich wahrnimmt.** Er muss die Tatumstände in ihrem „faktisch-empirischen Substrat" erkennen.[242] Darüber hinaus muss der Vorsatztäter aber **auch sog. Bedeutungskenntnis** (s. u. 13/10 f.) haben.[243]

92   Dies gilt vor allem bei sog. **normativen Tatumständen,** wie z. B. dem Umstand der Fremdheit der Sache bei den Eigentumsdelikten (§§ 242, 303). Diese normativen Tatumstände heben sich von den sog. **deskriptiven Tatumständen** wie z. B. dem der Sache (ebenfalls in den Eigentumsdelikten §§ 242, 303) zunächst dadurch ab, dass sie nicht nur tatsächlicher, beschreibender Art sind.[244] Genauer geht es um sog. **institutionelle Tatsachen** (Gegenbegriff: natürliche Tatsachen[245]), deren Existenz von rechtlichen oder außerrechtlichen (konventionellen oder moralischen) Normen abhängt, z. B. die Fremdheit von der Eigentumsregelung des BGB.[246] Als weiteres

---

[242] *Ebert,* S. 57; *Jakobs,* 8/49: „Kenntnis des erfahrbaren Substrats einer Tatbestandsverwirklichung".

[243] *Bloy,* JuS 1989, L 3.

[244] Vgl. BGHSt 7, 261 ff. – Kritisch zu dieser gängigen Unterscheidung *Herzberg/Hardtung,* JuS 1999, 1073, die zwischen Umständen und Merkmalen unterscheiden; kritisch hinsichtlich der „Sache" *Kretschmer,* 2005, S. 284, kritisch hinsichtlich „Mensch" *Satzger,* Jura 2008, 112, 114; die Unterscheidung hält für „verfehlt" *Walter,* 2006, S. 219 ff. u. in LK, Rn. 42 vor § 13. – Zu den normativen Tatumständen bzw. Tatbestandsmerkmalen s. auch *Safferling,* 2008, S. 153; zusf. *Kindhäuser,* GA 1984, 465 u. *Lackner/Kühl,* § 15 Rn. 5. – Zur Einordnung der Amtsträgereigenschaft BGHSt 2, 119 u. 8, 321; *Bernsmann,* Fs. Puppe, 2011, S. 361, 368; *Roxin,* AT I, 12/111 ff. u. *Lackner/Kühl,* § 15 Rn. 15.

[245] Vgl. *Tiedemann,* Anfängerübung, S. 118: „Natürliche Eigenschaften, die regelmäßig keiner weiteren Erklärung und Begründung bedürfen". – Zu institutionellen Tatsachen wie der Fremdheit vgl. *Puppe,* Fs. Herzberg, 2008, S. 275, 277 u. *Jakobs,* RW 2010, 283, 299 f., der bezüglich dieser Merkmale die „Trennung von Tatbestandskenntnis und Unrechtseinsicht" für „unmöglich" hält.

[246] *Eser/Burkhardt,* Strafrecht I, Nr. 16 A 21, im Anschluss an *Engisch,* Fs. Mezger, 1954, S. 147; ebenso B-*Weber/Mitsch,* 20/20 f.; *Kindhäuser,* AT, 9/11 u. 27/23–27; S/S-*Sternberg-Lieben,* § 15 Rn. 19; vgl. auch *Herzberg,* JuS 2008, 385 ff., 388.

Kennzeichen dieser normativ geprägten Tatumstände wird angegeben, dass sie nur **geistig verstehbar** sind.[247]

Mit diesem geistigen Verstehen ist man wieder bei der vom Vorsatztäter zu fordern- 93 den Bedeutungskenntnis. Diese Kenntnis ist nur gegeben, wenn der Täter den **recht-lich-sozialen Bedeutungsgehalt** des Tatumstandes richtig erfasst hat. Dies verlangt von ihm, dass er nach Laienart erfasst, was der Gesetzgeber und der Rechtsanwender mit den gesetzlichen Tatumständen meinen (sog. **Parallelwertung in der Laiensphäre**).[248] Eine juristisch exakte Subsumtion ist nicht erforderlich.[248a] Der Täter muss den Tat-umstand nicht mit den Begriffen erkennen, die das Gesetz verwendet.[248b]

Für den Vorsatz ausreichende Bedeutungskenntnis kann also auch derjenige ha- 94 ben, der – juristisch falsch – nur unterschriebene Schriftstücke, nicht aber sog. Be-weiszeichen für **Urkunden** hält. So z.B. der Gast, der einige der von der Kellnerin beim Servieren von Bier jeweils auf dem Bierfilz angebrachten Striche wegrubbelt. Für den Vorsatz der Urkundenfälschung (§ 267) reicht es hinsichtlich des Tatum-standes Urkunde aus, dass der Gast weiß, dass er der Kellnerin die beweiskräftig durch die Striche festgehaltene Grundlage für die Bierrechnung verändert hat.[249] Bedeutungskenntnis würde dem Gast dagegen fehlen, wenn er nicht weiß, dass die Striche dem Nachweis dienen, wieviele Biergläser ihm die Kellnerin serviert hat. Er verkennt dann, dass er in eine fremde Beweisposition eingreift.[250]

Ein **weiteres Schulbeispiel**[251] ist der Fall einer vorsätzlichen Sachbeschädigung 95 gem. § 303 durch Herauslassen der Luft aus dem Reifen eines Pkw. Auch wenn der Täter hier meint, er habe die Sache = den Pkw doch weder beschädigt noch zerstört, so hat er dennoch für den Vorsatz ausreichende Bedeutungskenntnis,

---

[247] *Roxin*, AT I, 12/100 f.; *Warda*, Jura 1979, 79 f.

[248] *Satzger*, Jura 2008, 112, 114; *Sternberg-Lieben/Sternberg-Lieben*, JuS 2012, 289, 290; *Murmann*, GK, 24/11; *W-Beulke*, Rn. 243; *Zieschang*, Rn. 118; *Hoyer*, 1997, S. 310: „unge-fährer Mitvollzug" des „von der Unrechtsumschreibung in Bezug genommenen Wertungsak-tes"; nach *Hinderer*, JA 2009, 866, 867 muss der Täter den Sinngehalt aller Tatsachen kennen, die den hypothetischen Richter später bei Anwendung der richtigen Definition zu seinem Sub-sumtionsergebnis führen würden; kritisch *Herzberg/Hardtung*, JuS 1999, 1073, 1074, die zwischen Tatumständen und sog. Vorfeldumständen unterscheiden; krit. auch *Puppe*, Fs. Herzberg, 2008, S. 275, 281 ff. u. in: AT 1, 15/32: „Konfusion zwischen Tatsachenirrtum und Wertirrtum" und *Kindhäuser*, AT, 27/28: Kann „leicht zu Missverständnissen führen"; krit. auch LK-*Vogel*, § 16 Rn. 28: „Unklarheit des Konzepts"; noch kritischer *Schulz*, Fs. Bem-mann, 1997, S. 246: „dogmatisches Kuriosum", auf das verzichtet werden sollte.

[248a] Ebenso *W-Beulke*, Rn. 243.

[248b] Ebenso *Kindhäuser*, AT, 27/30.

[249] Vgl. auch mit diesem Beispiel *Roxin*, AT I, 12/102 u. in: Fs. Tiedemann, 2008, S. 375, 384. – Zu diesem Beispiel vgl. auch *Satzger*, Jura 2008, 112, 114 u. *Kindhäuser*, GA 1990, 417 f., mit abweichender Lösung und anderer Begründung, sowie *Schulz*, Fs. Bemmann, 1997, S. 246, 253 (nur mit abweichender Begründung), und *Herzberg*, JuS 1999, 1073 u. 1074. – Weitere § 267-Beispiele bei *Blei*, PdW AT, Fall 56 (TÜV-Plakette), bei *Otto*, 7/15 (Schuld-schein), bei *Freund*, Urkundenstraftaten, 1996, Rn. 208–211: Fall 39, bei *Puppe*, AT 1, 15/26–38 („Fotomontagefall" des OLG Düsseldorf, NJW 2001, 167) u. bei *Zieschang*, Rn. 118 („Preisetikett").

[250] Vgl. mit diesem Beispiel *Eser/Burkhardt*, Strafrecht I, Nr. 16 A 29, zu § 274 (Urkunden-unterdrückung); *Krey/Esser*, AT, Fall 65, Rn. 416–418; *Neumann*, JuS 1993, 797, und *Schroth*, 1998, S. 51.

[251] Bei *Roxin*, AT I, 12/101; auch bei *W-Beulke*, Rn. 242, der aber von einem deskriptiven Merkmal ausgeht. – Ähnliches Sachbeschädigungs-Beispiel bei *Ebert*, S. 57, der Bedeutungs-kenntnis „gleichermaßen für deskriptive wie für normative Tatbestandsmerkmale" verlangt (S. 49), bei *Jakobs*, 15/50, sowie bei *Tiedemann*, Anfängerübung, S. 122. – Weitere Beispiele bei *Sternberg-Lieben/Sternberg-Lieben*, JuS 2012, 289, 291.

wenn er weiß, dass er zumindest vorübergehend dem Pkw seine bestimmungsgemäße Brauchbarkeit genommen hat. Das aber ist genau das, was rechtlich unter der Beschädigung einer Sache verstanden wird. Der Täter hat also der Sache nach erfasst, was er anrichtet, er hat dieses Verhalten nur nicht unter den Begriff der Beschädigung subsumiert. Eine solche falsche Subsumtion (sog. **Subsumtionsirrtum**) lässt aber den Vorsatz des Täters unberührt.[252]

96   Die Bedeutungskenntnis setzt bei bestimmten Tatumständen auch eine **gewisse Kenntnis der Rechtslage** voraus.[253] So muss z.B. der Dieb hinsichtlich des Tatumstandes Fremdheit der Sache wenigstens wissen, dass die mitgenommene Sache einem anderen gehört.[254] Wenn er nicht einmal das weiß, so fehlt ihm der Vorsatz hinsichtlich des Tatumstandes „fremde Sache" in § 242. Dabei spielt es keine Rolle, ob er zu diesem laienhaft erzielten „Rechts"-Ergebnis (gehört keinem anderen) durch noch so fehlerhafte rechtliche Überlegungen gekommen ist.[255] Fehlt die Bedeutungskenntnis, so liegt ein Tatbestandsirrtum vor (s. unten 13/11); wird sie irrig angenommen, so liegt ein untauglicher Versuch vor (s. unten 15/98).

97   Die Anforderungen an die Bedeutungskenntnis sind vor allem bei früher sog. **Komplexbegriffen** wie z.B. Amtsträger (§§ 331 ff.) und bei sog. **gesamttatbewertenden Tatbestandsmerkmalen** wie z.B. grob verkehrswidrig (§ 315 c) noch nicht geklärt.[256] Die Unklarheiten, die dem Parallelwertungserfordernis anhaften, haben auch dazu geführt, dass man über Alternativen nachgedacht hat, z.B. über eine Rückkehr zur Irrtumsrechtsprechung des Reichsgerichts (= Unterscheidung zwischen strafrechtlichem und außerstrafrechtlichem Irrtum).[257] – Auf **Blanketttatbestände** des Nebenstrafrechts kann hier nicht eingegangen werden (Überblick bei *Lackner/Kühl*, § 17 Rn. 22).

> Zur **Einübung** in die Fallbearbeitung[258] zur „Bedeutungskenntnis" geeignet: der Parteiverratsfall (BGHSt 7, 261)[259] bei *Eser/Burkhardt*, Strafrecht I, Fall Nr. 17, S. 191 mit Lösung A 36–38;

---

[252] Allgemeine Ansicht, vgl. *Hettinger*, JuS 1989, L 17 u. LK-*Vogel*, § 16 Rn. 108. – Aus der Rspr. vgl. BGH NStZ 1993, 594, mit insoweit zust. Anm. *Puppe*, 596 u. BGHSt 50, 80, 91 (Ermöglichungsabsicht bei § 211).

[253] Vgl. *Eser/Burkhardt*, Strafrecht I, Nr. 16 A 28: rudimentäre Kenntnis der Rechtslage; ähnlich *Puppe*, GA 1990, 157: Kenntnis juristischer Tatsachen; speziell zu § 356 *Kretschmer*, 2005, S. 285; speziell zu den Begriffen „Arbeitgeber", „Arbeitnehmer" in § 266 a LG Ravensburg StV 2007, 412, 414.

[254] Vgl. das Beispiel bei W-*Beulke*, Rn. 243: Täter hat sich schon auf Grund des Kaufvertrags als Eigentümer betrachtet; weiteres Bsp. bei *Satzger*, Jura 2008, 112, 114 f.

[255] *Roxin*, AT I, 12/103, mit Beispiel: gemeinsam erworbenes Buch wird vom Täter nach Auflösung der Wohngemeinschaft ohne Zustimmung des Miteigentümers an sich genommen. – Zum Irrtum über die Fremdheit einer Sache s. unten § 13 Rn. 11 u. § 15 Rn. 99; vgl. auch *Fakhouri Gómez*, GA 2010, 259 ff.

[256] Vgl. zum Streitstand *Lackner/Kühl*, § 15, Rn. 15, 16 u. *Roxin*, AT I, 12/105 ff. u. 109; krit. *Jakobs*, Fs. Rudolphi, 2004, S. 107, 118; nach LK-*Walter*, Rn. 56 vor § 13: „überflüssig" und „verfehlt", da sie keine verbrechenssystematischen Besonderheiten aufweisen; dennoch liefert er in Rn. 55 eine wohl vollständige Liste dieser Merkmale. – Zur Problematik von sog. Sammelmerkmalen wie z.B. Angehöriger in § 235 I Nr. 2 vgl. *Herzberg/Hardtung*, JuS 1999, 1073, 1075.

[257] Vgl. den knappen Überblick über die Positionen von *Haft*, *Herzberg* und *Kuhlen* bei *Eser/Burkhardt*, Strafrecht I, Nr. 16 A 32–34. Zu *Kuhlen* vgl. auch *Roxin*, AT I, 12/118 f. und *Herzberg*, JZ 1993, 1020 ff.

[258] Vgl. auch die didaktisch angelegte Aufsatzreihe von *Schlüchter*, JuS 1985, 373–380, 527–530, 617–621, sowie die Fallbspr. von BayObLG NJW 1992, 2306, von *Schlüchter*, JuS 1993, 14 ff., 17 ff.; zu diesem Fall vgl. auch *Herzberg*, JZ 1993, 1019 ff. und in: GA 1993, 439.

weitere Beispiels- und Übungsfälle bei: *Alpmann/Schmidt*, AT 2, Fall 31, S. 164–169 („Bier-deckel"-Fall); *Jescheck*, Fälle, Fall 34, S. 47 f.; *Eisenberg*, Jura 1987, 265 u. 270; *Heuchemer*, JA 2000, 946 u. 953 („fremd" i. S. des § 242); *Hinderer*, JA 2009, 864; *Jäger*, Rn. 65, 66: Bsp. 1 („Reifendruck-Fall"); *Kudlich*, JuS 2003, 243 u. 245 f. (Urkunde) sowie PdW AT, Fall 53; *Marxen*, Fall 6 c, S. 48 f. („Bierdeckel"-Fall); *Otto*, Übungen, Referendarhausarbeit, S. 179 f. u. 212–216 („Unglücksfall" i. S. des § 323 c); *Rudolphi*, AT-Fälle, Fall 2, S. 13 u. 16; *Samson*, Strafrecht I, Fall 16, S. 95 f.

b) Die Intensität des Wissens: Mitbewusstsein

Der Vorsatztäter muss von den Tatumständen **aktuelle** und nicht bloß potentielle 98 Kenntnis haben.[260] Diese aktuelle Kenntnis setzt aber nicht voraus, dass der Täter dem jeweiligen Tatumstand (z. B. der Sache oder dem Mensch) die volle Aufmerk-samkeit seines Bewusstseins zuwendet; er muss nicht ausdrücklich daran denken.[261]

Ausreichend ist ein sog. **Mitbewusstsein**,[262] das z. B. der Dieb hinsichtlich der 99 Fremdheit einer im Kaufhaus eingesteckten Sache hat, auch wenn er sich das nicht ausdrücklich oder „sprachgedanklich" (Gegenbegriff: „**sachgedanklich**")[263] klar-macht.

Als Mitbewusstsein gilt auch das einem Täter ständig verfügbare, internalisierte 100 **Begleitwissen**, z. B. seine Eigenschaft als Amtsträger (§§ 331 ff.) oder als Arzt (§ 203).[264] Dieses Begleitwissen darf aber nicht unterstellt werden, sondern muss bei der Tat aktuell vorhanden sein, woran es z. B. fehlt, wenn der Täter beim sexuellen Missbrauch eines Kindes (§ 176) dessen Alter vergessen hat.[265]

Aus der **Übungsfall-Literatur**[266] vgl.: *Blei*, PdW AT, Fall 58 (Amtsträger); *Eser/Burkhardt*, Strafrecht I, Fall Nr. 6 A 20–37 (Untergebenen-Fall des BayObLG NJW 1977, 1974); *Kudlich*, PdW AT, Fall 52 („Dienstwaffen"-Fall); *Marxen*, Fall 6 d, S. 49 f. („Dienstwaffen"-Fall; als Bsp. auch bei *Satzger*, Jura 2008, 112, 115); *Rudolphi*, AT-Fälle, Fall 1, S. 1 u. 9.

c) Die Konkretheit des Wissens: genereller Vorsatz

Der Vorsatztäter muss das Tatobjekt (z. B. bei § 212 den Menschen) nicht indivi- 101 dualisieren. Es reicht auch ein sog. **genereller Vorsatz** aus, der das Tatobjekt (wie

---

[259] Zu diesem Fall vgl. auch *Jakobs*, 8/50. Weiterer Parteiverratsfall bei *Blei*, PdW AT, Fall 61.

[260] *Bloy*, JuS 1989, L 3; *Roxin*, AT I, 12/122; ebenso BGH StV 2004, 79 f.

[261] *Ebert*, S. 56; *Roxin*, AT I, 12/122.

[262] *Platzgummer*, 1964, S. 4 ff.; B-*Weber/Mitsch*, 20/10; *Murmann*, GK, 24/14; SK-*Rudolphi*, § 16 Rn. 24; „h. A." nach LK-*Vogel*, Rn. 58 vor § 15; eingehend zur Lehre vom Mitbewusstsein *Frisch*, 1983, S. 178 ff. – Zum Unterschied vom Klarbewusstsein und Mitbe-wusstsein vgl. *Schild*, Fs. Stree/Wessels, 1993, S. 241 ff.; kritisch zum „Mitbewusstsein" *Köh-ler*, GA 1981, 285, 288 u. *Schroth*, 1998, S. 88 ff., 90, weil es „Vorsatzpräsumtionen" erlaube; kritisch auch *Frisch*, Gs. Armin Kaufmann, 1989, S. 311 ff. – Zum sachgedanklichen Mitbe-wusstsein bei § 263 *Schuhr*, ZStW 123 (2011), 517, 520, 525.

[263] Vgl. *Satzger*, Jura 2008, 112, 115: „sachgedankliches Mitbewusstsein". Zum ausrei-chenden sachgedanklichen Bewusstsein vgl. *Schmidhäuser*, 7/65 ff., der dessen „Blitzesschnel-le" hervorhebt. – Nach *Otto*, Jura 1996, 469, reicht ein „verhaltenswirksames Bewusstsein elementarer Sinnzusammenhänge" aus. – Aus der Rspr.: BGH StV 2002, 191.

[264] *Kindhäuser*, AT, 13/1: Fall 1; *Krey/Esser*, AT, Rn. 407; *Roxin*, AT I, 12/123; *Schroth*, 1998, S. 89, 92.

[265] Vgl. *Köhler*, GA 1981, 289 f.; *Jakobs*, 8/11; *Schroth*, 1998, S. 90, 92. – Krit. selbst zu diesem strengen Mitbewusstsein *Frisch*, Gs. A. Kaufmann, 1989, S. 332, der für entscheidend hält, dass der Täter einen bestimmten Sinnbezug erfasst hat (S. 346 f.); kritisch dazu S/S-*Sternberg-Lieben*, § 15 Rn. 51 a.

[266] Weitere Beispiele bei *Otto*, 7/9, der (7/10 f.) die psychologischen Grundlagen anschaulich herausarbeitet.

auch der Gesetzgeber im Tatbestand) nur gattungsmäßig bestimmt (Mensch). Hauptbeispiel ist die in die Menschenmenge geworfene Bombe, die vom Tötungsvorsatz hinsichtlich der getroffenen (und anvisierten = Versuch) Menschen begleitet ist, auch wenn der Bombenwerfer diese Menschen nicht individualisiert hat.[267] – Zum sog. dolus generalis s. u. 13/46 ff.

102   Hat der Täter freilich bei seinem Schuss in die Rockergruppe einen bestimmten Rocker anvisiert, aber einen danebenstehenden getroffen, so hilft der Verweis auf den generellen Vorsatz nicht, denn dieser Täter hat eben – was für den Tötungsvorsatz nicht erforderlich gewesen wäre – sein Tatobjekt **individualisiert**.[268] Zu dieser umstrittenen aberratio ictus-Konstellation näher in der Irrtumslehre (s. u. 13/29 ff.).

2. Unterabschnitt. Die Rechtswidrigkeit

§ 6. Grundfragen der Rechtfertigung

I. Rechtfertigung tatbestandsmäßigen Verhaltens

1   Ein Verhalten, mit dem der Täter vorsätzlich alle objektiven Tatumstände eines Delikts (z. B. Tötung eines anderen Menschen gem. § 212) verwirklicht hat, ist Unrecht. Vor dem Urteil: es ist rechtswidrig! kann es nur dadurch bewahrt werden, dass der Täter auf Umstände verweisen kann, die sein unrechtes Verhalten **ausnahmsweise** rechtfertigen (z. B. er hat einen gegenwärtig rechtswidrig Angreifenden mit einer erforderlichen Verteidigungshandlung gem. § 32 II getötet).

2   Dieser Feststellung liegt eine bestimmte, weitgehend anerkannte Auffassung zum Verhältnis von Unrechts-Tatbestand und Rechtswidrigkeit zugrunde. Verhaltensweisen, die der Gesetzgeber als strafwürdig und strafbedürftig angesehen und deshalb unter Strafandrohung verboten hat, sind in den Delikten des Besonderen Teils des StGB (und denen des sog. Nebenstrafrechts) tatbestandsmäßig umschrieben (s. o. zu § 212). Eine Handlung, die sämtliche Merkmale einer solchen Deliktsumschreibung erfüllt, ist „tatbestandsmäßig". Tatbestandsmäßige Handlungen sind, da die gesetzlichen Tatbestände (= Delikte des BT) aus dem großen Bereich rechtswidriger Verhaltensweisen lediglich bestimmte (strafwürdige, strafbedürftige) herausheben, in aller Regel (– typischerweise –) auch rechtswidrig. Man sagt: Die **Tatbestandsmäßigkeit** **indiziert** die **Rechtswidrigkeit**.

3   Dieses Indiz kann aber widerlegt werden. Aus besonderen Gründen können tatbestandsmäßige Handlungen gerechtfertigt sein. Rechtfertigungsgründe sieht sowohl das StGB (z. B. § 32: Notwehr) als auch die übrige Rechtsordnung vor (z. B. § 127 I 1 StPO: Festnahmerecht von jedermann). Ein tatbestandsmäßiges Verhalten, das nicht durch einen solchen Rechtfertigungsgrund „gedeckt" ist, ist strafbares Unrecht. Damit steht zugleich die **Rechtswidrigkeit** dieses Verhaltens endgültig fest. Das **Urteil über die Tat** ist gefallen. Auf der weiteren Delikts-Prüfungsstufe der Schuld kann der Täter, der sich rechtswidrig verhalten hat, freilich noch vor Strafe bewahrt werden, wenn seine Schuld fehlt oder ein Entschuldigungsgrund zu seinen Gunsten eingreift (s. u. 11/1 ff. u. 12/1 ff.).

---

[267] Vgl. *Ebert*, S. 58; ähnliches Beispiel bei W-*Beulke*, Rn. 238: wahlloser Schuss in Menschenmenge.
[268] Vgl. *Eser/Burkhardt*, Strafrecht I, Nr. 9 A 22.

Vor der endgültigen Feststellung der Rechtswidrigkeit des Verhaltens stehen also 4
zwei Stufen der Bewertung:

(1) Prüfung der **Tatbestandsmäßigkeit** durch Subsumtion des Verhaltens unter den
objektiven und subjektiven (Unrechts-)Tatbestand des jeweiligen Delikts.

(2) Prüfung der **Rechtswidrigkeit** durch Subsumtion unter eventuell eingreifende
Rechtfertigungsgründe.

Bei der Prüfung der Strafbarkeit sind beide Wertungsstufen bzw. **Prüfungsschritte** 5
auseinanderzuhalten. Das ‚sofortige' Prüfen eines Rechtfertigungsgrundes ist deshalb nicht sinnvoll, weil im Falle seiner Verneinung das Rechtswidrigkeitsurteil für
eine Strafbarkeitsprüfung nicht aussagekräftig genug ist. Es könnte sich nämlich um
ein zwar rechtswidriges, aber mangels Strafwürdigkeit durch keinen Straftatbestand
erfasstes Verhalten handeln (z. B. Verletzungen des allgemeinen Persönlichkeitsrechts
außerhalb der §§ 201, 203). Ohne Tatbestandsverwirklichung gibt es aber kein
strafbares Unrecht.

Andererseits kann man sich nicht mit der Feststellung zufrieden geben, dass das 6
Verhalten des Täters Unrecht ist, weil es unter einen bestimmten (Unrechts-)Tat-
bestand subsumiert werden konnte. Die Verwirklichung des (Unrechts-)Tatbe-
standes kann nicht mehr aussagen, als dass die Tat deshalb in der Regel – **typischerweise** – rechtswidrig ist. In **atypischen** Situationen (wie z. B. in Notsituationen)
können bestimmte Umstände die Tat rechtfertigen. Auf der Rechtfertigungsebene
wird also das tatbestandsmäßige Verhalten in einer besonderen Wertungsstufe bzw.
in einem zweiten Prüfungsschritt einer zusätzlichen Kontrolle unterzogen, bevor
man das endgültige Rechtswidrigkeitsurteil fällt.

Nach dem (Unrechts-)Tatbestand ist der Erlaubnistatbestand zu prüfen: 7

(1) **Unrechtstatbestand:** Hat der Täter einen anderen Menschen vorsätzlich getötet?
Wenn ja, dann hat er sich tatbestandsmäßig verhalten (= typischerweise Unrecht
verwirklicht).

(2) **Erlaubnistatbestand:** Hat er sich gegenüber einem gegenwärtigen rechtswidrigen
Angriff mit dem erforderlichen Mittel verteidigt?
Wenn ja, dann ist sein Verhalten wegen des Vorliegens der Notwehrvoraussetzungen gem. § 32 gerechtfertigt. Wenn nein (und auch keine anderen Rechtfertigungsgründe eingreifen), dann ist sein tatbestandsmäßiges Verhalten auch
rechtswidrig (= er hat nicht nur typischerweise Unrecht verwirklicht, sondern
sich endgültig rechtswidrig verhalten).

Diese beiden Prüfungsschritte, die zum endgültigen Rechtswidrigkeitsurteil füh- 8
ren, können zwar auch in einer (Gesamtunrechts-)Tatbestandsprüfung zusammen-
gezogen werden. Die einzelnen Voraussetzungen eines Rechtfertigungsgrundes wären dann sog. **negative Tatbestandsmerkmale.** Doch müssten die Umstände eines
Rechtfertigungsgrundes (z. B. bei der Notwehr gem. § 32 II der gegenwärtige
rechtswidrige Angriff und die erforderliche Verteidigung) auch bei dieser einstufigen
Prüfung auf ihr Nicht-Vorliegen hin untersucht werden, und diese Prüfung müsste
zusätzlich zu der Prüfung der objektiven und subjektiven Tatbestandsmerkmale erfolgen. Dann aber sollte schon aus Gründen der Übersichtlichkeit eine gesonderte
Prüfungsstufe gewählt werden. Sachlich spricht dafür das freilich nicht unbestrittene
Regel-Ausnahme-Verhältnis von Tatbestand und Rechtfertigungsgrund.

Das Eingreifen eines Rechtfertigungsgrundes ändert nichts mehr daran, dass der 9
Täter deshalb **Unrecht** verwirklicht hat, weil er in eine fremde Rechtssphäre eingegriffen hat. Dieser **Übergriff in den Freiheitsbereich einer anderen Person** kann je-

doch vom rechtlichen Standpunkt aus als richtig bewertet werden. So ist die Körperverletzung des Angreifers – bei Einhaltung bestimmter Voraussetzungen (§ 32 II) – die richtige Antwort auf den rechtswidrigen Angriff gegen das Leben des Täters. Selbst die Körperverletzung eines Unbeteiligten kann vom Rechtsstandpunkt aus richtig sein, wenn nur dadurch das Leben eines in Not geratenen Täters gerettet werden kann (§ 34). Für jeden, der in solche Angriffs- oder sonstige Notsituationen gerät, ist es generell richtig, in die Rechtsgüter eines anderen einzugreifen. Dennoch bleibt es dabei: das richtige, gerechtfertigte Verhalten ist insofern Unrecht, als es einen Eingriff in die körperliche Unversehrtheit darstellt: der Angreifer bzw. der Unbeteiligte ist verletzt. Dieser Verstoß gegen § 223, der solche Verletzungen generell verbietet, ist nur wegen besonderer Umstände erlaubt. Das Verbot aber ist der Regelfall, und die Ausnahme muss als Ausnahme ernst genommen werden, wenn das Verbot nicht seine präventive Kraft verlieren soll.

> Zur **Vertiefung** vgl. *Hassemer*, in: *Eser/Fletcher* (Hrsg.), Rechtfertigung und Entschuldigung I, 1987, S. 177–223, in komprimierter Form auch in: Einführung, 2. Aufl. 1990, S. 210–212. Zur Indizierung der Rechtswidrigkeit durch die Tatbestandsmäßigkeit vgl. NK-*Paeffgen*, Rn. 15 vor § 32; krit. NK-*Puppe*, Rn. 9 vor § 13.
> Vgl. zum „Unrechtsausschluss" durch Rechtfertigung ergänzend: *Eser/Burkhardt*, Strafrecht I, Fall Nr. 9 A 25–A 31. – Zum sog. (echten und unechten) Strafrechtsausschluss vgl. dessen „Erfinder" *Günther*, 1983; zur Kritik vgl. *Lackner/Kühl*, vor § 32 Rn. 4. – Eine sog. prozedurale Rechtfertigung („durch Verfahren") wird in bestimmten Konstellationen, z. B. Sterbehilfe oder z. B. beim Schwangerschaftsabbruch (dazu *Lackner/Kühl*, 6, 8 vor § 211 u. 16 vor § 218), erwogen (etwa von *Hassemer*, Fs. f. G. Mahrenholz, 1994, S. 733 u. *Saliger*, Fs. Hassemer, 2010, S. 599; zur Sterbehilfe NK-*Neumann*, 132 vor § 211).
> Vgl. zur praktischen Vorzugswürdigkeit des hier vertretenen Modells: *Werle*, JuS 2001, L 50f. u. *Roxin*, AT I, 10/16–26; zum Gegenmodell (neben der Wertungsstufe der Schuld gibt es nur eine Wertungsstufe der Rechtswidrigkeit) vgl. *Otto*, 5/23ff. und *ders.*, Jura 1995, 468–476, *Schünemann*, 1995, 149, 172, sowie *Tiedemann*, Anfängerübung, S. 115–118; – eingehend *Rinck*, Der zweistufige Deliktsaufbau, 2000, S. 1 u. 309; vermittelnd *Kindhäuser*, AT, 6/8–12. Nach *Arzt*, S. 183, wird man „zweckmäßigerweise ... beim Aufbau an der Dreiteilung Tatbestand/Rechtswidrigkeit/Schuld auch dann festhalten, wenn man der Sache nach die Zweistufigkeit (also den Unrechtstatbestand) für richtig hält." – Nach *Krey/Esser*, AT, Rn. 255ff., liegt der dreistufige Aufbau „dem StGB zugrunde"; auf § 11 I Nr. 5 verweist *Sengbusch*, 2008, S. 163 Fn. 336. – Zur normtheoretischen Problematik *Schmid*, 2002, S. 95, nach dem es „keinen sachlichen Grund für die unterschiedliche Behandlung der Rechtfertigungsgründe gegenüber den Tatbestandsmerkmalen" gibt. – Eine „Wiederbelebung" der Lehre von den negativen Tatbestandsmerkmalen unternimmt bei Erlaubnistatumstandsirrtum SK-*Hoyer*, vor § 32 Rn. 47–51 (s. unten 13/73).

II. Allgemeine Fragen der Rechtfertigungsgründe

1. Weitgehender Verzicht auf die Voraberörterung allgemeiner Fragen

10   Es gibt eine ganze Reihe von allgemeinen Fragen, die sich zumindest für **mehrere** Rechtfertigungsgründe stellen (z. B. schuldhafte Herbeiführung der Rechtfertigungssituation oder z. B. Wirkung des Rechtfertigungsgrundes). Dennoch wird hier weitgehend darauf verzichtet, solche allgemeinen Fragen **vor die Klammer** zu ziehen, in der dann die einzelnen Rechtfertigungsgründe behandelt werden. Dies gilt auch für die Frage, ob es Prinzipien bzw. Grundgedanken aller Rechtfertigungsgründe gibt, denn gerade bei der Beantwortung dieser Frage zeigt es sich, dass solchen Erwägungen kaum praktische Relevanz zukommt. Es wird deshalb hier der freilich etwas umständliche Weg eingeschlagen, bei jedem einzelnen Rechtfertigungsgrund die zugrundeliegenden Prinzipien mehr oder weniger ausführlich aufzudecken. Dabei

wird es sich zeigen, dass Überschneidungen eher selten sind; wenn sie sich einstellen, kann ihnen durch Verweis abgeholfen werden (z. B. bei der Frage, ob die Notrechte der §§ 32, 34 auch Polizeibeamten zustehen).

> Eine knappe, vor die Klammer gezogene Darstellung der Prinzipien der Rechtfertigung bietet *Tiedemann,* Anfängerübung, S. 131–134: „Soziale Ordnungskriterien als Argumentationshilfen"; noch knapper: *Roxin,* JuS 1988, 426, der in: AT I, 14/42, fünf „soziale Ordnungsprinzipien" auflistet: Schutzprinzip, Rechtsbewährungsprinzip, Güterabwägungsprinzip, Verhältnismäßigkeitsprinzip und Autonomieprinzip; bei *Jakobs,* AT, 11/3 (vgl. auch *Jakobs,* 2012, S. 44 ff.) sind es drei Prinzipien: Prinzip der Verantwortung, Prinzip der Interessendefinition und Solidaritätsprinzip; krit. zu solch vagen „Weltformeln" für sämtliche Rechtfertigungsgründe SK-*Hoyer,* vor § 32 Rn. 27–29. – Zur Rückführung der Rechtfertigungsgründe auf ein freiheitliches Prinzip s. *Köhler,* S. 237–242; vgl. auch *Rinck,* 2000, S. 50 u. *Rath,* FS. Küper, 2007, S. 455, 466 Fn. 40 gegen den obigen Text. – Ausführlich zu „Allgemeinen Fragen der Rechtfertigungsgründe" *Paeffgen,* Rn. 56–101 vor § 32.

2. Subjektive Rechtfertigungsvoraussetzungen, insbesondere deren Fehlen

Eine Ausnahme von der vorgezogenen Nichtbehandlung allgemeiner Rechtfertigungsfragen ist für die subjektiven Rechtfertigungsvoraussetzungen zu machen. Zwar muss auch die Frage, ob und welche subjektiven Voraussetzungen der einzelne Rechtfertigungsgrund enthält, bei jedem Rechtfertigungsgrund gesondert angesprochen werden. Doch gibt es auch eine alle Rechtfertigungsgründe übergreifende Begründung für die **Notwendigkeit** eines subjektiven Rechtfertigungselementes, und es gibt vor allem die allgemein zu klärende Frage, welche **Rechtsfolge** eintritt, wenn das zu fordernde subjektive Rechtfertigungselement fehlt. **11**

a) Kenntnis der rechtfertigenden Voraussetzungen

Als **Mindestvoraussetzung** aller Rechtfertigungsgründe (zu der als Ausnahme diskutierten Einwilligung s. u. 9/41) in subjektiver Hinsicht ist die **Kenntnis** des Täters von den objektiven Rechtfertigungsvoraussetzungen des jeweiligen Rechtfertigungsgrundes zu verlangen (zu sog. Erlaubniszweifeln 7/132). Wer nur zufällig einen rechtswidrigen Angriff, den er als solchen gar nicht erkennt (er hält die zum Schlag erhobenen Arme für den Beginn einer herzlichen Umarmung), abwehrt, ist nicht durch Notwehr (§ 32) gerechtfertigt. Neben den besonderen Gründen für dieses (und weitere) subjektive Rechtfertigungselement(e), die bei einzelnen Rechtfertigungsgründen zu behandeln sind, gibt es eine allgemeine Begründung. **11a**

Diese allgemeine Begründung geht von der personalen Unrechtslehre (s. o. 3/5) aus, insbesondere von der Unterscheidung von Handlungsunwert und Erfolgsunwert. Durch das Vorliegen der objektiven Voraussetzungen eines Rechtfertigungsgrundes (z. B. tatsächlich wird der Täter gegenwärtig und rechtswidrig angegriffen) wird der **Erfolgsunwert** seiner Tat „kompensiert". Es verbleibt aber der personale **Handlungsunwert,** denn der Täter hat sich für die (Rechtsguts-)Verletzung des (als Angreifer nicht erkannten) anderen entschieden. Eine „Kompensierung" des Handlungsunwerts scheidet aus, weil der Täter von der Rechtfertigungslage nichts weiß. **12**

Im Übrigen ist auf die **exemplarische Behandlung** dieser kaum mehr umstrittenen Position beim praktisch wichtigsten Fall – der **Notwehr** – zu verweisen (s. u. 7/124 ff.); dort finden sich auch die hier verzichtbaren Nachweise. **13**

> Eine übersichtliche Aufbereitung der Hauptprobleme, die die subjektiven Rechtfertigungselemente aufwerfen, und der zu ihrer Lösung erforderlichen Argumente bieten *Geppert,* Jura 1995, 103–107 u. NK-*Paeffgen,* Rn. 85–101 vor § 32. – Anschaulich zur Kompensation

von Handlungsunwert und Erfolgsunwert durch Handlungswerte und Erfolgswerte *Graul,* JuS 1995, L 41–L 44 u. 2000, L 41–L 43; eingehend *Rath,* 2002, S. 93, 123 f. u. 580; im Übungsfall *Fahl,* JuS 2005, 808 u. 811; vom „Saldierungsmodell" spricht *Rönnau,* JuS 2009, 594, 595.

b) Das Fehlen des subjektiven Rechtfertigungselements

14   Weist der Täter das erforderliche subjektive Rechtfertigungselement nicht auf, so ist seine Tat nicht gerechtfertigt. Schlägt z. B. A den B aus Rache nieder, als er ihn zufällig aus der Bank kommen sieht, so ist diese Körperverletzung nicht durch Notwehr gerechtfertigt, wenn A nicht weiß, dass B gerade die Bank überfallen hat und mit der Beute fliehen will (vgl. das Fallbeispiel von *Graul,* JuS 2000, L 41). Dennoch muss über die Bedeutung des Vorliegens der **objektiven** Voraussetzungen eines Rechtfertigungsgrundes nachgedacht werden. Immerhin hat A sich objektiv dem Recht gemäß verhalten, indem er den B mit den von § 32 vorgeschriebenen Mitteln zurückgeschlagen hat (Nothilfe gegen den noch fortdauernden Angriff auf das Eigentum der Bank). Das Ergebnis seiner Tat entspricht der Rechtsordnung.

15   Die Situation wird damit der Situation des **Versuchs** vergleichbar. Zwar kommt es im Regelfall des Versuchs schon zu keinem tatbestandsmäßigen Erfolg (z. B. der mit Tötungsvorsatz abgegebene Schuss geht vorbei). Hier hingegen ist der Angreifer verletzt, so dass eine vollendete Tat vorzuliegen scheint.[1] Doch ist der Erfolg, den der in Unkenntnis des Vorliegens der Voraussetzungen eines Rechtfertigungsgrundes handelnde Täter herbeiführt (der vermeintlich zur herzlichen Umarmung ansetzende Angreifer wird zu Boden geschlagen = Körperverletzung i. S. v. § 223), ein Erfolg, den die Rechtsordnung herbeizuführen erlaubt. Damit fehlt es am Erfolgsunrecht bzw. am Erfolgsunwert.[1a] Wollte jemand den Täter daran hindern, den wirklichen Angreifer zurückzuschlagen, so würde er sich gegen das (Notwehr-)Recht stellen.

16   Dem **verbleibenden Handlungsunwert,** der Entscheidung des Täters für die Rechtsgutsverletzung, kann über die **Versuchsstrafbarkeit** ausreichend Rechnung getragen werden. Dass bei dieser analogen Anwendung der Versuchsregeln[2] Straf-

---

[1] Für diese Vollendungslösung *Heinrich,* AT I, Rn. 392; *Köhler,* S. 323; *Krey,* AT 1, Rn. 423 [anders jetzt *Krey/Esser,* AT, Rn. 467–469]; *Zieschang,* Rn. 232; LK[11]-*Hirsch* Rn. 59 ff. Vor § 32 [anders jetzt LK-*Rönnau,* vor § 32 Rn. 90]; NK-*Zaczyk,* § 22 Rn. 57 u. NK-*Paeffgen,* Rn. 128 vor § 32; diff. *Gallas,* Fs. Bockelmann, 1979, S. 172 ff.; krit. *Rath,* 2002, S. 287 ff. – Aus der Rspr. vgl. BGHSt 2, 114: für Vollendung, anders aber BGH JR 1992, 206, mit Anm. *Otto,* 210 f.

[1a] *Hohn,* JuS 2008, 494, 495; *Rönnau,* JuS 2009, 594, 595.

[2] Vgl. *Geppert,* Jura 2007, 33, 34; *Streng,* Fs. Otto, 2007, S. 469, 473; *Safferling,* 2008, S. 208 f.; *Hoyer,* AT I, S. 99 f.; *Gropp,* 13/95; *Jescheck/Weigend,* S. 330; *Kindhäuser,* AT, 29, 8–10; *Rengier,* AT, 17/18; *Joecks,* Rn. 11 vor § 32; S/S-*Lenckner/Sternberg-Lieben,* Vorbem §§ 32 ff. Rn. 15; LK-*Hillenkamp,* § 22 Rn. 200; NK-*Herzog,* § 32 Rn. 130; SK-*Rudolphi,* § 22 Rn. 29; SSW-*Kudlich,* vor § 13 Rn. 71; SSW-*Rosenau,* vor § 32 Rn. 16; HK-GS/*Duttge,* 13 vor § 32; *Stratenwerth/Kuhlen,* 9/155; W-*Beulke,* Rn. 279; *Walter,* 2006, S. 99; nach NK-*Paeffgen,* 126 vor § 32, liegt eine Analogie zu Lasten des Täters vor, die gegen Art. 103 II GG verstößt. – Zur Vertiefung: *Frisch,* Fs. Lackner, 1987, S. 138 ff., der sogar eine **unmittelbare Anwendung der Versuchsregeln** befürwortet; ebenso *Graul,* JuS 1994, L 75 u. 2000, L 41, L 43: untauglicher Versuch; *Herzberg,* JA 1986, 192; *Rinck,* 2000, S. 201, 307; *Rönnau,* JuS 2009, 594, 596; *Knobloch,* JuS 2010, 864, 867; *Freund,* 3/16–19; *Frister,* 14/28; *Puppe,* AT 1, 25/1–6 (mit KG GA 1975, 213) u. in: Fs. Stree/Wessels, 1993, S. 195; *Roxin,* AT I, 14/104; *Fischer,* § 16 Rn. 23 u. § 32 Rn. 27 sowie LK-*Rönnau,* vor § 32 Rn. 90, LK-*Rönnau/Hohn,* § 32 Rn. 269 u. MK-*Schlehofer,* Rn. 98 vor §§ 32 ff. – Zur problematischen verfassungsrechtlichen Legitimierung der Versuchsstrafbarkeit (und erst recht der Vollendungsstrafbarkeit) in diesen Fällen *Lagodny,* 1996, S. 474; gegen eine Strafbarkeit als untauglicher Versuch *Rath,* 2002, S. 267, 631 f.

losigkeit eintritt, wenn es um eines der wenigen Vergehen geht, bei denen der Versuch nicht strafbar ist, muss wie beim Versuch als gesetzgeberische Entscheidung akzeptiert werden.[3] Die den untauglichen Versuch begründende Auflehnung gegen das Recht wird eben nicht bei allen Delikten für strafwürdig/strafbedürftig angesehen. Im obigen Beispiel dagegen kommt man nach der Anordnung der Versuchsstrafbarkeit in § 223 II durch das 6. Strafrechtsreformgesetz zur Strafbarkeit wegen versuchter Körperverletzung. – Einer förmlichen Versuchsprüfung (s. u. 15/6 a) bedarf es hier nicht.[3a]

> Aus der **Übungsfall-Literatur** zum Fehlen des subjektiven Rechtfertigungselements vgl. *Beulke,* KK I, Fall 9, Rn. 300 u. 307 f.; *Beulke,* KK III, Fall 14, Rn. 643 u. 652; *Börgers/Grunewald,* ZJS 2008, 521 u. 528–530 (Versuchslösung); *Börner,* Jura 2003, 855 u. 857 f.; *Bruckauf,* in: *Ebert* (Hrsg.), Fall 5, S. 5 f. u. 91 f.; *Ernst,* ZJS 2001, 382 u. 384 (Versuchsregeln analog anzuwenden); *Staudinger,* in: *Frister* (Hrsg.), Die strafrechtliche Klausur, Fall 2, S. 25 u. 44 ff.; *Gropp,* in: G/K/M, Fallsammlung, Fall 3, S. 47 f. u. 64 sowie Fall 6, S. 115 f. u. 122 sowie *Mitsch,* Fall 17, S. 305 f. u. 320 (Versuchslösung); *Heinrich,* Jura 1997, 366 f. u. 374; *Hilgendorf,* KK I, Fall 14, Rn. 17–19 (Vollendungslösung); *Hillenkamp,* 4. AT-Problem, Bsp. 1 (in Anlehnung an RGSt 60, 261), S. 28 f. u. 36; *Jäger,* Fall 25, Rn. 130, 131; *Joerden,* JuS 1996, 622 f.; *Kretschmer,* Jura 1998, 244 u. 248; *Kühl/Hinderer,* Jura 2012, 488, 492; *Kudlich,* PdW AT, Fall 71; *Petrovic/Hillenkamp,* StudZR 2008, 66 u. 89–91; *Putzke,* Jura 2009, 147 u. 148; *Rudolphi,* AT-Fälle, Fall 9, S. 101 u. 110, sowie Fall 13, S. 148 u. 155; *Seier,* Anfängerklausur, Nr. 7, S. 81 u. 88 f.; *Seier/Herrmann,* JuS 2012, 327 u. 331; *Seiterle,* Jura 2011, 958 u. 959 (Versuchslösung); *Theile,* ZJS 2009, 545 u. 548 f.; *Tiedemann,* Anfängerübung, Bsp. S. 11; *Valerius,* Klausur 10, S. 149 u. 156 f.; *Weißer/Kreß,* JA 2003, 857 u. 863. – Weitere Hinweise auf Übungsfälle: 7/136 u. 8/185.
> Vertreter des zweistufigen Verbrechensaufbaus kommen wegen des Fehlens eines Elements des Gesamtunrechtstatbestands „zwanglos" zur Versuchslösung: *Otto,* 18/53, mit durchgeprüftem Übungsfall, sowie *Otto,* Jura 1995, 475. – Zu den Gefahren eines schematischen (dreistufigen) Aufbaus vgl. *Arzt,* S. 189.

§ 7. Die Notwehr gemäß § 32

I. Einführung und allgemeine Kennzeichnung

Die Notwehr gilt – oft auch unter dem Namen der Selbstverteidigung – als ein zu 1 allen Zeiten und in allen Rechtsordnungen anerkanntes Rechtsinstitut, dem in seinem Kernbereich sogar **naturrechtlicher** Charakter zugesprochen wird. Das Notwehrrecht gründet in der allgemeinen Überzeugung, dass man Übergriffen (= rechtswidrigen Angriffen) seitens anderer Menschen wehrhaft entgegentreten darf.

Im geltenden Recht ist die Notwehr übereinstimmend in den §§ 227 II BGB, 15 II 2 OWiG und 32 II definiert. Klargestellt ist in der für das Strafrecht einschlägigen Vorschrift des § 32, dass die Notwehr-Verteidigungshandlung nicht nur straflos, auch nicht nur entschuldigt, sondern **gerechtfertigt** ist („handelt nicht rechtswidrig").[1] Der Verteidiger erhält damit ein echtes **Eingriffsrecht** in die Rechtsgüter des

---

[3] *Eser/Burkhardt,* Strafrecht I, Nr. 11 A 10; *Roxin,* AT I, 14/104.

[3a] Ebenso *Heinrich,* AT I, Rn. 392 u. *Ernst,* ZJS 2011, 382, 385; a. A. *Murmann,* GK, 25/10 Fn. 11; nach *Joecks,* Rn. 13 vor § 32, kann sie „sehr kurz ausfallen"; ebenso SSW-*Kudlich/Schuhr,* § 22 Rn. 15 u. *Beulke,* KK I, Fall 9, Rn. 309. – Durchgeführt wird sie von *Putzke,* Jura 2009, 147–149 und *Valerius,* Klausur 10, S. 149 u. 157 f.

[1] *Jäger,* 2006, S. 12 f., 31, 44, erwägt einen „Zurechnungsausschließungsgrund" wegen eigenverantwortlicher Selbstgefährdung des Angreifers; für Tatbestandsausschluss wegen der Duldungspflicht *Rothenfußer,* 2003, S. 91.

Angreifers, dem Angreifer wird damit zugleich die entsprechende **Duldungspflicht** auferlegt: es gibt keine Notwehr gegen Notwehr, und ebenso wenig kann sich der Angreifer auf rechtfertigenden Notstand gem. § 34 berufen, wenn er gegen das durch Notwehr gerechtfertigte Handeln des Verteidiger „vorgeht".

> Dazu sowie eingehend zum Konkurrenzverhältnis von Notwehr und rechtfertigendem Notstand mit Hinweisen für die Fallbearbeitung *Gropengießer,* Jura 2000, 262–267.

3   Die inhaltliche **Definition** der Notwehrregelung ist – seit dem 19. Jahrhundert unverändert – in **Abs. 2** des § 32 enthalten. Aus dieser knappen und klaren Definition lassen sich die **Eckpfeiler** des Notwehrrechts zwanglos entnehmen. Auslöser des Notwehrrechts ist der gegenwärtige rechtswidrige Angriff. Gegen diesen Angriff ist Verteidigung erlaubt. Ausweichen wird also auch dann nicht verlangt, wenn dadurch dem Angriff zu entkommen wäre (näher unten Rn. 78). Die Notwehr verlangt im Gegensatz zum rechtfertigenden Notstand gem. § 34 nicht das Ergreifen jeder Abwendungsmöglichkeit. Die Notwehr ist auch nicht subsidiär (näher unten Rn. 119–123), d.h. sie verlangt nicht wie das zivilrechtliche Selbsthilferecht gem. § 229 BGB, dass „obrigkeitliche Hilfe nicht rechtzeitig zu erlangen ist".

4   Die Verteidigung ist nur durch das Merkmal der Erforderlichkeit eingeschränkt. Verhältnismäßigkeitsüberlegungen muss der Verteidiger nicht anstellen (näher unten Rn. 87ff., 116: Kein „Güterproportionalitätserfordernis"; ebenso für Notwehrhilfe Rn. 140), d.h. er muss nicht darauf achten, dass er mit seiner Verteidigungshandlung beim Angreifer nicht höherwertige Rechtsgüter (z.B. das Leben des Diebes) verletzt als er sie schützt (z.B. Eigentum an Sachen). Gerade dieser Eckpfeiler verleiht der Notwehr ihre **Schärfe,** ja ihre „Rigorosität" gegenüber dem Angreifer, die freilich durch die sog. „sozialethischen" Einschränkungen des Notwehrrechts (näher unten Rn. 157ff.) abgemildert wird.

5   Eine weitere **Einschränkung** erhält die Notwehr dadurch, dass sie nur Eingriffe in die Rechtsgüter des Angreifers rechtfertigt (näher unten Rn. 84). Werden durch die Verteidigungshandlung Rechtsgüter von Dritten (= Nicht-Angreifer) verletzt, so kommt keine Notwehrrechtfertigung in Betracht (möglich ist aber eine Rechtfertigung wegen Notstands gem. § 34). Auf der Verteidigungsseite ist hingegen nicht nur der Angegriffene gerechtfertigt, sondern auch derjenige, der dem Angegriffenen bei der Angriffs-Abwehr hilft (sog. Nothilfe; dazu unten Rn. 137ff.).

> Ergänzend kann auf die ausführlichere und mit Nachweisen versehene Einführung von *Kühl,* JuS 1993, 177f. hingewiesen werden. – „Allgemeines zur Notwehr" in Frage-Antwort-Form findet sich bei *Sternberg-Lieben,* JA 1996, 129–133.

II. Die Grundgedanken der Notwehr

1. Dualistische Notwehrlehre

6   Die Grundgedanken der Notwehr müssen, soweit sie in der gesetzlichen Regelung **Niederschlag** gefunden haben, zum einen deshalb herausgearbeitet werden, weil sie häufig erst eine begründete Entscheidung zwischen unterschiedlichen Auslegungsmöglichkeiten einzelner Notwehrmerkmale (z.B. Rechtswidrigkeit des Angriffs) ermöglichen. Zum anderen können nur die Grundgedanken die sog. „sozialethischen" Einschränkungen der Notwehr legitimieren (teleologische Reduktion).

7   Zur Erklärung der gesetzlichen Notwehrregelung wird überwiegend auf **zwei** Grundgedanken zurückgegriffen: auf das individualrechtliche (Rechtsgüter-)Schutzprinzip und auf das sozialrechtliche Rechtsbewährungsprinzip.

a) Schutzprinzip

Der erste Grundgedanke meint in seinem Kern als **Selbstschutzgedanke** die Be- 8
rechtigung von jedermann, sich und seine Individualrechtsgüter verteidigen zu dürfen. Dieses „Urrecht" des Menschen auf Selbstverteidigung muss auch dem Staatsbürger in einem Rechtszustand mit staatlichem Gewaltmonopol erhalten bleiben,
wenn der Staat seiner ihn erst legitimierenden Aufgabe – Schutz der Freiheit seiner
Bürger gegen Übergriffe anderer Bürger – faktisch in bestimmten Situationen (plötzliche rechtswidrige Angriffe) nicht nachkommen kann. Niemand braucht sich durch
rechtswidrige Angreifer verletzen zu lassen.

Das legitime Interesse des Angegriffenen auf **Erhaltung** seiner **Rechtsgüter** setzt 9
sich bei der Notwehr deshalb nahezu optimal durch, weil es sich nur bei demjenigen
schädigend auswirkt, der durch seinen rechtswidrigen Angriff die Notwehrlage
überhaupt erst heraufbeschworen hat.

b) Rechtsbewährungsprinzip

Der zweite Grundgedanke besagt, dass der sich oder andere Verteidigende 10
zugleich **das** Recht in dem Sinne bewährt, dass er die Rechtsordnung verteidigt. In
einer eingängigen, aber verkürzenden Formel heißt dies: **Das Recht braucht dem
Unrecht nicht zu weichen.** Damit wird der Notwehrübende zum Statthalter des
Rechts in Situationen, in denen der Staat das Recht nicht selbst schützen kann.

c) Verhältnis der beiden Grundgedanken

Das Verhältnis der beiden Grundgedanken der Notwehr ist nicht befriedigend 11
geklärt, doch kann es so umschrieben werden: das Rechtsbewährungsprinzip ist
zwar eine notwendige Ergänzung des Schutzprinzips; ihm kommt deshalb auch
selbstständige Bedeutung zu. Das **Fundament** der Notwehr aber bildet der **Individu-
alschutzgedanke.** Mit dieser Betonung des Individualschutzgedankens soll die im
Rechtsbewährungsgedanken angelegte Gefahr gebannt werden, dass sich der Notwehrübende als ein für die öffentliche Sicherheit und Ordnung zuständiger privater
Hilfspolizist versteht und bei Ausübung dieser angemaßten Rolle mehr Schaden als
Nutzen für die Rechtsordnung bewirkt. Notwehr ist auch kein allgemeines Un-
rechtsverhinderungsrecht, sondern erlaubt nur die Abwehr rechtswidriger Angriffe.

Überzeugungskraft hat die **dualistische Notwehrlehre** vor allem deshalb, weil sie 12
die in der gesetzlichen Regelung des § 32 II enthaltene Schärfe des Notwehrrechts
am besten erklärt. Da das Nutzen einer Ausweichmöglichkeit die Rechtsgüter des
Angegriffenen häufig sicherer schützt als ein Zurückschlagen des Angreifers, kann
das Fehlen der Ausweichpflicht in der Notwehrregelung gut mit dem als Ausdruck
des Rechtsbewährungsprinzips verstandenen Satz begründet werden, dass das Recht
dem Unrecht nicht zu weichen braucht.

Schutzprinzip und Rechtsbewährungsprinzip gemeinsam erklären plausibel den 13
Verzicht auf Güterproportionalität: Dass auch der Dieb verletzt werden darf, obwohl die körperliche Unversehrtheit über dem Sacheigentum einzuordnen ist, erklärt sich zum einen daraus, dass gegenüber einem rechtswidrigen Angreifer ein op-
timaler, d.h. ein mit allen erforderlichen Mitteln durchsetzbarer Rechtsgüterschutz
legitim ist (geringere Schutzwürdigkeit des Angreifers, Bevorzugung der Interessen
des Angegriffenen). Zum anderen schlägt zugunsten des Verteidigers noch zusätzlich
der Umstand zu Buche, dass er auch Allgemeininteressen verteidigt, nämlich das
Recht gegen das angreifende Unrecht bewährt.

2. Monistische Notwehrlehren

14   Selten wird die Notwehr **rein überindividualistisch** begründet. Es ist zwar richtig, dass durch die Notwehrhandlung das Gemeininteresse an der **Selbstbehauptung des Rechts** befriedigt wird, doch ist der von der Notwehr intendierte und geleistete Schutz des einzelnen und seiner Rechtsgüter nicht nur als Reflex der Selbstbehauptung des Rechts zu sehen.

15   **Rein individualistische** Notwehrbegründungen nehmen zu. Sie leisten zunächst – **negativ** – eine z. T. berechtigte Kritik am Rechtsbewährungsprinzip. So wird u. a. kritisiert, dass der Notwehrübende trotz der angeblichen Wahrnehmung öffentlicher Aufgaben nicht (wie die Rechtsschutz bietenden Staatsorgane) an den Verhältnismäßigkeitsgrundsatz gebunden ist.

16   Eine **positive** Begründung des nun einmal scharf ausgestalteten geltenden Notwehrrechts ist den individualistischen Theorien noch nicht überzeugend gelungen. Bei unterstelltem Wegfall des Rechtsbewährungsprinzips muss das Fehlen einer Ausweichpflicht, die fehlende Subsidiarität des Notwehrrechts und der Verzicht auf Güterproportionalität erklärt werden. Dafür bieten sich zwei Wege an.

17   Zum einen kann man auf der **Seite des Angegriffenen** nach Gründen für dessen Bevorzugung suchen: man wird dann auf die Brisanz der Notwehrsituation (Bedrängnissituation, Entscheidung über die Verteidigungsmittel in Sekundenschnelle, Ungeübtheit des Angegriffenen in der Verteidigung) abheben und/oder darauf verweisen, dass beim Angegriffenen nicht nur Güter auf dem Spiel stehen, sondern auch seine Handlungsfreiheit und seine Persönlichkeit. Ob damit die normative Überlegenheit des Verteidigers gegenüber dem Angreifer in der scharfen Form, wie von § 32 angeordnet, erklärt werden kann, ist zu bezweifeln, weil die brisante Situation und der zusätzliche Rechtsgutsangriff auch bei weniger scharfen Rechtfertigungsgründen (z. B. dem defensiven Notstand gem. § 34) vorkommen.

18   Zum anderen kann „viktimodogmatisch" auf der **Seite des Angreifers** „als Opfer der Verteidigung" angesetzt werden: man wird dann darauf abstellen, dass die weitgehende Schutzlosigkeit des Angreifers darauf beruhe, dass es ihm ja freistehe, auf seinen Angriff gänzlich zu verzichten und sich damit vollständig selbst zu schützen. Aber auch die so begründete mangelnde Schutzbedürftigkeit und/oder Schutzwürdigkeit des Angreifers, die ja auch von Vertretern der dualistischen Notwehrlehre als individualrechtliches Element anerkannt wird, erklärt zwar die Gleichbehandlung von Notwehr und Nothilfe, die Freistellung des Verteidigers von Verhältnismäßigkeitsüberlegungen aber nicht hinreichend, das Fehlen der Ausweichpflicht wohl gar nicht.

3. Ergänzung der dualistischen Notwehrlehre durch das Prinzip der Verantwortung

19   Die vorzugswürdige dualistische Notwehrlehre kann zur besseren Erklärung bestimmter Teile der Notwehrregelung durch das Prinzip der **Verantwortung des Angreifers** für sein Angriffsverhalten und die Gefahrenlage ergänzt werden. Dieses Prinzip erklärt z. B. die eingeschränkte Rechtfertigungskraft der Notwehr: nur Rechtsgüter des verantwortlichen Angreifers dürfen verletzt werden. Auch im Bereich der sog. „sozialethischen" Einschränkungen der Notwehr leistet dieses Prinzip erklärende Dienste, z. B. bei mangelnder Verantwortlichkeit des Angreifers (einem Geisteskranken gegenüber darf nicht sogleich das scharfe Notwehrrecht eingesetzt werden) oder z. B. bei Mitverantwortlichkeit des Angegriffenen (der den Angriff Provozierende muss sich Einschränkungen seines Notwehrrechts gefallen lassen).

Ergänzend kann auf die mit zahlreichen Nachweisen versehene, ausführlichere Darstellung der Notwehrtheorien bei *Kühl,* JuS 1993, 178–183 und die knappere Darstellung bei *Sternberg-Lieben/Sternberg-Lieben,* JuS 1999, 444, 446 f. sowie bei *Meyer/Ulbrich,* JA 2006, 775, 777 f. u. *Geppert,* Jura 2007, 33 hingewiesen werden.[1a] Speziell zu den „Wurzeln" des Notwehrhilferechts *Kasiske,* Jura 2004, 832–836; *Kuhlen,* GA 2008, 282, 286 ff. („individualistisch") u. *Engländer,* 2008, S. 9–39 (individualistische Notwehrkonzeption). – Auch die Rspr. geht von einer dualistischen Notwehrbegründung aus: „... das individuelle Schutzinteresse" und „das Rechtsbewährungsinteresse, die das Notwehrprinzip prägen ..." (BGHSt 48, 207, 212). Das Rechtsbewährungsprinzip (o. Rn. 10) betont *Dreier,* JZ 2007, 261, 263; für dessen Relativierung *Bülte,* GA 2011, S. 145, 158 f.; gegen die Verengung auf den Angreifer *Koch,* ZStW 122 (2010), 804, 811; gegen dessen Berücksichtigung *Lesch,* Fs. Dahs, 2005, S. 81, 82. – Nach *van Rienen,* 2009, S. 35–150 u. zusf. S. 301, hat sich die dualistische Notwehrlehre „als der überlegene Ansatz erwiesen". Zur Kritik der dualistischen Notwehrbegründung und insbesondere der „herrschenden Rechtsbewährungsdoktrin" vgl. *Renzikowski,* Notstand und Notwehr, 1994, S. 76, nach dem die Notwehr die Kooperation gleichgeordneter Rechtssubjekte im staatsfreien Raum sicherstellen soll; kritisch auch *Kleszewski,* Fs. E. A. Wolff, 1999, S. 225, der die Notwehr nach „kategorischen Rechtsprinzipien" begründen will; ebenfalls kritisch zur überindividualistischen Begründung *Kargl,* ZStW 110 (1998), S. 38, der bei der Notwehr den „individualrechtlichen Geltungskonflikt" akzentuiert (S. 57), sowie *Lesch,* 2000, S. 22 ff., 33, 36, der die Notwehr als Ausübung eigener subjektiver Rechte, die Nothilfe als solidarische Wahrnehmung subjektiver Rechte für einen Dritten versteht; kritisch zum Rechtsbewährungsprinzip *Koriath,* Fs. Müller-Dietz, 2001, S. 361, 368 ff.: „metaphysische Konstruktion" (S. 372); krit. zum Satz, dass das Recht dem Unrecht nicht zu weichen brauche, *Krauß,* Fs. Puppe, 2011, S. 635, 652; nach *Schumann,* Fs. Dencker, 2012, S. 287, 302 f. Fn. 60, ist der Unterschied zwischen der dualistischen und der rein individualistischen Erklärung gering. Als „Rechtfertigungsgrund für Unrechtverantwortung" des Angreifers versteht *Köhler,* S. 261, die Notwehr. Beide Notwehrbegründungen ablehnend und selbst die Tötung des mein Leben Angreifenden nicht erlaubend *Bittner,* in: Bleisch u. a. (eds.), Pazifismus, 2006, S. 265. **Zur rechtsphilosophischen** Begründung der Notwehr, insb. durch *Kant,* vgl. *Kühl,* Fs. Hirsch, 1999, S. 259 ff.; *Hruschka,* ZStW 115 (2003), S. 201 ff. u. *Pawlik,* ZStW 114/2002), S. 259 ff., der auch *Hegel* behandelt; zur Diskussion der Notwehr unter „Kantianern" im 19. Jahrhundert vgl. *Kühl,* Fs. Triffterer, 1996, S. 149, 158. **Zur historischen** Dimension des Notwehrrechts in Deutschland, insb. zur Abkehr vom Prinzip der Güterproportionalität, *Kühl,* Fs. Triffterer, 1996, S. 149; *Maiwald,* Fs. Marinucci, 2006, S. 1579, 1580. – Historisch/philosophisch fundierte Kritik an der Rechtfertigung der Tötung des „fliehenden Diebes" bei *Siciliano,* 2003 (kritisch *Schroeder,* GA 2006, 536: gewisse ideologische Einseitigkeit). – Zur geschichtlichen Entwicklung der Notwehr als Rechtfertigungsgrund bei Tötungsdelikten vgl. *Schaffstein,* Die allgemeinen Lehren vom Verbrechen, 1930, S. 68 ff.; *Kühl,* 2008, S. 299 ff., 318 ff.; *Grünewald,* ZStW 122 (2010), 53–61; *Köhler,* S. 264; *Roxin,* AT I, 15/4; LK-*Rönnau/Hohn,* § 32 Rn. 4; MK-*Erb,* § 32 Rn. 10. **Rechtsvergleichend:** LK-*Rönnau/Hohn,* § 32 Rn. 1–45, zum „europäischen Recht" Rn. 46–50; mit den USA *Wössner,* 2006; zum Völkerstrafrecht *Weigend,* Fs. Tiedemann, 2008, S. 1439 u. *Werle,* VölkerStrR, Rn. 587–598. **Zur Akzeptanz** des deutschen Notwehrrechts in der Bevölkerung vgl. die gleichnamige Monographie von *Kilian,* 2011.

III. Die gesetzliche Notwehrregelung des § 32 II

Die in § 32 II aufgestellten Voraussetzungen für eine Rechtfertigung des Täters **20** wegen Notwehr lassen sich in zwei Gruppen aufteilen, die auch die **Prüfungsreihenfolge** in Übungsarbeiten bestimmen. Zuerst ist die Notwehrlage mit der Frage zu prüfen, ob ein „gegenwärtiger rechtswidriger Angriff" auf die Rechtsgüter des mög-

---

[1a] Zusammenfassend *Lührmann,* Tötungsrecht zur Eigentumsverteidigung?, 1999, S. 26–49; *Stiller,* Grenzen des Notwehrrechts bei der Verteidigung von Sachwerten, 1999, S. 29–74; *Sengbusch,* 2008, S. 124 ff.

licherweise durch Notwehr gerechtfertigten Täters (= „von sich") oder auf die „eines anderen", dem der Täter möglicherweise Nothilfe leistet, vorlag. Danach ist die vom Täter gewählte Verteidigung daraufhin zu untersuchen, ob sie zur Abwendung des Angriffs „erforderlich" und von einem Verteidigungswillen („um ... abzuwenden") getragen war.

20a   **Aufbau** einer Notwehrprüfung nach § 32 II

I. Notwehrlage

    1. Angriff auf ein Rechtsgut oder ein rechtlich geschütztes Interesse

    2. Gegenwärtigkeit des Angriffs

    3. Rechtswidrigkeit des Angriffs

II. Verteidigungshandlung

    1. objektiv:

        a) gegen den Angreifer gerichtet

        b) Erforderlichkeit

        c) *

    2. subjektiv: „Verteidigungswille"

* Nur in bestimmtem Fallgruppen „sozialethischer" Notwehreinschränkungen (s. u. Rn. 168) ist zusätzlich die Gebotenheit der Verteidigung zu prüfen, und zwar entweder unter II 1 c oder unter einem neuen Gliederungspunkt III.

> Knapper, aber vollständig durchgeprüfter Notwehrfall bei *Kudlich*, AT-Fälle, Fall 1, S. 13 f. und bei *Meurer/Dietmeier*, Jura 1999, 643, 646, ausführlicher bei *Alpmann/Schmidt*, AT 1, Fall 16, S. 79–86. Umfangreicher, vollständig durchgeprüfter Notwehrfall mit Schwerpunkt auf der Gebotenheit bei *Amelung/Boch*, JuS 2000, 261 u. 264–266 sowie bei *Meyer/Ulbrich*, JA 2006, 775 ff. u. *Valerius*, Klausur 10, S. 149 u. 155–157 bei *Laubenthal*, JA 2004, 39 u. 42 f.
>
> **Aufbauschema** bei *Meyer/Ulbrich*, JA 2006, 775, 776 u. bei *Seier*, Anfängerklausur, S. 73.

1. Die Notwehrlage

21   Die Voraussetzungen der Notwehrlage müssen schon nach dem Wortlaut des § 32 II[1b] als sachliche Voraussetzungen dieses Rechtfertigungsgrundes **tatsächlich** gegeben sein.[2] Nur dann lassen sich die „scharfe" Eingriffsbefugnis des Verteidigers und die Belastung des Angreifers mit der entsprechenden Duldungspflicht rechtfertigen.[3] Wer sich nur angegriffen glaubt, in Wirklichkeit aber nicht bedroht ist, be-

---

[1b] Darauf weist *Paeffgen*, Gs. A. Kaufmann, 1989, S. 419, hin: anders als bei § 22 gehe es bei §§ 32, 34 nicht um die „Vorstellungen" des Täters von seiner Tat.

[2] Vgl. *Heinrich*, AT I, Rn. 341; *Murmann*, GK, 25/84; *W-Beulke*, Rn. 330; *Zieschang*, Rn. 201 u. in: Fs. Knemeyer, 2012, S. 449, 457; MK-*Erb*, § 32 Rn. 56 f.; S/S-*Perron*, § 32 Rn. 2 u. 27 (gegen *Rudolphi*, Gs. A. Kaufmann, 1989, S. 386); SK-*Günther*, § 32 Rn. 22; SSW-*Rosenau*, § 32 Rn. 11; *Jäger*, Rn. 107 u. *Sengbusch*, 2008, S. 202 (mit Streitstanddarstellung in Fn. 67); aus der Rspr. vgl. BGH NStZ 2003, 599, 600 mit krit. Bspr. *Otto*, JK 5/04, StGB § 32/28; krit. *Schröder*, JuS 2000, 235, 237 u. NK-*Herzog*, § 32 Rn. 3, der eine „exante" Beurteilung zugrundelegen, den „objektiven Beobachter" aber als „normatives Korrektiv" einschalten will; krit. auch *Puppe*, AT 1, 23/1–7 u. *Frister*, AT, 16/8 f.

[3] Vgl. allgemein für die objektiven Voraussetzungen von Rechtfertigungsgründen *Gallas*, Fs. Bockelmann, 1979, S. 167: „Prinzip, dass die objektiven Voraussetzungen der Rechtfertigung tatsächlich vorliegen müssen." Ebenso *Paeffgen*, Gs. A. Kaufmann, 1989, S. 419; *Schroth*, Fs. Kaufmann, 1993, S. 605; *Graul*, JuS 1995, 1056; *Puppe*, AT 1, 23/10–13 u. S/S-*Lenckner/Sternberg-Lieben*, Vorbem §§ 32 ff. Rn. 10 a. – *Jakobs*, 11/9, verlangt eine „wirkliche Verbindung" zwischen der Konfliktlage und dem Eingriffsopfer [= Angreifer], wenn dieser zur Duldung der Maßnahme [= Verteidigungshandlung] verpflichtet sein soll; dem zustimmend *Schröder*, JuS 2000, 235, 238.

findet sich der objektiven Sachlage nach nicht in einer Notwehrlage (z. B. derjenige, der die zur Umarmung ausgestreckten Arme des „Angreifers" als ein Ansetzen zu Schlägen deutet[4]); die irrige Annahme einer Notwehrlage (auch die der Gegenwärtigkeit oder die der Rechtswidrigkeit des Angriffs) kann freilich nach Irrtumsregeln zu seiner Straflosigkeit führen (sog. **Putativnotwehr**).[5] Auch **Scheinangriffe** wie z. B. die zum Scherz vorgehaltene Pistole[6] oder z. B. der zwischen „Angreifer" und „Verteidiger" verabredete „Angriff" schaffen objektiv keine Notwehrlage. Dass man freilich jeden untauglichen/ungefährlichen Versuch (z. B. Tötungsversuch mit ungeladener Schusswaffe) als bloßen Scheinangriff (= kein Angriff) einstufen kann, wird wegen des Bruches der Verhaltensnorm durch den Schützen und angesichts dessen (Versuchs-)Strafbarkeit – beides Umstände, die nach Rechtsbewährung rufen – gelegentlich bezweifelt.[7]

Bewusst **vorgetäuschte Angriffe** (z. B. mit einer Spielzeugpistole hinsichtlich des   22 Lebens des nur bzgl. seiner Freiheit wirklich Bedrohten) sind hingegen z. T. (hinsichtlich des Lebens) Scheinangriffe,[8] aber auch bei ihnen wird eine **Rechtfertigungslösung** wegen des höherrangigen Interesses des (sich wie gegen einen lebensgefährlichen Angriff = übermäßig verteidigenden) Getäuschten einer Irrtumslösung vorgezogen.[9] Die Rechtfertigung kann oft aber auch direkt mit § 32 begründet werden, wenn und soweit die Abwehr des Angriffs mit Scheinwaffen ex-ante betrachtet erforderlich war (s. u. Rn. 108).[9a] Ob über diesen Ausnahmefall hinaus dem vor der Entscheidung für oder gegen eine Notwehr/Nothilfe-Verteidigungshandlung Stehenden ein **erlaubtes Risiko** zugestanden werden muss,[10] das ihm ein Eingreifen auch bei als solchen exante nicht erkennbaren Nicht-Angriffen gestattet, erscheint im Hinblick auf „umsetzbare Verhaltensrichtlinien"[11] („Du darfst Notwehr üben, wenn alles nach einem Angriff aussieht") zwar diskutabel, für den betroffenen

---

[4] Vgl. zu diesem Fall ebenso *Jakobs*, 11/14, mit dem Hinweis auf Gegenauffassungen. Ein ähnlicher Fall findet sich bei M-*Zipf*, AT 1, 26/56; vgl. auch die Beispiele von B-*Volk*, S. 122; *Jakobs*, 11/42; W-*Beulke*, Rn. 338.

[5] Vgl. *Jescheck/Weigend*, S. 350; S/S-*Perron*, § 32 Rn. 28; W-*Beulke*, Rn. 330 u. 351. – Kritisch zu dieser von ihm sog. „Notlösung" *Herzberg*, JA 1989, 274, und *ders.*, in: JuS 1991, L 70, sowie *Graul*, JuS 1995, 1055.

[6] So LK[11]-*Spendel*, § 32 Rn. 338. – Weiteres Bsp. eines Nicht-Angriffs bei *Schröder*, JuS 2000, 235, 239: „Der dem Freund zum Spass in den Rücken gehaltene Finger", der den Eindruck eines Angriffs auf das Leben mittels eines Revolvers erweckt.

[7] Zur h. L. vgl. *Hirsch*, Fs. Dreher, 1977, S. 228, unter b); *Schmidhäuser*, GA 1991, 130 f.; *Graul*, JuS 1995, 1052; *Roxin*, AT I, 14/85; 15/1 u. 9. Abweichend aber *Bloy*, JuS 1990, L 13; *Jakobs*, 11/14.

[8] *Bloy*, JuS 1990, L 13: „... in Bezug auf das Leben nur ein scheinbarer Angriff." – *Jakobs*, 11/9, spricht von einer „zurechenbar erregten Scheingefahr." Nach *Roxin*, AT I, 15/9, kann der realen Beeinträchtigung der Willensfreiheit von dem mit einer Scheinwaffe oder ungeladenen Pistole Bedrohten mit den Mitteln der Notwehr entgegengetreten werden; ebenso *Amelung*, Jura 2003, 91 u. *Jäger*, Rn. 107, der noch auf die Strafbarkeit des Angriffs wegen Bedrohung nach § 241 hinweist. – Wie im Text diff. *Schröder*, JuS 2000, 235, 236 f. u. *Arzt*, S. 120 f., Bsp. 84; vgl. auch MK-*Erb*, § 32 Rn. 58 u. eingehend *Börgers*, 2008, S. 157 ff. (m. Bspr. *Kindhäuser*, GA 2009, 501, 503), der eine „fiktive Einwilligung" des Angreifers annimmt.

[9] *Otto*, Jura 1988, 330; vgl. auch *Otto*, 8/212.

[9a] W-*Beulke*, Rn. 338; krit. *Graul*, JuS 1995, 1056.

[10] Das fordert z. B. *Herzberg*, JA 1989, 247 f. u. in: Fs. Stree/Wessels, 1993, S. 208, im Anschluss an *Frisch*, 1983, S. 424 ff.; vgl. ebenso *Freund*, GA 1991, 407; *Schlehofer*, 1996, S. 61.

[11] *Frisch*, 1983, S. 426; ebenso *Freund*, GA 1991, 407.

Nicht-Angreifer aber kaum akzeptabel.[12] Dies gilt auch für eine ex-ante-Beurteilung des Angriffs,[12a] der damit wie die Gefahr i. S. des § 34 (s. u. 8/46) behandelt wird.

> Zur „Schein-Angriffs"-Problematik vgl. die **Übungsfälle** von *Ambos/Rackow,* Jura 2006, 943 u. 945 (kein Angriff bei nicht zurechenbarer Verursachung z. B. durch Träger eines Baguettes); *Bloy,* JuS 1990, L 12–15; *Britz,* JuS 2002, 465 f. u. 466; *Graul* JuS 1995, 1049: Bsp. 1; *Herzberg,* JuS 1991, L 68 ff.; *Hillenkamp,* 10. AT-Problem, Ausgangsbeispiel, S. 72 mit Lösung S. 78 f.; *Kudlich,* PdW AT, Fälle 76, 91; *Kuhlen,* 1987, S. 67 f. u. 552: Bsp. 26; *Otto/Bosch,* Übungen, Fall 3, S. 96; *Rentrop,* AL 2009, 270 u. 272 („Pappflorett"); *Werner,* JuS 1991, 576 u. 578.

22a Noch umstrittener als die Problematik des Scheinangriffs (Rn. 21) und des Angriffs mit Scheinwaffen (Rn. 22) ist die rechtliche Beurteilung der Situation, in der der Täter sich nicht sicher ist, ob er zum Schein bzw. mit einer Scheinwaffe oder mit einer geladenen Schusswaffe angegriffen wird. Liegt – rein objektiv betrachtet – kein Angriff oder kein bewaffneter Angriff vor, so kann die Vorstellung der Möglichkeit des Vorliegens eines (bewaffneten) Angriffs als Putativnotwehr (Erlaubnistatumstandsirrtum) beurteilt werden.[12b] Es kann aber auch eine wirkliche Notwehrlage und damit Rechtfertigung bei – aus der Sicht des Täters – „erforderlicher" Verteidigung angenommen werden.[12c] Schließlich kann man dem Täter sowohl die Berufung auf Notwehr als auch auf Putativnotwehr versagen, weil er sich auch die Möglichkeit vorgestellt hat, nicht (bewaffnet) angegriffen zu sein.[12d]

a) Der Angriff

23 Die Notwehrlage setzt zunächst einen **Angriff** auf Rechtsgüter voraus. Ein solcher Angriff liegt nicht erst bei einem laufenden bzw. vollzogenen Übergriff auf die rechtlich geschützte Freiheitssphäre eines anderen vor, sondern schon bei deren Bedrohung bzw. Gefährdung.[13] Unter einem Angriff wird deshalb – in weiter Definition – die (von einem Menschen) **drohende Verletzung** rechtlich geschützter Interessen verstanden.[14] Das darf nicht dahingehend missverstanden werden, dass schon die Drohung mit einem späteren Angriff („ich werde bei nächster Gelegenheit Dein Haus anzünden") einen Angriff i. S. des § 32 II darstellt. Vielmehr müssen die Rechtsgüter

---

[12] Vgl. S/S-*Lenckner/Sternberg-Lieben,* Vorbem §§ 32 ff. Rn. 10 a; *Warda,* Jura 1990, 348 u. *Momsen/Rackow,* JA 2006, 550, 553 ff., die zwischen zurechenbarer und nichtzurechenbarer Schaffung des „Bildes einer Notwehrlage" differenzieren. Nach *Paeffgen,* Gs. A. Kaufmann, 1989, S. 420, wird „zu Unrecht in den Güterkreis des Opfers" = [Nicht-Angreifers] eingegriffen. – Nach *Roxin,* AT I, 14/89 Fn. 118, geht es nicht nur um die Bestimmung der strafrechtlichen Verhaltensnorm, „weil das zu rechtfertigende Tatbestandsunrecht auch den Erfolg umfasst".

[12a] So *Hoyer,* AT I, S. 69 f. mit Beispielsfall; ebenso B-*Weber/Mitsch,* 16/62. – Nach *Rudolphi,* Gs. A. Kaufmann, 1989, S. 386, muss die „ex-ante-Betrachtung" bei § 32 zu dem Urteil führen, „dass ein gegenwärtiger, rechtswidriger Angriff mit Sicherheit oder doch mit an Sicherheit grenzender Wahrscheinlichkeit vorliegt"; zust. Mitsch, JuS 1992, 291 u. *Murmann/Rath,* NStZ 1994, 215; krit. *Nippert/Trinkl,* JuS 2002, 964, 965 ff.

[12b] So *Schroth,* Fs. Kaufmann, 1993, S. 609.

[12c] *Roxin,* AT I, 14/92 Fn. 123.

[12d] Eingehend zu Möglichkeitsvorstellungen im Bereich der Rechtfertigungsgründe *Frisch,* 1983, S. 415–463, der den Vorsatz des Täters verneint.

[13] Vgl. *Geilen,* Jura 1981, 201: aggressive Gefährdungen einer rechtlich geschützten fremden Interessenssphäre.

[14] Vgl. statt vieler *Ebert,* S. 72; im Übungsfall *Goeckenjahn,* JuS 2008, 702 u. 705. Krit. zu dieser Definition *Schroeder,* JuS 1980, 336, der deshalb definiert: „jedes gegen fremde Rechtsgüter gerichtete Verhalten" (S. 337).

des Bedrohten bereits akut gefährdet sein, m. a. W. der Angriff setzt die **unmittelbare Bedrohung** rechtlich geschützter Güter (durch menschliches Verhalten) voraus.[15]

Die Feststellung einer solchen unmittelbaren Bedrohung kann jedoch Schwierig-   24
keiten bereiten. Nur vermutete oder erwartete, aber noch nicht nach außen **betätigte** Angriffs-Reaktionen (Schläge) auf eigenes, reizendes Verhalten (Weinschorle ins Gesicht geschüttet) reichen nicht aus.[16] Der die Rechtsprechung häufig beschäftigende schlafende **Familientyrann** (BGHSt 48, 255 mit Bspr. *Hillenkamp*, JZ 2004, 48, 50, *Otto* NStZ 2004, 142, 143 u. *Haverkamp*, GA 2006, 586, 592; s. unten Rn. 42) kann nicht unter Berufung auf Notwehr getötet werden, weil er z. Zt. „nicht nur keinen ‚gegenwärtigen‘, sondern überhaupt noch keinen ‚Angriff‘ auf andere Familienmitglieder" führt;[17] einen „Dauerangriff" als Angriff i. S. des § 32 II zu verstehen, verbietet der Wortlaut und der Zuschnitt der Notwehr auf akute Bedrohungslagen.[17a] Auch das („sozialadäquate") Versperren des Weges durch einen gerade den Kassenraum betretenden Kunden ist trotz der Behinderung des die fliehenden Räuber verfolgenden Tankwartes kein Angriff auf diesen;[18] eine „objektive Angriffstendenz" wird man auch noch nicht erkennen können, „wenn jemand einem anderen bei dessen Flucht aus einem brennenden Haus lediglich im Weg steht".[19] Die Beurteilung ändert sich erst bei erkennbarer Blockierungsabsicht: versperrt die Bedienung dem nicht zahlungsbereiten Gast, der das Lokal verlassen will, den Weg, so ist das jedenfalls ein Angriff auf dessen Fortbewegungsfreiheit.[20]

Sozial übliches und tolerables **Verhalten** wie das Drängeln in einer Menschen-   25
schlange ist schon kein Angriff;[21] darüber hinausgehende geringfügige Angriffe wie das Anleuchten mit einer Taschenlampe sind zwar Angriffe i. S. des § 32 II, doch ist ihnen gegenüber nur eine eingeschränkte Verteidigung i. S. des § 32 I „geboten" (s. u. 7/188). Die – erst unten (7/54) zu behandelnde – Rechtswidrigkeit des Angriffs soll bei gefährlichem Verhalten z. B. im Straßenverkehr fehlen, wenn sich dieses im **erlaubten Risiko** hält (z. B. ein die Verkehrsregeln beachtendes Verhalten).[22]

Wie in den bisherigen Beispielen und in Klammern bereits berücksichtigt, setzt   26
der Angriff in der Person des Angreifers einen **Menschen** voraus. Mit dieser inzwischen nahezu[23] allgemein für richtig gehaltenen Eingrenzung des Angriffsbegriffs

---

[15] So S/S-*Perron*, § 32 Rn. 3. – Eine Gefahrkonkretisierung i. S. einer Manifestation des rechtsfeindlichen Willens beim Angreifer verlangt *Ludwig*, 1991, S. 87. Vgl. auch schon *Bottke*, JR 1986, 293, und *Kratzsch*, StV 1987, 227.

[16] Vgl. BayObLG NJW 1985, 2600 f., mit Anm. *Bottke*, JR 1986, 292 ff.; *Kratzsch*, StV 1987, 224 ff., und *Otto*, JK, StGB § 32/8; nach *Eser/Burkhardt*, Strafrecht I, Nr. 10 A 21: „sehr streng".

[17] *Bernsmann*, 1989, S. 59.

[17a] *Haverkamp*, GA 2006, 586, 592.

[18] So eine hessische Examensklausur vom 13. 10. 1989. Vgl. auch den Übungsfall von *Geerds*, Jura 1992, 544. – Zur Sozialadäquanz mit Grundwissen *Rönnau*, JuS 2011, 311–313.

[19] So S/S-*Perron*, § 32 Rn. 3, unter Hinweis auf BGH NJW 1989, 2479 = NStZ 1989, 431; vgl. zu dieser Entscheidung hinsichtlich der Angriffsproblematik *Küpper*, JuS 1990, 187; *Eue*, JZ 1990, 765 f. und *Roxin*, AT I, 15/8: es fehle das „Bedrohungselement". – Einen Angriff durch Unterlassen (die Hauseigentümerin trat nicht zur Seite) nimmt *Lagodny*, GA 1991, 300 u. 305 Fn. 30, an.

[20] So BayObLG JZ 1991, 682, mit insoweit zust. Anm. von *Schroeder*.

[21] Vgl. S/S-*Perron*, § 32 Rn. 49; SSW-*Rosenau*, § 32 Rn. 7; *Jescheck/Weigend*, S. 338.

[22] So *Jakobs*, 12/14; M-*Zipf*, AT 1, 26/16; *Stratenwerth/Kuhlen*, 9/73; a. A. *Jescheck/Weigend*, S. 341.

[23] Eine Ausnahmestellung nimmt LK[11]-*Spendel*, § 32 Rn. 38–45, 58 ein; anders jetzt LK-*Rönnau/Hohn*, § 32 Rn. 99. – Vgl. dazu die Kritik von *Jakobs*, 12/14 Fn. 20 a.

auf menschliches Verhalten scheidet man „**Tier-Angriffe**" als Notwehr – auslösende Angriffe aus.[24] Auch wenn Tiere von der Rechtsordnung (§ 90 a S. 1 BGB) nicht mehr nur als Sachen behandelt werden, so sind sie doch von Menschen insofern zu unterscheiden, als nur Menschen taugliche Adressaten von Rechtsnormen sind und als nur Menschen gegenüber das Recht bewährt werden muss, wenn diese sich durch rechtswidrige Angriffe ins Unrecht setzen. Dem Selbstschutzbedürfnis des von einem Tier Gefährdeten trägt § 228 BGB – Defensivnotstand – ausreichend Rechnung.[25] Wenn demgemäß dem Tier, wenn möglich, ausgewichen werden muss,[26] und wenn die Verletzung oder gar Tötung des Tieres (wertvoller Rassehund) nicht außer Verhältnis zu den dem durch das Tier gefährdeten Menschen drohenden Schäden (z. B. geringfügige Sachschäden) stehen darf,[27] so erscheint dies sachgerecht.

27   Aus „Tierangriffen" werden zur Notwehr berechtigende „Menschenangriffe", wenn ein Mensch das Tier als Werkzeug z. B. zur Verletzung eines anderen Menschen („Hasso fass!") oder z. B. zur Wegnahme einer fremden Sache benutzt.[28]

Kein Angriff eines Menschen liegt vor, wenn etwa die körperliche Unversehrtheit durch ein Feuer bedroht wird (*Hilgendorf*, KK II, Fall 14, Rn. 7).

> Zur **Einübung** in Fälle mit „Tierangriffs-Problematik" geeignet: *Gaul/Haselhoff/Zapf*, JA 2011, 672 u. 678; *Haller/Steffens*, JA 1996, 649 u. 662; *Meyer-Gerhards*, JuS 1972, 659 ff.; *Otto*, Jura 1986, 659 ff.; *Seier*, JuS 1982, 521 ff.; *Haft*, Fallrepetitorium, Nr. 93–95; *Kudlich*, PdW AT, Fall 74; *Otto/Bosch*, Übungen, Fall 1, S. 62; *Samson*, Strafrecht I, Fall 10, S. 57 ff.; *Schwind/Franke/Winter*, Anfängerübung, 1. Hausarbeit, S. 3 u. 23.

28   Die **Willkürlichkeit** als Mindestvoraussetzung der strafrechtlich relevanten Handlung ist auch – wenn auch nicht zwangsläufig – Mindestvoraussetzung für die Angriffsqualität eines Verhaltens, so dass z. B. Bewegungen im Schlaf zwar eine Notlage, aber keine Notwehrlage für andere auslösen können (BGHSt 48, 255 mit Bspr. *Hillenkamp*, JZ 2004, 48, 50 u. *Otto*, NStZ 2004, 142, 143).[29] Darüber hinausgehend ein „**final-agressives** Vorgehen des Angreifers" zu verlangen, entspräche zwar dem „landläufigen Sprachgebrauch" und macht sicher den „Kernbereich" der notwehrauslösenden Angriffe aus, doch ist es nicht Angriffs-Voraussetzung, da man sonst den Angegriffenen gegen unvorsätzliche, aber **fahrlässig** zu verantwortende, ja sogar leichtsinnige Bedrohungen (ein Jäger verkennt den anderen Jäger leichtsinnigerweise als Wild und legt auf ihn an) schutzlos ließe.[30] Erst recht wird **gewalttätiges** Verhalten vom Angreifer nicht verlangt, denn sonst würden gewaltlose Eingriffe

---

[24] B-*Weber/Mitsch*, 17/4 f.; *Geilen*, Jura 1981, 201; *Roxin*, AT I, 15/6.

[25] So z. B. S/S-*Perron*, § 32 Rn. 3 u. NK-*Herzog*, § 32 Rn. 10. – Gelegentlich werden auch §§ 34, 35 für anwendbar gehalten, so z. B. B-*Volk*, S. 89; *Ebert*, S. 72.

[26] Vgl. *Haft*, Fallrepetitorium, Nr. 138.

[27] Vgl. *Geilen*, Jura 1981, 201 f.; *Haft*, Fallrepetitorium, Nr. 137. Krit. aber *Otto*, 8/60 ff.

[28] B-*Weber/Mitsch*, 17/4; *Otto*, 8/29 f.; *Roxin*, AT I, 15/6; NK-*Herzog*, § 32 Rn. 10; zusf. *Stemler*, ZJS 2010, 347. – Weiteres Beispiel eines Ehrangriffs durch einen dressierten Papagei bei *Blei*, PdW AT, Fall 84; weitere Beispiele bei SK-*Günther*, § 32 Rn. 24.

[29] Ebenso B-*Weber/Mitsch*, 17/5; W-*Beulke*, Rn. 325, mit dem Beispiel eines vom Dach fallenden Schornsteinfegers; zu diesem Beispiel auch LK[11]-*Spendel*, § 32 Rn. 28, der jedoch Schlaf- und Reflexhandlungen als Angriffe auffasst (Rn. 27); anders jetzt *Rönnau/Hohn*, § 32 Rn. 100). – Vgl. auch S/S-*Perron*, § 32 Rn. 21: sicher kein rechtswidriger Angriff, sofern nichtwillentliches Verhalten überhaupt ein „Angriff" ist; ähnlich *Roxin*, Fs. Jescheck, 1985, S. 458, mit dem Beispiel eines von einem anderen Wagen mit vis absoluta auf die Gegenfahrbahn geschleuderten Kraftfahrers, u. *Kindhäuser*, § 32 Rn. 11: „epileptischer Krampfanfall".

[30] Vgl. *Geilen*, Jura 1981, 202 f. Ebenso *Ebert*, S. 72, mit dem Beispiel eines ahnungslos mit einem Sprengkörper Hantierenden. – A. A. *Bertuleit*, JA 1989, 21: schon begrifflich „aktives aggressives Handeln".

in den Rechtskreis des Opfers z. B. durch erpresserische Drohungen oder durch unbefugtes Fotografieren aus dem Notwehrrecht ausgeschlossen,[31] obwohl ein Rechtsgut des Erpressten (seine persönliche Freiheit) akut bedroht ist.

Aus der **Übungsfall-Literatur** vgl.: *Haverkamp/Kaspar,* JuS 2006, 895 u. 896 (BGHSt 48, 255 nachgebildet); *Kaspar,* JA 2006, 855 u. 857 („Schlafwandler"); *Kudlich,* PdW AT, Fall 75.

Trotz des eher für Aktivität sprechenden Wortlauts[32] wird überwiegend auch ein **29** Angriff durch **Unterlassen** für möglich gehalten.[33] Das Standardbeispiel ist der Gefangene, der nach Wegfall des Haftgrundes und trotz eines Entlassungsbefehles nicht entlassen wird, und sich deshalb durch Niederschlagen des Wärters selbst zur Freiheit verhilft.[34] Dabei ist eine Rechtspflicht des untätig bleibenden Beamten vorausgesetzt (zur Qualität dieser Rechtspflicht vgl. *Kühl,* Jura 1993, 59). Ein durch Aktivität begonnener Angriff kann durch rechtspflichtwidriges Unterlassen fortgesetzt werden; so wenn nach der Entführung i. S. d. §§ 239 a oder b das Opfer nicht freigelassen wird (zur Gegenwärtigkeit dieses Angriffs s. unten Rn. 45).

Umstritten bleiben Unterlassungen von nach § 323 c Hilfspflichtigen: darf der **30** nicht hilfswillige Hilfspflichtige unter Drohungen (§ 240) oder gar mit Schlägen (§ 223) zur Hilfe gezwungen werden? Gegen den Angriffscharakter solcher Unterlassungen spricht, dass der Hilfspflichtige weder für das Entstehen der Gefahrenlage verantwortlich ist noch für den in Not Befindlichen eine besondere Verantwortung trägt.[35] Für den Angriffscharakter spricht, dass es bei der Notwehr – anders als bei der Frage der Strafbarkeit des Unterlassenden – um die rechtsgutserhaltende **Abwendung der Notlage** geht und dass den nach § 323 c verpflichteten Jedermann immerhin eine **Solidaritätspflicht** zur Leistung der ihm möglichen und zumutbaren Hilfe trifft.[36]

---

[31] Vgl. *Suppert,* 1973, S. 254–259, gegen *H. Mayer,* sowie *Felber,* 1979, S. 178 f. Vgl. auch *Perron,* in: *Eser/Perron* (Hrsg.), Rechtfertigung und Entschuldigung III (1991), S. 85: „nicht nur unmittelbare physische Aggressionen" seien „Angriffe".

[32] Nach *S/S-Perron,* § 32 Rn. 10: „erfordert ein Angriff schon begrifflich ein aktives Tun" (ebenso *Schumann,* Fs. Dencker, 2012, S. 287, 289); eine analoge Anwendung von § 32 wird aber für möglich gehalten. Kritisch zu diesem Wortlautargument *Hellmann,* 1987, S. 119, und *Lagodny,* GA 1991, 302: keine Überschreitung des möglichen Wortsinns von „Angriff". Nach *Joerden,* JuS 1992, 27, ergibt sich die sprachliche Problematik aus der von der h. M. unausgesprochen vorausgesetzten „These …, dass es eine ‚Verteidigung' ist, wenn man eine andere Person zur Vornahme einer bestimmten Handlung zwingt." *Joerden* hält dennoch eine „analoge Anwendung" von § 13 auf § 32 für akzeptabel, weist aber auf Probleme des Angriffs durch Unterlassen bei der Gegenwärtigkeit, der Erforderlichkeit und der „Verhältnismäßigkeit" hin.

[33] Vgl. statt vieler *Jescheck/Weigend,* S. 339; a. A. aber etwa B-*Volk,* S. 98: allenfalls analoge Anwendung; Zweifel an der h. M. bei *Schumann,* Fs. Dencker, 2012, S. 287 ff. – Keinen Verstoß gegen das Analogieverbot sieht *Murmann,* GK, 25/78.

[34] Vgl. *Haft,* Fallrepetitorium, Nr. 99; LK-*Spendel,* § 32 Rn. 46; *Ebert,* S. 72; *Fuchs,* 1986, S. 79, der dieses Ergebnis – wenig einleuchtend – mit einer „Zustandsveränderung" begründet. – Weiteres, der Rspr. entnommenes Bsp. bei *Eser/Burkhardt,* Strafrecht I, Nr. 10 A 8: Aussageerpressungs-Fall OGHSt 3, 123.

[35] Vgl. *Felber,* 1979, S. 196; M-*Zipf,* AT 1, 26/9; *Murmann,* GK, 25/78; *Roxin,* AT I, 15/13; *Stratenwerth/Kuhlen,* 9/65; *Gropp,* in: G/K/M, Fallsammlung, S. 53 f.; *Tiedemann,* Anfängerübung, S. 187.

[36] Vgl. *Geilen,* Jura 1981, 204; LK-*Rönnau/Hohn,* § 32 Rn. 103; NK–*Herzog,* § 32 Rn. 13; SK-*Günther,* § 32 Rn. 31; SSW-*Rosenau,* § 32 Rn. 6; B-*Weber/Mitsch,* 17/6; *Hellmann,* 1987, S. 123; *Lagodny,* GA 1991, 305; *Bernsmann,* JA 1991, 130; *Renzikowski,* 1994, S. 289. – Einschränkend *Jakobs,* 12/21: wenn die Polizei nicht erreichbar ist (= Subsidiaritätsgedanke).

31   Zu beachten ist, dass das Abbrechen einer von dritter Seite bereits begonnenen Rettungshandlung ein aktives, zur Nothilfe berechtigendes Verhalten darstellt.[37]

32   Zur **Einübung** in die Problematik des Angriffs durch Unterlassen geeignet: *Bernsmann*, JA-Übungsblätter 1991, 126 u. 130; *Bruckauf*, in: *Ebert* (Hrsg.), Fall 6, S. 6f. u. 108f.; *Eschenbach*, Jura 1999, 88 u. 90, *Geerds*, Jura 1992, 544f.; *Geilen*, Jura 1981, 203f., Bsp. 6; *Gropp*, in: G/K/M, Fallsammlung, Fall 3, S. 47f. u. 53f.; *Hoyer*, AT I, S. 70f.: Bsp.; *Kudlich*, PdW AT, Fall 79; *Otto/Bosch*, Übungen, Fall 1, S. 62; *Rotsch*, Klausur 19, S. 269f. u. 277f. (§ 123 durch Unterlassen als Angriff); *Seier*, JuS 1986, 217f.; *Roxin/ Schünemann/Haffke*, Klausurenlehre, Fall 1, S. 35–37; *Rudolphi*, AT-Fälle Fall 1, S. 1 und 6f.; *Tiedemann*, Anfängerübung, Fall 5, S. 185 u. 187. Die in diesen Fallbearbeitungen überwiegend empfohlene Heranziehung des rechtfertigenden Notstandes (§ 904 BGB, § 34) würde zwar die Benutzung des zur Rettung erforderlichen Fahrzeugs (§ 248b im *Rudolphi*-Fall und im *Seier*-Fall) und des – im Haus eines den Zutritt Verweigernden – Telefons (§ 123 im *Roxin*-Fall) durch den Notstandshelfer rechtfertigen; auch die Nötigung gem. § 240 (so im *Gropp*-Fall) und die Körperverletzung gem. § 223 des nicht Hilfswilligen könnte angesichts der Lebensgefahr des in Not Befindlichen gem. § 34 gerechtfertigt sein (so im *Tiedemann*-Fall). Doch hilft die Notstandsregelung nicht, wenn in die Freiheit und körperliche Unversehrtheit des nicht Hilfswilligen eingegriffen werden muss, um die körperliche Unversehrtheit des in Not Befindlichen zu retten.[38] Bei zur Rettung erforderlichen Körperverletzungen des nicht Hilfswilligen (so im *Geilen*-Fall; im *Eschenbach*-Fall sogar Tötungen) hilft auch die Ablehnung der Verwerflichkeit gem. § 240 II nicht, denn sie führt nur zur Straflosigkeit der Nötigung.[39]

33   Ein **weiterer** Angriff durch Unterlassen kann sich an ein zunächst aktives Angriffsverhalten anschließen; gegen dieses ist dann nach den o.g. Grundsätzen Notwehr möglich: so kann z.B. der Bombenleger zur Preisgabe des Bombenverstecks gezwungen werden.[40]

34   Das Angriffsziel bei finalen Angriffen bzw. das Angriffsobjekt bei fahrlässigen Angriffen ist bisher nur mit den Begriffen „Rechtsgut"[40a] oder „rechtlich geschütztes Interesse" umschrieben worden. Der Kreis der **notwehrfähigen** Rechtsgüter bzw. Interessen muss deshalb noch präzisiert werden. § 32 II spricht wenig aussagekräftig über die Abwehr von Angriffen auf „sich oder einen anderen". Immerhin lässt sich dieser Formulierung entnehmen, dass die **Individualrechtsgüter** grundsätzlich ohne Einschränkung notwehrfähig sind. Es muss sich nicht um strafrechtlich geschützte Rechtsgüter wie Leib, Leben (auch das werdende),[40b] Freiheit,[40c] Ehre[40d] (Notwehrhilfe bis hin zum „Ehrenmord" zur Rettung der vermeintlich angegriffenen „Familienehre" ist aber nicht gerechtfertigt, kann allenfalls bei Unvermeidbarkeit als Erlaubnisirrtum nach § 17 [vgl. 13/54] entschuldigt sein), Eigentum (so die beispielhafte Aufzählung der notstandsfähigen Rechtsgüter in § 34) handeln. Notwehrfähig sind auch das Vermögen (BGHSt 48, 207) und die strafrechtlich nur lückenhaft geschützte Intimsphäre (angegriffen z.B. durch den Spanner, der ins Schlafzimmer

---

[37] Vgl. *Geilen*, Jura 1981, 204 Fn. 15 u. *Schumann*, Fs. Dencker, 2012, S. 287, 293.

[38] So auch LK-*Spendel*, § 32 Rn. 47 Fn. 98; *Hellmann*, 1987, S. 120, und *Lagodny*, GA 1991, 300 Fn. 2.

[39] *Geilen*, Jura 1981, 204; a.A. S/S-*Perron*, § 32 Rn. 11. Auch *Jakobs*, 6/62, wendet § 32 an, um die Körperverletzung und die Nötigung zu rechtfertigen, die darin liegen, dass ein Garant nur mit einer Ohrfeige zur Erfüllung seiner Hilfspflicht gebracht werden kann.

[40] Zum nachfolgenden Unterlassen sowie zu diesem von *Welp*, 1968, S. 336, gebildeten Beispiel vgl. *Kühl*, 1974, S. 155ff.; *Lagodny*, GA 1991, 303 Fn. 15.

[40a] Grundwissen zum strafrechtlichen Rechtsgutsbegriff bei *Rönnau*, JuS 2009, 209–211.

[40b] *Lesch*, 2000, S. 13; *Satzger*, JuS 1997, 800; NK-*Herzog*, § 32 Rn. 15 u. 19.

[40c] BGH NStZ 2011, 630: mittels Gewalt zum Verlassen der Wohnung gezwungen (§ 240).

[40d] Zum Einfluss kultureller Wertvorstellungen *Valerius*, 2011, S. 141 („Seitensprung" eines Ehegatten als Ehr-Angriff in Brasilien).

hineinspioniert), das allgemeine Persönlichkeitsrecht bzw. das speziellere Recht am eigenen Bild (angegriffen z.B. durch Fotografieren oder durch eine Observation mittels einer Videokamera),[41] der (über das Hausrecht hinausgehende) Hausfrieden[42] und sogar die allgemeine Handlungsfreiheit. Der Angriff wird häufig einen Straftatbestand wie Körperverletzung (§ 223) oder Diebstahl (§ 242) erfüllen, doch sind auch andere Angriffe (wie etwa das permanente Reizen) Angriffe i.S. des § 32 II StGB, wenn sie nur **rechtlich** geschützte Güter (z.B. das zivilrechtlich geschützte Rechtsgut des allgemeinen Persönlichkeitsrechts) unmittelbar bedrohen.

Diese durch die „uferlose Ausweitung der Notwehrlage ... vorprogrammierte   35 Schrankenlosigkeit der Notwehr"[43] bedarf bereits hinsichtlich der Notwehrfähigkeit von Individualrechtsgütern der **Einschränkung.** So ist die **Intimsphäre** durch einen Spanner nicht angegriffen, wenn dieser ein Liebespaar im öffentlichen Park beobachtet.[44] Die allgemeine Handlungsfreiheit soll z.B. bei Behinderungen und Gefährdungen im Straßenverkehr nur dann notwehrfähig sein, wenn der Angriff auf sie „die Schwelle der Nötigung einschließlich des § 240 II überschritten" hat, d.h. als „sozialinadäquater Zwang" einzuordnen ist.[45] Umstritten ist, ob diese Einschränkung auch für Angriffe auf den **Gemeingebrauch**[45a] in den sog. **Parklückenfällen** gilt, in denen der den freien Parkplatz entgegen der Straßenverkehrsordnung (= zu Unrecht) „Reservierende" vom einfahrenden Autofahrer unter Berufung auf sein in § 12 V StVO normiertes Park-Vorrecht mittels Gewalt i.S. des § 240 I „verdrängt" wird, oder ob hier eine Einschränkung erst über die Erforderlichkeit der Verteidigung und die Gebotenheit der Notwehr (s.u. Rn. 175) erreicht werden kann.[46] Die Zutrittsverweigerung durch Türsteher kann zwar als Angriff auf die all-

---

[41] Vgl. zur Observation *Geppert*, JK 92, StPO § 163/1: Eingriff in das allgemeine Persönlichkeitsrecht; LK-*v. Bubnoff*, § 113 Rn. 37a; zu längerfristigen Observationen vgl. § 163 f StPO(*Beulke*, StPR, Rn. 263, 233 e); zur kurzfristigen Observation nach § 161 I, 163 I StPO vgl. *Meyer-Goßner [Schmitt]*, StPO, § 163f Rn. 1. – Zum Eingriffs- bzw. Angriffscharakter des Fotografierens vgl. *Eser/Burkhardt*, Strafrecht I, Nr. 10 A 10; *Paeffgen*, JZ 1978, 739, sowie *Helle*, 1991, S. 69 ff., 80 ff., 86 ff.; einschr. NK-*Herzog*, § 32 Rn. 18. – Aus der Rspr.: OLG Düsseldorf NJW 1994, 1971: Eingriff in das Persönlichkeitsrecht durch unerlaubtes Fotografieren, u. BGH NStZ 2003, 599, 600: Eingriff in die Privatsphäre und das Recht am eigenen Bild durch Fertigen von Lichtbildern des Täters in seiner Wohnung.

[42] Vgl. BGH NStZ 1987, 171; BGH StV 1995, 463; zum Hausrecht vgl. BGH bH MDR 1979, 986 und LG Freiburg Justiz 2007, 144, 146; aus der Rechtsprechung der Zivilgerichte OLG Frankfurt NJW 1994, 946 m. krit. Bspr. *Löwisch/Rieble*, 2596 (verneinend); AG Hadamar NJW 1995, 968 (bejahend); OLG Düsseldorf NJW 1997, 3383 (bejahend für den Mieter gegenüber dem Nachbarn); vgl. auch BGHZ 124, 39 m. Bspr. *Christensen*, JuS 1996, 875: eigenmächtige Durchsetzung des Hausrechts.

[43] *Geilen*, Jura 1981, 205.

[44] So auch *Jakobs*, 12/3; *Roxin*, AT I, 15/30; S/S-*Perron*, § 32 Rn. 5a; SK-*Günther*, § 32 Rn. 42; anders für „zudringliches Beobachten ... im nächtlichen Park" M-*Zipf*, AT 1, 26/11, der aber auch danach differenziert, ob das allgemeine Persönlichkeitsrecht innerhalb des Privatbereichs oder in der Öffentlichkeit in Erscheinung tritt.

[45] S/S-*Perron*, § 32 Rn. 5a sowie Rn. 9 für den Bereich des Straßenverkehrs; zu Notwehrfragen in diesem Bereich s. auch *Suppert*, 1973, S. 262 ff.; *Felber*, 1979, S. 191 ff. – Für ein Recht, sich im Straßenverkehr vorschriftsmäßig zu bewegen, BayObLG NJW 1993, 211, m. Anm. *Jung*, JuS 1993, 427, *Heinrich*, JuS 1994, 17 u. *Dölling*, JR 1994, 113.

[45a] Kritisch SK-*Günther*, § 32 Rn. 39, der auf die allgemeine Handlungsfreiheit abstellt; ebenso MK-*Erb*, § 32 Rn. 95 u. LK-*Rönnau/Hohn*, § 32 Rn. 90.

[46] So BayObLG NJW 1995, 2464 m. Bspr. *Otto*, JK 96, StGB § 32/20, zust. *Stemler*, ZJS 2010, 347, 348; *Roxin*, AT I, 15/31; KK OWiG-*Rengier*, § 15 Rn. 3 gegen S/S-*Perron*, § 32 Rn. 9 u. W-*Hettinger*, Rn. 434; für die Möglichkeit einer Notwehr OLG Naumburg, DAR 1998, 28. Vgl. auch den Parklückenfall 48 bei K/H/H-*Hellmann*, BT 1, Rn. 401 ff.,

gemeine Handlungsfreiheit des Abgewiesenen gewertet werden, doch gibt sie diesem kein Recht auf gewaltsames Eindringen.[46a] Auch das eheliche Verhältnis, insb. die eheliche Treue, die durch den untreuen Ehegatten oder durch den „Ehebrecher" angegriffen werden kann, wird als notwehrfähig anerkannt, z.T. begrenzt auf den räumlich begrenzten Lebensbereich.[46b]

36   Hinsichtlich der Notwehrfähigkeit des unmittelbaren Besitzes ist umstritten, ob nur der berechtigte oder auch der unrechtmäßige **Besitz** (z.B. des Diebes gegen Angriffe des Eigentümers) notwehrfähig ist, und ob § 859 BGB eine Notwehr ausschließende Sonderregelung für den Besitzschutz enthält.[47] Als eine solche Sonderregelung wird z.T. auch § 229 BGB mit der Folge angesehen, dass **Forderungen** und sonstige vertragliche Ansprüche (sog. „relative Rechte") als notwehrfähige Güter ausscheiden.[48]

37   Der Staat als juristische Person kann auch vom Bürger als Nothelfer in seinen Rechtsgütern geschützt werden, so z.B. der Staat als Fiskus in seinem Vermögen oder der Staat als Hoheitsträger – umstrittene sog. **Staatsnothilfe** – durch die Festnahme eines Spions, der die Grenze mit wichtigen Staatsgeheimnissen an entlegener Stelle überquert.[49]

38   Die Verteidigung von **Allgemeininteressen** z.B. an der Aufrechterhaltung der öffentlichen Ordnung[50] (angegriffen z.B. durch Vorführung des Filmes „Die Sünderin", vgl. BGHSt 5, 245 = *Roxin,* HRR AT, Fall 15, S. 19f. u. 163f., oder z.B. durch die Ausstellung pornographischer Schriften in einem Kiosk, vgl. BGH NJW 1975, 1162) oder an der Sicherheit des Straßenverkehrs[51] ist hingegen allein den staatlichen Organen anvertraut, um jeder Selbstjustiz durch Sittenwächter und Verkehrserzieher entgegenzuwirken. Kommt allerdings bei Verstößen im Straßenverkehr (z.B. Straßenverkehrsgefährdungen i.S.v. § 315c) eine Bedrohung von Individual-

---

insb. 409–412. – Keine Notwehrfrage sehen hier *Gössel/Dölling,* BT 1, 18/38 u. M-*Schroeder/Maiwald,* BT 1, 13/38; anders aber *Jakobs,* 12/4 und *ders.,* Gs. H. Kaufmann, 1986, S. 798 sowie *Timpe,* 1989, S. 99, die dem einfahrenden Autofahrer ein Notwehrrecht gegen den Reservierer geben; für Wehrfähigkeit auch *Jescheck/Weigend,* S. 339; *Lackner/Kühl,* § 32 Rn. 3; dagegen *Krey/Esser,* AT, Rn. 475; *Fischer,* § 240 Rn. 49; einschr. NK-*Herzog,* § 32 Rn. 17. – Nach *Roxin,* AT I, 15/31, ist es nicht „geboten", den Parklückenbesetzer mit dem Auto anzufahren.

[46a] *Siekor,* Jura 2008, 14.

[46b] Eingehend *Schramm,* 2011, S. 92 f.; abl. MK-*Erb,* § 32 Rn. 91 u. S/S-*Perron,* § 32 Rn. 5 a.

[47] Für die alleinige Geltung des § 32 auch für den unrechtmäßigen Besitz *Hellmann,* 1987, S. 136 ff., mit Hinweisen auf die abw. Auffassungen. – Vgl. auch *Jakobs,* 12/3 mit Fn. 3: § 32 erfasse nur den berechtigten unmittelbaren Besitz, während das Selbsthilferecht aus § 859 BGB weitergehend nicht an die Berechtigung gebunden sei. – Für den unrechtmäßigen Besitz als notwehrfähiges Gut *Thiel,* 2000, S. 260 ff., der von einer Spezialität des § 859 I BGB ausgeht, jedoch erweiternd § 32 eingreifen lassen will, wenn Dritte zum Schutz des Besitzes eingreifen.

[48] So *Roxin,* AT I, 15/35; ebenso *Thiel,* 2000, S. 154 ff., da sonst „geordnete zivilprozessuale Verfahren" ausgehöhlt würden.

[49] *Hoyer,* AT I, S. 71; S/S-*Perron,* § 32 Rn. 6; *Schmidhäuser,* 6/80; a.A. aber *Jescheck/Weigend,* S. 340; *Roxin,* ZStW 93 (1981), 75, sowie *ders.,* AT I, 15/41, u. 16/13: in äußersten Notfällen könne auf § 34 zurückgegriffen werden; für abschließende Regelung durch Art. 20 IV GG *Jahn,* 2004, S. 502 ff. u. LK-*Rönnau/Hohn* § 32 Rn. 80. – Vgl. die interessante Prüfung einer Staatsnothilfe zur Rechtfertigung des (vom Magdeburger Schöffengericht angenommenen) Landesverrats Friedrich Eberts durch *Miltenberger,* Der Vorwurf des Landesverrats gegen Reichspräsident F. Ebert, 1989, S. 49–56.

[50] *Roxin,* AT I, 15/36; SK-*Günther,* § 32 Rn. 49; S/S-*Perron,* § 32 Rn. 8.

[51] KK OWiG-*Rengier,* § 15 Rn. 7.

rechtsgütern wie Leib und Leben hinzu, so hat der so konkret Gefährdete ein Notwehrrecht.[52] Ein nötigendes dichtes Auffahren, um den „Behinderer" zur Freigabe der Überholspur zu bewegen, ist aber wegen des hohen Gefährdungspotentials jedenfalls nicht geboten i.S. des § 32 I; dagegen kann ein kurzes Antippen der Fußbremse und das Aufleuchtenlassen der Bremslichter, um den „Drängler" zur Einhaltung des Sicherheitsabstands zu bewegen, durch Notwehr gerechtfertigt sein.[52a] Bei in straftatbestandsmäßiger Weise vorgetragenen Protestaktionen gegen z.B. Luftverunreinigungen kommt eine Nothilfe-Rechtfertigung nicht schon bei der Beeinträchtigung des Allgemeinrechtsguts Luft, sondern erst dann in Betracht, wenn Individualrechtsgüter (wie z.B. die Gesundheit bestimmter Menschen) „mit betroffen" sind.[53]

> Zur **Einübung** in Fälle mit Zweifeln an der Notwehrfähigkeit eines Rechtsguts geeignet: *Alpmann/Schmidt*, AT 1, Fall 16, S. 79 f. u. Fall 18, S. 99–101 („Staatsnothilfe"); *Beulke*, KK III, Fall 15, Rn. 694 u. 708–710 („Sicherheit des Straßenverkehrs" ist kein notwehrfähiges Rechtsgut); *Gaul/Haselhoff/Zapf*, JA 2011, 672 u. 679 (allg. Persönlichkeitsrecht); *Grothenrath/Hillenkamp*, StudZR 2010, 438 u. 441 (Ehre und Recht am eigenen Bild); *Haller/Steffens*, JA 1996, 649 u. 658; *Hilgendorf*, KK II, Fall 2, Rn. 6 (Hausrecht, Eigentum), und KK III, Fall 13, Rn. 4 (Kuss als Ehrangriff?); *Jäger*, Rn. 103, 104: Fall 18 („Parklücken-Fall"); *Jahn*, JA 2002, 560 u. 564 f.; *Lagodny*, Jura 1992, 659 u. 661; *Schünemann*, JuS 1979, 275 f.; *Haft*, Fallrepetitorium, Nr. 104–108; *Krack/Kische*, ZJS 2009, 684 u. 686 („Familienehre"); *Krahl*, JuS 2003, 1187 u. 1188 (Parklückenfall), 1189 („Ehrennotwehr"); *Kudlich*, PdW AT, Fälle 77, 78; *Lindhelm*, JA 2009, 783 u. 790 (Ehre); *Marxen*, Fall 8 b, S. 66 f. (allgemeine Verkehrssicherheit); *Marxen*, BT, Fall 7 b, S. 74 f. (Parklückenfall); *Otto*, Jura 2008, 954 u. 956 (Sicherheit und Ordnung des Straßenverkehrs); *Rudolphi*, AT-Fälle, Fall 3, S. 24 u. 26; *Seier*, Anfängerklausur, Nr. 1, S. 13 u. 20.

b) Die Gegenwärtigkeit des Angriffs

Die Gegenwärtigkeit des Angriffs verlangt eine **zeitliche Eingrenzung** der Notwehrlage[54] nach vorne und nach hinten. Die akute Bedrohung der Rechtsgüter des Angegriffenen liegt nicht nur bei einem laufenden Angriff (z.B. durch körperverletzende Schläge oder durch eine beleidigende Schimpfkanonade)[54a] vor,[55] sondern auch im davorliegenden und im darauf folgenden Stadium. Die Erweiterungen über das eigentliche Angriffsverhalten hinaus auf unmittelbar bevorstehende (Rn. 40–43) und noch fortdauernde Angriffe (Rn. 45–50) müssen aber zurückhaltend vorgenommen werden, denn nur in einer akuten Bedrängnissituation ist das scharfe Notwehrrecht legitim und tolerierbar.[56]   39

Hinsichtlich des davorliegenden Stadiums erweist sich die schon bei der Definition des Angriffs als unmittelbare Bedrohung hervorgehobene Unmittelbarkeit erneut als brauchbares Kriterium: der Angriff ist schon vor seiner Ausführung gegen-   40

---

[52] S/S-*Perron*, § 32 Rn. 9; *Roxin*, AT I, 15/36; – dies gilt auch für nur bußgeldbewehrte Verstöße, KK OWiG-*Rengier*, § 15 Rn. 5, vgl. auch schon *Felber*, 1979, S. 189, 191.

[52a] Näher *Maatz*, NZV 2006, 337, 344 f.

[53] *Reichert/Hammer*, 1991, S. 162. Weitergehend *Adler*, 1998, S. 64, 148.

[54] *Geilen*, Jura 1981, 205, spricht von einem „temporären Einschränkungselement" und umschreibt die Gegenwärtigkeit als „zugespitzte Entwicklungsphase".

[54a] Aus der Übungsfall-Literatur *Seier*, Anfänger-Klausur, Nr. 1, S. 13 u. 20: weitere Ohrfeige zu erwarten.

[55] Vom „Stattfinden" des Angriffs sprechen *Jescheck/Weigend*, S. 341 u. *Roxin*, AT I, 15/21.

[56] Vgl. *Jakobs*, 12/22 u. *Roxin*, Gs. Tjong, 1985, S. 142: die „Schneidigkeit" der Notwehr lasse sich nur aus der „augenblicklichen Kampfsituation legitimieren"; ebenso *Roxin*, AT I, 15/23.

wärtig, wenn er **unmittelbar bevorsteht**.[57] Dies ist dann der Fall, wenn sich der Angreifer in einem Stadium befindet, von dem aus die eigentliche Angriffshandlung im nächsten Schritt, d. h. **ohne** dass weitere **Zwischenschritte** zurückgelegt werden müssten, ausgeführt werden kann. Die Rechtsprechung stellt in diesem Sinne darauf ab, ob das „Verhalten des Gegners … unmittelbar in eine Rechtsgutsverletzung umschlagen kann."[58] Für vorsätzliche Angriffe, die noch dazu unter Verwirklichung eines Straftatbestandes vorgetragen werden, ist damit die in **§ 22** für den Versuchsbeginn vorgegebene Formel vom unmittelbaren Ansetzen zur Tatbestandsverwirklichung **analog** anwendbar.[59] Das Ausholen zum Schlag bzw. das Anlegen der entsicherten Schusswaffe sind danach gegenwärtige Angriffe auf Leib bzw. das Leben des anvisierten Opfers.[60] Auch beim Angriff durch Unterlassen (s. o. Rn. 29 ff.) könnte man sich an § 22 orientieren; angesichts des Streits über den Versuchsbeginn beim Unterlassungsdelikt (s. u. Rn. 18/145 ff.) freilich mit geringer Verlässlichkeit.[61]

41   Es fragt sich aber, ob dieses für die Begründung der Versuchsstrafbarkeit des Angreifers zu fordernde nahe Heranrücken des Versuchsbeginns an die Tatbestandsausführungshandlung nicht für den Angegriffenen **zu eng** ist. Muss ihm nicht schon dann zur Verteidigung seiner Rechtsgüter eine Abwehrhandlung erlaubt sein, wenn sich der Angreifer zeitlich in einem, dem Versuchsstadium vorgelagerten, versuchsnahen Vorbereitungsstadium[62] befindet? Wer den (Rechtsgüter-)Schutzgedanken zum maßgeblichen Grundgedanken der Notwehr erhebt, wird auch dieses, dem Versuch unmittelbar vorgelagerte Stadium schon zum gegenwärtigen Angriff rechnen, da hier die **Verteidigungschancen** (sog. Theorie der wirksamsten Abwehr) des Angegriffenen erheblich günstiger sind. Einen gegenwärtigen Angriff unternimmt danach auch schon der Bankräuber, der sich im Vorraum zur Schalterhalle bei an die Wand gelehnter Schusswaffe die Strumpfmaske überzieht, obwohl der Raubversuch erst mit dem Ergreifen der Waffe und dem Betreten des Schalterraumes anzunehmen ist.[63]

---

[57] Vgl. statt vieler *Geilen,* Jura 1981, 206. Aus der Rechtsprechung vgl. BGHStV 1995, 463; BGH NStE Nr. 5 zu § 32: „Ein Angriff ist gegenwärtig i. S. des § 32 II nicht nur, wenn er beginnt, sondern schon dann, wenn er unmittelbar bevorsteht." Hat der Abmarsch zu dem zu überfallenden Bordell noch nicht begonnen, so liegt noch kein gegenwärtiger Angriff vor (BGH NStZ 1993, 333 f. m. zust. Anm. *Roxin,* 335). – Krit. *Freund,* 3/101: die Wortlautgrenze sei sehr strapaziert.

[58] BGH NStE Nr. 5 zu § 32: der Angreifer kam hier mit einem Messer in der Hand auf den Zeugen zu; ebenso BGH NStZ 2000, 365. – Die Formel vom unmittelbaren Umschlagen in die Verletzung wird aber auch in nicht so eindeutigen Fällen zur Bejahung der Gegenwärtigkeit eingesetzt, vgl. BGH NJW 1973, 255 = bei *Roxin,* HRR AT, Fall 16, S. 20 f. u. 164: Griff in die Brusttasche, in der sich eine geladene Pistole befand. – Die Formel wird z. T. auch in der Literatur verwendet, vgl. z. B. B-*Volk,* S. 89; *Fischer,* § 32 Rn. 17; *Hruschka,* S. 132.

[59] Für eine solch enge Auslegung des gegenwärtigen Angriffs *Jakobs,* 12/23; SK-*Günther,* § 32 Rn. 70; *Ludwig,* 1991, S. 101 f.; *Seuring,* 2004, S. 75; ähnlich eng schon *Kratzsch,* StV 1987, 228 und *Fuchs,* 1986, S. 99 f.; krit. aber NK-*Herzog,* § 32 Rn. 26; weiter *Kindhäuser,* AT, 16/18: „Konkrete Gefährdung" des Rechtsguts, ohne dass schon das Versuchsstadium erreicht sein muss.

[60] Weiteres Beispiel bei *Jakobs,* 12/23: „Der Angreifer greift nach der Waffe, um sofort zu schießen."

[61] Darauf weist zu Recht *Joerden,* JuS 1992, 27, hin: es komme u. U. ein langer Zeitraum in Betracht.

[62] So *Otto,* Jura 1999, 552, u. S/S-*Perron,* § 32 Rn. 14. Krit. zu dieser Erweiterung *Ludwig,* 1991, S. 190, der auf die erheblichen Irrtumsrisiken zu Lasten des den Angriff erst Vorbereitenden hinweist.

[63] Vgl. das Bsp. von *Roxin,* AT I, 15/25.

Das Abstellen auf die günstigeren Verteidigungschancen darf aber nicht dazu füh- 42
ren, die Gegenwärtigkeit des Angriffs auch schon in früheren Stadien anzunehmen,
denn dann würden auch **zukünftig zu erwartende Angriffe** erfasst, obwohl sie hinsichtlich ihrer Durchführung vom Bedrohten noch gar nicht sicher zu prognostizie-
ren sind.[64] So darf sich z. B. der Wirt, der mit gewisser Berechtigung einen Angriff
auf sich von den letzten im Lokal verbliebenen Gästen erwartet, nicht prophylak-
tisch durch ein ins Bier gegossenes Schlafmittel wehren.[65] Die für solche und ähnliche Fälle – der mit Rückkehrwillen fliehende Spanner/Voyeur wird durch einen
körperverletzenden Schuss von der Verwirklichung seines Willens abgehalten[66] –
gebildeten Begriffe der „**Präventiv-Notwehr**" oder der „**notwehrähnliche Lage**"[67]
suggerieren zu Unrecht eine mögliche (analoge) Anwendung von § 32. Auch eine
nur analoge Anwendung scheitert daran, dass die weitgehenden Eingriffsbefugnisse
der Notwehr nur in akut zugespitzten Situationen eines gegenwärtigen Angriffs gerechtfertigt werden können;[68] einschlägig ist der rechtfertigende Notstand gem. § 34
bzw. bei Tötung des zukünftigen Angreifers (z. B. des permanent lebensgefährlichen
Haustyrannen[69]) der entschuldigende Notstand gem. § 35 (s. schon oben Rn. 24).[69a]
Das gilt auch für „ticking time bomb"-Situationen (*Jahn*, 2004, S. 249).

> Aus der **Übungsfall-Literatur** zur „notwehrähnliche Lage" vgl.: *Bohnert*, Jura 1999, 533;
> *Gössel*, Fälle, Fall 13, S. 213 f. u. 216; *Haft/Eisele*, Jura 2000, 313 f. u. 314; *Hilgendorf*, KK I,
> Fall 11, Rn. 25–27; *Momsen/Sydow*, JuS 2001, 1194 u. 1197 („Präventivnotwehr"); *Otto/
> Bosch*, Übungen, Fall 3, S. 95 f.; *Rengier/Brand*, JuS 2008, 514 u. 516 f. („Präventivnotwehr");
> *Rudolphi*, AT-Fälle, Fall 3, S. 24 u. 32 f.
> Zur Ergänzung der Problematik der sog. „notwehrähnliche Lage" vgl. die weiteren Fälle bei
> *Kühl*, Jura 1993, 62.

Eine vorsorglich installierte Verteidigungseinrichtung kann das Gegenwärtigkeits- 43
erfordernis erfüllen, wenn sie wie eine Selbstschutzanlage (z. B. mit Selbstschüssen)
so konstruiert ist, dass sie erst bei laufenden Angriffen z. B. auf das Wochenendhaus
im Grünen „losgeht";[70] die Rechtfertigung dieser sog. **antizipierten Notwehr**[71] kann

---

[64] Vgl. *Ludwig*, 1991, S. 186–190. – Nach *Roxin*, Gs. Tjong, 1985, S. 142, wäre „das Risiko von Fehlhandlungen ... zu groß."

[65] Fall von *Lenckner*, 1965, S. 102; *Roxin*, AT I, 16/84, u. *ders.*, in: Gs. Tjong, 1985,
S. 147 f., greift dieses Bsp. auf und löst es nach Notstandsregeln; ebenso *Otto*, 8/170; ähnlich
Beispiel 15 bei *Geilen*, Jura 1981, 209.

[66] Vgl. BGH NJW 1979, 2053; dazu: *Jakobs*, 12/27; *Roxin*, AT I, 15/27, sowie 16/86.

[67] So z. B. *Suppert*, 1973, S. 356 ff., 381. – Krit. dazu *Otto*, 8/37 u. 170, u. *ders.*, Jura 1999,
552 sowie *Wölfl*, Jura 2000, 231, 233.

[68] Gegen eine analoge Anwendung auch die h. M.; vgl. statt vieler *Roxin*, AT I, 15/27, sowie
ders., Fs. Jescheck, 1985, S. 480, der entscheidend auf die fehlende Notwendigkeit der
Rechtsbewährung gegenüber nur gefährlichen Gesinnungsbekundungen abstellt; dagegen
Günther, JR 1985, 271, der aber selbst die Analogie ablehnt, SK-*Günther*, § 32 Rn. 74. – Vgl.
aber *Jakobs*, 12/27, der hier eine über den Defensivnotstand zu schließende „Verteidigungs-
lücke" sieht. – Verfassungsrechtliche Bedenken aus dem Bestimmtheitsgebot des Art. 103 II
GG hat *Hillenkamp*, 1981, S. 166, der zugleich sein „Unbehagen an der Opferbelastung" und
„der Täterbegünstigung" äußert.

[69] BGHSt 48, 255, 259. – Vgl. *Hillenkamp*, Fs. Miyazawa, 1995, S. 152; *Ebert*, S. 73;
Roxin, AT I, 16/87 u. 22/16 f.; *Bernsmann*, 1989, S. 59, *Ludwig*, 1991, S. 204 u. *Schramm*,
2011, S. 142. – Für § 32-Anwendung *Trechsel*, KritV 2000, 183; vgl. auch NK-*Herzog*, § 32
Rn. 30; jedenfalls für Putativnotwehr *Nothhafft*, MschrKrim 82 (1999), 111, 128, 131.

[69a] Ebenso NK-*Herzog*, § 32 Rn. 32.

[70] Ebenso *Müssig*, ZStW 115 (2003), 224, 240 f.; *Lauth*, 2004, S. 76 ff., 137; *Hoyer*, AT I,
S. 75 f.; *Roxin*, AT I, 15/29; S/S-*Perron*, § 32 Rn. 18; LK-*Rönnau/Hohn*, § 32 Rn. 142; krit. B-
Weber/Mitsch, 17/15.

aber an der fehlenden Erforderlichkeit (s. u. Rn. 111) der Verteidigung mit solchen kaum kontrollierbaren Anlagen scheitern.[72]

> **Übungsfälle** zu unmittelbar bevorstehenden Angriffen finden sich bei: *Frank*, Jura 2006, 783 u. 784 („Ablaufen der Zeitschaltuhr"); *Geerds*, Jura 1992, 321 f.; *Geilen*, Jura 1981, 206: Bsp. 10 (= „Beretta"-Fall, BGH NJW 1973, 255[72a]); *Hillenkamp*, JuS 1994, 769 u. 772; *Jäger*, Fall 22, Rn. 119, 120 (Selbstschussanlage); *Keunecke/Witt*, JA 1994, 470 u. 471 f.; *Kudlich*, AT-Fälle, Fall 4, S. 46 (Selbstschussanlage) und in: PdW AT Fälle 80, 81; *Rudolphi*, AT-Fälle, Fall 3, S. 24 u. 32.

44   Hinsichtlich der Gegenwärtigkeit des Angriffs ist freilich die (erpresserische) Drohung als Angriff auf die freie Willensentscheidung umstritten: schafft die **Drohung** einen als gegenwärtigen Angriff auf die Entscheidungsfreiheit des Bedrohten zu wertenden „akut zugespitzten Dauerzustand",[73] oder ist der Angriff mit dem Aussprechen bzw. mit der Kenntnisnahme der Drohung abgeschlossen,[74] so dass die durch die Drohung geschaffene Zwangslage nur als gegenwärtige Dauergefahr i. S. des § 34[75] aufgefasst werden kann? – Nicht mehr gegenwärtig ist der Ehrangriff, wenn die Beleidigung („Idiot") ausgesprochen ist.[75a]

> Aus der **Übungsfall-Literatur** vgl.: *Beulke*, KK II, Fall 2, Rn. 36 u. 64; *Kaspar*, JuS 2009, 830 u. 834; *Küper*, Jura 1983, 206 ff. u. 213; *Eisenberg/Müller*, JuS 1990, 120 ff. u. 122; *Koch/Loy*, ZJS 2008, 170 u. 171 f.

45   Außer Streit als **fortdauernde** (und deshalb gegenwärtige) Angriffe sind Verhaltensweisen, die sich straftatbestandlich als Freiheitsberaubungen gem. § 239 oder als Hausfriedensbruch gem. § 123 (= sog. **Dauerdelikte**) darstellen. So darf sich der Eingesperrte während des gesamten Zeitraums des Verlustes seiner Fortbewegungsfreiheit mit allen erforderlichen Mitteln gegen den Täter wehren;[76] ebenso der Haus-

---

[71] *S/S-Perron*, § 32 Rn. 18 a. – Eingehend *Schlüchter*, Fs. Lenckner, 1998, S. 313: „Antizipierte Notwehr", die bei Erkennbarkeit schon den Tatbestand wegen eigenverantwortlicher Selbstgefährdung verneint; ähnlich *Mitsch*, 2004, S. 311: fremdveranlasste Selbstschädigung und *Lauth*, 2004, S. 35 ff., 136 f.: bei Erkennbarkeit und durchschaubarer Wirkungsweise.

[72] Vgl. *Roxin*, AT I, 15/51; *S/S-Perron*, § 32 Rn. 37 a. E.; *NK-Herzog*, § 32 Rn. 73.

[72a] Vgl. zu diesem Fall auch *Roxin*, Gs. Tjong, 1985, S. 144; *Ludwig*, 1991, S. 24 f. u. 200.

[73] *Amelung*, GA 1982, 384; *Eggert*, NStZ 2001, 225; *Kaspar*, GA 2007, 36, 42; *Kroß*, 2004, S. 119; *Roxin*, AT I, 15/29: „Damoklesschwert"; LK[11]-*Schünemann*, § 201 Rn. 40; *NK-Herzog*, § 32 Rn. 33; W-*Beulke*, Rn. 328, fordern eine Aufrechterhaltung des von der Drohung ausgehenden psychischen Zwanges z. B. durch Wiederholung oder Bestätigung der Drohung; ebenso *Seesko*, 2004, S. 65, wobei es keine Rolle spielen soll, ob die „Ausführung der Drohung durch den Erpresser erlaubt ist oder nicht." – Vgl. aus zivilrechtlicher Sicht *Helle*, 1991, S. 295 f.

[74] Vgl. *Arzt*, MDR 1965, 345 u. in: JZ 2001, 1052; *Tenckhoff*, JR 1981, 256 unter 3 a; *Müller*, Fs. Schroeder, 2006, S. 323, 325 ff.; *Neuheuser*, 1996, S. 47; enger *Kratzsch*, StV 1987, 229. – Zur Notwehr bei Kidnapping *Nelles*, Fs. Stree/Wessels, 1993, S. 733 f. u. LK[11]-*Schünemann*, § 201 Rn. 40; bei Erpressung und Schweigegelderpressung (Chantage) *Müller*, NStZ 1993, 367 f.; *Novoselec*, NStZ 1997, 217, 218 f.; *Amelung*, NStZ 1998, 70; *Eggert*, NStZ 2001, 225 (sogar Tötung des Erpressers von § 32 gedeckt); *Arzt*, JZ 2001, 1052, 1053 (dezidiert gegen Notwehr mangels Gegenwärtigkeit des Angriffs und Erforderlichkeit der Abwehr); *M-Schroeder/Maiwald*, BT 1, 42/16 u. SK-*Günther*, § 32 Rn. 77 m. w. N. – Zur sog. „Schutzgelderpressung" oder „Bedrohungserpressung", gegenüber der sich das Opfer nicht wehrt und sich deshalb möglicherweise nach §§ 129, 267 strafbar macht: *Arzt*, JZ 2001, 1052, 1053 ff.; s. dazu 8/127.

[75] *Tenckhoff*, JR 1981, 257 unter 4 a; *Geppert*, JK, StGB § 201/1.

[75a] Vgl. *Wölfl*, Jura 2000, 231, 232 m. w. N.

[76] *Mitsch*, GA 1989, 85 Fn. 86; LK-*Spendel*, § 32 Rn. 115; *Roxin*, AT I, 15/28.

rechtsinhaber gegen den nicht weichenden Eindringling.[77] Dies gilt auch dann, wenn der Täter einer Freiheitsberaubung nichts mehr aktiv zu deren Aufrechterhaltung unternimmt, sondern das eingesperrte Opfer nur noch sitzen lässt, denn auch dadurch intensiviert er die Verletzung des Rechtsguts Fortbewegungsfreiheit: das Opfer stößt beim Versuch der Betätigung dieser Freiheit immer wieder gegen eine Wand.[78] – Ein aktiver Angriff (z. B. durch Entführung i. S. der §§ 239 a oder b) kann durch Unterlassen fortgeführt werden (z. B. durch Nicht-Freilassung des Entführten); s. oben Rn. 29.

Anders verhält es sich mit dem z. B. vom Dieb gefährdeten Rechtsgut des Eigentums. Dennoch gilt der mit der Beute fliehende Dieb zu Recht als gegenwärtiger Angreifer auf das Eigentum, dem der ihn verfolgende Eigentümer die weggenommene Sache abjagen darf.[79] Zur Begründung reicht hier der Hinweis auf die Intensivierung des Eigentumsangriffs durch die Flucht mit der Beute; zur hier unschädlichen Verwendung des **Beendigungs**begriffs, vgl. *Kühl*, Jura 1993, 62 f. u. JuS 2002, 729 ff. mit Beispielen.[79a] Den Beendigungsbegriff verwendet die Rspr. auch zur Begründung der Gegenwärtigkeit des erpresserischen Angriffs, wenn die Beute noch nicht gesichert ist (vgl. BGHSt 48, 207, 209 m. Bspr. *Roxin*, JZ 2003, 966, *Zaczyk*, JuS 2004, 750, 752 u. *Geppert*, JK 1/04, StGB § 211/41; im Übungsfall vgl. *Dreher*, JuS 2005, 789 u. 791 sowie *Knauer*, JuS 2007, 1011, 1014; zust. auch *Hillenkamp*, 3. AT-Problem, Bsp. 2, S. 22). Einwenden könnte man dagegen, dass Vollendung und Beendigung zeitliche Stadien der Straftat markieren (vgl. unten § 14), der Angriff i. S. des § 32 II aber gar keinen Straftatbestand erfüllen muss (oben Rn. 34). **46**

Aus der **Übungsfall-Literatur** vgl. *Stuckenberg*, AL 2011, 305 u. 311.

Nicht mehr gegenwärtig ist der Eigentums-Angriff des Diebes, der mit der Beute zunächst unbehelligt entkommen konnte, auch wenn es sich um einen noch laufenden Diebeszug handelt, bei dem er weitere Beute machen will.[80] Die Angriffssituation ist auch dann abgeschlossen, wenn der Dieb den gestohlenen PKW vor seiner Wohnung abgestellt hat, der Eigentümer jedoch erst nach 30 Minuten den Verlust entdeckt und seinen PKW wieder zurückholen will.[81] **47**

Der zeitliche und räumliche, d. h. der **unmittelbare Zusammenhang** mit der ursprünglichen Angriffssituation entscheidet darüber, ob ein unterbrochener (z. B. tätlicher oder beleidigender) Angriff bei Wiederholungsgefahr schon beendet ist. Droht tatsächlich eine „unmittelbare Wiederholung des Angriffs", so ist von einer „noch **48**

---

[77] *Bloy*, JuS 1982, 54 ff.; *Hellmann*, 1987, S. 143; *Otto*, 8/33; *Roxin*, AT I, 15/28; *Gössel/Dölling*, BT 1, 38/56.

[78] Vgl. näher *Kühl*, 1974, S. 157; *Jakobs*, 12/25, spricht von der „Vorenthaltung von Entfaltungsmöglichkeiten".

[79] Vgl. statt vieler *Ebert*, S. 74: Bsp. 8, *Otto*, Jura 1999, 552 u. *Stemler*, ZJS 2010, 347, 348 f.: Fall 3; umfangreiche Nachweise bei *Mitsch*, JA 1989, 83 in Fn. 49; ergänzend LK-*Rönnau/Hohn*, § 32 Rn. 148, die auch die Gebotenheit bejahen, wenn kein „krasses Missverhältnis" vorliegt, Rn. 234. – Vgl. auch die philosophische Kritik bei *Siciliano*, 2003.

[79a] Mit dem Beendigungsbegriff arbeiten etwa SSW-*Rosenau*, § 32 Rn. 16 u. *Rengier*, AT, 18/25 sowie im Übungsfall *Seier/Herrmann*, JuS 2012, 327 u. 330.

[80] Vgl. LG München NJW 1988, 1860. Wie im Text: *Mitsch*, JA 1989, 83 u. 85; *Puppe*, JZ 1989, 728 Fn. 3; S/S-*Perron*, § 32 Rn. 15; anders freilich *Beulke*, Jura 1988, 641 f.

[81] Vgl. OLG Schleswig NStZ 1987, 75; dazu wie im Text: *Hellmann*, NStZ 1987, 456; ebenso eine hessische Examensklausur vom 12. 10. 1990, in der es um einen Angriff auf das Werkunternehmerpfandrecht eines Autowerkstattbesitzers ging.

nicht beendeten Notwehrlage" auszugehen.[82] Erneute Angriffe, die erst in „ferner Zukunft" zu erwarten sind, sind dagegen nicht gegenwärtig; auch bei erheblicher räumlicher Entfernung zwischen Angreifer und Angegriffenem kann nicht von einem gegenwärtigen Angriff gesprochen werden.[83]

49   Der Angriff ist auch dann **abgeschlossen,** wenn die durch ihn ausgelöste Gefährdung der Rechtsgüter des Angegriffenen bereits in einen Schaden umgeschlagen ist, z.B. der Gastgeber vom Gast durch einen Wurf mit einem dadurch zerstörten Aschenbecher an der Stirn verletzt ist. Der dem Gast daraufhin verpasste Schlag kann weder die Verletzung noch die Zerstörung des Aschenbechers verhindern (= Übungsfall von *Bloy,* JuS 1982, 52 ff.). Ein gegenwärtiger Angriff ist ebenfalls dann nicht mehr gegeben, wenn z.B. der Ladendieb die gestohlene Sache dem ihn beobachtenden Kaufhausdetektiv zurückgegeben hat (vgl. den Übungsfall von *Erbe,* Jura 1981, 86 ff. u. 92); auch wenn sich der „Eindringling" zum Verlassen des Grundstücks aufgemacht hat (LG Freiburg Justiz 2007, 144, 146).

50   Schließlich ist auch der **fehlgeschlagene Angriff** nicht mehr gegenwärtig, so dass z.B. nicht zum Schutze des Eigentums auf den ohne Beute fliehenden Dieb geschossen werden darf (vgl. *Eser/Burkhardt,* Strafrecht I, Fall Nr. 10 A 20, sowie die Übungsfälle „Halt oder ich schieße" bei *Kienapfel,* Strafrechtsfälle, § 17, S. 138 f., die Examensklausur Nr. 1 bei *Otto,* Übungen, S. 145 u. 158; *Knauer,* JuS 2002, 53 u. 56 sowie *Meurer/Dietmeier,* JuS 2001, L 36 u. L 39).

51   Zu beachten ist, dass hinsichtlich aller bedrohten Rechtsgüter des Angegriffenen die Frage nach der Gegenwärtigkeit gestellt werden muss, und dass die Antwort je nach Rechtsgut **unterschiedlich** ausfallen kann; so kann z.B. der Eigentums-Angriff abgeschlossen, der Ehr-Angriff noch gegenwärtig sein oder umgekehrt.

> **Übungsfälle** zur (je nach Rechtsgut unterschiedlich zu beurteilenden) Gegenwärtigkeit finden sich bei: *Bakowitz/Bülte,* StudZR 2010, 150 u. 180 f. (fortdauernder Angriff); *Beck,* ZJS 2010, 742 u. 749; *Beulke,* KK III, Fall 15, Rn. 694; *Bloy,* JuS 1982, 54 ff.; *Grotenrath/Hillenkamp,* StudZR 2010, 438 u. 441 (Dauerdelikt); *Krack/Kische,* ZJS 2009, 684 u. 687; *Weber,* JuS 1988, 885 f.; *Staudinger,* in: *Frister* (Hrsg.), Die strafrechtliche Klausur, Fall 2, S. 25 u. 42 f.; *Hilgendorf,* KK I, Fall 8, Rn. 10 und Fall 11, Rn. 25–27; KK II, Fall 8, Rn. 47; KK III, Fall 7, Rn. 76 und Fall 13, Rn. 4; *Meurer/Kahle/Dietmeier,* Übungskriminalität, Fall 1, S. 1 u. 5, sowie Fall 4, S. 49 f. u. 66; *Rudolphi,* AT-Fälle, Fall 2, S. 13 u. 17; *Schwind/Franke/Winter,* Anfängerübung, 1. Hausarbeit, S. 5 u. 37; *Seier,* Anfängerklausur, Nr. 1, S. 13 u. 20.

52   Das Bezugsobjekt der Gegenwärtigkeit ist das **Angriffsverhalten** des Angreifers.[84] Dieses Verhalten kann in einem (andauernden) Tun oder in einem (dem aktiven Verhalten nachfolgenden) Unterlassen bestehen (s.o. Rn. 33). Hat der Angreifer sein Angriffsverhalten aber **abgeschlossen,** so darf er nicht mehr unter der Berufung auf

---

[82] So BGH NStE Nr. 15 zu § 32, wo aber missverständlich von „befürchtet werden muss" die Rede ist; dem BGH zust. *S/S-Perron,* § 32 Rn. 15. – Ebenso BGH NStZ 2006, 152, 153 u. BayObLG JZ 1991, 936 f. mit Anm. *Spendel,* JR 1991, 250 u. *Schmidhäuser,* JZ 1991, 938, der zu Recht darauf hinweist, dass trotz der subjektiven Formulierung („befürchtet") die Gegenwärtigkeit des Angriffs tatsächlich = objektiv vorliegen muss; so korrekt auch BGHR § 32 Abs. 2 Verteidigung 7, und OLG Stuttgart, NJW 1992, 851. – Mit dem „Befürchten" arbeitet dagegen BayObLG NStZ 1991, 433, krit. deshalb *Mitsch,* JuS 1992, 291. Mit „damit rechnen musste" arbeitet OLG Koblenz StV 2011, 622, 623 m. Bspr. *Jahn,* JuS 2011, 655, 656 f.

[83] Vgl. LK[11]-*Spendel,* § 32 Rn. 124.

[84] Vgl. dazu sowie zum im Text Folgenden: *Kühl,* 1974, S. 154 ff.; *Frister,* GA 1988, 306 f. (dagegen *Hoyer,* AT I, S. 72); *Renzikowski,* 1994, S. 288; *Jakobs,* 12/26; *S/S-Perron,* § 32 Rn. 13; krit. SK-*Günther,* § 32 Rn. 80, der auf den „Angriffserfolg" abstellen will; a.M. LK-*Rönnau/Hohn,* § 32 Rn. 149; vgl. auch *Mitsch,* 2004, S. 347: „Angriffshandlungsvollzug und Angriffsfolgen" als notwehrrechtliche „Sinneinheit"; ebenso *Engländer,* 2008, S. 281 Fn. 12.

Notwehr in Anspruch genommen werden, um den beim Angegriffenen noch nicht (endgültig) eingetretenen Erfolg abzuwenden, z.B. der Brandstifter zur Löschung des brennenden Hauses. Es gelten die Regeln des **Defensivnotstandes.**

Die auf falscher Situationsbeurteilung beruhende, irrtümliche Annahme, ein An- 53 griff stehe unmittelbar bevor oder der vorerst zurückgeschlagene Angriff werde sogleich fortgesetzt, macht den Angriff noch nicht zu einem gegenwärtigen; der die Sachlage falsch beurteilende Täter wird aber nach Irrtumsregeln entlastet (**Putativ-notwehr** = Erlaubnistatumstandsirrtum).[85] Zunehmend wird jedoch dem Verteidiger wegen der Beschränktheit menschlichen Erkenntnisvermögens das Irrtumsrisiko dann abgenommen, wenn jedermann (der vernünftige Durchschnittsbürger) von ei-nem unmittelbar bevorstehenden Angriff ausgegangen wäre (s. o. Rn. 22).[86]

c) Die Rechtswidrigkeit des Angriffs

Wie bei der Gegenwärtigkeit ist auch bei der Rechtswidrigkeit des Angriffs das 54 genauer definierte Bezugsobjekt der Bewertung das Angriffs**verhalten.**[87] Das Ver-halten des Angreifers kann freilich aus verschiedenen Perspektiven als rechtswidrig bewertet werden. Betrachtet man es nur als willkürlichen Auslösungsakt für einen einem anderen drohenden (Rechtsguts-)Schaden, so hebt man für das Rechtswidrig-keits-Urteil auf den Erfolgsunwert ab. Zu fragen ist dann, ob der durch den Angriff Bedrohte diesen bevorstehenden Erfolg **dulden** muss. Diese Auffassung[88] lässt sich für die Bestimmung der Rechtswidrigkeit des Angriffs im Notwehrrecht besonders gut vertreten, wenn man die ratio der Notwehr im (Rechtsgüter-)Schutzprinzip[89] sieht: wieso soll ich den erkennbar drohenden Schaden eintreten lassen, wenn ich ihn bei Benutzung aller erforderlichen Mittel abwenden kann?

Die Gegenauffassung[90] betrachtet das Verhalten des Angreifers unter dem Ge- 55 sichtspunkt, ob es den rechtlichen Verhaltensnormen (Ge- und Verboten) wider-spricht, d.h. ob es einen **Verhaltensunwert** verwirklicht. Ein Verhaltensunwert ent-hält nicht nur vorsätzliches, sondern auch fahrlässiges Verhalten, so dass mindestens objektiv sorgfaltswidriges Verhalten gefordert wird. Einen solchen objektiven Wi-derspruch zur Rechtsordnung verlangt man für das Angreifer-Verhalten aus ver-schiedenen Gründen: zum einen will man den gegen keine Rechtsnorm verstoßen-

---

[85] Vgl. BGH NJW 1992, 516 f., zur irrigen Annahme, der (in Wirklichkeit schon getötete) „Gegner sei nach wie vor in der Lage u. willens, den begonnenen Angriff fortzusetzen ...", mit *Otto*, JK 92, StGB § 32/17; vgl. außerdem BGH NStZ-RR 2002, 203, BGH NStZ 2003, 599, 600 m. Bspr. *Otto*, JK 5/04, StGB § 32/28; OLG Stuttgart, NJW 1992, 851. – Aus der Literatur: LK-*Spendel*, § 32 Rn. 330; *Roxin*, AT I, 15/26 a. E.; W-*Beulke*, Rn. 330, sowie den Übungsfall von *Vogt*, Jura 1981, 380 u. 383. – Vgl. auch *Schmidhäuser*, JZ 1981, 938 f., nach dem es hier „unvermeidbar an Unrechtsbewusstsein" fehlt.

[86] Vgl. *Mitsch*, JuS 1992, 291 zu BayObLG NStZ 1991, 433 u. *Walther*, JZ 2003, 52, 53 f. zu BGH NStZ-RR 2002, 203. – Vgl. auch *Bottke*, JR 1986, 293, ebenfalls zu einer Entschei-dung des BayObLG.

[87] Vgl. *Günther*, 1983, S. 381: „rechtliche Verhaltensmißbilligung"; *Otto*, JK 90, StGB § 32/13: „Wertung des Verhaltens des Angreifers".

[88] Vertreten etwa von *Ebert*, S. 75; *Gallas*, ZStW 67 (1955), 39 f., und in: Fs. Bockelmann, 1979, S. 163 f. Fn. 21; *Geilen*, Jura 1981, 256; *Jescheck/Weigend*, S. 341. – Sympathien auch bei *Günther*, 1983, S. 381, in Konsequenz zu seinem allg. Unrechtsbegriff (s. dort Fn. 10). – Historisch vgl. *Levita*, 1856, S. 184 ff. Im Zivilrecht *Jauernig*, BGB, § 227 Rn. 5.

[89] Kritisch dazu *Jakobs*, 12/16: so werde die Notwehr zum „reinen Güterverteidigungsin-strument". Vgl. auch die Kritik von *Haas*, 1978, S. 229 ff.

[90] Vertreten etwa von *Graul*, JuS 1995, 1052; *Sinn*, GA 2003, 96, 105 ff.; *Lesch*, Fs. Dahs, 2005, S. 81, 101; S/S-*Perron*, § 32 Rn. 19/20; *Roxin*, AT I, 15/14.

den Angreifer nicht schon deshalb zum Opfer des scharfen Notwehrrechts machen, weil er „schicksalshaft" einen rechtsgutbedrohenden Ursachenablauf ausgelöst hat;[91] zum anderen hält man das erst die Schärfe des Notwehrrechts legitimierende Rechtsbewährungsprinzip nur dann für anwendbar, wenn ein Verhalten durch die Verletzung von Rechtsnormen das Recht herausfordert und deshalb das herausgeforderte Recht gegenüber diesem unrechten Verhalten behauptet werden muss.[92] Zur **Mindestvoraussetzung** des rechtswidrigen Angriffs wird nach dieser Auffassung, dass der Angreifer die von den Fahrlässigkeitsdelikten verlangte erforderliche Sorgfalt außer acht lässt.[93] Dem entspricht die oben (Rn. 25) schon erwähnte These, dass sorgfaltsgemäße Handlungen als im erlaubten Risiko liegende keinen rechtswidrigen Angriff darstellen.[93a]

56   Zu unterschiedlichen Ergebnissen hinsichtlich der Anwendung von § 32 kommen die beiden Auffassungen vor allem in Fällen, in denen sich derjenige, der durch sein Verhalten andere bedrohend den rechtlichen Verhaltensregeln entsprechend verhält, z. B. der trotz Einhaltung der im Verkehr erforderlichen Sorgfalt auf andere (z. B. einen unvorsichtigen Fußgänger) zufahrende Kraftfahrer.[94] Wer in diesen Fällen dem Bedrohten (z. B. dem Fußgänger) das Notwehrrecht mangels rechtswidrigem Angriffs seitens des Kraftfahrers versagt, muss dem legitimen Schutzinteresse des Bedrohten auf andere Weise Rechnung tragen, z. B. durch die Anwendung der Regeln des sog. Defensivnotstands.[95] – Zum gleichen Ergebnis kommt eine Minderheitsmeinung, nach der nicht erst die Rechtswidrigkeit entfallen, sondern bereits **kein Angriff** vorliegen soll, wenn das Verhalten des Aggressors keinen Verhaltensunwert aufweist.[95a] Danach löst etwa derjenige, der während seines aggressiven Verhaltens einem unvermeidbaren (Erlaubnis-)Tatumstandsirrtum unterliegt, eine Gefahr i. S. des Defensivnotstands (8/57) aus, während der für einen Angriff i. S. der Notwehr erforderliche Handlungsunwert nicht gegeben ist.[95b]

57   Zur Sorgfaltspflichtverletzung als Mindestvoraussetzung des Angriffsverhaltens und speziell zum Fall des Erlaubnistatumstandsirrtums (13/63 ff.) vgl. ergänzend die Aufbereitung von OLG Hamm NJW 1977, 590,[95c] durch Schumann, JuS 1979, 559 ff., 560 u. 562, mit der

---

[91] Vgl. *Hirsch*, Fs. Dreher, 1977, S. 214.

[92] Vgl. wieder *Hirsch*, Fs. Dreher, 1977, S. 223; sowie *Eser/Burkhardt*, Strafrecht I, Nr. 10 A 16; *S/S-Perron*, § 32 Rn. 19/20; *Roxin*, AT I, 15/14; *Schumann*, JuS 1979, 560.

[93] Vgl. eingehend *Haas*, 1978, S. 248 ff.; *Felber*, 1979, S. 139 ff. – Vgl. als Beispielsfall: das fahrlässige Geltendmachen eines nicht bestehenden Anspruchs als rechtswidriger Angriff auf das Vermögen des Beklagten (*Suppert*, 1973, S. 325 ff.). – Demgegenüber fehlt es beim „Heranreifen der Leibesfrucht" an einem „zurechenbaren Handlungsunwert" (*Gropp*, 1981, S. 113).

[93a] Ebenso *Stratenwerth/Kuhlen*, 9/73.

[94] Vgl. die Variationen dieses Standardbeispiels mit unterschiedlichen Lösungen bei *Hirsch*, Fs. Dreher, 1977, S. 213; *Sinn*, GA 2003, 96 ff.; KK OWiG-*Rengier*, § 15 Rn. 13; *Otto*, 8/28; *Roxin*, AT I, 15/14; *S/S-Perron*, § 32 Rn. 21 unter 3.; *Haft*, Fallrepetitorium, Nr. 117; vgl. auch MK-*Erb*, § 32 Rn. 35–42. – Zu Fällen des Angriffs im erlaubten Risiko *Schürer-Mohr*, Erlaubte Risiken …, 1998, S. 156 ff., die einen rechtswidrigen Angriff verneint, aber § 34 StGB eingreifen lässt.

[95] So z. B. *Hirsch*, Fs. Dreher, 1977, S. 228 f.; nach *S/S-Perron*, § 32 Rn. 21, sind §§ 34, 35 anwendbar; nach M-*Zipf*, AT 1, 26/16, gelten die „Grundsätze des rechtfertigenden Notstands (Güterabwägungsprinzip!)"; nach *Roxin*, AT I, 15/14, müssen sich die Rettungsmaßnahmen „im Rahmen des § 34 halten", ebenso in 14/112; zusf. *Graul*, JuS 1995, 1052.

[95a] *Gropp*, 6/73; SK-*Günther*, § 32 Rn. 27, 61; *Renzikowski*, 1994, S. 281 f.

[95b] SK-*Günther*, § 32 Rn. 118; vgl. sogleich 7/57 Fn. 96.

[95c] Zum Fall auch *Puppe*, AT 1, 23/8–18.

Frage: „Rechtmäßigkeit mangels Sorgfaltspflichtverletzung?", die im Falle eines „unvermeidbaren" Erlaubnistatumstandsirrtums zu Recht mit der h.M. bejaht wird;[96] zu den gebotenen „sozialethischen" Notwehreinschränkungen gegenüber sonst, insbesondere vermeidbar Irrenden s.u. Rn. 197. Im Falle des (einen Verhaltensunwert durchaus aufweisenden) untauglichen Versuchs zeigt sich, dass der Verhaltensunwert nur die Mindestvoraussetzung für einen rechtswidrigen Angriff darstellt; denn bei diesem Versuch handelt es sich deshalb nicht um einen notwehrfähigen Angriff, weil ihm der Erfolgsunwert bzw. die Rechtsgutsbedrohung fehlt (s.o. Rn. 21, sowie u. Rn. 64).

Beide bisher behandelten Auffassungen kommen – negativ gesprochen – darin   58
überein, dass **kein schuldhaftes Verhalten** für den rechtswidrigen Angriff gefordert wird.[96a] Dafür spricht zunächst der Wortlaut des § 32 II,[97] denn es wäre schon merkwürdig, wenn der zwischen Rechtfertigung und Entschuldigung deutlich unterscheidende Gesetzgeber[98] mit dem Adjektiv ‚rechtswidrig' gerade ‚schuldhaft' gemeint haben sollte. Trotz dieser klaren Formulierung mehren sich in jüngster Zeit – die „moderne Lehre" *(Jakobs)*[98a] – die Stimmen, die nur – in verschiedenen Variationen[99] – schuldhaftes bzw. zurechenbares Verhalten als rechtswidrigen Angriff gelten lassen. Für dieses weitergehende Erfordernis, das die zu Notwehr berechtigenden Angriffe einschränkt, lässt sich wieder das Rechtsbewährungsprinzip als Notwehrratio anführen: gegen schuldlos Handelnde muss mangels Rechts-Herausforderung das Recht auch nicht bewährt werden.[100] Aber auch derjenige, der dem Rechtsbewährungsprinzip kritisch gegenübersteht, kann schuldhaftes Verhalten verlangen, z.B. mit der Begründung, dass die fehlende Schutzwürdigkeit des Angreifers nur anzunehmen sei, wenn dieser die Möglichkeit hat, seine eigenen Rechtsgüter durch den Verzicht auf die

---

[96] Ebenso *Hirsch,* Fs. Dreher, 1977, S. 222 ff.; *Graul,* JuS 1995, 1052; *Sternberg-Lieben,* JA 1996, 394; *Gropp,* 6/71 u. 73: Beispiel 6/11; *Murmann,* GK, 25/84; *Roxin,* AT I, 14/109 u. 15/15; S/S-*Perron,* § 32 Rn. 21; SSW-*Rosenau,* § 32 Rn. 19; bereits einen Angriff verneint SK-*Günther,* § 32 Rn. 27. Vgl. auch den Fall eines unvermeidbaren Erlaubnistatumstandsirrtums: Bundessozialgericht NJW 1999, 2301 mit klärender Anm. *Roxin,* JZ 2000, 99. – Krit. zu „der Lehre, die wegen fehlenden Handlungsunrechts die Rechtswidrigkeit des Angriffs verneinen will" *Scheffler,* Jura 1992, 354, der die bloße Einschränkung des Notwehrrechts gegenüber dem Irrenden für die vorzugswürdige Lösung hält; einen rechtswidrigen Angriff seitens des sich im Erlaubnistatumstandsirrtums Befindenden bejaht *Schroth,* 1998, S. 123 u. MK-*Erb,* § 32 Rn. 46: „sachgerechte Verteilung des Zufallsrisikos"; vgl. außerdem *Ebert,* S. 75; *Jescheck/Weigend,* S. 341; NK-*Herzog,* § 32 Rn. 38.
[96a] H.M.; so jetzt auch *Hoyer,* 1997, S. 211 f. u. in: AT I, S. 73, in Abkehr von seinem früheren Standpunkt in: JuS 1988, 92, 95, sowie *Lesch,* 2000, S. 37 f.
[97] Vgl. *Krey/Esser,* AT, Rn. 478; *Roxin,* AT I, 15/18; S/S-*Perron,* § 32 Rn. 24; SSW-*Rosenau,* § 32 Rn. 19; *Ziegler,* JuS 1988, 671; *Hillenkamp,* Fs. Miyazawa, 1995, S. 156; *Maultzsch,* JA 1999, 431; *Frister,* 1993, S. 245: im Hinblick auf den Wortlaut „nicht ganz unbedenklich"; gegen das Wortlautargument vgl. *Jakobs,* 12/16; *Koriath,* JA 1998, 254, u. *Lesch,* 2000, S. 41 f.
[98] *Lackner/Kühl,* Rn. 1 vor § 32, mit Nachweisen.
[98a] *Jakobs,* Fs. Spinellis, 2001, S. 447, 452.
[99] Vgl. die Klassifizierung bei *Roxin,* AT I, 15/17; ergänzend sei auf *Schmidhäuser,* GA 1991, 128 f., verwiesen, der auf eine „grobe Rechtsmissachtung" abstellt; schwer verständlich *Sinn,* 2007, S. 291 f. (m. krit. Bspr. *Roxin,* JZ 2007, 835): der geisteskranke Angreifer begehe zwar kein Unrecht, handle aber rechtswidrig und müsse deshalb die Notwehr erdulden; dahinter steckt die Konzeption, dass es strafrechtliches Unrecht ohne Schuld nicht gebe; so auch *Walter,* S. 87, 116 (m. krit. Bspr. *Gössel,* GA 2007, 602 f.; *Heger,* JZ 2008, 35; *Kuhlen,* ZStW 120 [2008], 140 ff.).
[100] Vgl. z.B. *Otto,* 8/19; *Renzikowski,* 1994, S. 99; *Schmidhäuser,* GA 1991, 129; *Koriath,* JA 1998, 254: die Selbstbehauptung des Rechts ginge ins Leere; im Ergebnis ebenso *Freund,* 3/98.

Fortsetzung des Angriffs zu schützen; dies aber setze „vermeidbares Handeln" voraus.[101] Schließlich kann aus dem Verantwortungsprinzip das Argument abgeleitet werden, dass nur der zu verantwortende (= schuldhaft verursachte) Angriff den Verzicht auf jegliche Rücksicht bei der Abwehr rechtfertigt.[102] Zur Tragfähigkeit dieser Begründungen vgl. *Kühl*, Jura 1993, 65, mit weiteren Nachweisen und Beispielsfällen. Inzwischen geben mehrere Vertreter, die „früher" einen schuldhaften Angriff verlangten, diese dem Wortlaut widersprechende Auffassung auf (s. Fn. 96 a u. 101).

> **Übungsfälle** zu den umstrittenen Anforderungen an die Rechtswidrigkeit des Angriffs finden sich bei: *Buttel/Rotsch*, JuS 1996, 713 u. 717; *Eidam/Köpferl*, Jura 2010, 780 u. 783; *Hardtung*, JuS 1996, 1088 u. 1092; *Gropp*, in: G/K/M, Fallsammlung, Fall 6, S. 115 f. u. 120 f. (Angriff eines sich im unvermeidbaren Erlaubnistatumstandsirrtum Befindenden); *Kudlich*, PdW AT, Fälle 84–86; *Rotsch*, Klausur 23, S. 348 u. 371 f.; *Walter/Götz*, AL 2009, 27 u. 29 f.

59   Es gibt bei der Bestimmung der Rechtswidrigkeit des Angriffs aber auch unstrittige Punkte. So ist zunächst allgemein anerkannt, dass der rechtswidrige Angriff keinen **Straftatbestand** verwirklichen muss,[103] d. h.: auch vom Strafrecht nicht geschützte Rechtsgüter können i. S. des § 32 II rechtswidrig angegriffen werden (s. schon o. Rn. 34), und: vom Strafrecht geschützte Rechtsgüter wie z. B. das Eigentum können auf Wegen rechtswidrig angegriffen werden, die das Strafrecht wegen seines fragmentarischen Charakters nicht erfassen will, z. B. der sog. furtum usus (Gebrauchsanmaßung), den der eigentumsschützende § 248 b nur für bestimmte Fahrzeuge erfasst. Permanente Reizungen und Sticheleien können einen rechtswidrigen Angriff auf das nur zivilrechtlich geschützte allgemeine Persönlichkeitsrecht darstellen, auch wenn sie unterhalb der Schwelle einer Beleidigung i. S. des § 185 liegen.[103a] Auch kann z. B. ein rechtswidriger Angriff auf die Fortbewegungsfreiheit des blockierten Autofahrers selbst dann vorliegen, wenn eine Strafbarkeit des Sitzblockierers mangels Verwerflichkeit i. S. des § 240 II nicht bejaht werden kann.[104] Scheitert die Strafbarkeit des zu eng überholenden LKW-Fahrers wegen fahrlässiger Tötung des Radfahrers am fehlenden Pflichtwidrigkeitszusammenhang, so liegt doch ein rechtswidriger Angriff auf den Radfahrer vor, den z. B. der Beifahrer durch einen den Fahrer verletzenden Griff ins Steuer als Nothelfer abwehren darf.[105] – Der tatbestandslose Schwangerschaftsabbruch nach § 218 a I ist ein

---

[101] *Frister*, GA 1988, 305, der deshalb „das aktuelle Bewusstsein der Möglichkeit einer Rechtsverletzung" beim Angreifer verlangt (Fn. 57), also sogar nur vorsätzliches und bewusst fahrlässiges Verhalten als rechtswidrigen Angriff gelten lässt; kritisch dazu *Jakobs*, 12/17 u. *Lesch*, 2000, S. 38 Fn. 71; wegen des klaren Wortlauts – rechtswidriger Angriff – verlangt *Frister*, 16/12, jetzt kein schuldhaftes Verhalten mehr, obwohl es nach dem Grundgedanken der Notwehr richtig wäre.

[102] Vgl. *Jakobs*, 12/18 u. *ders.*, 1993, S. 147, der aber dem Angegriffenen ein Notwehrrecht zubilligt, wenn er irrtümlich von der Schuldhaftigkeit des Angriffs ausging, d. h. umgekehrt: bei Angriffen durch Geisteskranke ist eine Notwehrverteidigung nur ausgeschlossen, wenn die Schuldunfähigkeit des Angreifers „evident" war (12/19). – Krit. zu *Jakobs Roxin*, AT I, 15/19 Fn. 53: „... es ist nicht gut möglich, die Rechtswidrigkeit des Angriffs von den Vorstellungen des Angegriffenen abhängig zu machen".

[103] Vgl. *Graul*, JuS 1995, 1052; *Schünemann*, 1995, 149, 173; *Ebert*, S. 74; MK-*Erb*, § 32 Rn. 53; krit. im Übungsfall *Krell*, JuS 2012, 537 u. 541.

[103a] Anders im **Übungsfall** wohl *Müller/Raschke*, Jura 2011, 704 f. u. 705: Verhöhnung von „Sportfreunden" durch lauten Beifall kein rechtswidriger Angriff, solange nicht die Grenze zum § 185 überschritten wird.

[104] Vgl. *Kühl*, StV 1987, 135; *Bertuleit*, JA 1989, 21; *Eser*, Fs. Jauch, 1990, S. 44 Fn. 24; *Günther*, Fs. Baumann, 1992, S. 213 f.

[105] Bsp. von *Mitsch*, 2004, S. 319.

rechtswidriger Angriff auf die Leibesfrucht (zur umstrittenen Gebotenheit der Nothilfe s. unten Rn. 265).[105a]

Ebenso unstreitig ist die Aussage, dass das Verhalten, das durch einen **Rechtferti-** 60 **gungsgrund** gedeckt ist, kein rechtswidriger Angriff ist.[106] So gibt es z. B. keine „Gegennotwehr" bzw. **„keine Notwehr gegen Notwehr".**[107] Dabei ist vorausgesetzt, dass bei Rechtfertigungsgründen mit dem Eingriffsrecht bzw. der Erlaubnis des eingreifenden Täters eine Duldungspflicht des betroffenen Opfers korrespondiert, die dessen Notwehrrecht ausschließt,[108] und die dennoch erfolgte Gegenwehr (z. B. durch Schläge) zu einer strafbaren Handlung (z. B. § 223) macht.[109]

Zum Kreis dieser Rechtfertigungsgründe gehört auch der rechtfertigende **Not-** 61 **stand** gem. § 34 bzw. gem. § 904 BGB, so dass z. B. der Wirt den Zugriff der von anderen Gästen rechtswidrig angegriffenen Gäste auf seine zu Verteidigungszwecken benötigten Bierkrüge nicht hindern darf. Zwar ist dieser Zugriff auf sein Eigentum nicht durch Notwehr gerechtfertigt (weil der Wirt nicht Angreifer ist), wohl aber durch rechtfertigenden Notstand gem. § 904 BGB bzw. § 34, weil er die Benutzung der Bierkrüge wegen der sonst bestehenden Gefahr für die körperliche Unversehrtheit der angegriffenen Gäste dulden muss.[110]

Als Notwehr-ausschließender Rechtfertigungsgrund kommt häufig auch das **Fest-** 62 **nahmerecht** gem. § 127 StPO in Betracht, doch ist gerade bei diesem Rechtfertigungsgrund besonders darauf zu achten, dass er nur bestimmte Eingriffe in die Freiheit und damit notwendig verbundene Eingriffe in die körperliche Unversehrtheit „abdeckt", d. h. gegen darüber hinausgehende Eingriffe ist Notwehr des „Festgenommenen" möglich.[111] Ein Notwehrrecht des Gastes, der ohne Begleichung der Rechnung die Gaststätte verlassen will, ist mangels Rechtswidrigkeit des Angriffs der ihn festhaltenden Bedienung dann nicht gegeben, wenn die Bedienung sich auf das **Selbsthilferecht** gem. § 229 BGB berufen kann (nur zur Feststellung der Personalien, nicht aber zur

---

[105a] *Satzger,* JuS 1997, 800, 801; *Lesch,* 2000, S. 18; *Mitsch,* JR 2006, 450, 451 f.; MK[1]-*Gropp,* § 218a Rn. 6; NK-*Herzog,* § 32 Rn. 19; im Übungsfall *Beulke,* KK III, Fall 2, Rn. 59 u. 64 f.; a. A. *Hassemer,* Fs. Lenckner, 1998, S. 97, 104 ff.; *Hillenkamp,* Fs. Herzberg, 2008, S. 483, 500 u. NK-*Merkel,* § 218 Rn. 142 sowie § 218a Rn. 59 ff.

[106] Vgl. u. a. S/S-*Perron,* § 32 Rn. 21; *Ebert,* S. 74; *Jescheck/Weigend,* S. 341; *Roxin,* AT I, 14/107 u. 15/14; W-*Beulke,* Rn. 331.

[107] *Eser/Burkhardt,* Strafrecht I, Nr. 10 A 2; *Günther,* Fs. Spendel, 1992, S. 194; *Stemler,* ZJS 2010, 347, 349; NK-*Herzog,* § 32 Rn. 36. – Vgl. schon *Berner,* Archiv des Criminalrechts, N. F. 1848, 558. – Aus der Rspr. vgl. BGH NStZ 2003, 599 mit Bspr. *Otto,* JK 5/04, StGB § 32/28: Notwehr bei wechselseitigen Angriffen; dazu auch schon BGH NStZ 2003, 420; zu beiden Entscheidungen referierend *Erb,* NStZ 2004, 369, 370 f.; im **Übungsfall** *Kudlich,* PdW AT, Fall 84 a u. *Müller/Raschke,* Jura 2011, 704 f. u. 705.

[108] Kritisch zu dieser „Prämisse" *Günther,* 1983, S. 383, der diese Wirkung den sog. echten Strafunrechtsausschließungsgründen, zu denen er z. B. §§ 193, 218a, die mutmaßliche Einwilligung und das Züchtigungsrecht zählt, abspricht, so dass Notwehr möglich wird; kritisch dazu *Roxin,* AT I, 14/107 u. in: JuS 1988, 430 f.; das Erfordernis der Duldungspflicht halten für „zu eng" LK-*Rönnau/Hohn,* § 32 Rn. 113 Fn. 316.

[109] So auch *Hellmann,* 1987, S. 102; zur „Rücknahme des Schutzes für das Opfer der Notwehrtat" s. *Hillenkamp,* 1981, S. 112, zu dessen möglicher Strafbarkeit, S. 165. – Die Abwehr eines durch Notwehr gerechtfertigten Angriffs wird nicht nach § 35 entschuldigt, LK-*Zieschang,* § 35 Rn. 59, 61; S/S-*Perron,* § 35 Rn. 32; anders *Bernsmann,* 1989, S. 418 ff.

[110] Vgl. RGSt 23, 116. – Vgl. auch Fall 1 bei *Rudolphi,* AT-Fälle, S. 1 u. 11.

[111] Vgl. *Küpper,* JuS 1990, 187; aus der Rspr.: OLG Düsseldorf, NJW 1991, 2716 f., mit Aufbereitung durch *Scheffler:* „Selbsthilfe des einen oder Notwehr des anderen?", Jura 1992, 352–356. – Vgl. zu § 127 StPO auch S/S-*Perron,* § 32 Rn. 21, die hier zwischen Eingriffsrecht und Handlungsbefugnis differenzieren, gegen beide aber Notwehr untersagen. Weitere Nachweise bei *Kühl,* Jura 1993, 66 Fn. 128.

Durchsetzung des Zahlungsanspruchs).[112] Das gilt auch für eine bedrängte Frau, deren Kopfhörer ihres MP3-Players in einem Handgemenge von dem sie bedrängenden Mann zerstört wurden, und die zur Sicherung ihres Schadensersatzanspruchs dem ihr unbekannten Mann sein Mobiltelefon wegnahm (BGH StV 2011, 617 f. m. Bspr. *Hecker,* JuS 2011, 940 ff. u. *Bosch,* JK 9/11, BGB § 229/1). Auch eine rechtmäßige Besitzwehr i. S. des § 859 I BGB kann die Rechtswidrigkeit des Angriffs entfallen lassen (BGH NJW 1998, 1000). Ebenso die Vollstreckung eines ordnungsgemäß zu Stande gekommenen Urteils (s. unten Rn. 122 Fn. 252).

63   Auf weitere zivilrechtliche, aber auch öffentlichrechtliche (Eingriffsbefugnisse, Erlaubnissätze) Rechtfertigungsgründe kann hier nur verwiesen werden.[113]
    Zur Rechtfertigung polizeilicher Aufnahmen von Demonstranten und den sich daraus ergebenden rechtlichen Problemen vgl. *Kühl,* Jura 1993, 66, mit weiteren Nachweisen.
    Zur Rechtfertigung von Ausweiskontrollen an der Grenze der ehemaligen DDR wegen der „verbindlichen Befehlslage" – „ungeachtet ihrer Menschenrechtswidrigkeit" – bejahend BGH NJW 2000, 3079 (von Verfassungs wegen nicht zu beanstanden, BVerfG NJW 2001, 669) m. zust. Bspr. *Renzikowski,* JR 2001, 468, 470; zu Recht verneinend, wenn die Ausreise nicht hätte versagt werden dürfen, *Otto,* JK, StGB § 32/26.
    – Zur Rechtfertigung einer Durchsuchung bei einem Mitglied der „Hells Angels" nach den §§ 102 ff. StPO vgl. BGH NStZ 2012, 272 m. Bspr. *Engländer,* S. 274 a u. *Satzger,* JK 6/12, StGB § 32/37.

64   Selten wird die Frage erörtert, ob die Rechtswidrigkeit des Angriffs schon entfällt, wenn die objektiven Voraussetzungen eines Rechtfertigungsgrundes vorliegen, oder ob – wie zur Rechtfertigung des Täters – auch die subjektiven Rechtfertigungselemente gegeben sein müssen. Der obigen objektiven Bestimmung der Rechtswidrigkeit des Angriffs entspricht es, die **objektive Rechtfertigungslage** ausreichen zu lassen,[114] so dass z. B. eine objektiv bestehende Notlage i. S. des § 34 dem duldungspflichtigen Inhaber des Eingriffsgutes das Notwehrrecht nimmt, auch wenn der Inhaber des Erhaltungsgutes die Notlage gar nicht bemerkt.[115] Ebenso entfällt beispielsweise das Notwehrrecht des Gastes gegen die Bedienung auch dann, wenn es dieser gar nicht auf die objektiv gerechtfertigte Feststellung der Personalien des Gastes, sondern auf die Begleichung der Rechnung ankommt.[116] Der untaugliche Versuch, den derjenige begeht, der die objektiv gegebene Rechtfertigungslage nicht kennt (s. o. 6/16), begründet trotz des in ihm liegenden subjektiven Handlungsunrechts mangels objektiver Rechtsgutsbedrohung keinen rechtswidrigen, notwehrfähigen Angriff.[117]

---

[112] Vgl. BayObLG NStZ 1991, 133 f. mit klärenden Anmerkungen von *Otto,* JK 91, StGB Vor § 32/2, u. *Schroeder,* JZ 1991, 682 f., vgl. auch die Besprechungsaufsätze von *Duttge,* Jura 1993, 416–424 und *Joerden,* JuS 1992, 23–28; gegen § 229 BGB zum Zweck der Personalienfeststellung *Laubenthal,* JR 1991, 520. Aus der Rspr. s. auch OLG Düsseldorf, NJW 1991, 2716 f., mit Besprechungsaufsatz von *Scheffler,* Jura 1992, 356. Vgl. auch die Übungsfälle von *Geerds,* Jura 1992, 544 u. 546 sowie D u. I *Sternberg-Lieben,* JuS 2002, 576 u. 578.

[113] Vgl. LK-*Rönnau/Hohn,* § 32 Rn. 113; *Jakobs,* 12/14; *Jescheck/Weigend,* S. 341.

[114] So auch *Felber,* 1979, S. 136. – Vgl. auch *Küper,* JZ 1980, 637: keine Notwehr gegen eine objektiv dem Recht entsprechende Diensthandlung, auch wenn der Amtsträger die geforderte sorgfältige Situationsbeurteilung nicht vorgenommen hat; ebenso M-*Schroeder/Maiwald,* BT 2, 70/16.

[115] Vgl. *Schroeder,* JZ 1991, 683. – Auch bei nicht erkennbarer, aber objektiv bestehender Notwehrlage ist gegen den objektiv gerechtfertigten Angriff keine Notwehr möglich, vgl. *Herzberg,* JA 1986, 200 u. *Frisch,* Fs. Lackner, 1987, S. 144.

[116] Vgl. *Otto,* JK 91, StGB Vor § 32/2; aber auch *Joerden,* JuS 1992, 24 Fn. 9.

[117] So *Frisch,* Fs. Lackner, 1987, S. 145, der zur Begründung die dualistische Notwehrlehre bemüht: der Angriff auf die Rechtsordnung in ihrer Geltungskraft genüge nicht, es sei außer-

Die irrige Annahme der Rechtswidrigkeit des Angriffs durch den objektiv nicht 65
rechtswidrig, weil gerechtfertigt Angegriffenen kann den Täter (= den Angegriffenen) wiederum nur nach Irrtumsregeln entlasten. **Putativnotwehr** und damit ein Erlaubnistatumstandsirrtum liegt vor, wenn der Täter irrig einen Sachverhalt annimmt,
bei dessen Vorliegen ein rechtswidriger Angriff gegeben wäre, so z. B. „wenn der Täter sich gegen die Benutzung seines PKWs wehrt, weil er nicht weiß, dass dies das
einzige Mittel ist, einen Schwerverletzten rechtzeitig ins Krankenhaus zu bringen";[118] – objektiv ist das Verhalten des Hilfswilligen gem. § 904 BGB oder § 34 gerechtfertigt, so dass Notwehr den Täter nicht rechtfertigen kann. Ein Erlaubnistatumstandsirrtum (Putativnotwehr) wird häufig auch dann angenommen, wenn der
Täter das normative Rechtfertigungsmerkmal der Rechtswidrigkeit infolge fehlerhafter Parallelwertung in der Laiensphäre irrig annimmt. Das gilt, „wenn der Täter
einen zulässigen Eingriff in seine Rechtsgüter infolge eines Rechtsirrtums (z. B. Unkenntnis des § 904 BGB) fälschlich für einen ‚rechtswidrigen' Angriff i. S. des § 32
hält";[119] – objektiv ist wieder ein gem. § 904 BGB gerechtfertigter Angriff gegeben,
so dass eine Notwehrrechtfertigung des Täters ausscheidet.

> In Bearbeitungen von **Übungsfällen** wird sich die Frage der Rechtswidrigkeit des Angriffs oft 66
> durch Verweisungen lösen lassen, z. B. das Verhalten war zuvor schon unter Bejahung der Straf-
> barkeitsfrage geprüft worden: vgl. *Schwind/Franke/Winter,* Anfängerübung, 1. Klausur, S. 51 ff.
> u. 59, sowie 2. Klausur, S. 113 ff. u. 125. Häufiger sind aber auch verwirrende „Schachtelprüfun-
> gen"[120] mit „Inzidentdarstellungen"[120a] anzustellen, d. h., innerhalb der Prüfung der Notwehr
> sind andere Rechtfertigungsgründe zu prüfen, um die Rechtswidrigkeit des Angriffs feststellen
> zu können. „Schachtelprüfungen" zur Rechtswidrigkeit des Angriffs finden sich bei: *Bohnert,*
> Jura 1993, 451, u. 458; *Bülte/Becker,* Jura 2012, 319 f. u. 328 (Angriff möglicherweise durch
> Notwehrhilfe oder § 127 StPO gerechtfertigt); *Otto,* Jura 1994, 96 u. 97; *Tenckhoff,* Jura 1995,
> 97 u. 98 f.; *Bruckauf,* in: *Ebert* (Hrsg.), Fall 5, S. 5 f. u. 83 sowie bei *Ebert,* ebda, Fall 3 S. 3 f. u. 50
> und *Schütze,* ebda, Fall 16, S. 16 f. u. 251–253; *Herzberg/ Putzke,* JuS 2008, 884 u. 887; *Hilgen-
> dorf,* KK I, Fall 7, Rn. 10 f. und KK II, Fall 14, Rn. 35; *Jäger,* Fall 26, Rn. 133, 134; *Laubenthal,* JA
> 2004, 39 u. 42; *Käßner/Seibert,* JuS 2006, 810 u. 814; *Krell,* JuS 2012, 537, 541; *Kudlich,* AT-
> Fälle, Fall 7, S. 100 f. (Angriff durch § 127 StPO gerechtfertigt); *D. u. I. Sternberg-Lieben,* JuS
> 2002, 576 u. 578; *Thoss,* Jura 2005, 128 f. u. 130; *Zimmermann,* JuS 2011, 629 u. 633 (Vollstre-
> ckung eines formell ordnungsgemäßen Strafurteils).

Ist also das Verhalten des Angreifers durch einen Rechtfertigungsgrund gedeckt, so 67
liegt kein rechtswidriger Angriff vor. Ist dagegen das Verhalten des Angreifers nur **entschuldigt,** so bleibt es immerhin rechtswidrig. Überträgt man dieses, sich aus der
Strafbarkeitsprüfung des Angreifers ergebende Resultat auf die Notwehrprüfung
beim angegriffenen Täter, so kommt man – mit der h. L.[121] – zur Bejahung der Notwehrvoraussetzung ‚rechtswidriger Angriff'. Notwehr ist damit gegen den im „nur"

---

dem „eine nicht hinzunehmende Bedrohung fremder Gutsobjekte notwendig …". Ebenso
Roxin, AT I, 15/1 u. 9.
[118] Bsp. von S/S-*Sternberg-Lieben,* § 16 Rn. 21.
[119] Bsp. von S/S-*Sternberg-Lieben,* § 16 Rn. 21; vgl. auch Fall 17 von *Herzberg/Hardtung,*
JuS 1999, 1073, 1077; ebenso für solche Fälle die h. M., vgl. nur *Lackner/Kühl,* § 32 Rn. 19.
Differenzierend beim Irrtum über das „gesamttatbewertende Merkmal" der Rechtswidrigkeit
des Angriffs *Roxin,* AT I, 14/81. – *Kuhlen,* 1987, unterscheidet zwischen strafrechtlichem und
außerstrafrechtlichem Irrtum über die Rechtswidrigkeit des Angriffs und nimmt beim Irrtum
über die Befugnis zur Benutzung eines Weges einen vorsatzausschließenden außerstrafrechtlichen Irrtum an, vgl. das BayObLG JZ 1965, 538 f., nachgebildete Bsp. 29, S. 70–72 und 553–
554.
[120] So *Dyrchs/Becher,* S. 118.
[120a] *Jäger,* Rn. 132.
[121] Vgl. statt vieler *Roxin,* JuS 1988, 428.

entschuldigenden Notstand gem. § 35 handelnden Angreifer möglich anders als gegen den im rechtfertigenden Notstand gem. § 34 Handelnden: so ist Notwehr z.B. möglich gegen den das Leben bedrohenden Angreifer, auch wenn er nur durch diesen Angriff sein Leben retten kann und will (= § 35-Fall).[122]

68   Die Berechtigung zur Notwehr hängt nach dieser Auffassung also davon ab, ob die Strafbarkeit des Angreifers wegen eines Rechtfertigungsgrundes oder „nur" wegen eines Entschuldigungsgrundes zu verneinen war. Die Einordnung in die eine oder andere Kategorie ist aber nicht immer klar. So ist z.B. umstritten, ob die „Pflichtenkollision" des eine **rechtswidrige**, aber **bindende Weisung** ausführenden Beamten einen Rechtfertigungs- oder einen Entschuldigungsgrund darstellt (s. u. 9/118a–e);[123] eine Folge dieser Einordnung ist die Duldungspflicht oder das Notwehrrecht des von der Weisungsausführung Betroffenen.[124]

69   Die Einordnung als Rechtfertigungs- oder Entschuldigungsgrund spielt für die Notwehr keine Rolle, wenn man die Übertragung dieser Kategorien auf das Notwehrrecht ablehnt. Dies geschieht, wenn man für den rechtswidrigen Angriff i.S. des § 32 II schuldhaftes Verhalten des Angreifers verlangt und dementsprechend einen **entschuldigten Angriff** nicht als rechtswidrigen Angriff i.S. des § 32 II betrachtet. Damit wird dem entschuldigt Angegriffenen das Notwehrrecht versagt, während die h.L. nur eine „sozialethische" Einschränkung des Notwehrrechts gegenüber entschuldigten Angreifern befürwortet.[125]

70   Die Frage nach der Rechtswidrigkeit des Angriffs ist besonders umstritten, wenn es um Angriffe in Form von **Diensthandlungen** geht. Sie entzündet sich häufig bei – durch Notwehr gerechtfertigten? – Widerstandshandlungen gegen Hoheitsakte, die objektiv dem Gesetz, auf dessen Grundlage sie aus der Sicht des Amtsträgers ergehen, nicht entsprechen.[126] Die angesichts der dem Gesetz nicht entsprechenden, also materiell unrichtigen (= objektiv rechtswidrigen) Diensthandlung eigentlich zu bejahende Notwehr-Frage ist mit einem Fragezeichen versehen worden, weil das **Notwehrrecht** für Widerstandshandlungen i.S. des § 113 durch den dort überwiegend vertretenen, sog. **strafrechtlichen Rechtmäßigkeitsbegriff**,[126a] der sich mit einer for-

---

[122] *Lugert*, 1991, S. 15 Fn. 7. – Vgl. aber zum sog. „Notwehr-Notstand" *Bernsmann*, 1989, S. 418 ff., der sich gegen eine strafbewehrte Duldungspflicht bis hin zum Tod des Notstandstäters ausspricht, aber ihn dennoch wegen vollendeter Tötung des Notwehr-Übenden haften lassen will, wenn er von vornherein als „böswilliger Angreifer töten wollte" (S. 471). Nach h.M. gibt es keine nach § 35 entschuldigte Gegenwehr gegen berechtigte Notwehr, so S/S-*Perron*, § 35 Rn. 32.

[123] Vgl. *Amelung*, JuS 1986, 337, m.N. dort in Fn. 113 (Entschuldigungsgrund) u. Fn. 114 (Rechtfertigungsgrund).

[124] So *Lenckner*, Fs. Stree/Wessels, 1993, S. 224, und *Roxin*, AT I, 17/18. Trotz der Einordnung als Rechtfertigungsgrund lassen einige Notwehr unter bestimmten Umständen zu, s. die Nachweise bei *Amelung*, JuS 1986, 337 Fn. 116; vgl. dazu auch *Jakobs*, 16/14; KK OWiG-*Rengier*, Rn. 32 vor §§ 15, 16 u. NK-*Herzog*, § 32 Rn. 44, der Amtswalter und Bürger ein Notwehrrecht einräumen will.

[125] Gegen ein Notwehrrecht, aber für ein weitgehendes (bis zur Tötung des „Angreifers") Defensiv-Notstandsrecht z.B. *Jakobs*, 13/2, und 13/46. – Zur h.L. vgl. *Roxin*, JuS 1988, 428, m.N. zur abweichenden Auffassung dort in Fn. 14.

[126] Die Problematik ist nicht neu, sie war auch schon im 19. Jahrhundert heftig umstritten, vgl. *Levita*, 1856, S. 194 ff., der sich für ein Notwehrrecht gegen unzuständige und materiell gesetzwidrig handelnde Beamte ausspricht (S. 199 u. 201).

[126a] Für einen „vollstreckungsrechtlichen Rechtswidrigkeits-Begriff" NK-*Paeffgen*, § 113 Rn. 40–44 m.w.N.; auf die Wirksamkeit nach öffentlichem Recht stellt ab K/H/H-*Heinrich*, BT 1, Rn. 676 u. *Zimmermann*, JR 2010, 363, 366, im Anschluss an *Erb*, Fs. Gössel, 2002, S. 226; abl. NK-*Paeffgen*, § 113 Rn. 39.

malen Rechtmäßigkeit (Zuständigkeit, Förmlichkeiten)[127] begnügt, **eingeschränkt**[128] wird: Notwehr gegen rechtswidrige Diensthandlungen ist dadurch zwar nicht ausgeschlossen, aber beschränkt auf nach diesem besonderen Rechtmäßigkeitsbegriff rechtswidrige Diensthandlungen, „denn die Bewertung einer rechtmäßigen Diensthandlung als ‚rechtswidriger‘ Angriff nach § 32 wäre widersprüchlich."[129]

Notwehr ist also (vorbehaltlich des staatlichen Irrtumsprivileges) möglich z.B.   **71** gegen die dringliche Anordnung einer Blutprobe gem. § 81a I 2 StPO durch einen Polizisten, der entgegen § 81a II StPO nicht Hilfsbeamter der Staatsanwaltschaft ist;[130] z.b. auch gegen die von § 81a StPO nicht gedeckte Erzwingung des Blasens (= aktives Mitwirken, nicht bloß passives Dulden) von Atemluft in ein Teströhrchen,[131] oder gegen die Durchsuchung ohne die mögliche Hinzuziehung des von § 105 II StPO vorgeschriebenen Durchsuchungszeugen;[132] auch gegen eine wegen der bekannten Identität nicht erforderliche Zwangsmaßnahme nach § 163b I StPO – Identitätsfeststellung –.[132a] Erst recht ist Notwehr gegen (völlig unvertretbare und

---

[127] Vgl. OLG Hamm NStZ 1996, 281 mit Bspr. *Geppert*, JK 96, StGB § 113/3; *Geppert*, Jura 1989, 276; *Vitt*, ZStW 106 (1994), 583, 602; *Lackner/Kühl*, § 113 Rn. 7ff. sowie *Günther*, 1983, S. 44 zur Rechtsprechung; zur abweichenden Rechtsprechung des Bundesverfassungsgerichts *Reinhart*, StV 1995, 101 u. NJW 1997, 911: „Abschied vom strafrechtlichen Rechtmäßigkeitsbegriff"; zust. *Gropp*, 6/218 mit BVerfG NJW 1993, 581 u. 1995, 3110f.; auf dieser Linie auch *Rengier*, BT II, 53/20a; krit. zum „materiellen Rechtswidrigkeits-Begriff" des BVerfG LK-*Rönnau/Hohn*, § 32 Rn. 120 u. NK-*Paeffgen*, § 113 Rn. 35–37; neuerdings scheint das Gericht den strafrechtlichen Rechtmäßigkeitsbegriff weitergehend anzuerkennen, dafür aber eine Beachtung von Art. 8 GG bei der Auslegung des § 113 III zu verlangen, BVerfG NVwZ 2007, 1180 m. Bspr. *Niehaus/Achelpöhler*, StV 2008, 71 u. *Geppert*, JK 3/08, StGB § 113/6. – Kritisch zur besonderen Bezeichnung dieser inhaltlich nicht bestrittenen Voraussetzungen *Neuheuser*, 1996, S. 207, der den strafrechtlichen Rechtmäßigkeitsbegriff als Maßstab für Diensthandlungen versteht, die entweder sorgfaltsgemäß oder leicht fahrlässig durchgeführt werden; die Sorgfaltspflicht bestimmt er mit Hilfe der Kriterien der „modernen Vollstreckungstheorie".

[128] *Amelung*, JuS 1986, 335.

[129] *Lackner/Kühl*, § 113 Rn. 15; ebenso *W-Hettinger*, Rn. 633, 639; K/H/H-*Heinrich*, BT 1, Rn. 662; SK-*Günther*, § 32 Rn. 64. Eine Berufung auf Notwehr bei nach dem strafrechtlichen Rechtmäßigkeitsbegriff rechtswidrigen Diensthandlungen halten wegen der schon fehlenden Tatbestandsmäßigkeit i.S. des § 113 für überflüssig: *Haft*, BT II, S. 4; S/S-*Perron*, § 32 Rn. 22, sowie S/S-*Eser*, § 113 Rn. 20 u. 36, der aber in Rn. 37 auf die Notwendigkeit eines Rückgriffs auf § 32 in Fällen hinweist, in denen durch den Widerstand noch andere Tatbestände wie z.B. Körperverletzungsdelikte erfüllt werden; ebenso BVerfG NVwZ 2007, 1180, 1183 m. Bspr. *Niehaus/Achelpöhler*, StV 2008, 71, 74 u. *Geppert*, JK 3/08, StGB § 113/6, das z.B. bei rechtswidrigem Vorgehen eines Versammlungsleiters die an diesem begangene Körperverletzung durch einen Demonstranten zwar für möglicherweise durch § 32 gerechtfertigt hält, aber nur, wenn diese Verteidigung erforderlich und geboten ist.

[130] Vgl. OLG Düsseldorf, StV 1991, 22.

[131] Vgl. *Lackner/Kühl*, § 113 Rn. 10 u. 13; aus der strafprozessrechtlichen Lit.: *Beulke*, Rn. 241; *Meyer-Goßner/Schmitt*, StPO, § 81a Rn. 11; *Roxin/Schünemann*, Strafverfahrensrecht, 33/6.

[132] Vgl. *Küper*, JZ 1980, 633, zustimmend zu BayObLG JZ 1980, 109f.; ebenso M-*Schroeder/Maiwald*, BT 2, 70/13; vgl. auch den Fall einer rechtswidrigen Durchsuchung der Wohnung eines Ausländers OLG Zweibrücken NStZ 2002, 257, dazu vgl. *Rengier*, BT II, 53/16. Nach AK StPO-*Amelung*, § 105 Rn. 34, folgt aus der fehlenden Strafwürdigkeit des Widerstandes „noch nicht notwendig ein Notwehrrecht"; da der Eingriff an sich zu dulden sei, müssten „Notwehreinschränkungen" greifen. – Zum Einfluss des Irrtums des Beamten auf die Notwehrberechtigung des Betroffenen s. *Sommermeyer*, Jura 1992, 456 mit Fn. 94 u. *Hohmann/Sander*, BT II, 26/36.

[132a] OLG Hamm, NStZ-RR 2009, 271 m. Anm. *Zimmermann*, JR 2010, 363; zur Einordnung als nicht erforderlich *Meyer-Goßner*, 9 zu § 163b StPO.

wegen eines offensichtlichen Verstoßes gegen den Verhältnismäßigkeitsgrundsatz) **nichtige** Amtshandlungen zulässig, z. B. gegen den Einsatz des Diensthundes gegen den ohne Führerschein Angetroffenen, der angeboten hatte, seine Papiere aus dem nahegelegenen Haus herbeizuholen (BVerfG NJW 1991, 3023).

72   Notwehr ist unstreitig ausgeschlossen, wenn die Diensthandlung der gesetzlichen Ermächtigungsgrundlage entspricht, denn dann liegt ein **rechtmäßiger** Hoheitsakt und kein rechtswidriger Angriff vor.[133] Dies gilt auch für die sog. **Verdachtstatbestände**, oft Zwangsmaßnahmen der StPO (Festnahme gem. § 127 II, Verhaftung gem. § 112), die ein Einschreiten schon bei Tatverdacht legitimieren, weshalb dieses so legitimierte Einschreiten nicht rechtswidrig wird, wenn sich später die Unschuld des Tatverdächtigen herausstellt.[134]

73   Umstritten bleibt der Bereich, in dem sich der strafrechtliche Rechtmäßigkeitsbegriff zum Nachteil des betroffenen Bürgers auswirkt, insb. wenn diese Auswirkung darin besteht, dass der objektiv rechtswidrige Angriff nur nach der (nichtverschuldeten oder pflichtwidrigen[134a] Fehl-)Vorstellung des Amtsträgers die Voraussetzungen der gesetzlichen Ermächtigungsgrundlage erfüllt (sog. **Irrtumsprivileg des Staates**).[135] So etwa in dem Fall, dass der Polizist glaubt, die Blutprobe werde entsprechend § 81a I 2 StPO von einem Arzt vorgenommen: muss der Betroffene die Anwendung von Zwang zur Blutentnahme durch einen Nicht-Arzt dulden oder darf er sich gem. § 32 gegen den rechtswidrigen Angriff des Polizisten wehren?

Vgl. zu diesem von BGHSt 24, 125 ff., 130 f. (pro Duldungspflicht) entschiedenen Fall ablehnend: *Amelung*, JuS 1986, 334 f.; AWHH-*Hilgendorf*, BT, 45/36; *Backes/Ransiek*, JuS 1989, 627; *Jakobs*, 16/5; LK-*Spendel*, § 32 Rn. 67 u. 72; *Roxin*, AT I, 17/13, 14, u. *ders.*, in: Fs. Pfeiffer, 1987, S. 51 (§ 32 nur bei fahrlässiger Annahme der Eingriffsbefugnis); *Schünemann*, JA 1972, 633, 703 ff., 775; NK-*Paeffgen*, § 113 Rn. 58; vgl. jedoch auch *Vitt*, ZStW 106 (1994) 585 Fn. 14: überzogene Kritik. – Aus der Übungsfall-Literatur *Ladiges*, JuS 2012, 50 u. 53.

74   Wer hier – in Abweichung vom strafrechtlichen Rechtmäßigkeitsbegriff[136] – ein Notwehrrecht des Betroffenen bejaht, muss aber dem Irrtum des Amtsträgers über die **„sozialethische"** Einschränkung des Notwehrrechts Rechnung tragen:[137] geboten ist zunächst die Aufklärung des Irrtums; erst bei (vorhersehbarer bzw. bestätigter) Erfolglosigkeit ist Gegenwehr zulässig (s. u. Rn. 196). Selbst bei einem nach dem strafrechtlichen Rechtmäßigkeitsbegriff rechtswidrigen Vorgehen des Amtsträgers bei einer Identitätsfeststellung nach § 163b StPO soll die Gebotenheit (= sozialethische Einschränkung) der Rechtfertigung entgegenstehen, weil – zumindest bei der zu erwartenden bagatellhaften Beeinträchtigungen – der Betroffene diese zu dulden habe und es auf eine nachträgliche Klärung, z. B. im Wege der Dienstaufsichtsbe-

---

[133] Ebenso K/H/H-*Heinrich*, BT 1, Rn. 662.

[134] Vgl. *Amelung*, JuS 1986, 329; *Jakobs*, 16/3: entscheidend sei ein objektives ex-ante-Urteil; *Roxin*, AT I, 17/12; S/S-*Eser*, § 113 Rn. 30; *Schünemann*, JA 1972, 710.

[134a] Zu dieser Alternative vgl. NK-*Paeffgen*, § 113 Rn. 61.

[135] Vgl. die scharfe Kritik gegen diese subjektive Bestimmung der Rechtswidrigkeit bei LK[11]-*Spendel*, § 32 Rn. 64 ff.; zust. AWHH-*Hilgendorf*, BT 45/37 u. *Schünemann*, GA 1985, 366; krit. auch *Gropp*, 6/209–218 u. NK-*Herzog*, § 32 Rn. 43. – Zu dieser „Sonderrechtfertigung" vgl. *Herzberg*, Fs. Stree/Wessels, 1993, S. 205 f.; s. auch *Vitt*, ZStW 106 (1994), 602; LK-*v. Bubnoff*, § 113 Rn. 33 ff. u. NK-*Paeffgen*, § 113 Rn. 43, 57–62.

[136] Vgl. die Subsumtion des Vorgehens des Polizisten unter den strafrechtlichen Rechtmäßigkeitsbegriff durch *Schünemann*, JA 1972, 704 f.: „rechtmäßig".

[137] *Amelung*, JuS 1986, 335 ff.; *Roxin*, AT I, 17/14; *Rengier*, BT II, 53/23. – *Backes/Ransiek*, JuS 1989, 628, wollen die Erforderlichkeitsschranke eingreifen lassen.

schwerde, verwiesen werden dürfe (OLG Hamm NStZ-RR 2009, 271, 272 m. im Erg. zust. Anm. *Zimmermann*, der aber auf die Wirksamkeitslehre [o. Fn. 126 a] abstellen will).[137a] Wer dem Betroffenen dagegen in Anwendung des strafrechtlichen Rechtmäßigkeitsbegriffs eine Duldungspflicht auferlegt und ihn bei Widerstand gem. § 113 für strafbar hält, kann sich auf die gesetzgeberische Entscheidung bei der Neufassung des § 113 berufen, die freilich im **Gesetzeswortlaut** nicht eindeutig zum Ausdruck kommt.[138] War der Irrtum des Polizisten über die Eingriffsvoraussetzung „Arzt" auch bei Anwendung der rechtlich gebotenen Sorgfalt unvermeidbar, so kann man bereits einen rechtswidrigen Angriff ablehnen, weil die Vollstreckungshandlung des Polizisten keinen **Verhaltensunwert** aufweist; dem Betroffenen bleibt dann nur § 34 zu seinem Schutz.[139]

Hält man die Perspektive des Amtsträgers im Zeitpunkt der Diensthandlung für **75** entscheidend, so entfällt die Rechtswidrigkeit dieses Angriffs, wenn der Amtsträger nach **pflichtgemäßer Prüfung** vom Vorliegen der objektiven Eingriffsvoraussetzungen (z.B. Arzteigenschaft des Blut-Entnehmenden) ausgehen durfte (= objektives Urteil ex ante, aber nicht nur bei der Verdachtsprognose!).[140] Das **Risiko** der falschen Einschätzung durch den Amtsträger trifft dann aber – was kaum zu rechtfertigen ist – den betroffenen Bürger: er muss objektiv rechtswidriges Vorgehen wie z.B. die Blutentnahme durch einen Nicht-Arzt dulden,[141] wenn er sich nicht wegen Widerstandes gem. § 113 und damit einhergehender Delikte wie z.B. wegen Körperverletzung des Vollstreckungsbeamten strafbar machen will.[142]

Bei **einverständlichen Prügeleien** sind die „Kampfhähne" mit den einkalkulierten **76** Verletzungen „einverstanden", so dass keiner sich die durch ihn verursachten Schäden des anderen zurechnen lassen muss.[143] Notwehrsituationen liegen dabei in der Regel nicht vor: gelegentlich wird schon das Vorliegen eines Angriffs bestritten,[144] häufig werden beide als Angreifer und Verteidiger in wechselnden Rollen bezeichnet,[145] sicher liegt kein rechtswidriger Angriff vor.[146] Notwehrlagen ergeben sich

---

[137a] Für die Gebotenheitslösung in solchen Fällen *Lackner/Kühl*, § 32 Rn. 5, 14 u. § 113 Rn. 15; LK-*Rosenau*, § 113 Rn. 63; wegen der Alternative, den Rechtsweg zu beschreiten, für eine Lösung bei der Erforderlichkeit LK-*Rönnau/Hohn*, § 32 Rn. 127 u. S/S-*Perron*, § 32 Rn. 22.

[138] Vgl. einerseits *Lackner/Kühl*, § 113 Rn. 7; andererseits *Backes/Ransiek*, JuS 1989, 627, u. *Schünemann*, JA 1972, 201.

[139] *Roxin*, AT I, 17/13; S/S-*Lenckner/Sternberg-Lieben*, Vorbem §§ 32 ff. Rn. 86; *Schumann*, 1986, S. 38.

[140] So die Rspr. (vgl. BayObLG JR 1989, 24) u. die wohl h.L. (vgl. S/S-*Lenckner/Sternberg-Lieben*, Vorbem §§ 32 ff. Rn. 86, m.N. zu dieser h.L., der sie sich nur im Ergebnis anschließen), die sonst bei anderen Rechtfertigungsgründen wie etwa §§ 32, 34 das tatsächliche Vorliegen der objektiven Rechtfertigungsvoraussetzungen verlangt, s. *Gallas*, Fs. Bockelmann, 1979, S. 167 Fn. 30: mit Rücksicht auf den „Amtsbonus" werde hier von der h.L. eine Ausnahme gemacht. Vgl. auch Nr. 239 bei *Haft*, Fallrepetitorium, sowie Fall 238 bei *Blei*, PdW BT 2 = RGSt 61, 279/299, nachgebildet.

[141] Gegen diese Duldungspflicht z.B. *Bottke*, JR 1989, 26. – Z.T. wird auch Gegenwehr nach (Defensiv-)Notstandsregeln für zulässig gehalten; vgl. S/S-*Lenckner/Sternberg-Lieben*, Vorbem §§ 32 ff. Rn. 11.

[142] Gegen eine solche Strafbarkeit *Backes/Ransiek*, JuS 1989, 627.

[143] Die dogmatische Begründung ist umstritten; vgl. den Überblick bei *Otto*, JK 91, StGB § 32/14, der selbst von einer eigenverantwortlichen Selbstgefährdung ausgeht.

[144] So *Jescheck/Weigend*, S. 339.

[145] So BGH NStZ 1990, 435; vgl. *Hassemer*, JuS 1991, 81, m.N. aus der Rspr. des RG, sowie SK-*Günther*, § 32 Rn. 60.

[146] *Roxin*, AT I, 15/14; S/S-*Perron*, § 32 Rn. 23; LK-*Rönnau/Hohn*, § 32 Rn. 139; NK-*Herzog*, § 32 Rn. 36.

erst, wenn sich ein eindeutiger rechtswidriger Angriff eines der Beteiligten isolieren lässt. So etwa bei dem aus zahlreichen Western bekannten „Showdown" (*Kretschmer*, Jura 2012, 189, 190, in Abgrenzung „gewöhnlichen Prügeleien"). Dies ist z. B. dann der Fall, wenn in einem mit Fäusten geführten Zweikampf der eine den Rahmen der einverständlichen Rauferei dadurch sprengt, dass er ein Messer zieht und damit lebensgefährlich zusticht; er kann sich nicht nur nicht auf Notwehr berufen,[147] sondern greift rechtswidrig an.[147a] Dasselbe gilt in dem Fall, dass einer den Kampf für den anderen ersichtlich aufgibt. Schlägt hier der andere weiter, so greift er rechtswidrig an.[148]

77   Kaum diskutiert ist das **Verhältnis** von **Gegenwärtigkeit** und **Rechtswidrigkeit** eines Angriffs. Verlangt man, dass auch die Umstände, die über die Rechtswidrigkeit des Angriffs entscheiden, gegenwärtig sein müssen, so wird die Rechtfertigung des „Fallenstellers", der den zu überführenden „Dieb" durch die Präparierung der „Diebstahlsobjekte" körperlich verletzt (Hautverätzung durch Präparierungsstoff), problematisch, weil im Zeitpunkt der Körperverletzung wegen des Einverständnisses des Eigentümers nur ein untauglicher Diebstahlsversuch vorliegt (= kein notwehrfähiger Angriff); die anschließende Unterschlagung durch Behalten der fremden Sachen, ist zwar ein rechtswidriger notwehrfähiger Eigentumsangriff, aber ein zukünftiger.

2. Die Verteidigungshandlung

a) Die Abwehr des Angriffs

78   § 32 II umschreibt die Verteidigung i. S. der Notwehr zunächst als Abwendung des Angriffs. Abwendung ist dabei vor allem als Abwehr (Notwehr) zu verstehen. Damit wird dem Angegriffenen eine wehrhafte Verteidigung gestattet. Hieraus folgt zunächst, dass sich der Angegriffene der von dem Angriff ausgehenden Gefahr nicht durch Ausweichen entziehen muss: **Ausweichen ist keine Verteidigung**, Weglaufen ist keine Abwehr.[149] Das Fehlen einer Ausweichpflicht folgt außerdem aus dem die Notwehr mit-prägenden Rechtsbewährungsprinzip, denn danach muss dem angreifenden Unrecht nicht gewichen werden (s. schon o. Rn. 10).[149a] Wortlaut und Notwehr-ratio stehen auch solchen Ausnahmen von der Nicht-Ausweichpflicht entgegen, die ein Ausweichen fordern, wenn dies mühelos möglich wäre und/oder nicht als „schimpfliche Flucht" verstanden werden könnte.[150] Dagegen kann Ausweichen

---

[147] So BGH NStZ 1990, 435; ebenso *Jakobs*, 12/14.

[147a] Die dagegen gerichtete Verteidigung kann deshalb nach § 32 gerechtfertigt sein. Allerdings ändert es nach h. M. nichts an der Strafbarkeit des Verteidigers wegen Beteiligung an einer Schlägerei (§ 231), wenn er selbst mit der Notwehrhandlung eine der in § 231 genannten schweren Folgen (Tod oder schwere Körperverletzung) herbeiführt, vgl. BGHSt 39, 305 m. Bspr. *Seitz*, NStZ 1994, 185, *Stree*, JR 1994, 370 und *Wagner*, JuS 1995, 296; *Eisele*, ZStW 110 (1998), 69, 76 f.; krit. *Rönnau/Bröckers*, GA 1985, 549, 564. Vgl. auch den Übungsfall von *Kretschmer*, Jura 1998, 244, 246.

[148] Vgl. *Ebert*, S. 76; *Jescheck/Weigend*, S. 339; S/S-*Perron*, § 32 Rn. 23.

[149] Vgl. schon RG GA 46 (1898/99) 31 f. [zust. zit. von *Jakobs*, 12/36] u. jetzt BGH NJW 2003, 1955, 1957 u. OLG Koblenz StV 2011, 622, 624 m. Bspr. *Jahn*, JuS 2011, 655, 656. – Vgl. auch die klaren Ausführungen bei *Hruschka*, S. 136 f. und B-*Weber/Mitsch*, 17/24: „Kapitulation". Einschränkend W-*Beulke*, AT, Rn. 339, dagegen *Freund*, AT, 3/105.

[149a] Krit. zu dieser Begründung SK-*Günther*, § 32 Rn. 86, sowie *Kargl*, ZStW 110 (1998), S. 38, 60, nach dem Ausweichen der im Angriff liegenden „Beeinträchtigung der intersubjektiven Anerkennung" nicht abhilft.

[150] Dies hat seit BGHSt 24, 356, auch die Rspr. wieder anerkannt; vgl. S/S-*Perron*, § 32 Rn. 40, sowie *Geilen*, JuS 1981, 316, und schon *Blei*, JA 1972, 210: „Wende"!

i. S. des § 32 geboten sein, wenn in besonderen Konstellationen die zurücktretenden Grundgedanken der Notwehr eine „sozialethische" Einschränkung der Notwehrbefugnisse erlauben (s. u. Rn. 167).

> Aus der **Übungsfall-Literatur** vgl.: *Brüning*, JuS 2007, 255 u. 256; *Valerius*, Klausur 10, S. 149 u. 156.

Es verbleiben als „wehrhafte" Formen der Verteidigung die defensive **Schutzwehr** 79 und offensive **Trutzwehr**.[151] Beispiele für defensive Abwehrhandlungen sind das „Parieren" eines Schlages und das schützende Vorhalten eines Messers. Die offensive Trutzwehr besteht in einem Gegenangriff (nach dem Motto: „Angriff ist die beste Verteidigung"), z. B. dem Niederschlagen des Angreifers. Zu einem Stufenverhältnis zwischen diesen beiden Abwehrformen führt erst das Erforderlichkeitskriterium des relativ mildesten Gegenmittels (s. u. Rn. 100 ff.), denn danach ist die den Angreifer härter treffende Trutzwehr erst erforderlich, wenn die den Angreifer schonende Schutzwehr keinen Erfolg verspricht oder sich als erfolglos erwiesen hat.

Die (auch im Folgenden eingehaltene) Konzentration auf diese „wehrhaften" 80 eigentlichen Verteidigungshandlungen, mit denen sich der Angegriffene normalerweise gegen einen Angriff verteidigt, sollte nicht die Umschau nach anderen Möglichkeiten verhindern, mit denen ein Angriff i. S. des § 32 II „abzuwenden" ist. **Abwenden** kann man einen Angriff nicht nur durch Abwehrhandlungen, sondern auch dadurch, dass man ihn „**entbehrlich**" macht. Wer die Bedienung (Angreiferin), die auf Bezahlung der vom Gast (= Angegriffener hinsichtlich seiner Fortbewegungsfreiheit) als mangelhaft bewerteten Speisen besteht, von ihrem Angriff (durch Versperren des Weges aus dem Gasthaus) dadurch abbringen kann, dass er seine Visitenkarte hinterlässt, hat eine Möglichkeit zur Angriffs-Abwendung, die den Einsatz von körperlicher Gewalt als nicht erforderlich erscheinen lässt. Vorausgesetzt ist dabei freilich eine rechtliche Verpflichtung des Gastes zur Angabe der Personalien (z. B. eine sich aus Treu und Glauben ergebende vertragliche Nebenpflicht).[152]

Auch eine **antizipierte Notwehr**, z. B. die automatisierte Gegenwehr durch Selbst- 81 schussanlagen, ist – obwohl der Beginn der Verteidigung durch Installierung der Anlage dem Angriff vorausgeht – als Verteidigung anerkannt.[153] Sie bereitet hinsichtlich der Gegenwärtigkeit des Angriffs keine Probleme (s. o. Rn. 43), muss sich aber wie jede Verteidigung am einschränkenden Kriterium der Erforderlichkeit messen lassen (s. u. Rn. 111).

Bei einer „einverständlichen" Prügelei (s. o. Rn. 76), in der sich Angriff und Ab- 82 wehrhandlungen aneinander reihen, soll es dagegen schon „objektiv an einer ‚Verteidigung'" fehlen.[154] Schließlich ist auch eine Verteidigung – ebenso wie oben für den Angriff begründet (Rn. 29 ff.) – **durch Unterlassen** möglich, z. B. wenn der Garant oder der nach § 323c Rettungspflichtige Rettungsmaßnahmen zugunsten des

---

[151] Vgl. *S/S-Perron*, § 32 Rn. 30; *Ebert*, S. 75; *Jescheck/Weigend*, S. 343; NK-*Herzog*, § 32 Rn. 53.

[152] Vgl. *Joerden*, JuS 1992, 24 f., zu BayObLG NStZ 1991, 133; eine solche vertragliche Nebenpflicht bejaht auch *Laubenthal*, JR 1991, 519; nach *Krauß*, JuS 1992, 624, ist auf die Pflicht des Gastes zur Gesprächsaufnahme mit dem Gastwirt abzustellen; vgl. in diesem Zusammenhang auch *Schroeder*, JZ 1991, 683. – Krit. zu *Joerdens* Ansatz *Scheffler*, Jura 1992, 354.

[153] Vgl. *S/S-Perron*, § 32 Rn. 18a, 37. – Krit. aber *Schünemann*, W. B., 1985, S. 41 u. B-*Weber/Mitsch*, 17/15.

[154] So OLG Stuttgart NJW 1992, 851: „Jedenfalls" soll es „an einem Verteidigungswillen" fehlen; vgl. auch BGH NJW 1990, 2263.

(bis jetzt erfolglosen oder vorübergehend zurückgeschlagenen) Angreifers unterlässt, der ihn nach der Rettung (erneut = fortdauernd) angreifen würde.[155]

83   Keine Einschränkung der möglichen Verteidigungshandlungen ergibt sich daraus, dass das eingesetzte Mittel gesetzwidrig benutzt wird, z. B. die ohne Erlaubnis geführte Schusswaffe = waffengesetzwidrige Benutzung[156] (zur möglichen Notwehr- oder Notstandsrechtfertigung des Verstoßes gegen das Waffengesetz s. *Kühl*, Jura 1993, 119, sowie BGH StV 1996, 660 m. krit. Bspr. *Otto*, JK 97, StGB § 32/23).

84   Auch aus dem Wortlaut des § 32 II (Angriffs-Abwendung) hergeleitet wird die Beschränkung der Notwehr auf die Rechtfertigung tatbestandsmäßiger **Verletzungen des Angreifers und seiner Rechtsgüter**.[157] Bestätigung findet diese Einschränkung der Rechtfertigungswirkung in der Überlegung, dass die scharfen Eingriffsbefugnisse bei der Notwehr nur dem rechtswidrigen Angreifer als dem für die Notwehrlage Verantwortlichen gegenüber gerechtfertigt werden können.[158] „Verantwortliche" in diesem Sinn sind auch schuldlose Angreifer, wenn sie nur rechtswidrig angreifen und damit die Notwehrlage für den Angegriffenen auslösen (s. Rn. 58 u. 194). Keine Rechtfertigungswirkung entfaltet die Notwehr für die tatbestandsmäßige Verletzung von Rechtsgütern, die anderen Personen als dem Angreifer (= sog. Dritten oder Nicht-Angreifern) zustehen;[158a] dies gilt auch für die Verletzung von Rechtsgütern der Allgemeinheit (s. oben Rn. 48).[158b] Diese tatbestandsmäßigen Verletzungen der Rechtsgüter Dritter können freilich nach dem Ausfall der Notwehr-Rechtfertigung wegen des Eingreifens anderer Rechtfertigungs- oder Entschuldigungsgründe im Ergebnis ebenfalls straflos sein (z. B. nach § 34 – bei Verteidigungshandlung gegen Sachen nach §§ 228, 904 BGB [s. unten 9/13 ff.] – gerechtfertigt oder z. B. nach § 35 entschuldigt).

85   Im Prinzip ist diese eingeschränkte Rechtfertigungskraft der Notwehr inzwischen auch allgemein anerkannt,[159] so dass ihre Nichtbeachtung in **Übungsarbeiten** ein Fehler ist. Ein Fehler freilich, der gerade bei Anfängern nicht selten vorkommt, wohl weil man sich nach der Prüfung der Notwehrlage auf die Prüfung der Erforderlichkeit der Verteidigungshandlung konzentriert, ohne dann noch einmal nachzufragen, ob sich die als erforderlich erkannte Verteidigung auch nur gegen den Träger des

---

[155] Vgl. die Beispielsfälle bei *Geilen*, Jura 1981, 258, unter e), sowie bei LK-*Rönnau/Hohn*, § 32 Rn. 156.

[156] Vgl. BGH NStZ 1986, 357; 1987, 172. *Jakobs*, 12/28; *Roxin*, AT I, 15/126; S/S-*Perron*, § 32 Rn. 18 a; zweifelnd *Mitsch*, NStZ 1987, 458.

[157] Vgl. *Kindhäuser*, AT, 16/26; MK-*Erb*, § 32 Rn. 122; S/S-*Perron*, § 32 Rn. 31: „schon begrifflich"; vgl. aber *Geilen*, Jura 1981, 258: dies komme „im Wortlaut nicht mit der wünschenswerten Klarheit zum Ausdruck"; ebenso *Koch*, ZStW 122 (2010), 804, 805 Fn. 9.

[158] Vgl. *Geilen*, Jura 1981, 258; *Renzikowski*, 1994, S. 107; *Gropengießer*, JR 1998, 89; *Walter/Gotz*, AL 2009, 33; S/S-*Perron*, § 32 Rn. 31; LK-*Rönnau/Hohn*, § 32 Rn. 155; KK OWiG *Rengier*, § 15 Rn. 23: „Verwirkungsgedanke". – Nach *Roxin*, AT I, 15/124, kommt Rechtsbewährung nur gegenüber dem Angreifer in Betracht; ebenso *Eser/Burkhardt*, Strafrecht I, Nr. 9 A 52.

[158a] LK-*Rönnau/Hohn*, § 32 Rn. 155; kritische „Überlegungen" dazu *Koch*, ZStW 122 (2010), 804, 833, der im „Nebeneinander von rechtmäßiger Notwehr und rechtswidriger Verletzung eines unbeteiligten Dritten" einen mit dem Postulat der Einheit der Rechtsordnung unvereinbaren „Widerspruch" sieht (S. 807) und eine Erstreckung des Rechtsbewährungsprinzips auf mitbetroffene Dritte verlangt (S. 811).

[158b] LK-*Rönnau/Hohn*, § 32 Rn. 160. – Näher *Neuheuser*, 1996, S. 83 ff., mit dem Beispiel judikativer rechtswidriger Regelungsakte.

[159] Vgl. aus der Rspr. RGSt 58, 29; BGHSt 5, 248 u. 39, 374, 380; BGH StV 1996, 660 mit krit. Bspr. *Otto*, JK 97, StGB § 32/23. – Vgl. aus der Literatur statt vieler *Meurer*, S. 49; S/S-*Perron*, § 32 Rn. 31, u. SK-*Günther*, § 32 Rn. 84, 84 a.

zuvor bejahten gegenwärtigen, rechtswidrigen Angriffs richtet – der Wortlaut des § 32 II fordert dazu anscheinend nicht deutlich genug auf. So etwa in einer baden-württembergischen (von *Graul* gestellten) Examensklausur vom Herbst 2000, wo der Verteidiger auf den mit Beute fliehenden Dieb schoss und dabei dessen Flucht-auto beschädigte, das im Eigentum eines Dritten stand (sachlich allerdings als „Ausnahmefall" diskutiert, s. unten Rn. 86). Deshalb sollte vor der Prüfung der Er-forderlichkeit geprüft werden, ob sich die Verteidigungshandlung etwa gegen einen Dritten bzw. einen Nichtangreifer richtet, denn in diesem Fall ist die Notwehr schon zu Ende: keine Rechtfertigung!

> Aus der **Übungsfall-Literatur** zur Beschränkung der Rechtfertigung durch § 32 auf die Ver-letzung von Rechtsgütern des Angreifers vgl.: *Eisele*, JA 2003, 40 u. 44; *Frank*, Jura 2006, 783 u. 784; *Frister/Rasemann/Schneiders*, AL 2008, 180 u. 181; *Kasiske*, JA 2007, 509 u. 513; *Kühl*, JuS 2007, 742 u. 746; *Kühl/Hinderer*, Jura 2012, 488, 489; *Küper*, Jura 1983, 206 u. 213; *Meier*, JuS 1989, 992 u. 996 f.; *Seier*, JuS 1991, L 92–L 95; *Sieg*, Jura 1986, 326 f.; *Vogel*, Jura 1996, 265 u. 269; *Walter/Götz*, AL 2009, 27 u. 31, 33; *Weber*, Jura 1984, 367 u. 369; *Alp-mann/Schmidt*, AT 1, Fall 16, S. 79 u. 83 f.; *Haft*, Fallrepetitorium, Nr. 150; *Hilgendorf*, KK II, Fall 5, Rn. 6; *Kudlich*, AT-Fälle, Fall 7, S. 96 und in: PdW AT, Fall 87; *Roxin/Schüne-mann/Haffke*, Klausurenlehre, Fall 1, S. 35 u. 41, und Fall 5, S. 91 u. 106; *Samson*, Straf-recht I, Fall 10, S. 57 u. 62; *Seier*, Anfängerklausur, Nr. 1, S. 143 u. 150; *Walter/Schwaben-bauer*, JA 2012, 504 u. 509.

Richtet sich eine Verteidigungshandlung wie z.B. ein Schuss sowohl gegen einen **85a** Angreifer als auch gegen einen Dritten, so ist hinsichtlich der möglichen Rechtferti-gung eine differenzierende Beurteilung erforderlich: die (versuchte) Tötung des An-greifers kann durch Notwehr gerechtfertigt sein, die (vollendete) Tötung des Dritten nicht (es kommt allenfalls eine Rechtfertigung oder Entschuldigung wegen Not-standes in Betracht).[159a]

Typisch ist der schon oben (Rn. 61) eingeführte Fall der Wirtshausschlägerei,[160] bei der die **86** Verteidiger gegen die Angreifer auf Bierkrüge des unbeteiligten Wirtes zurückgreifen, die durch ihren Einsatz bei der erforderlichen Verteidigung zerstört werden: die Sachbeschädi-gung gem. § 303 bzgl. der Bierkrüge ist trotz gegebener Notwehrlage und trotz der Erforder-lichkeit der Verteidigung nicht durch Notwehr gerechtfertigt, da die Bierkrüge als Eigentum des Wirtes nicht zu den Rechtsgütern der Angreifer zählen; zur Rechtfertigung führen hier aber § 904 BGB bzw. § 34. Gerade noch hilft § 34, wenn der Eigentümer bei der Verfolgung des mit der Beute fliehenden Diebes einen Unbeteiligten zur Seite stoßen muss (zwar über-wiegt das Sacheigentum abstrakt die körperliche Unversehrtheit nicht, doch kann der endgül-tige Verlust einer hochwertigen Sache eine harmlose Blessur rechtfertigen). Weder § 34 noch § 35 helfen, wenn der Eigentümer dem mit der Beute fliehenden Dieb nachschießt, ohne auf umstehende Passanten Rücksicht zu nehmen und dabei einen Passanten tödlich trifft: kein wesentliches Überwiegen i.S. des § 34 des noch so wertvollen Sacheigentums über das Leben; Eigentum kein notstandsfähiges Erhaltungsgut i.S. des § 35.[161] § 34 kann wegen des unter-schiedlichen Grades der Gefahr (8/116) eingreifen, wenn zur Rettung eines sonst sicher verlo-renen Geldbetrags ein vereinzelter, schwer erkennbarer Passant fahrlässig verletzt wird.

Zu diskutierten **Ausnahmekonstellationen** vgl. *Kühl*, Jura 1993, 119 f.; speziell zu An-griffsmitteln, die im Eigentum Dritter stehen, Notwehr bejahend: LK-*Spendel*, § 32 Rn. 211 u. *Matt*, AT I S. 131; Notwehr verneinend: B-*Weber/Mitsch*, 17/21, 22 u. NK-*Herzog*, § 32

[159a] Vgl. den Fall BGHSt 39, 374, 380. – Wie hier B-*Weber/Mitsch*, 16/19 u. 17/19 f. sowie *Fischer*, § 32 Rn. 3. – Zur Notwehr gegen die Schwangere und die Leibesfrucht auch im Erg. diff. *Mitsch* JR 2006, 450 f.; vgl. auch *Ladiges*, JR 2007, 104.

[160] Vgl. RGSt 23, 116 ff., 119; als Beispielsfall bei *Ebert*, S. 75 u. *Roxin*, AT I, 15/125. – Vgl. auch RGSt 58, 27, als Musterfall 1 aufbereitet von *Otto*, 8/1 mit Lösung 8/216.

[161] Vgl. die Falllösung bei *Geilen*, Jura 1981, 259, zu Bsp. 30, sowie die Lösung des entspre-chenden Vorsatz-Beispiels bei *Roxin*, AT I, 15/124.

Rn. 55; die Beschädigung des zum Abtransport der Diebesbeute benutzten fremden Autos ist allenfalls nach § 34 oder § 904 BGB gerechtfertigt (nach *Roxin,* AT I, 15/127, soll § 228 BGB eingreifen, doch geht von dem Fluchtauto keine Gefahr i. S. des § 228 BGB aus); speziell zu Dritten, die der Angreifer als „lebenden Kugelfang" benutzt, Notwehr verneinend: BGHSt 39, 374, 380 mit zust. Anm. *Spendel,* NStZ 1994, 279; u. *Koch,* ZStW 122 (2010), 804, 833 f.; zust. auch *Fischer,* § 32 Rn. 24: § 35 kommt in Betracht; zur „Schutzschild"-Funktion von Passagieren eines von Terroristen gekaperten Flugzeugs ebenso *Köhler,* FS. Schroeder, 2006, S. 257, 258: Passagiere sind keine Angreifer; b. aber *Hirsch,* Fs. Küper, 2007, S. 149, 153 u. *Merkel,* JZ 2008, 373, 378; vgl. auch *Schünemann,* in: Neumann/Hassemer/Schroth (Hrsg.), Verantwortetes Recht, 2005, S. 145, 153, nach dem die Passagiere Teil der „Angriffskausalität" sind (dagegen *Roxin,* ZIS 2011, 552, 559: sie beteiligen sich nicht am Angriff und tragen auch nichts zu ihm bei); zur möglichen Notstandsrechtfertigung des Flugzeugabschusses zur Rettung der Personen, auf die das Flugzeug zugesteuert wird, und damit der Tötung nicht nur der Terroristen, sondern auch der unschuldigen Passagiere s. unten 8/138 a u. 158 a, zur möglichen Entschuldigung 12/98.

b) Die Erforderlichkeit der Verteidigung

87   Die Verteidigung des Angegriffenen besteht bei der Notwehr in der Abwehr des Angriffs. Zur Erreichung dieses von § 32 II vorgegebenen Zieles darf der Angegriffene bzw. der Nothelfer zugunsten des Angegriffenen **alles Erforderliche,** aber auch **nur das Erforderliche** tun. Erforderlich kann sprachlich mit ‚geboten' gleichgesetzt werden,[162] doch hat der Gesetzgeber der Gebotenheitsklausel in § 32 I eine andere Funktion beigelegt (s. u. Rn. 163).[162a] Sprachlich gleichbedeutend ist erforderlich auch mit Begriffen wie unumgänglich,[163] unerlässlich,[164] nötig[165] oder notwendig,[166] wobei der Begriff Notwendigkeit deshalb für die Notwehr besonders gut passt, weil es hier (wie beim Notstand) eine **„Not zu wenden"** gilt = den Angriff abzuwehren gilt. Eine erforderliche Verteidigungshandlung kann schließlich als eine Handlung umschrieben werden, die zum Schutz des Angegriffenen „nicht zu vermeiden"[167] war bzw. „nicht entbehrt"[168] werden konnte.

88   Dass dem akut und rechtswidrig Bedrohten alles Notwendige = alles Erforderliche zur Beseitigung der Gefahr zugestanden wird, ist sowohl unter dem Gesichtspunkt des Individualgüterschutzes als auch unter dem der Rechtsbewährung verständlich. Die erforderliche Verteidigung verleiht deshalb dem Angegriffenen **weitreichende Eingriffsbefugnisse** in die Rechtsgüter des Angreifers: er darf die Verteidigungshandlung ergreifen, die die **sofortige Beendigung** des Angriffs erwarten lässt und die **endgültige Beseitigung** der Gefahr gewährleistet.[169] Mit dieser auch von der Rspr. in Variationen verwendeten Formel[170] ist aber nur die optimale Verteidigungshandlung gekennzeichnet: so weit darf der Verteidiger gehen.

---

[162] *Lenckner,* GA 1968, 1 ff.; *Schmidhäuser,* GA 1991, 133 u. LK-*Rönnau/Hohn,* § 32 Rn. 228.

[162a] Zur Erforderlichkeit als „Rechtsschranke der Notwehr" im Gegensatz zur Gebotenheit als „sozialethischer" Grenze der Notwehr s. *Kühl,* Fs. Bemmann 1997, S. 193, 194 ff. u. 197 ff.

[163] LK[11]-*Spendel,* § 32 Rn. 237.

[164] *Stratenwerth/Kuhlen,* 9/81.

[165] *Schmidhäuser,* 6/71; u. *ders.,* in: GA 1991, 134.

[166] *Blei,* S. 145; *Schmidhäuser,* 6/71; *Geilen,* Jura 1981, 314; *Warda,* Jura 1990, 344. Aus dem öffentlichen Recht vgl. *Lerche,* 1961, S. 19 Fn. 2.

[167] *Geilen,* Jura 1981, 314.

[168] *Warda,* Jura 1990, 344.

[169] So definieren die erforderliche Verteidigung W-*Beulke,* Rn. 335.

[170] Aus der Rspr. des BGH: BGHSt 24, 356, 358; 25, 229, 230; 27, 336, 337; BGH NJW 1980, 2263; 1989, 3027; BGH NStZ 1982, 285; 1983, 117; 1987, 172 u. 322; 1989, 474; 1991, 33; 1994, 581 f.; 1996, 29; 1997, 96; 1998, 508; 2000, 365; 2001, 591 f.; 2004, 615;

Für eine vollständige **Definition** der erforderlichen Verteidigung ist aber noch   89
zweierlei zu berücksichtigen:

- auch die nicht optimale Verteidigungshandlung ist die erforderliche i. S. v. § 32 II, wenn sie nur wenigstens geeignet ist, den (noch genauer zu bestimmenden) Abwehrerfolg zu erreichen,
- stehen dem Verteidiger mehrere optimale Verteidigungsmöglichkeiten zur Verfügung, so muss er die den Angreifer schonendste Handlung wählen.

Oder negativ formuliert: sowohl ungeeignete (ineffektive) als auch in ihrer Schär-   90
fe nicht erforderliche (über-effektive) Verteidigungshandlungen bringen für den Angreifer **unnötige Belastungen,** die vom Abwehrziel her nicht gefordert sind.[171]

Häufig wird deshalb die Erforderlichkeit mit diesen beiden, die Verteidigungs-   91
handlung begrenzenden/beschränkenden[172] Merkmalen definiert: „Erforderlich ist
die Verteidigung, wenn und soweit sie einerseits zur Abwehr des Angriffs geeignet
ist und andererseits das relativ mildeste Gegenmittel darstellt."[173] Die Fragen nach
der Geeignetheit und nach dem mildesten Gegenmittel leiten regelmäßig auch das
Vorgehen bei der Prüfung der Erforderlichkeit in strafrechtlichen **Fallbearbeitungen.**

> Aus der **Übungsfall-Literatur** zur Erforderlichkeit vgl.: *Amelung/Boch,* JuS 2000, 261 u. 264;
> *Beulke,* Jura 1988, 641 f.; *Britz/Brück,* JuS 1996, 229 u. 232; *Dreher,* JuS 2005, 789 u. 791;
> *Gropp,* in: G/K/M, Fallsammlung, Fall 3, S. 47 f. u. 62; *Hardtung,* JuS 1990, 302 f. sowie in:
> JuS 1996, 1088 u. 1093; *Kaspar,* JuS 2009, 830 u. 834 f.; *Kudlich,* PdW AT, Fall 89; *Meurer/
> Kahle,* JuS 1993, L 11 u. L 13 f.; *Hilgendorf,* KK I, Fall 11, Rn. 12 und KK II, Fall 2, Rn. 8;
> *Morgenstern,* JuS 2006, 251 u. 254; *Meurer/Kahle/Dietmeier,* Übungskriminalität, Fall 1, S. 1
> u. 7, sowie Fall 4, S. 49 f. u. 67; *Rotsch,* Klausur 19, S. 269 f. u. 279; *Rudolphi,* AT-Fälle, Fall 2,
> S. 13 u. 17, 18 f.; *Samson,* Strafrecht I, Fall 12, S. 70 f.; *Schwind/Franke/Winter,* Anfänger-
> übung, 1. Hausarbeit, S. 5 u. 27, 29; *Seier/Herrmann,* JuS 2012, 327 u. 330.

Während die Eignung einer Handlung zur Angriffsabwehr selten thematisiert   92
werden muss (wer ergreift schon völlig ungeeignete Verteidigungshandlungen?),[174]
verlangt die Prüfung des mildesten Gegenmittels regelmäßig eine **intensive Arbeit
am Sachverhalt** (einschließlich dessen „lebensnaher" Auslegung), um herauszu-
kommen, welche Alternativen sich dem Verteidiger zu der von ihm gewählten Verteidigung boten.

> Vgl. im **Übungsfall** z. B. *Seier,* JuS 1989, L 85 u. L 87, und *ders.,* in: JuS 1978, 692 u. 694;
> *Vogt,* Jura 1981, 380 u. 382; *Gössel,* Fälle, Fall 9, S. 154 f. u. 166–168.

Hat freilich der Verteidiger keine Wahl, und die von ihm ausgeführte Verteidi-   93
gungshandlung Erfolg, so hat sich der Satz „eingebürgert", dass mangels Verfügbarkeit anderer geeigneter, weniger gravierender Mittel das eingesetzte auch das erforderliche war.

2005, 31 u. 85, 86; 2006, 152, 153; BGH NStZ-RR 2011, 238; BGH NStZ 2012, 272. – Aus
der Rspr. des BayObLG: NStZ 1991, 434; NStZ 1988, 409. – OLG Stuttgart NJW 1992, 851.
– OLG Koblenz StV 2011, 622, 623.

[171] Vgl. *Geilen,* Jura 1981, 314, zur Notwehr als rationalem Institut, das auf Effizienz gerichtet sei. – Zur Ziel- bzw. Zweckbezogenheit der Erforderlichkeit (nicht nur bei der Notwehr) vgl. *Armin Kaufmann,* 1954, S. 254.

[172] Vgl. *Hruschka,* S. 137.

[173] So S/S-*Perron,* § 32 Rn. 34; ebenso oder doch ähnlich: *Ebert,* S. 75 f.; *Otto,* 8/43; *Beulke,* JR 1990, 380. – *Roxin,* AT I, 15/42, fügt in seiner Definition noch an: „... nicht mit dem
unmittelbaren Risiko eigener Beeinträchtigung verbundene Abwehr".

[174] So auch *Warda,* Jura 1990, 345: erübrigen sich i. d. R. Ausführungen; auch in der Rspr.
seien Fälle der Ungeeignetheit bisher nicht auszumachen.

So oder ähnlich in **Übungsfällen**: *Beulke,* KK I, Fall 5, Rn. 218; *Bloy,* JuS 1982, 52 u. 55; *Heinrich,* Jura 1997, 366 f. u. 373 f.; *Otto,* Jura 1986, 659 u. 661; *Samson,* Strafrecht I, Fall 12, S. 69 u. 70 f.; *Stuckenberg,* AL 2011, 305 u. 311; *Thoss,* Jura 2005, 128 f. u. 130; *Valerius,* Klausur 10, S. 149 u. 155 f.

94   **Zur Eignung:** Die Eignung der Verteidigung zur Herbeiführung des Abwehrerfolges ist Begriffsbestandteil der Erforderlichkeit,[175] denn die zur Zielerreichung ungeeignete Handlung kann nicht die zu eben diesem Zweck erforderliche sein. Geeignet sind freilich **nicht nur optimale** Verteidigungshandlungen, denn sonst würde man Notwehr in den nicht seltenen Fällen praktisch ausschließen, in denen der Verteidiger keine optimalen, d. h. den Angriff sofort, endgültig und auch noch sicher abwehrenden Handlungen ausführen kann, etwa weil keine sicheren Abwehrmittel vorhanden sind, oder er die an sich vorhandenen, zuverlässigen Gegenmittel in der Bedrängnissituation nicht wirksam einsetzen kann.[176]

95   Vollen (Abwehr-)Erfolg muss die geeignete Verteidigungshandlung also nicht haben. Welchen Erfolg aber muss sie mindestens – ex ante gesehen – bewirken können? Unter dem die Notwehr prägenden Gesichtspunkt des Individualgüterschutzes ist auch eine solche Verteidigungshandlung erfolgreich und damit geeignet, die den Angriff abschwächt. Ausreichend ist eine **Abschwächung des Angriffs** in qualitativer (der Täter verhindert mit seiner Verteidigungshandlung zwar nicht seine Verletzung durch den Angreifer, aber immerhin erreicht er, dass er nicht getötet wird) und in quantitativer Hinsicht (der Täter erreicht durch seine Verteidigungshandlung, dass der angreifende Dieb einen Teil der Beute zurücklässt).[177]

96   Zweifelhaft hingegen könnte es nach dem Selbstschutzprinzip sein, ob auch die **bloße Verzögerung** (z. B. das zeitliche Hinausschieben des Todes des Angegriffenen durch den nothelfenden Arzt[178]) als Abwehrerfolg gelten kann, denn das angegriffene Rechtsgut ist durch die Verteidigungshandlung auf Dauer nicht zu retten. Dennoch macht auch die Verzögerung der Angriffswirkung die verzögernde Handlung zu einer geeigneten Verteidigungshandlung, denn das verteidigte Rechtsgut bleibt immerhin für eine gewisse Zeit erhalten und das die Notwehr mit-tragende Rechtsbewährungsprinzip fordert auch ein solch vorübergehend erfolgreiches Einschreiten gegen das angreifende Unrecht.

97   Irgendeine **nennenswerte Behinderung** des Angriffs muss die Verteidigungshandlung aber bewirken, so dass mangels Geeignetheit solche Handlungen ausscheiden, die praktisch keinen Einfluss auf die Durchführung des Angriffs haben (z. B. Beschimpfung des unbeeindruckten Angreifers, Anbringen von Kratzspuren im Lack des mit dem gestohlenen PKW davonfahrenden Diebes, Zerkratzen eines den Gehweg blockierenden PKWs).[179] Die Konsequenzen dieses Geeignetheitskriteriums

---

[175] Vgl. *Warda,* Jura 1990, 344, m. N. in Fn. 2 u. *ders.,* GA 1996, 405; *Engländer,* 2008, S. 278 ff.; a. A. aber *Alwart,* JuS 1996, 953; NK-*Herzog,* § 32 Rn. 64.

[176] Vgl. *Warda,* Jura 1990, 345, mit diesen und weiteren Gründen für eine nicht-optimale Verteidigung.

[177] Ebenso *Murmann,* GK, 15/92 u. *Stemler,* ZJS 2010, 347, 350. – Vgl. die entsprechenden Bspe. 1 u. 2 bei *Warda,* Jura 1990, 346; a. A. Jakobs, 12/34. – Nach *Joecks,* § 32 Rn. 12, reicht es, wenn „die Verteidigungshandlung den Angriff in seiner konkreten Gestalt wenigstens erschwert."

[178] Vgl. Bsp. 3 bei *Warda,* Jura 1990, 346; für Eignung SSW-*Rosenau,* § 32 Rn. 23.

[179] Vgl. die Bspe. bei *Warda,* Jura 1990, 346 und 351, sowie bei *Rengier,* AT, 18/33–35; *Roxin,* AT I, 15/42, S/S-*Perron,* § 32 Rn. 35, SK-*Günther,* § 32 Rn. 93; a. A. *Krey/Esser,* AT, Rn. 508–510; das Bsp. im Text wird aufgegriffen, aber gegenteilig als Notwehrhandlung gesehen von NK-*Herzog,* § 32 Rn. 64: Notwehr als „Verzweiflungstat"; nach *Fischer,* § 32

können für den schwachen Verteidiger hart sein: er muss mangels geeigneter Abwehrmittel (= Verteidigungshandlungen) die Folgen des rechtswidrigen Angriffs „kampflos dulden";[180] andererseits: mit welcher Begründung will man den Angreifer die Folgen von Handlungen tragen lassen, die für die Erhaltung des angegriffenen Rechtsguts ungeeignet sind?[180a]

Die Härte des Geeignetheitskriteriums wird freilich dadurch abgemildert, dass 98 der Abwehr-Teilerfolg der Verteidigungshandlung (Abschwächung, Hemmung, Behinderung) zum Zeitpunkt ihrer Vornahme nicht sicher feststehen muss. Der **Grad der Eignung**, d. h. das Maß der Erfolgsaussicht der Abwehrhandlung ist vielmehr zugunsten des Verteidigers **niedrig** anzusetzen: die Möglichkeit einer teilerfolgreichen Abwehr muss nicht nahe liegen,[181] sie darf vielmehr fern liegen und nur nicht auszuschließen sein,[182] d. h. nur von vornherein **aussichtslose** Verteidigungshandlungen sind ungeeignet.[183] Verteidigungshandlungen, denen allein der Verteidiger diese kleine Erfolgschance zutraut, sind nach (dem auch hier anzulegenden) objektiven Maßstab ungeeignet und führen „nur" über die **Putativnotwehr** zur Entlastung des sich irrenden Verteidigers (OLG Düsseldorf NJW 1994, 1971 f.).[184] Wer die Geeignetheit freilich nicht nur ex ante aus der Notwehrsituation, sondern auch noch subjektiv aus der Perspektive des Angegriffenen bestimmt, kann hier eine geeignete Verteidigungshandlung annehmen;[185] allerdings um den Preis, dass der Angreifer eine objektiv unnötige Rechtsguteinbuße hinnehmen muss.

Zu Sonderkonstellationen mit **mehreren Angreifern** oder einem Angreifer mit 99 **mehreren Angriffsmitteln** vgl. *Warda*, Jura 1990, 393–396 u. GA 1996, 411 ff., der freilich nur die Abwehr eines von mehreren Angreifern,[185a] nicht jedoch die Abwehr eines von mehreren Angriffsmitteln als eine geeignete Verteidigungshandlung ansieht, obwohl auch darin ein Teilerfolg der Abwehr liegen kann.[186]

Aus der **Übungsfall-Literatur** zur Geeignetheit vgl.: *Beulke*, KK I, Fall 5, Rn. 207 und Fall 11, Rn. 395; *Gropengießer/Mutschler*, Jura 1995, 155 u. 157; *Haller/Steffens*, JA 1996, 649 u.

Rn. 29, nur Handlungen, die objektiv **und** aus der Sicht des Angegriffenen überhaupt nichts zur Verbesserung der Lage des angegriffenen Rechtsguts beitragen können.

[180] *Jakobs*, 12/34, der auf die mögl. Entschuldigung nach § 33 hinweist. Nach *Alwart*, JuS 1996, 953, hat die Notwehr keine Geeignetheits-Untergrenze, so dass „schlichtes Sichwehren" mit „Widerstandssinn" ausreiche (S. 956); der Wortlaut von § 32 II steht dieser neuen Notwehrkonzeption entgegen; kritisch dazu *Schneble*, JuS 1997, 959; völlig überzogene Kritik an der hier vertretenen h. M. bei MK-*Erb*, § 32 Rn. 151, der ihr „Zynismus" unterstellt.

[180a] Nur bedingt hilfreich ist die Antwort von *Joecks*, Fs. Grünwald, 1999, S. 251, 265: „Es kommt darauf an, ob irgendein Rechtsgut, das mit dem durch den Angreifer verwirklichten Tatbestand angegriffen wird, erfolgreich verteidigt wird."

[181] So aber *Rudolphi*, Gs. A. Kaufmann, 1989, S. 386; nach *Wolter*, 1981, S. 138 Fn. 302, muss mit der Guterhaltung ernsthaft zu rechnen sein.

[182] So *Warda*, Jura 1990, 351 u. ders., GA 1996, 406; nach *Frisch*, 1983, S. 446, genügt die nicht nur ganz theoretische Möglichkeit der Erfolgsherbeiführung; nach *Herzberg*, JA 1986, 199, die „geringste" Chance; ähnlich SK-*Günther*, § 32 Rn. 91: „kleinste Chance".

[183] Vgl. *Frister*, AT, 16/22; LK-*Rönnau/Hohn*, § 32 Rn. 169; S/S-*Perron*, § 32 Rn. 35; *Sengbusch*, 2008, S. 186.

[184] Vgl. *Warda*, Jura 1990, 351, mit Bspen. 6 u. 7, sowie dem OLG Düsseldorf zustimmend *Warda*, GA 1996, 407 f.

[185] So wohl *Jakobs*, 12/34, der allerdings davor objektiv argumentiert [so wird er auch von *Fischer*, § 32 Rn. 29 eingeordnet]; vgl. auch *Hoyer*, AT I, S. 74 mit Bsp.

[185a] Ebenso *Joecks*, Fs. Grünwald, 1999, S. 251, 262: jedenfalls den Angriff eines der Angreifer wehre er i. S. des § 32 II ab; vgl. auch BGH NJW 2003, 1955, 1957 mit Anm. *Roxin*, JZ 2003, 966, 977 u. krit. Bspr. *Erb*, NStZ 2004, 369, 371.

[186] Vgl. auch die Kritik bei *Jakobs*, 12/34.

662; *Hilgendorf,* KK I, Fall 6, Rn. 4 und Fall 11, Rn. 11; *Kudlich,* PdW AT, Fall 88; *Kuhlen/Roth,* JuS 1995, 711 u. 716; *Laubenthal,* JA 2004, 39 u. 42; *Morgenstern,* JuS 2006, 251 u. 255; *Rengier/Jesse,* JuS 2008, 42 u. 46; *Rudolphi,* AT-Fälle, Fall 2, S. 13 u. 17.

100   **Zum relativ mildesten Gegenmittel:** Ging es bei der Geeignetheit um die Bestimmung des Mindestmaßes einer Verteidigungshandlung, d. h. um die noch als erforderlich anzusehende Verteidigung, so ist nun die Obergrenze dieser Verteidigung zu bestimmen, d. h. die **schon ausreichende** Verteidigungshandlung. Ausreichen muss sie zum Abwehrerfolg = dem Schutz des angegriffenen Rechtsguts. Dazu reicht bei mehreren möglichen Verteidigungsmaßnahmen schon die Handlung aus, die den Angreifer auf schonendste Weise behandelt. Das **schonendste Mittel** von mehreren Mitteln ist das für die Rechtsgüter des Angreifers am wenigsten schädliche oder gefährliche Mittel.[187] Dabei ist vorausgesetzt, dass die mehreren, dem Verteidiger zur Verfügung stehenden Abwehrmittel hinsichtlich ihrer erwartbaren Erfolgstauglichkeit gleichwertig sind, d. h. gleich wirksam zur sofortigen, endgültigen und sicheren Unterbindung des Angriffs.[188] „Nur wenn mehrere wirksame Mittel zur Verfügung stehen, hat der Verteidigende dasjenige Mittel zu wählen, das für den Angreifer am wenigsten gefährlich ist" (BGH NStZ 2012, 272). Reichen dem körperlich überlegenen Verteidiger die Fäuste zur Beendigung des tätlichen Angriffs aus, so darf er – anders als ein körperlich unterlegener Verteidiger – keine gefährlichen Werkzeuge wie z. B. ein Messer zur Verteidigung seiner körperlichen Integrität einsetzen.[189]

101   Wie schon dieses Beispiel zeigt, richtet sich das relativ mildeste Mittel nach den konkreten Umständen der Situation, nach der von der Rechtsprechung so genannten **„konkreten Kampflage".**[190] Die Intensität des Angriffs und die Gefährlichkeit des Angreifers sind auf der einen Seite ebenso zu berücksichtigen wie auf der anderen Seite die Abwehrmöglichkeiten des Verteidigers.[191] Je stärker und gefährlicher der Angriff ist, desto härter darf das gewählte Verteidigungsmittel sein; während gegen einen mit Fäusten Angreifenden das Messer nur vorgehalten werden darf (sog. Schutzwehr), darf es gegen einen bewaffneten Angreifer als Stichwaffe eingesetzt werden (sog. Trutzwehr).

102   Die **Erforderlichkeits-Forderung** nach dem Einsatz des relativ mildesten Mittel verlangt nicht nur die Wahl des schonendsten von mehreren zur Verfügung stehenden unterschiedlichen Abwehrmitteln (z. B. Fäuste statt Messer), sondern auch den

---

[187] Vgl. SK-*Günther,* § 32 Rn. 95; S/S-*Perron,* § 32 Rn. 36, unter 1.; *Otto,* 8/43. – *Lerche,* 1961, S. 19, spricht von dem Mittel, das die „geringstmöglichen Folgen hervorruft".

[188] Vgl. *Warda,* Jura 1990, 396.

[189] Vgl. BGH NStE Nr. 6 zu § 32: wenn Entwaffnen des körperlich unterlegenen Angreifers reicht, so darf das von diesem benutzte Messer nicht gegen ihn gekehrt werden.

[190] Aus der Rspr. vgl. BGH NStZ 1991, 33; 1994, 539 u. 581; 1996, 29; NStZ 1998, 508; BGH NStZ-RR 1999, 264; BGH StV 1999, 143; BGH NStZ-RR 2004, 10; NStZ 2005, 85, 86 f.; BGH NStZ-RR 2012, 71. – Krit. zu dieser Beschränkung *Bernsmann,* ZStW 104 (1992), 312 Fn. 72, der die Chancen zur Flucht oder Anrufung fremder Hilfe einbeziehen will.

[191] Vgl. anschaulich *Geilen,* Jura 1981, 345 unter c), sowie *Eser/Burkhardt,* Strafrecht I, Nr. 10 A 26 u. M-*Zipf,* AT 1, 26/30. – Aus der neueren Rspr. vgl. BayObLG NStZ 1991, 433 f.; BGH NStE Nr. 22 zu § 32; BGH NJW 1989, 3027; BGH NStE Nr. 8 zu § 32; BGH NStZ 1987, 172 u. 322; 1994, 539; 2005, 31 f.; 2009, 626, 627; OLG Koblenz StV 2011, 622, 623 m. Bspr. *Jahn,* JuS 2011, 655, 657. – Hier spielen aber keine Verhältnismäßigkeitsüberlegungen im engeren Sinne der Güterproportionalität eine Rolle, a. A. *Lilie,* Fs. Hirsch, 1999, S. 277, 285. Für beide Gesichtspunkte behauptet *Vormbaum,* JR 1992, 164, Besonderheiten bei der sog. „Ehrennotwehr".

möglichst schonenden Einsatz des danach zulässigen Abwehrmittels[192] (z. B. Stich in den Bauch statt in die Herzgegend bei erforderlichem Messereinsatz).

Der die Interessen des Angreifers berücksichtigende Grundsatz des relativ mil- **103** desten Mittels bzw. der möglichsten Schonung des Angreifers[193] wird im Interesse des Verteidigers dadurch eingeschränkt, dass letzterer das **Risiko**, sich durch den Einsatz ungenügender bzw. unsicherer Abwehrmittel selbst zu gefährden, **nicht eingehen muss.**[194] So können gegenüber einem körperlich überlegenen Angreifer z. B. „Messerstiche gegen den Oberkörper" erforderlich sein (BGH NStZ-RR 2007, 199; dazu *Kühl/Hinderer*, JuS 2009, 919); nicht jedoch ein die Stirn treffender Stich mit einem Butterflymesser gegenüber einem eher „harmlosen Angriff (Beinstellen, „Wischen" über die Kopfbedeckung)" eines körperlich unterlegenen Angreifers (BGH NStZ-RR 2012, 71). Auch mit einem Teil-Erfolg (z. B. Rettung eines Teils der Diebesbeute, oder z. B. Hinauszögerung des Angriffserfolgs) braucht sich der Angegriffene nicht zufriedenzugeben, wenn er Abwehrmittel zur Verfügung hat, die einen vollen und dauerhaften Erfolg versprechen, denn dann ist das eingesetzte Abwehrmittel dem auch noch zur Verfügung stehenden anderen Mittel schon nicht gleichwertig.[195] Ist das eine Mittel (z. B. Warnschuss nach Diebstahl) dem sonst noch zur Verfügung stehenden Mittel nur möglicherweise gleichwertig, so muss es nur eingesetzt werden, wenn nach seinem erfolglosen Einsatz noch Zeit bleibt, zum anderen, sicheren Mittel (z. B. gezielter Schuss in die Beine des mit der Beute fliehenden Diebes) überzugehen.[196] Gegenüber einem durchtrainierten Angreifer, der einschlägige Erfahrungen in körperlichen Auseinandersetzungen hat, kann ein lebensgefährlicher Messereinsatz auch ohne vorherige Androhung erforderlich sein, zumal wenn der Angreifer sich durch die Androhung erst recht herausgefordert fühlt (*Erb*, NStZ 2011, 186, 188 f. gegen LG München, Urt. v. 9. 1. 2009); das gilt auch für den in Todesangst geratenen, umklammerten Verteidiger (BGH NStZ 2009, 626, 627 m. Bspr. *Hecker*, JuS 2010, 172, 173), ein solches „Androhen"

---

[192] Vgl. S/S-*Perron*, § 32 Rn. 36 b. – BGH NStZ 1998, 508: Messer zunächst gegen nicht lebenswichtige Teile des Körpers des Angegriffenen richten; vgl. BGH NJW 1992, 516 f.: erforderlicher Würgegriff mit zu großer Intensität angewandt und zu lange beibehalten; nach BGH NStE Nr. 22 zu § 32, ist bei einem unbewaffneten Angreifer der Einsatz eines Messers regelmäßig zunächst anzudrohen, danach ist das Messer „in schonender Art und Weise" einzusetzen, bevor es schließlich lebensgefährdend gebraucht werden darf; s. auch BGH NStZ 2006, 152: Stichwaffe muss bei fortbestehender Gefahrenlage nicht als Schlagwerkzeug eingesetzt werden.

[193] Diesen Grundsatz formuliert *Jescheck/Weigend*, S. 343; übernommen von *Beulke*, Jura 1990, 380.

[194] Vgl. aus der Rspr.: BGHSt 45, 378, 383; BGH NStZ 1991, 33; 1996, 29; 1998, 508; BGH StV 1999, 143; BGH NStZ 2000, 365; 2005, 31 f.; 2006, 152, 153; 2009, 626, 627; OLG Stuttgart NJW 1992, 851 (dazu m. w. N. *Roxin*, HRR AT, Antwort 2 zu Fall 17, S. 164 f.). – Vgl. aus der Literatur: LK-*Rönnau/Hohn*, § 32 Rn. 174; sowie *Warda*, Jura 1990, 397, m. N. aus der zivilrechtlichen Literatur in Fn. 46.

[195] Vgl. *Warda*, Jura 1990, 396 mit Fn. 44.

[196] Vgl. zu dem Klammer-Beispiel LG München NJW 1988, 1860, das diese Möglichkeit im zu entscheidenden Fall wohl zu Unrecht angenommen hat, vgl. die Kritik von *Beulke*, Jura 1988, 642; *Schroeder*, JZ 1988, 568; *Roxin*, AT I, 15/43 Fn. 97; S/S-*Perron*, § 32 Rn. 37; *Warda*, Jura 1990, 397 Fn. 49; im Übungsfall *Kauerhof*, Jura 2005, 790, 794. – Weiteres Bsp. bei *Jakobs*, 12/31. – Vgl. auch BGH NStZ 2012, 272 („Hells Angels"-Fall), wo die Notwendigkeit eines Warnschusses verneint wurde, weil der Verteidiger damit rechnete, dann selbst beschossen zu werden, weil keine ausreichende Zeit zur Abschätzung des schwer kalkulierbaren Risikos gewesen sei und weil der Warnschuss zu einer weiteren Eskalation geführt hätte (vgl. die entsprechende Aufzählung bei *Jäger*, JA 2012, 228, 229; s. auch *Engländer*, NStZ 2012, 274).

liegt schon bei „schwingenden Bewegungen" mit dem Messer vor, egal ob der Angreifer dabei das Messer wahrnahm (BGH NStZ-RR 2011, 238 m. Bspr. *Hecker,* JuS 2011, 369 u. *Satzger,* JK 4/11, StGB § 32/34). Ist die in der Abgabe von Warnschüssen liegende Androhung des Schusswaffengebrauchs erforderlich, entfällt auch der Verstoß gegen § 52 I Nr. 1 WaffG – Führen einer Waffe – (BGH NStZ-RR 2010, 140).

104   Die Gefahr, mit dem sicheren Abwehrmittel zu **spät** zu kommen, braucht der Angegriffene nicht einzugehen, so dass ein Schuss auf den Körper des nur noch 3 Meter entfernten Angreifers erforderlich ist, weil nach dem erfolglosen Schuss auf die Beine keine Zeit für einen zweiten Schuss mehr bleibt;[197] erst recht nicht die Gefahr, nach dem schonenden Einsatz des einzig sicheren Abwehrmittels (Schuss mit der Waffe auf die Beine) mit bloßen Händen dem übermächtigen Angreifer ausgeliefert zu sein (also Schuss in Schulter-Brust-Bereich erforderlich, wenn es um die letzte Patrone geht und zweifelhaft ist, ob der Schuss in die Beine den Angreifer stoppt).[198] Hat der Verteidiger nur eine Patrone im Revolver, so ist ein Schuss auf die Beine des Angreifers, der sich durch die Warnung, von der Waffe Gebrauch zu machen, nicht vom Angriff abbringen ließ, mit so einem „hohen Fehlschlagrisiko" behaftet, dass er nicht als milderes Mittel zum tödlichen Schuss gewählt werden muss (BGH NJW 2001, 3200 m. Bspr. *Eisele,* JA 2001, 922).

105   Sind solche Risiken freilich mit dem schonenden Einsatz oder dem Einsatz des schonendsten Abwehrmittels nicht verbunden, so gilt der **Grundsatz der möglichsten Schonung des Angreifers.** Insbesondere ist der Einsatz lebensgefährlicher Abwehrmittel wie **Schusswaffen**[199] (oder auch Würgen, BGH NStZ-RR 2012, 84) erst erforderlich, wenn deren schonender Einsatz (Androhung ihres Gebrauchs, Warnschuss, Schuss in untere Körperpartien[200]) oder der Einsatz anderer Mittel (besänftigendes Einreden, Fäuste, Schlagwerkzeuge, Messer[201]) nicht oder nicht mehr Erfolg versprechend erscheint. Der Einsatz lebensgefährlicher Mittel, insbesondere von Schusswaffen, darf nach der Rechtsprechung „nur das **letzte Mittel**" der Ver-

---

[197] Vgl. BGH NStZ 1991, 33. Vgl. auch BGH StV 1990, 543, wo der Angreifer nur 2 Meter vom Angegriffenen entfernt war; dennoch wollte das Schwurgericht den Angegriffenen zur Androhung des Schusswaffengebrauchs, zu einem Warnschuss oder zu einem Schuss auf die unteren Körperregionen verweisen. – Vgl. auch BGH JR 1991, 208 ff. (= NStZ 1991, 32 f.), m. Anm. *Rudolphi,* sowie BGH NStZ 1987, 172 = *Roxin,* HRR AT, Fall 17, S. 21 f. u. 164 f. (Antwort 2).

[198] Vgl. *Beulke,* JR 1990, 379, in Anm. zu BGH NStZ 1989, 474; vgl. auch *Rudolphi,* JR 1991, 210, zu BGH NStZ 1991, 32 f.

[199] Vgl. die Rechtsprechungsanalyse bei S/S-*Perron,* § 32 Rn. 37; zur Rspr. s. auch NK-*Herzog,* § 32 Rn. 74–86, SK-*Günther,* § 32 Rn. 96, *Kretschmer,* Jura 2012, 189, 191 Fn. 17 u. *Zieschang,* Fs. Knemeyer, 2012, S. 449, 462.

[200] Vgl. zu dieser Stufenfolge BGH StV 1990, 543; BGH NStZ 1987, 322 u. 172; BGH NStZ-RR 1999, 264 m. Bspr. *Satzger,* JAR 1999, 17; BGH StV 1999, 143, 144: i. d. R. nur ein Warnschuss zu verlangen; BGH NJW 2001, 3200 m. Anm. *Eisele,* JA 2001, 922 f. u. *Seelmann,* JR 2002, 249, der die Vereinbarkeit des „Schonungsprinzips" mit der Erforderlichkeit bezweifelt; NStZ 2012, 272 m. Anm. *Engländer,* S. 274. – Für den **Einsatz eines Messers** gilt nach BGH NStE Nr. 22 zu § 32 regelmäßig die Stufenfolge: Drohung, schonender Einsatz, lebensgefährdender Gebrauch; ebenso BGH NStZ 1998, 508 u. BGH StV 1999, 146; BGH NJW 2003, 1955, 1957 m. Bspr. *Zaczyk,* JuS 2004, 750, 752 f.; BGH NStZ 2004, 615 f. u. 2005, 85, 86 f.; BGH StraFo 2006, 463: Drohung nur, wenn erfolgversprechend; BGH NStZ 2011, 630, 631; BGH NStZ-RR 2011, 238; OLG Koblenz StV 2011, 622, 624 m. Bspr. *Jahn,* JuS 2011, 655, 656; für ein Beil BGH NStZ-RR 2004, 10 f. – Die (auch unveröffentlichte) Rspr. zusf. *Erb,* NStZ 2004, 369, 371 ff.

[201] Zu weiteren Alternativen zum Einsatz der Schusswaffe vgl. BGH NStZ 1982, 285.

teidigung sein.[201a] Auch eine Eisenstange darf erst „gezielt auf den Kopf" des Angreifers geschlagen werden, wenn „die Drohung mit der Eisenstange" und „leichte Schläge gegen den Körper" des Angreifers nicht Erfolg versprechend erscheinen oder sich deren Erfolglosigkeit herausgestellt hat.[202] Die Regel vom letzten Mittel gilt nur, wenn eine entsprechende Zurückhaltung (z. B. durch Vorzeigen des Messers) die Chancen einer erfolgreichen Verteidigung nicht schmälern würde.[202a] Muss der mit der Faust Geschlagene weitere Schläge befürchten, so fehlt es an der Gelegenheit, den Einsatz des Messers anzudrohen (OLG Koblenz StV 2011, 622, 624 m. Bspr. *Jahn*, JuS 2011, 655, 657).

> **Übungsfälle** zum „relativ mildesten Mittel" finden sich bei: *Alpmann/Schmidt*, AT 1, Fall 16, S. 79 u. 84 sowie Fall 17, S. 86 f. u. 89 (Einsatz tödlich wirkender Verteidigungsmittel); *Amelung/Boch*, JuS 2000, 261 u. 264; *Berz/Saal*, Jura 2003, 205 u. 206 (Stich in die Brust); *Beulke*, KK I, Fall 5, Rn. 207, 212 und Fall 6, Rn. 230 (Schusswaffengebrauch) sowie Fall 11, Rn. 395 (Messerstich); *Britz*, JuS 2002, 465 f. u. 468; *Fahl*, Jura 2003, 60 u. 63 f.; *Haft/Eisele*, Jura 2000, 313 f. u. 315; *Hilgendorf*, KK I, Fall 6 Rn. 4 und Fall 8, Rn. 13 f.; KK II, Fall 8, Rn. 48 (verbale Reaktion hätte gereicht); *Hillenkamp*, JuS 1994, 769 u. 773; *Kaspar*, JuS 2009, 830 u. 834 (Einschalten der Polizei in Erpressungssituation); *Kalkofen/Sievert*, Jura 2011, 229 u. 233; *Kauerhof*, Jura 2005, 790 u. 794 („Warnschuss"; LG München o. Fn. 196 nachgebildet); *Keunecke/Witt*, JA 1994, 470 u. 472; *Kudlich*, AT-Fälle, Fall 5, S. 53 f. u. 60 f. sowie in: JuS 1999, L 85 u. L 88; *Kuhlen/Roth*, JuS 1995, 711 u. 717; *Lindhelm/Uhl*, JA 2009, 783, 790; *Morgenstern*, JuS 2006, 251 u. 254; *Nagel/Jaleesi*, Iurratio 2011, 42 u. 43 (Schusswaffengebrauch); *Riemenschneider/Paetzold*, Jura 1996, 316 u. 319; *Tenckhoff*, Jura 1995, 97 f.; *Zacharias*, Jura 1994, 207 u. 210 f.; *Rudolphi*, AT-Fälle, Fall 2, S. 13 u. 18 f.; *Schwind/Franke/Winter*, Anfängerübung, 1. Hausarbeit, S. 5 u. 27, 29, sowie 2. Klausur, S. 113 u. 125; *Seier*, Anfängerklausur, Nr. 1 S. 13 u. 21 (Hand festhalten statt „Hieb"); *Strauß*, Strafrecht, Fall 1, S. 17 u. 20 f. sowie Fall 2, S. 23 u. 27; *Walter/Götz*, AL 2009, 27 u. 30.

Wie bei der Geeignetheit schon kurz angesprochen (Rn. 98), so stellt sich auch **106** hier die Frage, wie das **Nichterkennen** milderer Gegenmittel durch den Täter zu behandeln ist; in Betracht kommt ein Erlaubnistatumstandsirrtum (13/67 ff., 78).[203]

Die Erforderlichkeit der Verteidigungshandlung bestimmt sich – anders als die **107** Notwehrlage, d. h. das Vorliegen eines gegenwärtigen rechtswidrigen Angriffs – nach einem **objektiven Urteil ex ante**.[204] Damit wird dem prognostischen Gehalt

---

[201a] BGHSt 26, 143, 146; 26, 256, 258; 42, 97, 100; BGH NStZ 1994, 539 u. 581, 1996, 29 (m. zust. Bspr. *Otto*, JK 96, StGB § 32/21); 1997, 96; 2004, 615, 616 u. 2009, 626, 627 m. zust. Bspr. *Hecker*, JuS 2010, 172 f.; BGH NJW 2001, 3200 (m. Bspr. *Eisele*, JA 2001, 922 f. u. krit. *Seelmann*, JR 2002, 249) u. 2003, 1955, 1957 (m. krit. Bspr. *Zaczyk*, JuS 2004, 750, 753); BGH NStZ-RR 2009, 70 f. m. Bspr. *Kudlich*, JA 2009, 306; OLG Koblenz, StV 2011, 622, 624 m. Bspr. *Jahn*, JuS 2011, 655, 656.

[202] Vgl. BGH NJW 1989, 3027; zum lebensgefährlichen Einsatz eines Messers vgl. BGH NStE Nr. 22 zu § 32; BGH NStZ 1983, 117, m. Anm. *Geilen*, JK § 32/6; BGH NStZ 1981, 138, m. Anm. *Geilen*, JK § 32/5; BGH NStZ 1996, 29 u. 2002, 140, sowie als Bsp. bei *Roxin*, AT I, 15/44; BGH StraFo 06, 463: nur erfolgsversprechende Drohung verlangt. – Krit. zu diesen Entscheidungen *Bernsmann*, ZStW 104 (1992), 296–298.

[202a] *Erb*, NStZ 2011, 186, 191. – Aus der Rspr. vgl.: BGH NJW 2003, 1955, 1957; BGH NStZ-RR 2009, 199, 200.

[203] Vgl. hierzu aus der neueren Rspr.: BayObLG NStZ 1991, 434; BGH NStZ 2001, 530, 1997, 97 u. 1991, 33; BGH StV 1990, 543; BGH NJW 03, 1955, 1960 m. Anm. *Roxin*, JZ 2003, 966, 968; BGH StraFo 06, 463.

[204] *Jescheck/Weigend*, S. 343; NK-*Herzog*, § 32 Rn. 60; SK-*Günther*, § 32 Rn. 90, und *Roxin*, AT I, 15/46; krit. *Amelung*, Jura 2003, 91, 92 f. – Aus der Rechtsprechung vgl. BayObLG NStZ 1988, 409, und NJW 1985, 2600 f.; BGH NJW 1969, 802; BGH StV 1999, 143, 145; BGH NStZ 2009, 626, 627. – Missverständlich ist es allerdings, wenn die Rechtsprechung gelegentlich darauf abstellt, wie sich die Situation („Kampflage") im Zeitpunkt der Verteidi-

dieses Notwehr-Merkmals Rechnung getragen.[205] Objektiv bleibt der Maßstab, so dass subjektive Fehlbeurteilungen den Täter wiederum nur über die Anwendung von Irrtumsregeln (Putativnotwehr) oder über § 33 entlasten können.[206] Zugrundezulegen sind der Beurteilung durch den objektiven (verständigen) Beobachter weiterhin die tatsächlichen Gegebenheiten der Situation, auch wenn sie sich erst nachträglich herausstellen.[207] Anders geworden ist nur, dass der objektive Beobachter die tatsächliche Situation im Zeitpunkt der Verteidigungshandlung (= ex ante) beurteilt. Irrt sich dieser Beobachter hinsichtlich des zukünftigen, erwartbaren Erfolges der gewählten Verteidigungshandlung, d. h. stellt sich die Prognose „Erfolg versprechend" nachträglich als falsch heraus, so ändert das nichts an der ex ante zu beurteilenden Erforderlichkeit der Verteidigungshandlung.[208] Das Risiko der falschen Prognose über die Geeignetheit oder die Erfolgsaussicht seiner Verteidigungshandlung wird damit dem Täter abgenommen,[209] dem Angreifer stehen gegen die ex post ungeeignete oder nicht-erforderliche Verteidigungshandlung keine Abwehrrechte zu.[210]

108   Darüber hinausgehend wird von manchen gefordert, dem Täter auch das Risiko einer Fehlbeurteilung hinsichtlich des Vorliegens bestimmter gegenwärtiger Umstände (z. B. Stärke oder Schnelligkeit des Angreifers, seine Abschreckbarkeit durch massive Drohungen usw.) nicht erst über Irrtumsregeln (Putativnotwehr; dazu unten 13/68)[211] abzunehmen, da hinter der Unsicherheit über die zukünftige Entwicklung regelmäßig eine Unsicherheit darüber stehe, ob bestimmte Umstände gegeben oder nicht gegeben seien.[212] Es werden dann statt der objektiv gegebenen nur die „objektiv **erkennbaren** Umstände"[213] zur Beurteilungsgrundlage. Nicht als solche erkennbare Scheinwaffen z. B. bei Raubüberfällen rechtfertigen dann eine Verteidigung, wie sie gegenüber Angriffen mit echten Waffen erforderlich wäre (s. o. Rn. 22);[214]

---

gungshandlung „objektiv und vor allem in der Vorstellung" des Täters darstellt; so BGH NJW 1989, 3027, und NStZ 1983, 117; ähnlich *Schröder,* JuS 2000, 235, 240; kritisch zu diesen Formulierungen auch S/S-*Perron,* § 32 Rn. 36, sowie *Geilen,* JK, § 32/6: „offensichtliche Verwechslung von objektiv gegebener Notwehrlage und einem ... Erlaubnistatbestandsirrtum."

[205] Vgl. *Gallas,* Fs. Bockelmann, 1979, S. 179, zu den „prognostischen Elementen der Rechtfertigung" wie z. B. der Erforderlichkeit, sowie S/S-*Lenckner/Sternberg-Lieben,* Rn. 10 a Vorbem §§ 32 ff., der von „Merkmalen prognostischer Art" spricht.

[206] Vgl. aus der Rechtsprechung: BGHR StGB § 32 Abs. 2 Verteidigung 5, zu beiden Entlastungsmöglichkeiten; BGH NStZ 1991, 32 f., zu § 33; BGH StV 1990, 543; BGH NStZ 1987, 322 f. u. 1996, 29 f.; BGH StV 1999, 143, 145, sowie BGHSt 45, 378, 384 zur Putativnotwehr. – Aus der Literatur vgl. *Jescheck/Weigend,* S. 350; W-*Beulke,* Rn. 351 und 484, sowie *Warda,* Jura 1990, 348, letzterer nur zur Putativnotwehr.

[207] Vgl. S/S-*Perron,* § 32 Rn. 34; *Warda,* Jura 1990, 347 f.; *Mitsch,* JA 1989, 87; *Geilen,* Jura 1981, 315; *Sengbusch,* 2008, S. 39, auch für Nothilfe.

[208] Vgl. S/S-*Lenckner/Sternberg-Lieben,* Rn. 10 a Vorbem §§ 32 ff.

[209] Vgl. *Herzberg,* JA 1989, 247: ihm werde „in Grenzen das Risiko einer übermäßigen Abwehr zugestanden."

[210] Vgl. S/S-*Perron,* § 32 Rn. 34.

[211] Diese wendet die Rspr. an, wenn der Täter Art oder Stärke des Angriffs falsch beurteilt und sich daher intensiver als erforderlich verteidigt, vgl. BGH NStZ 2001, 530 u. 1988, 270; BGH NStZ-RR 2011, 238, 239; BGH StV 1990, 543; BayObLG NStZ 1991, 434. – Aus der Literatur vgl. W-*Beulke,* Rn. 484.

[212] *Frisch,* 1983, S. 447 Fn. 124, und schon S. 421 ff., 431 ff., 444 ff. – Ähnlich *Roxin,* AT I, 15/46.

[213] Neben den objektiv gegebenen genannt bei W-*Beulke,* Rn. 338; ebenso B-*Volk,* S. 91 u. *Beulke,* JR 1990, 380.

[214] So das Beispiel bei W-*Beulke,* Rn. 338; ebenso *Frisch,* 1983, S. 433; *Schröder,* JuS 2000, 235 f.; *Amelung,* Jura 2003, 91, 95 u. *Rengier,* AT, 18/13, 48, 49: Bsp. 13. – An der Eignung der am Schusswaffenangriff ausgerichteten Verteidigungshandlung zur Abwehr auch des

auch gegen objektiv ungefährliche Angriffe z. B. gegen einen untauglichen Tötungs-versuch mit einer ungeladenen Pistole dürfte man sich bei Unerkennbarkeit der Un-geladenheit wie gegen einen Angriff mit einer geladenen Pistole wehren.[215]

Zu abweichenden Ergebnissen führt diese Auffassung bei Angriffen, die – wenn **109** auch seltener vorkommend – **gefährlicher** sind, als man das erkennen kann, z. B. der anscheinend waffenlose Angreifer verfügt doch über eine Waffe; eine Ausrichtung der Verteidigung am erkennbar waffenlosen Angriff führt nur nach dieser weiterge-henden Auffassung immer zur Bejahung der Notwehrvoraussetzung „Eignung", wohingegen bei einem Abstellen auf die wirklichen Gegebenheiten eine zur Abwehr des in Wirklichkeit gefährlicheren Angriffs ungeeignete und damit nicht – erforder-liche Verteidigungshandlung vorliegen könnte.[216]

Bestätigung meint die die beschränkten Erkenntnismöglichkeiten des Täters be- **110** rücksichtigende Auffassung durch den bei der Erforderlichkeit allseits anerkannten Satz[217] zu finden, dass sich der Angegriffene im Interesse eines wirksamen Güter-schutzes auf das Risiko eines unsicheren Abwehrmittels auch dann nicht einzulassen braucht, wenn das mildere = unsichere Mittel **möglicherweise** zur Abwendung des Angriffs ausgereicht hätte.[218] Doch könnte die allgemeine Anerkennung dieses Sat-zes auch daran liegen, dass es in ihm nur um das **Prognoserisiko** geht, das ja – wie oben (Rn. 107) gesagt – alle dem Angegriffenen abnehmen. Zu fragen wäre aller-dings, ob man nicht „erst recht" den Angegriffenen von dem Risiko befreien sollte, das entsteht, wenn er bis zur endgültigen Klärung der Gefährlichkeit des Angriffs (Scheinwaffe – echte Waffe) mit seiner Verteidigungshandlung wartet.[219] Erlaubt man dem Täter freilich ein solches Risiko, so muss der Angreifer die Folgen einer objektiv übermäßigen oder ungeeigneten Verteidigungshandlung hinnehmen.

> **Übungsfälle** zur objektiven ex-ante-Beurteilung der Erforderlichkeit finden sich bei: *Bloy,* JuS 1990, L 12 u. L 14; *Britz,* JuS 2002, 465 u. 468; *Käßner/Seibert,* JuS 2006, 810 u. 814; *Kud-lich,* PdW AT, Fall 90; *Seier,* Anfängerklausur, Nr. 6, S. 69 u. 73, 79, 80; *Marxen,* Fall 8 f., S. 71 f.; *Otto,* Jura 1988, 330; *Seier,* JuS 1989, L 85 u. L 87; *Vogt,* Jura 1981, 382; *Wal-ter/Götz,* AL 2009, 27 u. 30; *Weber,* JuS 1988, 885.

Umstrittener als die Gegenwärtigkeit (oben Rn. 43) ist die Erforderlichkeit der **111** sog. **antizipierten** Notwehr als Verteidigungshandlung.[219a] Die Verteidigung durch

---

Scheinangriffs ist nicht zu zweifeln, s. *Warda,* Jura 1990, 348: „erst recht ... geeignet." – Aus der Rspr. vgl. BGH StV 1999, 143, 145: vorsatzausschließender Erlaubnistatumstandsirrtum, wenn der Angegriffene die Schreckschusswaffe für eine scharfe Waffe hält und sich wie ge-genüber einer scharfen Waffe erforderlich verteidigt.

[215] So *Bloy,* JuS 1990, L 14, für Angriffe, „die eine Situation herbeiführen, in der jeder besonnene Dritte in der Lage des Angegriffenen zur Abwehr geschritten wäre"; sowohl die Verteidigung der Rechtsordnung als auch der individuelle Selbstschutz rechtfertigten diese Abwehr. Ebenso für den Fall einer Geiselnahme mit ungeladener Pistole *Roxin,* AT I, 15/46.

[216] So *Warda,* Jura 1990, 348, der den Irrenden dann auf die Putativnotwehr verweist.

[217] Der Satz findet sich in Variationen in allen Lehrbüchern; aus der Rechtsprechung zuletzt BGH NStZ 1991, 32 f. – Aus der Literatur vgl. *Beulke,* Jura 1988, 642, und JR 1990, 380, der der Rechtsprechung vorhält, diesen Grundsatz nicht immer genügend zu beachten.

[218] So *Frisch,* 1983, S. 447; ebenso *Herzberg,* JA 1989, 247 u. *Sengbusch,* 2008, S. 203.

[219] Vgl. *Bloy,* JuS 1990, L 14. – Nach *Roxin,* AT I, 15/46, ist der Notwehrschutz nur „zu-reichend, wenn er jede Maßnahme deckt, die auf Grund des erkennbaren Sachverhalts erfor-derlich ist".

[219a] Vgl. *Kühl,* Jura 1993, 123; *Kunz,* GA 1984, 539; *Schlüchter,* Fs. Lenckner, 1998, S. 313, 315; *Herzog,* Gs. Schlüchter, 2002, S. 209; *Müssig,* ZStW 115 (2003), S. 224; *Lauth,* 2004, S. 81, 138; *Heinrich,* ZIS 2010, 183.

Selbstschussanlagen (oder Wachhunde) muss durch Warnungen und abgestufte Reaktionen so eingerichtet sein, dass es nicht zu Überreaktionen kommt.[219b] Hält sich die Verteidigungshandlung im Rahmen des Sozialadäquaten, trägt der Verwender z. B. des Stacheldrahtzauns – wie auch sonst, etwa der Kraftfahrer bei Einhaltung der Verkehrsregeln der StVO (4/48) – kein Verletzungsrisiko; die objektive Zurechnung des Verletzungserfolgs geht auf den „Angreifer" über, wenn es sich um eine eigenverantwortliche Selbstgefährdung handelt (4/86 ff.).[219c]

> Aus der **Übungsfall-Literatur** zur Erforderlichkeit der antizipierten Notwehr vgl.: *Bindzus*, JuS 1989, L 28 ff.; *Jäger*, Fall 22, Rn. 119, 120 (bejaht Notstandslage nach § 34); *Kudlich*, AT-Fälle, Fall 4, S. 49 f. (nicht erforderliche Selbstschussanlage) und in: PdW AT, Fall 82; *Haft*, Fallrepetitorium, Nr. 113, 114; Die Examensklausur, Klausur Nr. 16, S. 185 u. 188 f.

112   Auf die Erforderlichkeit der Verteidigungs**handlung** ist jedenfalls bei der Frage abzustellen, ob **ungewollte Auswirkungen** der erforderlichen Abwehrhandlung auf die Rechtsgüter des Angreifers auch dann durch Notwehr gerechtfertigt sind, wenn diese Folgen (z. B. die schwere Verletzung oder der Tod des Angreifers) als solche nicht zur Abwehr des Angriffs nötig gewesen wären (dafür hätte auch die leichte, den Angreifer kampfunfähig machende Verletzung genügt). Ist die konkrete Verteidigungshandlung erforderlich, so ist es auch der durch sie beim Angreifer eingetretene Erfolg,[220] z. B. die schwere Schussverletzung des Angreifers durch den auch hinsichtlich seiner Ausführung erforderlichen Schlag mit der Pistole, aus der sich ein Schuss löst.[221] Die unnötig schwere Wirkung der Verteidigungshandlung ändert an deren Erforderlichkeit nichts, denn bei der Bejahung der Erforderlichkeit ist die (typische) Gefährlichkeit des eingesetzten Angriffsmittels ja bereits mitberücksichtigt,[222] d. h. dem Angegriffenen ist der **konkret** geplante Einsatz eines so gefährlichen Mittels als eine **erlaubte Risikoschaffung** für den Angreifer gestattet worden.[223] Im angeführten Beispiel ist die Gefahr, dass sich beim Schlag mit einer geladenen Pistole für den Schlagenden unvermeidlich ein Schuss lösen kann, bei der Erforderlichkeitsprüfung[224] in Rechnung gestellt worden, und trotz dieser erkannten Gefahr ist die Erforderlichkeit des Schlages bejaht worden.

113   Weiteres Beispiel: Ist ein Faustschlag ins Gesicht die erforderliche Verteidigungshandlung, so ist auch der nicht notwendige Verlust der Zähne des Angreifers gerechtfertigt, weil das die **mit-berücksichtigte** (typische) Folge eines Faustschlages ins Gesicht ist.[225] Deshalb sind auch erfolgsqualifizierte Delikte wie §§ 226, 227 insge-

---

[219b] MK-*Erb*, § 32 Rn. 179; *Zieschang*, Rn. 214, will darauf abstellen, welche Abwehrmöglichkeiten der Verteidiger als Person hätte.

[219c] Zu beiden „Entlastungen" des Verwenders *Heinrich* a. a. O., S. 193 f., 196 (zusf.); ebenso *Regier*, AT, 18/53.

[220] Vgl. S/S-*Perron*, § 32 Rn. 38; *Ebert*, S. 169; *Tiedemann*, Anfängerübung, S. 135 f. – Vgl. jedoch auch *Jakobs*, 12/38, der über die Anwendung von Irrtumsregeln zu ähnlichen Ergebnissen kommt.

[221] Vgl. BGHSt 27, 313 ff. = Fall 22 bei *Roxin*, HRR AT, S. 28 f. u. 167 f.; vgl. zu dieser Entscheidung auch *R. Hassemer*, JuS 1980, 412 ff.; *Blei*, S. 146; *Eser/Burkhardt*, Strafrecht I, Nr. 10 A 30. Ebenso BGH StV 1999, 143, 145; BGH NJW 2001, 1075, 1076; BGH Kriminalistik 2004, 572 mit Bspr. *Peterson*, JA 2005, 91; BGH NStZ 2005, 31 f.

[222] So zutreffend *Otto*, JK § 32/11.

[223] Vgl. zum erlaubten Risiko in diesen Fällen *Geilen,* Jura 1981, 315; S/S-*Perron*, § 32 Rn. 38.

[224] Zu dieser Erforderlichkeitsprüfung im Beispielfall vgl. *Schlör*, 1984, S. 13 f., 37 f., 85 f., 89 u. 107.

[225] Bsp. von *Roxin*, HRR AT, S. 168 (= Antwort 2 zu Fall 22, S. 28 f.: BGHSt 27, 313). – Vgl. aus der Rechtsprechung BayObLG NStZ 1988, 409: Bruch einer Zahnprothese beim

samt durch Notwehr gerechtfertigt, wenn die schweren/tödlichen Folgen immanentes Risiko der konkret erforderlichen Körperverletzung gem. § 223 gewesen sind.[226]

Nicht zu verwechseln mit diesen Konstellationen sind die Fälle, in denen sich der **114** Angegriffene **nicht** im erlaubten Risiko bewegt, sondern sich bei der Ausführung der Verteidigungshandlung **fahrlässig** verhält, also z. B. durch unvorsichtigen Umgang mit der für einen Warnschuss eingesetzten Waffe wird der Angreifer tödlich verletzt.[227] Auch diese mangelnde Sorgfalt – tatbestandsmäßig nach § 222 – kann noch durch Notwehr gedeckt sein, nämlich dann, wenn der Angegriffene den Angreifer vorsätzlich so schwer hätte verletzen dürfen,[228] d. h. im angeführten Beispiel statt des die Erforderlichkeits-Obergrenze unterschreitenden, geplanten Warnschusses nach Erforderlichkeitskriterien auch gleich auf den gefährlichen Angreifer hätte schießen dürfen.[229] – Näher 17/78.

Wer z. B. dem Angreifer ausweichen will, obwohl er – den Angreifer verletzend – **115** zurückschlagen dürfte, der genießt Notwehrrechtfertigung auch für die durch sein unsorgfältiges Ausweichmanöver beim Angreifer ausgelöste Körperverletzung (= § 229 durch § 32 gerechtfertigt).[230] Hierbei handelt es sich um im Ergebnis unstreitige Fälle aus dem Problembereich der **Rechtfertigung von Fahrlässigkeitsdelikten**,[231] bei denen die Verteidigungshandlung trotz des Sorgfaltspflichtverstoßes das richtige Ergebnis (= Rettung des angegriffenen Rechtsguts auf Kosten der Rechtsgüter des Angreifers) produziert; fahrlässige Erfolgsdelikte wie §§ 222, 229 verlangen aber einen Erfolgsunwert.[232] Wäre freilich im o. g. Beispiel nur ein Warnschuss zur Beendigung des Angriffs erforderlich gewesen, so kommt eine fahrlässige Tötung wegen fahrlässiger Notwehrüberschreitung in Betracht.[233]

> **Übungsfälle** zur Rechtfertigung ungewollter Auswirkungen der Verteidigung und von Fahrlässigkeitsdelikten finden sich bei: *Beulke*, KK I, Fall 6, Rn. 225 u. 230; *Geilen*, Jura 1981, 315: Bsp. 52; *Haft*, Fallrepetitorium, Nr. 124, 125; *Gössel*, Fälle, Fall 6, S. 108 f. u. 116 f.; *Hilgendorf*, KK I, Fall 14, Rn. 29; *Jescheck*, Fälle, Fall 46, S. 62; *Knauer*, JuS 2002, 53 u. 56 f.; *Kudlich*, PdW AT, Fall 92.

Durch die bisherige Bestimmung der Erforderlichkeit ist die eingangs (Rn. 4) mit **116** den Grundgedanken der Notwehr begründete Ablehnung eines **Güterproportionalitätserfordernisses** bestätigt worden. Weder der Gesichtspunkt der Geeignetheit noch der des relativ mildesten Gegenmittels hat zu der Überlegung geführt, ob die Verteidigungshandlung etwa deshalb nicht erforderlich ist, weil der durch sie beim Angreifer angerichtete (Rechtsgüter-)Schaden erheblich höher anzusetzen ist als die (Rechtsgüter-)Einbuße, die dem Angegriffenen gedroht hat. Auf die „Verhältnismä-

---

Schlag gegen den Arm des Angreifers, der auch dessen Kinn traf; dem Ergebnis zustimmend *Otto*, JK 89, StGB § 32/11, und *Roxin*, AT I, 15/45.

[226] *Rengier*, 1986, S. 145; für § 226 ebenso LK-*Hirsch*, § 226 Rn. 36.

[227] BGHSt 25, 229 ff.; vgl. zu dieser Entscheidung *Eser/Burkhardt*, Strafrecht I, Nr. 10 A 30; *Roxin*, HRR AT, S. 168 (= Antwort 3 zu Fall 22, S. 28 f.), und ausführlich *Schlör*, 1984, S. 25 Fn. 20, 82 f. Fn. 4 u. 107. Aus der neueren Rspr.: BGH NStZ-RR 1996, 100.

[228] Vgl. S/S-*Perron*, § 32 Rn. 38 u. S/S-*Lenckner*, Vorbem §§ 32 ff., Rn. 95/96; SK-*Günther*, § 32 Rn. 133; *Ebert*, S. 169; *Jescheck/Weigend*, S. 589; a. A. LK-*Rönnau/Hohn*, § 32 Rn. 194.

[229] Vgl. BGH NJW 2001, 3200 m. Bspr. *Eisele*, JA 2001, 922 u. *Kretschmer*, Jura 2002, 114; ergänzend *Lackner/Kühl*, § 32 Rn. 9: wenn er sich freiwillig auf eine geringere als die erforderliche Abwehr einlässt.

[230] Vgl. OLG Karlsruhe NJW 1986, 1358, aufbereitet von *Seier*, JA 1986, 50 f.

[231] *Jakobs*, 11/31.

[232] Vgl. S/S-*Lenckner/Sternberg-Lieben*, Vorbem §§ 32 ff. Rn. 95; ebenso *Haft*, S. 92 f.; *Stratenwerth/Kuhlen*, 15/41.

[233] Dafür *Roxin*, AT I, 15/45; ebenso *Schlör*, 1984, S. 59–61 u. 78.

ßigkeit der Schäden"[234] bzw. die „Proportionalität der betroffenen Güter"[235] kommt es also bei der Erforderlichkeitsprüfung nicht an. § 32 setzt ein „angemessenes Verhältnis zwischen angegriffenem und durch die Verteidigung bedrohtem Rechtsgut" nicht voraus (BGH NStZ 1996, 29 mit zust. Bspr. *Otto* JK 96, StGB § 32/21).[235a] Dies gilt auch für nicht ersetzbare und nicht disponible Güter wie das Leben,[236] das dem Angreifer auch zur Verhinderung bloßer Körperverletzungen des Angegriffenen genommen werden darf.[237]

117   In Fällen eines krassen Missverhältnisses[238] zwischen den betroffenen Gütern (z. B. vorsätzliche Tötung des Obstdiebes) ist freilich eine „sozialethische" Einschränkung des Notwehrrechts geboten[239] (s. u. Rn. 171 ff.). Das bedeutet aber nicht, dass etwa **Angriffe auf Sachen** (Eigentumsangriffe z. B. durch den mit der Beute fliehenden Dieb) nicht – wenn erforderlich – mit lebensgefährlichen Mitteln (z. B. Schuss auf diesen Dieb) abgewehrt werden dürfen.[240]

118   Ein solches Verbot der Tötung zur Rettung von Sachen könnte sich allenfalls im Gegenschluss aus **Art. 2 II a EMRK** ergeben, der eine „Tötung" nur zulässt, „um die

---

[234] So *Lackner/Kühl*, § 32 Rn. 11; ähnlich formulieren *Roxin*, AT I, 15/47, und *Stratenwerth/Kuhlen*, 9/89.

[235] So *Jakobs*, 12/30; gegen „Güterabwägung" BGH NJW 2003, 1955, 1957; BGH NStZ 2005, 85, 87; 2009, 626, 627; OLG Koblenz StV 2011, 622, 624; B-*Weber/Mitsch*, 17/25; *Ebert*, S. 76; M-*Zipf*, AT 1, 26/39 f.; *Murmann*, GK, 25/94; *Fischer*, § 32 Rn. 31 u. *Kindhäuser*, § 32 Rn. 30; krit. aber *Koriath*, Fs. Müller-Dietz, 2001, S. 361 ff.; relativierend *Lilie*, Fs. Hirsch, 1999, S. 277.

[235a] Dies wird mit wenig überzeugenden Gründen von *Lilie*, Fs. Hirsch, 1999, S. 277, 284, behauptet. – Nach *Hoyer*, 1997, S. 209 ist das „dem Notwehrrecht Eigentümliche … die Loslösung von kompensatorischer Verhältnismäßigkeit". Für die Berücksichtigung des Verhältnismäßigkeitsprinzips, weil auch das Rechtsbewährungsinteresse bzw. das Recht oder die Rechtsordnung kein absoluter Wert sei und relativiert werden müsse, *Bülte*, GA 2011, 145, 156 ff. – Zur Güterabwägung bei der völkerstrafrechtlichen Notwehr *Ambos*, 2002, S. 831.

[236] Anders für nicht disponible Güter wie das Leben *Frister*, GA 1988, 313 f. u. *Bülte*, GA 2011, 145, 159 f., dagegen *Jakobs*, 12/30.

[237] Vgl. BGH JR 1990, 378 ff., m. Anm. *Beulke*, 380: gerechtfertigte Abwehr eines Angriffs auf die körperliche Unversehrtheit durch vorsätzliche Tötung des Angreifers (das LG hatte den Angeklagten wegen Totschlags gem. § 212 verurteilt).

[238] Für eine weitergehende Beachtung des Verhältnismäßigkeitsgrundsatzes, insbesondere zur Verhinderung von Tötungen und schweren Körperverletzungen *Schroeder*, Fs. Maurach, 1972, S. 139 f. u. in: Rechtfertigung und Entschuldigung I, 1987, S. 535; ebenso *Bülte*, GA 2011, 145, 160, von zivilrechtlicher Seite *Schünemann*, *W. B.*, 1985, S. 95. – Wegen der „sozialen Pflichtbindung des Notwehrrechts" befürwortet *Rudolphi*, JR 1991, 212, eine weitergehende Einschränkung bei lebensgefährlichen Verteidigungshandlungen. Gegen eine tödliche Notwehr bei nicht lebensbedrohlichen Angriffen wendet sich *Bernsmann*, ZStW 104 (1992), 290 ff., vor allem mit verfassungsrechtlichen Argumenten (S. 306 ff.), insb. der „drittwirkenden' Schutzpflicht des Staates" gem. Art. 2 II GG (S. 308); krit. dazu *Jakobs*, 1993, S. 151. – Für eine Berücksichtigung des Güterabwägungsgedankens *Lagodny*, 1996, S. 265 f. – Nach *Bülte*, GA 2011, 145, 157, beweist die „Figur des Rechtsmissbrauchs" bei den Fällen des krassen Missverhältnisses, dass auch die Rechtsbewährung relativierbar ist.

[239] Ebenso *Roxin*, AT I, 15/47, für „ganz geringfügige Angriffe" wie den durch den Apfeldieb; vgl. auch BGH NJW 2003, 1955, 1957.

[240] Vgl. S/S-*Perron*, § 32 Rn. 37 u. 50. – Aus der neueren Rechtsprechung vgl. den vielbesprochenen Fall des LG München JZ 1988, 565 ff., m. Anm. *Schroeder*, 568; vgl. zu diesem Fall auch *Mitsch*, NStZ 1989, 27: wer „Eigentum mit lebensgefährlichen … Maßnahmen verteidigt, hält … sich durchaus im Rahmen des Erlaubten"; vgl. auch *Beulke*, Jura 1988, 646. – Anders aber *Koriath* (o. Fn. 235) S. 383: „Zum Schutz (wertvoller) materieller Güter muss der Verteidigungsakt (deutlich) unter der Schwelle zur lebensgefährlichen Körperverletzung bleiben." – Zum Lebensrecht des fliehenden Diebes aus rechtsphilosophischer Perspektive *Siciliano*, 2003 m. Bspr. *Schroeder*, GA 2006, 536.

Verteidigung eines Menschen gegenüber rechtswidriger Gewaltanwendung sicherzustellen" (vgl. dazu unten Rn. 185); doch ist es – selbst wenn man Art. 2 IIa EMRK entgegen der vorherrschenden Meinung nicht nur als Schranke für hoheitliches Handeln betrachtet – nicht klar, ob diese **Lebensschutzgarantie** nur direktvorsätzliche (absichtlich oder wissentlich herbeigeführte) Tötungen verbietet,[241] oder ob sie auch „bloß" lebensgefährliche Verteidigungshandlungen zumindest dann erfasst, wenn sie mit bedingtem Tötungsvorsatz ausgeführt werden.[242] Der BGH hat diese Frage bisher nicht entschieden, obwohl er in einem „Absichtsfall" die Gelegenheit dazu hatte (BGHSt 48, 207; vgl. dazu *Hillenkamp*, 3. AT-Problem, Bsp. 2, S. 28: Frage offenbar übersehen).

> Aus der **Übungsfall-Literatur** zu Art. 2 IIa EMRK vgl.: *Beulke*, KK I, Fall 6, Rn. 231–233 (Tötung zur Verteidigung von Sachwerten); *Käßner/Seibert*, JuS 2006, 810 u. 814 f. (nur absichtliche Tötungen); *Kudlich*, AT-Fälle, Fall 5, S. 66 (keine Güterabwägung).

Unter Berufung auf das Erforderlichkeitskriterium wird die in § 32 nicht ausdrücklich erwähnte[243] **Subsidiarität** der privaten Selbst- oder Fremdhilfe gegenüber der obrigkeitlichen Notwehr-Hilfe heute überwiegend bejaht. Dahinter steht die zunehmende Überzeugung, dass das staatliche Gewaltmonopol nicht mehr als unbedingt erforderlich durchbrochen werden sollte.[244] Daran ist sicher richtig, dass die Zulassung privater Gewalt auch zur Rechtsdurchsetzung in einem Staat, der das friedenstiftende Gewaltmonopol zu Recht beansprucht, nur für den Fall gelten kann, dass der Staat seiner Schutzpflicht hinsichtlich rechtswidrig bedrohter Individualrechtsgüter tatsächlich nicht nachkommen kann.[244a]   **119**

Als nicht erforderlich kann aber eine Verteidigungshandlung eines in seinen Individualrechtsgütern Angegriffenen nur bezeichnet werden, wenn die **obrigkeitliche Hilfe „anwesend"** ist und den Angriff mit milderen Mitteln stoppen kann, als dies dem Angegriffenen möglich wäre,[245] z. B. durch Wegtragen des Blockierers, den der blockierte Autofahrer nur durch Brachialgewalt von der Straße vertreiben könnte.[246] Dabei kann die „Anwesenheit" durchaus weit bestimmt werden, so dass auch noch die Möglichkeit, den in der Querstraße patrouillierenden Schutzpolizisten herbeizurufen, davon erfasst wird.[247] Diese weite Bestimmung der „Anwesenheit" staatlicher Hilfsmöglichkeiten entspricht auch der überwiegenden Auffassung der Notwehr-Literatur: danach ist „die Erforderlichkeit der Selbstverteidigung nicht nur   **120**

---

[241] So z. B. *Krey*, JZ 1979, 709; *Roxin*, ZStW 93 (1981), 99 f. sowie *ders.*, AT I, 15/88; *Zieschang*, Rn. 217, GA 2006, 415, 419 u. in: Fs. Knemeyer, 2012, S. 449, 458 f.; *Satzger*, Jura 2009, 759, 763. – Nach *Eser/Burkhardt*, Strafrecht I, Nr. 10 A 57, ist die „gezielte Tötung zwecks Vermögensschutz" ausgeschlossen.

[242] Für die Einbeziehung aller vorsätzlichen Tötungen; *Frister*, GA 1985, 560 f., sowie in: GA 1988, 314; ebenso wohl *Trechsel*, ZStW 101 (1989), 822. Vgl. auch *Montenbruck*, 1983, S. 5 f. u. 51 f.; S/S-*Perron*, § 32 Rn. 62, sowie *Hillenkamp*, 3. AT-Problem, S. 23 ff., der als Bsp. 3 (S. 28) auch einen Eventual-Vorsatz-Fall behandelt; ebenso Fall 19 bei *Satzger*, 2011, 11/29 u. 33: offen gelassen.

[243] Vgl. *Geilen*, Jura 1981, 316; *Seebode*, Fs. Krause, 1990, S. 387.

[244] Vgl. zu dieser Tendenz *Arzt*, Fs. Schaffstein, 1975, S. 79, 82, 84. – Zur rechtshistorischen und rechtsphilosophischen Entwicklung *Sengbusch*, 2008, S. 45 ff.

[244a] Ebenso SK-*Günther*, § 32 Rn. 99.

[245] *Rudolphi*, Gs. A. Kaufmann, 1989, S. 391; *Seebode* (o. Fn. 243), S. 385 u. *Erb*, Fs. Nehm, 2006, S. 181 ff. – Weitergehend *Sengbusch*, 2008, S. 86 ff., 236 ff., 279: „wenn der Staat den Angriff besser oder ebenso gut … abwehren kann, ohne dabei den Angreifer in einem stärkeren Maße zu schädigen."

[246] Vgl. *Bertuleit*, JA 1989, 21; *Eser*, Fs. Jauch, 1990, S. 44.

[247] Vgl. *Seebode* (o. Fn. 243), S. 386.

bei präsenter polizeilicher Hilfe, sondern auch dann zu verneinen, wenn eine solche ohne weiteres herbeigerufen werden kann"; vorausgesetzt wird dabei, dass das Herbeirufen polizeilicher Hilfe ohne Risiko für die Rechtsgüter des Angegriffenen möglich ist.[248]

121   Die Inanspruchnahme **polizeilicher Hilfe** wird freilich auch dann gefordert, wenn der obrigkeitlichen Gewalt keine milderen oder sogar nur schärfere Abwehrmittel zur Beendigung des Angriffs zur Verfügung stehen als dem angegriffenen Privatmann.[249] Damit wird das Erforderlichkeitskriterium arg strapaziert oder freundlicher formuliert: die sachliche Rechtfertigung der Subsidiarität – Zurückdrängung von Privatgewalt, Rechtsbewährung in erster Linie durch den Staat – beeinflusst die Auslegung des Erforderlichkeitsmerkmals in Fällen präsenter oder schnell erreichbarer polizeilicher Hilfe. Hat die Polizei „die Sache übernommen", so ist unabhängig von der Erforderlichkeit zu fragen, ob dadurch die Notwehr des Angegriffenen (z. B. des blockierten Autofahrers) auch dann ausgeschlossen ist, wenn die Polizei z. B. aus Gründen der Verhältnismäßigkeit nichts gegen den Angriff unternimmt (z. B. die Sitzblockadenversammlung nicht gemäß § 15 VersG auflöst); gegen eine private Notwehr in dieser Situation würde das (sonst durchbrochene) staatliche Gewaltmonopol bzw. die (sonst verwischte) staatliche Zuständigkeit für die organisierte Angriffs-Abwehr sprechen.[250]

122   Auch die Möglichkeit, **gerichtlichen Rechtschutz** zu erreichen, kann die eigenmächtige Durchsetzung von Ansprüchen und Rechten wegen der Nichtbeachtung der Subsidiarität rechtswidrig machen. Wo der Gesetzgeber den Rechtsweg zur Durchsetzung **zivilrechtlicher** Ansprüche (z. B. auf Räumung der gekündigten Wohnung) eröffnet hat, fehlt die Erforderlichkeit unmittelbar wirkender Maßnahmen.[251] Dem auf Grund eines strafgerichtlichen Fehlurteils eine Freiheitsstrafe Verbüßenden soll, soweit nicht schon die Rechtskraft des Strafurteils den Freiheitseingriff rechtfertigt, im Hinblick auf das vom Gesetzgeber in der **StPO** vorgesehene **Wiederaufnahmeverfahren** kein Notwehrrecht zustehen, wenn er den Vollzugsbeamten niederschlägt, um in Freiheit zu gelangen.[252]

123   Selbstverteidigung durch den Angegriffenen ist nicht erforderlich, wenn die bereitstehende Hilfe eines anderen **Privaten** oder anderer Privater den Angriff mit milderen Mitteln abwehren könnte,[253] z. B. durch Nachlaufen und Überwältigen des An-

[248] So S/S-*Perron*, § 32 Rn. 41; ebenso NK-*Herzog*, § 32 Rn. 71; B-*Weber/Mitsch*, 17/29; *Geilen*, Jura 1981, 316; *Ebert*, S. 76; *Rudolphi* (o. Fn. 245), S. 392; *Bertuleit*, JA 1989, 21; einschr. *Sengbusch*, 2008, S. 279 ff., 311: wenn er den Angriff nicht selbst sofort abwenden kann. – Speziell zur Schweigegelderpressung *Kaspar*, GA 2007, 36, 42 u. in: JuS 2009, 830, 834 f. sowie *Müller*, Fs. Schroeder, 2006, S. 323, 329 ff.; eingehend *Kroß*, 2004, S. 166, 214; im **Übungsfall** *Koch/Loy*, ZJS 2008, 170, 172.

[249] Ablehnend de lege lata *Seebode* (o. Fn. 243), S. 388 ff. Vgl. auch *Rudolphi* (o. Fn. 245), S. 391 f.

[250] Für ein Zurücktreten der Notwehr bei Übernahme durch die präsente Polizei *Jakobs*, 12/45, sowie *Amelung*, JuS 1986, 332 u. *Sengbusch*, 2008, S. 236 ff., 279, der die Gebotenheit wegen der immanenten Beschränkung des Notwehrrechts durch das staatliche Gewaltmonopol verneint. Zum Klammer-Beispiel ebenso *Eser* (o. Fn. 246), S. 44 f. – Kritisch dazu *Otto*, JK 91, StGB § 32/16 unter 2.; *Rudolphi* (o. Fn. 245), *Seebode*, StV 1991, 85, insb. wenn dann der Polizei die Berufung auf § 32 versagt wird.

[251] So *Otto*, S. 125.

[252] Vgl. SK-*Horn*, § 120 Rn. 11; diff. NK-*Herzog*, § 32 Rn. 45 u. 46. S/S-*Eser*, § 120 Rn. 16, verneinen schon die Rechtswidrigkeit des Angriffs wegen der formellen Ordnungsmäßigkeit der Haftbegründung; ebenso *Neuheuser*, 1996, S. 103 f. u. *Zimmermann*, JuS 2011, 633.

[253] Vgl. *Geilen*, Jura 1981, 316; *Sengbusch*, 2008, S. 184 ff., 221; *Jakobs*, 12/33; *Roxin*, AT I, 15/50 u. 118; S/S-*Perron*, § 32 Rn. 41 u. 42; LK-*Rönnau/Hohn*, § 32 Rn. 188, mit wei-

greifers statt durch Schüsse des durch den Angriff auf den Boden geworfenen Angegriffenen, oder z. B. durch Faustschläge des dem Angreifer körperlich überlegenen Nothelfers statt durch den Messereinsatz des dem Angreifer körperlich unterlegenen Angegriffenen. Ob das **Herbeiholen** fremder **privater Hilfe,** auch wenn dies ohne weiteres möglich wäre, verlangt werden kann, ist umstritten:[254] unter dem Gesichtspunkt der Erhaltung des bedrohten Rechtsguts ist es aber berechtigt, dies zu verlangen, wenn dadurch der Rechtsgutsschutz ebenso gewährleistet wird und dem Angreifer in Anwendung des Grundsatzes seiner möglichsten Schonung unnötige Härten erspart bleiben; auch ist Notwehr „nicht dazu da, Kraft und Mut des Angegriffenen zu beweisen und ein Exempel zu statuieren".[255] – Zu Besonderheiten einer professionellen Nothilfe *Sengbusch,* 2008, S. 227 ff. (s. unten Rn. 139).

> Aus der **Übungsfall-Literatur** zur Subsidiarität der Notwehr vgl.: *Bott/Kühn,* Jura 2009, 72 u. 76; *Haurand/Vahle,* JA 1996, 466 u. 469; *Hillenkamp,* JuS 1994, 769 u. 774; *Blei,* PdW AT, Fall 79.

c) Der „Verteidigungswille"

Die Verteidigungshandlung i. S. des § 32 II muss nicht nur objektiv dem Erforderlichkeitskriterium genügen, sondern sie muss auch, soll sie das tatbestandsmäßige, vorsätzliche Verhalten des Verteidigers rechtfertigen, subjektiv von einem „Verteidigungswillen" getragen sein. Dieses, von der Rechtsprechung[256] seit langem verlangte, heute fast allgemein anerkannte[257] Erfordernis eines **subjektiven Rechtfertigungselements** für die Notwehr-Rechtfertigung lässt sich allgemein, d.h. wie auch bei anderen Rechtfertigungsgründen, als Konsequenz aus der personalen Unrechtslehre[258] erklären: der durch den Vorsatz geprägte Handlungsunwert (die Entscheidung des Täters für die Rechtsgutsverletzung) wird durch das Vorliegen der objektiven

124

---

teren Beispielen aus der Rechtsprechung; einschr. *Krey/Esser,* AT, Rn. 525, u. a. durch Zumutbarkeit.
[254] Dafür *Lackner/Kühl,* § 32 Rn. 11 a, mit BGHSt 27, 336, 337; dagegen *Krey/Esser,* AT, Rn. 526 u. S/S-*Perron,* § 32 Rn. 41. – Vgl. aus der Rspr.: BGH NJW 1980, 2263 [mit krit. Anm. *Arzt,* JR 1980, 210]; 1984, 986; zust. aber MK-*Erb,* § 32 Rn. 141; zu beiden Entscheidungen krit. *Roxin,* AT I, 15/50, zur ersten auch SK-*Günther,* § 32 Rn. 100. – Diff. zwischen Herbeiholen fremder privater Hilfe „in und vor einer konkreten Not(wehr)lage" *Sengbusch,* 2008, S. 221 ff.
[255] *Roxin,* AT I, 15/50, für den Fall, dass „hilfsbereite Personen in unmittelbarer Nähe sind", nicht wenn das Herbeiholen fremder Hilfe dem Angreifer „einstweilen die Herrschaft überlässt".
[256] Vgl. RGSt 54, 199; BGHSt 3, 198; BGH GA 1980, 68; BGH NStE Nr. 6 zu § 32; BGH NStZ 1990, 435; BGHR § 32 Abs. 2 Verteidigung 7; BGH NStZ 2000, 356 f. u. 2003, 599, 600. – BayObLG NJW 1985, 2600 f.; BayObLG JZ 1991, 936 f.; OLG Karlsruhe NJW 1986, 1358 ff.; OLG Stuttgart NJW 1992, 851. – Auch bei anderen Rechtfertigungsgründen und allgemein: BGHSt 2, 111, 114 (übergesetzlicher Notstand); 5, 245, 247 (Nothilfe) u. 56, 11, 22 (Kriegsrepressalie nach Kriegsvölkergewohnheitsrecht). Weitere Nachweise bei *Rath,* 2002, S. 134 Fn. 422.
[257] Anders aber LK[11]-*Spendel,* § 32 Rn. 138–144; anders jetzt LK-*Rönnau/Hohn,* § 32 Rn. 262. – Die Argumente dieser sog. objektiven Theorie sind übersichtlich zusammengestellt bei *Hillenkamp,* 4. AT-Problem, S. 29 f. Zur Auseinandersetzung mit *Spendel* s. *Prittwitz,* JA 1984, 74 ff., *Herzberg,* JA 1986, 200 f. u. *Rath,* 2002, S. 29 ff., gegen *Prittwitz* s. *Spendel,* Fs. Oehler, 1985, S. 197. Ablehnend zu diesem subjektiven Erfordernis im Zivilrecht *Jauernig,* BGB, § 227 Rn. 6.
[258] Vgl. *Jescheck/Weigend,* S. 329; *Roxin,* AT I, 14/96; *Zieschang,* Rn. 229–232; *Tiedemann,* Anfängerübung, S. 11; SSW-*Rosenau,* § 32 Rn. 48. – „Bedenken" hat freilich *Frisch,* Fs. Lackner, 1987, S. 124 ff.

Rechtfertigungsvoraussetzungen, die nur den Erfolgsunwert (die Rechtsgutsverletzung) aufheben, nicht „beseitigt"; erst wenn der Täter die Rechtfertigungslage kennt, ist auch der Handlungsunwert und damit alles Unrecht „beseitigt", da der Täter nun weiß, dass er das Rechtsgut verletzen darf (s. o. 6/12). Dass auch der Handlungsunwert aufgehoben werden muss, wenn nicht (Versuchs-)Unrecht übrig bleiben soll, ergibt sich aus der gesetzgeberischen Entscheidung (§§ 22, 23 III) für die Strafbarkeit des untauglichen Versuchs.[259]

125   Das Erfordernis des „Verteidigungswillens" wird aber auch mit Notwehrspezifischen Argumenten begründet. Dabei führt die Argumentation mit dem **Wortlaut**[260] des § 32 II – leider – nicht zur wünschenswerten Klarheit: weder muss die Verteidigung zwingend als finaler Abwehrakt verstanden werden,[261] noch ist der „um"-Halbsatz eindeutig auf die Tätervorstellung bezogen.[262] Mangels eindeutigen Wortlauts wird deshalb auch mit der Notwehr-**ratio,** insbesondere dem überindividuellen Rechtsbewährungsprinzip argumentiert: zu einem Akt der Rechtswahrung wird die Verteidigungshandlung nicht schon durch das objektive Vorliegen einer Notwehrlage, sondern erst dadurch, dass der (auch **das** Recht wahrende) Verteidiger mit der Intention handelt, das angreifende Unrecht abzuwehren (= positiver Handlungswert, der den negativen Handlungsunwert kompensiert).[263]

126   Bei der Erstellung von **Übungsarbeiten** stellt sich die Frage, ob man vom Erfordernis des „Verteidigungswillens" ausgehen kann, oder ob man auf die Argumente für und gegen dieses subjektive Rechtfertigungselement eingehen sollte (weitere Frage dann: wie breit?). Diese Fragen sind für Klausuren und Hausarbeiten unterschiedlich zu beantworten; auch ist zu berücksichtigen, ob die Problematik des (meist: fehlenden) „Verteidigungswillens" das oder zumindest ein Hauptproblem der Aufgabe ausmacht. Vgl. aus der Übungsfall-Literatur: *Bloy,* JuS 1982, 52 u. 55 Fn. 17: als ausgetragenes Problem nicht zu erörtern; so verfahren etwa *Otto,* Jura 1986, 659 u. 661 und *Schwind/Franke/Winter,* Anfängerübung, 1. Hausarbeit, S. 5 u. 29, sowie 2. Klausur, S. 113 u. 125; dagegen ausführliche Behandlung bei *Gropp,* in: G/K/M, Fallsammlung, Fall 3, S. 47 f. u. 62 ff. sowie *Seier,* JuS 1978, 692 u. 694 f. und *ders.,* JuS 1989, L 85 u. L 86.

127   Trifft man die Grundentscheidung mit der fast allgemeinen Meinung für die Rechtfertigungsvoraussetzung „Verteidigungswille", so stellen sich zwei „**Folgeprobleme**":[264]

[259] Vgl. zu dieser Begründung *Frisch,* Fs. Lackner, 1987, S. 128 f.; *Seier,* JuS 1989, L 86; *Roxin,* AT I, 14/96; ähnliche Begr. bei *Puppe,* AT 1, 25/6. – Dass bei einer anderen gesetzgeberischen Entscheidung wie z. B. der des österreichischen Gesetzgebers immer noch das Unrechts-Argument zieht, zeigt *Burgstaller,* 1974, S. 175 f.
[260] Vgl. *Naucke,* 7/153: „§ 32 StGB erwähnt einen Verteidigungswillen als Voraussetzung für die Notwehr nicht ...". Ebenso *Rath,* 2002, S. 80 f.
[261] Vgl. *Geilen,* Jura 1981, 308; S/S-*Perron,* § 32 Rn. 63. Mit dem Wortlaut („Verteidigung"), wenn auch nicht in erster Linie, argumentieren: *Stratenwerth/Kuhlen,* 9/147 u. *Gropp,* 6/90.
[262] Vgl. *Tiedemann,* Anfängerübung, S. 129, der deshalb sogar Art. 103 II GG-Bedenken gegen das subjektive Rechtfertigungselement bei der Notwehr erhebt; ähnlich kritisch *Hruschka,* S. 204; *Frisch,* Fs. Lackner, 1987, S. 116 f.; *Loos,* Fs. Oehler, 1985, S. 236; *Roxin,* AT I, 14/100. – Mit dem „um"-Halbsatz argumentieren *Blei,* S. 144 u. *Jakobs,* 11/20 Fn. 30.
[263] Vgl. *Gallas,* Fs. Bockelmann, 1979, S. 177, sowie *Geilen,* Jura 1981, 308. – Von einer monistisch-überindividuellen Notwehrauffassung her ebenso *Schmidhäuser,* 6/79. Kritisch zu *Gallas: Frisch,* Fs. Lackner, 1987, S. 120 f.
[264] Vgl. zur Formulierung dieser von ihm sog. Folgeprobleme *Hillenkamp,* 4. AT-Problem, S. 31–34 u. 34–36. – Zur schnellen „Wiederholung" dieser Folgeprobleme eignet sich die übersichtliche Darstellung von *Geppert,* Jura 1995, 104 ff.

(1) Welche Anforderungen sind an den „Verteidigungswillen" zu stellen: reicht ein „bloßer Abwehrwille" oder muss „Verteidigungsabsicht vorliegen?"

(2) Welche Konsequenzen hat das Fehlen des „Verteidigungswillens": führt es „zur Vollendungs- oder nur zur Versuchsstrafbarkeit?"

Die 2. Frage wurde schon allgemein für alle Rechtfertigungsgründe mit subjekti- **128** ven Rechtfertigungselementen zugunsten der Versuchsstrafbarkeit „gelöst" (s. o. 6/16); ergänzend ist hier nur darauf hinzuweisen, dass derjenige, der wie *Spendel* (o. Fn. 257) kein subjektives Rechtfertigungselement bei der Notwehr verlangt, schon dann zur Rechtfertigung und damit zur Straflosigkeit[265] gelangt, wenn die objekti- ven Voraussetzungen der Notwehr vorliegen. Die Frage 1, bei der sich der Streit um den Inhalt des subjektiven Rechtfertigungselements entzündet,[265a] ist wie folgt zu beantworten:

Es reicht die **Kenntnis** des Täters, dass er sich in einer Notwehrlage befindet, und dass er sich mit einer zur Abwehr des Angriffs erforderlichen Handlung vertei- digt,[266] also sog. „Abwehrvorsatz"[267] oder sog. „Verteidigungsvorsatz".[268]

Dass es dem sich in Kenntnis der Notwehrlage mit den erforderlichen Mitteln **129** Verteidigenden letztlich auf die Schädigung des Angreifers ankommt (= Zweck), oder dass er sich aus Verärgerung oder Wut (= Motiv) zur erforderlichen Verteidi- gungshandlung entschließt, führt deshalb nicht zur Versagung der Notwehrrechtfer- tigung. Zur näheren Begründung dieses Ergebnisses vgl. *Kühl*, Jura 1993, 233 f.

Die **Rechtsprechung** fordert insoweit einen zielgerichteten Willen zur „Angriffs- **130** abwehr".[269] Allerdings gesteht sie den „Zweck der Angriffsabwehr" auch Tätern zu, bei denen „Beweggründe anderer Art (wie Hass, Zorn, Wut oder das Streben nach Rache) eine Rolle" spielen,[270] und auch denen, „die noch andere Ziele" (z. B. die

---

[265] Dass es sich um ein allg. Problem aller Rechtfertigungsgründe mit subjektiven Rechtfer- tigungselementen handelt, soll damit nicht bestritten werden. Als ein solch allg. Problem wird es behandelt von *Frisch*, Fs. Lackner, 1987, S. 133–138.

[265a] Vgl. *Graul*, JuS 2000, L 41, L 42 unter III 2 b).

[266] Vgl. die knappe Argumentation von *Ebert*, S. 66 u. 77 sowie von *Otto*, 8/52; ausführli- cher *Frisch*, Fs. Lackner, 1987, S. 135–138 u. *Meyer*, GA 2003, 807 u. 820. Vgl. auch *Hrusch- ka*, S. 437 u. *Bottke*, JR 1986, 293. – Die „Kenntnis" der notwehrrelevanten Umstände halten für ausreichend: S/S-*Perron*, § 32 Rn. 63; *Haft*, S. 92; *Puppe*, AT 1, 26/3–5; *Kindhäuser*, AT, 15/9 (allgemein) u. 16/37 f. (für Notwehr); *Roxin*, AT I, 14/97 u. 15/129 f.; *Schünemann*, GA 1985, 372 f.; einschränkend auf sicheres Wissen SK-*Günther*, § 32 Rn. 135; zur Notwendig- keit der Wissenskomponente *Rath*, 2002, S. 584 ff. – Aus der Rspr. BGHSt 56, 11, 22: Recht- fertigungsvorsatz (plus Niederschlag im Motiv) u. OLG Koblenz StV 2011, 622, 623 m. Bspr. *Jahn*, JuS 2011, 655, 657.

[267] So *Hillenkamp*, 4. AT-Problem, S. 31.

[268] So *Prittwitz*, Jura 1984, 75 u. 79. *Geilen*, Jura 1981, 310, spricht vom „Verteidigungs- bewusstsein", hält sachlich aber einen „motivatorisch wirksamen Verteidigungswillen" für erforderlich.

[269] So deutlich OLG Frankfurt NJW 1950, 119, 120, aber auch BGH bH MDR 1979, 634; BGH GA 1980, 68. Einen Niederschlag des Abwehrvorsatzes im Motiv verlangt BGHSt 56, 11, 22. – In der Lit. ebenso *Eser/Burkhardt*, Strafrecht I, Nr. 11 A 4; *Jescheck/Weigend*, S. 342 u. *Geppert*, Jura 2007, 33 f.; ähnlich *Rath*, 2002, S. 596 ff., der eine Wollenskomponente ver- langt, nicht aber „Motivelemente" (S. 600 ff.); auch *Schmidt*, 2007, S. 219, verlangt in „mehr- aktigen" Rechtfertigungskonstellationen ein „besonderes" subjektives Rechtfertigungsele- ment.

[270] BGH GA 1980, 68; BGH NStZ 2000, 365 f. u. 2003, 599, 600. – Vgl. auch OLG Stutt- gart NJW 1992, 851: „Wut, Hass und Kampfeseifer" als hinzutretende Motive schließen den Verteidigungswillen nicht aus; nach OLG Koblenz StV 2011, 622, 623 m. Bspr. *Jahn*, JuS 2011, 655, 657, auch nicht Wut, Erregung und Denkzettel verpassen wollen.

Tötung des Angreifers) verfolgen.[271] Die anderen Beweggründe oder Ziele dürfen die Verteidigungsabsicht nur nicht verdrängen, d.h. die zu beurteilende Handlung muss vom Täter, soll er gerechtfertigt sein, „wenigstens auch zur Abwehr … des Angriffs"[272] vorgenommen worden sein. Dementsprechend ist auch das Motiv der Verärgerung (über das Verhalten des Angreifers) kompatibel mit dem „Verteidigungswillen", wenn der Verärgerte weiß, dass er auch zur Verteidigung weiterer Angriffe zuschlagen muss.[273] Der „Verteidigungswille" wird dementsprechend von der Rechtsprechung abgelehnt, wenn der körperlich überlegene Täter das Vorgehen des als solchen erkannten Angreifers „lediglich zum Anlass" nimmt, „ihn zu töten".[274]

> Aus der **Übungsfall-Literatur** zu den Anforderungen an den „Verteidigungswillen" vgl.: *Britz*, JuS 2002, 465 f. u. 468 f.; *Hilgendorf*, KK I, Fall 11, Rn. 18 (zusätzliche Beweggründe); *Kudlich*, PdW AT, Fall 94.

131   Der „Verteidigungswille" wird auch bei **einverständlichen Schlägereien** abgelehnt, da dabei Angriffs- und Verteidigungswille ineinander übergehen.[275] Keine zutreffende Begründung für die Verneinung des „Verteidigungswillens" ist der Hinweis, der Angegriffene habe dem Angriff nicht entgegentreten, sondern ihm **ausweichen** wollen. Denn ausweichen wird zwar vom Angegriffenen nicht verlangt, es kann aber sehr wohl eine defensive Verteidigungsmaßnahme sein, die zur Beendigung des Angriffsverhaltens führt; wird das Ausweichmanöver in Kenntnis seiner angriffsbeendenden Wirkung durchgeführt, so liegt der erforderliche „Verteidigungswille" vor.[276]

132   Reicht also die Kenntnis der § 32 II-Umstände für den „Verteidigungswillen", so ist damit noch nicht gesagt, ob auch die **Möglichkeitsvorstellung** eines objektiv von § 32 gedeckten Täters, er befinde sich in einer Notwehrlage bzw. er verteidige sich mit dem erforderlichen Mittel, für eine Notwehrrechtfertigung ausreicht. Da mit dieser Vorstellung auch eine innere Entscheidung für das Unrecht (möglicherweise liegen doch die Notwehrvoraussetzungen nicht vor, ich will aber auf jeden Fall handeln) verbunden sein kann, wird man – wie beim Vorsatz – verlangen müssen, dass der Täter auf das Vorliegen der rechtfertigenden Umstände vertraut, denn dann findet er sich mit der Rechtsgutsverletzung nicht ab, d.h. er verwirklicht keinen „Handlungsunwert i.S. des dolus eventualis".[277] **Zweifelt** der Täter am Vorliegen der Rechtfertigungsvoraus-

---

[271] BGH NStZ 1983, 117, mit *Geilen* JK, § 32/6; BayObLG NStZ-RR 1999, 9.

[272] BGHR § 32 Abs. 2 Verteidigung 7; BGH NStE Nr. 23 zu § 32; BGH NStZ 1996, 29 f. mit krit Bspr. *Otto*, JK 96, StGB § 32/21; BGH NJW 2003, 1955, 1958; BGH NStZ 2005, 332, 334 u. 2007, 325 f. mit Bspr. *Satzger*, JK 10/07, StGB § 32/31. – Nach *Geilen*, JK, StGB § 32/1: „wenigstens mitlaufendes Verteidigungsmotiv". Vgl. Bsp. 2 bei *Hillenkamp*, 4. AT-Problem, S. 36 f. sowie das Bsp. von *Schünemann*, GA 1985, 372.

[273] Vgl. BayObLG JZ 1991, 936, mit insoweit zustimmender Anmerkung von *Schmidhäuser*, JZ 1991, 939 f.; anders beurteilt den Fall *Spendel*, JR 1991, 250. – Vgl. auch OLG Stuttgart NJW 1992, 851: die Annahme eines „Kurzschlusses" reicht nicht aus, um den Verteidigungswillen auszuschließen.

[274] BGH NStE Nr. 6 zu § 32.

[275] Vgl. *Jescheck/Weigend*, S. 343, mit OLG Saarbrücken VRS 42, 419, sowie *Geilen*, Jura 1981, 310. Aus der neueren Rechtsprechung vgl. BGH NStZ 1990, 435 u. 2 StR 280/06 v. 15. 9. 2006 = NStZ-RR 2006, 376 (nur redaktioneller Leitsatz). – Nach OLG Stuttgart NJW 1992, 851, „fehlt es schon objektiv an einer ‚Verteidigung' ".

[276] So zutreffend *Seier*, JA 1986, 51, gegen OLG Karlsruhe NJW 1986, 1358 ff.

[277] Vgl. *Burgstaller*, 1974, S. 176 f.; *Stratenwerth/Kuhlen*, 9/151; *Frisch*, Fs. Lackner, 1987, S. 134; B-*Weber/Mitsch*, 17/32, verlangen sogar ein Wollen, dass eine Abwehrmaßnahme erforderlich ist; vgl. zur „Notwendigkeit einer Abwägung der Fehlentscheidungsrisiken bei ungewissen rechtfertigenden Umständen" *Frister*, Fs. Rudolphi, 2004, S. 45 ff., zur Notwehr S. 53 f.

setzungen (sog. Erlaubniszweifel),[277a] so trägt er das „Fehlentscheidungsrisiko"[277b] und verwirklicht einen Versuch mit Eventualvorsatz, weil er es auch für möglich hält, dass die Rechtfertigungsvoraussetzungen nicht vorliegen.

Ein **Irrtumsproblem** stellt sich, wenn der Täter auf den – nach seiner Vorstellung – 133 angreifenden (mit Beute fliehenden) Dieb in der weiteren falschen Vorstellung schießt, dieser türme mit Sachen seines Sohnes, wo hingegen der Dieb nur Sachen anderer Eigentümer aus zurückliegenden Diebstählen bei sich hat. Der „Verteidigungswille" ist wegen der letzteren Fehlvorstellung nicht zu verneinen, da ein solcher Motivirrtum über die Person des Bestohlenen (hätte ich gewusst, dass der Dieb nur Sachen mir unbekannter Eigentümer bei sich hat, hätte ich keine Notwehr geübt) auch den Vorsatz unberührt lässt (**error in objecto**).[278]

Die Fehlvorstellung hingegen, einen Angreifer vor sich zu haben, hat mit dem 134 „Verteidigungswillen" nichts zu tun, sondern betrifft die **umgekehrte Situation.**[279] Auf den „Verteidigungswillen" als subjektive Rechtfertigungsvoraussetzung kommt es erst an, wenn die Notwehrvoraussetzungen des § 32 II objektiv vorliegen. Liegen die Notwehrvoraussetzungen dagegen objektiv nicht vor, hält der Täter sie aber subjektiv für gegeben, so scheidet eine Notwehrrechtfertigung aus; es liegt die sog. **Putativnotwehr** vor, die den Täter nach Irrtumsregeln (Erlaubnistatumstandsirrtum) entlasten kann. Bei dieser Putativnotwehr müssen dann aber auf der Basis der Fehlvorstellung des Täters (z.B. über die Notwehrlage) alle Notwehrvoraussetzungen und damit auch der „Verteidigungswille" gegeben sein.

Dem Fehlen des subjektiven Rechtfertigungselements steht der Irrtum des Ange- 134a griffenen gleich, der Dieb habe nur einen Apfel entwendet, wohingegen dieser 400,– Euro gestohlen hat (so im Übungsfall *Seier/Herrmann,* JuS 2012, 327 u. 331, auch zur fehlenden Gebotenheit eines Abwehrwurfes mit einer Kokosnuß).

Die Frage, ob der „Verteidigungswille" auch zur Rechtfertigung des Fahrlässig- 135 keitsdelikts gefordert werden muss, wird erst bei der Behandlung der Rechtfertigungsgründe beim Fahrlässigkeitsdelikt beantwortet werden (s. u. 17/77 ff.).

Der fehlende Verteidigungswille ändert nichts am Vorliegen der objektiven Not- 136 wehrvoraussetzungen, so dass gegen die Handlung des die Notwehr-Situation Verkennenden keine Notwehr möglich ist[280] (s. o. Rn. 60 u. 64).

> **Übungsfälle** zum Fehlen des erforderlichen „Verteidigungswillens" finden sich bei: *Staudinger*, in: *Frister* (Hrsg.), Die strafrechtliche Klausur, Fall 2, S. 25 u. 46 ff.; *Geerds*, Jura 1992, 544–548; *Mürbe*, JuS 1992, 854 f.; *Stoffers*, JA 1994, 35 u. 40; *Jahn/Ebner*, JuS 2007, 923 u. 926. – Weitere Fälle s. o. 6/16.

d) Die Verteidigung eines anderen, sog. Nothilfe

§ 32 II erlaubt nicht nur die Abwendung des Angriffs von sich, sondern auch die 137 von „einem anderen". Wer also den gegen einen anderen gerichteten Angriff von

---

[277a] *Frister,* 14/16 ff.

[277b] *Rönnau,* JuS 2009, 594, 596.

[278] So *Schroeder,* JZ 1988, 567; *Beulke,* Jura 1988, 643; *Puppe,* JZ 1989, 729, jeweils in Anm. zu LG München NJW 1988, 1860, das eine beachtliche Abweichung des tatsächlichen vom vorgestellten Kausalverlauf angenommen und damit den Verteidigungswillen verneint hat; dem LG zustimmend *Mitsch,* JA 1989, 85 f., und NStZ 1989, 26, der eine Kongruenz zwischen objektivem u. subjektivem Notwehrbild verlangt; für die rechtliche Erheblichkeit dieses Irrtums *Rath,* 1993, S. 329 f.

[279] Vgl. *Roxin,* AT I, 14/94: „im Wesentlichen eine Umkehrung der Situation". – Dazu zusf. *Geppert,* Jura 2007, 33, 34 ff.

[280] *Roxin,* AT I, 15/130.

diesem abwendet, übt auch Notwehr. Diese Form von Notwehr nennt man allgemein Nothilfe, genauer wäre der (freilich unschöne) Begriff **„Notwehrhilfe"**, zumal man bei § 34 auch von „Notstandshilfe" spricht. Während es keine Pflicht zur Notwehr(ausübung) gibt, kann eine Pflicht zur Notwehrhilfe, z. B. eines Garanten, bestehen.[280a]

138   Da das Gesetz keinen Unterschied zwischen Selbstverteidigung und Nothilfe macht, sind auch die Voraussetzungen der Rechtfertigung für beide Formen der Notwehr die gleichen, d. h. es gelten **keine** grundsätzlichen **Besonderheiten** für die Nothilfe.[281] Das bedeutet zunächst, dass eine der Notwehrlage entsprechende Nothilfelage vorliegen muss. Nothilfefähig sind alle auch oben (Rn. 34–38) als notwehrfähig anerkannten Rechtsgüter, vor allem also alle Individualrechtsgüter. An einer Notwehrlage fehlt es – mangels eines Angriffes, jedenfalls mangels eines rechtswidrigen Angriffes –, wenn der Angegriffene mit dem „Angriff" einverstanden war oder wirksam in ihn eingewilligt hat.[282] – Wie die Notwehr (o. Rn. 84) rechtfertigt auch die Notwehrhilfe **nur** die **Verletzung des Angreifers** und seiner Rechtsgüter. Werden durch die Verteidigungshandlung unbeteiligte Dritte – auch sog. „Nichtangreifer" – betroffen, so kann der Notstand (§ 34 oder § 904 BGB) zur Rechtfertigung führen. Muss etwa die Scheibe eines unbeteiligten Dritten eingeschlagen werden (§ 303), um einem Angegriffenen zu Hilfe kommen zu können, ist die Sachbeschädigung allenfalls nach § 904 BGB gerechtfertigt. Bisher als möglicher Nothilfefall unerkannt ist der sog. Behandlungsabbruch (dazu unten 18/17–19), bei dem der „Täter" z. B. den Schlauch der PEG-Sonde durchschneidet, um das Recht des Sterbewilligen, der nicht weiter ernährt werden will, auf den „unbeeinflussten Fortgang des Lebens und Sterbens" (*Mandla,* NStZ 2010, 698, 699) oder „die körperliche Unversehrtheit und das Selbstbestimmungsrecht" (BGHSt 55, 191, 197) zu verteidigen. Die Nothilfelage liegt dabei also vor, doch verneint der BGH eine Rechtfertigung, weil sich die „Verteidigungshandlungen … hier … nicht oder nicht allein gegen Rechtsgüter des Angreifers (Sachbeschädigung durch Zerschneiden des Schlauchs) richten, „sondern vor allem gegen ein höchstrangiges, *anderes* Rechtsgut der Angegriffenen selbst" (BGH a. a. O. m. – zumindest i. Erg. – zust. Bespr. *Bosch,* JA 2010, 908, 910; *Eidam,* GA 2011, 232, 241; *Gaede,* NJW 2010, 2925, 2927; *Lanzerath/Deters,* HRRS 2011, 161, 162; *Uhlig/Joerden,* AL 2011, 369, 374; *Verrel,* NStZ 2010, 671; and. aber *Mandla* a. a. O., *Zieschang,* Fs. Knemeyer, 2012, S. 449, 470 u. *Duttge,* MedR 2010, 36, 38: geboten). Im Ergebnis wird damit der/die Angegriffene wie ein Dritter oder ein Nichtangreifer behandelt.

139   Zu Nothilfe-Verteidigungshandlungen ist **jedermann** berechtigt, auch professionell arbeitende private Sicherheitsdienste.[283] Die Verteidigungshandlung des Nothelfers ist wie die des Selbstverteidigers an der – alle Umstände der Situation berücksichtigenden – **Erforderlichkeitsschranke** zu messen. Wie die Selbstverteidigung nicht erforderlich ist, wenn ein Nothelfer den Angriff mit für den Angreifer milderen Mitteln, als sie der Angegriffene einsetzen müsste, stoppen kann, (s. o. Rn. 123), so ist – umgekehrt – die Nothilfehandlung nicht erforderlich, wenn der Angegriffene

---

[280a] Näher *Engländer,* Fs. Roxin, 2011, S. 137 ff.
[281] *Jescheck/Weigend,* S. 348 f.; *Roxin,* AT I, 15/116.
[282] *S/S-Perron,* § 32 Rn. 25; *NK-Herzog,* § 32 Rn. 19; *Geilen,* Jura 1981, 312; *Seier,* NJW 1987, 2476; *Jakobs,* 12/59; *Roxin,* AT I, 15/116.
[283] Vgl. *Kunz,* ZStW 95 (1983), 973 ff.; *Fechner,* 1991, S. 211–224; *Gollan,* Private Sicherheitsdienste in der Risikogesellschaft, 1999, S. 198–202; ebenso *S/S-Perron,* § 32 Rn. 42; *Roxin,* AT I, 15/123; a. A. *Hoffmann-Riem,* ZRP 1977, 277 ff., gegen ihn *Schwabe,* ZRP 1978, 165 ff.; diff. *Helmrich,* 2008. – Zur Subsidiaritätsproblematik s. oben Rn. 123 a. E.

selbst über ausreichende und sogar mildere Abwehrmittel verfügt als der potentielle Nothelfer,[284] z. B. als geübter Boxer den Angriff mit bloßen Fäusten abwehren kann, wohingegen der bereitstehende Nothelfer Schlagwerkzeuge einsetzen müsste. Der gut ausgerüstete, durchtrainierte Wachmann eines privaten Wach- und Sicherungsunternehmens kann den Angriff mit milderen Mitteln stoppen als der Durchschnitts-Nothelfer.[285]

Auch der Nothelfer muss **nicht** darauf achten, dass er bei der erforderlichen Verteidigung der Rechtsgüter des Angegriffenen **verhältnismäßig** vorgeht, d. h. dem Angreifer keine überproportionalen Schäden zufügt (schwere Verletzung oder gar Tötung zum Eigentumsschutz).[286] Eine solche Beschränkung der Nothilfe hat keine Stütze im Gesetzeswortlaut, passt nicht zur auch überindividuellen Legitimation des Nothelfers als Rechtsbewahrer und hätte vor allem eine nicht zu akzeptierende Verkürzung des Rechtsgüterschutzes, insbesondere des Eigentumsschutzes, zur Folge, noch dazu bei Rechtsgutträgern, die sich nicht selbst helfen können.[287]

140

Zur Rechtfertigung der Nothilfe ist ebenfalls ein subjektives Rechtfertigungselement erforderlich, d. h. der Nothelfer muss mit **Verteidigungswillen** zugunsten der Rechtsgüter des Angegriffenen handeln.[288] Auch hier genügt die Kenntnis der notwehrrelevanten Tatsachen, so dass ein Irrtum über die Person des Angegriffenen (z. B. des Bestohlenen) diese Kenntnis ebenso wenig wie ein error in persona den Vorsatz beeinträchtigt.[289] Die Motive des Nothelfers für die Nothilfe sind auch hier nicht entscheidend; der Umstand, dass der Nothelfer bei Kenntnis des wirklich Bestohlenen nicht geholfen hätte, ist deshalb für dessen Rechtfertigung unschädlich.[290] Will derjenige, der bewusst zur Befreiung des Opfers Nothilfe leistet, zusätzlich noch die Gelegenheit nutzen, um dem Angreifer ein Übel zuzufügen, so ändert dieses Motiv nichts am auch vorhandenen „Verteidigungswillen".[291]

141

Eine im Wortlaut des § 32 II nicht zum Ausdruck gekommene „akzessorische Komponente"[292] erhält die Nothilfe in Fällen, in denen der Angegriffene für den Fall seiner Selbstverteidigung „sozialethischen" Einschränkungen unterliegen würde: darf sich der vom anderen Ehegatten angegriffene Ehegatte (s. u. 204) oder darf sich der Provokateur nur eingeschränkt verteidigen, so muss auch der Nothelfer diese Einschränkung beachten (s. u. Rn. 263). Auch in Fällen von krassem Missverhältnis zwischen verteidigtem Gut (Sache im Wert von unter 50 Euro [unten Rn. 179]) und Schaden beim Angreifer (schwere Körperverletzung) greift die „sozialethische" Notwehreinschränkung und führt hier sogar zum Ausschluss der Notwehr (s. u. Rn. 183) für Selbstverteidiger und Nothelfer.[293]

142

---

[284] Vgl. *Seier*, NJW 1987, 2476; *Kasiske*, Jura 2004, 832, 836; *S/S-Perron*, § 32 Rn. 42.

[285] Vgl. *Fechner*, 1991, S. 222.

[286] So aber *Seelmann*, ZStW 89 (1977), 57–59, der nicht direkt in Mitleidenschaft gezogene Helfer könne maßvoll abwägen; er müsse dies, um dem „Gebot maßvollen Ausgleichs in allen Konfliktfällen", einem „Essential unserer Rechtsordnung", zu genügen. – Kritisch dazu *Kasiske*, Jura 2004, 832, 836 u. *Roxin*, AT I, 15/121; *Sengbusch*, 2008, S. 197.

[287] Vgl. zu den einzelnen Gründen *Seier*, NJW 1987, 2477 f. sowie *Roxin*, AT I, 15/121.

[288] *Geilen*, Jura 1981, 313; NK-*Herzog*, § 32 Rn. 129. – Vgl. auch die grundsätzlichen Überlegungen zu „Nothilfe und Verteidigungswille" von *Kargl*, ZStW 110 (1998), S. 38, 63 f.

[289] *Beulke*, Jura 1988, 643; *Puppe*, JZ 1989, 729; *S/S-Perron*, § 32 Rn. 63; anders aber *Mitsch*, JA 1989, 85 f.

[290] *Schroeder*, JZ 1988, 567; *S/S-Perron*, § 32 Rn. 63; im Übungsfall *Kudlich*, JuS 1999, L 85 u. L 88.

[291] Vgl. *Gallas*, Fs. Bockelmann, 1979, S. 176 Fn. 56.

[292] *Geilen*, Jura 1981, 311 f.

[293] Vgl. das Bsp. 51 bei *Geilen*, Jura 1981, 314; wie hier *Kuhlen*, GA 2008, 282, 289 ff.

143   Problematisch und umstritten sind nur die Fälle der sog. **aufgedrängten** Nothilfe.[293a] Bei der Beurteilung dieser Fälle, in denen der Angegriffene weder mit dem Angriff noch mit der Einmischung des „Nothelfers" einverstanden ist, den Angriff also hinnehmen oder selbst abwehren will, ist nur der Ausgangspunkt weithin[294] unstreitig: es darf keine Nothilfe geleistet werden, wenn der Angegriffene nicht verteidigt werden will.[295] Es wird also grundsätzlich ein „doppelter" Verteidigungswille (der des Nothelfers und der des Angegriffenen) vorausgesetzt.[295a] Mehr als ein Ausgangspunkt ist dieses – ausdrücklich ausgesprochene oder konkludent zum Ausdruck gebrachte – Verbot der aufgedrängten Nothilfe nicht, denn die **Ausnahmen** von diesem Verbot, d. h. die Zulassung unerwünschter und trotzdem gerechtfertigter Nothilfe, betreffen nicht wenige Fälle. Überzeugend lässt sich eine „Ausnahme" oder immanente Beschränkung des Verbots in Fällen begründen, in denen der den Angriff Hinnehmende in den Angriff nicht hätte einwilligen dürfen, weil dieser zur Verletzung nicht disponibler Güter führen soll, z. B. der Nothelfer darf das Leben des seine Tötung durch einen Mörder Akzeptierenden wegen der Unverfügbarkeit des Lebens (s. § 216) gegen dessen Willen retten;[296] dies gilt auch für Fälle mit fehlendem Einsichtsvermögen des Angegriffenen und irrtumsbedingte Nothilfeverweigerungen.[297] Eine weitere „Ausnahme" wird man in den sog. Missbrauchsfällen annehmen können, in denen es dem Angegriffenen nur darum geht, den Angreifer härter zu treffen, als dies nötig wäre, wenn er das Hilfsangebot des Nothelfers annehmen würde.[298] An einer freiverantwortlichen Entscheidung des Angegriffenen, den Angriff zu dulden, kann man zweifeln, wenn er die Notwehrhilfe nur deshalb ablehnt, weil er die Verletzung des Notwehrhelfers (z. B. des Ehegatten) durch den Angreifer vermeiden will (Bsp. bei *Zieschang*, Rn. 234–236).

144   Zur noch ungeklärten Frage, wann der Wille, sich nicht helfen zu lassen, beachtlich ist, vgl. *Kühl*, Jura 1993, 236; *Sternberg-Lieben/Sternberg-Lieben*, JuS 1999, 444; *Kasiske*, Jura 2004, 832, 839, insb. zum Wunsch der Geisel, dass die Polizei nicht eingreift, weil sie die Tötung durch den Geiselnehmer befürchtet (= Fallkonstellation 4, S. 445 mit je nach Befriedung der Gesamtsituation diff. Lösung S. 448); *Kreß/Mülfarth*, JA 2011, 268 u. 274 f.

[293a] Lehrreich *Sternberg-Lieben/Sternberg-Lieben*, JuS 1999, 444–448; eingehend *Seuring*, 2004, S. 170 ff.

[294] Anders aber z. B. *Schroeder*, Fs. Maurach, 1972, S. 141 u. *Schmidhäuser*, 6/80.

[295] So die Rspr.: BGHSt 5, 247 f.; BGH StV 1987, 59; BayObLGSt 1954, 113; diese Rspr. zusf. *Seuring*, 2004, S. 31 ff., 42 ff. Ebenso die h.L.: vgl. nur *S/S-Perron*, § 32 Rn. 25/26; *Ebert*, S. 72; *Jescheck/Weigend*, S. 349; *Murmann*, GK, 25/69; *Roxin*, AT I, 15/116; *Stratenwerth/Kuhlen*, 9/97; *W-Beulke*, Rn. 334; ebenso *Kindhäuser*, § 32 Rn. 6: „mangels Gebotenheit", *Koch*, 2003, S. 163 u. *Seeberg*, 2005, S. 172 ff. u. 213, der eine Entschuldigung nach § 33 erwägt (kritisch dazu *Sengbusch*, GA 2007, 124, 126; zust. aber *Kubiciel* HRRS 2006, 264, 265); zum Meinungsstand in der Literatur *Seuring*, 2004, S. 44 ff., 62 ff. – Scharf gegen die Umdeutung der „Nothilfebefugnis" in eine „reine Einmischungsbefugnis" *Hruschka*, S. 169.

[295a] *Sternberg-Lieben/Sternberg-Lieben*, JuS 1999, 444, 445.

[296] Vgl. *Ebert*, JuS 1976, 323; *Geilen*, Jura 1981, 312 f.; *Kasiske*, Jura 2004, 832, 838; *Seuring*, 2004, S. 86, 186 ff., 215 f., 250; *Engländer*, 2008, S. 373; *Schmidhäuser*, 6/80; MK-*Erb*, § 32 Rn. 184; NK-*Herzog*, § 32 Rn. 20; vgl. auch *Sternberg-Lieben/Sternberg-Lieben*, JuS 1999, 444, 445. – Für hingenommene Körperverletzungen ist § 228 zu beachten, vgl. *Seier*, NJW 1987, 2482 u. MK-*Erb* a. a. O.

[297] Ebenso LK-*Rönnau/Hohn* § 32 Rn. 210; vgl. zu diesen beiden Ausnahmen *Seier*, NJW 1987, 2478 u. 2481, m. N.; weiter diff. *Seuring*, 2004, S. 251.

[298] Vgl. *S/S-Perron*, § 32 Rn. 25/26 u. *Seuring*, 2004, S. 251.

Ist der Wille des (ohnmächtigen) Angegriffenen nicht zu ermitteln, so ist nach den 145
Grundsätzen der mutmaßlichen Einwilligung das „rechtlich Vernünftige"[299] maßgebend, und das ist normalerweise die Gutserhaltung durch Nothilfe.

> Zur Einübung in die Problematik der Nothilfe geeignete **Übungsfälle** finden sich bei: *Börgers/Grunewald*, ZJS 2008, 521 u. 577 f. (nur gegen Angreifer); *Ebert*, JuS 1976, 319 u. 323; *Eiden/Köpferl*, Jura 2010, 780 u. 782; *Herzberg/Schlehofer*, JuS 1990, 559 u. 562 f.; *Gropengießer/Mutschler*, Jura 1995, 155 u. 157; *Keunecke/Witt*, JA 1994, 470 u. 479 f.; *Kretschmer*, Jura 1998, 244 u. 248; *Zacharias*, Jura 1994, 207 u. 209; *Hilgendorf*, KK II, Fall 5, Rn. 50; *Jescheck*, Fälle, Fall 45, S. 60–62; *Krey/Fischer*, JA 1997, 204 u. 211 f.; *Küpper*, in: G/K/M, Fallsammlung, Fall 9, S. 167 f. u. 169 (Nothelfer mit milderem Mittel); *Schwind/Franke/Winter*, Anfängerübung, 1. Klausur, S. 51 u. 58 f.; zum erforderlichen „Nothilfevorsatz" = „Verteidigungswillen" vgl. *Kudlich*, JuS 1999, L 85 ff.; *Seier*, JuS 1989, L 85 f., sowie Bsp. 2 bei *Hillenkamp*, 4. AT-Problem, S. 36 f. – Nothilfe-Fälle sind regelmäßig auch die o. g. Fälle des Angriffs durch Unterlassen, den der rettungswillige Nothelfer durch Verletzung von Rechtsgütern dieses Angreifers „abwehrt"; vgl. ergänzend *König*, JuS 1992, 48 u. 52.

Geht der vom Angegriffenen herbeigerufene Nothelfer mit nicht erforderlichen, 146
zu harten Abwehrmitteln gegen den Angreifer vor (sog. Exzess des Nothelfers[300]),
so können diese vom Angegriffenen ungewollten Folgen nicht zu seiner Fahrlässigkeitshaftung führen, wenn das Herbeirufen des Nothelfers trotz des mit ihr
verbundenen Risikos die erforderliche Verteidigung war.[301] Auch bei erkennbarer/fahrlässiger Herbeirufung eines Schlägers scheitert eine Haftung des Angegriffenen für Verletzungen des Angreifers gem. § 229 daran, dass ihm wegen des vorsätzlichen Exzesses des Nothelfers der Erfolg nicht objektiv zugerechnet werden kann.

Zu den Sonderkonstellationen der sog. Staatsnothilfe und der Nothilfe durch Po 147
lizeibeamte vgl. oben Rn. 37 und sogleich unter e = Rn. 148 ff.).

e) Notwehr und Nothilfe durch Polizeibeamte

Auch Hoheitsträger, insbesondere Polizeibeamte können mit Notwehrlagen kon 148
frontiert werden. So kann der Polizeibeamte selbst rechtswidrig angegriffen werden,
z. B. wenn sich ein Bürger gegen eine rechtmäßige Festnahme rechtswidrig und mit
Gewalt wehrt.[302] Häufiger aber wird der Polizeibeamte auf eine zwischen Privatpersonen bestehende Notwehrsituation treffen, in der er dem rechtswidrig Angegriffenen zur Seite springen muss; es kann schließlich auch Situationen geben, in denen
ein Polizist dem rechtswidrig angegriffenen Kollegen helfen muss.[303] Ob sich der Polizeibeamte in diesen Situationen zur **Selbst- oder Drittverteidigung** auf § 32 berufen
kann, ist umstritten.[304] Der Grund für diesen Streit ist darin zu sehen, dass auch
(andere) **öffentlich-rechtliche** Regelungen wie die in den Polizeigesetzen und den
Gesetzen über die Anwendung unmittelbaren Zwanges für die Bewältigung der geschilderten Situationen einschlägig sind und dass diese Regelungen für den sich auf

---

[299] *Jakobs*, 12/62; vgl. auch *Roxin*, AT I, 15/120.
[300] S/S-*Perron*, § 32 Rn. 42 a. E.; vgl. aus der Rspr.: BGH NStZ 1989, 113 f.
[301] Zur Rechtfertigung einer fahrlässigen Tötung durch Nothilfe s. *Beulke*, Jura 1988, 646 f.
[302] Vgl. BayObLG JZ 1991, 936 f. und den Besprechungsaufsatz von *Rogall*, JuS 1992, 551–559; neuerdings BGH NStZ 2005, 31.
[303] Vgl. wieder BayObLG JZ 1991, 936 f., und die Zusammenfassung des dieser Entscheidung zugrundeliegenden Sachverhalts durch *Otto*, JK 91, StGB § 32/16. Vgl. zu solchen Fällen auch *Fechner*, 1991, S. 75 f.
[304] Vgl. *Amelung*, JuS 1986, 331; *Roxin*, AT I, 15/108; NK-*Herzog*, § 32 Rn. 58 u. 80. Nach *Rogall*, JuS 1992, 556: „alte und vieldiskutierte Streitfrage". – Knapper Überblick zum Streitstand bei *Sternberg-Lieben*, JA 1996, 132 f.

sie stützenden Hoheitsträger „enger" sind als die Notwehrregelung.[304a] Könnten sich Polizeibeamte also auf § 32 berufen, so könnten sie die strengere Voraussetzungen aufstellenden polizeirechtlichen Regelungen durch Nichtbeachtung „unterlaufen".

149   Engere bzw. strengere Voraussetzungen enthalten vor allem die polizeirechtlichen Regelungen über den **Schusswaffengebrauch,** und zwar sowohl hinsichtlich des Anlasses (der rechtswidrige Angriff muss ein Verbrechen oder ein mit Schusswaffen begangenes Vergehen sein) als auch hinsichtlich des Zweckes des Schusswaffeneinsatzes (Angriffs- oder Fluchtunfähigkeit des Angreifers).[305] Beide Einschränkungen sind als gesetzliche Konkretisierung des Verhältnismäßigkeitsgrundsatzes zu verstehen. Daraus ergibt sich zugleich die Erklärung für die weitere bzw. weniger strenge Notwehrregelung: die Verhältnismäßigkeit ist keine Notwehrvoraussetzung, d. h. jeder rechtswidrige Angriff auf Individualrechtsgüter darf abgewehrt werden, falls erforderlich sogar mit lebensgefährlichen und tödlich wirkenden Schüssen. Zu Beispielen hierfür vgl. *Kühl,* Jura 1993, 237. – Zum umstrittenen gezielten Todesschuss vgl. unten 9/117.

150   Bei der **Bearbeitung von Übungsfällen,** in denen es um die Rechtfertigung tatbestandsmäßiger Handlungen von Hoheitsträgern geht, sollte das Problem der Anwendbarkeit von § 32 erst angegangen werden, wenn genau geprüft ist, ob sich eine Rechtfertigung nicht auf Grund der polizeirechtlichen Eingriffsermächtigungen ergibt; vgl. *Hillenkamp,* 5. AT-Problem, S. 44 sowie die Übungsfälle von *Alpmann/Schmidt,* AT 1, Fall 28, S. 141–144; *Böse/Kappelmann,* ZJS 2008, 290 u. 294; *Heimann/Prisille,* JA 2002, 305 f. u. 307, 311 f.; *Herzberg/Schlehofer,* JuS 1990, 559 u. 562; *Laubenthal,* Jura 1989, 99 u. 104; *Otto/Petersen,* Jura 1999, 480, 483 (ohne vorherige Prüfung der polizeilichen Eingriffsermächtigung), sowie *Rogall,* JuS 1992, 551, 554 u. 559, in einer Fallaufbereitung von BayObLGSt 1991, 141.[305a] Führt diese Prüfung freilich zu dem Ergebnis, dass das Verhalten des Polizisten (polizei-)rechtswidrig war, so muss die Streitfrage trotz ihrer Umstrittenheit gelöst werden.

151   Eine erste Lösung der Problemfälle geht dahin, aus der Polizeirechtswidrigkeit auch die strafrechtliche Rechtswidrigkeit zu folgern, weil die Polizeirechtswidrigkeit das für das Verhalten von Polizisten maßgebliche Urteil enthalte, das nicht durch die Anwendung des § 32 „unterlaufen" werden dürfe (sog. **öffentlich-rechtliche Theorie** oder polizeirechtliche Lösung[306]). Ein solches „Unterlaufen" wird genauer darin gesehen, dass „das sorgsam abgestufte Gefüge öffentlich-rechtlicher Eingriffsermächtigungen aus den Angeln gehoben" werde, z. B. die „viel engeren Grenzen des Schusswaffengebrauchs … hinfällig" würden.[307] Könne sich jeder Hoheitsträger auf § 32 berufen, so könnte die polizeiliche Führung (z. B. bei noch nicht gewalttätigen

---

[304a] Ebenso LK-*Rönnau/Hohn,* § 32 Rn. 216: „höhere Anforderungen" der landesrechtlichen Vorschriften zur Gefahrenabwehr.

[305] Auch bez. der Verpflichtung zur Androhung des Schusswaffeneinsatzes gibt es Unterschiede zwischen § 32 und dem Polizeirecht, s. *Fechner,* 1991, S. 13–16.

[305a] Kritisch zu diesem Vorgehen, das er als Subsidiarität versteht, *Beisel,* JA 1998, 723 f.; er selbst will die §§ 32, 34 „neben den öffentlich-rechtlichen Vorschriften" anwenden.

[306] So z. B. *Hillenkamp,* 5. AT-Problem, S. 39 f., der noch zwischen einer reinen und einer eingeschränkten Theorie differenziert; vertreten von *Jahn,* 2004, S. 417 ff. u. LK-*Rönnau/Hohn,* § 32 Rn. 220; zu den öffentlich-rechtlichen Vertretern dieser Theorie s. *Amelung,* JuS 1986, 332 Fn. 41. – Von der „polizeirechtlichen Lösung" spricht *Seebode,* Fs. Klug, 1983, S. 363, u. in: StV 1991, 84. Weiter diff. *Beisel,* JA 1998, 721, 722.

[307] *Amelung,* JuS 1986, 331; vgl. zu diesem Argument auch *Blei,* S. 148; *Kunz,* ZStW 95 (1983), 982; *Schünemann,* GA 1985, 365; *Thewes,* 1988, S. 53 u. 56 sowie SK-*Rudolphi/Stein,* Rn. 12 Vor § 331.

Demonstrationen) die einzelnen Polizisten nicht in geordneten Bahnen halten (z. B. durch den Befehl zu zurückhaltendem Vorgehen, um Eskalationen zu verhindern).[308]

Die gegenüber dem Normalbürger eingeschränkten Handlungsmöglichkeiten des **152** Polizisten werden mit dessen berufsbedingter erhöhter **Gefahrtragungspflicht,**[309] die schärferen Abwehrrechte des Normalbürgers werden mit den ihm im Vergleich zur Polizei fehlenden Abwehrmitteln[310] erklärt. In Fällen polizeirechtswidrigen Verhaltens führt diese Lösung zur Strafbarkeit des Polizisten aus dem Delikt, das sein Verhalten tatbestandsmäßig erfasst.[311]

Die entgegengesetzte Lösung (sog. **strafrechtliche** Lösung bzw. **Theorie**[312]) gestattet auch dem Polizisten die Berufung auf den Rechtfertigungsgrund der Notwehr. **153** Ihr ist auf Grund der bestehenden Gesetzeslage zu folgen: § 32 enthält wie die übrigen allgemeinen Erlaubnissätze keinen Ausschluss hoheitlichen Handelns,[313] die (freilich unterschiedlich formulierten) sog. **Notrechtsvorbehalte** in den Polizeigesetzen, nach denen die allgemeinen Notrechte „unberührt" bleiben, können nicht „einfach als inexistent behandelt werden ...".[314] An die für jedermann geltenden Grenzen der Erforderlichkeit (dem geübten Polizisten werden oft schonendere, aber gleich wirksame Abwehrmittel zur Verfügung stehen[315]), des Art. 2 II a EMRK (der nach verbreiteter Meinung nur für Hoheitsträger gilt[316]) und der Gebotenheit[317] ist

---

[308] Vgl. *Amelung,* JuS 1986, 332 u. in: Fs. Badura, 2003, S. 3, 11; *Jakobs,* 12/42, u. *ders.,* 1993, S. 160. – Zum Klammer-Bsp. vgl. *Seelmann,* ZStW 89 (1977), 56.

[309] *Seelmann,* ZStW 89 (1977), 52 f.; *Kunz,* ZStW 95 (1983), 985; ausführlich *Fechner,* 1991, S. 110–120, 145 u. 205.

[310] *Amelung,* JuS 1986, 332; *Seelmann,* ZStW 89 (1977), 55. Zur Ausbildungs- und Ausrüstungssituation der Polizei s. *Fechner,* 1991, S. 102–110, 144 u. 205.

[311] So konsequent *Jakobs,* 12/44.

[312] Vgl. *Seebode,* Fs. Klug, 1983, S. 369, bzw. *Hillenkamp,* 5. AT-Problem, S. 42 mit dem Zusatz „rein", und *Beisel,* JA 1998, 721, mit dem Zusatz „streng"; bei *Hillenkamp* finden sich auch umfassende Nachweise zu den Vertretern dieser Theorie (S. 43 f.). Nach *Rogall,* JuS 1992, 557: „Die wohl noch herrschende Meinung".

[313] Vgl. *Otto,* 8/58; *Roxin,* AT I, 15/112; *Lackner/Kühl,* § 32 Rn. 17; S/S-*Perron,* § 32 Rn. 42 c.

[314] *Roxin,* AT I, 15/108, in 15/109 auch zu den unterschiedlichen Formulierungen der Notrechtsvorbehalte. Auch S/S-*Perron,* § 32 Rn. 42 b, verstehen sie als „ergänzende Verweisung" u. a. auf § 32; auf die Notrechtsvorbehalte verweist auch *Frister,* AT, 16/36. – Aus der Rspr. vgl. BGH Kriminalistik 2004, 572 mit Bspr. *Petersohn,* JA 2005, 91. – Gegen die Berufung auf Notrechtsvorbehalte *Jahn,* 2004, S. 343 ff., 606: „verfassungswidrig", u. NK-*Paeffgen,* Rn. 151 vor § 32.

[315] Vgl. *Roxin,* AT I, 15/113; S/S-*Perron,* § 32 Rn. 42 c; *Schmidhäuser,* JZ 1991, 938; *Eser/Burkhardt,* Strafrecht I, Nr. 10 A 58.

[316] Vgl. nur *Ladiges,* JuS 2011, 879, 881; B-*Weber/Mitsch,* 17/35; *Jescheck/Weigend,* S. 349; *Gropp,* 6/80 a; *Murmann,* GK, 25/99; W-*Beulke,* Rn. 343 a; NK-*Herzog,* § 32 Rn. 95; LR-*Gollwitzer,* MRK Art. 2 Rn. 19; SSW-*Rosenau,* § 32 Rn. 37; *Fischer,* § 32 Rn. 40 u. *Hecker,* 2010, 3/68–73: Fall 6; im Erg. auch *Krey/Esser,* AT, Rn. 550, weil die BRD die Schutzpflicht gegenüber dem Leben des Angreifers nicht unterscheidet; zur Gegenansicht (Geltung für alle) vgl. *Renzikowski,* 1994, S. 314; *Roxin,* AT I, 15/87; LK[11]-*Jähnke,* § 212 Rn. 9; *Koriath,* in: Ranieri (Hrsg.), Die Europäisierung der Rechtswissenschaft, 2002, S. 47, 52 ff.; wohl auch *Jung,* in: Ranieri (Hrsg.), Die Europäisierung der Rechtswissenschaft, 2002, S. 41, 43 f.; für eine mittelbare Drittwirkung *Satzger,* 2011, 11/33 u. in: Jura 2009, 759, 762 f., der aber gleichermaßende Geltung für Private bezweifelt; für unterschiedliche Einschränkungen MK-*Erb,* § 32 Rn. 18. Weitere Literaturhinweise finden sich bei *Hillenkamp,* 3. AT-Problem, S. 24 f. – Der gezielte Todesschuss zur Befreiung von Geiseln ist von Art. 2 EMRK zugelassen, vgl. *Frowein,* in: Frowein/Peukert, EMRK-Kommentar, 2. Aufl., 1996, § 2 Rn. 11.

auch der Hoheitsträger gebunden. Zusätzliche Grenzen hat er nicht zu beachten, da ihm sonst ein Eingreifen zum Schutze bedrohter Rechtsgüter untersagt wäre, wenn der Normalbürger diesen Schutz unter Berufung auf § 32 übernehmen dürfte;[318] wird dem Bürger dann auch noch diese Eingriffsberechtigung wegen der Subsidiarität der privaten gegenüber der polizeilichen Notwehr genommen, so ist niemand mehr befugt, die erforderliche Hilfe zu leisten.[319]

154   Dazu, dass sich der hier favorisierten strafrechtlichen Lösung auch Vertreter der öffentlich-rechtlichen Lösung für den Fall anschließen, dass es um die **Selbst**verteidigung des angegriffenen Polizisten geht, vgl. *Kühl*, Jura 1993, 238, so etwa *Zieschang*, Rn. 192.

155   Auch wer – wie hier – Hoheitsträgern die Berufung auf § 32 in Selbst- und Fremdverteidigungsfällen nicht verwehrt, kann der Gegenmeinung zugestehen, dass § 32 damit nicht zu einer zusätzlichen gesetzlichen **Eingriffsermächtigung** der Polizei wird. Er muss dann freilich die Wirkung des § 32 auf die Rechtfertigung straftatbestandsmäßigen Verhaltens beschränken und das Urteil der Polizeirechtswidrigkeit des Verhaltens daneben bestehen lassen. Diese sog. **differenzierende Theorie**[320] kann sich auf die Notrechtsvorbehalte mehrerer Landespolizeigesetze stützen, nach denen die „strafrechtlichen Wirkungen nach den Vorschriften über Notwehr … unberührt" bleiben.[321] Die Teilung des Rechtswidrigkeitsurteils kann mit den unterschiedlichen Funktionen und Sanktionen des Strafrechts und des Polizeirechts begründet werden.[322] Entgegengehalten werden kann dem der nicht ganz deutliche Gesichtspunkt der „Einheit der Rechtsordnung"[323] und das Argument, die Polizeirechtswidrigkeit beschränke sich dann auf eine formale Position,[324] die nur disziplinarische Sanktionen nach sich ziehe.[325]

---

[317] Vgl. BGH NStZ 2005, 31. – Diese „sozialethische" Bindung macht eine besondere Bindung des Polizisten bei der Notwehrausübung an den Verhältnismäßigkeitsgrundsatz überflüssig, vgl. *Roxin*, AT I, 15/114.

[318] Dieses Argument bestimmt auch die Einzige neuere strafrechtliche Entscheidung: BayObLG JZ 1991, 936; die Entscheidung hat diesbezüglich im Ergebnis Zustimmung gefunden bei *Otto*, JK 91, StGB § 32/16; *Schmidhäuser*, JZ 1991, 937 ff.; *Spendel*, JR 1991, 250. – Für die Gleichbehandlung von Polizist und Bürger auch *Joecks*, § 32 Rn. 37; LK[11]-*Jähnke*, § 212 Rn. 12; *S/S-Perron*, § 32 Rn. 42 c. – Eine Einschränkung durch das Verhältnismäßigkeitsprinzip befürworten *Schaffstein*, Gs. Schröder, 1978, S. 111 ff.; *Seelmann*, ZStW 89 (1977), 50 ff.; *Köhler*, S. 277.

[319] *Seebode*, StV 1991, 85; zust. *Otto*, JK 91, StGB § 32/16; vgl. auch *S/S-Perron*, § 32 Rn. 42 c sowie *Rogall*, JuS 1992, 557.

[320] *Hillenkamp*, 5. AT-Problem, S. 41 f.; *Seebode*, Fs. Klug, 1983, S. 371: „differenzierende Lösung", ebenso *Rogall*, JuS 1992, 558; *Beisel*, JA 1998, 721, 722; *Fahl*, JR 2004, 182, 188; *Jerouschek*, JuS 2005, 296, 301; *Frister*, AT, 16/36; MK-*Erb*, § 32 Rn. 189–195 und SK-*Günther*, § 32 Rn. 17. – *Fechner*, 1991, S. 82 ff. u. 98 f.: „verfassungsrechtliche Begrenzungslehre". – Kritisch *Fischer*, § 32 Rn. 12; abl. u. a. wegen der Einheit der Rechtsordnung *Zieschang*, Rn. 192.

[321] Vgl. *Seebode*, StV 1991, 85, m. N. in Fn. 73. Nach *Rogall*, JuS 1992, 553, kommt diesen Notrechtsvorbehalten eine „Schlüsselfunktion" zu.

[322] Vgl. *Günther*, 1983, S. 47 u. 369; *Ebert*, S. 68 f.; NK-*Herzog*, § 32 Rn. 85; krit. SK-*Rudolphi/Stein*, 14 vor § 331.

[323] Vgl. *S/S-Perron*, § 32 Rn. 42 b. – *Roxin*, AT I, 15/111, sieht darin kein ausreichendes Gegenargument; nach *Rogall*, JuS 1992, 559, gebietet die Einheit der Rechtsordnung nicht, Verstöße gegen öffentliches Recht stets strafrechtlich zu ahnden; krit. zur Einheit der Rechtsordnung *Bergmann*, 1993, S. 10 ff. u. *Sengbusch*, 2008, S. 271.

[324] LK[11]-*Hirsch*, § 34 Rn. 19; dagegen *Seebode*, StV 1991, 84.

[325] Vgl. *Lerche*, Fs. v. d. Heydte, 1977, S. 1045 f.; dagegen *Günther*, 1983, S. 73.

Schließlich werden kriminalpolitische Bedenken erhoben, da der Polizist im Hin- 156 blick auf die ihm drohenden disziplinarischen Folgen von den Notrechtsvorbehalten zugunsten des Bürgers wenig Gebrauch machen werde.[326] Erschießt also der Polizeibeamte polizeirechtswidrig (eigenmächtig oder ohne polizeigesetzliche Grundlage) den Geiselnehmer, so wird er nicht zum Totschläger, wenn er die Voraussetzungen des § 32 beachtet,[327] insbesondere den Willen der Geisel;[328] polizeirechtliche/disziplinarische Sanktionen gegen ihn bleiben möglich.

Das Notwehrhilferecht von **Hoheitsträgern** gilt auch in sog. „Folter"-Fällen,[328a] 156a in denen ein Polizeibeamter zur Abwehr eines noch fortdauernden Angriffs auf die Fortbewegungsfreiheit und das Leben einer gefangen gehaltenen Person dem „Entführer" die Zufügung körperlicher Schmerzen androht, weil und wenn das die einzige Möglichkeit ist, das Versteck zu erfahren und den Angriff auf das Leben des „Entführten" i. S. des § 32 II „abzuwenden". Der Fall ist hier so gebildet, dass keine BT-Probleme auftreten (in Betracht kommen §§ 240, 343, 357) und auch die § 32 II-Voraussetzungen des gegenwärtigen Angriffs durch Tun oder Unterlassen (aus dieser Perspektive krit. *Schumann*, Fs. Dencker, 2012, S. 287, 298 ff.) und der erforderlichen Verteidigung vorliegen, was im tatsächlichen „Fall Daschner" bzw. „Fall Gäfgen" nicht oder nicht zweifelsfrei gegeben war (der Fall ist rechtskräftig entschieden vom LG Frankfurt NJW 2005, 692 mit z. T. krit. Bspr. *Ellbogen*, Jura 2005, 339; *Götz*, NJW 2005, 953; *Jerouschek*, JuS 2005, 296 u. *Kudlich*, JuS 2005, 376; dass der Foltervorwurf nicht zur Einstellung des Strafverfahrens wegen eines Verfahrenshindernisses führt, hat LG Frankfurt StV 2003, 327 mit Anm. *Weigend* 436, rechtskräftig [vgl. die Zurückweisung der Revision durch den BGH, Beschluss v. 21. Mai 2004 – 2 StR 35/04] und ohne Beanstandung durch das BVerfG [NJW 2005, 656] und den EGMR, Kammerurteil v. 30. 6. 2008, NStZ 2008, 700 ff. und durch die Große Kammer – 1. 6. 2010, NJW 2010, 3145 ff., entschieden). Akzeptiert man im Hinblick auf die Notrechtsvorbehalte in den Landespolizeigesetzen (oben Rn. 153) die Berechtigung von Hoheitsträgern zur Notwehrhilfe zugunsten rechtswidrig angegriffener Bürger, so scheiden sich die Geister an der Frage, ob das „Folterverbot" oder das Verbot unmenschlicher Behandlung hier eingreift und absolut gilt, weil es Ausprägung der nach Art. 1 I 1 GG unantastbaren Menschenwürde ist (krit. zur Inanspruchnahme der Menschenwürde *Amelung*, JR 2012, 18 ff. zum Urteil des LG Frankfurt v. 4. 8. 2011 über die Entschädigung des „Mörders" [und „Folteropfers"]). Von diesen scharfen Geschützen hat sich das LG Frankfurt (NJW 2005, 692, 693) beeindrucken lassen und u. a. die Gebotenheit der Notwehrhilfe (s. dazu oben Rn. 142 u. Rn. 157 ff.) verneint; dass der Polizeibeamte trotz Verstoßes gegen das Folterverbot und trotz Antastung der Menschenwürde – bei Schuldigsprechung[328b] – nur unter Strafvorbehalt nach § 59 verwarnt wurde, steht

---

[326] Vgl. *Roxin*, AT I, 15/111; LK[11]-*Jähnke*, § 212 Rn. 13.

[327] So *Günther*, 1983, S. 369; *Otto*, JK 91, StGB § 32/16; vgl. auch die zum selben Ergebnis führende Falllösung von *Fechner*, 1991, S. 226–230. – Gegen eine § 32-Rechtfertigung des Schützen jedoch die öffentlich-rechtliche Fallbearbeitung von *Pilow*, Jura 1991, 482 u. 487 f., der der sog. öffentlich-, polizeirechtlichen Lösung/Theorie folgt.

[328] Nach *Amelung*, JuS 1986, 332, soll diese Bindung an den Willen der Geisel durch die polizeigesetzliche Regelung des finalen Todesschusses aufgehoben werden, um den Staat nicht erpressbar werden zu lassen.

[328a] Konsequent nach *Mitsch*, Fs. Roxin zum 80., 2011, S. 639, 641 Fn. 17, der – auf der angenommenen Basis der gerechtfertigten Folter – die „rettungsvereitelnde Folterverhinderung" als „Eingriff in einen erfolgsabwendungsgerichteten Kausalverlauf" als tatbestandsmäßig und rechtswidrige Tötung durch aktives Tun bewertet (zusf. S. 655).

[328b] *Lackner/Kühl*, § 59 Rn. 1.

in auffälligem Kontrast zu diesen angeblich schweren Verstößen (erkannt vom EGMR NJW 2010, 3146, 3147, der aber im Gegensatz zur hier vertretenen Rechtfertigung schärfere Sanktionen gegen den „Täter" verlangt, z. B. die Amtsenthebung; die milde „Bestrafung" billigt *Roxin,* AT I, 22/169, weil es sich um einen Fall mit „vielen Milderungsgründen" handle; „widersprüchliche Signale" der Rspr. sieht *Kargl,* Fs. Puppe, 2011, S. 1163, 1166). Dabei steht außer Streit, dass gerade bei der Notwehrhilfe durch Hoheitsträger Wertungen der Gesamtrechtsordnung und internationale Vorgaben zu beachten sind, z. B. Art. 1, 104 I 2 GG und Art. 3 MRK (dazu *Hecker,* 2010, 3/74: nicht relativierbares Völkerrecht, u. *Satzger,* 2011, 11/36: „absolut"; s. auch *Werle,* VölkerStrR, Rn. 936–948; anders *Gössel,* Fs. Otto, 2007, S. 41, 47 ff.), Art. 7, 10 I PBPR, Art. 2, 16 UN-Antifolterkonvention. Außer Streit steht auch, dass Folter nicht zur Erzwingung von Geständnissen eines Beschuldigten angedroht oder angewandt werden darf. Es fragt sich aber, ob dieses Folterverbot auch dann gilt, wenn die sog. ‚Folter' bzw. ihre Androhung präventiv auf Lebenserhaltung ausgerichtet ist und ob es dann auch absolut gilt; man spricht hier von **„Rettungsfolter"** oder sogar von **„Notwehrfolter"** (*Merkel,* Fs. Jakobs, 2007, S. 375, 389; ebenso *Mitsch,* Fs. Roxin zum 80., 2011, S. 639 und *Erb,* Fs. Seebode, 2008, S. 99, 101). Beides ist zu verneinen, auch wenn der Begriff ‚Folter' immer weiter ausgedehnt wird und dadurch seine Konturen verliert.[328c] Wenn das höchste Rechtsgut, das Leben, auf dem von § 32 vorgesehenen Weg gerettet werden kann, dann stehen auch höchste Prinzipien wie Folterverbot, Verbot unmenschlicher Behandlung und Menschenwürde, deren Einschlägigkeit hier ohnehin zweifelhaft ist (*Gössel* a. a. O. S. 50 ff.; dazu *Kelker,* Fs. Puppe, 2011, S. 1673, 1679 f. u. *Dederer,* in: Beck/Thies (Hrsg.), Moral und Recht, 2011, S. 125, 145 f.), nicht entgegen (anders wohl das o. g. Kammerurteil des EGMR, der aber im „Fall Gäfgen" keinen Verstoß gegen das Folterverbot annahm; bestätigt durch die Große Kammer NJW 2010, 3145 ff., die eine unmenschliche Behandlung i. S. des Art. 3 MRK annahm; zust. *Satzger,* Jura 2009, 759, 765). Gerade bei der Notwehrhilfe durch Polizeibeamte nicht, denn diese sind sogar zum Schutz des Lebens (und anderer Individualrechtsgüter) von Bürgern verpflichtet (a. A. MK-*Erb,* § 32 Rn. 200), so dass sich der Polizeibeamte wegen Totschlags durch Unterlassen (§§ 212, 22/23) strafbar machen würde, wenn er die ihm mögliche Rettung bedrohten Lebens als Beschützergarant unterließe (vgl. 18/83 ff.: „Freiheitsschutzaufgabe"); diese Pflicht kann nicht als Argument gegen die Rettungsfolter verwendet werden,[328d] sondern spricht für ihre Rechtfertigung. Auch die Gebotenheit der Notwehrhilfe ist nicht zu verneinen,[328e] denn was wäre das für eine „sozialethische" Einschränkung, die die Preisgabe

---

[328c] Zum Begriff vgl. BGHSt 46, 292, 303; *Jerouschek/Kölbel,* JZ 2003, 613 f.; *Hecker,* KJ 2003, 210.

[328d] So aber *Fischer,* § 32 Rn. 15 a u. schon *Lüderssen,* Fs. Rudolphi, 2044, S. 691, 705; dagegen auch *Gössel,* Fs. Otto, 2007, S. 41, 61, der eine Handlungspflicht aus anderen Gründen ablehnt; eine objektive Unrechtsteilnahme des Staates an der Tötung des entführten Opfers sieht *Merkel,* Fs. Jakobs, 2007, S. 375, 393 ff. – Erst recht ist es kein Argument gegen eine solche Schutzpflicht des Staates und seiner Hoheitsträger, dass ihr der EGMR „mehrfach eine deutliche Absage erteilt" habe (so aber S/S-*Perron,* § 32 Rn. 62 a); trotz erkannter guter Gegenargumente meinen die EGMR-Rspr. respektieren zu müssen: *Schmitt,* in: Meyer-Goßner, Rn. 2 a zu Art. 3 MRK und *Stratenwerth/Kuhlen,* 9/95 Fn. 137; damit verhält man sich zwar europafreundlich, erweist aber der deutschen Rechtsordnung einen „Bärendienst".

[328e] Näher *Kühl,* Fs. Jung, 2007, S. 433, 441, Fs. Otto, 2007, S. 63, 76 f. u. in: Fs. Seebode, 2008; MK-*Erb,* § 32 Rn. 207: unterscheidet sich von allen anderen Fallgruppen fundamental; zweifelnd auch *Fahl,* 743 ff.; a. A. *Saliger,* ZStW 116 (2004), S. 35, 48 u. *Norouzi,* JA 2005, 306.

erhaltbaren Lebens um Prinzipien willen verlangte. Dieser Standpunkt ist freilich kontrovers, denn: „Wir Deutschen lieben unsere Prinzipien".[328f] Vor der Errichtung von Tabus sollte sich die (Straf-)Rechtswissenschaft hüten,[328g] denn sie helfen in der Sache nicht und sind nicht durchsetzbar.

Aus der kaum mehr überschaubaren, hier nicht vollständig wiedergegebenen Diskussion vgl. in Richtung des obigen Textes: *Erb*, Jura 2005, 24 u. NStZ 2005, 593; *Fahl*, JR 2004, 182; *Götz*, NJW 2005, 953; *Jerouschek/Kölbl*, JZ 2003, 613 f.; *Jerouschek*, JuS 2005, 296; *Miehe*, NJW 2003, 1219 (für Einschränkung der Folterverbote); *Otto*, JZ 2005, 473, 480 f.; *Seebode*, in: *Goerlich* (Hrsg.), Staatliche Folter, 2007, S. 54 sowie schon *Brugger*, JZ 2000, 165; wohl auch *Hilgendorf*, JZ 2004, 331; *Neuhaus*, GA 2004, 521 u. *Herzberg*, JZ 2005, 321 für Androhung von Foltermaßnahmen auch *Merkel*, Fs. Jakobs, 2007, S. 375, 401 f.; für Pflichtenkollision *Wittreck*, DÖV 2003, 873 u. *Gintzel*, Die Polizei 2004, 249; aus der Lehrbuch- und Kommentar-Literatur: *Murmann*, GK, 25/104; *Otto*, 8/59; *Stratenwerth/Kuhlen*, 9/95 (Androhung von Gewalt nicht kategorisch zu verbieten); MK-*Erb*, § 32 Rn. 196–200; *Lackner/Kühl*, § 32 Rn. 17 a u. *Meyer-Goßner*[51], Anh. 4, Rn. 1 zu Art. 3 MRK, anders jetzt *Meyer-Goßner [Schmitt]*, Rn. 2 a zu Art. 3 MRK; **gegen** jede Rechtfertigung und Entschuldigung wegen Folterverbots und Menschenwürdeverletzung: *Anders*, in: *Goerlich* (Hrsg.), Staatliche Folter, 2007, S. 18; *Düx*, ZRP 2003, 180; *Hamm*, NJW 2003, 956; *Hecker*, KJ 2003, 210; *Kinzig*, ZStW 115 (2003), S. 797; *Kretschmer*, RuP 2003, 103, 106; *Maihold*, in: *Mona/Seelmann* (Hrsg.), Grenzen des rechtfertigenden Notstands, 2006, S. 115 ff.; *Merten*, JR 2003, 404, 407; *Poscher*, JZ 2004, 756; *Schaefer*, NJW 2003, 947; *Schroeder*, ZRP 2003, 180; *Norouzi*, JA 2005, 306; *Saliger*, ZStW 116 (2004), S. 35; *Schild*, in: *Gehl* (Hrsg.), Folter – zulässiges Instrument im Strafrecht?, 2005, S. 59; *Perron*, Fs. Weber, 2004, S. 143; *Roxin*, Fs. Eser, 2005, S. 461 u. Fs. Nehm, 2006, S. 205 sowie in: GA 2011, 678, 686 u. in: JahrbÖR 2011, S. 1 u. 17 f., der einen übergesetzlichen Ausschluss der Verantwortlichkeit erwägt; *Greco*, GA 2007, 628 (krit. *Schünemann*, GA 2007, 644, 647); *Horlacher*, 2007, S. 222; *Ebert*, 2008, S. 53, 61; *Prittwitz*, Fs. Herzberg, 2008, S. 515, 522 f.; *Jäger*, Fs. Herzberg, 2008, S. 539 ff., – aus der Lehrbuch- und Kommentar-Literatur: *Beulke*, StPR, Rn. 134 a; *Roxin*, AT I, 15/113; *Zieschang*, Rn. 225; *Fischer*, § 32 Rn. 13–15 b; *Rengier*, AT, 18/97; *Satzger*, 2011, 11/39 f.: Fall 20; *H-H/Momsen*, § 32 Rn. 15; LK-*Rönnau/Hohn*, § 32 Rn. 224; NK-*Herzog*, § 32 Rn. 59; S/S-*Perron*, § 32 Rn. 62 a.

Aus der **Übungsfall-Literatur** speziell zu „Folter"-Fällen vgl.: *Böse/Kappelmann*, ZJS 2008, 290 u. 296 f. (Gebotenheit abl.); *Hilgendorf*, KK III, Fall 11, Rn. 14–16 (Folterverbot für Hoheitsträger); *Hillenkamp*, 5. AT-Problem, Bsp. 3, S. 46 f.; *Jäger*, Fall 24, Rn. 127 a und b; *Jeßberger*, Jura 2003, 711 ff.; *Kudlich*, PdW AT, Fall 103 (pro Notwehrhilfe); *Reschke*, JuS 2011, 50 u. 55 (pro Notwehrhilfe für Private).

Übungsfälle allgemein zum Notwehrrecht für Hoheitsträger s. o. Rn. 150; weitere Fälle: *Ambos/Rackow*, Jura 2006, 943 u. 945 („Notrechtsvorbehalte"); *Böse/Kappelmann*, ZJS 2008, 290 u. 294–296; *Buttel/Rotsch*, JuS 1996, 713 u. 717 f.; *Heimann/Prisille*, JA 2002, 305 f. u. 308 f.; *Pielow*, Jura 1991, 482 u. 487 (öffentlich rechtliche Fallbearbeitung); *Schulz-Richter*, JuS 1985, 798 u. 800; *Hillenkamp*, 5. AT-Problem, Bsp. 1, S. 38 mit Lösung S. 44 f.; *Roxin/Achenbach*, PdW-Strafprozessrecht, Fall 116 c.

IV. „Sozialethische" Einschränkungen der Notwehr

Unter dem inzwischen gebräuchlichen Stichwort der „sozialethischen" Notwehreinschränkungen werden eine Reihe von Fallgruppen abgehandelt, in denen das Ergebnis: das Verhalten des fraglichen Täters ist – an den Voraussetzungen des § 32 II gemessen – durch Notwehr gerechtfertigt, mehr oder weniger offensichtlich **Bedenken** auslöst. Bevor jedoch in diese Fallgruppen „eingestiegen" werden kann, 157

[328f] *Zippelius*, Leserbrief in der FAZ v. 10. 12. 2004, der dem einzelnen Amtsträger immerhin eine Gewissensentscheidung zubilligen will.

[328g] *Fahl*, JR 2011, 338, 342; von „Tabubruch" spricht *Saliger*, ZStW 116 (2004), 35, 37.

müssen einige allgemeine, d. h. für alle Fallgruppen geltende Fragen beantwortet werden.

1. Allgemeine Fragen zu den „sozialethischen" Einschränkungen der Notwehr

a) Wann ist eine Notwehreinschränkung „sozialethisch"?

158   Eine Erklärung dafür, warum man bestimmte Einschränkungen der Notwehr als „sozialethische" bezeichnet, wird von den Verwendern dieses Begriffes selten gegeben. Er wird wohl auch deshalb als „verschwommenes Schlagwort" kritisiert.[329] Einigkeit besteht aber über die **Funktion** dieses Begriffes: er soll die als (zu) rigide empfundene Notwehrregelung des § 32 II sozialverträglich machen.

159   „Sozialethisch" in einem **engeren** Sinne sind Einschränkungsversuche, die vom Notwehr-Übenden in bestimmten Konstellationen eine „soziale Rücksichtnahme" auf den oder eine „(Mindest-)Solidarität" mit dem Angreifer verlangen.[330] **Solidarität** ist aber ganz allgemein in einem Rechtssystem, das sich die Regulierung äußerer Freiheitssphären zur Aufgabe macht, und in einem Strafrecht, das grundsätzlich nur qualifizierte Übergriffe in die Rechts- und Freiheitssphäre anderer (= „neminem laede" – „verletze niemanden") erfassen will, ein Fremdkörper.[331] Dennoch hat sich unser Rechtssystem an vielen Stellen,[332] unser Strafrecht immerhin auch an einigen Stellen (z. B. die Hilfspflicht von jedermann gem. § 323 c) den Solidaritätspflichten nicht verschlossen. „Mitmenschliche Solidarität"[333] ist aber (noch) kein so präziser Rechtsbegriff, dass klare Rechtsfolgen aus ihm abgeleitet werden könnten. Diese Unbestimmtheit und der Ausnahmecharakter der Solidarität als Rechtsbegriff mahnen schon zu seiner vorsichtigen Verwendung.

160   Diese Mahnung gilt vor allem, wenn es sich um seinen Einsatz in einem Rechtsgebiet handelt, das wie das Notwehrrecht „liberal" geprägt ist.[334] Dass es eine „Solidaritätspflicht gegenüber dem Angreifer"[335] geben soll, ist zunächst für den überraschend, der sich den „Satz: das Recht braucht dem Unrecht nicht zu weichen" als einen Grundgedanken der Notwehr gemerkt hat, denn anscheinend muss der sich auf das Notwehr-recht Berufende doch in bestimmten Fällen dem „angreifenden Unrecht" weichen. Diese Fälle müssen, soll die Notwehrregelung nicht widersprüchlich werden, **Ausnahmefälle** sein, in denen sich die Forderung nach Rücksichtnah-

---

[329] LK[11]-*Spendel*, § 32 Rn. 308. – Aus rechtsstaatlichen Gründen will *Runte*, 1991, S. 355, den „Gedanken der Sozialethik" aus dem Notwehrrecht ausschließen. – Krit. auch *Köhler*, S. 263: „diffus ethisierendes Gemeinschaftsdenken" u. *Grünewald*, ZStW 122 (2010), 51, 82 f.

[330] Vgl. *Kratzsch*, JuS 1975, 440; *Jakobs*, 12/46 ff.; eingehend zur sozialethischen Herkunft dieser Einschränkungen *Pouleas*, 2008; zur Bedeutung der Sozialethik für das Notwehr- und das Strafrecht überhaupt *Kühl*, JahrbRuE 2003, S. 219 u. in: Fs. Otto, 2007, S. 63, 71 ff.

[331] Vgl. *Naucke*, 7/242–244 u. NK-*Paeffgen*, Rn. 150 vor § 32: nur moralische Pflicht.

[332] Vgl. die Artikel „Solidarität" von *Grimm*, in: Ev. Staatslexikon, 3. Aufl. 1987, Bd. 2, Sp. 3144 ff., sowie von *Rauscher*, Staatslexikon, 7. Aufl. 1988, Bd. 4, Sp. 1191 ff.

[333] Sie gehört nach *Otto*, ordo 40 (1989), 276 f., zum „richtigen Recht."

[334] Vgl. *Hassemer*, in: *Eser/Fletcher* (Hrsg.), Rechtfertigung und Entschuldigung I, 1987, S. 208: ein Strafrecht, das Rücksicht auf den Angreifer ablehne, folge einem „liberalen" Muster; ein Strafrecht, das „sozialethische" Einschränkungen erarbeite, folge eher einem „sozialen" Muster.

[335] *Roxin*, ZStW 93 (1981), 103; übernommen von M-*Zipf*, AT 1, 26/33; vgl. zur „mitmenschlichen Solidarität" im Notwehrrecht auch *Frister*, GA 1988, 291 ff. Zur Solidarität mit dem „alltäglichen ‚normalen' Angreifer", aber auch zu deren Grenze bei lebensgefährlichen Angriffen s. *Bernsmann*, ZStW 104 (1992), 320 f.

me[336] auf den Angreifer zumindest plausibel begründen lässt. Gesteigerter Begründungsbedarf entsteht in Konstellationen, in denen vom Angegriffenen nicht nur ein Ausweichen, sondern sogar die Duldung von Verletzungen seitens des Angreifers verlangt wird, denn hier wird vom Angegriffenen ein „Sonderopfer" gefordert, das er „nicht bloß den ‚Gemeinschaftsbelangen', sondern fremden Individualinteressen zu erbringen" hat.[337]

„Sozialethisch" in einem **weiteren** Sinne sind die häufigen Einschränkungsversuche, die mit der in bestimmten Fällen nur eingeschränkten Geltung des einen oder anderen **Grundgedankens** der Notwehr argumentieren. Meist ist es das „Rechtsbewährungsprinzip", das zurücktreten und so Abstriche von der vollen Ausübung des Notwehrrechts legitimieren soll; seltener wird das Zurücktreten des „(Rechtsgüter-)Schutzprinzips" zur Begründung von Notwehreinschränkungen eingesetzt (s. schon oben Rn. 6). Soll diese Einschränkung der Notwehr so weit gehen, dass der Angegriffene Verletzungen seitens des Angreifers dulden muss, so wird ein Zurücktreten beider Prinzipien verlangt.[338] So soll Notwehr gegen einen dauerhaft angreifenden Erpresser nicht geboten sein, wenn das Opfer die Konfrontation sucht und sich darauf vorbereitet, weil „in einer solchen Lage ... weder das individuelle Schutzinteresse noch das Rechtsbewährungsinteresse, die das Notwehrprinzip prägen, eine solche ‚Verteidigung' tragen" (BGHSt 48, 207, 212). Neben den beiden Grundgedanken der Notwehr kommt auch dem **Prinzip der Verantwortung**, das im Normalfall für eine Lösung des Konflikts auf dem Rücken des die Notwehrlage verantwortlich veranlassenden Angreifers spricht, eine Rolle bei der Begründung von Notwehreinschränkungen zu.[339] 161

b) Wo ist die gesetzliche Regelung der „sozialethischen" Einschränkungen?

Trotz der soeben erfolgten Angabe von Sachgründen für die „sozialethischen" Notwehreinschränkungen bedürfen diese noch einer **gesetzlichen Verankerung**. Nur wenn eine solche Verankerung im Gesetz angegeben werden kann, kann die Kritik zurückgewiesen werden, die in den viel zitierten und variierten Satz mündet, dass das Gesetz von solchen Einschränkungen nichts wisse.[340] Zwar ist die Geltung des Gesetzlichkeitsprinzips (Art. 103 II GG, § 1 StGB) für Rechtfertigungsgründe umstritten,[341] doch sollte man sich mit dem Hinweis auf eine nicht so strenge Geltung 162

---

[336] Vgl. *Marxen*, 1979, S. 25 f.: soziale Verbundenheit bei Angriffen von Ehegatten; *Hassemer* (o. Fn. 334), S. 208, hebt auf die „soziale Nähe" ab. – Nur bei Fällen krassen Missverhältnisses oder der Unfugabwehr will *Grünewald*, ZStW 122 (2010), 51, 63, 85 f., die Solidarität gelten lassen. Gegen eine unkritische Übertragung des Gebots sozialer Rücksichtnahme in das Notwehrrecht *Koch*, ZStW 104 (1992), 801.

[337] Ebenso *Fahl*, JA 2000, 460, 461; vgl. auch *Küper*, JuS 1987, 87, sowie *Lenckner*, GA 1985, 312, jeweils zu § 34, der das vom unbeteiligten Inhaber des Eingriffsgutes verlangt.

[338] Vgl. *Schünemann*, GA 1985, 369, bei unerheblichen Angriffen auf minimale Sachgüter – Allgemein zum „rechtsethischen Hintergrund" der Gebotenheit *Meyer/Ulbrich*, JA 2006, 775, 777 f.

[339] Vgl. *Rudolphi*, Gs. A. Kaufmann, 1989, S. 395, z. B. für Angriffe Schuldloser und z. B. bei Provokation durch den Angegriffenen. Nach *Köhler*, S. 262 f. u. 270–276: „Grundsatz der Unrechtsverantwortung".

[340] Der von *H. Mayer* stammende Satz wird wörtlich zitiert von LK[11]-*Spendel*, § 32 Rn. 308; variiert z. B. von *Schmidhäuser*, 6/62.

[341] Vgl. die differenzierte Darstellung von *Roxin*, AT I, 5/42, angewandt auf die Notwehr 15/56. Für Geltung des Art. 103 II GG LK-*Rönnau/Hohn*, § 32 Rn. 228 u. MK-*Erb*, § 32 Rn. 204–207, die deshalb verfassungsrechtliche Bedenken gegen die Gebotenheitsklausel haben. Dezidiert verneinend für Erlaubnissätze wie § 32, die für die gesamte Rechtsordnung gel-

dieses Prinzips im Bereich der Rechtfertigungsgründe nicht zufriedengeben. Zum einen kann die Nichtgewährung eines Rechtfertigungsgrundes, z. B. die Versagung des Notwehrrechts wegen Nichtbeachtung einer seiner „sozialethischen" Einschränkungen, zur Strafbarkeit des sich vergeblich auf Notwehr Berufenden führen; zum anderen wird zumindest durch die Auferlegung von Duldungspflichten so in die grundrechtlich geschützte Freiheit des Angegriffenen eingegriffen, dass eine gesetzliche Regelung zwingend erscheint.[342]

163   An dem Satz: das Gesetz weiß davon nichts, ist offenbar richtig, dass der Begriff „sozialethische Einschränkungen" in § 32 nicht vorkommt. Doch kann der Gesetzgeber auf diese Einschränkungen mit einem anderen Begriff verwiesen haben. Als ein solcher Verweisungs-Begriff kommt der Begriff **„geboten"** in § 32 I in Betracht. Auch wenn man bei einer reinen Wortlautauslegung unter „geboten" nur eine andere Bezeichnung für die „erforderliche Verteidigung" i. S. des § 32 II sehen könnte,[343] so muss man doch zur Kenntnis nehmen, dass der Gesetzgeber diesem Begriff eine eindeutige Funktion mitgegeben hat.[344] Die Gebotenheitsklausel wurde entgegen manchen Vorschlägen nicht gestrichen, um den „sozialethischen" Einschränkungen ihren gesetzlichen Aufhänger zu erhalten.[345] Die Gebotenheitsklausel gilt deshalb als „ausdrückliche" bzw. „eindeutige"[346] gesetzliche Legitimationsgrundlage für die „sozialethischen" Notwehreinschränkungen, sie ist deren „positivrechtlicher Ausgangspunkt".[347] Auch der BGH setzt bei der Gebotenheit an (BGHSt 39, 374, 377; 42, 97, 100, jeweils zur Notwehrprovokation; s. auch BGHSt 48, 207, 212 mit Bspr. *Zaczyk,* JuS 2004, 750, 753). Was aber ist mit der Gebotenheitsklausel gewonnen?

164   Nicht mehr als der gesetzliche Anknüpfungspunkt in § 32.[348] **Inhaltliche Vorgaben** für die einzelnen Einschränkungen sind der Gebotenheitsklausel **nicht** zu entnehmen. Damit wird ihre Legitimationskraft unter dem auch in Art. 103 II GG enthaltenen Bestimmtheitsgebot zweifelhaft. Qualifizierungen der Gebotenheitsklausel als „Leerformel"[349] und als „rechtsstaatlich zweifelhafter Sammelbegriff für Notwehreinschränkungen"[350] machen diese Zweifel deutlich. Dennoch gibt die (von *Kühl* übernommene) Feststellung von *Lackner:* **„Art. 103 II GG** steht diesen Ein-

---

ten, *Günther,* Fs. Grünwald, 1999, S. 213, 219 (anders für „Strafunrechtsausschließungsgründe" wie §§ 240 II, 193, bei denen es sich um eine „genuin strafrechtliche Materie" handle), nach dem aber das Rechtsstaatsprinzip des Art. 20 III GG Schranken errichtet.

[342] Vgl. *Marxen,* 1979, S. 27 ff. und 30 f.; *Hassemer,* Fs. Bockelmann, 1979, S. 239 und 243.

[343] Vgl. *Hruschka,* S. 373; ähnlich *Jescheck,* S. 309; zurückhaltender S/S-*Perron,* § 32 Rn. 44.

[344] *Roxin,* AT I, 15/58: „Einschränkungsfunktion zugewiesen"; vgl. auch *Engländer,* 2008, S. 306 u. *Grünewald,* ZStW 122 (2010), 51, 63 Fn. 84. – Für eine normative Deutung der Gebotenheit *Freund,* 3/126.

[345] BT-Dr. V/4095, S. 14 = Zweiter Schriftlicher Bericht des Sonderausschusses für die Strafrechtsreform; vgl. dazu *Baumann/Weber,* Strafrecht, Allgemeiner Teil, 9. Aufl. 1985, S. 303; *Matt,* NStZ 1993, 272; *Roxin,* AT I, 15/55 u. in: ZStW 93 (1981), 79; *Schroth,* NJW 1984, 2562; *Stree,* JuS 1973, 461.

[346] *Amelung,* GA 1984, 582, bzw. *Schünemann,* GA 1985, 369.

[347] *Geilen,* Jura 1981, 370; ebenso *Hoyer,* AT I, S. 75; NK-*Herzog,* § 32 Rn. 89.

[348] Ebenso *Sternberg-Lieben/Sternberg-Lieben,* JuS 1999, 444, 446, *Wohlers,* JZ 1999, 434, 437 u. *Sowada,* Fs. Herzberg, 2008, S. 459, 466. Vgl. auch *Montenbruck,* 1983, S. 1: gesetzlicher Einstieg in Form eines Blankettmerkmals. – Vgl. auch *Fechner,* 1991, S. 156 f., zur zusätzlichen verfassungsrechtlichen Prüfung am Bestimmtheitsgrundsatz.

[349] S/S-*Perron,* § 32 Rn. 44; ähnlich NK-*Herzog,* § 32 Rn. 89: unbestimmter Rechtsbegriff; nach *Mitsch,* 1986, S. 110: „farblos und nichts sagend". Einen Verstoß gegen das Bestimmtheitsgebot bejaht *Loos,* Fs. für E. Deutsch, 1999, S. 233, 245.

[350] *Jakobs,* 12/42 Fn. 87.

schränkungen ... nicht entgegen",[351] die fast allgemeine Meinung in der Strafrechtswissenschaft wieder. Diese weitgehende Einigkeit ist nur damit zu erklären, dass die Einschränkungen der Notwehr mit Hilfe der Grundgedanken der Notwehr vorgenommen werden, die in der Notwehrregelung des § 32 zum Ausdruck gekommen sind. Es handelt sich dann methodisch um eine **teleologische Reduktion** des § 32,[352] bei der nur die **immanenten Schranken** des Notwehrrechts aufgewiesen bzw. aktualisiert werden.[353] Wer so von der gesetzlichen Ausfüllungsermächtigung – der Gebotenheitsklausel – Gebrauch macht, betreibt ein zulässiges Verfahren zur Konkretisierung des Notwehrrechts.[354] Wer sich zusätzlich zu diesen oder statt dieser Grundgedanken der Notwehr (Schutzprinzip, Rechtsbewährungsprinzip sowie Verantwortungsprinzip) auf „soziale Rücksichtnahme" bzw. „Mindestsolidarität" beruft, muss auf deren Geltung im Bereich strafrechtlicher Regelungen zur Bewältigung von Notfällen (§ 323 c u. § 34) verweisen; dann betreibt auch er eine „systembildende Interpretation".[355] Wer die Leitgedanken der Notwehreinschränkungen in Prinzipien verankert, die – wie etwa die vorwerfbare Verursachung einer Störung der Rechtsordnung, das Schuldprinzip, das Gebot der Rücksichtnahme und das Verhältnismäßigkeitsprinzip – dem Notwehrprinzip des Schutzes der Autonomie und Handlungsfreiheit **gegenläufig** sein sollen, wird Notwehreinschränkungen ohne gesetzliche Grundlage als nach Art. 103 II GG „unzulässig" ansehen.[355a]

Die weitere Frage, ob und inwieweit diese Prinzipien die einzelnen „sozialethischen" Einschränkungen der Notwehr wirklich tragen, ist damit freilich noch nicht beantwortet; ebenso wenig die, ob es der Dogmatik und Rechtsprechung in den letzten 20 Jahren gelungen ist, differenzierte und befriedigende Regeln für Notwehreinschränkungen auszuarbeiten.[356] 165

Für die **Fallprüfung** ist jedoch schon an dieser Stelle festzuhalten, dass die Prüfung „sozialethischer" Notwehreinschränkungen an § 32 I festzumachen ist, und zwar nachdem die Prüfung der Voraussetzungen des § 32 II ergeben hat, dass das Verhalten des geprüften Täters durch Notwehr gerechtfertigt ist; ein in bestimmten Fallgruppen eben nur vorläufiges Urteil. 166

Beispiele für ein solches Vorgehen bieten in der **Übungsfall-Literatur:** *Amelung/Boch,* JuS 2000, 261 u. 265; *Beulke,* Jura 1988, 641 u. 642 f.; *Dreher,* JuS 2005, 789 u. 791; *Joerden,*

---

[351] *Lackner/Kühl,* § 32 Rn. 16. Ebenso *Günther,* Fs. Grünwald, 1999, S. 213 ff.; *Roxin,* AT I, 15/56; SSW-*Rosenau,* § 32 Rn. 31; a.A. *Erb,* ZStW 108 (1996), 268, 283, 290 u. 294, der den Gesetzgeber auffordert, wenigstens in Umrissen die Voraussetzungen aufzuzeigen, unter denen das Notwehrrecht nur beschränkt ausgeübt werden darf; and. auch *Engländer,* 2008, S. 307 (krit. *Sowada,* GA 2010, 118, 121), *v. Rienen,* 2009, S. 151, 177 u. 300.

[352] *Ebert,* S. 77: sinngemäße Einschränkung entgegen dem Wortlaut; ähnlich NK-*Herzog,* § 32 Rn. 87: „wie auch immer geartete Reduktion".

[353] *Krey/Esser,* AT, Rn. 526; *Roxin,* AT I, 15/57; W-*Beulke,* Rn. 342; *Eser/Burkhardt,* Strafrecht I, Nr. 10 A 33; SK-*Günther,* § 32 Rn. 105.

[354] Vgl. *Schünemann,* GA 1985, 370; *Schroth,* NJW 1984, 2562; *Jakobs,* 12/42 Fn. 87. – Kritisch jedoch *Hassemer,* Fs. Bockelmann, 1979, S. 227: die Dimension der schlichten Gesetzesauslegung sei überschritten; krit. wegen der „unmittelbaren Erweiterung der Strafbarkeit des Provokateurs durch eine vom Wortlaut nicht mehr gedeckte Unterschreitung des Gesetzesinhalts" *Hillenkamp,* 1981, S. 167.

[355] Vgl. *Jakobs,* 12/42 Fn. 87, 12/46, sowie 11/3: Solidaritätsprinzip bei § 34.

[355a] So *Koch,* ZStW 104 (1992), 815, 818. – Für eine „externe" Begründung der Notwehrschranken auch *Renzikowski,* 1994, S. 301 ff.

[356] Bejahend für die Dogmatik *Roxin,* JuS 1988, 428; ähnlich positiv für die Rechtsprechung *Schünemann,* GA 1985, 369: die konkrete Ausarbeitung der Voraussetzungen und Grenzen einer Notwehreinschränkung stelle eines der „gelungensten Kapitel" der Rechtsprechung des BGH dar.

JuS 1992, 23–25; *Meyer/Ulbrich,* JA 2006, 775, 776; *Rudolphi,* AT-Fälle Fall 2, S. 13 u. 19–21; *Schünemann,* JuS 1979, 275 u. 278 ff.; *Werle,* JuS 1986, 902 ff. – „Prüfungstaktisch" auch empfohlen von *Eser/Burkhardt,* Strafrecht I, Fall Nr. 10 A 50.

c) In welchen Fallgruppen besteht ein Bedarf für „sozialethische" Einschränkungen?

167 Die Notwendigkeit „sozialethischer" Notwehreinschränkungen ist nahezu unbestritten.[357] Der **Bedarf** für solche Einschränkungen ergibt sich aus der oben (Rn. 3 f.) näher dargestellten Schärfe des Notwehrrechts. Wenn auch das Fehlen einer Ausweichpflicht und der Verzicht auf Güterproportionalität für den Normalfall eines rechtswidrigen Angriffs auf einen anderen gut begründbar waren, so gibt es doch Fälle, in denen dem Angegriffenen ein Ausweichen, eine hinhaltende Verteidigung oder gar die Duldung der Verletzung eigener Rechtsgüter zugemutet werden kann.

168 Auch über die in Betracht kommenden **Fallgruppen** ist man sich in Rechtsprechung und Literatur nach jahrzehntelanger Diskussion im Wesentlichen einig.[357a] Wenn man von den unterschiedlichen Bezeichnungen dieser Fallgruppen einmal absieht, kann man folgende Fallgruppen nahezu überall als „sozialethische" eingeordnet finden:
– Krasses Missverhältnis, unerheblicher Angriff, Unfugabwehr
– Angriffe von schuldlos Handelnden und Irrenden
– Angriffe im Rahmen von engen persönlichen Beziehungen
– „Notwehrprovokation"

169 Man kann diese Fallgruppen anders bezeichnen, man kann auch ihre Zahl durch Spezifizierung der Fallgruppen erhöhen (s. u. Rn. 265),[358] wichtig ist für die Rechtsanwendung nur, dass man die einschlägigen Konstellationen auch dann erkennt, wenn sie einem ohne „Namen" als (Lebens-)Sachverhalte in Übungsarbeiten begegnen.

Zum Mindestwissen hinsichtlich der Gebotenheit für Klausuren vgl.: *Arzt,* S. 73–75, ausführlicher *Stemler,* ZJS 2010, 347, 351–356. – Zu den Einschränkungen der Notwehr in Frage-Antwort-Form instruktiv: *Sternberg-Lieben,* JA 1996, 568–573. – Die Fallgruppen werden anhand eines kleinen Beispielfalles „durchgespielt" von *Meyer/Ulbrich,* JA 2006, 775 u. 776 f.

2. Die einzelnen Fallgruppen

170 Bei der Behandlung der vier, soeben aufgelisteten Fallgruppen stellen sich immer dieselben **Fragen.** Zunächst muss die Fallgruppe genauer definiert werden, danach sind die typischen Fälle aus Rechtsprechung und Übungsliteratur herauszustellen. Der nächste Schritt führt zu den für die Lösung der Fälle verwendeten „sozialethischen" Argumenten, zu achten ist dann auf die praktisch wichtigen Rechtsfolgen für den so „eingeschränkten" Verteidiger; schließlich ist noch auf Grenzfälle der jeweiligen Fallgruppe hinzuweisen. – Vorab ist noch festzuhalten, dass eine **Kombination** mehrerer nicht voll erfüllter Einschränkungen die Gebotenheit nicht ausschließt (BGH NJW 2003, 1955, 1960 m. Bspr. *Erb,* NStZ 2004, 369, 374, *Roxin,* JZ 2003, 966, 969 u. *Zaczyk,* JuS 2004, 750, 759; a. M. *Sowada,* Fs. Herzberg, 2008, S. 459, 481).

---

[357] Vgl. jedoch LK[11]-*Spendel,* § 32 Rn. 307 ff., der in Rn. 313 ff., 317, nur Einschränkungen der Notwehr wegen völliger Unverhältnismäßigkeit der kollidierenden Güter anerkennt. Kritisch auch *Hassemer,* Fs. Bockelmann, 1979, S. 225 ff. Ablehnend im Zivilrecht *Jauernig,* BGB, § 227 Rn. 7.

[357a] Kritischer Gesamtüberblick über die Fallgruppen bei *van Rienen,* 2009, S. 179–298, allerdings ohne die Notwehrprovokation.

[358] Vgl. z. B. *Hoyer,* AT I, S. 76.

a) Krasses Missverhältnis, unerheblicher Angriff und Unfugabwehr

Schon die Überschrift zeigt, dass es bei der **Benennung** dieser Fallgruppe Schwie- 171
rigkeiten gibt. Diese Schwierigkeiten könnten dadurch abgemildert werden, dass
man die Unfugabwehr zu einer gesonderten Fallgruppe erhebt. Diese häufig praktizierte Möglichkeit wird hier nicht in voller Konsequenz übernommen, weil die
Konstellationen (unerheblicher Angriff, Angriff durch Unfug) und deshalb auch die
zu ihrer rechtlichen Erfassung verwendeten Argumente ähnlich sind. Wegen der bestehenden Unterschiede (Unfug bezieht sich nicht auf geringwertige Sachgüter) und
der Übersichtlichkeit halber wird die Unfugabwehr geschlossen im Anhang zu a)
behandelt.

Die **traditionelle Bezeichnung** der verbleibenden Fallgruppe erfolgt mit dem Stich- 172
wort des „krassen Missverhältnisses",[358a] das fast schon das rechtliche Ergebnis für
die zu behandelnden Konstellationen vorwegnimmt. Gemeint ist das das Notwehrrecht einschränkende krasse (auch grobe, unerträgliche[358b]) Missverhältnis zwischen
den Rechtsgütern, die beim Angegriffenen durch den Angriff und beim Angreifer
durch die Verteidigung auf dem Spiel stehen.[359] **Seit einiger Zeit** erhält dieses Stichwort vom „krassen Missverhältnis" auch terminologisch durch den Begriff des „unerheblichen Angriffs"[360] Konkurrenz. Durch diese Konkurrenz wird aber die gemeinschaftliche sachliche Behandlung in einer Fallgruppe nicht unmöglich, es müssen nur
die Differenzen im Ansatz der Begründung[361] und möglicherweise auch hinsichtlich
der Reichweite dieser Fallgruppe[362] beachtet werden. Deutlich kommt der Zusammenhang der Fallgruppe in ihrer (von *Kühl* übernommenen) Bezeichnung durch
Lackner zum Ausdruck: krass unverhältnismäßige Abwehr von unerheblichen Angriffen auf Sachgüter.[363] Mit dem letzten Wort („Sachgüter") wird schon zu den typischen Fällen dieser Konstellation übergeleitet.

Der **typische Fall** dieser Fallgruppe ist der, in dem der Verteidiger (in der Regel 173
Eigentümer) den Angreifer (den Dieb einer geringwertigen Sache) nicht mehr anders
(also erforderlich!) als durch einen tödlichen Schuss aufhalten kann. Besonders am
Fall des Obstdiebes, den der gelähmte Bauer erschießt,[364] wird in der Übungsfall-
Literatur[365] diese Fallgruppe vorgestellt. Diese Fälle machen hinsichtlich ihrer „Er-

---

[358a] Ebenso SK-*Günther*, § 32 Rn. 110; auch *Frister*, 16/26, allerdings unter: „Allgemein geltende Einschränkungen des Notwehrrechts".

[358b] BGH NStZ 2001, 630, 631, wo dieses verneint wird, wenn sich der Angegriffene mit
dem Messer dagegen wehrt, aus der Wohnung mit nicht unerheblichen Verletzungen „hinaus-
katapultiert" zu werden.

[359] Vgl. die präzisere Definition bei S/S-*Perron*, § 32 Rn. 50: Missverhältnis „zwischen
Art und Umfang der aus dem Angriff drohenden Verletzung und der mit der Verteidigung
verbundenen Beeinträchtigung oder Gefährdung des Angreifers". Knapper *Hoyer*, AT I,
S. 75.

[360] *Roxin*, ZStW 93 (1981), 94: Überschrift von VI; ebenso jetzt die Überschrift der 3. Fallgruppe bei *Roxin*, AT I, 15/83. – Von „sog. Bagatellfällen" spricht BGH NJW 2003, 1955,
1957; auf solche die Fallgruppe einschr. *Lesch*, Fs. Dahs, 2005, 81, 106.

[361] So *Frister*, GA 1988, 311.

[362] Vgl. *Roxin*, ZStW 93 (1981), 95.

[363] *Lackner/Kühl*, § 32 Rn. 14.

[364] Vgl. RGSt 55, 82; OLG Stuttgart DRZ 1949, 42 mit Anm. *Gallas*. – Zu diesem und
anderen Fällen aus der Rspr. vgl. *Fahl*, JA 2000, 460, 463; *Engländer*, 2008, S. 357, und *Roxin*, AT I, 15/89. Den „Kirschdieb-Fall" des OLG Braunschweig MDR 1947, 205, behandelt
Hoyer, AT I, S. 75 f. als Beispielsfall; weitere Rspr. bei LK-*Rönnau/Hohn*, § 32 Rn. 230
Fn. 676.

[365] Vgl. *Eser/Burkhardt*, Strafrecht I, Nr. 10, S. 115 ff.

kennbarkeit" als problematische Notwehrfälle keine Schwierigkeiten, denn bei ihnen sperrt sich schon das eindeutige Rechtsgefühl gegen eine Rechtfertigung des
Schützen.

174   Eine Prüfung unter dem Gesichtspunkt des „krassen Missverhältnisses" erscheint
manchen auch dann angebracht, wenn sich **Sachwert** und **Leben** nicht so krass unverhältnismäßig gegenüberstehen wie im o. g. Fall, etwa wenn ein Sachwert mittle-
ren Wertes angegriffen und das Leben des Angreifers vom Verteidiger nicht vorsätzlich verletzt oder auch nur gefährdet wird. Solche Fälle finden sich nicht nur in der
Übungsfall-Literatur,[366] sondern auch im Leben = in der Rechtsprechung.[367]

175   Auch wenn es nicht um „Sachgüter gegen Leben" geht, kann das „krasse Missverhältnis" zwischen den bei Angreifer und Verteidiger betroffenen Rechtsgütern
auftreten,[368] so z. B. in den sog. **Parklückenfällen** (s. a. Rn. 35), in denen das
„Recht auf einen Parkplatz" bzw. auf Gemeingebrauch (= ein Recht von geringem
Gewicht) durch Handlungen verteidigt wird, die sich gegen die freie Willensbetätigung oder gar die körperliche Unversehrtheit richten (Zufahren in Schritttempo
auf den Blockierer/„Reservierer" der Parklücke – erhebliches Maß an körperlicher
Gefährdung).[369] Man spricht hier auch von einem groben Missverhältnis zwischen
Zweck und Mittel.[369a]

176   In der **Lösung** der Fälle „krassen Missverhältnisses" ist man sich seit langem insofern einig, als das volle Notwehrrecht nicht gewährt wird.[370] Weit überwiegend ist
die Auffassung, dass hierfür nicht die Erforderlichkeit anders als im Normalfall bestimmt werden darf, sondern dass die grundsätzlich nicht an die Güterproportionalität gebundene Ausübung des Notwehrrechts durch das Prinzip der Güterabwägung in bestimmten Konstellationen doch beschränkt wird.[370a] Was aber legitimiert
den Einbruch dieses Prinzips in das Notwehrrecht?

177   Man kann das **Prinzip der Güterabwägung** als ein auch für die Notwehr in bestimmten Fällen geltendes „eher in direktem Rückgriff"[371] beanspruchen; man
kann das „Prinzip des Interessenvorrangs" in modifizierter Form, d. h. nach Berücksichtigung des Rechtsbewährungsinteresses aufseiten des verteidigten Gutes, zu den

---

[366] S. u. nach Rn. 183.

[367] Vgl. LG München NJW 1988, 1860 mit krit. Bspr. *Schroeder,* JZ 1988, 568; vgl. dazu
die Fallbesprechung von *Beulke,* Jura 1988, 645 f.; *Fahl,* JA 2000, 460, 464 und *Kauerhof,*
Jura 2005, 790 u. 796 f. Krit. zu dieser Erweiterung S/S-*Perron,* § 32 Rn. 50, 51. Vgl. auch die
Bspr. von BayObLG NStZ 1991, 133, durch *Joerden,* JuS 1992, 25.

[368] Vgl. *Schumann,* JuS 1979, 567: lebensgefährdende Verteidigung zum Schutz der Fortbewegungsfreiheit (= zu OLG Hamm NJW 1977, 590).

[369] Vgl. BayObLG NJW 1995, 2464: offensichtlicher Rechtsmissbrauch; krit. zu dieser Begründung *Otto,* JK 96, StGB § 32/20. Zur Rechtsprechung vgl. außerdem KK OWiG-*Rengier,*
§ 15 Rn. 35 c: für eine Notwehreinschränkung über das „krasse Missverhältnis" hinausgehend, so dass der Fußgänger nur „zu Fuß" weggedrückt werden darf. – Zur möglichen Strafbarkeit wegen Nötigung gem. § 420 diff. LK[11]-*Träger/Altvater,* § 240 Rn. 101.

[369a] So *Marxen,* BT, S. 75.

[370] *Beulke,* Jura 1988, 645; *Schroeder,* in: *Eser/Fletcher* (Hrsg.), Rechtfertigung und Entschuldigung I, 1987, S. 534; *Seelmann,* ZStW 89 (1977), 38 f.; *Wagner,* 1984, S. 83; krit. zu
dieser Einschränkung *Frister,* GA 1988, 313. Eine Notwehreinschränkung lehnen *B-
Weber/Mitsch,* 17/36, mit der Begründung ab, dass sie zum Schutz des Angreifers nicht erforderlich sei, solange dieser noch den Angriff abbrechen könne.

[370a] Vgl. *Murmann,* GK, 25/98, der den „Ausnahmecharakter" dieser Einschränkung betont; eher ausweitend S/S-*Perron,* § 32 Rn. 50: „Unzulässig ist ... jede Verteidigung, die nicht
– auch – dem Schutz von Leib, Leben oder Freiheit dient und das Leben des Angreifers erkennbar in Gefahr bringt."

[371] *Stratenwerth/Kuhlen,* 9/89, 91.

Grundgedanken der Notwehr rechnen.[372] Man kann den Grundsatz der Verhältnismäßigkeit in seiner „Umkehrung" als „Verbot des Unmaßes oder der Maßlosigkeit" zu einem überpositiven Rechtsprinzip mit Gültigkeit für alle Rechtsgebiete erheben[373] oder man erklärt das **Verhältnismäßigkeitsprinzip** als Ausfluss des Rechtsstaatsprinzips zum integrierenden Bestandteil auch der Notwehr.[374]

Wegen der evidenten Ungerechtigkeit, auch in Fällen „krassen Missverhältnisses"   178
ein volles Notwehrrecht zu gewähren, wird in dieser Fallgruppe auch noch überwiegend der Gedanke des **Rechtsmissbrauchs** verwendet.[375] Da dieser Gedanke das offensichtlich richtige Ergebnis eigentlich nur bestätigt, ist es sinnvoll nach weiteren inhaltlichen Argumenten zu suchen. Dabei bieten sich die Grundgedanken der Notwehr an,[375a] und zwar zunächst das **Rechtsbewährungsprinzip**: die Rechtsordnung werde bei Angriffen auf geringwertige Rechtsgüter (Bagatellwerte) nicht so stark angegriffen, dass sie mit gravierenden Verteidigungsmitteln bewährt werden müsse;[376] eine unverhältnismäßige, maßlose Verteidigung pervertiere die Rechtsordnung eher, als dass sie diese bewähre.[377]

Besonders ausgeprägt ist die Argumentation mit dem geminderten Rechtsbewäh   179
rungsinteresse unter der Bezeichnung **„unerheblicher Angriff"**, denn hier wird das Opportunitätsprinzip als gesetzgeberische Entscheidung (insbesondere in § 153 StPO bei Geringfügigkeitsfällen) für einen möglichen **Rechtsbewährungsverzicht** auf den privaten Verteidiger i.S. des § 32 übertragen.[378] Ob diese Übertragung berechtigt ist, kann man schon deshalb bezweifeln, weil der zur Verteidigung berechtigende rechtswidrige Angriff bei der Notwehr gar nicht in strafbarer Form vorgetragen werden muss.[379] Bedenken werden außerdem erhoben, weil vom fehlenden Strafverfolgungsinteresse nicht auf die Zumutbarkeit eines Verzichts auf die Abwehr eines laufenden Angriffs geschlossen werden kann.[380] Speziell die vorgeschlagene Orientierung an § 153 StPO wird schließlich als unergiebig (kein taugliches Kriterium) und unpassend (geringe Schuld = unerheblicher Angriff?; öffentliches Interesse = Rechtsbewährungsinteresse?) angesehen.[381] Am „geringen Schaden" i.S. des § 153 StPO orientiert, nimmt *Roxin* (AT I 15/91) die „50-Euro-Grenze" als „Anhaltspunkt für die Dimension",[381a] meist werden höhere Grenzen – von 100,– bis zu 500,– Euro – angesetzt.[381b]

---

[372] *Otto*, 8/95. – Krit. dazu *Fechner*, 1991, S. 176.

[373] LK[11]-*Spendel*, § 32 Rn. 314.

[374] *Schroeder*, Fs. Maurach, 1972, S. 139; *Koch*, ZStW 104 (1992), 814; *Koriath*, Fs. Müller-Dietz, 2001, S. 361, 383; vgl. auch *Lüderssen*, 1995, S. 167 u. *Maiwald*, Fs. Marinucci, 2006, S. 1579, 1583 f.

[375] So auch die Einschätzung von *Tiedemann*, Anfängerübung, S. 131. – Vgl. etwa *Ebert*, S. 78; *Kindhäuser*, AT, 16/42 u. W-*Beulke*, Rn. 343. – Aus der Rspr.: s.o. Fn. 369 u. NJW 2003, 1955, 1957, diesen im konkreten Fall aber ablehnend.

[375a] Abl. v. *Rienen*, 2009, S. 179 ff., 230 ff.

[376] Vgl. die Begründungen von S/S-*Perron*, § 32 Rn. 50, und *Jescheck/Weigend*, S. 348; krit. zu dieser Begründung *Renzikowski*, 1994, S. 108 u. 312, und SK-*Günther*, § 32 Rn. 111.

[377] *Krey*, JZ 1979, 714; vgl. auch *Schumann*, JuS 1979, 565, sowie *Geilen*, Jura 1981, 374.

[378] So vor allem *Roxin*, AT I, 15/83 u. in: ZStW 93 (1981), 95; vgl. auch *Krause*, Gs. H. Kaufmann, 1986, S. 686.

[379] So *Frister*, GA 1988, 311, und schon *Geilen*, Jura 1981, 377; ebenso *Renzikowski*, 1994, S. 109.

[380] Vgl. S/S-*Perron*, § 32 Rn. 50.

[381] Vgl. *Geilen*, Jura 1981, 377; zust. *Fechner*, 1991, S. 196, der das in § 248a geregelte Geringfügigkeitsprinzip für entscheidend hält (S. 197).

[381a] Abl. *Krey/Esser*, AT, Rn. 547: „Extremposition".

[381b] *Rengier*, AT, 18/59: 100,– Euro; *Krey/Esser*, AT, Rn. 548 Fn. 184: 500,– Euro.

180   Gegen die davor genannte These vom möglichen Rechtsbewährungsverzicht lässt sich einmal anführen, dass hier das generalpräventive Interesse argumentativ schon als ein durch Gerechtigkeits- und Verhältnismäßigkeitserwägungen eingeschränktes Prinzip eingesetzt werde,[382] zum anderen, dass der Verzicht auf Sanktionen (hier: Verteidigungsmaßnahmen) ohne Gefahr für die Bewährung der Rechtsordnung auch bei nicht-krassem Missverhältnis (erhebliche Körperverletzung zur Verteidigung einer Sache im Wert von 100,– Euro) gelten müsste.[383]

181   Aber auch das **Schutzprinzip** kann zur Begründung dieser Einschränkung herangezogen werden: das Selbstschutzinteresse erscheint bei Fällen „krassen Mißverhältnisses" vielen zumindest erheblich gemindert zu sein;[384] etwa nach dem Motto: „um was geht es schon" (beim Verteidiger). Evidenz und Rechtsgefühl[385] stehen hinter dieser These, der Verzicht auf Selbstschutz scheint zumutbar.[386]

182   Mit dieser Zumutbarkeitserwägung lässt sich auch der Übergang zu den spezifisch „sozialethischen" Argumentationen mit der geforderten sozialen Rücksichtnahme,[387] mit der Verpflichtung zur Mindestsolidarität[388] herstellen. Auch wenn es **Solidarität**spflichten gegenüber dem rechtswidrigen Angreifer wegen dessen rechtswidrigen Angriffs grundsätzlich nicht gibt, erscheint hier das vom Verteidiger erbrachte Opfer im Hinblick auf den dem Angreifer sonst drohenden Schaden (Tod, schwere Körperverletzung) ausnahmsweise tragbar. Für die Abmilderung des grundsätzlichen Ausschlusses von Solidaritätspflichten bei § 32 in Extremfällen sollen auch strukturelle Besonderheiten der Notwehrsituation sprechen: nach Vornahme der unproportionalen Verteidigungshandlung verliere der Angreifer die Möglichkeit, durch Beendigung des Angriffs seine Rechtsgüter selbst zu schützen.[389] Soweit es um den Ausschluss lebensgefährlicher Verteidigungshandlungen geht, wird zur Begründung auch der hohe verfassungsrechtliche Rang des **Lebens** (Art. 1, 2 GG) angeführt.[390]

183   Die gravierendste **Rechtsfolge** im Falle „krassen Missverhältnisses" ist die Versagung des Notwehrrechts und damit die Hinnahme der **Einbuße** des geringwertigen

---

[382] Vgl. *Neumann*, 1985, S. 169 f.

[383] Vgl. *Frister*, GA 1988, 297 und 312: damals noch 100,– DM.

[384] Vgl. *Jescheck/Weigend*, S. 384; *Haft*, S. 85; auf eine Minderung des Selbstschutzinteresses und des Rechtsbewährungsinteresses stellen ab: NK-*Herzog*, § 32 Rn. 107; S/S-*Perron*, § 32 Rn. 50, und *Schünemann*, GA 1985, 369.

[385] Vgl. *Wagner*, 1984, S. 84.

[386] Vgl. *Krey*, JZ 1979, 714.

[387] Insbesondere *Kratzsch*, JuS 1975, 440; aber auch bei *Roxin*, AT I, 15/84 u. 92, sowie in: ZStW 93 (1981), 95. Vgl. auch KK OWiG-*Rengier*, § 15 Rn. 35 c, mit dem Hinweis auf § 1 StVO.

[388] So *Jakobs*, 12/46 f. (u. *ders.*, 1993, S. 153: „Mindestrücksicht", deren Nichtgewährung zur Strafbarkeit nach § 323 c führen soll); ebenso *Müssig*, 2005, S. 376, *Grünewald*, ZStW 122 (2010), 51, 63 f., 85, *Bülte*, GA 2011, 145, 160 f. u. SK-*Günther*, § 32 Rn. 107, 111; krit. aber *Koriath* (o. Fn. 374) S. 382; abl. NK-*Herzog*, § 32 Rn. 90; vgl. auch *Perron*, in: *Eser/Perron* (Hrsg.), Rechtfertigung und Entschuldigung III, 1991, S. 88: auch der Staat müsse bei der Zwangsvollstreckung Schuldnerschutzvorschriften einhalten.

[389] *Frister*, GA 1988, 312.

[390] *Krey*, JZ 1979, 713; *Roxin*, AT I, 15/84. – Ausführliche Begründung bei *Bernsmann*, ZStW 100 (1992), 306 ff., der aber weitergehend lebensgefährliche Verteidigungshandlungen nicht nur bei Fällen krassen Missverhältnisses von der Notwehrrechtfertigung ausschließen will; ebenso *Laber*, Der Schutz des Lebens im Strafrecht, 1997, S. 144–151; ebenso *Koriath* (o. Fn. 374) S. 383 u. *Bülte*, GA 2011, 145, 160; kritisch zu *Bernsmann* äußern sich *Jakobs*, 1993, S. 151 und *Renzikowski*, 1994, S. 316. – Einschränkend auf geringwertige Sachen *Stiller*, Grenzen des Notwehrrechts bei der Verteidigung von Sachwerten, 1999, S. 146 ff.

Gutes; dies gilt zumindest dann, wenn – wie im typischen Fall – der Dieb nur noch durch einen lebensgefährlichen Schuss aufgehalten werden könnte.[391] Kann der Angriff mit weniger gefährlichen Mitteln gestoppt werden, so bleibt deren Einsatz erlaubt, z. B. das Zurückstoßen des Angreifers bei dessen Versuch der Sachentziehung.[392] Zur Ermittlung dieser Folge kommt man nicht schon durch einen abstrakten Gütervergleich, sondern durch eine sog. **Gesamtabwägung**,[393] in der auch „Umstände wie Art, Häufigkeit und provokatorisches Gewicht des Angriffs als Abwägungsfaktor zu Buche schlagen."[394] Der Abwägungsmaßstab wird gelegentlich § 228 BGB (Defensivnotstand)[395] mit der Folge entnommen, dass der den Angreifer treffende Schaden außer Verhältnis zu dem Schaden stehen muss, den der Verteidiger hinzunehmen hätte; es wird aber häufiger ein noch strengerer Maßstab angelegt.[396] Diese Einschränkungen gelten auch für den Nothelfer.[396a]

> **Übungsfälle** zum krassen Missverhältnis finden sich bei: *Beulke*, KK I, Fall 6, Rn. 225 u. 234; *Geilen*, Jura 1981, 374 ff.: Bspe. 61–67; *Jescheck*, Fälle, Fall 42, S. 56 u. 58, sowie Fall 43, S. 58 u. 59; *Kauerhof*, Jura 2005, 790 u. 796 f. (selbst bei Wert von 100 € „gering"); *Knauer*, JuS 2007, 1011 u. 1014; *Marxen*, BT, Fall 7 b, S. 74 f. (Parklückenfall); *Samson*, Strafrecht I, Fall 12, S. 70–72, sowie Fall 13, S. 113 f.; *Seier/Herrmann*, JuS 2012, 327 u. 330 f. (Wertgrenze 50,– Euro). – Vgl. auch den Obstdiebfall = RGSt 55, 82, als „Klassiker" besprochen von *Fahl*, JA 2000, 460–465, und als Beispielsfall 95 von *Kudlich*, PdW AT, aufgegriffen.

Ein zu kennendes Spezialproblem enthält die Frage, ob auch die vom Vorsatz des **184** Verteidigers nicht umfasste Tötung des Angreifers bei der Abwägung zu berücksichtigen ist; oder ist sie immer das **Risiko des Angreifers** und damit von der Abwägung auszuschließen?[397]

Eine erheblich weiterreichende Einschränkung des Notwehrrechts ergibt sich für **185** die Fälle der Abwehr von Angriffen auf Sachgüter gleich welchen Wertes durch vorsätzliche Tötung aus **Art. 2 II a EMRK** (s. o. Rn. 118), da es dann nicht „um die Verteidigung eines Menschen gegenüber rechtswidriger Gewaltanwendung" geht. Als mindestens einfachgesetzliche Regelung könnte sie auch die „sozialethische" Argumentation in Fällen „krassen Missverhältnisses", soweit es um Eigentum und Leben geht, **stärken** oder **ersetzen**.[398] Die Problematik dieser Vorschrift ist, selbst wenn

---

[391] Vgl. *Schünemann*, GA 1985, 369: Duldung kleinerer Einbußen, weil Rechtsbewährungs- und Selbstschutzprinzip weichen. – Für den Beispielsfall im Ergebnis ebenso *Roxin*, AT I, 15/84.

[392] So *Roxin*, AT I, 15/84, mit dem weiteren Bsp. des eigenhändigen Hinauswerfens des Hausfriedensbrechers. – Ein „Verprügeln des Angreifers" zur Verteidigung geringwertiger Güter hält *Jakobs*, 12/47, für zulässig.

[393] Vgl. dazu am Übungsfall *Beulke*, Jura 1988, 643; außerdem *Krause*, Gs. H. Kaufmann, 1986, S. 686, sowie *Eser/Burkhardt*, Strafrecht I, Nr. 10 A 45–48.

[394] *Geilen*, Jura 1981, 377.

[395] *Wagner*, 1984, S. 84; *Krause*, Gs. H. Kaufmann, 1986, S. 687.

[396] *Stratenwerth/Kuhlen*, 9/91.

[396a] *Kasiske*, Jura 2004, 832, 837.

[397] Vgl. zur Beantwortung dieser Frage *Beulke*, Jura 1988, 646.

[398] Je nachdem, ob man die Wertentscheidung des Art. 2 EMRK über die Gebotenheitsklausel aufnimmt oder ob man in Art. 2 EMRK eine gesetzliche Einschränkung des Notwehrrechts sieht: vgl. *Kühl*, ZStW 100 (1988), 624 ff. u. in: Fs. Jung, 2007, S. 433, 439 f.; *Eser/Burkhardt*, Strafrecht I, Nr. 10 A 52–57; *Frister*, GA 1985, 553 ff., und *ders.*, in: GA 1988, 314; *Frowein*, in: *Frowein/Peukert*, EMRK-Kommentar, 2. Aufl. 1996, Art. 2 Rn. 11. *Roxin*, ZStW 93 (1981), 98 u. 100, spricht von einer „Ausstrahlungswirkung" des Art. 2 EMRK, ebenso in: AT I, 15/86; vgl. auch *Koriath*, in: *Ranieri* (Hrsg.), Die Europäisierung der Rechtswissenschaft, 2002, S. 47 ff. – Für den Ausschluss lebensgefährlicher Verteidigung von Sachwerten *Lührmann*, Tötungsrecht zur Eigentumsverteidigung, 1999, S. 70, 209, 258; *Stil-*

man ihre unmittelbare Geltung für den seine Sachen verteidigenden Bürger annimmt (s. oben Rn. 153 Fn. 316), freilich darin zu sehen, dass ihr nicht sicher zu entnehmen ist, ob die bedingt vorsätzliche Tötung z. B. des Diebes durch den Eigentümer erfasst ist (s. oben Rn. 118),[399] oder ob sogar dessen fahrlässige Tötung mangels Notwehr-Rechtfertigung bestraft werden muss;[400] – nach *Frister* (AT 16/27) soll „eine mit dem hohen Risiko einer Tötung des Angreifers verbundene Verteidigung zum Schutz bloßer Sachwerte" nicht gerechtfertigt sein. Sicher ist, dass die körperliche Unversehrtheit des Angreifers nicht über Art. 2 EMRK geschützt ist.[401] Dagegen verbietet diese Konventionsgarantie die direkt-vorsätzliche Tötung des mit Drohungen (= keine Gewalt) vorgehenden Erpressers zum Schutze vor z. B. kompromittierenden Enthüllungen, die der Erpresste (anders als den Angriff auf sein Vermögen) nicht durch eine Anzeige als milderes Mittel bekämpfen kann.[402]

> Aus der **Übungsfall-Literatur** zur Einschränkung der Notwehr durch Art. 2 EMRK vgl.: *Beulke*, KK I, Fall 6, Rn. 225 u. 232 f.; *Eser/Burkhardt*, Strafrecht I, Fall 10, S. 115 mit Lösung A 52– A 57; *Hillenkamp*, 3. AT-Problem, Bsp. 1, S. 23 mit Lösung S. 27, u. Bsp. 3, S. 28 (bedingter Tötungsvorsatz); *Käßner/Seibert*, JuS 2006, 810 u. 814 f. *Marxen*, Fall 8 f., S. 71 f. (nur vorsätzliche Tötungen erfasst); *Roxin/Schünemann/Haffke*, Klausurenlehre, Fall 2, S. 47 f. u. 61– 64; *Samson*, Strafrecht I, Fall 23, S. 113 f.; *Strauß*, Strafrecht, Fall 1, S. 17 u. 22.

186   Außerhalb dieser Sonderkonstellation ist eine Aufgabe der Beschränkung der Fallgruppe auf „krasse Missverhältnisse"[403] bzw. auf Bagatellen und ihre **Erweiterung** z. B. auf Sachen mittlerer Preislage durch die Lockerung des o. g. Abwägungsmaßstabs zu erreichen[404] oder durch den Übergang zum Maßstab des § 153 StPO.[405] Gegen diese Erweiterungen werden freilich Bedenken vorgebracht,[406] weil dann die klar erkennbare Konstellation des krassen Missverhältnisses in einer weniger randscharfen Fallgruppe aufgehen würde. Nicht durchgesetzt hat sich auch die z. T. geforderte Erweiterung/Ersetzung des „krassen Missverhältnisses" durch das „offensichtliche Missverhältnis".[407] Im Hinblick auf die „soziale Pflichtenbindung des Notwehrrechts" wird neuerdings eine weitergehende Einschränkung für lebensgefährliche Verteidigungshandlungen befürwortet: der „tödliche Einsatz einer Waffe" sei nur dann zugelassen, „wenn dem Angegriffenen von dem Angreifer erhebliche Schädigungen seiner Gesundheit drohen".[408] – Ob der Sonderfall des Angriffs

---

ler, Grenzen des Notwehrrechts bei der Verteidigung von Sachwerten, 1999, S. 165 ff.; vgl. auch *Laber*, Der Schutz des Lebens im Strafrecht, 1997, S. 135–144, und *Wittemann*, Grundlinien und Grenzen der Notwehr in Europa, 1997, S. 239 ff., 271 f.

[399] Abl. *Roxin*, AT I, 15/88, u. *ders.*, ZStW 93 (1981), 99 f.; *Otto*, 8/65; NK-*Herzog*, § 32 Rn. 97; SK-*Günther*, § 32 Rn. 117; *Satzger*, Jura 2009, 759, 763. – Dafür aber *Frister*, GA 1985, 560 f.; vgl. auch *Montenbruck*, 1983, S. 5 f. u. 51 f. sowie *Koriath* (o. Fn. 398) S. 57 ff.

[400] Abl. *Trechsel*, ZStW 101 (1989), 822.

[401] *Frister*, GA 1988, 314.

[402] Vgl. *Roxin*, AT I, 15/102; für die Anwendung von Art. 2 EMRK in diesen Fällen auch schon *Haug*, MDR 1964, 553.

[403] Vgl. *Beulke*, Jura 1988, 645 f.

[404] Vgl. den Vorschlag von *Jakobs*, 12/47, u. a. auf das Kriterium des Unglücksfalls abzustellen.

[405] *Roxin*, ZStW 93 (1981), 95: Bereich der gesamten Kleinkriminalität.

[406] So z. B. von S/S-*Perron*, § 32 Rn. 50, und von *Joerden*, JuS 1992, 25.

[407] So *Schroeder*, in: *Eser/Fletcher* (Hrsg.), Rechtfertigung und Entschuldigung I, 1987, S. 535, zu seiner Anregung in: Fs. Maurach, 1972, S. 139 f.; krit. dazu wegen des bestehen bleibenden Rechtsbewährungsaspekts S/S-*Perron*, § 32 Rn. 50.

[408] *Rudolphi*, JR 1991, 210. – Mit verfassungsrechtlicher Begründung will *Bernsmann*, ZStW 104 (1992), 290 ff., tödliche Verteidigungshandlungen bei nicht lebensbedrohlichen Angriffen von der Notwehr-Rechtfertigung ausschließen.

durch Ehrverletzung hierher gehört, erscheint zweifelhaft;[409] tätliche Verteidigung wird jedenfalls hier weitgehend ausgeschlossen (s. u. Rn. 265).

Anhang zur „Unfugabwehr":

Die **Definition** des Unfugs wird meist durch die Aufzählung von Fällen ersetzt; 187 das führt zu **Unsicherheiten** bei der Abgrenzung dieser Fallgruppe.[410] Nicht ausreichend diskutiert ist insbesondere die Frage, ob und inwieweit auf die Intentionen des Unfug Treibenden abzustellen ist.[411]

Gemeint sind **Bagatellangriffe,** die an der Grenze zu den noch sozialüblichen Be- 188 lästigungen liegen,[412] wie z.B. Körperberührungen beim Drängeln in Menschenschlangen.[413] Der Studentenulk soll noch unterhalb der Unfugschwelle liegen, nicht hingegen der dreiste Studentenstreich.[414] Strittig ist die Einordnung des „Anleuchtens mit der Taschenlampe."[415]

Unterhalb der Unfugschwelle liegende Belästigungen sind schon kein Angriff im 189 Sinne von § 32 II:[416] das sind kaum messbare Rechtsgutsbeeinträchtigungen[417] und sozialübliche Belästigungen.[418] Liegt Unfug und damit ein Angriff vor, so wird die Einschränkung des Notwehrrechts ganz ähnlich wie bei der Konstellation des „krassen Missverhältnisses" und des „unerheblichen Angriffs" begründet. Häufig wird direkt auf das **Verhältnismäßigkeitsprinzip** abgestellt.[419] Das Rechtsbewährungsinteresse soll hier völlig in den Hintergrund treten,[420] auch das Selbstschutzinteresse sei gemindert.[421] Auch findet man die Begründung, dass hier soziale Rücksichtnahme Pflicht sei.[422]

Hinzu kommt der Hinweis auf die Unangemessenheit von Eigeninitiative in die- 190 sen Fällen und der Verweis auf die Einschaltung des Staates (Zivilprozess, Polizei); auch die **Gefahr der Eskalation** nach der Reaktion auf den Unfug wird genannt.[423]

---

[409] Vgl. einerseits *Samson,* Strafrecht I, Fall 12, S. 70–72; andererseits *S/S-Perron,* § 32 Rn. 36 a. – Vgl. aus der Rspr.: BayObLG NStZ 1991, 433 f., m. Anm. *Mitsch,* JuS 1992, 292: „Ehrangriffe sind grundsätzlich verbal zu parieren. Wenn der Angreifer sich aber davon nicht beeindrucken lässt, ist auch eine tätliche Abwehr zulässig." – Nach *Vormbaum,* JR 1992, 164 fließt nach der Rspr. ein „Element von ‚Gebotenheit' bzw. ‚sozialethischer Begrenzung' in die Erforderlichkeitsprüfung ein"; dies sei aber „sachbedingt" bei der „Ehrennotwehr".

[410] *Wagner,* 1984, S. 58 f.

[411] So z.B. *Krause,* Gs. H. Kaufmann, 1986, S. 685, und *Eser/Burkhardt,* Strafrecht I, Nr. 10 A 49.

[412] *S/S-Perron,* § 32 Rn. 49; ähnlich *Roxin,* AT I, 15/85: „an der Grenze des sozial noch Hinnehmbaren".

[413] *S/S-Perron,* § 32 Rn. 49; *Jescheck/Weigend,* S. 348; anders *Krause,* Gs. H. Kaufmann, 1986, S. 684 f.

[414] Vgl. *Jescheck/Weigend,* S. 348.

[415] Vgl. einerseits *Jescheck/Weigend,* S. 348; andererseits *S/S-Perron,* § 32 Rn. 49, und *Roxin,* AT I, 15/85.

[416] *S/S-Perron,* § 32 Rn. 49 u. SSW-*Rosenau,* § 32 Rn. 35; ebenso *Haft,* S. 85: Geringfügigkeitsfall, der nicht als Angriff zu bewerten ist.

[417] *Roxin,* ZStW 93 (1981), 95 Fn. 64.

[418] *Wagner,* 1984, S. 59.

[419] So auch die Einschätzung von *Tiedemann,* Anfängerübung, S. 131. Vgl. *Stratenwerth/Kuhlen,* 9/89: Güterabwägung; – kritisch zur Begründung mit der Unverhältnismäßigkeit *Arzt,* Fs. Schaffstein, 1975, S. 82.

[420] *S/S-Perron,* § 32 Rn. 49.

[421] Vgl. *Wagner,* 1984, S. 59 u. NK-*Herzog,* § 32 Rn. 106.

[422] *Roxin,* ZStW 93 (1981), 95.

[423] Vgl. *Arzt,* Fs. Schaffstein, 1975, S. 82 f.

191   Als **Rechtsfolgen** werden genannt: Ausschluss des Notwehrrechts[424] oder Einschränkung der Notwehr;[425] als konkrete Handlungspflichten für den Verteidiger: Ausweichen, Duldung kleinerer Einbußen, meist aber: verhältnismäßige, den Angreifer **schonende Verteidigung** (nur mäßige, nicht schwer verletzende Abwehr).[426]

b) Angriffe schuldlos Handelnder und Irrender

192   Die in der Überschrift gewählte Formulierung ist insofern nicht ganz „treffend", als sie die Fallgruppe weder vollständig noch ganz korrekt bezeichnet. Deshalb wird auch die Teilgruppe der schuldlos Handelnden häufig durch Aufzählung der gemeinten Angreifer ersetzt oder ergänzt: Kinder, Geisteskranke, (schwer/sinnlos) Betrunkene;[427] die Teilgruppe der Irrenden wird häufig durch Zusätze ausgezeichnet wie „schuldlos"[428] oder „ersichtlich"[429] Irrende. Gesondert genannt werden gelegentlich auch: in hochgradigem Affekt Befindliche, in entschuldigendem Notstand Handelnde,[430] unreife Jugendliche.[431] Die beim Angreifer vorliegenden **Defizite** werden schließlich auch durch Angabe der einschlägigen Vorschriften gekennzeichnet: §§ 16, 17, 19, 20, 21, 35 StGB, § 3 JGG.

193   Leicht erkennbare **Standardfälle** sind tätliche oder eigentumsverletzende Angriffe von Kindern und Geisteskranken.[432] Schwieriger sind die Irrtumsfälle als Fälle möglicher „sozialethischer" Notwehreinschränkungen zu erkennen. Beachtenswert deshalb die Fälle bei *Samson*,[433] *Geilen*,[434] sowie die Fälle, mit denen sich die Rechtsprechung zu beschäftigen hatte: zunächst der bereits oben (Rn. 57) angesprochene Fall des OLG Hamm, NJW 1977, 590 f. (Durchsuchungsversuch gegenüber vermeintlichem Dieb wird mit Körperverletzung beantwortet)[435] und der ähnlich gelagerte Fall des BayObLG JR 1987, 344 (Festnahme eines vermeintlichen Kaufhausdiebes).[436] Bei stark betrunkenen Angreifern „übersieht" auch die Rechtsprechung gelegentlich die Möglichkeit einer Notwehreinschränkung.[437]

---

[424] B-*Volk*, S. 93; *Arzt*, Fs. Schaffstein, 1975, S. 82 f.

[425] S/S-*Perron*, § 32 Rn. 49: keine Abwehr, welche die Grenze zur Körperverletzung überschreitet, ebenso *Roxin*, AT I, 15/85.

[426] *Jakobs*, 12/48; vgl. *Schroeder*, in: *Eser/Fletcher* (Hrsg.), Rechtfertigung und Entschuldigung I, 1987, S. 533: „warum soll man geringfügige Angriffe wie z.B. Belästigungen oder penetrante Neckereien nicht wenigstens mit ‚sanfter Gewalt' zurückdrängen können?"

[427] *Roxin*, AT I, 15/61; *Schmidhäuser*, 6/75.

[428] S/S-*Perron*, § 32 Rn. 52. *Roxin*, AT I, 15/61, spricht von „unvermeidbar Irrenden", will dann aber auch in „vermeidbarem Verbotsirrtum" Angreifende und „fahrlässig herbeigeführte Gefährdungen" erfassen (15/64).

[429] W-*Beulke*, Rn. 344.

[430] Beide von *Ebert*, S. 78.

[431] *Jescheck/Weigend*, S. 345.

[432] Beispiel 55 bei *Geilen*, Jura 1981, 372, sowie Fall 96 bei *Kudlich*, PdW AT. Vgl. aus der Rspr.: BayObLG NJW 1991, 2031 f. (rein verbaler ehrverletzender Angriff durch ein Kind) mit Anm. *Mitsch*, JuS 1992, 292, und *Vormbaum*, JR 1992, 163.

[433] Strafrecht I, Fall 11; vgl. auch Fall 2 bei *Tiedemann*, Anfängerübung, S. 174.

[434] *Geilen*, Jura 1981, 372, Nr. 53, 54.

[435] Fallbehandlung bei *Schumann*, JuS 1979, 565; *Krause*, Gs. H. Kaufmann, 1986, S. 681 Fn. 38 und S. 683; S/S-*Perron*, § 32 Rn. 52.

[436] Fallbehandlung bei *Schlüchter*, JR 1987, 309 ff.; *Otto*, JK 88, StGB § 32/10; *Jescheck/Weigend*, S. 346; S/S-*Perron*, § 32 Rn. 52. – Vgl. auch den Fall einer vermeintlichen Nothilfe bei unvermeidbar irrendem Angreifer: BSG NJW 1999, 2301 mit Anm. *Roxin*, JZ 2000, 99 u. Bspr. *Simon*, JuS 2001, 639.

[437] Vgl. *Ranft*, JZ 1987, 866, zu BGH NStZ 1987, 171 f.; zu leichter Betrunkenen BGH NJW 2003, 1955, 1960 mit Bspr. *Roxin*, JZ 2003, 966, 968 u. *Zaczyk*, JuS 2004, 750, 754.

Große Konkurrenz hat hier die an § 32 I aufgehängte Argumentation durch eine **194** zum Teil auch „sozialethisch" argumentierende Richtung, die bei den genannten Konstellationen nicht erst die Verteidigung einschränkt, sondern schon den „Angriff" i. S. des § 32 II ablehnt: kein Angriff auf die (empirische) Geltung der Rechtsordnung[438] oder häufiger: **kein** (vorsätzlich und/oder schuldhaft) **zurechenbarer Angriff**.[439] Diese Begründungen lassen sich vertreten, es fällt freilich schwer, nach dem alltäglichen Sprachgebrauch den amoklaufenden Geisteskranken als Nicht-Angreifer zu bezeichnen und die Gesetzesformulierung „rechtswidriger Angriff" gerade durch „vorsätzlich, schuldhaft" zu definieren;[440] auch will der Gesetzgeber mit der Einräumung eines Entschuldigungsgrundes dem Opfer des entschuldigten Angreifers nicht auch noch das Notwehrrecht nehmen, und schließlich dient das Notwehrrecht nicht der (Schuld voraussetzenden) Bestrafung des Angreifenden.[441] Kritik wird an dieser Richtung auch deshalb geübt, weil nach Ablehnung eines Angriffs i. S. des § 32 II die Rechtfertigung durch Notwehr ausgeschlossen ist; Rechtfertigung wäre dann nur noch über § 34[442] oder die Regeln des Defensivnotstandes,[443] Entschuldigung eventuell über § 35[444] zu erreichen, was aber bei Leben gegen Leben (Erschießung des Amokläufers) und bei Nothilfesituationen (Schuss zugunsten anderer, fremder Lebensbedrohter) nicht hilft.[445]

Überwiegend wird deshalb in dieser Fallgruppe „sozialethisch" i. w. S. mit dem **195** **Rechtsbewährungsprinzip** als einem Grundgedanken der Notwehr argumentiert. Dies ist hier besonders einsichtig, weil den genannten Angreifern gegenüber das Recht nicht oder nicht in gleichem Maße bewährt werden muss, da schon die Rechtsordnung bei ihnen nicht mit strafrechtlichen Reaktionen antwortet.[446] Das Selbstschutzbedürfnis des Angegriffenen bleibt dagegen bestehen,[447] es soll aber – und damit kommt die „sozialethische" Argumentation i. e. S. ins Spiel – an soziale Rücksichtnahme,[448] an Mindestsolidarität[449] gebunden sein. Seltener wird der Selbstschutzgedanke nur zur Einschränkung der Erforderlichkeit verwendet;[450] dies kann

---

[438] *Schmidhäuser*, 6/51, 65, 75; ähnlich *Otto*, 8/20, sowie *ders.*, in: JK 90, StGB § 32/13.

[439] *Hruschka*, S. 141 f.; *Jakobs*, 12/16; *Marxen*, 1979, S. 62; *Frister*, GA 1988, 304; *Hoyer*, JuS 1989, 95 f.; *Renzikowski*, 1994, S. 99 u. 301.

[440] Vgl. *Roxin*, ZStW 93 (1981), 82 ff.

[441] Vgl. *Roxin*, JuS 1988, 428.

[442] So die Lösung bei *Otto*, 8/20 und *ders.*, in: JK, StGB § 32/10; dagegen wie hier *Satzger* JK 2/08, StGB § 32/32.

[443] So die Lösung bei *Hruschka*, S. 142; *Jakobs*, 12/18; *Frister*, GA 1988, 305, u. wohl auch bei *Pawlik*, Jura 2002, 26, 28 f.

[444] Vgl. *Schmidhäuser*, 6/65.

[445] Vgl. *Geilen*, Jura 1981, 372; *Krause*, Gs. H. Kaufmann, 1986, S. 682.

[446] Vgl. *Roxin*, AT I, 15/61 u. in: ZStW 93 (1981), 81; außerdem *Hoyer*, AT I, S. 77; *S/S-Perron*, § 32 Rn. 52; *Jescheck/Weigend*, S. 346; *Blei*, S. 150; *Ebert*, S. 78; *Eser/Burkhardt*, Strafrecht I, Nr. 10 A 34; *Geilen*, Jura 1981, 371; *Haft*, S. 90; *Perron* (o. Fn. 388), S. 88; *Schünemann*, GA 1985, 368. – Krit. zu dieser Argumentation in dieser Fallgruppe *Mitsch*, JuS 1992, 292 und SK-*Günther*, § 32 Rn. 119. – Auch die Rspr. hebt auf das (fehlende) Rechtsbewährungsinteresse ab; vgl. BayObLG NStZ-RR 1999, 9 u. AG Rudolstadt NStZ-RR 2007, 265 mit Bspr. *Satzger* JK 2/08, StGB § 32/32: nicht unplausible Erwägung.

[447] M-*Zipf*, AT 1, 26/38; *Blei*, S. 150. – Anders für kindliche Angreifer *Vormbaum*, JR 1992, 164: hier bedürfe es der Selbstbehauptung regelmäßig nicht.

[448] *Roxin*, AT I, 15/61, u. *ders.*, in: ZStW 93 (1981), 81. – *Hassemer*, in: Eser/Fletcher (Hrsg.), Rechtfertigung und Entschuldigung I, 1987, S. 208, spricht von verminderter sozialer Kompetenz des Angreifers (Zurechnungsunfähigkeit). Auf das Schuldprinzip, das gegen das individualistische Notwehrprinzip abzuwägen sei, hebt *Koch*, ZStW 104 (1992), 813, ab.

[449] So *Jakobs*, 12/47, in einem Irrtumsfall; ebenso *Kindhäuser*, AT, 16/46.

[450] Vgl. *Wagner*, 1984, S. 76 ff.

zu im Ergebnis gleich weiten Einschränkungen führen, obwohl man auf der Rechtswidrigkeit des Angriffs beharrt und alle „sozialethischen" Einschränkungen ablehnt; die Erforderlichkeit im oben (Rn. 87 ff.) beschriebenen Sinne trägt solche Einschränkungen freilich nicht.[451] Selten wird zur Begründung der Notwehreinschränkung auf die fehlende Fähigkeit dieser Angreifer abgestellt, sich durch Unterlassen oder Abbrechen des Angriffs selbst zu schützen.[451a]

196   Die vom Verteidiger kraft Notwehreinschränkung (nicht Notwehrausschluss wie bei denen, die einen rechtswidrigen Angriff ablehnen) erwartete Reaktion ist **Ausweichen** bzw. (in Irrtumsfällen) **Aufklären** des Irrtums.[452] Ist Ausweichen nicht möglich, so ist eine den Angreifer möglichst schonende[453] (Schutzwehr), nicht unverhältnismäßige Verteidigung[454] (bei Trutzwehr) verlangt. Als Verhältnismäßigkeitsmaßstab wird § 228 BGB genannt.[455] Bei dieser „Pflicht zur ‚riskanten Schonung' " muss der Verteidiger leichtere Beeinträchtigungen wie Schläge auf sich nehmen.[456] Dies alles gilt auch für den Nothelfer, der zunächst versuchen muss, sich zwischen Angreifer und Angegriffenen zu stellen.[456a]

197   **Ausgeschieden** aus dieser Fallgruppe werden gelegentlich Betrunkene, zumindest wenn sie sich i. S. des § 323 a schuldhaft in ihren Zustand versetzt haben.[457] Bei alkoholisierten Angreifern unterhalb der Grenze der Schuldunfähigkeit kommt allenfalls, wenn überhaupt, eine geringe Einschränkung des Notwehrrechts in Betracht (BayObLG NStZ-RR 1999, 9).[457a] Wird der Angreifer infolge des erforderlichen Würgegriffs bewusstlos, so ist der Verteidiger „zur größtmöglichen Schonung angehalten" (BGHSt 45, 378, 384). Die Einbeziehung nur vermindert Schuldfähiger (§ 21) und fahrlässig Irrender (§ 16 I 2, § 17) wird erwogen.[458] Ist das Handlungsunrecht aber nicht nur abgeschwächt, sondern fehlt es ganz (z. B. der vorsatzausschließende Erlaubnistatumstandsirrtum war nicht zu vermeiden[459]), so liegt mangels Sorgfaltswid-

---

[451] Nachdrücklich: *Otto*, JK 88, StGB § 32/10.

[451a] So aber B-*Weber/Mitsch*, 17/40 u. SK-*Günther*, § 32 Rn. 119.

[452] MK-*Erb*, § 32 Rn. 210; S/S-*Perron*, § 32 Rn. 52; *Schroeder*, in: *Eser/Fletcher* (Hrsg.), Rechtfertigung und Entschuldigung I, 1987, S. 535; *Zieschang*, Fs. Knemeyer, 2012, S. 449, 459; vgl. *Roxin*, Fs. Pfeiffer, 1987, S. 51 f. mit Beispielen: Aufklärung des Irrtums ist auch die gebotene Verteidigungshandlung gegenüber einem Beamten, der fahrlässig die tatsächlichen Voraussetzungen seiner Eingriffsbefugnis annimmt. – Für eine Begrenzung unter dem „Aspekt der Unzumutbarkeit" *Krey/Esser*, AT, Rn. 535.

[453] W-*Beulke*, Rn. 344.

[454] *Ebert*, S. 78; zur Stufenfolge lies: *Geilen*, Jura 1981, 371 sowie *Roxin*, ZStW 93 (1981), 81, und *ders.*, in: AT I, 15/62, der zwischen Ausweich- und Schonungspflicht als zweite Pflicht noch die zur Herbeiholung fremder Hilfe schiebt. Vgl. auch die sog. „Schrankentrias" bei NK-*Herzog*, § 32 Rn. 104.

[455] *Stratenwerth/Kuhlen*, 9/87; *Schumann*, JuS 1979, 565; *Krause*, Gs. H. Kaufmann, 1986, S. 682 f. u. *Pawlik*, GA 2003, 12, 14, 18.

[456] *Roxin*, AT I, 15/62; krit. MK-*Erb*, § 32 Rn. 211.

[456a] *Kasiske*, Jura 2004, 832, 836 f.

[457] *Krause*, Gs. H. Kaufmann, 1986, S. 679; vgl. auch *Engländer*, 2008, S. 365 f.; *v. Rienen*, 2009, S. 246 ff., 301; *Geilen*, Jura 1981, 257; *Krey/Esser*, AT, Rn. 536; S/S-*Perron*, § 32 Rn. 52; eine geringere Rücksichtnahme reicht nach MK-*Erb*, § 32 Rn. 213.

[457a] Vgl. *Eisele*, JA 2001, 922, 924 zu BGH NJW 2001, 3200.

[458] *Geilen*, Jura 1981, 371; *Roxin*, ZStW 93 (1981), 81 u. *ders.*, in: AT I, 15/58: wegen des auch in diesen Fällen geminderten Rechtsbewährungsinteresses; ebenso für Betrunkene, die unter den Voraussetzungen des § 21 handeln, AG Rudolstadt NStZ-RR 2007, 265 mit abl. Bspr. *Satzger* JK 2/08, StGB § 32/32, der für ein uneingeschränktes Notwehrrecht plädiert.

[459] Vgl. dazu *Schumann*, JuS 1979, 562; *Schlüchter*, JR 1987, 310; krit. aber *Scheffler*, Jura 1992, 354.

rigkeit kein rechtswidriger Angriff vor,[459a] so dass in den von der Rspr. behandelten Fällen (s. o. Rn. 193) auf Notstandsregeln übergegangen werden muss.[460]

> **Übungsfälle** zum schuldlosen Angriff s. o. Rn. 193; weitere Fälle: *Brüning*, JuS 2007, 255 u. 256 (Angreifer mit 3,5‰); *Dreher*, JuS 2005, 789 u. 792 (Angreifer mit 2,2‰); *Hilgendorf*, KK I, Fall 2, Rn. 11; *Hillenkamp*, JuS 2001, 159 u. 166 (Irrender); *Kaspar*, JA 2006, 855 u. 857 („Schlafwandler"); *Kunz*, JuS 1996, 39 u. 41; *Fahse/Hansen*, Übungen für Anfänger, 1. Klausur, S. 86 u. 91 sowie 2. Hausarbeit, S. 92 u. 98 f.

c) Enge persönliche Beziehungen

Die Fallgruppe der hier so genannten „engen persönlichen Beziehungen"[461] wird auch als die der „engen familiären Beziehungen"[462] und als „Angriffe unter **Ehegatten**"[463] oder „Angriff auf Beschützergaranten"[463a] gekennzeichnet. Aber auch Begriffe wie „Gemeinschaftsverhältnisse",[464] „Garantieverhältnisse"[465] und „soziale Näheverhältnisse"[465a] werden verwandt.   **198**

Der **typische Fall:** Ein Ehemann schlägt seine Frau. Um keine weiteren Schläge hinnehmen zu müssen, setzt sich die körperlich unterlegene Ehefrau mit einer Waffe oder einem ähnlichen gefährlichen Werkzeug zur Wehr und verletzt den Mann tödlich (gebildet von *Marxen*[466] nach BGH NJW 1969, 802 und BGH NJW 1975, 62).[467] Während in den Entscheidungen, aus denen dieser Fall „herausgezogen" wurde, eine Notwehr-Rechtfertigung für die Ehefrau abgelehnt wurde, ist der schwangeren Ehefrau in einer besonderen Situation die Rechtfertigung zugestanden worden: BGH NJW 1984, 986. Ob der BGH hier von seinem „früher eingeschlagenen Kurs" abgerückt ist oder ob er nur die gleich bleibenden Kriterien auf einen anders gelagerten Einzelfall angewandt hat, ist umstritten.[468] In einer neueren Entscheidung hat er es offengelassen, ob an dieser Rspr. festgehalten werden kann; jedenfalls bedürfe sie „zumindest der Einschränkung" (BGH NStZ-RR 2002, 203 m. Bspr. *Walther*, JZ 2003, 52 u. *Otto*, JK 5/03, StGB § 32/27); nach *Kretschmer*, JR 2008, 51, 52 Fn. 20, deutet sich „ein Schwanken des BGH" an.   **199**

Anders als in den bisher behandelten Fallgruppen wird in dieser neueren, vom Gesetzgeber noch nicht „mit-bedachten" Fallgruppe die **Berechtigung** „sozialethi-   **200**

[459a] So die h. M., vgl. die Nachweise in Fn. 96 bei 7/59; zur Gegenansicht, die bereits einen Angriff verneint s. o. 7/58 mit Fn. 95 a, b.

[460] Vgl. wieder *Schumann*, JuS 1979, 565; außerdem *Roxin*, AT I, 14/112; *Samson*, Strafrecht I, S. 65.

[461] S/S-*Perron*, § 32 Rn. 53; LK-*Rönnau/Hohn*, § 32 Rn. 238; KK OWiG – *Rengier*, § 15 Rn. 33; *Jescheck/Weigend*, S. 346.

[462] W-*Beulke*, Rn. 345.

[463] Ähnlich *Stratenwerth/Kuhlen*, 9/89: Auseinandersetzungen unter Ehegatten.

[463a] SK-*Günther*, § 32 Rn. 128.

[464] *Schünemann*, GA 1985, 367.

[465] *Jakobs*, 12/57; *Roxin*, ZStW 93 (1981), 76 und 100, sowie in: AT I, 15/93.

[465a] *Wohlers*, JZ 1999, 434.

[466] *Marxen*, in: *Lüderssen/Sack* (Hrsg.), Vom Nutzen und Nachteil der Sozialwissenschaften für das Strafrecht, 1980, S. 63. Vgl. auch *Geilen*, Jura 1981, 374.

[467] BGH NJW 1975, 62 ist Fall 21 bei *Roxin*, HRR AT, S. 27 f. u. 171; vgl. auch die Fallschilderungen u. Bewertungen durch *Roxin*, AT I, 15/96 f.; zu beiden Entscheidungen kritisch *Zieschang*, Jura 2003, 527, 528 f.

[468] Vgl. zum Fall: *Geilen*, JK, StGB, § 32/7; vgl. auch die Anmerkungen von: *Loos*, JuS 1985, 859 ff.; *Montenbruck*, JR 1985, 116 f.; *Schroth*, NJW 1984, 2562 ff.; *Spendel*, JZ 1984, 507 ff. Vgl. außerdem *Bernsmann*, ZStW 104 (1992), 298 f.; *Frister*, GA 1988, 307 Fn. 65; *Roxin*, AT I, 15/96 f.; *Schroeder*, in: *Eser/Fletcher* (Hrsg.), Rechtfertigung und Entschuldigung I, 1987, S. 537; W-*Beulke*, Rn. 345.

scher" Einschränkungen **bestritten**.[469] Wird diese normative Einschränkung abgelehnt, so bleibt die Möglichkeit, im Rahmen der Prüfung der Erforderlichkeit die „Besonderheit derartiger Sachverhalte" für eine „tatsächliche Einschränkung der Notwehr" zu nutzen.[470] Die Kriterien der Erforderlichkeit dürfen aber auch hier nicht ausgewechselt werden, insbesondere darf über die Ablehnung der Erforderlichkeit nicht eine Duldungspflicht für die Ehefrau hinsichtlich kleinerer Körperverletzungen begründet werden, denn wenn schon aus Erforderlichkeitsgründen dem Angriff nicht ausgewichen werden muss, muss er erst recht nicht mit Beeinträchtigungen erduldet werden.[471]

201   Für eine „sozialethische" Einschränkung in dieser Fallgruppe wird häufig das nicht voll zur Geltung kommende Rechtsbewährungsinteresse angeführt;[472] seltener wird auch noch eine Minderung des Selbstschutzinteresses angenommen.[473] Der Verzicht auf Rechtsbewährung wird nicht (mehr) mit dem privaten Charakter interner ehelicher Auseinandersetzungen begründet,[474] denn angesichts des eingangs geschilderten typischen Falles dieser Fallgruppe erscheint die angegriffene Ehefrau eindeutig schutzbedürftig. Vielmehr soll das generalpräventive (Verteidigungs-)Bedürfnis wegen der zwischen den Ehegatten bestehenden **Schutzgarantenpflicht** entfallen: die Garantenpflicht führe über das Rechtsbewährungsprinzip zur Notwehreinschränkung.[475] Gegen diese Konstruktion wird eingewandt, dass es in dieser Konstellation eigentlich nicht an dem generalpräventiven Bedürfnis nach Sanktionierung fehle, sondern dass hier das Rechtsbewährungsinteresse durch ganz andere Prinzipien eingeschränkt werde.[476] Unter Aufnahme dieser Kritik wird deshalb von einer Überlagerung des Rechtsbewährungsinteresses durch die Einstandspflicht unter Ehegatten gesprochen.[477]

202   Häufig wird bei der Begründung der Einschränkung des Notwehrrechts in engen persönlichen Beziehungen bei dem Spannungsverhältnis von § 32 und § 13 (insbesondere Schutz-Garantenpflichten zwischen Ehegatten) angesetzt.[478] Zwar wird man die persönliche Freiheit eines jeden Partners auch in einer engen persönlichen Beziehung wie der sogar rechtlich geschützten Ehe nicht leugnen können: auch eng verbundene Partner müssen sich in ihrer Freiheitssphäre respektieren. Aber die Partnerschaft lässt

---

[469] *Engels*, GA 1982, 114 ff.; *Engländer*, 2008, S. 357–362; *van Rienen*, 2009, S. 260, 301; *Frister*, GA 1988, 308 f. u. in: AT 16/33; *Kretschmer*, JR 2008, 51, 52 f.; *Zieschang*, Fs. Knemeyer, 2012, S. 449 u. 460; *Krey/Esser*, AT, Rn. 541: allenfalls mit „Restriktionen"; *Otto*, 8/92; LK[11]-*Spendel*, § 32 Rn. 310: Verkehrung von Recht und Unrecht; nach LK-*Rönnau/Hohn*, § 32 Rn. 239: „heikle Fallgruppe"; einschränkend B-*Weber/Mitsch*, 17/42.

[470] So in früheren Auflagen *Otto*, 8/92, der in der 7. Aufl. dies nicht mehr erwägt.

[471] Vgl. *Marxen*, 1979, S. 24; *ders.* (o. Fn. 466), S. 64 f.; ebenso *Kretschmer*, JR 2008, 51, 53.

[472] *Amelung/Boch*, JuS 2000, 261, 265. *Eser/Burkhardt*, Strafrecht I, Nr. 10 A 37; *Haft*, S. 91; *Jescheck/Weigend*, S. 346; NK-*Herzog*, § 32 Rn. 111; S/S-*Perron*, § 32 Rn. 53; *Schramm*, 2011, S. 113; *Schumann*, JuS 1979, 566; *Schünemann*, GA 1985, 369; *Tiedemann*, Anfängerübung, S. 132.

[473] *Schünemann*, GA 1985, 369.

[474] *Roxin*, ZStW 93 (1981), 100, „gegen" *Roxin*, ZStW 75 (1963), 581.

[475] *Roxin*, ZStW 93 (1981), 102; in: AT I, 15/93, lässt *Roxin* das geringere Rechtsbewährungsinteresse (unter best. Voraussetzungen) hinter der „Pflicht zu menschlicher Rücksichtsnahme" zurücktreten.

[476] Vgl. *Neumann*, 1985, S. 171 ff.; ähnlich *Renzikowski*, 1994, S. 114 u. 310.

[477] *Ebert*, S. 78 f.

[478] *Geilen*, Jura 1981, 374; *Marxen*, 1979, S. 38 ff.; *Stemler*, ZJS 2010, 347, 352; *Kindhäuser*, AT, 16/47; *Köhler*, S. 275; *Stratenwerth/Kuhlen*, 9/93; W-*Beulke*, Rn. 345; MK-*Erb*, § 32 Rn. 219; SK-*Günther*, § 32 Rn. 130; krit. *Zieschang*, Jura 2003, 527, 529 f. und *Engländer*, 2008, S. 360.

auch **Gemeinschaftsbindungen** entstehen, insbesondere Schutzpflichten, auf deren Einhaltung sich die Partner gegenseitig verlassen.[478a] Eine Verpflichtung zur gegenseitigen Rücksichtnahme von Angreifer und Angegriffenem kann auf § 1353 I 2 BGB gestützt werden.[478b] Man kann deshalb in tatsächlich existierenden, praktizierten Garantieverhältnissen auch im Hinblick auf den Fortbestand des Gemeinschaftsverhältnisses gewisse Einschränkungen bei der Ausübung des Notwehrrechts begründen. Freilich muss man sich bei der Begründung solcher Einschränkungen darüber im Klaren sein, dass man von einem Partner die Aufopferung eigener Rechtsgüter (körperliche Unversehrtheit) verlangt, und das zugunsten des Partners, der aktuell durch seinen rechtswidrigen Angriff nicht einmal die Freiheitssphäre des anderen Partners respektiert, geschweige denn seiner Schutzpflicht nachkommt.[479]

Der **Solidaritätsgedanke** hat zwar in dieser Fallgruppe mehr Berechtigung, weil es **203** nicht nur um die jedermann, mit dem man nicht persönlich eng verbunden ist, geschuldete Mindestsolidarität geht.[480] Doch auch hier muss es Grenzen für die Aufopferungspflicht geben: die Pflicht zu sozialer Rücksichtnahme[481] darf **nicht bis zur Selbstaufgabe** gesteigert werden. Ob man die Inanspruchnahme von Solidarität durch den Angreifer und die solidarische Aufopferungspflicht des Angegriffenen schon deshalb völlig ablehnen kann, weil es an der Hilfsbedürftigkeit des Angreifers (dem es freisteht, sich durch Beendigung seines Angriffs selbst zu schützen) fehlt, erscheint zweifelhaft.[482] Zwar ruft erst Not die Solidarität auf den Plan, doch kann diese Not innerhalb von engen persönlichen Beziehungen möglicherweise eher (die Beziehung ist in Gefahr) angenommen werden als zwischen Fremden.

Die **Rechtsfolge** besteht (im Normalfall mangels Ausweichmöglichkeit) in der **204** **Duldungspflicht** hinsichtlich leichter Körperverletzungen.[483] Konkret: solange dem Angegriffenen nicht mehr an Schaden droht, darf er sich nicht mit für den Angreifer lebensgefährlichen Mitteln wehren, tut er es dennoch, so ist er nicht gem. § 32 gerechtfertigt; seine Strafbarkeit könnte jedoch in Berücksichtigung seines Individualschutzinteresses durch das Eingreifen des – allerdings noch nicht allgemein anerkannten – „Strafunrechtsausschließungsgrundes" der „notstandsähnlichen Lage" entfallen.[484] Droht dem Angegriffenen mehr (eigene Lebensgefahr, Lebensgefahr für

---

[478a] Das und der Schutz von Ehe und Familie als Institutionen rechtfertigen die Bezeichnung der Einschränkungen als „sozialethisch", näher *Kühl*, JahrbRuE 2003, S. 219, 241 f. u. in: Fs. Otto, S. 63, 76.

[478b] *Schramm*, 2011, S. 110 f.

[479] Zum letzten Argument ebenso S/S-*Perron*, § 32 Rn. 53; so auch schon *Engels*, GA 1982, 113; *Loos*, JuS 1985, 862 u. *Zieschang*, Jura 2003, 527, 531. – Zutr. weist *Roxin*, AT I, 15/99, darauf hin, dass leichtere Verfehlungen die wechselseitige Solidaritätspflicht nicht aufheben.

[480] Vgl. *Jakobs*, 12/58 und *ders.*, 1993, S. 156; *Amelung/Boch*, JuS 2000, 261, 265; krit. *Zieschang*, Jura 2003, 527, 530 f. u. *Fischer*, § 32 Rn. 37. – Ganz auf die Solidaritätspflichten stellt *Wohlers*, JZ 1999, 434, 438 ff., ab.

[481] Damit argumentieren *Kratzsch*, JuS 1975, 440; *Roxin*, ZStW 93 (1981), 102 u. in: AT I, 15/93: „menschliche Rücksichtnahme"; SSW-*Rosenau*, § 32 Rn. 33. – Vgl. *Perron* (o. Fn. 388), S. 88 und *Koch*, ZStW 104 (1992), 812: Verpflichtung zu gegenseitiger Rücksichtnahme.

[482] So *Frister*, GA 1988, 308 f.

[483] *Roxin*, AT I, 15/94; vgl. auch *Hoyer*, AT I, S. 77 u. *Jakobs*, 12/58. – Klar *Schünemann*, GA 1985, 367, der diese Rechtsfolge wieder mit der Minderung von Rechtsbewährungs- **und** Selbstschutzinteresse begründet. Anders S/S-*Perron*, § 32 Rn. 53: nur eine erhöhte Gefahrtragungspflicht, d. h. keine Duldungspflicht, auch nicht hinsichtlich leichteren Körperverletzungen; *Geilen*, JR 1976, 314, 317; *Wohlers*, JZ 1999, 434, 441; *Kretschmer*, JR 2008, 51, 53; LK-*Rönnau/Hohn*, § 32 Rn. 238 f.; NK-*Herzog*, § 32 Rn. 111; *Joecks*, § 32 Rn. 32.

[484] So *Günther*, 1983, S. 342 und 345. – Krit. *Roxin*, Fs. Oehler, 1985, S. 192 f.

den Embryo der angegriffenen Schwangeren), so gibt es keine Notwehreinschränkung. Dazu gehören Angriffe in Form von gefährlichen Körperverletzungen (§ 224) oder Sexualstraftaten wie etwa Vergewaltigung in der Ehe (§ 177).[484a] Eine Warnung des Angreifers durch den Verteidiger ist schon nach dem Erforderlichkeitskriterium zu verlangen, freilich nur soweit dadurch die Verteidigungsmöglichkeit nicht verschlechtert wird oder gar verlorengeht.[485] Diese Einschränkungen gelten auch für den Nothelfer (s. oben Rn. 142), denn auch er muss respektieren, dass es sich um einen Konflikt zwischen eng verbundenen Personen handelt.[485a]

205   Auch in eindeutig engen persönlichen Beziehungen wie der Ehe ist zusätzlich zu verlangen, dass diese Beziehungen intakt sind (Schläge als „Entgleisungen"; nicht bei Gewalttätigkeit als Normalform der Auseinandersetzung in der Ehe).[486]

206   Lockere Verbindungen wie unter Vereinsmitgliedern und Betriebsangehörigen sind normalerweise keine Garantieverhältnisse mit gesteigerten Solidaritätserwartungen/-pflichten.[487] Bei Wohngemeinschaften muss gefragt werden, was von den Beteiligten gewollt ist.[488] Selbst für das Verhältnis zwischen Eltern und Kindern wird die Berechtigung der Notwehreinschränkung bezweifelt.[488a] Bei bloßer Schwägerschaft wird sie zu Recht abgelehnt (BGH NJW 2001, 3200, 3202 m. zust. Bspr. *Eisele*, JA 2001, 922, 924 f.). Dagegen muss die Notwehreinschränkung – auf dem Boden der h. M. – bei eheähnlichen Gemeinschaften gelten,[488b] erst recht bei eingetragenen Lebenspartnerschaften (zu den Garantenstellungen s. 18/57 u. 61 ff.).

> Aus der **Übungsfall-Literatur** zur Notwehreinschränkung bei engen persönlichen Beziehungen: *Amelung/Boch*, JuS 2000, 261 u. 265; *Brüning*, JuS 2007, 255 u. 256 (keine intakte Beziehung); *Krey/Esser*, AT, Fall 83, Rn. 539–542 (BGH NStZ 1994, 581, nachgebildet); *Kudlich*, PdW AT, Fall 97; *Otto/Bosch*, Übungen, Fall 3, S. 104 f.; *Schulz*, JA 1995, 390 u. 400; *Theile*, ZJS 2009, 545 u. 548 („gestörte Garantenbeziehung" in nichtehelicher Lebensgemeinschaft).

d) Die „Notwehrprovokation"

aa) Allgemeine Fragen

207   Bevor die beiden Haupt-**Fallgruppen** der „Notwehrprovokation" – die „Absichtsprovokation" und die „sonst schuldhafte Herbeiführung einer Notwehrlage" – näher behandelt werden, ist vorab auf **gemeinsame Fragen** dieser Fallgruppen einzugehen. Wenn man – wie hier und wie inzwischen fast allgemein üblich – die Fälle der „Notwehrprovokation" in die Fallgruppen der „sozialethischen" Notwehreinschränkungen einreiht, so setzt das die Überzeugung voraus, dass den Provokations-

---

[484a] *Schramm*, 2011, S. 115.

[485] Vgl. *Loos*, JuS 1985, 863, gegen die Interpretation von BGH NJW 1984, 986, durch *Schroth* u. *Montenbruck*; vgl. auch BGH NJW 2001, 3200, 3202 m. Bspr. *Eisele*, JA 2001, 922, 924 f.

[485a] Wie hier MK-*Erb*, § 32 Rn. 222; a. A. *Kasiske*, Jura 2004, 832, 837.

[486] *Roxin*, AT I, 15/93 u. 95: fordert ein bestehendes „Solidaritätsverhältnis", vgl. *ders.*, in: ZStW 93 (1981), 103; S/S-*Perron*, § 32 Rn. 53; *Schroth*, NJW 1984, 2563: keine Fürsorgepflicht bei aufgehobener Solidargemeinschaft; *Amelung/Boch*, JuS 2000, 261, 265; *Wohlers*, JZ 1999, 434, 441. – Auf § 1353 II BGB verweisen *Kratzsch*, JuS 1975, 436; *Loos*, JuS 1985, 863, und *Fechner*, 1991, S. 187 f. – Nach *Kretschmer*, JR 2008, 51, 53, soll dieser Gedanke zur gänzlichen Ablehnung dieser Fallgruppen führen.

[487] Vgl. *Geilen*, Jura 1981, 374; *Roxin*, AT I, 15/97, u. *ders.*, in: ZStW 93 (1981), 102; S/S-*Perron*, § 32 Rn. 53.

[488] Vgl. *Schmidhäuser*, 6/66; *Marxen*, 1979, S. 55. – *Roxin*, AT I, 15/97, bejaht eine notwehreinschränkende Garantenstellung bei einer „Lebensgemeinschaft ohne Trauschein".

[488a] So von *Brückner*, 2000, S. 72 f.

[488b] Ebenso *Kretschmer*, JR 2008, 51, 53, der die Einschränkung konsequent ablehnt.

fällen im Rahmen der § 32 II-Voraussetzungen nicht Rechnung getragen werden kann. Die Gründe für diese Überzeugung sind zusammen mit allen anderen Begründungen für diese Notwehreinschränkungen zu nennen (unter bb = Rn. 228 ff.). Hier gilt es zunächst nur festzuhalten, dass der **Gesetzgeber** bei der Beibehaltung der Gebotenheitsklausel auch „die Fälle" **mitbedacht** hat, „in denen der ‚Verteidiger' den ‚Angriff' selbst provoziert hatte."[489]

Auch wenn man die inhaltsleere Gebotenheitsklausel durch diese „gesetzgeberische Äußerung" auffüllt, ist der gesetzliche Anknüpfungspunkt nur durch den genannten **Begriff der Provokation** inhaltlich „bestimmt". Was aber unter einer Provokation zu verstehen ist, liegt zumindest nicht klar auf der Hand. Genügt es, wenn dem Angreifer „das Gesicht" des Angegriffenen „nicht gefällt",[490] oder muss der Angreifer vom Angegriffenen durch ein herausforderndes Verhalten planmäßig in eine Lage hineinmanövriert worden sein, in der der Angegriffene eher als Angreifer erscheint? Jedenfalls ist der Begriff der Provokation nicht so bestimmt,[491] dass er allein eine ganze Fallgruppe von „sozialethischen" Notwehreinschränkungen tragen kann. Diese Fallgruppe bedarf vielmehr der genaueren Bestimmung und Begründung durch weitere Kriterien.[492] **208**

Der Bedarf nach Begründung vermehrt sich noch durch einen Blick auf die besondere **Struktur** der Provokationsfälle. Sie wird deutlich im Vergleich mit den bisher behandelten Fallgruppen der „sozialethischen" Notwehreinschränkungen: bei schuldlosen Angreifern, geringfügigen Angriffen bzw. unverhältnismäßiger Verteidigung und bei Angriffen innerhalb enger persönlicher Beziehungen blieb die von § 32 II zum Regelungsgegenstand gemachte Situation unverändert. In allen Fällen ging es um die rechtliche Bewältigung der Angriffs-Verteidigungs-Interaktion, d. h. um einen klar abgegrenzten Geschehensabschnitt. Dieser Abschnitt wird bei den Fällen der „Notwehrprovokation" erweitert, und zwar um ein davorliegendes Geschehen: das provozierende Verhalten des Täters (= des späteren Verteidigers).[492a] **209**

Die besondere Struktur der „Notwehrprovokation" lässt **zwei** grundsätzlich unterschiedliche **Lösungsmöglichkeiten** bereits ahnen: die der Notwehrlage vorausgehende Provokation kann zum einen dazu führen, dass das Notwehrrecht des Verteidigers **in der Notwehrlage** versagt oder zumindest eingeschränkt wird; daraus kann sich als weitere Folge die Strafbarkeit des „Verteidigers" wegen seiner „Verteidigungshandlung" ergeben, z. B. wegen einer Körperverletzung, wenn der Angreifer verletzt wurde. Das **provozierende Verhalten** kann zum anderen **selbst** zur strafbaren Handlung erklärt werden, und zwar nicht in dem unproblematischen Sinne, dass die Provokation (z. B. „Du Zwerg traust Dich ja nicht an mich heran") als Beleidigung erfasst wird, sondern in dem problematischen Sinne, dass die Provokation unter Einbeziehung der von ihr ausgelösten Verhaltensweisen (Angriff und Verteidigung) samt deren Erfolge zu der Straftat erklärt wird, die der Verteidiger in Notwehrlage gerechtfertigt beging, also wieder Körperverletzung, wenn der Angreifer vom Verteidiger verletzt wurde. Auf beide Lösungsmöglichkeiten wird hinsichtlich ihrer Tragfähigkeit zurückzukommen sein. **210**

---

[489] BT-Dr. V/4095, S. 14.
[490] So fragt *Hruschka*, S. 376 Fn. 193.
[491] *Otto*, 8/84, hält den Begriff für „unbestimmt, da vieldeutig"; „ungenau" nach *Grünewald*, ZStW 122 (2010), 51, 52, 79; nach LK-*Rönnau/Hohn*, § 32 Rn. 245: „illustrierendes Schlagwort".
[492] Zu normtheoretischen „Vorfragen" dieser Begründungsfragen s. *Kühl*, Jura 1991, 57 f., mit Hinweisen auf *Hruschka*, S. 372 ff., und *Joerden*, 1988, S. 60 Fn. 133.
[492a] Ebenso *Grünewald*, ZStW 122 (2010), 51, 78.

211   Unproblematisch ist nicht nur die **Strafbarkeit der Provokation als solcher** (z. B. „Du Zwerg …" als Beleidigung), sondern auch die rechtliche Folge der „Provokation", die selbst einen **Angriff** i. S. des § 32 II darstellt.[493] Sie löst das volle Notwehrrecht des so „Provozierten" aus, der durch die „Provokation" nicht zum Angreifer, sondern zum Verteidiger wird. So darf der durch anhaltende Angriffe auf seine Ehre (z. B. durch eine Schimpfkanonade) oder auf seine körperliche Unversehrtheit (z. B. durch eine Tracht Prügel) in eine Notwehrlage Gebrachte die erforderlichen Verteidigungsmaßnahmen zur Abwehr des rechtswidrigen, fortdauernden Angriffs ergreifen. Dies gilt auch dann, wenn der Angriff vom „Provozierenden" als „Provokation" gedacht war, etwa um den sich Verteidigenden schwer verletzen zu können. Die bloße Provokationsabsicht nimmt dem Verhalten des Provozierenden („Schimpfkanonade", „Tracht Prügel") nicht den Angriffscharakter, und da diese Angriffe aktuell auch ohne rechtfertigenden Grund gegen notwehrfähige Rechtsgüter des Angegriffenen gerichtet sind, lösen sie das in § 32 vorgesehene Notwehrrecht aus.

212   Die **Provokationsproblematik entsteht** dann, wenn die „Provokation" keinen Angriff i. S. des § 32 II darstellt. Häufig[494] fehlt es an einem solchen Angriff, weil der rechtswidrige Angriff auf die Ehre oder die körperliche Unversehrtheit nicht mehr „gegenwärtig" ist: das Schimpfwort ist gefallen, der Schlag ist ausgeführt. Aber auch „Angriffe", die zwar nicht rechtswidrig, aber „sozialethisch wertwidrig" sind wie z. B. Hänseleien,[495] sollen die Problematik der „Notwehrprovokation" auslösen.[496]

213   Zu den übergreifenden Fragen der „Notwehrprovokation" kann auch die nach der **objektiven Qualität** des „provozierenden" Verhaltens gerechnet werden. Für diese Vorab-Behandlung[497] spricht schon die gemeinsame Struktur aller Provokationsfälle: sie beziehen das provozierende Vorverhalten in die rechtliche Bewertung mit ein. Außerdem empfiehlt sie sich auch für den Bearbeiter strafrechtlicher Übungsarbeiten:[498] er kann sich ein Eingehen auf besondere Fragen der „Notwehrprovokation" (welche Untergruppe liegt vor, welche Voraussetzungen gelten hinsichtlich der subjektiven Beteiligung des Provozierenden, welchen Umfang hat die Notwehreinschränkung?) sparen, wenn er das möglicherweise als Provokation einzustufende Vorverhalten als rechtmäßiges oder zumindest sozialübliches Verhalten erkannt hat, denn dann scheidet es – wie sogleich gezeigt werden wird – als „Provokation" aus.

214   Die objektive Qualität des einer Notwehrsituation vorausliegenden Verhaltens kann zunächst rechtswidrig oder rechtmäßig sein. Dieser Frage sollte man sich in **Übungsarbeiten** auch zuerst zuwenden, weil hier eine wichtige **Weichenstellung** für die Qualifizierung eines Vorverhaltens als „Provokation" liegt.

---

[493] Vgl. *Bitzilekis,* 1984, S. 142 Fn. 18, *Grünewald,* ZStW 122 (2010), 51, 78 sowie *Otto,* 8/88.

[494] Nach *Roxin,* ZStW 93 (1981), 90, sind dies die „häufigsten Fälle" provozierenden Vorverhaltens. Vgl. auch die „klassische Konstellation" bei *Roxin,* AT I, 15/69; ebenso *Grünewald,* ZStW 122 (2010), 51, 78; krit. *Engländer,* 2008, S. 321 Fn. 101: zumindest missverständlich. – Krit. dazu *Matt,* NStZ 1993, 273.

[495] Vgl. u. a. mit diesem Beispiel *Roxin,* ZStW 93 (1981), 90, und *Schöneborn,* NStZ 1981, 200; nach *Bitzilekis,* 1984, S. 146 f., soll hier sogar rechtswidriges Verhalten vorliegen.

[496] Vgl. jüngst BGHSt 42, 97: sozialethisch zu beanstandendes Vorverhalten (s. u. Rn. 223 a).

[497] Zust. *Matt,* NStZ 1993, 271. – Zu den Bedenken gegen eine solche Vorab-Behandlung s. *Kühl,* Jura 1991, 60.

[498] Ein Beispiel für ein solches Vorgehen gibt die Fallbearbeitung von *Werle,* JuS 1986, 902 ff., 903. – Dazu dass auch andere Vorgehensweisen in der Fallbearbeitung vertretbar sind s. *Kühl,* Jura 1991, 60 f., mit zahlreichen Nachweisen aus veröffentlichten Übungsfällen.

Solange sich der spätere Verteidiger vor dem Angriff **rechtmäßig** verhalten hat, be- 215 steht kein Anlass, ihm in der Notwehrsituation das Recht zur erforderlichen Verteidigung zu nehmen.[498a] Der Angreifer mag zwar durch das Vorverhalten des Verteidigers zu seinem Angriff motiviert worden sein, doch erwartet die Rechtsordnung, dass man auf „provozierendes" Verhalten zumindest dann nicht mit einer Attacke reagiert, wenn dieses Verhalten rechtmäßig ist. Ist das Verhalten des „Provokateurs" rechtmäßig, so ist es der „provozierte" Angreifer, der als erster den Boden des Rechts durch seinen rechtswidrigen Angriff verlässt. Als **Beispiele** für ein solch rechtmäßiges Vorverhalten werden genannt: das Aufsuchen der eigenen Wohnung,[499] das Betreten eines öffentlichen Lokals,[500] die Teilnahme an der Diskussion in einer Wahlkampfveranstaltung,[501] erlaubte Teilnahme an einem Zweikampf und verbale Auseinandersetzung mit wechselseitigen Beleidigungen,[501a] zur Rede stellen eines Streitsuchenden und Auffordern eines Türstehers, diesen „herauszuschicken", auch die waffengesetzwidrige Mitnahme eines Butterflymessers ändert daran nichts,[501b] wüste Beschimpfungen,[501c] das ordnungsgemäße Parken eines Fahrzeugs, das dem Wohnungsinhaber die freie Sicht versperrt.[501d] Zu einer Notwehrsituation ist es in diesen Fällen deshalb gekommen, weil jemand dieses Verhalten als „provozierend" empfand, z. B. weil zwischen ihm und dem Zurück- bzw. Einkehrenden kurz zuvor eine tätliche Auseinandersetzung stattgefunden hatte oder weil ihm die Äußerung des Diskutanten nicht passte. Nur wer ganz auf die „Verständlichkeit" der Reaktion in dieser Situation abstellt, könnte hier an eine Notwehr-einschränkende „Provokation" denken.[502] Rechtmäßiges Vorverhalten liegt auch vor, wenn sich ein Ausreisewilliger aus der ehemaligen DDR, dem die Ausreise nicht hätte versagt werden dürfen, mit schussbereiter Waffe einem bewaffneten Grenzposten nähert; dennoch lehnt der BGH die Gebotenheit seines tödlichen Schusses auf den ihn rechtswidrig angreifenden Grenzposten (s. o. Rn. 63) ab (BGH NJW 2000, 3079 m. krit. Bspr. *Otto*, JK 01, StGB § 32/26).

Ist das Vorverhalten des späteren „Verteidigers" dagegen **rechtswidrig**, so besteht 216 Anlass, sich zu überlegen, ob in der so veranlassten oder gar heraufbeschworenen Notwehrsituation dem „Provokateur" = „Verteidiger" das volle Notwehrrecht gewährt werden kann. Immerhin hat auch er schon durch sein Vorverhalten den Boden des Rechts verlassen.

[498a] *Grünewald*, ZStW 122 (2010), 51, 79 m. w. N. in Fn. 178; *Grünewald* zählt dazu auch „sozialadäquates Verhalten".

[499] Vgl. die fast allgemein abgelehnte (Nachweise bei *Roxin*, AT I, 15/71 Fn. 166) Entscheidung BGH NJW 1962, 308; als Übungsfall aufbereitet von *Arzt*, Bsp. 46, S. 73 ff.; *Lenckner*, JR 1984, 206 f.; ähnlich aber BGH NStZ-RR 2002, 203, mit krit. Bspr. *Walther*, JZ 2003, 52, 54 f. u. *Otto*, JK 5/03, StGB § 32/27. – Vgl. auch schon RGSt 65, 163.

[500] Vgl. BGH JR 1980, 211; als Fall aufbereitet von *Werle*, JuS 1986, 903. – Vgl. auch BGHSt 26, 143 ff., als Fall 10 bei *Hruschka*, S. 376. – Vgl. auch schon RG JW 1926, 1171, als Beispiel verwendet von *Schumann*, JuS 1979, 564. Aus der neueren Rspr. vgl. BGH NStZ 1993, 332 f.

[501] Ähnliches Beispiel bei *S/S-Perron*, § 32 Rn. 59.

[501a] BGH NStZ-RR 2011, 74 f. m. zust. Bspr. *Kudlich*, JA 2011, 233, 234 u. *Bosch*, JK 9/11, StGB § 32/36.

[501b] BGH NStZ 2011, 82, 83 m. Bspr. *Hecker*, JuS 2011, 272 f. u. *Satzger*, JK 5/11, StGB § 32/35, dem BGH zust. *Murmann*, GK, 25/102 Fn. 149.

[501c] BGH HRRS 2009 Nr. 584 m. Bspr. *Oglakcioglu*, HRRS 2010, 107, 108 f.

[501d] *Gropp*, 6/95.

[502] So etwa *Schöneborn*, NStZ 1981, 205 Fn. 40, mit dem Beispiel „aufdringlichen Pfeifens"; in subjektiver Hinsicht verlangt *Schöneborn* die Erkennbarkeit der Gemütserregung des „Provozierten" durch den „Provozierenden".

217   Als **Beispiele** für ein solch **rechtswidriges Verhalten** werden genannt: zunächst die leicht erkennbaren (sie mussten ja im strafrechtlichen Gutachten zuvor schon geprüft werden), strafbewehrten Angriffe auf Rechtsgüter wie Ehre, körperliche Unversehrtheit, Hausrecht und Eigentum, also „eine Beleidigung, eine Tätlichkeit, ein Hausfriedensbruch, eine Sachbeschädigung";[503] solch qualifiziert rechtswidriges Vorverhalten findet man auch häufig in Übungsfällen, die nicht selten Fällen, mit denen sich die **Rechtsprechung** zu beschäftigen hatte, nachgebildet sind: Beleidigungs- („Du Zwerg"[504]) und Verleumdungs-Fälle (wahrheitswidriger Bericht über sexuelle Erlebnisse mit der Verlobten des Stammtischnachbarn[505]); Fälle von Diebstahl, Sachbeschädigung, Körperverletzung und Unfallflucht im Vorfeld einer Notwehrsituation.[506] Eindeutig rechtswidriges Vorverhalten beider Kontrahenten lag im Falle, den BGHSt 39, 374 zu beurteilen hatte, vor: Inbesitznahme fremden Geldes und Körperverletzung von Seiten des einen (S. 376 f.), Bedrohung mit einem Schrotgewehr von Seiten des anderen (S. 378). Eindeutig rechtswidrig und sogar als versuchte schwere Körperverletzung nach §§ 226, 22/23 strafbar (vgl. 17 a/39) ist das Ausholen zum Faustschlag, der den Gebrauch eines wichtigen Körpergliedes (§ 226 I Nr. 2) dauernd ausschließen soll (BGH NJW 2001, 1075), doch hat der BGH in einem solchen Fall zusätzlich(?) auch noch auf das Locken „an eine einsame Stelle" und damit auf ein nicht rechtswidriges Vorverhalten abgestellt (krit. deshalb die Bspr. von *Engländer*, Jura 2001, 535, 536; *Heuchemer*, JA-R 2001, 81; *Jäger*, JR 2001, 534, 536 u. *Stuckenberg*, JA 2002, 172, 176). Dann werden hier aber auch nicht so leicht erkennbare Fälle behandelt, die nur nicht-strafbewehrtes, aber rechtswidriges Vorverhalten betreffen, insb. Eingriffe in das allgemeine Persönlichkeitsrecht durch „Spanner" oder Verletzungen des räumlich-gegenständlichen Bereichs der Ehe durch ehebrecherisches Verhalten im Ehebett.[507]

218   In Fällen rechtswidrigen Vorverhaltens kann man sich nur dann gegen jede Notwehreinschränkung wenden, wenn man der Rechtsordnung die Erwartung unterstellt, dass der Provozierte auch der rechtswidrigen Provokation **widerstehen** müsse,[508] zumindest solange er noch **eigenverantwortlich** handeln kann.[509]

219   Außer den bisher behandelten Fällen rechtmäßigen und rechtswidrigen Vorverhaltens wird noch eine weitere Fallgruppe diskutiert, die als „**sozialethisch wertwidriges Verhalten**"[510] bezeichnet wird. Hier geht es um „Belästigungen, Anspielungen, Taktlosigkeiten, Hänseleien u. a.",[511] also um störende Verhaltensweisen, die von

---

[503] So als die häufigsten Fälle genannt von *Roxin*, ZStW 93 (1981), 90; vgl. auch *Roxin*, AT I, 15/72.

[504] *Samson*, Strafrecht I, Fall 12, S. 74 ff.; ähnliches Bsp. bei *Hoyer*, AT I, S. 78: „Schwächling" und „Memme".

[505] *Schwind/Franke/Winter*, Anfängerübung, 1. Hausarbeit, S. 39 ff.

[506] Oft angelehnt an BGHSt 24, 356 ff.; etwa bei *Eser/Burkhardt*, Strafrecht I, Nr. 11 A 23; *Geilen*, Jura 1981, 373 Bsp. 60.

[507] Angelehnt an OLG Hamm NJW 1965, 1928, etwa bei *Eser/Burkhardt*, Strafrecht I, Nr. 11, S. 129 ff.; *Geilen*, Jura 1981, 373 Bsp. 57; *Hillenkamp*, 2. AT-Problem, Bsp. 2, S. 21 f.

[508] So z. B. *Bockelmann*, Fs. Honig, 1970, S. 31.

[509] So *Hassemer*, Fs. Bockelmann, 1979, S. 244; ähnlich B-*Weber/Mitsch*, 17/38; kritisch wegen der zu starken Betonung des Prinzips der Eigenverantwortlichkeit des Angreifers *Marxen*, 1979, S. 60 Fn. 138 u. *Grünewald*, ZStW 122 (2010), 51, 65 ff., 77 f.

[510] *Roxin*, ZStW 93 (1981), 90; krit. *Engländer*, 2008, S. 329: „Moralwidrigkeitslösung"; krit. auch *Grünewald*, ZStW 122 (2010), 51, 81 f.: sozialethisch zu beanstandendes Verhalten überschreitet nicht den rechtlich geschützten Freiheitsbereich eines anderen (ein an sich beachtliches Argument, wenn es um die Strafbarkeit dieses Verhaltens ginge).

[511] *Roxin*, ZStW 93 (1981), 90; weitere Beispiele bei *Jakobs*, 12/55.

der Rechtsordnung nicht verboten sind. Für die Berücksichtigung solchen Vorverhaltens wird angeführt, dass es ja nur um die „sozialethische" Einschränkung des Notwehrrechts geht.[512] Da sich der Störende, auch wenn er seinen Freiheitsspielraum ausschöpft oder gar ausnutzt, hier aber noch auf dem Boden des Rechts bewegt, spricht mehr dafür, ihn nicht anders zu behandeln als den, der sich rechtmäßig verhält.[513] Für diese Gleichbehandlung kann auf den Umstand hingewiesen werden, dass der Maßstab der Sozialethik für dieses Detailproblem zu ungenau ist.[514] Zwar kann auch die Einordnung eines Verhaltens als rechtswidrig zu Schwierigkeiten führen, so etwa wenn das Liebespaar auf einer Bank im öffentlichen Park belauscht wird (hier ist ein Eingriff in die Intimsphäre bzw. in das allgemeine Persönlichkeitsrecht nicht so klar wie beim „Spanner", der sich in ein fremdes Schlafzimmer Einblick verschafft), doch werden diese Schwierigkeiten nahezu unlösbar, wenn man die Orientierung an Rechten/Rechtsgütern völlig zugunsten von „sozialethischen Werten" aufgibt.

Damit ist freilich erst die Möglichkeit einer zuverlässigen „sozialethischen Bewertung" von Provokationsverhalten ausgeschlossen. Es gibt aber auch die Möglichkeit, das Vorverhalten „nur" daraufhin zu bewerten, ob es in der konkreten Situation eine aggressive **Reaktion** eines anderen nahelegt. So fragt etwa *Schünemann*[515] nach dem „sozialtypischen Provokationsgehalt" des Vorverhaltens und bejaht diesen für den Fall des Belauschens des Liebespaares im öffentlichen Park, weil darin „eine grob ungehörige Handlung" zu sehen sei, „für die ein Angriff des emotional erregten Liebhabers eine typische und verständliche, fast schon ‚normale' Folge ist". Auch wenn man dieses Beispiel[516] nicht für schlagend hält, so ist doch der Ansatz diskutabel, denn er bemüht sich um die Präzisierung des häufig offen gelassenen „Provokations"-Begriffs. Bemüht man sich aber darum, den Begriff der „Provokation" näher zu bestimmen, so ist eine Orientierung am allgemeinen Sprachgebrauch und damit auch an alltäglichen Vorstellungen der Bevölkerung über den Provokationsgehalt bestimmter Verhaltensweisen sinnvoll; dies könnte auch in einem freilich weiten Sinne als „sozialethische" Orientierung bezeichnet werden.

Eine Konsequenz einer solchen Orientierung ist es jedoch, dass die oben gewählte Einteilung in rechtmäßiges oder rechtswidriges Vorverhalten nicht mehr sonderlich aussagekräftig wäre, denn es würde denkbar, dass auch rechtswidrigem Vorverhalten Provokationsgehalt abzusprechen wäre, und umgekehrt, rechtmäßigem Vorverhalten Provokationsgehalt zuzusprechen wäre. So könnte man – mit *Bertel*[517] – etwa einem rechtswidrigen, gegen fremdes Eigentum gerichteten Vorverhalten (z.B. Zerkratzen des Autos) Provokationsgehalt hinsichtlich einer Körperverletzung des Eigentümers absprechen[518] und – mit *Bertel*[519] und *Schöne-*

220

221

---

512 Z.B. von *Eser/Burkhardt*, Strafrecht I, Nr. 11 A 25.

513 So etwa *Schumann*, JuS 1979, 564 f.

514 *Roxin*, AT I, 15/73, u. *ders.*, in: ZStW 93 (1981), 91, anders noch *ders.*, in: ZStW 75 (1963), 570 ff.; LK-*Rönnau/Hohn*, § 32 Rn. 255; SK-*Günther*, § 32 Rn. 125; SSW-*Rosenau*, § 32 Rn. 39; *Werle*, JuS 1986, 903 Fn. 11; *Grünewald*, ZStW 122 (2010), 51, 80 f.

515 JuS 1979, 279. – Vgl. aus der Rspr. BGH NStE Nr. 21 zu § 32: „Vorverhalten …, das den folgenden Angriff als eine adäquate und voraussehbare Folge der Pflichtverletzung des Angegriffenen erscheinen lässt." Zu dieser in der Rspr. gefestigten Formel s.u. Fn. 528 m.w.N.

516 Weiteres, aber anders bewertetes Beispiel bei *Roxin/Schünemann/Haffke*, Klausurenlehre, Fall 2.

517 ZStW 84 (1972), 1 ff.

518 ZStW 84 (1972), 33: es „fehlt ihm die spezifische Rechtswidrigkeit im Hinblick auf eine Verletzung des Eigentümers."

born[520] – einem rechtmäßigen Verhalten (z. B. lautem, aufdringlichen Pfeifen bei engen räumlichen Verhältnissen)[520a] Provokationsgehalt zusprechen, wenn vom gestörten, fast zur Verzweiflung gebrachten Arbeitskollegen eine sofortige Reaktion (= rechtswidriger Angriff) zu erwarten ist. Ob man diese Konsequenz hinnehmen will, wird man erst entscheiden können, wenn man die jeweilige Begründung für die Einschränkung des Notwehrrechts wegen einer vorangehenden „Provokation" kennt.

222   Es bleibt **festzuhalten**: nach überwiegender Auffassung in der Literatur löst rechtmäßiges Vorverhalten keine Notwehreinschränkungen aus, wohingegen rechtswidriges Vorverhalten sie auslösen kann; nur „sozialethisch" zu missbilligendes Vorverhalten soll ebenfalls, wenn auch stark bestritten, als Auslöser in Betracht kommen.

223   Die **Rechtsprechung** hat diese Unsicherheit im letztgenannten Punkt lange nicht durch eine klärende Entscheidung beseitigt.[521] Immerhin heißt es seit BGHSt 27, 336: „Ein sozialethisch nicht zu missbilligendes Vorverhalten des Angegriffenen kann auch nicht zur Einschränkung seiner Notwehrbefugnisse führen."[522] Als **Pflichtverletzung** soll ein Verhalten ausscheiden, mit dem man „sich – strafrechtlich gesehen – noch im Rahmen des sozial Üblichen" hält. In diesem Rahmen bewegt sich „ein Darlehensschuldner, der seinen Gläubiger nicht fristgerecht befriedigt und die Rückzahlung schließlich, weil er mit dem Gläubiger in Unfrieden lebt, über einen Dritten vornehmen will und diesem die Mittel dafür zur Verfügung gestellt hat."[523] Ebenso derjenige, der „berechtigt" war, „im Auftrag des Landwirts S den Spaziergängern vorzuhalten, dass sie mit einem nicht angeleinten Hund quer über einen frisch eingesäten Acker gelaufen seien und von dem Nachbarfeld Petersilie gepflückt hätten"; dadurch seien die Spaziergänger „weder beleidigt noch sonst rechtswidrig angegriffen" worden.[524]

223a   Inzwischen aber hat der BGH klargestellt, dass zur Notwehreinschränkung auch ein Vorverhalten führt, das „nach den Umständen **sozialethisch zu beanstanden**" ist (BGHSt 42, 97 = Roxin, HRR AT, Fall 20, S. 25 ff. u. 166 f. = Fall 8 c bei W-Beulke, Rn. 268, 349 u. 358 = Fall 9 bei Stemler, ZJS 2010, 347, 352 f.; bestätigt von BGH NJW 2003, 1955, 1958 [m. krit. Bspr. Roxin, JZ 2003, 966, 967 f. u. Zaczyk, JuS 2004, 750, 753 f., zust. aber Trüg, JA 2004, 272, 273 f.]; BGH NStZ 2005, 85, 87

---

[519] ZStW 84 (1972), 36. Ebenso für das österreichische Strafrecht Fuchs, 1980, S. 25 ff.

[520] NStZ 1981, 205 Fn. 40.

[520a] Vgl. zu dieser Konstellation BGH bD MDR 1958, 12; als Beispiel verwendet von Hillenkamp, 2. AT-Problem, Bsp. 1, S. 15, sowie als Fall 1 bei Otto, 8/99: zwar kein rechtswidriges Vorverhalten, aber wegen des minimalen Eingriffs in die Persönlichkeitsentfaltung des Pfeifenden Tötung des Gestörten unverhältnismäßig.

[521] Das bedauert auch Roxin, AT I, 15/72. – Vgl. die Nachweise bei S/S-Perron, § 32 Rn. 59, die von BGHSt 26, 143 ff., bis in die letzten Jahre reichen.

[522] Bis zur Entscheidung des BGH vom 21. 6. 1989 = NStZ 1989, 474, wird dieser Satz zitiert; vgl. auch BGH NStZ 1993, 332. Zustimmung in der Literatur z. B. bei W-Beulke, Rn. 348.

[523] BGHSt 27, 338; vgl. zu dieser Entscheidung Kienapfel, JR 1979, 72. Als Beispiel verwendet wird der Fall bei Geilen, Jura 1981, 373 Bsp. 56, u. Jakobs, 12/55 Fn. 112.

[524] BGH NStZ 1989, 474 = JA 1989, 502 f., mit Problemstellung Schmitz, JR 1990, 378 f., m. Anm. Beulke, JR 1990, 380 ff., 381: „jedem Bürger steht die Möglichkeit zu, Verhaltensweisen anderer zu kommentieren und zu bewerten, solange dies nicht in verletzender bzw. ehrenrühriger Form geschieht." Vgl. auch S/S-Perron, § 32 Rn. 59: „berechtigte Vorhaltungen" genügen nicht. – Nach Bernsmann, ZStW 104 (1992), 300, liegt der Entscheidung dagegen „typisches (‚männliches') Imponiergehabe zugrunde", so dass eine „Flucht" des angegriffenen Jägers „in das ... nahe Gebüsch nicht sonderlich schimpflich, sondern eher großmütig" gewirkt hätte.

und BGH NStZ 06, 332 m. zust. Bspr. *Bosch*, JA 2006, 490, krit. aber *Roxin*, StV 2006, 235, 236 und *Satzger*, JK 5/06, StGB § 32/30; BGH NStZ-RR 2011, 74 f. m. Bspr. *Kretschmer*, Jura 2012, 189, *Kudlich*, JA 2011, 233 f. u. *Bosch*, JK 4/10, StGB § 32/33; BGH NStZ 2011, 82, 83 m. Bspr. *Hecker*, JuS 2011, 272 f., *Kretschmer*, Jura 2012, 189, 193 u. *Satzger*, JK 5/11, StGB § 32/35).[524a] Der angegriffene Provokateur hatte durch wiederholtes Öffnen eines Zugfensters versucht, einen alkoholisierten Mitreisenden durch die Zufuhr kalter Luft aus dem Abteil „herauszuekeln". Die Einstufung dieses Verhaltens als sozialethisch zu beanstandendes gelingt durch eine Art Analogieschluss zu eindeutig rechtswidrigem Verhalten: in ihm komme eine Missachtung des mitreisenden Angreifers zum Ausdruck, die „ihrem Gewicht nach einer schweren Beleidigung gleichkommt". Mit der Entscheidung, dass neben rechtswidrigen auch sozial-ethisch zu missbilligendes Verhalten ausreicht, ist die Rspr. in der Strafrechtswissenschaft überwiegend auf Ablehnung gestoßen.[524b]

Außer dem „Streit" um die Einbeziehung von nur „sozialethisch" zu missbilli-   **224** genden Vorverhaltensweisen ist hinsichtlich der objektiven Qualität dieses Verhaltens noch auf drei Punkte hinzuweisen:
– Auch wer bei der „sonst schuldhaften Herbeiführung der Notwehrlage" streng   **225** ein rechtswidriges Vorverhalten voraussetzt, muss dies bei der „Absichtsprovokation" anscheinend nicht fordern,[525] so dass die häufigen Fälle von „Hänseleien" und „Sticheleien" zumindest bei der „Absichtsprovokation" erfassbar wären,[526] ohne dass man deren Rechtswidrigkeit behaupten[527] müsste.
– Speziell bei der „sonst schuldhaft herbeigeführten Notwehrlage" wird von denen,   **226** die ein rechtswidriges Vorverhalten verlangen, auch noch (die „Provokation" weiter einschränkend) vorausgesetzt, dass zwischen dem Vorverhalten und dem Angriff ein **„enger räumlicher zeitlicher Zusammenhang"** besteht, sowie dass der **Angriff** – auch hinsichtlich seiner Art und Intensität – als eine **adäquate Folge** der vom Täter begangenen Pflichtverletzung erscheint.[528] Diese zusätzlichen Voraussetzungen

---

[524a] Kritisch zu dieser „Art Wiegevorgang" *Krack*, JR 1996, 468; krit. auch *Otto*, JK 97, StGB § 32/22 u. 24: eher „Rechtsgefühl"; *Hirsch*, Fg. BGH, 2000, S. 199, 204; *Grünewald*, ZStW 122 (2010), 51, 80 f.: fragwürdige Bewertung; *Kudlich*, PdW AT, Fall 99. – Dem BGH zustimmend *Kühl* StV 1997, 298, und in: Fs. Bemmann, 1997, S. 193, 199 f., sowie W-*Beulke*, Rn. 268 = Fall 8 c, Rn. 268 mit Lösung Rn. 349.

[524b] Rechtswidriges Vorverhalten verlangen *Krey/Esser*, AT, Rn. 559; *Rengier*, AT, 18/78; *Roxin*, AT I, 15/73; *S/S-Perron*, § 32 Rn. 59; eingehend *Grünewald*, ZStW 122 (2010), 51, 82; ebenso *Engländer*, 2008, 328, 330; anders aber *Hoffmann-Holland*, Rn. 258; *Fischer*, § 32 Rn. 44; *Lackner/Kühl*, § 32 Rn. 14 u. *Kretschmer*, Jura 2012, 189, 193.

[525] So *Lenckner*, JR 1973, 254, und JR 1984, 208; kritisch zu *Lenckner*: *Bitzilekis*, 1984, S. 139 f. Rechtswidrigkeit verlangen auch bei der Absichtsprovokation hingegen: *Otto*, 8/98 und schon in: Fs. Würtenberger, 1977, S. 145; *Roxin*, AT I, 15/65, u. *ders.*, in: ZStW 93 (1981), 85.

[526] Vgl. *Lenckner*, JR 1984, 208: „ständige Sticheleien"; vorsichtiger *S/S-Perron*, § 32 Rn. 55: „wohl auch bei planmäßig auf die Provokation des anderen angelegten Sticheleien." – Vgl. *Schöneborn*, NStZ 1981, 202: „böswillige Hänseleien". – S. auch den Ausgangsfall zur „Absichtsprovokation" bei M-*Zipf*, AT 1, 26/42, sowie *Haft*, S. 91. – Jede Notwehreinschränkung in solchen Fällen abl. *Grünewald*, ZStW 122 (2010), 51, 79.

[527] So aber *Bitzilekis*, 1984, S. 145 f., der diese wohl als Eingriffe in die Intimsphäre bzw. in das allgemeine Persönlichkeitsrecht wertet.

[528] Vgl. BGHSt 25, 336; 27, 338; BGH StV 1996, 87; BGH NStZ-RR 1999, 40 m. Bspr. *Otto*, JK 99, StGB, § 32/15; BGH NStZ 2006, 332 m. Bspr. *Bosch*, JA 2006, 490, *Roxin*, StV 2006, 235, 237 und *Satzger*, JK 5/06, StGB § 32/30; BGH NStZ 2009, 626 m. Bspr. *Hecker*, JuS 2010, 172 f.; *Oglakcioglu*, HRRS 2010, 106, 109 u. *Geppert*, JK 4/10, StGB, § 32/33; BGH NStZ 2011, 82, 83 m. Bespr. *Hecker*, JuS 2011, 272 f. u. *Satzger*, JK 5/11, StGB § 32/35; BGH NStZ-RR 2011, 74 f. m. zust. Bspr. *Kretschmer*, Jura 2012, 189, 195; *Kudlich*, JA 2011,

werden deshalb für erforderlich gehalten, weil nur bei ihrem Vorliegen „die Verteidigungshandlung selbst noch im Zeichen des vorausgegangenen eigenen Unrechts"
stehe.[529] Zeitlich weit zurückliegende Zudringlichkeiten gegenüber der Ehefrau des
Angreifers[530] scheiden ebenso aus wie dem jetzigen Angreifer früher zugefügte Verletzungen;[531] hier dient der Angriff nur „noch der Vergeltung".[532] – Ein Angriff nach
einem nur verbal geführten, durch Weggang der Beteiligten beendeten Streit ist
„nach Anlass, Verlauf und Ausgang des Streits … nicht" dessen „adäquate und voraussehbare Folge";[533] zweifelhaft erscheint es, ob eine (wie schwere?) Misshandlung unter (wie ernsthaften?) Tötungsdrohungen noch die adäquate Folge einer Beschädigung des PKWs des Angreifers und einer anschließenden Unfallflucht ist.[534]
Beruht der Angriff auf Rache, so fehlt es am Zusammenhang mit dem Vorverhalten
des Angegriffenen, auch wenn dieses ein rechtswidriges Verhalten (Verstecken des
Fahrrads, §§ 858, 854 BGB) war (BGH NStZ 2009, 626 f. m. Bspr. *Hecker, Oglakcioglu* u. *Geppert*, a. a. O.; dazu auch *Rengier*, AT, 18/79). Dies gilt auch für Angriffe, die außer Verhältnis zu dem vorangegangenen Verhalten stehen, z. B. für eine
massive körperliche Attacke als Reaktion auf eine flüchtige Beleidigung (*Grünewald*, ZStW 122 [2010], 51, 83).

226a – Das **Vorverhalten darf nicht** „bereits beendet und – zeitlich wie räumlich – eine
deutliche Zäsur eingetreten" **sein**, bevor es zum Angriff kommt (BGH NStZ 1998,
508).[534a] Das muss nicht der Fall sein, wenn sich der erste Teil einer Auseinandersetzung in der Wohnung, der zweite auf der Straße abspielt; nach der Rspr. reicht
ein ununterbrochenes Provokationsverhalten (BGH NJW 2006, 332 m. zust. Anm.
Roxin, StV 2006, 235, 237 u. *Bosch*, JA 2006, 490, 491, krit. aber *Satzger*, JK
5/06, StGB § 32/30).

227   Schließlich noch ein Hinweis auf einen häufig in der Literatur behandelten **Fall** aus der
neueren Rechtsprechung des BGH zu den Voraussetzungen einer „Notwehrprovokation":
BGH NJW 1983, 2267. Hier stellt sich – wie schon bei BGHSt 26, 143 – die Frage, ob in der
bewaffneten Rückkehr an den Schauplatz zu einer erst vor kurzem beendeten Schlägerei eine
rechtswidrige, „sonst schuldhafte Herbeiführung einer Notwehrlage" gesehen werden kann.
Dies lehnt *Lenckner* in seiner immer noch lesenswerten, der neueren BGH-Entscheidung zustimmenden Anmerkung[535] auch für die Situation ab, „als er seinen Angreifern erneut gege-
nübertrat und eines der späteren Opfer ansprach"; auch der Umstand, „dass er, mit einer
Schusswaffe versehen, eigens nach seinen Widersachern gesucht hatte, um sich zu rächen",
ändere nichts, „denn die böse Absicht allein macht dieses Verhalten noch nicht rechtswi-
rig".[536] Die bloße Beabsichtigung eines dann nicht verwirklichten Angriffs mache das Verhal-

233, 234 u. *Bosch*, JK 9/11, StGB § 32/36; *Krack*, JR 1996, 469; W-*Beulke*, Rn. 348: „objektiver Provokationszusammenhang"; *Grünewald*, ZStW 122 (2010), 51, 83 f.; *Roxin*, AT I,
15/73; SK-*Günther*, § 32 Rn. 126; S/S-*Perron*, § 32 Rn. 59; *Fechner*, 1991, S. 193; krit. freilich
Lesch, JA 1996, 834: adäquat ist, der Provokation zu widerstehen.
[529] S/S-*Perron*, § 32 Rn. 59. – *Oglakcioglu*, a. a. O. S. 110, verlangt zusätzlich, dass die Reaktion des Angreifers als das „Werk" des Angegriffenen erscheint.
[530] BGH NStZ 1981, 138.
[531] Vgl. den Übungsfall von *Eisenberg*, Jura 1989, 45 Fn. 53.
[532] So *Eisenberg*, ebda.
[533] BGH NStZ 1981, 138.
[534] Ablehnend *Geilen*, Jura 1981, 373 f. = Bsp. 60, gegen BGHSt 24, 356 ff.; dem BGH zustimmend und nur auf die Rechtswidrigkeit des Vorverhaltens (Sachbeschädigung, Unfallflucht) abstellend *Roxin*, NJW 1972, 1822; den Adäquanzzusammenhang bezweifelnd
Lenckner, JR 1973, 255, sowie *Schöneborn*, NStZ 1981, 204; vgl. zum Fall auch *Otto*, 8/102,
Fall 4; weitere Beispiele bei *Bitzilekis*, 1984, S. 147.
[534a] Ebenso OLG Düsseldorf NStZ-RR 1998, 273, für einen Fall der Putativnotwehr.
[535] *Lenckner*, JR 1984, 206–209.
[536] *Lenckner*, JR 1984, 209.

ten nicht zu einem rechtswidrigen „Provokationsverhalten".[537] Hingegen sieht *Berz* das Aufsuchen der alten Kontrahenten und das energische Auftreten ihnen gegenüber jedenfalls deshalb als rechtswidrig an, weil der Zurückkehrende „jedenfalls beabsichtigte, sich … durch eine tätliche Bedrohung zu rächen"; da er „sie also angreifen wollte, war sein Verhalten rechtswidrig".[538] Das sind angesichts der nur ansatzweise umgesetzten Angriffsabsicht eher (zu) geringe Anforderungen an das provozierende Vorverhalten.

Übungsfälle zur Qualität des Vorverhaltens finden sich bei: *Alpmann/Schmidt,* AT 1, Fall 17, S. 86 f. u. 91 f.; *Amelung/Boch,* JuS 2000, 261 u. 265 f.; *Dreher,* JuS 2005, 789 u. 791; *Gropengießer/Mutschler,* Jura 1995, 155 u. 157; *Haller/Steffens,* JA 1996, 649 u. 663; *Haft,* Fallrepetitorium, Nr. 124; *Hilgendorf,* KK I, Fall 11, Rn. 13–17 und Fall 14, Rn. 30; *Hillenkamp,* JuS 1994, 769 u. 773; *Kretschmer,* Jura 1998, 244 u. 245; *Kudlich,* AT-Fälle, Fall 5, S. 67; *Kuhlen/Roth,* Jura 1995, 711, 716; *Müller,* Jura 2005, 635 u. 639; *Müller/Raschke,* Jura 2011, 704 f. u. 706; *Tenckhoff,* Jura 1995, 97 u. 98; *Walter/Götz,* AL 2009, 27 u. 30; *Werle,* Jura 1986, 902, u. 903; *Werner,* JuS 1991, 576 u. 578; *Zacharias,* Jura 1994, 207 u. 211; *Jescheck,* Fälle, Fall 44, S. 59 f.; *Gössel,* Fälle, Fall 5, S. 92 f. u. 106 f.; *Otto/Bosch,* Übungen, Fall 13, S. 283 f.; *Rudolphi,* AT-Fälle, Fall 2, S. 13 u. 19 f.; *Samson,* Strafrecht I, Fall 12, S. 74 ff.; *Schwind/Franke/Winter,* Anfängerübung, 1. Hausarbeit, S. 5 u. 39 ff.

bb) Die einzelnen Fallgruppen der „Notwehrprovokation"

(1) Die „Absichtsprovokation". Die schlagwortartige Bezeichnung einer Haupt- **228** bzw. Untergruppe der „Notwehrprovokation" als „Absichtsprovokation" ist insofern zutreffend, als das rechtswidrige oder doch „sozialethisch" zu missbilligende Vorverhalten vom Provozierenden mit der **Absicht** verbunden wird, den anderen zu einem rechtswidrigen Angriff zu veranlassen. Dass der Provozierende sich nicht sicher ist, ob der andere ihn wirklich angreifen wird, ändert wie auch sonst[539] an der Absicht nichts, denn selbst wenn man sich den Angriff des anderen nur als mögliche Folge des eigenen Verhaltens vorstellt, kann man diese Folge (= den rechtswidrigen Angriff) unbedingt anstreben. Sicheres Wissen hinsichtlich dieser Folge, also direkter Vorsatz in Form der **Wissentlichkeit",**[540] wird zwar selten vorkommen (wer ist schon so berechenbar?), wenn es aber einmal vorkommen sollte, müsste es wohl wie die Absicht behandelt werden.[541] Nach der Rspr. soll es reichen, dass sich der Täter „bewusst in eine Notwehrlage hineinbegeben" will, „um mit der Waffe angreifen zu können" (BGH NJW 2001, 1075, wo allerdings eine Absichtsprovokation verneint wurde, weil das Entstehen einer Notwehrlage nur „nicht unvorhersehbar" war; ein Fall der Absichtsprovokation nimmt BGH NStZ-RR 2011, 305, an).

Die Reizung eines anderen zu einem Angriff ist aber bei der „Absichtsprovoka- **229** tion" nicht Selbstzweck, sondern erfolgt zur Erreichung eines weiteren Ziels, nämlich der Zurückschlagung dieses Angriffs bzw. der Verletzung oder gar Tötung des Angreifers. Aus dieser **zusätzlichen Zielsetzung** ergibt sich, dass die „Verteidigung" nur ein „Vorwand"[542] ist, in Wahrheit soll der Angreifer „unter dem Deckmantel"[543] der Notwehr verletzt werden.

---

[537] *S/S-Perron,* § 32 Rn. 59; ähnlich *Otto,* 8/78.

[538] *Berz,* JuS 1984, 344; im Ergebnis wohl ebenso *Schmidhäuser,* 6/84, der die „actio illicita in causa" zur Strafbegründung heranzieht.

[539] Vgl. nur *Lackner/Kühl,* § 15 Rn. 20.

[540] Vgl. wieder *Lackner/Kühl,* § 15 Rn. 21.

[541] Vgl. *Roxin,* ZStW 93 (1981), 87 Fn. 44.

[542] Vgl. die Definition von *Bitzilekis,* 1984, S. 149: „… ein Verhalten, das der Täter in der Absicht begeht, einen Dritten zu einem rechtswidrigen Angriff zu reizen, um ihm unter dem Vorwand des Notwehrrechts einen Schaden zuzufügen".

[543] Diese Kennzeichnung findet sich bei *Ebert,* S. 79; *W-Beulke,* Rn. 346 u. *Oglakcioglu,* HRRS 2010, 106, 108. – Auch der BGH verwendet sie: NJW 1983, 2267; nach BGH NStZ-

230   Es ist demnach nicht nur die „böse Absicht", die ein rechtswidriges/„sozialethisch wertwidriges" Vorverhalten zu einer „Provokation" macht, sondern die (bewusste) **Manipulation** der Situation[544] durch den „Täter"; man sagt, er treibe „ein unverantwortliches Spiel mit dem Recht",[545] verhalte sich sogar „hinterlistig".[546] Eine solche Manipulation der Situation setzt ihrerseits einen „nicht ganz schlichten Tatplan"[547] voraus, in dem der Angriff des Provozierten als Voraussetzung für die Realisierung der Schädigungs-/Verletzungsabsicht „einkalkuliert" wird.[548] In Verwirklichung dieses Tatplanes wird nun der andere in die Angreiferrolle „hineinmanövriert",[549] oder schwächer ausgedrückt: „herausgefordert",[550] jedenfalls: „provoziert" in einem Sinne, der dem allgemeinen Wortgebrauch entspricht.

231   Die **typischen Fälle** der „Absichtsprovokation" findet man ausschließlich in der Literatur, besonders häufig in der didaktisch ausgerichteten Lehrbuch- und **Übungsliteratur.**[551]

> **Übungsfälle** zur Absichtsprovokation finden sich bei: *Keunecke/Witt*, JA 1994, 470 u. 474; *Schulz*, JA 1995, 390 u. 400 f.; *Haft*, Fallrepetitorium, Nr. 123; *Hilgendorf*, KK I, Fall 11, Rn. 44 f.; *Hillenkamp*, 2. AT-Problem, Bsp. 1, S. 15 mit Lösung S. 21; *Kudlich*, PdW AT, Fall 98; *Matt*, AT I, Übungsfall 3, S. 143–149; *Meurer/Dietmeier*, JuS 2001, L 36 u. L 39; *Norouzi*, JuS 2004, 494 u. 495 f.; *Samson*, Strafrecht I, Fall 12, S. 69; *Schwind/Franke/Winter*, Anfängerübung, 1. Hausarbeit, S. 5 u. 39 ff.; *Teubner*, Die Examens- und Übungsklausur, Fall 2, S. 166 u. 169 f.

232   Zu erkennen sind diese Fälle deshalb leicht, weil die soeben bei der Definition der „Absichtsprovokation" herausgehobenen Begriffe regelmäßig auch **schon** in der **Sachverhaltsschilderung** verwendet werden. Jeweils wird der dann in „Notwehr" Zurückzuschlagende durch gezielte Äußerungen (oberhalb und unterhalb der Beleidigungsschwelle) oder sonstiges Verhalten (lautes und falsches Pfeifen bei der Arbeit) in der Erwartung gereizt, dass er sich zu einem tätlichen Angriff hinreißen lassen wird; z. B. A beleidigt B, um ihn zu einem tätlichen Angriff zu reizen, den er dann infolge körperlicher Unterlegenheit durch einen von vornherein geplanten, erforderlichen Messerstich gegen B abwehren muss.

233   Die Ansätze zur **Lösung** dieser „Absichtsprovokations"-Fälle sind von fast schon verwirrender Vielfalt. Konzentriert man sich zunächst auf die **für** eine Notwehreinschränkung bzw. -versagung plädierenden Ansätze, so wird man von manchen auf § 32 II zurückverwiesen: der Provozierende sei der eigentliche Angreifer,[552] die Rechtswidrigkeit des Angriffs entfalle wegen des im provozierenden Verhalten zu sehenden einwilligungsähnlichen Verzichts auf Rechtsgüterschutz,[553] dem Angegrif-

---

RR 2011, 305, liegt eine Absichtsprovokation vor, wenn der Täter „einen Verteidigungswillen vortäuscht, in Wirklichkeit aber angreifen will".

[544] Darauf heben besonders ab: *Roxin*, AT I, 15/65–67; *S/S-Perron*, § 32 Rn. 55.

[545] *S/S-Perron*, § 32 Rn. 56; *Tiedemann*, Anfängerübung, S. 132; *Eser/Burkhardt*, Strafrecht I, Nr. 11 A 17.

[546] Vgl. LK[11]-*Spendel*, § 32 Rn. 282.

[547] So *Berz*, JuS 1984, 343; *Roxin*, AT I, 15/67, spricht von manipulierender Planung.

[548] Vgl. *Geilen*, Jura 1981, 373; M-*Zipf*, AT 1, 26/43.

[549] Vgl. *Roxin*, ZStW 93 (1981), 85, nach dem sich freilich der Absichtsprovokateur „in eine Gefahrenlage manövriert."

[550] So die Rechtsprechung; nach *Lenckner*, JR 1984, 208, noch zu ungenau.

[551] Aus der Lehrbuch-Literatur vgl. die Fälle bei *Hoyer*, AT I, S. 78, und bei M-*Zipf*, AT 1, 26/42.

[552] So könnte man W-*Beulke*, Rn. 346, verstehen; vgl. *Ebert*, S. 79 u. *Hirsch*, Fg. BGH, 2000, S. 199, 202: „vorgetäuschtes Verteidigen".

[553] So M-*Zipf*, AT 1, 26/43.

fenen fehle der Verteidigungswille bzw. er habe Angriffswillen.[554] Diese Ansätze überzeugen nicht, weil zumindest auch der Provozierte angreift, der Provozierende in seine Verletzung durch den Provozierten nicht bzw. in der Angriffsituation nicht mehr einwilligt und sich in dieser Situation auch seiner Haut erwehren will.[555]

Ganz überwiegend werden die Notwehreinschränkungen bzw. die Notwehrversa-   **234** gung außerhalb von § 32 II festgemacht. Dabei wird dem Provozierenden häufig **Rechtsmissbrauch**[556] vorgehalten; nicht ohne eine gewisse Plausibilität: wer sich durch eine Manipulation künstlich in die Lage gebracht hat, denjenigen, den er in einen Angriff hineinmanövriert hat, (vermeintlich) gerechtfertigt verletzen zu dürfen, dem muss diese Rechtfertigung wegen Rechtsmissbrauch versagt werden.

Häufiger noch wird der Rechtsmissbrauch mit dem Grundgedanken der Notwehr   **235** in Verbindung gebracht, und also „sozialethisch" i. w. S. argumentiert.

Dem „Absichtsprovokateur" soll zunächst die für die Notwehr geforderte über-   **235a** persönliche Legitimation fehlen, er habe sich als Repräsentant und Bewahrer der Rechtsordnung disqualifiziert;[557] zumindest wenn er dem herausgeforderten Angriff ausweichen könne, würde durch die Zuerkennung des Notwehrrechts das **Rechtsbewährungsinteresse** in sein Gegenteil verkehrt, die Verteidigung selbst rechtsmissbräuchlich.[558] Auch – oder nur[559] – der zweite Grundgedanke der Notwehr, das **Selbstschutzinteresse**, trete hier in seiner legitimierenden Kraft zurück, weil derjenige, der sich selbst in die Gefahr einer Notwehrlage gebracht habe, weder normativ noch faktisch des Schutzes durch die Rechtsordnung bedürfe,[560] zumindest wenn er sich dem herausgeforderten Angriff durch Ausweichen entziehen könne.[561] Beide Interessen sollen jedoch nach Ansicht einiger Vertreter des soeben referierten Ansatzes wieder aufleben, wenn eine Ausweichmöglichkeit nicht besteht: hier liege eine zum Selbstschutz berechtigende Bedrängnissituation vor und das Recht dürfe vor dem Unrecht nicht in der Weise kapitulieren, dass ein rechtswidriger Angriff erduldet werden müsse.[562]

Häufig wird das **provozierende Vorverhalten** in den Mittelpunkt der Betrachtung   **236** gerückt und als ein Verhalten gewertet, das zu Lasten des Provozierenden (und damit zugunsten des Angreifers) zu Buche schlagen soll:

---

[554] So *Blei*, S. 144; *Geilen*, Jura 1981, 310; *Krey/Esser*, AT, Rn. 555; *Fischer*, § 32 Rn. 42; z. T. auch die Rechtsprechung: BGH NJW 1983, 2267 u. BGH NJW 2001, 1075. – Zur Anschlussfrage, ob dann wegen Vollendung oder Versuchs zu bestrafen ist, vgl. *Hillenkamp*, 4. AT-Problem, 3. Hinweis, S. 37 f.

[555] Vgl. die entsprechende Kritik bei *Hillenkamp*, 1981, S. 129; *Jakobs*, 12/50 Fn. 106; *Matt*, NStZ 1993, 271 f.; *Mitsch*, 1986, S. 109; *Neumann*, 1985, S. 144 ff.; *Grünewald*, ZStW 122 (2010), 51, 71 f.

[556] So z. B. *Geilen*, Jura 1981, 372; *W-Beulke*, Rn. 347; *Zieschang*, Rn. 221; krit. *Koch*, ZStW 104 (1992), 809. – Aus der Rspr. vgl.: BGH NJW 2001, 1075 u. 2003, 1955, 1958 sowie BGH NStZ-RR 2011, 305. – Eingehend zu pro und contra des Rechtsmissbrauchsgedankens bei Notwehreinschränkungen *Engländer*, 2008, S. 316 ff., der sich für das pro bei der Absichtsprovokation entscheidet, S. 318 f.

[557] Vgl. *Roxin*, AT I, 15/65, und schon in: ZStW 75 (1963), 567 u. 575; ähnlich *Schünemann*, GA 1985, 368; *Gallas*, Fs. Bockelmann, 1979, S. 177; *Gropp*, 6/92.

[558] *S/S-Perron*, § 32 Rn. 56; ähnlich *Ebert*, S. 79 u. *Oglakcioglu*, HRRS 2010, 106, 108.

[559] So *Wagner*, 1984, S. 71: der Gedanke des Selbstschutzes in einer Bedrängnissituation trage hier nicht das Notwehrrecht.

[560] Vgl. *Roxin*, AT I, 15/65, und schon in: ZStW 75 (1963), 567, 575 u. 579, sowie *ders.*, in: ZStW 93 (1981), 86; ähnlich NK-*Herzog*, § 32 Rn. 115; *Gropp*, 6/92.

[561] *S/S-Perron*, § 32 Rn. 56.

[562] Vgl. *Jescheck/Weigend*, S. 346 f.; *S/S-Perron*, § 32 Rn. 57. – Gegen beide *Roxin*, AT I, 15/67.

– als ein die Gefahr (mit-)auslösendes, qualifiziertes (rechtswidriges, zurechenbares) Vorverhalten („*Ingerenz*" bzw. „*Prinzip der Mitverantwortung*")[563]
– als Einwilligung in das Risiko, als bewusstes Eingehen eines Risikos *(„Risikoübernahme")*[564]
– als Verschulden gegen sich selbst *(„Obliegenheitsverletzung")*[565]
– als eigenes Verhalten, das er sich im Rahmen einer Gesamtbewertung i. S. des § 34 zurechnen lassen muss.[565a]

237   Wie der Angreifer in Normalfällen durch den rechtswidrigen Angriff seine Schutzwürdigkeit als „Tatopfer" verliert, so wird hier die Schutzwürdigkeit des Verteidigers als „Angriffsopfer" wegen der rechtswidrigen Provokation herabgesetzt (= doppelte Verwendung des viktimologischen Arguments).[566] Es wird aber auch eine „Blickwendung … hin zur Motivationslage des Provozierten"[567] gefordert: vom Provozierenden sei eine „Rücksichtnahme" auf den Provozierten dann zu verlangen, wenn dieser sich erkennbar in einer **honorierungswürdigen Gemütserregung** befinde,[568] d. h. „soziale Rücksichtnahme"[569] wegen der Wirkungen des Verhaltens des Provozierenden auf den Provozierten. Trotz des rechtswidrigen Angriffs des Provozierten wird also auch hier eine gewisse **Solidarität**[570] mit dem Angreifer verlangt.

238   Die Tragfähigkeit dieser Argumente wird jedoch zunehmend in **Zweifel**[571] gezogen: das generalpräventive Interesse an der Bewährung der Rechtsordnung durch (negativ) Abschreckung potentieller „Angreifer" und (positiv) Bestärkung der

---

[563] Vgl. *Jakobs*, 12/49; *Marxen*, 1979, S. 58; *Rudolphi*, Gs. A. Kaufmann, 1989, S. 395; *Fechner*, 1991, S. 188–195; *Köhler*, S. 273; ähnlich *Hoyer*, AT I, S. 78: „Mitverschulden". – *Jakobs*, 12/54, spricht auch von „Mitzuständigkeit" des Provokateurs; diesen Begriff übernehmen S/S-*Perron*, § 32 Rn. 55. – Krit. zur Analogie zu den Unterlassungsstraftaten *Roxin*, AT I, 15/78.

[564] *Montenbruck*, 1983, S. 41 ff. u. 76, sowie M-*Zipf*, AT 1, 26/43.

[565] Vgl. wieder *Montenbruck*, S. 42 u. 45, sowie *Kindhäuser*, 1989, S. 115 u. 118; krit. *Renzikowski*, 1994, S. 306.

[565a] *Otto*, 8/98.

[566] Vgl. zu diesem Argument für Provokationsfälle *Roxin*, AT I, 15/18, 23 u. 24.

[567] *Schöneborn*, NStZ 1981, 202.

[568] *Schöneborn*, NStZ 1981, 203 ff.; ähnlich *Retzko*, 2001, S. 145 ff., 169, die beim Vorliegen der § 213-Voraussetzungen eine privilegierende Gefühlserregung des Angreifers annimmt. – Krit. zur notwehreinschränkenden Berücksichtigung von „Gemütserregungen", die von §§ 20, 21 nicht erfasst sind, *Roxin*, AT I, 15/79.

[569] *Kratzsch*, JuS 1975, 439, der jedoch deren Verletzung nur der lege ferenda entsprechend § 323c sanktionieren will. – Keinen Grund zur Rücksichtnahme auf den eigenverantwortlichen Angreifer sieht *Mitsch*, 1986, S. 121 f. Fn. 71.

[570] Vgl. *Frister*, GA 1988, 310, der eine solche Solidaritätspflicht gegenüber dem Angreifer ablehnt.

[571] Vgl. zu den nachstehenden Überlegungen *Bockelmann*, Fs. Honig, 1970, S. 19 ff., 30 f.; *Hassemer*, Fs. Bockelmann, 1979, S. 225 ff., 243 f.; *Hillenkamp*, 1981, S. 127 ff.; *Günther*, 1983, S. 341 ff.; *Mitsch*, 2004, S. 405 ff. u. in: GA 1986, 545; *Neumann*, 1985, S. 154 ff. u. 174 ff.; *Frister*, 16/30 u. schon in: GA 1988, 309 ff.; *Kindhäuser*, 1989, S. 115 ff.; *Hohmann/Matt*, JR 1989, 162; *Runte*, 1991, S. 355; *Matt*, NStZ 1993, 272 f.; *Renzikowski*, 1994, S. 111 u. 302; *Loos*, Fs. für E. Deutsch, 1999, S. 233, 240; *Stuckenberg*, JA 2001, 894, 902 f.; *Hruschka*, ZStW 113 (2001), 870, 877 f.; B-*Weber/Mitsch*, 17/38; NK-*Paeffgen*, Rn. 147 vor § 32; krit. *Grünewald*, ZStW 122 (2010), 51, 65 ff., 77, obwohl die „Verantwortlichkeit des Angreifers … ganz im Vordergrund" stehe, dürfe auch die Verantwortung des angegriffenen „Provokateurs" durch eine – allerdings restriktive – Notwehreinschränkung berücksichtigt werden. – Gegen die Versagung der Notwehr in Provokationsfällen vgl. schon *Levita*, 1856, S. 187–191: auch der „verschuldete" Angriff sei widerrechtlich, die „Provocation" könne nur „strafmindernd" wirken; er wendet sich damit gegen *Feuerbach*, *Grolmann*, *Luden* und Art. 79 des „hannöv. Gesetzb.".

Rechtstreue von „Nicht-Angreifern" ist auch bei provozierten Angriffen vorhanden, sofern diese Angriffe rechtswidrig sind. Die Rechtsordnung kann rechtswidriges Verhalten nicht akzeptieren, geschweige denn dazu ermuntern, vielmehr muss dem rechtswidrigen Angreifer gesagt werden, dass sein Verhalten von der Rechtsordnung nicht hingenommen werden kann. Freilich muss die Rechtsordnung auf dieses Verhalten, wenn es in straftatbestandsmäßiger Weise erfolgt, nicht mit der schärfsten Sanktion, der Strafe, reagieren, wenn die Gemütserregung des provozierten Angreifers angesichts der Provokation verständlich erscheint; zumindest eine Strafmilderung erscheint angebracht. Im Übrigen aber verlangt die Rechtsordnung, dass der Angreifer der Provokation widersteht (**Prinzip der Eigenverantwortlichkeit des Angreifers**). Solidarität mit ihm ist also nicht gefordert, zumindest solange nicht, wie er sich durch Abbruch des Angriffs selbst schützen kann.

Der Provozierende verliert angesichts des rechtswidrigen Angriffs, der gegen ihn **239** läuft, nicht das Recht, die Rechtsordnung zu bewähren; eine besondere Würdigung wird dafür nicht verlangt. Auch sein Selbstschutzinteresse lässt sich zumindest in einer ausweglosen Notwehrlage nicht bestreiten. Bestreiten könnte man freilich, ob der so in Bedrängnis geratene „Verteidiger" den Schutz der Rechtsordnung wirklich verdient. Immerhin hat er mit der Rechtsordnung „gespielt", die Notwehrlage **manipuliert**. Ob ihm deshalb aber das Notwehrrecht gänzlich abgesprochen werden sollte, ist eine Wertungsfrage, die der Gesetzgeber beantworten müsste. Dass der Gesetzgeber dem „Absichtsprovokateur" das uneingeschränkte Notwehrrecht mit der Erwartung auf Konsens zubilligen könnte, erscheint eher zweifelhaft; ob er es ihm deshalb gleich ganz versagen muss, ist damit noch nicht gesagt. Viel spricht für eine Einschränkung des Notwehrrechts, die freilich in bestimmten Fällen bis zu dessen Versagung gehen kann.[572]

Bevor der Gesetzgeber entschieden hat, muss diese Einschränkungslösung über **240** die Gebotenheitsklausel laufen. Dabei sind vor allem die **Grundgedanken** des Notwehrrechts **als** dessen **immanente Schranken** deutlich zu machen:
- die überpersönliche Legitimation zur Bewährung des Rechts fehlt demjenigen, der die Entstehung der Notwehrlage durch Manipulation zu dem Zweck mitherbeigeführt hat, den Angreifer verletzen zu können;
- das Selbstschutzinteresse dessen, der weiß, was auf ihn zukommt, ist zumindest dann gemindert, wenn er eine Ausweichmöglichkeit hat.

Hinzu kommen zwei **ergänzende** Begründungen: **241**
- mit Blick auf den Provozierten lässt sich die Verständlichkeit seiner Reaktion nicht nur als Grund für eine Strafmilderung, sondern auch als Grund für eine vom Provozierenden zu fordernde Berücksichtigung der Angreiferinteressen anführen, denn der Provozierende hat diese verständliche Reaktion des Angreifers einkalkuliert und erwartet;
- mit Blick auf den Provozierenden ist darauf hinzuweisen, dass er durch sein provozierendes Vorverhalten für den zunächst vom Angreifer zu verantwortenden rechtswidrigen Angriff und damit für die Notwehrlage eine Mit-Verantwortung trägt.

Weitergehend wird mit der Rechtsfigur der „**actio illicita in causa**" (= „a. i. i. c.") **242** das Vorverhalten des späteren Verteidigers nicht nur in den Mittelpunkt der Betrachtung gerückt, sondern als „eine Handlung, die unerlaubt ist im Ursprung",[573]

---

[572] Vgl. *Rudolphi,* Gs. A. Kaufmann, 1989, S. 395.
[573] *Schmidhäuser,* 6/82; kritisch zu dieser Übersetzung *Kindhäuser,* 1989, S. 116; zum „semantischen Sinn der Wörter selbst" vgl. *Hruschka,* ZStW 113 (2001), 870, 880 f. – Vgl. *Hillenkamp,* 2. AT-Problem, S. 17: Gedanke einer „im Ursprung verbotenen Tat", sowie *Ebert,* S. 80: „… noch nicht gerechtfertigte (illicita), für den tatbestandlichen Erfolg ursächliche (causa) Provokationshandlung …".

zum Anknüpfungspunkt für die Strafbarkeit gemacht.[574] Das Vorverhalten soll der tatbestandsmäßige und rechtswidrige Beginn der Ausführung der dann gerechtfertigt ausgeführten Verletzung/Tötung des Angreifers sein; da das Gesamtgeschehen von der Provokation über den einkalkulierten Angriff bis zur Verletzung des Angreifers absichtlich/vorsätzlich geplant war, führt dies zur Strafbarkeit gem. §§ 223, 212, wenn der Angreifer verletzt oder getötet wurde.

243   Der **Vorteil** der Konstruktion liegt darin, dass an der eigentlichen Notwehrsituation keine Korrekturen vorgenommen werden müssen: der Angriff bleibt rechtswidrig, die erforderliche Verteidigung bleibt gerechtfertigt. Diesem Vorteil stehen aber mehrere **Nachteile** gegenüber:

–   Wie kann die Provokationshandlung rechtswidrig sein, wo sie doch „auf Ermöglichung einer rechtmäßigen Verteidigungshandlung gerichtet ist?[575] (sog. Unvereinbarkeitsthese[576]).
–   Wie kann eine in der Provokationshandlung etwa zu sehende Beleidigung als Körperverletzung oder als Tötungsdelikt bestraft werden?[577] Im Hinblick auf die in der Notwehrsituation vom Verteidiger begangenen Delikte ist das provozierende Vorverhalten kein tatbestandsmäßiges Verhalten;[578] mit der Provokationshandlung will der Provokateur erst „die Gelegenheit für die Ausführung der Verletzungshandlung schaffen".[579]
–   Da (oder zumindest soweit)[580] der Entschluss des Angreifers, die Provokation zum Anlass für einen Angriff zu nehmen, im Rechtssinne frei ist, fehlt es an der objektiven Zurechnung (die Kausalität der Provokation für die Verletzung/Tötung ist durch den freien Entschluss des Angreifers = Opfers vermittelt)[581] oder an der Tatherrschaft des Provozierenden über den Provozierten im Zeitpunkt der Provokation.[582]

244   Unter teilweiser Berücksichtigung dieser Einwände wird die a. i. i. c. von Teilen ihrer Befürworter nur noch bei Veranlassung des Angriffs eines **unfrei** handelnden Angreifers herangezogen.[583]

245   Die **Rechtsfolgen** bei der „Absichtsprovokation": Lehnt man alle oben angeführten Begründungen für eine Notwehreinschränkung auch bei der „Absichtsprovokation" ab, so bleibt die Verteidigungshandlung des „Provozierenden" gem. § 32 gerechtfertigt;[584] sein Mitverschulden an der eingetretenen Bedrohung seiner

[574] Vgl. wieder *Schmidhäuser,* 6/82, 83; *S/S-Perron,* § 32 Rn. 54, 57: für Fälle fehlender Ausweichmöglichkeit; *Eser/Burkhardt,* Strafrecht I, Nr. 11 A 18; *SSW-Rosenau,* § 32 Rn. 41; *Frister,* 16/30–32; *Lindemann/Reichling,* JuS 2009, 496, 499 ff. – Weitere Nachweise und eine Zusammenstellung der Argumente bietet *Hillenkamp,* 2. AT-Problem, S. 17 f.

[575] *Samson,* Strafrecht I, S. 76 u. 78.

[576] Vgl. zur Begründung *Roxin,* AT I, 15/68, und schon in: ZStW 75 (1963), 545 ff. u. ZStW 93 (1981), 92; *Werle,* JuS 1986, 904; *Marxen,* 1979, S. 57 f.; *Bockelmann,* Fs. Honig, 1970, S. 26 f.; *Grünewald,* ZStW 122 (2010), 51, 75 f.; *Kretschmer,* Jura 2012, 189, 193. – Kritisch aber *Satzger,* Jura 2006, 513, 519 u. *Freund,* 4/40 Fn. 49.

[577] Vgl. *Neumann,* 1985, S. 151, sowie *Bitzilekis,* 1984, S. 155.

[578] Vgl. wieder knapp: *Werle,* JuS 1986, 904; ausführliche Begründung bei *Küper,* 1983, S. 59 ff.; problematisch im Hinblick auf Art. 103 II GG nach *LK-Dannecker,* § 1 Rn. 178. – Vgl. auch *Bitzilekis,* 1984, S. 157.

[579] *Kindhäuser,* 1989, S. 116; nach *Kindhäuser,* AT, 16/51 Fn. 101: sachlich verfehlte Rechtsfigur.

[580] B-*Weber/Mitsch,* 17/38 sowie *Mitsch,* GA 1986, 545.

[581] *S/S-Perron,* § 32 Rn. 61; *Mitsch,* GA 1986, 543; *Satzger,* Jura 2006, 513, 520; *Murmann,* GK, 25/107; ergänzend *Puppe,* Fs. Küper, 2007, S. 443, 451 f.; a. A. *Freund,* GA 2006, 267, 272, der allerdings differenziert.

[582] Vgl. *Roxin,* ZStW 75 (1963), 551; *Bockelmann,* Fs. Honig, 1970, S. 27; *Bitzilekis,* 1984, S. 163; *Mitsch,* 1986, S. 120; *Joecks,* § 32 Rn. 26.

[583] *Haft,* S. 72; *S/S-Lenckner/Sternberg-Lieben,* Vorbem §§ 32 ff. Rn. 23, u. *S/S-Perron,* § 32 Rn. 54, 57, 61.

[584] B-*Volk,* S. 92 f.; LK[11]-*Spendel,* § 32 Rn. 281 ff.

Rechtssphäre durch den „provozierten" Angreifer führt dann nicht zum „einseitigen Rückschnitt der Rechtsposition des Opfers" (= Verteidigers), sondern allenfalls zu einer Strafmilderung bei der Strafzumessung für den Angreifer.[585]

Wer mit der weitaus überwiegenden Ansicht eine Notwehreinschränkung für **246** richtig hält, kann zunächst dem Verteidiger eine nach Erforderlichkeits-Grundsätzen nicht zu verlangende **Ausweichpflicht** mit der Folge auferlegen, dass bei **Nichtergreifen** der vorhandenen Ausweichmöglichkeit die **Rechtfertigung** gem. **§ 32 versagt** wird.[586] Besteht freilich in der Situation keine Ausweichmöglichkeit, so ändert das nach *Roxin* an der angegebenen Folge (Versagung des Notwehrrechts) nichts.[587] Da eine solche Versagung des Notwehrrrechts im Ergebnis die „Pflicht zur Duldung eines rechtswidrigen Angriffs" zur Folge hat, bleibt für die h.L. das Notwehrrecht in ausweglosen Situationen erhalten,[588] z.T. wird freilich dann eine Strafbarkeit des gerechtfertigten Verteidigers nach den Grundsätzen der „actio illicita in causa" erwogen.[589] Der „Absichtsprovokateur" wird bei fehlender Ausweichmöglichkeit z.T. aber auch auf den **Einsatz milderer**, für ihn **riskanterer Verteidigungsmittel** verwiesen,[590] aus deren Nichtergreifen dann wieder die Versagung des Notwehrrechts folgt.

Die mögliche Strafbarkeit des Verteidigers wegen der in der Provokation selbst **247** möglicherweise zu sehenden Straftat (z.B. eine Beleidigung) bleibt unberührt.[591] Auch andere Rechtfertigungsgründe (z.B. Notstand), Strafunrechtsausschließungsgründe (z.B. notstandsähnliche Lage), Entschuldigungsgründe (z.B. § 33 StGB) können zur Verhinderung der Strafbarkeit der „Verteidigungs"-Handlung noch eingreifen. Schließlich könnte eine Strafmilderung auch für den „Absichtsprovokateur" gem. § 35 I 2 Halbs. 2 StGB in Betracht kommen, weil sein nicht zu rechtfertigendes und nicht zu entschuldigendes Abwehrverhalten etwa gegen einen lebensbedrohlichen Angriff z.B. dann „verständlich" erscheint, wenn er die so gravierende Reaktion des provozierten Angreifers nicht „erkennen oder einberechnen konnte und musste".[592]

(2) Die „sonst schuldhafte Herbeiführung einer Notwehrlage". Eine genauere **248** Definition dieser Fallgruppe der „Notwehrprovokation" erfolgt meistens nicht; sie fällt auch nicht leicht. Der Begriff der Provokation wird hier zu Recht seltener verwendet, da er eigentlich nur auf die gezielte Reizung eines anderen, d.h. auf die „Absichtsprovokation", passt. Bei den jetzt zu behandelnden „sonstigen" Fällen ist deshalb vorsichtiger auf die Herbeiführung einer Notwehrlage durch den späteren „Verteidiger" abzustellen. Eine solche Herbeiführung wird häufig schon dann angenommen, wenn sich der Täter (= „Verteidiger") in eine Risikosituation[593] hineinbegeben hat.

---

[585] *Hillenkamp*, 1981, S. 129.

[586] Vgl. statt vieler *Lackner/Kühl*, § 32 Rn. 14, mit Nachweisen, vor allem aus der Rechtsprechung.

[587] *Roxin*, AT I, 15/67, u. *ders.*, in: ZStW 93 (1981), 86f.

[588] *Jescheck/Weigend*, S. 347; vgl. *S/S-Perron*, § 32 Rn. 57: sonst „Kapitulation vor dem Unrecht."

[589] *S/S-Perron*, § 32 Rn. 57; ebenso *Ebert*, S. 80.

[590] *S/S-Perron*, § 32 Rn. 57. Eine sog. „Schrankentrias" soll nach NK-*Herzog*, § 32 Rn. 117, auch bei der Absichtsprovokation gelten.

[591] *Jescheck/Weigend*, S. 347.

[592] *Constadinidis*, 1982, S. 130; *Joecks*, § 32 Rn. 28.

[593] So umschreibt diese Fallgruppe deshalb auch *Eser/Burkhardt*, Strafrecht I, Nr. 11 A 20. – Daran fehlt es, wenn es der Verteidiger im Vorfeld des Angriffs lediglich unterlässt, eine Institution staatlicher Hilfe zu informieren und um Hilfe zu bitten, *Sengbusch*, 2008, S. 291.

249   Die damit erreichte Weite dieser Fallgruppe der Notwehreinschränkungen muss in zweifacher Hinsicht begrenzt werden, wenn man das Notwehrrecht nicht zu Lasten des rechtswidrig Angegriffenen verkümmern lassen will. Zunächst sind die Anforderungen an die **objektive Qualität** des „provozierenden" Vorverhaltens zu erhöhen: häufiger als bei der „Absichtsprovokation" wird ein **rechtswidriges Vorverhalten** verlangt. Die Rechtsprechung hat sich bisher aber nur zu der Klarstellung durchgerungen, dass „sozialethisch nicht zu missbilligendes Verhalten" wie z.B. berechtigte Vorhaltungen gegenüber rücksichtslosen Spaziergängern nicht zu einer Einschränkung der Notwehrbefugnisse führen kann.[594]

250   Sodann sind Mindestanforderungen für die **Verantwortlichkeit** des die Notwehrlage Mit-Herbeiführenden aufzustellen: bei seinem Vorverhalten musste die Auslösung eines Angriffs durch einen anderen für den Täter erkennbar gewesen sein, denn nur unter dieser Voraussetzung kann man ihn für die vermeidbare Herbeiführung einer Notwehrlage mitverantwortlich machen.[595] Weitere Konstellationen in dieser Fallgruppe der „schuldhaften Herbeiführung einer Notwehrlage" sind dann die bewusst fahrlässige Verursachung eines Angriffs, bei der der Veranlassende trotz der Erkenntnis der Möglichkeit eines Angriffs darauf vertraut, dass der andere schon nicht angreifen werde, sowie die eventualvorsätzliche Veranlassung eines Angriffs, bei der sich der Veranlassende mit dem als möglich erkannten Angriff abfindet.[596] Eine solche „Vorsatzprovokation", die an eine Absichtsprovokation grenzte, lag in dem vom BGH zu beurteilenden Fall vor, in dem der Angeklagte in das Lokal zurückkehrte, in dem er zuvor von P bestohlen und verletzt worden war; als A nun P mit einer Schrotflinte bedrohte, erkannte er die Möglichkeit, dass er damit einen Schusswechsel auslösen konnte, und nahm dies „billigend in Kauf" (BGHSt 39, 374, 378).[596a]

251   Aus der Gruppe der „**fahrlässigen** Provokation" kann man noch die Fälle leichter Fahrlässigkeit (z.B. irrtümliches Öffnen der falschen Hotelzimmertür) ausscheiden,[596b] so dass nur Fälle von **Leichtfertigkeit** (z.B. rücksichtsloses Fahren, das andere Verkehrsteilnehmer mehrfach in Notsituationen bringt) verbleiben.[597] An eine solche Ausscheidung denkt freilich die Rechtsprechung nicht, wenn sie mit der immer wiederkehrenden Formel vom Täter arbeitet, der „leichtfertig … einen Angriff auf sich provoziert, auch wenn er ihn nicht in Rechnung gestellt haben sollte oder gar beabsichtigt hat."[598] Gelegentlich ersetzt der Hinweis auf die „leichtfertige Verursachung" auch Feststellungen zur objektiven Qualität des Vorverhaltens.[598a] Im Gegensatz zur „Absichtsprovokation" finden sich die typischen Fälle dieser Fallgruppe schon in der Rechtsprechung. Die meisten BGH-Entscheidungen zur „Not-

---

[594] BGHSt 27, 336; das Beispiel ist entnommen: BGH NStZ 1989, 474; insoweit zustimmend *Beulke*, JR 1990, 381, und *Roxin*, AT I, 15/71 a.E. – Ein weiteres Bsp. – Stehenbleiben und Beobachten von Jugendlichen, die sich dadurch provoziert fühlten – enthält BGH NStZ 1986, 357, m.Anm. *Hassemer*, JuS 1986, 913 f.

[595] Vgl. *Geilen*, Jura 1981, 373; *Jakobs*, 12/49 u. 54; M-*Zipf*, AT 1, 26/46; *Fischer*, § 32 Rn. 45. – Vgl. auch BGHSt 39, 133, 139 f. zu § 33.

[596] Vgl. *Roxin*, ZStW 93 (1981), 87.

[596a] Vgl. dazu die krit. Anm. von *Arzt*, JZ 1994, 314 und *Spendel*, NStZ 1994, 279, 280, der nach § 33 fragt. – Nahe an einer „Absichtsprovokation" lag auch der Fall von BGH NStZ 2006, 332 mit Bspr. *Bosch*, JA 2000, 490, *Roxin*, StV 2006, 235 u. *Satzger*, JK 5/06, StGB § 32/30. Eine Vorsatzprovokation bejaht auch BGH NStZ-RR 2011, 305.

[596b] *Grünewald*, ZStW 122 (2010), 51, 83; s. auch schon *Jakobs*, 12/54.

[597] So *Jakobs*, 12/54.

[598] Seit BGHSt 26, 143 ff., 145; vgl. BGHR § 32 Abs. 2, Verteidigung 4; NStZ 1992, 327; NStZ 1989, 114 u. NStZ 1988, 450 sowie BGH NJW 2001, 1075, 1076.

[598a] So in BGH NStZ-RR 1997, 194 mit zu Recht krit. Bspr. *Otto*, JK 98, StGB § 32/34.

wehrprovokation" in den letzten fünfzig Jahren betreffen die Fälle „sonst schuldhafter Herbeiführung einer Notwehrlage."[599]

Dies hat auch in der Übungsfall-Literatur zu einer größeren Realitätsnähe geführt, denn sie bildet ihre Fälle häufig den Sachverhalten nach, die die Rechtsprechung zu entscheiden hatte. Da diese Fälle als Notwehreinschränkungs-Fälle nicht so leicht zu erkennen sind[599a] wie die Fälle der „Absichtsprovokation", sollten diese Übungsfälle schon in ihren Sachverhalten genau gelesen werden. 252

> **Übungsfälle** zur „Fahrlässigkeitsprovokation" finden sich bei: *Alpmann/Schmidt,* AT 1, Fall 17, S. 86f. u. 93f.; *Arzt,* Bsp. 46, S. 73f.; *Beulke,* KK I, Fall 5, Rn. 200 u. 213f.; *Dreher,* JuS 2005, 789 u. 791; *Eisenberg,* Jura 1989, 41 u. 45f.; *Esser/Krickl,* JA 2008, 787 u. 789; *Geilen,* Jura 1981, 370 u. 373f.: Bspe. 57–60; *Hardtung,* JuS 1990, 302ff.; *Hilgendorf,* KK I, Fall 14, Rn. 30–32; *Hillenkamp,* JuS 1994, 769 u. 773; *Hohmann/König,* Jura 1990, 200 u. 201f.; *Hohmann/Matt,* JuS 1993, 131 u. 134–136; *Käßner/Seibert,* JuS 2006, 810 u. 815; *Kuhlen/Roth,* JuS 1995, 711 u. 716; *Morgenstern,* JuS 2006, 251 u. 254ff.; *Müller,* Jura 2005, 635 u. 639; *Müller/Raschke,* Jura 2011, 704f. u. 706; *Nagel/Jaleesi,* Iurratio 2011, 42 u. 44; *Riemenschneider/Paetzold,* Jura 1996, 316 u. 319, 321; *Schrödl,* JA 2003, 656–659; *Schünemann,* JuS 1979, 275, 278ff.; *Tenckhoff,* Jura 1995, 97 u. 98; *Walter/Götz,* AL 2009, 27 u. 30; *Werle,* JuS 1986, 902 u. 903ff.; *Zacharias,* Jura 1994, 207 u. 211; *Bruckauf,* in: *Ebert* (Hrsg.), Fall 5, S. 5f. u. 84f. sowie speziell bei der Notwehrhilfe S. 90f.; *Gössel,* Fälle, Fall 5, S. 92f. u. 103f., 104f., 106f. sowie Fall 9, S. 154f. u. 161; *Hillenkamp,* 2. AT-Problem, Bsp. 2, S. 21f.; *Jescheck,* Fälle, Fall 44, S. 59f.; *Kudlich,* AT-Fälle, Fall 5, S. 67 und in: PdW AT, Fälle 99, 100; *Laubenthal,* JA 2004, 39 u. 42f.; *Marxen,* Fall 8a, S. 63 u. 65f. (BGHSt 24, 356 nachgebildet); *Meurer/Kahle/Dietmeier,* Übungskriminalität, Fall 4, S. 49f. u. 67; *Otto/Bosch,* Übungen, Fall 3, S. 104f. und Fall 13, S. 282–284; *Rudolphi,* AT-Fälle, Fall 2, S. 13 u. 19–21; *Strauß,* Strafrecht, Fall 1, S. 17 u. 21f. sowie Fall 2, S. 23 u. 27f.; zum Sonderfall der Notwehrprovokation im Vollrausch *Radtke,* JuS 1993, 577–580.

Klare Fälle rechtswidrigen Vorverhaltens in der neueren **Rechtsprechung** waren das Treten „mit dem Turnschuh auf den PKW", von dem sich der (provozierende) Fußgänger auf dem teilweise mitbenutzten Gehsteig belästigt fühlte,[600] und das Randalieren und gegen die Rollläden Treten nach einer Lokalverweisung.[601] 253

Bei der Übertragung der **Lösungsansätze** von der „Absichtsprovokation" auf die „sonstigen Provokationsfälle" ist Vorsicht geboten.[602] So passen nicht mehr die den rechtswidrigen Angriff oder den Verteidigungswillen ablehnenden Ansätze. Dagegen wird die Rechtsfigur der „**actio illicita in causa**" auch hier mit der abweichenden Folge verwendet, dass die schon bei der Veranlassung des Angriffs vorsehbare Verletzung/Tötung des zum Angriff Veranlassten dem veranlassenden Täter „nur" als fahrlässige Körperverletzung/Tötung gem. §§ 229, 222 angelastet wird; dass der Veranlasser den Angreifer in der Notwehrlage dann vorsätzlich verletzt/tötet ändert daran nichts, weil diese Handlungen als Verteidigungshandlungen gem. § 32 gerechtfertigt sind. Eine besonders plastische Begründung gibt *Arzt:* „Die actio illicita 254

---

[599] Einen guten Überblick über diese Rechtsprechung verschaffen *Roxin,* HRR AT, Fälle 18–20, S. 23–27 u. 165–167, und die Jura-Karteikarten Nr. 5, 6, 9, 12, 15, 18 zu § 32 StGB, bearbeitet von *Geilen* u. *Otto.* – Zur Rspr. vgl. auch *Hinz,* JR 1993, 353ff.

[599a] Die Fahrlässigkeitsprovokation des später am Weiterfahren gehinderten Autofahrers durch die Behinderung (des späteren Angreifers auf das notwehrfähige Rechtsgut der freien Bewegung im Straßenverkehr [s.o. 7/35 Fn. 45]) beim Überholen hat BayObLG NJW 1993, 211 übersehen; zu Recht krit. *Jung,* JuS 1993, 427, *Heinrich,* JuS 1994, 21f. u. *Dölling* JR 1994, 114, wobei letzterer eine Notwehreinschränkung verneint.

[600] BGH NStZ 1991, 32f., mit Anm. *Otto,* JK 91, StGB § 32/15. Krit. zu dieser Entscheidung *Bernsmann,* ZStW 104 (1992), 301f.: der BGH lasse „erneut einen Freiraum für einen legalisierten Zweikampf nach Art des wilden Westens".

[601] BGHR § 32 Abs. 2, Verteidigung 4.

[602] *Hillenkamp,* 2. AT-Problem, Bsp. 2, S. 21.

in causa ist geeignet, die dogmatisch – konstruktive Begründung dafür abzugeben, dem Verteidiger, der ursprünglich Zeit gehabt hatte, den Staat einzuschalten, diese Zeit aber nicht genutzt, sondern sich ‚grundlos‘ in Gefahr begeben hat, in dieser Gefahr – bildlich gesprochen – umkommen zu lassen."[603]

255   Gegen diese dogmatische Konstruktion bleiben jedoch die o. g. Einwände (Rn. 242) bestehen; es kommt nur noch die im Hinblick auf die freie Entscheidung des Angreifers zum Angriff wohl zu verneinende Frage hinzu, ob im Zeitpunkt der Veranlassung schon von einer im Hinblick auf die spätere Verletzung/Tötung sorgfaltswidrigen Handlung gesprochen werden kann, die sich in der Verletzung/Tötung realisiert.[604] Auch die Rechtsprechung lehnt die Konstruktion der actio illicita in causa ab;[605] in der Literatur wird sie zunehmend auf Fälle der „Veranlassung eines unfrei Handelnden" eingeschränkt.[606]

> Aus der **Übungsfall-Literatur** zur a. i. i. c. vgl.: *Berz/Saal,* Jura 2003, 205 u. 207 f.; *Beulke,* KK I, Fall 11, Rn. 350 u. 402; *Bruckauf,* in: *Ebert* (Hrsg.), Fall 5 S. 5 f. u. 84 f.; *Laubenthal,* JA 2004, 39 u. 43; *Schrödl,* JA 2003, 656 f. u. 658 f.

255a   Völlig überraschend hat der BGH in einer Entscheidung v. 22. 11. 2000 (NJW 2001, 1075 = NStZ 2001, 143 m. Bspr. *Eisele,* NStZ 2001, 416; *Engländer,* Jura 2001, 534; *Hruschka,* ZStW 113 [2001], S. 870; *Jäger,* JR 2001, 512; *Mitsch,* JuS 2001, 751; *Roxin,* JZ 2001, 667; *Stuckenberg,* JA 2002, 172, 176 u. *Duttge,* NStZ 2006, 266, 270) eine **fahrlässige Tötung** (§ 222) angenommen, **obwohl** der Tod des leichtfertig provozierten Angreifers (o. Rn. 251) von einem Täter verursacht wurde, dessen **Tötungshandlungen** (ein Schuss) trotz seines rechtswidrigen Vorverhaltens (o. Rn. 217) durch Notwehr **gerechtfertigt** war. Zutreffend weist der BGH darauf hin, dass „die einem zulässig eingesetzten Verteidigungsmittel anhaftende Gefahr als solche keinen Fahrlässigkeitsvorwurf begründen" könne, weil „ein und dieselbe Handlung ... nicht sowohl rechtmäßig als auch rechtswidrig sein" könne (S. 1076 mit Bezug auf BGHSt 27, 313 f.; s. dazu o. Rn. 112 sowie 17/78; ebenso jetzt BGH NStZ 2011, 82, 83 m. Bspr. *Hecker,* JuS 2011, 272, 274 f., [abl.] *Kretschmer,* Jura 2012, 189, 193 f. u. *Satzger,* JK 5/11, StGB § 32/35). Doch dann verlagert er die (fahrlässige) Tötungshandlung nach vorne, und zwar auf das rechtswidrige (Provokations-)Vorverhalten (näher o. Rn. 217). Damit wendet er der Sache nach die von der Rspr. bisher abgelehnte (o. Rn. 255 mit Fn. 600) Rechtsfigur der „actio illicita in causa" an, ohne mit dieser Rspr., die zustimmend zitiert wird (S. 1076), brechen zu wollen.[606a] Diese **Vorverlegung** – ob mit a. i. i. c. oder ohne (zur entsprechenden Vorverlegung über die a. l. i. c. oder ohne sie bei Straftatbegehung im Zustand der

---

[603] *Arzt,* Fs. Schaffstein, 1975, S. 83; kritisch dazu *Beulke,* JR 1990, 381. Ähnlich kritisch schon *Levita,* 1856, S. 190 f., gegen *Breidenbach, Köstlin* u. Anmerkungen zu §§ 125, 126 des Baierischen Strafgesetzbuches.

[604] Vgl. *Bitzilekis,* 1984, S. 180 f. – Nach *Roxin,* AT I, 15/74, liegt eine nach allgemeinen Zurechnungsregeln straflose Veranlassung zu einer Selbstgefährdung vor.

[605] BGH NJW 1983, 2267; BGH NStZ 1988, 450 m. Anm. *Sauren;* 1989, 113; formell auch von BGH NJW 2001, 1075, 1076, der dann aber eine ähnliche „Konstruktion" wählt (vgl. *Roxin,* JZ 2001, 667, 668).

[606] S/S-*Perron,* § 32 Rn. 61; ähnlich B-*Weber/Mitsch,* 17/38.

[606a] Vgl. *Hruschka,* ZStW 113 (2001), 870, 880 ff.; *Kindhäuser,* AT, 16/55; *Krey/Esser,* AT, Rn. 563; *Puppe,* AT 1, 28/19–29; *Rengier,* AT, 18/83; LK-*Rönnau/Hohn,* § 32 Rn. 257; MK-*Erb,* § 32 Rn. 228 f. u. MK-*Freund,* 285 f. vor §§ 13 ff.; NK-*Herzog,* § 32 Rn. 126: „Eskalationsfälle"; *Hillenkamp,* 2. AT-Problem, Bsp. 2, S. 22; gegen diese Kritik nimmt *Kretschmer,* Jura 2012, 189, 193, in Schutz, weil die Rspr. keine Gesamttat konstruiere; der Rspr. zust. aber unter bestimmten Voraussetzungen *Fischer,* § 32 Rn. 47 u. *Frister,* 16/30 u. wohl auch B-*Weber/Mitsch,* 17/37.

Schuldunfähigkeit gemäß § 20 s. 17/94 ff.) – begründet aber nicht die vom BGH angenommene fahrlässige Tötung. Zwar kann in einem rechtswidrigen Vorverhalten bei Voraussehbarkeit des Todeserfolges ein sorgfaltswidriges Verhalten gesehen werden, doch fehlt es an dem für die Strafbarkeit erforderlichen – der fahrlässige Versuch ist nicht strafbar (15/23) – rechtlich mißbilligten Erfolg, da dieser rechtmäßig herbeigeführt wurde (vgl. *Roxin*, JZ 2001, 667; *Jäger*, JR 2001, 512, 514; dagegen *Duttge*, NStZ 2006, 266, 270). Der vom Notwehr übenden Täter verursachte Tod des zwar provozierten, aber dennoch rechtswidrig angreifenden Opfers kann dem Täter auch nicht objektiv zugerechnet werden, weil sich das Opfer trotz der Provokation **eigenverantwortlich selbst gefährdete** (4/86 ff.) und deshalb die Verantwortung für den sich daraus entwickelnden Schaden selbst trägt (ebenso *Engländer*, Jura 2001, 534, 537, *Roxin*, JZ 2001, 667, 668, *Duttge*, NJW 2006, 266, 270, *Satzger*, Jura 2006, 513, 520, *Grünewald*, ZStW 122 [2010], 51, 76 u. *Kretschmer*, Jura 2012, 189, 194; dem BGH zust. *Mitsch*, JuS 2001, 751, 754, der die objektive Zurechnung bejaht). Der fehlende Erfolgsunwert und die fehlende objektive Zurechnung des Erfolgs können nicht durch die vom BGH geforderte und bejahte Voraussehbarkeit des Erfolges ersetzt werden.

Auch die „sozialethischen" Lösungsansätze kehren hier wieder, freilich in z.T.   **256** gewandelter Form. So ist etwa das selbstständige, auf „Manipulation" gestützte Rechtsmissbrauchsargument nicht mehr vertretbar.[606b] Immerhin aber hat der „Provokateur" auch hier durch sein qualifiziertes (rechtswidriges oder „sozialethisch"-wertwidriges) Vorverhalten zur Entstehung der Notwehrlage zurechenbar beigetragen, so dass er wegen dieser Vorhandlung („Ingerenz"/„**Mit-Verantwortung**") in der Ausübung seines Notwehrrechts beschränkt sein könnte;[607] er hat eben den Angriff „in ähnlicher Weise herausgefordert."[608] Die Beschränkung des Notwehrrechts wird auch hier darauf gestützt, dass sich der Provozierende als Bewahrer der Rechtsordnung disqualifiziert habe;[609] das **Rechtsbewährungsinteresse** sei ähnlich gering wie bei der „Absichtsprovokation", so dass die Notwehr trotz der Notwendigkeit eines Selbstschutzes (der Angegriffene bleibt schutzwürdig und schutzbedürftig) einzuschränken sei.[610] „**Soziale Rücksichtnahme**" gegenüber dem Angreifer wird auch dann gefordert,[611] wenn die Angriffs-Reaktion des Provozierten verständlich erscheint.[612]

Die möglichen **Einwände** gegen diese Lösungsansätze sind schon oben (Rn. 238–   **257** 241) formuliert worden. Da ein „Spiel mit dem Recht" nicht vorliegt und deshalb die Begründung mit der „Manipulation" hier entfällt, ist die Ablehnung jeder Not-

---

[606b] Ebenso *Zieschang*, Rn. 223; anders BGH NJW 2001, 1075, 1076.

[607] Vgl. *Marxen*, 1979, S. 59; *Jakobs*, 12/54; *Rudolphi*, Gs. A. Kaufmann, 1989, S. 395 u. in: JR 1991, 211; *Köhler*, S. 274; *Oglakcioglu*, HRRS 2010, 106, 108.

[608] Vgl. *Hruschka*, S. 377.

[609] Vgl. *Blei*, S. 151; S/S-*Perron*, § 32 Rn. 58 u. 60: bei Ausweichmöglichkeit; ebenso *Ebert*, S. 79 u. *Schumann*, JuS 1979, 564 f.

[610] Vgl. *Roxin*, AT I, 15/69, u. *ders.*, in: ZStW 75 (1963), 541, 556; 93 (1981), 87 f., sowie *Schünemann*, in: *ders.* (Hrsg.), Grundfragen des modernen Strafrechtssystems, 1984, S. 11. Vgl. außerdem *Otto*, 8/98, für den Fall rechtswidrigen Vorverhaltens: „Der Verteidiger tritt dem Angreifer nicht als unbefangener Verteidiger seines individuellen Rechtsguts und der Rechtsgeltung gegenüber ...", ebenso *Otto*, JK 91, StGB § 32/15, der deshalb § 32 versagen und § 34 anwenden will; – krit. aber *Hinz*, JR 1993, 353 ff.; abl. *Grünewald*, ZStW 122 (2010), 51, 72 f.

[611] Vgl. auch *Roxin*, AT I, 15/69, u. *ders.*, in: ZStW 93 (1981), 88; kritisch *Wagner*, 1984, S. 74.

[612] Vgl. *Schöneborn*, NStZ 1981, 205, und *Schünemann*, JuS 1979, 279.

wehreinschränkung noch besser vertretbar.[612a] Zumindest erscheint eine Entscheidung des Gesetzgebers hier dringlicher, da es bei der Abwägung von Notwehrrecht und Pflicht zu Rücksichtnahme einer normativen Entscheidung bedarf, „über die [freilich][613] ein Konsens vorerst nicht zu erzielen ist."[614] **Solidaritätsopfer** des Verteidigers zugunsten eines rechtswidrig Angreifenden sind angesichts der **Selbstschutzmöglichkeiten des Angreifers** kaum begründbar, es sei denn, dieser ist infolge der Provokation psychisch nicht in der Lage, diese Möglichkeiten zu ergreifen. Abgeschwächtes Rechtsbewährungsinteresse und die Mit-Verantwortlichkeit des Veranlassers können allenfalls eine zeitlich begrenzte Reduzierung der Verteidigungsrechte legitimieren.

> Aus der **Übungsfall-Literatur** vgl.: *Jäger,* Rn. 122 a und b; *Fall 28; Kudlich,* PdW AT, Fall 100
> u. JuS 2003, 32; *Nagel/Jaleesi,* Iurratio 2011, 42 u. 45 f.; *Schrödl,* JA 2003, 656 u. 666 f.;
> *Thoss,* Jura 2005, 127 f. u. 131.

258   Die Frage, welche Einschränkungen der Veranlasser = Verteidiger zu beachten hat, wird meist unter Hinweis auf die von der Rechtsprechung des BGH in den 70-er Jahren entwickelte sog. „**Drei-Stufen-Theorie**"[615] beantwortet.[616] Nach dieser Theorie sollen **Ausweichen, Schutzwehr** und **Trutzwehr** in einem Stufenverhältnis stehen. Klar ist aber nur, dass dem Veranlasser die Notwehr-Rechtfertigung versagt wird, wenn er sofort zurückschlägt (= Trutzwehr übt), obwohl ein die Gefahr beseitigendes[617] Ausweichen möglich war und auch eine abwehrende Verteidigung (= Schutzwehr) den Angreifer hingehalten hätte; auch muss fremde Hilfe herbeigerufen werden, wenn Aussicht besteht, dass sich dadurch die Lage des angegriffenen Provokateurs verbessert (BGHSt 42, 97, 102).[618] Eine solche Verneinung der Rechtfertigung kommt wohl nicht schon dann in Betracht, wenn der Angegriffene statt der Ausweichmöglichkeit sofort Schutzwehr übt. Verspricht die Schutzwehr in der bestehenden Situation keinen Erfolg, verspräche sie aber unter anderen Umständen Erfolg, so muss diese andere Situation, wenn sie durch Zurückweichen erreichbar wäre, gesucht werden.[619]

[612a] Für fahrlässig provozierte Angriffe jegliche Einschränkung abl. *Hinz,* JR 1993, 353 ff. u. *Zieschang,* Fs. Knemeyer, 2012, S. 449, 460 f.

[613] Eckige Klammer vom Verf. eingefügt.

[614] *Stratenwerth/Kuhlen,* 9/85.

[615] BGHSt 24, 356 ff.; 26, 143 ff. u. 256 ff.; 39, 374 ff.; 42, 97 ff.; BGH NStZ 1988, 269 f.; 1989, 114; BGH NStE Nr. 21 zu § 32; BGH NStZ 1993, 133; BGH StV 1996, 87; BGH NStZ-RR 1997, 65 u. 194; BGH NStZ 2002, 425, 427 mit Bspr. *Heger,* JA 2003, 8; BGH NStZ 2003, 420 f.; BGH NStZ 2006, 332 m. Bspr. *Bosch,* JA 2006, 490 f., *Roxin,* StV 2006, 235, 237 u. *Satzger,* JK 5/06, StGB § 32/30; BGH NStZ 2011, 82, 83 m. Bspr. *Hecker,* JuS 2011, 272 f., *Kretschmer,* Jura 2012, 189, 191 u. *Satzger,* JK 5/11, StGB § 32/35; BGH NStZ-RR 2011, 74 f. m. krit. Bspr. *Bosch,* JK 9/11, StGB § 32/36: „unsinnige Konstruktion". – Nach *Oglakcioglu,* HRRS 2010, 106, 110, soll diese Theorie nur noch in „aufgeweichter Form" gelten, was auf die „umfassende Einzelfallbetrachtung" zurückzuführen sei.

[616] Vgl. aus der Literatur *Jakobs,* 12/53 Fn. 109; *Rengier,* AT, 18/56 u. 80; *Roxin,* AT I, 15/69 f., u. *ders.,* in: ZStW 93 (1981), 88; *S/S-Perron,* § 32 Rn. 60; *Schünemann,* GA 1985, 369; *Rudolphi,* JR 1991, 211; *W-Beulke,* Rn. 348; NK-*Herzog,* § 32 Rn. 124: „Schrankentrias"; *Engländer,* 2008, S. 318 (auch bei Absichtsprovokation); *Grünewald,* ZStW 122 (2010), 51, 84; krit. B-*Volk,* S. 93. Nach *Otto,* 8/81 u. JK 91, StGB § 32/15, ist das „Fundament für die Drei-Stufen-Theorie des BGH" in § 34 zu finden. – In der Literatur wird alternativ eine „Verteidigung nur nach Maßgabe der Güterproportionalität des defensiven Notstands analog § 228 BGB" für zulässig erachtet; vgl. *Kindhäuser,* AT, 16/54 m. w. N.

[617] BGH NStZ 1992, 327, verneint dies für das Schließen einer gläsernen Haustür vor dem bewaffneten Angreifer. – Zum Ausweichgebot BGH NStZ-RR 2011, 305.

[618] *Roxin,* AT I, 15/70, u. *ders.,* in: Fs. Oehler, 1985, S. 192; *Kühl,* Fs. Bemmann, 1997, S. 193, 200 f. – Vgl. auch BGH NStZ 1998, 508 mit Bspr. *Martin,* JuS 2000, 85.

[619] *S/S-Perron,* § 32 Rn. 60. Vgl. auch BGHSt 42, 97 ff.

Fehlt es an einer Ausweichmöglichkeit für den Angegriffenen, so wird von ihm 259
auf Stufe 2 eine **maßvolle Verteidigung** verlangt, die den Angreifer möglichst schont.
Klargestellt ist durch die Rechtsprechung inzwischen aber, dass ihm das Verweilen
auf Stufe 2 **nicht unbegrenzt lange** zugemutet werden kann.[620] Hält die defensive
Verteidigung den Angreifer nicht von weiteren Angriffen ab, so ist Stufe 3 mit der
Folge erreicht, dass in den Grenzen des § 32 II mit den erforderlichen Mitteln zurückgeschlagen werden darf, z.B. gegen einen lebensgefährlichen Angriff als ultima
ratio mit tödlichen Abwehrmitteln (vgl. BGH NJW 2001, 1075, 1076 m. Bspr.
Engländer, Jura 2001, 534, 535 u. *Stuckenberg*, JA 2002, 172, 174). Vor dieser (le-
bens-)rettenden Verteidigung muss der Veranlasser (= Verteidiger) – als Kehrseite
der ihm auch auf dieser Stufe auferlegten maßvollen, den Angreifer schonenden Verteidigung[621] – geringe Verletzungen erdulden.[622]

Das Maß der Beschränkungen, die sich der Provokateur auferlegen muss, richtet 259a
sich letztlich nach den Umständen,[622a] doch lassen sich in der jüngsten Rechtsprechung des BGH immerhin einige Orientierungshilfen[622b] ausmachen: Je schwerer die
Provokation wiegt (vgl. BGH NJW 2006, 332: nahe an „Absichtsprovokation"), desto höher sind die Anforderungen zur Mäßigung, so dass z.B. bei einer schwerwiegenden Bedrohung mit einem Tötungsverbrechen (§ 241) auf sichere Verteidigung durch
einen tödlichen Schuss verzichtet und das Risiko eingegangen werden muss, dass
ein mindergefährliches Abwehrmittel keine gleichwertigen Erfolgschancen hat
(BGHSt 39, 374, 379; BGH NStZ 2002, 426 f.). Die Beschränkungen sind umso geringer, je schwerer das Übel ist, das von dem Angriff droht (vgl. BGH NStZ-RR 2011,
74 m. zust. Bspr. *Kretschmer*, Jura 2012, 189, 195), so dass – umgekehrt – bei „nur"
drohenden Faustschlägen eine lebensgefährliche Abwehr durch einen Messerstich in
den Oberbauch des Angreifers nicht geboten ist (BGHSt 42, 97, 101; BGH NStZ
2003, 420 f.; BGH NJW 2006, 332 m. Anm. *Roxin*, StVO 2006, 235, 237).

Hält sich der Verteidiger nicht an diese Einschränkungen, so ist die in seiner „Ver- 260
teidigung" liegende Straftat zwar nicht wegen Notwehr gerechtfertigt, es können
ihn aber u.U. (z.B. bei fehlender Ausweichmöglichkeit) die Regeln des (Defensiv-)
Notstandes,[623] des Strafunrechtsausschließungsgrundes der „notstandsähnlichen
Lage"[624] oder der Entschuldigungsgrund des § 33 vor Strafe bewahren (s.u.
12/153).[625]

---

[620] BGHSt 26, 256; 39, 374, 379; 42, 97, 100; BGH NStZ 1988, 450; 1991, 32 f.; bzgl. der
letztgenannten Entscheidung bezweifelt *Rudolphi*, JR 1991, 211, ob sie sich noch an diese
Stufen hält.

[621] So wird auf der 3. Stufe abgestuft von *Roxin*, Fs. Oehler, 1985, S. 192 f.; S/S-*Perron*,
§ 32 Rn. 60. Ebenso wohl BGHSt 39, 374, 377: Schuss nur auf die Beine.

[622] S/S-*Perron*, § 32 Rn. 60, sprechen von „Inkaufnahme"; vgl. auch *Kretschmer*, Jura 2012,
189, 195: auf Einsatz tödlicher Waffen ist zu verzichten, wenn nur leichtere Blessuren drohen.

[622a] *Kretschmer*, Jura 2012, 189, 195.

[622b] BGHSt 39, 374, 379; 42, 97, 101; BGH NStZ 2002, 425 f.; 2003, 420 f. u. 2006, 332
m. [krit.] Bspr. *Bosch*, JA 2006, 490, *Roxin*, StV 2006, 235, 237 und *Satzger*, JK 5/06, StGB
§ 32/30. – Kritisch zu dieser „Wägerechtsprechung" *Krack*, JR 1996, 468 f.

[623] Vgl. *Hruschka*, S. 378; *Jakobs*, 12/53; *Kindhäuser*, 1989, S. 115 f. – Für die Anwendung
des § 34 *Otto*, 8/98.

[624] *Günther*, 1983, S. 342 ff., 344; kritisch dazu *Roxin*, Fs. Oehler, 1985, S. 192 f., der aus
§ 33 den Umkehrschluss (= Strafbarkeit) zieht.

[625] Vgl. *Lackner/Kühl*, § 33 Rn. 4; auch BGH NStZ 1991, 33, erwägt dessen Anwendbarkeit; ebenso BGH NStZ-RR 1997, 65 f. u. BGH NStZ 2003, 420 f.; für eine verstärkte Anwendung von § 33 *Beulke*, JR 1990, 381 f. Gegen dessen Anwendung wegen des schuldhaften
Verhaltens von Angreifer und Täter (= Verteidiger); *Jakobs*, 20/34. Vgl. in der Fallbearbeitung
Rudolphi, AT-Fälle, Fall 2, S. 11 f. u. S. 18 f.; *Eser/Burkhardt*, Strafrecht I, Nr. 11 A 27–37.

Aus der **Übungsfall-Literatur** zur „Drei-Stufen-Theorie" vgl.: *Berz/Saal,* Jura 2003, 205 u. 207; *Beulke,* KK I, Fall 5 Rn. 200 u. 212–214; *Hilgendorf,* KK I, Fall 11, Rn. 16 und Fall 14, Rn. 32; *Jäger,* Fall 23, Rn. 122a und b; *Laubenthal,* JA 2004, 39 u. 43; *Müller,* Jura 2005, 635 u. 639; *Nagel/Jaleesi,* Iurratio 2011, 42 u. 44; *Otto/Bosch,* Übungen, Fall 13, S. 283f.; *Rudolphi,* AT-Fälle, Fall 2, S. 13 u. 20; *Schrödl,* JA 2003, 656f. u. 658; *Seier,* Anfängerklausur, Nr. 1, S. 13 u. 21.

(3) Hinweise auf Sonder-Konstellationen

261   – Die „Abwehrprovokation"

Hier geht es um Konstellationen, in denen die Abwehr eines gegenwärtigen, rechtswidrigen Angriffs mit Mitteln erfolgt, die zwar in der Notwehrsituation für eine erfolgreiche Verteidigung erforderlich sind, die aber gerade im Hinblick auf den erwarteten Angriff als „zu scharfe Mittel" erscheinen, d.h. die **exzessive Abwehr** wird durch die Aufrüstung „provoziert." Diskutiert wird diese Sonder-Konstellation an praktischen Fällen aus der Rechtsprechung.[626] War z.B. die gravierende Verletzung/Tötung des wie erwartet mit Fäusten Angreifenden durch die vorsorglich eingesteckte Schusswaffe von vornherein geplant, war dem sich so Aufrüstenden zudem bewusst, dass der zu erwartende Angriff auch mit einer weniger gefährlichen Gaspistole sicher hätte abgewehrt werden können, so soll entsprechend den Regeln der „Absichtsprovokation" die Notwehr versagt bzw. eingeschränkt (z.B. durch Verpflichtung zum Ausweichen oder zur Zurückhaltung in der Wahl der an sich erforderlichen Verteidigungsmittel) sein.[627] Teilweise wird danach differenziert, ob es sich um eine sozialadäquate Abwehrvorbereitung (dann volles Notwehrrecht) oder eine „Hochrüstung" des Verteidigers mit Eskalationsgefahr (dann nur eingeschränkte Notwehr) handelt.[627a] Auch die Regeln der „actio illicita in causa" werden hier für anwendbar gehalten,[628] selbst bei nur „sonst verschuldeter Abwehrprovokation."[629] – Eine den „Abwehrprovokateur" wenigstens vor Strafe bewahrende Entschuldigung gem. § 33 StGB soll nicht in Betracht kommen.[630]

262   – Die „Provokation der Provokation"[631]

Erweitert man die bei der „Notwehrprovokation" um einen Schritt zurück schon erweiterte Notwehrsituation noch um einen weiteren Schritt zurück, so fragt es sich, wie eine dann auftauchende Provokation des späteren provozierenden Verteidigers durch den späteren provozierten Angreifer zu werten ist. Führt eine Beleidigung des Verteidigers durch den Angreifer (die „Provokation der Provokation") zu einer Beleidigung des Angreifers durch den Verteidiger (die „Provokation des Angriffs") so soll das Notwehrrecht dem provozierenden Verteidiger erhalten bleiben, wenn seine Provokation die **adäquate** Antwort auf die erste Beleidigung war;[632] zur Begründung wird darauf verwiesen, dass der spätere „Angreifer als erster den Boden des Rechts verlassen hat ...."[633] Überreagiert der Verteidiger (Griff zum Messer zur Abwehr von Fausthieben), so soll auch das Notwehrrecht des Angreifers wegen

---

[626] BGH NJW 1980, 2263; BGH NJW 1983, 2267; BGH NStZ 1986, 357; BGH NStZ 1987, 322; BGH NStE Nr. 21 zu § 32; OLG Stuttgart NJW 1992, 851; vgl. auch BGH NStZ-RR 2011, 238 m. Bspr. *Hecker,* JuS 2011, 369 u. *Satzger,* JK 4/2011, StGB § 32/34, wo trotz vorsorglicher Bewaffnung die Gebotenheit bejaht wurde. – Weitere unveröffentlichte Rechtsprechung bei *Fischer,* § 32 Rn. 44. – Zu den beiden zuerst genannten Fällen vgl. *Bernsmann,* ZStW 104 (1992), 295–297. – Zu BGH NJW 1962, 308 u. 1980, 2263 *Lindemann/Reichling,* JuS 2009, 496, 497.

[627] Vgl. *S/S-Perron,* § 32 Rn. 61b, mit dem Hinweis auf „entsprechende" Konstellationen. – Der Klammerzusatz ist der Entscheidung des OLG Stuttgart NJW 1992, 851, entnommen. Eine Notwehreinschränkung abl. *Heinrich,* AT I, Rn. 380a und NK-*Herzog,* § 32 Rn. 119.

[627a] *Küpper,* JA 2001, 438, 440.

[628] Vgl. *Arzt,* JR 1980, 210 u. *Lindemann/Reichling,* JuS 2009, 496, 498ff.

[629] Vgl. *Schmidhäuser,* 6/84, mit zwei der Rechtsprechung entnommenen Beispielsfällen.

[630] Vgl. *Arzt,* JR 1980, 211f., sowie *Jakobs,* 20/34 Fn. 55a.E.

[631] Vgl. *Hassemer,* Fs. Bockelmann, 1979, S. 236 u. *Grünewald,* ZStW 122 (2010), 51, 64f., 85f.

[632] So *S/S-Perron,* § 32 Rn. 59.

[633] So *Roxin,* ZStW 93 (1981), 91; krit. dazu *Mitsch,* 1986, S. 115.

seiner zeitlich ersten Provokation eingeschränkt sein.[634] Einen solchen Fall der provozierten Provokation hatte BGHSt 42, 97 zu beurteilen; ob die 2. Provokation eine adäquate Antwort auf die 1. Provokation war, ist unterschiedlich beurteilt worden von *Krack*, JR 1996, 469 (bejahend) und *Kühl*, StV 1997, 298 f. (verneinend). – Weitere Entscheidung: BGH HRRS 2009 Nr. 584 m. Bspr. *Oglakcioglu*, HRRS 2010, 106, 108 f., dazu auch zust. *Hoffmann-Holland*, Rn. 258. – Übungsfall bei *Kudlich*, AT-Fälle, Fall 5, S. 67.

– Die provozierte Nothilfe   263

Hier sind Fallgestaltungen zu unterscheiden:

(1) Der Gehilfe zur Notwehrhandlung des Verteidigers oder der aus eigenem Recht täterschaftlich Nothilfe Leistende hat den Angriff auf den Dritten provoziert.

(2) Der Angegriffene hat selbst den Angriff provoziert. Geht die Provokation vom Angegriffenen aus und ist seine Verteidigung deshalb nicht gerechtfertigt, so ist zumindest für die täterschaftlich aus eigenem Recht geleistete Nothilfe streitig, ob die Rechtswidrigkeit der Verteidigung des Angegriffenen auf die Nothilfe **durchschlägt**.[635] Hat dagegen der Nothelfer den Angriff provoziert, soll die Verteidigung des nicht provozierenden Angegriffenen durch den Provokateur (= Nothelfer) gerechtfertigt bleiben, weil das Rechtsbewährungsinteresse die Abwehr des Angriffs auf einen Unschuldigen fordere;[636] auch sei das Individualschutzinteresse des Angegriffenen uneingeschränkt gegeben.[637] Der provozierende Nothelfer soll sich freilich nach den Regeln der „actio illicita in causa" wegen der Provokationshandlung strafbar machen können.[638] – Vgl. den Übungsfall von *Norouzi*, JuS 2004, 494 u. 496 f. (gebotene Nothilfe trotz „Provokation" durch Nothelfer) sowie *Hillenkamp*, 2. AT-Problem, Bsp. 3, S. 22.

– Die irrtümliche angenommene (provozierte) Notwehrlage   264

Geht der sich „verteidigende" Täter irrtümlich von einem ihm unmittelbar drohenden Angriff sowie davon aus, dass dieser „Angriff" die Reaktion auf sein rechtswidriges Vorverhalten ist, so muss er sich an die Provokations-Notwehreinschränkungen halten, wenn er in den Genuss des vorsatzausschließenden Erlaubnistatumstandsirrtums der Putativnotwehr kommen will. Denn weitergehende Rechte als der nach einer rechtswidrigen Provokation wirklich Angegriffene kann er selbstverständlich nicht beanspruchen. – Vgl. den Übungsfall von *Werner*, JuS 1991, 576 u. 578, und den Rspr.-Fall BGH NStZ 1992, 327.

e) Weitere „Gebotenheits-Fälle"

Weitere Fallgruppen, für die Einschränkungen der Notwehr unter dem Prüfungspunkt der Gebotenheit diskutiert werden, können hier nur noch mit Verweis aufgeführt werden: 265
– der erpresserische Angriff durch Drohungen;[639]

---

[634] Vgl. *Jakobs*, 12/52, sowie *Hardtung*, JuS 1990, 330.

[635] Für ein solches Durchschlagen *S/S-Perron*, § 32 Rn. 61 a; *MK-Erb*, § 32 Rn. 212 u. *Jakobs*, 12/49: auslösende Gefahr geschaffen; gegen eine Restriktion des Nothilferechts dagegen *Mitsch*, GA 1986, 534 u. *Kasiske*, Jura 2004, 832, 838. – Weiß der Nothelfer von der Provokation nichts, so handelt er gerechtfertigt, vgl. *Roxin*, ZStW 75 (1963), 552 f.

[636] *S/S-Perron*, § 32 Rn. 61 a; ebenso *Kasiske*, Jura 2004, 832, 838 u. *Mitsch*, GA 1986, 540 f., der freilich das Rechtsbewährungsinteresse als Notwehr-ratio ablehnt; einschr. für Risiken, die den Nothelfer betreffen, *MK-Erb*, § 32 Rn. 212; a. A. *NK-Herzog*, § 32 Rn. 118.

[637] *Mitsch*, GA 1986, 540, sowie *ders.*, 1986, S. 122. *Mitsch* zust. *Roxin*, AT I, 15/65 Fn. 146.

[638] *S/S-Perron*, § 32 Rn. 61 a; dagegen aber *Mitsch*, GA 1986, 542 ff.; Bedenken hinsichtlich der Bestrafung von Teilnehmern bei Verwendung der „actio illicita in causa"-Konstruktion hat *Roxin*, ZStW 75 (1963), 551 ff.; zur Problematik vgl. auch *Engländer*, 2008, S. 326 ff.; *Kuhlen*, GA 2008, 291 ff. und *v. Scherenberg*, 2009, 202 ff.

[639] So die Überschrift der fünften Fallgruppe sozialethischer Notwehreinschränkungen bei *Roxin*, AT I, 15/99: keine Gewalt gegen den Erpresser geboten; ebenso *Morbach*, 2007, S. 139, 199 u. SSW-*Rosenau*, § 32 Rn. 46; noch restriktiver *Amelung*, GA 1982, 389 ff., 398 ff.: zulässig nur „kommunikative Gegenwehr" und „Fixierung des Erpresserverhaltens";

- Widerstand gegen rechtswidrig vorgehende Hoheitsträger;[640]
- Duldungspflicht gegenüber rechtskräftigen Fehlurteilen;[640a]
- Duldungspflicht gegenüber rechtswidrigen legislativen Regelungsakten;[640b]
- tödliche Notwehr bei nicht lebensbedrohlichen Angriffen;[641]
- Art. 2 II a EMRK-Einschränkungen für tödliche Sachwehr;[642]
- Notwehrsituationen im Straßenverkehr (s. o. Rn. 35 u. 175);[643]
- „Ehrennotwehr";[644]
- Subsidiarität bei präsenter staatlicher Hilfe.[645]
- Keine Notwehr gegen tatbestandslosen Schwangerschaftsabbruch (§ 218a I) geboten.[646]
- Keine Notwehrhilfe mittels „Folter" (so etwa *Roxin*, ZIS 2011, 552, 554 u. schon in: *Roxin*, AT I, 15/106; *Satzger*, Jura 2009, 759, 764 f.; *Stemler*, ZJS 2010, 347, 355; ähnlich *Ebert*, 2008, S. 53, 62, der neben der sozialethischen auch eine verfassungsrechtliche Notwehreinschränkung nennt; dagegen oben Rn. 156 a).

kritisch dazu *Jakobs*, 12/27 Fn. 49, der andere, differenzierte Lösungsmöglichkeiten vorschlägt, ebenso *Müller*, NStZ 1993, 366 f. u. in: Fs. Schroeder, 2007, S. 323, 331 ff., *Seesko*, 2004, S. 111 u. *Zieschang*, Rn. 228: Gewaltmaßnahmen nicht ausgeschlossen; aus der Rspr. vgl. BGHSt 48, 207 m. Bspr. *Roxin*, JZ 2003, 966, 968, *Erb*, NStZ 2004, 369, 374 u. *Zaczyk*, JuS 2004, 750, 753 f.; zur Entscheidung auch *Hillenkamp*, Fs. Rudolphi, S. 463, 464 f. u. *Fischer*, § 32 Rn. 38. – Zur möglichen Notstands-Lösung s. *Morbach*, 2007, S. 188, 200; S/S-*Perron*, § 32 Rn. 18 u. S/S-*Lenckner/Eisele*, § 201 Rn. 31 a. – Zur Notwehr gegen die Erpressung eines Schweigegeldes (sog. Chantage) vgl. *Novoselec*, NStZ 1997, 218; *Amelung*, NStZ 1998, 70 u. *Eggert*, NStZ 2001, 225, 227 ff.; eingehend *Kroß*, 2004, S. 128, die bereits die Erforderlichkeit verneint; zusf. *Stemler*, ZJS 2010, 347, 355 f.; ebenso *Kaspar*, GA 2007, 36; im **Übungsfall:** *Dreher*, JuS 2005, 789 u. 791 f.; *Kretschmer*, Jura 2006, 219 u. 226; *Maier/Ebner*, JuS 2007, 651 u. 657; *Kaspar*, JuS 2009, 830 u. 835; *Koch/Loy*, ZJS 2008, 170 u. 172; *Ladiges*, JuS 2012, 50 u. 54. – Weder auf § 34 noch auf § 35 soll sich nach Arzt, JZ 2001, 1052, das Opfer berufen können, wenn es sich der Schutzgelderpressung beugt (s. oben Rn. 44 Fn. 74 a. E.).

[640] AK StPO-*Amelung*, § 105 Rn. 34; s. oben Rn. 74.

[640a] *Neuheuser*, 1996, S. 105–110.

[640b] *Neuheuser*, 1996, S. 135.

[641] *Bernsmann*, ZStW 104 (1992), 323.

[642] Als eine Fallgruppe sozialethischer Notwehreinschränkungen behandelt von *Fischer*, § 32 Rn. 40; *Samson*, Strafrecht I, Fall 12, S. 79. Eingehend *Lührmann*, Tötungsrecht zur Eigentumsverteidigung, 1999, S. 81–85.

[643] Eingehend *Busse*, 1968, S. 131–137; vgl. außerdem *Eser/Burkhardt*, Strafrecht I, Nr. 10 A 13; K/H/H-*Hellmann*, BT 1, Rn. 409 f.; KK OWiG-*Rengier*, § 15 Rn. 35–35 c; *Roxin*, AT I, 15/31; W-*Hettinger*, Rn. 434.

[644] Nach *Vormbaum*, JR 1992, 164, fließt zumindest ein Element von „Gebotenheit" in die Erforderlichkeitsprüfung ein. *Mürbe*, JuS 1992, 855, prüft bei der „Ehrennotwehr", ob sie „geboten" ist, und würde dies bei „krassem Missverhältnis" verneinen (s. o. Rn. 186); speziell zu Ehrennotwehr des Arztes gegen „Abtreibungsgegner" *Hillenkamp*, Fs. Herzberg, 2008, S. 483, 502, der zum „Maßhalten" bei der Ausübung rät. – Aus der **Übungsfall-Literatur** vgl.: *Krahl*, JuS 2003, 1187 u. 1189.

[645] *Sengbusch*, 2008, S. 279.

[646] *Satzger*, JuS 1997, 800, 802 u. Jura 2008, 424, 432: Fall 5; MK¹-*Gropp*, § 218a Rn. 12; NK-*Herzog*, § 32 Rn. 19; nach *Mitsch*, JR 2006, 450, 452: „Verlegenheitslösung"; ähnlich schon *Eser*, JZ 1994, 506; dezidiert a. M. für nahe stehende Personen *Lesch*, 2000, S. 21 f. u. 69 ff. u. *Tröndle*, JR 2000, 394; aus der **Übungsfall-Literatur** vgl.: *Beulke*, KK III, Fall 2, Rn. 59 u. 66 f. u. *Kudlich*, PdW BT II, Fall 35.

§ 8. Rechtfertigender Notstand gemäß § 34

I. Die Problematik einer Rechtfertigung wegen Notstands

Anders als die für jedermann selbstverständliche Rechtfertigung wegen Notwehr 1
(s. o. 7/1) ist eine Rechtfertigung wegen Notstands problematisch. Der Gesetzgeber
hat diese Problematik zwar durch die Schaffung von § 34 für das geltende Strafrecht „gelöst", doch kommt man bei der Anwendung dieses nicht gerade präzis
formulierten Rechtfertigungsgrundes („wesentliches" Interessenübergewicht, „angemessenes" Gefahrabwendungsmittel) häufig nicht umhin, auf die dieser Vorschrift
zugrundeliegenden Gedanken zurückzugreifen. Dabei zeigt sich die Problematik der
Notstandsrechtfertigung. Sie rührt daher, dass der Notstandstäter nicht wie der
Notwehr übende Täter einen rechtswidrigen Angreifer zurückschlägt, sondern einen
unbeteiligten Dritten zur Beseitigung der Notstandslage heranzieht. Zu seiner
Rechtfertigung kann der Notstandstäter zwar die Erhaltung des gefährdeten Individualrechtsguts anführen, nicht aber die die Notwehr prägende Rechtsbewährung,
denn diese setzt ein angreifendes Unrecht voraus. Gegen die Rechtfertigung kann
das unbeteiligte Notstandsopfer anführen, dass die Rettung des Erhaltungsguts zu
einem Rechtsgutsverlust bei ihm (= Eingriffsgut) führt, obwohl es mit der Notlage
des in Not Befindlichen nichts zu tun hat.

Diesen fundamentalen Unterschied der beiden „Notrechte" Notwehr und Not- 2
stand hat *Kant* 1797 in den „Metaphysischen Anfangsgründen der Rechtslehre"
(genauer: im „Anhang zur Einleitung in die Rechtslehre") mit aller Schärfe herausgestellt. Beim „Notrecht" (= Notstand) geht es nicht wie bei der Notwehr („ius in-
culpatae tutelae") um einen „ungerechten Angreifer auf mein Leben, dem ich durch
Beraubung des seinen zuvorkomme." Vielmehr ist die „Befugnis ..., im Fall der Gefahr des Verlustes meines eigenen Lebens, einem Anderen, der mir nichts zuleide tat,
das Leben zu nehmen", zu begründen. Konkreter handelt es sich um das von *Pufen-
dorf* wieder in die Diskussion eingeführte „Brett des Karneades", das *Fichte* als das
„Wunderbrett der Schule" bezeichnet: es geht um den Täter, „der im Schiffbruche
mit einem anderen in gleicher Lebensgefahr schwebend, diesen von dem Brette,
worauf er sich gerettet hat, wegstiße, um sich selbst zu retten."

Diesem Täter versagt *Kant* die Rechtfertigung, indem er das Notrecht (ebenso wie 3
die „Billigkeit") unter Bruch mit der alten **naturrechtlichen** Tradition als ein nur
„vermeintes Recht" aus der eigentlichen Rechtslehre aussondert. Das Argument für
diese Aussonderung lautet: ein solches „**Notrecht**" enthalte einen „Widerspruch der
Rechtslehre mit sich selbst", denn es könne „keine Not geben, welche, was Unrecht
ist, gesetzmäßig macht"; ein „Recht, in der höchsten (physischen) Not Unrecht zu
tun", sei ein Unding.

Die Ablehnung der Rechtfertigung für die notbedingte Tötung eines anderen ist 4
heute **geltendes Recht.** Der Fall des „Brett des Karneades" ist heute zwar ein rechtlich geregelter Notstandsfall, aber „nur" ein Fall des entschuldigenden Notstands
gem. § 35. Auch heute denkt im Grundsatz niemand daran, der Lebensgefahr rechtfertigende Kraft zuzusprechen,[1] wenn sie nur durch die Vernichtung des Lebens eines anderen gebannt werden kann.

---

[1] Vgl. jedoch *Koriath,* JA 1998, 250, 255 ff., der § 34 bzw. § 228 BGB analog anwenden
will, soweit es sich um einen Fall des Defensivnotstandes (s. u. Rn. 134 ff.) handeln sollte; zum
Fall auch *Koriath,* Jahrb-RuE 2003, S. 317, 335, der einen „rechtsfreien Raum" für „echte"

5   Den Anstoß, über die Rechtfertigung des Notstandstäters nachzudenken, gab ein nicht minder berühmter Philosoph. *Hegel* wendet sich 1821 in den „Grundlinien der Philosophie des Rechts" (genauer: in § 127) gegen die Aussonderung des „Notrechts" aus der Rechtslehre.[1a] Es geht ihm bei der Behauptung des „Notrechts" als **wirkliches Recht** freilich um einen anderen Fall, nämlich um den Täter, dessen Leben „in der letzten Gefahr und in der **Kollision** mit dem rechtlichen **Eigentum** eines anderen" steht. Zur Eigentumsverletzung hat dieser in Lebensgefahr befindliche Täter ein „Notrecht (nicht als Billigkeit sondern als Recht)". Das Argument für die Rechtfertigung lautet, dass „auf der einen Seite die unendliche Verletzung des Daseins und darin die totale Rechtlosigkeit, auf der anderen Seite nur die Verletzung eines einzelnen beschränkten Daseins der Freiheit steht."[1b]

6   Die Rechtfertigung von strafbaren Eigentumsverletzungen (z.B. Diebstahl gem. § 242, Sachbeschädigung gem. § 303), die zur Beseitigung einer Lebensgefahr erforderlich sind, ermöglichen **heute** § 34 und § 904 BGB. § 34 abstrahiert dabei von der Kollision Leben – Eigentum und rechtfertigt all die Rettungshandlungen, bei denen „das geschützte Interesse das beeinträchtigte wesentlich überwiegt." Not kann also doch unter bestimmten Voraussetzungen aus Unrecht Recht machen bzw. (in moderner strafrechtlicher Terminologie:) bewirken, dass das in der tatbestandsmäßigen Handlung liegende typische Unrecht ausnahmsweise gerechtfertigt wird. Wie aber lässt sich diese gesetzgeberische Entscheidung begründen?

7   Dass Handlungen in Not Nachsicht verdienen und zur Entschuldigung des Täters führen können, ist für jedermann einsichtig. Der Verzicht auf Strafe gegenüber demjenigen, der sich in einer Notlage nicht anders zu helfen weiß, als sich durch Zugriff auf fremde Rechtsgüter zu retten, ist eine vernünftige Regelung im Verhältnis von staatlicher Strafgewalt und in Not befindlichem Bürger. Bei der Anerkennung des Notstands als Rechtfertigungsgrund geht es aber um mehr, denn hier wird einem unbeteiligten Bürger eine Belastung auferlegt: er muss die gerechtfertigte Notstandshandlung **dulden**,[1c] d.h. seine Rechtsgüter dem Zugriff des Notstandstäters preisgeben. Für die Begründung dieses „**Sonderopfers**" reicht der Hinweis auf die anders nicht zu behebende Notlage und die Bedrängnissituation des Notstandstäters nicht: warum soll ein an der Notstandslage **Unbeteiligter** seine Rechtsgüter freigeben, nur weil ein anderer sie zur Rettung seiner Rechtsgüter benötigt?

8   Eine **utilitaristische** Begründung, die auf die positive Güterbilanz nach Rettung des höherwertigen Rechtsguts verweist, überzeugt nicht. Solange die „nur gesetzmäßig beschränkte" äußere Freiheit von jedermann essentieller Bestandteil der Idee der Gerechtigkeit ist, darf der Handlungsspielraum des einen nicht nur deshalb zu Lasten der Freiheitssphäre des anderen ausgedehnt werden, weil so dem Gesamtnutzen, dem maximalen Wohlergehen aller, am besten gedient ist.

9   Wenn § 34 dennoch dem „**Mehr-Nutzen-als-Schaden**"-**Prinzip** folgt, so muss dafür eine einsichtige Begründung gefunden werden. Sie ist im Prinzip der **Solidarität** zu sehen. Zwar ist unsere Rechtsordnung eine Freiheitsordnung, die gerade im

---

Kollisionsfälle erwägt; gegen die Annahme eines Defensivnotstandes *Maultzsch,* JA 1999, 429, 430 f. – Zu namhaften Vertretern einer Rechtfertigungslösung vor Kant vgl. *Küper,* Immanuel Kant und das Brett des Karneades, 1999, S. 31. – Für einen „Strafunrechtsausschluss" *Köhler,* S. 282, 284, 331.

[1a] Zu *Hegel* vgl. *Pawlik,* 2002, S. 80 ff. u. *Seelmann,* Fs. Müller-Dietz, 2001, S. 857 u. 862.

[1b] Dazu näher *Küper,* Fs. Otto, 2007, S. 79 ff.

[1c] Zur möglichen Strafbarkeit des Nicht-Duldenden vgl. *Silva/Sanchez,* GA 2006, 382. – Trotz Duldungspflicht nicht für Tatbestandsausschluss, sondern für Rechtfertigungsgrund *Jäger,* 2006, S. 33.

Strafrecht durch das allgemeine Verletzungsverbot („neminem laedere") gekennzeichnet ist. Doch schließt das die Anerkennung der in der Ethik fest etablierten Solidarität als Rechtsprinzip nicht völlig aus. Solidarität ist im Rechtsbereich dann gefragt, wenn es um die Behebung einer Notlage geht. Zur Wiederherstellung des notfreien Zustands darf in die Rechtssphäre eines anderen eingegriffen werden, allerdings nur, wenn dieser Eingriff dem davon Betroffenen so erklärt werden kann, dass auch er ihm eigentlich zustimmen müsste. Dies ist wohl nur dann möglich, wenn sein Opfer kleiner ist als der Nutzen, den die Tat dem in Not Befindlichen bringt. Die **Belastungsgrenze** ist bei Unbeteiligten schneller erreicht als bei Personen, die die Notlage geschaffen haben oder die dem in Not Befindlichen nahe stehen. Im Fall der Aufopferung von Sachgütern zur Lebenserhaltung – der Fall *Hegels* – ist die Belastungsgrenze sicher noch nicht erreicht, aber schon bei einer geringfügigen Körperverletzung zur Lebensrettung kann sie erreicht sein (z.B. durch eine zwangsweise Blutspende, s.u. Rn. 169–173).

§ 34 baut also auf der begrenzten Solidaritätspflicht des Unbeteiligten auf. Er **10** rechtfertigt die Inanspruchnahme der Solidarität nur dann, wenn das gefährdete Gut nicht anders zu erhalten ist und für seine Erhaltung ein wesentliches Interessenübergewicht spricht.

Zur **Vertiefung** dieser nur einführenden Erklärung des rechtfertigenden Notstands ist der Aufsatz von *Küper*, JuS 1987, 81–88 zu empfehlen; zur „Ideengeschichte" NK-*Neumann*, § 34 Rn. 1–3, und *Küper*, Fs. E.A. Wolff, 1999, S. 285 ff. (speziell zu Kants Kritik des „Notrechts"; dazu auch *Küper*, Immanuel Kant und das Brett des Karneades, 1999 sowie *Kühl*, 2008, S. 364) sowie *Momsen*, 2006, S. 78 ff. u. *Hruschka*, Fs. Jakobs, 2007, S. 189 ff.; speziell zu Kant und Hegel *Perdomo-Torres*, 2011, S. 19 ff.; knappe „historische Anmerkungen" bei *Zieschang*, JA 2007, 679 f. – Zur Kritik der utilitaristischen Notstandsbegründung *Jahn*, 2004, S. 224 ff. – Zur Kritik der Solidaritätsbegründung des § 34 und für die „Sozialnützlichkeit" als Begründung: *Meißner*, Die Interessenabwägungsformel in der Vorschrift über den rechtfertigenden Notstand (§ 34 StGB), 1990, S. 123–133; zur Kritik dieser Begründung und für die Solidarität als Begründung: *Erb*, JuS 2010, 17 f.; *Engländer*, GA 2010, 15, 20 (als „Bestandteil einer versicherungsgleichen Regelung auf Gegenseitigkeit"; näher dazu *Engländer*, 2008, S. 92 ff.); *Jakobs*, 11/3, und 13/8 Fn. 19 b; *Kindhäuser*, § 34 Rn. 16; *Krey/Esser*, AT, Rn. 587; *Merkel*, 1995, S. 180 ff.; *Murmann*, GK, 25/22; *Müssig*, 2005, S. 376; *Neumann*, GA 1992, 94 f.; *Lesch*, 2000, S. 53; *Perdomo-Torres*, 2011, S. 36 ff., 39: Solidarität im Dienst der Freiheit sowie *Kühl*, Fs. Lenckner, 1998, S. 143, 156 u. Fs. Hirsch, 1999, S. 259; ferner *Renzikowski*, 1994, S. 196; *Ambos*, 2002, S. 851; MK-*Erb*, § 34 Rn. 8; *Günther*, Fs. Amelung, 2009, S. 147, 149 u. in: SK-*Günther*, § 34 Rn. 1, 10 f.: „(passive) Solidarität"; krit. zur unbestimmten Solidarität *Pawlik*, 2002, S. 58, 126 [krit. zu *Pawlik* jetzt *Küper*, JZ 2005, 105 ff. u. *Neumann*, ZStW 116 (2004), S. 751, 754 f.]; krit. auch *Haas*, 2002, S. 260, der die Solidarität der Allgemeinheit zur Wahrung der Legitimität rechtlicher Herrschaft für maßgeblich hält. – Für eine stark eingeschränkte Notstandsbefugnis aus der *iustitia distributiva Köhler*, S. 281–285. – Für intensiven rechtsphilosophischen Diskussion über den Notstand als Rechtfertigungsgrund s. auch *Frisch*, GA 2007, 250, 256 f. mit Fn. 33, 38; zu den Rechtsprinzipien des Notstands unter Hervorhebung der wechselseitigen Vernünftigkeit, die auch hinter der Solidarität stecke, *Frisch*, Fs. Puppe, 2011, S. 425 f., 439. – Zur rechtsphilosophischen Begründung des Aggressivnotstands durch den „Utilitarismus" und der rechtlichen Solidaritätspflichten (im Anschluss an *Pawlik*) *Kühnbach*, 2007, S. 37–87. Skeptisch zu Solidaritätsbegründungen *Roxin*, AT I, 16/10 f. – Im **Defensivnotstand** sieht *Merkel*, JZ 2007, 373, 384, „ein Gebot der Fairness, also der Gerechtigkeit"; zu den Besonderheiten des Defensivnotstands, bei dem der Träger des Eingriffsguts kein Unbeteiligter ist, *Erb*, JuS 2010, 17, 18; *Günther*, Fs. Amelung, 2009, S. 147, 149 (der vom Urheber der Gefahr als Ingerenzgarant „solidarische Hilfe" durch aktives Tun verlangt) u. *Frisch*, Fs. Puppe, 2011, S. 425, 428 ff.; nach *Engländer*, GA 2010, 15, 21, ergibt sich die Duldungspflicht des Gefahrurhebers nicht aus dem Solidaritätsprinzip, sondern aus dem Grundsatz der „Störerverantwortlichkeit".

II. Die gesetzliche Notstandsregelung des § 34

1. Überblick über die Voraussetzungen des Notstandes und deren Behandlung im Aufbau einer Notstandsprüfung

11　§ 34 hat den früheren „übergesetzlichen Notstand"[1d] in eine auslegungsfähige und anwendbare Gesetzesform gegossen.[2] Der **Text** dieser Rechtsnorm ist inhaltlich sehr differenziert gegliedert, so dass eine genaue Lektüre der einzelnen Notstands-Voraussetzungen vor deren Anwendung auf einen Fall anzuraten ist. Freilich stößt die Lektüre auf Schwierigkeiten, weil § 34 doch teilweise verschachtelte Formulierungen enthält.[3]

12　Die gesetzliche Erfassung der (geregelten) Lebenssituation konzentriert sich – ähnlich wie bei der Notwehrregelung in § 32 II – auf einen zeitlich eng begrenzten Ausschnitt: die Gefahr-Abwehr-Konstellation (zum Vergleich: bei der Notwehr ging es um die Angriff-Abwehr-Konstellation). § 34 S. 1 verlangt zunächst das Vorliegen einer Gefahr; genauer, dass der Täter „in einer gegenwärtigen, nicht anders abwendbaren Gefahr" für ein „Rechtsgut" handelt, „um die Gefahr von sich oder einem anderen abzuwenden." Damit ist zum einen die (der Notwehrlage vergleichbare) **Notstandslage** umschrieben, zum anderen sind aber auch schon objektive und subjektive Voraussetzungen der **Notstands-** bzw. **Rettungshandlung** genannt: die Erforderlichkeit (= „nicht anders abwendbaren") und der „Rettungswille" („um … abzuwenden"). Außerdem wird im „um zu"-Satz auch schon die Gleichstellung der Notstandshandlung, die der eigenen Rettung dient, mit der Notstandshandlung, die „einem anderen" zugute kommt, sog. **Notstandshilfe**, angeordnet (zum Vergleich: bei der Notwehr wird die Notwehrhilfe üblicherweise verkürzt Nothilfe genannt).

13　Weitere Notstandsvoraussetzungen enthalten die **Interessenabwägungsformel** des Satzes 1 (dass „bei Abwägung der widerstreitenden Interessen, namentlich der betroffenen Rechtsgüter und des Grades der ihnen drohenden Gefahren, das geschützte Interesse das beeinträchtigte wesentlich überwiegt") und die **Angemessenheitsklausel** des Satzes 2 (dass „die Tat ein angemessenes Mittel ist, die Gefahr abzuwenden").

14　Damit werden für die Rechtfertigung der Notstandshandlung bzw. Notstandshilfehandlung „fünf Voraussetzungen"[4] aufgestellt: vier objektive (Notstandslage, erforderliche Rettungshandlung, wesentliches Interessenübergewicht, Angemessenheit) und eine subjektive („Rettungswille"). Für den **Aufbau einer § 34-Prüfung** empfiehlt es sich, die objektiven Voraussetzungen vor der subjektiven zu prüfen. Innerhalb der vier objektiven Prüfungserfordernisse ist (wie bei der Notwehr) zunächst die Notstandslage und danach die Erforderlichkeit der Rettungshandlung anzusprechen.

[1d] Vgl. hierzu sowie zum im Text Folgenden *Küper*, 1983, S. 13, mit Nachweisen zur Kodifikationsproblematik in Fußnote 3. Vgl. ergänzend S/S-*Perron*, § 34 Rn. 2, sowie *Günther*, 1983, S. 306 ff.

[2] Ebenso mit Einschränkungen *Zieschang*, in: Hilgendorf/Weizel (Hrsg.), Der Strafgedanke in seiner historischen Entwicklung, 2007, S. 173 ff. – Nach *Perron*, in: *Eser/Perron*, (Hrsg.), Rechtfertigung und Entschuldigung III, 1991, S. 91, verlangt die generalisierende und pauschale Gesetzesformulierung vom Anwender einigen Interpretationsaufwand. – Nach M-*Zipf*, AT 1, 27/13, haben die Merkmale des „wesentlichen" Überwiegens und der Angemessenheit nur „Richtliniencharakter", was zu Bedenken unter dem Bestimmtheitsgebot des Art. 103 II GG führe; vgl. zur „relativen Bestimmtheit" des § 34 *Meißner*, 1990, S. 58–63.

[3] Vgl. LK-*Zieschang*, § 34 Rn. 21; *Lenckner*, Fs. Lackner, 1987, S. 95.

[4] Vgl. LK-*Zieschang*, § 34 Rn. 21; KK OWiG-*Rengier*, § 16 Rn. 4, kommt dadurch zu 6 Voraussetzungen, dass er die Notstandshandlung als Eingriff in ein anderes Rechtsgut verselbstständigt und vor die Erforderlichkeit stellt.

Dabei kann die Einordnung des Merkmals der „Nicht-anders-Abwendbarkeit" 15
Schwierigkeiten bereiten, denn dieses Merkmal kennzeichnet nach dem Wortlaut des
§ 34 S. 1 neben der Gegenwärtigkeit die Notstandslage-Voraussetzung der Gefahr.
Dementsprechend wird die „Nicht-anders-Abwendbarkeit" in Lehrbüchern nicht selten schon bei der Notstandslage behandelt, freilich mit dem Inhalt, der erst den nächsten Prüfungspunkt betrifft: die **Erforderlichkeit** der Notstandshandlung.[5] Dabei steht
die Berechtigung, diesen Inhalt (Erforderlichkeit) bei diesem Merkmal („Nicht-
anders-Abwendbarkeit") zu prüfen, außer Frage, denn die Gefahr ist nur dann nicht
anders abwendbar, wenn eine Handlung zur Rettung, d. h. die Notstandshandlung,
erforderlich ist.[6]

Diese sachliche Übereinstimmung wird nun aber oft auch für den Aufbau einer 16
Notstandsprüfung in der Weise umgesetzt, dass bei dem Prüfungserfordernis der
Notstandslage nur eine gegenwärtige Gefahr für ein Rechtsgut behandelt wird.[7]
Dies ist aber nicht zwingend, denn das Merkmal der „Nicht-anders-Abwendbarkeit"
umschreibt nicht nur die Erforderlichkeit der Rettungshandlung, sondern kenn-
zeichnet **auch** schon die Notstandslage.[7a]

Zu einer Notstandslage kommt es nicht schon beim Vorliegen einer gegenwärti- 17
gen Gefahr für ein Rechtsgut (anders bei der Notwehr, wo allein der gegenwärtige
rechtswidrige Angriff die Notwehrlage schafft), sondern erst dann, wenn „sich die
Situation ... so zuspitzt, dass das bedrohte Gut entweder abgeschrieben oder zu seiner Rettung ein anderes Gut geopfert werden muss."[8] Erst diese **Kollision** von Interessen[9] macht die Notstandslage aus. Sie geht auch in die allgemeine Begriffsbestimmung des Notstandes bei W-*Beulke* ein: „Zustand gegenwärtiger Gefahr für
rechtlich geschützte Interessen, dessen Abwendung nur auf Kosten fremder Interessen möglich ist."[10]

In der Fallprüfung muss aber diese Interessenkollision nicht gesondert bei der 18
Notstandslage angesprochen werden, denn bei der Prüfung der Rettungshandlung ist
die Erforderlichkeit des Eingriffs in ein anderes Gut zur Rettung des bedrohten Gutes
ohnehin zu behandeln. Dementsprechend enthalten die Aufbauschemata beim Prüfungspunkt der Notstandslage nur die Untergliederungspunkte: Gefahr für ein notstandsfähiges Gut und Gegenwärtigkeit dieser Gefahr; danach beginnt die Prüfung
der Rettungshandlung mit der Erörterung der Erforderlichkeit. Die verbliebenen
zwei objektiven Prüfungspunkte (die Interessenabwägung und die Angemessenheit)
sowie das subjektive Erfordernis (der „Rettungswille") werden häufig als Prüfungspunkte 2–4 bei der Notstandshandlung untergebracht.

---

[5] Vgl. etwa *Eser/Burkhardt*, Strafrecht I, Nr. 12 A 27; *Roxin*, AT I, 16/23 ff., unter der
Überschrift „Notstandsgefahr".

[6] Der Gesetzgeber hat es versäumt, diese Klarstellung in § 34 S. 1 vorzunehmen; vgl. *Stree*,
JuS 1973, 463; *Grebing*, GA 1979, 85.

[7] So vor allem LK-*Zieschang*, § 34 Rn. 21; ebenso *Ebert*, S. 81 f.; *Geilen*, S. 103; *Haft*,
S. 96; *Schmidhäuser*, 6/36 f.; W-*Beulke*, Rn. 299–307.

[7a] Ebenso S/S-*Perron*, § 34 Rn. 8; anders *Zieschang*, JA 2007, 679, 681.

[8] *Lenckner*, Fs. Lackner, 1987, S. 96; zust. *Perron* (o. Fn. 2), S. 91 Fn. 62; ebenso MK-*Erb*,
§ 34 Rn. 53.

[9] Zur näheren Kennzeichnung dieser Kollision anschaulich und klar *Küper*, JuS 1987, 81 f.
– Nach *Meißner*, 1990, S. 159, ist es „missverständlich, von Kollision zu reden, weil das Op-
ferinteresse in den meisten Fällen überhaupt erst durch die Störung des Täters mit diesem in
Berührung kommt".

[10] W-*Beulke*, Rn. 291. Knapper definiert *Lugert*, 1991, S. 27: Kollision von der Art, „dass
die Rettung des einen Interesses notwendig die Gefährdung des anderen Interesses zur Folge
hat."

19   Der eigene **Aufbauvorschlag** ergibt sich aus dem Gang der folgenden Darstellung:
a) **Notstandslage**
   aa) Notstandsfähige und notstandspflichtige Rechtsgüter
   bb) Gefahr für Rechtsgüter
   cc) Gegenwärtige Gefahr
b) **Rettungshandlung**
   aa) Erforderlichkeit
   bb) Wesentlich überwiegendes Interesse
   cc) Angemessenheit
   dd) „Rettungswille".

> In der **Übungsfall-Literatur** werden sämtliche § 34-Merkmale durchgeprüft bei: *Alp-mann/Schmidt*, AT 1, Fall 21, S. 109–116; *Beulke*, KK I, Fall 2 Rn. 119 u. 128; *Beulke*, KK III, Fall 2, Rn. 59 u. 67; *Fabricius/Zurwonne*, AL 2012, 201, 206 f.; *Geerds*, Jura 1992, 322/323; *Hilgendorf*, KK III, Fall 1, Rn. 43–54; *Otto*, Musterfall 1, 8/1 u. 21 b; *Otto*, Übungen, Referendarhausarbeit, S. 179 f. u. 206 f.; *Rudolphi*, AT-Fälle, Fall 14, S. 166 u. 171–173; *Matt*, AT I, S. 174–177; *Tiedemann*, Anfängerübung, Fall 5, S. 185 u. 187 f.; *Weber*, Jura 1984, 369–373. – § 34 – „Normalfälle" bei *Haft*, Fallrepetitorium, Nr. 147, 148.

2. Die gesetzlichen Voraussetzungen des Notstandes im Einzelnen

a) Die Notstandslage

20   Eine Rechtfertigung des tatbestandsmäßigen Verhaltens wegen Notstandes kommt nach § 34 S. 1 nur in Betracht, wenn sich der Täter oder ein anderer in einer Notstandslage befindet. Diese Notstandslage setzt zunächst voraus, dass tätereigene oder -fremde Rechtsgüter (aa) in Gefahr (bb) sind. Sodann muss diese Gefahr für ein Rechtsgut gegenwärtig sein (cc). Die „Nicht-anders-Abwendbarkeit" kennzeichnet zwar auch schon die Notstandslage als Interessenkollision (s. o. Rn. 17), sie wird jedoch erst bei der Notstandshandlung (prüfungs-)relevant, da sie deren Erforderlichkeitsvoraussetzung enthält.

aa) Notstandsfähige und notstandspflichtige Rechtsgüter

21   Rechtsgüter,[10a] deren Gefährdung eine Notstandslage auslösen können, werden von § 34 S. 1 zunächst ausdrücklich aufgezählt: „Leben, Leib, Freiheit, Ehre, Eigentum ...". Darüber hinaus kann eine Notstandslage auch dann entstehen, wenn „ein anderes Rechtsgut" in Gefahr geraten ist. Diese Erweiterung des Kreises der notstandsfähigen Rechtsgüter über die beispielhaft genannten hinaus bedeutet nicht nur, dass weitere Individualrechtsgüter einzubeziehen sind, denn von „vergleichbaren" anderen Rechtsgütern ist in § 34 S. 1 nicht die Rede. Auch dass der Täter die Gefahr nur von sich oder „einem anderen" abwenden darf, bedeutet keine Beschränkung auf Individualrechtsgüter, sondern legitimiert nur die Notstandshilfe. Es besteht deshalb auch weitgehende Einigkeit darüber, dass mit dem „anderen Rechtsgut" auch überindividuelle bzw. Allgemeinheits-Rechtsgüter gemeint sind.[11] Notstandsfähig sind also **„Rechtsgüter aller Art"**[12] bzw. „jedes Rechtsgut".[13]

[10a] Grundwissen zum strafrechtlichen Rechtsgutsbegriff bei *Rönnau*, JuS 2009, 209–211.

[11] Vgl. *Pawlik*, 2002, S. 181; MK-*Erb*, § 34 Rn. 59 u. S/S-*Perron*, § 34 Rn. 10, der auch auf den Wortlaut abstellt; Zweifel wegen des Wortlautes hat *Keller*, 1989, S. 279; a. A. SK-*Günther*, § 34 Rn. 23.

[12] *Lackner/Kühl*, § 34 Rn. 4; ebenso *Erb*, JuS 2010, 108, der aber „strenge Maßstäbe" bei der Interessenabwägung verlangt.

[13] LK-*Zieschang*, § 34 Rn. 22; krit. *Köhler*, S. 291; einschränkend auf den Lebensnotstand *Perdomo-Torres*, 2011, S. 38: existentiell schwere Notlagen.

Während der Täter, dessen Rechtfertigung wegen Notstandes in Frage steht, ein **22** strafrechtlich geschütztes Rechtsgut (= das Eingriffsgut) bereits tatbestandsmäßig verletzt haben muss, ist die Beantwortung der Rechtfertigungsfrage nicht davon abhängig, dass der Täter die Gefahr von einem strafrechtlich geschützten Rechtsgut abzuwenden versucht. Das zu rettende Rechtsgut (= das Erhaltungsgut) muss nur von der **Rechtsordnung** überhaupt **anerkannt** bzw. geschützt sein.[14] Ein Schutz durch die Sittenordnung genügt also nicht, doch ist z.B. das Interesse des Täters, seine Mutter am Sterbebett noch lebend zu sehen, nicht nur ein moralisch berechtigtes Interesse, sondern es wird auch von Sonderurlaubsregelungen rechtlich anerkannt.[15] Mit dieser Anerkennung ist der normative, rechtliche Charakter des hinsichtlich der erfassten Schutzgüter weiten Begriffs der Notstandsgefahr gewahrt.[16]

Ein notstandsfähiges **Individualrechtsgut** ist deshalb das neben dem Eigentum **23** nicht genannte, strafrechtlich nur gegen bestimmte Angriffe geschützte Vermögen (BGH NJW 1976, 680 f., sog. „Mandantengelder-Fall"[17]), auch wenn es nur mittelbar über die Beweisnot des Schuldners betroffen ist. Notstandsfähig ist auch das berufliche Ansehen,[17a] soweit es nicht bereits von der Ehre umfasst ist. Auch die strafrechtlich nur teilweise geschützten Rechtsgüter der Intimsphäre und des allgemeinen Persönlichkeitsrechts sind notstandsfähig; diese beiden Persönlichkeitsrechtsgüter waren neben strafrechtlich geschützten Rechtsgütern wie dem Hausrecht und der Gesundheit im sog. „Spanner-Fall" durch den immer wieder im ehelichen Schlafzimmer auftauchenden Voyeur in Gefahr gebracht (BGH NJW 1979, 2053 ff.[18]).

Bei der genaueren Benennung von **Gesundheitsgefahren** (nach § 34 S. 1 Gefahren **24** für den „Leib") sollte man vor einprägsamen Formulierungen nicht zurückschrecken: z.B. die „Freiheit vom Stottern" (*Kargl*, Strafrecht, S. 55 u. 60) oder z.B. „die Entwicklung eines chronifizierten Leidens" (*Fabricius*, JuS 1991, 393 u. 396, der dagegen die „kulturelle Integration" als nicht fassbares Rechtsgut ausscheidet); keine Gesundheitsgefahr bzw. dieser vergleichbare Gefahr liegt in der Gefahr, die Wohnung alsbald (aber nicht sofort) verlassen zu müssen.

Strafrechtlich nicht geschützt, aber durch Art. 6 I EMRK anerkannt, ist der An- **25** spruch des Beschuldigten auf ein dem Gesetz entsprechendes, **faires Strafverfahren;** er kann deshalb für die Notstandsrechtfertigung der Benutzung einer unbefugt erstellten Tonbandaufnahme, die die Befangenheit des Richters belegt, geltend ge-

---

[14] S/S-*Perron*, § 34 Rn. 9; *Pawlik*, 2002, S. 130; enger NK-*Neumann*, § 34 Rn. 24 ff.

[15] Gegen OLG Köln VRS 59 (1980), 438, deshalb zu Recht S/S-*Perron*, § 34 Rn. 9, und KK OWiG-*Rengier*, § 16 Rn. 6. Zur Interessenabwägung in diesem Fall vgl. *Jakobs*, 13/30 Fn. 66.

[16] *Dimitratos*, 1989, S. 26.

[17] Vgl. dazu *Küper*, JZ 1976, 517: Kollision von Vermögensinteressen; *Eser/Burkhardt*, Strafrecht I, Nr. 12 A 20; NK-*Neumann*, § 34 Rn. 29 – Zur „Beweisnot", in der „Belange der persönlichen oder finanziellen Existenz" des Schuldners gefährdet sind, vgl. *Kattanek*, 2000, S. 181. – Vgl. aus der (Zivil-)Rspr. noch LG Augsburg NJW 1992, 2643, wo es „beiderseits ausschließlich um Vermögensinteressen" ging (des Arbeitgebers und des Sozialversicherungsträgers, dem ersterer entgegen § 266a Arbeitnehmerbeiträge vorenthielt, um sich aus einer finanziellen Zwangslage zu befreien).

[17a] *Kiesecker*, 1996, S. 214.

[18] Nach *Roxin*, HRR AT, S. 170 f. (= Antwort 6 zu Fall 26, S. 34 ff.), waren Hausrecht und Privatsphäre in Gefahr; nach *Hirsch*, JR 1980, 116: zwar nicht die in § 239 geschützte Fortbewegungsfreiheit, aber die Freiheit der Willensbetätigung, das Hausrecht, die Gesundheit und das allgemeine Persönlichkeitsrecht; nach *Hruschka*, NJW 1980, 21: u.a. das Hausrecht, die Nachtruhe und der allgemeine Frieden des Hauses; nach *Schroeder*, JuS 1980, 337: zwar nicht Leib, Leben oder sexuelle Selbstbestimmung, wohl aber Hausrecht und Intimsphäre; nach M-*Zipf*, AT 1, 27/16: der Familienfriede; nach *Joecks*, § 34 Rn. 12: die Intimsphäre; nach *Krey/Esser*, AT, Rn. 588: das allgemeine Persönlichkeitsrecht.

macht werden.[19] – Auch die durch Art. 4 GG und § 167 geschützte Glaubens- und Gewissensfreiheit ist notstandsfähig,[19a] doch kommt Art. 4 GG auch selbst direkt als Rechtfertigungs- oder Entschuldigungsgrund in Betracht (s. u. 12/114 f.)

26   Eine Sonderstellung innerhalb der **Rechtsgüter der Allgemeinheit** nehmen wie bei der Notwehr (s. o. 7/37) die Rechtsgüter des Staates wie z. B. Fiskal-Rechtsgüter[20] ein; deshalb kann in dem schon bei der Notwehrfähigkeit von Rechtsgütern behandelten Fall der Spion, sofern man eine Notwehr-Rechtfertigung verneint, in Anwendung von § 34 durch einen Privaten gestellt werden, der damit eine Gefahr für das Rechtsgut der Sicherheit des Staates abwendet.[21] Eine **Staatsnotstandshilfe** wird zwar durch die (auf die freiheitlich demokratische Grundordnung als Schutzgut bezogene) Spezialregelung des Widerstandsrechts nach Art. 20 IV GG nicht ausgeschlossen, doch ist der Vorrang staatlichen Selbstschutzes und staatlicher Rechtsschutzmöglichkeiten zu beachten.[22]

27   Ansonsten ist man überwiegend mit der Anerkennung von Allgemeininteressen als **notstandsfähige** Rechtsgüter[22a] großzügiger als bei deren Anerkennung als **notwehrfähige** Rechtsgüter, was mit der durch Verhältnismäßigkeitsanforderungen nicht gebremsten Schärfe des Notwehrrechts begründet werden kann. Doch ist auch hier schon zur Vermeidung von Selbstjustiz darauf hinzuweisen, dass – dogmatisch über die Erforderlichkeit – die Möglichkeit der Anrufung der primär zuständigen staatlichen Organe und der Beschreitung des Rechtsweges einer Notstandsrechtfertigung im Wege stehen.[23]

28   Besonders plausibel, wenn auch hierzulande nicht mehr aktuell, ist die Anerkennung der Lebensmittelversorgung[24] als notstandsfähiges Allgemeinheits-Rechtsgut, denn bei Gefahren für diese würde jedermann zwanglos von einer Notsituation sprechen. Aktueller ist die Gefährdung von zusammenhängenden Rechtsgütern wie „der Sicherheit der Arbeitsplätze sowie der Aufrechterhaltung der Produktion" (BGH bD MDR 1975, 723[25]), die vor allem bei der Rechtfertigung von Umweltstraftaten bemüht werden,[26] aber auch bei Arbeitskämpfen sowie beim Vorenthalten i. S. des § 266 a eine Rolle spielen können.[27] Die **Sicherheit des Arbeitsplatzes** kann zwar nicht aus einem erst geforderten Grundrecht auf Arbeit als rechtlich geschütztem Gut abgeleitet werden, doch gibt es schon jetzt rechtliche Vorschriften zur Erhaltung von Arbeitsplätzen, und es kann auch das Sozialstaatsprinzip des Art. 20 I

---

[19] Vgl. OLG Frankfurt NJW 1979, 1172, dazu: *Hassemer,* JuS 1979, 747 f., sowie LK-*Zieschang,* § 34 Rn. 22; *Roxin,* AT I, 16/12; S/S-*Perron,* § 34 Rn. 9.

[19a] *Böse,* ZStW 133 (2001) S. 40, 47.

[20] S/S-*Perron,* § 34 Rn. 11. – Im Übungsfall *Beckemper/Müller,* ZJS 2010, 105 u. 110.

[21] So *Roxin,* AT I, 16/13; das Bestandsinteresse des Staates als notstandsfähiges Rechtsgut nennt *Jescheck/Weigend,* S. 361.

[22] Vgl. *Jakobs,* 13/10 u. M-*Zipf,* AT 1, 27/42, leiten die Beschränkungen der Staatsnotstandshilfe aus § 34 S. 2 her. *Meißner,* 1990, S. 224, leitet die Beschränkungen des Staatsnotstandes aus dem „Exekutivvorrang" her und lässt diese „staatliche Vorabentscheidung" innerhalb der Interessenabwägung zum Zuge kommen.

[22a] Ganz abl. aber SK-*Günther,* § 34 Rn. 23 u. *Frister,* 16/2.

[23] Vgl. *Eser/Burkhardt,* Strafrecht I, Nr. 12 A 20; *Jakobs,* 13/11; *Rengier,* AT, 19/8 u. 23–25; *Roxin,* AT I, 16/13; LK-*Zieschang,* § 34 Rn. 23; MK-*Erb,* § 34 Rn. 59; S/S-*Perron,* § 34 Rn. 10 u. *Pawlik,* 2002, S. 226 ff.

[24] Vgl. RGSt 77, 116, und OLG Stuttgart DRZ 1949, 93.

[25] Vgl. B-*Volk,* S. 100; LK-*Hirsch,* § 34 Rn. 22.

[26] Vgl. *Schall,* NStZ 1992, 215; M-*Zipf,* AT 1, 27/14; abl. SK-*Horn,* § 324 Rn. 9. – Vgl. auch den „Fäkalien-Fall" des BayObLG NJW 1978, 2046, mit insoweit zustimmenden Anmerkungen von *Dencker,* JuS 1979, 779 u. *Hruschka,* JR 1979, 125.

[27] Vgl. *Reichert-Hammer,* 1991, S. 177 f. und *Tag,* 1994, S. 139 mit Bsp. zu § 266 a.

GG zur Begründung herangezogen werden.[28] Soweit es um die Sicherung des persönlichen Arbeitsplatzes geht, handelt es sich um ein notstandsfähiges Individualrechtsgut (OLG Oldenburg NJW 1978, 1869[29]); doch ist eine Bestechung kein angemessenes Mittel zu dessen Erhalt (s. u. Rn. 177 mit Hinweis auf Übungsfall).

Die **Sicherheit des Straßenverkehrs** ist ebenfalls als notstandsfähiges Allgemein- **29** heits-Rechtsgut anerkannt (OLG Koblenz NJW 1963, 1991: Wegnahme des Zündschlüssels eines Betrunkenen im „Interesse an einer möglichen Begrenzung der allgemeinen Verkehrsgefahren"; Bsp. bei *Heinrich,* AT I, Rn. 410), doch werden oft auch – zumindest mittelbar – Individualrechtsgüter wie Leben und Leib auf der Erhaltungsseite vor Gefahren geschützt.[30] Die **Volksgesundheit** steht als notstandsfähiges Rechtsgut hinter der von Privaten („freischaffende V-Leute") betriebenen Bekämpfung des Rauschgifthandels,[31] doch dürfen dabei – wie bereits mehrfach betont – die Grenzen, welche die Strafprozessordnung der **Strafverfolgung** zieht, auch nicht durch Private (z. B. durch Lauschangriffe) überspielt werden; letzteres gilt auch für die Wahrnehmung der primär staatlichen Aufgabe der Strafverfolgung durch Private.[32]

Notstandsfähige Rechtsgüter können auch geltend gemacht werden für **Aktionen 30 des politischen Protestes** (z. B. Erhaltung von Wohnraum), der Ökologiebewegung (u. a. Erhaltung der Pflanzen- und Tierwelt), der Frauenbewegung (u. a. sexuelle Selbstbestimmung) und der Friedensbewegung (u. a. Frieden), doch ist der Weg zur Notstands-Rechtfertigung noch weit.[33] Auch das Interesse an der Beseitigung eines illegalen Zustandes kann als notstandsfähiges Allgemeinrechtsgut für die Verletzung der Sicherheitsinteressen der Bundesrepublik durch Veröffentlichung **illegaler Staatsgeheimnisse** (= tatbestandsmäßig i. S. des § 95) geltend gemacht werden.[34]

Nicht konkretisierbare Allgemeininteressen scheiden dagegen als notstandsfähige **31** Rechtsgüter aus,[35] so z. B. die Markttransparenz oder der medizinische Fortschritt.[36] Das Interesse der Allgemeinheit an der öffentlichen Identifizierung des Beschuldigten (durch eine Pressemitteilung des Staatsanwalts) ist wohl kein notstandsfähiges Rechtsgut der Allgemeinheit; anders, wenn diese Identifizierung geschieht, um eine Verdächtigung der falschen Person in der Presse zu korrigieren, denn

---

[28] S/S-*Perron,* § 34 Rn. 9.

[29] Vgl. dazu *Roxin,* AT I, 16/12; KK OWiG-*Rengier,* § 16 Rn. 5; *Reichert-Hammer,* 1991, S. 178; a. A. NK-*Neumann,* § 34 Rn. 26, da die Rechtsordnung eine entsprechende Rechtsposition nicht anerkenne.

[30] So KK OWiG-*Rengier,* § 16 Rn. 9, mit Hinweis auf den Fall des OLG Düsseldorf NJW 1970, 674; ebenso NK-*Neumann,* § 34 Rn. 22; nur diese Individualrechtsgüter anerkennt SK-*Günther,* § 34 Rn. 24, als notstandsfähige Güter; die Notstandsfähigkeit der „Verkehrssicherheit" bejaht *Zieschang,* JA 2007, 679/681. – Zur Rechtfertigung von Verstößen im Straßenverkehr nach § 16 OWiG LK-*Zieschang,* § 34 Rn. 88 m. N. aus der Rspr.

[31] BGH StV 1988, 433; zust. S/S-*Perron,* § 34 Rn. 10; krit. NK-*Neumann,* § 34 Rn. 30, 31.

[32] Zum „staatlichen Strafverfolgungsinteresse" als notstandsfähigem Rechtsgut s. S/S-*Perron,* § 34 Rn. 11; abl. *Keller,* 1989, S. 286 ff.

[33] Vgl. *Reichert-Hammer,* 1991, S. 176 f. – Für Protestaktionen gegen Raketenstationierungen hat das Bundesverfassungsgericht (NJW 1993, 2432) eine Rechtfertigung nach § 34 abgelehnt, da durch die Stationierung Art. 2 II 1 GG nicht verletzt sei und andere Möglichkeiten der Meinungsäußerung bestünden.

[34] SK-*Rudolphi,* § 95 Rn. 12.

[35] LK-*Zieschang,* § 34 Rn. 23.

[36] Beispiele von *Fincke,* NJW 1977, 1095: „nicht notstandsfähige Postulate". – Anders für die „Funktionsfähigkeit des Gesundheitswesens" und die „Vermögensinteressen der Krankenversicherungsträger" *Janker,* 1988, S. 208–214, 217.

dann wird das schutzwürdigere Persönlichkeitsrecht des falsch Verdächtigten geschützt.[37]

32   Ob die fehlende **Schutzbedürftigkeit** eines Rechtsgutes (z. B. einer vom Eigentümer preisgegebenen Sache) oder dessen mangelnde **Schutzwürdigkeit** (z. B. die Fortbewegungsfreiheit des rechtskräftig zu einer Freiheitsstrafe Verurteilten) schon die Notstandsfähigkeit dieser Rechtsgüter ausschließt, ist umstritten.[38] Jedenfalls fehlen in den genannten Beispielsfällen andere Voraussetzungen einer Notstandsrechtfertigung.[39] So ist z. B. im Falle des (möglicherweise unschuldig, aber) rechtskräftig Verurteilten dessen Duldungspflicht ein zu seinen Lasten gehender Faktor bei der Interessenabwägung gem. § 34 S. 1,[40] oder sie nimmt dem gewaltsamen Ausbruch die Qualität eines angemessenen Mittels zur Gefahrabwendung i. S. des § 34 S. 2[41] (s. u. Rn. 178); dasselbe gilt für eine Gefangenenbefreiung gem. § 120 durch Dritte, die sich auf Notstandshilfe berufen wollen (beide Fallvarianten – Selbstbefreiung und Fremdbefreiung – sind in Übungsfällen behandelt von *Raddatz/Krüger*, JA-Übungsblätter 1983, 75: Fall 4, und *Krüger*, JA-Übungsblätter 1984, 124 f.: Fall 23).

> Aus der **Übungsfall-Literatur** zur Notstandsfähigkeit von Rechtsgütern vgl.: *Beckemper/Müller*, ZJS 2010, 105 u. 110 (staatliche Steuerhoheit, Strafverfolgungsinteresse); *Beulke*, KK III, Fall 15, Rn. 694 u. 711 f. (auch „Sicherheit des Straßenverkehrs"); *Dannecker*, JuS 1989, 215, 217 (Gesundheit; Wohnung verlassen müssen); *Eisenberg/Müller*, JuS 1990, 120 u. 123 (Vermögen); *Fabricius*, JuS 1991, 393 u. 396 (Gesundheitsgefahren); *Hilgendorf*, KK II, Fall 14, Rn. 9 (Leben, körperliche Unversehrtheit); *Kudlich*, AT-Fälle, Fall 4, S. 47 (Hausrecht); *Rudolphi*, AT-Fälle, Fall 3, S. 24 u. 33 f. (Hausrecht, Privatsphäre, allgemeine Handlungsfreiheit) und Fall 16, S. 191 u. 204 (Schaffung und Erhaltung von Arbeitsplätzen und Betrieben); *Tiedemann*, Anfängerübung, Fall 12, S. 244 u. 250 (Interesse der Allgemeinheit an der Bekämpfung der Berufskriminalität).

33   Der Täter, dessen Notstandsrechtfertigung zu prüfen ist, muss nicht der Träger des gefährdeten Rechtsgutes sein, das Erhaltungsgut kann vielmehr auch „einem anderen" zustehen. Die damit vom Gesetz eingeräumte Befugnis zur **Notstandshilfe**[42] macht in der Praxis[43] ebenso wie in Übungsfällen einen Großteil aller Notstands-Fälle aus. Es geht dabei häufig um Retter (oft Ärzte), die einem anderen, der sich in einer Notstandslage befindet und sich nicht selbst daraus befreien kann, bei der Erhaltung seiner notstandsfähigen Rechtsgüter helfen und dabei durch Zugriff auf ein Rechtsgut eines hilfsunwilligen Unbeteiligten einen Straftatbestand verwirklichen. So der Retter, der einem Schwerverletzten dadurch hilft, dass er ein Telefon in einem fremden Haus zur Herbeirufung des Notarztes (§ 123) oder ein fremdes Kraftfahrzeug zum Krankentransport (§ 248b) benutzt (vgl. zu diesen Fällen als Not[wehr]hilfe-Fälle mit Angriff durch Unterlassen o. Rn. 7/32), bzw. dadurch, dass

---

[37] *Höh*, 1985, S. 121.

[38] Bejahend mit den im Text gegebenen Beispielen W-*Beulke*, Rn. 302.

[39] S/S-*Perron*, § 34 Rn. 9: in diesem Ergebnis bestehe jedenfalls Einigkeit.

[40] LK-*Zieschang*, § 34 Rn. 24 u. 39. Ebenfalls bei der Interessenabwägung behandeln diesen Fall *Ebert*, S. 84; *Haft*, S. 104; *Roxin*, AT I, 16/54; S/S-*Perron*, § 34 Rn. 41; *Bernsmann*, 1989, S. 434; *Meißner*, 1990, S. 43, 225 und 248: „gesetzliche Konstruktion der vorweggenommenen Entscheidung".

[41] M-*Zipf*, AT 1, 27/14 u. 41. Vgl. auch *Jakobs*, 13/36.

[42] Vgl. W-*Beulke*, Rn. 308.

[43] Vgl. die Rechtsprechungs-Fälle bei *Eser/Burkhardt*, Strafrecht I, Nr. 12 A 38, sowie bei S/S-*Perron*, § 34 Rn. 53, 54.

er durch eine Trunkenheitsfahrt (§ 316) Allgemeininteressen an der Verkehrssicherheit verletzt.[44] Oder der Geheimnisträger (z. B. der Arzt), der das anvertraute Geheimnis i. S. des § 203 I Nr. 1 offenbart, weil Dritte durch den anvertrauenden Patienten in ihrer Gesundheit gefährdet sind (z. B. Warnung von Angehörigen vor einer Ansteckungsgefahr, die vom Patienten ausgeht; s. unten Rn. 115).[45]

> Aus der **Übungsfall-Literatur** zur Notstandshilfe vgl.: *Haft,* Fallrepetitorium, Nr. 149 (§ 123 I Nr. 1-Fall); *Kudlich,* PdW BT II, Fall 120 (§ 203 I Nr. 1-Fall); *Seier,* Anfängerklausur, Nr. 6, S. 69 u. 76.

Notstandshilfe liegt auch vor, wenn der Helfer in ein Rechtsgut gerade desjenigen **34** eingreift, dessen Rechtsgut er rettet.[46] Die **Identität** des Trägers von Erhaltungsgut und Eingriffsgut hindert die Anwendung des § 34 nach Wortlaut („widerstreitende Interessen", egal wessen) und Gesetzeszweck (Schutz des überwiegenden Interesses, auch wenn der Wille des Rechtsgutsinhabers nicht erkennbar ist; nicht so gut passt das Solidaritätsprinzip, da man Solidarität nur anderen schuldet[46a]) nicht, m. a. W.: die „Interesseninhaber" müssen nicht „personenverschieden" sein.[47] Damit wird der viel behandelte **„Brand-Rettungsfall"**, in dem der Retter (Vater oder Feuerwehrmann) das vom Verbrennungstod bedrohte Kleinkind aus dem Dachgeschoss in die Arme auffangbereiter Personen (oder in ein Sprungtuch) wirft, um dessen Überlebenschancen wenigstens etwas zu erhöhen,[48] zu einem § 34-Fall (s. u. Rn. 119). Das-

---

[44] Vgl. die Beispielsfälle zum rechtfertigenden Notstand bei *Blei,* S. 165; B-*Volk,* S. 97 f.; die Einübungs-Fälle bei *Otto,* 8/182, und den Ausgangs-Fall 8 b bei W-*Beulke,* Rn. 268 u. 318 ff. – Aus der Rspr. vgl. OLG Karlsruhe NJW 2005, 450 f.: notstandsähnliche Situation für den bei der Rettungsfahrt die Höchstgeschwindigkeit überschreitenden Arzt.

[45] Vgl. schon RGSt 38, 62, behandelt bei *Haft,* BT II, S. 107; M-*Schroeder/Maiwald,* BT 1, 29/48; LK-*Schünemann,* § 203 Rn. 139; S/S-*Lenckner/Eisele,* § 203 Rn. 31; *Ulsenheimer,* 2008, Rn. 376 c. – OLG Frankfurt NJW 2000, 875, 876 (m. Bspr. *Wolfslast,* NStZ 2001, 151, *Engländer,* MedR 2001, 143 u. *Otto,* JK 01, StGB § 203/2) bezeichnet dies als „klassischen Fall eines rechtfertigenden Notstandes"; zu dieser Entscheidung *Joecks,* § 203 Rn. 21 u. *Ulsenheimer,* 2008, Rn. 377. – Ein weiteres Bsp. aus der Rspr. gibt BGH JZ 1983, 151: Unterrichtung der Eltern über den lebensbedrohlichen Zustand ihres volljährigen Kindes zur Herbeiführung von Rettungsmaßnahmen; vgl. dazu die meist ablehnenden Stellungnahmen in der Literatur: S/S-*Lenckner,* § 203 Rn. 31; *Otto,* BT, 34/38 [dem BGH zust.]; *Ulsenheimer,* 2008, Rn. 377 d. – Zur Verletzung von Privatgeheimnissen im Interesse des Patienten vgl. *Niedermair,* 2001, S. 393 ff.

[46] H. L., vgl. nur *Lackner/Kühl,* § 34 Rn. 4; ebenso *Merkel,* 2001, S. 528 u. in: Fs. Schroeder, 2006, S. 310 (gegen *Merkels* Argument der methodischen Klarheit *Engländer,* GA 2010, 15, 22 f., gegen das Argument der fehlenden Präferenzbildung S. 23 f.); *Mitsch,* 2004, S. 413 u. *Neumann,* Fs. Herzberg, 2008, S. 583 (gegen dessen Solidaritätsargument *Engländer* a. a. O. S. 21 f.); im Übungsfall auch *Mitsch,* JA 1999, 388, 397.

[46a] *Engländer,* GA 2010, 15, 21; HK-GS/*Duttge,* § 34 Rn. 9.

[47] *Bottke,* 1982, S. 87; *Zieschang,* Rn. 310; zur gegenteiligen „Differenzthese", die den Rechtfertigungsgrund der (mutmaßlichen) Einwilligung für allein einschlägig hält, vgl. etwa *Renzikowski,* 1994, S. 64; *Pawlik,* 2002, S. 103 Fn. 140; *Erb,* JuS 2010, 17, 19 f.: niemand schuldet sich selbst (Mindest-)Solidarität; *Engländer,* GA 2010, 15; B-*Weber/Mitsch,* 17/54; *Jakobs,* 13/34; im Übungsfall auch *Radtke/Schwer,* JuS 2003, 580 u. 584 sowie *Rudolphi,* AT-Fälle, Fall 14, S. 166 u. 170. – Dagegen *Stratenwerth/Kuhlen,* 9/106, soweit es z. B. bei riskanten Operationen „um Lebensgefährdungen geht." Differenzierter *Roxin,* AT I, 16/101 f.: im Normalfall über mutmaßliche Einwilligung, über § 34 aber, „wenn der Rechtsgutsträger einwilligungsunfähig ist oder über das gefährdete Rechtsgut nicht verfügen kann." Ähnlich diff. S/S-*Perron,* § 34 Rn. 8 a. Gegen § 34 und für die berechtigte Geschäftsführung ohne Auftrag gem. §§ 677 ff. BGB als Rechtfertigungsgrund im Strafrecht *Schroth,* JuS 1992, 478.

[48] Zu diesem Fall vgl. in Variationen *Ebert,* S. 82; *Haft,* S. 99; *Jakobs,* 13/30; *Otto,* 8/183, u. *ders.,* in: NJW 1980, 422; *Roxin,* AT I, 16/102; *Welzel,* S. 91 f.; W-*Beulke,* Rn. 322. – Im

selbe gilt für den die Lebenschancen des Sohnes erhöhenden Apfel-Schuss durch **Wilhelm Tell,** der das Leben des Sohnes seinerseits gefährdet.[49] Schließlich werden auch „**Suizid**situationen notstandsfähig' ",[50] ohne dass damit schon über die Notstandsrechtfertigung von Suizidverhinderungen entschieden ist (s. u. Rn. 161); gleiches gilt für Rettungshandlungen, die man (indirekte) **Sterbehilfe** nennt (s. u. Rn. 162 ff.).[51]

> Aus der **Übungsfall-Literatur** vgl.: *Hilgendorf*, KK II, Fall 11, Rn. 32 (Selbstbestimmungrecht über das eigene Leben und Interesse am Erhalt des Lebens).

35   Eine wichtige Besonderheit der Notstandshilfe soll bereits an dieser Stelle zumindest genannt werden: wie schon die Nothilfe i. S. des § 32 II (s. o. 7/143) darf auch die Notstandshilfe i. S. des § 34 **nicht aufgedrängt** sein.[52]

36   **Notstandspflichtig** sind nach § 34 S. 1 ebenfalls alle Interessen bzw. Rechtsgüter.[53] Zur Prüfung von § 34 in strafrechtlichen Übungsarbeiten kommt es aber erst, wenn der fragliche Täter ein strafrechtlich geschütztes Rechtsgut auf tatbestandsmäßige Weise verletzt hat. Sachlich umstritten ist die Notstandspflichtigkeit des strafrechtlich am stärksten geschützten Rechtsguts: die des **Lebens.** Denn welches Interesse sollte das Leben „wesentlich überwiegen" i. S. des § 34 S. 1? Für den Fall des Lebensnotstandes, in dem Leben gegen Leben steht, ist anscheinend nur Entschuldigung gem. § 35 vorgesehen[54] (Näheres s. u. Rn. 138 u. 153 ff.).

37   Das in Gefahr befindliche Rechtsgut muss mit dem zur Rettung herangezogenen Rechtsgut **nicht** in einem **spezifischen Kollisionsverhältnis** stehen,[55] das nach Rettung gerade durch Inanspruchnahme eines bestimmten, verfügbaren Rechtsgutes ruft. Diese behauptete Voraussetzung einer Notstandslage[56] ist weder vom Wortlaut des § 34 gedeckt, noch besteht für diese, Rettungsmöglichkeiten einschränkende Voraussetzung, eine sachliche Rechtfertigung.[57] Fälle, in denen eine Notstandsrechtfertigung zweifelhaft erscheint, können zudem an späteren Notstandsvoraussetzungen sachgerecht gelöst werden, z. B. der Zugriff auf beliebige Geldquellen (§ 246)

Fall, den der BGH zu entscheiden hatte, warf der Vater das Kind nicht aus dem Fenster, s. BGH bD MDR 1971, 361 f. = JZ 1973, 173 f. = Übungsfall bei *Hettinger,* JuS 2011, 910 (nach *Eser/Burkhardt,* Strafrecht I, Nr. 12 A 35: „Brandrettungs-Fall"); zu diesem Fall s. u. 19/5, und speziell zu dessen Notstandsfragen s. u. 18/133 m. w. N.; vgl. auch *Engländer,* GA 2010, 15, 17: gegen § 34; für § 34-Anwendung *Zieschang,* Fs. Knemeyer, 2012, S. 449 u. 465.

[49] Vgl. *Sieg,* Jura 1986, 326 ff., 329 f.; *Spendel,* ZStR 107 (1990), 160 f.: gegen § 34; für § 34-Anwendung *Zieschang,* Fs. Knemeyer, 2012, S. 449 u. 465.

[50] *Bottke,* 1982, S. 87 u. 90; *Güntzel,* 2000, S. 126 ff.; vgl. auch *Engländer,* GA 2010, 15, 16, 25 f.: mutmaßliche Einwilligung; S/S-*Perron,* § 34 Rn. 8 a.

[51] Vgl. *Kühl,* Jura 2009, 881, 884; NK-*Neumann,* § 34 Rn. 37; SK-*Günther,* § 34 Rn. 61; S/S-*Perron,* § 34 Rn. 8 a, aber auch *Renzikowski,* 1994, S. 65 Fn. 145; „zweifelhaft" nach *Freund,* 3/50; krit. auch *Engländer,* GA 2010, 15, 16 f., 26: teleologische Reduktion des § 216 oder Appell an den Gesetzgeber, die Sterbehilfeproblematik zu regeln, aber gegen § 34 als „Zauberformel".

[52] Vgl. hier nur LK-*Zieschang,* § 34 Rn. 25, und ausführlich *Hruschka,* S. 166–169.

[53] *Eser/Burkhardt,* Strafrecht I, Nr. 12 A 24.

[54] Vgl. *Jescheck/Weigend,* S. 361, mit einem U-Boot-Beispiel, und *Eser/Burkhardt,* Strafrecht I, Nr. 12 A 24, mit dem Brett des Karneades als Beispiel.

[55] *Jescheck/Weigend,* S. 362; NK-*Neumann,* § 34 Rn. 64; *Otto,* 8/176; *Roxin,* AT I, 16/25; S/S-*Perron,* § 34 Rn. 21.

[56] So von *Bockelmann,* JZ 1959, 495; dagegen B-*Volk,* S. 97, *Küper,* JZ 1976, 516 u. *Pawlik,* 2002, S. 156 f. – Eine „echte Kollision" verlangen *Eser/Burkhardt,* Strafrecht I, Nr. 12 A 25.

[57] Vgl. näher *Küper,* JZ 1976, 516, sowie *Grebing,* GA 1979, 87.

zur Abwehr einer „Vermögensnot" bei den Merkmalen der notstandsrelevanten Gefahr oder der Interessenabwägung,[58] oder die Inanspruchnahme eines beliebigen Kraftfahrzeuges (§ 248 b) zum Transport eines Schwerverletzten bei der „Nicht-anders-Abwendbarkeit".[59] Für eine Notstandslage aber reicht es aus, dass **erst** die Vornahme der Rettungshandlung das vom Retter gewählte Eingriffsgut in eine Kollision mit dem zurettenden Erhaltungsgut bringt. Dies ist geradezu der „klassische Notstandsfall"![60]

> Aus der **Übungsfall-Literatur** vgl.: *Jescheck*, Fälle, Fall 48, S. 64 f.; *Kudlich*, PdW AT, Fälle 106, 107; *Mitsch*, JA 1999, 388, 397.

bb) Gefahr für Rechtsgüter

Ein Rechtsgut (wie z. B. das Leben) befindet sich „in einer ... Gefahr", wenn seine   38
Verletzung so droht, dass der Eintritt eines Schadens (z. B. des Todes) an ihm nahe-liegt.[61] Damit ist für die Notstandslage eine gewisse **Wahrscheinlichkeit des Scha-denseintrittes** gefordert.[62] Das Erhaltungsgut muss in eine „Krise ... geraten" sein.[63]

Der **Grad** der Wahrscheinlichkeit des Schadenseintrittes wird unterschiedlich be-   39
stimmt. Die Skala der Wahrscheinlichkeitsgrade reicht von „höchstwahrschein-lich"[64] über „nicht unwahrscheinlich"[65] bis zu „nicht ganz unwahrscheinlich".[66]

Trotz dieser erheblichen Bandbreite sind damit Zustände vom Gefahrbegriff aus-   40
geschlossen, bei denen nur eine **ganz entfernte Möglichkeit** oder nur eine gedankli-che Möglichkeit des Schadenseintrittes besteht.[67] Die Notstandsgefahr muss einen über die allgemeinen Lebensrisiken hinausgehenden Grad erreicht haben.[68] Dies ist wohl bei der Produktion von Kernenergie oder bei der Stationierung von Kernwaf-

---

[58] Für das erstere LK-*Zieschang*, § 34 Rn. 24, für das letztere S/S-*Perron*, § 34 Rn. 21 u. 41. Bei der Erforderlichkeit diskutiert *Roxin*, AT I, 16/25, dieses Beispiel.

[59] *Grebing*, GA 1979, 88; LK-*Zieschang*, § 34 Rn. 24; S/S-*Perron*, § 34 Rn. 21; ebenso *Roxin*, AT I, 16/25, mit einem weiteren § 123-Beispiel.

[60] *Lenckner*, GA 1985, 312.

[61] *Kretschmer*, Jura 2005, 662, 663; *Fischer*, § 34 Rn. 4 u. LK-*Zieschang*, § 34 Rn. 26, 32, ergänzen das Naheliegen um die „begründete Besorgnis". Ähnlich subjektivierend auch W-*Beulke*, Rn. 303: „ernstlich befürchten lässt". – Aus der Rechtsprechung: BGHSt 18, 272.

[62] *Bergmann*, JuS 1989, 110; S/S-*Perron*, § 34 Rn. 12. – *Günther*, JR 1985, 270, spricht von „Gefahrenlage": diese prägt das Notrecht im Kern und verkörpert dessen ratio.

[63] Diese Formulierung gebraucht *Gallas*, Fs. Heinitz, 1972, S. 176, für den Erfolg beim konkreten Gefährdungsdelikt; zwischen der konkreten Gefahr und der Gefahr i. S. des § 34 unterscheidet *Zieschang*, JA 2007, 679, 681 ff., der in: GA 2005, 1, 9, nur Situationen erfassen will, in denen eine beherrschbare Abwehrhandlung noch möglich ist.

[64] *Eser/Burkhardt*, Strafrecht I, Nr. 12 A 26; *Lenckner*, 1965, S. 82. – Aus der Rechtsprechung: RGSt 66, 225; BGH NJW 1951, 769; BGH bH MDR 1982, 447.

[65] *Jakobs*, 13/12. – Aus der Rechtsprechung: RGSt 62, 57.

[66] *Roxin*, AT I, 16/14; ähnlich *Dimitratos*, 1989, S. 187: nicht völlig fern liegende Wahr-scheinlichkeit eines Schadens, und *Bergmann*, JuS 1989, 110: nicht völlig fern liegende Wahr-scheinlichkeit einer Beeinträchtigung. – Ebenso *Janker*, 1988, S. 108 f., u. *Pfeffer*, 1989, S. 117 f., die mit diesem Kriterium das Vorliegen einer rechtlich erheblichen Aids-Infektions-gefahr z. B. für operierende Ärzte bei bestimmten Patienten bejahen; vgl. aber *Schlehofer*, Jura 1989, 265.

[67] S/S-*Perron*, § 34 Rn. 15; NK-*Neumann*, § 34 Rn. 39, verlangt eine ernst zu nehmende Gefahr, die eine besonnene Person zu akuten Schutz- bzw. Rettungsmaßnahmen veranlasst. – Aus der Rechtsprechung wieder: BGHSt 18, 272.

[68] M-*Zipf*, AT 1, 27/23, verlangen eine „das Normalrisiko übersteigende Not". – *Jakobs*, 13/12, verlangt eine „das allgemeine Bestandsrisiko" übersteigende Gefahr; ähnlich *Pawlik*, 2002, S. 169. – Zur „Not" als Moment der Beschränkung des § 34 auf wenige Situationen, auf Ausnahmesituationen, s. *Meißner*, 1990, S. 189–191.

fen nicht der Fall.[69] Gefahren können aber nicht schon deshalb aus dem Begriff der Notstandsgefahr ausgeschlossen werden, weil sie von jedermann zu tragen sind. Fälle von allgemeiner **Sozialnot** oder selbstverschuldeter Vermögensnot, aber auch der Verlust von Arbeitsplätzen als Folge umweltrechtlicher Regelungen sind an späterer Stelle der Notstandsprüfung zu thematisieren (Erforderlichkeit, Interessenabwägung, Angemessenheit).[70] Abgesehen von diesen entfernten Gefahren sind an den Gefahr-Begriff des § 34 S. 1 keine strengen Anforderungen zu stellen. Denn je weiter die Gefahr reicht, desto größer sind die Rettungschancen für die gefährdeten Rechtsgüter. Die berechtigten (Rechtsgüterschutz-)Interessen der Opfer solcher Rettungshandlungen können bei der Interessenabwägung ausreichend gewahrt werden. – Die Gefahr eines **erheblichen** Rechtsgutsverlusts, mit deren Fehlen z. B. Bagatellschäden ausgeklammert werden könnten, verlangt das Gesetz nicht.[70a]

41   Teile dieser **Interessenabwägung** werden zunehmend auch schon zur Begriffsbestimmung des Gefahr-Begriffs herangezogen. Es wird dann die Hochrangigkeit des Erhaltungsgutes (z. B. des Lebens) als Argument für einen niedrigen Gefahrengrad und die Niederrangigkeit des Erhaltungsgutes (z. B. des Eigentums an einer Sache) als Argument für einen höheren Gefahrengrad eingesetzt.[71] Bei lebensbedrohlichen Zuständen wird man deshalb auch die nicht ganz unwahrscheinliche Möglichkeit eines Todeseintrittes (z. B. des schwerverletzten Unfallopfers) genügen lassen, bei drohenden Einbußen an Sachen (Eigentumsverletzung) wird man hingegen eine nahe liegende Gefahr verlangen. Diese neuere Sicht hat sich auch schon bei der Lösung von Übungsfällen Geltung verschafft: *Schlehofer,* Jura 1989, 263 u. 265; *Seier,* JuS 1986, 217 u. 219.

42   Dem nahe liegenden bzw. nicht ganz unwahrscheinlichen Eintritt eines Schadens steht die **Intensivierung** eines bereits eingetretenen Schadens (z. B. Verschlechterung des Gesundheitszustandes eines Kranken) gleich.[72] Auch die Fortdauer eines noch laufenden Angriffs begründet eine Gefahr, so dass bei einer sog. Dauergefahr wie im „Spanner-Fall" (s. o. Rn. 23) im Rahmen der Prüfung der Notstandslage nur noch die Gegenwärtigkeit der Gefahr zu begründen ist.

43   Das heikelste Problem bei der Prüfung einer Notstandsgefahr ist das des Maßstabes, der zur Begründung einer Gefahr anzulegen ist. Da der Begriff der Gefahr eine **Prognose** über die zukünftige Entwicklung eines Zustandes zu einem Schaden hin enthält, ist auf die Sicht zurzeit der Rettungshandlung abzustellen, auf die sog. **ex-ante-Sicht** (BGHSt 48, 255, 259). Deshalb spricht der Umstand, dass sich der beurteilte Zustand nachträglich als harmlos herausstellt, nicht gegen das Vorliegen einer Gefahr: Nachher ist man immer klüger.[72a]

44   Freilich wird eine Gefahrenlage nicht schon durch jede **Fehlvorstellung** des zu rechtfertigenden Täters vom Vorliegen einer Gefahr begründet.[72b] Irrt er sich in der

---

[69] Vgl. zu diesen Beispielen *Reichert-Hammer,* 1991, S. 180–184, der aber eine Notstandsgefahr wegen der Hochrangigkeit der betroffenen Erhaltungsgüter bejaht. *Gössel/Dölling,* BT 1, 38/64, verneinen bei „Instandbesetzungen" regelmäßig eine Gefahr („Wohnungsnot").

[70] Vgl. aber LK-*Zieschang,* § 34 Rn. 38, mit weiteren auszuscheidenden Fällen; dagegen S/S-*Perron,* § 34 Rn. 8, *Meißner,* 1990, S. 226–228 u. *Pawlik,* 2002, S. 157 f.; wie hier MK-*Erb,* § 34 Rn. 74.

[70a] Dafür dennoch *Pawlik,* 2002, S. 150, 160 ff.

[71] So wohl zuerst *Schaffstein,* Fs. Bruns, 1978, S. 105; ebenso *Grebing,* GA 1979, 102 f. mit Fn. 126; *Ludwig,* 1991, S. 125 u. 210; *Rudolphi,* Gs. A. Kaufmann, 1989, S. 385; S/S-*Perron,* § 34 Rn. 15; SSW-*Rosenau,* § 34 Rn. 8; abl. LK-*Zieschang,* § 34 Rn. 34.

[72] W-*Beulke,* Rn. 303; LK-*Zieschang,* § 34 Rn. 26; S/S-*Perron,* § 34 Rn. 12.

[72a] B-*Weber/Mitsch,* 17/48 Fn. 187. – Für ex-ante-Sicht *Sinn,* Fs. Roxin, 2011, S. 673, 682.

[72b] *Kretschmer,* Jura 2005, 662, 663.

Einschätzung der Situation, so kann er nur über Irrtumsregeln (sog. Erlaubnistatumstandsirrtum) Straffreiheit erlangen. Die Gefahr wird erst durch das Urteil eines **objektiven** Beobachters in der Situation des handelnden Täters begründet.

Nimmt man beide Voraussetzungen zusammen, so kann man von einem **objekti-** 45 **ven ex-ante-Urteil** als Gefahrmaßstab sprechen.[73]

Die Problematik ist damit aber noch nicht vollständig gelöst. Zwar sind nach die- 46 sem Maßstab **Scheingefahren** keine wirklichen Gefahren; der vorgetäuschte Hilferuf etwa berechtigt nicht zu Rettungshandlungen.[74] Doch sollen Scheingefahren zu Gefahren werden können, wenn auf sie nicht nur der Täter, sondern jedermann „hereingefallen" wäre. Solche „**Anscheinsgefahren"** *(Hirsch)* sind dann Notstandsgefahren, wenn man – mit *Schaffstein* – auf das Urteil eines **verständigen Beobachters** aus dem Verkehrskreis des Handelnden abstellt, der auch über dessen spezielle Kenntnisse verfügt.[75] Wäre z. B. jeder durchschnittliche Verkehrsteilnehmer von inneren Verletzungen des bewusstlosen, aus dem Mund blutenden Unfallopfers ausgegangen und hätte er deshalb Lebensgefahr angenommen, so liegt danach eine Notstandsgefahr auch dann vor, wenn ein Arzt solche Verletzungen und damit eine Lebensgefahr ausgeschlossen hätte.

Etwas enger wird der Maßstab durch eine Objektivierung, die als objektiven 47 Beobachter einen „**sachkundigen Beobachter"** fordert, der über das einschlägige generelle Erfahrungswissen verfügt, das dem objektiven Beobachter aus dem Verkehrskreis des Täters fehlen kann.[76] Hätte z. B. ein Arzt die Harmlosigkeit des Krankheitsbildes des „umgefallenen" älteren Patienten erkannt, so handelt der Retter, der als medizinischer Laie von einer Lebensgefahr ausgeht, nicht in einer Notstandslage.

Beide objektiven Beobachter, der „verständige" und der „sachkundige", werden 48 von *Roxin* für **unterschiedliche Situationen** eingesetzt: der „verständige Beobachter" zur Beurteilung von Gefahren, bei denen Fachkenntnisse nicht helfen; der „sachkundige Beobachter" für Situationen, die den Fachmann erfordern.[77]

Eine noch weitergehende Objektivierung der Gefahrenlage wird dadurch erreicht, 49 dass man – wie *Lenckner* – die ex-ante-Sicht auf die Prognose beschränkt und verlangt, dass die der Prognose zugrunde gelegten Umstände **tatsächlich** vorhanden

---

[73] So auch *Jakobs*, 13/13: die Prognose sei „objektiv ex ante zu stellen", und in: Fs. Hirsch, 1999, S. 45, 56, sowie *Roxin*, AT I, 16/15, 16: der „objektive ex-ante-Maßstab" sei anzulegen; ebenso *Pawlik*, 2002, S. 173, *Kretschmer*, Jura 2005, 662, 663; SK-*Günther*, § 34 Rn. 21 u. SSW-*Rosenau*, § 34 Rn. 9. Vgl. auch *Eser*, Fs. Baumann, 1992, S. 175, der auf die abweichende Regelung des § 218 a hinweist. – Aus der Rspr. vgl. BayObLG NJW 2000, 888, das die objektive Beurteilung vom Standpunkt eines nachträglichen Beobachters zugrundelegt (dazu *Kretschmer* a. a. O.).

[74] So mit diesem Bsp. S/S-*Perron*, § 34 Rn. 13; ebenso NK-*Neumann*, § 34 Rn. 45: zwischen wirklicher und scheinbarer Gefahr ist zu unterscheiden. Anders *Jakobs*, 13/14: auch die bewusste Vorspiegelung einer Schadensneigung schaffe eine Gefahr, wenn sie selbst der Fachmann nicht hätte durchschauen können. – Vgl. zum vorgetäuschten Angriff, aber auch zu Fällen „vorgetäuschter Gefahrenlage" *Otto*, 8/209 ff., der eine Rechtfertigung unter unmittelbarem Rückgriff auf das „Prinzip des Interessenvorrangs" befürwortet, wenn der Irrende in die Rechtsgüter des Vortäuschenden eingreift.

[75] So *Schaffstein*, Fs. Bruns, 1978, S. 89 ff., zusammenfassend S. 106. Ebenso oder doch ähnlich LK-*Zieschang*, § 34 Rn. 27, 28; M-*Zipf*, AT 1, 27/15; dagegen *Zieschang*, JA 2007, 679, 682.

[76] So W-*Beulke*, Rn. 304; ähnlich *Jakobs*, 13/13, der den zuständigen Fachmann verlangt. Vgl. auch mit ganz ähnlichen Beispielen eines Unfallverletzten *Blei*, S. 165; B-*Volk*, S. 97 f.

[77] *Roxin*, AT I, 16/18; zust. *Dimitratos*, 1989, S. 168 u. 176.

sind.[78] Das bedeutet, dass selbst dann keine Gefahr vorliegt, wenn der „sachkundige Beobachter" in der Tatsituation von einer solchen ausgegangen wäre, z. B. auch der Arzt, in die Tatsituation hineingedacht, von einem lebensgefährlichen Krankheitsbild ausgegangen wäre.

50   Mit dieser Objektivierung entfernt man sich freilich erheblich von der **Sicht des Täters,** der die Situation nicht richtig einschätzen konnte. Den Vorwurf, man überfordere ihn, kann man freilich dadurch relativieren, dass man auf den dem Täter zugute kommenden **Erlaubnistatumstandsirrtum** hinweist, der ihn vor einer Strafbarkeit aus einem Vorsatzdelikt bewahrt; auch eine Strafbarkeit aus einem Fahrlässigkeitsdelikt scheidet dann aus, wenn der Täter die Situation sorgfältig beobachtet hat.

51   Für diese weitgehende **Objektivierung** des Notstandsmaßstabes spricht – neben der Erhöhung der Wahrheit des Gefahrurteils – ein Blick auf das **Opfer** der Notstandstat. Ihm wird nämlich eine dem Eingriffsrecht des gerechtfertigten Notstandstäters entsprechende Duldungspflicht[79] auferlegt, die ihn zumindest rechtlich verpflichtet, eine Einbuße an seinen Rechtsgütern hinzunehmen. Ob dieses Solidaritätsopfer auch dann gerechtfertigt ist, wenn tatsächlich keine Gefahrenlage vorlag, erscheint zumindest zweifelhaft.

52   Es bleibt freilich das Bedenken, dass nicht nur die Prognose, sondern auch die Beurteilung der Tatsituation nie vollständig objektiv gelingen kann.[80] Fehleinschätzungen selbst eines Fachmannes können deshalb dem Notstandsopfer nicht nur dann zugemutet werden, wenn sie die Prognose (wird wahrscheinlich sterben, wenn keine schnelle Hilfe erfolgt), sondern auch dann, wenn sie die Diagnose der gegenwärtigen Umstände (Körperzustand des Verletzten, Krankheitsbild des Patienten) betreffen. **Nicht mehr zumutbar** hingegen sind **Duldungspflichten,** die deshalb entstehen, weil ein verständiger Durchschnittsbeobachter sich ebenso geirrt hätte wie der Täter.[81] Solche Fehlentscheidungen liegen nicht mehr im „Toleranzbereich eines verantwortbaren, sozial-adäquaten Risikos",[82] der Täter hat damit den ihm von § 34 eingeräumten Freiheitsraum überschritten.[83] Die Perspektive des Retters bedarf ob-

---

[78] S/S-*Perron,* § 34 Rn. 13, 14; ebenso SK-*Günther,* § 34 Rn. 21; zu strenge Anforderung nach NK-*Neumann,* § 34 Rn. 49; vgl. auch *Puppe,* AT 1, 23/19–26 mit OLG Koblenz, NJW 1988, 2316. – Zu dieser Unterscheidung von „Basis der Prognose" und „Ablauf des prognostizierten Geschehens" vgl. *Gallas,* Fs. Heinitz, 1972, S. 178 f.

[79] Darauf baut auch S/S-*Lenckner/Sternberg-Lieben,* Vorbem §§ 32 ff. Rn. 10 a, u. S/S-*Perron,* § 34 Rn. 13, seine Argumentation auf. Für eine „reine ex-post-Beurteilung der Gefahr" sogar SK-*Samson,* § 34 Rn. 19.

[80] Gegen die Trennung von Diagnose und Prognose *Jakobs,* 13/13; *Roxin,* AT I, 16/18; *Schaffstein,* Fs. Bruns, 1978, S. 97; *Dimitratos,* 1989, S. 147–150, mit anschaulichem Bsp. auf S. 148; speziell für den medizinischen Bereich (z. B. Feststellung einer Aids-Infektionsgefahr für Klinikpersonal und Patienten oder auch für Mitgefangene und Anstaltspersonal) vgl. *Bottke,* 1988, S. 227 f.; *Janker,* 1988, S. 109–130; *Pfeffer,* 1989, S. 114–117; gegen eine solche Infektionsgefahr OLG Koblenz StV 1989, 163 f.; *Eberbach,* NStZ 1987, 142; beachte jedoch *Calliess/Müller-Dietz,* § 56 Rn. 10, mit Hinweis auf § 36 IV, V IfSG, der eine zwangsweise Blutentnahme bei Aufnahme in eine Justizvollzugsanstalt vorsieht.

[81] Vgl. LK[11]-*Hirsch,* § 34 Rn. 30: unerträglich; LK-*Zieschang,* § 34 Rn. 30: inakzeptabel. Ebenfalls ablehnend: *Jakobs,* 13/13 Fn. 24; S/S-*Perron,* § 34 Rn. 14; *Reichert-Hammer,* 1991, S. 179. „Wirklich in Gefahr sein" muss das Rechtsgut nach *Stratenwerth/Kuhlen,* 9/104.

[82] So aber *Herzberg,* JA 1989, 248, zu § 34 dann S. 249 f. auf der Linie von *Hirsch* und *Jakobs* (= sachverständiger Beobachter).

[83] Vgl. zu diesem Freiheitsargument *Rudolphi,* Gs. A. Kaufmann, 1989, S. 388, der diesen Freiheitsraum aber weiter zieht, indem er auf den „vernünftigen Durchschnittsbürger aus dem Verkehrskreis des Handelnden" abstellt; wie hier *Kretschmer,* Jura 2005, 662, 665.

jektiver und normativer Korrekturen durch die Interessen des von der Notstands-handlung Betroffenen.[84]

> In der **Übungsfall-Literatur** behandeln die Gefahrproblematik mit unterschiedlichen Lösun-gen: *Dornseifer,* JuS 1982, 761 u. 763 f. („objektiv – individualisierende Betrachtungsweise" auf der Linie von *Schaffstein); Frister/Rasemann/Schneiders,* AL 2008, 180 u. 182 (tatsächlich vorliegende Notstandslage bei § 904 BGB); *Herzberg,* JA 1989, 244 u. 249 f. (von Laiendar-stellern gespielter Überfall ist Gefahr, wenn auch ein sachverständiger Polizist die „überfalle-ne" Frau akut bedroht gesehen hätte); *Krack/Kische,* ZJS 2009, 684 u. 687; *Küper,* Jura 1983, 206 u. 214 Fn. 63 (im Fall einer Scheinwaffe[85] kritisch zur Gleichsetzung einer „Vermutung der Gefahr" mit einer objektiven Gefahr); *Schlehofer,* Jura 1989, 263 u. 265 (ex-ante-Sicht eines verständigen Beobachters als extensive Deutung des Gefahrerfordernisses); *Seier,* JuS 1986, 217 u. 218–220 (typischer Fall eines Unfallopfers, der nach allen Theorien zum Gefahrbegriff gelöst wird); *Weber,* Jura 1984, 367 u. 369 f. (irrige Annahme einer Lebensgefahr für eine be-reits Tote ist keine objektive Gefahr, auch wenn ein objektiver Beobachter i. S. v. *Schaffstein* dies angenommen hätte); *Hilgendorf,* KK I, Fall 11, Rn. 30 (sich wieder „berappelnder" An-greifer); *Otto,* Übungen, Anfängerklausur Nr. 1, S. 43 u. 46 sowie Examensklausur Nr. 1, S. 145 u. 161 (jeweils mit Gefahr-Definitionen). Zu beachten ist auch der Hinweis von *Schmitt* (Anfängerklausur, Jura 1986, 275), dass eine im Sachverhalt, z. B. durch die Wiedergabe des Ergebnisses eines Sachverständigengutachtens, ausgeschlossene Gefahr nicht doch als mögliche Gefahr problematisiert werden darf.

Einigkeit besteht darüber, dass etwaiges **Spezial-** bzw. **Sonderwissen** des Täters 53 über die möglicherweise in Gefahr befindliche, zu rettende Person in die Gefahrbe-urteilung einzubeziehen ist (z. B. das Unfallopfer ist dem Retter persönlich bekannt, weshalb dieser um dessen Anfälligkeit weiß).[86]

Noch nicht annähernd ausdiskutiert ist die Frage, wie die **Unsicherheit** des Täters 54 hinsichtlich des Vorliegens einer Gefahrenlage (kann der Gekenterte schwimmen?) zu beurteilen ist.[87] § 34 kommt hier allenfalls dann in Betracht, wenn weiteres Ab-warten bis zur Klärung der Situation die jetzt noch bestehende Rettungschance zu-nichte machen würde.

Der Ursprung der Gefahr hat grundsätzlich keinen Einfluss auf das Vorlie- 55 gen/Nichtvorliegen einer Notstandslage.[87a] In Betracht kommen **Naturereignisse** wie Gewitter oder Schneesturm in den Bergen (so Fall 26 bei *Samson,* Strafrecht I, S. 129, und Beispiel 1 bei *Lugert,* 1991, S. 29) oder plötzlicher Nebel auf See (so der Übungsfall von *Bindzus,* JuS 1989, L 28 f.). Aber auch von **Tieren** und **Menschen** ausgehende Gefahren können eine Notstandslage auslösen.

Allerdings ist bei Gefahren, die von **Sachen** (z. B. Tierangriffe) ausgehen, die Spe- 56 zialvorschrift des § 228 BGB – sog. zivilrechtlicher Defensivnotstand oder „Sach-wehr"[88] – allein einschlägig.[89]

> Vgl. aus der **Übungsfall-Literatur** zum Ursprung der Gefahr: *Joerden,* JuS 1996, 622; *Lan-ger,* JuS 1987, 896 f.; *Meyer-Gerhards,* JuS 1972, 659 u. 662; *Otto,* Jura 1986, 659 u. 660;

---

[84] Vgl. *Jakobs,* 13/13 u. *Pawlik,* 2002, S. 174 f.

[85] Eine ungeladene Pistole schafft nach *Otto,* 8/166, auch dann keine Lebensgefahr, wenn das bedrohte Opfer dies nicht erkennen konnte.

[86] Vgl. *Pawlik,* 2002, S. 176, *Kretschmer,* Jura 2005, 662, 664 u. *W.-Beulke,* Rn. 304.

[87] Vgl. zur Problematik *Jakobs,* 11/29; *Roxin,* AT I, 14/92; *Dimitratos,* 1989, S. 168–172; *Warda,* Fs. Lange, 1976, S. 119 ff., 126 ff.

[87a] Ebenso LK-*Zieschang,* § 34 Rn. 35.

[88] So *Jescheck/Weigend,* S. 355, und *S/S-Lenckner/Sternberg-Lieben,* Vorbem §§ 32 ff. Rn. 69, jeweils mit Tierangriffs-Beispielen.

[89] *Roxin,* AT I, 16/19; *S/S-Perron,* § 34 Rn. 6 u. 16; NK-*Neumann,* § 34 Rn. 52. Abwei-chend allerdings *Hellmann,* 1987, S. 164 ff.

Seier, JuS 1982, 521 f. u. 524 f.; *Samson,* Strafrecht I, Fall 10, S. 57 u. 59; W-*Beulke,* Fall 8 a, Rn. 268 u. 290 ff.

57   Bei Gefahren, die von **Menschen** ausgehen, ist zu beachten, dass § 32 eine vorgehende Spezialregelung für den Fall enthält, dass diese Gefahr – genauer betrachtet – in einem gegenwärtigen rechtswidrigen Angriff besteht.[90] Alle anderen von Menschen ausgehenden Gefahren für ein Rechtsgut schaffen zwar keine Notwehrlage, aber eine Notstandslage, deren weitere Behandlung unter dem Stichwort des allgemeinen **Defensivnotstandes**[91] erfolgt (Näheres s. u. Rn. 134 ff. mit den Beispielen des „Spanners" und des „Haustyrannen"). Eine solche Defensivnotstandslage entsteht z. B., wenn der menschliche Angriff nicht gegenwärtig ist, weil er noch nicht unmittelbar bevorsteht. Eine Fallkonstellation, die in Übungsarbeiten recht häufig ist und ein Übergehen von § 32 zu § 34 erfordert, da die für sie gebräuchlichen Bezeichnungen der „notwehrähnlichen Lage" oder der „Präventiv-Notwehr" nach der weit überwiegenden Auffassung (s. o. 7/42) nicht zur analogen Anwendung von § 32 führen.

Vgl. aus der **Übungsfall-Literatur** zur „notwehrähnlichen" Lage: *Bohnert,* Jura 1999, 533; *Geerds,* Jura 1992, 321 f.; *Gössel,* Fälle, Fall 13, S. 213 f. u. 216; *Gropp,* in: G/K/M, Fallsammlung, Fall 6, S. 115 f. u. 121; *Rudolphi,* AT-Fälle, Fall 3, S. 24 u. 33–35.

58   Ähnlich häufig treten Fallkonstellationen auf, die im Rahmen der Notwehr schon beim Angriff durch **Unterlassen** (o. 7/32) und soeben bei der Notstandshilfe (Rn. 33) angesprochen wurden. Lehnt man diese Angriffsformen als Angriff i. S. des § 32 II ab, oder schränkt man sie auf das Unterlassen durch Garanten ein, so wächst der Kreis der Notstands(hilfe)-lagen, die dann dem Aggressivnotstand zuzurechnen sind, also § 34 unterliegen, wenn sie sich nicht in Sacheinwirkungen (z. B. §§ 248 b, 303, zweifelhaft § 123) erschöpfen, die § 904 BGB speziell erfasst.[92]

Vgl. aus der **Übungsfall-Literatur** zur Gefahrschaffung durch Unterlassen: *Seier,* JuS 1986, 217 u. 218 ff.; *Tiedemann,* Anfängerübung, Fall 5, S. 185 u. 187 f.

59   Dass gegenwärtige rechtswidrige Angriffe zusätzlich zu Notwehrlagen auch Notstandslagen schaffen können, wird in Notlagen relevant, die der in Not Befindliche nur durch Handlungen abwenden kann, die in die Rechtssphäre von **unbeteiligten Dritten** (= Nicht-Angreifer) eingreifen (s. o. Rn. 1).[93] Diese Konstellationen sind in der Übungsfall-Literatur zu §§ 32, 34 sogar die am häufigsten vorkommenden.

---

[90] Vgl. *Bergmann,* JuS 1989, 110; NK-*Neumann,* § 34 Rn. 13; *Roxin,* AT I, 16/19; *Thiel,* 2000, S. 97 ff.; eingehend zum Konkurrenzverhältnis von § 32 und § 34 *Gropengießer,* Jura 2000, 262 ff. mit Regeln für die Fallbearbeitung. – Für einen weitergehenden Ausschluss von § 34 bei von Menschen ausgehenden Gefahren *Bohnert,* Jura 1999, 533; *Seelmann,* Das Verhältnis von § 34 StGB zu anderen Rechtfertigungsgründen, 1978, S. 32.

[91] B-*Volk,* S. 98. – Vgl. auch schon RGSt 60, 319, gegen „die Beschränkung der Notstandsgefahr auf die gefährdende Wirkung von Naturkräften oder Naturereignissen"; dieser „Erweiterung der Gefahrenquelle" stimmt zu: RGSt 66, 225. – Menschliches Verhalten (Bedrohung) wurde auch schon in RGSt 43, 343 f., als Notstandsgefahr angesehen. – Zur BGH-Rspr. *Hirsch,* Fg. BGH, 2000, S. 199, 207 ff.

[92] Abweichend wieder *Hellmann,* 1987, S. 157 ff.; ähnlich *Hruschka,* S. 116: kann „bei Fall-Lösungen im Strafrecht weggelassen werden", weil er angesichts der Existenz von § 34 „heute keine selbstständige Bedeutung mehr" hat.

[93] Vgl. B-*Weber/Mitsch,* 17/49; S/S-*Perron,* § 34 Rn. 16, sowie *Bergmann,* JuS 1989, 110, mit dem Bsp. der Wirtshausschlägerei (= RGSt 23, 116; s. o. 7/42).

Vgl. aus der **Übungsfall-Literatur:** *Krey,* Jura 1979, 316 f. u. 318 ff.; *Küper,* Jura 1983, 206 u. 213 f.; *Meier,* JuS 1989, 992 f. u. 996 f.; *Seier,* JuS 1991, L 92 u. L 95; *Weber,* JuS 1988, 885 f.; *Schwind/Franke/Winter,* Anfängerübung, 1. Klausur, S. 51 u. 59, sowie 1. Hausarbeit, S. 5 u. 33.

Selbst wenn der Angreifer den Täter mit **Nötigungsmitteln** wie etwa der Drohung,   60
ihn zum Krüppel zu schlagen, zwingt, eine Straftat an einem Rechtsgut eines von
ihm (dem Nötigenden = Angreifer) bestimmten Dritten (z. B. Sachbeschädigung
gem. § 303) oder an einem Allgemeinheitsrechtsgut (z. B. durch Meineid gem. § 154
oder Rechtsbeugung gem. § 339) zu begehen, so befindet sich der gegenwärtig
rechtswidrig angegriffene Täter auch in einer Notstandslage, die zumindest in bestimmten Fällen von vielen dem § 34 und nicht erst dem § 35 (entschuldigender
Notstand) zugeschlagen wird.[94] Dieser spezielle Notstand heißt **Nötigungsnotstand**
(Näheres dazu bei der Interessenabwägung u. Rn. 127 ff.).

Zu den einschlägigen Fallkonstellationen des Nötigungsnotstands vgl. aus der **Übungsfall-Literatur** zum Nötigungsnotstand schon jetzt: *Arzt,* JuS 1982, 449 ff.; *Britz/Müller-Dietz,* JuS 1998, 237 u. 242 f.; *Hartmann,* JA 1998, 946 u. 954; *Hilgendorf,* Fallsammlung, Fall 11, S. 80 u. 87; *Krey,* Jura 1979, 316 f. u. 320 f.; *Kühl,* JuS 2007, 742 u. 746 f. (im Rahmen von § 904 BGB); *Marxen,* Fall 9 a, S. 73–76 („Schutzgeld-Fall"); *Seier,* JuS 1994, L 92 u. L 94; *Stoffers,* JuS 1993, 837 u. 838; *Tiedemann/Walter,* Jura 2002, 708 u. 710; *Weber,* Jura 1984, 367 u. 372 f.; *W-Beulke,* Fall 10, Rn. 393 u. 444.

Schließlich liegt eine Gefahr i. S. des § 34 S. 1 auch dann vor, wenn der in Gefahr   61
geratene Täter zur Entstehung der Gefahrenlage (ursächlich/vorsätzlich-
fahrlässig/schuldhaft) beigetragen hat; dies gilt selbst dann, wenn er auch noch die
Notstandslage „**verschuldet**" hat[95] (näheres auch dazu bei der Interessenabwägung
u. Rn. 142 ff.). Dass ein besonders intensiver Beitrag zur Entstehung der Gefahr und
der Notstandslage („absichtliche Herbeiführung") dann letztlich eine Rechtfertigung des Täters nach § 34 ganz ausschließen kann,[96] ändert nichts am Vorliegen einer Gefahren- und damit einer Notstandslage.

Zu den „zahlreichen Schulbeispielen" dieser Fallkonstellation vgl. *Roxin,* AT I, 16/60 ff., sowie den **Übungsfall** von *Seier,* JuS 1986, 217 f.

cc) Gegenwärtige Gefahr

Wie der Angriff bei der Notwehr wird auch die Gefahr beim rechtfertigenden   62
Notstand durch das zeitliche Kriterium der Gegenwärtigkeit eingeschränkt. Anders
aber als bei § 32 II verlangt dieses Kriterium bei § 34 S. 1 keine (dem Angriff vergleichbare) zugespitzte, akute Gefahrenlage. Es reicht vielmehr aus, dass mit dem
Eintritt eines Schadens am Erhaltungsgut **alsbald**[97] zu rechnen ist.
Alsbald kann die Gefahr in einen Schaden umschlagen, wenn der Schadenseintritt   63
in **allernächster Zeit**[98] zu erwarten ist. Dies ist etwa bei der sog. Augenblicksgefahr[99]

---

[94] Vgl. *Freund,* 4/50 f.; *Jakobs,* 13/14, und 21/84; *Schmidhäuser,* 6/37 und 8/16. – Für die Anwendung nur von § 35 S/S-*Perron,* § 34 Rn. 16 u. 41 b.

[95] Vgl. *Eser/Burkhardt,* Strafrecht I, Nr. 12 A 26; *Heinrich,* AT I, Rn. 409; *Jakobs,* 13/14; NK-*Neumann,* § 34 Rn. 93.

[96] Dafür etwa LK-*Zieschang,* § 34 Rn. 70 u. M-*Zipf,* AT 1, 27/47.

[97] Vgl. *Zieschang,* JA 2007, 679, 682 und LK-*Zieschang,* § 34 Rn. 36, und schon *Lenckner,* 1965, S. 82.

[98] So neben „alsbald" *Bergmann,* JuS 1989, 110; *Otto,* 8/168; S/S-*Perron,* § 34 Rn. 17.

[99] So genannt von LK-*Zieschang,* § 34 Rn. 36; *Krey,* Jura 1979, 318; *Gössel,* Fälle, S. 217. Aus der Rspr. vgl.: RGSt 60, 321; 66, 225.

der Fall: das ins Wasser gefallene Kind ertrinkt, der Unfallverletzte verblutet,[100] wenn nicht jemand durch sofortige Rettungshandlungen den Todeseintritt verhindert.

> Vgl. zu diesen klaren Fällen mit gegenwärtiger Gefahr die **Übungsfälle** von: *Goeckenjahn,* JuS 2008, 702 u. 705; *Seier,* JuS 1991, L 92 u. 94; *Werner,* JuS 1990, 599 u. 604; *Hilgendorf,* KK III, Fall 5, Rn. 53; *Otto/Bosch,* Übungen, Fall 2, S. 81; *Rudolphi,* AT-Fälle, Fall 14, S. 169 u. 175; *Tiedemann,* Anfängerübung, Fall 5, S. 185 u. 187.

64   Muss mit dem Schadenseintritt noch nicht in allernächster Zeit gerechnet werden, kann der Schaden aber **jederzeit,**[101] also auch alsbald, eintreten, so liegt ebenfalls eine gegenwärtige Notstandsgefahr vor. Fest etabliert hat sich bei § 34 deshalb auch eine von der Rechtsprechung zur „gegenwärtigen Gefahr" bei der räuberischen Erpressung (§ 255) entwickelte Definition: „Eine Gefahr ist ‚gegenwärtig', wenn bei natürlicher Weiterentwicklung der Dinge der Eintritt eines Schadens sicher oder doch höchstwahrscheinlich ist, falls nicht alsbald Abwehrmaßnahmen ergriffen werden, oder wenn, anders ausgedrückt, der ungewöhnliche Zustand nach menschlicher Erfahrung und natürlicher Weiterentwicklung der gegebenen Sachlage jederzeit in einen Schaden umschlagen kann" (BGH NJW 1989, 1289; wörtlich fast übereinstimmend BGH NStZ 1988, 554). Gegenwärtig ist auch die für den Fall der Zahlungsverweigerung ohne Fristsetzung angedrohte Gefahr, z. B. für Leib oder Leben des Erpressungsopfers, wenn sie „jederzeit – zu einem ungewissen Zeitpunkt, alsbald oder auch später – in einen Schaden umschlagen kann" (BGH NJW 1997, 266); sie steht wegen ihrer Unberechenbarkeit „permanent im Raume" (*Geppert,* JK 97, StGB § 255/8).[101a]

65   Die Möglichkeit eines jederzeitigen Umschlagens der Gefahr in den Schaden ist zunächst bei den sog. **Dauergefahren**[101b] i. e. S. gegeben, die durch eine permanente Gefährdung gekennzeichnet sind.[102] Typisches Beispiel ist das einer jederzeitigen Einsturzgefahr ausgesetzte, baufällige Haus[103] (beachte: § 904 BGB-Fall). Auch der latent gefährliche Geisteskranke, der von seinen Angehörigen vorübergehend eingesperrt wird (BGHSt 13, 197), kann wohl hierzu gezählt werden.[104]

---

[100] Vgl. zu den Unfallverletzten im Straßenverkehr m. N. aus der Rechtsprechung KK OWiG-*Rengier,* § 16 Rn. 15.

[101] LK-*Zieschang,* § 34 Rn. 36; *Roxin,* AT I, 16/21. – Aus der Rspr. vgl. LG Köln NJW 1998, 2688: „jederzeit" mit sofortiger Verhaftung zu rechnen; OLG Frankfurt StV 1997, 78: drohende politische Verfolgung im Heimatland.

[101a] Ebenso *Otto,* Jura 2000, 552, 553.

[101b] Nach *Küper,* Fs. Rudolphi, 2004, S. 151, 163, hat die Dauergefahr im Kontext der „gegenwärtigen Gefahr" eine gewisse „Klarstellungs- und Orientierungsfunktion"; eine „dogmatische Begründungsfunktion", die sich zur Ableitung von Ergebnissen eignet, komme ihr aber nicht zu.

[102] Vgl. LK-*Zieschang,* § 34 Rn. 36; *Roxin,* AT I, 16/21, definiert: „ein gefahrdrohender Zustand, der über einen längeren Zeitraum andauert ..."; S/S-*Perron,* § 34 Rn. 17: gefahrdrohender Zustand von längerer Dauer. Nach *Ludwig,* 1991, S. 122 f., liegt hier die Möglichkeit des Schadenseintritts ständig „in der Luft". – Zur Dauergefahr bei der räuberischen Erpressung vgl. *Lackner/Kühl,* § 255 Rn. 1 mit Nachweisen aus der Rspr.

[103] Vgl. *Hillenkamp,* 1981, S. 113, mit RGSt 59, 69; *Erb,* JuS 2010, 108, 109; NK-*Neumann,* § 34 Rn. 56; vgl. auch KK OWiG-*Rengier,* § 16 Rn. 14, mit OLG Karlsruhe Die Justiz 1983, 346 f.

[104] So auch LK-*Zieschang,* § 34 Rn. 36; NK-*Neumann,* § 34 Rn. 56; *Roxin,* AT I, 16/21 (ohne ausdrücklichen Bezug zur BGH-Entscheidung); S/S-*Perron,* § 34 Rn. 17 a. E.

An einer gegenwärtigen (Dauer-)Gefahr fehlt es hingegen in Fällen, in denen der 66
Schadenseintritt erst nach Ablauf einer gewissen Zeit, also erst **in Zukunft** zu erwarten ist, aber nur durch sofortiges Handeln abgewendet werden kann. Ob diese Fallgruppe als eine spezielle Konstellation der Dauergefahr[105] oder als eine davon zu unterscheidende selbstständige Fallgruppe zu behandeln ist, spielt im Ergebnis keine Rolle, da auch die Befürworter einer selbstständigen Fallgruppe diese Konstellation den Fällen der Dauergefahr i. e. S. gleichstellen.[106] Die Berechtigung zur Einbeziehung dieser Fälle in die Notstandsregelung ergibt sich trotz Bedenken aus dem **Wortlaut,**[107] der eine „gegenwärtige Gefahr" verlangt, aus der **ratio** des rechtfertigenden Notstandes: es geht um die Lösung eines Konflikts, einer Zwangslage, durch jetzt noch mögliche Erhaltung eines sonst verletzten oder gar verlorenen Rechtsgutes.[108] Außerdem verleiht § 34 nicht die scharfen Abwehrrechte des § 32, sondern lässt Eingriffe in Rechtsgüter nur unter den einschränkenden Voraussetzungen der Nicht-anders-Abwendbarkeit und des wesentlich überwiegenden Interesses zu.[109]

Die hier einschlägigen Fälle lassen sich allgemein als Fälle charakterisieren, die im 67 **Vorfeld der Notwehr** liegen.[110] Sie sind deshalb auch schon bei der Notwehr angesprochen worden, als es um die Ablehnung der Anwendung von § 32 auf sog. „notwehrähnliche" Situationen (auch unter dem Begriff der „Präventiv-Notwehr") ging (s. o. 7/42). § 34 ist danach die Regelungsmaterie für den Fall, dass der Wirt in einem entlegenen Gasthaus den Gästen ein Schlafmittel ins Bier schüttet, um deren Angriff auf ihn, den er dann nicht mehr abwehren könnte, zuvorzukommen.[111]

Dem Gegenwärtigkeitserfordernis wird in diesen Fällen dadurch Rechnung getra- 68 gen, dass nur solche Konstellationen erfasst werden, in denen sich die **Notwendigkeit sofortigen Handelns** deshalb ergibt, weil später dem sich abzeichnenden Schaden nicht mehr wirksam begegnet werden kann.[112] So z. B. wenn das vom bereits befriedigten Gläubiger angekündigte Bestreiten der Zahlung vom Schuldner (= Prozessgegner) im bevorstehenden Zivilprozess nicht widerlegt werden könnte, es sei denn er fertigt jetzt eine heimliche Tonbandaufnahme (§ 201) von einem Gespräch mit dem Gläubiger an (sog. „Problematik der Präventivaufnahme").[113] Baldiges,

---

[105] So z. B. LK-*Zieschang*, § 34 Rn. 37. RGSt 60, 321, spricht von einer „Dauergefahr …, die nunmehr eine unverzügliche Abwehr oder Vorkehr … erheischt und rechtfertigt." Eingehend *Küper*, Fs. Rudolphi, 2004, S. 151 ff.

[106] So etwa S/S-*Perron*, § 34 Rn. 17, aber auch *Ebert*, S. 81.

[107] Solche Bedenken hat *Schroeder*, JuS 1980, 339, der aber die sachliche Berechtigung dieser Erweiterung anerkennt.

[108] Vgl. *Ebert*, S. 81; NK-*Neumann*, § 34 Rn. 57; S/S-*Perron*, § 34 Rn. 17. Ebenso für die Fälle des Aggressivnotstandes der §§ 904 BGB, 34 StGB *Ludwig*, 1991, S. 123, der zur Begründung auf das „Güterschutzprinzip" als Grundgedanken des Aggressivnotstandes abhebt.

[109] Vgl. MK-*Erb*, § 34 Rn. 78; S/S-*Perron*, § 34 Rn. 17; *Geerds*, Jura 1992, 320; *Rudolphi*, AT-Fälle, S. 34; kritisch zu diese Argumentation wegen des ähnlich gravierenden Eingriffsrechts gem. § 34 *Günther*, 1983, S. 340. – Nach *Hillenkamp*, 1981, S. 117, legitimiert schon der Unterschied zwischen Angriff und Gefahr diese weite Interpretation der Gegenwärtigkeit beim Notstand; ebenso *Otto*, 8/169.

[110] S/S-*Perron*, § 34 Rn. 17.

[111] Ebenso *Erb*, JuS 2010, 108, 109 u. *Otto*, 8/170.

[112] Sachlich übereinstimmend *Heinrich*, AT I, Rn. 413; *Krey/Esser*, AT, Rn. 593; LK-*Zieschang*, § 34 Rn. 37; S/S-*Perron*, § 34 Rn. 17 u. *Pawlik*, 2002, S. 177 f.; *Roxin*, AT I, 16/20, ergänzt: „oder nur noch unter sehr viel größeren Risiken".

[113] Vgl. zur Problematik *Hillenkamp*, 1981, S. 120 ff. u. *Wölfl*, Jura 2000, 231, 233; zum Bsp. vgl. *Otto*, BT, 34/12; vgl. auch BVerfG NJW 2002, 3619, 3624. – Zur Gewinnung von Beweismitteln für einen Zivilprozess vgl. aus der Rechtsprechung KG NJW 1967, 115 f.; OLG Stuttgart MDR 1977, 683; BGH NStZ 1982, 254 f. m. Anm. *Dünnebier*, 255 f.; eingehend

aber nicht sofortiges Handeln ist in „ticking time bomb"-Situationen gefordert (*Jahn*, 2004, S. 249 f.). Eine gegenwärtige Gefahr i. S. des § 35 nimmt jetzt auch der BGH in einem „Haustyrannen-Fall" dann an, „wenn sich die Wahrscheinlichkeit des Schadenseintritts ... so verdichtet hat, dass die zum Schutz des bedrohten Rechtsguts notwendigen Maßnahmen sofort eingeleitet werden müssen, um den Eintritt des Schadens sicher zu verhindern" (BGHSt 48, 255, 259).[113a]

69   Aus der **Übungsfall-Literatur** zur gegenwärtigen Gefahr vgl.: *Eisenberg/Müller*, JuS 1990, 120 u. 122 f.; *Haft/Eisele*, Jura 2000, 313 f. u. 314 f.; *Heghmanns/Keck*, AL 2011, 225 u. 231 (Dauergefahr); *Hilgendorf*, KK I, Fall 7, Rn. 14 („permanente Einbruchsgefahr"); KK I, Fall 11, Rn. 31 (Dauergefahr) und KK III, Fall 13, Rn. 6–10 (nur dauerhafte intime Beziehung); *Krack/Kische*, ZJS 2009, 684 u. 687; *Küpper*, in: G/K/M, Fallsammlung, Fall 9, S. 167 f u. 169 („sofortiges Handeln" angezeigt); *Rengier/Brand*, JuS 2008, 514 u. 517 (sofortiges Handeln nötig); *Walter/Schwabenbauer*, JA 2012, 504 u. 507 f. (sofortiges Handeln nötig).
Am häufigsten wird – hier oder bei der Dauergefahr i. e. S.[114] – der vom BGH (NJW 1979, 2053) nach § 35 (Entschuldigung) entschiedene „Spanner-Fall" zur Veranschaulichung herangezogen: Der „Spanner" (auch „Voyeur" genannt, oder neutraler: Eindringling) hatte ein Ehepaar durch mehrfache nächtliche „Besuche" in ihrer Wohnung „terrorisiert" (oder neutraler: belästigt, eingeschüchtert); als ihn der Schuss des Ehemannes traf (§ 223), war er jedoch auf der Flucht. Ein gegenwärtiger Angriff lag deshalb nicht vor, eine gegenwärtige Gefahr i. S. des § 34 S. 1 ist damit aber nicht ausgeschlossen.[115] Sie lässt sich nicht mit der Formel begründen, nach der es ausreicht, dass die Gefahr „jederzeit, also auch alsbald, in einen Schaden umschlagen kann", (so zu Unrecht der BGH; differenzierter BGHSt 5, 371 ff., 373), denn mit einem erneuten „Besuch" war weder in dieser noch in der folgenden Nacht zu rechnen. Zu befürchten waren aber weitere „Besuche" in der näheren Zukunft. Wenn in dieser Lage eine gegenwärtige Gefahr angenommen werden soll, so kann dies nur mit der weiten Auffassung der Gegenwärtigkeit begründet werden, die auf die Notwendigkeit sofortigen Einschreitens zur wirksamen Gefahrenabwehr abstellt.
Vgl. zum „Spanner-Fall"[116] unter dem Gesichtspunkt der Gegenwärtigkeit der Gefahr: die Anmerkungen von *Hirsch*, JR 1980, 115; *Hruschka*, NJW 1980, 21 f.; *Roxin*, HRR AT, S. 170 (= Antwort 5 zu Fall 26, S. 34 ff.); *Schroeder*, JuS 1980, 339; die Übungsfall-Aufbereitungen von *Kudlich*, PdW AT, Fall 109; *Rudolphi*, AT-Fälle, Fall 3, S. 24 u. 33 f.

70   Ins Vorfeld der Notwehr gehören auch die „Problematik der Tötung des ‚Haustyrannen'" und die „Tyrannenmordkonstellationen".[117] Sieht man von der bereits angesprochenen (o. Rn. 36) und bei der Interessenabwägung aufzugreifenden (s. u. Rn. 138) Problematik, ob auch das Leben ein notstandspflichtiges Rechtsgut ist, einmal ab, so scheitert § 34 hier nicht an der fehlenden Gegenwärtigkeit der Gefahr,

---

Katanek, 2000, S. 162 ff.; vgl. auch *Otto*, 8/171, MK¹-*Graf*, § 201 Rn. 49, S/S-*Lenckner/Eisele*, § 201 Rn. 31a unter 2; vgl. auch LK¹¹-*Schünemann*, § 201 Rn. 43: idR unbefugt. – Zur Gegenwärtigkeit der Gefahr bei Drohungen, die für einen späteren Strafprozess aufgenommen werden, s. *Tenckhoff*, JR 1981, 257 u. LK¹¹-*Schünemann*, § 201 Rn. 40.

[113a] Krit. zur Verwendung dieser „Dauergefahr-Definition" *Küper*, Fs. Rudolphi, 2004, S. 151, 157, nach dem es darauf ankommt, „ob die Risikolage im Zeitpunkt der Tat so beschaffen ist, dass sie zu unverzüglicher Abwehr zwingt." – Aus der Rspr. vgl. BGH NStZ-RR 2006, 200.

[114] So z. B. *Roxin*, AT I, 16/21.

[115] Zur Schließung von „Verteidigungslücken" will *Jakobs*, 12/27, „Präventiv-Notwehr(hilfe)", also § 32 modifiziert, anwenden.

[116] *Freund*, 3/53; *Joecks*, § 34 Rn. 16; *Murmann*, GK, 25/45–47 u. MK-*Erb*, § 34 Rn. 82. – Vgl. auch *Ludwig*, 1991, S. 170 u. 200 ff., der eine „drohende Gefahr" i. S. des von ihm analog angewendeten § 228 BGB ablehnt und deshalb auf § 35 ausweicht.

[117] Zu dieser Problematik und diesen Konstellationen vgl. *Hillenkamp*, 1981, S. 113 ff., 116 f., 275 u. in Fs. Miyazawa, 1995, S. 154. – Zum „Haus- bzw. Beziehungstyrannen" vgl. auch *Bernsmann*, 1989, S. 58 ff.: präventive Abwendungen von Lebensgefahren.

auch dann nicht, wenn sich der „Haustyrann", der seine Familie seit langem mit Gewalttätigkeiten und Bedrohungen „tyrannisiert", zurzeit ruhig verhält oder gar schläft (eine gegenwärtige Dauergefahr beim entschuldigenden Notstand nach § 35 bejaht jetzt auch BGHSt 48, 255, 259).[118]

> Solche Fälle finden sich im Leben = in der Rechtsprechung: RGSt 60, 318; RG JW 1934, 423; BGH NJW 1966, 1823; BGH NStZ 1984, 20. – Zur letztgenannten BGH-Entscheidung vgl. die Anmerkungen von *Günther*, JR 1985, 271 f. („Präventivnotwehr"-Fall, der auch noch vom extensiven Gegenwärtigkeitsbegriff des § 34 erfasst wird); *Rengier*, NStZ 1984, 22 (gegenwärtige Gefahr, denn die Rückkehr des vom Vater bedrohten Sohnes stand nach Ablauf der Dreitagesfrist, also „alsbald" bevor).
> Zum auch sog. „Bratpfannen-Fall" des BGH NJW 1966, 1823, vgl. *Ebert*, JZ 1983, 637; *Hillenkamp*, 1981, S. 114; *Kion*, JuS 1967, 502 f.
> Aus der **Übungsfall-Literatur** vgl. *Bohnert*, Jura 1999, 533 f.; *Frisch/Murmann*, JuS 1999, 1196 u. 1197; *Geerds*, Jura 1992, 321–323; *Haverkamp/Kaspar*, JuS 2006, 895 u. 896 (BGHSt 48, 255 nachgebildet); *Otto/Bosch*, Übungen, Fall 2, S. 96 („Familientyrann").

Schließlich werfen auch Nötigungsnotstandsfälle (s. o. Rn. 60, s. u. Rn. 127) die **71** Problematik der Dauergefahr auf. Der das Recht beugende Richter (§ 339) bzw. der einen Meineid schwörende Zeuge (§ 154) muss jetzt so handeln, will er die Bedrohung für sein Leben oder das seiner Angehörigen durch einen gefährlichen Gewalttäter wirksam abwenden.

> Aus der Rechtsprechung: RGSt 66, 222; BGHSt 5, 371 (= Fall 40, S. 59 f., in: *Roxin*, HRR AT, mit Antwort *Roxin*, S. 180).
> Aus der **Übungsfall-Literatur** vgl.: *Arzt*, JuS 1982, 449 u. 451; *Krey*, Jura 1979, 316 f. u. 318 ff.; *Müller*, Jura 2005, 635 u. 641 (ähnlich *Rengier*, AT, Fall 4 a, vor Rn. 1 u. Rn. 55); *Weber*, Jura 1984, 367 f. u. 370; W-*Beulke*, Fall 10, Rn. 393 u. 444.

Die **Organentnahme** von toten Spendern, um sie zu Heilzwecken Patienten auf **72** Grund medizinischer Indikation einzusetzen, ist seit Inkrafttreten des Transplantationsgesetzes (TPG) nicht mehr nach § 168 StGB, sondern bei Fehlen einzelner, in §§ 3, 4 TPG genannter Voraussetzungen nach § 19 II TPG strafbar.[119] Jedenfalls in Ausnahmesituationen dürfte § 34 trotz der abschließend formulierten Regeln des TPG (vgl. § 3 I: „nur zulässig") weiterhin anwendbar sein,[119a] z. B. wenn in einer Katastrophensituation entgegen § 3 I Nr. 3 TPG ein (noch) Nichtarzt das Organ entnimmt. Die Gegenwärtigkeit der Gefahr für Leib und Leben des zu rettenden Patienten ist regelmäßig gegeben; zur Bejahung dieses Erfordernisses bedarf es „keiner dramatischen Verschlechterung des Gesundheitszustandes, keiner akuten Zuspitzung der Krank-

---

[118] Zum schlafenden „Haustyrannen" vgl. *Hillenkamp*, 1981, S. 117: „Sein Dasein bedeutet Gefahr, nicht Angriff"; *Renzikowski*, 1994, S. 268; *Haverkamp*, GA 2006, 586, 595; B-*Weber/Mitsch*, 17/58: „Dauergefahr"; ebenso *Roxin*, AT I, 22/17; NK-*Neumann*, § 34 Rn. 57 u. SSW-*Rosenau*, § 34 Rn. 12. – *Ludwig*, 1991, S. 170 u. 204, lehnt auch hier eine „drohende Gefahr" i. S. des § 228 BGB ab, bejaht aber eine „gegenwärtige Gefahr" i. S. des § 35; ein „präventives Defensivnotstandsrecht" will *Ludwig* nur dann gewähren, „wenn ein Mensch für andere Personen eine Gefahr begründet, bei der in allernächster Zeit mit dem Schadenseintritt zu rechnen ist" (S. 169 u. 209), z. B. im „Wilderer-Fall" des OLG Karlsruhe HRR 1931 Nr. 1130, nicht in dem des RGSt 53, 132.

[119] *Schroth*, JZ 1997, 1149, 1152; *Dippel*, Fs. Hanack, 1999, S. 693; *Heger*, JZ 1998, 506; S/S-*Lenckner/Bosch*, § 168 Rn. 7; einschränkend NK-*Herzog*, § 168 Rn. 14, der – entgegen § 19 I a. F. (jetzt § 19 II) i. V. m. § 3 I Nr. 3 TPG – die durch einen Nichtarzt vorgenommene Organentnahme weiterhin unter § 168 subsumieren will.

[119a] Einschr. S/S-*Lenckner/Bosch*, § 168 Rn. 8; wie hier MK-*Erb*, § 34 Rn. 198 u. NK-*Neumann*, § 34 Rn. 118.

heit".[120] Ist der zu rettende Patient in diesem Sinne, also jetzt in Gefahr, so entfällt die Gegenwärtigkeit der Gefahr nicht deshalb, weil das rettende Organ erst auf dem Umweg über ein Organverteilungszentrum nach Prüfung der Gewebeverträglichkeit zur Implantation gelangt.[121] Die Gegenwärtigkeit der Gefahr liegt aber dann nicht vor, wenn das Organ (z. B. die Niere) lediglich zur Sammlung und Lagerung in einer Organbank entnommen wird;[122] die Versorgung von Organbanken über § 34 ist nicht zulässig, da sie dessen Beschränkung auf das aktuell Notwendige zuwider- und auf die Bevorratung zukünftigen Rettungspotentials hinausläuft.[123]

73   Straftatbestandsmäßige Aktionen, die Umweltgefährdungen (z. B. „Ozonloch", „Waldsterben") anprangern, richten sich gegen gegenwärtige Gefahren, wenn feststeht, dass der zukünftig zu erwartende Schaden nur durch sofortiges Handeln abgewendet werden kann.[124]

b) Rettungshandlung

74   Während die bisher behandelten Voraussetzungen des rechtfertigenden Notstandes (notstandsfähige Rechtsgüter, Notstandsgefahr und deren Gegenwärtigkeit, Zugriff auf rechtlich geschützte Interessen unbeteiligter Dritter) **weiter**griffen als die entsprechenden Notwehr-Voraussetzungen (notwehrfähige Rechtsgüter, Angriff und dessen Gegenwärtigkeit, Eingriff nur in Rechtsgüter des Angreifers), ändert sich das bei den jetzt zu behandelnden Merkmalen der Erforderlichkeit und des wesentlich überwiegenden Interesses. Sie enthalten **strengere** Voraussetzungen für die Notstandshandlung als sie § 32 für die Verteidigungshandlung aufstellt. Das ist schon vom Gesetzestext her offensichtlich für das Interessenübergewicht, denn ein solches verlangt § 32 für das angegriffene und verteidigte Rechtsgut gerade nicht als zu prüfende Notwehrvoraussetzung; dass das Interessenübergewicht des rechtswidrig angegriffenen Gutes vom Gesetzgeber der Notwehrregelung zugrunde gelegt wurde, ist etwas anderes.

aa) Erforderlichkeit

75   Die Erforderlichkeit taucht als Begriff nur in § 32 II, nicht aber bei den gesetzlichen Notstands-Voraussetzungen des § 34 S. 1 auf, dennoch ist eine Rettungshandlung, die in einer Notstandslage vorgenommen wird, nur dann gerechtfertigt, wenn sie zur Abwendung der (Notstands-)Gefahr erforderlich ist. Die Erforderlichkeit ist als objektive Voraussetzung auch des rechtfertigenden Notstandes allgemein anerkannt, obwohl der Wortlaut des § 34 S. 1 sie nur versteckt in Form der „**Nicht-anders-Abwendbarkeit**" anspricht.

---

[120] *Ulsenheimer*, 1999, § 142 Rn. 21; ähnlich *Schreiber*, Fs. Klug, 1983, S. 352, im Anschluss an *Wolfslast*, MMW 1982, 107. – Einschränkend nur für auf Leber-, Herz- oder Lungenverpflanzung angewiesene Patienten *Bock*, 1999, S. 258 f.

[121] *S/S-Lenckner/Bosch*, § 168 Rn. 8. – Die Notstandsrechtfertigung würde bei Transplantationen nach *Schreiber*, Fs. Klug, 1983, S. 352 f., wieder mehr in den Vordergrund rücken, wenn künftig die Verwendung von Organen unmittelbar am Ort für konkrete Patienten möglich sein sollte.

[122] *Ulsenheimer*, 2010, § 131 Rn. 14.

[123] *Jakobs*, 13/15 mit Fn. 32; ebenso *S/S-Lenckner/Bosch*, § 168 Rn. 8, u. *Stellpflug*, 1996, S. 44.

[124] Vgl. *Reichert-Hammer*, 1991, S. 185, der einräumt, dass bei weit in der Zukunft liegenden Schadensereignissen mit multifaktoriellen Verursachungsketten (Waldsterben, Ozonloch) klare wissenschaftliche Aussagen nur schwierig zu erhalten seien.

Der Vorteil dieser zunächst störenden, unterschiedlichen Terminologie liegt darin, 76 dass sie den Täter (und im Nachvollzug dann auch den Rechtsanwender) dazu auffordert, **alle** Möglichkeiten der Gefahrenabwehr in Betracht zu ziehen. Zu beachten sind deshalb auch diejenigen Abwendungsmöglichkeiten, die – wie das Ausweichen oder das Herbeiholen von (obrigkeitlicher) Hilfe – bei der Notwehr mangels „Verteidigungscharakters" als Abwehrhandlungen ausgeschieden wurden (s. o. 7/3, 78 u. 119).[124a]

Es geht beim rechtfertigenden Notstand eben nicht mehr wie noch bei der Notwehr um die Verteidigung des Rechts gegen das (angreifende) Unrecht, sondern um 77 die Abwendung einer Notlage durch Zugriff auf rechtlich geschützte Interessen unbeteiligter Dritter (jedenfalls nicht rechtswidrig Angreifender). Einen solchen Zugriff auf ihre Rechtsgüter müssen Dritte aber nur dulden, wenn der Täter keine Möglichkeit hatte, die Gefahr anders, d. h. ohne einen solchen Zugriff, abzuwenden. Konnte er sich aber z. B. der Gefahr entziehen, so ist sein tatbestandsmäßiger Zugriff auf fremde Rechtsgüter schon wegen der vorhandenen, aber nicht wahrgenommenen **Ausweichmöglichkeit** nicht nach § 34 gerechtfertigt.[125]

Abgesehen von dieser Besonderheit entspricht die „Nicht-anders-Abwendbarkeit" der Erforderlichkeit bei der Notwehr (s. o. Rn. 15). Auch wenn bei § 34 oft 78 von „ultima ratio"[126] oder vom letzten und einzigen Ausweg[127] die Rede ist, so reicht es für die Erforderlichkeit der zu rechtfertigenden Tat auch hier, dass sie ein **geeignetes** und das **relativ mildeste Mittel** darstellt.[128]

Sowohl die Auswahl des geeigneten Mittels (gewährleistet es eine Rettungschance 79 für das in Gefahr befindliche Rechtsgut?) als auch die des schonendsten Mittels (gab es gleich wirksame, aber für das Eingriffsopfer weniger einschneidende Wege zur Abwendung der Gefahr?) erfordern **Prognosen**.[129] Maßgeblich ist auch hier – wie schon bei der Erforderlichkeit der Verteidigungshandlung i. S. des § 32 II (s. o. Rn. 7/107) und soeben bei der Feststellung der Gefahrenlage (s. o. Rn. 45) – das **objektive ex-ante-Urteil** eines sachverständigen Beobachters.[130] Kommt er zu dem Urteil: geeignetes und mildestes Mittel, so ist die Rettungshandlung erforderlich, auch wenn sich später herausstellt, dass das eingesetzte Mittel keine Rettungschance bot, oder dass die Gefahr auf weniger schädliche Weise sicher hätte abgewendet werden können.

Zur Eignung: Hier geht es darum, dem unbeteiligten Dritten unnötige (nicht 80 „notwendige" i. S. des § 904 BGB) und deshalb sinnlose Opfer zu ersparen.[131] Damit ist eine Mindestanforderung für die Rettungshandlung aufgestellt: sie muss eine **Rettungschance** für das gefährdete Rechtsgut bieten. Ungeeignet ist deshalb nach

---

[124a] Ebenso NK-*Neumann*, § 34 Rn. 58.

[125] Ebenso LK-*Zieschang*, § 34 Rn. 52; SK-*Günther*, § 34 Rn. 34; S/S-*Perron*, § 34 Rn. 20; B-*Weber/Mitsch*, 17/62; W-*Beulke*, Rn. 308 u. *Pawlik*, 2002, S. 238; nach *Mitsch*, 2004, S. 230, die „einfachste und schonendste Reaktion".

[126] *Blei*, S. 166; *Eser/Burkhardt*, Strafrecht I, Nr. 12 A 27; *Geilen*, S. 104.

[127] M-*Zipf*, AT 1, 27/17: tertium non datur; *Schmidhäuser*, 6/39.

[128] OLG Karlsruhe NJW 2004, 3645; für den insoweit gleichformulierten § 35: BGH NStZ 1992, 487; für § 16 OWiG: OLG Karlsruhe JZ 1984, 240. – Aus der Literatur zu § 34 vgl. nur: *Bergmann*, JuS 1989, 110; LK-*Zieschang*, § 34 Rn. 50–52; S/S-*Perron*, § 34 Rn. 18–20; *Eser/Burkhardt*, Strafrecht I, Nr. 12 A 27; *Jakobs*, 13/17 u. 18; *Roxin*, AT I, 16/23.

[129] Zu diesen beiden Prognosen s. schon *Lenckner*, 1965, S. 80 u. 81.

[130] LK-*Zieschang*, § 34 Rn. 50; KK OWiG-*Rengier*, § 16 Rn. 16; *Eser/Burkhardt*, Strafrecht I, Nr. 12 A 27; B-*Weber/Mitsch*, 17/61; *Jakobs*, 13/16; *Kindhäuser*, AT, 17/23; W-*Beulke*, Rn. 308. – Für eine „ex-post" Bestimmung auch hier SK-*Samson*, § 34 Rn. 33.

[131] *Lenckner*, 1965, S. 79; diff. zwischen Defensiv- u. Aggressivnotstand SK-*Günther*, § 34 Rn. 28 ff. Vgl. auch BGHSt 2, 245, zum damals noch „übergesetzlichen Notstand".

allgemeiner Meinung der Einsatz von Mitteln, die an sich oder in ihrer Verwendung keine Rettungschance versprechen[132] (z. B. der Handfeuerlöscher beim Großbrand oder z. B. der unsachgemäß eingesetzte Handfeuerlöscher beim Kfz-Brand[133]).

81   **Ungeeignet** sind aber im Hinblick auf die Interessen des Eingriffsopfers auch solche Handlungen, die eine „nur ganz entfernte und vage Rettungschance" bieten,[134] bzw. die Rettungschance „nur ganz unwesentlich erhöhen".[135] Positiv formuliert: geeignet sind Rettungshandlungen, deren Erfolg „nicht ganz unwahrscheinlich" erscheint.[136] Das kann bei einem (nach dem BtMG strafbaren) Konsum von Cannabis zur Linderung von Gesundheitsbeeinträchtigungen der Fall sein (OLG Karlsruhe NJW 2004, 3645). Die Frage des Eingriffsopfers, ob eine so geringe Chance sein Opfer ausgleicht, ist berechtigt, betrifft aber erst die Interessenabwägung.[137]

82   **Völlig ungeeignet** ist z. B. die Autofahrt des Arztes zum Patienten (§ 316), wenn er diesen infolge Trunkenheit nicht mehr fachmännisch behandeln kann.[138] Ebenso ungeeignet zur erstrebten Stärkung des Vertrauens in die Anwaltschaft ist die Veruntreuung von Mandantengeldern (§ 246), die den Zusammenbruch der Kanzlei verhindern soll (von BGH NJW 1976, 680 f., im sog. „Mandantengelder-Fall" übersehen).[139] Auch die Auszahlung des vom Sparkassenräuber geforderten Geldbetrages durch den bedrohten Kassierer ist ungeeignet zur Abwendung der für die Sparkasse bestehenden Vermögensgefahr, weil sie diese Gefahr gerade realisiert (so im Übungsfall von *Küper,* Jura 1983, 206 u. 214); anders ist das natürlich für die Leben/Leib/Freiheits-Gefahr, in der der Kassierer schwebt, zu beurteilen. **Geeignet** ist dagegen die Verweigerung der Herausgabe des Geldes an den Sparkassenräuber zum Schutz des Vermögens der Sparkasse (so im Übungsfall von *Meier,* JuS 1989, 992 f. u. 997).

83   Nicht ausreichend geeignet ist der Transport eines Verletzten ins Krankenhaus durch einen alkoholisierten „Retter" (§ 316), wenn dadurch nur ein unerheblicher **Zeitgewinn** gegenüber der Alarmierung eines Rettungswagens oder des Herbeirufens eines Taxis erreicht werden konnte (vgl. OLG Koblenz MDR 1972, 885).[140]

84   Hinsichtlich ihrer Eignung umstritten sind **Blockadeaktionen** (§ 240), da sie nur mittelbar über das Wachrütteln des Bewusstseins auf die Abwendung der angeprangerten Gefahr z. B. eines Atomkrieges hinwirken (vgl. OLG Köln NStZ 1985, 550 f.).[141] Nicht unumstritten ist die Eignung einer **Aids-Test-Venenpunktion**

---

[132] Vgl. *Erb,* JuS 2010, 108, 109 u. S/S-*Perron,* § 34 Rn. 19.

[133] Beispiele (leicht abgewandelt) von *Lenckner,* 1965, S. 79.

[134] *Lenckner,* Fs. Lackner, 1987, S. 99; NK-*Neumann,* § 34 Rn. 60.

[135] LK-*Zieschang,* § 34 Rn. 52; MK-*Erb,* § 34 Rn. 91; *Roxin,* AT I, 16/23: messbare Chancenerhöhung.

[136] *Lenckner,* Fs. Lackner, 1987, S. 99; SK-*Günther,* § 34 Rn. 31.

[137] *Ebert,* S. 82; *Lenckner,* Fs. Lackner, 1987, S. 99; ebenso OLG Karlsruhe NJW 2004, 3645.

[138] Bsp. bei *Jakobs,* 13/17; *Roxin,* AT I, 16/23.

[139] Zutreffend dagegen erkannt von *Küper,* JZ 1976, 517; *Kienapfel,* JR 1977, 27; *Grebing,* GA 1979, 87 Fn. 27; *Eser/Burkhardt,* Strafrecht I, Nr. 12 A 29; *Roxin,* AT I, 16/54; S/S-*Perron,* § 34 Rn. 19; NK-*Neumann,* § 34 Rn. 61.

[140] Als Bsp. bei *Grebing,* GA 1979, 85; LK-*Zieschang,* § 34 Rn. 51 mit weiterer Rspr.; KK OWiG-*Rengier,* § 16 Rn. 17; S/S-*Perron,* § 34 Rn. 19; *Ebert,* S. 82 f.; *Eser/Burkhardt,* Strafrecht I, Nr. 12 A 29.

[141] Gegen die Geeignetheit S/S-*Perron,* § 34 Rn. 19; für die Geeignetheit *Reichert-Hammer,* 1991, S. 187 f., mit weiteren Beispielen aus der Praxis (Bauplatzbesetzungen, Besetzungen des Universitätsgebäudes, S. 188 f.). – Vgl. auch LG Dortmund NStZ-RR 1998, 139, zur zweifelhaften Eignung einer öffentlichen Aufforderung zur Schienenmontage bei Castor-Transporten (§ 111) zur Abwendung einer Gesundheitsgefahr für die Bevölkerung.

(§ 223) bei bestimmten Patienten zur Abwehr einer Gesundheitsgefahr für das Klinikpersonal.[142]

Kommt zur Gefahrenabwehr nur ein **einziges** Mittel als geeignetes in Betracht, so 85 ist es mangels Alternativen auch zugleich das erforderliche Mittel.[143] Stehen dem Täter dagegen **mehrere** geeignete, aber unterschiedlich aussichtsreiche Mittel zur Verfügung, so ist im Hinblick auf die Rettungschancen dasjenige zu wählen, das die Rettung am ehe-sten gewährleistet[144] (das „geeignetste").

Zum relativ mildesten Mittel: Ging es bei der Geeignetheit um die Rettungschan- 86 cen für das Erhaltungsgut, so kommt jetzt das Eingriffsgut mit seinem Anspruch auf **möglichste Schonung** in den Blick. Dieser Anspruch fordert den Täter auf, sich nach weniger einschneidenden[145] Alternativen umzusehen. Im Hinblick auf das Eingriffsopfer sind solche Alternativen besonders schonend, die einen Zugriff auf fremde (Rettungs-)Güter ganz vermeiden. Hier ist vor allem an das Ergreifen einer Ausweichmöglichkeit zu erinnern (oben Rn. 77), aber auch an das Herbeiholen von polizeilicher Hilfe oder das Herbeirufen von privaten Rettungsdiensten (vgl. OLG Koblenz NJW 1988, 2316) ist zu denken. So soll die Leibes- und Lebensgefahr der von einem „Haustyrannen" bedrohten Ehefrau durch Inanspruchnahme staatlicher und karitativer Hilfe anders als durch Tötung des „Haustyrannen" abwendbar sein (so BGHSt 48, 255, 260 mit z. T. krit. Bspr. *Beckemper,* JA 2004, 99; *Hillenkamp,* JZ 2004, 48, 50; *Kargl,* Jura 2004, 189; *Otto,* NStZ 2004, 142; *Rengier,* NStZ 2004, 233, 237 u. *Haverkamp,* GA 2006, 586, 598 ff.);[145a] dies soll erst recht nach Inkrafttreten des Gesetzes zum zivilrechtlichen Schutz vor Gewalttaten und Nachstellungen vom 11. 12. 2001 – BGBl. I 3513 – gelten (BGH a. a. O. S. 261).[145b] Auch wenn der Zugriff auf rechtlich geschützte Interessen „notwendig" wird, so ändert das nichts an der Aufforderung, nach dem das Eingriffsopfer schonendsten Mittel, jetzt in Form des „kleinsten Übels",[146] Ausschau zu halten. So sind ist das Einschlagen des politischen Weges innerhalb und außerhalb des Parlaments das mildere Mittel zur Abwendung von Atomgefahren als die öffentliche Aufforderung (§ 111) zur Schienendemontage bei Castor-Transporten (LG Dortmund NStZ-RR 1998, 139).

Schon für diese Ausschau lohnt es sich, bei der Bearbeitung von **Übungsfällen** 87 Zeit zu reservieren, denn wer Alternativen übersehen hat, kann das durch „an sich"

---

[142] Bejahend *Janker,* 1988, S. 135–142, und *Pfeffer,* 1989, S. 120 f. (merkliche Verringerung des Ansteckungsrisikos für das Behandlungspersonal). Verneinend *Bruns,* StV 1987, 506.

[143] S/S-*Perron,* § 34 Rn. 19. Vgl. z. B. OLG Koblenz NJW 1963, 1991: Wegnahme des Zündschlüssels zur Verhinderung einer Trunkenheitsfahrt als einzig verbleibendes „zuverlässiges Mittel".

[144] LK-*Zieschang,* § 34 Rn. 51; MK-*Erb,* § 34 Rn. 92; ähnlich W-*Beulke,* Rn. 308: „sicherste Weg".

[145] So formuliert z. B. M-*Zipf,* AT 1, 27/17. Von „weniger gravierenden Mitteln" spricht *Otto,* 8/172.

[145a] Krit. *Krey/Esser,* AT, Rn. 629: „fernliegend" und „lebensfremd"; zust. aber *Ringelmann,* in: Mona/Seelmann (Hrsg.), Grenzen des rechtfertigenden Notstands, 2006, S. 203, 211: „evident" richtige Annahme anderer Lösungen als Tötung; wohl auch *Frister,* AT, 20/8 Fn. 15; nur in extrem gelagerten Ausnahmefällen soll die Möglichkeit einer „anderen Abwendbarkeit" nach *Heinrich,* AT I, Rn. 421, scheitern.

[145b] Zu weiteren alternativen Rettungsmöglichkeiten *Schramm,* 2011, S. 149.

[146] Vgl. zum „kleineren Übel" BGHSt 2, 245 (Schwangerschaftsabbruch durch Arzt statt durch Laien), und RGSt 66, 227 (§ 70 StPO-Verfahren wegen Zeugnisverweigerung statt Meineid). Vgl. auch AG Schwäbisch-Hall NJW 1997, 2765: Fahrt ins nächstgelegene, statt ins (vermeintlich) bessere Krankenhaus.

zutreffende rechtliche Überlegungen kaum gutmachen. Es ist also eine gründliche Sachverhaltsauslegung geboten, um möglichst alle realistischen Rettungsmöglichkeiten, die dem Täter zur Verfügung stehen, ausfindig zu machen.

> In der **Übungsfall-Literatur** zur Erforderlichkeit wird diese Arbeit vorbildlich geleistet bei: *Arzt,* JuS 1982, 449 u. 451 (Zeugnisverweigerung, Polizeischutz statt Falschaussage gem. § 153);[147] *Böse/Keiser,* JuS 2005, 440, 444 („auf einem anderen Weg nach Hause fahren"); *Bott/Kühn,* Jura 2009, 72 u. 77 (ungeeignete Handlung); *Frisch/Murmann,* JuS 1999, 1196 u. 1197; *Geerds,* Jura 1992, 321 f. (Bewachung der Kinder, Maßnahmen staatlicher Organe statt Tötung des „Haustyrannen" gem. § 212);[148] *Geerds,* Jura 1992, 544 u. 546 f. (Aufforderung, aus dem Weg zu gehen, statt gewaltsames Wegbahnen gem. § 223); *Haft/Eisele,* Jura 2000, 313 f. u. 325 (Benachrichtigung der Polizei statt Tränengas versprühen); *Heger,* JA 2008, 859 u. 864 (gerichtliches Vorgehen milder); *Heghmanns/Keck,* AL 2011, 225 u. 231 (anderweitige Hilfe nicht erreichbar); *Hilgendorf,* KK I, Fall 11, Rn. 32 (Polizei rufen lassen), KK II, Fall 14, Rn. 10 f. u. 38 (leichterer Schlag) und KK III, Fall 5, Rn. 54 (Stadt verlassen oder Polizei informieren statt in den Wagen zerren); *Hillenkamp,* JuS 1994, 769 u. 772 (Einschalten der Polizei statt privater Gefahrenabwehr); *Jeßberger/Book,* JuS 2010, 321 u. 325 (Stalking-Fall); *Krack/Kische,* ZJS 2009, 684 u. 687 f. (Tötung zur Wiederherstellung der Familienehre); *Krey,* Jura 1979, 316 f. u. 318 f. (Krankmelden, Selbstablehnung, Polizeischutz statt Rechtsbeugung); *Otto,* 8/1 u. 216: Musterfall 1 (Licht einschalten, warnender Zuruf, Abwarten statt Schlag im Dunkeln gem. § 223); *Otto/Bosch,* Übungen, Fall 1, S. 63 (seitliches Ausholen), Fall 2, 81 f. und Fall 3, S. 97 (staatliche Hilfe); *Rudolphi,* AT-Fälle, Fall 3, S. 24 u. 34 (beim Thema Dauergefahr: Polizei einschalten statt auf „Spanner" zu schießen),[149] oder verbale Einwirkung statt Gewalt: *Schwind/Franke/Winter,* Anfängerübung, 1. Klausur, S. 51 u. 59, sowie *Tiedemann,* Anfängerübung, Fall 5, S. 185 u. 187 f. Freilich ist auch die Warnung vor lebensfremder Sachverhaltsauslegung bzw. vor einer Überinterpretation des Sachverhalts zu beherzigen: *Langer,* JuS 1987, 896 f. („hätte fliehen können" nach Sachverhalt lebensfremd), sowie *Werner,* Jura 1990, 599 u. 604.

88   Aus den geeigneten Alternativen sind im nächsten Schritt diejenigen auszuscheiden, die dem Täter nur **unsichere Erfolgschancen** bieten.[150] Dies wird oft für verbale Einwirkungen auf das Eingriffsopfer gelten (so in den Übungsfällen von *Geerds, Otto, Schwind/Franke/Winter* und *Tiedemann*), aber auch für den dauerhaft nicht leistbaren Polizeischutz (so in den Übungsfällen von *Arzt* und *Krey*). Auch die besonders vorzugswürdigen, Zugriffe vermeidenden Alternativen des Ausweichens und des Herbeiholens polizeilicher Hilfe[151] (so in den Übungsfällen von *Geerds* und *Rudolphi*) sind nur dann für die folgende Auswahl beizubehalten, wenn sich durch sie nicht die Gefahr für den Täter zwischenzeitlich erhöht.[152]

89   Unter den verbleibenden Alternativen ist sodann eine **Auswahl** zu treffen. Dabei ist vorab klarzustellen, dass trotz des mißverständlichen Wortlauts keine andere

---

[147] Vgl. zu BGHSt 5, 375: *Roxin,* HRR AT, S. 180, und *Ludwig,* 1991, S. 206.

[148] Vgl. zu BGH NJW 1966, 1823 ff.: *Kion,* JuS 1967, 503, und *Schroeder,* JuS 1980, 339.

[149] Vgl. auch BGH NJW 1979, 2054, der sich damit begnügt, dass bei früheren Besuchen des „Spanners" die Inanspruchnahme der Polizei ohne Erfolg geblieben war; insoweit zustimmend *Hirsch,* JR 1980, 116, und *Hruschka,* NJW 1980, 21; kritisch, vor allem wegen des zweiten Schusses *Reichert-Hammer,* 1991, S. 192 u. 194, sowie *Schroeder,* JuS 1980, 339.

[150] Vgl. *Ebert,* S. 82: Taxi nicht gleich zur Stelle, bleibt wegen der gebotenen höchsten Eile nur die Trunkenheitsfahrt. Mit weiteren Beispielen vgl. *Lenckner,* Fs. Lackner, 1987, S. 100 u. 109. Auf den möglichen Zeitverlust weist *Mitsch,* JuS 1989, 965 Fn. 2, gegenüber OLG Koblenz NJW 1988, 2316, hin.

[151] Vgl. zur (nicht uneingeschränkten) Subsidiarität des Notstandes gegenüber staatlicher Gefahrenabwehr *Grebing,* GA 1979, 85 f.; *Reichert-Hammer,* 1991, S. 190–196. Vgl. auch BGH StV 1988, 43: ausreichende Zeit zur Einschaltung der Polizei für den „freischaffenden" V-Mann, und OLG Karlsruhe VRS 46 (1974), 276: telefonische Alarmierung der Polizei.

[152] LK-*Zieschang,* § 34 Rn. 52; vgl. auch *Tenckhoff,* JR 1981, 257.

Abwendungsmöglichkeit vorliegt, wenn der Täter mehrere gleichwertige Alternativen hat.[153] Er hat dann vielmehr die Wahl, welches der 10 Kfz er zur Rettungsfahrt benutzen will, denn der Verweis auf ein anderes als das gewählte Kfz wäre nicht der Verweis auf ein milderes Mittel.[154]

Milder ist in der Regel das Mittel, mit welchem auf ein geringeres Rechtsgut **90** zugegriffen wird (Hausrechtseingriff statt Körperverletzung) oder mit dem auf dasselbe Rechtsgut in geringerem Maße zugegriffen wird (die wertvollere Sache des Eigentümers wird geschont).[155] Milder ist normalerweise auch der Einsatz eigener Güter zur Rettung im Vergleich zum Zugriff auf fremde Rechtsgüter.[155a] Dies gilt aber nicht uneingeschränkt, erst recht nicht für den Nothelfer, der dem in Not geratenen nicht näher steht als die Inhaber der anderen potentiellen Eingriffsgüter.[156]

Kann die Gefahr auch durch eine Handlung abgewendet werden, die auf Grund **91** **anderer Rechtfertigungsgründe** als dem hier zu prüfenden Notstand gerechtfertigt ist, so ist sie das mildere Mittel im Vergleich zu auch möglichen rechtswidrigen Rettungshandlungen. Als ein solch anderer Rechtfertigungsgrund, der eine mildere Handlung i. S. des § 34 ermöglicht, kommt die **Notwehr** in Betracht, so z. B. wenn der Angegriffene den körperlich unterlegenen Angreifer niederschlägt, anstatt sich des Angriffs durch Eindringen in ein fremdes Haus zu entziehen.[157] Die Beurteilung des Beispielsfalles ändert sich zum einen dann, wenn der Angegriffene den gefährlichen Angreifer lebensgefährlich verletzen müsste, zum anderen dann, wenn die Erfolgschancen einer Verteidigungshandlung nur geringen Erfolg versprechen. Jeweils wäre das Eindringen in das fremde Haus wegen Notstandes gerechtfertigt; zum einen, weil die erhebliche Verletzungsgefahr für den Angreifer die Verteidigungshandlung nicht mehr als mildere erscheinen lässt,[157a] zum anderen, weil die Verteidigungshandlung zwar das mildere, aber auch das weniger aussichtsreiche Mittel wäre, das nicht gewählt werden muss. – Müsste der zukünftig Angreifende später in Ausübung der Notwehr schwer verletzt werden, so ist seine jetzige Betäubung oder Einsperrung durch § 34 gerechtfertigt, da die spätere Verteidigungshandlung keine vorzugswürdige „andere Gefahrenabwehr" ist.[158]

Auch die mit **Einwilligung** des Inhabers eines der rettenden Eingriffsgüter vorge- **92** nommene, gerechtfertigte Handlung ist die mildere Maßnahme als der gegen den Willen des Rechtsgutsträgers erfolgende Zugriff auf ein anderes rettendes Eingriffsgut.[159] Damit wird **§ 34 nicht subsidiär** gegenüber der rechtfertigenden Einwilligung, auch nicht in dem Sinne, dass eine Berufung auf den rechtfertigenden Notstand solange nicht in Betracht kommt, wie nicht versucht wurde, die mögliche Einwilligung des Rechtsgutsinhabers einzuholen. Dass der Inhaber des Eingriffsgutes hätte gefragt werden können, ändert nichts an der „Nicht-anders-Abwend-

---

[153] LK-*Zieschang*, § 34 Rn. 50; S/S-*Perron*, § 34 Rn. 18.

[154] Vgl. *Küper*, JZ 1976, 516; *Erb*, JuS 2010, 108, 109; *Jakobs*, 13/18.

[155] Vgl. genauer *Lenckner*, Fs. Lackner, 1987, S. 102 f. u. *Pawlik*, 2002, S. 241.

[155a] *Mitsch*, 2004, S. 237.

[156] Vgl. mit Beispielen *Lenckner*, Fs. Lackner, 1987, S. 105–108; *Jakobs*, 13/18; NK-*Neumann*, § 34 Rn. 63.

[157] Beispiel mit Variationen von *Lenckner*, Fs. Lackner, 1987, S. 104 f., dem auch die Lösung im Text folgt; ebenso *Pawlik*, 2002, S. 241.

[157a] Dagegen MK-*Erb*, § 34 Rn. 97.

[158] Vgl. *Mitsch*, 2004, S. 275.

[159] *Lenckner*, Fs. Lackner, 1987, S. 105: „selbstverständlich auch die am wenigsten belastende Maßnahme"; ebenso B-*Weber/Mitsch*, 17/65; *Jakobs*, 13/19 u. NK-*Neumann*, § 34 Rn. 62.

barkeit" des ohne Einwilligung und ohne den Versuch ihrer Einholung erfolgenden Zugriffs, wenn eine Notstandslage vorliegt.[160] Wäre nämlich bei Verweigerung der Einwilligung wegen des Vorliegens der § 34-Voraussetzungen ein Zugriff gerechtfertigt, so wäre der Versuch, die „verzichtbare" Einwilligung einzuholen, ein zeitraubender Umweg.

93   Erfolgt eine **Organentnahme** vom Toten (§ 19 II TPG) ohne dessen Einwilligung oder die Zustimmung seiner Angehörigen bzw. ihm sonst nahe stehender Personen, ist ein Rückgriff auf § 34 wegen der gesetzgeberischen Entscheidung für die unbedingte Beachtlichkeit des Willens des Spenders auch über seinen Tod hinaus seit dem Inkrafttreten des TPG nicht (mehr) möglich.[161] Das im TPG vorgeschriebene Verfahren der Ermittlung des Willens des Verstorbenen durch Befragung bestimmter, ihm nahe stehender Personen kann deswegen allenfalls – wenn auf diesem Wege eine Ermittlung des Willens des Verstorbenen nicht möglich oder erfolglos ist – unter dem Gesichtspunkt einer mutmaßlichen Einwilligung (dazu 9/46 f.) gerechtfertigt sein, obwohl das TPG diese nicht ausdrücklich normiert hat.[162] Die Frage eines Interessenvorrangs des in Lebensgefahr befindlichen Empfängers (s. o. Rn. 72) spielt damit nur bei Fehlen anderer gesetzlicher Voraussetzungen als der (evtl. auch mutmaßlichen) Einwilligung des Spenders – z. B. bei Vornahme durch einen Nichtarzt – eine Rolle;[163] eine „über den Kopf der Betroffenen hinaus" erfolgte Explantation ist damit keinesfalls ein angemessenes Mittel i. S. des § 34 S. 2 (*Lackner/Kühl*, § 168 Rn. 4 a m. w. N.).

94   Auch die mögliche Notstandsrechtfertigung einer Blutentnahme durch **Venenpunktion** (§ 223) zum Zwecke des HIV-Antikörpertests bei bestimmten Patienten z. B. vor einer Operation, um das gefährdete Klinikpersonal vor einer Aids-Infizierung zu schützen, scheitert nicht daran, dass der mildere, aber unnötige Weg über die Zustimmung des Patienten vom Arzt nicht gegangen wurde;[164] – auch nicht daran, dass die Ansteckungsgefahr durch die Beachtung von Hygienestandards seitens des Pflegepersonals schonender abgewendet werden könnte.[165]

95   Besondere Schwierigkeiten wirft die Auswahl des erforderlichen Mittels dann auf, wenn die zur Verfügung des Täters stehenden Mittel sowohl **unterschiedlich schwer** (für das Eingriffsopfer) als auch **unterschiedlich geeignet** (für ihn) sind. Hier gleicht die geringe Rettungschance das besonders milde Mittel ebenso aus wie die große Rettungschance den schweren Eingriff.[166]

---

[160] LK-*Zieschang*, § 34 Rn. 52; MK-*Erb*, § 34 Rn. 97; *Jakobs*, 13/19; *Roxin*, AT I, 16/24; S/S-*Perron*, § 34 Rn. 20 u. *Pawlik*, 2002, S. 239.

[161] S/S-*Lenckner/Bosch*, § 168 Rn. 8; MK-*Erb*, § 34 Rn. 198; NK-*Neumann*, § 34 Rn. 118; SK-*Rudolphi/Rogall*, § 168 Rn. 15; SSW-*Rosenau*, § 34 Rn. 34; vgl. auch *Ulsenheimer*, 2010, § 142 Rn. 17, und *Dippel*, Fs. Hanack, 1999, S. 692 f.

[162] *Schroth*, JZ 1997, 1152; S/S-*Lenckner/Bosch*, § 168 Rn. 8.

[163] Für einen solchen Vorrang mit der ganz überwiegenden Meinung *Schreiber*, Fs. Klug, 1983, S. 351; dagegen *Köhler*, S. 291, und *Bock*, 1999, S. 262.

[164] Vgl. *Janker*, 1988, S. 95 u. 153–155; *Pfeffer*, 1989, S. 109–113; S/S-*Perron*, § 34 Rn. 20; vgl. aber *Schlehofer*, Jura 1989, 265. – Enge Rechtfertigungsgrenzen zieht LK-*Zieschang*, § 34 Rn. 68 a: bloßer Gefahrverdacht genügt nicht.

[165] So *Pfeffer*, 1989, S. 121–123, gegen *Eberbach*, NJW 1987, 1472; nach *Janker*, 1988, S. 145–153, ist diese Alternative nicht ebenso aussichtsreich wie der Zwangstest. – Als mildere Mittel zur Abwendung der Aids-Ansteckungsgefahr im Strafvollzug werden Aufsichtsmaßnahmen und die Ausgabe von Kondomen und sterilen Einwegspritzen genannt; etwa von *Calliess/Müller-Dietz*, § 56 Rn. 10 ff.

[166] Vgl. genauer *Lenckner*, Fs. Lackner, 1987, S. 109–111, mit einem (komplizierten) Beispiel.

Ein Sonderproblem betrifft die Frage, ob für die andere Abwendbarkeit nur auf   96
die zu beseitigende Gefahr abzustellen ist, oder ob auch die durch riskante Abwehrhandlungen **entstehenden** Gefahren zu berücksichtigen sind.

> Vgl. die **Übungsfälle** von *Otto,* Übungen, Anfängerklausur Nr. 1, S. 43 u. 50 (Hinweis 1) und
> *Tiedemann,* Anfängerübung, Fall 5, S. 185 u. 187 f. Vgl. auch den abgewandelten „Brand-Fall"
> bei *Lenckner,* Fs. Lackner, 1987, S. 98 Fn. 10 u. 100 f.

bb) Wesentlich überwiegendes Interesse

(1) Die Wesentlichkeit des Überwiegens. Eine Rechtfertigung wegen Notstands   97
kommt nach § 34 S. 1 nicht schon bei einem überwiegenden Interesse am gefährdeten Erhaltungsgut in Betracht, sondern erst dann, wenn „das geschützte Interesse
das beeinträchtigte **wesentlich** überwiegt." Dieses Erfordernis des **wesentlichen**
Überwiegens setzt dem utilitaristischen Prinzip der Interessenverrechnung (Erhaltung des höherwertigen Interesses bzw. Schadensminimierung) eine Grenze: Solidarität in Form der Duldungspflicht hinsichtlich von Notstandshandlungen wird nicht
schon bei jedem Interessenübergewicht verlangt.[167]

Diese Begründung des Wesentlichkeits-Erfordernisses schlägt sich in der Defini-   98
tion der Wesentlichkeit bei denjenigen besonders deutlich nieder, die eine erheblich
positive Interessenbilanz bzw. ein **qualifiziertes** (Interessen-)**Übergewicht** verlangen.[168] Danach muss in der § 34 S. 1-Prüfung in einem gesonderten Prüfungspunkt
nach Feststellung des Interessenübergewichts dessen Grad auf seine Erheblichkeit
hin untersucht werden. Daran würde es z.B. fehlen, wenn die Rettungshandlung
Vermögenswerte erhalten könnte, dabei aber nahezu gleiche Vermögenswerte beim
Eingriffsopfer vernichten müsste (etwa Euro 18.000,– zu Euro 20.000,–).

Die o.g. Begründung des Wesentlichkeits-Erfordernisses steht aber auch im Hin-   99
tergrund bei denjenigen, die auf ein graduell gesteigertes, qualitatives Übergewicht
verzichten und sich mit einer **eindeutigen Wertdifferenz** begnügen.[169] Dies gilt zumindest für die Vertreter dieser neueren Auffassung, die vor der Feststellung der
Wertdifferenz schon die Grenzen der Solidaritätspflicht des Eingriffsopfers bei der
Interessenabwägung berücksichtigt haben.[170] Wer sich bei der Interessenabwägung
nicht mit einer schlichten Güterabwägung begnügt, sondern schon das schutzwürdigere Interesse zu ermitteln versucht, der kann auf den zusätzlichen Prüfungspunkt
der Wesentlichkeit ohne Verstoß gegen den Gesetzeswortlaut und mit dem Sinn des
Gesetzes (Erhaltung des schutzwürdigeren Interesses) verzichten. Er kann aber auch
in diesem vom Gesetzeswortlaut nahegelegten zusätzlichen Prüfungspunkt untersuchen, ob das Interessenübergewicht nicht jedem begründeten Zweifel entrückt ist;
fehlt diese Klarheit, so ist die Rechtfertigung abzulehnen.[171]

---

[167] Vgl. *Hruschka,* S. 113; *Jakobs,* 13/33; *Lenckner,* GA 1985, 312; *Neumann,* ARSP-
Beiheft 44 (1991), S. 257. – Das Wesentlichkeitserfordernis wird auch von *Meißner,* 1990,
S. 254, als normatives Korrektiv der utilitaristisch verstandenen Interessenabwägungsformel
aufgefasst, doch wird es nicht mit der Solidarität begründet (kritisch dazu *Neumann,* GA
1992, 95).
[168] *Jakobs,* 13/33; LK-*Zieschang,* § 34 Rn. 76; NK-*Neumann,* § 34 Rn. 21 u. 67, und *Bergmann,* JuS 1989, 111, sowie *Renzikowski,* 1994, S. 240.
[169] *Küper,* GA 1983, 296 f. [abl. *Moyer,* Fs. Küper, 2007, S. 173 ff.]; *Pawlik,* 2002, S. 270;
Roxin, AT I, 16/90.
[170] So etwa *Lenckner,* GA 1985, 312: das durch den Solidaritätsgedanken legitimierte Sonderopfer dürfe dem einzelnen nur dann auferlegt werden, „wenn die damit wahrgenommenen
fremden Interessen unverhältnismäßig mehr Schutz verdienen."
[171] So *Roxin,* AT I, 16/90, mit Beispielen aus der Rechtsprechung.

100   Zur Ermittlung dieser Klarheit wird die sog. **Notwehrprobe** empfohlen, bei der gefragt wird, ob sich der Betroffene den Eingriff ohne Recht zur Gegenwehr wirklich gefallen lassen muss.[172]

101   Solche Zweifelsfälle werden nicht selten sein, denn die von § 34 geforderte Interessenabwägung verlangt auch Wertungen, die nicht immer zu rational nachvollziehbaren, allgemeingültigen Ergebnissen führen werden.[173] Der **verbleibende Zweifel** geht hier aber nicht zugunsten des Täters, sondern er schließt es aus, dem Träger des Eingriffsguts ein Sonderopfer abzuverlangen.[174] An einem nur geringen Interessenübergewicht scheitert die Rechtfertigung dagegen nicht, wenn dieses nur ein eindeutiges ist.[174a] Eindeutigkeit wird sich häufig aber nur erzielen lassen, wenn das Interessenübergewicht auch erheblich („qualifiziert") ist.[175]

> Einen Zweifelsfall – Erhaltung des Betriebes und der Arbeitsplätze durch unbefugte Gewässerunreinigung (§ 34) – behandeln *Reinecke*, JuS 1992, 486 f., und *Rudolphi*, AT-Fälle, Fall 16, S. 191 u. 203 f., sowie *Roxin*, AT I, 16/90, im Anschluss an BGH bH MDR 1975, 723.

102   *(2) Umfassende Interessenabwägung.* Der Umstand, dass die Ergebnisse einer **Interessenabwägung** i. S. des § 34 S. 1 wegen der dabei erforderlichen Wertung nicht immer als allgemeingültig empfunden werden, hat zwar für den Bearbeiter strafrechtlicher Übungsfälle den Vorteil, dass sein Ergebnis oft nicht als „falsch" oder „richtig" bezeichnet werden kann. Doch wird dieser Vorteil zum Nachteil, wenn der **methodische** Weg zu diesem „vertretbaren" Ergebnis Mängel aufweist. Zur Vermeidung solch gravierender Mängel muss man sich Klarheit über das verschaffen, was die § 34-Interessenabwägung verlangt.

103   § 34 S. 1 spricht zwar auch von der „Abwägung ... der betroffenen Rechtsgüter", doch erst nach einem „namentlich", vor das die „Abwägung der widerstreitenden Interessen" gestellt ist. Interessenabwägung ist danach mehr als Güterabwägung, enthält diese aber als einen ihrer wichtigen („namentlich") Bestandteile. Dieser Gesetzeslage entsprechend wird nahezu allgemein[176] eine **umfassende Interessenabwägung** verlangt. Schon diese Forderung ist geeignet, einem die Problematik des Unterfangens deutlich zu machen, sie wird zur Beklemmung, wenn sie so umschrieben wird, dass alle positiven und negativen Vorzugstendenzen, ja sogar Wertanrufe aus der Gesamtrechtsordnung zu beachten seien. Nüchterner formuliert ist die Aufforderung, danach zu fragen, „ob nach der Gesamtlage des konkreten Falles das Interesse am Schutz des bedrohten Rechtsguts und damit an der Zulassung einer sonst verbotenen Handlung das Interesse an der Unterlassung dieser Handlung überwiegt."[177]

---

[172] *Eser/Burkhardt*, Strafrecht I, Nr. 12 A 36; *Gropp*, 1981, S. 98; *Küper*, GA 1983, 297 f.; S/S-*Perron*, § 34 Rn. 45.

[173] *Küper*, GA 1983, 297 Fn. 28: „wertungsmäßige" Unsicherheiten; *Roxin*, Fs. Oehler, 1985, S. 184: unvermeidliche Grauzone.

[174] S/S-*Perron*, § 34 Rn. 45, der im Hinblick auf Wortlaut sowie Sinn und Zweck des § 34 ein „qualifiziertes, also gesteigertes Übergewicht" verlangt.

[174a] Aufgegriffen von *Krey/Esser*, AT, Rn. 609, die aber ein qualifiziertes Übergewicht verlangen.

[175] Vgl. *Mitsch*, JuS 1989, 965: praktisch würden die beiden Ansichten selten zu abweichenden Fallbeurteilungen führen.

[176] Scharf dagegen aber *Hruschka*, S. 181, und schon in: NJW 1980, 22; *Gössel*, Fälle, S. 218; vgl. auch *Meißner*, 1991 (übersichtlich dargestellt in der Besprechung von *Neumann*, GA 1992, 93 ff.); *Runte*, 1991, S. 356; *Pawlik*, 2002, S. 131 ff. und vehement auch *Köhler*, S. 282 f.

[177] S/S-*Perron*, § 34 Rn. 22.

Ein **erster Schritt** zur Bewältigung dieser Aufgabe besteht in der sorgfältigen **Ana-** 104
lyse des im Sachverhalt steckenden Interessenkonflikts. Dies erfordert sowohl eine
gründliche Arbeit am Sachverhalt als auch die genaue Beschreibung der im konkreten Fall enthaltenen Kollisionslage. Die unzureichende Erfassung des zu lösenden
Konflikts ist genauso wenig wieder gutzumachen wie das Übersehen von Möglichkeiten, die Notstandslage anders abzuwenden (s. o. Rn. 87).

> In **Übungsfällen** findet man eine solche Analyse z. B. bei *Otto,* 8/1 u. 216: Musterfall 1; *We-*
> *ber,* Jura 1984, 367 f. u. 370 f.

Der **zweite Schritt** besteht in der Auswahl und Anwendung der Faktoren, die für 105
den offengelegten Interessenkonflikt Entscheidungskriterien enthalten. An diesem
Punkt kommt es aber wieder zu einer großen Verunsicherung bei Bearbeitern von
strafrechtlichen Übungsfällen, denn ein Blick ins Gesetz bringt nicht viel, der Blick
in Kommentare und Lehrbücher das Eingeständnis, dass kein abschließender Katalog von **Abwägungs-Faktoren** und schon gar keine einheitliche Formel zur Abwägung gegeben werden kann. Immerhin angeboten werden allgemeine Richtlinien[178]
für die Abwägung und sogar ein Schema zur strukturellen Orientierung.[179] Die Zahl
der angebotenen Faktoren schwankt zwischen 5 und 12, wobei klar ist, dass nicht
für jede Abwägung alle Faktoren herangezogen werden müssen. Aber diese Einschränkung tröstet nur wenig, denn sie verlangt, die für den Fall „einschlägigen"
Faktoren auszuwählen. Wer aber auswählen muss, muss möglichst alle Faktoren
kennen, die zur Auswahl stehen.

(3) Die einzelnen Abwägungsfaktoren. Besonders in der Klausur-Situation ist zu 106
empfehlen, sich an das zu halten, was man hat, und das ist der Gesetzestext. § 34
nennt zwar in Satz 1 nur 2 Faktoren („betroffene Rechtsgüter" und „Grad der ihnen drohenden Gefahr"), doch kann man daraus auf weitere rechtsgutsbezogene
Faktoren („Ausmaß der drohenden Rechtsgutsverletzungen" und „Größe der Rettungschance") schließen, die zusammengenommen den **Kernbereich** der Gesamtabwägung ausmachen.

• Zum **Rangverhältnis** der kollidierenden Rechtsgüter:

Ein Interessenübergewicht kann sich aus dem höheren Rang des Erhaltungsgutes 107
im Verhältnis zum Eingriffsgut ergeben, oft wird freilich ein solches **Wertgefälle**
zwischen den betroffenen Rechtsgütern nur ein mehr oder weniger wichtiger Faktor
der Interessenabwägung sein.
Auf der Eingriffseite ist dabei nicht nur das Rechtsgut, das der Täter durch seine 108
Notstandshandlung verletzt, in Ansatz zu bringen, sondern alle, auch die nur mittelbar betroffenen Rechtsgüter (z. B. das Interesse an der Erhaltung der Arbeitsplätze bei einem durch einen „Notbetrug" unmittelbar nur am Vermögen geschädigten
Unternehmer).[180] Eine Rangfolge der Rechtsgüter ist zwar nicht in einer Tabelle

---

[178] Von *Roxin,* AT I, 16/26, und S/S-*Perron,* § 34 Rn. 22.
[179] Von *Haft,* S. 105, Abbildung 8; dieses Schema verwendet zur Falllösung *Hilgendorf,*
KK III, Fall 1, Rn. 46–52 und Fall 5, Rn. 55–58; Hinweise zur „Vorgehensweise" in „Prüfungsarbeiten" bei *Zieschang,* JA 2007, 679, 682.
[180] Mit diesem Bsp. *Küper,* 1983, S. 146–149; ebenso *Jakobs,* 13/32; anders aber *Dencker,*
JuS 1979, 779, u. S/S-*Perron,* § 34 Rn. 23. – Zu Fernwirkungen bei Eingriffen in Allgemeinheits-Rechtsgüter s. M-*Zipf,* AT 1, 27/34; *Weber,* Jura 1984, 371, und auch *Meier,* JuS
1989, 997.

festgehalten, doch lässt sich für die Ranghöhe der verschiedenen Rechtsgüter schon dem StGB etwas entnehmen. Da ist zunächst die **Reihenfolge**, die § 34 S. 1 bei den dort beispielhaft genannten Rechtsgütern festlegt.[181]

> **Übungsfälle** mit Rechtsgüterabwägungen finden sich bei: *Aselmann/Krack*, Jura 1999, 254 u. 257; *Beulke*, KK I, Fall 2 Rn. 119 u. 134 (Leben gegen körperliche Unversehrtheit); *Bohnert*, Jura 1996, 38 (Körperintegrität gegen Integrität des Straßenverkehrs); *Frank*, Jura 2006, 783 u. 786 (Leben gegen Gesundheit); *Goeckenjahn*, JuS 2008, 702 u. 705 (Strafverfolgungsinteresse gegen Vermögensinteresse); *Gössel*, Fälle, Fall 13, S. 213f. u. 218 (körperliche Integrität und Hausrecht gegen körperliche Integrität); *Rudolphi*, AT-Fälle, Fall 3, S. 24 u. 34 (Gesundheit gegen Hausrecht, Privatsphäre und allgemeine Handlungsfreiheit); *Walter/Götz*, AL 2009, 27 u. 31 (auf beiden Seiten körperliche Unversehrtheit).

109   Der Rang dieser und noch weiterer Rechtsgüter, soweit sie strafrechtlich geschützt sind, lässt sich durch die Strafrahmen der einzelnen Delikte im BT bestimmen. Ein solcher **Strafrahmenvergleich** führt zur Höhereinstufung des geborenen als des ungeborenen Lebens, denn die Strafdrohungen der §§ 211, 212 liegen deutlich über der des § 218.[182] Erfolgt also eine Abtreibung der Leibesfrucht, weil das Leben der Schwangeren anders nicht erhalten werden kann, so wahrt der Täter das höhere Interesse; ist der Täter Arzt, so wird dieses Ergebnis durch § 218 a I Nr. 2 bestätigt, auf § 34 aber ist abzustellen, wenn ein Nichtarzt den unumgänglichen Schwangerschaftsabbruch bei Nichterreichbarkeit eines Arztes vornimmt.[183]

110   Für die Notstandsrechtfertigung einer Organentnahme vom Verstorbenen zur Lebensrettung eines Kranken auch außerhalb der Voraussetzungen der §§ 3, 4 TPG spricht der Vergleich des Strafrahmens, den § 19 II TPG (Freiheitsstrafe bis zu drei Jahren oder Geldstrafe) dem Schutz vor groben Verstößen bei der Organentnahme[184] zukommen lässt, mit dem, den die §§ 211, 212 dem Schutz des Lebens gewähren.

> **Übungsfälle** mit Strafrahmenvergleich finden sich bei *Baumann/Arzt/Weber*, Strafrechtsfälle, Fall 12, S. 70 u. 72f. (§ 203 I–§ 218 I); *Beckemper/Müller*, ZJS 2010, S. 105 u. 111 (§ 17 I UWG gegen § 370 AO); *Küpper*, in: G/K/M, Fallsammlung, Fall 9 S. 167f. u. 170 (§ 154–§ 239 III Nr. 1); *Weber*, Jura, 1984, 367 u. 370 (§§ 211, 212 – § 336).

111   Zu beachten ist bei der Verwendung des Hilfsmittels Strafrahmenvergleich aber, dass die Strafdrohung insbesondere bei verhaltensgebundenen Straftatbeständen nicht nur von der Höhe des geschützten Rechtsguts bestimmt wird. Aus dem geringen Strafrahmen des § 323 c kann nicht geschlossen werden, dass eine Notstandsrechtfertigung für eine lebensrettende Fahrt des hilfswilligen Unfallbeteiligten ausscheidet, weil § 142, der dadurch tatbestandsmäßig verwirklicht wird, einen höheren Strafrahmen hat.

112   Neben der § 34-Reihenfolge und den Strafrahmen kann die **Strafbewehrung** eines der Rechtsgüter für seinen höheren Rang sprechen (z.B. § 324 für das Überwiegen des Umweltmediums Wasser im Konflikt mit Arbeitsplätzen), allerdings sind nicht alle Rechtsgüter, die keinen Strafrechtsschutz genießen (z.B. das allgemeine Persön-

---

[181] S/S-*Perron*, § 34 Rn. 43; *Erb*, JuS 2010, 108, 110.

[182] *Gropp*, 1981, S. 87 f.; *Meurer*, S. 56; *Roxin*, AT I, 16/27; NK-*Neumann*, § 34 Rn. 71.

[183] *Lackner*, NJW 1976, 1237; *Ulsenheimer*, 1999, § 143 Rn. 32. Vgl. auch BGHSt 1, 329 ff.

[184] Vgl. *Erbs/Kohlhaas-Pelchen/Anders*, T 120, § 19 TPG, Rn. 1; diff. MK-*Tag*, Rn. 8, 9 (noch) zu § 19 I TPG.

lichkeitsrecht), den strafrechtlich geschützten Gütern des Sacheigentums oder des Vermögens unterzuordnen.

> Im **Übungsfall** spielt die Strafbarkeit eine Rolle für die Ranghöhe bei: *Ostendorf*, JuS 1982, 200 u. 201, und *Reinecke*, JuS 1992, 486 u. 487.

Auch die **übrige Rechtsordnung** kann zur Ermittlung der Ranghöhe von Rechts- 113 gütern herangezogen werden.[184a] So wird etwa Art. 1 GG die allgemeine Richtlinie entnommen, dass Personenwerten der Vorrang vor Sachgüterinteressen zukommt.[185] Ein so allgemeiner Vorrang kann dagegen Rechtsgütern des einzelnen gegenüber Rechtsgütern der Allgemeinheit nicht zuerkannt werden.[186] Selbst das höchste Individualrechtsgut, das Leben, kann nicht immer über höchste Allgemeinrechtsgüter bzw. Staatsinteressen gestellt werden (vgl. im Übungsfall: *Krey*, Jura 1979, 316 f. u. 320, sowie *Roxin*, AT I, 16/31). Doch rechtfertigt eine Lebensgefahr durch politische Verfolgung im Heimatland die Urkundenfälschung (§ 267) durch Vorlage eines verfälschten Ausweispapiers bei der Einreise nach Deutschland (vgl. OLG Frankfurt StV 1997, 78).

Das **Leben** ist aber grundsätzlich einer qualitativen Abwägung (jüngeres gegen al- 114 tes) ebenso entzogen wie einer quantitativen (ein Leben gegen mehrere Leben).[187] Deshalb kann die Herz-Lungen-Maschine bei einem älteren Patienten nicht deshalb abgestellt werden, weil sie für einen jungen Schwerverletzten benötigt wird.[188] Auch die Rettung des Lebens zahlreicher Menschen kann die dafür notwendige Tötung eines Menschen nicht rechtfertigen (so stellte sich im „Katzenkönig-Fall" = BGHSt 35, 347, der Versuchs-Täter die Situation vor; wäre sie tatsächlich so gewesen, hätte dies nicht zur Rechtfertigung gem. § 34 geführt).[189] Ob in Fällen der Gefahrengemeinschaft und in Situationen des Defensivnotstandes etwas anderes gilt, z.B. für den Abschuss eines gekaperten Flugzeugs, ist gesondert (s. u. Rn. 138 f. u. 153 ff.) zu behandeln, da dabei andere Faktoren Einfluss gewinnen (and. *Ebert* u. *Rengier*, oben Fn. 187).

Leben setzt sich schon wegen seiner Ranghöhe eindeutig gegenüber Sachwerten 115 durch, aber auch gegenüber Persönlichkeitswerten. So darf der Arzt die Angehöri-

---

[184a] Ähnlich NK-*Neumann*, § 34 Rn. 71.

[185] LK-*Zieschang*, § 34 Rn. 56; gegen diesen Vorrang *Jakobs*, 13/25; dafür aber *Roxin*, AT I, 16/29.

[186] S/S-*Perron*, § 34 Rn. 43; MK-*Erb*, § 34 Rn. 112.

[187] NK-*Neumann*, § 34 Rn. 74; *Rengier*, AT, 19/32; ausführlich *Küper*, JuS 1981, 785 ff. sowie *Laber*, Der Schutz des Lebens im Strafrecht, 1997, S. 151 ff.; knapper *Zieschang*, JA 2007, 679, 682 f. u. in Fs. Knemeyer, 2012, S. 449, 463; *Ebert*, 2008, S. 53, 58 u. *Erb*, JuS 2010, 108, 110. – Daran scheitert jedenfalls auch eine § 34-Rechtfertigung des „finalen Rettungsschusses" eines Polizisten außerhalb der Polizeigesetze und von § 32 (*Beisel*, JA 1998, 721, 725).

[188] Vgl. *Roxin*, AT I, 16/33.

[189] Ebenso NK-*Paeffgen*, Rn. 172 vor § 32. – Einen tatsächlichen Vollendungs-Fall gibt es nur als vieldiskutiertes Schulbeispiel: der sog. „Weichensteller-Fall" von *Welzel*, ZStW 63 (1951), 51; vgl. dazu *Gallas*, (Fs. Mezger, 1954, S. 330 f.) 1968, S. 74; *Gropp*, 6/160; *Jakobs*, 13/21; *Laber* (o. Fn. 187) S. 152; *Lenckner*, 1965, S. 30; NK-*Neumann*, § 34 Rn. 75; S/S-*Perron*, § 34 Rn. 24; *Otto*, 8/190 u. 195 sowie in: Jura 2005, 470, 477; *Roxin*, AT I, 16/34; *Renzikowski*, 1994, S. 258; *Mitsch*, GA 2006, 13; *Hörnle*, Fs. Herzberg, 2008, S. 555, 568; *Kindhäuser*, ZStW 120 (2008), 481, 499 ff.; – für Unrechtsausschluss aber *Kaufmann*, Fs. Maurach, 1972, S. 338 ff. u. *Schild*, JA 1978, 633; für Strafunrechtsausschluss *Günther*, 1983, S. 333 ff.; zu diesem Fall s. unten Rn. 156, 158 und – für Entschuldigung – 12/104.

gen eines Aids-Infizierten informieren (§ 203), um sie vor der Ansteckungsgefahr (Gefahr für die Gesundheit und letztlich das Leben) zu warnen (vgl. schon RGSt 38, 62, für die Syphilis-Ansteckungsgefahr, OLG Frankfurt NJW 2000, 875 m. Bspr. *Wolfslast*, NStZ 2001, 151, für die AIDS-Ansteckungsgefahr; s. oben Rn. 33).[189a] Die Lebensgefahren, die von einem betrunkenen Kraftfahrer ausgehen, dürfen durch Wegnahme des Zündschlüssels (§ 240) gebannt werden (OLG Koblenz NJW 1963, 1991).[190] Eine Freiheitsberaubung durch Bergung schwimmender Flüchtlinge aus der ehemaligen DDR ist durch die Rettung von deren bedrohtem Leben gerechtfertigt (BGH JZ 1998, 367 m. Anm. *Schroeder* und Bspr. *Fahl*, NJ 1998, 573).

> Aus der **Übungsfall-Literatur** vgl.: *Bernsmann*, JA-Übungsblätter 1991, 126 u. 130; *Bohnert*, Jura 2004, 640 u. 642; *Heghmanns/Keck*, AL 2011, 225 u. 231 (Leben gegen Leben); *Hilgendorf*, KK II, Fall 2, Rn. 50 und Fall 14, Rn. 12–15; *Jäger*, Bsp., Rn. 208 („Bahnwärter"-Fall) und Fall 37, Rn. 207, 208 („Flugzeugabschuss"-Fall); *Kudlich*, PdW BT II, Fall 120 (jeweils zu § 203 I); *Bruckauf*, in: *Ebert* (Hrsg.), Fall 5, S. 5 f. u. 94 (Leben gegen Leben: § 35, nicht § 34); *Frank*, Jura 2006, 783 u. 784 ff. (Leben gegen Leben: § 35, nicht § 34); *Meier*, JuS 1989, 992 u. 997 (Leben gegen Sachwerte).

- **Zum Grad der drohenden Gefahr:**

116   Ein gewisser Grad der Gefahr war schon für die Annahme einer Notstandslage erforderlich (s. o. Rn. 39 ff.). Mit dem jetzt zu behandelnden, gesetzlichen Abwägungsfaktor „Gefahrengrad" wird wieder nach der Wahrscheinlichkeit des Schadenseintritts[190a] gefragt und zusätzlich ein **Gefahrenvergleich** gefordert: welchem Gefahrengrad ist das Erhaltungsgut ausgesetzt, welchem das Eingriffsgut. Ist der Grad der dem Erhaltungsgut drohenden Gefahr größer als der, welcher dem Eingriffsgut droht, so darf auch auf höherrangige Eingriffsgüter zugegriffen werden (z. B. so gut wie sicherer Vermögensverlust durch Konkurs wird durch abstrakt gesundheitsgefährliche Umweltstraftat verhindert).[191]

117   Sind die betroffenen Rechtsgüter gleichrangig, so entscheidet oft der Gefahrengrad über das Ergebnis der Gesamtabwägung. So darf das **konkret** gefährdete Leben oder die Gesundheit eines Verunglückten – so erforderlich (s. o. Rn. 75 ff.) – durch eine Trunkenheits-Fahrt gerettet werden, obwohl damit auch Lebens- oder Gesundheitsgefahren für andere Verkehrsteilnehmer verbunden sind. Allerdings handelt es sich dabei nur um **abstrakte** Gefährdungen (vgl. OLG Celle VRS 63 [1982], 449; OLG Hamm NStZ 1996, 344; vgl. aber auch OLG Koblenz NJW 1988, 2316 mit Fallbesprechung von *Mitsch*, JuS 1989, 964–968).[191a] Verläuft die Rettungsfahrt allerdings für andere konkret gefährlich, so ist das Ergebnis eher umgekehrt (vgl.

[189a] Dem OLG Frankfurt zust. *Stratenwerth/Kuhlen*, 9/114; *Kindhäuser*, § 203 Rn. 10; *Lackner/Kühl*, § 203 Rn. 25 u. LK[11]-*Schünemann*, § 203 Rn. 139; zu Einzelfragen der Rechtfertigung einer Verletzung der ärztlichen Schweigepflicht im Hinblick auf eine HIV-Infektion LK-*Zieschang*, § 34 Rn. 68 a. – Problematischer ist die Rechtfertigung von § 203-Verstößen zum Zwecke der Strafverfolgung oder der Verhinderung von Straftaten; vgl. dazu *Michalowski*, ZStW 109 (1997), 519, 530 f. u. 531 ff. sowie LK[11]-*Schünemann*, § 203 Rn. 141.

[190] Vorbehaltlich des Einflusses anderer Faktoren wie Gefahrengrad und Herkunft der Gefahr aus der Sphäre des Eingriffsopfers: letzterer Umstand unterstützt das im Text gefundene Ergebnis; vgl. S/S-*Perron*, § 34 Rn. 31 unter 3.

[190a] *Ebert*, S. 84; *Erb*, JuS 2010, 108, 110.

[191] Vgl. die Beispiele aus dem Bereich der Verkehrsordnungswidrigkeiten bei KK OWiG-*Rengier*, § 16 Rn. 30–36; aus der Rspr. vgl. KG NZV 1993, 362.

[191a] *Erb*, JuS 2010, 108, 110. – Vgl. mit Beispiel B-*Weber/Mitsch*, 17/69 f.: Konkrete Gefahr der Erblindung, „nur" abstrakte Gefahr für Leben.

OLG Karlsruhe VRS 46 [1974], 275 f., in der Fallbearbeitung: *Mitsch,* JuS 1989, 966).[191b] Dabei darf die konkrete Gefährlichkeit der Rettungsfahrt nicht ex post aus ihrem Ergebnis (konkreter Gefährdungserfolg i. S. des § 315 c ist eingetreten) geschlossen werden; sie muss sich vielmehr ex ante aus den Umständen (Fahrweise, Verkehrsdichte, Sichtverhältnisse) ergeben: sie müssen die Gefährdung anderer sehr wahrscheinlich machen.[192]

> Kann man die Bedeutung des Faktors ‚Gefahrengrad‘ aus der Zahl der § 34-**Übungsfälle,** die (mit-)entscheidend auf einen Gefahrenvergleich abstellen, messen, so würde es sich um den wichtigsten Abwägungsfaktor überhaupt handeln: *Arzt,* JuS 1982, 449 u. 451; *Dannecker,* JuS 1989, 215 u. 217; *Ebert,* JuS 1976, 319 u. 323 f.; *Geerds,* Jura 1992, 544 u. 547; *Fahse/Hansen,* Übungen für Anfänger, 1. Klausur, S. 86 u. 89 f.; *König,* JuS 1992, 49 u. 50 f.; *Matt,* AT I, S. 173 u. 176 f.; *Reinecke,* JuS 1992, 486 u. 487; *Rudolphi,* AT-Fälle, Fall 14, S. 166 u. 171 f.; *Tiedemann,* Anfängerübung, Fall 5, S. 185 u. 188.

Die tatsächliche Bedeutung des Faktors „Gefahrengrad" in der **Rechtsprechung** **118** dürfte ebenfalls groß sein, weil gerade im Bereich des **Straßenverkehrs** oft abstrakte mit konkreten Gefährdungen kollidieren.[193] Am häufigsten geht es dabei aber um die Rechtfertigung ordnungswidrigen Verhaltens durch § 16 OWiG,[194] so dass in strafrechtlichen Übungsarbeiten damit nicht gerechnet werden muss.

Ein Sonderfall stellt sich, wenn sich die Kollision auf ein und dasselbe Rechtsgut **119** bezieht (z. B. auf das Leben des Patienten bei riskanten Operationen).[195] Hier findet auch der schon mehrfach angesprochene „Brand-Rettungsfall" (BGH bD MRR 1971, 361 = JZ 1973, 173; s. oben Rn. 34) seine Lösung: ist es so gut wie sicher, dass das Kind den Erstickungstod infolge des Brandes erleidet, so darf es der Vater trotz damit verbundener Lebensgefahr aus dem Fenster in die Arme der Retter werfen, wenn dadurch seine **Überlebenschancen verbessert** werden.[196] Dasselbe gilt für den lebensgefährlichen Schuss des Wilhelm Tell auf seinen Sohn, dessen Leben bei Verweigerung des Schusses durch die Drohung Gesslers so gut wie verloren war (vgl. den Übungsfall von *Sieg,* Jura 1986, 326 u. 329 f., sowie *Spendel,* ZStR 107 [1990] 161). – Zur Erinnerung: die objektive Zurechnung kann in diesen Fällen nicht mit dem Kriterium der Risikoverringerung abgelehnt werden, weil der Täter hier nicht eine bestehende Gefahr abschwächt, sondern ein Risiko (z. B. Erstickungstod) durch ein anderes Risiko (z. B. Genickbruchstod) ersetzt (s. o. Rn. 4/55).

> Aus der **Übungsfall-Literatur** vgl.: *Haft,* Fallrepetitorium, Nr. 161; *Hettinger,* JuS 2011, 910 u. 912.

[191b] *Erb,* JuS 2010, 108, 110; MK-*Erb,* § 34 Rn. 135.

[192] KK OWiG-*Rengier,* § 16 Rn. 35; NK-*Neumann,* § 34 Rn. 81.

[193] Vgl. die Rechtsprechungsübersicht bei S/S-*Perron,* § 34 Rn. 28.

[194] Vgl. die Rechtsprechungsübersicht bei KK OWiG-*Rengier,* § 16 Rn. 31–36. – Ergänzend BayObLG NJW 2000, 888, das die bisherige Rspr. zu Geschwindigkeitsüberschreitungen als möglichen gerechtfertigten Notstandshandlungen zusammenfasst; vgl. außerdem OLG Karlsruhe NJW 2005, 450; speziell zur Rechtfertigung ärztlicher Verkehrsverstöße *Ulsenheimer,* 2010, § 150 Rn. 27 f.

[195] Vgl. LK-*Zieschang,* § 34 Rn. 59.

[196] *Jakobs,* 13/30: Risikodifferenz; *Otto,* 8/183 und schon in: NJW 1980, 418 u. 422; *Ulsenheimer,* JuS 1972, 255; *W-Beulke,* Rn. 322; LK-*Zieschang,* § 34 Rn. 59 u. 61; im Übungsfall auch *Hettinger,* JuS 2011, 910, 912. – Vgl. auch schon *Welzel,* S. 91 f. – Zum Prinzip der Chancenabwägung in einem Fall der Staatsnotstandshilfe (Fall *Friedrich Ebert*) vgl. *Miltenberger,* Der Vorwurf des Landesverrats gegen Reichspräsident F. Ebert, 1989, S. 57 ff. (dazu: *Hettinger,* JZ 1991, 302), sowie *Spendel,* in: MUT Nr. 299 (1992), S. 24.

• Zum **Ausmaß** der drohenden Rechtsgutsverletzungen:

120   Das Ausmaß der drohenden Rechtsgutsverletzungen ist ein weiterer Faktor, der den abstrakten Rechtsgütervergleich zu einer konkreten Abwägung macht. Das Ausmaß der Rechtsgutsverletzungen wird durch die **Intensität** und den **Umfang** (Größe) des drohenden Schadens bestimmt. Zu klaren Ergebnissen kommt man mit einem Schadensvergleich vor allem bei (vom Rechtsgut her gleichrangigen) verrechenbaren wirtschaftlichen Gütern[197] (z. B. Eigentumsschäden an einer wertvollen Sache sind zu vermeiden durch strafbaren Zugriff auf geringe Geldmittel).

121   Der Anwendungsbereich dieses Faktors geht aber über Kollisionen von wirtschaftlichen Werten hinaus und spricht etwa auch für die Notstandsrechtfertigung von strafbaren Zugriffen auf (abstrakt höhere) Persönlichkeitswerte zur Erhaltung von (abstrakt niedrigeren) bedeutenden wirtschaftlichen Werten (**Standardbeispiel:** Rettung eines Hauses durch Löschen eines Brandes, der Dritten infolge Durchnässen eine Erkältung [§ 223] verschafft).[198] Stößt der gerade beraubte Tankstellenpächter bei der Verfolgung des Räubers im engen Eingangsbereich des Kassenraumes eine Kundin, die auf seinen Zuruf nicht reagiert hat, zu Boden, so ist diese geringe Körperverletzung angesichts des sonst eintretenden großen Vermögensschadens (gesamte Tageseinnahme) gerechtfertigt (so eine hessische Examensklausur vom 13. 10. 1989).

> Aus der **Übungsfall-Literatur** zum Ausmaß des drohenden Schadens instruktiv: *Fahl*, JuS 2005, 808 u. 812 (Eigentum an Schafen gegen geringfügige Körperverletzung); *Frank*, Jura 2006, 783 u. 786 Fn. 47 (Leben gegen „gravierende Gesundheitsschädigung"); *Geerds*, Jura 1992, 544 u. 547; *Hilgendorf*, KK I, Fall 7, Rn. 15 und KK III, Fall 1, Rn. 48; *Küper*, Jura 1983, 206 u. 214 (kurzfristige „Freiheitsgefahr" und hohe Vermögenseinbuße); *Otto*, Übungen, Examensklausur Nr. 1, S. 145 u. 161 sowie Referendarhausarbeit, S. 179 f. u. 208; *Schwind/Franke/Winter*, Anfängerübung, 1. Klausur, S. 51 u. 59.

122   Bei Kollision von **Leben mit Leben** versagt grundsätzlich der Schadensvergleich, da der drohende Tod für jeden ein gleich hoher „Schaden" ist; dies gilt auch für den Tod des Embryos im Vergleich mit dem Tod der Mutter[199] (s. o. Rn. 109 zum Rangverhältnis der kollidierenden Rechtsgüter); zur Ausnahmekonstellation der sog. Perforation s. u. Rn. 139.

• Zur **Größe der Rettungschance:**

123   War das Bestehen einer Rettungschance schon Voraussetzung für die Eignung der Rettungshandlung (s. o. Rn. 80 ff.), so geht es jetzt um den Grad der Eignung[200] dieser Handlung. Auch geeignete Rettungshandlungen dürfen nicht wahrgenommen werden, wenn die Rettungschance gering und das Eingriffsgut von einem gewissen Rang ist. Die geringe Erfolgsaussicht der straftatbestandsmäßigen Rettungshandlung lässt den Zugriff auf Rechtsgüter unbeteiligter Dritter dann nicht zu. Als

---

[197] Vgl. BGHSt 12, 299 = *Roxin*, HRR AT, Fall 24, S. 31 ff. u. 169, der allerdings zu Recht gegen die Rechtfertigung von „Zwangsanleihen" ist, weil dafür nach dem Zwangsvollstreckungs- und Insolvenzrecht kein Raum sei (s. u. Rn. 178). – Einschränkend NK-*Neumann*, § 34 Rn. 79.

[198] *Ebert*, S. 83. Weitere Beispiele bei *Roxin*, AT I, 16/32: geringfügige § 239-Verletzung zur Verhinderung sehr hohen Sachschadens, und *Haft*, S. 102: mühsam angefertigte Doktorarbeit durch Körperverletzung der Putzfrau vor Wurf in brennenden Ofen gerettet. – Vgl. auch OLG Karlsruhe NJW 2004, 3645, 3646 f.: Ausmaß der Gesundheitsbeeinträchtigung entscheidet über Rechtfertigung des strafbaren Cannabis-Konsums.

[199] *Gropp*, 1981, S. 91; beachte jedoch MK-*Erb*, § 34 Rn. 116.

[200] *Jescheck/Weigend*, S. 362.

Faustregel gilt: je geringer die Rettungschance, desto größer sollte die Zurückhaltung vor solchen Zugriffen sein.[201]

Allerdings dürfen zur Erhaltung hochrangiger Güter wie des Lebens auch geringe **124** Rettungschancen wahrgenommen werden, insb. wenn das hochrangige Rechtsgut auch noch einer akuten, nahen Gefahr ausgesetzt ist.[202] Dabei darf freilich das Eingriffsgut nicht ähnlich hochrangig und die ihm drohenden Schäden nicht von großer Intensität sein (z. B. schwere Gesundheitsschäden).

Schwierig ist die Abwägung, wenn die Verweisung des Täters auf ein für den Trä- **125** ger des Eingriffsgutes schonenderes Mittel mit dem Nachteil verbunden ist, dass die Rettungschancen für das Erhaltungsgut sinken.[203]

Der oben (Rn. 106) sog. rechtsgutsbezogene Kernbereich der Interessenabwägung **126** führt aber nicht in allen Konstellationen zu richtigen Ergebnissen. Es bedarf vielmehr für bestimmte Fallgruppen **weiterer Abwägungs-Faktoren.** Zumindest die in strafrechtlichen Übungsarbeiten immer wiederkehrenden Fallgruppen sollte man in Sachverhalten erkennen. Auch das zu ihrer Lösung verwendete Stichwort (= Faktor) sollte man kennen. Belastet wird die Behandlung dieser Fallgruppen und Faktoren durch eine Verquickung ihrer sachlichen Behandlung mit der **systematischen Zuordnung** zur Interessenabwägung. Die Frage, welche Fallgruppen hier und welche erst bei der Angemessenheit (s. u. Rn. 166 ff.) zu behandeln sind, wird sehr unterschiedlich beantwortet. Die folgende Zurückbehaltung der Fragenkreise „Freiheitsprinzip" und „gesetzliche Vorgaben, geregelte Verfahren" für die Angemessenheit kann nur eine gewisse Plausibilität beanspruchen. Bei **Fallbearbeitungen** sollte man sich jedenfalls nicht durch die ausführliche Behandlung der Einordnungsfrage von der eingehenden Behandlung der sachlichen Fragen abhalten lassen, denn auch dabei gibt es genügend Kontroversen, etwa schon hinsichtlich der Berechtigung bestimmter Gesichtspunkte als Abwägungsfaktoren (z. B. „Tätigwerden auf der Seite des Unrechts", oder z. B. „Chancenanmaßung").

- **Nötigungsnotstand** oder: Handeln auf der Seite des Unrechts:

Ein Nötigungsnotstand liegt vor, wenn der Notstandstäter durch eine Nötigung **127** (= Nötigungstäter als von § 34 nicht ausgeschlossene menschliche Quelle der Gefahr) zur Begehung einer Straftat gegen einen unbeteiligten Dritten gebracht wird, und die Tat begeht, um sich oder anderen die Verwirklichung des angedrohten Übels zu ersparen. Typische Fälle sind der Meineid des Zeugen (§ 154) oder die Rechtsbeugung durch den Richter (§ 339), die begangen werden zur Erhaltung der durch den Angeklagten bzw. seine Freunde bedrohten Rechtsgüter wie Leib oder gar Leben (Hinweise auf entsprechende Übungsfälle s. o. Rn. 60).[204] Auch die sog. „Schutzgelderpressungen" gehören hierher, wenn der erpresste Barbesitzer zahlt und dadurch eine kriminelle Vereinigung unterstützt (§ 129) oder durch Manipulierung der Buchführung eine Urkundenfälschung (§ 267) begeht.[204a] Aber auch die harmlo-

---

[201] Vgl. *Ebert*, S. 84; *W-Beulke*, Rn. 311.

[202] Vgl. *S/S-Perron*, § 34 Rn. 29; *NK-Neumann*, § 34 Rn. 80.

[203] Vgl. *Lenckner*, GA 1985, 311, u. *ders.*, in: Fs. Lackner, 1987, S. 110; nach *LK-Zieschang*, § 34 Rn. 52, hängt dies vom Grad der drohenden Gefahr und vom Wert des zu schützenden Rechtsguts ab.

[204] Dass dieser Nötigungsnotstand auch die Rechtsprechung (vergleichsweise zu sonstigen Notstandsfällen) häufig beschäftigt, zeigen die Nachweise bei *Bernsmann*, 1989, S. 140 Fn. 502. Meineidsfälle betreffen RGSt 66, 98 ff. u. 397 f.; BGHSt 5, 371; zu diesen Fällen auch *Meyer*, GA 2004, 356. – Zum Nötigungsnotstand im Völkerstrafrecht *Ambos*, 2002, S. 837–869.

[204a] Vgl. *Arzt*, JZ 2001, 1052, 1054 f., der sowohl rechtfertigenden als auch entschuldigenden Notstand verneint.

sere Sachbeschädigung, die der ein Fenster einwerfende Azubi begeht, um nicht entlassen zu werden.[205]

128   Gerade der letztere Beispielsfall zeigt deutlich, dass eine rechtsgüterbezogene Interessenabwägung zu einem überwiegenden Interesse an der Arbeitsplatzsicherheit führen würde. Dieses Ergebnis wird auch als Endergebnis von manchen für richtig gehalten, doch sollte man den Umstand, dass der genötigte Täter – wenn auch gezwungenermaßen – auf der **Seite des Unrechts** (des Nötigers) handelt,[205a] nicht übergehen. Dass dieser Umstand einer Notstandsrechtfertigung entgegengehalten werden kann, lässt sich bei der Verletzung von Individualrechtsgütern durch den Täter mit der **Notwehrprobe**[206] veranschaulichen: ist der Steinwurf gem. § 34 gerechtfertigt, so darf ihn der Fenstereigentümer, selbst wenn er dies könnte, nicht verhindern, da es sich um keinen rechtswidrigen Angriff auf sein Eigentum handelt. Eine solche Duldungspflicht ist nicht leicht zu begründen,[206a] denn sie verlangt vom Duldungspflichtigen, dass er die Folgen einer Notstandshandlung trägt, mit welcher der nötigende Hintermann seine rechtswidrigen Ziele durchsetzt.

129   Das Argument vom „Handeln auf der Seite des Unrechts" wird von denen, die es als **Abwägungsfaktor** anerkennen, **zu Lasten** des Täters bzw. **des Erhaltungsgutes** mit der Folge eingesetzt, dass ein wesentliches Überwiegen[207] nicht mehr vorliegt. Die Straflosigkeit des Täters kann dann erst über den **entschuldigenden** Notstand gem. § 35 erreicht werden.[208] Zur Begründung des Arguments wird auf einen **Widerspruch in der Rechtsordnung** (rechtmäßig aufseiten des Unrechts agieren) und auf die Erschütterung des Vertrauens in die Geltungskraft der Rechtsordnung verwiesen. Man sieht nicht ein, dass sich das ursprüngliche Unrecht durch eine Nötigung in eine gerechtfertigte Tat verwandeln kann.

130   Häufig wird das Argument aber nicht auf sämtliche Fälle des Nötigungsnotstandes angewendet. Das wesentliche Überwiegen des Erhaltungsgutes und damit die Anwendung des **rechtfertigenden** Notstands gem. § 34 soll trotz des auf der Seite des Unrechts agierenden Täters erhalten bleiben, wenn dieser nur **geringe** Rechtsgutsbeeinträchtigungen (z.B. obiger Sachbeschädigungsfall, oder z.B. kurzfristiger Hausfriedensbruch[209]) verursacht,[210] um schwere und akute Gefahren für hochran-

---

[205] Bsp. auch bei *Meyer*, GA 2004, 356; *Küper*, 1986, S. 47, erweitert das Beispiel: N nötigt den X mit vorgehaltener Pistole dazu, eine fremde Sache zu beschädigen, an einem Diebstahl mitzuwirken, eine Körperverletzung oder Urkundenfälschung zu begehen.

[205a] *Lenckner*, 1965, S. 117; *Jahn*, 2004, S. 262; S/S-*Perron*, § 34 Rn. 41 b.

[206] Ebenso *Hoffmann-Holland*, Rn. 425. – Diese Notwehrprobe bringt *Krey*, Jura 1979, 321 Fn. 33, zu einer differenzierten Beurteilung der Fälle. Der Notwehrproblematik will *Günther*, 1983, S. 336 f., durch den Strafrechtsausschluss der „notstandsähnlichen Lage" begegnen (keine Duldungspflicht!); kritisch dazu *Roxin*, Fs. Oehler, 1985, S. 188 f. Für einen Strafrechtsausschluss wegen „Unzumutbarkeit" normgemäßen Verhaltens *Köhler*, S. 331. Die Versagung des Notwehrrechts nimmt hier *Herzberg*, 1967, S. 33.

[206a] Eine Duldungspflicht abl. *Sinn*, 2007, S. 332 f. mit krit. Bspr. *Jakobs* ZStW 119 (2007), 1002, 1008; für eine Duldungspflicht zum Schutz wesentlich überwiegender Interessen *Frister*, 17/19.

[207] Methodische Kritik an dieser Verwendung des Arguments übt *Renzikowski*, 1994, S. 66; krit. auch *Freund*, 4/51 u. *Pawlik*, 2002, S. 300. – Bei der Angemessenheit verwenden das Argument z.B. *Blei*, S. 170, und W-*Beulke*, Rn. 443.

[208] So vor allem S/S-*Perron*, § 34 Rn. 41 b (*Lenckner*, 1965, S. 117, hat das Argument als erster präzisiert), aber auch *Haft*, S. 82, 104 u. 140; SK-*Günther*, § 34 Rn. 48 f. sowie W-*Beulke*, Rn. 443. – Gegen Rechtfertigung aus verfassungsrechtlichen Gründen *Meyer*, GA 2004, 356. – Rechtsvergleichend mit Japan *Matsumiya*, Fs. Jakobs, 2007, S. 361 ff.

[209] Bsp. bei *Bernsmann*, 1989, S. 147.

gige Rechtsgüter wie Leib und Leben abzuwenden.[211] Für die Meineids- und Rechtsbeugungs-Fälle bliebe es danach bei dem Verweis auf § 35.[211a] Der Anspruch auf Solidarität in Form der Duldungspflicht des Eingriffsopfers lässt sich – wenn überhaupt – allenfalls in den „Bagatell"-Fällen begründen.

Weitergehende **Solidaritätspflichten** legen dem Eingriffsopfer diejenigen auf, die **131** das Argument nicht als Abwägungsfaktor anerkennen,[212] allerdings auch nicht weitergehende als in „normalen" Notstandssituationen. Die Begründung lautet deshalb auch oft: der genötigte Täter hat Anspruch auf Solidarität wie jeder andere, der sich in einer Notstandslage befindet. Hinzu kommt der Hinweis auf die **fehlende Mitverantwortung** des auf die Seite des Unrechts gezwungenen Täters.[213]

Wendet man den Blick freilich dem Auslöser der Notstandslage zu, so erscheint **132** der Fall des Nötigungsnotstandes doch in einem anderen Licht als die normalen Notstandsfälle.[214] Hat der Drohende den Notstandstäter durch die Drohung erst gefügig gemacht, so kann er ihn zu in seinem freien Belieben stehenden Straftaten hin steuern. Auch zu Straftaten wie z. B. dem Diebstahl wertvoller Gemälde, die sonst als erforderliche Notstandshandlungen kaum denkbar sind. Die Notstandshandlung erscheint in dieser Perspektive weniger als Rettungshandlung des Notstandstäters denn als **Unrechtsverwirklichung durch den Nötigenden**. Dieser Unrechtsverwirklichung gegenüber ist die Rechtssphäre des unbeteiligten Notstandsopfers schutzwürdiger als die Gutserhaltung beim gezwungenen Notstandstäter. Letzterem wird, so er die abgezwungene Handlung ausführt, ja immerhin Entschuldigung gem. § 35 gewährt. Diese scheitert aber dann, wenn der nötigende Hintermann seine Drohung „nur" mit Zerstörung einer wertvollen Vase untermauert, also mit einem Rechtsgut – dem Eigentum –, das nach § 35 nicht notstandsfähig ist; hier könnte eine analoge Anwendung des § 35 zur „gewünschten" Entschuldigung führen.[214a] Bei der unmittelbaren (das Rechtgut ist notstandsfähig wie das Leben, mit dessen Vernichtung der Nötigende droht) und der analogen Anwendung des § 35 behält das unbeteiligte Notstandsopfer das Notwehrrecht, mit dem es – bei erfolgreicher Ausübung – nicht nur sein bedrohtes Individualrechtsgut schützt, sondern auch die durch den nötigenden Hintermann herausgeforderte Rechtsordnung bewährt;[214b] anders wenn man

---

[210] So z.B. *Roxin*, Fs. Oehler, 1985, S. 188 sowie in: AT I, 16/68; ebenso *Joecks*, § 34 Rn. 39 u. MK-*Erb*, § 34 Rn. 147.

[211] *Neumann*, JA 1988, 325 und LK-*Zieschang*, § 34 Rn. 69 a, verlangen „höchstpersönliche Rechtsgüter (Leben, Leib, Freiheit)"; ähnlich *Zieschang*, JA 2007, 679, 683 u. SSW-*Rosenau*, § 34 Rn. 30.

[211a] Vgl. den §§ 153, 258 betreffenden Fall des KG JZ 1997, 629 mit Bspr. *Marxen*, und *Geppert*, JK 98, StPO § 362/1; ebenso MK-*Erb*, § 34 Rn. 147.

[212] *Jakobs*, 13/14 u. ders., 1993, S. 164; ebenso *Frister*, 17/19, *Kindhäuser*, AT, 17/36 u. *Biewald*, 2003, S. 259 ff. Noch schärfer gegen das generalpräventiv verstandene Argument *Delonge*, 1988, S. 133–135; kritisch auch *Küper*, 1986, S. 75, und *Neumann*, JA 1988, 334.

[213] *Felber*, 1979, S. 164; *Jakobs*, 13/14; *Küper*, 1986, S. 59; B-*Weber/Mitsch*, 17/81; *Stratenwerth/Kuhlen*, 9/105; kritisch und verfassungsrechtliche Auseinandersetzung mit der Reichweite der Solidaritätspflicht im Nötigungsnotstand bei *Meyer*, GA 2004, 356, 361, 367.

[214] Dieser Unterschied wird herausgearbeitet von *Kelker*, Der Nötigungsnotstand, 1993, S. 149 ff., deren Argumentation der obige Text ansatzweise folgt; krit. zu *Kelker Renzikowski*, 1994, S. 67 und NK-*Neumann*, § 34 Rn. 55.

[214a] So *Bünemann/Hömpler*, Jura 2010, 184, 187; abl. *Rengier*, AT, 19/54, der § 34 anwenden will.

[214b] Nach *Hassemer*, Fs. Lenckner, 1998, S. 97, 115, liegt hier „eine Grenze der Entlastung des unter fremder Beeinflussung handelnden Täters" vor, die sich „aus den Interessen an Rechtsgüterschutz und Normgeltung" rechtfertigt.

§ 34 in Fällen anwendet, in denen ein hoher Sachwert einer leichten Körperverletzung gegenübersteht.[214c]

133   Für die Sonderfälle der **Erpressung des Staates** zur Freilassung von Untersuchungs- und Strafgefangenen (§§ 120, 258, 258a) wird fast allgemein eine unterschiedlich begründete Notstandsrechtfertigung für möglich gehalten,[215] damit das Leben der von Terroristen genommenen Geisel geschützt werden kann.

133a   Im Lichte der diskutierten Gesichtspunkte erscheint eine Berücksichtigung des Handelns auf der Seite des Unrechts – abgesehen von „Bagatellfällen" – durch Herabstufung des Wertes des Erhaltungsgutes adäquat, so dass dieses – in Normalfällen – das an sich geringwertigere Eingriffsgut nicht mehr überwiegt. Damit scheidet eine Notstandsrechtfertigung aus; es bleibt der entschuldigende Notstand nach § 35.

> Zusätzlich zu den o. Rn. 60 angeführten Übungsfällen zum Nötigungsnotstand vgl.: *Frank*, Jura 2006, 783 u. 786; *Frister/Rasemann/Schneiders*, AL 2008, 180 u. 182 f. (Rechtfertigung wegen Verpflichtung zur zwischenmenschlichen Solidarität); *Haft*, Fallrepetitorium, Nr. 164, 300 u. 306; *Hilgendorf*, KK II, Fall 5, Rn. 9–13 und KK III, Fall 5, Rn. 53; *Kudlich*, JuS 2000, L 13 u. L 15, JA 2009, 185 u. 187 (erst bei der Angemessenheit i. S. des § 34 S. 2), AT-Fälle, Fall 7, S. 97 f. und PdW AT, Fall 138; *Krey/Esser*, AT, Fall 88, Rn. 597 u. 612–615 (Fall nach *Krey*, Jura 1979, 316–326); *Kühl*, JuS 2007, 742 u. 746 f. (im Rahmen von § 904 BGB); *Müller*, Jura 2005, 635 u. 641; *Swoboda*, Jura 2007, 224 u. 228; *Uhlig/Brockhaus*, JuS 2006, 311 u. 313.

• **Defensivnotstand** oder: Herkunft der Gefahr aus der Sphäre des Eingriffsopfers:

134   Eine Sonderform des Defensivnotstandes – die auch sog. Sachwehr – ist in § 228 BGB gesetzlich geregelt. Geht die Gefahr aber nicht, wie dort vorausgesetzt, von einer Sache (etwa einem Tier oder einer defekten Bremsleitung) aus, sondern rührt die Gefahr von einem Menschen her, ohne dass dieser gegenwärtig rechtswidriger Angreifer i. S. des § 32 II ist, so schlägt das nach verbreiteter Ansicht auf die Interessenabwägung des anwendbaren (s. o. Rn. 57) § 34 durch. Die Gefahrenquelle „Mensch" (= das Eingriffsopfer) hat qualitativ und quantitativ **schärfere Zugriffe** auf ihre Rechtsgüter **zu dulden**, als das „normale" Notstandsopfer, weil sie erst die Notstandsgefahr geschaffen hat[216] oder einfach die Gefahr ist.[216a] Die Gefahr wird

---

[214c] So *Rengier*, AT, 19/54.

[215] Vgl. ausführlich *Küper*, Darf der Staat sich erpressen lassen?, 1986; dazu: *Welp*, GA 1987, 515–517; vgl. auch *Krey/Esser*, AT, Rn. 618; *Roxin*, AT I, 16/70; S/S-*Perron*, § 34 Rn. 41 b a. E. sowie *Foth*, DRiZ 2001, 388, 395; krit. *Pawlik*, 2002, S. 208; abl. *Jahn*, 2004, S. 261. – „Prinzipiell ablehnend" – auch für sog. „Schutzgelderpressung" gegenüber dem Staat und Großunternehmen – *Arzt*, JZ 2001, 1052, 1055 f.

[216] Vgl. aus der h. M. LK-*Zieschang*, § 34 Rn. 72 u. 87; S/S-*Perron*, § 34 Rn. 30; *Küper*, 1978, S. 73 u. 122; *Zieschang*, JA 2007, 679, 683; eingehend *Otte*, 1998; *Erb*, JuS 2010, 17, 18, stellt auf die „Sphäre", in der „die Gefahrenquelle ihren Ursprung" hat, ab; die „objektive Zurechnung der Gefahr" verlangt *Köhler*, Fs. Schroeder, 2006, S. 257 ff.; ähnlich *Merkel*, JZ 2007, 373, 384: „Zuständigkeit" für den Ursprung der Gefahr; *Koch*, GA 2011, 129, 140, lässt genügen, dass ein Mensch „gefahrerhöhender Kausalfaktor" geworden ist; wegen der „Zuständigkeitsverteilung" diff. *Pawlik*, Jura 2002, 26, 30 u. GA 2003, 12 ff., der auch eine Übersicht über die wichtigsten Anwendungsfälle bietet, S. 16 ff. [krit. *Köhler* a. a. O. S. 266 f.]; nach *Jakobs*, Fs. Spinellis, 2001, S. 447, 453, hat auch der Gefahrverursacher Anspruch auf „Solidarität".

[216a] So *Merkel*, in: Roxin/Schroth, 2010, S. 621, 637, der die Zuständigkeit für die schädlichen Folgen des „schicksalhaften ‚So-Seins'" mit der Regel der fairen Distribution von Risiken erklärt und am Beispiel der **Trennung siamesischer Zwillinge** konkretisiert; für Rechtfertigung der Tötung des Zwillings, der „gefahrerhöhender Kausalfaktor" geworden ist auch *Koch*, GA 2011, 129, 140 f.; für eine analoge Anwendung des § 34 *Zimmermann*, 2009,

dann eben nicht wie beim „aggressiven" Notstand auf einen unbeteiligten Dritten abgewälzt.[217] Bis zu welcher Grenze „abgewälzt" bzw. „abgewehrt" werden darf, wird in loser Orientierung an § 228 BGB[218] bestimmt: der dem Eingriffsopfer durch die Notstandshandlung zugefügte Schaden darf nicht „außer Verhältnis" zu der Beeinträchtigung stehen, die dem Notstandstäter vom Eingriffsopfer (= der Gefahrenquelle) droht.[218a] In die Terminologie des § 34 übertragen bedeutet dies, dass ein wesentliches Überwiegen des Interesses am Erhaltungsgut wesentlich früher und sehr viel öfter angenommen werden kann, weil die Gefahrschaffung durch das Eingriffsopfer zu dessen Lasten als ein Abwägungs-Faktor berücksichtigt wird.[219] „Das Interesse des Defensivnotstandstäters überwiegt wesentlich, es sei denn, er richtet einen unverhältnismäßig hohen Schaden an."[219a]

Die Eingriffsbefugnisse des Defensivnotstandstäters nähern sich damit denen des **135** Verteidigers in Notwehrsituationen, freilich trifft nur den Notstandstäter generell wegen des Merkmals der „Nicht-anders-Abwendbarkeit" eine Ausweichpflicht vor menschlichen Gefahrenquellen,[220] dem Verteidiger dagegen wird nur bei bestimmten Fallgruppen „sozialethischer" Notwehreinschränkungen eine solche Pflicht auferlegt (s. o. 7/191, 196, 204 u. 246). Dieser Annäherung an die scharfen Notwehrbefugnisse entspricht die **Ähnlichkeit** von **Notwehrlage** und **Defensivnotstandslage**.[220a] Dies zeigt sich besonders deutlich in der wichtigsten Fallgruppe des Defensivnotstandes, die schon von der Notwehr her bekannt ist, dort aber nicht ihre „Lösung" finden konnte, weil es an der Gegenwärtigkeit des rechtswidrigen Angriffs fehlte (s. o. 7/42): es geht um Fälle der „notstandsähnlichen Lage" bzw. der „Präventivnotwehr" wie z. B. dem „Spanner-Fall" und dem „Haustyrannen-Fall". Nachdem die Fälle die Hürde der gegenwärtigen Gefahr i. S. des § 34 S. 1 (oder i. S. des § 35) bereits überwunden haben (s. o. Rn. 69 f.;[220b] zur Erforderlichkeit s. Rn. 86), stehen sie jetzt zur Interessenabwägung an.

Im „**Spanner-Fall**" geht es um die Rechtfertigung einer Schussverletzung (§ 223), **136** die sich als erheblicher Eingriff in die körperliche Integrität darstellt (als „Klassiker" aufbereitet von *Koch*, JA 2006, 806 ff.). Die vom „Spanner" gefährdeten Interessen

---

S. 422 f., 474 (dagegen *Koch* a. a. O. S. 135 f.); zur „Chancenanmaßung" in solchen Fällen unten Rn. 156.

[217] *Küper*, 1983, S. 15 sowie *ders.*, 1979, S. 72, 75 und 121 f.; ebenso *Merkel*, JZ 2007, 373, 384: die Gefahr werde „gewissermaßen auf ihren Ursprung zurückgewälzt"; ähnlich *Erb*, JuS 2010, 17, 18.

[218] Für dessen analoge Heranziehung zur Bewältigung des von § 34 angeblich nicht erfassten Defensivnotstandes *Hruschka*, S. 78 ff.; *Frister*, 17/21 u. schon in: GA 1988, 295; *Ludwig*, 1991, S. 155 ff., 160; *Renzikowski*, 1994, S. 243; NK-*Neumann*, § 34 Rn. 86; *Koriath*, JA 1998, 254, 255 f.; *Pawlik*, Jura 2002, 26 ff. u. in: GA 2003, 12, 16. – Gegen die § 34-Anwendung auch *Meißner*, 1990, S. 251 f. – Kritisch dazu *Thiel*, 2000, S. 97 ff. u. SK-*Günther*, § 34 Rn. 13 f., der den Defensivnotstand in § 34 mit geregelt sieht; ebenso *Günther*, Fs. Amelung, 2009, S. 147, 151 f. u. *Zieschang*, Rn. 258.

[218a] Ebenso MK-*Erb*, § 34 Rn. 163.

[219] *Roxin*, AT I, 16/75.

[219a] SK-*Günther*, § 34 Rn. 14 u. *Günther*, Fs. Amelung, 2009, S. 147, 151; ebenso *Zieschang*, Rn. 258.

[220] *Lenckner*, 1965, S. 103: ein wichtiger Unterschied. *Roxin*, AT I, 16/78: „Man muss ausweichen und sich fremder Hilfe bedienen, wo dies möglich ist". Ebenso NK-*Neumann*, § 34 Rn. 58; SK-*Günther*, § 34 Rn. 33 f.

[220a] *Günther*, Fs. Amelung, 2009, S. 147, 149 f.; ebenso *Kühnbach*, 2007, S. 88, die dennoch eine Solidaritätsbegründung vornimmt und einen geschichtlichen Überblick gibt (S. 91 ff.).

[220b] Enger verlangt *Frister*, 17/25, beim Defensivnotstand eine Gegenwärtigkeit wie beim gegenwärtigen Angriff i. S. des § 32 II und verneint diese etwa im „Spanner-Fall".

des „besuchten" Ehepaares überwiegen das Interesse des „Spanners" an seiner körperlichen Unversehrtheit aber auch dann nicht wesentlich, wenn man sie addiert (genannt werden als Erhaltungsgüter [s. o. Rn. 23] in diesem Fall: das Hausrecht, der allgemeine Frieden des Hauses, die Privatsphäre, die allgemeine Handlungsfreiheit, die Willensbetätigungsfreiheit, die Gesundheit, das allgemeine Persönlichkeitsrecht, die Intimsphäre, die Nachtruhe).[220c] Dieses negative Abwägungsergebnis ändert sich aber zugunsten des Notstandstäters (= des schießenden Ehemannes) durch Einbeziehung des Umstandes, dass das verletzte Notstandsopfer die Notstandslage überhaupt erst geschaffen hat, in die Gesamtinteressenabwägung. Ob allein schon wegen dieses zusätzlichen Umstandes ein wesentliches Überwiegen der Interessen des Notstandstäters angenommen werden kann, wird freilich nicht von allen Beurteilern des Falles bejaht.[221]

137   Auch in Fällen, in denen das Eingriffsopfer noch gar nicht angreift, in denen aber schon eine gegenwärtige Gefahr i. S. des § 34 S. 1 vorliegt, wirkt sich der Umstand der **Gefahrschaffung** als Abwägungs-Faktor zum Nachteil des Gefahrschaffenden aus. So „z. B., wenn A seinen Gästen B und C, von denen er weiß, dass sie ihn im Laufe der Nacht berauben wollen, am Abend ein Betäubungsmittel in den Wein schüttet";[222] hier überwiegt das Interesse an der Verhinderung einer Freiheits- und Eigentumsverletzung durch den zu erwartenden Raub das Interesse von B und C an ihrer körperlichen Unversehrtheit und Freiheit, so dass ihre geringfügige Körper- und Freiheitsverletzung durch A gerechtfertigt ist. Nicht gerechtfertigt wäre A, wenn der den „Gästen" bzw. den Räubern in Ermangelung eines Betäubungsmittels ein tödliches Gift verabreicht, (*Erb*, JuS 2010, 108, 111). Das könnte sich ändern, wenn A seine Tötung durch die „Gäste" nur durch deren Tötung verhindern kann (*Erb* a. a. O. mit Bsp. 17).

138   Problematischer ist auch die Abwägung im Fall des schlafenden (= überhaupt nicht angreifenden) „**Haustyrannen**" (s. o. Rn. 70), da auch hier dessen Interesse am höchstrangigen Rechtsgut **Leben** von den Interessen der tyrannisierten Familienmitglieder („Leib/Leben") wesentlich überwogen sein müsste.[222a] Dagegen sprechen die grundsätzliche Unabwägbarkeit des Rechtsguts Leben,[223] das Fehlen einer angriffsgleichen Situation,[224] die Verneinung einer Solidaritätspflicht zur Aufopferung des Lebens[225] und das Obhutsgarantenverhältnis zwischen den Familienmit

---

[220c] Zust. NK³-*Neumann*, § 34 Rn. 89, der zur Rechtfertigung über eine analoge Anwendung von § 228 BGB kommt.

[221] Gegen die Berücksichtigung dieses Umstandes überhaupt: *Gössel*, Fälle, Fall 13, S. 213 f. u. 218. Gegen eine Rechtfertigung nur wegen dieses Umstandes: *Roxin*, AT I, 16/86. – Überwiegend wird wegen dieses Umstandes eine Notstandsrechtfertigung bejaht: *Hruschka*, NJW 1980, 22; *Pawlik*, GA 2003, 12, 17 f.; *Günther*, Fs. Amelung, 2009, S. 147, 154; *Jakobs*, 12/27; *Jescheck/Weigend*, S. 365; *Krey/Esser*, AT, Rn. 622; *Tiedemann*, Anfängerübung, S. 132 f.; LK-*Zieschang*, § 34 Rn. 73; S/S-*Perron*, § 34 Rn. 31.

[222] *Lenckner*, 1965, S. 102; aufgegriffen von *Erb*, JuS 2010, 108, 109, 111: Bsp. 8; *Hruschka*, S. 134; *Roxin*, AT I, 16/84; W-*Beulke*, Rn. 329.

[222a] Eine durch Defensivnotstand gerechtfertigte vorsätzliche Tötung halten grundsätzlich oder zumindest in Extremfällen für möglich: B-*Weber/Mitsch*, 17/77; *Gropp*, 6/137; *Roxin*, AT I, 16/42 u. 78 (abl. für den „Familientyrannenmord" in Rn. 87); MK-*Erb*, § 34 Rn. 170; MK-*Müssig*, § 35 Rn. 21; NK-*Neumann*, § 34 Rn. 87 ff. (Rn. 90 zum „Haustyrannenmord").

[223] *Rengier*, NStZ 1984, 22 und AT² 19/41; *Haverkamp*, GA 2006, 586, 594 f.; LK-*Zieschang*, § 34 Rn. 74 a; gegen dieses Argument SK-*Günther*, § 34 Rn. 43 und NK³-*Neumann*, § 34 Rn. 87; vgl. auch *Bernsmann*, 1989, S. 60; S/S-*Perron*, § 34 Rn. 30 u. 31 a. E.

[224] *Roxin*, AT I, 16/87; ähnlich *Hillenkamp*, Fs. Miyazawa, 1995, S. 155.

[225] *Günther*, JR 1985, 273 (anders SK-*Günther*, § 34 Rn. 43). Gegen dieses Argument: *Jakobs*, 13/46 Fn. 90, und NK³-*Neumann*, § 34 Rn. 87 u. 90. Gegen *Günthers* Lösung („not-

gliedern und dem Vater.[225a] Der BGH schließt in einem „Haustyrannen-Fall" ein wesentliches Überwiegen des Lebens der bedrohten Frau und ihrer Kinder gegenüber dem Leben des getöteten „Haustyrannen" mit Verweis auf den Grundsatz, dass „Leben gegen Leben" nicht abgewogen werden könne, kategorisch aus (BGHSt 48, 255, 260 mit z.T. krit. Bspr. *Beckemper*, JA 2004, 101; *Hillenkamp*, JZ 2004, 48, 50; *Kargl*, Jura 2004, 189; *Otto*, NStZ 2004, 142; *Rengier*, NStZ 2004, 233 u. *Rotsch*, JuS 2005, 12; zur Entscheidung auch *Hillenkamp*, Fs. Rudolphi, 2004, S. 463, 464, *Günther*, Fs. Amelung, 2009, S. 147, 156 u. *Kühl*, Jura 2009, 881, 882). Für eine Rechtfertigung spricht die „notwehrähnliche Lage" der Frau; sie trete nur einer Verletzung ihrer Rechtssphäre entgegen und beanspruche keine mitmenschliche Solidarität des „Haustyrannen" (so für einen vergleichbaren Fall *Erb*, JuS 2010, 108, 112). Verallgemeinert könnte man sagen, dass zukünftige Angreifer getötet werden dürfen, wenn nur so das Opfer vor der Tötung bewahrt werden kann.[225b]

Ebenso problematisch ist der viel diskutierte **Abschuss** eines von Terroristen ent- 138a
führten **Flugzeugs** zur Rettung von Bewohnern eines Hochhauses, auf das die Maschine zugesteuert wird; dessen gesetzliche Regelung scheiterte beim Bundesverfassungsgericht (BVerfGE 115, 118 = NJW 2006, 751), das aber die strafrechtliche Beurteilung etwa nach § 34 offen ließ (E 115, 118, 157). Ein erster Ansatz zur Rechtfertigung wäre die Einordnung in die Fallgruppe des Defensivnotstands. Diese Einordnung erscheint zweifelhaft, weil den Passagieren die vom Flugzeug ausgehende Gefahr objektiv kaum zuzurechnen ist;[225c] dafür spricht aber der Umstand, dass die Passagiere „untrennbar mit der Gefahrenquelle verbunden" sind[225d] (zum Fall auch unten Rn. 158 a). Unabhängig von der Einordnung als Defensivnotstand wäre noch die Frage zu klären, ob dieser die Tötung Unschuldiger rechtfertigt (vgl. Fn. 222 a).

---

standsähnliche Lage") *Bernsmann*, 1989, S. 60; *Roxin*, Fs. Oehler, 1985, S. 190 f. und *Hillenkamp*, Fs. Miyazawa, 1995, S. 156.

[225a] *Renzikowski*, 1994, S. 269, der die Tat nur dann für rechtmäßig hält, wenn für die Familienmitglieder „kein Ausweg" besteht. Weitergehend für Rechtfertigung *Byrd*, 1994, S. 117 ff.; für Rechtfertigung wegen Defensivnotstandes nach „§ 34 i.V.m. § 228 BGB analog" *Krey/Esser*, AT, Rn. 629; ebenso *Otto*, 8/186: zu Fall 6 = BGHSt 48, 255; wohl auch *Frister*, AT, 17/29; gegen Rechtfertigung *Pawlik*, 2002, S. 314 Fn. 131 u. *Roxin*, AT I, 16/87.

[225b] Vgl. *Erb*, JuS 2010, 108, 112; *Pawlik*, 2002, S. 316.

[225c] Vgl. *Pawlik*, JZ 2004, 1045, 1048 f.: nicht zuständig; dagegen *Köhler*, Fs. Schroeder, 2006, S. 257, 266: für „Zustands"-haftung der Passagiere, die bis zu ihrer Tötung geht (dazu *Stübinger*, ZStW 123 [2011], 403, 418); dagegen *Merkel*, JZ 2007, 373, 384 Fn. 71: mangels Gefahrerhöhung nicht zuständig (and. noch *Merkel*, ZStW 114 [2002], 437 ff.; dazu *Stübinger*, ZStW 123 [2011], 403, 413); gegen Defensivnotstandsrechtfertigung auch *Ladiges*, 2007, S. 414 ff. u. in: JuS 2011, 879, 892; *Frisch*, Fs. Puppe, 2011, S. 425, 449 f. u. *Zimmermann*, 2009, S. 306, 347; ähnlich SSW-*Rosenau*, § 34 Rn. 26: Passagiere nicht verantwortlich zu machen, auch NK-*Neumann*, § 34 Rn. 77 c; eine Rechtfertigung wegen Defensivnotstands abl. auch *Roxin*, ZIS 2011, 552, 558 f. u. *Streng*, Fs. Stöckel, 2010, S. 135, 144 ff., 151 f. sowie *Günther*, Fs. Amelung, 2009, S. 147, 153: Aggressivnotstand bezüglich der Passagiere, ebenso *Frister*, 17/14 Fn. 18, auch *Fischer*, § 34 Rn. 18; gegen Defensivnotstand auch *Stübinger*, ZStW 123 (2011), 403, 420 f.: eine „zufällige Verbindung zur Gefahrenquelle" reicht nicht.

[225d] *Hirsch*, Fs. Küper, 2007, S. 149, 154 ff., 164; ebenso *Erb*, JuS 2010, 108, 111; für Defensivnotstand und Tötungsberechtigung auch *Gropp*, GA 2006, 284, 286 (dazu *Stübinger*, ZStW 123 [2011], 403, 419) u. *Rogall*, NStZ 2008, 1, 3 f.; abl. *Hörnle*, Fs. Herzberg, 2007, S. 555, 565 mit Fn. 57 u. *Ladiges*, ZIS 2008, 129, 132.

139   Ausnahmsweise wird nach überwiegender Ansicht[226] eine Tötung bei der sog. **Perforation**, d. h. der Tötung eines Kindes in der Geburt zur Erhaltung des Lebens der Mutter, für gerechtfertigt gehalten. Dafür spricht außer dem Umstand, dass das Kind (z. B. infolge seiner Konstitution) zur Gefahr für die Mutter wurde, auch die Ähnlichkeit mit dem medizinisch indizierten Abbruch der Schwangerschaft i. S. des § 218 a II.

140   Auch die vorübergehende **Einschließung** eines geisteskranken Angehörigen zur Verhinderung bevorstehender Angriffe auf Sacheigentum (BGHSt 13, 197) wird als Defensivnotstands-Fall diskutiert.[227] Ein die Freiheitsberaubung überwiegendes Interesse kann aber nicht schon wegen der vom Angehörigen ausgehenden Sacheigentumsgefahr angenommen werden, wohl aber, wenn man das Wohl des Angehörigen (Vermeidung eines Entmündigungsverfahrens) hinzunimmt.[228] Ob das Mittel angemessen ist, wird aber bezweifelt.[229] – Auch der viel diskutierte „**Bergsteiger-Fall**", in dem das mit dem Täter durch ein Seil verbundene Opfer abstürzt und der Täter das Seil durchtrennt, um nicht mit in den Abgrund gerissen zu werden,[229a] wird unter dem Gesichtspunkt des Defensivnotstands diskutiert – geht die Gefahr vom Opfer aus? –, doch soll er hier unter dem Gesichtspunkt der Gefahrengemeinschaft (unten Rn. 156, 157) erörtert werden (Nachweise zur Diskussion als Defensivnotstand in Rn. 157 Fn. 262).

141   **Anders** gelagerte Defensivnotstands-**Fälle** wie die „Abwehr" von Nicht-Handlungen (z. B. das auf die Gegenfahrbahn geschleuderte Kfz des bewusstlos gewordenen Kraftfahrers) und von sorgfältigen (= nicht rechtswidrigen) Handlungen (z. B. der die Verkehrsvorschriften einhaltende Kraftfahrer bedroht dennoch mit seinem Kfz einen Fußgänger) führen ebenfalls zu der oben beschriebenen, zu Lasten des Eingriffsopfers (in beiden Beispielen des Kraftfahrers als Gefahrenquelle) veränderten Interessenabwägung,[230] so dass selbst seine Tötung (z. B. durch einen Kranführer,

---

[226] *Otte*, 1998, S. 189; LK[11]-*Hirsch*, § 34 Rn. 74 [zurückhaltender jetzt LK-*Zieschang*, § 34 Rn. 74]; NK-*Neumann*, § 34 Rn. 91; SK-*Günther*, § 34 Rn. 43; S/S-*Perron*, § 34 Rn. 30; S/S-*Eser*, Vorbem §§ 218 ff. Rn. 41; *Jescheck/Weigend*, S. 365; *Roxin*, AT I, 16/79; AWHH-*Weber*, BT, 5/91; *Renzikowski*, 1994, S. 267 f.; *Günther*, Fs. Amelung, 2009, S. 147, 154; zweifelnd *Jakobs*, 13/22 mit Fn. 44; *Delonge*, 1988, S. 160 u. *Pawlik*, Jura 2002, 26, 31; krit. *Ladiges*, JuS 2011, 879, 881 f.: Gefahrzuständigkeit des Kindes erforderlich; a. A. und für „übergesetzliche Entschuldigung": *Ingelfinger*, 2004, S. 120 f.; *Zieschang*, Fs. Knemeyer, 2012, S. 449 u. 465; SK-*Rudolphi*, Rn. 15 vor § 218; *Gössel/Dölling*, BT 1, 2/66. – K/H/H-*Hellmann*, BT 1, Rn. 170 f.: nicht § 34, sondern „Erlaubnissatz der Pflichtenkollision". – Nach *Merkel*, 2001, S. 615 ff. liegt eine echte Dilemmasituation vor, die nach geltendem Recht nicht befriedigend gelöst werden kann; jetzt aber NK-*Merkel*, § 218 Rn. 36–39 u. § 218 a Rn. 101–104: Rechtfertigung nach § 218 a II; auf Unterlassen abstellend *Jäger*, ZStW 115 (2003), S. 765, 772.

[227] Als Sonderfall 1 bei *Hruschka*, S. 131; als Fall 25 bei *Roxin*, HRR AT, S. 33 f. u. 169 f.; S/S-*Perron*, § 34 Rn. 31; *Renzikowski*, 1994, S. 44 f. Ablehnend zur BGH-Entscheidung: AWHH-*Weber*, BT, 9/28, mit Hinweis auf die Risiken dieser Art von Familienpflege. Ebenfalls als Defensivnotstands-Fall diskutiert wird der Zwangs-Aidstest bei Patienten mit Risikofaktoren: es überwiegt das Leben/Leib-Interesse des Pflegepersonals das Interesse des Patienten (Selbstbestimmungsrecht, körperliche Integrität) u. a. weil er die „Gefahrenquelle" ist; vgl. *Bottke*, 1988, S. 227 f.; *Janker*, 1988, S. 163 f.; *Pfeffer*, 1989, S. 129–131.

[228] *Roxin*, AT I, 16/53 u. 87.

[229] *Eser/Burkhardt*, Strafrecht I, Nr. 12 A 38; *Jakobs*, 14/49.

[229a] Fallschilderung übernommen von NK-*Neumann*, § 34 Rn. 76; Fallschilderung auch bei W-*Beulke*, Rn. 316 a. E., der sich gegen eine Rechtfertigung wegen Defensivnotstandes ausspricht: Grundsatz des absoluten Lebensschutzes; Defensivnotstand bejahend *Günther*, Fs. Amelung, 2009, S. 147, 154 f.

[230] Vgl. näher zu diesen Fallgruppen *Roxin*, AT I, 16/73 u. 77; S/S-*Perron*, § 34 Rn. 31 sowie *Pawlik*, 2002, S. 321 ff. u. GA 2003, 12, 21.

der eine Betonplatte auf das schleudernde Auto fallen lässt) gerechtfertigt sein kann.[230a]

Aus der **Übungsfall-Literatur** zum Defensivnotstand: *Bergmann/Kroke,* Jura 2010, 946 u. 952 f. (übergesetzlicher Notstand für Flugzeugabschuss); *Gropp,* in: G/K/M, Fallsammlung – Fall 2, S, 25 f. u. 45 f. (Leben gegen Leben) sowie Fall 6, S. 115 f. u. 121 f. („Angriff eines schuldlos einen Erlaubnistatbestand irrig Annehmenden"); *Jäger,* Fall 32, Rn. 158, 159 (BGH NJW 1979, 2053 nachgebildet) u. Fall 20, Rn. 113, 114 („Familientyrannen-Fall") sowie Fall 33, Rn. 159 b, c (Perforation); *Krey/Esser,* AT, Fall 91, Rn. 620–623 („Spanner"-Fall) u. Fall 92, Rn. 627–629 („Familientyrann"); *Kudlich,* PdW AT, Fall 110 („Spanner"-Fall des BGH NJW 1979, 2053) u. PdW BT II, Fall 17 („Haustyrannen"-Fall des BGHSt 48, 255); *Otto,* Übungen, Anfängerklausur, Nr. 3, S. 63 f. u. 67 f. („Haustyrann"); *Merkel,* ZJS 2011, 376 u. 380; *Rudolphi,* Fall 3, S. 24 u. 34 f.; *Walter/Schwabenbauer,* JA 2012, 504 u. 508 (Maßstab des § 228 BGB).

Im Unterschied zum Nötigungsnotstand (o. Rn. 127–133 a) muss sich beim Defensivnotstand nicht das Erhaltungsgut (o. Rn. 133 a), sondern das Eingriffsgut Abstriche gefallen lassen, so dass bei an sich gegebener Gleichwertigkeit das Erhaltungsgut wesentlich überwiegt, was zur Notstandsrechtfertigung (z. B. des „Spanners") führt.   **141a**

• Der **verschuldete** Notstand:

Die „verschuldete" Herbeiführung der Notstandslage durch den Notstandstäter   **142** kann als Abwägungs-Faktor das Interesse am Erhaltungsgut negativ beeinflussen.[231] Wird die **Gefahrenlage** absichtlich **herbeigeführt,** soll sogar die Rechtfertigung der geplanten Straftat (= „Rettungshandlung") ganz ausgeschlossen sein;[232] ein Anspruch auf Solidarität ist hier auch kaum zu begründen. Hat der Notstandstäter sonst pflichtwidrig (= verantwortlich) zur Notstandslage und damit zur Gefährdung seiner Rechtsgüter beigetragen, so reduzieren sich deren **Schutzwürdigkeit** und deshalb auch seine Eingriffsbefugnisse.[233] Dies umso mehr, wenn der Täter nicht nur die Gefährdung seiner Rechtsgüter, sondern auch die Notwendigkeit eines rettenden **Zugriffs** auf fremde Rechtsgüter voraussehen konnte.[234] So kann etwa eine Rechtfertigung des aus Angst vor Prügel den Unfallort verlassenden Unfallverursachers (§ 142) zu verneinen sein, obwohl das Interesse des Täters an der Erhaltung seiner Gesundheit „an sich" das vermögensrechtliche Feststellungsinteresse des Unfallgegners überwiegt. Dieses Überwiegen entfällt dann, wenn der Täter sowohl die Gefahr als auch ihre Abwendung durch eine fremde Interessen verletzende Flucht vorausgesehen und sich damit abgefunden hat (= Eventualvorsatz).[235]

[230a] So im Bsp. von *Merkel,* JZ 2007, 373, 384.

[231] So wohl die h. M.; vgl. *Küper,* 1983, S. 24–35 u. *Erb,* JuS 2010, 108, 109 f.; sowie B-*Weber/Mitsch,* 17/79; *Gropp,* 6/140; *Kindhäuser,* AT, 17/40; SK-*Günther,* § 34 Rn. 46; LK-*Zieschang,* § 34 Rn. 70; KK OWiG-*Rengier,* § 16 Rn. 54; NK-*Neumann,* § 34 Rn. 95; *Otto,* 8/174; a. A. *Hruschka,* JR 1979, 126; *Delonge,* 1988, S. 138; *Meißner,* 1991, S. 252 f.; *Renzikowski,* 1994, S. 54 u. *Frister,* 17/32.

[232] *Küper,* 1983, S. 32 f. (krit. dazu: *Gropp,* GA 1984, 487 u. *Pawlik,* 2002, S. 294); *Jakobs,* 13/27; *Roxin,* AT I, 16/62; B-*Volk,* S. 100; MK-*Erb,* § 34 Rn. 141: „Absichtsprovokation".

[233] *Bernsmann,* 1989, S. 395: Beschneidung des gerechtfertigten Handlungsspielraums; ebenso MK-*Erb,* § 34 Rn. 142.

[234] *Roxin,* AT I, 16/62 u. NK-*Neumann,* § 34 Rn. 96.

[235] Vgl. zu BGH VRS 36 (1969), 23: *Küper,* 1983, S. 90 ff.; *Roxin,* AT I, 16/63; S/S-*Sternberg-Lieben,* § 142 Rn. 52 u. 54; SK-*Rudolphi,* § 142 Rn. 51, aber auch S/S-*Perron,* § 34 Rn. 42.

143   Diese Regelung lässt den Notstandstäter nicht in der Gefahr umkommen, in die er sich selbst begeben hat; nur dies widerspräche dem utilitaristischen, im Gesetz zum Ausdruck gekommenen Zug des § 34 nach bestmöglichem Rechtsgüterschutz in der Notstandslage. Sie **reduziert** vielmehr nur seinen Anspruch auf fremde Solidarität in Form von Duldungspflichten, welche Eingriffsopfern auferlegt werden, die anders als der Täter an der Gefahrentstehung (= der Gefährdung der Interessen des Täters) unbeteiligt sind. Trifft freilich das „Verschulden" des Notstandstäters mit einem „Verschulden" des Eingriffsopfers (= Defensivnotstand) zusammen, so kann sich die **beiderseitige Beteiligung** an der Herbeiführung der Notstandslage aufheben. Diese Konstellation stellte sich im sog. „Scheunenbrand-Fall" (BGH NStZ 1989, 431 f.):[236] das den Weg aus der brennenden Scheune versperrende Notstandsopfer wird von einem (Defensiv-)Notstandstäter mit tödlichen Folgen zur Seite gestoßen (§ 222), der die Brandgefahr fahrlässig „verschuldet" hatte. Ergibt sich ein wesentliches Interessenübergewicht für den Täter nicht aus anderen Faktoren, so ist eine Notstandsrechtfertigung für die fahrlässige Tötung zu verneinen.

144   Die schon von der Notwehrprovokation her bekannte Figur der **„actio illicita in causa"** erhält hier – anders als bei der Notwehr (s. o. Rn. 7/242 u. 254) – einen gewissen Anwendungsbereich;[237] allerdings ist die Anknüpfung der Strafbarkeit an das schuldhafte Vorverhalten nur bei nicht verhaltensgebundenen, d. h. bei reinen Erfolgsdelikten möglich, da nur bei ihnen die zeitliche Differenz zwischen Vorverhalten und Erfolgseintritt nicht schadet.[238] Die im obigen Beispiel angesprochene Unfallflucht scheidet deshalb für die a. i. i. c.-Konstruktion aus, weil der schuldhaft herbeigeführte Unfall nicht als tatbestandsspezifisches sich-vom-Unfallort-Entfernen verstanden werden kann.

145   Die in Klausursituationen verständlichen **Umkehrschlüsse** oder „Anleihen" bei den Verschuldensregelungen des § 35 I 2 oder des § 228 I 2 BGB sind wenig aussagekräftig, da es sich bei § 35 um einen Entschuldigungsgrund für rechtswidriges Verhalten[239] und bei § 228 BGB um eine Schadensersatzregelung in Defensivnotstandslagen[240] handelt.

146   Trifft nur den (mit dem in Not Befindlichen nicht identischen) **Notstandshilfe**-Täter ein „Verschulden", so wird dadurch die Schutzwürdigkeit der Interessen des in Not Befindlichen nicht reduziert.[241]

146a   Im Ergebnis wie bei Nötigungsnotstand (o. Rn. 133 a) und anders als bei Defensivnotstand (o. Rn. 141 a) muss sich bei der verschuldeten Notstandslage das Erhal-

---

[236] Vgl. dazu besonders *Eue*, JZ 1990, 766 f.; *Küpper*, JuS 1990, 188; *Roxin*, AT I, 16/78 Fn. 133.

[237] Abl. aber *Kindhäuser*, AT, 17/40 Rn. 46; *Roxin*, AT I, 16/64 u. NK-*Neumann*, § 34 Rn. 98.

[238] *Dencker*, JuS 1979, 782; LK-*Dannecker*, § 1 Rn. 178. – Weiter einschränkend auf fahrlässige Erfolgsdelikte *Küper*, 1983, S. 59 (dazu: *Gropp*, GA 1984, 486); dagegen S/S-*Lenckner/Sternberg-Lieben*, Vorbem §§ 32 ff. Rn. 23 u. S/S-*Perron*, § 34 Rn. 42 sowie KK OWiG-*Rengier*, § 16 Rn. 60. Krit. zur a. i. i. c.-Konstruktion *Runte*, 1991, S. 184.

[239] Vgl. *Bernsmann*, 1989, S. 393; *Roxin*, AT I, 16/60. Für einen „Erst-recht-Schluss" aus § 35 *Fischer*, § 34 Rn. 15.

[240] Vgl. *Roxin*, Fs. Jescheck, 1985, S. 467; *Dencker*, JuS 1979, 780; *Mitsch*, 1986, S. 123. Einen Vergleich mit §§ 228, 904 BGB und § 32 zieht *Blei*, S. 167, für die Berücksichtigung des Verschuldens bei § 34 heran.

[241] Zur Diskussion um den sog. „Fäkalien-Fall" des BayObLG NJW 1978, 2046 f., der diese Problematik aufwarf, vgl. *Hruschka*, JR 1979, 125 f.; *Delonge*, 1988, S. 136, 138; *Dencker*, JuS 1979, 781; und vor allem *Küper*, 1983, S. 136 ff., 151 ff., 163; außerdem: KK OWiG-*Rengier*, § 16 Rn. 56; *Roxin*, AT I, 16/63; *Pawlik*, 2002, S. 297.

tungsgut Abstriche gefallen lassen, weil es von seinem Träger selbst „aufs Spiel" gesetzt wurde, so dass die Notstandsrechtfertigung trotz an sich überwiegenden Erhaltungsguts entfallen kann.

Aus der **Übungsfall-Literatur** vgl.: *D u. I. Sternberg-Lieben*, JuS 2002, 576 u. 579.

• Gefahrtragungspflichten:

Gefahrtragungspflichten treffen nach § 35 I 2 „Täter", die „mit Rücksicht auf ein 147 besonderes Rechtsverhältnis die Gefahr hinzunehmen" haben. Eine entsprechende Regelung fehlt zwar in § 34, doch hindert das nicht, die Gefahrtragungspflicht als einen Abwägungs-Faktor der Interessenabwägung zu betrachten.[242] Diese Berücksichtigung als Abwägungs-Faktor lässt sich nicht nur mit dem Willen des Gesetzgebers,[243] sondern auch damit begründen, dass es gerade Inhalt bestimmter Pflichtenstellungen sein kann, (Notstands-)Gefahren länger als Normalbürger standzuhalten.[244] So ist etwa der Feuerwehrmann gerade dazu verpflichtet, die (**berufstypische**) Brandgefahr zu bekämpfen und sich ihr nicht sofort zu entziehen.[245] Zusätzlich wird der Gesichtspunkt angeführt, dass ein Allgemeininteresse an der Funktionstüchtigkeit von Gefahrenabwehrinstitutionen wie Feuerwehr und Polizei bestehe.[246]

Diese Belastung bestimmter Personen mit Gefahrtragungspflichten kann freilich 148 **nicht soweit** gehen, dass sie auf Rettungshandlungen auch dann noch verzichten müssen, wenn ihnen durch die weitere Gefahrtragung der Tod oder schwere Gesundheitsschäden drohen.[247]

In der **Übungsfall-Literatur** beschäftigen sich mit der Gefahrtragungspflicht (und deren Grenzen) eines Richters, der mit Todesdrohungen für sich und seine Kinder zu einer Rechtsbeugung (= die Rettungshandlung) gebracht werden soll, eingehend: *Krey*, Jura 1979, 316 f. u. 320 („berufstypische Gefahr für einen Richter"); knapper: *Arzt*, JuS 1982, 449 u. 452; *Blei*, PdW AT, Fall 125; *Weber*, Jura 1984, 367 f. u. 371 f.

Die Frage, ob in diese Fallgruppe der Gefahrtragungspflichten auch Träger von 149 **Garantenpflichten** (z. B. der Vater gegenüber dem in Brandgefahr befindlichen Sohn) gehören, wird überwiegend bejaht.[248] Eine Aufopferung des selbst bedrohten Ga-

---

[242] So die h. L., vgl. nur *Küper*, JZ 1980, 755; S/S-*Perron*, § 34 Rn. 34; W-*Beulke*, Rn. 311; krit. *Pawlik*, 2002, S. 144. – Für eine „Lozierung" bei der Angemessenheit M-*Zipf*, AT 1, 27/39 u. 40 sowie NK-*Neumann*, § 34 Rn. 100.

[243] Vgl. die Nachweise bei *Lugert*, 1991, S. 17, 79 f. u. *Roxin*, AT I, 16/65, die allerdings für eine beabsichtigte „Verortung" in § 34 S. 2 (Angemessenheit) sprechen.

[244] Vgl. *Küper*, 1983, S. 14: „weil ihre Verpflichtung auch gerade darin besteht, erhebliche Risiken ... auszuschalten"; *Lenckner*, GA 1985, 311: besondere Gefahren auf sich nehmen müssen.

[245] MK-*Erb*, § 34 Rn. 150. – Vgl. *Lugert*, 1991, S. 39: nicht gefahrtragungspflichtig ist der Feuerwehrmann, „wenn er während seines Urlaubes bei einer Flugzeugentführung als Geisel genommen" wird; *Lugert* will damit aber nicht das Kriterium der „typischen Berufsgefahr" anerkennen, doch soll eine aus einem besonderen Rechtsverhältnis resultierende Gefahrtragungspflicht voraussetzen, „dass der Handelnde in seiner Funktion als Inhaber des Berufes, nicht als Privatperson handelt" (S. 42).

[246] S/S-*Perron*, § 34 Rn. 34; *Delonge*, 1988, S. 113 ff. – Vgl. auch *Lugert*, 1991, S. 47: „besondere Schutzpflicht gegenüber der Allgemeinheit".

[247] *Krey*, Jura 1979, 320; *Küper*, JZ 1980, 756 u. MK-*Erb*, § 34 Rn. 150. Kritisch hinsichtlich der Begründung *Lugert*, 1991, S. 69–78. – Vgl. zur Gefahrtragungspflicht des Klinikpersonals hinsichtlich der Aids-Ansteckungsgefahr *Janker*, 1988, S. 173–186.

[248] Vgl. *Jakobs*, 13/28; *Roxin*, AT I, 16/66; S/S-*Perron*, § 34 Rn. 34; *Hruschka*, S. 145 ff., u. in: JuS 1979, 392 f.; *Lugert*, 1991, S. 43 u. 47; *Pawlik*, 2002, S. 281. – Dagegen *Küper*, 1979, S. 105 ff., 107 ff. u. NK-*Neumann*, § 34 Rn. 102 sowie MK-*Erb*, § 34 Rn. 144.

ranten wird aber jedenfalls nicht zu verlangen sein, so dass sich die Mutter aus einer Lebensgefahr – soweit erforderlich – durch Verletzung ihres ungefährdeten Kindes retten darf.[249] Möglicherweise aber beeinflusst die Gefahrtragungspflicht der Mutter das Ergebnis des oben beim Defensivnotstand behandelten Beispiels der Perforation (s. o. Rn. 139).[250]

150   Der schon mehrfach „bemühte" Fall (s. o. Rn. 32) des (möglicherweise unschuldig) **rechtskräftig Verurteilten,** der sich mit Gewalt (§ 223) zur Freiheit verhilft, findet auch hier nicht seine Lösung (s. u. Rn. 178), denn seine nicht zu bestreitende Duldungspflicht[251] ergibt sich nicht aus einem „besonderen Rechtsverhältnis".[252]

151   Duldungspflichten eines „**näheren** Verpflichteten" sollen dazu führen, dass z. B. der Arzt als Garant seines Patienten eher zu einer diesem zugute kommenden Bluttransfusion herangezogen werden darf als ein am Unglücksfall vorbeikommender Spaziergänger.[253]

152   Gefahrtragungspflichten gewähren aber nach fast allgemeiner Meinung **keine** weitergehenden Notstands-Eingriffsrechte, z. B. des Vaters, der zur Rettung seines Kindes einen Dritten tötet.[254]

• **Gefahrengemeinschaften** oder: doch Abwägung Leben gegen Leben, oder: Prinzip der Chancenanmaßung:[255]

153   Offengelassen wurde oben (Rn. 36 u. 114) die Frage, ob der Zugriff auf das hochrangige Rechtsgut **Leben** auch dann einer Notstandsrechtfertigung entzogen ist, wenn es sich mit anderem Leben in einer derartigen Gefahrengemeinschaft befindet, dass ohne den ein oder mehrere Leben rettenden Zugriff **alle** in der Gefahrengemeinschaft Befindlichen den Tod fänden. Einen Schulfall solcher Gefahrengemeinschaften bilden die beiden „Bergsteiger", von denen sich der eine nur dadurch retten kann, dass er das Seil kappt, an dem der von ihm nicht mehr aus der Schlucht heraufzuziehende andere hängt.[255a] Praktisch geworden ist die Beteiligung von Ärzten an den sog. Euthanasie-Aktionen im Dritten Reich, die einzelne Geisteskranke zur Tötung auswählten, um zu verhindern, dass alle oder doch mehrere Anstaltsinsassen durch willfährige Ärzte zur Tötung freigegeben würden (BGH NJW 1953, 513).

154   Weit überwiegend wird dem Umstand der Gefahrengemeinschaft keine Notstandsrechtfertigung begründende Kraft zugemessen. Streng utilitaristisch würde zwar der

---

[249] So *Lugert,* 1991, S. 63 f., mit Bsp.

[250] Vgl. *Lugert,* 1991, S. 56–60, u. 63; dagegen *Merkel,* 2001, S. 610 ff. u. NK-*Merkel,* § 218a Rn. 102 sowie NK-*Neumann,* § 34 Rn. 104.

[251] *Bernsmann,* 1989, S. 434.

[252] *Lugert,* 1991, S. 18–20, der aber bei „zu Recht Verurteilten" eine Gefahrverursachung annimmt. Vgl. zum Fall auch S/S-*Perron,* § 34 Rn. 34: außer einer „erhöhten Gefahrtragungspflicht … vom Recht geradezu gewollt." Für eine „Sonderpflicht" als „Folge einer gewollten Entziehung des Guts" *Jakobs,* 13/28.

[253] Vgl. M-*Zipf,* AT 1, 27/39.

[254] S/S-*Perron,* § 34 Rn. 42 u. schon Rn. 4, m. N. zur h. M. Anders aber *Otto,* 8/192 u. 194 sowie in: Jura 2005, 470, 479, unter Hinweis auf die Wertentscheidung des Art. 6 I GG zugunsten der Familie; vgl. auch *Geerds,* Jura 1992, 322 f. (Tötung des Tyrannen zum Schutze der Familie). Ausführliche Auseinandersetzung mit *Otto* bei *Küper,* 1979, S. 110–117.

[255] Die Überschrift orientiert sich 1. an S/S-*Perron,* § 34 Rn. 32 u. 24, sowie *Jakobs,* 13/23, 2. an *Roxin,* AT I, 16/44, und 3. an *Otto,* 8/187–195. – Damit sind zugleich vier der wichtigsten Kurzdarstellungen der Problematik zur Lektüre empfohlen.

[255a] Zu diesem Fall auch *Heinrich,* AT I, Rn. 425 Bsp. 2: nur § 35-Entschuldigung; für § 34-Rechtfertigung *Erb,* JuS 2010, 108, 111: der ohnehin Todgeweihte bildet mit seinem Körper die Gefahrenquelle.

Erhalt eines (Bergsteiger-)Lebens und erst recht mehrerer (Geisteskranken-)Leben im Vergleich zum Verlust beider/aller Leben positiv zu Buche schlagen. Doch widerspricht diese Verrechnung dem grundsätzlich unabwägbaren **Einzigartigkeitscharakter** jedes einzelnen menschlichen Lebens.[256] Weitere Argumente, die gegen die Rechtfertigung des Täters sprechen, sind:

- die Verkürzung der Lebensspanne dürfe nicht deshalb erlaubt werden, weil die Lebenserwartung der praktisch schon Verlorenen ohnehin nicht mehr nennenswert sei;[257] **155**
- Solidaritätspflichten in Form von Lebensaufopferungspflichten könnten nicht wegen einer „unverschuldet" zustandegekommenen Gefahrengemeinschaft verlangt werden;[258]
- die vorausgesetzte „Verlorenheit" des Lebens sei nie sicher.[259]

Eine Notstandsrechtfertigung für diese Fälle befürwortet dagegen *Otto*, wobei er **156** den (beim „Defensivnotstand" schon angesprochenen) **„Bergsteiger-Fall"** (s. oben Rn. 140) so abwandelt, dass durch die Kappung des Seils sogar zwei der drei Bergsteiger zu Tode kommen. Zwar hält auch er eine Güterabwägung beim nicht quantifizierbaren Höchstwert menschlichen Lebens nicht für zulässig, doch sieht er bei der weitergehenden Interessenabwägung einen erheblichen Interessenunterschied durch den Faktor der **Chancenanmaßung** begründet. Eine solche Chancenanmaßung nimmt er im **„Weichensteller-Fall"** (s. o. Rn. 114 Fn. 189) an, weil bisher ungefährdete Menschen erst durch die Weichenstellung in Lebensgefahr gebracht worden seien,[259a] dagegen soll es an dieser Chancenanmaßung in den o. g. Fällen fehlen: die Bergsteiger besaßen keine Lebensrettungschancen mehr; die Ärzte hätten so viele wie möglich gerettet, alle zu retten, habe sich als unmöglich erwiesen.[260] Diskutiert wird – außer beim Defensivnotstand (o. 8/134 Fn. 216a) – in diesem Zusammenhang auch die Trennung siamesischer Zwillinge (Überblick bei *Koch*, GA 2011, 129, 138 ff.).

Eine differenzierte Behandlung der beiden Fälle will eine Notstandsrechtfertigung **157** nur dann annehmen, wenn das Notstandsopfer schon vom **Schicksal** und nicht erst durch die **Auswahl** seitens des Notstandstäters bestimmt worden ist (also im „Bergsteiger-Fall", nicht im „Euthanasieärzte-Fall").[261] Ob im „Bergsteiger-Fall" oder in

---

[256] Vgl. *Gallas*, (Fs. Mezger, 1954, S. 327) 1968, S. 71; dazu: *Lenckner*, 1965, S. 30; jetzt auch *Zieschang*, Rn. 262 u. in: JA 2007, 679, 683, zum „Bergsteiger-Fall"; ebenso zu diesem Fall *Stratenwerth/Kuhlen*, AT I[6], 9/111.

[257] Vgl. *Küper*, JuS 1981, 792, sowie *ders.*, in: JZ 1989, 624; *Lenckner*, GA 1985, 309 f.; *Roxin*, AT I, 16/39; *W-Beulke*, Rn. 316.

[258] Vgl. *Jakobs*, 13/23 u. in: Fs. Spinellis, 2001, S. 447 u. 455; ähnlich *Renzikowski*, 1994, S. 258; anders *Pawlik*, 2002, S. 326.

[259] *Roxin*, AT I, 16/40.

[259a] Vgl. zu diesem Fall *Gropp*, 6/160, der auf die „mangelnde Legitimation zum aktiven Eingriff in das Lebensrecht" abstellt und deshalb eine rechtfertigende Pflichtenkollision ablehnt. § 34 in diesem Fall abl. *M-Zipf*, AT 1, 27/26: „Willkürlichkeit der menschlichen Auswahl".

[260] *Otto*, 8/193 ff. Ausführliche Auseinandersetzung mit *Ottos* Kriterium der Chancenanmaßung bei *Küper*, JuS 1981, 788–790; gegen *Küper* und für Rechtfertigung der Tötung des unrettbar Verlorenen NK-*Neumann*, § 34 Rn. 77, der von einer „asymmetrischen Gefahrengemeinschaft" spricht; abl. für „Euthanasie-Fälle" *Koch*, JA 2005, 745, 747; diff. zwischen „Euthanasie"-Opfern und den „Bergsteigern" *Walter*, 2006, S. 147 ff.: nur letztere haben sich auf die Gefahr eingelassen, was zur „Straffreiheit" des abschneidenden Dritten (= Fallabwandlung) führen muss.

[261] *Hirsch*, Fs. Bockelmann, 1979, S. 108, und schon *Schmidt*, SJZ 1949, 565. – Gegen dieses „Schicksalsargument" *Koriath*, JA 1998, 254, 257, der zusätzlich eine normative Grundlage fordert (im „Brett des Karneades"-Fall etwa den nach § 859 BGB geschützten Besitz des Brettes.

Abwandlungen dieses Falles die Tötung wegen der Gefahrverursachung durch das Notstandsopfer (Defensivnotstand) gerechtfertigt werden kann, ist umstritten.[262]

158   Wer schon im „Weichensteller-Fall" das Verhalten des Bahnwärters für **unverboten** hielt, wird diese Lösung außerhalb von § 34 auch in den jetzt behandelten Fällen für richtig halten.[263] – Zur möglichen Entschuldigung des „Weichenstellers" s. 12/104 f.

158a   In Anlehnung an den „Bergsteiger-Fall" und in Abgrenzung vom „Weichensteller-Fall" wird im **„Flugzeugabschuss-Fall"** – in Ergänzung oder statt des Abstellens auf den Defensivnotstand (oben Rn. 138 a) – Rechtfertigung angenommen, weil durch den Abschuss immerhin die Bewohner des Wohnhauses am Leben gehalten werden können und die Passagiere ohnehin den Tod fänden.[263a] Das ruft natürlich Widerspruch hervor, u. a. weil dadurch Menschenleben doch zeitlich abwägbar werden, und weil man so das Lebensrecht der unschuldigen Passagiere, das aber absolute Geltung haben müsse, relativiere.[263b] Hält man diesen Widerspruch für berechtigt, so kommt „nur" noch eine Entschuldigung in Betracht (12/92 ff., 98; so etwa *Streng*, Fs. Stöckel, 2010, S. 135, 156; gegen eine Verortung bei der Schuld *Jakobs*, Fs. Krey, 2010, S. 207). Man erklärt es damit aber für „richtig", dass Menschen den Tod finden, die überleben hätten können, zumindest aber das Unterlassen der erfolgversprechenden Rettungshandlung für „nicht rechtswidrig". Wer rettbares, erhaltbares Leben zusätzlich zu ohnehin verlorenem Leben „opfern" will, muss sich fragen lassen, ob das nicht zu viele „Opfer" sind.[263c]

> Aus der **Übungsfall-Literatur** vgl.: *Eschenbach*, Jura 1999, 88 u. 90; *Frank*, Jura 2006, 783 u. 785; *Gropp*, in: G/K/M, Fallsammlung, Fall 4, S. 73 f. u. 77–80; *Jescheck*, Fälle, Fall 23, S. 36 f.; *Otto/Bosch*, Übungen, Fall 7, S. 172 f. („Schicksalsgemeinschaft" von Mutter und Kind); zum „Flugzeugabschuss-Fall" *Bergmann/Kroke*, Jura 2010, 946 u. 952 f.

● **Individualisierung** der Interessen:

159   Die Abwägung der Interessen hat zwar nach einem **objektiven** Maßstab zu erfolgen, doch kann auch bei der Anlegung dieses Maßstabes die unterschiedliche Bedeutung berücksichtigt werden, die die Notstandstäter und Notstandsopfer ihren Interessen

---

[262] Vgl. *Erb*, JuS 2010, 108, 111 (dafür); *Günther*, 1983, S. 345 f.; *Hirsch*, Fs. Küper, 2007, S. 149 ff., 162; *Laber*, Der Schutz des Lebens im Strafrecht, 1997, S. 153–157; *Renzikowski*, 1994, S. 266; *Roxin*, Fs. Oehler, 1985, S. 345 f.; *Pawlik*, Jura 2002, 26, 30 f.; *Otto*, Jura 2005, 470, 476 f.; S/S-*Perron*, § 34 Rn. 24.

[263] Vgl. *Blei*, S. 214; *Schild*, JA 1978, 634. Für echten Strafunrechtsausschluss *Günther*, 1983, S. 346.

[263a] So etwa *Hörnle*, Fs. Herzberg, 2007, S. 555, 566, 573; *Ladiges*, 2007, S. 444 ff. u. in: ZIS 2008, 129, 133 ff., 140; *Stübinger*, ZStW 123 (2011), 403, 423: aus der Faktizität lasse sich „kein hinreichendes Argument für die Preisgabe der Normativität bedingloser Rechte ableiten"; *Murmann*, GK, 25/51; NK-*Neumann*, § 34 Rn. 77 e; wohl auch *Erb*, JuS 2010, 108, 111; eingehend *Zimmermann*, 2009, S. 299 f., 375 ff., 410.

[263b] Vgl. *Köhler*, Fs. Schroeder, 2006, S. 257, 259; *Merkel*, JZ 2007, 373, 380 f.; *Roxin*, JahrbÖR 2011, 1, 18 u. in: ZIS 2011, 552, 556: die Rechtsordnung nehme den Tod aller in Kauf; HK-GS/*Duttge*, § 34 Rn. 20; S/S-*Perron*, § 34 Rn. 24; LK-*Zieschang*, § 34 Rn. 74 a; *Dannecker/Streng*, JZ 2012, 444, 450; *Zieschang*, Fs. Knemeyer, 2012, S. 449, 464; *Fischer*, § 34 Rn. 18, 19; auch *Ebert*, 2008, S. 53, 54, 57, der einer Notstandrechtfertigung die Menschenwürdegarantie entgegenhält.

[263c] Vgl. schon *Kühl*, Jura 2009, 881, 882; *Erb*, JuS 2010, 108, 111, spricht von „weiteren und insofern vermeidbaren Opfern". – Vgl. auch *Ladiges*, JuS 2011, 879, 882: da „von vornherein nur bestimmte Personen gerettet werden" können, ist die „Weitergeltung des Tötungsverbots nicht legitimierbar".

in der konkreten Situation zumessen.[264] Allerdings kann das nicht dazu führen, Interessen anzuerkennen, die die Rechtsordnung nicht respektiert.[264a]

Praktische Fälle treten vor allem auf der Seite des **Notstandsopfers** auf.[265] So darf **160** die medizinisch indizierte Schwangerschaftsunterbrechung nicht vorgenommen werden, wenn die Schwangere ihr Lebensinteresse nicht so hoch wie die Rechtsordnung (höher als das Interesse der Leibesfrucht) bewertet.[266]

Problematischer ist der Fall der gewaltsamen **Suizidverhinderung** (§§ 223, 239, **161** 240), denn hier stellt sich die grundsätzliche Frage, ob die Rechtsordnung den Sterbewillen des Suizidenten trotz (angeblicher) Unmoralität dieses Willens und Sittenwidrigkeit des Selbstmordes respektiert.[267] Diese Respektierung sollte hinsichtlich freiverantwortlich gefasster und umgesetzter Entschlüsse nicht zweifelhaft sein,[268] doch wird dem immer noch die Unverfügbarkeit des Rechtsguts Leben auch für seinen Träger und sogar das Interesse der Allgemeinheit, Solidarität zu demonstrieren, entgegengehalten.[269] Durch solche Argumente wird die Gefahr heraufbeschworen, dass der Lebensmüde „von einem beliebigen Dritten zum Objekt eines, wenn auch gut gemeinten, Zwanges gemacht wird."[270] Dadurch würde die Notstandshilfe zu einer nicht gerechtfertigten „aufgedrängten".[271] Freilich sind solche Suizide nicht der Normalfall, so dass häufig ein „maßvoller" Zwang gerechtfertigt sein kann, um Suizidenten nach ihrem Versuch „zurückzuholen" und ihnen eine neue Chance (zum Leben oder zum wohl überlegten Freitod) zu geben. Aber auch hier sind Konstellationen möglich, die gegen ein Interessenübergewicht an der Lebenserhaltung sprechen können (z.B. die zur Rettung erforderliche Schwere des Eingriffs).[272] – Nicht gerechtfertigt ist die lebensrettende Operation eines todkranken Patienten gegen seinen Willen, weil dann das Erhaltungsgut Leben die Eingriffsgüter körperliche

---

[264] Vgl. *Roxin,* AT I, 16/71 u. *S/S-Perron,* § 34 Rn. 33; krit. NK-*Neumann,* § 34 Rn. 82.

[264a] Ebenso mit dem Bsp. des Dietriche sammelnden Einbruchsdiebs MK-*Erb,* § 34 Rn. 138.

[265] Ein Bsp. zur Täterseite bildet *Roxin,* AT I, 16/71: § 303 durch Student zur Rettung der für ihn besonders wichtigen Examenshausarbeit.

[266] Bsp. bei *Roxin* u. *S/S-Perron,* jeweils Fn. 264; krit. NK-*Neumann,* § 34 Rn. 83, und *Renzikowski,* 1994, S. 64. – M-*Zipf,* AT 1, 27/41, lehnen hier eine Schutzbedürftigkeit des Erhaltungsgutes wegen zulässigen Verzichts der Schwangeren ab.

[267] *Gallas,* JZ 1960, 655 – BGHSt 46, 249, m. zu Recht abl. Bspr. *Duttge,* NStZ 2001, 546 u. *Sternberg-Lieben,* JZ 2002, 153, erklärt den Suizid(willen) für „rechtswidrig"; dagegen *Lackner/Kühl,* 9 vor § 211 u. NK-*Neumann,* § 34 Rn. 85 Fn. 123.

[268] *S/S-Perron,* § 34 Rn. 33, verlangt noch zusätzlich eine „Situation, in welcher der Tod nur noch als Erlösung von einem schweren Leiden empfunden wird"; weitergehend für § 34-Rechtfertigung *S/S-Eser,* Vorbem. §§ 211ff. Rn. 41 u. *S/S-Eser/Eisele,* § 240 Rn. 32; LK-*Hirsch,* § 34 Rn. 73; AWHH-*Arzt,* BT, 3/47; gegen eine solche Rechtfertigung im Regelfall *Jakobs,* 13/29. – Gegen Respektierung des Selbsttötungswillens, soweit er eine Tat gem. § 216 veranlasst, *Bernsmann,* Jura 1982, 271f.

[269] Vgl. *Bottke,* 1982, S. 86ff., 126. Kritisch zu diesen Argumenten *Jakobs,* ZStW 95 (1983), 670ff.

[270] *Gallas,* JZ 1960, 655: gegen Menschenwürde und Freiheitsgedanken; ebenso *Wolter,* NStZ 1993, 8 u. *Kelker,* Fs. Puppe, 2011, S. 1673, 1676. – Nach *Bottke,* 1982, S. 125, sollen die Art. 1 I, 2 I GG nur verbieten, „dass ein dauerhaft zum Tode Entschlossener … mehrfach am Freitod gehindert" wird; ebenso *Bottke,* GA 1982, 358. – *Schroth,* JuS 1992, 479, will den entgegenstehenden Willen durch die Geschäftsführung ohne Auftrag gem. § 679 BGB als Rechtfertigungsgrund „überspielen".

[271] Vgl. *Bernsmann,* 1989, S. 100.

[272] *Bernsmann,* 1989, S. 100; *Bottke,* 1982, S. 129ff., und *ders.,* in: GA 1982, 358, jeweils mit weiteren Umständen, die gegen eine § 34-Rechtfertigung sprechen können. Vgl. auch den „Zwangsernährungs-Fall" des OLG Zweibrücken, GA 1991, 323, mit *Günther,* Fs. Baumann, 1992, S. 215.

Integrität, Freiheit, Selbstbestimmungsrecht des Patienten und das Recht auf einen natürlichen Tod nicht wesentlich überwiegt.[272a]

> Aus der **Übungsfall-Literatur** vgl.: *Radtke/Schwer*, JuS 2003, 580 u. 583 f. (Rechtfertigung einer durch Einsatz eines Defibrillators begangenen Körperverletzung gegenüber einem Suizidenten).

• Größe des **Handlungsunwertes** der Rettungshandlung:

162   Dieser umstrittene Abwägungsfaktor[273] erlangt Relevanz durch die Einbeziehung des Vorsatzes in das (Handlungs-)Unrecht, denn dieses kann dann unterschiedlich groß sein, je nachdem, ob der **Vorsatz** des Retters direkt auf Tötung geht, oder ob der Retter sich mit dem Tod nur als einer möglicherweise eintretenden Nebenfolge abfindet. Konkret geht es um die dementsprechend unterschiedliche Beurteilung der **aktiven Sterbehilfe** als möglicherweise gerechtfertigte indirekte und grundsätzlich nicht zu rechtfertigende direkte.[274]

163   Dieser Abwägungsfaktor trifft freilich bei der **indirekten Sterbehilfe** auf eine Situation, die schon ohne ihn nach Notstandsrechtfertigung ruft: der Arzt trifft bei einem tödlich Kranken mit dessen Einverständnis Maßnahmen zur Linderung schwerer, anders nicht zu behebender Leidenszustände, wodurch möglicherweise als nicht vermeidbare Nebenwirkung der Eintritt des Todes beschleunigt wird.[275] Objektiv tatbestandsmäßig liegt trotz des Einverständnisses eine Tötung (§ 216) vor; die Tötungshandlung kann nicht wegen ihres „sozialen Sinn- und Bedeutungsgehalts" aus dem „Schutzbereich" der Tötungsdelikte ausgeschieden werden;[276] auch kann nicht wegen der „ärztlich gebotenen" Schmerzbekämpfung die „Setzung eines rechtlich missbilligten Risikos" und damit die objektive Zurechnung verneint werden,[276a] weil das Risiko eines dadurch bewirkten früheren Todes dem Arzt bekannt ist. Auch der subjektive Tatbestand kann wegen des Sich-Abfindens mit der als möglicherweise eintretend erkannten Lebensverkürzung (Eventualvorsatz) nicht

---

[272a] So zu Recht *Ebert*, S. 83. – Zur Strafbarkeit des Arztes bei verweigerter Bluttransfusion *Hillenkamp*, Fs. Küper, 2007, S. 123 ff., der das Behandlungsverbot betont.

[273] S/S-*Perron*, § 34 Rn. 39; einschr. LK-*Zieschang*, § 34 Rn. 71.

[274] So S/S-*Perron*, § 34 Rn. 39 u. W-*Beulke*, Rn. 316 c; ebenso *Kühl*, Jura 2009, 881, 884; eingehend *Ingelfinger*, 2004, S. 260 ff. (kritisch *Neumann*, ZStW 118 (2006), 755), knapp *Dreier*, JZ 2007, 317, 321. – Im Übungsfall vgl. *Hilgendorf*, KK III, Fall 1, Rn. 52. – Krit. zu dieser Unterscheidung *Merkel*, 2001, S. 154, 195 u. in: Fs. Schroeder, 2006, S. 297, 317; vgl. auch *Kubiciel*, JZ 2009, 600, 607.

[275] Vgl. die Definition des § 214 a des AE eines Gesetzes über Sterbehilfe, 1986, S. 22. – Nach *Rosenau*, Fs. Roxin, 2011, S. 577, ist die Zulässigkeit der indirekten Sterbehilfe in Deutschland schon seit längerem unbestritten; zur Rechtspolitik, auch rechtsvergleichend, S. 586 ff.

[276] Mit dem sozialen Gesamtsinn des Geschehens argumentierte *Wessels* bis zur 21. Aufl., vgl. W-*Hettinger*, Rn. 32; mit dem Schutzbereich der §§ 211 ff., deren „Sinn und Zweck", argumentieren *Ingelfinger*, 2004, S. 273 [kritisch *Neumann*, ZStW 118, 2006, S. 755] und *Krey/Heinrich*, BT 1, Rn. 14. Für *Herzberg*, NJW 1996, 3045 ff., passt § 34 mangels Interessenkollision nicht für die indirekte Sterbehilfe, es entfalle schon der Tatbestand wegen Sozialadäquanz; für eine Einordnung bei der objektiven Zurechnung *Schmoller*, ÖJZ 2000, 361, 371 f.; für eine teleologische Reduktion des § 216 *Murmann*, 2005, S. 290, 530 ff. – Kritisch zu diesen Argumenten *Dölling*, MedR 1987, 7; gegen alle Tatbestandslösungen *Merkel*, JZ 1996, 1145, 1148 f.; *Merkel*, 2001, S. 200–215 u. in: Fs. Schroeder, 2006, S. 297, 299 ff. sowie *Roxin*, in: Roxin/Schroth, 2010, S. 86 ff., der auf Einwilligung bzw. mutmaßliche Einwilligung abstellt; dagegen NK-*Neumann*, 99 vor § 211, der § 216 engegenhält.

[276a] Erwogen von *Rengier*, BT II, 7/4.

verneint werden.[277] Des ungeschriebenen Rechtfertigungsgrundes „erlaubtes Risiko"[278] bedarf es nicht, wenn der geschriebene Rechtfertigungsgrund des § 34 greift. Gegen eine solche Rechtfertigung wird aber eingewandt, dass ein wesentliches Überwiegen der Schmerzlinderung (körperliche Unversehrtheit als Erhaltungsgut) gegenüber der Lebensverkürzung (Leben, auch erlöschendes, als Eingriffsgut) nicht angenommen werden könne.[279] Oft wird auch eine Ergänzung der § 34-Abwägung durch die Einwilligung oder die mutmaßliche Einwilligung für erforderlich gehalten.[279a]

Dieser Mangel (kein wesentliches Überwiegen) kann nun mit der eingangs vorgetragenen Begründung (geringer Handlungsunwert), aber auch dadurch ausgeräumt werden, dass man in der Interessenabwägung auf der Erhaltungsseite zusätzliche „Interessen" zu dem an der Schmerzlinderung annimmt, umso doch zu einem Interessenübergewicht über das (verlöschende) Leben zu kommen. Als ein solches „Interesse" kommt die Achtung der Menschenwürde des Sterbenden, sein auch so genanntes **Recht auf einen menschenwürdigen Tod**[280] bzw. die Achtung vor dem Leben in seiner konkreten und ausgefüllten Form[281] in Betracht. Nimmt man noch die subjektive Einschätzung seines schmerzvollen Lebens durch den Sterbenden hinzu, so führt die Gesamtabwägung zu einem wesentlichen Überwiegen dieses schmerzfrei gewollten menschenwürdigen Lebens über die Lebensverkürzung.[282] – Da Voraussetzungen und Grenzen – nur bei „Sterbenden" oder auch bei „tödlich Kranken"; nur bei „Schmerzen" oder auch bei „schweren Leidenszuständen"; nur

164

---

[277] *Gössel/Dölling*, BT 1, 2/42; *Dölling*, MedR 1987, 7; *Schreiber*, NStZ 1986, 340; *Joerden*, Fs. Jakobs, 2007, S. 235, 236 ff., 255 f.

[278] S/S-*Eser*, Vorbem §§ 211 ff. Rn. 26; krit. dazu *Dölling*, JR 1998, 160, 161; vgl. auch *Joerden*, Fs. Jakobs, 2007, S. 235, 236 ff., 255: bloße Wiedergabe eines als gerecht empfundenen Ergebnisses.

[279] AWHH-*Arzt*, BT, 3/7 Fn. 11; zustimmend *Krey/Heinrich*, BT 1, Rn. 14 Fn. 31; krit. zur § 34-Rechtfertigung *Verrel*, JZ 1996, 224, 226; *W-Hettinger*, Rn. 33: „Behelfskonstruktion"; ebenso *Ingelfinger*, 2004, S. 257 ff.; gegen diese Einwände *Neumann*, Fs. Herzberg, 2008, S. 575, 578 ff. – Für ein Überwiegen aber *Hanack*, 1975, S. 132; *Hirsch*, Fs. Lackner, 1987, S. 608 f.: geringeres Übel; *Schreiber*, NStZ 1986, 341; *Rengier*, BT II, 7/4; *Gössel/Dölling*, BT 1, 2/43.

[279a] *Dölling*, MedR 1987, 7 u. in: Fs. Gössel, 2002, S. 209, 212; *Schöch* NStZ 1997, 409; *Schöch/Verrel*, GA 2005, 553, 574; *Roxin*, 2007, S. 96; – krit. wegen § 216 *Achenbach*, Jura 2002, 542, 547, *Dreier*, JZ 2007, 317, 322 u. *W-Beulke*, Rn. 316 c.

[280] Vgl. näher *Otto*, BT, 6/42; s. auch *Kelker*, Fs. Puppe, 2011, S. 1673, 1676; für ein „Recht auf Sterben in Würde" SSW-*Rosenau*, § 34 Rn. 21; krit. *Höfling*, JuS 2000, 111, 114 u. *Dreier*, JZ 2007, 317, 322; für Streichung des Menschenwürdekriteriums MK¹-*Schneider*, 102 vor §§ 211 ff.

[281] *Bade*, 1988, S. 115; vgl. auch *Hanack*, 1975, S. 133: widersinnig aus der Achtung vor dem Leben auf Schmerzlinderung zu verzichten. *Schreiber*, 1990, S. 250: qualitative Lebensverbesserung.

[282] *Kühl*, Jura 2009, 881, 884; vgl. die ähnliche, aber ausführlichere Abwägung bei *Langer*, 1986, S. 141–145, sowie die knappere bei *Dölling*, MedR 1987, 7, *Otto*, Jura 1999, 434, 440 f. u. *Achenbach*, Jura 2002, 542, 547: Fall 10; für die § 34-Lösung auch *W-Beulke*, Rn. 316; *Küpper*, BT 1, I 1/23; LK-*Zieschang*, § 34 Rn. 75; MK¹-*Schneider*, 101 vor §§ 211 ff. u. NK-*Neumann*, 99 vor § 211 sowie *Neumann*, Fs. Herzberg, 2008, S. 575, 590; für eine § 34-Rechtfertigung auch *Dreier*, JZ 2007, 317, 322, der aber Einbußen am Programmsatz von der „Unabwägbarkeit des Lebens" konstatiert. Im Ergebnis hält auch die Rspr. die indirekte Sterbehilfe „jedenfalls" für nach § 34 gerechtfertigt: BGH St 42, 301, 305 mit zust. Anm. *Dölling*, JR 1998, 160 sowie Bspr. *Otto*, JK 97, StGB § 212/3; BGHSt 46, 279 mit Bspr. *Sternberg-Lieben*, JZ 2001, 153 f., *Duttge*, NStZ 2001, 546 u. *Otto*, JK 01, StGB § 34/3, wo allerdings eine direkte Sterbehilfe vorlag.

bei Eventualvorsatz oder auch bei sicherem Wissen um die Lebensverkürzung – ungeklärt sind, schlägt der AE-Sterbebegleitung, 2005, mit § 214 a eine gesetzliche Regelung vor (dazu *Schöch/Verrel*, GA 2005, 553, 575 f.).

165   Die Frage, ob auch die **gezielte** aktive **Tötung** zur Beendigung von Leiden einer Notstandsrechtfertigung zugänglich ist, kann erst nach einer weiteren, hier nicht zu leistenden Gesamtabwägung beantwortet werden.[283] Der Unterschied zur indirekten Sterbehilfe ist selbst dann nicht groß, wenn man den unterschiedlichen Handlungsunwert als Abwägungsfaktor anerkennt.[284]

> Aus der **Übungsfall-Literatur** vgl.: *Herzberg/Scheinfeld*, JuS 2003, 880 u. 881 f. (gerechtfertigte aktive Sterbehilfe); *Hilgendorf*, KK II, Fall 14, Rn. 13 (lebensverkürzende Schmerzlinderung) und KK III, Fall 1, Rn. 52 („indirekte Sterbehilfe"); *Marxen*, BT, Fall 1 d, S. 8 f. (Sterbehilfe durch medizinischen Laien); *Thoos*, JA 2001, 951 u. 955 f. („indirekte Sterbehilfe").

cc) Angemessenheit

166   Führt die umfassende Interessenabwägung nach § 34 S. 1 zu dem Ergebnis, dass ein wesentlich überwiegendes Interesse zugunsten des Täters spricht, so ist nach der Vorschrift von § 34 S. 2 zu beachten, dass die Rechtfertigung „nur" eintritt, „soweit die Tat ein angemessenes Mittel ist, die Gefahr abzuwenden". Gemeint ist mit dieser Angemessenheit nicht die Bewertung des zur Rettung eingesetzten Mittels im Hinblick auf seine Tauglichkeit zur Rettung, sondern die Prüfung, ob die Notstandshandlung in unsere **Gesamtrechtsordnung**[285] oder zu den sie prägenden **Prinzipien**[286] passt. Eine Rechtfertigung der Tat wäre danach abzulehnen, wenn sie in Widerspruch zur Gesamtrechtsordnung stünde oder mit deren Prinzipien unvereinbar wäre.

---

[283] Vgl. die im Ergebnis § 34 ablehnenden Abwägungen bei *Otto*, Jura 1999, 434, 441 (mit einem Ausnahmefall); *Dölling*, MedR 1987, 8; *Langer*, 1986, S. 120; *Ingelfinger*, 2004, S. 246 ff. [kritisch *Neumann*, ZStW 118 (2006), S. 753 f.]; *S/S-Eser*, Vorbem §§ 211 ff. Rn. 25. – Vgl. aber auch die § 34 nicht ausschließende Argumentation von *Herzberg*, NJW 1986, 1639 ff., und *ders.*, in: JZ 1988, 186, und in: NJW 1996, 3043, 3047, sowie schon *Geilen*, 1975, S. 26 u. *Hirsch*, Fs. Welzel, 1974, S. 794 ff., der sich gegen eine Rechtfertigung der direkten aktiven Sterbehilfe jetzt aber klar ausspricht in: Fs. Lackner, 1987, S. 609 f.: übergesetzlicher entschuldigender Notstand; ebenso *Küpper*, BT 1, I 1/24. – Zu beiden Auffassungen zusf. *Achenbach*, Jura 2002, 542, 548: Fall 11. – Zur Anwendbarkeit von § 34 im „Konflikt zwischen Lebensschutz und Selbstbestimmung" vgl. *Schneider*, Tun und Unterlassen beim Abbruch lebenserhaltender medizinischer Behandlung, 1997, S. 242 ff., 270 ff. – Für die Anwendbarkeit von § 34 auch auf die direkte Sterbehilfe *Merkel*, 2001, S. 196: „Wann wird das Gebot zur Hilfe im Leid so gravierend, dass es das im konkreten Fall kollidierende Verbot der Lebensverkürzung eindeutig überwiegt?", und in: Fs. Schroeder, 2006, S. 297, 320 f.; *Murmann*, 2005, S. 297 f.; *Gössel/Dölling*, BT 1, 2/61. – Vgl. auch zu § 34 NK-*Neumann*, 127–129 vor § 211. – Zur **aktiven Sterbehilfe** vgl. *Rosenau*, Fs. Roxin, 2011, S. 577 ff.: „bereits heute" seien „Formen aktiver Sterbehilfe rechtlich anerkannt" und es sei sinnvoll, „den erlaubten Bereich der aktiven Sterbehilfe auszuweiten".

[284] So auch *Lenckner*, 1986, S. 604: hauchdünner Unterschied; ebenso *Schreiber*, NStZ 1986, 341. – Die subjektive Abgrenzung halten *Schöch/Verrel*, GA 2005, 553, 576, für „unbefriedigend" und schlagen deshalb in § 214 a AE-StB als objektives Tatbestandsmerkmal die „Leidensminderung" nach den Regeln der ärztlichen Kunst vor.

[285] Vgl. die Begründung des E 62, S. 159 f.: das Verhalten des Täters müsse als eine sachgemäße und dem Recht entsprechende Lösung der Konfliktlage erscheinen.

[286] Vgl. die Diskussion zwischen *Gallas* und *Lackner* um die alternative Formulierung: „Grundsätze der Rechtsordnung" seien zu beachten, in: Nied. 12 (1960), S. 165 u. 179. – Nach *Jahn*, 2004, S. 256, 607 öffnet die Angemessenheit „die Dogmatik des rechtfertigenden Notstands für das Verfassungsrecht".

Diese in § 34 S. 2 zum Ausdruck gekommene gesetzgeberische Konzeption sollte   167
zumindest insofern aufgegriffen werden, als man nach der Interessenabwägung
noch einen Moment innehält und sich der Angemessenheit, der Richtigkeit oder gar
der Gerechtigkeit, der gefundenen Lösung vergewissert.[287] Derselbe **Appell- oder
Korrektureffekt** würde natürlich erreicht, wenn man die Interessenabwägung – was
ja häufig geschieht[288] – auf die hier folgenden Gesichtspunkte ausdehnen und so die
Angemessenheitsprüfung in die Interessenabwägung integrieren würde. Die Chance,
dass diese Gesichtspunkte überhaupt erörtert werden, sind aber wohl größer, wenn
es eine besondere Stelle gibt, an der sie eingebracht werden können.

Für eine solche Prüfung in § 34 S. 2 kommt zum einen die Frage in Betracht, ob   168
die Rechtsordnung für solche Konflikte, wie sie der Täter durch einen eigenmächtigen Zugriff auf fremde Rechtsgüter gelöst hat, nicht andere Lösungen, insbesondere
andere Verfahren, bereithält.[288a] Zum anderen kann hier gefragt werden, ob nicht
grundlegende Prinzipien unserer Rechtsordnung wie das **Freiheitsprinzip** es verbieten, das Ergebnis der Interessenabwägung zu akzeptieren.

(1) Prinzipien der Rechtsordnung, insbesondere das Freiheitsprinzip. Als „Proto-   169
typ"[289] der Fälle, bei denen die mögliche Unangemessenheit einer interessengerech-
ten Konfliktlösung verdeutlicht werden kann, gilt der von *Gallas* gebildete Fall eines
Arztes, der zur Rettung eines Schwerkranken mit seltener Blutgruppe einen Dritten
nötigt (§ 240, aber auch § 223), die von diesem **verweigerte Blutabnahme zur Blutübertragung** zu dulden.[290] Die Interessenabwägung ergibt hier ein wesentliches
Überwiegen des vom Arzt als Notstandshelfer erhaltenen Rechtsguts Leben im Vergleich zu den Rechtsgütern, in die durch die Blutentnahme eingegriffen wurde (Freiheit und körperliche Unversehrtheit des Dritten). Auch eine moralische oder „sozialethische" Kontrollüberlegung würde dieses Ergebnis bestätigen, denn der Dritte
zeigt sich als hartherziger Zeitgenosse, der Solidarität verweigert, obwohl auch er in
Situationen kommen kann, in denen er auf die Hilfsbereitschaft anderer angewiesen
ist. Die Frage ist nun aber, ob dieser moralisch geforderte Akt der Blutspende zur
Lebensrettung eines in Not Befindlichen durch das Recht, konkret durch die Anwendung von § 34, erzwungen werden darf.

Gallas hat in dem von ihm gebildeten Fall dem Arzt die Notstandsrechtfertigung   170
versagt, weil ein solcher **„Zwang zum Opfer"** für den Mitmenschen" mit „der freiheitlichen Struktur unseres Gemeinschaftslebens" bzw. mit dem „Freiheitsprinzip"
unserer Rechtsordnung „unvereinbar wäre".[291] Damit ist ein wesentlicher Gesichts-

---

[287] Vgl. in dieser Richtung etwa *Eser/Burkhardt*, Strafrecht I, Nr. 12 A 46; *Hruschka*,
S. 113 f.; LK-*Zieschang*, § 34 Rn. 79: sinnvoll; S/S-*Perron*, § 34 Rn. 46; dagegen wie hier NK-
Neumann, § 34 Rn. 21: eigenständige Wertungsstufe; ebenso *Erb*, JuS 2010, 108, 112 Fn. 28
u. *Rengier*, AT, 19/49.

[288] *Roxin*, AT I, 16/94; S/S-*Perron*, § 34 Rn. 46; *Haft*, S. 104; *Zieschang*, JA 2007, 679,
683 f.

[288a] Vgl. *Pawlik*, 2002, S. 185 f.: positiv-rechtlicher „Aufhänger".

[289] *Hruschka*, S. 145; *Pawlik*, 2002, S. 251 ff.; vgl. auch *Geilen*, S. 106: hier am besten zu
verdeutlichen; *Stratenwerth/Kuhlen*, 9/112: Schulbeispiel; *Murmann*, GK 25/63: Paradebeispiel; *Erb*, JuS 2010, 108, 112: das wohl meistzitierte Schulbeispiel.

[290] *Gallas*, (Fs. Mezger, 1954, S. 325 f.) 1968, S. 70, und *ders.* in: Nied. 2 (1958), S. 164. –
Nicht vergleichbar mit diesem Schulfall ist der praktische Fall einer Venenpunktion beim
Zwangs-Aidstest zur Verhinderung einer Ansteckungsgefahr, vgl. *Bottke*, 1988, S. 226 f.; *Jan-
ker*, 1988, S. 166–172, und *Pfeffer*, 1989, S. 131, 133.

[291] *Gallas*, 1968, S. 70. Ähnlich *Jahn*, 2004, S. 259 f.: Autonomieprinzip, ebenso *Zieschang*,
Rn. 266, und *W-Beulke*, Rn. 320: „... das persönliche Opfer einer Blutspende muss in einem

punkt genannt, dessen Bezeichnung als ein zusätzliches Interesse auf der Eingriffsseite Schwierigkeiten bereitet, denn dieses Freiheitsprinzip, das unsere Rechtsordnung als Freiheitsordnung kennzeichnet, setzt sich ja möglicherweise auch gegen das sonst als höchstrangiges Rechtsgut ausgegebene Rechtsgut Leben durch.

171   Unterstützung findet das eine Zwangsblutspende verbietende Freiheitsprinzip durch die **Menschenwürdegarantie**[292] des Art. 1 GG, die meist in der seit *Kant* gebräuchlichen Mensch/Zweck-Formel oder in der Objektformel *Dürigs* fruchtbar gemacht wird.[293] Drastisch formuliert wird dann von der Herabwürdigung der Person zur lebenden Organbank gesprochen.[294] Die Behauptung eines Verstoßes gegen die Menschenwürde ist ein Argument, das durch kein Gegenargument, sondern nur dadurch entkräftet werden kann, dass man die Behauptung als falsch ausweist. Ob die zwangsweise Blutentnahme einen Verstoß gegen die Menschenwürde des Gezwungenen darstellt, erscheint angesichts der relativ geringen Schwere des Eingriffs zumindest zweifelhaft.[295]

172   Es bleibt aber noch die Behauptung der Unvereinbarkeit dieses Eingriffs mit dem **Freiheitsprinzip**. Dieser Behauptung kann entgegengesetzt werden, dass unsere Rechtsordnung zwar eine Freiheitsordnung ist, aber nicht ohne „Einsprengsel" von Menschen verbindender Solidarität, was z.B. die Hilfsleistungspflicht des § 323 c zeigt.[296] Gerade wenn **Solidarität** die Freiheit eines anderen erst ermöglicht, ihn aus der Todesgefahr und dem damit verbundenen vollständigen Freiheitsverlust befreit, kann sie auch in einer Freiheitsordnung rechtlich gefordert werden.[297]

173   Überlegungen wie die des möglichen Vertrauensverlustes in die Ärzteschaft, des Sicherheitsbedürfnisses Unbeteiligter[298] oder wie die, ob eine reale Gefahr besteht, dass solches Vorgehen zu einer allgemeinen Praxis der Ärzte mit negativen Folgen für die Gesellschaft wird,[299] sollten das Ergebnis der Angemessenheitsprüfung nicht entscheidend beeinflussen. Dagegen dürfte die besondere Beziehung zwischen dem

---

freiheitlichen Rechtsstaat der eigenen sittlichen Entscheidung des einzelnen überlassen bleiben"; LK-*Lilie*, § 223 Rn. 21; SK-*Günther*, § 34 Rn. 51; S/S-*Perron*, § 34 Rn. 41 e; *Jescheck/Weigend*, S. 364; *Köhler*, S. 291, *Murmann*, GK, 25/63 und *Zieschang*, JA 2007, 679, 683, der die Rechtfertigung schon bei der Interessenabwägung scheitern lässt; im Erg. auch MK-*Erb*, § 34 Rn. 194: „Abwägungsfestigkeit des Eingriffsguts", der aber die Begründung für „zu pauschal"(?) hält (*Erb*, JuS 2010, 108, 113, der § 34 verneint, weil die „Spende" den Intentionen des geltenden Rechts widerspricht und nicht mit hoheitlicher Gewalt erzwungen werden kann). – Immerhin für „einsichtig" hält auch *Hassemer*, Fs. Maihofer, 1988, S. 202, das Argument, dass man „einen Akt sittlicher Freiheit nicht erzwingen dürfe".

[292] Auch von *Gallas*, Nied. 2 (1958), S. 178, und in: ZStW 80 (1968), 26, verwendet. Ebenso die Begründung des E 62, S. 160. Vgl. aus der Literatur: *Blei*, S. 167; *Krey/Esser*, AT, Rn. 611 und besonders ausgeprägt *Meißner*, 1991, S. 211 f., *Jahn*, 2004, S. 257 sowie NK-*Neumann*, § 34 Rn. 118; s. auch *Kelker*, Fs. Puppe, 2011, S. 1673, 1677.

[293] Vgl. z.B. *Welzel*, Nied. 2 (1958), S. 178 f.

[294] Vgl. *Hruschka*, S. 145; *Jakobs*, 13/25; *Dreher*, Nied. 2 (1958), S. 178; *Meißner*, 1991, S. 212.

[295] Ebenso *Joerden*, GA 1991, 426; *Roxin*, AT I, 16/49 u. 92; ähnlich *Pawlik*, 2002, S. 253, der aber die Rechtfertigung letztlich ablehnt (S. 264).

[296] Vgl. *Kühl*, Fs. Spendel, 1992, S. 93 f. u. *Lackner/Kühl*, § 323 c Rn. 1 m.w.N.

[297] Im Ergebnis ebenso unter Hinweis auf die Solidaritätspflicht *Hassemer*, Fs. Maihofer, 1988, S. 202; *Bottke*, 1988, S. 226 f., u. *ders.*, 1995, S. 85 f.; dagegen *Jahn*, 2004, S. 260: Solidarität mit Zwangsmitteln durchzusetzen, ist ein „Widerspruch in sich". – Allgemein zu Solidarität und Freiheit beim Notstandseingriff und dessen Verortung bei der Angemessenheit *Koch*, ZStW 122 (2010), 804, 824.

[298] Vgl. *Otto*, 8/185; *Delonge*, 1988, S. 151.

[299] Vgl. *Joerden*, GA 1991, 421, zum Blutspende-Fall S. 425 f.: Gefahr von negativen Folgen für die Gesellschaft „nicht besonders hoch".

in Not Befindlichen und dem Eingriffsopfer (z. B. dem **Obhutspflichtigen** aus familiären Beziehungen) über die dadurch **gesteigerte Solidaritätspflicht** das Ergebnis derer korrigieren, die die zwangsweise erhobene Blutspende im Normalfall für nicht nach § 34 gerechtfertigt halten.[300]

Das Ergebnis der Angemessenheitsprüfung würde sich auch ändern, wenn es um **174** die Beurteilung einer zwangsweisen **Organentnahme** (z. B. einer Niere) beim lebenden „Spender" ginge (Strafvorschrift: § 19 I TPG). Deren Unzulässigkeit bestimmt inzwischen bereits § 8 TPG, der zusätzlich zu einer den Voraussetzungen des § 34 vergleichbaren Güter- und Interessenabwägung bei beiden Beteiligten (§ 8 I Nr. 1c, 2 TPG) zwingend die Einwilligung des Spenders verlangt;[300a] diese Bestimmungen des TPG dürften auch im Rahmen der – zu § 19 I TPG möglicherweise in Tateinheit stehenden – Körperverletzung (§§ 223 ff.)[300b] einer Notstandsrechtfertigung entgegenstehen (s. oben Rn. 72),[300c] doch bilden jedenfalls auch bei § 34 Freiheitsprinzip und Menschenwürde für alle unübersteigbare Grenzen.[301] Auch bei der Organentnahme vom toten „Spender" ist die Regelung der §§ 3, 4 TPG abschließend, so dass eine Rechtfertigung nach § 34 jedenfalls wegen fehlender Angemessenheit nicht nach § 34 gerechtfertigt werden kann.[301a] Dasselbe gilt für den (durch Art. 104 I GG, Art. 3 EMRK u. § 136 a StPO konkretisierten) Menschenwürdeverstoß, der in der **Folterung** z. B. von Terroristen liegt, nicht aber, wenn nur dadurch Chancen entstehen, das Leben der von diesen gefangengehaltenen Geiseln zu retten;[302] näher zur Notwehrhilfe-Problematik in diesen Fällen 7/156 a.

Aus der **Übungsfall-Literatur** vgl.: *Ambos/Rackow*, Jura 2006, 943 u. 948 (suggestive Argumentation mit „abwägungsfestem" Folterverbot gegen „Relativierung" des Folterverbots); *Fahl*, JuS 2005, 808 u. 812 und Jura 2009, 234 u. 238 (Folterverbot nicht für Private); *Gropp*, in: G/K/M, Fallsammlung, Fall 3, S. 47 f. u. 54 f.; *Hilgendorf*, KK III, Fall 1, Rn. 53 (indirekte Sterbehilfe) und Fall 11, Rn. 17 („Folter"); *Jäger*, Fall 37, Rn. 207, 208 (Flugzeugabschuss-Fall: Tötung der Passagiere und Besatzungsmitglieder wegen Verstoß gegen die Menschenwürde nicht angemessen); *Kasiske*, JA 2007, 509 u. 513 (nicht angemessene Folterandrohung); S. 514: § 34 – Bejahung aber ohne weiteres vertretbar); *Kudlich*, PdW AT, Fall 103; *Stoffers/Murray*, JuS 2000, 986 u. 990 f.

---

[300] Vgl. *Renzikowski*, 1994, S. 269; *Hruschka*, S. 147; *W-Beulke*, Rn. 320; MK-*Erb*, § 34 Rn. 195.

[300a] *Schroth*, in: Roxin/Schroth, 2010, S. 473 ff.; MK-*Erb*, § 34 Rn. 197.

[300b] *Erbs/Kohlhaas-Pelchen/Anders*, T 120, § 19 TPG Rn. 6; vgl. auch MK-*Tag*, Rn. 12 zu § 19 TPG. – Eine Einwilligung in eine riskante Organentnahme verstößt nicht gegen die guten Sitten i. S. des § 228 (*Schroth*, in: Roxin/Schroth, 2010, S. 473, 475). – Zu den Konkurrenzen zwischen §§ 223 ff. und § 19 II TPG vgl. *Lackner/Kühl*, § 223 Rn. 13 m. w. N.

[300c] Nur in Ausnahmefällen für § 34 NK-*Neumann*, § 34 Rn. 118. – Gegen § 34-Anwendung *Schroth*, 2005, 154 zu § 19 TPG: es fehlt an der Angemessenheit.

[301] *Frister*, GA 1988, 293; *Roxin*, AT I, 16/96; SSW-*Rosenau*, § 34 Rn. 34; *Hirsch/Schmidt-Didczuhn*, Transplantation und Sektion, 1992, S. 12; gegen eine § 34-Rechtfertigung *Köhler*, S. 291 u. *Pawlik*, 2002, S. 259; einen Menschenwürdeverstoß sehen SSW-*Rosenau*, § 34 Rn. 34 u. S/S-*Perron*, § 34 Rn. 41 a.

[301a] *Schroth*, 2005, 22 u. 35 zu § 19 TPG.

[302] Bsp. von *Roxin*, AT I, 16/96, der aber auch in diesem Fall die Angemessenheit verneint; ebenso zur Folter *Hassemer*, Fs. Maihofer, 1988, S. 202 f. u. NK-*Neumann*, § 34 Rn. 118; auch *Jahn*, 2004, S. 257 f., vergleicht den „Folterfall" mit dem „Blutspendenfall" und lehnt die Angemessenheit ab (S. 545). – Für Ausschluss einer § 32-Rechtfertigung („notwehrähnliche Lage) MK-*Erb*, § 34 Rn. 197. – Im Ergebnis wie hier *Brugger*, JZ 2000, 165, 171, der in Ausnahmefällen wegen Ermessensreduzierung der Polizei und der durch die Festnahme des Erpressers ausgeschlossenen privaten Notwehrrechte der Bevölkerung eine staatliche Pflicht zur Folterung aus „verfassungsrechtlichen Gründen" bejaht.

175　*(2) Gesetzliche Vorgaben, geregelte Verfahren.* Die Einpassung der Konfliktlösung in die Rechtsordnung hat deren gesetzliche Vorgaben und von dieser zur Verfügung gestellte Verfahren zu beachten.

176　**Gesetzliche** Vorgaben, die zu Belastungen einzelner führen, müssen grundsätzlich mit der Folge beachtet werden, dass die aus der Belastung entstandene Not getragen werden muss. Sie darf nicht über § 34 auf andere abgewälzt werden, da dies eine unangemessene Konfliktlösung wäre. Aktuelles Beispiel sind Belastungen, die aus Regelungen des Umweltverwaltungsrechtes etwa für Anlagenbetreiber entstehen: sie dürfen nicht durch die Begehung von Umweltstraftaten auf andere abgewälzt werden, auch wenn nur so der Anlagenbetreiber Gewinn machen und die Produktion aufrechterhalten kann. Dies gilt zumindest dann, wenn es sich bei diesen Belastungen um **einkalkulierte Folgen** einer gesetzlichen Regelung handelt.[303]

177　**Angemessenheit** als Einhaltung **rechtlich geordneter Verfahren**[304] wird ebenfalls bei Umweltstraftaten relevant, so z. B. wenn der Anlagenbetreiber zur Rettung des Betriebes nicht das vom Bundesimmisionsschutzgesetz vorgesehene Genehmigungsverfahren für seine genehmigungsbedürftige Anlage beschreitet, sondern ohne Genehmigung weiterproduziert; erst recht natürlich, wenn er entgegen einer versagten Genehmigung weiterproduziert.[305]

> Aus der **Übungsfall-Literatur** instruktiv: *Rudolphi*, AT-Fälle, Fall 16, S. 191 u. 203 f. (behördliches Erlaubnisverfahren nach § 7 WHG schließt § 34-Rechtfertigung der Abwassereinleitung i. S. des § 324 aus).[306] – Vgl. auch *Fahl*, JuS 2005, 808 f. („Katastrophenregularien"); *Rössner/Guhra*, Jura 2001, 404 u. 406 (Bestechung kein angemessenes Mittel gegen Arbeitslosigkeit); *Saliger*, UmwStrR, Rn. 222 u. 263: Fall 13 (abschließende Regelung der §§ 8 ff. WHG); *D. u. I. Sternberg-Lieben*, JuS 2002, 576 u. 579 (geordnetes staatliches Verfahren); *Theile*, Jura 2007, 463 u. 466 (besonderem Verfahren vorbehalten).

178　Hier kann auch dem gewaltsamen (§ 223) Ausbruch des (möglicherweise unschuldig, aber) rechtskräftig Verurteilten (s. o. Rn. 32 u. 150) mit dem Hinweis auf das für den Beweis der Unschuld vorgesehene **Wiederaufnahmeverfahren** der StPO die Notstandsrechtfertigung versagt werden.[307] Eine Notstandsrechtfertigung scheidet wegen fehlender Angemessenheit aus, wenn ein tatbestandsloser, nach einem Beratungsverfahren geplanter Schwangerschaftsabbruch (§ 218 a I) verhindert

---

[303] So S/S-*Perron*, § 34 Rn. 35 (bei Interessenabwägung); KK OWiG-*Rengier*, § 16 Rn. 41 (bei Angemessenheit); *Jakobs*, 13/42; *Saliger*, UmwStrR, Rn. 260–262; MK-*Erb*, § 34 Rn. 182; NK-*Neumann*, § 34 Rn. 30, 31 u. 120 sowie *Erb*, JuS 2010, 108, 112 u. *Pawlik*, 2002, S. 232.

[304] *Erb*, JuS 2010, 108, 112; *Eser/Burkhardt*, Strafrecht I, Nr. 12 A 41; ähnlich *Jakobs*, 13/36 u. NK-*Neumann*, § 34 Rn. 119.

[305] So KK OWiG-*Rengier*, § 16 Rn. 43 (bei Angemessenheit); S/S-*Perron*, § 34 Rn. 41 (bei Interessenabwägung); *Malitz*, 1995, S. 129–133 (bei „Nicht-anders-Abwendbarkeit" und bei Interessenabwägung). Einen Fall aus dem KatastrophenschutzG behandelt AG Zerbst NJ 2004, 181 m. Anm. *Krüger*.

[306] Für einen solchen Ausschluss von § 34 wegen der spezielleren gesetzlichen Konkretisierung des Notstandes in wasserwirtschaftlichen Regelungen grundsätzlich *Schall*, NStZ 1992, 215; *Lackner/Kühl*, § 324 Rn. 14; SK-*Horn*, § 324 Rn. 9. – Für unerlaubten Umgang mit gefährlichen Abfällen gem. § 326 I Nr. 4 a grundsätzlich gegen eine § 34-Anwendung BGH NStZ 1997, 189, 190, m. Anm. *Sack*, JR 1997, 254 f.

[307] *Eser/Burkhardt*, Strafrecht I, Nr. 12 A 41; *Roxin*, AT I, 16/53; *Joecks*, § 120 Rn. 13; MK-*Erb*, § 34 Rn. 185; S/S-*Perron*, § 34 Rn. 41; *Thiel*, 2000, S. 214; *Pawlik*, 2002, S. 232 f. – Eingehend *Neuheuser*, 1996, S. 111 ff. – Ebenso für den Untersuchungshäftling SK-*Günther*, § 34 Rn. 52: StPO-Rechtsbehelfe; allgemeiner zur Beschränkung des Beschuldigten im Strafverfahren auf die gesetzlich vorgesehenen Verteidigungsmöglichkeiten *Erb*, JuS 2010, 108, 112.

wird.[307a] Nicht angemessen ist auch der Diebstahl des zur Liquidität erforderlichen Geldes zur Abwendung einer drohenden Insolvenz mit Vermögenseinbußen in Millionenhöhe, weil die Folgen finanzieller Leistungsunfähigkeit im Insolvenzrecht abschließend geregelt sind;[307b] ebenso wenig die Urkundenunterdrückung (§ 274) zur Abwendung eines materiell unberechtigten Prozessverlustes.[307c]

> Aus der **Übungsfall-Literatur** vgl.: *Küpper*, in: G/K/M, Fallsammlung, Fall 9, S. 167f. u. 170 (Rechtsmittel gegen Verurteilung); *Kudlich*, PdW-AT, Fall 111; *Zimmermann*, JuS 2011, 629 u. 633 (Wiederaufnahmeverfahren).

Besonders zu beachten sind gesetzliche Vorgaben, insb. Eingriffsermächtigungen **179** (und -begrenzungen) von **Hoheitsträgern**.[307d] Regelt die gesetzliche Eingriffsermächtigung die Konfliktlage **spezieller** als § 34 und auch noch **abschließend**, so ist ein Rückgriff auf § 34 nicht möglich, z. B. zur Beweismittelbeschaffung in Strafverfahren, die die StPO regelt,[308] oder z. B. zur Suizidverhinderung, die in zahlreichen öffentlich-rechtlichen Spezialregelungen erfasst ist.[309] Umstritten ist der Ankauf von CD's mit Kontodaten von „Steuerhinterziehern" zu deren Überführung wegen Steuerhinterziehung durch staatliche Stellen; meist wird die Anwendbarkeit des § 34 verneint (vgl. *Sieber*, NJW 2008, 881, 885; *Fahl*, ZJS 2009, 61, 68; *Ignor/Jahn*, JuS 2010, 390, 393 u. *Satzger*, Fs. Achenbach, 2011, S. 447, 460). Dies kann auch mit der fehlenden Angemessenheit des Vorgehens des Hoheitsträgers begründet werden: das angemessene Vorgehen schreibt die speziellere gesetzliche Regelung vor.[310] Es kann freilich auch mit Konkurrenzerwägungen (das speziellere geht dem allgemeineren vor) begründet werden.[311]

Hoheitliche Maßnahmen – daran fehlt es z. B. bei sog. V-Leuten (vgl. BGHSt 41, **180** 64) – zur Strafverfolgung sind in der StPO abschließend geregelt, so dass ein Rückgriff auf § 34 unzulässig ist (vgl. BGHSt 34, 39; dazu *Jahn*, 2004, S. 293f. u. MK-*Erb*, § 34 Rn. 48); dementsprechend dürfen Verdeckte Ermittler (VE) außerhalb der §§ 110a III, 110c S. 1 StPO, die bestimmte Verstöße gegen §§ 267ff., 348, 123 rechtfertigen, zur Aufklärung von Straftaten selbst keine einsatz- bzw. milieubedingten Straftaten begehen.[311a] Eine Strafbarkeit des VE scheidet allerdings aus, wenn

---

[307a] *Satzger*, JuS 1997, 800, 804; krit. *Lesch*, 2000, S. 44ff.

[307b] *Roxin*, HRR AT, S. 169, Antwort 1 zu Fall 24, S. 31ff. (= BGHSt 12, 299).

[307c] SK-*Hoyer*, § 274 Rn. 26; NK-*Puppe*, § 274 Rn. 16; allgemeiner zur Abwehr berechtigter und Durchsetzung unberechtigter Ansprüche im Zivilprozess *Erb*, JuS 2010, 108, 112.

[307d] Zum gegenwärtigen Stand der Diskussion *Pawlik*, 2002, S. 192ff.

[308] *Sternberg-Lieben*, Jura 1995, 304 mit BGHSt 34, 39 („Stimmprobe"). Vgl. auch BGHSt 31, 307, mit *Roxin*, AT I, 16/104 u. *Thiel*, 2000, S. 213f., 272. Zu dieser Rechtsprechung auch *Jakobs*, 13/40 u. 43 u. ders., 1993, S. 162; *Hirsch*, Fg. BGH, 2000, S. 199, 209f. – Weitergehend gegen die Anwendung von § 34 NK-*Neumann*, § 34 Rn. 114 u. SK-*Günther*, § 34 Rn. 16, der aber für die Strafbarkeitsfrage doch § 34 heranziehen will. Gegen § 34 zur weiteren Einschränkung der Beteiligungsrechte wegen „Missbrauchs" *Rüping*, JZ 1997, 865, 867f. – Eine § 34-Rechtfertigung wird deshalb für Mitarbeiter des BND und der deutschen Steuerbehörden, die Kundendaten Liechtensteiner Banken ankauften, abgelehnt von *Sieber*, NJW 2008, 881, 885 u. *Trüg/Habetha*, NJW 2008, 887, 890.

[309] Vgl. *Bottke*, 1982, S. 164ff.

[310] Vgl. *Roxin*, AT I, 16/51, mit Beispielen, die der StPO-Regelung unterfallen; krit. *Pawlik*, 2002, S. 204.

[311] S/S-*Perron*, § 34 Rn. 7.

[311a] Vgl. *Könnecke*, 2001, S. 304ff. – Nach *Nitz*, 1997, S. 128, kann der „Strafverfolgung als indirektem Mittel des Rechtsgüterschutzes … im Wertgefüge des Grundgesetzes … kaum der gleiche Rang zukommen wie den durch die Rechtsordnung geschützten Rechtsgütern selbst". – Gegen die Heranziehung von § 34 v. *Danwitz*, 2005, S. 263ff.

auf Grund des ihm erteilten Auftrages, als VE tätig zu werden, einzelne Tatbestände (z. B. §§ 258, 258a, 284, 285) schon tatbestandlich nicht verwirklicht werden können;[311b] gleiches gilt bei Fehlen eines Vollendungsvorsatzes des agent provocateur für dessen Straftatbeteiligung (vgl. 20/201 ff.). Dagegen fehlt für Maßnahmen der Gefahrenabwehr eine abschließende Regelung, so dass hier in **Ausnahmefällen** (z. B. Fall *Schleyer,* BGHSt 27, 260 = *Roxin,* HRR AT, Fall 27, S. 52 ff. u. 171)[312] doch wieder eine § 34-Rechtfertigung in Betracht kommt. Liegt ein solcher Ausnahmefall vor, so kann sich der Hoheitsträger wie jeder Bürger auch dieses Notrechts (wie schon des Notwehrrechts, s. o. 7/153) bedienen,[313] ohne dass damit eine neue öffentlich-rechtliche Eingriffsermächtigung begründet ist. Daher können Straftaten von VE außerhalb der §§ 110a–c StPO bei Fehlen anderer Spezialregelungen (z. B. in den Polizeigesetzen der Länder; vgl. auch 9/117) zur Verhinderung von Straftaten, nicht aber nur zur Erlangung von Beweismaterial durch § 34 gerechtfertigt sein; allerdings muss das durch die verhinderte Straftat bedrohte Rechtsgut das durch die Straftat des VE verletzte wesentlich überwiegen (z. B. unter Verstoß gegen § 201 aufgenommene Stimmprobe zur Verhinderung einer angedrohten Lebensmittelvergiftung durch einen Erpresser; unzulässig dagegen zur Beweisgewinnung nach Verhaftung des Täters [vgl. BGHSt 34, 39]). So kann § 34 z. B. den polizeilichen „Lockspitzel" rechtfertigen, der die Vollendung eines abstrakten Gefährdungsdelikts (z. B. Verkauf von Betäubungsmitteln gem. § 29 I BtMG) anstrebt, um vor Verletzung des gefährdeten Rechtsguts (Gesundheit der Drogenkonsumenten) diese Gefahr (z. B. durch Beschlagnahme des zuvor verkauften Rauschgiftes) wieder zu beseitigen und zusätzlich auch die z. B. von dem Dealerring ausgehende (Dauer-)Gefahr zu beenden;[313a] daran fehlt es aber i. d. R., wenn ein VE Straftaten als „Keuschheitsprobe" begeht, um Zugang zu kriminellen Kreisen zu erlangen (z. B. kleinere Rauschgiftgeschäfte, um in die Drogenszene zu gelangen), denn hier ist das Verhalten des VE nicht darauf gerichtet, den Eintritt der Gefahr schließlich zu verhindern (§ 34 bleibt aber z. B. denkbar, wenn die „Keuschheitsprobe" im Drogenerwerb zum [vermeintlichen] Eigenverbrauch des VE besteht). – Der früher oft auch auf § 34 gestützte Zwangs-Aids-Test für Strafgefangene ist inzwischen gesetzlich geregelt.[314]

Die Rechtfertigung einsatz- bzw. milieubedingter Straftaten von VE außerhalb der §§ 110a III, 110c S. 1 StPO ist umstritten.[315] Vgl. aus der **Übungsfall-Literatur** *Hillenkamp,* 5. AT-Problem, Bsp. 2, S. 45 f., 7. AT-Problem, Bsp. 2, S. 56 f. sowie 24. AT-Problem, Bsp. 2, S. 177 f.; – vgl. außerdem *Roxin/Achenbach,* PdW Strafprozessrecht, Fall 162b: keine § 34-Rechtfertigung der Verwertung von „Raumgesprächen", deren Überwachung nicht von

---

[311b] Krit. zu dieser „Tatbestandslösung" *Könnecke,* 2001, S. 226 ff.

[312] So *Roxin,* AT I, 16/52 u. 103 sowie NK-*Neumann,* § 34 Rn. 115; ähnlich S/S-*Lenckner/Perron,* § 34 Rn. 41c; a. A. *Jakobs,* 13/42, *Nitz,* 1997, S. 111 ff. u. *Jahn,* 2004, S. 291 f.: „nicht existierendes Staatsnotrecht".

[313] Vgl. zum Streitstand *Hillenkamp,* 5. AT-Problem, S. 38–44.

[313a] Zweifelnd aber *Nitz,* 1997, S. 130.

[314] Eine zwangsweise Blutentnahme bei Aufnahme in eine Justizvollzugsanstalt sieht jetzt § 36 IV, V IfSG vor; vgl. *Callies/Müller-Dietz,* § 56 Rn. 10, womit die bisherige Beschränkung auf nicht-körperliche Eingriffe durch § 101 II StVollzG entfällt; ob damit Zwangstests zur Untersuchung auf HIV-Antikörper zulässig sind, ist umstritten (dagegen *Callies/Müller-Dietz;* dafür *Arloth,* StVollzG, § 56 Rn. 3 u. *Laubenthal,* Strafvollzug, Rn.727).

[315] Vgl. *Beulke,* StPr, Rn. 267; *Fezer,* Fall 8 Rn. 31; *Krey,* 1993, S. 275 ff., und in: JR 1998, 3; *Schwarzburg,* NStZ 1995, 469, 472; LK-*Zieschang,* § 34 Rn. 17a; *Nitz,* 1997, 98 ff. u. 170 ff.

§§ 100 a, b StPO gedeckt sind (= BGHSt 31, 296 mit Anm. *Amelung*, JR 1984, 256; teilweise überholt von BGH NStZ 2003, 668); *Marxen*, Fall 9 c, S. 79 (von § 100 c StPO nicht gedeckte Tonaufnahme nicht nach § 34 gerechtfertigt).

Ist § 34 ausnahmsweise anwendbar, so ist eine weitere **Angemessenheits**prüfung   181 dahingehend denkbar, ob die Notstandshandlung zu öffentlich-rechtlichen Wertungen der Gesamtrechtsordnung, namentlich des Grundgesetzes, passt.[316]

Eine Kombination von Einhaltung geregelter Verfahren und allgemeinen Rechts-   182 prinzipien wie des Freiheitsprinzips, aber auch Mehrheitsprinzip spricht gegen die § 34-Rechtfertigung von Akten sog. **zivilen Ungehorsams** mit bewussten, begrenzten Regelverletzungen (§§ 123, 240).[317]

dd) „Rettungswille"

Die Erforderlichkeit eines subjektiven Rechtfertigungselements zur Notstands-   183 rechtfertigung ergibt sich eindeutig aus der „um zu"-Formulierung des § 34 S. 1. Diese Formulierung scheint sogar für eine „Rettungsabsicht" zu sprechen und dementsprechend wird auch verbreitet ein auf die Rettung als Ziel gerichteter Wille verlangt.[318] Doch reicht es für den Ausgleich des Handlungsunwertes der Notstandstat völlig aus, dass der Notstandstäter in **Kenntnis** der nach § 34 rechtfertigenden Umstände – Notstandslage, Wahrnehmung des überwiegenden Interesses und der Angemessenheit – handelt;[319] dies gilt auch für die Notstandshilfe.[320]

Zusätzliche Anforderungen, wie etwa die Rettung als Motiv der Tat würden zu   184 einem **Gesinnungsstrafrecht** führen.[321] Insbesondere können zusätzliche Motive (wie z. B. der Polizei zu entrinnen) nichts am „Rettungswillen" des (§ 142 I verwirklichenden) Notstandshelfers (der z. B. das schwerverletzte Unfallopfer ins Krankenhaus fährt)[322] ändern.

Führt die Handlung des Notstandstäters hingegen nur zufällig zur angemessenen   185 Rettung des schutzwürdigeren Interesses, so **fehlt** es am erforderlichen „Rettungswillen" (z. B. des Fensterscheiben Einwerfenden, der dadurch dem einer Gasgefahr Ausgesetzten das Leben rettet).[323] Die Rechtsfolge des fehlenden „Rettungswillens"

---

[316] Dafür *Grebing*, GA 1979, 93, 99, 102; dagegen S/S-*Perron*, § 34 Rn. 7.

[317] *Kühl*, StV 1987, 133 f.; S/S-*Perron*, § 34 Rn. 41 a; *Reichert-Hammer*, 1991, S. 199–205, der aber für Strafunrechtsausschluss plädiert (S. 256 ff.). Vgl. auch BVerfG NJW 1993, 2432.

[318] B-*Weber/Mitsch*, 17/84; *Blei*, S. 170 f.; *Eser/Burkhardt*, Strafrecht I, Nr. 12 A 49; *Jescheck/Weigend*, S. 365; *Perron*, in: *Eser/Perron* (Hrsg.), Rechtfertigung und Entschuldigung III, 1991, S. 113.

[319] Ebenso *Gallas*, ZStW 80 (1968), 26 u. *ders.*, in: Fs. Bockelmann, 1979, S. 172; *Lenckner*, 1965, S. 198; *Hruschka*, GA 1980, 15; *Kindhäuser*, AT, 17/41; MK-*Erb*, § 34 Rn. 200 u. *Erb*, JuS 2010, 108, 113 (hinsichtlich der Angemessenheit negativ formulierend); NK-*Neumann*, § 34 Rn. 106.

[320] *Bottke*, 1982, S. 86.

[321] Ebenso *Erb*, JuS 2010, 108, 113; *Perron* (o. Fn. 318), S. 113; *Rath*, 2002, S. 213 f.; *Roxin*, AT I, 14/110; MK-*Erb*, § 34 Rn. 201; NK-*Neumann*, § 34 Rn. 108. Kritisch gegen besondere subjektive Rechtfertigungselemente bei § 34 *Runte*, 1991, S. 109 ff., 179 ff., 356; für ein „besonderes" Rechtfertigungselement bei „mehraktigen" Rechtfertigungskonstellationen *Schmidt*, 2007, S. 193 ff., 215.

[322] Bsp. bei *Erb*, JuS 2010, 108, 113; S/S-*Perron*, § 34 Rn. 48, u. *Roxin*, AT I, 14/108. Vgl. auch das Bsp. bei KK OWiG-*Rengier*, § 16 Rn. 48: zusätzliche Freude am schnellen Fahren. – Aus der Rspr. vgl. BGH JZ 1998, 366 mit krit. Bspr. *Lemke* NJ 1998, 265: auch um „Republikflucht" zu verhindern.

[323] Bsp. bei M-*Zipf*, AT 1, 27/45. Vgl. auch Bsp. 3 bei *Roxin*, AT I, 14/105.

ist die Strafbarkeit wegen **Versuches,** da es am Erfolgsunwert wegen des Vorliegens der objektiven Notstandsvoraussetzungen fehlt (s. o. 6/16).[324]

> In der **Übungsfall-Literatur** behandeln das gegebene oder fehlende Rechtfertigungselement des „Rettungswillens": *Geerds,* Jura 1992, 321 u. 323; *König,* JuS 1992, 49; *Marxen,* Fall 9 e, S. 80 f. („Gas-Fall": § 303-Versuch); *Rath,* JuS 1998, 1112: Fall 19; *Rudolphi,* AT-Fälle, Fall 14, S. 166 u. 172 f. – Weitere Fälle s. o. 6/16.

186   Eine Pflicht zu **sorgfältiger Prüfung** der Notstandsvoraussetzungen ist in § 34 nicht vorgesehen.[325] Sie ist zum Schutz des in Not befindlichen Rechtsguts – ratio des § 34 – auch nicht erforderlich. Liegt eine Notstandslage vor und ist der Täter davon auch ausgegangen, so scheitert die Rechtfertigung seiner Rettungshandlung nicht daran, dass er die Notstandslage ohne nähere Nachprüfung angenommen hat und nur „mit Glück" zum richtigen Ergebnis gekommen ist (strafloser „fahrlässiger Versuch"). Hat die nachlässige Prüfung der Gefahrenlage dagegen zum falschen Ergebnis (Gefahr, die objektiv nicht bestand) geführt, so liegt ein **Putativnotstand**[326] (= ein Erlaubnistatumstandsirrtum) vor, der eine Fahrlässigkeitshaftung unberührt (§ 16 I 2) lässt.[327]

187   Dieser Irrtum über die tatsächlichen Voraussetzungen des § 34 kann **nicht** wie ein Verbotsirrtum mit der Folge behandelt werden, dass die nachlässige oder unterbliebene Prüfung der Notstandsvoraussetzungen zur Vermeidbarkeit dieses Irrtums (sog. „vermeidbarer Putativnotstand") und damit zur Vorsatzstrafbarkeit führt. Zwar wird für eine solche Strafbarkeit ein Bedürfnis behauptet, doch hat der Gesetzgeber nur in § 35 II, nicht bei § 34, einem solchen Bedürfnis Rechnung getragen.[328]

> Aus der **Übungsfall-Literatur** vgl.: *Dornseifer,* JuS 1982, 761 u. 764; *Kudlich,* PdW AT, Fall 112; *Rudolphi,* AT-Fälle, Fall 14, S. 166 u. 172; *Samson,* Strafrecht I, Fall 26, S. 129–131.

188   Das Unterbleiben der Prüfung kann als Indiz dafür verstanden werden, dass der Täter sich über das Vorliegen der Gefahrenlage im **Ungewissen** war.[329] Dass der Täter dann das Nichtvorliegen einer Notstandslage auch für möglich hält, spricht gegen die Behandlung als Putativnotstand,[330] doch kommt möglicherweise sogar § 34-Rechtfertigung in Betracht, wenn weiteres Abwarten bis zur Klärung der Situation eine jetzt mögliche Schadensabwendung unmöglich machen würde.[331]

---

[324] Hier a. A. *Gallas,* Fs. Bockelmann, 1979, S. 178 (dagegen *Frisch,* Fs. Lackner, 1987, S. 101). Wie im Text: *Roxin,* AT I, 16/105; *NK-Neumann,* § 34 Rn. 109; *S/S-Perron,* § 34 Rn. 48 u. jetzt auch *Fischer,* § 34 Rn. 28; aus der Rspr. pro Versuch: BGHSt 38, 144, 145, zu § 218 a II.

[325] LK-*Zieschang,* § 34 Rn. 77; MK-*Erb,* § 34 Rn. 202; NK-*Neumann,* § 34 Rn. 110; S/S-*Perron,* § 34 Rn. 49; *Rath,* 2002, S. 186 ff.; s. auch *Puppe,* AT 1, 24/7–12 mit OLG Hamm VRS 36, 27. – Anders B-*Weber/Mitsch,* 17/84, u. *Blei,* S. 170 f.

[326] *Lenckner,* 1965, S. 201, u. *ders.,* in: Fs. Mayer, 1966, S. 183.

[327] *Roxin,* AT I, 14/84. Beispiel: § 230 für die Aidstest-Venenpunktion durch einen Arzt, der irrig von einem Aids-Verdacht und einer entsprechenden Gefahrenlage ausgeht (*Janker,* 1988, S. 200).

[328] Dennoch für eine analoge Anwendung des § 35 II auf den „putativen rechtfertigenden Notstand" LK[11]-*Hirsch,* § 34 Rn. 91. – Wie hier *Roxin,* AT I, 14/63 u. 83 u. S/S-*Perron,* § 34 Rn. 50.

[329] A. A. NK-*Neumann,* § 34 Rn. 112.

[330] Vgl. *Lackner/Kühl,* § 17 Rn. 18, mit Hinweis auf Gegenstimmen.

[331] Vgl. *Jakobs,* 11/29; *Roxin,* AT I, 14/92.

§ 9. Weitere Rechtfertigungsgründe

A. Überblick über zivilrechtliche Selbsthilfe- und Notrechte

I. Zur Anwendbarkeit der zivilrechtlichen Rechtfertigungsgründe

Die Selbsthilfe- und Notrechte des BGB können hier nur im Überblick dargestellt 1
werden. Selbst auf diesen Überblick könnte man verzichten, wenn sich die These
von der **Überlagerungswirkung** der Notwehr hinsichtlich der Selbsthilferechte (insbesondere §§ 229, 859 II BGB) und des rechtfertigenden Notstands hinsichtlich der
Notrechte (§§ 228, 904 BGB)[1] durchgesetzt hätte. Dies ist aber nicht der Fall, so
dass es nach wie vor üblich ist und deshalb auch erwartet wird, zumindest die genannten BGB-Vorschriften in strafrechtlichen Übungsarbeiten zu prüfen.[2] Nicht selten ist ihre Prüfung dann erforderlich, wenn es um den möglichen Ausschluss der
Rechtswidrigkeit des Angriffs i. S. des § 32 II durch einen zivilrechtlichen Rechtfertigungsgrund geht (s. o. 7/61, 62).

Neuerdings wird auch § 241 a BGB als Rechtfertigungsgrund im Strafrecht her- 1a
angezogen, etwa zur Rechtfertigung der Vernichtung unbestellt gelieferter Waren
durch den Empfänger, die tatbestandsmäßig eine Sachbeschädigung gem. § 303 ist
(aber auch zur Rechtfertigung von Zueignungsdelikten wie §§ 246, 242).[2a]

> Zu den wichtigsten Rechtfertigungsgründen des BGB aus zivilrechtlicher Sicht: *Schreiber*,
> Jura 1997, 29–35; zum (verzichtbaren) subjektiven Rechtfertigungselement *Braun*, NJW 1998,
> 941–944.
> Aus der **Übungsfall-Literatur** zu § 241 a BGB vgl.: *Bülte/Becker*, Jura 2012, 319 f. u. 325;
> *Ladiges*, JuS 2012, 50 u. 56.

II. Die zivilrechtlichen Selbsthilferechte

Zur Durchsetzung freiwillig nicht erfüllter Ansprüche muss der Gläubiger die Zi- 2
vilgerichte einschalten. Handeln auf **eigene Faust** ist nur ganz ausnahmsweise und in
engen gesetzlichen Grenzen gestattet: §§ 229, 859 II–IV, 860, 865, 1029 BGB; ferner
§§ 562 b, 581, 592, 910, 962 BGB.[3]

1. Das Selbsthilferecht gem. §§ 229, 230 BGB

Das Unterlassen der Erfüllung eines Anspruchs durch den Schuldner kann zwar 3
auch als Angriff durch Unterlassen i. S. des § 32 II gedeutet werden, doch verlangt

---

[1] Die These wird sorgfältig begründet von *Hellmann*, Die Anwendbarkeit der zivilrechtlichen Rechtfertigungsgründe im Strafrecht, 1987, vertreten. – Zu dieser Überlagerung der
Selbsthilfe durch die Notwehr vgl. auch *Arzt*, Fs. Schaffstein, 1975, S. 82.

[2] *Lagodny*, Jura 1992, 661 Fn. 37.

[2a] *Haft/Eisele*, Gs. Meurer, 2002, S. 245, 254; *Matzky*, NStZ 2002, 458, 462; *Satzger*, Jura
2006, 428, 433; *Krey/Esser*, AT, Rn. 685; a. M. *Tachau*, 2005, S. 199, 221 f.; *Lamberz*,
JA 2008, 425 ff. für Tatbestandsausschluss, insb. bei Zueignungsdelikten, *Otto*, Jura 2004,
389; *Jäger*, 2006, S. 29 (nach *Jäger*, Rn. 163: § 303 „jedenfalls … gerechtfertigt"). – Vgl. auch
Lackner/Kühl, § 303 Rn. 9 m. w. N.

[3] *Jauernig*, BGB, Rn. 1 zu §§ 229–231; außerdem §§ 704, 997 I BGB. – Eingehend *Werner*,
Staatliches Gewaltmonopol und Selbsthilfe im Rechtsstaat, 1999, S. 12 ff.

§ 229 BGB im Gegensatz zu § 32 keinen gegenwärtigen Angriff.[4] Auch sonst regelt § 229 BGB die eigenmächtige Anspruchssicherung mit einer **spezielleren Situationsbeschreibung**, welche insbesondere das Maß der erforderlichen „Verteidigung" präzisiert. § 229 BGB geht in seinem Bereich deshalb § 32 vor (s. 7/36).[5]

4   Die **objektiven** Selbsthilfevoraussetzungen sind ein wirklich bestehender, durchsetzbarer Anspruch, zu dessen Durchsetzung staatliche Hilfe nicht rechtzeitig erlangt werden kann (OLG Frankfurt NJW 1994, 946; BGH NStZ 2012, 144 m. Bspr. *Hecker,* JuS 2011, 940 ff.: § 823-Schadensersatzanspruch; zweifelnd an der Nichterlangungsmöglichkeit hinsichtlich obrigkeitlicher Hilfe *Bosch,* JK 9/11, BGB § 229/1; zust. *Grabow,* NStZ 2012, 145 ff., trotz Überschreitung der Grenzen des § 230 II),[5a] außerdem muss die **Gefahr** bestehen, dass die Anspruchsverwirklichung ohne die Selbsthilfehandlung vereitelt oder wesentlich erschwert wird.[6] Im Zivilprozess zu befürchtende Beweisschwierigkeiten dürfen nicht durch Selbsthilfehandlungen in einen vor Gericht nicht erzielbaren Vorteil für den Gläubiger umgewandelt werden (BGHSt 17, 330 f.).[7] Eine drohende Beweismittelvernichtung hingegen löst eine Selbsthilfe-, wenn nicht gar eine Notwehrlage aus.[8]

5   Die Selbsthilfehandlung muss zur Abwehr der Anspruchsvereitelung/-erschwerung geeignet[9] und **erforderlich** (§ 230 I BGB) sein. Als Selbsthilfehandlungen nennt § 229 BGB die Wegnahme und Zerstörung von Sachen (BGH NStZ 2012, 144 [m. Bespr. *Grabow,* NStZ 2012, 145 ff.; *Hecker,* JuS 2011, 940 ff. u. *Bosch,* JK 9/11, BGB § 229/1; Wegnahme eines Mobiltelefons]) und die Festnahme des Schuldners. Alle Selbsthilfehandlungen müssen sich auf den **Sicherungszweck** beschränken, d.h. sie dürfen nicht auf Anspruchsverwirklichung gehen (§ 230 I–III BGB[10]). Strenger als bei § 32 wird auch die **Verhältnismäßigkeit** der Selbsthilfehandlung verlangt.[11] Ob Körperverletzungen, die über das harte Zupacken beim Festhalten des fluchtbereiten Schuldners hinausgehen, noch gedeckt sind, ist zweifelhaft;[12] sicher scheidet die lebensgefährdende Verletzung des Schuldners aus.[13]

6   **Subjektiv** ist ein Handeln zum Zwecke der Selbsthilfe erforderlich.[14]

---

[4] *Jescheck/Weigend,* S. 397.

[5] *Gropp,* 6/101; *Jakobs,* 11/17; *Otto,* 8/137; a.A. *Hellmann,* 1987, S. 133 ff.; eingehend und diff. für Notwehr und Nothilfe *Thiel,* 2000, S. 154 ff.; wie hier *Zieschang,* Fs. Knemeyer, 2012, S. 449 u. 451.

[5a] Damit können nur solche Maßnahmen zugelassen werden, die auch von staatlichen Organen zur Anspruchssicherung hätten vorgenommen werden können, OLG Köln NJW 1996, 473 m. w. N.

[6] Vgl. *Jauernig,* BGB, Rn. 4 zu §§ 229–231; LK-*Rönnau,* Rn. 270 Vor § 32.

[7] *Jakobs,* 16/21; *Jescheck/Weigend,* S. 397; LK-*Rönnau,* Rn. 270 Vor § 32; *Roxin,* AT I, 17/30.

[8] *Jakobs,* 16/21.

[9] *Warda,* Jura 1990, 344.

[10] Vgl. näher *Otto,* 8/136 mit Fall; *Roxin,* AT I, 17/30 u. *Mitsch,* BT 2/2, 1/30 mit Bsp. sowie *Grabow,* NStZ 2012, 145 f. (zu BGH NStZ 2012, 144); wie hier *Zieschang,* Fs. Knemeyer, 2012, S. 449 u. 451.

[11] *Jescheck/Weigend,* S. 397; *Roxin,* AT I, 17/29 mit Fn. 46; *Stratenwerth/Kuhlen,* 9/140: weil kein unmittelbarer Angriff auf die Rechtsordnung drohe. Weitere Nachweise, vor allem aus dem Zivilrecht, bei *Paeffgen,* NStZ 1992, 532 Fn. 32, der selbst die Voraussetzung für „nicht unstreitig" hält.

[12] Vgl. wieder *Paeffgen,* NStZ 1992, 532 Fn. 32.

[13] *Schmidhäuser,* 6/99. Für die Ausscheidung von Tötungshandlungen *Zieschang,* Fs. Knemeyer, 2012, S. 449 u. 451.

[14] *Otto,* 8/136; krit. *Bosch,* JK 9/11, BGB § 229/1 u. LK-*Rönnau,* 271 vor § 32; zur h.M. im Zivilrecht, s. *Jauernig,* BGB, Rn. 7 zu §§ 229–231: wie hier; vgl. *Braun,* NJW 1998, 941, 943, der diese Auffassung nicht teilt.

Hauptbeispielsfälle[15] sind das zufällige Antreffen des Schuldners, der auf Nim- 7
merwiedersehen verschwinden will, durch den Gläubiger (im Straßengewühl, auf
dem Flugplatz), der ihn bis zum Eintreffen der Polizei festhält; oder die Wegnahme
des Fahrrads, das der Dieb gerade benutzt, durch den Eigentümer.

Praktische Bedeutung haben in letzter Zeit der „**Gänsebrust-Fall**" (BayObLG 8
NStZ 1991, 133) und der „**Taxi-Fall**" (OLG Düsseldorf NStZ 1991, 599; vgl. auch
AG Grevenbroich NJW 2002, 1060) erlangt, in denen die Kellnerin den Gast/der
Taxifahrer den Fahrgast festhielt. Hierbei entwickelte sich Streit hinsichtlich der
Frage, ob selbst ein Festhalten zur Feststellung der Personalien deshalb nicht ge-
rechtfertigt sein kann, weil es an einem **Arrestgrund** (§ 230 III BGB i.V.m. §§ 917,
918 ZPO) fehlt.[16] Die Ermöglichung eines Verschwindens des unbekannten Gastes
auf Nimmerwiedersehen kann aber nicht die von § 229 BGB gewollte Lösung
sein.[17] Auch die **Subsidiaritätsklausel** hat praktische Bedeutung (OLG Schleswig
NStZ 1987, 75 m. Anm. *Hellmann*, NStZ 1987, 456).

> Aus der **Übungsfall-Literatur** zu §§ 229, 230 BGB vgl.: *Alpmann/Schmidt*, AT 1, Fall 19,
> S. 103 u. 106f.; *Börgers/Grunewald*, ZJS 2008, 521 u. 525 (Erforderlichkeit); *Eiden/Köpferl*,
> Jura 2010, 780 u. 782; *Erbe*, Jura 1981, 86 u. 92f.; *Geerds*, Jura 1992, 544 u. 546; *Gropen-
> gießer*, JuS 1997, 1010 u. 1011, 1013; *Kudlich*, AT-Fälle, Fall 5, S. 53f. u. 63f. sowie in: PdW
> AT, Fall 113; *Lagodny*, Jura 1992, 659 u. 662f.; *Schreiber*, Jura 1997, 33: Bsp. 5;
> *Schwind/Franke/Winter*, Anfängerübung, 2. Hausarbeit, S. 65 u. 82f.; D u. I *Sternberg-Lieben*,
> JuS 2002, 576 u. 578f.

Die Folge einer berechtigten Selbsthilfehandlung besteht in der **Duldungspflicht** 9
des Schuldners, wehrt dieser sich sogar noch, so greift er rechtswidrig i.S. des
§ 32 II an (BGH NStZ 2012, 144f. m. Bespr. *Grabow*, NStZ 2012, 145ff.; *Hecker*,
JuS 2011, 940ff. u. *Bosch*, JK 9/11, BGB § 229/1); damit hat der Gläubiger das volle Notwehrrecht[18] (z.B. ohne Verhältnismäßigkeitseinschränkung).

2. Besitzkehr gem. § 859 II, III BGB und Besitzwehr gem. § 859 I BGB

Die Besitzkehr nach verbotener Eigenmacht (s. § 858 BGB) ist ein Spezialfall[19] 10
des zivilrechtlichen Selbsthilferechts für den Besitzer beweglicher Sachen. § 859 II
BGB verlangt im Unterschied zu § 229 BGB nicht, dass obrigkeitliche Hilfe nicht
rechtzeitig zu erlangen ist, dafür stellt er aber **zeitliche** Grenzen auf: es geht um den
„auf frischer Tat betroffenen oder verfolgten Täter." Ob diese zeitlichen Grenzen so
eng sind, wie beim gegenwärtigen Angriff i.S. des § 32 II ist streitig.[20] Verboten ist
die Eigenmacht etwa, wenn die Wegnahme von Geld (§ 242) nicht durch Selbsthilfe

---

[15] *Jakobs*, 16/22; *Jescheck/Weigend*, S. 397; *Roxin*, AT I, 17/29; *S/S-Lenckner/Sternberg-
Lieben*, Vorbem §§ 32ff. Rn. 66; zur möglichen Rechtfertigung des Fahrausweisprüfers
Schauer/Wittig, JuS 2004, 107, 109f., des Betreibers einer SB-Tankstelle gegenüber zahlungs-
unwilligen Kunden *Krüger*, NZV 2003, 218, 219f.

[16] *Laubenthal*, JR 1991, 520; *Scheffler*, Jura 1992, 353. Zur Problematik vgl. auch schon
Volk, JR 1980, 251f.

[17] Für Rechtfertigung dann letztlich auch *Scheffler*, Jura 1992, 356; ebenso *Otto*, JK 91,
StGB Vor § 32/2; ebenso aus zivilrechtlicher Sicht *Schreiber*, Jura 1997, 34.

[18] LK-*Rönnau*, Rn. 271 Vor § 32; *Roxin*, AT I, 17/29. Zu Unrecht zweifelnd *W. B. Schünemann*, Selbsthilfe im Rechtssystem, 1985, S. 111f.

[19] *Jakobs*, 16/25; LK-*Rönnau*, Rn. 271 Vor § 32; *Otto*, 8/137; *Roxin*, AT I, 17/31; *S/S-
Lenckner/Sternberg-Lieben*, Vorbem §§ 32ff. Rn. 66. Ebenso *Heger*, JA 2000, 188, 190, der
auch BGH NStZ-RR 1999, 265, so versteht.

[20] Dafür *Hellmann*, 1987, S. 145 u. *Zieschang*, Fs. Knemeyer, 2012, S. 449 u. 454: „Deckungsgleichheit"; vgl. auch *Bottke*, JR 1989, 26.

gem. § 229 BGB gerechtfertigt ist (BGH NStZ-RR 1999, 265 mit Bspr. *Heger*, JA 2000, 188). – Zur Besitzkehr bei Grundstücken *Zieschang*, Fs. Knemeyer, 2012, S. 449 u. 455 f.; sie muss „sofort" nach der Entziehung erfolgen.

11   Die Besitzkehrhandlung muss zur Wiedererlangung der Sache bzw. zur Wiederherstellung der ursprünglichen Besitzlage **erforderlich**[21] und von einem entsprechenden **Willen** getragen sein. Auch für die Besitzkehr gilt die allgemeine Schranke des Rechtsmissbrauchs.[21a]

12   Im praktischen Fall des OLG Schleswig NStZ 1987, 75, haben vor allem die zeitlichen Grenzen der „**Nacheile**" eine Rolle gespielt (vgl. die lehrreiche Anmerkung von *Hellmann*, NStZ 1987, 455 f. u. 457; krit. zur § 859 II-Bejahung durch das OLG *Zieschang*, Fs. Knemeyer, 2012, S. 449, 454 f.); der Fall ist in Abwandlung (Wegfahren des reparierten PKW vom Hof der Reparaturwerkstatt = § 289, möglicherweise gerechtfertigtes Zurückholen des vor der Haustür des Halters geparkten PKW durch den Inhaber der Reparaturwerkstätte) auch als hessische Examensklausur vom 12. Oktober 1990 gelaufen.

12a   Auch die Besitzwehr i. S. des § 859 I BGB ist ein Rechtfertigungsgrund, nach dem der Besitzberechtigte die Besitzstörung mit der dafür angemessenen Gewalt beseitigen darf (BGH NJW 1998, 1000 u. 2009, 2530, 2531). So darf der Mieter den Vermieter mittels körperlichen Einsatzes – Fassen und Herunterreißen der Arme, das zu Prellungen führte – zum Verlassen des ihm zur alleinigen Nutzung mitvermieteten Gartens zwingen, wenn dies durch weniger schwerwiegende ohne Körperkontakt nicht erreicht werden kann (OLG Frankfurt NStZ-RR 2000, 107). Sie ist gegenüber § 32 der speziellere Rechtfertigungsgrund.[21b]

> Aus der **Übungsfall-Literatur** zu § 859 BGB vgl.: *Beulke*, KK III, Fall 15, Rn. 694 u. 716 (§ 859 II), 717 (zum umstrittenen Konkurrenzverhältnis zur Notwehr); *Gierhake*, JA 2008, 429 u. 435; *Gropp*, in: G/K/M, Fallsammlung, Fall 3, S. 47 f. u. 58 f.; *Lagodny*, Jura 1992, 659 u. 662 f.; *Morgenstern*, JuS 2006, 251 u. 253; *Schwind/Franke/Winter*, Anfängerübung, 1. Hausarbeit, S. 5 u. 29; *Walter*, Jura 2002, 415 u. 421.

III. Die zivilrechtlichen Notstände

13   Auch die Notstände der §§ 228, 904 BGB sind in strafrechtlichen Übungsarbeiten zu prüfen. Sogar **vor** § 34, da sie Spezialfälle[22] dieser allgemeinen Vorschrift über den rechtfertigenden Notstand sind. Ob beim Fehlen ihrer Voraussetzungen ein Rückgriff auf § 34 möglich ist, ist umstritten.[23]

> Aus der **Übungsfall-Literatur** vgl.: *Fahl*, JuS 2005, 808 u. 809; *Rengier/Jesse*, JuS 2008, 42 u. 46; *Kühl/Hinderer*, Jura 2012, 488, 489.

---

[21] Vgl. *Otto*, 8/136, 137; MK BGB-*Joost*, 4. Aufl. 2004, § 859 Rn. 15 u. 9; *Schwind/Franke/Winter*, Anfängerübung, S. 28 mit Aufbauschema.

[21a] *Heger*, JA 2000, 188, 190; sie war im Fall des BGH NStZ-RR 1999, 265, nicht gegeben, da der Messereinsatz „nicht gezielt" erfolgte und die Verletzungen „eher zufällig" entstanden.

[21b] *Thiel*, 2000, S. 257 ff., 269, der aber in „Dritthilfefällen" § 32 doch eingreifen lassen will; a. A. HK-GS/*Duttge*, 9 vor §§ 32–35; wohl wie hier LK-*Rönnau/Hohn*, § 32 Rn. 3: Sonderfall der Notwehr; für „Deckungsgleichheit" *Zieschang*, Fs. Knemeyer, 2012, S. 449, 452 f.

[22] Fast allgemeine Meinung; vgl. *Zieschang*, JA 2007, 679, 680; *Baumann/Weber/Mitsch*, 16/60 u. 17/85; *Ebert*, S. 85; *Hoyer*, AT I, S. 79; ausführlicher LK-*Zieschang*, § 34 Rn. 82.

[23] *Lackner/Kühl*, § 34 Rn. 14, mit Nachweisen. – Eingehend und zwischen „Fällen der Kumulation und Kollision" differenzierend *Thiel*, 2000, S. 148 ff., 225 ff. u. 232, der ein „funktionales Spezialitätsverhältnis" annimmt und eine § 34-Heranziehung im Bereich des § 904 BGB ausschließt. – Für eine konkordante Auslegung und Parallelisierung der Anforderungen der §§ 228, 904 BGB und § 34 NK-*Neumann*, § 34 Rn. 123; s. dazu 9/17.

1. Der Defensivnotstand gem. § 228 BGB („Sachwehr")[24]

Obwohl § 34 den von Menschen ausgehenden Defensivnotstand regelt (s. o. **14** 8/134), bleibt die Rechtfertigung von Rettungshandlungen gegenüber von **Sachen** ausgehenden Gefahren § 228 BGB vorbehalten.[25] Die Prüfungsreihenfolge entspricht der bei § 34 vorgeschlagenen (s. o. 8/19). Fallprüfungsschemata finden sich bei *Otto/Bosch*, Übungen, S. 69 und *Schwind/Franke/Winter*, Anfängerübung, S. 30.

Hauptbeispiel ist der schon bei der Notwehr behandelte, dort aber ausgeschiede- **15** ne **Tier-Angriff** (s. o. 7/26),[26] da Tiere nach § 90 a BGB wie Sachen zu behandeln sind. Aber auch sonstige Sachgefahren (z. B. von einem Kfz ausgehende[26a] oder z. B. ein brennendes Haus) sind erfasst. Nicht erfasst sind sozialadäquate Beeinträchtigungen wie allergieauslösende Wirkungen von Pflanzen und Tieren in der Nachbarschaft.[27]

> Vgl. aus der **Übungsfall-Literatur** zu § 228 BGB: *Alpmann/Schmidt*, AT 1, Fall 20, S. 107 f.; *Bruckauf*, in: *Ebert* (Hrsg.), Fall 6, S. 6 f. u. 99 („Kampfhund"); *Dürre/Wegerich*, JuS 2006, 712 u. 716 (Tierangriff); *Fahl*, JuS 2005, 808 u. 810 („Deich" als Gefahr); *Geerds*, Jura 1992, 321 u. 323 (Kfz-Angriff); *Gaul/Haselhoff/Zapf*, JA 2011, 672 u. 678 (Tierangriff); *Joerden*, JuS 1996, 622; *Keunecke/Witt*, JA 1994, 470 u. 481 (Tierangriff); *Langer*, JuS 1987, 896 f. (Tierangriff); *Meyer-Gerhards*, JuS 1972, 659 u. 662 (Tierangriff); *Otto/Bosch*, Übungen, Fall 1, S. 65 f. (Tierangriff); *Samson*, Strafrecht I, Fall 10, S. 57 ff.; *Schwind/Franke/Winter*, Anfängerübung, 1. Hausarbeit, S. 3 u. 23, 25 („Tierangriff"); *Seier*, JuS 1982, 521 u. 524 (Tierangriff); *Seier*, JuS 1991, L 92 u. 95 (verschlossene Tür); Die Examensklausur, Klausur Nr. 16, S. 185 u. 187 f. (Tierangriff); *Walter/Götz*, AL 2009, 27 u. 33 f. (nicht gegen Unbeteiligte).

Da nur der Inhaber der Herrschaft über die Sache, von der die Gefahr ausgeht – **16** ob das auch der Angreifer sein kann, der die Sache eines anderen für den Angriff eigenmächtig missbraucht, erscheint fraglich (abl. *Walter/Götz*, AL 2009, 33 ff.: nur der Eigentümer als sachnächste Person) –, durch den Notstandseingriff (Beschädigung oder Zerstörung) betroffen ist, reicht es für die Rechtfertigung der Sachbeschädigung nach § 303 aus, dass der Sachschaden im Vergleich zum abgewendeten Schaden **nicht außer** jedem **Verhältnis** steht. Der Schaden muss sich „in einer anderen Größenordnung" bewegen (*Erb*, JuS 2010, 17, 20). So liegt es etwa bei der Rettung des Schokoladenriegels durch Tötung des Rassehundes (*Samson*, Strafrecht I, S. 59), nicht mehr z. B. bei der durch Hundebiss gefährdeten Hose (*Roxin*, AT I, 16/111). Nicht unverhältnismäßig groß ist der Schaden durch Tötung eines wertvollen Hundes, wenn von diesem eine, sei es auch nur leichte Bissverletzung droht (*Erb* a. a. O. S. 21). Diese im Vergleich mit § 34 scharfen Notstandsbefugnisse ergeben sich aus der Notwehrähnlichkeit des auch „Verteidigungsnotstand" genannten § 228 BGB.[28] Als Erklärung für diese weitgehende Duldungspflicht des Sacheigentümers wird auch die „Sozialbindung des Eigentums" angeführt.[28a]

---

[24] So *S/S-Lenckner/Sternberg-Lieben*, Vorbem §§ 32 ff. Rn. 69.

[25] Gegen die Anwendbarkeit von § 228 BGB im Strafrecht *Hellmann*, 1987, S. 164 ff.

[26] B-*Weber/Mitsch*, 17/86; *Ebert*, S. 86; *Erb*, JuS 2010, 17, 20; mit Beispiel aus der Zivilrechtsprechung *Zieschang*, JA 2007, 679, 680.

[26a] *Roxin*, AT I, 16/113.

[27] *Erb*, JuS 2010, 17, 21 u. *Frister*, 17/22.

[28] *Jauernig*, BGB, § 228 Rn. 1; *Jescheck/Weigend*, S. 355; M-*Zipf*, AT 1, 27/57; nach *Krey/Esser*, AT, Rn. 578: „notwehrähnlicher Sonderfall".

[28a] *Erb*, JuS 2010, 17, 19.

2. Der Aggressivnotstand gem. § 904 BGB

17   Hier wirkt sich die Rettungshandlung auf die Sache eines Unbeteiligten aus. Die Rechtfertigung eines solchen Zugriffs ist nur mit der **Solidaritätspflicht** des Sacheigentümers zu erklären.[29] Die Notstandslage muss auch hier (zu § 34 s. o. 8/51) tatsächlich vorliegen. An die Rechtfertigung müssen deshalb hohe Anforderungen gestellt werden: der dem in Not befindlichen Täter drohende Schaden muss im Vergleich zum von ihm durch die Rettungshandlung angerichteten Sachschaden **unverhältnismäßig groß** sein. Dies entspricht wohl dem wesentlichen Interessenübergewicht i. S. des § 34.[30] Eine Angemessenheitsklausel ist in § 904 BGB hineinzuinterpretieren.[31] Rettungswille (s. o. 8/183) ist erforderlich.[31a]

18   **Hauptbeispiele** sind die Benutzung eines fremden Kfz zur sonst nicht möglichen Rettung eines Schwerverletzten (§ 248 b)[32] und das Eindringen in eine Berghütte, um der durch plötzliches Gewitter geschaffenen Lebensgefahr zu entgehen (§ 303 [weiterer § 303 – Beispielsfall bei *Zieschang*, JA 2007, 679, 681]; zweifelhaft ist schon, ob zur Rechtfertigung von § 123 nicht auf § 34 zurückgegriffen werden muss[33]). Die Benutzung fremder Sachen des Gastwirts zur erforderlichen Verteidigung durch einen Gast gegen einen rechtswidrig angreifenden anderen Gast ist schon bei der Notwehr als Beispiel behandelt worden (s. o. 7/61 u. 86). Weigert oder wehrt sich derjenige, dessen Sachen in Anspruch genommen werden sollen, so kann dies eine Notwehrlage für den in Not Befindlichen begründen (*Erb*, JuS 2010, 17, 21 f.).

19   **Aufbauschemata** finden sich bei: *Otto/Bosch*, Übungen, S. 69; *Schwind/Franke/Winter*, Anfängerübung, S. 30.

Aus der **Übungsfall-Literatur** zu § 904 BGB vgl.: *Alpmann/Schmidt*, AT 1, Fall 20, S. 107 u. 109; *Bindzus*, JuS 1989, L 28 u. L 30 f. (§ 303-Fall); *Fahl*, JuS 2005, 808 u. 809; *Frister /Rasemann/Schneiders*, AL 2008, 180 u. 182; *Geerds*, Jura 1992, 321 u. 323 f. (§ 303-Fall); *Haft*, Fallrepetitorium, Nr. 126–133; *Hardtung*, JuS 2008, 623 f. u. 628; *Hilgendorf*, Fallsammlung, Fall 6, S. 33 u. 36; *Joerden*, JuS 1996, 622 u. 623, 625; *Keunecke/Witt*, JA 1994, 470 u. 481 f. (§ 303-Fall); *Krey/Esser*, AT, Fall 87, Rn. 581–584 („Berghüttenfall" zu §§ 303, 123, 242); *Kudlich*, AT-Fälle, Fall 4, S. 46 f. u. Fall 7, S. 96 ff.; *Kühl*, JuS 2007, 742 u. 746 f. (Nötigungsnotstand); *Kühl/Hinderer*, Jura 2012, 488, 489; *Matt*, AT I, S. 173–175 (§ 248 b-Fall); *Otto/ Bosch*, Übungen, Fall 1, S. 67; *Otto*, Jura 1986, 27 f. (§ 303-Fall); *Rengier/Jesse*, JuS 2008, 42 u. 46 (§ 303-Fall); *Rudolphi*, AT-Fälle, Fall 1, S. 1 u. 7 (§ 248 b-Fall); *Samson*, Strafrecht I, Fall 10, S. 57 ff. (§ 303-Fall); *Schwind/Franke/Winter*, Anfängerübung, 1. Hausarbeit, S. 5 u. 31, 33. (§ 303-Fall); *Seier*, JuS 1986, 217 u. 218 f. (§ 248 b-Fall); *Tiedemann*, Anfängerübung, Fall 12, S. 244 u. 249 (§ 248 b-Fall); *Walter/Götz*, AL 2009, 27 u. 34; W-*Beulke*, Fall 8 a, Rn. 268 u. 295 (§ 303-Fall); *Zacharias*, Jura 1994, 207 u. 211 f. (§ 303-Fall).

---

[29] *Krey/Esser*, AT, Rn. 580; W-*Beulke*, Rn. 295.

[30] Mit ausführlicher Begründung ebenso *Roxin*, AT I, 16/107; MK-*Erb*, § 34 Rn. 15–17 u. NK-*Neumann*, § 34 Rn. 123.

[31] *Jakobs*, 13/6 Fn. 17; *Jescheck/Weigend*, S. 357 f. u. im Übungsfall *Kudlich*, AT-Fälle, S. 97. – Wer Angemessenheitsgesichtspunkte schon bei der Interessenabwägung berücksichtigt, muss sie bei § 904 BGB bei der Verhältnismäßigkeitsprüfung zur Sprache bringen, vgl. *Roxin*, AT I, 14/49 u. 16/110; für eine Verdrängung des § 904 BGB durch § 34 *Hellmann*, 1987, S. 164. Nach *Erb*, JuS 2010, 17, 21, ist die Angemessenheit als allgemeiner Grundsatz zu verstehen, der nicht auf den Anwendungsbereich des § 34 S. 2 beschränkt sein soll.

[31a] Anders für das Zivilrecht *Braun*, NJW 1998, 941, 943.

[32] *Ebert*, S. 86; *Roxin*, AT I, 16/108; S/S-*Lenckner/Sternberg-Lieben*, Vorbem §§ 32 ff. Rn. 68.

[33] Vgl. zu § 123: *Jescheck/Weigend*, S. 357; *Krey/Esser*, AT, Rn. 582; *Roxin*, AT I, 16/109; *Schmidhäuser*, 6/49; zu § 303 u. § 123 im Übungsfall *Kudlich*, AT-Fälle, S. 47.

B. Einwilligung und Einverständnis

I. Grundgedanke und systematische Einordnung

Die Einwilligung ist zwar **kein** gesetzlich geregelter Rechtfertigungsgrund, doch 20
ist sie gewohnheitsrechtlich anerkannt.[33a] Dass auch der Gesetzgeber der Einwilligung Bedeutung für die Rechtswidrigkeit der Tat beimisst, zeigt die Regelung des § 228, wonach der Täter, der einen anderen mit dessen Einwilligung verletzt, nur ausnahmsweise „rechtswidrig" handelt. Es ist aber auch ohne gesetzliche Regelung einsichtig, dass die Einwilligung des Verletzten die Rechtswidrigkeit der ihn verletzenden Tat ausschließen kann und im Regelfall auch ausschließt. Die Einwilligung kann nicht nur an den alten Rechtsgrundsatz „volenti non fit iniuria" anknüpfen,[34] sondern sie findet im **Selbstbestimmungsrecht** gem. Art. 2 I GG ihr verfassungsrechtliches Fundament.[35] Das Selbstbestimmungsrecht gibt seinem Inhaber die Befugnis, über seine Rechtsgüter zu verfügen, auch in der Weise, „dass er anderen ihre Verletzung erlauben kann".[36]

Damit steht aber nur fest, dass – von Einschränkungen abgesehen – die Tat dann 21
nicht rechtswidrig ist, wenn der Verletzte die Verletzung erlaubt, d. h. eingewilligt hat. Noch nicht geklärt ist aber, ob die fehlende Rechtswidrigkeit Folge des Eingreifens eines Rechtfertigungsgrundes ‚Einwilligung' ist oder ob die Einwilligung schon die Tatbestandsverwirklichung ausschließt.[36a] Für einen **Tatbestandsausschluss**[37]

[33a] So *Ebert*, S. 86; *Stratenwerth/Kuhlen*, 9/3; NK-*Paeffgen*, § 228 Rn. 8, sieht in § 228 eine „ausdrückliche Positivierung ... des Rechtfertigungsgrundes der Einwilligung"; ähnlich LK-*Hirsch*, § 228 Rn. 1: aus Art. 2 I GG ableitbar. – Ein Vergleich mit der zivilrechtlichen Einwilligung findet sich bei *Ohly*, Fs. Jakobs, 2007, S. 451 ff.

[34] *Amelung*, ZStW 104 (1992), 525, und in: ZStW 109 (1997), 489, 511; *Ebert*, S. 86; *Jescheck/Weigend*, S. 376; *Maiwald*, in: *Eser/Perron* (Hrsg.), Rechtfertigung und Entschuldigung III, 1991, S. 165; *Roxin*, AT I, 13/1; *Schroeder*, in: *Eser/Fletcher* (Hrsg.), Rechtfertigung und Entschuldigung I, 1987, S. 544.

[35] *Göbel*, 1992, S. 22; *Amelung*, ZStW 109 (1997), 489, 515; *Höfling/Demel*, MedR 1999, 540; *Rönnau*, Jura 2002, 595; *Joecks*, Rn. 17 Vor § 32; *Murmann*, GK, 25/116; *Roxin*, AT I, 13/12–16; SSW-*Rosenau*, vor § 32 Rn. 31; vgl. auch *Murmann*, 2005, S. 234 ff. u. 369 ff., der die systematische Einordnung offenlässt und materiell die Einwilligung als eine „Umgestaltung des konkreten Rechtsverhältnisses von Täter und Opfer" von einem Unerlaubten zu einem Erlaubten charakterisiert (S. 368). – Zum Selbstbestimmungsrecht des Patienten bei der Sterbehilfe s. *Lilie*, Fs. Steffen, 1995, S. 273, 276.

[36] *Lenckner*, GA 1985, 302.

[36a] Einen Überblick über den Streitstand gibt *Frisch*, in: *Eser/Nishihara* (Hrsg.), Rechtfertigung und Entschuldigung IV, 1995, S. 321 ff. – Zu der Alternative Tatbestandsausschluss – Rechtfertigung kommt noch als weitere Einordnungsmöglichkeit die Annahme eines auf den Bereich des Strafrechts begrenzten Strafunrechtsausschließungsgrundes hinzu; so SK-*Günther*; Rn. 51 Vor § 32; vgl. dazu *Sternberg-Lieben*, 1997, S. 185–198.

[37] Vgl. *Maiwald* (o. Fn. 34), S. 170; *Krack*, 1994, S. 117 ff., 123 ff.; *Gropengießer*, JR 1998, 89, 91; *Paul*, 1998, S. 111–115; *Niedermair*, 1999, S. 101 f.; LK-*Rönnau*, Rn. 156 vor § 32 sowie *Rönnau*, 2001, S. 124 ff., 131 f. u. in: Jura 2002, 595, 598 („Basismodell"; krit. dazu *Amelung* ZStW 115 [2003], S. 710 f., 715 f. u. *Murmann*, 2005, S. 369 ff.); *Tag*, 2000, S. 285; *Rath*, 2002, S. 569 ff.; *Ingelfinger*, 2004, S. 208 ff.; *Kindhäuser*, AT, 12/5 u. in: Fs. Rudolphi, 2004, S. 135, 137 ff.; *Schroth*, in: Schroth/Roxin, 2010, S. 32 f. (and. *Schöch*, ebda, S. 53). *Roxin*, AT I, 13/12 ff.; *Gössel/Dölling*, BT 1, 12/48; SK-*Hoyer*, vor § 32 Rn. 30–33; ähnlich für das österreichische Recht *Hinterhofer*, 1998, S. 14. – Krit. *Stratenwerth/Kuhlen*, 9/9; nach *Arzt*, JZ 2005, 103, 104, macht die Tatbestandslösung „aus der konsentierten Tat die Nichttat eines Nichttäters"; vgl. auch *Arzt*, Fs. Geppert, 2011, S. 1 ff.

spricht, dass die für eine Tatbestandsverwirklichung erforderliche Rechtsgutsverletzung möglicherweise dann nicht vorliegt, wenn der Rechtsgutsträger der Verletzung seines Rechtsguts durch einen anderen zustimmt. Ein solcher Rechtsgutseingriff sei vielmehr eine Unterstützung des Rechtsgutsinhabers bei der Verwirklichung seiner Handlungsfreiheit.[38] Hinter dieser Begründung steht meist ein Rechtsgutsverständnis, welches die Dispositionsmöglichkeiten über die einzelnen Güter wie z. B. Eigentum als eigentliches Rechtsgut versteht.[39]

22   Treffender als diese durchaus begründbare Tatbestandslösung ist jedoch die Einordnung der Einwilligung als **Rechtfertigungsgrund.** Schon nach dem Alltagsverständnis und dem normalen Sprachgebrauch ist ein verwundeter Mensch „körperverletzt" (§ 223) und eine zertrümmerte Vase „sachbeschädigt" (§ 303), auch wenn der Mensch in die Körperverletzung und der Eigentümer in die Sachbeschädigung eingewilligt hat. Rechtsgüter wie z. B. körperliche Unversehrtheit und Eigentum haben eben Eigenwert und sind nicht nur funktional einsetzbare Größen.[40] Auch spricht § 228 BGB für die Rechtfertigungswirkung der Einwilligung,[40a] denn danach ist die Tat rechtswidrig, d. h. nicht wie sonst bei Vorliegen einer Einwilligung der verletzten Person gerechtfertigt, wenn sie gegen die guten Sitten verstößt.

23   Der Grundgedanke des Rechtfertigungsgrunds Einwilligung wird mit dem „Prinzip des mangelnden Interesses" umschrieben. Genauer geht es um die **mangelnde Schutzbedürftigkeit** eines vom Rechtsgutsinhaber dem Zugriff eines anderen preisgegebenen Rechtsguts: für das Recht besteht „kein Anlass ..., ein Gut gegen einen bestimmten Eingriff zu schützen, wenn es sein Inhaber gegen diese Verletzung in der konkreten Situation nicht geschützt wissen will".[41] Damit setzt sich das Selbstbestimmungsrecht gem. Art. 2 I GG im Strafrecht als Rechtfertigungsgrund unmittelbar durch. In einer Güterabwägung[42] zwischen diesem Grundrecht und dem Rechtsgut, welches der Täter

---

[38] *Roxin,* JuS 1988, 426; im Erg. auch *Jäger,* 2006, S. 22 f., der Tatbestandsausschluss annimmt, weil sich das Opfer „frei in den Wirkungskreis der Rechtsgutsbeeinträchtigung begibt" und deshalb die „Verantwortung" zugeschrieben bekomme.

[39] Vgl. *Rudolphi,* ZStW 86 (1974), 87; *Weigend,* ZStW 98 (1986), 59.

[40] Zu diesem umstrittenen Punkt vgl. die bei *Eser/Perron* (Hrsg.), Rechtfertigung und Entschuldigung III, 1991, S. 399 ff., wiedergegebene Diskussion *(Hirsch, Jescheck, Roxin, Frisch, Eser, Schöne, Maiwald).* – Wie hier: B-*Weber/Mitsch,* 17/95; *Hirsch,* Fg. BGH, 2000, S. 199, 214; *Hoyer,* AT I, S. 84 f. u. *Hoyer,* 1987, S. 225; *Gropp,* 6/56–58; *Murmann,* GK, 25/123; *Beulke,* Fs. Otto, S. 207, 214 u. SSW-*Rosenau,* vor § 32 Rn. 34; nach *Sternberg-Lieben,* 1997, S. 59–74, sprechen die besseren Gründe für einen Rechtfertigungsgrund; wegen des neuen § 303 II, bei dem die Unbefugtheit den Tatbestand „komplettiert" und deshalb die Einwilligung bereits den Tatbestand ausschließt *(Lackner/Kühl,* § 303 Rn. 9), war auch hinsichtlich § 303 I für Tatbestandsausschluss W-*Hillenkamp,* Rn. 13 b; er hat diese Meinung jetzt aufgegeben und ist nun für Rechtfertigungsgrund (Rn. 40 Fn. 84); ebenso *Satzger,* Jura 2006, 433 u. S/S-*Stree/Hecker,* § 303 Rn. 22.

[40a] *Zieschang,* Rn. 276. – Vgl. auch *Kühl,* Fs. Schroeder, 2006, S. 521, 523, u. in: Fs. Jakobs, 2007, S. 293, 300 f. sowie schon in: JA 2009, 833, 836 f.; a. A. *Roxin,* AT I, 13/29: „§ 228 kein Gegenargument", weil die rechtswidrige Tat nach der Legaldefinition des § 11 I Nr. 5 „eine solche" ist „die den Tatbestand eines Strafgesetzes verwirklicht"; das betrifft aber nicht die rechtswidrige Tat i. S. des § 228, weil die dortige „Rechtswidrigkeit" eine Ausnahme von einer sonst durch Einwilligung gerechtfertigten Tat normiert.

[41] *Lenckner,* GA 1985, 302 [krit. *Murmann,* 2005, S. 312]; knapp, aber prägnant *Hassemer,* JuS 1989, 146. Für *Köhler,* S. 243, ist der „selbstbestimmte besondere Regelungswille" entscheidend. Nach *Amelung/Eymann,* JuS 2001, 937, 939, geht es um die Möglichkeit des Einwilligenden, seine Interessen durch den „Verzicht auf Normschutz" zu verfolgen.

[42] Darauf stellen ab: *Jescheck/Weigend,* S. 377. – Mit bemerkenswerter Rechtsguts-Begründung auch *Otto,* 8/127: ihrer Struktur nach ein Unterfall der rechtfertigenden Interessenabwägung; ebenso *Otto,* Fs. Geerds, 1995, S. 603, 612.

verletzt, würde sich zwar das Selbstbestimmungsrecht gegenüber den meisten Rechtsgütern (nicht z. B. gegenüber dem Rechtsgut Leben, s. § 216) auch durchsetzen, doch ist dieser Umweg zur Rechtfertigungslösung nicht erforderlich.

Die Entscheidung für die Rechtfertigungslösung wird dadurch „erleichtert", dass **24** bei der nur irrtümlich vom Täter angenommenen Einwilligung der Vorsatz ebenso entfällt wie bei der Tatbestandslösung, nämlich durch die Rechtsfigur des vorsatzausschließenden **Erlaubnistatumstandsirrtums** (die Tatbestandslösung kommt unmittelbar zum Tatumstandsirrtum gem. § 16 I).

Diese generelle Einordnung der Einwilligung als Rechtfertigungsgrund schließt es **25** jedoch nicht aus, die Zustimmung des Opfers in die Verletzung bei bestimmten Delikten bereits auf der Tatbestandsebene zu berücksichtigen. **Tatbestandsausschließend** wirkt die Zustimmung bei Delikten, die – offenkundig oder nach ihrer Auslegung – ein Handeln des Täters gegen den Willen des Opfers voraussetzen. Die Zustimmung des Opfers schließt dann die Möglichkeit aus, dass der Täter den Tatbestand des jeweiligen Delikts verwirklicht. Diese Zustimmung wird in terminologischer Abgrenzung zur rechtfertigenden Einwilligung ‚Einverständnis' genannt.[43] Dieses tatbestandsausschließende Einverständnis ist in Übungsarbeiten bei der Prüfung des Tatbestandsmerkmals zu thematisieren, das – ausdrücklich oder sinngemäß[44] – ein Handeln gegen den Willen des Opfers verlangt. So ist beim Hausfriedensbruch (§ 123) das „Eindringen" zu verneinen, wenn der „Eindringling" eine Einladung des Hausrechtsinhabers vorweisen kann, beim Diebstahl (§ 242) das „Wegnehmen", wenn der Eigentümer mit dem Wechsel des Gewahrsams an der Sache einverstanden ist;[44a] nicht jedoch bei der Sachbeschädigung nach § 303, denn sie schützt das Eigentum und ist keine Willensverletzung.[44b] Der verbleibende Versuch – der Täter geht davon aus, dass er gegen den Willen des Opfers handelt – ist nicht bei allen Delikten strafbar, z. B. nicht beim Hausfriedensbruch nach § 123 (*Zieschang*, Rn. 280). – Zu den einzelnen Voraussetzungen des tatbestandsausschließenden Einverständnisses s. unten Rn. 42–44.

> Aus der **Übungsfall-Literatur** zum Einverständnis vgl.: *Beulke*, KK II, Fall 4, Rn. 90 u. 99–101 (§ 123); *Bülte/Becker*, Jura 2012, S. 319 f. u. 327 (bedingtes Einverständnis) u. 328 (generelles Einverständnis); *Fahl*, JuS 2004, 885 u. 889 (§ 123); *Geppert*, Jura 2002, 281 („Diebesfalle"); *Hellmann*, JuS 1996, 552 (§ 123); *Hilgendorf*, KK II, Fall 4, Rn. 16 (§ 123) und Fall 11, Rn. 7–10; *K/H/H-Hellmann*, BT 2, Rn. 31–35: Fall 8 (§ 242: Gewahrsamsbruch) u. Rn. 41: Fall 10

---

[43] Seit *Geerds*, Einwilligung und Einverständnis der Verletzten, 1953, S. 88 ff. u. in: GA 1954, 262 (dazu *Rönnau*, Jura 2002, 595 f.); *Zieschang*, Rn. 277; Überblick über die in Frage kommenden Delikte bei *Kindhäuser*, AT, 12/33. – Ablehnend *Roxin*, AT I, 13/11.

[44] *Lackner/Kühl*, Rn. 11 vor § 32, mit weiteren Beispielen; weitere Beispiele auch bei *Bergmann*, JuS 1989, L 65; *Geppert*, JuS 1975, 386; *Tiedemann*, Anfängerübung, S. 134. – Kritisch zur Überschätzung des Gesetzeswortlauts *Herzberg*, JA 1986, 197.

[44a] Zu § 242 vgl. *Mitsch*, BT 2/1, 1/69; *Rengier*, BT I, 2/31; *W-Hillenkamp*, Rn. 116; *Zieschang*, Rn. 277 f.; – insb. zur „Diebesfalle" *Hohmann/Sander*, BT I, 1/63–66; das sog. **bedingte Einverständnis** wird tatbestandsspezifisch bei § 242, z. B. in „Automatenfällen" wie dem „Selbstbedienungstanken", diskutiert (*Rönnau*, Fs. Roxin, 2011, S. 487 ff.); zu § 123 vgl. *Rengier*, BT II, 30/9; § 239-Beispiel bei *Ebert*, S. 87; § 248 b-Beispiel bei *Mitsch*, BT 2/2, 1/19. Zur umstrittenen Lage beim Missbrauchstatbestand der Untreue gem. § 266 vgl. BGH NJW 2000, 154; BGHSt 50, 331, 342; 55, 266, 278; BGH NStZ-RR 2012, 80 u. *W-Hillenkamp*, Rn. 758, die entgegen BGHSt 9, 161, 165, mit der h. M. ein tatbestandsausschließendes Einverständnis annehmen, wenn der Vermögensinhaber der „Pflichtverletzung" zustimmt; ebenso *Mitsch*, BT 2/1, 8/29; eingehend *Schramm*, 2005, S. 46 ff., 60; zu den ebenfalls umstrittenen Wirksamkeitsvoraussetzungen s. unten Fn. 66.

[44b] Vgl. *Roxin*, AT I, 13/2: Hauptbeispiel der (von ihm allerdings abgelehnten) h. L.; *Lackner/Kühl*, § 303 Rn. 9; S/S-*Stree/Hecker*, § 303 Rn. 22.

("Diebesfalle"); *Kudlich,* AT-Fälle, Fall 9, S. 128 (§ 123); *Mitsch,* in: G/K/M, Fallsammlung, Fall 13, S. 233f. und 245f. (tatbestandsausschließendes Einverständnis bei § 242, rechtfertigende Einwilligung bei § 246) sowie Fall 17, S. 305f. u. 307f. (§ 123-Fall); *Putzke,* Jura 2009, 147 (§ 123); *Raschke/Zirzlaff,* ZJS 2012, 219 u. 222 (generelle Eintrittserlaubnis bei § 123); *Rotsch,* JA 2004, 532 u. 537 (§ 242 an Kasse eines Selbstbedienungsladens); *Walter,* Jura 2002, 415 u. 416 (§ 123).

Zum Verzicht auf Feststellungen beim unerlaubten Entfernen vom Unfallort (§ 142)[45] als tatbestandsausschließendes Einverständnis vgl.: *Beulke,* JuS 1982, 815 u. 816, und *Bernsmann,* NZV 1989, 52; im Übungsfall *Mitsch,* JA 1995, 32 u. 34f. und *Peterek/Ingelfinger,* StudZR 2008, 94 u. 101f.

Grundwissen zu Einwilligung und Einverständnis bei *Rönnau,* JuS 2007, 18f.

26   Der **Anwendungsbereich** der rechtfertigenden Einwilligung ist damit schon erheblich reduziert; eine weitere Reduzierung erfolgt durch die Grenzen, die diesem Rechtfertigungsgrund sonst noch gezogen sind. Es verbleiben im Wesentlichen nur Taten gegen die Körperintegrität, die Ehre, den persönlichen Geheimbereich, das Eigentum (z. B. § 303 und § 306 als Spezialfall der Sachbeschädigung[45a]) und das Vermögen.[46] Dabei ist für Eingriffe in die körperliche Unversehrtheit durch Ärzte zu beachten, dass nach der h.M. in der Rechtslehre bereits der Tatbestand entfällt, wenn die medizinisch indizierte Behandlung nach den Regeln der ärztlichen Kunst zu Heilzwecken erfolgreich vorgenommen wird (sog. **ärztlicher Heileingriff**);[46a] nach st. Rspr. hingegen sind ärztliche Heileingriffe rechtfertigungsbedürftige Körperverletzungen.[46b] Davon nicht erfasst sind anderen Zwecken dienende ärztliche Eingriffe wie kosmetische Operationen (BGHSt 56, 277 m. Anm. *Beckemper,* ZJS 2012, 132, 134; *Lackner/Kühl,* § 223 Rn. 10), wissenschaftliche Humanexperimente und das Verabreichen von gesundheitsschädlichen Dopingmitteln.[46c] Auch der sog. „Brechmitteleinsatz" (Exkorporation) zur Aufklärung einer Straftat ist nicht medizinisch indiziert und deshalb kein ärztlicher Heileingriff (*Satzger,* JK 12/11, StGB § 227/7 zu BGHSt 55, 121; ebenso *Krüger/Kroke,* Jura 2011, 289, 293). – Aktuell umstritten ist, ob die Beschneidung von Knaben (sog. Zirkumzision) als sozialadäquates Verhalten dem Tatbestand der Körperverletzungsdelikte (§§ 223, 224) entzogen werden sollte.[46d]

---

[45] Umstritten ist auch die Einwilligung in die Verletzung von Privatgeheimnissen (§ 203), s. *Maiwald* (o. Fn. 34), S. 169; *Eisele,* BT I, Rn. 780; *Lackner/Kühl,* Rn. 2 vor § 201 m.w.N.

[45a] *Lackner/Kühl,* § 306 Rn. 1 m.w.N. Im Übungsfall *Weißer/Kreß,* JA 2003, 857 u. 858. Aus der Rspr.: BGH NJW 2003, 1824 mit Bspr. Rautenkranz, JA 2003, 748 u. *Otto,* JK 1/04, StGB § 306/6.

[46] Noch enger B-*Weber/Mitsch,* 17/94.

[46a] Näher zu dieser BT-Problematik *Tag,* 2000, S. 18, 28 u. 441; *Lackner/Kühl,* § 223 Rn. 8–10; LK-*Lilie,* Vor § 223 Rn. 3–6; *Gössel/Dölling,* BT 1, 12/50–90: Fall 20; *Rengier,* BT II, 13/15–17; W-*Hettinger,* Rn. 325–330 u. S/S-*Eser,* § 223 Rn. 30ff. – Nicht indizierte ärztliche Eingriffe können durch Einwilligung „gedeckt" sein (*Sternberg-Lieben,* Fs. Amelung, 2009, S. 325ff.).

[46b] BGHSt 11, 111, 112; 43, 306, 308; 45, 219, 221; BGH NJW 2011, 1088, 1089 („Zitronensaft"-Fall) m. Bspr. *Hardtung,* NStZ 2011, 635; *Jahn,* JuS 2011, 468; *Schiemann,* NJW 2011, 1046; *Ziemann/Ziethen,* HRRS 2011, 394; zust. *Zöller,* ZJS 2011, 173 u. *Bosch,* JK 11/11, StGB § 223/5; zust. auch *Fischer,* § 223 Rn. 13 sowie *Zieschang,* Rn. 282 u. *Hohmann/Sander,* BT II, 6/15–17; BGH NStZ 2012, 205 m. Bspr. *Jäger,* JA 2012, 70 u. *Satzger,* JK 5/12, StGB § 223/6.

[46c] *Lackner/Kühl,* § 223 Rn. 10; LK-*Hirsch,* § 228 Rn. 43–49; W-*Hettinger,* Rn. 330.

[46d] Dafür *Exner,* 2011, S. 58ff.: rituelle Beschneidung als sozialadäquates Verhalten; dagegen LG Köln NJW 2012, 2128; abl. auch *Putzke,* Fs. Herzberg, 2008, S. 672ff.; *Herzberg,* JZ 2009, 322; *Fischer,* § 223 Rn. 6c u. *Gropp,* 6/231: allenfalls eine Rechtfertigung im überwiegenden Interesse der Religionsausübung; zu möglichen verfassungsrechtlichen

Aus der **Übungsfall-Literatur** zum ärztlichen Heileingriff vgl.: *Beulke*, KK III, Fall 2, Rn. 75; *Haft*, Fallrepetitorium, Nr. 218; *Hilgendorf*, KK II, Fall 10, Rn. 5 und Fall 11, Rn. 19 f.; *Kudlich*, AT-Fälle, Fall 11, S. 156 f. u. in: PdW BT II Fall 45 („tatbestandliche Körperverletzung"); *Kühl/Kneba*, JA 2011, 426 u. 432; *Rengier*, BT II, 13/vor 1 u. 20: Fall 3; *Rönnau/Hohn*, JuS 2003, S. 998 u. 1001; *Zöller/Mavany*, ZJS 2009, 694 u. 698 f. (lehrreich!).

II. Voraussetzungen und Grenzen der rechtfertigenden Einwilligung

1. Einwilligung durch den Rechtsgutsträger

Der durch die Tat unmittelbar Betroffene kann die Tat durch seine Einwilligung 27 nur rechtfertigen, wenn er Träger des Rechtsguts[46e] ist, das von dem durch den Täter verwirklichten Tatbestand geschützt ist. Das Vorliegen dieser Voraussetzung ist dann zweifelhaft, wenn der Tatbestand nicht nur ein **Individual**rechtsgut, sondern auch ein Rechtsgut der **Allgemeinheit** schützt, wie z. B. die Straßenverkehrsgefährdung (§ 315 c),[47] welche die Verkehrssicherheit (nicht-einwilligungsfähig) und die körperliche Unversehrtheit z. B. des Fahrzeuginsassen (einwilligungsfähig durch diese) schützt. Nicht wirksam eingewilligt werden kann in eine Tat, die, wie z. B. die Falschaussage im Zivilprozess (§ 154), nur die Rechtspflege als Rechtsgut verletzt, selbst wenn eine Individualperson in ihrem Vermögen mit ihrer Einwilligung geschädigt wird (Beispiel von *Bergmann*, JuS 1989, L 66); diese Einwilligung in die Vermögensbeschädigung rechtfertigt nicht die tatbestandsmäßige Verletzung des Rechtsguts ‚Rechtspflege'. Wohl aber rechtfertigt die Einwilligung der in ihrer Gesundheit gefährdeten Person die schwere Brandstiftung nach § 306 a II, da es bei diesem konkreten Gefährdungsdelikt nicht um die Rechtfertigung einer (All-)Gemeingefahr geht.[47a]

Aus der **Übungsfall-Literatur** vgl. die § 315 c-Fälle bei *Geppert*, JuS 1972, 271 u. 273; *Graul*, JuS 1992, 321 u. 323 ff.; *Beulke*, KK III, Fall 12, Rn. 555 u. 566–568; *Haft*, Fallrepetitorium, Nr. 232; *Hillenkamp*, 17. BT-Problem, Bsp. 1, S. 75 u. 78 sowie Bsp. 2 u. 3, S. 78 f.; *Gössel*, Fälle, Fall 7, S. 124 f. u. 128; *Krumdiek*, Jura 2009, 623 u. 626; *Kudlich*, PdW AT Fall 117; *Marxen*, Fall 10 b, S. 87 f.; *Peterek/Ingelfinger*, StudZR 2008, 94 u. 110 f.; *Rudolphi*, AT-Fälle, Fall 15, S. 177 u. 179 f. und *Wolters*, Fall 3, S. 53 f. u. 63 f. sowie den § 306 I 1-Fall bei *Wagner*, BT-Fälle, Fall 14, S. 147 u. 148 f., sowie den § 306 I Nr. 1, 2 und § 306 a I Nr. 1 betreffenden Fall von *Fisch/Sternberg-Lieben*, JA 2000, 124 u. 125; zu § 306 a II *Müller/Honig*, JA 2001, 517 u. 520 u. *Murmann*, Jura 2001, 258 u. 259 f. – Vgl. außerdem *Dencker*, Klausuren, Fall 30, S. 36 f. u. 105 f. (§ 164 II-Fall); *Schmitz*, JA 1996, 951 f.: Bsp. 6 (Drittgeheimnis bei § 203) u. *Saliger*, UmwStrR, Rn. 1 u. 4 b: Fall 1 (§ 324-Fall).

Rechtfertigungsgründen *Fateh-Moghadam*, RW 2010, 115 ff.; allgemein zu „kulturellen Wertvorstellungen" als Rechtfertigungsgrund *Valerius*, 2011, S. 139 ff., zur Zirkumzision S. 149 ff.

[46e] Grundwissen zum strafrechtlichen Rechtsgutsbegriff bei *Rönnau*, JuS 2009, 209–211.

[47] Vgl. *Lackner/Kühl*, § 315 c Rn. 32; *Hohmann/Sander*, BT II, 36/18–22; *Rengier*, BT II, 44/19, pro rechtfertigende Einwilligung in den Individualgefährdungsteil; LK-*Rönnau*, Rn. 176 vor § 32; ergänzend *Sternberg-Lieben*, 1997, S. 100 f.; *Paul*, 1998, S. 117 u. *Amelung/Eymann*, JuS 2001, 937, 939; *Mitsch*, ZJS 2012, 38, 40 (pro Rechtfertigung); aus der Rspr.: gegen rechtfertigende Einwilligung BGHSt 6, 232, 234 u. 23, 261, 264 (krit. zur Rspr. *Eisele*, JA 2007, 172); OLG Koblenz BA 2002, 483 mit krit. Bspr. *Heghmanns*. – Zur vergleichbaren Problematik bei der Wilderei gem. § 292 *Mitsch*, BT 2/2, 1/92. – Zu § 356 vgl. *Kretschmer*, 2005, S. 279 f. – Zu §§ 30, 31 WStG BGHSt 53, 145, 168. – Speziell zur Erlaubnis der zuständigen Behörde *Gänßle*, 2003, S. 30 ff. mit Bspr. *Heghmanns*, ZIS 2006, 262.

[47a] *Kindhäuser*, § 306 a Rn. 14; *Lackner/Kühl*, § 306 a Rn. 7; *Rengier*, BT II, 40/38: individuelle Schutzrichtung aufweisender Gefährdungsteil.

2. Dispositionsbefugnis des Einwilligenden

28   Selbst eine Einwilligung des Rechtsgutsträgers in die Verletzung eines ihm zu-
stehenden Individualrechtsguts rechtfertigt die Tat nicht immer. Der Rechtsgutträger muss auch zur **Disposition** über sein Individualrechtsgut befugt sein. Daran
fehlt es kraft gesetzlicher Entscheidung[47b] beim Rechtsgut **Leben:** Wie sich aus § 216
StGB ergibt, kann selbst die zu einem ernstlichen Verlangen gesteigerte Einwilligung
die Tötung durch einen anderen nicht rechtfertigen (nur die Selbsttötung erfüllt
keinen Tatbestand; sie muss deshalb auch nicht gerechtfertigt werden). Deshalb ist
etwa die Entnahme von Organen, die den Tod des (Lebend-)Spenders zur Folge
hätten, z. B. die Entnahme des Herzens, ausnahmslos unzulässig;[47c] der entnehmende Arzt macht sich dann nicht nur nach § 19 I TPG, sondern vor allem nach § 216
strafbar.[47d] § 216 soll aber nach der Rspr. der Rechtfertigung des Behandlungsabbruchs trotz Todesverursachung nicht entgegenstehen (BGHSt 55, 191, 205;
näher unten 18/29). In der Strafrechtswissenschaft wird eine teleologische Reduktion bei der passiven Sterbehilfe bzw. dem Behandlungsabbruch diskutiert (*Walter,*
ZIS 2011, 76, 81 f.; krit. *Joerden,* Fs. Roxin, 2011, S. 593). Wer § 216 auch für
diese Fälle als Einwilligungssperre sieht, muss auf Nostand nach § 34 zurückgreifen
(vgl. *Rosenau,* Fs. Rissing-van Saan, 2011, S. 547, 560; *Bosch,* JA 2010, 908,
911).

> Aus der Übungsfall-Literatur vgl.: *Hilgendorf,* KK I, Fall 15, Rn. 9 und KK II, Fall 14, Rn. 6 so-
> wie KK III, Fall 1, Rn. 42; *Kühl/Kneba,* JA 2011, 426, 427; *Weißer,* JuS 2009, 135 u. 136.

29   Ob und unter welchen Voraussetzungen eine Einwilligung in ein **lebensgefährdendes** Risiko möglich ist, ist umstritten (s. u. 17/82 f.).[48]

30   Eine weitere Einschränkung der grundsätzlich gegebenen Dispositionsbefugnis
über die körperliche Unversehrtheit enthält der sehr unbestimmte und deshalb verfassungsrechtlich bedenkliche § 228:[48a] Ist die **Tat** – nicht die Einwilligung (BGH
NStZ 2000, 87 f.; BGHSt 49, 34, 42; *Rönnau,* Jura 2002, 665, 668) – trotz der Einwilligung **sittenwidrig,** so ist die Einwilligung strafrechtlich bedeutungslos und die
„Körperverletzung … rechtswidrig". Umstrittene aktuelle Beispiele sind die gesund-

---

[47b] Zur problematischen Legitimation dieser Entscheidung vgl. *Sternberg-Lieben,* 1997,
S. 114–120; *Stratenwerth/Kuhlen,* 9/16–20; *Joerden,* 2003, S. 172 ff. sowie *Lackner/Kühl,*
§ 216 Rn. 1; nach *Rönnau,* Jura 2002, 665, 668, ist das „absolute Tötungstabu" aus generalpräventiven Gründen aufrechtzuerhalten; ähnlich NK-*Neumann,* § 216 Rn. 2: „Kollektives
Interesse"; krit. *Kühl,* 2001, S. 44 f.

[47c] So *Schreiber,* Fs. Steffen, 1995, S. 451, 453; ebenso *Bottke,* 1995, S. 79.

[47d] *Schroth,* 2005, 6 zu § 19 TPG.

[48] *Lackner/Kühl,* Rn. 14 vor § 32 mit Nachweisen pro und contra. Gegen die Risikoeinwilligung *Göbel,* 1992, S. 24–26 und 37–39, der eine erfolgsbezogene Einwilligung verlangt;
bejahend hingegen *Jescheck/Weigend,* S. 378 u. 589; diff. M-*Zipf,* AT 1, 17/48; nach Fallgruppen unterscheidend *Weber,* Fs. Baumann, 1992, S. 43 ff. Eingehend zur „sog. Risiko-
Einwilligung" *Sternberg-Lieben,* 1997, S. 213 ff., 585, der diese „strikt" von der rechtsguts-
preisgebenden, täterentlastenden Einwilligung trennen will.

[48a] Für Verfassungswidrigkeit der Vorschrift *Sternberg-Lieben,* 1997, S. 136, 162 u. in: Gs.
Keller, 2003, S. 289 ff. sowie in: JuS 2004, 954, 955 f. u. ZIS 2011, 583, 587 f.; *Rönnau,* 2001,
S. 165 ff. u. in: Jura 2002, 665, 668 sowie NK-*Paeffgen,* § 228 Rn. 53; a. A. LK-*Hirsch,* § 228
Rn. 2, der aber eine „gesetzgeberische Präzisierung" verlangt; für funktionslos hält die Vorschrift
Niedermair, 1999, S. 259. – Von der Rspr. werden die Bedenken nicht geteilt, BGHSt 49, 34, 41;
vgl. aber BGHSt 4, 24, 31, mit grundsätzlichen rechtsstaatlichen Bedenken.

heitsschädigende Verabreichung von Dopingsubstanzen,[48b] die lebensgefährliche Aufnahmeprüfung in eine Jugend-Gang,[48c] das sog. Autosurfen auf dem Dach eines Pkw,[48d] die Genitalverstümmelung von Mädchen (*Fischer,* § 223 Rn. 6 d; hier steht eine gesetzliche Regelung in § 226 a bevor [BT-Dr. 17/1217], *Hagemeier/Bülte,* JZ 2010, 406). Jüngere Entscheidungen betreffen die einverständliche Verabreichung illegaler Betäubungsmittel mittels Injektion (BGHSt 49, 34 m. z. T. krit. Bspr. *Duttge,* NJW 2005, 260; *Martin,* JuS 2004, 350; *Mosbacher,* JR 2004, 390 f.; *Sternberg-Lieben,* JuS 2004, 954; *Trüg,* JA 2004, 597; *Hartung,* Jura 2005, 401; *Altvater,* NStZ 2005, 22, 24 u. *Otto,* JK 11/04, StGB § 228 n. F./3) und einverständlich vorgenommene sadomasochistische, körperverletzende Praktiken (BGHSt 49, 165, 169 m. Bspr. *Arzt,* JZ 2005, 103; *Duttge,* NJW 2005, 260; *Hirsch,* JR 2004, 475; *Hardtung,* Jura 2005, 401; *Stree,* NStZ 2005, 40 f. u. *Petersohn,* JA 2005, 93); dabei setzt der BGH eigenmächtig, d. h. ohne gesetzliche Legitimation, die (bejahte) Lebensgefährlichkeit des Verhaltens des Täters an die Stelle der von § 228 verlangten Sittenwidrigkeit, die er weder bei sadomasochistischen Handlungen noch bei einer nach dem BtMG strafbaren Heroininjektion erkennen kann.[48e] Darin kann man eine bessere Bestimmtheit sehen, aber auch eine Verrechtlichung, die nicht dem § 228 entspricht, weil der Gesetzgeber auf die nicht zwingend unbestimmte oder gar unbestimmbare Sittenwidrigkeit setzt.[48f] Das gilt auch für den Einsatz von „Analplugs" und Weinflaschen bei der Vornahme sexueller Handlungen i. S. des § 179 V, wenn sie schwere Verletzungen des Opfers verursachen (BGH NStZ 2010, 389 f.). Diskutiert werden auch „Drittortauseinandersetzungen" wie beim Trendsport des „Mannschaftskickboxens" (abl. *Spoenle,* NStZ 2011, 552, 554 ff. bei Einhaltung der Regeln und Schiedsrichtern). Diese Einschränkung der Dispositionsfreiheit gilt jedoch nur für Körperverletzungsdelikte,[48g] hinsichtlich anderer höchstpersönlicher Rechtsgüter wirkt die Sittenwidrigkeit der Tat nicht rechtfertigungshindernd, auch wenn – wie z. B. bei besonders schlimmen Beleidigungen – sogar die Menschenwürde des Beleidigten angetastet wird.[49] Tat i. S. des § 228 ist nicht nur Art und Gewicht des Körperverletzungs-

---

[48b] *Kühl,* in: *Vieweg* (Hrsg.), Doping, 1998, S. 77, 82; *Rain,* 1998, S. 111; *Niedermair,* 1999, S. 146 f.; *Kargl,* JZ 2002, 389, 394 ff.; *Heger,* JA 2003, 76, 79; *Bottke,* Fs. Kohlmann, 2003, S. 85, 101; *Jahn,* ZIS 2006, 57, 60; *Ulsenheimer,* 2008, Rn. 234 b; *Sternberg-Lieben,* ZIS 2011, 583, 587; eingehend *Schild,* 2002, S. 151 ff.

[48c] BayObLG NJW 1999, 122 mit Bspr. *Otto,* JR 1999, 124 und *Geppert,* JK 99, StGB § 228 n. F./1; als Fallbsp. 9 b bei W-*Beulke,* Rn. 359 u. 385; *Hohmann/Sander,* BT II, 6/14: „sittenwidrig"; ebenso *Gössel/Dölling,* BT 1, 12/42; *Rengier,* BT II, 20/2 c.

[48d] LG Mönchengladbach NStZ-RR 1997, 169; OLG Düsseldorf NStZ-RR 1997, 325, mit krit. Bspr. *Hammer,* JuS 1998, 785, *Saal* NZV 1998, 49, 53; kritisch zu beiden Entscheidungen auch *Niedermair,* 1999, S. 129 Fn. 502, S. 261 Fn. 1001; zu OLG Düsseldorf auch *Puppe,* AT 1, 6/12–15; gegen die § 228-Schranke in diesen Fällen LK-*Vogel,* § 15 Rn. 241.

[48e] Der Rspr. zust. *Fischer,* § 228 Rn. 10; *Rengier,* BT II, 20/2 a–c; kritisch aber *Kühl,* Fs. Schroeder, 2006, S. 521, 528 ff., Fs. Otto, 2007, S. 63, 68 ff. u. Fs. Jakobs, 2007, S. 293, 300 ff.; krit. auch *Hauck,* GA 2012, 202 ff.; im Erg. auch *Jakobs,* Fs. Schroeder, 2006, S. 507, der die Sittenwidrigkeit als „Unverhältnismäßigkeit" verstehen will (S. 511; dagegen *Kühl,* Fs. Jakobs, 2007, S. 293, 307).

[48f] Näher *Kühl,* JA 2009, 833, 836 f., in: Fs. Puppe, 2011, S. 653, 658 ff. u. in: Fs. Achenbach, 2011, S. 251, 254 ff. – Kulturelle Anschauungen des Einwilligenden spielen keine Rolle, so *Valerius,* 2011, S. 159 f.

[48g] Für eine entsprechende Anwendung von § 228 auf die Einwilligung in eine fahrlässige Lebensgefährdung *Jescheck/Weigend,* S. 378.

[49] In solchen Ausnahmefällen befürworten S/S-*Lenckner/Sternberg-Lieben,* Vorbem §§ 32 ff. Rn. 37, eine § 228 entsprechende Einschränkung. Dagegen wie im Text B-*Weber/Mitsch,* 17/112; *Stratenwerth/Kuhlen,* 9/22.

Erfolgs oder die (Lebens-)Gefährlichkeit der Tathandlung, sondern es ist auch der mit der Tat verfolgte Zweck zu berücksichtigen.[49a] – Zu weiteren Beispielen „strafrechtlich normierter Grenzen individueller Verfügungsbefugnis" etwa bei sexuellem Missbrauch (§§ 174–176) oder beim Wucher (§ 291), bei dem die Einwilligung der geschützten Person nicht rechtfertigend wirken soll, vgl. *Sternberg-Lieben*, 1997, S. 163 ff. u. *Rönnau*, Jura 2002, 665, 668.

> Aus der **Übungsfall-Literatur** vgl. die Doping-Fälle von *Jung*, JuS 1992, 131 f.[49b] und *Marxen*, BT, Fall 3 d, S. 30–32. – Weitere § 228-Fälle finden sich bei: *Alpmann/Schmidt*, AT 1, Fall 23, S. 121–126 (= „Mutproben"-Fall des BayObLG NJW 1999, 372, nachgebildet); *Fabricius*, JuS 1991, 393 u. 395 f.; *Gössel*, Fälle, Fall 6, S. 108 f. u. 118 f. (Zahnextraktion); *Hardtung*, JuS 1990, 302 u. 304 (Duell); *Haft*, Fallrepetitorium, Nr. 229, 261 („Mutprobe") sowie Nr. 259, 260 („Autosurfen"); *Hilgendorf*, KK I, Fall 14, Rn. 9 u. *Hillenkamp*, JuS 2001, 159 u. 161 f. sowie *Kudlich*, PdW BT II, Fall 46 (jeweils zu BayObLG NJW 1999, 372: Aufnahme in „Jugendgang"); *Käßner/Seibert*, JuS 2006, 810 u. 811 f. (Heroininjizierung); *Kreß/Mülfarth*, JA 2011, 268 u. 270 f. (Würgen zur sexuellen Erregung); *Marxen*, Fall 10 a, S. 82 und 85 f. (einverständliche Schlägerei); *Schlehofer*, Jura 1989, 263 u. 271 (§ 228 bei fremdnütziger Nierentransplantation); *Trüg*, JA 2002, 214 u. 220 f. („Autosurfen"); *Zimmermann*, JuS 2011, 629 u. 631 (Tätowierung); *W-Beulke*, Fall 9 b, Rn. 359 u. 385 („Mutprobe"). Zur § 216-Einwilligungssperre s. *Otto*, Übungen, Anfängerhausarbeit, S. 114 u. 119 f. Zur § 228-Einwilligungssperre s. *Jäger*, Fall 27, Rn. 136 a und b („Sado-Maso-Fall" nach BGHSt 49, 166) u. Fall 29, Rn. 144, 145 („Autosurfer-Fall" des OLG Düsseldorf).
> Zur Ablehnung der Rechtfertigung durch Einwilligung in lebensgefährliche Verletzungen vgl. BGHSt 4, 90 ff. = *Roxin*, HRR AT, Fall 28, S. 37 f., mit insoweit zustimmender Antwort 1, S. 171 f. = Fall Nr. 13 bei *Eser/Burkhardt*, Strafrecht I, die ebenfalls zustimmen (A 20). Zu derselben Problematik im Übungsfall: Die Examensklausur, Klausur Nr. 20, S. 233 u. 235.

30a   Soweit der Rechtsgutsträger Dispositionsbefugnis hat, kann er auch andere Personen als **Stellvertreter** einschalten, auch wenn es um Eingriffe in höchstpersönliche Rechtsgüter geht, z. B. sog. Patientenvertreter.[49c] – Zur Stellvertretung Nicht-Einsichtsfähiger s. unten Rn. 34. – Bei Eigentumsdelikten wie § 306 ist, wenn die Sache einer juristischen Person gehört, das Vertretungsorgan einwilligungsbefugt, zu dessen Geschäftsbefugnissen die Verfügung über die Sache gehört (BGH NJW 2003, 1824, wo bei evidentem Missbrauch der Vertretungsmacht die Einwilligung für unwirksam erklärt wird).

3. Form und Zeitpunkt der Einwilligung

31   Die Einwilligung kann nicht nur ausdrücklich, sondern auch konkludent (Gefahr des Übersehens in Sachverhalten; vgl. *Tiedemann*, Anfängerübung, S. 134) erklärt werden.[50] Sie muss nur **eindeutig** sein.[50a] Sie kann auch unter einer Bedingung erteilt werden (z. B. der Voraus-Geldüberweisung für sadistische Körperverletzung).[50b]

[49a] *Lackner/Kühl*, § 228 Rn. 10; *NK-Paeffgen*, § 228 Rn. 43; *Ulsenheimer*, 2008, Rn. 234; *Valerius*, 2011, S. 160; einschr. *W-Beulke*, Rn. 377: nicht bei schwerer Verletzung ab § 226; dagegen LK-*Hirsch*, § 228 Rn. 9; MK-*Hardtung*, § 228 Rn. 16–30; offengelassen von BGHSt 49, 34, 42, der auf die konkrete Gefahr für das Leben abstellt; ebenso tatbezogen BGHSt 49, 165, 174.

[49b] Zur umstrittenen Anwendung von § 228 beim Doping s. oben Fn. 48 b; ergänzend: *Ahlers*, 1994, S. 164 ff.; *Dury*, 1997, S. 21 f.; *Müller*, 1993, S. 109 ff.; *NK-Paeffgen*, § 228 Rn. 110, 111.

[49c] *Rönnau*, Jura 2002, 665, 667; ebenso schon *Amelung/Eymann*, JuS 2001, 937, 940; einschr. *Kindhäuser*, AT, 12/16; *Roxin*, AT I, 13/94.

[50] Vgl. *Amelung/Eymann*, JuS 2001, 937, 941; *Kindhäuser*, AT, 12/13: „sog. Kundgabetheorie"; *Mitsch*, 2004, S. 439. – Gegen das Erfordernis der Kundgabe des Willens *Hinterhofer*, 1998, S. 82; *Rönnau*, Jura 2002, 665, 666; *Zieschang*, Rn. 289; *Joecks*, 21 vor § 32.

Schließlich muss die Einwilligung vor der zu rechtfertigenden Tat erklärt worden 32
sein und bei Tatbegehung fortbestehen,[50c] darf also z.B. nicht widerrufen sein; der
Widerruf ist jederzeit und frei möglich.[50d] Eine nachträgliche Genehmigung hat im
Strafrecht keine rechtfertigende Kraft.[50e] Vgl. den „Pockenarzt-Fall" des BGHSt 17,
359f. = *Roxin*, HRR AT, Fall 32, S. 43 u. 173f.

> Aus der **Übungsfall-Literatur** vgl.: *Bohnert*, Jura 2004, 640 u. 641 (konkludente Einwilligung);
> *Fisch/Sternberg-Lieben*, JA 2000, 124 u. 125; *Hilgendorf*, KK I, Fall 14, Rn. 8; KK II, Fall 11,
> Rn. 12 und KK III, Fall 1, Rn. 57f. (§ 216-Fall); *Mitsch*, JuS 1996, 311: Fall 30; *Rönnau/Hohn*,
> JuS 2003, 998 u. 1001; *Rudolphi*, AT-Fälle, Fall 13, S. 148 u. 154f.

4. Einwilligungsfähigkeit

Bei der Einwilligungsfähigkeit geht es um die „Frage, wer fähig ist, die Verant- 33
wortung für eine Einwilligungsentscheidung zu übernehmen."[51] Diese Fähigkeit
hängt nicht von der zivilrechtlichen Geschäftsfähigkeit des Einwilligenden ab, sondern von dessen konkreter **Einsichts- und Urteilsfähigkeit.**[52] Der Einwilligende muss
unabhängig von seinem Alter Wesen, Bedeutung und Tragweite der gegen ihn gerichteten Tat einschließlich ihrer Folgen (z.B. des Körpereingriffs durch den Arzt,[53]

[50a] Ebenso *Murmann*, GK, 25/125. Der Abschluss eines Arztvertrages genügt dafür i.d.R.
nicht, weil der Arzt nach Vertragsabschluss und vor Vornahme einer bestimmten Behandlung
zuerst eine Diagnose stellen und sodann den Patienten aufklären muss (vgl. *Eisenbart*, 1998,
S. 81 ff.).
[50b] Mit diesem Bsp. *Sternberg-Lieben*, 1997, S. 535 f.; vgl. auch *Kindhäuser*, AT, 12/15.
[50c] Dies kann bei lange vor Eintritt der Eingriffsnotwendigkeit infolge Lebensgefahr erstellten Patiententestamenten zweifelhaft sein; vgl. *Hartmann*, NStZ 2000, 113, 116 u. *Golbs*,
2005, S. 221 f.; allgemein zur Problematik sog. Patientenverfügungen *Lackner/Kühl*, Rn. 8 vor
§ 211 u. LK-*Rönnau*, Rn. 172 vor § 32.
[50d] *Amelung*, ZStW 109 (1997), 489, 516; *Tag*, 2000, S. 286, 305 ff.; *Rönnau*, 2001,
S. 179 f.; u. in: Jura 2002, 665, 666; *Kindhäuser*, AT, 12/20; NK-*Paeffgen*, § 228 Rn. 89; beachte jedoch *Weber*, GA 2000, 77 f., der auf zivilrechtliche Bindungen, auch wenn sie mit
Eingriffen in höchstpersönliche Güter verbunden sind (z.B. Krankenhausvertrag), verweist;
problematisierend *Mitsch*, 2004, S. 595–606.
[50e] Vgl. *Schramm*, 2005, S. 189, 197, der allerdings im Rahmen des § 266 die nachträglich
erteilte Genehmigung in bestimmten Fällen als Strafaufhebungsgrund einstuft.
[51] *Amelung*, ZStW 104 (1992), 525, der auf S. 555–558 und 821–833, außer einer Be-
standsaufnahme auch eine grundrechtsorientierte Antwort liefert. – Zum Grund dieser subjektiven Einwilligungsschranke z.B. in Dopingfällen s. *Sternberg-Lieben*, 1997, S. 559 Fn. 249.
[52] Vgl. BGH NStZ 2000, 87 f.; *Murmann*, GK, 25/126; *Otto*, Fs. Geerds, 1995, S. 603, 614;
Rönnau, Jura 2002, 665, 669; anders für die Einwilligung in Vermögensdelikte *Maiwald*
(o. Fn. 34), S. 181; MK-*Schlehofer*, vor § 32 Rn. 148; S/S-*Lenckner*,[27] Vorbem §§ 32 ff.
Rn. 39, anders jetzt S/S-*Lenckner/Sternberg-Lieben* a.a.O., dagegen auch *Zieschang*,
Rn. 286 f., wie Lenckner auch *Schramm*, 2011, S. 232. – Weitere Nachweise zur Kurzformel
der natürlichen Einsichts- und Urteilsfähigkeit bei *Amelung*, ZStW 104 (1992), 542, der in:
JR 1999, 45, von der „Leerformel" der Rspr. spricht. Mit diesem Abweichen des Strafrechts
vom Zivilrecht begründet *Günther*, 1983, S. 347 ff., sein Verständnis der Einwilligung als
Strafunrechtsausschließungsgrund. – Volljährigkeit bei medizinisch nicht indizierten Eingriffen
wie der Beschneidung von Knaben verlangt *Putzke*, Fs. Herzberg, 2008, S. 669, 683 ff.; ebenso *Jerouschek*, NStZ 2008, 313, 317 f.; dagegen für eine wirksame Einwilligung der Eltern *Fateh-Moghadam*, RW 2010, 120 und *Schramm*, 2011, S. 228; vgl. auch OLG Frankfurt
NJW 2007, 3580 u. *Spickhoff*, NJW 2008, 1640.
[53] Vgl. BGHSt 11, 111 = *Roxin*, HRR AT, Fall 30, S. 40 f. u. 172 f.; BGH NStZ 2008, 278 f.;
BGH NJW 2011, 1088, 1089 [„Zitronensaft"-Fall] m. Bspr. *Hardtung*, NStZ 2011, 635;
Jahn, JuS 2011, 468; *Schiemann*, NJW 2011, 1046; *Ziemann/Ziethen*, HRRS 2011, 394; *Zöller*, ZJS 2001, 173 u. *Bosch*, JK 11/11, StGB § 223/5; zum Fall auch *Widmaier*, Fs. Roxin,

vor dem grundsätzlich eine **Aufklärung** des Patienten durch den Arzt „über den Verlauf des Eingriffs, seiner Erfolgsaussichten, Risiken und mögliche Behandlungsalternativen mit wesentlich anderen Belastungen" [BGH NJW 2011, 1088, 1089 – „Zitronensaft"-Fall – m. Anm. *Zöller,* ZJS 2011, 173, 175, der vier Bezugspunkte für den Gegenstand einer mängelfreien Aufklärung auflistet: Diagnose-, Methoden-, Sicherungs- und Risikoaufklärung; – zum ärztlichen Heileingriff s. oben Rn. 26) erfassen. Die Unvernunft der Entscheidung eines Unbelehrbaren spricht aber – anders als etwa eine konstitutionelle Schwäche des „Einwilligenden"[53a] – noch nicht für die fehlende Einsichtsfähigkeit des einwilligenden Patienten (z.B. in die Extraktion sämtlicher Zähne; anders BGH NJW 1978, 1206 = *Roxin,* HRR AT, Fall 29, S. 39f. u. 172);[53b] andernfalls würde die Einwilligung „von einem Instrument der Selbstbestimmung zu einem Instrument rechtlicher Bevormundung".[53c] Auch die Angetrunkenheit (anders die Volltrunkenheit) des Einwilligenden reicht zur Verneinung der erforderlichen Urteilskraft nicht ohne weiteres aus, vgl. aber BGHSt 4, 90 = *Roxin,* HRR AT, Fall 28, S. 37f. u. 171f., und BGH NStZ 2000, 87f. Bei einem 15-jährigen Jugendlichen, der sich auf eine lebensgefährliche „Mutprobe" einlässt, ist an der Urteilsfähigkeit auch dann zu zweifeln, wenn er die Lebensgefahr erkennt.[53d]

> Aus der **Übungsfall-Literatur** vgl.: *Baier,* JA 2000, 300, 303 (4-jähriges Kind); *Bohnert,* Jura 2004, 640 u. 642 (13-Jähriger); *Fabricius,* JuS 1991, 393 u. 396 (7-jähriges Kind); *Hermle,* JuS 1987, 976f. (Zahnextraktion); *Hilgendorf,* KK II, Fall 10, Rn. 10–15 (Verzweiflung, die einer sachlichen Abwägung der Umstände durch die Patientin entgegensteht; BGH NJW 1978, 1206, nachgebildet); *Hillenkamp,* JuS 2001, 159 u. 161 (15-Jähriger); *Hillenkamp,* 6. AT-Problem, Bsp. 1, S. 47 u. 50, sowie Bsp. 2, S. 50f. (Minderjähriger[54]); *Jäger,* Fall 28, Rn. 140, 141 (Zahnextraktionsfall des BGH NJW 1978, 1206); *Krey/Esser,* AT, Fall 94 a, Rn. 666f. (17-Jähriger); *Kudlich,* PdW BT II, Fall 46 (Fall des BayObLG NJW 1999, 372); *Reschke,* JuS 2011, 50 u. 52 (13-Jähriger).

34   Zur Frage der „Stellvertretung bei der Einwilligung", insb. bei Rechtsgutsinhabern, denen die nötige Einsichtsfähigkeit fehlt, vgl. *Kindhäuser,* AT, 12/16–19; LK-*Rönnau,* Rn. 179–186 vor § 32; *Roxin,* AT I, 13/92–96, u. NK-*Paeffgen,* § 228 Rn. 17 u. 67–70; speziell zur Bindung der Eltern an das „Kindeswohl" i.S. des

---

2011, S. 439; vgl. auch die Legaldefinition des § 40 IV Nr. 3 Satz 4 AMG: „Wesen, Bedeutung und Tragweite"; zur erforderlichen Aufklärung *Rönnau,* JuS 2004, 670 u. *Ulsenheimer,* 2008, Rn. 61 zu den „Gegenständen" der Aufklärung dazu auch AnwK/*Zöller,* § 228 Rn. 12; zur Aufklärungspflicht des Arztes und ihren Grenzen *Schöch,* in: Roxin/Schroth, 2010, S. 57 ff. – Weitere Rechtsprechungsnachweise bei *Amelung,* ZStW 104 (1992), 539 f.

[53a] Vgl. *Amelung,* JR 1999, 45, 47, der dazu zählt: „psychische Krankheit, geistige Behinderung oder Minderjährigkeit"; ebenso *Amelung/Eymann,* JuS 2001, 937, 942; vgl. auch BGH NStZ 2010, 389 f.: Widerstandsunfähige i.S. des § 179.

[53b] Eingehend zu dieser Entscheidung *Amelung,* JR 1999, 45 ff., der das Ergebnis des BGH – Verurteilung des Zahnarztes wegen Körperverletzung infolge unwirksamer Einwilligung – mit der h.M. ablehnt, dabei aber auf einen „subjektiven Rationalitätsbegriff" abstellt: „Einwilligungsfähig ist, wer in der Lage ist, zu erkennen, was ihm nach den eigenen Wertmaßstäben nützt bzw. schadet" (S. 46 f.); ähnlich kritisch *Rönnau,* Jura 2002, 665, 669 u. *Golbs,* 2005, S. 64.

[53c] *Amelung,* JR 1999, 45, 46.

[53d] BayObLG NJW 1999, 372 mit zust. Bspr. *Otto,* JR 1999, 124.

[54] Zu den normativen Grenzen der Einwilligungsfähigkeit bei Minderjährigen vgl. *Amelung,* ZStW 104 (1992), 829–831, und *Köhler,* S. 250–254; zum Vetorecht Minderjähriger gegen ärztliche Behandlungen *Golbs,* 2005, S. 194 ff., 224, *Hillenkamp,* Fs. Küper, 2007, S. 123, 140 ff. u. *Spickhoff,* NJW 2008, 1640. – Zur Einwilligung einer 16-jährigen Jugendlichen in den mit dem Schwangerschaftsabbruch verbundenen Körpereingriff vgl. AG Schlüchtern NJW 1998, 832.

§ 1627 S. 1 BGB, z. B. bei der Beschneidung von Knaben (sog. Zirkumzision), *Putzke*, Fs. Herzberg, 2008, S. 669, 686, 707 u. in: NJW 2008, 1568; *Herzberg*, JZ 2009, 332 u. in: ZIS 2010, 471; *Fateh-Moghadam*, RW 2010, 120; *Schramm*, 2011, S. 226; eingehend *Exner*, 2011, S. 36 ff.; vgl. auch OLG Frankfurt NJW 2007, 3580 u. jüngst „medienwirksam" LG Köln NJW 2012, 2128: rechtswidrige Körperverletzung, weil dem Wohl des Kindes zuwiderlaufend. – Nicht mit dem Kindeswohl vereinbar ist die Beschneidung weiblicher Genitalien, *Valerius*, 2011, S. 158 u. *Hahn*, ZRP 2010, 37; zu gesetzgeberischen Initiativen vgl. *Lackner/Kühl*, 1 vor § 223. Aktuell hat der Deutsche Bundestag in einem Beschluss v. 19. 7. 2012 die weibliche Genitalverstümmelung verurteilt, die Beschneidung von Knaben aus religiösen Gründen für weltweit sozial akzeptiert erklärt.

5. Einwilligung frei von Willensmängeln

Willensmängel, die die Einwilligung **unwirksam** machen, können durch Drohung **35** oder Täuschung herbeigeführt werden. Auch ein nicht durch Täuschung hervorgerufener Irrtum kommt als Willensmangel in Betracht; dagegen lassen objektive Zwangslagen die Wirksamkeit der Einwilligung unberührt.[54a]

a) Drohung

Eine durch Drohung herbeigeführte Einwilligung kann unwirksam sein.[54b] Ab **36** welchem **Grad der Einflussnahme** die Einwilligung unwirksam wird, ist umstritten. Eine zu strenge Grenze wird mit dem § 35-Maßstab („Gefahr für Leben, Leib und Freiheit") angelegt,[55] denn die freie Selbstbestimmung des Bedrohten endet schon, wenn er zum Nötigungsopfer (gemacht) wird (= § 240-Maßstab einschließlich der Verwerflichkeit der Nötigung).[56] Eine solche verwerfliche Nötigung ist gegeben, wenn ein Sadist durch die Drohung mit einer Strafanzeige erreicht, dass der Bedrohte sich auspeitschen lässt.[56a] Keine verwerfliche Drohung liegt vor, wenn der Sportler nur unter der Bedingung zu Wettkämpfen zugelassen wird, dass er einen Blut-Dopingtest (Venenpunktion = § 223) über sich ergehen lässt; denn damit wird der Chancengleichheit im Sport gedient, die auch – zumindest objektiv – im Interesse des Sportlers liegt.[56b] In Dreiecksverhältnissen wie z. B. zwischen Täter und Opfer einer Erpressung (§ 253) sowie dem „Lösegeldboten" ist trotz Nötigungsdrucks auf das Opfer eine wirksame Einwilligung in das Beihilfeverhalten („Lösegeldtrans-

---

[54a] LK-*Hirsch*, Rn. 121 vor § 32.

[54b] Nach *Amelung*, 1998, S. 42, und in: ZStW 109 (1997), 489, 516, ist die Einwilligung unwirksam, wenn der Einwilligende gezwungen wird, anders zu werten, als er möchte. Zur Unwirksamkeit der Einwilligung durch Drohung und Zwang gegen den Rechtsgutinhaber *Schroth*, Fs. Volk, 2009, S. 719, 728–730.

[55] *Joecks*, Rn. 26 Vor § 32; erwogen von *Rudolphi*, ZStW 86 (1974), 85.

[56] *Roxin*, AT I, 13/113; ebenso mit ähnlicher Begründung *Jakobs*, 7/121; *Joerden*, JR 1996, 266; *Kindhäuser*, AT, 12/21; *Rönnau*, 2001, S. 437 ff., 444 ff., der – im Anschluss an *Jakobs* – eine Beeinträchtigung der dem Opfer garantierten rechtlichen Freiheit verlangt. B-*Weber/Mitsch*, 17/108, stellen nicht auf den Intensitätsgrad der Nötigung, sondern auf deren Rechtswidrigkeit ab und wollen auch Drohungen unterhalb der Schwelle eines „empfindlichen Übels" erfassen; ebenso *Mitsch*, BT 2/2, 1/27 mit § 248 b-Bsp.: „opferfreundliche Einwilligungsdoktrin"; ähnlich *Amelung/Eymann*, JuS 2002, 937, 940 u. *Amelung*, NStZ 2006, 317, 319: rechtlich erlaubter Zwang muss ertragen werden; speziell zur Freiwilligkeit der Einwilligung bei hoheitlichen Maßnahmen *Amelung* a. a. O. S. 319 ff.

[56a] *Roxin*, AT I, 13/114.

[56b] *Kühl*, in: Blut und/oder Urin zur Dopingkontrolle, Schriftenreihe des Bundesinstituts für Sportwissenschaft Bd. 86, 1996, S. 31, 57 ff.

port") möglich, weil von diesem kein Zwang ausgeht.[56c] – Auch die Drohung mit einem „an sich erlaubten Verhalten", z. B. mit einer berechtigten Strafanzeige, kann zur Unwirksamkeit der Einwilligung führen, wenn sie missbräuchlich dazu eingesetzt wird, den Bedrohten zu einer sadomasochistischen Handlung oder zu einer Lebendspende zu veranlassen.[56d]

b) Täuschung

37   Täuschungen, die dem „Einwilligenden" verschleiern, dass er ein Rechtsgut preisgibt, machen die „Einwilligung" unwirksam.[57] Dies gilt auch für Täuschungen, die zur Unkenntnis über Bedeutung, Tragweite und Auswirkungen des Rechtsgutsverzichts führen (sog. **rechtsgutsbezogener Irrtum**[58]). Beachtlich sind insbesondere Irrtümer über Art und Umfang der Rechtsgutsverletzung. Damit ist eine inhaltliche Beschränkung des durch die Täuschung ausgelösten Irrtums verbunden: Dieser muss sich auf den Bestand des Rechtsguts beziehen. Deshalb ist die Einwilligung des Patienten unwirksam, wenn der Arzt ihn über gesundheitsschädliche Wirkungen einer Beruhigungsspritze täuscht.[59] Wirksam ist sie dagegen, wenn statt des Arztes der vom Patienten für einen Arzt gehaltene Famulus den leichten, auch mit den Kenntnissen eines Nichtarztes zu bewältigenden, körperverletzenden Eingriff vornimmt (vgl. BGHSt 16, 309 = *Roxin*, HRR AT, Fall 31, S. 41 f. u. 173).

38   Die Herbeiführung bloßer **Motivirrtümer**, bei denen das Opfer weiß, dass er das Rechtsgut preisgibt, es aber nicht preisgegeben hätte, wenn ihm nicht durch Täuschung das Motiv zur Preisgabe geliefert worden wäre, ändern danach an der Wirksamkeit der Einwilligung nichts. So z. B., wenn der Blutspender über ein zu erwartendes Entgelt getäuscht wird.[59a] Möglicherweise auch, wenn die Mutter ihre Hornhaut opfert, weil der Arzt ihr vorspiegelt, er benötige sie zur Transplantation bei ihrem Kind.[60]

39   Da aber auch in diesen Fällen ein vom Täter verursachter Willensmangel die Guts-Preisgabeentscheidung ausgelöst hat, wird von vielen zumindest im letzteren

---

[56c] *Rönnau*, JuS 2005, 481, 484 ff.; ähnlich *Mitsch*, 2004, S. 252 ff.; anders die h. L., vgl etwa *Roxin*, AT I, 13/116.

[56d] Beispiele von *Schroth*, Fs. Volk 2009, S. 719, 730 f.; a. A. *Gutmann*, Freiwilligkeit als Rechtsbegriff, 2001, S. 69 ff.

[57] *Jakobs*, 7/117: fehlender Preisgabewille.

[58] Entwickelt von *Arzt*, Willensmängel bei der Einwilligung, 1970, S. 19 ff. (dazu auch *Arzt*, Fs. Geppert, 2011, S. 1, 4 ff.); zu weiteren Vertretern dieser sog. Lehre von der Bedeutungskenntnis s. *Hillenkamp*, 7. AT-Problem, S. 53 f.; ergänzend *Hinterhofer*, 1998, S. 97 ff.; krit. zu dieser Lehre *Otto*, Fs. Geerds, 1995, S. 603, 615 ff.; *Amelung*, 1998, S. 20–25 u. in: GA 1999, 182, 197 ff.; *Rönnau*, 2001, S. 282 ff. u. in: Jura 2002, 665, 670; NK-*Paeffgen*, § 228 Rn. 27.

[59] Beispiel 3 bei *Roxin*, AT I, 13/98.

[59a] *Arzt* (o. Fn. 58), S. 21. – Vgl. auch das ähnliche Bsp. bei *Amelung*, 1998, S. 79, in dem eine Studentin, die gegen Bezahlung Blut spenden möchte, dabei aber an einen „Betrüger" gerät, der ihr wahrheitswidrig verspricht, das Doppelte vom üblichen Entgelt zu zahlen; mit „komplizierter" Begründung kommt auch *Amelung* zur Ablehnung einer Strafbarkeit des „Betrügers" wegen Körperverletzung, die mangels Rechtsgutsbezogenheit des Irrtums zwanglos zu begründen wäre (so *Weber*, GA 2000, 77, 79); anderes Bsp. bei *Zieschang*, Rn. 292–296: täuschendes Geldangebot für Baumfällung als „unbeachtliches Begleitmotiv" für die Sachbeschädigung nach § 309; krit. zu *Amelung* jetzt *Schroth*, Fs. Volk, 2009, S. 719, 734 f.

[60] Beispiel 7 bei *Roxin*, AT I, 13/104, der gegen die Annahme einer wirksamen Einwilligung in diesem Bsp. ist; ähnliches Beispiel bei *Rönnau*, Jura 2002, 665, 677 f. Für Unwirksamkeit der Einwilligung in einem ähnlichen Fall B-*Weber/Mitsch*, 17/110 f., die die Rechtsgutsbezogenheit des Irrtums als Kriterium für die Wirksamkeit der Einwilligung ablehnen; ebenso *Mitsch*, 2004, S. 511 f.; *Amelung*, 1998, S. 56 ff. u. *Amelung/Eymann*, JuS 2001, 937, 943.

Beispielsfall eine unwirksame Einwilligung angenommen. Dafür spricht, dass von einer freien Entscheidung über die Preisgabe des Rechtsguts, konkret: über das Opfern der Hornhaut, kaum die Rede sein kann, wenn durch die Täuschung eine Situation herbeigeführt wird, die einer durch eine entsprechende Drohung hervorgerufenen Zwangslage gleichkommt;[60a] so z. B. wenn die Mutter in eine Organspende für ihr angeblich lebensgefährlich erkranktes Kind einwilligt, weil das der Drohung, ihr Kind zu töten, entspricht. Dagegen spricht zwar, dass der Einwilligende trotz des ihm durch die Täuschung gegebenen Motivs sehr wohl weiß, was er preisgibt, doch ist in durch Täuschung herbeigeführten notstandsähnlichen Zwangslagen nicht von einer freiwilligen Rechtsgutspreis gabe, sondern von einer unwirksamen Einwilligung auszugehen (anders die Vorauflage).[60b]

Wer weitergehend jedem täuschungsbedingten Irrtum wirksamkeitsausschließende Bedeutung für die Einwilligung beimisst,[60c] muss den Täter durch Beachtung der Regeln der objektiven Zurechnung vor unberechtigter Strafbarkeit schützen. Diesen Weg beschreitet *Amelung* in dem o. Rn. 37 behandelten „Famulus"-Fall (= die auch sog. „Medizinalpraktikanten-Entscheidung" des BGHSt 16, 309). Im Gegensatz zur Begründung des BGH – bei einfachen Eingriffen umfasse „die Einwilligung ihrem objektiven Sinn nach auch die Behandlung durch einen Nichtarzt" (BGHSt 16, 309, 311) – und der h. M. in der Rechtslehre – der Irrtum betreffe nur risikoneutrale Begleitumstände – hält *Amelung* den Irrtum für beachtlich, weil „der Einwilligende die Freiheit besitzt, nach Belieben zu bestimmen, wer in seine Güter eingreifen darf".[60d] Eine Haftung des eingreifenden Famulus lehnt er aber ab, weil bei Preisgabe des Rechtsguts durch den einwilligenden Rechtsgutträger der Erfolgsunwert der Körperverletzung fehle, und weil bei gleicher Qualifikation von Famulus und Arzt der Täter kein unerlaubtes Risiko schaffe (= fehlender Handlungsunwert).[60e]

39a

> Bsp. 1 bei *Hillenkamp*, 7. AT-Problem, S. 51 u. 55 f. (erschlichene Nierenspende [§ 223 durch den explantierenden Arzt]).
> Aus der **Übungsfall-Literatur** zur täuschungsbedingten Einwilligung vgl.: *Haft*, Fallrepetitorium, Nr. 202, 203; *Heinrich/Reinbacher*, JA 2007, 264 u. 269 (rechtsgutsbezogener Irrtum bei § 223); *Kudlich*, PdW AT, Fälle 118, 119; *Mitsch*, JA 2009, 115 u. 117 (rechtsgutsbezogener Irrtum); *Reschke*, JuS 2011, 50 u. 52 (rechtsgutsbezogener Irrtum); *Rönnau/Hohn*, JuS 2003, 998 u. 1001 f. („Motivirrtum"); *Schütze*, in: *Ebert*, (Hrsg.), Fall 1, S. 1 f. u. 28 f. („Motivirrtum"); *Samson*, Strafrecht I, Fall 13, S. 80 u. 84 f.; *Schlehofer*, Jura 1989, 263 ff. (heimlicher AIDS-Test[61]); *Schramm*, JuS 1994, 405 u. 409 (rechtsgutsbezogener Irrtum über Infizierung beim Geschlechtsverkehr).

[60a] *Roxin*, AT I, 13/105; *S/S-Lenckner/Sternberg-Lieben*, Vorbem §§ 32 ff. Rn. 47; ebenso zum österreichischen Recht *Hinterhofer*, 1998, S. 101 f.

[60b] So auch die Vertreter der sog. normativen Autonomietheorie, die mit ihren Hauptthesen aufgelistet sind bei *Hillenkamp*, 7. AT-Problem, S. 54 f.; diese Bezeichnung übernimmt für seinen Mittelweg *Roxin*, AT I, 13/99; ebenso *Lackner/Kühl*, § 228 Rn. 8 m. w. N.

[60c] So die Vertreter der sog. Lehre von der Willensmängelfreiheit, deren Vertreter und Argumente *Hillenkamp*, 7. AT-Problem, S. 52 f., auflistet; ergänzend *Rönnau*, 2001, S. 430 ff. u. in: JuS 2004, 670 sowie *Kindhäuser*, AT, 12/22–27.

[60d] *Amelung*, 1998, S. 63; zum Fall auch *Rönnau*, Jura 2002, 665, 673.

[60e] *Amelung*, 1998, S. 63 f.; zu diesem neuen Ansatz vgl. NK-*Paeffgen*, § 228 Rn. 30–32: „weiterverfolgen"; krit. *Rönnau*, Jura 2002, 665, 671 f.; vgl. zur Notwendigkeit einer Haftungsbegrenzung des Eingreifenden über die Regeln der objektiven Zurechnung *Rönnau*, 2001, S. 219 ff., 230 ff.

[61] Zu dieser Problematik vgl. *Sternberg-Lieben*, GA 1990, 292 f., sowie *ders*. 1997, S. 532–535: fehlende Rechtsgutsbezogenheit hinsichtlich körperlicher Unversehrtheit; *Joerden*, Rechtstheorie 22 (1991), 165–197: zusätzliche Vornahme beseitigt Einwilligung in Venenpunktion (§ 223) nicht, S. 193; NK-*Paeffgen*, § 228 Rn. 105 f. – Eingehend zur „erschlichenen

Zur Frage, ob sich die durch Täuschung eintretende Unwirksamkeit auch gegenüber Dritten auswirkt, vgl. differenzierend *Hillenkamp*, 7. AT-Problem, 3. Hinweis, S. 57 f.

c) Irrtum

40   Der nicht täuschungsbedingte Irrtum führt zumindest dann zur Unwirksamkeit der Einwilligung, wenn den Täter (z. B. den Arzt) eine **Aufklärungspflicht** trifft.[62] Weitergehend wird die Wirksamkeit etwa von *Amelung* die Wirksamkeit schon dann abgesprochen, wenn der Einwilligende nicht überblickt, welche Folgen seine Erklärung für seine „Werte" hat.[62a] Umstritten ist also auch hier die „Frage, welcher Art der Irrtum sein muss, damit seine Ausnutzung als ungerechtfertigte Rechtsgutsverletzung angesehen werden kann";[62b] insbesondere ist umstritten, ob der ausgenutzte Irrtum ein rechtsgutsbezogener sein muss oder ein beliebiger Irrtum (z. B. Erklärungs- oder Entscheidungsfehler) einschließlich von Motivirrtümern sein darf. Wer der „weiten" Auffassung folgt und alle Irrtümer für wirsamkeitsausschließend hält, muss auch hier – wie schon beim täuschungsbedingten Irrtum (s. o. Rn. 39 a) – die Zurechnung des Erfolges zum (irrtumsausnutzenden) Täter in Frage stellen;[62c] diese Zurechnung wird hier – häufiger als beim täuschenden Täter – dann zu verneinen sein, wenn der Fehler beim irrtümlich einwilligenden Rechtsgutsträger liegt.[62d] Außerdem soll bei Unkenntnis des Täters vom Irrtum des Einwilligenden der Vorsatz ausgeschlossen sein (Irrtum über die tatsächlichen Voraussetzungen des Rechtfertigungsgrundes Einwilligung, s. u. Rn. 41 a. E.), die mögliche Fahrlässigkeit scheitere, wenn der Täter „sich auf das Gesagte verlassen darf".[62e] Davon abweichend soll die Wirksamkeit der irrtumsbedingten Einwilligung davon abhängen, ob der Mangel dem Eingreifenden zugerechnet werden kann; eine Einwilligung deckt den Eingriff danach nicht, wenn der Täter den Irrtum verursacht;[62f] beruht die Einwilligung auf einem „eigenerzeugten nichtrechtsgutsbezogenem (Motiv-)Irrtum", ist sie wirksam.[62g]

> Aus der **Übungsfall-Literatur** vgl.: *Kudlich*, AT-Fälle, Fall 1, S. 8 f.; *Rönnau/Hohn*, JuS 2003, 998 u. 1002 f. (Abschichtung der Verantwortungsbereiche); *Sengbusch*, Jura 2009, 307 u. 305.

Aids-Untersuchung" *Amelung*, 1998, S. 83–86, der in Täuschungsfällen die Einwilligung für unwirksam hält, weil es auf die Rechtsgutsbezogenheit des Irrtums nicht ankomme (zust. *Mitsch*, JR 1999, 513); vgl. auch *Tag*, 2000, S. 371 ff., nach der das körperbezogene Selbstbestimmungsrecht auch Verwendungszwecke umfasst, z. B. bei Organspende auch die Person, die das Organ erhalten soll (§§ 8, 19 TPG).

[62] *Murmann*, GK, 25/130 f.; *Roxin*, AT I, 13/112; LK-*Rönnau*, Rn. 203 vor § 32. Ob der nicht täuschungsbedingte Irrtum auch bei Nichtvorliegen einer Aufklärungspflicht die Unwirksamkeit der Einwilligung zur Folge hat, ist umstritten; vgl. *Roxin*, AT I, 13/111 m. w. N.; vgl. auch *Rönnau*, Jura 2002, 665, 673.

[62a] So *Amelung*, ZStW 109 (1997), 489, 516.

[62b] *Amelung*, GA 1999, 182, 203.

[62c] Für Letzteres *Amelung*, 1998, S. 46 ff.; ähnlich „weit" *Rönnau*, 2001. S. 410 ff. Wie umstritten diese „weite" Position ist, zeigen die unterschiedlichen Besprechungen von *Amelung*, 1998, durch *Mitsch*, JZ 1999, 513 u. *Weber*, GA 2000, 77 ff.

[62d] So auch *Amelung*, GA 1999, 182, 203; eingehend *Amelung*, 1998, S. 36 ff.: „Trennung von Unwirksamkeitsurteil und Zurechnungsfrage".

[62e] *Amelung*, 1998, S. 43, 49.

[62f] So *Rönnau*, 2001, S. 410 ff.

[62g] So *Rönnau*, Jura 2002, 665, 673.

6. Kenntnis der Einwilligung

Sind die rechtlichen Voraussetzungen der rechtfertigenden Einwilligung gegeben, 41
so ist die Tat gerechtfertigt, wenn sie nicht gegen die guten Sitten verstößt (§ 228,
s. o. Rn. 30). **Subjektiv** muss der Täter in Kenntnis der Einwilligung handeln; dass er
die Tat auch auf Grund der Einwilligung begeht, ist nicht erforderlich,[63] weil der
Handlungsunwert seiner Tat schon durch die **Kenntnis** von der Rechtsgutspreisgabe
durch den Rechtsgutinhaber „aufgehoben" wird. Weiß der Täter nichts von der
Einwilligung, so bleibt wegen seiner Entscheidung gegen die (tatbestandliche)
Rechtsgutsverletzung ein versuchsähnliches Unrecht übrig. Die Preisgabe der eigenen Interessen durch den Einwilligenden ändert an diesem Handlungsunrecht
nichts, sie nimmt diesem nur sein Notwehrrecht. Der Täter stößt aber nicht ins Leere,[64] sondern verwirklicht das einem untauglichen **Versuch** entsprechende Unrecht.
– Nimmt der Täter nur irrig an, es liege eine Einwilligung vor, so befindet er sich im
Erlaubnistatumstandsirrtum (13/63 ff.), wenn er für den Fall, dass seine Fehlvorstellung Wirklichkeit wäre, wegen Einwilligung gerechtfertigt gewesen wäre.[64a]

> Aus der **Übungsfall-Literatur** vgl.: *Käßner/Seibert*, JuS 2006, 810 u. 812 (Erlaubnistatum-
> standsirrtum bei § 228); *Laubenthal/Baier*, JA 1993, 101 u. 106 (Fehlen des subjektiven
> Rechtfertigungselements); *Seiterle*, Jura 2011, 958 u. 959, 962 (Kenntnis von der Einwilligung
> reicht).

III. Voraussetzungen des tatbestandsausschließenden Einverständnisses

Die Unterscheidung zwischen rechtfertigender Einwilligung und tatbestandsaus- 42
schließendem Einverständnis – dazu oben Rn. 25 – war ursprünglich mit **unterschiedlichen Wirksamkeitsvoraussetzungen** verbunden. Diese Auffassung hat sich
teilweise bis heute gehalten. Vor allem sollen Irrtümer des Einverstandenen unbeachtlich sein; auch müsse der Einverstandene sein Einverständnis nicht erklären und
der Täter es nicht kennen.

Tabellarisch (freilich nicht übereinstimmend) festgehalten haben diese Unterschiede: *Hoyer*, 43
AT I, S. 86 u. W-*Beulke*, Rn. 819. – Eingehende Darstellung anhand von 8 Fällen – Fall 4 A–
6 B – *Kindhäuser*, AT, 12/35–60.

Zunehmend aber werden diese Unterschiede **geleugnet**,[64b] gerade auch hinsicht- 44
lich der Unbeachtlichkeit des durch Täuschung erschlichenen Einverständnisses.[65]
Da aber das Einverständnis zu einem Tatbestandsausschluss führen kann, sollte

---

[63] Wie hier: *Otto*, 8/117 sowie *ders.*, Fs. Geerds, 1995, S. 603, 620; *Murmann*, GK, 25/135;
LK-*Rönnau*, Rn. 211 vor § 32; S/S-*Lenckner/Sternberg-Lieben*, Vorbem §§ 32 ff. Rn. 51; a. A.
Jescheck/Weigend, S. 383; W-*Beulke*, Rn. 379.

[64] So aber *Gallas*, Fs. Bockelmann, 1979, S. 174.

[64a] NK-*Paeffgen*, § 228 Rn. 113.

[64b] So etwa von *Stratenwerth/Kuhlen*, 9/11.

[65] *Bernsmann*, NZV 1989, 52 ff.; *Gössel/Dölling*, BT 1, 38/42; *Kindhäuser*, BT I, 33/23 f.;
Roxin, AT I, 13/117; *Zieschang*, Rn. 281 u. 287. – Ähnlich zum österreichischen Recht *Hinterhofer*, 1998, S. 59 ff. – Vgl. auch BGH JR 1998, 209 mit Anm. *Nitz*, 212, sowie
Lackner/Kühl, § 123 Rn. 5 m. w. N. – Der h. M. entsprechend *Mitsch*, BT 2/1, 1/74: auch irr-
tumsbedingtes Einverständnis schließt Tatbestandsmäßigkeit aus, nicht aber das „erzwungene" Einverständnis.

auch die Auslegung des jeweiligen Tatbestandes über die Beachtlichkeit des täuschungsbedingten Irrtums entscheiden.[66]

> Aus der **Übungsfall-Literatur** zum tatbestandsausschließenden Einverständnis vgl.: *Berkl*, JA 2006, 276 u. 282 (§ 123-Fall); *Böse/Nehring*, JA 2008, 110 u. 112 (§ 242-Fall); *Drenkhahn*, Jura 2011, 63 u. 67 (§ 242-Fall); *Hellmann*, JuS 1996, 522 u. 523 (§ 123-Fall); *Gröseling*, JuS 2003, 1097 u. 1099 („irrtumsbedingt erteiltes Einverständnis" bei § 248b); *Haft*, Fallrepetitorium, Nr. 179 (§ 123-Fall) u. 207 (§ 242-Fall); *Hilgendorf*, Fallsammlung, Fall 20, S. 171 u. 177 (§ 123-Fall); *Hillenkamp*, 7. AT-Problem, Beispiel 2, S. 56 f. (§ 123-Fall nach OLG München NJW 1972, 2275 m. Anm. *Otto*, NJW 1973, 668); *Hinderer*, JuS 2009, 625 u. 627 („Diebesfalle"); *Jescheck*, Fälle, Fall 51, S. 68 f.; *Kudlich*, PdW AT, Fälle 47, 48 (§ 123-Fälle) u. PdW BT I, Fall 16 (§ 242-Fall); *Kudlich/Schuhr*, JA 2007, 349 u. 350; *K/H/H-Hellmann*, BT 2, Rn. 218–220: Fall 43 (§ 242-Fall); *Kühl/Schramm*, JuS 2003, 681 u. 683 (erschlichenes Einverständnis bei § 123); *Maier/Ebner*, JuS 2007, 651 u. 653 (§ 123-Fall); *Marxen*, BT, Fall 5c, S. 54f. („täuschungsbedingtes Einverständnis" nicht tatbestandsausschließend); *Mitsch*, JuS 2004, 323 u. 326 (Betreten der Wohnung zur Straftatbegehung schließt tatbestandsausschließendes Einverständnis nicht aus); *Mitsch*, JuS 2007, 555 u. 556 (Tatumstandsirrtum bei irrtümlich angenommenem Einverständnis zu §§ 249 u. 239); *Meurer/Kahle/Dietmeier*, Übungskriminalität, Fall 5, S. 77 f. u. 97 (§ 123-Fall); *Rudolphi*, AT-Fälle, Fall 2, S. 13 u. 15 (§ 123-Fall); *Sengbusch*, Jura 2009, 307 u. 308 (§ 242-Fall); *Stuckenberg*, AL 2009, 303 u. 338 (§ 123-Fall); *Tag*, JuS 1996, 904 u. 906 f. (§ 123-Fall); *Theile*, JA 2011, 32 u. 35 (§ 242 aus Geldautomat); *Jordan*, Jura 2001, 554, u. 556 (§ 266-Fall).

C. Mutmaßliche Einwilligung, hypothetische Einwilligung und Geschäftsführung ohne Auftrag

45   Mutmaßliche Einwilligung und Geschäftsführung ohne Auftrag sind als Rechtfertigungsgründe **nicht** allgemein anerkannt.

I. Mutmaßliche Einwilligung

46   Sie ist nach Rechtsprechung und h. L. als eigenständiger, gewohnheitsrechtlich anerkannter[66a] Rechtfertigungsgrund anerkannt,[67] doch erscheint sie zur Lösung

---

[66] *Jescheck/Weigend*, S. 372 f.; *Rönnau*, 2001, S. 156 f., 182 f. u. in: Jura 2002, 665, 666 sowie in: Fs. Roxin, 2011, S. 487; *Kindhäuser*, Fs. Rudolphi, S. 137, 148 u. *Schramm*, 2005, S. 177, 209. – So verlangt etwa *Rotsch*, GA 2008, 65, 72 ff., entgegen der ganz h. M., dass sich das Einverständnis mit der Wegnahme beim Diebstahl gem. § 242 nicht nur auf den Gewahrsamsbruch, sondern auch auf die Gewahrsamsneubegründung beziehen müsse. – Zur Untreue nach § 266 *Beulke*, Fs. Eisenberg, 2009, S. 245, 256–258: „rein tatsächlicher Charakter" des tatbestandsausschließenden Einverständnisses der Vermögensinhaber reicht nicht, es muss „normative Bedeutung" haben, so dass die Wirksamkeitsvoraussetzungen denen der rechtfertigenden Einwilligung entsprechen müssten; *Beulke* will aber dem Einverständnis der Gesellschafter „ausnahmslos" tatbestandsausschließende Wirkung beimessen (sog. „strenge Gesellschaftertheorie"); s. auch W-*Hillenkamp*, BT 2, Rn. 758–761; zur umstrittenen Einordnung der Zustimmung s. oben Fn. 449.

[66a] *Sternberg-Lieben*, 1997, S. 206, mit RGSt 61, 242, 256 und BGHSt 16, 309, 312; ebenso *Jansen*, ZJS 2011, 482, 484; *Mitsch*, ZJS 2012, 38; *Kindhäuser*, AT, 19/1; *Krey/Esser*, AT, Rn. 677; NK-*Paeffgen*, Rn. 157 vor § 32; LK-*Rönnau*, vor § 32 Rn. 214.

[67] BGHSt 35, 246 = *Roxin*, HRR AT, Fall 34, S. 48 f. u. 175; BGHSt 45, 219, 221; auch BVerfG NJW 2002, 2164, 2165; aus der Literatur vgl. die Nachweise bei *Lackner/Kühl*, Rn. 20 vor § 32; ergänzend *Mitsch*, ZJS 2012, 38 u. *Jäger*, 2006, S. 34: „tatbestandsexterner echter Rechtfertigungsgrund"; LK-*Rönnau*, vor § 32 Rn. 214: eigenständiger Rechtfertigungsgrund; zur strukturellen Selbstständigkeit vgl. *Roxin*, Fs. Welzel, 1974, S. 447 ff.; krit. zur eigenständigen Bedeutung *Otto*, 8/131. – Für eine Berücksichtigung „bereits auf

von Interessenkonflikten als ein nur „hilfsweise", nachrangig zu prüfender Recht-fertigungsgrund,[68] insbesondere ist sie gegenüber der Einwilligung subsidiär.[69] Da-gegen soll sie die Anwendbarkeit von § 34 dann ausschließen, wenn die konkurrie-renden Interessen die Güter desselben Rechtsgutsinhabers betreffen[69a] (dagegen s. o. 8/34). Die mutmaßliche Einwilligung tritt zum einen in der Form des **mangelnden Interesses** auf (kurzfristige Benutzung des Fahrrads eines Freundes),[69b] zum anderen als **Handeln im Interesse** des Betroffenen. Die letztere Form ist vor allem bei not-wendigen Operationen wichtig, die ohne Einwilligung vorgenommen werden müs-sen, weil der Patient nicht mehr bei Bewusstsein ist.[70] Ebenso bei Operationserwei-terungen,[70a] wenn etwa eine Sterilisation nach einem eingewilligten Kaiserschnitt geboten erscheint (vgl. den Fall BGHSt 45, 219 m. Anm. *Hoyer*, JR 2000, 473 u. Bspr. *Geppert*, JK 00, StGB § 226/9, in dem allerdings die Voraussetzungen der mutmaßlichen Einwilligung verneint wurden). Auch bei der Sterbehilfe bzw. (in der Terminologie des BGH) dem Behandlungsabbruch kommt eine Rechtfertigung durch mutmaßliche Einwilligung des Patienten in Betracht (BGHSt 55, 191; zur Einwilligung s. oben Rn. 28). Kann der Betroffene gefragt werden, so ist eine ohne Befragung vorgenommene Tat nicht über mutmaßliche Einwilligung zu rechtferti-gen.[71] Die Befragung ist nur in Fällen des mangelnden Interesses entbehrlich. – Wie bei der Einwilligung muss auch bei der mutmaßlichen Einwilligung auf den Rechts-gutsträger (o. Rn. 27), dessen Dispositionsbefugnis einschließlich der Sittenwidrig-keitsgrenze des § 228 (o. Rn. 28–30) und Einwilligungsfähigkeit (o. Rn. 33) abge-stellt werden (näher *Mitsch*, ZJS 2012, 38, 39 ff.).

Die Frage, ob der Betroffene mutmaßlich eingewilligt hätte, setzt die Ermittlung **47** seines hypothetischen Willens voraus, wobei seine individuellen Interessen, Wünsche, Bedürfnisse und Wertvorstellungen zu berücksichtigen sind (BGHSt 45, 219); die mutmaßliche Einwilligung darf also nicht „zu einer Bevormundung durch ungebetene Helfer führen".[72] „Maßstabsperson" für die Bestimmung des mutmaßlichen Willens

---

Tatbestandsebene" SK-*Hoyer*, vor § 32 Rn. 34 f.; dagegen *Mitsch*, ZJS 2012, 38 f., nach dem die „mutmaßliche Einwilligung zwischen Einwilligung und rechtfertigendem Notstand steht".

[68] *Tiedemann*, Anfängerübung, S. 135.

[69] *Geppert*, JZ 1988, 1025; *Müller-Dietz*, JuS 1989, 282; *Roxin*, AT I, 18/10.

[69a] *Jakobs*, 13/34; *Kindhäuser*, AT, 19/2; für tatbestandliche Exklusivität *Thiel*, 2000, S. 94 ff., 271; im Übungsfall *Aselmann/Krack*, Jura 1999, 254, 258.

[69b] Zu den wichtigsten Fällen dieser Form vgl. *Roxin*, Fs. Welzel, 1974, S. 462 f.; zum „ei-genmächtigen Geldwechseln" vgl. K/H/H-*Hellmann*, BT 2, 59 f.; M-*Schroeder/Maiwald*, BT 1, 33/51 f. u. W-*Hillenkamp*, Rn. 202. – Vgl. auch OLG Hamm NJW 1968, 2348, mit *Günther*, 1983, S. 352. – Für eine Verortung bereits im Tatbestand (sog. mutmaßliches Einverständnis) *Ludwig/Lange*, JuS 2000, 446 ff. (dagegen *Marlie*, JA 2007, 112, 115–117) mit § 123-Bsp.

[70] Zu diesem typischen Fall vgl. *Hassemer*, JuS 1989, 146; *Müller-Dietz*, JuS 1989, 282 und *Roxin*, AT I, 18/23 f., der bei existentiellen Entscheidungen grundsätzlich Rechtfertigung be-jaht; weitere Beispiele bei M-*Zipf*, AT 1, 28/19; zum nicht einwilligungsfähigen Notfallpatien-ten *Köhler*, NJW 2002, 853, 854 ff.

[70a] Vgl. *Fischer*, Fs. Deutsch, 1999, S. 545, 551 ff.; *Kuhlen*, Fs. Müller-Dietz, 2001, S. 431, 448; *Schroth*, in: Roxin/Schroth, 2010, S. 38 ff.; für eine Anwendung von § 34 S/S-*Eser/Sternberg-Lieben*, § 223 Rn. 52; diff. *Fischer*, § 223 Rn. 16.

[71] Vgl. *Eser/Burkhardt*, Strafrecht I, Nr. 13 A 35; *Müller-Dietz*, JuS 1989, 282; *Kuhlen*, Fs. Müller-Dietz, 2001, S. 431, 443; LK-*Rönnau*, Rn. 222 vor § 32; S/S-*Lenckner/Sternberg-Lieben*, Vorbem §§ 32 ff. Rn. 54. – *Hoyer*, JR 2000, 473, 474: „Subsidiaritätsprinzip für die mutmaßliche Einwilligung"; ebenso *Köhler*, NJW 2002, 853, 854 u. *Dreier*, JZ 2007, 317, 323. – Vgl. auch BVerfG NJW 2002, 2164, 2165.

[72] *Sternberg-Lieben*, 1997, S. 207, 212; ähnlich *Kindhäuser*, AT, 19/9; *Stratenwerth/Kuhlen*, 9/35 u. 41.

ist der „Rechtsgutsinhaber im optimal aufgeklärten Zustand" (*Mitsch*, ZJS 2012, 38, 42, der deshalb bei Zwängen und Irrtümern auch nicht-rechtsgutsbezogener Art [dazu oben Rn. 37] keine mutmaßliche Einwilligung annimmt"). Ein **entgegenstehender** Wille kann nicht durch die objektive Vernünftigkeit der Tat (z. B. der lebensrettenden Operation) ersetzt werden.[73] Fehlen aber Anhaltspunkte – z. B. frühere Äußerungen in einer ähnlichen Situation[73a] – für den mutmaßlichen Willen des Betroffenen, so kann davon ausgegangen werden, dass der Betroffene das für sich beste will (z. B. Lebenserhaltung, wenn durch Operation möglich,[74] aber auch z. B. Sterbenlassen [sog. passive Sterbehilfe, s. 18/137a]).[74a] Subjektive Rechtfertigungsvoraussetzung ist die Absicht des Täters, dem mutmaßlichen Willen des Rechtgutsträgers entsprechend zu handeln;[75] fehlt das subjektive Rechtfertigungselement, so wird der Täter – nach hiesiger Ansicht (oben 6/16) – analog der Regeln des Versuchs wegen Versuch bestraft. Zusätzlich wird von manchen eine gewissenhafte Prüfung als subjektives Rechtfertigungselement verlangt, weil bei (nachträglich erkannter) Verfehlung des wahren Willens des Rechtsgutsträgers nur der Gedanke des dann doch erlaubten Risikos die Rechtfertigung trage; diese Prüfung ist jedoch zumindest dann nicht zu verlangen, wenn die Entscheidung des Täters dem wahren Willen des Rechtsgutsträgers entspricht.[76] Für Fehlvorstellungen, die dem Täter unterlaufen, gelten die allgemeinen Irrtumsregeln. Wenn dessen Verhalten trotz gewissenhafter Prüfung nicht dem wahren Willen des Betroffenen entspricht, liegt ein Irrtum über die tatsächlichen Voraussetzungen eines Rechtfertigungsgrundes vor.[76a] Nimmt z. B. der eine Operation erweiternde Arzt (Sterilisation nach Kaiserschnitt) irrig den mutmaßlichen Willen der Patientin an, so befindet er sich in einem vorsatzunrechtsausschließenden Erlaubnistatumstandsirrtum (13/63 ff.); dagegen liegt nur ein Verbots- bzw. Erlaubnisirrtum (13/53 ff.) vor, wenn der Arzt die fehlende Einwilligung der Patientin kennt, den Eingriff aber dennoch für zulässig hält, weil er ihm aus medizinischer Sicht

---

[73] *Hassemer,* JuS 1989, 146: dadurch werde die „sachliche Nähe" zur rechtfertigenden Einwilligung gewahrt; *Köhler,* NJW 2002, 853, 855; *Mitsch,* ZJS 2012, 38, 42. – Vgl. auch BGHSt 45, 219, wo neben der ausdrücklichen Ablehnung einer Sterilisation auch objektive Kriterien dagegen sprachen.

[73a] *Ebert,* S. 86; *Mitsch,* ZJS 2012, 38, 42.

[74] BGHSt 35, 250 = *Roxin,* HRR AT, Fall 34, S. 48 f. u. 175 (krit. LK-*Rönnau,* Rn. 221 vor § 32); BGHSt 45, 219 m. zust. Bspr. *Wasserburg,* StV 2004, 373 u. *Hoyer,* JR 2000, 473, 474, der darauf abstellt, dass der Eingriff „objektiv im Sinne des Patientenwohls medizinisch indiziert ist"; wie hier *Müller-Dietz,* JuS 1989, 282; *Mitsch,* ZJS 2012, 38, 42 f., *Krey/Esser,* AT, Rn. 677; krit. *Höfling,* JuS 2000, 116, dagegen NK-*Neumann,* 115 vor § 211; zur Rspr. hinsichtlich der mutmaßlichen Einwilligung bei Patienten im „vegetative state", insb. zu BGHSt 40, 257, vgl. *Tolmein,* 2004, S. 87 ff.; zur Entscheidung krit. *Verrel,* Fs. Jakobs, 2007, S. 715, 720 ff. u. *Dreier,* JZ 2007, 317, 323, der auf „Patientenverfügungen" setzt; dazu *Lackner/ Kühl,* 8 vor § 211 m.w.N. – Anders für Grenzfälle der passiven Sterbehilfe *Geilen,* 1975, S. 20 f. – Zum Behandlungsabbruch *Rieger,* 1998, S. 67–113, der auf den Gedanken des erlaubten Risiko abstellt (S. 74 ff.); zur passiven Sterbehilfe *Trück,* 2000, S. 98–122; zur Selbstmordhinderung *Günzel,* 2000, S. 125 f.

[74a] *Ebert,* S. 89, spricht dann von mutmaßlicher „Nichteinwilligung".

[75] *Müller-Dietz,* JuS 1989, 282.

[76] S/S-*Lenckner/Sternberg-Lieben,* Vorbem §§ 32 ff. Rn. 58; a. A. *Hauf,* S. 44; generell gegen die Prüfungspflicht *Roxin,* AT I, 18/29; für die pflichtgemäße Prüfung als objektive Voraussetzung der Rechtfertigung *Mitsch,* ZJS 2012, 38, 41 f.: „Risikoverringerung" (im Anschluss an *Lenckner,* Fs. Mayer, 1966, S. 165, 180), *Mitsch* S. 43 ist für Vollendung selbst dann, wenn die Tat „zufällig genau das bewirkt, was der Rechtsgutsinhaber haben will"; zum Streitstand NK-*Paeffgen,* Rn. 161 vor § 32 m. w. N.

[76a] Für eine Rechtfertigung aus erlaubtem Risiko aber S/S-*Lenckner,* Vorbem §§ 32 ff. Rn. 58.

sinnvoll und geboten erscheint (BGHSt 45, 219, 224 f. mit Bspr. *Geppert,* JK 00, StGB § 226/9; ebenso *Fischer,* § 223 Rn. 16).
Vollständig durchgeprüfter Fall bei *Zieschang,* Rn. 300–310.

Aus der **Übungsfall-Literatur** zur mutmaßlichen Einwilligung vgl.: *Alpmann/Schmidt,* AT 1, Fall 25, S. 131–135 (§ 223-Fall); *Aselmann/Krack,* Jura 1999, 254 u. 257 (§ 142-Fall); *Bruckauf,* in: *Ebert,* (Hrsg.), Fall 6, S. 6 f. u. 100–102 (Vorrang vor § 34); *Fahse/Hansen,* Übungen für Anfänger, 1. Klausur, S. 86 u. 87; *Gropp,* in: G/K/M, Fallsammlung, Fall 2, S. 25 f. u. 43 f.; *Haas,* AL 2012, 119 u. 127 (§ 142-Fall); *Heinrich,* Jura 1997, 366 f. u. 369; *Herzberg/Putzke,* JuS 2008, 884 u. 886 (bei § 142); *Hilgendorf,* KK I, Fall 7, Rn. 10 f. und KK II, Fall 11, Rn. 13 f.; *Jäger,* Fall 22, Rn. 119, 120; *Jescheck,* Fälle, Fall 49, S. 65–67; *K/H/H-Heinrich,* Rn. 962–969: Fall 142 (§ 142-Fall); *Kudlich,* PdW AT, Fall 108 (Spezialität der mutmaßlilchen Einwilligung gegenüber § 34) u. PdW BT II, Fall 2 (passive Sterbehilfe; BGHSt 40, 257 nachgebildet); *Mitsch,* JA 1999, 388 u. 395 ff. (§ 123-Fall); *Rudolphi,* AT-Fälle, Fall 6, S. 65 u. 68 (verweigerte Einwilligung der Eltern), sowie Fall 14, S. 166 u. 170, 173 (§ 142-Fall mit Interessenkollision bei einer Person: dem Feststellungsberechtigten, der zugleich der aus Lebensgefahr zu Rettende ist); *Samson,* Strafrecht I, Fall 32, S. 161–163 (eigentlich ein Notstands-Fall, der wegen der Identität des Rechtsgutsträgers über die mutmaßliche Einwilligung „gelöst" wird); *Schmitz,* JA 1996, 952: Fälle 8 u. 9 (keine Rechtfertigung von § 203, da Patient hätte gefragt werden können); *Schwind/Franke/Winter,* Anfängerübung, 1. Hausarbeit, S. 5 u. 33 (nicht besonders wertvollen Blumentopf einer guten Bekannten zerstört); *Tiedemann/Dannecker,* Jura 1984, 655 u. 657 (§ 246-Fall „mangelnden Interesses" des Patienten an Goldkronen, die der Zahnarzt sich zueignet); *Vogel/Hocke,* Jura 2005, 709, 711 (Fall Schiavo); *Walter/Götz,* AL 2009, 27 u. 31 f.; *Zöller/Mavany,* ZJS 2009, 694 u. 699 f. (OP zur Vermeidung bleibender Körperschäden).

II. Hypothetische Einwilligung

Die Rechtsfigur der hypothetischen Einwilligung ist noch relativ unbekannt. Das **47a** zeigte sich, als sie weithin unerkannter Gegenstand einer von *Kuhlen* gestellten baden-württembergischen Examensklausur im Herbst 2004 war. Das wird sich ändern, denn inzwischen hat sie in die Lehrbücher Eingang gefunden.[76b] Bei der hypothetischen Einwilligung geht es negativ um Fallgestaltungen, in denen weder die Einwilligung (Rn. 20 ff.) noch die mutmaßliche Einwilligung (Rn. 46) zur Rechtfertigung führt (*Jansen,* ZJS 2011, 483, 484 f.; zur Abgrenzung von der mutmaßlichen Einwilligung *Mitsch,* ZJS 2012, 38, 43). Positiv eröffnet sie eine weitere Möglichkeit, die Rechtswidrigkeit in Einwilligungsfällen auszuschließen. Etwa in dem Fall, in dem der Täter den falschen Wirbel operiert hatte und nun den richtigen operiert (= nach Rspr. und h. L. eine tatbestandsmäßige Körperverletzung nach § 223), wozu er die Einwilligung der Patientin P erhielt, weil er falsch behauptete, die fortdauernden Schmerzen seien trotz erfolgreicher 1. OP auf diesen Wirbel zurückzuführen; dabei – und das ist entscheidend – ging er davon aus, dass P auch in Kenntnis der wirklichen Lage der medizinisch gebotenen Operation zustimmen würde (so der Sachverhalt der Examensklausur; BGH NStZ-RR 2004, 16, nachgebildet). In die Operation dieses Wirbels hatte P nicht eingewilligt; mutmaßliche Einwilligung scheitert an der nicht wahrgenommenen Möglichkeit, P zu fragen (oben Rn. 46). Damit stellt sich die Frage, wie der Umstand zu bewerten ist, dass P bei richtiger Information der zweiten OP zugestimmt hätte. Nach der Rspr. entfällt „die Rechtswidrigkeit …, wenn der Patient bei wahrheitsgemäßer Aufklärung in die tatsächlich durchgeführte Operation eingewilligt hätte"

[76b] Vgl. *Eisele,* BT, Rn. 312–316; *Freund,* 3/44 b; *Kindhäuser,* AT, 19/15–18; *Otto,* 8/134; *Puppe,* AT 1, 22/4; *Rengier,* BT II 13/19; *Roxin,* AT I, 13/119–134; *Stratenwerth/Kuhlen,* AT I, 9/28; *W-Beulke,* Rn. 381 b; vgl. auch *Lackner/Kühl,* 21 a vor § 32 mit Verweis auf § 228 Rn. 17 a u. weitere Kommentare: *Fischer,* § 223 Rn. 16 a; LK-*Rönnau,* Rn. 230 f. vor § 32; NK-*Paeffgen,* Rn. 168 a vor § 32; S/S-*Eser,* § 223 Rn. 40 e; SSW-*Rosenau,* 51 ff. vor § 32.

(BGH NStZ-RR **2004**, 16 mit Bspr. *Eisele*, JA 2005, 252; *Kuhlen*, JR 2004, 227; *Rönnau*, JZ 2004, 801 u. *Geppert*, JK 12/04, StGB § 223/3; BGH NStZ-RR **2007**, 340 m. Bspr. *Jahn*, JuS 2007, 1145, *Bosch*, JA 2008, 70 [abl.], *Sternberg-Lieben*, StV 2008, 190 [abl.] u. *Geppert*, JK 4/08, StGB § 223/4; vgl. auch schon BGH JR 1994, 514 mit krit. Anm. *Puppe* und BGH NStZ 1996, 34 mit zust. Anm. *Ulsenheimer* 132 [zu diesen beiden älteren Entscheidungen abl. *Puppe*, GA 2003, 764 ff.] sowie BGH NStZ 2004, 442 mit Bspr. *Puppe*, JR 2004, 469 u. *Otto*, JK 2/05, StGB § 228/4; nicht erwogen von BGH NJW 2011, 1088 ff. [„Zitronensaft"-Fall] m. krit. Bspr. *Hardtung*, NStZ 2011, 635; *Jahn*, JuS 2011, 468; *Schiemann*, NJW 2011, 1046; dem BGH zust. *Ziemann/Ziethen*, HRRS 2011, 394, 397 f. u. *Bosch*, JK 11/11, StGB § 223/5; s. auch *Widmaier*, Fs. Roxin, 2011, S. 439 ff.; zur Entwicklung der Rspr. in Zivil- und Strafsachen *Otto/Albrecht*, Jura 2010, 265, 266 u. *Jansen*, ZJS 2011, 482 f.; BGH NStZ 2012, 205 m. krit. Anm. *Jäger*, JA 2012, 70 u. *Satzger*, JK 5/12, StGB § 223/6). Das könnte für einen neuen Rechtfertigungsgrund sprechen, doch weist die Begründung eher auf das Fehlen der objektiven Zurechnung bei rechtmäßigem Alternativverhalten („Pflichtwidrigkeitszusammenhang"; s. 4/73 u. 17/74 ff.) hin, hier allerdings auf der Rechtswidrigkeitsebene.[76c] Sieht man es so, so würde sich der beim Pflichtwidrigkeitszusammenhang bekannte Streit (s. dazu *Lackner/Kühl*, § 228 Rn. 17 a m. w. N.) wiederholen, ob es – mit der Rspr. dort wie hier[76d] – für den **Ausschluss der Zurechnung** ausreicht, dass – in dubio pro reo – von der Einwilligung ausgegangen werden kann. Abgesehen von diesem Streit ist dem möglichen Zurechnungsausschluss zuzustimmen, weil in diesen Fällen die korrekte Aufklärung „nichts gebracht" hätte. Dass hypothetische Erwägungen immer eine gewisse Unsicherheit aufweisen, ist hier wie auch sonst hinzunehmen.[76e] Gewichtiger ist der Einwand, dass der Eingriff trotz gedachter hypothetischer Einwilligung eine Verletzung des tatsächlich ausgeübten Selbstbestimmungsrechts enthalte und deshalb rechtswidrig sei.[76f]

| Aus der **Übungsfall-Literatur** vgl.: *Jäger*, Fall 31, Rn. 146 b und c (BGH NStZ 2004, 442 nachgebildet); *Bollacher/Stockburger*, Jura 2006, 908 u. 912–914: Fall 2; *Reschke*, JuS 2011, 50 u. 54 (nicht bei Täuschung); *Walter/Schwabenbauer*, JA 2012, 504 u. 505 (§ 218-Fall); *Zöller/Mavany*, ZJS 2009, 694 u. 700 f. (abl.); s. auch *Hillenkamp*, 31. AT-Problem, 4. Hinweis, S. 229.

[76c] So vor allem *Kuhlen*, Fs. Roxin, 2001, S. 331 ff. u. in: Fs. Müller-Dietz, 2001, S. 431 ff. sowie in: JR 2004, 227; *Stratenwerth/Kuhlen*, AT I, 9/28; vgl. dazu *Mitsch*, JZ 2005, 279, der noch zu einem weitergehenden „Haftungsausschlusspotential" kommt (krit. *Kuhlen*, JZ 2005, 713); wie *Kuhlen* jetzt *Dreher*, 2003; *Murmann*, GK, 25/122; *Rengier*, BT II, 13/19; LK-*Rönnau*, Rn. 230 vor § 32; SSW-*Rosenau*, 52 vor § 32 u. in: Fs. Maiwald, 2010, S. 683, 700: pro Rspr. – Gegen diese Einordnung, aber auch gegen die als Rechtfertigungsgrund *Jansen*, ZJS 2011, 482, 485–488.

[76d] Der Rspr. zust. *Ulsenheimer*, 2008, Rn. 132–135; eine Konkretisierung der Prüfungsformel der Rspr. unternimmt *Sickor*, JR 2008, 179 ff.

[76e] A. A. *Puppe*, GA 2003, 764, 769; *Gropp*, Fs. Schroeder, 2006, S. 197, 200; *Sternberg-Lieben*, StV 2008, 190, 192 u. *Jansen*, ZJS 2011, 485, 490 ff.

[76f] Näher *Otto* und *Puppe*, o. Fn. 76 b sowie *Otto*, Jura 2004, 679; ebenso *Weber*, Fs. Puppe, 2011, S. 1059, 1064 u. in: AWHH-*Weber*, 6/106 f.; zust. *Frister*, 15/33; vgl. außerdem *Geppert*, JK 12/04, StGB § 223/3; *Eisele*, JA 2005, 252, 254; *Paeffgen*, Fs. Rudolphi, 2004, S. 187, 208; krit. auch *Jäger*, 2006, S. 23 ff. u. in: Fs. Jung, 2007, S. 345 ff.; *Duttge*, Fs. Schroeder, 2006, S. 179, 185; *Gropp*, Fs. Schroeder, 2006, S. 197, 205; *Bollacher/Stockburger*, Jura 2006, 912; *Sickor*, JA 2008, 11; *Sternberg-Lieben*, StV 2008, 190, 192; *Yamanaka*, Fs. Maiwald, 2010, S. 865; *Schlehofer*, Fs. Puppe, 2011, S. 953, 959 u. 969 f.: systematisch nicht korrekte Verortung des Pflichtwidrigkeitszusammenhangs; nach *Jansen*, ZJS 2011, 482, 489 f., insgesamt abzulehnen u. a. wegen der „Unmöglichkeit der dogmatischen Einordnung"; eingehend *Edelbauer*, 2009; *Schwartz*, 2009, u. *Albrecht*, 2010, S. 101 ff., letztlich aber doch für eine angemessene Zurückführung der ärztlichen Aufklärungspflicht.

III. Geschäftsführung ohne Auftrag gem. §§ 677 ff. BGB

Das zivilrechtliche Rechtsinstitut der berechtigten Geschäftsführung ohne Auf- **48** trag[77] ist als strafrechtlicher Rechtfertigungsgrund[77a] nicht fest etabliert. Es unterscheidet sich von der mutmaßlichen Einwilligung durch eine Objektivierung der Lösung der Interessenkollision: die in Geschäftsführung für einen anderen begangene Tat muss nicht nur dessen mutmaßlichem Willen entsprechen, sondern auch **objektiv nützlich** sein.[77b] Anwendung könnte dieses Rechtsinstitut z. B. bei Operationen finden, bei denen sich während des Eingriffs die Notwendigkeit einer Weiterführung der Operation ergibt; freilich ist hier § 34 und auch die (nachrangige) mutmaßliche Einwilligung eher einschlägig. Von Bedeutung könnte die Geschäftsführung ohne Auftrag hierbei sein, wenn der Arzt sich nur hinsichtlich des „Ob" der Behandlung, nicht aber auch hinsichtlich des „Wie" Gedanken über den mutmaßlichen Willen des Patienten gemacht hat, denn für eine Rechtfertigung über § 683 BGB reicht es grundsätzlich aus, dass der Patientenwille mit der Übernahme der Geschäftsführung (= ärztliche Behandlung) übereinstimmt; nur wenn es erkennbar – z. B. bei einem sog. „Patienten-Testament" – dem Geschäftsherrn (z. B. Patienten) entscheidend auf die Durchführung der Geschäftsführung ankommt (z. B. Untersagung bestimmter Behandlungsmethoden), ist ausschließlich eine auch insoweit dem Patientenwillen entsprechende Behandlung gerechtfertigt.[77c]

§ 34 geht wohl auch der Sonderform der Geschäftsführung ohne Auftrag nach **49** § 679 BGB vor,[78] die sich sogar über einen **entgegenstehenden Willen** des Rechtsgutsinhabers hinwegsetzt. Anwendungsfälle sollen die gegen den Willen der Eltern vorgenommene Bluttransfusion beim lebensgefährdeten Kind und die Verhinderung des Suizids sein[79] (vgl. zu diesen Fällen bei § 34 o. 8/34); weitere 6 Beispielsfälle bildet und löst *Fisch*, 2000, S. 276–279. – In der Mehrzahl der Fälle ist eine Rechtfertigung „problemlos" auf der Grundlage der mutmaßlichen Einwilligung zu erreichen (*Mitsch*, ZJS 2012, 38, 39: wenig praktische Bedeutung).

D. Die Wahrnehmung berechtigter Interessen

Die Wahrnehmung berechtigter Interessen ist als spezieller Rechtfertigungsgrund **50** für die Beleidigungsdelikte (§§ 185, 186) in § 193 ausgeformt. Selbst in diesem Anwendungsbereich ist § 193 teilweise (soweit die Meinungsbildung betroffen ist[80]) von dem Grundrecht auf **Meinungsäußerungsfreiheit** gem. Art. 5 I GG „über-

---

[77] Zum Problem zivilrechtlich den §§ 677 ff. BGB vorgehender (arzt-)vertraglicher Regelungen *Eisenbart*, 1998, S. 81 ff.

[77a] Für Tatbestandsausschluss bei „auftragsloser Geschäftsführung im Willen des Geschäftsherrn (§§ 677, 683 S. 1 1. Alt. BGB)" *Fisch*, 2000, S. 273, wenn der Tatbestand „Handeln gegen den Willen des Rechtsgutsträgers fordert."

[77b] *Schroth*, JuS 1992, 479.

[77c] *Eisenbart*, 1998, S. 78 f.

[78] *Roxin*, AT I, 18/9, nimmt nur eine Überschneidung mit § 34 an; vgl. auch *Fisch*, 2000, S. 275.

[79] *Schroth*, JuS 1992, 479: jeweils würde die Beachtung des entgegenstehenden Willens gegen Rechtspflichten verstoßen; einschränkend *Eisenbart*, 1998, S. 79 f.: nur wenn der Wille des Geschäftsherrn auf einen gegen die guten Sitten verstoßenden Geschäftserfolg gerichtet sei, wovon bei Ablehnung lebensverlängernder Maßnahmen in einem Patienten-Testament nicht ausgegangen werden könne.

[80] Vgl. näher *Roxin*, AT I, 18/34 u. 37.

deckt",[80a] was sich darin niederschlägt, dass die Auslegung des Beleidigungsrechts weitgehend auf das Bundesverfassungsgericht übergegangen ist.[81] Besondere Bedeutung hat er für die Presse, die freilich ihre öffentliche Aufgabe nicht immer unter angemessener Berücksichtigung des Persönlichkeitsrechts von an die Öffentlichkeit „gezerrten" Personen erfüllt, z.B. bei „Vorverurteilungen" und identifizierender Berichterstattung über schwebende Strafverfahren.[82]

51   Auf eine nähere Behandlung dieser besonderen Interessenabwägungsvorschrift muss im AT verzichtet werden.[82a] Die für den AT interessante Frage, ob die Wahrnehmung berechtigter Interessen auch über § 193 hinaus auf andere Delikte mit rechtfertigender Kraft angewendet werden kann,[83] ist selbst für Delikte, die gemeinschaftsbezogene Rechtsgüter wie §§ 201, 203, 240 enthalten, zu verneinen.[84] Soweit bei diesen Delikten ein besonderer Rechtfertigungsbedarf („Schaffung neuer Werte") besteht, kann er unmittelbar über die Heranziehung von Grundrechten (z.B. Art. 5 GG) als Rechtfertigungsgründe „befriedigt" werden (s.u. Rn. 112–114).[85] – Zur Frage, ob den Täter eine **Informations-** und **Prüfungspflicht** trifft, vgl. *Lackner/Kühl,* § 193 Rn. 10 u. *Puppe,* AT 1, 24/13–21 mit BGH NJW 1985, 2644.

> Aus der **Übungsfall-Literatur** vgl.: *Beulke,* KK II, Fall 2, Rn. 36 u. 59f. („Schmähkritik" nicht gerechtfertigt); *Bohnert,* Jura 2004, 640 u. 642 (nicht bei § 203), 644 (wohl bei § 185); *Fabricius/Zurwonne,* AL 2012, 201, 207; *Gössel,* Fälle, Fall 10, S. 108f. u. 122f.; *Hilgendorf,* KK II, Fall 18, Rn. 19–23 (u.a. zu „angemessenem Mittel") und KK III, Fall 13, Rn. 11 (Wiederherstellung der Familienehre); *Hillenkamp,* JuS 1997, 821 u. 824ff. (Tatbestandsausschluss für Beleidigungen im engsten Familienkreis); *Kaspar,* JuS 2005, 526, 530f. (Erforderlichkeit als § 193-Voraussetzung); *Krahl,* JuS 2003, 1187 u. 1188f. (fehlende Eignung einer Beleidigung zur Parkplatzfreigabe); *Schmitz,* JA 1996, 953: Bsp. 11; *W-Hettinger,* Fall 27, Rn. 514 u. 520.
> **Aufbauschema** bei *Eisele,* BT I, Rn. 639.

E. Das Erziehungsrecht als Rechtfertigungsgrund

I. Das elterliche Erziehungsrecht, insbesondere das Züchtigungsrecht

1. Gegenstand des Erziehungsrechts

52   Greifen die Erziehungsberechtigten in strafbewehrte Rechtsgüter des noch nicht Volljährigen ein, so stellt sich die Frage, ob und unter welchen **Voraussetzungen** das Erziehungsrecht das betreffende Verhalten rechtfertigt.

[80a] Für Vorrangigkeit von § 193 für den Unrechtsausschluss *Thiel,* 2000, S. 86ff.

[81] *Lackner/Kühl,* § 193 Rn. 1; krit. auch *Roxin,* JahrbÖR 2011, 1, 22: „weitgehende Abschaffung" des Ehrenschutzes.

[82] Zu diesem „Presseprivileg" vgl. *Löffler-Kühl,* Rn. 1 vor §§ 20ff. LPG; zur Begründung mit der öffentlichen Aufgabe der Presse *Löffler-Bullinger* 3 zu § 3 LPG. – Zur Bedeutung der Unschuldsvermutung in diesen Fällen vgl. näher *Kühl,* Fs. Hubmann, 1985, S. 241ff. u. Fs. Müller-Dietz, 2001, S. 401ff. sowie knapper *Lackner/Kühl,* § 193 Rn. 11 m.w.N.

[82a] Näher *Eisele,* BT I, Rn. 638–651; *Rengier,* BT II, 29/36–47; *W-Hettinger,* Rn. 517–521.

[83] Dafür *Eser,* Wahrnehmung berechtigter Interessen, 1969, S. 46ff. Ebenso *Meurer* und *Geppert,* in: *Szwarc* (Hrsg.), AIDS und Strafrecht, 1996, S. 144ff. u. 245.

[84] *Jakobs,* 16/37; *Roxin,* AT I, 18/39; *S/S-Lenckner/Steinberg-Lieben,* Vorbem §§ 32ff. Rn. 79, 80. – Erst recht nicht sind Delikte wie §§ 123, 303, mit der Wahrnehmung berechtigter Interessen zu rechtfertigen, s. *Lenckner,* JuS 1988, 351–353.

[85] Nach *Roxin,* AT I, 18/37, kommen als „Befriedigungsmöglichkeiten" in Betracht: einschränkende Tatbestandsauslegung, § 34 und die stillschweigende Einwilligung.

Wer **erziehungsberechtigt** ist, ergibt sich aus Art. 6 II GG und den familienrechtli- 53
chen Bestimmungen. Dies sind gem. Art. 6 II GG und §§ 1626 I, 1626 a I, 1631 I, II
BGB beide Elternteile des ehelichen und nichtehelichen Kindes, gem. Art. 6 II GG
und § 1626 a II BGB die Mutter des nichtehelichen Kindes, gem. § 1754 BGB i. V. m.
§§ 1626 I, 1631 I, II BGB die Adoptiveltern sowie gem. § 1800 BGB der Vormund;
Pflegeeltern und Stiefeltern nur bei Übertragung des Sorgerechts.[85a]

Das Erziehungsrecht **endet** mit der Volljährigkeit des Kindes, ferner für beide El- 54
tern oder einen Elternteil in den Fällen der §§ 1666 a II, 1671 I, 1672, 1677, 1755 I
BGB. Ruht das Recht zur elterlichen Sorge (§§ 1673–1675, 1751 I BGB), so besteht
ein Erziehungsrecht gleichfalls nicht.[85b]

Das Erziehungsrecht ist wegen seines höchstpersönlichen Charakters als solches 55
nicht übertragbar, die **Ausübung** des Erziehungsrechts kann der Berechtigte im Rahmen besonderer Betreuungsverhältnisse jedoch auf andere Personen zeitweise **übertragen**.[86] Die Befugnis zu Eingriffen in die Rechtsgüter des Kindes, insbesondere die
Züchtigungsbefugnis, gilt allerdings nicht schon mit der bloßen Übertragung von
Erziehungsaufgaben als erteilt, sondern muss eigens erklärt werden.[87]

Ein Recht zur Züchtigung **fremder Kinder** besteht indes – entgegen der früher 56
vielfach vertretenen Meinung – nicht mehr.[88] Der Versuch, die Züchtigungsbefugnis
in Bezug auf fremde Kinder aus einer analogen Anwendung des § 679 BGB (= Geschäftsführung ohne Auftrag) herzuleiten,[89] scheitert zum einen daran, dass die körperliche Züchtigung eines Kindes heute nicht mehr im öffentlichen Interesse liegt,
zum anderen daran, dass sie eine höchstpersönliche Befugnis der Erziehungsberechtigten ist, die anderen nicht gegen den Willen dieser gewährt werden kann.[90]

In der **Übungsfall-Literatur** ebenso *Bergmann,* JuS 1987, L 53 u. L 55; *Bruckauf,* in: *Ebert,*
(Hrsg.), Fall 5, S. 5 f. u. 87; *Jescheck,* Fälle, Fall 50, S. 67 f.; *Seier,* Anfängerklausur, Nr. 11,
S. 129 u. 138.

Als Rechtfertigungsgrund kann das Erziehungsrecht bei Handlungen, die die Tat- 57
bestände der §§ 223, 239, 240 erfüllen, wirken. Bei vom Erziehungsrecht gedeckten
Eingriffen in die **körperliche Unversehrtheit** des Kindes spricht man vom sog.
„Züchtigungsrecht", daneben ist das Erziehungsrecht aber auch als Rechtfertigungsgrund gegenüber Freiheitsberaubung gem. § 239 (z. B. Hausarrest) und Nötigung gem. § 240 in Betracht zu ziehen, möglicherweise auch bei („tätlichen") Beleidigungen gem. § 185 sowie bei Hausfriedensbruch gem. § 123 und Verletzung des
Briefgeheimnisses gem. § 202.[90a] Da es in **Übungsfällen** vorwiegend um die Rechtfertigung von Eingriffen in die Körperintegrität des Kindes geht, soll hier vor allem
auf das aus dem Erziehungsrecht abgeleitete Züchtigungsrecht eingegangen werden.

Aus der **Übungsfall-Literatur** vgl. *Bohnert,* Jura 1999, 533 u. 536 (§ 185-Fall); *Hilgendorf,*
KK III, Fall 13, Rn. 45 (Hausarrest nach § 239).

[85a] *Brückner,* 2000, S. 102, 110.
[85b] Näher zu den Gründen für das Entfallen des Züchtigungsrechts *Brückner,* 2000, S. 163,
188, 267 u. 272.
[86] BGHSt 12, 67; *Priester,* 1999, S. 64 f. – Zur Frage, ob die Ausübung des Erziehungsrechts
auch auf den Lehrer übertragbar ist vgl. unten Rn. 79.
[87] RGSt 76, 5.
[88] Dazu OLG Saarbrücken NJW 1963, 2380 f., sowie *Mitsch,* JuS 1992, 290: „Ein originäres Recht zur Züchtigung fremder Kinder gibt es nicht mehr".
[89] So noch *Welzel,* S. 93.
[90] *Bergmann,* JuS 1987, L 55; *Mitsch,* JuS 1992, 290.
[90a] Vgl. *Stratenwerth/Kuhlen,* 9/144; speziell zu § 239: *Otto,* Jura 2001, 670 f.; *Küpper,*
BT 1 I 3/9 u. *Lackner/Kühl,* § 239 Rn. 7 m. w. N.

2. Züchtigungsrecht als Rechtfertigungsgrund

58   Nach bis vor kurzem noch – zum aktuellen Meinungsstand s. u. Rn. 78 a – verbreiteter Meinung ergibt sich aus dem Erziehungsrecht auch die Befugnis der Erziehungsberechtigten, den noch nicht Volljährigen aus erzieherischen Gründen körperlich zu züchtigen. Überwiegend wird davon ausgegangen, für das Strafrecht seien die zivilrechtlichen Vorschriften (§§ 1626, 1631, 1800 BGB) über das Erziehungsrecht maßgebend, weshalb die familienrechtliche Züchtigungsbefugnis im Strafrecht auch rechtfertigende Kraft haben müsse.[91]

59   Der mit der Züchtigung verfolgte **Erziehungszweck** schließt die Tatbestandsmäßigkeit der Handlungen i. S. des § 223 nicht aus.[92] Eine über der „Erheblichkeitsschwelle" des § 223 liegende Beeinträchtigung des körperlichen Wohlbefindens stellt eine körperliche Misshandlung dar und erfüllt somit den Tatbestand des § 223; ob eine Schmerzzufügung wegen des damit verfolgten Zweckes erlaubt ist, ist allein eine Frage der Rechtfertigung.[93] Als nicht tatbestandsmäßig können sich allerdings solche Züchtigungen i. S. des § 223 darstellen, die die erforderliche Erheblichkeit der Zufügung körperlichen Übels nicht erreichen: Dies kann beispielsweise bei einem leichten, nicht schmerzhaften Klaps auf die Hand der Fall sein, der lediglich Missbilligung zum Ausdruck bringt.[94] Die Frage, ob die züchtigende Handlung den Tatbestand des § 223 erfüllt, ist aber auch hier unabhängig von dem mit der Züchtigung verfolgten Erziehungszweck zu beurteilen, Beurteilungsmaßstab ist allein die Intensität der züchtigenden Handlung.

3. Voraussetzungen des elterlichen Züchtigungsrechts

a) Züchtigungsanlass

60   Die Voraussetzungen und Grenzen des Züchtigungsrechts ergeben sich aus dem Grund der Züchtigungsbefugnis. Das Züchtigungsrecht ist Teil des Erziehungsrechts der Erziehungsberechtigten gegenüber dem Kind, es wird durch den Erziehungszweck und die in der Rechtsordnung anerkannten Erziehungsmaßstäbe begrenzt. Entsprechend setzt die Rechtfertigung von körperlichen Misshandlungen des Kindes stets voraus, dass ein **Züchtigungsanlass,** also ein konkretes Fehlverhalten von Seiten des Kindes (z. B. Einwurf einer Fensterscheibe), gegeben ist. Die bloß „präventive" Züchtigung wird somit vom Züchtigungsrecht nicht abgedeckt.[95]

61   Als weitere Voraussetzung des Züchtigungsrechts wird von einigen Autoren gefordert, der Züchtigungsanlass müsse die Körperstrafe als elterliche Reaktion erfordern, m. a. W. die Züchtigung müsse objektiv zur Erreichung des Erziehungszwecks **geboten** sein.[96] Dabei ist allerdings unter dem Begriff der „Erforderlichkeit" bzw. der „Gebotenheit" nicht – wie etwa bei der Notwehr gem. § 32 – zu verstehen, dass zur Erreichung des Erziehungszwecks objektiv kein anderes Mittel zur Verfügung

---

[91] *Jakobs,* 16/32; *Jescheck/Weigend,* S. 397 Fn. 25; krit. zu dieser „Begründungshülse" *Priester,* 1999, S. 56. – In bestimmten Konstellationen für einen Strafunrechtsausschließungsgrund *Günther,* Fs. Lange, 1992, S. 899 f.

[92] So aber *Würtenberger,* DRZ 1948, 241; *Eb. Schmidt,* JZ 1959, 519; – vgl. dazu *Beulke,* Fs. Hanack, 1999, S. 538, 547, der ebenfalls bei der Tatbestandsmäßigkeit ansetzt.

[93] BGHSt 11, 243; 12, 64; BGH JZ 1988, 617 = NStZ 1987, 173 f.

[94] Vgl. *Fischer,* § 223 Rn. 18: „leichte taktile Einwirkung" ohne Schmerzzufügung, die „Missbilligung symbolisiert".

[95] *S/S-Eser/Sternberg-Lieben,* § 223 Rn. 22.

[96] Eine „erforderliche" Züchtigung verlangt *Bergmann,* JuS 1987, L 55; *S/S-Eser,* § 223 Rn. 22; das Erfordernis der „Gebotenheit" verlangen W-*Beulke,* Rn. 388.

steht als das der Züchtigung. Die **Erforderlichkeit** der Züchtigung ist vielmehr abhängig von dem Allgemeinverhalten, dem Alter und der Reife des Kindes, wobei die Erziehungsberechtigten bezüglich der Frage, ob auch andere Sanktionen ausgereicht hätten, einen Beurteilungsspielraum haben.[97]

Die pädagogischen und sozialpädagogischen Bedenken, die gegen die Anerkennung   62
und Aufrechterhaltung des Rechts auf körperliche Maßregelung sprechen, sollen für die Beurteilung der Erforderlichkeit unerheblich sein.[98] Gewaltlose Erziehung wird bisher **gesetzlich** nicht erzwungen; § 1631 II BGB verbietet lediglich entwürdigende Erziehungsmaßnahmen, nicht jedoch die Prügelstrafe an sich.[99] Sogar fragwürdig erscheinende Erziehungszwecke wie z. B. blinder Gehorsam, absolute sexuelle Enthaltsamkeit, sollen mittels Züchtigungen durchgesetzt werden können.[100]

Ausgehend davon, dass den Erziehungsberechtigten nach den heutigen wissen-   63
schaftlichen Erkenntnissen zur Erreichung eines Erziehungszieles immer auch andere Erziehungsmittel zur Verfügung stehen, können die Begriffe „Gebotenheit" und „Erforderlichkeit" daher nur bedeuten, dass die Züchtigung **nicht** von vorneherein **unvertretbar** erscheinen darf. Vertretbar ist die Züchtigung aber schon dann, wenn ein Züchtigungsanlass vorliegt.[101]

Für die Bearbeitung von Übungsarbeiten genügt es daher, sich auf die Prüfung des   64
Züchtigungsanlasses zu beschränken und festzustellen, dass den Eltern bzgl. der Frage, ob sie zum Mittel der Körperstrafe greifen, ein **Beurteilungsspielraum** zusteht.

b) Maßvolle Züchtigung

Haben sich die Eltern zur Anwendung von körperlicher Gewalt entschieden, so   65
ist die Wahlmöglichkeit hinsichtlich des Erziehungsmittels, die in einem individuellen Erziehungsprogramm von den Erziehungsberechtigten zu verantworten ist, freilich nur vertretbar, wenn sie auf **maßvolle** Züchtigungen beschränkt ist. Eine Züchtigung ist maßvoll, wenn sie sich nicht als entwürdigende Maßnahme i. S. des § 1631 II BGB a. F. darstellt. Gem. § 1631 II BGB a. F., sind entwürdigende Erziehungsmaßnahmen unzulässig und damit auch strafrechtlich nicht vom Züchtigungsrecht abgedeckt.

Damit ist freilich noch nicht geklärt, wann die Züchtigung als **entwürdigend** zu   66
beurteilen ist. Sicher ist, dass quälerische, gesundheitsschädliche (§ 223 I 2. Alt.) und demütigende Züchtigungen entwürdigende Erziehungsmaßnahmen i. S. des § 1631 II BGB a. F. darstellen.[102] Die Frage, wann eine Züchtigung das gestattete Maß überschreitet, ist nach der Rechtsprechung allerdings unabhängig davon zu beurteilen, ob die Züchtigung unter Verwendung eines Schlaggegenstandes erfolgt, denn dieser Umstand genüge nicht, um eine entwürdigende Behandlung zu bejahen.[103] Die Verwendung eines Schlaggegenstandes ist aber jedenfalls dann unzulässig, wenn dieser ein gefährliches Werkzeug i. S. des § 224 I Nr. 2 darstellt.[104]

---

[97] Vgl. *Priester,* 1999, S. 68 ff.; ähnlich *Murmann,* GK, 25/156.
[98] Dazu *Schneider,* Körperliche Gewaltanwendung in der Familie, 1988, S. 210 ff. m. w. N.
[99] BT-Dr. 8/2788, 35 f.
[100] SK-*Horn,* (Stand: Mai 1998), § 223 Rn. 13.
[101] Einen vertretbaren Anlass verlangt *Roxin,* in: *Eser/Perron* (Hrsg.), Rechtfertigung und Entschuldigung III, 1991, S. 359.
[102] BGH NStZ 1987, 173 f.; *Spendel,* JR 1985, 488; *Priester,* 1999, S. 70 ff.
[103] BGH NStZ 1987, 173 f.
[104] Vgl. *S/S-Eser/Sternberg-Lieben,* § 223 Rn. 20/21, die zu Recht annehmen, dass eine Züchtigung nicht über die 1. Tatbestandsalternative des § 223 I StGB, der „Misshandlung", hinausgehen dürfe.

67   Schwierigkeiten bereitet die Beantwortung der Frage, wann die äußerste Grenze dessen überschritten ist, was die Rechtsordnung **noch** als akzeptablen Zwang bei Erziehungsmaßnahmen ansieht.

68   Die **Rspr.** ist z.T. widersprüchlich und lässt klare, allgemeinverbindliche Kriterien vermissen.[104a] So hat der BGH (NJW 53, 1440) noch die Auffassung vertreten, dass der Nahrungsentzug, die Fesselung von Leib und Beinen ans Bett, Schneiden der Kopfhaare in so unregelmäßiger Weise, dass sich das Mädchen nicht auf der Straße sehen lassen kann, nicht gegen das Sittengesetz verstoße und somit vom Züchtigungsrecht gedeckt sei.

69   Dieser Rechtsauffassung ist jedenfalls durch die Regelung des § 1631 II BGB a.F. der Boden entzogen worden.[105] Gleichermaßen entwürdigend und verboten ist die Zufügung von blutenden Wunden, Blutergüssen u.ä. Misshandlungen.[106] Nicht maßvoll, weil gegen § 1631 II BGB a.F. verstoßend, sind auch Rohrstockschläge auf das nackte Gesäß gegenüber Fürsorgezöglingen[107] sowie ungewöhnlich starke Ohrfeigen gegenüber einem 14-jährigen Mädchen, die eine Woche lang zwei blutunterlaufene Flecken auf der Backe hinterließen.[108] Als weiteres Beispiel für eine nicht maßvolle Züchtigung sei schließlich das Traktieren eines Kindes mit Fußtritten genannt.[109]

70   Andererseits hat der BGH in einem 1986 entschiedenen Fall Schläge mit einem 1,4 cm starken Wasserschlauch auf das Gesäß und die Oberschenkel eines schwer erziehbaren, untergewichtigen 8-jährigen Mädchens, die rote Striemen hinterließen, als noch vom Züchtigungsrecht abgedeckt angesehen.[110] Daran zeigt sich, dass das Verbot des § 1631 II BGB a.F. eine unzureichende Regelung darstellt und seine Funktion, die Grenze der zulässigen Züchtigung zu bestimmen, nicht erfüllt.[111]

c) Angemessenheit der Züchtigung

71   Weitere objektive Rechtfertigungsvoraussetzung ist, dass sich die Züchtigung als eine den Umständen des Falles nach angemessene Erziehungsmaßnahme darstellt, das heisst, sie muss in einem **angemessenen Verhältnis** zur Schwere der Verfehlung, zum Züchtigungsanlass, stehen. Hierbei sind auch Alter, körperliche und seelische Konstitution des Kindes zu berücksichtigen.[112] Bei größeren Kindern, die sich bewusst gegen Erziehungsmaßnahmen auflehnen, kommen z.B. Körperstrafen als Erziehungsmittel eher in Betracht als bei Kindern unter sechs Jahren, bei denen die Tatanlässe die Angemessenheit von Züchtigung in der Regel zweifelhaft erscheinen lässt.[113]

d) Erziehungswille

72   In subjektiver Hinsicht setzt die Rechtfertigung auf Grund des Züchtigungsrechts einen „Erziehungswillen" voraus, das heisst, dass das Handeln der Erziehungsbe-

---

[104a] Vgl. die kritische Rspr.-Übersicht von *Priester,* 1999, S. 66 ff.

[105] So auch AWHH-*Weber,* BT, 6/45.

[106] *Roxin,* in: *Eser/Perron* (Hrsg.), Rechtfertigung und Entschuldigung III, 1991, S. 359.

[107] EKMR NJW 1978, 475 f.; EGMR EuGRZ 1979, 162 ff.

[108] BGHSt 6, 263 (276).

[109] M-*Zipf,* AT 1, 28/28.

[110] BGH NStZ 87, 173 f.; kritisch dazu *Reichert-Hammer,* JZ 88, 617 ff.; *Rolinski,* StV 1988, 63 ff.

[111] BMJ, recht 1993, 16.

[112] W-*Beulke,* Rn. 388; *Otto,* 8/148; *Eisele,* BT I Rn. 306; S/S-*Eser/Sternberg-Lieben,* § 223 Rn. 22.

[113] Vgl. *Hillenkamp,* 1981, S. 286 m. w. N.

rechtigten auch von Erziehungsgedanken getragen sein muss. Handelt der Erziehungsberechtigte zugleich aus Ärger, Wut oder Erregung, so ist ein Handeln aus erzieherischen Gründen nicht ausgeschlossen.[114] Erforderlich ist, dass der Täter in **Kenntnis** der die Züchtigung objektiv rechtfertigenden Umstände handelt und nicht nur, um sadistische Neigungen zu befriedigen[115] oder sich abzureagieren.[116]

Zusammenfassend verlangt der Rechtfertigungsgrund des Züchtigungsrechts objektiv einen Züchtigungsanlass, eine maßvolle Ausübung und eine angemessene Erziehungsmaßnahme, die subjektiv vom „Erziehungswillen" getragen ist.[116a]   73

4. Bedenken

In der Literatur werden zunehmend Stimmen laut, die die Abschaffung des elterlichen Züchtigungsrechts fordern.[117] Dennoch hält der überwiegende Teil der juristischen Literatur noch an der Zulässigkeit der Züchtigung von Kindern durch die Eltern fest.   74

Vertreter, die sich **für** die **Beibehaltung** des Züchtigungsrechts als Rechtfertigungsgrund aussprechen, begründen dies mit der Erwägung, das Strafrecht dürfe nicht der Durchsetzung einer besseren Moral dienen.[118] Zwar seien Schläge nicht das beste Mittel der Erziehung, jedoch stelle ein Züchtigungsverbot Anforderungen an die Erziehungsberechtigten, denen diese zumeist nicht gewachsen seien.[119] Außerdem sei es „lebensfremd" anzunehmen, dass alle Eltern ganz ohne handgreifliche Belehrungen auskommen würden.[120] Letztlich verkehre sich mit der Einführung eines umfassenden Züchtigungsverbotes sogar das Problem, da mit einer Strafbewehrung Familien zerstört würden.[121]   75

Dagegen wird vor allem eingewandt, dass die rechtliche Zulässigkeit von körperlichen Züchtigungen das Risiko begründe, dass die Züchtigung außer Kontrolle gerate und das rechtlich zulässige Maß überschreite. Schließlich gehe es nicht nur um den vielfach angeführten „Klaps", sondern auch um die nach der Rspr. gerechtfertigten Schläge mit dem Gartenschlauch, die rote Striemen auf dem Körper des Kin-   76

---

[114] OLG Hamm NJW 1956, 1690; BGH GA 1963, 82 (83); *Bruns*, JZ 1957, 410, 417; *Murmann*, GK, 25/158; kritisch zum Erfordernis eines subjektiven Rechtfertigungselements: *Roxin*, in: *Eser/Perron* (Hrsg.), Rechtfertigung und Entschuldigung III, 1991, S. 359 f.; zur Notwendigkeit des Erziehungswillens s. *Puppe*, Fs. Stree/Wessels, 1993, S. 186 f.; einschr. *Rath*, 2002, S. 244 f.; vgl. auch *Priester*, 1999, S. 72.

[115] Dazu BGHSt 13, 138 (139).

[116] SK-*Horn*, (Stand: Mai 1998), § 223 Rn. 14.

[116a] Ganz ähnlich die Definition von *Priester*, 1999, S. 64: „Das elterliche Züchtigungsrecht ist die Befugnis des Sorgerechtsinhabers, einem Kinde oder Jugendlichen aus Anlass eines vorwerfbaren Fehlverhaltens durch angemessenes Schlagen die für einen Lernprozess erforderlichen Schmerzen zuzufügen mit dem Ziel, das Kind von weiterem Fehlverhalten abzuhalten."

[117] *Petri*, ZRP 1976, 64 f.; *Thomas*, ZRP 1977, 181 ff.; *Schneider*, 1987, S. 202 ff. – Die Bedenken zusammenfassend und zuspitzend *Priester*, 1999, der auch die lange Reformdiskussion nachzeichnet (S. 75 ff.).

[118] *Schmidhäuser*, Einführung, S. 187.

[119] *Günther*, 1983, S. 355, spricht sogar von einem verfassungsrechtlich gebotenen strafrechtsfreien Raum der Eltern in Bezug auf leichtere körperliche Mißhandlungen und sieht das Strafunrecht ausgeschlossen; krit. aber *Roxin*, JuS 1988, 430; dagegen wieder *Günther*, Fs. Lange, 1992, S. 901.

[120] *Roxin*, AT I, 17/34, und in: *Eser/Perron* (Hrsg.), Rechtfertigung und Entschuldigung III, 1991, S. 358 f., wobei er sich vor allem auf sog. „Unterschicht-Familien, die ihre Probleme nicht verbalisieren könnten", bezieht.

[121] *Roxin*, 17/34; krit. auch S/S-*Eser/Sternberg-Lieben*, § 223 Rn. 20.

des hinterlassen.[122] Indem das BGB lediglich entwürdigende Erziehungsmaßnahmen verbiete, ermögliche es den Eltern, sich auch bei Kindesmisshandlungen auf ihr Recht zum Schlagen herauszureden.[123] Wenn man Kinder wirksam vor Prügel schützen wolle, so müsse man das Züchtigungsrecht in vollem Umfang abschaffen. Schließlich sei noch zu bedenken, dass Strafrecht auch das Bewusstsein der Bürger verändere.[124] Es gehe nicht darum, die Eltern zu kriminalisieren, sondern darum, zu verhindern, dass sich das „Recht" zum Schlagen als Erziehungsmittel von Generation zu Generation weiter vererbe.[125]

77   Die von der Bundesregierung im Jahre 1987 eingesetzte Gewaltkommission hat dem Bundestag 1990 ihre Ergebnisse vorgelegt und vorgeschlagen, in § 1631 S. 2 BGB ein Züchtigungsverbot zu normieren.[126] Gleichzeitig sollen sozial flankierende Maßnahmen wie Erziehung der Eltern zur Gewaltlosigkeit, Bekämpfung der sozialen Stressfaktoren wie auch der Ausbau des Opferschutzes (verbesserte Opfererkennung, gesetzliche Präzisierung von Melderechten für Ärzte und andere Berufsgruppen, Sicherstellung schneller Hilfen in akuten Familienkrisen zum Schutz des Opfers, Errichtung von sog. Kinderschutzzentren) geschaffen werden.[127] Auch die Kinderkommission des Bundestages hat am 2. 12. 1992 vorgeschlagen, die gesetzlichen Grundlagen für eine gewaltfreie Erziehung nicht erst in Rahmen der Neuregelung des Kindschaftsrechts zu schaffen, sondern die körperliche Züchtigung im Bürgerlichen Gesetzbuch zu verbieten.[128]

5. Neuere (1998) und neueste (seit 2000) Rechtslage

77a   Die Bedenken haben inzwischen zu einer Reaktion des Gesetzgebers geführt, die hier nur kurz behandelt wird, weil schon ein weiteres Eingreifen des Gesetzgebers bevorsteht (s. u. Rn. 77 b), wonach § 1631 II BGB lauten soll: „Kinder haben ein Recht auf gewaltfreie Erziehung. Körperliche Bestrafungen, seelische Verletzungen und andere entwürdigende Maßnahmen sind unzulässig."[128a] Seit dem Kindschaftsrechtsreformgesetz aus dem Jahre 1998 lautet § 1631 II BGB: „Entwürdigende Erziehungsmaßnahmen, insbesondere körperliche und seelische Misshandlungen sind unzulässig." Beim Wort („körperliche Misshandlung") genommen, würde das bedeuten, dass eine Erziehungsmaßnahme, die eine körperliche Misshandlung darstellt (z. B. kräftige Ohrfeige, kräftiger Schlag aufs Gesäß, Ziehen an den Haaren oder Ohren), nicht mehr durch das Züchtigungsrecht gerechtfertigt ist.[128b] Man könnte freilich zur Erhaltung des maßvollen Züchtigungsrechts die Vorschrift auch so aus-

---

[122] Von einer modernen Form der „Klaps"-Ideologie spricht *Petri*, ZRP 1976, 64.

[123] Dies gilt insb. für Begriffe wie „angemessen" und Ermessensspielraum, dazu *Thomas*, ZRP 1977, 182.

[124] *Petri*, ZRP 1976, 65.

[125] *Schneider*, 1987, S. 210 ff. m. w. N.

[126] Endgutachten der Gewaltkommission in: *Schwind/Baumann* u. a. (Hrsg.), Ursachen, Prävention und Kontrolle von Gewalt, Bd. I, 1990, S. 157 f., 183, 280 f. – Inzwischen liegt der Entwurf eines Misshandlungsverbotsgesetzes vor, vgl. ZRP 1993, 360. – Gegen ein solches Verbot aus verfassungsrechtlichen Gründen (Art. 6 GG) *Köhler*, S. 302.

[127] Endgutachten der Gewaltkommission in: *Schwind/Baumann* u. a. (Hrsg.), Ursachen, Prävention und Kontrolle von Gewalt, Bd. I, 1990, S. 159 ff., 183 ff., 281 ff.

[128] WiB 22/92, S. 69.

[128a] BT-Dr 14/1247, S. 2. Zu Recht kritisch *Roellecke*, NJW 1999, 337. Vgl. auch den Gesetzesvorschlag von *Bussmann*, 2000, S. 445: „Kinder sind gewaltfrei zu erziehen. Körperstrafen, seelische Verletzungen und andere entwürdigende Maßnahmen sind unzulässig".

[128b] *Diederichsen*, NJW 1998, 1977, 1984; *Beulke*, Fs. Hanack, 1999, S. 539, 541; *Priester*, 1999, S. 102 f.; im Übungsfall *Bohnert*, Jura 1999, 533, 534.

legen, dass eine körperliche Misshandlung in § 1631 II BGB – anders als in § 223 – zusätzlich eine „entwürdigende Erziehungsmaßnahme" sein muss, um unzulässig zu sein.[128c] Man kann auch das Züchtigungsrecht unabhängig vom Zivilrecht als genuin das Strafrecht betreffenden Strafunrechtsausschließungsgrund konstruieren,[128d] womit das Fortgelten des bisherigen Züchtigungsrechts ebenfalls gesichert wäre. Schließlich kommt eine Verlagerung der Problematik auf die Ebene des (Körperverletzungs-)Tatbestands derart in Betracht, dass die o.g. Beispiele einer körperlichen Misshandlung schon deshalb nicht dieses Tatbestandsmerkmal des § 223 I erfüllen sollen, weil sie eine von Art. 6 GG abgesicherte, „angemessene" Erziehungsmaßnahme seien.[128e] Die Rechtslage ist für die körperliche Züchtigung alles andere als sicher; das wird sich auch nicht durch die oben vorgestellte Neuregelung ändern, denn der Begriff „körperliche Bestrafung" vermeidet zwar die Wortlautidentität mit § 223 I („körperliche Misshandlung"), ist aber seinerseits wenig präzise. Eine Rechtfertigung auf Grund des (elterlichen) Erziehungsrechts kommt bei §§ 239, 240 („Hausarrest") weiterhin in Betracht, nicht jedoch für Gesundheitsschädigungen i.S. des § 223 I.[128f] „Das Ende des Züchtigungsrechts" kann also noch nicht als feststehende Tatsache behauptet werden.[128g]

Dies gilt auch nach der erneuten Änderung des § 1631 II BGB durch das „Gesetz zur Änderung der Gewalt in der Erziehung ..." v. 2. 11. 2000 (Inkrafttreten: 8. 11. 2000). Nach dessen Satz 2 sind „körperliche Bestrafungen ... und andere entwürdigende Maßnahmen ... unzulässig." Damit sollte endgültig klargestellt werden, „dass körperliche Bestrafungen in der Erziehung nicht vom Gesetz gedeckt sind", und eine Berufung auf ein „Züchtigungsrecht ... als Rechtfertigungsgrund nicht mehr in Betracht" kommt.[128h] Dem ist trotz der dafür sprechenden Gesetzesmaterialien[128i] im Hinblick auf den Gesetzeswortlaut zu widersprechen. Der neueste § 1631 II BGB hat nämlich den § 223 entnommenen Begriff der „körperlichen Misshandlung" durch den der „körperlichen Bestrafung" ersetzt. Eine solche Bestrafung muss aber zugleich eine „entwürdigende Maßnahme" („... und andere entwürdigende Maßnahmen") sein, so dass das Verdikt der „Unzulässigkeit" nicht solche „körperlichen Misshandlungen" erfasst, die nicht zugleich „entwürdigende Maßnahmen"

77b

[128c] Dagegen *Priester*, 1999, S. 102.

[128d] *Günther*, 1983, S. 352 ff.; ähnlich *Moritz*, JA 1998, 704, 709; kritisch aber *Beulke*, Fs. Hanack, 1999, S. 539, 543 ff.

[128e] *Beulke*, Fs. Hanack, 1999, S. 539, 545 ff. u. Fs. Schreiber, 2003, S. 29 ff. sowie W-*Beulke*, Rn. 387a; zust. *Jäger*, Rn. 165: verfassungskonforme Auslegung der körperlichen Misshandlung. – Eine grundrechtsunmittelbare Rechtfertigung der Eltern durch Art. 6 II 1 GG nimmt an *Schmidt*, 2008, S. 215 ff., 251.

[128f] *Beulke*, Fs. Hanack, 1999, S. 539, 552.

[128g] So der Buchtitel von *Priester*, 1999. – Vom Fortbestehen des Züchtigungsrechts gehen aus: *Ebert*, S. 90 f.; *Hohmann/Sander*, BT 2, 1. Aufl. 6/12, and. jetzt a. a. O. in 2. Aufl.; K/H/H-*Hellmann*, BT 1, Rn. 344 u. *Marxen*, AT, Fall 11 d, S. 98 f. – Nach NK-*Paeffgen*, § 223 Rn. 29, sind „leichtere Formen" von Züchtigung nicht schon vom BGB verboten (bzgl. KindRG v. 4. 12. 1997).

[128h] So *Kellner*, NJW 2001, 797; im Ergebnis ebenso *Hillenkamp*, JuS 2001, 159, 165; *Hoyer*, FamRZ 2001, 521; *Kargl*, NJW 2003, 57; *Otto*, Jura 2001, 671; *Riemer*, ZfJ 2003, 328; *Roxin*, JuS 2004, 177; *Schramm*, 2011, S. 189, 203; *Joecks*, § 223 Rn. 19; *Gössel/Dölling*, BT 1, 12/117; *Rengier*, BT II, 13/14; *Stratenwerth/Kuhlen*, AT I, 9/142; *Zieschang*, Rn. 316; SK-*Horn/Wolters*, § 223 Rn. 13; SSW-*Rosenau*, vor § 32 Rn. 54–56; *Fischer*, § 223 Rn. 18 a; a. A. W-*Beulke*, Rn. 387; *Kindhäuser*, 61 vor § 32, und *Murmann*, GK, 25/153, der § 1631 II BGB wegen Unvereinbarkeit mit Art. 6 II GG für verfassungswidrig hält und deshalb von einer Fortgeltung des elterlichen Züchtigungsrechts ausgeht.

[128i] Vgl. LK-*Lilie*, § 223 Rn. 10 mit Nachweisen.

sind.[128j] Das Gesetz bestimmt zwar die Identität von „körperlicher Bestrafung" und „entwürdigender Maßnahme", aber nicht die Identität von „körperlicher Misshandlung" und „entwürdigender Maßnahme". Die kräftige Ohrfeige bleibt also gerechtfertigt, auch wenn sie die Erheblichkeitsschwelle der „körperlichen Misshandlung" i. S. des § 223 I überschreitet, es sei denn man behauptet, sie sei entwürdigend (so etwa *Schramm*, 2011, S. 206), was weder der Vater, der seinem Sohnemann „eine klebt", weil dieser aus Ärger, seine Serie wegen des vom Vater bevorzugten Champions-League-Spiel der „Bayern" zu verpassen, die Mattscheibe zertrümmert hat, verstehen noch der Sohn so empfinden würde; so macht man die Menschenwürde zur „kleinen Münze", die für alles und jedes taugt, und auch noch gegen die Beteiligten gewendet wird. Nur so kann die auch vom Gesetzgeber nicht gewollte Kriminalisierung erheblicher Teile der Eltern vermieden werden.[128k] Meint man die „Ächtung der Gewalt in der Familie" nur durch eine tatbestandsmäßige, rechtswidrige und schuldhafte Körperverletzung zum Ausdruck bringen zu können, so sollte der Gesetzgeber wenigstens einen persönlichen Strafausschließungsgrund für die hier für gerechtfertigt gehaltenen maßvollen „Züchtigungen" schaffen.[128l] Erwogen wird auch die Anwendung des rechtfertigenden Notstands gem. § 34 (*Heinrich*, ZIS 2011, 431, 441), wenn die Gefahr einer Fehlentwicklung des Kindes nicht anders abwendbar ist und sich die „konkrete Zwangsmaßnahme" im Rahmen des bisherigen gewohnheitsrechtlichen Züchtigungsrechts bewegt; das stimmt mit der hier vertretenen Lösung insofern überein, als das Verhalten der Eltern erzieherisch als „richtig" bewertet wird und nicht erst Nachsicht mit ihnen geübt wird, als wüssten sie nicht, was sie tun (sollten).

> Aus der **Übungsfall-Literatur** vgl.: *Beulke*, KK III, Fall 8 Rn. 336 u. 355–357 („Tatbestandslösung"); *Bott/Kühn*, Jura 2009, 72 f. (ohne Erziehungszweck rechtswidrig); *Bruckauf*, in: *Ebert* (Hrsg.), Fall 5, S. 5 f. u. 87 („Korrektur auf Tatbestandsebene"); *Fahl*, Jura 2009, 234 (Rechtfertigungsgrund „heute kaum noch vertretbar"); *Hilgendorf*, KK I, Fall 16, Rn. 7 (für § 223 abl.) und KK III, Fall 13, Rn. 34 (gegen § 223-Rechtfertigung) u. 45 (für § 239-Rechtfertigung); *Hillenkamp*, JuS 2001, 159 u. 164 f. (Abschaffung des elterlichen Züchtigungsrechts); *v. Heintschel-Heinegg/Kudlich*, JA 2001, 129 u. 130 f. („kräftige Ohrfeigen" nicht mehr gerechtfertigt); *Kudlich*, PdW AT, Fall 124 (verfassungskonforme Auslegung auf Tatbestandsebene, es sei denn die körperliche Bestrafung ist eine entwürdigende Maßnahme); *Marxen*, Fall 11 d, S. 98 f. (nicht entwürdigende körperliche Misshandlungen sind gerechtfertigt).

II. Das staatliche Erziehungsrecht, insbesondere das Züchtigungsrecht des Lehrers

78   Greift der Lehrer in strafbewehrte Rechtsgüter seiner Schüler ein, ist hinsichtlich der Rechtfertigung streng zwischen dem elterlichen Erziehungsrecht und dem staatlichen zu unterscheiden. So kann sich der züchtigende Lehrer nicht auf ein originäres Züchtigungsrecht berufen, da er selbst nicht Träger des Erziehungsgrundrechts ist. In Betracht zu ziehen ist allein eine abgeleitete Züchtigungsbefugnis, wobei als

---

[128j] Dagegen *Fischer*, § 223 Rn. 18 b; *Murmann*, GK, 25/152 u. *Heinrich*, ZIS 2011, 431, 436, der die Neuregelung „kristallklar" nennt, was an einem „Knick in der Optik" liegen könnte; wie hier *Schramm*, 2011, S. 196; HK-GS/*Duttge*, 22 vor §§ 32–35; K/H/H-*Hellmann*, BT 1, Rn. 344; „in engen Grenzen" auch *Eisele*, BT I, Rn. 305.

[128k] Vgl. *Marx*, Die Justiz 2002, 143, 144.

[128l] So *Roxin*, AT I, 17/50 f.; „diskussionswürdig" nach S/S-*Eser/Sternberg-Lieben*, § 223 Rn. 23 a, ähnlich wie *Roxin*, jetzt auch *Jäger*, Rn. 165: Verantwortungsausschluss auf der Ebene der Schuld.

Rechtsgrund zum einen die **Übertragung** der Züchtigungsbefugnis durch die Eltern, zum anderen das staatliche Recht in Betracht zu ziehen ist.

Wenn auch die Ausübung der elterlichen Erziehungsbefugnis im Rahmen besonderer Betreuungsverhältnisse prinzipiell auf Dritte übertragen werden kann, so ist doch die Übertragung auf den Lehrer an öffentlichen Schulen **ausgeschlossen**.[129] Der Grund für die Versagung dieser Übertragungsmöglichkeit ist zum einen darin zu sehen, dass dadurch amtliche Befugnisse des Lehrers in unzulässiger Weise erweitert würden, zum anderen darin, dass die Züchtigungsbefugnis des Lehrers in ein und derselben Klasse unterschiedlich gehandhabt werden würde.[130]

Eine aus **staatlichem Erziehungsrecht** abgeleitete Züchtigungsbefugnis des Lehrers gegenüber den Schülern besteht nach überwiegender Auffassung der Literatur nicht.[131] Hingegen hat die bisherige Rspr. ein Züchtigungsrecht des Lehrers in den Grund- und Hauptschulen und den unteren Klassen der höheren Schulen kraft **Gewohnheitsrechts** bejaht,[132] wobei auch hier ein Meinungswandel erkennbar ist. Ließ der BGH (NJW 76, 1949) zunächst noch offen, ob die Züchtigungsbefugnis auf Grund Gewohnheitsrechts fortbesteht,[133] so hat er sich inzwischen auf Grund der fast allgemeinen Aufhebung der Befugnis zur körperlichen Züchtigung durch landesrechtliche Schulgesetze (z.B. § 90 III 2 Bad-Württ SchulG) gegen eine Fortgeltung des Züchtigungsrechts ausgesprochen (BGH NStZ 1993, 591). Gegen die Annahme eines Züchtigungsrechts des Lehrers sprechen vor allem **verfassungsrechtliche Bedenken**: Staatliche Eingriffe bedürfen gem. Art. 2 II S. 3 GG eines Gesetzes. Zwar geht das Bundesverfassungsgericht davon aus, dass auch vorkonstitutionelles Gewohnheitsrecht dem Vorbehalt des Gesetzes genügen könne.[134] Wesentliche Entscheidungen des Schulwesens hat der Gesetzgeber nach der Wesentlichkeitstheorie des Bundesverfassungsgerichts jedoch selbst zu treffen.[135] Da die Entscheidung, Eingriffe in die körperliche Unversehrtheit der Schüler unter bestimmten Voraussetzungen zuzulassen, eine wesentliche ist, kann hier vorkonstitutionelles Gewohnheitsrecht dem Vorbehalt des Gesetzes nicht genügen.

Auch erscheint es angesichts der zunehmenden Ablehnung eines Züchtigungsrechts des Lehrers in der Literatur schon problematisch, von der Weitergeltung eines kraft Gewohnheitsrechts bestehenden Züchtigungsrechts auszugehen.[136] Selbst wenn man einräumt, dass die wachsende Kritik an der bisher herrschenden Rechtsüberzeugung das seither geltende Gewohnheitsrecht nicht habe entfallen lassen, so

---

[129] BGHSt 12, 69 f., wobei einige Ausnahmen anerkannt werden, z.B. für Internate; dagegen aber *Jung*, Das Züchtigungsrecht des Lehrers, 1977, S. 68 ff.

[130] *Roxin*, AT I, 17/38; *Jakobs*, 16/35.

[131] *Fischer*, § 223 Rn. 19; *Ebert*, S. 91; *Gössel/Dölling*, BT 1, 76/4; *S/S-Eser/Sternberg-Lieben*, § 223 Rn. 20; *Jakobs*, 16/35; *Köhler*, S. 303; *Jescheck/Weigend*, S. 396; *Rengier*, BT II, 2/7; *Stratenwerth/Kuhlen*, 9/143; *Schlehofer*, JuS 1992, S. 663; *Roxin*, AT I, 17/52 ff.; *Runte*, 1991, S. 357; a.A. *W-Beulke*, Rn. 390 (soweit es nicht gesetzlich ausgeschlossen ist). Für Ausschluss des Strafunrechts auch hier SK-*Günther*, Rn. 69 vor § 32, sowie *ders.*, 1983, S. 355 ff., sowie *ders.* in: Fs. Spendel, 1992, S. 200; ebenso *Krey*, BT 1, 12. Aufl. 2002, Rn. 654; anders jetzt *K/H/H-Heinrich*, BT 1, Rn. 886.

[132] Vgl. BGHSt 11, 247 ff.; BGH GA 1963, 83; BayObLG NJW 1979, 1372 f.; OLG Schleswig NJW 1956, 1002 f.; OLG Hamm JZ 1957, 452; OLG Zweibrücken NJW 1974, 1773. Zur Entwicklung der Rspr. vgl. *Runte*, 1991, S. 123–129.

[133] Starke Bedenken schon in BGHSt 6, 263 (268 ff.).

[134] BVerfG E 34, 293, 303; BVerfG JZ 1980, 606.

[135] BVerfG E 34, 192 f.; 49, 126 f.

[136] Von dem Wegfall des Gewohnheitsrechts durch Wegfall der allgemeinen Rechtsüberzeugung spricht *Schlehofer*, JuS 1992, S. 663 m.w.N.

stellt sich doch die Frage, ob das Züchtigungsrecht nicht durch Landesgesetze, die ein ausdrückliches Züchtigungsverbot des Lehrers normieren, mit strafbegründender Wirkung aufgehoben wurde.[137]

82   Im **Ergebnis** bleibt also festzustellen, dass ein Züchtigungsrecht des Lehrers gegenüber den Schülern nicht besteht. Es ist durch die Schulgesetze der Bundesländer mit ausdrücklichem Verbot derogiert (z. B. § 90 III Satz 5 SchulG Baden-Württemberg) oder gehört nach manchen Schulgesetzen nicht zu den enummerativ aufgeführten Erziehungsmaßnahmen, die erlaubt sind (z. B. § 61 III SchulG Niedersachsen).

82a   Gesetzlich derogiert („aufgehoben") wurde das früher gewohnheitsrechtlich geltende Züchtigungsrecht des Ausbilders gegenüber jugendlichen Auszubildenden (s. § 31 JArbSchG und § 108 SeemannsG).

> Aus der **Übungsfall-Literatur** vgl.: *Eser/Burkhardt,* Strafrecht I, Fall Nr. 15: Züchtigungs-Fall nach BGHSt 3, 105; *Gössel,* Fälle, Fall 6, S. 108 f. u. 120 f.; K/H/H-*Heinrich,* BT 1, Rn. 883–891: Fall 98; *Kudlich,* PdW AT, Fall 125; *Kühl,* JuS 2007, 742 u. 744 f. (kein Züchtigungsrecht in Ausbildungsverhältnissen).

F. Das Festnahmerecht von jedermann gem. § 127 I StPO

83   **Jedermann** (Private, aber auch Polizeibeamte[137a]) ist nach § 127 I 1 StPO befugt, einen anderen („jemand") „vorläufig festzunehmen", wenn dieser „auf frischer Tat betroffen oder verfolgt" wird. Das Festnahmerecht geht dem rechtfertigenden Notstand nach § 34 für alle Maßnahmen strafverfolgender Art vor;[137b] wer also unter Überschreitung der zeitlichen Grenzen des § 127 I StPO – „auf frischer Tat" – den Täter erst nach einigen Tagen „festnimmt", kann sich zur Rechtfertigung nicht auf § 34 berufen.[137c] Die durch die Festnahme – sog. „Flagranzfestnahme"[138] – tatbestandsmäßig begangene Tat (§§ 239, 240; § 223 nur soweit die Festnahme notwendigerweise mit leichten Körperverletzungen, die – wie der schmerzhafte sog. „Polizeigriff" – für die Festnahme erforderlich sind, verbunden ist[138a]), ist also nur dann gerechtfertigt, wenn eine („frische") Tat desjenigen vorliegt, der festgenommen wird. „Tat" meint eine Straftat, zumindest rechtswidriger Art.[138b] Damit taucht schon bei der ersten Rechtfertigungsvoraussetzung des § 127 I StPO das Hauptproblem dieses **Rechtfertigungsgrundes**[138c] auf. Unter Absehen von weiteren möglichen Differenzierungen[139] geht es um die Frage, ob der Festgenommene die **Tat** wirklich be-

---

[137] So jetzt BGH NStZ 1993, 591.

[137a] *Wagner,* ZJS 2011, 465, 466; *Beulke,* StPR, Rn. 238; *Fezer,* 5/27; *Roxin/Schünemann,* Strafverfahrensrecht, 31/2, und *Roxin/Achenbach,* PdW Strafprozessrecht, Fall 116.

[137b] Eingehend begründet von *Thiel,* 2000, S. 232 ff., 243; insb. in „zeitlicher Hinsicht" entfalte die Festnahmebefugnis eine „Sperrwirkung" gegenüber § 34.

[137c] *Roxin,* AT I, 14/48, der damit aber § 34 nicht allgemein ausschließen will.

[138] *Achenbach,* JA 1981, 660 f.; *Geppert,* Jura 1991, 273; ähnlich *Seier,* JuS 1991, L 93.

[138a] LK-*Rönnau,* Rn. 269 vor § 32 m. w. N.; *Fezer,* Fall 5, Rn. 33. – Aus der Rspr. vgl. BGHSt 45, 378, 381 f. – Nach *Wagner,* ZJS 2011, 465, 466, auch § 303 bei Sachbeschädigung an der Kleidung des Festgenommenen.

[138b] Auf die schuldhafte Begehung kommt es nicht an, *Wagner,* ZJS 2011, 465, 466 f.; nur ausnahmsweise darf es an der Schuldfähigkeit fehlen, LK-*Rönnau,* 265 vor § 32.

[138c] *Bülte,* ZStW 121 (2009), 377; *Wagner,* ZJS 2011, 465, 476; B-*Weber/Mitsch,* 17/144.

[139] Solch weitere Differenzierungen führen bei *Hillenkamp,* 8. AT-Problem, S. 58–62, zu vier „Theorien". – *Paeffgen,* NStZ 1992, 532, kommt zu drei Lösungen bzw. Betrachtungen, hat

geht bzw. begangen haben muss oder ob er der Tatbegehung (nach pflichtgemäßer Prüfung oder gar zur festen Überzeugung des Festnehmenden) nur dringend **verdächtig** ist.

Für die letztere sog. „prozessuale Theorie" spricht zunächst der Standort der Vor- 84 schrift in der StPO, denn dem Prozessrecht entspricht es, dass verfahrenseinleitende Maßnahmen noch keinen Nachweis der Täterschaft, den erst das rechtskräftige Urteil (= Widerlegung der Unschuldsvermutung gem. Art. 6 II EMRK) erbringt, voraussetzen, sondern **Tatverdacht genügen** lassen. Hinzu kommt, dass in der unklaren Situation dem privaten Festnahmebereiten nicht mehr an Sorgfalt abverlangt werden kann als einem „Strafverfolger", wenn man nicht auf verfahrenseinleitende Festnahmen durch Private ganz verzichten will.[140]

Die Gegenauffassung – sog. „materiell-rechtliche Theorie" – kann für sich den 85 **Wortlaut** des § 127 StPO anführen, der nur in § 127 II StPO für Strafverfolgungsorgane auf Vorschriften verweist, die sich mit einem Tatverdacht begnügen (z. B. § 112 I StPO für den Erlass eines Haftbefehls). Sie kann außerdem darauf verweisen, dass das Risiko, festgenommen zu werden, einem Nicht-Täter schwerlich **zugemutet** werden kann, zumal der Festnehmende in Situationsbeurteilungen nicht geschult und zur Festnahme nicht verpflichtet ist.[141]

Diese Auffassung überzeugt, obwohl man einräumen muss, dass die dem Nur- 86 Verdächtigen = Nicht-Täter abverlangte Duldung – so er sich nicht wehrt – „nur" in einer vorübergehenden Freiheitsbeeinträchtigung besteht.[142] Anderseits ist der sich bei der Festnahme irrende Täter vor Strafe durch die **Irrtum**sregeln geschützt. Die möglicherweise negativen Auswirkungen auf die Festnahmebereitschaft bei Privaten hängt wohl von den rechtlichen Voraussetzungen dieser Festnahme kaum ab. Eine andere Risikoverteilung kommt allenfalls dann in Betracht, wenn der Festgenommene zurechenbar den Verdacht, eine Straftat begangen zu haben, erregt hat.[143]

Zum „Risiko des privaten Festnehmers" vgl. OLG Hamm NJW 1972, 1826 m. 87 Besprechungsaufsatz von *Fincke*, JuS 1973, 87–91; vgl. außerdem: OLG Zweibrücken VRS 61 (1981), 357 m. Bspr. *Geppert*, JK StPO § 127/1; BayObLG JR 1987, 344 m. Besprechungsaufsatz von *Schlüchter*, JR 1987, 309 f.[144]

---

aber Zweifel, ob die mittlere, sog. subjektive Betrachtung des BayObLG JR 1987, 344 m. Bspr. *Schlüchter*, JR 1987, 309 f., wirklich als eigenständige Lösung neben der „Tatverdachts-Lösung" gelten kann. Knappe Streitstanddarstellung bei *Geppert*, Jura 1991, 273; *Marxen*, Fs. Stree/Wessels, 1993, S. 706 ff. u. *Wagner*, ZJS 2011, 465, 468–471. – Problemschwerpunkt 9 bei *Heinrich*, AT I, Rn. 505–508.

[140] Vgl. mit zahlreichen Nachweisen *Hillenkamp*, 8. AT-Problem, S. 61; ergänzend: *Kargl*, NStZ 2000, 8, 9; *Wagner*, ZJS 2011, 465, 470 f.; *Freund*, 3/11–13; *Heinrich*, AT I, Rn. 508; *Köhler*, S. 319 f.; *Murmann*, GK, 25/164, *Roxin*, AT I, 17/24, und ders., Strafverfahrensrecht, 31/4 (and. jetzt *Roxin/Schünemann*, Strafverfahrensrecht, 31/4); *Fezer*, 5/29; SK StPO-*Paeffgen*, 10 zu § 127 StPO. – Aus der Rspr. vgl. OLG Hamm NStZ 1998, 370 [dieses Urteil aufgreifend *Bülte*, ZStW 121 (2009), 377, 400 f.: ex ante zweifellos feststehn] u. AG Grevenbroich NJW 2002, 1060; gegen die Rechtfertigung des Fahrausweisprüfers bei Schwarzfahren *Schauer/Wittig*, JuS 2004, 107 f.; für die Rechtfertigung des Betreibers einer SB-Tankstelle gegenüber zahlungsunwilligen Kunden *Krüger*, NZV 2003, 218 f.

[141] Vgl. wieder mit zahlreichen Nachweisen *Hillenkamp*, 8. AT-Problem, S. 58; ergänzend: *Beulke*, StPR, Rn. 235; *Ranft*, Strafprozessrecht, Rn. 767; *Frister*, AT, 13/19; *Kindhäuser*, AT, 20/5, 6; *Krey/Esser*, AT, Rn. 646 f.; *Otto*, 8/155 u. in: Jura 2003, 685; *Volk*, 10/67; *W-Beulke*, Rn. 354; *Zieschang*, Rn. 321; *Joecks*, Rn. 40 Vor § 32; *Meyer-Goßner*, StPO, § 127 Rn. 4 u. *Satzger*, Jura 2009, 107, 110.

[142] *Roxin*, AT I, 17/25.

[143] *Jakobs*, 16/16.

[144] Krit. dazu *Jakobs*, 16/16 Fn. 25 a.

> Aus der **Übungsfall-Literatur** zur Tat vgl.: *Alpmann/Schmidt,* AT 1, Fall 19, S. 103–106: *Beulke,* StPR, Fall 28 b, vor Rn. 233 u. Rn. 268; *Borchert,* JA 1982, 339 f.: Fall 2; *Geisler/Meyer,* Jura 2010, 388 u. 389 f. (verwirklichte Tat); *Grebing,* Jura 1980, 91 u. 99; *Bruckauf,* in: *Ebert,* (Hrsg.), Fall 6, S. 6 f. u. 104 („tatsächliches Vorliegen einer Straftat") sowie *Schütze,* ebda., Fall 16 S. 16 f. u. 252 („dringender Tatverdacht" ausreichend); *Engländer,* StPO, Fall 31 Rn. 123; *Gaul/Haselhoff/Zapf,* JA 2011, 672 u. 679; *Herzberg/Putzke,* JuS 2008, 884 u. 887 (Verdacht genügt); *Hillenkamp,* 8. AT-Problem, Bsp. 1, S. 58 u. 62, sowie Bsp. 2, S. 62; *Krey/Esser,* AT, Fall 93, Rn. 644–649 (wirklicher Täter); *Kudlich,* PdW AT, Fall 123; *Lesch,* Strafprozessrecht, 1999: Fall 35, S. 170–173; *Meurer/Kahle,* JuS 1993, L 60 f. u. L 63; *Otto/Bosch,* Übungen, Fall 9, S. 195 f. (wirkliche Tat); *Roxin/Achenbach,* PdW Strafprozessrecht, Fall 113; *Schwind/Franke/Winter,* Anfängerübung, 2. Hausarbeit, S. 65 u. S. 77, 79; *Tenckhoff,* Jura 1995, 97 u. 98 f.; *Valerius,* Klausur 9, S. 139 u. 142.

88   Die Tat muss außerdem „frisch" sein. Frisch ist sicher die laufende Tat, aber auch die vollendete, sofern noch ein **unmittelbarer** zeitlicher und räumlicher **Zusammenhang** mit der Tat besteht; ob dieser auch noch nach Beendigung der Tat gegeben sein kann, ist wie bei § 252 streitig, aber wohl nicht auszuschließen.[145] Wird sofort nach Tatbegehung die Verfolgung aufgenommen und über eine lange Strecke und Zeit durchgehalten, so bleibt die Tat frisch.[146]

> Vgl. aus der **Übungsfall-Literatur:** *Ladiges/Glückert,* Jura 2011, 552 u. 555; *Knauer,* JuS 2007, 1011 u. 1014; *Krey,* Strafverfahrensrecht 2, Fall 20, Rn. 369 u. 375; *Otto,* Jura 2008, 954 u. 956 (unmittelbar nach Fahrtbeendigung); *Roxin/Achenbach,* PdW Strafprozessrecht, Fall 114 a; *Schwind/Franke/Winter,* Anfängerübung, 2. Hausarbeit, S. 65 u. S. 85; *Seier,* JuS 1991, L 92 u. L 94 (keine Tatfrische, wenn ein steckbrieflich Gesuchter angetroffen wird; ebenso *Geppert,* Jura 1991, 273, mit Bsp.); *Stuckenberg,* AL 2011, 305 u. 311 (sofort nach Tat Flucht ergriffen); *Zacharias,* Jura 1994, S. 207 u. 209.

89   Weitere objektive Festnahmevoraussetzung ist, dass hinsichtlich des Festzunehmenden Fluchtverdacht besteht oder dass seine Identität nicht sofort feststellbar ist (= sog. „**Festnahmegründe**"[147]). – Von der Schwere der Anlasstat ist das Festnahmerecht unabhängig.[147a] Umstritten ist, ob als Tat auch eine solche verstanden werden kann, die – weil etwa von strafunmündigen Kindern begangen – keine strafrechtlichen Folgen nach sich ziehen kann (abl. mit eingehender Begründung *Börgers/Grunewald,* ZJS 2008, 521 u. 523–525; *Bülte,* ZStW 121 (2009), 375, 386, *Satzger,* Jura 2009, 107, 108 f.; *Wagner,* ZJS 2011, 465, 467 und *Meyer-Goßner,* Rn. 3 a zu § 127 StPO; a. A. *Verrel,* NStZ 2001, 284, 287.

90   Die zur Festnahme angewandten Mittel müssen **objektiv** auf Festnahme gerichtet sein und **subjektiv** muss der Festnehmende – außer in Kenntnis der Festnahmesituation – zum Zwecke der Festnahme handeln,[148] wobei es nicht primär um eine sub-

---

[145] Dafür OLG Stuttgart bei *Paeffgen,* NStZ 1991, 425.

[146] *Roxin,* AT I, 17/23; ebenso *Jakobs,* 16/18; *Ranft,* Strafprozessrecht, Rn. 776 u. *Satzger,* Jura 2009, 107, 110 f.: Fall 4.

[147] *Otto,* Jura 2003, 685, 686; *Satzger,* Jura 2009, 107, 111: Fall 5; *Wagner,* ZJS 2011, 465, 471 f.; *Beulke,* StPR, Rn. 236; *Krey,* Strafverfahrensrecht 2, Rn. 376; *Roxin/Schünemann,* Strafverfahrensrecht, 31/3. – Im Übungsfall: *Meurer/Dietmeier,* JuS 2001, L 36 u. L 39. – Aus der Rspr.: BayObLG NStZ-RR 2002, 336 mit Bspr. *Otto,* JK 6/03, StPO § 127/5.

[147a] *Schröder,* Jura 1999, 10, 11; *Otto,* Jura 2003, 685, 686 f.; *Wagner,* ZJS 2011, 465, 475; *Lackner/Kühl,* 23 vor § 32.

[148] B-*Weber/Mitsch,* 16/65; *Lampe,* GA 1978, 7 („unvollkommen zweiaktiger Rechtfertigungsgrund"); *Loos,* Fs. Oehler, 1985, S. 237; *Otto,* 8/158; *Roxin,* AT I, 14/103; *S/S-Lenckner/Sternberg-Lieben,* Vorbem §§ 32 ff. Rn. 81, 82 u. 16; eingehend *Schmidt,* 2007, S. 41 ff., 191, die ein besonderes subjektives Rechtfertigungselement verlangt, aber auch die vorgestellte Wahrscheinlichkeit des Eintritts des Rechtfertigungserfolgs genügen lässt. Umstritten ist, welche Erlaubnistatbestände über § 127 I StPO hinaus als solche Rechtfertigungs-

jektive Zwecksetzung, sondern darum geht, dass der Festnahmezweck erreicht wird.[149] Rein präventive Zwecke dürfen nicht verfolgt werden; hier können Notwehr und Notstand eingreifen (*Wagner*, ZJS 2011, 465, 476).

> Aus der **Übungsfall-Literatur** zu Fluchtverdacht und Idtentitätsfeststellung sowie Festnahmezweck vgl.: *Bülte/Becker*, Jura 2012, 319 f. u. 328, 329 (Festnahmezweck); *Hilgendorf*, KK II, Fall 2, Rn. 12 (Fluchtverdacht) und KK III, Fall 7, Rn. 70 (Festnahmezweck); *König*, JuS 1992, 49 u. 51 (vom Festnahmewillen getragen); *Krüger*, JA-Übungsblätter, 1984, 124 u. 126 f. (kein Sicherungszweck verfolgt); *Otto*, Jura 2008, 954 u. 956 (Beweissicherungszwecke genügen nicht); *Schwind/Franke/Winter*, Anfängerübung, 1. Hausarbeit, S. 3 u. 37 (kein Festnahmewille); *D. u. I. Sternberg-Lieben*, JuS 2002, 576 u. 578 (keine Kenntnis der rechtfertigenden Lage); *Stuckenberg*, AL 2011, 305 u. 311 (Fluchtverdacht und nicht sofort feststellbare Identität).

Ein letzter problematischer Punkt ist der **Umfang** des Festnahmerechts. Die mit **91** dem Festhalten verbundenen Freiheitsbeeinträchtigungen (§§ 239, 240) sind als unerlässliche **Mittel** ebenso von § 127 I 1 StPO gedeckt wie die durch ein festes Zupacken möglicherweise verursachte körperliche Misshandlung gem. § 223; unter Umständen sind auch eine Ingebrauchnahme eines Fahrrads i. S. des § 248 b[149a] oder die Wegnahme des Autoschlüssels[149b] als mildere Mittel im Vergleich zur Freiheitsentziehung erlaubt. Dagegen sind weitergehende Gesundheitsbeschädigungen, z. B. schwere Körperverletzungen, vom Begriff Festnehmen nicht mehr gedeckt (*Satzger*, Jura 2009, 107, 113) und auch einem – nach der oben (Rn. 85) vertretenen Meinung – wirklichen Täter durch einen Privaten wohl nicht mehr zuzumuten (= unverhältnismäßig[149c]), erst recht nicht lebensgefährliche Verletzungen.[150] Zulässig ist es, den flüchtenden Dieb von hinten anzuspringen, zu Fall zu bringen und am Boden zu „fixieren", nicht aber ihn lebensgefährlich zu würgen (BGHSt 45, 378, 381 f. m. Bspr. *Kargl/Kirsch*, NStZ 2000, 604; *Mitsch*, JuS 2000, 848; *Trüg/Wentzell*, Jura 2001, 30 u. *Otto*, JK 00, StPO § 127/4); im konkreten Fall war aber auch eine Notwehrhilfe des Täters (Kaufhausdetektiv) zu Gunsten des Eigentümers (Kaufhausinhaber) gegen den fortdauernden Eigentumsangriff seitens des Diebes zu erwägen (vgl. *Mitsch* a. a. O. S. 850; *Trüg/Wentzell* a. a. O. S. 31 u. *Satzger*, Jura 2009, 107, 113 f.: Fall 10). Der Einsatz von Schusswaffen zu Warnschüssen erscheint als Festnahmemittel noch vertretbar, der gezielte Schuss in die Beine des Flüchtenden

---

gründe anzusehen sind, die eine besondere Zwecksetzung des Handelns voraussetzen; vgl. etwa *Frisch*, Fs. Lackner, 1987, S. 145; *Herzberg*, JA 1986, 190; *Jakobs*, 11/18; *Wolter*, 1981, S. 135. – Zum Verteidigungswillen bei § 32 vgl. 7/124 ff.; zum Rettungswillen bei § 34 vgl. 8/183 ff.

[149] *Frisch*, Fs. Lackner, 1987, S. 147. – Aus der Rspr. vgl. BGH NStZ-RR 1998, 50 mit Bspr. *Geppert*, JK 98, StPO § 127/3.

[149a] Dafür *Mitsch*, BT 2/2, 1/32 mit Bsp.

[149b] So *Kindhäuser*, AT, 20/9 u. *Roxin*, AT I, 17/28; a. A. *Krey/Esser*, AT, Rn. 653; für analoge Anwendung des § 127 I StPO *Wagner*, ZJS 2011, 465, 474; aus der Rspr. vgl. OLG Saarbrücken NJW 1959, 1190, 1191.

[149c] Zur Verhältnismäßigkeit der Festnahmehandlung vgl. *Schröder*, Jura 1999, 10, 12 ff., und *Kargl*, NStZ 2000, 8, 14 f.; *Satzger*, Jura 2009, 117, 112 f.: Fälle 6, 7, 8. – Die Verhältnismäßigkeit gebietet nicht, § 127 StPO nur bei schweren Straftaten eingreifen zu lassen; so zutr. *Schröder*, a. a. O., S. 11 ff.; ebenso jetzt BGHSt 45, 378, 381 (mit zust. Bspr. *Kargl/Kirsch*, NStZ 2000, 604, 605 u. *Otto*, JK 00, StPO § 127/4): „bei allen Verbrechen und Vergehen".

[150] *Ranft*, Strafprozessrecht, Rn. 784; *Roxin*, AT I, 17/28; vgl. auch *Rogall*, JuS 1992, 551 u. 555 sowie *Zieschang*, Fs. Knemeyer, 2012, S. 449, 450: Keine Rechtfertigung von Tötungen.

wohl nicht einmal in Ausnahmesituationen.[150a] Erfolgt die „Festnahme" durch Einsatz eines unzulässigen Festnahmemittels (z. B. körperverletzender Schuss gem. § 224 I Nr. 2 auf den „Spanner"), so greift § 127 StPO auch nicht teil-rechtfertigend für die an sich gerechtfertigte Freiheitsberaubung gem. § 239 I ein.[150b] Auch ein Rückgriff auf § 34 ist nicht möglich, weil sonst die von § 127 StPO vorgenommene Beschränkung, z. B. bei der Festnahme von „Schwerverbrechern", überspielt werden könnte.[150c] Setzt sich der auf frischer Tat Betroffene mit Gewalt gegen die berechtigte Festnahme zur Wehr, so hat der Festnehmende dagegen das Notwehrrecht und ist zu allen erforderlichen Abwendungsmaßnahmen berechtigt (BGHSt 45, 378, 381 m. krit. Bspr. *Kargl/Kirsch*, NStZ 2000, 604, 606: nur „Schutzwehr"; zust. aber *Hillenkamp*, 8. AT-Problem, 4. Hinweis, S. 63).

Zum letzten Punkt in Übungsfällen unterschiedlicher Meinung: *Knauer*, JuS 2002, 53 u. 56 („niemals gestattet"), und *Otto*, Übungen, Examensklausur Nr. 1, S. 145 u. 158 f. („ausnahmsweise"); wie *Krey: Knauer*, JuS 2002, 53 u. 56; *Meurer/Kahle/Dietmeier*, Übungskriminalität, Fall 4, S. 49 f. u. 66 f., sowie *Roxin/Achenbach*, PdW Strafprozessrecht, Fall 114 a und b. Weitere **Übungsfälle** zum Umfang des Festnahmerechts nach § 127 StPO bei: *Ambos/Rackow*, Jura 2006, 943 u. 944 f. (unverhältnismäßige Festnahmehandlung); *Beulke*, StPR, Fall 28 c, Vor Rn. 233 u. Rn. 268 (Faustschlag); *Borchert*, Jura 1982, 343 f., Fall 5 (Schüsse); *Grebing*, Jura 1980, 91 u. 99 (auch nicht unerhebliche Gesundheitsbeschädigungen); *Engländer*, StPO, Fall 32 Rn. 125 (Quetschungen durch „zu Fall bringen" ja, Kinnhaken nein); *Hilgendorf*, KK II, Fall 2, Rn. 18 („Schmorenlassen" als Selbstjustiz) und KK III, Fall 7, Rn. 70 (Niederschlagen); *Knauer*, JuS 2007, 1011 u. 1014 (Knieverletzung mit Gelenkversteifung); *Kudlich*, AT-Fälle, Fall 1, S. 13 (gröbere körperliche Gewalt) und in: PdW AT, Fall 122 (Übergang von § 127 StPO zu § 32); *Kühl*, JuS 2007, 742 u. 745 (nicht zur Festnahme erforderliche Schläge); *Meurer/Dietmeier*, JuS 2001, L 36 u. L 39; *Roxin*, PdW Strafprozessrecht, Fall 123 b (festes Zupacken, auch Fesseln oder Einsperren); *Rudolphi*, AT-Fälle, Fall 3, S. 24 u. 31 (Bedrohen mit Schusswaffe gerechtfertigt, nicht aber körperverletzender Schuss); *Schütze*, in: *Ebert*, (Hrsg.), Fall 8, S. 8 f. u. 134 f. (Kein Schusswaffengebrauch) und S. 139 (kein „lebensgefährdendes" Handeln) sowie S. 142 (§ 239 III Nr. 2 entfällt wegen § 127 StPO – Rechtfertigung des Grunddelikts nach § 239 I); *Schwind/Franke/Winter*, Anfängerübung, 1. Hausarbeit, S. 3 u. 29, 31, 37 (Stichverletzung kein Festnahmemittel); *Stoffers*, JA 1994, 35 u. 41 f. (Treppensturz durch Beinstellen); *Stuckenberg*, AL 2011, 305 u. 311 (bloßes nichtverletzendes Festhalten); *Valerius*, Klausur 9, S. 139 u. 142 f. (blauer Fleck am Handgelenk durch Festhalten gerechtfertigt); *Walter*, Jura 2002, 415 u. 421 f. (auch bei Bagatellen). Aus der Rechtsprechung vgl. BayObLG NStZ 1988, 518, m. Anm. *Molketin*, NStZ 1989, 488: Motorradfahrer zu Fall bringen; und OLG Stuttgart NJW 1984, 1694, mit Problemstellung *Seier*, JA 1984, 702 f.: festes Anfassen.

91a   Bei Offizialfestnahmen durch Polizeibeamte gem. § 127 II StPO richten sich die Mittel der Festnahme nach den Landespolizeigesetzen, so dass auch ein tödlicher Schuss gerechtfertigt sein kann (BGH NJW 1999, 2533 m. Anm. *Ingelfinger*, JR 2000, 299 f.).[150d]

Übungsfall bei: *Bergmann/Kroke*, Jura 2010, 946 u. 951.

[150a] Anders BGH bH MDR 1979, 985; beachte jedoch die „deutliche Skepsis" gegenüber dieser „vereinzelt gebliebenen Entscheidung", BGH NStZ-RR 1998, 50 mit Bspr. *Geppert*, JK 98, StPO § 127/3. – Gegen die Zulässigkeit des gezielten Schusswaffengebrauchs gegen Personen *Otto*, Jura 2003, 685, 687; *Bülte*, ZStW 121 (2009), 377, 409 f.; *Wagner*, ZJS 2011, 465, 476, *Krey/Esser*, AT, Rn. 652; *Marxen*, AT, Fall 11 b, S. 95 f.; *W-Beulke*, Rn. 356 u. *Beulke*, StPR, Rn. 237.

[150b] *Schröder*, Jura 1999, 10, 13 f.

[150c] *Thiel*, 2000, S. 243.

[150d] Ebenso *Beulke*, StPR, Rn. 238 u. *Meyer-Goßner*, StPO, § 127 Rn. 20. – Vgl. zum Schusswaffengebrauch als Dienstrecht von Beamten *Lackner/Kühl*, 24 vor § 32.

G. Verfassungsrechtliche Rechtfertigungsgründe

Die Frage, ob und welche Vorschriften des Grundgesetzes ein straftatbestands- 92
mäßiges Verhalten rechtfertigen können, ist **weitgehend ungeklärt**. Wo Klarheit besteht (z. B. das Widerstandsrecht gem. Art. 20 IV GG ist ein Rechtfertigungsgrund),
fehlt die praktische Relevanz, wo die Frage dringlich wird (Rechtfertigung von z. B.
straftatbestandsmäßigen Protestaktionen durch Grundrechte, insb. Art. 5 und 8
GG), steht eine allgemein akzeptierte Antwort noch aus.

I. Das Widerstandsrecht gem. Art. 20 IV GG

1. Allgemeine Einführung

Art. 20 IV GG gibt allen Deutschen „das Recht zum Widerstand" gegen „jeden, 93
der es unternimmt", die in Art. 20 I–III GG umschriebene „Ordnung zu beseitigen",
allerdings nur dann, „wenn andere Abhilfe nicht möglich ist." Diese Regelung steht
den im StGB geregelten Rechtfertigungsgründen[150e] zwar in ihrer **Bestimmtheit**
kaum nach, doch hat sie anders als die ihr „verwandten" §§ 32, 34 kaum ein **praktisches** Anwendungsgebiet. Art. 20 IV GG ist zwar in der (gerade z. Zt. der Not-
standsgesetzgebung 1968 auch wichtigen) guten Absicht geschaffen worden[151] zu
zeigen, dass der Schutz der Verfassungsordnung auch Sache, ja sogar ein Recht des
Bürgers ist, doch stellt er den fast schon untauglichen Versuch der **Regelung von
Unregelbarem** dar.[152]

Dass es bisher seit der Geltung von Art. 20 IV GG keine praktischen (von der Recht- 94
sprechung zu entscheidenden) **Fälle** möglicherweise gerechtfertigten Widerstands gegeben hat, sollte man nicht beklagen, denn der Grund für das Fehlen von Fällen liegt in
dem fehlenden Anlass zur Ausübung des Widerstandsrechts und das bedeutet: in der
Stabilität der deutschen Verfassungsordnung. Immerhin sind Übungsfälle denkbar,
doch auch sie stellen den Aufgabensteller vor große Schwierigkeiten, wenn er einen
Fall mit gerechtfertigter Widerstandshandlung konstruieren will.

> Vgl. aus der **Übungsfall-Literatur:** *Pieroth/Schlink*, Grundrechte, § 27 Fall: Bau einer Bunker-
> anlage, mit Lösungsskizze Rn. 1030 (in beiden Varianten kein Fall gerechtfertigten Wider-
> stands).

2. Die einzelnen Voraussetzungen

a) Täter und Opfer

Täter bzw. **Träger des Widerstandsrechts** ist jeder Deutsche. Damit sind nur Nicht- 95
Deutsche von der Rechtfertigung nach Art. 20 IV GG ausgeschlossen, doch kommt

---

[150e] Zur Einordnung als Rechtfertigungsgrund *Blank*, 1982, S. 35 ff.

[151] Ausführlich zur Entstehungsgeschichte: *Arndt*, RuP 1993, 154 ff.; *Böckenförde*, JZ
1970, 168 ff.; *Schmahl*, JahrbÖR 55 (2007), S. 99, 104 ff.; knapper, aber mit weiteren Nach-
weisen LK-*Rönnau*, Rn. 128 Vor § 32; *Roxin*, AT I, 16/129. – Den Anstoß zur Schaffung von
Art. 20 IV GG gab das BVerfG (E 5, 376), vgl. dazu AK GG-*Ridder*, Art. 20 Abs. 4 Rn. 6. –
Zur ideengeschichtlichen Entwicklung des Widerstandsrechts *Schmahl*, JahrbÖR 55 (2007),
S. 99, 100 ff.

[152] *Pieroth/Schlink*, Grundrechte, Rn. 1027; *Zippelius*, Recht und Gerechtigkeit in der offenen Gesellschaft, 2. Aufl. 1996, S. 341. Nach AK GG-*Ridder*, Art. 20 Abs. 4 Rn. 9, ist „die
rechtliche Regelung von Bürgerkriegsaktionen total sinnlos." – Zur Kritik der Positivierung
des Widerstandsrechts vgl. auch *Isensee*, Das legalisierte Widerstandsrecht, 1969, S. 99. – Vgl.
auch *Blank*, 1982, S. 163 ff.

für sie (ebenso wie für Deutsche, die Widerstand gegen einen Umsturzversuch in einem fremden Staat leisten) die Rechtfertigung wegen Notstands gem. § 34 in Betracht.[153] Gerechtfertigten Widerstand nach Art. 20 IV GG können nicht nur Private, sondern auch Amtsträger i.S. des § 11 I Nr. 2 (wie z.B. Polizisten) und Soldaten der Bundeswehr (§ 48 WStG) leisten.[153a] Das Widerstandsrecht kann vom Einzelnen, aber auch kollektiv (dann Erfolg versprechender) wahrgenommen werden.[154]

96   Opfer i.S.v. **Angreifer auf die verfassungsmäßige Ordnung** ist jeder, „der es unternimmt", diese Ordnung „zu beseitigen". Das sind zum einen Staatsorgane wie z.B. die Regierung.[155] Dann spricht man vom „Staatsstreich von **oben**", gegen den sich das klassische, überpositive Widerstandsrecht immer schon richtete. Beispiele wären ein Putschversuch durch die Bundeswehr[155a] oder ein Ermächtigungsgesetz des Bundestags, mit dem ein Diktator eingesetzt wird.[156] Zum anderen sind mögliche Opfer auch gesellschaftliche Kräfte wie z.B. der revolutionäre Umstürzler.[157] Man spricht dann vom „Staatsstreich von **unten**".[157a] Als Beispiel wird der politische Streik durch Gewerkschaften genannt.[158]

b) Die Widerstandslage

97   Das Schutzgut, zu dessen Gunsten Widerstand geleistet werden darf, ist die in Art. 20 I–III GG umschriebene verfassungsmäßige Ordnung. Da damit nur die deutsche Verfassung gemeint sein kann, ist ein Deutscher, der eine fremde Verfassungsordnung verteidigen will, nicht durch Art. 20 IV GG gerechtfertigt[159] (möglich bleibt die § 34-Rechtfertigung s.o. Rn. 95). Ausgeschieden sind mit der Festlegung auf die Verfassungsordnung auch „Widerstandshandlungen", die nur fiskalische Güter des Staates erhalten wollen[160] (zu deren möglicher §§ 32, 34-Rechtfertigung, s.o. 7/37 u. 8/26).

98   Die von Art. 20 IV GG genannte „Ordnung" wird oft mit der vom Bundesverfassungsgericht entwickelten **freiheitlich demokratischen Grundordnung** gleichgesetzt,[161] doch wird der Verweis auf Art. 20 I–III GG auch als Hinweis auf eine enge-

---

[153] LK-*Rönnau*, Rn. 130 Vor § 32.
[153a] A.A. *Jahn*, 2004, S. 463; *Pawlik*, JZ 2004, 1045, 1053 u. LK-*Rönnau*, Rn. 130 vor § 32; ebenso aus verfassungsrechtlicher Sicht *Schmahl*, JahrbÖR 55 (2007), S. 99, 115. – Für Rechtfertigung (auch noch §§ 32, 54?) des „Tyrannenmord"-Versuchs durch den Oberstleutnand *Graf von Stauffenberg* jetzt *Graf Vitzthum*, in: Kaffanke u.a. (Hrsg.), „Es lebe das ‚Geheime Deutschland'!", 2011, S. 107ff. – Zum Tyrannenmord aus strafrechtlich-rechtsphilosophischer Sicht *Kaufmann*, Rechtsphilosphie, 1997, S. 207: aus der Sicht des Positivismus „in hohem Grad sittlich, aber rechtswidrig"; *Kaufmann* selbst hält den Widerstand sogar u.U. für gerechtfertigt, u.a. bei begründeter Hoffnung auf ein Gelingen (S. 208); dann ist der Widerstand „Rechtens" (S. 209), gemeint ist der Widerstand „im Unrechtsstaat", z.B. des 3. Reiches.
[154] *Schnapp*, in: *v. Münch/Kunig*, GG, Art. 20 Rn. 59.
[155] Beispiel von *Roxin*, AT I, 16/130.
[155a] Zum „Tyrannenmord" *Graf von Stauffenbergs* vgl. *Graf Vitzthum*, o. Fn. 153a.
[156] Vgl. *Jescheck/Weigend*, S. 399: Einführung einer Militärdiktatur.
[157] Beispiel von *Roxin*, AT I, 16/130.
[157a] Nach *Jahn*, 2004, S. 462ff. von Art. 20 IV GG nicht erfasst; anders *Schmahl*, JahrbÖR 55 (2007); S. 99, 113f.
[158] *Starck*, Art. Widerstandsrecht, in: Staatslexikon, Bd. 5, 7. Aufl. 1989, Sp. 991.
[159] *Jakobs*, 15/1.
[160] LK-*Rönnau*, Rn. 129 Vor § 32.
[161] So z.B. von *Haft*, S. 112; *Jescheck/Weigend*, S. 399; NK-*Paeffgen*, Rn. 180 vor § 32; *Roxin*, AT I, 16/130; S/S-*Lenckner/Sternberg-Lieben*, Vorbem §§ 32ff. Rn. 65; im Ansatz auch *Schmahl*, JahrbÖR 55 (2007), S. 99, 110.

re Verfassungsordnung verstanden.[162] Der Schutz von Grundrechten ist damit nicht automatisch mitumfasst, doch wird man sie zumindest in ihrem Menschenwürdegehalt als mitgeschützt ansehen müssen (Argument: Art. 79 III GG).[163] Nach der – allerdings vor Art. 20 IV GG ergangenen – Rechtsprechung des Bundesverfassungsgerichts ist der Schutzbereich des Widerstandsrechts noch nicht betroffen, wenn einzelne Bestimmungen oder ganze Institutionen des GG angegriffen werden, sondern erst bei Angriffen auf oberste Verfassungswerte, d.h. elementare Verfassungsgrundsätze (BVerfGE 5, 140f.).

Die von Art. 20 IV GG genannte Ordnung muss dem „Unternehmen", sie „zu beseitigen" ausgesetzt sein. Wegen des damit erforderlichen **„Angriffs"** auf die Verfassungsordnung wird Art. 20 IV GG oft als Unterfall bzw. Spezialfall der Staatsnotwehr/Staatsnothilfe aufgefasst.[164] Wer eine Nothilfe i.S. des § 32 zugunsten des Staates als solchen wegen der negativen Folgen eines Einschreitens von Bürgern gegen Staatsfeinde generell ablehnt und in Extremfällen allenfalls eine § 34-Rechtfertigung für möglich hält, versteht Art. 20 IV GG dagegen als Spezialvorschrift des Staatsnotstands bzw. der Staatsnotstandshilfe.[165]   **99**

Die Beseitigung (= der Angriff) auf die Verfassungsordnung muss unternommen sein, d.h. nach § 11 I Nr. 6 (der freilich unmittelbar nur den Unternehmensbegriff des StGB definiert): er muss zumindest versucht sein. Damit ist der **Versuchsbeginn**[166] der frühestmögliche Zeitpunkt für einen Widerstand ermöglichenden Angriff. Bloße Ankündigungen eines Umsturzversuchs scheiden damit aus. Ebenso den Umsturz vorbereitende Handlungen, obwohl der Umsturzversuch, wenn er erst einmal angelaufen ist, schwer zu bremsen sein wird.[167]   **100**

Nach Art. 20 IV GG gerechtfertigter Widerstand scheidet auch aus, wenn das „Beseitigungsunternehmen" zur erfolgreichen Beseitigung der Verfassungsordnung geführt hat.[167a] Doch dürfte eine (letztmögliche) Widerstandshandlung dann noch anzunehmen sein, wenn die Verfassungsordnung noch nicht endgültig beseitigt bzw. die neue Ordnung noch nicht fest etabliert ist.   **101**

Die **Offenkundigkeit** eines „Beseitigungsunternehmens" wird von Art. 20 IV GG nicht verlangt (anders *Schmahl,* JahrbÖR 55, 2007, S. 99, 111). Dem „Staatsstreich von oben" aber auch dem geheim gehaltenen „Staatsstreichen von unten" dürfte sonst wohl nie mit Widerstand begegnet werden.[168]   **102**

c) Die Widerstandshandlung

Objektiv erlaubt Art. 20 IV GG wenig aussagekräftig „Widerstand". Das erfasst sicher aktives Widerstandsverhalten, kann aber passives Verhalten den „Umsturz-   **103**

---

[162] So *Pieroth/Schlink,* Grundrechte, 12. Aufl. 1996 (später weggefallen), Rn. 1103.

[163] So *Pieroth/Schlink,* Grundrechte, 12. Aufl. 1996 (später weggefallen), Rn. 1103.

[164] M-*Zipf,* AT 1, 26/55; S/S-*Lenckner/Sternberg-Lieben,* Vorbem §§ 32 ff. Rn. 65; bei schuldhaften Angriffen auch *Jakobs,* 15/1.

[165] *Roxin,* AT I, 15/41 u. 16/130. – Für Staatsnotstand auch *Jakobs,* 15/1, freilich nur bei schuldlosen Angriffen und bei der Verletzung Dritter.

[166] *Jescheck/Weigend,* S. 399; LK-*Rönnau,* Rn. 132 Vor § 32; trotz Orientierung an § 11 I Nr. 6 weiter *Schmahl,* JahrbÖR 55 (2007), S. 99, 112.

[167] Deshalb für die analoge Anwendung der „notwehrähnlichen Lage" *Jakobs,* 15/2; dagegen *Roxin,* AT I, 16/131.

[167a] Ebenso LK-*Rönnau,* Rn. 132 vor § 32.

[168] Für das Erfordernis der Offenkundigkeit bzw. der Offensichtlichkeit *Isensee* (o. Fn. 152), S. 23 f.; *Jescheck/Weigend,* S. 399. – Dagegen *Jakobs,* 15/1; *Roxin,* AT I, 16/130; LK-*Rönnau,* Rn. 133 vor § 32; *Schnapp,* in: v. Münch/Kunig, GG, Art. 20 Rn. 50.

versuch" stoppen, so ist es auch „Widerstand".[169] Die Widerstandshandlung muss nach allgemeinen Rechtfertigungsgrundsätzen zur Verhinderung des Versuchs der Beseitigung der Verfassungsordnung **erforderlich** sein, d. h. geeignet und den „Umstürzler" möglichst schonend. Vorsätzliche Tötungen sind damit aber, so erforderlich, nicht ausgeschlossen.[170] Selbst fahrlässige Tötungen Unbeteiligter sind von Art. 20 IV GG gerechtfertigt, wenn sie unvermeidbare Nebenfolge des erforderlichen Widerstands gegen den „Umstürzler" sind.[171] Ob die Mittel des Widerstands auch noch am Maßstab des Übermaßverbots zu messen sind,[172] erscheint zweifelhaft, da es ja um die Verhinderung einer Beseitigung der Verfassungsordnung geht.

104   Der Widerstand i. S. des § 20 IV GG muss **subjektiv** von einem Verteidigungs- oder Wiederherstellungswillen hinsichtlich der angegriffenen Verfassungsordnung getragen sein.[173] Die nur irrtümlich angenommene Widerstandslage kann nur nach Irrtumsregeln (**Erlaubnistatumstandsirrtum**) zur Straflosigkeit führen.[174] Irrt der Widerstandleistende – was wahrscheinlich ist – nur über die Grenzen zulässigen Widerstands, so kommt nur ein nach § 17 zu behandelnder **Erlaubnisirrtum** in Betracht.[175] Eine besondere Prüfungspflicht ist hier ebenso wenig wie bei den vergleichbaren §§ 32, 34 eine subjektive Voraussetzung der Widerstandsrechtfertigung.[175a]

d) Subsidiaritätsklausel

105   Widerstand ist nach Art. 20 IV GG nur erlaubt, „wenn andere Abhilfe nicht möglich ist". Diese Subsidiaritätsklausel macht das Widerstandsrecht zu einem Recht für extreme Ausnahmesituationen.[176] Solange noch Gerichte oder andere staatliche Organe wie z. B. die Polizei mit Aussicht auf verfassungsschützende Bescheidung oder Aktivität angerufen werden können,[177] darf auch dem laufenden „Umsturzversuch" kein Widerstand i. S. v. Art. 20 IV GG entgegengesetzt werden. Der Widerstand muss also in einer Situation geleistet werden, in der der Versuch der Beseitigung der Verfassungsordnung **noch nicht** erfolgreich abgeschlossen und **dennoch** keine anderweitige Abhilfe mehr zu erwarten ist. Der Versuch der Beseitigung der Verfassungsordnung muss schon so weit „gediehen sein", dass die noch vorhandenen Abhilfeinstanzen (Gerichte, Polizei) nicht mehr mit Aussicht auf erfolgreiche Abwendung eingeschaltet werden können.

106   Der Widerstandleistende kann leicht in eine Zwickmühle geraten: wartet er zu lange auf anderweitige Abhilfe, kann der Versuch der Beseitigung der Verfassungs-

---

[169] Ebenso *Jakobs*, 15/4; *Roxin*, AT I, 16/132: Generalstreik.

[170] Vgl. *Brocker*, JR 1992, 14; LK-*Rönnau*, Rn. 134 vor § 32.

[171] *Jakobs*, 15/4, u. *ders.*, 1993, S. 166; *Ladiges*, 2007, S. 302 ff., u. in: JuS 2011, 879, 882; vgl. auch BGH JZ 1959, 770, 771.

[172] So *Schnapp*, in: *v. Münch/Kunig*, GG, Art. 20 Rn. 52; vgl. auch *Jarass/Pieroth*, GG, Art. 20 Rn. 117, die den Einsatz des mildesten Mittels verlangen.

[173] LK[11]-*Hirsch*, Rn. 80 Vor § 32; Kenntnis der objektiven Rechtfertigungsvoraussetzungen lässt ausreichen LK-*Rönnau*, Rn. 136 vor § 32.

[174] Dieser Irrtum ist hier nicht ausnahmsweise nach der strengen Schuldtheorie als Verbotsirrtum zu behandeln, so aber LK[11]-*Hirsch*, Rn. 91 Vor § 32 [anders jetzt LK-*Rönnau*, Rn. 137 vor § 32]; dagegen *Jakobs*, 15/5; *Roxin*, AT I, 16/132.

[175] *Jakobs*, 15/5; *Roxin*, AT I, 16/132; S/S-*Lenckner/Sternberg-Lieben*, Vorbem §§ 32 ff. Rn. 65.

[175a] Ebenso LK-*Rönnau*, Rn. 137 vor § 32.

[176] S/S-*Lenckner/Sternberg-Lieben*, Vorbem §§ 32 ff. Rn. 65; vgl. auch *Zippelius* (o. Fn. 152), S. 341.

[177] *Jakobs*, 15/3; LK-*Rönnau*, Rn. 135 Vor § 32; *Schmahl*, JahrbÖR 55 (2007), S. 99, 115 f.

ordnung erfolgreich abgeschlossen sein, und sein zu später Widerstand ist rechtswidrig;[178] rechtswidrig ist aber auch der voreilige Widerstand, der geleistet wird,
obwohl gerade noch Aussicht auf anderweitige Abhilfe besteht. Als theoretisches Beispiel wird eine offenkundig verfassungswidrige Tätigkeit des Bundesverfassungsgerichts genannt (= Art. 20 IV GG-Rechtfertigung für tatbestandsmäßiges Verhalten
nach § 105; AK StGB-*Wolter,* § 105 Rn. 59).

Art. 20 IV GG gilt jedoch nicht für das sog. „kleine Widerstandsrecht" des „zivi- 107
len Ungehorsams".[179]

II. Ziviler Ungehorsam als Rechtfertigungsgrund?

Die in der Überschrift gestellte Frage muss bei der Behandlung möglicher, aus der 108
Verfassung „gespeister" Rechtfertigungsgründe zumindest gestellt werden. Auch das
Bundesverfassungsgericht hat sich – nach Ablehnung einer Rechtfertigung wegen
Ausübung der Demonstrationsfreiheit gem. Art. 8 GG und vor Prüfung der Verwerflichkeit gem. § 240 II – die Frage gestellt, ob **Sitzblockaden** „nicht unter dem Gesichtspunkt des zivilen Ungehorsams als zulässige Ausübung staatsbürgerlicher
Rechte" bewertet werden müssen (BVerfG E 73, 250). Es hat damit ein Argument
aufgegriffen, das zwar schon in den 60er und 70er Jahren verwandt wurde, das aber
erst in den 80er Jahren eine erstaunliche Karriere erlebte.[180]

Der Sache nach geht es um demonstrative, zeichenhafte Proteste bis hin zu auf- 109
sehenerregenden Regelverletzungen gegen gewichtige einzelne staatliche Entscheidungen, die vom „Ungehorsamen" für verhängnisvoll und ethisch illegitim gehalten
werden.[181] Rechtfertigung wird freilich nur für die **„Regelverletzungen"** benötigt,
die zugleich einen Straftatbestand wie z.B. § 111 (durch öffentliche Aufforderung
zu Schienendemontagen[181a]), § 123 (durch Hausbesetzung), § 303 (durch Bemalen
von Wänden) § 316 b (Blockieren von Eisenbahngleisen durch Atomkraftgegner)[181b]
oder – am häufigsten – § 240 (durch Sitzblockaden) erfüllen, soweit sie überhaupt
noch als Nötigung strafbar sind (s.u. 12/119 Fn. 229 a). Art. 20 IV GG kann
diese Rechtfertigung nicht leisten,[181c] weil der „Regelverletzer" keinen Widerstand
gegen den Versuch der Beseitigung der Verfassungsordnung leistet. Immerhin
aber wendet er sich gegen gewichtige staatliche Entscheidungen z.B. im Bereich
Umwelt- und Friedenssicherung, die ihm als „schwerwiegendes Unrecht"[182] erscheinen.

Die damit gestellte Frage, ob nicht geringes Unrecht (§§ 111, 123, 303, 240 in 110
den obigen Begehungsweisen) durch (mittelbare, über Bewusstseinsbildung bewirk-

---

[178] *Roxin,* AT I, 16/131.

[179] *Karpen,* JZ 1984, 251; *Pieroth/Schlink,* Grundrechte, Rn. 1030; S/S-*Lenckner/Sternberg-
Lieben,* Vorbem §§ 32 ff. Rn. 65; *Schnapp,* in: v. *Münch/Kunig,* GG, Art. 20 Rn. 48. – Abgrenzung *Schmahl,* JahrbÖR 55 (2007), S. 99, 119 ff.

[180] Vgl. *Hassemer,* Fs. Wassermann, 1985, S. 326, und *Wassermann,* Rechtsstaat ohne
Rechtsbewusstsein?, 1988, S. 37.

[181] So die Definition des BVerfG E 73, 250, im Anschluss an eine Denkschrift der Evange-
lischen Kirche Deutschlands. Die Definition wird auch von der strafrechtlichen Literatur
übernommen, so z.B. von S/S-*Perron,* § 34 Rn. 41 a; ähnlich *Hirsch,* 1996, S. 30; *Radtke,*
GA 2000, 19 ff. Noch detaillierter zu den Definitionsmerkmalen des zivilen Ungehorsams
Reichert/Hammer, 1991, S. 214, und *Laker,* Ziviler Ungehorsam, 1986, S. 153 ff.

[181a] Gegen Rechtfertigung zu Recht LG Dortmund NStZ-RR 1998, 139, 141.

[181b] AG Lüneburg NdsRpfl 2004, 49, 41.

[181c] Ebenso *Jahn,* 2004, S. 461.

[182] Vgl. die Rechtfertigungsformel von *Dreier,* JZ 1985, 358.

te) Verhinderung größeren Unrechts aufgewogen werden kann, muss aber **zunächst** mit § 34 einer Antwort zugeführt werden. Die Antwort kann nur negativ ausfallen: es kann schon die Gefahr (z. B. der Irreversibilität des Einstiegs in die Plutoniumwirtschaft) fehlen, auch die Geeignetheit des Protests als Mittel ist zweifelhaft; angesichts legaler Protestmöglichkeit kann die Gefahr anders abwendbar sein; die Interessenabwägung fällt wegen der Instrumentalisierung der Opfer und der bewussten Normverletzung als Mittel zur Einwirkung auf den öffentlichen Willensbildungsprozess nicht zugunsten des Täters aus; schließlich ist sein Verhalten unangemessen, weil er sich nicht an den Vorrang gesetzlicher Wertungen und an die bereitstehenden Verfahren hält.[183]

111   Eine über § 34 hinausgehende grundrechtliche Rechtfertigung ist damit noch nicht ausgeschlossen (s. sogleich unter III. = Rn. 112 ff.).[183a] Der zivile Ungehorsam als solcher aber kann die Rechtfertigung nicht tragen. Auch wenn man ihn nicht als direkten Angriff auf das demokratische Mehrheitsprinzip oder gar als Vorstufe zum Chaos betrachtet, so scheitert die Rechtfertigung doch an den eigenen Voraussetzungen des zivilen Ungehorsams: nicht nur handelt der „Ungehorsame" **selbstwidersprüchlich,** wenn er für sein bewusst regelverletzendes Verhalten einen Rechtfertigungsgrund reklamiert, auch die **Rechtsordnung** kann nicht ohne **Widerspruch** illegales Verhalten legalisieren.[184] So hat es auch das Bundesverfassungsgericht gesehen („widersinnig", E 73, 252) und damit auch für das Strafrecht die Diskussion um den Rechtfertigungsgrund des zivilen Ungehorsams weitgehend verstummen lassen.[185]

111a   Aktuell bleiben hingegen Versuche, grundrechtsnahe Protesthandlungen von geringfügigem Unrecht und entsprechend geminderter Schuld von der Strafbarkeit auszunehmen. Die auch präventive Belange (wie fehlende Bestrafungsnotwendigkeit) einbeziehende, im herkömmlichen Straftatsystem allerdings noch nicht allgemein anerkannte Deliktstufe, die eine solche Straflosigkeit unter bestimmten Voraussetzungen ermöglichen soll, wird „grundrechtlicher Verantwortungsausschluss" *(Roxin)* oder „persönlicher verfassungsrechtlicher Verantwortungsausschließungsgrund" *(Wolter)* genannt.[185a]

---

[183] Vgl. zu diesen Argumenten *Jakobs,* 15/5 b („unangemessen"); *Roxin,* AT I, 16/55 („Vorrang gesetzlicher Wertungen"); S/S-*Perron,* § 34 Rn. 41 a („Interessenabwägung"); *Radtke,* GA 2000, 29 f. („anders abwendbar"); nur in seltenen Ausnahmefällen wie dem „Beispiel des versteckten, abgewiesenen Asylbewerbers" für § 34-Rechtfertigung *Hermann,* in: Mona/Seelmann (Hrsg.), Grenzen des rechtfertigenden Notstands, 2006, S. 85, 110. – Abweichend *Schüler-Springorum,* in: *Glotz* (Hrsg.), Ziviler Ungehorsam im Rechtsstaat, 1983, S. 87–91; krit. dazu *Roxin,* Fs. Schüler-Springorum, 1993, S. 444 ff.

[183a] Näher dazu *Radtke,* GA 2000, 28 ff., der sich insb. mit Dreiers Rechtfertigungskonzeption kritisch auseinandersetzt.

[184] *Kühl,* StV 1987, 134; ähnlich *Prittwitz,* JA 1987, 24. Auch Befürworter der Strategie des zivilen Ungehorsams sehen, dass die moralisch-politischen Motive nicht die Rechtswidrigkeit aufheben können, vgl. *Reichert/Hammer,* 1991, S. 217, mit Hinweisen auf *Frankenberg* u. *Habermas.* – Für eine Rechtfertigung unter engen Voraussetzungen *v. d. Pfordten,* Rechtsethik, 2001, S. 526 ff.

[185] Gegen die Rechtfertigung des zivilen Ungehorsams z. B. *Krey/Heinrich,* BT 1, Rn. 382 Fn. 123; *Lenckner,* JuS 1988, 355; M-*Schroeder/Maiwald,* BT 1, 13/39; *Radtke,* GA 2000, 28 ff.; S/S-*Perron,* § 34 Rn. 41 a. – Im Verfassungsrecht ebenso: *Höfling,* ZRP 1988, 400; *Isensee,* in: *Weigelt* (Hrsg.), Freiheit, Recht und Moral, 1988, S. 35 f.; *Starck,* Art. Widerstandsrecht, in: Staatslexikon, Bd. 5, 7. Aufl. 1989, Sp. 992 f., und *ders.,* in: JZ 1987, 148.

[185a] *Roxin,* Fs. Kaiser, 1998, S. 885, 892, in: JahrbÖR 2011, 1, 21 u. in: AT I, 22/130–133; *Wolter,* 1996, S. 20. – Krit. zu dieser Einstufung *Hirsch,* 1996, S. 31, der den „zivilen Ungehorsam" mit der h. M. erst im Rechtsfolgenbereich berücksichtigen will (bei der Strafzumes-

III. Rechtfertigung durch einzelne Grundrechte

Die Frage, ob einzelne Grundrechte tatbestandsmäßiges Verhalten rechtfertigen 112 können, ist noch so wenig diskutiert, dass eine Antwort noch schwerfällt. Dass Grundrechte auf die **Auslegung** der anerkannten Rechtfertigungsgründe Einfluss nehmen, ist anerkannt (z. B. das Grundrecht auf Leben gem. Art. 2 II 1 GG auf die Notwehr bzw. deren „sozialethische" Einschränkungen, das Selbstbestimmungsrecht gem. Art. 2 I GG auf die Interessenabwägung beim rechtfertigenden Notstand, Art. 5 auf § 193 oder Art. 8 auf die Verwerflichkeitsklausel des § 240 II und den sog. strafrechtlichen Rechtmäßigkeitsbegriff des § 113 III[185b]). Dass Grundrechte aber **selbst Rechtfertigungsgründe** darstellen können, wird schon wegen ihres für einen Rechtfertigungsgrund zu unbestimmten Gehalts bezweifelt,[186] doch können auch Grundrechte so ausgelegt werden, dass sie einen begrenzten Schutzbereich erhalten; häufig sind sie auch durch die Rspr. des Bundesverfassungsgerichts hinreichend konkretisiert.[186a] Einschränkend wird aber auch eine nur mittelbare Einwirkung der Grundrechte im Wege der Tatbestandsauslegung für zulässig erachtet, da andernfalls die Gerichte ihre Kompetenz im Verhältnis zum Gesetzgeber und zum Bundesverfassungsgericht überschreiten würden; bei ausgeschöpfter Tatbestandsauslegung bleibt nur die Möglichkeit zur Vorlage nach Art. 100 GG.[186b]

Die Behauptung freilich, dass ein tatbestandsmäßiges Verhalten (wie z. B. eine 113 verkehrsbehindernde, trotz Auflösungsanordnung fortgesetzte Sitzblockade gem. § 240; zur inzwischen zweifelhaften Strafbarkeit s. u. 12/119 Fn. 229a), das in den **Schutzbereich** eines **Grundrechts** (z. B. Art. 8 GG, der gewaltsames Blockadeverhalten noch als „friedliches" gelten lässt[187]) fällt, nicht rechtwidrig sein könne, enthält einen Trugschluss. Das gilt auch für die Gegen-Behauptung, wonach die Strafgesetze die Grundrechte so einschränken, dass tatbestandsmäßiges Verhalten nie gerechtfertigt sein könne. Gegen die erste Behauptung spricht, dass über die expliziten, aber auch über die immanenten Schranken der Grundrechte ein in den Schutzbereich eines Grundrechts fallendes Verhalten von diesem nicht mehr geschützt (= gerechtfertigt) wird. Gegen die Gegen-Behauptung spricht die „Wechselwirkungstheorie" des Bundesverfassungsgerichts, nach der die Schranken der Grundrechte (z. B. die Strafgesetze) in ihrer begrenzenden Wirkung selbst wieder eingeschränkt werden müssen, um der werterhaltenden Bedeutung des jeweiligen Grundrechts Rechnung zu tragen.[188] Danach ist der Fall durchaus denkbar, dass tatbestandsmäßiges Verhalten deshalb gerechtfertigt ist, „weil eine Wertabwägung nach Maßgabe der grundgesetzlichen Wertordnung und unter Berücksichtigung der Einheit dieses grundlegenden

---

sung gem. § 46 oder durch Opportunitätseinstellungen gem. §§ 153, 153 a StPO); kritisch auch *Radtke*, GA 2000, 30 ff.

[185b] BVerfG NVwZ 2007, 1180, 1182 m. Bspr. *Geppert*, JK 3/08, StGB § 113/6.

[186] *Tiedemann*, Verfassungsrecht und Strafrecht, 1991, S. 36, mit Nachweisen. *Tiedemann* selbst hat schon früh eine auf Spontandemonstrationen beschränkte Rechtfertigungskraft der Versammlungsfreiheit – „unabhängig von der strafrechtlichen Rechtfertigungslehre" – bejaht, JZ 1969, 723, und JZ 1970, 320.

[186a] *Valerius*, JuS 2007, 1105, 1108; LK-*Rönnau*, Rn. 139 vor § 32.

[186b] Vgl. etwa *Böse*, ZStW 113 (2001), 40, 42 und *Tiedemann* (o. Fn. 186), S. 36. Vgl. dazu kritisch *Kissel*, 1996, S. 182, 209, 214, 222 und *Valerius*, JuS 2007, 1105, 1108.

[187] Vgl. *Kühl*, StV 1987, 131; vgl. auch *Amelung*, NJW 1995, 2589 u. *Heger*, Jura 2003, 112, 117.

[188] BVerfGE 7, 207 ff. Im Strafrecht aufgegriffen von S/S-*Eser/Hecker*, Vorbem § 1 Rn. 35; SSW-*Rosenau*, vor § 32 Rn. 29 u. *Radtke*, GA 2000, 27.

Wertsystems das Übergewicht des vom Täter gewahrten Interesses ergibt".[189] In diesen Fällen statt dessen bereits den Tatbestand entfallen zu lassen,[189a] würde dem Umstand nicht gerecht, dass solche Konfliktfälle sich gerade nicht auf die Verletzung bestimmter Rechtsgüter beschränken, sondern eine Reihe von Tatbeständen betreffen können. Zudem sind Interessen- und Güterabwägungen auch gesetzlichen Rechtfertigungsgründen (z. B. §§ 34, 193) nicht fremd.[189b] Die rechtfertigende Wirkung z. B. von Art. 8 I GG reicht demnach nicht weiter als der zulässig nach Art. 8 II GG bzw. im Wege praktischer Konkordanz durch widerstreitende Verfassungsgüter Dritter beschränkte Schutzbereich der Versammlungsfreiheit; damit beschränken Gesetze als solche, im Lichte der Wechselwirkungstheorie ausgelegt, die Reichweite dieses Rechtfertigungsgrundes, so dass die Rechtmäßigkeit nicht erst mit Auflösung einer Versammlung durch polizeilichen Verwaltungsakt gemäß § 15 II VersG entfällt, sondern schon dann, wenn Zwang gegenüber Dritten Hauptzweck und nicht nur Nebenfolge der Demonstration ist.[189c]

114   Die Frage, welche einzelnen Grundrechte als Rechtfertigungsgrund in Betracht kommen, ist **differenziert** zu beantworten. So scheidet Art. 4 GG als Rechtfertigungsgrund für Taten, die aus Gewissensnot begangen werden, wegen seines Schutzzwecks und seiner immanenten Schranken aus (s. u. 12/114);[190] doch ist die Religionsfreiheit nach Art. 4 I GG ein möglicher Rechtfertigungsgrund, der freilich auch verfassungsimmanenten Schranken unterliegt (vgl. OLG Jena, NJW 2006, 1892 f. und den Übungsfall von *Valerius*, JuS 2007, 1105 ff.); die Religionsausübungsfreiheit des Art. 4 II GG kommt i. V. m. dem elterlichen Erziehungsrecht nach Art. 6 II GG als Rechtfertigungsgrund für die Beschneidung von Knaben aus religiösen Gründen in Betracht.[190a] Auch kommen Art. 5 und 8 GG durchaus als Rechtfertigungsgründe in Betracht. Insbesondere die von beiden Artikeln getragene Demonstrationsfreiheit ist vom Bundesverfassungsgericht (E 73, 248–250)[191] als möglicher Rechtfertigungsgrund für Sitzblockaden diskutiert worden (E 92, 1, hat sie mangels Gewalt aus dem Tatbestand des § 240 herausgenommen, BVerfG JZ 2011, 685 m. Bspr. *Jäger*, JA 2011, 553 u. *Jahn*, JuS 2011, 563, hat sie bei der Verwerflichkeitsprüfung im Hinblick auf den möglichen Ausschluss der Rechtswidrigkeit in sog. „Zweite-Reihe"-Fällen, in denen Aufmerksamkeit erregt und auf die öffentliche Meinungsbildung eingewirkt werden sollte, eingesetzt [zust. *Fischer*, § 240 Rn. 46, 46 a]; s. u. 12/119 Fn. 229 a). Dem folgt die strafrechtliche Literatur,[192] frei-

---

[189] *Lackner/Kühl*, Rn. 28 Vor § 32, mit BVerfGE 30, 173; zust. LK-*Rönnau*, Rn. 138 vor § 32.

[189a] Vgl. jedoch *Radtke*, GA 2000, 26 ff., der von einer Doppelrelevanz (Tatbestandsausschluss – Rechtfertigung) des grundrechtlichen Schutzbereichs ausgeht.

[189b] *Kissel*, 1996, S. 68 f.

[189c] BVerfGE 73, 206, 248 ff. mit Bspr. *Kühl*, StV 1987, 131; vgl. *Lackner/Kühl*, § 240 Rn. 22 m. w. N.

[190] Anders aber zuletzt *Hirsch*, 1996, S. 11, wenn auch nur in eng begrenztem Rahmen; ebenso *Schmidt*, 2008, S. 188 ff., 251; ähnlich *Radtke*, GA 2000, 33 ff.; über § 34 gelangt zur Rechtfertigung *Böse*, ZStW 113 (2001), 40 ff. – Zur Annahme eines Strafunrechtsausschließungsgrundes s. *Kissel*, 1996, S. 190 unter Hinweis auf *Günther*.

[190a] Erwogen von *Gropp*, 6/231; bei Knaben (Zirkumzision) wird Sozialadäquanz als Tatbestandsausschluss diskutiert (*Exner*, 2011, S. 58 ff.; dazu oben Rn. 34); abl. aber LG Köln NJW 2012, 2128.

[191] Vgl. zu dieser Ergänzung des Katalogs der strafrechtlichen Rechtfertigungsgründe *Kühl*, StV 1987, 131 f.

[192] Für einen möglichen Rechtfertigungsgrund aus Art. 8 GG: *Bergmann*, Jura 1985, 462; *Giehring*, in: *Lüderssen/Sack* (Hrsg.), Vom Nutzen und Nachteil der Sozialwissenschaften für das Strafrecht, 1986, S. 555; *Küpper/Bode*, Jura 1993, 190; vgl. auch *Günther*, Fs. Baumann,

lich auch in der Einschränkung der möglichen rechtfertigenden Wirkung von Art. 5 und 8 GG: gezielte Verkehrsbeeinträchtigungen sind nicht mehr von der Demonstrationsfreiheit gedeckt.[193] Ebensowenig rechtfertigen sie die öffentliche Aufforderung (§ 111) zu Schienendemontagen bei Castor-Transporten (LG Dortmund NStZ-RR 1998, 139, 141; ebenso zum „Schottern" der Bahngleise – §§ 315, 316 b – *Linck*, ZRP 2011, 44 ff.). Die Meinungsäußerungsfreiheit gem. Art. 5 GG kommt als Rechtfertigungsgrund für Flugblätter mit der Aufforderung zur Befehlsverweigerung (§ 111 StGB) in Betracht, doch ist die Meinungsäußerungsfreiheit gegen das verletzte Rechtsgut abzuwägen (nach AG Berlin-Tiergarten NStZ 2000, 144 m. krit. Bspr. *Hussels*, NStZ 2000, 650 ff. u. *Busse*, NStZ 2000, 631, 634, entfällt der Tatbestand des § 111 I, weil die diskutierte Völkerrechtswidrigkeit des Kosovoeinsatzes der Bundeswehr die angesonnene Befehlsverweigerung rechtfertigt). Auch wird – jedenfalls im Strafrecht – die in Art. 5 III GG gewährte Kunstfreiheit überwiegend als selbstständiger Rechtfertigungsgrund anerkannt, vereinzelt aber auch schon die Tatbestandsmäßigkeit von der Kunstfreiheit unterfallenden Handlungen verneint.[193a] Art. 5 III GG wird als Rechtfertigungs- oder Tatbestandsausschließungsgrund für zahlreiche Delikte wie z. B. §§ 86 a, 90 a, 111, 131, 166, 184 und 303 diskutiert;[193b] auch bei der anscheinend schrankenlosen Kunstfreiheit sind entgegenstehende Verfassungsgüter wie z. B. die Menschenwürde zu beachten und in eine Abwägung einzubeziehen.[193c] Bei der Rechtfertigung straftatbestandsmäßiger Arbeitskampfmaßnahmen wird die Heranziehung von Art. 9 III GG diskutiert.[193d] Beim elterlichen Erziehungs-/Züchtigungsrecht wird eine Rechtfertigung nach Art. 6 II 1 GG erwogen (s. oben Rn. 77a Fn. 128e). – Die körperliche Unversehrtheit gem. Art. 2 II 1 GG wird als Rechtfertigungsgrund für eine durch Einwilligung nicht rechtfertigbare Tötung auf Verlangen (§ 216 – durch Abschalten des Reanimators) angesehen von *Otto*, Übungen, Anfängerhausarbeit, S. 114 u. 120 f. – Art. 38 I 2, 28 I 2 GG sollen Wahlkampfspenden, die nach § 331 tatbestandsmäßig sind, rechtfertigen (*Sireh*, Die Strafbarkeiten der Parteienspendenakquisition, 2008, S. 203).

Einen informativen, in manchen Einzelwertungen anfechtbaren, Überblick über „Grundrechte und strafrechtliche Rechtfertigung" gibt *Reichert-Hammer*, 1991, S. 120–164.   **115**

1992, S. 218 ff.; K/H/H-*Hellmann*, BT 1, Rn. 415; W-*Hettinger*, BT 1, Rn. 428; *Prittwitz*, JA 1987, 22 ff.

[193] *Arzt/Weber*, BT, 9/84–88; K/H/H-*Hellmann*, BT 1, Rn. 421; *Lackner/Kühl*, § 240 Rn. 22; *Lenckner*, JuS 1988, 354; M-*Schroeder/Maiwald*, BT 1, 13/39; *Roxin*, Fs. Schüler-Springorum, 1993, S. 448; W-*Hettinger*, Rn. 428.

[193a] Für Rechtfertigungsgrund *Fischer*, 1995, S. 66; *Liesching/v. Münch*, NStZ 1999, 85, u. *Roxin*, AT I, 18/50; für Tatbestandsausschluss *Beisel*, Die Kunstfreiheitsgarantie …, 1997, S. 165, alle m. w. N.

[193b] *Roxin*, AT I, 18/49 m. N.; ergänzend *Lackner/Kühl*, § 166 Rn. 4; § 184 Rn. 3; § 193 Rn. 14; § 303 Rn. 9. – Zu § 86 a LK-*Laufhütte/Kuschel*, § 86 a Rn. 27–32; zu § 90 a *Dierksmeier*, JZ 2000, 883, 886 f. u. *Karpen/Nohe*, JZ 2001, 801, 805; zu § 111 LG Mainz NJW 2000, 2220; zu § 131 *Fischer*, § 131 Rn. 20 f. u. S/S-*Lenckner/Sternberg-Lieben*, § 131 Rn. 17; zu § 166 BVerwG NJW 1999, 304 m. Bspr. *Hufen*, JuS 1999, 911; zu § 184 *Liesching/v. Münch*, AfP 1999, 37 u. *Schroeder*, Fg. BGH, 2000, S. 485, 497 ff.; zu § 303 *Kyrill-A. Schwarz*, JZ 2000, 126, 130, abl. für Grafitti *Kühl*, Fs. Weber, 2004, S. 413, 421 u. S/S-*Stree/Hecker*, § 303 Rn. 23.

[193c] *Roxin*, AT I, 18/52 f.; *Lackner/Kühl*, § 193 Rn. 14. – Zu den Schranken der Kunstfreiheit *Karpen/Nohe*, JZ 2001, 801, 803 ff. – Aus der Rspr. BGHSt 50, 80 („Kannibale von Rotenburg" als „Horror"-Spielfilm).

[193d] *Kissel*, 1996, S. 189; zum Streikrecht LK-*Laufhütte/Kuschel*, § 81 Rn. 27 u. § 105 Rn. 19.

Aus der **Übungsfall-Literatur** zur Rechtfertigung durch einzelne Grundrechte vgl.: *Bohnert,* Jura 2004, 640 u. 643 („Gehörsrecht vor Gericht" nach Art. 103 I GG, „flankiert durch Art. 5 I GG" als Rechtfertigungsgrund); *Kudlich,* PdW BT II, Fall 84/Art. 5 und 8 GG bei politisch motivierten Blockadeaktionen); *Otto,* Übungen, Anfängerhausarbeit, S. 114 u. 120 f. (Art. 2 II 1 GG: Recht auf Abbruch lebenserhaltender Maßnahmen); *Stoffers/Murray,* JuS 2000, 986 u. 987 (Art. 4 GG als Rechtfertigung für Ablehnung einer Blutspende der Eltern für ihr Kind); *Tiedemann,* Anfängerübung, Fall 8, S. 202 u. 204 (Art. 4 GG für „militanten Abtreibungsgegner"?); *Valerius,* JuS 2007, 1105 f. u. 1108–1110 (OLG Jena, NJW 2006, 1892 nachgebildet: Art. 4 I GG als möglicher Rechtfertigungsgrund für §§ 123, 167); *Wilhelm,* JuS 1996, 424 u. 426 (Chancengleichheit der Parteien beim Plakatieren vor Wahlen).

IV. Wahrheitsgemäße parlamentarische Berichte gem. § 37, Art. 42 III GG

116   Wahrheitsgemäße parlamentarische Berichte können verschiedene Straftatbestände verletzen (§§ 185 ff., 164, 240), sie sollen aber nach § 37, Art. 42 III GG straffrei sein. Es liegt nahe, sie wie die Indemnität des Abgeordneten zu behandeln und dementsprechend einen Strafausschließungsgrund anzunehmen.[194] Es könnte aber auch ein Rechtfertigungsgrund anzunehmen sein, weil im Interesse der **authentischen Information** der (wahlberechtigten) Bürger solche Berichte erfolgen sollen.[195] Für die erste Ansicht spricht aber nicht nur, dass die Wirkung von § 37 nicht weiter reichen sollte als die von § 36, den auch die h.M. als bloßen (persönlichen) Strafausschließungsgrund einordnet, sondern auch, dass § 37 letztlich der Gedanke zugrunde liegt, durch die freie Veröffentlichung von parlamentarischen Äußerungen deren Öffentlichkeit zu erweitern. Das kann aber letztlich nicht erklären, dass auch der Inhalt solcher Äußerungen, trotz Ehrenrührigkeit oder inhaltlicher Unrichtigkeit, über § 193 (dazu 9/50 f.) hinaus gerechtfertigt sein soll; im Parlament dürfte gegen die Äußerung Notwehr geübt werden, während ein gerechtfertigtes Vorgehen gegen die spätere Veröffentlichung selbst bei verleumderischen Behauptungen, die von § 37, anders als von § 36, gleichfalls erfasst werden, unzulässig sein soll.

Aus der **Übungsfall-Literatur** vgl.: *Blei,* PdW BT 1, Fall 167.

H. Öffentlich-rechtliche Dienstrechte

117   Beamte, insbesondere Vollstreckungsbeamte und Polizisten, haben bestimmte **hoheitliche Eingriffsbefugnisse**[195a] in Rechtsgüter Privater, die in den unterschiedlichsten Gesetzen geregelt sind. So etwa das Pendant zum Festnahmerecht von jedermann (§ 127 I 1 StPO) in § 127 II StPO, das weniger strenge Anforderungen an die Festnahme stellt;[196] die neueren Regelungen der Überwachung des Fernmeldeverkehrs, der Observation, des Abhörens und der Aufzeichnung des nicht öffentlich gesprochenen Wortes gem. §§ 100a, 100c I Nr. 1–3 StPO (= mögliche § 201-Rechtfertigung) – einschließlich damit typischerweise verbundener Vorbereitungs- und Begleitmaßnahmen (z.B. Veränderungen von Sachen [§ 303] zur Anbringung

---

[194] So B-*Weber/Mitsch,* 7/29; *Jescheck/Weigend,* S. 188 u. 552; *Lackner/Kühl,* § 37 Rn. 1; S/S-*Perron,* § 37 Rn. 1. – Zur Rechtsnatur der Indemnität nach § 36 als Strafausschließungsgrund vgl. *Lackner/Kühl,* § 36 Rn. 3 m. N. auch zur Gegenansicht.

[195] *Jakobs,* 16/30; *Roxin,* AT I, 23/14; *Schmidhäuser,* 6/129; LK-*Häger,* § 37 Rn. 10; *Löffler-Kühl,* 106 zu § 20 LPG u. NK-*Neumann,* § 37 Rn. 2; vgl. auch *Murmann,* 2005, S. 116 f., 422 ff., der grundsätzlich einen zustimmenden Opferwillen verlangt.

[195a] Dazu zusf. *Ladiges,* JuS 2011, 879, 882 f.

[196] *Geppert,* Jura 1991, 273 f.; *Fezer,* Strafprozessrecht, Fall 5, Rn. 34 f.; zu den Voraussetzungen von § 127 II vgl. außerdem *Nelles,* StV 1992, 385–387.

einer „Wanze", nicht hingegen deren zeitweilige Wegnahme)[196a] – und des Einsatzes Verdeckter Ermittler, die in §§ 110a III, 110c I 1 StPO bestimmte Straftaten (z.B. § 123) begehen dürfen (vgl. schon 8/180 mit Beispielsfällen). Oder die Regelungen über den Schusswaffengebrauch in den Gesetzen zur Anwendung unmittelbaren Zwangs;[197] darauf ist zum Teil schon bei der Frage der Anwendbarkeit der Notrechte auf Polizeibeamte eingegangen worden (s.o. 7/148 ff.); der Streit um den gezielten Todesschuss, den die Mehrheit der Bundesländer erlaubt, ist dadurch entschärft, dass das Bundesverfassungsgericht in seiner Entscheidung zu § 114 III LuftSiG die gezielte Tötung nicht als Verstoß gegen die Menschenwürdegarantie des Art. 1 I GG gewertet hat (BVerfGE 115, 118, 161; *Ladiges*, JuS 2011, 879, 892). Handelt der Beamte in Ausübung eines dieser öffentlich-rechtlichen Dienstrechte, so ist sein Handeln grundsätzlich gerechtfertigt; z.B. die Körperverletzung im Amt gem. § 340 I bei Einhaltung der landesgesetzlichen Regelungen über die Anwendung unmittelbaren Zwangs zur Durchsetzung einer Ermittlungsdurchsetzung gem. § 102 StPO (OLG Karlsruhe NStZ-RR 1997, 37, 39).

Auf die einzelnen Regelungen und die jeweiligen Voraussetzungen (neben Form- **118** u. Zuständigkeitsvorschriften auch allgemein: Erforderlichkeit und Verhältnismäßigkeit des Eingriffs[198]) kann im AT nicht näher eingegangen werden. Das allgemeine Problem des sog. „strafrechtlichen Rechtsmäßigkeitsbegriffes", der zum „Irrtumsprivileg des Staates" führt, ist bei der Rechtswidrigkeit des Angriffs i.S. des § 32 II behandelt (s.o. 7/70 ff.; dazu auch *Ladiges*, JuS 2011, 879, 882).

Speziell zu Tötungen durch Soldaten der Bundeswehr *Ladiges*, JuS 2011, 879, 883f., auch zum öffentlich diskutierten Fall des unglückseligen Befehls zur Bombardierung von Tanklastern durch einen deutschen Offizier in Afghanistan, der zu zahlreichen Opfern unter Zivilisten geführt hat (vgl. dazu den Einstellungsbeschluss des Generalbundesanwalts in: NStZ 2010, 381 m. krit. Bspr. *Richter*, HRRS 2012, 28 ff.). – Zur strafrechtlichen Bewertung von Handlungen bei Auslandseinsätzen deutscher Soldaten *Sinn*, Fs. Roxin, 2011, S. 673 ff. u. *Müssig/Meyer*, Fs. Puppe, 2011, S. 1501 ff.

Aus der **Übungsfall-Literatur** zu Dienstrechten vgl.: *Heimann/Prisille*, JA 2002, 305 f. u. 307, 311 f.; *Matt*, Strafrecht AT I, Übungsfall 2, S. 121–123.

I. Die rechtswidrige verbindliche Weisung

In eine besondere Konfliktsituation können Beamte und Soldaten geraten, die **118a** eine rechtswidrige[198a] Weisung (= Anordnung im zivilen, Befehl im militärischen Be-

---

[196a] Vgl. BGH NJW 1997, 2189 m. Bspr. *Janker*, NJW 1998, 269 ff., *Gropp*, JZ 1998, 501 ff. u. *Heger*, JR 1998, 163 ff.; enger SK StPO-*Rudolphi*, Vor § 94 Rn. 35: nur „unerlässliche Vorbereitungs- und Begleitmaßnahmen, sofern letztere den gesetzlich ausdrücklich zugelassenen Rahmen nicht an Intensität übertreffen".

[197] Interessanter Fall: BGHSt 35, 379, m. Anm. *Dölling*, JR 1990, 170 ff. u. *Waechter*, StV 1990, 23 ff.; vgl. auch BGH NJW 1999, 2533, u. LG Ulm NStZ 1991, 83 m. Anm. *Arzt*. – Zur strafrechtlichen Problematik des „finalen Rettungsschusses" eines Polizisten vgl. *Beisel*, JA 1998, 723 ff.

[198] S/S-*Lenckner/Sternberg-Lieben*, Vorbem §§ 32 ff. Rn. 84; *Lackner/Kühl*, § 340 Rn. 4. Aus der Rspr. vgl. BayObLG NStZ 1988, 518 m. Anm. *Molketin*, NStZ 1989, 488: unverhältnismäßiges körperverletzendes Vorgehen eines Polizeibeamten.

[198a] Zur Frage, wann eine Weisung rechtswidrig ist, s. *Neuheuser*, 1996, S. 158–163, und S/S-*Lenckner/Sternberg-Lieben*, Vorbem §§ 32 ff. Rn. 88. – Zur „strafrechtswidrigen Anweisung" vgl. *Hoyer*, 1998 S. 9 ff., der das „Innenrechtsverhältnis" zwar deutlich vom „Außenrechtsverhältnis" unterscheidet, aber die beiden Rechtskreise – entgegen *Amelung*, JuS 1986, 337 und *Küper*, JuS 1987, 92 – nicht unabhängig voneinander bestimmt (S. 16).

reich) erhalten, da sie einerseits durch Gesetz (§§ 56 II 1–3 BBG; 38 II BRRG; § 11 I 1 SoldG) grundsätzlich zur Befolgung von Anweisungen verpflichtet sind, andererseits aber – wie jeder andere Staatsbürger auch – keine rechtswidrigen Handlungen begehen dürfen. Klärungsbedürftig ist dabei zunächst, **in welchen Fällen** eine solche rechtswidrige Weisung für den Untergebenen **keine Bindungswirkung** entfaltet. Kommt man hierbei zu dem Ergebnis, dass die Weisung trotz ihrer Rechtswidrigkeit für ihn verbindlich ist, stellt sich die Frage, ob die rechtswidrige, verbindliche Weisung einen Rechtfertigungs- oder einen Entschuldigungsgrund für den Fall darstellt, dass der Hoheitsträger weisungsgemäß handelt und dadurch einen Straftatbestand verwirklicht.

118b   Der **Gesetzgeber** hat in Kenntnis dieses Konflikts eine Reihe gesetzlicher Regelungen erlassen, die die Bindungswirkung rechtswidriger Weisungen einschränken. So ist nach § 56 II 3 BBG und § 38 II 2 BRRG eine Anordnung dann unverbindlich, wenn das aufgetragene Verhalten strafbar oder ordnungswidrig ist oder die Würde des Menschen verletzt. § 11 II 1 SoldG zufolge darf ein Befehl nicht befolgt werden, wenn eine Straftat begangen würde und nach § 11 I 2 SoldG darf ein Befehl verweigert werden, der die Menschenwürde verletzt[198b] oder keinen dienstlichen Zwecken dient. Entsprechende Bestimmungen sind etwa im WStG, im ZDG, im UZwG, im StVollzG sowie in den Landesbeamten- und Landespolizeigesetzen enthalten.

118c   Durch diese Befreiungen von der Gehorsamspflicht sind aber noch nicht alle Probleme für den Weisungsempfänger gelöst. So wurde die Konfliktsituation, eine rechtswidrige Weisung befolgen zu müssen, keineswegs beseitigt, wobei die **Unverbindlichkeit** von **Weisungen** für die einzelnen Bereiche **uneinheitlich geregelt** ist. So bleibt etwa für Soldaten und Beamte, die mit der Durchsetzung unmittelbaren Zwangs befasst sind, der Befehl zur Begehung einer Ordnungswidrigkeit verbindlich.[198c] Für Beamte kann sogar eine auf ein strafbares Verhalten gerichtete Weisung verbindlich sein. Dies hat seine Ursache darin, dass in den allgemeinen Beamtengesetzen an Bestimmungen festgehalten wurde, die einer längst überholten obrigkeitsstaatlichen Tradition verpflichtet sind.[198d] So muss nach § 56 II 3 BBG ein Untergebener nach einer Gegendarstellung eine Anordnung auch dann ausführen, wenn diese durch den Vorgesetzten bestätigt wurde, es sei denn, das aufgetragene Verhalten ist strafbar und die Strafbarkeit bzw. der Verstoß gegen die Menschenwürde ist für den Untergebenen erkennbar. In Fällen, in denen die Sach- und Rechtslage zweifelhaft ist, bleibt die Anordnung bei Meinungsverschiedenheiten zwischen Vorgesetztem und Untergebenem über die Rechtswidrigkeit (auch Strafbarkeit) eines angeordneten Verhaltens auch dann verbindlich, wenn sich später herausstellt, dass der Untergebene zu Recht von einem Strafrechtsverstoß ausgegangen ist. Etwas anderes soll nur bei – für eine rechtsstaatliche Verwaltung – nicht mehr vertretbaren Entscheidungen des Vorgesetzten gelten.[198e]

118d   Für diese Konstellationen, in denen eine Weisung trotz ihrer Rechtswidrigkeit verbindlich ist, bleibt die Frage, ob der Untergebene bei Erfüllung der Weisung gerecht-

---

[198b] Vgl. z.B. BVerwG NZWehrR 1991, 254: Befehl eines Zugführers an ihm unterstellte Soldaten, bei einer Übung Regenwürmer zuzubereiten und zu essen.

[198c] *Hoyer*, 1998, S. 11; kritisch zu dieser Differenzierung *Jakobs*, 16/13.

[198d] Vgl. *S/S-Lenckner/Sternberg-Lieben*, Vorbem §§ 32 ff. Rn. 89; *Roxin*, AT I, 17/16, spricht insoweit von „Sachwidrigkeit". – Weiter differenzierend *Hoyer*, 1998, S. 12 ff.

[198e] So *S/S-Lenckner/Sternberg-Lieben*, Vorbem §§ 32 ff. Rn. 89 u. *Roxin*, AT I, 17/16. Strengere Anforderungen stellt die Rspr.; vgl. etwa KG NJW 1972, 781; OLG Karlsruhe NJW 1974, 2142 (erst bei offensichtlichen, d.h. jenseits aller Zweifel liegenden Fehlentscheidungen des Vorgesetzten).

fertigt oder entschuldigt ist.[198f] Für eine **Entschuldigungs**-Lösung wird u. a. angeführt, dass sich das angeordnete Unrecht nicht durch Einschaltung eines Weisungsempfängers in Recht verwandele und dem durch die weisungsgemäß ausgeführte Tat Betroffenen das Notwehrrecht nicht genommen werden dürfe. Die gewichtigeren Gründe sprechen jedoch für eine **Rechtfertigungs**-Lösung. Nur so kann der Widerspruch vermieden werden, dass der Untergebene zur Vornahme einer Handlung rechtlich verpflichtet ist, die ihm andererseits rechtlich verboten sein soll. Dabei wird nicht Recht in Unrecht verwandelt, da der Vorgesetzte u.U. als mittelbarer Täter strafbar ist. Vielmehr wird die besondere Konfliktsituation des Untergebenen, die durch das Recht selbst begründet ist, angemessen berücksichtigt. Rechtlich zur Verantwortung wird danach derjenige gezogen, der „die Hierarchie benutzt", und nicht derjenige, der durch sie verpflichtet ist.[198g] Dass dem Betroffenen dann kein Notwehrrecht zusteht, ist misslich, kann jedoch angesichts der Unverbindlichkeit von Weisungen, die erheblich in Rechte Dritter eingreifen, hingenommen werden.

Praktisch relevant wurde das Problem des rechtswidrigen Befehls auch bei den **118e** sog. „**Mauerschützen-Fällen**"; dort nahm der BGH zunächst zu pauschal (s. 12/159) die Unverbindlichkeit des Befehls wegen offensichtlichen Verstoßes gegen die Menschenrechte an (BGHSt 39, 1, 15 ff., 33 f.).[198h] Zur möglichen Entschuldigung durch eine unverbindliche Weisung s. 12/159. – Völkerrechtlich *Werle/Burghardt*, Fs. Geppert, 2011, S. 756: Verbrechen gegen die Menschlichkeit.

> Aus der **Übungsfall-Literatur** vgl.: *Alpmann/Schmidt*, AT I, Fall 27, S. 137–141; *Ambos*, JuS 2000, 465 u. 468 f. (keine verbindliche Weisung im „Mauerschützen-Exzessfall"); *Böse/Kappelmann*, ZJS 2009, 290 u. 297; *Seibert*, JA 2008, 31 u. 36 (gegen Rechtfertigung, für Entschuldigung); vgl. außerdem den „Blutentnahme"-Fall o. 7/73 m. w. N.

J. Die behördliche Genehmigung

I. Tatbestandsausschluss oder Rechtfertigungsgrund?

Die behördliche Genehmigung[199] – verschiedentlich auch als behördliche Erlaubnis **119** bezeichnet[200] – hat über das Nebenstrafrecht (vgl. § 23 Apotheken G, § 29 BtMG,

---

[198f] Für Entschuldigung: *Amelung*, JuS 1986, 337; B-*Weber/Mitsch*, 17/143 u. 23/50 ff., 52; *Küper*, JuS 1987, 92; NK-*Paeffgen*, Rn. 192 vor § 32; LK-*Rönnau*, Rn. 298 vor § 32 u. LK-*Rönnau/Hohn*, § 32 Rn. 134. – Für eine Rechtfertigung: *Gropp*, 6/187 f.; *Jakobs*, 16/14; *Jescheck/Weigend*, S. 394; *Lehleiter*, 1995, S. 178 ff.; *Lenckner*, Fs. Stree/Wessels, 1993, S. 223; *Neuheuser*, 1996, S. 174; *Roxin*, AT I, 17/19; S/S-*Lenckner/Sternberg-Lieben*, Vorbem §§ 32 ff. Rn. 89; SSW-*Rosenau*, vor § 32 Rn. 28; *Stratenwerth/Kuhlen*, 9/134; *Vitt* ZStW 106 (1994), 581, 597 ff.; W-*Beulke*, Rn. 450. – Differenzierend und für Interessenabwägung im Einzelfall – im Anschluss an *Strathenwerth*, Verantwortung und Gehorsam, 1958, S. 167 – *Hoyer*, 1998, S. 17.

[198g] So *Jakobs*, 16/14; ebenso *Walter*, JR 2005, 279, 280 u. *Ambos*, JR 1998, 221, 222, der zur Begründung auf die rechtfertigende Pflichtenkollision verweist; eine „Pflichtenkollision" sieht auch *Hoyer*, 1998, S. 17.

[198h] S. hierzu auch *Kirchner*, Jura 1998, 46 f.; *Hassemer*, Fg. BGH, 2000, S. 439, 455; *Sieckmann*, ARSP 2001, 496, 513 f.; LK-*Rönnau*, Vor § 32 Rn. 297 Fn. 1154; S/S-*Lenckner/Sternberg-Lieben*, Vorbem §§ 32 ff. Rn 89 a; SSW-*Rosenau*, vor § 32 Rn. 66 u. eingehend *Rosenau*, 1998, S. 272 ff. – Ebenso BGH NStZ 2005, 36, 37 mit Anm. *Gribbohm* und *Bröhmer*, zur Massenerschießung italienischer Gefangener als Vergeltungsmaßnahme durch SS-Offiziere.

[199] Eine zusammenfassende Übersicht zur Bedeutung der behördlichen Genehmigung im Strafrecht bieten *Winkelbauer*, NStZ 1988, S. 201 ff. und *Rengier*, ZStW 101 (1989), 874 ff.; zur verfassungsrechtlichen Einordnung *Gänßle*, 2003, S. 115 ff. mit Bespr. *Heghmanns*, ZIS 2006, 262 f.

[200] Vgl. *Haft*, S. 112; S/S-*Lenckner/Sternberg-Lieben*, Vorbem §§ 32 ff. Rn. 61.

§ 75 I Nr. 3 IfSG, § 21 StVG) hinaus besondere Bedeutung für den 29. Abschnitt des BT des Strafgesetzbuches,[201] der die Straftaten gegen die Umwelt beinhaltet. So sind umweltrelevante Verhaltensweisen jedenfalls grundsätzlich dann nicht strafbar, wenn eine behördliche Genehmigung vorliegt.[202] Nach § 327 I etwa wird nur bestraft, „wer ohne die **erforderliche Genehmigung** eine kerntechnische Anlage betreibt ...".

120   Schwierigkeiten hinsichtlich der **Einordnung** ergeben sich dabei insoweit, als die behördliche Genehmigung sowohl den Tatbestand ausschließen, als auch die Tat rechtfertigen kann. Üblicherweise wird hinsichtlich der Frage, ob Tatbestandsausschluss oder Rechtfertigung anzunehmen ist, auf die entsprechende verwaltungsrechtliche Regelung abgestellt. Darin zeigt sich die als **Verwaltungsakzessorietät**[203] bezeichnete, insbesondere im Umweltstrafrecht gebräuchliche, Abhängigkeit des Strafrechts vom Verwaltungsrecht. Danach soll bei einem sog. präventiven Verbot mit Erlaubnisvorbehalt (so etwa die Baugenehmigung nach der jeweiligen LBO oder aber die Anlagengenehmigung nach § 4 BImSchG)[204] der Genehmigung tatbestandsausschließende Wirkung zukommen, während bei einem sog. repressiven Verbot mit Befreiungsvorbehalt (so etwa das Verbot nach § 2 III i. V. m. § 40 I WaffG mit der Ausnahmebewilligung des Bundeskriminalamtes nach § 40 IV WaffG 2002)[205] die behördliche Erlaubnis „nur" rechtfertigen soll.[206] – Zu den Folgen dieser Differenzierung beim Irrtum über die Erforderlichkeit der Erlaubnis/Genehmigung s. unten 13/9 a.

121   **Beispiele** nach *Roxin,* in: *Eser/Perron* (Hrsg.), Rechtfertigung und Entschuldigung III, 1991, S. 364: als tatbestandsausschließende Genehmigungen nennt er die Genehmigung zur Ausgabe öffentlicher Gelder bei § 266, die Erlaubnis zum Betreten öffentlicher Einrichtungen bei § 123 sowie die Passerteilung im Rahmen von § 92 AuslG, während die Genehmigung zum Glücksspiel die Tat nach § 284 allein rechtfertigen soll.[207] – *Tiedemann* nennt als (negatives) Tatbestandsmerkmal die behördliche Genehmigung bei der Luftverunreinigung nach § 325, als Rechtfertigungsgrund die Genehmigung bei der Gewässerverunreinigung nach

---

[201] Zur dogmatischen Einordnung der Genehmigung bei § 331 III StGB vgl. K/H/H-*Heinrich,* BT 1, Rn. 944 f. und *Lackner/Kühl,* § 331 Rn. 14.

[202] Zur Frage, in welchen Fällen sich ein Verstoß gegen eine mit der Genehmigung verbundenen Auflage als „ohne Genehmigung" bzw. „unbefugt" handelnd darstellt vgl. BayObLG wistra 1988, 240 f. sowie *Sack,* Anm. zu OLG Stuttgart NJW 1977, 1407.

[203] Vgl. hierzu *Winkelbauer,* Zur Verwaltungsakzessorietät des Umweltstrafrechts, 1985; *Kühl,* Fs. Lackner, 1987, S. 815 ff.; *Schmitz,* Verwaltungshandeln und Strafrecht, 1992; *Frisch,* 1993; *Paeffgen,* Fs. Stree/Wessels, 1993, S. 587 ff.; *Saliger,* UmwStrR, Rn. 67–132.

[204] Vgl. hierzu *Maurer,* 9/51; ebenso die Erlaubnis zur Rechtsberatung nach § 8 Rechtsberatungsgesetz, OLG Celle NJW 2004, 3790, 3791; allgemein: LK-*Rönnau,* Rn. 274 vor § 32.

[205] Vgl. *Steindorff,* § 2 Rn. 31 a, § 40 Rn. 5 ff.; *Heghmanns,* NJW 2003, 3373 ff.; diff. hinsichtlich der verschiedenen Erlaubnisse im WaffG *Klein,* JR 2008, 185 ff.

[206] Vgl. *Haft,* S. 112; *Fischer,* Rn. 5 vor § 32; S/S-*Lenckner/Sternberg-Lieben,* Vorbem §§ 32 ff. Rn. 61; KK OWiG-*Rengier,* Vor §§ 15, 16 Rn. 15; NK-*Paeffgen,* Rn. 191 vor § 32; *Saliger,* UmwStrR, Rn. 97 f.; *Tiedemann/Kindhäuser,* NStZ 1988, S. 342 f.; *Heine/Meinberg,* 57. DJT 1988, Gutachten D, D 122 ff.; *Mumberg,* Der Gedanke des Rechtsmissbrauchs im Umweltstrafrecht, 1989, S. 10; ähnlich *Stratenwerth/Kuhlen,* 9/136; abweichend *Heghmanns,* 2000, S. 141 ff., 173, der die fehlende Genehmigung durchgehend als Tatbestandsmerkmal einordnet, weil Handeln ohne Genehmigung als „Angriff auf die Funktionsfähigkeit der Zugangskontrolle zu einer potentiell gefährlichen Handlung" zur Verbotsmaterie gehöre; vgl. auch schon *Frisch,* 1993, S. 60 ff.; gegen die Unterscheidung auch MK-*Schlehofer,* 194 vor §§ 32 ff.

[207] Nach *Roxin,* AT I, 17/61, soll die Genehmigung aber auch bei einem sog. repressiven Verbot mit Erlaubnisvorbehalt tatbestandsausschließende Wirkung haben, falls die normalerweise bestehenden Gefahren im Einzelfall ausgeschlossen sind; ebenso *Winkelbauer,* NStZ 1988, S. 202 f. – Für Tatbestandsausschluss *Heine,* wistra 2003, 441, 443 u. *Lackner/Kühl,* § 284 Rn. 12; a. A. M-*Schroeder/Maiwald,* BT 1, 44/9.

§ 324, da diese – anders als die Luftverunreinigung – „generell verboten" (= repressives Verbot mit Befreiungsvorbehalt) ist.[207a]

Begründet wird dies damit, dass es sich in den Fällen, in denen die Genehmigung **122** als präventives Verbot mit Erlaubnisvorbehalt ausgestaltet ist, um **sozial adäquate** und damit generell zulässige Verhaltensweisen handelt, der Behörde also allein die Möglichkeit der Kontrolle[208] eingeräumt werden soll.[209] Im Gegensatz hierzu verbietet der Gesetzgeber bei repressiven Verboten mit Befreiungsvorbehalt das fragliche Verhalten generell als **sozial schädlich** bzw. unerwünscht, wobei er die Erlaubnis auf Ausnahmefälle[210] beschränkt.[211] Diese Unterscheidung von präventiven und repressiven Verboten entspreche in strafrechtlicher Hinsicht der „Regel-Ausnahme-Beziehung"[212] von Tatbestand und Rechtfertigung.

Die Bedeutung dieser auf den ersten Blick gelungenen Übertragung verwaltungs- **123** rechtlicher Kriterien auf das Strafrecht erschöpft sich letztlich jedoch in einer **widerlegbaren Vermutung**, weil die verwaltungsrechtlichen Kategorien der präventiven und repressiven Verbote „für die strafrechtliche Einordnung nicht präjudiziell" sind.[213] So ist für den Bereich des Umweltstrafrechts beispielsweise nicht einsichtig, weshalb die Verschmutzung der Luft oder aber die Verursachung von Lärm als sozial adäquat[214] angesehen werden sollen, während die Verunreinigung von Gewässern grundsätzlich verboten sein soll.[215]

Ausgangspunkt für die Bestimmung der strafrechtlichen Funktion der behördli- **124** chen Genehmigung muss daher der jeweilige **Tatbestand** selbst sein,[216] der als unrechtstypisierend sämtliche Merkmale zu umfassen hat, „die den materialen Unrechtsgehalt (Verbotssinn) einer Verbrechensart begründen".[217] Danach stellt die behördliche Genehmigung dann einen Rechtfertigungsgrund dar, wenn der Tatbestand der jeweiligen Strafnorm unabhängig von der Genehmigung das tatbestandliche Unrecht abschließend umschreibt; begründet hingegen die fehlende Genehmigung den Unrechtsgehalt zumindest teilweise mit, kommt der behördlichen Erlaubnis tatbestandsausschließende Wirkung zu.

So spricht **beispielsweise** *Rengier* der behördlichen Genehmigung im Rahmen von § 324 StGB **125** (Verunreinigung eines Gewässers) rechtfertigende Wirkung zu, während diese bei § 327 StGB (unerlaubtes Betreiben von Anlagen) bereits den Tatbestand ausschließen soll;[218] und *Fischer* sieht entsprechend bei Vorliegen der behördlichen Genehmigung den Tatbestand von § 284 StGB

[207a] *Tiedemann*, AT, Rn. 206.

[208] *Maurer*, 9/51, der insoweit auch von „Kontrollerlaubnis" spricht; ebenso *Rengier*, ZStW 101 (1989), 875.

[209] Vgl. *Jescheck/Weigend*, S. 368 f.; *Tiedemann/Kindhäuser*, NStZ 1988, S. 342 f.; *Rengier*, ZStW 101 (1989), 874.

[210] *Maurer*, 9/55, gebraucht deshalb auch die Bezeichnung „Ausnahmebewilligung".

[211] Vgl. insoweit die Angaben unter Fn. 208.

[212] Zu dieser Umschreibung s. *Jescheck/Weigend*, S. 324. – Krit. zur Unterscheidung LK-*Walter*, Rn. 53 vor § 13, nach dem „der Tatbestand keine eigene Wertungsstufe verkörpert"; krit. auch *Jäger*, 2006, S. 26 ff.

[213] Vgl. *Rengier*, ZStW 101 (1989), 878.

[214] Nach *Jakobs*, 16/29, begründet erst die erteilte Genehmigung die Sozialadäquanz des jeweiligen Verhaltens.

[215] Vgl. die entsprechenden Bedenken auch bei *Klöpfer*, Umweltrecht, 1989, § 4 Rn. 48.

[216] BGH NStZ 1993, 594, mit Anm. *Puppe*, 596; ebenso *Rengier*, ZStW 101 (1989), 878 f. – Vgl. auch den neuen rechtsgutsbezogenen Ansatz von *Marx*, 1993, S. 193 f., sowie *Schwarz*, GA 1993, 327 f.

[217] *Jescheck/Weigend*, S. 245.

[218] *Rengier*, ZStW 101 (1989), 878 f.

(unerlaubte Veranstaltung eines Glücksspiels) entfallen, während die Erlaubnis bei §§ 98, 99, StGB (landesverräterische bzw. geheimdienstliche Agententätigkeit) rechtfertige.[218a]

126   Letztlich ist jedoch auch diese Abgrenzung nicht immer geeignet, die Reichweite der behördlichen Genehmigung eindeutig zu bestimmen. So wird einerseits – ausgehend von einem ökologischen Rechtsgutverständnis – der behördlichen Genehmigung im Rahmen von § 324 rechtfertigende Wirkung zuerkannt,[219] während andererseits – unter Hinweis auf den Bewirtschaftungsauftrag des § 1a WHG – die genehmigte und insoweit befugte Gewässerverunreinigung bereits kein tatbestandliches Unrecht darstellen soll.[220]

Hinweis für die Bearbeitung von Übungsfällen:

127   Lässt sich demnach die Wirkung der behördlichen Genehmigung allgemein nicht abschließend bestimmen, so ist sie im Einzelfall anhand des konkreten Tatbestandes unter Berücksichtigung der gesellschaftlichen Wertvorstellungen eigenständig zu ermitteln, wobei weniger das Ergebnis als vielmehr die Begründung entscheidend ist.

II. Nichtige und rechtswidrige Genehmigungen

128   Kein Streit besteht jedenfalls insoweit, als die nach § 44 VwVfG nichtige und damit unwirksame Genehmigung (§ 43 III VwVfG) strafrechtlich **unbeachtlich** ist.[221] Unwirksam ist die Genehmigung auch bei fehlender Bekanntgabe (§ 43 I 1 VwVfG), doch ist dann an eine (möglicherweise genehmigungsgleiche) Duldung (s. u. Rn. 138–140) zu denken.[221a]

129   Im Gegensatz hierzu gehen die Auffassungen hinsichtlich der Wirkung der „bloß" rechtswidrigen, also anfechtbaren Genehmigung auseinander.[221b] Ursache hierfür ist die verwaltungsrechtliche Besonderheit, dass ein **„nur" rechtswidriger** Verwaltungsakt (= Genehmigung) bis zu seiner Aufhebung bzw. Rücknahme Wirkung entfaltet (vgl. § 43 II, III VwVfG).

130   Ist ein Verhalten nach dem Verwaltungsrecht aber erlaubt, so soll dieser Erlaubnis auch in strafrechtlicher Hinsicht Bedeutung zukommen (sog. Grundsatz der **Einheit der Rechtsordnung**[222]). Dem ist unter Beachtung von Art. 103 II GG ohne Ein-

---

[218a] *Fischer*, § 284 Rn. 13 u. § 98 Rn. 7.

[219] Vgl. SK-*Horn*, § 324 Rn. 8; S/S-*Heine*, § 324 Rn. 12; *Fortun*, 1998, S. 43 f., ebenso für das (repressive) abfallrechtliche Verbot bei § 326 (S. 45 f.), anders aber für § 327 I sowie für §§ 325, 325 a, 327 II Nr. 1, bei denen die atomrechtlichen sowie die immissionsschutzrechtlichen (präventiven) Verbote bei Aufhebung durch eine Genehmigung zum Tatbestandsausschluss führen (S. 46 f.).

[220] So *Wernicke*, NJW 1977, 1664; im Ergebnis ebenso *Papier*, Gewässerverunreinigung, Grenzwertfestsetzung und Strafbarkeit, 1984, S. 15 ff.; *ders.*, NuR 1986, S. 3 f.; nunmehr auch *Bickel*, in: *Meinberg/Möhrenschlager/Link*, Umweltstrafrecht, 1989, S. 270 ff.; vgl. auch *Kühne*, NJW 1991, 3020, der auf die Möglichkeit hinweist, das Merkmal „unbefugt" als Teil des Tatbestandes anzusehen, wodurch der behördlichen Genehmigung tatbestandsausschließende Wirkung zukommen würde.

[221] Vgl. *Stratenwerth/Kuhlen*, 9/137; S/S-*Lenckner/Sterberg-Lieben*, Vorbem §§ 32 ff. Rn. 62; LK-*Rönnau*, Vor § 32 Rn. 279; SSW-*Rosenau*, vor § 32 Rn. 25; *Kuhlen*, WiVerw 1992, 225; *Fortun*, 1998, S. 66, 102 f.; *Heghmanns*, 2000, S. 216–218; einschränkend jedoch *Rademacher*, Die Strafbarkeit wegen Verunreinigung eines Gewässers (§ 324 StGB), 1989, S. 160 f.

[221a] *Heghmanns*, 2000, S. 219.

[221b] *Stratenwerth/Kuhlen*, 9/137 f., nennen „drei Positionen".

[222] *Ossenbühl/Huschens*, UPR 1991, 166; *Breuer*, NJW 1988, 2080; *ders.*, DÖV 1987, 179; *Dölling*, JZ 1985, 469; *ders.*, ZRP 1988, 377; *Möhrenschlager*, in: *Meinberg/Möhrenschlager/Link*, Umweltstrafrecht 1989, S. 292; *Schmitz*, Verwaltungshandeln und Strafrecht, 1992, S. 34 ff., jeweils zum Umweltstrafrecht; allg. *Jescheck/Weigend*, S. 327 u. S/S-*Lenckner/Stern-*

schränkung für die Fälle zuzustimmen, in denen die behördliche Genehmigung **tatbestandsausschließende Wirkung** hat, die administrative Erlaubnis also selbst Teil des gesetzlichen Tatbestandes ist[223] (so etwa nach übereinstimmender Auffassung[224] für das Umweltstrafrecht bei den §§ 325, 327). Fordert die gesetzliche Umschreibung des Tatbestandes allein das Vorhandensein einer Genehmigung, so kann zu Lasten des potenziellen Straftäters die rechtswidrige, aber wirksam erteilte Genehmigung nicht als „nicht vorhanden" behandelt werden.[225]

Mit Hinweis auf das schutzwürdige Vertrauen desjenigen, dessen Verhalten von einer behördlichen Genehmigung gedeckt ist, soll der rechtswidrigen, aber wirksam erteilten Genehmigung grundsätzlich jedoch auch **rechtfertigende Wirkung** zukommen,[226] zumal der Verwaltungsakt nicht zuletzt unter rechtsstaatlichen Gesichtspunkten Beachtung auch durch das Strafrecht verlange und die Feststellung der Rechtswidrigkeit allein der Entscheidungskompetenz der Verwaltungsgerichte unterliege.[227] **131**

Bisher kaum diskutiert ist die **richterliche** Genehmigung, doch kann sie etwa in Fällen des Behandlungsabbruchs (sog. passive Sterbehilfe; 9/47 u. 18/137a) praktische Bedeutung erlangen. Der rechtskräftigen Genehmigung durch das zuständige Vormundschaftsgericht wird man im Hinblick auf den Vertrauensschutz der Ärzte auch dann rechtfertigende Kraft beimessen müssen, wenn sie materiell-rechtlich rechtswidrig ist, es sei denn, sie ist „rechtsmissbräuchlich" erlangt. **131a**

Aus der **Übungsfall-Literatur** vgl. *Vogel/Hocke:* Der Fall Therese Marie Schiavo, Jura 2005, 709 ff.

Hingegen soll die rechtfertigende Wirkung von rechtswidrig erteilten behördlichen Genehmigungen dann entfallen, wenn sich der Gebrauch der Genehmigung als **132**

---

berg-Lieben, Vorbem §§ 32 ff. Rn. 27; aus der Rechtsprechung vgl. RGSt 61, 247, und BGHSt 11, 244.

[223] *Lenckner,* Fs. Pfeiffer, 1988, S. 32 ff.; *Winkelbauer,* Zur Verwaltungsakzessorietät des Umweltstrafrechts, 1985, S. 67; *Rengier,* ZStW 101 (1989), 885 f.; B-*Weber/Mitsch,* 17/130. – Nach *Heghmanns,* 2000, S. 219, schließt die wirksame Genehmigung immer den Tatbestand aus; unwirksam soll sie – streng am Verwaltungsrecht ausgerichtet – nur bei Nichtigkeit und fehlender Bekanntgabe sein (s. o. Rn. 128).

[224] *Lackner/Kühl,* § 325 Rn. 5, 10 sowie § 327 Rn. 2; S/S-*Heine,* § 325 Rn. 7 u. 8 sowie S/S-*Heine,* § 327 Rn. 12 u. 18, jeweils m. w. N.

[225] So ausdrücklich *Rengier,* ZStW 101 (1989), 886; ebenso *Schall,* NJW 1990, 1268; *Sternberg-Lieben,* 1997, S. 203; S/S-*Lenckner/Sternberg-Lieben,* Vorbem §§ 32 ff. Rn. 63a; a. A. offensichtlich *Holthausen,* NStZ 1988, 257 f., im Zusammenhang mit § 22a Abs. 1 Nr. 3 KWKG (vormals § 16 Abs. 1 Nr. 4 KWKG); nach *Otto,* Jura 1991, 313, soll es „irrelevant" sein, ob sich die Genehmigung auf der Tatbestandsebene oder auf der Rechtswidrigkeitsebene auswirkt.

[226] H. M.; vgl. etwa *Gössel/Dölling,* BT 1, 45/10; *Rengier,* BT II, 47/18; MK-*Schlehofer,* 191 vor §§ 32 ff.; zur h. M. mit zahlreichen Nachweisen *Lackner/Kühl,* § 324 Rn. 10. – Die Rechtmäßigkeit der erteilten Genehmigung halten für erforderlich: *Geulen,* ZRP 1988, 325; *Schall,* NJW 1990, 1267; *Winkelbauer,* Zur Verwaltungsakzessorietät des Umweltstrafrechts, 1985, S. 72 f.; *Perschke,* wistra 1996, 164; nach *Schünemann,* wistra 1986, 239, soll der Grad der Berücksichtigung fehlender Genehmigung „anhand genuin strafrechtlicher Kriterien entschieden werden". – Nach *Frisch,* 1993, S. 68 u. 70, ist es ein „rechtstheoretisches Rätsel", wie eine rechtswidrige Genehmigung Rechte soll schaffen können; *Frisch* verneint bereits das „tatbestandsmäßige Verhalten" des Empfängers einer rechtswidrigen Genehmigung (S. 68); ebenso *Schwarz,* GA 1993, 326.

[227] Vgl. mit im Einzelnen abw. Begründungen OLG Frankfurt NJW 1987, 2755 f., mit Anm. *Keller,* JR 1988, 172 ff.; GenStA Zweibrücken NStZ 1984, 555, sowie *Breuer,* DÖV 1987, 180 f., u. ders., NJW 1988, 2080 f. – Für einen Strafunrechtausschließungsgrund *Fortun,* 1998, S. 134 ff., 141 ff.

missbräuchlich darstellt.[228] Einer solchen Auffassung stehe dabei jedenfalls nicht das gesetzliche Bestimmtheitserfordernis von Art. 103 II GG entgegen, da sich dieses allein auf die tatbestandlichen Voraussetzungen, nicht aber auf mögliche Rechtfertigungsgründe beziehe.[229]

133   Rechtsmissbräuchlich[230] sei die Ausnutzung der Erlaubnis zumindest dann, wenn sie durch Täuschung erschlichen oder durch Drohung erlangt worden ist,[231] da in diesen Fällen der Rechtfertigungswille fehle.[232] Dabei wird allerdings vereinzelt unter Hinweis auf § 48 II Nr. 1 VwVfG dem durch Täuschung, Drohung oder Bestechung erwirkten Verwaltungsakt rechtfertigende Wirkung erst und nur dann abgesprochen, wenn die behördliche Erlaubnis mit Wirkung ex tunc zurückgenommen wird. Der „Rücknahmeakt" soll dann eine objektive Strafbarkeitsbedingung darstellen.[233] Teilweise wird aber auch in diesen Fällen von der Nichtigkeit der erteilten Genehmigung ausgegangen, so dass dieser weder rechtfertigende noch tatbestandsausschließende Wirkung zukommt.[234]

133a   Für den Bereich des Umweltstrafrechts der §§ 324 ff. ist die Rechtsmissbrauchstheorie durch § 330d Nr. 5 in der Form „verpositiviert" worden, dass ein Handeln auf Grund einer durch Drohung, Bestechung oder Kollusion erwirkten oder durch unrichtige oder durch unvollständige Angaben erschlichenen Genehmigung einem Handeln ohne Genehmigung gleichkommt.[234a] Ob damit zugleich „positivgesetzlich klargestellt" ist, dass eine rechtswidrige Genehmigung ansonsten auch im Strafrecht einen Rechtfertigungsgrund darstellt, kann man bezweifeln.[234b] Jedenfalls ist die gesetzliche Neuregelung in dem Sinne abschließend, als weitere, bisher diskutierte Rechtsmissbrauchsgründe wie z.B. die Kenntnis von der Rechtswidrigkeit der Genehmigung nicht mehr anerkannt werden können.[234c]

---

[228] Vgl. LG Hanau NStZ 1988, 179 = NJW 1988, 571; LK-*Steindorf*, § 324 Rn. 92a u. 106; *Horn*, NJW 1981, 3; S/S-*Heine*, Vorbem §§ 324 ff. Rn. 17; *Ostendorf*, JZ 1981, 175; *Rudolphi*, ZfW 1982, 203; *ders.*, NStZ 1984, 197; *Dölling*, JZ 1985, 469; *Seier*, JA 1985, 27; *Papier*, NuR 1986, 4; ebenso *Breuer*, DÖV 1987, 180f.; *Bloy*, ZStW 100 (1988), 502ff.; *Otto*, Jura 1991, 312f. – Krit. zur Rechtsmissbrauchskonstruktion *Frisch*, 1993, S. 70ff.; SK-*Horn*, Vor § 324 Rn. 14–16; krit. zum Rechtsmissbrauchsargument *Paeffgen*, Fs. Stree/Wessels, 1993, S. 595; krit. jüngst auch *Heghmanns*, 2000, S. 209ff.

[229] So S/S-*Heine*, Vorbem §§ 324 ff. Rn. 17a; *Lenckner*, Fs. Pfeiffer, 1988, S. 32f.; a.A. *Kuhlen*, WiVerw 1992, 248 u. *Rengier*, ZStW 101 (1989), 888ff., die den Anwendungsbereich von Art. 103 II GG auf die Rechtfertigungsgründe ausdehnen.

[230] Allg. zum Rechtsmissbrauchsgedanken vgl. *Mumberg*, Der Gedanke des Rechtsmissbrauchs im Umweltstrafrecht, 1989, 30ff.

[231] Vgl. hierzu die Angaben unter Fn. 228. Zur missbräuchlichen Verwendung einer fehlerhaft erteilten Vorabzustimmung vgl. LG Hanau NStZ 1988, 179; nach StA Mannheim NJW 1976, 586, soll auch die Berufung auf eine offensichtlich veraltete und überholte Genehmigung rechtsmissbräuchlich sein, während nach LG Bonn NStZ 1987, 461, die Berufung auf eine Genehmigung dann rechtsmissbräuchlich sein dürfte, wenn lebenswichtige Eigenschaften eines Gewässers oder die Gesundheit der anwohnenden Bürger beschädigt werden.

[232] So ausdrücklich *Mumberg*, 1989, S. 73.

[233] *Lenckner*, Fs. Pfeiffer, 1988, S. 32f.; *Tiedemann/Kindhäuser*, NStZ 1988, 343f.

[234] Vgl. *Rengier*, ZStW 101 (1989), 896ff.; für eine Beschränkung der rechtfertigenden Wirkung der behördlichen Genehmigung allein auf die Fälle des § 44 VwVfG *Hüwels*, Fehlerhafter Gesetzesvollzug und strafrechtliche Zurechnung, 1986, S. 52.

[234a] Näher zu dieser Vorschrift *Paetzold*, NStZ 1996, 170ff.; kritisch *Heghmanns*, 2000, S. 213: unhaltbarer Alleingang des Strafrechts.

[234b] Für Rechtfertigungsgrund wegen § 330d Nr. 5 wohl S/S-*Lenckner/Sternberg-Lieben*, Vorbem §§ 32ff. Rn. 63–63c und S/S-*Heine*, § 330d Rn. 26; dagegen B-*Weber/Mitsch*, 17/131.

[234c] S/S-*Heine*, § 330d Rn. 25.

Zur rechtfertigenden Wirkung rechtswidriger Genehmigungen vgl. *Rudolphi,* AT-Fälle, Fall 16, S. 191 u. 192 f.; weiterer **Übungsfall** bei *Gössel,* Fälle, Fall 11, S. 183 ff. u. 193 sowie bei *Saliger,* UmwStrR, Rn. 64 u. 108: Fall 9 (erschlichene Erlaubnis).

III. Umfang der behördlichen Genehmigung und deren Verhältnis zu § 34

Soweit der Genehmigung rechtfertigende Wirkung zuerkannt wird, ist weiterhin **134** zu beachten, dass nur solche Handlungen von der Genehmigung „gedeckt" sind, die der **Dispositionsbefugnis** der Behörde unterliegen.[235] So kann beispielsweise eine umweltrechtliche Erlaubnis nur die mit dem Betrieb der Anlage einhergehen-den Umweltbeeinträchtigungen rechtfertigen, nicht aber etwaige Körperverletzungen.[236]

Demgegenüber will eine andere Auffassung zumindest diejenigen Verletzungen von **135** Individualrechtsgütern als durch die behördliche Genehmigung umfasst ansehen, die sich als Erfolg „des durch die Genehmigung gedeckten **Restrisikos**" darstellen.[237] Eine Rechtfertigung soll allerdings dann nicht eintreten, wenn die Erlaubnis rechtsfehlerhaft erteilt worden ist; insoweit sei die Berufung auf die Genehmigung (zumindest bei der Verursachung schwerer Körperverletzungen) rechtsmissbräuchlich.[238]

Tatbestandsmäßige Verletzungen von Individualrechtsgütern wie z. B. der körper- **136** lichen Unversehrtheit (§§ 223 ff.) können nur durch rechtfertigenden Notstand gem. § 34 gerechtfertigt werden, dessen Anwendungsbereich aber auf besondere Notstandslagen beschränkt ist.[239] Insbesondere darf das Genehmigungserfordernis nicht durch einen Rückgriff auf § 34 umgangen werden. So kann weder das Handeln trotz Versagung der Genehmigung noch das völlige Fehlen der Durchführung eines Genehmigungsverfahrens mit Hinweis auf § 34 begründet werden;[240] insoweit stellt

---

[235] Vgl. *Brauer,* Die strafrechtliche Behandlung genehmigungsfähigen, aber nicht genehmigten Verhaltens, 1988, S. 110 f.; *Hoyer,* 1999, S. 224; MK-*Schlehofer,* 198 vor §§ 324 ff. – Aus der Rspr. vgl. OLG Celle NStZ 1993, 291 f.

[236] So *Rudolphi,* Fs. Lackner, 1987, S. 882; *Kuhlen,* WiVerw 1992, 249; im Ergebnis ebenso *Rogall,* Die Strafbarkeit von Amtsträgern im Umweltbereich, 1991, S. 185; *Heine,* NJW 1990, 2432; *Thiel,* 2000, S. 251; *Schall,* Fs. Roxin, 2001, S. 927 ff.; *Kindhäuser,* § 324 Rn. 8; *Saliger,* UmwStrR, Rn. 122.

[237] *Winkelbauer,* NStZ 1988, 205, diskutiert in diesem Zusammenhang die Annahme eines Strafausschließungsgrundes.

[238] So etwa *Roxin,* AT I, 17/68 (problematisch nach S/S-*Lenckner/Sternberg-Lieben,* Vorbem §§ 32 ff. Rn. 63); ebenso *Dölling,* JZ 1985, 469; *Horn,* NJW 1981, 3; *Winkelbauer,* NStZ 1988, 205 f.; aus der Rspr. s. hierzu LG Bonn NStZ 1987, 461, sowie StA Mannheim NJW 1976, 586.

[239] Vgl. *Laufhütte/Möhrenschlager,* ZStW 92 (1980), 932; *Rudolphi,* ZfW 1982, 201; LK-*Steindorf,* § 324 Rn. 100; *Thiel,* 2000, S. 250 („unvorhersehbare Not- und Katastrophenfälle"); ebenso S/S-*Heine,* § 324 Rn. 13. – Nach BGH bD, MDR 1975, 723 = BGH bei *Tiedemann,* Die Neuordnung des Umweltstrafrechts, 1980, S. 60, soll das Argument der Arbeitsplatzsicherung eine Gesundheitsbeschädigung über § 34 jedoch nicht rechtfertigen; zust. W-*Hettinger,* BT 1 Rn. 1064; vgl. in diesem Zusammenhang auch OLG Stuttgart ZfW 1977, 124, m. Anm. *Kast,* das für eine begrenzte Zeit eine Gewässerverunreinigung vor dem Hintergrund des Arbeitsplatzinteresses als durch § 34 gerechtfertigt sieht; hinsichtlich einer weitergehenden Heranziehung von § 34 in der Praxis vgl. GenStA Celle NJW 1988, 2394, sowie LG Bremen NStZ 1982, 164, m. abl. Anm. *Möhrenschlager.*

[240] Vgl. *Roxin,* AT I, 17/65; LK-*Steindorf,* § 324 Rn. 100; *Thiel,* 2000, S. 249 ff., 257, der eine „Sperrwirkung" der Genehmigung gegenüber § 34 annimmt. Nach *Winkelbauer,* NStZ 1988, 204, kommt eine Anwendung von § 34 nur dann in Betracht, wenn die „Einholung der Genehmigung" unmöglich war, wobei u. U. der Täter jedoch nach den Grundsätzen der „verschuldeten Notstandslage" zu bestrafen sei.

die behördliche Genehmigung einen speziellen, § 34 verdrängenden Rechtfertigungsgrund dar.[241] Selbst wenn die Voraussetzungen des § 34 S. 1 vorliegen, stellt die Gewässerverschmutzung dann kein **angemessenes** Mittel zur Abwendung der Gefahr dar (§ 34 S. 2), wenn die Umweltbeeinträchtigung erfolgte, ohne dass der Versuch unternommen wurde, eine behördliche Genehmigung herbeizuführen[242] (s. o. 8/177 „Einhaltung rechtlich geordneter Verfahren").

> Zur ausnahmsweisen Anwendbarkeit von § 34 bei einer den Tatbestand des § 324 erfüllenden Gewässerverunreinigung vgl. die **Fallbearbeitung** von *Reineke,* JuS 1992, 486 f., sowie Fall 16 bei *Rudolphi,* AT-Fälle, S. 191 u. 203 f. Zur entsprechenden Problematik bei § 327 vgl. Fall 2 bei *Krüger,* JA-Übungsblätter 1981, 38 f.

IV. Genehmigungsfähigkeit und behördliche Duldung

137   Nicht der erteilten Genehmigung gleichzustellen ist die bloße **Genehmigungsfähigkeit** der Anlage.[243] Entscheidend ist vielmehr allein, ob der „formelle Gestattungsakt" vorliegt.[244] Nur wenn ein entsprechendes Genehmigungsverfahren durchgeführt wurde, ist sichergestellt, dass die Dispositionsbefugnis[245] des zuständigen Genehmigungsträgers gewahrt worden ist.

138   Differenzierter stellt sich das Meinungsbild hinsichtlich der strafrechtlichen Relevanz der **Duldung** dar.[246] Dabei wird die Duldung verstanden als das bewusste

---

[241] *Lackner/Kühl,* § 324 Rn. 14.

[242] So ausdrücklich *Kuhlen,* WiVerw 1992, 278 f.; ebenso KK OWiG-*Rengier,* § 16 Rn. 43. – Die Nichteinhaltung des vorgesehenen Genehmigungsverfahrens führt nach S/S-*Perron,* § 34 Rn. 41, zur Verneinung schon des überwiegenden Interesses nach § 34 S. 1, weil hier fundamentale Ordnungsprinzipien einer Notstandsrechtfertigung entgegenstünden.

[243] *Saliger,* UmwStrR, Rn. 118–120; a. A. *Brauer,* Die strafrechtliche Behandlung genehmigungsfähigen, aber nicht genehmigten Verhaltens, 1988, S. 123 ff., der bei Genehmigungsfähigkeit Versuchsstrafbarkeit annimmt; nach *Rudolphi,* ZfW 1982, 209, stellt die Genehmigungspflicht dann einen Rechtfertigungsgrund dar, wenn dem Antragsteller die Erlaubnis zu Unrecht versagt wurde; *ders.,* NStZ 1984, 196; im Ergebnis ebenso *Samson,* JZ 1988, 804 f., für den Fall, dass die zuständige Behörde Kenntnis von der Sachlage besitzt; so wohl auch *Frisch,* 1993, S. 54 f.; für eine „restriktive Interpretation des Genehmigungserfordernisses" *Bloy,* ZStW 100 (1988), 505 f.; diff. zur Genehmigungsfähigkeit *Marx,* 1993, S. 194 f.; *Perschke,* wistra 1996, 161.

[244] Vgl. OLG Köln wistra 1991, 74 f.; OLG Frankfurt NJW 1987, 2755, mit Anm. *Keller,* JR 1988, 172 ff.; LG München NuR 1986, 259 f.; SK-*Horn,* Vor § 324 Rn. 10; LK-*Steindorf,* § 327 Rn. 22; *Malitz,* 1995, S. 92, 100; *Heghmanns,* 2000, S. 234 ff., 241 („mit wenigen Ausnahmen" bedeutungslos); *Kuhlen,* WiVerw 1992, 254; *Horn/Hoyer,* JZ 1991, 703; *Breuer,* NJW 1988, 2079 f.; *Rogall,* Fs. Köln, 1988, 525; sowie *Dölling,* JZ 1985, 468. – Zur Frage, inwieweit die Genehmigungspflicht bzw. die nachträglich erfolgende Genehmigung als Strafaufhebungs- bzw. Strafausschließungsgrund anzusehen ist, vgl. *Kuhlen,* WiVerw 1992, 258, sowie *Roxin,* AT I, 17/66. – Zur Strafbarkeit eines ausschließlich „rein formal" (noch) ungenehmigten Handelns *Rengier,* ZStW 101 (1989), 904; vgl. in diesem Zusammenhang auch die entsprechenden Ausführungen von *Winkelbauer,* NStZ 1988, 204, der bei Genehmigungsfähigkeit für die Annahme eines Strafausschließungsgrundes plädiert; ebenso S/S-*Lenckner/Sternberg-Lieben,* Vorbem §§ 32 ff. Rn. 62 u. S/S-*Heine,* Vorbem §§ 324 ff. Rn. 21.

[245] Zur Dispositionsbefugnis vgl. SK-*Horn,* Vor § 324 Rn. 9; *ders.,* NJW 1988, 2337; *Rengier,* ZStW 101 (1989), 876; *Breuer,* NJW 1988, 2079; *Samson,* JZ 1988, 800 ff., 803 f.; *Winkelbauer,* JuS 1988, 693; vgl. auch *Heghmanns,* 2000, S. 240, der auf die „behördliche Möglichkeit, gefährliches Tun zu kontrollieren und zu überwachen", abhebt.

[246] Zum Streitstand vgl. *Lackner/Kühl,* § 324 Rn. 10 u. *Saliger,* UmwStrR, Rn. 123–130.

Nichteinschreiten der zuständigen Behörde gegen ein rechtswidriges Verhalten oder einen rechtswidrigen Zustand.[247]

Während der Duldung überwiegend eine rechtfertigende Wirkung ab- und ihr straf- **139** rechtliche Bedeutung allenfalls im Rahmen der Schuld (Verbotsirrtum) bzw. der Strafzumessung (Strafmilderung) zugesprochen wird,[248] soll nach neueren Auffassungen[249] der behördlichen Duldung tatbestandsausschließende[249a] oder rechtfertigende Wirkung zukommen.[250] Dabei fehlt es jedoch noch im Einzelnen an einer einheitlichen Auffassung über die Voraussetzungen eines solchen Rechtfertigungsgrundes, weshalb hier nur die wesentlichen Fragestellungen aufgezeigt werden sollen.

Umstritten ist insbesondere, ob jeder Duldung oder ausschließlich der sog. akti- **140** ven Duldung,[251] die auf einer bewussten Entscheidung der Behörde beruhen soll,[252] rechtfertigende Wirkung zukommt.[253] Ebenfalls nicht abschließend geklärt ist, ob eine rechtfertigende Wirkung auf die verwaltungsrechtlich rechtmäßige Duldungsentscheidung zu begrenzen ist[254] oder ob auch die **rechtswidrige** Duldung als Rechtfertigungsgrund anzusehen ist.

> Zur Rechtfertigung durch Duldung vgl. die **Fallbearbeitung** bei *Reineke*, JuS 1992, 486 f. u. bei *Saliger*, UmwStrR, Rn. 65 u. 130: Fall 4 (passive Duldung) u. Rn. 137: Fall 6 (aktive Duldung).

---

[247] *Lackner/Kühl*, § 324 Rn. 10; ähnlich *Rogall*, NJW 1995, 922, 923; *Schmitz*, Verwaltungshandeln und Strafrecht, 1992, S. 94, mit Hinweis auf einschränkende Auffassungen.

[248] Vgl. LK-*Steindorf*, § 324 Rn. 88 f.; SK-*Horn*, Vor § 324 Rn. 12 a; *Möhrenschlager*, in: *Meinberg/Möhrenschlager/Link*, Umweltstrafrecht, 1988, S. 43 f.; *Laufhütte/Möhrenschlager*, ZStW 92 (1980), 931 f.; im Ergebnis wohl ebenso *Breuer*, DÖV 1987, 181; aus der Rspr. vgl. BGHSt 37, 21 ff., 28, zumindest für die bloß stillschweigende Duldung; AG Lübeck StV 1989, 348. Vgl. OLG Celle NStZ 1993, 291, das darauf abstellt, ob das betroffene Rechtsgut zur Disposition der betreffenden Behörde steht.

[249] Vgl. hierzu *Rengier*, ZStW 101 (1989), 905 ff.; *Papier*, NuR 1986, 6; *Wüterich*, UPR 1988, 251; *Winkelbauer*, JuS 1988, 696, der den geduldeten Betrieb der Anlage ausdrücklich dem genehmigten gleichstellt; *Schmitz*, Verwaltungshandeln und Strafrecht, 1992, S. 109 ff., 118; *Gentzcke*, Informales Verwaltungshandeln und Umweltstrafrecht, 1991, S. 210; *Malitz*, 1995, S. 133; *Kuhlen*, WiVerw 1992, 275, spricht von einem „Strafunrechtsausschließungsgrund"; aus der Rspr. vgl. LG München NuR 1986, 259 f.; OLG Celle ZfW 1987, 127; LG Bonn NStZ 1988, 224 f.; StA Mainz NStE Nr. 13 zu § 324; offen gelassen vom BayObLG JR 1983, 120 f.

[249a] *Heghmanns*, 2000, S. 243 ff., 272, wenn sie sich „als wirksame Gestattungen qua Verwaltungsakt" darstellen, „aus deren inhaltlicher Aussage das ... Nichteingreifen des gesetzlichen Handlungsverbots im Einzelfall resultiert".

[250] Im Gegensatz hierzu soll nach *Winkelbauer*, NStZ 1988, 203 Fn. 29, im Fall der behördlichen Zusicherung, von einer Untersagungsbefugnis keinen Gebrauch zu machen, bereits die Tatbestandsmäßigkeit des Verhaltens entfallen. So auch *Rogall*, NJW 1995, 924, der keinen Verhaltensnormverstoß sieht.

[251] *Samson*, JZ 1988, 804, sieht das Institut der „aktiven Duldung" als überflüssig an; *Heghmanns*, 2000, S. 243, als „fragwürdig"; ebenso NK-*Paeffgen*, Rn. 205 vor § 32.

[252] Zur Abgrenzung der aktiven von der passiven Duldung vgl. insb. *Randelshofer/Wilke*, Die Duldung als Form flexiblen Verwaltungshandelns, 1981, S. 33 ff.; vgl. auch die bei *Rengier*, ZStW 101 (1989), 905 ff., genannten Voraussetzungen.

[253] LK[11]-*Steindorf*, § 324 Rn. 89, spricht von einer auf extreme Ausnahmefälle beschränkten, konkludent erklärten Erlaubnis; einschränkend auch S/S-*Heine*, Vorbem §§ 324 ff. Rn. 20; nach *Rogall*, Fs. Köln, 1988, 525, soll die Duldung überhaupt nur dann strafrechtlich beachtlich sein, wenn die Behörde zu einem solch informellen Handeln ermächtigt ist; vgl. hierzu kritisch auch *Odersky*, Fs. Tröndle, 1989, 298 ff. – Für die Rechtfertigung durch ermessenfehlerfreie aktive Duldung *Marx*, 1993, S. 186 f.

[254] So etwa *Schmitz*, Verwaltungshandeln und Strafrecht, 1992, S. 102 ff., 118, mit umfassender Darstellung der in diesem Zusammenhang vertretenen Meinungen, und *Perschke*, wistra 1996, 167.

3. Unterabschnitt. Die Schuld

§ 10. Allgemeine Schuldfragen

I. Vorbemerkung

1   Im folgenden Schuld-Kapitel sind die Proportionen im Vergleich zu üblichen Darstellungen der Schuldlehre in AT-Lehrbüchern so verschoben, dass dieses Vorgehen einer „rechtfertigenden" Vorbemerkung bedarf. Schuldprinzip und Schuldbegriff werden nur knapp angesprochen, weil in der **Bearbeitung von Übungsfällen** dazu nicht Stellung genommen werden muss. Das Gesetz gibt vielmehr vor, dass nur Schuldausschließungsgründe und Entschuldigungsgründe zu prüfen sind. Innerhalb der Schuldausschließungsgründe kann der das Unrechtsbewusstsein ausschließende Verbotsirrtum gem. § 17 bei der Darstellung der Schuldlehre deshalb kurz behandelt werden, weil er in der Irrtumslehre eine seiner Bedeutung für Fallbearbeitungen angemessene Behandlung erfährt (s.u. 13/49 ff.). Auch die Behandlung der Schuldunfähigkeitsregelung des § 20 ist nur im Hinblick auf ihre Bedeutung bei Fallbearbeitungen „verständlich": wenig zu den in Sachverhalten entweder vorgegebenen oder auf Grund von Sachverhaltsangaben kaum feststellbaren § 20-Merkmalen, mehr zur Schuldunfähigkeit überwindenden, in Übungsfällen häufig benötigten Konstruktion der actio libera in causa. Das gilt „erst recht" für die verminderte Schuldfähigkeit des § 21, der einen fakultativen besonderen gesetzlichen Milderungsgrund i.S. des § 49 I enthält (*Lackner/Kühl*, § 21 Rn. 4); auf ihn wird immerhin bei der alic (s. unten Rn. 18 a) kurz eingegangen. Den weitaus größten Teil des Schuldkapitels nehmen die Entschuldigungsgründe ein, da ihr Vorliegen in Fallbearbeitungen zwar nicht so häufig, aber gegebenenfalls ebenso gründlich wie das Vorliegen von Rechtfertigungsgründen zu prüfen ist.

> Zur Prüfung der Schuld in **Übungsarbeiten** vgl.: *Tiedemann,* Anfängerübung, S. 139 f.; *Werle,* JuS 2001, L 52. – Zur Situation des Strafrichters bei der Feststellung der Schuld im Strafverfahren vgl. *Hassemer,* Einführung, S. 216.

II. Die Schuld als Strafbarkeitsvoraussetzung

2   Mit dem Betreten der Schuldstufe hat die Prüfung der möglichen Vorsatz-Strafbarkeit eines Täters schon die **Rechtswidrigkeit** von dessen **Tat** ergeben. Damit ist über die äußere Tat und die subjektive Beteiligung des Täters an dieser Tat endgültig entschieden: der Täter hat mit seiner Tat gegen eine Verbotsnorm verstoßen, sich für die Rechtsgutsverletzung entschieden, und sein Verhalten war durch keine Erlaubnisnorm (= Rechtfertigungsgrund) „gedeckt". Die Endgültigkeit dieses generellen Urteils zeigt sich „handfest" darin, dass der rechtswidrig handelnde Täter unter bestimmten Voraussetzungen (z.B. seine Gefährlichkeit) mit Maßregeln der Besserung und Sicherung (§§ 61 ff.) belegt werden kann. Strafen (Freiheits- und Geldstrafen) hingegen setzen zusätzlich zur Rechtswidrigkeit der Tat die Schuld des Täters voraus (sog. **Schuldprinzip**). Dieses Schulderfordernis ergibt sich schon aus dem **Grundgesetz** (Art. 1 u. 20)[1] und ist auch deshalb unverzichtbar, weil die Strafe

---

[1] Zur verfassungsrechtlichen Verankerung des Schuldprinzips BVerfGE 20, 323, 331; 95, 96, 104; 101, 1, 13; BVerfG NJW 2009, 1061, 1062 f. u. 2267; 2011, 1931, 1937; BVerfG

außer dem Grundrechtseingriff in die Freiheit oder in das Vermögen des Betroffenen auch einen sozialethischen Tadel enthält.[2] Im **Schuldspruch** wird dem Täter gegenüber eine **Missbilligung** seines Verhaltens zum Ausdruck gebracht.[2a] Ein solcher Tadel, eine solche Missbilligung, setzt aber voraus, dass der Täter für die Tat verantwortlich ist. Dies ist nur möglich, wenn man dem Täter die von ihm begangene rechtswidrige Tat als eine vorwerfbare zurechnen kann. Das Schuldprinzip ist – als Bestandteil der unverfügbaren Verfassungsidentität i.S. des Art. 79 III GG – auch vor Eingriffen durch eine supranational ausgeübte öffentliche Gewalt (etwa durch die EU) geschützt (BVerfGE 123, 267, 367 – Vertrag von Lissabon –). Um die **individuelle Zurechnung** = Vorwerfbarkeit geht es bei der Strafbegründungsschuld.[3]

Vorgeworfen wird dem Täter, dass er eine rechtswidrige Tat begangen hat, ob- **3** wohl er sich anders, nämlich normgerecht hätte entscheiden können (BGHSt 2, 200 f.). Dieses **Andersentscheidenkönnen** und das dadurch mögliche **Andershandelnkönnen** wird dem Täter im Schuldvorwurf vorgehalten: er hätte sich rechtmäßig, d.h. in Einklang mit den die Freiheit anderer schützenden Rechtsnormen, verhalten können.[4]

Dabei geht das StGB davon aus, dass sich jeder Bürger mit normaler Motivier- **4** barkeit für den dem Recht gemäßen Weg entscheiden kann.[5] Es befindet sich damit in Übereinstimmung mit der subjektiven Freiheitserfahrung von jedermann (subjektives Bewusstsein des Andershandelnkönnens), und stellt keine anderen Erwartungen an den Bürger als sie auch die Bürger untereinander an sich stellen.[5a] Die allge-

StraFo 2012, 27; BGHSt 50, 40, 49; *Lagodny*, 1996, S. 386–415; *Appel*, Verfassung und Strafe, 1998, S. 109 ff.; *Stächelin*, Strafgesetzgebung im Verfassungsstaat, 1998, S. 242 ff.; *Hörnle*, Fs. Tiedemann, 2008, S. 325 ff.; LK-*Walter*, Rn. 159 vor § 13 u. LK-*Rönnau*, Rn. 308 vor § 32; NK-*Paeffgen*, Rn. 207 vor § 32; *Roxin*, Fs. Volk, 2009, S. 601 und in: AT I, 3/52: mindestens Verfassungsgewohnheitsrecht.

[2] *Kühl*, Unschuldsvermutung, Freispruch und Einstellung, 1983, S. 14 ff.; zust. *Lagodny*, 1996, S. 387 Fn. 99; neuerdings auch *Kühl*, JahrbRuE 2003, 219, 228, 239; ZStW 116 (2004), 870, 876 u. in: Fs. Eser, 2005, 149, 153 ff. u. in: Fs. Maiwald, 2010, S. 433, 441 mit Belegen aus der Rspr., insb. des Bundesverfassungsgerichts; vgl. auch *Pawlik*, 2004, S. 16 mit Fn. 22 u. *Roxin*, Fs. Volk, 2009, S. 601 sowie in: AT I, 3/46.

[2a] *Kühl*, in: Kühl/Reichold/Ronellenfitsch, § 30 Rn. 9 u. § 43 Rn. 20.

[3] Näher zur „Strafbegründungsschuld" des Schuldprinzips *Hirsch*, ZStW 106 (1994) 746, 748; knapper *Tiedemann*, Anfängerübung, S. 136 f.; s. auch *Kelker*, 2007, S. 394 f.

[4] So auch B-*Weber/Mitsch*, 18/23, 38 u. *Jescheck/Weigend*, S. 427 f.; vgl. auch *Hirsch*, Fs. Otto, 2007, S. 307, 310 f., der einen „unrechtsbezogenen Schuldbegriff" vertritt (S. 329). – Auf die normative Ansprechbarkeit stellt auch ab *Roxin*, AT I, 19/34, sowie *ders.*, Fs. Mangakis, 1999, S. 237, 240 f. u. 244 ff. sowie in: Fs. Kaiser, 1998, S. 885, 890, zu der aber immer noch eine „präventive Bestrafungsnotwendigkeit" hinzukommen müsse; ebenso *Merkel*, Fs. Roxin, 2011, S. 737; dagegen auf die Charakterschuld abstellend *Herzberg*, Willensunfreiheit und Schuldvorwurf, 2010. – Krit. zum Andershandelnkönnen *Schünemann*, 1995, 149, 164, der auf die individuelle Vermeidbarkeit abhebt, *Burkhardt*, in: Kick/Schmitt (Hrsg.), Schuld, 2011, S. 57, 70: „Legitimationsdefizit" und *Merkel*, Fs. Roxin zum 80., 2011, S. 737. Vgl. auch *Hörnle*, JZ 1999, 1080, 1083–1085, zum „Schuldverständnis in der Verbrechenslehre"; *Momsen*, 2006, S. 484 u. in: Fs. Jung, 2007, S. 569, 576, verlangt die Fähigkeit zu „zweckrationalem Verhalten" in freier Entscheidung; zur Schuldlehre des BGH vgl. *Neumann*, Fg. BGH, 2000, S. 83 ff.

[5] Zu diesem Regelfall *Hirsch*, ZStW 106 (1994), 750.

[5a] Ähnlich *Schreiber*, in: Der Nervenarzt 48 (1977), 242, 245: Schuld als „Fehlgebrauch eines Könnens ..., das wir uns wechselseitig zuschreiben"; kritisch wegen des Arbeitens mit einer „Fiktion" *Schöch*, in: Eisenburg (Hrsg.), Die Freiheit des Menschen, 1998, S. 82, 90, der selbst das „Freiheitsbewusstsein", das „Bewusstsein des Anderskönnens" als „psychische und soziale Realität" zur „Grundlage für den subjektiven Schuldvorwurf" macht (S. 92); jetzt LK-*Schöch*, § 20 Rn. 30: Willensfreiheit als praktisches Postulat (zust. *Otto*, Jura 2008, 317, 319).

meine **Erwartung** des Rechtmäßighandelnkönnens ist zwar nicht ausdrücklich im StGB geregelt, doch lässt sie sich der Regelung der Schuldausschließungsgründe (§§ 17, 20) entnehmen, denn dort werden die Voraussetzungen angegeben, bei denen ausnahmsweise von der Unrechtseinsicht des Täters nicht ausgegangen werden kann. Damit wird im Bereich der individuellen Schuld eine sinnvolle, weil allein praktikable Standardisierung vorgenommen. – Diese Verantwortung des Einzelnen und ihre Berechtigung wird durch neuere naturwissenschaftliche Hirnforschung, die meint, den freien Willen widerlegt zu haben, nicht in Frage gestellt.[5b]

5   Solche **Standardisierungen** sind auch für die Entschuldigungsgründe wie z. B. § 35 (entschuldigender Notstand) typisch. Sie zeigen außerdem, dass trotz der Möglichkeit des Andershandelnkönnens ein Schuldvorwurf nicht immer erhoben, sondern in bestimmten Situationen Nachsicht durch Entschuldigung geübt wird. Dafür kann nicht nur die erhebliche Erschwerung normgemäßen Verhaltens in Notlagen, die den Täter unter abnormen psychischen Druck setzen, geltend gemacht werden. Es spielen hier auch schon **präventive** Überlegungen – keine präventive Notwendigkeit des Einsatzes der Strafe[6] – eine Rolle, die sonst erst bei der Strafzumessung Einfluss gewinnen (innerhalb der Strafzumessungsschuld gem. § 46).

6   Zur **Vertiefung** dieser die Problematik nur anreißenden, einführenden Bemerkungen besonders gut geeignet: *Eser/Burkhardt*, Strafrecht I, Fall Nr. 14 (= die oben zitierte Entscheidung BGHSt 2, 194 ff.), A 2–A 10 zum Schuldprinzip und dessen Konsequenzen und A 11–A 38 zu Inhalt und Aufbau des Schuldbegriffs (dabei auch zum inneren Grund des Schuldvorwurfs und zu den Grundkriterien strafrechtlichen Verschuldens); die besondere Eignung dieser Darstellung zur Vertiefung ergibt sich nicht nur aus ihrer Übersichtlichkeit, sondern auch daraus, dass sie durch gezielte Literaturhinweise einen Einstieg in weitere „Vertiefungen" ermöglicht. – Rechtsvergleichend mit England *Safferling*, 2007.

Heftig umstritten ist die Frage, ob sich auch Unternehmen/Verbände, so sie denn handlungsfähig sind (s. o. 2/9), schuldig machen und deshalb bestraft werden kön-

---

[5b] Näher *Lackner/Kühl*, Rn. 26 a vor § 13; ähnlich *Fischer*, Rn. 8 vor § 13. – Aus der hier nicht nachzuzeichnenden Diskussion vgl. nur die fundierten und überzeugenden Stellungnahmen der „Strafrechtler" *Burkhardt*, Fs. Eser, 2005, S. 78 ff. u. in: Fs. Maiwald, 2010, S. 79, 82; *Hillenkamp*, JZ 2005, 313 ff.; *Streng*, Fs. Jakobs, 2007, S. 675; *Hassemer*, ZStW 121 (2009), 829, 846 (Kategorienfehler) u. *Hirsch*, ZIS 2010, 62; außerdem: *Jakobs*, ZStW 117 (2005), S. 247 ff.; *Kelker*, 2007, S. 364 ff.; *Merkel*, Willensfreiheit und Schuld, 2008 (m. krit. Bspr. *Zaczyk*, GA 2009, 371, positive Bspr. *Duttge*, JZ 2010, 412); *Bung*, Wissen und Wollen im Strafrecht, 2009, S. 18, 30 (m. zust. Bspr. *Roxin*, ZStW 122 [2010], 672, 674) u. *Fischer*, Rn. 9–11 a vor § 13 sowie die Beiträge von *Lampe*, *Merkel* und *Dölling*, in: Lampe u. a. (Hrsg.), Willensfreiheit und rechtliche Ordnung, 2008, S. 304 ff., 332 ff. und 371 ff.; *Herzberg*, Willensunfreiheit und Schuldvorwurf, 2010 (m. krit. Bspr. *Rath*, GA 2011, 731); *Lüderssen*, Fs. Puppe, 2011, S. 65 u. *Jakobs*, 2012, S. 65 ff. – Ein „repräsentatives" Bild von der Bedeutung der Hirnforschung für das Strafrecht ergibt sich aus dem Diskussionsbericht von *Eidam/Gaede*, ZStW 121 (2009), 986–991, in dem Äußerungen von *Frisch*, *Giehring*, *Neumann*, *Kühne*, *Hilgendorf*, *Kahlo*, *Formlle*, *Jahn* und *Schünemann* widergegeben werden.

[6] Weitergehend bestimmt den sog. funktionelle Schuldbegriff die Schuld generell von den Strafzwecken bzw. von der generalpräventiven Bestrafungsnotwendigkeit her; *Jakobs*, 1976, S. 29 ff. und *ders.*, AT, 17/21 f. (krit. NK-*Paeffgen*, Rn. 212–223 a vor § 32 u. *Kelker*, 2007, S. 227 ff.); zur Leistungsfähigkeit dieses Schuldbegriffs bei der Schuld einer Person mit „fremder Sozialisation" vgl. *Jakobs*, ZStW 118 (2006), 831, 852. – Zu diesem Schuldbegriff sowie zu dem im Text vertretenen vgl. *Hoyer*, AT I, S. 101 f.; krit. zum generalpräventiv ausgerichteten Schuldbegriff *Hirsch*, ZStW 106 (1994), 752 ff., *Schöch* o. Fn. 5 a, S. 88, *Roxin*, Fs. Mangakis, 1999, S. 237, 243 f., *Zabel*, 2007, S. 283 ff. [m. krit. Bspr. *Jakobs*, HRRS 2007, 232, 233 u. Erwiderung *Zabel*, HRRS 2007, 255], *Otto*, 12/27–32, sowie *Lackner/Kühl*, Rn. 25 Vor § 13 m. w. N.

nen.[7] Das geltende Recht kennt (noch) keine solche Strafbarkeit.[8] – Gespeist vom 7 common law und unter Hinweis auf Entwicklungen in der EU wird darüberhinausgehend eine Objektivierung der strafrechtlichen Verantwortlichkeit gefordert, zumindest wenn es um „mäßige Strafen" geht und „vorsätzliches oder fahrlässiges Verhalten der Erfahrung nach naheliegt."[9] Als „Legitimationsgrundlage für die Annahme einer Unternehmensstrafbarkeit" könnte der Gedanken des „Organisationsverschuldens" dienen;[10] der Schuldvorwurf soll sich danach auf das „Unterlassen von Vorsorgemaßnahmen" beziehen.[11] Ob sich das verfassungsrechtlich fundierte Schuldprinzip (oben Rn. 2) so teilweise aufweichen oder gar abschaffen lässt, erscheint zweifelhaft, jedenfalls diskussionsbedürftig.

§ 11. Schuldausschließungsgründe

I. Schuldunfähigkeit

1. Die Regelung der §§ 19, 20

Die Schuldunfähigkeit kann, wie sich § 20 entnehmen lässt, zum einen deshalb 1 anzunehmen sein, weil dem Täter die **Einsichtsfähigkeit** fehlt: er ist nicht in der Lage, das Unrecht seines Verhaltens zu erkennen. Zum anderen kann sich die Schuldunfähigkeit aus der fehlenden **Steuerungsfähigkeit** ergeben: der Täter hat zwar Unrechtsbewusstsein, doch ist er nicht in der Lage, die rechtswidrige Handlung dieser Einsicht gemäß zu unterlassen.

Die Schuldunfähigkeit wird bei **Kindern,** die bei Begehung der Tat noch nicht 2 14 Jahre alt sind, unwiderleglich durch § 19 vermutet.[1] Ansonsten regelt allgemein § 20 die zusätzlichen Voraussetzungen der Schuldunfähigkeit. Sowohl die fehlende Einsichtsfähigkeit als auch die fehlende Steuerungsfähigkeit (sog. psychologischnormative Komponenten der Schuldunfähigkeit) müssen nach § 20 auf den dort aufgezählten **anomalen seelischen Zuständen** beruhen (sog. biologisch-psychologische Komponente der Schuldunfähigkeit).

Schon die Beurteilung, ob einer der in § 20 genannten anomalen Zustände vorliegt, 3 ist in einer **Übungsarbeit** auf Grund normaler Sachverhalte nicht zu beurteilen. Noch weniger ist die Beurteilung möglich, ob diese Zustände entweder zum Verlust der Einsichtsfähigkeit oder zum Verlust der Steuerungsfähigkeit beim Täter geführt haben.

---

[7] Dagegen *Jakobs,* Fs. Lüderssen, 2002, S. 559, 575; *Jescheck/Weigend,* S. 227; *Köhler,* S. 557; *Otto,* 1993, S. 16 ff.; dafür *Schroth,* 1993, S. 191 ff.; *Hirsch,* 1993, S. 13 ff.; *Tiedemann,* 1996, S. 48 ff. u. in: AT, Rn. 244 f.; *Dannecker,* GA 2000, 101, 112 u. in: Fs. Böttcher, 2007, S. 465, 483 f.: „Strafgeld"; einen „konstruktivistischen Unternehmensschuldbegriff" entwickelt *Gómez-Jara Diez,* ZStW 119 (2007) 290 ff.; diff. *Böse,* Fs. Jakobs, 2007, S. 15 ff.; zweifelnd *Seelmann,* Fs. Schmid, 2001, S. 169, 177 ff. u. *Corell,* 2007, S. 11 ff.

[8] Zur aktuellen Diskussion zur Strafbarkeit von Unternehmen vgl.: *Hetzer,* wistra 1999, 361; *Scholz,* ZRP 2000, 435; *Peglau,* JA 2001, 606; *Heine,* in: *Hettinger* (Hrsg.), Verbandsstrafe, 2002, S. 121 ff. mit Gesetzesentwurf (S. 152). – Zum österreichischen Verbandsverantwortlichkeitsgesetz v. 1.1. 2006 vgl. *Schmoller,* Fs. Otto, 2007, S. 453 ff. u. in: Fs. Küper, 2007, S. 519 ff.

[9] LK-*Vogel,* Rn. 21 vor § 15; krit. LK-*Walter,* Rn. 159–162 vor § 13.

[10] *Tiedemann,* AT, Rn. 244a; dagegen LK-*Schünemann,* 24 vor § 25: ein solches Verschulden könne nur natürliche Personen treffen.

[11] *Tiedemann,* AT, Rn. 270 u. schon NJW 1988, 1169 ff. sowie in: Fs. Achenbach, 2011, S. 563, 567.

[1] Ebenso *Murmann,* GK, 26/3.

Praktisch muss die Schuldunfähigkeit vom Aufgabensteller mehr oder weniger deutlich vorgegeben werden, z.B. der schuldunfähige X oder z.B. der geisteskranke X. Man sollte sich jedenfalls davor hüten, Sachverhaltsangaben wie „im Zorn", „aus Angst", „in großer Verwirrung" oder „in alkoholisiertem Zustand" unter § 20 zu subsumieren.[1a] Wenn diese Angaben unter Normen subsumiert werden sollen, dann kommen eher die §§ 33, 213 (möglicherweise auch: §§ 316, 323a) in Betracht.

4   Zu den beiden „Stockwerken" des § 20, die oben als „Komponenten" bezeichnet wurden, vgl. anschaulich: *Streng*, Strafrechtliche Sanktionen, 2. Aufl. 2002, Rn. 681–707, sowie knapper: *Wolfslast*, JA 1981, 465–469; krit., vor allem zu der für die Strafgerichte nur schwer handhabbaren „ersten Stufe", *Verrel*, MschrKrim 1994, 272, 280. – Einen instruktiven Überblick über die „Schuldfähigkeit als Voraussetzung der Strafe" bietet *Keiser*, Jura 2001, 376–382.

> Aus der **Übungsfall-Literatur** vgl. den „Exkulpationsfall" von *Schöch*, in: *Kaiser/Schöch*, 2010, Fall Nr. 4, S. 49–62. – Zur Schuldfähigkeit bei Alkoholisierung *Müller-Raschke*, Jura 2011, 305, u. 307 f.

5   Ist der Täter „bei Begehung der Tat" schuldunfähig gem. § 20, so fehlt eine **Strafbarkeitsvoraussetzung**. Die Strafbarkeitsprüfung muss aber in diesem Fall nicht immer mit diesem negativen Ergebnis enden, denn trotz fehlender Schuldfähigkeit bei Tatbegehung kann in bestimmten Fällen durch die Konstruktion der actio libera in causa eine Strafbarkeit des Täters wegen der Tat begründet werden, die er im schuldunfähigen Zustand verwirklicht.

2. Die actio libera in causa

a) Zur Rechtfertigung der umstrittenen Rechtsfigur

6   Unter der actio libera in causa (alic) versteht man ein **mehraktiges Geschehen**, bei welchem der schuldfähige Täter in der ersten Phase eine Ursache für die eigentliche Tathandlung setzt, die er dann in der zweiten Phase als inzwischen Schuldunfähiger ausführt.[2] So etwa wenn sich der Ehemann in der Bar Mut antrinkt, um seine Ehefrau zu verprügeln und zu diesem Prügeln erst schreitet, als er infolge Rauschzustandes schuldunfähig i.S. des § 20 ist.[3] Die Tat (actio) ist unfrei in ihrem Vollzug, aber frei in ihrer Ursache (libera in causa).[4] Mit der im Gesetz nicht ausdrücklich vorgesehenen Konstruktion der **alic** will man erreichen, dass der Täter (z.B. der Ehemann) aus dem Delikt heraus bestraft werden kann, welches er im Zustand der Schuldunfähigkeit begangen hat (z.B. § 223 durch die Prügel). Das Herbeiführen des Zustandes der Schuldunfähigkeit kann strafrechtlich nach § 323a erfasst werden, wenn es durch ein „Sichberauschen" geschieht.

[1a] Zustimmend *Keiser*, Jura 2001, 376, 377 u. *Rengier*, AT, 24/11.

[2] Ebenso LK-*Schöch*, § 20 Rn. 194. – Zur Grundstruktur der alic als „zwei Geschehensakte" *Rath*, JuS 1995, 405, der eine erste Lern- bzw. Orientierungshilfe für die Bewältigung der alic-Problematik in Prüfungsaufgaben bietet (S. 413: gutachtentechnische Hinweise; solche finden sich auch bei *Kindhäuser*, § 20 Rn. 36 u. ausführlicher bei *Kindhäuser*, AT, 23/25–28); zu Begriff, Grundstruktur und Lösungsmodellen *Rönnau*, JA 1997, 599 ff., 707 ff. u. in: JuS 2010, 300–302: „Grundwissen"; *Zenker*, 2003, S. 21 ff. u. *Satzger*, Jura 2006, 513–516; eine Zwischenbilanz (mit Forderung nach gesetzlicher Regelung) zieht *Hirsch*, Fs. Geppert, 2011, S. 232; nach NK-*Schild*, § 20 Rn. 110, handelt es sich um ein allgemeines Zurechnungsprinzip; vgl. auch *Kindhäuser*, Fs. Puppe, 2011, S. 39, 62 f.: haftungsbegründende Ausnahmeregelung wie die „Zurechnungsfigur" der Fahrlässigkeit

[3] Vgl. RGSt 73, 182.

[4] *Ebert*, S. 99; vgl. auch *Haft*, S. 131: „eine bei der Ursachensetzung freie Handlung"; zu dieser „Freiheit" *Alwart*, JahrbRuE 2005, 357, 365.

Einer Bestrafung wegen der im schuldunfähigen Zustand begangenen Tat steht 7
auf den ersten Blick ins Gesetz der Wortlaut des § 20 entgegen, nach dem der Täter
„bei Begehung der Tat" nicht schuldunfähig sein darf. Soll die Tat, die dem Täter
vorgeworfen werden soll, aber die im schuldunfähigen Zustand begangene Tat (z. B.
die Körperverletzung) sein, so scheitert die Bestrafung des Täters an seiner Schuldunfähigkeit bei der Ausführung dieser Tat (z. B. bei der Verabreichung der Prügel).
Wer den **Wortlaut** des § 20 für eindeutig hält,[5] muss nach dem Gesetzlichkeitsprin-
zip („nullum crimen sine lege", Art. 103 II GG) Straflosigkeit des Täters wegen § 20
annehmen. Es bleibt nur die Bestrafung nach § 323 a, soweit dessen Voraussetzungen vorliegen.

Dieses Ergebnis: Keine Bestrafungsmöglichkeit über die alic wegen der im schuld- 8
unfähigen Zustand begangenen Tat, wird heute zunehmend als sog. „**Unvereinbar-
keitstheorie**"[5a] vertreten.[6] Es befriedigt aber das **Rechtsgefühl** nicht, da die Bestrafung nach § 323 a den Unrechts- und Schuldgehalt des Täterverhaltens nicht voll
erfasst.[7] Das wird vielleicht im Ausgangsbeispiel nicht so deutlich, doch muss man
dieses nur dahin abwandeln, dass der Ehemann wie geplant den Nebenbuhler tötet.
Diese vorsätzliche Tötung nur mit § 323 a zu ahnden, überzeugt wohl niemanden.
Die Ablehnung der alic wird deshalb auch mit Forderungen de lege ferenda verbunden, die auf eine Ausnahmeregelung in § 20 abzielen, mit der die Bestrafung der im
schuldunfähigen Zustand begangenen Tat ermöglicht wird. Eine solche **Ausnahmeregelung** wäre, wie die Gefahrverursachungsklausel in § 35 I 2 zeigt, nicht ohne
Vorbild.[8]

Solange eine solche Ausnahmeregelung aber noch nicht existiert, ist nach Mög- 9
lichkeiten im geltenden Recht Ausschau zu halten, die eine solche ausnahmsweise
Bestrafung wegen der im schuldunfähigen Zustand begangenen Tat ermöglichen.
Eine solche Möglichkeit wird in der teleologischen Reduktion des § 20 gesehen.[9]

---

[5] Nach *Jähnke*, Fs. BGH, 2000, S. 403, 405, ist angesichts des zu weit geratenen Wortlauts
eine teleologische Reduktion geboten.

[5a] Dazu mit Argumenten *Hillenkamp*, 13. AT-Problem, S. 96–98 u. *Rönnau*, JuS 2010, 300,
302.

[6] Nach *Kindhäuser*, AT, 23/21, „schon verbreitete und weiter vordringende Ansicht". Vor allem von *Hettinger*, Die „actio libera in causa": Strafbarkeit wegen Begehungstat trotz Schuldunfähigkeit?, 1988, S. 437 ff., *ders.*, GA 1989, 1 und in: Fs. Geerds, 1995, S. 623; *Paeffgen*,
ZStW 97 (1985), 516 ff. u. NK-*Paeffgen*, Rn. 1–4 u. 29 vor § 323 a; *Zieschang*, Rn. 339; *Sal-
ger/Mutzbauer*, NStZ 1993, 561; *Köhler*, S. 397; *Sydow*, 2002, S. 78 ff., 164. – Für Verfassungswidrigkeit der alic jetzt auch *Leupold*, 2005, S. 194 f. mit Bspr. *Hettinger*, GA 2007,
175.

[7] Vgl. *Hirsch*, NStZ 1997, 230, 231: keine befriedigende Auffanglösung, ähnlich *Freund*,
4/31; weitere Gegenargumente bei *Timpe*, JA 2010, 514, 519.

[8] *Jerouschek*, JuS 1997, 385, 389, erkennt in § 35 I und in § 17 S. 2 den Grundsatz der
„Nichtberücksichtigung von selbstprovozierten Zurechnungsdefiziten", den er de lege lata zur
Begründung der alic heranzieht: die Tat müsse „in einen normativen Zurechnungszusammenhang mit dem Verschulden zu stehen" kommen (sog. Relationstheorie); ebenso *Jerouschek*,
Fs. Hirsch, 1999, S. 241 u. *Jerouschek/Kölbel*, JuS 2001, 417, 420 ff. – Auf §§ 17 S. 2, 35 I 2
Alt. 1, II hebt *Trüg*, JA-R 2001, 77, 80, schon für das geltende Recht ab; ebenso *Streng*, JuS
2001, 540, 545; *Joerden*, 2010, S. 265 f. spricht für § 35 I 2, § 35 II, § 17 S. 2 und für die alic
von „außerordentlicher Zurechnung", weil der Täter seinen „Zurechnungsdefekt" selbst zu
verantworten hat.

[9] *Hruschka*, JuS 1968, 558, und *ders.*, in: JZ 1989, 312; ebenso *Jescheck/Weigend*,
S. 446 f.; *Krey*, AT 1, Rn. 673 f.; *Otto*, 13/24–27; W-*Beulke*, Rn. 415; ähnlich auch *Neumann*,
Fs. Kaufmann, 1993, S. 590 ff.; *Stratenwerth/Kuhlen*, 10/47 u. 51, sowie *Stratenwerth*,
Gs. A. Kaufmann, 1989, S. 485 ff., mit allgemeiner Regel auf S. 495. – Zur Notwendigkeit ei-
ner Ausnahme von § 20 s. *Joerden*, 1988, S. 45.

Das in dieser Vorschrift enthaltene Erfordernis des zeitlichen Zusammentreffens von Tatbegehung und Schuldfähigkeit (Koinzidenz- oder Simultaneitätsprinzip) gilt nicht für Fälle, in denen sich der Täter im Hinblick auf die im schuldunfähigen Zustand begangene Tat schuldhaft um seine Schuldfähigkeit gebracht hat (sog. **Schuldlösung**).[10] Die bei Begehung der Tat fehlende Schuld wird durch dieses schuldhafte Vorverhalten ausgeglichen. Dabei geht es nicht so sehr um eine Vorverlagerung des Schuldvorwurfs; vielmehr wird dem Täter die Berufung auf § 20 versagt, weil er „auf Grund seines Vorverhaltens für diesen Defekt wie auch für die spätere Rauschtat … verantwortlich ist."[11] In Absichtsfällen wie dem obigen Ausgangsbeispiel lässt sich für dieses **„Ausnahmemodell"** auch noch der Gedanke des Rechtsmißbrauchs[12] anführen: die Taktik des Täters, unter dem Deckmantel der Schuldunfähigkeit straflos geplante Taten begehen zu können, muss vom Recht durch Bestrafung „durchkreuzt" werden.

10   Nimmt man hinzu, dass die Rechtsprechung[13] – wenn auch mit anderer Begründung – immer schon wegen der im schuldunfähigen Zustand begangenen Tat bestraft hat, so kann man von einer **gewohnheitsrechtlich** geltenden Ausnahme sprechen.[14] Das „Ausnahmemodell" ist eine einfache alic-Konstruktion, die auch in der Bearbeitung von Übungsfällen zwanglos an die Feststellung der Schuldunfähigkeit des Täters bei Begehung der Tat „angehängt" werden kann (vgl. den entsprechenden Aufbauvorschlag eines Vertreters des „Ausnahmemodells": *Otto*, Übungen, S. 37 f., und *Matt*, AT I, S. 217; dazu auch *Rönnau*, JuS 2010, 300, 302).

11   Es bleiben freilich Bedenken wegen des strafbegründenden Einsatzes von Gewohnheitsrecht auch im AT.[15] Sie sind inzwischen auch von der Rspr. aufgegriffen worden, die das Ausnahmemodell wegen des eindeutigen Wortlauts von § 20 als mit Art. 103 II GG, der auch strafbegründendes Gewohnheitsrecht verbiete, „nicht vereinbar" verwirft (BGHSt 42, 235, 241).[16] Dies führt auch Vertreter des „Ausnahmemodells" zur Forderung, de lege ferenda ihr Modell in § 20 festzuschreiben.[17] So-

---

[10] Nach *S/S-Perron*, § 20 Rn. 35 a: sog. „Schuld"- oder „Ausnahmemodell" (*Perron* folgt diesem Modell aber nicht mehr). – Die Hauptargumente des Ausnahmemodells werden zuverlässig aufbereitet von *Hillenkamp*, 13. AT-Problem, S. 95 f.; vgl. auch die knappe Darstellung von *Rath*, JuS 1995, 405, 410 f. u. *Trüg*, JA-R 2001, 77, 80 f.

[11] So *Neumann*, StV 1997, 23, 25; vgl. auch *Tiedemann*, Anfängerübung, S. 141.

[12] *Otto*, 13/26: niemand könne sich zu seinen Gunsten auf seine Schändlichkeit berufen; vgl. auch *Jerouschek/Kölbel*, JuS 2001, 417, 421; *Kölbel*, GA 2005, 36, 40 f. u. *Schweinberger*, JuS 2006, 507, 511; nach *Paeffgen*, ZStW 97 (1985), 523 f., ist diese Regel sogar naturrechtliches Gemeingut; krit. zum Missbrauchsgedanken LK-*Dannecker*, § 1 Rn. 178.

[13] Zur Rechtsprechung des Reichsgerichts vgl. die Nachweise bei LK[11]-*Spendel*, § 323 a Rn. 37.

[14] Dagegen MK-*Schmitz*, § 1 Rn. 25; keine durchgreifenden Bedenken bei *Fischer*, § 20 Rn. 55.

[15] *Eser/Burkhardt*, Strafrecht I, Nr. 17 A 11; *Freund*, 4/34 u. 41; *Zieschang*, Rn. 339. – Inzwischen hält *Hruschka*, JZ 1996, 64, das bisher von ihm mitbegründete Ausnahmemodell für verfassungswidrig. Weitere Bedenken im Hinblick auf das Schuldprinzip erheben *Streng*, JZ 2000, 20, 25; *Satzger*, JA 2006, 513, 515; *Roxin*, AT I, 20/58; NK-*Schild*, § 20 Rn. 111 u. SK-*Rudolphi*, § 20 Rn. 28 b; dagegen jedoch *Otto*, Jura 1986, 430, und 1990, 217.

[16] Insoweit dem BGH zust. *Hardtung*, NZV 1997, 97, 98; *Hirsch*, NStZ 1997, 230 u. in: Fs. Lüderssen, 2002, S. 253, 262 f.; *Hruschka*, JZ 1997, 22, 24; *Rönnau*, JuS 2010, 300, 301; *Satzger*, Jura 2011, 103, 107; *Roxin*, HRR AT, S. 177 (= Antwort 4 zu Fall 36); *Wolf*, NJW 1997, 2032; *Puppe*, AT 1, 30/3–5; *Murmann*, GK, 26/29; *Kindhäuser*, § 20 Rn. 19; LK-*Schöch*, § 20 Rn. 199; krit. *Spendel*, JR 1997, 133, 135 u. *Otto*, Fg. BGH, 2000, S. 111, 124 f. *Neumann*, StV 1997, 23, 25, spricht von „verfassungsrechtlicher Fragwürdigkeit".

[17] Vgl. den Gesetzesvorschlag von *Hruschka*, JZ 1989, 312 sowie *ders.*, JZ 1996, 64, 69 u. 72, mit zwei Gesetzgebungsvorschlägen.

lange aber § 20 ohne eine solche Ausnahmeregelung im Gesetz steht, sollte man prüfen, ob eine solche Ausnahme wirklich gemacht werden muss, um den alic-Täter wegen der im schuldunfähigen Zustand begangenen Tat bestrafen zu können. Die Ausnahme könnte sich als **scheinbare** Ausnahme herausstellen, wenn die „Begehung der Tat" i. S. des § 20 das Gesamtgeschehen von schuldhafter Herbeiführung der Schuldunfähigkeit bis zur Ausführung der Tat im schuldunfähigen Zustand erfassen würde. Für den Bearbeiter von Übungsfällen würde sich dann die Notwendigkeit eines Neuansatzes beim früheren Geschehensabschnitt ergeben, nachdem er bei der Prüfung der im schuldunfähigen Zustand begangenen Tat auf der Schuldebene wegen § 20 zur Straflosigkeit gekommen ist (*Rath*, JuS 1995, 405, 413; *Rönnau*, JuS 2000, L 28, L 29 u. in: JuS 2010, 300, 302; so verfahren in Übungsfällen: *Rudolphi*, AT-Fälle, Fall 4, S. 39 u. 46–50; *Samson*, Strafrecht I, Fall 27, S. 132–135 u. *Seier*, Anfängerklausur, Nr. 9, S. 106 ff., 111 f.).

Ist das Gesamtgeschehen als „Begehung der Tat" i. S. des § 20 zu verstehen, so **12** beginnt die Tatbestandsverwirklichung der im schuldunfähigen Zustand zu Ende geführten Tat mit dem schuldhaften Sichversetzen in diesen Zustand. Wegen dieser Erweiterung des Tatbestandsbereichs wird vom sog. „**Tatbestandsmodell**" (auch sog. **Tatbestandslösung**[18]) gesprochen, wegen des frühen Beginns der Tat wird auch der Begriff „Vorverlagerungstheorie" verwendet. Von § 20 muss keine wirkliche Ausnahme gemacht werden, weil der Täter im frühen Zeitpunkt der Tatbegehung schuldfähig ist und diese Schuldfähigkeit nicht bis zur vollständigen Verwirklichung des Tatbestandes durchgehalten werden muss. Der sich schuldunfähig machende Täter benutzt sich selbst als schuldloses Werkzeug zur Tatbegehung.[19]

Überwiegend untermauern die Vertreter dieses „Tatbestandsmodells" ihre Kon- **13** struktion durch den Hinweis, dass sich mit dem Eintritt des Defektzustandes beim Täter die Tat bereits im Versuchsstadium befinde, das zur „Tat" i. S. des § 20 gehöre.[20] Letzteres wird auch von Kritikern des „Tatbestandsmodells" zugestanden (Ver-

---

[18] So *Hoyer*, AT I, S. 104 Fn. 304: „herrschende Tatbestandslösung"; SK-*Rudolphi*, § 20 Rn. 28 d und e verwendet beide Bezeichnungen für die von ihm favorisierte Lösung; vgl. etwa jüngst *Schlüchter* und *Spendel*, in: Fs. Hirsch, 1999, S. 345 ff. und 379 ff. – *Hillenkamp*, 13. AT-Problem, S. 90–94, unterscheidet drei Tatbestandslösungen: Vorverlegungstheorie, Unrechtsmodell und Ausdehnungsmodell; die Hauptargumente der hier im Text als Tatbestandsmodell bzw. -lösung behandelten Vorverlegungstheorie werden zuverlässig aufbereitet von *Rath*, JuS 1995, 405, 408 ff.; *Streng*, JZ 2000, 20–22; *Rönnau*, JuS 2010, 300, 301 f. u. *Timpe*, JA 2010, 514, 515 f. Auch die neuere Rspr. hält die Tatbestandslösung bei vorsätzlichen Erfolgsdelikten für eine möglicherweise tragfähige Grundlage, BGHSt 42, 235, 239; *Hardtung*, NZV 1997, 97, 101 ff. dagegen hält die alic auch hier für überflüssig, da das Sichberauschen die Tötungshandlung i. S. von § 212 sei; ähnlich *Horn*, StV 1997, 264: „unzulässig oder überflüssig"; *González-Rivero*, 2001, S. 233 spricht von der „Nichtnotwendigkeit der Rechtsfigur der actio libera in causa", da der Täter für den Defektzustand der Trunkenheit und für die in diesem Zustand begangene Tat fast immer „zuständig" sei.

[19] Zu dieser Begründung des Tatbestandsmodells vgl. *Hirsch*, NStZ 1997, 230, 231, und in: Fs. Nishihara, 1998, S. 88; *Jakobs*, 2012, S. 68 u. schon in: AT, 17/64; *Roxin*, Fs. Lackner, 1987, S. 314 ff.; *Puppe*, Fs. Küper, 2007, S. 443, 453 f. u. in: AT 1, 30/9: „Parallele zur Zurechnungsfigur der mittelbaren Täterschaft"; *Haft*, S. 132: „Analogie zur mittelbaren Täterschaft"; für verhaltensgebundene Delikte auch B-*Weber/Mitsch*, 19/45 f; kritisch zu dieser Begründung *Gropp*, 7/52; abl. *Mitsch*, Fs. Küper, 2007, S. 347, 360, der von einer „Selbst-Anstiftung" ausgeht. – Für unmittelbare Täterschaft *Spendel*, JR 1977, 133, 134; *Schild*, Fs. Triffterer, 1996, S. 203, 206, der die alic für keinen Fall der außerordentlichen Zurechnung, sondern für einen Fall der Zurechnung von Unfreiheit hält.

[20] *Puppe*, JuS 1980, 348 f.; *Satzger*, JA 2006, 513, 515; *Roxin*, AT I, 20/61: „Anders lässt sich das Tatbestandsmodell nicht begründen."

suchsbeginn = frühester Tatbeginn[21]), doch ist ersteres umso zweifelhafter (Defekt-herbeiführung = Versuchsbeginn). Der Täter hat mit der Herbeiführung seiner Schuldunfähigkeit noch nicht unmittelbar zur Tat angesetzt, wie das § 22 für den Versuchsbeginn verlangt. Im Ausgangsbeispiel muss sich der Ehemann erst noch nach Hause begeben, aufschließen, auf seine Frau zugehen, bevor er sie verprügeln kann. Er ist mehrere Zwischenschritte von der Tatausführung (Prügel) entfernt (zu diesem Kriterium s. u. 15/58), in deutlicher, zeitlicher und räumlicher Distanz zum Opfer und hat sich noch nicht einmal in Richtung auf das Opfer in Bewegung gesetzt.[22] Dass er „den weiteren Ablauf vom Eintritt der Schuldunfähigkeit an nicht mehr in der Hand" hat,[23] lässt sich bezweifeln[24] und würde selbst, wenn es so wäre, nicht den Versuchsbeginn (= Tatbeginn) begründen, da auch bei der mittelbaren Tä-terschaft mit unfreiem Werkzeug auf die Handlungen dieses Werkzeuges abzustellen ist (s. u. 20/91).[25]

14   Setzt man also für die „Begehung der Tat" i. S. des § 20 mindestens ein Verhalten voraus, das die Vorbereitungsphase verlassen und die Schwelle zum **Versuchsstadi-um** passiert hat, so führt das so begründete „Tatbestandsmodell" nicht zur Bestra-fung des Täters für die im Zustand der Schuldunfähigkeit begangene Tat, denn seine Schuldfähigkeit ist nur im Vorbereitungsstadium gegeben; in diesem Stadium aber wird die Tat noch nicht begangen.

15   Folgt man der hier vertretenen Auffassung, dass im Herbeiführen des Defektzu-standes noch kein Versuchsbeginn liegt, so ist das „Tatbestandsmodell" nur zu hal-ten, wenn man die **Gleichsetzung** von „Beginn der Begehung der Tat" mit dem Ver-suchsbeginn gem. § 22 für nicht zwingend hält. Dann können auch vorbereitende Handlungen eines schuldfähigen Täters schon Tatbegehung i. S. des § 20 sein.

16   Dagegen spricht, dass das **Vorbereitungsstadium** typischerweise für die Unrechts-begründung dann noch irrelevant ist, wenn die Verwirklichung der Tat (durch Ver-such oder Vollendung) ausbleibt. Die tatbestandlichen Verhaltensumschreibungen sind selbst bei reinen Erfolgsdelikten (§ 212: Töten eines Menschen; § 303: Beschädi-gen einer Sache) noch so bildhaft geprägt, dass die bloße kausale Ingangsetzung eines Tötungsgeschehens durch die Schaffung von die Tatausführung erleichternden Vor-bedingungen kaum als Beginn der Tötungstat verstanden werden kann:[26] wer trinkt, tötet noch nicht.[27]

17   Dennoch wird auch die „straffreie Deliktsvorbereitung als ‚Begehung der Tat' "[28] i. S. des § 20 angesehen. Komme es zu einer Tat, so seien **rückblickend** auch bloße

---

[21] Nachdrücklich *Küper*, Fs. Leferenz, 1987, S. 582; ebenso *Hettinger* 1988, S. 413 ff., 440 ff.

[22] Zustimmend *Schweinberger*, JuS 2006, 507, 509. – *Küper*, Fs. Leferenz, 1987, S. 589, ver-gleicht ihn mit dem Täter, der sich eine Waffe besorgt, geladen und entsichert, aber noch nicht auf das Opfer angelegt hat. – Auch wer für den Versuchsbeginn auf die unmittelbare Rechts-gutsgefährdung abstellt, kann hier einen Versuchsbeginn ablehnen, vgl. *Otto*, Jura 1986, 428. Gegen „unmittelbares Ansetzen" auch B-*Weber/Mitsch*, 26/53 u. *Rath*, JuS 1999, 140, 143 f., in einem ähnlichen Fall auch LK-*Hillenkamp*, § 22 Rn. 166.

[23] *Roxin*, AT I, 20/61.

[24] Vgl. *Hettinger*, 1988, S. 443: gegen die Gleichsetzung eines Täters mit einer Zeitbombe; ähnlich *Küper*, Fs. Leferenz, 1987, S. 591, und *Otto*, Jura 1986, 428 f. sowie *Rönnau*, JuS 2010, 300, 302.

[25] Anders entscheidet, wer den Versuchsbeginn bei der mittelbaren Täterschaft anders mar-kiert, so z. B. konsequent *Jakobs*, 17/68, und *Roxin*, AT I, 20/61.

[26] Vgl. *Küper*, Fs. Leferenz, 1987, S. 582–585.

[27] *Hettinger*, GA 1989, 14, und schon *ders.*, 1988, S. 456.

[28] *Herzberg*, Fs. Spendel, 1992, S. 203.

Vorbereitungshandlungen ein Teilstück der Tatbegehung.[29] Das Sichbetrinken des Ehemannes im Ausgangsbeispiel ist danach zwar eine straflose Vorbereitungshandlung hinsichtlich der geplanten Körperverletzung der Ehefrau, wenn es dabei bleibt; kommt es aber zur Körperverletzung durch den dann schuldunfähigen Ehemann, so ist dieses Sichbetrinken ex post betrachtet der schuldfähig begangene erste Teil der Tatbegehung, mit dem der Täter schon pflichtwidrig das Risiko für die spätere Ausführung der Tat gesetzt hat.[30] Wegen der Verselbstständigung des Tatbegehungsbegriffs gegenüber dem Versuchsbeginn und der damit verbundenen Vorverlagerung des Tatbeginns kann man von einem „**Ausdehnungsmodell**" sprechen.[31] Ein „Ausdehnungsmodell", das behauptet auch noch ein „Tatbestandsmodell" zu sein,[32] weil schon in der frühen Vorbereitungsphase rechtsgutsgefährdende Aktivitäten[33] entwickelt werden.

Der Zweifel bleibt, ob dieser materielle Gesichtspunkt den formellen Tatbestandsbegriff, der schon durch § 22 ausgeweitet wird, überspielen darf. Diese Zweifel sprechen für das „ehrlichere" Ausnahmemodell.[34] Die verfassungsrechtlichen Bedenken hinsichtlich dieses Ausnahmemodells sind zwar nicht ausgeräumt, scheinen aber eher überwindbar als die Zweifel, die sich gegenüber den reinen Zweckkonstruktionen[35] der verschiedenen Tatbestandsmodelle einstellen. Der § 323 a-Ausweg wird der Sache nicht gerecht.[36]   **18**

Die alic wird von der Rspr. auch bei nur **verminderter Schuldunfähigkeit** bei der Tatausführung angewendet; sie führt dort zur Verneinung der in §§ 21, 49 I vorgesehenen „Kann"-Milderung der Strafe (vgl. BGH NStZ 2000, 584 m. Bspr. *Streng*, JuS 2001, 540; BGH NStZ 2002, 28; BGH NJW 2004, 3350, 3352 mit Bspr. *Geppert*, JK 5/05, StGB § 21/2 a und b; ebenso schon BGH NStZ 1999, 448).[37]   **18a**

> Aus der **Übungsfall-Literatur** zur alic vgl.: *Alpmann/Schmidt*, AT 1, Fall 30, S. 158–160; *Beulke*, KK I, Fall 11 Rn. 350 u. 408–410; *Bindzus/Ludwig*, JuS 1998, 1123 u. 1127; *Bruckauf*, in: *Ebert* (Hrsg.), Fall 7, S. 7 f. u. 112 f., 113 f.; *Deiters*, in: *Frister* (Hrsg.), Die strafrechtliche Klau-

---

[29] LK[11]-*Spendel*, § 323 a Rn. 30 ff. und *Spendel*, JR 1997, 133 f. mit Fallbeispielen.

[30] *Herzberg*, Fs. Spendel, 1992, S. 226 u. 236; abl. S/S-*Perron*, § 20 Rn. 35; krit. Auseinandersetzung mit *Herzberg* bei *Hettinger*, Fs. Geerds, 1995, S. 623, 637–643.

[31] Vgl. *Streng*, ZStW 101 (1989), 310 ff.; JZ 1994, 709 u. 2000, 20, 22–24; JuS 2001, 540, 542 ff.; u. MK-*Streng*, § 20 Rn. 128–137; *Herzberg*, Fs. Spendel, 1992, S. 206 Fn. 10; krit. aber *Satzger*, JA 2006, 513, 515; *Neumann*, Fs. Kaufmann, 1993, S. 587 f., auch zu *Schmidhäusers* [Die actio libera in causa: ein symptomatisches Problem der deutschen Strafrechtswissenschaft, 1992] Unrechtsmodell (S. 589), krit. dazu auch *Hettinger*, JZ 1993, 513 ff. und *Frister*, ZStW 108 (1996), 645. – *Hillenkamp*, 13. AT-Problem, S. 93 ordnet das sog. Unrechtsmodell bei den Tatbestandslösungen ein.

[32] Das sog. Ausdehnungsmodell wird als eine von drei Tatbestandslösungen eingeordnet von *Hillenkamp*, 13. AT-Problem, S. 93 f., wo auch die Argumente und die Vertreter dieses Modells aufgelistet werden. Die Rspr. lehnt das Ausdehnungsmodell als tragfähige Begründung für die alic wegen Verfassungswidrigkeit ab, BGHSt 42, 235, 241 f.

[33] Sogar rechtsgutsverletzendes Handeln nimmt *Schmidhäuser*, 5/57, an; dagegen *Otto*, Jura 1986, 429.

[34] Kritisch zu diesem „Argument" *Hettinger*, Fs. Geerds, 1995, S. 623, 633 ff.: „Zwar ehrlich, aber nicht akzeptabel". – Vgl. *Streng*, JZ 2000, 20, 25: „Der mutigste der etablierten Ansätze zur Legitimation der a.l.i.c."; wiederholt von *Streng*, JuS 2001, 540, 544, der es jetzt als „tragfähige Auffanglösung" ansieht (S. 545).

[35] *Stratenwerth*, Gs. A. Kaufmann, 1989, S. 493.

[36] *Eser/Burkhardt*, Strafrecht I, Nr. 17 A 12, sehen ein „Trilemma", dem de lege lata nicht zu entkommen sei; ähnlich *Hruschka*, JZ 1989, 312; *Neumann*, Fs. Kaufmann, 1993, S. 581.

[37] Ebenso in der Literatur, vgl. etwa *Lackner/Kühl*, § 21 Rn. 6 u. S/S-*Lenckner/Perron*, § 21 Rn. 11.

sur, Fall 1, S. 1 u. 18 ff.; *Ellbogen,* Jura 1998, 483 u. 485 f.; *Gropp,* in: G/K/M, Fallsammlung, Fall 3, S. 47 f. u. 66–68; *Haft,* Fallrepetitorium, Nr. 286 (§ 263-Fall); *Heger,* JA 2008, 859 u. 864; *Hilgendorf,* KK II, Fall 9, Rn. 14–16, 35; *Kaspar,* Jura 2007, 69 u. 70 f. (die alic gänzlich ablehnend); *Krey/Esser,* AT, Fälle 95, 96, Rn. 702–711; *K/S/L,* Klausurtraining, Fall 8, S. 191 u. 193–198 (nur § 323 a); *Kudlich,* AT-Fälle, Fall 13, S. 197–199; *Kunz,* JuS 1996, 39 u. 40; *Meurer/Kahle/Dietmeier,* Übungskriminalität, Fall 6, S. 103 f. u. 107–109; *Otto/Bosch,* Übungen, Fall 10, S. 234–236; *Rönnau,* JuS 2000, L 28 u. L 31 f.; *Safferling,* JA 2007, 183 u. 184 f. (Ausdehnungsmodell); *Swoboda,* Jura 2007, 224 u. 227 (Tatbestandsmodell); *Timpe,* JA 2010, 514 u. 515. – Weitere Übungsfälle sind oben in Rn. 10 u. 11 aufgeführt. – Überblick über die alic-Modelle bei *Kudlich,* JA 2009, 189.

b) Die subjektiven Voraussetzungen der vorsätzlichen alic

19   Der Hauptfall vorsätzlicher alic besteht darin, dass sich jemand vor einer geplanten Tat Mut antrinkt und sie dann in schuldunfähigem Zustand ausführt.[38] Die Bestrafung des Täters der im schuldunfähigen Zustand begangenen, im schuldfähigen Zustand aber schon geplanten Tat setzt einen **doppelten Vorsatz** voraus: der Täter muss sich im schuldfähigen Zustand die Verwirklichung einer im schuldunfähigen Zustand zu begehenden Tat vorgenommen haben, und er muss sich vorsätzlich in den schuldunfähigen Zustand versetzt haben.[39] Nur bei doppeltem Vorsatz kann das „Tatbestandsmodell" mit der Behauptung funktionieren, die Defektherbeiführung sei schon Tatbeginn der Defekttat.[40]

20   Auch das Ausnahmemodell kann wegen des Schuldprinzips nicht auf das Erfordernis verzichten, „dass sich der Täter im Hinblick auf die konkrete Tat bewusst um seine Einsichts- und Steuerungsfähigkeit gebracht hat."[41]

21   Absichtsfälle wie das Ausgangsbeispiel mit dem sich Mut antrinkenden Ehemann (o. Rn. 6) sind nicht die einzigen Vorsatzfälle der alic. Es reicht auch **bedingter Vorsatz,** und zwar sowohl hinsichtlich der Defektherbeiführung (er findet sich mit der Möglichkeit ab, schuldunfähig zu werden) als auch hinsichtlich der Defekttat (er findet sich auch mit der Möglichkeit ab, dass er das Opfer im schuldunfähigen Zustand verletzt).[42] Hinsichtlich der Defekttat fehlt es am mindestens zu fordernden Eventualvorsatz, wenn der Täter darauf vertrauen kann, dass er schon nicht zur Tat schreiten wird, wenn er z. B. durch Alkohol die Schuldfähigkeit eingebüßt hat (zur Möglichkeit einer fahrlässigen alic s. u. 17/94).

Aus der **Übungsfall-Literatur** vgl.: Hillenkamp, 13. AT-Problem, Bsp. 5, S. 100 f.; Hohmann, JuS 1995, 136 u. 137; K/H/H-*Heinrich,* BT 1, Rn. 1134 u. 1140–1142: Fall 120; *Meurer/Kahle/Dietmeier,* Übungskriminalität, Fall 6, S. 103 f. u. 107 f.; *Schroeder,* JuS 2004, 312 u. 313 (mangels Vorsatz und Fahrlässigkeit nur § 323 a); *Schwind/Franke/Winter,* Anfängerübung, 3. Klausur, S. 173 u. 179.

---

[38] So (von *Kühl* übernommen) *Lackner/Kühl,* § 20 Rn. 26. Weiteres Beispiel bei *Rath,* JuS 1995, 405, 406 (Sachbeschädigung gem. § 303).

[39] Ebenso LK-*Schöch,* § 20 Rn. 202. – Zur Notwendigkeit, den Vorsatz auch auf die Herbeiführung des schuldunfähigen Zustands zu erstrecken, vgl. BGHSt 23, 356, 358; BGH NStZ 1995, 329; *Rath,* JuS 1995, 405, 406; *Streng,* JZ 2000, 20, 24; a. A. aber etwa LK[11]-*Jähnke,* § 20 Rn. 81 m. w. N.; anders auch *González/Rivero,* 2001, S. 233: entscheidend sei nicht „der subjektive Bezug zur Tat, sondern ... die Zuständigkeit für die Herbeiführung des Defektzustandes".

[40] *Roxin,* AT I, 20/67.

[41] S/S-*Perron,* § 20 Rn. 36.

[42] Ebenso LK-*Schöch,* § 20 Rn. 202. – Vgl. aus der Rechtsprechung: BGH NStZ 2002, 28; OLG Koblenz NZV 1989, 240; OLG Schleswig MDR 1989, 761. – Zu weiteren Fällen aus der Rechtsprechung vgl. *Eser/Burkhardt,* Strafrecht I, Nr. 17 A 27, u. *Meurer,* S. 78.

Die im Zustand der Schuldunfähigkeit zu begehende Tat muss, wenn auch nicht 22
in allen Einzelheiten, **bestimmt** sein; die Vorstellung, es könne zu „Aggressions- und
Eigentumsdelikten" kommen, reicht nicht (BGH NStZ 1992, 536). **Genereller Vor-**
satz reicht wie auch sonst, so auch hier (BGHSt 21, 381: Vorsatz auf Vergewaltigung einer Frau wird durch Vergewaltigung einer Frau im schuldunfähigen Zustand
ausgeführt[43]). Ist der Vorsatz dagegen auf eine bestimmte Tat konkretisiert
(z.B. Körperverletzung), so wird für eine im schuldunfähigen Zustand begangene
andere Tat (z.B. Totschlag) nicht nach der alic gehaftet. Bleibt die Tat innerhalb desselben Delikts, so schadet eine unwesentliche **Abweichung** vom Plan nicht
(z.B. Vergewaltigung an einem anderen als dem vorgesehenen Ort).[44] Dass der De-
fekteintritt vom Täter nicht vorhergesehen wurde, ist keine unwesentliche Abweichung.[45]

Umstritten ist die Behandlung der **Irrtumskonstellation** des error in persona (z.B. 23
A will B verprügeln, erwischt aber den C). Überwiegend wird hier eine vorsätzliche
Körperverletzung des C nach den Grundsätzen der alic abgelehnt, weil die Tatausführung wesentlich vom Plan abgewichen sei (**aberratio ictus:** falsches Opfer getroffen).[46] Das ist jedoch dann zweifelhaft, wenn der Täter davon ausgegangen ist, dass
er im Defektzustand, d.h. wenn er zur Tatausführung schreitet, das Opfer noch
identifizieren muss. Denn dann ist die spätere Identifizierung vom Vorsatz abgedeckt, und eine fehlerhafte Identifizierung ist ein unbeachtlicher Motivirrtum (**error**
in persona).[47] – Darüber hinaus kann die vorsätzliche alic mit einem **Erlaubnistat-**
umstandsirrtum (u. 13/63 ff.) zusammentreffen. Dies ist etwa der Fall, wenn sich
jemand betrinkt, um eine Person zu verprügeln, bei der späteren Begegnung sich jedoch irrigerweise von ihr angegriffen glaubt und deshalb mit dem Prügel auf sie ein-
schlägt. Nach den Grundsätzen des Erlaubnistatumstandsirrtum entfällt nach § 16
I 1 StGB analog die Bestrafung wegen eines Vorsatzdelikts (u. 13/71; daher hier kein
§§ 223, 224 I Nr. 2 StGB). Die Frage, ob die Vorsatzstrafe auch deshalb wegfällt,
weil die subjektiven Voraussetzungen der alic nicht vorliegen, stellt sich erst dann,
wenn man überhaupt zur Prüfung der Schuld kommt, d.h. dem Erlaubnistatumstandsirrtum eine nur vorsatzschuldausschließende Wirkung beimisst (u. 13/73). Die
im Übrigen bei dieser Irrtumsform mögliche Bestrafung wegen eines Fahrlässigkeitsdelikts (u. 13/72) dürfte jedoch mangels Vorhersehbarkeit entfallen und damit
nur eine Bestrafung nach § 323a StGB i.V.m. § 229 StGB in Betracht kommen.

> Aus der **Übungsfall-Literatur** vgl.: *Hecker,* JuS 1991, L 85 ff. (error in persona); *Heger,* JA
> 2008, S. 859 u. 864; *Kaspar,* Jura 2007, 69 u. 70 (error in persona); *Kudlich,* PdW AT, Fall 131
> u. 132 (Erlaubnistatumstandsirrtum); *Mitsch,* Jura 1989, 485 f.; *Rönnau,* JuS 2000, L 28 u. 30,
> 31.

Zu beachten ist, dass die vorsätzliche alic bei **eigenhändigen** oder sonst **verhal-** 24
tensgebundenen Delikten wie z.B. § 316, der das Führen eines Fahrzeuges voraus-

---

[43] Als Fall Nr. 17 bei *Eser/Burkhardt,* Strafrecht I, S. 199 ff.; als Beispiel auch bei *Hillen-*
kamp, 13. AT-Problem, S. 73 u. 80; *Ebert,* S. 102; *Roxin,* AT I, 20/73; *W-Beulke,* Rn. 418 u.
bei MK-*Streng,* § 20 Rn. 143. – Aus der Rechtsprechung vgl. BGH NJW 1977, 590.

[44] S/S-*Perron,* § 20 Rn. 37.

[45] Zu diesem „Kongruenzproblem besonderer Art" klärend *Eser/Burkhardt,* Strafrecht I,
Nr. 17 A 31.

[46] *Otto,* Jura 1986, 432; SK-*Rudolphi,* § 20 Rn. 31; S/S-*Perron,* § 20 Rn. 37; *W-Beulke,*
Rn. 418; *Schweinberger,* JuS 2006, 507 f., jeweils mit weiteren Beispielen.

[47] *Eser/Burkhardt,* Strafrecht I, Nr. 17 A 32; *Murmann,* GK, 26/11–18; MK-*Streng,* § 20
Rn. 144: „unbeachtlicher Motivirrtum"; a.A. *Roxin,* AT I, 20/73 Fn. 198: die Fehlidentifizie-
rung sei nicht vom Vorsatz umfasst.

setzt, nach dem „Tatbestandsmodell" nicht für möglich gehalten wird; das Sich-betrinken sei noch kein Teilstück der geforderten, eigenhändig auszuführenden Tathandlung, z. B. des Beischlafs mit der Schwester nach § 173 II 2 (*Satzger*, Jura 2011, 103, 107); das „Ausnahmemodell" hat diese Schwierigkeit nicht, gilt aber – vor allem nach der Rspr. – als verfassungswidrig (oben Rn. 11 bei Fn. 16).[48] Dem hat sich jetzt auch die Rspr. mit der Begründung angeschlossen, dass bei Delikten wie §§ 315c, 316 die „Tat" – auch i. S. des § 20 – erst mit dem Bewegungsvorgang des Anfahrens selbst beginne, so dass „im Sichberauschen in Fahrbereitschaft" noch nicht der Beginn der Trunkenheitsfahrt liege (BGHSt 42, 235, 239 f. = *Roxin*, HRR AT, Fall 36, S. 52 ff. u. 176 f.).[49] Ausgeschieden sind damit vorerst nur solche Tatbestände, die nicht lediglich die Herbeiführung eines Erfolges, sondern die Vornahme einer bestimmten, unmittelbar auszuführenden Handlung voraussetzen.[50] Ob damit schon „der Anfang vom Ende der actio libera in causa" (so *Horn*, StV 1997, 264) begonnen hat, lässt sich noch nicht zuverlässig vorhersagen.[51] In einer neueren Entscheidung hält der 3. Strafsenat ausdrücklich „an den vom Bundesgerichtshof in ständiger Rechtsprechung vertretenen Grundsätzen zur actio libera in causa fest" (BGH NStZ 1997, 230 – Leitsatz – m. zust. Anm. *Hirsch*, JR 1997, 391; BGH NStZ 2000, 584 m. Bspr. *Trüg*, JA-R 2001, 77, 79 u. *Streng*, JuS 2001, 540, 541, beide m. w. N.).

> Aus der **Übungsfall-Literatur** vgl.: *Alpmann/Schmidt*, AT 1, Fall 29, S. 150–158 (BGHSt 42, 235 nachgebildet); *Bruckauf*, in: *Ebert* (Hrsg.), Fall 7, S. 7 f. u. 117–119 (§§ 315b und c); *Deiters*, in: *Frister* (Hrsg.), Die strafrechtliche Klausur, Fall 1, S. 1 u. 18 ff. (Trunkenheitsfahrt gem. § 316); *Gössel*, Fälle, Fall 8, S. 140 f. u. 142 f.; *Haft*, Fallrepetitorium, Nr. 288; *Hilgendorf*, KK II, Fall 8, Rn. 14–16 (§ 315c); *Hillenkamp*, 13. AT-Problem, Bsp. 3, S. 99 (uneidliche Falschaussage gem. § 153) sowie Bsp. 4, S. 100 (§§ 315c, 316-Fall); *Kudlich*, JA 2008, 703 u. 708 (§ 316) und in: PdW AT, Fall 130 (Meineid gem. § 154); *Meurer/Kahle/Dietmeier*, Übungskriminalität, Fall 6, S. 103 f. u. 112–114; *Rönnau*, JuS 2000, L 28 u. L 29 f., 31.; *Rudolphi*, AT-Fälle, Fall 4 S. 39 u. 48–50 (Trunkenheitsfahrt gem. § 316); *Saal*, Jura 1994, 153 u. 154 f. (Straßenverkehrsgefährdung gem. § 315c); *Timpe*, JA 2010, 514 u. 516 (§ 316).

c) Versuch und Rücktritt

24a		Der Versuch der alic beginnt nach dem hier vertretenen Ausnahmemodell mit dem unmittelbaren Ansetzen (§ 22) zur Verwirklichung der im Zustand der Schuldunfähigkeit begonnenen Tat,[52] z. B. mit dem Ausholen zum Schlag durch den voll-

---

[48] *Herzberg*, Fs. Spendel, 1992, S. 222 f. – Ebenso für schlichte Tätigkeitsdelikte *Heinrich*, AT I, Rn. 603, der von einer „eingeschränkten Vorverlagerungstheorie" spricht.

[49] Der Entscheidung insoweit zust. *Hardtung*, NZV 1997, 97; *Hruschka*, JZ 1997, 22; *Neumann*, StV 1997, 23, und *Geppert*, JK 97, StGB § 20/2 b; zust. auch *Satzger*, JA 2006, 513, 515 f.; *Joecks*, § 323a Rn. 29 u. SK-*Rudolphi*, § 20 Rn. 28 d; abl. aber *Hirsch*, NStZ 1997, 230, *Spendel*, JR 1997, 133 u. *Puppe*, AT 1, 30/10 f.; krit. zur Begründung *Horn*, StV 1997, 24; eingehende Analyse bei *Sydow*, 2002, S. 69 ff. u. (krit.) *Zenker*, 2003, S. 157.

[50] *Hardtung*, NZV 1997, 97, 101, stellt auf die Eigenhändigkeit der Tatbegehung ab. – Vgl. auch *Jakobs*, AT, 17/57 ff. u. *Timpe*, JA 2010, 514, 515, nach denen es an einem Subjekt fehlt, dem man Normbefolgung abverlangen könne.

[51] *Mutzbauer*, JA 1997, 100, hält die künftige Entwicklung für „offen"; *Hardtung*, NZV 1997, 97, erkennt keine „grundsätzliche Abkehr" von der alic; ebenso *Jerouscheck*, JuS 1997, 385, 386. Nach *Hruschka*, JZ 1997, 22, 23, dürfte es schwer fallen, die Vorverlegungsdoktrin für die reinen Erfolgsdelikte weiter zu vertreten; nach *Geppert*, JK 97, StGB § 20/2 a, ist der BGH auf dem Weg zur gänzlichen Trennung von der alic; für *Neumann*, StV 1997, 23, hat die alic „nur begrenzte Überlebenschancen".

[52] Vgl. B-*Weber/Mitsch*, 26/53 (and. in 19/49); *Otto*, 13/22; W-*Beulke*, Rn. 419; *Lackner/Kühl*, § 20 Rn. 27 m. w. N.; i. Erg. auch MK¹-*Herzberg*, § 22 Rn. 147, der auf den

trunkenen Täter, der sich zu dieser Körperverletzung (§ 223) schon im noch schuldfähigen Zustand entschlossen hatte. Von diesem Versuch ist ein strafbefreiender Rücktritt nach § 24 möglich,[53] z. B. durch Verzicht auf den geplanten Schlag und Umarmen des ursprünglich ausersehenen Opfers (= Aufgabe der weiteren Ausführung der Tat i. S. des § 24 I 1 Alt. 1). Die Schuldunfähigkeit schließt die von § 24 geforderte Freiwilligkeit nicht aus (16/62 a).[54] – Hat sich der Täter bisher nur in den Zustand der Schuldunfähigkeit versetzt und zu dem geplanten Schlag noch nicht einmal ausgeholt, so befindet er sich noch im straflosen Vorbereitungsstadium, wenn man dem hier vertretenen Ausnahmemodell folgt.[55] Nach der Tatbestandslösung (s. Rn. 12) hingegen ist die Schwelle zum Versuch schon mit dem Sichversetzen in den Zustand der Schuldunfähigkeit überschritten,[56] so dass Strafbefreiung nur noch über einen Rücktritt nach § 24 zu erreichen ist.

Übungsfall bei *Kudlich*, AT-Fälle, Fall 13, S. 201 f. (Zeitpunkt der potentiellen Rücktrittshandlung).

d) Zweifelhafte alic-Fälle

Von der alic-Problematik zu trennen ist die **nach** Beginn der Tatausführung eintretende Schuldunfähigkeit oder erheblich verminderte Schuldfähigkeit.[57] Ob hier neben der durch die Tatausführung schon gegebenen Versuchsstrafbarkeit noch eine Vollendungsstrafbarkeit anzunehmen ist, ist umstritten. Die Vollendungsstrafbarkeit ist aber zu bejahen, da die Schuldfähigkeit des Täters nicht bis zum Erfolgseintritt durchgehend vorhanden sein muss, und der Erfolg dem beim Versuch noch schuldfähigen Täter mangels wesentlicher Abweichung des Geschehensablaufs noch zugerechnet werden kann (BGHSt 7, 329; 23, 133; NStZ 1998, 30 f.).[58] Dies gilt auch für die während der Tatausführung eintretende verminderte Schuldfähigkeit (BGH NStZ 2003, 535). Wird der Täter bereits im Vorbereitungsstadium schuldunfähig, kommt eine Strafbarkeit selbst dann nicht in Betracht, wenn die Tat dem im Zustand der Schuldfähigkeit gefassten Plan entspricht (BGHSt 23, 356).[59]

Der (vor-)verschuldete **Affekt** wird von einigen nach den Grundsätzen der alic gelöst.[60] In Betracht kommt aber meist nur eine fahrlässige alic, wenn der schuldlose Affekttäter den „Affektaufbau vertreten konnte und die Folgen des Affektdurchbruchs

25

26

---

fehlenden „Ansetzungserfolg" abstellt; diff. LK-*Hillenkamp*, § 22 Rn. 166 f.; zusf. *Schweinberger*, JuS 2006, 507, 508 f.
[53] Näher *Eisele*, ZStW 112 (2000), S. 745, 781 f.; *Schweinberger*, JuS 2006, 507, 510 f.; *Lackner/Kühl*, § 20 Rn. 27; MK-*Streng*, § 20 Rn. 147.
[54] Vgl. *Eisele*, ZStW 112 (2000), S. 745, 781 u. LK-*Lilie/Albrecht*, § 24 Rn. 254.
[55] Vgl. *Eisele*, ZStW 112 (2000), S. 745, 781.
[56] Vgl. *Hirsch*, NStZ 1997, 230, 231 f.; *Jakobs*, 17/68; *Roxin*, AT I 20/61; wohl auch *Fischer*, § 22 Rn. 30; diff. *Kindhäuser*, § 22 Rn. 44.
[57] Ebenso *Roxin*, AT I, 20/68.
[58] Vgl. *Otto*, Jura 1986, 432 f.; *Roxin*, AT I, 12/192; SK-*Rudolphi*, § 20 Rn. 27; einschr. MK-*Streng*, § 20 Rn. 112; anders *Geilen*, JuS 1972, 77, anders bei unbeendetem Versuch *Wolter*, Fs. Leferenz, 1987, S. 560 ff.; vgl. auch *Hoyer*, AT I, S. 105 m. Beispielsfall; zu BGHSt 23, 133 vgl. *Puppe*, AT 1, 20/3–6: Versuch muss beendet sein.
[59] *Roxin*, HRR AT, Antwort 4 zu Nr. 13, S. 163; S/S-*Perron*, § 20 Rn. 40 m. w. N.
[60] So z. B. *Otto*, Jura 1992, 329 f., der die Grundsätze berücksichtigen will, die auch die Konstruktion der alic tragen; ebenso *Kindhäuser*, AT, 22/9 und *Murmann*, GK, 26/41: Vorverlegungsmodell; ebenso *Haas*, Fs. Krey, 2010, S. 117, 143 u. *Fischer*, § 20 Rn. 59. Kritisch zur Zurechnung des hochgradigen Affekts über die vorsätzliche alic *Schroth*, in: *Philipps/Scholler* (Hrsg.), Jenseits des Funktionalismus, 1989, S. 113.

für ihn vorhersehbar waren" (BGHSt 35, 143 mit Anm. *Frisch,* NStZ 1989, 263; BGHSt 53, 31 m. Bspr. *Streng,* JR 2009, 341 u. *Haas,* Fs. Krey, 2010, S. 117, 123).[61]

▌ Aus der **Übungsfall-Literatur** vgl.: *Kudlich,* PdW AT, Fall 129 (BGHSt 7, 326).

II. Das fehlende Unrechtsbewusstsein bzw. der Verbotsirrtum

27   Das Unrechtsbewusstsein wird in § 17 S. 1 als „die Einsicht, Unrecht zu tun", definiert. Das Gesetz formuliert auch wieder negativ und verlangt nur die Prüfung des Verbotsirrtums. Ein solcher Irrtum liegt vor, wenn der Täter das Verbot nicht kennt, gegen das er mit seiner Handlung verstößt.

28   Gekannt werden muss nur das **Verbot** (z. B. der Tötung), **nicht die Strafbarkeit** (= Unkenntnis nur der Strafbarkeit schützt vor Strafe nicht; näher 13/58).[62] Das Verbot muss aber als rechtliches (nicht bloß moralisches) erkannt werden.[63]

29   Mit dem **Vorsatz** darf das **Unrechtsbewusstsein** nicht identifiziert werden, auch wenn man sich durch die Umschreibung des Vorsatzes als Entscheidung für die Rechtsgutsverletzung Umschreibungen des Unrechtsbewusstseins nähert.[64] Dennoch ist Vorsatzgegenstand nur das im objektiven Tatbestand vertypte Unrecht, Gegenstand des Unrechtsbewusstseins dagegen das Unrecht der Tat insgesamt. Insbesondere wird nur das Unrechtsbewusstsein und damit die Schuld betroffen, wenn der Täter für sich einen Rechtfertigungsgrund reklamiert, den die Rechtsordnung nicht oder so nicht kennt. Außerdem zeigt § 17 S. 2 deutlich, dass ein Verbotsirrtum, wenn er vermeidbar ist, die Strafbarkeit wegen vorsätzlicher Tat unberührt lässt (nur fakultative Strafmilderung). Kraft gesetzgeberischer Entscheidung reicht es damit für die Vorsatzstrafbarkeit aus, dass der Täter den Widerspruch seines vorsätzlichen Verhaltens zum Recht hätte einsehen können (sog. **potenzielles** oder **virtuelles Unrechtsbewusstsein**).[65] Dagegen ist für den Vorsatz die **aktuelle Kenntnis** (s. oben 5/9) der objektiven Tatumstände eines gesetzlichen Tatbestandes gefordert.[65a]

---

[61] Zum Diskussionsstand vgl. MK-*Streng,* § 20 Rn. 83–87, der eine am alic-Zurechnungsmodell orientierte Fahrlässigkeitsstrafbarkeit befürwortet; *Fischer,* § 20 Rn. 56–59; *Lackner/Kühl,* § 20 Rn. 25. – Für die Möglichkeit einer Vorsatzhaftung dagegen *Otto,* Jura 1992, 333: „weil der Täter den ‚schändlichen' Vorsatz zur Tatbegehung im schuldfähigen Zustand gefasst hat, und … weil er mit ‚schändlichem Tatvorsatz' den Eintritt des Affekts nicht verhindert oder sogar herbeigeführt hat."

[62] BGHSt 2, 194, 202; *Krey/Esser,* AT, Rn. 714; *Roxin,* AT I, 21/13 u. *Lackner/Kühl,* § 17 Rn. 2 m. N. auch zur Gegenansicht, wie etwa *Otto,* 13/42 ff.

[63] *Krey/Esser,* AT, Rn. 715. – Näher zum Unrechtsbewusstsein *Lesch,* JA 1996, 504 f.

[64] Zur „Ausgliederung" des Unrechtsbewusstseins aus Vorsatz und Fahrlässigkeit LK-*Vogel,* § 15 Rn. 11, 37 ff. (krit. *Otto,* Jura 2008, 317, 318). Eingehend zum Unterschied zwischen Vorsatz- und Schuldtheorie *Lesch,* JA 1996, 347 ff. – Kritisch zur angeblichen gesetzgeberischen Bestätigung der „Schuldtheorie" durch § 17 *Freund,* 4/75 f. u. *Langer,* 2007, S. 120 ff.; krit. auch *Jakobs,* Fs. Rudolphi, S. 107, 113, nach dessen „dolus malus" – Konzeption Tatbestandsvorsatz und Unrechtseinsicht bei den meisten Delikten identisch sind, weshalb § 17 bei direkter Unrechtskenntnis keine Bedeutung erlange (S. 120); diff. zwischen belastenden (z. B. Gleichgültigkeit) und anderen Gründen der Normunkenntnis *Manso Porto,* 2009, S. 149. – Zu Verbindungen zwischen der „Unrechtsfigur" Vorsatz und dem Unrechtsbewusstsein *Burchardt,* 2008, S. 246 ff.

[65] Krit. *Köhler,* S. 402–407 u. *Zabel,* GA 2008, 33, 49. – Speziell zum potentiellen Unrechtsbewusstsein der sog. „Mauerschützen" abl. *Siekmann,* 2005, S. 174 ff.

[65a] LK-*Vogel,* Rn. 58 vor § 15; „grundsätzlich" auch *Lackner/Kühl,* § 15 Rn. 9; de lege lata auch *Gaede,* ZStW 121 (2009), 239, der die Strafrechtswissenschaft aber auf dem Wege zum potentiellen Vorsatz sieht.

Auch bei sog. **Unrechtszweifeln** bleibt das Unrechtsbewusstsein bestehen, wenn 30
der Täter mit der Möglichkeit rechnet, Unrecht zu tun, sich aber mit dieser Möglichkeit abfindet und trotz der Zweifel handelt.[66] Dieses sog. „bedingte Unrechtsbewusstsein" (OLG Braunschweig NStZ-RR 1998, 251 m. Bspr. *Fahl*, JA 1999, 8)
hat der Täter, der sich vorstellt, „möglicherweise Unrecht zu tun, und diese Möglichkeit in seinen Willen aufnimmt" (BGH bH MDR 1955, 528). Es genügt das
„Bewusstsein, die Handlung verstöße gegen irgendwelche, wenn auch im Einzelnen
nicht klar vorgestellte gesetzliche Bestimmungen" (BGH NJW 2011, 236, 1239 [unter Berufung auf BGHSt 11, 263, 266] m. zust. Anm. *Heger*, JZ 2011, 961, 963). –
Zu der Folgerung für den Verbotsirrtum s. u. 13/59 a. – Das Unrechtsbewusstsein in
der Form des Wissens um das Verbotensein der Handlung ist nicht „defektfrei",
wenn sich der Täter „wahnbedingt" eine Notstandslage vorgestellt hat (BGH NStZ
2011, 336 m. Bspr. *Sinn*, ZJS 2011, 402; s. dazu auch unten 13/84 Fn. 100).

Zweifel an der Gültigkeit des erkannten Verbots berühren das Unrechtsbewusst- 31
sein ebenfalls nicht (sog. **Überzeugungstäter**);[67] Handeln aus Gewissensnot kann
freilich gem. Art. 4 GG entschuldigt sein (s. u. 12/115).

Das Unrechtsbewusstsein ist tatbezogen und deshalb auch bei der Begehung ver- 32
schiedener Taten **teilbar**, d. h. es kann bezüglich der einen Tat vorhanden sein, bezüglich der anderen Tat, die der Täter auch noch begeht, fehlen.[68]

Die nähere Behandlung des Verbotsirrtums, also des Fehlens der „Einsicht, Un- 33
recht zu tun" (§ 17 S. 1), erfolgt in der Irrtumslehre (s. u. 13/49 ff.).

> Zu den im Text angesprochenen sowie weiteren „Aspekten des Unrechtsbewusstseins" vgl. 34
> *Eser/Burkhardt*, Strafrecht I, Fall Nr. 14 A 49–58. Zu den „Anforderungen an das Unrechtsbewusstsein" vgl. NK-*Neumann*, § 17 Rn. 32–46, und *ders.*, JuS 1993, 794 ff.
> Zur abweichenden Konzeption des Unrechtsbewusstsein „als Element des Unrechtstatbestandes" lesenswert: *Otto*, 7/61–77, und *Otto*, Jura 1996, 474 ff.

§ 12. Entschuldigungsgründe

A. Allgemeine Fragen

I. Die Prinzipien der Entschuldigung

An die Möglichkeit, die Tat des Täters zu entschuldigen, ist erst zu denken, wenn 1
die Frage nach der möglichen Rechtfertigung dieser Tat negativ beantwortet ist. Hat
der Täter in einer Notsituation Rechtsgüter des Angreifers oder eines Unbeteiligten
auf tatbestandsmäßige Weise verletzt, so stößt einen schon das Gesetz von der verneinten Rechtfertigungsfrage (weder Notwehr gem. § 32 noch rechtfertigender Not-

---

[66] H. M.; vgl. BGHSt 4, 1; 27, 196, 202 [krit. *Puppe*, AT 1, 33/1–11 u. in: Fs. Rudolphi,
2004, S. 233]; BGH NStZ 1996, 338 [krit. dazu *Zabel*, GA 2008, 33, 39 f.]; B-*Weber/Mitsch*,
21/46; *Groteguth*, 1993, S. 71; S/S-*Sternberg-Lieben*, § 17 Rn. 5; s. auch BVerfG NJW 2006,
2684, 2686. – Zur Diskussion über die Straffreiheit in bestimmten Fällen eines unbehebbaren
Unrechtszweifels und zu sonstigen Grenzfällen des bedingten Unrechtsbewusstseins vgl. LK-
Vogel, § 17 Rn. 28; SK-*Rudolphi*, § 17 Rn. 13; *Jakobs*, 19/31; *Roxin*, AT I, 21/29 ff.; *Warda*,
Fs. Welzel, 1974, S. 510 ff.

[67] Vgl. SK-*Rudolphi*, § 17 Rn. 4 u. LK-*Vogel*, § 17 Rn. 95 mit Hinweisen auf „Grenzfälle"
(Rn. 96); krit. *Zabel*, GA 2008, 33, 47 f.

[68] Vgl. BGHSt 10, 39; BGH NStZ-RR 1996, 25. – Kennt der Täter das Unrecht des Grundtatbestandes, so kennt er nach der Rspr. auch das Unrecht einer (auch für sich strafbaren)
Qualifikation, BGHSt 42, 123, 130; krit. S/S-*Sternberg-Lieben*, § 17 Rn. 8.

stand gem. § 34 rechtfertigen die Tat) zur jetzt zu prüfenden Entschuldigungsfrage: hat der in einer Notwehrsituation handelnde Täter Entschuldigung für seinen Notwehrexzess gem. § 33 verdient bzw. hat der in einer Notstandslage handelnde Täter Entschuldigung gem. § 35 für seine Rettungshandlung verdient? Diese äußerliche Anknüpfung der im StGB ausdrücklich geregelten Entschuldigungsgründe an die ebenfalls dort geregelten Rechtfertigungsgründe hat auch eine innere Berechtigung. Die Nähe der Entschuldigungs- zur Rechtfertigungssituation zeigt, dass es bei der Entschuldigung nicht nur um die Berücksichtigung von Interna beim Täter, sondern auch um **gemindertes Unrecht** seiner rechtswidrigen Tat geht.

2   Wer in einer Notsituation zur Verteidigung oder zur Rettung eines angegriffenen oder gefährdeten Rechtsguts handelt, verwirklicht zwar tatbestandsmäßig erfasstes Unrecht (z. B. einen Totschlag gem. § 212), wenn er sich nicht an die (Erforderlichkeits-)Grenze der Notwehr oder die (Interessenübergewichts-)Voraussetzung des rechtfertigenden Notstands hält. Doch erscheint dieses Unrecht im Vergleich zur entsprechenden tatbestandsmäßigen Handlung (z. B. Totschlag gem. § 212) eines Täters, der nicht **rechtsgutsbewahrend** in einer Notsituation tätig wird, deutlich gemindert (kritisch *Hörnle*, JuS 2009, 873, 875 f.).

3   Kommt zu dieser (die unrechtsbezogene Schuld schon reduzierenden) Unrechtsminderung hinzu, dass sich der Täter – wie bei Notsituationen – in einer **außergewöhnlichen Motivationslage** befindet, die ihm die Entscheidung zum rechtgemäßen Verhalten erschwert, so ist seine Schuld dadurch weiter gemindert. Diese durch zwei Umstände – Handlung zur Rechtsgutserhaltung und außergewöhnlicher Motivationsdruck – bewirkte Schuldminderung erlaubt es dem Gesetzgeber, diesem Täter gegenüber Nachsicht zu üben: seine Tat wird (unter den näheren Voraussetzungen der §§ 33, 35) entschuldigt, weil die verbleibende Schuld unterhalb der Strafwürdigkeitsgrenze liegt. In strafzweckorientierter Sicht heißt das, dass aus Präventionsgründen keine Bestrafungsnotwendigkeit besteht (näher und vor allem hinsichtlich der Spezialprävention kritisch *Hörnle*, JuS 2009, 873, 876, deren Erklärung – ein freiheitlicher Staat dürfe die Preisgabe des eigenen Lebens nicht fordern – allzu einseitig „vertragstheoretisch" erscheint). Jedermann kann Verständnis für den so Bedrängten aufbringen, obwohl er die Rechtsgüter anderer ohne rechtfertigenden Grund verletzt hat.

II. Die besondere Rolle der Entschuldigungsgründe innerhalb der „Straflosigkeitsgründe"

4   Die Straflosigkeit eines Täters, der wie z. B. der Totschläger einen Straftatbestand (§ 212) erfüllt, kann verschiedene Gründe haben. Innerhalb dieser Gründe ist die **besondere** Rolle der Entschuldigungsgründe herauszustellen.

5   In Abgrenzung zu den ebenfalls zu Straflosigkeit führenden Rechtfertigungsgründen handelt der nur entschuldigte Täter nicht gerechtfertigt, also rechtswidrig. Er entscheidet sich in einer Konfliktsituation (am häufigsten sind Notsituationen) falsch und verletzt ein fremdes Rechtsgut, ohne dass ihm dieser Eingriff in die fremde Rechtsphäre ausnahmsweise durch einen Rechtfertigungsgrund erlaubt worden ist. Er hat damit den Konflikt anders als die Rechtsordnung entschieden und sich damit rechtswidrig verhalten. Seine Handlung steht **nicht mit** dem **Recht** und dessen grundlegenden Prinzipien **in Einklang**, er hat die für jedermann geltenden Grenzen der Freiheit überschritten. Das generelle Urteil über die Tat ist damit endgültig gefallen: sie ist nicht nur typischerweise unrecht (= tatbestandsmäßig), sondern konkret rechtswidrig (= kein Rechtfertigungsgrund widerlegt das indizierte Unrecht). Der von dieser Tat Be-

troffene darf sich gegenüber diesem rechtswidrigen Angriff nach § 32 (Notwehr) verteidigen, d. h. den Angreifer in die Schranken der Freiheit zurückstoßen.

Entscheidet und handelt der sich tatbestandsmäßig verhaltende Täter dagegen in **6**
Übereinstimmung mit den Regeln, die die **Rechtsordnung** für Ausnahmesituationen
(z. B. Notsituationen) aufstellt (z. B. §§ 32, 34), so verhält er sich dem Recht entsprechend. Seine Handlung ist gemessen an den Grundprinzipien der Rechtsordnung richtig, weil z. B. der ein Individualrechtsgut und das Recht bedrohende Angriff zurückgewiesen wird (§ 32) oder weil z. B. der tatbestandsmäßige Eingriff in Rechtsgüter
eines unbeteiligten Dritten einem wesentlich überwiegenden Interesse dient (§ 34).
Gegen dieses gerechtfertigte Verhalten hat z. B. weder der Angreifer i. S. des § 32 noch
z. B. das unbeteiligte Notstandsopfer i. S. des § 34 ein Notwehr-Verteidigungsrecht.
Beide haben vielmehr die Verteidigungs-/Rettungshandlung zu dulden.

Diese Konsequenz für den betroffenen Bürger zeigt, dass der Gesetzgeber mit der **7**
Einräumung von Rechtfertigungsgründen vorsichtig sein muss, denn mit ihnen regelt
er für Ausnahmesituationen die Rechtsverhältnisse der **Bürger untereinander.** Demgegenüber kann der Gesetzgeber mit der Einräumung von Entschuldigungsgründen
großzügiger sein, solange er durch den **Verzicht** auf Strafe nicht die Präventivwirkung
des Strafrechts allzusehr schwächt. Freilich nimmt er durch den mit einem Entschuldigungsgrund verbundenen Verzicht auf Strafe dem Eingriffsgut den präventiven
Strafrechtsschutz.

In Abgrenzung zu den sonstigen **Strafausschließungs-/Strafaufhebungsgründen** **8**
außerhalb von Unrecht und Schuld (z. B. die Indemnität des Abgeordneten gem.
Art. 46 I GG, § 36 oder z. B. der Rücktritt vom Versuch gem. § 24) beruhen Entschuldigungsgründe nicht erst auf staats- oder kriminalpolitischen, sondern auf unrechts- und schuldbezogenen Erwägungen (s. o. Rn. 2, 3).

Innerhalb der Deliktsstufe ,Schuld' sind die **Entschuldigungsgründe** von den **9**
Schuldausschließungsgründen (Schuldunfähigkeit gem. § 20 und unvermeidbarer
Verbotsirrtum gem. § 17) abzugrenzen. Der Unterschied wird schon durch die Terminologie angedeutet: bei Entschuldigungsgründen ist die Schuld nicht ausgeschlossen. Zwar ist die Rechtsfolge ,Straffreiheit' dieselbe, und sie ergibt sich auch auf
derselben Deliktsstufe ,Schuld', doch könnte dem „nur" entschuldigten Täter im
Gegensatz zum schuldunfähigen (oder sich unvermeidbar über das Unrecht irrenden) Täter ein Schuldvorwurf gemacht werden.

Näher zu dieser Unterscheidung *Hörnle*, JuS 2009, 873 f., nach der bei Schuldausschließungsgründen (§§ 17, 20) eine „Störung in der inneren Verfassung des Täters" vorliegt, die
einen Schuldvorwurf ausschließt, während bei den Entschuldigungsgründen (§§ 33, 35) eine
„ungewöhnliche äußere Notlage" auf den Täter einwirkt, so dass normgemäßes Verhalten unzumutbar erscheint und Nachsicht geübt werden kann.

Er hat die Möglichkeit, sich dem als Recht erkannten gemäß zu verhalten, nur **10**
wird ihm die rechtgemäße Entscheidung durch die Notsituation und den außergewöhnlichen Motivationsdruck sehr erschwert (s. o. Rn. 3). Es handelt sich um auch
sog. **Unzumutbarkeitsfälle.** Darauf nimmt der Gesetzgeber Rücksicht und übt
Nachsicht, zumindest beim Normalbürger. Bei erhöht gefahrtragungspflichtigen
Personen, wie z. B. Feuerwehrleuten ist das, wie § 35 I 2 (sie stehen in einem „besonderen Rechtsverhältnis") zeigt, anders. Ihnen wird der an sich auch gegenüber dem
Normalbürger mögliche Schuldvorwurf tatsächlich gemacht. Was für den Normalbürger unzumutbar ist, wird dem in besonderem Rechtsverhältnis Stehenden zugemutet. Eine solche Zumutung wäre allerdings beim erhöht Gefahrtragungspflichtigen nicht möglich, wenn ihm die Fähigkeit zum Andershandelnkönnen (= zum
Aushalten der Gefahr) fehlen würde.

III. Übersicht über die Entschuldigungsgründe

11   Der hinsichtlich der Einräumung von Entschuldigungsgründen „freiere" Gesetzgeber (s. o. Rn. 7) hat von dieser „Freiheit" nur sehr **wenig** Gebrauch gemacht: im StGB nur in §§ 33, 35 wobei die Entschuldigungsmöglichkeit bei § 35 möglicherweise zu großzügig ausgefallen ist (z. B. bei Tötung eines Unbeteiligten zur Errettung aus einer Leibesgefahr). – Dazu näher und kritisch *Hörnle,* JuS 2009, 873, 878.

11a   Der **Gesetzgeber** hat dabei objektiv außergewöhnliche Situationen, die typischerweise auch zu außergewöhnlichen Motivationslagen bei der in dieser Situation stehenden Person führen, herausgegriffen und **standardisiert.** Er hat damit den Richter von der ohnehin kaum lösbaren Aufgabe befreit, beim Täter im Einzelfall festzustellen, ob er sich in der konkreten Situation nicht doch hätte anders (= richtig) verhalten können.

12   Mit der gesetzgeberischen Entscheidung für nur zwei Entschuldigungsgründe ist aber der Kreis der Entschuldigungsgründe nicht hermetisch abgeriegelt. Der Rechtsanwender muss sich freilich bei der **Erweiterung** des Kreises der Entschuldigungsgründe an die Prinzipien halten, die den ausdrücklich geregelten Entschuldigungsgründen zugrundeliegen. Auch muss er die entschuldigenden Voraussetzungen wie ein Gesetzgeber einzeln ausprägen, so dass die **Unzumutbarkeit** als allgemeiner **Entschuldigungsgrund** ausscheidet (zumindest beim hier zu behandelnden vorsätzlichen Begehungsdelikt). Die Unzumutbarkeit hat keinen benennbaren sachlichen Gehalt, ihr fehlen die Konturen eines standardisierten Entschuldigungsgrundes und sie würde den Rechtsanwender zum freien Rechtsschöpfer machen.

> Zur **Vertiefung** dieser nur einführenden, knappen Ausführungen sind zu empfehlen: in dem von *Eser/Fletcher* herausgegebenen Band „Rechtfertigung und Entschuldigung I", 1987, die Beiträge von *Hassemer,* S. 175 ff.; *Küper,* S. 315 ff. (= auch JuS 1987, 81 ff.) und *Roxin,* S. 229 ff. (= JuS 1988, 425 ff.) sowie in dem von *Eser/Perron* herausgegebenen Band „Rechtfertigung und Entschuldigung III", 1991, der Beitrag von *Hirsch,* S. 27 ff.; außerdem *Pawlik,* JahrbRuE 2003, S. 287 ff. u. *Renzikowski,* ebda, S. 269 ff. – Knapper informieren in der Kommentarliteratur zu den Prinzipien der Entschuldigung und der Abgrenzung der Entschuldigungs- von den Schuldausschließungsgründen: *Lenckner/Sternberg-Lieben,* in: *Schönke/Schröder,* Vorbem §§ 32 ff. Rn. 108–111. – Zur Ablehnung eines allgemeinen Entschuldigungsgrundes der Unzumutbarkeit: *Achenbach,* JR 1975, 492 ff. u. Jura 1997, 631, 634 f.; *Kindhäuser,* AT, 21/13; eingehend *Momsen,* 2006, S. 537 f., der die Unzumutbarkeit an § 35 bindet und sie als normatives Element der Schuld versteht (S. 536, jeweils in der Zusf.), das eingreife, wenn ein Verhalten die Aufgabe des Selbsterhaltungsrechts voraussetze (S. 359; krit. *Pawlik,* HRRS 2008, 152 f., der u. a. fragt, wie auf der Basis des unaufgebaren Selbsterhaltungsinteresses die Notstandshandlung noch als Unrecht qualifiziert werden könne). – Abweichend sieht *Walter,* 2006, S. 136 ff., in den Entschuldigungsgründen „Opportunitätsregeln", die Nachsicht mit menschlicher Schwäche üben, knapper: S/S-*Lenckner,* Vorbem §§ 32 ff. Rn. 122–126; eher dafür *Moos,* ZStW 116 (2004), S. 891, 914.

B. Die einzelnen Entschuldigungsgründe

I. Entschuldigender Notstand gemäß § 35

1. Allgemeine Kennzeichnung des Notstands als Entschuldigungsgrund

13   Die allgemeine Kennzeichnung des Notstandes als Entschuldigungsgrund (§ 35) gelingt am besten durch den Vergleich mit dem Notstand als Rechtfertigungsgrund (§ 34). Bei jedem Notstand geht es um die Beseitigung einer **Notlage,** die in §§ 34, 35 übereinstimmend als gegenwärtige, nicht anders abwendbare Gefahr(enlage)

umschrieben wird. Aus dieser Notlage darf man sich oder andere mit **rechtfertigender** Wirkung nur dann befreien, wenn für die Notstandshandlung ein wesentliches Interessenübergewicht spricht (z. B. Lebenserhaltung durch Zugriff auf Vermögenswerte). Fehlt ein solches Interessenübergewicht, weil das gefährdete Leben nur durch Tötung eines anderen Menschen (z. B. im berühmten Fall des „Brett des Karneades" durch den Stoß von dem nur einen Menschen tragenden Brett) erhalten werden kann, so kann der Notstandstäter immerhin nach § 35 **entschuldigt** sein, denn dort wird kein wesentlich überwiegendes Interesse für die Rettungshandlung verlangt.

Notstandshandlungen erhalten somit das Prädikat ‚gerechtfertigt' nur unter **14** strengeren Voraussetzungen als § 35 das Prädikat „ohne Schuld" (= ‚entschuldigt') erteilt. Der entschuldigende Notstand enthält aber im Vergleich zum rechtfertigenden Notstand **auch strengere** Voraussetzungen. Das gilt vor allem für die Einschränkung der notstandsfähigen Rechtsgüter auf „Leben, Leib oder Freiheit" und für die Notstandshilfe, die nur „einem Angehörigen oder einer anderen ihm [dem Täter = Notstandshelfer] nahe stehenden Person" geleistet werden darf.

Zur Prüfung dieser strengeren Voraussetzungen sowie aller weiteren § 35- **15** Merkmale kommt man erst, wenn die tatbestandsmäßige Rettungshandlung des Täters (z. B. ein Totschlag nach § 212) nicht unter § 34 subsumiert werden konnte. Für diese „**subsidiäre** Anwendung"[1] des § 35 spricht schon die Reihenfolge der Vorschriften, vor allem aber die allgemeine Verbrechenssystematik.[2] Danach kann die Schuld des Täters erst dann thematisiert werden, wenn feststeht, dass er eine rechtswidrige Tat begangen hat.[3] Diese Voraussetzung fehlt aber, wenn die Rettungshandlung des Täters durch Notstand (§ 34, aber auch §§ 228, 904 BGB) bereits gerechtfertigt ist.

Das **Opfer** der Notstandshandlungen hat unterschiedliche Rechte bzw. Pflichten **16** je nachdem, ob es Opfer einer gerechtfertigten oder entschuldigten Rettungshandlung ist. Ist die Rettungshandlung (z. B. der Stoß vom „Brett des Karneades") nur entschuldigt, so ist sie immerhin rechtswidrig, und damit auch ein rechtswidriger Angriff, der das vom Täter anvisierte „Opfer" zur Notwehr gem. § 32 berechtigt. Schlechter ist es um das Opfer einer nach § 34 gerechtfertigten Notstandshandlung bestellt, denn es muss den Zugriff des Täters (z. B. auf seine Vermögenswerte zur Lebensrettung) dulden, wenn dieser sich (sein Leben) nur so aus der Notstandslage befreien kann.

In der **Übungsfall-Literatur** finden sich § 35-Prüfungen deshalb auch vor allem in Fällen, die **17** schon vom rechtfertigenden Notstand (teilweise aber auch schon von der Notwehr) her bekannt sind. Häufig sind Fälle[4] der Dauergefahr, die von einem „Spanner" oder vom sog. „Haustyrannen" ausgeht (8/135 ff.), die aber auch von einem „Nötigenden" ausgehen kann, der einen Zeugen zur Falschaussage/zum Meineid oder einen Richter zu einer Rechtsbeugung bringt. Straflosigkeit kann der entschuldigende Notstand gem. § 35 vor allem den Tätern verschaffen, die zu ihrer Rettung bzw. zur Rettung ihnen nahe stehender Personen einen anderen Menschen vorsätzlich töten „mussten".[5] Denn in solchen Fällen scheidet der recht-

---

[1] *Lackner/Kühl*, § 35 Rn. 1.

[2] *S/S-Perron*, § 35 Rn. 1.

[3] *Roxin*, AT I, 22/2; *Tiedemann*, Anfängerübung, S. 147.

[4] Dass diese Fälle auch einen großen Teil der praktischen Bedeutung des § 35 ausmachen, zeigt die Rechtsprechungsübersicht bei *S/S-Perron*, § 35 Rn. 1 a. – Nach *Roxin*, JA 1990, 99, sind die von Menschen ausgehenden Gefahren in der Praxis „in der Überzahl".

[5] „Mord und Totschlag" machen auch einen nicht geringen Teil der Delikte aus, in denen entschuldigender Notstand „praktisch geworden" ist; vgl. LK-*Zieschang*, § 35 Rn. 37, mit Nachweisen aus der Rechtsprechung. – Nach *Bernsmann*, 1989, S. 23, hingegen sind Fälle, in

fertigende Notstand gem. § 34 grundsätzlich aus, weil es nichts gibt, was dieses vernichtete Leben wesentlich überwiegt. „Klassische" § 35-Fälle sind deshalb die schon bei § 34 angesprochenen Fälle der „Lebensgefahrengemeinschaft"[6] (s. o. 8/153 ff.). – Den berühmten Fall des Karneades (o. Rn. 13) behandeln als Beispielsfall B-*Weber/Mitsch*, 12/27–33; *Hoffmann-Holland*, Rn. 414 u. 420; *Krey/Esser*, AT, Fall 33, Rn. 277–279; *Zieschang*, Rn. 372; *Kudlich*, PdW AT, Fall 139; *Momsen*, 2006, S. 31 f., 539, 542 und *Stratenwerth/Kuhlen*, 10/99; eingehend zum Karneader-Fall: *Aichele*, JahrbRuE 2003, 245; *Koriath*, JA 1999, 250; *Kühl*, 2008, S. 364 u. *Küper*, Immanuel Kant und das Brett des Karneades, 1999; zum klassischen Mignonette-Fall (Tötung und Verzehren eines Schiffsjungen, um zu Überleben) vgl. *Spendel*, Fs. Küper, 2007, S. 597, 603; *Bernsmann*, 1989, S. 45; *Momsen*, 2006, S. 32 f., 540 ff.; *Jakobs*, AT, 13/23; *Jescheck/Weigend*, S. 195, 489; *Krey/Esser*, AT, Fall 11, Rn. 91, 256–259; *Roxin*, AT I, 16/35; vgl. auch *Renzikowski*, JahrbRuE 2003, S. 269: „Vom Brett des Karneades zum Untergang der ‚Mignonette' ".

2. Die „Erklärung" des entschuldigenden Notstands

18   Die in § 35 mit den Worten „... handelt ohne Schuld" angeordnete Entschuldigung[7] des Täters (so sachlich zutreffend auch die Überschrift des § 35)[8] wird durch verschiedene „Notstandstheorien"[9] zu erklären versucht. Überwiegend werden zwei Gründe für eine solche Erklärung für erforderlich gehalten. Nach dieser Lehre anerkennt der Gesetzgeber zum einen die **seelische Zwangslage** (auch: den gesteigerten Motivationsdruck, oder: die beeinträchtigte Fähigkeit zu sinnhafter Selbstbestimmung)[10] desjenigen, der um sein Leben (oder um vergleichbare existentielle Güter wie „Leib oder Freiheit") fürchten muss.[11] Zum anderen berücksichtige der Gesetzgeber die **Unrechtsminderung,** die einer Rettungshandlung deshalb zukomme, weil sie das hochrangige Erhaltungsgut bewahre (dadurch: geminderter Erfolgsunwert) und dies auch zum Ziel habe (dadurch: geminderter Handlungsunwert).[12]

---

denen nur die Drittverletzung Lebensrettung gewährleisten kann, außergewöhnlich; dem entspreche die „Seltenheit von Tötungen zur Rettung aus akuter Todesnot in der Judikatur."

[6] *Bernsmann*, 1989, S. 317.

[7] Vgl. *Jescheck/Weigend*, S. 480; S/S-*Perron*, § 35 Rn. 2. – Für Strafausschluss in bestimmten, nicht in der Nähe von § 20 einzuordnenden Fällen, *Bernsmann*, 1989, S. 379 ff.; dagegen *Hirsch,* in: *Eser/Perron* (Hrsg.), Rechtfertigung und Entschuldigung III, 1991, S. 45 und *Roxin*, AT I, 22/14. – Krit. zur Annahme von Schuldlosigkeit *Köhler*, S. 329–340, der z. B. für den Lebensnotstand einen Strafunrechtsausschluss annimmt und damit den Anwendungsbereich des § 35 erheblich einschränkt.

[8] LK-*Zieschang*, § 35 Rn. 5.

[9] *Jakobs*, 20/1. Ausführlichere und anschauliche Behandlungen der „Notstandstheorien" finden sich bei *Roxin*, JA 1990, 97–99 und *Timpe*, JuS 1984, 860–863. – SK-*Rogall*, § 18 Rn. 5–7, unterscheidet „heute" (Okt. 2010) zwei Theorien: Präventivlösungen und kontraktualistische Ansätze; er lehnt beide zu Recht ab, Rn. 8, 9. – Eingehend zur ratio des § 35 *Zimmermann*, 2009, S. 217 ff.

[10] Diese Formulierungen gebrauchen S/S-*Perron*, § 35 Rn. 2 und SK-*Rogall*, § 35 Rn. 2. – Nach *Walter*, 2006, S. 351, ist § 35 I der „Prototyp ... aller Opportunitätsregeln zur menschlichen Schwäche".

[11] Schon das Reichsgericht (RGSt 66, 225 und 398) hat auf die „abnorme" bzw. „außergewöhnliche Beeinträchtigung der freien Willensbestimmung" abgestellt und den „Selbsterhaltungstrieb" berücksichtigt.

[12] Vgl. *Jescheck/Weigend*, S. 478; W-*Beulke*, Rn. 432 f. (für alle Entschuldigungsgründe), und SK-*Rogall*, § 35 Rn. 3 (für § 35 ausführlich); ebenso *Küper*, JuS 1971, 477, und *ders.*, in: JZ 1983, 89; LK-*Zieschang*, § 35 Rn. 4. – Zur Kritik vgl. *Frister*, 1993, S. 207 ff.; *Jakobs*, 20/3, und *Roxin*, AT I, 22/9 f. Kritisch vor allem zur Minderung des Erfolgsunwertes durch einen Erfolgswert *Neumann*, 1985, S. 209–217, weniger kritisch NK-*Paeffgen*, Rn. 242 vor § 32, der aber der „Lehre von der doppelten Schuldminderung" folgt, Rn. 252 vor § 32. Weitere Kritik im Hinblick auf die Erklärung von § 35 I 2 bei *Lugert*, 1991, S. 91 f., aber auch S. 103 f.

In ihrem **Zusammenwirken** erklären diese beiden Gründe § 35 zumindest plausi- 19
bel. Allein die seelische Zwangslage reicht zur Erklärung nicht aus, weil sie u. a.[13]
nicht verständlich macht, warum die in Satz 2 von § 35 I genannten Personen wie
z. B. Feuerwehrleute diesen psychischen Druck in einer Notstandslage aushalten
müssen. Diese (aus einem besonderen Rechtsverhältnis hervorgehende) Gefahrtragungspflicht kann aber mit dem ergänzenden Grund der Unrechtsminderung erklärt
werden: das durch die Verfolgung des Rettungszwecks geminderte Unrecht der Rettungshandlung erfährt durch die Verletzung der Gefahrtragungspflicht seitens des
pflichtengebundenen Notstandstäters eine solche Erhöhung, dass eine Entschuldigung wegen geminderten Unrechts nicht mehr in Betracht kommt.[14] Aus der Zumutbarkeitsregelung des § 35 I 2 lässt sich außerdem entnehmen, dass ein Schuldvorwurf auch gegenüber Personen erhoben werden kann, die sich in einer seelischen
Zwangslage befinden. Nur mutet der Gesetzgeber eine solche Gefahrtragung dem
Normalbürger nicht zu, er zeigt vielmehr Nachsicht und verzichtet auf den Einsatz
der Strafe zur Durchsetzung seiner Verbote.

Zur Erklärung dieses Strafverzichts trägt auch die präventive Notstandstheorie 20
bei. Danach besteht in § 35-Situationen keine **„präventive Bestrafungsnotwendigkeit".**[15] Dass auch diese Überlegung den Gesetzgeber mitbestimmt hat, lässt sich an
der Reduzierung des Kreises der notstandsfähigen Rechtsgüter auf existentielle
Rechtsgüter ablesen: bei weniger bedeutsamen Rechtsgütern bejaht der Gesetzgeber
die „präventive Bestrafungsnotwendigkeit", obwohl auch deren bevorstehende Verletzung (z. B. der Verlust hoher Vermögenswerte als Lebensgrundlage) einen vergleichbar schweren psychischen Druck erzeugen kann.[16]

Der Verzicht auf Strafe durch Entschuldigung des Notstandstäters ist schließlich 21
auch noch deshalb möglich, weil diesem Täter trotz der Begehung der rechtswidrigen Tat **nicht** im gleichen Maße wie Tätern in Normalsituationen ein **„Mangel an
Rechtsgesinnung"**[17] vorgeworfen werden kann.

---

[13] Zu weiteren Erklärungsdefiziten vgl. *Eser/Burkhardt*, Strafrecht I, Nr. 18 A 11; *Jakobs*,
20/1; *Roxin*, AT I, 22/8; SK-*Rogall*, § 35 Rn. 2. Dass auch die Unrechtsminderung allein
nicht ausreicht, um den Sanktionsverzicht des Gesetzgebers zu erklären, meint *Küper*, JZ
1989, 95.

[14] W-*Beulke*, Rn. 433; LK-*Zieschang*, § 35 Rn. 47 u. 53; SK-*Rogall*, § 35 Rn. 2; zustimmend *Eser/Burkhardt*, Strafrecht I, Nr. 18 A 13; s. auch *Bernsmann*, Fs. Blau, 1985, S. 37,
sowie *Tenckhoff*, Fs. Rauscher, 1993, S. 441. – Eine weitere Erklärung wird durch die generalpräventive Notstandstheorie gegeben: Rücksicht auf den Rechtsgüterschutz, für den Bestand der Gesellschaft notwendige Organisation; vgl. näher *Roxin*, JA 1990, 99; *Achenbach*,
JR 1975, 494 f.; *Jakobs*, 20/4, und *ders.*, 1993, S. 175, sowie *Timpe*, JuS 1984, 862; aufgegriffen von *Lugert*, 1991, S. 104 (Gedanke „fehlender Zufälligkeit"). Vgl. auch die Darstellung
dieser kriminalpolitischen Deutung des § 35 I 2 durch *Neumann*, 1985, S. 226–231: zumindest in ihrer kritischen Komponente unanfechtbar (S. 231).

[15] *Roxin*, AT I, 22/4 u. 11, sowie *ders.*, Fs. Mangakis, 1999, S. 237, 247 ff.: „präventive
Einschläge bei der Exkulpation"; *Wolter*, GA 1996, 201, 212; unter Beschränkung auf (posi-
tiv-)generalpräventive Bedürfnisse: *Jakobs*, 20/4; dagegen und für die Einbeziehung spezial-
präventiver Bedürfnisse (bei rechtstreuen Menschen keine spezialpräventive Einwirkung erforderlich) *Roxin*, AT I, 22/12.

[16] Vgl. *Jakobs*, 20/4; *Roxin*, AT I, 22/11; SK-*Rogall*, § 35 Rn. 4.

[17] *Gallas*, in: Fs. Mezger, 1954, S. 323 = in: Beiträge, 1968, S. 76 f.; ebenso *Jescheck/
Weigend*, S. 478; aufgegriffen wird dieser Gesichtspunkt neben anderen auch von *Eser/Burk-
hardt*, Strafrecht I, Nr. 18 A 12 u. 14. – Kritisch zu *Gallas* (u. *Bockelmann*) *Bernsmann*, 1989,
S. 188–191, der jedoch eher die Begrenzung der entschuldigenden Notstandsfälle durch den
Gesetzgeber kritisiert, und *Timpe*, JuS 1984, 861, der die Tatbezogenheit der Gesinnung nicht
genügend beachtet; krit. auch MK-*Müssig*, § 35 Rn. 7: problematische „Ethisierung".

22   Die differenzierte Regelung des entschuldigenden Notstands kann somit nicht durch einen Gesichtspunkt vollständig erklärt werden. Die genannten Gründe (seelische Zwangslage, Unrechtsminderung, kein Mangel an Rechtsgesinnung, keine präventive Bestrafungsnotwendigkeit) **ergänzen und begrenzen sich** zwar, sie schließen sich aber nicht gegenseitig aus. Was die verschiedenen Gründe bei der Auslegung der einzelnen Merkmale des § 35 leisten können, wird – zumindest gelegentlich – die folgende Behandlung des entschuldigenden Notstands zeigen.

3. Die gesetzliche Notstandsregelung des § 35 I

a) Überblick und Aufbau einer § 35-Prüfung

23   § 35 enthält zusätzlich zu den jetzt genauer zu behandelnden Voraussetzungen einer Entschuldigung wegen Notstands in Absatz 2 noch eine Irrtumsregelung, die erst bei der Irrtumslehre näher betrachtet werden wird. § 35 I enthält in **Satz 2** eine Zumutbarkeitsregelung, die eine **Ausnahmeregelung**[18] darstellt. Zunächst ist deshalb der in § 35 I **Satz 1** näher umschriebene **Regelfall** des entschuldigenden Notstands zu prüfen. Nur wenn sämtliche Voraussetzungen dieses Regelfalles gegeben sind, muss man sich der Frage zuwenden, ob es dem Täter nicht ausnahmsweise „zugemutet werden konnte, die Gefahr hinzunehmen" (§ 35 I 2, 1. Halbsatz).

24   Beim Regelfall des § 35 I 1 ist zunächst das Vorliegen einer **Notstandslage** zu prüfen. Dabei sind zum einen die Restriktionen hinsichtlich der notstandsfähigen Rechtsgüter („Leben, Leib oder Freiheit") und der rettungsfähigen Personen („Angehörige oder nahe stehende Personen") zu beachten, zum anderen ist die (schon in der meist vorangegangenen Prüfung des rechtfertigenden Notstands behandelte) gegenwärtige Gefahr festzustellen. Es folgt die Prüfung der **Rettungshandlung,** die objektiv durch die Erforderlichkeit („nicht anders abwendbar") und subjektiv durch die Gefahrabwendungsabsicht („um ... abzuwenden") bestimmt ist. – Ähnliche Hinweise zur **Fallbearbeitung** bei *Hörnle,* JuS 2009, 873, 880.

b) Die gesetzlichen Voraussetzungen des entschuldigenden Notstands im Einzelnen

aa) Die Notstandslage

25   *(1) Notstandsfähige Rechtsgüter.* Anders als bei § 34 ist hier nur von notstandsfähigen, nicht auch von notstandspflichtigen Rechtsgütern die Rede, denn der Träger des Rechtgutes, das der § 35-Notstandstäter verletzt, ist rechtlich nicht verpflichtet, diese Verletzung zu dulden, er darf sich vielmehr dagegen wehren. Freilich könnte man insofern von **notstandspflichtigen** Rechtsgütern auch bei § 35 sprechen, als es umso bedeutende Rechtsgüter geht, dass bei deren Verletzung selbst die bloß entschuldigende Wirkung des Notstands nicht eintritt. Solche Rechtsgüter gibt es aber nicht. Selbst das höchste Individualrechtsgut – das **Leben** – darf vorsätzlich verletzt werden, ohne dass schon dadurch die § 35-Entschuldigungsmöglichkeit entfällt.

---

[18] *Lackner/Kühl,* § 35 Rn. 6, mit BT-Dr. V/4095, S. 16; ebenso *Neumann,* 1985, S. 207; *Müller-Christmann,* JuS 1995, L 67, mit Hinweisen für die Bearbeitung von Übungsfällen. Nach *Bernsmann,* 1989, S. 111, gibt es „unter dem Generalnenner der Zumutbarkeit Ausnahmen von der Straffreiheit" für Notstandshandlungen. *Lugert,* 1991, S. 118, spricht von der „Ausnahmeregel" für erhöht Gefahrtragungspflichtige; ähnlich schon *Hruschka,* S. 280 u. 291.

Anders als bei § 34 ist auch die Anzahl der ausdrücklich genannten Rechtsgüter: 26
es fehlen „Ehre, Eigentum". Darüber hinaus ist der Kreis der **notstandsfähigen**
Rechtsgüter dadurch hermetisch abgegrenzt, dass im Gegensatz zu § 34 der Zusatz
„oder ein anderes Rechtsgut" fehlt. Eine **analoge Anwendung** von § 35 auf die Rettung anderer als der aufgezählten drei Rechtsgüter kommt deshalb auch dann **nicht**
in Betracht, wenn dies von den Grundgedanken dieses Entschuldigungsgrundes her
nahe liegen würde[19] (z. B. bei der Rettung unersetzbarer Manuskripte eines Privatge-
lehrten[20]).

> Eine § 35-Prüfung ist deshalb schnell zu Ende, wenn der tatbestandsmäßig und rechtswidrig
> handelnde Täter zur Rettung anderer Rechtsgüter als „Leben, Leib oder Freiheit" handelt. In
> der **Übungsfall-Literatur** finden sich solch kurze § 35-Prüfungen bei: *Meier,* JuS 1989, 992 u.
> 997 (Vermögen); *Seier,* JuS 1991, L 92 u. 95 (Eigentum).

Schwieriger gestaltet sich die Prüfung, ob ein notstandsfähiges Rechtsgut vorliegt, 27
dann, wenn es um Rechtsgüter geht, die möglicherweise noch unter eines der drei
genannten Rechtsgüter subsumiert werden können. Generell lässt sich in diesen
Zweifelsfällen schon sagen, dass die genannten Rechtsgüter eng zu verstehen
sind,[20a] da sonst weder die seelische Zwangslage Nachsicht verdient noch die Notwendigkeit der Aufrechterhaltung der strafbewehrten Verbote entfällt.

Im Einzelnen bedeutet dies:
- „**Leben**" ist das real existierende Leben einer Person (i. S. eines geborenen Men- 28
  schen),[20b] für das nur die Trias „Leben, Leib oder Freiheit" passt.[21] Das menschliche Leben ist „nur als gegenwärtiges individuell-körperliches Dasein ‚hier und
  jetzt' "[22] gemeint, so dass auch dann eine Gefahr für das Leben vorliegt, wenn der
  lebensgefährdete Mensch an seine Wiederauferstehung glaubt. Dagegen liegt keine Gefahr für das Leben des (Gewissens-)Täters vor, der die Rettung seines Kindes durch eine Bluttransfusion aktiv verhindert, um sein „ewiges Leben" zu retten, denn dieses „Leben" fällt nicht in den Regelungsbereich staatlichen Rechts
  (so in Übungsfällen: *Ebert,* JuS 1976, 319 u. 321, *Rudolphi,* AT-Fälle, Fall 6,
  S. 65 u. 74; *Walter/Schwabenbauer,* JA 2012, 504 u. 509).
- „**Leib**" ist als körperliche Unversehrtheit (Rechtsgut der §§ 223 ff.; Schutzbereich 29
  des Art. 2 II 1 GG) zu verstehen. Damit ist die geistig-seelische Unversehrtheit als

---

[19] Abweichend *Stratenwerth,* 4. Aufl. 2000, 10/104, für „persönlichkeitsnahe" Rechtsgüter;
aufgegeben von *Stratenwerth/Kuhlen,* 10/106. Ebenso LG Frankfurt NStE Nr. 1 zu § 35: „ge-
wissenkonformes Leben" als notstandsfähiges Rechtsgut; zust. NK-*Neumann,* § 35 Rn. 13;
nach *Pawlik,* JahrbRuE 2003, S. 287, 309: „diskussionswürdig". – Gegen die „Möglichkeit
einer Einzelanalogie zu § 35" *Achenbach,* JR 1975, 496; gegen Analogie *Kindhäuser,* AT,
24/6.
[20] Beispiel von *Timpe,* JuS 1984, 863; gegen eine analoge Anwendung von § 35 auch in diesem Beispielsfall *Roxin,* JA 1990, 100 f.; *Eser/Burkhardt,* Strafrecht I, Nr. 18 A 19; SK-*Rogall,*
§ 35 Rn. 10 Fn. 45, 15.
[20a] Für enge Auslegung auch *Murmann,* GK, 26/57.
[20b] *Lackner/Kühl,* § 35 Rn. 3; *Roxin,* AT I 22/24; *Zieschang,* Rn. 374; MK-*Müssig,* § 35
Rn. 13; *Fischer,* § 35 Rn. 3; aM S/S-*Lenckner/Perron,* § 35 Rn. 5 u. SK-*Rogall,* § 35 Rn. 15
sowie HK-GS/*Duttge,* § 35 Rn. 4; *Satzger,* JuS 1997, 804; im Übungsfall auch *Beulke,* KK III,
Fall 2 Rn. 59 u. 67.
[21] So auch die wohl h.M., vgl. LK-*Zieschang,* § 35 Rn. 12; *Roxin,* AT I, 22/24, der allerdings die Gegenansicht für überwiegend hält. – Anders aber *Jakobs,* 20/8 u. S/S-*Perron,* § 35
Rn. 5.
[22] *Küper,* JZ 1989, 625, zum sog. „Katzenkönig-Fall" des BGHSt 35, 350, wo missverständlich davon gesprochen wird, dass der Täter „selbst ... seinen Tod nicht" fürchtete.

notstandsfähiges Rechtsgut ausgeschlossen, so dass z. B. ein „inneres Zerbrechen" des „Totalverweigerers" an der Fortsetzung des Zivildienstes nicht für eine § 35-Entschuldigung angeführt werden kann (OLG Frankfurt StV 1989, 107 f.). Umstritten ist, ob auch drohende Misshandlungen oder ein gewaltsamer sexueller Missbrauch (§ 177) außer der sexuellen Selbstbestimmung auch die körperliche Unversehrtheit in Gefahr bringen.[23]

30 – „Freiheit" ist wie „Leben, Leib" körperbezogen als Fortbewegungsfreiheit (Rechtsgut von § 239) zu verstehen.[23a] Damit ist die freie Persönlichkeitsentfaltung (Art. 2 I GG) ebenso als notstandsfähiges Rechtsgut ausgeschlossen wie die Freiheit der Willensentschließung und -betätigung (Rechtsgut von § 240), denn deren Gefährdung kommt so häufig vor, dass von „Notfällen" nicht gesprochen werden kann.[24] Erfasst ist die Freiheitsentziehung auch dann, wenn sie wie die Untersuchungshaft oder der Vollzug einer Freiheitsstrafe in einem rechtlich geordneten Verfahren angeordnet wurde.[25] Die Einbeziehung der sexuellen Selbstbestimmung hingegen bereitet im Hinblick auf die oben befürwortete enge Auslegung unüberwindliche Schwierigkeiten;[26] sie wird als notstandsfähiges Rechtsgut gerade von denen anerkannt, die eine „Leibes"-Gefahr bei sexuellen Missbräuchen ablehnen.[27]

31 Im schon mehrfach angesprochenen „**Spanner-Fall**" (BGH NJW 1979, 2053) hat der BGH einen Angriff auf die „häusliche Bewegungsfreiheit" angenommen, obwohl das „besuchte" Ehepaar nicht daran gehindert war, das Haus zu verlassen und deshalb keine Gefahr für ihre Fortbewegungsfreiheit bestand.[28] Wer die obige § 34-Rechtfertigung des sich im Defensivnotstand befindlichen Ehemannes (s. o. 8/136) wegen dennoch fehlenden Interessenübergewichts nicht „mitmacht", kann also den Ehemann nicht nach § 35 entschuldigen. In der Übungsfall-Literatur werden Freiheitsgefährdungen, die nicht die Fortbewegungsfreiheit betreffen, deshalb aus dem Anwendungsbereich des § 35 ausgeschieden: *Dannecker*, JuS 1989, 215 u. 217 Fn. 28 (allgemeine Handlungsfreiheit); *Küper*, Jura 1983, 206 u. 215 f. (Entscheidungsfreiheit).

32 „Leben, Leib oder Freiheit" sind damit zwar schon eng gefasst, doch bedürfen insbesondere „Leib oder Freiheit" im Hinblick auf die Vergleichbarkeit mit „Leben" noch einer weiteren einschränkenden Auslegung, die **geringfügige/unerhebliche Gefährdungen**[29] dieser Rechtsgüter vom Anwendungsbereich des § 35 aus-

---

[23] Dafür *Jescheck/Weigend*, S. 481, u. *S/S-Perron*, § 35 Rn. 6, 7. – Dagegen LK-*Zieschang*, § 35 Rn. 13. – Diff. NK-*Neumann*, § 35 Rn. 16, 17.

[23a] H. M., vgl. *Zieschang*, JA 2007, 679, 684 u. LK-*Zieschang*, § 35 Rn. 14 sowie MK-*Müssig*, § 35 Rn. 15 mit interessanter Begründung.

[24] Nach *Bernsmann*, 1989, S. 75 u. 77 f., lassen sich nahezu alle Gefahren, die Individualrechtsgütern drohen, als Gefahr für die allgemeine Handlungs- und Entscheidungsfreiheit begreifen, und damit wäre der § 35-Katalog gesprengt. – Für eine Einbeziehung dagegen *Schmidhäuser*, 8/15, der dann aber eine „schwere Beeinträchtigung" verlangt.

[25] *S/S-Perron*, § 35 Rn. 9; *Bernsmann*, 1989, S. 74 u. 79.

[26] Gegen die Einbeziehung dieser Freiheit, die nichts mit der Fortbewegungsfreiheit zu tun hat, auch *Bernsmann*, 1989, S. 78.

[27] *Roxin*, JA 1990, 101. – Dagegen LK-*Zieschang*, § 35 Rn. 15; SK-*Rogall*, § 35 Rn. 15 Fn. 80.

[28] Kritisch deshalb *Hirsch*, JR 1980, 115; *Hruschka*, NJW 1980, 23; *Ludwig*, 1991, S. 203; *Roxin*, HRR AT, S. 171. – Dem BGH zustimmend *Schroeder*, JuS 1980, 341, und *ders.*, in: JuS 1991, 364; *Gössel*, Fälle, Fall 13, S. 213 f. u. 218, geht von einer Gefahr für die körperliche Integrität aus.

[29] Fast allgemeine Meinung; vgl. nur *Jescheck/Weigend*, S. 481; LK-*Zieschang*, § 35 Rn. 16; *S/S-Perron*, § 35 Rn. 6/7 u. 8 sowie *Pawlik*, JahrbRuE 2003, S. 287, 309; ebenso für „leichte Beeinträchtigungen von körperlicher Integrität und Freiheit" *Hörnle*, JuS 2009, 873, 878,

schließt. Gefährdungen der körperlichen Unversehrtheit, die unterhalb der Erheblichkeitsschwelle des § 223 liegen (z. B. kleine Nadelstiche oder Kratzer[30]) lösen ebenso wenig wie kurzfristige Beschränkungen der Fortbewegungsfreiheit eine solche Notlage aus, die den Zugriff auf fremde Rechtsgüter verständlich erscheinen lässt.[31] Zumindest ist in solchen Fällen die „Gefahr hinzunehmen" i. S. des § 35 I 2.[32]

Eine „Leibesgefahr" wird auch dann abgelehnt, wenn es sich wie z. B. bei Hungersnöten um sog. Jedermannsgefahren[33] handelt, die keine **besondere Notlage** einer Einzelperson, sondern eine „Sozialnot"[34] auslösen. 33

> Aus der **Übungsfall-Literatur** zur Gefahr vgl.: *Beulke*, KK III, Fall 2, Rn. 59 u. 67 (Leben des Embryos erfasst) u. Rn. 79 (Selbstbestimmungsfreiheit nicht erfasst); *Küpper*, in: G/K/M, Fallsammlung, Fall 9, S. 167 f. u. 169 (Freiheitsentziehung in rechtlich geordnetem Verfahren).

(2) Rettungsfähige Personen. § 35 privilegiert[35] nicht nur den unmittelbar Gefährdeten durch die Entschuldigung seiner rechtswidrigen Rettungstat, sondern auch den selbst ungefährdeten **Notstandshelfer,** der eine Rettungshandlung zugunsten von sog. Sympathiepersonen[36] wie „Angehörigen oder einer anderen ihm nahe stehenden Person" vornimmt. Der Grund für die Einbeziehung dieser (und nur dieser) **Sympathiepersonen** in den Bereich der entschuldigenden Notstandshilfe ist darin zu sehen, dass auch (aber auch nur) bei deren Gefährdung für den Notstandshelfer ein solcher psychischer Druck in Richtung Rettung entsteht, wie wenn er selbst in Gefahr geraten wäre. Generalpräventiv formuliert heißt das: bei der Rettung solcher Personen hat die Öffentlichkeit Verständnis für die Nachsicht des Gesetzgebers.[37] 34

Wer „**Angehöriger**" ist, ergibt sich aus der Legaldefinition des § 11 I Nr. 1. Ist danach die gerettete Person ein Angehöriger, so muss nicht noch geprüft werden, ob der Retter zum geretteten Angehörigen auch tatsächlich in einer engen Beziehung steht, denn dies wird beim Angehörigenprivileg unwiderleglich vermutet.[38] 35

---

weil dann keine „Aufopferung" verlangt werde (s. oben Rn. 3). – Kritisch aber *Bernsmann,* 1983, S. 69 ff.

[30] Beispiele von LK[11]-*Lilie,* § 223 Rn. 9, der aber in diesen Fällen nicht schon die Leibesgefahr ablehnt (ebenso LK-*Zieschang,* § 35 Rn. 63); gegen die Erheblichkeitseinschränkung, z. B. bei Kratzern, *Murmann,* GK, 26/57. – Gegen die Übertragung der § 223-Erheblichkeitsschwelle auf § 35 auch *Lugert,* 1991, S. 107. – *Roxin,* JA 1990, 101: Androhung einfacher Schläge [vgl. RGSt 66, 397, und BGH DAR 1981, 226] reicht nicht aus. Vgl. auch *Haft,* S. 141: Erkältungsgefahr.

[31] Vgl. BGH DAR 1981, 226, sowie *Jakobs,* 20/8.

[32] So *Bernsmann,* 1989, S. 69, für unerhebliche Leibesverletzungen, und S. 79, für geringfügige Freiheitsverluste; vgl. auch *Müller-Christmann,* JuS 1995, L 66. – Auch nach *Lugert,* 1991, S. 108, ist Satz 2 von § 35 I der dogmatische Standort für die Lösung der „Fälle sogenannter Bagatellgefahren"; ebenso B-*Weber/Mitsch,* 23/32.

[33] So z. B. *Roxin,* JA 1990, 101.

[34] So z. B. LK-*Zieschang,* § 35 Rn. 19, der damit freilich das Merkmal der „Gefahr" ablehnt; MK-*Müssig,* § 35 Rn. 24 u. NK-*Neumann,* § 35 Rn. 11.

[35] Auf diese Privilegierung stellen ab: *Bernsmann,* 1989, S. 80; *Roxin,* JA 1990, 102.

[36] Diesen Begriff verwenden *Bernsmann,* 1989, S. 82 (in Anführungszeichen), und LK-*Zieschang,* § 35 Rn. 30 (ohne Anführungszeichen); *Zimmermann,* 2009, S. 215; *Achenbach,* JA 1975, 493, spricht von „Nothilfebegünstigten"; zu deren Bedeutung *Momsen,* 2006, S. 368–371.

[37] *Roxin,* JA 1990, 102.

[38] So trotz gewisser Bedenken wegen der gesetzlichen Fassung (nahe stehende Person als Oberbegriff) allgemeine Meinung, vgl. nur *Bernsmann,* 1989, S. 82 f.; LK-*Zieschang,* § 35 Rn. 32; SK-*Rogall,* § 35 Rn. 20; S/S-*Perron,* § 35 Rn. 15.

36   Schwieriger gestaltet sich die Prüfung, wenn der Retter mit der geretteten Person in einer mehr oder weniger engen persönlichen Beziehung steht, denn dann könnte es sich um eine ihm „nahe stehende Person" handeln. Dieses „Nahestehen" muss tatsächlich gegeben und auch noch zur Tatzeit aktuell sein.[39] Freilich reicht das generelle „Sichnahe stehen", d. h., der Retter muss nicht durch die konkrete Notlage unter den außergewöhnlichen psychischen Druck geraten sein,[40] dessen Vorliegen ja einen Grund für den entschuldigenden Notstand ausmacht.

37   Die besondere seelische Zwangslage als ein Element der § 35-ratio ist freilich der Richtpunkt, an dem sich persönliche Beziehungen messen lassen müssen, wenn sie ein „Sichnahe stehen" der Beteiligten enthalten sollen. Eine „nahe stehende Person" muss eine Person sein, bei deren Not man sich zur Rettung „verpflichtet" sieht.

38   Eine solche solidarische, aus der gemeinsamen Beziehung erwachsende „Verpflichtung" setzt wohl[41] voraus, dass es sich um eine persönliche und nicht nur berufliche Beziehung handelt (= Ausschluss von Arbeitskollegen und Sportkameraden[42]). Diese Beziehung muss auf Dauer angelegt sein, so dass sich der Entschluss zur Rettung bei Notlagen ohne großes Nachdenken quasi von selbst bildet (= Ausschluss von zeitweiligen lockeren Beziehungen). Auch spricht die Gegenseitigkeit der Beziehung für ein „Sichnahe stehen" (= Ausschluss von heimlichen Liebhabern). Bei Vorliegen dieser „Nähe"-Voraussetzungen kommt es auf die rechtliche Anerkennung der Nähebeziehung nicht mehr an, weil die Erweiterung des Kreises der Sympathiepersonen über die Angehörigen hinaus gerade den Sinn verfolgte, auch rechtlich nicht geregelte Beziehungen in Notlagen zu privilegieren.[43]

39   Positiv sind danach als „nahe stehende Personen" anerkannt: nicht angehörige Verwandte wie der Onkel, verwandtschaftsähnliche Personen wie der Pate, Personen in eheähnlicher Gemeinschaft, Mitglieder von Haus- und Wohngemeinschaften. Bei Freundschaften muss es sich um „nähere" handeln, lockere Bekanntschaften reichen nicht (OLG Koblenz NJW 1988, 2316f.).

40   Der Staat ist keine Sympathieperson i. S. des § 35 I 1, so dass eine über Art. 20 IV GG hinausgehende „Staatsnotstandshilfe" nur unter den Voraussetzungen des § 34 (und neben der Staatsnothilfe nach § 32) möglich ist[44] (vgl. die „Spion-Fälle" oben 7/37 und 8/26). Die Berufung von Hoheitsträgern auf § 35 ist wie die auf die §§ 32, 34 zur Eigenrettung durch die Notrechtsvorbehalte der Polizeigesetze (s. o. 7/153 u. 8/179) gedeckt. Geht es dagegen um Notstandshilfe für gefährdete Bürger (z. B. Folterung durch die Polizei, um das Versteck einer Zeitbombe, die zahlreiche Bürger gefährdet, zu erfahren[45]), so fehlt es an der Nähebeziehung zwischen Hoheitsträger und geretteten Bürgern.

> Aus der **Übungsfall-Literatur** zur nahestehenden Person vgl.: *Kudlich*, JA 2009, 185 u. 187 („Lebensgefährtin"); *Küpper*, in: G/K/M, Fallsammlung, Fall 9, S. 167f. u. 176f. (Onkel).

---

[39] Ebenfalls allgemeine Meinung, vgl. nur *Bernsmann*, 1989, S. 83.

[40] LK-*Zieschang*, § 35 Rn. 33.

[41] Vgl. zur Unsicherheit der im Text folgenden Kriterien: *Bernsmann*, 1989, S. 84–89. Die im Text genannten Kriterien finden sich bei LK-*Zieschang*, § 35 Rn. 34, aber auch sonst in der Lehrbuch- und Kommentar-Literatur; vgl. etwa SK-*Rogall*, § 35 Rn. 20. – Anders MK-*Müssig*, § 35 Rn. 17: Verbindungen wegen „deren (generalisierter) sozialer Bedeutung".

[42] Auch die langjährige Kundin der Bank ist keine dem Kreditinstitut „nahestehende Person", s. den Übungsfall von *Küper*, Jura 1983, 206 u. 215f.

[43] Vgl. *Bernsmann*, 1989, S. 81f.Fn. 198.

[44] Vgl. *Bernsmann*, 1989, S. 90f.

[45] Beispiel bei *Bernsmann*, 1989, S. 93, mit Lösung S. 96.

(3) Gegenwärtige Gefahr. Waren die notstandsfähigen Rechtsgüter (1) und die 41
rettungsfähigen Personen (2) beim entschuldigenden Notstand begrenzter als beim
rechtfertigenden Notstand, so ist die weitere Voraussetzung der Notstandslage in
§§ 34, 35 **identisch** formuliert: es muss eine gegenwärtige Gefahr für die notstandsfähigen Rechtsgüter vorliegen.

Gefahr setzt eine gewisse Wahrscheinlichkeit des Schadenseintritts voraus. Der 42
Gefahrengrad reicht auch bei der Auslegung des § 35 von „höchst wahrscheinlich"[46] bis zu „10%iger Wahrscheinlichkeit".[47] Für das Ausreichen des geringen Ge-
fahrengrades spricht die Rettungschance für hochrangige Rechtsgüter, für den höheren Gefahrengrad die wohl nur dann gegebene seelische Zwangslage.[48]

Die Feststellung einer Gefahr erfordert wie bei § 34 eine **Prognose**, d.h. ein **objekti-** 43
ves ex-ante-Urteil.[48a] Dabei ist man hinsichtlich der in die Notlage hineingedachten
Person großzügiger, was ihre Kenntnisse anbetrifft. Es soll der „durchschnittlich sachkundige Beobachter" den bei § 34 überwiegend geforderten „sachverständigen Beobachter" ersetzen; für die Großzügigkeit spricht die fehlende Duldungspflicht des § 35-
Notstandsopfers.[49] Jedenfalls ist „Sonderwissen", sind „Spezialkenntnisse" des Notstandstäters zu berücksichtigen, und die irrtümliche Annahme einer § 35-Notstands-
lage[50] führt nicht zu einer Gefahr, sondern nur zu dem in § 35 II geregelten **Irrtum**.

Die **Quellen** der Gefahr sind auch bei § 35 Naturereignisse und Sachgefahren, aber 44
auch Menschen kommen als Gefahrenquellen in Betracht. § 35 kann deshalb zur Entschuldigung der Tötung des „Haustyrannen" und des Meineids führen, den der unter
Nötigungsdruck stehende Zeuge begeht. Wirtschaftliche Notlagen kommen als Gefahrenquelle (für den „Leib", s.o. Rn. 33) nicht in Betracht, wenn sie keine Individu-
algefahr, sondern eine Sozialnot auslösen.[51] Die Gefahr kann auch durch den Gefährdeten begründet werden (z.B. die Suizidgefahr, die Angehörige zur Rettung auf den
Plan ruft),[52] doch ist dann § 35 I 2, 1. Alt. des 1. Halbsatzes zu beachten.[53]

Die **Gegenwärtigkeit** der Gefahr ist wie bei § 34 weit zu interpretieren, so dass – 45
außer Dauergefahren i.e.S. – auch zukünftige Schadenseintritte ausreichen, wenn
sie nur durch sofortiges Handeln Erfolg versprechend und risikolos verhindert werden können. Der Motivationsdruck des Notstandstäters ist hier genauso stark wie
bei unmittelbar bevorstehenden Schadenseintritten.[54] Der zurzeit noch friedliche
„Haustyrann" stellt deshalb eine gegenwärtige Gefahr für „Leben, Leib" der Ehefrau und der Kinder dar.[55] Auch der Zeuge, dessen Kinder bedroht werden, wendet
durch seinen Meineid eine gegenwärtige „Leben, Leib"-Gefahr für Angehörige ab.[56]

---

[46] SK-*Rogall*, § 35 Rn. 17.

[47] *Roxin*, JA 1990, 99.

[48] Zu letzterem *Ludwig*, 1991, S. 177.

[48a] Ebenso *Murmann*, GK, 26/59. – Dass die Notstandslage „objektiv gegeben" sein muss,
betont NK-*Neumann*, § 35 Rn. 8.

[49] So S/S-*Perron*, § 35 Rn. 11, dagegen LK-*Zieschang*, § 35 Rn. 17.

[50] Vgl. *Lackner/Kühl*, § 35 Rn. 2.

[51] LK-*Zieschang*, § 35 Rn. 28 u. schon 19; SK-*Rogall*, § 35 Rn. 16.

[52] S/S-*Perron*, § 35 Rn. 11.

[53] *Jakobs*, 20/5 Fn. 8.

[54] *Eser/Burkhardt*, Strafrecht I, Nr. 18 A 24.

[55] *Ludwig*, 1991, S. 204, mit RGSt 60, 318; ebenso mit dieser Entscheidung SK-*Rogall*,
§ 35 Rn. 17. Vgl. zu diesen Fällen auch *Bernsmann*, 1989, S. 58–60; zu BGHSt 48, 255, 257
ebenso *Hoffmann-Holland*, Rn. 427.

[56] *Roxin*, JA 1990, 100; *Timpe*, JuS 1984, 864 (Bsp. 3); *Vormbaum*, JuS 1980, 367;
Eser/Burkhardt, Strafrecht I, Nr. 18 A 24; LK-*Zieschang*, § 35 Rn. 29 u. schon 27; W-*Beulke*,
Rn. 444.

| Aus der **Übungsfall-Literatur** vgl. *Kelker,* Jura 1996, 89 u. 92 (drohende Freiheitsstrafe); *Seier,* Anfängerklausur, Nr. 11, S. 129 u. 140.

bb) Rettungshandlung

46   Die von § 35 entschuldigte Rettungshandlung muss **objektiv** erforderlich sein, d. h. die Gefahr darf „nicht anders abwendbar" sein.[56a] **Subjektiv** muss der Notstandstäter die Rettungshandlung vornehmen, „um die Gefahr … abzuwenden".

47   *(1) Die Erforderlichkeit der Rettungshandlung.* „Nicht anders abwendbar" ist die Gefahr, wenn die Rettungshandlung mindestens ein **geeignetes** Mittel zur Erhaltung des gefährdeten Gutes ist. Geeignet ist die Rettungshandlung schon dann, wenn die Erhaltung des gefährdeten Gutes nicht ganz unwahrscheinlich ist.[57] Ist die geeignete Rettungshandlung das einzige Mittel, das dem Notstandstäter zur Verfügung steht, so ist sie auch das erforderliche.

48   Stehen dem Notstandstäter dagegen mehrere geeignete Mittel zur Verfügung, so hat er das **relativ mildeste Mittel**[58] zu wählen, d. h. das Mittel, welches das Eingriffsgut bzw. das Notstandsopfer am weitestgehenden schont. Am schonendsten ist auch bei § 35 die Rettungshandlung, die nicht auf Rechtsgüter Dritter zugreift, wie z. B. das Ausweichen vor der Gefahr. Auch die gefahrabwendende Aufopferung eigener Güter des Notstandstäters ist gegenüber dem Zugriff auf fremde Rechtsgüter das mildere Mittel.[58a]

49   Sind freilich alle Abwendungsmöglichkeiten, die dem Notstandstäter zur Verfügung stehen, mit Zugriffen in Rechtsgüter Dritter verbunden, so ist das **am wenigsten eingreifende Mittel** zu wählen (z. B. Körperverletzung statt Tötung, oder kleinerer statt größerer Zugriff auf fremde Sachen). Kommen rechtmäßige Eingriffe in fremde Rechtsgüter zur Gefahrabwendung in Betracht (z. B. durch Notwehr gem. § 32 gedeckte), so sind sie dem rechtswidrigen (und nur entschuldigten Notstands-)Eingriff vorzuziehen. Das „mildeste" von mehreren Mitteln muss immer ein Mittel sein, „das geeignet ist, der Gefahr wirksam zu begegnen."[59]

50   Auf **unsichere Mittel** und auf Mittel, die den Schadenseintritt nur hinausschieben, muss sich der Notstandstäter **nicht** verweisen lassen. Bei der Beantwortung der Frage, welches Mittel der Täter noch akzeptieren muss, gehen Rechtsprechung und Teile der Literatur[60] insofern anders und strenger als bei § 34 vor, als hier schon **Zumutbarkeitserwägungen** eine Rolle spielen. Dabei ging der BGH so weit, dass u. U. sogar ein Ausweichen für zumutbar gehalten wurde, „bei dem das eigene Leben aufs Spiel gesetzt wird."[61] Ausweichen ist dem Lebensgefährdeten vor allem dann zuzumuten, wenn er die Gefahrenlage selbst vorsätzlich herbeigeführt hat (BGHSt 39, 374, 380, wo deshalb die Prüfung von § 35 I 2 Var. 1 unerörtert bleibt). Ist das Ausweichen freilich in einer brisanten Situation (z. B. der Gefährdete wurde unfreiwillig Mitwisser eines Kapitalverbrechens) weniger Erfolg versprechend, weil aktive Tatbeteiligung von ihm verlangt wird, so ist es nicht zumutbar, zumindest dann

---

[56a] Vgl. *Momsen,* 2006, S. 355.

[57] S/S-*Perron,* § 35 Rn. 13; *Kindhäuser,* AT, 24/9; *Heinrich,* AT I, Rn. 569.

[58] SK-*Rogall,* § 35 Rn. 23; *Kindhäuser,* AT, 24/9.

[58a] Ebenso *Murmann,* GK, 26/63.

[59] BGH NStZ 1992, 487.

[60] Vgl. S/S-*Perron,* § 35 Rn. 13 a, mit zahlreichen Nachweisen aus der Rspr. in Rn. 14. Krit. aber LK-*Zieschang,* § 35 Rn. 46; *Bernsmann,* 1989, S. 73 u. 107 ff.; *Eser/Burkhardt,* Strafrecht I, Nr. 18 A 26 u. *Momsen,* 2006, S. 355 f.

[61] So zitiert BGH NStZ 1992, 487, ein unveröffentlichtes Urteil des BGH vom 30. 4. 1952 – 5 StR 21/52, mit dem Zusatz, dass dies im Einzelfall richtig sein mag.

nicht, wenn der eigenen Lebensgefährdung ein ohnehin schon verlorenes Notstandsopfer mit geringen Überlebenschancen gegenübersteht (BGH NStZ 1992, 487 f.).

Allgemein gilt, dass der Notstandstäter nicht den einfachsten und bequemsten **51** Weg aus der Gefahr wählen darf, dass ihm vielmehr **Risiken** beim Einsatz milderer, aber weniger geeigneter Mittel wie Flucht oder Untertauchen **zugemutet** werden können. Die Zumutbarkeitsgrenze gilt aber dann als erreicht, wenn der alternative gerichtliche oder polizeiliche Schutz den Zeugen nur vorübergehend vor dem ihn und seine Kinder bedrohenden Nötiger[62] bzw. die Ehefrau und die Kinder vor dem gewalttätigen „Haustyrannen"[63] schützen würde. Keine zumutbare Alternative ist für den bedrohten Zeugen auch die Aussageverweigerung, zumindest dann nicht, wenn sie ihn statt mit der Strafhaft wegen Meineids mit der Beugehaft nach § 70 StPO konfrontiert.[64]

Diese Zumutbarkeitsfragen sind nicht zu verwechseln mit der von § 35 I 2 gefor- **52** derten Zumutbarkeitsprüfung, denn dort geht es nicht mehr um die Zumutung riskanter Gefahrabwendungen, sondern um die mögliche Zumutbarkeit der Gefahrhinnahme trotz ihrer „Nicht-anders-Abwendbarkeit".[65]

> In der **Übungsfall-Literatur** finden sich instruktive § 35-Erforderlichkeitsprüfungen bei: *Alpmann/Schmidt*, AT 1, Fall 32, S. 166–168; *Beulke*, KK III, Fall 2, Rn. 67; *Hilgendorf*, KK II, Fall 2, Rn. 52; *Kelker*, Jura 1996, 89 u. 92 (Schweigen statt Falschaussage); *Lagodny*, Jura 1992, 659 u. 663 f. (anders abwendbar durch Rechtsbehelf oder ordnungsgemäßes Strafverfahren); *Rudolphi*, AT-Fälle, Fall 3, S. 24 u. 35 (Stehenbleiben statt Steinwurf); *Vormbaum*, JuS 1980, 367 (Falschaussage als letzte Möglichkeit zur Verhinderung eines Fehlurteils); *Wolters*, Fall 1, S. 1 f. u. 15 („familiäres Umfeld verlassen" statt mit „gusseiserner Pfanne" auf den Kopf des tyrannischen Vaters zu schlagen). Oft finden sich in § 35-Prüfungen bei der Erforderlichkeit nur Verweise auf die entsprechende, vorangegangene Erforderlichkeitsprüfung bei § 34: *Krey*, Jura 1979, 316 f. u. 321; *Sieg*, Jura 1986, 326 u. 331; *Weber*, Jura 1984, 367 f. u. 375. – Zum „Haustyrannen"-Fall vgl. *Haft*, Fallrepetitorium, Nr. 307; *Haverkamp/Kaspar*, JuS 2006, 895 u. 896; *Kudlich*, PdW BT II, Fall 17; zu diesem Fall bei § 34 s. 8/70 u. 87.

Die Erforderlichkeit der Rettungshandlung wird bei § 35 nicht nur mit Zumut- **53** barkeitserwägungen angereichert, sondern von manchen auch durch eine Verhältnismäßigkeitsprüfung ergänzt,[66] mit der eine gewisse **Proportionalität** zwischen der Schwere der Gefahr und dem durch die Rettungshandlung angerichteten Schaden festgestellt werden soll. Diese im Gesetz nur bei § 34 vorgesehene Proportionalitätsprüfung gilt auch bei § 35 als **ungeschriebene** Notstandsvoraussetzung,[67] doch be-

---

[62] RGSt 66, 226; BGHSt 5, 375 = Fall 40 bei *Roxin*, HRR AT, S. 59 f. u. 180.

[63] RGSt 60, 322; vgl. auch BGH NJW 1966, 1823: Behörden waren nicht eingeschritten; vgl. dazu *Hillenkamp*, Fs. Miyazawa, 1995, S. 155; *Haverkamp*, GA 2006, 586, 597 f.; vgl. auch *Schramm*, 2011, S. 160, 164, der neben dem Putativnotstand auch eine verminderte Schuldfähigkeit aufgrund des sog. „Battered Woman Syndroms" in Betracht zieht. – Vgl. jüngst BGHSt 48, 255; zur dort angenommenen andersartigen Abwendbarkeit s. 8/86 u. *Hoffmann-Holland*, Rn. 427.

[64] *Eser/Burkhardt*, Strafrecht I, Nr. 18 A 26; LK-*Hirsch*, § 35 Rn. 45; *Roxin*, JA 1990, 100, sowie in: AT I, 22/20; S/S-*Perron*, § 35 Rn. 13; W-*Beulke*, Rn. 444; diff. MK-*Müssig*, § 35 Rn. 35.

[65] S/S-*Perron*, § 35 Rn. 13 a, sowie *Lenckner* in: Fs. Lackner, 1987, S. 111; wie hier *Momsen*, 2006, S. 357.

[66] So etwa *Jescheck/Weigend*, S. 483; *Kindhäuser*, 24/10; SK-*Rogall*, § 35 Rn. 18; W-*Beulke*, Rn. 439; vgl. auch MK-*Müssig*, § 35 Rn. 34.

[67] Seit RGSt 66, 399; aufgegriffen als Fall bei *Eser/Burkhardt*, Strafrecht I, Nr. 18 A 34, und *Timpe*, JuS 1984, 864.

trifft sie eher die Zumutbarkeitseinschränkung des § 35 I 2,[68] weil es dabei um die Hinnahme einer nicht so schwerwiegenden Gefahr geht; freilich fehlt eine „Ähnlichkeitsbeziehung" zu den in § 35 I 2 genannten „Hinnahmefällen".[69]

54   Bei der Bearbeitung von Übungsfällen ist die Betrachtung sowohl der genannten Zumutbarkeitsüberlegungen als auch die Proportionalitätsprüfung sowohl bei der Erforderlichkeit des § 35 I 1 als auch bei der Zumutbarkeit des § 35 I 2 akzeptabel. Vgl. im Übungsfall etwa *Arzt,* JuS 1982, 449 u. 451 (Proportionalität bei Erforderlichkeit).

55   *(2) Gefahrabwendungswille.* Als subjektives Entschuldigungselement[70] verlangt § 35 I vom Notstandstäter, dass er handelt, „um die Gefahr ... abzuwenden". Dieselbe Formulierung verwendet auch § 34, so dass es naheliegt, das bei der Auslegung dieser Vorschrift gewonnene Ergebnis – **Kenntnis** der rechtfertigenden Umstände genügt – auf § 35 zu übertragen. Ein solches Verständnis der subjektiven § 35-Voraussetzung findet sich aber selbst in der Literatur nur selten. So reicht es nach *Jakobs* aus, dass der Täter „in Kenntnis der Not und der abwendenden Wirkung seines Verhaltens" handelt.[71] Die Begründung für diese geringen Anforderungen an das subjektive Rechtfertigungselement ist nicht entschuldigungsspezifisch, sondern allgemein rechtsstaatlich: die Lauterkeit der Motivation dürfe nach dem Tatprinzip keine Rolle spielen.

56   Die Zurückdrängung von **Gesinnungsstrafrecht** ist sicher ein wichtiges Anliegen eines auf den Schutz der äußeren Freiheit beschränkten (Straf-)Rechts, doch fragt es sich, ob wirklich das Tatprinzip verletzt ist, wenn man verlangt, dass der Täter „durch den Rettungswillen motiviert"[72] sein muss. Es geht ja um die Entschuldigung eines Täters, der eine tatbestandsmäßige und rechtswidrige Tat begangen hat. Übt man ihm gegenüber u. a. wegen des auf ihm lastenden psychischen Drucks Nachsicht, so kann diese Nachsicht von der **psychischen Basis**[73] abhängig gemacht werden, dass er sich subjektiv vom Rettungszweck hat leiten lassen. Lautere Motivation bzw. edle Antriebe werden damit noch nicht verlangt.

57   Als subjektive Entschuldigungsvoraussetzung ist also zusätzlich zur Kenntnis der entschuldigenden Voraussetzungen (= notwendige, aber nicht hinreichende Bedingung[74]) ein **Wille zur Gefahrabwehr**[75] zu verlangen. Die Rettungshandlung des Not-

---

[68] Dort wird sie behandelt etwa von *Ebert,* S. 108; *Eser/Burkhardt,* Strafrecht I, Nr. 18 A 33; LK-*Zieschang,* § 35 Rn. 62 f.; NK-*Neumann,* § 35 Rn. 47, 48; S/S-*Perron,* § 35 Rn. 33, wo aber darauf hingewiesen wird, dass dieser Grundsatz zu einer erheblichen Einschränkung von § 35 I 1 führt und deshalb das Regel-Ausnahme-Verhältnis von § 35 I 1 und § 35 I 2 zweifelhaft macht; zustimmend *Jescheck/Weigend,* S. 482 Fn. 9. – Diff. bei der Einordnung der „Außerverhältnismäßigkeit" *Roxin,* AT I, 22/55 und *Stratenwerth/Kuhlen,* 10/109. – *Jakobs,* 20/8 f., behandelt die Proportionalität bei der Gefahr für „Leben, Leib oder Freiheit".

[69] *Bernsmann,* 1989, S. 133, der dann aber doch die „Proportionalitäts-Zumutbarkeitsrelation des § 35 Abs. 1 S. 2" erörtert (S. 404–413).

[70] LK-*Zieschang,* § 35 Rn. 38.

[71] *Jakobs,* 20/10 f.; ähnlich *Timpe,* JuS 1984, 860.

[72] *Roxin,* JA 1990, 102; *Murmann,* GK, 26/65. – Nach *Otto,* 14/10, muss „die Handlung durch den Rettungsversuch motiviert sein." Ähnlich formuliert *Geilen,* S. 138. Dass der begründete Zusammenhang von objektiven und subjektiven Merkmalen nicht zwingend zum Gesinnungsstrafrecht führen muss, zeigt *Kelker,* 2007, S. 399 ff., 521 ff.

[73] *Küper,* JZ 1989, 625, der zutreffend darauf hinweist, dass dann der „Wirkungsgrad des Motivationsdrucks ... gesetzlich vermutet" wird. – Zum präsumierten Überdruck s. auch *Lugert,* 1991, S. 103.

[74] *Hruschka,* S. 266.

[75] So die h. M.; vgl. nur *Kindhäuser,* AT, 24/11 u. S/S-*Perron,* § 35 Rn. 16; SSW-*Rosenau,* § 35 Rn. 19.

standstäters muss – nach vorne geschaut – eine „final auf Rettung gerichtete",[76] – nach hinten geschaut – eine durch die Rettung des bedrohten Gutes (mit-)motivierte Handlung[77] sein. Ist der Gefahrabwendungswille gegeben, so wird er durch **weitere Motive** wie z.B. die Hoffnung auf eine Erbeinsetzung durch die gerettete Person nicht beseitigt.[78]

> Vgl. aus der **Übungsfall-Literatur:** *Tiedemann,* Anfängerübung, Fall 5, S. 185 u. 189 (Verärgerung über Tochter); *Vormbaum,* JuS 1980, 367, 368 (Wunsch, durch die Rettungshandlung das versprochene Geschenk zu erhalten, als weiteres Motiv); *Walter/Götz,* AL 2009, 27 u. 32.

Vor allem[79] die Rechtsprechung verlangt außerdem, dass der Täter „nach besten Kräften" geprüft hat, ob die Gefahr auf andere zumutbare Weise abwendbar ist; bei Tötungsdelikten zum Schutz eigener Rechtsgüter wird sogar eine „intensive Prüfung" der Abwendungsmöglichkeiten verlangt.[80] Eine solche **Prüfungspflicht** hinsichtlich dieser und auch der anderen objektiven Notstandsvoraussetzungen kann aber ebenso wenig wie beim rechtfertigenden Notstand gem. § 34 aufgestellt werden (s. o. 8/186).[81] Die unterlassene oder unsorgfältige Prüfung kann bei Vorliegen der objektiven und subjektiven § 35-Voraussetzungen die Entschuldigung nicht ausschließen. Beim Fehlen dieser Voraussetzungen kann sie innerhalb der Irrtumsprüfung nach § 35 II für die Vermeidbarkeit des Irrtums und damit für eine Strafbarkeit aus dem vom Täter begangenen Vorsatzdelikt sprechen.[82] **58**

cc) Die Ausnahme-Regelung des § 35 I 2

Liegen die objektiven und subjektiven Voraussetzungen des § 35 I 1 vor, so steht die Entschuldigung des Notstandstäters noch keineswegs fest. Denn der 1. Halbsatz des § 35 I 2 nimmt die Vergünstigung der Entschuldigung von rechtswidrigen Taten zurück, wenn bestimmte Umstände die **Hinnahme** der Gefahr **zumutbar** erscheinen lassen. Man kann diese Ausnahme von der regelmäßig bei Vorliegen der Notstandsvoraussetzungen eintretenden Entschuldigung auch als „Gegenausnahme"[83] bezeichnen, denn sie hebt die ausnahmsweise Entschuldigung rechtswidriger Taten in Notfällen auf. **59**

Eine erste Annäherung an den Regelungsgehalt des § 35 I 2, 1. Halbsatz lässt die Hoffnung, eine klare Ausnahme-Regelung vorzufinden, trügerisch erscheinen. *Bernsmann* hat § 35 I 2 (nur wenig überzogen) als Regelung mit „kaum zu überbietender Vagheit des Wortlauts des Gesetzes" und (zu Recht) als „Tummelplatz" theoriegelei- **60**

---

[76] *Bernsmann,* 1989, S. 106.

[77] *Küper,* JZ 1989, 625; vgl. auch *Hardtung,* ZStW 108 (1996), 28.

[78] Vgl. *Roxin,* JA 1990, 103, mit weiterem Beispiel; *Müller-Christmann,* JuS 1995, L 67. Vgl. auch die ähnlichen Beispiele bei B-*Weber/Mitsch,* 23/25 (Erhalt einer Rettungsprämie); *Eser/Burkhardt,* Strafrecht I, Nr. 18 A 39 (Hass gegenüber dem Verletzten); *Schmidhäuser,* 8/20 (Hoffnung auf Erbeinsetzung).

[79] In der Literatur etwa *Jescheck/Weigend,* S. 482.

[80] BGH NStZ 1992, 487; vgl. auch schon BGHSt 18, 311: umso strengere Prüfung, je schwerer die Notstandshandlung wiegt.

[81] Ebenso *Gropp,* 7/74, 75; *Murmann,* GK, 26/64 u. SK-*Rogall,* § 35 Rn. 25.

[82] Vgl. *Hardtung,* ZStW 108 (1996), 40; SK-*Rogall,* § 35 Rn. 25, 49; S/S-*Perron,* § 35 Rn. 17 u. 43; anders *González-Rivero,* 2001, S. 233: „normale Zurechnung".

[83] So z.B. *Müller-Christmann,* JuS 1995, L 67 Fn. 25; *Roxin,* JA 1990, 137, und *ders.,* in: AT I, 22/35; abl. *Momsen,* 2006, S. 378. Nach *Wolter,* GA 1996, 201, 213, wird durch Satz 2 „eine präventiv motivierte Entscheidung getroffen, bis zu welchem Punkt die verhaltensdeterminierende Kraft strafrechtlicher Normen und ihre generalpräventive Wirksamkeit aufrechterhalten werden soll".

teter Aussagen bezeichnet.[84] Dennoch muss der Regelung ein nachvollziehbarer Regelungsgehalt gegeben werden. Dabei sind unter Präzisierung der eingangs (o. Rn. 19) angesprochenen Begründungen (Aufhebung der Unrechtsminderung, generalpräventive Bestrafungsnotwendigkeit) zunächst die beiden benannten („namentlich") **Regelbeispiele** zu betrachten: „Gefahrverursachung" (1) und „besonderes Rechtsverhältnis" (2). Diese Regelbeispiele stehen nach dem Wortlaut des § 35 I 2 unter dem **Vorbehalt** der Zumutbarkeit,[85] d. h., es kann trotz des Vorliegens der Voraussetzungen eines Regelbeispiels bei der Entschuldigung bleiben, wenn die Hinnahme der Gefahr ausnahmsweise doch nicht zumutbar war (z. B. weil sie den Tod des Gefahrtragungspflichtigen bedeutet hätte).

61   Nach der Behandlung der Regelbeispiele sind diesen **ähnliche** Fallgruppen herauszustellen (3). Dabei ist der Richtpunkt wieder die Zumutbarkeit, die dann ihre gegenteilige, nämlich **strafbarkeitsausdehnende Wirkung** (durch Schaffung weiterer Gefahrhinnahmepflichten) entfalten wird.

62   *(1) Gefahrverursachung.* Der Gesetzgeber wollte mit diesem Regelbeispiel das allgemeine Zumutbarkeitskriterium präzisieren. Dies ist ihm aber wegen der missglückten Wortwahl („weil er die Gefahr selbst verursacht hat") nur sehr mangelhaft gelungen. Es besteht deshalb fast allgemeine Übereinstimmung dahingehend, dass die **bloße Gefahrverursachung** entgegen dem Wortlaut des Gesetzes **nicht** zu einer Gefahrtragungspflicht führen kann (*Hörnle*, JuS 2009, 873, 879). Die bloße Verursachung der Gefahr ist ein schuldindifferenter Umstand[86] und würde auch sozialadäquate Handlungen wie z. B. zufälliges Beobachten einer Straftat[87] erfassen.

63   Eine Obliegenheit zum Selbstschutz verletzt erst derjenige, der sich **ohne zureichenden Grund** in eine Gefahr begeben hat.[88] Dies wird man nicht bei der bedrohten Ehefrau eines sog. „Haustyrannen" (BGHSt 48, 255, 259 mit Anm. *Hillenkamp*, JZ 2004, 48, 51) und auch dann nicht annehmen können, wenn sich ein Flüchtling aus der ehemaligen DDR „mit schussbereiter Waffe in Kenntnis aller Risiken in die vorhergesehene Konfliktsituation mit einem bewaffneten Grenzposten" begibt und diesen erschießt (gegen § 35 – Entschuldigung aber BGH NJW 2000, 3079 m. zu Recht krit. Bspr. *Renzikowski*, JR 2001, 468, 471 u. *Otto*, JK 01, StGB § 32/26; abl. *Hörnle*, JuS 2009, 873, 880; zust. aber NK-*Neumann*, § 35 Rn. 36). Aber auch dann kann ihm die Entschuldigung für seine an sich verständliche Rettungshandlung nur unter der weiteren Voraussetzung versagt werden, dass er die Zwangslage und die Notwendigkeit des Zugriffs auf fremde Rechtsgüter vorausgesehen hat bzw. **voraussehen**

---

[84] *Bernsmann*, 1989, S. 110 u. 391.

[85] *Eisele*, 2004, S. 16 f. und *Murmann*, GK, 26/66. – Kritisch zu dieser „nichts-sagenden Zumutbarkeitsfloskel" *Hruschka*, S. 282, sowie *Lugert*, 1991, S. 86 ff.

[86] *Jescheck/Weigend*, S. 485; *Murmann*, GK, 26/67; *Zieschang*, Rn. 380; SK-*Rogall*, § 35 Rn. 29; S/S-*Perron*, § 35 Rn. 20. Nach *Eser/Burkhardt*, Strafrecht I, Nr. 18 A 28, lässt die Gefahrverursachung keinen Rückschluss auf einen tadelnswerten Mangel an Rechtsgesinnung zu.

[87] Bsp. bei *Haft*, S. 143, und *Jescheck/Weigend*, S. 485; ähnlich das Bsp. bei *Ebert*, S. 108. Weitere Bspe. sozialadäquaten Verhaltens bei *Timpe*, JuS 1985, 37; zur Sozialadäquanz *Rönnau*, JuS 2011, 311–313, mit Grundwissen. – Auch „lobenswerte" Rettungshandlungen wären dann fragwürdigerweise erfasst, s. *Hruschka*, S. 285 f.

[88] So das Kriterium von *Roxin*, JA 1990, 139; zustimmend *Otto*, 14/12; S/S-*Perron*, § 35 Rn. 20; SSW-*Rosenau*, § 35 Rn. 14; ablehnend *Zieschang*, JA 2007, 679, 684: „zu unscharf". – Ähnlich *Hruschka*, S. 287. – Vgl. auch das „Modell des Verantwortungsdialogs" von *Neumann*, 1985, S. 238 f. – Aus der Rspr. vgl. OLG Oldenburg NJW 1988, 3217: „freiwilliger Einsatz als Informant des Verfassungsschutzes".

konnte.[89] Standardbeispiel für ein solches qualifiziertes Vorverhalten ist die gefährliche Segelpartie: wer zu ihr leichtsinnigerweise aufbricht, ohne seine Schwimmweste mitzunehmen, darf sich beim Kentern des Segelbootes nicht dadurch retten, dass er seinem Begleiter die Schwimmweste entreißt.[90] Trotz Schaffung der Gefahr des Kenterns fehlt es wegen der nicht vorhersehbaren Notwendigkeit, sich nur durch Zugriff auf die Schwimmweste des Begleiters retten zu können, an einem solchen qualifizierten Vorverhalten dann, wenn der Täter sich im berechtigten Vertrauen auf die Zuverlässigkeit seiner dann aber doch nicht funktionstüchtigen Schwimmweste auf die Segelpartie begeben hat;[91] sein lebensrettender Zugriff auf die Schwimmweste des Begleiters ist auch dann entschuldigt, wenn er dessen Tod bedeutet.

Nur wer sich grundlos in eine Zwangslage hineinbegibt, verdient keine Nachsicht **64** für drittschädigende Rettungshandlungen.[91a] Die an sich gegebene Unrechtsminderung wird durch die **Obliegenheitsverletzung** kompensiert,[92] die Zwangslage ist wegen der **Verantwortlichkeit** des Täters für ihr Entstehen kein Unglück, kein Zufall mehr,[93] und der Verzicht auf Strafe könnte zu einer Erschütterung des allgemeinen Rechtsbewusstseins führen.[94]

Die **Grenze** der Zumutbarkeit soll auch in Fällen qualifizierten Vorverhaltens be- **65** achtlich[95] und z.B. dann erreicht sein, wenn der Täter ohne die Rettungshandlung sein **Leben** verlieren würde. Wieder dient die gefährliche Segelpartie als Beispiel: „Haben sich … zwei Nichtschwimmer mit nur einer Schwimmweste zu einer Segelpartie aufgemacht, so ist keinem der beiden im Falle des Kenterns … der Verzicht auf die lebensrettende Schwimmweste und damit die Hinnahme der Gefahr für das eigene Leben zumutbar."[96] Führt die Rettungshandlung des lebensgefährdeten Notstandtäters nur zur Beeinträchtigung sachbezogener Rechtsgüter (z.B. Sachbeschädigung und Hausfriedensbruch durch den leichtsinnigen, eine Berghütte aufbre-

---

[89] Ebenso die in Fn. 88 zitierten Autoren, sowie *Blei*, S. 209. Kritisch wegen des Wortlauts *Neumann*, 1985, S. 233, und *Bernsmann*, 1989, S. 117. – Nach *Puppe*, AT 1, 31/14, muss die Selbstgefährdung eine „Obliegenheitsverletzung" sein, nach *Hörnle*, JuS 2009, 873, 879: eine „unvernünftige und gewichtige Obliegenheitsverletzung", also eine „vorwerfbare Verursachung einer vorhersehbaren Gefahr". – Für „Zuständigkeit" statt Vorhersehbarkeit *Jakobs*, 20/17. – Ein „personales Zurechnungsmuster" entwirft MK-*Müssig*, § 35 Rn. 46–57.

[90] Bsp. bei *Roxin*, AT I, 22/48, bei *Heinrich*, AT I, Rn. 573 u. bei *Hörnle*, JuS 2009, 873, 880, die aber entgegen *Roxin* die Zumutbarkeit des Ertrinkens verneint. Ähnlich Bsp. 6 bei *Timpe*, JuS 1985, 36; 3 Beispielsvarianten bildet *Joecks*, § 35 Rn. 14, 15, 16.

[91] Bsp. bei SK-*Rogall*, § 35 Rn. 29. Vgl. auch das LKW-Bremsversagens-Beispiel bei *Geilen*, S. 139.

[91a] Das „Potenzial der Drittschädigung", die „Fremdbezüglichkeit", legitimiert die Berücksichtigung der Verursachung; so *Momsen*, 2006, S. 334 (krit. *Pawlik*, HRRS 2008, 152, 153: nach dem von *Momsen* favorisierten Selbsterhaltungsdenken sei die Statuierung einer Pflicht zur Selbstaufgabe nicht begründbar).

[92] B-*Weber/Mitsch*, 23/27; *Jescheck/Weigend*, S. 478 u. 485; SK-*Rogall*, § 35 Rn. 26; kritisch *Lugert*, 1991, S. 93–96 u. 101, sowie *Neumann*, 1985, S. 222 f. – Nach S/S-*Perron*, § 35 Rn. 19, hat sich der Täter selbst um seine normale Motivierbarkeit gebracht; kritisch zu diesem actio-libera-in-causa-Gedanken *Neumann*, 1985, S. 224 ff.; *Joerden*, 2010, spricht aber – wie bei der alic – von „außerordentlicher Zurechnung".

[93] *Jakobs*, 20/4, und 20/16; *Timpe*, JuS 1984, 862 f., u. JuS 1985, 36; aufgegriffen von *Lugert*, 1991, S. 101 u. 104, der damit die Theorie des psychischen Drucks verbindet; vgl. auch *González-Rivero*, 2001, S. 233: „Zuständigkeit kraft Organisation".

[94] So *Roxin*, AT I, 22/35; kritisch *Neumann*, 1985, S. 228.

[95] Kritisch *Bernsmann*, 1989, S. 136–138. Dafür aber *Jescheck/Weigend*, S. 484; S/S-*Perron*, § 35 Rn. 18 u. 20; *Stratenwerth/Kuhlen*, 10/112; ebenso für den Kapitän eines durch sein Verschulden untergehenden Schiffs *Esser/Bettendorf*, NStZ 2012, 233, 237.

[96] LK-*Zieschang*, § 35 Rn. 52.

chenden Bergtouristen[97]), so kommt nicht erst § 35-Entschuldigung, sondern § 904 BGB – bzw. § 34-Rechtfertigung in Betracht (s. o. 9/18).

66   Nach dem Wortlaut des § 35 I 2, 1. Halbsatz, 1. Alt. muss die Gefahr „selbst" verursacht sein. Mit „selbst" kann nur der Notstandstäter gemeint sein. Der Notstandstäter kann jedoch auch ein ungefährdeter Notstandshelfer sein, der seinen in Gefahr befindlichen Angehörigen rettet. Dann aber ergeben sich zwei vom Gesetz wegen der Zumutbarkeitsklausel nicht eindeutig geregelte Konstellationen: (1) der Notstandshelfer hat die Gefahr für den Angehörigen verursacht; (2) der Angehörige hat die Gefahr für sich verursacht.

67   Hat z. B. der Vater seinen Sohn in eine Gefahr gebracht, in der er ihn als Notstandshelfer nur auf Kosten Dritter retten kann, so spricht der **Wortlaut gegen** eine Entschuldigung der Rettungshandlung des Vaters. Dennoch wird dem Vater überwiegend Nachsicht gewährt, weil man versteht, dass er sich dem Sohn gegenüber deshalb besonders zur Rettung verpflichtet fühlt, weil er an dessen Lage „schuld" ist.[98] Dem kann man entgegenhalten, dass sich der Vater diese besondere Motivationslage (Drang zur Wiedergutmachung) durch sein gefahrschaffendes Vorverhalten selbst zuzuschreiben hat.[99] Hinzu kommt, dass das von der Rettungshandlung betroffene Opfer jedenfalls weniger mit der Gefahr zu tun hat als die Vater-Sohn-Einheit; doch spricht gerade bei einer so engen Verbindung zwischen Täter und Sympathieperson die **Garantenpflicht** des Täters für die Unzumutbarkeit der Unterlassung der Rettungshandlung und damit für deren Entschuldigung.[100]

68   Im umgekehrten Fall bringt der Sohn sich selbst in die Gefahr, aus der der Vater ihn unter Verletzung eines Dritten rettet. Hier spricht der **Wortlaut für** die Entschuldigung des Vater (= Notstandshelfers), weil dieser die Gefahr nicht „selbst" verursacht hat. Für die Entschuldigung der Rettungshandlung spricht außerdem der Umstand, dass ein solches Verhalten auch gegenüber sich riskant verhaltenden Angehörigen Nachsicht verdient.[101] Gegen die Entschuldigung des Notstandshelfers spricht die geringere Schutzwürdigkeit der Rechtsgüter des Gefährdeten und dessen Zuständigkeit für die Notlage, aus der er sich selbst nicht entschuldigt hätte befreien dürfen; diese Gefahrtragungspflicht des „selbstverschuldet" in Not Geratenen habe aber auch der Notstandshelfer zu respektieren.[102]

> Aus der **Übungsfall-Literatur** zur Gefahrverursachung vgl.: *Beulke,* KK I, Fall 2 Rn. 119 u. 130–132 u. KK III, Fall 2, Rn. 59 u. 67; *Bruckauf,* in: *Ebert* (Hrsg.), Fall 5, S. 5 f. u. 95; *Eschenbach,* Jura 1999, 88 u. 90, 92; *Gropengießer/Mutschler,* Jura 1995, 155 u. 158 f.; *Haft,* Fallrepetitorium, Nr. 319; *Heghmanns/Keck,* AL 2011, 225 u. 231; *Hilgendorf,* KK III, Fall 8, Rn. 8; *Hardtung,* JuS 2008, 623 f. u. 625, 629; *Jäger,* JA 2007, 604 u. 610); *Jescheck,* Fälle, Fall 56, S. 72 f. (in Anlehnung an RGSt 72, 246 = „Wettermann-Fall"); *Kaspar,* Jura 2007, 69 u. 72 f.; *Kudlich,* PdW AT, Fälle 142, 143; *Müller,* Jura 2005, 635 u. 642; D u. I *Sternberg-Lieben,* JuS 2002, 576 u. 580 (Gefahrverursachung durch nahe stehende Person); *Tiedemann,* Anfänger-

---

[97] *Roxin,* AT I, 22/49; ähnliches Bsp. mit derselben Lösung bei *Geilen,* S. 137.

[98] Für Entschuldigung des gefahrverursachenden Notstandshelfers *Müller-Christmann,* JuS 1995, L 67; *Roxin,* JA 1990, 140; *Zieschang,* JA 2007, 679, 684; NK-*Neumann,* § 35 Rn. 38; SK-*Rogall,* § 35 Rn. 34; *Murmann,* GK, 26/68; W-*Beulke,* Rn. 441.

[99] So S/S-*Perron,* § 35 Rn. 20 a; im Ergebnis ebenso B-*Weber/Mitsch,* 23/28; *Jakobs,* 17/75; *Zieschang,* Rn. 380; MK-*Müssig,* § 35 Rn. 57 u. *Pawlik,* JahrbRuE 2003, S. 287, 314; wohl auch *Neumann,* 1985, S. 239.

[100] Vgl. *Bernsmann,* 1989, S. 436 f.

[101] Für Entschuldigung des Notstandshelfers bei Gefahrverursachung des geretteten Gefährdeten *Jescheck/Weigend,* S. 485; *Krey/Esser,* AT, Rn. 756; *Murmann,* GK, 26/68; *Neumann,* 1985, S. 239; *Roxin,* JA 1990, 140; S/S-*Lenckner/Perron,* § 35 Rn. 20 a.

[102] *Bernsmann,* 1989, S. 437 f.; *Jakobs,* 17/75; *Otto,* 14/14; H-H/*Momsen,* § 35 Rn. 33.3; SK-*Rogall,* § 35 Rn. 36; *Timpe,* JuS 1985, 38; vgl. auch *Neumann,* 1985, S. 218 f.

übung, Fall 5, S. 185 u. 189; Die Examensklausur, Klausur Nr. 16, S. 185 u. 189; *Walter/Götz*, AL 2009, 27 u. 32.

(2) Besonderes Rechtsverhältnis. Eine im Vergleich zum Normalbürger erhöhte 69 Gefahrtragungspflicht mutet § 35 I 2, 1. Halbsatz auch dem Täter zu, der „in einem besonderen Rechtsverhältnis stand". Die Konkretisierung dieses **besonderen Rechtsverhältnisses** bereitet erhebliche Schwierigkeiten.[103] Klargestellt ist mit dem Begriff, ‚Rechtsverhältnis' aber immerhin, dass nur moralische Pflichten für eine Gefahrtragungspflicht nicht ausreichen.[104] Weitgehende Einigkeit besteht auch hinsichtlich des **Personenkreises**, der jedenfalls (z. T. schon wegen klarer gesetzlicher Grundlagen wie z. B. § 6 Wehrstrafgesetz) in einem solchen besonderen Rechtsverhältnis steht: Soldaten, Polizisten und Feuerwehrleute,[104a] aber auch der Schiffskapitän.[104b] Diesen Beispielen unstreitig erhöht Gefahrtragungspflichtiger lassen sich die – ihrerseits freilich nicht unstreitigen[105] – allgemeinen Kriterien eines besonderen Rechtsverhältnisses entnehmen: die Pflichtenstellung muss gegenüber der Allgemeinheit bestehen, und es handelt sich um berufliche Pflichtenstellungen.

Mit dem Erfordernis einer Pflichtenstellung **gegenüber der Allgemeinheit** sind 70 Schutzpflichten, die nur einzelnen Personen gegenüber bestehen (z. B. Obhutsgarantenpflichten der Eltern gegenüber den Kindern) ausgeschlossen.[105a] Nicht aber ist eine öffentlich-rechtliche Verpflichtung vorausgesetzt, so dass der privatrechtlich tätig werdende Arzt als ein gegenüber der Allgemeinheit besonders Verpflichteter angesehen werden kann.[106]

Das Kennzeichen der **berufsbezogenen Pflichtenstellung** bedeutet, dass es sich bei 71 den im besonderen Rechtsverhältnis stehenden Gefahrtragungspflichten meist um einen Angehörigen einer Berufsgruppe handelt, die durch ihre Berufsausübung typischerweise mit besonderen Gefahrenlagen zu tun hat.[107] So ist etwa der Feuerwehrmann mit Brandgefahren ständig konfrontiert. Doch ist eine solche ständige Konfrontation mit Gefahrenlagen nicht Voraussetzung für ein besonderes Rechtsverhältnis. Es reicht auch, dass ein Angehöriger einer Berufsgruppe erst durch einen speziellen Rechtsakt in ein besonderes Rechtsverhältnis gestellt wird (so etwa der Richter durch die Rechtshängigkeit).[108]

Die Berufsbezogenheit der Pflichtenstellung wirkt sich auch dahingehend aus, 72 dass die erhöhte Gefahrtragungspflicht nur für **berufstypische Gefahren** gilt.[109] Berufstypisch für den Arzt ist z. B. die Ansteckungsgefahr, nicht aber z. B. die Lebensgefahr, in die er bei einem Schiffsunglück gerät.[110] Berufstypisch ist für den Richter

---

[103] Zur Vagheit dieses Begriffes s. *Bernsmann*, Fs. Blau, 1985, S. 39 ff., sowie *ders.*, 1989, S. 116 ff. u. 428.

[104] *Lackner/Kühl*, § 35 Rn. 9.

[104a] *Hörnle*, JuS 2009, 873, 879 m. w. N.

[104b] *Roxin*, AT I 22/39 mit Hinweis auf § 109 Seemannsgesetz; ebenso *Esser/Bettendorf*, NStZ 2012, 233, 237.

[105] Kritisch zu beiden Kriterien *Bernsmann*, Fs. Blau, 1985, S. 40; kritisch zur Pflicht gegenüber der Allgemeinheit *Zieschang*, JA 2007, 679, 684.

[105a] Ebenso *Kindhäuser*, AT, 24/14.

[106] *Roxin*, JA 1990, 138. *Jakobs*, 20/13: „an jedermann zugänglich betriebenen Krankenhäusern tätige Medizinalpersonen"; ebenso MK-*Müssig*, § 35 Rn. 60 u. *Pawlik*, JahrbRuE, 2003, S. 287, 306 Fn. 75.

[107] LK-*Zieschang*, § 35 Rn. 53.

[108] *Roxin*, JA 1990, 138.

[109] BGH NJW 1964, 731.

[110] Standardbeispiel von SK[7]-*Rudolphi*, § 35 Rn. 13, übernommen von SK-*Rogall*, § 35 Rn. 38; LK-*Hirsch*, § 35 Rn. 55; *Roxin*, AT I, 22/41; *Timpe*, JuS 1985, 35.

die Gefahr, mit Drohungen für „Leben, Leib" zu bestimmten Entscheidungen und damit zu einer Rechtsbeugung (§ 339) genötigt zu werden.

> Aus der **Übungsfall-Literatur** zu besonderen Rechtsverhältnissen vgl.: *Arzt*, JuS 1982, 449 u. 452; *Heimann/Prisille*, JA 2002, 305 f. u. 310; *Hilgendorf*, KK III, Fall 5, Rn. 60; *Krey*, Jura 1979, 316 u. 321; *Kudlich*, PdW AT, Fall 144; *Theile*, Jura 2007, 463 u. 466 f.; *Weber*, Jura 1984, 367 f. u. 375.

73   Die Gründe für diese erhöhte Gefahrtragungspflicht, die ja als Gegenstück immer eine besondere **Selbstgefährdungspflicht**[111] enthält, liegen zum einen in der Unentbehrlichkeit solcher gefahrbekämpfender/tragender Institutionen für den Rechtsgüterschutz der Gesellschaft, zum anderen in der möglichen Vorbereitung der Angehörigen bestimmter Berufszweige auf typische Gefahrenlagen, die für sie deshalb keine besonderen Notlagen sind.[112] Auch der Gesichtspunkt der Kompensation der Unrechtsminderung durch die Verletzung einer besonderen, gemeinnützigen Pflicht erklärt die erhöhte Gefahrtragungspflicht von Tätern, die in einem besonderen Rechtsverhältnis stehen.[113]

74   Wie wichtig der Gesetzgeber die Gefahrtragungspflicht der im besonderen Rechtsverhältnis stehenden Personen genommen hat, zeigt die in Halbsatz 2 des § 35 I 2 **versagte Strafmilderung**.[114] Aber auch hier gilt nach h. M., dass es für den so streng Verpflichteten noch eine Zumutbarkeitsgrenze gibt, die ihn z. B. bei sicherer Todesgefahr von der Gefahrtragungspflicht entbindet.[115]

> Vgl. aus der **Übungsfall-Literatur:** *Jescheck*, Fälle, Fall 56, S. 72 u. 73 (in Anlehnung an RGSt 72, 246 = „Wettermann-Fall").

75   In **Notstandshilfe-Fällen** kann der Nothelfer oder in Not Befindliche in einem besonderen Rechtsverhältnis stehen. Steht der Nothelfer (z. B. der Feuerwehrmann) in einem besonderen Rechtsverhältnis, so wird ihm als Täter nach dem **Wortlaut** (und weil auf ihn „Verlass sein muss") Entschuldigung versagt, wenn er Dritte verletzt, um seinen Angehörigen zu retten.[116] Dagegen wird jedoch eingewandt, dass der im besonderen Rechtsverhältnis stehende Feuerwehrmann zwar selbst Brandgefahren aushalten, nicht aber zusehen muss, wie sich die Gefahr gegenüber seiner Ehefrau entwickelt (= **keine „Drittwirkung"** des besonderen Rechtsverhältnisses).[117] Beugt der Richter das Recht (§ 336), so ist er zwar nicht entschuldigt, wenn er dadurch ihm selbst drohende „Leben, Leib"-Gefahren abwenden will. Begeht er die Tat aber

---

[111] *Bernsmann*, Fs. Blau, 1985, S. 39.

[112] Vgl. *Bernsmann*, 1989, S. 429; *Jakobs*, 20/4 u. 13; *Lugert*, 1991, S. 131; *Roxin*, AT I, 22/35 f.; *S/S-Perron*, § 35 Rn. 22; *Timpe*, JuS 1985, 35; *González-Rivero*, 2001, S. 233: „Zuständigkeit kraft Institution"; nach *Hörnle*, JuS 2009, 873, 878 f., ist „ein bestimmter Zuschnitt der beruflichen Tätigkeit" und die Begehung der zu entschuldigenden Tat „im Kontext der beruflichen Aufgaben" entscheidend.

[113] LK-*Zieschang*, § 35 Rn. 53; SK-*Rogall*, § 35 Rn. 37; S/S-*Lenckner/Perron*, § 35 Rn. 19; kritisch dazu *Bernsmann*, 1989, S. 212; *Neumann*, 1985, S. 221 f.

[114] „Verfehlt" nach *Jakobs*, 20/19; „gerechtfertigt" nach *Roxin*, AT I, 22/56.

[115] Für eine solche Grenze etwa *Esser/Bettendorf*, NStZ 2012, 233, 237; H-H/*Momsen*, § 35 Rn. 15; LK-*Zieschang*, § 35 Rn. 56; S/S-*Perron*, § 35 Rn. 25; nur im Ergebnis ebenso *Bernsmann*, 1989, S. 422 ff. u. *Beisel*, JA 1998, 721, 725: schon keine Gefahrtragungspflicht; gegen eine Zumutbarkeitsgrenze *Hruschka*, S. 284, und *Lugert*, 1991, S. 123 f., der aber selbst zur Rechtfertigung des mit dem Tod Bedrohten kommt, S. 126–132.

[116] So auch *Roxin*, JA 1990, 138 f.; *Murmann*, GK 26/70; SK-*Rogall*, § 35 Rn. 39; S/S-*Perron*, § 35 Rn. 28.

[117] Vgl. B.-*Weber-Mitsch*, 23/30; LK-*Zieschang*, § 35 Rn. 55: fehlender „Zumutbarkeitszusammenhang".

zur Rettung seiner ebenfalls bedrohten Ehefrau und Kinder, so soll Entschuldigung wegen Unzumutbarkeit in Betracht kommen (dafür[118] etwa in Übungsfällen *Arzt*, JuS 1982, 452 und *Weber*, Jura 1985, 375).

Im umgekehrten Fall wird es dem nicht in einem besonderen Rechtsverhältnis 76
stehenden Notstandshelfer zugemutet, seinen in eine Notstandslage geratenen Angehörigen in der Gefahr zu belassen, weil dieser wegen des besonderen Rechtsverhältnisses gefahrtragungspflichtig ist (= „**Respektierung**" von dessen Gefahrtragungspflicht).[119] Trotz Vorliegens der § 35 I 1-Voraussetzungen (Lebensgefahr für
den Angehörigen) ist danach z.B.[120] die Rettungshandlung der Ehefrau des allein
bedrohten Richters (Anstiftung zur Rechtsbeugung: §§ 336, 26) nicht entschuldigt,
weil sie die Pflichtenstellung ihres Ehemannes respektieren muss (so im Übungsfall
von *Krey*, Jura 1979, 323f., der die Wortlautgrenze des § 35 I 2 nicht für überschritten hält [Umkehrschluss[121] zugunsten des nicht pflichtengebundenen, rettenden Angehörigen nicht zwingend] und von einer fehlenden Unrechtsminderung[122]
ausgeht [das bedrohte Rechtsgut ist wegen der besonderen Gefahrtragungspflicht
des Rechtsgutsträgers von Rechts wegen weniger schutzwürdig]). Der Verzicht auf
Strafe erscheint hier nicht angebracht, doch sollte für den Angehörigen eine sonst
bei „besonderem Rechtsverhältnis" nicht mögliche fakultative Strafmilderung nach
§ 35 I 2, 2. Halbsatz erwogen werden.[123] Folgt man dieser für den nicht in einem
besonderen Rechtsverhältnis stehenden Angehörigen (z.B. die Ehefrau) und für den
im besonderen Rechtsverhältnis stehenden Gefahrtragungspflichtigen (z.B. den
Richter) harten Lösung, so spricht das – wenn auch nicht zwingend – für die harte
Lösung im zuerst behandelten, umgekehrten, „Richter-Fall".[124]

Aus der **Übungsfall-Literatur** zu Notstandshelfern vgl.: *Alpmann/Schmidt*, AT 1, Fälle 33 und 34, S. 172 f.

Überwiegend werden in die gemeinnützigen Pflichten kraft eines besonderen 77
Rechtsverhältnisses auch **gesetzliche Duldungspflichten**[125] wie z.B. die Pflicht des Beschuldigten, sich bei Verdacht einer „Alkoholstraftat" eine Blutprobe entnehmen zu
lassen (§ 81a StPO), einbezogen. Teilweise werden in diesen Fällen aber schon die
Voraussetzungen des § 35 I 1 verneint, weil staatliche Zwangsrechte „keine überpro-
portionale Belastungen" begründen könnten.[126] Teilweise werden die Duldungs-

---

[118] Dagegen für diesen Beispielsfall *Bernsmann*, 1989, S. 439.

[119] *Roxin*, JA 1990, 138; NK-*Neumann*, § 35 Rn. 46; SK-*Rogall*, § 35 Rn. 40; S/S-*Perron*, § 35 Rn. 29; *Timpe*, JuS 1985, 39; *Murmann*, GK, 26/70. – Nach *Bernsmann*, 1989, S. 439: „weil die Notstands-Gegenseite gesteigerte Zurückhaltung erwarten kann."

[120] Weitere Bsp. bei *Roxin*, JA 1990, 139: Frau des Kapitäns rettet ihren Mann auf Kosten der Passagiere, und bei *Bernsmann*, 1989, S. 439: Ehefrau trägt zu Gefangenenbefreiung bei, um ihrem Ehemann = JVA-Direktor aus einer bedrohlichen Lage zu helfen; Ehefrau des Feu-erwehrmannes legt Feuerwehrfahrzeug lahm.

[121] Ebenso S/S-*Perron*, § 35 Rn. 29.

[122] Vgl. zu diesem „Modell" der fehlenden Unrechtsminderung in Gegenüberstellung zum „Modell" der Kompensation der Unrechtsminderung durch zusätzliches Unrecht *Neumann*, 1985, S. 218. Auf die „fehlende Unrechtsminderung" stellen auch LK-*Zieschang*, § 35 Rn. 64, und S/S-*Perron*, § 35 Rn. 28, ab.

[123] Ebenso *Bernsmann*, 1989, S. 439; *Krey*, Jura 1979, 324; *Roxin*, JA 1990, 139.

[124] Zum Vergleich dieser Fälle s. auch *Bernsmann*, 1989, S. 131. Für die harte Lösung (= keine Entschuldigung) in beiden Fällen z.B. *Jakobs*, 17/75.

[125] S/S-*Perron*, § 35 Rn. 24; *Stratenwerth/Kuhlen*, 10/113; *Jakobs*, 20/14: „Zuständigkeit kraft institutioneller Pflicht"; *Pawlik*, JahrbRuE, 2003, S. 287, 306 Fn. 76; kritisch zu dieser von ihm sog. „h.M." *Bernsmann*, 1989, S. 126–130, u. 428 f.; vgl. auch *Kölbl*, 2006, S. 449.

[126] *Roxin*, AT I, 22/42.

pflichten aber auch den sonstigen, von der Zumutbarkeitsklausel gedeckten Fällen zugeschlagen,[127] u. a. weil nur dann die hier angebrachte fakultative Strafmilderung des § 35 I 2, 2. Halbsatz greife.[128]

78   Der Sache nach geht es darum sicherzustellen, dass **staatliche Verfahren** ermöglicht und eingehalten werden. Ein Strafverfahren etwa kann nur dann zum Ziel (Wahrheitserforschung, Schaffung von Rechtsfrieden) führen, wenn der Beschuldigte bzw. Angeklagte bestimmte gesetzlich geregelte Eingriffe duldet, obwohl sie notstandsfähige Rechtsgüter i. S. des § 35 wie „Leib" (§ 81a StPO) und „Freiheit" (Untersuchungshaft, § 112 StPO)[129] gefährden, ja sogar schon beeinträchtigen. Dasselbe gilt auch für die Duldung der verhängten Freiheitsstrafe. Die Duldung solcher Eingriffe ist insbesondere deshalb zumutbar, weil die Strafprozessordnung dem Beschuldigten und dem Verurteilten **Rechtsmittel** (selbst gegen rechtskräftige Verurteilung: Wiederaufnahme gem. § 359 StPO) zur Rüge von Gesetzesverstößen zur Verfügung stellt.[129a] Sollen die gesetzlich vorgesehenen Strafverfahren durchgeführt werden, so muss es dem davon Betroffenen grundsätzlich bei Strafe verboten sein, sie als „Not" aufzufassen und deshalb „entschuldigt" zu torpedieren.[130] Gefahren bzw. Beeinträchtigungen, die er durch Geltendmachung seiner Verfahrensrechte[131] nicht von sich abwenden kann, hat er grundsätzlich i. S. des § 35 I 2 „hinzunehmen" (bei § 34 führte die Nichteinhaltung von Verfahren zur Unangemessenheit der Notstandshandlung, s. o. 8/175 ff.). Das Niederschlagen des Vollzugsbeamten (§ 223) zur Freiheitserlangung ist also nicht einmal gem. § 35 entschuldigt[132] (es war schon erst recht nicht gem. § 34 gerechtfertigt, s. o. 8/178; auch nicht gem. § 32 mangels rechtwidrigen Angriffs).

> Fälle zu duldender Strafverfolgung und Strafvollstreckung finden sich in der **Übungsfall-Literatur** bei: *Britz/Müller-Dietz,* JuS 1998, 237 u. 239 f.; *Kelker,* Jura 1996, 89 u. 92; *Krüger,* JA-Übungsblätter 1984, 124 f.; *Küpper,* in: G/K/M, Fallsammlung, Fall 9, S. 167 f. u. 177; *Lagodny,* Jura 1992, 659 u. 664; *Rudolphi,* AT-Fälle, Fall 3, S. 24 u. 35; D u. I *Sternberg-Lieben,* JuS 2002, 576 u. 580; *Timpe,* Bsp. 5 in: JuS 1985, 35 f.; *Vormbaum,* JuS 1980, 367; *Zimmermann,* JuS 2011, 629 u. 633.

79   Ein Sonderproblem bringt der Fall des rechtskräftig,[133] aber zu Unrecht zu einer **langjährigen Freiheitsstrafe** Verurteilten, der sich gewaltsam (§§ 223, 240) zur Freiheit verhilft, um in Freiheit seine Unschuld zu beweisen. Die weit überwiegende Meinung besteht auch hier auf der Gefahrhinnahme bzw. der Duldungspflicht und

---

[127] *Jescheck/Weigend,* S. 487; *LK-Zieschang,* § 35 Rn. 58; *Roxin,* JA 1990, 138, für den Sonderfall des zu Unrecht rechtskräftig Verurteilten.

[128] LK[11]-*Hirsch,* § 35 Rn. 58 (zustimmend *Bernsmann,* 1989, S. 128 Fn. 439). – Vertreter der überwiegenden Meinung argumentieren gerade umgekehrt: schon die Strafmilderungsmöglichkeit schwäche die Geltungskraft der gesetzlichen Eingriffsermächtigung (so z. B. S/S-*Perron,* § 35 Rn. 22 u. 24).

[129] Vgl. RGSt 54, 341, als Beispiel 5 aufbereitet von *Timpe,* JuS 1985, 35 f.; zu dieser Entscheidung nach § 52 a. F. vgl. auch *Bernsmann,* 1989, S. 127; außerdem *Pawlik,* JahrbRuE, 2003, S. 287, 305 mit Fn. 73.

[129a] *Hörnle,* JuS 2009, 873, 880: keine Aufopferung, die vom Täter verlangt wird; *Roxin,* AT I, 22/40: schon kein Notstand i. S. des § 35 I 1.

[130] *Bernsmann,* 1989, S. 428, spricht vom sonst möglichen straflosen Vereiteln gesetzlich vorgesehener Eingriffe.

[131] Darauf heben besonders ab: *Jakobs,* 20/14, und *Timpe,* JuS 1985, 36.

[132] Standardbeispiel bei *Bernsmann,* 1989, S. 429; LK-*Zieschang,* § 35 Rn. 60.

[133] Vor Rechtskraft ist die Gefahr durch förmliche Rechtsbehelfe anders abwendbar, der Freiheitsentzug bis zur Entscheidung über die Rechtskraft ist zumutbar; so zutreffend *Bernsmann,* 1989, S. 433; vgl. auch *Vormbaum,* JuS 1980, 368.

versagt die Entschuldigung. Eine solche Entschuldigung wäre bei der strafbarkeitseinschränkenden Anwendung der Zumutbarkeitsklausel (= die Fortdauer einer solchen Freiheitsentziehung ist „unzumutbar") durchaus möglich. Sie wird z. B.[134] bei „Willkürakten einer Terrorjustiz" von Rechtsprechung und Literatur angenommen.[135] Sie sollte auch für Justizopfer erwogen werden, die trotz eines rechtsstaatlich durchgeführten Strafverfahrens und trotz Ausschöpfung aller vor Rechtskraft zur Verfügung stehenden Rechtsbehelfe durch ein Fehlurteil ihre Freiheit für einen langen Zeitraum verloren haben.[136] Hier erscheint Nachsicht durch Strafverzicht gegenüber denjenigen möglich, die der Staat durch seine Strafgerichte ungerecht behandelt hat. Zumindest in Fällen „krasser Unverhältnismäßigkeit"[137] – z. B. leichte Körperverletzung des Notstandsopfers gegenüber langjähriger Freiheitsstrafe, deren Vollstreckung dem Notstandstäter droht – ist Unzumutbarkeit anzunehmen. Der Haupteinwand gegen diese Einschränkung der Duldungspflicht ist die Umgehung des auf bestimmte Gründe beschränkten Wiederaufnahmeverfahrens.[138] Doch wiegt dieser Mangel an Rechtsmittelausschöpfung, der noch dazu ein wenig aussichtsreiches Rechtsmittel betrifft, nicht viel im Vergleich zu einer drohenden langjährigen Freiheitsstrafe.[139]

Abgesehen von diesen Ausnahmefällen bleibt es bei der Duldungspflicht auch für **80** **zu Unrecht** Angeklagte und **Verurteilte**.[140] Diese Sonderpflicht haben auch Angehörige zu respektieren,[141] so dass eine durch sie bewirkte Gefangenenbefreiung (§ 120) oder eine durch ihre Falschaussage (§ 153) verhinderte Verurteilung nicht entschuldigt ist. Liegt freilich ein Ausnahmefall vor, so kann es auch der Ehefrau des zu Unrecht zu langjähriger Freiheitsstrafe Verurteilten nicht zugemutet werden, diesen ungerechten, langandauernden Freiheitsverlust für ihren Ehemann hinzunehmen, d. h. eine durch sie begangene Gefangenenbefreiung ist gem. § 35 entschuldigt.[142]

Aus der **Übungsfall-Literatur** zu Gefangenenbefreiungsfällen vgl. *Krüger*, JA-Übungsblätter 1984, 124 f.; *Marxen*, Fall 15 c, S. 132 f.; *Vormbaum*, JuS 1980, 368.

(3) Weitere „Zumutbarkeits"-Fälle. Nachdem die Fallgruppe der gesetzlichen **81** Duldungspflichten einschließlich der zu Unrecht Verfolgten/Verurteilten schon beim gesetzlichen Beispielsfall des besonderen Rechtsverhältnisses (2) behandelt wurde, ist nun noch nach weiteren Fallgruppen zu suchen, die unter die Generalklausel der Zumutbarkeit i. S. v. § 35 I 2 fallen. Für diese Fallgruppen gilt, dass es trotz Vorlie-

---

[134] Vgl. zur „internationalen Dimension" der Duldungspflicht z. B. hinsichtlich im Ausland möglicher Leibes- und Todesstrafen *Bernsmann*, 1989, S. 430–432; zustimmend S/S-*Perron*, § 35 Rn. 25 a. E.

[135] BGH ROW 1958, 34, OLG Kiel SJZ 1947, 323. – *Jescheck/Weigend*, S. 487 u. 485; LK-*Zieschang*, § 35 Rn. 60. Weitere Literatur bei *Bernsmann*, 1989, S. 128 Fn. 441, u. S. 430 Fn. 500. – Für Rechtfertigung nach §§ 32, 34 S/S-*Perron*, § 35 Rn. 25.

[136] So S/S-*Perron*, § 35 Rn. 26; ebenso *Hörnle*, JuS 2009, 873, 880 u. *Frister*, AT, 20/15; a. A. LK-*Zieschang*, § 35 Rn. 60.

[137] *Bernsmann*, 1989, S. 433.

[138] *Timpe*, JuS 1985, S. 36; zustimmend: *Jescheck/Weigend*, S. 487 Fn. 28; SK-*Rogall*, § 35 Rn. 37. Selbst bei lebenslanger Freiheitsstrafe infolge eines Justizirrtums LK-*Zieschang*, § 35 Rn. 60.

[139] Vgl. *Bernsmann*, 1989, S. 434; NK-*Neumann*, § 35 Rn. 52; S/S-*Perron*, § 35 Rn. 26.

[140] *Jakobs*, 20/14; *Jescheck/Weigend*, S. 487; *Timpe*, JuS 1985, 36; *Vormbaum*, JuS 1980, 368.

[141] *Bernsmann*, 1989, S. 440; *Jakobs*, 17/75; S/S-*Perron*, § 35 Rn. 29; *Timpe*, JuS 1985, 39.

[142] Ebenso NK-*Neumann*, § 35 Rn. 52, S/S-*Perron*, § 35 Rn. 26 a. E., und *Bernsmann*, 1989, S. 440.

gens der § 35 I 1-Voraussetzungen zu keiner Entschuldigung kommt, weil die „Täter nach den Umständen ... die Gefahr hinzunehmen" haben. Welche Umstände hier gemeint sind, sagt das Gesetz nicht, doch gibt es durch die ausdrücklich genannten Beispiele immerhin **Richtpunkte** vor. Die geregelten Fallgruppen müssen den gesetzlich vorgegebenen Beispielsfällen wenigstens vergleichbar sein.[143]

82   *α) Obhutspflichten.* Hier geht es um erhöhte Gefahrtragungspflichten von Personen, die nicht gegenüber der Allgemeinheit (= „besonderes Rechtsverhältnis"), sondern Einzelnen gegenüber besondere Pflichten haben.[144] Solche Pflichten ergeben sich aus bestimmten **Obhuts-Garantenstellungen** i. S. des § 13:
– aus enger familiärer Beziehung (z. B. des Vaters zum Sohne)
– aus freiwillig eingegangenen[145] Gefahrengemeinschaften (z. B. Bergsteigergruppe untereinander)
– aus freiwilliger Übernahme (z. B. des Kindermädchens zum Kind).

83   **Standardbeispiel** ist der Vater, der sich bei einem Schiffsuntergang nicht auf Kosten seines Sohnes retten darf.[146] Weiteres Beispiel: „der Täter übernimmt es, einen schwerverletzten Skiläufer zu bergen und nimmt diesem dann, weil ihm selbst schwere Erfrierungen drohen, die Kleider weg."[147]

84   Die Gefahrtragungspflicht dieser Garanten steht freilich auch unter **Zumutbarkeitsvorbehalt**,[148] so dass z. B. der sichere Tod nicht hingenommen werden muss. Der tragische „Vater-Sohn-Fall" ist dann – was häufig übersehen wird – seines beispielhaften Charakters entkleidet, denn er muss danach mit Suspendierung der Sonder-Garantenpflicht und mit Entschuldigung des Vaters, der sein Leben selbst seinem Sohn nicht schuldet, gelöst werden.[149]

> **Übungsfall** bei *Heghmanns/Keck,* AL 2011, 225 u. 231 (zerrüttete Ehe).

85   *β) Sonstige Duldungspflichten.* Hierher gehören Duldungspflichten, die sich nicht aus einem besonderen Rechtsverhältnis (einschließlich hoheitlicher Eingriffsermächtigungen) ergeben. Zu dulden sind – wie bereits mehrfach betont (s. o. 7/60) – insbesondere nach § 32 gerechtfertigte Verteidigungshandlungen: „es gibt keine entschuldigte ‚Gegenwehr' gegen berechtigte Notwehr."[150] Der **Angreifer** wird freilich schon wegen „Gefahrverursachung" erhöht gefahrtragungspflichtig, wenn er sich ohne zureichenden Grund vorhersehbar in eine Notstands-Gefahrenlage begeben

---

[143] Dass damit „wenig gewonnen" ist, meint nicht zu Unrecht *Bernsmann,* 1989, S. 131.

[144] *Bernsmann,* 1989, S. 399; *Lugert,* 1991, S. 242.

[145] Kritisch zu dieser Beschränkung, die die „klassischen" Gefahrengemeinschaften ausschließt, *Bernsmann,* 1989, S. 136.

[146] *Jescheck/Weigend,* S. 487; *Roxin,* AT I, 22/53; SK-*Rogall,* § 35 Rn. 43; zweifelnd *Jakobs,* 20/15. Vgl. zu diesem Fall auch *Lugert,* 1991, S. 134 u. 138, sowie *Bernsmann,* 1989, S. 426 f.

[147] S/S-*Perron,* § 35 Rn. 31.

[148] SK-*Rogall,* § 35 Rn. 43; NK-*Neumann,* § 35 Rn. 51. – Dagegen *Lugert,* 1991, S. 132 ff., 143, 145, der aber durch Differenzierungen bei den Eingriffsbefugnissen zu ähnlichen Ergebnissen kommt, so dass z. B. ein speziell Obhutspflichtiger dann zu seiner Rettung eingreifen darf, wenn es sich um eine Defensivnotstandssituation handelt und das geschützte Rechtsgut mehr oder gleichviel wert ist wie das beeinträchtigte (S. 144).

[149] Vgl. *Bernsmann,* 1989, S. 426 f., der auf Widersprüche in der Behandlung dieses Falles in der Literatur hinweist. Gegen die Zumutbarkeit auch NK-*Neumann,* § 35 Rn. 51 und *Murmann,* GK, 26/72.

[150] S/S-*Perron,* § 35 Rn. 32; ebenso *Jakobs,* 20/14; LK-*Zieschang,* § 35 Rn. 59 u. 61; MK-*Müssig,* § 35 Rn. 49; NK-*Neumann,* § 35 Rn. 52: Abgrenzung der Risikosphären.

hat. Ob auch hier der Zumutbarkeitsvorbehalt bei Lebensgefahr des Angreifers gilt, ist nicht geklärt.[151]

Greift der eine Schiffsbrüchige im „**Brett des Karneades**-Fall" den Besitzer der   86 rettenden Planke zur Abwendung seiner Lebensgefahr gem. § 35 entschuldigt an, so muss er die tödliche Abwehrhandlung des Plankenbesitzers dulden. Entweder weil es sich um einen nur entschuldigten, aber rechtswidrigen Angriff handelt, der nach § 32 abgewehrt werden darf, oder – wenn man für § 32 einen schuldhaft rechtswidrigen Angriff verlangt – weil es sich um eine Defensivnotstandssituation handelt, in der selbst, wenn Leben gegen Leben steht, ein überwiegendes Interesse für den Angegriffenen spricht.[152]

Einer Duldungspflicht unterliegt auch, wer in einem ordnungsgemäßen Verfahren   86a bei der Verteilung begrenzter (lebensrettender) Ressourcen zugunsten anderer Personen nicht (sofort) zum Zuge kommt. So ist z. B. ein todkranker Patient nicht entschuldigt, wenn er etwa mit Gewalt einem anderen zur eigenen Lebensrettung medizinisch-technische Lebensverlängerungsmöglichkeiten entzieht,[152a] die diesem auf Grund gesetzlicher Bestimmungen (vgl. § 12 III TPG zur Organvermittlung), des Prioritätsgrundsatzes oder ärztlichen Auswahlermessens[152b] zustehen.

γ) „*Unverhältnismäßigkeit*"/„*Disproportionalität*".[153] Wie bereits bei der durch   87 Zumutbarkeitserwägungen ergänzten Erforderlichkeit angesprochen (o. Rn. 53), wird nach fast allgemeiner Ansicht eine „gewisse Proportionalität"[154] zwischen den Folgen der Rettungshandlung und dem dem Täter drohenden Schaden als § 35-Voraussetzung verlangt, obwohl eine „Ähnlichkeit" mit den gesetzlichen Beispielsfällen kaum auszumachen ist.[155] Solche Proportionalitäts-/Verhältnismäßigkeits-Überlegungen sind erst dann anzustellen, wenn die Notstandsvoraussetzungen des § 35 I 1 vorliegen, insbesondere eine relevante Gefahr für ein notstandsfähiges Rechtsgut gegeben ist. Geringfügige Körperverletzungen und kurzfristige Freiheitsbeeinträchtigungen waren schon oben (Rn. 32) als „Leib oder Freiheits"-Gefahren ausgeschieden worden. Zählt man die Androhung von Schlägen (RGSt 66, 397 ff.; BGH DAR 1981, 226) zu den geringfügigen Misshandlungen,[156] so sind Proportionalitäts-/Verhältnismäßigkeits-Überlegungen überflüssig.

Drohen aber erhebliche Leibes-/Freiheits-Gefahren, so ist die Gefahr hinzuneh-   88 men, wenn die Folgen der Rettungshandlung beim Notstandsopfer unverhältnismäßig mehr Schaden anrichten würden als die Verwirklichung der Gefahr beim Notstandstäter. Die die § 35-Entschuldigung mit-begründende Unrechtsminderung ist in

---

[151] Vgl. *Bernsmann*, 1989, S. 418–421, danach „darf das Recht keine strafbewehrte Pflicht, sich töten zu lassen, aussprechen" (S. 420). Kritisch dazu *Jakobs*, 20/3 Fn. 4 c und *Momsen*, 2006, S. 351 f.

[152] Vgl. instruktiv *Küper*, 1979, S. 69–76, sowie *ders.*, in: JZ 1983, 95. – Für eine Rechtfertigung des Angegriffenen analog § 228 BGB *Koriath*, JA 1998, 254 ff., der diese aber auch dem Angreifer zubilligen will (dagegen *Maultzsch*, JA 1999, 430) und somit diesem keine Duldungspflicht auferlegt; rechtsfreien Raum erwägt *Koriath*, JahrbRuE 2003, 317 u. 335.

[152a] Vgl. *Bernsmann*, 1989, S. 359–367; zu dessen Begründung kritisch *Neumann*, ZStW 109 (1997), 619.

[152b] Zu den Auswahlkriterien vgl. S/S-*Eser*, Vorbem §§ 211 ff. Rn. 30.

[153] So die Begriffe von *Lugert*, 1991, S. 105; *Bernsmann*, 1989, S. 401. – *Roxin*, AT I, 22/54: „Außerverhältnismäßigkeit". – Zur Bedeutung von „Proportionalitätserwägungen" *Momsen*, 2006, S. 353 ff.

[154] So *Otto*, 14/13. – Eine „gewisse" Verhältnismäßigkeit verlangen S/S-*Perron*, § 35 Rn. 33 u. *Tiedemann*, Anfängerübung, S. 146.

[155] *Bernsmann*, 1989, S. 401 u. 405.

[156] So *Roxin*, JA 1990, 101 u. 141 sowie in: AT I, 22/54 f.

ihrem Umfang nicht mehr ausreichend für die Entschuldigung.[157] So darf z. B. ein drohender Armbruch nicht durch Tötung eines Unbeteiligten abgewendet werden.[158] In solchen **krassen Fällen** ist das Ergebnis nicht zweifelhaft, doch sind so krasse Fälle eher selten. Schwierig ist die Beurteilung von sog. „Zeugeneinschüchterungs-Fällen" (Nötigungsnotstandsfälle), denn der Schaden für die Rechtspflege durch den rettenden Meineid ist schwer kalkulierbar; drohende Prügel sind wohl hinzunehmen, schwere körperliche Misshandlungen wohl nicht.[159]

> Vgl. aus der **Übungsfall-Literatur:** *Ambos,* JuS 2000, 465 u. 469; *Arzt,* JuS 1982, 449 u. 451; *Müller,* Jura 2005, 635 u. 641; *Timpe,* Bsp. 3 in: JuS 1984, 864 f.

89   Im **Lebensnotstand** ist hingegen selbst die Tötung mehrerer Unbeteiligter (BGH NJW 1964, 730) entschuldigt.[159a] Ob auch bei schweren Leibesgefahren eine vorsätzliche Tötung entschuldigt werden kann, ist schon zweifelhafter,[160] in „Haustyrannen-Fällen" (s. BGHSt 48, 255, 259 m. Anm. *Hillenkamp,* JZ 2004, 48, 51) aber wohl zu bejahen[160a] (wenn nicht sogar Lebensgefahr für die Ehefrau und die Kinder besteht).

90   Der generelle Maßstab für die nähere Bestimmung der Unverhältnismäßigkeit/Disproportionalität wird bei Leibes- und Freiheitsgefahren zunehmend so umschrieben, dass eine Gefahrtragungspflicht nur entsteht, wenn die Rettungshandlung zur Verletzung **wesentlich überwiegender Interessen** beim Notstandsopfer führt.[161] Dieser Maßstab erscheint brauchbarer als die oft genannten Unverhältnismäßigkeitsbestimmungen als „krasse"[162] oder „offensichtliche".[163]

91   Die hier oft auch behandelten Fälle der „Jedermannsgefahren"[164] bzw. der „Sozialnot"[165] sind bereits bei den notstandsfähigen Rechtsgütern mit negativem Ergebnis (= keine erhebliche Leibesgefahr) gelöst worden (s. o. Rn. 33 u. 44).

> Aus der **Übungsfall-Literatur** vgl.: *Philipps/Boley,* Jura 1993, 256 u. 266.

---

[157] Vgl. *Eser/Burkhardt,* Strafrecht I, Nr. 18 A 33; *Jescheck/Weigend,* S. 483; *Murmann,* GK, 26/73; HK-GS/*Duttge,* § 35 Rn. 17; LK-*Zieschang,* § 35 Rn. 62; SK-*Rogall,* § 35 Rn. 18; S/S-*Perron,* § 35 Rn. 33. Krit. zu dieser Begründung *Timpe,* JuS 1984, 864, der wie *Jakobs,* 20/8, auf die Plausibilität abstellt, mit der das Täterverhalten akzeptiert wird. – *Bernsmann,* 1989, S. 405, stellt auf die Verpflichtung des Staates zu „größtmöglicher Rechtsgutserhaltung" ab. – Weitere systematische und rechtsvergleichende Gründe nennt *Lugert,* 1991, S. 111–114.

[158] Bsp. von *Roxin,* JA 1990, 141, von *Bernsmann,* 1989, S. 410 u. von *Hörnle,* JuS 2009, 873, 878. – Weitere Beispiele bei *Bernsmann,* 1989, 404: Rettung des kleinen Fingers durch Tötung; das Beispiel findet sich auch bei *Timpe,* JuS 1985, 864, der es noch abwandelt: Fingerverlust zerstört das Leben des Pianisten.

[159] Vgl. *Eser/Burkhardt,* Strafrecht I, Nr. 18 A 22 u. 34; LK-*Zieschang,* § 35 Rn. 63; *Lugert,* 1991, S. 105; S/S-*Perron,* § 35 Rn. 33; W-*Beulke,* Rn. 444, der aber auf „besonderes Rechtsverhältnis" abhebt.

[159a] Ebenso NK-*Neumann,* § 35 Rn. 50.

[160] Nach *Bernsmann,* 1989, S. 412, nur bei „lebensentwertender Körperverletzung".

[160a] Einschränkend *Hillenkamp,* Fs. Miyazawa, 1995, S. 157 m. w. N. zur h. L., die eine „Entschuldigungslösung" favorisiert (Fn. 87).

[161] *Bernsmann,* 1989, S. 416; *Lugert,* 1991, S. 114 f.; vgl. auch *Stratenwerth/Kuhlen,* 10/110.

[162] So z. B. LK-*Zieschang,* § 35 Rn. 62.

[163] So z. B. W-*Beulke,* Rn. 439.

[164] *Lackner/Kühl,* § 35 Rn. 11.

[165] S/S-*Perron,* § 35 Rn. 35.

II. Der übergesetzliche entschuldigende Notstand

Trotz der differenzierten Regelung des Notstands im StGB gibt es Notstandssitua- **92** tionen, die weder von § 34 mit rechtfertigender Wirkung noch von § 35 mit entschuldigender Wirkung erfasst werden, in denen aber die Rettungshandlung des Täters weder strafwürdig noch strafbedürftig erscheint. Die **gesetzliche Regelung** der §§ 34, 35 ist nach dem Willen des Gesetzgebers **nicht** in dem Sinne **abschließend**,[166] dass es Rechtsprechung und Rechtslehre verwehrt wäre, weitere Notstände herauszuarbeiten.

Als ein solcher weiterer Notstandsfall ist der „übergesetzliche entschuldigende **93** Notstand"[167] in der Literatur weitgehend anerkannt. „Übergesetzlich" heißt dieser Notstand, weil er nicht in §§ 34, 35 geregelt ist; „entschuldigend" heißt dieser Notstand, weil die Rettungshandlung des Täters rechtswidrig ist, aber – vergleichbar mit § 35-Konstellationen – Nachsicht verdient. Damit ist dieser übergesetzliche Notstand nahe an den in § 35 geregelten herangerückt, der sich – wenn auch nur in der Überschrift – „entschuldigender Notstand" nennt. Da diese **Nähe zu § 35** gewollt ist, ist die hier gewählte **Terminologie** vorzugswürdig. Fast ebenso gut möglich wäre die Bezeichnung als „übergesetzlicher schuldausschließender Notstand".[168] Gebräuchlich ist auch die Bezeichnung „schuldausschließende Pflichtenkollision",[169] doch sollte der Begriff der Pflichtenkollision den Fällen aus dem Bereich der Unterlassungsdelikte vorbehalten bleiben, in denen der Täter (z. B. der Arzt) nur eine von mehreren Handlungspflichten (z. B. lebensrettende Heilbehandlung des einen Patienten, die den Tod des anderen behandlungsbedürftigen Patienten bedeutet) erfüllen kann (= sog. rechtfertigende Pflichtenkollision, s. u. 18/134).[170]

Konkretere Bezeichnungen sind zwar auch möglich, doch beschränken sie den **94** möglichen Anwendungsbereich dieses übergesetzlichen Entschuldigungsgrundes von vornherein. Mit der Bezeichnung „**quantitativer Lebensnotstand**"[171] wird zwar der Hauptanwendungsbereich getroffen (Tötung von Menschen zur Lebensrettung einer größeren Anzahl von Menschen), doch suggeriert er, dass die Quantität bei der Lösung die entscheidende Rolle spielt;[172] Letzteres gilt auch für die Bezeichnung „Wahl

---

[166] Vgl. B-*Weber/Mitsch*, 23/55 ff.; LK[11]-*Hirsch*, Rn. 212 Vor § 32, jeweils m. N. aus der Entstehungsgeschichte.

[167] Diese Bezeichnung verwenden *Geilen*, S. 143; *Haft*, S. 145; *Jakobs*, 20/39; *Krey/Esser*, AT, Rn. 772–774: Fall 101; NK-*Neumann*, § 35 Rn. 54; NK-*Paeffgen*, Rn. 292 vor § 32; S/S-*Lenckner/Sternberg-Lieben*, Vorbem §§ 32 ff. Rn. 115; SSW-*Rosenau*, vor § 32 Rn. 67; W-*Beulke*, Rn. 452; vgl. auch *Momsen*, 2006, S. 462: übergesetzlicher Entschuldigungsgrund, u. *Kindhäuser*, AT, 21/14: „übergesetzlicher Notstand".

[168] So bis zur 23. Auflage *Lackner/Kühl*, Rn. 31 Vor § 32. Ähnlich *Stratenwerth/Kuhlen*, 10/124: „übergesetzliche Entschuldigung; als „übergesetzlichen Schuldausschluss" bezeichnet *Roxin*, AT I, 22/154, die von ihm als herrschend betrachtete Lehre.

[169] So z. B. *Achenbach*, JR 1975, 495; *Blei*, S. 213; *Eser/Burkhardt*, Strafrecht I, Nr. 18 A 47; *Fischer*, Rn. 15 vor § 32; ähnlich auch *Jescheck/Weigend*, S. 501; NK-*Paeffgen*, Rn. 292 vor § 32. *Günther*, 1983, S. 331, spricht von „strafunrechtsausschließender Pflichtenkollision"; für einen Strafunrechtsausschließungsgrund auch *Schünemann*, 1995, 149, 180 f.

[170] Vgl. LK[11]-*Hirsch*, Rn. 212 Vor § 32, gegen *Gallas* und *Jescheck*, die einen Unterfall der Pflichtenkollision annehmen.

[171] So *Ebert*, S. 110; dieser Begriff wird neben dem des übergesetzlichen entschuldigenden Notstands zusätzlich verwendet von *Küper*, JZ 1989, 626, *Jäger*, Rn. 204, MK-*Schlehofer*, § 263 vor §§ 32 ff. und S/S-*Lenckner/Sternberg-Lieben*, Vorbem §§ 32 ff. Rn. 116.

[172] „Irreführend" ist es nach *Küper*, 1979, S. 55 Fn. 115, „immer wieder" den „Gesichtspunkt des numerischen Verhältnisses von Getöteten und Geretteten ins Spiel" zu bringen. – Dieser „Irreführung" machen sich freilich die in Fn. 171 Genannten nicht schuldig.

des kleineren Übels".[173] Eine weitere vorweggenommene (gewollte) Begrenzung des Anwendungsbereichs erfolgt durch die Bezeichnung „Gefahrengemeinschaft".[174]

95   Die Entwicklung des übergesetzlichen entschuldigenden Notstands durch die Literatur erfolgte zur Bewältigung einer praktischen **Fallkonstellation,** der sog. „Euthanasieärzte-Fälle".[174a] Diese Ärzte hatten an der von Hitler befohlenen Tötung einiger von ihnen ausgewählter Geisteskranker mitgewirkt, um die Tötung aller Anstaltsinsassen durch willfährige Ärzte zu verhindern, die sie im Falle der verweigerten Mitwirkung ersetzt hätten. Sie sahen sich also vor die Alternative gestellt, „entweder ihre Mitwirkung an der Aktion zu versagen und damit das Leben sämtlicher befehlsgemäß zu tötenden Anstaltsinsassen preiszugeben oder mitzumachen und damit wenigstens einen erheblichen Teil der Betroffenen zu retten".[175]

96   Eine **Rechtfertigung** der Ärzte wurde schon beim rechtfertigenden Notstand gem. § 34 (s. o. 8/154) **abgelehnt:** obwohl so viele Anstaltsinsassen wie möglich gerettet wurden,[176] haben die Ärzte gegen das Tötungsverbot verstoßen, weil dieses auch für Menschen gilt, deren Lebensspanne nur noch kurz bemessen ist; außerdem wiegen mehrere Leben nicht mehr als ein Leben.[177] **Nachsicht** aber erscheint angebracht.[178] Auch die Rechtsprechung suchte wohl deshalb nach Wegen zur Straflosigkeit (persönlicher Strafausschließungsgrund, Verbotsirrtum),[179] doch geht es nicht um Gründe in der Person des Täters und auch um die Lösung von Fällen, bei denen die Täter Unrechtsbewusstsein haben.

97   Nachsicht aber übt man durch Entschuldigung des Täterverhaltens, und die Entschuldigung lässt sich zwanglos an § 35 und dessen tragende Gründe anlehnen (**„analoge"** Anwendung von § 35[180]). § 35 entschuldigt die Ärzte ja nur deshalb nicht, weil die geretteten Anstaltsinsassen keine Angehörigen oder ihnen sonst nahe stehenden Personen sind. Immerhin aber wird diese § 35-Begrenzung durch die Anerkennung einer übergesetzlichen Entschuldigung von „jedermann"[181] überspielt. Dafür muss es gute Gründe geben.

98   Diese Gründe liegen – wie bei § 35 – in dem durch die **Verfolgung des Rettungszwecks** (Handlungswert) und durch die **Rechtsguterhaltung** (Erfolgswert) geminder-

---

[173] So *Roxin,* AT I, 22/161, der dieses Kriterium aber ablehnt.

[174] *Roxin,* AT I, 22/146; *Jäger,* Rn. 206.

[174a] Problemaufriss bei *Koch,* JA 2006, 745 ff., 748; knapper bei *Hoffmann-Holland,* Rn. 428; eingehend *Zimmermann,* 2009, S. 297 ff., 416.

[175] *Gallas,* Fs. Mezger, 1954, S. 326 f. = Beiträge, 1968, S. 71.

[176] Darauf stützt *Otto,* 8/195, die Rechtfertigung. – Für Unrechtsausschluss ohne Rechtfertigung *Blei,* S. 214. Für echten Strafunrechtsausschluss *Günther,* 1983, S. 334 f., und *Köhler,* S. 341 f.

[177] Vgl. *Küper,* JuS 1981, 792 f., MK-*Schlehofer,* 266 vor §§ 32 ff. und *ders.,* in: JZ 1989, 624 u. 629.

[178] So für die ganz h. L. *Küper,* JZ 1989, 626; a. A. aber *Walter,* 2006, S. 145. – Anders *Spendel,* Fs. Engisch, 1969, S. 523 ff., und *ders.,* in: Fs. Bruns, 1978, S. 251 ff., der aber auch eine Strafmilderung für angebracht hält.

[179] Verbotsirrtum erwägt BGH NJW 1953, 513 f. = Fall 23 bei *Roxin,* HRR AT, S. 29 ff. u. 168 f. – „Strafausschluss" gewährt OGHSt 1, 335, mit lesenswerter Anm. *Welzel,* MDR 1949, 375, der für einen „außer- oder übergesetzlichen Schuldausschließungsgrund" plädiert. Vorsichtig hinsichtlich der Anerkennung eines übergesetzlichen Entschuldigungsgrundes auch BGHSt 35, 350.

[180] So *Haft,* S. 146; ebenso *Zimmermann,* 2009, S. 216; vgl. auch *Achenbach,* JR 1975, 495: neue Entschuldigungsgründe können „anhand des aus § 35 ableitbaren Prinzips ... auskonkretisiert werden." – Krit. aber *Schmoller,* ÖJZ 2000, 361, 369 u. MK-*Schlehofer,* 270 vor §§ 32 ff.: Fehlen einer „systemwidrigen Regelungslücke".

[181] *Bernsmann,* 1989, S. 81 Fn. 195.

ten Unrechtsgehalt der Rettungshandlung.[182] Die sich schon daraus ergebende Minderung der Schuld wird zusätzlich deshalb gemindert, weil sich die Ärzte durch die als sittliche Verpflichtung empfundene Rettung der noch rettbaren Anstaltsinsassen in einer (der Eigen- oder Angehörigengefährdung vergleichbaren) seelischen Zwangslage befinden.[183] Auch **fehlt** ihnen gegenüber ein **präventives Strafbedürfnis:** sie sind sozial eingegliedert, die Öffentlichkeit zeigt wegen der Ausweglosigkeit der Situation Nachsicht und Nachahmung ist wegen der Singularität des Vorganges nicht zu befürchten.[184] Nachsicht kann ihnen gerade deshalb gewährt werden, weil ihr gewissenhaftes Handeln keinen vorwerfbaren Mangel an Rechtsgesinnung erkennen lässt.[185] – Die Erhaltung des Lebens der Bewohner des Hochhauses, auf welches das von Terroristen **gekaperte Flugzeug** zugesteuert wird, spricht für die Entschuldigung der Tötung der Flugzeugpassagiere und -besatzung (zur möglichen und vorzugswürdigen § 34-Rechtfertigung s. 8/138 a, 158 a).[185a] – Dies wird auch für Fälle der Lebensrettung durch sog. „Rettungsfolter" von denjenigen vertreten, die – anders als hier (7/156 a) – eine Rechtfertigung kategorisch ablehnen.[185b]

Sind damit die Gründe des übergesetzlichen entschuldigenden Notstands nahezu **99** dieselben wie die, die die § 35-Entschuldigung erklären, so müssen auch die **Voraussetzungen** dieses übergesetzlichen Entschuldigungsgrundes den § 35-Voraussetzungen ähnlich sein. Es muss objektiv eine gegenwärtige **Gefahr** für ein notstandsfähiges Rechtsgut vorliegen, so dass die irrige Annahme des Täters, durch die Tötung der Blumenverkäuferin das Leben zahlreicher, vom „Katzenkönig" bedrohter Menschen zu retten (BGHSt 35, 347 ff.), nicht zu einer übergesetzlichen Entschuldigung, sondern allenfalls zu einer analogen Anwendung der Irrtumsregelung des § 35 II führt.[186] Als **notstandsfähiges Rechtsgut** ist hier nur das **Leben** allgemein anerkannt. Dies entspricht der wünschenswerten Zurückhaltung bei der Erweiterung gesetzlicher durch übergesetzliche Entschuldigungsgründe.[187] Ausgeschieden sind jedenfalls

---

[182] Vgl. *Ebert,* S. 110; *Haft,* S. 146; *Jescheck/Weigend,* S. 503; *Küper,* JuS 1971, 477, und *ders.,* in: JZ 1989, 626; SK-*Rudolphi,* Rn. 8 Vor § 19; S/S-*Lenckner/Sternberg-Lieben,* Vorbem §§ 32 ff. Rn. 116. Ähnlich *Günther,* 1983, S. 334 f., der damit aber eine strafunrechtsausschließende Pflichtenkollission begründet.

[183] Vgl. *Ebert,* S. 110; *Haft,* 146; *Jescheck/Weigend,* S. 503; *Küper,* JuS 1971, 477, und *ders.,* in: JZ 1989, 626; SK-*Rudolphi,* Rn. 8 Vor § 19; S/S-*Lenckner/Sternberg-Lieben,* Vorbem §§ 32 ff. Rn. 116.

[184] So *Roxin,* AT I, 22/148, und schon in: Fs. Henkel, 1974, S. 195, sowie jetzt in: Fs. Mangakis, 1999, S. 237, 253 f.; ebenso *Jäger,* ZStW 115 (2003), S. 765, 786; als zusätzliche Begründung auch von *Küper,* JZ 1989, 626, anerkannt.

[185] *Gallas,* Fs. Mezger, 1954, S. 333 = Beiträge, 1968, S. 77; vgl. auch *Eser/Burkhardt,* Strafrecht I, Nr. 18 A 49.

[185a] So etwa *Pawlik,* JZ 2004, 1060 f.; *Dreier,* JZ 2007, 265 ff.; *Stübinger,* ZStW 123 (2011) 403, 442, letztlich aber abl. S. 445; für übergesetzlichen entschuldigenden Notstands *Frister,* 17/14; W-*Beulke,* Rn. 452 a; HK-GS/*Duttge,* § 35 Rn. 22 f.; SSW-*Rosenau,* 67 vor § 32; wohl auch *Kindhäuser,* AT, 21/14; ähnlich *Roxin,* JahrbÖR 2011, 1, 18; in: GA 2011, 678, 687 u. in: ZIS 2011, 552, 562 f.: Verantwortlichkeitsausschluss wegen fehlender präventiver Bestrafungsnotwendigkeit; für eine Lösung außerhalb der Schuld *Jakobs,* Fs. Krey, 2010, S. 207, 217 f., 220, der eine „Entrechtlichung" vorschlägt (krit. dazu *Roxin,* ZIS 2011, 552, 562); – zu Einwänden gegen die Entschuldigungslösung *Zimmermann,* 2009, S. 268 ff.; – für Verbotsirrtum nach § 17 *Jäger,* Rn. 208 u. schon in ZStW 115 (2003), 765, 786.

[185b] So etwa von *Roxin,* JahrbÖR, 2011, 1, 18 u. schon in: AT I, 22/68 (abl. aber im „Frankfurter Folterfall" Rn. 169); vgl. auch *Ambos,* Fs. Loos, 2010, S. 5, 13.

[186] Vgl. *Küper,* JZ 1989, 626 f. – S. auch *Hardtung,* ZStW 108 (1996), 48, und Fall Nr. 342 bei *Haft,* Fallrepetitorium.

[187] Weitergehend für Einbeziehung von „Leib" und „Freiheit" LK-*Rönnau,* Rn. 352 Vor § 32. Nach *Jakobs,* 20/42, muss das Rechtsgut von „existentiellem Gewicht" sein.

Gefahren für Eigentum und Vermögen.[188] Die Rettungshandlung muss – wie bei
§ 35 – **erforderlich** sein, d. h., die Gefahr darf nicht anders abwendbar sein, z. B.
durch Rettungsboote, deren Einsatz die Seeleute des sinkenden Schiffes ebenso gerettet hätte wie das vom Kapitän befohlene Schließen der Schotten, das aber einige
Seeleute das Leben kostete.[189]

100   Kein Erfordernis der übergesetzlichen Notstandsentschuldigung ist, dass durch
die Rettungshandlung mehr Leben gerettet wird als ohne den rettenden Eingriff. Die
Nichtquantifizierbarkeit des Lebens steht dem nicht nur im Rechtfertigungsbereich
entgegen.[190] Dennoch wird nicht selten verlangt, dass der Täter objektiv das kleinere
Übel gewählt hat.[191] Es reicht aber die **Gleichwertigkeit**[192] des geschützten Interesses, und diese setzt bei der Kollision Leben gegen Leben nicht voraus, dass die größere Anzahl von Menschen gerettet wird. Die tragenden Gründe der übergesetzlichen Entschuldigung, insbesondere der seelische Druck zur Rettung liegen auch
dann vor, wenn nicht das kleinere Übel gewählt wird.[193]

101   Als **subjektives** Entschuldigungselement ist der Gefahrabwendungswille zu fordern, d. h. der Täter muss durch die Rettung von Leben motiviert sein bzw. sie be-
zwecken. Aktuelle, fortbestehende „Gewissensnot" muss nicht festgestellt werden,
es reicht etwa auch, wenn der Täter sein Gewissen durch die Aussicht auf die Rettung von Leben beruhigt.[194] Die **Kenntnis** der Notstandslage und der gefahrabwen-
denden Wirkung des Täterverhaltens[195] ist zwar Voraussetzung des **Gefahrabwen-
dungswillens**, kann ihn aber nicht ersetzen, da sonst die psychische Basis für den
dann dem Täter unterstellten abnormen Motivationsdruck fehlt.

102   Die Rechtsprechung würde, falls sie den übergesetzlichen entschuldigenden Notstand als Entschuldigungsgrund anerkennen würde (offengelassen von BGHSt 35,
347 ff.), zusätzlich verlangen, dass „eine gewissenhafte Prüfung des Vorliegens einer
Notstandssituation stattgefunden hat" (BGHSt 35, 350 f.). Doch ist die „gewissenhafte Prüfung" hier ebenso wenig wie bei den sonstigen Notständen (§§ 34, 35) ein
subjektives Rechtfertigungs- bzw. Entschuldigungselement (s. o. 8/186 u. Rn. 58).

103   All diese objektiven und subjektiven Entschuldigungsvoraussetzungen haben die
„**Euthanasieärzte**" erfüllt, so dass ihr Mitwirken bei der Tötung einiger Anstaltsinsassen (§ 212 oder §§ 212, 27) durch den übergesetzlichen Notstand entschuldigt
ist. Diese Entschuldigung ist nicht deshalb abzulehnen, weil die Ärzte eine **Auswahl** hinsichtlich derer, die „geopfert" wurden, getroffen haben. Es reicht, dass die
„Geopferten" erforderlich waren, um die vor dem Tod Bewahrten zu retten. Dasselbe gilt für den „**Kahn-Fall**", in dem der Täter aus einem sinkenden Kahn einen

---

[188] Vgl. aber OLG Hamm NJW 1976, 721 f., das jedoch wegen deren Einbeziehung allgemein Kritik gefunden hat; vgl. nur *Eser/Burkhardt,* Strafrecht I, Nr. 18 A 52; wie hier *Murmann,* GK, 26/94.

[189] *Jakobs,* 20/42.

[190] Vgl. *Küper,* JuS 1971, 477; vgl. auch schon *Gallas,* Fs. Mezger, 1954, S. 333 = Beiträge,
1968, S. 76.

[191] *Welzel,* S. 184 f.; ebenso *Geilen,* S. 144; NK-*Paeffgen,* 295 vor § 32; gegen den gänzlichen Verzicht auf diese Voraussetzung NK-*Neumann,* § 35 Rn. 61. – Kritisch zur „Wahl des
kleineren Übels" als Kriterium *Roxin,* AT I, 22/162–164.

[192] Ebenso *Jescheck/Weigend,* S. 503; SK-*Rudolphi,* Rn. 8 Vor § 19; S/S-*Lenckner/Stern-
berg-Lieben,* Vorbem §§ 32 ff. Rn. 116.

[193] A. A. *Gropp,* in: G/K/M/Fallsammlung, Fall 4, S. 73 f. u. 82; nach SK-*Rudolphi,* Rn. 8
Vor § 19, sogar dann, wenn der Täter mehr Menschen getötet hat, als er retten konnte.

[194] *Küper,* JZ 1989, 628 Fn. 83: auch müsse von den gefährdeten Erhaltungsgütern kein sti-
mulierender Gewissensappell ausgehen.

[195] Dies reicht aus nach *Jakobs,* 20/42.

Passagier ins Wasser stößt, um die übrigen zu retten.[196] Anders liegt die Situation beim „erst recht" entschuldigten Verhalten des bei der Erforderlichkeit (o. Rn. 99) bereits angesprochenen „Kapitäns", weil er die durch die Schotten eingeschlossenen Seeleute nicht ausgewählt hat.[197]

Umstritten dagegen ist die Entschuldigung (zur verneinten Rechtfertigung s. o. **104** 8/114 Fn. 189 u. 8/156, 158) im „**Weichensteller-Fall**" (*Welzel*, ZStW 63 [1951] 51; Bsp. 1 bei *Heinrich*, AT I, Rn. 425; „klassischer Fall" bei *Zieschang*, Rn. 385–389; zusf. *Koch*, JA 2005, 745, 748 f.). Nach den hier verlangten Voraussetzungen wäre der Weichensteller, der durch das Stellen der Weiche zwei Streckenarbeiter tötet, dafür aber eine Katastrophe mit vielen Toten verhindert (auch verhindern will), entschuldigt;[198] zu demselben Ergebnis kommen diejenigen, die die „Wahl des geringeren Übels" zusätzlich fordern.[199] Dabei bleibt freilich der Umstand unberücksichtigt, dass der Weichensteller im Gegensatz zu den „Euthanasieärzten" oder dem „Kapitän" bisher **ungefährdete** Personen „aufgeopfert" hat.

Dies führt gerade Vertreter strafzweckorientierter Notstandstheorien zur Ableh- **105** nung der Entschuldigung. Nach *Roxin* ist ein „präventives Strafbedürfnis" in Fällen zu bejahen, in denen nicht „ohnehin Verlorene" getötet werden, sondern die Gefahr „auf **Unbeteiligte** übergewälzt" wird. Solche Fälle seien „jederzeit vielfältig möglich" und ihre Nichtstrafbarkeit „müsste das Rechtssicherheitsgefühl der Allgemeinheit in unerträglicher Weise erschüttern".[200] Nach *Jakobs* ist „diese Manipulation von Schicksal" nicht – wie für eine Entschuldigung erforderlich – durch „die faktische Unaufhaltsamkeit des Verlustes" des Lebens der Streckenarbeiter gekennzeichnet; das Verhalten des Weichenstellers ist deshalb nicht situationsadäquat „aus der Notstandssituation und am Täter vorbei" zu erklären, sondern ein willkürliches Verhalten.[201] An dem geminderten Unrecht der Rettungshandlung des Weichenstellers und an seiner seelischen Zwangslage ändern diese Präventionsüberlegungen freilich nichts; der Weichensteller verdient Nachsicht auch, weil er sich gewissenhaft, d. h. ohne vorwerfbaren Mangel an Rechtsgesinnung für die Lebensrettung entschieden hat.[201a]

Keine Entschuldigung wegen übergesetzlichen Notstands wird in Fällen gewährt, **106** in denen der Täter das Übel lediglich auf eine andere Person **abwälzt**, z. B. die Wegnahme des rettenden Medikaments von A, um es dem B zu geben. Der Gewissens-

---

[196] NK-*Neumann*, § 35 Rn. 61.

[197] Zum „Kapitän-Fall" vgl. *Haft*, S. 146; *Jakobs*, 20/42.

[198] Für Entschuldigung in diesem Fall auch die h. M.; vgl. *Gallas*, Fs. Mezger, 1954, S. 331 u. 333 = Beiträge, 1968, S. 74 u. 76; *Hörnle*, Fs. Herzberg, 2008, S. 555, 571 f.; *Frister*, AT, 20/28; wohl auch *Rengier*, AT, 26/45, 46; *Stratenwerth/Kuhlen*, 9/115 u. 10/127; NK-*Paeffgen*, 294 vor § 32; SK-*Rudolphi*, Rn. 8 Vor § 19; wohl auch *Zimmermann*, 2009, S. 286 ff., 295, abl. *Roxin*, AT I, 22/161–165; W-*Beulke*, Rn. 452 b; *Zieschang*, Rn. 389 u. MK-*Schlehofer*, 269–272 vor §§ 32 ff.

[199] *Welzel*, ZStW 63 (1951), 52; *Geilen*, S. 144.

[200] *Roxin*, AT I, 22/162.

[201] *Jakobs*, 20/41 f. und *ders.*, 1993, S. 176 f.; Entschuldigung im „Weichensteller-Fall" ablehnend auch *Momsen*, 2006, S. 467; *Walter*, 2006, S. 144, 145, 148; *Zieschang*, JA 2007, 679, 685 u. NK-*Neumann*, § 35 Rn. 61, 62.

[201a] Zust. *Murmann*, GK, 26/95; für Entschuldigung wegen übermächtiger Gewissensnot auch S/S-*Lenckner/Sternberg-Lieben*, Vorbem §§ 32 ff. Rn. 117. Eine Entschuldigung oder Strafmilderung wegen Verbotsirrtums gem. § 17 erwägt *Jäger*, Rn. 208: „affektgleiche Situation"; ausführlicher *Jäger*, ZStW 115 (2003), S. 765, 778–780. – Auf die Ebene der Strafzumessung verweist *Stübinger*, ZStW 123 (2011), 403, 445, der Entschuldigung ablehnt, weil es um „schuldtypische Anmaßung von Willkür" gehe.

konflikt erscheint hier nicht so stark, als dass die Tötungshandlung Nachsicht verdienen würde.[202]

107   Umstritten ist der (zusätzlich die Abgrenzungsproblematik von Tun und Unterlassen aufweisende, s. u. 18/17) **„Herz-Lungen-Maschinen-Fall"**,[203] in dem der Arzt die Maschine bei einem Patienten abstellt, um einen anderen Patienten anschließen zu können. Vgl. zu diesem Fall einerseits *Krey,* JuS 1971, 249 (gegen Entschuldigung), andererseits *Küper,* JuS 1971, 477 (für Entschuldigung).

> Aus der **Übungsfall-Literatur** zum „übergesetzlichen entschuldigenden Notstand" vgl. außerdem: *Alpmann/Schmidt,* AT 1, Fall 35, S. 173–175 („Kapitäns-Fall"); *Bergmann/Kroke,* Jura 2010, 948 u. 952 (Flugzeugabschuss); *Blei,* PdW AT, Fall 129 („Weichensteller-Fall"); *Böse/Kappelmann,* ZJS 2008, 290 u. 298 („Rettungsfolter"); *Bott/Kühn,* Jura 2009, 72. u 77 (extreme Bedrängnissituation); *Gropp,* in: G/K/M, Fallsammlung, Fall 4, S. 73 f. u. 81 f. (nur bei Abwendung erheblich überwiegenden Unheils); *Haft,* Fallrepetitorium, Nr. 340 („Herz-Lungen-Maschinen-Fall"); *Hilgendorf,* KK II, Fall 11, Rn. 35 (außergewöhnliche Konfliktlage); *Jäger,* Fall 37, Rn. 207, 208 (Flugzeugabschuss); *Krey/Esser,* AT, Fall 101, Rn. 772–774 (Anstaltsmorde) und Fall 102, Rn. 775–778 (Flugzeugabschuss); *Marxen,* Fall 15 e („Tunnel-Fall"); *Schlehofer,* Jura 1989, 263 u. 270 (unterlassene Organtransplantation zugunsten eines anderen Patienten); *Matt,* AT I, S. 275 f. („Kapitäns-Fall"); *Mitsch,* JA 2006, 509 u. 515 („Weichensteller-Fall"); *Otto/Bosch,* Übungen, Fall 7, S. 174 („Schicksalsgemeinschaft" von Mutter und Kind).

108   Auch für Fälle der einverständlichen aktiven Sterbehilfe (§ 216) wird eine übergesetzliche Entschuldigung erwogen. Es geht dabei nicht mehr um die bereits nach § 34 gerechtfertigten Fälle der indirekten Sterbehilfe (s. o. 8/163), sondern um Fälle der **direkten Sterbehilfe.** Wann diese Fälle so extrem werden, dass die aktive Tötung Verständnis und Nachsicht durch Entschuldigung verdient, ist freilich wenig geklärt.[204] Bei begonnenem Sterbeprozess und unerträglichen, persönlichkeitszerstörenden Schmerzen kann aber die Notstandssituation erreicht sein.[205]

III. Entschuldigende Gewissensnot (Art. 4 I GG)

109   Für die aus Gewissensnot begangene Straftat, z. B. die Tötung des Kindes durch den die ärztliche Rettung (Bluttransfusion) aus religiöser Überzeugung verhindernden Vater (§ 212), sieht das StGB keinen Entschuldigungsgrund vor. § 35 erfasst diesen **„inneren Notstand"**[206] nicht, weil sich keines der dort genannten Rechtsgüter „Leben, Leib oder Freiheit" in Not befindet. Auch eine analoge Anwendung dieser

---

[202] S/S-*Lenckner/Sternberg-Lieben,* Vorbem §§ 32 ff. Rn. 117; nach LK[11]-*Hirsch,* Rn. 217 Vor § 32, weil der Täter sich anmaßt, Schicksal zu spielen.

[203] Vgl. zu diesem kontrovers beurteilten Fall außerdem: *Günther,* 1983, S. 333 f.; *Jescheck/Weigend,* S. 501; LK-*Rönnau,* Rn. 356 Vor § 32; *Roxin,* AT I, 22/164; SK-*Rudolphi,* Rn. 9 Vor § 19; S/S-*Lenckner/Sternberg-Lieben,* Vorbem §§ 32 ff. Rn. 74 u. 115; *Welzel,* S. 185.

[204] Vgl. *Lackner/Kühl,* Rn. 7 vor § 211 u. NK-*Paeffgen,* Rn. 296 vor § 32.

[205] Für die übergesetzliche Entschuldigung in Extremfällen etwa *Langer,* 1986, S. 121 f.; *Hirsch,* Fs. Lackner, 1987, S. 615; *Küpper,* BT 1, I 1/24. – Gegen die übergesetzliche Entschuldigung (und für ein Absehen von Strafe) S/S-*Eser,* Vorbem §§ 211 ff. Rn. 25, mit zahlreichen Nachweisen zum Streitstand auch aus dem neuesten Schrifttum; ergänzend *Schmoller,* ÖJZ 2000, 361, 368 f. – Für eine Rechtfertigung gem. § 34 in „seltenen Ausnahmesituationen" *Otto,* BT, 6/43–45, mit dem Beispiel des eingeklemmten, brennenden LKW-Fahrers; *Schroeder,* ZStW 106 (1994), 580.

[206] *Roxin,* AT I, 22/100; ebenso *Meurer,* S. 107.

Vorschrift wegen der Gefahr für das sonst verlorene „ewige Leben" ist nicht möglich (s. o. Rn. 28); die durch den Verzicht auf die Tat möglicherweise eintretende Persönlichkeitszerstörung trägt die Analogie zu den handfesteren § 35-Schutzgütern ebenfalls nicht.[207]

Dennoch besteht ein Bedürfnis, die **Gewissensnot,** die zu einer Straftat führt, bei **110** deren strafrechtlicher Beurteilung mildernd zu berücksichtigen. Dieses Bedürfnis artikuliert sich im geltenden Recht durch die von Art. 4 I GG als „unverletzlich" gewährte „Freiheit des Gewissens" und durch den von Art. 9 I EMRK „jedermann" eingeräumten „Anspruch" auf Gewissensfreiheit.

Das Bundesverfassungsgericht hat die „Ausstrahlungswirkung" von Art 4 I GG auf das **111** Strafrecht 1971 im sog. „Gesundbeter-Fall"[208] (BVerfG E 32, 108 f.) dadurch festgeschrieben, dass es die Strafe, die das OLG Stuttgart (MDR 1964, 1024) wegen unterlassener Hilfeleistung (§ 323 c) gegen den sich aus Glaubensgründen zurückhaltenden Ehemann der wegen unterbliebener Bluttransfusion verstorbenen Frau verhängt hatte, als inadäquate Sanktion bewertete: „Die sich aus Art. 4 Abs. 1 GG ergebene Pflicht aller öffentlichen Gewalt, die ernste Glaubensüberzeugung in weitesten Grenzen zu respektieren, muss zu einem Zurückweichen des Strafrechts jedenfalls dann führen, wenn der konkrete Konflikt zwischen einer nach allgemeinen Anschauungen bestehenden Rechtspflicht und einem Glaubensgebot den Täter in eine seelische Bedrängnis bringt, der gegenüber die kriminelle Bestrafung, die ihn zum Rechtsbrecher stempelt, sich als eine übermäßige und daher seine Menschenwürde verletzende soziale Reaktion darstellen würde" (BVerfG E 32, 109).

Zum Sachverhalt und zu den dazu ergangenen gerichtlichen Entscheidungen (dreier Straf- **112** gerichte und des Bundesverfassungsgerichts) vgl. *Blei,* JA 1972, 231–233; die Entscheidung des Bundesverfassungsgerichts findet sich bei *Roxin,* HRR AT, als Fall 42, S. 63 f. u. 181; von verfassungsrechtlicher Seite[209] ist sie und die Entscheidung des OLG Stuttgart aufbereitet von *Schwabe,* JuS 1972, 380–385: „Glaubensfreiheit und Pflicht zur Hilfeleistung". Von strafrechtlicher Seite wird oft bezweifelt, ob der Fall das Problem der Rechtfertigung bzw. Entschuldigung der Gewissenstat überhaupt aufwirft, weil es schon an einer Handlungspflicht des Ehemanns, der dem Wunsch seiner eine Behandlung ablehnenden Frau entsprach, fehle.[210]

Eine genauere dogmatische Einordnung des von Art. 4 I GG geforderten Strafver- **113** zichts lässt sich dem Beschluss des Bundesverfassungsgerichts nicht entnehmen, obwohl die Bewertung des Verhaltens des Ehemannes als objektiv zu missbilligendes, aber nicht in einem Strafe rechtfertigenden Maße Vorwerfbares für einen Entschuldigungsgrund spricht.[211] Die dogmatische **Einordnung** ist auch in der Strafrechtswissenschaft nicht i. S. einer allgemein akzeptierten Position geklärt.[211a]

---

[207] *Stratenwerth/Kuhlen,* 10/118; LK-*Rönnau,* Rn. 371 vor § 32; vgl. auch B-*Weber/Mitsch,* 23/65. – Die Beschädigung der Person durch Nichtbefolgung der Gewissensentscheidung führt nach *Jakobs,* 20/22, zur Entschuldigung der Tat wegen Unzumutbarkeit; in Fn. 37 setzt er sich von *Stratenwerth* ab.

[208] *Höcker,* 2000, S. 75; *Böse,* ZStW 113 (2001), S. 40, 70; zur Entscheidung des OLG Stuttgart vgl. auch *Hillenkamp,* Fs. Küper, 2007, S. 123 ff.

[209] Vgl. aus verfassungsrechtlicher Sicht zu dieser Entscheidung noch *Bethge,* 1989 § 137 Rn. 32, und *Zippelius/Würtenberger,* Staatsrecht, § 26 Rn. 21. Kritisch *v. Mangoldt/Klein/ Starck,* GG, Art. 4 Rn. 44, und *Kästner,* JZ 1998, 982, nach dem darin „in rechtsstaatlich und rechtspolitisch problematischer Weise ... die Strafrechtsordnung partiell relativiert worden" ist.

[210] Vgl. *Ebert,* 1975, S. 48; *Jescheck/Weigend,* S. 415 Fn. 37; *Ranft,* Fs. Schwinge, 1973, S. 115 f.; *S/S-Lenckner/Sternberg-Lieben,* Vorbem §§ 32 ff. Rn. 118 u. 120; *Schünemann,* GA 1985, 306 Fn. 54; – für Rechtfertigung *Frisch,* GA 2006, 273, 278.

[211] Vgl. *Müller-Dietz,* Fs. Peters, 1974, S. 107 f. und *Roxin,* JahrbÖR 2011, 1, 20.

[211a] Zum Diskussionsstand vgl. *Böse,* ZStW 113 (2001), S. 40 f., der § 34 anwenden will und eine gesetzliche Ergänzung von § 35 fordert, u. NK-*Paeffgen,* 297 vor § 32.

114   Weitgehende Übereinstimmung besteht immerhin in der Ablehnung eines aus Art. 4 I GG abgeleiteten **Rechtfertigungsgrundes.**[212] Eine solche Einstufung der Gewissenstat würde den Freiheitsraum des von dieser Tat betroffenen Opfers (Verlust des Notwehrrechts, insbesondere des Nothilferechts z. B. des Arztes, wegen des gerechtfertigten Angriffs des Gewissenstäters) unzulässig beschneiden.[213] Zwar scheint es zwingend, aus der Ausübung dieses Grundrechts auf die Rechtmäßigkeit des Verhaltens zu schließen, doch würde ein solcher Schluss dem Grundrecht auf Freiheit des Gewissens **nicht** gerecht. Art. 4 I GG schützt diese Freiheit gerade dadurch, dass er den Verzicht auf Strafe zur Erzwingung gewissenswidrigen Verhaltens gebietet.[214]

> Vgl. aus der **Übungsfall-Literatur:** *Ebert,* JuS 1976, 320 f.; *Jäger,* Fall 36, Rn. 202, 203; *Rudolphi,* AT-Fälle, Fall 6, S. 65 u. 74; *Tiedemann,* Anfängerübung, Fall 8, S. 202 u. 208; *Walter/Schwabenbauer,* JA 2012, 504 u. 509.

115   Nach weithin verbreiteter Meinung[215] handelt der Gewissenstäter aber nicht nur nicht gerechtfertigt, sondern auch **nicht entschuldigt.** Der durch Entschuldigung der Gewissenstat bewirkte Verlust des Strafrechtsschutzes für strafrechtlich geschützte Rechtsgüter[216] sei nicht hinzunehmen, die Rechtsordnung dürfe die Geltung ihrer Normen nicht von der Billigung durch den einzelnen abhängig machen.[217] Zumindest bei Begehungsdelikten sei es nicht angebracht, die durch gesetzgeberische Entscheidung als sozialschädliche Verhaltensweisen eingestuften Straftaten nur deshalb zu entschuldigen, weil der Täter von seinem Gewissen zu ihnen gedrängt worden sei.[218] Lediglich bei der Strafzumessung soll in Befolgung des sog. „Wohlwollensgebots" (BVerfG E 23, 134) Milderung für den Gewissenstäter möglich sein.[219]

---

[212] Für Rechtfertigung aber *Peters,* Fs. Mayer, 1966, S. 276, sowie in: JZ 1972, 85; *Höcker,* 2000, S. 50 ff., 75; in engen Grenzen auch *Hirsch,* 1996, S. 11 u. 21; ähnlich *Frisch,* GA 2006, 273, 276 f. u. in: Fs. Schroeder, 2006, S. 11.

[213] Vgl. *Ebert,* 1975, S. 46; *Ranft,* Fs. Schwinge, 1973, S. 118; *Schwabe,* JuS 1972, 382; *Tenckhoff,* Fs. Rauscher, 1993, S. 447 f.; NK-*Neumann,* § 17 Rn. 45. – Vgl. *Böckenförde,* VVDStRL 28 (1970), 60: elementare Sozialverträglichkeit verlange auch bei Gewissensbetätigung die Respektierung der Rechte und der Freiheit der anderen.

[214] *Ebert,* 1975, S. 49 u. 58; zustimmend *Roxin,* AT I, 22/121. – Vgl. auch *Zippelius,* Staatsrecht, § 24 IV 1a: aus Art. 4 I GG folge die Pflicht aller öffentlichten Gewalt, ernste Glaubens- und Gewissensentscheidungen im weitest möglichen Umfang zu respektieren; ebenso *Bethge,* 1989, § 137 Rn. 11.

[215] S/S-*Lenckner/Sternberg-Lieben,* Vorbem §§ 32 ff. Rn. 118, 119 (für Begehungsdelikte; bei Unterlassungsdelikten könne die Zumutbarkeit verneint werden, Rn. 120) u. LK[11]-*Hirsch,* Rn. 221 Vor § 32 m. w. N.

[216] Vgl. *Otto,* 14/31: „Glaube und Gewissen bieten keine Eingriffsgrundlage für Eingriffe in Rechte Dritter." – Zur Gewissensentscheidung als „Rechtsquelle" *Otto,* Fs. Schmitt Glaeser, 2003, S. 21, 32 ff.

[217] *Hoffmann-Holland,* Rn. 429; *Jescheck/Weigend,* S. 415; *Lackner/Kühl,* Vor § 32 Rn. 32; ähnlich *Herdegen,* GA 1986, 101; W-*Beulke,* Rn. 403 f.

[218] S/S-*Lenckner/Sternberg-Lieben,* Vorbem §§ 32 ff. Rn. 119; auch *Jescheck/Weigend,* S. 505 f., beschränken die Ablehnung einer Entschuldigung auf aktives Verhalten, vgl. S. 372 f. mit S. 574; ebenso aus verfassungsrechtlicher Sicht *v. Mangoldt/Klein/Starck,* GG, Art. 4 Rn. 96 f. – Nach *Muckel,* NJW 2000, 689, erstreckt sich bereits der (durch entgegenstehendes Verfassungsrecht weiter beschränkte) Schutzbereich der Gewissensfreiheit auf die Verweigerung staatlicher Befehle.

[219] *Muckel,* NJW 2000, 689, 690; *Lackner/Kühl,* § 46 Rn. 33 m. w. N.; kritisch zu diesem „Wohlwollensgebot" *Hirsch,* 1996, S. 26. – Zur Ablehnung dieses Gebots durch die Strafgerichte s. *Schünemann,* GA 1985, 306 f. – Vgl. aus der Rspr. zur Strafzumessung bei sog. Totalverweigerern LG Darmstadt NJW 1993, 77 ff.: bei politischen Motiven trete das Wohlwollensgebot zurück; anders bei dem totalverweigernden Zeugen Jehovas OLG Stuttgart NJW

„Zunehmend"[220] werden Rechtsverletzungen, bei denen die Ausstrahlungswir- **116** kung des Grundrechts der Gewissensfreiheit (Art. 4 I GG) einer Bestrafung entgegensteht, wegen Unzumutbarkeit als entschuldigt angesehen.[221] Die Gründe für diese zutreffende systematische Einordnung als **Entschuldigungsgrund** liegen in der (sonstigen Entschuldigungsgründen vergleichbaren) seelischen Zwangslage des Gewissenstäters[222] und deren normativer, durch Art. 4 I GG und Art. 9 I EMRK artikulierter Beachtlichkeit. Bei Beschränkung auf echte Gewissensnot und bei Beachtung der Schranken des Grundrechts der Gewissensfreiheit führt die Gewährung von Nachsicht durch Entschuldigung zur praktischen Konkordanz zwischen der Freiheit des Gewissenstäters und der Freiheit der von seiner Tat Betroffenen.

> Aus der **Übungsfall-Literatur** vgl. *Jäger*, 202, 203: Fall 36 (Entschuldigung aufgrund der durch Art. 4 I GG geschützten Gewissensfreiheit); *Hilgendorf*, KK III, Fall 13, Rn. 12 (gegen Rechtfertigung und Entschuldigung).

Eine **Gewissensentscheidung** ist nach der maßgeblichen Definition des Bundesver- **117** fassungsgerichts „jede ernste sittliche, d.h. an den Kategorien von ‚Gut' und ‚Böse' orientierte Entscheidung …, die der Einzelne in einer bestimmten Lage als für sich bindend und unbedingt verpflichtend innerlich erfährt, so dass er gegen sie nicht ohne ernste Gewissensnot handeln könnte" (E 12, 55). Zur Grundvoraussetzung wird damit das Gefühl einer **inneren Verpflichtung**.[223] Jedenfalls in der Situation des „Hier stehe ich, ich kann nicht anders",[224] ist eine solche innere Verpflichtung gegeben. Ob tatsächlich ein „Nichtandershandelnkönnen" vorliegen muss, ist umstritten,[225] doch muss die empfundene innere Verpflichtung das „Andershandelnkönnen" zumindest sehr erschweren.

Durch diesen „kategorischen Imperativ" unterscheidet sich der Gewissenstäter **118** vom sog. **Überzeugungstäter**, der sich kraft besserer Überzeugung (z.B. hinsichtlich der Sinnlosigkeit der Strafbarkeit des Schwangerschaftsabbruchs) über geltende Strafgesetze (z.B. § 218) hinwegsetzt, ohne sich dazu „für unabdingbar verpflichtet

---

1992, 3251. – Zu Totalverweigerern vgl. auch BVerfG NJW 2000, 3269f. (§ 53 ZDG mit Art. 4 I GG nicht unvereinbar; krit. zur Mehrfachbestrafung *Höcker*, 2000, S. 113, 143), AG Dannenberg NStZ-RR 2006, 385, *Dahlmanns*, NZ Wehrr 2006, 191 sowie den Übungsfall von *Alpmann/Schmidt*, AT 1, Fall 36, S. 175–177. – Zur Strafbarkeit nach § 53 I ZDG und § 15 WStG vgl. BVerfG NJW 2002, 1707 und 1709.

[220] So wieder die Einschätzung von S/S-*Lenckner/Sternberg-Lieben*, Vorbem §§ 32 ff. Rn. 118; ebenso schon *Blei*, S. 214. – *Jakobs*, 20/22 Fn. 33, spricht von einer „neueren Lehre".

[221] Ebenso *Tenckhoff*, Fs. Rauscher, 1993, S. 448–453 u. NK-*Neumann*, § 17 Rn. 46.

[222] „Schuldmindernde Motivationserschwerung" nach *Roxin*, AT I, 22/129, der einen Verantwortungsausschluss erwägt (Fs. Kaiser, 1998, S. 885, 892); vgl. auch *Rudolphi*, Fs. Welzel, 1974, S. 630 u. MK-*Schlehofer*, 257 vor §§ 32 ff.: eingeschränkte „schuldbegründende Steuerungsfähigkeit". – *Hirsch*, 1996, S. 23, verlangt zusätzlich das Vorliegen objektiver Merkmale, in denen sich eine Schuldminderung ausdrückt; ähnlich *Radtke*, GA 2000, 35f., der das Hinzutreten einer objektiven Unrechtsminderung verlangt; auch nach *Frisch*, GA 2006, 273, 279 u. ins.: Fs. Schroeder, 2006, S. 11, 22, 25ff., liegt der Grund für die Entschuldigung in der „psychischen Zwangslage", nicht in Art. 4 I GG.

[223] *Herdegen*, GA 1986, 97, 99, 107ff.; *Mager*, in: v. *Münch/Kunig*, GG, Art 4 Rn. 22, 29; *Starck*, JZ 1993, 31. Zum Gewissensbegriff in Anlehnung an BVerfG E 12, 55, vgl. *Pieroth/Schlink*, Grundrechte, Rn. 522 u. *Bethge*, 1989, § 137 Rn. 19. – Aus der Rspr. des Bundesverfassungsgerichts: BVerfG NJW 1993, 455.

[224] v. *Münch*, in: v. *Münch/Kunig*, GG, 4. Aufl. 1992, Art. 4 Rn. 32.

[225] Dafür z.B. *Ebert*, 1975, S. 60 (mit der Einschränkung „oder doch sehr erschwert"); dagegen z.B. *Roxin*, AT I, 22/127.

zu halten."[226] Er ist nicht von dem Konflikt zwischen „gut" und „böse" beherrscht, sondern hält seine Sicht für „richtig", die des Gesetzgebers für „falsch".[226a] Diesen Überzeugungstätern kann nur über die **Strafzumessung Milderung** zugestanden werden, soweit sich ihre Überzeugung als achtbares Motiv darstellt,[227] was bei politisch motivierten Überzeugungstätern (z. B. Hausbesetzungen oder Terroranschläge, aber nicht Auschwitz-Leugnen i. S. des § 130 III) nicht der Fall sein muss.[228] Zur Beurteilung von „Überzeugungstätern", die zivilen Ungehorsam praktizieren s. o. 9/108.

Vgl. aus der **Übungsfall-Literatur:** *Tiedemann,* Anfängerübung, Fall 8, S. 202 u. 208 f.

119   Eine Tat aus Gewissensnot liegt auch dann nicht vor (bzw. wird nicht als solche anerkannt), wenn der Täter seinem Gewissen auch durch gleichwertige, aber straflose Handlungen hätte folgen können.[229] Statt einer (nach § 240 strafbaren) längeren Straßenblockade[229a] wäre eine kurzfristige Protestaktion ebenso aufmerksamkeitserregend gewesen, statt der (nach § 216 strafbaren) Giftverabreichung an den schwerleidenden, darum bittenden Kranken hätte auch das Zurverfügungstellen des Giftes zur Selbsteinnahme durch den Kranken gereicht (straflose Beihilfe zur Selbsttötung).

120   Entschuldigung wegen Gewissensnot kommt vor allem für Taten in Betracht, in denen der „entschuldigende Staat" seine rechtswahrende Funktion auch durch **anderes** Verhalten als durch Strafen erfüllen kann, wo es also „gar nicht notwendig ist, den Gewissenstäter gegen sein Gewissen zur Normbefolgung zu zwingen, um das von der fraglichen Strafnorm intendierte Ziel zu erreichen."[230] Dies führt zur Entschuldigung der Eltern, die die Zustimmung zur allein lebensrettenden Bluttransfusion bei ihrem Kind verweigern (versuchter Totschlag gem. §§ 212, 13), wenn die fehlende Zustimmung z. B. durch die Bestellung eines Pflegers ersetzt werden kann.[230a]

Vgl. den **Übungsfall** von *Rudolphi,* AT-Fälle, Fall 6, S. 65 u. 75 f. u. den von *Stoffers/Murray,* JuS 2000, 986 u. 987 f. – Aus der Rspr. vgl. den vielbehandelten Fall des OLG Hamm NJW 1968, 212–215; zu diesem Fall vgl. *Kreuzer,* NJW 1968, 1201 f.; *Ulsenheimer,* FamRZ 1968, 568–574; *Blei,* JA 1972, 303–306.[231]

---

[226] So *Jakobs,* 20/21, mit diesem und weiteren Beispielen.

[226a] So ausdrücklich *Hirsch,* 1996, S. 9; ähnlich MK-*Schlehofer,* 259 vor §§ 32 ff. u. S/S-*Cramer/ Sternberg-Lieben,* § 17 Rn. 7.

[227] *Ebert,* 1975, S. 83, der auf S. 74–83 weitere Fälle diskutiert, z. B. die Sterbehilfe aus Barmherzigkeit. Vgl. auch *Gallas,* Fs. Mezger, 1954, S. 320 = Beiträge, 1968, S. 66.

[228] Vgl. *Ebert,* 1975, S. 80–82; *Schünemann,* in: *de Boor* (Hrsg.), Politisch motivierte Kriminalität – echte Kriminalität?, 1978, S. 87 ff., 103 ff., und *ders.,* in: GA 1985, 305–308; *Tenckhoff,* Fs. Rauscher, 1993, S. 442 und neuerdings *Hirsch,* 1996, S. 27. – Zum Auschwitz leugnenden Überzeugungstäter *Wandres,* Die Strafbarkeit des Auschwitz-Leugnens, 2000, S. 264 ff. – Zur Strafzumessung bei ideologischen Überzeugungstätern s. OLG Koblenz StV 1991, 464 f., sowie die Revisionsbegründung *Widmaier* (465) und das Gutachten *Fetcher* (465–467).

[229] *Jakobs,* 20/22 Fn. 33 a; *Roxin,* AT I, 22/111.

[229a] Inwieweit Straßenblockaden noch strafbare Nötigungen darstellen, ist in der Rspr. noch nicht abschließend geklärt (vgl. BVerfGE 92, 1; 104, 92 m. Bspr. *Sachs,* JuS 2002, 707; *Mitteldorf,* JuS 2002, 1062 und *Heger,* Jura 2003, 112; BGHSt 41, 182; *Lackner/Kühl,* § 240 Rn. 2 u. 8 m. w. N.).

[230] SK-*Rudolphi,* Rn. 7 Vor § 19; ebenso *Roxin,* AT I, 22/109 u. *Frisch,* GA 2006, 273, 275. – Aus der verfassungsrechtlichen Literatur ebenso *Bethge,* 1989, § 137 Rn. 35.

[230a] Vgl. zu diesem Fall mit Abwandlung *Hirsch,* 1996, S. 18, der zu differenzierenden Lösungen kommt; vgl. auch *Roxin,* AT I, 22/118 u. *Ulsenheimer,* 2008, Rn. 96, 96 a. – Für eine bereits den Tatbestand ausschließende Wirkung der Gewissensfreiheit S/S-*Lenckner/Sternberg-Lieben,* Vorbem §§ 32 ff. Rn. 120.

[231] Außerdem: *Frisch,* GA 2006, 273, 275; *Jakobs,* 20/26 Fn. 40; *Roxin,* AT I, 22/116; S/S-*Lenckner/Sternberg-Lieben,* Vorbem §§ 32 ff. Rn. 120.

Fehlt es freilich an solchen „gewissensneutralen Alternativen",[232] so wirkt sich **121** die Gewissenstat nachhaltig zu Lasten des **Opfers** aus. Geben etwa die Eltern ihr Kind gar nicht in Behandlung, so stirbt es, ohne dass rettende Handlungen (des Pflegers, des Arztes) möglich sind. Dasselbe gilt für das obige Eingangsbeispiel (Rn. 109), indem sich die Eltern Rettungshandlungen (diese aktiv abbrechend) in den Weg stellen und so ihr Kind töten (§ 212). Solche Straftaten durch Tun oder Unterlassen allein deshalb zu entschuldigen, weil hinter dem Entschluss zur Nicht-Hilfe oder zur Rettungshinderung eine Gewissensentscheidung steht, erscheint zumindest problematisch. Die Gewissensnot der Eltern wirkt sich zwar schuldmindernd auf ihre Taten aus, aber zur Entschuldigung wäre noch der **normative** Schutz des Art. 4 I GG zusätzlich erforderlich.

Art. 4 I GG schützt nicht nur die „Freiheit des Gewissens", sondern **auch** die Be- **122** tätigung dieser inneren Freiheit nach außen.[233] Ansonsten liefe Art. 4 I GG praktisch leer, weil rechtlich zu regelnde Konflikte regelmäßig erst aus der Umsetzung der Gewissensfreiheit in Taten entstehen, die andere in ihrem Freiheitsraum und ihren Rechten beeinträchtigen.[234] Art. 9 I EMRK bestätigt dieses Verständnis von Art. 4 I GG,[235] der wie alle Grundrechte nach der Rechtsprechung des Bundesverfassungsgerichts menschenrechts- bzw. konventionskonform auszulegen ist (BVerfGE 74, 358 ff.).[236]

Schützt also Art. 4 I GG (und Art. 9 I EMRK) die aus Gewissensnot begangene **123** Tat, so heißt das noch nicht, dass die Tötung des Kindes durch die Eltern entschuldigt ist. Denn Art. 4 I GG enthält zwar keinen Gesetzesvorbehalt, doch unterliegt auch die Gewissensfreiheit sog. **immanenten Schranken**.[237] Ohne diese Schranken hier näher bestimmen zu müssen, wird man – neben hochrangigen staatlichen Rechtsgütern – jedenfalls die **Grundrechte anderer**[238] – praktisch alle strafrechtlich geschützten Individualrechtsgüter[238a] – als Schranken der Gewissensfreiheit ansehen müssen. Deshalb ist der Eingriff in das Grundrecht auf Leben des Kindes gem. Art. 2 II 1 GG[239] nicht durch Art. 4 I GG gedeckt, da hier die Ausübung der Gewis-

---

[232] *Roxin*, AT I, 22/109.

[233] Vgl. BVerfG E 24, 245; 32, 106; 78, 395, sowie *Bethge*, 1989, § 137 Rn. 14; *Herzog*, in: M/D/H-GG, Art. 4 Rn. 135; *Mager*, in: *v. Münch/Kunig*, GG, Art. 4 Rn. 23.

[234] Vgl. *Pieroth/Schlink*, Grundrechte, Rn. 524.

[235] Zutreffend *Roxin*, AT I, 22/105.

[236] Vgl. dazu *Kühl*, ZStW 100 (1988), 409; *Krey*, Strafverfahrensrecht 1, Rn. 132 ff. – Vgl. auch den Hinweis von *Herzog*, in: M/D/H-GG, Art. 4 Rn. 135 Fn. 116.

[237] *Zippelius/Würtenberger*, Staatsrecht, § 26 Rn. 25 ff.; ähnlich *Bethge*, 1989, § 137 Rn. 22; *Böckenförde*, VVDStRL 28 (1970), 59; *Herzog*, in: M/D/H-GG, Art. 4 Rn. 149 ff.; *Muckel*, NJW 2000, 689, 690; *Pieroth/Schlink*, Grundrechte, Rn. 535 ff.; krit. *Fehlau*, JuS 1993, 441 ff., der eine ausdrückliche Schrankenregelung fordert.

[238] Z. B. Art. 2 GG, vgl. OLG Hamm NStZ 1992, 499 f.: unerlaubtes Schächten eines Tieres nicht durch Art. 4 I GG gerechtfertigt oder entschuldigt; vgl. dazu *Böse*, ZStW 113 (2001), S. 44: Beispielsfall 1 mit Lösung S. 51, 55 f. u. 57. – Aus Art. 4 GG kann aber ein Anspruch auf Erteilung einer Ausnahmegenehmigung zum Schächten folgen; BVerfG NJW 2002, 666 mit Bspr. *Ehlers*, JK 6/02, GG Art. 4 I, II/20; vgl. jetzt § 4 a II TierschutzG, der nach *Frisch*, GA 2006, 273, 276 Fn. 14, den „Direktzugriff" auf Art. 4 I GG überflüssig macht (ebenso *Frisch*, Fs. Schroeder, 2006, S. 11, 17 ff.). – Zu den Schranken von Art. 4 I, II GG bei der Betreuerbestellung für eine Blutübertragung an eine bewusstlose Zeugin Jehovas vgl. BVerfG NJW 2002, 206 mit Bspr. *Sachs*, JuS 2002, 494.

[238a] *Hirsch*, 1996, S. 16; *Radtke*, GA 2000, 33 f.

[239] Dieses Grundrecht als Art. 4 I GG-Schranke hebt besonders hervor *Bethge*, 1989, § 137 Rn. 28 u. 30 und *Tenckhoff*, Fs. Rauscher, 1993, S. 452. Nach *Starck*, JZ 1993, 31 f., stellt auch das ungeborene Leben eine Schranke der Gewissensfreiheit dar.

sensfreiheit an eine Schranke stößt. Strafrechtlich folgt daraus (weil der Entschuldigungsgrund der Gewissensnot sich an Art. 4 I GG „gebunden" hat), dass weder die Tötung durch Unterlassen noch die durch aktives Tun entschuldigt ist.[240] Selbst wer der Gewissensnot entschuldigende Kraft nicht abspricht, muss diese Kraft grundsätzlich am **Lebensschutz** enden lassen. Der Lebensschutz, strafrechtlich bekräftigt durch § 212, steht auch der Respektierung einer Gewissensentscheidung entgegen, die den Dingen „nur" ihren Lauf (z.B. das Kind sterben) lässt, erst recht ist die Gewissensentscheidung nicht zu akzeptieren, die sich in einer aktiven Tötungshandlung äußert.

124   Die Schranke „Grundrecht auf Leben" hindert – wie auch andere Schranken – die Entschuldigung nach Art. 4 I GG nicht in allen Fällen. Es ist vielmehr eine **Abwägung** der betroffenen Rechtsgüter unter Berücksichtigung aller Umstände des Einzelfalles angezeigt, durch die erst die konkrete Grenze von Gewissenstaten aufgezeigt werden kann.[241]

125   Eine solche Abwägung führt z.B. im oben geschilderten „Gesundbeter-Fall" zumindest (s.o. Rn. 111 f.) zur Entschuldigung des Ehemannes hinsichtlich seiner unterlassenen Einwirkung (§ 323c) auf die Ehefrau, weil er ihre Entscheidungsfreiheit (gegen Behandlung) nicht antastet und sogar ihrer Gewissensentscheidung zur Durchsetzung verhilft.[242] Dies gilt auch für die Übungsfall-Variante von *Ebert* (JuS 1976, 319 u. 321), in der sich der Ehemann dem Arzt, der seine Frau durch Bluttransfusion retten will, in den Weg stellt: dies geschah mit dem Willen der Frau und unterstützte sie in der Wahrnehmung ihrer Glaubensfreiheit (*Ebert*, JuS 1976, 321). Diskutiert wird eine solche Entschuldigung auch für die vorsätzliche Tötung eines unheilbar Kranken auf dessen Verlangen (§ 216), dem der Täter aus eigener Gewissensnot folgt.[243]

IV. Der Notwehrexzess gem. § 33

1. Die Erklärung des Notwehrexzesses als Entschuldigungsgrund

126   Die Vorschrift, welche die Voraussetzungen und die Folgen des Notwehrexzesses regelt, ist zwischen die Rechtfertigungsgründe der Notwehr gem. § 32 und des Notstands gem. § 34 geschoben. Diese **Stellung im Gesetz** bedeutet aber nicht, dass es sich bei § 33 um einen weiteren Rechtfertigungsgrund handelt. § 33 erklärt das Verhalten nicht für „nicht rechtswidrig", sondern bestimmt, dass der „Täter … nicht bestraft" wird. Die systematische Einordnung des Notwehrexzesses ist damit vom Gesetzgeber bewusst offengelassen worden.[244]

---

[240] Ebenso *Ebert*, 1975, S. 70; *Jakobs*, 20/26; *Roxin*, AT I, 22/116; LK-*Rönnau*, Rn. 372 vor § 32; SSW-*Rosenau*, vor § 32 Rn. 68; *Rudolphi*, AT-Fälle, S. 76; *Ulsenheimer*, FamRZ 1968, 573 f.

[241] So vor allem *Ebert*, 1975, S. 68 und *ders.*, in: AT, S. 110 sowie *Roxin*, AT I, 22/108 u. 115 ff.; *Murmann*, GK, 26/96; aus der verfassungsrechtlichen Literatur für die Unverzichtbarkeit der Einzelfallabwägung *Bethge*, 1989, § 137 Rn. 28.

[242] Ebenso *Ebert*, 1975, S. 68 f.; *Roxin*, AT I, 22/118; SK-*Rudolphi*, Rn. 7 Vor § 19; nach *Böse*, ZStW 113 (2001), S. 40, 71, ist § 323c schon tatbestandsmäßig nicht erfüllt, weil die Einwirkung auf die Ehefrau deren Selbstbestimmungsrecht missachten würde; für Rechtfertigung *Frisch*, GA 2006, 273, 278; vgl. auch *Jakobs*, 20/26 Fn. 41, der die Gewissensentscheidung nur hinsichtlich des den Kindern zu ersparenden Todes der Mutter bemüht.

[243] Vgl. *Ebert*, 1975, S. 69; *Jakobs*, 20/24; *Roxin*, AT I, 22/118; *Rudolphi*, Fs. Welzel, 1974, S. 628; *Hirsch*, 1996, S. 17 u. 23. – Zur Beachtlichkeit des unter dem Schutz des Art. 4 I GG stehenden Entschlusses der Frau, ihr Krankheitsschicksal hinzunehmen, s. *Ranft*, Fs. Schwinge, 1973, S. 121.

[244] Vgl. mit Nachweisen aus der Entstehungsgeschichte: *Diederich*, 2001, S. 5 ff.; *Roxin*, AT I, 22/68.

Für die **Einordnung** von § 33 als Entschuldigungsgrund spricht schon das enge **127** Anschließen an den Rechtfertigungsgrund der Notwehr. Wie beim (Notstandssituationen regelnden) „Pärchen" rechtfertigender und entschuldigender Notstand (§§ 34, 35) könnte es sich auch bei dem „Pärchen" rechtfertigende Notwehr und entschuldigender Notwehrexzess um ein Vorschriften-Ensemble zur differenzierten Lösung von Notwehrsituationen handeln. Hält sich der Täter in Notwehrsituationen an die in § 32 bestimmten Grenzen, so ist die Verteidigungshandlung gerechtfertigt, gelingt ihm dies nicht, kann sein Verhalten immerhin entschuldigt sein. Die Stellung des § 33 im Gesetz ist freilich kein schlagender Beweis für dessen Einordnung als Entschuldigungsgrund, denn anders als bei dem § 34 ergänzenden entschuldigenden Notstand hat sich der Gesetzgeber in Überschrift und Gesetzestext (§ 35: „ohne Schuld") zurückgehalten.

Trotz dieser Zurückhaltung ist die Qualifizierung des Notwehrexzesses als Ent- **128** schuldigungsgrund[244a] so gut wie unbestritten. Auch die Rechtsprechung ist trotz der auch in der Vorgängervorschrift des § 33 (§ 53 III a. F.: „Die Überschreitung der Notwehr ist nicht strafbar, wenn …") vorzufindenden Zurückhaltung des Gesetzgebers schon seit langem für die Berücksichtigung des Notwehrexzesses auf der Deliktsstufe der Schuld.[245] Sachlich ist diese Einstufung deshalb zutreffend, weil die den Notwehrexzess erklärenden Gründe den tragenden Gründen des zentralen Entschuldigungsgrundes (§ 35) und der aus ihnen entwickelten, im StGB nicht ausdrücklich geregelten Entschuldigungsgründen ähnlich sind. Damit ist schon klar, dass der Streit um die richtige „Notstandstheorie" bei der theoretischen Erklärung des § 33 seine Fortsetzung findet.[246] Doch wie bei § 35 ergänzen sich schuldorientierte und strafzweckorientierte Theorien im Kernbereich des § 33 eher, als dass sie sich ausschließen.[246a]

Schuldorientiert ist die § 33-Erklärung, die eine erste Schuldminderung wegen **129** des geminderten Unrechts der Exzesstat und eine weitere Schuldminderung wegen der „Verwirrung, Furcht" oder des „Schreckens" des Exzesstäters annimmt. Während die zweite Schuldminderung unmittelbar einleuchtet (die Fähigkeit zum normbefolgenden Andershandelnkönnen ist durch die genannten Affekte zumindest erheblich erschwert), muss die umstrittene[247] Unrechtsminderung begründet werden: zwar handelt der die Grenzen des § 32 überschreitende Täter rechtswidrig, doch anders als ein grundlos Zuschlagender verteidigt er mit Verteidigungswillen ein angegriffenes Rechtsgut und bewährt damit das Recht.[248] Trifft diese Unrechtsminderung mit der psychisch bedingten Schuldminderung zusammen, so fehlt

---

[244a] Vgl. *Lackner/Kühl*, § 33 Rn. 1; LK-*Zieschang*, § 33 Rn. 33; MK-*Erb*, § 33 Rn. 1; NK-*Herzog*, § 33 Rn. 4; S/S-*Perron*, § 33 Rn. 2; SK-*Rogall*, § 33 Rn. 1; *Murmann*, GK, 26/77; zusf. *Geppert*, Jura 2007, 33, 37; vgl. auch *Motsch*, 2003, S. 114: „sehr nahe liegend".

[245] Zumindest seit der Entscheidung BGHSt 3, 198, aus dem Jahre 1952. Ausdrücklich vom „Entschuldigungsgrund" des § 33 spricht BGH NStZ 1991, 528; BGHSt 39, 133, 139: „Exkulpierung". – Aus der Lit. vgl. *Müller-Christmann*, JuS 1993, L 41, m. N. in Fn. 3.

[246] „Theorien zum Notwehrexzess" stellt übersichtlich dar: *Timpe*, JuS 1985, 118–120; vgl. auch *Heuchemer/Hartmann*, JA 1999, 165, 167 ff.

[246a] Ebenso NK-*Herzog*, § 33 Rn. 6; eingehend *Diederich*, 2001, S. 15 ff., 192 u. NK-*Paeffgen*, Rn. 284–290 vor § 32.

[247] Zur Kritik der Unrechtsminderung vgl. *Jakobs*, 20/28 Fn. 44; *Roxin*, AT I, 22/72; *Timpe*, JuS 1985, 118 f.; *Frister*, 1993, S. 226 ff.

[248] Nähere Begründungen für die Unrechtsminderung finden sich bei *Rudolphi*, JuS 1969, 462; *Sauren*, Jura 1988, 569 f. (gegen Minderung des Erfolgsunrechts); knapper: *Jescheck/Weigend*, S. 491; LK-*Zieschang*, § 33 Rn. 35; SK-*Rogall*, § 33 Rn. 1; *Tiedemann*, Anfängerübung, S. 146; *W-Beulke*, Rn. 446.

es an einer strafrechtlich relevanten Schuld und dem Täter kann verziehen werden.[249]

130   **Strafzweckorientiert** ist die § 33-Erklärung, die auf die fehlende präventive Bestrafungsnotwendigkeit[250] abhebt: Wer nur zur Beendigung eines Angriffs den Angreifer zurückschlägt, erscheint trotz der angriffsbedingten[251] Überschreitung der Notwehrgrenzen als sozial integrierter Bürger; seine aus Schwäche (z.B. aus „Furcht") begangene Tat verführt nicht zur Nachahmung und erschüttert nicht den Rechtsfrieden.

131   Die handgreifliche **Folge** der Einordnung des Notwehrexzesses als Entschuldigungsgrund ist die Entstehung des **Notwehrrechts** für denjenigen, der die Notwehrsituation durch seinen rechtswidrigen Angriff geschaffen hat, jetzt aber zum Opfer einer grenzüberschreitenden „Verteidigungshandlung" geworden ist. Durch die Überschreitung der Grenzen der Notwehr (= durch seine exzessive „Verteidigungshandlung") wird der Täter (der selbst Angegriffene wie der ihn „verteidigende" Nothelfer) zum rechtswidrigen Angreifer i.S.v. § 32 II.[252]

2. Die einzelnen Voraussetzungen des § 33

132   § 33 formuliert die Entschuldigungsvoraussetzungen nicht gerade ausführlich. Immerhin sind die **subjektiven** Voraussetzungen anschaulich umschrieben: der Täter muss „aus Verwirrung, Furcht oder Schrecken" gehandelt haben. Unbeantwortet aber bleiben die Fragen, ob der Täter ausschließlich durch diese **Affekte** bestimmt sein muss und ob er sich der Überschreitung der Notwehrgrenzen bewusst sein darf.

133   Vor den subjektiven ist aber die **objektive** Voraussetzung des Notwehrexzesses zu prüfen. Sie besteht nach § 33 darin, dass der Täter „die Grenzen der Notwehr ... überschreitet". Welche Grenzen damit gemeint sind, bleibt offen.

134   Trotz der teilweisen Offenheit des Gesetzes kann der unbestrittene **Kernbereich** des Notwehrexzesses durch ein **Standardbeispiel** vorab deutlich gemacht werden: der von A gegenwärtig und rechtswidrig angegriffene B verteidigt sich gegen den ihm körperlich unterlegenen A mit einem lebensgefährlichen Messerstich, obwohl er den Angriff auch mit Fäusten risikolos hätte stoppen können; er sticht aus Furcht vor dem Angriff des A zu, ohne zu realisieren, dass er sich ebenso gut durch den Gebrauch seiner Fäuste hätte verteidigen können. Abstrakt gesprochen handelt es sich um den Fall des affektbedingten, unbewussten, intensiven Notwehrexzesses.

Vgl. Fall 1 bei *Müller-Christmann*, JuS 1993, L 42.

a) Die Überschreitung der Notwehrgrenzen

aa) Die Überschreitung der Erforderlichkeitsgrenze (sog. intensiver Notwehrexzess)

135   Auf jeden Fall überschreitet der Täter die Grenzen der Notwehr, der sich gegen einen wirklichen Angriff i.S. des § 32 II mit Mitteln verteidigt, die zur Abwehr des

---

[249] *Otto*, Jura 1987, 607; *Müller-Christmann*, JuS 1989, 718, sowie *ders.*, in: JuS 1993, L 42; *Stratenwerth/Kuhlen*, 9/99: doppelte Schuldmilderung.

[250] *Roxin*, AT I, 22/69, sowie *ders.*, Fs. Mangakis, 1999, S. 237, 249; *Wolter*, GA 1996, 201, 212.

[251] Auf die schuldhafte Verursachung der Affektgenese durch den deshalb für die Konflikterledigung zuständigen Angreifer heben ab: *Jakobs*, 20/28; *Timpe*, JuS 1985, 119; *Heuchemer*, JA 1999, 724, 727. – Ähnlich jetzt BGH NStZ-RR 1999, 264, 265 mit zust. Bespr. *Satzger*, JAR 1999, 17, 20.

[252] Vgl. schon RGSt 66, 229 (zu § 53 III a.F.); LK-*Zieschang*, § 33 Rn. 47.

Angriffs nicht erforderlich i. S. des § 32 II sind.[253] Die Überschreitung der **Erforder-**
lichkeitsgrenze kann – wie im obigen Standardbeispiel – durch den Einsatz eines für
den Angreifer zu gefährlichen Mittels erfolgen (Messer statt Fäuste),[254] sie kann
aber auch durch den zu intensiven Einsatz des an sich erforderlichen Mittels begründet werden (Messerstich in die Herzgegend statt auf den Arm).[255] Man spricht
in diesen Fällen vom **intensiven** Notwehrexzess, weil der Täter das angegriffene
Rechtsgut zu intensiv verteidigt. Dieser Exzess liegt auch vor, wenn die Grenzen der
Gebotenheit i. S. des § 32 I überschritten sind.[255a]

Der **Anwendungsbereich** des intensiven Notwehrexzesses hängt davon ab, wie **136**
eng bzw. wie weit man die Grenzen des Erforderlichen bei § 32 II zieht. Braucht sich
der Täter danach etwa schon dann nicht auf ein für den Angreifer schonenderes
Mittel verweisen zu lassen, wenn dessen Einsatz im Vergleich zum eingesetzten Mittel (ex-ante betrachtet) keine sofortige, sichere und endgültige Angriffsabwehr verspricht, so muss selbst eine (objektiv unnötige) tödliche Verletzung des Angreifers
nicht nach § 33 entschuldigt werden, weil sie noch durch Notwehr gerechtfertigt ist
(s. o. 7/107; vgl. auch den „Hinweis für die Klausurbearbeitung“ von *Müller-*
Christmann, JuS 1993, L 44).

Der Anwendungsbereich des intensiven Notwehrexzesses wird auch durch eine **137**
enge bzw. weite Auslegung der Gegenwärtigkeit i. S. des § 32 II mitbestimmt,[256] weil
dieser Exzess eine wirklich bestehende Notwehrlage, zu der auch ein gegenwärtiger
Angriff gehört, voraussetzt. Wer etwa bestimmte **zukünftige Angriffe** schon als gegenwärtig betrachtet, kann deren zu intensive Abwehr nach § 33 entschuldigen,
wenn der Täter aus einem der in § 33 genannten Affekte zu seiner „Präventivnotwehr“ motiviert wurde. Lehnt man richtigerweise (s. o. 7/42) die Anwendung von
§ 32 auf solche präventiven Verteidigungshandlungen ab, weil der Angriff noch
nicht unmittelbar bevorsteht,[257] so entfällt auch die Grundlage für den intensiven
Notwehrexzess. § 33 wird auch nicht dadurch „einschlägig“, dass man den zukünftigen Angriff schon als gegenwärtige Gefahr i. S. des § 34 gelten lässt, denn einen
„Notstandsexzess“ kennt das StGB nicht.

Erheblich ausgeweitet wird der Anwendungsbereich des intensiven Notwehrex- **138**
zesses durch die weite Hinausschiebung des Angriffsendes. Eine Notwehrlage besteht bis zum endgültigen Abschluss (= der „Beendigung“) des Angriffsverhaltens,[258]
so dass etwa das Nachlassen der Intensität des Angriffs nichts am Fortbestehen des
(dann eben schwächeren) Angriffs ändert. Selbst ein unterbrochener Angriff ist dann
noch gegenwärtig, wenn eine unmittelbar anschließende Wiederholung des Angriffs
tatsächlich droht.[259] Für den intensiven Notwehrexzess bedeutet dies: „Strafbefreiung nach § 33 StGB ist auch noch möglich, wenn bei der das erforderliche Maß
überschreitenden Notwehrhandlung die Intensität des Angriffs bereits nachgelassen

---

[253] BGH NStE Nr. 15 zu § 32; BGH NStZ-RR 2009, 70 f.
[254] Vgl. LK[11]-*Spendel*, § 33 Rn. 2, mit BGH bH MDR 1980, 453; weitere Beispiele bei *Gei-*
len, Jura 1981, 379, Bsp. 68; *Roxin*, 22/84.
[255] Vgl. LK[11]-*Spendel*, § 33 Rn. 2, mit dem „Boxhieb-Fall“ des BGH MDR 1956, 372; vgl.
auch BGH NJW 1969, 802 u. BGH StraFo 2006, 463 m. Bspr. *Geppert*, JK 6/07, StGB § 33/4.
Weiteres Beispiel bei *Sauren*, Jura 1988, 567: Revolverschuss statt Warnschuss; ähnlich Bsp. 8
von *Timpe*, JuS 1985, 117.
[255a] *Fischer*, § 33 Rn. 2; *Lackner/Kühl*, § 33 Rn. 2; eingehend mit Fall 3 a, b *Rengier*, AT,
27/10–12.
[256] *Otto*, JK 92, StGB § 32/17; *Roxin*, AT I, 22/86.
[257] Ausführlicher *Kühl*, Jura 1993, 61 f.
[258] Vgl. näher *Kühl*, Jura 1993, 63.
[259] Vgl. näher *Kühl*, Jura 1993, 63, und NK-*Herzog*, § 33 Rn. 9.

hat oder die unmittelbare Wiederholung des Angriffs zu befürchten ist" (BGH NStZ 1987, 20, im auch sog. „Schubs-Fall" [*Eser/Burkhardt*, Strafrecht I, Nr. 11 A 36], in dem sich die Kampfhähne nur noch, aber immerhin „schubsten", als der Nothelfer eingriff).[260]

> | Vgl. aus der **Übungsfall-Literatur** zum intensiven Notwehrexzess: *Haft*, Fallrepetitorium, Nr. 324; *Kudlich*, PdW AT, Fall 135; *Schneider*, Zwischenprüfung, Fall 4, S. 62 u. 78.

bb) Die Überschreitung der Gegenwärtigkeitsgrenze (sog. extensiver Notwehrexzess)

139   Trotz der weiten Auslegung der Gegenwärtigkeit des Angriffs stellt auch das **Gegenwärtigkeitserfordernis** in § 32 II eine **Notwehrgrenze** auf. Gegen noch nicht unmittelbar bevorstehende Angriffe ist ebenso wenig Notwehr erlaubt wie gegen schon vollständig abgeschlossene Angriffe. Jeweils besteht keine Notwehrlage, so dass nach dem Kriterium des intensiven Notwehrexzesses (Bestehen einer wirklichen Notwehrlage) kein solcher Exzess vorliegt. Dennoch wird die (analoge) Anwendbarkeit von § 33 auf solche Fälle diskutiert. Zu dieser Diskussion kommt es, weil die in § 33 genannten Affekte auch schon auftreten können, wenn der Angriff noch nicht begonnen hat, und weil sie auch nicht immer sofort mit der „Beendigung" des Angriffs abklingen.

140   Man spricht in diesen Fällen vom sog. **extensiven** Notwehrexzess, weil der Täter die durch das Gegenwärtigkeitserfordernis festgelegten zeitlichen Grenzen der Notwehr ausdehnt. Dieser extensive Notwehrexzess kann als **„vorzeitiger"** in den Fällen der sog. „Präventivnotwehr" auftreten: so wenn T den A, der ihm für das nächste Zusammentreffen mit dem Messer droht, vorsorglich durch einen Schlag kampfunfähig macht (*Sauren*, Jura 1988, 571). Ein Beispiel aus der Rspr. sind die aus Furcht vor einem Angriff des Ehepartners erfolgten Messerstiche (BGH NStZ-RR 2002, 203 m. Anm. *Walther*, JZ 2003, 52). Häufiger aber erscheint er als **„nachzeitiger"**: So wenn der Täter nach dem erforderlichen Schuss, der den Angreifer verletzt und kampfunfähig gemacht hat, noch weitere Schüsse auf das nicht mehr angreifende Opfer abfeuert (*Geilen*, Jura 1981, 379, Bsp. 69), oder wenn der Täter dem in Notwehr bewusstlos geschlagenen Angreifer noch einmal kräftig in den Bauch tritt (Bsp. 1 von *Hillenkamp*, 12. AT-Problem, S. 85; ähnlicher Fall 2 bei *Müller-Christmann*, JuS 1993, L 42).

141   Es stellt sich die Frage, „ob neben dem unstreitigen intensiven Exzess auch der vor- oder nachzeitige sog. extensive Exzess von § 33 StGB erfasst ist."[261] Die **Rechtsprechung** hat sich zur Anwendung des § 33 auf den extensiven Notwehrexzess bisher nicht entschließen können.[262] Ihr ist hinsichtlich des **„vorzeitigen"** Exzesses zu folgen, da es in diesen Fällen mangels unmittelbar bevorstehenden Angriffs nie zu

---

[260] Dem BGH insoweit zustimmend *Otto*, Jura 1987, 605; zum Fall vgl. auch LK-*Zieschang*, § 33 Rn. 8: eher nachzeitig extensiver Exzess. Dass der BGH die drohende Wiederholung des Angriffs und damit die Anwendbarkeit von § 33 auch „übersieht", zeigt *Otto*, JK 92, StGB § 32/17, an der Entscheidung BGH NJW 1992, 516, auf. – Zur fortdauernden Notwehrlage s. auch BGH NStZ-RR 2009, 70 f., mit Anm. *Kudlich*, JA 2009, 306 f. u. BGH NStZ 2011, 630.

[261] So die Fragestellung von *Hillenkamp*, zum 12. AT-Problem, S. 85; auf die Darstellung des Streitstandes durch *Hillenkamp*, S. 85–88, ist wegen der exakten Wiedergabe der in diesem Streit verwendeten Argumente besonders hinzuweisen.

[262] BGHSt 27, 339; BGH NStZ 1987, 20; BGH NStE Nr. 2 zu § 33; BGH NStE Nr. 15 zu § 32; BGH NStZ 2002, 141 mit zust. Bspr. *Geppert*, JK 9/02, StGB § 33/3; daran ändert auch BGH NStZ-RR 2004, 10 f. nichts (vgl. dazu LK-*Zieschang*, § 33 Rn. 8).

einer Notwehrlage gekommen ist. Der Täter kann deshalb auch nicht – wie vom Wortlaut des § 33 gefordert – die Grenzen der Notwehr überschreiten.[263]

Es ist allenfalls eine **analoge** Anwendung des § 33 zu erwägen, weil der Täter im- **142** merhin durch das Verhalten des kurz vor einem Angriff Stehenden in einen Affekt versetzt wird, der ihn zu frühzeitigem Zuschlagen „verführt".[264] Kommt man etwa im „Spanner-Fall" (s.o. 8/136) nicht schon zur Notstandsrechtfertigung (§ 34) des Ehemannes, der zur Verhütung zukünftiger Besuche auf den fliehenden „Spanner" schießt (§ 224), so wäre (da § 35 als Entschuldigungsgrund ausscheidet, s.o. 12/31) eine analoge Anwendung von § 33 zu erwägen. Gegen diese analoge Anwendung von § 33 spricht weniger die fehlende „Dramatik" der Situation vor Angriffsbeginn als die § 33 mittragende, aber hier fehlende Unrechtsminderung (es wird kein ge- genwärtiger Angriff abgewehrt).

Dieses letzte Argument wird auch zur Ablehnung der Anwendung von § 33 auf **143** den **„nachzeitigen"** Exzess verwendet. Es muss hier die Ablehnung sogar allein tra- gen, da der **Wortlaut** nicht zur Unanwendbarkeit des § 33 zwingt: man kann die zeitlichen Grenzen der Notwehr „überschreiten", wenn eine Notwehrlage immerhin bestanden hat. Auch die „Dramatik" der Situation[265] wird man zumindest bei gera- de abgeschlossenem Angriffsverhalten nicht leugnen können; ebenso wenig die Ver- gleichbarkeit der psychischen Situation des Täters mit der eines Täters, der einem noch laufenden Angriff ausgesetzt ist. Gegen die Anwendung von § 33 auf den „nachzeitigen" extensiven Notwehrexzess bleibt demnach „nur" das Argument, dass hier der Täter eben keinen gegenwärtigen Angriff mehr abwehrt, d.h. weder muss das Rechtsgut durch eine Verteidigungshandlung geschützt, noch muss das Recht gegen ein angreifendes Unrecht bewährt werden.[266]

Wer das Argument von der (zu fordernden, aber) fehlenden Unrechtsminderung **144** nicht für durchschlagend hält, kann zumindest den „nachzeitigen" Exzess unter § 33 subsumieren. Diese Möglichkeit ergibt sich vor allem[267] für die Vertreter der strafzweckorientierten § 33-Theorie. Ist nur der ehemalige Angreifer das Opfer, und hat er durch seinen Angriff den Täter auch noch über den Angriff hinaus in eine psychische Ausnahmesituation versetzt, so erscheint das Verhalten des Täters ver- zeihlich.[268] Es fehlt an der Notwendigkeit, ihm gegenüber mit dem Mittel der Strafe vorzugehen.[269] Einschränkend wird allerdings verlangt, dass zwischen dem Angriffs-

---

[263] Ebenso *Otto*, Jura 1987, 605; *W-Beulke*, Rn. 447; *Kindhäuser*, § 33 Rn. 7; *LK-Zieschang*, § 33 Rn. 10; *NK-Herzog*, § 33 Rn. 12 u. *NK-Paeffgen*, Rn. 271 vor § 32; anders *Hoyer*, AT I, S. 108; *Roxin*, AT I, 22/90.

[264] Vgl. *Otto*, Jura 1987, 606 f.; *Motsch*, 2003, S. 101; *LK-Zieschang*, § 33 Rn. 11. – All- gemein zur analogen Anwendung von § 33 auf andere Rechtfertigungsgründe *Heuchemer*, JA 1999, 724, 725 ff.; abl. *Fischer*, § 33 Rn. 8; *SK-Rogall*, § 33 Rn. 3.

[265] An dieser soll es nach *Geilen*, Jura 1981, 379 und *Sauren*, Jura 1988, 571, fehlen. – Wie hier aber *B-Weber/Mitsch*, 23/42; *Joecks*, § 33 Rn. 3; *LK-Zieschang*, § 33 Rn. 8; *NK-Herzog*, § 33 Rn. 11; *Roxin*, AT I, 22/89; *Diederich*, 2001, S. 87 ff., 193; *Trüg/Wentzell*, Jura 2001, 30, 33 f. u. *Motsch*, 2003, S. 93, 101.

[266] So die in der Literatur wohl überwiegende Meinung, vgl. etwa *Jescheck/Weigend*, S. 493. – Aus der Ausbildungs-Literatur vgl. *Eser/Burkhardt*, Strafrecht I, Nr. 11 A 41; *Murmann*, GK, 26/82; *Müller-Christmann*, JuS 1989, 718 f.; *Rudolphi*, JuS 1969, 461; *Sauren*, Jura 1988, 571; *Tiedemann*, Anfängerübung, S. 146; *SSW-Rosenau*, § 33 Rn. 6.

[267] Ebenso aber auch *Beulke*, Jura 1988, 643 und *W-Beulke*, Rn. 447; *Otto*, 14/23 und *ders.*, Jura 1987, 606; nach *S/S-Perron*, § 33 Rn. 7, soll sogar eine Unrechtsminderung vorlie- gen; zusf. *Geppert*, Jura 2007, 33, 38.

[268] Vgl. näher *Timpe*, JuS 1985, 121; *Jakobs*, 1993, S. 172 f.

[269] *Roxin*, AT I, 22/88; im Erg. ebenso *Hoyer*, AT I, S. 108.

ende und der nachzeitigen Exzesshandlung ein **enger zeitlicher Zusammenhang** besteht, der die gerechtfertigte Verteidigungshandlung und die Exzesshandlung als ein einheitliches Geschehen erscheinen lässt.[270] Der nach einiger Zeit an die ehemalige Kampfstätte zurückkehrende Täter kann sich deshalb nicht auf „nachzeitigen" Notwehrexzess berufen, wenn er den früheren Angreifer zusammenschlägt.

Aus der **Übungsfall-Literatur** zur Gegenwärtigkeitsgrenze vgl.: *Beulke,* KK I, Fall 5 Rn. 200 u. 222 f.; *Bruckauf,* in: *Ebert* (Hrsg.), Fall 5, S. 5 f. u. 87 (nachzeitiger Notwehrexzess); *Frisch/Murmann,* JuS 1999, 1196 u. 1197; *Gropp,* in: G/K/M, Fallsammlung, Fall 3, S. 47 f. u. 68 f.; *Haft,* Fallrepetitorium, Nr. 324 u. 327; *Hilgendorf,* KK III, Fall 7, Rn. 80 f. (abl. zum nachzeitig-extensiven Exzess); *Hillenkamp,* Bsp. 1 zum 12. AT-Problem, S. 88 f. u. 89, sowie Bsp. 2, S. 89; *Marxen,* Fall 15 a, S. 128–130 (vorzeitiger Notwehrexzess); *Rengier/Jesse,* JuS 2008, 42 u. 47 (nachzeitiger Notwehrexzess); *Schuster,* Jura 2008, 228 u. 232; *Schwind/ Franke/Winter,* Anfängerübung, 2. Klausur, S. 113 u. 127; *Timpe,* JuS 1985, 120 f., Beispiel 9.

cc) Die Überschreitung der „Angreifergrenze" (der sog. räumlich-extensive Notwehrexzess)[271]

145   Verletzt der gegenwärtig, rechtswidrig angegriffene Täter nicht oder nicht **nur** den **Angreifer,** sondern auch einen Dritten, so ist diese Verletzung eines Unbeteiligten nicht durch Notwehr gerechtfertigt, weil § 32 II – wenn auch nicht deutlich genug[272] – nur das Angreifer-Verteidiger-Verhältnis regelt. Diese beschränkte Rechtfertigungskraft (= keine „drittwirkende Notwehr") des § 32 schlägt auf den freilich noch undeutlicher formulierten § 33 mit der Folge durch, dass auch die aus den dort genannten Affekten heraus begangene Tat nicht entschuldigt ist.[273] Ausnahmen bei der Verletzung der einem Dritten gehörenden Angriffsmittel[274] und bei der Verletzung von Allgemeinheitsrechtsgütern (z. B. Verstoß gegen das Waffengesetz)[275] sind hier ebenso wenig wie bei § 32 (s. o. 7/84–86) begründbar.

Aus der **Übungsfall-Literatur** vgl.: *Frank,* Jura 2006, 783 u. 785 f.; *Haft,* Fallrepetitorium, Nr. 332.

b) Die subjektiven § 33-Voraussetzungen

aa) Die entschuldigenden Affekte

146   Als entschuldigende Affekte nennt § 33 „Verwirrung, Furcht oder Schrecken". Damit werden die vom Gesetz genannten psychischen Zustände privilegiert, die defensiven Charakter haben und Schwäche bezeugen (sog. **asthenische Affekte**).[275a] Aggressive Gemütserregungen, die wie Zorn, Wut oder gar Kampfeslust Stärke dokumentieren (sog. sthenische Affekte), sind damit ausgeschlossen.[276] Auch wenn der

---

[270] *Otto,* 14/23; *Roxin,* AT I, 22/90; spricht von einem „fließenden Übergang"; LK-*Zieschang,* § 33 Rn. 8.

[271] So LK-*Zieschang,* § 33 Rn. 13 und *Sauren,* Jura 1988, 573; vgl. auch die „Klarstellung" von *Müller-Christmann,* JuS 1993, L 43.

[272] Vgl. *Kühl,* Jura 1993, 118 f.

[273] Vgl. LK-*Zieschang,* § 33 Rn. 14 u. *Roxin,* AT I, 22/91, der hier eine „rechtserschütternde Wirkung der Exzesstat" annimmt. – Vgl. auch *Haft,* Fallrepetitorium, Nr. 332.

[274] Dafür LK[11]-*Spendel,* § 33 Rn. 23: die „Richtung" der Verteidigung gegen den Angreifer werde eingehalten.

[275] Vgl. BGH NStZ 1981, 299; abl. *Roxin,* AT I, 22/92; SK-*Rogall,* § 33 Rn. 7; S/S-*Perron,* § 33 Rn. 10.

[275a] *Geppert,* Jura 2007, 33, 38; LK-*Zieschang,* § 33 Rn. 53.

[276] B-*Volk,* S. 130; *Ebert,* S. 109; *Hoyer,* AT I, S. 109. Vgl. auch *Bernsmann,* ZStW 104 (1992), 324: „Der Wütende, Hasserfüllte kann derzeit lediglich auf die Anwendung der §§ 213, 21 StGB bzw. des § 17 StGB hoffen." – Aus der Rspr. vgl. BGH NStZ-RR 1997, 194.

„gerechte Zorn" dazu führt, dass der Täter („Ein Mann sieht rot") seine Fassung verliert, so ist das keine „Verwirrung" i. S. des § 33.[277]

Die in § 33 privilegierten Affekte können auch auftreten, wenn der Angriff nicht 147 ganz unerwartet kam, weil die mehr oder weniger sichere Erwartung dem tatsächlichen Angriff nicht immer seinen Überraschungseffekt nimmt.[278] Selbst **verschuldete** Affekte nimmt § 33 bewusst[279] von der Privilegierung nicht aus. Die Vorschrift verlangt aber die Mit-Ursächlichkeit („aus") des Affekts für die Exzesshandlung. Dieses Erfordernis ist schon dann erfüllt, wenn der Affekt nicht nur ein ganz nebensächliches Motiv darstellt (z. B. hauptsächlich Zorn den Täter zur Tat treibt).[280] Eine Dominanz des privilegierten Affekts in einem Motivbündel ist nicht zu verlangen,[281] weil Verständnis für den Exzess auch dann schon möglich ist, wenn der defensive, Schwäche dokumentierende Affekt in der Tat zumindest seinen Niederschlag findet.[282] Im Hinblick auf die von § 33 gewährte völlige Straflosigkeit von Exzesshandlungen sind an die Intensität des Affekts gesteigerte Anforderungen zu stellen, so dass z. B. nicht jedes „Angstgefühl" als „Furcht" i. S. des § 33 zu werten ist.[282a] „Todesangst" reicht (NStZ-RR 2004, 10), muss aber nicht vorliegen (BGH StraFo 2006, 463, 464). – Notwehrexzess ist selbst bei vorhergesehenen oder schon lange erwarteten Angriffen nicht ganz ausgeschlossen (BGHSt 3, 197).[282b]

> Aus der **Übungsfall-Literatur** zu den § 33-Affekten vgl.: *Brünning*, JuS 2007, 255 u. 258 (neben Furcht auch „Erbitterung"); *Frank*, Jura 2006, 783 u. 785 („gesteigertes Angstgefühl" in einer „Extremsituation" mit Lebensgefahr); *Frisch/Murmann*, JuS 1999, 1196 u. 1197; *Gropp*, in: G/K/M, Fallsammlung, Fall 3, S. 47 f. u. 69; *Haft*, Fallrepetitorium, Nr. 324, 325 u. 331; *Hilgendorf*, KK I, Fall 8, Rn. 16 (Aufregung als asthenischer Affekt) und KK II, Fall 8, Rn. 50 (Verärgerung als sthenischer Affekt); *Keunecke/Witt*, JA 1994, 470 u. 472 f.; *Meurer/Kahle/Dietmeier*, Übungskriminalität, Fall 1, S. 1 u. 8; *Rudolphi*, AT-Fälle, Fall 2, S. 13 u. 17.

bb) Auch bewusste Notwehrüberschreitung?

Der gegenwärtige rechtswidrige Angriff bringt den Angegriffenen zwar in eine 148 psychische Ausnahmesituation, doch ist selbst der affektgetriebene Täter durchaus in der Lage zu erkennen, dass er mit seiner Handlung die Grenzen der Notwehr überschreitet. Affekt und bewusste Notwehrüberschreitung schließen sich also tat-

---

[277] Vgl. *Roxin*, AT I, 22/76.

[278] Vgl. *Lackner/Kühl*, § 33 Rn. 3, mit BGH 1 StR 382/79 vom 21. 8. 1979.

[279] *Roxin*, AT I, 22/78, mit Nachweis aus der Entstehungsgeschichte und RG HRR 1929, Nr. 670; ebenso LK-*Zieschang*, § 33 Rn. 66 u. NK-*Herzog*, § 33 Rn. 18.

[280] Vgl. BGHSt 3, 197; BGH NJW 1969, 802; BGH GA 1969, 23 f.; BGH NStE Nr. 15 zu § 32; BGH NJW 2001, 3200, 3202 m. Bspr. *Eisele*, JA 2001, 922, 925. Aus der Literatur ebenso: *Müller-Christmann*, JuS 1989, 719; *Otto*, Jura 1987, 606; *Sander*, Fs. Eisenberg, 2009, S. 259.

[281] Sie wird verlangt von *Roxin*, AT I, 22/80; zust. M-*Zipf*, AT 1, 34/30 u. *Sauren*, Jura 1988, 568; wie hier LK-*Zieschang*, § 33 Rn. 63 u. NK-*Herzog*, § 33 Rn. 23.

[282] *Timpe*, JuS 1985, 118, verlangt, dass sich im Besonnenheitsverlust das Risiko der vom Angreifer erzeugten Lage verwirklicht haben muss.

[282a] BGH StraFo 06, 463, 464 m. Bspr. *Geppert*, JK 6/07, StGB § 33/4. BGH NJW 2001, 3200, 3202 m. Anm. *Eisele*, JA 2001, 922, 925, *Kretschmer*, Jura 2002, 114, 117 u. *Seelmann*, JR 2002, 249; BGH NStZ-RR 1997, 65 und 194, sowie 1999, 264 m. Bspr. *Satzger*, JAR 1999, 17, 20, u. *Heuchemer*, JA 2000, 382; BGH NStZ 1995, 76 m. krit. Bspr. *Otto*, JK 95, § 33/2; *Müller-Christmann*, JuS 1994, 651; *Lackner/Kühl*, § 33 Rn. 3. – Auch bei einem Berufsboxer kann Angst vorliegen: BGH NStZ-RR 2009, 70 f. m. Anm. *Kudlich*, JA 2009, 308.

[282b] *Lackner/Kühl*, § 33 Rn. 3 a. E.

sächlich nicht aus.[283] Die rechtliche Bewertung dieser **bewussten** und affektbedingten Notwehrüberschreitung ist keine andere.[284] Der Wortlaut des § 33 enthält keine ausdrückliche Beschränkung auf unbewusste (fahrlässige) Notwehrüberschreitungen, und in den Gesetzesberatungen wurde diese mögliche Einschränkung diskutiert, aber verworfen. Für § 33 bliebe sonst auch kaum ein Anwendungsbereich, da beim Fahrlässigkeitsdelikt die Schuld schon bei allgemeiner Unzumutbarkeit entfällt.[285]

149   Dementsprechend formuliert der Bundesgerichtshof: „Innerhalb der als Bestürzung, Furcht oder Schrecken bewerteten Geistesverfassung darf nicht danach unterschieden werden, ob der Täter fähig ist, zu erwägen, welche Maßnahmen zur Abwehr erforderlich sind und welche darüber hinausgehen. § 33 StGB greift auch dann ein, wenn der Täter in Kenntnis der wahren Sachlage aus den dort genannten Affekten seine Notwehrbefugnis bewusst überschreitet" (BGH NStZ 1989, 475, m. zust. Anm. *Beulke*, JR 1990, 381, und *Otto*, JK 90, StGB § 33/1).[286]

┃ Aus der **Übungsfall-Literatur** vgl.: *Beulke*, KK I, Fall 11 Rn. 350 u. 398 ff.

cc) Verteidigungswille

149a   Ob das Gesetz beim intensiven Notwehrexzess die Kenntnis des gegenwärtigen, rechtswidrigen Angriffs und einen entsprechenden Verteidigungswillen des Täters voraussetzt, ist umstritten. Nach ganz überwiegender Ansicht muss der Verteidiger im Exzess mit „Verteidigungsabsicht"[286a] handeln, während im Schrifttum z. T. die Kenntnis der Notwehrlage für entbehrlich gehalten[286b] oder bei affektbedingter Verkennung des Angriffs das Erkennen der (im Angriff liegenden) Gefahr als ausreichend angesehen wird.[286c] Folgt man mit der h. M. der schuldorientierten § 33-Erklärung, wonach die Straflosigkeit des Notwehrexzesses nicht nur auf der psychisch bedingten Schuldminderung, sondern auch auf der Reduzierung des Unrechts beruht (o. Rn. 129), ist es konsequent, vom Täter einen – das Handlungsunrecht verringernden – Verteidigungswillen zu verlangen, der freilich bereits bei einem Handeln in Kenntnis der Notwehrlage vorliegt (s. o. zu § 32: 7/128).

---

[283] Anders *S/S-Perron*, § 33 Rn. 6: „kaum denkbar", und *Schmidhäuser*, 8/31: „praktisch ausgeschlossen".

[284] So die h. M. in der Rechtslehre: *B-Weber/Mitsch*, 23/46; *Rengier*, AT, 27/26 f.; *Roxin*, AT I, 22/82 f.; *Murmann*, GK, 26/83; LK-*Zieschang*, § 33 Rn. 49; MK-*Erb*, § 33 Rn. 15; NK-*Herzog*, § 33 Rn. 24; *Müller-Christmann*, JuS 1993, L 43; *Sauren*, Jura 1988, 570; *Heuchemer/Hartmann*, JA 1999, 165, 166; *Theile*, JuS 2006, 965 ff.; *Geppert*, Jura 2007, 33, 39.

[285] LK[11]-*Spendel*, § 33 Rn. 56; ähnlich *Eser/Burkhardt*, Strafrecht I. Nr. 11 A 36.

[286] Ebenso BGH NStE Nr. 15 zu § 32; BGH NStZ 1987, 20 (mit zust. Bspr. von *Otto*, NStZ 1987, 606) u. 2011, 630, 631; vgl. auch BGHSt 39, 133 m. zust. Bspr. *Müller-Christmann*, JuS 1994, 650, und BGH NStZ 1995, 76.

[286a] BGHSt 3, 194, 198; *Jescheck/Weigend*, S. 491 („Rettungswille"); *Rudolphi*, JuS 1969, 462 („Wille, die angegriffenen Rechtsgüter vor Schaden zu bewahren"); LK-*Zieschang*, § 33 Rn. 48 („Verteidigungswille"); *S/S-Lenckner/Sternberg-Lieben*, Vorbem §§ 32 Rn. 111; W-*Beulke*, Rn. 446 („Verteidigungszweck").

[286b] *Jakobs*, 17/78 Fn. 134.

[286c] *Hardtung* ZStW 108 (1996), 55 u. a. mit dem Beispiel, dass A seinen Hund auf B hetzt, wobei B den Befehl des A (und damit den Angriff des A i. S. d. § 32 mittels des Hundes) aus Furcht nicht erkennt, B sich gegen den heraneilenden Hund exzessiv wehrt und sich im defensiven Notstand, § 228 BGB, sieht (wobei hier jedoch – entgegen *Hardtung* aaO S. 53 – § 33 nicht unmittelbar einschlägig ist, sondern vielmehr ein Notstandsexzess vorliegt, bei dem eine lediglich analoge Anwendung des § 33, beschränkt auf die Fälle des Defensivnotstandexzesses, in Betracht zu ziehen ist).

Aus der **Übungsfall-Literatur** vgl.: *Hillenkamp*, 12. AT-Problem, Bsp. 1, S. 84 mit Lösung S. 92; *Rudolphi*, AT-Fälle, Fall 2, S. 13 u. 21 f.; *Schwind/Franke/Winter*, Anfängerübung, 2. Klausur, S. 113 u. 127.

3. Besondere Fallgestaltungen

a) Krasse Überschreitung der Notwehrgrenzen

Das Rechtsgefühl sträubt sich, wenn auch der Täter entschuldigt wird, der affekt- **150** bedingt eine ihm vom Angreifer drohende leichte Körperverletzung durch einen nicht erforderlichen, lebensgefährlichen Schuss „abwehrt". In Parallele zum Notwehrausschluss bei **krassem Missverhältnis** zwischen verteidigtem Gut und beim Angreifer verletzten Gut[287] wird man auch hier eine Entschuldigung wegen Notwehrexzesses ablehnen müssen.[288] Die Unrechtsminderung erscheint bei der Abwehr solcher Angriffe nicht ausreichend, um eine Entschuldigung zu tragen.

b) Entschuldigung auch für den Provokateur?

Führt die schuldhafte Herbeiführung (= Provokation) der Notwehrlage aus- **151** nahmsweise zu einer Versagung des Notwehrrechts,[289] so muss dem affektbedingt handelnden Provokateur auch die Entschuldigung gem. § 33 versagt werden, da kein Notwehrrecht existiert, das überschritten werden könnte.[290] Bleibt dem Provokateur dagegen das Notwehrrecht als eingeschränktes erhalten, so liegt in der Überschreitung der **Gebotenheitsgrenze** ein intensiver Notwehrexzess. So z.B. im „Amateurboxer-Fall" des OLG Hamm, in dem der Angeklagte durch ehebrecherisches Verhalten im ehelichen Schlafzimmer den Ehemann (= Amateurboxer) rechtswidrig und vorhersehbar provoziert und ihn dann unter Überschreitung seiner eingeschränkten Notwehrbefugnisse affektbedingt durch einen Schlag mit der Bierflasche verletzt hatte. Das OLG Hamm lehnte wie schon der BGH im sog. „Baracken-Fall" (NJW 1962, 308, in dem freilich schon die „Provokation" zweifelhaft war[291]) die Anwendung des § 33 ab, weil der Angeklagte durch missbilligenswertes Verhalten den Angriff des Amateurboxers provoziert hatte.

Dieses Ergebnis überzeugt nicht.[292] Es liegt eine Notwehrlage vor, und der Provo- **152** kateur überschreitet affektbedingt die Gebotenheitsgrenze (= intensiver Notwehrexzess). Hat der Täter trotz Provokation ein Notwehrrecht, so kann er es auch durch zu intensive Verteidigung mit entschuldigender Wirkung überschreiten. Hätte der Gesetzgeber anders entscheiden wollen, so hätte er nur, wie beim entschuldigenden Notstand in § 35 I 2 geschehen, eine selbst verschuldete Notwehrlage aus dem Anwendungsbereich herausnehmen müssen.[293] Das Risiko des Provokateurs, sich we-

---

[287] Vgl. näher *Kühl*, Jura 1990, 249 f.

[288] Ebenso *Roxin*, AT I, 22/79; NK-*Herzog*, § 33 Rn. 14; SK-*Rogall*, § 33 Rn. 13; *Diederich*, 2001, S. 73 ff., 192; anders LK-*Zieschang*, § 33 Rn. 3 u. *Fischer*, § 33 Rn. 8.

[289] Vgl. näher *Kühl*, Jura 1991, 178 u. 181.

[290] *Müller-Christmann*, JuS 1989, 719; *ders.*, JuS 1993, L 43 u. JuS 1994, 649, 651; ebenso *Roxin*, NStZ 1993, 336.

[291] Vgl. *Jakobs*, 20/34 Fn. 55.

[292] So die ganz h.L.: B-*Weber/Mitsch*, 23/38; *Eser/Burkhardt*, Strafrecht I, Nr. 11 A 33; *Jescheck/Weigend*, S. 493; *Motsch*, 2003, S. 86; LK-*Zieschang*, § 33 Rn. 68; NK-*Herzog*, § 33 Rn. 25; *Roxin*, AT I, 22/93; SK-*Rogall*, § 33 Rn. 12; S/S-*Perron*, § 33 Rn. 9. – Anders aber *Jakobs*, 20/34.

[293] *Berz*, JuS 1984, 344; *Müller-Christmann*, JuS 1993, L 43 u. JuS 1994, 649, 651; *Roxin*, Fs. Schaffstein, 1975, S. 122 ff.; *Rudolphi*, JuS 1969, 464 f.; *Sauren*, Jura 1988, 570; *Schröder*, JR 1962, 182; kritisch zum Gegenschluss aus § 35 I 2 *Renzikowski*, Fs. Lenckner, 1998, S. 249, 256, 261.

gen Überschreitung der nicht immer klaren Notwehreinschränkungen bei Fahrlässigkeitsprovokationen strafbar zu machen, wird durch § 33 gemildert.[294]

153   Unter dem Eindruck der Kritik hat der BGH (St 39, 133 = *Roxin*, HRR AT, Fall 41, S. 60 ff. u. 180 f.) im „Bordell-Fall" klargestellt, dass nicht jede schuldhafte Mitverursachung der Notwehrlage, sondern nur das **planmäßige** Sicheinlassen in eine tätliche Auseinandersetzung die Anwendung von § 33 ausschließt. Führt aber die Provokation nicht zum Ausschluss des Notwehrrechts, so ist auch diese Einschränkung des Anwendungsbereichs von § 33 nicht einleuchtend.[294a]

> Aus der **Übungsfall-Literatur** zur Entschuldigung für den Provokateur vgl.: *Alpmann/ Schmidt*, AT 1, Fall 31, S. 162 u. 165; *Beulke*, KK I, Fall 11 Rn. 350 u. 400 ff.; *Haft/Eisele*, Jura 2000, 313 f. u. 315 f. (BGHSt 39, 133, nachgebildet); *Hilgendorf*, KK I, Fall 8, Rn. 16; *Hillenkamp*, JuS 1994, 769 u. 774; *Hillenkamp*, 12. AT-Problem, Bsp. 2, S. 89; *Kudlich*, PdW AT, Fall 136; *Jäger*, Fall 35, Rn. 200, 201 (BGHSt 39, 133, nachgebildet); *Matt*, AT I, S. 265 u. 266–268; *Meurer/Kahle/Dietmeier*, Übungskriminalität, Fall 1, S. 1 u. 8; *Morgenstern*, JuS 2006, 251 u. 255 f.; *Rudolphi*, AT-Fälle, Fall 2, S. 13 u. 22; *Sauren*, Jura 1988, 571: Abwandlung von Fallbeispiel 1.

154   Ob die Provokation nach den Grundsätzen der actio libera in causa zu einer Fahrlässigkeitsstrafbarkeit führen kann (= fahrlässige Herbeiführung einer entschuldigenden Exesshandlung), ist umstritten.[295]

c) Putativnotwehrexzess

155   **Putativnotwehr** liegt vor, wenn der Täter irrig das Vorliegen der tatsächlichen Voraussetzungen einer Notwehrrechtfertigung annimmt, wenn er also z. B. die zur Begrüßung erhobenen Arme seines Gegenübers für einen Schlagansatz hält. Überschreitet er bei der Abwehr dieses vermeintlichen Schlages auch noch die für einen wirklichen Schlag geltende Erforderlichkeitsgrenze, so spricht man vom **Putativnotwehrexzess**.[295a] So z. B. wenn der sich angegriffen glaubende Täter sofort schießt, obwohl zur Beendigung des wirklichen Angriffes des vermeintlichen Schlägers ein Warnschuss genügt hätte (*Geilen*, Jura 1981, 379: Bsp. 70). Oder z. B. der Jäger, der den Wanderer für einen Wilderer hält, dann dessen Versuch, sich auszuweisen, als einen Angriff missdeutet, und schließlich aus Furcht auf den schmächtigen Wanderer schießt, obwohl er ihn ohne weiteres auch hätte niederringen können (*Hillenkamp*, Bsp. 3 zum 12. AT-Problem, S. 89 f., in Anlehnung an BGH NJW 1968, 1885).[295b]

---

[294] *Beulke*, JR 1990, 382.

[294a] *Roxin*, NStZ 1993, 336; *Murmann*, GK, 26/89; *W-Beulke*, Rn. 446 a; krit. auch die Bspr. von *Lesch*, StV 1993, 578; *Müller-Christmann*, JuS 1994, 649, 652; *Arzt*, JZ 1994, 314, und *Otto*, JK 94, § 32/19; krit. auch LK-*Zieschang*, § 33 Rn. 68; MK-*Erb*, § 33 Rn. 11; NK-*Paeffgen*, Rn. 291 vor § 32; *Renzikowski*, Fs. Lenckner, 1998, S. 249, 252 ff., 260, der auf die Eigenverantwortlichkeit des Angreifers mit der Folge abstellt, dass dessen Verletzung nicht dem Provokateur zugerechnet werden kann; dem BGH zustimmend *Drescher*, JR 1994, 425 u. *Fischer*, § 33 Rn. 7; vgl. auch *Diederich*, 2001, S. 122 ff., 193 u. *Geppert*, Jura 2007, 33, 39.

[295] Vgl. SK-*Rudolphi*, § 33 Rn. 5 a; *Rudolphi*, JuS 1969, 461, 465; *Drescher*, JR 1994, 423, 426; dagegen *Otto*, Jura 1986, 434. – Zum Sonderfall der „Abwehrprovokation" vgl. *Arzt*, JR 1980, 213: actio illicita in causa; gegen *Arzt* aber *Jakobs*, 20/30 Fn. 47. – Vgl. auch den Übungsfall von *Haft/Eisele*, Jura 2000, 313 f. u. 316.

[295a] Vgl. *Heuchemer*, JA 1999, 724, mit Beispielen. – Definition bei *Geppert*, Jura 2007, 33, 39.

[295b] Weiteres Bsp. bei *Hardtung*, ZStW 108 (1996), 55 u. bei *Geppert*, Jura 2007, 33, 39 f.

Verlangt man wie hier für § 33 dem Wortlaut entsprechend das Vorliegen einer 156 wirklichen Notwehrlage (sei sie auch schon gerade „beendet"), so kommt nur eine **analoge** Anwendung dieser Vorschrift auf den Putativnotwehrexzess in Betracht.[296] Für eine solche entsprechende Anwendung des § 33 spricht immerhin der auch durch den nur vorgestellten Angriff beim irrenden Täter ausgelöste Affekt und die intensive Überschreitung der Erforderlichkeitsgrenze. Dennoch ist die analoge Anwendung von § 33 auf solche Konstellationen grundsätzlich abzulehnen. Die Richtigkeit dieser Ablehnung lässt sich durch einen Blick auf das von dieser übermäßigen Verteidigung betroffene Opfer deutlich machen: es ist eben kein Angreifer, der die Überreaktion veranlasst hat, und deshalb muss es gegen Exzesshandlungen durch das Recht geschützt werden.[297]

Eine analoge Anwendung von § 33 würde zudem zu einer nicht begründbaren 157 **Besserstellung** desjenigen führen, der nicht nur die Notwehrlage irrig annimmt (er hat nach § 16 I 2 mit einer Fahrlässigkeitsstrafe zu rechnen), sondern auch noch die Erforderlichkeitsgrenze überschreitet (er wäre analog § 33 entschuldigt).[298]

Von der grundsätzlichen Ablehnung einer analogen Anwendung von § 33 auf 158 Putativnotwehrexzesse werden aber Ausnahmen von unterschiedlicher Reichweite gemacht. Am ehesten kommt als berechtigte Ausnahme der vorgetäuschte Angriff in Betracht, denn hier hat sich der „Angreifer" die Fehlvorstellung und die Überreaktion des getäuschten Täters selbst zuzuschreiben.[299] So etwa, wenn O dem T vortäuscht, ihn ohrfeigen zu wollen, und T ihn in Überschätzung der vorgetäuschten Attacke niedersticht.[299a] Darüber hinausgehend wird ein Ausnahmefall dann angenommen, wenn der Irrtum des Exzesstäters unvermeidbar (= Minderung zumindest des Handlungsunwertes) war, doch fragt es sich, ob dieser vom Opfer ja nicht beeinflusste Umstand die Vernachlässigung seiner Schutzwürdigkeit rechtfertigt.[300] Die Versagung der § 33-Entschuldigung ist aber noch keine Bejahung einer Fahrlässigkeitsstrafbarkeit.[301]

> Aus der **Übungsfall-Literatur** zum Putativnotwehrexzess vgl.: *Alpmann/Schmidt*, AT 2, Fall 44, S. 208 f.; *Matt*, AT I, Kurzer Übungsfall, S. 262 f.; *Momsen/Sydow*, JuS 2001, 1194 u.

---

[296] Abl. die Rspr.: BGH NJW 1968, 1885; BGH NStZ 1983, 453; BGH NStZ-RR 2002, 203 mit Bspr. *Walther*, JZ 2003, 52, 56; BGH NStZ 2003, 599 f. – Für Anwendung nur der Irrtumsregeln auch W-*Beulke*, Rn. 448.

[297] Vgl. *Jakobs*, 20/33; *Jescheck/Weigend*, S. 493; *Hoyer*, AT I, S. 107, mit Bsp.; *Kindhäuser*, AT 1, 25/17; *Krey/Esser*, AT, Rn. 769; LK-*Spendel*, § 33 Rn. 32; NK-*Herzog*, § 33 Rn. 16; *Roxin*, AT I, 22/95; *Timpe*, JuS 1985, 121 f.; *Heuchemer*, JA 1999, 724, 725; *Motsch*, 2003, S. 80; vgl. auch LK-*Zieschang*, § 34 Rn. 28.

[298] Vgl. *Roxin*, Fs. Schaffstein, 1975, S. 119; *Rudolphi*, JuS 1969, 464; *Geppert*, Jura 2007, 33, 39 f.

[299] *Otto*, Jura 1987, 607; *Diederich*, 2001, S. 134 ff., 193; *Roxin*, AT I, 22/96; *Zieschang*, Rn. 367; MK-*Erb*, § 33 Rn. 18. – *Jakobs*, 20/33, wendet § 33 sogar direkt an, weil er einen wirklichen Angriff annimmt; ebenso *Timpe*, JuS 1985, 121 f. – Für eine analoge Anwendung des § 35 II bei einem vom vermeintlichen Angreifer selbst verursachten Irrtum *Hardtung*, ZStW 108 (1996), 60 u. *Rengier*, AT, 27/29: Fall 5.

[299a] Bsp. von *Otto*, 16/1, 8 u. 10: Fall 5.

[300] Für analoge Anwendung: *Rudolphi*, JuS 1969, 463 f.; *Joecks*, § 33 Rn. 4; LK-*Zieschang*, § 33 Rn. 29; zweifelnd wie im Text: *Roxin*, AT I, 22/96; abl. SK-*Rogall*, § 33 Rn. 14. – S/S-*Perron*, § 33 Rn. 8, verlangen für eine analoge Anwendung des § 33, dass „das Fehlen der Notwehrlage trotz objektiv pflichtgemäßer Prüfung nicht erkennbar war." – Weitergehend für die Anwendung von § 33 B-*Weber/ Mitsch*, 23/48. – Für eine analoge Anwendung von § 35 II *Klimsch*, 1993, S. 81 u. 170.

[301] BGH NJW 1968, 1885; *Geilen*, Jura 1981, 379; *Jescheck/Weigend*, S. 493; *Roxin*, AT I, 22/96.

1196 f.; *Sauren,* Jura 1988, 572, 3. Abwandlung von Fallbeispiel 2; *Timpe,* JuS 1985, 121 f.:
Bsp. 10 (mit „Korrektur" *Nierwetberg,* JuS 1985, 495); *Vogt,* Jura 1981, 380 u. 384.

V. Unverbindliche dienstliche Weisung

159   Eine dienstliche Weisung (Anordnung/Befehl), der die Verbindlichkeit fehlt (zur
verbindlichen Weisung s. o. 9/118 b), kann als Entschuldigungsgrund in Betracht
kommen, wobei die Anforderungen im zivilen und militärischen Bereich unterschiedlich sind.[301a] Der **Beamte** ist entschuldigt, wenn die Strafbarkeit oder Ordnungswidrigkeit des aufgetragenen Verhaltens für ihn nicht erkennbar war (§ 56 II 3 BBG, § 38
II 2 BRRG und die entsprechenden Bestimmungen der landesrechtlichen Beamtenge-
setze). Eine Erkennbarkeit wird dann anzunehmen sein, wenn Anhaltspunkte vorliegen, die zu Bedenken hinsichtlich der Rechtswidrigkeit der Weisung hätten führen
müssen.[302] Im militärischen Bereich ist hingegen kein Prüfungsrecht des **Untergebenen**
vorgesehen, weshalb auch die Wirkung des Befehls als Entschuldigungsgrund weiter
reicht. Eine Entschuldigung ist nur dann ausgeschlossen, wenn er erkennt oder es nach
den ihm bekannten Umständen offensichtlich ist, dass mit der Befolgung des Befehls
eine Straftat begangen wird (§ 11 II 2 SoldG; § 5 I WStG; vgl. BGHSt 19, 231, 232 u.
53, 145, 161: Durchführung einer Geiselnahmeübung).[302a] Letzteres hat der BGH bei
der strafrechtlichen Beurteilung der Schuld der sog. „Mauerschützen" im Hinblick
auf den Verstoß gegen das elementare Tötungsverbot angenommen (BGHSt 39, 1, 35,
mit Bezug auf § 5 I WStG). Dies ist u. a. deshalb kritisiert worden, weil es in der ehemaligen DDR keine öffentliche Kritik des Schusswaffengebrauchs an der Grenze gab.[303]
Inzwischen sieht auch die Rspr., dass die Annahme der „Offensichtlichkeit der Rechtswidrigkeit des … Schießbefehls für den indoktrinierten einfachen Grenzsoldaten
problematisch ist" (BGHSt 42, 356, 362, m. Anm. *Ambos,* NStZ 1997, 492 u. Bsp.
Rogall, Fg. BGH 2000, S. 383, 428); für den „Schießbefehl [zum] Schusswaffeneinsatz
mit bedingtem Tötungsvorsatz gegen einen flüchtenden bewaffneten Deserteur" wurde die Offensichtlichkeit der Rechtswidrigkeit sogar verneint (BGH aaO). Das Bundesverfassungsgericht verlangt von den Strafgerichten, die Offensichtlichkeit nicht
allein aus dem objektiven Vorliegen eines schweren Menschenrechtsverstoßes abzuleiten, sondern darzulegen, „warum der einzelne Soldat angesichts seiner Erziehung, der
Indoktrination und der sonstigen Umstände in der Lage war, den Strafrechtsverstoß
zweifelsfrei zu erkennen" (BVerfG NJW 1997, 929, 933 m. Bspr. *Arnold,* JuS 1997,
400, 403 f.). – Zum offensichtlich verbrecherischen Befehl bei „Massenerschießungen" als „Vergeltungsaktion" vgl. BGHSt 49, 189, 194 m. Bspr. *Zöller,* Jura 2005,
552, 560.

Aus der **Übungsfall-Literatur** vgl.: *Ambos,* JuS 2000, 465 u. 466 f. (kein Schuldausschluss
nach § 5 WStG im „Mauerschützen-Exzessfall"; anders im „Mauerschützen-Normalfall",
S. 470); *Böse/Kappelmann,* ZJS 2008, 290 u. 297 f. (Folterweisung); *Haft,* Fallrepetitorium,
Nr. 334–336; *Matt,* AT I, S. 274 f.: Kurzer Übungsfall.

[301a] Vgl. *Gropp,* 7/96.
[302] S. *Jescheck/Weigend,* S. 496 ff., mit eingehender Darstellung und zahlreichen Beispielen.
[302a] Dazu näher *Ambos,* JR 1998, 221, und *Hoyer,* 1998, S. 18, der auf die Herabsetzung
der Exkulpationsbedingungen im Vergleich zu §§ 17, 35 hinweist. – Zur Offenkundigkeit bei
Völkerrechtsverbrechen *Werle,* VölkerStrR, Rn. 631.
[303] Vgl. etwa *Amelung,* JuS 1993, 637, 642; *Dannecker,* Jura 1994, 585, 593 f.; *Ebert,*
Fs. Hanack, 1999, S. 501, 530 ff.; *Hassemer,* Fg. BGH, 2000, S. 439, 455 f.; *Sieckmann,* ARSP
2001, 496, 513 f.; *S/S-Cramer/Sternberg-Lieben,* § 17 Rn. 7 a m. w. N. – Weitere Kritikpunkte
bei *Ambos,* JR 1998, 221 f. mit Fn. 11.

4. Unterabschnitt. Irrtum

§ 13. Irrtumslehre

I. Die gesetzlichen Vorgaben

Die Regelung der strafrechtlich relevanten Irrtümer und ihrer Rechtsfolgen im AT **1** ist zwar nicht vollständig, doch enthalten § 16 einerseits und die §§ 17, 35 II andererseits wesentliche Vorgaben für eine **systematische Irrtumslehre.**

§ 16 regelt laut Überschrift den „Irrtum über Tatumstände". Ein solcher **Tatum- 2 standsirrtum**[1] liegt nach § 16 I 1 vor, wenn der Täter bei der Tatbegehung „einen Umstand nicht kennt, der zum gesetzlichen Tatbestand gehört." Es geht also um einen Irrtum auf der **Sachverhaltsebene,** Gegenstand des Irrtums ist ein Tatumstand. Die Rechtsfolge dieses Irrtums ist, dass der Täter „nicht vorsätzlich" handelt. Für die Fallprüfung bedeutet dies, dass im subjektiven Tatbestand des Vorsatzdelikts das Ergebnis lautet: keine Strafbarkeit wegen **vorsatzausschließenden** Tatumstandsirrtums gem. § 16 I 1 bzw. umgekehrt formuliert: keine Strafbarkeit wegen des Fehlens „vorsätzlichen Handelns" i.S. des § 15; genauer betrachtet fehlt es am Wissenselement des Vorsatzes im Hinblick auf einen Tatumstand (*Lackner/Kühl,* § 15 Rn. 3, aufgegriffen von BFH NJW 2008, 2944). Wer z.B. durch einen Schuss einen Menschen tötet, weil er ihn für einen Rehbock gehalten hat, begeht kein vorsätzliches Tötungsdelikt i.S. des § 212, weil er beim Schuss nicht weiß, dass er einen Menschen vor sich hat. War diese Nichtkenntnis (= dieser Tatumstandsirrtum) vermeidbar, so kommt eine Strafbarkeit wegen fahrlässiger Tötung in Betracht (§ 16 I 2, im Beispielsfall § 222).

Von dieser Nichtkenntnis von Tatumständen (§ 16 I 1) ist das Fehlen der „Ein- **3** sicht, Unrecht zu tun", zu unterscheiden. Diese fehlende Unrechtseinsicht bzw. das fehlende Unrechtsbewusstsein regelt § 17 unter der Überschrift „**Verbotsirrtum**". Bei diesem Irrtum geht es im Unterschied zum Tatumstandsirrtum gem. § 16 nicht um einen Irrtum auf der Sachverhaltsebene, sondern um einen Irrtum auf der **Normebene.** Der Gegenstand dieses Irrtums ist das Unrecht der Tat, direkt also: die Verbotsnorm („Du sollst nicht töten" bei § 212). Die Rechtsfolge dieses Verbotsirrtums betrifft nur die Schuld. Sie ist dann ausgeschlossen, wenn der Täter „diesen Irrtum nicht vermeiden konnte" (§ 17 S. 1). Für die Fallprüfung bedeutet dies, dass auf der Prüfungsstufe der **Schuld** beim Vorsatzdelikt das Ergebnis lautet: keine Strafbarkeit wegen unvermeidbaren Verbotsirrtums gem. § 17 S. 1 bzw. umgekehrt formuliert: keine Strafbarkeit wegen des Fehlens der „Einsicht, Unrecht zu tun." Ein solcher Verbotsirrtum ist im Kernbereich des Strafrechts, dem StGB, kaum vorstellbar, doch könnte man sich bei einem in einem fremden Rechtskreis aufgewachsenen Täter[1a] vorstellen, dass er das § 182 I-Verbot des sexuellen Missbrauchs von Personen unter achtzehn Jahren (beim § 182 III-Verbot unter sechzehn Jahren) nicht

---

[1] In der Terminologie ebenso *Rath,* Jura 1998, 539, 540; *Herzberg/Hardtung,* JuS 1999, 1073; *Sternberg-Lieben/Sternberg-Lieben,* JuS 2012, 289 und LK-*Vogel,* § 16 Rn. 14: entspricht allein dem Gesetz; aus der Rspr.: BGHSt 53, 210, 215 – Gebräuchlicher freilich ist die Bezeichnung „Tatbestandsirrtum"; vgl. etwa *Jescheck/Weigend,* S. 305; W-*Beulke,* Rn. 244; aus der Rspr. BFH NJW 2008, 2944.

[1a] Näher zu den durch die „Ausländereigenschaft" bedingten Verbotsirrtümern *Laubenthal/Baier,* GA 2000, 205 ff.

kennt.[1b] Mit dem Vorsatz hat diese fehlende Unrechtseinsicht nichts zu tun;[2] der Vorsatz würde etwa bei einem Täter, der den objektiven Tatbestand des § 182 I verwirklicht, fehlen, wenn er das Opfer irrtümlich für achtzehn Jahre alt hält (vgl. schon oben 5/6 u. 14).[2a]

4　　Im Hinblick auf den Aufbau des vorsätzlichen Begehungsdelikts sind also die **Prüfungsstufen** der **Tatbestandsmäßigkeit** und der **Schuld** die Orte, an denen Irrtümer zu prüfen sind. Es gibt **aber auch** Irrtümer, die die Prüfungsstufe der Rechtswidrigkeit, genauer: die die dort zu prüfenden **Rechtfertigungsgründe** betreffen. Soweit der Täter irrtümlich einen Rechtfertigungsgrund für sich „reklamiert", den die Rechtsordnung (zumindest so) nicht kennt, hält er auf Grund falscher Wertung sein Verhalten für erlaubt (z. B. Selbstjustiz durch Einsperren des auf frischer Tat Ertappten). Diesen sog. **Erlaubnisirrtum** kann man als von § 17 mitgeregelt ansehen, denn dem Täter fehlt hier die geforderte Unrechtseinsicht, weil er sein Verhalten zwar für generell verboten, aber konkret für erlaubt hält. Der Irrtum betrifft also wie der Verbotsirrtum die Normebene.

5　　Versäumt aber hat der Gesetzgeber die Regelung eines praktisch wichtigen Irrtumsfalles, der deliktssystematisch auf der Ebene der Rechtswidrigkeit angesiedelt ist: gesetzlich nicht ausdrücklich geregelt ist der Fall, dass sich der Täter irrig das Vorliegen eines Sachverhalts vorstellt, der sein Handeln gerechtfertigt haben würde, wenn er vorgelegen hätte.[3] Dieser Irrtum, der sog. **Erlaubnistatumstandsirrtum**, ist bei der Behandlung der Rechtfertigungsgründe bereits häufig angesprochen worden, insbesondere bei den Notrechten gem. §§ 32, 34, wenn sich der Täter die Notlage nur irrtümlich vorgestellt hatte (sog. Putativnotwehr bzw. Putativnotstand). Hält sich hier der Täter mit seiner Verteidigungs- bzw. Rettungshandlung an die Voraussetzungen der §§ 32, 34 (z. B. Erforderlichkeit bzw. Erforderlichkeit und Interessenübergewicht), so stellt sich die Frage, wie sein Irrtum einzuordnen ist.

6　　Für die Zuordnung zu § 17 spricht, dass es sich um eine Fehlvorstellung über die Rechtswidrigkeit, genauer: über einen Rechtfertigungsgrund handelt. Für die Zuordnung zu § 16 (durch Analogie oder durch Übernahme von dessen Rechtsfolge) spricht, dass der Irrtum nicht auf der Normebene, sondern auf der **Sachverhaltsebene** liegt.[4] Der Täter wertet nicht zu seinen Gunsten anders als der Gesetzgeber, sondern er verkennt die Situation, in der er steht und handelt.

6a　　Kritisch zum System der Irrtumslehre *Walter*, 2006, S. 408 ff., der § 16 teilweise für zu mild, § 17 teilweise für zu hart hält, und deshalb einen Gesetzgebungsvorschlag macht (S. 443).[4a]

> Eine nützliche Einführung in die Irrtumslehre bietet *Rönnau*, JuS 2004, 667–669. – Zu Abgrenzung von Tatumstands- und Verbotsirrtum *Hinderer*, JA 2009, 864–868.

[1b] Vgl. *Ebert*, S. 142 mit § 176 – Bsp. und *Hinderer*, JA 2009, 864, 865 mit § 182 Bsp. – Ein § 123-Beispiel bildet *Knobloch*, JuS 2010, 864, 866: Vermieter betritt „seine" Wohnung ohne Einverständnis des Mieters und sieht sich im Recht.

[2] Vgl. zur Gegenposition der sog. Vorsatztheorie *Geerds*, Jura 1990, 421 ff., sowie *Otto*, 7/61 ff.: Bewusstsein der Sozialschädlichkeit des Verhaltens als Bestandteil des Vorsatzes.

[2a] *Lackner/Kühl*, § 182 Rn. 7.

[3] *Hettinger*, JuS 1988, L 73.

[4] Zu diesen beiden Grundmodellen für die Unterscheidung von Tatumstands- und Verbotsirrtum s. die graphische Aufbereitung bei *Eser/Burkhardt*, Strafrecht I, Nr. 14 A 71 u. 72, sowie 75.

[4a] Kritisch *Kuhlen*, ZStW 120 (2008), 140, 148: geltendes Recht besser.

II. Der Tatumstandsirrtum gem. § 16

1. Erscheinungsformen und rechtliche Behandlung

§ 16 I 1 beschreibt den Tatumstandsirrtum mit: „nicht kennt". Nichtkenntnis von 7 Tatumständen kann sich aus dem Fehlen eines Teils der objektiv gegebenen Tatumstände ergeben = **Unkenntnis** (auch sog. „negativer" Irrtum).[5] So wenn dem auf Vögel schießenden Täter unversehens ein Passant ins Schussfeld läuft und getroffen wird: den Menschen (= Passanten) hat der Täter beim Schuss nicht wahrgenommen. Oder wenn sich der Täter im obigen § 182-Beispiel (Rn. 3) keinerlei Gedanken über das Alter des Opfers gemacht hat, denn dann weiß er nicht, dass es unter sechzehn (nach der Neufassung: achtzehn) Jahre alt ist.[6] Die gilt auch dann, wenn der Täter aus Gleichgültigkeit die Tatsachen nicht kennt (z. B. weil ihn das Alter und die Tatbestandsverwirklichung überhaupt nicht interessiert); § 16 I spricht nur von der Unkenntnis, nicht über deren Gründe.[6a]

Nichtkenntnis i. S. des § 16 I 1 ist aber auch bei einer **Fehlvorstellung** gegeben, bei 8 der der Täter eine falsche Vorstellung von der Wirklichkeit hat, weil er ihr etwas objektiv nicht Vorhandenes hinzufügt (auch sog. „positiver" Irrtum).[7] So wenn der Jäger den kauernden Jagdfreund für einen Rehbock hält und erschießt.[7a] Oder wenn der übermütige Jugendliche einen sportlich gekleideten Kunden, den er für eine Schaufensterpuppe gehalten hat, durch einen Schlag mit einem Baseballschläger auf den Hinterkopf tötet.[7b] Zweifelt der Täter freilich daran, ob es sich um einen Menschen handelt, und schießt er trotzdem, so handelt er (bedingt) vorsätzlich (§ 212).[8]

In beiden Fällen – Unkenntnis und Fehlvorstellung – decken sich die Vorstellun- 9 gen des Täters und die Wirklichkeit nicht, d. h. es liegt ein Irrtum vor. Betrifft dieser Irrtum einen **Tatumstand**, der zu einem gesetzlichen Tatbestand eines Delikts des BT „gehört", so liegt nach § 16 I 1 ein Tatumstandsirrtum vor. Genaugenommen „gehören" freilich die abstrakten Tatbestandsmerkmale des jeweiligen Delikts zum Tatbestand. Die Tatumstände hingegen verwirklichen im Einzelfall ein solches Tatbestandsmerkmal.[9] Auf sie aber, auf die Tatumstände als Element eines Lebenssachverhalts, kommt es beim § 16-Irrtum an. Schon deshalb ist die Bezeichnung dieses Irrtums als Tatumstandsirrtum[10] korrekter als die immer noch gebräuchlichere als Tatbestandsirrtum.

Die Nichtkenntnis eines Tatumstands kann auch vorliegen, wenn sich der Täter 9a irrig vorstellt, für sein Handeln sei eine **Erlaubnis** oder eine **Genehmigung** nicht er-

---

[5] *Hettinger*, JuS 1988, L 72 u. 78 (Antwort 2); *Rath*, Jura 1998, 539; *Henn*, JA 2008, 854, 855: Fall 1; *Sternberg-Lieben/Sternberg-Lieben*, JuS 2012, 289. – Zum Irrtum über das Alter des Opfers bei §§ 176, 182 a. F. vgl. BGH StraFo 2007, 122 f.; zum Alter des Opfers als Gegenstand des Vorsatzes s. oben 5/6 mit Fn. 18 u. 5/14, 31.

[6] *Roxin*, AT I, 12/95; *Warda*, Jura 1979, 3.

[6a] Krit. dazu die dolus-indirectus-Lehre von *Jakobs*, ZStW 114 (2002), S. 584, 588, 597, der § 16 auf Fälle des Irrtums beschränken möchte.

[7] *Hettinger*, JuS 1988, L 72; *Rönnau*, JuS 2004, 667.

[7a] Ähnliches Bsp. 1 bei *Knobloch*, JuS 2010, 864, 865.

[7b] So der „Fall" von *Rath*, Jura 1998, 539.

[8] *Roxin*, AT I, 12/95.

[9] Vgl. *Eser/Burkhardt*, Strafrecht I, Nr. 16 A 11; *Hettinger*, JuS 1989, L 17; *Herzberg/ Hardtung*, JuS 1999, 1073.

[10] *Ebert*, S. 142 u. 147; *Eser/Burkhardt*, Strafrecht I, Nr. 16 A 11 u. Nr. 14 A 72; *Hettinger*, JuS 1989, L 18, sowie L 42 u. L 48 (Antwort 1); *Schall*, NStZ 1992, 265; *Sternberg-Lieben/Sternberg-Lieben*, JuS 2012, 289.

forderlich. Das setzt aber voraus, dass das negative Tatbestandsmerkmal „ohne erforderliche Erlaubnis/Genehmigung" ein präventives Verbot mit Erlaubnisvorbehalt aufstellt (dazu näher mit Beispielen 9/120). Dann schließt die Erlaubnis/Genehmigung bereits den Tatbestand aus und ein Irrtum über die Erforderlichkeit ist ein **Tatumstandsirrtum**.[10a] Handelt es sich dagegen um ein repressives Verbot mit Befreiungsvorbehalt (dazu auch 9/120), so ist die Erlaubnis/Genehmigung ein Rechtfertigungsgrund und ein Irrtum über ihre Erforderlichkeit ein **Verbotsirrtum**.[10b] – Ein Verbotsirrtum liegt auch vor, wenn der Täter von einem Rechtfertigungsgrund (z. B. einer rechtfertigenden **Einwilligung**; s. oben 9/22) ausgeht (sog. Erlaubnisirrtum, s. unten 13/53); dagegen liegt ein Tatumstandsirrtum vor, wenn der Täter irrig ein tatbestandsausschließendes **Einverständnis** (z. B. beim Hausfriedensbruch, s. oben 9/25), annimmt; zu einem Tatumstandsirrtum kommen bei der Einwilligung diejenigen, die auch bei ihr einen Tatbestandsausschluss (s. oben 9/21) annehmen.

9b   Der Tatumstandsirrtum kann sich nicht nur auf den Tatumstand „Tatobjekt" (bei § 212: ein anderer Mensch), sondern auch auf die **Tathandlung** beziehen, etwa auf die Täuschung i. S. des Betrugs nach § 263. Täuschungsvorsatz fehlt etwa, wenn der Täter irrig meint, bei der „betrügerischen" Ausfüllung eines Überweisungsvordrucks werde kein Irrtum erregt, weil Bankmitarbeiter diesen gar nicht prüften (vgl. den Fall des AG Siegburg NJW 2004, 3725 m. Bspr. *Kudlich*, JuS 2005, 566); kein Tatumstandsirrtum, sondern ein Verbotsirrtum nach § 17 läge hingegen vor, wenn der Täter bei zutreffender Vorstellung vom tatsächlichen Umfang der Prüfungsvorgänge durch die Bank „nur einen rechtlich unzutreffenden Schluss auf Grund einer Fehlinterpretation des Begriffs der ‚Täuschung' i. S. des § 263 gezogen" hätte (*Kudlich* a. a. O. S. 567).

> Aus der **Übungsfall-Literatur** zum Tatumstandsirrtum vgl.: *Eisele/Majer,* JA 2011, 187 u. 191 f. (Schaden i. S. des § 263); *Kühl,* JuS 2007, 742 u. 744 („fremd" i. S. des § 242); *Kett-Straub/Stief,* JuS 2008, 236 u. 237 (Alter des Opfers bei § 176); *Kett-Straub/Henn,* JA 2010, 590 u. 591, 594 (Wohnung i. S. des § 123); *K/S/L,* Klausurtraining, Fall 9, S. 203 u. 205f. (Mensch i. S. v. § 239 l); *Laubenthal/Baier,* JA 1993, 101 u. 106; *Hilgendorf,* KK II, Fall 11, Rn. 3 u. KK III, Fall 10, Rn. 7; *Otto/Bosch,* Übungen, Fall 11, S. 239 („fremd" i. S. des § 242); *Rudolphi,* AT-Fälle, Fall 4, S. 39 u. 49 („fremd" i. S. des § 242).

10   Die Bezeichnung als Tatumstandsirrtum macht auch deutlich, warum der sog. **Subsumtionsirrtum** kein vorsatzausschließender § 16-Irrtum ist. Wie im Vorsatzkapitel bei der Art des Wissens (s. o. 5/91 ff.) bereits ausgeführt, setzt das für den Vorsatz erforderliche Wissen (insb. bei sog. normativen Tatbestandsmerkmalen) **Bedeutungskenntnis** voraus,[10c] nicht aber die richtige Subsumtion des in seiner Bedeutung erkannten Tatumstands unter das entsprechende Tatbestandsmerkmal eines Delikts. Wer weiß, dass er durch Herauslassen der Luft aus einem Reifen den Pkw eines anderen vorübergehend seiner bestimmungsgemäßen Brauchbarkeit entzieht, hat die

---

[10a] Vgl. OLG Celle NJW 2004, 3790 (zu Art. 1 § 8 Nr. 1 RBerG); OLG Frankfurt NStZ-RR 2006, 353 (zu § 52 a WaffG); OLG Stuttgart NStZ-RR 2009, 356, 357 (Erlaubnis der Fischereibehörde für den Führer der Anode); LG Ravensburg NStZ-RR 2007, 353 f. (zu § 52 II Nr. 2 WaffG); *Lackner/Kühl,* § 17 Rn. 6 u. § 325 Rn. 16; *Fischer,* § 16 Rn. 16; ebenso KK-OWiG *Rengier,* § 11 Rn. 40–42 u. *Tiedemann,* AT, Rn. 206, 225.

[10b] BGH NStZ 2003, 55 (zum AWG); BGH NJW 2008, 2596 (zum BtMG); *Lackner/Kühl,* § 17 Rn. 6; *S/S-Cramer/Sternberg-Lieben,* § 17 Rn. 12 a; ebenso KK OWiG *Rengier,* § 11 Rn. 43 u. 117 mit Rspr. zum Umweltrecht. – Kritisch zur Differenzierung LK-*Walter,* Rn. 53 vor § 13.

[10c] Dazu *Sternberg-Lieben/Sternberg-Lieben,* JuS 2012, 289, 290.

für die Beschädigung einer Sache ausreichende Bedeutungskenntnis. Dass er sein Verhalten nicht unter die Tatbestandsmerkmale „beschädigt oder zerstört" i. S. des § 303 subsumiert, ist ein Irrtum über Tatbestandsmerkmale, der nicht vorsatzausschließend i. S. des § 16 I 1 wirkt.[11]

Fehlt dagegen beim Täter die Bedeutungskenntnis, so liegt mangels des erforderlichen Wissens um den (meist normativ geprägten) Tatumstand ein § 16-Irrtum vor (zu den sog. normativen Tatbestandsmerkmalen s. oben § 5 Rn. 92). So z. B. wenn der Käufer die weggenommene Sache schon infolge des Kaufvertrags als sein Eigentum betrachtet: hier fehlt die Bedeutungskenntnis hinsichtlich der Fremdheit der Sache i. S. des § 242 (s. oben 5/96 Fn. 254).[11a] Hält dagegen der Gast den beim Verlassen des Lokals mitgenommenen Mantel für seinen eigenen, weil er diesem ähnlich sieht,[12] so liegt eine „normale" Fehlvorstellung in der sinnlichen Wahrnehmung und deshalb ebenfalls ein § 16-Irrtum vor. 11

Der Tatumstandsirrtum ist also die **Kehrseite** des Wissenselements[13] als Vorsatzbestandteil. Fehlt das erforderliche Wissen (einschl. der Bedeutungskenntnis), so ist der Vorsatz ausgeschlossen. 12

Der Tatumstandsirrtum schließt den Vorsatz und damit die Strafbarkeit aus einem Vorsatzdelikt aus: Unkenntnis des Sachverhalts schützt vor Strafe![13a] Dies gilt selbst für den Fall, dass der Irrtum für den Täter **vermeidbar** war (bei näherem Hinsehen hätte der Gast erkannt, dass es doch nicht sein Mantel ist): „§ 16 I 1 fragt nach der Kenntnis, nicht nach der Vermeidbarkeit der Unkenntnis."[14] Allerdings kommt eine Strafbarkeit aus einem **Fahrlässigkeitsdelikt** in Betracht (§ 16 I 2), wenn das vom Täter angegriffene Rechtsgut gegen fahrlässige Angriffe gesetzlich geschützt ist und die Voraussetzungen des jeweiligen Fahrlässigkeitsdelikts erfüllt sind. Letzteres dürfte bei Vorwerfbarkeit des Irrtums regelmäßig zutreffen,[15] ersteres verlangt, ein Fahrlässigkeitsdelikt im BT zu suchen. Für den unaufmerksamen Gast ist ein solches Fahrlässigkeitsdelikt nicht zu finden: der fahrlässige Diebstahl ist straflos. Für den unaufmerksamen Jäger, der den Jagdfreund erschießt, kommt § 222 in Betracht (s. schon oben Rn. 2). 13

---

[11] Ebenso *Roxin*, AT I, 12/101. – Vgl. mit anderem Beispiel (Tier nicht für Sache gehalten) *Hettinger*, JuS 1989, L 18; mit demselben Beispiel auch *Eser/Burkhardt*, Strafrecht I, Nr. 16 A 15: „irrelevanter Auslegungsirrtum"; mit dem Bierfilz-Fall *Neumann*, JuS 1993, 797, *Rönnau*, JuS 2004, 668 f.; *Schulz*, Fs. Bemann, 1997, 246, 253 (ohne „Parallelwertung") u. *Roxin*, AT, 1/102; – mit weiteren Bsp. *Meurer*, S. 112; vgl. auch das § 242-Bsp. bei *Heinrich*, AT II, Rn. 1084, der aber einen Verbotsirrtum annimmt (Rn. 1087; abl. zur Lehre von den normativen Tatbestandsmerkmalen *Heinrich*, Fs. Roxin, 2011, S. 449, 464 ff.; zu deren „Fehlbarkeit" *Palma*, GA 2012, 220, 227); wie hier im Erg. auch *Puppe*, Fs. Herzberg, 2008, S. 275, 276 f., 282 u. *Walter*, 2006, S. 276 sowie *Neumann*, Fs. Puppe, 2011, S. 171, 185.

[11a] Vgl. Fall 4 von *Herzberg/Hardtung*, JuS 1999, 1073, 1074; weitere Beispiele bei *Ebert*, S. 143; zum Regelirrtum als Element eines Tatumstandsirrtums *Neumann*, Fs. Puppe, 2011, S. 171, 181 ff. – So auch LG Ravensburg StV 2007, 412, 414, zu § 266 a. – Zum Umgang mit der Irrtumsproblematik bei normativen Tatbestandsmerkmalen *Fakhouri Gómez*, GA 2010, 259 ff. – Bewertungsirrtümer über die Fremdheit der (für eine eigene gehaltene) Sache sollen nach *Safferling*, 2007, S. 146 ff., Verbotsirrtümer sein (krit. *Roxin*, JZ 2008, 988).

[12] Beispiel bei W-*Beulke*, Rn. 455 u. 823. – Als Fall „durchgeprüft" von *Hettinger*, JuS 1989, L 42 f.

[13] *Lackner/Kühl*, § 16 Rn. 3 (aufgegriffen von BFH NJW 2008, 2944); ähnlich W-*Beulke*, Rn. 455: „Kehrseite des Tatbestandsvorsatzes".

[13a] Ebenso *Sternberg-Lieben/Sternberg-Lieben*, JuS 2012, 289, 290.

[14] *Hettinger*, JuS 1989, L 20; *Sternberg-Lieben/Sternberg-Lieben*, JuS 2012, 289. – Zu dieser „starren" Rechtsfolge s. *Lesch*, JA 1996, 346.

[15] *Lackner/Kühl*, § 16 Rn. 8; s. auch *Kudlich*, Fs. Benakis, 2008, S. 265, 275.

14   Der Grund für den Vorsatzausschluss selbst bei Vermeidbarkeit des Irrtums ist darin zu sehen, dass der Täter nicht das Wissen hat, das ihm Anlass gibt, darüber nachzudenken, ob er gegen ein Verbot (gegen einen Straftatbestand) verstößt. Wer den Sachverhalt und den Sinngehalt seiner Tat in rechtlich-sozialem Raum nicht erfasst hat, wird von der **Appell-** und **Warnungsfunktion** des Tatbestandes nicht erreicht.[16] Wer meint, eine eigene Sache mitzunehmen, hat keinen Anlass, darüber nachzudenken, dass man fremde Sachen nicht wegnehmen darf. Ein solcher Irrtum über Tatumstände ist nach Ansicht des Gesetzgebers „verzeihlicher" als ein Irrtum, bei dem der Täter in Kenntnis der Situation sein Verhalten für nicht verboten oder für erlaubt hält (nur bei Unvermeidbarkeit ist nach § 17 die Schuld ausgeschlossen).

> Aus der **Übungsfall-Literatur** vgl.: Kudlich, PdW AT, Fall 67 (Fremdheit der Sache i. S. des § 242); Walter/Schwabenbauer, JA 2012, 504 u. 506 (Verlangen i. S. des § 218 a I).

14a   Irrtumsprobleme können auch auftreten, wenn die **Rechtswidrigkeit** bzw. das Unrecht, dessen Einsicht seitens des Täters an sich auf der Ebene der Schuld gesetzlich (§ 17; s. unten Rn. 49 ff.) verankert ist, ausnahmsweise als **Gegenstand des Vorsatzes** in Betracht kommt, weil sie ein Tatbestandsmerkmal näher charakterisiert (o. 5/18). Das wichtigste Beispiel hierfür bildet § 242, wonach für einen Diebstahl die Absicht erforderlich ist, sich oder einem Dritten eine fremde Sache „rechtswidrig" zuzueignen. In solchen Fällen ist die Rechtswidrigkeit ein normatives Tatbestandsmerkmal (dazu o. 5/92), das maßgeblich durch das Zivilrecht geprägt ist. Irrt sich der Täter über diese Rechtswidrigkeit (z. B. weil er fälschlicherweise davon ausgeht, er habe einen Anspruch auf die weggenommene Sache), so handelt es sich um einen Irrtum, der, je nach Fallkonstellation (Stück-, Gattungs-Geldschulden) und Sichtweise, bereits einen Tatumstandsirrtum i. S. des § 16 I 1 oder erst einen nach § 17 zu behandelnden Verbotsirrtum darstellen kann.[16a] Wegen der Einzelheiten dieser Fälle, deren Lösung höchst umstritten ist, muss auf die BT-Literatur verwiesen werden.[16b] – Dieselbe Problematik stellt sich bei der Rechtswidrigkeit der Bereicherung i. S. der §§ 253, 263 (zu § 253 vgl. BGHSt 48, 322, 328 m. Anm. Kühl, NStZ 2004, 387); dabei vorausgesetzt, dass der Täter – ein Drogenhändler – sich einen von der Rechtsordnung anerkannten Anspruch vorstellt (Roxin, AT I, 12/103; das gilt auch für § 249-Drogengeschäfte, W-Hillenkamp, BT 2, Rn. 355 mit BGH NStZ 2008, 626, s. Fn. 16 a). – Zur umgekehrten Situation – der Täter hat einen Anspruch, glaubt aber, keinen zu haben, vgl. 15/98, 99: untauglicher Versuch oder Wahndelikt.

Nicht immer ist das in vielen Tatbeständen des BT vorkommende Merkmal **unbefugt** ein schlichter und überflüssiger Hinweis auf die erforderliche Prüfung von Rechtfertigungsgründen. So liegt es, wenn die übrige Tatbestandsbeschreibung schon vollständiges Unrecht ergibt; so etwa bei dem neuen § 201 a I, der unbefugte Bildaufnahmen erfasst (Lackner/Kühl, § 201 a Rn. 9 m. w. N. auch zu kritischen Stimmen). Anders liegt es, wenn das Merkmal unbefugt erst das Unrecht komplettiert, weil ohne

---

[16] Ebert, S. 151; Rönnau, JuS 2004, 668; Sternberg-Lieben/Sternberg-Lieben, JuS 2012, 289; W-Beulke, Rn. 244.
[16a] Vgl. Lackner/Kühl, § 242 Rn. 27; Tiedemann, AT, Rn. 229 u. LK-Vogel, § 16 Rn. 49; für Tatbestandsirrtum Fischer, § 16 Rn. 15 u. § 242 Rn. 49, Roxin, AT I, 12/103 u. 142 sowie W-Beulke, Rn. 243; für Verbotsirrtum nach § 17 Knobloch, JuS 2010, 864, 865. – Aus der Rspr.: BGH NStZ 2003, 663, 664; BGH NStZ 2008, 626 m. zust. Bspr. Bosch, JA 2009, 70 ff. u. Kindhäuser, StV 2009, 355 sowie Kudlich, JuS 2004, 1015 mit OLG Köln, StraFo 2004, 282.
[16b] Vgl. etwa Rengier, BT I, 2/86–91; Mitsch, BT 2/1, 1/151 ff. u. W-Hillenkamp, BT 2, Rn. 203 u. zu § 253: Rn. 719. – Für eine analoge Anwendung des § 16 Roxin, AT I, 12/140– 142, für direkte Anwendung von § 16 NK-Puppe, § 16 Rn. 14, offen gelassen von LK-Vogel, § 16 Rn. 19; zum Leitfall der Rspr. – BGHSt 17, 87 – vgl. Puppe, AT 1, 32/8–17.

es auch sozialadäquates Verhalten erfasst wäre; so etwa bei dem neuen § 238 I, der das gesellschaftliche Phänomen ‚Stalking' als „Nachstellung" erfasst und dafür nach Nr. 1 etwa das Aufsuchen räumlicher Nähe zum Opfer genügen zu lassen scheint (*Lackner/Kühl*, § 238 Rn. 6 m. w. N. auch zu abweichenden Stimmen). Nur in diesen Fällen gehört das Merkmal unbefugt zum Unrechtstatbestand, so dass bei einem Irrtum des Täters ein Tatumstandsirrtum nach § 16 I 1 vorliegt; ansonsten ist – wie bei §§ 201, 201 a – § 17 einschlägig (*Roxin*, AT I, 10/30 f. u. 12/148).

> Aus der **Übungsfall-Literatur** zum Irrtum über die Rechtswidrigkeit der Zueignungsabsicht bei § 242 vgl.: *Beulke*, KK II, Fall 3, Rn. 68 u. 83 f. sowie KK III, Fall 4 Rn. 155 u. 160 (Darlehen); *Kudlich*, JuS 2003, 243 (Vermächtnis) u. PdW BT I, Fall 31 (BGHSt 17, 87 nachgebildet; dazu unten Fn. 16 c); K/H/H-*Hellmann*, BT 2, Rn. 121–131: Fall 27 („Moos-raus-Fall" des BGHSt 17, 87).

Ähnliche Abgrenzungsprobleme bestehen bei der Untreue (§ 266 StGB), wenn der **14 b** Täter irrig davon ausgeht, er habe keine (Treu-)**Pflichtverletzung** begangen. Bei Bejahung eines Tatumstandsirrtums bleibt der Täter straflos, da die fahrlässige Untreue nicht unter Strafe gestellt ist. Der BGH hatte über diese Problematik in seinem „Mannesmann"-Urteil zu befinden, in dem es um die Gewährung von millionenschweren Prämien an Vorstandsmitglieder einer Aktiengesellschaft durch den Aufsichtsrat ging (BGH NJW 2006, 522; in BGHSt 50, 331 nicht abgedruckt).[16c] Das Gericht ließ in dem hochkomplexen Fall die Entscheidung letztlich offen, ob bei den Angeklagten die subjektive Tatseite überhaupt für einen Irrtum spreche und, falls Fehlvorstellungen vorgelegen haben sollten, unter welche Kategorie diese fallen. Der BGH brachte aber zum Ausdruck, dass er zu der Bewertung neigt, beim Beschluss der Anerkennungsprämien nur einen Verbotsirrtum anzunehmen und bezüglich einer Zahlung einen Tatumstandsirrtum sogar als „fernliegend" zu betrachten (BGH a. a. O. S. 531). In der Wissenschaft werden Fehlvorstellungen über die Pflichtwidrigkeit deshalb überwiegend als Tatbestandsirrtum eingestuft, weil die Verletzung der Treuepflicht in § 266 StGB ein normatives Tatbestandsmerkmal sei und dementsprechend die Fehlvorstellung, sich pflichtgemäß verhalten zu haben, unter § 16 StGB fallen müsse.[16d]

Bezieht sich der Irrtum auf einen **privilegierenden** oder **qualifizierenden** Umstand **15** einer Abwandlung vom Grunddelikt mit Tatbestandscharakter, so ist zu unterscheiden. Beim Irrtum über strafhöhende Merkmale bleibt es bei der Verwirklichung (nur) des Grunddelikts. Weiß z.B. der Dieb nicht (mehr), dass er eine Pistole in seiner Manteltasche trägt, so fehlt ihm die Kenntnis hinsichtlich des § 244 I Nr. 1 a-Merkmals „Bei-sich-Führen" einer Schusswaffe; es verbleibt die Strafbarkeit wegen des Diebstahls gem. § 242.[17]

Bezieht sich der Irrtum auf „Umstände, die den Tatbestand eines milderen Gesetzes ergeben würden, so kann nur nach dem **milderen** Gesetz bestraft werden."[18] **16** Diese Anordnung findet sich in § 16 II, der bewirkt, dass der Täter entsprechend

---

[16c] Zum Urteil mit zahlreichen Anmerkungen *Lackner/Kühl*, § 266 Rn. 20 b; ergänzend zur Irrtumsproblematik *Puppe*, Fs. Herzberg, 2008, S. 275, 283, 294 f.; „methodisch" zust. LK-*Vogel*, § 16 Rn. 32.

[16d] Vgl. *Lüderssen*, Fs. Richter II, 2006, S. 373; *Ransiek* NJW 2006, 814; *Schramm*, 2005, S. 138; vgl. auch *Herzberg*, JuS 2008, 385, 386 f.; diff. *Marwedel*, ZStW 123 (2011), 548, 563; weitere Nachweise bei *Lackner/Kühl*, § 266 Rn. 19.

[17] Vgl. Beispiel 1 bei *Hettinger*, JuS 1989, L 41, sowie Beispiel 17 bei *Ebert*, S. 147. Ähnliches Mittäter-Beispiel bei *Roxin*, AT I, 12/135.

[18] *Lackner/Kühl*, § 16 Rn. 6; eingehend zu dieser Irrtumsregelung „im Schatten" der allgemeinen Strafrechtslehre *Küper*, Jura 2007, 260 ff. u. *Gierhake*, GA 2012, 291 ff.

seiner Fehlvorstellung bestraft wird.[19] Wer das Tötungsverlangen des vorsätzlich Getöteten irrtümlich für ein ernstliches oder ein noch fortbestehendes gehalten hat, wird nicht wegen Totschlags gem. § 212, sondern nur wegen der vorgestellten Tötung auf Verlangen gem. § 216 bestraft.[20] – Verkennt der Täter einen privilegierenden Umstand (weiß er z. B. vom ernstlichen Tötungsverlangen gem. § 216 nichts), so entfällt die Privilegierung mit der Folge, dass der Grundtatbestand (im Bsp.: § 212) anwendbar bleibt.[20a]

16a   Uneinheitlich wird der Irrtum über **Tatbestandsalternativen** (sog. doppelter Tatbestandsirrtum, auch Variantenirrtum genannt [*Matejko*, ZIS 2006, 2005]) behandelt.[20b] Es handelt sich dabei um Konstellationen, in denen der Täter sich vorstellt, eine bestimmte Tatbestandsalternative zu verwirklichen, tatsächlich verwirklicht er aber eine andere Alternative desselben Tatbestandes. So etwa wenn der Täter meint, in einen Geschäftsraum i. S. des § 123 einzudringen, während er tatsächlich in eine Wohnung i. S. des § 123 eindringt. In solchen Fällen stellt sich die Frage, ob der Täter Vorsatz hinsichtlich des Eindringens in eine Wohnung hat, obwohl er in einen Geschäftsraum eindringen will. Dies ist zu bejahen, d. h. der Irrtum ist unbeachtlich, weil die beiden Tatbestandsalternativen nur Auffächerungen eines einheitlichen Schutzgegenstandes ("abgeschlossene Räume unter fremdem Hausrecht") sind,[20c] auch wenn der Gesetzgeber den Gattungsbegriff nicht ausdrücklich nennt. Anders wird man entscheiden müssen, wenn sich die Tatobjekte qualitativ unterscheiden, wie z. B. Urkunde und technische Aufzeichnung in § 274; dann fehlt es am Vorsatz hinsichtlich des tatsächlich getroffenen Objekts, und der Vorsatz hinsichtlich des vermeintlichen Tatobjekts führt nur zum Versuch (des § 274).[20d]

16b   Das Gleiche gilt für den Fall, dass der Täter eine qualitativ mildere Variante verwirklichen möchte, er aber statt dessen (versehentlich) die intensivere Variante er-

---

[19] Vgl. *Kühl*, Jura 2010, 81, 86 u. *Warda*, Jura 1979, 113; zur Legitimierung dieser Behandlung des Privilegierungsirrtums aus seiner Wertstruktur als gemindertes Vorsatzunrecht *Küper*, Jura 2007, 260, 263.

[20] Vgl. BGH NStZ 2012, 85 m. Anm. *Hecker*, JuS 2012, 365. – "Modellfall" bei *Küper*, Jura 2007, 260 f.; Beispiel 2 bei *Hettinger*, JuS 1989, L 41 f. (s. auch Fall 3 JuS 1992, L 69), Beispiel 38 bei *Ebert*, S. 156; Bsp. 5 bei *Knobloch*, JuS 2010, 864, 866 (mit Ableitung aus ratio legis) sowie Fall 4 bei *Kindhäuser*, AT, 26/9. – Gegen die Anwendung von § 16 II auf das "schuldmindernde" Merkmal des Verlangens *Roxin*, AT I, 12/139; für die § 16 II-Anwendung *Lackner/Kühl*, § 216 Rn. 5, LK-*Vogel*, § 16 Rn. 105 sowie *Schroth*, 1998, S. 110 ff.

[20a] *Lackner/Kühl*, § 16 Rn. 7; diff. *B-Weber/Mitsch*, 21/24–26.

[20b] *Lackner/Kühl*, § 16 Rn. 4 m. w. N.; *Murmann*, GK, 24/48–51; *W-Beulke*, Rn. 246; eingehend *Schroth*, 1998, S. 67–71, mit "Überblick" über die verschiedenen Konstellationen (S. 70 f.), *Fischer*, Der Irrtum über Tatbestandsalternativen, 2000; *Warda*, Fs. Stree/Wessels, 1993, S. 267 ff.; *Rolofs*, JA 2003, 304; *Tsai*, 2006, S. 210 ff. [m. krit. Bspr. *Puppe*, GA 2008, 341] u. *Walter*, 2006, S. 295–298 [auch zu *Tsai* in Fn. 142]; "wiederentdeckt" wurde dieser Irrtum von *Schroeder*, GA 1979, 321 ff.

[20c] *Sternberg-Lieben/Sternberg-Lieben*, JuS 2012, 289, 292; *Rengier*, AT, 15/66; *Roxin*, AT I, 12/136; *Joecks*, § 123 Rn. 46; SK-*Rudolphi*, § 16 Rn. 28 d; S/S-*Sternberg-Lieben*, § 16 Rn. 11; *Schroth*, 1998, S. 67 [krit. *Jakobs*, GA 1999, 382]; a. M. *Kuhlen*, 1987, S. 512; *Schlehofer*, 1996, S. 172; z. B. auch *Rolofs*, JA 2003, 304, 308 f., der auf die "qualitative Vergleichbarkeit" abstellt; auf die "Austauschbarkeit" abstellend *Matejko*, ZIS 2006, 205, 212. Vgl. auch *Burchard*, 2008, S. 266, der die "Einheitlichkeit des Schutzgegenstandes" dogmatisch präzisiert.

[20d] *Roxin*, AT I, 12/136. – Gegen die Unterscheidung nach Quantität und Qualität LK-*Vogel*, § 16 Rn. 42, der im Anschluss an *Schroeder* nach erschöpfender und nichterschöpfender Regelung der Alternativen durch den Gesetzgeber differenziert; gegen ein Abstellen auf die objektive Vergleichbarkeit *Walter*, 2006, S. 298, der bei dieser Vorsatzproblematik auf die subjektive Vergleichbarkeit abstellt.

füllt (z. B. eine Sache gem. § 303 nur beschädigen möchte, sich dabei aber so ungeschickt anstellt, dass er sie ungewollt zerstört): Bezüglich der tatsächlich verwirklichten, intensiveren Variante handelt der Täter dann nur fahrlässig (sofern strafbar, was z. B. bei § 303 nicht der Fall ist), während hinsichtlich der vom Vorsatz umfassten, weniger intensiven Variante lediglich eine Bestrafung wegen Versuchs in Betracht kommt (z. B. § 303 Abs. 3).[20e] Für den umgekehrten Fall, dass der Täter statt der von ihm ins Auge gefassten schwereren Variante nur die schwächere Tatmodalität verwirklicht (z. B. eine Urkunde bloß beschädigt statt wie beabsichtigt zerstört, § 274 I), handelt er bezüglich der schwächeren Variante vorsätzlich, da im Vorsatz bezüglich der schweren Modalität die mildere Form der Tatbegehung einbezogen sein wird[20f] (z. B. der Vorsatz des Zerstörens das Beschädigen notwendigerweise einschließt). – Instruktiver **Überblick** bei *Sternberg-Lieben/Sternberg-Lieben*, JuS 2012, 289, 292.

> Aus der **Übungsfall-Literatur** zum Irrtum über qualifizierende Merkmale und über Tatbestandsalternativen vgl.: *Alpmann/Schmidt*, AT 2, Fälle 35, 36, S. 177–179; *Blei*, PdW BT 1, Fall 48; *Engelhart/Burchard*, Jura-Examens-Klausurenkurs, 3. Aufl. 2008, 56 u. 61; *Esser/Röhling*, Jura 2009, 866 u. 871 (§ 16 II-Fall); *Hilgendorf*, KK III, Fall 1, Rn. 59 (§ 16 II-Fall zu § 216); *Jäger*, Fall 17, Rn. 97, 99 (§ 16 II-Fall mit § 216); *Mitsch*, JuS 1996, 311: Fall 30 a, und JuS 1996, 407: Fall 32 a, sowie schon JuS 1995, 890: Fall 8.

2. Sonderkonstellationen

Als Sonderkonstellationen werden hier Sachgestaltungen bezeichnet, die sich 17 zwar **auch** als **Irrtumsfälle** beschreiben lassen, aber Besonderheiten aufweisen, die im Vorsatzbegriff und im Bereich der Zurechnung liegen.[21] Gemeint sind Fallgestaltungen wie z. B. der „error in persona" oder die „aberratio ictus".[21a] Sie werden häufig schon im subjektiven Tatbestand beim Vorsatz erörtert,[22] sind hier aber für die Irrtumslehre „aufgespart" worden, um ihre mögliche Lösung als Irrtumsfälle diskutieren zu können.

a) „error in persona vel in obiecto": Irrtum über das Handlungsobjekt

Ein Irrtum über das vom jeweiligen Delikt angegebene **Handlungsobjekt** (§ 303: 18 Sache; § 212: Mensch) ist nach den obigen Ausführungen ein Irrtum über einen Tatumstand. Wer nicht weiß, dass er bei dem Schuss auf der Jagd einen Menschen im Visier hat, befindet sich im vorsatzausschließenden Irrtum gem. § 16 I 1, so dass die Strafbarkeit wegen des Vorsatzdeliktes § 212 ausscheidet und allenfalls eine fahrlässige Tötung in Betracht kommt (§ 16 I 2: § 222).

Meint der Schütze, seinen Vater im Visier zu haben, handelt es sich aber bei dem 19 schemenhaft auftauchenden Körper um einen Jagdhund,[23] so fehlt es zur Bestrafung wegen der objektiv vorliegenden Sachbeschädigung gem. § 303 (Hund = Sache im

---

[20e] Ebenso S/S-*Sternberg-Lieben*, § 16 Rn. 11; dagegen stets für Tatumstandsirrtum *Schlehofer*, 1996, S. 171.

[20f] *Warda*, Fs. Stree/Wessels, 1993, S. 267, 281.

[21] *Hettinger*, JuS 1990, L 73. In: JuS 1992, L 73, spricht *Hettinger* von „Grenzfällen des Irrtums" im Bereich der äußeren Tatumstände.

[21a] Diese Unterscheidung abl. *Walter*, 2006, S. 285 ff.

[22] So z. B. von *Otto*, 15/1 mit 7/92 ff. und *W-Beulke*, Rn. 247 ff. – Auch *Roxin*, AT I, 12/151–201, behandelt diese Fallgestaltungen beim Vorsatz unter der Überschrift „Die Zurechnung zum Vorsatz bei Kausalabweichungen". – Wie hier in der Irrtumslehre *Ebert*, S. 147–149.

[23] Fall 2 bei *Hettinger*, JuS 1992, L 66, dem auch der Text folgt.

Strafrecht) am Vorsatz des Täters: er hatte bei Abgabe des Schusses vom Vorliegen des Tatumstands „Hund" als konkrete Ausprägung des § 303-Tatbestandsmerkmals „Sache" **keine Kenntnis.** Eine Strafbarkeit wegen des Eigentumsdelikts ist damit völlig ausgeschlossen, weil die fahrlässige Sachbeschädigung im Gesetz nicht mit Strafe bedroht ist. Allerdings ist ein versuchtes Tötungsdelikt (§§ 212, 22, 23) gegeben, weil der Täter zwar in Unkenntnis eines § 303-Tatumstands, aber in der **zusätzlichen Fehlvorstellung** handelte, der auftauchende Körper sei ein Mensch. Diese irrige Annahme begründet seinen Tötungsvorsatz, der durch den tödlichen Schuss in die Tat umgesetzt wurde. Dass der Erfolg (= Tötung eines Menschen, des Vaters) ausblieb, ändert nichts an der Strafbarkeit wegen versuchten Totschlags. Damit zeigt sich, dass ein Irrtum vorsatzausschließend und vorsatzbegründend wirken kann.

20   Ein vorsatzausschließender Tatumstandsirrtum gem. § 16 liegt aber nach allgemeiner Ansicht in den Fällen des „error in persona vel in obiecto" nicht vor. Es gilt als gefestigter **Lehrsatz,** dass ein Irrtum in der Person oder im Gegenstand nicht schadet („error in persona vel in obiecto non nocet"). Diesen Lehrsatz muss man sich aber nicht merken, denn die Lösung der einschlägigen Fälle ergibt sich **aus dem Gesetz.**[24] Man sollte diesen Lehrsatz, auch wenn man ihn sich gemerkt hat, nicht als Begründung für die Bejahung des Vorsatzes verwenden, denn der Vorsatz und sein etwaiger Ausschluss durch einen Tatumstandsirrtum muss durch die Anwendung der gesetzlichen Voraussetzungen auf den Sachverhalt geprüft werden.

21   Die **typische Konstellation** des „error in persona vel in obiectio" zeichnet sich dadurch aus, dass der Täter das anvisierte Objekt zutreffend erkannt und auch getroffen hat, dann aber feststellen muss, dass es nicht das individuell erwartete Objekt war. So etwa wenn der Täter seinem Feind im Park hinter einem Gebüsch auflauert und „ihn" in Tötungsabsicht erschießt, ohne zu merken, dass es sich bei dem getroffenen Menschen um eine Person handelt, die seinem Feind nur sehr ähnlich sieht. Oder etwa, wenn der Täter den Mercedes seines Feindes demolieren will, aber in Wirklichkeit den ähnlichen Mercedes eines anderen Eigentümers beschädigt, weil er diesen Mercedes für den seines Feindes gehalten hat. Können aber diese Täter wegen der Taten, die sie objektiv begangen haben (§§ 212, 303), auch bestraft werden? Diese Strafbarkeit könnte wegen eines Tatumstandsirrtums, der das geforderte vorsätzliche Handeln ausschließt (§§ 15, 16 I 1), entfallen.

22   Ein solcher Tatumstandsirrtum liegt aber in solchen Fällen nicht vor. Im Tötungsbeispiel hat der Täter den äußeren Tatumstand, dass er mit der **anvisierten** Person einen Menschen vor sich hatte, zutreffend erkannt.[25] Er hat einen Menschen getötet und damit seinen Tötungsvorsatz verwirklicht. Dieser Tötungsvorsatz ging freilich nicht auf die Tötung irgendeines Menschen, sondern war speziell auf die Tötung des Menschen ausgerichtet, auf den der Täter angelegt hat. Aber hier klaffen Vorstellung und Wirklichkeit nicht auseinander, denn der Täter hat gerade den Menschen tödlich getroffen, auf den er angelegt und geschossen hat. Der Täter wollte auch gerade diese jetzt vor ihm auftauchende Person erschießen.

23   Zweifel am Tötungsvorsatz trotz „Wissen und Wollen" der Tötungstat könnten lediglich deshalb angemeldet werden, weil der Täter nicht erkannte, dass es sich bei der anvisierten und **auch getroffenen Person** gar nicht um seinen Feind handelte. Seine Unkenntnis bezog sich damit auf die Identität der vor ihm auftauchenden Per-

---

[24] Vgl. *Hettinger,* JuS 1992, L 65 u. L 68; nach *Puppe,* AT 1, 20/24, ist allein der Gesetzgeber befugt, die vorsatzrelevanten Tatumstände festzulegen. – Eine Definition dieses Irrtums findet sich bei *Grotendiek,* 2000, S. 101; krit. *Rath,* GA 2001, 406 f.
[25] Vgl. ausführlicher und anschaulich *Hettinger,* JuS 1992, L 67.

son. Dieser Identitätsirrtum lässt aber den individualisierten Tötungsvorsatz unberührt, denn die Identität des anvisierten, als Mensch erkannten Opfers ist kein zu kennender Tatumstand i. S. der §§ 212, 16 I 1. § 212 I verlangt nur die Tötung „eines Menschen" und § 16 I 1 die Kenntnis davon.

Es reicht jedenfalls für den Tötungsvorsatz aus, dass der Täter sich bei der Tö- **24** tungshandlung auf einen bestimmten Menschen (der sog. generelle Vorsatz verlangt nicht einmal das, s. oben 5/101), nämlich das anvisierte Opfer, festgelegt hat. Trifft der Täter das anvisierte Opfer, so tötet er dieses vorsätzlich. Die **persönliche Identität** dieses Opfers spielt schon wegen des Wortlauts des § 212 (o. Rn. 23) gegenüber dieser Individualisierung des Tatobjekts **keine** erhebliche **Rolle**.[26] Die Identität des Opfers ist unter dem Gesichtspunkt eines Tötungsdelikts (§ 212) ebenso irrelevant wie seine Nationalität, Hautfarbe oder Geschlechtszugehörigkeit. Das vorgestellte und das getroffene Objekt sind tatbestandlich gleichwertig.[26a]

Auch ein „**Motivirrtum**" kann den Vorsatz nicht i. S. des § 16 I 1 ausschließen. **25** Dass der Täter die Person, die er getötet hat, nicht getötet hätte, wenn er gewusst hätte, dass es gar nicht sein Feind ist, lässt den Tötungsvorsatz unberührt. Denn Bezugspunkt des Vorsatzes sind nach § 16 nur die äußeren Tatumstände, nicht aber die mit der Tat verfolgten Zwecke und die zur Tat drängenden Motive.[27]

Das Ergebnis: Kein Vorsatzausschluss, wird durch die Überlegung bestätigt, dass **26** andernfalls nur eine versuchte Tötung des Feindes angenommen werden könnte, und dies obwohl der Mensch, auf den der Täter gezielt und geschossen hat, tödlich getroffen wurde. Auch der Täter selbst würde unmittelbar nach der Tat sagen, er habe sein Ziel erreicht, und dies erst korrigieren, nachdem er das falsche Opfer näher betrachtet hat.[28] Die **Rechtsprechung** hat deshalb auch zu Recht nie Zweifel aufkommen lassen, dass in diesen Fällen eine vollendete vorsätzliche Tötung am anvisierten und getroffenen Menschen vorliegt. Dem BGH (St 37, 216) ist das nur einen Satz wert: „Ein solcher Irrtum des Täters über die Person des Tatopfers (error in persona) ist für ihn rechtlich unbeachtlich (BGHSt 11, 268, 270)." – Ein versuchtes Delikt (z. B. ein Totschlag nach § 212) an der Person mit der richtigen Identität scheitert schon am Tatentschluss, den man sonst als auf zwei Personen gerichtet konstruieren müsste (*Zieschang*, Rn. 145, der auch noch das unmittelbare Ansetzen hinsichtlich der nicht am Tatort anwesenden Person verneint; ebenso im Übungsfall *Sievert/Kalkofen*, JA 2012, 108, 109: Vorsatzverdoppelung).

Zweifel an diesem Ergebnis könnten sich dann einstellen, wenn der Täter das **27** **Tatobjekt nicht vor Augen** hatte (auch sog. „Fernwirkungsfälle"; *Jäger*, Rn. 90). So wenn der Täter, der seinen Feind zu töten beabsichtigt, dies dadurch bewirken will, dass er ihm eine Flasche mit vergiftetem Korn zuschickt. Bedient sich nun die Frau

---

[26] Vgl. *Roxin*, AT I, 12/194–196; *Otto*, 7/99: „unwesentlich"; *Eser/Burkhardt*, Strafrecht I, Nr. 9 A 11: „tatbestandlich nicht relevant"; *Rath*, 1996, S. 33 ff.: „unerheblich"; *Toepel*, JA 1997, 556, 558; *Lubig*, Jura 2006, 655, 656; *Henn*, JA 2008, 854, 856; im Erg. auch *Sternberg-Lieben/Sternberg-Lieben*, JuS 2012, 289, 297; ähnlich *Schlehofer*, 1996, S. 170: keine Eigenschaft, „die die tatbestandliche Gefahr definiert" und „strafzumessungsbezogen konkretisiert"; vgl. aber LK-*Vogel*, § 16 Rn. 75, der auf die Gleichgültigkeit des Täters hinsichtlich der „Abweichungsgefahr" abstellen will (Rn. 84). – Vgl. auch *Koriath*, JuS 1998, 215, 217 ff.: das „Wesen der Handlungsweise" – Tötungshandlung – sei „identisch geblieben."

[26a] So im Übungsfall *Rosenau/Zimmermann*, JuS 2009, 542.

[27] Vgl. *Hettinger*, JuS 1992, L 67 f.; *Lubig*, Jura 2006, 655, 656; *Knobloch*, JuS 2010, 864, 865; *Murmann*, GK, 24/46; *Rengier*, AT, 15/22; *Zieschang*, Rn. 143; krit. zum Begriff des „Motivirrtums" *Rath*, 1996, S. 12: „Motivnichtrealisation", und *Koriath*, JuS 1998, 215, 219: warum ist er im Strafrecht unbeachtlich?

[28] *Seier*, JuS 1989, L 85 f.

des Feindes zuerst und stirbt an dem vergifteten Korn, so ist der Tötungsvorsatz des Täters bezüglich der getöteten Frau nicht mehr ganz so einleuchtend zu begründen wie in den „Normalfällen" des „error in persona".[29] Dennoch liegt auch hier ein unbeachtlicher Identitätsirrtum vor, weil der Täter sich nur auf das Opfer festlegen konnte, das aus der Flasche trinkt.[30] Die Vorstellung des Täters, dass die Person getötet werden soll, die den vergifteten Korn trinkt, hat sich realisiert,[31] so dass sich Vorstellung und Wirklichkeit auch hier decken. Dasselbe gilt auch in dem „**Sprengfallen**"-**Fall** (vgl. BGH NStZ 1998, 294), in dem der Täter das ausersehene Opfer durch eine an dessen vermeintlichen Pkw installierte Granate töten wollte, tatsächlich aber den wirklichen Eigentümer des Pkw durch dessen Benutzung und Auslösung der Autobombe tötete (im BGH-Fall zündete die Granate freilich nicht). Der BGH nimmt eine „Verwechslung des angegriffenen Tatopfers (‚error in persona')" an, „die wegen tatbestandlicher Gleichwertigkeit der Rechtsgüter als Motivirrtum unerheblich ist" (BGH a.a.O. S. 295); der Täter habe zwar das Opfer „nicht selbst optisch wahrgenommen, aber durch das zur Sprengfalle umfunktionierte Fahrzeug mittelbar individualisiert" (BGH a.a.O.). Demgegenüber meint *Herzberg,* dass der Granateninstallateur keinen Tötungsvorsatz hinsichtlich des tatsächlich getöteten Eigentümers gehabt habe, weil er die Gefahr, dass dieser den Pkw benutzt, verkannt habe.[31a] Dagegen kann man – mit *Geppert,* JK 98, StGB § 16/4 – dem BGH deshalb zustimmen, weil dem Täter „als notwendige Folge seines Handelns vor Augen steht, dass er – sofern er das in Aussicht genommene Objekt verfehlt – typischerweise nur ein anderes, tatbestandlich gleichwertiges Objekt verletzen wird" bzw. weil sich der Vorsatz „auf jedes Objekt, das dem ‚Programmvorhaben' entspricht", bezieht.[31b] Aus der Sicht des Täters ist zwar das falsche Opfer getötet worden, und das spricht gegen den Vorsatz hinsichtlich der tatsächlich getöteten Person. Doch hat der Täter seinen auf ein bestimmtes Opfer konkretisierten Vorsatz nicht durch einen direkten Angriff (z.B. anvisieren und erschießen), sondern dadurch getötet, dass er es in eine

---

[29] Vgl. *Roxin,* AT I, 12/197. *Toepel,* JA 1996, 892 f., stellt auch in diesen Fällen fehlender sinnlicher Wahrnehmung darauf ab, ob ein konkretes Tatobjekt vorgestellt wurde; zum sog. „Enzianschnapsfall" vgl. *Toepel,* JA 1997, 948, 949 u. *Freund,* Fs. Maiwald, 2010, S. 211, 226 f.: der Täter müsse die Schädigungsmöglichkeit der tatsächlich getroffenen Person erkannt haben.

[30] Vgl. zu diesem Beispiel *Jakobs,* 8/81: tatbestandlich irrelevante Zusatzindividualisierung; ebenso *Streng,* JuS 1991, 913 und *Rengier,* AT, 15/49. – Anders aber *Herzberg,* JA 1981, 369: Objektsirrtum; krit. dazu *Rath,* 1993, S. 295 ff.; a.A. auch *Jescheck/Weigend,* S. 313 f.; s. auch *Schlehofer,* 1996, S. 170, mit ähnlichem Bsp.: Ein Skinhead, der Brandsätze in eine Holzbaracke wirft, verkennt, dass in ihr nicht Asylbewerber, sondern deutsche Aussiedler untergebracht sind; vgl. auch den Fall von *Reinbacher,* Jura 2007, 382, 386, in dem ein später hinzukommender Feuerwehrmann durch den Brand getötet wird: aberratio ictus.

[31] *Eser/Burkhardt,* Strafrecht I, Nr. 9 A 23. – Nur im Ergebnis ebenso *Puppe,* 1992, S. 52, die darauf abstellt, ob die vom Täter aufgestellte „Falle hinreichend geeignet dafür ist, dass überhaupt ein tatbestandsmäßiges Objekt hineingeht."

[31a] *Herzberg,* NStZ 1999, 217, 221 mit insoweit zust. „Echo" *Krack,* JuS 1999, 832; ebenso *Heinrich,* AT II, Rn. 1112: sonst zu weite Vorverlagerung der Vorsatzkonkretisierung. – Zur Entscheidung vgl. auch die Bspr. von *Schliebitz,* JA 1998, 833; *Herzberg,* JuS 1999, 224; *Lubig,* Jura 2006, 655, 658: Fall 3; *Krey/Esser,* AT, Fall 70, Rn. 440 f.; *Roxin,* AT I, 12/197: Bsp. 3; *Ebert,* S. 148 u. LK-*Vogel,* § 16 Rn. 86 f., der auf das Kriterium der „Abweichungsgefahr" abstellen will. – Zum ungeklärten Streitstand in solchen Fällen vgl. *Lackner/Kühl,* § 15 Rn. 13 a m.w.N. – Zum „Bombenlegerfall", einem vieldiskutierten Schulfall, vgl. *Toepel,* JA 1997, 948 f. u. *Grotendiek,* 2000, S. 103 ff.

[31b] So W-*Beulke,* Rn. 255, ein Argument von *Stratenwerth,* Fs. Baumann, 1992, S. 57, aufgreifend; krit. zu diesem Argument *Puppe,* AT 1, 20/40: welches sind die Voraussetzungen, auf die der Täter seinen Angriff programmiert hat?

„Sprengfalle" laufen ließ. Bei dieser Art der Tötung bezieht sich aber der Vorsatz notwendigerweise auf jedes Opfer, das in die „Sprengfalle" geht, auch wenn der Täter an andere als das von ihm ausersehene Opfer nicht dachte.[31c] Die „Fallenstellungs"-Fälle – zum Versuchsbeginn s. unten 15/85 a–d – können auch bei der mittelbaren Täterschaft mit einem gutgläubig gegen sich selbst gerichteten Werkzeug geprüft werden (s. unten 20/89 a).

> Vgl. aus der **Übungsfall-Literatur** zur Fallenstellung: *Alpmann/Schmidt*, AT 2, Fall 30, S. 161–163; *Ambos*, Jura 2004, 492 f. u. 493; *Bergmann/Kroke*, Jura 2010, 946 f. u. 947 f.; *Dannecker*, JuS 1988, L 67 f. (mit anderer Lösung: „aberratio ictus"[32] = versuchter Totschlag am Feind und allenfalls fahrlässige Tötung von dessen Frau); *Esser/Röhling*, Jura 2009, 866 u. 867 f. (aberratio ictus); *Hefendehl*, Jura 1992, 374 u. 381 f. (Vollendungs-Lösung); *Hettinger*, JuS 2011, 910 u. 914 („Feuerfalle", BGH NStZ 1998, 294, nachgebildet); *Hilgendorf*, KK II, Fall 6, Rn. 3; *Jäger*, Rn. 89, 90: Fall 15 („Enzianfläschchen-Fall" = Fernwirkungsfall) u. Rn. 274, 275: Fall 46 (BGH NStZ 1998, 295 = „Sprengfalle" nachgebildet); *Krey/Heinrich*, AT, Fall 71, Rn. 446 („Vergifteter Whisky"); *Kudlich*, JA 2009, 185 u. 188 (innerhalb der „Streubreite des Risikos") und in: PdW AT, Fall 63 (unbeachtlicher error in persona); *Merkel*, ZJS 2011, 376 u. 376–378; *Otto/Bosch*, Übungen, Fall 4, S. 109–111; *Reinbacher*, Jura 2007, 382 u. 386 (aberratio ictus); *Seier*, Anfängerklausur, Nr. 4, S. 45 u. 52; *Sternberg-Lieben/von Ardenne*, Jura 2007, 149 (unbeachtlicher Identitätsirrtum); *Theiß/Winkler*, JuS 2006, 1083 u. 1087.

Zu den sog. „Telefonier-Fällen", in denen der Täter per Telefon nicht den beleidigt, den er **28** beleidigen will, sondern den, der statt der zu beleidigenden Person den Hörer abnimmt, vgl.: BayObLG JR 1987, 431, m. Anm. *Streng*; *Roxin*, AT I, 12/198 f., Beispiel 4, sowie *Grotendiek*, 2000, S. 106 f. u. *Rath*, 1993, S. 299 ff.

> Zu den „Normalfällen" des „error in persona" vgl. aus der **Übungsfall-Literatur:** *Beulke*, KK I, Fall 3 Rn. 150 u. 153 f.; *Beulke*, KK III, Fall 6, Rn. 243 u. 265–267; *Britz/Brück*, JuS 1996, 229 f. u. 230; *Bruckauf*, in: *Ebert* (Hrsg.), Fall 7, S. 7 f. u. 111 f.; *Dohmen*, Jura 2006, 143 u. 144; *Ernst*, ZJS 2001, 382 f.; *Hardtung*, JuS 2006, 54 u. 55; *Hilgendorf*, KK I, Fall 4, Rn. 2; *Hussels*, Jura 2005, 877 u. 878; *Gössel*, Fälle, Fall 5, S. 92 f. u. 99 sowie Fall 16, S. 260 f. u. 263; *Gropengießer/Kohler*, Jura 2003, 277 u. 278; *Haft*, Fallrepetitorium, Nr. 569; *Jäger*, Fall 16, Rn. 91, 92 (Rose-Rosahl I); *Kudlich*, AT-Fälle, Fall 2, S. 19; Fall 11, S. 158 u. Fall 13, S. 193 f. sowie in: PdW AT, Fall 61; *Kudlich/Pragal*, JuS 2004, 791 f. u. 793; *Kalkofen/Sievert*, Jura 2011, 229 u. 230; *Laue/Behne-Niemann*, Jura 2010, 73 u. 77; *Meurer/Kahle/Dietmeier*, Übungskriminalität, Fall 6, S. 103 f. u. 118; *Noltensmeier/Henn*, JA 2007, 772 u. 774 (Versuchsfall); *Norouzi*, JuS 2006, 531 u. 533; *Otto*, Übungen, Anfängerklausur Nr. 5, S. 90 u. 94; *Putzke*, Jura 2009, 147 u. 148 (§ 303-Fall); *Rosenau/Zimmermann*, JuS 2009, 541 u. 542; *Rotsch*, Klausur 19, S. 269 f. u. 276 (in einem Versuchsfall); *Rudolphi*, AT-Fälle, Fall 5, S. 52 u. 53, sowie Fall 7, S. 77; *Saal*, JA 1998, 563 u. 564; *Safferling*, Jura 2004, 64 u. 65 sowie in: JuS 2005, 135 f. u. 137, 138 (bei §§ 242, 123); *Samson*, Strafrecht I, Fall 19, S. 103 f.; *Schwind/ Franke/Winter*, Anfängerübung, 1. Klausur, S. 51 u. 52–57; *Seier*, JuS 1989, L 85–L 87; *Sievert/Kalkofen*, JA 2012, 107 u. 108; *Sowada*, Jura 1994, 37 f. u. 40 (mit lehrreicher Vorbemerkung S. 38 f.); *Stoffers*, JuS 1993, 837; *Tiedemann*, Anfängerübung, Fall 2, S. 171 u. 172, sowie Fall 6, S. 189 f. u. 193 f.; *Valerius*, Klausur 7, S. 119 u. 121 f., 125; *Werle*, JuS 1986, 902 u. 905; *W-Beulke*, Fall 19, Rn. 893 u. 894; *Wolters*, Fall 2, S. 27 f. u. 33 (in einem Versuchsfall).

b) „aberratio ictus": Fehlgehen der Tat

Ein Fehlgehen der Tat (wörtlicher übersetzt: Abirren des Pfeils, Schlags, Wurfs, **29** Stoßes oder des Angriffs)[33] wird dann angenommen, wenn der Täter mit seiner

---

[31c] Ebenso *Sternberg-Lieben/Sternberg-Lieben*, JuS 2012, 289, 297; ähnlich *Murmann*, GK, 24/63.

[32] Vgl. zu dieser Lösung *Schreiber*, JuS 1985, 875.

[33] Vgl. *Hettinger*, JuS 1992, L 73 Fn. 1; *Lubig*, Jura 2006, 655, 656; *Roxin*, 12/144. – Eine Definition dieses Irrtums findet sich bei *Grotendiek*, 2001, S. 100 f.; krit. *Rath*, GA 2001, 406 f.

(meist: Tötungs- oder Körperverletzungs-)Handlung **nicht** das **anvisierte Opfer,** sondern ein anderes Opfer **trifft.** So z.B. wenn der Täter mit Tötungsvorsatz auf X schießt, aber den hinter X stehenden Y trifft, weil X sich im Moment der Schussabgabe geduckt hat. Der mit Tötungsvorsatz schießende Täter hat dann zwar einen Menschen getötet, aber nicht den, auf den er angelegt und gezielt hatte. Der Unterschied zur typischen „error in persona"-Konstellation ist deutlich: während dort der anvisierte Mensch vom Täter getroffen wird, verfehlt hier der Täter sein Ziel. Beim „error in persona" liegt nur eine „Personenverwechslung" vor, bei der „aberratio ictus" dagegen ein „Danebenschießen".[34]

30   Unproblematisch sind die Abirrungsfälle dann, wenn infolge des „Danebenschießens" kein Mensch, sondern ein **Tatobjekt** von **anderer Qualität** getroffen wird, so z.B. der Hut des Menschen, auf den der Täter mit Tötungsvorsatz geschossen hat[35] oder z.B. der Hund, der neben dem auserkorenen, aber nicht getroffenen menschlichen Opfer herlief.[36] An ein vollendetes Tötungsdelikt (§ 212) ist hier nicht zu denken, weil durch den Schuss nicht der Tod eines anderen Menschen herbeigeführt wurde. Eine vollendete Sachbeschädigung an dem Hut bzw. dem Hund (§ 303) scheidet aus, weil der Täter keinen Vorsatz hinsichtlich der Beschädigung dieser Sachen hatte.

31   Ein vollendetes Tötungsdelikt kommt – ebenfalls unproblematisch – dann in Betracht, wenn der Täter den Tod des zwar nicht anvisierten, aber getroffenen Opfers auch für möglich gehalten und sich damit abgefunden hatte (= **Eventualvorsatz**). So etwa, wenn der Täter die seltene Chance, das gut abgeschirmte Opfer erschießen zu können, in einer Situation nutzt, in der er sich sagen muss, dass er durch einen Schuss auch einen Leibwächter des Opfers tödlich treffen kann.[37] Da die Tötung des getroffenen Opfers dann auch vom (bedingten) Tötungsvorsatz umfasst war, liegt eine vollendete Tötung vor.[38] Von einem Irrtum kann hier gar keine Rede sein; es haben sich nur „die (‚privaten') Präferenzvorstellungen des Täters" nicht realisiert.[38a] Fraglich ist nur, ob dazu noch eine versuchte Tötung des nicht getroffenen, auserkorenen Opfers hinzukommt. Dagegen spricht, dass der Tötungsvorsatz für die bewirkte Tötung „verbraucht" ist; der Täter wollte ja nur einen Menschen töten.[39]

---

[34] Diesen Unterschied räumt auch *Puppe,* 1992, S. 12, ein, die dann aber beide Konstellationen gleichbehandelt: vollendete Tötung der getroffenen Person (S. 10, 17 u. 72 f.). – Nach *Martins,* 2008, S. 22 f., kommt zur Abweichung hinsichtlich des angezielten Objekts eine Abweichung in Bezug auf den Kausalverlauf hinzu; eine doppelte Abweichung nehmen auch *Jeschek/Weigend,* S. 313, an; anders *Stratenwerth/Kuhlen,* 8/95: anderer Erfolg.

[35] Fall 3 bei *Hettinger,* JuS 1992, L 74.

[36] Beispiel 1 bei *Hillenkamp,* 9. AT-Problem, S. 65, und Fall 4 Abwandlung 1 bei *Henn,* JA 2008, 854, 856 u. 875; weiteres Bsp. – Schaufensterpuppe statt Mensch – bei *Sternberg-Lieben/Sternberg-Lieben,* JuS 2012, 289, 296.

[37] Vgl. Fall 1 bei *Hettinger,* JuS 1992, L 74.

[38] Ebenso die Rechtsprechung: BGHSt 34, **55** = *Roxin,* HRR AT, Fall 9, S. 11 f. u. 161; BGH NJW 1993, 211, mit Bspr. *v. Heintschel-Heinegg,* JA 1993, 223 f.; (unter fälschlicher Einordnung als aberratio ictus) BGH NStZ 2009, 211 m. z.T. krit. Bspr. *v. Heintschel-Heinegg,* JA 2009, 149 (alternativer Vorsatz; dazu oben 5/27a) u. *Hillenkamp,* 9. AT-Problem, Ausgangspunkt, S. 65; zust. (auch hinsichtlich der Einordnung) *Puppe,* HRRS 2009, 91; aus der Literatur: LK-*Vogel,* § 16 Rn. 79; von alternativem Vorsatz spricht *Kindhäuser,* AT, 27, 59, wohl auch *Zieschang,* Rn. 174.

[38a] *Rath,* Jura 1998, 539 f. mit Beispielsfall.

[39] Anders etwa *Schlehofer,* 1996, S. 173; *Roxin,* AT I, 12/164: neben der vollendeten sei eine versuchte Tötung zu bejahen; wie im Text dagegen *Otto,* 7/23; *Joerden,* JZ 1990, 298. – Zum sog. Alternativvorsatz vgl. o. 5/27 a sowie *Lackner/Kühl,* § 15 Rn. 29. – Zum Irrtum über Tatbestandsalternativen vgl. o. Rn. 16 a sowie *Warda,* Fs. Stree/Wessels, 1993, S. 267 ff.

Problematisch hingegen ist die eingangs geschilderte Konstellation, weil sich hier 32 die Alternative stellt, ob eine vollendete vorsätzliche Tötung der getroffenen Person vorliegt oder ob nur eine versuchte Tötung der anvisierten Person anzunehmen ist, zu der noch eine fahrlässige Tötung der getroffenen Person (bei Vorliegen der Voraussetzung des Fahrlässigkeitsdelikts) hinzukommen kann. Insbesondere die Vollendungs-Alternative erscheint auf den ersten Blick problematisch, weil der tödliche Angriff ja sein Ziel verfehlte. Intuitiv richtig[40] bzw. gerecht erscheint nur die Versuchslösung, weil sie die **Zielverfehlung** treffend zum Ausdruck bringt: der Tötungsvorsatz ist nicht am anvisierten Tatobjekt (dem Menschen, auf den gezielt worden war) verwirklicht worden. Die auf akzeptable Ergebnisse ausgerichtete Rechtsprechung hat deshalb auch nie die Vollendungslösung gewählt.[41]

Die Begründung für diese **Versuchslösung** (plus etwaiger Fahrlässigkeitstat) kann 33 nicht wie beim „error in persona" dem § 16 i. V.m. dem jeweiligen BT-Delikt „entnommen" werden. Denn der Tötungsvorsatz ist auch schon dann anzunehmen, wenn der Täter weiß, dass er beim Schuss einen Menschen vor sich hat. Auch reicht nach §§ 212, 16 ein Vorsatz aus, der generell auf die Tötung irgendeines Menschen geht (s.o. 5/101). Einen solchen generellen Vorsatz hat der Täter, dessen Schuss fehlgeht, aber nicht. Er hat vielmehr seinen Tötungsvorsatz, obwohl das für einen solchen Vorsatz nicht erforderlich ist, auf ein bestimmtes Objekt: diesen vor ihm stehenden Menschen, konkretisiert. Ein solchermaßen **konkretisierter** Vorsatz ist aber ein aliud gegenüber dem bloß **generellen** Vorsatz.[41a] Wer dem Täter, der den vor ihm stehenden Menschen töten will, unterstellt, er habe irgendeinen Menschen töten wollen, negiert die Vorsatzkonkretisierung und unterstellt einen nicht vorhandenen generellen Vorsatz (sog. Konkretisierungstheorie).[42]

Der konkretisierte Vorsatz führt nur zu einer Strafbarkeit wegen eines Tötungs- 34 versuchs, weil er nicht an dem konkreten Objekt, sondern an einem danebenstehenden Objekt verwirklicht wurde.[43] Die gewollte (tödliche) Verletzung ist ausgeblieben, die tatsächlich eingetretene (tödliche) Verletzung lag außerhalb des konkretisierten Vorsatzes,[44] so dass sie allenfalls über ein Fahrlässigkeitsdelikt (§ 222: fahrlässige Tötung) erfasst werden kann.

Der Haupteinwand gegen die Versuchslösung leitet sich aus dem Gesetz ab: § 16 35 i. V.m. dem jeweiligen BT-Delikt (z.B. § 212). In diesen Vorschriften wird in der Tat keine Konkretisierung, z.B. des Tötungsvorsatzes auf einen bestimmten Menschen, verlangt: „In § 16 ist nur von den Tatumständen die Rede, ‚die zum gesetzlichen Tatbestand gehören', nicht von dem größeren oder geringeren Ausmaß der Individualisierung des Objekts durch den Täter."[45] Hat der Täter aber einen **Menschen**

---

[40] So *Schreiber*, NStZ 1985, 875; überzogene Kritik daran bei *Puppe*, AT 1, 20/44.
[41] Von RGSt 3, 384, bis BGHSt 34, 55. – In dubio pro reo will *Martins*, 2008, S. 93–97.
[41a] Ebenso *Sternberg-Lieben/Sternberg-Lieben*, JuS 2012, 289, 294.
[42] *Hillenkamp*, 9. AT-Problem, S. 68–70; vgl. referierend *Lubig*, Jura 2006, 655, 656 f., *Henn*, JA 2008, 854, 856 f. u. *Knobloch*, JuS 2010, 865; zum Vorsatzinhalt eingehend *Toepel*, JA 1996, 887 ff.; aus handlungstheoretischer Sicht *Burchard*, Fs. Nishihara, 1998, S. 15, 31. – *Puppe*, AT 1, 20/30, bezeichnet das im Text referierte Argument „logisch falsch".
[43] Vgl. *Eser/Burkhardt*, Strafrecht I, Nr. 9 A 19 sowie *Krey/Esser*, AT, Rn. 437; *Murmann*, GK, 24/57.
[44] *Hettinger*, JuS 1992, L 75; *Tiedemann*, Anfängerübung, S. 123 f.; einschränkend *Gropp*, Fs. Lenckner, 1998, S. 55, 62 f.: nur, wenn die „tatbestandliche Identität rein zufälliger Natur" ist.
[45] *Puppe*, 1992, S. 11, die an BGHSt 38, 295 („Schusswechselfall") ihre Ansicht demonstriert, AT 1, 20/42–47; krit. zu den uneinheitlichen Anforderungen an den Grad der Opferindividualisierung NK-*Puppe*, § 16 Rn. 97; krit. zu *Puppe* jetzt *Toepel*, JA 1997, 556, 560 u.

töten wollen und auch einen Menschen getötet, so liegt eine vollendete vorsätzliche Tötung vor, da jeder Mensch nach dem Gesetz gleichwertig ist (sog. Gleichwertigkeitstheorie).[46] Auch wenn man dieser Vollendungslösung noch zugesteht, dass in einem konkretisierten Vorsatz ein genereller Vorsatz „logisch" enthalten ist,[47] so ist doch die Bedeutung des implizierten generellen Vorsatzes hinsichtlich der Irrtumsfrage (stimmen Vorstellung und Wirklichkeit überein?) nicht entscheidend. Ob der Täter seine Vorstellung verwirklicht hat oder nicht, entscheidet – sofern vorhanden – seine konkrete Vorstellung.[48] Anders als im Falle des „error in persona" hat der Täter eben nicht die Person getroffen, auf deren Tötung sich sein Vorsatz konkretisiert hatte, als er auf sie anlegte.

36   Die Orientierung an den konkreten Vorstellungen des Täters von seiner Tat könnte aber dann möglicherweise nicht sachgerecht sein, wenn es sich um Taten handelt, bei denen „die Individualität des Angriffsobjekts für das im Tatbestand vertypte Unrecht ohne jeden Belang ist" (sog. materielle Gleichwertigkeitstheorie).[49] Die Versuchslösung der sog. Konkretisierungstheorie bleibt demnach richtig, soweit es sich um Delikte handelt, die sog. höchstpersönliche Rechtsgüter wie z.B. das Leben oder die körperliche Unversehrtheit schützen. Bei anderen Rechtsgütern wie z.B. Eigentum und Vermögen hingegen soll es auf die Konkretisierung des Vorsatzes durch den Täter nicht ankommen, weil der Täter hier mit der gattungsmäßigen Bestimmung des Tatobjekts (z.B. Sache) das für den Unrechtstypus (z.B. des § 303: Sachbeschädigung) Wesentliche erfasst habe. Dass er eine bestimmte Sache (z.B. die Fensterscheibe des X) zerstören wolle, sei ein Motiv, das für den Vorsatz irrelevant sei, d.h. auch nicht verwirklicht werden müsse. Trifft der Täter eine andere als die anvisierte Sache (z.B. die Fensterscheibe des Y), so hat er dennoch eine vollendete Sachbeschädigung begangen, obwohl er diese Sache gar nicht treffen wollte.

37   Die Berechtigung dieser Einschränkung der Konkretisierungstheorie erscheint zweifelhaft, denn der konkretisierte Vorsatz ist eben auch hier nicht verwirklicht worden. Ist aber der konkretisierte Vorsatz Maßstab für die Frage, ob Vorstellung und Wirklichkeit übereinstimmen, so muss er es auch bei Eigentumsdelikten sein.[50] Dieser einheitliche Maßstab sollte auch nicht zugunsten des Kriteriums der Tatplanverwirk-

---

Koriath, JuS 1997, 901, 904–907, dagegen *Puppe*, JuS 1998, 287 f.; wie *Puppe* aber *Schroth*, 1998, S. 100 ff.; *Mitsch*, JuS 2001, 105, 109 (Problem der objektiven Zurechnung); *Heuchemer*, JA 2005, 275 u. *Frister*, AT, 11/56–60. Krit. dagegen wieder *Grotendiek*, 2001, S. 83, 92 u. 95 u. [zu Schroth] *Jakobs*, GA 1999, 382 f. sowie *Rath*, JA 2005, 709 ff. – Die „Theorienvielfalt" wird ergänzt durch die „objektive Konkretisierungstheorie" von *Burchhard*, 2008, S. 406 ff., 450 ff., der nach der objektiven Zurechenbarkeit fragt und diese hinsichtlich der Verletzung des Getroffenen ablehnt, wenn die Tat auf einen anderen gerichtet war.

[46] *Hillenkamp*, 9. AT-Problem, S. 65–68, unterscheidet hier noch drei „Theorien"; zur „Gleichwertigkeitstheorie" *Lubig*, Jura 2006, 655, 657.

[47] *Puppe*, 1992, S. 10: „Wer einen in seiner Vorstellung irgendwie bestimmten Menschen, sei es den, den er vor sich hat, einen Menschen bestimmten Namens oder seinen Gläubiger, töten will, will notwendig einen Menschen töten." – Ähnlich wie *Puppe* aber SK-*Rudolphi/Stein*, § 16 Rn. 32: die aberratio ictus steht als solche einer Vollendungsstrafbarkeit nicht entgegen. – Dagegen *Kindhäuser*, AT, 27/57: bei oberflächlicher Betrachtung suggestiv.

[48] Vgl. *Eser/Burkhardt*, Strafrecht I, Nr. 9 A 20, sowie mit etwas anderer Begründung *Hettinger*, JuS 1992, L 76; *Schlehofer*, 1996, S. 173 und *Streng*, JuS 1991, 911. Anders NK-*Puppe*, § 16 Rn. 103: dem Täter werde so die Kompetenz verliehen, „über die für die Vorsatzzurechnung notwendige Übereinstimmung des Erfolges mit seinen Vorstellungen selbst zu verfügen".

[49] Vgl. *Hillenkamp*, 9. AT-Problem, S. 66 f., der diese Theorie 1971 begründet hat in: Die Bedeutung von Vorsatzkonkretisierungen bei abweichendem Tatverlauf, S. 85 ff.; krit. dazu *Rath*, 1993, S. 169 ff.

[50] Vgl. auch die Kritik bei *Hettinger*, JuS 1992, L 76; s. auch *Toepel*, JA 1996, 891.

lichung aufgegeben werden (sog. „Tatplan"-Theorie).[51] Danach ist der konkretisierte Vorsatz dann unbeachtlich, wenn es nach dem Tatplan des Täters nicht auf die Identität des Opfers ankommt, es ihm also auf Grund des Plans „objektiv gleichgültig" ist, welches konkrete Opfer getroffen wird.[51a] Hat aber der Täter dennoch seinen Vorsatz auf ein bestimmtes Opfer konkretisiert, so muss daran gemessen werden, ob das, was er verwirklicht hat, das ist, was er verwirklichen wollte (z.B. den anvisierten Demonstranten erschießen, selbst wenn es dem Täter gar nicht so sehr auf die Tötung gerade dieses Demonstranten ankommt).

Es bleibt also bei der Versuchslösung der Konkretisierungstheorie: wird das anvi- **38** sierte Tatobjekt verfehlt, so liegt wegen des nicht verwirklichten Vorsatzes des Täters **nur Versuch** vor. Daran ändert sich auch nichts, wenn die tatsächlich getroffene Person kein beliebiger Dritter, sondern diejenige Person war, die der Täter im Vorfeld der Tat „erledigen" wollte. Denn entscheidend ist nach § 16 I 1 der Vorsatz bei Begehung (nicht im Vorfeld) der Tat und der hatte sich auf die anvisierte und verfehlte Person konkretisiert.[51b]

Hinweis zum Fallaufbau: Wer der hier favorisierten Versuchslösung folgt, kann **39** mit der Prüfung des Versuchs beginnen und dort die Nichtvollendung begründen. Es kann aber auch mit dem vollendeten vorsätzlichen Begehungsdelikt begonnen werden, dort muss dann im subjektiven Tatbestand gefragt werden, ob der Täter die getroffene Person überhaupt treffen wollte. Beide Vorgehensweisen finden sich in der Übungsfall-Literatur (vgl. die Hinweise bei *Dannecker*, JuS 1988, L 68; *Hettinger*, JuS 1992, L 73 ff. u. *Fahl*, Jura 2005, 273). – Hinweise zur Darstellung der Problematik im Gutachten bei *Petersen*, Jura 2002, 105, 108, der ausformulierte Negativ- u. Positivbeispiele vorlegt.

Aus der **Übungsfall-Literatur** zur „aberratio ictus" vgl.: *Alpmann/Schmidt*, AT 2, Fall 38, S. 186–188; *Beulke*, KK I, Fall 3, Rn. 150 u. 169 f.; *Beulke*, KK III, Fall 6, Rn. 243 u. 270–272; *Bott/Pfister*, Jura 2010, 226 u. 231; *Daleman/Heuchemer*, JA 2004, 460 u. 461–463 (Vollendungslösung mit eingehender Begründung); *Dürre/Wegerich*, JuS 2006, 711 u. 713 („Konkretisierungstheorie"); *Fahl*, Jura 2005, 273 u. 276 f.; *Gropp*, in: G/K/M, Fallsammlung, Fall 4, S. 73 f. u. 83 f.; *Hilgendorf*, KK I, Fall 17, Rn. 4 (pro „Konkretisierungstheorie"); *Hillenkamp*, 9. AT-Problem, Bsp. 3, S. 71 (Sonderproblem: Einfluss der Notwehr); *Hohmann*, JuS 1994, 860 u. 861; *Hussels*, Jura 2005, 877 u. 879 f. („Konkretisierungstheorie"); *Jäger*, Fall 15, Rn. 89, 90; *Karitzky*, Jura 2000, 368, 370 f.; *Kauerhof*, Jura 2005, 790 u. 795 f.; *Kudlich*, PdW AT, Fall 62; *Linke/Hacker*, JA 2009, 347 u. 349 f.; *Lotz*, JuS 2011, 982 u. 985; *Meurer/Dietmeier*, Jura 1999, 643 u. 646; *Meurer/Kahle/Dietmeier*, Übungskriminalität, Fall 4, S. 49 f. u. 51, sowie Fall 7, S. 137 f. u. 157 f.; *Mitsch*, JuS 1988, 468 f.; *Mitsch*, Jura 1991, 373 f.; *Morgenstern*, JuS 2006, 251 u. 254 und JuS 2010, 146 u. 152; *Otto*, Übungen, Anfängerklausur Nr. 5, S. 90 u. 94; *Rentrop*, AL 2009, 273 u. 275 f.; *Riemenschneider/Paetzold*, Jura 1996, 316 u. 320; *Rudolphi*, AT-Fälle, Fall 7, S. 77 u. 83; *Saliger*, JuS 1995, 1004 u. 1005 f.; *Samson*, Strafrecht I, Fall 18, S. 100 f.; *Schütze*, in: *Ebert* (Hrsg.), Fall 4, S. 4 f. u. 70 f.; *Schwind/Franke/Winter*, Anfängerübung, 1. Klausur, S. 51 u. 54 f.; *Seier*, JuS 1986, L 13 ff.; *Seier*, Anfängerklausur, Nr. 4, S. 45 u. 52; *Stoffers*, JuS 1994, 948 u. 953; *Strauß*, Strafrecht, Fall 6, S. 55 u. 56–58; *Tiedemann*, Anfängerübung, Fall 8, S. 202 u. 213; *Valerius*, Klausur 7, S. 119 u. 122 f., 125 f.; *Weber*, Jura 1983, 544 u. 549; *Zöllner*, Kriminalistik 1996, 150 u. 151 f.

Ein häufig behandelter Sonderfall ist der sog. **Fangbrief-Fall** des BGHSt 9, 240 **40** (= *Roxin*, HRR AT, Fall 10, S. 12 f. u. 161 f.), in welchem die angestellte Täterin den Prokuristen durch einen Fangbrief in falschen Verdacht (§ 164) bringen wollte; in

---

[51] So genannt von ihrem „Erfinder" *Roxin*, AT I, 12/165; krit. *Murmann*, GK, 24/60.
[51a] *Wolter*, 1995, S. 14.
[51b] W-*Beulke*, Rn. 257 mit Bsp.fall; im Übungsfall *Kudlich*, PdW AT, Fall 62 u. *Valerius*, Klausur 7, S. 119 u. 125 f.

Verdacht geriet aber – von der Täterin ungewollt – eine andere Person. Sieht man von § 164 nur die Rechtspflege als „geschützt" an, so ist der Angriff der Täterin auf dieses Rechtsgut nicht fehlgeschlagen (so im Ergebnis auch der BGH). Doch muss bei § 164 auch die falsch verdächtigte Person als mit-geschützt angesehen werden; dann aber ist der Angriff auf die Person, die die Täterin konkret falsch verdächtigen wollte, fehlgeschlagen, so dass mangels Versuchsstrafbarkeit die Strafbarkeit ihres Verhaltens zu verneinen ist.[51c]

> Vgl. zu diesem Fall aus der **Übungsfall-Literatur:** *Hillenkamp,* 9. AT-Problem, 2. Bsp., S. 70 f.; K/H/H-*Heinrich,* BT 1, Rn. 791–794: Fall 85; *Rath,* 1993, S. 319 ff.

c) Irrtum über den Kausalverlauf

41   Ein Irrtum über den Kausalverlauf kann nur dann ein vorsatzausschließender Irrtum gem. § 16 sein, wenn der Kausalverlauf zwischen der Handlung des Täters und dem Erfolgseintritt beim Opfer ein Tatumstand i. S. des § 16 I 1 ist. Davon geht die Rechtsprechung und auch ein Großteil der Literatur[52] aus, wobei allerdings einschränkend hinzugefügt wird, dass der Kausalverlauf nicht in allen Einzelheiten von der Tätervorstellung gedeckt zu sein braucht.[53] Zu einem beachtlichen Irrtum über den Kausalverlauf kommt es also nur, wenn der tatsächliche Kausalverlauf von dem Verlauf, den der Täter sich vorstellt, **wesentlich abweicht** (BGHSt 48, 34, 37 m. Bespr. *Heger,* JA 2003, 455, 456 f. u. *Kühl,* JZ 2003, 637, 640). Nach der Rechtsprechung bleibt der Vorsatz des Täters unberührt, wenn sich die Abweichungen „noch innerhalb der Grenzen des nach allgemeiner Lebenserfahrung Voraussehbaren halten und keine andere Bewertung der Tat rechtfertigen" (BGHSt 7, 329 = *Roxin,* HRR AT, Fall 13, S. 16 f. u. 162 f.; BGHSt 38, 32 u. 56, 162, 166).[53a] Dies ist etwa in dem Schulfall anzunehmen, in dem ein Attentäter mit Tötungsvorsatz auf das Herz des Opfers zielt, die Kugel jedoch mit tödlicher Wirkung dessen Kopf trifft,[53b] oder wenn der von der Brücke Gestoßene nicht, wie erwartet, ertrinkt, sondern schon durch den Aufprall auf den Brückenpfeiler getötet wird (sog. **Brückenpfeiler-**Fall).[53c] Nicht so klar ist das in dem Übungsfall, in dem B auf der Flucht vor

---

[51c] Ebenso LK[11]-*Ruß,* § 164 Rn. 30 [wohl auch LK-*Vogel,* § 16 Rn. 80]; *Grotendiek,* 2000, S. 107 f.; dem BGH i. Erg. zust. *Mitsch,* Fs. Puppe, 2011, S. 728, 736 ff.; anders die h. M., die eine unwesentliche Abweichung des Kausalverlaufs annimmt und wegen vollendeter Tat bestraft, vgl. etwa SK-*Rudolphi/Rogall,* § 164 Rn. 41; S/S-*Lenckner/Bosch,* § 164 Rn. 31 m. w. N. – Vgl. auch das § 316 a-Bsp. bei *Mitsch,* BT 2/2, 2/8.

[52] So etwa *Krey,* AT 1, Rn. 386 u. *Meurer,* S. 111. – Vgl. zu den zahlreichen Gegenstimmen in der Literatur *Eser/Burkhardt,* Strafrecht I, Nr. 8 A 19, die aber selbst am Kongruenzerfordernis festhalten und es aus dem Begriff der vorsätzlichen Handlung ableiten (A 27); ebenso *Burkhardt,* Fs. Nishihara, 1999, S. 37 ff.

[53] *Lackner/Kühl,* § 15 Rn. 11; krit. *Puppe,* GA 2008, 569, 571.

[53a] Ebenso B-*Weber/Mitsch,* 20/24; kritisch zu dieser Formel *Köhler,* S. 153 f.; *Schroth,* 1998, S. 94 u. SSW-*Momsen,* §§ 15, 16 Rn. 29–31. – „Beifall" zollt dem BGH *Wolter,* 1995, S. 18. Aus der Rspr. ebenso: BGH NStZ 2001, 29; vgl. auch BGH NStZ 2002, 475: unwesentlich, wenn beide Kausalverläufe „gleichwertig" sind.

[53b] Bsp. bei *Burkhardt,* Fs. Nishihara, 1998, S. 15, 31, *Jakobs,* 8/69 u. *Rengier,* AT, 15/14: nach Bejahung der objektiven Zurechnung müsse in solchen Fällen noch auf den Vorsatz bzw. Irrtum eingegangen werden.

[53c] Bsp. bei *Heinrich,* AT II, Rn. 1091; *Dold,* ZStW 122, 785 f. mit Lösung 799–801 (Vorsatz hinsichtlich beider Gefahren); *Murmann,* GK, 24/67; *Roxin,* AT I, 12/155 u. bei *Hsu,* 2007, S. 207; s. auch *Kindhäuser,* JahrbRuE 2005, 527, 539 ff., der die „Zurechnung zum Vorsatz" mit dem „Risikozusammenhang" begründet; nach *Jakobs,* 8/64 f., ist der Vorsatz bei Risikoverwirklichung gegeben, womit er die Regel der objektiven Zurechnung auf den Vorsatz überträgt; im Brückenfall lehnt er eine vorsätzliche Vollendung ab; a. A. *Frisch,* 1988,

dem mit Tötungsvorsatz auf ihn schießenden A in einen Pferdestall flieht, wo er von den in Panik versetzten Pferden überrannt wird.[53d] Das gilt auch für den tatsächlichen Fall, in dem der Täter, der die Mieter aus seinem Haus vertreiben wollte, das Haus durch eine Gasexplosion zum Wackeln bringen wollte; dass Mieter durch umfallende Möbel oder schwere von der Decke stürzende Gegenstände erschlagen werden könnten, war ihm klar, das Haus stürzte aber sogar ein, wobei Mieter umkamen (unerhebliche Abweichung nach BGH NStZ 2007, 700, 701 m. i. Erg. zust. Bspr. *Puppe*, GA 2008, 569 ff., knapper *Puppe*, AT² 2011, 10/12–15).[53e]

Liegt aber ein **unvorhersehbarer Kausalverlauf** vor, so ist schon die **objektive Zu- 42 rechnung** des dann eintretenden Erfolges zum Täterverhalten zu **verneinen**, da das Geschehen vom Täter nicht beherrschbar/steuerbar war und sich im Erfolg eine andere als die vom Täter geschaffene Gefahr realisiert hat. So wurde etwa der Krankentransport-Fall bei der objektiven Zurechnung (s. o. 4/61 u. 77) gelöst, in dem das vom Täter mit Tötungsvorsatz durch einen Messerstich verletzte Opfer auf dem Krankentransport durch eine Kollision mit einem Zug starb. In der Terminologie der Rechtsprechung ist hier der Vorsatz zu verneinen, weil der zum Tode führende Kausalverlauf außerhalb der Grenzen des nach allgemeiner Lebenserfahrung Voraussehbaren liegt; damit hat der Täter nicht gerechnet und damit musste er auch nicht rechnen. Strafbar hat sich der Täter nur wegen eines versuchten Tötungsdelikts (§§ 212, 22, 23) gemacht, da er mit dem Messerstich sein Opfer töten wollte. Die vorzugswürdige Begründung für die Ablehnung einer Vollendung liegt in der Verneinung der objektiven Zurechnung, weil solche Erfolge schon objektiv nicht als das Werk des den Kausalverlauf nur auslösenden Täters erscheinen.[54]

> In der **Übungsfall-Literatur** gibt es aber immer noch „vertretbare Lösungen" von Fällen inadäquater Kausalverläufe, die erst oder auch noch zusätzlich den Vorsatz ablehnen: *Alpmann/Schmidt*, AT 1, Fall 8, S. 45 f. u. 49 f. (BGH NStZ 2001, 29 nachgebildet); *Beulke*, KK II, Fall 7, Rn. 191 u. 194; *Blei*, PdW AT, Fall 63; *Britz/Müller-Dietz*, Jura 1997, 313 u. 321; *Dencker*, Klausuren, Fall 27, S. 32 u. 94; *Ebert*, in: *Ebert* (Hrsg.), Fall 3, S. 49, 50 (unterschiedliche Beurteilung der Wesentlichkeit der Abweichung); *Ellbogen/Stage*, JA 2005, 353, 356 (unwesentliche Abweichung bei Verletzung eines anderen Körperteils); *Hardtung*, JuS 2006, 54 u. 59 sowie JuS 2008, 623 f. u. 627; *Hilgendorf*, KK I, Fall 9, Rn. 11; *Jahn/Ebner*, JuS 2007, 923 u. 926 (ärztlicher Behandlungsfehler nach Messerstich: unwesentliche Abweichung); *Käßner/Seibert*, JuS 2006, 810 u. 814; *Knapp*, JuS 1976, 801 ff.; *Kudlich*, AT-Fälle, Fall 2, S. 19 (unwesentliche Abweichung), Fall 13, S. 194 (unwesentliche Abweichung) u. Fall 21 (wesentliche Abweichung); und in: PdW AT, Fall 64; *Laubenthal*, JuS 1989, 827 ff.; *Meurer/Kahle /Dietmeier*, Übungskriminalität, Fall 5, S. 77 f. u. 98 f.; *Müller*, Jura 2005, 635 u. 636; *Norouzi*, JuS 2006, 531 u. 533 (wesentliches Abweichen, wenn Körperverletzung durch Fremdeinwirkung erfolgen sollte, aber durch Selbstverschulden erfolgte); *Otto/Bosch*, Übungen Fall 9, S. 193 f.; *Rudolphi*, AT-Fälle, Fall 12, S. 134 u. 141; *Saal*, JA 1998, 563 u. 564; *Safferling*, Jura 2004, 64 u. 66; *Samson*, Strafrecht I, Fall 17,

---

S. 610 f.: nicht wesentliche Divergenz; nach *Murmann*, GK, 24/68: gelungene Realisierung der Entscheidung gegen das Rechtsgut.

[53d] Fall 5 bei *Henn*, JA 2008, 854, 857 f., der sowohl die Gefahrrealisierung und damit die objektive Zurechnung als auch den Vorsatz mangels wesentlicher Kausalverlaufsabweichung bejaht.

[53e] Weitere Fälle der Rspr. bereitet auf *Hoffmann-Holland*, Rn. 198: BGHSt 23, 133, 135 f.; Rn. 200: BGHSt 38, 32, 34 ff. u. Rn. 201: BGH NStZ 2001, 29, 30.

[54] So etwa auch *Hoyer*, AT I, S. 60; *Roxin*, AT I, 12/152; SK-*Rudolphi/Stein*, § 16 Rn. 36; *W-Beulke*, Rn. 259; s. auch *Sternberg-Lieben/Sternberg-Lieben*, JuS 2012, 289, 293 f. – Der Sache nach auch *Otto*, 7/81 ff.; *Puppe*, AT 1, 19/9; *Schlehofer*, 1996, S. 174. – Nach *Wolters*, LdRerg 8/740, S. 3, hat dieser Irrtum wegen der Lehre von der objektiven Zurechnung nur einen eingeschränkten Anwendungsbereich. Ganz dem Bereich des Vorsatzes entziehen will den Kausalverlauf *Bock*, 2008, S. 268 m. krit. Bspr. *Gössel*, ZIS 2009, 324.

S. 97 f.; *Scholz/Wohlers*, Klausuren, Bsp. einer Hausarbeitsbearbeitung, S. 102 u. 106 f.; *Singelnstein*, JA 2011, 756 u. 758 (unwesentliche Abweichung; in Anlehnung an BGH NStZ 2007, 700, 701); *Tiedemann*, Anfängerübung, Fall 4, S. 179 u. 180 sowie Fall 8, S. 202 u. 214; *Valerius*, Klausur 6, S. 109 u. 111 f.; *Wagner/ Drachsler*, ZJS 2011, 529 u. 532; *Wolters*, Fall 1, S. 1 f. u. 14 f. (wesentliche Abweichung bei „Abenteuerlichkeit des Kausalverlaufs"). – **Aufbauhinweis** bei *Stiebig*, Jura 2007, 908, 911: selbst wenn man der Vorsatz-/Irrtums-Einordnung der Rspr. folgt, bereits im objektiven Tatbestand ansprechen.

43　　Ob der Vorsatz wegen eines Irrtums über den Kausalverlauf ausgeschlossen sein kann, wenn die objektive Zurechnung des Erfolgs wegen der Beherrschbarkeit/Steuerbarkeit des Geschehensablaufs und wegen Realisierung der vom Täter geschaffenen Gefahr bejaht worden ist, erscheint eher zweifelhaft. Zu denken wäre an Fallgestaltungen, in denen der Täter effektiv nicht mit Verlaufsabweichungen gerechnet hatte, die objektiv voraussehbar sind.[55]

44　　Versuche, die „**subjektive Zurechnung** zum Vorsatz" **enger** zu fassen **als** die **objektive** Zurechnung, liegen erst ansatzweise vor.[55a] So hat *Roxin* das Kriterium der Planverwirklichung als subjektives Zurechnungskriterium vorgeschlagen, doch sind damit wohl kaum noch adäquate Kausalverläufe von der „Zurechnung zum Vorsatz" auszuschließen. Vorsätzliche Tötung liegt z. B. im Brückenpfeiler-Beispiel[56] vor, da es bei wertender Betrachtung noch zur Planverwirklichung gehöre, wenn das ins Wasser gestoßene Opfer schon am Brückenpfeiler eine tödliche Schädelverletzung erleidet statt – wie vom Täter erwartet – im Fluss ertrinkt.

45　　*Puppe* bemüht sich um die positive Bestimmung der Vorstellungen, die der Täter über den Kausalverlauf und den Erfolg haben muss, um vorsätzlich zu handeln. Sie knüpft dabei an das oben vorgestellte Erfordernis an, wonach der Täter den Kausalverlauf nur in seinen wesentlichen Zügen kennen muss. Nur dann habe der Vorsatztäter im Vergleich zum Fahrlässigkeitstäter die zu fordernde „intensivere Herrschaft … über den unerlaubten Kausalverlauf." Doch erscheint es auch bei dieser neuen Lösung zweifelhaft, ob sie wirklich in der Lage ist, objektiv zurechenbare Erfolge von der „Zurechnung zum Vorsatz" auszuschließen. Denn *Puppe* verlangt für die Vorsatzgefahr „nur", dass „das Handeln des Täters nach vernünftigen Maßstäben die Anwendung einer tauglichen Strategie zur Herbeiführung des tatbestandsmäßigen Erfolges darstellt. Dann ist sie eine Tötungshandlung, Körperverletzungshandlung, Brandstiftungshandlung usw. i. S. eines vorsätzlichen Erfolgsdelikts."[57]

45a　　Nach *Schlehofer* soll es für die subjektive Zurechnung darauf ankommen, ob der Täter bei objektiv zurechenbaren Kausalabweichungen „die tatbestandsmäßige Gefahr der Abweichung" gekannt hat.[57a] Bei Irrtümern, die sich auf die von den abstrakten Tatbestandsmerkmalen beschriebenen Umstände beziehen, komme, sofern die vorgestellte tatbestandsmäßige Gefahr nicht als Minus in der tatsächlichen enthalten sei,[57b] ein Vorsatzausschluss in Betracht; es sei etwa der subjektive Tatbestand des § 224 nicht erfüllt, wenn der stark kurzsichtige K den O in einen Swimming-Pool stößt und einen schmerzhaften Aufprall im Wasser erwartet, sich im

---

[55] So *W-Beulke*, Rn. 259 mit Verweis auf den Beispielsfall bei *Beulke*, KK I, Fall 1, Rn. 119 u. 124. – Eingehend *Block*, 2006, S. 206 ff.

[55a] Dazu *Block*, 2008, S. 200 ff.

[56] *Roxin*, AT I, 12/155 u. 177 f.; krit. MK-*Joecks*, § 16 Rn. 93 mit Bsp.-Abwandlung.

[57] *Puppe*, 1992, S. 74; speziell zum Brückenpfeiler-Fall *Puppe*, AT 1, 19/9–16 u. NK-*Puppe*, § 16 Rn. 80; krit. zu *Puppe* „Kenntnis der Vorsatzgefahr" in diesen Fällen *Schliebitz*, 2002, S. 61 f.: „im objektiven Tatbestand zu eng, im subjektiven Tatbestand zu weit."

[57a] *Schlehofer*, 1996, S. 174 ff. mit Beispielsfällen.

[57b] So z. B. hinsichtlich einer Freiheitsberaubung, die länger als vorgestellt dauert, *Schlehofer*, 1996, S. 175; im Erg. auch *Frisch*, 1988, S. 619.

Becken jedoch entgegen der Annahme des K kein Wasser befindet und damit der Sturz lebensgefährlich wird.

Nach *Schroth* ist es für „subjektive Zurechnung" zentral, dass der Handelnde das **45b** Risiko erkannt hat, das sich im Erfolg realisiert hat und das durch den konkreten Tatbestand ausgeschlossen werden soll."[57c] Der Täter müsse „den Risikotypus, der Ursache des Erfolgs war, in Laienart erkannt haben." „Zurechnungsirrelevant" soll es sein, wenn das Gift entgegen der Tätervorstellung nicht den Magen verätzt, sondern zur Atemlähmung führt, zurechnungsausschließend dagegen, wenn das nach der Vorstellung durch einen Steinwurf zu tötende Opfer stirbt, weil es ein Bluter war.

Eine neue systematische Verortung der Kausalabweichungen schlägt *Wolter* **45c** vor.[57d] Kausalabweichungen betreffen danach weder den objektiven noch den subjektiven Tatbestand, sondern die spezifische „objektive Zurechnung zum objektiv-subjektiven (personalen) Tatbestand". Eine unwesentliche Abweichung bzw. eine objektiv zurechenbare Realgefahrverwirklichung und Plangefahrverwirklichung liege vor, wenn das abweichende Risiko und der daraus entstehende Erfolg **typischerweise** in der ins Werk gesetzten Gefahr **mitangelegt** seien. So etwa, wenn das Opfer nicht, wie vom Täter erwartet, durch mehrmaliges heftiges „Drücken unter Wasser" ertränkt wird, sondern den Tod durch das gewaltsame Aufschlagen auf den steinigen Untergrund im Wasser findet.

d) „dolus generalis": Abweichung bei mehraktigem Geschehen?

aa) Verspäteter Erfolgseintritt

Der Begriff „dolus generalis" bezeichnet eine **spezielle Konstellation,** ohne dass er **46** selbst schon die Lösung (vollendetes vorsätzliches Begehungsdelikt wegen des Vorliegens eines „dolus generalis") vorzeichnet.[57e] Es geht um Fälle, in denen der Täter mit einer ersten Handlung in Tötungsabsicht das Opfer nach seiner falschen Vorstellung auch getötet hat. In Wirklichkeit ist das Opfer an dieser Handlung aber nicht gestorben, sondern erst an der zweiten Handlung des Täters, die dieser, weil er das Opfer für tot hielt, nur als Beseitigung der Leiche verstand. So etwa im berühmten „Jauchegruben-Fall" (BGHSt 14, 193 = *Roxin,* HRR AT, Fall 14, S. 17 f. u. 163; als „Klassiker" aufbereitet von *Valerius,* JA 2006, 261 ff.; zu „50 Jahre Jauchegrubenfall" *Oglakcioglu,* JR 2011, 103 ff.; zum Fall auch *Sternberg-Lieben/Sternberg-Lieben,* JuS 2012, 289, 295), in dem der Täter das vermeintlich erstickte Opfer erst durch das Werfen in eine Jauchegrube tötete.

Der BGH und die ihm folgende h.M.[58] halten das zweiaktige Geschehen für **47 eine vollendete** vorsätzliche **Tötung** i.S. des § 212, obwohl der Täter die eigentliche

---

[57c] *Schroth,* 1998, S. 97.

[57d] *Wolter,* 1995, S. 14–21. – Kritisch *Burkhardt,* Fs. Nishihara, 1998, S. 15, der abweichende Kausalverläufe als Problem des Handlungsbegriffs sieht.

[57e] Kritisch zur überflüssigen Terminologie B-*Weber/Mitsch,* 20/25.

[58] Vgl. *Ebert,* S. 50 f.; *Gropp,* 5/71 ff.; *Heinrich,* AT II, Rn. 1098; *Jescheck/Weigend,* S. 314 f.; *Rengier,* AT, 15/57; *Joecks* § 15 Rn. 39–43; SK-*Rudolphi/Stein,* § 16 Rn. 39; S/S-*Sternberg-Lieben,* § 15 Rn. 58; W-*Beulke,* Rn. 265 u. *Valerius,* JA 2006, 261, 265; im Erg. auch *Frister,* AT 11/52–54, wenn Tod nach Verwirklichung des gesetzten Risikos; ähnlich *Bock,* 2008, S. 241 f. – Jetzt auch *Puppe,* 1992, S. 54: wenn der Täter mit dem Bevorstehen der Zweithandlung zumindest rechnen musste; zum Fall auch *Puppe,* AT 1, 20/13–15. Weiter einschränkend *Roxin,* AT I, 12/177 f.: wenn vom Täter ursprünglich beabsichtigt, denn dann hat er das Opfer wie geplant, wenn auch auf etwas andere Weise, umgebracht (so *Roxin,* HRR AT, Antwort 3 zu Fall 14, S. 163); ähnlich *Wolter,* 1995, S. 19, *Schroth,* 1998, S. 99 f. u. *Stratenwerth/Kuhlen,* 8/93 sowie LK-*Vogel,* § 16 Rn. 72, 73, der auf die „Gleichgültigkeit" für

Tötungshandlung ohne Tötungsvorsatz begangen hat. Die Begründung ist „raffiniert": die entscheidende Handlung sei die mit Tötungsvorsatz begangene erste Handlung; ohne diese Handlung wäre es zur zweiten todbringenden Handlung gar nicht gekommen. Die erste Handlung ist damit mittelbar ursächlich für den Tod geworden; dass dieser erst durch die zweite Handlung unmittelbar bewirkt wurde, soll eine unwesentliche Abweichung des wirklichen Kausalverlaufs von dem Ablauf sein, den sich der Täter vorgestellt hat. Bildlich gesprochen habe sich der Täter selbst unbewusst zum Werkzeug der Erfolgsherbeiführung gemacht.[58a]

48   Trotz der Raffinesse der Begründung überzeugt die Annahme eines vorsätzlichen Vollendungsdelikts nicht voll. Der Täter hat durch die erste Handlung seinen Tötungsvorsatz eben nicht verwirklicht, d. h. er ist im Versuch steckengeblieben (§§ 212, 22, 23), weil sich im Tod nicht die vom Täter geschaffene Gefahr verwirklicht hat (= keine objektive Zurechnung).[58b] Bei der zweiten Handlung befand er sich in einem Tatumstandsirrtum, weil er meinte, eine Leiche vor sich zu haben (= Nichtkenntnis bezüglich des von § 212 geforderten Tatobjekts ‚Mensch'), so dass ihm der durch die Zweithandlung bewirkte Tod allenfalls als fahrlässige Tötung angelastet werden kann (§ 16 I 2: § 222).[59]

> Aus der **Übungsfall-Literatur** zum „dolus generalis" vgl.: *Alpmann/Schmidt*, AT 2, Fall 37, S. 182–185; *Beulke*, KK I, Fall 1, Rn. 100 u. 112 f.; *Ebert*, in: *Ebert* (Hrsg.), Fall 3, S. 3 f. u. 46 f.; *Hilgendorf*, KK I, Fall 10, Rn. 5–8; *Jäger*, Rn. 86, 87: Fall 14 („Jauchengruben-Fall"); *Jescheck*, Fälle, Fall 28, S. 41 f.; *Kalkofen/Sievert*, Jura 2011, 229 u. 230; *Kudlich*, AT-Fälle, Fall 2, S. 20 und in: PdW AT, Fall 65; *Kuhlen/Roth*, JuS 1995, 711 u. 715 f.; *Noltensmeier/Henn*, JA 2007, 772 u. 773 f. (wie im Text mit Zurechnungsablehnung); *Rotsch*, Klausur 20, S. 286 f. u. 287–291; *Samson*, Strafrecht I, Fall 20, S. 105 f. (= „Jauchegruben-Fall"); *Wolters*, Fall 1, S. 1 f. u. 19–22 (Lösung wie hier).

bb) Verfrühter Erfolgseintritt

48a   Der den „dolus generalis"-Fällen nahe stehende, aber **umgekehrte Fall**,[59a] wird von Rechtsprechung und Teilen der Rechtslehre nach der „Rechtsfigur der unerheblichen Abweichung des tatsächlichen vom vorgestellten Kausalverlauf"[59b] differenzierend danach gelöst, ob der erste, bereits den Tod des Opfers verursachende Akt,

---

den Täter abstellen will; vgl. auch *Jäger*, Fs. Schroeder, 2006, S. 241, 245 ff., der den Einfluss der „Täterlehre" betont. – Diff. danach, ob der Erfolg auch ohne die nachträgliche Handlung eingetreten wäre oder nicht, *Hoyer*, AT I, S. 66 mit Fallbeispielen. – Vgl. auch BGH NStZ 2001, 29, wo sich ein Dritter „einschaltete"; dazu *Joecks*, § 15 Rn. 43. – Differenzierende und eingehende Streitstanddarstellung bei *Sowada*, Jura 2004, 814–816 mit zusf. Thesen S. 821 f. und dem Hinweis für strafrechtliche Prüfungsarbeiten: „nahezu ‚alles' vertretbar". – Vgl. auch *Hsu*, 2007, 208 ff.: Gesamthandlung, wobei die zweite Handlung die erste absichere.

[58a] Zu dieser Degradierung *Burchard*, 2008, S. 48 f., 385 ff., der sie zwar kritisch hinterfragt, letztlich aber verteidigt.

[58b] Näher *Murmann*, GK, 24/72, der das Beseitigen der vermeintlichen Leiche als „freie menschliche Handlung" zurechnungsausschließend bewertet.

[59] Zu dieser Versuchslösung kommen mit z. T. unterschiedlichen Begründungen: *Eser/Burkhardt*, Strafrecht I, Nr. 8 A 45; *Freund*, 7/140–143; *Hettinger*, JuS 1992, L 83 f. und in: Fs. Spendel, 1992, S. 237, 252 ff. sowie in: GA 2006, 289; *Hruschka*, S. 26 f.; *Jerouschek/Kölbel*, JuS 2001, 417, 422 ff.; *Köhler*, S. 154; *Maiwald*, ZStW 78 (1966), S. 30 ff.; *Oglakcioglu*, JR 2011, 103; *Otto*, 7/90 f.; *Schlehofer*, 1996, S. 177; SSW-*Momsen*, §§ 15, 16 Rn. 33.

[59a] Vgl. *Roxin*, AT I, 12/182; zu diesen Fällen *Valerius*, JA 2006, 261, 264 f.; zur japanischen Judikatur und Wissenschaft *Yamanaka*, Fs. Otto, 2007, S. 489 ff., der eine Lösung über die objektive Zurechnung favorisiert.

[59b] So BGH NJW 2002, 1057.

schon eine versuchte Tötung i. S. der §§ 212, 22/23 war oder noch eine Vorbereitungshandlung darstellt (BGH NJW 2002, 1057 [= Fall 10 bei *Bosch*, Jura 2011, 909, 916] m. Bspr. *Fad*, JA 2002, 745; *Jäger*, JR 2002, 383; *Gaede*, JuS 2002, 1058 u. *Otto*, JK 11/02, StGB § 22/22). Stellt das Fesseln, Knebeln und Betäuben des Opfers nach dem Tötungsplan des Täters nur eine **Vorbereitungshandlung** für die für später vorgesehene Tötung dar, führt sie aber tatsächlich schon zum Tod des Opfers, so ist dieser nur fahrlässig verursacht i. S. der §§ 222, 227, weil der tatsächlich zum Tod führende Kausalverlauf vom vorgestellten Kausalverlauf wesentlich abwich.[59c] Zu diesem zutreffenden Ergebnis kommt man auch mit der Begründung, dass im Vorbereitungsstadium noch gar kein vorsatzrelevanter Kausalverlauf stattfinde.[59d] Hat der Täter hingegen durch das Fesseln/Knebeln und Betäuben des Opfers schon unmittelbar zur Tötung i. S. des § 22 angesetzt, weil diese Handlungen nach der Vorstellung des Täters alsbald und ohne Vornahme weiterer wesentlicher Zwischenschritte durch den Täter zum Tod des Opfers führen sollten (s. u. 15/58 ff.), so liegt nach überwiegender Auffassung eine vollendete vorsätzliche Tötung vor (BGH NStZ 2002, 475 m. Bspr. *Otto*, JK 2/03, StGB § 15/7).[59e] Dafür spricht, dass die Tötungsversuchshandlung vom Tötungsvorsatz getragen war, auch wenn dem Täter die Erfolgseignung seiner Versuchshandlungen für diesen frühen Zeitpunkt nicht bekannt war.[59f] Rückt der Brandstifter von seinem Tatplan ab, nachdem er das Streichholz aus der Schachtel genommen hatte (noch Vorbereitung), aber bevor er es entzündete (Versuchsbeginn), ist von einer den Brandstiftungsvorsatz (§ 306 I Nr. 1) ausschließenden wesentlichen Abweichung des Kausalverlaufs auszugehen oder ein vorsatzrelevanter Kausalverlauf auszuschließen (BGH NStZ 2010, 503 m. Bspr. *Hecker*, JuS 2010, 1114 ff.).

> Aus der **Übungsfall-Literatur** vgl.: *Herrmann/Heyer*, JA 2012, 190 u. 191–193 (BGH NJW 2002, 1057 nachgebildet); *Otto/Bosch*, Übungen, Fall 17, S. 360 f.; *Wolter*, JA 2007, 354 u. 355 f., 357 f.

III. Verbots- und Erlaubnisirrtum gem. § 17

1. Erscheinungsformen des § 17-Irrtums

Ein Verbotsirrtum liegt nach § 17 S. 1 vor, wenn dem Täter die „Einsicht, Unrecht zu tun", fehlt. Diese Unrechtseinsicht bzw. dieses Unrechtsbewusstsein kann zum einen deshalb fehlen, weil der Täter vom Verbotensein der Tat nichts weiß. Wie bereits oben (Rn. 3) gesagt, wird eine solche Unkenntnis des Verbots im **Kernstrafrecht** des StGB **kaum vorkommen**, da jedermann weiß, dass man nicht töten, steh- 49

[59c] Vgl. *Otto*, 18/44; *Hoyer*, AT I, S. 64; *Joecks*, § 15 Rn. 37 f.; LK-*Vogel*, § 16 Rn. 73; vgl. auch *Sowada*, Jura 2004, 814, 817: „nicht nur".

[59d] So BGH NJW 2002, 1057, ebenso *Bosch*, Jura 2011, 909, 916; *Roxin*, AT I, 12/182; *Puppe*, AT 1, 20/2; *Stratenwerth/Kuhlen*, AT I, 8/94; W-*Beulke*, Rn. 261.

[59e] So *Roxin*, GA 2003, 257 (krit. *Wolter*, GA 2006, 406); *Sowada*, Jura 2004, 814, 817; *Hoyer*, AT I, S. 64 f.; *Rengier*, AT, 15/64; *Stratenwert/Kuhlen*, AT I, 8/94; *Welzel*, S. 74; S/S-*Sternberg-Lieben*, § 15 Rn. 58; im Ergebnis auch NK-*Puppe*, § 15 Rn. 87; a. M. *Hsu*, 2007, S. 47, zu BGH NStZ 2002, 475 vgl. S. 50 f.

[59f] A. A. aber *Frisch*, 1988, S. 624: „Versuchsdelikt"; anders auch *Jakobs*, 8/76; *Kindhäuser*, AT, 27/49; SK-*Rudolphi/Stein*, § 16 Rn. 38; LK[11]-*Schroeder*, § 16 Rn. 34, der einen unbeendeten Versuch mit Rücktrittsmöglichkeit annimmt; einschr. *Wolter*, ZStW 89 (1977), 697 ff. u. GA 2006, 406, 410: kein Rücktritt; abl. auch *Struensee*, Gs. Armin Kaufmann, 1989, S. 523, 538 (dazu *Scheinfeld*, GA 2007, 721, 723).

len oder rauben darf. Außer dem unter I. (o. Rn. 3 u. unter II Rn. 7) genannten § 182-Beispiel wird als ein weiteres Beispiel aus dem Bereich der Delikte gegen die sexuelle Selbstbestimmung genannt: Einverständlicher Geschlechtsverkehr mit 13-Jähriger in der irrigen Annahme (vgl. § 176), das kindliche Opfer sei nur bis zum 12. Lebensjahr vom Gesetz geschützt.[60]

50   Diese Schulbeispiele machen schon den Unterschied von Verbotsirrtum und Tatumstandsirrtum deutlich. Der im Verbotsirrtum befindliche Täter kennt die Tatumstände, die den gesetzlichen Tatbestandsmerkmalen entsprechen, genau, er hält nur sein Verhalten irrtümlich für nicht verboten.[60a] Er **erkennt** die **Situation**, so wie sie tatsächlich ist, weiß also, was er tut, hält sein Verhalten aber für nicht verboten. Er **wertet** damit sein Verhalten **anders als** der **Gesetzgeber**, der es verboten hat.[60b] Während der die Tatumstände verkennende Täter nicht weiß, in welcher Situation er agiert (= nicht weiß, was er tut) und also keinen Anlass hat, über das Verbotensein seiner Tat nachzudenken, kennt der nur falsch wertende Täter die Situation (z.B. Geisteskranke, widerstrebende Frau) und hat deshalb Anlass, über das mögliche Verbotensein seines Handelns (Verführen dieser Frau) nachzudenken.

51   Je **selbstverständlicher** das Verbot solchen Handelns ist, je eher wird ein Verbotsirrtum auszuschließen sein bzw. wird von der Vermeidbarkeit des Verbotsirrtums auszugehen sein. Je **spezieller**, auf einen bestimmten Verkehrskreis ausgerichtet, das Verbot ist, desto eher kann ein Verbotsirrtum vorkommen und sogar als unvermeidbarer eingestuft werden. Nur im letzteren Fall entfällt die Schuld gem. § 17 S. 1.

51a   Wie die Praxis zeigt, kommt der (unvermeidbare) Verbotsirrtum fast nur im sog. **Nebenstrafrecht** vor,[61] z.B. beim Verbot der geschäftsmäßigen Rechtsberatung von Angehörigen (OLG Oldenburg NJW 1992, 2438; Tatbestandsirrtum dagegen beim Irrtum über die Notwendigkeit einer Erlaubnis zur Rechtsberatung, OLG Celle NJW 2004, 3790), beim Benutzen einer ungenehmigten Sendeanlage (BayObLG NJW 1990, 3032), beim Handeltreiben mit Betäubungsmittelgrundstoffen (BGH NStZ 1996, 236), bei der nach § 6c UWG verbotenen progressiven Kundenwerbung (OLG Braunschweig NStZ-RR 1998, 251 mit Bspr. *Fahl*, JA 1999, 8), oder bei den Bestimmungen des Lebensmittelbedarfsgesetzes und der Käseverordnung zur Abgabe von Frischkäse (OLG Karlsruhe NStZ-RR 2000, 60, 61). Erst recht kommt der (unvermeidbare) Verbotsirrtum im **Ordnungswidrigkeitenrecht** vor; dort hat sogar der Gesetzgeber durch die Formulierung in § 11 II OWiG (mangelnde „Einsicht, Unerlaubtes zu tun") zum Ausdruck gebracht, dass es sich bei den bußgeldbewehrten Verboten eher um neutrale Regeln handelt,[62] deren Kenntnis nicht selbstverständlich von jedermann erwartet werden kann.

52   Wie beim Irrtum über Tatumstände ist es auch beim Irrtum über das Verbot möglich, dass der Täter das Verbot nicht kennt (sog. **Unkenntnis**), aber auch, dass er auf Grund einer positiven Vorstellung sein Verhalten für nicht rechtswidrig hält (**Fehlvorstellung**).[63]

---

[60] W-*Beulke*, Rn. 456. – Ein § 274 betreffendes Bsp. findet sich bei *Eckert*, 1999, S. 39.

[60a] Krit. zu diesem Entweder-Oder *Herzberg*, JuS 2008, 385, 386, der in großem Umfang vorsatzausschließende Rechtsirrtümer aus § 16 ableitet.

[60b] Ähnlich *Murmann*, GK, 26/43.

[61] Ebenso *Bergmann*, JuS 1990, L 17, und *Lesch*, JA 1996, 608, der aber auch Fälle aus dem Kernstrafrecht des StGB anspricht, S. 609.

[62] KK OWiG-*Rengier*, § 11 Rn. 50. – Aus der Rspr. zu § 11 II OWiG: BayObLG NJW 2003, 2253; OLG Hamm NJW 2006, 241, 244 u. 245, 246 f.; OLG Bamberg NJW 2007, 3081, 3083.

[63] *Bergmann*, JuS 1990, L 17 (Nichtkennen und Verkennen); *Küpper*, 1990, S. 174–178; *Roxin*, AT I, 21/21; W-*Beulke*, Rn. 456; *Zaczyk*, JuS 1990, 892.

Ein Verbotsirrtum kann aber nicht nur darauf beruhen, dass der Täter schon die 53
Verbotsnorm, gegen die er mit seinem Handeln verstoßen hat, nicht kennt (sog. direkter Verbotsirrtum).[64] Die „Einsicht, Unrecht zu tun", kann auch deshalb fehlen,
weil der Täter sein als generell verbotswidrig erkanntes Verhalten als **ausnahmsweise erlaubt** ansieht, weil er irrig einen Rechtfertigungsgrund für sich „reklamiert" (=
Erlaubnisirrtum, auch sog. indirekter Verbotsirrtum).[64a] Dieser **Erlaubnisirrtum**
kommt auch im Kernstrafrecht des StGB häufiger vor, zumindest ist er in strafrechtlichen Übungsarbeiten nicht selten anzutreffen. Wie der Verbotsirrtum ist auch der
Erlaubnisirrtum ein Bewertungsirrtum auf der (Erlaubnis-)Normebene, d.h., der Täter nimmt sich einen Rechtfertigungsgrund heraus, den die Rechtsordnung zumindest so nicht kennt.

Innerhalb des Erlaubnisirrtums kann man noch zwei Konstellationen unterschei- 54
den,[65] die aber beide als Erlaubnisirrtum nach § 17 zu beurteilen sind. Der Täter
kann zum einen irrig einen **Rechtfertigungsgrund** für sein tatbestandsmäßiges Verhalten annehmen, den die **Rechtsordnung** überhaupt **nicht kennt**. So etwa der Meister, der aus erzieherischen Gründen seinen Lehrling, den er beim Diebstahl ertappt
hat, im Wege der Privatjustiz für einige Tage in seiner Kammer einsperrt (§ 239).[65a]
Oder die irrige Annahme der sog. „Mauerschützen", sie „müßten einen Grenzbre-
cher zur Verhinderung der Flucht auch dann, dem Befehl entsprechend, töten, wenn
der Befehl rechtswidrig war" (BGHSt 39, 1, 35: irrige Annahme eines „nicht anerkannten Rechtfertigungsgrundes").[65b]

Der Täter kann aber auch – was häufiger der Fall sein wird – einen anerkannten 55
Rechtfertigungsgrund zu seinen Gunsten im **Anwendungsbereich ausdehnen** und
deshalb sein Verhalten irrig als gerechtfertigt ansehen. So z.B. der rechtswidrig Angegriffene, der irrig meint, dem zurückgeschlagenen, auf dem Boden liegenden „Angreifer" noch einen nicht mehr erforderlichen Tritt verpassen zu dürfen[66] (die Körperverletzung gem. § 223 ist wegen der Nichtbeachtung der Gegenwärtigkeits- und
Erforderlichkeitsgrenze des § 32 II nicht durch Notwehr gerechtfertigt); ebenso wer
entgegen § 32 I meint, tödliche Stiche seien auch gegenüber einem irrtümlich eine
Nothilfesituation annehmenden Angreifer geboten,[66a] oder gegenüber provozierten
Angriffen ohne Einschränkung geboten (BGH NStZ-RR 2002, 73). In einem Erlaubnisirrtum ist auch der in einer Notstandslage Befindliche, der entgegen § 34
meint, alle zur Rettung erforderlichen Verletzungen unbeteiligter Dritter vornehmen
zu dürfen, auch wenn sein bedrohtes Erhaltungsgut die beim Dritten verletzten
Güter nicht wesentlich überwiegt. Auch z.B. der Arzt, der die fehlende Einwilligung

---

[64] *Neumann*, JuS 1993, 796; *Rath*, Jura 1998, 539, 540.

[64a] *Rath*, Jura 1998, 539, 540 Fn. 14 m.w.N.; *Frister*, 14/35; *Heinrich*, AT II, Rn. 1144; s.
auch *Gasa*, JuS 2005, 890, 894. – Auch hier für Tatumstandsirrtum nach § 16 *Herzberg*, JuS
2008, 385, 391, mit Bsp.: Vater hält Verprügeln des Sohnes für erlaubt.

[65] Krit. *Kaufmann*, Fs. Lackner, 1987, S. 197.

[65a] Weiteres Bsp. bei *Lesch*, JA 1996, 506, bei *Naucke*, 1/57 u. 7/187, 216f.: „Handschel-
len-Fall" sowie bei *Eckert*, 1999, S. 39 (Züchtigungsrechts-Fall; auch Bsp. 11 bei *Knobloch*,
JuS 2010, 864, 867).

[65b] Zum möglichen Erlaubnisirrtum bei „Massenerschießungen" als „Vergeltungsaktion"
BGHSt 49, 189 m. Bspr. *Gribbohm*, NStZ 2005, 38 u. *Zöller*, Jura 2005, 552, 560.

[66] Vgl. *Lesch*, JA 1996, 506; *Ebert*, S. 144; *Meurer*, S. 118; *W-Beulke*, Rn. 482; *S/S-Perron*,
§ 32 Rn. 65; weiteres Notwehr-Beispiel bei *Krey/Esser*, AT, Rn. 718. Vgl. auch BGH NStZ
2003, 596. – „Züchtigungsrecht" bzw. Erziehungsrecht – Bsp. bei *Knobloch*, JuS 2010, 864,
867: Bsp. 11.

[66a] *Roxin*, JZ 2000, 99, zum Fall des Bundessozialgerichts NJW 1999, 2301; weitere Gebo-
tenheitsfälle bei *Heinrich*, AT II, Rn. 1142: Bsp. 3 und *Gropp*, 13/119 f.: Bsp. 13/25.

des Patienten in eine Operationserweiterung kennt, diese aber dennoch für zulässig erachtet, weil sie ihm „aus medizinischer Sicht sinnvoll und geboten erscheint" (BGHSt 45, 219, 225 m. Bspr. *Hoyer*, JR 2000, 473, 475 u. *Geppert*, JK 00, StGB § 226/9). Auch einem Verbotsirrtum unterliegt der Arzt, der den Umfang und die Grenzen einer Rechtfertigung nach § 81a StPO bei einem sog. „Brechmitteleinsatz" zu seinen Gunsten verkennt (vgl. BGHSt 55, 121, 138 m. Anm. *Brüning*, ZJS 2010, 549, 552; *Krüger/Kroke*, Jura 2010, 289, 292 u. *Satzger*, JK 12/11, StGB § 227/7, diff. zu Unvermeidbarkeit). Ein solcher Bewertungsirrtum ist auch bei sog. **gesamttatbewertenden Merkmalen** eines Rechtfertigungsgrundes möglich, so etwa bei dem Irrtum, der den Notstandstäter zur Annahme eines überwiegenden Interesses i.S. des § 34 bringt (z.B. mehrere Menschenleben seien mehr wert als eines; BGHSt 35, 350: „Katzenkönig-Fall").[67] Ein Verbotsirrtum liegt auch vor, wenn der Täter seine Tat deshalb durch Einwilligung für gerechtfertigt hält, weil er die Körperverletzung nicht für sittenwidrig i.S. des § 228 hält (BGHSt 49, 166, 176 m. zust. Anm. *Hirsch*, JR 2004, 475, 477 u. *Stree*, NStZ 2005, 40f.); irrt er sich dagegen über das Bestehen einer konkreten Lebensgefahr, die nach der Rspr. zur Sittenwidrigkeit i.S. des § 228 führt, so liegt ein Erlaubnistatumstandsirrtum (unten Rn. 63ff.) vor (BGHSt 49, 34, 44 [m. zust. Anm. *Sternberg-Lieben*, JuS 2004, 954, 956] u. 166, 176). Ein Irrtum über die rechtliche Reichweite des Selbsthilferechts nach § 229 BGB wird auch erwogen, wenn der Täter glaubt, seinen Anspruch eigenmächtig durchsetzen zu können (so im sog. „Moos-raus-Fall" des BGHSt 17, 87);[67a] er liegt vor, wenn der Täter davon ausgeht, er sei nicht verpflichtet, polizeiliche Hilfe in Anspruch zu nehmen (*Bosch*, JK 9/11, BGB § 229/1: indirekter Verbotsirrtum nach § 17).

56   Ein Verbotsirrtum kann auch bei Kenntnis der Verbotsnorm dann vorliegen, wenn der Täter sein Verhalten irrtümlich nicht unter diese Norm subsumiert. Dieser sog. **Subsumtionsirrtum** ist schon beim Wissenselement des Vorsatzes als ein hinsichtlich des Vorsatzes unbeachtlicher Irrtum behandelt worden (s.o. 5/91ff.). Dieses Ergebnis wurde bei der Behandlung des Tatumstandsirrtums bestätigt: hat der Täter die erforderliche Bedeutungskenntnis von den Tatumständen, so führt die fehlerhafte Subsumtion nicht zu einem vorsatzausschließenden Tatumstandsirrtum (s.o. Rn. 10). Damit ist aber nur gesagt, dass der Subsumtionsirrtum auf der Sachverhalts- und der Unrechtsebene keine Folgen zeitigt. Dass er auf der Schuldebene Wirkungen haben kann, ist damit noch nicht ausgeschlossen.

57   Hat der Täter die für den Vorsatz erforderliche Bedeutungskenntnis von Tatumständen, so kann die fehlerhafte Subsumtion (mein Verhalten fällt nicht unter die mir bekannte Norm) zu einer falschen Bewertung des **Anwendungsbereichs** der **Verbotsnorm** führen. So z.B. bei dem Täter, der meint, bloßes Sicherungseigentum sei von § 246 nicht gegen Unterschlagungen (z.B. durch Weiterveräußerung) geschützt.[68] Oder bei dem Täter, der meint, bloße Beeinträchtigungen der bestim-

---

[67] Vgl. dazu S/S-*Perron*, § 34 Rn. 51, mit zahlreichen Nachweisen; nur im Erg. zust. LK-*Vogel*, § 16 Rn. 122; vgl. auch BayObLG NJW 2000, 888: irrige Annahme einer § 16 OWiG – Notstandsrechtfertigung für Geschwindigkeitsüberschreitung zum Zwecke schneller ärztlicher Behandlung; ähnlicher § 34-Fall bei *Frister*, 14/39.

[67a] *Mitsch*, BT 2/1, 1/163; bei bestehendem Anspruch anders W-*Hillenkamp*, Rn. 187; vgl. auch *Küper*, Fs. Gössel, 2002, S. 429, 439f. – Zum „Moos-raus-Fall" vgl. auch K/H/H-*Hellmann*, BT 2, Rn. 121–131, die beides in Betracht ziehen – Tatbestandsirrtum wegen Annahme eines Anspruchs und die hinsichtlich § 229 BGB (Rn. 97).

[68] Beispiel von *Nierwetberg*, Jura 1985, 241. – Den Bierfilz-Fall verwendet *Roxin*, AT I, 21/23, als Beispiel; ebenso *Neumann*, JuS 1993, 797. – Zur Hehlerei vgl. *Lesch*, JA 1996, 506.

mungsgemäßen Brauchbarkeit einer Sache wie z. B. das Luftablassen aus einem Auto- oder Fahrradreifen seien von § 303 nicht erfasst, weil dort von „beschädigen und zerstören" die Rede ist.[68a] Jeweils führt die zu enge Auslegung der Verbotsnorm dazu, dass der Täter sein Verhalten als von ihr nicht erfasst (= als erlaubt) betrachtet.[69]

Freilich ist ein solcher Verbotsirrtum nach noch h. M. und ständiger Rspr. dann 58 zu verneinen, wenn es sich um einen **bloßen Strafbarkeitsirrtum** handelt (s. oben 11/ 28).[70] So wohl in beiden Beispielsfällen der Rn. 57,[70a] denn der Täter wird jeweils wissen, dass es zu mindest zivilrechtlich verboten ist, fremdes Eigentum auf die beschriebene Art und Weise zu verletzen. Die Unkenntnis der Strafbarkeit des Verhaltens schützt aber im Gegensatz zur Unkenntnis des Verbotenseins des Verhaltens vor Strafe nicht! § 17 verlangt ja nur die Kenntnis des Unrechts, nicht der Strafbarkeit.[70b] Zwar ist die Sanktion „Strafe" wegen ihres Missbilligungscharakters eine besondere Sanktion, doch muss der Täter nicht mit dieser speziellen Sanktion rechnen. Für die Strafbarkeit ist es ausreichend, dass „der Täter die vom Straftatbestand umfasste spezifische Rechtsgutsverletzung als Unrecht erkennt" (BGHSt 15, 377, 383; 52, 182, 190 u. 309, 313 m. krit. Bspr. *Bosch*, JA 2008, 903, 905 u. *Müssig*, NStZ 2009, 421, 427);[70c] die Kenntnis der (inländischen) Strafbarkeit ist nicht erforderlich (BGHSt 45, 97, 100 ff. m. Bspr. *Börger*, NStZ 2000, 31; *Dölling*, JR 2000, 379; *Neumann*, StV 2000, 425; *Stuckenberg*, JA-R 2000, 13 u. *Geppert*, JK 00, StGB § 17/4).[70d] Nicht ausreichend ist das „Bewusstsein einer vorrechtlichen sozialen Wertwidrigkeit" (OLG Karlsruhe NStZ-RR 2000, 60, 61). Erforderlich für einen Verbotsirrtum ist die fehlende Einsicht, gegen die „durch verbindliches Recht erkennbare Wertordnung" zu verstoßen (BGHSt 52, 227, 240); egal ist es, ob der Täter glaubt, „straf-, öffentlich- oder zivilrechtliche Normen" zu verletzen (BGH a. a. O.).

Als weitere, selten vorkommende Erscheinungsform eines § 17-Irrtums wird der 59 sog. **Gültigkeitsirrtum** genannt. Ein Verbotsirrtum ist darin aber nur dann zu sehen, wenn der Täter meint, die von ihm gekannte Verbotsnorm sei deshalb ungültig, weil

---

[68a] Vgl. *Lackner/Kühl*, § 303 Rn. 4 (mit Einschränkung bei unerheblicher Beeinträchtigung in Rn. 5). – Vgl. Bsp. 2 bei *Rengier*, AT, vor 1 bei § 15 mit Lösung 31/8.

[69] Vgl. *Ebert*, S. 155; NK-*Neumann*, § 17 Rn. 49; SK-*Rudolphi*, § 17 Rn. 21; S/S-*Sternberg-Lieben*, § 15 Rn. 44, und § 17 Rn. 6; ebenso im Erg. *Walter*, 2006, S. 276. – Aus der Rspr. s. etwa BGH NStZ-RR 1996, 24 (Verstoß gegen Embargobestimmungen); BayObLG NStZ-RR 2001, 281 (Irrtum über Reichweite einer Erlaubnis); OLG Schleswig NStZ 1997, 546 m. Anm. *Iburg* (Irrtum über Abfalleigenschaft von Autowracks).

[70] B-*Weber/Mitsch*, 21/48; *Ebert*, S. 152; *Eser/Burkhardt*, Strafrecht I, Nr. 16 A 15; *Frister*, 19/3; W-*Beulke*, Rn. 428; *Lackner/Kühl*, § 17 Rn. 2; *Fischer*, § 17 Rn. 4; krit. LK[11]-*Schroeder*, § 17 Rn. 7; a. A. *Otto*, 13/41; MK-*Joecks*, § 17 Rn. 11–15; NK-*Neumann*, § 17 Rn. 20, 22; vgl. auch LK-*Vogel*, § 17 Rn. 19, der „in der Sache" die Unterschiede zur h. M. für „gering" hält, weil ein solcher Verbotsirrtum häufig vermeidbar sein wird; „theoretisch" aber widerspricht er der „Lehre vom ‚Strafbarkeitsirrtum'". – Zur Frage eines Verbotsirrtums beim Irrtum über die Bewertung einer Straftat als Ordnungswidrigkeit s. OLG Stuttgart NStZ 1993, 344 f.

[70a] Vgl. Fall 3 von *Herzberg/Hardtung*, JuS 1999, 1073, 1074. – Ebenso für das § 303-Beispiel *Murmann*, GK, 26/47.

[70b] Vgl. *Roxin*, AT, 21/13; *Safferling*, 2008, S. 216; dagegen NK-*Neumann*, § 17 Rn. 22.

[70c] Vgl. OLG Karlsruhe NStZ-RR 2000, 60, 61; einschr. *Kretschmer*, 2005, S. 290 f.

[70d] Krit. zu dieser Entscheidung *Zabel*, GA 2008, 33, 54; krit. zur Begr. *Pawlik*, Fs. Schroeder, 2006, S. 356, 368; zust. aber *Hoffmann-Holland*, Rn. 436. – Zu den Anforderungen an das Unrechtsbewusstsein eines Täters, der einen Straftatbestand einer für ihn fremden Rechtsordnung verwirklicht, *Valerius*, NStZ 2003, 341 ff. u. LK-*Vogel*, § 17 Rn. 100 f.

sie gegen höherrangiges Recht (z.B. Grundrechte des GG) verstoße.[71] Die Annahme außerrechtlicher Nichtigkeitsgründe reicht ebenso wenig wie die Berufung auf das eigene Gewissen.[72] Problematisch ist die Annahme, die Verbotsnorm verstoße gegen überpositives Recht.[73] Sie führt zu einem Verbotsirrtum, wenn dieses Recht trotz seiner Überpositivität zum geltenden Recht zu zählen ist.

59a   Da – wie bereits oben (11/30: „Unrechtszweifel") ausgeführt – ein sog. „bedingtes Unrechtsbewusstsein" für die Strafbarkeit ausreicht, scheidet ein schuldausschließender Verbotsirrtum schon dann aus, „wenn der Täter nur für möglich hält, sein Verhalten könne gegen ein Strafgesetz verstoßen" (OLG Karlsruhe NStZ-RR 2000, 61), genauer: sein Verhalten könne Unrecht sein (BGHSt 4, 1, 4; 27, 196, 202 [m. krit. Bspr. *Puppe*, AT² 2011, § 19 Rn. 9–18]; 52, 307, 313; BGH NJW 2011, 1236, 1239 m. i. Erg. zust. Anm. *Heger*, JZ 2011, 961, 963 f., der aber die Verallgemeinerung der im Arznei- und Betäubungsmittelstrafrecht, wo es um Leib- und Lebensgefährdungen geht, berechtigten „Grauzonen"-Rspr. für bedenklich hält, weil es selbst bei Handeln in der „Grauzone" zwischen erlaubtem und verbotenem Verhalten z.B. im Wirtschaftsstrafrecht „nur" um den Schutz des wirtschaftlichen Wettbewerbs gehe).[73a] – Das Unrechtsbewusstsein ist außerdem teilbar (s.o. 11/32), so dass sich ein Verbotsirrtum hinsichtlich eines vom Bewusstsein nicht erfassten und von der Qualität des Unrechts unterschiedlichen Tatbestandes ergeben kann.[73b]

59b   Besondere Regeln gelten für den Irrtum über gesamttatbewertende Merkmale (s. 5/97), die wie die Verwerflichkeit bei der Nötigung (§ 240 II) die rechtliche Gesamtbeurteilung der Straftat, insb. auch ihre Rechtswidrigkeit, prägen. Bezugspunkt des Tatumstandsirrtums nach § 16 sind nur die tatsächlichen Umstände, auf denen z.B. das Verwerflichkeitsurteil bei § 240 II beruht.[73c] Wertet der Täter falsch (z.B. hält er sein Nötigungsverhalten nicht für verwerflich), so kommt „nur" ein Verbotsirrtum in Betracht.[73d] Zwischen Erlaubnistatumstandsirrtum und Erlaubnisirrtum ist dann zu differenzieren, wenn das Merkmal ausnahmsweise nur die Rechtswidrigkeitsebene betrifft (s. oben Rn. 55 a. E.: § 34-Bsp.).[73e]

Aus der **Übungsfall-Literatur** zu den verschiedenen Erscheinungsformen des § 17-Irrtums vgl.: *Alpmann/Schmidt*, AT 2, Fall 31, S. 164–169 und Fall 41, S. 201–203; *Bergmann*, JuS 1987, L 53 u. 55 f.; *Beulke*, KK I, Fall 7, Rn. 250 u. 264 f.; *Bruckauf*, in: *Ebert* (Hrsg.), Fall 5, S. 5 f. u. 88 (Subsumtionsirrtum beim Züchtigungsrecht); *Brüning*, JuS 2007, 255 u. 260 („Erlaubnisgrenzirrtum" bei § 32); *Bülte/Becker*, Jura 2012, 319 f. u. 329 f. (Detektiv glaubt an Festnahmebefugnis aufgrund seiner Position); *Dencker*, Klausuren, Fall 30, S. 36 u. 106; *Fahl*, JuS 2001, 47 u. 53; *Frank*, Jura 2006, 783 u. 785 (Erlaubnisirrtum bei § 32); *Gropp*, in: G/K/M, Fallsammlung, Fall 6, S. 115 f. u. 125 f. („Erlaubnisgrenzirrtum" bei § 32); *Hermle*, JuS 1987, 976 ff.; *Hilgendorf*, KK I, Fall 15, Rn. 12 und KK III, Fall 7, Rn. 82 f.; *Jescheck*, Fälle, Fall 55, S. 71 f.; *Kaspar*, JuS 2004, 409 u. 414 („Erlaubnisgrenzirrtum" bei mutmaßlicher Einwilligung) und JA 2006, 855 u. 858; *Kauerhof*, Jura 2005, 790 u. 795 (Erlaubnisirrtum bei § 32); *Knauer*,

---

[71] Vgl. *Ebert*, S. 105, 144; *Roxin*, AT I, 21/25; SK-*Rudolphi*, § 17 Rn. 22; NK-*Neumann*, § 17 Rn. 48; MK-*Joecks*, § 17 Rn. 32; eingehend *Schmidt*, 2008, S. 154 f. – Für die Möglichkeit eines Verbotsirrtums bei in sich widersprüchlichen Normen *Groteguth*, 1993, S. 101.

[72] Näher *Lesch*, JA 1996, 505 f.

[73] Angesprochen bei NK-*Neumann*, § 17 Rn. 40.

[73a] SK-*Rudolphi*, § 17 Rn. 12–13 a. – Vgl. auch AG Berlin-Tiergarten NStZ-RR 2000, 108 f. u. BGH NJW 2002, 3415, 3417 zu § 4 UWG („Kaffeefahrten"; dazu *Achenbach*, NStZ 2003, 520) sowie *Bosch*, JA 2008, 903, 905 zu BGHSt 52, 307, 313. – Kritisch und für eine entsprechende Anwendung der Verbotsirrtumsregelung *Rengier*, AT, 31/25.

[73b] Vgl. SK-*Rudolphi*, § 17 Rn. 7–11; S/S-*Sternberg-Lieben*, § 17 Rn. 8.

[73c] Vgl. BayObLG NJW 1992, 521; *Lackner/Kühl*, § 240 Rn. 25.

[73d] Vgl. *Roxin*, AT I, 12/105; W-*Beulke*, Rn. 243 a.

[73e] Vgl. W-*Beulke*, 286, aber auch *Jakobs*, Fs. Rudolphi, 2004, S. 107, 119.

JuS 2002, 53 u. 56; *Krack/Kische,* ZJS 2009, 684 u. 689 (Erlaubnisirrtum bei § 34); *K/S/L,* Klausurtraining, Fall 9, S. 203 u. 208–210 (Erlaubnisirrtum über Festnahmerecht); *Kudlich,* AT-Fälle, Fall 4, S. 50 („Erlaubnisgrenzirrtum" bei § 32); PdW AT, Fall 147; *Kühl,* JuS 2007, 742 u. 745 f. (Erlaubnisirrtum über Züchtigungsrecht); *Matt,* AT I, S. 248 u. 250; *Meurer/Dietmeier,* JuS 2001, L 36 u. L 40; *Otto,* Übungen, Referendarhausarbeit, S. 179 f. u. 216 f.; *Rotsch,* Klausur 20, S. 286 f. u. 297–299 (Erlaubnisirrtum); *Rudolphi,* AT-Fälle, Fall 2, S. 13 u. 16 (Subsumtionsirrtum) und Fall 5, S. 52 u. 55, 57 sowie Fall 16, S. 191 u. 196; *Samson,* Strafrecht I, Fall 22, S. 108–112; *Seier,* JuS 1986, 217 ff.; *Schwind/Franke/Winter,* Anfängerübung, 2. Klausur, S. 113 u. 115; *Stoffers,* Jura 1993, 376 u. 378; *Valerius,* Klausur 9, S. 139 u. 144 („Erlaubnisgrenzirrtum" bei § 127 StPO); *Wagner,* BT-Fälle, Fall 12, S. 122 u. 125 f. – Beachte auch die Faustregel von *Arzt,* S. 67 mit Bsp. 41, die von der Unterstellung eines Verbotsirrtums ohne Sachverhaltsaussage abhalten soll.

2. Die Rechtsfolgen des Verbots- und Erlaubnisirrtums

Welche Folgen der Verbots- und Erlaubnisirrtum für die Strafbarkeit des sich irrenden Täters hat, richtet sich danach, ob der Irrtum **vermeidbar** oder **unvermeidbar** war. Anders als der im Tatumstandsirrtum befindliche Täter kann der im Verbotsirrtum befindliche Täter wegen eines Vorsatzdelikts und nicht nur wegen eines Fahrlässigkeitsdelikts (§ 16 I 2) bestraft werden, wenn sein Irrtum vermeidbar war. Nur bei unvermeidbarem Verbotsirrtum entfällt die Strafbarkeit, da der Täter dann „ohne Schuld" handelt (§ 17 S. 1).[73f]   60

Allerdings sind die Anforderungen an die Vermeidbarkeit des Verbotsirrtums zumindest nach der Rechtsprechung strenger als die Sorgfaltsanforderungen bei der möglichen Fahrlässigkeitstat des im Tatumstandsirrtum handelnden Täters.[74] Die Rechtsprechung stellt an die **Vermeidbarkeit zu hohe Anforderungen,** wenn sie zum einen vor jeder Handlung die Prüfung ihrer möglichen Verbotenheit fordert und zum anderen die Anspannung des Gewissens bzw. den Einsatz aller Erkenntniskräfte und sittlichen Wertvorstellungen verlangt (BGHSt 2, 201; 3, 366; 4, 242 = *Roxin,* HRR AT, Fall 38, S. 56 f. u. 178 f.).[74a] Realistischere und Erfolg versprechendere Mittel zur Vermeidung eines Verbotsirrtums sind dagegen eigenes Nachdenken oder die Erkundigung bei rechtlich kompetenten Dritten (BGHSt 4, 5 = *Roxin,* HRR AT, Fall 37, S. 54 ff. u. 177 f.),[75] wie z. B. bei einem Rechtsanwalt.[76] In Fällen der passiven   61

[73f] Zu dieser „elastischen" Regelung s. *Lesch,* JA 1996, 346, der einen umfassenden Überblick zur Vermeidbarkeitsproblematik bietet, S. 607 ff. – Ein unvermeidbarer Verbotsirrtum liegt nach h. M. vor, wenn die Fähigkeit zur Unrechtseinsicht wegen einer der in § 20 genannten Störungen ausgeschlossen ist; *S/S-Perron,* § 20 Rn. 4; mit anderer Begründung im Erg. ebenso *Frister,* 1993, S. 203, wonach die kognitiven Voraussetzungen der Schuldfähigkeit (§ 20) und das potenzielle Unrechtsbewusstsein zwar voneinander zu trennende Schuldvoraussetzungen sind, hier aber gleichermaßen fehlen.

[74] Vgl. SK-*Rudolphi,* § 17 Rn. 30 a; NK-*Neumann,* § 17 Rn. 60; MK-*Joecks,* § 17 Rn. 40; *Freund,* 4/67 f. u. MK-*Freund,* 269 vor §§ 13 ff.; *Krey/Esser,* AT, Rn. 726; *Otto,* Jura 1990, 649 f. sowie *Eckert,* 1999, S. 41.

[74a] Vgl. OLG Frankfurt NStZ-RR 2003, 263; OLG Jena NJW 2004, 3579. Kritische Analyse der BGH-Rspr. bei *Roos,* Die Vermeidbarkeit des Verbotsirrtums nach § 17 StGB im Spiegel der BGH-Rechtsprechung, 2000, S. 152 ff., speziell zum Kriterium der „Gewissensanspannung" S. 216 ff.; zu Letzterem vgl. auch *Löw,* 2002, S. 274 ff.; krit. zur Überforderung des Rechtsunterworfenen *Velten,* 2002, S. 117, 349.

[75] *Roxin,* AT I, 21/46 u. 52; eingehend *Löw,* 2002, S. 97 ff., die ein „3-Stufen-Trenn-Modell" als Prüfungsmaßstab für die Erkundigungspflicht und die Vermeidbarkeit des Verbotsirrtums entwickelt (S. 284, 295); *Zabel,* GA 2008, 33, 54: Vergewisserungs- und Informationsbeschaffungspflicht; zu den Kosten der Erkundigung *Velten,* 2002, S. 321 m. zust. Bspr. *Jakobs,* GA 2005, 62, 63; vgl. auch LG Dortmund NStZ-RR 1998, 139, 141; zu Recht einschränkend hinsichtlich der Erkundigung bei Fachbehörden und des Lesens von Verkün-

Sterbehilfe kann auch der Versicherung des behandelnden Arztes die Qualität einer Rechtsauskunft zukommen (BGHSt 40, 257, 263); der vor der Entscheidung zur Sterbehilfe stehende Arzt hat im Rahmen seiner Erkundigungspflicht bei längerem Entscheidungsspielraum eine Entscheidung und damit eine verbindliche Rechtsauskunft des Vormundschaftsgerichts einzuholen (*Schöch*, NStZ 1995, 153, 156).

61a   Bei der Beurteilung der Schuld der sog. „Mauerschützen" (s. o. Rn. 54) hat der BGH nur einen vermeidbaren Verbotsirrtum angenommen, weil „der Verstoß gegen das elementare Tötungsverbot auch für einen indoktrinierten Menschen ohne weiteres einsichtig, also offensichtlich" sei (BGHSt 39, 1, 34).[76a] – Im Fall „Mannesmann" war höchst umstritten, ob etwaige Fehlvorstellungen der Aufsichtsratsmitglieder bei der Gewährung der diversen, an verschiedene Vorstandsmitglieder gezahlten Prämien bei § 266 StGB als unvermeidbare Verbotsirrtümer anzusehen waren (sofern man nicht bereits einen Tatbestandsirrtum annahm; vgl. oben Rn. 14b). Im erstinstanzlichen Urteil billigte das LG Düsseldorf den Aufsichtsräten hinsichtlich der dem früheren Vorstandsvorsitzenden gewährten Anerkennungsprämie einen unvermeidbaren Verbotsirrtum zu (NJW 2004, 3275, 3285). Im Revisionsurteil ließ der BGH die Zuordnung zwar insoweit offen (NJW 2006, 522, 531 m. Bspr. *Hohn*, wistra 2006, 161, 164; *Ransiek*, NJW 2006, 814, 816; *Rönnau*, NStZ 2006, 218, 220; *Vogel/Hocke*, JZ 2006, 568, 570; *Herzberg*, JuS 2008, 385, 386 f.); er nahm bezüglich eines anderen Tatkomplexes aber ebenfalls einen Verbotsirrtum der Aufsichtsratsmitglieder an (a. a. O. S. 529), hielt diesen unter Verweis auf deren Qualifikation und Wissensstand jedoch für vermeidbar und die Einholung von Rechtsrat für überflüssig, da dieser mit Sicherheit die rechtliche Unzulässigkeit der Prämiengewährung zum Ergebnis gehabt hätte. – Auch Angehörige fremder Kulturkreise trifft eine Erkundungspflicht (*Valerius*, 2011, S. 202).

62   Allerdings muss für den Täter – nicht nur objektiv[76b] – ein **Anlass** zum Nachdenken bzw. zur Erkundigung bestehen, z. B. der Täter muss Zweifel an der Erlaubtheit

---

dungsblättern durch den Inhaber eines kleinen Baubetriebs BayObLG NStZ 2000, 148; einschr. bei unklaren Verkehrsregelungen BayObLG NJW 2003, 2253, bei verkehrsordnungsrechtlicher Einordnung eines Fahrzeugs OLG Hamm NJW 2006, 245, bei nicht geklärten Rechtsfragen OLG Karlsruhe NJW 2003, 1061, bei unterschiedlichen Entscheidungen gleichrangiger Obergerichte OLG Stuttgart NJW 2008, 243; bei unklarer Rechtslage OLG Celle NZV 2009, 92, 94.

[76] Vgl. den Fall des OLG Braunschweig NStZ-RR 1998, 251 mit Bspr. *Fahl* JA 1999, 8; OLG Frankfurt NStZ-RR 2003, 263; einschr. *Krey/Esser*, AT, Rn. 728 f. – Zum Rechtsrat eines Repetitiors vgl. AG Siegburg mit Bspr. *Kudlich*, JuS 2005, 566 ff. – Zur Orientierung an Gerichtsentscheidungen s. *Löw*, 2002, S. 178, LK-*Vogel*, § 17 Rn. 58–69, NK-*Neumann*, § 17 Rn. 68–73 u. SK-*Rudolphi*, § 17 Rn. 38 f.; bei deren Nichtvorhandsein in einer umstrittenen Rechtslage liegt ein unvermeidbarer Irrtum nahe LG Bückeburg NJW 2006, 3014, 3017. – Zu Auskünften von Behörden vgl. BGH NStZ 2000, 364 f. u. *Löw*, 2002, S. 122, speziell im Bereich des Umweltschutzes s. *Schall*, NStZ 1992, 265. – Kritisch zu den hohen Anforderungen bei den Erkundigungspflichten *Hassemer*, Fs. Lenckner, 1998, S. 97, 116, der die „Grenze einer strafrechtlichen Entlastung bei Drittverhalten" von der „Normgeltung" her erklärt; zu den Anforderungen an die Auskunftsperson vgl. *Puppe*, AT I, 33/19 u. in: Fs. Rudolphi, 2004, S. 231, 236 ff.

[76a] Zur kontroversen Aufnahme dieser Entscheidung vgl.: *Alexy*, Mauerschützen, 1993, S. 37 f.; *Dannecker*, Jura 1994, 585, 594; *Ebert*, Fs. Hanack, 1999, S. 501, 531; *Miehe*, Fs. Gitter, 1995, S. 647 ff.; *Löw*, 2002, S. 290; NK-*Neumann*, § 17 Rn. 102, u. *Roxin*, AT I, 21/67 f.; eingehend jetzt *Siekmann*, 2005, S. 48 ff., 174 ff., der den „Mauerschützen" einen unvermeidbaren Verbotsirrtum attestiert.

[76b] So aber *Murmann*, GK, 26/53: es sei eine normative Frage, unter welchen Bedingungen Erkundigungspflichten bestehen.

der eigenen Handlung infolge von Pressemeldungen haben.[77] Wird trotz eines Anlasses keine Erkundigung bei einem Rechtskundigen eingezogen, so ist der Verbotsirrtum dennoch unvermeidbar (d. h.: der Täter handelt ohne Schuld), wenn auch die Einholung der Rechtsauskunft den Verbotsirrtum nicht beseitigt hätte;[77a] so etwa bei der „Frage der Rechtmäßigkeit von Knabenbeschneidungen" mit Einwilligung der Eltern (LG Köln NJW 2012, 2128, 2129). Umgekehrt formuliert: das Unterlassen der Erkundigung muss für den Verbotsirrtum **ursächlich** gewesen sein.[78] Ein **Vorverschulden**, z. B. der Täter hat sich nicht rechtzeitig Rechtskenntnisse angeeignet, kann beim Verbotsirrtum zur Vermeidbarkeit führen.[78a]

Aus der **Übungsfall-Literatur** zur Vermeidbarkeit des Verbotsirrtums vgl.: *Ambos,* JuS 2000, 465 u. 467, 470 (unterschiedliche „Mauerschützen-Fälle"); *Bergmann,* JuS 1987, L 53 u. 55 f.; *Bohnert,* Jura 1993, 451 u. 457; *Bottke,* JuS 1992, 765 f.; *Britz,* JuS 2002, 465 f. u. 467; *Bruckauf,* in: *Ebert* (Hrsg.), Fall 5, S. 5 f. u. 88; *Bülte/Becker,* Jura 2011, 319 f. u. 329 f.; *Dencker,* Klausuren, Fall 30, S. 36 u. 106; *Fabricius,* JuS 1991, 393 ff.; *Fahl,* JuS 2001, 47 u. 53; *Frank,* Jura 2006, 783 u. 785; *Hilgendorf,* KK II, Fall 2, Rn. 21; KK III, Fall 7, Rn. 83 und Fall 13, Rn. 35 (andere kulturelle Wertvorstellungen); *Jahn,* JA 2002, 560 u. 566; *Konhäuser/Lindemann,* JuS 2011, 804 u. 807 („Rechtsrat" einholen); *Krack/Kische,* ZJS 2009, 684 u. 689; *K/S/L,* Klausurtraining, Fall 9, S. 203 u. 209 f.; *Kudlich,* AT-Fälle, Fall 4, S. 50 und in: PdW AT, Fälle 148, 149; *Murmann,* JuS 1998, 630 u. 633; *Otto,* Übungen, Referendarhausarbeit, S. 179 f. u. 217; *Rotsch,* Klausur 20, S. 286 f. u. 298 f.; *Rudolphi,* AT-Fälle, Fall 1, S. 1 u. 11; *Schlehofer,* Jura 1989, 263 u. 265; *Schulz,* JA 1999, 203 u. 209; *Seier,* Anfängerklausur, Nr. 6, S. 69 u. 77 (Rechtsauskunft durch Staatsanwalt); *Singelnstein,* ZJS 2012, 229 u. 234; *Stoffers,* Jura 1993, 376 u. 378; *Tiedemann,* Anfängerübung, Fall 8, S. 202 u. 208 f.; *Valerius,* Klausur 9, S. 139 u. 144.

IV. Der Erlaubnistatumstandsirrtum

1. Methodische Vorbemerkung

Der gesetzlich nicht ausdrücklich geregelte, hier sog. Erlaubnistatumstandsirrtum 63 (noch gebräuchlicher: Erlaubnistatbestandsirrtum, selten: Erlaubnissachverhaltsirrtum[78b]) ist ein Thema, das der Student mit an Sicherheit grenzender Wahrscheinlichkeit schon in einer **Übungsarbeit** der Anfängerübung erwarten kann. Das hat sich herumgesprochen und dementsprechend „gut vorbereitet" sind die Übungsteilnehmer. Dennoch kommt es nicht selten zu Misserfolgen oder zu nur „ausreichenden" Leistungen. Das hat mehrere Gründe.

---

[77] *Horn,* LdR, S. 463 u. *Wolters,* LdRerg 8/740, S. 8; *Rogall,* Fg. BGH, 2000, 383, 429; *Sieckmann,* ARSP 2001, 496, 514; *Löw,* 2002, S. 284; LK-*Vogel,* § 17 Rn. 52. Weitere Beispiele bzw. Fallgruppen bei *Roxin,* AT I, 21/57 f.; SK-*Rudolphi,* § 17 Rn. 31; *Tiedemann,* Fs. Baumann, 1992, S. 14: bei Gewalt- und Verletzungsdelikten, nicht aber bei Straftaten aus dem Nebenstrafrecht. – Aus der neueren Rspr. s. AG Tübingen NJW 1995, 2048: Beihilfe zur Fahnenflucht, sowie BGH wistra 2000, 117, sowie BGH NJW 2001, 1802 m. krit. Anm. *Duttge,* NStZ 2001, 546 f.: Unkenntnis des ausländischen Sterbehelfers von der betäubungsmittelrechtlichen Strafbarkeit seines Verhaltens. – Allgemein zum „Anlass zu Zweifeln" und zur „Gelegenheit, diesen Zweifel nachzugehen" *Eckert,* 1999, S. 41 ff.; speziell beim Parteiverrat durch einen Anwalt *Kretschmer,* 2005, S. 302 ff.

[77a] LK-*Vogel,* § 17 Rn. 46: „Vermeidbarkeitszusammenhang".

[78] *Neumann,* JuS 1993, 798; *Otto,* Jura 1990, 650; *Löw,* 2002, S. 138, 289; SK-*Rudolphi,* § 17 Rn. 42; *Velten,* 2002, S. 91 m. krit. Bspr. *Jakobs,* GA 2005, 62, 63. – So auch BGHSt 37, 67; BayObLG NJW 1989, 1744, m. Anm. *Rudolphi,* JR 1989, 387 u. Bspr. *Zaczyk,* JuS 1990, 889; OLG Braunschweig o. Fn. 76.

[78a] Vgl. *Roxin,* AT I, 21/48–51; *Puppe,* Fs. Rudolphi, 2004, S. 231, 238 ff.

[78b] *Hirsch,* Fs. Schroeder, 2006, S. 223.

64   Zum einen lässt man sich nicht genug Zeit, um genau zu begründen, dass der Täter eine Situation angenommen hat, die wenn sie wirklich vorgelegen hätte, sein tatbestandsmäßiges Verhalten als gerechtfertigt hätte erscheinen lassen. Häufig wird nur die unzureichende Feststellung getroffen, der Täter habe irrtümlich z. B. einen Angriff i. S. des § 32 II auf sich angenommen. Danach geht es dann sofort mit den Theorien zur rechtlichen Bewältigung dieses Irrtums weiter, ohne dass geprüft wird, ob sich der Täter **auf der Basis seiner Fehlvorstellung** so verhalten hat, wie es der jeweilige Rechtfertigungsgrund verlangt (z. B. ob er sich gegenüber dem vermeintlichen Angriff mit einer erforderlichen Handlung i. S. des § 32 II verteidigt hat). – Zur „voreiligen" Annahme eines Erlaubnistatumstandsirrtums vgl. *Gasa,* JuS 2005, 890–893 f. mit weiteren Beispielen.

65   Zum anderen gehen bei der Frage, wie der festgestellte Erlaubnistatumstandsirrtum rechtlich zu behandeln ist, die Sachargumente im ausgiebig dargestellten (oft sogar mit Beispielen „garnierten") Theorienstreit[79] unter. So wird z. B. häufig von Bearbeitern des Übungsfalles, die sich der h. L. und der Rechtsprechung anschließen, zwar auf diese Autoritäten verwiesen, doch fehlt das **Sachargument** für die sog. eingeschränkte Schuldtheorie.

66   Schließlich werden oft unnötige, aufwändige und zeitraubende **Entscheidungen** zwischen den verschiedenen Theorien getroffen, ohne dass dies für das Ergebnis (keine Strafbarkeit aus einem Vorsatzdelikt) relevant wäre. Ein Theorienstreit ist aber nur zu entscheiden, wenn die auf den Sachverhalt angewandten Theorien zu unterschiedlichen Ergebnissen führen.[80]

2. Der typische Fall des Erlaubnistatumstandsirrtums

67   Im Gegensatz zum Erlaubnisirrtum (= sog. indirekter Verbotsirrtum gem. § 17) ist der Erlaubnistatumstandsirrtum kein Irrtum, bei welchem der Täter von einem so nicht existierenden Rechtfertigungsgrund ausgeht (z. B. „Privatjustiz" für erlaubt hält oder z. B. drittverletzende Rettungshandlungen im Notstand auch ohne Interessenübergewicht als gerechtfertigt ansieht). Vielmehr irrt sich der Täter über tatsächliche Umstände, die den abstrakten Merkmalen eines Rechtfertigungsgrundes entsprechen. Deshalb ist die Bezeichnung als Erlaubnistatumstandsirrtum[80a] der gebräuchlichen Bezeichnung als Erlaubnistatbestandsirrtum ebenso vorzuziehen wie die Bezeichnung des § 16-Irrtums als Tatumstandsirrtum der als Tatbestandsirrtum. Es geht um einen Irrtum über äußere Umstände, ein **Verkennen der tatsächlichen Situation,** in der man steht. Freilich ist auch die Bezeichnung als Erlaubnistatumstandsirrtum nicht „optimal", denn die Tatumstände, die den gesetzlichen Tatbestandsmerkmalen entsprechen, kennt der Täter, der nur Umstände verkennt, die den Merkmalen eines Rechtfertigungsgrundes entsprechen. Wer „Tatumstände" dem Tatbestand vorbehalten will, könnte deshalb die (freilich sprachlich unschöne) Bezeichnung „Erlaubnissachverhaltsirrtum"[81] wählen.

---

[79] Zum „Theoriewirrwarr" vgl. schon *Roxin,* JuS 1973, 202; eingehende Darstellung der Theorien bei *Kelker,* Jura 2006, 591, 592 ff.; *Momsen/Rackow,* JA 2006, 654, 655 ff.; *Stiebig,* Jura 2009, 274–276 u. NK-*Paeffgen,* Rn. 104–123 vor § 32.

[80] Zur Behandlung des Theorienstreits beim Erlaubnistatumstandsirrtum in Klausuren vgl. *Graul,* JuS 1992, L 52; *Meurer/Kahle,* JuS 1993, L 62; *Scheffler,* Jura 1993, 618 u. *Herzberg/Scheinfeld,* JuS 2002, 653 sowie *Krey/Esser,* AT, Rn. 747.

[80a] *Ebert,* S. 156; *Kelker,* Jura 2006, 591; *Knobloch,* JuS 2010, 864, 867.

[81] *Eser/Burkhardt,* Strafrecht I, Nr. 15 A 8 u. 12; vgl. auch *Freund,* 7/102 u. *Ambos,* 2002, S. 808 (mit Hinweisen zum Völkerstrafrecht).

Etwas ausführlicher umschrieben geht es um den **Fall,** in dem der Täter die sachli- 68
chen/tatsächlichen Voraussetzungen eines Rechtfertigungsgrundes annimmt; es reicht
nicht, dass er das Vorliegen dieser Voraussetzungen nur für möglich hält.[81a] Er muss
also irrig Umstände annehmen, bei deren Vorliegen sein tatbestandsmäßiges Verhalten
durch einen Rechtfertigungsgrund „gedeckt" wäre. Diese Konstellation ist bei der Behandlung der einzelnen Rechtfertigungsgründe schon an vielen Stellen beispielhaft
angesprochen worden (z. B. 7/107 f.). Hier wird deshalb nur der typische Fall der sog.
Putativnotwehr aufgegriffen (aus der jüngsten Rspr. vgl. den „Hells-Angels"-Fall, in
dem ein Mitglied dieser Organisation den eine Durchsuchung durchführenden Polizeibeamten für ein Mitglied der verfeindeten „Bandidos" hielt, das ihn töten wollte:
BGH NStZ 2012, 272 m. Bspr. *Engländer,* S. 274, *Hecker,* JuS 2012, 263, *Jäger,* JA
2012, 227 u. *Satzger,* JK 6/12, StGB § 32/37). Sie ist z. B. gegeben, wenn der Täter den
mit erhobenen Armen auf ihn zuspringenden alten Bekannten nicht als solchen erkennt, sondern irrtümlich annimmt, ein Unbekannter wolle ihm an den Kragen. Oder
z. B. dann, wenn der Täter von einem wenig vertrauenserweckenden Individuum in der
Bahnhofshalle angerempelt wird, bei einem Griff an seine Brusttasche seine Brieftasche vermisst und nun meint, das Individuum habe ihm beim Anrempeln die Brieftasche „geklaut". Schlägt nun der irrende Täter den Unbekannten nieder, um von diesem
nicht verletzt zu werden, bzw. schlägt er das Individuum nieder, weil es freiwillig die
Brieftasche nicht zurückgibt, so kann ein Fall der Putativnotwehr vorliegen (= ein Irrtum über die tatsächlichen Voraussetzungen des Rechtfertigungsgrundes Notwehr =
allgemein: ein Erlaubnistatumstandsirrtum). Dieser Irrtum liegt auch vor, wenn der
Angegriffene wegen des Eingreifens einer weiteren Person auf der Angreiferseite irrig
„auf eine unmittelbar bevorstehende Intensivierung des bereits in Gang befindlichen
rechtswidrigen Angriffs" schließt (BGH NStZ 2011, 630). Auch der Irrtum über die
Erforderlichkeit der Verteidigung, z. B. eines objektiv nicht erforderlichen Messerein-
satzes, ist erfasst (BGH NStZ-RR 2011, 238, 239 m. Bspr. *Hecker,* JuS 2011, 369 ff.).
Näher unten Rn. 78.

Ob wirklich ein Erlaubnistatumstandsirrtum vorliegt, kann aber erst festgestellt 69
werden, wenn geprüft wurde, ob sich der Täter an die **Voraussetzungen der jeweiligen Erlaubnisnorm** gehalten hat. Bei der Putativnotwehr muss also **auf der Basis der
Fehlvorstellung des Täters** (= seine Sicht zur Wirklichkeit gemacht) geprüft werden,[81b] ob der vorgestellte Angriff ein gegenwärtiger rechtswidriger war, ob sich die
Verteidigungshandlung im Rahmen der Erforderlichkeit oder der Gebotenheit
hielt,[81c] ob sich der Täter verteidigen wollte[82] und – in bestimmten Fällen – ob er die
„sozialethischen" Einschränkungen der Notwehr eingehalten hat.[83] Diese **zusätz-**

[81a] Vgl. oben 7/132 sowie *Roxin,* AT I, 14/90–92; *Lackner/Kühl,* § 17 Rn. 18; LK-*Vogel,*
§ 16 Rn. 119.

[81b] Zur Erforderlichkeit *Murmann,* GK, 25/12. – Zur Erforderlichkeit und Gebotenheit
BGH NStZ 2011, 630.

[81c] BGHSt 45, 378, 384 m. Bspr. *Baier,* JA 2000, 630, 633 u. *Trüg/Wentzell,* Jura 2001, 30,
32; BGH NStZ 2001, 590f.; BGH NJW 1997, 2123f.; BGH NStZ-RR 2011, 238 m. Bspr.
Hecker, JuS 2011, 369 u. *Satzger,* JK 4/11, StGB § 32/34; BGH NStZ 2012, 272 („Hells-
Angels") m. Bspr. *Rotsch,* ZJS 2012, 109 u. *Satzger,* JK 6/12, StGB, § 32/37. – Vgl. auch
Lesch, JA 1996, 507 u. den Übungsfall von *Merkel,* ZJS 2011, 376, 379 (aberratio ictus bei
vorgestellter Notwehrhilfe).

[82] Vgl. die Prüfung des Beispielsfalls, der dem „Individuums-Fall" entspricht, durch *Graul,*
JuS 1992, L 49 f.

[83] Vgl. dazu die Übungsfallbearbeitung von *Werner,* JuS 1991, 576 u. 578 (Provokation). –
Aus der Rspr. vgl. OLG Düsseldorf NStZ-RR 1998, 274 (Provokationsfall) sowie BGH NStZ-
RR 2002, 73 (Provokationsfall).

lichen Erfordernisse sind deshalb zu stellen, weil sonst der im Irrtum befindliche Täter mehr Rechte hätte als ein Täter, der sich wirklich in einer Rechtfertigungssituation, z. B. in einer Notwehrsituation, befindet. So liegt etwa kein Erlaubnistatumstandsirrtum vor, wenn der Täter dem vermeintlichen Dieb das „Diebesgut" schon abgenommen und den „vermeintlichen" Angriff damit erfolgreich abgewendet hat, diesem jetzt aber noch eine kräftige Ohrfeige (§ 223 I) verpasst; sie kommt selbst auf der Basis der Fehlvorstellung des T zu spät (vgl. den Übungsfall von *Kühl*, JuS 2007, 742 u. 745). Auch wer sich auf der Basis seines Irrtums, er werde angegriffen, nicht an das Gebot des relativ mildesten Mittels hält, befindet sich nicht in einem Erlaubnistatumstandsirrtum (*Valerius*, Klausur 9, S. 139 u. 145 f.).

Fälle mit der Problematik des Erlaubnistatumstandsirrtums finden sich in der **Übungsfall-Literatur** häufig. Die hier genannten Übungsfälle sollen zunächst nur unter dem Gesichtspunkt betrachtet werden, ob ein Erlaubnistatumstandsirrtum vorliegt, denn in der rechtlichen Behandlung dieses Falles gehen die Lösungen zum Teil weit auseinander: *Alpmann/Schmidt*, AT 2, Fall 39, S. 193–199; *Ambos/Rackow*, Jura 2006, 943 u. 945; *Beulke*, KK I, Fall 7, Rn. 250 u. 255; *Beulke*, KK III, Fall 1, Rn. 1 u. 44; *Britz*, JuS 2002, 465 f. u. 466; *Brüning*, JuS 2007, 255 u. 257; *Bülte/Becker*, Jura 2012, 319 f. u. 325 (hinsichtlich § 241 a BGB); *Dohmen*, Jura 2006, 143 u. 146 f., 148 (zu § 32 u. § 904 BGB); *Eckert*, 1999, S. 50 u. 53–56: Fallbeispiel; *Eser/Burkhardt*, Strafrecht I, Fall Nr. 15, S. 183 ff. mit Lösung Nr. 15 A 29; *Fahl*, JuS 2005, 808 u. 810 f. sowie in: Jura 2009, 234 u. 237 f.; *Fahse/Hansen*, Übungen für Anfänger, 2. Hausarbeit, S. 92 u. 95 ff.; *Deiters*, in: Frister (Hrsg.), Die strafrechtliche Klausur, Fall 1, S. 1 u. 2 ff.; *Dürre/Wegerich*, JuS 2006, 712 u. 716 (Erlaubnistatumstand hinsichtlich § 228 BGB); *Frister/Rosemann/Schneiders*, AL 2008, 180 u. 182 f. (hinsichtlich § 904 BGB); *Gaul/Haselhoff/Zapf*, JA 2011, 672 u. 674 (§ 303 u. Art. 42 I BayJagdG); *Geisler/Meyer*, Jura 2010, 388 u. 390 (hinsichtlich Notwehrhilfe); *Gössel*, Fälle, Fall 9, S. 154 f. u. 161–165; *Hardtung*, JuS 1996, 1088 u. 1089 f.; *Helmrich*, JA 2006, 351 u. 356 (Erlaubnistatumstandsirrtum hinsichtlich der Einwilligung); *Hilgendorf*, KK I, Fall 7, Rn. 16 (Erlaubnistatumstandsirrtum hinsichtlich § 32); KK II, Fall 2, Rn. 20 u. 36 und Fall 5, Rn. 75 f. sowie KK III, Fall 10, Rn. 19–21 (hinsichtlich Einwilligung); *Hillenkamp*, 10. AT-Problem, Bsp. 1, S. 72 mit Lösung S. 78 f.; *Jescheck*, Fälle, Fall 57, S. 73 f.; *Joerden*, JuS 1996, 622 u. 624; *Kaspar*, JuS 2004, 409 u. 413 f.; *Krack/Kische*, ZJS 2009, 684 u. 688 f. (Irrtum über Rechtsansichten zur erlaubten Wiederherstellung der „Familienehre"); *Kreß/Mülfarth*, JA 2011, 268 u. 271 (Irrtum über Sittenwidrigkeit i. S. des § 228; mit BGHSt 49, 166, 176 als Erlaubnistatumstandsirrtum; *Krüger*, AL 2011, 234 u. 237; *Kühl/Hinderer*, Jura 2012, 488, 489 (nicht hinsichtlich § 32, aber hinsichtlich § 904 BGB); *K/S/L*, Klausurtraining, Fall 9, S. 203 u. 213–215 (Putativnotwehr); *Krey/Esser*, AT, Fall 98, Rn. 732–795; K/H/H-*Heinrich*, BT 1, Rn. 552–572: Fall 64; *Kudlich*, AT-Fälle, Fall 4, S. 48 f.; Fall 11, S. 159–161 (hinsichtlich Einwilligung) und Fall 13, S. 194 f. (hinsichtlich § 32) sowie in: PdW AT, Fall 150; *Kühl/Kneba*, JA 2011, 426 u. 432 (Erlaubnistatumstandsirrtum hinsichtlich der Einwilligung); *Laubenthal*, Jura 1989, 99 u. 104; *Lotz*, JuS 2011, 982 u. 986 (hinsichtlich Notwendigkeit der gebotenen Verteidigungshandlung i. S. des § 32 I); *Maier/Ebner*, JuS 2007, 651 u. 655 (selbst unter Zugrundelegung der Vorstellung des T nicht erforderlich); *Matt*, AT I, Fall 5, S. 234–238; *Marxen*, Fall 12 a, S. 101–105; *Merkel*, ZJS 2011, 376, 379 (irrige Annahme der Erforderlichkeit bei aberratio ictus der Verteidigungshandlung); *Meurer/Kahle*, JuS 1993, L 60 f. u. 63; *Mitsch*, JA 1995, 32 u. 35 f. und JA 2006, 509 u. 512; *Momsen/Sydow*, JuS 2001, 1194 u. 1197; *Noltensmeier/Henn*, JA 2007, 772 u. 775; *Norouzi*, JuS 2007, 146 u. 150 (Erlaubnistatumstandsirrtum hinsichtlich der Einwilligung); *Otto*, Übungen, Examensklausur Nr. 1, S. 145 u. 158 f. sowie Referendarhausarbeit, S. 179 f. u. 220 f.; *Rentrop*, AL 2009, 270 u. 272 f.; *Rotsch*, Klausur 19, S. 269 f. u. 280–282 sowie Fall 20, S. 286 f. u. 293–296 (Angriffe Außerirdischer); *Rudolphi*, Jura 1980, 258 u. 266 ff. u. *ders.*, AT-Fälle, Fall 4, S. 39 u. 40–42 sowie Fall 5, S. 52 u. 53 f.; *Saliger*, JuS 1995, 1004 u. 1009 f.; *Samson*, Strafrecht I, Fall 25, S. 118 ff.; *Seier*, JA-Übungsblätter 1992, 206 ff.; *Seier*, Anfängerklausur, Nr. 8, S. 91 u. 98 f. (hinsichtlich § 229 BGB); *von Schenck*, Jura 2008, 553 u. 556 f. (Erlaubnistatumstandsirrtum hinsichtlich § 892 a ZPO); *Schütze*, in: Ebert (Hrsg.), Fall 8, S. 8 f. u. 140; *Schwind/Franke/Winter*, Anfängerübung, 2. Hausarbeit, S. 65 u. 81 ff., sowie 2. Klausur, S. 113 u. 119 ff.; *Stoffers*, JuS 1994, 948 u. 953; *Strauß*, Strafrecht, Fall 3, S. 35 u.

38–40; *Tiedemann*, Anfängerübung, Fall 2, S. 171 u. 172 f.; *Valerius*, Klausur 8, S. 129 u. 133; *Walter*, Jura 2002, 415 u. 423; Die Examensklausur, Klausur Nr. 20, S. 233 u. 235 f.

Aufbauhinweise bei *Schmelz*, Jura 2002, 391; *Herzberg/Scheinfeld*, JuS 2002, 654; *Gasa*, JuS 2005, 890; *Momsen/Rackow*, JA 2006, 550, 654; *Kelker*, Jura 2006, 591.

3. Die rechtliche Behandlung des Erlaubnistatumstandsirrtums

Der Gesetzgeber hat die geplante Regelung des Erlaubnistatumstandsirrtums 70 nicht in die Tat umgesetzt. § 16 regelt nur den Irrtum über äußere Tatumstände, die den gesetzlichen Tatbestandsmerkmalen entsprechen. § 17 regelt nur den Irrtum über Rechtfertigungsgründe, bei denen der Täter sein Verhalten durch einen so nicht existierenden Rechtfertigungsgrund für gerechtfertigt hält. Der Irrtum über die tatsächlichen Umstände, die dem Merkmal eines Rechtfertigungsgrundes entsprechen, ist **nicht ausdrücklich geregelt**. Der Tatbestand einer solchen Regelung könnte dem des § 35 II entsprechen und würde dann lauten: „Nimmt der Täter bei Begehung der Tat irrig Umstände an, welche ihn rechtfertigen würden, so ist …". Die „drei Pünktchen" stehen für die offen gelassene Rechtsfolge.

Die richtige Rechtsfolge des Erlaubnistatumstandsirrtums ist der **Ausschluss der** 71 **Strafbarkeit wegen eines Vorsatzdelikts**.[84] Der Erlaubnistatumstandsirrtum ist wie der Tatumstandsirrtum gem. § 16 ein Irrtum über tatsächliche Umstände. Der Täter **verkennt** die **Situation**, in der er sich befindet. Er weiß zwar, dass er z. B. einen anderen Menschen verletzt (§ 223), aber er wähnt sich in einer rechtfertigenden Sachlage (z. B. in einer Notwehrlage). In dieser irrtümlich angenommenen Sachlage hält er sich an die Voraussetzungen, die der jeweilige Rechtfertigungsgrund als seine Merkmale enthält. Die Bewertung seines Verhaltens durch den Täter entspricht exakt der Bewertung seines Verhaltens durch das Recht, speziell durch den rechtlich anerkannten Rechtfertigungsgrund. Wäre die Sachlage so, wie sie sich der Täter vorgestellt hatte, so wäre sein tatbestandsmäßiges Verhalten gerechtfertigt.

Der im Erlaubnistatumstandsirrtum befindliche Täter handelt „**an sich rechts-** 72 **treu**" (BGHSt 3, 107 = *Roxin*, HRR AT, Fall 39, S. 57 f. u. 179 f.),[84a] dass er einen objektiv rechtswidrigen Erfolg herbeiführt (vgl. 7/54 ff.),[84b] liegt nur daran, dass er die Situation falsch einschätzt. Er will sich an die Erlaubnisse des Rechts halten und keinen Erfolgsunwert verwirklichen. Der Täter entscheidet sich zwar für die Verletzung des anderen, doch nur, weil er glaubt, etwas ausnahmsweise Erlaubtes zu tun. Dass er etwas Rechtswidriges tut, weiß er nicht, weil er die Situation verkennt. Er nimmt – anders als der im Erlaubnisirrtum befindliche Täter – für sich nicht mehr an Rechtfertigungsmöglichkeiten heraus, als sie ihm von der Rechtsordnung zur Verfügung gestellt werden. Seine falsche Situationsbeurteilung kann, so sie auf mangelnder Aufmerksamkeit beruht,[84c] ausreichend über die Bestrafung aus einem Fahrlässigkeitsdelikt (z. B. § 229 in den obigen Körperverletzungsbeispielen der Putativ-

---

[84] Vgl. zum Folgenden *Hillenkamp*, 10. AT-Problem, S. 75: 1.–4. Argument der eingeschränkten Schuldtheorie, sowie *Roxin*, AT I, 14/64 und *Stratenwerth/Kuhlen*, 9/158–168; krit. zur Terminologie *Hruschka*, Fs. Roxin, 2001, S. 441. – Zum Erlaubnistatumstandsirrtum bei Fahrlässigkeitsdelikten *Börner*, GA 2002, 276 ff. – Für eine gesetzliche Regelung der sog. „Erlaubnisfahrlässigkeit" *Hirsch*, Fs. Schroeder, 2006, S. 223, 239.

[84a] Vgl. *Kelker*, Jura 2006, 591, 595; *Knobloch*, JuS 2010, 864, 867; *Hecker*, JuS 2012, 263, 265; B-*Weber/Mitsch*, 20/34; *Freund*, 7/106; *Wolters*, LdRerg 8/740, S. 5; NK-*Puppe*, § 16 Rn. 137; krit. *Hörnle*, ZStW 112 (2000), 356, 369, nach der trotzdem ein „Unrechtsrest" bleibt, der aber „Fahrlässigkeitsunrecht" sei.

[84b] Ähnlich *Gropp*[2], 6/198, mit Hinweisen auf Gegenstimmen in Fn. 224.

[84c] Vgl. W-*Beulke*, Rn. 471.

notwehr) „sanktioniert" werden (§ 16 I 2; s. u. 17/2; vgl. BGHSt 45, 378, 384 m. krit. Bspr. *Börner,* GA 2002, 276). Mehr Unrecht – Vorsatzunrecht – verwirklicht er nicht, weil sein Wille auf die Einhaltung des Rechts geht. Das aber lässt nur das vorsätzliche Handlungsunrecht entfallen, schließt aber die Fahrlässigkeitsstrafbarkeit nicht aus (*Hohn,* JuS 2008, 494, 495).

73   In dieser Sicht des Erlaubnistatumstandsirrtums treffen sich eine Reihe von **Theorien,** die hier nicht im Einzelnen dargestellt werden müssen, weil an solchen Darstellungen kein Mangel besteht (s. oben Fn. 79).[84d] Die sog. Lehre von den negativen Tatbestandsmerkmalen,[85] die den Irrtum über Rechtfertigungsvoraussetzungen als Irrtum über negative Tatbestandsmerkmale mit § 16 erfasst, ist hier (o. 6/8) schon bei der Entscheidung für den dreistufigen Aufbau des vollendeten vorsätzlichen Begehungsdelikts abgelehnt worden,[86] weil generelle Unrechtsbegründung und ausnahmsweise Rechtfertigung innerhalb des Unrechts auseinanderzuhalten sind. Die sog. rechtsfolgenverweisende bzw. rechtsfolgeneinschränkende Schuldtheorie, die zwar nicht den Tatbestandsvorsatz, wohl aber die Vorsatzschuld verneint (so jetzt auch BGH NStZ 2012, 272 m. Bspr. *Hecker,* JuS 2012, 263, *Jäger,* JA 2012, 227 u. zust. *Satzger,* JK 6/12, StGB § 32/37),[87] ist zwar systematisch „sauber", weil sie den im subjektiven Tatbestand bejahten Vorsatz nicht nach Ablehnung einer Rechtfertigung wieder „streichen" muss, doch ist dieser Vorteil sachlich nicht von Bedeutung. Vorzugswürdig ist die vorsatzunrechtsverneinende eingeschränkte Schuldtheorie, die in **analoger Anwendung von § 16** zum Ausschluss des (Unrechts-)Vorsatzes (und nicht nur der Vorsatzschuld) kommt und eine Fahrlässigkeitsstrafbarkeit ermöglicht.[87a] Die innere Berechtigung für diese Analogie ist die oben (Rn. 71, 72) begründete nahe Verwandtschaft dieses Irrtums mit dem Tatumstandsirrtum gem. § 16 (Verkennen der tatsächlichen Situation bei subjektiv rechtstreuem Verhalten).

74   Allen drei Theorien ist gemeinsam, dass eine Strafbarkeit aus einem Vorsatzdelikt wie beim Tatumstandsirrtum gem. § 16 ausgeschlossen ist. Ob der Tatbestandsvor-

---

[84d] Einen knappen Überblick bieten *Lesch,* JA 1996, 507 ff.; *Rönnau,* JuS 2004, 669; *Kelker,* Jura 2006, 591, 594 u. *Schünemann/Greco,* GA 2006, 777 ff. – Aus der Lehrbuch-Literatur: B-*Weber/Mitsch,* 21/29 ff. u. 43 f.; *Hoyer,* AT I, S. 96 ff.; *Jescheck/Weigend,* S. 462; *Meurer,* S. 117 f.; *Roxin,* AT I, 14/52 ff.; *Stratenwerth/Kuhlen,* 9/159–164; W-*Beulke,* Rn. 473–479. – Vgl. außerdem *Eckert,* 1999, S. 43–49. – Im Übungsfall: *Kühl/Hinderer,* Jura 2012, 488, 489 f.

[85] Zu den Argumenten dieser Theorie beim Erlaubnistatumstandsirrtum vgl. *Hillenkamp,* 10. AT-Problem, S. 76 f.; ergänzend *Schünemann,* 1995, S. 149, 175 ff.; *Schroth,* 1998, S. 116 ff.; *Schünemann/Greco,* GA 2006, S. 777, 791; *Freund,* 7/107 Fn. 97; *Kindhäuser,* 37–39 vor §§ 32–35 u. SK-*Hoyer,* vor § 32 Rn. 47–51 sowie – auch kritisch – *Momsen/Rackow,* JA 2006, 654, 658.

[86] Ebenso *Roxin,* AT I, 14/70; W-*Beulke,* Rn. 474 u. *Jäger,* JA 2012, 227, 228; krit. zu allen „auf dem dreistufigen Deliktsaufbau fußenden Ansätzen" *Rinck,* 2000, S. 91, 199.

[87] Zu den Argumenten dieser von *Gallas* (ZStW 67 [1955], S. 1, 46) begründeten Theorie vgl. *Hillenkamp,* 10. AT-Problem, S. 73 f.; vertreten u. a. von *Gropp,* 13/112–116; *Heinrich,* AT II, Rn. 1133: „Vorsatz hinsichtlich der Rechtswidrigkeit" als eigenständiges Schuldmerkmal; *Rengier,* AT, 30/20; W-*Beulke,* Rn. 478 f.; *Fischer,* § 16 Rn. 2; zu deren „Widersprüchlichkeit" s. *Graul,* JuS 1995, 1050 m. w. N. *Geppert,* Jura 1997, 299, 303, spricht von einem „Zaubertrick" zur Schließung einer Strafbarkeitslücke für Teilnehmer; *Schroth,* 1998, S. 121: Phantom „Vorsatzstrafe"; krit. auch *Geppert,* Jura 2007, 33, 36 u. *Frister,* 14/34; krit. zu der von ihm sog. „Lehre von der fehlenden Vorsatzschuld" *Krey,* AT 1, Rn. 653 f., die aber jetzt von *Krey/Esser,* AT, Rn. 745 vertreten wird.

[87a] Ebenso etwa *Kelker,* Jura 2006, 593, 595; *Momsen/Rackow,* JA 2006, 654, 658; *Frister,* 14/30; *Jäger,* AT, Rn. 218; *Kindhäuser,* AT, 29/19, 26; *Puppe,* AT 1, 27/2–11; *Roxin,* AT I, 14/64–71; SK-*Rudolphi/Stein,* § 16 Rn. 11 u. S/S-*Sternberg-Lieben,* § 16 Rn. 18; SSW-*Rosenau,* vor § 32 Rn. 19 u. SSW-*Momsen,* §§ 15, 16 Rn. 117 f.

satz, das Vorsatzunrecht oder die Vorsatzschuld ausgeschlossen ist, spielt demgegenüber eine untergeordnete Rolle. In dieser Gemeinsamkeit treffen sich die genannten Theorien mit der sog. modifizierten Vorsatztheorie, deren Verneinung des Vorsatzes wegen des Fehlens des aktuellen Unrechtsbewusstseins[88] den nicht überzeugt, der wie hier (s. o. 11/29) mit der fast allgemeinen Meinung ein solches Unrechtsbewusstsein für den Vorsatz gar nicht fordert.

Den eigentlichen **Gegenpol** zu diesen Theorien bildet die sog. **strenge Schuldtheo-** 75 **rie,**[89] die den Irrtum über einen Rechtfertigungsgrund immer nach § 17 behandelt, egal ob es sich um einen Erlaubnisirrtum oder um einen Erlaubnistatbestandsirrtum handelt; sie ist insofern streng, als sie für den Irrtum über die tatsächlichen Voraussetzungen eines Rechtfertigungsgrundes keine (für den Täter günstigere) Ausnahme macht.[89a] Sie allein ermöglicht die Strafbarkeit des im Erlaubnistatumstandsirrtum befindlichen Täters aus einem Vorsatzdelikt, weil dessen Schuld nur bei Unvermeidbarkeit dieses Irrtums ausgeschlossen ist. Für diese Theorie kann angeführt werden, dass der Täter alle Tatumstände des objektiven Tatbestands kennt, doch verkennt sie die Verwandtschaft[89b] des Erlaubnistatumstandsirrtums mit dem § 16-Tatumstandsirrtum und behauptet deshalb zu Unrecht, dass der Täter bewusst verbotswidrig handelt. Das ist aber nur hinsichtlich der Rechtsgutverletzung der Fall; diese Entscheidung für die Rechtsgutverletzung ist aber keine Entscheidung gegen das Recht, weil der Täter infolge falscher Situationsbeurteilung die Verletzung des Rechtsguts für erlaubt hält. Eine falsche Auffassung von Recht und Unrecht hat dieser Täter nicht, er hält nur das für erlaubt, was ihm die Rechtsordnung auch erlaubt.[90]

Die einzelnen Theorien finden ihren Niederschlag auch in der Übungsfall-Literatur. Von 76 den am Ende von 2. genannten Fallbearbeitungen seien deshalb im Hinblick auf die zugrundegelegten Theorien noch einmal besonders hervorgehoben:
- die strenge Schuldtheorie, die § 17 anwendet: *Gössel*, Fälle, Fall 9, S. 154 f. u. 161–165;
- die modifizierte Vorsatztheorie: *Otto*, Übungen, Examensklausur Nr. 1, S. 145 u. 158 f. sowie ausführlicher in: Referendarhausarbeit, S. 179 f. u. 221–223;
- die Lehre von dem negativen Tatbestandsmerkmal: *Samson*, Strafrecht I, Fall 25, S. 118 ff.;
- vorsatzunrechtsverneinende eingeschränkte Schuldtheorie: *Roxin/Schünemann/Haffke*, Klausurenlehre, Fall 5, S. 91 u. 102–105; *Krey*, AT 1, Fall 75 Rn. 698 u. 710–712 [anders *Krey/Esser*, AT, Fall 98, Rn. 732 u. 743–745: rechtsfolgeneinschränkende Schuldtheorie]; *K/S/L*, Klausurtraining, Fall 9, S. 203 u. 215–218; *Kühl/Hinderer*, Jura 2012, 488, 490; *Rudolphi*, Jura 1980, 258 u. 266 ff. u. *von Schenck*, Jura 2008, 553 u. 556 f.;

---

[88] *Otto*, 15/5–36; zu den Argumenten dieser Theorie vgl. *Hillenkamp*, 10. AT-Problem, S. 77 f.; ihr kann, obwohl die eingeschränkte Schuldtheorie „die Oberhand gewonnen" hat, „selbstverständlich" in Fallbearbeitungen gefolgt werden (*Arzt*, S. 90) – Zur Vorsatztheorie und ihren systematischen Grundlagen s. *Lesch*, JA 1996, 347 ff. u. *Langer*, 2007, S. 120 ff.

[89] Vgl. zu den Argumenten dieser Theorie *Hillenkamp*, 10. AT-Problem, S. 72 f.; vertreten etwa von *M-Gössel/Zipf*, AT 2, 44/61; *Zieschang*, Rn. 355 u. 359 u. LK[11]-*Schroeder*, § 16 Rn. 52 [abl. jetzt LK-*Vogel*, § 16 Rn. 116]; eine „vermittelnde Schuldtheorie" jetzt bei *Hirsch*, Fs. Schroeder, 2006, S. 223 ff.; eine modifizierte Variante vertritt jetzt *Heuchemer*, 2005, S. 335 ff. mit krit. Bspr. *Schneider*, GA 2006, 243 ff. u. *Schünemann/Greco*, GA 2006, 777, 780.

[89a] *Murmann*, GK, 25/16; *W-Beulke*, Rn. 469; ebenso *Hecker*, JuS 2012, 263, 265, der auch noch das konsequente Festhalten an der Trennung von Vorsatz und Unrechtsbewusstsein hervorhebt.

[89b] So auch *Stratenwerth/Kuhlen*, 9/165; im Übungsfall *Seier*, Anfängerklausur, S. 99.

[90] Zur Kritik der strengen Schuldtheorie vgl. *Eser/Burkhardt*, Strafrecht I, Nr. 15 A 16, 17; *Roxin*, AT I, 14/65–71. – Zur Verteidigung der strengen Schuldtheorie vgl. *Gössel*, GA 1993, 331 f., und *ders.*, in: Fs. Triffterer, 1996, S. 93 ff. sowie NK-*Paeffgen*, Rn. 112–118 vor § 32 und zuletzt ausführlich *Heuchemer*, 2005, S. 202–221.

– vorsatzschuldverneinende, rechtsfolgenverweisende Schuldtheorie: *Ambos/Rackow*, Jura 2006, 943 u. 945 f.; *Beulke*, KK I, Fall 7, Rn. 250 u. 256–258; *Beulke*, KK III, Fall 1, Rn. 1 u. 45 f.; *Fahl*, JuS 2005, 808 u. 811; *Helmrich*, JA 2006, 351 u. 356; *Noltensmeier/Henn*, JA 2007, 772 u. 775; *Hilgendorf*, KK I, Fall 7, Rn. 17–19; KK II, Fall 2, Rn. 41 und Fall 5, Rn. 79–88 sowie KK III, Fall 10, Rn. 22–33; *Laubenthal*, Jura 1989, 99 u. 104; *Neubacher/Bachmann*, JA 2010, 711 u. 719; *Rengier/Brand*, JuS 2008, 514 u. 516 f.; *Valerius*, Klausur 8, S. 129 u. 133 f.

Meist wird zumindest die Entscheidung zwischen den beiden letztgenannten Theorien „offen gelassen": z. B. von *Brüning*, JuS 2007, 255 u. 257 f.; *Bülte/Becker*, Jura 2012, 319 f. u. 325; *Dohmen*, Jura 2006, 143 u. 147; *Gaul/Haselhoff/Zapf*, JA 2011, 672 u. 675; *Käßner/Seibert*, JuS 2006, 810 u. 812; *Kudlich*, AT-Fälle, Fall 11, S. 161 und Fall 13, S. 196; *Kühl/Kneba*, JA 2011, 426 u. 432 f.; *Krüger*, AL 2011, 234 u. 238; *Lotz*, JuS 2011, 982 u. 986; *Meurer/Kahle*, JuS 1993, L 60 f. u. 63; *Rentrop*, AL 2009, 270 u. 273 f.; *Rotsch*, Klausur 19, S. 269 f. u. 282; *Schütze*, in: *Ebert* (Hrsg.), Fall 8, S. 8 f. u. 140 f.; *Tiedemann*, Anfängerübung, Fall 2, S. 171 u. 173; vgl. auch *Joecks*, § 16 Rn. 43, 47; – mangels Fahrlässigkeitsstrafbarkeit offengelassen von *Dürre/Wegerich*, JuS 2006, 712 u. 717. – Ist der Irrtum unvermeidbar, so kommt auch nach der strengen Schuldtheorie kein Vorsatzdelikt in Betracht, so dass der Streit zwischen dieser Theorie und den beiden Varianten der eingeschränkten Schuldtheorie nicht entschieden werden muss (*Geisler/Meyer*, Jura 2010, 388, 389).

76a   Zu den Folgen der unterschiedlichen Theorien bei der Teilnahme (Anstiftung und Beihilfe), die nach §§ 26, 27 eine „vorsätzlich" begangene rechtswidrige (Haupt-)-Tat voraussetzen, s. u. 20/142.

77   **Aufbauhinweis:** Nach der hier vertretenen eingeschränkten Schuldtheorie kann der Erlaubnistatumstandsirrtum erst nach Verneinung der objektiven Voraussetzungen eines Rechtfertigungsgrundes geprüft werden. Es sollte dann aber sofort, d. h. ohne „Beschreiten" der Prüfungsstufe Schuld, mit folgendem **Überleitungssatz** begonnen werden: Der Täter könnte sich aber eine Situation vorgestellt haben, die ihn bei ihrem objektiven Vorliegen gerechtfertigt hätte.[90a]

> Zur „Verortung" im Straftataufbau vgl. *Meurer/Kahle*, JuS 1993, L 61 f.; *Noltensmeier/Henn*, JA 2007, 772 u. 775; *Scheffler*, Jura 1993, 625; *Graul*, JuS 1994, L 73 u. 1995, 1049, 1050; *Herzberg/Scheinfeld*, JuS 2002, 649 (bei der Rechtswidrigkeit); *Kelker*, Jura 2007, 591, 596; *Kühl*, JuS 2007, 742, 745; *Stiebig*, Jura 2009, 274, 276; W-*Beulke*, Rn. 888–892 (bei der Schuld). – Zur (allerdings „verkomplizierten") Umsetzung im Gutachten *Momsen/Rackow*, JA 2006, 654, 658 ff. u. *Seier*, Anfängerklausur, S. 92 ff.; weitere Vorschläge für Gutachten bei *Gasa*, JuS 2005, 890 ff. – Im Übungsfall 39 wie hier *Jäger*, Rn. 217 f. – Zu Recht warnt *Kindhäuser*, AT, 29/26, vor „widersprüchlichen Formulierungen"; so sollte bei der Bejahung des Vorsatzes im subjektiven Tatbestand klargestellt werden, dass es sich „nur" um den Vorsatz hinsichtlich der Tatumstände des objektiven Tatbestands handelt (nicht um den Unrechtsvorsatz oder die Vorsatzschuld). – Eine Verteilung der Theorien auf die zu ihnen passenden Aufbaustufen – Tatbestand (Vorsatztheorie und Lehre von den negativen Tatbestandsmerkmalen), Rechtswidrigkeit (eingeschränkte Schuldtheorie) und Schuld (strenge Schuldtheorie und rechtsfolgenverweisende eingeschränkte Schuldtheorie) „zerreißt" die Problematik, ist aber in gewisser Weise „konsequent" (praktiziert von *Valerius*, Klausur 8, S. 129 u. 133–135).

[90a] *Joecks*, § 16 Rn. 39, 46; ganz ähnlich *Kudlich*, AT-Fälle, S. 159: als Annex zur Rechtswidrigkeitsprüfung; nach *Graul*, JuS 2000, L 41, L 43, setzt sich der Prüfungsort Rechtswidrigkeit immer mehr durch; für eine Behandlung unter der Überschrift „Unrechtsbewusstsein" *Hillenkamp*, 10. AT-Fall, 3. Hinweis, S. 80; unter der Überschrift „subjektiver Rechtfertigungstatbestand" *K/S/L*, Klausurtraining, S. 213; für eine Behandlung bei der Schuld *Arzt*, S. 194 sowie *Dohmen*, Jura 2006, 143 u. 146, bei „Schuldform" *Heinrich*, AT II, Rn. 1133.

4. Abgrenzungsprobleme zum Erlaubnisirrtum

a) Bei normativen Rechtfertigungsvoraussetzungen

Hier ist an die Ausführungen zum Irrtum über die Rechtswidrigkeit des Angriffs 78
bei der Notwehr zu erinnern (s. o. 7/65). Liegt dieser Irrtum auf der Sachverhaltsebene, so liegt ein Erlaubnistatumstandsirrtum vor. Wer z. B. „Notwehr" gegen jemanden „übt", der sich als Unbeteiligter zu Recht gegen seine Festnahme durch den
sich irrenden Täter wehrt, geht objektiv nicht gegen einen rechtswidrigen Angriff
vor, meint dies aber subjektiv infolge **falscher Situationsbeurteilung** zu tun. Ebenso
wenn sich der Angegriffene über das unmittelbare Bevorstehen eines Angriffs (BGH
NStZ-RR 2002, 203 m. abl. Anm. *Walther*, JZ 2003, 52, 53 f. u. BGH NStZ 2002,
141 mit Bspr. *Geppert*, JK 9/02, StGB § 33/3; s. dazu oben 7/53) oder über die Eignung seiner Verteidigungshandlung zur Abwendung des drohenden Geldverlustes irrt
(BGH NJW 2003, 955, 960).[90b] Ein Erlaubnistatumstandsirrtum liegt auch vor, wenn
sich der Täter über die Umstände der Todesgefahr irrt, was zur Verneinung der Rechtfertigung wegen Sittenwidrigkeit nach § 228 führt; anders bei falscher Bewertung der
Tat als sittenwidrig (BGHSt 49, 34, 44 m. zust. Anm. *Sternberg-Lieben*, JuS 2004,
956 und *Bott/Volz*, JA 2009, 421, 425; zur letzteren Fehlvorstellung = Erlaubnisirrtum vgl. BGH NStZ 2004, 621, 623).

Liegt hingegen ein **Bewertungsirrtum** vor, so ist an die Anwendung von § 17 zu 79
denken (= Erlaubnisirrtum). So etwa, wenn der „Notwehr-Übende" deshalb von einem rechtswidrigen Angriff auf sich ausgeht, weil er meint, ein Privater dürfe ihn
auch dann nicht vorläufig festnehmen (§ 127 StPO), wenn er ihn wie geschehen
„auf frischer Tat" ertappt.[91] Doch können fehlerhafte rechtliche Bewertungen auch
(in analoger Anwendung von § 16) den Vorsatz ausschließen, wenn sie dazu führen,
dass der Täter nicht einmal die Bedeutung des Verhaltens des Angreifers richtig erfasst, z. B. weil er in Unkenntnis des § 904 BGB (rechtfertigender Notstand) den
„Angriff" des Notstandstäters für einen rechtswidrigen hält[92] oder z. B. weil er zu
Unrecht die Benutzung seines Privatweges durch Spaziergänger für einen rechtswidrigen Angriff auf sein Eigentum hält (vgl. BayObLG NJW 1965, 1926, das einen
§ 17-Irrtum annahm).[93]

> Aus der **Übungsfall-Literatur** vgl.: *Alpmann/Schmidt*, AT 2, Fall 40, S. 201; *Britz*, JuS 2002,
> 465 f. u. 469; *Hardtung*, JuS 1996, 1088 u. 1093; *Rudolphi*, AT-Fälle, Fall 16, S. 191 u. 196 f.
> (Irrtum über Erlaubniserteilung).

[90b] Vgl. auch BGH StraFo 2006, 463, 464: falsche Einschätzung der „Kampflage"; zum Irrtum
über das „Maß der erforderlichen Verteidigung", BGH NStZ-RR 2005, 45, 46; unklar zur fehlenden Gebotenheit OLG Hamm m. krit. *Jahn*, JuS 2006, 466 ff. – S. auch oben Rn. 68 a. E.

[91] Beispiel von *Roxin*, AT I, 14/81, der bei dem Irrtum über ein „gesamttatbewertendes
Merkmal" § 17 anwendet; vgl. auch BGH NStZ 2003, 596: Fehlvorstellung, auch gegenüber
einem abgeschlossenen Angriff noch Notwehrbefugnisse zu haben; BGH NJW 2003, 955,
960: „Fehlvorstellung über die Grenzen der erlaubten Notwehr"; außerdem: *Kelker*, Jura
2006, 591, 596 f. u. W-*Beulke*, Rn. 484.

[92] Beispiel von S/S-*Cramer/Sternberg-Lieben*, § 16 Rn. 20, 21; für Putativnotwehr in diesem
Fall auch S/S-*Perron*, § 32 Rn. 65.

[93] Für Erlaubnistatumstandsirrtum und die analoge Anwendung von § 16 dagegen LK[11]-
Spendel, § 32 Rn. 338, 341 u. 344, der hier von einem Bedeutungsirrtum spricht. Zu diesem
Fall vgl. auch LK-*Rönnau/Hohn*, § 32 Rn. 284 u. *Kuhlen*, 1987, S. 70–72 u. 553 f., der vorsätzliches Handeln verneint, weil ein außerstrafrechtlicher Irrtum vorliege, sowie *Tiedemann*,
in: *Eser/Fletcher* (Hrsg.), Rechtfertigung und Entschuldigung II, 1988, S. 1012 u. 1021 f. –
Vgl. auch den instruktiven Bspr.aufsatz von *Schlüchter*, JuS 1993, 14 ff. zu BayObLG NJW
1992, 2306; diesem zustimmend *Herzberg*, GA 1993, 439, und in: JZ 1993, 1019 ff.

b) Doppelter Irrtum

80   Doppelte Irrtümer gibt es in den unterschiedlichsten Zusammensetzungen,[94] hier ist aber nur das Zusammentreffen eines **Erlaubnisirrtums mit** einem **Erlaubnistatumstandsirrtum** zu behandeln. Ein allgegenwärtiges Schulbeispiel[95] ist der **„Züchtigungs-Fall"**, bei dem der Täter den Falschen in der irrigen Fehlvorstellung züchtigt, er habe den Anlass zur Züchtigung gegeben und bei der Züchtigung auch noch maßlos vorgeht in der – weiterer – irrigen Annahme, auch dieses Vorgehen sei noch vom Züchtigungsrecht erfasst. Hier liegt im Ergebnis nur ein Erlaubnisirrtum nach § 17 vor, denn selbst gegenüber der Person, die Anlass zur Züchtigung gegeben hatte, wäre ein maßloses Vorgehen nicht erlaubt gewesen (= nicht vom Züchtigungsrecht als Rechtfertigungsgrund „gedeckt"). Dann aber kann es nur auf den Irrtum über die Erlaubnis ankommen, und dieser Irrtum ist ein § 17-Irrtum, weil der Täter einen so nicht existierenden Rechtfertigungsgrund annimmt.[95a]

81   Dasselbe würde auch in einem **Notwehr-Fall** gelten, wenn der Täter irrig von einem gegenwärtigen Angriff auf sich ausgeht, dann aber auch noch zu Unrecht meint, nicht-erforderliche Verteidigungshandlungen vornehmen zu dürfen (z.B. das ebenso sichere, aber mildere Mittel nicht wählen zu müssen).[96]

> Aus der **Übungsfall-Literatur** zum doppelten Irrtum vgl.: *Alpmann/Schmidt*, AT 2, Fall 42, S. 203 f. („Züchtigungs-Fall"); *Beulke*, KK I, Fall 7, Rn. 250 u. 270 f. („Putativnotwehrexzess"); *Britz*, JuS 2002, 465 f. u. 467 (Erlaubnis- und Erlaubnistatumstandsirrtum); *Brocker*, JuS 1994, L 17 (zum Fall, dass neben einem Tatbestandsirrtum ein Wahndelikt vorliegt); *Bruckauf*, in: *Ebert* (Hrsg.), Fall 6, S. 6 f. u. 105 f. (§ 127 StPO-Fall); *Kasiske*, JA 2007, 509 u. 513 (über tatsächliche Voraussetzungen und Angemessenheit i.S. des § 34); *Krey/Esser*, AT, Fall 99, Rn. 746 (Putativnotwehr-Erlaubnisirrtum); *Marxen*, Fall 17 a, S. 147–150 (Erlaubnis- und Erlaubnistatumstandsirrtum bei § 32 und § 127 StPO); *Merkel*, ZJS 2011, 376 u. 378 f. (vorgestellte Nothilfe); *Momsen/Sydow*, JuS 2001, 1194 u. 1197 f.; *Neubacher/Bachmann*, JA 2010, 711 u. 717 f.; *Stoffers*, Jura 1993, 376 u. 377 f. („Züchtigungs-Fall"); *Valerius*, Klausur 9, S. 139 u. 146 f.

---

[94] Vgl. *Haft*, S. 296. Vgl. auch *Rath*, Jura 1998, 539, 541–544, der den „klassischen" sog. „Mauswiesel"-Fall, in dem ein Tatumstandsirrtum (Unkenntnis, dass Tatobjekt ein Mauswiesel und keine Maus war) mit einem Wahndelikt = umgekehrter Verbotsirrtum (Mäuse seien Wild i.S. des § 292) verbunden ist, behandelt; die Entscheidung für Straflosigkeit entspricht der h.M., vgl. etwa B-*Weber/Mitsch*, 21/56 f.; *Haft*, S. 267 f.; näher dazu unter 15/100. – Zum „Mauswiesel"-Fall und sonstigen Konstellationen des Doppelirrtums anschaulich *Plaschke*, Jura 2001, 235 ff. u. knapper *Heinrich*, AT II, Rn. 1146 f. – Vergleichbares Bsp. 14 bei *Knobloch*, JuS 2010, 864, 868.

[95] *Ebert*, S. 160 f.; *Eser/Burkhardt*, Strafrecht I, Nr. 15 A 30–32; *Jescheck/Weigend*, S. 467; S/S-*Sternberg-Lieben*, § 17 Rn. 11; vgl. auch das Einwilligungsbeispiel bei *Jäger*, Rn. 219, u. das Notwehrbsp. bei *Hoffmann-Holland*, Rn. 459: A nimmt sein dem B geliehenes Fahrrad ohne dessen Wissen weg; da B das Fahrrad an den gutgläubigen C übereignet hatte, ist es für A fremd; A irrt über dieses Tatbestandsmerkmal des § 242 (= Tatumstandsirrtum) und geht zusätzlich zu Unrecht davon aus, dass entliehene Sachen fremd sind (Wahndelikt).

[95a] SSW-*Momsen*, § 17 Rn. 37.

[96] Vgl. den Fall BGH NStZ 1987, 105, 108 = Bsp. bei W-*Beulke*, Rn. 485; ähnliches Bsp. bei *Kelker*, Jura 2006, 591, 597 u. bei *Schuster*, JuS 2007, 617: Fall 1 sowie bei *Zieschang*, Rn. 361; aus der Rspr. BGH NStZ-RR 2011 m. Bspr. *Hecker*, JuS 2011, 369 u. *Satzger*, JK 4/11, StGB § 32/34, wo das LG von einem solchen Irrtum ausging, der BGH aber einen Erlaubnistatumstandsirrtum annahm; außerdem S/S-*Perron*, § 32 Rn. 65, mit Nachweisen aus der Rechtsprechung, sowie *Tiedemann* (o. Fn. 93), S. 1020 u. *Schuster*, JuS 2007, 617 ff.

V. Entschuldigungsirrtum

Wie der Irrtum über Rechtfertigungsgründe so kann sich auch der Irrtum über 82
Entschuldigungsgründe auf deren **Existenz** und **Reichweite,** aber auch auf die **tatsächlichen Umstände** eines anerkannten Entschuldigungsgrundes beziehen (systematischer Überblick bei *Bachmann,* JA 2009, 510–513). Der letztere Irrtum ist für den entschuldigenden Notstand gem. § 35 in dessen Abs. 2 geregelt. In einem solchen Irrtum befindet sich z.B. der Täter, der einen anderen Menschen tötet, weil er annimmt, nur so sein vermeintlich fast schon verlorenes Leben erhalten zu können.[97]
Ein solcher Irrtum liegt auch in „Haustyrannen-Fällen" vor, wenn die bedrohte Ehefrau „von der Vorstellung beseelt" war, „ihre Situation sei ausweglos und sie könne sich und ihre Kinder nur durch die Tötung des „Haustyrannen" schützen (BGHSt 48, 255, 261 m. Bspr. *Hillenkamp,* JZ 2004, 48, 51; *Kargl,* Jura 2004, 189 f.; *Rengier,* NStZ 2004, 233, 239; *Rotsch,* JuS 2005, 12, 17 u. *Haverkamp,* GA 2006, 586, 599).[97a] Diese irrige Annahme von Umständen, die ihn, so sie vorlägen, nach § 35 I entschuldigen würden, wird nach § 35 II „nur dann bestraft, wenn er [der Täter] den Irrtum vermeiden konnte." Ist der Irrtum vermeidbar, so kommt nicht etwa nur eine Fahrlässigkeitsstrafbarkeit in Betracht, sondern der Täter wird aus dem rechtswidrig begangenen Vorsatzdelikt bestraft, wobei § 35 II S. 2 lediglich eine – allerdings zwingende (nicht für fakultative) – Strafmilderung vorsieht.[98] Ist der Irrtum unvermeidbar – das Nichtvorliegen der § 35 I-Voraussetzungen war für den Täter trotz der von der Rspr. verlangten gewissenhaften Prüfung (s. unten Rn. 86) nicht erkennbar (BGHSt 48, 255, 262; Bsp. 1 bei *Bachmann,* JA 2009, 510, 511) – so ist Straflosigkeit die Folge.

Die Strafbarkeit entfällt also wie beim Erlaubnisirrtum gem. § 17 nur bei **Unver-** 83
meidbarkeit des Irrtums. Dieses gemeinsame Kriterium für den Erlaubnisirrtum und den Irrtum über die tatsächlichen Voraussetzungen eines Entschuldigungsgrundes darf nicht über deren unterschiedliche Struktur hinwegtäuschen. Während der Erlaubnisirrtum (z.B. die irrige Annahme, auch bei Interessengleichgewicht in die Rechtsgüter Unbeteiligter eingreifen zu dürfen) auf einer fehlerhaften, von der rechtlichen Regelung abweichenden Bewertung des Täters beruht (z.B. Ausdehnung der Reichweite des § 34 zu eigenen Gunsten), verkennt der im § 35 II-Irrtum befindliche Täter nur die tatsächlichen Umstände, weiß also nicht, in welcher Situation er sich befindet (z.B. nimmt irrig eine lebensbedrohliche Notlage für sich an). Es handelt sich also der Struktur nach eher um einen Irrtum, der dem Erlaubnistatumstandsirrtum entspricht; er wird deshalb auch als **Entschuldigungstatumstandsirrtum**[99] be-

---

[97] Vgl. auch das Meineidsbeispiel bei *Otto,* 16/1 u. 10: Fall 3, der BGHSt 5, 371, nachgebildet ist; die BGH-Entscheidung ist zugleich Fall 40 bei *Roxin,* HRR AT, S. 59 f. u. 180. Eine kritische Darstellung der verschiedenen Irrtumskonstellationen und deren zum Teil unterschiedlichen Lösungen gibt *Hardtung,* ZStW 108 (1996), 27 ff.

[97a] *Hoffmann-Holland,* Rn. 427, 461; *Rengier,* AT, 32/2. Krit. *Neumann,* Fs. Eser, 2005, S. 431, 437 f., weil kein Verkennen der Tatsituation vorlag, sondern die soziale Kompetenz fehlte. – Weiteres Bsp. 1 bei *Bachmann,* JA 2009, 510, 511.

[98] Zu dieser, hinsichtlich ihrer Sachgerechtigkeit umstrittenen gesetzgeberischen Entscheidung vgl. *Bernsmann,* 1989, S. 148–152, und 441–443; *Otto,* 16/4 (kein Bruch im System); *Frisch,* in: *Eser/Perron* (Hrsg.), Rechtfertigung und Entschuldigung III, 1991, S. 275 (nicht unproblematische Anleihe bei § 17 Satz 2); *Frister,* 1993, S. 234 („überaus problematisch"); *Tiedemann* (o. Fn. 93), S. 1015 ff.; *Puppe,* Fs. Stree/Wessels, 1993, S. 198 f. u. *Momsen,* 2006, S. 371–373 (trotz der Parallele zu § 17 „spezifische Irrtumsform als Strafmilderungsgrund").

[99] *Ebert,* S. 159; NK-*Neumann,* § 35 Rn. 64; *Hardtung,* ZStW 108 (1996), 27 Fn. 5; *Rönnau,* JuS 2004, 669; *Bachmann,* JA 2009, 510.

zeichnet. Deutlich wird das beim sog. **Putativnotstand,** der sowohl einen Erlaubnistatumstandsirrtum hinsichtlich § 34 als auch ein Entschuldigungstatumstandsirrtum hinsichtlich § 35 sein kann: jeweils nimmt der Täter irrig eine Notstandslage (Lebensgefahr) an, die, wenn sie wirklich vorläge, sein Verhalten gem. § 34 rechtfertigen (er verletzt einen Unbeteiligten zur Rettung des eigenen Lebens) oder gem. § 35 entschuldigen würde (er „muss" einen anderen Menschen töten, um sein Leben zu retten). – § 35 II ist auch einschlägig, wenn sich der Irrtum auf die negativen Voraussetzungen des § 35 I 2 bezieht; so etwa, wenn der Täter irrig davon ausgeht, die Gefahr nicht selbst verursacht zu haben.[99a] § 35 II passt nicht, wenn der Täter zur Gefahrtragung z. B. gegenüber seinem Sohn, den er „opfert" um sich zu retten, verpflichtet ist, aber irrtümlich eine § 35 I 1-Voraussetzung wie die andersartige Abwendbarkeit für gegeben hält;[99b] andernfalls wäre er besser gestellt als derjenige, der sich wirklich in einer Notlage befindet.

84 Der in § 35 II für den entschuldigenden Notstand geregelte Entschuldigungstatumstandsirrtum ist auf Tatumstandsirrtümer bei anderen Entschuldigungsgründen **analog anwendbar.** So etwa auf den übergesetzlichen entschuldigenden Notstand, in dem sich der unmittelbar handelnde Täter im „Katzenkönig-Fall" (BGHSt 35, 347) wähnte,[100] weil er irrig annahm, nur durch Tötung der Blumenverkäuferin eine gegenwärtige Lebensgefahr für „Millionen von Menschen" bannen zu können.[101] Wäre das Leben so vieler Menschen wirklich durch den dämonischen Katzenkönig akut bedroht gewesen, so wäre die Tötung eines Menschen nicht nach § 34 gerechtfertigt, weil auch viele Leben ein Leben nicht wesentlich überwiegen. Die Tötung wäre nicht einmal nach § 35 entschuldigt, weil weder das Leben des Täters noch das Leben von ihm nahe stehender Personen gefährdet gewesen wäre. Doch greift hier ein übergesetzlicher Entschuldigungsgrund ein, weil eine § 35 vergleichbare Unrechts- und Schuldminderung (Verfolgung eines Rettungsziels unter erheblichem Motivationsdruck) für Nachsicht durch Entschuldigung spricht. Stellt der Täter sich diese Situation nur irrig vor, so ist er analog § 35 II straflos, wenn sein Irrtum unvermeidbar war (s. o. 12/99). Die analoge Anwendung des § 35 II käme auch beim Irrtum hinsichtlich der tatsächlichen Voraussetzungen des Notwehrexzesses nach § 33 in Betracht,[101a] doch wird in solchen Fällen des sog. Putativnotwehrexzesses eine analoge Anwendung des § 33 diskutiert (s. oben 12/156).[101b]

85 Bei dem einem Erlaubnisirrtum strukturell vergleichbaren Entschuldigungsirrtum nimmt der Täter zu seinen Gunsten einen so nicht existierenden Entschuldigungs-

---

[99a] *Bachmann,* JA 2009, 510, 511; *Lackner/Kühl,* § 35 Rn. 13 m. w. N.

[99b] *Bachmann,* JA 2009, 510, 511; *Roxin,* AT I, 22/64.

[100] Umstritten ist, ob eine solche Wahnvorstellung überhaupt ein Irrtum ist; ablehnend etwa *Herzberg,* Jura 1990, 18 (Wahnnotstand, nicht Putativnotstand); ähnlich *Schumann,* NStZ 1990, 32 ff.; gegen beide *Roßmüller/Rohrer,* Jura 1990, 582 ff.; beiden zust. *Kretschmer,* JR 2004, 444, 446: „**abergläubischer** Irrtum entlastet nicht." – Vgl. jedoch BGH NStZ 2011, 336 m. krit. Bspr. *Sinn,* ZJS 2011, 42, wonach auch in Fällen einer **wahnbedingten Vorstellung** einer Nostandslage ein auf § 34 bezogener Erlaubnistatumstandsirrtum oder ein Entschuldigungstatumstandsirrtum nach § 35 II in Betracht kommen kann.

[101] Vgl. zur analogen Anwendung des § 35 II in diesem Fall: *Küper,* JZ 1989, 626 f.; *Klimsch,* 1993, S. 115–117 und *Rengier,* AT, 32/4; *Walter,* Fs. Roxin, 2011, S. 764, 774 f.; abl. *Walter,* 2006, S. 352; zur analogen Anwendung vgl. auch *Hardtung,* ZStW 108 (1996), 26, 48 u. *Bachmann,* JA 2009, 510, 511. – Nach MK-*Erb,* § 34 Rn. 193, lag ein Doppelirrtum vor, der nach § 17 und analog § 35 II zu beurteilen ist; einen Erlaubnisirrtum nimmt LK-*Zieschang,* § 34 Rn. 89, an.

[101a] Vgl. *Rengier,* AT, 28/29 u. *Stratenwerth/Kuhlen,* 10/123.

[101b] Kritisch *Bachmann,* JA 2009, 510, 511 f.

grund an. So etwa, wenn der Täter irrig annimmt, auch zum Schutz gefährdeter eigener Vermögenswerte einen anderen Menschen töten zu dürfen.[102] Darin liegt eine Fehlbewertung, die den entschuldigenden Notstand in seinem Geltungsbereich durch die Einbeziehung eines nach § 35 nicht notstandsfähigen Rechtsguts ausdehnt. Ein solcher **Entschuldigungsirrtum** ist nicht nur nicht gesetzlich geregelt, sondern er **bewahrt** auch den Täter **nicht vor Strafbarkeit wegen** des begangenen **Vorsatzdelikts**. Dies gilt auch für den Irrtum, trotz erkannter Fluchtmöglichkeit nicht ausweichen zu müssen, da dieser Irrtum nur die Anforderungen betrifft, die das Recht (§ 35) an die Abwendung der Gefahr stellt (BGHSt 39, 374, 381). Wann der Gesetzgeber trotz rechtswidriger und schuldhafter Tatbegehung auf die Erhebung eines Schuldvorwurfes wegen geminderten Unrechts und wegen geminderter Schuld verzichtet, ist seiner Entscheidung überlassen. Die gesetzgeberischen Entscheidungen (§§ 33, 35) können auf der Basis der Unrechts- und Schuldminderung zwar durch den Rechtsanwender vorsichtig erweitert werden (z. B. durch den übergesetzlichen entschuldigenden Notstand), nicht aber durch beliebige Wertungen von Tätern, die sich nach den Maßstäben der Rechtsordnungen rechtswidrig und schuldhaft verhalten haben.[103]

Nach der Rspr. ist der Notstandstäter zur gewissenhaften Prüfung der möglichen Auswege verpflichtet (BGHSt 48, 255, 261). Aus dem Gesetz (§ 35) ergibt sich eine solche Verpflichtung nicht, jedoch kann ihr Unterlassen die Vermeidbarkeit des Irrtums über die Notstandsvoraussetzungen begründen.[104]   **86**

> Aus der **Übungsfall-Literatur** zum Entschuldigungsirrtum vgl.: *Alpmann/Schmidt,* AT 2, Fall 43, S. 206–208; *Haverkamp/Kaspar,* JuS 2006, 895 u. 896; *Kudlich,* PdW AT, Fälle 153, 154; *Otto/Bosch,* Übungen, Fall 3, S. 98 („Haustyrann"); *Roxin/Schünemann/Haffke,* Klausurenlehre, Fall 5, S. 91 f. u. 107 f. (§ 35 II-Fall).

---

[102] Vgl. das Meineidsbeispiel bei W-*Beulke,* Rn. 831, das nicht mit dem Meineidsbeispiel in Fn. 97 zu verwechseln ist.

[103] Ebenso *Eser/Burkhardt,* Strafrecht I, Nr. 18 A 46; *Bergmann,* JuS 1990, L 19; *Bachmann,* JA 2009, 510, 512; *Knobloch,* JuS 2010, 864, 868; *Hoffmann-Holland,* Rn. 463; *Tiedemann,* Anfängerübung, S. 87 u. 147; *Gropp,* 13/30; *Kindhäuser,* AT, 28/19. – Für eine analoge Anwendung des § 17 beim Entschuldigungsirrtum *Frister,* 1993, S. 240 u. in: AT, 20/18; für § 17-Anwendung auch *Joecks,* § 17 Rn. 8. – De lege ferenda könnte ein Strafmilderungsgrund geschaffen werden, *Hardtung,* ZStW 158 (1996), 27. – Zum Völkerstrafrecht *Ambos,* 2002, S. 820 f.

[104] *Lackner/Kühl,* § 35 Rn. 14.

3. Abschnitt. Versuch und Rücktritt

§ 14. Die Stufen der Deliktsentwicklung

I. Verfassungsrechtliche Ausgangslage

1   Die Straftatbestände des BT des StGB umschreiben einen bestimmten Ausschnitt aus einem tatsächlichen Geschehensablauf. Der leitende Gesichtspunkt, unter dem der Strafgesetzgeber tatsächliches Geschehen für Deliktsumschreibungen auswählt, ist der des (strafwürdigen/strafbedürftigen) Unrechts. Straftatbestände enthalten **vertyptes Unrecht** (s. o. 1/23, 3/2 u. 6/2).

2   Die vom Gesetzgeber getroffene Auswahl kann vom Rechtsanwender nicht korrigiert werden. Auch nicht unter zeitlichen Aspekten, etwa mit der Begründung, der Gesetzgeber habe die strafrechtliche Verteidigungslinie zu weit nach vorne verlagert bzw. setze mit dem Schutz durch das Strafrecht zu spät ein. Eine so begründete Korrektur würde zu **außertatbestandlichen,** materiellen **Unrechtszentren** an Stelle der formellen, vom Gesetzgeber festgelegten Unrechtstatbestände führen, was nur kriminalpolitisch, nicht aber strafrechtsdogmatisch legitim wäre.

3   Die Hoffnung, durch eine natürliche Auffassung den eigentlichen Unrechtskern bestimmen zu können, wäre trügerisch, da die natürliche Auffassung keine gesicherten und festen Grenzen strafbaren Verhaltens produziert. Auch deshalb kommt der gesetzgeberischen Entscheidung im Strafrecht besondere Bedeutung zu: die Festlegung in den einzelnen Strafgesetzen erfüllt eine **Garantiefunktion** für den möglichen Straftäter, denn er kann nur bestraft werden, wenn das strafbare Verhalten gesetzlich bestimmt ist (Art. 103 II GG, § 1).

4   Ist ein bestimmter Geschehensabschnitt in einem Tatbestand erfasst, so beschränkt sich die strafrechtliche Betrachtung des Rechtsanwenders freilich nicht strikt auf diesen Ausschnitt. **Erweiterungen** dieses Ausschnitts sind z. T. vom Gesetzgeber selbst, nämlich im AT, angeordnet worden. Wie die Versuchsregelung der §§ 22 ff. zeigt, haben auch solche Geschehensabschnitte strafrechtliche Relevanz, die dem durch die Deliktstatbestände des BT ausgewählten Geschehen unmittelbar vorgelagert sind. Eine noch weitere Vorverlagerung könnte mit dem Begriff der **Vorbereitung** begründet werden. Eine Ausweitung des Geschehens über den vom Deliktstatbestand erfassten Abschnitt nach hinten könnte durch den Begriff der **Beendigung** begründet werden. Beide Begriffe – Vorbereitung und Beendigung – sind freilich dem der „Tat" gewidmeten Abschnitt des AT (§§ 13–37) fremd, so dass ihrer Verwendung mit Skepsis begegnet werden muss, wenn sie Straffolgen zu Lasten des Bürgers begründen sollen.

II. Veranschaulichung der Deliktsstufen am Fall

5   Fall:

(1) R ist in Geldverlegenheit und plant deshalb, durch einen Bankraub zu Geld zu kommen.

(2) Er hält Ausschau nach einer geeigneten Sparkassenfiliale und findet diese in einem Außenbezirk von Karlsruhe; dort erscheint ihm die veraltete Sicherungsan-

lage überwindbar und der Fluchtweg wegen der Nähe der Autobahneinfahrt günstig.

(3) Freilich ist er sich darüber im klaren, dass er den Überfall nicht allein wird ausführen können; er weiht deshalb seinen früheren „Geschäftspartner" M in seinen Plan ein, der sich zur „Mitarbeit" bereiterklärt.

(4) Am verabredeten Tag fahren R und M, jeweils mit einer Maschinenpistole bewaffnet, in einem kurz zuvor gestohlenen Mercedes von R's Wohnung in der Karlsruher Innenstadt zur Sparkassenfiliale, parken den Mercedes in Fluchtrichtung am Straßenrand wenige Meter vor dem Sparkasseneingang, steigen, ihre Waffen unter Lederjacken versteckend, aus und betreten den Vorraum der Filiale; als M jedoch durch die Glastür im Schalterraum auch zwei Polizeibeamte unter den Bankkunden entdeckt, gibt er R ein Zeichen und beide verlassen sofort den Tatort.

(5) Wenige Tage später jedoch gehen sie erneut an die Verwirklichung ihres Plans; ihre Waffen lassen sie dieses Mal im Auto, da M erkundet hat, dass sich nur der Filialleiter in der Filiale aufhält; M hält den überraschten Filialleiter fest, während R das Bargeld in eine Tasche packt.

(6) Wie geplant, verlassen R und M die Sparkasse und steigen in den Mercedes; als ein hinzukommender Passant P ihnen zur Feststellung des Autokennzeichens nachstürmt, gibt der Beifahrer R eine Salve aus seiner Maschinenpistole zur Warnung auf ihn ab, die P, wie von R gewollt, nicht trifft;

(7) R und M fahren danach unerkannt auf dem geplanten Fluchtweg nach Heidelberg; dort lassen sie den gestohlenen Mercedes stehen, teilen das Geld und trennen sich.

In diesem Fall, der – streng genommen – zwei Deliktsentwicklungen in zwei verschiedenen Zeiträumen in einem Fall zusammenfasst, sind alle am Ende von I. (o. Rn. 4) angesprochenen, sowie noch weitere Stufen der Deliktsentwicklung auszumachen. Das gesamte Geschehen hat sein Unrechts- und Schuldzentrum nach der Bewertung des Gesetzgebers im Abschnitt 5, in dem R und M gemeinsam (§ 25 II) sämtliche Tatbestandsmerkmale des § 249 verwirklichen: M setzt Gewalt *(Festhalten des Filialleiters)* ein, damit R in Zueignungsabsicht fremde bewegliche Sachen wegnehmen kann, und R nimmt in Zueignungsabsicht fremde bewegliche Sachen *(Geld)* weg; – die Subsumtion des Geschehens unter § 249 bereitet hier keine Probleme. Den Zeitpunkt, in dem sämtliche Tatbestandsmerkmale eines Delikts verwirklicht sind, bezeichnet man allgemein als **Vollendung.** In diesem Sinne enthalten die Tatbestände des Besonderen Teils des StGB ausschließlich Geschehensausschnitte im Stadium der Delikts-Vollendung.

Der Gesetzgeber selbst freilich erweitert das strafrechtlich zu bewertende Geschehen auf den von § 22 angegebenen Ausschnitt. Setzt man diese Vorschrift in Beziehung zum Raub gem. § 249, so lautet der gesetzliche Tatbestand des **versuchten** Raubes etwa folgendermaßen: Wer entschlossen ist, einen Raub zu begehen und in Ausführung dieses Entschlusses unmittelbar dazu ansetzt, mittels Gewalt gegen eine Person oder unter Anwendung von Drohungen mit gegenwärtiger Gefahr für Leib oder Leben fremde bewegliche Sachen wegzunehmen, wird wegen Raubversuchs bestraft. Im vorliegenden Fall könnte dieser Tatbestand im Abschnitt 4 verwirklicht sein, doch macht die Subsumtion hier schon größere Schwierigkeiten.

Diese Schwierigkeiten sind keineswegs zufällig, sondern in dem allgemeinen Umstand (mit-)begründet, dass die gesetzlichen Vollendungstatbestände des BT in der Regel scharfe Konturen haben, oft sogar deskriptiv umschrieben sind und deshalb für eine Subsumtion eines Verhaltens unter die gesetzlichen Merkmale eine geeignete Grundlage bieten. Demgegenüber bringt die Formel des **unmittelbaren Ansetzens** in § 22 eine gewisse Unsicherheit bezüglich des anzulegenden Maßstabes, denn sie enthält allenfalls eine Anleitung dafür, wie man die Deliktsstufe des Versuchs ermittelt. Es muss sich um ein unmittelbares Ansetzen zur Verwirklichung des Tatbestandes handeln. Aber es ist trotz dieser Anleitung leichter anzugeben, wann ein Verhalten als Gewalt im Sinne der §§ 240, 249 oder als Wegnahme im Sinne der §§ 242, 249 zu beurteilen ist, als festzustellen, welches Verhalten ein unmittelbares Ansetzen zur Gewalt oder zur Wegnahme darstellt.

9   In Abschnitt 4 wird man das Stehlen des Mercedes sicher noch nicht als unmittelbares Ansetzen zur Gewalt oder Drohung im Sinne des § 249 ansehen; möglicherweise aber die Annäherung an den Tatort oder erst das Betreten des Vorraums der Sparkassenfiliale mit der Waffe. In diesem Zeitpunkt wären M und R bei normalem Ablauf nur noch wenige Augenblicke und wenige Schritte von der Situation entfernt, in der Gewalt bzw. Drohung mit der Waffe vorgelegen hätte; das **Unmittelbarkeitserfordernis** könnte deshalb zeitlich und räumlich erfüllt sein.

10   Freilich haben R und M ihren Plan nicht über das Versuchsstadium hinaus in Richtung auf die Vollendung des Raubes verwirklicht; vielmehr haben sie den Rückzug angetreten. Selbst wenn man ihre Tat im Zeitpunkt des Rückzuges schon als Versuch beurteilt, könnten R und M der Versuchsstrafe durch die Aufgabe der weiteren Planverwirklichung entgangen sein. Die Regelung des § 24 stellt freilich bestimmte Erfordernisse für einen **strafbefreienden Rücktritt** auf, an deren Vorliegen in Abschnitt 4 Zweifel bestehen. So ist schon fraglich, ob R und M ihren Plan aufgegeben haben, weiter, ob der Versuch nicht endgültig fehlgeschlagen ist, und schließlich, ob ihre Aufgabe als freiwillig betrachtet werden kann.

11   Die strafrechtliche Beurteilung des Falles ist damit jedoch noch nicht abgeschlossen. Zwar ist für die Prüfung des Geschehens in den Abschnitten 1 und 2 keine Strafvorschrift als Prüfungsgrundlage zu finden, doch zeigt **§ 30,** dass das Geschehen in Abschnitt 3 strafrechtlicher Beurteilung zugänglich ist.

12   Die Straflosigkeit des Geschehens in Abschnitt 1 ergibt sich aus der rechtsstaatlichen Forderung, dass die **Gedanken** in einem auf der Freiheit des Individuums gegründeten Staat **frei** sein sollten. Dementsprechend hat der Strafgesetzgeber den ersten Gedanken an die Tat und die Deliktsplanung bis zur Konkretisierung zu einem Entschluss von Strafdrohungen freigehalten.

13   Dieselbe Entscheidung hat der Gesetzgeber auch für den in Abschnitt 2 enthaltenen Geschehensabschnitt getroffen, wenn er **Vorbereitungshandlungen** in Ausführung des Plans bis hin zur Versuchsgrenze des § 22 straflos lässt. Zwar tritt hier die auf eine Deliktsbegehung gerichtete Zielvorstellung äußerlich sichtbar in Erscheinung, aber das ist für das geltende Strafrecht noch kein Anlass einzugreifen, weil der Gesetzgeber die Gefahr einer Tatbegehung durch den allein Planenden nicht sehr hoch einschätzt. Die Situation ändert sich jedoch in Abschnitt 3 entscheidend, weil hier die Planung und die Vorbereitung des Raubes den bisher außenstehenden M mit einbeziehen. Die sich daraus ergebende Steigerung der Wahrscheinlichkeit späterer Deliktsbegehung war für den Gesetzgeber Anlass, in § 30 bestimmte **Vorstufen der Beteiligung,** sofern sie Verbrechen im Auge haben, unter Strafe zu stellen. Von diesen Vorstufen der Beteiligung könnte in Abschnitt 3 die **Verabredung** im Sinne von § 30 II gegeben sein. Freilich hat die strafrechtliche Erfassung des Vorbereitungsstadiums aus Gründen der Gesetzeskonkurrenz nur dann Folgen für die Vorbereitenden, wenn es nicht zumindest zu einem Deliktsversuch, wie möglicherweise in Abschnitt 4, kommt.

Für die der Ausführung des Raubes in Abschnitt 5 nachfolgenden Phasen, den   14
Abschnitten 6 und 7, enthält der Allgemeine Teil des StGB keinen den §§ 22, 30 vergleichbaren Strafausdehnungsgrund. Dennoch besteht ein gewisses Bedürfnis, die Verwendung der Waffe in Abschnitt 6 strafrechtlich zu erfassen. Dieses Bedürfnis könnte durch die Verwendung des **Beendigungs**begriffs befriedigt werden, der nach Rechtsprechung und h.L. dazu führt, dass die Abschnitte 6 und 7 noch zum Raub gehören. Dagegen könnte zunächst die Existenz von sog. **Anschlussdelikten** wie § 252 sprechen, die unter einschränkenden Voraussetzungen – auf frischer Tat betroffen – **nach-tatbestandliche Handlungen** gesondert unter Strafe stellen. Aber auch aus Art. 103 II GG ergeben sich gegen die Ausdehnung des Diebstahls- und Raubtatbestandes über die Wegnahme hinaus auf die Sicherung und Bergung der Beute Bedenken, denn diese Verhaltensweisen sind in §§ 242, 249 nicht genannt.

> Fragen und Antworten zu „Versuch, Vorbereitung usw." bieten *Fahl/Scheurmann-Kettner,* JA 1999, 124–128. – Einführend zu den Deliktsstadien *Rath,* JuS 1998, 1006 f. – Vgl. auch die „Übersicht" zu Fall 202 bei *Kudlich,* PdW AT.

III. Die Relevanz der Deliktsstufen im Überblick

1. Vorbereitung und Versuch

Die Abgrenzung der Deliktsstufen **Vorbereitung und Versuch** entscheidet über die   15
Strafbarkeit. Während die Vorbereitung eines Delikts durch einen Alleintäter straflos ist, ist der Versuch eines Verbrechens sowie der Versuch von Vergehen, deren Versuchsstrafbarkeit in den jeweiligen Deliktstatbeständen ausdrücklich angeordnet ist, strafbar: § 23 I.

2. Versuch und Vollendung

Bei Vergehen, für die keine Versuchsstrafbarkeit angeordnet ist, liegt die Strafbar-   16
keitsgrenze bei der Vollendung. Die Abgrenzung der Deliktsstufen **Versuch und Vollendung** entscheidet außerdem über die Strafhöhe, denn gem. § 23 II kann die Versuchsstrafe gegenüber der Vollendungsstrafe gemildert werden. Schließlich entscheidet die Vollendung auch über die Strafbarkeit/Straflosigkeit insofern, als bis zu ihrem Eintritt der Täter durch einen Rücktritt gem. § 24 Straffreiheit erlangen kann. Die Durchführungsphase des Delikts kann deshalb als „**Gnadenfrist**" bezeichnet werden, da den Täter die Vollendungsstrafe trifft, wenn er diese Frist ohne Rücktritt verstreichen lässt.

3. Vollendung und Beendigung

Die Unterscheidung von Vollendung und **Beendigung** hat bezüglich des Eintritts   17
der Vollendungsstrafe keine Relevanz: Mehr als die Vollendungsstrafe kann den Täter an Strafe nicht treffen, auch wenn er das Delikt über die Vollendung hinaus bis zur Beendigung fortführt. Dennoch hat die Vollendungsphase bis zur Beendigung auch für den Alleintäter Bedeutung:
- zunächst **strafschärfende**: Bis zum Eintritt der Beendigung soll die Erfüllung bzw. das Eintreten qualifizierender Umstände die schon vollendete Straftat (z.B. § 242) zu einer qualifizierten Tat (z.B. §§ 242, 244 I 1) machen können,
- sodann **verfolgungsverlängernde**: Erst mit dem Eintritt der Beendigung soll die Verfolgungsverjährung zu laufen beginnen, § 78 a.

18 Für Beteiligte (Gehilfen und Mittäter) hat die Vollendungsphase sogar **strafbegründende** Bedeutung: Bis zur Beendigung sollen Gehilfen- und Mittäterschaftsbeiträge noch möglich sein, sog. sukzessive Beihilfe bzw. sukzessive Mittäterschaft; s. u. 20/126 u. 233.

Strafmildernde Bedeutung hat der Beendigungsbegriff dagegen in der Konkurrenzlehre: Bis zur Beendigung soll ein teilweises Überschneiden des vollendeten Delikts mit der Tatbestandsausführungshandlung eines anderen Delikts zur Tateinheit gem. § 52 statt zur Tatmehrheit gem. § 53 führen (z.B. der vom Räuber auf der Flucht abgegebene Schuss, der den Verfolger tötet: §§ 249, 250 II Nr. 1, 212, 52); s. u. 21/40.

IV. Deliktsstufen mit Ausnahme des Versuchs

1. Vorbereitung und Vollendung

19 Der Versuch, der im anschließenden § 15 behandelt wird, liegt zeitlich zwischen der Vorbereitungsphase und der Vollendung der Tat. Die **Vorbereitungsphase** ist nur **ausnahmsweise** strafrechtlich erfasst, nämlich dann, wenn sich mehrere Beteiligte auf die Begehung eines Verbrechens in einer der vier von § 30 erfassten Weisen (z.B. § 30 II: Verabredung) vorbereiten. Diese **Vorstufen der Beteiligung** können sinnvollerweise erst dann richtig erfasst werden, wenn die eigentlichen Formen von Täterschaft und Teilnahme behandelt sind. So setzt etwa die Verabredung gem. § 30 II als vorbereitete Mittäterschaft die Kenntnis der Mittäterschaft begründenden § 25 II-Erfordernisse voraus.

20 Die **Vollendung** der Tat ist dann erreicht, wenn der Täter alle objektiven **Tatumstände** des jeweiligen Delikts **verwirklicht** hat.[1] Bei Tötungsdelikten z.B. ist dies der Zeitpunkt des Todeseintritts bei einem anderen Menschen. Nicht erforderlich ist dagegen die äußere Umsetzung von zum Tatbestand gehörenden subjektiven Unrechtsmerkmalen, wie z.B. Absichten (so muss der Betrüger nur den Vermögensschaden, nicht aber den Vermögensvorteil realisieren). **Abstrakt** ist damit eine einfache und klare Grenze angegeben. Wie schwierig ihre **konkrete** Bestimmung bei einzelnen Delikten sein kann, zeigt ein Hinweis auf die sog. schadensgleiche Vermögensgefährdung, die schon einen Vermögensschaden und damit die Vollendung des Betrugs begründen soll.[1a] Selbst bei den Tötungsdelikten ist der Gesamthirntod nicht ganz unbestritten.[1b] Die Schwierigkeiten werden größer, wenn es sich um abstrakte und konkrete Gefährdungsdelikte handelt.[1c] Dies ist jedoch BT-Materie, die hier

---

[1] Vgl. *Jakobs*, Fs. Roxin, 2001, S. 793: „... wenn alle Merkmale des gesetzlichen Tatbestands verwirklicht sind"; ähnlich LK-*Hillenkamp*, § 22 Rn. 11: „... sobald alle objektiven Tatbestandsmerkmale vorsätzlich verwirklicht sind", u. NK-*Zaczyk*, § 22 Rn. 5: „alle Tatbestandsmerkmale (objektiv und subjektiv) erfüllt". – Ebenso *Ebert*, S. 122 f. mit §§ 306 I Nr. 1, 242, 316 – Beispielen. Aus der Rspr.: OLG München NStZ 2006, 630, 631.

[1a] Vgl. *Sickor*, JA 2011, 109 ff. u. *Lackner/Kühl*, § 263 Rn. 40 m. w. N.; die Rspr. wird hier nach einer Entscheidung des Bundesverfassungsgerichts restriktiver werden (BVerfG BeckRS 2011, 56931 m. Bspr. *Kudlich*, JA 2012, 230 u. *Jahn*, JuS 2012, 266); eine ähnliche Entwicklung hat das Gericht bei der schadensgleichen Vermögensgefährdung für die Untreue nach § 266 eingeleitet (BVerfG NJW 2009, 2370, 2373; *Lackner/Kühl*, § 266 Rn. 17a. – Zur Vollendung einer Nötigung gem. § 240 vgl. BGH NStZ 2004, 442 m. Bspr. *Otto*, JK 2/05, StGB § 240/21. – Zur Vollendung eines Diebstahls gem. § 242 vgl. OLG Karlsruhe NStZ-RR 2005, 140; *Kühl*, JuS 2002, 729, 730 u. *Lackner/Kühl*, § 242 Rn. 18 m. w. N.

[1b] Vgl. *Kühl*, JA 2009, 321, 323.

[1c] So bei § 306a in der Variante der teilweisen Zerstörung, die beim abstrakten Gefährdungsdelikt des § 306a I Nr. 1 die Unbrauchbarmachung von Teilen des Wohngebäudes vor-

deshalb nicht weiter verfolgt werden soll. Da mit der Vollendung die Möglichkeit der Strafbefreiung wegen Rücktritts vom Versuch gem. § 24 endet, schränkt eine Vorverlegung des Vollendungszeitpunkts durch den Gesetzgeber oder durch die Rspr. (s. sogleich bei den Übungsfällen zum Diebstahl in Selbstbedienungsläden) die Rücktrittsmöglichkeiten ein. Diese Einschränkung gleicht der Gesetzgeber durch Vorschriften über sog. tätige Reue bei einigen Delikten aus[2] (z. B. § 306 e für die vorsätzliche und fahrlässige Brandstiftung; nicht mehr in § 316 a, was zur Einschränkung der Strafbefreiungsmöglichkeiten führt;[2a] neu ist Absatz 4 bei § 142 für Unfälle außerhalb des fließenden Verkehrs[2b]).

> Zu typischen Problemen bei der Bestimmung des Vollendungszeitpunkts vgl. ergänzend *Kühl*, JuS 1982, 110 ff. u. JuS 2002, 729, 730 f. (speziell bei Eigentums- und Vermögensdelikten), jeweils mit zahlreichen Beispielsfällen, die der Rechtsprechung nachgebildet sind.
> Aus der **Übungsfall-Literatur** zur Vollendung vgl.: *Beulke*, KK III, Fall 3, Rn. 106 u. 121–125 (Diebstahl im Supermarkt durch Einstecken einer CD in Jackentasche trotz Beobachtung vollendet); *Hilgendorf*, KK II, Fall 4, Rn. 3–5 (Diebstahlsvollendung im Selbstbedienungsladen); *Hillenkamp*, 20. BT-Problem, Bsp. 1, S. 93 u. 96 (Diebstahlsvollendung im Selbstbedienungsladen trotz Beobachtung) sowie Bsp. 2 u. 3, S. 96 f.; *Gössel*, Fälle, Fall 12, S. 199 f. u. 203 (Vollendung bei Selbstbedienungs-Diebstahl); *Jäger*, JA 2007, 604 u. 608 (Diebstahlsvollendung durch Verbergen eines Walkman in der Jackentasche); *Kett-Straub/Henn*, JA 2010, 590–592 (Diebstahlsvollendung); *Marxen*, Fall 21 b, S. 188; *Marxen*, BT, Fall 24 b, S. 269–271 (§ 242 im Supermarkt); *Neubacher/Bachmann*, Jura 2010, 154–156 (Diebstahlsvollendung); *Steinberg/Salberg*, AL 2010, 336 u. 338 (Entnahme einer Zeitung aus dem Zeitungsständer vor der Bahnhofsbuchhandlung – § 242 vollendet?); *Tiedemann*, Anfängerübung, Fall 7, S. 196 u. 197 (keine Vollendung des Diebstahls bei Verstecken größerer Werkzeuge auf dem Fabrikhof); *Marxen*, BT, Fall 6 b, S. 63 (§ 239 a-Vollendung).
> Zur tätigen Reue vgl. *Beulke*, KK III, Fall 4, Rn. 155 u. 168–170 (keine analoge Anwendung der gesetzlich geregelten Fälle der tätigen Reue auf die Unterschlagung gem. § 246); ebenso *Hinderer*, JuS 2009, 625 u. 629 („Diebesfalle"); *Marxen*, BT, Fall 6 e, S. 67 f. (§§ 239 a IV, 239 b II-Fall); *Wolters*, Fall 4, S. 85 f. u. 114 f. (analoge Anwendung von § 239 a IV 1 in § 316 a-Fällen).

2. Die Beendigung

In der strafrechtlichen Lehre und Rechtsprechung ist seit langem anerkannt, dass **21** der Vorgang der Verbrechensbegehung mit der Erfüllung sämtlicher Tatbestandsmerkmale des jeweiligen Delikts zwar **vollendet**, aber nicht notwendig auch schon **beendet** ist.[2c] Häufig wird dabei zwischen der **tatbestandlich-formellen** Vollendung und der rein **tatsächlichen** Beendigung einer Straftat unterschieden.[3] Doch darf dies nicht zu der Folgerung verleiten, mit der Feststellung einer rein tatsächlichen Fort-

---

aussetzen soll (BGH NJW 2011, 2148 m. Bspr. *Bosch*, JK 10/11, StGB § 306 a/7), nicht jedoch beim konkreten Gefährdungsdelikt des § 306 a II (BGHSt 56, 94 m. zust. Bspr. *Satzger*, JK 10/11, StGB § 306 a II/6; zum unterschiedlichen Deliktscharakter der beiden Absätze vgl. *Lackner/Kühl*, § 306 a Rn. 1 u. 7.

[2] Vgl. die Übersicht bei *Lackner/Kühl*, § 24 Rn. 29.

[2a] *W-Hillenkamp*, Rn. 426; vgl. auch *Mitsch*, BT 2/2, 2/41: „teilweise Milderung" wegen § 24-Anwendung.

[2b] Vgl. *Lackner/Kühl*, § 142 Rn. 38; LK-*Geppert*, § 142 Rn. 201.

[2c] Vgl. *Kühl*, Die Beendigung des vorsätzlichen Begehungsdelikts, 1974, sowie *Bitzilekis*, ZStW 99 (1987), 724 (zur Literatur), und *Lesch*, Das Problem der sukzessiven Beihilfe, 1992, S. 19 ff.

[3] So etwa S/S-*Eser*, Vorbem § 22 Rn. 4; SK-*Rudolphi*, Rn. 7 Vor § 22: formelle Vollendung – materielle Beendigung; ebenso *Ebert*, S. 117; *Freund*, 8/27; *Jescheck/Weigend*, S. 517: „Beendigung (materielle Vollendung)"; *Stratenwerth/Kuhlen*, 12/130: „(formelle) Vollendung" – „materielle Vollendung (oder ‚Beendigung')"; *W-Beulke*, Rn. 591: tatbestandlich formelle Vollendung – materiell abschließende Beendigung.

führung des Tatgeschehens nach der Vollendung der Straftat sei auch schon die strafrechtliche Relevanz dieser Fortführung dargetan. Mit der Anerkennung einer der Vollendung zeitlich nachfolgenden Beendigungsphase wird nämlich die erst zu rechtfertigende Behauptung aufgestellt, dass die Straftat mit allen sich daran knüpfenden rechtlichen Konsequenzen auch noch nach ihrer Vollendung existiert, dass also beispielsweise eine Teilnahme im weiteren Sinne (Beihilfe, Mittäterschaft) in diesem Zeitraum noch möglich ist oder das vollendete Grunddelikt etwa durch das Beisichführen einer Waffe in dieser Phase noch zu einem qualifizierten Delikt werden kann. Angesichts dieser strafbegründenden bzw. strafschärfenden Konsequenzen stellt sich die Frage, was eigentlich zu einer solchen **Ausweitung** des Deliktsbereichs über die Vollendung hinaus berechtigt.

22　　Die Beantwortung dieser Frage bereitet keine Schwierigkeiten bei dem klassischen Beispiel für das Auseinanderfallen von Vollendung und Beendigung, dem sog. **Dauerdelikt**. Wie etwa die Deliktsbeschreibung des § 239 zeigt, ist das Delikt vollendet, wenn der Täter sein Opfer eingesperrt hat, das Delikt dauert aber, wie die erhöhte Strafdrohung für eine länger andauernde Freiheitsberaubung in § 239 III Nr. 1 zeigt, noch solange an, wie die Freiheitsberaubung **aufrechterhalten** wird bzw. bis das Opfer wieder frei ist. Auch Unterlassungen, die den rechtswidrigen Zustand nicht beseitigen, sind tatbestandsmäßig, soweit der Täter noch Einfluss über das Geschehen hat.[3a] Es gehört zum Wesen der Dauerdelikte, dass der Tatbestand hier nicht nur die Herbeiführung des rechtswidrigen Zustands, sondern auch dessen Fortdauer bis zur Wiederaufhebung umfasst.[4]

23　　Von diesen Delikten mit sog. iterativer Deliktsstruktur unterscheidet man **Delikte mit iterativer Handlungsstruktur**. Auch bei ihnen ist die Ausdehnung des Deliktsbereichs über die Vollendung hinaus nicht problematisch, da sie dadurch gekennzeichnet sind, dass der Tatbestand durch mehrere Akte, die unter sich eine **natürliche Handlungseinheit** (s. u. 21/6 ff. u. 17 f.) bilden, kontinuierlich wiederholt wird.[5] So wird etwa das Delikt der Körperverletzung gem. § 223 durch mehrere Schläge kontinuierlich in der Vollendung weitergeführt,[6] dasselbe gilt für die Wegnahme in mehreren Einzelakten.[7]

24　　Die Rechtsprechung und ihr folgend ein abnehmender Teil des Schrifttums[7a] sind indessen bei diesen Fällen nicht stehengeblieben. So wurden etwa bei Diebstahl bzw. Raub gem. §§ 242, 249 die Beutesicherung,[8] beim Betrug gem. § 263 die tatsächli-

---

[3a] *Dannecker,* 1993, S. 395; *Jakobs,* 6/82.

[4] *S/S-Stree/Bosch,* § 13 Rn. 36 u. *Stree/Sternberg-Lieben,* Vorbem §§ 52 ff. Rn. 81 u. 84; *Stratenwerth/Kuhlen,* 12/131 u. *Grabow/Pohl,* Jura 2009, 656, 657. – Für die Verzichtbarkeit des Beendigungsbegriffs bei Dauerdelikten *Hruschka,* GA 1968, 204 f.; *Bitzilekis* ZStW 99 (1987), 726 f. – Vgl. aus der Rspr. BGHSt 36, 257, m. Anm. *Laubenthal,* JR 1990, 515; OLG München NStZ 2006, 630, 631.

[5] Vgl. *Jescheck,* Fs. Welzel, 1974, S. 687 ff.; *Maiwald,* Die natürliche Handlungseinheit, 1964, S. 70 ff.; *Grabow/Pohl,* Jura 2009, 656, 657. – Für die Verzichtbarkeit des Beendigungsbegriffs bei Delikten mit iterativer Handlungsstruktur *Bitzilekis,* ZStW 99 (1987), 724 u. 727.

[6] *Hruschka,* GA 1968, 196 f., und *ders.,* in: JZ 1969, 607; *Ebert,* S. 117.

[7] *Gössel,* ZStW 85 (1973), 645.

[7a] Vgl. etwa *Jescheck/Weigend,* S. 518, *Heinrich,* AT I, Rn. 714 u. *W-Beulke,* Rn. 593.

[8] BGHSt 4, 133; 20, 196; BGH StV 1981, 127; BGH NJW 1985, 814; BGH NStZ 1987, 453; BGH JZ 1989, 759; BGHSt 38, 295; BGH NStZ 1999, 510 und 2000, 31 sowie 2008, 152. – Der Rspr. folgend *Kindhäuser,* AT, 9/16 u. *W-Hillenkamp,* Rn. 131 f., der aber zwischen faktischem und normativem Verständnis der Beendigungsphase unterscheidet und bei letzterem (mit Folgen für die sukzessive Beteiligung und qualifizierende Umstände) die Beutesicherungsphase nicht mehr zum Tatbestand der §§ 242, 249 zählt (vgl. LK-*Hillenkamp,* 36 vor § 22).

che Vorteilserlangung,[9] beim unerlaubten Entfernen vom Unfallort gem. § 142 die Erreichung des Fahrtziels[10] noch zur Deliktsverwirklichung gerechnet; in der Literatur wird sogar bei Tötungsdelikten eine Beendigungsphase erwogen.[10a] Will man die **Berechtigung** des Beendigungsbegriffs in diesen Fällen prüfen, so 25 muss man als Prüfstein das Verfassungsrecht heranziehen. Denn dass die Hinausschiebung der Deliktsbeendigung über den Zeitpunkt der formellen Vollendung hinaus mit den sich daran knüpfenden materiellrechtlichen Konsequenzen den Anforderungen des **Art. 103 II GG** genügen, d. h. durch den in Frage stehenden **gesetzlichen** Tatbestand legitimiert sein müsste, kann im Grunde nicht zweifelhaft sein (zust. OLG München NStZ 2006, 630, 631).[10b] Es muss darum gehen, „das Beendigungsstadium in rechtsstaatlich vertretbarer Weise **normativ** – und nicht nur über den faktischen Annex eines ‚tatsächlichen Abschlusses‘ – mit dem Tatbestand des jeweiligen Delikts zu verbinden".[11] Der Versuch, die Beendigung als Institut des Allgemeinen Teils gewohnheitsrechtlich zu legitimieren, ist dazu kein Beitrag, da er gegen das auch aus Art. 103 II GG folgende Verbot strafbegründenden Gewohnheitsrechts verstößt.[12]

Die Notwendigkeit der **Bindung** des Beendigungsbegriffs **an** den **Tatbestand** wird 26 auch von der Rechtsprechung und einem Teil der Lehre gesehen, die zumindest stillschweigend davon ausgehen, dass sich ihr Beendigungsbegriff noch im Rahmen des Schutzzweckes des betreffenden Tatbestandes halte und damit durch den **materiellen** Unrechtsgehalt gedeckt sei.[13] Dieser Auffassung ist jedoch entgegenzuhalten, dass der Beendigungsbegriff nur dann rechtsstaatlichen Anforderungen genügt, wenn er sich in Einklang mit der gesetzlichen Tatbeschreibung (Tatbestand im **formellen** Sinn) befindet und insbesondere die besonderen Handlungsmodalitäten der einzelnen Delikte beachtet. Zwar müssen auch die Merkmale des gesetzlichen Tatbestandes interpretiert werden, und die Auslegung muss sich am materiellen Unrechtsgehalt der jeweiligen Delikte orientieren. Der materielle Unrechtsgehalt eines Delikts darf aber nicht – erfolgsorientiert – mit der Rechtsgutsverletzung gleichgesetzt werden, denn die Fixierung auf den Erfolgsunwert führt unzulässigerweise zur **Vernachlässigung** der rechtsstaatlich begrenzenden Funktion des Handlungsunwertes, insbesondere der **Handlungsmodalitäten**. Sonst wird aus zulässiger, den materiellen Unrechtsgehalt berücksichtigender Interpretation eine unzulässige Erweiterung des Anwendungsbereichs des jeweiligen Tatbestandes über den festgelegten Typus hinaus.[14] So wird dann etwa ein Verhalten, das nicht mehr Wegnahme, son-

---

[9] OLG Stuttgart NJW 1974, 914; BGH wistra 2004, 228 f.; *Mitsch*, BT 2/1, 1/111, der sich aber gegen strafbegründende und strafschärfende Konsequenzen ausspricht. Anders für §§ 203, 271 BGH NStZ 1993, 538.

[10] BayObLG NJW 1980, 412; OLG Zweibrücken VRS 71 (1986), 436; krit. *Lackner/Kühl*, § 142 Rn. 40 u. LK-*Geppert*, § 142 Rn. 191.

[10a] *Walther*, NStZ 2005, 657.

[10b] So auch LK-*Schünemann*, § 27 Rn. 42: Verstoß gegen Analogieverbot und Konflikt mit Bestimmtheitsgrundsatz.

[11] *Küper*, JZ 1981, 252, und ders., in: JZ 1986, 868; vgl. auch schon *Stratenwerth*, JZ 1961, 95 sowie jetzt LK-*Hillenkamp*, 23 u. 32 vor § 22; Streitstanddarstellung bei *Küper*, S. 74.

[12] So NK-*Zaczyk*, § 22 Rn. 6; ebenso schon *Jescheck*, Fs. Welzel, 1974, S. 691 (gegen *Hau*, Die Beendigung der Straftat, 1974) u. jetzt auch *Grabow/Pohl*, Jura 2009, 656, 657.

[13] So W-*Beulke*, Rn. 592.

[14] *Bitzilekis*, ZStW 99 (1987), 731 u. 735; *Jakobs*, 25/12; *Krey/Esser*, AT, Rn. 1198; *Lesch*, 1992, S. 59; M-*Gössel/Zipf*, AT 2, 39/2, und 39/35–42; *Rengier*, NStZ 1992, 590; *Scholderer*, StV 1988, 429 f. – Nach *Zaczyk*, 1989, S. 194 u. 225, ist eine Erweiterung hinsichtlich des

dern Beutesicherung ist, zur Ausführungshandlung des Diebstahls gestempelt,[15] und zwar mit allen angesprochenen Konsequenzen.

27   Eine danach allein haltbare, **tatbestandskonforme Beendigungslehre**[15a] verwirft die Unterscheidung von Vollendung und Beendigung nicht völlig, sondern begrenzt nur ihren Anwendungsbereich. Außer den Fällen der iterativen Delikts- und Handlungsstruktur sind auch Fortführungen der Straftat über die Vollendung hinaus dann anzuerkennen, wenn diese Fortführungen durch tatbestandstypisches Verhalten (Tun oder Unterlassen) geschehen oder wenn sich weitere tatbestandstypische Erfolge einstellen. Man kann diese beiden unterschiedlichen Möglichkeiten der Beendigung eines Delikts als „**Verhaltensbeendigung**" und „Erfolgsbeendigung" bezeichnen.[15b] So kann die Körperverletzung durch mehrere Schläge, aber auch dadurch tatbestandstypisch fortgeführt werden, dass der „Körperverletzer" die Linderung der infolge Fesselung stetig zunehmenden Schmerzen an den Gelenken unterlässt.[16] Es kann aber auch eine Täuschung als tatbestandsmäßiges Verhalten i. S. des § 263 mehrere, nacheinander eintretende tatbestandsmäßige Erfolge herbeiführen, z. B. mehrere, die Versicherung schädigende Rentenzahlungen.[17]

28   Die Frage, ob auf die Verhaltensbeendigung oder die Erfolgsbeendigung abzustellen ist, kann **nicht** für alle mit der Beendigung verbundenen Konsequenzen **einheitlich** beantwortet werden.[18] So könnte es nach dem Sinn des Instituts der Verjährung und erst recht der Amnestie angebracht sein, auf den Abschluss des tatbestandsmäßigen Verhaltens abzustellen (§ 78a hat freilich anders entschieden),[19] während es für die Beihilfe passender sein könnte, sie auch noch in der Zeitspanne zwischen dem Abschluss des Täterverhaltens, d. h. dem Verlust der Erfolgsabwendungsmöglichkeit (beendeter Versuch) und dem Eintritt des letzten tatbestandsmäßigen Erfolges zuzulassen.[20]

---

materiellen Unrechts dann zulässig, wenn nach der formellen Vollendung noch eine weiterwirkende Tätigkeit rechtsgutsverletzender Art möglich ist.

[15] *Bitzilekis*, ZStW 99 (1987), 734 f.; *Hruschka*, JZ 1983, 217. – Anders für die Wegnahme, die auch in der Flucht mit der Beute zu sehen sei, *Schroeder*, JZ 1993, 52.

[15a] Näher *Kühl*, Fs. Roxin, 2001, S. 665, 673 ff.; zust. *Grabow/Pohl*, Jura 2009, 656, 657 u. LK-*Hillenkamp*, 35 vor § 22; für § 142 auch *Mitsch*, NZV 2009, 105, 108.

[15b] Diese Unterscheidung wird aufgegriffen von LK-*Hillenkamp*, 1 vor § 22.

[16] Vgl. *Kühl*, 1974, S. 60 ff.; *Dannecker*, 1993, S. 392 f.; vgl. auch *Jakobs*, 6/83, zu § 223 als möglichem Dauerdelikt.

[17] Vgl. *Kühl*, JZ 1978, 549; *Lackner*, in: *Lackner/Kühl*, § 78a Rn. 4. – Zu § 266 ebenso LG Wiesbaden NJW 2002, 1510, 1512: nach und nach erfolgte Vergrößerung des Schadens; vgl. auch BGH NStZ 2001, 650: Realisierung der Vermögensgefährdung. – Krit. *Grabow/Pohl*, Jura 2009, 656, 658: Fall 2 („Vollendungslehre"), u. schon *Jakobs*, 22/41.

[18] Ähnlich auch *Otto*, 18/13 u. NK-*Zaczyk*, § 22 Rn. 6.

[19] Der Beendigungsbegriff in § 78a ist nach *Otto*, Fs. Lackner, 1987, S. 720, aus den Grundsätzen zu erschließen, auf denen das Institut der Verjährung beruht. – Zu § 78a und dem Beendigungsbegriff vgl. *Dannecker*, NStZ 1985, 51; *Rüping*, GA 1985, 437; *Schmitz*, 2001, S. 213 ff.; B-*Weber/Mitsch*, 8/56–58; MK[1]-*Mitsch*, § 78a Rn. 5; abw. SK-*Rudolphi/Wolter*, § 78a Rn. 3, 3a. – Aus der Rspr.: OLG München NStZ 2006, 630 ff.; BGH NStZ 2009, 34 m. Bspr. *Satzger*, JK 12/08, StGB § 78/2 (HIV-Übertragung und Ausbruch [§§ 224, 226]; dazu auch NK[3]-*Saliger*, § 78a Rn. 11); zu §§ 332, 334 sehr weitgehend BGHSt 52, 300 m. zu Recht abl. Bspr. *Mitsch*, Jura 2009, 534, zur § 331-Beendigung vgl. LK-*Sowada*, § 331 Rn. 131–133.

[20] Für eine solche Differenzierung auch *Lesch*, 1992, S. 67, der die Diskussion um die sukzessive Beihilfe endlich unter dem Aspekt der Teilnahmelehre führen will; ähnlich auch schon *Rudolphi*, Fs. Jescheck, 1974, S. 561 f., mit einer Kritik der pauschalierenden Beendigungsdoktrin; ebenso SK-*Rudolphi*, Rn. 9 Vor § 22.

Zu den Konsequenzen des Beendigungsbegriffs vgl. *Kühl*, JuS 1982, 189–193 u. **29** 2002, 729 ff. sowie in diesem AT bei der Mittäterschaft (20/126), der Beihilfe (20/233), dem „agent provocateur" als möglichem Anstifter (20/205) und bei den Konkurrenzen (21/40). Zur „Unschädlichkeit" der Verwendung des Beendigungsbegriffs zur Bestimmung der Gegenwärtigkeit des Angriffs bei der Notwehr (s. o. 7/46). Für die **qualifizierende Wirkung** einer in der Beendigungsphase bei sich geführten Waffe, gefährlichen Mittels oder sonstigen Werkzeugs/Mittels bei §§ 244, 250 vgl. BGHSt 20, 194, 197; 31, 105, 107; 52, 376 m. Bspr. *Mitsch*, JR 2009, 298 u. *Geppert*, JK 7 zu § 250 II Nr. 1; 53, 234 m. Bspr. *Dehne-Niemann*, ZIS 2009, 377, *Jahn*, JuS 2009, 754, *Kraatz*, Jura 2009, 852, *Mitsch*, JR 2009, 289, *Nestler*, JR 2010, 100, *Waszcynski*, HHRS 2010, 111 u. *Geppert*, JK 8 zu § 250 I Nr. 3; 55, 79 m. krit. Bspr. *Kühl*, JZ 2010, 1131, *Kudlich*, NStZ 2011, 518, *Bachmann/Goeck*, Jura 2012, 133 u. *Satzger*, JK 10 zu § 250 II Nr. 3 b; BGH StV 1988, 429 f. m. abl. Anm. *Scholderer*, zust. aber *Salger*, StV 1989, 66; BGH NStZ 1993, 538 u. 1998, 354; BGH NStZ 2007, 332 m. abl. Anm. *Kudlich*, JR 2007, 381 f.; NStZ-RR 2008, 342; der Rspr. zust. *Ebert*, S. 118, abl. *Kühl*, Fs. Roxin, 2001, S. 665, 683 ff.; *Lackner/Kühl*, § 244 Rn. 2; *Eisele*, BT II, Rn. 183 f. zu § 244 I Nr. 1 a u. Rn. 360 zu § 250 I Nr. 1 c; *Hohmann/Sander*, BT I, 2/12 zu § 244 u. 6/14, 28, 30, 34, 35, alle zu § 250; *Rengier*, BT I, 4/48 f. zu § 244 und 8/30–35 zu § 250; LK-*Vogel*, § 244 Rn. 34; *Zopfs*, Jura 2007, 517; Streitstanddarstellung bei *Küper*, S. 73 f. Zur Bedeutung der Beendigung für die Anwendung des räuberischen Diebstahls gem. § 252 vgl. *Lackner/Kühl*, § 252 Rn. 3, 4; W-*Hillenkamp*, Rn. 132, 398 u. LK-*Vogel*, § 252 Rn. 32–40, 56 f.

In der **Übungsfall-Literatur** gibt es zahlreiche Beendigungs-Fälle zu den verschiedenen „Anwendungsbereichen"; deshalb hier nur eine Auswahl: *Beulke*, KK III, Fall 15, Rn. 694 u. 697–699 (§ 250 I Nr. 1 a Alt. 1 nicht in Beendigungsphase); *Geppert*, Jura 1992, 496 f., Fall 1 (= BGHSt 31, 105, mit Anm. *Kühl*, JR 1983, 425 ff.: „Bei-Sich-Führen" einer Waffe i. S. der §§ 244, 250); *Kett-Straub/Henn*, JA 2010, 590 u. 593 (§ 244 I Nr. 1 b); *K/H/H-Hellmann*, BT 2, Rn. 314 u. 317: Fall 62 (§ 250 II Nr. 1 nach Vollendung der Wegnahme); *Kudlich*, PdW BT I, Fall 52; *Ladiges/Glückert*, Jura 2011, 552 u. 553 (§ 251: tödlicher Schlag nach Vollendung der Wegnahme); *Mitsch*, JA 1997, 655 f. u. 658 sowie *Seibert*, 2008, 31 u. 32 (jeweils § 244 nach Vollendung); *Kühl/Schramm*, JuS 2003, 681 u. 684 f. (§ 250 II Nr. 1 nach Vollendung von § 249 oder §§ 253, 255); *Kohlmann*, JA 1990, 79 ff. (§ 251: tödlicher Schlag zwischen Vollendung und Beendigung des Raubes; vgl. zu dieser Problematik BGHSt 38, 295 ff. mit Anm. von *Geppert*, JK 93, StGB § 251/3; *Jung*, JuS 1992, 1066; *Rengier*, NStZ 1992, 590 f.; *Schroeder*, JZ 1993, 52); *Gössel*, Fälle, Fall 16, S. 260 f. u. 264 f. (§ 249–§ 252-Abgrenzung; vgl. dazu auch den Übungsfall von: *Wagner*, BT-Fälle, Fall 6, S. 53–58); *K/H/H-Heinrich*, BT I, Rn. 859–861: Fall 96: (Beihilfe zwischen Vollendung und Beendigung); *Samson*, Strafrecht II, Fall 26, S. 233 f. (sukzessive Beihilfe); *Seelmann*, Grundfälle zu den Eigentums- und Vermögensdelikten, Fall 1, S. 109 f. (= BGHSt 4, 132: sukzessive Beihilfe in Abgrenzung zur Begünstigung gem. § 257; vgl. zu dieser Problematik auch: *Kudlich*, PdW BT I, Fall 229 und *Wagner*, BT-Fälle, Fall 9, S. 88 u. 95).
Hillenkamp, 24. AT-Problem, Bsp. 1, S. 173 mit Lösung S. 177 (agent provocateur; zu dieser Problematik vgl. auch: *Seier*, JuS 1983, 50 u. 52 f.).

§ 15. Der Versuch

I. Überblick und Aufbau des Versuchsdelikts

1. Überblick über die gesetzliche Regelung des Versuchs in den §§ 22–24

1   Auffallend an der gesetzlichen Regelung der §§ 22–24 ist das Fehlen einer Definition des Versuchsbegriffs, wie sie noch in § 26 I E 62[1] – nach Ansicht der AE-Verfasser freilich in umständlicher und pedantischer Formulierung[2] – enthalten war. § 22 enthält nur die Formel für die Abgrenzung von Vorbereitung und Versuch, die nicht mehr als eine **Leitlinie** für die Lösung dieses Abgrenzungsproblems darstellt. Indem § 22 auf die „Vorstellungen" des Täters von der Tat abhebt, bestätigt er die subjektive Theorie, die als einzig sinnvolle Grundlage für die Beurteilung des Versuchsgeschehens den Täterplan erkannt hatte. Durch das Erfordernis eines unmittelbaren Ansetzens zur Tatbestandsverwirklichung wird der Versuch dicht an die Grenze der Tatbestandsausführungshandlung herangerückt.

2   § 23 nimmt die aus rechtsstaatlichen Gründen (Art. 103 II GG: nulla poena sine lege) notwendige **Ausdehnung der Strafbarkeit** über die Delikte des Besonderen Teils hinaus vor.[3] Die Rechtswidrigkeit des Versuchs wird dagegen vorausgesetzt, sie ergibt sich jedoch zwanglos aus dem Vorliegen des **Handlungsunwerts** beim Versuch.[4] Schon der Versuchstäter handelt der im strafrechtlichen Verbot enthaltenen Verhaltensnorm zuwider, wenn er in Ausführung seines Deliktsentschlusses zur Tatbestandsausführungshandlung unmittelbar ansetzt.

3   Die in § 23 II vorgesehene **fakultative,** also nicht-obligatorische **Strafmilderung** für den Versuchstäter erlaubt einmal, dem Umstand Rechnung zu tragen, dass der Erfolgsunwert beim Versuch im Gegensatz zur vollendeten Tat fehlt, zum anderen zwingt sie deswegen nicht zur Strafmilderung, weil Fälle des Versuchs denkbar sind, die in ihrem Unrechts- und Schuldgehalt dem vollendeten Delikt gleichkommen.[4a]

4   § 23 III bestätigt – neben § 22, der auf die „Vorstellungen" des Täters von der Tat abstellt – die grundsätzliche Strafbarkeit des **untauglichen** Versuchs, indem er den **grob unverständigen** Versuch aus den untauglichen Versuchen heraushebt und für ihn eine zusätzliche Milderbestrafung bis hin zum Absehen von Strafe vorsieht.[4b] Ob auch der sog. irreale, **abergläubische** Versuch von dieser Vorschrift erfasst

---

[1] „Eine Straftat versucht, wer von Vorsatz, die Tat zu vollenden, durch eine Handlung betätigt, die den Anfang der Ausführung bildet oder nach seinen Vorstellungen von den Tatumständen bilden würde, jedoch nicht zur Vollendung führt."

[2] AE-AT, Begr., S. 61.

[3] *Stratenwerth/Kuhlen,* 11/11; *Bloy,* ZStW 113 (2001), 76, 81; LK-*Hillenkamp,* § 22 Rn. 27.

[4] Vgl. *Gallas,* Fs. Bockelmann, 1979, S. 155 ff.; *Bloy,* ZStW 113 (2001), 76, 92. – Vgl. auch *Stratenwerth/Kuhlen,* 11/10.

[4a] Näher zu den strafgrundtheoretischen und kriminalpolitischen Begründungen LK-*Hillenkamp,* Rn. 45 vor § 22. – Rechtsvergleichend *Schubert,* 2005 m. Bspr. *Brockhaus,* GA 2008, 184; speziell mit niederländischem Recht *Modrey,* 2008. – Zur „Anwendung" von § 23 II s. *Lackner/Kühl,* § 23 Rn. 2.

[4b] *Maiwald,* Fs. Loos, 2010, S. 159, 160, mit Hinweis auf die Begründung des E 62; rechtsvergleichende Informationen zum französischen, englischen, italienischen und spanischen Strafrecht *Maiwald,* a. a. O. S. 172 ff., der de lege ferenda in Europa eine „mittlere Linie zwischen Subjektivismus und Objektivismus" erwartet.

wird, oder ob es sich dabei um gar keinen Versuch handelt, ist dem Gesetz nicht zu entnehmen und muss deshalb aus dem **Strafgrund** des Versuchs abgeleitet werden.

Die Regelung der §§ 22, 23 wird in der neueren Literatur überwiegend durch die 5 sog. **Eindruckstheorie** erklärt. Diese Theorie leugnet zwar nicht ihren subjektiven Ausgangspunkt in der Betätigung des verbrecherischen Willens, aber sie berücksichtigt zusätzlich den kriminalpolitischen Gedanken der Generalprävention, indem sie auf die „sozialpsychologische Wirkung, den ‚Eindruck' der Tat auf die Allgemeinheit abstellt".[5] Ob dieser zusätzliche Gesichtspunkt für den Richter praktikabel und zur Erreichung akzeptabler Ergebnisse erforderlich ist, soll hier nicht vorab, sondern erst bei der Behandlung der konkreten Ergebnisse, die die h. L. aus der Eindruckstheorie ableitet, entschieden werden; so bei der Abgrenzung von Vorbereitung und Versuch (s. u. Rn. 39–43), beim untauglichen Versuch (s. u. Rn. 90) und der Straflosigkeit des irrealen Versuchs (s. u. Rn. 93).

§ 24 regelt den **Rücktritt** des Einzeltäters. Dabei verlangt Satz 1 grundsätzlich die 6 Verhinderung des Erfolgs: beim unbeendeten Versuch durch die Aufgabe der weiteren Ausführung der Tat, beim beendeten Versuch durch aktives und wirksames Einschreiten des Versuchstäters; in beiden Fällen muss der Rücktritt freiwillig sein. Hat sich der Rücktritt nicht erfolgsverhindernd ausgewirkt, ist der Erfolg aber trotzdem ausgeblieben, so genügt nach Satz 2 ein freiwilliges und ernsthaftes Bemühen um die Erfolgsverhinderung. Abs. 2 enthält eine besondere Regelung für den **Rücktritt des Mittäters** oder **Teilnehmers,** die diesem den Rücktritt dadurch erschwert, dass zur Rückgängigmachung seines Tatbeitrags noch die Verhinderung der Tat als Ganze gefordert wird.

2. Der Aufbau des Versuchsdelikts mit Hinweisen zur Fallbearbeitung

Das Versuchsdelikt macht auf der Prüfungsstufe der **Tatbestandsmäßigkeit** wegen 7 der Unvollständigkeit des objektiven Tatbestandes und der Vollständigkeit des subjektiven Tatbestandes eine **umgekehrte Prüfungsreihenfolge** wie das vollendete Delikt erforderlich: der vollständige subjektive Tatbestand ist vor dem unvollständigen objektiven Tatbestand zu prüfen. Die Prüfungsstufen der Rechtswidrigkeit und Schuld weisen keine großen Abweichungen gegenüber dem vollendeten Delikt auf, doch ist beim Versuchsdelikt **nach** der **Schuld**prüfung der **Strafaufhebungsgrund** des Rücktritts besonders zu beachten. Vor der umgekehrten Prüfung des Versuchstatbestandes hat außerdem eine zweiteilige sog. „Vorprüfung" stattzufinden, in der die Nicht-Vollendung der Tat und die Strafbarkeit des Versuchs des jeweiligen Delikts geprüft werden.

---

[5] *Ebert,* S. 124; *Gropp,* 9/48 f.; *S/S-Eser,* Vorbem § 22 Rn. 22. Eine Verbindung zwischen „Eindruckstheorie" und „objektiver Gefährlichkeitstheorie" stellt *Roxin,* Fs. Nishihara, 1998, S. 157 ff., mit seiner „Vereinigungstheorie" her; krit. *Maiwald,* Fs. Loos, 2010, S. 159, 170 f. – Zu weiteren „Versuchstheorien" vgl. den Überblick bei *Lackner/Kühl,* § 22 Rn. 11 u. bei *Roxin,* AT II, 29/51–58; eingehend *Grupp,* 2009, S. 91–119; eine kritische Diskussion der Versuchstheorien findet man bei *Rath,* JuS 1998, 1006, 1007–1009, der selbst – im Anschluss an *Kant, Köhler* und *Zaczyk* – auf die Durchbrechung des Gleichheitsverhältnisses zum Opfer abstellt; ähnlich auch *Murmann,* 1999, S. 4 f.; kritisch zur subjektiven Versuchstheorie als „Wegbereiter der NS-Strafrechtsdoktrin" *Hirsch,* JZ 2007, 494 ff.; krit. wegen der Nähe zum Willensstrafrecht *Maiwald* a. a. O. S. 187 f. – Eine objektive Versuchstheorie – „Angriff auf Rechtsgut" – entwickelt *Maier,* 2005, S. 269 m. krit. Bspr. *Zaczyk,* GA 2008, 56 ff.

7a   **Aufbau** des Versuchsdelikts[5a]
     Vorprüfung: – Nichtvollendung des Delikts (Rn. 8–10)
                 – Strafbarkeit des Versuchs bei diesem Delikt (Rn. 11–16)
     1. Tatbestand: a) subjektiv: Entschluss (Rn. 23–37)
                    b) objektiv: (mindestens) unmittelbares Ansetzen i. S. v. § 22
                       (Rn. 38–85 d)
     2. Rechtswidrigkeit (Rn. 21)
     3. Schuld (Rn. 21)
     Nachprüfung: Rücktritt vom Versuch gem. § 24 (§ 16 Rn. 1–91)

> Vollständige Versuchsprüfungen, die diesem Aufbau-Vorschlag folgen, finden sich in der **Übungsfall-Literatur** bei: *Dessecker,* Jura 2000, 592 f.; *Dietmeier,* JuS 2007, 824 u. 827; *Hartmann,* JA 1998, 946; *Haverkamp/Kaspar,* JuS 2006, 895 f.; *Hilgendorf,* KK I, Fall 2, Rn. 5–7; *Hirschmann,* Jura 2001, 711; *Käßner/Seibert,* JuS 2006, 810 u. 814 f.; *Kasiske,* JA 2007, 509 u. 510; *Kudlich/Schuhr,* JA 2007, 349 u. 350 f.; *Kühl,* JuS 2007, 742 u. 746 f.; *Kühl/Hinderer,* JuS 2009, 919, 920 u. 923; *Kühl/Schramm,* JuS 2003, 681 u. 683 f.; *v. Lewinski,* JuS 2006, 431 f.; *Meier/Loer,* Jura 1999, 424 u. 426 f.; *Mitsch,* JA 1997, 655 f. u. 660; *Otto,* Übungen, Anfängerklausur Nr. 3, S. 63 f. u. 69 f.; Nr. 4, S. 77 u. 79 f.; *Rudolphi,* AT-Fälle, Fall 7, S. 77 u. 79 f.; *Scholz/Wohlers,* Klausuren, Bsp. einer Hausarbeitsbearbeitung, S. 102 u. 107 f.; *Schwind/Franke/Winter,* Anfängerübung, 2. Hausarbeit, S. 65 u. 99, 101, 103, 105; *Strauß,* Strafrecht, Fall 2, S. 23 u. 25 f.; *Valerius,* Klausur 10, S. 149 u. 151; *Zieschang,* JuS 1999, 49 f.

a) Die zweistufige „Vorprüfungsstufe"

aa) Die Nichtvollendung der Tat

8   Je nach Fallgestaltung kommt der „Vorprüfungsstufe" der Nichtvollendung[5b] unterschiedliches Gewicht zu. Hat der mit Tötungsvorsatz schießende Täter das Opfer verfehlt, so kann die Nichtvollendung des Totschlags gem. § 212 schlicht festgestellt werden: es ist kein Tod eines anderen Menschen eingetreten und deshalb ist das Delikt, das einen solchen Erfolg voraussetzt, nicht vollendet. Die Feststellung kann zu Beginn der Versuchsprüfung getroffen werden,[6] ohne dass zuvor ein voll-

---

   [5a] Ähnliche Aufbauvorschläge finden sich bei *Rath,* JuS 1998, 1006, 1009; *Putzke,* JuS 2009, 894, 896 (allerdings mit nur „gedanklicher" Vorprüfung); *Seier,* Anfängerklausur, S. 118 f. (mit „Vorabfeststellungen"); *Tiedemann,* Anfängerübung, S. 61; *Ebert,* S. 253; *Heinrich,* AT I, Rn. 651; *Zieschang,* Rn. 452; *Jäger,* Rn. 284; *Joecks,* § 22 Rn. 1; *Kudlich,* PdW AT, Fall 204; vgl. auch B-*Weber/Mitsch,* 26/20–23.
   [5b] Damit wird die Nichtvollendung nicht zu einem Begriffsmerkmal des Versuchs, wie dies *Hardtung,* Jura 1996, 293 und *Herzberg,* JuS 1996, 377 f. unterstellen; sie dient nur der Klarstellung, dass die nächsthöhere Verbrechensstufe noch nicht erreicht ist [wie hier LK-*Hillenkamp,* § 22 Rn. 9 u. *Murmann,* GK, 28/35 Fn. 70]; vgl. *Rath,* JuS 1998, 1006, der die Möglichkeit eines Versuchs als „eigenständige Unrechtsform" nur beim Ausbleiben der Vollendung anerkennt, ansonsten werde der Versuch als „Durchgangsstadium ... durch die Vollendung aufgehoben".
   [6] Nicht erforderlich ist ein eigener Abschnitt mit Überschrift, vgl. *Arzt,* S. 210; *Kühl,* JuS 1980, 122; ebenso der Aufbauvorschlag bei W-*Beulke,* Rn. 874. – Für die Verzichtbarkeit der zweistufigen Vorprüfung: *Schulz,* JA 1999, 203, 213; *Hardtung,* Jura 1996, 293 ff., der jedoch in Ausnahmefällen Ausführungen zur Strafbarkeit des Versuchs befürwortet; *Putzke,* Jura 2009, 635 u. 636; *Rentrop,* AL 2009, 273 u. 277. – **Wie im Text** dagegen *Gropp,* 9/49i; *Haft,* S. 229; *Kindhäuser,* AT, 30/3; *Konhäuser/Lindemann,* JuS 2011, 804 u. 809; *Otto,* 18/45; *Rath,* JuS 1997, 424, 426; sowie **in Übungsfällen:** *Amelung/Boch,* JuS 2000, 261 u. 263, 264; *Bülte/ Becker,* Jura 2012, 319 f. u. 329; *Bung,* JA 2007, 868 f.; *Ellbogen,* JuS 2002, 151; *Haas,* AL 2012, 119 u. 122; *Heghmanns/Kusnik,* AL 2010, 275 u. 277; *Heinrich,* Jura 1997, 366 f. u. 372, 373; *Hilgendorf,* KK I, Fall 2, Rn. 5, Fall 7, Rn. 1 u. Fall 14, Rn. 11; KK II, Fall 1, Rn. 52; *Hinderer,* JuS 2009, 625 u. 627; *Jeßberger/Book,* JuS 2010, 321 u. 324; *Kinzig/Linke,*

endetes Delikt im objektiven Tatbestand abgelehnt sein muss, denn letzteres wäre in so **klaren** Nichtvollendungs-Fällen ein unnötiger Umweg.

Ist freilich die Vollendung des Delikts durch den Täter ernsthaft in Betracht zu 9 ziehen, so sollte die Prüfung mit dem Vollendungsdelikt begonnen werden, denn dort ist im objektiven Tatbestand genügend Raum, um die nicht offensichtliche Nichtvollendung bzw. die mögliche Vollendung zu diskutieren. So z.B. wenn der Täter im Selbstbedienungsladen eine Zigarettenschachtel zunächst einsteckt, dann aber wieder ins Regal zurücklegt (Wegnahme i.S. des § 242 oder noch nicht = Vollendung oder Nichtvollendung?). In diesem Beispiel beruht die Vollendungs-Problematik auf der Auslegung eines einzelnen Merkmals einer BT-Vorschrift, sie kann aber auch wegen eines AT-Merkmals auftreten.

So etwa wenn der Erfolg des jeweiligen Delikts (z.B. der Tod eines anderen Men- 10 schen i.S. des § 212) zwar eingetreten ist, dem Täter aber trotz der Kausalität seines Verhaltens für den Erfolgseintritt nicht objektiv zugerechnet werden kann.[6a] Verletzt z.B. A den X mit Tötungsvorsatz durch einen Messerstich, stirbt X aber auf dem Krankentransport an einem Verkehrsunfall, so ist die Zurechnung dieses Todeseintritts zum Messerstich des A zumindest zweifelhaft. Solche Zweifel aber sollten im objektiven Tatbestand des Vollendungsdelikts zur Sprache gebracht werden.[6b] Erst wenn die Zweifel zur Ablehnung der Erfolgszurechnung führen, ist auf das Versuchsdelikt – innerhalb desselben Delikts (also im Bsp.: § 212) – überzugehen. Bei diesem Übergang ist eine klarstellende Zwischenüberschrift sinnvoll: A könnte sich durch den Messerstich wegen Totschlagsversuchs gem. §§ 212, 22, 23 an X strafbar gemacht haben. Freilich darf nicht bei jeder Verneinung der objektiven Zurechnung des Erfolges auf eine Versuchsprüfung übergegangen werden. Scheitert die Erfolgszurechnung beim Tatförderer/-veranlasser (z.B. dem Heroinspritzenlieferanten oder dem Aids-Infizierten) an der eigenverantwortlichen Selbstgefährdung des Opfers (s.o. 4/86 ff.), so ist selbst bei Vorsatz des Tatförderers/-veranlassers kein Versuch möglich, weil die Verantwortung für das Geschehen allein das sich selbst gefährdende Opfer trägt.[7]

> Aus der **Übungsfall-Literatur** zur Nichtvollendung vgl.: *Gropp*, in: G/K/M, Fallsammlung, Fall 6, S. 115 f. u. 117 (fehlender tatbestandsmäßiger Erfolg bei § 239); *Brammsen/Kaiser*, Jura 1992, 36 u. 42 f. (nicht zurechenbarer Nötigungs-Erfolg); *Hertel*, Jura 2011, 391 u. 392 (nicht zurechenbarer Sachbeschädigungserfolg); Fälle der Nichtvollendung mangels objektiver Zurechnung des Todeserfolgs bei § 212 behandeln *Kudlich*, PdW AT, Fall 105; *Otto*, Übungen, Referendarhausarbeit, S. 179 f. u. 202 mit Verweis auf S. 188 f. („Eigenverantwortlichkeit") sowie *Rotsch*, Klausur 19, S. 269 f. u. 276.

bb) Strafbarkeit des Versuchs

§ 23 I regelt das „Ob" der Strafbarkeit so, dass der Versuch zwar bei allen **Ver-** 11 **brechen**, bei **Vergehen** jedoch nur dann strafbar ist, wenn dies im Gesetz ausdrück-

---

JuS 2012, 229 u. 231; *Krumdiek*, Jura 2009, 623 u. 629; *K/S/L*, Klausurtraining, Fall 1, S. 64 u. 66; *Kühl*, JuS 2007, 742 u. 746; *Linke/Hacker*, JA 2009, 347 u. 350; *Mitsch*, in: G/K/M, Fallsammlung, Fall 18, S. 323 f. u. 332; *Momsen/Sydow*, JuS 2001, 1194 u. 1195; *Otto/Bosch*, Übungen, Fall 5, S. 123; *Steinberg/Jannusch*, Jura 2012, 334; *Steinberg/Stam*, ZJS 2011, 539 u. 540; *Schuster*, Jura 2008, 228, 230, 232, 233; *Weißer*, JA 2010, 433 u. 437; *W-Beulke*, Fall 19, Rn. 893 u. 894.

[6a] Mit Beispielen ebenso LK-*Hillenkamp*, § 22 Rn. 20–24.

[6b] Ebenso *Rath*, JuS 1998, 1006, 1009; wer die Lehre von der objektiven Zurechnung ablehnt, muss den Vorsatz bezüglich des konkreten Geschehensablaufs verneinen; so *Zieschang*, Rn. 454 m. Bsp.

[7] *Freund*, JuS 1997, 237, der dies mit dem „Fehlen eines Verstoßes gegen eine im Interesse des Lebensschutzes zu legitimieren de (spezifische) Verhaltensnorm" begründet.

lich geregelt ist.[7a] Man sollte deshalb das jeweils zu prüfende Strafgesetz in allen seinen Absätzen(!) daraufhin durchlesen,[7b] ob sich eine Versuchsvorschrift findet, wie z. B. beim Diebstahl in § 242 II, beim Betrug in § 263 II. Findet man einen solch ausdrücklichen Hinweis auf die Versuchsstrafbarkeit nicht, so kann sich diese nur aus dem Verbrechenscharakter des Delikts ergeben, d. h., das Delikt muss eine Strafdrohung enthalten, die im Mindestmaß Freiheitsstrafe von einem Jahr oder darüber vorsieht (§ 12 I), z. B. Raub in § 249 I („nicht unter einem Jahr") oder Totschlag in § 212 I („nicht unter fünf Jahren").

12   Auch für diesen Teil der Versuchs-Prüfung gilt das oben zur Nicht-Vollendung Gesagte: die Prüfung kann in einem feststellenden Satz innerhalb der Sachdarstellung erfolgen.[7c] Aber auch hier gilt dies nur in Fällen unproblematischer Strafbarkeit oder Straflosigkeit, denn eine unbedachte Annahme der Strafbarkeit führt zu sinnlosen, da praktisch unverwertbaren Versuchsausführungen (so etwa bei der „versuchten Aussetzung" gem. § 221 I und der „versuchten Untreue" gem. § 266), eine vorschnelle Ablehnung zu großen Lücken in der Fallbearbeitung.

13   So etwa in folgendem, nach der Anordnung der Versuchsstrafbarkeit in § 239 II aber nicht mehr so problematischen **Beispielsfall:** Der Metzgermeister M hat seinen Lehrling L schon häufig erwischt, als dieser Fleisch- und Wurstwaren auf die Seite bringen wollte. Nachdem Drohungen und Schläge bei L nicht gefruchtet haben, sperrt M, als er L gerade wieder mit einem Knochenschinken erwischt, in eine Dachkammer. Er will L dort 10 Tage über sein Verhalten nachdenken lassen, doch L gelingt es, schon nach 2 Tagen freizukommen.

14   Der Bearbeiter, der sich in diesem Fall mit der Prüfung und Bejahung der Freiheitsberaubung gem. § 239 I zufriedengibt, übersieht die eigentlichen Probleme des Falles. Diese bestehen in der Möglichkeit einer versuchten schweren Freiheitsberaubung gem. § 239 III Nr. 1, 22, 23. Abgesehen von der hier zurückzustellenden Frage, ob es sich bei § 239 III Nr. 1 um ein erfolgsqualifiziertes Delikt handelt,[7d] und ob der Versuch des erfolgsqualifizierten Delikts in der Form begangen werden kann (dazu unten 17 a/33–38: „versuchte Erfolgsqualifizierung"), dass die qualifizierende Folge erstrebt wurde, aber nicht eintrat, ist zu prüfen, ob der Versuch des § 239 III Nr. 1 überhaupt strafbar ist. Dies könnte sich nur aus dem **Verbrechenscharakter** dieser Vorschrift ergeben. Die Strafdrohung des § 239 III spricht für die Annahme eines Verbrechens, jedoch ist dieses vorläufige Ergebnis zweifelhaft, weil § 239 III eine Qualifizierung des § 239 I darstellt.

15   Ob durch eine solche Strafschärfung wie in § 239 III der Deliktscharakter einer Vorschrift geändert wird, bestimmt sich nach § 12 III. § 239 III Nr. 1 gehört nicht zu den dort aufgeführten, für die Deliktseinteilung außer Betracht bleibenden Strafschärfungen („in besonders schweren Fällen"), da er tatbestandlich umschreibt, in welchen Fällen die Strafschärfung eingreift (sog. **benannter** Strafschärfungsgrund).[8] Die Freiheitsberaubung wandelt also ihren Deliktscharakter als Vergehen in Abs. 1

[7a] Nach *Samson,* Fs. Grünwald, 1999, S. 585, 600 f., handelt es sich dabei nicht um eine wissenschaftlich vorschreibbare, sondern eine kriminalpolitische Entscheidung des Gesetzgebers darüber, ob die Sanktionierung nur „vermeintlich erfolgsmächtiger" Handlungen „zur Erhaltung von Normtreue" erforderlich sei. – Zu kriminalpolitischen Fragen der Versuchsstrafbarkeit vgl. *Kühl,* Fs. Küper, 2007, S. 289, 290 ff.

[7b] So auch *Arzt,* S. 211.

[7c] Ähnlich *Rath,* JuS 1998, 1006, 1010.

[7d] Zum Streitstand nach dem 6. StrRG vgl. *Lackner/Kühl,* § 239 Rn. 9.

[8] S/S-*Eser/Hecker,* § 12 Rn. 11; B-*Weber/Mitsch,* 11/10; SSW-*Satzger,* § 12 Rn. 5 u. *Putzke,* JuS 2009, 894, 895 f.

zu einem Verbrechen in Abs. 3, so dass der Versuch der schweren Freiheitsberaubung strafbar ist.[9]

Die Frage, ob Versuch überhaupt zu prüfen ist, stellt sich zwar nicht mehr beim **16** bisher hier behandelten Beispiel des Provokationstotschlags gem. § 213 Alt. 1, denn hier muss nach der inzwischen erfolgten Erhöhung des Strafrahmens auf Verbrechensniveau schon wegen § 23 I Versuch geprüft werden, wenn der provozierte Täter das Opfer zu töten versucht. Die Frage stellt sich aber, wenn der Täter versucht, das Opfer i. S. von § 221 im Stich zu lassen. Steht der Täter – abgesehen von seiner Beistandsverpflichtung – in keiner besonderen Beziehung zum Opfer, so käme nur Versuch des § 221 I in Betracht, der aber nicht geprüft werden darf, weil es sich bei § 221 I um ein Vergehen handelt, bei dem die Versuchsstrafbarkeit nicht angeordnet ist.[10] Ist Täter aber der Vater und das ausersehene Opfer sein Kind, so kommt Versuch des § 221 II Nr. 1 in Betracht, der geprüft werden muss, weil es sich um eine tatbestandlich umschriebene, sog. benannte Strafschärfung, handelt, bei der im Gegenschluss zu § 12 III die Strafdrohung der Strafschärfung „in Betracht zu ziehen" ist; die Strafandrohung des § 221 II („von einem Jahr …") macht diese Vorschrift zu einem Verbrechen, so dass deren Versuch strafbar ist und also geprüft werden muss.[11]

> Aus der **Übungsfall-Literatur** zur Strafbarkeit des Versuchs vgl.: *Burchhard/Engelhard*, JA 2009, 271 u. 275 f. (§ 292-Fall); *Eiden/Köpferl*, Jura 2010, 780 u. 783 (§ 221 I, II-Fall); *Kudlich*, PdW AT, Fall 206 (§ 221-Fall); *Rath*, JuS 1998, 1010: Fall 6 (§ 221-Fall).

b) Die Prüfung des Versuchstatbestands

Der Tatbestand des Versuchsdelikts enthält wie der Tatbestand des „normalen" **17** vollendeten Delikts objektive und subjektive Komponenten. Die objektive Komponente ist jedoch beim Versuchsdelikt unvollständig, so dass die Feststellung, ob und nach welchem Tatbestand die zu prüfende Person sich strafbar gemacht haben könnte, die Kenntnis von deren **Vorstellungen** voraussetzt. Deshalb ist beim Versuchsdelikt mit der Prüfung des vollständigen subjektiven Tatbestandes zu beginnen.[11a] So kann etwa der durch den Wald pfeifende Schuss je nach Vorstellung des Schützen ein Totschlagsversuch, eine Jagdwilderei oder eine verbotene Schießübung sein.

Hat sich der „Täter" zu einer „Straftat entschlossen", die möglicherweise gar kei- **18** nem Tatbestand unterfällt, so ist zu prüfen, ob es sich um ein sog. strafloses **Wahndelikt** oder um einen strafbaren untauglichen Versuch handelt (Überblick bei *Valerius*, JA 2010, 111 mit Bsp. 1 u. 2). Diese Abgrenzung ist schon im Rahmen der Entschlussprüfung vorzunehmen (*Valerius* a. a. O. S. 116), da beim Wahndelikt der Vorsatz des „Täters" nicht auf die Verwirklichung von Tatumständen eines so existierenden Straftatbestandes gerichtet ist; bei der irrigen Annahme einer nicht-existierenden Strafnorm (s. u. 96) kommt man mangels Strafnorm gar nicht bis zum Entschluss, so dass bereits die Vorprüfungsstufe „Strafbarkeit" verneint werden muss.[11b]

---

[9] *Lackner/Kühl*, § 239 Rn. 9; *Kindhäuser*, BT I, 15/20; *Rengier*, BT II, 22/24.

[10] *Lackner/Kühl*, § 221 Rn. 6; kritisch zu dieser Entscheidung des Gesetzgebers *Bussmann*, GA 1999, 21, 23.

[11] *Lackner/Kühl*, § 221 Rn. 7.

[11a] Zum „Vorrang" des inneren Tatbestandes vor dem äußeren Hergang beim Versuch LK-*Hillenkamp*, 13 vor § 22 u. § 22 Rn. 9, 30.

[11b] *Rath*, JuS 1999, 32, 34, der auf dieser Vorprüfungsstufe auch die Fälle der Ausdehnung einer existierenden Norm (s. u. Rn. 96) prüfen will; die Wahndelikte, die sich aus Nichtkenntnis oder Verengung einer Erlaubnisnorm ergeben (s. u. Rn. 101), sollen – zu Recht – erst auf

19   Außer dem Vorsatz bezüglich sämtlicher objektiver Tatumstände gehören in diese Prüfungsstufe auch die **besonderen subjektiven Tatbestandsmerkmale** wie die Zueignungsabsicht beim Diebstahl gem. § 242 und die Täuschungsabsicht bei der Urkundenfälschung gem. § 267.

20   Die Prüfung der unvollständigen **objektiven** Komponente des Versuchstatbestands erfolgt erst nach Bejahung des subjektiven Tatbestandes. Also umgekehrtes Vorgehen im Vergleich zum vollendeten vorsätzlichen Begehungsdelikt. **Mindestvoraussetzung** in objektiver Hinsicht ist nach § 22 das unmittelbare Ansetzen zur Tatbestandsverwirklichung. Hat der Täter schon mehr getan und etwa schon die Tatbestandsausführungshandlung vollzogen (z. B. in Tötungsabsicht auf das Opfer geschossen),[12] so muss die Abgrenzungsformel des § 22 nicht bemüht werden, denn dann liegt in objektiver Hinsicht zweifelsfrei ein Versuch vor (s. u. Rn. 55). Das gilt auch für verhaltensgebundene Delikte[13] wie z. B. den Betrug, doch ist hier darauf zu achten, dass nicht jedes täuschende Verhalten im Vorfeld des geplanten Betrugs schon eine Täuschung i. S. einer Tatbestandsausführungshandlung darstellt; diese liegt erst in der Täuschung, mit der die irrtumsbedingte und schädigende Vermögensverfügung des Opfers erreicht werden soll (BGHSt 37, 294).[14] Wegen dieser in Ausnahmefällen erforderlichen Präzisierung der tatbestandsspezifischen Ausführungshandlung sollte man die Regel, dass bei Verwirklichung der Tatbestandsausführungshandlung jedenfalls Versuch vorliegt, nicht über Bord werfen,[15] denn sie verhindert, dass in klaren Versuchsfällen sämtliche Theorien zur Abgrenzung von Vorbereitung und Versuch mit dem vorhersehbaren Ergebnis (Versuch) durchgeprüft werden (s. unten Rn. 55).

> In der **Übungsfall-Literatur** wird so verfahren von: *Alpmann/Schmidt,* AT 2, Fall 18, S. 102 f.; *Bock,* JuS 2006, S. 603 u. 605; *Fahse/Hansen,* Übungen für Anfänger, 1. Klausur, S. 86 u. 90 f.; *Hartmann,* JA 1998, 946 u. 948; *Hilgendorf,* KK I, Fall 12, Rn. 5; *Meurer/Kahle/Dietmeier,* Übungskriminalität, Fall 4, S. 49 f. u. 65; *Otto,* Übungen, Anfängerklausur Nr. 3, S. 65 u. 67; *Rudolphi,* AT-Fälle, Fall 1, S. 1 u. 12 sowie Fall 3, S. 24 u. 31; *Scholz/Wohlers,* Klausuren, Bsp. einer Hausarbeitsbearbeitung, S. 102 u. 108; *Vogel/Fad,* JuS 2002, 786 u. 787.

c) Weitere Prüfungsstufen

21   Nach Bejahung des subjektiven und des objektiven Tatbestandes sind wie beim vollendeten vorsätzlichen Begehungsdelikt auf der Prüfungsstufe der **Rechtswidrig-**

---

der Rechtswidrigkeitsebene geprüft werden. – Für Verortung der Abgrenzung Versuch des untauglichen Subjekts-Wahndelikt (s. u. Rn. 91 u. 103 ff.) im Tatentschluss *Seier/Gaude,* JuS 1999, 456, 458.

[12] Vgl. Fall 1 bei *Hettinger,* JuS 1992, L 66 Fn. 7, und den Übungsfall von *Rudolphi,* AT-Fälle, Fall 11, S. 124 f.: Gift in Kaffee geschüttet.

[13] Vgl. auch *Haft,* S. 231, mit Raubversuchs-Beispiel, in dem der Täter das Opfer schon niedergeschlagen hat.

[14] Vgl. zu dieser § 263-Versuchsproblematik LK-*Hillenkamp,* § 22 Rn. 94; *Tiedemann,* Fg. BGH, 2000, S. 551, 562 f.; *Roxin,* AT II, 29/115–118; *W-Beulke,* Rn. 599; kritisch zur Teilverwirklichungsregel in § 263-Fällen auch *Burkhardt,* JuS 1983, 426 und *Seier,* ZStW 102 (1990), 585 ff.; kritisch zu *Burkhardt* und *Küper* (Fn. 15) jetzt *Murmann,* 1999, S. 13–16, der zu Recht auf die richtige Fassung des Begriffs der tatbestandsmäßigen Handlung abhebt, der beim Betrug eben nicht schon das Erschleichen des Vertrauens des Opfers, sondern erst die Täuschungshandlung erfasst, der eine „rechtlich missbilligte Gefahr für das Vermögen" innewohnt.

[15] So *Küper,* JZ 1992, 347, in seiner Kritik an BGHSt 37, 294; dagegen *Kühl,* Fs. Küper, 2007, S. 289, 302; für die Aufgabe der „vermeintlich zwingenden Regel" LK-*Hillenkamp,* § 22 Rn. 94; vgl. zu Regel und Ausnahme mit Beispielen *Joecks,* § 22 Rn. 19 u. 20.

keit Rechtfertigungsgründe zu suchen.[16] Auf der Prüfungsstufe der **Schuld** geht es um die Suche nach Schuldausschließungs- und Entschuldigungsgründen.

Besondere Bedeutung als Strafbarkeitsvoraussetzung außerhalb von Unrecht und 22 Schuld kommt beim Versuch dem Rücktritt zu. Auch wenn der Sachverhalt auf den ersten Blick kein Rücktrittsverhalten des Täters erkennen lässt, so sollte man einem möglichen Rücktritt doch Aufmerksamkeit („**Merkposten**": § 24?) schenken, denn für den Rücktritt vom unbeendeten Versuch reicht schon das Nichtweiterhandeln (Aufgabe der Tat) aus.

Grundfälle zum Unrecht des Versuchs bei *Rath*, JuS 1998, 1006–1013, 1106–1113; JuS 1999, 32–36, 140–145.

II. Der Versuchstatbestand

1. Subjektiver Tatbestand: Der Entschluss

Der subjektive Tatbestand des Versuchs[16a] setzt wie beim vollendeten Delikt den 23 Vorsatz bezüglich der in Aussicht genommenen Tat voraus sowie bei einigen Delikten besondere subjektive Unrechtsmerkmale (z.B. die Absicht der rechtswidrigen Zueignung beim versuchten Diebstahl gem. §§ 242, 22, 23). Es gibt also keinen „fahrlässigen Versuch"; der Versuch des **Fahrlässigkeitsdelikts** ist, falls denkbar, jedenfalls nach geltendem Recht nicht strafbar.[17]

Das Vorsatzerfordernis ist zwar nicht so deutlich wie in § 15 herausgestellt, doch 24 ergibt es sich aus § 22 („nach seinen Vorstellungen von der Tat").[18] Der Versuch ist die vollständig gewollte, aber unvollständig gebliebene Tat.[18a] **Vorsatzgegenstand** sind auch hier alle objektiven Tatumstände, was bei komplizierteren objektiven Tatbeständen wie z.B. beim Betrug gem. § 263 zu einer umfangreichen Vorsatzprüfung führen kann, denn es ist Vorsatz bezüglich Täuschung, Irrtumserregung, Vermögensverfügung und Vermögensschaden zu prüfen. Dabei müssen die objektiven Tatumstände im subjektiven Tatbestand des Versuchs durchgehend **in subjektiver Perspektive** geprüft werden,[18b] auch dann, wenn sie (wie z.B. die Täuschung durch den Täter beim Betrugsversuch) objektiv verwirklicht sind. Auf diese bereits erfolgte

---

[16] *B-Weber/Mitsch*, 26/21; *Heinrich*, AT I, Rn. 651, Fn. 25; zu behaupteten Besonderheiten vgl. *Kühl*, JuS 1980, 124f.; krit. *Herzberg*, Fs. Stree/Wessels, 1993, S. 221 u. MK-*Herzberg*, § 22 Rn. 174f., der die Rechtswidrigkeit in subjektiver Täterperspektive prüft; im **Übungsfall** vgl. *Herzberg/Scheinfeld*, JuS 2003, 881f., die fragen, „ob nach der Tätervorstellung kein Rechtfertigungsgrund vorliegt," und *Börgers/Grunewald*, ZJS 2008, 521 u. 522. Ebenso *Frister*, AT, 23/16. Monographisch: *Grupp*, 2009, S. 177ff. – Vgl. auch den anderen Ansatz von *Arzt*, S. 211–216, der sich auf den Aufbau auswirkt: Rechtswidrigkeit und Schuld hinsichtlich der „vorgestellten Tat" im subjektiven Tatbestand vor dem unmittelbaren Ansetzen bzw. der Ausführungshandlung; vgl. auch *Streng*, Fs. Otto, 2007, S. 469, 481ff.; dagegen LK-*Hillenkamp*, § 22 Rn. 177 Fn. 380.

[16a] *Roxin*, AT II, 29/59–71. – Neuerdings wird der „subjektive Tatbestand bei der versuchten Tat durchaus von dem bei vollendeter Tat" unterschieden; vgl. *Murmann*, 1999, S. 8ff. m.w.N. (s.u. Rn. 30 Fn. 30); *Streng*, ZStW 109 (1997), 862, 870; nach MK-*Freund*, 450 vor §§ 13ff., hat die Prüfung des Tatentschlusses eine „Doppelfunktion". – Kritisch zur Gleichsetzung von (Kenntnis-)Vorsatz und Vorstellungsvorsatz *Jung*, JA 2006, 228, 233.

[17] Vgl. *Beck*, JA 2009, 111, 113; *B-Weber/Mitsch*, 22/72 u. 26/25; *Jakobs*, 25/28; M-*Gössel/Zipf*, AT 2, 40/72; LK-*Vogel*, § 15 Rn. 179; NK-*Zaczyk*, § 22 Rn. 21.

[18] Vgl. aus der Entstehungsgeschichte BT-Dr. V/4095, S. 11; LK-*Hillenkamp*, § 22 Rn. 2; M-*Gössel/Zipf*, AT 2, 40/68; vgl. auch *Kindhäuser*, AT, 31/5.

[18a] *Lackner/Kühl*, § 22 Rn. 1; ähnlich LK-*Hillenkamp*, 12 vor § 22 u. § 22 Rn 8.

[18b] *Putzke*, JuS 2009, 894, 896f.

Verwirklichung eines objektiven Tatumstandes (z. B. die Täuschung i. S. des § 263) ist dann noch einmal beim objektiven Tatbestand des Versuchs, dem unmittelbaren Ansetzen (s. u. 46), einzugehen, wo ihr Vorliegen als Teilverwirklichung den Versuchsbeginn begründet (z. B. des § 263; s. unten Rn. 46, 55 u. schon oben Rn. 20).

> In der **Übungsfall-Literatur** finden sich solch umfangreiche Entschlussprüfungen bei *Alpmann/Schmidt*, AT 2, Fall 15, S. 91–94 (§ 263, § 263 a); *Dedy*, Jura 2002, 137 u. 139 (§ 267) u. 140 (§ 263) u. 142 f. (§ 246); *Esser*, Jura 2004, 273 u. 277 f. (§§ 253, 255), 278 f. (§ 263); *Pöstges*, in: *Frister* (Hrsg.), Die strafrechtliche Klausur, Fall 6, S. 120 f. u. 136 ff. (§ 263); *Gleß*, Jura 2003, 496 u. 500 f. (§ 253), 501 (§ 259); *Hartmann*, JA 1998, 946 u. 947 (§ 253-Versuch); *Hackling*, JuS 1993, 398 u. 399 (§ 263); *Hilgendorf*, Fallsammlung, Fall 15, S. 118 u. 124, 126 (§ 263); *Jerouschek/Kölbel*, JuS 2001, 780 u. 782 f. (§ 263 a); *Kaspar*, JuS 2012, 628 f. u. 633 f. (§ 263); *Konhäuser/Lindemann*, JuS 2011, 804 u. 809 f. (§ 263); *Morgenstern*, JuS 2006, 251 u. 253 (§§ 253, 255); *Otto/Bosch*, Übungen, Fall 17, S. 378 f. (§ 263); *Radtke/Matula*, JA 2012, 265 u. 266–268 (zu § 249 u. § 255); *Rotsch*, Klausur 23, S. 348 u. 377–379 (§ 263); *Wagner*, BT-Fälle, Fall 7, S. 65 u. 73, Fall 9, S. 88 u. 90–92 (§ 263-Fälle); *Wolters*, Fall 2, S. 27 f. u. 54–56 (§ 263-Versuch) und Fall 4, S. 85 f. u. 95–97 (§ 253-Versuch); *Zieschang*, JuS 1999, 49 f. (§§ 253, 255, 250-Versuch).

25   Es kommen alle vom Vollendungsdelikt her bekannten Vorsatzarten in Betracht, also **auch** der **Eventualvorsatz,** wenn er bei der vollendeten Tat ausreichend wäre.[19] So hat die Rechtsprechung beim Durchbrechen von Polizeisperren, sofern ausnahmsweise bedingter Tötungsvorsatz des Täters bejaht werden konnte,[20] auch einen versuchten Totschlag mit Eventualvorsatz angenommen (BGH VRS 56, 139 ff.). Wird nun die Polizeisperre durch die Pappnachahmung eines Polizisten gebildet, so soll sich nach *Schmidhäuser* das Ergebnis ändern, weil es strafbare Versuche nur mit Zielunwert (= absichtliche Versuche) oder objektivem Gefährdungsunwert gebe.[21] Gegen das Erfordernis des objektiven Gefährdungsunwerts spricht aber schon die gesetzgeberische Entscheidung in §§ 22, 23 III, nach welcher der (untaugliche) Versuch auch ohne objektive Gefährdung des Tatopfers strafbar ist. Diese gesetzgeberische Entscheidung hat gute Gründe für sich. Auch wer ein neutrales Ziel verfolgt, rechtsgutsverletzende Auswirkungen seines Handelns aber für möglich hält, hat für das Risiko optiert und sich damit für das mögliche Unrecht entschieden.[22]

26   Diese **Entscheidung** für die **Rechtsgutsverletzung** verbietet es auch, den Vorsatz beim Versuch nur bei Absicht und Wissentlichkeit anzunehmen, weil sonst „Täter ohne eigentliches Rechtsverletzungsinteresse" benachteiligt würden.[23] Eine solch restriktive Interpretation des § 22 ist deshalb abzulehnen; ein gesetzgeberisches Eingreifen, das dann auch entstehende Strafbarkeitslücken zu schließen hätte, ist mangels Benachteiligung des Eventualvorsatz-Täters nicht erforderlich. Setzt das versuchte Delikt auch für den Fall der Vollendung direkten Vorsatz (Absicht, Wissentlichkeit) voraus, ist ein Eventualvorsatz kein ausreichender Tatentschluss.[24]

---

[19] B-*Weber/Mitsch*, 26/25; *Jakobs*, 25/24; *Kindhäuser*, AT, 31/9; W-*Beulke*, Rn. 598; *Putzke*, JuS 2009, 894, 896; einschr. NK-*Zaczyk*, § 22 Rn. 19.

[20] Zur regelmäßigen Verneinung des Vorsatzes in solchen Versuchsfällen vgl. *v. Heintschel-Heinegg*, Strafrecht 2, Fall 12, S. 144 u. 153 f.

[21] Vgl. *Schmidhäuser*, 11/16; der Papp-Polizisten-Fall findet sich bei *Kern/Schmidhäuser*, Strafrechtsfälle I, Fall 140 b, S. 32 u. 79 f. – Kritisch zu *Schmidhäuser*: *Papageorgiou-Gonatas*, 1988, S. 83–87.

[22] *Lackner*, JZ 1978, 211.

[23] So *Streng*, JZ 1990, 219; vgl. auch schon *Puppe*, NStZ 1986, 17; *Herzberg*, NStZ 1990, 311; *Bauer*, wistra 1991, 169.

[24] LK-*Hillenkamp*, § 22 Rn. 36; vgl. auch den § 258-Fall des OLG Frankfurt NStZ 1981, 144, in der Besprechung von *Seier*, JuS 1981, 807.

Aus der **Übungsfall-Literatur** zum ausreichenden Eventualvorsatz vgl. *Amelung/Boch,* JuS 2000, 261 u. 264; *Bakowitz/Bülte,* StudZR 2010, 150 u. 158; *Esser/Krickl,* JA 2008, 787 u. 789 f.; *Hilgendorf,* KK I, Fall 12, Rn. 2 f.; *Dessecker,* Jura 2000, 592 u. 593; *Hirschmann,* Jura 2001, 711; *Knauer,* JuS 2002, 53 u. 57; *Kudlich,* PdW AT, Fall 209; *Otto,* Jura 2008, 954 u. 957; *Wagner,* BT-Fälle, Fall 6, S. 53 u. 59; vgl. auch den „Ausgangsfall" bei *Heinrich,* AT I, Rn. 657 mit Lösung Rn. 658.

Hinsichtlich der Art des Wissens reicht auch hier die in einer „Parallelwertung in 27 der Laiensphäre" gewonnene **Bedeutungskenntnis,** z. B. das Erfassen der wesentlichen Umstände, die den Vermögensschaden der durch Manipulation am Fahrausweis getäuschten Verkehrsgesellschaft begründen (OLG Düsseldorf NJW 1992, 924), oder z. B. das Erfassen der die Verwerflichkeit beim Nötigungsversuch begründenden Umstände (BayObLG NJW 1992, 521 f.).

Ein **Irrtum** über objektive Tatumstände, der beim vollendeten Delikt den Vorsatz 28 ausschließt, lässt auch die „Vorstellung" des Täters von der Tat i. S. des § 22 entfallen,[24a] dagegen bleibt die Fehlvorstellung, die beim vollendeten Delikt den Vorsatz unberührt lässt (z. B. „error in persona"), auch beim Versuch unbeachtlich.[25] Der Tatentschluss muss hinreichend auf die zu begehende Tat in ihren wesentlichen Umrissen hin **konkretisiert** sein, ohne dass die Tat schon in allen Einzelheiten (Tatort, Tatausführung) konzipiert zu sein braucht.[26]

Die Vorstellung, **übernatürliche Kräfte** zur Tatbegehung einsetzen zu können, ist 29 kein Vorsatz, der verwirklichbar wäre.[27] Auf diese Vorsatzproblematik ist aber gesondert bei der Behandlung des sog. irrealen/abergläubischen Versuchs und der sonstigen Wahndelikte einzugehen (s. u. III. 1. = Rn. 96). An Verwirklichungswillen fehlt es aber auch in dem „Erbonkel"-Fall, in dem der Neffe den Onkel zu einer Flugreise in der Hoffnung überredet, dass das Flugzeug abstürzt und der Onkel dabei den Tod findet (s. o. 4/48 u. 97).[27a]

Während der Umstand, dass sich der Täter nur mit dem von ihm als möglich vorhergesehenen Eintritt des tatbestandsmäßigen Erfolges abfindet bzw. diesen billigend in Kauf nimmt (= bedingter Vorsatz), der Annahme eines Versuchs nicht entgegensteht, darf sich der Täter darüber, ob er überhaupt handeln will, nicht mehr unschlüssig sein.[28] Er muss vielmehr zur Verwirklichung der in Aussicht genommenen Tat **„endgültig"** entschlossen sein.[29] Die Feststellung eines „endgültigen Handlungswillens"[30] macht deshalb Schwierigkeiten, weil zwischen dem Zustand völliger

---

[24a] B-*Weber/Mitsch,* 26/27; gegen eine direkte Anwendung von § 16 *Streng,* ZStW 109 (1997), 862, 871 ff.

[25] Vgl. LK-*Hillenkamp,* § 22 Rn. 33; NK-*Zaczyk,* § 22 Rn. 17. – Die Prüfung des „error in persona" hat aufbaumäßig beim Tatentschluss und nicht erst beim unmittelbaren Ansetzen zu erfolgen; *Rath,* JuS 1997, 424, mit Hinweisen auf die entsprechend verfahrende Übungsfall-Literatur; anders aber *Graul,* JuS 1997, 1150 f. (beim unmittelbaren Ansetzen); dagegen *Rath,* JuS 1998, 576. – *Streng,* ZStW 109 (1997), 862, 874 f. hält die ganze Fragestellung beim Versuch für verfehlt; ebenso *Murmann,* GK, 28/40, der dies wie *Streng* auch auf den Erlaubnistatbestand bezieht.

[26] *Günther,* JZ 1987, 20 ff.; *Rath,* JuS 1998, 1006, 1011.

[27] Vgl. *Rath,* JuS 1999, 1006, 1011; W-*Beulke,* Rn. 620.

[27a] *Hoyer,* 1997, S. 194 m. w. N. in Fn. 84; nach *Roxin,* Fs. Jung, 2007, S. 829, 838, fehlt es im entsprechenden Gewitter-Fall (oben 4/97) an einer rechtlich relevanten Vorstellung des Täters.

[28] Vgl. LK-*Hillenkamp,* § 22 Rn. 40–52; SK-*Rudolphi,* § 22 Rn. 3–6.

[29] Vgl. *Rath,* JuS 1999, 1006, 1012; *Murmann,* GK, 28/38; W-*Beulke,* Rn. 598; *Otto,* 18/18, spricht vom „vorbehaltlosen" Entschluss; LK-*Hillenkamp,* § 22 Rn. 40: „Tatentschlossenheit".

[30] *Roxin,* JuS 1979, 1–3; vgl. zu diesen Schwierigkeiten auch schon *Arzt,* JZ 1969, 54 ff. – In der Rechtslehre wird auch eine Art „doppelter" Vorsatz verlangt; vgl. etwa *Murmann,*

Unentschlossenheit und dem eines fertigen Verwirklichungswillens meist ein mehr oder weniger langer Prozess liegt, in dem sich der Täter unter Abwägung aller Hinderungs- und Beweggründe zur Begehung einer Tat durchringt.

31   In diesem Prozess befindet sich der Abwägende auf einem recht unsicheren Boden, da er die Begleitumstände seiner späteren Tat nie genau kennen kann. Insofern bewegt sich jeder in einem Entschlussprozess Befindliche auf einer **unsicheren Tatsachengrundlage**.[31] Macht er sich diese Unsicherheit bewusst[32] und will er dennoch handeln, so steht sein Verwirklichungswille zwar auch unter einem gewissen Vorbehalt, aber der zuvor Abwägende hat für sich die Entscheidung zur Verwirklichung des in Aussicht genommenen Delikts getroffen. So ist derjenige zu einer Urkundenfälschung gem. § 267 I 1. Var. entschlossen, der bei der Herstellung den Gebrauch der unechten Urkunde und damit die Täuschung nur noch davon abhängig macht, dass das Finanzamt bei ihm eine Geschäftsprüfung vornimmt (BGHSt 5, 149).[33] Wer die Ausführung des Entschlusses **von einer Bedingung abhängig macht, deren Eintritt er nicht beherrscht**, ist entschlossen i. S. des § 22.[34] Hängt z. B. die Ausführung der Tötungshandlung des bewaffneten Täters nur noch davon ab, dass es zu Tätlichkeiten kommt (BGH NStZ 1991, 233), so ändert diese Bedingung nichts am Tötungsentschluss. Machen die Mittäter eines Raubüberfalls in einem Supermarkt, in dem sie sich bereits bewaffnet befinden, davon abhängig, dass nicht zu viele Kunden anwesend sind, so haben sie einen ausreichend stabilen Raubentschluss (Fall 10 von *Rath,* JuS 1999, 1011 = BGH NStZ 1996, 38 f. nachgebildet; ebenso *Krey/Esser,* AT, Rn. 1209).

32   Ähnlich ist die Situation dessen, der sich zwar zur Tat entschließt, aber bei dieser Entschließung einkalkuliert, beim Eintritt bestimmter Bedingungen – z. B. falls das Opfer weinen sollte[35] – von der weiteren Tatbestandsverwirklichung Abstand zu nehmen. Ein solcher **Rücktrittsvorbehalt**[36] ändert – wie schon § 24 zeigt – nichts am Vorliegen eines Entschlusses, aber der sich so Entschließende kann sich Straffreiheit immer dadurch verschaffen, dass er seinen Vorbehalt realisiert und gem. § 24 zurücktritt.

33   Kein (unbedingter) Handlungswille ist dagegen anzunehmen, wenn sich der Entscheidungsprozess vom Stadium der Unentschlossenheit erst zum Stadium der

---

1999, S. 11, der zusätzlich zum Vorsatz hinsichtlich der Vornahme der Vorbereitungshandlung noch die „Absicht" verlangt, „zur Vornahme der tatbestandsmäßigen Handlung überzugehen"; vgl. auch *Jakobs,* 25/24, und *Struensee,* Gs. Armin Kaufmann, 1989, S. 523, 530: „Durchhaltewille" sowie *Putzke,* JuS 2009, 894, 897: „unbedingter Handlungswille".

[31] Vgl. *Ebert,* S. 120; *Jescheck/Weigend,* S. 515; LK-*Hillenkamp,* § 22 Rn. 45; kritisch zur sog. Wollensprognose, die ein dolus antecedens sei, *Streng,* Gs. Zipf, 1999, S. 325, 344 f.; abl. *Putzke,* JuS 2009, 894, 896: Fall 4, der auf die Vorstellung von der „Überschreitung des erlaubten Risikos" abstellen will und sich auf MK¹-*Herzberg,* § 22 Rn. 103, beruft. – Vgl. auch *Roxin,* HRR AT, S. 183 f. zu Fall Nr. 45 = BGHSt 12, 306 zu § 30 II, sowie S. 185 zu Fall 48 = BGHSt 22, 80.

[32] Vgl. grundlegend *Schmid,* ZStW 74 (1962), 53 f., sowie besonders einprägsam *Spendel,* JuS 1969, 314 f.

[33] Ebenso S/S-*Heine,* § 267 Rn. 91.

[34] *Meurer,* S. 127, mit BGHSt 21, 14; *Zieschang,* Rn. 478; NK-*Zaczyk,* § 22 Rn. 15; *Rath,* JuS 1998, 1006, 1012.

[35] Beispiel von *Roxin,* JuS 1979, 2: Fall 4.

[36] Vgl. *Schmid,* ZStW 74 (1962), 54 ff., mit Beispielen aus der Rechtsprechung. Ebenso S/S-*Eser,* § 22 Rn. 20. Wie hier auch *Rath,* JuS 1998, 1006, 1012 f. Vgl. auch *Jäger,* NStZ 2000, 415, zu BGH NStZ 1999, 395; abl. *Putzke,* JuS 2009, 894, 897, der die Vorstellung einer „Wahrscheinlichkeit von 50 : 50" ausreichen lassen will und dies im Fall des BGH NStZ 1999, 395 f. („Türklingel"-Fall) bejaht.

Tatgeneigtheit[37] entwickelt hat; z. B. wenn der zu einem Diebstahl Neigende zunächst nur die Tatobjekte prüfen will, bevor er sich entscheidet, ob er überhaupt etwas wegnehmen will. Die Abgrenzung dieses Stadiums im Entscheidungsprozess zu den zuvor genannten Entschlüssen unter Vorbehalt ist jedoch äußerst problematisch,[38] insbesondere gegenüber dem Entschluss mit Rücktrittsvorbehalt, bei dem der „Entschlossene" ja doch noch bezüglich der vollständigen Durchführung der Tat wankt.

Wegen dieser Abgrenzungsschwierigkeiten, aber auch wegen der bei Durchführung der schwierigen Abgrenzung eintretenden Privilegierung des kühl Abwägenden, der sich die endgültige Entscheidung über das Ob der Tat solange wie möglich offenhält, hat *Arzt*[39] vorgeschlagen, auch bei dem nach h. M. bloß Tatgeneigten dann einen Entschluss anzunehmen, wenn dieser sich schon im Ausführungsstadium der Tat befindet. Während dieser Vorschlag in der Literatur[40] allgemein als zu weitgehend abgelehnt wurde, hat *Roxin*[41] dessen „richtigen Kern" aufgenommen und dahin modifiziert, dass ein solches **Hinarbeiten auf den Taterfolg** ein Indiz für einen „deutlich überwiegenden Willen zur Deliktsbegehung" sei. Arbeitet der Täter bereits auf den Taterfolg hin, so ersetzt dieses Hinarbeiten zwar nicht den möglicherweise noch fehlenden Tatentschluss, aber es wird in aller Regel davon auszugehen sein, dass der Täter zur Tatbegehung entschlossen ist. 34

Doch gibt es auch **Ausnahmefälle**,[42] in denen nicht ohne weiteres von der Ausführungshandlung auf das Vorliegen eines Handlungswillens geschlossen werden kann: A wollte seinen Schwiegervater S, mit dem er sich zerstritten hatte, mit einer Pistole bedrohen, hielt es aber für möglich, dass er, wenn er die Pistole in der Hand habe, auch abdrücken werde. Für diesen Fall war er mit der Tötung des Schwiegervaters einverstanden. Als S das Zimmer betritt, zieht A seine Pistole aus der Aktenmappe, doch kann S sie ihm aus der Hand winden (RGSt 68, 339 f.).[43] Das Ziehen der geladenen Pistole ist eine in ihrem Aussagegehalt objektiv zweideutige Handlung, so dass nicht ohne weiteres auf Grund dieses Verhaltens von dem Entschluss, den S sogleich zu erschießen, ausgegangen werden kann. Es ist auch möglich, dass A den S beim Ziehen der Waffe zunächst nur bedrohen wollte, so dass ein Entschluss hinsichtlich der Tötungshandlung in diesem Augenblick noch nicht gegeben wäre. A ist dann zwar geneigt, S zu töten, aber noch nicht dazu entschlossen. 35

Ein Tatentschluss liegt ganz allgemein nicht erst dann vor, wenn der Täter noch nicht „endgültig", „felsenfest" entschlossen ist, denn solche Entschlüsse sind kaum je in der Psyche eines Täters vorhanden. Vielmehr erscheint es der psychischen Realität angemessener und auch mit dem Begriff „Entschluss" vereinbar, wenn man schon dort einen Entschluss annimmt, „wo die zum Delikt hindrängenden Motive 36

---

[37] *Schmid*, ZStW 74 (1962), 51–53; *Zieschang*, Rn. 480; abl. *Putzke*, JuS 2009, 894, 897: Fall 3, der wieder auf die Vorstellung von der „Überschreitung des erlaubten Risikos" abstellen will.

[38] Vgl. *Roxin*, JuS 1979, 6: Fall 10, und 9: Fall 17.

[39] *Arzt*, JZ 1969, 56 f.; vgl. auch AWHH-*Heinrich*, BT, 13/132, mit einem Diebstahlsbeispiel (BGHSt 22, 80: „Radrüttler"-Fall); kritisch LK-*Hillenkamp*, § 22 Rn. 42.

[40] *Rath*, JuS 1998, 1006, 1012; *Papageorgiou-Gonatas*, 1988, S. 140, m. N.; *Zaczyk*, 1989, S. 246. – Ähnlich weit wie *Arzt* fasst die „Tatentschlossenheit" *Jakobs*, 25/29 ff.

[41] *Roxin*, Gs. Schröder, 1979, S. 163, sowie *ders.*, in: JuS 1979, 3. – Um eine weitere Präzisierung der sog. „Übergewichts"-Formel bemüht sich *Fuchs*, Fs. Triffterer, 1996, S. 73, 76 ff.

[42] Vgl. BGH bH MDR 1980, 271 f., als Bsp. bei *Otto*, 18/21: Axt ergriffen, mit der „notfalls" zugeschlagen werden sollte.

[43] Bei *Arzt*, JZ 1969, 55, als Bsp. 2; bei *Roxin*, JuS 1979, 2, als Fall 1.

das **Übergewicht** über die Hemmungsvorstellungen erlangen, wo der Täter die Tat lieber begehen als lassen will."[44]

37   Sind z.B. A und B in ein Fabrikgelände eingedrungen und sehen sich nach Stehlenswertem um, als sie der Werkschutz stellt, so sind der Entschluss zur Wegnahme und die Zueignungsabsicht gegeben.[45] Da § 242 weder auf die Wegnahme bestimmter Sachen abstellt, noch die Absicht, sich bestimmte Gegenstände zuzueignen, voraussetzt, reicht die von A und B getroffene Entscheidung, irgendetwas Stehlenswertes mitzunehmen, zur Begründung des Entschlusses eines Diebstahlversuchs aus. Anders wäre der Tatentschluss nur dann zu beurteilen, wenn A und B mit der Vorstellung eingedrungen wären, die auf dem Fabrikgelände befindlichen Sachen erst einmal in Augenschein zu nehmen, um sich danach zu entscheiden, ob sie überhaupt etwas mitnehmen. Dies gilt wohl auch, wenn sie beim Eindringen mit der Möglichkeit rechneten, dass sie der Versuchung nicht widerstehen und doch etwas mitnehmen könnten.

> Aus der **Übungsfall-Literatur** zum Entschluss vgl.: *Alpmann/Schmidt,* AT 2, Fall 16, S. 94–97; *Eser,* Strafrecht II, Nr. 31, S. 87 ff. (BGHSt 22, 80: Lenkradschloss-Fall), zum unbedingten Entschluss: A 21 – A 26; *Kudlich,* PdW AT, Fälle 210, 211; *Marquardt/v. Danwitz,* JuS 1998, 814 u. 815 (zu §§ 211, 30 II); *Marxen,* Fall 6 e, S. 50 f.; *Marxen,* BT, Fall 3 e, S. 32 f.; *Otto,* Übungen, Anfängerklausur Nr. 3, S. 63 f. u. 69 f. sowie Examensklausur Nr. 1, S. 145 u. 149; *Rudolphi,* AT-Fälle, Fall 3, S. 24 u. 26 sowie Fall 5, S. 52 u. 53–56; *Samson,* Strafrecht I, Fall 29, S. 146 f. u. 151–153; *Seier,* JuS 1978, 692 ff.; *Uehling,* in: *Ebert* (Hrsg.), Fall 10, S. 11 u. 156 f.; *Tiedemann,* Anfängerübung, Fall 7, S. 196 u. 197. – Zur erforderlichen „Vorsatzstabilität" vgl. die Fälle 8–11 bei *Rath,* JuS 1998, 1011–1013.

2. Das unmittelbare Ansetzen zur Verwirklichung des Tatbestandes gem. § 22

a) Der Einfluss des Strafgrundes des Versuchs auf die Abgrenzung von Vorbereitung und Versuch

38   Die Abgrenzung des Versuchs von der Vorbereitung hängt entscheidend davon ab, wie man den Strafgrund des Versuchs bestimmt.[45a] Ein sehr weiter Versuchsbereich ergibt sich, wenn man diesen Strafgrund in der **rechtsfeindlichen Gesinnung** des Täters sieht, ein erheblich engerer, wenn man ihn erst in der **objektiven Gefährlichkeit** der Tat erblickt.[45b] Diese beiden extremen Positionen scheiden jedoch schon wegen § 22 für das geltende Recht aus. Die subjektive, auf die Gesinnung des Täters abstellende Begründung ist nicht mit dem unserem Tatstrafrecht entsprechenden objektiven Kriterium[46] des unmittelbaren Ansetzens zur Tatbestandsverwirklichung vereinbar, die objektive, auf die Gefährlichkeit der Tat abstellende Begründung scheitert

---

[44] *Roxin,* JuS 1979, 3 u. in: AT II, 29/88; S/S-*Eser,* § 22 Rn. 18; SK-*Rudolphi,* § 22 Rn. 5; vgl. auch *Günther,* JZ 1987, 22 u. *Jäger,* Rn. 287; krit. aber *Puppe,* GA 1984, 116.

[45] Vgl. zu diesem Fall samt Varianten *Roxin,* Gs. Schröder, 1979, S. 162 u. 165.

[45a] A. A. *Roxin,* AT II, 29/97; wie hier *Rey-Sanfiz,* 2006, m. Bspr. *Meyer,* ZIS 2008, 178 u. *Bosch,* Jura 2011, 909.

[45b] Diese Gegenüberstellung gab es schon Anfang des 19. Jahrhunderts, näher *Haas,* ZStW 123 (2011), 226, 227 f., der beide Strafgründe verwirft und einen gemeinsamen Rechtsgrund von Versuch und Rücktritt vorschlägt (S. 239 ff.); der Versuch zu einer außerordentlichen Zurechnungsfigur, die erst die Tatbestandsmäßigkeit des Versuchs begründet, weil „das zufällige Ausbleiben der Tatvollendung den Täter nicht entlasten soll" (S. 245).

[46] *Schünemann,* GA 1986, 311, spricht von der Errichtung einer objektiven Barriere durch die Forderung eines unmittelbaren Ansetzens. Für eine objektive Auslegung des unmittelbaren Ansetzens auch *Kindhäuser,* AT 31/10 und *Köhler,* S. 464; vgl. auch *Krey/Esser,* AT, Rn. 1202. – Zum Einwand des „Gesinnungsstrafrechts" vgl. LK-*Hillenkamp,* 67 vor § 22.

daran, dass § 22 die Berücksichtigung der Vorstellungen des Täters von seiner Tat fordert. Der gesetzlichen Regelung entsprechen nur Begründungen, die erklären, dass und warum **objektive** und **subjektive** Komponenten den Versuchsbegriff ausmachen.

Eine solche Begründung enthält die subjektive Versuchstheorie, die den Handlungsunwert ins Zentrum des Unrechts stellt, aber die **Betätigung des rechtsfeindlichen Willens** verlangt.[47] Damit sind nicht irgendwelche Manifestationen einer rechtsfeindlichen Gesinnung gemeint,[48] sondern Handlungen, die sich als Teilverwirklichungen eines auf die Verwirklichung tatbestandsmäßigen Unrechts gerichteten Willens qualifizieren lassen. Ohne Rückgriff auf den Inhalt dieses Verwirklichungswillens (= Deliktsvorsatzes) lässt sich das tatbestandsmäßige Unrecht des Versuchs[49] überhaupt nicht begründen, denn nur er gibt Auskunft, welcher Straftatbestand verwirklicht werden sollte, z.B. ob fremdes Vermögen durch Täuschung (§ 263) oder Drohung (§ 253) geschädigt werden sollte. Eine **objektive**, allein auf die **Gefährlichkeit** der Handlung für das geschützte Rechtsgut abstellende Betrachtung würde nur die Rechtswidrigkeit überhaupt begründen, z.B. dass fremdes Vermögen gefährdet wurde. Durch die Ausrichtung der subjektiven Theorie auf die Tatbestandsverwirklichung wird erklärt, dass als objektive Komponente des Versuchs nur ein Bewertungsmaßstab tauglich ist, der wie das Ansetzen zur Tatbestandsverwirklichung in § 22 an der Verwirklichung des formellen, gesetzlichen Tatbestandes orientiert ist. **39**

Eine weitere Begründung für die Strafbarkeit des Versuchs gibt die häufig vertretene sog. „**Eindruckstheorie**",[50] die teilweise nur als eine um Strafwürdigkeitsüberlegungen ergänzte subjektive Theorie,[51] teilweise aber auch als Alternative zur subjektiven Theorie[52] verstanden wird. Nach dieser Theorie ist der Versuch strafbar, „wenn und soweit er geeignet ist, in der Allgemeinheit einen rechtserschütternden Eindruck hervorzurufen; er gefährdet dann den Rechtsfrieden und bedarf deshalb einer dem Maße dieser Beeinträchtigung entsprechenden Sanktion."[53] Als Erklärung dafür, dass § 22 den Versuch erst mit dem unmittelbaren Ansetzen zur Tatbestandsverwirklichung beginnen lässt, soll diese Theorie deshalb taugen, weil bloße Vorbereitungen leicht im Verborgenen blieben, verschiedenen Deutungen Raum ließen und den Rechtsfrieden in der Regel nicht oder nicht so sehr beeinträchtigten, dass Strafe erforderlich wäre. **40**

Soweit sich die Eindruckstheorie darauf beschränkt, die Notwendigkeit objektiver – eindruckmachender – Kriterien für die Abgrenzung von Vorbereitung und Ver- **41**

---

[47] *Jescheck/Weigend*, S. 513. – Nach *Freund*, 8/14, ist der Strafgrund wie beim Vollendungsdelikt „die Gefährdung der Geltungskraft der Verhaltensnorm". – Nach LK-*Hillenkamp*, 61 vor § 22, hat sich der Gesetzgeber für die subjektive Versuchslehre entschieden. – *Hirsch*, JZ 2007, 494 ff., sieht in der „subjektiven Versuchstheorie" den „Wegbereiter der NS-Strafrechtsdoktrin".

[48] *Gallas*, Nied. 2 (1958), 195: „Eine gefährliche Gesinnung dokumentiert auch der, der die Tat nur vorbereitet."

[49] *Gallas*, 1968, S. 48.

[50] Nach M-*Gössel/Zipf*, AT 2, 40/41, die „heute herrschend gewordene Eindruckstheorie"; *Kindhäuser*, AT, 30/10, „präzisiert" sie auf der Basis der positiven Generalprävention.

[51] *Meyer*, ZStW 87 (1975), 604; krit. zur Ergänzung *Maier*, 2005, S. 267: „diffuses sozialpsychologisches Kriterium".

[52] *Roxin*, JuS 1979, 1; *Schünemann*, GA 1986, 311, sowie nachdrücklich *Papageorgiou-Gonatas*, 1988, S. 201 u. 209: der neuartige Gesichtspunkt sei in der Betonung der Notwendigkeit zu sehen, das Rechtsvertrauen bei den Rechtsgenossen zu schützen.

[53] *Roxin*, JuS 1979, 1.

such zu unterstreichen,[54] kann man ihr auf den ersten Blick eine gewisse Überzeugungskraft nicht absprechen. Doch bleiben bei genauerem Zusehen viele Zweifel. Zunächst ist bemerkenswert, wie **direkt** nach dieser Theorie kriminalpolitische, genauer generalpräventive Zweckmäßigkeitsüberlegungen auf die dogmatischen Fragen der Begründung der Versuchsstrafbarkeit und der Abgrenzung von Vorbereitung und Versuch Einfluss nehmen.[55] Eine Anbindung des Versuchs an die Tatbestandsverwirklichung wird damit nicht geleistet,[56] so dass Bedenken aus dem Grundsatz **nullum crimen** sine lege nicht fern liegen.

42   Neben diesem grundsätzlichen Bedenken bestehen Zweifel an der **Leistungsfähigkeit** dieser Theorie auch als bloß ergänzender Theorie.[56a] Diese Zweifel stellen sich schon ein, wenn man sieht, welche unterschiedlichen objektiven Kriterien bzw. welche Auslegungen der Unmittelbarkeit des Ansetzens von den Vertretern der Eindruckstheorie aus ihr abgeleitet oder doch zumindest als mit ihr vereinbar behauptet werden.[56b] So entsteht bei *Roxin* ein versuchsbegründender rechtserschütternder Eindruck erst durch einen friedensstörenden Zugriff auf die Opfersphäre und bei einem engen zeitlichen Zusammenhang mit der Tatbestandsverwirklichung.[57] Bei *Eser*[58] passt das materiale Kriterium der „tatbestandsnahen Gefährlichkeit", bei *Gössel*[59] die „reale Handlungsunmittelbarkeit" und bei *Rudolphi*[60] schließlich die „Teilaktstheorie" zur Eindruckstheorie.

43   Schließlich wird die Leistungsfähigkeit der Eindruckstheorie überschätzt, wenn man ihr „zutraut", die mittels der soeben genannten Konkretisierungen der Eindruckstheorie gewonnenen Ergebnisse noch einmal direkt an ihr zu messen.[61] Wie lange ein normaler, neutraler Vorgang vorliegt und von wann an er so rechtserschütternd wirkt, dass eine Sanktionslosigkeit als unerträglich erscheint, lässt sich nur bei eindeutigen Fällen des Versuchs oder der Vorbereitung sagen. Gerade solche **Vorbereitungen**, die sich – wie die Fahrt voll ausgerüsteter Einbrecher zum Tatort – in eindeutigen Handlungen manifestieren, werden bei vielen einen **rechtserschütternden Eindruck** hinterlassen und den Ruf nach Strafe aufkommen lassen.[62]

---

[54] SK-*Rudolphi*, Rn. 13 Vor § 22; *Streng*, ZStW 109 (1997), 862, 865; *Bloy*, ZStW 113 (2001), 76, 79.

[55] Für *Papageorgiou-Gonatas*, 1988, S. 216, ist die Zugrundelegung generalpräventiver Zweckmäßigkeiten der größte Vorteil der Eindruckstheorie; wie hier kritisch LK-*Hillenkamp*, 80 vor § 22.

[56] So auch *Jakobs*, 25/20, der selbst den Strafgrund des Versuchs im „Expressiv-Werden eines Normbruchs" sieht; zur Vereinbarkeit dieses Strafgrundes mit der Eindruckstheorie s. SK-*Rudolphi*, Rn. 14a Vor § 22. – Krit. zur Eindruckstheorie auch NK-*Zaczyk*, § 22 Rn. 11, der das Versuchsunrecht dann für strafbar hält, wenn eine „Rechtsperson dazu übergeht, ein gesetzlich anerkanntes Daseinselement der Freiheit (Rechtsgut) zu verletzen" (Rn. 7); ebenso *Murmann*, GK, 28/32.

[56a] Ähnlich krit. *Safferling*, ZStW 118 (2006), 682, 690.

[56b] Ebenso LK-*Hillenkamp*, § 22 Rn. 79: „auffällige Beliebigkeit".

[57] *Roxin*, JuS 1979, 5.

[58] S/S-*Eser*, § 22 Rn. 39 u. 42, sowie Vorbem § 22 Rn. 22.

[59] M-*Gössel/Zipf*, AT 2, 40/48, sowie 40/43.

[60] SK-*Rudolphi*, § 22 Rn. 9 u. 13, sowie Rn. 13 Vor § 22.

[61] *Roxin*, JuS 1979, 4, 5 und 10 sowie *ders.*, Fs. Nishihara, 1998, S. 157, 170.

[62] Vgl. die entsprechende Kritik bei *Jakobs*, 25/20; *Krey/Esser*, AT, Rn. 1205; LK-*Hillenkamp*, § 22 Rn. 79; *Seier*, Der Kündigungsbetrug, 1989, S. 352; *Weigend*, in: *Hirsch/Weigend* (Hrsg.), Strafrecht und Kriminalpolitik, 1989, S. 121 f.; *Murmann*, 1999, S. 4 f. – Umgekehrt wirft *Kratzsch*, 1985, S. 66 f. der Eindruckstheorie vor, dass von vielen abstrakt gefährlichen Vorbereitungen kein rechtserschütternder Eindruck ausgehe; ähnlich schon *ders.*, in: JA 1983, 424 f.

b) Die Konkretisierung der Ansatzformel des § 22

Die Hauptschwierigkeit bei der Abgrenzung von strafloser Vorbereitung und 44
strafbarem Versuch besteht in der Konkretisierung des § 22. Diese Vorschrift gibt
immerhin eine **Richtlinie** für die Abgrenzungsproblematik ab. Die folgende Darstellung beachtet deshalb den Wortlaut des § 22 als Gliederungskonzept. Dementsprechend wird zunächst die Bedeutung des Ansetzens „zur Verwirklichung des Tatbestandes" (aa) und danach das „Unmittelbarkeits"-Erfordernis in seinen beiden, vom
Wortlaut her möglichen Verständnissen als Handlungs-Unmittelbarkeit (bb) und als
zeitliche Unmittelbarkeit (cc) behandelt werden. Dem im Begriff „Ansetzen" liegenden Angriffscharakter wird unter (dd) Rechnung getragen werden. Unter (ee) wird
die Wendung „nach seiner Vorstellung von der Tat" untersucht werden, um daran
anschließend (ff) zu prüfen, ob Kriterien der Gefährdung unter der Geltung des § 22
noch Verwendung finden können.

Überblick über die vielfältigen Kriterien des unmittelbaren Ansetzens bei *Putzke*,
JuS 2009, 985, 986 u. *Bosch*, Jura 2011, 909 f.

Bevor diese § 22-Merkmale im Einzelnen behandelt werden, ist auf die von dieser 45
Abgrenzungsformel vorgeschriebene **Methode** zur Prüfung des Versuchsbeginns hinzuweisen. Es ist eine subjektiv-objektive Methode, bei der die subjektive „Vorstellung" des Täters am objektiven Unmittelbarkeitserfordernis zu messen ist. **Beurteilungsgrundlage** bildet der Plan des Täters:[62a] wie wollte er die Tat verwirklichen?
Dieser Plan des Täters (seine „Vorstellung von der Tat") ist mit einem objektiven **Bewertungsmaßstab** daraufhin zu untersuchen, ob er schon so weit in die Tat umgesetzt
wurde, dass von einem unmittelbaren Ansetzen zur Tatbestandsverwirklichung gesprochen werden kann.[63] Nach dieser Methode verfährt auch der BGH: „Der konkrete Tatplan bildet die Beurteilungsgrundlage und auf dieser Grundlage ist nach objektivem Bewertungsmaßstab zu entscheiden, ob die Tatbestandsverwirklichung bis zu
einem ‚unmittelbaren Ansetzen' gediehen war" (BGH NStZ 1997, 83 u. 2007, 336).

Aus der **Übungsfall-Literatur** vgl.: *Langer*, Jura 2003, 135, 136.

aa) Die Verwirklichung des Tatbestandes

Von der Anknüpfung des Unmittelbarkeitserfordernisses an die Verwirklichung 46
des Tatbestandes, d. h. an die **tatbestandsmäßige Handlung**,[63a] versprach sich der
Gesetzgeber nicht zu Unrecht einen „Gewinn an Rechtssicherheit."[64] Bei Anwendung der Ansatzformel ist daher zunächst zu prüfen, durch welche Handlung der
Täter schon den Tatbestand verwirklicht. Soll ein Betrugsversuch geprüft werden, so
ist festzustellen, von wann an eine Täuschung i. S. des § 263 vorliegt. Bei nicht hand-
lungstypisierten Delikten ist zu fragen, durch welche Handlung der Täter z. B. den
Tod gem. § 212 bewirken wollte (schießen, erwürgen, vergiften). Erst nach der Beantwortung dieser Fragen kann entschieden werden, ob der Täter mit seiner zeitlich

---

[62a] *Roxin*, AT II, 29/5; näher *Hillenkamp*, Fs. Roxin, 2001, S. 689, 696.

[63] *Ebert*, S. 121; *Rath*, JuS 1998, 1106; *Roxin*, AT II, 29/97; LK-*Hillenkamp*, § 22 Rn. 62;
Otto, 18/23, spricht von „zwei Denkschritten"; *Arzt*, S. 88, vom „objektiv-individuellen
Maßstab"; ebenso *Bosch*, Jura 2011, 909.

[63a] Ebenso *Murmann*, GK, 28/34, der in Fn. 128 *Roxin* (in: Fs. Maurach, 1972, S. 218) kritisiert, weil dieser die gesamte Tatbestandsverwirklichung als Bezugspunkt annehme.

[64] Vgl. BGHSt 26, 202; *Gössel*, GA 1971, 227; *Roxin*, JuS 1979, 4 f. – Aus dieser Absicht
des Gesetzgebers, einer Überspannung der Versuchsstrafbarkeit entgegenwirken zu wollen,
wird gefolgert, dass im Zweifel eine restriktive Gesetzesauslegung den Vorzug verdient; so
Küper, NJW 1984, 777 und *ders.*, JZ 1992, 338; zust. W-*Beulke*, Rn. 608.

letzten Aktivität schon so nahe an die Tatbestandsausführungshandlung herangekommen ist, dass von einem unmittelbaren Ansetzen zu dieser gesprochen werden kann.[64a]

47   Die jeweilige Fassung des gesetzlichen Tatbestandes wird durch die **Betonung der Tatbestandsverwirklichung in § 22** auch für die Bestimmung des Versuchsbeginns zum Leitbild. Der Versuchsbeginn wird sich oft nur mit Kriterien ermitteln lassen, die der Unrechtstypisierung des jeweiligen Straftatbestandes entnommen worden sind. Bei einem Diebstahlsversuch etwa wird man sich an der Wegnahme und deren erstem Teilakt, dem Gewahrsamsbruch, orientieren und das Ansetzen mit Begriffen wie Gewahrsamseinwirkung, Gewahrsamslockerung, Gewahrsamsbeeinträchtigung umschreiben können.[65]

48   Probleme wirft die Verwirklichung des Tatbestandes i. S. des § 22 bei zusammengesetzten Delikten, qualifizierten Tatbeständen und sog. Regelbeispielen auf, denn nach der h. M. kommt es für die Tatbestandsverwirklichung auf die ganze oder teilweise Verwirklichung eines Handlungsmerkmals des Tatbestandes an.[66] Bei dem **zusammengesetzten Delikt** des Raubes gem. § 249 bedeutet dies, dass schon das unmittelbare Ansetzen zur Nötigung und nicht erst das zur Wegnahme einen Raubversuch begründet.[66a] Erst recht ist Raubversuch gegeben, wenn der Täter den ersten Akt verwirklicht hat, also z. B. wenn ihm trotz der Gewaltanwendung gegen das Opfer die Wegnahme der Sache nicht mehr gelingt.[67]

49   Im umgekehrten Fall – beim Ansetzen zum zweiten Akt (= der Wegnahme) ist der Täter entschlossen, die Wegnahme notfalls mit Gewalt fortzuführen – liegt nur versuchter Diebstahl, aber kein Raubversuch vor.[68] Sonst würde zum einen jede Verwirklichung des § 244 I Nr. 1 b wegen der dabei vorausgesetzten Absicht zum Einsatz von Raubmitteln auch als Raubversuch beurteilt werden müssen. Zum anderen würde es auch am vom Raub geforderten Finalzusammenhang von Nötigungsmittel und Wegnahme (Gewalt zur Wegnahme) fehlen. Schließlich steht der Täter auch noch nicht in der Situation des Raubversuchs, da er noch nicht über den (notfalls geplanten) Einsatz der Nötigungsmittel zur Wegnahme entscheiden muss. Aus diesen Gründen beginnt auch der Versuch des räuberischen Diebstahls gem. § 252 noch nicht mit dem Ansetzen bzw. der Verwirklichung des ersten Aktes (= Wegnahme), auch wenn der Täter dabei schon vorhat, seine Beute notfalls mit Gewalt zu verteidigen.[69]

50   Bei echten **Qualifikationstatbeständen** wie §§ 244, 250 stellt sich die Frage, ob schon durch die Verwirklichung eines Qualifikationsmerkmals ein Versuch des Qualifikationstatbestandes beginnt, z. B. ob das Beisichführen der Waffe im Vorbereitungsstadium des Diebstahls den Versuch des schweren Diebstahls darstellt. Wie das Beispiel zeigt, würde dies eine nicht unerhebliche Ausdehnung des Versuchsbereichs

---

[64a] Auch nach *Rath,* JuS 1998, 1106, 1107, ist „gedanklicher Ausgangspunkt der Ansatzprüfung ... die Vornahme der eigentlichen Tatbestandsverwirklichung"; vgl. auch *Murmann,* 1999, S. 18 f. zur „Vorgängigkeit" der Tatbestandsauslegung.

[65] Vgl. *Becher,* Zur Abgrenzung von Vorbereitung und Versuch, Diss. Münster 1973, S. 52 u. *Rey-Sanfiz,* 2006, S. 306 ff.

[66] *Lackner/Kühl,* § 22 Rn. 3; ebenso *Rath,* JuS 1999, 140.

[66a] *Murmann,* GK, 28/78.

[67] S/S-*Eser,* § 22 Rn. 38.

[68] Vgl. *Kühl,* JuS 1980, 509, mit Fall 24; *Rath,* JuS 1999, 140; S/S-*Eser,* § 22 Rn. 38; *Murmann,* GK, 28/78 Fn. 169; W-*Beulke,* Rn. 605; *Kindhäuser,* Fs. Triffterer, 1996, S. 123, 135. – Aus der Übungsfall-Literatur vgl. *Otto/Bosch,* Übungen, Fall 5, S. 131 f.

[69] Vgl. *Arzt,* JuS 1972, 578; *Bosch,* Jura 2011, 909, 911; LK-*Hillenkamp,* § 22 Rn. 125; SK-*Rudolphi,* § 22 Rn. 18; *Stratenwerth/Kuhlen,* 11/43.

des qualifizierten Delikts gegenüber dem des Grunddelikts bedeuten, das ja ein Ansetzen zur Wegnahme voraussetzt. Deshalb wird im Schrifttum eine gewisse „Synchronisierung" der Qualifizierung mit der Tatbestandsausführung gefordert, so dass nur „im Vorbereitungsstadium gegebene, vor der Ausführung abgebrochene und in diesem Sinne asynchrone Merkmale keine Qualifikationskraft besitzen"[70] und auch keine Vorverlegung des Beginns des Versuchs des qualifizierten Delikts bewirken. Der Versuch des qualifizierten Delikts beginnt vielmehr nur dann mit der Verwirklichung von Qualifikationsmerkmalen, wenn im unmittelbaren Anschluss daran die Verwirklichung des Grundtatbestandes folgen soll,[71] d.h. ein Ansetzen auch zur Verwirklichung des Grundtatbestandes vorliegt;[72] erst dann wird zur Verwirklichung des gesamten tatbestandlichen Unrechts angesetzt.[73]

Die entscheidende Begründung ist hier wie bei dem zusammengesetzten Delikt 51 des Raubes aus der **Struktur**[74] der Qualifikationstatbestände zu entnehmen. Bei einem schweren Diebstahl gem. § 244 oder einem schweren Raub gem. § 250 sind Grundtatbestand und Qualifikation nicht, wie beim Raub gem. § 249 Nötigungsmittel und Wegnahme, so zu einem selbstständigen Tatbestand verschmolzen, dass schon mit dem Beginn von Qualifikationsmerkmalen wegen der bevorstehenden Verwirklichung des Grunddelikts dessen Versuch beginnt. Zwar enthalten auch die Qualifikationen in §§ 244, 250 eine den Unwert des Grunddelikts (§§ 242, 249) verstärkende Zutat zu diesem, aber durch diesen Zusatz wird der Gesamt-Tatbestand **nicht ausgeweitet**. Bildlich ausgedrückt könnte man sagen: „Mit den Qualifikationen hat der Gesetzgeber keinen Anbau an den Grundtatbestand errichtet. Es handelt sich vielmehr um einen Überbau. Dem Grunddelikt ist gewissermaßen ... ein weiteres Stockwerk aufgesetzt worden. Die Grenze um das neue Gebilde kann sich infolgedessen nicht seitwärts zugunsten des Gebiets der Vorbereitung verschoben haben."[75]

In der Praxis taucht dieses Problem am häufigsten in der Fallgestaltung auf, dass ein 52 **Regelbeispiel**[76] verwirklicht oder mit dessen Verwirklichung begonnen wurde, und sich deshalb die Frage stellt, ob damit immer schon der Versuchsbeginn feststeht.

So hat etwa das OLG Hamm (MDR 1976, 115, m.abl. Anm. *Hillenkamp*, MDR 53 1977, 242f.) einen versuchten schweren Diebstahl gem. §§ 242, 243 I 1, 22, 23 angenommen, nur weil der Täter schon in einen umschlossenen Raum eingestiegen war. Der BGH (St 33, 370) ist sogar davon ausgegangen, dass schon der Anfang der Verwirklichung des Regelbeispiels zum Verlassen der straflosen Vorbereitungsphase ausreicht.[77] Dies kann schon nach den obigen Ausführungen zum Versuchsbeginn bei

---

[70] *Geilen*, Jura 1979, 222; *Rath*, JuS 1999, 140.

[71] *Roxin*, AT II, 29/114; *W-Beulke*, Rn. 607; LK-*Hillenkamp*, § 22 Rn. 123 u. *Putzke*, JuS 2009, 985, 988f.: Fall 21.

[72] *Roxin*, JuS 1979, 7; vgl. auch *Arzt*, JZ 1969, 59; *Zieschang*, Rn. 502 u. NK-*Zaczyk*, § 22 Rn. 53 sowie *Rey-Sanfiz*, 2006, S. 294.

[73] SK-*Rudolphi*, § 22 Rn. 18; S/S-*Eser*, § 22 Rn. 58; *Krey/Esser*, AT, Rn. 1234.

[74] *Stree*, Fs. Peters, 1974, S. 186 f.

[75] *Stree*, Fs. Peters, 1974, S. 187.

[76] Zur Frage, ob es überhaupt einen Versuch des § 243 gibt, vgl. ablehnend *Arzt*, JuS 1972, 517 f.; AWHH-*Heinrich*, BT, 14/36 („streng genommen"); dagegen jedoch für die Möglichkeit des Versuchs eines schweren Diebstahls *Samson*, Strafrecht I, S. 149 f., in Auseinandersetzung mit den Argumenten von *Arzt*. Für Versuchsstrafbarkeit wegen der Tatbestandsähnlichkeit von Regelbeispielen *Eisele*, JA 2006, 309, 313. – Zu den verschiedenen Konstellationen eines möglichen §§ 242, 243-Versuchs vgl. *Rengier*, BT I, 3/48–58.

[77] Vgl. *Laubenthal*, Jura 1989, 100; abl. LK-*Hillenkamp*, § 22 Rn. 127 u. *Putzke*, JuS 2009, 985, 988.

qualifizierten Delikten nicht richtig sein und ist es umso weniger,[78] als Regelbeispiele **keine Tatbestandsmerkmale** sind,[79] so dass in ihrer Verwirklichung keine Tatbestandsverwirklichung und im Ansetzen zu ihrer Verwirklichung kein Ansetzen zur Tatbestandsverwirklichung liegt.[79a]

54   Die h.M. in der Rechtslehre stellt deshalb zu Recht für den Versuchsbeginn darauf ab, ob der Beginn mit erschwerenden Umständen ein unmittelbares Ansetzen zur Verwirklichung des Grundtatbestandes darstellt.[80] Dies wird bei der Verwirklichung von Regelbeispielen **häufig** der Fall sein. So etwa, wenn der Täter mit einem Hebelwerkzeug das Vorhängeschloss einer Holztür aufgebrochen hat und beim Zugriff auf die wegzunehmende Sache von der Polizei überrascht wird (BGH StV 1985, 103).[81] In Fällen,[82] in denen dies jedoch nicht möglich ist, weil das Grunddelikt erst später in Angriff genommen werden soll, darf der Versuchsbereich des Grunddelikts nicht durch die Verwirklichung von Regelbeispielen oder gar durch das Ansetzen zu ihrer Verwirklichung erweitert werden.[82a] An einem unmittelbaren Ansetzen zur Wegnahme (und zum Regelbeispiel der Wegnahme einer „besonders gesicherten Sache" i.S. des § 243 I 2 Nr. 2) fehlt es, wenn der Täter erst die Verkaufsräume betreten und die Räumlichkeiten einschließlich der Ladenkasse in Augenschein genommen hat (vgl. jedoch BayObLG NStZ 1997, 442 m. krit. Bspr. *Graul*, JuS 1999, 852, *Sander/Malkowski*, NStZ 1999, 36, *Wolters*, JR 1999, 37 und *Geppert*, JK 98 StGB, § 243/3). Kein Versuch liegt auch vor, wenn der bereits „eingebrochene" Täter wegen eines Alarms schon nicht mit der Suche nach Stehlenswertem beginnt (*Bosch*, Jura 2011, 909, 911; ähnlich Fall 21 bei *Putzke*, JuS 2009, 985, 988 f.). Ebenso ist bei Wohnungseinbruchsdiebstählen nach § 244 I Nr. 3, der im Gegensatz zu § 243 I 1 kein Regelbeispiel, sondern eine Qualifikation enthält, zu entscheiden (oben Rn. 50 f.).

Aus der **Übungsfall-Literatur** zum Versuch von Qualifikationen und Regelbeispielen[82b] vgl.: *Beulke*, KK III, Fall 3, Rn. 106 u. 110–112 (Verwirklichung des Regelbeispiels als Indiz für § 242-Versuch); *Fahl*, JuS 2001, 47 u. 48 (mit Verwirklichung des Regelbeispiels von § 243 I 2 Nr. 1 auch zur Wegnahme i.S. des § 242 angesetzt); *Gössel*, Fälle, Fall 2, S. 48 f. u. 53 f. (§ 243-Versuch); *K/H/H-Hellmann*, BT 2, Rn. 142–144: Fall 29 („besonders schwerer Fall eines versuchten Diebstahls" bei vollendetem Regelbeispiel ‚Einsteigen'); *Kudlich/Roy*, JA

---

[78] S/S-*Eser*, § 22 Rn. 58; *Laubenthal*, Jura 1989, 100; *Degener*, Fs. Stree/Wessels, 1993, S. 305, 310; *Graul*, JuS 1999, 852, 854; *Zieschang*, Jura 1999, 561, 565 f.; *Rath*, JuS 1999, 140, 141; *Kudlich*, JuS 1999, L 89, L 91.

[79] *Lackner/Kühl*, § 46 Rn. 15; LK-*Hillenkamp*, § 22 Rn. 128; S/S-*Eser/Bosch*, § 243 Rn. 2 (jedoch Tatbestandsmerkmalen „angenähert"); W-*Hillenkamp*, Rn. 208; *Putzke*, JuS 2009, 1083, 1085: Fall 30; a. A. *Eisele*, 2004, S. 172 u. *Kindhäuser*, Fs. Trifferer, 1996, S. 123 ff.

[79a] *Eisele*, BT II, Rn. 144.

[80] *Sternberg-Lieben*, Jura 1986, 185; *Degener*, Fs. Stree/Wessels, 1993, S. 305, 310; *Kindhäuser*, Fs. Trifferer, 1996, S. 123, 135; *Graul*, JuS 1999, 852, 853 Fn. 10; *Gropp*, JuS 1999, 1041, 1051; *Zieschang*, Jura 1999, 561, 565; *Eisele*, JA 2006, 309, 313; *Bosch*, Jura 2011, 909, 910; B-*Weber/Mitsch*, 26/52; *Ebert*, S. 126; *Krey/Esser*, AT, Rn. 1234; *Mitsch*, BT 2/1, 1/181; *Rengier*, BT I, 3/57; W-*Beulke*, Rn. 607 sowie W-*Hillenkamp*, Rn. 219; *Zieschang*, Rn. 503–506.

[81] Als Beispiel auch von *Otto*, BT, 41/32, zustimmend aufgegriffen; ebenso von *Putzke*, JuS 2009, 1083, 1084 f.: Fall 29.

[82] Vgl. den Beispielsfall bei *Otto*, BT, 41/37 sowie den Übungsfall von *Seier*, JuS 1978, 692 f.

[82a] Vgl. *Kudlich*, JuS 1999, L 89, L 91 mit Bsp.; *Murmann*, GK, 28/80. – Umgekehrt ist der Versuch eines besonders schweren Falles noch nicht zu bejahen, wenn der Täter seinem Tatplan zufolge in der Beendigungsphase ein Regelbeispiel erfüllt hätte, aber zu dessen Verwirklichung noch nicht unmittelbar angesetzt hat, BGH StV 1996, 147.

[82b] Eingehend mit Bspen. *Eisele*, JA 2006, 309, 314 f.

2001, 771 u. 774 und *Kudlich*, PdW AT, Fall 224 (jeweils § 243 I 2 Nr. 1 – Versuch); *Kudlich*, JuS 2001, L 53 u. L 54 f. (§ 244 I – Versuch); *Kudlich*, PdW BT II, Fall 214 (§ 306 a-Fall); *Kunz*, JuS 1997, 242 u. 246; *Otto*, Übungen, 1. Examensklausur, S. 145 u. 149–151 f.; *Rudolphi*, AT-Fälle, Fall 9, S. 101 u. 108 (nach vollendetem Einbrechen zur Wegnahme angesetzt = §§ 242, 243 I 1, 22, 23); *Tiedemann*, Anfängerübung, Fall 6, S. 189 f. u. 191 f.; *Laubenthal/Baier*, JA-Übungsblätter 1993, 101 u. 104; *Schrödl*, JA 2003, 656 f. u. 663 (§ 224-Fall). – Zur Frage, ob der Versuch des Diebstahls auch bei einem nur versuchten Regelbeispiel ein Versuch eines schweren Diebstahls sein kann (bejahend BGHSt 33, 370 m. Bspr. *Eckstein*, JA 2001, 548), vgl. außerdem: K/H/H-*Hellmann*, BT 2, Rn. 160–162: Fall 35, *Rengier*, BT I, 3/52 u. *Zieschang*, Rn. 507–511 (alle gegen BGHSt 33, 370; ebenso *Murmann*, GK, 28/82 u. HK-GS/*Duttge*, § 243 Rn. 60; dem BGH zust. *Eisele*, 2004, S. 311; zum Streitstand *Lackner/Kühl*, § 46 Rn. 15; vgl. zu dieser Entscheidung auch Fall 14 von W-*Hillenkamp*, Rn. 205 u. 218); *Laubenthal*, Jura 1989, 99 f. (mit Beginn der Ausführung des Regelbeispiels Einbrechen schon zur Verwirklichung des Grundtatbestandes – Diebstahl – unmittelbar angesetzt) und *Uehling*, in: *Ebert* (Hrsg.), Fall 11, S. 12 u. 174 f.; *Samson*, Strafrecht I, Fall 29, S. 146 u. 148–151 (§§ 242, 243, 22, bejaht bei Diebstahlsversuch mit Einbruchsversuch); *Krüger*, in: *Frister* (Hrsg.), Die strafrechtliche Klausur, Fall 3, S. 51 u. 58 ff.; *Schultze*, JA 2002, 777 u. 779; *Zöller*, Jura 2007, 305 u. 307; gegen Versuch bei vollendetem Grunddelikt (§ 177 I) und nur versuchtem Regelbeispiel der Vergewaltigung (§ 177 II 2 Nr. 1) BGH NStZ 2003, 602 mit Bspr. *Reichenbach*, Jura 2004, 260.

bb) Die Handlungs-Unmittelbarkeit

Mit dem Kriterium des unmittelbaren Ansetzens zur Tatbestandsverwirklichung 55 hat der Gesetzgeber den Versuch zwar nahe an den Bereich der eigentlichen Tatbestandsausführung herangerückt, aber nicht darauf bestanden, dass der in Aussicht genommene Tatbestand bereits zum Teil verwirklicht wurde. Dass im Falle einer **Teilverwirklichung** des Tatbestandes (z. B. wenn sich das Opfer eines Betrugsversuches durch die Täuschung nicht hat irreführen lassen) ein Versuch vorliegt (s. o. Rn. 20), steht zwar nicht ausdrücklich im Gesetz, ergibt sich aber eindeutig daraus, dass in solchen Fällen mehr als von § 22 gefordert verwirklicht ist.[83] Es muss sich freilich bei der Teilverwirklichung eines Handlungsmerkmals des Tatbestandes um eine **tatbestandsspezifische** Teilverwirklichung handeln (z. B. eine zur irrtumsbedingten, schädigenden Vermögensverfügung führende Täuschung, nicht um eine Täuschung, mit der sich der Täter erst das Vertrauen des späteren Betrugsopfers erschleicht; BGHSt 37, 294; 54, 69, 127 m. zust. Bspr. *Jäger*, JA 2011, 390; BGH NStZ 2011, 400; OLG Hamm StraFo 2011, 411 f. [Erschleichen eines Verbraucherkredits]).[84]

---

[83] Vgl. *Kühl*, Fs. Küper, 2007, S. 289, 301 ff.; *Grupp*, 2009, S. 147 ff.; *Jescheck/Weigend*, S. 520; *Krey/Esser*, AT, Rn. 1218; *Zieschang*, Rn. 487 (mit Einschränkungen bei mehraktigen Tatbeständen); S/S-*Eser*, § 22 Rn. 37; *Fischer*, § 22 Rn. 9; auch nach *Jakobs*, 25/6, verlangt § 22 keine „Teilverwirklichung der Tatbestandshandlung"; ebenso *Rath*, JuS 1998, 1106, der jedoch vor einer leichtfertigen Handhabung der „Teilverwirklichungsregel" warnt. – Kritisch zu § 22 als Mindestvoraussetzung *Küper*, JZ 1992, 342 ff., der einen Abschied von der „Teilverwirklichungsregel" fordert; krit. zu *Küper*: *Vogler*, Fs. Stree/Wessels, 1993, S. 298 ff.; *Kühl* a. a. O., S. 302 f. – nach MK¹-*Herzberg*, § 22 Rn. 159, ist die Teilverwirklichung „kein relevanter Gesichtspunkt", nach *Putzke*, JuS 2009, 985, 987: nicht mehr als ein „Indiz".

[84] Vgl. zu dieser Entscheidung *Geppert*, JK 91, StGB § 22/15; *Hassemer*, JuS 1991, 965; *Kienapfel*, JR 1992, 122 f.; *Küper*, JZ 1992, 338 ff.; *Vogler*, Fs. Stree/Wessels, 1993, S. 296; wie hier MK-*Herzberg/Hoffmann-Holland*, § 22 Rn. 107. – Aus der Rspr. vgl. auch BGH StV 2001, 272 f.: „betrügerische Abrechnungsmanipulation" u. BGH NStZ 2002, 433, 435 m. Bspr. *Otto*, JK 02/04, StGB § 22/23: Kreditbetrug; OLG München wistra 2006, 436: Versicherungsbetrug u. OLG Karlsruhe NJW 1982, 59 f. (m. Anm. *Burkhardt*, JuS 1983, 426) = Fall 2 bei *Bosch*, Jura 2011, 909, 910 f. – Vgl. allgemein *Lackner/Kühl*, § 22 Rn. 3, mit zahl-

Aus der **Übungsfall-Literatur** zur Teilverwirklichung des versuchten Delikts vgl.: *Bakowitz/Bülte,* StudZR 2010, 150 u. 160; *Beck,* ZJS 2010, 742 u. 746 (Drohung bei § 240 ausgesprochen); *Graul,* JuS 1999, 562 u. 563 (zu § 253 durch Drohen angesetzt); *Halecker,* AL 2010, 121 u. 123 (Faustschlag ausgeführt); *Hartmann,* JA 1998, 946 u. 948 (bei § 253 Merkmal „Drohen" erfüllt); *Grotenrath/Hillenkamp,* StudZR 2010, 150 u. 160; *Hertel,* Jura 2011, 391 u. 392 (Zielen mit Laserpointer auf Kanarienvogel); *Hilgendorf,* KK II, Fall 4, Rn. 73 (Täuschungshandlung vorgenommen: § 263-Versuch); *Hoffmann-Holland,* JuS 2008, 430 u. 432 (Drohung bei §§ 253, 255 „bereits ausgeführt"); *Rentrop,* AL 2009, 273 u. 278 (Werfen des Bumerangs); *Schütze,* in: *Ebert* (Hrsg.), Fall 4, S. 4 f. u. 73 (Werfen eines Brandsatzes als „tatbestandliche Ausführungshandlung" des § 212-Versuchs); *Stein/Schneider,* AL 2011, 45 u. 48 f. (Schuss bereits abgegeben); *Wagner,* BT-Fälle, Fall 7, S. 65 u. 67 (bei § 249 mit Gewaltanwendung begonnen), 69 (mit Tötungshandlung begonnen); *Wolters,* Fall 1, S. 1 f. u. 7 (§ 212-Versuch) und Fall 4, S. 85 f. u. 97 f. (§ 253-Versuch, wenn das „abgenötigte Opferverhalten ... demnächst stattfinden sollte").

56   Ist es in der Deliktsentwicklung jedoch noch nicht zu einer Teilverwirklichung in dem Sinne gekommen, dass die Tatbestandsausführungshandlung erfolglos vorgenommen wurde, kommt es entscheidend auf die **Unmittelbarkeit** des Ansetzens zur Tatbestandsverwirklichung an. Diese Unmittelbarkeit wird sich am ehesten in Fällen bejahen lassen, in denen der Täter schon Handlungen vorgenommen hat, die sich als Beginn der Tatbestandsausführungshandlung bewerten lassen, denn auch hier könnte man noch von einer „Teilverwirklichung" des Tatbestandes sprechen.[84a] So liegt ein Versuch der Urkundenfälschung gem. § 267 vor, wenn die Führerscheinformulare schon soweit vorbereitet sind, dass nur noch die Personalien eingetragen und die Lichtbilder eingefügt werden müssen (BGH bH MDR 1978, 625 f.).[85]

57   Auch der „Beginn der Ausführungshandlung" wird jedoch von § 22 nicht gefordert. Wer also verlangt, dass die versuchsbegründende Handlung bei natürlicher Auffassung als Bestandteil der Tatbestandsausführungshandlung erscheinen muss,[86] fordert mehr als das Gesetz. Dies gilt erst recht für das Erfordernis einer tatbestandsspezifischen Ausführungshandlung, wonach nur mit solchen Handlungen der Versuch beginnt, die sich durch zulässige Interpretation sprachlich und sachlich in den jeweiligen **Tatbestand einbeziehen** lassen.[87] Nach der Ansatzformel ist es „nicht erforderlich, dass der Täter bereits ein Tatbestandsmerkmal verwirklicht" (BGHSt 48, 34, 35);[87a] auch nicht, dass er eine der Beschreibung des „gesetzlichen Tatbestands entsprechende Handlung vornimmt" (BGHSt 54, 69, 127; nach BGH NJW 2010, 623, soll der Versuch der §§ 152 b I, 152 a I Nr. 1 voraussetzen, dass der Täter „mit der Fälschungshandlung selbst beginnt"); es geht vielmehr um „Handlungen",

---

reichen Nachweisen aus Rechtsprechung und Literatur. – SK-*Rudolphi,* § 22 Rn. 7 a, verlangt ein Ansetzen zur Verwirklichung aller Tatbestandsmerkmale; ebenso *Meyer,* GA 2002, 367, 368 f. Ähnlich wie hier *Murmann,* s. o. Fn. 14, wie hier W/*Beulke,* Rn. 599.

[84a] Ebenso LK-*Hillenkamp,* § 22 Rn. 99.

[85] Zu ähnlichen Fällen vgl. *Kühl,* JuS 1980, 650 f.

[86] So z. B. *Stratenwerth/Kuhlen,* 11/29, 38 f.

[87] *Vogler,* Fs. Stree/Wessels, 1993, S. 293: „Erfordernis der Unrechtsentsprechung". *Rath,* JuS 1998, 1106 Fn. 6, versteht *Vogler* anders: „nur eine besonders strenge Auslegung der ‚Unmittelbarkeit'"; gegen *Voglers* Erfordernis *Roxin,* AT II, 29/108 f. u. LK-*Hillenkamp,* § 22 Rn. 65: damit werde mehr gefordert als vom Gesetz.

[87a] Ebenso BGH NStZ-RR 2004, 40 (§ 129 a-Fall); BGH NStZ 2001, 415 („Trickdiebstahl"); 2002, 432, 435 (§ 263-Fall); BGH NJW 2002, 1057 (Tötungsdelikt) u. 2004, 38 (§§ 249, 250-Fall) sowie 2006, 331 m. Bspr. *Geppert,* JK 10/06, StGB, § 22/24 (Brandstiftung); BGH NStZ-RR 2008, 139 (Herbeiführen einer Sprengstoffexplosion gem. § 308); enger wohl das BVerfG StraFo 2006, 450, 451: beim Nötigungsversuch müsse der Täter mit der Anwendung der Nötigungsmittel beginnen.

„die nach dem Tatplan der Verwirklichung eines Tatbestandsmerkmals **unmittelbar vorgelagert sind**" (BGHSt 55, 94, 102).

Das Unmittelbarkeitserfordernis des § 22 verlangt, dass der Täter **unmittelbar vor** **58** **Beginn der Tatbestandsausführungshandlung** steht.[88] Hat er noch einen oder gar mehrere Schritte zurückzulegen, um in die Ausführungssituation zu gelangen, so befindet er sich noch im Vorbereitungsstadium. Ausführungssituation ist die Lage, in der in die Tatbestandsausführungshandlung übergegangen werden kann. Versuchsbegründend sind also Handlungen, die in ungestörtem Fortgang ohne **Zwischenakte** in die Tatbestandsverwirklichung einmünden sollen.[89]

Eine so verstandene Unmittelbarkeit ist vom natürlichen Wortsinn des „unmittel- **59** baren Ansetzens" in § 22 gedeckt[90] und widerspricht nicht der vom Gesetzgeber mit dieser Vorschrift angestrebten engen Bindung des Versuchs an die Tatbestandsausführungshandlung, denn zwischen deren Beginn und der den Versuchsbeginn begründenden Handlung des Täters darf ja keine weitere Handlung mehr liegen. Der nächste Teilakt des Gesamtverhaltens des Täters muss die Tatbestandsausführungshandlung sein.

Bei der Handhabung dieser auch sog. **Teilaktstheorie** (oder „Zwischenaktstheo- **60** rie") ist darauf zu achten, dass das Gesamtverhalten des Täters nicht künstlich aufgespalten wird. Wer mit gezogener Pistole in Tötungsabsicht auf sein Opfer zugeht, ist nicht deshalb noch im Vorbereitungsstadium, weil er noch Zwischenschritte wie das Heben und Anlegen der Pistole sowie das Krümmen des Fingers am Abzugshebel zurückzulegen hat, bevor er den tödlichen Schuss abgeben kann. Ein solches „Zeitlupen"-Strafrecht[91] wird von der Teilaktstheorie nicht favorisiert, denn solche **unwesentlichen** Zwischenakte wie das Heben und Anlegen der Pistole sind keine selbstständigen Teilakte i. S. dieser Theorie.[92]

---

[88] S/S-*Eser*, § 22 Rn. 39, legt den „Versuchsbereich in das tatbestandliche Vorfeld …, beschränkt auf den unmittelbaren Vorbereich." Vgl. auch den Definitionsvorschlag von *Joecks*, § 22 Rn. 26, bei dem allerdings das „also" nicht passt.

[89] BGHSt 26, 201, 203; 30, 363, 364 f.; 31, 12 u. 182; 35, 8 f.; 36, 250; 37, 297 f.; 44, 34, 40 (mit methodenkritischer Anm. *Otto*, NStZ 1998, 513, und Anm. *Dietmeier*, JR 1998, 470); 48, 34, 36; 54, 69, 127; 55, 94, 102; BGH NJW 1990, 654; 1991, 1963; BGH NStZ 1993, 133 u. 398; BGH NJW 1993, 2125; BGH NStZ 1996, 38; 1997, 83; 1999, 395; 2001, 415 m. Bspr. *Geppert*, JK 02, StGB § 22/20; BGH NJW 2002, 1057; 2003, 3068, 3070 u. 2005, 1589, 1590; BGH NStZ 2006, 331; 2007, 336; 2008, 409, 410 (m. Bspr. *Kretschmer*, NStZ 2008, 379); 2010, 209; 2011, 517; BGH NStZ-RR 2008, 139; BGH ZWH 2011, 31, 32; OLG Celle NStZ-RR 2012, 111 (m. krit. Bspr. *Krell/David*, StraFo 2012, 77, *Kudlich*, JA 2012, 152 u. *Schuhr*, ZWH 2012, 31). – Aus der Literatur vgl.: B-*Weber/Mitsch*, 26/54; *Ebert*, S. 121; *Freund*, 8/58; *Jescheck/Weigend*, S. 519; M-*Gössel/Zipf*, AT 2, 40/48; *Zieschang*, Rn. 494; SK-*Rudolphi*, § 22 Rn. 13; *Fischer*, § 22 Rn. 10; *Berz*, Jura 1984, 514; *Schlehofer*, 1996, S. 33 f.; ähnlich jetzt auch *Roxin*, in: *Roxin/Arzt/Tiedemann*, S. 16; im Ansatz auch LK-*Hillenkamp*, § 22 Rn. 77, der sie aber durch den Gefährdungsgedanken „modifiziert" (vgl. Rn. 85, 99); krit. zu dieser und anderen Abgrenzungsformeln *Meyer*, GA 2002, 367 ff., die auf „Leitfälle und Typenvergleich" setzt; – rechtsvergleichend *Ambos*, 2002, S. 723 ff.

[90] Bedenken wegen der Gleichsetzung von Tatbestandsverwirklichung und Tathandlung bei *Seier*, ZStW 102 (1990), 590.

[91] *Geilen*, S. 164.

[92] Im Erg. zust. aber krit. zur „Wesentlichkeits"-Bestimmung: *Roxin*, AT II, 29/137 u. 145; wie hier *Murmann*, GK, 28/66; ebenso BGHSt 26, 201, 204 (Heben und Anlegen der Pistole keine Zwischenakte); BGH NStZ 1993, 133 (keine Zwischenhandlungen, zu denen es noch eines neuen Willensimpulses des Täters bedürfe), sowie BGH bH MDR 1980, 271 f., mit Bspr. von *Kühl*, JuS 1980, 652; s. auch BGH NStZ 2006, 331, 332 [mit krit. Bspr. *Schuhr*, StV 2007, 188 f., zust. aber *Geppert*, JK 10/06, StGB § 22/24]: Öffnen einer Zwischentür im

61   Stellt man auf **wesentliche** Teilakte ab,[92a] so lassen sich all die Fälle eindeutig aus
dem Versuchsbereich ausgrenzen, bei denen der Täter noch Handlungen von eini-
gem Gewicht vornehmen muss, bevor er mit der Tatbestandsausführungshandlung
beginnen kann. So z. B. wenn der „Autodieb", der schon Nachschlüssel angefertigt,
sich nach den Anschriften der Eigentümer und den Standorten der Fahrzeuge er-
kundigt hatte, noch deren Standort herausbekommen muss, ehe er sich auf den Weg
zu den Fahrzeugen machen kann (BGHSt 28, 162 = *Roxin,* HRR AT, Fall 48, S. 71
u. 185; zum Fall auch *Frister,* AT, 23/37, der den Versuchsbeginn offenlässt: Schlüssel aus der Tasche ziehen oder erst beim Stecken des Schlüssels ins Autoschloss); rüt-
telt der Täter schon prüfend an den Vorderrädern der zu stehlenden Kraftfahrzeuge,
so ist er fast schon im Versuchsbereich (BGHSt 22, 80, bejaht Versuch),[92b] zumindest dann, wenn sich die Wegnahme unmittelbar anschließen soll. Dagegen mussten
im sog. Geldtransporter-Fall oder Lichthupen-Fall (BGH bH MDR 1977, 807 f.)[93]
die „Mittäter" nach dem Lichthupensignal eines weiteren „Mittäters" erst noch aus
der Parklücke herausfahren, die Fahrbahn blockieren, aus dem PKW aussteigen und
das Transportfahrzeug besteigen, um – wie geplant – die Begleiter im Geldtranspor-
ter i. S. des § 249 bedrohen zu können. Ein Diebstahlsversuch liegt noch nicht vor,
wenn der Täter im Treppenhaus die Treppe zur Wohnung des Opfers hinaufsteigt,
sich jedoch noch durch Täuschung den Zutritt zur Wohnung verschaffen und dann
das Opfer durch ein Gespräch ablenken will, bevor er „zugreift" = wegnimmt i. S.
des § 242 (OLG Hamm NStZ-RR 1997, 133). Ein versuchter Computerbetrug
(§ 263 a) liegt noch nicht vor, wenn der Täter erst die Codekarte entwendet hat und
versucht, durch Telefonanruf beim Karteninhaber die Geheimzahl herauszubekom-
men, denn dann muss er diese erst noch erfahren und zwecks Abhebung zum Geld-
automaten gehen;[93a] gelingt beides und ist § 263 a deshalb vollendet, so tritt § 242
(Kartendiebstahl) dahinter zurück (s. u. 21/67). Wer mit falschen Angaben einen
Versicherungsvertrag beantragt (= Eingehungsbetrug nach § 263), hat das Vorbereitungsstadium in Richtung Versuch verlassen, weil er keine wesentlichen Zwischenschritte mehr einlegen muss, um eine schadensgleiche Vermögensgefährdung herbeizuführen (BGHSt 54, 69, 127).[93b] Wer die Versicherung „betrügerisch" zur Leistung

---

Brand zu setzenden Gebäude kein „Zwischengeschehen", wenn eingeplant und keine neue
Entschlussfassung nötig; zu diesen Fällen vgl. auch NK-*Zaczyk,* § 22 Rn. 25; krit. zu dieser
Handhabung der Teilaktstheorie wegen des Verlustes der Tatbestandsbindung *Jakobs,* 25/62.

[92a] Kritisch zu dieser Kombination eines naturalistischen Kriteriums (Teilakt, Zwischenschritt) mit einem normativen Kriterium (Wesentlichkeit) *Murmann,* 1999, S. 25, der selbst –
im Anschluss an *Zaczyk* – auf das auch nicht gerade leicht anzuwendende Kriterien der
„Mächtigkeit" zur Rechtsgutsverletzung, des „In-den-Griff-Bekommens" des Rechtsguts abstellt; zu Recht krit. *Rath,* JuS 1998, 1106, 1109, der selbst – auch nicht gerade „unkompli-
ziert" – auf die „konkrete Reaktionsnotwendigkeit" des Opfers in Form einer „tatbestandsspezifischen Verteidigungshandlung" abhebt.

[92b] Ebenso *Roxin,* JuS 1999, 6 u. *Jäger,* Rn. 299, 300: Fall 49 sowie *Lackner/Kühl,* § 22
Rn. 5; a.A. LK-*Hillenkamp,* § 22 Rn. 103, 108: in solchen „Probierfällen" ist der Ausgang
der Probe abzuwarten.

[93] Vgl. dazu *Küper,* JZ 1979, 777 u. 780; *Kühl,* JuS 1980, 652 sowie LK-*Hillenkamp,* § 22
Rn. 103, 107, 113. – Vgl. auch den ähnlichen Fall des BGH StV 1992, 62, m. Anm. *Otto,*
JK 92, StGB § 22/15 und ablehnender Stellungnahme durch *Vogler,* Fs. Stree/Wessels, 1993,
S. 297.

[93a] Fallbeispiel bei *Alpmann/Schmidt,* AT 2, Fall 3, S. 10 ff.; vgl. auch *Hecker,* JA 1998, 300.

[93b] Soweit der BGH eine Vollendung des § 263, d. h. einen Vermögensschaden, schon im
Abschluss der Lebensversicherungsverträge angenommen hat, ist das Urteil vom Bundesverfassungsgericht wegen Verstoßes gegen Art. 103 II GG aufgehoben worden (BVerfG BeckRS
2011, 56931 m. zust. Bspr. *Kudlich,* JA 2012, 230 u. *Jahn,* JuS 2012, 266).

auf den Todesfall in Anspruch nehmen will (= Erfüllungsbetrug nach § 263), muss noch wesentliche Zwischenakte bis zum Versuchsbeginn zurücklegen: so etwa den Tod in Ägypten fingieren und die entsprechend gefälschten Unterlagen beschaffen (vgl. BGHSt 54, 69, 128). Die Fälschung von Zahlkarten ist wegen erforderlicher Zwischenakte nicht versucht, wenn der Täter die aufgezeichneten Datensätze noch nicht in seinen Besitz bringen und seinen Komplizen übermitteln konnte (BGH NStZ-RR 2011, 367); einen Schritt weiter ist der Täter, der dem Komplizen die Daten übermittelt, die nach dem Tatplan zeitnah auf vorhandene Kartenrohlinge ausgespielt werden sollen, doch fragt es sich, ob er schon unmittelbar davor steht, die Tatbestandsausführungshandlung vornehmen zu können (BGH ZHW 2011, 32 f. m. krit. Bspr. *Kudlich;* zur Versuchs-Rspr. bei § 152 b vgl. *Fischer,* Rn. 16 und *Graf,* 2011, S. 4: Skimmen von Kartendaten noch kein Versuch der Fälschung).

Nicht unproblematisch sind die auch praktisch häufig vorkommenden Fälle, in **62** denen sich der zu einem Eigentums- oder Vermögensdelikt[94] Entschlossene dem **Tatort nähert.** Bei der Behandlung solcher „Annäherungsfälle" ist man sich zwar darin einig, dass das bloße Sich-zum-Tatort-Begeben noch zur Vorbereitungsphase gehört. Problematisch ist aber die Festlegung des Zeitpunkts, von dem an die Annäherung an das Tatobjekt bzw. das Tatopfer so weit fortgeschritten ist, dass mit dem nächsten Schritt des sich Annähernden die Tatbestandsausführungshandlung beginnen kann. **Typische Vorbereitungshandlungen** sind neben dem Aufsuchen des Tatorts das Beschaffen und Bereitstellen der Tatmittel und -werkzeuge sowie das Auskundschaften der Tatgelegenheit und des Tatorts.[94a] Ebenso: „Anfertigen von Nachschlüsseln, Beseitigung eines Wachhundes, Hingehen zum Tatort, Bereitlegen eines Werkzeugs zum Einbruch, Beobachten oder Verfolgen des Tatopfers oder Auskundschaften der Tatörtlichkeiten oder von Sicherungseinrichtungen" (LG Potsdam NStZ 2007, 336 = Fall 13 bei *Putzke,* JuS 2009, 985, 986 f.). Bei einem geplanten Diebstahl soll aber das „bloße Bereitstellen oder Bereitlegen einer Sache zum späteren Abtransport" noch Vorbereitung, Versuch aber dann sein, wenn „die Beute in Tonnen auf dem wenig gesicherten Außengelände eines Baumarkts" versteckt wird und ohne Schwierigkeiten abgeholt werden kann (LG Potsdam a.a.O. m. zu Recht abl. Anm. *Walter,* NStZ 2008, 157, der auf noch zurückzulegende Zwischenschritte wie Aufschneiden/Verbiegen oder Überklettern des drei Meter hohen Metallgitterzaunes hinweist; abl. auch *Putzke* a.a.O.). Vorbereitungshandlung für eine Tötung ist auch das Knebeln/Betäuben des Opfers, dessen Verfrachten in den Kofferraum und das Fahren an einen entfernten Ort, wenn vor der Tötungshandlung noch zum Tatort weitergefahren und dem Opfer noch eine Unterschrift unter eine Generalvollmacht abgenötigt werden sollte (BGH NJW 2002, 1057 m. Bspr. *Fad,* JA 2002, 745; *Gaede,* JuS 2002, 1058; *Jäger,* JR 2002, 383; *Sowada,* Jura 2004, 814, 819 u. *Otto,* JK 11/02, StGB § 22/22).

So ist etwa bei **Sparkassenüberfällen** – seien sie nun als Raub gem. § 249 oder als **63** räuberische Erpressung gem. § 255 zu beurteilen – zweifelhaft, wann der bzw. die Täter unmittelbar vor dem Einsatz des Nötigungsmittels (Gewalt oder Drohung) stehen. Dies ist dann noch nicht der Fall, wenn sie sich, sei es auch bewaffnet, noch vor der Sparkasse aufhalten.[95] Befindet sich der Täter dagegen schon so gut vorbe-

---

[94] Vgl. auch den „Annäherungsfall" zu einem Tötungsdelikt bei *Vogler/Kadel,* JuS 1976, 245 f. und bei *Hohmann,* Jura 1993, 321 f. – Aus der Rspr. vgl. BGHSt 39, 89.

[94a] LK-*Hillenkamp,* § 22 Rn. 106–108 mit zahlreichen Beispielen aus der Rechtsprechung sowie *Roxin,* AT II 29/174–179.

[95] Vgl. die Fälle 22 und 25 bei *Kühl,* JuS 1980, 506.

reitet im Schalterraum, dass er unmittelbar vor Beginn der Nötigungshandlung durch Hineinreichen des ausgefüllten Zahlungsformulars steht, so braucht er keinen Zwischenschritt mehr einzulegen (vgl. BGH GA 1980, 24 = Fall 39 bei *Kühl*, JuS 1980, 654).[96] Dass er erst noch das Verlassen des Schalterraumes durch die Kunden abwarten wollte, ändert am Versuchsbeginn des Bankraubes gem. §§ 249, 255 nichts, denn auf Zwischenschritte Dritter kommt es nach der auf den Täter abstellenden Ansatz-Formel des § 22 nicht an. Das Verlassen des Schalterraumes durch die Kunden muss allerdings in absehbarer Zeit zu erwarten sein.

64   Ein Versuch ist auch im sog. **Tankstellen-Fall** (BGHSt 26, 201 = *Roxin*, HRR AT, Fall 47, S. 69 f. u. 184 f. = Fall 5 bei *Bosch*, Jura 2011, 909, 912)[97] anzunehmen, in dem die Täter zum Wohnhaus neben der Tankstelle gegangen waren, ihre Strumpfmasken übergezogen hatten und mit der Pistole in der Hand läuteten. Ihre nächste eigene Handlung wäre die Bedrohung der die Tür öffnenden Person gewesen. Das Abstellen auf Zwischenschritte durch das Opfer[97a] führt zumindest deshalb nicht zu einer Ablehnung des Versuchsbeginns, weil die Täter sich eine solche laufende Annäherung des Opfers vorgestellt hatten (so im Fall von BGH NStZ 2012, 85, m. zust. Bspr. *Kudlich*, JA 2012, 310, 311 f, krit. aber *Bosch,* JK 2/12, StPO § 264/18, der verlangt, „dass sich zumindest nach der Vorstellung des Täters tatsächlich jemand der Tür genähert hat"; s. auch schon 3 StR 105/10 v. 11. 5. 2010, BeckRS 2010, 14678 = bei *Graf*, 2011, S. 5). Fehlt freilich diese Annäherung des Opfers an die Tür nicht nur objektiv, sondern auch in der Vorstellung des Täters, so liegt noch kein Versuch vor (vgl. BGH StV 1984, 420: der Ehemann klingelte mit geladenem Revolver in Tötungsabsicht an der Tür der Ehefrau).[98] Kein Versuch eines erpresserischen Menschenraubes (§ 239 a) soll vorliegen, wenn der Täter an der Wohnungstür des Opfers klingelt, aber plangemäß abbricht, als das Opfer mit ihrem Kleinkind erscheint (BGH NStZ 1999, 395 m. Bspr. *Baier*, JAR 2000, 16; abl. *Jäger*, NStZ 2000, 415 u. *Dey*, JR 2000, 295).[98a] Versuchter erpresserischer Menschenraub

---

[96] Vgl. zu diesem Fall auch *Borchert*, JA 1980, 254; LK-*Hillenkamp*, § 22 Rn. 107; SK-*Rudolphi*, § 22 Rn. 15; S/S-*Eser*, § 22 Rn. 44. – Bedenken wegen des Zeitabstandes bei *Papageorgiou-Gonatas*, 1988, S. 123. Gegen Versuch in diesem Fall *Zaczyk*, 1989, S. 313 f.: der Täter habe sich noch nicht „zum Herrn der Situation" gemacht.

[97] Vgl. dazu *Roxin*, JuS 1979, 6 u. in: AT II, 29/127 u. 156; *Kühl*, JuS 1980, 654; *Fahl*, JA 1997, 635, 639; *Murmann*, GK, 28/62, 66, 69, 70, 78; W-*Beulke*, Rn. 609; LK-*Hillenkamp*, § 22 Rn. 104 u. 107; NK-*Zaczyk*, § 22 Rn. 25; S/S-*Eser*, § 22 Rn. 42, 44; ebenso nach der „Sphärentheorie" *Jäger*, Rn. 301. – Gegen Versuch aber *Gössel*, JR 1976, 251; *Otto*, NJW 1976, 578 f.; SK-*Rudolphi*, § 22 Rn. 15; krit. auch *Arzt*, S. 76, mit Fallvariante. – Zum sog. **„Pfeffertüten"-Fall** (in dem der Täter vergeblich auf das Opfer, das mit der Straßenbahn kommen sollte, wartete) des BGH NJW 1952, 514 f. m. Anm. *Mezger* = *Roxin*, HRR AT, Fall 46, S. 68 f. u. 184, vgl. *Fahl*, JA 1997, 635; *Rath*, JuS 1998, 1106, 1108; *Martin*, JuS 1999, 1135 (in Abgrenzung zum „Tankstellen"-Fall); *Gropp*, Fs. Gössel, 2002, S. 175, 181, 187; *Bosch*, Jura 2011, 909, 912 (in Abgrenzung zu anderen „Auflauerungsfallen", in denen der BGH im Gegensatz zum „Pfeffertüten"-Fall keinen Versuch angenommen hat: BGH StV 1997, 241 u. 1989, 326 m. Bspr. *Otto*, JK 90, StGB § 22/14); *Freund*, 8/61–63, *Roxin*, AT II, 29/155; LK-*Hillenkamp*, § 22 Rn. 107 u. *Joecks*, § 22 Rn. 31 u. 33.

[97a] Dagegen *Streng*, ZStW 109 (1997) 862, 876.

[98] Vgl. zu diesem Fall aus der Sicht der Gefährdungstheorie *Otto*, JK, StGB § 22/23; zum Fall auch LK-*Hillenkamp*, § 22 Rn. 107; neuer „Klingelfall" mit abgewandelter Fallgestaltung (Opfer war nach Tätervorstellung nicht ahnungslos) bei BGH NStZ-RR 2004, 361 m. krit. Bspr. *Kudlich*, JuS 2005, 186 u. *Otto*, JK 6/05, StGB § 211/42; krit. auch LK-*Hillenkamp* a. a. O.

[98a] Der BGH arbeitet in dieser Entscheidung (neben dem „jetzt geht es los"; dazu unten Rn. 69) mit der Teilaktstheorie, wendet sie aber bei der Begründung – es hätte noch eines weiteren „Willensimpulses" zum Übergang ins Versuchsstadium bedurft – eigentlich nicht an, es

(§ 239 a) soll dagegen schon dann vorliegen, wenn die Täter mehrere Nägel in den Vorderreifen des PKW des Opfers getrieben haben, das dann bei einer „Panne" auf freier Strecke überwältigt werden soll (BGH NStZ 1997, 83).[98b]

Nicht ausreichend fortgeschritten ist die Umsetzung des geplanten Überfalls auf 65 einen zu beraubenden Geldboten, wenn erst dessen PKW durch Hineinstoßen eines Nagels „lahmgelegt" wird, denn nach ihrem Plan mussten die Täter dem Boten erst noch bis zu dessen Panne hinterherfahren und auf ihn mit dem Angebot zur Pannenhilfe zugehen (BGH NJW 1980, 1759 = *Roxin,* HRR AT, Fall 50, S. 72 f. u. 186 = Fall 6 bei *Bosch,* Jura 2011, 909, 912 f.).[99] Ebenso ist das Versuchsstadium bei einem geplanten Überfall auf einen Supermarkt noch nicht erreicht, wenn sich die Täter nach Betreten der Geschäftsräume noch nicht maskieren, um ihren geplanten Angriff auf den Filialleiter davon abhängig zu machen, ob die Anwesenheit dritter Personen die Verwirklichung ihres Vorhabens zulässt (BGH NStZ 1996, 38 f.). Ein geplanter „Trickdiebstahl" ist noch nicht im Versuchsstadium, wenn es dem Täter noch nicht gelungen ist, den Juwelier mit Schmuck zum Verlassen der Geschäftsräume zu bewegen, wenn die Tat außerhalb der Geschäftsräume stattfinden sollte (BGH NStZ 2001, 415 m. zust. Bspr. *Geppert,* JK 02, StGB § 22/20).[99a]

Bei der Ausführung geplanter **Sexualstraftaten** an einem Kind (§ 176 I) ist der Täter 66 noch im Vorbereitungsstadium, wenn er das Kind an einen günstig gelegenen Ort führt, dort das Kind aber noch zur freiwilligen Vornahme sexueller Handlungen überreden will; will er es dagegen bei dem unmittelbar bevorstehenden Erreichen des vorgesehenen Tatortes sofort „missbrauchen", so ist die noch zurückzulegende kurze Wegstrecke kein wesentlicher Teilakt mehr, so dass der Versuch schon begonnen hat (BGHSt 35, 6).[100] Zu beachten ist in diesen Fällen, dass der Versuchsbeginn früher liegen kann, wenn es um § 176 II geht, denn hier ist die Tatbestandsausführungshandlung („Bestimmen") schon vom Gesetzgeber im Vergleich zu § 176 I „vorverlegt".

Überhaupt hat man sich immer an der Tatbestandsausführungshandlung des jeweiligen Delikts zu orientieren. Dann beginnt z. B. der Meineidsversuch gem. § 154 67 nicht schon mit der Falschaussage, sondern erst mit dem Ansetzen zum „Schwören" (= Tatbestandsausführungshandlung).[101] Beim Versuch eines räuberischen Angriffs auf Kraftfahrer ist nach der Neufassung des § 316 a auf das Verüben eines Angriffs abzustellen, so dass das Einsteigen ins Taxi zumindest dann kein unmittelbares Ansetzen zum Angriff ist, wenn dieser erst nach geraumer Zeit und längerer Fahrt geplant ist.[101a] Bemüht sich der Täter vergeblich, in das Anwesen des Opfers einzu-

---

sei denn man betrachtet den erforderlichen „Willensimpuls" als wesentlichen Teilakt vor dem Aussprechen der Drohung. Ähnlich spricht *Streng,* Gs. Zipf, 1999, S. 325, 345, vom „Willensruck" bzw. einem „‚jetzt geht es los!'-Entschluss".

[98b] Dazu LK-*Hillenkamp,* § 22 Rn. 103.

[99] Gegen die Versuch bejahende BGH-Entscheidung *Krey/Esser,* AT, Rn. 1230; NK-*Zaczyk,* § 22 Rn. 26; SK-*Rudolphi,* § 22 Rn. 16; *Roxin,* HRR AT, S. 186 (Antwort 1). Für Versuch dagegen: *Papageorgiou-Gonatas,* 1988, S. 124 f., m. w. N.

[99a] Ebenso NK-*Zaczyk,* § 22 Rn. 26.

[100] Vgl. dazu LK-*Hillenkamp,* § 22 Rn. 103, 107; NK-*Zaczyk,* § 22 Rn. 25; S/S-*Perron/Eisele,* § 176 Rn. 24; SK-*Rudolphi,* § 22 Rn. 16. Vgl. auch *Vehling,* 1991, S. 151–156: Versuch nur, wenn der Gang zum Tatort schon ein unerlaubtes Risiko verwirklicht (z. B. auf dem Privatweg); zu den sog. „Missbrauchsfällen" der Rspr. vgl. *Roxin,* AT II, 29/166–169.

[101] BGHSt 31, 182; ebenso *Jakobs,* 25/70; W-*Beulke,* Rn. 606; im Übungsfall *Mitsch,* JuS 2005, 340, 341 und Jura 2006, 381, 384.

[101a] W-*Hillenkamp,* Rn. 425; *Lackner/Kühl,* § 316 a Rn. 4; ebenso schon *Günther,* JZ 1987, 16, 26, zu § 316 a a. F. und in Kritik zur weitergehenden Rspr., s. etwa BGHSt 6, 82; 18, 170; 33, 378.

dringen, so kann der Versuch des Diebstahls schon vorliegen, während es an einem unmittelbaren Ansetzen zur Vergewaltigung noch fehlt (BGH NStZ 2000, 418 [m. krit. Bspr. *Bellay*, NStZ 2000, 591, der auf die neue Tatvariante des Ausnutzens einer schutzlosen Lage in § 177 I Nr. 3 hinweist] = Fall 17 bei *Putzke*, JuS 2009, 985, 987 f.). – Bei reinen Erfolgsdelikten wie z. B. dem Totschlag (§ 212) ist auf die vom Täter vorgestellte Tötungsart (z. B. Erschießen oder Vergiften) abzustellen.[101b]

Aus der **Übungsfall-Literatur** zum unmittelbaren Ansetzen vgl.: *Alpmann/Schmidt*, AT 2, Fall 19, S. 104–106; *Beulke*, KK I, Fall 4 Rn. 175 u. 178 f. (§ 242-Versuch) sowie KK II, Fall 1, Rn. 1 u. 5 f. (§ 218-Versuch); *Buttel/Rotsch*, JuS 1996, 713 u. 714 (§ 242-Versuch); *Dannecker*, Jura 1988, 657 u. 663 (§ 263-Versuch); *Dannecker/Gaul*, JuS 2008, 345 u. 347 (§ 306 a I-Versuch); *Dedy*, Jura 2002, 137 u. 141 f. (§ 242-Versuch); *Dessecker*, Jura 2000, 592 u. 596 f. (§ 212-Versuch); *Dietmeier*, JuS 2007, 824 u. 827 (§ 242-Versuch); *Drenkhahn*, Jura 2011, 63 u. 71 (§ 259-Absatzversuch); *Ebert*, in: *Ebert* (Hrsg.), Fall 3, S. 3 f. u. 56 (Sprühdosenattacke vor tödlichem Wurf ins Wasser); *Ellbogen*, Jura 1998, 483 u. 485, 486 (§ 212 i. V. m. alic-Versuch); *Fisch/Sternberg-Lieben*, JA 2000, 124 u. 127, 128, 129 (§§ 306 I Nr. 1, 2, 306 b II Nr. 2, 3, 265-Versuche); *Frank*, Jura 2006, 783 u. 788 (§ 212-Versuch); *Gropengießer/Kohler*, Jura 2003, 277 u. 279 („Kurz vor Betätigen des Abzugs" bei § 212-Versuch); *Heghmanns/Kusnik*, AL 2010, 275 u. 277 f. (wesentliche Zwischenakte aufgeführt); *Herrmann/Heyer*, JA 2012, 190 u. 192 (alle Theorien); *Herzberg*, Jura 1983, 367 u. 373 (§ 258-Versuch); *Hilgendorf*, KK I, Fall 4, Rn. 16 (§ 212-Versuch); KK II, Fall 4, Rn. 26 (§ 242-Versuch) sowie KK III, Fall 11, Rn. 30–37 (§ 340-Versuch); *Hohmann*, Jura 1993, 321 (§ 242-Versuch); *Jescheck*, Fälle, Fall 58, S. 75 (§ 248 b-Versuch); *Kinzig/Luczak*, Jura 2002, 493 u. 497 f. (Raubversuch); *Knauer*, JuS 2002, 53 u. 56 f. (Raubversuch gem. §§ 249, 250 II Nr. 1); *Krahl*, JuS 2003, 1187 u. 1190 (Annäherung an das Opfer mit „In-den-Händen-halten des Tatmittels" bei § 223-Versuch); *Kudlich*, JuS 2000, L 13 u. L 15 (§ 303-Versuch) sowie JA 2008, 703 u. 706 (§§ 306 a, 306 b-Versuch) und in: PdW AT, Fälle 221–223 (§ 249-Versuche); *Kühl*, JuS 2007, 742 u. 746 (§ 303-Versuch); *Kunz*, Jura 1997, 152 u. 155 f.; *Langer*, JuS 1987, 896 ff. (§ 303-Versuch); *Laubenthal*, Jura 1989, 99 u. 102 (§ 255-Versuch); *Linke/Steinhilber*, JA 2010, 117 u. 125 (§ 263-Versuch); *Marxen*, BT, Fall 3 e, S. 32 f. (§ 223-Versuch); *Gössel*, Fälle, Fall 6, S. 108 f. u. 110–112 (§ 249-Versuch); *Mitsch*, JuS 2005, 340 f. u. 341 und Jura 2006, 381 u. 384 (§ 154-Versuch); *Mitsch*, in: G/K/M, Fallsammlung, Fall 16, S. 285 f. u. 293 (§ 242-Versuch); *Müller*, Jura 2005, 635 u. 636 (§§ 223, 224-Versuch); *Mürbe*, AT, Fall 30, S. 187 u. 228 (§ 259-Versuch); *Otto*, Übungen, Anfängerklausur Nr. 3, S. 63 f. u. 70 (§§ 223, 224-Versuch) und Examensklausur Nr. 1, S. 145 u. 149 (§ 242-Versuch); *Petermann*, JuS 2009, 1119 u. 1122 (§ 212-Versuch); *Rotsch*, Klausur 23, S. 348 u. 354 f. (§ 242-Versuch); *Rudolphi*, AT-Fälle, Fall 7, S. 77 u. 84 (§ 212-Versuch); *Safferling*, Jura 2004, 64 u. 66 (§ 223-Versuch) sowie JuS 2005, 135 u. 138 (§ 242-Versuch) und JA 2007, 183 u. 186 (§§ 212, 211-Versuch); *Samson*, Strafrecht I, Fall 28, S. 141–145 (§§ 211, 212-Versuch); *Scholz/Wohlers*, Übungen, Bsp. einer Hausarbeitsbearbeitung, S. 102 u. 108 (§ 249-Versuch); *Seier*, JuS 1978, 692 (§ 177-Versuch); *Seier*, Anfängerklausur, Nr. 10, S. 115 u. 123 (§ 212-Versuch); *Stoffers*, JuS 1993, 837 u. 840 (§ 212-Versuch); *Timpe*, Jura 2009, 465 u. 472 (§ 224 I Nr. 2-Versuch); *Uehling*, in: *Ebert* (Hrsg.), Fall 9, S. 10 u. 149 (§ 242-Versuch) und Fall 10, S. 11 u. 157 f. (§§ 223, 224-Versuch) sowie Fall 11, S. 12 u. 172 (§§ 242, 243 I 2 Nr. 1-Versuch); *Wagemann*, Jura 2006, 867 u. 868 (zweimaliges Ansetzen zu §§ 211, 212); *Wagner*, BT-Fälle, Fall 8, S. 75 u. 83 (§ 154-Versuch), sowie Fall 9, S. 88 u. 91 (§ 263-Versuch); *Walter/Schneider*, JA 2008, 262 u. 265 (Schutzminderungsfall bei § 212) sowie JA 2008, 605 u. 607 (§ 249-Versuch); *Wolter*, JA 2007, 354 u. 356 (§ 211-Versuch); *Zieschang*, JuS 1999, 49 u. 50 (§ 253-Versuch).

cc) Zeitliche Unmittelbarkeit

68   Außer dem Kriterium der „Handlungs-Unmittelbarkeit" lässt sich auch das Erfordernis eines engen zeitlichen Zusammenhangs zwischen der letzten ausgeführten Handlung und der Tatbestandsausführungshandlung aus dem natürlichen Sprachge-

---

[101b] *Kühl*, JuS 1980, 508; *LK-Hillenkamp*, § 22 Rn. 104.

brauch des Wortes „unmittelbar" in § 22 entnehmen, es stellt ein „immanentes Kriterium"[102] der Ansatzformel dar. An einem unmittelbaren zeitlichen Zusammenhang fehlt es beim Antrag auf einen Mahnbescheid zur Durchsetzung einer nicht bestehenden Forderung, denn der Vermögensschaden beim Betrug (§ 263) wird erst durch den Vollstreckungsbescheid bewirkt und zwischen diesem und dem Mahnantrag müssen nach § 699 I 2 ZPO zwei Wochen liegen (für unmittelbares Ansetzen aber OLG Celle ZWH 2012, S. 28 ff. m. zu Recht abl. Anm. *Schuhr*, S. 31; krit. auch *Kudlich*, JA 2012, 152 u. *Krell/David*, StraFo 2012, 77). Die Bedeutung, die der zeitlichen Unmittelbarkeit zukommt, ändert sich je nachdem, mit welchem anderen Kriterium sie verbunden wird. Tritt sie – wie bei *Roxin*[103] – als zusätzliches Erfordernis zu dem Kriterium der „Berührung zwischen Täter- und Opfersphäre" hinzu, kommt ihr in sehr vielen Fällen ein ausschlaggebendes Gewicht zu, da diese **Berührung der Sphären** in Fällen mit Versuchsbeginnproblematik häufig stattgefunden haben wird. Lediglich in den Auflauerungs- und Erwartungsfällen, in denen das Opfer auch nach der Tätervorstellung noch nicht in die Tätersphäre gelangt ist, ist die Sphärenberührung ausschlaggebend. Erheblich geringer ist die Bedeutung der zeitlichen Unmittelbarkeit, wenn sie – wie hier vertreten – das Kriterium der Handlungsunmittelbarkeit **ergänzt**, da der Täter nach Ausführung des letzten wesentlichen Teilaktes in aller Regel auch zeitlich nahe an die Deliktsausführung herangerückt sein wird.

Die zeitliche Unmittelbarkeit ist ebenso wie die Handlungs-Unmittelbarkeit ein **69** objektives Kriterium. Das wird leicht übersehen, wenn man sich der Formel bedient, nach der der Versuch in dem Zeitpunkt beginnt, in dem der Täter sich sagt „**jetzt geht es los**"; diese Formel (auch sog. Theorie der Feuerprobe[103a] oder Krisentheorie[103b]) wird auch von der neueren Rspr. als „subjektives" Kriterium verwendet, so etwa – unter Hinzunahme des Umstands, dass es eines weiteren „Willensimpulses" nicht mehr bedürfe – um die anhaltende Verfolgung per Auto und zu Fuß von Ausländern durch gewaltbereite Täter als Versuch einer Körperverletzung zu begründen (BGHSt 48, 34, 36 mit krit. Bspr. *Kühl*, JZ 2003, 637, 639 u. *Puppe*, JR 2003, 123, 125; im Erg. zust. *Hardtung*, NStZ 2003, 261 f., *Heger*, JA 2003, 455, 456 u. *Sowada*, Jura 2003, 549, 551). Die plastische Formulierung sollte aber als objektives Zeitkriterium sicherheitshalber so gebraucht werden, dass man die Frage stellt, ob sich der Täter vernünftigerweise sagen konnte „jetzt geht es los".[104] Sowohl die

---

[102] *Tiedemann*, JR 1973, 412.

[103] *Roxin*, JuS 1979, 5, in: Fs. Herzberg, 2008, S. 341 ff. u. in: AT II, 29/139–144: „konkretisierte Teilaktstheorie"; ähnlich *Jakobs*, 25/68: „Einbruch des Täters in die Schutzsphäre des Angegriffenen." Ähnlich auch *Puppe*, AT 2, 35/43: Moment, in dem sich Täter und Opfer „von Angesicht zu Angesicht gegenüberstehen". Eine „Ergänzung" der „Zwischenaktstheorie" durch die Sphärentheorie (und die „Gefährdungstheorie") empfiehlt *Rengier*, AT, 34/24–26. – Vgl. auch MK-*Herzberg*, § 22 Rn. 157, der auf die Sekundennähe zum Erfolg abstellt; krit. dazu *Roxin*, Fs. Herzberg, 2008, S. 341, 352.

[103a] *Kindhäuser*, AT, 31/15; „gänzlich unbrauchbar" nach *Putzke*, JuS 2009, 985, 986; „zirkulär" nach *Bosch*, Jura 2011, 909, 910; krit. auch *Zieschang*, Rn. 491; zur „Feuerprobe" auch schon *Bockelmann*, JZ 1954, 468, 473.

[103b] *Bosch*, Jura 2011, 909, 910 Fn. 16.

[104] So *Küper*, JZ 1979, 781; *Tiedemann*, Anfängerübung, S. 29 u. 149 und *Murmann*, GK, 28/70; ähnlich BGHSt 28, 164, im obigen Nachschlüssel-Fall. – Als (scheinbar) subjektives Kriterium hingegen erscheint das „jetzt geht es los" in: BGHSt 26, 201, 203 u. 36, 250; BGH NJW 1991, 1963; 2003, 3068, 3070; 2005, 1589, 1590; 2008, 409, 410 u. 1460 sowie BGH NStZ 2001, 415 (mit zust. Bspr. *Geppert*, JK 02, StGB § 22/20); 2002, 433, 435; 2004, 38; LG Potsdam NStZ 2007, 336 m. krit. Anm. *Walter*, NStZ 2008, 157, der für den zu entscheidenden Sachverhalt einer Zeitspanne von zweieinhalb Stunden errechnet hat; zu Recht krit. *Meyer*, GA 2002, 367, 372 f. u. LK-*Hillenkamp*, § 22 Rn. 67; der Rspr. folgend und die For-

Rechtsprechung als auch die Literatur verwenden die Formel vom „jetzt geht es los" meist zusätzlich zur Teilaktstheorie (o. Rn. 60); unterschiedliche Ergebnisse treten dabei nicht auf.

> Aus der **Übungsfall-Literatur** vgl. *Esser/Röhling*, Jura 2009, 866 u. 869; *Hilgendorf*, KK I, Fall 14, Rn. 13 u. KK II, Fall 4, Rn. 45; *Kalkofen/Sievert*, JA 2011, 229 u. 233; *Krumdiek*, Jura 2009, 623 u. 630; *Kudlich*, AT-Fälle, Fall 1, S. 11 und Fall 7, S. 95 f.; *Petermann*, JuS 2009, 1119 u. 1122; *Radtke/Meyer*, JA 2009, 702 u. 707; *Theile*, ZJS 2009, 545 u. 546 f.; *Timpe*, Jura 2009, 465 u. 472; *Rengier/Jesse*, JuS 2008, 42 u. 44; *Rengier/Brand*, JuS 2008, 514 u. 515; *Valerius*, Klausur 10, S. 149 u. 151, 157; **zu Recht kritisch** *Wolter*, JA 2008, 605 u. 607 f. sowie *Heghmanns/Kusnik*, AL 2010, 275 u. 277 f. und *Hilgendorf*, KK III, Fall 5, Rn. 17.

70   Die **Funktion** des objektiven Beurteilungskriteriums der zeitlichen Unmittelbarkeit neben dem objektiven Kriterium der Handlungsunmittelbarkeit besteht einmal darin, dass sie mehrere **Teilakte** zu einer letzten Zwischenphase **zusammenfassen** kann. Die geringfügige zeitliche Distanz, in der mehrere Zwischenakte nach dem Täterplan vollzogen werden sollen, kann das Argument, ein Versuchsbeginn scheitere an noch ausstehenden Teilakten, überwinden.[105] In dieser Funktion unterstützt das Zeitkriterium die obige Entscheidung im Fall des geplanten sexuellen Missbrauchs an Kindern (s. o. Rn. 66): der zeitlich kurze Weg zum Tatort hindert den Versuchsbeginn nicht, wenn es bei Erreichen des Tatortes sofort losgehen soll. Nach dem Herauslösen des Kindes aus seiner gewohnten, ihn schützenden Umgebung läuft das Tatgeschehen fast „automatisch" auf das vom Täter angestrebte Ziel hin zu.

71   Neben dieser **Funktion** der zeitlichen Unmittelbarkeit gegenüber der Handlungsunmittelbarkeit kommt dem zeitlichen Kriterium noch die Aufgabe zu, solche Fälle aus dem Versuchsbereich **auszuscheiden**, in denen der „Täter" den letzten Teilakt schon längere Zeit vor der geplanten Tatbestandsausführung vorgenommen hat.[105a] Dies gilt einmal, wenn der Täter nach Vornahme der letzten erforderlichen Handlung vor der sofort möglichen Tatausführung noch eine „retardierende Zwischenphase"[106] einschiebt, aber auch wenn er zwischenzeitlich eine andere Handlung vornimmt. So etwa, wenn der Einbrecher, nachdem er in das Haus eingestiegen ist, zunächst mit Vergewaltigungsabsichten nach der schlafenden Hausbewohnerin tastet, um erst nach der Vergewaltigung Wertgegenstände aus dem Schlafzimmer mitgehen zu lassen (Dazwischenschieben einer anderen Handlung).[106a] Oder wenn der zum Diebstahl in einem Bauernhof Entschlossene zunächst den Hofhund entfernt, um später ungestört „arbeiten" zu können.[107] Wird zunächst der Begleiter des zu Beraubenden angegriffen, so kann darin bei geringem zeitlichen Abstand zum Be-

---

mel um das „Herzklopfen bekommen" variierend *Heinrich*, AT, Rn. 726; ebenfalls der Rspr. folgend *Krey/Esser*, AT, Rn. 1215. – Um eine „subjektiv empfindbare Schwelle geht es aber gerade nicht", so zutreffend *Jakobs*, 25/59 u. *Bloy*, ZStW 117 (2005), S. 3, 33 f. Zur Berechtigung der Formulierung „Jetzt geht's los" s. *Zaczyk*, 1989, S. 313: „Im Sich-Begeben in die Unrechtssituation fesselt sich gleichsam der Entschluss auch anderen gegenüber …" u. *Safferling*, ZStW 118 (2006), 682, 700; krit. aber doch daran anknüpfend *Puppe*, AT, 35/35 ff.; krit. auch *Rengier*, AT, 34/23: Gefahr, den Eintritt ins Versuchsstadium zu früh anzusetzen.

[105] *Küper*, JZ 1979, 781. Vgl. auch BGH NJW 2001, 1075 m. krit. Anm. *Eisele*, NStZ 2001, 416: Ausholen zum Faustschlag, dem ein Schuss ins Knie folgen sollte = „Grenzfall". – Kritisch zum Zeitkriterium *Meyer*, GA 2002, 367, 374.

[105a] Im Ergebnis ebenso LK-*Hillenkamp*, § 22 Rn. 136: „zeitlich unmittelbare Gefahr der Verwirklichung des Tatbestandes".

[106] *Roxin*, JuS 1979, 5; im Übungsfall: *Seier*, JuS 1978, 692.

[106a] Übernommen von *Krey/Esser*, AT, Rn. 1230, Bsp. c).

[107] Beispiel bei B-*Volk*, S. 209, wohl RGSt 53, 217, nachgebildet; gegen Versuch auch *Bosch*, Jura 2011, 909, 911; dem RG zust. *Rudolphi*, JuS 1973, 24 u. W-*Beulke*, Rn. 604.

ginn der Ausführung des Raubes ein Versuchsbeginn vorliegen (vgl. BGHSt 3, 297 = *Roxin,* HRR AT, Fall 49, S. 72 u. 185 f.: „Schutzminderungsfall").

dd) „Ansetzen" als tätige Beziehung zum fremden Rechtskreis

Dem Wort „Ansetzen" in § 22 lässt sich entnehmen, dass der Versuch erst mit der 72 Aufnahme einer „tätigen (nicht nur gedanklichen) Beziehung zum fremden Rechtskreis"[108] beginnen soll. In dem Wort „Ansetzen" schwingt das „Sich in Bewegung Setzen", „Sich Zubewegen" auf das Tatobjekt bzw. Tatopfer mit, das (in der Rechtsprechung häufig) in der Formulierung auftaucht, die Täter müssten ihre Angriffsmittel in eine **tätige Beziehung** zum Angriffsgegenstand gebracht haben.[109]

Mit diesem „Hilfskriterium" kann in bestimmten Fällen anschaulich und über- 73 zeugend erklärt werden, warum ohne einen Angriff auf den fremden Rechtskreis der Versuch noch nicht begonnen haben kann, obwohl der Täter schon wichtige Schritte zur Tatausführung zurückgelegt hat.

So etwa im Führerschein-Fall (BGH bH MDR 1976, 987), in dem nach Abschluss 74 einer wichtigen Vorbereitungshandlung (Besorgen des gefälschten Führerscheins) das Geschehen zunächst einmal ruhte; zum Gebrauchmachen einer gefälschten Urkunde musste der Täter sich erst noch in tätige Beziehung zum Rechtsgut ‚Sicherheit und Zuverlässigkeit des Rechtsverkehrs' setzen (z.B. durch Vorzeigen des Führerscheins bei einer Verkehrskontrolle).

Von Bedeutung ist das Angriffskriterium auch in den sog. **Auflauerungs- oder** 75 **Erwartungsfällen,** in denen das eingeleitete Geschehen ebenfalls ruht, solange der Täter auf das Opfer warten muss. Ein solches tätiges Ansetzen ist z.B. anzunehmen, wenn der auf das Opfer im Hinterhof wartende Täter sich in den Flur begibt, als das Licht im Treppenhaus angeht; auch wenn das Opfer nicht kommt und der geplante Raub nicht ausgeführt wird, so liegt doch ein Raubversuch vor.[110] Ein unmittelbares Ansetzen ist jedoch zu verneinen, wenn der Täter sein Versteck nicht verlässt, als das Opfer vorfährt, aber nicht aussteigt (BGH NStZ 1997, 83). Das gilt wohl auch für den „Pfeffertüten"-Fall (o. Rn. 64 Rn. 97), selbst wenn man das Kriterium des tätigen „In-Beziehung-Setzen" anerkennt, denn dies konnte erst erfolgen, wenn das Opfer die Straßenbahn verlässt (*Bosch,* Jura 2011, 909, 912).

Das Angriffs-Kriterium kann als Hilfskriterium jedoch keine Versuchsstrafbarkeit 76 auslösen, wenn der Täter noch wesentliche Zwischenschritte zurückzulegen hat, oder nach Herstellung einer tätigen Beziehung zum Tatobjekt bzw. Tatopfer eine Pause einlegt. So etwa, wenn der „Trickdieb" dem Verkäufer Kaufabsichten vorspiegelt, um eine Auswahl von Schmuckstücken vorgelegt zu bekommen. Denn hier muss der Täter trotz der aktiven Täuschung noch erreichen, dass ihm die Schmuckstücke auch wirklich vorgelegt werden und abwarten, bis der Verkäufer so unaufmerksam wird, dass er gefahrlos zugreifen kann.[111]

ee) Die Vorstellung des Täters von der Tat

Ging es bisher um die objektiven Kriterien für die Beurteilung der Frage, wann 77 ein unmittelbares Ansetzen i.S. des § 22 vorliegt, so geht es nun darum, die Grund-

---

[108] Vgl. *Stratenwerth/Kuhlen,* 11/40.
[109] Vgl. *W-Beulke,* Rn. 603.
[110] Vgl. die unveröffentlichte BGH-Entscheidung 1 StR 762/75 v. 9. 12. 1975, bei *Kühl,* JuS 1980, 813. – Zu den Auflauerungsfällen vgl. *Vehling,* 1991, S. 145; *Fahl,* JA 1997, 635; *Streng,* Gs. Zipf, 1999, S. 325, 331 f., 345; kritisch *Freund,* 8/64: „Problemfälle", sowie *Arzt,* S. 76 f.
[111] Anders *Fischer,* § 22 Rn. 11, mit BGH 4 StR 404/77 v. 6. 10. 1977.

lage für diese Beurteilung zu finden. Diese Beurteilungsgrundlage ist nach § 22 die Vorstellung des Täters von der Tat. Der Gesetzgeber hat sich damit für eine **subjektive Grundlage** entschieden, da eine objektive Grundlegung insbesondere bei objektiv mehrdeutigen Verhaltensweisen zu unsicher erschien. Die Vorstellung des Täters von der Tat gibt freilich nur die Beurteilungsgrundlage für die **objektive Bestimmung** des Versuchsbeginns ab. Damit wird klargestellt, dass der Einschätzung des Täters, insbesondere seiner rechtlichen Beurteilung des Tatgeschehens daraufhin, ob es schon das Vorbereitungsstadium überschritten hat, keine Bedeutung zukommt. Es kommt nicht darauf an, ob der Täter aus seinem Tatbild den richtigen Schluss zieht, sondern darauf, ob nach den genannten objektiven Kriterien auf Grund dieses Tatbildes schon ein Versuch anzunehmen ist.[112]

78   Die Vorstellungen des Täters sind Beurteilungsgrundlage für alle genannten objektiven Kriterien. Erst der Täterplan gibt Auskunft darüber, wie die Tat im Einzelnen ablaufen sollte.[113] Der **vorgestellte Tatablauf** ist dann daraufhin zu überprüfen, ob der Täter noch Zwischenakte bis zur Tatbestandsausführungshandlung zurückzulegen hat und ob er zeitlich schon nahe genug an das Ausführungsstadium herangekommen ist. So ist beispielsweise im obigen Lichthupen-Fall (s. o. Rn. 61) entscheidend, welche Bedeutung die Mittäter in ihrem Verbrechensplan dem Lichthupensignal beimaßen. Sollte es der Startschuss sein, von dem ab das weitere Geschehen automatisch abzurollen hatte, so könnte es die Tat bereits ins Versuchsstadium gebracht haben. Sollte das Lichthupensignal dagegen für die im PKW sitzenden Mittäter nur ein Hinweis auf eine günstige Gelegenheit sein, angesichts der diese noch aus ihrer Perspektive entscheiden mussten, ob die Tat jetzt günstig durchzuführen war, so ist es wegen der noch erforderlichen Zwischenschritte und der zeitlichen Zäsur eine bloße Vorbereitungshandlung zum geplanten Raub.

79   Auch in den schon mehrfach angesprochenen Fällen sexuellen Missbrauchs an Kindern (s. o. Rn. 66 u. 70) kommt es für die Bestimmung des Versuchsbeginns nach Unmittelbarkeitskriterien darauf an, welchen **Plan** der Täter hatte: wollte er am bald erreichten Tatort sofort zur Tat schreiten oder wollte er dort das Kind noch überreden, freiwillig sexuelle Handlungen vorzunehmen.

80   Mit der Anerkennung der Tätervorstellungen als Beurteilungsgrundlage ist zugleich das Kriterium der **objektiven Gefährlichkeit** der Tat für das Tatopfer als mögliches Beurteilungskriterium ausgeschlossen. Dies zeigen deutlich gerade die Auflauerungsfälle, in denen es objektiv nicht zu einer Gefährdung der – nur in der Vorstellung des Täters gegenwärtigen – Opfer kam.[114]

▌ Aus der **Übungsfall-Literatur** zu Auflauerungsfällen vgl.: *Ellbogen*, JuS 2002, 151 u. 152.

ff) Die unmittelbare Gefährdung des Rechtsguts

81   Mit der Ausscheidung des Kriteriums der objektiven Gefährdung des Tatopfers bzw. Tatobjekts ist die Frage, ob nicht doch Gefährdungskriterien in die Ansatzformel des § 22 Eingang gefunden haben,[115] noch nicht abschließend beantwortet. Denn einmal könnte – bei Anerkennung der Tätervorstellungen als Beurteilungs-

---

[112] S/S-*Eser*, § 22 Rn. 33: ansonsten Gefahr des Subjektivismus und der Ausweitung des Versuchsbereichs; ebenso *Putzke*, JuS 2009, 985.
[113] Vgl. *Küper*, JZ 1992, 339, zur Ermittlung des Tatplans im Betrugs-Fall des BGHSt 37, 294.
[114] Vgl. *Roxin*, JuS 1979, 5; *Kühl*, JuS 1980, 814; *Streng*, Gs. Zipf, 1999, S. 325, 334.
[115] So bis zur 22. Aufl. *Lackner*, § 22 Rn. 4.

grundlage – auf die unmittelbare Gefährdung des Rechtsguts[116] abgestellt werden, zum anderen kommt – ebenfalls auf der Grundlage der Tätervorstellungen – eine tatbestandsnahe oder **tatbestandsrelevante Gefährdung** des Rechtsguts als Kriterium in Betracht.[117]

Gegen das erste dieser beiden Gefährdungskriterien bestehen jedoch erhebliche **82** Bedenken. Der Wortlaut des § 22 enthält für diese Auslegung keinen Hinweis, da in § 22 das Ansetzen zur Tatbestandsausführungshandlung, nicht aber die Gefährdung des Tatobjekts bzw. Rechtsguts angesprochen ist. Der mit § 22 verfolgte Zweck ist die Bindung des Versuchsbeginns an den formellen, gesetzlichen Tatbestand und dieser Bindung wird durch das ebenfalls weitgehend formale Kriterium der Handlungsunmittelbarkeit am ehesten entsprochen. Mit dieser **formalen Abgrenzung** bleibt man keineswegs im „Vordergründigen"[118] stecken, sondern respektiert aus rechtsstaatlichen Gründen die Entscheidung des Gesetzgebers bei der Schaffung gesetzlicher Tatbestände auch für den Versuch. Der Rückgriff auf ein **materiales Kriterium** wie das der Rechtsgutsgefährdung erwächst zwar aus dem verständlichen Bestreben, die Zufälligkeiten einer formellen Abgrenzung zu überwinden, ist dieser gegenüber aber keine vorzugswürdige Alternative, da mit Hilfe des materialen Gefährdungskriteriums die gesetzgeberische Entscheidung für bestimmte Typen tatbestandsmäßigen Verhaltens unterlaufen wird. Zwar wertet auch der Gesetzgeber nach Gefährdungskriterien, wenn er etwa speziell durch Täuschung hervorgerufene Vermögensschädigungen in § 263 unter Strafe stellt, doch muss ihm diese Bewertung auch vorbehalten bleiben. § 22 erlaubt lediglich die Vorverlegung der Strafbarkeitsgrenze um einen Schritt nach vorne und legt damit eine äußerste Grenze fest, so dass materiale, bewertende Kriterien allenfalls innerhalb des so festgelegten Versuchstatbestandes Anwendung finden können.[119]

Das Kriterium der **Rechtsgutsgefährdung** kann dazu dienen, auch solche Hand- **83** lungen mit in den Versuchsbereich einzubeziehen, die nach der Ansatzformel des § 22 noch keinen Versuch darstellen.[120]

---

[116] *Küper*, JZ 1983, 367, und *ders.*, in: JZ 1992, 345 u. 347; *Otto*, 18/28; S/S-*Eser*, § 22 Rn. 42 (zumindest ergänzend); ähnlich auch *Zaczyk*, 1989, S. 306 ff., 330, wonach der Täter gegenüber dem angegriffenen Rechtsgut in eine überlegene Stellung gekommen sein muss. – Vgl. auch den Neuansatz von *Vehling*, 1991, S. 113 ff., wonach der Versuch bei der Überschreitung des erlaubten Risikos beginnt. – *Herzberg*, 1996, S. 73 ff., verlangt außer der Ansatzhandlung von einem „Ansatzerfolg" (dagegen *Bottke*, 1996, S. 305), *Herzberg/Putzke*, Fs. Szwarc, 2009, S. 205, 215, entwickeln eine dies aufgreifende sog. „Unmittelbarkeitstheorie", wonach die Tatbestandsverwirklichung „sekundennah, wahrhaft, unmittelbar" bevorstehen muss.

[117] S/S-*Eser*, § 22 Rn. 39. – Nach *Gropp*, 9/36, ist die „konkrete Gefährdung des Angriffsobjekts aus Tätersicht" Indiz für die Unmittelbarkeit; näher *Gropp*, Fs. Gössel, 2002, S. 175 ff.

[118] So *Eser*, Strafrecht II, Nr. 31 A 38.

[119] Kritisch zum Kriterium der unmittelbaren Rechtsgutsgefährdung auch *Jakobs*, 25/57: denn der Tatbestandsbegriff sei ein „formeller Begriff". Auch nach *Streng*, Gs. Zipf, 1999, S. 326 f., spricht der § 22-Wortlaut für eine „mehr formale Sicht"; eine „Gemengelage von formalen und materialen Kriterien" sieht *Meyer*, GA 2002, S. 367, 376.

[120] So *Tiedemann*, JR 1973, 412, insbesondere für Wirtschaftsstraftaten; nach *Tiedemann*, Fs. Baumann, 1992, S. 12 f., ist ein Abstellen auf die Rechtsgutsgefährdung bei der Handhabung des § 22 „nicht richtig", da es sich um kein AT-Kriterium handele. – Auch nach *Jakobs*, 25/57, führt das Gefährlichkeitskriterium zur Vorverlagerung des Versuchsbeginns; ebenso SK-*Rudolphi*, § 22 Rn. 10. *Geilen*, S. 162, spricht von einer „gewissen Manipulationsfähigkeit" dieses Kriteriums und fordert deshalb eine „tatbestandsnahe materielle Gefährdung" (S. 164).

84   Soweit eine tatbestandsrelevante oder tatbestandsnahe Gefährdung verlangt wird, ist das oben genannte Bedenken gegen den Gefährdungsgedanken weitgehend entkräftet.[121] Die mit diesem Kriterium erzielten Ergebnisse dürften der richtig gehandhabten Teilaktstheorie weitgehend entsprechen, doch wird der Weg zu diesem Ergebnis durch dieses tatbestandsorientierte Gefährdungskriterium nicht erleichtert.

85   Inzwischen hat auch der **BGH,** der sich nach Einführung des § 22 lange an die formale Teilaktstheorie gehalten hatte, das Gefährdungskriterium wieder aufgegriffen und es neben die hier sog. Handlungs-Unmittelbarkeit gestellt.[122] Neuerdings soll die „Rechtsgutsgefährdung ... aus der Sicht des Täters" zur „wertenden Konkretisierung" der Zwischenaktstheorie (o. Rn. 58, 60) herangezogen werden (BGH NJW 2002, 1057). Unterschiedliche Fallbeurteilungen haben sich daraus aber bisher nicht ergeben. So wird etwa der oben (Rn. 64) als Raubversuch eingestufte Tankstellen-Fall (BGHSt 26, 201) auch von den Vertretern der Gefährdungstheorie als Versuchsfall angesehen, weil eine unmittelbare Gefährdung eintritt, „wenn sich jemand – und sei es auch nur in der Vorstellung des Täters – der Tür genähert hätte"[123] (das war bei der obigen Fall-Lösung unterstellt worden). Sind die Brandstifter mit den erforderlichen Tatmitteln in das in Brand zu setzende Gebäude eingedrungen und trennten sie nur noch „wenige Meter und Sekunden" von der Tatbestandsverwirklichung, so ist eine „hohe Gefährdung" des Rechtsguts gegeben (BGH NStZ 2006, 331, 332).

> In der **Übungsfall-Literatur** arbeiten mit der Gefährdungstheorie: *Fahl,* JuS 2001, 47 u. 48; *Ebert,* in: *Ebert* (Hrsg.), Fall 3, S. 3 f. u. 56; *Heghmanns/Kusnik,* AL 2010, 275 u. 277 f. (zu Recht kritisch); *Hilgendorf,* KK I, Fall 2, Rn. 7 und Fall 14, Rn. 13; *Hirschmann,* Jura 2001, S. 711; *Jerouschek/Kölbel,* JuS 2001, 780 u. 783; *Langer,* Jura 2003, 135, 136; *Otto,* Übungen, Anfängerklausur Nr. 4, S. 77 u. 79 sowie Referendarhausarbeit, S. 179 f. u. 220; *Thoss,* Jura 2005, 128 f. (BGH NJW 2001, 1075 nachgebildet).

gg) „Fallenstellung" als Sonderfall? – Der zeitlich gestreckte Versuch mit Opferbeteiligung

85a   Fälle, in denen der Täter dem Opfer eine Falle stellt, die das Opfer nach einer gewissen Zeit – sich selbst tötend – auslösen soll, zählen nicht nur zur „Lehrbuchkriminalität", sondern beschäftigen auch die Rechtsprechung. Den „Bombenleger"- und „Giftfallen"-Fällen aus der Literatur[123a] entsprechen in der Wirklichkeit der „Sprengfallen"-Fall (BGH NStZ 1998, 294 m. Bspr. *Schliebitz,* JA 1988, 833 u. *Geppert,* JK 98, StGB § 16/4) und der „Bärwurz"-Fall (BGHSt 43, 177 [= Fall 7 bei *Bosch,* Jura 2011, 909, 913 f.] m. Bspr. *Derksen,* GA 1998, 592; *Gössel,* JR 1998, 293; *Kudlich,* JuS 1998, 596; *Otto,* NStZ 1998, 243; *Roxin,* JZ 1998, 211; *Wolters,* NJW 1998, 578; *Böse,* JA 1999, 342; *Baier,* JA 1999, 771; *Heckler,* NStZ 1999, 79 u. *Geppert,* JK 98, StGB § 22/18). Hinzugekommen ist inzwischen der

---

[121] So z.B. *Küper,* JZ 1992, 345 Fn. 50, der zwar das Gefährdungskriterium favorisiert, aber „bei der Bestimmung des Versuchs die tatbestandliche Typisierung des jeweiligen Unrechts" nicht übergehen will.

[122] BGHSt 30, 363; 40, 257, 268; 43, 177, 180; BGH NStZ 1989, 473; BGH NJW 1990, 2072; 1992, 702; BGH StV 2003, 444 m. Bspr. *Otto,* JK 02/04, StGB § 22/23; BGH NStZ 2006, 331; 2007, 336. – Beide Kriterien verwenden auch W-*Beulke,* Rn. 601.

[123] *Otto,* 18/38; S/S-*Eser,* § 22 Rn. 42; ebenso *Jakobs,* 25/66, wegen der zeitlichen Nähe; für Versuch auch *Vehling,* 1991, S. 145–151: Grenze zum unerlaubten, tatbestandsspezifischen Risiko überschritten; wegen der im Klingeln zu sehenden „Instrumentalisierung sozialen Vertrauens" für Versuch *Zaczyk,* 1989, S. 314 f.

[123a] Vgl. zum „Bombenleger"-Fall *Rath,* JuS 1998, 1106, 1110: Fall 15 und *Schliebitz,* JA 1998, 833, 834. Zur „Giftfalle" vgl. *Murmann,* 1999, S. 16 und *Ebert,* S. 122: Bsp. 17 a.

„Steckdosen"-Fall (BGH NStZ 2001, 475 f. m. Bspr. *Engländer,* JuS 2003, 330 [„Elektrofalle"]; *Trüg,* JA 2002, 102 u. *Otto,* JK 02, StGB § 22/20). Alle BGH-Entscheidungen lösten nicht nur in der (in den Klammern dokumentierten) Ausbildungsliteratur große Resonanz aus,[123b] sondern konfrontierten die Rechtslehre auch mit noch nicht restlos geklärten Fragen. Alle Antworten können hier nicht referiert werden, doch eignen sich die „Fallenstellungs"-Fälle gut dazu, die Kriterien des unmittelbaren Ansetzens zu erproben.

Die Besonderheit der Fälle besteht darin, dass der Täter mit dem Fallenstellen alles zur Tatbestandsverwirklichung Erforderliche bereits getan hat und nur noch abzuwarten braucht, bis das Opfer in die Falle geht. Opfer sollten im **„Bärwurz"-Fall** – auch „Passauer-Apotheker"-Fall oder „Passauer Giftfalle" genannt – Einbrecher sein, die bei ihrer zu erwartenden Rückkehr an den Tatort zur Abholung der Beute eine mit Gift gefüllte Flasche „Bärwurz" trinken sollten. In die durch Anbringen einer Granate am PKW gestellte „Sprengfalle" sollte der Eigentümer gehen; die manipulierte „Steckdose" sollte in Kürze durch nachfolgende Mieter oder Handwerker genutzt werden. Die Konstellation erinnert an den sog. beendeten Versuch beim Rücktritt (s. u. 16/3 u. 63 ff.), doch sollte dieser Begriff hier nicht verwendet werden, weil er suggeriert, ein beendeter Versuch sei jedenfalls ein Versuch; dies ist freilich bei den „Fallenstellungen" erst zu begründen.[123c] Die Fälle weisen außerdem eine Ähnlichkeit mit den sog. Auflauerungsfällen (s. o. Rn. 64, 75, 80)[123d] und dem Versuch bei mittelbarer Täterschaft (s. u. 20/90 ff.)[123e] auf.

Dass der BGH im „Bärwurz"-Fall ein unmittelbares Ansetzen verneint, im „Sprengfallen"-Fall und im „Steckdosen"-Fall dagegen bejaht hat, kann durch die unterschiedliche zeitliche und räumliche Nähe des Opfers zur Falle oder der unterschiedlichen genauen Vorstellung des Täters davon (*Fischer,* § 22 Rn. 28; *Bosch,* Jura 2011, 909, 913) gerechtfertigt sein; dem muss aber hier nicht näher nachgegangen werden. Wichtig ist aber das den Versuch verneinende Ergebnis von BGHSt 43, 177, weil es zeigt, dass auch dann, wenn der Täter alles zur Tatbestandsverwirklichung Erforderliche getan hat, nicht zwangsläufig bereits ein Versuch vorliegt.

Bei der Lösung der Fälle ist zunächst methodisch zu beachten, dass es auf die Vorstellungen des Täters vom Ablauf der Tat als maßgebliche Beurteilungsgrundlage ankommt (s. o. Rn. 45; ebenso *Fischer,* § 22 Rn. 28); die gegebene oder nicht gegebene objektive Gefährdung des Opfers, auf die sowohl der BGH als auch Stimmen in der Literatur abstellen bzw. abzustellen scheinen, ist deshalb nicht entscheidend (s. o. Rn. 80, 81 ff.). Sind die Tätervorstellungen geklärt – was bei Übungsfällen mit feststehenden Sachverhalten leichter ist als in wirklichen Fällen –, so muss mit ob-

---

[123b] Vgl. *Dornis,* Jura 2001, 664 ff.; *Roxin,* AT II, 192–225 u. *Lackner/Kühl,* § 22 Rn. 8 m. w. N. – Insb. zum „Sprengfallen"-Fall vgl. *Herzberg,* JuS 1999, 224 (dazu *Krack,* JuS 1999, 832) u. in: NJW 1999, 217 sowie in: Fs. Rudolphi, 2004, S. 75, 80, der einen „Ansetzungserfolg" (= unmittelbare Gefahr der Tatbestandsverwirklichung aus der Sicht des Täters) verlangt.

[123c] Ebenso *Böse,* JA 1999, 342, 343 f.; *Gössel,* JR 1998, 293, 294 u. *Bosch,* Jura 2011, 909, 913. – Die Bezeichnung „beendeter Versuch" ist freilich üblich; vgl. nur *Rath,* JuS 1998, 1106, 1110.

[123d] So *Streng,* Gs. Zipf, 1999, S. 325, 331.

[123e] Vgl. *Hillenkamp,* 15. AT-Problem, S. 116 f.; *Murmann,* 1999, S. 16; *Geppert,* JK 98, StGB § 22/18; *Wolters,* NJW 1998, 578; *Heckler,* NStZ 1999, 79; *Baier,* JA 1999, 771; *Puppe,* AT 2, 35/44–49; *Roxin,* AT II, 29/192; *Fischer,* § 22 Rn. 28: entsprechend, mit Modifikationen; für einen Aufbau der Prüfung wie bei der mittelbaren Täterschaft *Bosch,* Jura 2011, 909, 913; s. auch *Arzt,* S. 74 Fn. 9 u. *Kudlich,* PdW AT, Fall 227. – Eingehend untersucht unter dieser Perspektive den „Passauer Apothekerfall" *Weddig,* 2008.

jektiven Kriterien geprüft werden, ob ein unmittelbares Ansetzen i. S. des § 22 vorliegt. Das hier in den Vordergrund gerückte Kriterium der **Handlungs-Unmittelbarkeit** (s. o. Rn. 55 ff.) bereitet in den „Fallenstellungs"-Fällen deshalb Schwierigkeiten, weil es für Zwischenschritte des Täters konzipiert ist; solche sind in diesen Fällen nicht mehr nötig, so dass immer Versuch vorläge. Dennoch verwendet der BGH (auch) dieses Kriterium zur Verneinung des Versuchs im „Bärwurz"-Fall. Das könnte damit erklärt werden, dass das Verhalten des Opfers einbezogen wird, denn dann wäre Versuch zu verneinen, wenn das Opfer nach dem Tatplan noch einen oder mehrere wesentliche Zwischenschritte zurücklegen müsste, bevor es in die Falle geht.[123f] Problemlos anwendbar ist das Kriterium der zeitlichen Unmittelbarkeit (s. o. Rn. 68 ff.), das die unterschiedliche Lösung der beiden BGH-Fälle mittragen könnte, weil die Täter unterschiedliche zeitliche Vorstellungen hinsichtlich des In-die-Falle-Gehens gehabt haben könnten.[123g] Hilfreich – und darauf stellt BGHSt 43, 177, auch ab – ist hier das Kriterium der (nach dem Tatplan) konkreten, unmittelbaren **Gefährdung des geschützten Rechtsguts.**[123h] Die (o. Rn. 82 ff.) Bedenken gegen dieses materiale Kriterium können hier zurückgestellt werden, weil es in Fällen des Fallenstellens zur Verneinung des Versuchs eingesetzt wird, wenn das Opfer trotz Abschluss des Täterverhaltens nach dessen Vorstellung noch nicht unmittelbar gefährdet war. Schließlich wird in der Rechtslehre auch noch darauf abgestellt, dass der Täter das Geschehen endgültig aus der Hand gegeben hat,[123i] doch kann dieses grobe Kriterium zu einer weiten Vorverlagerung des Versuchs führen.[123k] Der Katalog der Kriterien, die in „Fallenstellungs"-Fällen herangezogen werden, ist damit noch nicht abgeschlossen, doch kann hier Vollständigkeit nicht erreicht werden;[123l] auch auf die Konstruktion eines Unterlassungsversuchs wegen garantenpflichtwidrigen Unterlassens der Gefahrentschärfung kann nur hingewiesen werden.[123m]

[123f] Dem BGH zust. LK-*Hillenkamp*, § 22 Rn. 139–141 u. *Zieschang*, Rn. 500; krit. *Frister*, AT, 23/29; MK-*Joecks*, § 25 Rn. 174 u. *Murmann*, 1999, S. 22, der aber sieht, dass der BGH das Opferverhalten berücksichtigt und in: GK, 28/74–76, der nicht auf das Bereitstellen des Giftes abstellt, sondern auf das Unterlassen, die potentiell gefährliche Situation zu entschärfen. – Nach SSW-*Kudlich/Schuhr*, § 22 Rn. 61, muss das Opfer mit der Falle Kontakt aufnehmen.

[123g] Vgl. *Derksen*, GA 1998, 592, 599; *Böse*, JA 1999, 342, 345 u. *Kindhäuser*, § 22 Rn. 20. – Auf das subjektive(?) Kriterium des „Jetzt geht's los" (s. oben Rn. 69) stellt *Safferling*, ZStW 118 (2006), 682, 701 ab.

[123h] Auf unmittelbare Gefährdung stellt etwa *Gössel*, JA 1976, 249 und in Bspr. von BGHSt 43, 177, in: JR 1998, 293, ab; sie soll allerdings erst gegeben sein, wenn sich das Opfer in den Wirkungskreis des Täters begibt; letzteres verlangt *Rengier*, AT, 34/50, „tatsächlich". – Auf die Gefährdung stellen außerdem ab: *Kudlich*, JuS 1998, 596, 601; *Otto*, NStZ 1998, 243; *Böse*, JA 1999, 342, 346; *Hoffmann-Holland*, Rn. 645 u. 660, sowie *Stratenwerth/Kuhlen*, 12/106; auf das (fehlende) „Gefährdungspotential der Handlung (Bereitstellen der Giftflasche)" stellt NK-*Zaczyk*, § 22 Rn. 32, ab; außerdem *Herzberg*, s. oben Fn. 123 b.

[123i] *Roxin*, JuS 1979, 1, 9, und in Bspr. von BGHSt 43, 177, in: JZ 1998, 211 (nicht aus der Hand gegeben, weil Möglichkeit bestand, die Polizei zu benachrichtigen; anders *Bosch*, Jura 2011, 909, 914 Fn. 56: dies begründe nur eine Rücktrittsmöglichkeit) sowie in AT II, 29/195 ff., wo das „Entlassungskriterium" alternativ zum „Gefährdungskriterium" verwendet und als „Alternativformel" bezeichnet wird; ähnlich *Herzberg*, JuS 1999, 224, 225 u. in: Fs. Rudolphi, 2004, S. 75, 80 ff. (einen „Ansetzungserfolg" verlangend); *Murmann*, 1999, S. 17 f; *Böse*, JA 1999, 342, 348; *Kudlich*, PdW AT, Fall 127 u. *Bosch*, Jura 2011, 909, 913.

[123k] Kritisch *Rath*, JuS 1999, 1106, 1110; *Gössel*, JR 1998, 293, 296.

[123l] Hingewiesen sei auf *Rath*, JuS 1999, 1106, 1111, der Versuch im „Enzian"-Fall verneint, weil „noch keine spezifische, einem Angriff auf das Leben korrespondierende Verteidigungshandlung erforderlich" war; außerdem auf *Derksen*, GA 1998, 592 ff.

[123m] So *Streng*, Gs. Zipf, 1999, S. 325, 347.

Aus der **Übungsfall-Literatur** zu „Fallenstellungen" vgl.: *Alpmann/Schmidt,* AT 2, Fall 20, S. 107–111 (Abwandlung von BGHSt 43, 177); *Ambos,* Jura 2004, 492 u. 494 („Sprengfalle"); *Hillenkamp,* 15. AT-Problem, Bsp. 4, S. 116–118 (zum „Bärwurz"-Fall des BGHSt 43, 177: es fehle an der Handlungsunmittelbarkeit und der nahen Gefahr der Tatbestandsverwirklichung, wenn das alsbaldige Erscheinen und Trinken der Diebe nicht feststünde); *Jahn,* JA 2002, 560 u. 561; *Jäger,* Rn. 274, 275: Fall 46 („Sprengfallen-Fall" des BGH NStZ 1998, 295: Geschehen aus der Hand gegeben) und Rn. 306, 307: Bsp. (BGHSt 43, 177 nachgebildet); *Kudlich,* PdW AT, Fall 227 („Bärwurz"-Fall des BGHSt 43, 177); *Marxen,* Fall 21 c, S. 189 („Giftfalle" – BGHSt 43, 177); *Merkel,* ZJS 2011, 376 u. 380 (Sprengsatz deponiert); *Meurer/Dietmeier/Kahle,* Übungskriminalität, Fall 3, S. 23 ff. u. 27–29; *Otto/Bosch,* Übungen, Fall 17, S. 361; *Rosenau/Klöhn,* Jura 2000, 427 u. 431–433 („Bärwurz"-Fall des BGHSt 43, 177); *Rotsch,* Klausur 22, S. 326 f. u. 333–338; *Sternberg-Lieben/von Ardenne,* Jura 2007, 149 u. 150; *Tiedemann,* Anfängerübung, Fall 8, S. 202 u. 207 f. – Zu einem ähnlichen Fall der notwendigen Mitwirkung des Opfers *Bruckauf,* in: *Ebert,* (Hrsg.) Fall 15, S. 15 f. u. 225 (Aushändigen funktionsuntüchtigen Tauchgeräts).

III. Untauglicher Versuch und Wahndelikt

1. Untauglicher, grob unverständiger und irrealer Versuch

Die Aufzählung untauglicher Versuch, grob unverständiger Versuch und irrea-ler/abergläubischer Versuch bringt drei Versuche in eine Reihe, die mit voller Strafbarkeit beginnt und über eine (mögliche) mildere Strafbarkeit zur Straflosigkeit führt. Ausdrücklich im **Gesetz** ist die Rechtsfolge nur für den grob unverständigen Versuch geregelt: nach § 23 III „kann das Gericht von Strafe absehen oder die Strafe nach seinem Ermessen mildern (§ 49 Abs. 2)." Dieser **grob unverständige Versuch** steht damit in der Mitte zwischen dem voll strafbaren untauglichen Versuch und dem nicht strafbaren irrealen/abergläubischen Versuch. § 23 III „**beweist**" die Strafbarkeit des „normalen" untauglichen Versuchs dadurch, dass er nur für den untauglichen Versuch (= der Versuch, der „nach Art des Gegenstandes, an dem, oder des Mittels, mit dem die Tat begangen werden sollte, überhaupt nicht zur Vollendung führen konnte"), der aus grobem Unverstand begangen wurde, eine Milderbestrafung (bis hin zum Absehen von Strafe) ermöglicht. Der nicht aus grobem Unverstand begangene untaugliche Versuch ist demnach – ohne Milderungsmöglichkeit – strafbar.[123n]

86

Die **Strafbarkeit des untauglichen Versuchs** ergibt sich zudem aus § 22, der auf die „Vorstellung des Täters von der Tat" als Beurteilungsgrundlage für den Versuch abhebt. Auch irrige Vorstellungen des Täters vom möglichen Gelingen der geplanten Tat sind danach als Versuch anzusehen.[123o]

87

Die Strafbarkeit des untauglichen Versuchs ist im Kernbereich (mögliche Ausnahme: Versuch des untauglichen Subjekts) inzwischen fast allgemein anerkannt, so dass eine Klarstellung in Übungsarbeiten nicht unbedingt erforderlich erscheint (*Arzt,* S. 89; *Radtke,* JuS 1996, 879 Fn. 13; anders *Rath,* JuS 1998, 1106, 1112); dennoch finden sich solche, die §§ 22, 23 III begründete Klarstellung häufig in der **Übungsfall-Literatur:** *Alpmann/Schmidt,* AT 2, Fall 21, S. 111 u. 112; *Dannecker/Gaul,* JuS 2008, 345 u. 347; *Hertel,* Jura 2011, 391 u. 392; *Kudlich,* PdW AT, Fall 212; *Rudolphi,* AT-Fälle, Fall 9, S. 101 u. 111 Fn. 29 und Fall 11, S. 133, 124 u. 125; *Seier,* Anfängerklausur, Nr. 14, S. 169 u. 175.

[123n] Ebenso *Heinrich,* Jura 1998, 393; *Rath,* JuS 1998, 1106, 1111; *Roxin,* Fs. Jung, 2007, S. 829, 830 ff.; *Putzke,* JuS 2009, 894, 898; *Krey/Esser,* AT, Rn. 1247; *Zieschang,* Rn. 465; LK-*Hillenkamp,* § 22 Rn. 183; NK-*Zaczyk,* § 23 Rn. 16.

[123o] Ebenso *Heinrich,* Jura 1998, 393 und *Murmann,* GK, 28/48; einschränkend *Rath,* JuS 1998, 1106, 1111 f.

88   Zu diesem Kernbereich des strafbaren untauglichen Versuchs gehören, wie sich
schon aus der Formulierung des § 23 III ergibt, Versuche, die überhaupt nicht, d. h.
unter keinen Umständen,[124] zur Vollendung führen können. Die häufigsten Gründe
für diese Untauglichkeit sind auch schon § 23 III zu entnehmen:
- die Untauglichkeit des **Tatobjekts** („nach der Art des Gegenstandes, an dem …
  die Tat begangen werden sollte")
- die Untauglichkeit des **Tatmittels** („des Mittels, mit dem die Tat begangen werden sollte").[124a]

89   Beispiele für den Versuch am untauglichen Objekt sind die in Zueignungsabsicht
erfolgende „Wegnahme" einer eigenen Sache, die irrtümlich für die Sache eines anderen (= für fremd) gehalten wird (§§ 242, 22, 23), und der Schuss auf eine Leiche,
die der mit Tötungsvorsatz schießende Täter für einen schlafenden Menschen hält
(§§ 212, 22, 23).[125]
      Beispiele für den Versuch mit untauglichen Mitteln sind der in Tötungsabsicht auf
einen anderen abgegebene „Schuss" mit einer ungeladenen Schusswaffe, die der
Schütze für geladen hielt (§§ 212, 22, 23), und die Vergiftung mit einem vermeintlich tödlichen Mittel, das aber nicht einmal zur Gesundheitszerstörung reicht
(§§ 212, 22, 23).
      Ein Beispiel für den Versuch mit untauglichen Mitteln am untauglichen Objekt ist
der „tödliche Schuss" mit der ungeladenen Waffe auf eine Leiche (§§ 212, 22, 23).

90   Jeweils kommt es nur auf die Vorstellungen des Täters an.[125a] Hält er das Tatobjekt
und das Tatmittel für tauglich, so hat er sich für die Rechtsgutsverletzung entschieden,
und diese Entscheidung auch in die Tat umgesetzt. Es liegt das volle subjektive/perso-
nale Handlungsunrecht vor, und der **rechtsfeindliche Wille** ist auch äußerlich **in Erscheinung getreten.** Auch der untaugliche Versuch wird deshalb vom Strafgrund des
Versuchs überhaupt – dem betätigten rechtsfeindlichen Willen – erfasst.[125b]

---

[124] *Lackner/Kühl*, § 22 Rn. 12.

[124a] Dazu auch *Valerius*, JA 2010, 113, 114 m. Bsp. 5 u. 6.

[125] Zum untauglichen § 242-Versuch ebenso LK-*Hillenkamp*, § 22 Rn. 196, gegen untauglichen Versuch in diesem Falle jedoch *Zaczyk*, 1989, S. 255: „Eine Vertrauensverletzung kann
nicht (mehr) stattfinden und kann daher auch nicht unternommen werden." – Zu einem untauglichen Versuch eines Tötungsdelikts s. BGH NStZ 1994, 583 u. BGH NStZ-RR 2006, 10 f.

[125a] Ebenso *Hillenkamp*, Fs. Roxin, 2001, S. 689 u. LK-*Hillenkamp*, § 22 Rn. 183 f.

[125b] Krit. *Köhler*, S. 457: die h.L. lasse statt „einer objektiv-konkreten Freiheitsverletzung
die geäußerte Unrechtsgesinnung als solche genügen"; krit. aus dieser Sicht auch *Zaczyk,* 1989,
S. 128 ff. u. *Rath,* JuS 1998, 1006, 1111 f. – Ein kommunikativ relevantes Verhalten verlangt
Rey-Sanfiz, 2006, S. 267 ff. – *Roxin,* Fs. Nishihara, 1998, S. 157, 160, begründet die Strafbarkeit des untauglichen Versuchs mit der „Eindruckstheorie" seiner Vereinigungstheorie: „Frie-
densstörungsdelikt ohne reale Gefährdung"; krit. dazu *Murmann,* 1999, S. 4 f. Fn. 11. – Nach
Hoyer, 1997, S. 195, legitimiert allein die in der Irrtumsabhängigkeit des Rechtsguts liegende
abstrakte Gefahr die Strafbarkeit des untauglichen Versuchs. – *Hirsch,* Fs. Roxin, 2001,
S. 711, 716 ff., 720 ff. u. in: Fs. Lüderssen, 2002, S. 253, 255 ff., unterscheidet zwischen aus
ex-ante-Sicht gefährlichen und ungefährlichen untauglichen Versuchen; die Bestrafung letzterer belegt er mit dem Verdikt des „Gesinnungsstrafrechts"; zur Behandlung des ungefährlichen „Versuchs" de lege lato und ferenda *Hirsch,* Gs. Vogler, 2004, S. 31 ff. – Keinen
„Rechtsgutsangriff" sieht *Bottke,* Fg. BGH, 2000, S. 135, 155 ff., im untauglichen Versuch. –
Kritisch und einschränkend auch *Langer,* 2007, S. 430 f. (nur sog. „Zielversuch") sowie *Alwart,* 1982, S. 158 ff. (nur bei „Strafwürdigkeit"). – Überblick zu Forderungen, den untauglichen Versuch straflos zu lassen, bei *Maiwald,* Fs. Loos, 2010, S. 159, 169 f. – Gegenkritik zu
diesen kritischen Stimmen LK-*Hillenkamp,* § 22 Rn. 184–186. – Krit. zur Strafbarkeit aus
rechtsvergleichender Perspektive *Jung,* ZStW 117 (2005), 937 ff.; rechtsvergleichend *Schubert,* 2005, S. 176 ff. [m. krit. Bspr. *Brockhaus,* GA 2008, 184, 185 f.], *Maiwald,* a.a.O.,
S. 159, 172 ff., speziell mit Österreich *Fuchs,* Fs. Burgstaller, 2004, S. 43.

Der Versuch des **untauglichen Subjekts** kann nicht in dieser Allgemeinheit dem 91
strafbaren untauglichen Versuch zugeschlagen werden (guter Überblick bei *Valerius*,
JA 2010, 113, 115 mit Bsp. 8). Die Untauglichkeit des Subjekts für die Begehung eines Delikts, das ein besonderes Tatsubjekt wie z. B. einen Amtsträger voraussetzt,
kann auch zur Straflosigkeit dieses untauglichen Täters führen (sog. Wahndelikt,
s. u. Rn. 103 ff.). Dass § 23 III diese Art des Versuchs nicht als untauglichen Versuch
erwähnt, spricht – wie die Entstehungsgeschichte zeigt – nicht gegen die Annahme
eines untauglichen Versuchs.[126]

Der strafbare untaugliche Versuch mit untauglichem Mittel und/oder am untaug- 92
lichen Objekt wird zu einem **grob unverständigen Versuch** i. S. des § 23 III, wenn
die Vorstellung des Täters von der Tauglichkeit seines Versuchs zur Vollendung der
Tat (z. B. zur Tötung des Opfers bei § 212) für jedermann offensichtlich von keinerlei Kenntnis über **naturgesetzliche Zusammenhänge** „getrübt" ist.[126a] Es muss also
eine deutliche und offenkundige Abweichung vom durchschnittlichen Erfahrungswissen des Normalbürgers vorliegen.[127] Sie ist z. B. anzunehmen, wenn ein Täter in
Tötungsabsicht versucht, mit einem Luftgewehr, dessen Reichweite nur 50 m be-
trägt, den in 200 m Entfernung stehenden X zu erschießen.[128] Hier fehlen elementare ballistische Kenntnisse, so dass von grobem Unverstand des Täters auszugehen
ist. Hingegen liegt kein grob unverständiger Versuch vor, wenn das verwendete
Tatmittel nach durchschnittlichem Erfahrungswissen grundsätzlich dazu geeignet
ist, den Erfolg herbeizuführen (z. B. Einsatz eines Insektengifts oder Beruhigungsmittels zur Tötung eines Menschen) und der Täter dies auch weiß, er sich aber lediglich
über die tatsächliche Beschaffenheit und Intensität des Mittels irrt (BGHSt 41, 94 =
Roxin, HRR AT, Fall 57, S. 81 f. u. 191).[128a] – Umstritten ist, ob auch die auf groben Unverstand beruhende Annahme einer tauglichen Vollendungsvoraussetzung

---

[126] Vgl. S/S-*Eser*, § 22 Rn. 76. – Aus „systematischen Gründen" – die Untauglichkeit könne
sich auf alle Tatbestandsmerkmale erstrecken – widersprechen *Seier/Gaude*, JuS 1999, 456,
457, der generellen Zuordnung zum Wahndelikt; krit. zum Gesetzgeber *Maier*, 2005, S. 106
m. zust. Bspr. *Zaczyk*, GA 2008, 56, 57.

[126a] Überblick bei *Valerius*, JA 2010, 113, 116; eingehend *Heinrich*, Jura 1998, 393, 395 f.,
der § 23 III-Fälle zweistufig prüft: objektive Feststellung des Vorliegens eines untauglichen
Versuchs – subjektiv grob unverständiges Verhalten; Prüfungsstufe 1 ist hier im Text „über-
sprungen", macht jedoch in Fällen abstrakter Gefährlichkeit des Verhaltens Sinn, denn diese
müssen dann nicht erst auf Prüfungsstufe 2 ausgeschieden werden.

[127] BGHSt 41, 94 m. Bspr. *Radtke*, JuS 1996, 878; *Gössel*, GA 1971, 225 ff.; *Roxin*, JuS
1973, 329 ff.; *Rath*, JuS 1998, 1106, 1111; *Heinrich*, Jura 1998, 393, 396; *Jescheck/Weigend*,
S. 531 f.; kritisch zur Brauchbarkeit dieser Definition LK-*Hillenkamp*, § 23 Rn. 61, der im
Abstellen auf die Offenkundigkeit eine vorzeitige Verengung des Begriffs „grober Unverstand" sieht und „jede objektiv abwegige Fehlvorstellung genügen läßt" (Rn. 69); für Fälle, in
denen erst durch Sachverstand die Falschheit der Vorstellung (z. B. der Giftigkeit der „To-
tentrompete") aufgedeckt wird, hält er „bloße Strafmilderung" für angebracht (Rn. 72).

[128] Mit diesem Bsp. ebenso *Joecks*, § 23 Rn. 5; ähnliches Bsp. bei *Roxin*, AT II, 29/364. –
Noch krassere Beispiele bei *Otto* 18/57: Fälle 3 u. 4; *W-Beulke*, Rn. 620, und bei *Seier/Gaude*,
JuS 1999, 456, 459: „Lehrbuchkriminalität".

[128a] Vgl. zu dieser Entscheidung *Geppert*, JK 96, StGB § 23 III/1; *Radtke*, JuS 1996, 878 u.
Maiwald, Fs. Loos, 2010, S. 159, 168 (krit.); als Fallbeispiel bei *Kudlich*, JuS 1997, L 69 u.
71; zust. SSW-*Kudlich/Schuhr*, § 22 Rn. 15; nur im Erg. zust. LK-*Hillenkamp*, § 23 Rn. 70;
vgl. auch *Heinrich*, Jura 1998, 393, 395, der bei grundsätzlicher Tötungseignung des Gifts
und nur zu geringer Dosierung untauglichen Versuch annehmen will; für § 23 III-Anwendung
NK-*Zaczyk*, § 23 Rn. 20. – Ähnliches Beispiel bei *Roxin*, JuS 1973, 332: zu niedrige Dosis eines Beruhigungsmittels; für § 23 III-Anwendung z. B. im Fall des ungefährlichen Tötungsver-
suchs durch Mischen einer Schlaftablette in ein Getränk *Roxin*, Fs. Jung, 2007, S. 829, 838 ff.:
konkreter Rechtsgutsangriff.

(z. B. T greift versehentlich zu einer aus leichtem Kunststoff gebauten Waffenattrappe und will damit O erschießen) von § 23 III erfasst wird.[128b] Eine analoge Anwendung von § 23 III kommt in den Fällen der Untauglichkeit des Subjekts (s. o. Rn. 91, s. u. Rn. 102–105) in Betracht, sofern man diese als untaugliche Versuche einstuft.[128c]

93   Fehlen dem Täter nicht durchschnittliche Vorstellungen von naturgesetzlichen Zusammenhängen, sondern baut er auf die Wirksamkeit magischer Kräfte, so liegt ein strafloser Versuch vor (sog. **irrealer** oder **abergläubischer Versuch**).[129] So etwa, wenn der Täter versucht, einen anderen „totzubeten" oder durch das Zitieren von Beschwörungsformeln die Schwangerschaft bei einer Schwangeren zu unterbrechen. Hier liegen keine Versuche nach §§ 212, 218 vor. Zur Begründung der Straflosigkeit solchen Verhaltens kann man den Strafgrund des Versuchs anführen. Auch wenn man die Eindruckstheorie als objektive Ergänzung der subjektiven Versuchstheorie (betätigter rechtsfeindlicher Wille als Strafgrund) nicht in jeder Hinsicht für tragfähig hält, so muss man ihr hier, wo es um den möglichen Ausschluss der Versuchsstrafbarkeit geht, Aussagekraft bescheinigen: solches Verhalten hat **keine rechtserschütternde Wirkung** bei den sie wahrnehmenden Personen, sondern erweckt eher deren Mitleid mit diesem „Täter".[130]

94   Die Abgrenzung dieses straflosen irrealen/abergläubischen Versuchs vom grob unverständigen Versuch liegt darin, dass der „abergläubische Täter" auf Kräfte baut, die der menschlichen Einwirkung entzogen sind, wo hingegen der „grob unverständige Täter" nur Naturgesetze verkennt.[131] Trotz dieser abstrakten Abgrenzung sind im konkreten Fall **Abgrenzungsschwierigkeiten** nicht zu übersehen. Ab welchem Grad der Ungefährlichkeit wird der Einsatz eines Mittels zur tödlichen Vergiftung eines Menschen irreal und wann ist sein Einsatz nur grob unverständig? Wer diese Abgrenzungsschwierigkeiten für unlösbar hält, der wird § 23 III auch auf den abergläubischen/irrealen Versuch anwenden (Strafmilderung, oder besser noch: Absehen von Strafe).[132]

[128b] Gegen die h. M. mit diesem Bsp. bejahend *Rath*, JuS 1998, 1106, 1112 f.; vgl. jedoch *Heinrich*, Jura 1998, 393, 396 u. *Roxin*, AT II, 29/365.

[128c] So mit der h. M. *Heinrich*, Jura 1998, 393, 395; a. M. *Roxin*, AT II, 29/367; strafloses Wahndelikt.

[129] *Gössel*, GA 1971, 233 f.; *Meyer*, ZStW 87 (1975), 614 ff.; *Kretschmer*, JR 2004, 444, 445 f.; *Joecks*, § 23 Rn. 7; NK-*Zaczyk*, § 22 Rn. 38; krit. zur Begrifflichkeit B-*Weber/Mitsch*, 26/32–37, die bei „abergläubischen" Aktionen den Vorsatz bezüglich einer tatbestandsmäßigen Handlung verneinen und damit entgegen der h. L. die meisten Fälle § 23 III zuschlagen wollen; so auch *Hilgendorf*, JZ 2008, 139, 143; dagegen NK-*Zaczyk*, § 23 Rn. 17 u. *Maier*, 2005, S. 74 f.

[130] *Ebert*, S. 125; *Jescheck/Weigend*, S. 532; *Meyer*, ZStW 87 (1975), 618 f.; *Roxin*, AT II, 29/373 (and. *Roxin*, Fs. Jung, 2007, S. 829, 836 f.: kein rechtlich relevanter Versuch); SK-*Rudolphi*, § 22 Rn. 34 f.; S/S-*Eser*, § 22 Rn. 65; *Schünemann*, GA 1986, 316; *Streng*, ZStW 109 (1997), 862, 868; *Bloy*, ZStW 113 (2001), 76, 108; *Valerius*, JA 2010, 113 u. 116; kritisch LK-*Hillenkamp*, § 22 Rn. 190; SSW-*Kudlich/Schuhr*, § 22 Rn. 24 f. und *Murmann*, GK, 28/56: berührt nicht das Unrecht, sondern die Strafbedürftigkeit. – Nach *Hoyer*, 1997, S. 195, wird der „Normzweck" nicht in Frage gestellt; nach *Herzberg*, GA 2001, 258, 269: erlaubtes Risiko; nach *Kretschmer*, JR 2004, 444, 445 f.: „nicht sozialinadäquat". – Nur für den Regelfall zustimmend *Hilgendorf*, JZ 2008, 139, 143, der Ausnahmen etwa für den Fall annehmen will, dass zahlreiche „abergläubische" Migranten im Umfeld des Täters sein Verhalten als bedrohlich empfinden. – Krit. zur Aussagekraft *Maiwald*, Fs. Loos, 2010, S. 159, 171.

[131] Vgl. M-*Gössel/Zipf*, AT 2, 40/142; S/S-*Eser*, § 23 Rn. 13 a.

[132] Vgl. *Putzke*, JuS 2009, 894, 897; *Murmann*, GK, 28/56; *Otto*, 18/62 f.; *Stratenwerth/Kuhlen*, 11/59–62 u. *Fischer*, § 23 Rn. 9; ebenso *Arzt*, LdR, S. 1143 f., und *Heinrich*, AT I, Rn. 680 u. in: Jura 1998, 393, 397 f., der allerdings Fälle des „bloßen Wünschens" und

Vgl. zu den Abgrenzungsschwierigkeiten *Kudlich*, PdW AT, Fall 213; *Hillenkamp*, JuS 2003, 157 u. 164 (abergläubischer Versuch); *Jescheck, Fälle,* Fall 63, S. 73 f.; *Rath*, JuS 1998, 1113: Fall 22. – Zum grob unverständigen Versuch vgl.: *Kaspar*, JA 2006, 855 u. 859; *Kudlich*, JuS 1997, L 69 u. 71 u. in: AT-Fälle, Fall 8, S. 119 sowie in: PdW AT, Fall 256 (jeweils „Insektengift"-Fall des BGHSt 41, 94); *Marxen*, Fall 21 e, S. 191–193 („Insektenvernichtungsmittel"); *Rath*, JuS 1998, 1112: Fall 20.

Bei der Begründung für die Straflosigkeit des irrealen/abergläubischen Versuchs **95** wird häufig auch (statt[133] oder neben[134] der oben gegebenen Begründung mit dem fehlenden rechtserschütternden Eindruck) auf den **fehlenden Vorsatz** des Täters abgestellt. Wer übernatürliche Kräfte einsetzen wolle, habe keinen Deliktsverwirklichungswillen, die Beschwörung solcher Kräfte könne kein (personales Handlungs-)Unrecht sein.[135] Die damit erreichte Objektivierung der strafbarkeitserweiternden Folgen der subjektiven Versuchstheorie, die diese freilich auch durch den strafbarkeitsausschließenden Einsatz der Eindruckstheorie erreicht, geht manchen noch nicht weit genug. Objektiv ausgerichtete Ansätze[135a] nehmen zu. Es dürfe nicht nur der irreale, abergläubische Versuch straflos sein, sondern jedes **kommunikativ irrelevante Unterfangen:**[136] wer seine Erkenntnisse aus prinzipiell ungeeigneten Quellen (wie Fühlen oder Eingebung) schöpfe oder auf prinzipiell ungeeignete Weise verarbeite (unter Ausklammerung der Erfahrung) richte sich nicht gegen eine wirklich vorhandene Norm, sondern begehe ein strafloses Wahndelikt (z. B. wer Löwenzahn als Giftpflanze einsetze, nur weil neben der Pflanze ein totes Tier liegt). Die praktische Umsetzung dieser **Objektivierung** steckt freilich noch in den Ansätzen.[137] Es könnte eine nach Delikten differenzierende Beurteilung der Frage angebracht sein, welche Mängel der äußeren Verwirklichung der unrechte Wille durch sich allein ausgleichen kann.[138]

Fälle, die „bereits ihrer Art nach nicht geeignet sind, einen tatbestandlichen Erfolg herbeizuführen", aus dem Versuchsbereich ausschließt. – Für „undurchführbar" hält die Abgrenzung *Bloy*, ZStW 113 (2001), 76, 109. – Gegen die Anwendung von § 23 III auf den abergläubischen Versuch LK-*Hillenkamp*, § 23 Rn. 51.

[133] W-*Beulke*, Rn. 620; krit. *Putzke*, JuS 2009, 894, 897: es komme nur auf die Vorstellungen des Täters an, so dass ein strafbarer Versuch vorliege, der nach § 23 III zu behandeln sei.

[134] *Jescheck/Weigend*, S. 532; S/S-*Eser*, § 23 Rn. 13 a.

[135] Vgl. *Jakobs*, 25/22; *Zaczyk*, 1989, S. 245 u. 252; *Seier/Gaude*, JuS 1999, 456, 460; *Frister*, AT, 23/22; LK-*Hillenkamp*, § 22 Rn. 190 u. § 23 Rn. 50 sowie *Hillenkamp*, Fs. Schreiber, 2003, S. 135, 148 f.: bloßes Wünschen.

[135a] Vgl. den Überblick bei NK-*Zaczyk*, § 22 Rn. 37; neuerdings *Maier*, 2005, S. 46 ff.: fehlender „Handlungswille", u. *Roxin*, Fs. Jung, S. 829, 836 ff.: es fehle „nicht nur objektiv jede Gefahr, sondern auch subjektiv eine Täterintention, die der Gesetzgeber als Gefahrvorstellung wertet", es liege – im Anschluss an *Hirsch*, Fs. Roxin, 2001, 711, 725 – ein „unechter Versuch" vor.

[136] Vgl. *Jakobs*, 25/22 f. u. 36; ebenso schon *Jakobs*, Gs. A. Kaufmann, 1989, S. 279 ff., mit Bsp. auf S. 280: der Täter will seinem Nachbarn Kopfschmerzen mittels eines Magneten durch die Wand verschaffen, weil er selbst schon unter Kopfschmerzen in der Nähe dieses Magneten litt.

[137] Vgl. zur Objektivierung des Versuchs auch *Weigend*, in: *Hirsch/Weigend* (Hrsg.), Strafrecht und Kriminalpolitik, 1989, S. 127, der für den Versuch die Schaffung eines verbotenen Risikos verlangt. Vgl. außerdem den Versuch von *Struensee*, ZStW 102 (1990), 21 ff., die sog. Wahnkausalität aus dem Versuchsvorsatz auszuscheiden; dem zustimmend *Altenhain*, GA 1996, 24 Fn. 24; krit. unter Hinweis auf §§ 22, 23 III *Scheinfeld*, GA 2007, 721, 724, der Versuch ablehnt, weil „der Täter sich keine Erfolgsherbeiführungen" vorstellt, die ihm „objektiv zurechenbar" wären. – Vgl. auch *Maier*, 2005 mit krit. Bspr. *Zaczyk*, GA 2008, 56, 58: nicht doch subjektive Theorie mit Eindrucksmoment?

[138] Vgl. *Zaczyk*, 1989, in der Zusammenfassung S. 327–330; vgl. auch NK-*Zaczyk*, § 22 Rn. 12 u. 37, der eine „äußere Rechtsverletzung" verlangt.

95a   Neuerdings wird von *Köhler* nicht nur die Strafbarkeit des abergläubischen Versuchs und des Versuchs des untauglichen Subjekts bestritten, sondern auch die des Kernbereichs des nach Rspr. und h. L. strafbaren Versuchs mit untauglichen Mitteln und am untauglichen Objekt. In allen Fällen fehle der Äußerung des Deliktswillens die „objektive Wirklichkeitsmacht"; der „objektive Mangel konkreter Tatmacht" verbiete die Bewertung des untauglichen Versuchs als Strafunrecht.[138a] Eine unrechtsbegründende „Tatmacht" soll dann vorliegen, wenn „nach einer objektiven Prognose ex ante ... die Möglichkeit der Verletzung" naheliegt. – Abgesehen von den dadurch heraufbeschworenen Abgrenzungsschwierigkeiten (s. o. 7/21–22 a beim Angriff i. S. des § 32 II), ist diese objektive Versuchstheorie mit dem Gesetz (§§ 22, 23 III) nicht zu vereinbaren (o. Rn. 86, 87), was *Köhler* auch einräumt.[138b]

> Die Prüfung des untauglichen Versuchs in Übungsarbeiten[139] findet meist nach der Bejahung von Entschluss und unmittelbarem Ansetzen statt, sie wird aber auch nicht selten in den Entschluss integriert, gelegentlich auch vorab behandelt. Vgl. aus der **Übungsfall-Literatur:** *Alpmann/Schmidt*, AT 2, Fall 17, S. 97–100 (im Entschluss); *Dehne-Niemann*, JA 2009, 868 u. 874 (beim Tatentschluss); *Jescheck*, Fälle, Fall 59, S. 76, Fall 60, S. 76 (jeweils beim unmittelbaren Ansetzen) sowie Fall 61, S. 78 (nach dem unmittelbaren Ansetzen); *Kudlich*, JuS 1997, L 69 u. 72 (nach Verneinung eines Rücktritts, da § 23 III als Strafmessungsregel eingeordnet wird); *Laubenthal/Baier*, JA 1993, 101 u. 104 (nach dem unmittelbaren Ansetzen); *Meurer/Kahle/Dietmeier*, Übungskriminalität, Fall 6, S. 103 f. u. 106 (beim unmittelbaren Ansetzen); *Rudolphi*, AT-Fälle, Fall 9, S. 101 u. 111 sowie Fall 11, S. 124 u. 125 (jeweils nach dem unmittelbaren Ansetzen); *Tiedemann*, Anfängerübung, Fall 12, S. 244 u. 245 (nach dem unmittelbaren Ansetzen); *Zieschang*, JuS 1999, 49 u. 54 (vorab).

2. Untauglicher Versuch und Wahndelikt

96   Bei dem Begriffspaar „untauglicher Versuch und Wahndelikt" geht es der Sache nach um die Abgrenzung von strafbarem untauglichem Versuch und straflosem Wahndelikt (zum Prüfungsstandort s. oben Rn. 18). Die Unterscheidung zwischen untauglichem Versuch und Wahnverbrechen erscheint auf den ersten Blick eindeutig. In beiden Fällen unterliegt der „Täter" einem **Irrtum** zu seinen Ungunsten. Beim untauglichen Versuch nimmt der Täter zu seinen Ungunsten einen Sachverhalt an, der nur subjektiv, aber nicht wirklich einen erfolgsträchtigen Ansatz zur Tatbestandsverwirklichung darstellt (so etwa beim vermeintlich tödlichen Schuss mit einer entgegen den Vorstellungen des Täters geladenen Waffe, die aber von seiner Frau entladen worden war[139a]). Beim Wahnverbrechen hingegen irrt der „Täter" zu seinen Ungunsten über eine Strafnorm: Er hält sich bei voller Sachverhaltskenntnis zu Unrecht für strafbar, weil er entweder eine nicht existierende Strafnorm für existent

---

[138a] *Köhler*, S. 458 f. – Krit. zu *Köhler* jetzt *Herzberg*, GA 2001, 257, 258 f., der die Strafbarkeit des untauglichen Versuchs gegen weitere Kritiker wie Rath, Zaczyk, Hirsch und Bottke verteidigt; Replik von *Hirsch*, Fs. Lüderssen, 2002, S. 253, 257 Fn. 24; krit. zu *Köhler* und *Hirsch* LK-*Hillenkamp*, § 22 Rn. 184 f.

[138b] *Köhler*, S. 463 f. – Für eine Abschaffung des § 23 III *Malitz*, 1998, S. 231: damit die „konkrete Gefährlichkeit" den strafwürdigen Versuch bestimmen kann.

[139] Vgl. *Seier/Gaude*, JuS 1999, 456, 458, nach denen alle Vorschläge „angreifbar" sind, sie aber für eine Verortung der Untauglichkeits-Prüfung beim unmittelbaren Ansetzen plädieren und einen „Formulierungsvorschlag" machen; auch den abergläubischen Versuch wollen sie in die Entschlussprüfung „einbetten" (S. 460); dagegen soll der grob unverständige Versuch i. S. des § 23 III beim unmittelbaren Ansetzen angesprochen, aber als benannte Strafzumessungsregel erst nach der Schuld geprüft werden.

[139a] Ähnliches Bsp. 1 bei *Valerius*, JA 2010, 113.

hält (Beispiel: Verbotsnorm für lesbische Liebe oder homosexuelle Betätigungen mit einem anderen Erwachsenen[140]) oder eine existierende Norm über ihren tatsächlichen Geltungsbereich hinaus zu weit auslegt (Beispiel: LKW-Fahrverbot, das Campingwagen nicht betrifft, wird von Campingfahrer F in der Meinung übertreten, es gelte auch für ihn).[141] Der untaugliche Versuch wird deshalb auch als umgekehrter Tatumstandsirrtum, das Wahndelikt als umgekehrter Verbots- bzw. Erlaubnisirrtum bezeichnet (sog. Umkehrschluss).[141a]

Nur der Irrtum des Täters zu seinen Ungunsten über den Sachverhalt hat im Ergebnis eine ungünstige Folge: Versuchsstrafbarkeit. Der Irrtum des „Täters" zu seinen Ungunsten über die Norm hingegen bleibt **sanktionslos**: Straflosigkeit des **Wahndelikts**.[141b] Angesichts dieser gravierenden Unterschiede in der Rechtsfolge ist es bedauerlich, dass die im Grundsatz klare Unterscheidung von (strafbarem) untauglichem Versuch und (straflosem) Wahnverbrechen in Zweifelsfällen nicht so leicht durchzuführen ist. – Zum Standort der Prüfung des Wahndelikts s. o. Rn. 18 mit Fn. 11 a.   **97**

Diese Schwierigkeiten treten vor allem bei Fehlvorstellungen des Täters über sog. normative Tatbestandsmerkmale (s. o. 5/92 u. 13/11) auf, denn es kann zweifelhaft sein, „ob der Täter, der alle dem normativen Merkmal zugrundeliegenden Tatsachen kennt …, über einen Tatumstand geirrt (Parallelwertung in der Laiensphäre) oder über den Anwendungsbereich einer Norm (umgekehrter Subsumtionsirrtum …) geirrt hat."[142] Irrt sich der Täter auf der Sachverhaltsebene über die Bedeutung eines   **98**

---

[140] *Ebert*, S. 145: Beispiel 9; *Roxin*, AT II, 29/381, der auch die „Unzucht" mit Tieren anführt; W-*Beulke*, Rn. 622, nennt außerdem: Ehebruch (so auch *Valerius*, JA 2010, 113 m. Bsp. 2) und Sodomie, *Schmitz*, Jura 2003, 593, das „Verbot homosexuellen Verhaltens". – *Rath*, JuS 1999, 32, 33, spricht hier vom „umgekehrten (direkten) ‚Bestandsirrtum' ", und bringt als Bsp. den – kaum vorstellbaren – Studenten, der meint, der Besuch des Repititors sei strafbar.

[141] Vgl. das § 173-Beispiel bei *Otto*, 18/68; das § 267-Beispiel bei *Ebert*, S. 145: Beispiel 10, sowie das § 201-Beispiel bei *Samson*, Strafrecht I, S. 157 f.

[141a] So etwa von *Ebert*, S. 153 u. 154 sowie von NK-*Paeffgen*, Rn. 258 vor § 32. – Eine „erste Wegweisung" sieht im Umkehrschluss LK-*Hillenkamp*, § 22 Rn. 180 u. 225. – Kritisch zur Terminologie *Puppe*, AT 1, 15/36 ff., die von „Umkehrprobe" spricht; weitere Kritik hinsichtlich der logischen Tragweite bei *Puppe*, Fs. Herzberg, 2008, S. 275, 285 ff. – Für „unergiebig" hält diese Unterscheidung NK-*Zaczyk*, § 22 Rn. 47, der für einen strafbaren untauglichen Versuch verlangt, „dass die das Unrecht konstituierenden Merkmale in der Handlungssituation objektiv vorliegen müssen" (Rn. 48).

[141b] Vgl. statt Vieler LK-*Hillenkamp*, § 22 Rn. 202. – Den Anführungszeichen, in denen „Täter" im obigen Text gesetzt wird, zustimmend *Maier*, 2005, S. 82.

[142] *Lackner/Kühl*, § 22 Rn. 15 u. *Fischer*, § 22 Rn. 51–54, jeweils mit umfassender Dokumentation des Streitstands. – Zu den problematischen selbstbelastenden Irrtümern im Vorfeld des Tatbestandes eingehend *Roxin*, AT II, 29/388–419 u. in: JZ 1996, 982 ff., der eine differenzierende Lösung vorschlägt, S. 986 f.; krit. dazu *Schmitz*, Jura 2003, 593, 598, der selbst zwischen normativen Tatbestands- und Blankettmerkmalen unterscheidet, S. 600. Vgl. auch *Hoyer*, 1997, S. 311 ff., der sich kritisch mit *Burkhardts* (JZ 1981, 685, u. wistra 1982, 178) Argumentation pro Wahndelikt auseinandersetzt (S. 313–318) und eine „allein nach materiellen (= am Rechtsgüterschutz orientierten) Kriterien" entscheidende Abgrenzung entwirft. Vgl. auch *Schroth*, 1998, S. 77 ff., der sich u. a. mit *Burkhardt*, *Herzberg* (JuS 1980, 469) und *Schlüchter* (Irrtum über normative Tatbestandsmerkmale im Strafrecht, 1983) auseinandersetzt und untauglichen Versuch nur bei „tatbestandsspezifischem Sachverhaltswissen" annimmt (S. 81); vgl. auch *Puppe*, Fs. Herzberg, 2008, S. 275 ff. (u. a. gegen *Burkhardt*). – Kritisch zum Umkehrprinzip und für eine Rückkehr zur Unterscheidung von Rechtsirrtum und Tatsachenirrtum, *Streng*, GA 2009, 529, 539 f., der im Wahndelikt „die Auflehnung gegen eine imaginäre Rechtsordnung" sieht.

Tatumstandes, so liegt ein untauglicher Versuch (umgekehrter Tatumstandsirrtum) vor.[142a] Beispiel: A übereignete seinen PKW dem Darlehensgeber D zur Sicherheit, die Übereignung scheiterte jedoch an einem Formfehler; jetzt übereignet er den PKW an X, obwohl er irrtümlich annimmt, D habe das Eigentum an dem PKW erlangt (OLG Stuttgart NJW 1962, 65 mit zust. Bspr. *Baumann,* NJW 1962, 16: versuchte Unterschlagung gem. §§ 246, 22, 23).[143] Ein untauglicher Unterschlagungsversuch liegt ebenfalls vor, wenn A dem unerkannt geisteskranken Darlehensgeber B zur Sicherheit seinen PKW übereignet und ihn danach wenige Tage später auch noch an C verkauft.[143a] Ein untauglicher Betrugsversuch nach §§ 263, 22/23 ist auch dann anzunehmen, wenn der Täter den erstrebten Vermögensvorteil, der tatsächlich rechtmäßig ist (er hatte einen Anspruch auf ihn), „fälschlicherweise für rechtswidrig" hält (BGHSt 42, 268 m. zust. Bspr. *Kudlich,* NStZ 1997, 432, 434 u. *Geppert,* JK 97, StGB § 263/48: sog. „umgekehrter Tatbestandsirrtum" = *Roxin,* HRR AT, Fall 56, S. 80 f. u. 189 ff.; dazu auch BGH NStZ 2008, 214; zum „umgekehrten" Fall des Tatumstandsirrtums 13/14 a).[143b]

> Die beiden erstgenannten Beispiele[144] sind der **Übungsfall-Literatur** entnommen: *Eser,* Strafrecht II, Nr. 36, S. 135 f. (= OLG Stuttgart NJW 1962, 65); *Samson,* Strafrecht I, Fall 30, S. 154 f.; vgl. auch *Kudlich,* AT-Fälle, Fall 7, S. 106 und in: PdW AT, Fälle 214–216. – Vgl. außerdem den Diebstahls-Fall bei *Jahn/Ebner,* JuS 2008, 1086 u. 1087 f. (Tatobjekt für „fremd" gehalten) u. von *Rudolph,* JA 2011, 346, 347 f. (T glaubte, Gold gehöre Totem [in Anlehnung an OLG Nürnberg bei *Kudlich,* JA 2010, 226]; für Wahndelikt, da das Merkmal „fremd" seinem Umfang und seiner rechtlichen Tragweite nach „verkannt" wurde); einen „Zahngold"-Fall bearbeiten auch *Safferling/Menz,* Jura 2008, 382 u. 385 ff.; den Unterschlagungs-Fall bei *Heuchemer,* JA 2000, 946 f. u. 948–952; die Betrugsfälle von *Jäger,* Fall 48, Rn. 292, 293 (BGHSt 42, 268, nachgebildet); *Murmann,* Jura-Sonderheft Examensklausurenkurs, 2000, S. 67 u. 69 und von *Tiedemann/Waßmer,* Jura 2000, 533 f. u. 539 sowie den § 267-Fall bei *Alpmann/Schmidt,* AT 2, Fall 32, S. 169–171; vgl. auch *Dreher,* JuS 2007, 459 u. 461 f. (Irrtum über „zuständige Stelle").

99   Um ein strafloses Wahndelikt hingegen handelt es sich, wenn der Täter bei zutreffender Sachverhaltskenntnis (einschließlich Bedeutungskenntnis [s. o. 5/91 ff. u. 13/10]) eine Verbotsnorm in ihrer Reichweite zu seinen Ungunsten ausdehnt, weil er

---

[142a] Zust. *Jäger,* Rn. 291 mit § 258-Bsp.

[143] Vgl. zu diesem Fall *Schmitz,* Jura 2003, 593, 594 u. 600: Beispielsfall 3 (dem OLG zustimmend) dem OLG zust. auch *Puppe,* Fs. Herzberg, 2008, S. 275, 276 f.; kritisch zu dieser Lösung *Schünemann,* GA 1986, 315 f., der von einer demonstrierten Mißachtung der Eigentumsordnung ausgeht (S. 317). Zum Fall mit neuem Lösungsansatz *Zaczyk,* 1989, S. 258 ff., der aber auch Versuch bejaht (S. 265); a. A. *Burkhardt,* JZ 1981, 681, 685 u. LK-*Hillenkamp,* § 22 Rn. 224 u. 228. – Vgl. auch „Zahngold"-Fälle des OLG Bamberg NJW 2008, 1543, 1547 m. Bspr. *Jahn,* JuS 2008, 457, des OLG Nürnberg 1 St OLG Ss 163/09 b m. Bspr. *Kudlich,* JA 2010, 226 u. des OLG Hamburg NJW 2012, 1601, 1604.

[143a] Ähnlich Fall 5 von *Herzberg/Hardtung,* JuS 1999, 1073, 1074.

[143b] Für Versuch BGH NStZ 2002, 433 u. 2003, 664, 665; *Schmitz,* Jura 2003, 593, 600; *Roxin,* AT II, 29/413; *Kindhäuser,* Vor § 22 Rn. 9; LK-*Hillenkamp,* § 22 Rn. 181 u. 218; NK-*Zaczyk,* § 22 Rn. 49; für vollendeten § 263 *Mitsch,* BT 2/1, 7/125; eingehend zu BGHSt 42, 268 jetzt *Puppe,* AT 2, 35/8–18 u. *Streng,* GA 2009, 529, 536; zum Streitstand *Küper,* S. 85.

[144] Vgl. aus der Rechtsprechung den Hehlerei-Fall des BGH NStZ 1992, 84 u. den Mahnantrags-Betrugsfall des OLG Celle ZWH 2012, 28, 30 m. krit. Anm. *Schuhr,* S. 31 u. *Krell/David,* StraFo 2012, 77, 78. Zu OLG Stuttgart NJW 1962, 65, und BayObLG NJW 1955, 1567 f. (Betrugsfall) vgl. *Heidingsfelder,* Der umgekehrte Subsumtionsirrtum, 1991, S. 161 f. – Zur Rechtsprechung vgl. auch die Übersicht bei *Lauhöfer,* Die Abgrenzung zwischen Wahndelikt und untauglichem Versuch, Diss. Göttingen 1991, S. 87–94.

ein Tatbestandsmerkmal falsch auslegt (= **umgekehrter Subsumtionsirrtum**[145] als Unterfall des umgekehrten Verbotsirrtums = strafloses Wahndelikt). Wer z. B. Bezugsabschnitte trotz fehlender Beweisbestimmung und trotz Fehlens eines erkennbaren Ausstellers irrig für Urkunden hält, kann an ihnen entgegen seiner Vorstellung kein strafbares Urkundendelikt begehen (vgl. BGHSt 13, 235 = Fall 55 bei *Roxin*, HRR AT, S. 79 u. 188 f.);[146] das gilt auch für Fotokopien, die der Täter irrig für Urkunden hält und mit denen er den Vermieter über sein Einkommen täuschen will (a. A. OLG Düsseldorf NJW 2001, 167 m. zu Recht abl. Bspr. *Erb*, NStZ 2001, 317; *Puppe*, NStZ 2001, 482 = „Fotomontagefall" bei *Puppe*, AT 2, 35/19–22). Wer z. B. bei einem Verkehrsunfall nur seinen PKW beschädigt hat, kann mangels eines Verkehrsunfalls i. S. des § 142 (dafür muss ein anderer zu Schaden gekommen sein) sich nicht durch sein Entfernen vom Unfallort strafbar machen, auch wenn er meint „Fahrerflucht" zu begehen (vgl. BGHSt 8, 263).[147] Kennt der Täter im obigen Betrugsversuchsfall (Rn. 98 a. E.) die anspruchsbegründenden Tatsachen und glaubt aufgrund irriger rechtlicher Bewertung, keinen Anspruch zu haben, so liegt ein strafloses Wahndelikt vor[147a] (zum „umgekehrten" Fall des Verbotsirrtums 13/14 a). Das wird man auch annehmen können, wenn der „Dieb" das gestohlene Zahngold als „fremd" einordnet, weil es dem Verstorbenen gehöre (so im Übungsfall *Rudolph*, JA 2011, 348; zu den „Zahngold"-Fällen in der Wirklichkeit s. oben Fn. 143 a. E.).

Zu den Wahndelikten dieser Art gehören auch die „Meineids"-Fälle, in denen 100 der Täter zu Unrecht die Zuständigkeit der den Eid abnehmenden Person zur Abnahme solcher Eide annimmt (vgl. BGHSt 10, 272: Richter in einem Verfahren der freiwilligen Gerichtsbarkeit)[148] oder in denen der Täter nur in einer sog. Spontanaussage, die nicht zum Beweisthema und zum Gegenstand des Verfahrens gehört,

---

[145] *Ebert*, S. 145, 146; *Kindhäuser*, AT, 30/23; *Puppe*, Fs. Herzberg, 2008, S. 275, 276; *Schmitz*, Jura 2003, 593, 595; *Valerius*, JA 2010, 113, 114 mit Bsp. 3; *Rath*, JuS 1999, 32, 33, spricht vom „umgekehrten (direkten) ,Grenzirrtum'". Vgl. mit reichem Fallmaterial *Heidingsfelder* (o. Fn. 144), mit umfassender Literaturübersicht auf S. 18 Fn. 6. – Einen von ihm so genannten „Definitionsirrtum" über die Fremdheit einer zertrümmerten Sache bildet *Putzke*, JuS 2009, 894, 898: Fall 11. – Aus der Rspr. vgl. BGH NJW 1994, 1357 f. u. OLG Koblenz NJW 2001, 1364. – Zur Frage, ob in Fällen der Nichtzahlung des Lohns für „Telefonsex" bei Verneinung eines Vermögensschadens untauglicher Versuch oder ein strafloses Wahndelikt vorliegt, vgl. LG Mannheim NJW 1995, 3398: untauglicher Versuch, weil der Täter den nichtigen Vertrag für wirksam und deshalb für vermögenschädigend hält (was er nach § 1 des neuen ProstG auch ist); krit. *Behm*, NStZ 1996, 317, *Scheffler*, JuS 1996, 1070, *Abrahams/Schwarz*, Jura 1997, 355, und *Geppert*, JK 96, StGB § 263/44; vgl. auch *Maier*, 2005, S. 92 ff., 247 ff. (gegen § 263-Versuch).

[146] Als Beispiel auch bei *Rath*, JuS 1999, 32, 33; *Schroth*, 1998, S. 81 f.; *Heuchemer*, JA-R 2001, 145, 147; *Ebert*, S. 145: Beispiel 10; *Jakobs*, 25/39; *M-Gössel/Zipf*, AT 2, 40/162; *Roxin*, AT II, 29/383; NK-*Zaczyk*, § 22 Rn. 48; SK-*Rudolphi*, § 22 Rn. 32 a. – Weiteres § 267-Bsp. bei *Fischer*, § 22 Rn. 54: Wahndelikt wegen fehlerhafter Bedeutungskenntnis, wenn jemand eine an die Wand gesprühte Parole für eine Urkunde hält und deren Aussage verändert.

[147] Als Beispiel bei *Schroth*, 1998, S. 82; *Jakobs*, 25/39; *Otto*, 18/69; *Roxin*, AT II, 29/386; LK-*Hillenkamp*, § 22 Rn. 205; SK-*Rudolphi*, § 22 Rn. 32 a; W-*Beulke*, Rn. 622: nicht existierende Wartepflicht aus richtig erfassten Umständen abgeleitet. Zum Fall auch mit neuem Ansatz *Zaczyk*, 1989, S. 265 f.

[147a] *Mitsch*, BT 2/1, 7/125.

[148] Als Fall 1 bei *Otto*, 18/70; Bsp. 1 bei *Jäger*, Rn. 291. Weiterer Zuständigkeitsfall: BGHSt 3, 248 (dazu *Puppe*, AT 2, 35/29–34 u. in: Fs. Herzberg, 2008, S. 275, 292 f., die von einem „Blankettmerkmal" ausgeht) und schon RGSt 65, 206 (dazu *Murmann*, GK, 28/50–52). – Wie hier mit Bsp. *Schroth*, 1998, S. 82; *Schmitz*, Jura 2003, 593, 600; *Streng*, GA 2009, 529, 535 f.; *Rengier*, BT II, 49/25; *Roxin*, AT II, 29/417; NK-*Zaczyk*, § 22 Rn. 48; a. A. *Herzberg*, JuS 1980, 469; *Schlüchter*, JuS 1985, 528.

falsch aussagt und dies beschwört (vgl. BGHSt 14, 350; für § 154-Versuch aber: BGHSt 25, 246).[149]

Besondere Schwierigkeiten bereitet der Fall, dass der Täter nicht nur die Zuständigkeit zur Eidesabnahme zu Unrecht annimmt, sondern zu dieser Annahme überhaupt nur gelangt, weil er zunächst auf tatsächlicher Ebene irrt und beispielsweise den Richter für einen Staatsanwalt gehalten hat. Wenn auch die Begründung kompliziert und umstritten ist, so wird man im Ergebnis hier von Straflosigkeit auszugehen haben, weil der Täter in seiner Vorstellung einem Verhalten Strafbarkeit zumisst, welche so von der Rechtsordnung nicht vorgesehen ist. Der Tatbestandsirrtum entzieht einer möglichen Strafbarkeit gewissermaßen schon die Grundlage, welche durch die wahnhafte Verkennung der Rechtslage nicht wiederhergestellt werden kann.[149a]

100a   Ein Wahndelikt kommt auch bei **Unterlassungsdelikten** in Betracht, wenn der Täter zuvor alle tatsächlichen Gegebenheiten zutreffend erfasst, aber aus der Sachlage den irrigen Schluss zieht, zum Eingreifen verpflichtet zu sein.[149b] So macht sich z.B. ein Garant nicht strafbar, wenn der unterlassene Rettungsversuch nur geringe Erfolgsaussichten hatte, er aber irrig davon ausgegangen war, dass ihm der Rettungsversuch trotz erheblicher Eigengefährdung (Nachspringen in den kalten Rhein) zuzumuten war (BGH NJW 1994, 1357 mit zust. Anm. *Loos,* JR 1994, 511); oder z.B. wer irrig annimmt, er sei auch demjenigen als Ingerenz-Garant zur Erfolgsabwendung verpflichtet, den er in Notwehr niedergeschlagen hat (so im Übungsfall *Kudlich,* JuS 2000, L 13 u. L 16); schließlich auch z.B. der Vater, der erkennt, dass das zu ertrinken drohende Kind das Nachbarskind ist, aber meint, auch diesem als Garant zur Rettung verpflichtet zu sein (Bsp. von *Heinrich,* Jura 1998, 393, 394). – Zum untauglichen Versuch des Unterlassungsdelikts s. 18/151.

> All diese Beispielsfälle[150] sind in der **Übungsfall-Literatur** aufbereitet; zur Ergänzung der obigen knappen Ausführungen sollten deshalb „durchgearbeitet" werden: *Alberts,* in: *Frister* (Hrsg.), Die strafrechtliche Klausur, Fall 4, S. 71 u. 82 ff. (irrige Annahme der Zuständigkeit zur Eidesabnahme bei § 153); *Alpmann/Schmidt,* AT 2, Fall 33, S. 172 f.; *Baier,* JuS 2004, 56 u. 61 (irrige Annahme, der staatliche Anspruch auf Geldstrafe gehöre zum Vermögen i.S. des § 263); *Dehne-Niemann,* JA 2009, 868 u. 874 f. (§ 154-Fall); *v. Heintschel-Heinegg,* Strafrecht 2, Fall 8, S. 84 ff. (zu BGHSt 14, 350 und 25, 246); K/H/H-*Heinrich,* BT 1, Rn. 747–750: Fall 77 (irrige Annahme der Zuständigkeit zur Eidesabnahme) sowie Rn. 751 f.: Fall 78 (zu BGHSt 25,

---

[149] Als Beispiel für ein Wahndelikt bei *Jakobs,* 25/39; ausführlicher: *Otto,* JuS 1984, 164. – Dagegen für § 154-Versuch *Schlüchter,* JuS 1985, 528, weil das Vorstellungsbild des Täters (meine Angaben sind entscheidungserheblich) rechtliche Relevanz insofern habe, als es abstrakt rechtsgutsgefährdend sei. – Weiteres § 154-Bsp. bei *Schmitz,* Jura 2003, 593: Beispielsfall 1. – Zur irrigen Überdehnung der Wahrheitspflicht bei den Aussagedelikten vgl. ergänzend *Lackner/Kühl,* § 22 Rn. 15: jedenfalls Wahndelikt, weil der Täter sich zu Unrecht für einen Normadressaten halte. Vgl. zu den Offenbarungseidsfällen auch *Herzberg,* JuS 1980, 477 und *Schünemann,* GA 1986, 317.

[149a] Zu diesem Doppelirrtum vgl. B-*Weber/Mitsch,* 21/56 f.; LK-*Hillenkamp,* § 22 Rn. 238 f.; *Heinrich,* AT II, Rn. 1146 f.; *Knobloch,* JuS 2010, 864, 868 sowie instruktiv m.w.N. *Plaschke,* Jura 2001, 235 f. – Zum Doppelirrtum beim Zusammentreffen von Erlaubnis- und Erlaubnistatumstandsirrtum s. oben 13/80 Fn. 94.

[149b] Ebenso LK-*Hillenkamp,* § 22 Rn. 209 u. *Satzger,* Jura 2011, 432, 437 mit Fall 3-Abwandlung; zum „umgekehrten Verbotsirrtum" vgl. auch unten 18/129.

[150] Zum Prozessbetrug als sog. Subsumtionsirrtum bei Täuschung des Richters über Rechtstatsachen s. OLG Koblenz NJW 2001, 1364: Wahndelikt, und *Seier,* ZStW 102 (1990), 578 f., der aber einen Versuch zu Recht dann annimmt, wenn der Täter, der dem Opfer über die Entscheidung des Richters die Freiheit entziehen will, vom Vorliegen der Haftvoraussetzungen ausgeht; vgl. zu letzterem Fall ebenso *Amelung/Brauer,* JR 1985, 476.

246); *Kudlich,* PdW BT II, Fall 133 (Annahme einer nicht begründeten Zuständigkeit i.S. des § 156); *Laue/Dehne-Niemann,* Jura 2010, 73 u. 78f. (§ 154-Fall); *Rath,* JuS 1999, 33f.: Fall 24 (irrige Annahme der Zuständigkeit zur Abnahme von Eiden); *Rudolphi,* AT-Fälle, Fall 15, S. 157 u. 182 (zu BGHSt 8, 263); *Samson,* Strafrecht I, Fall 31, S. 157–159; *Weißer,* JA 2010, 433 u. 438 (§§ 153, 159-Fall). – Weitere Übungsfälle bei: *Alpmann/Schmidt,* AT 2, Fall 34, S. 174–176 (Unterlassungs-Fall); *Dencker,* Klausuren, Fall 11, S. 14 u. 62; *Hertel,* Jura 2011, 391 u. 394; *Herzberg/Scheinfeld,* JuS 2003, 881 u. 886 (Irrtum über BGB-Formvorschrift zur Urkunde).

Ein Wahndelikt kann sich auch aus der irrtümlichen Verengung des Anwen- **101** dungsbereichs eines Rechtfertigungsgrunds ergeben (sog. **umgekehrter Erlaubnisirrtum**). So, wenn der Eigentümer einen körperverletzenden Schuss in die Beine des mit der Beute fliehenden Diebes abgibt (§ 223), von dem er weiß, dass er die letzte Chance zur Erhaltung seines Eigentums darstellt (= erforderlich i.S. des § 32 II), jedoch irrig annimmt, er sei nicht durch Notwehr „gedeckt", weil zur Verteidigung von Sachen keine Körperverletzungen erlaubt seien (= irrige Annahme, die Güterproportionalität sei eine Notwehrvoraussetzung).[151] Ein noch eindeutigeres Wahndelikt läge vor, wenn der Eigentümer davon ausgegangen wäre, es gäbe überhaupt kein Selbstverteidigungsrecht (= Nichtkenntnis der Notwehr gem. § 32).[151a]

Eine **Sonderproblematik** enthält der oben (Rn. 91) „zurückgestellte" Versuch des **102** **untauglichen Subjekts** bzw. der „Irrtum über die Tauglichkeit des Subjekts".[152] Nimmt jemand irrtümlich an, die von einem Delikt verlangte besondere Täterqualifikation (z.B. Amtsträger) zu besitzen, so kann er dieses Delikt mangels Täterqualifikation nicht als vollendetes begehen. Ein **untauglicher Versuch** des Delikts erscheint aber deshalb denkbar, weil auch die besondere Täterqualifikation ein Tatumstand sein könnte, der wie z.B. die Tatumstände ‚Tatobjekt' und ‚Tatmittel' durch die irrtümliche Vorstellung des Täters ersetzt werden kann.[153] Danach könnte ein Nichtbeamter, der sich für einen Beamten hält, ein Delikt, das nur Beamte (genauer: Amtsträger, § 11 I Nr. 2) vollenden können, wenigstens versuchen (z.B. §§ 331ff.).

Die radikale Gegenposition nimmt dagegen ein **strafloses Wahndelikt** an, weil die **103** besondere Pflichtenstellung des besonders hervorgehobenen Täters nicht durch Fehlvorstellungen eines Nicht-Sonderpflichtigen ersetzt werden könne und weil das besondere Vertrauen der Rechtsgesellschaft in das korrekte Verhalten dieses Sonderpflichtigen nicht erschüttert werde, wenn ein Nicht-Sonderpflichtiger sich unkorrekt verhält.[154] Der Nichtbeamte kann danach nicht Normen für Beamte in ihrer Geltung erschüttern, er kann nicht einmal subjektiv gegen die nur für Beamte geltende Verhaltensnorm verstoßen.[154a]

---

[151] Vgl. die entsprechenden Beispiele bei *Rath,* JuS 1999, 32: Fall 23; bei *Valerius,* JA 2010, 113, 114; bei *Ebert,* S. 145: Beispiel 12; *Roxin,* AT II, 29, 382; *W-Beulke,* Rn. 622; wie hier auch LK-*Hillenkamp,* § 22 Rn. 206 u. NK-*Zaczyk,* § 22 Rn. 50.

[151a] *Rath,* JuS 1999, 32, 33, nennt dies den „umgekehrten indirekten ‚Bestandsirrtum' ", den im Text oben davor behandelten Fall ordnet er als „umgekehrten indirekten ‚Grenzirrtum' " ein. Vgl. auch *Schroth,* 1998, S. 86.

[152] So *W-Beulke,* Rn. 623; wie hier *Meurer,* S. 131f. – *Otto,* 18/75: irrige Annahme von Sonderpflichtenpositionen; ähnlich *Jakobs,* 25/43.

[153] S/S-*Eser,* § 22 Rn. 76; ausführlich: *Schlüchter,* Der Irrtum über normative Tatbestandsmerkmale im Strafrecht, 1983, S. 164ff.; komprimiert: *Heinrich,* Jura 1998, 393, 394.

[154] Vgl. *Bloy,* ZStW 117 (2005), 3, 33f.; *Jakobs,* 25/43; *Stratenwerth/Kuhlen,* 11/65f.; zu den Argumenten dieser Position *Krey/Esser,* AT, Rn. 1250; ausführlich: *Zaczyk,* 1989, S. 268ff. u. NK-*Zaczyk,* § 22 Rn. 39.

[154a] Vgl. den Beispielsfall 6 bei *Schmitz,* Jura 2003, 594 u. 601.

104   Die Annahme eines Wahndelikts ist jedenfalls dann überzeugend, wenn der Täter den Sachverhalt richtig erfasst, aber infolge falscher **rechtlicher** Bewertung von einer besonderen Pflichtenposition (wie z. B. der Amtsträgereigenschaft) für sich ausgeht. Nimmt z. B. die Putzfrau P, die sich für einen Amtsträger hält, weil sie im Landratsamt die Räume pflegt, von X einen Geldbetrag mit dem Versprechen an, die Akten in der Bußgeldsache gegen X verschwinden zu lassen, so bleibt sie straflos (= kein Versuch des § 332).[155] Ebenso der Bundesliga-Schiedsrichter, der meint, sich durch Annahme von Geschenken nach § 331 strafbar zu machen (Fallbeispiel von *Seier/Gaude*, JuS 1999, 456, 458), oder der Jurastudent, der glaubt, das bestandene Referendarexamen habe ihn automatisch zum Beamten gemacht.[155a]

105   Zu einem (strafbaren) untauglichen Versuch kann es aber dann kommen, wenn der Täter irrtümlich einen **Umstand** annimmt, der im Falle seines wirklichen Vorliegens die vom jeweiligen Delikt geforderte Subjektqualität des Täters begründen würde.[156] So z. B., wenn der R, der irrtümlich seine unwirksame Richterernennung für wirksam hält, das Recht i. S. des § 339 beugt, oder wenn sich z. B. der Beamte, der von seiner Entlassung noch nichts weiß, i. S. des § 332 bestechen lässt.[157]

§ 16. Der Rücktritt vom Versuch gemäß § 24

I. Einführung und Überblick

1   Hat ein Täter ein bestimmtes Delikt, bei dem der Versuch strafbar ist, zu begehen versucht, ohne dass zu seinen Gunsten Rechtfertigungs- oder Schuldausschließungs-/Entschuldigungsgründe eingreifen, so hat er sich wegen einer versuchten Tat strafbar gemacht. Anders aber als bei der vollendeten Tat kann er sich durch ein **bestimmtes Nachtatverhalten** noch Straffreiheit verschaffen. Nachtatverhalten, wie z. B. das „Bemühen, den Schaden wiedergutzumachen" (§ 46 II), kann normalerweise nur bei der Strafzumessung zugunsten des Täters berücksichtigt werden. Ist die Tat aber noch im Versuchsstadium, so kann nach § 24 ein bestimmtes Rücktrittsverhalten zur „Straflosigkeit" des Versuchstäters führen.

2   Sieht man einmal von der Sonderregelung des Beteiligtenrücktritts gem. § 24 II ab und stellt man den selten vorkommenden Fall des Rücktritts vom untauglichen oder objektiv fehlgeschlagenen Versuch gem. § 24 I 2 einstweilen zurück, so erscheinen in § 24 I 1 die beiden **Grundformen** des strafbefreienden Rücktrittsverhaltens: die freiwillige Aufgabe der weiteren Ausführung der Tat und die freiwillige Verhinderung

---

[155] *Heinrich*, Jura 1998, 393, 394; *Roxin*, AT II, 29/351; abl. *Murmann*, GK, 28/53. – Vgl. auch das Beispiel von *Fischer*, § 22 Rn. 55: Hausmeister der Staatsanwaltschaft will eine Aussage i. S. des § 343 erpressen.

[155a] Beispiel von B-*Weber/Mitsch*, 26/31.

[156] B-*Weber/Mitsch*, 26/30 u. LK-*Vogel*, § 16 Rn. 45; krit. *Kindhäuser*, AT, 30/33: Fall 8 (zu § 344 I). – Differenzierend nach Irrtümern im deskriptiv-sachverhaltsmäßigen Bereich und Fehlannahmen aus rechtlichen Gründen M-*Gössel/Zipf*, AT 2, 40/175, die für eine analoge Anwendung von § 23 III plädieren, falls ein untauglicher Versuch anzunehmen ist. Noch enger LK[10]-*Vogler*, § 22 Rn. 158 f., zust. *Schünemann*, GA 1986, 318; krit. LK-*Hillenkamp*, § 22 Rn. 234, der in Rn. 237 wie hier differenziert.

[157] Letzteres Beispiel findet sich bei *Arzt*, LdR, S. 1144; § 339-Bsp. bei *Ebert*, S. 120: Bsp. 11 d mit Lösung S. 125; bei *Maier*, 2005, S. 102 (für Vollendung); weitere Beispiele bei *Geilen*, S. 168 f.; *Heinrich*, Jura 1998, 393, 394; *Fischer*, § 22 Rn. 55. – Für Wahndelikt dagegen *Murmann*, GK, 28/53. Für untauglichen Versuch *Streng*, GA 2009, 529, 539.

der Vollendung der Tat. Aus dieser Differenzierung ergibt sich die **Grundunterschei-
dung** von unbeendetem und beendetem Versuch.[1] Diese Versuchsbegriffe stehen
zwar nicht ausdrücklich im Gesetz,[2] doch sind sie einprägsame Begriffe für die Umschreibung der unterschiedlichen Situationen,[3] für die § 24 unterschiedliche Anforderungen an ein strafbefreiendes Rücktrittsverhalten stellt.

Die bloße Aufgabe der weiteren Ausführung der Tat (= schlichtes Nichtweiter- 3
handeln) kann nur dann zur Strafbefreiung führen, wenn der Täter nach seiner Vorstellung schon dadurch verhindern kann, dass das Opfer zu Schaden kommt. Dies
ist die Situation des **unbeendeten** Versuchs, bei dem der Täter davon ausgeht, dass er
noch weitere Aktivitäten entfalten muss, damit der Erfolg der Tat (= der Schaden
beim Opfer) eintritt. Will etwa die Ehefrau ihren Ehemann durch mehrere Giftgaben töten, verzichtet sie aber schon nach der 2. Giftgabe wegen der bei ihrem Ehemann auftretenden Schmerzen auf weitere Giftgaben, so gibt sie die weitere Ausführung der Tat auf, wenn sie davon ausgeht, dass für die Tötung ihres Ehemannes
noch weitere Giftgaben erforderlich wären (sog. Rücktritt vom unbeendeten Versuch). Hat der Täter hingegen die Vorstellung, seinerseits bereits alles für den Erfolgseintritt getan zu haben, so muss von ihm, da er sich in der Situation des **beendeten** Versuchs befindet, verlangt werden, dass er den noch ausstehenden
Erfolgseintritt (= die Vollendung der Tat) durch Gegenaktivitäten verhindert. Will
die Ehefrau ihren Ehemann mit einer tödlich wirkenden Giftgabe töten und hat sie
ihm das Gift auch schon verabreicht, so muss sie durch Gegenaktivitäten (z. B. Veranlassen des Auspumpens des Magens) die Vollendung (= den Todeserfolg) verhindern, wenn sie mit strafbefreiender Wirkung zurücktreten will (sog. Rücktritt vom
beendeten Versuch).

In beiden Fällen muss der Rücktritt nach § 24 I 1 **freiwillig** erfolgen. Die Frage 3a
der Freiwilligkeit des Rücktritts sollte aber erst gestellt werden, wenn man die Frage
beantwortet hat, ob ein unbeendeter oder ein beendeter Versuch vorliegt. Dies ist
aber nicht in jeder Rücktrittsprüfung der erste Schritt, denn es gibt auch rücktritts-
unfähige Versuche, von denen insbesondere der sog. **fehlgeschlagene** Versuch anerkannt ist, z. B. wenn die Tasche, in die der „Dieb" greift, leer ist, und der „Dieb"
seinen Fehlgriff sofort erkennt. Ist ein solcher (subjektiv vom Täter erkannter) Fehlschlag nicht auszuschließen, so ergibt sich folgende Prüfungsreihenfolge beim Alleintäter:[3a]

1. Fehlgeschlagener Versuch (Rn. 9–22)
wenn nein:
2. Unbeendeter oder beendeter Versuch? (Rn. 23–41)

---

[1] *Jescheck/Weigend*, S. 540; S/S-*Eser*, § 24 Rn. 6; *Stratenwerth/Kuhlen*, 11/74.
[2] Kritisch zu ihrer Verwendung deshalb M-*Gössel/Zipf*, AT 2, 41/16, sowie in der Fallprüfung *Gössel*, Fälle, Fall 14, S. 229 f. u. 239. – Kritisch zu diesen Begriffen auch *Herzberg*,
NJW 1991, 1633 f., und *Lampe*, JuS 1989, 615, sowie *Jäger*, 1996, S. 62 ff., der das Wesen des
Rücktritts und das gemeinsame Handlungskonzept beider Grundformen in der „Umkehr der
Rechtsgutsgefährdung" sieht. Kritisch zum wenig informativen gesetzlichen Regelungsgehalt
des § 24 I *Maiwald*, Fs. E. A. Wolff, 1998, S. 337 f.; kritisch auch *Roxin*, AT II, 30/154, der
aber dennoch mit diesen Begriffen arbeitet.
[3] *Otto*, Jura 1992, 423. – Kritisch aber *Jäger*, 1996, S. 65, der nicht nach Versuchsstadien,
sondern danach abgrenzt, ob eine (umzukehrende) Gefährdung eingetreten ist; anders auch
Murmann, 1999, S. 33, 67, der zwischen Fällen vor und nach der Vornahme der tatbestandsmäßigen Handlung unterscheidet.
[3a] Ganz ähnlich *Kudlich*, JuS 1999, 240, 241, JA 2011, 869, 870 u. PdW AT, Fall 233 sowie
Eisele, JA 1999, 922; krit. *Scheinfeld*, JuS 2002, 250 ff., der eine strikte Orientierung an den
gesetzlichen Merkmalen des § 24 fordert.

wenn unbeendet: Aufgeben der weiteren Ausführung der Tat? (Rn. 42–51)
wenn beendet: Verhinderung der Vollendung? (Rn. 63–77)
3. Freiwilligkeit des Rücktritts? (Rn. 52–62)

> Rechtsprechungsübersichten zu dem die Rspr. besonders häufig beschäftigenden Thema Rücktritt bei *Miebach/Heim,* NStZ-RR 2009, 129 ff., *Heger,* StV 2010, 320–325 u. *Graf,* 2011, S. 5–13.

II. Erklärung und systematische Einordnung der Strafbefreiung wegen Rücktritts

1. Die Erklärung der § 24-Regelung

4   Zur Erklärung der Entscheidung des Gesetzgebers, den Versuch bei bestimmtem Rücktrittsverhalten für straflos zu erklären, werden **zahlreiche** „Theorien"[4] angeboten. Die „Theorie", welche die § 24-Regelung alleine und vollständig erklärt, ist aber noch nicht gefunden worden. Je nachdem, welche Rücktrittskonstellation man vor Augen hat, überzeugt die eine oder andere „Theorie" mehr oder weniger.

5   Angesichts der Rechtsfolge ‚Straflosigkeit' erscheint es nahe liegend, diesen Verzicht auf Strafe durch den **Wegfall der Notwendigkeit** zu erklären, den rechtswidrigen und schuldhaft begangenen Versuch auch wirklich **zu bestrafen.** Das Bedürfnis zu strafen entfällt, wenn der Täter, der durch seinen in die Tat umgesetzten rechtsfeindlichen Willen einen rechtserschütternden Eindruck hervorgerufen hat, durch seinen freiwilligen Rücktritt zeigt, dass er diesen rechtserschütternden Eindruck, soweit möglich, zurücknehmen will. Das **Vertrauen der Bevölkerung** in die Geltungskraft des Rechts ist durch die freiwillige Rückkehr des Versuchstäters in die Legalität **wieder gestärkt,** ohne dass es dazu noch einer Bestrafung dieses Täters bedürfte.[5]

6   Zu diesem weitgehenden **Wegfall des Strafzwecks** der (positiven) Generalprävention (auch sog. Integrationsprävention)[6] kommt hinzu, dass auch der Strafzweck der Spezialprävention keine Einwirkung auf den freiwillig zurücktretenden Versuchstäter verlangt, weil dieser sich zumindest typischerweise als **mindergefährlich** erwiesen hat.[7] Diese Zusatzerklärung[8] stellt die Rechtsprechung ganz in den Vordergrund:

---

[4] Vgl. den knappen Überblick über die verschiedenen „rationes" des § 24 bei *Günther,* Gs. A. Kaufmann, 1989, S. 546 und bei *Kudlich,* JuS 1999, 240 f. – *Jescheck/Weigend,* S. 538–540 u. *Roxin,* AT II, 30/4–28 unterscheiden 5 Theorien; *Stratenwerth/Kuhlen,* 11/70: 3 Grundpositionen; ebenso *Kindhäuser,* AT, 32/3 u. NK-*Zaczyk,* § 24 Rn. 2–5; *Ebert,* S. 129: drei Theorien, ebenso *Heinrich,* AT I, Rn. 760–762; über ein Dutzend Gründe für die Straflosigkeit nennen LK-*Lilie/Albrecht,* § 24 Rn. 5–45. – Dogmenhistorisch *Loos,* Fs. Jakobs, 2007, S. 347 ff. – Eingehend und kritisch *Haas,* ZStW 123 (2011), 226, 232–238, der eine „schlüssige Erklärung" vermisst, weil alle versuchen, den Rechtsgrund von Versuch und Rücktritt „isoliert zu bestimmen" (S. 239).

[5] Vgl. *Bergmann,* ZStW 100 (1988), 335; *Schünemann,* GA 1986, 323 f.; *Schall,* JuS 1990, 630; *Ranft,* JZ 1989, 1129; ähnlich auch *Streng,* JZ 1990, 241: Rücknahme der Auflehnung gegen die Rechtsordnung, u. *Freund,* 9/16–18: hinreichend kompensierter rechtserschütternder Eindruck; nach *Otto* 19/2: Kein „Sühneinteresse". – Zur „Einschätzungsprärogative" des Gesetzgebers beim Verzicht auf Strafe mangels Präventionsverlustes *Lagodny,* 1996, S. 496.

[6] Vgl. *Lackner/Kühl,* § 46 Rn. 28 u. 30. – So etwa *Amelung,* ZStW 120 (2008), 205, 244: „geltungsbestätigende Gefährdungsumkehr"; vgl. auch *Wege,* 2011, 76 ff.: Täter zeigt, dass die gerade verletzte Norm trotz Verletzung weiter gelten soll.

[7] Vgl. statt vieler SK-*Rudolphi,* § 24 Rn. 4 m.w.N.; aus der Rspr.: BGHSt 9, 48, 52. – Vgl. auch *Murmann,* 1999, S. 20: keine Notwendigkeit der Einwirkung auf den Täter, der zukünftig voraussichtlich das Recht respektieren wird (dazu *Haas,* ZStW 123 [2011], 226, 234 ff.).

„In den Fällen des § 24 StGB entfällt nach gesetzgeberischer Entscheidung das Strafbedürfnis wegen der geringeren Gefährlichkeit und Strafwürdigkeit des (zurückgetretenen) Täters (vgl. BGHSt 9, 52), dem zudem die Möglichkeit des Abstandnehmens von einer noch nicht vollendeten Straftat eingeräumt werden soll" (BGHSt 37, 346 f.).

Weitere „plausible Erklärungen"[9] ergeben sich, wenn man das Rücktrittsverhal-   7
ten als eine durch Straflosigkeit zu honorierende **Umkehrleistung** des Täters bewertet[10] oder wenn man an den **Schutz des Opfers** denkt, der nicht dadurch herabgemindert werden sollte, dass man dem Täter schon vor Erfolgseintritt jede Chance zum Rückzug in die Straffreiheit versperrt.[11] Damit sind die „Theorien" zur Erklärung der § 24-Regelung keineswegs vollständig referiert,[12] doch dürfte der Sinn einer Strafbefreiung bei bestimmtem Rücktrittsverhalten schon hinreichend deutlich geworden sein. Ihre Bewährungsprobe haben diese Erklärungen z.B. bei der Bestimmung der Reichweite des noch rücktrittsfähigen Versuchs zu bestehen. Bei solchen Einzelfragen der Auslegung des § 24 (z.B.: Wann kann die Tat noch aufgegeben werden?) ist auch in strafrechtlichen Fallbearbeitungen auf diese Erklärungen des § 24 einzugehen.

> Vorbildlich zu den Rücktrittstheorien in der **Übungsfall-Literatur:** *Rudolphi,* AT-Fälle, Fall 12, S. 134 u. 145f. – Vgl. außerdem: *Haas,* AL 2012, 119 u. 125; *Haverkamp/Kaspar,* JuS 2006, 895 u. 900; *Mitsch,* Jura 1991, 373 u. 375f.; *Langer,* JuS 1987, 896 u. 899; *Samson,* Strafrecht I, Fall 35, S. 173 u. 176; *Stein,* JuS 1990, 914 u. 917.
> Häufig tauchen die Rücktritts-Theorien in Übungsfällen auf, die das Freiwilligkeitserfordernis thematisieren: *Herzberg/Schlehofer,* JuS 1990, 559 u. 561; *Knapp,* JuS 1976, 802f.; *Roxin/Schünemann/Haffke,* Klausurenlehre, Fall 8, S. 149 u. 162–164; *Rudolphi,* AT-Fälle, Fall 11, S. 124 u. 132f.; *Samson,* Strafrecht I, Fall 34, S. 168 u. 171.

2. Systematische Einordnung des Rücktritts

Überwiegend wird der Rücktritt als **persönlicher Strafaufhebungsgrund** einge-   8
ordnet; er ist deshalb erst nach der Bejahung von Tatbestand, Rechtswidrigkeit und Schuld der Versuchstat zu prüfen.[12a] Damit wird zutreffend zum Ausdruck gebracht,

---

[8] Beide Erklärungen kombinierend etwa auch *Schall,* JuS 1990, 626; zu weiteren Kombinationsmöglichkeiten vgl. *Günther,* Gs. A. Kaufmann, 1989, S. 546. – Krit. zu beiden präventiven Erklärungen *Köhler,* S. 470f., der den Rücktritt als „deliktsaufhebende Rechtsvernunftleistung des Täters bestimmt".

[9] Vgl. *Hassemer,* Einführung, S. 244.

[10] Vgl. *Puppe,* NStZ 1986, 18; 1990, 434.

[11] Vgl. *Hassemer,* JuS 1989, 937; 1990, 420; *Kampermann,* 1992, S. 201 f.; *Kudlich,* JuS 1999, 240, 241, sowie *Murmann,* 1999, S. 27, 67, der auf die Wiederherstellung des verletzten Rechtsverhältnisses abhebt; krit. wegen fehlender empirischer Validität *Puppe* AT 2, 36/2ff., 5; krit. wegen tatsächlicher und normativer Mangelhaftigkeit *Scheinfeld,* 2006, S. 53 ff., 68.

[12] Nicht angesprochen ist z.B. die Schulderfüllungstheorie von *Herzberg,* Fs. Lackner, 1987, S. 342; zu deren Kritik vgl. *Bergmann,* ZStW 100 (1988), 336 f.; *Rudolphi,* NStZ 1989, 510 u. *Roxin,* AT II, 30/25–28. – Ähnlich wie *Herzberg* aber *Jakobs,* 26/4: „freiwilliger Tatwiderruf". Im Anschluss an *Jakobs* entwirft *v. Heintschel-Heinegg,* ZStW 109 (1997), 43 f., eine „Tatänderungstheorie", die den Rücktritt radikal einschränken will, S. 47 ff. – Krit. zu *Herzberg* und *Jakobs* jetzt *Jäger,* 1996, S. 62. – Vgl. auch *Murmann,* 1999, S. 28: Entkräftung des begangenen Vertrauensbruchs und Herstellung des Zustandes wechselseitiger Anerkennung (von *Scheinfeld,* 2006, S. 69, bei den Strafzwecktheorien eingeordnet und mit diesen kritisiert).

[12a] *Jäger,* Rn. 312; *Kindhäuser,* AT, 32/2; *Murmann,* GK, 28/107; LK-*Lilie/Albrecht,* § 24 Rn. 50; *Kudlich,* JuS 1999, 240. Krit. zur Terminologie NK-*Paeffgen,* Rn. 303 vor § 32.

dass sich am Vorliegen einer rechtswidrigen, schuldhaften Versuchstat durch den Rücktritt nichts ändert. Der Rücktritt ist ein Nachtatverhalten,[13] mit dem die Versuchstat zwar abbricht, mit dem aber Unrecht und Schuld nicht beseitigt werden.[14] Versteht man freilich die Schuld schon präventiv als Notwendigkeit, durch Strafe einzugreifen, so entfällt diese strafzweckorientierte Schuld natürlich dann, wenn die präventiven Strafzwecke wegen des freiwilligen Rücktritts keine Strafe mehr verlangen.[15] Behält man präventive Überlegungen dagegen der Strafzumessung vor, so rückt der Rücktritt in die Nähe einer Rechtsfolgenbestimmung.[16] Auf jeden Fall bleibt eine strafbare Teilnahme an der Tat, von der der Haupttäter strafbefreiend zurückgetreten ist, möglich, weil Anstiftung (§ 26) und Beihilfe (§ 27) hinsichtlich der Haupttat nur eine vorsätzlich begangene rechtswidrige Tat verlangen; auf die Schuld oder die Strafbarkeit des Haupttäters kommt es nicht an.[16a] Anders wäre das nur, wenn der Rücktritt bereits den Tatbestand ausschließen würde, denn dann käme er infolge des Wegfalls der Haupttat allen Beteiligten zugute; – eine vom Gesetzgeber nicht gewollte Konsequenz.[16b]

> Aus der **Übungsfall-Literatur** zur Teilnahme an straffreier (Rücktritts-)Tat vgl.: *Schwind/ Franke/Winter,* Anfängerübung, 2. Hausarbeit, S. 65 u. 107; *Tiedemann,* Anfängerübung, Fall 10, S. 229 f. u. 237.

III. Der Rücktritt des Alleintäters gem. § 24 I

1. Der fehlgeschlagene Versuch

a) Der subjektive Fehlschlag

9   Der Begriff ‚fehlgeschlagener Versuch' ist ebenso wenig wie die Begriffe ‚unbeendeter Versuch' und ‚beendeter Versuch' in § 24 enthalten.[17] Er lässt sich aber wie diese (s. o. Rn. 2) der gesetzlichen Rücktrittsvorschrift entnehmen, und zwar als

---

[13] *Murmann,* 1999, S. 31 f.; vgl. auch *Jakobs,* 26/2: „besonderes Nachtatverhalten".

[14] *Otto,* 19/5; S/S-*Eser,* § 24 Rn. 4; *Stratenwerth/Kuhlen,* 11/72. – Anders etwa *Streng,* ZStW 101 (1989), 322 ff.: „Schuldtilgungsgrund" wegen Verdienstlichkeit des Rücktritts. – Nach *Bloy,* JuS 1993, L 36, tangiert der Rücktritt bereits die „Unrechtsebene"; *Amelung,* ZStW 120 (2008), 205, 242, 245, nimmt einen nachträglichen Unrechtsausschluss an. Nach *Roxin,* AT II, 30/29: „Fall ausgeschlossener strafrechtlicher Verantwortlichkeit", nach *Wolter,* 1996, S. 21, ist hier eine gewisse Schuldminderung mit einer Unrechtsminderung kombiniert = „Verantwortungsaufhebungsgrund". Nach NK-*Zaczyk,* § 24 Rn. 5, 6: „Schuldaufhebungsgrund", nach *Haft,* S. 240: „Entschuldigungsgrund"; einen Schuldausschließungsgrund aufgrund der Einbeziehung des Rücktritts in das Versuchsgeschehen konstruiert *Schumann,* 2006, S. 142 f. mit krit. Bspr. *Gössel,* GA 2007, 608. – Einen „Tatbestandsaufhebungsgrund" nimmt *Frister,* AT, 24/7, für § 24 I 1 Var. 1 an; allgemein für den Rücktritt nimmt *Haas,* ZStW 123 (2011), 226, 256, einen „Zurechnungshinderungsgrund ... auf der Tatbestandsebene" an.

[15] So etwa SK-*Rudolphi,* § 24 Rn. 6: es fehle eine strafrechtlich relevante Schuld.

[16] Vgl. *Burkhardt,* 1975, S. 121: strafzumessungsnaher Verantwortungsausschluss.

[16a] B-*Weber/Mitsch,* 27/4 mit Beispielen.

[16b] Das sieht auch *Haas,* ZStW 123 (2011), 226, 256, der dennoch diese Konsequenz ziehen will.

[17] Deshalb kritisch zu diesem Begriff B-*Weber/Mitsch,* 27/12: „überflüssig"; M-*Gössel/Zipf,* AT 2, 41/38 ff.; *Ranft,* Jura 1987, 534; nach *Haft,* NStZ 1994, 537, „sollte über die Abschaffung dieses Instituts nachgedacht werden". – Dagegen NK-*Zaczyk,* § 24 Rn. 19, weil sonst Fälle in § 24 einbezogen würden, die „seinen Voraussetzungen von vornherein nicht genügen können" u. *Heger,* StV 2000, 320: „eine nach dem Gesetzeswortlaut mögliche und von der Begründung des Rücktritts getragene" Rechtsfigur.

ein Versuch, der **nicht rücktrittsfähig** ist, weil der Täter vom Fehlschlag seines Versuches ausgeht, d. h. er braucht die Tat nicht aufzugeben und hat den Erfolg nicht zu verhindern.[17a]

Bevor die rücktrittsfähigen Versuche (unbeendeter und beendeter Versuch) im **10** Hinblick auf die unterschiedlichen Rücktrittsvoraussetzungen voneinander abgegrenzt werden können, muss die „logisch vorrangige Frage" beantwortet werden, „ob ein Rücktritt prinzipiell überhaupt ... möglich ist."[18] Diese Frage ist auch in einer strafrechtlichen Fallbearbeitung „nach vorne zu ziehen", weil die Prüfung, ob ein fehlgeschlagener Versuch vorliegt, es ermöglicht, nicht rücktrittsfähige Versuche auszuscheiden,[19] **bevor** man den unbeendeten vom beendeten Versuch abgrenzt und das oft heikle Freiwilligkeitserfordernis prüfen muss. Freilich gilt dieser Aufbauvorteil nur für die klaren Fälle des fehlgeschlagenen Versuchs (auch dann dagegen *Petersen*, Jura 2002, 105, 107; vgl. auch die Hinweise auf wie hier vorgehende Übungsfälle nach Rn. 22).

Der fehlgeschlagene Versuch ist nicht ein objektiv fehlgeschlagener Versuch, des- **11** sen Scheitern der Täter nicht erkannt hat. Von einem solchen objektiv fehlgeschlagenen Versuch kann der Täter, der den Fehlschlag nicht erkannt hat, kraft der ausdrücklichen Regelung des § 24 I 2 zurücktreten.[20] Gemeint ist vielmehr der **subjektiv**, d. h. nach den Vorstellungen des Täters **fehlgeschlagene Versuch.**[20a] Er kommt zum einen in der Form vor, dass der Täter den objektiven Fehlschlag als solchen erkennt, zum anderen in der Form, dass der Täter irrtümlich von einem objektiv nicht gegebenen Fehlschlag ausgeht.[21] Geht der Täter vom **Fehlschlag** seines Versuchs aus, so fehlt ihm die Vorstellung, die Tatausführung fortsetzen und die Vollendung herbeiführen zu können.[22] Eine Aufgabe der weiteren Ausführung (§ 24 I 1 Alt. 1) oder ein Verhindern der Vollendung (§ 24 I 1 Alt. 2) ist nur möglich, „wenn nach der Vorstellung des Täters ein weiteres, den tatbestandsmäßigen Unrechtserfolg verursachendes Handeln überhaupt noch möglich ist bzw. dieser Erfolg auf Grund der bisherigen Tätigkeit überhaupt einzutreten droht."[23]

Auch die Rechtsprechung hat den fehlgeschlagenen Versuch prinzipiell als **eigen-** **12** **ständige Rechtsfigur** anerkannt,[23a] doch hat sie den Begriff oft nur zur negativen

---

[17a] *Roxin*, AT II, 30/77 ff.; s. auch LK-*Lilie/Albrecht*, § 24 Rn. 84; vgl. auch schon *Herzberg*, JuS 1990, 273, 277; eine detaillierte **Definition** findet sich bei *Zieschang*, AT, Rn. 536. – Zu anderen Begründungen für die Straflosigkeit des fehlgeschlagenen Versuchs vgl. *Heinrich*, AT I, Rn. 772 u. 774.

[18] So *Bergmann*, ZStW 100 (1988), 331 f.

[19] Vgl. *Jäger*, Rn. 313; *Kindhäuser*, AT, 32/5; *Murmann*, GK, 28/109; SK-*Rudolphi*, § 24 Rn. 8 u. *Fischer*, § 24 Rn. 6; and. *Schroeder*, NStZ 2009, 9, 10: unverhältnismäßige Komplizierung, und B-*Weber/Mitsch*, § 27 Rn. 12 nach dem Bsp.; gegen *Schroeder Roxin*, NStZ 2009, 319. – Ebenso der „Aufbauhinweis" von *Meurer/Kahle/Dietmeier*, Übungskriminalität, S. 33; im Übungsfall auch *Rotsch*, Klausur 21, S. 313 f. u. 315; anders aber *Scheinfeld*, JuS 2002, 250 f.

[20] LK-*Lilie/Albrecht*, § 24 Rn. 65; *Kindhäuser*, AT, 32/7; *Kudlich*, JuS 1999, 349, 351: „nur objektiv-untauglicher Versuch"; krit. zur Terminologie *Frommeyer/Nowak*, JuS 2001, L 44, L 45.

[20a] Pro Tätersicht auch *Paeffgen*, 2011, S. 791, 805.

[21] SK-*Rudolphi*, § 24 Rn. 8; *Krey/Esser*, AT, Rn. 1272.

[22] *Ebert*, S. 134; S/S-*Eser*, § 24 Rn. 7.

[23] SK-*Rudolphi*, § 24 Rn. 8.

[23a] Eingehend zur Rspr. des RG und des BGH zum „fehlgeschlagenen Versuch" *Wörner*, 2009, S. 168–179 und 180–278. – Gegen eine eigenständige Figur des fehlgeschlagenen Versuchs *v. Heintschel-Heinegg*, ZStW 109 (1997), 36; *Otto*, JK 97, StGB § 24/24; *Stratenwerth/Kuhlen*, 11/78; sehr restriktiv auch *Wörner*, a. a. O. S. 289 ff.; abl. *Gössel*, GA 2012, 65,

Abgrenzung so verwendet, dass ein fehlgeschlagener Versuch jedenfalls dann nicht vorliege, wenn der Täter die Tat, wie er weiß, mit den bereits eingesetzten oder zur Hand liegenden Mitteln noch vollenden kann.[24] Nur wenn es dem Täter, wie er weiß, tatsächlich unmöglich ist, den Erfolg in unmittelbarem Fortgang des Geschehens noch herbeizuführen, ist sein Versuch fehlgeschlagen. So wird denn auch von der Rspr. positiv formuliert: „Der Versuch einer Straftat ist fehlgeschlagen, wenn der Täter ... erkennt, dass der Erfolg nicht eingetreten ist und mit nahe liegenden Mitteln ohne wesentliche Änderung des Tatplans und Begründung einer neuen Kausalkette auch nicht mehr verwirklicht werden kann" (BGH NStZ 2010, 690 m. Bspr. *Satzger,* JK 1/11, StGB § 24/41; ebenso BGH NStZ 2011, 629). Diese Entscheidungen betreffen allerdings nicht die hier zunächst herauszustellenden klaren Fälle des fehlgeschlagenen Versuchs.

b) Fehlschlag wegen Unmöglichkeit oder Sinnlosigkeit der Tatfortführung

13   Klare Fälle des fehlgeschlagenen Versuchs liegen vor, wenn der Täter die **Unerreichbarkeit** seines konkreten Handlungsziels erkannt hat.[25] Diese Unerreichbarkeit kann sich aus dem Fehlen des erwarteten Tatobjekts oder aus der Untauglichkeit der dem Täter zur Verfügung stehenden Tatmittel ergeben. Beispiele für das untaugliche Tatmittel sind die Bombe, die nicht zündet, und der Dietrich, mit dem diese Tür nicht zu öffnen ist. Beispiele für das fehlende Tatobjekt sind der Griff des Taschendiebs in die leere Tasche und der zwar „geknackte", aber leere Tresor.

14   Etwas „raffiniertere" Beispiele für das untaugliche Tatmittel sind der Einsatz dosierter Gewalt, der das Opfer nicht zu der vom Täter gewünschten Handlung bringt,[26] die Täuschung, die das Betrugsopfer durchschaut,[27] und das Fehlschlagen einer heimlichen Giftbeibringung, wenn das Opfer vor der Aufnahme des Giftes davon erfährt.[27a] Ein etwas „raffinierteres" Beispiel für das fehlende Tatobjekt ist das unerwartete Einverständnis des Opfers in den Gewahrsamswechsel an einer Sache, das die Wegnahme i. S. des § 242 ausschließt.[28] Ein Fall „rechtlicher" Unmöglichkeit liegt auch vor, wenn das Opfer nach dem „Vergewaltigungsversuch" (§§ 177 II, 22/23) in den Geschlechtsverkehr wirksam (sei es auch nur aus der Sicht des Täters) einwilligt, denn dann ist die für ein Aufgeben der weiteren Tatausführung erforderliche Wahlmöglichkeit, die Vergewaltigung zu vollenden oder aufzuhören, entfallen; die Begründung des BGH (St 39, 244 = *Roxin,* HRR AT, Fall 59, S. 84 f. u. 192 = Fall 4 bei *Kudlich,* JuS 1999, 240, 244), der Täter habe deshalb nicht aufgegeben,

---

71: überflüssig (u. a. wegen des Freiwilligkeitserfordernisses) u. Strafbarkeit ohne gesetzliche Grundlage.

[24] BGHSt 34, 56; 35, 94; 36, 224; 39, 221, 228; BGH NStZ 1989, 19; BGH bH MDR 1993, 1038; BGHStV 1994, 181; u. 1997, 128 mit Bspr. *Otto,* JK 97, StGB § 24/24; BGH NStZ-RR 2000, 41; BGH NStZ 2001, 171; BGH NJW 2003, 911; BGH NStZ-RR 2006, 168; BGH StraFo 2009, 519 m. Bspr. *Satzger,* JK 3/10, StGB § 24 II/40; BGH NStZ 2008, 215 u. 275 f. m. Bspr. *von Heintschel-Heinegg,* JA 2008, 545 (fehlgeschlagener Doppelselbstmordversuch). – Vgl. *Feltes,* GA 1992, 400; *Kudlich,* JuS 1999, 240, 242 u. LK-*Lilie/Albrecht,* § 24 Rn. 85.

[25] Vgl. auch zum Folgenden *Murmann,* GK, 28/110; *Roxin,* AT II, 30/85–93; LK-*Lilie/Albrecht,* § 24 Rn. 117–129; S/S-*Eser,* § 24 Rn. 9. – Aus der Rspr. vgl. BGH NStZ-RR 1997, 294. – Krit. *Wörner,* 2009, S. 293 f., die eine freiwillige Tataufgabe annimmt (S. 295).

[26] Vgl. SK-*Rudolphi,* § 24 Rn. 9. – Vgl. auch BGH NStZ 2000, 422 f.: Körperverletzungsversuch fehlgeschlagen, weil Opfer trotz Werfens eines „Molotow-Cocktails" in ein Café dieses nicht verlies und daher nicht an den geplanten Tatort für die Misshandlungen kommt.

[27] SK-*Rudolphi,* § 24 Rn. 10 u. *Fischer,* § 24 Rn. 10.

[27a] Fallbeispiel bei *Kudlich,* JuS 1997, L 69 u. L 71 f.

[28] S/S-*Eser,* § 24 Rn. 9: „rechtlich unmögliche" Tatbestandsverwirklichung.

weil er darauf bestanden habe, den Geschlechtsverkehr genau seinem Tatplan entsprechend durchzuführen, übersieht, dass der „bewilligte" und daher tatbestandslose Geschlechtsverkehr nicht als weitere Ausführung der (Vergewaltigungs-)Tat verstanden werden kann.[28a]

Eine weitere Fallgruppe stellt der Fehlschlag bei **sinnlos** gewordener Tat dar.[29] **15** Man spricht hier auch vom „Wegfall der Geschäftsgrundlage". Wer sich für einen bestimmten Zweck eine größere Summe durch Diebstahl verschaffen will, der hat sein Ziel verfehlt, wenn in der weggenommenen Handtasche wider Erwarten nur ein paar Mark sind.[30] Eine weitere Erfolg versprechende Tatausführung ist hier, wie der Täter erkennen muss, nicht mehr möglich. Dass er die paar Mark nehmen kann, ändert nichts daran, dass die Geschäftsgrundlage seiner Tat entfallen ist.[31] Dasselbe wird man in dem Fall annehmen können, in dem der Attentäter die schon zum tödlichen Schuss erhobene Pistole wieder senkt, als er erkennt, dass das anvisierte Opfer doch nicht der verhasste Politiker ist.[32] Sinnlos ist der Geschlechtsverkehr, den die zu vergewaltigende Frau freiwillig anbietet, ausnahmsweise dann, wenn der sadistische Täter nur im gewaltsam erzwungenen Beischlaf einen Sinn sieht.[33]

> Aus der **Übungsfall-Literatur** zum fehlgeschlagenen Versuch vgl.: *Beck,* ZJS 2010, 742 u. 746; *Ellbogen,* JuS 2002, 151 u. 153; *Fahl,* JuS 2001, 47 u. 48; *Gropengießer/Kohler,* Jura 2003, 277 u. 279 („sinnlos gewordener Tatplan"); *Gropp,* in: G/K/M, Fallsammlung, Fall 1, S. 1 f. u. 19; *Hertel,* Jura 2011, 391 u. 393 (Unmöglichkeit); *Jescheck,* Fälle, Fall 67 u. 68, S. 83–86; *Hardtung,* JuS 2006, 54 u. 56 f. (außertatbestandliche Sinnlosigkeit); *Ihring/Noak,* Jura 2007, 787 u. 788 (statt Geld nicht verwertbaren Schmuck vorgefunden); *Jäger,* Rn. 323 b, c: Fall 52 (BGH NStZ 2008, 393 [„Doppelopfer-Fall"] nachgebildet); *Kinzig/Linke,* JuS 2012, 229 u. 233 (Nötigungsopfer tot); *Kudlich,* AT-Fälle, Fall 7, S. 98 f. und in: JuS 1999, 243 f.: Fälle 3 und 4; *Kudlich,* PdW AT, Fälle 237–239; *Kühl/Kneba,* JA 2011, 426, 428; *Laubenthal,* JA 2004, 39 u. 41; *Langer,* Jura 2003, 135 u. 136; *Otto/Bosch,* Übungen, Fall 16, S. 348 (keine rechtliche Unmöglichkeit); *Rudolphi,* AT-Fälle, Fall 7, S. 77 u. 79 f.; *Safferling,* Jura 2004, 64 u. 65 („Sinnlosigkeit"); *Steinberg/Blumenthal,* ZJS 2011, 81 u. 82; *Tiedemann,* Anfängerübung, Fall 8, S. 202 u. 209 u. 211 f.; *W-Beulke,* Fall 19, Rn. 893 u. 894; *Wolters,* Fall 2 S. 27 f. u. 35 f. („Sinnlosigkeit"). – Vgl. auch *Hörnle,* Jura 2001, 44 u. 49 („Erfolg schon eingetreten") sowie *Rotsch,* Klausur 21, S. 313 f. u. 315 f. (Rücktritt bei Vorliegen eines error in persona; vgl. dazu auch *Roxin,* JuS 1981, 1). – **Formulierungshilfe** bei *Heinrich,* AT I, Rn. 776.

[28a] Zu BGHSt 39, 244 vgl. *Streng,* NStZ 1993, 582; *Bottke,* JZ 1994, 71; *Bauer,* MDR 1994, 134; *Vitt,* JR 1994, 199; *Heger,* StV 2010, 320, 321; *Scheinfeld,* 2006, S. 45 f. u. 131: Keine „Tatidentität"; *Paeffgen,* Fs. Puppe, 2011, S. 791, 808; *Ebert,* S. 134: „Zwangsverzicht"; *Krey/Esser,* AT, Rn. 1281; LK-*Lilie/Albrecht,* § 24 Rn. 136–139; NK-*Zaczyk,* § 24 Rn. 24 u. SSW-*Kudlich/Schuhr,* § 24 Rn. 26–28. – Vgl. aus der Rspr. noch BGHSt 7, 296 = *Roxin,* HRR AT, Fall 60, S. 86 f. u. 192 f.; BGHSt 9, 48 = *Roxin,* HRR AT, Fall 61, S. 87 ff. u. 193 f., als „Klassiker" aufbereitet von *Fahl,* JA 2003, 757; BGH NStZ 1988, 550; s. auch BGH NStZ-RR 2009, 230 zu § 176 I: „hätte wiederholen können".

[29] Vgl. *Kindhäuser,* AT, 32/6; *Murmann,* GK, 16/111; LK-*Lilie/Albrecht,* § 24 Rn. 130–135; S/S-*Eser,* § 24 Rn. 11; einschr. auf „zur Gänze" sinnlose Versuche *Heger,* StV 2010, 320, 321. – *Bauer,* wistra, 1992, 204, will den Begriff des „sinnlosen Versuchs" prägen und davon die Unmöglichkeitsfälle separieren.

[30] *Roxin,* JuS 1981, 3 f.; *Murmann,* 1999, S. 57 Fn. 182; NK-*Zaczyk,* § 24 Rn. 25 f.; SK-*Rudolphi,* § 24 Rn. 9. *Freund,* 9/25, nimmt auch hier „Unerreichbarkeit des konkreten Handlungsziels" an. – Aus der Rspr. vgl. BGHSt 4, 56 = *Roxin,* HRR AT, Fall 58, S. 82 f. u. 191 f.

[31] *Bauer,* wistra 1992, 202; anders *Feltes,* GA 1992, 409 f., da sonst die individuellen Motive über die Rücktrittsmöglichkeit entscheiden.

[32] Vgl. *Roxin,* JR 1986, 426; *W-Beulke,* Rn. 628; *Fischer,* § 24 Rn. 8; dagegen aber *Feltes,* GA 1992, 413: er gibt die Tat auf, egal warum; nach *Freund,* 9/26, fehlt allenfalls das „Freiwilligkeitserfordernis"; ebenso *Frister,* AT, 24/21. – Diff. zwischen unbeendetem und beendetem Versuch *Brand/Wostry,* GA 2008, 611, 619 und *Rengier,* AT, 37/23, 24.

[33] Vgl. *Bauer,* wistra 1992, 207.

c) Fehlschlag trotz Fortsetzungsmöglichkeit?

16   Der Bereich des fehlgeschlagenen Versuchs und damit der Bereich der strafbar verbleibenden Versuche würde sich erheblich erweitern, wenn auch in den Fällen ein Fehlschlag anzunehmen wäre, in denen der Täter noch eine Möglichkeit zum Weiterhandeln und zur erfolgreichen Vollendung der Tat sieht. Diese Fälle sind es auch, die bisher die Rechtsprechung zur (allerdings meist negativen) Verwendung der Rechtsfigur des fehlgeschlagenen Versuchs gebracht haben. Genauer geht es um Fälle, in denen der Täter zwar den Fehlschlag seines bisherigen Tuns erkennen muss, aber zugleich die **Möglichkeit** sieht, durch weitere gleichartige Akte (z. B. weitere Schüsse nach dem Fehlschuss) den Angriff **zu wiederholen** oder durch andere Akte (Würgen nach dem erfolglosen Versuch des Erstechens) **fortzusetzen.**[34]

17   Man könnte hier von einem nur **vorläufigen Fehlschlag** sprechen,[34a] weil der Täter eine Fortsetzungs- und Vollendungsmöglichkeit sieht, deren Verwirklichung aus dem Fehlschlag einen Erfolg werden ließe. Man könnte aber auch von einem **endgültigen Fehlschlag** sprechen, weil die dem Täter möglichen Wiederholungs- und Fortsetzungsakte nichts am endgültigen Scheitern seines bisherigen Tuns ändern. In der Bewertung der Situation als nur vorläufiger Fehlschlag käme dem Unterlassen möglicher Fortsetzungsakte die Bedeutung eines Verzichts auf die weitere Ausführung der Tat zu. In der Bewertung der Situation als endgültiger Fehlschlag käme dagegen dem Unterlassen möglicher weiterer Akte nur die Bedeutung eines Verzichts auf neue (Versuchs-)Taten zu.

18   Die **rücktrittsfreundliche** Lösung dieser Fälle auf der Grundlage der sog. **Gesamtbetrachtungslehre**[35] nimmt hier keinen fehlgeschlagenen Versuch an. Dagegen geht die sog. **Einzelaktstheorie**[36] trotz der vom Täter erkannten Fortsetzungsmöglichkeiten dann von einem fehlgeschlagenen Versuch aus, wenn der Täter „durch den (fehlgeschlagenen) Einzelakt das Handlungsgeschehen bereits in einer Weise aus der Hand gegeben hatte, dass er (im Falle des Gelingens) den Vollendungseintritt nicht mehr hätte hindern können."[37] Hat z. B. der Täter in Tötungsabsicht einen Schuss auf das Opfer abgegeben, der das Opfer knapp verfehlt, so hat er einen aus seiner Sicht erfolgstauglichen Versuch unternommen, der von ihm in seinen Auswirkungen

---

[34] Vgl. *Haft,* S. 246; NK-*Zaczyk,* § 24 Rn. 28; SK-*Rudolphi,* § 24 Rn. 11; S/S-*Eser,* § 24 Rn. 10. – Aus der Rspr. vgl. BGHSt 31, 170 = Bsp. bei *Jäger,* Rn. 314 [„Benzinguss-Fall"]: Würgen nach Anzündungsversuch; BGHSt 34, 53 = *Roxin,* HRR AT, Fall 67, S. 98 f. u. 197 f.: Würgen nach Anfahren; vgl. auch BGH NStZ 2009, 628 (m. Bspr. *Bosch,* JA 2009, 392 = Bsp. 2 bei *Jäger,* Rn. 314): Fahren gegen Baum nach Versuch des Erschießens, u. NStZ 2009, 688 m. krit. Bspr. *Bosch,* JA 2010, 70, 72: Messer zur Drohung eingesetzt und dabei nicht ausgeschlossen, es zum Zwecke der Verletzung einzusetzen.
[34a] Diese Terminologie übernimmt *Murmann,* 1999, S. 44 u. in: GK, 28/112.
[35] Aus der Rspr. BGHSt 34, 53 u. BGH NStZ 2007, 399. – Dieser Lösung zustimmend *Krey/Esser,* AT, Rn. 1277; *Stratenwerth/Kuhlen,* 11/77. – Vgl. zu deren Argumenten *Hillenkamp,* 18. AT-Problem, S. 134 f. Ergänzend: *Köhler,* S. 478 u. NK-*Zaczyk,* § 24 Rn. 14. – Krit. zur Gesamtbetrachtungslehre S/S-*Eser,* § 24 Rn. 18 a. – Eine modifizierte Gesamtbetrachtungslehre, wonach der Täter „eine objektiv oder subjektiv bestehende Gefährdung umkehren" muss, vertreten *Jäger,* Rn. 314 (u. schon *Jäger,* 1996, S. 123) u. *Roxin,* AT II, 30/197. – Eine sozialwissenschaftliche Erklärung der „Täterfreundlichkeit" des BGH unternimmt *Janke,* 2000, S. 105 ff.
[36] Auch „Isolierungstheorie" genannt, so von *Hillenkamp,* 18. AT-Problem, S. 130 f., wo auch die sieben wichtigsten Argumente dieser Theorie zusammengestellt sind; ergänzend *Paeffgen,* Fs. Puppe, 2011, S. 781, 793.
[37] S/S-*Eser,* § 24 Rn. 10; „treffend" nach *Bosch,* JA 2010, 70.

nicht mehr beherrschbar war. Man spricht dann von einem „absolut verselbständigten" Versuchsakt oder vom „nicht mehr revozierbaren Einzelakt."[38]

Für die Einordnung solcher Einzelakte als nicht rücktrittsfähige, fehlgeschlagene **19** Versuche spricht viel. Ein Täter, der sich so weit vorwagt, dass er es nur dem **Zufall** zu verdanken hat, wenn dem Opfer nichts passiert, hat Straffreiheit wohl kaum schon dann verdient, wenn er es nur nicht noch einmal versucht. Freilich darf schon nach der eindeutigen Regelung des § 24 I 1 Alt. 2 Strafbefreiung wegen aktiven Rücktritts vom beendeten Versuch nicht versagt werden, wenn der Täter durch seinen erfolgstauglichen und nicht mehr revozierbaren Einzelakt (durch den Pistolenschuss) das anvisierte Opfer schon verletzt hat.[39] Das aber hat zur Folge, dass der vorbeischießende Täter **schlechter gestellt** wird als derjenige, der sein Opfer immerhin verletzt und deshalb die Chance zum aktiven Rücktritt erhält. Schon diese Schlechterstellung weckt Zweifel an der Überzeugungskraft der Einzelaktstheorie.[40]

Die Überzeugungskraft der Einzelaktstheorie wird aber auch durch die Berück- **20** sichtigung von Erklärungen zum Grund der § 24-Strafbefreiung gemindert. Dies gilt vor allem für die Erklärung, die das Interesse des Opfers am Erhalt seiner durch den Versuchstäter gefährdeten Rechtsgüter hervorhebt. Auch wenn es nicht nachweisbar ist und obwohl es wenig wahrscheinlich ist, dass sich der Täter sagt, „wenn ich nach diesem Fehlschlag aufhöre, komme ich ungestraft aus dieser Situation heraus," so sollte man doch dem Opfer nicht die **Chance** nehmen, dass der Täter auf Grund solcher immerhin möglichen Überlegungen auf die Weiterführung der Tat verzichtet. Würde man Straffreiheit in solchen Fällen versagen, so setzte man das **Opfer** möglicherweise weiteren Gefahren aus,[41] weil der Täter auf den Gedanken kommen könnte, das Opfer als einzigen Zeugen seiner strafbaren Versuchstat zu beseitigen.

Stellt man freilich auf den Täter ab, so fällt es, wie gesagt, schwer, in dem Verzicht **21** auf weitere Versuche eine honorierungswürdige Leistung zu sehen. Er hat sich durch den erfolgstauglichen und nicht mehr revozierbaren Versuch als gefährlicher Täter erwiesen. Nur dem Zufall hat er es zu verdanken, dass das Opfer nicht, wie beabsichtigt, den Tod gefunden hat. Man könnte deshalb sogar vom **unverdienten Glück** eines Fehlschlags sprechen.[42] Doch reicht es für die Strafbefreiung wegen Rücktritts aus, dass auf Strafe wegen des fehlenden Strafbedürfnisses verzichtet werden kann. Ein zwingendes Strafbedürfnis ist aber auch in diesen Fällen wohl kaum zu begründen. Immerhin ist der Täter nach seinem Fehlschlag vom Weg des Verbrechens in die Legalität zurückgekehrt: er hat es nicht noch einmal versucht, das Opfer zu töten. Nicht erst die Strafe hat ihn zur **Umkehr** gebracht, sondern es war sein eigener Entschluss, von weiteren Ausführungsakten Abstand zu nehmen.[43] Der Einsatz von **Strafe** für den Fehlschlag erscheint deshalb **verzichtbar.** Auch das durch diesen gefährlichen Fehlschlag gewiss erheblich erschütterte Rechtsbewusstsein der Bevölke-

---

[38] Vgl. *Bergmann,* ZStW 100 (1988), 340, 344 u. 351; krit. *Otto,* Jura 2001, 341, 343.

[39] *Bergmann,* ZStW 100 (1988), 345 u. 352; S/S-*Eser,* § 24 Rn. 21.

[40] Vgl. *Roxin,* JuS 1981, 7; JR 1986, 425; *Schulz,* JA 1992, 35; krit. *Scheinfeld,* 2006, S. 110, der jeden erfolgstauglichen Einzelakt als eigenständige Gefahrschaffung ansieht und darauf hinweist, dass es sich bei der „Willensgefahr" eines weiteren Schusses um eine neue und abwendbare Gefahr handle.

[41] Vgl. zu dieser Opferperspektive *Otto,* Jura 1992, 428; *Heinrich,* AT I, Rn. 821 u. *Fischer,* § 24 Rn. 13; auch der BGH hebt auf den Schutz der Rechtsgüter des Opfers ab (NStZ 1986, 265); im Übungsfall *Stein/Schneider,* AL 2011, 45 u. 49.

[42] So BGH NStZ 1986, 265, der aber gleichwohl eine „honorierungsfähige Umkehrleistung" annimmt (bezugnehmend auf *Puppe,* NStZ 1986, 18); zu diesem „Gattinnenmörderfall" *Puppe,* AT 2, 36/20–27.

[43] Vgl. *Otto,* Jura 1992, 428.

rung scheint durch den Verzicht des Täters auf weitere Ausführungsakte zumindest soweit stabilisiert, dass eine Bestrafung des Versuchstäters auch im Hinblick auf das Vertrauen der Bevölkerung in die Geltungskraft des Rechts nicht zwingend geboten erscheint.

22   Das Bewusstsein des Täters, die Tat fortsetzen zu können, schließt demnach die Annahme eines fehlgeschlagenen Versuchs auch dann aus, wenn der erste Fehlschlag ein erfolgstauglicher und nicht mehr revozierbarer Versuch war. **Fehlgeschlagen** ist der Versuch vielmehr erst dann, wenn der Täter alle ihm bekannten Fortsetzungsmöglichkeiten erfolglos genutzt hat.[44] Fehlgeschlagen ist der Versuch erst recht dann, wenn dem Täter nach seiner Vorstellung nach dem Fehlschlag keine Möglichkeiten zur Verfügung stehen, um die Tatausführung Erfolg versprechend fortsetzen zu können.[45] Ob auch der Verzicht auf spätere (aber auch artverschiedene oder riskantere) Fortsetzungsmöglichkeiten der Annahme eines jetzt schon endgültig fehlgeschlagenen Versuchs entgegensteht, kann erst nach einer näheren Bestimmung der sog. Gesamtbetrachtungslehre entschieden werden, die bei der Behandlung des (auch vom beendeten Versuch abzugrenzenden) unbeendeten Versuchs sogleich erfolgt. Nicht fehlgeschlagen ist der Versuch, wenn der Täter irrig von seiner Beendigung ausgeht – er hält das Opfer durch die Schüsse für lebensgefährlich verletzt –, gleichzeitig aber erkennt, dass weitere Schüsse „aussichtslos" sind, weil sich das Opfer „inzwischen in Deckung gebracht" hat (zweifelnd BGH NStZ-RR 2000, 41 m. krit. Bspr. *Otto*, JK 00, StGB § 24/30, wo eine analoge Anwendung von § 24 I 2 erwogen wird; gegen Fehlschlag auch *Heger*, StV 2010, 320, 321). Der Opferschutz legitimiert auch eine Korrektur des Rücktrittshorizonts vom zunächst für fehlgeschlagen gehaltenen Versuch zum noch fortsetzbaren und umgekehrt.[45a]

Die Notwendigkeit, in der Rücktrittsprüfung zunächst einen fehlgeschlagenen Versuch wegen erkannter Fortsetzungsmöglichkeit abzulehnen, ergibt sich in zahlreichen **Übungsfällen.** Meist sind es – wie oben im Text – versuchte Körperverletzungs- oder Tötungsdelikte; so bei: *Alpmann/Schmidt*, AT 2, Fall 23, S. 125–130; *Bakowitz/Bülte*, StudZR 2010, 150 u. 160 ff.; *Beulke*, KK I, Fall 9 Rn. 300 u. 322; *Beulke*, KK III, Fall 4, Rn. 155 u. 172–174; *Bock*, JuS 2006, 603 u. 605; *Busch*, JuS 1993, 305 ff.; *Dessecker*, Jura 2000, 592, 597; *Dietmeier*, JuS 2007, 824 u. 827; *Dreher*, JuS 2005, 789 u. 792 f.; *Esser/Krickl*, JA 2008, 787 u. 790; *Grotenrath/Hillenkamp*, StudZR 2010, 438 u. 442 ff.; *Heghmanns/Kusnik*, AL 2010, 275 u. 278 f.; *Hertel*, Jura 2011, 391 u. 396; *Hinderer*, JuS 2009, 625 u. 627; *Hilgendorf*, KK I, Fall 12, Rn. 6–8 und Fall 15, Rn. 14–16; *Gössel*, Fälle, Fall 14, S. 229 f. u. 237–240; *Jäger*, Rn. 323, 323 a: Fall 51 (BGHSt 35, 184 nachgebildet) und Rn. 323 b, c: Fall 52 (BGH NStZ 2008, 393 [„Doppelopfer-Fall"] nachgebildet) und in: Jura 2008, 53 u. 56 f.; *Krack/Schwarzer*, JuS 2008, 140 u. 143; *Krahl*, JuS 2003, 57 u. 58; *Kudlich*, JuS 2001, L 53 u. L 55; *Krumdiek*, Jura 2009, 623 u. 630; *K/S/L*, Klausurtraining, Fall 1, S. 64 u. 69; *Kühl/Kneba*, JA 2011, 426 f. u. 428; *Langer*, Jura 2003, 135 u. 138; *Lotz*, JuS 2011, 982 u. 985; *Marxen*, Fall 22 a, S. 194 u. 197–199; *Meurer/Kahle/Dietmeier*, Übungskriminalität, Fall 3, S. 23 ff. u. 33 f.; *Mitsch*, Jura 1991, 373–375; *Murmann*, Jura-Sonderheft Examensklausurenkurs, S. 67 u. 71 f.; *Otto/Bosch*, Übungen, Fall 3, S. 98 f. und Fall 6, S. 145 f.; *Putzke*, ZJS 2011, 522 u. 524; *Rosenau/Klöhn*, Jura 2000, 427 u. 430; *Rotsch*, Klausur 21, S. 313 f. u. 315–317; *Rudolphi*, AT-Fälle, Fall 12, S. 134 u.

---

[44] SK-*Rudolphi*, § 24 Rn. 12 b; aus der Rspr.: BGH NStZ-RR 2005, 263 f. mit Bspr. *Puppe*, JR 2005, 383 u. *Scheinfeld*, NStZ 2006, 375, 378; BGH NStZ-RR 2006, 168 mit Bspr. *Bosch*, JA 2006, 330, 332 („wenig rücktrittsfreundlicher Standpunkt") u. *Satzger*, JK 3/06, StGB § 24/35; BGH NStZ 2009, 630 m. krit. Bspr. *Wörner*, NStZ 2010, 66 ff.

[45] *Otto*, Jura 1992, 425: Fall 4 in der 2. Alternative; *Jescheck/Weigend*, S. 543; W-*Beulke*, Rn. 628. – Aus Rspr. vgl. BGH NStZ 2001, 171: kein fehlgeschlagener § 258-Versuch durch den Strafverteidiger, wenn er davon ausgehen kann, den sich bisher Weigernden doch noch zur Flucht ins Ausland bewegen zu können.

[45a] *Heger*, StV 2010, 320, 321.

144–146; *Schuster,* Jura 2008, 228 u. 231; *Seier,* Anfängerklausur, Nr. 10, S. 115 u. 124; *Siebrecht,* JuS 1997, 1101 u. 1103; *Stein/Schneider,* AL 2011, 45 u. 49 f.; *Strauß,* Strafrecht, Fall 4, S. 43 u. 44 f.; *Valerius,* Klausur 10, S. 149 u. 151; *Vogel/Fad,* JuS 2002, 786 u. 787 f.; *Walter/Schneider,* JA 2008, 262 u. 263. – Dieselbe Problematik stellt sich aber auch bei Eigentums- und Vermögensdelikten, insb. beim zunächst fehlgeschlagenen, aber wiederholbaren Computerbetrug gem. § 263 a: *Mürbe,* Jura 1992, 324 u. 326 f.; *Stein,* JuS 1990, 914 u. 917; sowie beim Diebstahls- und Sachbeschädigungsversuch: *Eisenberg,* Jura 1987, 265 ff.; *Langer,* JuS 1987, 896 u. 898; beim Raubversuch: *Staudinger,* in: *Frister* (Hrsg.), Die strafrechtliche Klausur, Fall 2, S. 25 u. 32 f.; beim Erpressungsversuch: *Hartmann,* JA 1998, 946 u. 949, *Zieschang,* JuS 1999, 49 u. 50 und beim Versuch der räuberischen Erpressung: *Wolters,* Fall 4, S. 85 f. u. 108 f.

Häufig wird der fehlgeschlagene Versuch erst geprüft, wenn es um die Frage geht, ob der Täter die weitere Ausführung der Tat aufgegeben hat; vgl. die Übungsfälle nach Rn. 51.

2. Der unbeendete Versuch gem. § 24 I 1 Alt. 1

a) Die Abgrenzung des unbeendeten vom beendeten Versuch

Die Voraussetzungen für einen strafbefreienden Rücktritt sind weniger streng, **23** wenn der Täter sich noch im Stadium des unbeendeten Versuchs befindet.[45b] Er braucht dann nicht durch Gegenaktivitäten den drohenden Erfolgseintritt zu verhindern, sondern er muss nur die weitere Tatausführung aufgeben. Sind also im Sachverhalt keine erfolgsverhindernden Gegenaktivitäten des Versuchstäters geschildert, so kann er – falls nicht ein fehlgeschlagener Versuch vorliegt – durch sein **Nichtweiterhandeln** nur dann Straffreiheit erlangen, wenn sein Versuch noch unbeendet ist.

Für die Abgrenzung von unbeendetem und beendetem Versuch ist nicht auf die **24** objektive Entwicklung des Versuchsgeschehens, sondern auf die **Vorstellung** des Täters vom Verwirklichungsgrad seiner Tat abzustellen.[46]

Läuft die Tat so ab, wie es sich der Täter vorgestellt hat, so liegt ein **unbeendeter 25 Versuch** vor, solange der Täter noch nicht alles getan hat, was nach seiner Vorstellung zum Erfolgseintritt notwendig erscheint, er dies aber tun könnte. **Beendet** ist dagegen der Versuch erst, wenn der Täter davon ausgeht, alles bereits getan zu haben, was zum Erfolgseintritt notwendig ist. Ist der Täter nach seiner Vorstellung schon so weit in der Ausführung seines Tatplans vorangekommen, dass er den Erfolgseintritt nur noch abwarten muss, so liegt ein beendeter Versuch vor, von dem er nur dadurch straffreiend zurücktreten kann, dass er den Erfolgseintritt verhindert. Meint der Täter dagegen, noch weitere Handlungen vornehmen zu müssen, damit es überhaupt zu einem Erfolgseintritt kommen kann, so ist sein Versuch noch unbeendet, und es ist einleuchtend, dass es dann für einen strafbefreienden Rücktritt ausreicht, wenn er diese für den Erfolgseintritt noch erforderlichen Handlungen unterlässt.

So klar diese subjektive Abgrenzung (und so einleuchtend die unterschiedlichen **26** Anforderungen an das Rücktrittsverhalten)[46a] auch erscheint (erscheinen), ihre Leis-

---

[45b] Zur h. M. LK-*Lilie/Albrecht,* § 24 Rn. 140. – Eine Abgrenzung „nicht primär nach dem Stadium des Versuchs, sondern nach dem Stadium der Gefährdung des Opfers" will *Jäger,* 1996, S. 65, vornehmen.

[46] *Jescheck/Weigend,* S. 541; LK-*Lilie/Albrecht,* § 24 Rn. 96; S/S-*Eser,* § 24 Rn. 13. Einschränkend aber *Jäger,* 1996, S. 66 ff., der auch die objektive Gefährdung des Rechtsguts berücksichtigen will; für eine objektive Abgrenzung *Ostermeier,* StraFo 2008, 102, 103: „ob der Erfolg nach dem bisher Geleisteten ohne weiteres Zutun eintreten kann oder nicht".

[46a] Die Begrenzung der Aufgabevariante auf den unbeendeten Versuch abl. *Ostermeier,* StraFo 2008, 102, 106.

tungsfähigkeit ist begrenzt. Vor allem in Fällen, in denen die Tat nicht so verläuft, wie es sich der Täter vorgestellt hat. Steht er nun vor der Situation, sich mit dem Fehlschlag seiner bisherigen Ansätze abzufinden oder die Tat zu wiederholen bzw. fortzusetzen, so muss der **Zeitpunkt** festgelegt werden, in dem es auf die Vorstellungen des Täters vom Stand seiner Versuchstat ankommt.

27   Auch bezüglich dieses Zeitpunkts hat sich die sog. Gesamtbetrachtungslehre durchgesetzt, vollständig in der Rechtsprechung und weitgehend in der Literatur. Danach kommt es auf den sog. **Rücktrittshorizont** (auch sog. „Ausführungshorizont"[47] oder „Erkenntnishorizont"[47a]) und nicht auf die Planperspektive, d.h. die Vorstellung des Täters am Beginn seines Versuchs, an.[48] Entscheidend sind die Vorstellungen des Täters nach Abschluss der letzten (Versuchs-)Ausführungshandlung.[49] Ob sein bisheriges Verhalten noch fortführungsbedürftig ist oder ob es schon für den Erfolgseintritt ausreichend ist, kann der Täter erst beurteilen, wenn er das Ergebnis seines bisherigen Tuns sieht.

28   Dieser Rücktrittshorizont ermöglicht es, von einem unbeendeten Versuch auch dann auszugehen, wenn der Täter ursprünglich geplant hatte, z.B. mit einem Schuss sein Opfer töten zu können, dann aber feststellen muss, dass er das Opfer nur verletzt oder gar nicht getroffen hat. Hält er dann weitere Handlungen (z.B. Schüsse) für erforderlich, damit der Erfolg (der Tod des Opfers) eintritt, so ist er noch im Stadium des unbeendeten Versuchs. Dieser Lehre vom Rücktrittshorizont liegt die Auffassung zugrunde, dass die bisherige Ausführungshandlung und die nach der Vorstellung des Täters möglichen weiteren Ausführungshandlungen eine **natürliche Handlungseinheit** bilden oder zumindest in **engem zeitlich-räumlichen Zusammenhang** stehen.[50]

29   Der Rücktrittshorizont, d.h. die Vorstellung des Täters vom Entwicklungsgrad seiner Tat nach dem Abschluss der letzten Ausführungshandlung, ist auch entscheidend, wenn der Versuchstäter **erst nach mehreren Ausführungshandlungen** abbricht. So z.B. wenn er nach mehreren Schüssen auf das zu tötende Opfer erkennen muss, dass es überleben wird (BGH NStZ 2009, 628 m. Bspr. *Satzger,* JK 8/09, StGB § 24/39: vier Schüsse in Serie, ein weiterer zeitlich versetzt). Aber auch dann, wenn der Täter z.B. nach dem erfolglosen Versuch des Anzündens seiner mit Benzin übergossenen Frau begonnen hat, sie zu erwürgen;[51] oder wenn er z.B. nach dem erfolg-

---

[47] *Otto,* Jura 1992, 425 u. 2001, 341, 342f.; vgl. auch LK-*Lilie/Albrecht,* § 24 Rn. 162: „Rücktrittshorizont"; NK-*Zaczyk,* § 24 Rn. 12: „Rücktrittsperspektive"; *Kienapfel,* Strafrechtsfälle, S. 148: „Abbruchsperspektive".

[47a] Von BGH NStZ 2008, 393 und 2009, 688.

[48] Vgl. zum „Planungshorizont" S/S-*Eser,* § 24 Rn. 17.

[49] Vgl. aus der Rechtsprechung die grundlegende Entscheidung BGHSt 31, 170, vom 3. 1. 1982 = *Roxin,* HRR AT, Fall 64, S. 92f. u. 195f.; dieser folgend: BGHSt 33, 295, 299; 39, 221, 227; BGH StV 1992, 62; 1994, 181 u. 1996, 23; BGH NStZ-RR 1996, 195f. u. 1998, 9; BGH StV 1997, 128 mit Bspr. *Otto,* JK 97, StGB § 24/24; BGH StV 2003, 213, 214; BGH StraFo 2003, 206; BGH NStZ 2004, 324 mit Bspr. *Otto,* JK 1/05, StGB § 24/32; BGH NStZ 2005, 151f. u. 331f.; 2007, 265; BGH NStZ-RR 2006, 6; BGH NStZ-RR 2009, 42; BGH NStZ 2009, 25 u. 264, 266; BGH NStZ 2009, 630 m. Bspr. *Wörner,* NStZ 2010, 66, 69; BGH StraFo 2009, 519 m. Bspr. *Satzger,* JK 3/10, StGB § 24 II/40; BGH NStZ 2010, 384 u. 690 m. zust. Bspr. *Satzger,* JK 1/11, StGB § 24/41; BGH NStZ 2011, 35, 36 u. 90 sowie 209 m. zust. Bspr. *v. Heintschel-Heinegg,* JA 2011, 551f. – Krit. *Ostermeier,* StraFo 2008, 102, 103 f.

[50] Vgl. *Ebert,* S. 132; *Zieschang,* Rn. 549; vgl. auch BGHSt 40, 75, der auf einen „einheitlichen Lebensvorgang" abstellt (s. u. Fn. 52); ebenso *Jescheck/Weigend,* S. 542 u. NK-*Zaczyk,* § 24 Rn. 17; krit. aber *Murmann,* 1999, S. 44; auf eine „zeitlich-situative Einheit" hebt *Scheinfeld,* 2006, S. 7f. u. 144, ab.

[51] Vgl. BGH NStZ 1986, 264 („Benzingussfall"); ähnlich der „Flachmannfall" BGHSt 10, 129. Vgl. auch BGH NStZ 1999, 299 m. Bspr. *Eisele,* JA 1999, 922.

losen Versuch, seine Frau durch Herunterstürzen vom Balkon zu töten, und er es jetzt durch Schlagen ihres Kopfes auf die Platten des Gehwegs, auf den sie gestürzt war, versucht (selbst wenn der 1. Versuch „nur" mit bedingtem, der 2. hingegen mit direktem Tötungsvorsatz ausgeführt wurde; BGH NStZ 2007, 299, 300). Auch in diesen Fällen zeigt sich der Einfluss der Gesamtbetrachtungslehre, denn von ihr werden die bisherigen Ausführungshandlungen zu einer natürlichen Handlungseinheit zusammengefasst.[52] Von dieser auch sog. „**Rücktrittseinheit**"[53] kann der Täter durch Nichtfortsetzung des letzten Teilakts (z. B. des Würgens) mit strafbefreiender Wirkung auch hinsichtlich des früheren Teilakts (z. B. des Inbrandsetzens) zurücktreten.

Aus der **Übungsfall-Literatur** zum „Rücktrittshorizont" und zur „Rücktrittseinheit" vgl.: *Alpmann/Schmidt*, AT 2, Fall 23, S. 125–130 (mit Benzin übergießen, anzuzünden versuchen und dann Würgen; nach BGH NStZ 1986, 264); *Rudolphi*, AT-Fälle, Fall 12, S. 134 u. 144–146 (nach Schlag mit dem Knüppel auf Messerstiche übergegangen); *Busch*, JuS 1993, 305 ff. (nach dem Überfahren zum Würgen übergegangen = BGHSt 34, 53 [= *Roxin*, HRR AT, Fall 67, S. 98 f. u. 197 f.] nachgebildet); *Hertel*, Jura 2011, 391 u. 396; *Jäger*, Jura 2009, 53 u. 57; *Kudlich*, JuS 1999, 243: Fall 2 (nach Schuss auf den in der Badewanne liegenden Ehemann wirft die ihren Tötungsvorsatz weiter verfolgende Ehefrau den angeschalteten Föhn in die Badewanne; nachdem beides nicht zum Tod geführt hat, taucht sie den Kopf ihres Mannes unter Wasser); *Beulke*, KK I, Fall 9, Rn. 300 u. 323 f. (Überreichen ersten Wasserglases und Hingabe zweiten Wasserglases); *Kudlich*, JuS 1999, 350: Fall 6 und PdW AT, Fall 242 (jeweils zum Rücktrittshorizont); *Kühl/Kneba*, JA 2011, 426 f. u. 428; *Morgenstern*, JuS 2010, 146 u. 152; *Otto/Bosch*, Übungen, Fall 6, S. 146 f.; *Perron/Bott/Gutfleisch*, Jura 2006, 706 u. 712 („Versucheinheit"); *Seier*, Anfängerklausur, Nr. 10, S. 115 u. 124 (natürliche Handlungseinheit aus Schlag und Würgen); *Sternberg-Lieben*, JuS 1996, 137 u. 141 (nach Tätervorstellung kein „Umsteigen" von Schießen etwa auf Würgen möglich); *Uehling*, in: *Ebert* (Hrsg.), Fall 10, S. 11 u. 159–162 (nach „Scheitern des Faustschlags" zur „Gartenschaufel gegriffen"); *Valerius*, Klausur 10, S. 149 u. 153.

Eine genauere Bestimmung der Grenze zwischen noch unbeendetem und schon beendetem Versuch auf der Basis des Rücktrittshorizonts, d. h. den Vorstellungen des Täters nach Abschluss seines letzten Ausführungs-Teilakts, hat bei dem sog. Gefahrbewusstsein anzusetzen. Fehlt dem Täter dieses Gefahrbewusstsein, weil er meint, nach Abschluss seiner letzten Ausführungshandlung könne die für das Opfer vorgesehene Verletzung (z. B. der Tod) noch nicht eintreten, so liegt ein unbeendeter Versuch vor. Der Täter geht hier davon aus, dass er noch weitere Ausführungshandlungen vornehmen muss, damit das Opfer zu dem für ihn vorgesehenen Schaden kommt (sog. **Fortsetzungsbewusstsein**). Er muss davon überzeugt sein, dass der Erfolg ohne weiteres Zutun nicht eintreten wird.[53a] Dies setzt bei **gefährlichen Gewalthandlungen** mit bedingtem Tötungsvorsatz voraus, dass der Täter „nach Beendigung seiner Tathandlung den tödlichen Erfolg nicht (mehr) für möglich gehalten hat" (BGH NStZ 2011, 209). Von einem alsbaldigen Verbrennungstod können gering gebildete Jugendliche nicht ausgehen, weil die „dramatische Verschlechterung – für **Verbrennungsverletzungen** typisch –" nicht sogleich, sondern erst eintrat, als sie das im PKW mitgenommene Opfer bereits wieder abgesetzt hatten (BGH NStZ 2010, 690, 692 m.

30

---

[52] Vgl. *Kampermann* (o. Fn. 11), S. 215 f.; *Roxin*, JuS 1981, 7 f. So auch die Rspr., die allerdings in einer neueren Entscheidung einen „einheitlichen Lebensvorgang" voraussetzt, BGHSt 40, 75, 77 m. Anm. *Haft* NStZ 1994, 536. Kritisch zu dieser angeblichen Handlungseinheit *Schlüchter*, Fs. Baumann, 1992, S. 79 u. 85 f.

[53] *Ebert*, S. 133, spricht von „Versuchseinheit".

[53a] *Ebert*, S. 131 mit BGH NStZ 1984, 116; vgl. auch BGH NStZ-RR 2012, 105.

Bspr. *Satzger,* JK 1/11, StGB § 24/41). Nimmt er die ihm möglichen Ausführungshandlungen nicht vor, so ist er – unter noch zu präzisierenden Voraussetzungen – vom unbeendeten Versuch zurückgetreten.

31   Hat der Täter hingegen das sog. **Gefahrbewusstsein,**[54] so liegt ein beendeter Versuch vor. Ein solches Gefahrbewusstsein ist dann anzunehmen, wenn der Täter nach Abschluss seiner letzten Ausführungshandlung mit der nicht fern liegenden **Möglichkeit**[55] rechnet, dass das Opfer auch ohne weitere Ausführungshandlungen schon auf Grund der bisherigen Ausführungshandlungen den für ihn vorgesehenen Schaden erleidet.[56] Es reicht nicht, dass der Täter z. B. nach dem Messerstich damit rechnen musste, dass er das Opfer tödlich getroffen hat. Entscheidend ist vielmehr, dass er „die nahe liegende Möglichkeit erkannt hat, sein Opfer werde die Verletzung nicht überleben (vgl. BGHSt 33, 295, 300)".[57] Dabei braucht der Täter „weder die Gewissheit des Erfolgseintritts zu haben noch muss er den Tod" im Rücktrittshorizont „noch wollen oder billigen" (BGH NStZ 1999, 300 m. Bspr. *Stuckenberg,* JA 1999, 751); es wird also kein Fortdauern des Eventualvorsatzes, sondern weniger verlangt (so *Stuckenberg* a. a. O. S. 752). Der Versuch ist auch dann gegeben, wenn der Täter den Erfolgseintritt in Verkennung der tatsächlichen Ungeeignetheit der Handlung für möglich hält (BGH NStZ-RR 2006, 370 f. m. Bspr. *Jahn,* JuS 2006, 1135 f.). Beendeter Versuch soll nach der Rspr. auch dann vorliegen, wenn sich der Täter nach der letzten Ausführungshandlung überhaupt **keine Gedanken über die Tatfolgen gemacht** hat (BGHSt 40, 304).[57a] So etwa, wenn der Vater nach seinem Faustschlag auf den Hinterkopf seines zweijährigen Sohnes „mit dem Schlimmsten" rechnete und weder sehen noch wissen wollte, was er diesem angetan hatte (BGH NStZ-RR 2009, 239). Diese Begründung läuft zwar auf die Unterstellung eines

---

[54] Diesen Begriff verwenden z. B. auch *Heger,* StV 2010, 320, 322; W-*Beulke,* Rn. 633.

[55] Wie hier *Murmann,* GK, 28/137 Fn. 318; demgegenüber spricht W-*Beulke,* Rn. 633, von der „nahegerückten Möglichkeit"; vgl. auch LK-*Lilie/Albrecht,* § 24 Rn. 166 u. NK-*Zaczyk,* § 24 Rn. 39.

[56] Vgl. BGHSt 31, 173, mit instruktiver Besprechung von *Küper,* JZ 1983, 264; BGH NStZ 1999, 299 m. Bspr. *Eisele,* JA 1999, 922; BGH NStZ 2005, 90 f.; BGH NStZ-RR 2006, 101 f.

[57] So BGH NStZ 1992, 434; die zitierte Entscheidung BGHSt 33, 295 (sog. „Schläfenschussfall") = *Roxin,* HRR AT, Fall 66, S. 95 ff. u. 197 = Fall 53 bei *Jäger,* Rn. 324, 324 a = als „Kopfschussfall" bei *Puppe,* AT 2, 36/9–19 = Fall 1, S. 64 u. 68–71 bei *K/S/L,* Klausurtraining; dazu auch SSW-*Kudlich/Schuhr,* § 24 Rn. 37; außerdem BGH NStZ 2005, 263 mit Bspr. *Puppe,* JR 2005, 383, *Scheinfeld,* NStZ 2006, 375, 378 u. *Otto,* JK 12/05, StGB § 24/34. Weitergehend nimmt BGH NStZ 1993, 40, unbeendeten Versuch auch dann an, wenn der Täter die Ausführung abbricht, „bevor nach seiner Beurteilung der Eintritt des Erfolges sicher oder zumindest wahrscheinlich ist."

[57a] Ebenso BGH NStZ 2005, 90 f. u. 263 f. m. Bspr. *Otto,* JK 12/05, StGB § 24/40; BGH NStZ-RR 2006, 6 u. 101 f. sowie 2010, 371 m. krit. Bspr. *Brüning,* ZJS 2011, 93, 95–97; BGH NStZ 2011, 90; s. auch BGH NStZ 2011, 209 m. Bspr. *v. Heintschel-Heinegg,* JA 2011, 551. – Zur überwiegend kritischen Aufnahme hinsichtlich der Begründung von BGHSt 40, 304 vgl. die Besprechungen von *Hauf,* JR 1996, 29; *Heckler,* NJW 1996, 2490; *Murmann,* JuS 1996, 590; *Puppe,* NStZ 1995, 403; *Otto,* JK 95, StGB § 24/23; *Köhler,* S. 479 Fn. 84: „zutreffend"; *Krey/Esser,* AT, Rn. 1287: ist als Gleichgültigkeit zu verstehen und diese begründet wegen des Inkaufnehmens von beidem einen beendeten Versuch; nur i. Erg. zust. *Roxin,* HRR AT, S. 197 (Antwort 2 zu Fall 66); als Fall 5 auch bei *Kudlich,* JuS 1999, 349, 350; *Scheinfeld,* 2006, S. 66 f., kritisiert die im Vergleich zu den Denkzettelfällen [s. Rn. 41] inkonsequente Nichtberücksichtigung des Opferschutzgedankens. – Vgl. auch BGH NStZ 1999, 300 m. Bspr. *Stuckenberg,* JA 1999, 751, der zwar die Herabstufung der materiellen Anforderungen an einen beendeten Versuch wegen Beweisschwierigkeiten kritisiert, sich jedoch auch gegen die „Privilegierung des Tatsachenblinden" ausspricht. – Für beendeten Versuch *Wörner,* 2009, S. 228, 295.

nicht vorhandenen Gefahrbewusstseins hinaus, doch wird man einen beendeten Versuch deshalb annehmen können, weil der Täter dem Erfolgseintritt gleichgültig und tatsachenblind gegenübersteht und damit leichtfertig mit dem möglicherweise gefährdeten Rechtsgut des Opfers umgeht.

Geht der Täter nach Abschluss seiner letzten Ausführungshandlung irrig von der **32** nicht fern liegenden bzw. nahe liegenden Möglichkeit aus, der Erfolg werde eintreten, so kann er diese Fehlvorstellung in der Abbruchssituation **zu seinen Gunsten** noch **korrigieren**.[58] Erhebt sich also das vermeintlich tödlich getroffene Opfer, so kann sich der Täter durch dessen Verhalten dahin „belehren" lassen, dass er doch noch weitere Handlungen vornehmen muss, wenn der Erfolg (der Tod des Opfers) eintreten soll. Gelangt der Täter zu dieser neuen Einschätzung, so liegt noch ein unbeendeter Versuch vor.[59] Dies hat der BGH selbst in einem Fall angenommen, in dem die Tochter ihrem Vater mit Tötungsvorsatz einen Stich mit einem 25 cm langen Brotmesser (Klingenlänge 13 cm) „bis an das Heft in den Unterleib" stieß; obwohl T zunächst die tödliche Wirkung des (tatsächlich nicht tödlichen) Stiches für möglich gehalten habe, sei sie vom unbeendeten Versuch zurückgetreten, als sie erkannte, dass der Stich doch nicht tödlich war, und ihren Vater aus der Wohnung gehen ließ, obwohl sie „das Messer erneut hätte einsetzen können" (BGH NStZ 1999, 449 m. krit. Bspr. *Puppe*, JR 2000, 72, *Heuchemer*, JA-R 2001, 19 u. *Otto*, JK 00, StGB § 24/29). Dass T später äußerte, sie habe ihren Vater umgebracht, soll keine erneute Korrektur in Richtung auf beendeten Versuch bedeuten, weil der Versuch mit Vollzug des Rücktritts (= Gehenlassen des Vaters) abgeschlossen sei (krit. dazu *Otto* a.a.O.). Erkennt der Täter eines versuchten Raubes (§§ 249, 22/23), dass er entgegen seiner irrigen Vorstellung doch noch mehr für die Vollendung der Tat tun muss, dies aber ohne zeitliche Zäsur nicht erreichen kann, so liegt ein rücktrittsunfähiger fehlgeschlagener Versuch vor (BGH NStZ 2000, 531 f.). – Auch eine Korrektur **zum Nachteil des Täters,** der unmittelbar nach Ausführung der Tathandlung meinte, noch mehr für den Erfolg tun zu müssen (= unbeendeter Versuch), dann aber – unmittelbar bzw. kurz darauf und noch in der Tatsituation[59a] – die Möglichkeit sieht, dass schon sein bisheriges Tun den Erfolg

---

[58] BGHSt 39, 221, 228; BGH NJW 1993, 2125; BGHStV 1995, 462; BGH NStZ-RR 1997, 33 (auch wenn die tatsächliche Gefahr beim Rücktritt verkannt wird) BGH NStZ 1997, 593 [dazu *Puppe*, AT 2, 36, 37–44]; BGH NStZ-RR 2002, 73 f.; BGH NStZ 2005, 150 [m. Bspr. *Scheinfeld*, NStZ 2006, 375] u. 331 f. sowie 2007, 399 f.; BGH NStZ-RR 2008, 336; ebenso schon BGH NStZ 1993, 399 und BGHSt 36, 224 (= *Roxin*, HRR AT, Fall 68, S. 100 f. u. 198 f.) m. abl. Anm. *Ranft*, JZ 1989, 1128, der auf den unterbrochenen Tatvorsatz und die dadurch gesprengte Handlungseinheit hinweist, sowie BGH NStZ 1999, 299 m. insoweit zust. Bspr. *Eisele*, JA 1999, 922, 924. – Krit. *Ostermeier*, StraFo 2008, 102, 104: Etablierung eines „Umkehrhorizontes"; diff. danach, ob der Täter mit seiner Rücktrittsleistung schon begonnen hat oder nicht *Knörzer*, 2008, S. 282 ff., 377 f. (überzeugender Lösungsvorschlag nach *Bloy*, GA 2009, 442, 444).

[59] Diese Korrekturmöglichkeit wird in der Literatur weitgehend anerkannt, vgl. *Otto*, 19/57–60 sowie in: Jura 1992, 429 f. u. 2001, 341, 343 ff.; *Jäger*, Rn. 317; *Kindhäuser*, AT, 32/13: Fall 6; *Rengier*, AT, 37/36; *Roxin*, AT II, 30/163; LK-*Lilie/Albrecht*, § 24 Rn. 179; NK-*Zaczyk*, § 24 Rn. 42; SSW-*Kudlich/Schuhr*, § 24 Rn. 36; W-*Beulke*, Rn. 637; krit. aber *Ranft*, JZ 1989, 1128, und *Puppe*, JR 2000, 72, die das Abstellen „ausschließlich auf innerpsychische Tatsachen" kritisiert und aus „normativen Gründen" dem Täter eine gegenüber dem Opfer bestehende Garantenpflicht aus Ingerenz auferlegt, gewissenhaft zu prüfen, ob das Opfer in Gefahr ist; bei fahrlässiger/leichtfertiger Annahme einer Nichtgefährdung soll dann Rücktritt durch Nichtstun ausgeschlossen sein.

[59a] Ebenso *Heinrich*, BT I, Rn. 834 u. *Rengier*, AT, 37/36. – Anders *Otto*, 19/61 f. u. in: Jura 2001, 341, 345, der hier auf einen engen räumlichen und zeitlichen Zusammenhang verzich-

herbeiführen könnte (= beendeter Versuch), wird bei „fortbestehender Handlungsmöglichkeit" anerkannt (BGH NStZ 1998, 614 m. Bspr. *Jäger,* NStZ 1999, 608 f. u. *Otto,* JK 99, StGB § 24/26; BGH NStZ 2005, 263 [m. Anm. *Puppe,* JR 2005, 383]; 2010, 146 [dazu *Jäger,* Rn. 317]; BGH StraFo 2008, 212).[59b] Der Täter muss dann den Erfolgseintritt verhindern oder sich für den Fall, dass die Tat ohne sein Zutun nicht vollendet wird, um die Verhinderung der aus seiner Sicht noch möglichen Tatvollendung i. S. des § 24 I 2 ernsthaft bemühen (BGH a. a. O.). Letzteres ist nicht erforderlich, wenn das zwischenzeitliche Aufgeben des kurzfristig für unbeendet gehaltenen Versuchs nicht schon zur Strafbefreiung geführt hat (*Heger,* StV 2010, 320, 323 mit BGH StV 1999, 594 m. Anm. *Puppe,* JR 2000, 72; eine Unterlassungsstrafbarkeit erwägen *Krey/Esser,* Rn. 1287 Fn. 14).

> Aus der **Übungsfall-Literatur** zum Gefahrbewusstsein und zur Korrekturmöglichkeit vgl.: *Blei,* PdW AT, Fall 241: „An der Grenze von beendetem und unbeendetem Versuch" (= BGHSt 36, 224); *Gössel,* Fälle, Fall 14, S. 229 f. u. 237–240; *Hirschmann,* Jura, 2001, 711 u. 712 („Korrektur des Rücktrittshorizonts"); *Kudlich,* PdW AT, Fall 241 (gar keine Gedanken gemacht = BGHSt 40, 304); *Lettl,* JuS 1998, L 83 f.: Fall 3; *Meurer/Kahle/Dietmeier,* Übungskriminalität, Fall 8, S. 165 f. u. 181 (gar keine Gedanken gemacht); *Otto/Bosch,* Übungen, Fall 3, S. 99; *Rudolphi,* AT-Fälle, Fall 12, S. 134 u. 142; *Vogel/Fad,* JuS 2002, 786 u. 788 (beendeter Versuch); *Wolters,* Fall 1, S. 1 f. u. 8 (beendeter Versuch).

33 Die Gesamtbetrachtungslehre und die Umstellung von der Planperspektive zum Rücktrittshorizont führen damit zu einer rücktrittsfreundlichen Auslegung des § 24;[60] – für viele, insbesondere die Vertreter der Einzelaktstheorie, zu einer zu rücktrittsfreundlichen Auslegung. Die **Kritik** an der Gesamtbetrachtungslehre entzündet sich vor allem daran, dass sie den umsichtigen und auch den skrupellosen Täter bevorzuge.[61] Die „Bevorzugung" des skrupellosen Täters, der sich mit seinem Angriffsverhalten schon so weit vorgewagt hat, dass er es nur noch dem Zufall zu verdanken hat, wenn dem Opfer nichts oder weniger als vorgesehen geschieht, ist schon beim fehlgeschlagenen Versuch „gerechtfertigt" worden (Opferschutzinteresse und präventiv nicht zwingend gebotener Einsatz von Strafe).

34 Die „Bevorzugung" desjenigen, der alle Eventualitäten im Tatablauf berücksichtigt und sich für alle Fälle eine Fortsetzungsmöglichkeit ausdenkt, ist nicht zu bestreiten, denn er kann beliebig viele Ausführungshandlungen durchführen und erlangt dennoch Straffreiheit für alle seine Ansätze, wenn er nur die letzte Ausführungshandlung in dem Bewusstsein abbricht, die Tat doch noch vollenden zu können.[62] Eine „Bevorzugung" dieses Täters ist aber bei einer vom Gesetz vorgegebenen subjektiven Abgrenzung der Versuchsarten nicht ganz zu vermeiden. Das gilt weitgehend auch für die Möglichkeit, die Strafbefreiung wegen Rücktritts durch bestimmte Einlassungen („ich hätte das Opfer auch noch erwürgen können, nachdem mein Messerstich nicht tödlich war") zu manipulieren.

---

ten will und dem Täter bis zu „Gefahrrealisierung" Zeit lassen will, „über den Rücktritt nachzudenken"; ebenso NK-*Zaczyk,* § 24 Rn. 42.

[59b] *Heinrich,* AT I, Rn. 833; *Jäger,* Rn. 317; *Roxin,* AT II, 30/164; LK-*Lilie/Albrecht,* § 24 Rn. 181; zu dieser Entscheidung vgl. auch *Knörzer,* 2008, S. 327 f. u. *Heger,* StV 2010, 320, 323. – Zu den zeitlichen Grenzen vgl. BGH NStZ 2005, 150 u. 151 f.

[60] Nach *Schlüchter,* Fs. Baumann, 1992, S. 71 ff., 87, handelt es sich um Analogie zugunsten des Täters.

[61] Vgl. zu diesen und weiteren Vorwürfen *Otto,* Jura 1992, 428; *Schulz,* JA 1992, 36; S/S-*Eser,* § 24 Rn. 18 a. – Vermittelnd zwischen Gesamtbetrachtungslehre und Einzelaktstheorie *Jäger,* 1996, S. 122–126, der eine „modifizierte Gesamtbetrachtungslehre" entwickelt.

[62] Vgl. die Kritik bei S/S-*Eser,* § 24 Rn. 18 a; dagegen vgl. *Roxin,* JR 1986, 425.

Die Gesamtbetrachtungslehre kann die Kritik aber weitgehend dadurch entkräf- 35
ten, dass sie die **Grenzen der Gesamtbetrachtung** deutlicher und enger, als bisher geschehen, zieht. Hier ist zunächst die **zeitlich-räumliche Grenze** genauer zu betrachten. Eine den Rücktritt ermöglichende Fortsetzungsmöglichkeit ist nur dann
gegeben, wenn sie sich zusammen mit den bisherigen Ausführungsakten als eine
„Einheit"[63] darstellen würde. Dies setzt voraus, dass das Verhalten, das sich der Täter vorbehält, mit dem bisherigen Geschehen in einem engen zeitlich-räumlichen
Zusammenhang steht.[64] Es muss sich also um Fortsetzungsmöglichkeiten handeln,
die im „unmittelbaren Anschluss"[65] an die letzte ausgeführte Handlung vorgenommen werden könnten. Liegt dagegen zwischen der letzten Ausführungshandlung
und dem geplanten Fortsetzungsakt eine „zeitliche Zäsur",[66] so fehlt es an der von
der Gesamtbetrachtungslehre geforderten Einheit. Der ausgeführte Versuch ist dann
mangels sofortiger Fortsetzungsmöglichkeit fehlgeschlagen. Vollendungsmöglichkei-
ten, die nur noch mit zeitlicher Verzögerung[67] ergriffen werden könnten, verlängern
die Rücktrittsmöglichkeiten nicht. Muss z. B. der Täter nach der letzten Ausführungshandlung den Tatort verlassen, um andere Tatmittel zu besorgen oder zu einem späteren Zeitpunkt neu anzusetzen,[68] so ist dieser geplante Neuansatz keine
mögliche Fortsetzung des bisherigen Geschehens.

> Aus der **Übungsfall-Literatur** zur zeitlich-räumlichen Grenze vgl.: *Stein*, JuS 1990, 914 u.
> 917 (mögliche weitere Abhebungsversuche gem. § 263 a in engem zeitlichen und räumlichen
> Zusammenhang).

Eine weitere Begrenzung der Gesamtbetrachtungslehre würde sich dann ergeben, 36
wenn man nur solche Fortsetzungsmöglichkeiten als einheitsstiftende anerkennen
würde, die mit den bisherigen Ausführungsakten **artgleich** sind.[69] Also z. B. ein weiterer Schuss nach den erfolglos ausgeführten Schüssen, nicht aber z. B. Würgen nach
dem erfolglos ausgeführten Messerstich. Dies ist schon vom Ergebnis her wenig einleuchtend,[70] denn der Versuch des Täters, der das Tatmittel wechseln könnte, darauf
aber trotz einer realistischen Vollendungschance verzichtet, wäre dann ein fehlgeschlagener Versuch. Zurücktreten könnte nur der Täter, der auf die Wiederholung
des Versuchs mit artgleichen Tatmitteln verzichtet. Damit wäre ein sehr formales
Kriterium für die Straffreiheit entscheidend und die Bedeutung des Tatmittels für die
Tatausführung überschätzt.[70a] Die Rechtsprechung hat denn auch den Verzicht auf

---

[63] *Otto*, Jura 1992, 425. *Mitsch*, Jura 1991, 375, fordert einen engen Zusammenhang zwischen beiden Aktionen (Identität von Opfer, Tatwerkzeug, Tatort und Tatzeit). – Ähnlich die
neueste Rspr., die einen „einheitlichen Lebensvorgang" verlangt; vgl. etwa BGHSt 40, 77; BGH
NStZ 1996, 96.
[64] Vgl. *Lackner/Kühl*, § 24 Rn. 6, mit Nachweisen aus der Literatur.
[65] So *Roxin*, JR 1986, 426; *W-Beulke*, Rn. 629; ähnlich *Murmann*, 1999, S. 47, nach dem
der Täter zur weiteren Handlung unmittelbar angesetzt (§ 22) haben muss. Aus der Rspr. vgl.
BGH NStZ 1993, 40: unmittelbare Fortsetzung.
[66] Vgl. BGHSt 35, 90, m. Anm. *Rengier*, JZ 1989, 933; sowie schon BGHSt 34, 57, BGH
NStZ 1986, 265: „ohne tatbestandlich relevante Zäsur"; s. auch BGH StV 1994, 181 u. BGH
NStZ 2009, 688 m. Bspr. *Bosch*, JA 2010, 70.
[67] So SK-*Rudolphi*, § 24 Rn. 12 b. Vgl. BGH NStZ 1993, 40: sofort einsetzbare Mittel.
[68] *Feltes*, GA 1992, 404; diff. *Freund*, 9/36 Fn. 42.
[69] So *Ranft*, Jura 1987, 534, u. ders., in: JZ 1989, 1129; ähnlich *Schlüchter*, Fs. Baumann,
1992, S. 86.
[70] Vgl. die Kritik an dieser Begrenzung bei *Rengier*, JZ 1988, 932; *Feltes*, GA 1992, 405;
Schulz, JA 1992, 37; *Murmann*, 1999, S. 47; *Engländer*, JZ 2012, 130, 132; *Freund*, 9/37 u.
Heinrich, AT I, Rn. 825.
[70a] Zust. *Roxin*, AT II, 30/209.

den Einsatz verschiedenartiger Tatmittel, wenn sie dem Täter in der Situation nur zur Hand waren, als honorierungsfähige Umkehrleistung anerkannt.[71]

> Aus der **Übungsfall-Literatur** zum „artgleichen" Mittel vgl.: *Samson,* Strafrecht I, Fall 35, S. 173 u. 176 (nach Schlag mit der Flasche an Würgen gedacht); Bsp. bei *Engländer,* JZ 2012, 130, 132: nach Verschießen der letzten Patrone noch Erstechen mit einem mitgeführten Messer möglich.

37   Die Begrenzung hinsichtlich der für die Tatfortführung vorgesehenen Tatmittel könnte aber durch das Erfordernis des **gleichermaßen geeigneten Tatmittels** erfolgen. Dann schieden Fortsetzungsmöglichkeiten als einheitsstiftende aus, die den Einsatz eines riskanteren Tatmittels beinhalten würden. So z. B. wenn der erfolglose Versuch des vorsichtigen Täters, sein Opfer mit einem schwer nachweisbaren Gift zu töten, nur durch den Einsatz des zufällig neben ihm liegenden Brotmessers zum tödlichen Erfolg hin fortgeführt werden könnte.[72] Verzichtet hier der Täter auf den Einsatz des Brotmessers, so ist dennoch ein fehlgeschlagener Versuch (durch den erfolglosen Einsatz des Giftes) anzunehmen, da dieses Mittel die Einheitlichkeit des heimlichen Geschehens sprengen würde.[73] Die Qualifizierung der Tat als heimliches Geschehen setzt freilich voraus, dass man den ursprünglichen Tatplan des Täters doch mitberücksichtigt, obwohl auch der Einsatz eines schwer nachweisbaren Giftes schon für ein heimliches Geschehen spricht.[74]

38   Eine weitere Begrenzung der Fortsetzungsfähigkeit des Versuchs ergibt sich, wenn man solche Fortsetzungsmöglichkeiten ausscheidet, die vom Täter „eine neue, anders motivierte Entschließung" erfordern würden. Dies ist in den sog. **dolus eventualis-Versuchsfällen** – auch „Denkzettelkonstellationen" genannt (*Bott,* Jura 2008, 753) – der Fall, in denen der Täter nach der letzten Ausführungshandlung sein **Primärziel für erreicht** hält und deshalb keinen Grund mehr sieht, den noch nicht vollendeten Tatbestand noch zu verwirklichen. Würde sich dieser Täter doch noch zur Vollendung des Delikts entschließen, so wäre das eine „neue, anders motivierte Entschließung."

39   Wer z. B. auf dem Rückzug von einem Raubüberfall seine Verfolger durch einen gezielten Schuss abschütteln will, mit dessen möglicherweise tödlicher Wirkung er sich abfindet, der hat seinen Plan schon dann erfolgreich verwirklicht, wenn die von dem Schuss nicht tödlich getroffenen Verfolger sich zurückziehen.[74a] Auch wenn der Täter hier noch weitere Erfolg versprechende Schüsse für möglich hält, so ist der „Verzicht" auf sie keine honorierungsfähige Umkehrleistung, denn er verzichtet ja nicht auf etwas, was er geplant hatte.[75] Würde der Täter jetzt trotz der erfolgreichen Abschreckung der Verfolger diese auch noch töten wollen, so

---

[71] BGHSt 34, 57; 35, 94; 40, 75, 77; BGH NStZ 1986, 264; BGHStV 1987, 529; 1989, 246; BGH NStZ 2006, 685; 2007, 399 u. 2009, 688, 689 m. Bspr. *Bosch,* JA 2010, 70.

[72] Beispiel 2 bei *Hillenkamp,* 18. AT-Problem, S. 138; vgl. zum Fall auch schon *Kühl,* JuS 1981, 195.

[73] Vgl. zu dieser Lösung mit weiteren Begründungen SK-*Rudolphi,* § 24 Rn. 14; *Schulz,* JA 1992, 37; *Rengier,* JZ 1988, 933; kritisch aber *Feltes,* GA 1992, 406.

[74] Vgl. auch *Schlüchter,* Fs. Baumann, 1992, S. 86, mit dem Überfahr-Fall des BGHSt 34, 53, als Beispiel: das auf Nähe angelegte nachfolgende Würgen sei risikoreicher als das auf Ferne angelegte Überfahren.

[74a] Ähnlicher Fall bei *Kindhäuser,* § 24 Rn. 22 u. *Scheinfeld,* 2006, S. 125: Fall (2); vgl. auch BGH NStZ 1990, 77.

[75] *Lackner/Kühl,* § 24 Rn. 12; zu dieser Argumentation vgl. auch *Ebert,* S. 138 u. *Scheinfeld,* JuS 2002, 250, 253.

wäre das nicht die Fortsetzung der bisherigen (Versuchs-)Tat, sondern der Beginn der neuen Tat: Schießen auf Nicht-Verfolger.[75a]

Anders als beim fehlgeschlagenen Versuch ist hier die **Aufgabe** der weiteren Tat- **40** ausführung nicht deshalb **unmöglich**, weil infolge des erkannten Fehlschlags die Tat für den Täter nicht mehr vollendbar ist, sondern deshalb, weil der Täter sein Tatziel seinem Tatplan entsprechend erreicht hat.[76] Dass der mit direktem Tötungsvorsatz handelnde Täter weitergehende Rücktrittsmöglichkeiten als der mit bedingtem Vorsatz handelnde Täter hat, ist keine Benachteiligung, die der Gesamtbetrachtungslehre angelastet werden könnte, sondern als eine aus der Grundstruktur des Rücktrittsprivilegs hervorgehende Folgerung hinzunehmen.[77]

Auch die **Rechtsprechung** ist – wenn auch nicht einheitlich – davon ausgegangen, **41** dass ein strafbefreiender Rücktritt durch Nichtweiterhandeln dann nicht möglich ist, wenn der Täter sein außertatbestandsmäßiges Handlungsziel erreicht hat.[78] Inzwischen hat sich aber durch die Entscheidung des Großen Senats in Strafsachen vom 19. 5. 1993 (BGHSt 39, 221 m. abl. Anm. *Roxin*, JZ 1993, 896 = *Roxin*, HRR AT, Fall 69, S. 101 ff. u. 199; krit. *Puppe*, AT 2, 36/28–36; als „Klassiker" aufbereitet von *Beckemper*, JA 2003, 203 u. von *Hoffmann-Holland*, Rn. 702), der dem vorlegenden 1. Strafsenat (BGH NJW 1993, 943, m. krit. Bspr. *Puppe*, JZ 1993, 361 u. *Streng*, NStZ 1993, 257) folgt, eine **rücktrittsfreundliche Sicht** durchgesetzt.[78a] Die Tat, durch deren Aufgabe der Täter Strafbefreiung wegen Rücktritts vom unbeendeten Versuch erlangen kann, soll nur „die Tat im sachlich-rechtlichen Sinne, also die in den gesetzlichen Straftatbeständen umschriebene tatbestandsmäßige Handlung und der tatbestandsmäßige Erfolg sein." Diese formale Sicht wird den bei Versuch und Rücktritt maßgeblichen Vorstellungen des Täters von seiner Tat nicht gerecht (ebenso *von Heintschel-Heinegg*, JA 2008, 545, 546 f.). Eher lässt sich schon der „Gesichtspunkt des Opferschutzes" als Begründung für die Erweiterung

---

[75a] *Scheinfeld*, 2006, S. 126: mangels „Unrechtsidentität" nicht dieselbe „Tat" i. S. des § 24 I 1.

[76] Vgl. *Otto*, Jura 1992, 430; *Rudolphi*, JZ 1991, 525 ff.; *Schall*, Jura 1990, 626 ff.; *Puppe*, NStZ 1990, 433; *Köhler*, S. 479; *Roxin*, AT II, 30/58–65; NK-*Zaczyk*, § 24 Rn. 53; W-*Beulke*, Rn. 635; *Freund*, 9/40; ebenso *Fischer*, § 24 Rn. 9, der aber dennoch eine Rücktrittsmöglichkeit befürwortet. – Für eine Freiwilligkeitslösung *Streng*, JZ 1990, 214; *Greeve*, Zielerreichung beim Eventualversuch ..., 2000, S. 170 ff., 237 ff.; *Amelung*, ZStW 120 (2008), 205, 239 ff. u. *Frister*, AT, 24/35. – Gegen die Annahme eines Rücktritts in Fällen der Zielerreichung auch *Jäger*, 1996, S. 54, 80 u. 114–122, der aber auch dolus eventualis-Fälle kennt, bei denen der „Sinnwegfall" die Unfreiwilligkeit des Rücktritts bewirkt; jetzt auch für die Regelfälle *Jäger*, ZStW 112 (2000), 783, 808 u. *Jäger*, Rn. 318: „keine Rückkehr in die Legalität".

[77] Vgl. näher *Puppe*, NStZ 1990, 433 f.; *Schall*, JuS 1990, 627 f.; *Streng*, JZ 1990, 213 f.; *Scheinfeld*, 2006, S. 129 sowie *Otto*, 19/32; *Otto*, Jura 1992, 427; *Weinhold*, 1990, S. 47. Kritisch aber *Herzberg*, NJW 1988, 1559, 1564, JuS 1990, 276 [aufgegeben in: MK § 24 Rn. 103]; *Pahlke*, 1993, S. 159; *Schroth*, GA 1997, 156.

[78] So z. B. BGH NStZ 1990, 77; 1991, 127; 1992, 537.

[78a] S. BGH NStZ 1995, 121, m. nur im Erg. zust. Bspr. *Puppe*, NStZ 1995, 403; BGH NStZ-RR 1999, 134; BGH NStZ 2006, 685 m. Bspr. *Satzger*, JK 5/07, StGB § 24/36 u. *Jäger*, Rn. 318; BGH NStZ 2007, 399 f. = *Jäger*, Rn. 324 a u. b: Fall 64; BGH NStZ 2008, 275 m. krit. Bspr. *von Heintschel-Heinegg*, JA 2008, 545; BGH NStZ 2009, 86 (Bsp. bei *Fischer*, § 24 Rn. 9); BGH NStZ-RR 2010, 371 m. zust. Bspr. *Brüning*, ZJS 2011, 93, 95; BGH NStZ 2011, 90 u. 629; anders aber BGH NStZ 1994, 493 m. zust. Bspr. *Otto*, JK 95, StGB § 24/22; der Rspr. zust. etwa *Bott*, Jura 2008, 753; *Wörner*, 2009, S. 214, 225 u. 295; *Rengier*, AT, 37/62; W-*Beulke*, AT, Rn. 635; *Zieschang*, Rn. 555–557; LK-*Lilie/Albrecht*, § 24 Rn. 190–195; SSW-*Kudlich/Schuhr*, § 24 Rn. 61–71.

der Rücktrittsmöglichkeit hören,[78b] doch ist die Fallgruppe der sog. dolus eventualis-Versuchsfälle gerade dadurch definiert, dass der Täter sein Primärziel erreicht hat, d. h. aber, dass er keine weiteren, das Opfer (z. B. den Verfolger, der von der Verfolgung abgelassen hat) gefährdenden Handlungen mehr vornehmen muss.[78c] Entscheidend aber ist, dass es an einem Aufgeben der Tatausführung fehlt, wenn die weitere Tatausführung deshalb sinnlos ist, weil die Verfolger sich zurückgezogen haben (s. u. Rn. 50). Das mag in Fällen, in denen der Täter dem Opfer mit dem Tötungsversuch nur einen „Denkzettel" verpassen will, dann anders sein, wenn nicht sicher ist, ob der Tötungsversuch auch wirklich als „Denkzettel" gewirkt hat, denn dann steht er noch vor der Wahl, aufzugeben oder die Tat zu vollenden.[78d]

> Vgl. aus der **Übungsfall-Literatur** zu diesen „dolus eventualis-Fällen": *Alpmann/Schmidt*, AT 2, Fall 24, S. 131–134 („Denkzettel"-Fall nach BGHStV 1989, 247); *Bakowitz/Bülte*, StudZR 2010, 150 u. 163–167 („Opferschutz"); *Beulke* KK I, Fall 10, S. 325 u. 332–334; *Bock*, JuS 2006, 603 u. 606 („Denkzettel"); *Frank*, Jura 2006, 783 u. 788; *Hardtung*, JuS 2006, 54 u. 56 f. (außertatbestandliche Sinnlosigkeit); *Grotenrath/Hillenkamp*, StudZR 2010, 438 u. 444 f.; *Hilgendorf*, KK I, Fall 12, Rn. 11–13; *Hillenkamp*, 18. AT-Problem, Bsp. 3, S. 138 f. (BGHSt 39, 221); *Krell*, Jura 2012, 150 u. 154; *Krey/Esser*, AT, Fall 157, Rn. 1289–1294 („Der gelungene Denkzettel"; BGHSt 39, 211 nachgebildet und zustimmend); *Kudlich*, JuS 1999, 353 f.: Fall 10 u. PdW AT, Fall 249 (jeweils „Denkzettel"-Fall nach BGHSt 39, 221) sowie Fall 11, S. 354 f. („Verfolger"-Fall); *Kühl/Schramm*, JuS 2003, 681 u. 684 („Verfolger"-Fall); *Lettl*, JuS 1998, L 83: Fall 2; *v. Lewinski*, JuS 2006, 431 u. 432 („Denkzettel"); *Morgenstern*, JuS 2010, 146 u. 152 f. (Freiwilligkeitslösung); *Otto/Bosch*, Übungen, Fall 6, S. 148 f. („gehörige Lektion erteilt"); *Perron/Bott/Gutfleisch*, Jura 2006, 706 u. 712 („Denkzettel"); *Rotsch*, JuS 2002, 887 f. u. 890 f.; *Schütze*, in: *Ebert* (Hrsg.), Fall 4, S. 4 f. u. 74 f. („freiwillig"); *Schuster*, Jura 2008, 228 u. 231; *Stein/Schneider*, AL 2011, 45 u. 49 f. (Tat- oder Freiwilligkeitslösung); *Tiedemann*, Anfängerübung, Fall 8, S. 202 u. 212; *Valerius*, Klausur 10, S. 149 u. 153; *Walter/Schneider*, JA 2008, 262 u. 263 f. (der Rspr. folgend). – **Aufbauhinweis:** auch wenn – wie hier – der Versuch wegen Zielerreichung für rücktrittsunfähig betrachtet wird, sollte die Problemerörterung nicht wie beim fehlgeschlagenen Versuch vorab erfolgen (s. o. Rn. 3a), sondern bei der Abgrenzung von unbeendetem und beendetem Versuch „verortet" werden (ebenso *Kudlich*, JuS 1999, 349, 354 u. *Kühl/Schramm*, JuS 2003, 681 u. 684).

b) Das Aufgeben der weiteren Ausführung der Tat i. S. des § 24 I 1 Alt. 1

aa) Das Aufgeben der Tat

42　　Eine Tat gibt auf, wer auf Grund eines (Gegen-)Entschlusses von ihr Abstand nimmt. Häufig wird ein **endgültiges** Abstandnehmen von der Tat verlangt (BGHSt 7, 296, 297). Das ist insofern richtig, als von einem Tataufgeben dann nicht die Rede sein kann, wenn der Täter in der Tatausführung **nur vorübergehend** innehält (BGH NStZ 2009, 501 [m. Bspr. *Hecker*, JuS 2010, 79] u. 2010, 384)[78e] oder die weitere Tatausführung bloß kurzfristig aufschiebt. Sollen nach seiner Vorstellung die bisher von ihm erbrachten Teilausführungsakte wirksam bleiben und will er an das schon Geleistete alsbald durch Fortsetzung der Tatausführung anknüpfen, so liegt

---

[78b] Den „Aspekt des Opferschutzes" betont *Kudlich*, JuS 1999, 349, 354, *Bott*, Jura 2008, 753, 759 und *Joecks*, § 24 Rn. 23; krit. aber *Scheinfeld*, 2006, S. 53 ff., 68: „weder in tatsächlicher noch in normativer Hinsicht überzeugend"; ebenso *Freund*, 9/41 a und b: unverdiente Vorteile als Anreize machen das Schutzsystem „korrupt".

[78c] Im Erg. wie hier *Murmann*, 1999, S. 49–60 und in: GK, 28/131 f., der den „Rücktritt infolge Fehlschlags" ausschließt; wie hier auch *Paeffgen*, Fs. Puppe, 2011, S. 791, 808, auf dem Boden der Einzelaktstheorie.

[78d] Vgl. die Argumentation von *Streng*, JZ 1990, 212, 216: „Eigendynamik", die über das gesteckte Ziel hinausführt; dagegen *Scheinfeld*, 2006, S. 127 f.

[78e] Zust. *Heger*, StV 2010, 320, 323, *Zieschang*, Rn. 553 u. *Murmann*, GK, 29/139.

kein Tataufgeben vor. So z. B. wenn der Einbrecher nach der Lockerung des Fenster-
gitters die Tat (§§ 242, 243 I Nr. 1) unterbricht, um einen Spaziergänger am Haus
vorbeigehen zu lassen, und danach das Gitter entfernt, einsteigt und Schmuck entwendet.[79] Kein Aufgeben liegt im „Verzicht auf eine (gewisse) Beschleunigung" des
vom Täter „ohnehin erwarteten verletzungsbedingten Todes" durch Unterlassen
tödlicher Hiebe mit der schon zuvor benutzten Machete (BGH NStZ 2011, 688 f.
m. zust. Bspr. *Hecker*, JuS 2012, 83 f.).

Zu streng ist das Erfordernis einer endgültigen Tataufgabe, wenn damit verlangt   43
wird, dass der Täter von seinem **gesamten** verbrecherischen **Tatplan** endgültig Abstand nehmen muss.[80] Wer sich die Tatbegehung für einen noch nicht festgelegten
späteren Zeitpunkt und/oder für den Fall des Eintritts günstiger Umstände vorbehält, plant allenfalls eine neue Tat, will aber nicht die jetzt abgebrochene (Versuchs-
)Tat fortsetzen.[81] Dass man diesen Täter, sofern man ihm diesen Plan überhaupt
nachweisen kann, moralisch verurteilen und für gefährlich halten kann, ändert
nichts an der Straflosigkeit seiner Planung. Das gilt auch, wenn sich der Täter einer
versuchten räuberischen Erpressung (§§ 253, 255, 22/23) seines Nötigungsmittels
begibt, am folgenden Tag aber ein anderes Nötigungsmittel zu einem Erpressungsversuch einsetzt (BGH NStZ 2002, 28).

Die weitere Ausführung der jetzt unterbrochenen Versuchstat kann also auch   44
schon aufgegeben sein, wenn solche **innere Vorbehalte** bestehen bleiben. Diese negative Abgrenzung ist freilich leichter zu begründen als die positive Voraussetzung einer Tataufgabe. Reicht es, dass der Täter die **konkrete** Form der **Tatausführung** aufgibt, oder muss er auch auf qualitativ gleichwertige Angriffe auf dasselbe Tatobjekt
verzichten?[82] Der Gegensatz zwischen diesen unterschiedlichen Anforderungen an
eine Tataufgabe relativiert sich dadurch, dass auch diejenigen, welche nur die Aufgabe der konkreten Ausführungsweise verlangen, dann keine Tataufgabe annehmen,
wenn der Täter sich weitere Ausführungsakte vorbehalten hat, die mit den von ihm
bereits vollzogenen Ausführungsakten eine einheitliche Handlung (natürliche Handlungseinheit, fortgesetzte Tat) bilden würden.[83]

Es fragt sich aber, ob damit nicht zu wenig von demjenigen verlangt wird, der   45
durch bloße Tataufgabe Straffreiheit erlangen will. Behält sich der Täter **weitere Angriffe** auf dasselbe Tatobjekt bzw. Opfer vor, die in engem räumlich-zeitlichem Zusammenhang mit der jetzt unterbrochenen Tatausführung stehen und die von den
bisherigen Ausführungsakten qualitativ nicht abweichen, weichen also **Angriffsart**,
Angriffszeit und **Angriffsqualität** des noch Vorbehaltenen vom schon Verwirklichten
nicht wesentlich ab, so kann von einer **Tataufgabe** nicht ausgegangen werden.[84] Der
Täter hat nicht ausreichend von der Tat Abstand genommen, weil das, was er sich
vorbehalten hat, als unmittelbare Fortsetzung seiner bisherigen Versuchstat er-

---

[79] Vgl. mit ähnlichen Beispielen *Hillenkamp*, 17. AT-Problem, S. 124 (= bei „Ausgangspunkt") u. *Otto*, 19/21 sowie LK-*Lilie/Albrecht*, § 24 Rn. 208.

[80] So formuliert *Hillenkamp*, 17. AT-Problem, S. 124, die Kernthese der sog. abstrakten Be-
trachtungsweise. – Auch nach *Köhler*, S. 475, geht dieses Erfordernis „zu weit", denn „das
Rechtsprinzip fordert nur die Rückkehr zur konkreten Legalitätsmaxime"; ähnlich
Krey/Esser, AT, Rn. 1297.

[81] Vgl. W-*Beulke*, Rn. 641, mit BGHSt 33, 145; 35, 184.

[82] *Hillenkamp*, 17. AT-Problem, ordnet diese unterschiedlichen Anforderungen der sog.
konkreten Betrachtungsweise und der sog. eingeschränkt abstrakten Betrachtungsweise zu
(S. 125–127). – Zur Problematik auch *Zieschang*, Rn. 552–554.

[83] Vgl. BGHSt 34, 145; M-*Gössel/Zipf*, AT 2, 41/54; krit. LK-*Lilie/Albrecht*, § 24 Rn. 213.

[84] Vgl. die ganz ähnlichen Formulierungen bei W-*Beulke*, Rn. 641; aber auch *Murmann*,
GK, 28/139; *Kindhäuser*, § 24 Rn. 32; NK-*Zaczyk*, § 24 Rn. 50; S/S-*Eser*, § 24 Rn. 40.

scheint. Der alsbald in Tatortnähe geplante Übergang vom bereits versuchten Erste-
chen zum vorbehaltenen Erwürgen verändert die Qualität des Angriffs auf das
Rechtsgut Leben nicht wesentlich.

46   Umstritten ist, ob eine Tataufgabe auch dann anzunehmen ist, wenn der Täter
sich eine Handlung vorbehält, die zwar in engem zeitlich-räumlichen Zusammenhang mit den bisherigen Ausführungsakten steht, aber einen anderen Tatbestand erfüllen würde. Das von der Rechtsprechung aufgestellte Erfordernis der **Tatbestandsidentität**[85] von verwirklichter und vorbehaltener Ausführungshandlung (z. B.
Stechen und Würgen innerhalb von § 212) kann sich zwar auf den Wortlaut ("Tat"
= Tatbestand) berufen, doch ist dieser nicht so eindeutig.[86] Auch erscheint das Erfordernis der Tatbestandsidentität zu formal,[87] denn ein **"Tatbestandswechsel"** ergibt sich oft aus mehr oder weniger zufälligen Differenzierungen der Tatbestände.[88]
Die verwirklichte Versuchstat, die gem. § 242 als versuchter Trickdiebstahl (Vorle-
genlassen von Schmuck zur Ansicht) zu werten ist, wäre danach nicht aufgegeben,
wenn sich der Täter beim Abbruch des Wegnahmeversuchs (Täuschungs-)Handlun-
gen vorbehält, deren Ausführung als Betrug zu werten wären. Trotz dieser rechtlich
unterschiedlichen Bewertung stellt sich das Gesamtgeschehen (vermeintlicher und
vorbehaltener Teil zusammengefasst) für den Täter als ein Angriff mit im Wesentlichen gleicher Angriffsweise auf dasselbe Tatobjekt (die vom Täter begehrte Sache,
z. B. den Schmuck) dar.

47   Will der Täter mit einer Handlung **mehrere** Tatbestände verwirklichen, so kann er
während der Ausführung dieses Entschlusses eine der geplanten Tatbestandsverwirklichungen aufgeben. Wer also einen Raubmord versucht hat (§§ 211, 22, 23
und §§ 249, 22, 23), kann vom Mordversuch durch Aufgabe der weiteren Ausführung des Tötungsentschlusses zurücktreten, auch wenn er den Raub durch Fortsetzung mit Drohungen und anschließender Wegnahme noch vollendet.[89]

48   Entgegen der Rechtsprechung[90] ist auch ein sog. **Teilrücktritt** vom qualifizierenden Delikt anzuerkennen. So kann etwa der mit Schusswaffen ausgeführte Raubversuch (§§ 250 I Nr. 1a, 22, 23) durch Wegwerfen der Schusswaffe aufgegeben werden. Vollendet der Täter den Raub dann auch ohne Waffen, so bleibt es bei der
Strafbarkeit wegen "einfachen" Raubes gem. § 249.[91] Ein höheres Strafbedürfnis
("schwerer" Raub gem. § 250 I Nr. 1a) besteht nicht, da der Täter auf die gefährli-

---

[85] BGHSt 34, 144; 35, 187; dem BGH zust. *Günther*, Gs. A. Kaufmann, 1989, S. 543 ff.,
549; LK-*Lilie/Albrecht*, § 24 Rn. 218 f. u. SSW-*Kudlich/Schuhr*, § 24 Rn. 66.

[86] Vgl. *Streng*, NStZ 1985, 359; ebenso *Scheinfeld*, 2006, S. 35 f., der aber diese Gleichsetzung nach dem Wortlaut für näherliegend als extensive Auslegungen hält.

[87] S/S-*Eser*, § 24 Rn. 40.

[88] *Lackner/Kühl*, § 24 Rn. 9; NK-*Zaczyk*, § 24 Rn. 51; dagegen *Scheinfeld*, 2006, S. 3, der
einen "Sprung in der Unrechtsqualität" verlangt.

[89] *Hillenkamp*, 17. AT-Problem, 3. Bsp., S. 129; SK-*Rudolphi*, § 24 Rn. 18 b; W-*Beulke*,
Rn. 642; *Günther*, Gs. A. Kaufmann, 1989, S. 553.

[90] BGH NStZ 1984, 216 mit abl. Anm. *Zaczyk* u. *Streng*, JZ 1984, 652; dem BGH zust.
Otto, JZ 1985, 21, 27 u. LK-*Lilie/Albrecht*, § 24 Rn. 494; Teilanerkennung aber für § 177 IV
Nr. 1 durch BGHSt 51, 276 m. Bspr. *von Heintschel/Heinegg*, JA 2007, 656, *Schroeder*, JR
2007, 481 u. *Streng*, JZ 2007, 1089; vgl. auch *Heger*, StV 2010, 320, 323 u. 324 f.; *Fischer*,
§ 24 Rn. 27 u. *Lackner/Kühl*, § 24 Rn. 13 sowie schon *Günther*, Gs. Armin Kaufmann, 1989,
S. 550.

[91] *Hillenkamp*, 17. AT-Problem, Bsp. 3, S. 120 f.; NK-*Zaczyk*, § 24 Rn. 51 u. 79; SK-
Rudolphi, § 24 Rn. 18 b; W-*Beulke*, Rn. 643; *Hohmann/Sander*, BT I, 6/47. – Zum Teilrücktritt im Rahmen des § 244 I Nr. 1 vgl. *Rengier*, BT I, 4/77–81 u. *Zieschang*, Rn. 573–575 mit
Beispielen; im Rahmen des § 250 I Nr. 1a W-*Hillenkamp*, Rn. 371 u. *Hohmann/Sander*, BT I,
6/40. – Eingehend und differenzierend *Küper*, JZ 1997, 233 f.

chere Durchsetzung seiner Raubabsichten durch die Entledigung des gefährlichen Tatmittels verzichtet hat.[91a] – Dasselbe muss auch beim „versuchten" Regelbeispiel gelten; verzichtet der Täter einer sexuellen Nötigung auf die bereits „versuchte" Vergewaltigung (§§ 177 II, 22/23), so entfällt die Indizwirkung des Regelbeispiels und es bleibt beim vollendeten § 177 I.[91b] – Zum Teilrücktritt vom Versuch der Erfolgsqualifikation s. 17 a/55.

> Aus der **Übungsfall-Literatur** zur Endgültigkeit der Tataufgabe vgl.: *Alpmann/Schmidt*, AT 2, Fall 25, S. 135 f.; *Beulke* KK I, Fall 10, S. 325 u. 335–337; *Bloy*, JuS 1986, 986 f.; *Grotenrath/Hillenkamp*, StudZR 2010, 438 u. 446; *Heghmanns/Kusnik*, AL 2010, 275 u. 279 (Verschiebung ist kein Rücktrittshindernis); *Hilgendorf*, KK I, Fall 15, Rn. 18–20; *Hillenkamp*, 17. AT-Problem, Bsp. 1, S. 103 u. 105; *Dannecker/Gaul*, JuS 2008, 347 ff.; *Hohmann*, Jura 1993, 321 f.; *Krahl*, JuS 2003, 57 u. 58 f.; *Kudlich*, JuS 1999, 356: Fall 13 (nach BGH NStZ 1984, 216); *Marxen*, Fall 22 b, S. 201 f.; *Langer*, JuS 1987, 896 u. 899; *Rosenau/Klöhn*, Jura 2000, 427 u. 430 f.; *Theile*, ZJS 2009, 545 u. 547; *Uehling*, in: *Ebert* (Hrsg.), Fall 9, S. 10 u. 150; *Wagemann*, Jura 2006, 867 u. 868 f.; *Wolters*, Fall 4, S. 85 f. u. 94.
> Aus der **Übungsfall-Literatur** zum Teilrücktritt vgl.: *Schütze*, in: *Ebert* (Hrsg.), Fall 8, S. 8 f. u. 136 (Schusswaffe i. S. des § 224 I Nr. 2 nicht weiter verwendet).

bb) Das Aufgeben der weiteren Ausführung

Das Aufgeben der weiteren Ausführung setzt voraus, dass der Täter überhaupt die **49** Wahl hat, ob er die Ausführung abbrechen oder fortsetzen will. Fehlt es an einer solchen **Wahlmöglichkeit**,[92] so liegt kein Aufgeben i. S. des § 24 I 1 Alt. 1 vor. Die Gründe für das Fehlen dieser Wahlmöglichkeit sind unterschiedlicher Art und der Sache nach schon beim fehlgeschlagenen Versuch (s. o. Rn. 13 ff.) und bei der Abgrenzung von unbeendetem und beendetem Versuch (s. o. Rn. 35 ff.) behandelt worden. Deshalb hier nur zur Erinnerung die beiden Hauptgründe für die Verneinung eines Aufgebens der weiteren Ausführung der Tat.

Nichts aufzugeben hat der Täter, der seinen Tatplan bereits zu seiner vollsten Zu- **50** friedenheit **verwirklicht** hat, auch wenn er den ausstehenden tatbestandsmäßigen Erfolg noch durch weiteres Handeln hätte herbeiführen können. So lag es in den sog. dolus eventualis-Fällen, in denen es dem Räuber gelungen war, seine Verfolger durch Schüsse abzuschütteln. Dass er nach diesem Erfolg nicht mehr durch weitere mögliche Schüsse den tatbestandsmäßigen Tötungs-Erfolg zu verwirklichen sucht, stellt angesichts der erreichten Planverwirklichung kein Aufgeben seiner konkreten Tat dar (s. o. Rn. 41).

Nichts aufzugeben hat aber auch der Täter, der (irrig oder zu Recht) davon aus- **51** geht, dass sein Versuch **fehlgeschlagen** ist. So lag es etwa in den Fällen, in denen der Täter von der Unmöglichkeit oder jedenfalls Sinnlosigkeit weiteren Erfolg versprechenden Handelns ausging. Hinzu kommen die Fälle, in denen der Täter den Erfolg nur noch nach einer zeitlichen Zäsur oder durch eine riskante Ausführungsweise hätte verwirklichen können.

> Aus der **Übungsfall-Literatur** vgl.: *Gropp*, in: G/K/M, Fallsammlung, Fall 3, S. 47 f. u. 70 (Tataufgabe oder fehlgeschlagener Versuch); *Ihring/Noak*, Jura 2007, 787 u. 788 (statt Geld nur

---

[91a] Ebenso *Roxin*, AT II, 30/299: „Gefährdungsumkehr"; a. M. *Schroeder*, JR 2007, 481: „zu weit", wenn die „Gefährdung" bereits „real" geworden ist.
[91b] Vgl. BGHSt 17, 1 zu § 177 a. F., sowie SK-*Horn/Wolters*, § 177 Rn. 26 c, zum neuen § 177; vgl. auch BGH StV 2000, 554 u. NK-*Zaczyk*, § 24 Rn. 79; für eine unmittelbare Anwendung des § 24 auf Regelbeispielsversuche *Eisele*, 2004, S. 323 u. in: JA 2006, 309, 315.
[92] *Otto*, 19/22. Vgl. auch *Jakobs*, 26/9: Verhaltensalternative.

unverwertbaren Schmuck vorgefunden); *Lotz,* JuS 2010, 982 u. 984 (Liegenlassen in nicht lebensgefährlich verletztem Zustand); *Mitsch,* in: G/K/M, Fallsammlung, Fall 16, S. 285 f. u. 293–295 („Fehlschlags-Aspekt" bei Tataufgabe verarbeiten); *Seher,* in: *Ebert* (Hrsg.), Fall 13, S. 13 f. u. 195 (keine Tataufgabe bei erkanntem Fehlschlag); *Schütze,* ebda, Fall 4, S. 4 f. u. 73 f. (Tataufgabe, da kein fehlgeschlagener Versuch) sowie Fall 8, S. 8 f. u. 136 (keine Tataufgabe, da Versuch nach der Vorstellung des Täters fehlgeschlagen); *Theile,* ZJS 2009, 545 u. 555 (dolus eventualis-Fall); *Uehling,* in: *Ebert* (Hrsg.), Fall 11, S. 12 u. 172 f. (keine Tataufgabe bei Fehlschlag).

c) Die Freiwilligkeit der Tataufgabe

52   Nur wer die weitere Ausführung der Tat freiwillig aufgibt, ist nach § 24 I 1 Alt. 1 straflos. Das Erfordernis der Freiwilligkeit durchzieht die gesamte Rücktrittsvorschrift, gilt also auch für den beendeten Versuch gem. § 24 I 1 Alt. 2 und für die Rücktrittsformen der §§ 24 I 2 (untauglicher und objektiv fehlgeschlagener Versuch), 24 II (Rücktritt bei Beteiligung mehrerer). Schon dies zeigt die **hohe Bedeutung** dieses Erfordernisses für die Strafbefreiung von einem rechtswidrig und schuldhaft begangenen Versuch. Nur wer freiwillig ablässt oder umkehrt, ermöglicht den Verzicht auf Strafe, die der Täter durch die Begehung der Versuchstat an sich verdient hat.

53   Die Freiwilligkeit ist bei allen oben angeführten **Erklärungen** der Strafbefreiung wegen Rücktritts eine mehr oder weniger deutlich herausgestellte Rücktrittsvoraussetzung. Nur der freiwillige Rücktritt gleicht die Erschütterung des Normvertrauens der Allgemeinheit durch die Versuchstat wieder aus,[93] nur er zeigt, dass der Täter in die Bahnen des Rechts[93a] bzw. auf den Boden der Legalität zurückgekehrt ist.[94] Diese enge Verbindung der Freiwilligkeit zu den § 24-Erklärungen („Theorien") darf aber nicht dazu führen, die Freiwilligkeit rein normativ von diesen Erklärungen her zu deuten.[94a]

54   Der Begriff ‚freiwillig' ist **psychologisch** geprägt und verlangt deshalb eine Ausrichtung an der **Entschließungsfreiheit** des Zurücktretenden.[95] Ist diese Entschließungsfreiheit noch gegeben, so darf die Freiwilligkeit des Rücktritts nicht deshalb abgelehnt werden, weil der Täter durch seinen Rücktritt noch keine Rückkehr zu rechtstreuem Verhalten gezeigt habe, oder weil er sich im Gegenteil nur den Regeln der Verbrechermoral entsprechend zurückgezogen habe.[96] Eine **rein normative** Deutung der Freiwilligkeit und eine dementsprechende restriktive Auslegung von § 24 ist „mit dem Wortlaut des Gesetzes nicht vereinbar" (BGHSt 35, 184, 187 = *Roxin,* HRR AT, Fall 62, S. 89 ff. u. 194);[96a] vgl. jedoch unten Rn. 61. – Abseits von „Auto-

---

[93] Vgl. *Schünemann,* GA 1986, 323 u. *Amelung,* ZStW 120 (2008), 205, 211.

[93a] *Roxin,* AT II, 30/379–386.

[94] Vgl. *Borchert/Hellmann,* Jura 1982, 662; *Bottke,* JA 1981, 63.

[94a] Weitergehend *Maiwald,* Gs. Zipf, 1999, S. 255, 259, der wegen des Rückgriffs der psychologischen Theorie auf den Zweck der Strafbefreiung den Gegensatz psychologisch-normativ relativiert (S. 270).

[95] Diese Formulierung von *Lackner* wurde aufgegriffen von BGHSt 35, 187. Ebenso etwa *Otto,* JR 1991, 215, *Boß,* 2002, S. 164 ff. u. *Heger,* StV 2010, 320, 322. – Auch *Köhler,* S. 479, stellt auf die „äußere Entschließungsfreiheit" ab, will diese aber normativ verstanden wissen. Ähnlich *Jäger,* 1996, S. 98 ff., u. *ders.,* ZStW 112 (2000), 783, 794 ff., der eine „Freiverantwortlichkeit des Handelns im Rechtssinne" verlangt und diese inhaltlich nach dem Verantwortungsprinzip der mittelbaren Täterschaft bestimmen will (zusf. *Jäger,* Rn. 319); krit. NK-*Zaczyk,* § 24 Rn. 67 [„verengend"], der aber die Freiwilligkeit selbst auch „normativ" bestimmt (Rn. 68; ähnlich wie *Köhler*). Vgl. auch *Alwart,* JahrbRuE 2005, 357, 367, der auf das Erfassen der „Motivation" des Täters abstellt, und *Bitzilekis,* Fs. Hassemer, 2010, S. 661, 672, für den Freiwilligkeit die Freiheit von einer verbrecherischen Notwendigkeit bedeutet.

[96] So etwa SK-*Rudolphi,* § 24 Rn. 25.

[96a] Gegen den „Wortlaut-Einwand" *Roxin,* AT II, 30/406–412.

nomie/Heteronomie", von psychologisierenden, aber normativen Ansätzen diskutiert *Herzberg* als Maßstab der Freiwilligkeit §§ 35, 240 und 20,[96b] während *Bitzilekis* die Freiwilligkeit verneint, wenn der Rücktritt dem Sinn des in Gang gesetzten Verbrechens entspricht.[96c]

Freiwillig ist der Rücktritt, wenn der Zurücktretende durch **autonome Motive**[97] 　55 zum Rücktritt gebracht wird. Die Rechtsprechung verwendet hier das Bild vom Täter, der noch „Herr seiner Entschlüsse" ist.[98] Autonome Motive bewegen den Täter dann zum Aufgeben der Tat, wenn er die Ausführung abbricht, obwohl er davon ausgeht, dass er die Tat ohne erheblich größeres Risiko erfolgreich zu Ende führen könnte. Dass äußere Umstände wie eine veränderte Tatsituation oder das „Flehen des Opfers" in die Entscheidungsfindung des Täters eingehen, spricht solange nicht gegen die Freiwilligkeit seines Rücktritts, wie dieser noch vernünftig abwägt.[99] Auch dass der „Anstoß zum Umdenken" von außen kam – Erscheinen oder Anwesenheit Dritter – spricht noch nicht gegen die Freiwilligkeit, wenn der Täter dennoch „aus freien Stücken" handelt (BGH NStZ-RR 2009, 366). Die Freiwilligkeit ist nicht schon deshalb ausgeschlossen, weil der Täter sein strafbares Vorhaben nicht aus einem sittlich billigenswerten Motiv aufgibt (BGHSt 35, 184, 186 = *Roxin*, HRR AT, Fall 62, S. 89 u. 194; BGH StV 2003, 615 f.; BGH NStZ 2005, 150 f.).

Unfreiwillig ist der Rücktritt, wenn sich der Täter aus zwingenden Gründen 　56 daran gehindert sieht, die als fortsetzbar erkannte Tat zu Ende zu führen. Er darf also „weder durch eine äußere Zwangslage … noch durch einen seelischen Druck" daran gehindert bzw. unfähig geworden sein, „die Tat zu vollbringen" (BGHSt 7, 296, 299; 35, 186).[99a] Eine aus der Tatsituation erwachsende „äußere Zwangslage oder innere Hemmung" verhindert, dass sich der Täter noch frei entscheiden kann (*Heger*, StV 2010, 320, 322 m. N. aus der Rspr.). Er weiß zwar theoretisch, dass die Tat noch vollendbar ist, doch er weiß für sich ebenso, dass er sie nicht vollenden kann.

Die **praktische Umsetzung** dieser Definitionen der Freiwilligkeit bzw. Unfreiwil 　57 ligkeit bereitet nicht geringe Schwierigkeiten. Die Freiwilligkeit kann – wie gesagt – ganz zu verneinen sein, wenn der Täter bei Fortführung der Tat ein **größeres Risiko** eingehen muss (BGH NStZ-RR 2006, 168 f. m. Bspr. *Bosch*, JA 2006, 330, 332 u. *Satzger*, JK 3/06, StGB § 24/35). Dies ist etwa dann der Fall, wenn nachträgliche Ereignisse wie z. B. das plötzliche Angehen der Straßenbeleuchtung die weitere Tataus

---

[96b] MK-*Herzberg*, § 24 Rn. 125–129, 130–136, 137–139.

[96c] *Bitzilekis*, Fs. Hassemer, 2010, S. 661, 672.

[97] *Ebert*, S. 135; *Haft*, S. 238; *Jescheck/Weigend*, S. 544; *Krey/Esser*, AT, Rn. 1302; *Meurer*, S. 136; *W-Beulke*, Rn. 651; *Zieschang*, Rn. 562, LK-*Lilie/Albrecht*, § 24 Rn. 243 f.; krit. *Stratenwerth/Kuhlen*, 11/88; gegen jede Motivforschung *Amelung*, ZStW 120 (2008), 205, 209.

[98] Vgl. aus der neueren Rechtsprechung BGHSt 35, 186 (mit Nachweisen zur älteren Rechtsprechung); BGH StV 1992, 225; BGH NStZ 1992, 537 (m. Anm. *Otto*, JK 93, StGB § 31/2) und 587; BGH NStZ 1993, 279 u. 399; BGH bH MDR 1993, 1038; BGH StV 1994, 181 und 1996, 86; BGH StV 2003, 615 f.; BGH NStZ 2007, 91; OLG Düsseldorf NJW 1999, 2911; vgl. den „Familiendrama"-Fall BGH NStZ 1994, 428 = *Roxin*, HRR AT, Fall 63, S. 91 f. u. 194 f., dazu auch *Amelung*, ZStW 120 (2008), 205, 238. – Krit. zu diesem Bild *Maiwald*, Gs. Zipf, 1999, S. 255, 262; *Jäger*, ZStW 112 (2000), 783 f., 788 ff. u. *Amelung*, ZStW 120 (2008), 205, 207.

[99] Vgl. LK[10]-*Vogler*, § 24 Rn. 89 u. LK-*Lilie/Albrecht*, § 24 Rn. 245–247.

[99a] Vgl. dazu *Amelung*, ZStW 120 (2008), 205, 224 – Diese Umschreibung verwenden auch BGH bei *Pfister*, NStZ-RR 2003, 353, 357; BGH StV 2003, 615 f.; BGH NStZ-RR 2003, 199; krit. MK-*Herzberg*, § 24 Rn. 142.

führung riskanter erscheinen lassen.[100] Dies gilt auch für den Fall, dass die Erfolgsaussichten des Bankräubers dadurch sinken, dass er sich „einige Zeit bis zum Erscheinen eines Kassenbediensteten untätig, aber maskiert in der Bank" aufhalten muss (BGH NStZ 1993, 77). Die Tataufgabe ist deshalb unfreiwillig, weil sich „der Täter nach Tatbeginn mit einer ihm, verglichen mit der Tatplanung, derart ungünstigen Risikoerhöhung konfrontiert sieht, dass er das mit der Tat verbundene Wagnis nunmehr als unvertretbar hoch einschätzt" (BGH NStZ 1992, 537 u. 2007, 265). Bleibt das Risiko hingegen nach dem erfolglosen ersten Ausführungsakt unverändert (z. B. erneutes Eingeben der Codezahl bei § 263 a), will es der Täter aber jetzt nicht mehr eingehen, so tritt er freiwillig zurück.[101] Dies gilt auch, wenn das Risiko durch die Wahl eines anderen Mittels unverändert bleibt (BGH StV 1992, 189) und eine realistische Chance zur erfolgreichen Tatvollendung bleibt (*Heger,* StV 2010, 320, 322, u. a. mit BGHSt 34, 53: Erwürgen anstelle des Überfahrens; dazu oben Rn. 16 Fn. 34 u. Rn. 37 Fn. 74).

58   Ein Risiko, das der Täter vernünftigerweise[102] nicht auf sich nehmen kann, liegt häufig auch dann vor, wenn der Täter erkennt oder befürchtet, dass er entdeckt ist bzw. seine **Entdeckung** unmittelbar bevorsteht. Denn dann muss er mit seiner Überführung durch den Zeugen und seiner Bestrafung rechnen (vgl. den „Notzuchtsversuch" an einer dem Täter bekannten Frau des BGHSt 9, 48, als „Klassiker" aufbereitet von *Fahl,* JA 2003, 757; StraFo 2009, 519 m. Bspr. *Satzger,* JK 3/10, StGB § 24 II/40; *BGH* NStZ 2011, 454). Doch ist der Zusammenhang zwischen (bevorstehender) Entdeckung und Unfreiwilligkeit nicht zwingend.[102a] Hat das Opfer eines Vergewaltigungsversuchs den Täter schon entdeckt, so muss das zu befürchtende Hinzukommen eines Dritten (z. B. des „Zeitungsmannes", BGH NStZ 1992, 587) nicht zur Vorstellung des Täters führen, er könne die Tat nicht mehr vollenden. Auch die Ankündigung eines weiteren Zeugen des Geschehens, die Polizei zu rufen, muss kein zwingendes Hindernis für den Täter sein, die Tat fortzuführen, weil er die Zeit bis zum Eintreffen der Polizei zur Vollendung der Tat nutzen kann (so für eine Tötung: BGH StV 1992, 225; vgl. auch BGH StV 2003, 615 f. u. BGH NStZ-RR 2003, 199; zum Eintreffen der Polizei als Hinderungsgrund vgl. BGH NStZ 2008, 215). Bricht der Täter den Tötungsversuch an seiner Frau ab, weil er die ihn beobachtenden Nachbarn schreien gehört hat und keinen Ärger mit der Polizei haben will, so spricht das gegen die Freiwilligkeit (BGH NStZ 2007, 399, 400; zust. aufgegriffen von *Jäger,* Rn. 324 a und b: Fall 64). Die Furcht vor drohender Entdeckung schließt die Freiwilligkeit dann aus, wenn es dem Täter, auf die Heimlichkeit der Tat ankommt (BGH NStZ 2011, 454 u. schon BGH NStZ 2007, 399).

59   Ist das **Opfer** der einzige Zeuge seiner versuchten Tötung, so hat der Täter auch dann nichts von diesem Entdecker seiner Tat zu befürchten, wenn er durch Vollendung der Tat den einzigen Zeugen beseitigt; sieht er davon ab, so kann dies durchaus freiwillig trotz Entdeckung sein.[103] Anders ist dies aber, wenn dem Täter, der eine gefährliche Körperverletzung mit einem Messer versucht, vom Opfer mit einer

---

[100] Beispiel von *S/S-Eser,* § 24 Rn. 49; ähnliches Beispiel bei KK OWiG-*Rengier,* § 13 Rn. 55: hell erleuchtete Grenze. Zur nachträglichen Risikoerhöhung vgl. allgemein auch LK-*Lilie/Albrecht,* § 24 Rn. 265–277 und *Köhler,* S. 480.

[101] So im Übungsfall *Stein,* JuS 1990, 917.

[102] KK OWiG-*Rengier,* § 13 Rn. 55.

[102a] Ebenso *Heger,* StV 2010, 320, 322 u. NK-*Zaczyk,* § 22 Rn. 70; im Übungsfall überzeugend *Heghmanns/Kusnik,* AL 2010, 494.

[103] So im Übungsfall *Rudolphi,* AT-Fälle, Fall 11, S. 137 f.; vgl. außerdem *S/S-Eser,* § 24 Rn. 52.

Anzeige gedroht wird, denn dann hat er ernsthafte Nachteile vom Zeugen (= dem Opfer) zu erwarten.[104] Unfreiwillig kann auch das Aufgeben sein, das erfolgt, weil der Täter mehr an Gewalt aufwenden muss, als er anwenden wollte.[105]

Nicht selten ist auch der Rücktritt vom versuchten **Diebstahl** auf seine Freiwillig-   60 keit hin zu untersuchen. Wer sich dabei nicht auf bestimmte Objekte festgelegt hat und dann nichts nimmt, weil er nur wenig findet, tritt freiwillig zurück. Unfreiwillig ist hingegen der Rücktritt desjenigen, der die gesuchte Sache nicht findet.[106]

Ein Zweifelsfall, der für viel Aufsehen sorgte,[107] war der Rücktritt des Ehemanns   61 vom Tötungsversuch an seinem Nebenbuhler, der nur deshalb erfolgte, weil ihm die Tötung seiner davoneilenden Ehefrau dringlicher erschien (BGHSt 35, 184 ff., 186: freiwillig, weil „sein Abstandnehmen als das Ergebnis einer nüchternen Abwägung" erscheine = *Roxin*, HRR AT, Fall 62, S. 89 ff. u. 194 [kritisch]; krit. auch *Puppe*, AT 2, 36/45–51; als Übungsfall 51 bei *Jäger*, Rn. 323, 323 a). In solchen Fällen drängt sich eine **normative Korrektur** geradezu auf, weil für den Täter zwar **psychologisch** kein zwingender Hinderungsgrund für die Fortsetzung der Tötung des Nebenbuhlers vorlag, er aber nicht als jemand erscheint, der ohne Strafe den Weg in die Rechtstreue zurückgefunden hat. Diese und andere normative Erwägungen (hat der Verbrechermoral entsprechend gehandelt; hat seine Gefährlichkeit geradezu bestätigt) können in Fällen Einfluss gewinnen, in denen der Täter unter psychischem Druck handelt und nur noch die Frage offen ist, wie stark dieser Druck sein muss, damit man von Unfreiwilligkeit ausgehen kann.

Freiwilligkeit liegt regelmäßig vor, wenn im Sachverhalt von Gewissensbissen,   62 Reue, Scham, Mitleid die Rede ist.[108] Wer sich angesichts des blutüberströmten Opfers bewusst wird, was er da angerichtet hat, handelt freiwillig, wenn er den Versuch abbricht.[109] Wer aus Angst vor Verhaftung den Bankraub abbricht, kann durchaus freiwillig zurücktreten, wenn seine Entscheidung für den Abbruch nicht von der Angst diktiert ist, sondern die Angst seine Entscheidung nur mitbestimmte.[110]

Auch der Täter, der nach Tatbeginn schuldunfähig wird und mit natürlichem Vor-   62a satz weiterhandelt, kann strafbefreiend zurücktreten (BGH NStZ 2004, 324).[110a] Freiwillig handelt meist auch, wer mit der Tatausführung im Affektstau anfängt, nach Affektentladung aber aufgibt (BGH NStZ 2003, 199 u. 2004, 324 m. krit. Bspr. *Otto*, JK 1/05, StGB § 24/32, der einen fehlgeschlagenen Versuch annimmt, weil nach Abbruch des Affektionsstaus ein neues Tat-Motiv gebraucht werde). Gibt ein „affektiv erregter Täter … unter dem beruhigenden Einfluss eines Dritten" auf

---

[104] So im Übungsfall *Rengier*, JuS 1991, 938 f.

[105] Vgl. OLG Zweibrücken JR 1991, 214 f. m. Anm. *Otto*, 215 f. – Vgl. allgemein für „wesentlich gravierendere Begehungsweisen" *Lackner/Kühl*, § 24 Rn. 17.

[106] Vgl. *Lackner/Kühl*, § 24 Rn. 17, mit weiteren Unfreiwilligkeitskonstellationen, die hier z. T. schon als fehlgeschlagene Versuche behandelt wurden.

[107] Vgl. die Anmerkungen und Besprechungen von *Bloy*, JR 1989, 70–72; *Jakobs*, JZ 1988, 519 f.; *Lackner*, NStZ 1989, 405 f.; *Lampe*, JuS 1989, 610–616; *Jäger*, ZStW 112 (2000), 783, 790 f.; dem BGH zust. *Herzberg*, JuS 2005, 1, 7 [nach Wortsinn und systematischen Erwägungen]; *Amelung*, ZStW 120 (2008), 205, 241 f.; *Heger*, StV 2010, 320, 322; *Ebert*, S. 136 u. *Fischer*, § 24 Rn. 20. – Vgl. auch Fallbeispiel 9 bei *Kudlich*, JuS 1999, 349, 353.

[108] Vgl. B-*Weber/Mitsch*, 27/17; *Köhler*, S. 481; W-*Beulke*, Rn. 651; LK-*Lilie/Albrecht*, § 24 Rn. 249.

[109] Vgl. *Otto*, 19/39.

[110] Vgl. den Übungsfall von *Herzberg/Schlehofer*, JuS 1990, 561, die in Fn. 25 einräumen, dass man mit der schlagwortartigen Unterscheidung zwischen autonom und heteronom motiviertem Rücktritt meist zu richtigen Ergebnissen kommen werde.

[110a] Vgl. MK[1]-*Herzberg*, § 24 Rn. 137–139.

und steckt die zur Bedrohung verwendete Pistole „wieder in den Hosenbund", so handelt er freiwillig (BGH StraFo 2012, 23 f., ebenso bei „Zuredens des Opfers" auf den Täter schon BGHSt 7, 296, 299).

Aus der **Übungsfall-Literatur** zur Freiwilligkeit vgl.: *Alpmann/Schmidt*, AT 2, Fall 25, S. 135 u. 137 f. („Angst" vor Widerruf der Strafaussetzung zur Bewährung); *Beulke*, KK I, Fall 4, Rn. 175 u. 180 f. („verschlossene Verandatür"); *Beulke*, KK III, Fall 4, Rn. 155 u. 175 f. (Angst vor Strafe); *Bloy*, JuS 1986, 986 f. („eingebildete Risikoerhöhung") u. 988 („sich eines Besseren besann"); *Bock*, JuS 2006, 603 u. 606; *Borchert/Hellmann*, Jura 1982, 658 u. 661–663 (dem Täter wird „die von ihm geschaffene Situation bewusst"); *Dannecker/Gaul*, JuS 2008, 345 u. 348 (bestehendes Risiko nur klargemacht); *Dessecker*, Jura 2000, 592 u. 597 („ zu erregt und erschöpft"); *Dietmeier*, JuS 2007, 824 u. 827; *Esser/Krickl*, JA 2008, 787 u. 791 (von bevorstehender Entdeckung nichts gewusst); *Gössel*, Fälle, Fall 4, S. 77 f. u. 82 (autonome Motive); *Staudinger*, in: *Frister* (Hrsg.), Die strafrechtliche Klausur, Fall 2, S. 25 u. 32 ff.; *Graul*, Jura 2000, 204 (weil ihm das Vermögensdelikt wichtiger als das Sexualdelikt war); *Grebing*, JuS 1980, 91 u. 97 (dem Täter wurde das „ganze Ausmaß" seines Handelns bewusst); *Gropengießer*, JuS 1997, 1010 u. 1011 (Sinnlosigkeit); *Grotenrath/Hillenkamp*, StudZR 2010, 438 u. 446 f. („Lektion" für erteilt gehalten); *Heghmanns/Kusnik*, AL 2010, 275 u. 279 f. (Entdeckung befürchtet); *Hertel*, Jura 2011, 391 u. 397 („von Verletzten wollte er nicht nehmen"); *Herzberg/Hardtung*, JuS 1994, 492 u. 495 f. (das „bestehende Risiko" klargemacht); *Herzberg/Schlehofer*, JuS 1990, 559 u. 561 („mächtig" werdende Angst); *Hilgendorf*, KK I, Fall 12, Rn. 14 (ethischer Wert des Motivs ohne Bedeutung, wenn autonome Entscheidung); *Hohmann*, Jura 1993, 321 ff. („Vorbeifahren des Streifenwagens"); *Hörnle*, Jura 2001, 44 u. 45 („zusätzliche Mühe" gescheut); *Ihring/Noak*, Jura 2007, 787 u. 788 f. (Nichtverwertbarkeit des vorgefundenen Schmucks); *Kinzig/Luczak*, Jura 2002, 493, 495 („Mutlosigkeit"); *Kinzig/Linke*, JuS 2012, 229 a, 232 („aus freien Stücken, wenn auch in Panik"); *Knapp*, JuS 1976, 801 ff. („irrige Annahme einer Beobachtung"); *Kress/Weisser*, JA 2006, 115 u. 118 f. („Bestürzung" über eingetretenen Tod); *Küpper*, in: G/K/M, Fallsammlung, Fall 9, S. 167 f. u. 171 (Angst vor Bestrafung); *Kudlich*, JuS 1999, 352: Fall 8 (beim Tötungsversuch an seiner Ehefrau betreten seine beiden kleinen Kinder den Raum); *Kudlich*, JuS 2001, L 53 u. L 56 („Enttäuschung"); *Kudlich*, AT-Fälle, Fall 7, S. 99 (Entdeckung); PdW AT, Fall 235 (trotz „Beschämung" kein Rücktrittswille bei Täter, der in Diebesfalle tappt); *Langer*, JuS 1987, 896 u. 899 („Mitleid mit dem Opfer"); *Linke/Hacker*, JA 2009, 347 u. 351 (akute Sorge des Entdecktwerdens); *Meurer/Kahle/Dietmeier*, Übungskriminalität, Fall 8, S. 165 f. u. 176 („Gewissensbisse"); *Otto/ Bosch*, Übungen, Fall 16, S. 349 (Rückkehr zur Achtung rechtlicher Gebote und Verbote); *Perron/Bott/Gutfleisch*, Jura 2006, 706 u. 712 f. (persönliches Ziel – „Denkzettel" verpasst – erreicht); *Momsen/Sydow*, JuS 2001, 1194 u. 1195 f. („Gewissensbisse, Angst vor Strafe"); *Mürbe*, AT, Fall 33, S. 188 u. 232 (aus „Ärger"); *Nutzinger/Sauer*, JuS 1999, 980 u. 981 („Gewissensbisse"); *Putzke*, ZJS 2011, 522 u. 525 (Gewissensbisse); *Rengier*, JuS 1991, 938 f. („Anzeige zu befürchten") u. 941 („lediglich aus Angst vor Strafe"); *Rosenau/Klöhn*, Jura 2000, 427 u. 431 („Entdeckungsgefahr"); *Rudolphi*, AT-Fälle, Fall 11, S. 124 u. 133 sowie Fall 12, S. 134 u. 143 („Entdeckung", aber nichts zu befürchten); *Safferling*, JuS 2005, 135 u. 138 f. (Entdeckungsrisiko); *Samson*, Strafrecht I, Fall 34, S. 168–172 („vom Mitleid gepackt"); *Schmitt*, Jura 1980, 547 u. 549 („zu heller Schein des Vollmonds"); *Schwind/Franke/Winter*, Anfängerübung, 2. Hausarbeit, S. 65 u. 101, 103, 105; *Siebrecht*, JuS 1997, 1101 u. 1103 (Nachbar als Zeuge droht, Polizei zu verständigen); *Stein*, JuS 1990, 914 u. 917 („unverändertes Risiko"); *Stein/Schneider*, AL 2011, 45 u. 50 (eigentliches Ziel schon erreicht); *Theile*, ZJS 2009, 545 u. 547 (Flehen um Gnade); *Tiedemann*, Anfängerübung, Fall 4, S. 179 u. 182 („Mitleid mit dem Opfer"); in: *Ebert* (Hrsg.), Fall 9, S. 10 u. 150–152 („um kein Unheil heraufzubeschwören") sowie Fall 10, S. 11 u. 162 f. („mit Gegenwehr nicht gerechnet"); *Valerius*, Klausur 10, S. 149 u. 154 („um Gnade gefleht"); *Wagner*, BT-Fälle, Fall 8, S. 77 u. 84 („zu risikoreich"); *Walter/Schneider*, JA 2008, 262 u. 264 f. („Mut verlassen"); *Weber*, JA-Übungsblätter 1991, 197 u. 199 („Aussichtslosigkeit der Tat oder Gefahr alsbaldiger Entdeckung"); *Wolters*, Fall 4, S. 85 f. u. 109 („erschrocken").

3. Der beendete Versuch i. S. des § 24 I 1 Alt. 2

Nach der obigen Abgrenzung des unbeendeten vom beendeten Versuch (s. o. **63**
Rn. 25 ff.) liegt ein beendeter Versuch dann vor, wenn der Täter nach Abschluss der
letzten Ausführungshandlung (sog. Rücktrittshorizont) mit der nach den Umständen nicht ganz fern liegenden Möglichkeit rechnet, dass der Erfolg schon auf Grund
seines bisherigen Handelns eintreten werde, bzw. mit der Möglichkeit rechnet, dass
es zur Vollendung keiner weiteren Handlungen mehr bedürfe. Der Täter muss also
das sog. **Gefahrbewusstsein** (s. o. Rn. 30) haben, d. h. das Bewusstsein, dass der Eintritt des Erfolgs keine nur entfernte Möglichkeit mehr ist.

Wer dieses Gefahrbewusstsein hat, befindet sich im Stadium des beendeten Ver- **64**
suchs, von dem er nach § 24 I 1 Alt. 2 nur dadurch Strafbefreiung erlangen kann,
dass er die „Vollendung verhindert". Das verlangt im Regelfall (mögliche Ausnahme: der Beteiligtenrücktritt[111]) vom Täter, dass er (Gegen-)**Aktivitäten** zur Verhinderung des als möglich erkannten Erfolgseintritts entfaltet (BGH NStZ 1993, 40: aktives Tun).[111a] An dieses aktive Tun, d. h. an die Erfolgsverhinderung sind nach dem
Gesetzeswortlaut nur geringe objektive und subjektive Anforderungen zu stellen.
Einen sog. „antizipierten" Rücktritt, z. B. durch Bestellen eines Arztes zum lebensgefährlichen Duell, ist trotz einer bejahenden Entscheidung des BGH (St 44, 204,
206 ff.) eine „Vorleistung" und kein „Rücktrittsverhalten" nach einem Versuch.[111b]

> Aus der **Übungsfall-Literatur** zum „antizipierten" Rücktritt vgl.: *Rotsch,* JuS 2002, 887 u.
> 892 f. (verneinend); *Singelnstein,* JA 2011, 756 u. 761 (bejahend).

Wie schon der Rücktritt vom unbeendeten Versuch muss auch der Rücktritt vom **65**
beendeten Versuch auf einem **Entschluss**[112] beruhen, der jetzt allerdings dahin gehen
muss, die Tatvollendung zu verhindern. Der Täter muss also „eine auf Verhinderung
der Tatvollendung gerichtete Tätigkeit entfalten" (BGHSt 31, 49). Er muss den von
ihm in Gang gesetzten, auf den Erfolg hin zulaufenden Kausalverlauf „bewusst und
gewollt"[113] unterbrechen, den „Eintritt des Erfolges tatsächlich verhindern" wollen
(BGH NJW 1989, 2068; 1990, 3219). Verhinderungsabsicht ist damit nicht verlangt, es reicht normaler **Verhinderungsvorsatz** einschließlich des bedingten Verhin-
derungsvorsatzes.[114] Wer aber nur versehentlich den Erfolgseintritt verhindert, tritt
nicht durch Erfolgsverhinderung i. S. des § 24 I 1 Alt. 2 zurück.[115] In der Rspr. wird
aber strenger verlangt, dass das Rücktrittsverhalten „darauf gerichtet" sein muss,
das Opfer zu retten (BGH NStZ-RR 1999, 327 m. Bspr. *Dallmeyer,* JAR 1999, 44,
45: „eigenständige subjektive Voraussetzung" des Rücktritts gem. § 24 I 1 Alt. 2).
Der Täter muss danach seine Handlung mindestens für **geeignet** halten, den Ein- **66**
tritt des Erfolgs zu verhindern (BGHStV 1992, 63: geeignetes Tun; ebenso BGH
NJW 1990, 3219; BGH NStZ-RR 2000, 42, 43 zu § 24 I 2); er muss das „nach sei-

---

[111] Vgl. *Lackner/Kühl,* § 24 Rn. 19; weitergehend auch für den Alleintäter *Maiwald,* Fs.
E. A. Wolff, 1998, S. 337, 349 ff. mit dem Bsp. des Gewährenlassens eines den Bombenmecha-
nismus zerstörenden Hundes.

[111a] Ebenso LK-*Lilie/Albrecht,* § 24 Rn. 280 u. *Heger,* StV 2010, 320, 323.

[111b] *Scheinfeld,* JuS 2006, 397; *Murmann,* GK, 28/146 gegen BGHSt 44, 204; vgl. auch
Freund, 9/64 a, der BGHSt 44, 204 m. Anm. *Rotsch,* NStZ 1999, 239 f., fehlendes Problembewusstsein vorwirft; zu BGHSt 44, 204 näher unten 20/265.

[112] M-*Gössel/Zipf,* AT 2, 41/90; *Murmann,* GK, 28/150.

[113] Vgl. *Ebert,* S. 137: „bewusst und gewollt auf Vollendungsverhinderung gerichtete Tätigkeit"; ähnlich LK-*Lilie/Albrecht,* § 24 Rn. 282 u. S/S-*Eser,* § 24 Rn. 59.

[114] *Herzberg,* JR 1989, 450; ähnlich *Boß,* 2002, S. 170 ff.

[115] BGH NJW 1986, 1001; *Ebert,* S. 137; M-*Gössel/Zipf,* AT 2, 41/90.

ner Überzeugung" zur Erfolgsabwendung Erforderliche tun (BGH NStZ-RR 1997, 193). Dass die Rücktrittshandlungen auch anderen Zielen wie z.B. der Verschleierung der eigenen Täterschaft dienen sollen, lässt den Verhinderungsvorsatz unberührt (BGH NJW 1989, 2068; 1990, 3219). Soll die Rettungshandlung (z.B. das Herbeirufen des Rettungswagens) dagegen ausschließlich der Verschleierung dienen, so fehlt der erforderliche Verhinderungsvorsatz (BGH NJW 1986, 1001).[115a]

67   Gegenüber der Frage, welche Anforderungen an den Verhinderungsvorsatz zu stellen sind, ist allerdings die Frage vorrangig, „welchen **objektiven** Anforderungen die Handlung, mit der der Täter die Vollendung seiner Tat verhindert, genügen muss."[116] Die Frage, welche Aktivitäten des Täters „Erfolgsverhinderungen" i.S. des § 24 I 1 Alt. 2 sind, wird durch den Wortlaut des Gesetzes nicht eindeutig beantwortet. Doch lassen sich dem Gesetz immerhin zwei Voraussetzungen entnehmen. Für die Erfolgsverhinderung ist mindestens die **Kausalität** der Tätigkeit des Zurücktretenden für die Verhinderung des Erfolgs zu verlangen. Die Erfolgsverhinderung ist aber nicht schon deshalb zu verneinen, weil dem Täter andere, bessere, schnellere Rettungshandlungen zur Verfügung standen. Letzteres ist freilich bestritten und ersteres besagt nicht viel, weil es offenlässt, ob nicht noch zusätzlich zur Kausalität verlangt werden muss, dass die Erfolgsverhinderung als „das Werk" des Täters erscheint (= objektive Zurechnung des Verhinderungserfolgs).[116a]

68   In der Rechtslehre wird sogar nicht selten **optimales Verhinderungsverhalten** verlangt.[117] Der Täter müsse das aus seiner Sicht Beste geben; er dürfe sich nicht mit unzulänglichen Verhinderungshandlungen begnügen, sondern sich – wie es § 24 I 2 z.B. für den Rücktritt vom untauglichen Versuch verlangt – „ernsthaft" um die Verhinderung der Vollendung „bemüht" haben. Dafür wird neben der Harmonisierung der Anforderungen für den Rücktritt vom untauglichen und vom tauglichen Versuch vor allem die § 24-ratio angeführt: nur bei optimalen Verhinderungsbemühungen liege eine **honorierungsfähige Umkehrleistung** des Täters vor. Wer z.B. dem lebensgefährlich verletzten Opfer nur das Telefon reiche, damit dieses Hilfe herbeirufen könne, erbringe eine ungenügende Rücktrittsleistung, die keine Belohnung verdiene.[118]

69   Der Überzeugungskraft dieser diskutablen Argumentation hat sich auch die Rechtsprechung nicht immer entziehen können. So hat der **BGH** im „Krankenhaus-Fall"[118a] das Absetzen des lebensgefährlich verletzten Opfers in der Nähe eines Kran-

---

[115a] Probl. BGH NStZ 2008, 393 m. krit. Bspr. *Jahn*, JuS 2008, 370, *Schroeder*, JR 2008, 252, *Jäger*, Jura 2009, 53 u. *Satzger*, JK 1/09, StGB § 24/37: nach 8 Messerstichen in Hals und Brust Arzt per Telefon herbeigerufen und vom Balkon aus das Tatwerkzeug auf die Straße geworfen; als Übungsfall aufbereitet von *Jäger*, Rn. 323 b, c: Fall 52 („Doppelopfer-Fall").

[116] *Rudolphi*, NStZ 1989, 509.

[116a] Selbst dann abl. LK-*Lilie/Albrecht*, § 24 Rn. 289 Fn. 415 u. Rn. 292–295.

[117] Vgl. *Blei*, S. 242; *Herzberg*, NJW 1989, 862; 1991, 1633, 1637 u. in: Fs. Kohlmann, 2003, S. 37; *Römer*, MDR 1989, 947; *Roxin*, JR 1986, 427; *Jakobs*, ZStW 104 (1992), 82, 89; *Murmann*, 1999, S. 64, 68; B-*Weber/Mitsch*, 27/28; wohl auch *Krey/Esser*, AT, Rn. 1314: der Verzicht auf sichere Rettungsaktivitäten begründe die konkrete Gefahr des Erfolgseintritts, so dass die Vollendungsverhinderung nicht als das Werk des Täters erscheine; vgl. auch *Heckler*, 2002, S. 187, der die Beseitigung des „Vollendungsrestrisikos" verlangt. – Krit. *Köhler*, S. 475 f.: läuft „auf Moralität hinaus"; abl. SSW-*Kudlich/Schuhr*, § 24 Rn. 45 u. *Sydow*, 2002, S. 100 ff., 186.

[118] Vgl. *Herzberg*, NJW 1989, 866, mit BGH NJW 1986, 1001, als Beispiel; dazu auch *Boß*, 2002, S. 191 ff. – Auf einen „Wertungswiderspruch" zum effektiveren Versuch der Erfolgsherbeiführung hebt *Jakobs*, 26/21, ab.

[118a] Vgl. zu diesem Fall *Bloy*, JuS 1987, 528; *Puppe*, NStZ 1984, 488; *Murmann*, 1999, S. 59 und *Rengier*, AT, Rn. 125.

kenhauses als unzureichende Erfolgsverhinderung bewertet, weil dem Täter bessere Verhinderungsmöglichkeiten zur Verfügung gestanden hätten, die er zur Vermeidung des Zufalls hätte ausschöpfen müssen (BGHSt 31, 46, 49 = *Roxin*, HRR AT, Fall 65, S. 94 f. u. 196 f., zum Fall auch *Puppe*, AT 2, 36/64–66; Verhinderung abl. *Boß*, 2002, S. 187 ff. u. *Scheinfeld*, 2006, S. 124 [dagegen *Jäger*, GA 2009, 195, 198]; wie BGHSt 31, 46 auch BGH NStZ-RR 1997, 193, für die Alarmierung der Feuerwehr nach Brandstiftungsversuch).

Der **Wortlaut** des § 24 I 1 Alt. 2 steht solchen Zusatzanforderungen an die Er- 70 folgsverhinderung anders als der Wortlaut des § 24 I 2 **entgegen**.[119] Demjenigen, der den Erfolg durch eigene Tätigkeit verhindert hat, kann nicht vorgehalten werden, dass er sicherere Erfolgsabwendungsmöglichkeiten nicht ausgeschöpft hat.[119a] Das Gesetz hat sich in § 24 I 1 Alt. 2 für das gewiss grobschlächtige Prinzip „Ende gut, alles gut" entschieden.[120] Diese Entscheidung kann der Rechtsanwender nicht durch teleologische Erwägungen zu Ungunsten des Täters korrigieren, zumal durch die rücktrittseinschränkende Forderung nach optimalen Verhinderungshandlungen möglicherweise die Rettungschancen des Opfers[121] vermindert werden, weil der Täter weniger Anreiz zur Umkehr erhält. Strafe erscheint bei erfolgreicher Verhinderung der Tatvollendung auch aus präventiven Gründen nicht zwingend erforderlich.[122]

Die **Rechtsprechung** ist denn auch überwiegend gegen solche Zusatzanforderun- 71 gen an die Erfolgsverhinderung. Nach ihr verhindert derjenige den Erfolg i. S. des § 24 I 1 Alt. 2, der eine neue Kausalkette in Gang setzt, die für die Nichtvollendung der Tat mitursächlich wird (BGH NJW 1989, 2068; BGHSt 33, 301; BGH NStZ-RR 1997, 233; BGH NStZ 2004, 614 m. krit. Bspr. *Rotsch/Sahan*, JZ 2005, 205 u. JA 2005, 171 sowie Bspr. *Geppert*, JK 4/05, StGB § 24/33; BGH NStZ 2006, 503, 505 u. 2008, 329 u. 508; BGH NStZ-RR 2010, 276, 277);[122a] z. B. derjenige, der die bereits durch Dritte alarmierte Polizei auch noch alarmiert (BGH NStZ-RR 1997, 193). Damit reicht jedes beliebige Verhalten des Täters aus, das aus seiner Sicht den Erfolg möglicherweise verhindern kann.

Diese Mindestvoraussetzung für die Erfolgsverhinderung wird in der Literatur[123] 72 nicht für hinreichend gehalten, um eine Strafbefreiung zu begründen. Zwar sei kein optimales Verhinderungsverhalten zu verlangen, doch müsse die Erfolgsverhinderung

---

[119] Vgl. *Puppe*, NStZ 1984, 489; *Bloy*, JuS 1987, 530; *Otto*, 19/46; *Roxin*, HRR AT, S. 196 (Antwort 2); NK-*Zaczyk*, § 24 Rn. 59; *Fischer*, § 24 Rn. 32, 35.

[119a] Anders für einen fremdhändig den Erfolg verhindernden Täter *Roxin*, Fs. Hirsch, 1999, S. 327, 336 f. u. in: AT II, 30/246.

[120] *Puppe*, NStZ 1984, 489; *Rudolphi*, NStZ 1989, 512; vgl. auch *Jäger*, 1996, S. 96 Fn. 430, der aber BGHSt 31, 46, in der Verneinung eines ausreichenden Verhinderungsbeitrags zustimmt (S. 97). – Gegen dieses Prinzip, das zu Wertungswidersprüchen führe, *v. Heintschel-Heinegg*, ZStW 109 (1997), 44–47.

[121] *Puppe*, NStZ 1984, 490; *Rudolphi*, NStZ 1989, 512; *Hassemer*, JuS 1989, 937; dagegen *Zieschang*, GA 2003, 353, 361: Kein Opferschutz, wenn der Täter die weitere Entwicklung dem Zufall preisgibt.

[122] *Rudolphi*, NStZ 1989, 512.

[122a] Dies soll selbst dann gelten, wenn der Täter zunächst Rettungsmaßnahmen Dritter verhindert (BGHStV 1994, 304), oder zunächst nicht rettungswillig war (BGH NStZ 1999, 128 mit Bspr. *Otto*, JK 99, StGB § 24/28). – Zum Rücktritt vom Unterlassungsversuch ebenso BGHSt 48, 147, s. 18/154 b.

[123] Vgl. *Bloy*, JuS 1987, 533; *Rudolphi*, NStZ 1989, 511; *Maiwald*, Fs. E. A. Wolff, 1998, S. 337, 350 f.; *Engländer*, JuS 2003, 641, 645; *Stratenwerth/Kuhlen*, 11/92; *Jäger*, Rn. 320 u. *Boß*, 2002, S. 143 ff., 186; krit. MK-*Herzberg*, § 24 Rn. 123 f.

zumindest als „**das Werk**" des zurücktretenden Täters erscheinen. Zufällig bewirkte, unbeherrschbare Erfolgsverhinderungen seien keine Leistung des Täters, die ihm zugute gehalten werden könnten.[123a] Dieses Erfordernis der objektiven Zurechenbarkeit des Verhinderungserfolgs verlangt entsprechend der Lehre von der objektiven Zurechnung (s. o. 4/36 ff., 43), dass der Täter „eine relevante Rettungschance für das gefährdete Rechtsgut begründet und diese Chance sich in der Nichtvollendung der Tat realisiert."[124]

73   Die Forderung nach **objektiver Zurechenbarkeit des Verhinderungserfolgs** überzeugt jedenfalls für die Fälle, in denen der Täter allein durch eigene Handlungen den Erfolg verhindert.[125] So etwa wenn der Täter das vergiftete Opfer vor dem Tod dadurch bewahrt, dass er ihm ein Brechreiz auslösendes Mittel verabreicht.[126] Die Verhinderung des Tötungserfolgs ist dann vom Täter nicht nur kausal bewirkt, sondern sein Werk, weil sich die Verabreichung dieses Mittels als die Wahrnehmung einer relevanten Rettungschance (nicht optimalen wie z. B. Herbeirufen eines Arztes) darstellt, die sich auch noch realisiert hat.

74   Problematischer sind die Fälle, in denen der Täter bei der **Erfolgsverhinderung mit anderen Personen** (Dritten oder auch dem Opfer) zusammenwirkt (sog. „Differenzierungstheorie").[126a] Bewirkt allein der Dritte oder das Opfer die Erfolgsverhinderung, so bleibt dem Täter nur die Rücktrittsmöglichkeit nach § 24 I 2 („ernsthaftes Bemühen").[127] Unterstützt der Täter die vom Dritten/Opfer allein in Angriff genommene Erfolgsverhinderung als „Gehilfe" (z. B. durch Herüberreichen des Telefons oder z. B. durch Hilfe beim Abtransport des Verletzten), so ist der Erfolg der Rettungshandlung (z. B. des Opfers, das den Rettungswagen herbeitelefoniert; z. B. des freiwilligen Helfers, der das Opfer schon in seinen Pkw verbracht hat, um es ins Krankenhaus zu transportieren) nicht „das Werk" des Täters, sondern „das Werk" des Opfers bzw. Dritten.[128] Anders ist dies aber bei einem zur Erfolgsabwendung durch den Dritten bzw. das Opfer „unersetzlichen Rettungsbeitrag" des Täters,[128a] z. B. beim Transport des Retters zum Opfer, wenn nur der Täter in der konkreten Situation über ein Transportmittel verfügt (vgl. BGH NStZ 1999, 128 m. im Erg. zust. Bspr. *Otto*, JK 99, StGB § 24/28). Dass der Täter nicht selbst den Krankenwagen herbeiruft, sondern seine Ehefrau dazu auffordert, „schadet" nach der Rspr. nicht, wenn er „nicht befürchten muss", dass diese der Aufforderung nicht nachkommt (BGH NStZ 2008, 329).

75   Dem Täter sind Verhinderungserfolge sicher dann als „sein Werk" zurechenbar, wenn er wie ein mittelbarer Täter z. B. durch Drohungen andere als seine Werkzeuge zur Erfolgsverhinderung einsetzt; ebenso die Verhinderungserfolge, die er wie ein

---

[123a] *Kudlich*, AT-Fälle, S. 142 f.

[124] *Rudolphi*, NStZ 1989, 511; ähnlich *Zieschang*, Rn. 567, der das „Ergreifen berechenbarer Abwehrmaßnahmen" verlangt.

[125] *Bloy*, JuS 1987, 534; *Otto*, 19/46; SK-*Rudolphi*, § 24 Rn. 27 c; W-*Beulke*, Rn. 646.

[126] Beispiel von *Rudolphi*, NStZ 1989, 512, in Abwandlung von BGH NJW 1989, 2068.

[126a] So nennt seine eigene Ansicht *Roxin*, AT II, 30/243. – Gegen eine solche Differenzierung *Zieschang*, GA 2003, 353.

[127] *Bloy*, JuS 1987, 534; vgl. den Fall des BGH NJW 1990, 3219, in dem der Täter das Opfer nur telefonieren ließ, sowie den Fall des BGH NStZ-RR 1997, 193, in dem der Brandstifter die bereits von Dritten herbeigerufene Feuerwehr „alarmiert". BayObLG NStZ-RR 1997, 7, fordert ein Bemühen, das sich für den Täter als ein „bewusstes und gewolltes Abbrechen des in Bewegung gesetzten Kausalverlaufs" darstellt.

[128] Vgl. das Beispiel von *Bloy*, JuS 1987, 535, in Anlehnung an BGH NJW 1973, 632; diese Entscheidung behandelt *Blei*, PdW AT, als Fall 254.

[128a] *Roxin*, Fs. Hirsch, 1999, S. 327, 342 f.

Mittäter gemeinsam mit anderen herbeiführt (z. B. Herausziehen des ins Wasser gestoßenen Opfers aus dem Wasser durch den Täter und einen für diese Rettungsaktion gewonnenen Passanten).[129] Dem Täter objektiv zurechenbar sind aber nicht nur täterschaftlich beherrschte Erfolgsverhinderungen, sondern auch solche, die er „nur" wie ein Anstifter veranlasst hat. Ansonsten wäre der **Prototyp** der mit Dritten bewirkten Erfolgsverhinderung – das Herbeirufen des Rettungswagens bzw. Notarztes – kein Rücktrittsfall.[130] Der Täter erscheint hier trotz seiner „Anstifterrolle" als der entscheidende Initiator des Rücktrittsgeschehens.

Danach wäre eine zurechenbare Erfolgsverhinderung etwa mit dem BGH dann anzunehmen, wenn der Brandstifter einen Hausbewohner in der Gaststätte anruft und auffordert, er möge nach Hause gehen (BGH NJW 1985, 813; *Bloy,* JuS 1987, 535). Ebenso – entgegen dem BGH – in dem Fall, in dem die Ehefrau auf Drängen ihres mit E 605 vergifteten Ehemanns den Rettungswagen herbeiruft (BGH NJW 1989, 2068; dagegen: *Rudolphi,* NStZ 1989, 514). Dies muss selbst dann gelten, wenn der Täter nur die Situation so arrangiert, dass andere sich zum Eingreifen aufgefordert fühlen: danach wäre das Absetzen des Opfers – entgegen BGHSt 31, 46 – in der Nähe des Krankenhauses eine Handlung, die eine relevante Rettungschance eröffnet, und die Rettung des Opfers durch sich angesprochen fühlende Passanten ein dem Täter objektiv zuzurechnender Verhinderungserfolg.[131] Daran fehlt es, wenn der Täter lediglich die Möglichkeit schafft, dass ein Dritter den Erfolg abwendet, z. B. im Krankenhaus-Fall das Opfer nicht in der Nähe des Krankenhauses, sondern irgendwo auf der Straße in der Hoffnung abgesetzt hätte, dass ein zufällig vorbeifahrender Krankenwagen das Opfer aufliest; dann ist zwar das Verhalten des Täters kausal für die Rettung, so sie erfolgt, doch ist diese Rettung dem Täter nicht mehr als sein (verdienstliches) Werk zuzurechnen.

Meldet der Brandstifter, der auch den Tod von Hausbewohnern für möglich gehalten hat, den Brand der Stadtverwaltung in der Annahme, dieses Bemühen sei geeignet, die Tötung (= Tatvollendung i. S. des § 212) zu verhindern, so soll der Rücktritt nach § 24 I 2 nicht daran scheitern, dass er „objektiv schon eher etwas und möglicherweise noch mehr hätte tun können" (BGH NStZ-RR 2000, 42, 43, wo tätige Reue gem. § 306 e III hinsichtlich der Brandstiftung abgelehnt wurde, weil der Täter bis zuletzt mit dem großen Brand ein „Fanal" setzen wollte).

Außer Streit stehen diese rücktrittsfreundlichen Ergebnisse aber auch in der Literatur nicht.[131a] So kann man etwa im „E 605-Fall" eine zurechenbare Erfolgsverhinderung deshalb ablehnen, weil die Ehefrau den herbeigerufenen Rettern die erforderliche Information über die Verabreichung des E 605 nicht gab.[132] Im „Krankenhaus-Fall" könnte man dem BGH dann zustimmen, wenn das Absetzen in der Nähe des Krankenhauses so geschehen wäre bzw. so zu sehen wäre, dass der Täter es dem Zufall überlassen hat, ob und wie Dritte sich überhaupt rettend einschal-

76

77

---

[129] Vgl. jeweils die Beispiele bei *Bloy,* JuS 1987, 535; vgl. auch *Kindhäuser,* § 24 Rn. 53.

[130] *Bloy,* JuS 1987, 534; *Rudolphi,* NStZ 1989, 513. – Nur für das Herbeirufen professioneller Retter *Roxin,* Fs. Hirsch, 1999, S. 327, 340; eine „verlässliche" Maßnahme fordert *Engländer,* JuS 2003, 641, 645.

[131] So für diesen Fall *Bloy,* JuS 1987, 535; *Rudolphi,* NStZ 1989, 514; *Heger,* StV 2010, 320, 324; dem BGH zustimmend *Krey/Esser,* AT, Rn. 1312, 1314; *Roxin,* AT II, 30/219 u. 252; ebenso für den diesem Fall nachgebildeten Übungsfall *Rengier,* JuS 1991, 941.

[131a] Zum Streitstand *Roxin,* Fs. Hirsch, 1999, S. 327, 331 ff.; *Otto,* JK 99, StGB § 24/28.

[132] So *Otto,* JK 90, StGB § 24/17; *Krey/Esser,* AT, Fall 161, Rn. 1312: Fall 132; *W-Beulke,* Rn. 644; a. A. LK-*Lilie/Albrecht,* § 24 Rn. 306–308; zum Fall mit den möglichen unterschiedlichen Lösungen *Kindhäuser,* AT, Fall 11, 32/27 f.

ten.[133] Auch die Alarmierung der Feuerwehr reicht dann nicht aus, „wenn es dem Zufall überlassen bleibt, ob die Feuerwehr rechtzeitig das Brandobjekt erreicht und die richtigen Maßnahmen einleitet" (BGH NStZ-RR 1997, 193, 194 m. Bspr. *Otto*, JK 98, StGB § 24/25).

> Aus der **Übungsfall-Literatur** zum Rücktritt vom beendeten Versuch vgl.: *Alpmann/Schmidt*, AT 2, Fall 26, S. 138–140 (nach BGH NJW 1986, 1001); *Ambos*, Jura 2004, 492 f. u. 495 (bei § 24 II S. 2); *Beulke*, KK I, Fall 10, S. 325 u. 343–345; *Bock*, JuS 2006, 603 u. 607; *Dreher*, JuS 2005, 789 u. 793; *Grebing*, Jura 1980, 91 u. 97 (ähnlich OLG Karlsruhe NJW 1978, 956, das einen Rücktritt durch Unterlassen bejaht hat, dagegen: *Küper*, NJW 1978, 956, und *Schroeder*, JuS 1978, 825); *Haas*, AL 2012, 119 u. 124 f. (BGHSt 31, 46, 50, nachgebildet); *Hardtung*, JuS 1990, 302 u. 305 ff.; *Haverkamp/Kaspar*, JuS 2006, 895 u. 896 f. („Verhinderungsvorsatz") sowie 899 f. (zurechenbare Erfolgsverhinderung); *Hinderer*, JuS 2009, 625 u. 627; *Jäger*, Jura 2009, 53 u. 58; *Jäger*, Rn. 323 b, c: Fall 52 (BGH NStZ 2008, 390 [„Doppelopfer-Fall"] nachgebildet); *Krey*, BT 1, Fall 20, Rn. 225 f.; *Kudlich*, AT-Fälle, Fall 9, S. 129 (kein Rücktrittswille) und Fall 10, S. 142 f. („törichte" Maßnahmen wie „Zauberfeuer" reichen nicht); und in: PdW AT, Fall 243 (BGH NJW 03, 1058 nachgebildet); *Kühl/Kneba*, JA 2011, 426 f. und 428; *Marxen*, Fall 22 c, S. 202 f. (BGH NJW 2002, 3719 nachgebildet); *Otto*, Übungen, Anfängerklausur Nr. 4, S. 77 u. 85 f.; *Pape*, Jura 2008, 147 u. 150 (BGH NStZ 2006, 506 nachgebildet); *Putzke*, ZJS 2011, 522 u. 524; *Rengier*, JuS 1991, 938 u. 941 (BGHSt 31, 46, nachgebildet); *Rotsch*, Klausur 21, S. 313 f. u. 317–319 (BGHSt 31, 46 nachgebildeter „Krankenhaus"-Fall); *Rotsch*, JuS 2002, 887 u. 892 f. (Rücktrittsverhalten vor Tatbegehung); *Samson*, Strafrecht I, Fall 34, S. 168–171; *Walter/Schneider*, JA 2008, 262 u. 264).
> Zum Sonderfall des Rücktritts vom schlichten Tätigkeitsdelikt des § 248 b vgl. *Kudlich/Schur*, JA 2007, 349 u. 351.

78   Auch der Rücktritt vom beendeten Versuch muss freiwillig erfolgen, d. h. aus autonomen Motiven (s. o. Rn. 55). Typischer Fall der Unfreiwilligkeit der Erfolgsverhinderung ist die Entdeckung der Tat durch eine Person, von der dem Täter z. B. eine Anzeige und damit eine Bestrafung droht.[134] Hat der Täter dagegen von dem „Entdecker" keine (zusätzlichen) Nachteile zu befürchten, so hindert die Entdeckung der Tat die freiwillige Erfolgsverhinderung nicht.[135] Weiß der Täter im Zeitpunkt, in dem er sich zum Rücktritt entschließt, nichts von seiner Entdeckung, so handelt er freiwillig, auch wenn er bei Vornahme der eigentlichen Rücktrittsleistung davon Kenntnis erlangt.[135a]

> Aus der **Übungsfall-Literatur** zur Freiwilligkeit des Rücktritts vom beendeten Versuch vgl.: *Hillenkamp*, JuS 1997, 821 u. 827; *Knapp*, JuS 1976, 801–803; *Meurer/Kahle/Dietmeier*, Übungskriminalität, Fall 3, S. 23 ff. u. 34; *Reschke*, JuS 2011, 50 u. 55 (Angst vor qualvollen Schmerzen).

4. Der misslungene Rücktritt

79   Der misslungene Rücktritt wird vor allem beim Rücktritt vom **beendeten** Versuch diskutiert. Dieser Rücktritt ist dann misslungen, wenn die Vollendung der Tat trotz der Bemühungen des Täters um Erfolgsverhinderung eintritt.[136] „Misslingen" kann

---

[133] Nach *Bloy*, JuS 1987, 535, schadet das „Spiel mit dem Zufall" dem Zurücktretenden nur, „wenn er die Situation so arrangiert, dass die letztendlich erfolgte Rettung nicht mehr als seine Leistung erscheint." – Dem BGH zustimmend LK-*Lilie/Albrecht*, § 24 Rn. 301 u. wohl auch NK-*Zaczyk*, § 24 Rn. 61; ebenso *Krey/Esser*, AT, Fall 162, Rn. 1313 f.

[134] Vgl. *Jescheck/Weigend*, S. 546.

[135] Vgl. BGHStV 1982, 219; 1983, 413; 1992, 63.

[135a] *Hillenkamp*, JuS 1997, 821, 827.

[136] Vgl. *Ebert*, S. 137 mit Bsp. 34; *Krey/Esser*, AT, Fall 154 b, Rn. 1267, 1269; *Roxin*, AT II, 30/125; W-*Beulke*, Rn. 645. – Aus der Rspr. vgl. BGH NJW 2000, 1730.

aber auch der Rücktritt vom **unbeendeten** Versuch insofern, als der tatbestandsmäßige Erfolg entgegen der Vorstellung des Täters, er müsse noch weitere Handlungen vornehmen, schon jetzt eintritt.[137] Sind die eingetretenen Erfolge auf das (Versuchs-)Verhalten des Täters zurückzuführen und ihm auch objektiv zurechenbar, nimmt er aber irrig die Unwirksamkeit des Getanen an, so liegt – nach h. M. – eine **vollendete** Straftat vor.[137a] Geht der Täter dagegen **irrig** von der Wirksamkeit des Getanen, d. h. von **Tatvollendung** aus, kann der Rücktritt als „subjektiv misslungen" bezeichnet werden, wenn die objektiven § 24 I 1 – Voraussetzungen erfüllt wären, er aber keinen Rücktritts-, sondern „nur" einen Wiedergutmachungswillen hat. Ist der Täter z. B. in eine Diebesfalle getappt, legt aber den (mit Einverständnis des Eigentümers „ausgelegten") von ihm eingesteckten Schein (= untauglicher Diebstahlsversuch, s. 9/25 mit Fn. 44 a) aus Reue zurück, so misslingt sein „Rücktritt" in subjektiver Hinsicht, weil er irrig von einer erfolgreichen Tat (Wegnahme i. S. des § 242 durch Einstecken des Scheines in seine Hosentasche) ausgeht; er stellt sich einen nicht rücktrittsfähigen vollendeten Diebstahl (vgl. die Übungsfälle bei 14/20) vor.[137b]

Ein Beispiel für den „**Erfolgseintritt trotz Tataufgabe**" ist die Verabreichung von 80 Gift, das den Tod des Opfers herbeiführt, wobei der Täter irrig annimmt, er habe dem Opfer bisher nur so wenig Gift verabreicht, dass schon der Verzicht auf weitere Giftgaben den Todeseintritt verhindert.[138] Die Strafbarkeit wegen vollendeter Tat tritt hier unabhängig davon ein, ob der Tod des Opfers vor dem Aufgeben der weiteren Ausführung oder erst danach eintritt.[139] Es fehlt in diesem Fall auch nicht am Vorsatz hinsichtlich der Vollendung der Tat,[139a] da diesen Vorsatz auch schon derjenige Täter hat, der meint, noch nicht alles für den Erfolgseintritt Erforderliche getan zu haben.[140]

Ein Beispiel für die **misslungene Erfolgsverhinderung** ist die Tötung des Empfän- 81 gers einer Briefbombe, die der absendende Täter, der sich auf den Weg zur Rettung des Opfers gemacht hat, wegen eines Verkehrsunfalls nicht mehr entschärfen kann.[141] Auch hier liegt eine vollendete Tötung vor, weil der Täter bei Absendung des Briefes (= beendeter Versuch) den Vollendungsvorsatz hatte und dieser nicht bis zur Vollendung hin durchgehalten werden muss. Es hat sich zudem im Tod des Empfängers die vom Täter geschaffene Gefahr realisiert, so dass ihm der Tod des Opfers objektiv zuzurechnen ist. Dass wegen des Fehlens einer Voraussetzung des

---

[137] Vgl. *Gropp*, 9/62 mit Bsp. 9/12; *Krey/Esser*, AT, Fall 154a, Rn. 1267f.

[137a] LK-*Lilie/Albrecht*, § 24 Rn. 79; NK-*Zaczyk*, § 24 Rn. 78. – Auf die Erfolgszurechnung stellt entscheidend ab *Schliebitz*, 2002; ebenso *Knörzer*, 2008, S. 186ff., 204, 281. – Vgl. auch *Walther*, NStZ 2005, 657, 664f., insb. zum Fall „der Setzung einer unumkehrbaren Tötungshandlung". – Fallgruppen bei *Noltensmeier/Henn*, JA 2010, 269, 270.

[137b] Beispielsfall 253 bei *Kudlich*, PdW AT u. bei *Hinderer*, JuS 2009, 625, 627f.

[138] Beispiel bei *Joecks*, § 24 Rn. 47; *Roxin*, AT II, 30/115f.; *Stratenwerth/Kuhlen*, 11/84; *W-Beulke*, Rn. 627; SK-*Rudolphi*, § 24 Rn. 16, und S/S-*Eser*, § 24 Rn. 22; eingehend zum „Fall des reumütigen Giftmischers" *Schliebitz*, 2002, S. 25ff. – Weiteres Beispiel bei *Krauß*, JuS 1981, 886: Beispiel 6. – Vgl. auch den Übungsfall von *Saal*, JA 1998, 564–566.

[139] *Krauß*, JuS 1981, 886, und *Klimsch*, 1993, S. 107; differenzierend dagegen S/S-*Eser*, § 24 Rn. 23, 24.

[139a] Zur Lehre vom unterschiedlichen „Versuchs-" und „Vollendungsvorsatz" vgl. *Küper*, ZStW 111 (2000), 1, 35–37.

[140] SK-*Rudolphi*, § 24 Rn. 16; für Versuch dagegen *Wolter*, Fs. Leferenz, 1983, S. 559ff., 567; für strafbefreienden Rücktritt vom Versuch *Gropp*, 9/62–67; *Jakobs*, 26/13, und schon 8/76: es verwirkliche sich kein dem Täter bekanntes Risiko; ebenso jetzt *Schliebitz*, 2002, S. 87, 193.

[141] Beispiel bei *W-Beulke*, Rn. 645; ähnlich Beispiel 5 bei *Krauß*, JuS 1981, 886; weitere Beispiele bei *Klimsch*, 1993, S. 107f. u. LK-*Lilie/Albrecht*, § 24 Rn. 52.

§ 24 I 1 Alt. 2 (Eintritt des Verhinderungserfolgs) dessen Rechtsfolge (Straflosigkeit wegen Versuchs) entfällt, zwingt nicht zur Bestrafung nur wegen Versuchs.[142]

82   **Fehlt** es hingegen an der objektiven **Zurechenbarkeit** des Erfolgs, so ist der Täter so zu behandeln, als ob die Tat ohne sein Zutun nicht vollendet wurde. Er kann dann vom Versuch durch freiwilliges und ernsthaftes Bemühen, die Vollendung zu verhindern, zurücktreten (§ 24 I 2).[143] Das ist etwa dann der Fall, wenn das Opfer die ansonsten erfolgreichen Verhinderungsbemühungen des Täters vereitelt.[144] Ein weiteres Schulbeispiel ist der sog. Bahnschranken-Fall, in dem das vom Täter mit Tötungsvorsatz lebensgefährlich verletzte Opfer den Tod auf dem Krankentransport durch einen Verkehrsunfall auf einem unbeschrankten Bahnübergang erleidet. In diesem Tod hat sich nicht die durch den Messerstich geschaffene Gefahr, sondern ein allgemeines Lebensrisiko realisiert, so dass der Täter nur einen versuchten Totschlag begangen hat. Von diesem aber kann er gem. § 24 I 2 zurücktreten, wenn er sich um die Verhinderung der Vollendung freiwillig und ernsthaft bemüht, z. B. durch Herbeirufen des Rettungswagens, mit dem das (von ihm zuvor lebensgefährlich verletzte) Opfer auf Grund eines technischen Defekts des Fahrzeugs tödlich verunglückt.[145]

> Aus der **Übungsfall-Literatur** zum misslungenen Rücktritt vgl.: *Alpmann/Schmidt*, AT 2, Fall 22, S. 123–125; *Beulke*, KK I, Fall 9, Rn. 300 u. 319 f.; *Gössel*, Fälle, Fall 4, S. 77 f. u. 82 f.; *Hinderer*, JuS 2009, 625 u. 627; *Kudlich*, JuS 1999, 242: Fälle 1 a und b; *Rudolphi*, AT-Fälle, Fall 12, S. 134 u. 143; *Saal*, JA 1998, 563 u. 564–566; *Wolters*, Fall 2, S. 27 f. u. 30–32.

5. Der vermeintlich vollendbare Versuch i. S. des § 24 I 2

83   Bleibt die Vollendung ohne Zutun des Täters aus, so kann dieser von seinem Versuch dadurch zurücktreten, dass er sich freiwillig und ernsthaft um die Verhinderung der Vollendung bemüht.[145a] Ein solches Bemühen setzt voraus, dass der Täter noch davon ausgeht, dass die Vollendung eintreten kann.[145b] Dies ist typischerweise beim **untauglichen** Versuch der Fall, bei dem der Täter z. B. irrig davon ausgeht, das harmlose Medikament, das er dem Opfer in Tötungsabsicht verabreicht, werde zum Tod führen.[146] Ein weiterer typischer Fall des § 24 I 2 ist der vom subjektiv erkannten Fehlschlag zu unterscheidende **objektive,** vom Täter nicht erkannte **Fehlschlag.** Während bei ersterem jede Rücktrittsmöglichkeit fehlt, weil der Täter seinen Versuch nicht für fortsetzbar hält, gibt es vom nur objektiven Fehlschlag die Rück-

---

[142] Vgl. aber *Herzberg*, JZ 1989, 116 f. sowie *Schliebitz*, 2002, S. 133 ff., 196, der einen Rücktritt nach § 24 I Alt. 1 nicht ausschließt.

[143] *Roxin*, AT II, 30/117 u. 284; *Kindhäuser*, § 24 Rn. 67; *W-Beulke*, Rn. 627; SK-*Rudolphi*, § 24 Rn. 28; vgl. auch *Krey/Esser*, AT, Rn. 1265; – eingehend *Knörzer*, 2008, S. 186 ff., 280.

[144] B-*Weber/Mitsch*, 27/33; *Jescheck/Weigend*, S. 546; *Roxin*, AT II, 30/284; NK-*Zaczyk*, § 24 Rn. 55; S/S-*Eser*, § 24 Rn. 62; sowie *Otto*, 19/78, mit zwei Beispielen.

[145] Ebenso mit ähnlichen Beispielen *Blei*, S. 243; *Haft*, S. 243 f.; *Murmann*, GK, 28/148; W-*Beulke*, Rn. 646.

[145a] Überblick bei *Noltensmeier/Henn*, JA 2010, 269, die – im Anschluss an *Joecks*, § 24 Rn. 30 – vom „Strafbefreiungsgrund des ‚versuchten' Rücktritts" sprechen.

[145b] Kein Rücktritt, auch nicht analog § 24, ist möglich, wenn die Tat in der Vorstellung des Täters bereits vollendet ist (*Schröder*, JA 1999, 560: „Rücktritt vom ewig währenden Versuch").

[146] Vgl. LK-*Lilie/Albrecht*, § 24 Rn. 326 a u. NK-*Zaczyk*, § 24 Rn. 82 sowie den Übungsfall *Roxin/Schünemann/Haffke*, Klausurenlehre, Fall 10, S. 195 u. 201. – Aus der Rspr.: BGH StV 1982, 219.

trittsmöglichkeit nach § 24 I 2, so z.B. für den mit Tötungsabsicht schießenden Täter, der sein Opfer irrtümlich für tödlich getroffen hält, weil es vor Schreck beim Schuss in Ohnmacht gefallen ist.[147]

Weitere Fälle des § 24 I 2 sind das Ausbleiben der Vollendung wegen des **Eingrei- 84 fens Dritter**; weiß der Täter von deren erfolgsabwendendem Eingreifen nichts, so kann er durch sein Bemühen um Vollendungsverhinderung noch Straffreiheit erlangen.[147a] So etwa wenn der Täter den Rettungswagen herbeitelefoniert, ohne zu wissen, dass schon ein Passant die Rettung des verletzten Opfers veranlasst hat.[148] Schließlich ist auch noch an die am Ende der Behandlung des misslungenen Rücktritts gebildeten Fälle nicht zurechenbarer Erfolge zu denken (s.o. Rn. 82).[148a] Es kann auch schon an der Kausalität des Täterverhaltens für den Erfolg fehlen, z.B. in Fällen der sog. abgebrochenen oder überholenden Kausalität (oben 4/33). Auch hier ist die Tat vom „Ersttäter" nur versucht, weil der „Zweittäter" den Tod des Opfers allein verursacht, z.B. durch einen sofort tödlich wirkenden Schuss, und die (seine) Tat damit vollendet hat. Da die Tat des „Ersttäters" (z.B. Giftgabe) „ohne" sein „Zutun" nicht vollendet wurde, kann er nach § 24 I 2 „straflos" ausgehen, „wenn er sich freiwillig und ernsthaft bemüht, die Vollendung zu verhindern", etwa dadurch, dass er einen ihm persönlich gut bekannten Arzt bittet, dem Opfer den Magen auszupumpen (mit ähnlichem Bsp. ebenso *Noltensmeier/Henn*, JA 2010, 269, 271, die auch einen Fall fehlender objektiver Zurechnung in Varianten bilden und nach Literatur und Rechtsprechung lösen, S. 271–273).

Voraussetzung für den strafbefreienden Rücktritt ist auch hier wieder die Frei- 85 willigkeit der Bemühungen des Täters (s.o. Rn. 52ff.). Entdeckung z.B. durch das Opfer ist auch hier kein zwingender Grund für die Verneinung der Freiwilligkeit, z.B. dann nicht, wenn der Täter vom Opfer nichts zu befürchten hat (BGH StV 1982, 219; vgl. auch BGH NStZ 2011, 688f. m. zust. Bspr. *Hecker*, JuS 2012, 83f.). Weitergehend als beim Rücktritt vom beendeten Versuch wird hier ein **ernsthaftes Bemühen** um Erfolgsabwendung verlangt.[148b] Der Täter muss deshalb die ihm bekannten (vermeintlichen) Erfolgsabwendungsmöglichkeiten **ausschöpfen** (BGHSt 31, 49f.; BGH NStZ-RR 2008, 308)[149] und sich um die bestmögliche Rettungsmaßnahme bemühen (BGH NStZ-RR 2010, 276, 277; BGH NStZ 2012, 28: „was in seinen Kräften steht"). Steht ein Menschenleben auf dem Spiel, sind hohe Anforderungen zu stellen (BGH NStZ 2008, 508; BGH NStZ 2010, 276; BGH

---

[147] Beispiel bei *Haft*, S. 244; mit Bsp. auch *Joecks*, § 24 Rn. 30; ebenso LK-*Lilie/Albrecht*, § 24 Rn. 328.

[147a] LK-*Lilie/Albrecht*, § 24 Rn. 327; *Murmann*, GK, 28/147; vgl. auch BGHSt 31, 46, 48f., wonach ein bloßes späteres Vergewissern, ob fremde Hilfe das abgesetzte Opfer erreicht hat, nicht ausreicht.

[148] So im Übungsfall *Rudolphi*, AT-Fälle, Fall 11, S. 124 u. 132f. – Vgl. auch den Fall BGH StV 1992, 62f., in dem Nachbarn die Polizei schon verständigt hatten.

[148a] LK-*Lilie/Albrecht*, § 24 Rn. 329.

[148b] Eingehend *Maiwald*, Fs. E.A. Wolff, 1998, S. 337ff., der auf die Ambivalenz von „Prämiengedanken" für den sich Bemühenden und „Opferschutzgedanken" hinweist; knapp *Noltensmeier/Henn*, JA 2010, 269, 270; aus der Rspr.: BGH NStZ 2011, 688f. m. zust. Bspr. *Hecker*, JuS 2012, 83.

[149] B-*Weber/Mitsch*, 27/34; *Jäger*, Rn. 320; *Murmann*, GK, 28/149: optimale Rettungsbemühungen; *Joecks*, § 24 Rn. 33; *Heger*, StV 2010, 320, 324; krit. *Köhler*, S. 476 u. LK-*Lilie/Albrecht*, § 24 Rn. 339. – Weniger streng BGH MDR 1980, 453; BGH NStZ-RR 2000, 42, 43; in der Literatur ebenso *Maiwald*, Fs. E.A. Wolff, 1998, S. 337, 356, der auch „zweitbeste" Rücktrittsbemühungen mit Straffreiheit prämieren will, sofern es sich nicht nur um ein „halbherziges" Bemühen handelt.

NStZ-RR 2012, 28). Bei der Einschaltung Dritter[150] hat er darauf zu achten, dass diese die erforderlichen Rettungsmaßnahmen auch wirklich ergreifen (BGHSt 33, 302; BGH NStZ-RR 2010, 276). – Der Verzicht auf weitere unerkannt untaugliche Versuche reicht beim unbeendeten Versuch „entsprechend § 24 I 2" aus (BGH NStZ-RR 2005, 71; *Heger,* StV 2010, 320, 324).

86   **Unzureichend** sind die Bemühungen nicht nur dann, wenn sie völlig ungeeignet oder gar irreal sind (z. B. das Gesundbeten des lebensgefährlich verletzten Opfers[151]), sondern auch dann, wenn sie nur in Verlegenheitsbemerkungen („schaut nach eurem Chef, dem ist etwas passiert") bestehen (BGHSt 33, 295 ff. m. Anm. *Roxin,* JR 1986, 426 f.). Auch das bloße Herüberreichen des Telefons, damit das Opfer selbst den Rettungswagen herbeirufen kann, ist kein ausreichendes Bemühen (BGH NJW 1986, 1011 m. Bspr. *Otto,* JK 90, StGB § 24/11 u. *Roxin,* JR 1986, 427). „Grob unverständiges" bzw. sinnloses Bemühen (z. B. Kamillentee als Gegengift) soll dagegen Straflosigkeit auslösen können.[151a] Auch ein Unterlassen kann ein ernsthaftes Bemühen dann sein, wenn es die optimale Methode der Gefahrbeseitigung darstellt (z. B. „Entschärfen"-Lassen der Bombe durch einen Hund).[151b]

87   Zu den Erfolgsabwendungsbemühungen muss der Täter mindestens **unmittelbar angesetzt** haben,[151c] z. B. dadurch, dass er die Telefonnummer des Rettungsdienstes wählt,[151d] z. B. nicht schon dadurch, dass er sich auf den Weg zur Telefonzelle macht (BGH NJW 1973, 632 = *Blei,* PdW AT, Fall 254).[151e] Ein bloßer Anfang des Bemühens reicht nicht; es muss sich um ein solches „betätigtes Bemühen" handeln, das aus der Sicht des Rücktrittswilligen zur Erfolgsverhinderung geeignet ist (z. B. Eilen zur Telefonzelle, um Hilfe herbeizurufen, dann aber festgestellt, dass ihm die Münzen für die Benutzung des Telefons fehlen = BGH MDR 1978, 985; vgl. dazu *Maiwald,* Fs. E. A. Wolff, 1998, S. 337, 354).

| Aus der **Übungsfall-Literatur** zu § 24 I 2 vgl.: *Hilgendorf,* Fallsammlung, Fall 3, S. 16 u. 21; *Jerouschek/Kölbel,* JuS 2001, 780 u. 783 mit Fn. 37; *Jäger,* Rn. 324, 324 a: Fall 53 (BGHSt 33, 295 [„Schläfenschuss-Fall"] nachgebildet); *K/S/L,* Klausurtraining, Fall 1, S. 64 u. 71 f. (BGHSt 33, 295 nachgebildet); *Kudlich,* PdW AT, Fall 244; *Momsen/Sydow,* JuS 2001, 1194 u. 1198; *Rudolphi,* AT-Fälle, Fall 11, S. 124 u. 131 f., 132 f.

6. Rücktrittswille und Irrtümer

87a   Die Rücktrittshandlungen (Tataufgabe oder Vollendungsverhinderung) müssen von einem Rücktrittswillen begleitet sein; ein fahrlässiger Rücktritt wirkt nicht strafbefreiend.[151f] Das eröffnet Irrtumsmöglichkeiten. Beim **error in persona** – T

---

[150] Zur grundsätzlichen Möglichkeit, sich durch Einschaltung eines Dritten ernsthaft zu bemühen, s. BGHStV 1997, 244; zur Notwendigkeit der „Vergewisserung" BGH NStZ-RR 2000, 41, 42, *Heger,* StV 2010, 320, 324 u. LK-*Lilie/Albrecht,* § 24 Rn. 345.

[151] *Maiwald,* Fs. E. A. Wolff, 1998, S. 337, 346 f.; *Noltensmeier/Henn,* JA 2010, 269, 270; SK-*Rudolphi,* § 24 Rn. 30; S/S-*Eser,* § 24 Rn. 71.

[151a] So mit diesem Bsp. *Maiwald,* Fs. E. A. Wolff, 1998, S. 337, 342; ebenso *Lenckner,* Fs. Gallas, 1973, S. 281, 299; *Roxin,* AT II, 30/283; a. A. wohl *Jakobs,* 26/22: keine „kommunikative Relevanz" der Rücktrittsbemühens.

[151b] So mit diesem Bsp. *Maiwald,* Fs. E. A. Wolff, 1998, S. 337, 351 ff.; zust. *Roxin,* AT II, 30/273; a. A. LK-*Lilie/Albrecht,* § 24 Rn. 335 u. NK-*Zaczyk,* § 24 Rn. 86.

[151c] Kritisch LK-*Lilie/Albrecht,* § 24 Rn. 355.

[151d] A. A. LK-*Lilie/Albrecht,* § 24 Rn. 356.

[151e] A. A. *Roxin,* AT II, 30/268–272, der Handlungen ausreichen läßt, die aus der Sicht des Täters die „Chance der Erfolgsabwendung" erhöhen.

[151f] BGH NStZ 1993, 280; *Krauß,* JuS 1981, 883, 884; B-*Weber/Mitsch,* 27/15; zur Erforderlichkeit „sämtlicher subjektiver Rücktrittsvoraussetzungen" BGH NStZ-RR 2012, 84, 87.

meint nicht seinen Feind, den er getroffen hat, angeschossen zu haben, sondern einen Unbeteiligten und leitet erfolgreiche Rettungsbemühungen ein – bleibt der Rücktrittswille unberührt, der Versuch hinsichtlich des Getroffenen rücktrittsfähig.[151g] Bei der **aberratio ictus** kann man die hier vertretene Versuchs-/Fahrlässigkeitslösung (oben 13/33–39) anwenden. Dann läge ein versuchter Rücktritt hinsichtlich der Person vor, der der zugeworfene Rettungsring galt, und fahrlässiger Rücktritt mangels Rücktrittswillens hinsichtlich der Person, die den Rettungsring ergriffen hat. Überleben beide, so könnte man dem versuchten Rücktritt nach § 24 I 2 strafbefreiende Wirkung zusprechen, dem fahrlässigen Versuch aber absprechen, so dass bezüglich des Geretteten Versuch anzunehmen wäre.[151h]

7. Die Wirkung des Rücktritts

Die Wirkung des Rücktritts besteht nach § 24 I 1 darin, dass der Täter „wegen   88
Versuchs nicht bestraft" wird. Straflos ist also nur der Versuch als solcher. Wird beim Versuch eines Delikts (z. B. Totschlags gem. § 212) schon ein anderes Delikt vollendet (z. B. die Körperverletzung gem. § 224 durch den mit Tötungsvorsatz abgegebenen Schuss, der das Opfer aber nur verletzt),[152] so wird das vollendete Delikt nicht von der Straflosigkeit des Versuchs, von dem der Täter zurückgetreten ist, erfasst. Ein solcher sog. **qualifizierter Versuch**[153] liegt auch vor, wenn es beim Versuch der räuberischen Erpressung (§§ 253, 255, 22/23) zu einer Bedrohung i. S. des § 241 gekommen ist.[154]

Von der Rücktrittswirkung sollen **ausnahmsweise** solche vollendeten Taten erfasst   89
werden, die sich als konkrete Gefährdung desselben Rechtsguts darstellen, das der Täter zu verletzen versucht hat; z. B. durch den Rücktritt vom Versuch der Tötung (= Lebensverletzung) soll auch die Körperverletzung nach § 224 erfasst werden, soweit es um die Begehungsform der lebensgefährdenden Behandlung geht.[155]

> Aus der **Übungsfall-Literatur** zum „qualifizierten Rücktritt" vgl.: K/H/H-*Hellmann*, BT 1, Rn. 225–227: Fall 25; *Rengier*, JuS 1991, 938 u. 941 f.; *Rudolphi*, AT-Fälle, Fall 12, S. 134 u. 147.

Wird von einem „milderen" Gesetz zurückgetreten (z. B. von dem Vergehen der   89a
Tötung auf Verlangen nach § 216), so entfaltet dieses Gesetz eine **Sperrwirkung** gegenüber einem bei dem § 216-Versuch schon vollendeten schwereren Delikt (wie z. B. der gefährlichen Körperverletzung nach § 224 I Nr. 1, Alt. 1 [Giftbeibringung] und dem Verbrechen der schweren Körperverletzung nach § 226 I Nr. 3 [Siechtum]), so dass nicht aus dem schwereren Delikt bestraft werden darf.[155a] Andernfalls stünde der Täter ohne Rücktritt „besser" da.

[151g] *Heinrich*, AT I, Rn. 277.

[151h] And. B-*Weber/Mitsch*, 27/16 a: unbillig, da der Täter immerhin den Willen hatte, die Vollendung einer Tat zu verhindern und dies auch erreicht hat.

[152] So mit Beispiel *Otto*, 19/79; zu dieser Konstellation auch *Guhra/Sommerfeld*, JA 2003, 775.

[153] S/S-*Eser*, § 24 Rn. 109, krit. zum Begriff LK-*Lilie/Albrecht*, § 24 Rn. 484 Fn. 653: wenig klar und widersprüchlich.

[154] Vgl. *Lackner/Kühl*, § 24 Rn. 23, mit Nachweisen aus der Rechtsprechung.

[155] S/S-*Eser*, § 24 Rn. 110; a. A. *Zieschang*, Rn. 531 u. LK-*Lilie/Albrecht*, § 24 Rn. 490. – Anders aber BGHSt 39, 128 ff. m. Anm. *Geppert*, JK 93, StGB § 310/1, im Verhältnis von § 308 a. F. und § 310a a. F., jetzt § 306 und § 306e. Differenzierend *Jescheck/Weigend*, S. 549.

[155a] Mit diesem Bsp. *Zieschang*, Rn. 532–534, der für eine Bestrafung aus dem Strafrahmen der gefährlichen Körperverletzung plädiert; zu dieser Sperrwirkung vgl. *Kühl*, Jura 2010, 81,

Aus der **Übungsfall-Literatur** zur „Sperrwirkung des milderen Gesetzes" vgl.: *Kühl/Kneba*, JA 2011, 426 u. 429 (Strafbarkeit nur aus § 224-Strafrahmen für minder schweren Fall).

IV. Rücktritt bei mehreren Tatbeteiligten i. S. des § 24 II

90   Die Sonderregelung des Beteiligtenrücktritts in § 24 II kann sinnvollerweise erst dann behandelt werden, wenn die verschiedenen Beteiligungsformen (Täterschaft und Teilnahme) erläutert worden sind. Auch ist § 24 II von der Rücktrittsregelung des § 31 abzugrenzen, und die Behandlung dieser Vorschrift ist zurückgestellt worden, weil es hier um den Rücktritt von Vorstufen der Beteiligung gem. § 30 geht, die ebenfalls die Kenntnis der verwirklichten Beteiligungsformen voraussetzt. – Zu beiden Rücktrittsmöglichkeiten näher unter 20/255–265.

91   An dieser Stelle sei nur darauf aufmerksam gemacht, dass der Gesetzgeber wegen der größeren Gefährlichkeit von Versuchstaten, an denen mehrere beteiligt sind, strengere Rücktrittsvoraussetzungen als in § 24 I aufgestellt hat, um der drohenden Vollendung möglichst entgegenzusteuern.[156] Allein die Rückgängigmachung des eigenen Tatbeitrags genügt nicht für den Rücktritt des Beteiligten, verlangt wird vielmehr die Verhinderung der Vollendung (§ 24 II 1). Doch lässt § 24 II 2 auch das freiwillige und ernsthafte Bemühen um Vollendungsverhinderung unter bestimmten Voraussetzungen ausreichen, u. a. auch dann, wenn die Tat unabhängig von dem zurückgenommenen Tatbeitrag des Beteiligten von den anderen Beteiligten vollendet wird.[157]

86; *Gerhold*, JuS 2010, 113 (für analoge Anwendung des § 216-Strafrahmens auf §§ 224, 226); zu weiteren Konstellationen *Lackner/Kühl*, § 113 Rn. 26, § 258 Rn. 9 u. § 266 b Rn. 9.

[156] Vgl. *W-Beulke*, Rn. 648; NK-*Zaczyk*, § 24 Rn. 94.

[157] Vgl. *Lackner/Kühl*, § 24 Rn. 26.

4. Abschnitt. Fahrlässigkeit

§ 17. Das fahrlässige Begehungsdelikt

I. Zur ersten Orientierung

„Fahrlässiges Handeln" bzw. „fahrlässige Begehung" wird im AT des StGB in **1** den §§ 15, 16 I 2 ausdrücklich angesprochen. Aus § 15 ergibt sich, dass für den Fall, dass „vorsätzliches Handeln" durch eine bestimmte Person nicht festgestellt werden kann, ein **„Gesetz"** gesucht werden muss, das „fahrlässiges Handeln ausdrücklich mit Strafe bedroht".[1] Es kann also nicht innerhalb der Prüfung eines Totschlags gem. § 212 nach Ablehnung des Vorsatzes die Frage aufgeworfen werden, ob der nicht vorsätzlich Handelnde den Tod des Opfers möglicherweise durch Fahrlässigkeit verursacht hat. Es ist vielmehr nach einem „Gesetz", d.h. nach einem Delikt bzw. nach einem gesetzlichen Tatbestand im BT (oder im Nebenstrafrecht, das die Straftaten außerhalb des StGB enthält) Ausschau zu halten, das bzw. der die fahrlässige Tötung eines Menschen unter Strafe stellt. Einen solchen Tatbestand enthalten z.B. die „Straftaten gegen das Leben" (§§ 211 ff.) in der Vorschrift des § 222, der denjenigen mit Strafe bedroht, der „durch Fahrlässigkeit den Tod eines Menschen verursacht hat." Ebenso erfolgreich würde die Suche nach einem Fahrlässigkeitsdelikt im Bereich der „Körperverletzung" (§§ 223 ff.) ausfallen, denn man würde auf den, § 222 entsprechend formulierten, § 229 stoßen. Dagegen würde man im großen Bereich der Eigentums- und Vermögensdelikte weitgehend[1a] vergeblich nach Fahrlässigkeitstatbeständen fahnden, denn hier ist im Gegensatz zu § 823 BGB die fahrlässige Verletzung dieser materiellen Rechtsgüter nicht unter Strafe gestellt, so dass etwa das unvorsichtige Umstoßen von Sektgläsern an der Bar nicht als (fahrlässige) Sachbeschädigung erfasst werden kann (§ 303 verbietet nur die vorsätzliche Sachbeschädigung). Durch das Erfordernis der ausdrücklichen gesetzgeberischen Entscheidung für oder gegen eine Fahrlässigkeitsstrafbarkeit ist der Gesetzesanwender der Notwendigkeit enthoben, durch **Auslegung** zu ermitteln, ob ein Tatbestand etwa auch fahrlässiges Handeln erfassen will.[1b]

Aus § 16 ergibt sich, dass eine Fahrlässigkeitsstrafbarkeit nicht schon deshalb **2** ausgeschlossen ist, weil der in Frage kommende Täter sich in einem vorsatzausschließenden Irrtum über Tatumstände befunden hat. Die Formulierung „bleibt unberührt" in § 16 I 2 bedeutet zugleich, dass das Vorliegen von Fahrlässigkeit sich nicht schon aus dem Fehlen des Vorsatzes ergibt. Die Fahrlässigkeit bedarf vielmehr einer gesonderten Prüfung[2] nach einem besonderen Fahrlässigkeitstatbestand. Diese Prüfung wird im Falle des Vorliegens eines Tatumstandsirrtums in der Regel nur dann positiv verlaufen, wenn dieser vorwerfbar ist. Im Falle des Vorliegens eines

---

[1] Zur Strafbarkeit fahrlässigen Verhaltens vgl. *Kretschmer,* Jura 2000, 267; für eine Beschränkung auf den Schutz elementarer Rechtsgüter *Koriath,* Fs. Jung, 2007, S. 397, 409.

[1a] Beachte jedoch §§ 261 V, 264 IV oder auch § 324 III.

[1b] Abweichend vom früheren Recht; vgl. *Lackner/Kühl,* § 15 Rn. 1 mit Hinweis auf BGHSt 6, 131.

[2] Nach *Tiedemann,* Anfängerübung, S. 153, müssen alle Voraussetzungen fahrlässiger Begehung erfüllt sein; ebenso *Freund,* 5/2; vgl. auch den Aufbauhinweis von *Kretschmer,* Jura 2000, 267, 268.

Erlaubnistatumstandsirrtums, bei dem nach der h. M. ebenfalls eine Strafbarkeit nach einem Vorsatzdelikt ausscheidet, ist zu fragen, ob das Nichtvorliegen der tatsächlichen Voraussetzungen eines Rechtfertigungsgrundes objektiv und individuell erkennbar war.[3] Doch sind das nur besondere Prüfungsrichtungen der Fahrlässigkeitsprüfung bei Annahme eines Tatumstandsirrtums bzw. eines Erlaubnistatumstandsirrtums.

3   Was eine „normale" Fahrlässigkeitsprüfung ausmacht, ist damit aber noch nicht gesagt. Leider gibt auch das StGB – im Gegensatz zum BGB (vgl. § 276 II: fahrlässig handelt, wer die im Verkehr erforderliche Sorgfalt außer Acht lässt) – darüber keine Auskunft. Es ist deshalb nicht verwunderlich, dass weder der genaue **Inhalt des Fahrlässigkeitsbegriffs** noch der Aufbau des Fahrlässigkeitsdelikts „endgültig" gesichert ist.[4] Immerhin kann man vermuten, dass sich der strafrechtliche Fahrlässigkeitsbegriff nicht völlig von der zivilrechtlichen Legaldefinition unterscheidet, weshalb § 276 II BGB durchaus als „Eselsbrücke" für den Einstieg in strafrechtliche Fahrlässigkeitsprüfungen verwendet werden kann.[5]

4   Weiter ist dem Gesetz, und zwar jetzt dem StGB, zu entnehmen, dass fahrlässiges Handeln von vorsätzlicher Deliktsbegehung zu unterscheiden ist. Damit ist – negativ bestimmt – die **willentliche** Begehung eines Delikts kein fahrlässiges Handeln.[6] Selbst wer „bewusst fahrlässig" (näher unten Rn. 42) den Erfolg eines fahrlässigen Erfolgsdelikts herbeiführt, vertraut leichtsinnigerweise trotz der Erkenntnis, dass der Erfolg mögliche Folge seines Verhaltens sein könnte, darauf, dass es nicht zu diesem Erfolg kommen werde. Erst recht kann natürlich derjenige die Tatbestandsverwirklichung nicht wollen, der diese Möglichkeit gar nicht erkannt hat, sondern nur hätte erkennen können (sog. unbewusste Fahrlässigkeit[6a] [näher unten Rn. 42] = der typische Fall von „Tatfahrlässigkeit"[7]). Es gibt aber auch Übereinstimmungen zwischen Vorsatzdelikten und Fahrlässigkeitsdelikten, so etwa bei der Kausalität und bestimmten Fragen der objektiven Zurechnung.[7a] Das kann aber die Unterschiede von vorsätzlichem und fahrlässigem Handeln nicht widerlegen. Umstritten ist, ob sich Vorsatz und Fahrlässigkeit begrifflich ausschließen,[7b] ob der Vorsatz eine

---

[3] Vgl. den ergänzenden Hinweis zum Fahrlässigkeitsaufbau bei W-*Beulke*, Rn. 892.

[4] Nach *Köhler*, 1982, S. 17, lässt der Gesetzgeber den Inhalt der Begriffe „vorsätzliche" und „fahrlässige" Tatbestandsverwirklichung weitgehend offen. Ebenso *Roxin*, AT I, 24/94–97, der aber „nullum crimen sine lege"-Bedenken für nicht durchschlagend hält; krit. wegen der „verschämten Zufallshaftung" [Radbruch] bei nur fahrlässig verursachten Erfolgen *Koriath*, Fs. Jung, 2007, S. 345, 408 f. – Rechtsvergleichend mit Italien zu „Fahrlässigkeit und Tatbestandsbestimmtheit" *Colombi Ciacchi*, 2005 u. mit Frankreich *Pfefferkorn*, 2006, beide intensiv besprochen von *Duttge*, GA 2008, 115 ff. u. 118 ff.

[5] *Kaspar*, JuS 2012, 16, 19; *Heinrich*, AT 2, Rn. 987: hat auch im Strafrecht ihre Berechtigung. –Nach *Freund*, 5/13, eine „recht brüchige" Eselsbrücke; *Freund*, Fs. Küper 2007, S. 63, 78, legt einen Gesetzesvorschlag vor, der allerdings auf der nicht „herrschenden" Theorie der individuellen Sorgfaltswidrigkeit (dazu unten Rn. 27) basiert. – Zu Fahrlässigkeits-Definitionen des RG, der StGB-Entwürfe von 1913–1927, des § 18 I Entwurf 1962 und des § 6 I österreichisches StGB s. *Burkhardt*, 1996, S. 114 ff.

[6] Vgl. *Mitsch*, JuS 2001, 105, 107; *Jescheck/Weigend*, S. 563; *Tiedemann*, Anfängerübung, S. 153; *Köhler*, 1982, Einleitung = S. 13–21.

[6a] Dazu aus rechtshistorischer Perspektive *Koch*, ZIS 2010, 175 ff.

[7] Zu diesem Begriff vgl. *Horn*, LdR, S. 338, der davon die „Rechtsfahrlässigkeit" abhebt, die „heute im Wesentlichen die Frage der Vermeidbarkeit eines Verbotsirrtums" betreffe.

[7a] Vgl. 4/38 Fn. 89 a sowie *Lackner/Kühl*, § 15 Rn. 56; *Roxin*, AT I, 11/44; S/S-*Lenckner/Eisele*, Vorbem §§ 13 ff. Rn. 93.

[7b] So die h. M.; vgl. etwa BGHSt 4, 341; *Roxin*, AT I, 24/78.

qualifizierte Form der Fahrlässigkeit ist[7c] oder ob sie in einem normativen Stufenverhältnis stehen.[7d]

Eine erste positive Kennzeichnung der Fahrlässigkeit wird sich – wie gesagt – am   5
Außerachtlassen der im Verkehr erforderlichen **Sorgfalt** orientieren können, einem
„rechtlichen Attribut ... das als Manko beschrieben wird."[8] Doch ist damit noch
nicht viel gewonnen, denn diese Formulierung ist trotz ihrer Tradition[9] weder für
eine genaue Begriffsbestimmung der Fahrlässigkeit ausreichend, noch besagt sie etwas darüber, an welcher Stelle des Deliktsaufbaus mit dieser Formel gearbeitet werden soll.

Hinsichtlich der genauen Begriffsbestimmung soll an dieser Stelle nur gesagt wer-   6
den, dass es weitgehend dem Rechtsanwender überlassen bleibt, die vom (zu?) sehr
zurückhaltenden Gesetzgeber vorgegebene Generalklausel der Fahrlässigkeit bzw.
die Formel vom Außerachtlassen der im Verkehr erforderlichen **Sorgfalt zu konkretisieren.**[10] Da „Rechtsanwender" auch der Bearbeiter strafrechtlicher Übungs- und
Examensarbeiten ist, wird von ihm erwartet, dass er die eigentlichen Fahrlässig-
keitstatbestände selbst bildet. Um dabei die Orientierung an den „dünnen" gesetzlichen Vorgaben nicht zu verlieren, werden ihm als Kriterien zur inhaltlichen Ausfüllung des Fahrlässigkeitsbegriffs die „objektive Sorgfaltspflichtverletzung" und/oder
die „Erkennbarkeit der Tatbestandsverwirklichung" angeboten (mehr dazu unter
II 2. = Rn. 14 ff.).

Was den Aufbau des Fahrlässigkeitsdelikts betrifft, sieht man sich leider mit einer   7
schwer überschaubaren Vielfalt von Aufbaumodellen konfrontiert. Die systematische Einordnung sowohl der „objektiven Sorgfaltspflichtverletzung" als auch der
(statt ihrer oder zusätzlich zu ihr zu fordernden) „Erkennbarkeit der Tatbestandsverwirklichung" in den Deliktsaufbau ist nach wie vor umstritten.[11] Dennoch hat
sich weitgehend ein Aufbaumodell durchgesetzt, das diese Merkmale dem Unrechts-
Tatbestand des Fahrlässigkeitsdelikts zuordnet. Vor allem in auch didaktisch motivierten Aufbauschemata findet sich diese Zuordnung zum Tatbestand als erste von
drei Prüfungsstufen (Prüfungsstufen außer der Tatbestandsmäßigkeit sind die
Rechtswidrigkeit und die Schuld).

[7c] So etwa *Hardtung*, 2002, S. 172 f.; *Freund*, 7/39; *Lackner/Kühl*, § 15 Rn. 56; NK-*Puppe*,
154 vor § 13; krit. SK-*Rudolphi/Stein*, § 15 Rn. 15.

[7d] Vgl. *Roxin*, AT I, 24/78, der auf den höheren Unrechts- und Schuldgehalt der Vorsatztat
hinweist.

[8] *Horn*, LdR, S. 338.

[9] Vgl. *Schroeder*, JZ 1989, 776.

[10] Verfassungsrechtliche Bedenken gegen die bundesdeutsche Lehre von der Fahrlässigkeit
erhebt *Schlüchter*, 1996, S. 17 ff.; sie selbst definiert die Fahrlässigkeit restriktiv „als offensichtliche und rücksichtslose Überschreitung des erlaubten Risikos" (S. 89); zu den verfassungsrechtlichen Bedenken vgl. auch LK-*Vogel*, § 15 Rn. 203 f. u. S/S-*Cramer/Sternberg-
Lieben*, § 15 Rn. 121. – Für eine verfassungskonforme Auslegung des Fahrlässigkeitsbegriffs
durch Präzisierung des fahrlässigen Handlungsunwerts *Duttge*, 2001, S. 206, 244, 337, 487,
496, m. zust. Bspr. *Sternberg-Lieben*, JZ 2001, 1024; MK-*Duttge*, § 15 Rn 33–37, beanstan-
det die „Selbstbeschränkung des Gesetzgebers" hinsichtlich der gesetzlichen Bestimmtheit der
Fahrlässigkeit „entschieden" sowie *Duttge*, GA 2008, 115, 116 (gegen *Herzberg*, NStZ 2004,
593, 594 f.; gegen *Duttge* jetzt *Herzberg*, ZIS 2011, 444, der die „gesetzliche Bestimmtheit"
z. B. von § 222 bejaht und damit auch *Schmitz*, Fs. Samson, 2010, S. 181 f., widerspricht) in
Bspr. von *Colombi Ciacchi*, 2005, die eine Begrenzung auf nach allgemeinem sittlichen Bewusstsein unumstrittene Fallgruppen fordert.

[11] Kritisch zum verworrenen Streitstand *Wolter*, 1993, S. 269, 310.

8   Grobaufbau[12] des fahrlässigen Erfolgsdelikts:

1. Tatbestand
   a) Verursachung des tatbestandsmäßigen Erfolges (Rn. 13)
   b) Objektive Sorgfaltspflichtverletzung (Rn. 22–39)
      bei objektiver Voraussehbarkeit des tatbestandsmäßigen Erfolges (Rn. 40–44)
   c) Objektive Zurechnung des tatbestandsmäßigen Erfolges (Rn. 45–76), insb.:
      aa) Pflichtwidrigkeitszusammenhang (Rn. 47–67)
      bb) Schutzzweckzusammenhang (Rn. 68–76)
2. Rechtswidrigkeit: Rechtfertigungsgrund? (Rn. 77–88)
3. Schuld (Rn. 89–97), insb.:
   Nichterfüllung der objektiven Sorgfaltspflicht trotz ausreichender persönlicher Fähigkeiten (Rn. 90)
   bei subjektiver Voraussehbarkeit des tatbestandsmäßigen Erfolges (Rn. 92)

> Einfache, aber vollständig durchgeprüfte **Übungsfälle**, die diesem Aufbauvorschlag im Wesentlichen folgen, finden sich bei: *Alpmann/Schmidt,* AT 1, Fall 37, S. 189 ff.; *Dreher,* JuS 2007, 459 u. 461; *K/S/L,* Klausurtraining, Fall 2, S. 80 u. 82–85; *Riemenschneider,* JuS 1997, 628, 632; *Rudolphi,* AT-Fälle, Fall 15, S. 177 u. 181 f.; *Schwind/Franke/Winter,* 1. Klausur, S. 51 u. 55, 57; *Schütze,* in: *Ebert* (Hrsg.), Fall 1, S. 1 f. u. 24 f.; *Tiedemann,* Anfängerübung, Fall 11, S. 239 f. – Übungsfälle mit abweichendem Aufbau bei *Gropp,* in: G/K/M, Fallsammlung, Fall 4, S. 73 f. u. 85 sowie (ausführlicher) Fall 5, S. 93 f. u. 95–101 und bei *Otto,* Übungen, Anfängerhausarbeit, S. 114 u. 121 f. (wie hier jetzt *Otto/Bosch,* Übungen, S. 44).

9   Eine erste knappe Begründung für die Anziehungskraft dieses Modells ergibt sich aus der personalen Unrechtslehre. Der Tatbestand des Fahrlässigkeitsdelikts würde keine ausreichende **Vertypung** strafwürdigen **Unrechts** darstellen, wenn er sich in der kausalen Herbeiführung des tatbestandsmäßigen Erfolges erschöpfen würde. Er bedarf deshalb einer „Komplettierung"[13] durch die Sorgfaltspflichtverletzung bzw. die Erkennbarkeit der Tatbestandsverwirklichung, also durch einen Verhaltensfehler, der den Handlungsunwert des Fahrlässigkeitsdelikts ausmacht. Da bloße Verursachungsverbote von Menschen nicht eingehalten werden können, kann der Bereich des unrechten Verhaltens sinnvollerweise erst dort beginnen, wo einer Person ein **vermeidbarer Fehler** (eine Fahrlässigkeit, eine Nachlässigkeit) unterläuft.[14] Dabei kann an dieser Stelle noch offen bleiben, „ob über das Unrecht des Fahrlässigkeits-

---

[12] Ähnliche Aufbaumuster finden sich bei *Alpmann/Schmidt,* AT 1, S. 189; *Arzt,* S. 200–203; *Beck,* JA 2009, 111, 112; *Kaspar,* JuS 2012, 16, 17: „herkömmliches" Prüfungsschema; *Ebert,* S. 254; *v. Heintschel-Heinegg,* Strafrecht 1, Rn. 915–932; *Jäger,* Rn. 374; *K/H/H-Heinrich,* BT 1, Rn. 1192; *Kudlich,* PdW AT, Fall 163; *Laue,* JA 2000, 666, 670; *Quentin,* JuS 1994, L 41, L 42; *Rengier,* AT, 52/12; *Schwind/Franke/Winter,* Anfängerübung S. 34; *Seier,* Anfängerklausur, S. 37; *Tiedemann,* Anfängerübung, S. 66 f.; *W-Beulke,* Rn. 875; *Kindhäuser,* Rn. 422; detaillierteres Schema bei *Heinrich/Reinbacher,* Jura 2005, 743, 747. – Zur dreistufigen Tatbestandsprüfung s. auch *Kretschmer,* Jura 2000, 267, 269. – Abweichender Aufbau bei B-*Weber/Mitsch,* 22/28, nach denen sorgfaltsgerechtes, unvorhersehbares und unvermeidbares Verhalten „fahrlässigkeitsspezifisch" gerechtfertigt ist. – Abweichender Aufbau bei *Gropp,* 12/114 und bei *Otto,* Übungen, S. 30 („am Risikoerhöhungsprinzip orientierter Aufbau"). – Gegen eine mögliche Zusammenfassung der objektiven Sorgfaltspflichtverletzung und Voraussehbarkeit unter dem Prüfungspunkt objektive Zurechnung (so etwa *Roxin,* AT I, 8–12) zu Recht *Beck,* JA 2009, 111, 112: Sonderkategorien aus konkreten Fallgestaltungen.

[13] *Horn,* LdR, S. 338.

[14] Vgl. *Gallas,* 1968, S. 53 f.; *Weigend,* Fs. Gössel, 2002, S. 129, 131; *W-Beulke,* Rn. 678, im Anschluss an *Engisch,* Fs. Eb. Schmidt, 1961, S. 90, 102; *Roxin,* AT I, 24/4; *S/S-Lenckner/Eisele,* Vorbem §§ 13 ff. Rn. 54; *Tiedemann,* Anfängerübung, S. 120 u. 152. – Vgl. auch *Kretschmer,* Jura 2000, 267, 269 mit Bsp.

delikts nach einem generellen oder einem individuellen Sorgfaltsmaßstab zu urteilen" ist;[15] denn auch die Vertreter der „Theorie von der individuellen Sorgfaltswidrigkeit"[16] prüfen den Sorgfaltsverstoß im Tatbestand.[17]

Ausgeschlossen ist vielmehr nur die Zuordnung der gesamten Sorgfaltspflichtver- **10**
letzungs- bzw. Erkennbarkeitsproblematik zur Schuldebene, wie sie noch „bis in die 50er Jahre herrschende Lehre war."[18] Der Umfang der Prüfung auf dieser Ebene hängt freilich davon ab, wieviel an individueller Sorgfaltswidrigkeit bzw. Erkennbarkeit man schon in der Tatbestandsprüfung erledigt hat.[18a]

II. Der Tatbestand des fahrlässigen Begehungs-Erfolgsdelikts

Da die meisten Fahrlässigkeitsdelikte des StGB **Erfolgsdelikte** sind und nur bei **11**
diesen die Tatbestandsprüfung allgemeine Probleme aufwirft, sollen diese Delikte eingehender dargestellt werden als die fahrlässigen Tätigkeitsdelikte. – Zur Abgrenzung von Erfolgs- und Tätigkeitsdelikten *Rönnau*, JuS 2010, 961 ff.

Bei den wenigen fahrlässigen **Tätigkeitsdelikten** ist die tatbestandsmäßige Hand- **12**
lung im Gesetz umschrieben, z.B. in § 163 das „falsche Schwören", in § 316 II i.V.m. § 316 I das „Fahrzeugführen". Es muss dazu nur noch die Erkennbarkeit der Tatbestandsverwirklichung geprüft werden, z.B. es muss für die Täter die Falschheit der Aussage gem. § 163 erkennbar gewesen sein.[19]

1. Erfolgsverursachung

Die Probleme der Erfolgsverursachung sind beim vorsätzlichen Begehungs-Er- **13**
folgs-Delikt allgemein, d.h. auch für Fahrlässigkeitsdelikte erörtert worden. Darauf (s.o. 4/6 ff.) kann verwiesen werden. Es ist hier nur noch daran zu erinnern, dass es bei der nach der Äquivalenztheorie mit der condicio-Formel und/oder der Formel von der gesetzmäßigen Bedingung zu prüfenden Kausalität um einen weiten Zusammenhang zwischen dem Verhalten des Täters und dem Eintritt des tatbestandsmäßigen Erfolges geht. Nur Handlungen, die nicht einmal eine (von mehreren) Bedingungen für den Erfolgseintritt sind, werden von der weiteren Strafbarkeitsprüfung schon an dieser Stelle ausgeschieden. Handlungen jedoch, die **eine Bedingung** für den Erfolg ausmachen, also kausal für ihn sind, müssen im Tatbestand des Fahrlässigkeitsdelikts auf einen Verhaltensfehler hin geprüft werden. Nach der Rspr. ist

---

[15] *Stratenwerth*, Fs. Jescheck, 1985, S. 285.

[16] So kennzeichnet K/H/H-*Hellmann*, BT 1, Rn. 121, diese von der h.L. abweichende Richtung.

[17] *Samson*, Strafrecht I, S. 259. – Im Unrechtstatbestand, wenn zugleich ein zweigliedriger Aufbau vorgezogen wird: *Otto*, 10/31, sowie *ders.*, Übungen, S. 28 f. – Kritisch zum zweistufigen Aufbau *Tiedemann*, Anfängerübung, S. 115 ff.

[18] *Fünfsinn*, 1985, S. 52; *Kretschmer*, Jura 2000, 267, 269; *Kaspar*, JuS 2012, 16, 17. – Nach *Roxin*, AT I, 24/3, ist die Fahrlässigkeit nach „fast einheitlicher Auffassung ein Tatbestandsproblem". Ebenso SK-*Hoyer*, Anh. zu § 16 Rn. 5 mit Hinweisen zu den Vertretern der „klassischen Schuldlösung". Für Fahrlässigkeit als Bestandteil des strafrechtlichen Unrechts MK-*Duttge*, § 15 Rn. 89.

[18a] Eine systematische Sonderstellung nimmt *Burkhardt*, 1996, S. 130 f., ein, der auf der Basis eines einteiligen Fahrlässigkeitsbegriffs auch beim Fahrlässigkeitsdelikt zwischen objektivem und subjektivem Tatbestand unterscheidet.

[19] Vgl. W-*Beulke*, Rn. 875: Voraussehbarkeit; vgl. auch *Ebert*, S. 168, der diese Pflichtwidrigkeit für dieses Beispiel noch konkreter beschreibt.

für die Prüfung der Kausalität „der Eintritt der konkreten Gefährdungslage maßgeblich" (BGHSt 53, 55, 59);[19a] z.B. bei einem verbotenen Beschleunigungsrennen
(dazu oben 4/89) die Einleitung und Durchführung des für den Beifahrer tödlich
endenden Überholvorgangs (BGH a.a.O.); gemeint ist der „rechtliche Ursachenzusammenhang" (BGHSt 33, 61, 64), also wohl die objektive Zurechnung. – Die Außerachtlassung der im Verkehr erforderlichen Sorgfalt macht aus einem aktiven Tun
(Überholen) kein Unterlassen (Nichteinhaltung des geforderten Seitenabstands).[19b]
Näher dazu 18/23 f.

> Aus der **Übungsfall-Literatur** zur Erfolgsverursachung beim Fahrlässigkeitsdelikt vgl.: *Hil-*
> *gendorf,* Fallsammlung, Fall 9, S. 59 u. 61; *Rudolphi,* AT-Fälle, Fall 14, S. 166 sowie Fall 15,
> S. 177 u. 181. – Prüfungshinweise und Bspr. bei: *Beck,* JA 2009, 111, 113.

2. Sorgfaltswidrigkeit und Erkennbarkeit

14   Schon die Überschrift dieses Abschnittes enthält ein Votum gegen ein ausschließ-
liches Abstellen auf die **Erkennbarkeit** der Tatbestandsverwirklichung bei der Fahrlässigkeit. Die Lehre von der „Fahrlässigkeit als Erkennbarkeit der Tatbestandsverwirklichung"[20] hält es für utopisch, alle gesellschaftlichen Bereiche durch konkrete
Sorgfaltsvorschriften zu regeln. Die Sorgfaltspflichtverletzung sei zwar eine dekora-
tive Umschreibung des Täterverhaltens, doch gelinge ihr die Konkretisierung der
Generalklausel der Fahrlässigkeit nur unvollkommen: „hinsichtlich der Kriterien,
wann nun Fahrlässigkeit gegeben ist und wann nicht, gibt sie überwiegend keine
Antwort."[21] Erst die Konzentration auf die Erkennbarkeit soll die erforderliche
Konkretisierung leisten können. Nach *Schroeder*[22] sind deren Grundvoraussetzun-
gen „die Erkennbarkeit der tatsächlichen Situation und die Voraussehbarkeit der eigenen Handlung und der Handlungen anderer und ihrer Auswirkungen." Mittel der
Erkennbarkeit seien die Sinne, technische Hilfsmittel, die Kenntnis von Erfahrungssätzen und ihre Anwendung auf die tatsächliche Situation; als zusätzliche Erkennt-
nismittel werden das Gedächtnis und das Erinnerungsvermögen genannt. Schließlich
müsse ein Anlass zur Erkennung (z.B. zur Einholung von Auskünften) gegeben sein,
und es sei die Rolle der Zeit zu beachten (nicht genügend Zeit für eine ausreichende
Information über die tatsächliche Situation z.B. im Straßenverkehr).

15   Gegen diese Konzeption der Fahrlässigkeit nur als Erkennbarkeit der Tatbestandsverwirklichung spricht nicht so sehr, dass – was auch *Schroeder* einräumt –
bisher „kein erschöpfendes Tableau der Faktoren der Erkennbarkeit"[23] vorliegt.

[19a] *Fischer,* 33 vor § 13 m.N.; so auch schon BGHSt 24, 34 („Trunkenheitsfall"; zur objektiven Zurechnung s. unten Rn. 63): „mit dem Eintritt der konkreten kritischen Verkehrslage
…, die unmittelbar zu dem schädlichen Erfolg geführt hat.

[19b] *Zieschang,* Rn. 427.

[20] So der programmatische Titel des Aufsatzes von *Schroeder,* JZ 1989, 776 ff. Vgl. auch die
Idee einer „fahrlässigen Straftat ohne Sorgfaltspflichtverletzung" von *Schmidhäuser,*
Fs. Schaffstein, 1975, S. 129. – Krit. zu beiden Ansätzen B-*Volk,* S. 158. – Auch *Jakobs,* 9/7,
setzt auf die Voraussehbarkeit, schränkt aber über das erlaubte Risiko ein. – Zum Streitstand
NK-*Paeffgen,* § 229 Rn. 7, 8, der auch *Kindhäusers* [GA 1994, 197, 2006 ff.] Position einbe-
zieht, der in der Unsorgfalt ein Kriterium der objektiven Zurechnung sieht.

[21] *Schroeder,* JZ 1989, 779.

[22] JZ 1989, 779; vgl. zu diesen Faktoren der Erkennbarkeit auch schon LK[11]-*Schroeder,*
§ 16 Rn. 132 ff. – Auf die Erkennbarkeit stellt auch *Duttge,* 2000, S. 355 ff., 389 ff. ab. – Krit.
Dehne-Niemann, GA 2012, 89, 91.

[23] JZ 1989, 779. Krit. zur Vorausschaubarkeit als alleinigem Kriterium der Fahrlässigkeit
Ida, Fs. Hirsch, 1999, S. 225, 229 ff., der „Unklarheiten hinsichtlich des Grades der Konkretisierung" ausmacht (S. 231).

Schon die genannten Faktoren erlauben in vielen Fällen eine situationsbezogene, konkrete Beurteilung, ob ein Fehlverhalten vorliegt. Nur liegen solche Beurteilungen über schadensgeneigte Situationen gebündelt auch den von *Schroeder* als „Irrlehre" bekämpften Sorgfaltspflichten zugrunde. Solche **Sorgfaltsvorschriften** regeln nicht nur wichtige Teilbereiche wie den Straßenverkehr nahezu vollständig, sie leisten auch in anderen Bereichen als **gewonnene Erfahrung** wertvolle Dienste, so z.B. die ärztlichen Kunstregeln für den Bereich ärztlichen Handelns.

Schünemann kann nicht ohne Grund behaupten, dass sich „die Kategorie der **16** Sorgfaltspflichtverletzung ... als außerordentlich fruchtbar zur **Ausfüllung** des zunächst einmal **generalklauselartigen** Fahrlässigkeitstatbestandes erwiesen" hat.[24] Man sollte schon deshalb auf die Sorgfaltspflichtverletzung als Tatbestandsmerkmal des Fahrlässigkeitsdelikts nicht verzichten. Ein solcher Verzicht kommt aber auch deshalb nicht in Betracht, weil in den Sorgfaltspflichten auch schon das **erlaubte Risiko** berücksichtigt ist.[25] Damit erfasst man „im Fahrlässigkeitsbereich nach verbreitetem Verständnis die verletzungsträchtige Gefahr, die übrig bleibt, wenn sich der Täter an einen bestimmten Standard gefahrbegrenzender Sorgfaltsregeln hält, etwa an die Regeln des Straßenverkehrs oder die ärztliche ‚lex artis'."[26] Das bedeutet, dass sich der Fahrer trotz **erkennbarer** Gefährdung oder Schädigung anderer solange sorgfältig verhält, wie er sich im Rahmen dieses erlaubten Risikos bewegt. Will man diesen Gedanken im Fahrlässigkeitsstrafrecht nicht übergehen, so kann man mit der Fahrlässigkeit als (nur) Erkennbarkeit der Tatbestandsverwirklichung nicht zufrieden sein.[27]

Der Gedanke des erlaubten Risikos erscheint aber angesichts der Schadensge- **17** neigtheit zahlreicher alltäglicher Verhaltensweisen wie z.B. der Teilnahme am Straßenverkehr unverzichtbar, wenn man nicht **sozial nützliche Verhaltensweisen** ganz verbieten will. Gesteht man dies zu, so ist ebenso unverzichtbar, die Sorgfaltspflichtverletzung als Tatbestandserfordernis anzuerkennen, denn nur so können Sorgfaltspflichten beachtende und dennoch erkennbar gefährliche Verhaltensweisen aus dem Bereich des Unrechts ausgeschieden werden.[28] Die Erkennbarkeit der Tatbestands-

---

[24] *Schünemann*, GA 1985, 359. – Krit. aber MK-*Duttge*, § 15 Rn. 111–113, 121–128; s. auch eingehend *Duttge*, 2001, S. 207 ff., der den Kern des fahrlässigkeitsspezifischen Handlungsunwerts im „Veranlassungsmoment" sieht (S. 310, 322, 355; zu dessen sachlichem Gehalt, S. 373 ff.); gemeint ist damit in der herkömmlichen Terminologie „sich aufdrängend" oder „nahe liegend" (S. 427; von „trifftiger Veranlassung" spricht etwa BGHSt 13, 169, 175); krit. zu *Duttge Herzberg*, GA 2001, 568.

[25] Vgl. *Köhler*, S. 185; S/S-*Sternberg-Lieben*, § 15 Rn. 145; *Stratenwerth/Kuhlen*, 15/19. – Für die Verzichtbarkeit der Sorgfaltswidrigkeit und ihre Ersetzung durch die Lehre von der objektiven Zurechnung *Roxin*, AT I, 24/10. Kritisch zur Sorgfaltspflichtverletzung als normlogisch sogar falschem Merkmal *Jakobs*, 9/6; ablehnend auch *Kremer-Bax*, 1999, S. 47 ff.; krit. zur Sorgfaltspflichtverletzung auch *Weigend*, Fs. Gössel, 2002, S. 129, 131: ersichtlich zu unbestimmt. – Zum erlaubten Risiko bei technologischer Entwicklung *Hoyer*, ZStW 121 (2009), 860, 872.

[26] So zusammenfassend *Küper*, Fs. Lackner, 1987, S. 270, mit Nachweisen.

[27] B-*Weber/Mitsch*, 22/14; erst recht nicht, wenn man ein „vom erlaubten Risiko geprägtes Fahrlässigkeitsstrafrecht" favorisiert so *Schünemann*, GA 1985, 359; vgl. auch *Kindhäuser*, GA 1994, 197, 209, und *Schlüchter*, 1996, S. 89 f. – *Schroeder*, JZ 1989, 780, hält demgegenüber wenig oder nichts vom Institut des erlaubten Risikos.

[28] Vgl. LK[11]-*Hirsch*, Rn. 30 u. 32 vor § 32; ähnlich LK-*Rönnau*, Rn. 55 vor § 32. Zum Zusammenhang von Sorgfaltspflicht und erlaubtem Risiko vgl. auch *Jescheck/Weigend*, S. 579; *Joecks*, § 222 Rn. 9; *Maiwald*, Fs. Jescheck, 1985, S. 412 f.; *Kudlich*, 2004, S. 397 f.; S/S-*Sternberg-Lieben*, § 15 Rn. 127 u. 144; eingehend *Schürer-Mohr*, 1998, S. 167. – Zum Bezug der Unzumutbarkeit auf das erlaubte Risiko s. *Maiwald*, Fs. Schüler-Springorum, 1993, S. 448.

verwirklichung, insb. die Voraussehbarkeit des Erfolges, reicht also nicht allein zur Bestimmung der Fahrlässigkeit aus, denn sie besagt noch nichts darüber, ob eine riskante Verhaltensweise nicht auf Grund einer Interessenabwägung von Rechts wegen doch erlaubt ist.[29]

18   Besteht man aus den angegebenen Gründen auf der Tatbestandsvoraussetzung der Sorgfaltspflichtverletzung, so muss man auf das Erfordernis der Erkennbarkeit der Tatbestandsverwirklichung nicht verzichten. Eine Berücksichtigung **beider** Kriterien im Tatbestand des Fahrlässigkeitsdelikts entspricht sogar der h. M., wie auch deren schärfster Kritiker – *Schroeder* – sieht: „Die meisten Lehrbücher und Kommentare definieren Fahrlässigkeit heute als objektive Sorgfaltspflichtverletzung und Erkennbarkeit der Tatbestandsverwirklichung."[30] Und man kann hinzufügen: auch die Rspr. (vgl. BGHSt 49, 166, 174; OLG Köln NStZ-RR 2002, 304 u. OLG Bamberg NStZ-RR 2008, 10, 11, das noch die „Überschreitung des erlaubten Risikos" hinzunimmt). Dabei sollen diese beiden Tatbestandsvoraussetzungen nicht nebeneinander stehen, sondern so innerlich verbunden sein, dass sie nicht isoliert beurteilt werden können.[31] *Beulke* drückt diese Verbundenheit so aus: „Außerachtlassung der im Verkehr erforderlichen Sorgfalt (= objektive Sorgfaltspflichtverletzung) **bei** objektiver Voraussehbarkeit des tatbestandlichen Erfolges."[32] Wenn es demgegenüber bei *Tiedemann* heißt: „Die Verletzung dieser Sorgfalt begründet die generelle Vorhersehbarkeit ... des Erfolgseintritts",[33] so stimmt das nur für den von der Sorgfaltsnorm zutreffend vorhergesehenen Normalfall. Man kann die Abhängigkeit des einen Merkmals vom anderen ebenso gut – mit *Geilen* – umgekehrt sehen: Die objektive Vorhersehbarkeit „ist eng mit der Sorgfaltspflichtverletzung verbunden, weil sich das sorgfältige Verhalten in der Regel nach der Vorhersehbarkeit schädlicher Erfolge richtet."[34]

19   Allgemein lässt sich deshalb sagen, dass die Erkennbarkeit der Tatbestandsverwirklichung, insbesondere die **Voraussehbarkeit** des Erfolges bei Erfolgsdelikten, ein **wesentlicher** Bestandteil des Fahrlässigkeitsbegriffs ist,[35] möglicherweise sogar eine „notwendige Voraussetzung" der objektiven Sorgfaltswidrigkeit.[36] Sie deckt sich mit dem Merkmal der Sorgfaltspflichtverletzung nur im Regelfall. So sind Verletzungen von Mitspielern bei Begehung einer Regelwidrigkeit grundsätzlich vorhersehbar, z. B. für einen Fußballspieler, der entgegen den Spielregeln noch nach dem Ball tritt,

---

[29] Vgl. zu dieser Argumentation *Kuhlen*, 1989, S. 94; *Frisch*, 1983, S. 139 ff.; ähnlich *Freund*, 5/44 f. u. in: Fs. Küper, 2007, S. 63, 76. – Kritisch zur Leistungsfähigkeit der Voraussehbarkeit *Herzberg*, 1984, S. 164 f.: allenfalls ein Indiz, nicht aber ein Kriterium für die Verletzung der gebotenen Sorgfalt.

[30] *Schroeder*, JZ 1989, 776. Repräsentativ für die h. M. deshalb etwa *Ebert*, S. 165: die objektive Fahrlässigkeit setze sich aus der objektiven Sorgfaltspflichtwidrigkeit der Handlung und der objektiven Voraussehbarkeit des Erfolges zusammen. – Gegen eine Prüfung beider „als getrennte Elemente" *Arzt*, S. 201 f.

[31] Ebenso *Kaspar*, JuS 2012, 16, 19, *Fischer*, § 15 Rn. 14 u. KK OWiG-*Rengier*, § 10 Rn. 30; krit. MK-*Duttge*, § 15 Rn. 110 Fn. 544: diffuse Wendung.

[32] W-*Beulke*, Rn. 875; vgl. auch *ders.*, Rn. 667: objektive Voraussehbarkeit und Außerachtlassung der verkehrserforderlichen Sorgfalt.

[33] Anfängerübung, S. 66 u. 152.

[34] *Geilen*, S. 221; vgl. auch *Jescheck/Weigend*, S. 580, sowie *Tiedemann*, Anfängerübung, S. 152; vgl. auch *Gössel*, Fälle, Fall 7, S. 124 f. u. 129.

[35] Vgl. S/S-*Sternberg-Lieben*, § 15 Rn. 125.

[36] *Kuhlen*, 1989, S. 93; vgl. auch *Freund*, 5/43; u. in: Fs. Küper, S. 63, 75; dazu MK-*Duttge*, § 15 Rn. 110; a. A. *Heinrich*, AT II, Rn. 1013, der die „objektive Vorhersehbarkeit" als Bestandteil der objektiven Zurechnung verortet und mit ihr atypische Kausalverläufe bewältigen will (s. dazu unten 17/41).

den der Torwart bereits in Händen hat.[37] Es gibt aber im Rahmen sportlicher Wett-
kämpfe auch Konstellationen, in denen trotz Voraussehbarkeit einer Verletzung
sorgfaltswidriges Handeln ausscheidet.[37a]

Eine besondere Aufgabe kommt der Erkennbarkeit bei der **Anpassung** von Sorg- 20
faltsnormen **an außergewöhnliche Situationen** zu. So kann „aus einer Verkehrsüber-
tretung allein noch nicht auf die Voraussehbarkeit des Erfolges geschlossen werden", z.B. bei einer Überschreitung einer (rein) energie- und umweltpolitisch
motivierten Geschwindigkeitsbeschränkung auf die Voraussehbarkeit eines Unfalls.[38] Es kann aber auch bei Einhaltung einer bestehenden Sorgfaltsnorm ein fahrlässiges Verhalten dann angenommen werden, wenn von ihm (ausnahmsweise) erkennbar Gefahren für andere ausgehen; so darf z.B. ein Betrieb trotz Einhaltung der
vorgeschriebenen feuerpolizeilichen Maßnahmen nicht ohne weitere Sicherheitsvor-
kehrungen fortgeführt werden, wenn es wegen ungünstiger Umstände zu erkennbaren Brandgefahren kommt.[39] Es kann sogar **sorgfaltswidriges** Verhalten geboten
sein, wenn dadurch ein bei vorschriftsmäßigem (Weiter-)Verhalten voraussehbarer
Schaden verhindert werden kann, z.B. die Übertretung der Höchstgeschwindigkeit
zur Vermeidung einer Kollision.[40]

Oft wird erst die Erkennbarkeit der Gefährlichkeit der ins Auge gefassten Hand- 21
lung für die Rechtsgüter anderer die Überlegung **auslösen**, welche Sorgfaltsanforderungen man zu beachten hat. Schließlich ist man u.a. auf die Erkennbarkeit der Tatbestandsverwirklichung zur Bestimmung der Sorgfalt dann angewiesen, wenn für
bestimmte, seltener vorkommende Situationen **noch** keine Sorgfaltsgebote existie-
ren.[41]

Abweichend von der hier vorgestellten Konzeption der Rechtsprechung und herr- 21a
schenden Lehre wird der Tatbestand des Fahrlässigkeitsdelikts auf die **objektive Zurechnung** reduziert. So soll die fahrlässige Handlung in der Schaffung einer rechtlich
missbilligten Gefahr bestehen und ein Erfolg, der dem zugerechnet wird, fahrlässig
verursacht sein, ohne dass es weiterer Kriterien bedürfe.[41a] Unterschiede in der Sache sollen damit aber nicht benannt sein.

> Aus der **Übungsfall-Literatur** zum Tatbestand des Fahrlässigkeitsdelikts vgl.: *Freund,* JuS
> 2001, 475; *Goeckenjahn,* JuS 2008, 702 u. 703f.; *Hilgendorf,* KK I, Fall 6, Rn. 14 und Fall 7,
> Rn. 20 f.; KK II, Fall 5, Rn. 39, 92 und Fall 13, Rn. 8–10 sowie KK III, Fall 4, Rn. 35; *Kudlich,* AT-
> Fälle, Fall 3, S. 31 (erlaubtes Risiko) und Fall 6, S. 87 f. („Zufallshaftung"); *Meurer/Kahle/Diet-
> meier,* Übungskriminalität, Fall 3, S. 23 ff. u. 30 f.; *Müller/Raschke,* Jura 2010, 704 f. u. 708 (um-

---

[37] *S/S-Sternberg-Lieben,* § 15 Rn. 220.
[37a] *Kaspar,* JuS 2012, 16, 19 u. schon in: JuS 2004, 409.
[38] *S/S-Sternberg-Lieben,* § 15 Rn. 135 u. 183. – Vgl. auch *Roxin,* AT I, 24/16; *Freund,* 5/55;
Lackner/Kühl, § 15 Rn. 39 u. SK-*Hoyer,* Anh. zu § 16 Rn. 37 f.: generelle Verhaltensanord-
nungen als widerlegliche Risikoanhaltspunkte; außerdem: *Weigend,* Fs. Gössel, S. 129, 132. –
Aus der Rspr. vgl. BGHSt 4, 182, 187: trotz StVO-Verstoß war Unfall nicht voraussehbar
(aufgegriffen von *Kaspar,* JuS 2012, 16, 19).
[39] Vgl. wieder *S/S-Sternberg-Lieben,* § 15 Rn. 183 sowie 147, 150, 213.
[40] Vgl. *Ebert,* JR 1985, 358, sowie *Roxin,* AT I, 24/16, mit BayObLG St 59, 13.
[41] Vgl. *Niewenhuis,* 1984, S. 28. – Vgl. auch OLG Bamberg NStZ-RR 2008, 10, 11: Ge-
fechtsübung mit scharfer Munition.
[41a] So zur Handlung *Murmann,* GK, 30/9; ähnlich *Freund,* Fs. Maiwald, 2011, S. 211, 213;
auch *Gropp,* 12/65, der auf die Schaffung einer erhöhten Gefahr abstellt; nach *Hoyer,* ZStW
121 (2009), 860, 874, ist das unerlaubte Risiko Eigenschaft der tatbestandsmäßigen Handlung; zum Erfolg *Roxin,* AT I, 24/10; dass diese Sicht nicht zwingend zur Aufgabe der Sorgfaltspflichtverletzung führt, zeigt *Kaspar,* JuS 2012, 16, 18 f. – Krit. zur Begründung der „Risikoerhöhungstheorie" *Dehne-Niemann,* GA 2012, 89 ff.: gegen „die Formel der Schaffung
einer unerlaubten Gefahr" sei „der Vorwurf der Selbstreferentialität zu erheben" (S. 90).

sichtig Handelnder aus dem jeweiligen Verkehrskreis); *Rentrop,* AL 2009, 270 u. 274; *Timpe,* Jura 2009, 465 u. 467; *Rudolphi,* AT-Fälle, Fall 13, S. 148 u. 149 f., sowie Fall 14, S. 166–168; *Tiedemann,* Anfängerübung, Fall 1, S. 165 u. 169 sowie Fall 6, S. 185 u. 189.

Zur Sorgfaltspflichtverletzung:

22   Zur Feststellung dieses Tatbestandsmerkmals des Fahrlässigkeitsdelikts muss – methodisch gesehen[42] – zunächst herausgefunden werden, welches Verhalten von der Rechtsordnung in dieser Situation gefordert wird. Es muss also das sorgfältige Verhalten angegeben werden, um daran das Verhalten des Täters **messen** zu können. Wird bei dieser Messung eine **Abweichung** des Täterverhaltens vom sorgfältigen Verhalten „nach unten" festgestellt, so liegt eine Sorgfaltspflichtverletzung vor.

23   Sorgfältiges Verhalten, d. h. die Sorgfaltsanforderungen, die an ein Verhalten gestellt werden, ergeben sich häufig aus Spezialgesetzen, z. B. der StVO für den Straßenverkehr (sog. **Sondernormen**[43]): Der sorgfältige Teilnehmer am Straßenverkehr hat sich an die ihm bekannt sein müssenden Regeln der Straßenverkehrsordnung zu halten, z. B. seine Geschwindigkeit so einzurichten, wie dies dort vorgeschrieben ist. Sorgfaltspflichten ergeben sich aber auch aus **Erfahrungssätzen** wie den „allgemein anerkannten Regeln der Technik"[44] oder den Regeln der ärztlichen Kunst:[45] Der Arzt hat bei der Durchführung einer ärztlichen Maßnahme, insbesondere einer Operation, das zu tun, was nach den Regeln und Erfahrungen der ärztlichen Kunst zur Vermeidung von körperlichen Schäden getan werden muss.[46] Im Bereich der Unterbringung

---

[42] Vgl. dazu *Heinrich,* AT II, Rn. 1028; aus normtheoretischen Überlegungen ebenso *Rössner,* Fs. Hirsch, 1999, S. 313, 321 f.

[43] Vgl. zu diesen Verhaltensvorschriften *Lackner/Kühl,* § 15 Rn. 39, die dazu auch Unfallverhütungsvorschriften (vgl. dazu OLG Karlsruhe NStZ-RR 2000, 141 f.) und Spielregeln beim Kampfsport zählen. – Eingehend zu den positivrechtlichen Konkretisierungen „erlaubter Risiken" *Schürer-Mohr,* 1998, S. 175 ff. – Zu den „Rechtsnormen" der StVO vgl. *Kretschmer,* Jura 2000, 267, 270; speziell zu §§ 35, 38 StVO bei Unfällen im Rahmen von Einsatzfahrten *Pießkalla,* NZV 2007, 438 ff. – Zum Einfluss von EG-Richtlinien auf die Bestimmung von Sorgfaltspflichten vgl. *Lackner/Kühl,* § 15 Rn. 39; *S/S-Sternberg-Lieben,* § 15 Rn. 224 a u. *Hecker,* 2010, 10/74–76 mit Bsp.; zu EWG-Lenkzeiten-VO LG Nürnberg/Fürth NJW 2006, 1824, 1826: „Sondernorm". – Zu ungeregelten Verhaltensbereichen *Mikus,* 2002, S. 182, der dort „nur" ein „verantwortungsbewusst vertretbares Verhalten" verlangt. – Rechtsvergleichend mit Italien *Colombi Ciacchi,* 2005, S. 92, 115, 183 m. insoweit krit. Bspr. *Duttge,* GA 2008, S. 115, 116 f.

[44] Vgl. *S/S-Sternberg-Lieben,* § 15 Rn. 184 und schon Rn. 134; krit. *Hoyer,* ZStW 121 (2009), 860, 872, der – weil aktueller – auf den „Stand der Technik und der Wissenschaft" abstellen will. – Zu weiteren sog. „Verkehrsnormen" vgl. *Kretschmer,* Jura 2000, 267, 270 f., u. *Roxin,* AT I, 24/19, der die Indizwirkung eines Verstoßes gegen solche privaten Regelwerke eher gering einschätzt; noch kritischer *Schünemann,* Fs. Lackner, 1987, S. 389, anders aber *Kuhlen,* 1989, S. 121: „erhebliche Bedeutung" für die Bestimmung des Sorgfaltsmaßstabs; ähnlich zu den von ihm sog. Verwaltungsvorschriften *Ida,* Fs. Hirsch, 1999, S. 225, 237 f. – Zu den Sorgfaltspflichten bei der strafrechtlichen Produkthaftung s. *Große Vorholt,* 1997, S. 103–112; *Hilgendorf,* 1993, S. 146–163; *Ransiek,* ZGR 1999, 614 ff.; *Schwartz,* 1999, S. 69–104; *S/S-Sternberg-Lieben,* § 15 Rn. 223 m. w. N. – Zur starken Indizwirkung der technischen Regelwerke für die am Bau Beteiligten *Esser/Keuten,* NStZ 2011, 314, 318 f.

[45] Vgl. *Roxin,* AT I, 24/35; eingehend *Tag,* 2000, S. 199 ff.; zur umstrittenen „Zulässigkeit von Außenseitermethoden", vgl. *Tamm,* 2007 u. *Ulsenheimer,* 2007, Rn. 19, 39; zur entsprechenden Aufklärung des Patienten Rn. 82, 85; zur Ermittlung des Sorgfaltsstandards bei unklarem Stand in der Wissenschaft am Bsp. Hepatitis *Paeffgen,* Fs. Rudolphi, 2004, S. 187 ff.

[46] Vgl. *S/S-Sternberg-Lieben,* § 15 Rn. 219; aus der Rechtsprechung vgl. BGH NJW 2000, 2754, 2758: „Standard eines erfahrenen Facharztes"; kein „Ärzteprivileg" mit Einschränkung auf „grobe Behandlungsfehler" u. BGHSt 56, 277, 287 (m. zust. Bspr. *Kudlich,* NJW 2011, 2856 u. *Beckemper,* ZJS 2012, 132): Vornahme einer komplexen mehrstündigen Operation

in psychiatrischen Kliniken ergeben sich die Sorgfaltsanforderungen an die Anstaltsärzte hinsichtlich der Ausgangsgewährung aus landesrechtlichen Unterbringungsgesetzen (BGHSt 49, 1 mit Bspr. *Pollähne,* JR 2004, 429, 435, *Saliger,* JZ 2004, 975 u. *Neubacher,* Jura 2005, 857, 859 ff.). Im Bereich der sportlichen Betätigung hat der Sportler sein Verhalten an den sog. „**Sportnormen**", „Sportregeln" oder „Wettkampfregeln" zu orientieren.[46a] So gibt es FIS-Regeln für Skifahrer, aber keine verbindlichen Vorgaben für Massengebirgsläufe im Freizeitsportbereich wie dem „Zugspitzlauf" (*Jahn,* JuS 2011, 844, 845 zu AG Garmisch-Partenkirchen SpuRT 2011, 127 f.; zu den Sorgfaltspflichten des Sportwettkampf-Veranstalters auch BGH NJW 2003, 2018 m. Bsp. *Emmerich,* JuS 2003, 1026).[46b] Nicht festgeschrieben sind auch die Pflichten des **Hundehalters,** der sich von diesen jedenfalls nicht durch schon standardisierten Satz: „Der tut nichts, der will nur spielen" befreien kann.[46c]

So sehr diese Verhaltensvorschriften bzw. -regeln den Einstieg in die Prüfung der 24 Sorgfaltspflichtverletzung – auch bei der Übungsfallbearbeitung[46d] – erleichtern, so wenig garantieren sie, dass jeder **Regelverstoß** eine Sorgfaltspflichtverletzung darstellt, und – umgekehrt – dass ein Sorgfaltsverstoß bei Einhaltung der Vorschrift ausscheidet (s. schon oben zur Verhältnisbestimmung von Sorgfaltspflichtverletzung und Erkennbarkeit Rn. 18). Insbesondere bei außerstrafrechtlichen, z. B. beruflicher Sorgfaltspflichten, ist nicht jede Verletzung auch eine Verletzung der strafrechtlichen Sorgfaltspflicht (*Krüger/Krocke,* Jura 2011, 289, 296 zu BGHSt 55, 121 [„Brechmitteleinsatz"]). Handelt es sich bei dem zu prüfenden Fall allerdings um einen „**alltäglichen**" Fall, d. h. entsprach er genau der Situation, die die Vorschrift bzw. Regel „als Modell im Auge" hatte,[47] so kann er durch Subsumtion unter die Vorschrift bzw. Regel gelöst werden. Nur bei „Besonderheiten der konkreten Fallgestaltungen",[48] die von der Vorschrift bzw. Regel nicht erfasst sind, sind zusätzliche Überlegungen zur Erkennbarkeit[49] und Abwägungen[50] erforderlich.

ohne Hinzuziehung bzw. Verfügbarkeit eines Anästhesisten. – Zu den Sorgfaltspflichten des Arztes vgl. auch *Ulsenheimer,* 2008, Rn. 17 ff., der – mit *Laufs,* NJW 1986, 1519 – von einer „Überspannung der Sorgfaltsanforderungen" durch Gerichte spricht (Rn. 27); vgl. auch den Überblick bei *Knauer/Brose,* in: Spiekhoff, 2011, § 22 Rn. 7 ff.

[46a] Näher *Rössner,* Fs. Hirsch, 1999, S. 313 f., *Niedermaier,* 1999, S. 131, *Kretschmer,* Jura 2000, 267, 270 f. u. *Schild,* 2002, S. 25 ff., der „Spielregeln" kaum rechtliche Relevanz zuerkennt, S. 51 ff.; vgl. auch *Roxin,* AT I, 24/20; LK-*Vogel,* § 15 Rn. 220 u. S/S-*Sternberg-Lieben,* § 15 Rn. 220. – Speziell zu den Regeln beim Skisport vgl. OLG Hamm SpuRT 2002, 18; S/S-*Sternberg-Lieben,* § 15 Rn. 221. – Zum Sorgfaltsmaßstab beim Abseilen auf einer Klettertour LG Aschaffenburg, SpuRT 2002, 69 m. Anm. *Schmidt.*

[46b] Zu den Sorgfaltspflichten von Skifahrern vgl. S/S-*Sternberg-Lieben,* § 15 Rn. 221, zu den Verkehrssicherungspflichten der Skiliftbetreiber Rn. 222.

[46c] Vgl. zu diesen Pflichten OLG Köln NStZ-RR 2002, 304; OLG Frankfurt NStZ-RR 2011, 205; *Fischer,* § 222 Rn. 24.

[46d] Ebenso W-*Beulke,* Rn. 672, der rät, damit bei der Falllösung zu beginnen; ebenso *Kaspar,* JuS 2012, 16, 20: erster Schritt.

[47] *Maiwald,* JuS 1989, 186; vgl. auch *Quentin,* JuS 1994, L 49. – Zur indiziellen Wirkung des Verstoßes gegen Sondernormen für die Sorgfaltswidrigkeit s. *Schürer-Mohr,* 1998, S. 195 u. *Kudlich,* Fs. Otto, 2007, S. 373, 374, 387, der von einem Regel-Ausnahme-Prinzip ausgeht; *Esser/Keuten,* NStZ 2011, 314, 318: starke Indizwirkung.

[48] *Maiwald,* JuS 1989, 186; *Jescheck/Weigend,* S. 582. – Außergewöhnliche Umstände, die das Risiko erkennbar erhöhen, begründen nach BGHSt 37, 189, über das gewöhnliche Maß hinausgehende Sorgfaltspflichten.

[49] Vgl. LK[11]-*Schroeder,* § 16 Rn. 132–156.

[50] Vgl. *Roxin,* AT I, 24/39: Abwägung von Nutzen und Risiko; *Quentin,* JuS 1994, L 41, L 47: Abwägung von Gefährlichkeit und Handlungsvorteil. – Skeptisch zur Möglichkeit der Kosten-Nutzensaldierung *Jakobs,* 7/36, der zusätzlich auf das erlaubte Risiko auf Grund „his-

Aus der **Übungsfall-Literatur** zur Sorgfaltspflichtverletzung vgl.: *Brüning*, JuS 2007, 255 u. 258; *Esser/Krickl*, JA 2008, 787 u. 792 f.; *Fahl*, Jura 1995, 654 u. 658; *Geisler/Meier*, Jura 2010, 388 u. 391; *Haas*, AL 2012, 119 u. 120 (§ 5 IV 2 StVO-Verstoß); *Hilgendorf*, KK I, Fall 9, Rn. 4 (StVO-Verstoß); KK I, Fall 17, Rn. 11 und KK II, Fall 15, Rn. 97 (hartes Foul nicht mehr sozialüblich); *Jäger*, Fall 10, Rn. 57 f. (BGHSt 49, 1, nachgebildet); *Kudlich*, AT-Fälle, Fall 3, S. 38 f. (Indizwirkung des § 3 I 2 StVO) und in: PdW AT, Fälle 165, 166, 167; *Krumdiek*, Jura 2009, 623 u. 625 (§ 24 a StVG-Verstoß); *Magnus*, Jura 2009, 390 u. 390 f., 392 (StVO-Verstöße); *Neubacher*, JuS 2005, 1101 u. 1104 f.; *Otto/Bosch*, Übungen, Fall 3, S. 100 (Maß des erlaubten Risikos durch Abwägung nach den Kriterien der Schadenswahrscheinlichkeit und Schadensintensität zu ermitteln, wenn spezielle Rechts- oder Verhaltensnormen fehlen); *Seier*, Anfängerklausur, Nr. 3, S. 35 u. 38 (§ 29 BtMG-Verstoß); *Seher*, in: *Ebert* (Hrsg.), Fall 12, S. 12 f. u. 184 (StVO-Verstöße); *Valerius*, Klausur 7, S. 119 u. 124 sowie Klausur 8, S. 129 u. 136.

25   In diese Verhaltensvorschriften und Erfahrungssätze ist nicht nur eine auf „Erfahrung und Überlegung" beruhende umfassende „Voraussicht möglicher Gefahren"[51] eingegangen (so dass die Erkennbarkeit schon hier Berücksichtigung gefunden hat), sondern es sind auch normative Erwägungen zum hinnehmbaren, tolerablen Risiko berücksichtigt. Beide Momente – Voraussicht möglicher Gefahren und erlaubtes Risiko – müssen auch berücksichtigt werden, wenn das sorgfältige Verhalten für Situationen ermittelt werden muss, für die keine Sondernormen oder Regeln zur Verfügung stehen. Hier hat es sich „als hilfreich und zweckmäßig erwiesen, die Rechtsordnung zu **personalisieren**"[52] und sog. „**Sorgfaltstypen**" aufzustellen. Als „Sorgfaltstyp" gilt der **gewissenhafte bzw. einsichtige und besonnene Angehörige des betreffenden Verkehrskreises**.[53] Man spricht auch von der „sozialen Rolle des Handelnden" (BGH NStZ 2005, 446, 447, die in der Entscheidung für eine „rauchende Mutter" überdehnt wird, die trotz liegengelassener „Kippen" keine konkrete Brandgefahr erkennen konnte; krit. deshalb *Herzberg*, NStZ 2005, 602, *Kudlich*, JuS 2005, 848, *Walther*, JZ 2005, 686 u. *Duttge*, NStZ 2006, 266, 269; bei der die lebensgefährliche Wirkung nicht vorhersehenden Mutter lehnt BGHSt 51, 18, 21 immerhin die individuelle Vorhersehbarkeit ab [zur Kritik s. u. 17 a/30 und *Heinrich*, AT II, Rn. 1014]). Diesem Normmenschen wird die Fähigkeit zur Erkennung und Vermeidung von Gefahren zugeschrieben, er weiß aber auch, wie weit man bei riskanten Verhaltensweisen von Rechts wegen gehen darf.

---

torischer Legitimation" abstellt; krit. zu diesem Üblichkeitskriterium *Lübbe*, in: *Lüderssen* (Hrsg.), 1998, I S. 382 ff., die betont, dass zwar nur eine Interessenabwägung im legalen Entscheidungsprozess dazu geeignet sei, die inhaltliche Akzeptanz einer gesetzlichen Erlaubnis zu riskantem Verhalten herbeizuführen, aber mit dem erlaubten Risiko gerade Verhaltens-Schemata geschaffen werden müssten, die dem einzelnen die Vornahme komplexer variabler Interessenabwägungen ersparen.

[51] *Lackner/Kühl*, § 15 Rn. 39; ebenso OLG Karlsruhe NStZ-RR 2000, 141 f.
[52] *Horn*, LdR, S. 339.
[53] Vgl. *Jescheck/Weigend*, S. 582; *Zieschang*, Rn. 430; *Kretschmer*, Jura 2000, 267, 271; *Kaspar*, JuS 2012, 16, 19 f.: „Meta-Sorgfaltsregel"; ebenso die Rechtsprechung (s. *Jescheck/Weigend*, S. 578): BGH NStZ 1991, 30 u. 2003, 657 mit Bspr. *Paeffgen*, Fs. Rudolphi, 2004, S. 187 ff.; ähnlich *Köhler*, S. 187 u. *Hilgendorf*, KK I, Fall 17, Rn. 11: „Maßstab eines umsichtig handelnden Menschen aus dem Verkehrskreis des Täters …". Vgl. schließlich *Horn*, LdR, S. 339, mit Zitat von *Armin Kaufmann*: „Maßstab des besonnenen, erfahrenen und gewissenhaften Dachdeckers." *Roxin*, AT I, 24/34: gewissenhafter und besonnener Schornsteinfeger oder Installateur. – Zur Ermittlung handhabbarer Leitbilder über den Begriff des Verkehrskreises vgl. *Kaminski*, 1992, S. 135 ff., 146 f.; krit. dazu aber *Mitsch*, GA 1995, 288: „Verkomplizierung und Aufblähung des Rechtsanwendungsvorgangs ohne Erkenntnisgewinn"; krit. auch *Jakobs*, Fs. Hirsch, 1999, S. 45 u. 55, *Kremer-Bax*, 1999, S. 170 ff.; *Duttge*, GA 2003, 451, 457; *Puppe*, Fs. Otto, 2007, S. 389, 396; *Freund*, Fs. Küper, 2007, S. 63, 70 ff.; *Kindhäuser* GA 2007, 447, 459 u. SK *Hoyer*, Anh. zu § 16 Rn. 20.

Die bei der Bildung des „Sorgfaltstyps" vorgenommene **Generalisierung** führt au- 26
tomatisch zu einer Entfernung von individuellen Fähigkeiten der Menschen, die an
diesem „Typ" gemessen werden. Diese Entfernung kann weitgehend dadurch abge-
baut werden, dass man sich bei der Bildung von „Sorgfaltstypen" an dem engen sozialen Bereich orientiert, in dem der als Fahrlässigkeitstäter in Frage Kommende gerade tätig ist; dann ist etwa vom sorgfältigen Facharzt und nicht allgemein vom
sorgfältigen Arzt auszugehen.[54] Beurteilungsmaßstab bleibt dann aber immer noch
eine Person mit generellen Fähigkeiten, denn es werden nur „standardisierte Sonderfähigkeiten (Fernlastfahrer, Chefarzt)" berücksichtigt.[55]

> Aus der **Übungsfall-Literatur** zu „Sorgfaltstypen" vgl.: *Eiden/Köpferl*, Jura 2010, 780 u. 781
> (gewissenhafter und einsichtiger Bahnmitarbeiter); *Meurer/Dietmeier*, Jura 1999, 643 u. 646
> (gewissenhafter und besonnener Mensch); *Otto/Bosch*, Übungen, Fall 14, S. 294 f. (geübter
> Kraftfahrer); *Quentin*, JuS 1994, L 49, L 50 („hervorragender Schwimmer", sofern Garant [so zutr.
> *Wobbe*, JuS 1994, 992]); *Tiedemann*, Anfängerübung, Fall 11, S. 239 u. 240 („Chefanästhesist").

Die Berücksichtigung standardisierter Fähigkeiten genügt aber einer beachtlichen 27
Mindermeinung im Strafrecht nicht; sie will die Sorgfalt bzw. die Sorgfaltswidrigkeit nach den individuellen Fähigkeiten des Täters bestimmen:[56] sog. „**Theorie von
der individuellen Sorgfaltswidrigkeit**".[57] Hinter dieser Theorie steht eine Konzeption
von Unrecht, die einer Person unrechtes Verhalten nur dann attestieren will, wenn
diese Person auf Grund ihrer Kenntnisse und Fähigkeiten in der Lage war, sich sorgfältig zu verhalten, also z. B. die Möglichkeit des Erfolgseintritts als Folge ihres Verhaltens zu erkennen. Diese Unrechtsauffassung steht zwar im Widerspruch zu der
Auffassung, dass die Rechtswidrigkeit immer ein generelles Urteil über das Verhalten einer Person darstellt und dass erst auf der Schuldebene die Individualität dieses
Jedermann berücksichtigt wird.[58] Dennoch wird durch diese Theorie nicht die fundamentale Unterscheidung von Unrecht und Schuld völlig beseitigt,[59] denn es geht

---

[54] Vgl. S/S-*Sternberg-Lieben*, § 15 Rn. 135; auf die „spezifische Rolle", „die der Normad-
ressat zu spielen beansprucht", stellt *Kindhäuser*, GA 1994, 197, 214 f., ab. Zum „engeren
Verkehrskreis" ärztlichen Handelns mit weiteren Differenzierungen s. *Ulsenheimer*, 2008,
Rn. 20 ff. – Kritisch SK-*Hoyer*, Anh. zu § 16 Rn. 20.

[55] *Jescheck/Weigend*, S. 565 Fn. 15, mit Nachweisen zu dieser h. M.; zum „erfahrenen Facharzt" OLG Hamm MedR 2006, 358; zum „Spitzen-Chirurgen" *Kaspar*, JuS 2012, 16, 18.

[56] SK-*Hoyer*, Anh. zu § 16 Rn. 25: „Individualisierter Fahrlässigkeitsmaßstab"; MK-
Duttge, § 15 Rn. 95 ff.: „Individualisierung des Handlungsunrechts". – Zu dieser „Sichtweise
einer Individualisierung" vgl. auch *Kretschmer*, Jura 2000, 267, 271 f. u. *Laue*, JA 2000, 666,
668; krit. *Beck*, JA 2009, 111, 114.

[57] Vertreter dieser Theorie sind in der Lehrbuchliteratur: *Freund*, 5/22 u. in: Fs. Küper,
2007, S. 63, 69 ff.; *Frister*, AT, 12/5–8; *Gropp*, 12/82; *Jakobs*, 9/5 ff.; *Kindhäuser*, AT, 33/49 u.
schon in: GA 2007, 447, 456 ff.; *Otto*, 10/13 ff.; *Stratenwerth/Kuhlen*, 15/11–15; außerdem:
Castaldo, GA 1994, 497 ff.; *Kremer-Bax*, 1999, S. 65 ff., 100 ff. („Perspektivenbetrachtung");
Weigend, Fs. Gössel, 2002, S. 129, 140 u. MK-*Duttge*, § 15 Rn. 121: individuelle Erkennbarkeit. – Zum „faute caractérisée" im französischen Recht *Pfefferkorn*, 2006, S. 223 ff. m. Bspr.
Duttge, GA 2008, 118, 120, der das für wichtig auf dem Weg zu einem europäischen Strafrecht hält (mit Hinweisen auf das österreichische und schweizerische Strafrecht); rechtsvergleichend mit Österreich *Moos*, Fs. Burgstaller, 2004, S. 111.

[58] Vgl. *Maiwald*, JuS 1989, 186, 189, zur Differenzierung von Unrecht und Schuld bei der
Fahrlässigkeitstat: generelles Sollen – persönliches Dafürkönnen.

[59] Vgl. aber *Schünemann*, JA 1975, 613: sie drohe „unsere gesamte, auf der Unterscheidung
von Unrecht und Schuld aufbauende Verbrechenslehre in Grund und Boden zu stampfen."
Zurückhaltender spricht *Fünfsinn*, 1985, S. 71, von einer „partiellen Aufhebung der strafrechtsdogmatisch sinnvollen und bisher allgemein akzeptierten Unterscheidung von Unrecht
und Schuld."

ihr nur um die Berücksichtigung der sog. „instrumentellen" Fähigkeiten der Person schon beim Unrecht. Gemeint ist damit allgemein die Handlungsfähigkeit, spezieller die Fähigkeit, Gefahren zu erkennen und angemessen auf sie zu reagieren.[60] Der Schuldebene vorbehalten bleibt dann immer noch das „‚sittliche' Können", das die Fähigkeit des Täters voraussetzt, „sich zum rechtlichen Gesollten zu bestimmen."[61]

28 Für die „Theorie von der individuellen Sorgfaltswidrigkeit" spricht zum einen, dass es ihr mühelos gelingt, Personen mit **Sonderfähigkeiten** (Herzspezialist, Rallyefahrer) auch zum Einsatz dieser Fähigkeiten anzuhalten;[62] für die Berücksichtigung dieses wohl von vielen als nur „billig" empfundenen Anliegens muss die h. M. sich schon etwas besonderes einfallen lassen. Zum anderen hat die Mindermeinung hinsichtlich der **Minderbefähigten** einen wunden Punkt der h. M. ausgemacht, denn diese kann denjenigen, der völlig außerstande ist, die Gefährlichkeit seines Verhaltens zu erkennen, wegen seines Fehlverhaltens nur Ungehorsam anlasten, da das Motiv zur Erfolgsvermeidung bei ihm fehlt.[63]

29 Will man dennoch am objektiven, generellen Maßstab für die Sorgfaltswidrigkeit festhalten, so muss man dafür gute Gründe haben. Ein beachtlicher Grund ist die Notwendigkeit, rechtliche Verhaltensregeln für bestimmte Lebenskreise so zu **standardisieren**, dass sie die erhoffte **Motivationswirkung** für die jeweiligen Verkehrsteilnehmer erreichen (plakative Verhaltensrichtlinien).[64] Hinzu kommt der „Zwang" für die Rechtsprechung, „die Sorgfaltsgebote für bestimmte Situationen in allgemeinen Regeln niederzulegen."[65]

30 Ein noch wichtigerer Grund ist die auch bei Vorsatzdelikten für richtig gehaltene Zuweisung des **individuellen Andershandelnkönnens** zur **Schuld**.[66] Zumindest pragmatisch wird man der „Theorie von der individuellen Sorgfaltswidrigkeit" entgegenhalten können, dass ihrem Anliegen, Minderbefähigte nicht zu überfordern, auf der Schuldebene dadurch Rechnung getragen werden kann, dass deren individuelle Mängel zur Verneinung der Schuld führen. Eine strafrechtliche Fahrlässigkeitshaftung entsteht nämlich auch nach der Theorie von der objektiven Sorgfaltswidrigkeit erst, wenn „zur objektiven die individuelle Sorgfaltswidrigkeit hinzutritt."[67] Ob durch diese Berücksichtigung individueller Minder- oder Unfähigkeiten auf der Schuldebene der weitere „Vorteil" entsteht, dass z. B. gegen unfähige Ärzte wegen ihres rechtswidrigen Verhaltens die Maßregel des Berufsverbotes gem. § 70 verhängt

---

[60] Vgl. *Stratenwerth*, Fs. Jescheck, 1985, S. 288 ff.

[61] *Stratenwerth*, Fs. Jescheck, 1985, S. 288 u. 290.

[62] Vgl. *Stratenwerth*, Fs. Jescheck, 1985, S. 299–302; zum „Herzspezialisten" vgl. *Kretschmer*, Jura 2000, 267, 271 f.

[63] Vgl. SK-*Hoyer*, Anh. zu § 16 Rn. 17; *Stratenwerth*, Fs. Jescheck, 1985, S. 292. – Vgl. auch *Jakobs*, 9/8 u. 10; *Castaldo*, GA 1994, 497 ff., 508.

[64] Vgl. *Jescheck/Weigend*, S. 565; *Geilen*, S. 220; *Murmann*, GK, 23/45; *Roxin*, AT I, 24/60; *Schünemann*, JA 1975, 514; *Fünfsinn*, 1985, S. 69; *Kretschmer*, Jura 2000, 267, 272; *Kaspar*, JuS 2012, 16, 18. – Vgl. jedoch *Stratenwerth*, Fs. Jescheck, 1985, S. 296: „Plakative Verhaltensrichtlinien" ließen sich auch beim Abstellen auf die individuellen Fähigkeiten formulieren, nur die konkrete Handlungsanweisung müsse individuell befolgbar sein. Kritisch zur Notwendigkeit der Standardisierung *Frisch*, 1988, S. 130 f. Fn. 44; krit. zur generalpräventiven Funktion der Verhaltensnorm *Weigend*, Fs. Gössel, 2002, S. 129, 139 f.: gehe hier „ins Leere".

[65] *Jescheck/Weigend*, S. 565.

[66] Vgl. S/S-*Lenckner/Eisele*, Vorbem §§ 13 ff. Rn. 118; SK-*Rudolphi*, Rn. 1 Vor § 19; *Fünfsinn*, 1985, S. 71; *Ulsenheimer*, 2008, Rn. 21; *Beck*, JA 2009, 111, 112, 114.

[67] *Kuhlen*, 1989, S. 85; vgl. näher *Herzberg*, Jura 1984, 402 ff. – *Roxin*, AT I, 24/57: bei unterdurchschnittlichen Fähigkeiten bestehe also im Ergebnis (Straflosigkeit) Einigkeit, richtig sei es aber, dieses Ergebnis auf der Schuldebene zu erzielen (24/58).

werden kann, ist zweifelhaft, weil nach dem Wortlaut des § 70 I nur die Nichtverurteilung wegen erwiesener oder nicht auszuschließender „Schuldunfähigkeit" zum Berufsverbot führt, also möglicherweise nicht die Nichtverurteilung wegen Verneinung eines anderen selbstständigen Schuldmerkmals.[68]

Anders stellt sich die Frage der zu vermeidenden Privilegierung von Personen mit **31** **Sonderwissen** oder **Sonderfähigkeiten**, die anders als Normalbefähigte ihr Wissen und ihre Fähigkeiten gar nicht einsetzen müssen, um den generellen Sorgfaltsanforderungen nachkommen zu können. Geht man einmal davon aus, dass es im Hinblick auf den intendierten Schutz gefährdeter Rechtsgüter schwer einzusehen ist, warum nicht auch Sonderbefähigte all ihre Fähigkeiten zur Vermeidung von Rechtsgutsverletzungen einsetzen sollen,[69] so muss die h. M. eine Ausnahme von ihrem Durchschnittsmaßstab machen: trotz Einhaltung der generellen Sorgfaltsanforderungen muss eine Sorgfaltspflichtverletzung ausnahmsweise dann angenommen werden, wenn beim Täter vorhandenes Sonderwissen bzw. vorhandene Sonderfähigkeiten nicht zur Erfolgsvermeidung eingesetzt wurden.

Diesen Weg gehen denn auch nicht wenige Vertreter der h. M.,[70] häufiger bei Son- **32** derwissen[71] als bei Sonderfähigkeiten.[72] Als **Beispiel**[73] für zu berücksichtigendes

---

[68] Vgl. *Stratenwerth*, Fs. Jescheck, 1985, S. 297 f.; *Castaldo*, GA 1994, 497, 501. Als Vorteil wird die Möglichkeit der Verhängung eines Berufsverbots gesehen von *Schünemann*, JA 1975, 517; ebenso *Hirsch*, ZStW 94 (1982), 272; *Herzberg*, Jura 1984, 407 f.; *Kuhlen*, 1989, S. 85. – Ebenso für die Entziehung der Fahrerlaubnis gem. § 69 bei einem schuldlos (individuelles Defizit des epileptischen Anfalls) handelnden Kraftfahrer, MK-*Hardtung*, § 222 Rn. 61.

[69] Vgl. zu dieser Argumentation *Kuhlen*, 1989, S. 85 und *Murmann*, GK, 23/41. – Auch *Fünfsinn*, 1985, S. 70, hält das Argument für „eingängig" und eine Differenzierung für möglich, sieht aber Bedenken im Hinblick auf den Gleichheitssatz und auf die partielle Aufhebung der Unterscheidung von Unrecht und Schuld (S. 71 f.). – Abl. wegen Nicht-Nachweisbarkeit *Colombi Ciacchi*, 2005, S. 103, 107 m. insoweit krit. Bspr. *Duttge*, GA 2008, 115, 117.

[70] So SSW-*Momsen*, §§ 15, 16 Rn. 65. Gegen solche Ausnahmen B-*Volk*, S. 160 f.; *Geilen*, S. 219 f.; krit. zu h. M. SK-*Hoyer*, Anh. zu § 16 Rn. 14.

[71] So auch die Einschätzung von *Murmann*, Fs. Herzberg, 2008, S. 123, 125, 130 f. u. *Kaspar*, JuS 2012, 16, 20: „nahezu unstreitig". – Vgl. LK-*Vogel*, § 15 Rn. 163 (für „zufälliges Sonderwissen"); S/S-*Sternberg-Lieben*, § 15 Rn. 139; *Jescheck/Weigend*, S. 579; *Haft*, S. 166; *Köhler*, S. 184; W-*Beulke*, Rn. 670; *Krey/Esser*, AT, Rn. 1349; *Rengier*, AT, 52/20; *Tiedemann*, Anfängerübung, S. 67 u. 152; *Schünemann*, Fs. Schaffstein, 1975, S. 165 f.; *Burgstaller*, 1974, S. 64 ff.; *Hirsch*, ZStW 94 (1982), 274; von der „Rechtswidrigkeitslösung" auch B-*Weber/Mitsch*, 22/45–48. – M-*Gössel/Zipf*, AT 2, 43/110 ff., wollen die individuelle Voraussicht im „subjektiven Tatbestand" des Fahrlässigkeitsdelikts prüfen; ähnlich *Wolter*, 1993, S. 269, 312: subjektive Erkennbarkeit des Erfolgsrisikos als subjektives Unrechtsmerkmal, dagegen siedelt *Wolter*, 1995, S. 3, 23, das Sonderwissen bei der objektiven Zurechnung zur Bestimmung der unerlaubten Risikoschaffung an; vgl. auch *Kindhäuser*, AT, 33/21, 52, der das Sonderwissen im sog. einstufigen Fahrlässigkeitsmodell auf der Tatbestandsebene verortet, was der h. L. mit ihrem zweistufigen Modell nur „systemwidrig" gelinge. Zum Sonderwissen vgl. auch *Greco*, ZStW 117 (2006), 519 ff. (krit. *Börgers*, 2008, S. 41 f., der für Anerkennung des Grundsatzes „Wissen verpflichtet" plädiert), *Rackow*, 2007, S. 105 ff., 113 f. u. eingehend *Sacher*, 2006, S. 187, die ein übergreifendes Zurechnungskonzept entwickelt (krit. *Gössel*, GA 2007, 605 ff.); abl. *Jahn*, 2006, S. 203 f. – Aus der Rspr. vgl. BGH JZ 1987, 877. – Rspr. u. h. L. abl. *Jakobs*, RW 2010, 283, 309 ff., der die Ableitung des Sollens aus dem Wissen kritisiert: „Das Sonderwissen bezieht sich auf einen Gegenstand, um den der Täter sich nicht kümmern muss ...".

[72] Vgl. *Blei*, S. 301; *Haft*, S. 166; *Krey/Esser*, AT, Rn. 1349; *Rengier*, AT, 52/21; *Herzberg*, Jura 1984, 410; *Kuhlen*, 1989, S. 86; *Murmann*, Fs. Herzberg, 2008, S. 123, 133 ff.; *Roxin*, AT I, 24/61; von der „Rechtswidrigkeitslösung" her auch B-*Weber/Mitsch*, 22/45–48; für die gleiche Berücksichtigung von Sonderwissen und Sonderfähigkeiten *Zieschang*, Rn. 432.

[73] Vgl. z. B. *Laue*, JA 2000, 666, 669, *Kaspar*, JuS 2012, 16, 20 u. W-*Beulke*, Rn. 670; weiteres Bsp. bei *Freund*, JuS 2000, 754, 756 u. in: Fs. Küper, 2007, S. 76 f.: „Ortskundigkeit ei-

Sonderwissen wird die besondere Kenntnis eines Kraftfahrers von der Gefährlichkeit einer normalerweise nicht als so gefährlich zu erkennenden Kreuzung genannt. Die Lösung des Beispiels geht dahin, dass dieser Kraftfahrer sorgfaltswidrig handelt, wenn er auf dieser Kreuzung einen für ihn vorhersehbaren Unfall verursacht, obwohl dieser Unfall für einen ortsfremden Kraftfahrer nicht vorhersehbar gewesen und deshalb von ihm nicht pflichtwidrig herbeigeführt worden wäre. Als **Beispiele**[74] für zu berücksichtigende **Sonderfähigkeiten** werden der besonders befähigte Chirurg oder der Rallyefahrer mit der Folge genannt, dass sie sich sorgfaltswidrig verhalten, wenn sie nur den Mindeststandard eines Chirurgen oder eines Kraftfahrers einhalten und dadurch den Tod bzw. die Verletzung eines Opfers verursachen, den bzw. die sie beim Einsatz ihrer Sonderfähigkeiten hätten vermeiden können; sie können eben mehr als andere, müssen aber nicht mehr einsetzen als andere, nämlich auch nur das ihnen Mögliche.[75]

33   Man kann diese Ausnahmen aber auch als unvereinbar mit dem generellen Ausgangspunkt der h. M. ansehen,[76] nur muss man dann bereit sein, die Privilegierung des Sonderbefähigten sowie für ihn vermeidbare Rechtsgutsverletzungen zu Lasten der Opfer hinzunehmen.

> Aus der **Übungsfall-Literatur** zu Sonderfähigkeiten und Sonderwissen vgl.: *Alpmann/ Schmidt*, AT 1, Fall 37, S. 189 u. 192; *Kudlich*, PdW AT, Fälle 169, 170; *Gropp*, in: G/K/M, Fallsammlung, Fall 5, S. 93 f. u. 105 (Lösung nach „individuellem Fahrlässigkeitsbegriff").

34   Der **Inhalt** der einzelnen Sorgfaltspflichten ist so unterschiedlich, dass er bisher kaum systematisiert wurde. Am weitestgehendsten wird die Handlungsfreiheit des vor einer Handlung Stehenden beschnitten, wenn ihm wegen der besonderen Gefährlichkeit der in Aussicht genommenen Handlung für andere deren Vornahme untersagt wird; „Sorgfalt als Unterlassung gefährlicher Handlungen" *(Jescheck*[77]). Handelt es sich aber bei der geplanten Handlung um eine von sozialem Nutzen, so darf sie trotz der von ihr ausgehenden Gefahr für andere vorgenommen werden, wenn bestimmte Sicherheitsvorschriften beachtet werden.[78] Das Sorgfaltsgebot kann aber auch dahin gehen, sich die zur Bewältigung der nicht ungefährlichen Handlung erforderlichen Kenntnisse zu verschaffen.[79]

---

nes Kraftfahrers" – „Spezialkenntnisse" muss auch der Arzt einsetzen, *Ulsenheimer,* 2008, Rn. 25.

[74] Beide Beispiele finden sich u. a. bei *Geilen*, S. 219, und *Roxin*, AT I, 24/61; vgl. auch das Bsp. bei *Börgers*, 2008, S. 43.

[75] Vgl. *S/S-Sternberg-Lieben*, § 15 Rn. 139: jedermann habe das Optimum dessen zu leisten, was er zur Vermeidung von Gefahren zu leisten imstande sei. Ähnlich *Roxin*, AT I, 24/64: „nur seine durchschnittlich größere Leistungsfähigkeit und nicht eine Zusatzanstrengung" werde verlangt. Zu Recht einschr. LK-*Vogel*, § 15 Rn. 163: „zumindest in einem dem Kontext angemessenen Ausmaß". – Vgl. auch *Kretschmer*, Jura 2000, 267, 272: „Der Sonderbefähigte ist nicht zu privilegieren."

[76] Vgl. *Hirsch*, ZStW 95 (1983), 663; *Ulsenheimer*, 2008, Rn. 25; *Frister*, AT, 10/34; dagegen aber *Greco*, ZStW 117 (2006), 519, 553 f. u. *Roxin*, AT I, 11/57, die die Relevanz des Sonderwissens für den objektiven Tatbestand betonen; keinen „Systembruch" erkennt *Kaspar*, JuS 2012, 16, 20, weil die erhöhte Anforderung an alle Täter mit Sonderwissen/-fähigkeiten gestellt wird.

[77] *Jescheck/Weigend*, S. 580; *Roxin*, AT I, 24/36.

[78] Vgl. *Jescheck/Weigend*, S. 580 f.

[79] Vgl. *Jescheck/Weigend*, S. 581: „Sorgfalt als Erfüllung einer Erkundigungspflicht", ebenso *Roxin*, AT I, 24/36: „Wer etwas nicht weiß, muss sich informieren" = von *Roxin* sog. „Übernahmeverschulden".

Ein Sonderfall der allgemeinen Unterlassungspflicht stellt die Sorgfaltspflicht dar, 35
die verlangt, dass man die zur Bewältigung der gefährlichen Handlung erforderlichen
Kenntnisse und Fähigkeiten hat. Übernimmt oder führt fort (BGH NJW 1988,
1802) z. B. ein Arzt eine Behandlung, ohne die erforderlichen Fähigkeiten oder ohne
die erforderliche Sachkunde zu haben, so liegt darin ein Sorgfaltsmangel (sog.
Übernahmefahrlässigkeit[80]). Durch diese „Übernahmefahrlässigkeit" wird zugleich
verhindert, dass der nur unterdurchschnittlich Qualifizierte immer straflos bleibt.[81]
Der Strafbarkeit infolge „Übernahmefahrlässigkeit" kann der Arzt dadurch entgehen, dass er die Behandlung nicht übernimmt[81a] bzw. den Patienten einem sachkundigen Kollegen überweist oder dadurch, dass er sich die erforderlichen Fähigkeiten
aneignet[81b] bzw. einen fähigen und fachkundigen „Spezialisten" zur Behandlung
hinzuzieht.[82] – Zum sog. „Übernahmeverschulden" s. u. Rn. 91.

Eine Begrenzung der Sorgfaltsanforderung wird über den sog. **Vertrauensgrund-** 36
satz erzielt. Dieser Grundsatz wird vor allem für die Sorgfaltsvorschriften des Stra-
ßenverkehrsrechts allgemein anerkannt und besagt, „dass sich jeder an einem gefah-
renträchtigen Vorgang Beteiligte unter gewissen Voraussetzungen auf die Beachtung
dieser Vorschriften … durch die anderen Beteiligten verlassen darf."[83] So darf sich
z. B. der Vorfahrtsberechtigte darauf verlassen, dass der Wartepflichtige die Vorfahrt
beachtet; der Vorfahrtsberechtigte braucht deshalb seine Geschwindigkeit beim
Heranfahren an eine Kreuzung nicht herabzusetzen.[84]

Zur Begründung des Vertrauensgrundsatzes wird häufig auf das **erlaubte Risiko** 37
zurückgegriffen,[85] das hier ja schon zur Mit-Bestimmung der Sorgfaltspflicht bei der
Vornahme nicht ungefährlicher Handlungen verwendet wurde. Nach dieser Begründung soll der zusätzlich die Sorgfaltspflicht begrenzende Vertrauensgrundsatz
unerlässlich sein, um die Flüssigkeit des für sozial nützlich gehaltenen Straßenverkehrs aufrechtzuerhalten. Es wird aber auch auf das (hier schon bei der objektiven
Zurechnung verwendete) **Prinzip der Selbstverantwortung** verwiesen.[86] Danach an-

---

[80] *Jescheck/Weigend*, S. 580; *Ebert*, S. 165; *Roxin*, AT I, 24/38; *Kindhäuser*, AT, 33/19, 48;
SK-*Hoyer*, Anh. zu § 16 Rn. 22; *Kretschmer*, Jura 2000, 267, 271 u. 272. – Zur fahrlässigen
„Tätigkeitsübernahme" vgl. *Müller*, 2001a, S. 113, 168 u. S/S-*Sternberg-Lieben*, § 15
Rn. 136.

[81] Vgl. *Ulsenheimer*, 2008, Rn. 22–24.

[81a] Vgl. *Roxin*, AT I, 20/36: „wer etwas nicht kann, muss es lassen", mit Beispielsfällen aus
der Rspr. in Rn. 38; kritisch *Duttge*, 2001, S. 448.

[81b] BGHSt 43, 306, 311.

[82] Vgl. wieder *Ulsenheimer*, 2008, der in Rn. 23 auch den interessanten Fall BGH JR 1986,
248 (mit Anm. *Ulsenheimer*) „aufbereitet".

[83] Definition von *Lackner*, übernommen von *Lackner/Kühl*, § 15 Rn. 39; ähnlich *Ebert*,
S. 167, *Eidam*, JA 2011, 912, 913 u. *Kaspar*, JuS 2012, 16, 20; vgl. auch *Kindhäuser*, § 15
Rn. 66 f., *Murmann*, GK, 23/50 f., *Zieschang*, Rn. 431 u. LK-*Vogel*, § 15 Rn. 224. – Zum ös-
terreichischen Recht *Lewisch*, Fs. Burgstaller, 2004, S. 97.

[84] Vgl. *Schumann*, 1986, S. 7, mit BGHSt 7, 118; *Burmann/Heß/Jahnke/Janker*, 34 zu § 8
StVO.

[85] Vgl. S/S-*Sternberg-Lieben*, § 15 Rn. 211; SK-*Hoyer*, Anh. zu § 16 Rn. 39; *Joecks*, § 222
Rn. 10; *Brinkmann*, 1997, S. 110 ff.; *Burgstaller*, 1974, S. 63; *Kretschmer*, Jura 2000, 267,
270; *Eidam*, JA 2011, 912, 916; *Roxin*, AT I, 24/22; LK-*Hirsch*, § 229 Rn. 6: „unverbotenes
Risiko"; krit. zur Begründung *Duttge*, 2001, S. 357, 466. – Auch die Rechtsprechung argumentiert so, vgl. *Schumann*, 1986, S. 9 Fn. 16, mit zahlreichen Nachweisen. – Vgl. OLG Stuttgart NStZ 1997, 190 mit Bspr. *Otto*, JK 97, StGB Vor § 13/11: „Risikobegrenzung unter dem
Gesichtspunkt des Vertrauensgrundsatzes;" vgl. dazu auch *Hillenkamp*, 32. AT-Problem,
5. Hinweis, S. 236 f., der für eine Einordnung bei der objektiven Zurechnung plädiert; dagegen will *Puppe*, AT 1, 5/35–38, bei der Bestimmung der Sorgfaltspflicht ansetzen.

[86] Vgl. S/S-*Sternberg-Lieben*, § 15 Rn. 146 f.; *Jakobs*, 7/51; *Stratenwerth/Kuhlen*, 15/65.

erkennt der Vertrauensgrundsatz die durch die StVO geschaffenen Verantwortlich-
keitsregeln, wie z. B. die Vorfahrtsregel, und dementsprechend liegt es in der Verantwortung des Wartepflichtigen, Unfälle durch Beachtung der Vorfahrt zu vermeiden.[87]

38   Ein so begründeter Vertrauensgrundsatz ist – bei gewissen Modifikationen – auch
geeignet, die **Verantwortungsbereiche** mehrerer Personen bei arbeitsteiligem Verhalten **abzugrenzen**, z. B. bei einer Operation die von Chirurg und Anästhesist. Er besagt
hier allgemein, dass man sich grundsätzlich auf die fehlerfreie Mitwirkung des Kollegen verlassen kann,[88] konkret, dass sich der Anästhesist bei der Wahl der Anästhesie-
methode auf die dafür erforderliche Diagnose des Operateurs verlassen darf. Auch bei
der fahrlässigen Herbeiführung von Umweltstraftaten wie z. B. dem unerlaubten Umgang mit explosionsgefährlichen Abfällen in Fässern (§ 326 I Nr. 3, V) kann der Arbeitnehmer, der die Fässer weisungsgemäß auf die Hausmülldeponie befördert, grundsätzlich darauf vertrauen, dass der anweisende Schichtleiter den Inhalt der Fässer
geprüft hat.[88a] Nicht entlastet wird der überforderte Arzt, den ein „Übernahmeverschulden" trifft (s. unten Rn. 91), durch das „Organisationsverschulden" seines Vorgesetzten, der ihn trotz unzulänglicher Ausbildung zu einem sog. „Brechmitteleinsatz"
eingeteilt hatte (BGHSt 55, 121, 134: „Nebentäter", dagegen *Brüning*, ZJS 2010, 549,
552: „unmittelbare Alleintäter"); Entlastung erhält der Arzt auch nicht durch den
Notarzt, der ihn von einem weiteren Brechmitteleinsatz durch Weisung hätte abhalten
sollen, denn der Arzt hatte auch bei Fortsetzung der „Exkorporation" als aktiv Handelnder die „Gefährdungsherrschaft" (BGHSt 55, 121, 134, mit Berufung u. a. auf
BGHSt 53, 55, 61 [dazu unten Rn. 82 Fn. 190 a]).

39   Wie für jeden Grundsatz gelten auch für den Vertrauensgrundsatz **Ausnahmen**[89]
bzw. immanente **Schranken,**[90] welche die durch ihn bewirkte Begrenzung der Sorgfaltsanforderungen bzw. die durch ihn bewirkte Entlastung von Verantwortlichkeit
für Fehler anderer aufheben. Das bedeutet allgemein, dass nicht vertraut werden darf,
wo Vertrauen nicht angebracht ist; konkreter, dass erhöhte Vorsicht angebracht ist,
wenn sich andere deutlich erkennbar[91] nicht an die Regeln halten, z. B. weil sie die Si-

---

[87] Vgl. *Schumann*, 1986, S. 11, mit BGHSt 7, 118, 125. – Kritisch zu dieser Begründung
Roxin, AT I, 24/22.

[88] Vgl. *Schumann*, 1986, S. 20, zu den Modifikationen S. 21 ff., 23 ff.; *Eidam*, JA 2011, 912,
914. – Aus der Rechtsprechung s. BGH NJW 1980, 649 f. u. BGHSt 47, 224 mit z. T. krit.
Bspr. *Freund*, NStZ 2002, 424; *Kudlich*, JR 2002, 468; *Duttge*, NStZ 2006, 266, 269 u. *Otto*,
JK 1/03, StGB § 13/33; vgl. dazu auch 17/39, 18/68 u. 120 sowie 19/6; OLG Hamm MedR
2005, 471; OLG Naumburg MedR 2005, 232. – Instruktiv zur Teilbarkeit der Verantwortungsbereiche bei ärztlichen Tätigkeiten *Ulsenheimer*, 2008, Rn. 141–143 u. *Fischer*, § 222
Rn. 10; diff. zwischen horizontaler und vertikaler Arbeitsteilung *Duttge*, ZIS 2011, 349,
351 ff.; allg. zu Zurechnungsfragen in Fällen ärztlicher Aufgabenteilung *Zwiehoff*, MedR
2004, 364, 371; zu den Grenzen des Vertrauensgrundsatzes *Schroth*, in: Roxin/Schroth, 2010,
S. 135 f.; diff. zu weiteren Bereichen LK-*Vogel*, § 15 Rn. 232.

[88a] Bsp. von *Schall*, 1996, S. 106; allgemein zur Aufgabenverteilung in Unternehmen
Lackner, § 15 Rn. 40 m. w. N.

[89] S/S-*Sternberg-Lieben*, § 15 Rn. 150; im Ergebnis weitgehend übereinstimmend *Puppe*,
Jura 1998, 21 und in: NK, Rn. 163 ff. vor § 13; kritisch zu diesen Ausnahmen *Duttge*, 2001,
S. 467 ff.

[90] *Schumann*, 1986, S. 12; ähnlich *Quentin*, JuS 1994, L 49, L 57: „widerlegliche Vermutung" u. HK-GS/*Duttge*, § 15 Rn. 40: Durchbrechung des „Vertrauendürfens".

[91] Vgl. *Eidam*, JA 2011, 912, 913 f.; *Kaspar*, JuS 2012, 16, 20; B-*Weber/Mitsch*, 22/44 mit
Beispiel; *Kindhäuser*, § 15 Rn. 68; *Burmann/Heß/Jahnke/Janker*, 26 zu § 1 StVO; SK-*Hoyer*,
Anh. zu § 16 Rn. 40–62, der zwischen Opfern und Dritten differenziert, sowie S/S-*Sternberg-
Lieben*, § 15 Rn. 213/214, auch zu weiteren Einschränkungen des Vertrauensgrundsatzes;

tuation nicht überschauen (Kinder) oder bewältigen (unter Alkohol stehende Verkehrsteilnehmer) können. Grundsätzlich gilt der Vertrauensgrundsatz auch gegenüber Kindern, soweit ihr Verhalten und die Verkehrslage keine Auffälligkeiten zeigen; so muss der Kraftfahrer nicht damit rechnen, dass zwischen parkenden Fahrzeugen ein vorher nicht sichtbares Kind plötzlich auf die Fahrbahn läuft.[91a] Es lebt z. B. auch die Verantwortung des Anästhesisten dann wieder auf, wenn „bestimmte Umstände … den Schluss hätten nahelegen müssen, dass die chirurgische Diagnose unrichtig" ist;[92] ebenso darf ein ärztlicher Urlaubsvertreter eine von dem vertretenen Arzt begonnene Therapie mit Gamma-Röntgenstrahlen nach dessen Behandlungsplan jedenfalls dann nicht ungeprüft weiterführen, wenn ausreichende Anhaltspunkte für ernsthafte Zweifel an dessen Richtigkeit für ihn erkennbar sind (BGHSt 43, 306, 310, dazu *Eidam,* JA 2011, 912, 914 u. *Weisser,* 2011, S. 523; weiterer Fall von signifikanten Zweifeln an einer zuvor gestellten Diagnose bei einer geschlechtsbezogenen Operation OLG Köln MedR 2009, 343, dazu *Duttge,* ZIS 2011, 349, 351). Auch kann sich derjenige nicht auf den Vertrauensgrundsatz berufen, der sich selbst, z. B. im Straßenverkehr, verkehrswidrig verhält: Wer dadurch neue Gefahren für andere Verkehrsteilnehmer herbeigeführt hat, kann sich nicht darauf verlassen, dass diese die von ihm heraufbeschworenen Gefahren meistern werden.[92a] Nicht vertrauen darf der Bauherr auf den verkehrssicherungspflichtigen Bauunternehmer, wenn er feststellt, dass dieser nachlässig arbeitet (OLG Stuttgart NJW 2005, 2567; s. unten 18/120); ebensowenig der Bauunternehmer, der ein Subunternehmen mit Abbrucharbeiten betraut: er muss sich über die ordnungsgemäße Aufgabenerfüllung vergewissern (BGHSt 53, 38 m. Anm. *Bußmann,* NStZ 2009, 386, *Duttge,* HRRS 2009, 145, *Kraatz,* JR 2009, 182, *Renzikowski,* StV 2009, 443, *Wegner,* HRRS 2009, 381 u. *Satzger,* JK 8/09, StGB § 222/8; zum Fall auch *Eidam,* JA 2010, 912, 915 f. u. *Jäger,* Rn. 375);[92b] zur Delegation vom Betreiber einer Schwebebahn auf den Bauleiter vgl. BGHSt 47, 224 m. Bspr. *Freund,* NStZ 2002, 424, *Kudlich,* JR 2002, 468 u. *Otto,* JK 1/03, StGB § 13/33 sowie *Duttge,* NStZ 2006, 266, 269 u. *Eidam,* JA 2011, 912, 915).[92c] – Hält der Unternehmer aber seine „sekundäre" Pflichten (Auswahl-, Instruktions- und Überwachungspflicht) ein, darf er auf die „Sorgfalt, Umsicht und Gewissenhaftigkeit der Hilfskräfte im Hinblick auf deren unmittelbare Primärverantwortlichkeit" vertrauen (*Duttge,* ZIS 2011, 349, 352).

Aus der **Übungsfall-Literatur** zum Vertrauensgrundsatz vgl.: *Graul,* JuS 1999, 562 u. 567 (Vertrauensgrundsatz bei Aushändigung einer Waffe); *Haft,* Fallrepetitorium, Nr. 371; *Kudlich,* PdW AT, Fälle 172, 173 (Vertrauensgrundsatz im Straßenverkehr); *Quentin,* JuS 1994, L 58, Bspe. 8 u. 9 (Vertrauensgrundsatz im Straßenverkehr).

---

krit. zur Ausrichtung des Vertrauendürfens auf das ordnungsgemäße Verhalten anderer MK-*Duttge,* § 15 Rn. 144. Für eine „die typischen Umstände des Falles mitberücksichtigende maßvolle Interpretation des Vertrauensgrundsatzes" *Krümpelmann,* Fs. Lackner, 1987, S. 289 ff., 306. – Aus der Rspr. vgl. BGH StV 1998, 199: zu starke Bestrahlung fortgeführt.

[91a] *Burmann/Heß/Jahnke/Janker,* 39 zu § 1 StVO m. N. aus der (auch Zivil-)Rspr.

[92] BGH NJW 1980, 650; vgl. *Schumann,* 1986, S. 27 sowie *Ulsenheimer,* 2008, Rn. 149.

[92a] Ebenso *Puppe,* Jura 1998, 21; *Kretschmer,* Jura 2000, 267, 270; *Kindhäuser,* AT, 33/33; *Fischer,* § 222 Rn. 14; H-H/*Kudlich,* § 15 Rn. 49: „Verwirkung" des Vertrauensprivilegs; S/S-*Sternberg-Lieben,* § 15 Rn. 215; kritisch *Duttge,* 2001, S. 467, 473 f. u. MK-*Duttge,* § 15 Rn. 143: entbehrt jeglicher Funktion. – Aus der Rspr. vgl. BGH VRS 35 (1968), 116; BayObLG 58 (1980), 221, 222; OLG Frankfurt JR 1994, 77 m. Anm. *Lampe;* OLG Karlsruhe NStZ-RR 2000, 141, 143.

[92b] *Murmann,* GK, 23/53.

[92c] Dazu auch *Esser/Keuten,* NStZ 2011, 314, 319 u. allgemein zu arbeitsteiligem Zusammenwirken bei der Erledigung von Bauleistungen.

Zur Erkennbarkeit der Tatbestandsverwirklichung:

40   Nachdem der Erkennbarkeit bereits oben (Rn. 14 ff.) ein Platz neben der Sorgfaltspflichtverletzung eingeräumt und ihr auch schon bei der Bildung von „Sorgfaltstypen" Rechnung getragen wurde (o. Rn. 25 f.), ist hier nur noch die **objektive Voraussehbarkeit des Erfolges** anzusprechen. Objektive Voraussehbarkeit der Tatbestandsverwirklichung liegt nach der Rechtsprechung vor, wenn der eingetretene tatbestandsmäßige Erfolg nach allgemeiner Lebenserfahrung, sei es auch nicht als regelmäßige, so doch als nicht ungewöhnliche Folge erwartet werden konnte.[93] Dass nach verbreiteter Ansicht bei der Frage der objektiven Vorhersehbarkeit des Erfolges etwaiges Sonderwissen des Täters zu berücksichtigen ist,[94] wurde bereits bei der teilweisen Individualisierung des Maßstabs der Sorgfaltspflichtverletzung zusammen mit den Sonderfähigkeiten erörtert (s. o. Rn. 31 f.). Eines eigenen „subjektiven Tatbestandes" bedarf es zur Berücksichtigung des Sonderwissens nicht beim Fahrlässigkeitsdelikt.[95]

> Aus der **Übungsfall-Literatur** zur objektiven Voraussehbarkeit vgl.: *Dannecker,* Jura 1988, 657 f.; *Graul,* JuS 1999, 562 u. 567; *Hardtung,* JuS 2008, 623 f. u. 625; *Hertel,* Jura 2011, 391 u. 397; *Hilgendorf,* KK I, Fall 17, Rn. 11; *Krumdiek,* Jura 2009, 623 u. 626; *Kuhlen,* JuS 1995, 711 u. 713; *Schulz,* JA 1999, 203 u. 211; *Siebrecht,* JuS 1997, 1101 u. 1104.

41   Die bei diesem Fahrlässigkeitselement häufig auch noch aufgeworfene Frage, ob sich die Voraussehbarkeit auch auf den Geschehensablauf, der zum Erfolg hinführt, beziehen muss,[96] ist schon als allgemeine Zurechnungsfrage bei der objektiven Zurechnung behandelt worden (s. o. 4/60 ff.). Es ging dabei um Fälle mit inadäquatem Kausalverlauf (der Unfallverletzte stirbt durch einen weiteren Unfall auf dem Krankentransport), aber auch um Fälle, in denen sich Dritte oder das Opfer in den fahrlässig vom Täter angestoßenen Kausalverlauf eingeschaltet haben[97] (der Unfallverletzte stirbt wegen eines groben ärztlichen Behandlungsfehlers). Soweit die Rechtsprechung die Voraussehbarkeit des Erfolges auch in Fällen verneint, in denen der Erfolg außerhalb des Schutzzwecks der verletzten Sorgfaltsnorm lag,[98] ist dem hinsichtlich der Einordnung der Problematik bei der Voraussehbarkeit zu wider-

---

[93] *Lackner/Kühl,* § 15 Rn. 46, in Bezug auf die Rspr.; aus der Rspr. vgl. BGHSt 49, 166, 174; OLG Nürnberg NStZ-RR 2006, 248 m. Bspr. *Satzger,* JK 2/07, StGB § 222/6; OLG Bamberg NStZ-RR 2008, 10 f. – Zur Frage, wann es für einen Hundehalter voraussehbar ist, dass sein Hund einen Menschen durch Bisse verletzt, vgl. BayObLG 1993, 2001; OLG Düsseldorf NJW 1993, 1609 m. Anm. *Brammsen,* JR 1994, 373; OLG Hamm NJW 1996, 1295; OLG Köln NStZ-RR 2002, 304 m. Bspr. *Duttge,* NStZ 2006, 266, 272; LG Verden NStZ 2006, 689; zur Rspr. *Fischer,* § 222 Rn. 24.

[94] *Krey/Esser,* AT, Rn. 1349; ebenso *Jescheck/Weigend,* S. 579.

[95] So aber M-*Gössel/Zipf,* AT 2, 43/30. Vgl. auch *Roxin,* Gs. Armin Kaufmann, 1989, S. 250. Allgemein zur „wenig behandelten Frage", ob es einen subjektiven Tatbestand des Fahrlässigkeitsdelikts gibt, *Roxin,* AT I, 24/73–76 und (bejahend) *Struensee,* JZ 1987, 53 ff. sowie *ders.,* in: GA 1987, 97 ff. (dazu *Scheinfeld,* GA 2007, 721 f., der die Fahrlässigkeit als „objektiv-subjektives Mischmerkmal" im objektiven Tatbestand prüfen will); zum subjektiven Tatbestand bei der bewussten Fahrlässigkeit SK-*Hoyer,* Anh. zu § 16 Rn. 11, bei der unbewussten Fahrlässigkeit Rn. 35. – Vgl. auch unten Fn. 100.

[96] Vgl. *Jescheck/Weigend,* S. 586 f.; *Zieschang,* Rn. 433 u. *Beck,* JA 2009, 111, 115. – Aus der Rspr. vgl. BGHSt 49, 166, 174 f.; BGH NJW 2001, 1075; BGH VRS 54 (1978), 438; OLG Düsseldorf VRS 84 (1993), 444: es genüge die allgemeine Vorstellbarkeit des Geschehens „in den wesentlichen Zügen".

[97] Wie hier etwa KK OWiG-*Rengier,* § 10 Rn. 31.

[98] Vgl. z. B. BayObLG VRS 76 (1989), 284 ff. und BayObLG NZV 1989, 359, m. Anm. *Deutscher.* Kritisch zu dieser Einordnung bei der Voraussehbarkeit *Niewenhuis,* 1984, S. 28.

sprechen; die von der Rechtsprechung häufig zutreffend entschiedenen Fälle werden im folgenden unter dem Stichwort „Schutzzweckzusammenhang" behandelt werden.

> Aus der **Übungsfall-Literatur** zu atypischen Kausalverläufen vgl.: *Kalkofen/Sievert,* Jura 2011, 229 u. 231; *Meurer/Kahle/Dietmeier,* Übungskriminalität, Fall 5, S. 77 f. u. 92 (nicht vorhersehbarer Kausalverlauf); *Sowada,* Jura 1994, 37 f. u. 44 („atypische Verkettung unglücklicher Umstände").

War die Tatbestandsverwirklichung nicht nur objektiv erkennbar, sondern hat der **42** Täter die Möglichkeit des Erfolgseintritts sogar erkannt, so ist nach h. M. dennoch nur Fahrlässigkeit gegeben, wenn er auf das Ausbleiben des Erfolges vertrauen konnte; der Täter hat dann das Opfer leichtsinnig, aber nicht willentlich verletzt.[99] Diese Form der Fahrlässigkeit wird **bewusste Fahrlässigkeit** genannt, im Gegensatz zur **unbewussten,** bei der der Täter die objektiv erkennbare Möglichkeit des Erfolgseintritts als Folge seines Handelns nicht erkannt hat (näher *Beck,* JA 2009, 111 und *Kaspar,* JuS 2012, 16, 17). Auch dies spricht gegen einen eigenen „**subjektiven Tatbestand**" beim Fahrlässigkeitsdelikt, denn zumindest bei der unbewussten Fahrlässigkeit hat der Täter die das Risiko des Erfolgseintritts begründenden Umstände (z. B. die rote Ampel, die er überfahren hat) nicht erkannt.[100] – Für die Fallbearbeitung hat die Unterscheidung zwischen bewusster und unbewusster Fahrlässigkeit keine Bedeutung (vgl. den Aufbauhinweis von *Kretschmer,* Jura 2000, 267, 268 u. *Beck* a. a. O. S. 113).

Hat der Täter die Möglichkeit des Erfolgseintrittes erkannt, so liegt zumindest **43** bewusste Fahrlässigkeit vor, es kann aber auch schon (**Eventual-)Vorsatz** gegeben sein, je nach dem, welche Anforderungen man an diese Vorsatzform stellt (mit Bsp. *Beck,* JA 2009, 111, 112). Die bewusste Fahrlässigkeit würde sogar als Fahrlässigkeitsform völlig verschwinden, wenn man für das Vorliegen des bedingten Vorsatzes die Möglichkeitsvorstellung hinsichtlich des Erfolges ausreichen lassen würde.[101]

Eine weitere Form von Fahrlässigkeit ist die vom Gesetzgeber nicht selten ver- **44** wendete „**Leichtfertigkeit**". Sie wird oft als grobe Fahrlässigkeit umschrieben,[102] d. h. der Sorgfaltsverstoß muss sich objektiv als qualitativ schwere Nachlässigkeit darstellen, deren schädliche Auswirkungen durch nahe liegende, einfache Überlegungen von jedermann hätten vermieden werden können, weil sie leicht vorherseh-

---

[99] Vgl. zur Terminologie *Köhler,* 1982, S. 13. – Aus der h. M. Vgl. nur *Roxin,* AT I, 24/67.

[100] Vgl. *Roxin,* Gs. Armin Kaufmann, 1989, S. 249 ff., gegen *Struensee,* JZ 1987, 60, nach dem der subjektive Tatbestand des Fahrlässigkeitsdelikts darin besteht, „dass der Handelnde von den Bedingungen des eingetretenen Erfolgs einen tatbestandsrelevanten Ausschnitt kennt, von dem nach Bewertung der Rechtsordnung eine intolerable Gefahr ... ausgeht", oder kürzer: „Kenntnis tatbestandlich bestimmter Umstände (Risikofaktoren)", = in: JZ 1987, 541. – Für einen subjektiven Tatbestand *Köhler,* S. 200 ff. – Vgl. auch *Frisch,* 1988, S. 636: es reiche für die subjektive Erfolgszurechnung, „dass der Täter zu erkennen vermag, dass mit seinem Verhalten eine über das normale, tolerierte Lebensrisiko hinausgehende und (objektiv) im Tatbestand erfasste Gefahr der Herbeiführung des tatbestandsmäßigen Erfolges verbunden ist"; ähnlich *Wolter,* 1993, S. 312; mit anderer Begründung auch *Kindhäuser,* GA 1994, 197, 208; zust. u. vermittelnd *Mitsch,* JuS 2001, 105, 107.

[101] Vgl. *Jescheck/Weigend,* S. 568 f.; *Bloy,* JuS 1989, L 4, der als Vertreter dieser, die bewusste Fahrlässigkeit entfallen lassenden und den Vorsatzbereich ausdehnenden Auffassung *Jakobs,* 9/3, sowie *Schmidhäuser,* JuS 1980, 250, nennt. – Gegen die bewusste Fahrlässigkeit, die es unter normalpsychologischen Voraussetzungen nicht geben könne, *Kargl,* 1992, S. 67.

[102] *Jescheck/Weigend,* S. 569; nach *Fischer,* § 15 Rn. 20: „grob achtlos"; vgl. auch *Sowada,* Jura 1995, 644 u. mit Bsp. *Beck,* JA 2009, 111, 112. – Aus der Rspr.: BGHSt 14, 240, 255.

bar waren.[103] Sowohl leichtsinniges (bewusst fahrlässiges) als auch unbewusst fahrlässiges Verhalten kann grob fahrlässig und damit leichtfertig sein.[104]

44a   Von der Leichtfertigkeit zu unterscheiden ist die **leichte Fahrlässigkeit**.[104a] Diese Form der Fahrlässigkeit wird im StGB allerdings nicht erwähnt, sondern ist eine auf das gemeine Strafrecht zurückgehende Kategorie.[104b] Gemeint sind damit Handlungen, die gemeinhin als „bloße" oder „geringfügige Unaufmerksamkeiten"[104c] bzw. „geringfügige Nachlässigkeiten"[104d] umschrieben werden. Die leichte Fahrlässigkeit kann nach h.M. grundsätzlich strafbares Verhalten begründen.[104e] Allerdings stellt sich bei ihr – ebenso wie bei der unbewussten Fahrlässigkeit – die Frage, ob es sich dabei um ein Fehlverhalten handelt, das unterhalb der Schwelle des Strafrechts (insbesondere bei Nachlässigkeiten im Straßenverkehr) liegt und deshalb – zumindest de lege ferenda – entkriminalisiert werden sollte.[104f]

> Aus der **Übungsfall-Literatur** zur Leichtfertigkeit vgl.: *Burger/Peglau,* Jura 2002, 854 u. 858 (Leichtfertigkeit); *Kress/Weisser,* JA 2006, 115 u. 121 (Leichtfertigkeit bei § 306c); *Rudolphi,* AT-Fälle, Fall 10, S. 113 u. 121.

3. Objektive Zurechnung des Erfolges

45   Die meisten Fahrlässigkeitsdelikte des StGB sind – wie gesagt – Erfolgsdelikte (z.B. fahrlässige Tötung gem. § 222; fahrlässige Körperverletzung gem. § 229). Daraus folgt, dass außer der Kausalität des Täterverhaltens für den Erfolg, der Erfolg auch als „Werk" des Täters erscheinen, d.h. ihm objektiv zurechenbar sein muss.[105] Die objektive Zurechnung spielt bei den Fahrlässigkeitsdelikten sogar eine größere Rolle als bei den Vorsatzdelikten,[105a] manche reduzieren sogar – wie gesagt (o. Rn. 21 a) – die fahrlässige Handlung und den Erfolg auf die objektive Zurechnung. Da die Darstellung der Lehre von der objektiven Zurechnung bereits beim vorsätzlichen Begehungsdelikt breiten Raum einnahm (s.o. 4/36 ff.) und auch zahlreiche Fahrlässigkeits-Beispiele behandelte (z.B.: Kann dem fahrlässigen Unfallverursacher der Tod des Opfers beim Krankenhausbrand trotz des ungewöhnlichen Kausalverlaufs zugerechnet werden?; oder z.B.: Haftet der fahrlässige Erstverursacher, wenn

---

[103] Ebenso *Kretschmer,* Jura 2000, 267, 268, *Radtke,* Fs. Jung, 2007, S. 737, 750, mit unterschiedlichen Anforderungen, u. S/S-*Sternberg-Lieben,* § 15 Rn. 205. – Vgl. auch K/H/H-*Hellmann,* BT 2, Rn. 299: grobe Sorgfaltspflichtverletzung + erhöhter Grad an objektiver Vorhersehbarkeit des Erfolges: „Die Gefahr des Erfolgseintritts muss sich gewissermaßen aufgedrängt haben." – Der Gedanke des Sich-Aufdrängens (*Roxin,* AT I, 24/84) findet sich auch in der Rspr.: BGHSt 33, 66 f.; *Kaspar,* JuS 2012, 16, 17; *Roxin,* AT I, 24/87, hebt auf die besonders gefährliche Handlung ab, ebenso schon *Volk,* GA 1976, 178 f.

[104] Vgl. *Köhler,* 1982, S. 17 Fn. 12.

[104a] Dazu *Webel,* 1999, S. 188 ff.; *Wegscheider,* ZStW 98 (1986), 624 ff.

[104b] Vgl. *Jescheck/Weigend,* S. 569 („culpa levis und levissima").

[104c] *Roxin,* AT I, 24/92; ähnlich *Stratenwerth/Kuhlen,* 15/54: „Unachtsamkeiten".

[104d] B-*Weber/Mitsch,* 22/67.

[104e] Vgl. *Jescheck/Weigend,* S. 569; *W-Beulke,* Rn. 662.

[104f] So bereits § 16 II AE von 1966; vgl. auch *Stratenwerth/Kuhlen,* 15/54 und *Köhler,* S. 180: „Selbst der Gewissenhafteste macht Fehler". Eingehend zum Diskussionsstand der lege lata und den verschiedenen Reformvorschlägen de lege ferenda z.B. *Schlüchter,* Grenzen strafbarer Fahrlässigkeit, 1996; *Koch,* Die Entkriminalisierung im Bereich der fahrlässigen Körperverletzung und Tötung, 1998; *Webel,* 1999, S. 216 ff., alle m.w.N.; gegen jede Einschränkung, auch im Straßenverkehr, *Tröndle,* DRiZ 1976, 216.

[105] Vgl. *Kretschmer,* Jura 2000, 267, 272 f., der die allgemeinen Regeln der objektiven Zurechnung für Fahrlässigkeitstaten zusammenfassend darstellt; Übungsfall bei *Neubacher,* JuS 2005, 1101 u. 1104 f. (Gewährung von Hafturlaub).

[105a] Näher *Frisch,* JuS 2011, 23 u. *Murmann,* GK, 30/17.

sich ein Dritter bzw. das Opfer vor dem endgültigen Erfolgseintritt in den Kausalverlauf einschaltet?; oder schließlich z.B.: Ist bei eigenverantwortlicher Selbstgefährdung des Opfers der Erfolg auch dem Veranlasser, Ermöglicher, Förderer zuzurechnen?), soll hier nur noch auf **zwei** bisher **ausgesparte Zurechnungsprobleme** eingegangen werden, die nur oder doch vor allem beim Fahrlässigkeitsdelikt[105b] auftreten: Der sog. **Pflichtwidrigkeitszusammenhang**[106] und der sog. **Schutzzweckzusammenhang.**[107]

Die Notwendigkeit dieser beiden Zurechnungskriterien zur Einschränkung der   **46** weiten Kausalitätshaftung nach der Äquivalenztheorie wird beim Fahrlässigkeitsdelikt weniger bestritten als beim Vorsatzdelikt;[108] allenfalls hält man die Schaffung einer eigenen **Systemkategorie** der objektiven Zurechnung für diese beiden Zusammenhänge zwischen Pflichtwidrigkeit und Erfolg deshalb für verzichtbar, weil sich „bereits aus dem Wesen des fahrlässigen Erfolgsdelikts" ergebe, dass „sich im Erfolg gerade die betreffende Sorgfaltswidrigkeit realisiert haben muss."[109]

a) Der Pflichtwidrigkeitszusammenhang

Mit dem Begriff ‚Pflichtwidrigkeitszusammenhang' wird ein Zusammenhang zwi-   **47** schen dem pflichtwidrigen Verhalten des Täters und dem Eintritt des tatbestandsmäßigen Erfolges dergestalt verlangt, dass der Erfolg seinen **Grund** gerade **in der Pflichtwidrigkeit,** d.h. in der Sorgfaltspflichtverletzung, haben muss.[110] Es wird deshalb auch von der „Kausalität der Sorgfaltspflichtverletzung" für den Erfolg gesprochen,[111] obwohl man sich zumindest in der Literatur einig ist, dass es bei diesem Zusammenhang nicht um den Kausalzusammenhang geht;[112] – auch die Rechtsprechung hält wohl nur noch verbal am Begriff des „rechtlichen Kausalzusammenhanges"[113] fest. Der Bundesgerichtshof[114] hat die Besonderheit dieses Zu-

---

[105b] Vgl. *Horn*, LdR, S. 340: weitere Zurechnungskriterien beim Fahrlässigkeitsdelikt seien „Rechtswidrigkeitszusammenhang" und „Schutzbereich der Norm."

[106] Vgl. zur Terminologie *Kretschmer*, Jura 2000, 267, 273; *Mitsch*, JuS 2001, 105, 108; *Küper*, Fs. Lackner, 1987, S. 249 Fn. 9; *Schünemann*, GA 1985, 354 u. 358. – Gelegentlich wird auch allgemeiner vom „Rechtswidrigkeitszusammenhang" gesprochen (*Ebert*, LdR, S. 508; *Jescheck/Weigend*, S. 584), ohne dass damit eine systematische Einordnung bei der Rechtswidrigkeit gemeint ist; vgl. aber für eine Zuordnung zur Rechtswidrigkeitsebene *Lampe*, ZStW 101 (1989), 3, zur Strafzumessung *Jordan*, GA 1997, 349, 367.

[107] Vgl. zur Terminologie *Ebert*, S. 52; *Kretschmer*, Jura 2000, 267, 275; *W-Beulke*, Rn. 674. – Es werden freilich mit demselben Begriff auch die Fälle nachfolgenden Fehlverhaltens Dritter oder des Opfers erfasst, so z.B. *Tiedemann*, Anfängerübung, S. 154.

[108] Vgl. *Tiedemann*, Anfängerübung, S. 60, 66 u. 153; *Samson*, Strafrecht I, S. 16 f., 254 f.

[109] *Hirsch*, Fs. Köln, 1989, S. 40. – Zu weiteren Fragen der systematischen Einordnung in den Deliktsaufbau vgl. *W-Beulke*, Rn. 677.

[110] Vgl. statt vieler *S/S-Lenckner/Eisele*, Vorbem §§ 13 ff. Rn. 99, sowie für das Ordnungswidrigkeitenrecht, KK OWiG-*Rengier*, § 10 Rn. 33–34b.

[111] Vgl. *Puppe*, ZStW 99 (1987), 601, die die sprachliche Unkorrektheit des Ausdrucks einräumt (zu *Puppe* vgl. *Hübner*, 2004, S. 230 ff.); ebenso *Schünemann*, GA 1985, 354 Fn. 45. Der Begriff wird auch verwendet von *Tiedemann*, Anfängerübung, S. 153; ähnlich *Mitsch*, JuS 1996, 410.

[112] Ebenso SSW-*Momsen*, §§ 15, 16 Rn. 81. Nach *Küper*, Fs. Lackner, 1987, S. 247, handelt es sich bei der Distanzierung von der Kausalbetrachtung um „heute wohl endgültig Geklärtes." Ebenso *Arthur Kaufmann*, Fs. Jescheck, 1985, S. 278. Vgl. aber *Puppe*, ZStW 99 (1987), 601: es gehe um einen „ganz bestimmten Kausalzusammenhang."

[113] Vgl. BGHSt 11, 1; 21, 59; 30, 228; es wird aber auch schon von Gefahrrealisierung und vom „... – die Kausalität einschränkenden – rechtlichen Gesichtspunkt der Zurechenbarkeit" gesprochen, s. BGH JR 1989, 383, mit Besprechung von *Krümpelmann*, JR 1989, 353 ff.; BGH NJW 1991, 503: „ursächlicher Zusammenhang zwischen Pflichtverletzung und Scha-

sammenhanges erstmals 1957 im „Lastwagen-Radfahrer-Fall" berücksichtigt (BGHSt 11, 1):

48 Der Fahrer eines Lastwagens hatte einen Radfahrer überholen wollen und dabei den nach der StVO gebotenen Seitenabstand (1–1,5 m) nicht eingehalten. Während des Überholvorganges geriet der stark angetrunkene Radfahrer, weil er infolge einer alkoholbedingten Kurzschlussreaktion das Fahrrad nach links zog, unter die Hinterreifen des Anhängers und verunglückte tödlich. Es wurde festgestellt, dass der Unfall sich „mit hoher Wahrscheinlichkeit" mit dem gleichen tödlichen Ausgang auch dann ereignet haben würde, wenn der Fahrer des Lastwagens einen genügenden Zwischenraum eingehalten hätte.[115]

49 Der BGH hat eine Verurteilung des Lastwagenfahrers nach § 222 nicht gebilligt, weil die von ihm gesetzte „Bedingung nach rechtlichen Beurteilungsmaßstäben für den Erfolg" nicht „bedeutsam war." Diese Abweichung von der Äquivalenztheorie, nach der alle Bedingungen gleichwertig sind, muss denjenigen unnötig erscheinen, die – wie hier – Kausalitätsergebnisse durch Zurechnungskriterien korrigieren: Die Kausalität des Verhaltens des Lastwagenfahrers für den Erfolg (Tod des Radfahrers) ist nicht zu bezweifeln, weil zwischen beiden Ereignissen eine (natur-)gesetzmäßige Verbindung vorlag (Theorie der gesetzmäßigen Bedingung) bzw. weil nach dem Wegdenken des Überholvorganges das Opfer nicht getötet worden wäre und das ordnungsgemäße Verhalten als hypothetisches nicht hinzugedacht werden darf (condicio-Formel[116]). Lässt man dieses Ergebnis als bloßes Kausalitätsergebnis stehen, so muss man sich der weiteren Argumentation des BGH öffnen, und zwar sowohl in der Methode als auch hinsichtlich des Ergebnisses. Methodisch geht der BGH **hypothetisch** vor, indem er danach schaut, wie es um den Erfolg bestellt gewesen wäre, wenn sich der Lastwagenfahrer **ordnungsgemäß** (Einhaltung des richtigen Seitenabstandes) verhalten hätte. Dieser Blick auf das „hypothetisch-sorgfältige Alternativverhalten und seine Erfolgsbeziehung"[117] wird auch von der h. L. in der Literatur eingesetzt, um den Pflichtwidrigkeitszusammenhang als objektive Zurechnungsvoraussetzung zu ermitteln.[118] Man spricht auch vom „rechtmäßigen Alternativverhalten".[118a]

---

denseintritt"; OLG Köln NStZ-RR 2002, 304 [m. Bspr. *Duttge*, NStZ 2006, 266, 272]: „Pflichtwidrigkeitszusammenhang"; vgl. auch LG Karlsruhe NJW 2005, 915, 916: „Bei verkehrsgerechtem Verhalten des Angekl. – ordnungsgemäßem Abstand – wäre es nicht zu diesem Unfall gekommen."

[114] Eingehend zur Diskussion dieser Entscheidung *Puppe*, Fg. BGH, 2000, S. 287 ff.; *Degener*, 2001, S. 435 ff.; *Hübner*, 2004, S. 154 ff., 297 f. u. bei *Dehne-Niemann*, GA 2012, 89, 106: „die Nichtvergegenwärtigung des ordnungsgemäßen Seitenabstands" sei „sorgfaltswidrig". – Ausgangs-Fall bei *Zieschang*, Rn. 423; auch bei *Kaspar*, JuS 2012, 112, 114.

[115] Dieser Sachverhalt ist von *Roxin* dem der BGH-Entscheidung nachgebildet worden, in: HRR AT, Fall 6, S. 6. Der Fall des OLG Koblenz, OLGSt § 222 StGB, S. 63, wird von *Kretschmer*, Jura 2000, 267, 273, als Bsp. herangezogen.

[116] Vgl. die Antwort 1 von *Roxin*, HRR AT, zu Fall 6, S. 159.

[117] *Küper*, Fs. Lackner, 1987, S. 248.

[118] Zur h. M. vgl. statt vieler S/S-*Sternberg-Lieben*, § 15 Rn. 174 f. Gegen hypothetisches Vorgehen aber etwa *Krümpelmann*, Fs. Jescheck, 1985, S. 312; teilweise auch *Ranft*, NJW 1984, 1429 u. 1432, sowie *Jakobs*, 7/72 ff., sowie *ders.*, in: Fs. Lackner, S. 59; kritisch zu *Jakobs* z. T. doch hypothetischen Überlegungen *Puppe*, ZStW 99 (1987), 601 Fn. 22, sowie *Frisch*, 1988, S. 531 Fn. 89. – Krit. zur „Fixierung auf ein ganz bestimmtes Alternativverhalten" *Jordan*, GA 1997, 349, 351. – Bei **Gremienentscheidungen** soll es nach der Rspr. nicht auf das tatsächliche Stimmverhalten der anderen Gremiumsmitglieder ankommen, sondern auf das normativ zu erwartende Verhalten (BGHSt 48, 77, 94; ebenso *Bloy*, Fs. Maiwald, 2011, S. 35, 56; krit. *Murmann*, GK, 23/114 f.).

[118a] *Frisch*, JuS 2011, 205; *Kaspar*, JuS 2012, 112, 114.

Hätte diese hypothetische Überlegung im Ausgangsfall zu der Feststellung ge- 50 führt, dass der Tod des Radfahrers wegen dessen trunkenheitsbedingter Unsicherheit sicher oder mit an Sicherheit grenzender Wahrscheinlichkeit auch dann eingetreten wäre, wenn der Lastwagenfahrer den vorgeschriebenen Seitenabstand eingehalten hätte, dann würde auch das den Tatbestand von § 222 verneinende Ergebnis auf die fast allgemeine Zustimmung in der Literatur stoßen.[119] Für dieses Ergebnis spricht vor aller dogmatischen Absicherung das **Rechtsgefühl**, denn danach muss der Richter dem Angeklagten vor einer Verurteilung wegen fahrlässiger Tötung sagen können, dass die Einhaltung der gehörigen Sorgfalt für das Leben des Opfers „etwas gebracht" hätte.[119a] Dies kann er aber zumindest dann dem Angeklagten nicht vorhalten, wenn der Tod des Opfers auch bei sorgfaltsgemäßem Verhalten eingetreten wäre. Bleibt man zunächst einmal auf dieser „Gefühlsebene", so kann man bezweifeln, ob dieses evident richtige Ergebnis auch dann noch überzeugt, wenn ein hypothetischer Risikovergleich ergibt, dass das tatsächlich sorgfaltswidrige Verhalten im Vergleich zum hypothetisch-sorgfaltsgemäßen Verhalten das Todes-Risiko für das Opfer immerhin erhöht hat; denn wenn eine solche Risikoerhöhung vorliegt, sind dem Opfer durch das Täterverhalten konkrete Überlebenschancen genommen worden.

Unter Verwendung der gebräuchlichen juristischen Begriffe heißt das: nach der 51 auch von der Rechtsprechung[120] vertretenen, noch sog. „**Vermeidbarkeitstheorie**"[121] ist der Pflichtwidrigkeitszusammenhang und damit die objektive Zurechnung des Erfolges dann zu bejahen, wenn „der Erfolg bei gehöriger Sorgfalt mit an Sicherheit grenzender Wahrscheinlichkeit vermieden worden wäre."[122] In Zweifelsfällen jedoch, d.h. wenn das Ausbleiben des Erfolges bei sorgfältigem Verhalten nicht feststeht, soll jedoch in Anwendung des in-dubio-pro-reo-Satzes gelten: besteht nur die ernsthafte Möglichkeit eines im Wesentlichen gleichen Erfolgseintritts bei sorgfältigem Verhalten,[123] so fehlt es am Pflichtwidrigkeitszusammenhang.

---

[119] Für die h. M. vgl. nur W-*Beulke*, Rn. 676; vgl. *Frisch*, 1988, S. 531: „inzwischen fast durchweg anerkannt"; nach *Kretschmer*, Jura 2000, 267, 274, herrscht diesbezüglich „Einigkeit". Anders aber etwa *Spendel*, JuS 1964, 14 ff., 18 f.; nach MK-*Hardtung*, § 222 Rn. 45, hätte der BGH den LKW-Fahrer verurteilen müssen, selbst wenn festgestanden hätte, dass der Radfahrer bei Einhaltung des Mindestabstandes überrollt worden wäre. – Nach *Struensee*, 2005, S. 39, resultieren die Probleme des Falles allein daraus, dass der LKW-Fahrer die Trunkenheit des Radfahrers nicht bekannt war (dazu *Scheinfeld*, GA 2007, 721, 722).

[119a] Krit. zu dieser „Reformulierung" der Ausgangsthese *Degener*, 2001, S. 436.

[120] BGHSt 11, 1; 21, 59; 24, 31; 33, 61; BGH GA 1988, 184; BGH JZ 1989, 382; BayObLG NZV 1992, 452; OLG Frankfurt JR 1994, 77 m. Anm. *Lampe*. – Nach LK-*Vogel*, § 15 Rn. 198, ist die Auffassung der Rspr. in einem „Tat- und Tatschuldstrafrecht … vorzugswürdig".

[121] So etwa *Hillenkamp*, 31. AT-Problem, S. 223, *Kretschmer*, Jura 2000, 267, 274 u. SK-*Hoyer*, Anh. zu § 16 Rn. 72. Zur überholten Begründung des Pflichtwidrigkeitszusammenhangs durch die Vermeidbarkeit vgl. *Küper*, Fs. Lackner, 1987, S. 252.

[122] So *Kretschmer*, Jura 2000, 267, 274. Die Vertreter dieser Theorie formulieren dies meist negativ, vgl. *Kindhäuser*, § 15 Rn. 77 u. W-*Beulke*, Rn. 676: der Erfolg sei „unvermeidbar", „wenn der Erfolg … auch bei pflichtgemäßem Alternativverhalten mit an Sicherheit grenzender Wahrscheinlichkeit ebenso eingetreten wäre." – Zur italienischen Lösung *Maiwald*, Fs. Küper, 2007, S. 329, 334 ff.

[123] Vgl. *Frisch*, JuS 2011, 205, 207 f.; *Krey/Esser*, AT, Fall 165 c, Rn. 1355 u. 1358; LK-*Hirsch*, § 229 Rn. 7; aus der neueren Rspr. s. BayObLG NZV 1994, 283 f., u. BayObLG NZV 1998, 386 mit krit. Bspr. *Fahl*, JA 1998, 924. Nach W-*Beulke*, Rn. 680, müssen für die Möglichkeit „konkrete Anhaltspunkte" vorliegen; auch die Rechtsprechung macht solche Einschränkungen, womit sich die Entfernung von der Risikoerhöhungslehre praktisch verringert

52   Gegen die Anerkennung eines so weitgehenden Haftungsausschlusses bei bloßer
      Möglichkeit der Erfolgsverursachung auch durch rechtmäßiges Alternativverhalten
      wendet sich die sog. „Risikoerhöhungslehre". Sie will den Ausschluss der objektiven
      Zurechnung des Erfolges wegen fehlenden Pflichtwidrigkeitszusammenhanges ein-
      schränken und gibt sich deshalb mit dem Zurechnungserfordernis der Risikoer-
      höhung zufrieden. Danach soll es genügen, wenn die Sorgfaltspflichtverletzung das
      Risiko des Erfolges gegenüber dem erlaubten Risiko (dem sorgfaltsgemäßen Verhal-
      ten) erhöht hat.[124, 125] Das ist etwa der Fall, wenn man dem Arzt eine Sorgfalts-
      pflichtverletzung in Form der fehlenden Aufklärung des Opfers vorwirft, weil diese
      Aufklärung ein – gegenüber der freiwilligen Einnahme eines Brechmittels – höheres
      Risiko eines (tödlich endenden) zwangsweisen „Brechmitteleinsatzes" nach § 81 a
      StPO geschaffen hat (so *Brüning*, ZJS 2010, 549, 552 u. *Krüger/Kroke*, Jura 2011,
      289, 296 [zu BGHSt 55, 121]), die aber alle die Risikoerhöhungslehre ablehnen und
      deshalb zur Ablehnung des Pflichtwidrigkeitszusammenhangs kommen, weil nicht
      ausgeschlossen werden kann, dass der Tod des Verdächtigen auch bei sorgfältiger
      Aufklärung eingetreten wäre; der BGH a. a. O. S. 132, konnte nur nicht ausschlie-
      ßen, dass sich das Opfer nach Kenntnis der medizinischen Risiken durch die gebo-
      tene Aufklärung des Arztes, „durch Vornahme freiwillig herbeigeführten Erbrechens
      entzogen hätte", d. h. „den hinzunehmenden Eingriff schonender" hätte gestalten
      können).

53   Eine **Entscheidung zwischen** diesen **Theorien**[126] kann auf verschiedenen Ebenen
      erfolgen. Man kann es im Hinblick auf die Erhöhung der Rettungschancen des Op-
      fers für ungerecht halten, den sich sorgfaltswidrig Verhaltenden schon bei jeder
      ernsthaften Möglichkeit des Erfolgseintritts auch bei sorgfaltsgemäßem Verhalten
      aus seiner Verantwortung zu entlassen.[127] Man kann sich pragmatisch dagegen aus-
      sprechen, dem fahrlässig Handelnden „trotz gegebener Sorgfaltswidrigkeit, adäqua-
      ter Schadensverursachung und Gefahrrealisierung" noch den „‚Restzweifel' zugute
      kommen" zu lassen, „der sich lediglich auf die Vermeidbarkeit der Rechtsgutsver-

---

(vgl. *Niewenhuis*, 1984, S. 55 f., mit Rechtsprechungsnachweisen). – Dem BGH stimmt im Ergebnis zu: *Toepel*, 1992, S. 225 f.

[124] Vgl. für den Fall des BGHSt 11, 1 die Antwort 3 von *Roxin*, HRR AT, S. 159. – Vertreter
der von *Roxin*, ZStW 74 (1962), 441 ff. (jetzt in: AT I, 11/88–105) begründeten Risikoerhöhungslehre [eingehend zu *Ziehten*, 2004, S. 55 ff.] sind in der Lehrbuchliteratur
Jescheck/Weigend, S. 585 f.; *Köhler*, S. 197 ff.; M-*Gössel/Zipf*, AT 2, 43/105 ff.; *Otto*, 10/17
ff.; *Stratenwerth/Kuhlen*, 15/24 mit Verweis auf 8/36; außerdem *Kahlo*, GA 1987, 75 u. *Rudolphi*, JuS 1969, 549, 553. – Für eine Zurechnung nach „Wahrscheinlichkeitsgesetzen" *Puppe*, AT², 2011, 2/22, die aber im „Lastzug-Radfahrer-Fall" (BGHSt 11, 1), die Risikoerhöhungslehre für „überflüssig" hält, 3/18–22; dazu s. unten Rn. 59. – Zusf. zu den Argumenten
für die Risikoerhöhungstheorie *Kretschmer*, Jura 2000, 267, 274 f. u. *Kaspar*, JuS 2012, 112,
115. – Für Freispruch im „Radfahrer-Fall" *Erb*, 1991, S. 307 f. u. *ders.*, JuS 1994, 454 ff. –
Nach *Maiwald*, Fs. Küper 2007, S. 329, 337, hat sie eine Anziehungskraft für das Rechtsgefühl gerade im Bereich ärztlichen Handelns; zu ihrer Ablehnung in Italien S. 344.

[125] Nach AWHH-*Hilgendorf*, BT 38/11, hat die Risikoerhöhungslehre ihre Wurzel bei den
Straßenverkehrsdelikten. – Zur Ablehnung der Risikoerhöhungslehre B-*Weber/Mitsch*,
14/86 f. u. 100, die im „Lastwagen-Radfahrer-Fall" (o. Rn. 48) die Rechtswidrigkeit verneinen, 22/50; abl. auch *Beck*, JA 2009, 268; *Frisch*, JuS 2011, 205, 208; *Murmann*, GK, 23/109
und *Rengier*, AT, 52/35.

[126] Eine gründliche Aufbereitung der Pro- und Contra-Argumente für beide Theorien findet
sich bei *Hillenkamp*, 31. AT-Problem, S. 223–226; knapper bei *Kaspar*, JuS 2012, 112, 114 f.
u. bei *Magnus*, Jura 2009, 390, 391. – Überzogen krit. *Degener*, 2001, S. 452: „Kein einziger
Ansatz liefert eine solide Antwort auf die Legitimationsfrage!".

[127] Vgl. die Argumentation bei *Lackner/Kühl*, § 15 Rn. 44.

letzung bei normgemäßem Verhalten bezieht".[128] Man kann aber auch nur solche Erfolge für besonders rechtsfriedensstörend empfinden, zu denen es bei normgerechtem Verhalten sicher nicht gekommen wäre.[129]

Eine dogmatisch befriedigende Antwort wird man jedoch erst geben können, **54** wenn eine Antwort auf die **Vorfrage** gefunden ist: **Weshalb** darf oder muss ein über die Kausalität hinausgehender Zusammenhang wie der Pflichtwidrigkeitszusammenhang **überhaupt** verlangt werden?[130] Die Antwort auf diese Grundfrage kann zunächst durch einen allerdings formalen und nicht zwingenden Hinweis auf die Gesetzesformulierung der §§ 222, 229 gegeben werden, denn dort wird verlangt, dass der tatbestandsmäßige Erfolg (Tod, Körperverletzung) „**durch Fahrlässigkeit**" verursacht sein muss.[131] Häufig werden eher affirmative als begründende Formeln angeboten wie: Pflichtwidrigkeit und Erfolg dürften sich nicht beziehungslos gegenüberstehen,[132] der Erfolg dürfe nicht nur bei Gelegenheit des sorgfaltswidrigen Verhaltens bewirkt worden sein,[133] die Addition von Sorgfaltspflichtverletzung und Erfolgsverursachung ergebe noch kein fahrlässiges Erfolgsdelikt.[134]

Weitere Antworten werden – wie schon beim vorsätzlichen Begehungsdelikt kurz **55** angesprochen (o. 4/43 ff.) – der Grundformel der Lehre von der objektiven Zurechnung (Gefahrschaffung/-erhöhung und Gefahrrealisierung) entnommen. Wenig überzeugend ist dabei die Begründung mit der **fehlenden Gefahrrealisierung**,[135] denn mit diesem Begriff wird eine reale, also tatsächliche Beziehung suggeriert, die hier zwischen dem sorgfaltswidrigen Verhalten und dem Erfolgseintritt nicht zu bestreiten ist, es sei denn, es ließe sich der sorgfaltswidrige Teil des Verhaltens vom sonstigen Täterverhalten abspalten.[136] Auch die Einordnung des sorgfaltswidrigen Verhaltens in den Bereich des erlaubten Risikos bzw. seine Gleichstellung mit dem unverbotenen Verhalten,[137] erscheint widersprüchlich, wenn man das **erlaubte Risiko** als Begrenzung der Sorgfaltspflicht versteht, denn diese ist in den vorliegenden Fällen eindeutig verletzt.[138]

Erfolgversprechender erscheint der Versuch *Küpers*, statt beim verhaltensbezoge- **56** nen erlaubten Risiko beim **erfolgsbezogenen tolerierten Risiko** anzusetzen.[139] Hinter

---

[128] So *Küper*, Fs. Lackner, 1987, S. 287.

[129] Vgl. *Frisch*, 1988, S. 545; krit. zu *Frisch* jetzt *Degener*, 2001, S. 446 ff.

[130] Diese häufig übergangene Frage stellt nachdrücklich *Küper*, Fs. Lackner, 1987, S. 249 u. 262.

[131] Vgl. *Tiedemann*, Anfängerübung, S. 153; *Ebert*, S. 51; *Krey/Esser*, AT, Rn. 1354.

[132] Vgl. *W-Beulke*, Rn. 678, sowie schon *Ulsenheimer*, JZ 1969, 367.

[133] Vgl. *Jakobs*, 1. Aufl., 7/75, in der 2. Aufl., 7/76: „anlässlich".

[134] Vgl. *W-Beulke*, Rn. 678; ebenso jetzt *Ulsenheimer*, 2008, Rn. 205 u. 210; s. auch schon *Jakobs*, ZStW-Beiheft 1974, S. 26.

[135] So aber *S/S-Sternberg-Lieben*, § 15 Rn. 173. Dagegen *Roxin*, AT I, 11/90 f.

[136] Vgl. näher *Küper*, Fs. Lackner, 1987, S. 254 f.: unvermeidlicher Abschied von der „Realisierungs- oder Verwirklichungstheorie."

[137] So aber *Roxin*, ZStW 74 (1962), 431 f.; vgl. auch *Kindhäuser*, GA 1994, 197, 217: Erlaubtes Risiko als zurechnungshindernder Faktor; *S/S-Lenckner/Eisele*, Vorbem §§ 13 ff. Rn. 99 a.

[138] Vgl. näher *Küper*, Fs. Lackner, 1987, S. 255 f.

[139] Vgl. auch zum Folgenden *Küper*, Fs. Lackner, 1987, S. 263–287; zust. *Kretschmer*, Jura 2000, 267, 274 u. *Kahlo*, Fs. Küper, 2007, S. 249, 272 f.; krit. aber *Dehne-Niemann*, GA 2012, 89, 101 ff.; für diesen Perspektivenwechsel auch *Burchard*, 2008, S. 471 ff., nach dem es abzuwägen gilt zwischen den Entfaltungsinteressen des potenziellen Täters mitsamt der Einschränkung der Erfolgsverantwortung und den Freiheits- und Schutzinteressen des potenziellen Opfers mitsamt der Nichteinschränkung der Erfolgszurechnung. Kritisch zu diesem Versuch *Frisch*, 1988, S. 127, der demgegenüber für eine Deduktion aus der „Sanktionsnorm" plädiert, da nur so der Erfolg als Bestrafungsvoraussetzung erklärt werden könne.

diesem Versuch steht die Einsicht, dass die Herausnahme verursachter Erfolge aus der Zurechnung zum sich sorgfaltswidrig Verhaltenden einer Rechtfertigung aus der Perspektive des Opfers bedarf. Die den **Schutz des Opfers** vor unberechtigten Freiheitseinbußen bezweckenden Gewährleistungsnormen,[140] die auch den Fahrlässigkeits-Tatbeständen immanent sind, müssen so verstanden werden können, dass sie nicht in jeder Situation die Erhaltung des Rechtsguts verlangen; z. B. dann nicht, wenn auch bei sorgfältigem Verhalten die Beeinträchtigung bzw. der Verlust des Rechtsgut „unvermeidbar" gewesen wäre. Eine Norm, die demgegenüber stur auf der Vermeidung von Rechtsgutsverletzungen bestände, würde wegen ihrer praktischen Sinnlosigkeit im konkreten Fall sehr formal wirken. Es erscheint deshalb realistischer und auch vom berechtigten Schutzinteresse des Opfers vertretbar, die Gewährleistungsnorm so zu beschränken, dass sie nur auf **mögliche** Risikominderung besteht. Dann aber muss auch ein Risikoerfolg, der sich aus einem Risikovergleich zwischen sorgfaltswidrigem und sorgfaltsgemäßem Verhalten ergibt, objektiv zugerechnet werden, d. h. umgekehrt: Erfolge, für die der sich sorgfaltswidrig Verhaltende das Risiko nicht erhöht hat, werden nicht zugerechnet, weil sie im (erfolgsbezogenen) tolerierten Risiko liegen.

57   Ist die **Risikominderung**, d. h. die Erhöhung der Rettungschancen für das Opfer, **zweifelhaft**, so scheidet nach dem in-dubio-pro-reo-Grundsatz eine Erfolgszurechnung trotz feststehender Erfolgsverursachung aus. Dass der Erfolg möglicherweise trotz feststehender Risikoerhöhung nicht zu vermeiden gewesen wäre, bleibt nach diesem Ansatz dagegen außer Betracht. Ob z. B. für den überschnell Fahrenden bei Einhalten des Tempolimits noch eine Ausweichmöglichkeit bestanden hätte, muss geklärt werden, nicht dagegen, ob der Fahrer sie erfolgsvermeidend erkannt und ergriffen hätte. Das bleibt der Hauptangriffspunkt der Risikoerhöhungslehre, denn sie rechnet den Erfolg dem sorgfaltswidrig Handelnden eben auch dann zu, wenn **nicht feststeht**, dass „der Erfolg bei sorgfaltsmäßigem Verhalten mit Sicherheit ausgeblieben wäre."[141]

58   Schließt man sich danach der sog. Risikoerhöhungslehre an, so ist die Entscheidung des BGH im „Lastwagen-Radfahrer-Fall" nicht mehr zu billigen, denn es wurde dort nur eine „hohe Wahrscheinlichkeit" für den Todeseintritt bei Einhaltung des vorgeschriebenen Seitenabstands „festgestellt". Das aber bedeutet, dass das sorgfaltsgemäße Verhalten des Lastwagenfahrers die Rettungschancen des Radfahreres immerhin erhöht hätte bzw. sein sorgfaltswidriges Verhalten das Risiko für den Tod des Radfahrers erhöht hat.[142]

59   Den „Inhalt der Risikoerhöhungstheorie" aufgreifend, versucht *Puppe* deren Ergebnisse dadurch zu stützen, dass sie sich mit einer „Wahrscheinlichkeitserklä-

---

[140] Mit der Gewährleistungsnorm argumentiert auch schon *Wolter,* 1981, S. 336, zur Stützung der Risikoerhöhungslehre.

[141] Zur Kritik der Risikoerhöhungslehre vgl. *Schlüchter,* JA 1984, 676: Die „Brücke von der erhöhten Gefährdung bis zum Erfolg" müsse entgegen der Risikoerhöhungstheorie nachgewiesen werden. Vgl. auch die „Kritik der Risikoerhöhungslehre" durch *Frisch,* 1988, S. 543 ff., sowie schon von *Jakobs,* ZStW-Beiheft 1974, S. 29; außerdem: *Arthur Kaufmann,* Fs. Jescheck, 1985, S. 273 ff. u. *Dehne-Niemann,* GA 2012, 89 ff., deren „normtheoretische Reformulierung" der Risikoerhöhungslehre unternimmt: „Präponderanz des abgeleiteten Kenntnisverschaffungsgebots bis zur Widerlegung der generellen Eignungsvermutung im konkreten Fall" (S. 103). – Eine knappe Erwiderung auf alle Einwände geben SK-*Rudolphi,* Rn. 65 ff. Vor § 1; ausführlicher SK-*Hoyer,* Anh. zu § 16 Rn. 74–81 u. *Schünemann,* GA 1985, 355–357; vgl. auch *Schünemann,* JA 1975, 653 f. und GA 1999, 225–227.

[142] Vgl. zum Fall *Roxin,* HRR AT, Fall 6, S. 6 f. u. 159, sowie *Hillenkamp,* 31. AT-Problem, S. 227 f. – Zum Fall auch *Freund,* 5/79–85; *Joecks,* § 222 Rn. 20, u. *Köhler,* S. 198 f.

rung"[143] des Erfolges zufrieden gibt. Dabei sollen nur diejenigen Faktoren zur Erklärung des Erfolges herangezogen werden, die die **Wahrscheinlichkeit** seines Eintritts **erhöhen.** Die Begründung für diese selbst gegenüber der (Kausalitäts-)Formel von der gesetzmäßigen Bedingung eingeschränkten Anforderungen liegt nach *Puppe* darin, dass wir keine strikt allgemeinen Gesetze für menschliches Verhalten besitzen: „Wenn wir allgemeine Gesetze darüber hätten, wie sich ein Radfahrer mit den Eigenschaften des Verunglückten in der bestimmten Situation als Nüchterner und als Angetrunkener verhält, wenn er von einem Lastzug im zulässigen Mindestabstand oder in einem geringeren Abstand überholt wird, dann könnten wir die Frage entscheiden, ob wir zur Erklärung des Unglücks die Angabe brauchen, dass der Lastwagenfahrer den zulässigen Mindestabstand unterschritten hat, oder ob die Angabe genügt, dass er keinen größeren Abstand als den zulässigen eingehalten hat."[144] Es geht also um eine Einschränkung der zu weiten Kausalitätshaftung durch die **Beschränkung der Kausalitätsbetrachtung** auf solche Bedingungen (hier: Eigenschaften der Handlung, die die Sorgfaltswidrigkeit begründen[145]), die zur Erklärung des Erfolgseintritts notwendig sind.[146]

In das Zentrum des Streites um die Risikoerhöhungslehre sind in jüngster Zeit **60** Fälle **ärztlichen Fehlverhaltens** gerückt.[147] Da auch de lege artis durchgeführte Eingriffe Risiken für die Gesundheit oder gar das Leben des Patienten enthalten, lässt sich – so scheint es – wohl nie sagen, dass bei sorgfältigem Verhalten der Erfolg sicher ausgeblieben wäre. Die Risikoerhöhungslehre hat dagegen keine Schwierigkeiten bei der Erfolgszurechnung, wenn nur der sorgfaltswidrige Eingriff im Vergleich mit dem sorgfältigen Eingriff die Chancen des Opfers verschlechtert hat.[147a] Doch kommt auch die „Vermeidbarkeitstheorie" von ihrem anderen Ausgangspunkt aus zu ähnlichen Ergebnissen, wenn sie von den unausräumbaren Restrisiken bei Operationen abstrahiert: der Erfolg wird selbst dann zugerechnet, wenn das richtige Verhalten dessen Ausbleiben wegen des statistischen Restrisikos nicht garantieren konnte; erst bei konkreteren, spezielleren Risiken für den Erfolgseintritt auch bei korrektem Verhalten (z. B. lebensgefährliche Operation) wird der Erfolg dem sich sorgfaltswidrig verhaltenden Arzt nicht zugerechnet.[148]

Festzuhalten bleibt die weitgehende **Einigkeit** in der Beurteilung von Fällen, in **61** denen der gleiche Erfolg, der tatsächlich durch sorgfaltswidriges Verhalten bewirkt wurde, auch bei sorgfältigem Verhalten eingetreten wäre: keine objektive Zurechnung des Erfolges zum sorgfaltswidrigen Verhalten wegen fehlenden Pflichtwidrigkeitszusammenhanges. Festzuhalten bleibt auch die **unterschiedliche Behandlung** von Zweifelsfällen durch die „Vermeidbarkeitstheorie" und die „Risikoerhöhungs-

---

143 *Puppe*, ZStW 99 (1987), 602 f., Jura 1997, 517 ff. u. in: Fg. BGH, 2000, S. 289, 301 ff. – Die Position von *Puppe* wird auch von *Hillenkamp*, 31. AT-Problem, S. 225, als der Risikoerhöhungslehre „nahe stehend" eingeordnet; ebenso ordnet er *Lampe*, ZStW 101 (1989), 47 ff., ein.

144 *Puppe*, ZStW 99 (1987), 602 f.

145 *Puppe*, ZStW 99 (1987), 603, spricht von „Parametern" des Verhaltens, aus denen die Sorgfaltspflichtverletzung ableitbar ist.

146 Zur Notwendigkeit, für jeden Schadensverlauf eine plausible Erklärung zu finden, s. *Jakobs*, Fs. Lackner, 1987, S. 54, der zwischen Umständen, auf denen die Schadensneigung beruhe und Begleitumständen unterscheidet; zur Lösung des „Lastwagen-Radfahrer-Falles" s. S. 63 Fn. 16. – Kritisch zu *Jakobs* aber *Puppe*, ZStW 99 (1987), 606 Fn. 36.

147 Vgl. *Frisch*, 1988, S. 551.

147a *Kaspar*, JuS 2012, 112, 115.

148 Vgl. *Frisch*, 1988, S. 551–553, mit Nachweisen aus Rechtsprechung und Literatur. – Die Rspr. geht bei § 222 noch weiter und lehnt die Risikoerhöhungstheorie der Sache nach ab; vgl. BGH GA 1988, 184; BGHStV 1994, 425 m. Bspr. *Otto*, JK 95, StGB Vor § 13/5.

lehre": eine Erfolgszurechnung wegen bestehenden Pflichtwidrigkeitszusammenhanges schon bei Erhöhung des Risikos bzw. bei Verringerung der Rettungschancen für die Rechtsgüter des Opfers durch die sorgfaltswidrige im Vergleich zur sorgfaltsgemäßen Handlung gestattet nur die letztere; die erstere verlangt dagegen Sicherheit darüber, dass bei rechtmäßigem Alternativverhalten der Erfolg ausgeblieben wäre, und gewährt deshalb schon bei der nicht auszuschließenden Möglichkeit, dass es doch zum gleichen Erfolg gekommen wäre, einen Zurechnungs- und Haftungsausschluss.

62   Festzuhalten bleibt schließlich, dass sich beide „Theorien" **hypothetischer Verfahren** bedienen, also fragen, was wäre aus dem Erfolg geworden, wenn man sich statt des sorgfaltswidrigen Verhaltens ein sorgfaltsgemäßes Verhalten denkt. Das bedeutet etwa im „Lastwagen-Radfahrer-Fall", dass man sich an die Stelle des Überholens in zu geringem Seitenabstand ein Überholen im vorgeschriebenen Seitenabstand denken muss. Wurde etwa ein tödlicher Unfall von einem Fahrer verursacht, der die vorgeschriebene Geschwindigkeit nicht eingehalten hat, so ist zu fragen, ob der Unfall mit der gleichen Folge auch eingetreten wäre, wenn sich der Fahrer an das Tempolimit gehalten hätte. Das rechtmäßige Alternativverhalten muss dieselbe **Tatsituation** betreffen; daran fehlt es wenn ein riskantes Verhalten (z.B. Gewährung unbeaufsichtigten Ausgangs für Untergebrachten, der während des Ausgangs Menschen tötet) durch ein anderes (denkbarer gewaltsamer Ausbruch des Untergebrachten) ersetzt wird (BGHSt 49, 14 m. zust. Bspr. *Roxin*, StV 2004, 485, 486; *Pollähne*, JR 2004, 429, 435; *Ogorek*, JA 2004, 356 u. *Otto*, JK 9/04, StGB Vor § 13/16; im Erg. auch *Puppe*, NStZ 2004, 554, *Saliger*, JZ 2004, 977, *Neubacher*, Jura 2005, 857, 861 ff., *Duttge*, NStZ 2006, 266, 269 u. *Kaspar*, JuS 2012, 112, 114).[148a]

63   Probleme ergeben sich bei der Bestimmung des sich zu denkenden Vergleichsverhaltens in Fällen,[149] in denen ein alkoholbedingt fahruntüchtiger Fahrer bei Einhaltung einer Geschwindigkeit, die für ihn in nüchternem Zustand nicht zu beanstanden gewesen wäre, in einen Unfall verwickelt wird.[150] Soll hier auf den langsamer fahrenden **Trunkenheitsfahrer** oder auf den nüchternen Fahrer abgestellt werden?[151] Die Rechtsprechung wählt den ersten Weg: sie ermittelt zunächst die Geschwindigkeit, bei der auch ein angetrunkener Fahrer die Situation noch gemeistert hätte, und fragt dann, ob auch bei dieser Geschwindigkeit der Unfall eingetreten wäre.[152] In der Literatur wird dagegen die eigentliche Sorgfaltspflichtverletzung (das Fahren in fahruntüchtigem Zustand) durch das sorgfaltsgemäße Verhalten (Fahren in nüchternem Zustand) ersetzt und gefragt, ob einem sich so sorgfältig Verhaltenden der Un-

---

[148a] Zum Einwand rechtmäßigen Alternativverhaltens bei fehlgeschlagener Lockerungsgewährung instruktiv *Schatz*, NStZ 2003, 581 ff.; zust. auch *Murmann*, GK, 23/103; W-*Beulke*, Rn. 678 a; vgl. auch Fall 3 b bei *Hillenkamp*, 31. AT-Problem, S. 228 f. u. Fall 10 bei *Jäger*, Rn. 57, 58.

[149] Zu weiteren problematischen Fällen, die auch die Rechtsprechung beschäftigten, s. *Schlüchter*, JA 1984, 675 f., und 678 ff. sowie *Kindhäuser*, § 15 Rn. 80–82.

[150] Vgl. BGHSt 24, 31 ff.; s. dazu *Murmann*, GK, 23/104 f.; *Roxin*, AT I, 11/102 u. (der Entscheidung zust.) LK-*Vogel*, § 15 Rn. 188; *Dehne-Niemann*, GA 2012, 89, 101; ausführlich analysiert und kritisiert diese Entscheidung *Niewenhuis*, 1984, S. 179 ff. und 275 ff. sowie *Dold*, Rechtstheorie 2010, S. 109, 122. – Für Freispruch in diesem „Trunkenheitsfall" *Toepel*, 1992, S. 226 f.

[151] Zu den Alternativen vgl. *Freund*, JuS 1990, 214. – Vgl. auch die abweichende Argumentation von LK[11]-*Schroeder*, § 16 Rn. 193: Übernahmeverschulden.

[152] Aus der neueren Rspr. vgl. BayObLG VRS 87 (1994), 121 m. krit. Bspr. *Otto*, JK 95, StGB Vor § 13/6 und *Puppe*, Jura 1997, 628 f., sowie BayObLG NStZ 1997, 388 m. Anm. *Puppe*.

fall auch passiert wäre.[153] Für letzteres spricht, dass ein Zurechnungsausschluss jedenfalls dann angebracht erscheint, wenn ein nüchterner Fahrer denselben Erfolg herbeigeführt hätte, denn dann hat die Trunkenheit keine Rolle für den Erfolgseintritt gespielt.[154] Nach dem sonst von der Rechtsprechung eingehaltenen Grundsatz, dass schon die ernsthafte Möglichkeit des Erfolgseintritts bei rechtmäßigem Alternativverhalten zur Verneinung des „rechtlichen Kausalzusammenhanges" führt, hätte selbst im Zweifelsfall (man weiß nicht, ob ein Nüchterner den Unfall vermieden hätte) freigesprochen werden müssen; dieses Ergebnis will die Rechtsprechung wohl mit ihrer willkürlich gewählten Vergleichsbasis (der langsam fahrende, aber betrunkene Verkehrsteilnehmer verhält sich nicht rechtmäßig) vermeiden. Nach der Risikoerhöhungslehre müsste dagegen die objektive Zurechnung des Erfolges in Zweifelsfällen dann bejaht werden, wenn „das Risiko eines tödlichen Ausgangs durch die Trunkenheit ... erheblich gesteigert worden" wäre.[155]

Aus der **Übungsfall-Literatur** zum Vergleichsverhalten in Trunkenheitsfällen vgl.: *Beulke*, KK III, Fall 12, Rn. 555 u. 580–582 (Fahren im nüchternen Zustand); *Eisele*, JA 2003, 40 u. 47; *Jäger*, Rn. 38, 39: Fall 4 (gegen BGHSt 24, 31); *Rudolphi*, AT-Fälle, Fall 14, S. 166 u. 167 f.

Überhaupt ist bei der **Hypothesenbildung** zu beachten, dass nur die Alternativhandlungen einzusetzen sind, die der sich sorgfaltswidrig Verhaltende hätte vornehmen dürfen[156] (z. B. Fahren in nüchternem Zustand), nicht etwa die, die er in der kritischen Situation noch tatsächlich hätte erbringen können (langsames Fahren in alkoholisiertem Zustand). Weiter ist zu beachten, dass es vom Schutzzweck der verletzten Norm abhängt, welche von mehreren rechtmäßigen Alternativ-Handlungen (z. B. Bremsen, Nichtbeschleunigung des Fahrzeugs, Anhalten, Stehenbleiben, Abbiegen[157]) in den hypothetischen Vergleich einzubeziehen ist. Auf diese Problematik wird beim sog. „Schutzzweckzusammenhang" am Beispiel der Geschwindigkeitsbegrenzungsvorschriften zurückzukommen sein (s. u. Rn. 71). Hier seien nur zwei Beispiele genannt: derjenige, der die Park- bzw. Halteverbotsnorm auf Autobahnen verletzt hat, darf sich nicht auf die an sich auch rechtmäßige Alternative zulässiglangsamen Fahrens mit dem Ziel berufen, von der Haftung freizukommen, weil auch dann der Auffahrunfall passiert wäre;[158] solch spekulative, unrealistische Alternativen ändern schon für das Rechtsgefühl[159] nichts an der Einschätzung, dass der Auffahrunfall auf der Park- bzw. Halteverbotsverletzung beruht. **64**

---

[153] Vgl. *Schlüchter*, JA 1975, 718; *Maiwald*, Fs. Dreher, 1977, S. 437 ff.; *Kindhäuser*, AT, 33/42–44: Fall 11; S/S-*Sternberg-Lieben*, § 15 Rn. 158.

[154] Vgl. *Freund*, JuS 1990, 215; *Puppe*, ZStW 99 (1987), 607 und in: Jura 1997, 514; W-*Beulke*, Rn. 655 u. 680 zu Fall 15 d; *Schlüchter*, JA 1984, 675 u. 678 f.

[155] *Roxin*, AT I, 11/102; vgl. jedoch *Freund*, JuS 1990, 214, der für die Gefahrsteigerung verlangt, dass feststeht, dass gerade der konkrete Fahrer als Nüchterner den Unfall vermieden hätte.

[156] Vgl. *Puppe*, JuS 1982, 662 ff., sowie *dies.*, in: JZ 1985, 296; vgl. auch *Jakobs*, Fs. Lackner, 1987, S. 72.

[157] Vgl. *Jakobs*, Fs. Lackner, 1987, S. 71 f.; *Puppe*, JuS 1982, 664, sowie *dies.*, in: JZ 1985, 297 Fn. 11. – Ausführlich zum „Kreis berücksichtigungsfähiger Alternativverhaltensweisen" *Frisch*, 1988, S. 535 ff.

[158] Vgl. den BGH VRS 24, 124, nachgebildeten „Autobahn-Fall" bei *Schlüchter*, JA 1984, 678, den auch schon *Puppe*, JuS 1982, 664, mit demselben Ergebnis „behandelt"; vgl. zum Fall auch *Frisch*, 1988, S. 536: eine „Handlung eines ganz anderen Handlungstyps" könne nicht zum Zurechnungsausschluss angeführt werden.

[159] Vgl. *Frisch*, 1988, S. 536 Fn. 110.

65   Das rechtmäßige Alternativverhalten muss in der vom **Zweck** der verletzten **Norm** liegenden Richtung gesucht werden: deshalb ist im „Müllwerker-Fall", in dem ein unter Verstoß gegen § 22 Jugendarbeitsschutzgesetz als Müllwerker eingesetzter Jugendlicher bei diesen Arbeiten ums Leben gekommen war, nur der Vergleich mit einem erwachsenen Müllwerker und dessen Vermeidemöglichkeiten (nicht die Nichtbeschäftigung des Jugendlichen!) sinnvoll, denn nur durch einen solchen Vergleich kann man herausbekommen, ob der Unfall auf Umständen beruht, die im Blickfeld der Norm liegen, d. h. von ihr verhindert werden wollen: mangelndes Sicherheitsbewusstsein und mangelndes Erfahrungswissen des Jugendlichen.[160] Doch ist das schon wieder – ein allerdings nicht zu vermeidender – Vorgriff auf den Schutzzweckzusammenhang.

66   Die objektive Zurechnung eines Erfolges zu demjenigen, der diesen Erfolg durch sein sorgfaltswidriges Verhalten tatsächlich bewirkt hat, entfällt nicht dadurch, dass der gleiche Erfolg hypothetisch auch durch sorgfaltswidriges Verhalten eines **anderen** herbeigeführt worden wäre. Dies hat inzwischen auch die Rechtsprechung[161] trotz der Aufstellung des Erfordernisses eines „rechtlichen Ursachenzusammenhanges" zwischen der Pflichtverletzung und dem Erfolgseintritt in Täter-Opfer-Verhältnissen (Lastwagenfahrer-Radfahrer-Beziehung) für Dreier-Verhältnisse (Täter-Ersatztäter-Opfer)[162] im schon mehrfach angesprochenen „Massenkarambolage-Fall" anerkannt: Der zu schnell fahrende Angeklagte, der den liegengebliebenen Citroen auf seinen davorstehenden Fahrer mit Verletzungsfolgen geschleudert hatte, darf sich nicht darauf berufen, dass bei hypothetischer Annahme seines korrekten Verhaltens (Fahren mit den Sichtverhältnissen angepasster Geschwindigkeit) der gleiche Verletzungserfolg[163] vom Nachfolgenden, ebenfalls zu schnell Fahrenden dadurch verursacht worden wäre, dass er den noch vor dem liegengebliebenen PKW zum Stehen gekommenen Wagen des Angeklagten auf den liegengebliebenen Citroen geschoben hätte.

67   Dieses Ergebnis findet auch in der Literatur[164] fast allgemeine Zustimmung, wobei der Gedanke bestimmend erscheint, dass gerade ein von mehreren potentiellen Schädigern bedrohtes Rechtsgut des Schutzes durch die Rechtsordnung bedarf. Auch hier kann auf die auch den fahrlässigen Erfolgsdelikten immanente **Gewährleistungsnorm** abgestellt werden: sie muss auf der Zurechnung von Erfolgen bestehen, die dem Opfer den vom Tatbestand vorgesehenen Schutz entziehen. Konnte man in Zweier-Verhältnissen ein solches Bestehen auf der Einhaltung der tatsächlich sinnlosen Sorgfalt noch als formal abtun,[165] so geht das in Dreier-Verhältnissen

---

[160] Vgl. OLG Karlsruhe JR 1985, 479, mit Anmerkung *Kindhäuser;* sowie S/S-*Sternberg-Lieben,* § 15 Rn. 157; *Frisch,* 1988, S. 536 Fn. 107.

[161] BGHSt 30, 228 ff.

[162] Vgl. *Erb,* 1991, S. 310 f. Nach *Hillenkamp,* 31. AT-Problem, Bsp. 3 a, S. 186, betont der BGH „zurecht" den Unterschied dieser Konstellationen. Auch *Niewenhuis,* 1984, S. 99 f., hält die unterschiedliche Behandlung der Konstellationen für begründet, er vermisst nur die Begründung seitens des BGH. – Vgl. auch OLG Bamberg NStZ-RR 2008, 10, 12.

[163] Schon das Vorliegen eines auch nur wertungsmäßig vergleichbaren Erfolges bestreitet *Schlüchter,* JA 1984, 679, weil in der Hypothese das Mitverschulden eines anderen angenommen werde. Ähnlich *Ranft,* NJW 1984, 1427. Vgl. auch *Niewenhuis,* 1984, S. 96, der auf den „später" eingetretenen hypothetischen Erfolg abstellen will.

[164] Vgl. *Samson,* Strafrecht I, S. 25 u. 253; MK-*Duttge,* § 15 Rn. 162; SK-*Rudolphi,* Rn. 60 Vor § 1; SK-*Hoyer,* Anh. zu § 16 Rn. 68 u. 76; S/S-*Lenckner/Eisele,* Vorbem §§ 13 ff. Rn. 97 f.; *Heinrich,* AT II, Rn. 1054; W-*Beulke,* Rn. 687 f.; *Otto,* 10/26; M-*Gössel/Zipf,* AT 2, 43/104 u. 109; *Erb,* 1991, S. 310 f.; *Schatz,* NStZ 2003, 584; *Roxin,* StV 2004, 486.

[165] Gegen diese Differenzierung von konkurrierendem Fehlverhalten des Opfers und solchem dritter Personen („hypothetisches Unrecht") *Jakobs,* Fs. Lackner, 1987, S. 58 Fn. 8 u.

nicht, weil eine **Freigabe des Rechtsguts,** nur weil ihm auch von dritter Seite die rechtswidrige Verletzung droht, den Schutzzweck der Gewährleistungsnorm als Rechtsguterhaltungsnorm vereiteln würde. Ähnliche Begründungen des allgemein für richtig gehaltenen Ergebnisses lauten: Dem bedrohten Gut dürfe durch die Berücksichtigung hypothetischen Unrechts nicht die „normative Garantie genommen" werden,[166] oder: hypothetische Beeinträchtigungen durch rechtswidrige Aktionen Dritter rechtfertigten niemals die Aufhebung des „Achtungsanspruches des Gutes gegenüber anderen Normadressaten."[167]

> Zur Einübung in die Problematik des Pflichtwidrigkeitszusammenhangs anhand von Fällen sind folgende **Übungsfälle** geeignet: *Alpmann/Schmidt,* AT 1, Fall 38, S. 193–197 (BGHSt 11, 1 nachgebildet); *Aselmann/Krack,* Jura 1999, 254; *Bühler,* Jura 1989, 651 u. 658; *Dencker,* JuS 1980, 211 f.; *Freund,* JuS 2001, 475 u. 476 f.; *Gropp,* in: G/K/M, Fallsammlung, Fall 5, S. 93 f. u. 99 f., 103 (gegen Risikoerhöhungslehre); *Hertel,* Jura 2011, 391 u. 394; *Hilgendorf,* KK I, Fall 5, Rn. 18 und Fall 9, Rn. 5–7; *Jescheck,* Fälle, Fall 29, S. 42 f. u. Fall 32, S. 45 f.; *Kalkofen/Sievert,* Jura 2011, 229 u. 231 f.; *Kasiske,* JA 2007, 509 u. 510; *Kienapfel,* § 18 „Münchner G'schichten", S. 145 ff., 150–152; *Kudlich,* PdW AT, Fälle 174, 175; *Magnus,* Jura 2009, 390–392; *Mitsch,* JuS 1996, 410: Fall 35; *Norouzi,* JuS 2007, 146 u. 148; *Otto,* Übungen, Anfängerklausur Nr. 6, S. 103 u. 112; *Rudolphi,* AT-Fälle, Fall 14, S. 166 u. 167 f., 174–176; *Samson,* Strafrecht I, Fall 43, S. 250 u. 253–255; *Seher,* in: *Ebert* (Hrsg.), Fall 12, S. 12 f. u. 185 f.; *Tiedemann,* Anfängerübung, Fall 11, S. 239 u. 240.

b) Der Schutzzweckzusammenhang

Der Schutzzweckzusammenhang als Voraussetzung der objektiven Zurechnung **68** von Erfolgen[168] schließt solche Erfolge von der Zurechnung aus, die nicht im Schutzbereich der jeweils verletzten Norm liegen.[169] Unter „Norm" ist dabei eine begrenzte Sorgfaltsnorm zu verstehen, die nur dem Eintritt bestimmter Erfolge gegensteuern will.[170] Würden auch andere, vom sich sorgfaltswidrig Verhaltenden immerhin verursachten Erfolge objektiv zugerechnet, so stünde das in Widerspruch zur beschränkten Schutzfunktion der verletzten Sorgfaltsnorm.[171] Als Sorgfaltsnor-

---

S. 72 Fn. 25. Gegen diese Differenzierung auch *Ranft,* NJW 1984, 1426; *M-Gössel/Zipf,* AT 2, 43/104; *Frisch,* 1988, S. 563.

[166] *Jakobs,* Fs. Lackner, 1987, S. 58 Fn. 8 u. S. 72 Fn. 25.

[167] *Frisch,* 1988, S. 563, und außerdem S. 565: der Erfolg sei von rechtsfriedensstörender Wirkung und zur Demonstration der Unwertigkeit des Verhaltens geeignet.

[168] Kritisch zur Notwendigkeit dieses Erfordernisses *Frisch,* 1988, S. 65 f., 80 ff., 97 f.; nach LK-*Vogel,* § 15 Rn. 202, sind Schutzzweckerwägungen nur „ausnahmsweise erforderlich". Gegen die Trennung dieser Zurechnungsvoraussetzung vom Pflichtwidrigkeitszusammenhang *Schlüchter,* JA 1984, 675 Fn. 27 sowie *Puppe,* JZ 1985, 297 Fn. 8 u. in: AT 1, 4/39 f. – Eine Unterscheidung beider Problembereiche hält für sinnvoll KK OWiG-*Rengier,* § 10 Rn. 32; vgl. auch *Jakobs,* ZStW-Beiheft 1974, S. 26 ff. – *Niewenhuis,* 1984, S. 17 ff., 23, spricht vom „inneren Pflichtwidrigkeitszusammenhang", den er vom „äußeren" abhebt: „Der tatbestandsmäßige Erfolg ist durch Fahrlässigkeit verursacht, wenn a) der Erfolgseintritt bei verkehrsgerechtem Verhalten vermieden werden *konnte* (äußerer Zusammenhang) und b) der Eintritt des tatbestandsmäßigen Erfolges auf der Verwirklichung von Gefahren beruht, die nach dem Schutzzweck der verletzten Norm auch verhindert werden *sollten* (innerer Zusammenhang)."

[169] Vgl. SK-*Hoyer,* Anh. zu § 16 Rn. 82; S/S-*Sternberg-Lieben,* § 15 Rn. 157.

[170] Vgl. *Schlüchter,* JA 1984, 675: der Erfolg müsse ein solcher sein, der mit dem Pflichtgebot abgewendet werden solle. – Nach *Puppe,* Fs. Bemmann, 1997, S. 227, 244, muss die Normbefolgung „generell zur Verhinderung des durch ihre Verletzung verursachten Schadens geeignet" sein; daran fehle es, wenn der Eintritt des Schadens bei Befolgung der Norm ebenso wahrscheinlich sei wie bei ihrer Nichtbefolgung (S. 245).

[171] Vgl. *Küper,* Fs. Lackner, 1987, S. 250 f., der auch von horizontaler Risikotrennung spricht.

men mit begrenztem Erfolgsverhinderungszweck kommen vor allem Straßenverkehrsregeln wie das Haltegebot bei roter Ampel und Geschwindigkeitsbeschränkungen in Betracht. Beide Sorgfaltspflichten verwendet *Küper* in einem anschaulichen Beispielsfall:

69 „Wenn etwa ein Kraftfahrer mit überhöhtem Tempo leichtsinnig bei ‚Rot' über eine Kreuzung fährt, ohne dass im dichten Kreuzungsverkehr etwas passiert, er dann aber einen Kilometer weiter trotz inzwischen korrekter Fahrweise ein Kind verletzt, das ihm überraschend
vor den Wagen läuft, so sind zwar das sorgfaltswidrig-gefährliche Überfahren der Verkehrsampel und die riskante Überschreitung der Geschwindigkeit kausal für den späteren Erfolgseintritt; doch haben sich in diesem Erfolg nicht die den Normverletzungen immanenten
Risiken verwirklicht. Denn die mit der Missachtung des Rotlichts verletzte Sorgfaltsnorm
‚dient dem Schutz des Kreuzungsverkehrs, nicht der Verhinderung späterer Folgen' außerhalb
dieses räumlichen Schutzbereichs, und das Verbot der Geschwindigkeitsüberschreitung hat
nicht den Sinn, das Eintreffen des Fahrzeugs an einem bestimmten Ort zeitlich zu verzögern
und *dadurch* auch die ihrerseits erlaubt begründeten Gefahren zu unterbinden, die (lediglich)
aus dem früheren Ankunftsdatum des Kraftfahrers an der Unfallstelle resultieren.“[172]

70 Gerade mit dem „Schutzzweck straßenverkehrsrechtlicher Geschwindigkeitsvorschriften bei Kreuzungsverkehr“[173] gibt es auch Probleme. Einigkeit besteht zwar
darüber, dass die **Geschwindigkeitsvorschriften** des § 3 StVO nicht den Sinn haben,
die Ankunft an bestimmten Orten zu verzögern, doch führt diese Überlegung nur
zur Ausscheidung von Erfolgen, die mit einer zeitlich und räumlich zurück-/bzw.
entferntliegenden Geschwindigkeitsüberschreitung in Verbindung gebracht werden
sollen (Extremfall: überhöhte Geschwindigkeit in Augsburg führt dazu, dass der
Fahrer gerade zu dem Zeitpunkt in München an Ort und Stelle war, wo ihm ein unvorsichtiger Fußgänger vor das Auto gesprungen ist[174]).

71 Schwieriger zu begründen ist jedoch die Ausscheidung solcher Erfolge, die vermieden worden wären, wenn der mit überhöhter Geschwindigkeit Fahrende so
gefahren wäre, dass er oder das Opfer noch eine Chance gehabt hätte, die Kollision
zu vermeiden. Der Schutzzweck der Geschwindigkeitsbegrenzung erscheint hier
einschlägig, denn ihnen geht es darum, dem Fahrer und/oder dem Opfer schadensverhütende Reaktionen zu ermöglichen. Ob dabei die Geschwindigkeitsbegrenzungsnorm für den Fahrer nur die Möglichkeiten rechtzeitigen Anhaltens oder gefahrlosen Ausweichens[175] mit der Folge vorsieht, dass, wenn beides bei angepasster
Geschwindigkeit nichts geholfen hätte, eine Erfolgszurechnung ausscheidet, erscheint zweifelhaft. Man könnte der Norm auch den weiteren Sinn zuschreiben,
Personen, die blindlings auf die Straße laufen oder unter Verletzung der Vorfahrt in

---

[172] *Küper,* Fs. Lackner, 1987, S. 251; mit diesem Bsp. ebenso *Joecks,* § 222 Rn. 21,
Kretschmer, Jura 2000, 267, 275, *Kudlich,* JA 2010, 681, 686 u. *Murmann,* GK, 23/117; den
„Kreuzungsfall“ BGHSt 33, 61 behandelt *Puppe,* AT 1, 4/35–39: tautologische Schutzzweckbestimmung (Rn. 40). – Weitere Beispielsfälle aus dem Straßenverkehr finden sich bei KK
OWiG-*Rengier,* § 10 Rn. 36 f. – Speziell zum Schutzzweck des Rechtsfahrgebots *Haarmann,*
NZV 1993, 374.
[173] *Ebert,* JR 1985, 357.
[174] Fall 42 bei *Blei,* PdW AT; Bsp. 3 bei *Jäger,* Rn. 34; „klassisches Beispiel“ bei *Kaspar,* JuS
2012, 112, 114. – Vgl. auch treffend B-*Volk,* S. 164: Geschwindigkeitsbegrenzungen regeln
nicht, „wann man wo ist“; ebenso *Roxin* AT I, 11/75 u. *Frister,* AT, 10/24. Vgl. auch KK
OWiG-*Rengier,* § 10 Rn. 36, mit Rechtsprechungsnachweisen. – Vgl. die abweichende Begründung von *Schroeder,* JZ 1989, 778: „nach der Auffassung der Fahrlässigkeit als Erkennbarkeit ist es dagegen nicht erkennbar, dass eine Geschwindigkeitsüberschreitung mehrere Kilometer weiter zu einem Unfall führt.“ – Abw. Begr. auch bei LK-*Vogel,* § 15 Rn. 188 u. 202:
Vermeidbarkeit auf „kritische Situation“ zu beziehen (= „Simultaneitätsprinzip“).
[175] So *Ebert,* JR 1985, 359.

die Kreuzung fahren, dadurch das rechtzeitige Verlassen des kritischen Punktes zu ermöglichen, dass der Fahrer bei angepasster Geschwindigkeit immerhin eine Bremswirkung erzielt hätte, die ihn den kritischen Punkt etwas später hätte erreichen lassen.[176]

Zu beachten ist allerdings immer, dass die jeweilige Norm nur „planbare Schadensverläufe" ausschalten will. Deshalb liegen Erfolge, die nur zufällig hätten verhindert werden können, außerhalb des Schutzbereichs der Norm.[177]   72

Der Schutzzweckzusammenhang spielt aber nicht nur bei den Sorgfaltspflichten   73 von Teilnehmern des Straßenverkehrs eine Rolle. Zu einem Schulfall aus dem Bereich **ärztlicher Sorgfaltspflichten**[178] ist der von BGHSt 21, 59, entschiedene „Zahnarzt-Fall" geworden:

> Zahnarzt Z zog einer an chronischer Herzmuskelentzündung leidenden stark fettsüchtigen Patientin zwei Backenzähne unter Vollnarkose. Diese Art der Anästhesie war wegen der Mitteilung der Patientin, sie habe „etwas am Herzen" ohne vorherige Untersuchung durch einen Internisten pflichtwidrig. Die Patientin verstarb infolge der Narkose an Herzstillstand. Ihr Tod hätte aber möglicherweise auch durch eine vorangegangene Untersuchung nicht abgewendet werden können. Möglicherweise wäre nämlich selbst dem nach den Regeln ärztlicher Kunst vorgehenden Internisten die Herzmuskelentzündung verborgen geblieben. Allerdings wäre der Tod durch die Untersuchung mit Sicherheit (mehrere Stunden, wahrscheinlich sogar Tage) später eingetreten.[179]

Der Herztod der P wurde durch die Narkose des Z verursacht, da die Narkotisie-   74 rung nicht hinweggedacht werden kann, ohne dass der Herztod der P entfiele (condicio-Formel), und da zwischen der Handlung des Z und dem Tod der P eine gesetzmäßige Verbindung besteht (Theorie von der gesetzmäßigen Bedingung). Auch gerade die Pflichtverletzung des Z (Nichthinzuziehung eines Internisten) hat sich im Tod der P ausgewirkt, denn hätte Z die P durch einen Internisten untersuchen lassen (rechtmäßiges Alternativverhalten), so wäre P nicht schon zu dem Zeitpunkt, in dem sie von Z in Narkose versetzt wurde, gestorben. Dennoch kann ihr Tod dem Z nicht objektiv zugerechnet werden, weil er nicht in den Schutzbereich der von Z verletzten Sorgfaltspflicht fällt. Diese Sorgfaltspflicht (ziehe einen Spezialisten hinzu, wenn Anzeichen dafür vorliegen, dass du die Gefährlichkeit einer Behandlung nicht zuverlässig einschätzen kannst) hat nicht den Zweck, die Behandlung und den durch sie verursachten Tod um den Zeitraum der erforderlichen Untersuchung hinauszuschieben, sondern den Zweck, Gefahren der in Aussicht genommenen Behandlung zu erkennen und so den Tod infolge dieser Behandlung zu vermeiden. Dieser Zweck aber hätte im vorliegenden Fall mit der Untersuchung nicht (sicher)

---

[176] Vgl. aus der durch die Entscheidung BGHSt 33, 61 ff., ausgelösten Diskussion die Anmerkungen von *Ebert*, JR 1985, 356 ff.; *Puppe*, JZ 1985, 295 ff. u. in: Fs. Bemmann, 1997, S. 227, 233; *Streng*, NJW 1985, 2809 ff., sowie: S/S-*Sternberg-Lieben*, § 15 Rn. 157; W-*Beulke*, Rn. 674 u. 679; M-*Gössel/Zipf*, AT 2, 43/97; KK OWiG-*Rengier*, § 10 Rn. 37; *Jakobs*, Fs. Lackner, 1987, S. 72 Fn. 29; *Frisch*, 1988, S. 98 f.; *Freund*, JuS 1990, S. 215; *Toepel*, 1992, S. 227.

[177] Vgl. *Jakobs*, Fs. Lackner, 1987, S. 72; *Frisch*, 1988, S. 531.

[178] Weitere Beispiele aus diesem Bereich finden sich bei *Ulsenheimer*, 2008, Rn. 230 f.; aus der neueren Rspr. zum Schutzbereich der Aufklärungspflicht BGH NStZ 1996, 34 m. Anm. *Ulsenheimer*, NStZ 1996, 133; dazu auch *Kuhlen*, Fs. Roxin, 2001, S. 331, 341 ff.

[179] So schildert *Schlüchter*, JA 1984, 675, den auch von ihr sog. „Zahnarzt-Fall". Vgl. auch den etwas knapperen Sachverhalt dieser Entscheidung bei *Niewenhuis*, 1984, S. 29, der auf S. 30 den Fall „übersichtlich und schulmäßig" löst; krit. Fallbehandlung bei *Puppe*, AT 1, 3/34: nicht zu schnell auf den „Zweifelsgrundsatz" verweisen; – zum Fall auch knapp *Joecks*, § 222 Rn. 22.

erreicht werden können. Der eingetretene Todeserfolg bei Z war also keiner, den die von Z verletzte Sorgfaltsnorm verhindern wollte.[179a]

> Vgl. zu diesem Schulfall[180] die entsprechenden **„Fallbearbeitungen"** von *Eser,* Strafrecht I, 3. Aufl. 1980, Fall 7, S. 77–81; *Samson,* Strafrecht I, Fall 43, S. 250–255 sowie mit Abwandlungen: *Otto,* 10/1 u. 34, Musterfall 3.

75　　Ein weiteres Beispiel bildet der schon beim Pflichtwidrigkeitszusammenhang angesprochene „Müllwerker-Fall" (s. o. Rn. 65), in dem der Schutzzweck des Beschäftigungsverbots für Jugendliche nicht den Tod eines Jugendlichen bei Müllwerkerarbeiten erfasste, weil für diesen Tod nicht jugendtypische Mängel maßgeblich waren (ein Erwachsener hätte den tödlichen Unfall beim Rangieren des Müllwagens auch nicht vermeiden können).[181] Das Gleiche gilt für **Schockschäden**, die nicht das Opfer, sondern Dritte erleiden, wenn sie den Tod oder die Verletzung einer ihnen nahe stehenden Person mit ansehen müssen oder ihnen davon berichtet wird; denn der Schutzzweck der Körperverletzungs- und Tötungstatbestände ist nicht auf die Vermeidung solcher Verletzungen gerichtet, die bei einem anderen als dem unmittelbar Betroffenen eintreten.[181a] Im Schutzbereich von Vollzugslockerungsvorschriften für Anstaltsärzte liegen Verletzungen und Tötungen von Personen, die Untergebrachte während eines vorschriftswidrig gewährten Ausgangs begehen (*Roxin,* StV 2004, 487 u. *Neubacher,* Jura 2005, 857, 862 zu BGHSt 49, 1; dazu auch *Weisser,* 2011, S. 524 f.; mit Schutzzweckerwägungen löst *Jäger,* Rn. 57, 58, seinen entsprechenden Fall 10).

76　　Die Bewältigung von Übungsarbeiten mit Schutzzweckproblematik ist deshalb schwierig, weil der **Schutzzweck** bei vielen einzelnen Sorgfaltsnormen **nicht eindeutig** ist. Hier helfen oft nur indirekte Angaben im Sachverhalt oder – falls auch diese fehlen – eine „verständige" Auslegung der Sorgfaltsnorm. Abgesehen von einigen Standardbeispielen gibt es weder in der Rechtsprechung noch in der Literatur Ansätze zu einem System, das versucht, „den Schutzzweck irgendeiner Norm in einem subsumtionsfähigen Obersatz zu beschreiben oder auch nur Arten von Kausalverläufen vollständig abstrakt zu bestimmen, zu deren Verhinderung sie geeignet ist."[182]

> Zur Einübung in die Problematik des Schutzzweckzusammenhangs geeignete **Übungsfälle** finden sich bei *Bühler,* Jura 1989, 651 u. 658; *Hertel,* Jura 2011, 391 u. 393; *Hussels,* Jura 2005, 877 u. 882 (Schutzzweck von § 36 I Waffengesetz); *Jescheck,* Fälle, Fall 69, S. 86 f.; *Kudlich,* AT-Fälle, Fall 4, S. 52 (Warnschild bei Selbstschussanlage) u. in: PdW AT, Fälle 176, 177; *Meurer/Kahle/Dietmeier,* Übungskriminalität, Fall 4, S. 49 f. u. 74; *Rudolphi,* AT-Fälle, Fall

---

[179a] Ähnliche Begr. bei *Roxin,* AT I, 11/85; „missverständlich" LK-*Vogel,* § 15 Rn. 202, weil der Eindruck entstehen könne, es sei keine ärztliche Pflicht, den Todeszeitpunkt hinauszuschieben; er selbst stellt wieder auf das „Simultaneitätsprinzip" ab (s. schon oben Fn. 174).

[180] Vgl. *Jescheck/Weigend,* S. 586; *Krümpelmann,* Fs. Jescheck, 1985, S. 332 sowie ders., in: Fs. Lackner, 1987, S. 296 Fn. 34; *Ranft,* NJW 1984, 1432 Fn. 63; *Roxin,* AT I, 11/84 f.; *Schlüchter,* JA 1984, 675; SK-*Hoyer,* Anh. zu § 16 Rn. 88; S/S-*Sternberg-Lieben,* § 15 Rn. 160; *Ulsenheimer,* 2008, Rn. 231; *Erb,* 1991, S. 308. – Vgl. auch die abweichende Begründung von *Schroeder,* JZ 1989, 778: nicht erkennbare Narkoseuntauglichkeit; kritisch zu dieser Begründung *Schünemann,* GA 1985, 360.

[181] Vgl. S/S-*Sternberg-Lieben,* § 15 Rn. 157, mit OLG Karlsruhe JR 1985, 479.

[181a] So die h. M.; vgl. etwa *Roxin,* AT I, 24/44; S/S-*Cramer/Sternberg-Lieben,* § 15 Rn. 162; SK-*Rudolphi,* Rn. 78 vor § 1; SK-*Hoyer,* Anh. zu § 16 Rn. 87; *Schünemann,* GA 1999, 214; eingehend *Frisch,* 1988, S. 397–408, der bei Kenntnis des Täters von der besonderen Konstitution des Opfers eine Ausnahme macht; a. A. NK-*Puppe* (1. Aufl., 5. Lfg. vom 31. 10. 1998), Rn. 240 vor § 13, die zu einer Zurechnung neigt.

[182] *Puppe,* JZ 1985, 297 Fn. 12.

13, S. 148 u. 150 f. (Retter nicht im Schutzbereich der durch die Brandstiftung verletzten Sorgfaltsnorm); W-*Beulke*, Fall 6 d, Rn. 152 u. 200 („Schocktod"); *Wittig*, Jura-Sonderheft Examensklausurenkurs, 2000, S. 45 u. 51.

III. Die Rechtswidrigkeit

Wer durch sorgfaltswidriges Verhalten[183] den Tatbestand eines Fahrlässigkeitsde- 77 likts verwirklicht, hat sich im Normalfall auch rechtswidrig verhalten, es sei denn, sein Verhalten ist ausnahmsweise durch einen Rechtfertigungsgrund gedeckt.[183a] Als solche **Rechtfertigungsgründe** kommen vor allem die für Notsituationen geltenden „Notrechte" der §§ 32, 34 (Notwehr und rechtfertigender Notstand) in Betracht.

Unproblematische Fälle der **Notwehr**-Rechtfertigung von Fahrlässigkeitstaten wie 78 insbesondere der fahrlässigen Körperverletzung (§ 229) des Angreifers sind schon bei der Notwehrvoraussetzung der Erforderlichkeit behandelt worden (s. o. 7/112–115). Zur Erinnerung: Es geht zunächst um die zur Angriffsabwehr erforderliche Benutzung der Pistole als Schlagwaffe, bei der sich eine Kugel löst und den Angreifer schwer verletzt (BGHSt 27, 314); diese fahrlässig herbeigeführte Verletzung ist dann durch Notwehr gerechtfertigt, wenn der Einsatz der Pistole als Schlagwaffe trotz des mit ihm verbundenen Risikos als erforderlich anzusehen ist. Es geht des weiteren um die Konstellationen, in denen der fahrlässig herbeigeführte Erfolg auch vorsätzlich hätte herbeigeführt werden dürfen;[183b] so wenn der unterhalb der Erforderlichkeit liegende Warnschuss den Angreifer tödlich trifft, der gefährliche Angreifer aber auch durch einen gezielten Schuss hätte abgewehrt (= getötet) werden dürfen (BGHSt 25, 31 f.). Dies gilt auch, wenn sich aus dem vermeintlich ungeladenen Revolver, der zur Drohung eingesetzt wird, ein für den Angreifer tödlicher Schuss löst, ein solcher Schuss aber auch vorsätzlich hatte abgegeben werden dürfen, weil auch er erforderlich gewesen wäre (BGH NJW 2001, 3200 (sog. „Warnschuss"-Fall) m. hinsichtlich der Begr. z. T. krit. Bspr. *Eisele*, JA 2001, 922; *Otto*, NStZ 2001, 591, 595; *Kretschmer*, Jura 2002, 114 u. *Seelmann*, JR 2002, 249).[183c] Es ist als **hypothetisch** zu prüfen, ob auch die vorsätzliche Tötung/Verletzung des Angreifers durch Notwehr gerechtfertigt gewesen wäre (*Eisele* a. a. O. S. 923).

Unproblematisch sind diese Fälle auch hinsichtlich des „Verteidigungswillens" als 79 **subjektives Rechtfertigungselement**, denn jeweils kennt der Fahrlässigkeits-Täter die Notwehrlage und will sich durch den Schlag mit der Pistole bzw. den Warnschuss in den Grenzen der Erforderlichkeit verteidigen.[184] Anders ist dies in den Fällen, in denen der Fahrlässigkeits-Täter nicht einmal erkennt, dass er durch einen Angriff in eine Notwehrlage gebracht worden ist. Verletzt er in dieser subjektiv nicht erkann-

---

[183] Sozialadäquate, im „erlaubten Risiko" liegende Verhaltensweisen sind schon nicht tatbestandsmäßig; vgl. S/S-*Lenckner/Sternberg-Lieben*, Vorbem §§ 32 ff. Rn. 94, der davon das „gerechtfertigte Risiko" unterscheidet (Rn. 100).

[183a] Ebenso *Beck*, JA 2009, 268, 269 f.; *Stratenwerth/Kuhlen*, 15/32.

[183b] SK-*Hoyer*, Anh. zu § 16 Rn. 92.

[183c] *Gropp*, in: ders. u. a. (Hrsg.), Beiträge zum deutschen und türkischen Strafrecht, 2010, S. 237, 244, hält diese Begründung für „widersprüchlich" und will von der neutralen Gefahrerhöhung zur Rechtfertigungsprüfung übergehen.

[184] Allgemein zum subjektiven Rechtfertigungselement bei Fahrlässigkeitsdelikten vgl. *Jungclausen*, Die subjektiven Rechtfertigungselemente beim Fahrlässigkeitsdelikt, 1987, S. 175: „der von der Kenntnis der rechtfertigenden Sachlage getragene Wille zur Ausübung des Rechtfertigungsgrundes"; krit. *Rath*, 2002, S. 328 ff. – Ein knapper Überblick zum Streitstand findet sich bei *Geppert*, Jura 1995, 107, ausführlicher bei NK-*Paeffgen*, Rn. 139–144 vor § 32.

ten, aber objektiv gegebenen Notwehrlage den Angreifer auf erforderliche Weise durch sorgfaltswidriges Verhalten (z. B. unvorsichtiges Hantieren mit der Waffe, aus der sich ein den Angreifer verletzender Schuss löst), so fehlt ihm der „Verteidigungswille" bzw. der „generelle Abwehrwille" (*Rönnau*, JuS 2009, 594; *Kaspar*, JuS 2012, 115).

80   Dennoch ist man sich im Ergebnis weitgehend darin einig, dass der Täter sich **nicht** wegen eines Fahrlässigkeitsdelikts wie fahrlässige Körperverletzung (§ 229) **strafbar** gemacht hat.[184a] Zur Begründung kann man anführen, dass ein subjektives Rechtfertigungselement zur Rechtfertigung von Fahrlässigkeitsdelikten deshalb nicht notwendig ist, weil bei ihnen kein strafbarer Handlungsunwert (= folgenlose Sorgfaltspflichtverletzung) vorliegt, der durch ein subjektives Rechtfertigungselement „aufgehoben" werden müsste.[185] Rechtfertigung trete ein, weil die objektiven Voraussetzungen eines Rechtfertigungsgrundes wie z. B. der Notwehr vorliegen. Zum selben Ergebnis kommt man – trotz Ablehnung einer Rechtfertigung (subjektives Rechtfertigungselement ist unverzichtbar[186]) – mit der Begründung, dass die Tatbestandsverwirklichung wegen des fehlenden Erfolgsunwertes objektiv erlaubt und der verbleibende Handlungsunwert mangels Strafbarkeit des fahrlässigen Versuchs straflos sei.[187]

> Aus der **Übungsfall-Literatur** vgl.: *Fahl*, Jura 2003, 60 u. 64 f. („wenigstens Kenntnis der Verteidigungssituation"); *Kudlich*, PdW AT, Fall 178; *Marxen*, Fall 8 f., S. 71 f.; *Otto/Bosch*, Übungen, Fall 3, S. 101–103, 105; *Schrödl*, JA 2003, 656 f. u. 660 f. (an BGH NJW 2001, 3200 angelehnt); *Schütze*, in: *Ebert* (Hrsg.), Fall 8, S. 8 f. u. 133 („genereller Verteidigungswille").

81   Auch der rechtfertigende **Notstand** gem. § 34 kommt als Rechtfertigungsgrund für Fahrlässigkeitsdelikte in Betracht. So etwa bei der fahrlässigen Trunkenheitsfahrt (§ 316 II), wenn der seine alkoholbedingte Fahruntüchtigkeit fahrlässig verkennende Täter einen lebensgefährlich Verletzten zum Krankenhaus fährt.[188] § 34 rechtfertigt auch noch die fahrlässige Körperverletzung eines beim Krankentransport angefahrenen Fußgängers.[189] Kommt es bei dem Unfall aber zu einer fahrlässigen Tötung (§ 222), so wird Rechtfertigung unter dem Gesichtspunkt eines durch Notstand geschaffenen **gerechtfertigten Risikos** angenommen.[190]

[184a] Für Strafbarkeit bei Unkenntnis der Rechtfertigungssituation aber *Hassemer*, JuS 1980, 412, 414; ebenso im Übungsfall *Fahl*, Jura 2003, 60, 64 f.

[185] *Ebert*, S. 168; *Frisch*, Fs. Lackner, 1987, S. 130 f.; *Streng*, Fs. Otto, 2007, S. 469, 485 f.; *Jescheck/Weigend*, S. 589; *Otto*, 10/29; *S/S-Lenckner/Sternberg-Lieben*, Vorbem §§ 32 ff. Rn. 99. – Krit. zu diesen Begründungen *Puppe*, Fs. Stree/Wessels, 1993, S. 187 u. NK-*Paeffgen*, Rn. 143 f. vor § 32.

[186] Vgl. M-*Gössel/Zipf*, AT 2, 44/16–18.

[187] *Beck*, JA 2009, 268, 269; *Rönnau*, JuS 2009, 594, 596; *Kaspar*, JuS 2012, 112, 115 f.; *Murmann*, GK, 30/22; *Roxin*, AT I, 24/103; *Stratenwerth/Kuhlen*, 15/40–42; *Kindhäuser*, 18 vor §§ 32–35; LK-*Vogel*, § 15 Rn. 310; MK-*Duttge*, § 15 Rn. 201; ähnlich auch *Jakobs*, 11/30; SK-*Hoyer*, Anh. zu § 16 Rn. 91; *Quentin*, JuS 1994, L 49, L 59; *Graul*, JuS 2000, L 41, L 43; *Eisele*, JA 2001, 922, 925 u. *Seelmann*, JR 2002, 249, beide zu BGH NJW 2001, 3200; *Mitsch*, JuS 2001, 105, 110 f.; zusf. zum Meinungsstand *Hillenkamp*, 4. AT-Problem, 3. Hinweis, S. 37 f. – Für eine Tatbestandslösung in Notwehrfällen jetzt auch *Mayr*, Error in persona und aberratio ictus bei der Notwehr, 1992, S. 63–81, mit zahlreichen Beispielsfällen, auch aus der Rechtsprechung. – Für Straflosigkeit mangels rechtswidriger Tat, aber ohne Rechtfertigung des Täters *Rath*, 2002, S. 632.

[188] *Ebert*, S. 169.

[189] *Roxin*, AT I, 24/104.

[190] *S/S-Lenckner/Sternberg-Lieben*, Vorbem §§ 32 ff. Rn. 101; ebenso schon *Maiwald*, Fs. Jescheck, 1985, S. 415 f.

Besondere Bedeutung kommt bei der Rechtfertigung von Fahrlässigkeitsdelikten **82**
der **Einwilligung** zu. Speziell geht es um die sog. einverständliche **Fremdgefährdung**,
typischerweise im Straßenverkehr (z. B. einverständliche Teilnahme an einer Trunkenheitsfahrt, weil nach dem Diskobesuch der letzte Bus schon weg ist oder – nach
h. L. – Teilnahme an illegalen Beschleunigungsrennen [dazu oben 4/89]).[190a] Anders
als die Mitwirkung an einer eigenverantwortlichen **Selbstgefährdung** (z. B. „gemeinschaftlicher Rauschgiftgenuss"[190b] oder einverständlicher, ungeschützter Geschlechtsverkehr mit AIDS-Infiziertem[191]) ist die **Fremdgefährdung**[191a] nicht schon
auf der Ebene des Tatbestandes, z. B. durch den Ausschluss der objektiven Zurechnung,[192] zu erfassen;[193] diskutiert wird vor allem das sog. **Sportrisiko** als Spezialfall
des erlaubten Risikos (oben 4/48).

Der Verletzte willigt in diesen Fällen zwar nicht in den Verletzungserfolg ein, aber **83**
er weiß, dass er sich auf ein riskantes Unternehmen einlässt, das ihm Verletzungen
eintragen kann (**sog. Risiko-Einwilligung**).[193a] Eine solche **Einwilligung** in seine vom

---

[190a] Mit ähnlichem Bsp. *Geppert,* Jura 1996, 47, 49 f.; *Joecks,* § 222 Rn. 17; *Otto,* 6/62 u.
in: BT, 15/22; *Roxin,* AT I, 11/121 u. 123; *Stratenwerth/Kuhlen,* 15/36; NK-*Puppe,* 175 vor
§ 13; SK-*Hoyer,* Anh. zu § 16 Rn. 97. – Aus der Rspr. vgl. BGHSt 53, 55 m. krit. Bspr. *Kühl,*
NJW 2009, 1158 (im Übungsfall *Hinderer/Brutscher,* JA 2011, 907), zust. aber *Eisele,* JuS
2012, 577, 584 u. *Grünewald,* GA 2012, 364, 370; OLG Koblenz BA 2002, 483 mit Bspr.
Heghmanns u. AG Saalfeld VRS 107 (2004), 181 mit krit. Bspr. *Otto,* JK 7/05 StGB § 228/5.
[190b] Streitig; vgl. o. 4/86 ff.; Terminologie in BGHSt 36, 1, 17; wie hier *Otto,* 10/3; SK-
Hoyer, Anh. zu § 16 Rn. 42; a. A. etwa B-*Weber/Mitsch,* 14/74: einverständliche Fremd-
fährdung, die bei einem Verstoß gegen die objektive Einwilligungsschranke des § 134 BGB
(Verbot des Überlassens von Rauschgift) nicht gerechtfertigt ist; ebenso AWHH-*Weber,* 6/37;
für Strafbarkeit zur Vermeidung von Widersprüchen zu §§ 29, 30 BtMG. – Aus der neueren
Rspr. vgl. BGHSt 49, 166, 169 (Fremdgefährdung); BGHSt 49, 34 (Fremdgefährdung; zu dieser Entscheidung, s. auch schon 4/89 u. 92); s. auch BGH NJW 2003, 2326 mit Bspr. *Engländer,* Jura 2004, 234, 237, dazu 20/138.
[191] Streitig; wie hier *Rengier,* BT II, 20/6 u. NK-*Paeffgen,* § 228 Rn. 108; a. A. *Roxin,* AT I,
11/133: einverständliche Fremdgefährdung; ebenso AWHH-*Weber,* 6/38: wegen Einwilligung
in das Risiko gerechtfertigt; wie im Text dagegen S/S-*Lenckner/Sternberg-Lieben,* Vorbem
§§ 32 ff. Rn. 107.
[191a] Zur umstrittenen Frage, ob es für die Abgrenzung von Selbst- und Fremdgefährdung
auf die Taterrschaft oder das überlegene Sachwissen ankommt, vgl. 4/89 u. W-*Beulke,*
Rn. 191; vgl. auch *Müssig,* 2005, S. 362 ff.: Zuständigkeitsdifferenzierung, u. *Grünewald,* GA
2012, 364 ff.
[192] So aber etwa *Roxin,* AT I, 24/101 (neben seiner Hauptbegründung: Einwilligung
schließt ohnehin immer den Tatbestand aus) und 11/98–103, auch 11/123 ff. u. diff. in: JZ
2009, 399, 400 ff. zu BGHSt 53, 55; ebenso *Niedermair,* 1999, S. 121 u. *Hellmann,* Fs. Roxin,
2001, S. 271, 282, der die „Eigenverantwortlichkeit als maßgebliches Prinzip bei Selbst- und
Fremdgefährdungen" betrachtet; ähnlich im Ergebnis *Puppe,* GA 2009, 486, 493 f.
[193] Gegen diese und andere Tatbestandslösungen S/S-*Lenckner/Sternberg-Lieben,* Vorbem
§§ 32 ff. Rn. 102 u. 107; LK[11]-*Hirsch,* Rn. 94 vor § 32; anders jetzt LK-*Rönnau,* Rn. 165 vor
§ 32. – Wie hier *Kindhäuser,* AT 12/61–71.
[193a] Für eine mögliche Rechtfertigung durch Einwilligung BGHSt 49, 34, 39 u. 166, 175;
53, 55, 63 (zust. *Kühl,* NJW 2009, 1158 u. *Renzikowski,* HRRS 2009, 347, 353 u. *Satzger,* JK
7/09, StGB § 222/8; Bedenken bei *Kudlich,* JA 2008, 389, 391; Zweifel bei *Brüning,* ZJS
2009, 194, 197; abl. *Lasson,* ZJS 2009, 359, 366; *Roxin,* JZ 2009, 399, 400; zum Fall auch
MK-*Duttge,* § 15 Rn. 198: grundsätzliche Anerkennung einer rechtfertigenden Einwilligung
bei einverständlicher Fremdgefährdung; ebenso *Grünewald,* GA 2012, 364, 371); zur Risiko-
einwilligung und ihren Schranken *Arzt,* Fs. Geppert, 2011, S. 1, 12 ff., 15 ff. – Vgl. aber *Sternberg-Lieben,* 1997, S. 213 ff., 585, der diese scharf abhebt von der „Einwilligung als Konsens
in eine Fremdverletzung"; bei der Risiko-Einwilligung geht es um die Frage, „wer die unerwünschte Folge eines vom Opfer erwünschten sozialen Kontakts strafrechtlich zu tragen hat"
(S. 214, 585). Einwilligung auch in den Erfolg verlangen auch für Fahrlässigkeitsdelikte

Fahrlässigkeits-Täter ausgehende **Gefährdung** reicht zur Rechtfertigung der Fahrlässigkeitstat (z. B. Körperverletzung der Mitfahrerin gem. § 229) aus, wenn der verletzte Rechtsgutsträger die besondere Gefahr kannte, die der Täter durch sein sorgfaltswidriges Verhalten schuf.[194] Wer diese Einwilligung in das erkannte Risiko nicht auf den (sicher unerwünschten, oft auch „verdrängten") Erfolg erstreckt und damit der Einwilligung hier keine rechtfertigende Wirkung beimisst, der muss über alternative Möglichkeiten nachdenken, wie die Verantwortungsbereiche von Täter und Opfer „austariert" werden können; neben der möglichen Reduzierung der Sorgfaltspflichten käme dann ein Ausschluss der objektiven Zurechnung oder ein Abstellen auf das erlaubte Risiko in Betracht.[194a]

84   Ein weiterer Anwendungsbereich für die Einwilligung in Fahrlässigkeitsdelikte ergibt sich bei **Sportverletzungen,** die durch sorgfaltswidriges Verhalten eines Wettkämpfers einem anderen zugefügt werden, wobei der Verletzte weiß, auf welches Verletzungsrisiko er sich durch die Teilnahme am Wettkampf einlässt.[195]

85   Zu beachten sind auch hier die schon bei der Einwilligung als Rechtfertigungsgrund beim Vorsatzdelikt behandelten **Grenzen** der Einwilligung (s. o. 9/27 ff.).

86   Der Einwilligende muss **Rechtsgutsträger** sein, so dass Fahrlässigkeitstaten, die sich gegen Rechtsgüter der Allgemeinheit richten, nicht durch die Einwilligung des Verletzten gerechtfertigt werden können: Streitfall § 315 c, der Allgemein- und Individualrechtsgüter schützt (s. o. mit Übungsfällen 9/27).[195a]

Krey/Esser, AT, Rn. 670 Fn. 48; LK-*Rönnau,* 168 vor § 32; MK-*Duttge,* § 15 Rn. 198 f. u. S/S-*Lenckner/Sternberg-Lieben,* 102 vor § 32. Rechtfertigung abl. OLG Koblenz BA 2002, 483 mit krit. Anm. *Heghmanns;* krit. auch *Müssig,* 2005, S. 358 ff.

[194] *Kaspar,* JuS 2012, 112, 115; B-*Weber/Mitsch,* 22/53; AWHH-*Weber,* 6/34 f.; *Ebert,* S. 169; *Heinrich,* AT II, Rn. 1020: Bsp. 2; *Rengier,* BT II, 20/12; W-*Beulke,* Rn. 191; NK-*Puppe,* Rn. 194 vor § 13; LK-*Hirsch,* § 228 Rn. 13; NK-*Paeffgen,* § 228 Rn. 112; SK-*Wolters/Horn,* Rn. 12 vor § 306 sowie SK-*Horn/Wolters* § 315 c Rn. 22; SK-*Rudolphi,* vor § 1 Rn. 81 a; SK-*Hoyer,* Anh. zu § 16 Rn. 96; *Lackner/Kühl,* § 228 Rn. 2 a: Einwilligung in eine „bloße Risikohandlung mit Verletzungstendenz". – *Jakobs,* 7/128, differenziert noch zwischen unmittelbarer und mittelbarer Einwilligung. Nach *Sternberg-Lieben,* 1997, S. 213, setzt die Mitfahrerin durch „Mitfahrt in Gefahrenkenntnis" ihr Rechtsgut „bewusst der Gefahr aus", gibt es aber „nicht preis", sie willige nur in die pflichtwidrige Täterhandlung, nicht aber in die Rechtsgutsverletzung ein; ähnlich schon *Geppert,* ZStW 83 (1971), 947, 974; jetzt auch *Niedermair,* 1999, S. 130.

[194a] So etwa *Krey/Esser,* AT, Rn. 675 (fehlende „Pflichtwidrigkeit" wegen erlaubten Risikos); *Roxin,* AT I, 11/105–110 u. 24/101 (keine objektive Zurechnung); vgl. auch *Sternberg-Lieben,* 1997, S. 223, m. w. N. zu diesen Alternativen sowie *Duttge,* Fs. Otto, 2007, S. 227, 232 ff.

[195] Vgl. *Haft,* S. 75, mit Fußball-Beispiel, und *Lackner/Kühl,* § 228 Rn. 2 a mit Nachweisen und Hinweisen auf alternative Lösungswege. Außerdem vgl.: *Jakobs,* 7/126 ff.; *Gössel/Dölling,* BT I, 16/6–8 u. *Dölling,* Fs. Otto, S. 219, 223 f.; *Otto,* BT, 15/19 f.; LK-*Hirsch,* § 228 Rn. 12 u. *Hirsch,* Fs. Szwarc, 2009, S. 559, 563; *Kubink,* JA 2003, 257; NK-*Paeffgen,* § 228 Rn. 109 sowie *Weber,* Fs. Baumann, 1992, S. 51: „Risikoeinwilligung"; kritisch zur „traditionellen Einwilligungslösung" *Rössner,* Fs. Hirsch, 1999, S. 313, 315–319, der die Sorgfaltswidrigkeit präzisiert und das Sportrisiko zur Tatbestandsbegrenzung einsetzt (sog. verhaltensorientierte Lösung; ähnlich *Berkl,* 2007, S. 143, 200; zust. *Fischer,* § 228 Rn. 22); gegen die Einwilligungslösung beim Eingehen von Sportrisiken auch *Niedermair,* 1999, S. 131 ff., der die objektive Zurechnung des Erfolges verneint, „wenn sein Eintritt die Folge des eingegangenen (mäßigen bis hohen) Risikos ist"; ebenso *Hellmann,* Fs. Roxin, 2001, S. 271, 284 u. eingehend *Schild,* 2002, S. 82 ff., der einen „Tatbestandsausschluss bei Sozialadäquanz" annimmt, S. 116 ff. – Speziell zu „Kampfsportarten" *Fischer* a. a. O., *Kubink* a. a. O. und monografisch *Rutz,* Kampfsport und Strafrecht, (elektronische) Diss. Tübingen, 2010 u. *Pechan,* Die Strafbarkeit wegen Körperverletzung im Sport, (elektronische) Diss. Tübingen, 2011, S. 74 ff., 366.

[195a] Vgl. *Sternberg-Lieben,* 1997, S. 100 f.

Zu erinnern ist auch an die § 216-Grenze, die möglicherweise auch für die Einwilli- 87
gung in **Lebensgefährdungen** gilt, wenn diese im Ergebnis zum Tode führen. Ob § 216
allerdings solchen Einwilligungen in allen Fällen die rechtfertigende Kraft nimmt, ist
umstritten.[196] § 216 ist sicher auf vorsätzliche Tötungen zugeschnitten. Das mit dieser
Vorschrift unterstützte Tötungstabu wird durch einverständliche fahrlässige Tötungen
zumindest nicht in gleicher Weise wie durch verlangte vorsätzliche Tötungen erschüttert. „Sich dem Risiko eines vom anderen fahrlässig herbeigeführten Todes auszuset-
zen, ist etwas ganz anderes, als in eine mit Vorsatz herbeigeführte Tötung einzuwilli-
gen" (*Kaspar*, JuS 2012, 112, 115). In bestimmten Fällen wie z.B. der nur
„unsorgfältig" durchzuführenden Notoperation des Schwerverletzten auf der Straße,
wird niemand der Einwilligung in den lebensgefährlichen Versuch der Lebensrettung
ihre Beachtlichkeit absprechen wollen.[196a] Aber auch wenn es nur um das Heimkom-
men nach dem Diskobesuch geht, wird man der Einwilligung der Mitfahrerin in die
erkannte Gefährdung durch den trunkenen Fahrer (oben Rn. 83 für § 229) rechtfertigende Wirkung auch für ihre fahrlässige Tötung (§ 222) einräumen müssen, weil die
Gefährdung des Lebens der Mitfahrerin doch recht entfernt scheint.[197] Wer die AIDS-
Infizierung als Fremdgefährdung einstuft (s.o. 4/88), kann der Einwilligung des Partners rechtfertigende Kraft zusprechen, weil das Ansteckungsrisiko niedrig ist.[198]
Als allgemeiner Maßstab für die Grenzen der rechtfertigenden Einwilligung in le- 88
bensgefährdende Handlungen wird der freilich nicht sonderlich klare Sittenwidrig-
keitsmaßstab des § 228 (s. oben 9/30) diskutiert,[199] in der Wissenschaft aber zunehmend kritisch bis ablehnend.[199a] Die neuere Rechtsprechung sieht die Grenze zur

---

[196] Vgl. die Nachweise zum Streitstand bei *S/S-Lenckner/Sternberg-Lieben*, Vorbem §§ 32 ff.
Rn. 103 f., denen auch der Text mit der Anerkennung der wirksamen Einwilligung in lebens-
gefährliche Handlungen folgt; ebenso *Rengier*, BT II, 20/12 u. *Hauck*, GA 2012, 202, 211.
Vgl. außerdem *Kindhäuser*, AT, 12/71 u. BT I, 8/15–17; *SK-Hoyer*, Anh. zu § 16 Rn. 94; *Tiedemann*, Anfängerübung, S. 133; *Niedermair*, 1999, S. 123; vgl. auch *Sternberg-Lieben*, 1997,
S. 224: „weiterhin ungeklärt"; nach *Krey/Esser*, AT, Rn. 676, kann die nach ihm einschlägige
„Pflichtwidrigkeit" (o. Fn. 194 a) auch bei „lebensgefährlichem Tun … entfallen." – Abl. *Jäger*, Rn. 145 b: gesetzgeberische Wertung, dass eine Rechtfertigung durch Einwilligung bei
konkreter Todesgefahr ausscheidet.

[196a] Nach *SK-Hoyer*, Anh. zu § 16 Rn. 95 wird bei Verlangen das ohnehin geringere Unrecht
einer fahrlässigen Tötung „auf Null reduziert"; den Unterschied zwischen Einwilligung in die
Vernichtung des eigenen Lebens (§ 216) und der Einwilligung in die bloße Lebensgefährdung
betont *MK-Duttge*, § 15 Rn. 198.

[197] So auch *Heinrich*, AT II, Rn. 1020: Bsp. 2. – Anders für eine Wettfahrt mit Krafträdern
BGHSt 7, 115 = *Roxin*, HRR AT, Fall 4, S. 5 u. 159; vgl. auch *Jakobs*, 14/12, und schon
7/127; *Jescheck/Weigend*, S. 590 f.; *Stratenwerth/Kuhlen*, 15/36.

[198] Vgl. *Dölling*, JR 1990, 477, der aber noch eine positive Wertverwirklichung verlangt;
krit. dazu *Sternberg-Lieben*, 1997, S. 223 Fn. 122; *Niedermair*, 1999, S. 128 sowie *Hellmann*,
Fs. Roxin, 2001, S. 271, 284, der bei Fremdgefährdung die objektive Zurechnung wegen „Eigenverantwortlichkeit" des Gefährdeten ausschließt. – Gegen Rechtfertigung wegen der großen Gefahr unübersehbarer Folgeinfektionen *Schünemann*, 1988, S. 483; vgl. dazu *Walther*,
1991, S. 232 f. u. 240 ff.

[199] Vgl. *Dölling*, JR 1990, 477 u. *Ulsenheimer*, 2008, Rn. 234 mit Beispielen aus der Rspr.,
in denen die Sittenwidrigkeit eines ärztlichen Eingriffs (z.B. Fingeramputation) bejaht wurde;
vgl. auch *Paeffgen*, Fs. Rudolphi, 2004, S. 187: Operation durch infektiösen Chirurgen. Eingehend *Niedermair*, 1999, S. 121 ff., nach dem die Stellung der Vorschrift vor § 229 und ihr
Wortlaut nicht auf die „Einwilligung in Fremdgefährdung oder in fahrlässige Verletzung"
passt; vgl. auch *Börgers*, 2008, S. 207 ff.

[199a] Vgl. aus der jüngsten Diskussion um BGHSt 53, 55 („Beschleunigungsrennen") *Murmann*, *Radtke* u. *Stratenwerth*, alle in: Fs. Puppe, 2011, S. 767, 779 ff.; 831, 839 u. 1017,
1023. – Weitere kritische Stimmen in Fn. 200 *(Duttge, Sternberg-Lieben, Vogel)*.

Sittenwidrigkeit der Tat „jedenfalls dann überschritten, wenn ... der Einwilligende durch die Körperverletzungshandlung in konkrete Todesgefahr gebracht wird" (BGHSt 49, 166, 173; 53, 55, 62 f. m. krit. Bspr. *Kühl*, NJW 2009, 1158; i. Erg. zust. *Puppe*, GA 2009, 486, 496; *Renzikowski*, HRRS 2009, 349, 355 u. *Roxin*, JZ 2009, 39 f. u. *Satzger*, JK 7/09, StGB § 222/8; zum Fall auch als Fall 4 *Rengier*, BT II, 20/14, der dem BGH auch in der Begründung zustimmt; so auch *Brüning*, ZJS 2009, 194, 197). Die „Schrankenwirkung der §§ 228 und 216"[200] für die Einwilligung in Lebensgefährdungen ist aber nach wie vor **nicht** restlos **geklärt**. Solange der Gesetzgeber von der Schaffung eines allgemeinen Lebensgefährdungsdelikts absieht, sollte sich die Rechtsprechung nicht im souveränen, besser: freihändigen Umgang mit dem Gesetz zum obersten Lebensschützer aufspielen.[200a]

Aus der **Übungsfall-Literatur** zu Selbst- und Fremdgefährdung vgl.: *Alpmann/Schmidt*, AT 1, Fall 39, S. 197–200 (Einwilligung in Fremdgefährdung) und Fall 40, S. 200 f. (Einwilligung in Lebensgefährdung mit Todesfolge); *Bakowitz/Bülte*, StudZR 2010, 150 u. 152–154 (Regelverstoß im Sport); *Beulke*, KK II, Fall 7, Rn. 191 u. 220 (gegen § 228 – Schranke bei leichten Verletzungen); *Rudolphi*, Jura 1980, 258 u. 262 f. (§ 216 keine prinzipielle Einwilligungssperre für Lebensgefährdungen); *Ellbogen/Richter*, JuS 2002, 1192 u. 1197 (Einverständnis mit Trunkenheitsfahrt schließt § 229 aus); *Geppert*, JuS 1972, 271 f. (§ 228-Einwilligungssperre auch für fahrlässige Körperverletzung gem. § 229); *Gössel*, Fälle, Fall 6, S. 108 f. u. 117 f. (keine fahrlässige Tötung des frei verantwortlichen „Selbstmörders"); *Gropp*, in: G/K/M, Fallsammlung, Fall 5, S. 93 f. u. 102 f. (Selbstgefährdung); *v. Heintschel-Heinegg*, Strafrecht 2, Fall 17, S. 247 u. 261 f. (Einwilligung in Trunkenheitsfahrt rechtfertigt fahrlässige Körperverletzung; § 228-Einwilligungssperre greift nicht); *Hinderer/Brutscher*, JA 2011, 907 u. 909 („illegales Autorennen"); *Jäger*, Fall 30, Rn. 145 a, b („Beschleunigungstest"-Fall nach BGHSt 53, 55); *Kaspar*, JuS 2004, 409 f. (Körperverletzung im Sport-Vorsatzfall); *Kreß/Mülfahrt*, JA 2011, 268 u. 270 f. (Sittenwidrigkeit nach § 228) u. 271 f. (einverständliche Fremdgefährdung und objektive Zurechnung); 272 f. (Risikoeinwilligung) u. 273 (Einwilligungssperre aus §§ 216, 228); *Krey/Esser*, AT, Fall 56, Rn. 359 f.: Selbstgefährdung beim „russischen Roulette" u. Fall 58, Rn. 369 f.: Fremdgefährdung beim „russischen Roulette"; *Müller/Raschke*, Jura 2011, 305 u. 312 (Sozialadäquanz bei Sportverletzungen); *Müller/Raschke*, Jura 2011, 704 f. u. 708 (Fans verfolgender Polizist); *Niehaus*, AL 2008, 117 u. 119 (schlichte Trunkenheitsfahrt noch nicht lebensgefährlich und sittenwidrig); *Norouzi*, JuS 2007, 146 u. 149 (§ 216 – Sperre für eigenverantwortliche Selbstgefährdung); *Otto*, Jura 2005, 416, 420 (eigenverantwortliche Selbstgefährdung bei Mitfahren); *Oglakcioglu*, ZJS 2010, Fälle 5–7, S. 342 f. (u. a. mit §§ 216, 228-Problematik); *Otto/Bosch*, Übungen, Fall 18, S. 395 f. (Einwilligung nur in Gefährdung); *Peterek/Ingelfinger*, StudZR 2008, 94 u. 112 f. (Einwilligung in Lebensgefahr trotz § 216 möglich); *Rudolphi*, AT-Fälle, Fall 15, S. 177 u. 181 f. (Einwilligung in riskante Handlung rechtfertigt fahrlässige Körperverletzung gem. § 229); *Schramm*, JuS 1994, 405 u. 409 (AIDS-Fall); *Beulke*, KK III, Fall 8, Rn. 336 u. 341–343 sowie *Trüg*, JA 2002, 214 u. 220 (beide zum „Autosurfen"); *Walter/Uhl*, JA 2009, 32 u. 37 (Einwilligung in Sorgfaltspflichtverletzung reicht); *Wolters*, Fall 3, S. 60 f. u. 71 (Einwilligung in Trunkenheitsfahrt rechtfertigt § 229).

---

[200] *Weber*, Fs. Baumann, 1992, S. 47; vgl. auch *Eisele*, JuS 2012, 577, 584; *Grünewald*, GA 2012, 364, 375 f.; *Hellmann*, Fs. Roxin, S. 271, 285; *Murmann*, 2005, S. 418; *Beulke*, Fs. Otto, S. 207, 215 f.; *Duttge*, Fs. Otto, 2007, S. 227, 230 f. u. in: MK, § 15 Rn. 198 [erhebliche Zweifel an der „Ausstrahlungswirkung" der §§ 216, 228]; LK-*Vogel*, § 15 Rn. 241 [für Aufgabe des Rechtsgedankens der §§ 216, 228, die ohnehin als „paternalistisch" gelten]; NK-*Paeffgen*, § 228 Rn. 108 u. S/S-*Lenckner/Sternberg-Lieben*, 104 vor § 32 [gegen §§ 216, 228 als „Einwilligungsbegrenzung"]. – Zu den §§ 216, 228 als „methodischer Anknüpfungspunkt" vgl. *Walther*, 1991, S. 227–236, die den Rechtsgutinhaber nur dort für schutzbedürftig hält, „wo das eingegangene Risiko eine besonders hohe Gefahrintensität aufweist."

[200a] Aufgegriffen von S/S-*Lenckner/Sternberg-Lieben*, 104 vor § 32; anders *Murmann*, GK, 25/141: entscheidend sei „die Berechtigung von Verfügungsschranken, nicht deren gesetzliche Verankerung".

IV. Die Schuld

Wer wie hier für die Tatbestandsverwirklichung des Fahrlässigkeitsdelikts eine 89
objektive Sorgfaltspflichtverletzung ausreichen lässt, muss auf der Stufe der Schuld
die Fahrlässigkeit **individualisieren**, um dem Täter sein Zurückbleiben hinter den
objektiven Sorgfaltsanforderungen vorwerfen zu können.[200b] Wer hingegen einer
literarischen Mindermeinung folgt, nach der die subjektive Erfüllbarkeit der
Pflicht und die individuelle Voraussehbarkeit des Erfolges bereits konstituierende
Elemente des Unrechts sind, muss diese Fragen bereits auf der Tatbestandsebene behandeln.[201]

Die Individualisierung des Fahrlässigkeitsvorwurfs setzt zum einen voraus, dass 90
der Täter nach seinen **persönlichen Fähigkeiten** in der Lage war, die objektive Sorgfaltspflicht zu erfüllen. Reichen seine geistigen und körperlichen Kräfte, seine
Kenntnisse und Erfahrungen[202] dazu nicht aus, so kann ihm der objektive Sorgfaltsverstoß individuell nicht vorgeworfen werden. So z.B. die Fehlbehandlung eines Patienten (§ 229) durch einen Arzt, der infolge unterlassener Fortbildung eine überholte Therapie einsetzt; er kann freilich mit einem Berufsverbot gem. § 70 belegt
werden, wenn dessen zusätzliche Voraussetzungen zum rechtswidrigen Verhalten
des Arztes hinzukommen.

War freilich dem Arzt bei Übernahme der Behandlung erkennbar, dass er mit sei- 91
nen alten Kenntnissen bei dem Krankheitsbild dieses Patienten überfordert war, so
kann ihm die Übernahme der Behandlung als sorgfaltswidriges Verhalten vorgeworfen werden (sog. **Übernahmeverschulden**).[203] „Fahrlässiges schuldhaftes Verhalten"
kommt unter dem Aspekt des „Übernahmeverschuldens" in Betracht, wenn der Arzt
„eine Tätigkeit vornimmt, obwohl er weiß (bewusste Fahrlässigkeit) oder erkennen
kann (unbewusste Fahrlässigkeit), dass ihm die dafür erforderlichen Kenntnisse fehlen" (BGHSt 55, 121, 133 [m. zust. Bspr. *Brüning*, ZJS 2010, 549, 552, *Eidam*,
NJW 2010, 2599, 2600, *Krüger/Kroke*, Jura 2011, 289, 294 u. *Satzger*, JK 12/11,
StGB, § 227/7]; ebenso schon BGHSt 43, 306, 311 [schon oben zitiert Rn. 35
Fn. 81b] u. jetzt BGHSt 56, 277). Dasselbe gilt für den Autofahrer, wenn er bei
Fahrtantritt erkennen konnte, dass er wegen seiner Sehschwäche den Anforderungen des Straßenverkehrs nicht mehr gewachsen war. Kommt es zu einer Körperver-
letzung des Patienten oder eines Verkehrsteilnehmers, so schützt die individuelle Un-
fähigkeit den Arzt oder Autofahrer nicht, weil auf den Behandlungsbeginn bzw. den
Fahrtantritt abgestellt wird (s. schon o. Rn. 35 zur „Übernahmefahrlässigkeit").

[200b] So die h.M.; vgl. *Mitsch*, JuS 2001, 105, 111 u. *Murmann*, GK, 30/15. – Aus der Rspr.:
BGHSt 40, 341, 348; OLG Köln NStZ-RR 2002, 304.

[201] Zu diesen – nach LK-*Vogel*, § 15 Rn. 155 „vordringenden" – subjektiven Fahrlässig-
keitstheorien vgl. bereits oben 17/27, 40, 42 sowie *Castaldo*, GA 1993, 495 ff.; *Freund*,
5/22 ff.; *Gössel*, Fs. Bruns, 1978, S. 51 ff.; *Jakobs*, 9/5 ff.; *Otto*, 10/11 ff.; SK-*Rudolphi/Stein*,
§ 15 Rn. 89 sowie SK-*Hoyer*, Anh. zu § 16 Rn. 25–35 u. 100; *Stratenwerth/Kuhlen*, 15/44;
Struensee, JZ 1987, 58 ff.; dazu und zur Kritik an diesen Minderheitsmeinungen vgl. auch
Herzberg, Jura 1984, 403–408.

[202] *Beck*, JA 2009, 268, 270 unter II.; zu weiteren Umständen, die den Täter entlasten können, s. S/S-*Sternberg-Lieben*, § 15 Rn. 196/197.

[203] Vgl. *Kaspar*, JuS 2012, 112, 116; *Ebert*, S. 171; *Jescheck/Weigend*, S. 595; *Krey/Esser*,
AT, Fall 167, Rn. 1366; *Roxin*, AT I, 24/117 f.; *Stratenwerth/Kuhlen*, 15/22; *Kindhäuser*, § 15
Rn. 85; einschränkend LK-*Vogel*, § 15 Rn. 303–306 u. MK-*Duttge*, § 15 Rn. 130–133; vgl.
auch OLG Düsseldorf JR 1994, 123 m. Anm. *Rengier*. – Speziell „im ärztlichen Feld" *Jung*,
Fs. Puppe, 2011, S. 1401 ff.

Kann der Arzt oder Autofahrer allerdings schon die Gefährlichkeit der Übernahme seiner Tätigkeit nicht erkennen, geht er mangels Schuld straflos aus.[203a]

92   Zur individuellen Fahrlässigkeit gehört bei den fahrlässigen Erfolgsdelikten wie §§ 222, 229 (fahrlässige Tötung, fahrlässige Körperverletzung) auch die **subjektive Voraussehbarkeit** des Erfolges.[204] So etwa die subjektive Vorhersehbarkeit eines tödlichen Unfalls durch alkoholbedingtes Fehlverhalten im Straßenverkehr (OLG Nürnberg NStZ-RR 2006, 248 m. Bspr. *Satzger*, JK 2/07, StGB § 222/4). Gefordert ist nicht – so die Rspr. –, dass der Täter die Folgen seines Handelns „in allen Einzelheiten" voraussehen konnte, vielmehr genügt es, „dass sie in ihrem Gewicht im Wesentlichen" voraussehbar waren (BGHSt 53, 55, 59). Auch der zum Erfolg führende Kausalverlauf muss für den ihn anstoßenden Täter in den wesentlichen Grundzügen voraussehbar gewesen sein.[205] Das Erfordernis der subjektiven Voraussehbarkeit darf nicht durch den Hinweis auf die allgemeine Lebenserfahrung (das weiß man doch, dass solches Verhalten zu solchen Folgen führt) überspielt werden, denn es kommt auf die individuellen Erkenntnisfähigkeiten des Täters an.[206] An ihr kann es etwa fehlen, wenn beim Kfz-Fahrer plötzlich Einschränkungen wie Übelkeit auftreten, auf die er nicht vorbereitet sein konnte.[206a] Die Schwierigkeiten, die individuelle Voraussehbarkeit durch den Täter als Voraussetzung für sein „persönliches Dafürkönnen" nachweisen zu können, sind freilich nicht zu unterschätzen.[207] Dies zeigt sich etwa in einem Fall, in dem ein Onkel seinem 14-jährigen Neffen einen indizierten Horrorfilm aus der Filmserie „Freitag der 13." überließ, deren Hauptfigur die Horrorgestalt „Jason" war. Der Neffe schaute sich das Video an und schlug später nach dem Vorbild und in der Maske des „Jason" mit einem Buschmesser auf eine Nachbarin sowie mit einer mitgeführten Axt – die Schneide voraus – zweimal auf den Kopf seiner 10-jährigen Cousine ein. Der Onkel wurde indes vom Vorwurf der fahrlässigen Körperverletzung, der mit der Überlassung der Videocassette hätte begründet werden können, freigesprochen, da für ihn die Gewalttat seines Neffen subjektiv nicht voraussehbar gewesen sei (vgl. BayObLG NJW 1998, 3580 m. Bspr. *Otto*, JK 99, StGB § 15/6 u. *Laue*, JA 2000, 666, 670 f.). Die subjektive Voraussehbarkeit des Erfolges wurde auch für eine junge Mutter verneint, die ihr vierjähriges Kind zum Essen eines stark versalzenen Puddings zwang, ohne von dessen Lebensgefährlichkeit zu wissen (BGHSt 51, 18; *Murmann*, GK, 30/24; näher dazu unten 17 a/30).

> Aus der **Übungsfall-Literatur** zur subjektiven Voraussehbarkeit vgl.: *Herrmann/Heyer*, JA 2012, 190 u. 193; *Hertel*, Jura 2011, 391 u. 395; *Hilgendorf*, KK II, Fall 9, Rn. 49; *Hussels*, Jura 2005, 877 u. 882; *Kalkofen/Sievert*, Jura 2011, 229 u. 232; *Kauerhof*, Jura 2005, 790 u. 797 f. (Voraussehbarkeit des Kausalverlaufs); *Krumdiek*, Jura 2009, 623 u. 626 f.; *Linke/ Hacker*, JA 2009, 347 u. 353; *Rudolphi*, AT-Fälle, Fall 15, S. 177 u. 184, 186.

[203a] *Kaspar*, JuS 2012, 112, 116.

[204] M-*Gössel/Zipf*, AT 2, 43/110 ff., ordnet sie dem subjektiven Tatbestand des Fahrlässigkeitsdelikts zu. – Nach *Gropp*, 12/110–112, ist die individuelle Vorhersehbarkeit Element des Tatbestandes und der Schuld. – In der Rspr. ist oft unklar, ob die objektive oder subjektive Vorhersehbarkeit gemeint ist (*Satzger*, JK 12/11, StGB § 227/7 zu BGHSt 55, 121 – zum Übernahmeverschulden in diesem Fall s. oben Rn. 9).

[205] *Beck*, JA 2009, 268, 270 unter I.; W-*Beulke*, Rn. 692, mit Nachweisen zur weitergehenden Rechtsprechung (nur bei außerhalb aller Lebenserfahrung liegenden Verläufen).

[206] Zust. MK-*Duttge*, § 15 Rn. 203; ebenso S/S-*Sternberg-Lieben*, § 15 Rn. 201.

[206a] SSW-*Momsen*, §§ 15, 16 Rn. 89, der auch auf eine „Pflicht zur Selbstbeobachtung" hinweist.

[207] *Maiwald*, JuS 1989, 189 f., zu OLG Celle VRS 63 (1982), 72.

Wie beim Vorsatzdelikt sind auch beim Fahrlässigkeitsdelikt Schuldausschlie- **93** ßungs- und Entschuldigungsgründe zu prüfen.[207a] Die Schuld kann schon infolge Schuldunfähigkeit des Täters gem. § 20 ausgeschlossen sein. So z. B. wenn der uneinsichtige Rauschtäter den vermeintlichen Manteldieb mit einem Blutalkoholgehalt niederschlägt (§ 229; § 223 entfällt wegen Putativnotwehr), der seine Schuldunfähigkeit ausschließt.

> Aus der **Übungsfall-Literatur** zu Schuldausschließungs- und Entschuldigungsgründen beim Fahrlässigkeitsdelikt vgl.: *Hardtung,* JuS 1996, 1088 u. 1089; *Rudolphi,* AT-Fälle, Fall 4, S. 39 u. 42.

Freilich kann die „bei Begehung der Tat" vorhandene Schuldunfähigkeit auch **94** beim Fahrlässigkeitsdelikt durch die **actio libera in causa** „überspielt" werden. Eine fahrlässige alic wird für Fälle diskutiert, in denen der Täter sich vorsätzlich oder fahrlässig in einen schuldunfähigen Zustand versetzt, in dem er dann eine Tat begeht, was er nicht vorgesehen hat, aber hätte vorhersehen können (unbewusste Fahrlässigkeit). Ebenso für Fälle, in denen er darauf vertraut, es werde schon nicht zu der für möglich gehaltenen Tat im Defektzustand kommen (bewusste Fahrlässigkeit).[208] Als „Klassiker" wird der „Milchfahrer-Fall" (RGSt 22, 413) behandelt,[208a] in dem der Täter wegen Volltrunkenheit sogar bewusstlos war, als sein wildes Pferd einen Arbeiter umwarf. Hauptanwendungsfälle sind – wenn man die neueste Rspr. berücksichtigt (s. u. Rn. 95 a): waren –Trunkenheitsfahrten nach §§ 315 c, 316, aber auch fahrlässige Körperverletzungen im Straßenverkehr. Wer damit rechnen muss, dass es bei ihm zu solchen Straftaten nach Alkoholkonsum kommt, muss Vorkehrungen treffen, wenn ihm nicht eine fahrlässige Körperverletzung/Tötung (§§ 229, 222) vorgeworfen werden soll.[209] Ist ein Delikt nicht fahrlässig begehbar, so scheidet seine Begehung in Form der fahrlässigen alic ebenfalls aus: z. B. Diebstahl.[210]

Wie bei der vorsätzlichen actio libera in causa (s. o. 11/6–18) wird auch bei der **95** fahrlässigen alic im Wesentlichen mit dem **Tatbestandsmodell,** insb. mit der Vorverlegungstheorie, oder mit dem **Ausnahmemodell** operiert.[210a] Die Konstruktion der alic wird beim Fahrlässigkeitsdelikt in ihrer Berechtigung ebenso bestritten wie die der vorsätzlichen alic: Wer trinkt, verletzt oder tötet noch nicht, und zwar auch nicht fahrlässig.[211] Sie wird aber – anders als die vorsätzliche alic – auch für überflüssig angesehen, da die fahrlässige Ingangsetzung einer Tat nicht an die Versuchsgrenze gebunden ist.[212]

Durch die neueste Rechtsprechung des BGH sind die Hauptanwendungsfälle der **95a** fahrlässigen alic entfallen. Die Gefährdung des Straßenverkehrs (§ 315 c III) und die

---

[207a] MK-*Duttge,* § 15 Rn. 204 u. SK-*Hoyer,* Anh. zu § 16 Rn. 98.

[208] *Ebert,* S. 102.

[208a] Von *Fahl,* JA 1999, 842.

[209] S/S-*Perron,* § 20 Rn. 38; LK-*Jähnke*[11], § 20 Rn. 83; vgl. auch *Rengier,* BT II, 41/3, der auf die mögliche Tateinheit zwischen § 229 und § 323 a i. V. m. § 223 hinweist.

[210] *Eser/Burkhardt,* Strafrecht I, Nr. 17 A 33.

[210a] Näher *Rath,* JuS 1995, 405, 411, *Rönnau,* JA 1997, 707, 714 f. und *Fahl,* JA 1999, 842, 843 f., alle m. w. N. – Zum „Ausnahmemodell" vgl. *Streng,* JZ 2000, 20, 25 u. MK-*Streng,* § 20 Rn. 150. – Zum Tatbestandsmodell *Satzger,* JA 2006, 513, 519 u. KK OWiG-*Rengier,* § 12 Rn. 29.

[211] *Hettinger,* GA 1989, 1–19 (krit. dazu *Herzberg,* Fs. Spendel, 1992, S. 225–227); abl. auch *Müller,* 2001 a, S. 168 u. *Sydow,* 2002, S. 154 ff.; krit. *Fischer,* § 222 Rn. 4.

[212] Vgl. näher *Otto,* 13/33, und *ders.,* in: JuS 1986, 433, mit Beispielen. – Vgl. auch schon *Horn,* GA 1969, 289. – Für „entbehrlich" hält die fahrlässige alic LK-*Schöch,* § 20 Rn. 206; ebenso *Kaspar,* JuS 2012, 112, 116: „sehr plausibel"; a. A. *Mitsch,* JuS 2001, 105, 111 f.

Trunkenheit im Verkehr (§ 316 II) setzen auch bei fahrlässiger Begehungsweise das Führen eines Fahrzeuges voraus, so dass sie ebenso wie die vorsätzlichen Begehungsweisen (s. o. 11/24) nicht durch das vorangehende „Sichberauschen in Fahrbereitschaft" verwirklicht werden können (BGHSt 42, 235, 240 = *Roxin*, HRR AT, Fall 36, S. 52 ff. u. 176 f.).[212a] Bei den nicht verhaltensgebundenen Erfolgsdelikten wie z. B. der fahrlässigen Körperverletzung oder Tötung (§§ 229, 222) greift die Rechtsprechung nicht mehr auf die alic zurück, weil sie dies für überflüssig hält: der Fahrlässigkeitsvorwurf könne, wenn die zum Todes-Erfolg führende Fahrt im Zustand der Schuldunfähigkeit durchgeführt wurde, problemlos an das zeitlich frühere Verhalten – „das Sichbetrinken trotz erkennbarer Gefahr einer Trunkenheitsfahrt" – anknüpfen (BGHSt 42, 235, 237, sowie schon BGHSt 40, 341, 343; ebenso OLG Nürnberg NStZ 2006, 248 m. Bspr. *Satzger*, JK 2/07, StGB § 222/6: vorverlegen auf Fahrtantritt im noch schuldfähigen Zustand). Ob das wirklich so „problemlos" geht, ist im Hinblick auf Art. 103 II GG zweifelhaft, da auch mit der Fahrlässigkeitskonstruktion – ähnlich wie bei Heranziehung der alic[212b] – auf eine Handlung zurückgegangen wird, die nicht die unmittelbar zum Tod führende Handlung ist.[212c] Möglicherweise darf nur auf solche Handlungen zurückgegangen werden, die bei Unterstellung eines (Tötungs-)Vorsatzes die Voraussetzungen eines Versuchsbeginns (§ 22) erfüllen würden.[212d]

> **Übungsfälle** mit fahrlässiger alic finden sich bei: *Arloth*, Jura-Sonderheft Examensklausurenkurs, 2000, S. 51 u. 54; *Beulke*, KK I, Fall 11, Rn. 350 u. 421 f.; *Bindzus/Ludwig*, JuS 1998, 1123 u. 1127; *Bohnert*, Jura 1996, 38 f. (§ 316 II als alic); *Bruckauf*, in: *Ebert* (Hrsg.), Fall 7, S. 7 f. u. 115; *Gössel*, Fälle, Fall 8, S. 140 f. u. 142 f. (§ 316 a II nicht als fahrlässige alic); *Haft*, Fallrepetitorium, Nr. 287, 290; *Hamm*, JuS 1992, 1031 u. 1033 f. (nichts anderes als normale Prüfung eines Fahrlässigkeitstatbestandes); *Jäger*, Rn. 183, 184: Fall 34 (BGHSt 42, 235 nachgebildet); *Kaspar*, Jura 2007, 69 u. 72 (alic überflüssig); *K/H/H-Heinrich*, BT 1, Rn. 1134 u. 1140–1142: Fall 120 (§ 229 als fahrlässige alic); *Kudlich*, AT-Fälle, Fall 13, S. 200; *Otto/Bosch*, Übungen, Fall 11, S. 238 (§ 229); *Rudolphi*, AT-Fälle, Fall 2, S. 13 u. 23; *Saal*, Jura 1994, 153 ff. (§§ 222, 315 c I Nr. 1 a, III Nr. 2).

96   Die Schuld des Fahrlässigkeits-Täters kann auch infolge eines unvermeidbaren **Verbotsirrtums** ausgeschlossen sein. So z. B. wenn jemand, ohne dies zu bemerken, im Stadtverkehr mit 70 km/h statt mit den erlaubten 50 km/h fährt, diese überhöhte Geschwindigkeit aber für die erlaubte hält; hier ist der fahrlässig verursachte Unfall im Verbotsirrtum herbeigeführt.[213] Häufig wird es schon an der individuellen Er-

---

[212a] Vgl. zu dieser Entscheidung *Fahl*, JA 1999, 842, 847; *Otto*, Jura 1999, 217; *Tiedemann*, Anfängerübung, S. 141 f.; abl. *Walter*, 2006, S. 21.

[212b] *Horn*, StV 1997, 264, 265, fragt zu Recht, was „diesen Rückgang methodisch von den Regeln der actio libera in causa eigentlich unterscheidet"; dem BGH zust. *Otto*, Fg. BGH, 2000, S. 111, 126 f.

[212c] So die beachtlichen Bedenken von *Hruschka*, JZ 1997, 22, 24 ff. u. *Fellenberg*, 2000, S. 20, 47, 95 sowie *Leupold*, 2005, S. 196 ff. mit Bspr. *Hettinger*, GA 2007, 175, 176; krit. auch *Hettinger*, Fs. Schroeder, 2006, S. 209 ff., der eine gesetzliche Regelung fordert; vgl. aber auch *Mitsch*, JuS 2001, 105, 111 f.: dem Fahrlässigkeitstäter gleite die Tat früher „aus der Hand" als dem Vorsatztäter. Dem BGH zust. aber *Neumann*, StV 1997, 23, 24.

[212d] Zur Auslegungsvorschlag von *Horn*, StV 1997, 264, 266; zust. *Fellenberg*, 2000, S. 96; krit. MK-*Duttge*, § 15 Rn. 132; gegen eine zeitliche Einschränkung *Sternberg-Lieben*, Gs. Schlüchter, 2002, S. 219, 237 f. u. S/S-*Cramer/Sternberg-Lieben*, § 15 Rn. 136, der ein „Mehr an Erfolgsnähe" verlangt.

[213] *Roxin*, AT I, 24/113, mit diesem von *Rudolphi* gebildeten Beispiel; zu diesem Beispiel auch MK-*Duttge*, § 15 Rn. 205. – Weitere Beispiele bei KK OWiG-*Rengier*, § 11 Rn. 121 f. – Aus der Rspr. LG Bückeburg NJW 2005, 3014, 3017: Herbeiführung eines künstlichen Staus

kenntnis des Sorgfaltsverstoßes fehlen, so dass § 17 nicht mehr bemüht werden muss.[214]

Auch die beim Vorsatzdelikt behandelten **Entschuldigungsgründe**, insb. §§ 33, 35, **97** können Fahrlässigkeitstaten entschuldigen.[215] Hinzu kommt die beim Vorsatzdelikt nicht als Entschuldigungsgrund anerkannte **Unzumutbarkeit** sorgfaltsgemäßen Verhaltens.[216] Sie ist durch eine Abwägung der erhaltenswerten Interessen des Täters mit den preiszugebenden Interessen des Opfers zu ermitteln (*Beck*, JA 2009, 268, 270). Steht für den Täter die Gesundheit oder gar die Existenzgrundlage auf dem Spiel, so kann das zur Rechtfertigung führen, nicht aber um den Preis des Todes des Opfers. Die Unzumutbarkeit entschuldigt nach der Rechtsprechung bei kleineren Unaufmerksamkeiten im Straßenverkehr, die auf verständlichen Erregungs- oder Ermüdungszuständen beruhen.[217] Diskutiert werden auch Fälle, in denen dem Täter oder anderen Personen bei Einhaltung der Sorgfaltspflicht Nachteile entstehen würden (= § 35-Erweiterung durch Einbeziehung z. B. des Erhalts des Arbeitsplatzes als schützenswertes Rechtsgut),[218] und andere notstandsähnliche Fälle.[219]

Aus der **Übungsfall-Literatur** zur Entschuldigung beim Fahrlässigkeitsdelikt vgl.: *Alpmann/Schmidt*, AT 1, Fall 41, S. 201–203 (Unzumutbarkeit); *Eser*, Strafrecht II, Nr. 24 (= RGSt 30, 35: Leinenfänger-Fall = *Roxin*, HRR AT, Fall 43, S. 64 f. u. 182)[220] A 3–A 10; *Gropp*, in: G/K/M, Fallsammlung, Fall 5, S. 93 f. u. 100 (drohender Verlust des Arbeitsplatzes); *Seier*, JuS 1986, 217 u. 221 f. („Eventualputativnotstand"); *Wittig*, Jura-Sonderheft Examensklausurenkurs, 2000, S. 45 u. 47. Aus der Rechtsprechung vgl. BayObLGSt 1990, 41 ff. (Fortsetzung einer Fahrlässigkeits-Fahrt wegen plötzlicher Verschlechterung des Gesundheitszustandes des Fahrers, der glaubte, unverzüglich ärztliche Behandlung zu bedürfen).

---

als polizeiliche Maßnahme. – Zum Verbotsirrtum beim Fahrlässigkeitsdelikt allgemein *Herzberg*, Fs. Otto, S. 265 ff.

[214] Ebenso HK-GS/*Duttge*, § 15 Rn. 51. – Vgl. zu §§ 17, 20 beim Fahrlässigkeitsdelikt *Herzberg*, Jura 1984, 411 f.; zu § 17 auch in: JuS 2008, 385, 386: die subjektive Unvermeidbarkeit sei in § 17 S. 1 angeordnet (was BGHSt 40, 341, 348, verkenne), § 17 passe nur für die unbewusste Fahrlässigkeit (S. 391).

[215] Vgl. mit Beispielen *Herzberg*, Jura 1984, 412 f. u. M-*Gössel/Zipf*, AT 2, 44/43.

[216] *Roxin*, AT I, 24/122–128; S/S-*Lenckner/Sternberg-Lieben*, Vorbem §§ 32 ff. Rn. 126; eingehend *Wortmann*, 2002, S. 111, 130. – Ablehnend aber *Achenbach*, Jura 1997, 631, 635; M-*Gössel/Zipf*, AT 2, 44/45 ff.; für einen Verzicht auf die „Leerformel" MK-*Duttge*, § 15 Rn. 207; abl. auch *Momsen*, 2006, S. 447, 461 f. (doch für Schuldausschließungsgrund SSW-*Momsen*, §§ 15, 16 Rn. 86).

[217] Vgl. *Zieschang*, Rn. 439 und die Rechtsprechungsnachweise bei SK-*Hoyer*, Anh. zu § 16 Rn. 101, der diese Entschuldigungsmöglichkeit aber ablehnt (Rn. 103); fehlendes Unrechtsbewusstsein nimmt AK-*Zielinski*, §§ 15, 16 Rn. 135, an.

[218] *Roxin*, AT I, 24/123; *Stratenwerth/Kuhlen*, 15/50; S/S-*Lenckner/Sternberg-Lieben*, Vorbem §§ 32 ff. Rn. 126; zweifelnd *Gropp*, 12/113 f. – Gegen jede § 35-Erweiterung *Maiwald*, Fs. Schüler-Springorum, 1993, S. 491. – Eine praktische Bedeutung attestiert der Unzumutbarkeit HK-GS/*Duttge*, § 15 Rn. 51.

[219] LK-*Vogel*, § 15 Rn. 312, mit Beispielsfällen aus der Rspr.

[220] Vgl. auch die kritische Würdigung dieser „klassischen Entscheidung" durch *Achenbach*, Jura 1997, 631, der nicht nur beim vorsätzlichen Begehungsdelikt, sondern auch beim vorsätzlichen Unterlassungsdelikt und bei den Fahrlässigkeitsdelikten für einen Verzicht auf „die Leerformel von der Zumutbarkeit" (a.a.O. S. 635) plädiert und statt dessen durch Analogie gewonnene, inhaltlich begrenzte Entschuldigungsgründe befürwortet; zum „Leinenfänger"-Fall vgl. auch MK-*Duttge*, § 15 Rn. 206 f.; SK-*Hoyer*, Anh. zu § 16 Rn. 102 u. *Murmann*, GK, 30/26.

§ 17 a. Das erfolgsqualifizierte Delikt

I. Das vollendete erfolgsqualifizierte Delikt

1. AT- und BT-Materie

1 Üblicherweise wird das erfolgsqualifizierte Delikt erst im BT bei den einzelnen erfolgsqualifizierten Delikten wie Körperverletzung mit Todesfolge (§ 227) oder Raub mit Todesfolge (§ 251) eingehend behandelt. Das hat seinen guten Grund darin, dass nicht alle erfolgsqualifizierten Delikte gleich strukturiert sind. Dennoch erscheint eine kurze **Einführung in die Hauptprobleme,** die diese Delikte aufwerfen, auch schon im AT angebracht.[1]

2 Zum einen sind die Voraussetzungen für das Verständnis dieses „Zwittergebildes" bereits im AT gelegt. Das echte erfolgsqualifizierte Delikt setzt sich nämlich aus einem vorsätzlichen (Begehungs-)Delikt und einem fahrlässigen (Begehungs-)Delikt zusammen und wird deshalb auch als **Vorsatz-Fahrlässigkeits-Kombination** bezeichnet.[2] Beide Delikte – das Vorsatzdelikt und das Fahrlässigkeitsdelikt – sind aber im AT-Lehrbuch in §§ 3–12 und § 17 schon behandelt worden, so dass man bei dieser Kombination von vorneherein nicht ganz „im Dunkeln tappt". Das Grunddelikt kann auch ein vorsätzlich begangenes Unterlassungsdelikt (dazu näher in § 18) sein,[3] so etwa wenn der Ehemann als Beschützergarant (18/47 f.) nichts gegen die sich letztlich tödlich auswirkenden Gewalttätigkeiten seiner Ehefrau gegenüber dem gemeinsamen Kind unternimmt (vgl. BGHSt 41, 113, 116 m. Bspr. *Hirsch,* NStZ 1996, 37, *Wolters,* JR 1996, 471 u. *Ingelfinger,* GA 1997, 573, 590; als Fall 62 bei *Kudlich,* PdW BT II; zum Fall auch *Kudlich,* JA 2009, 246, 251 mit Fn. 51, 52; als Fall g) bei *Otto,* BT, 18/11).

3 Zum anderen enthält schon der AT des StGB wichtige allgemeine Vorschriften hinsichtlich der erfolgsqualifizierten Delikte, die deshalb auch schon im AT-Lehrbuch vorgestellt werden sollten. So wird in § 11 II der „Sachbegriff" des echten erfolgsqualifizierten Delikts definiert und bestimmt, dass „eine Tat, auch dann, wenn sie einen gesetzlichen Tatbestand verwirklicht, der hinsichtlich der Handlung Vorsatz voraussetzt, hinsichtlich einer dadurch verursachten besonderen Folge jedoch Fahrlässigkeit ausreichen lässt", „vorsätzlich" ist. Die „Handlung" meint das

---

[1] So verfahren etwa die AT-Lehrbücher von *B-Weber/Mitsch,* 8/63 ff.; *Haft,* S. 172 ff.; *Jescheck/Weigend,* S. 261 ff.; *Krey/Esser,* AT, Rn. 204 ff. u. 1368 ff.; *Otto,* 11/1 ff.; *Roxin,* AT I, 10/108 ff. – Nicht behandelt werden hier die sog. „gefahrerfolgsqualifizierten Delikte" wie z. B. § 306 b II Nr. 1; näher zu diesen Delikten und ihrer Abgrenzung von den erfolgsqualifizierten Delikten *Kühl,* Fg. BGH, 2000, S. 237, 243 ff.; knapper *Kindhäuser,* § 18 Rn. 8–11 u. *Lackner/Kühl,* § 11 Rn. 24. – Auf neue Formen – das „begleithandlungserfolgsqualifizierte Delikt" und das „erfolgsqualifizierte Gefährdungsdelikt" – weist *Schroeder,* Fs. Lüderssen, 2002, S. 598 u. 602 hin; dazu auch *Duttge,* Fs. Herzberg, 2008, S. 309 ff.

[2] Vgl. *Lackner/Kühl,* § 18 Rn. 3 mit Verweis auf § 11 Rn. 23–25. – Nicht behandelt werden hier auch die sog. „eigentlichen Vorsatz-Fahrlässigkeitskombinationen" wie z. B. § 315 c III Nr. 1 (s. jedoch 20/240); näher zu diesen Kombinationen und ihrer Abgrenzung von den erfolgsqualifizierten Delikten *Kühl* (o. Fn. 1) S. 245 f.; knapper *Joecks,* § 15 Rn. 73 u. *Kindhäuser,* § 11 Rn. 47.

[3] Vgl. S/S-*Sternberg-Lieben,* § 18 Rn. 7 a; speziell für § 227 auch *Küpper,* Fs. Hirsch, 1999, S. 615, 627–629; *Hohmann/Sander,* BT II, 8/41; *Rengier,* BT II, 16/36; LK[11]-*Hirsch,* § 227 Rn. 3 und *Lackner/Kühl,* § 227 Rn. 3; eingehend *Köhler,* 2000, S. 104 ff., 140 ff. – Aus der Rspr.: BGH NStZ 2006, 686.

Grunddelikt, bei § 227 etwa „die Körperverletzung (§§ 223 bis 226)", bei § 251 etwa „den Raub (§§ 249 und 250)". Die durch diese Handlung verursachte „besondere Folge" ist sowohl bei § 227 als auch bei § 251 der Tod (= die Todes-Folge). Doch muss man schon bei diesen häufigen Todes-Folgen im BT darauf achten, wessen Tod die besondere Folge beim jeweiligen erfolgsqualifizierten Delikt ausmacht. Bei § 227 ist es der „Tod der verletzten Person", also der Tod des Opfers des Grunddelikts ‚Körperverletzung'. Opfer des Grunddelikts und „Opfer" der besonderen Folge sind aber nicht bei allen erfolgsqualifizierten Delikten identisch. So verlangt etwa § 251 nicht den Tod des Raubopfers, sondern – weitergehend – „den Tod eines anderen Menschen"; es reicht also der Tod „irgendeines Menschen" aus,[4] wie etwa der Tod eines unbeteiligten Passanten, der durch eine abirrende Kugel aus der Pistole des Räubers tödlich getroffen wird;[5] ausgenommen soll nur der Tod eines an der Raub-Tat Beteiligten (Täter oder Teilnehmer) sein;[6] – aber das ist BT-Materie, die hier nicht vertieft werden kann.

§ 11 II gibt aber nicht nur Anlass zur näheren Definition des erfolgsqualifizierten Delikts, sondern enthält auch eine gesetzgeberische Entscheidung von erheblicher Tragweite, indem er sog. Vorsatz-Fahrlässigkeits-Kombinationen zu **Vorsatzdelikten** erklärt. Mit dieser nicht ganz unumstrittenen,[7] aber zu respektierenden[8] Entscheidung wird der Schwerpunkt des tatbestandlichen Unrechts auf den Vorsatzteil dieser Kombination gelegt und der Fahrlässigkeitsteil in eine Nebenrolle verwiesen. Dies entspricht auch der h. L., wonach die „Vorsatz-Fahrlässigkeits-Kombination beim erfolgsqualifizierten Delikt ... eine **Sinneinheit**" bildet, „die das Grunddelikt als den eigentlichen Kern und die besondere Folge als nur zusätzliche Kennzeichnung des Unrechts zusammenschließt".[9]

Die **Tragweite** dieser „Präponderanz des Kerndelikts"[10] erweist sich zunächst in der dadurch eröffneten Möglichkeit, das erfolgsqualifizierte Delikt auch als strafbaren **Versuch** begehen zu können, denn ein strafbarer Versuch setzt nach § 22 („Vorstellung" des Täters von der Tat) und damit nach geltendem Recht Vorsatz hinsichtlich der Tat voraus, womit zugleich ein fahrlässiger Versuch als strafbarer Versuch ausgeschlossen ist (s.o. 15/23). Auf diese durch § 11 II ermöglichte Begehung des erfolgsqualifizierten Delikts als Versuchstat wird sogleich (s.u. Rn. 33 ff.) einzugehen sein. – Sodann ermöglicht § 11 II, sich an dem erfolgsqualifizierten Delikt als Täter oder Teilnehmer zu beteiligen (s.u. 20/140 u. 274 f.).

BT-Materie – und deshalb nur kurz zu erwähnen – sind wieder die **einzelnen besonderen Folgen.** Neben der häufigen, hier (s.o. Rn. 3) auch schon angesprochenen Todes-Folge gibt es auch noch andere besondere Folgen wie etwa die schweren Körperverletzungen in § 226 I Nr. 1–3, die schwere Gesundheitsschädigung bei Aussetzung (§ 221 II Nr. 2) und Freiheitsberaubung (§ 239 III Nr. 2) sowie bei zahlreichen gemeingefährlichen Straftaten neuerdings die schwere Gesundheitsschädigung eines Menschen oder Gesundheitsschädigung einer großen Zahl von Menschen, z.B. bei der Brandstiftung (§ 306 b I). Außergewöhnlich – und deshalb als besondere Folge nicht leicht zu erkennen – ist die über eine Woche dauernde Freiheitsberaubung (§ 239 III Nr. 1).

4

5

6

---

[4] *Lackner/Kühl,* § 251 Rn. 1.
[5] Vgl. BGHSt 38, 295; *Günther,* Fs. Hirsch, 1999, S. 543, 547; W-*Hillenkamp,* Rn. 387.
[6] Vgl. *Mitsch,* BT 2/1, 3/91; *Rengier,* BT I, 9/4.
[7] Kritisch etwa M-*Gössel/Zipf,* AT 2, 43/115–117.
[8] Näher *Kühl,* Fs. Gössel, 2002, S. 191, 200 f.; knapp *Noak,* JuS 2005, 312.
[9] *Lackner/Kühl,* § 18 Rn. 4.
[10] *Lackner/Kühl,* § 18 Rn. 4.

7 Zwar enthält der neugefasste § 239 III Nr. 1 nicht die übliche Formulierung erfolgsqualifizierter Delikte („Verursacht der Täter durch die Tat eine besondere Folge"), doch bleibt er trotz seiner „aktivischen" Fassung wie § 239 II a.F. ein erfolgsqualifiziertes Delikt, denn sprachlich kommt hinreichend zum Ausdruck, dass es um die Verursachung einer längeren Freiheitsberaubung geht;[11] außerdem hat der Gesetzgeber mit der Änderung des Wortlauts keine Änderung im Deliktscharakter vom erfolgsqualifizierten Delikt hin zum normalen Qualifikationstatbestand vornehmen wollen.[12] Diese Einordnung von § 239 III Nr. 1 als erfolgsqualifiziertes Delikt führt zur Anwendung von § 18, so dass hinsichtlich der besonderen Folge („länger als eine Woche" dauernde Freiheitsberaubung) Fahrlässigkeit ausreicht; würde es sich um eine „normale" Qualifikationsvorschrift handeln, so wäre wegen § 15 Vorsatz hinsichtlich der Verursachung des Qualifikationsumstands erforderlich.[13]

8 Die zweite wichtige AT-Vorschrift für die erfolgsqualifizierten Delikte neben § 11 II ist die über „Schwerere Strafe bei besonderen Tatfolgen": § 18. Diese Vorschrift ergänzt all die erfolgsqualifizierten Delikte, die nach ihrem Tatbestand im BT so aussehen, als ob für ihre Verwirklichung die Verursachung der schweren Folge durch das Grunddelikt ausreichen würde. Ein solches herkömmliches erfolgsqualifiziertes Delikt ist etwa die Körperverletzung mit Todesfolge (§ 227). Bei ihr handelt es sich um ein von § 18 erfasstes Delikt, in dem „das Gesetz an eine besondere Folge der Tat eine schwerere Strafe knüpft"; – die Todesfolge macht § 227 zum Verbrechen, wohingegen die etwa einfache Körperverletzung (§ 223) ein Vergehen ist.

9 Für solche Fälle bestimmt nun § 18, dass die Strafe einen Beteiligten (Täter oder Teilnehmer) nur dann trifft, „wenn ihm hinsichtlich dieser Folge wenigstens Fahrlässigkeit zur Last fällt". Damit spricht § 18 die Aufforderung an den Rechtsanwender aus, diejenigen erfolgsqualifizierten Delikte, die sich ihrem Wortlaut nach mit der Verursachung der besonderen Folge begnügen,[14] um das Fahrlässigkeits-Erfordernis zu ergänzen. § 227 z.B. ist danach so zu lesen: „Verursacht der Täter durch die Körperverletzung (§§ 223 bis 226) **fahrlässig** den Tod der verletzten Person ...". Mit diesem einschränkenden Erfordernis der fahrlässigen Verursachung ist der Gesetzgeber 1953 durch den dem § 18 entsprechenden § 56 a.F.[15] der lange davor in Gesetzgebung, Rechtsprechung und Strafrechtswissenschaft[16] vertretenen reinen Kausalhaftung entgegengetreten, denn eine solche Haftung ist eine Zufallshaftung, weil man es nicht vermeiden kann, Kausalfaktor in einem zu einer schweren Folge führenden unvorhersehbaren Geschehen zu werden.

10 In § 18 bewährt sich also wieder einmal die AT-Technik, mit der Allgemeines, das für viele Delikte des BT gilt, „vor die Klammer gezogen" wird, und deshalb bei den einzelnen Delikten im BT nicht mehr ausdrücklich geregelt werden muss. Insoweit entspricht § 18 dem § 15, der ebenfalls alle Delikte des BT, die nicht ausdrücklich als

---

[11] So auch *Hardtung*, 2002, S. 93 Fn. 319.

[12] Vgl. *Kühl* (o. Fn. 1) S. 237, 243; *Lackner/Kühl*, § 239 Rn. 9 m.w.N.; ebenso *Duttge*, Fs. Herzberg, 2008, S. 309, 320; *Mitsch*, GA 2009, 334, 336; *Gössel/Dölling*, BT 1, 19/32 f.; *Kindhäuser*, BT I, 15/21; K/H/H-*Hellmann*, BT 1, Rn. 365; *Otto*, BT, 28/12 u. *Rengier*, BT II, 22/19.

[13] So für § 239 III Nr. 1 *Joecks*, § 239 Rn. 17; S/S-*Eser/Eisele*, § 239 Rn. 12; SK-*Horn/Wolters*, § 239 Rn. 16; *Fischer*, § 239 Rn. 15; *Eisele*, BT I, Rn. 444 u. W-*Hettinger*, BT 1, Rn. 377.

[14] Vgl. die Aufzählung bei *Lackner/Kühl*, § 18 Rn. 2. Aus der Rspr. zu § 227: BGH NStZ 2008, 278, 279.

[15] Vgl. *Jescheck/Weigend*, S. 261.

[16] Eingehend dazu *Rengier*, 1986, S. 11–75.

Fahrlässigkeitsdelikte gekennzeichnet sind, um das Erfordernis „vorsätzlichen" Handelns ergänzt (s. o. 5/2). Der Nachteil solcher AT-Regelungen liegt gerade für den „Anfänger" darin, dass er den vom BT vorgegebenen Tatbestand so anwendet, wie er beim einzelnen Delikt formuliert ist, ohne an zwingende Ergänzungen des Tatbestandes wie das Erfordernis **fahrlässigen** Verursachens von besonderen Folgen bei erfolgsqualifizierten Delikten zu denken.

In letzter Zeit hat der Gesetzgeber diesem Nachteil dadurch gegengesteuert, dass er **11** zunehmend[17] eine **leichtfertige Verursachung** der schweren Folge verlangt. Dieses Erfordernis der Leichtfertigkeit, d. h. einer groben Fahrlässigkeit (s. o. 17/44) im Gegensatz zur „einfachen" Fahrlässigkeit (s. o. 17/45) verschärft nicht nur die tatbestandlichen Voraussetzungen eines erfolgsqualifizierten Delikts mit der Folge der Erhöhung der Strafbarkeitsschwelle – der Eintritt der besonderen Folge muss sich „aufgedrängt" haben und damit nicht nur vorhersehbar gewesen sein –, sondern es ist auch – selbst für „Anfänger unübersehbar" – beim jeweiligen Delikt im BT ausdrücklich enthalten; – so etwa beim Raub mit Todesfolge, für den § 251 verlangt, dass der Täter den Tod eines anderen Menschen „wenigstens leichtfertig" verursacht.

Gemeinsam ist beiden Arten von erfolgsqualifizierten Delikten, dass vor dem Er- **12** fordernis der Fahrlässigkeit bzw. Leichtfertigkeit hinsichtlich der Verursachung der schweren Folge das Wörtchen „**wenigstens**" steht: in § 18 für die herkömmlichen, im BT, z. B. § 251, für die neueren erfolgsqualifizierten Delikte. Damit ist inzwischen für alle Vorsatz-Fahrlässigkeits-Kombinationen klargestellt, dass sie auch „erst recht" mit Vorsatz hinsichtlich der besonderen Folge begangen werden können. § 251 erfasst danach nicht nur den Fall, dass der Räuber mit der Eisenstange zuschlägt und dadurch den Tod des Raubopfers leichtfertig herbeiführt, sondern auch den Fall, dass er diese Möglichkeit erkannt und sich mit ihr abgefunden hat, d. h. mit Eventualvorsatz hinsichtlich der besonderen Todesfolge handelte.[18] Dasselbe gilt für die Körperverletzung mit Todesfolge; § 227 ist nicht nur bei fahrlässiger, sondern „erst recht" auch bei vorsätzlicher Verursachung der Todesfolge verwirklicht.

Von **praktischer Bedeutung** hinsichtlich der Strafbarkeit ist die vorsätzliche Ver- **13** wirklichung des Todes bei § 227 allerdings nicht, denn § 227 – wenn dieser nicht schon im Tatbestand verneint wird[18a] – wird bei Tötungsvorsatz vom schwereren vorsätzlichen Tötungsdelikt, z. B. vom Totschlag gemäß § 212, als subsidiäres Delikt verdrängt.[19] Anders ist dies bei vorsätzlicher Verursachung einer „länger als eine Woche" dauernden Freiheitsberaubung i. S. des § 239 III Nr. 1, denn hier fehlt ein schwerer Vorsatztatbestand.[20] Beraubt der Täter „das Opfer länger als eine Woche der Freiheit", so verdrängt die schwere Freiheitsberaubung (§ 239 III Nr. 1) als spezielleres Delikt die in ihr enthaltene einfache Freiheitsberaubung (§ 239 I).[21]

> Aus der **Übungsfall-Literatur** zur „**wenigstens**" fahrlässigen/leichtfertigen Verursachung der besonderen Folge vgl.: *Cornelius*, JA 2009, 425 u. 428 (§ 227); *Gössel*, Fälle, Fall 14, S. 229 f.

---

[17] Vgl. die Aufzählung bei *Lackner/Kühl*, § 18 Rn. 3; zu ihrer rechtspolitischen und verfassungsrechtlichen Problematik *Radtke*, Fs. Jung, 2007, S. 737 f., zur historischen Entwicklung S. 740 f. – Rechtsvergleichend: *Ambos*, GA 2002, 455 ff.

[18] Vgl. *Lackner/Kühl*, § 251 Rn. 2.

[18a] Vgl. *Kudlich*, JA 2009, 246, 247 m. Nw. in Fn. 15; *Kudlich* selbst hält diesen Streit – zu Recht – im Ergebnis für „belanglos".

[19] Vgl. *Lackner/Kühl*, § 18 Rn. 3 und § 227 Rn. 5 u. *Zieschang*, Rn. 411. – Zur Subsidiarität der Körperverletzungsdelikte zu den Tötungsdelikten s. u. 21/56, und vgl. *Lackner/Kühl*, § 212 Rn. 9.

[20] Vgl. *Lackner/Kühl*, § 18 Rn. 3.

[21] Zur Spezialität der (Erfolgs-)Qualifikation s. u. 21/52.

u. 232 (§ 251), 234 (§ 227); *Hörnle*, Jura 2001, 44 u. 47 (§ 251); *Marquardt/v. Dannwitz*, JuS 1998, 814 u. 818 f. (§ 251); *Murmann*, Jura 2001, 258 u. 265 (§ 306 c); *Reinbacher*, Jura 2007, 382 u. 389 (leichtfertig i. S. des § 306 c); *Rudolphi*, AT-Fälle, Fall 10, S. 113 u. 117 („wenigstens leichtfertig" bei § 251). – Übungsfälle und Aufbauschemata bei *Hinderer/Kneba*, JuS 2010, 590 f.

2. Der Zusammenhang zwischen Grunddelikt und besonderer Folge

14　　Die frühere Kausal- oder Zufallshaftung (s. o. Rn. 9) ist aber nicht nur durch das Erfordernis der fahrlässigen oder gar leichtfertigen Verursachung der besonderen Folge vom Gesetzgeber abgeschafft worden. Auch Rechtsprechung und Rechtslehre haben einen Beitrag zur Einschränkung der Strafbarkeit wegen eines erfolgsqualifizierten Delikts geleistet, und zwar durch das Erfordernis eines **engeren** Zusammenhangs als des Kausalzusammenhangs zwischen Grunddelikt und schwerer Folge.[22] Dieser Zusammenhang wird vom BGH häufig als **Unmittelbarkeitszusammenhang** bezeichnet;[23] dieser Terminus wird in der Rechtslehre als zu ungenau kritisiert.[24]

15　　Aus dieser Bezeichnung wird nämlich nicht deutlich, dass es darum geht, angesichts der hohen (Verbrechens-)Strafdrohungen bei den erfolgsqualifizierten Delikten die **objektive Zurechnung** der besonderen Folge zu begrenzen.[25] Diese hohen Strafdrohungen erscheinen nur dann gerechtfertigt, wenn sich in der besonderen Folge eine dem Grunddelikt typischerweise anhaftende Gefahr verwirklicht hat. Das ist besonders einleuchtend bei § 251, denn dem Grunddelikt Raub (§ 249) haftet wegen des Einsatzes qualifizierter Nötigungsmittel wie „Gewalt gegen eine Person" oder „Anwendung von Drohungen mit gegenwärtiger Gefahr für Leib und Leben" typischerweise eine besondere Gefahr für das Leben „eines anderen Menschen" i. S. des § 251 an. Wenn sich diese Gefahr nun realisiert und den „Tod eines anderen Menschen" i. S. des § 251 leichtfertig verursacht, so erscheint es gerechtfertigt, mit höherer Strafe – bei § 251 sogar mit lebenslanger Strafe – zu reagieren, als dies bei Annahme von Tateinheit (s. u. 21/2, 43) von Raub und fahrlässiger Tötung (§§ 249, 222, 52) möglich wäre.[26]

16　　Auch die Rechtsprechung bietet inzwischen häufig eine vollständigere Formel für diesen **tatbestandstypischen Gefahrzusammenhang** an.[27] Dieser auch sog. **spezifische Gefahrverwirklichungszusammenhang** (BGH NStZ 1992, 333) setzt zweierlei voraus. Zunächst muss eine dem Grunddelikt eigentümliche spezifische Gefahr (BGHSt 31, 96, 98 f.; 32, 25, 28; 33, 322, 324; 56, 277, 287 m. i. Erg. zust. Anm. *Beckemper*, ZJS 2012, 132, 135) geschaffen worden sein. Das gilt auch für den Fall, dass das Grunddelikt ein vorsätzliches Unterlassungsdelikt ist (oben Rn. 2); der erforderliche Zusammenhang setzt dann voraus, dass erst durch das Unterbleiben der gebotenen Handlung die Gefahr des Eintritts der besonderen Folge geschaffen wird (BGH NJW 1995, 3194 m. Bspr. *Ingelfinger*, GA 1997, 573; *Wolters*, JR 1996, 471

---

[22] Von BGH NJW 1971, 152, 153 bis NJW 1998, 3361, 3362; aus der amtlichen Sammlung: BGHSt 33, 322; 38, 295 u. 48, 34; vgl. *Kühl* (o. Fn. 1) S. 249 f. – Eingehend zu diesem „Zusammenhang" bei todeserfolgsqualifizierten Delikten *Kahlo*, Fs. Puppe, 2011, S. 581 ff.

[23] Vgl. BGHSt 38, 295, 298; BGH NStZ 1992, 333.

[24] Vgl. *Maiwald*, JuS 1984, 439, 443; *Dencker*, NStZ 1992, 311; *Bloy*, JuS 1995, L 17, L 19; *Sowada*, Jura 1994, 643, 645; *Kudlich*, JA 2009, 246, 248.

[25] *Lackner/Kühl*, § 18 Rn. 8.

[26] Vgl. *Roxin*, AT I, 10/108, zur Körperverletzung mit Todesfolge, krit. zu § 227 NK-*Paeffgen*, § 227 Rn. 2; allgemein vgl. *Otto*, 11/1.

[27] Vgl. *Kühl* (o. Fn. 1) S. 250 m. w. N.; ähnlich *Kudlich*, JA 2009, 246, 248; krit. *Schroeder*, Fs. Lüderssen, 2002, S. 599, 601; zu Parallelen zwischen diesem Zusammenhang und dem Pflichtwidrigkeitszusammenhang *Stiebig*, Fg. Paulus, 2009, 151, 159 ff.

u. *Otto*, JK 96, StGB § 226/7; als Bsp. bei *Kudlich*, JA 2009, 246, 251; vgl. auch BGHSt 56, 277, 287: Realisierung des Übernahmeverschuldens in der todesursächlichen fehlerhaften Reanimationsanschlussbehandlung [= Unterlassen der Veranlassung der medizinisch gebotenen cerebralen Reanimation]).[27a] Gerade diese Gefahr muss sich dann in der besonderen Folge „niedergeschlagen" (BGHSt 38, 295, 298; BGH NJW 1999, 1040; BGH NStZ 2008, 278 u. 686 m. Anm. *Hardtung*, StV 2008, 407 ff., dazu auch *Stiebig*, Fg. Paulus, 2009, S. 151, 163 f.) oder „realisiert" (BGH NJW 1998, 3361, 3362) oder „verwirklicht" (BGH NJW 2006, 1822, 1823) haben. – Die Verwandtschaft dieser Formulierung des Gefahrverwirklichungszusammenhangs mit der Grundformel der objektiven Zurechnung – Schaffung einer qualifizierten Gefahr und Realisierung dieser Gefahr (s. o. 4/43) – ist auffällig. In der Strafrechtswissenschaft wird deshalb auch gelegentlich direkt auf die allgemeinen Regeln der objektiven Zurechnung abgestellt.[28]

Dieser Gefahrzusammenhang wird näher als **tatbestandstypischer** oder **spezifi- 17 scher** bezeichnet, weil er – und darüber sind sich Rechtsprechung und Rechtslehre weitgehend einig – bei jedem einzelnen Delikt gesondert zu bestimmen ist und deshalb von Delikt zu Delikt unterschiedlich sein kann.[29] Diese Einsicht ist zwar allgemein, doch verweist sie zur inhaltlichen Ausfüllung des Gefahrzusammenhangs auf die einzelnen erfolgsqualifizierten Delikte des BT; – dem kann hier im AT nicht weiter nachgegangen werden. Vielmehr muss es an dieser Stelle genügen, die Bemühungen der Rechtsprechung zur tatbestandstypischen Einschränkung der objektiven Zurechnung der besonderen Folgen, insbesondere der Todes-Folgen, noch einmal hervorzuheben: „Die gebotenen Einschränkungsmerkmale lassen sich dabei nicht generell für alle Qualifikationstatbestände mit Todesfolge formulieren, vielmehr müssen sie für jeden in Betracht kommenden Straftatbestand nach dessen Sinn und Zweck in differenzierender Wertung ermittelt werden" (BGH NJW 1998, 3361, 3362).

Aus der **Übungsfall-Literatur** zum tatbestandsspezifischen Gefahrzusammenhang vgl.: *Beulke*, KK II, Fall 7, Rn. 191 u. 205 (§ 227-Fall); *Frank*, Jura 2006, 783 u. 787 f. (§ 239 IV); *Hinderer/Kneba*, JuS 2010, 590 u. 592 ff. (5 Fälle zu § 251); *Kudlich*, PdW BT I, Fall 167 (§ 251-Fall: Todesfolge durch Wegnahme verursacht) sowie PdW BT II, Fall 92 (§ 239 IV-Fall) u. Fälle 215, 216 (jeweils zu § 306 c); *Krack/Gasa*, JuS 2008, 1005 u. 1006 (§ 251); *Küpper*, in: G/K/M, Fallsammlung, Fall 7, S. 131 f. u. 140 f. sowie Fall 8, S. 149 u. 160 (jeweils § 226 I-Fälle) und Fall 8, S. 149 u. 160 f. (§ 221 II Nr. 2-Fall) sowie Fall 8, S. 149 u. 163 f. (§ 239 III Nr. 1-Fall); *Ladiges/Glückert*, Jura 2011, 552 u. 554 (§ 227); *Lotz/Reschke*, JuS 2012, 481 u. 483 (§ 251-Drohung); *Putzke*, ZJS 2011, 522 u. 526 ff. (§ 239 IV u. III Nr. 2); *Schütze*, in: Ebert (Hrsg.), Fall 4, S. 4 f. u. 76, 77 f. (jeweils zu § 306 c) sowie Fall 8, S. 8 f. u. 138 (§ 226 I Nr. 3-Fall); *Seher*, in: *Ebert* (Hrsg.), Fall 13, S. 13 f. u. 202 (§ 239 a III-Fall); *Steinberg*, AL 2009, 179 u. 183 (§ 239 III Nr. 2); *Stief*, JuS 2009, 716 u. 718 (§ 306 b); *Wrage*, JuS 2003, 985 u. 990 f.: Bsp. 17–22 (zu §§ 306 b I, 306 c).

Der Gefahr- oder Zurechnungszusammenhang wird – insoweit wieder allgemein 18 – in **zwei unterschiedlichen Problemkreisen** diskutiert. Zum einen geht es um die Problematik, ob der Anknüpfungspunkt für den Zusammenhang zwischen Grund-

---

[27a] Vgl. *Rengier*, BT II, 16/36; *W-Hettinger*, BT 1, Rn. 307, beide zu § 227.

[28] Vgl. schon *Rengier*, 1986, S. 319, und jüngst *Ferschl*, Das Problem des unmittelbaren Zusammenhangs beim erfolgsqualifizierten Delikt, 1999, S. 89. – Zur systematischen Einordnung in oder außerhalb der objektiven Zurechnung *Heinrich/Reinbacher*, Jura 2005, 743, 745 (mit Fn. 15) u. 748: nicht völlig deckungsgleich.

[29] Vgl. *Kühl* (o. Fn. 1) S. 250; ebenso *Kindhäuser*, AT, 34/8 u. *Roxin*, AT I, 10/114 f.; a. M. aber *Otto*, 11/10.

delikt und besonderer Folge die Grunddeliktshandlung oder der Grunddeliktserfolg ist. Zum anderen geht es um Fallgestaltungen, in denen an der (hier durchaus plastischen) „Unmittelbarkeits"-Beziehung zwischen dem vom Täter verwirklichten Grunddelikt und der dadurch verursachten besonderen Folge deshalb Zweifel aufkommen, weil die besondere Folge auch auf das Verhalten des Opfers selbst oder auf das Eingreifen eines Dritten zurückgeführt werden kann.

a) Verwirklichung der Gefahr von Grunddeliktshandlung oder Grunddeliktserfolg

19   Die Frage des richtigen **Anknüpfungspunkts** für den Gefahrzusammenhang ist – wie gesagt – für jedes erfolgsqualifizierte Delikt gesondert zu ermitteln; – das kann hier nicht geleistet werden. Meist geht es darum, ob die Grunddelikts-Handlung oder der Grunddelikts-Erfolg der richtige Anknüpfungspunkt ist. Beispielhaft können nur zwei erfolgsqualifizierte Delikte kurz angesprochen werden.

20   Zunächst der **Raub mit Todesfolge** (§ 251): bei diesem erfolgsqualifizierten Delikt muss der Zusammenhang zwischen Grunddelikt und besonderer Folge spezifisch zwischen der typischerweise (todes-)gefährlichen qualifizierten **Nötigungshandlung** i.S. des § 249 und der Todes-Folge bestehen (dazu in Übungsfällen *Hinderer/Kneba*, JuS 2010, 590 ff.).[30] Bedenklich ist hier nur die Annahme der Rechtsprechung, dass auch noch die Anwendung tödlicher Nötigungsmittel in der Beendigungsphase des Raubes über § 251 erfasst werden könnte.[31] § 251 soll danach in einem Fall Anwendung finden, in dem sich der erfolgreiche Räuber auf der Flucht mit der Beute den Fluchtweg freischießt und dabei eine Passantin leichtfertig tötet (vgl. BGHSt 38, 295 m. zu Recht krit. Bspr. *Rengier*, JuS 1993, 460 und *Hohmann*, JuS 1994, 860).[32] Diese Annahme und ihre Anwendung im konkreten Fall ist unhaltbar bzw. falsch.

21   Zum einen gibt es beim Raub ebenso wenig wie beim Diebstahl eine **Beendigungsphase** nach der Vollendung beider Taten durch die Wegnahme, denn die Beutesicherung verletzt zwar das von §§ 242, 249 geschützte Rechtsgut des Eigentums, aber nicht auf die von §§ 242, 249 geforderte tatbestandstypische Weise durch Wegnahme.[33] Die Todesverursachung in einer tatbestandslosen Geschehensphase kann aber keine erfolgsqualifizierende Wirkung haben.[34] Zum anderen verlangt der Raub (§ 249), dass der Täter die Nötigungsmittel „final" zur Erzwingung der Wegnahme einsetzt;[35] daran fehlt es aber beim Einsatz von Gewalt (= der Schuss auf die Verfolger) zur Beutesicherung. Letzteres gilt erst recht, wenn der Räuber ohne Beute tödliche Nötigungsmittel einsetzt, wie z.B. Schüsse auf die Verfolger (vgl. BGH NJW 1999, 1039 m. zu Recht krit. Bspr. *Hefendehl*, StV 2000, 107); diese Schüsse dienen nicht einmal mehr der Beutesicherung, sondern nur der Ermöglichung der Flucht.[36] Während die Schüsse zur Beutesicherung meist über den schweren räuberi-

---

[30] Vgl. *Günther*, Fs. Hirsch, 1999, S. 543, 546; NK-*Kindhäuser*, § 251 Rn. 5; *Mitsch*, BT 2/1, 3/95; *Otto*, BT, 46/41. – Dass auch die Tathandlung der Wegnahme prinzipiell in Betracht kommt, wird zunächst vom Wortlaut nicht ausgeschlossen; vgl. *Kühl* (o. Fn. 1), S. 260 f.; *Lackner/Kühl*, § 251 Rn. 1; dafür etwa K/H/H-*Hellmann*, BT 2, Rn. 297.

[31] Dagegen M-*Schroeder/Maiwald*, BT 1, 35/34 u. *Rengier*, BT I, 9/5–9.

[32] Kritisch auch *Günther*, Fs. Hirsch, 1999, S. 543 f.; *Kühl* (o. Fn. 1), S. 237, 261 ff. u. *Mitsch*, BT 2/1, 3/93.

[33] Näher *Kühl*, Fs. Roxin, 2001, S. 665, 675 sowie in: JuS 2002, 729 ff.

[34] *Kühl* (o. Fn. 33), S. 665, 685 f.; LK-*Vogel*, § 18 Rn. 48; ebenso für § 251 *Rengier*, BT I, 9/8 und W-*Hillenkamp*, BT 2, Rn. 388.

[35] *Lackner/Kühl*, § 249 Rn. 4.

[36] Vgl. *Kühl* (o. Fn. 1), S. 237, 264 f. und *ders.*, in: o.Fn. 33, S. 686; *Lackner/Kühl*, § 251 Rn. 1 m.w.N.

schen Diebstahl (§§ 252, 250 I Nr. 1 a) angemessen erfasst werden können, ist das bei den Schüssen zur Fluchtermöglichung nicht möglich, doch muss das als gesetzgeberische Entscheidung hingenommen werden: diese Schüsse sind weder raubspezifische noch dem räuberischen Diebstahl spezifische Gewalt zur Wegnahme oder zur Beutesicherung.[37] – Diese unhaltbare Ausweitung des § 251 ändert aber nichts an der weitgehenden Einigkeit von Rechtsprechung und Rechtslehre dahingehend, dass der Gefahrzusammenhang bei Raub mit Todesfolge zwischen der typischerweise (todes-)gefährlichen Raub-Handlung, speziell der qualifizierten Nötigungs-Handlung, und der Todes-Folge bestehen muss.

Als zweites Beispiel soll die auch schon in Anfänger-Übungen virulente Körper- **22** verletzung mit Todesfolge (§ 227) dienen. Bei diesem erfolgsqualifizierten Delikt ist die Frage, ob die **Körperverletzungshandlung** oder der **Körperverletzungserfolg** der richtige Anknüpfungspunkt für den Gefahrzusammenhang zwischen Grunddelikt und besonderer (Todes-)Folge ist, heftig umstritten.[38] Die Rechtsprechung stellt seit längerem auf den vom Körperverletzungsvorsatz umfassten Tätigkeitsakt ab, so dass § 227 auch den Fall erfasst, dass sich beim Zuschlagen mit der Pistole ein tödlicher Schuss löst (BGHSt 14, 110: sog. „Pistolenschlag-Fall" = *Kühl*, HRR BT, Fall 30).[38a] Es muss sich also im Tod nur das der Verletzungshandlung, nicht erst das dem Verletzungserfolg anhaftende Risiko des tödlichen Ausgangs realisieren (BGHSt 48, 34, 37 f. unter Bezugnahme auf BGHSt 14, 110; ebenso BGH NJW 2006, 1822, 1823 u. BGH NStZ-RR 2007, 76 m. krit. Bspr. *Geppert*, JK 7/07, StGB § 227/3 [krit. auch *Rengier*, Fs. Geppert, 2011, 479, 491 ff.]; BGH NStZ 2008, 278 m. Bspr. *Bosch*, JA 2008, 547).[39] Das ist etwa dann der Fall, wenn der Täter das Opfer von einem 3,50 Meter hohen Hochsitz „herunterschüttelt" und das Opfer, das dadurch erstaunlicherweise nur einen Knöchelbruch erleidet, an einer Lungenembolie nach der Knöcheloperation im Krankenhaus, aus dem es zwischenzeitlich schon entlassen war, stirbt (vgl. BGHSt 31, 96: sog. „Hochsitz-Fall" = *Kühl*, HRR BT, Fall 31).[40] Dass der Knöchelbruch keine lebensbedrohliche Verletzung ist, spielt für den BGH keine Rolle, weil es nicht auf den Körperverletzungserfolg, sondern auf die Körperverletzungshandlung ankommt; und diese war angesichts der Höhe des Hochsitzes lebensgefährlich.

Ein beachtlicher Teil der Rechtslehre sieht das anders und verlangt, dass „der Tod **23** aus der vorsätzlich zugefügten Körperschädigung als solcher hervorgehen muss."[41] Zum Teil wird – noch enger – verlangt, „dass die Gefahr des tödlichen Ausgangs aus der (vorsätzlich) zugefügten Verletzung selbst, d. h. der konkreten Art der Wunde, resultiert" (sog. „**Letalitätstheorie**" oder allgemeiner: „**Verletzungstheorie**").[42]

---

[37] Vgl. *Kühl* (o. Fn. 1) S. 265.

[38] Zum Streitstand vgl. *Lackner/Kühl*, § 227 Rn. 2 m. w. N.; eingehend *Puppe*, 2000, S. 215 ff. u. *Kahlo*, Fs. Puppe, 2011, S. 581, 585 ff.

[38a] Zust. *Eisele*, BT I, Rn. 371–373 u. K/H/H-*Hellmann*, BT 1, Rn. 300; abl. SK-*Rudolphi/ Stein*, § 18 Rn. 22: keine Realisierung der in der Grunddeliktshandlung angelegten spezifischen Gefahr; zum Fall auch *Kahlo*, Fs. Puppe, 2011, S. 581, 585.

[39] Vgl. *Lackner/Kühl*, § 227 Rn. 2 m. w. N.; *Kahlo*, Fs. Puppe, 2011, S. 581, 585 ff.; vgl. auch LG Kleve NStZ-RR 2003, 235 sowie Fall 2 bei *Heinrich/Reinbacher*, Jura 2005, 743 u. 749.

[40] Näher zum „Hochsitz-Fall" *Hirsch*, JR 1983, 78; *Küpper*, JA 1983, 229; *Puppe*, NStZ 1983, 22; *Maiwald*, JuS 1984, 439; zum Fall vgl. außerdem *Bloy*, JuS 1995, L 17, L 19; *Sowada*, Jura 1994, 643, 648; *Kahlo*, Fs. Puppe, 2011, S. 581, 587; *Murmann*, GK, 23/131 u. *Otto*, BT, 18/7.

[41] *Lackner/Kühl*, § 227 Rn. 2 m. w. N.

[42] H-H/*Eschelbach*, § 277 Rn. 6: mehr Rechtssicherheit; LK[11]-*Hirsch*, § 227 Rn. 5; S/S-*Stree/Sternberg-Lieben*, § 227 Rn. 5; *Küpper*, BT 1, I 2/29; *Joecks*, § 227 Rn. 8; *Roxin*, AT I,

Danach wäre § 227 im „Hochsitz-Fall" nicht einschlägig, weil der Tod nicht auf den Knöchelbruch als „Körperschädigung" bzw. als „Verletzung" im Sinne eines lebensgefährlichen Umstands zurückgeführt werden kann. – Der Streit muss hier im AT nicht entschieden werden. Der Grund der Strafschärfung – die Lebensgefährlichkeit von Körperverletzungshandlungen – spricht für ein Abstellen auf die Verletzungshandlung.[43] Der typische Geschehensablauf bei Verletzungshandlungen mit tödlichem Ausgang – die Verletzung ist nicht beherrschbar und weitet sich in den Tod hinein aus – spricht für ein Abstellen auf den Verletzungserfolg.[44] Dafür kann auch der Wortlaut herangezogen werden. Zwar ist, „die Körperverletzung (§ 223 bei § 226)" in § 227 ambivalent; sie kann die körperliche Mißhandlung i. S. des § 223 I und damit die Verletzungshandlung,[44a] aber auch die Gesundheitsschädigung i. S. des § 223 I und damit den Verletzungserfolg meinen. Doch spricht die Rede vom „Tod der verletzten Person" eher für die erfolgsbezogene Betrachtung;[45] zwingend ist aber auch das nicht – es könnte auch die nur gering und noch nicht lebensgefährlich „verletzte Person" gemeint sein –, so dass für eine handlungsbezogene Auslegung Raum bleibt.[46]

23a   Umstritten ist auch bei der Brandstiftung mit Todesfolge gem. § 306c, ob ein Zusammenhang zwischen Tathandlung und Tod ausreicht oder ob ein Zusammenhang zwischen Grunddeliktserfolg und Tod erforderlich ist. Letzteres lag nach der alten Gesetzesfassung (Tod „durch den Brand verursacht") nahe und wird auch nach der Neufassung („durch eine Brandstiftung") noch vertreten, weil der Gesetzgeber nur den Angriff auf die §§ 306ff. – Tatobjekte qualifiziert habe. Da sich aber die spezifische Feuergefahr auch im Falle einer tödlichen Raucheinwirkung realisiert, spricht mehr für einen ausreichenden Zusammenhang zwischen Brandstiftungshandlung und Tod.[46a]

Aus der **Übungsfall-Literatur** zur Gefahr von Grunddeliktshandlung oder -erfolg vgl.: *Alpmann/Schmidt*, AT 1, Fall 49, S. 243–245 (LG Kleve NStZ-RR 2003, 235, nachgebildet); *Baier*, JA 2000, 300 u. 306 (§ 221 III); *Beulke*, KK II, Fall 7, Rn. 191 u. 204f. (§ 227) sowie KK III, Fall 1, Rn. 1 u. 34–36; *Bott/Pfister*, Jura 2010, 226 u. 229 (§ 251 auch in „Beendigungsphase"); *Dannecker*, JuS 2002, 1087 u. 1092 (§ 227); *Gössel*, Fälle, Fall 7, S. 124f. u. 126f. (§ 251) sowie Fall 11, S. 183ff. u. 192 (§ 306c); *Hinderer*, JA 2009, 25 u. 29 (§ 227); *Hilgendorf*, KK I, Fall 16, Rn. 15 (§ 227); KK II, Fall 7, Rn. 64 (§ 227); KK III, Fall 14, Rn. 71 (§ 227); *Kress/Weisser*, JA 2006, 115 u. 116f. (§ 306c); *Krey/Fischer*, JA 1997, 204 u. 207 (zu § 226 a. F. = § 227); *Kudlich*, PdW BT II, Fall 60, 61 (§ 227); *Kühl*, JuS 2007, 742 u. 750 (§ 239 IV); *Laue/Dehne-Niemann*, Jura 2010, 73 u. 75 (§ 227); *Murmann*, JA 2011, 593 u. 597f.; *Otto/Bosch*, Übungen, Fall 9, S. 199 (§ 227), Fall 10, S. 214 (§ 251) u. Fall 12, S. 268f. (§ 227); *Petrovic/Hillenkamp*, StudZR 2008, 66 u. 87f.; *Radtke*, Jura 1997, 477 u. 479 (§ 251); *Reinbacher*, Jura 2007, 382 u. 389 (§ 306c); *Safferling*, Jura 2004, 64 u. 67 (§ 227); *Schrödl*, JA 2003, 656f. u. 659f. (§ 227); *Siebrecht*, JuS 1997, 1101f. (§ 226 a. F. = § 227); *Steinberg*, ZJS

10/115; eingehend zum „Letalitätskriterium als Präzisierung des Unmittelbarkeitserfordernisses" *Puppe*, AT 1, 10/32–42; krit. *Eisele*, BT I, Rn. 372 u. *Kindhäuser*, BT I, 10/9–12; s. auch *Kahlo*, Fs. Puppe, 2011, S. 581, 601f.

[43] Dafür in der Rechtslehre etwa *Otto*, BT, 18/2; *Rengier*, BT II, 16/10–12; *W-Hettinger*, BT 1, Rn. 299; *Zieschang*, Rn. 406 u. *Heinrich/Reinbacher*, Jura 2005, 742f. u. 748f.: Fall 1.

[44] So *Lackner/Kühl*, § 227 Rn. 2; das räumt auch BGHSt 31, 96, 99, ein.

[44a] So *Wolter*, JA 2008, 605 u. 610.

[45] Vgl. *Freund*, ZStW 109 (1997), 455, 473; *Wolters*, JZ 1998, 397, 399; *Kühl* (o. Fn. 1) S. 237, 255; vgl. jedoch auch NK-*Paeffgen*, § 227 Rn. 13, der darin „kein sonderlich starkes Argument" sieht, weil die gesetzlichen Tatbestände von der „Vollendungsform" ausgingen.

[46] A.M. etwa *Krey/Heinrich*, BT 1, Rn. 275: Missachtung des Analogieverbots.

[46a] *Kress/Weisser*, JA 2006, 115; für diese Möglichkeit *Kühl*, Fg. BGH, 2000, S. 237, 247; a. A. *Roxin*, AT II 29/238.

2010, 518 u. 522 (§ 227); *Steinberg/Stam*, ZJS 2011, 539 u. 541 (§ 251); *Timpe*, Jura 2009, 465 u. 466 f. (pro Letalitätsthese bei § 227); *Wagner*, BT-Fälle, Fall 13, S. 133 u. 141 f. (§ 227); *Wolter*, JA 2007, 354 u. 359 u. 2008, 605 u. 609 f. (§ 227); *Wagner/Drachsler*, ZJS 2011, 530 u. 533 (§ 227).

b) „Unmittelbarkeitszusammenhang" bei Sich-Einschalten des Opfers oder eines Dritten

Nach dem soeben (Rn. 14–17) Ausgeführten besteht Einigkeit darüber, dass sich **24** in der besonderen Folge die der Verwirklichung des Grunddelikts typischerweise anhaftende Gefahr – sei es nun die Gefahr der Grunddeliktshandlung oder des Grunddeliktserfolgs (dazu o. Rn. 19–23) – niedergeschlagen haben muss. Dieser Gefahrzusammenhang setzt nun des weiteren einen unmittelbaren oder direkten Zusammenhang zwischen der Verwirklichung des Grunddelikts durch den Täter und dem Eintritt der besonderen Folge beim Opfer voraus. An der **Unmittelbarkeit** dieses Zusammenhangs könnte es aber dann fehlen, wenn sich ein Dritter oder das Opfer selbst in diesen Zusammenhang einschaltet, denn dann könnte sich eine andere als die vom Täter geschaffene Gefahr in der besonderen Folge niederschlagen.

Ein praktisch bedeutsamer und übungs- bis examensrelevanter Anwendungsbe- **25** reich des „Unmittelbarkeitszusammenhangs" ist die **Körperverletzung mit Todesfolge (§ 227)**. Bei diesem erfolgsqualifizierten Delikt wird der Gefahrzusammenhang „jedenfalls durch eigenes Verhalten des Opfers oder durch Eingreifen Dritter regelmäßig ausgeschlossen."[47] Dementsprechend hat der BGH bereits 1970 im sog. „Rötzel-Fall" entschieden, dass es für die Anwendung von § 226 StGB a. F. (= § 227) nicht genüge, „wenn der tödliche Ausgang letztlich erst durch das Eingreifen eines Dritten oder das Verhalten des Opfers selbst herbeigeführt wurde" (BGH NJW 1971, 152 = *Kühl*, HRR BT, Fall 32).[48] Die Entscheidung erging zu einem Sachverhalt, in dem der Angeklagte die Hausgehilfin im mütterlichen Haus tätlich angriff und ihr eine tiefe Oberarmwunde und einen Nasenbeinbruch beibrachte, woraufhin die verängstigte Hausgehilfin vor den fortdauernden Angriffen des Angeklagten durch das Fenster ihres Zimmers auf einen Balkon zu flüchten versuchte; dabei stürzte sie ab und verletzte sich tödlich. Ohne die „Verängstigung" der Hausgehilfin näher zu würdigen, nahm der BGH im „Rötzel-Fall" an, dass sich „im tödlichen Ausgang ... nicht mehr die dem Grundtatbestand (§ 223 StGB) eigentümliche Gefahr niedergeschlagen" habe, weil dieser „unmittelbar erst durch ... das Verhalten des Opfers selbst herbeigeführt wurde."

Die Rechtsprechung macht aber von der Regel, dass das Verhalten des Opfers **26** selbst den „Unmittelbarkeitszusammenhang" ausschließt, Ausnahmen. So etwa im sog. „Fenstersturz-Fall" (BGH NJW 1992, 1708 = *Kühl*, HRR BT, Fall 33 = Bsp. bei *Kudlich*, JA 2009, 246, 248 bei Fn. 24),[49] in dem der brutal vorgehende Täter durch die Körperverletzung eine „Benommenheit des Opfers" verursacht hatte, die „zu einem **selbstschädigenden Panikverhalten**" des Opfers führte, das sich aus einer Höhe von 27 Metern „wortlos aus dem Fenster fallen" ließ. Die Folge war der Tod des Opfers und diese Todes-Folge i. S. des § 227 führte der BGH unmittelbar auf die vom Täter verwirklichte Körperverletzung und die dadurch verursachte „Benommenheit" zurück. Der BGH bemerkt zwar die Ähnlichkeit der Fallgestaltung mit

---

[47] *Lackner/Kühl*, § 227 Rn. 2.
[48] Näher zum „Rötzel-Fall" *Bartholme*, JA 1994, 373; *Puppe*, 2000, S. 204 u. K/H/H-*Hellmann*, Rn. 305–310: Fall 33.
[49] Näher zum „Fenstersturz-Fall" *Graul*, JR 1992, 344; *Bartholme*, JA 1993, 127; *Mitsch*, Jura, 1993, 18; *Puppe*, 2000, S. 213 u. in: AT 1, 10/16–19.

derjenigen im „Rötzel-Fall", beharrt aber auf der Unterschiedlichkeit beider Fälle: „Zwar wurde der Tod durch den Sturz aus dem Fenster, also durch das Handeln des Verletzten, herbeigeführt; dieses Handeln des Verletzten war aber in der konkreten Situation wiederum Folge einer den vorausgegangenen Körperverletzungen eigentümlichen Gefahr" (BGH NJW 1992, 1708). Ob diese Begründung die unterschiedliche Behandlung des Täters, der im „Fenstersturz-Fall" nach § 227 bestraft wurde, im Vergleich zum Täter im „Rötzel-Fall", dem die besondere Todes-Folge i. S. des § 227 nicht zugerechnet wurde, trägt, erscheint angesichts der „Verängstigung" des Opfers im „Rötzel-Fall" zumindest zweifelhaft.[50] Jedenfalls überzeugt die § 227 bejahende Entscheidung im „Fenstersturz-Fall" mehr als die § 227 verneinende Entscheidung im „Rötzel-Fall",[51] denn im tödlich endenden Panikverhalten schlägt sich auch die eigentümliche Gefahr fortdauernder (so im „Rötzel-Fall") oder brutaler (so im „Fenstersturz-Fall") Körperverletzungen nieder.[52] Auf der richtigen Linie des „Fenstersturz-Falles" liegt auch die Entscheidung des „Gubener-Verfolgungsjagd-Falles",[52a] in dem das Opfer „Hals über Kopf" floh und sich beim Versuch, in einem Haus Zuflucht zu finden, an der Glastür tödliche Verletzungen zuzog; der BGH wertete dieses Opferverhalten als „naheliegende und nachvollziehbare Reaktion auf den massiven Angriff" der Verfolger und damit als „deliktstypisch" (BGHSt 48, 34, 39 m. zust. Anm. *Kühl*, JZ 2003, 637; weitere Besprechungen: *Hardtung*, NStZ 2003, 261; *Heger*, JA 2003, 455; *Laue*, JuS 2003, 743; *Puppe*, JR 2003, 123 u. *Sowada*, Jura 2003, 549; ebenso BGH NStZ 2008, 278 m. krit. Bspr. *Bosch*, JA 2008, 547 u. *Steinberg*, JZ 2009, 1053).

27   Auf die auch sonst nicht immer überzeugende Kasuistik zum „Unmittelbarkeitszusammenhang" bei § 227 kann hier nicht weiter eingegangen werden. Dagegen muss die Begründung im „Fenstersturz-Fall" noch einmal näher betrachtet werden, denn dort heißt es nicht nur zutreffend: „Die Panikreaktion war die nahe liegende, spezifische Folge einer Paniksituation, die durch die konkrete Mißhandlung körperlich und psychisch hervorgerufen wurde ...", sondern auch: „mit der Folge, dass kein eigenverantwortliches Handeln des Verletzten als selbstständige Ursache für die Todesfolge dazwischentrat" (BGH NJW 1992, 1708). Mit dem Kriterium der **Eigenverantwortlichkeit**[53] hat der BGH immerhin bei den erfolgsqualifizierten Delikten den Anschluss an die Lehre von der objektiven Zurechnung hergestellt. Die Eigenverantwortlichkeit des selbstschädigenden Opferverhaltens unterbricht – entgegen der Andeutung des BGH – zwar nicht den Kausalzusammenhang (s. o. 4/31 ff.) zwischen Grunddelikt und besonderer Folge,[54] sie schließt aber die Verantwortung des Täters für diese Folge aus. Der Tod ist dem Täter auch sonst, d. h. bei normalen Vorsatz- oder Fahrlässigkeitsdelikten, nicht objektiv zuzurechnen, wenn sich das Opfer eigenverantwortlich selbst tötet (s. o. 4/83 ff.). – Weshalb dann aber

---

[50] Näher *Kühl* (o. Fn. 1) S. 237, 258, und *Küpper*, Fs. Hirsch, 1999, S. 615, 623.

[51] Kritisch zur „Rötzel"-Entscheidung auch *Rengier*, BT II, 16/19 f. und W-*Hettinger*, BT 1, Rn. 301, 302; vgl. auch *Puppe*, AT 1, 10/1.

[52] Vgl. W-*Hettinger*, BT 1, Rn. 301.

[52a] So W-*Hettinger*, BT 1, Rn. 300; *Sowada*, Jura 2003, 549, spricht von der „Gubener Hetzjagd". – Dass der Fall dem „Fensturz-Fall" am ähnlichsten ist, meint auch *Pappe*, JR 2003, 123, 124; *Rengier*, BT II, 16/19 f., sieht in BGHSt 48, 34, die „begrüßenswerte" Abkehr vom „Rötzel-Fall"; ebenso *Murmann*, GK, 23/133; zust. auch *Eisele*, BT I, Rn. 376 u. K/H/H-*Hellmann*, BT 1, Rn. 311–315: Fall 34, wohl auch SSW-*Momsen*, §§ 15, 16 Rn. 34; zu allen 3 Fällen auch *Kahlo*, Fs. Puppe, 2011, S. 581, 585 ff., 592.

[53] Zustimmend *Otto*, BT, 18/2 und *Rengier*, BT II, 16/17–22.

[54] So auch BGH NStZ 2001, 29, 30; S/S-*Lenckner/Eisele*, Vorbem §§ 13 ff. Rn. 77.

die Todesfolge dem Täter in einem Fall zugerechnet wird, in dem sich das schwerverletzte Opfer trotz des Hinweises auf bestehende Lebensgefahr mit tödlicher Folge einer Krankenhausbehandlung entzieht (vgl. BGH NStZ 1994, 394 m. zu Recht krit. Bspr. *Otto*, JK 6 zu § 226 a. F.), ist schwer verständlich, es sei denn man nimmt an, die Fähigkeit des Opfers zu eigenverantwortlichen Entscheidungen sei durch eine Alkoholkrankheit ausgeschlossen gewesen.[55] Dagegen überzeugt die Verneinung eigenverantwortlichen Verhaltens, wenn das Opfer sich gegen eine illegale Zwangsbehandlung – sog. „Brechmitteleinsatz" (Exkorporation) über die Grenzen des § 81 a StPO hinaus – zur Wehr setzt (*Satzger*, JK 12/11, StGB § 227/7 zu BGHSt 55, 121); der Tod des Verdächtigen ist deshalb dem durchführenden Arzt zuzurechnen (zum „Übernahmeverschulden" in diesem Fall s. oben 17/91).[55a] – Zu Panikverhalten des nicht mehr freiverantwortlichen Opfers bei der Aussetzung (§ 221 III) und der Freiheitsberaubung (§ 239 IV)[55b] *Heinrich/Reinbacher*, Jura 2005, 744 u. 749 f.: Fall 3, bei §§ 251, 306 c Fälle 4 u. 5, S. 750.

Auch beim **„Eingreifen Dritter"** soll der „Unmittelbarkeitszusammenhang" regelmäßig ausgeschlossen sein.[56] So formulieren schon die soeben behandelten Entscheidungen (BGH NJW 1971, 152 und 1992, 1708), obwohl es sich um „Opfer-Fälle" handelte. Das Eingreifen eines Dritten hatte der BGH im sog. „Gastwirt-Fall" (BGHSt 32, 25 = *Kühl*, HRR BT, Fall 34) zu beurteilen, in dem der Gastwirt das Opfer mit einem Faustschlag zwar lebensgefährlich verletzte, der Tod aber „unmittelbar" durch einen Fußtritt gegen den Kopf durch einen Dritten, der nicht Mittäter war, herbeigeführt wurde.[57] Die besondere Todes-Folge i. S. des § 227 war deshalb dem Gastwirt nicht zuzurechnen, weil sich nicht die von ihm geschaffene Lebensgefahr niedergeschlagen hat; – und man könnte den BGH ergänzen: sondern eine andere, nämlich die vom Dritten gesetzte Gefahr. Auch mit dieser Begründung ist der Anschluss an die Lehre von der objektiven Zurechnung hergestellt, denn damit wird ganz allgemein gefordert, dass sich gerade die vom Täter geschaffene Gefahr und keine andere im Erfolg realisiert haben muss (s. o. 4/43, 60 ff.).[58] Man kann das Ergebnis auch so formulieren, dass das Eingreifen des Dritten den Zurechnungszusammenhang zwischen Täterverhalten und Todes-Folge unterbricht.[59]

28

Aus der **Übungsfall-Literatur** zu solchen Unterbrechungen des Zurechnungszusammenhangs vgl.: *Beck*, ZJS 2010, 742 u. 750 (§ 226); *Brüning*, JuS 2007, 255 u. 259 (§ 227); *Esser/Krickl*, JA 2008, 787 u. 794 (§ 238 IIIf.); *Frisch/Murmann*, JuS 1999, 1196 u. 1197 f. (§ 227); *Hertel*, Jura 2011, 391 u. 398 (§ 251); *v. Heintschel-Heinegg/Kudlich*, JA 2001, 129 u. 131 f. (§ 227); *Krey/Fischer*, JA 1997, 204 u. 207 (zu § 226 a. F. = § 227-Fall); *Kudlich*, PdW BT II, Fall 59 (§ 227); *Kühl*, JuS 2007, 742 u. 750 (§ 239 IV); *Krack/Kische*, ZJS 2010, 734 u. 740 (§ 227); *Küpper*, in: G/K/M, Fallsammlung, Fall 11, S. 201 u. 209 (§ 306 c-Fall); *Marxen*,

---

[55] Vgl. NK-*Paeffgen*, § 227 Rn. 31; *Rengier*, BT II, 16/22.

[55a] Zust. *Fischer*, § 227 Rn. 3 a.

[55b] Vgl. *Rengier*, BT II, 22/22 mit Rspr. zu § 239 IV, u. a. BGHSt 19, 382, 386 f. (dazu *Kudlich*, JA 2009, 246, 248 Fn. 23; zu §§ 239 a III, 239 b II *Rengier*, BT II, 24/37.

[56] Vgl. *Lackner/Kühl*, § 227 Rn. 2; *Fischer*, § 227 Rn. 5 a; diff. W-*Hettinger*, BT 1, Rn. 303 u. LK-*Vogel*, § 18 Rn. 41.

[57] Anders entschied der BGH im sog. „Gummihammer-Fall" = NStZ 1992, 333, weil der Dritte die Realisierung der vom Täter geschaffenen Todesgefahr beschleunigt habe; vgl. dazu *Kühl* (o. Fn. 1) S. 259 m. w. N. – Vgl. auch BGH NStZ-RR 2007, 76 m. krit. Bspr. *Geppert*, JK 7/07, StGB § 227/3, krit. auch *Rengier*, Fs. Geppert, 2011, S. 479, 491 ff., zust. *Fischer*, § 227 Rn. 5 b.

[58] Vgl. *Otto*, 11/11.

[59] Vgl. *Küpper*, Fs. Hirsch, 1999, S. 615, 619; *Rengier*, BT II, 16/24 u. *Hinderer/Kneba*, JuS 2010, 590, 592 f.

BT, Fall 4 c, S. 41 f. („psychogene" Todesfolge bei § 227 – BGH NJW 1997, 341) u. Fall 6 d,
S. 65 f. (Unmittelbarkeitszusammenhang bei §§ 239 a III, 239 b II trotz Eingreifens Dritter –
BGHSt 33, 322); *Murmann*, JA 2011, 593 u. 598 (§ 227), 599 (§ 239 IV); *Morgenstern*, Jura
2002, 568 u. 571 f. (§ 227); *Müller*, Jura 2005, 635 u. 637 f. (BGHSt 48, 34, nachgebildet); *Mül-
ler/Raschke*, Jura 2011, 704 f. u. 712 („Panikreaktion"); *Nagel/Jaleesi*, Iurratio 2011, 42 u. 45
(§ 227); *Namavičius*, JA 2007, 190 u. 194 (§ 251); *Norouzi*, JuS 2006, 531 u. 534; *Otto/ Bosch*,
Übungen, Fall 9, S. 198 f. (§ 227-Fall); *Safferling*, Jura 2004, 64 u. 67; *Schulz*, JA 1999, 203 u.
210 (§ 227); *Steinberg/Stam*, ZJS 2011, 539 u. 541 (§ 251); *Stief*, JuS 2009, 716 u. 719
(§ 306 b); *Timpe*, Jura 2009, 465, 466 (§ 227); *Wagner/Drachsler*, ZJS 2011, 530 u. 534
(§ 227); *Wessels/Hillenkamp*, BT 2, Fall 27, Rn. 366 u. 392 (§ 251).

3. Fahrlässige/leichtfertige Verursachung der besonderen Folge

29   Systematisch gehört die Problematik des Gefahrzusammenhangs zwischen
Grunddelikt und besonderer Folge **vor** die Frage, ob der Täter die besondere Folge
fahrlässig oder leichtfertig herbeigeführt hat. Diese Frage ist hier nur deshalb bereits
unter I. 1. (Rn. 8–12) angesprochen worden, weil § 18 als eine wesentliche Regelung
im AT des StGB für erfolgsqualifizierte Delikte vorab vorgestellt werden sollte.

30   Die Frage, worin die fahrlässige Verursachung der besonderen Folge bestehen soll,
ist dort aber noch nicht beantwortet worden. Nach der Rechtsprechung soll es „regelmäßig nur auf die objektive und individuelle **Voraussehbarkeit** dieser Folge ankommen…, weil die Sorgfaltspflichtverletzung … schon wegen der Begehung des
Grunddelikts zu bejahen sei."[60] Dafür spricht, dass in der vorsätzlichen Begehung eines Delikts (wie z. B. der Körperverletzung gem. § 223 durch Verprügeln des Opfers)
eine Sorgfaltspflichtverletzung liegt, weil der Täter, soll ihm der Körperverletzungserfolg zugerechnet werden können, eine unerlaubte bzw. das erlaubte Risiko überschreitende Gefahr für diese Verletzung geschaffen haben muss (s. o. 4/44, 46 ff.).
Zweifel könnten sich aber daraus ergeben, dass unsorgfältiges Verhalten hinsichtlich
der körperlichen Unversehrtheit (§ 223) nicht notwendigerweise auch sorgfaltswidrig
hinsichtlich des Lebens (§ 229 und dann auch § 227) sein muss. Bereits die objektive
Voraussehbarkeit ist zu verneinen, wenn von einem medizinischen Laien nicht die
Kenntnis erwartet werden kann, „dass bereits geringe Mengen an Kochsalz bei einem
Kleinkind lebensgefährliche Vergiftungserscheinungen hervorzurufen vermögen"
(BGHSt 51, 18, 21, der mit dieser Begründung aber die individuelle Voraussehbarkeit
verneint; zu Recht kritisch und wie hier im Ergebnis zust. *Bosch*, JA 2006, 743, 745
u. *Satzger*, JK 9/06, StGB § 224/5 sowie S/S-*Stree/Sternberg-Lieben*, § 227 Rn. 7; eher
zust. *Jahn*, JuS 2006, 758, 760 u. *Rengier*, BT II, 16/14). Nach der Rspr. soll auch hier
die „Vorhersehbarkeit des Erfolges im Allgemeinen" reichen; „alle konkreten Einzelheiten" brauchen nicht voraussehbar sein (BGHSt 48, 34, 39; *Fischer*, § 227 Rn. 7 a).
Danach soll die Voraussehbarkeit auch dann vorliegen, wenn sich der Tritt gegen den
Oberkörper des am Boden liegenden Opfers einen „Reflextod" – eine „medizinische
Rarität" – auslöst (BGH NStZ 2008, 686 m. abl. Bspr. *Dehne-Niemann*, StraFo
2008, 126; *Hardtung*, StV 2008, 407 u. *Jahn*, JuS 2008, 273; zust. aber *Steinberg*,
NStZ 2010, 72, 73 u. *Satzger*, JK 3/09, StGB § 227 I/4; zum Fall abl. *Rengier*, Fs. Gep-
pert, 2011, S. 479, 480 ff. u. in: BT II, 16/8, 8 a, auch S/S-*Stree/Sternberg-Lieben*,
§ 227 Rn. 7). – Wird **leichtfertige** Verursachung der besonderen Folge verlangt (z. B.

---

[60] So *Lackner/Kühl*, § 18 Rn. 7 mit BGHSt 24, 213 u. 48, 34, 39; ebenso BGH NStZ 2001,
478 u. 2004, 162 [zu beiden krit. *Duttge*, NStZ 2006, 266, 273]; *Kudlich*, JA 2009, 246, 273;
Fischer, 7 a; H-H/*Eschelbach*, § 227 Rn. 13; *Hohmann/Sander*, BT II, 8/38 und W-*Hettinger*,
Rn. 306, alle zu § 227; a. A. *Wolter*, JuS 1981, 168, 171 u. in: GA 1984, 443, 445; *Murmann*,
GK, 23/134.

in § 251), so ist eine gesteigerte, weil nahe liegende Voraussehbarkeit (s. o. 17/44) gefordert, die dann auch eine schwerere Sorgfaltspflichtverletzung begründet.[60a] – Jeweils muss sich die Voraussehbarkeit auf die besondere Folge (bei § 227 den Tod) beziehen. Auch muss der Geschehensablauf, der zur schweren Folge führt, in seinen wesentlichen Zügen voraussehbar sein (s. o. 17/41: Problem der objektiven Zurechnung).[60b] Zusätzlich wird man verlangen müssen, dass sich die Voraussehbarkeit auch auf den tatbestandsspezifischen Gefahrzusammenhang (o. Rn. 17) erstreckt.[61] – Die subjektive Voraussehbarkeit ist erst bei der Schuld zu prüfen (s. o. 17/92).

> Aus der **Übungsfall-Literatur** zur **fahrlässigen/leichtfertigen** Verursachung besonderer Folgen vgl.: *Beck,* ZJS 2010, 742 u. 750 (§ 226); *Fisch/Sternberg-Lieben,* JA 2000, 124 u. 126 (§ 306 c-Fall); *Gössel,* Fälle, Fall 11, S. 183 ff. u. 192 (§ 306 c); *Hilgendorf,* KK I, Fall 16, Rn. 16 (§ 227); u. KK II, Fall 6, Fn. 58 (§ 226) sowie Fall 7, Rn. 65 (§ 227); *Kress/Weisser,* JA 2006, 115 u. 121 (§ 306 c); *Krey/Esser,* AT, Fall 21, Rn. 205–207 (§ 221 III-Fall) u. Fall 22, Rn. 209 (§ 251-Fall); *Kudlich,* PdW BT II, Fall 54 (§ 226 I) u. 92 (§ 239 IV); *Kühl,* JuS 2007, 742 u. 750 (§ 239 IV); *Küpper,* in: G/K/M, Fallsammlung, Fall 11, S. 201 u. 209 (§ 306 c); *Otto/Petersen,* Jura 1999, 480 u. 482 f. (§ 251); *Pape,* Jura 2008, 147 u. 149 (BGH NStZ 2006, 506 nachgebildet); *Radtke,* Jura 1997, 477 u. 479 (§ 251); *Radtke/Matula,* JA 2012, 265 u. 269 f.; *Saal,* JA 1998, 563, 566 (§ 227); *Safferling,* Jura 2004, 64 u. 67; *Schrödl,* JA 2003, 656 f. u. 659; *Stein,* AL 2008, 242 u. 244 (§ 226); *Steinberg/Stam,* ZJS 2011, 539 u. 541 (§ 251); *Stief,* JuS 2009, 716 u. 719 (§ 306 b); *W-Hillenkamp,* BT 2, Fall 27, Rn. 366 u. 392 (§ 251); *Wolter,* JA 2008, 605 u. 610 (§ 227).

4. Prüfungsaufbau

Die meisten Aufbauvorschläge gehen zur Vermeidung von unnötigen Schwierig- **31** keiten dahin, zunächst das **Grunddelikt vollständig durchzuprüfen,**[62] d. h. etwa für § 227, dass § 223 vorher bejaht sein muss. Fehlt es schon hinsichtlich des Grunddelikts etwa am Vorsatz oder greifen Rechtfertigungs- oder Entschuldigungsgründe ein, so muss auf das erfolgsqualifizierte Delikt (z. B. § 227) gar nicht mehr eingegangen werden. Ob wegen der eingetretenen Todesfolge auch noch vor § 227 eine vorsätzliche Tötung (z. B. Totschlag gemäß § 212) geprüft werden sollte, hängt davon ab, wie offensichtlich der Tötungsvorsatz fehlt; fehlt er etwa schon laut Sachverhalt eindeutig, so muss auf § 212 nicht eingegangen werden. Vor § 227 sollte nicht auf die in ihm enthaltene fahrlässige Tötung (§ 222) eingegangen werden,[63] weil diese von § 227 verdrängt wird und bei einer späteren § 227-Prüfung mehrfach auf die Erörterungen zu § 222 verwiesen werden müsste (z. B. bei Verursachung und objektiver Zurechnung der Todes-Folge und bei der Fahrlässigkeit hinsichtlich die-

---

[60a] Vgl. K/H/H-*Hellmann,* BT 2, Rn. 299 u. *Mitsch,* BT 2/1, 3/97, jeweils zu § 251; allgemein zur Leichtfertigkeit bei erfolgsqualifizierten Delikten *Kudlich,* JA 2009, 246, 247 u. *Fischer,* § 15 Rn. 20. – Aus der Rspr.: BGH NStZ 2011, 341 (das Maß der Pflichtwidrigkeit im Moment des Setzens der den Todeserfolg auslösenden Bedingung, z. B. des Wiegevorgangs, wenn ein Wiegefehler zum Tode führt).

[60b] Als Problem des „spezifischen Gefahrzusammenhanges" thematisiert von BGH StraFo 2008, 125 m. krit. Bspr. *Dehne-Niemann* u. *Jahn,* JuS 2008, 273, 274: das restriktive Kriterium des Gefahrzusammenhangs werde mit den weiten Kriterien der objektiven Zurechnung „verflacht".

[61] Vgl. *Wolter,* GA 1984, 443, 445; *Küpper,* Fs. Hirsch, 1999, S. 615, 626; *Sowada,* Fs. Schroeder, 2006, S. 621, 637; *Kaspar,* JuS 2012, 112, 117; *Rengier,* BT II, 16/7; SK-*Rudolphi,* § 18 Rn. 3; W-*Beulke,* Rn. 693.

[62] Vgl. W-*Beulke,* Rn. 879: „Vorbemerkung"; *Kindhäuser,* § 18 Rn. 12 u. *Fahl,* JA 2002, 276.

[63] So jetzt auch *Rengier,* BT II, 16/2.

ser Folge). – Bei der **Prüfung** des Tatbestands des erfolgsqualifizierten Delikts (z. B. von § 227) ist dann zunächst auf das Vorliegen eines strafbaren Grunddelikts, das ja zuvor bejaht wurde, hinzuweisen. Es folgt die Prüfung, ob der Täter durch das Grunddelikt die besondere Folge, bei § 227 den Tod der verletzten Person, verursacht hat. Danach ist der engere Gefahrzusammenhang mit der Problematik des richtigen Anknüpfungspunkts (Handlung oder Erfolg des Grunddelikts)[64] und/oder der möglichen Unterbrechung des „Unmittelbarkeitszusammenhangs" durch Dritte oder das Opfer zu untersuchen.[65] Schließlich ist Fahrlässigkeit (bei § 251 z. B.: Leichtfertigkeit) hinsichtlich der Verursachung der besonderen Folge zu prüfen.[66] Daraus ergibt sich folgender Aufbau z. B. für § 227:

I. Hinweis auf das geprüfte und bejahte Grunddelikt (z. B. § 223)

II. Verursachung der besonderen Folge (z. B. den Tod der verletzten Person)

III. Gefahrzusammenhang zwischen Grunddelikt und besonderer Folge

IV. Objektive und individuelle Vorhersehbarkeit der besonderen Folge und des Gefahrzusammenhangs.[66a]

Ähnliche Aufbaumuster finden sich bei *Kudlich*, JA 2009, 246, 247; *Eisele*, BT I, Rn. 368; *K/H/H-Heinrich*, BT 1, Rn. 1090 (§ 227); *K/H/H-Hellmann*, BT 2, Rn. 994 (§ 251); *Rengier*, BT I, 9/3 (§ 251); *Rengier*, BT II, 16/3 (§ 227); *W-Beulke*, Rn. 879; *W-Hettinger*, BT 1, Rn. 308 (§ 227); *W-Hillenkamp*, BT 2, 392 (§ 251); *Zieschang*, Rn. 398; detaillierteres „Prüfungsschema" bei *Heinrich/Reinbacher*, Jura 2005, 743, 748, dort auch S. 750: „Tipps zum Klausuraufbau" u. bei *Seier*, Anfängerklausur, S. 61 f.; zum „Aufbau" auch *Fahl*, JA 2002, 276 u. *Steinberg*, ZJS 2010, 518, 521; mit zwei „Aufbauvarianten" *Hinderer/Kneba*, JuS 2010, 590, 591.

> Einfache, vollständig durchgeprüfte erfolgsqualifizierte Delikte finden sich in der **Übungsfall-Literatur** bei: *Berz/Saal*, Jura 2003, 205 u. 206 (§ 227); *Otto*, Übungen, Anfängerklausur Nr. 2, S. 51 u. 61 (§ 221 III) sowie Anfängerhausarbeit, S. 113 u. 125 (§ 221 III); *Steinberg*, ZJS 2010, 518, 521; *Wagner*, BT-Fälle, Fall 13, S. 133 u. 141 f. (§ 227); etwas schwieriger *Kühl*, JuS 2007, 742 u. 748–750 (§ 239 III Nr. 1 u. § 239 IV).

II. Versuch des erfolgsqualifizierten Delikts und Rücktritt

1. Der Versuch

32   Es ist in Rechtsprechung und Rechtslehre weitgehend anerkannt, dass auch ein erfolgsqualifiziertes Delikt wie die Körperverletzung mit Todesfolge (§ 227) oder der Raub mit Todesfolge (§ 251) strafbar versucht werden kann.[67] Weitgehende Einigkeit besteht auch darüber, dass ein solcher Versuch in **zwei Fallgestaltungen** in Betracht kommt. Zum einen kann die fahrlässig (§ 227) oder leichtfertig (§ 251) verursachte besondere Folge – bei §§ 227, 251 jeweils der Tod – schon beim Versuch der Grunddelikte – §§ 223–226 oder § 249 – eintreten. Zum anderen kann der

---

[64] Je nachdem auch aufbaumäßig differenzierend *Otto*, Übungen, S. 37.

[65] Vgl. *Otto*, 11/15.

[66] Näher dazu *W-Beulke*, Rn. 879 unter IV; einen „Leichtfertigkeitszusammenhang" verlangt NK-*Paeffgen*, § 227 Rn. 22 in seinem „Deliktsaufbau".

[66a] Die objektive Vorhersehbarkeit kann auch schon unter III. geprüft werden, so dass für IV. die subjektive Vorhersehbarkeit verbleibt (so *Rengier*, BT II, 16/3); objektive Sorgfaltswidrigkeit und Vorhersehbarkeit des Erfolgs werden vor den Gefahrzusammenhang gezogen von *Kindhäuser*, AT, 34/11.

[67] Näher dazu *Kühl*, Fs. Gössel, 2002, S. 191 ff.

Entschluss des Täters die besondere Folge umfassen, seine Handlung sie aber nicht herbeiführen. Im ersten Fall spricht man anschaulich und bezeichnend vom sog. **erfolgsqualifizierten Versuch**, im letzteren Fall von der **versuchten Erfolgsqualifizierung**.[68] Für den Raub mit Todesfolge ist dies jüngst vom BGH gleich mehrfach bestätigt worden: „§ 251 StGB ist ein erfolgsqualifiziertes Delikt, dessen Versuch nicht nur in der Form begangen werden kann, dass der Täter durch eine in finaler Verknüpfung mit der Wegnahme stehende Nötigungshandlung den Tod des Opfers verursacht, es aber nicht zur Vollendung der Wegnahme kommt – so genannter erfolgsqualifizierter Versuch –, sondern auch dadurch, dass der Einsatz der i.S. des § 249 StGB tatbestandsmäßigen Gewalt zugleich [eine] (bedingt) vorsätzlich vorgenommene Tötungshandlung ist, die aber den qualifizierenden Erfolg nicht bewirkt – sogenannte versuchte Erfolgsqualifizierung" (BGH NJW 2001, 2187 [mit Bspr. *Geppert*, JK 01, StGB § 251/8] und NStZ 2001, 534 sowie schon in kürzerer Form durch BGHSt 46, 24, 28).

a) Die versuchte Erfolgsqualifizierung

aa) Allgemeine Begründung

Die versuchte Erfolgsqualifizierung ist deshalb als möglicher Versuch des erfolgs- **33** qualifizierten Delikts anzuerkennen, weil die besondere Folge bei erfolgsqualifizierten Delikten zwar **„wenigstens" fahrlässig** (z.B. § 227 i.V.m. § 18) oder **„wenigstens" leichtfertig** (z.B. § 251) verursacht werden muss, aber **„erst recht"** auch **vorsätzlich** herbeigeführt werden kann (o. Rn. 12). Besondere Folgen, sog. Erfolgsqualifikationen, aber, die vorsätzlich verursacht werden können, können auch „versucht" werden.[68a] Der Täter muss dafür die Verursachung der besonderen Folge in seinen Entschluss (15/23 ff.) aufnehmen, die Ausführung des Entschlusses darf die besondere Folge aber nicht herbeiführen, da sie sonst nicht nur „versucht", sondern „vollendet" wäre.

bb) Relevanz bei einzelnen Delikten

Ein solcher Fall liegt etwa im Rahmen der **Körperverletzung mit Todesfolge** **34** (§ 227) vor, wenn der Täter sein Opfer durch Schläge mit einer Eisenstange auf den Kopf (körper-)verletzen will, es aber für möglich hält und sich damit abfindet, dass er durch diese Schläge den Tod des Opfers verursacht, was glücklicherweise nicht geschieht. In diesem Fall hat der Täter das Opfer durch die Schläge mit der Eisenstange gefährlich (körper-)verletzt (§§ 223, 224 I Nr. 2) und dabei hinsichtlich der besonderen Folge „Tod der verletzten Person" (§ 227) Eventualvorsatz gehabt, ohne die besondere Folge zu verwirklichen. Eine Bedeutung für die Strafbarkeit kommt dem Versuch des § 227 in dieser Fallgestaltung aber nicht zu, weil zugleich der Versuch des schwereren Delikts Totschlag (§ 212) vorliegt, hinter den der § 227-Versuch aus Gründen der Subsidiarität (21/56) zurücktritt.[69]

---

[68] Zu dieser gebräuchlichen Terminologie vgl. *Geilen*, Jura 1979, 613 f.; *Kühl*, JuS 1981, 193, 196; *Bloy*, JuS 1995, L 17, L 20; *Sowada*, Jura 1995, 644, 649 f.; *Rath*, JuS 1999, 140, 141; *Kudlich*, JA 2009, 246, 248; *Putzke*, JuS 2009, 1083, 1085; *Roxin*, AT II, 29/318; *Kindhäuser*, § 22 Rn. 8, 9; *Zieschang*, Rn. 469–471; *Lackner/Kühl*, § 18 Rn. 9 u. 10; vgl. auch schon *Ulsenheimer*, GA 1966, 257, 259 ff. – Allgemein zur Versuchsproblematik bei erfolgsqualifizierten Delikten *Kühl*, Fs. Küper 2007, S. 289, 297 ff.

[68a] Ebenso *Kostuch*, 2004, S. 220.

[69] Vgl. *Eisele*, BT I, Rn. 382; *Hohmann/Sander*, BT II, 8/42; *K/H/H-Hellmann*, BT 1, Rn. 289; *Kindhäuser*, § 227 Rn. 10; *Lackner/Kühl*, § 18 Rn. 3; *LK-Hillenkamp*, 116 vor § 22;

35   Von gewisser Bedeutung für die Strafbarkeit ist der vergleichbare Fall im Rahmen des **Raubes mit Todesfolge** (§ 251). Ein solcher Fall liegt etwa vor, wenn der Täter dem Opfer mit der Eisenstange auf den Kopf schlägt, um ihm sein Geld abnehmen zu können, und es dabei für möglich hält und sich damit abfindet, dass er es tötet, was aber nicht geschieht. Hier hat der Täter durch die Schläge Gewalt gegen das Opfer zur Erzwingung der (versuchten oder vollendeten) Wegnahme i. S. des § 249 I eingesetzt und dabei hinsichtlich der besonderen Folge „Tod" Eventualvorsatz gehabt, ohne die besondere Folge zu verwirklichen.[69a] Der versuchte Raub mit Todesfolge (§§ 251, 22/23) steht hier wegen des unterschiedlichen Unrechtsgehalts und der hohen Strafdrohung mit dem zugleich verwirklichten Versuch eines vorsätzlichen Tötungsdelikts (§§ 211, 212, 22/23) in Tateinheit (§ 52).[70]

36   Noch größere praktische Bedeutung erlangt die versuchte Erfolgsqualifizierung bei der **schweren Freiheitsberaubung** i. S. des § 239 III Nr. 1, weil hier ein schwererer Vorsatztatbestand fehlt.[71] Die „länger als eine Woche" dauernde Freiheitsberaubung ist eine Erfolgsqualifikation (s. o. Rn. 6, 7), die nach § 18 „wenigstens" fahrlässig herbeigeführt werden muss,[72] aber „erst recht" auch vorsätzlich herbeigeführt werden kann. Eine versuchte schwere Freiheitsberaubung i. S. der §§ 239 III Nr. 1, 22/23 liegt etwa in dem Fall vor, in dem der Metzgermeister M den Lehrling L wegen Diebstahls von Fleisch- und Wurstwaren zehn Tage einsperren will, es dem L aber schon nach zwei Tagen gelingt, freizukommen. Hier hat der M eine vollendete einfache Freiheitsberaubung wegen der zwei Tage dauernden „Inhaftierung" des L begangen (§ 239 I). Hinzukommt eine versuchte schwere Freiheitsberaubung (§§ 239 III Nr. 1, 22/23), weil M eine „länger als eine Woche" dauernde Freiheitsberaubung des L vorsätzlich angestrebt, aber nicht verwirklicht hat (vgl. zu diesem Fall 15/13 f.). Aus Gründen der Klarstellung (vgl. 21/56), dass eine (zweitägige) Freiheitsberaubung bei diesem Versuch tatsächlich stattgefunden hat, steht der Versuch der schweren Freiheitsberaubung mit der einfachen Freiheitsberaubung in Tateinheit (§§ 239 III Nr. 1, 22/23; 239 I; 52).

cc) Auch bei versuchtem und bei versuchtem straflosen Grunddelikt?

37   Allgemein umstritten ist bei der versuchten Erfolgsqualifizierung, ob das **Grunddelikt vollendet** sein muss **oder** auch nur **versucht** sein darf. Überwiegend lässt man zu Recht einen Versuch des Grunddelikts genügen.[73] Da sowohl das vorsätzliche Grunddelikt – bei § 251 der Raub gemäß § 249 – als auch die „erst recht" vorsätzlich zu verursachende besondere (Todes-)Folge „versucht" werden können, erscheint die Kombination aus zwei „Versuchen" als ein möglicher Versuch eines erfolgsqualifizierten Delikts in Form einer Vorsatz-Vorsatz-Kombination. Bei dieser Kombination besteht hinsichtlich der Versuchsstrafbarkeit kein Unterschied zu

---

Rengier, BT II, 16/25; *W-Hettinger*, Rn. 308. Bereits den Tatbestand des § 227 verneinen etwa *Roxin*, AT II, 29/319; SK-*Horn/Wolters*, § 227 Rn. 18 u. *Fischer*, § 227 Rn. 7, 8.

[69a] Zu weiteren Fallgestaltungen *Mitsch*, BT 2/1, 3/104.

[70] Vgl. *Joecks*, § 251 Rn. 13; *Rengier*, BT I, 9/15 i. V. m. 9/12; LK-*Hillenkamp*, 117 vor § 22.

[71] *Lackner/Kühl*, § 18 Rn. 3; *Rengier*, BT II, 22/24. – Das gilt auch für § 226, vgl. *Haft*, AT, S. 238 mit Beispiel; einen § 226-Versuch beurteilt auch BGH NJW 2001, 1075 f. (s. u. Rn. 38).

[72] *Lackner/Kühl*, § 239 Rn. 9. – Vorsatz verlangen aber etwa S/S-*Eser/Eisele*, § 239 Rn. 12; SK-*Horn/Wolters*, § 239 Rn. 16; *Fischer*, § 239 Rn. 15 und *W-Hettinger*, Rn. 377.

[73] Vgl. *Ebert*, S. 128; *Gropp*, 9/49 d; *Jakobs*, 25/26; *Roxin*, AT II, 29/320; *Lackner/Kühl*, § 18 Rn. 10; LK-*Hillenkamp*, 117 vor § 22; S/S-*Sternberg-Lieben*, § 18 Rn. 12; SSW-*Kudlich/Schuhr*, § 17a Rn. 72; *Kudlich*, JA 2009, 246, 249 u. *Putzke*, JuS 2009, 1083, 1085: Fall 31.

normalen Vorsatzdelikten. Der Wortlaut der erfolgsqualifizierten Delikte steht nicht entgegen, da alle Delikte des BT formell als vollendete Delikte umschrieben werden, ohne dass deshalb die Möglichkeit des Versuchs ausgeschlossen sein soll; – dies gilt auch für erfolgsqualifizierte Delikte. Der Entschluss zur Verwirklichung des Grunddelikts enthält bei der versuchten Erfolgsqualifizierung auch schon den (Eventual-)Vorsatz hinsichtlich der besonderen Folge und zu beider Verwirklichung – Grunddelikt und besondere Folge – wird schon durch das unmittelbare Ansetzen zur Verwirklichung des Tatbestandes des Grunddelikts unmittelbar i. S. des § 22 angesetzt. Bei dieser Fallkonstruktion kann schließlich nicht eingewendet werden, dass die fahrlässig/leichtfertig verursachte Folge aus einem straflosen einen strafbaren Versuch mache, denn die Begründung der Versuchsstrafbarkeit ergibt sich aus dem Vorsatz hinsichtlich (des Grunddelikts und) der besonderen Folge. Der auf die besondere Folge (z. B. den Tod bei § 251) bezogene Versuch vergrößert das vorsätzliche Handlungsunrecht, das in der Begehung des Grunddeliktsversuchs (z. B. § 249-Versuch) liegt; er hebt in dieser Vorsatz-Vorsatz-Verknüpfung einen (isoliert betrachtet) **straflosen** Grunddeliktsversuch (z. B. § 221 I) innerhalb des Rahmens eines erfolgsqualifizierten Delikts über die Schwelle der Strafbarkeit (z. B. §§ 221 III, 22/23 I), sofern dieses Delikt ein Verbrechen ist.[73a]

Die Möglichkeit einer versuchten Erfolgsqualifizierung bei auch nur **versuchtem** 38 **Grunddelikt** ist beim Raub mit Todesfolge allgemein anerkannt,[74] so dass ein § 251-Versuch etwa dann anzunehmen ist, wenn die Gewaltanwendung mit Eventualvorsatz hinsichtlich der Tötung des Raubopfers weder zur Wegnahme und damit der Vollendung des Grunddelikts „Raub" (§ 249) noch zur besonderen Folge „Tod" (§ 251) führt. – Ein entsprechender § 239 III Nr. 1-Fall wäre auch bei Abwandlung des obigen (Rn. 37) Beispielsfalles dann gegeben, wenn dem Metzgermeister schon das Einsperren des ihm in letzter Sekunde entkommenen Lehrlings mißlingt und deshalb der Erfolg der einfachen Freiheitsberaubung gemäß § 239 I, zu der M nur unmittelbar i. S. des § 22 angesetzt hat, ebenso ausbleibt wie die angestrebte „länger als eine Woche" dauernde Freiheitsberaubung. – Auch bei § 226 ist diese Möglichkeit anerkannt, wenn beim Ausholen zum Faustschlag (§ 223-Versuch) auch Vorsatz hinsichtlich der dauernden Gebrauchsunfähigkeit eines wichtigen Körperglieds i. S. des § 226 I Nr. 2 gegeben ist und auch schon ein unmittelbares Ansetzen zur Verwirklichung dieser besonderen Folge vorliegt (BGH NJW 2001, 1075, 1076 m. Bspr. *Mitsch*, JuS 2001, 751, 754; abl. zum unmittelbaren Ansetzen *Eisele*, NStZ 2001, 417).[74a]

Aus der **Übungsfall-Literatur** zur versuchten Erfolgsqualifizierung vgl.: *Ellbogen*, Jura 1998, 483 u. 488 f. (§ 306 c-Versuch); *Engelhart/Burchard*, Jura-Examens-Klausurenkurs, 3. Aufl. 2008, 56 u. 58, 59 (§ 221 II Nr. 2, III-Versuch straflos; strafbar dagegen § 306 b I Alt. 1-Versuch); *Frank*, Jura 2006, 783 u. 788 f. (§ 239 b I, II i. V. m. 239 a III-Versuch); *Frisch/Murmann*, JuS 1999, 1196 u. 1200 (§ 221 III-Versuch); *Hecker*, Jura 1999, 197 u. 201 (§ 221 III-Versuch); *Kudlich*, PdW AT, Fall 208 (§ 226 I Nr. 1-Versuch) u. PdW BT II, Fall 58 (§ 226 I Nr. 1-Versuch); *Kühl*, JuS 2007, 742 u. 748 f. (§ 239 III Nr. 1-Versuch; BGHSt 21, 194 nachgebildet);

[73a] *Kühl*, Fs. Gössel, 2002, S. 191, 203 f.; ebenso *Kostuch*, 2004, S. 221; *Otto*, 18/79 f.; *Rengier*, BT II, 10/21 [zu § 221 II]; LK-*Hillenkamp*, 115 vor § 22; MK-*Hardtung*, § 18 Rn. 70; SK-*Rudolphi/Stein*, § 18 Rn. 34; vgl. auch *Jakobs*, 25/26; a. A. *Heinrich*, AT I, Rn. 691; *Krey/Esser*, AT, Rn. 1373 u. W-*Beulke*, Rn. 617.

[74] Vgl. BGH NJW 2001, 2187; *Günther*, Fs. Hirsch, 1999, S. 543, 552; *Joecks*, § 251 Rn. 13; NK-*Kindhäuser*, § 251 Rn. 9; K/H/H-*Hellmann*, BT 2, Rn. 303; *Rengier*, BT I, 9/15; W-*Hillenkamp*, Rn. 391.

[74a] Vgl. auch BGHSt 21, 194, den W-*Beulke*, Rn. 617 als Beispielsfall behandelt.

Kühl/Schramm, JuS 2003, 681 u. 685 (§§ 249, 255, 251-Versuch); *Marxen,* BT, Fall 5 d, S. 56 f.
(§ 239 III Nr. 1-Versuch); *Mitsch,* Jura 2006, 381 u. 385 (§ 239 III Nr. 1-Versuch); *Nagel/Jalessi,*
Iurratio 2011, 42 u. 46 (§ 226-Versuch); *Rath,* JuS 1999, 140, 141: Beispielsfall zu § 239 III;
Rudolphi, AT-Fälle, Fall 11, S. 124 u. 128 f. (§ 227-Versuch); *Sternberg-Lieben/Sternberg-
Lieben;* JuS 2005, 47 f. u. 51 (§§ 314 I Nr. 2 i. V. m. 314 II, 308 III-Versuch); *Wagner,* BT-Fälle,
Fall 13, S. 133 u. 140 f. (§ 226 I-Versuch); *Walter/Schneider,* JA 2008, 262 u. 268 (§ 221 III-
Versuch).

b) Der erfolgsqualifizierte Versuch

39   Anders als bei der versuchten Erfolgsqualifizierung tritt beim erfolgsqualifizierten
Versuch die besondere Folge tatsächlich ein. Um einen Versuch handelt es sich trotz
des Eintritts der besonderen Folge deshalb, weil das Grunddelikt im Versuch stecken
bleibt bzw. nicht vollendet wird. Ein erfolgsqualifizierter Versuch würde voraussetzen, dass schon der **Versuch des Grunddelikts** die besondere **Folge** fahrlässig (z. B.
bei § 227 i. V. m. § 18) oder leichtfertig (z. B. bei § 251) **verursacht.**

aa) Anerkennung durch Rechtsprechung und herrschende Lehre

40   Anders als die versuchte Erfolgsqualifizierung ist der erfolgsqualifizierte Versuch
hinsichtlich seiner Strafbarkeit grundsätzlichen Bedenken ausgesetzt. Bevor aber auf
diese Bedenken näher eingegangen werden soll, ist festzustellen, dass die **Rechtsprechung** und der weit überwiegende Teil der Rechtslehre den erfolgsqualifizierten Versuch grundsätzlich, wenn auch nicht bei allen erfolgsqualifizierten Delikten, anerkennt. Für die Rechtsprechung muss nur noch einmal der bereits (o. Rn. 33) zitierte
Satz wiederholt werden, wonach ein erfolgsqualifizierter Versuch des § 251 vorliegt,
wenn „der Täter durch eine in finaler Verknüpfung mit der Wegnahme stehende
räuberische Nötigungshandlung den Tod des Opfers verursacht, es aber nicht zur
Vollendung der Wegnahme kommt" (BGH NJW 2001, 2187). Der **typische Fall** eines erfolgsqualifizierten Versuchs im Rahmen des Raubes mit Todesfolge (§ 251) ist
aber auch schon dann gegeben, wenn T den O mit einem geladenen Gewehr zu
Raubzwecken niederschlagen will, sich aber, bevor der Schlag trifft, ein Schuss löst,
der O tötet.[75] Hier ist beim Versuch des Grunddelikts „Raub" (§ 249) – T hat unmittelbar i. S. des § 22 zur Gewaltanwendung und damit zur Tatbestandsverwirklichung angesetzt – bereits durch die Versuchshandlung – das Ausholen zum Schlag –
die besondere Folge „Tod" i. S. des § 251 verursacht worden.

bb) Der sog. „Fahrlässigkeitseinwand"

41   Die beiden grundsätzlichen Bedenken gegen die Strafbarkeit eines erfolgsqualifizierten Versuchs kommen zwar beide aus der Rechtswissenschaft, doch aus ganz
verschiedenen Richtungen. Das erste Bedenken kommt aus der Struktur des Fahrlässigkeitsdelikts und geht nach *Gössel* dahin, dass „die erfolgsqualifizierten Delikte
mit vorsätzlichem Handlungs- und fahrlässigem Erfolgsbestandteil ... fahrlässige
Straftaten" seien; bei fahrlässigen Taten sei aber der Versuch nicht strafbar[76] (sog.
„Fahrlässigkeitseinwand"[76a]). Letzteres ist durchaus richtig (vgl. 15/23), doch muss

---

[75] Ausgangsbeispiel bei *Hillenkamp,* 16. AT-Problem, S. 118; zum erfolgsqualifizierten Versuch bei § 251 vgl. auch *Geilen,* Jura 1979, 613 f.; K/H/H-*Hellmann,* BT 2, Rn. 303; *Mitsch,*
BT 2/1, 3/103; NK-*Kindhäuser,* § 251 Rn. 9; SK-*Sinn,* § 251 Rn. 21.

[76] So *Gössel,* in: M-*Gössel/Zipf,* AT 2, 43/114–117.

[76a] Näher *Kühl,* Fs. Gössel, 2002, S. 191, 200 f.; der Begriff wird übernommen von *Kostuch,* 2004, S. 13; *Engländer,* GA 2008, 669, 671; *Murmann,* GK, 28/98 u. LK-*Vogel,* § 18
Rn. 77, 79; dem § 11 II-Argument zust. *Heinrich,* AT I, Rn. 695.

ersterem – echte erfolgsqualifizierte Delikte in Form von Vorsatz-Fahrlässigkeits-Kombinationen seien fahrlässige Delikte – widersprochen werden. § 11 II sagt gerade das Gegenteil: es handelt sich bei diesen Delikte um vorsätzliche Taten (s. o. Rn. 4). Diese gesetzgeberische Entscheidung muss selbst dann, wenn man sie sachlich für falsch hält, respektiert werden. Der sog. „Fahrlässigkeitseinwand" steht also der Strafbarkeit des erfolgsqualifizierten Versuchs nicht entgegen.

cc) Der sog. „Versuchseinwand"

Das zweite grundsätzliche Bedenken kommt aus der Versuchslehre und geht dahin, dass jeder Versuch nach § 22 auf der „Vorstellung" des Täters „von der Tat" aufbaut, der Täter des erfolgsqualifizierten Versuches aber keine „Vorstellung" von der gesamten Tat habe, weil er hinsichtlich der verursachten besonderen Folge nicht vorsätzlich handle[77] (sog. „**Versuchseinwand**").[77a] *Hardtung* nimmt deshalb nur einen Versuch des Grunddelikts an, den er wegen des Eintritts der besonderen Folge als „folgenschweren Versuch" des Grunddelikts bezeichnet; dieser soll aber wegen der Verursachung der besonderen Folge aus dem Strafrahmen des erfolgsqualifizierten Delikts bestraft werden, beim „folgenschweren" Versuch des Raubes (§§ 249, 22/23) aus § 251. **42**

Diese von *Hardtung* sog. „Strafschärfungslösung"[78] soll hier nicht weiter verfolgt werden, weil schon deren Voraussetzung – jeder Versuch erfordert Vorsatz hinsichtlich der gesamten Tat – für echte erfolgsqualifizierte Delikte nicht überzeugt. Zwar setzt der Versuch nach § 22 Vorsatz („Vorstellung") hinsichtlich der „Tat" voraus. Doch handelt es sich bei § 22 nicht um eine Versuchsdefinition, sondern um eine Formel zur Abgrenzung von Vorbereitung und Versuch (vgl. 15/45), der es nicht auf Genauigkeit und Vollständigkeit, wie man sie von einer Definition erwarten würde, ankommt. Außerdem ist die „Tat" in § 22 das vollendete vorsätzliche Begehungsdelikt als Grundform aller Straftaten (vgl. 1/4),[79] an echte erfolgsqualifizierte Delikte in Form von Vorsatz-Fahrlässigkeits-Kombinationen hat der Gesetzgeber nicht gedacht. An diese Delikte hat der Gesetzgeber vielmehr bei den §§ 11 II, 18 gedacht. Aus diesen Vorschriften ergibt sich, dass diese Kombinationen vorsätzliche Taten sind (§ 11 II), die versucht werden können; bei diesem Versuch reicht ebenso wie bei der Vollendung Fahrlässigkeit oder Leichtfertigkeit hinsichtlich der Verursachung der besonderen Folge aus (§ 18 oder z.B. § 251). Dies kommt nicht nur im **Gesetz** (bei den für das erfolgsqualifizierte Delikt speziellen §§ 11 II, 18) hinreichend klar zum Ausdruck, es entspricht auch dem **Strafschärfungsgrund** von Erfolgsqualifikationen. Erfolgsqualifizierte Delikte sollen mit ihrer erhöhten Strafdrohung der Begehung von Delikten „gegensteuern", die – wie z.B. der Raub gemäß § 249 – typischerweise Gefahren für andere Rechtsgüter – wie insbesondere das Leben – heraufbeschwören. Diese dem Grunddelikt eigentümliche Gefahr kann auch schon dessen Versuch anhaften und sich in der besonderen (Todes-)Folge niederschlagen. Auch einem solch erfolgsqualifizier- **43**

---

[77] Vgl. *Hardtung*, 2002, S. 198 ff., 242, 263; knapper MK-*Hardtung*, § 18 Rn. 77–80; zust. MK[1]-*Herzberg*, § 23 Rn. 9 Fn. 14; *Herzberg*, JZ 2007, 615, 623 u. in: Fs. Amelung, 2010, S. 159, 162, 166.

[77a] Näher *Kühl*, Fs. Gössel, 2002, S. 191, 201 ff.; der Begriff wird übernommen von *Kostuch*, 2004, S. 16 u. LK-*Vogel*, § 18 Rn. 77, 79; *Engländer*, GA 2008, 669, 671: Vorstellungseinwand.

[78] *Hardtung*, 2002, S. 35 f., 265 ff. u. in: MK, § 18 Rn. 78; kritische Auseinandersetzung bei *Küper*, Fs. Herzberg, 2008, S. 323 ff.

[79] Dagegen aber *Herzberg*, JuS 1966, 377.

ten Versuch will der Gesetzgeber durch die Schaffung erfolgsqualifizierter Delikte „gegensteuern". Folglich steht auch der „Versuchseinwand" der Strafbarkeit des erfolgsqualifizierten Versuchs nicht entgegen.

44   Damit sind die beiden grundsätzlichen Bedenken gegen die Strafbarkeit des erfolgsqualifizierten Versuchs „ausgeräumt". Es bleiben aber auch auf der Grundlage der herrschenden Meinung, die diesen Versuch grundsätzlich anerkennt, noch **zwei Einwände** gegen dessen Strafbarkeit bei einzelnen erfolgsqualifizierten Delikten. Zum einen wird eingewandt, dass der erfolgsqualifizierte Versuch dann nicht strafbar sein könne, wenn schon der Versuch des Grunddelikts straflos sei. Zum anderen wird eingewandt, dass der erfolgsqualifizierte Versuch zumindest bei den erfolgsqualifizierten Delikten nicht strafbar sein könne, die einen Gefahrzusammenhang zwischen dem Erfolg des Grunddelikts und der besonderen Folge verlangen. Beide Einwände sind berechtigt!

dd) Auch bei Straflosigkeit des Grunddeliktsversuchs?

45   Heftig umstritten ist die Frage, ob auch der **straflose Versuch eines Grunddelikts** bei Verursachung der besonderen Folge zu einem strafbaren erfolgsqualifizierten Versuch führen kann.[80] Dieser Streit betraf früher so wichtige Delikte wie Körperverletzung mit Todesfolge (§ 226 a. F., jetzt § 227) oder die länger als eine Woche dauernde schwere Freiheitsberaubung (§ 239 II a. F., jetzt § 239 III Nr. 1), doch hat der Gesetzgeber 1998 den Versuch der dazugehörigen Grunddelikte (§ 223 I und § 239 I) unter Strafe gestellt (§ 223 II und § 239 II). Es verbleiben danach nur noch wenige Delikte, bei denen die Problematik auftritt. Neben der Entziehung Minderjähriger mit Todesfolge (§ 235 V) und der Nachstellung mit Todesfolge (§ 238 III)[80a] ist vor allem die Aussetzung mit Gesundheitsschädigungs- und Todes-Erfolgsqualifikationen (§§ 221 II Nr. 2 und III) zu beachten.[81] Führt bereits der Versuch der Aussetzung – z. B. das vorsätzliche unmittelbare Ansetzen zum Versetzen des Opfers in eine hilflose Lage (§§ 221 I Nr. 1, 22/23) – zum Tod des Opfers (§ 221 III), so könnte die Strafbarkeit dieses erfolgsqualifizierten Versuchs an der Straflosigkeit des Versuchs des Grunddelikts (§ 221 I) scheitern.

46   Der Versuch des Grunddelikts ist straflos, weil es sich bei § 221 I um ein Vergehen handelt (§ 12 I), bei dem der Versuch nach § 23 I nur bei ausdrücklicher Anordnung strafbar ist, woran es bei § 221 I fehlt. § 221 III hingegen ist ein Verbrechen, weil § 12 III bei sog. benannten Strafschärfungen (vgl. 1/7 u. 15/15) wie § 221 III keine Anwendung findet, sondern für die Einteilung in die Deliktskategorien Vergehen/Verbrechen auf die Strafdrohung in der Strafschärfungsvorschrift abzustellen ist; die aber ist bei § 221 III eine Verbrechens-Strafdrohung.

47   Für die Strafbarkeit des erfolgsqualifizierten Versuchs im Rahmen des § 221 III spricht, dass sonst entgegen § 23 I – „Der Versuch eines Verbrechens ist stets strafbar ..." – ein **Verbrechensversuch straflos** wäre.[82] Gegen die Strafbarkeit des erfolgsqualifizierten Versuchs bei einem erfolgsqualifizierten Delikt, dessen Grundde-

---

[80] Zum Streitstand vgl. *Kühl*, Fs. Gössel, 2002, S. 191, 203 ff.; *Lackner/Kühl*, § 18 Rn. 11 u. LK-*Hillenkamp*, 109 vor § 22.

[80a] *Kühl*, Jura 2003, 19, 21; *Fischer*, § 238 Rn. 37; *Lackner/Kühl*, § 238 Rn. 11; a. A. *Mitsch*, NJW 2007, 1241.

[81] Beispielfall bei *Hardtung*, 2002, S. 24 f.: Fall 8 mit Lösung S. 276 f., sowie bei *Krey/Esser*, AT, Fall 21 a, Rn. 205 f.

[82] Vgl. B-*Weber/Mitsch*, 26/11; *Laubenthal*, JZ 1987, 1065, 1067; für Strafbarkeit auch *Otto*, 18/89, weil sich der Strafgrund des erfolgsqualifizierten Delikts verwirklicht habe; *Rath*, JuS 1999, 140, 142, *Kostuch*, 2004, S. 23 ff. u. *Heger*, ZStW 119 (2007), 593, 620 f.

likts-Versuch wie bei § 221 straflos ist, spricht vor allem, dass sonst die besondere Folge entgegen § 18 nicht straferhöhend, sondern strafbegründend wirken würde;[83] – dies ist der Unterschied zur entsprechenden Problematik bei der versuchten Erfolgsqualifizierung (s. oben Rn. 38). Wie eine Kette nur so stark ist wie ihre Glieder, so ist eine Kombination nur strafbar, wenn auch ihre Teile, insbesondere der die Kombination prägende Vorsatzteil, strafbar sind. Auf das Erfordernis der Strafbarkeit des Grunddelikts-Versuchs wird auch von denen, die das sonst verlangen, zu Recht dann verzichtet, wenn durch diesen Versuch die besondere Folge vorsätzlich herbeigeführt wird, wenn also z. B. durch den straflosen Versuch der Aussetzung eine schwere Gesundheitsschädigung i. S. des § 221 II Nr. 2 verursacht wird und der Täter dies für möglich gehalten und sich damit abgefunden hat (Eventualvorsatz).[83a]

Aus der **Übungsfall-Literatur** vgl.: *Eiden/Köpferl*, Jura 2010, 780 u. 784 (§ 221 I, II-Fall); *Krack/Kische*, ZJS 2010, 734 u. 739 (§ 238 III-Fall).

ee) Auch bei Delikten mit sog. „Erfolgsgefährlichkeit"?

Die Strafbarkeit des erfolgsqualifizierten Versuchs scheidet bei den Delikten aus, **48** die einen Gefahrzusammenhang zwischen dem Erfolg des Grunddelikts und der besonderen Folge verlangen.[84] Da es aber beim Versuch des Grunddelikts noch nicht zum Erfolg des Grunddelikts gekommen ist, **fehlt** es bei diesen Delikten am „Zwischenerfolg", d. h. dem Erfolg des Grunddelikts vor dem Eintritt der besonderen Folge. Bei welchen erfolgsqualifizierten Delikten eine solche sog. „Erfolgsgefährlichkeit"[85] erforderlich ist, bei welchen hingegen eine sog. „Handlungsgefährlichkeit"[86] genügt, ist durch die Auslegung der einzelnen Delikte zu ermitteln.

Ein relativer klarer Fall einer „Handlungsgefährlichkeit" liegt beim Raub mit To- **49** desfolge vor, denn bei § 251 reicht ein Gefahrzusammenhang zwischen der Nötigungshandlung und der Todesfolge. Deshalb genügt es, dass die Versuchshandlung (z. B. das unmittelbare Ansetzen zur Gewaltanwendung oder die Gewalthandlung selbst) die schwere Folge verursacht, denn schon dieser haftet die Gefährlichkeit für das Leben anderer an,[87] die sich dann in deren Tod niederschlägt. Dagegen wird bei der Aussetzung gem. § 221 vertreten, dass der Tod (§ 221 III) auf dem „Aussetzungsgefahrerfolg" beruhen muss, weshalb ein erfolgsqualifizierter Versuch aus-

---

[83] Vgl. *Kühl*, JuS 1981, 193, 196 u. Jura 2003, 19, 21 sowie in: Fs. Gössel, 2002, S. 191, 204 f.; *Kudlich*, JA 2009, 246, 249; *Putzke*, JuS 2009, 1083, 1086; *Lackner/Kühl*, § 18 Rn. 11; LK-*Hillenkamp*, 109 vor § 22; NK-*Neumann*, § 221 Rn. 42; ebenso *Ebert*, S. 128; *Gropp*, 9/49 c; *Krey/Esser*, AT, Rn. 1375; *Murmann*, GK, 28/99; *Rengier*, BT II, 10/22; *Roxin*, AT II, 29/323; SK-*Rudolphi/Stein*, § 18 Rn. 39; S/S-*Sternberg-Lieben*, § 18 Rn. 9; vgl. auch schon *Ulsenheimer*, GA 1966, 257, 278; krit. NK-*Paeffgen*, § 18 Rn. 112.

[83a] So LK-*Hillenkamp*, 114 vor § 22; a. A. NK-*Paeffgen*, § 18 Rn. 113; S/S-*Sternberg-Lieben*, § 18 Rn. 9: „ungeachtet gesteigerten Handlungsunwerts".

[84] Sog. „Differenzierende Theorie" nach *Hillenkamp*, 16. AT-Problem, S. 104 f.; diff. auch *Rath*, JuS 1999, 140, 142; *Kühl*, Fs. Gössel, 2002, 191, 205 ff.; *Jescheck/Weigend*, S. 524 f.; *Stratenwerth/Kuhlen*, 15/60 und W-*Beulke*, Rn. 617; kritisch aber *Ulsenheimer*, GA 1966, 257, 267; *Otto*, 18/87.

[85] Vgl. *Hillenkamp*, 16. AT-Problem, S. 119 f.; übernommen von *Roxin*, AT II, 29/327 u. *Murmann*, GK, 28/100.

[86] Vgl. *Hillenkamp*, 16. AT-Problem, S. 120 sowie LK-*Hillenkamp*, 110 vor § 22.

[87] Vgl. *Günther*, Fs. Hirsch, 1999, S. 543, 552; *Kudlich*, JA 2009, 246, 249; *Putzke*, JuS 2009, 1083, 1086; *Rengier*, BT I, 9/14; W-*Hillenkamp*, BT 2, Rn. 391; *Lackner/Kühl*, § 251 Rn. 3; *Fischer*, § 18 Rn. 7; aus der Rspr.: BGHSt 46, 24; abl. MK-*Hardtung*, § 18 Rn. 77: Art. 103 II GG-Verstoß.

scheide.[87a] – Der erfolgsqualifizierte Versuch ist bei der Brandstiftung mit Todesfolge gem. § 306 c möglich, wenn man wie hier (oben Rn. 23 a) einen Zusammenhang zwischen Brandstiftungshandlung und Tod für ausreichend hält.[87b]

50   Unversöhnlich erscheint hingegen der Streit darum, ob bei der Körperverletzung mit Todesfolge (§ 227) der erfolgsqualifizierte Versuch strafbar ist.[88] Das scheidet konsequenterweise für diejenigen aus, die einen Körperverletzungserfolg oder gar eine letale (lebensgefährliche) Verletzung als „Zwischenerfolg" vor Eintritt der Todes-Folge verlangen (o. Rn. 23).[89] Ebenso konsequent bejahen diejenigen die Strafbarkeit eines erfolgsqualifizierten Versuchs, die einen Gefahrzusammenhang zwischen der Körperverletzungshandlung (einschließlich des unmittelbaren Ansetzens dazu) und der Todes-Folge ausreichen lassen (o. Rn. 22).[90] Letzteres lässt vor allem die Rechtsprechung genügen, so dass ein strafbarer § 227-Versuch etwa dann vorliegt, wenn der Täter das Opfer durch einen Schlag mit einer Pistole verletzen will, sich beim Ausholen aber ein für das Opfer tödlicher Schuss löst, ohne dass der Schlag noch auf den Kopf des Opfers trifft (sog. „Pistolenschlag-Fall", vgl. BGHSt 14, 100 = *Kühl*, HRR BT, Fall 30; bestätigt von BGHSt 48, 34, 37 = Bsp. bei *Kudlich*, JA 2009, 246, 249 f.; s. oben Rn. 22 u. 26 sowie *Jäger*, Rn. 381 u. *Puppe*, AT 2, 35/41–43, die im „Verfolgerfall" schon den Versuch des Grunddelikts verneint). Für die Gegenauffassung verbleibt es bei einer erheblich geringeren Strafbarkeit wegen versuchter gefährlicher Körperverletzung (§§ 223, 224 I Nr. 2, 22/23) und fahrlässiger Tötung (§ 222), die in Tateinheit (§ 52) zueinander stehen,[91] weil sie durch eine Handlung – das Ausholen zum Schlag – verwirklicht wurden.

51   Insgesamt ist aber festzuhalten, dass der Versuch des erfolgsqualifizierten Delikts in der Form des erfolgsqualifizierten Versuchs grundsätzlich strafbar ist. Straflos ist er aber zum einen, wenn schon der Versuch des Grunddelikts straflos ist, zum anderen, wenn das einzelne erfolgsqualifizierte Delikt einen Gefahrzusammenhang zwischen dem Erfolg des Grunddelikts und der besonderen Folge verlangt.

Aus der **Übungsfall-Literatur** zum erfolgsqualifizierten Versuch vgl.: *Alpmann/Schmidt*, AT 2, Fall 2, S. 6–9 (§ 221 III–Versuch); *Beulke*, KK II, Fall 7, Rn. 191 u. 200–205 (§ 227-Versuch) sowie KK III, Fall 9, Rn. 399 u. 404–406 (§ 251-Versuch); *Eiden/Köpferl*, Jura 2010, 780 u. 781 (§ 227-Versuch); *Heger*, JA 2008, 859 u. 861 (§ 227-Versuch); *Hertel*, Jura 2011, 391 u. 395 (§ 251-Versuch); *Hörnle*, Jura 2001, 44 u. 47 (§ 251-Versuch); *Kinzig/Linke*, JuS 2012, 229 u. 232 (§ 251); *Krack/Gasa*, JuS 2008, 1005 u. 1006 (§ 251-Versuch); *Krack/Kische*, ZJS 2010, 734 u. 739 f. (§ 227-Versuch); *Kress/Weisser*, JA 2006, 115 u. 116 f. (§ 306 c-Versuch); *Kudlich*, PdW AT, Fall 207 u. PdW BT I, Fall 168 (jeweils § 251-Fälle) sowie PdW BT II, Fall 216 (§ 306 c-Versuch), 39 (strafloser § 221 III-Versuch) u. 63 (BGHSt 48, 34 nachgebildet = § 227-Fall); *Kühl*, JuS 2007, 742 u. 749 f. (§ 239 IV-Versuch); *Laue/Dehne-Niemann*, Jura 2010, 73 u. 74 (§ 251-Fall); *Müller/Raschke*, Jura 2011, 704 f. u. 709–711 (§ 226 I Nr. 3-Versuch); *Nagel/Jalessi*, Iurratio 2010, 42 u. 45 (§ 227-Versuch); *Norouzi*, JuS 2006, 531 u. 533 f. (§ 227-Versuch); *Otto/Petersen*, Jura 1999, 480 u. 482 f. (§§ 255, 251-Versuch); *Otto/Bosch*, Übungen, Fall 10, S. 212–215 (§ 251-Versuch); *Radtke/Matula*, JA 2012, 265 u. 268 f. (§ 251); *Ru-*

[87a] So MK-*Hardtung*, § 18 Rn. 74.

[87b] So auch *Kress/Weisser*, JA 2006, 115, 126 f.

[88] Zum Streitstand vgl. *Lackner/Kühl*, § 227 Rn. 2.

[89] So etwa *Kühl* (o. Fn. 1) S. 237, 255 f.; ebenso *Putzke*, JuS 2009, 1083, 1086: Fall 33; *Krey/Esser*, AT, Rn. 1375; *Küpper*, BT 1, I 2/29; *Roxin*, AT II, 29/329; LK[11]-*Hirsch*, § 227 Rn. 5; *Lackner/Kühl*, § 227 Rn. 2; wohl auch MK[1]-*Hardtung*, § 227 Rn. 8 ff.; krit. NK-*Paeffgen*, § 227 Rn. 13.

[90] So etwa *Eisele*, BT I, Rn. 383 (mit Bsp. 2 = BGHSt 48, 34); *Hohmann/Sander*, BT II, 8/35–37; *Rengier*, BT II, 16/11 u. 29; W-*Beulke*, Rn. 617 u. W-*Hettinger*, BT 1, Rn. 299 f.; *Fischer*, § 227 Rn. 8; eingehend *Kostuch*, 2004, S. 120 ff.

[91] Vgl. AWHH-*Weber*, BT, 6/76, der selbst aber einen § 227-Versuch annimmt.

dolphi, AT-Fälle, Fall 7, S. 77 u. 80 (§ 251-Versuch); *Safferling*, Jura, 2004, 64 u. 66 f. (§ 227-Versuch); *Schapiro*, JA 2005, 615 u. 617 (§ 251-Versuch); *Seher*, in: *Ebert* (Hrsg.), Fall 13, S. 13 f. u. 195 f. (§§ 253, 255-Versuch mit § 251); *Schütze*, in: *Ebert* (Hrsg.), Fall 4, S. 4 f. u. 77 f. (§ 306 c-Versuch); *Sternberg-Lieben/Sternberg-Lieben*, JuS 2005, 47 f. u. 49 (§§ 253, 255, 251-Versuch); *Stief*, JuS 2009, 716 u. 718 f. (§ 306 b-Versuch); *Wolters*, Fall 4, S. 85 f. u. 110 f. (§§ 253, 255, 251-Versuch).

2. Der Rücktritt

Auch beim Rücktritt vom Versuch des erfolgsqualifizierten Delikts ist nach den 52 oben (Rn. 33) unterschiedenen Fallgestaltungen der versuchten Erfolgsqualifizierung (Rn. 34 ff.) und des erfolgsqualifizierten Versuchs (Rn. 40 ff.) zu differenzieren.

a) Rücktritt von der versuchten Erfolgsqualifizierung

Auch bei der versuchten Erfolgsqualifizierung ist noch einmal danach zu diffe- 53 renzieren, ob das Grunddelikt vom Täter vollendet oder nur versucht worden ist (o. Rn. 38).

aa) Bei versuchtem Grunddelikt

Diese Fallgestaltung wirft hinsichtlich des Rücktritts keine besonderen Probleme 54 auf.[92] Gibt etwa der Täter beim **Versuch des Raubes** (§§ 249, 22/23) die weitere Verwirklichung der durch den Einsatz von qualifizierten Nötigungsmitteln begonnenen Tat freiwillig auf, ohne etwas wegzunehmen und ohne den vom (bedingten) Vorsatz umfassten Tod zu verursachen, so erlangt er Strafbefreiung nicht nur vom § 249-Versuch, sondern auch vom § 251-Versuch nach § 24 I 1 Alt. 1.[93] Er ist eben sowohl vom Versuch des Grunddelikts als auch vom „Versuch" der besonderen (Todes-)Folge zurückgetreten.

bb) Bei vollendetem Grunddelikt

Nicht ganz so problemlos gestaltet sich der Rücktritt von der versuchten Erfolgs- 55 qualifizierung, wenn dabei das **Grunddelikt** schon **vollendet** ist. Ein solcher Fall liegt etwa dann vor, wenn der Täter das Opfer „in eine hilflose Lage versetzt" und damit § 221 I Nr. 1 vollendet, der von seinem Vorsatz umfasste „Tod des Opfers" (§ 221 III) aber dadurch nicht verursacht wird. Vom vollendeten Grunddelikt kann hier wie auch sonst bei vollendeten Delikten nicht zurückgetreten werden (16/88),[94] doch ist damit nicht ausgeschlossen, dass vom Versuch des erfolgsqualifizierten Delikts zurückgetreten werden kann.[95] Dabei muss sich das Rücktrittsverhalten auf die besondere (Todes-)Folge beziehen, der Täter muss z. B. beim „beendeten Versuch" der schweren Folge – der Täter hat aus seiner Sicht bereits alles für den Eintritt des Todes getan (16/3, 63 ff.) – den Eintritt der besonderen Todesfolge und damit deren „Vollendung" verhindern (§ 24 I Alt. 2). Es handelt sich dabei um einen Teilrück-

---

[92] Vgl. *Kudlich*, JA 2009, 246, 250; *Otto*, 19/83; SK-*Rudolphi/Stein*, § 18 Rn. 35; eingehend *Kostuch*, 2004, S. 232 ff., der auch den „fehlgeschlagenen Versuch" differenziert behandelt (S. 235–240).

[93] *Mitsch*, BT 2/1, 3/107, Beispiel 1; ebenso *Kindhäuser*, AT, 32/35; *W-Hillenkamp*, BT 2, Rn. 391.

[94] Vgl. *Sowada*, Jura 1995, 644, 653; S/S-*Sternberg-Lieben*, § 18 Rn. 13; ebenso für den § 251-Versuch mit vollendetem § 249 *Mitsch*, BT 2/1, 3/107, Beispiel 2.

[95] Vgl. S/S-*Sternberg-Lieben*, § 18 Rn. 13 mit § 221 III-Beispiel; LK-*Lilie/Albrecht*, § 24 Rn. 459; *Kostuch*, 2004, S. 235; ebenso für § 251 *Rengier*, BT I, 9/22; NK-*Kindhäuser*, § 251 Rn. 10; SK-*Sinn*, § 251 Rn. 21.

tritt vom zweiten, nur „versuchten" Vorsatzteil einer Vorsatz-Vorsatz-Kombination, einen Teilrücktritt von der (versuchten) Erfolgsqualifikation,[96] der wie der Teilrücktritt von normalen Qualifikationen (16/48) anzuerkennen ist.

> Aus der **Übungsfall-Literatur** zum Rücktritt von der versuchten Erfolgsqualifizierung vgl.: *Frisch/Murmann*, JuS 1999, 1196 u. 1200 (zu § 221 III); *Kühl/Schramm*, JuS 2003, 681 u. 685.

b) Rücktritt vom erfolgsqualifizierten Versuch

56   In dieser Fallgestaltung hat der Versuch des Grunddelikts (z. B. des Raubes gem. § 249) die besondere Folge (den Tod gem. § 251) schon herbeigeführt, so dass ein strafbefreiender Rücktritt an der Verwirklichung bzw. „Vollendung" des erfolgsqualifizierten Delikts scheitern könnte. Dennoch hat der **BGH** in einem Fall, in dem sich bei einem Raubversuch ein Schuss aus der Waffe eines Täters löste und (leichtfertig) den ihn überraschenden „Menschen" i. S. des § 251 tötete, der Täter aber keine fremde Sache mehr wegnahm, einen Rücktritt vom § 251-Versuch für möglich erklärt (BGHSt 42, 158 = *Roxin*, HRR AT, Fall 70, S. 104 f. u. 199 f.);[97] – und das zu Recht!

57   Schon der Wortlaut des § 24 enthält keine solche Einschränkung und spricht deshalb für die Rücktrittsmöglichkeit bei solchen Fallgestaltungen, weil die „**Tat**" bei den Regelungen über Versuch und Rücktritt (§§ 22–24) die vorsätzliche Versuchstat ist.[98] Das ist beim erfolgsqualifizierten Raubversuch der mangels Wegnahme im Versuch steckengebliebene Versuch des Grunddelikts. Wird von diesem Raubversuch (§§ 249, 22/23) zurückgetreten, z. B. durch freiwillige Aufgabe der möglichen Wegnahme, so entfällt der erforderliche **Anknüpfungspunkt** für den Versuch des Raubes mit Todesfolge (§§ 251, 22/23), d. h. es fehlt am strafbaren Versuch des Grunddelikts.[99] Die Strafbefreiung wegen Rücktritts schlägt auf den § 251-Versuch durch. Es verbleibt deshalb bei der Strafbarkeit wegen der leichtfertigen Tötung eines Menschen, also einer fahrlässigen Tötung (§ 222), oder wegen Körperverletzung mit Todesfolge (§ 227), wenn der Täter das Opfer bereits vorsätzlich niedergeschlagen (§ 223) und dadurch dessen Tod verursacht hatte, ohne danach noch etwas wegzunehmen.[100]

58   Gegen dieses Ergebnis können „Gerechtigkeitsargumente" ins Feld geführt werden. Dazu zählt etwa das Argument, dass in diesen Fällen der Schutzzweck der er-

---

[96] So NK-*Kindhäuser*, § 251 Rn. 10 u. SK-*Sinn*, § 251 Rn. 21.

[97] Vgl. zu dieser Entscheidung *Jäger*, NStZ 1998, 161 (abl.); *Küper*, JZ 1997, 229 (i. Erg. zust.); *Anders*, GA 2000, 64 und *Geppert*, JK 97, StGB, § 25/5; a. M. *Wolters*, GA 2007, 65, 72: formell vollendetes modalisiertes Erfolgsdelikt (krit. dazu *Herzberg*, JZ 2007, 615, 622 u. *Frister*, AT, 24/10 Fn. 25: mit dem Wortlaut des Gesetzes nicht zu vereinbaren). – Der **fehlgeschlagene Versuch** ist auch hier rücktrittsunfähig, vgl. BGH NStZ 2003, 34 u. LK-*Lilie/Albrecht*, § 24 Rn. 462; speziell zu § 221 III *Heger*, ZStW 119 (2007), 593, 623 f.

[98] *Günther*, Fs. Hirsch, 1999, S. 543, 553; *Heinrich*, AT I, Rn. 846; a. M. *Küper*, JZ 1997, 229, 232; *Roxin*, HRR-AT, S. 199.

[99] BGHSt 42, 158, 160; *Günther*, Fs. Hirsch, 1999, S. 543, 553; *Kudlich*, JA 2009, 246, 250; *Kostuch*, 2004, S. 96 ff.; *Ebert*, S. 139 f.; *Joecks*, § 251 Rn. 14; K/H/H-*Hellmann*, BT 2, Rn. 304; *Kindhäuser*, AT, 32/33 u. BT II, 15/9; *Murmann*, GK, 28/134; *Otto*, 19/84 u. BT, 46/46; *Rengier*, BT I, 9/17–21; *W-Hillenkamp*, BT 2, Rn. 391; *Zieschang*, Rn. 576–578 LK-*Lilie/Albrecht*, § 24 Rn. 461; NK-*Paeffgen*, § 18 Rn. 131; S/S-*Sternberg-Lieben*, § 18 Rn. 13; S/S-*Eser*, § 24 Rn. 26; SSW-*Kudlich/Schuhr*, § 24 Rn. 73; für § 251 ebenso NK-*Kindhäuser*, § 251 Rn. 10. – Krit. zur Begründung, dem Ergebnis aber zustimmend *Hardtung*, 2002, S. 278.

[100] Vgl. *Mitsch*, BT 2/1, 3/106. – Anders *Linke*, 2010, S. 350 ff., 410: Rücktritt ist nur durch die Aufgabe des „gesamten Unrechts" möglich.

folgsqualifizierten Delikte gegen eine Strafbefreiung spreche, weil sich die tatbestandsspezifische Gefahr eines mit qualifizierten Nötigungsmitteln begangenen Raubversuchs im Tod des Opfers realisiert habe.[101] Es kann auch das Argument angeführt werden, dass der Täter in diesen Fällen das gefährdende Geschehen schon aus der Hand gegeben und deshalb nach dem Sinn des § 24 keine Strafbefreiung mehr verdient habe.[102] Doch können diese Argumente nichts daran ändern, dass nach dem Wortlaut des § 24 ein Rücktritt vom versuchten Vorsatzteil des erfolgsqualifizierten Versuchs möglich bleibt. Dem berechtigten Anliegen der Gegenauffassung könnte nur der Gesetzgeber durch eine Sonderregelung des Rücktritts vom Versuch des erfolgsqualifizierten Delikts Rechnung tragen.[103]

> Aus der **Übungsfall-Literatur** zum Rücktritt vom erfolgsqualifizierten Versuch vgl.: *Alpmann/Schmidt*, AT 2, Fall 27, S. 144–147 (BGH NJW 1996, 2663, nachgebildet); *Beulke*, KK III, Fall 9, Rn. 399 u. 406–408; *Jäger*, Rn. 325, 326: Fall 54 (BGH NJW 1996, 2663, nachgebildet); *Kinzig/Linke*, JuS 2012, 229 u. 232 f.; *Krack/Gasa*, JuS 2008, 1005 u. 1006 f.; *Kress/Weisser*, JA 2006, 115 u. 117 f. (zu § 306 c); *Kudlich*, PdW AT, Fall 250; *Laue/Dehne-Niemann*, Jura 2010, 73 u. 74 f.; *Lotz/Reschke*, Jura 2012, 481 u. 485; *Müller/Raschke*, Jura 2011, 704 f. u. 712 f. (fehlgeschlagner Versuch); *Otto/Bosch*, Übungen, Fall 20, S. 215 f. (in Anlehnung an BGHSt 42, 158); *Schütze*, in: *Ebert* (Hrsg.), Fall 4, S. 4 f. u. 78 f.; *Steinberg/Stam*, ZJS 2011, 539 u. 542; *Wolters*, Fall 4, S. 85 f. u. 111.

III. Zu Täterschaft und Teilnahme bei erfolgsqualifizierten Delikten

S. unten § 20 Rn. 274–276   59

---

[101] Vgl. *Ulsenheimer*, Fs. Bockelmann, 1979, S. 405, 414 f.; ähnlich *Wolter*, JuS 1981, 168, 178; Rücktritt abl. *Roxin*, AT II, 30/289–293 u. auch NK-*Zaczyk*, § 24 Rn. 81; gegen Rücktritt aus dogmatischen Gründen *Streng*, Fs. Küper, 2007, S. 629 ff. mit eigenwilligem „Tat"-Begriff (S. 633, 643).

[102] Vgl. *Jäger*, NStZ 1998, 161.

[103] So auch *Lackner/Kühl*, § 24 Rn. 26; LK-*Vogel*, § 18 Rn. 85; SK-*Rudolphi/Stein*, § 18 Rn. 40. – Zur Problematik vgl. auch *Sowada*, Jura 1995, 644, 653; *Otto*, Jura 1997, 464, 467; *Kudlich*, JuS 1999, 349, 355; *Anders*, GA 2000, 64.

5. Abschnitt. Das Unterlassungsdelikt

§ 18. Das vorsätzliche Unterlassungsdelikt

I. Einführung und Aufbau des Unterlassungsdelikts

1. Einführung in die Problematik des Unterlassungsdelikts

1   Die meisten Tatbestände des BT sind – wie schon einleitend hervorgehoben (s. oben 1/10) – so formuliert, dass man annehmen könnte, sie seien **nur** durch aktives Verhalten (= **durch Tun**) zu verwirklichen. Eine Ausnahme bilden die sog. **echten Unterlassungsdelikte** (s. oben 1/11 u. unten Rn. 6 a) wie §§ 138, 323 c (Unterlassen einer Verbrechensanzeige, unterlassene Hilfeleistung), sowie die nicht seltenen Tatbestände, die in erster Linie ein strafbares Tun beschreiben, aber nebenbei auch ein Unterlassen der Erfolgsabwendung als Tatbestandsverwirklichungsmöglichkeit einstreuen (z. B. in § 94 I Nr. 2 „gelangen lässt", oder in § 184 I Nr. 1 „überlässt").[1] Zu den Regelfällen gehören etwa der Totschlag gem. § 212, der ein „töten" verlangt, und die Sachbeschädigung gem. § 303, die ein „beschädigen oder zerstören" verlangt.

2   Trotz dieser tatbestandlichen Umschreibungen, die ein aktives Verhalten zu verlangen scheinen, ist man sich einig, dass diese Tatbestände **auch durch Unterlassen** verwirklicht werden können. Nicht nur derjenige tötet, der den Tod eines anderen Menschen durch aktives Verhalten (wie z. B. durch Erschlagen) verursacht, sondern auch derjenige, der den drohenden Tod eines anderen Menschen nicht verhindert (wie z. B. die Mutter, die ihr Kleinkind verhungern lässt). Allerdings trifft eine solche **Erfolgsabwendungspflicht** nicht jedermann, sondern nur solche Personen, die wie die Mutter „rechtlich dafür einzustehen hat, dass der Erfolg nicht eintritt" (§ 13 I).[1a] Dieses Erfordernis der sog. **Garantenstellung** soll die Gleichstellung des Unterlassens der Erfolgsabwendung mit der aktiven Erfolgsverursachung legitimieren. „Deshalb steht die Garantenstellung, also die Bestimmung des Personenkreises, der als Unterlassungstäter in Betracht kommt, im Mittelpunkt der Problematik des unechten Unterlassungsdelikts."[2] Die Vorschrift des § 13 genügt trotz ihrer allgemein gehaltenen Fassung dem Bestimmtheitsgebot des Art. 103 II GG (BVerfG NJW 2003, 1030).[2a]

---

[1] Vgl. *Maiwald,* JuS 1981, 473 u. *Ransiek,* JuS 2010, 490 f.; ausführlicher *Schöne,* 1974, S. 175 ff. – Für eine „Dreiteilung" der Unterlassungsdelikte *Silva-Sanchez,* Fs. Roxin, 2001, S. 641 ff.

[1a] Zur Entstehungsgeschichte des § 13 *v. Coelln,* 2008, S. 32–54, u. knapper LK-*Weigend,* § 13 vor Rn. 1.

[2] *Arzt,* JA 1980, 553; auf den Ausdruck „unecht" sollte nach *Schmidhäuser,* Fs. Müller-Dietz, 2001, S. 761, 773, verzichtet werden; „unecht" bedeutet nach *Haas,* ZIS 2011, 396, dass § 13 I eine „Rechtsfiktion" ist, nach der der unterlassende Garant so behandelt wird, als ob er selbst die Ursache für den Erfolg gesetzt habe; einen eigenen Unterlassungstatbestand schaffe § 13 nicht.

[2a] Ebenso *Kühl,* Fs. Herzberg, 2008, S. 177, 189 f.; *Lackner/Kühl,* § 13 Rn. 21 m. Nw. auch zur Gegenmeinung; eingehend *Böhm,* 2006, S. 170 ff.; besonders krit. *Seebode,* JZ 2004, 305 ff.; „zweifelhaft" nach *Schünemann,* ZStW 96 (1984), 287, 304 ff.; von „Leerformel" spricht – auch hinsichtlich der Entsprechungsklausel – *Roxin,* GA 2009, 73; großzügig *Herzberg,* 1972, S. 251 ff.

Die Berechtigung einer solchen **Gleichstellung** des Erschlagens durch jedermann 3
mit dem Unterlassen der lebensnotwendigen Ernährung des Kleinkindes durch die
Mutter unter dem Begriff des Tötens wird von niemand bestritten. Ob man wegen
dieser möglichen Subsumtion des Tuns und des Unterlassens unter das Tatbestandsmerkmal des Tötens schon von einer gemeinsamen Wurzel von Tun und Unterlassen sprechen kann,[3] erscheint aber eher zweifelhaft. Wichtiger ist, sich – vor
der genauen Behandlung der einzelnen Garantenstellungen – klarzumachen, weshalb und unter welchen **Voraussetzungen** eine solche Gleichstellung von Tun und
Unterlassen berechtigt sein kann.

Im Beispielsfall der Mutter, die ihr Kleinkind verhungern lässt, zeigt sich, dass das 4
Unterlassen der Mutter für das Kind genauso gefährlich ist wie ein tätlicher Angriff
auf sein Leben (z. B. durch Fütterung mit vergiftetem Brei). Dies liegt daran, dass die
Mutter die Unfähigkeit des Kindes zur Selbsternährung ausnutzen kann; sie weiß,
dass das Kind auch sterben wird, wenn sie es nur nicht füttert. Tun muss sie dafür
nichts, denn das Weiterleben des Kindes setzt eben das Ergreifen von positiven
Maßnahmen durch die Mutter voraus. Unterlässt die Mutter diese positiven, lebensnotwendigen Maßnahmen, so **wendet sie es dem Kind zum Schlechten.**[4]

Von der Mutter erwartet man eben nicht nur, dass sie wie jedermann aktive Tö- 5
tungshandlungen unterlässt, sondern zusätzlich, dass sie eingreift, um ihr Kind vor
dem sonst eintretenden Tod zu bewahren. Wie der Fußballtorwart zur Verhinderung
von Toren „auf Posten" gestellt ist, so die Mutter zur Verhinderung des Todes ihres
Kindes.[5] Sie **verhält** sich durch ihr Unterlassen ebenso wie durch Tun, wenn sie die
Situation erkennt, die zum Tode ihres Kindes führt. Greift sie in dieser Situation
nicht ein, so gibt sie eine „Antwort", so trifft sie eine „Entscheidung", die ihr als ein
Fehlverhalten angelastet werden kann.[6] Der infolge dieses Fehlverhaltens eingetretene Erfolg ist damit auch ihr Werk.

So anerkannt die Gleichstellung des Unterlassens der Erfolgsabwendung mit dem 6
erfolgsverursachenden Tun auch in solch klaren Fällen ist, so sehr muss man sich
davor hüten, immer neue Garantenstellungen zu kreieren. Denn dadurch entfernt
man sich möglicherweise aus dem Bereich des **Rechts** und begibt sich in den Bereich, der der **moralischen** Bewertung eines Fehlverhaltens vorbehalten ist.[7] Ob dies
schon dann der Fall ist, wenn man einen Ehegatten verpflichtet, den anderen Ehegatten vor Schaden zu bewahren, erscheint zweifelhaft, eher werden moralische
Pflichten zu Rechtspflichten erhoben, wenn alle Angehörigen zu gegenseitigem
Schutz verpflichtet werden.[8] Jedenfalls sollte sich der Gesetzgeber bei der Pönalisierung von Unterlassungen stärker zurückhalten als bei aktiven Handlungen (*Kuhlen*,
Fs. Puppe, 2011, S. 669, 670; s. auch *Kühl*, Fs. Herzberg, 2008, S. 177, 180 ff.).

---

[3] So *Arzt*, JA 1980, 554. – Zu „Verhalten" als rechtstheoretischem Oberbegriff für Tun und
Unterlassen s. *Röhl*, JA 1999, 603 f., und *Gimbernat*, ZStW 111 (1999), 315 (dazu *Roxin*,
GA 2009, 73, 74).
[4] Vgl. *Maiwald*, JuS 1981, 474; *Wolff*, 1965, S. 55; *Murmann*, GK, 29/1; zum „Verände-
rungsmoment" und zum „Verschlechterungsmoment" unechter Unterlassungen vgl. *Kahlo*,
1990, S. 312 ff., 319 ff. sowie *ders.*, 2001, S. 251 ff., 267 ff.
[5] Vgl. *Maiwald*, JuS 1981, 475.
[6] Vgl. *Jescheck/Weigend*, S. 223; *Maiwald*, JuS 1981, 476.
[7] Vgl. zur Problematik *Naucke*, 7/242–244; *Seelmann*, JuS 1987, L 36; *Grünewald*, 2001,
S. 133 ff.; *Kahlo*, 2001, S. 250 ff., 273 ff.; *Kühl*, Fs. Herzberg, 2008, S. 177, 179 ff., 184 f.
[8] Besonders streng *Gallas*, 1989 [1963], S. 92 f.: selbst Ehegatten treffe keine Garantenpflicht; ebenso *Gimbernat*, ZStW 111 (1999), 307, 330 ff. Stark einschränkend auch *Jakobs*,
1996, S. 34 f., der nur in bestimmten Fällen „das Vertrauen in Rollenkonstanz" strafrechtlich
schützen will.

6a Im problematischen Zwischenbereich von Recht und Moral liegen auch die oben (Rn. 1) kurz angesprochenen **echten Unterlassungsdelikte**. Sie sind zwar vom Gesetz klarer bestimmt als die unechten Unterlassungsdelikte, denn sie umschreiben das strafbare Verhalten hinreichend deutlich und geben sich nicht mit einer Gleichstellungsvorschrift wie § 13 zufrieden. Sie greifen auch weniger scharf in die Freiheit des Täters ein, weil sie ihm keine Erfolgsabwendungspflicht auferlegen, sondern – wie etwa § 323c (unterlassene Hilfeleistung) – nur eine Hilfeleistung verlangen;[8a] tritt ein Erfolg ein – das Opfer, dem nicht Hilfe geleistet wurde, stirbt –, so ist das für den Tatbestand des § 323c ohne Bedeutung; der verhinderbare Todeseintritt kann dem nicht-helfenden Täter nur bei der Strafzumessung angelastet werden,[8b] ansonsten fällt die Strafe weit geringer aus als bei einem Totschlag durch Unterlassen gem. §§ 212, 13 (man vergleiche nur die Strafrahmen des § 323c und des § 212). Dennoch sind die echten Unterlassungsdelikte unter dem Gesichtspunkt eines möglichen Übergriffs des (Straf-)Rechts in den Bereich der **Moral** problematisch, denn durch sie werden Solidaritätspflichten verrechtlicht, die ihren genuinen Platz in der Moral haben, wie etwa die **Nächstenliebe** in der christlichen Ethik. Trotz aller Bedenken lassen sich aber **Mindest-Solidaritätspflichten** unter bestimmten Voraussetzungen in ein Rechtssystem, das von der Abgrenzung der Freiheitssphären und dem Verletzungsverbot des „neminem laedere" geprägt ist, integrieren. Es muss sich um eine auf den Schutz der äußeren Freiheit bezogene Freiheit handeln, und das ist etwa bei § 323c gelungen, der nur die – zum Schutz der Freiheit des Unglücksopfers – **erforderliche** Hilfeleistung verlangt, wohingegen die Nächstenliebe auch den Beistand, etwa beim nicht mehr aufhaltbaren Sterben, gebietet.

> Zur rechtsphilosophischen **Vertiefung**: *Kühl*, Die Bedeutung der Rechtsphilosophie für das Strafrecht, 2001, S. 45 ff.; *ders.*, in: Fs. Herzberg, 2008, S. 177, 179 ff. u. in JuS 2007, 497, 498 f.; *Pawlik*, Fs. Roxin, 2011, S. 931 ff.
> – Geschichtlicher Überblick bei *Schünemann*, ZStW 96 (1984), 287–299.
> – Rechtsvergleichender Überblick bei MK-*Freund*, § 13 Rn. 30–42.

6b § 13 II sieht beim unechten Unterlassungsdelikt einen fakultativen („kann") besonderen gesetzlichen **Milderungsgrund** i.S. des § 49 I vor. Er beruht maßgeblich auf Erwägungen zur Schuld – z.B. die Vornahme einer aktiven Handlung zur Strafbarkeitsvermeidung bedürfe einer stärkeren Willensintensität als das Unterlassen des Übergriffs in die Freiheitssphäre eines anderen[8c] –, aber auch auf Erwägungen zum (geringeren) Unrechtsgehalt des Unterlassens.[8d] Für echte Unterlassungsdelikte, die keinen Erfolg aufweisen müssen, sondern schon den Verstoß gegen eine Gebotsnorm unter Strafe stellen (BGHSt 14, 280, 281, zu § 84 GmbHG a.F.: Unterlassene Konkursanmeldung), gilt diese Milderungsvorschrift nicht (BGHSt 57, 28 [m. Bspr. *Jäger*, JA 2012, 154 u. *Bosch*, JK 3/12, StGB § 221 I 1, 2/7] für § 221 I Nr. 2, III: Imstichlassen mit Todesfolge).

[8a] Krit. S/S-*Stree/Bosch*, 136 vor §§ 13 ff., wonach die Abgrenzung nach dem Kriterium erfolgen soll, „ob das Unterlassen bereits unmittelbar tatbestandlich erfasst ist" (*Bosch*, JK 3/12, StGB § 221 I 1, 2/7).

[8b] *Lackner/Kühl*, § 46 Rn. 34.

[8c] Vgl. *Roxin*, JuS 1973, 197, 200; vgl. ergänzend *Roxin*, AT II, 31/236–251.

[8d] Vgl. *Lackner/Kühl*, § 13 Rn. 17 m. w. N.; ergänzend *Frister*, AT, 22/5, der auf die „größere Spannbreite des Unrechts" abstellt; krit. zur Begründbarkeit des § 13 II mit Unterlassungskriterien *Lerman*, GA 2008, 78 ff.

2. Der Aufbau des vorsätzlichen Unterlassungsdelikts

Nach den bisherigen Ausführungen nimmt die **Garantenstellung** die **zentrale Rol-** 7
le bei der Unrechtsbegründung des Unterlassens ein. Der unrechtsbegründende Tatbestand des vorsätzlichen Unterlassungsdelikts ist damit aber noch nicht erschöpft. Er enthält – wie beim vorsätzlichen Begehungsdelikt – eine objektive und eine subjektive Teilprüfungsstufe.

Die Garantenstellung gehört ebenso wie die sog. Entsprechungsklausel (auch in 8 § 13 I ausdrücklich genannt) in den objektiven Tatbestand.[9] Bei Erfolgsdelikten wie z.B. dem Totschlag gem. § 212 gehört außerdem der Eintritt des tatbestandsmäßigen **Erfolgs** zum objektiven Tatbestand. Dem Unterlassungstäter muss die Verhinderung dieses Erfolges auch möglich gewesen sein, denn wer keine **Eingreifmöglichkeit** hat, unterlässt auch nicht die Abwendung des Erfolgs. Außer der Handlungsfähigkeit des Unterlassenden muss auch noch die „**Kausalität**" seines Unterlassens für die Erfolgszurechnung vorliegen; diese „Kausalität" ist dann gegeben, wenn die Vornahme der dem Unterlassenden möglichen Rettungshandlung den Erfolg verhindert hätte. Diese Kausalitätsprüfung ist zwar nur bei Garanten sinnvoll,[10] doch kann sie vor die Prüfung der Garantenstellung gezogen werden, wenn man sie nur für Personen vornimmt, die ernsthaft als Garanten in Betracht kommen.[11]

Im subjektiven Tatbestand ist der **Vorsatz** auf alle objektiven Tatumstände zu be- 9 ziehen, d.h. auch die tatsächlichen Voraussetzungen, die eine Garantenstellung begründen, müssen dem Täter bekannt sein (z.B. der Vater muss erkennen, dass der im Wasser Zappelnde sein Sohn ist).

Mit der Bejahung der objektiven und subjektiven Tatbestandsmäßigkeit ist aber 10 erst das typische Unrecht des vorsätzlichen Unterlassungsdelikts begründet. Wie beim vorsätzlichen Begehungsdelikt sind noch zwei weitere Prüfungsschritte mit positivem Ergebnis zu durchlaufen, bevor man sich zur Strafbarkeit des Unterlassenden abschließend äußern kann. Auf der Prüfungsstufe der Rechtswidrigkeit ist auch hier nach **Rechtfertigungsgründen** Ausschau zu halten. Dabei ist besonders an die beim rechtfertigenden Notstand noch nicht behandelte Pflichtenkollision zu denken (z.B. der Arzt wird von zwei Patienten zur Lebensrettung herbeigerufen, kann aber nur zu einem Patienten eilen). Auf der Prüfungsstufe der **Schuld** ist – ähnlich wie beim Fahrlässigkeitsdelikt und anders als beim vorsätzlichen Begehungsdelikt – zu erwägen, ob nicht die **Unzumutbarkeit** als Entschuldigungsgrund anzuerkennen ist (z.B. wenn sich der Unterlassende durch die Rettungshandlung der Strafverfolgung ausliefern würde).

In manchen Fällen ist vor dem Beginn der dreistufigen Prüfung in einer **Vorprü-** 11 **fungsstufe**[12] zu klären, ob überhaupt ein Unterlassen vorliegt. Dies ist etwa dann erforderlich, wenn zweifelhaft ist, **ob** dem Täter nicht vielleicht ein strafbares **Tun** angelastet werden kann.

In dieser Vorprüfungsstufe können – wie beim vorsätzlichen Begehungsdelikt – 12 auch schon Fälle ausgeschieden werden, in denen es an einem menschlichen Verhalten überhaupt fehlt.[13] Spätestens sind solche Fälle – Bewußtlosigkeit, unwiderstehli-

---

[9] Vgl. zu den folgenden Prüfungsstufen *Geilen*, Jura 1979, 547, der diese im Vergleich zu den Gleichstellungsvoraussetzungen des § 13 I als „Vorgeplänkel" bezeichnet.

[10] Vgl. *Arzt*, JA 1980, 554; *Kahlo*, NJW 1990, 1523.

[11] So die Aufbauvorschläge von K/H/H-*Heinrich*, BT 1, Rn. 1193; W-*Beulke*, Rn. 876.

[12] Ebenso *Geilen*, Jura 1979, 546; K/H/H-*Heinrich*, BT 1, Rn. 1193; W-*Beulke*, Rn. 876; abweichend *Kindhäuser*, § 13 Rn. 74: Entscheidung erst auf der Konkurrenzebene.

[13] *Geilen*, Jura 1979, 546; W-*Beulke*, Rn. 876.

cher Zwang – bei der im objektiven Tatbestand zu prüfenden Handlungsfähigkeit des Täters auszuscheiden (s. u. Rn. 32). Wie beim Begehungsdelikt gilt der Grundsatz, dass nur **"willkürliches"** Unterlassen einen tauglichen Anknüpfungspunkt für eine Strafbarkeitsprüfung bildet. Eine körperliche Untätigkeit, die auf bloßen Reflexbewegungen, epileptischen Anfällen oder unwiderstehlichem Zwang beruht, bietet keinen Anlass, die Tatbestandsmäßigkeit, Rechtswidrigkeit und Schuld dieser Untätigkeit zu prüfen.[14] Der Ohnmächtige z. B. kann nicht nur nichts begehen, er kann auch nichts unterlassen.[15] Ist der akut Unterlassungsunfähige für seine Unfähigkeit verantwortlich (z. B. durch Sichbetrinken macht der Schrankenwärter sich unfähig zum Herablassen der Schranke), so kann er sich noch nach den Grundsätzen der **omissio libera in causa** doch wegen seines Unterlassens (s. u. Rn. 22) strafbar machen.[16]

12a   **Grobaufbau** des vorsätzlichen unechten Unterlassungs(erfolgs)delikts (z. B. §§ 212, 13)

Vorprüfung:[16a] – Tun oder Unterlassen (Rn. 11 u. 13–25)
                  – "Handlungsqualität" des Untätigbleibens (Rn. 13 u. 22)

1. Tatbestandsmäßigkeit
   a) objektiver Tatbestand (Rn. 26–124)
      aa) Eintritt des tatbestandsmäßigen Erfolges (Rn. 26)
      bb) Nichtvornahme einer bestimmten, geeigneten/erforderlichen Rettungshandlung (Rn. 27–29)
      cc) physisch-reale Handlungsmöglichkeit (Rn. 30–34)
      dd) "Quasikausalität" des Unterlassens für den Erfolgseintritt (Rn. 35–39) und objektive Zurechnung des Erfolges (Rn. 40)
      ee) Garantenstellung = Einstehensklausel des § 13 (Rn. 41–121)
      ff) (bei verhaltensgebundenen Erfolgsdelikten:) Gleichwertigkeit des Unterlassens mit einem Tun = Entsprechungsklausel des § 13 (Rn. 122–124)
   b) subjektiver Tatbestand; insb. Vorsatz (Rn. 125–132)

2. Rechtswidrigkeit (Rn. 133–137)
   spezieller Rechtfertigungsgrund: rechtfertigende Pflichtenkollision (Rn. 134–137)

3. Schuld (Rn. 138–141)
   spezieller Entschuldigungsgrund: Unzumutbarkeit normgemäßen Verhaltens (Rn. 140, 141)

---

[14] *Fünfsinn*, 1985, S. 27 u. 30; vgl. außerdem *Jakobs*, 29/10 f.; *Jescheck/Weigend*, S. 224.

[15] *Roxin*, AT I, 8/66.

[16] Vgl. *Fünfsinn*, 1985, S. 28 f.; *Hruschka*, Fs. Bockelmann, 1979, S. 421 ff.; *Ransiek*, JuS 2010, 490, 492; *S/S-Stree/Bosch*, Vorbem §§ 13 ff. Rn. 144; für eine Aufgabe dieser "Rechtsfigur" *Baier*, GA 1999, 272.

[16a] Die Vorprüfungsstufe ist nicht obligatorisch, sondern hat nur bei gegebenem Anlass, d. h. in Zweifelsfällen, zu erfolgen. Sie kann der Sache nach bei nur gedanklicher Vorprüfung und Entscheidung für das Vorliegen eines Unterlassens in die Prüfung des objektiven Tatbestandes nach der Feststellung des Erfolgseintritts einbezogen werden; für letzteres *Ebert*, S. 254 u. *Krey/Esser*, AT, Rn. 1105; wie im Text *Ellbogen*, JuS 2002, 151, 154: "Vorprüfung"; *Murmann*, GK, 29/4; nach *Kudlich*, PdW AT, Fall 180: auch als Vorprüfung möglich. – Gegen eine "Vorfrage" nach Tun oder Unterlassen *Otto*, Jura 2003, 100, 101, der mit der Prüfung aktiven Tuns (z. B. Totschlag in mittelbarer Täterschaft) beginnt und im Fall eines negativen Ergebnisses auf die Unterlassungsprüfung (§ 212 durch Unterlassen) übergeht.

Einfache, aber vollständig durchgeprüfte **Übungsfälle** zum unechten Unterlassungsdelikt, die diesem Aufbauvorschlag im Wesentlichen folgen, finden sich bei: *Ellbogen,* JuS 2002, 151 u. 154; *Hilgendorf,* Fallsammlung, Fall 9, S. 59 u. 65–67; *Rudolphi,* AT-Fälle, Fall 13, S. 148 u. 157– 160; *Tiedemann,* Anfängerübung, Fall 1, S. 165 u. 166; *Wagner,* BT-Fälle, Fall 11, S. 112 u. 118 f. – Ähnlicher Aufbauvorschlag bei *Naucke,* 7/256. Ausführliches Aufbauschema bei *Arzt,* S. 206– 210; *Seier,* Anfängerklausur, S. 131 ff. und bei *Ransiek,* JuS 2010, 585 f., der aber sowohl die Garantenpflicht (nicht nur die Garantenstellung) als auch die Unzumutbarkeit schon im objektiven Tatbestand prüfen will (S. 585 f.), für die Garantenpflicht ebenso *Rengier,* AT, 49/5. – In Fragen und Antworten geben *Fahl/Scheurmann-Kettner,* JA 1998, 659 f. einen informativen Überblick über die Hauptprobleme der Unterlassungsdelikte. – Zur Fallbearbeitung *Ransiek,* JuS 2010, 490, 491 f. u. a. mit dem Übungsfall von *Kühl/Hinderer,* JuS 2009, 919.

II. Die Abgrenzung von Tun und Unterlassen

Wer auf Grund eines Willensentschlusses in die **Außenwelt eingreift** (z. B. durch 13 einen Schlag mit der Axt auf den Kopf eines anderen), verhält sich aktiv. Wer dagegen in einen Kausalverlauf **nicht eingreift,** obwohl er dies könnte, verhält sich passiv, d. h. er unterlässt die ihm mögliche Erfolgsabwendung (z. B. durch Nichtfüttern des zu verhungern drohenden Kleinkindes). Diese einfache Unterscheidung – Eingreifen in das außenweltliche Kausalgeschehen oder den Dingen (= Kausalverläufen) ihren Lauf lassen – ist in vielen Fällen ausreichend für die Abgrenzung von Tun und Unterlassen.

Es gibt freilich auch **Zweifelsfälle,** in denen das Verhalten des Täters sowohl Ele- 14 mente von Tun als auch von Unterlassen aufweist. So etwa des (aktive) Radfahren ohne Beleuchtung (= Unterlassen der Beleuchtung), oder das Nichtweiterbehandeln (= Unterlassen) eines an einen Reanimator angeschlossenen Patienten durch (aktives) Abschalten der Maschine per Knopfdruck. Hauptsächlich für solche Zweifelsfälle haben sich Rechtsprechung und Literatur um eine Präzisierung der obigen Unterscheidung bemüht. In der Rechtsprechung dominiert – unter teilweiser Zustimmung der Literatur[17] – eine wertende normative Betrachtung, die auf den **„Schwerpunkt des Vorwurfs"** (BGHSt 6, 46, 59; 51, 165, 173, spricht vom relevanten Handlungsschwerpunkt) abhebt.[18] Danach ist zu fragen, „wo bei normativer

---

[17] *Blei,* S. 310; *Ebert,* S. 173; *S/S-Stree/Bosch,* Vorbem §§ 13 ff. Rn. 158; *W-Beulke,* Rn. 700; weitere Literaturhinweise bei *Stoffers,* JuS 1993, 24.

[18] BGHSt 52, 159, 163 m. zust. Bspr. *Kühl,* NJW 2008, 1899, *Lindemann,* ZJS 2008, 404 u. *Geppert,* JK 11/08, StGB § 13 I/2 (zust. auch *Jäger,* Rn. 342 a, b u. MK-*Duttge,* § 15 Rn. 211); BGHSt 53, 38 m. Bspr. *Bußmann,* NStZ 2009, 386, *Duttge,* HRRS 2009, 149, *Kraatz,* JR 2009, 182, *Renzikowski,* StV 2009, 443 u. *Satzger,* JK 8/09, StGB § 222/8; BGH NStZ 1999, 607 u. 2003, 657 m. Bspr. *Duttge,* JR 2004, 34 a, *Nepomuk,* StraFo 2004, 9 u. *Geppert,* JK 4/04, StGB 13/38; BGH NStZ-RR 2006, 10 (m. Bspr. *Satzger,* JK 4/06, StGB § 227/2) u. 174; BGH NJW 2010, 1087 m. Bspr. *Kühl,* 1092; *Kudlich,* JA 2010, 552, 553, *Stübinger,* ZIS 2011, 602, 608 f. u. *Bosch,* JK 5/11, StGB § 13/44; BGH NStZ 2010, 214, 215; BGHSt 56, 277, 286 f. m. Bspr. *Kudlich,* NJW 2011, 2856 u. *Beckemper,* ZJS 2012, 132, 135 (nachfolgendes „vertuschendes" Unterlassen von fehlerhaft operierenden Ärzten); vgl. auch BGH NJW 2012, 546 zum Imstichlassen i. S. des § 221 I Nr. 2; LG Nürnberg-Fürth NJW 2006, 1824; der Rspr. zust. *Fischer,* § 13 Rn. 5; *Heinrich,* AT II, Rn. 866; *Krey/Esser,* AT, Rn. 1107; *Rengier,* AT, 48/10 und *Schwab,* 1996, S. 30. – Vgl. zu den z. T. abweichenden Formulierungen im Rechtsprechung (Schwergewicht der Tat, Schwerpunkt des Täterverhaltens, soziale Sinnbedeutung) *Küpper,* 1990, S. 74 und *Stoffers,* JuS 1993, 24 u. Jura 1998, 580 f., nach dem die Rspr. die „bedenklich-wertende Sichtweise" der Schwerpunktformel nicht zur Lösung der Abgrenzungsfrage, sondern zur Lösung von Fällen ambivalenten Verhaltens verwendet; krit. auch *Haas,* 2002, S. 113: „Schattendogmatik"; *Herzberg,* Fs. Röhl, 2003, S. 270, 275; *Walter,* ZStW 116 (2004), S. 555, 566; *Czerner,* JR 2005, 94, 95: untaugliches Abgrenzungskriterium; *Führ,* Jura 2006, 265, 267; *Merkel,* Fs. Herzberg, 2008, S. 193, 196: untauglich; MK-*Freund,* § 13 Rn. 5.

Betrachtung und bei Berücksichtigung des sozialen Handlungssinns der Schwerpunkt des strafrechtlich relevanten Verhaltens liegt."[19] Dabei differenziert der BGH bei einem aktiven Tun (Ansichpressen des gerade geborenen Kindes), das einem Unterlassen (der erforderlichen Hinzuziehung von Geburtshilfe) nachfolgt, danach, ob dieses aktive Tun vorsätzlich oder fahrlässig erfolgt (BGH NStZ 2010, 214, 215; zur damit angesprochenen Problematik der objektiven Zurechnung s. unten Rn. 40). Die Kritik an dieser wertenden Vorgehensweise liegt auf der Hand: unbestimmt und irrational, solange die Kriterien der Wertung nicht offengelegt werden; Vorwegnahme der Tatbestandsmäßigkeit (Ransiek, JuS 2010, 490, 493 f.) oder des Schuld-/Strafbarkeitsurteils.[20]

15   In der Literatur sind deshalb Versuche weit verbreitet, sich von solchen Wertungen freizuhalten und wertneutrale Abgrenzungskriterien zu formulieren. Besonders eingängig ist das auch vom Laien nachvollziehbare Kriterium des Energieeinsatzes: wer **Energie** in eine bestimmte Richtung **aufwendet**, tut etwas, dagegen unterlässt derjenige etwas, der keine Energie in eine bestimmte Richtung einsetzt.[21] Ebenso häufig wird auf die **Kausalität** i. S. der gesetzmäßigen Bedingung für den Erfolgseintritt abgestellt.[22] Dieses Kriterium trifft sich mit der eingangs formulierten einfachen Unterscheidung. Wer die Außenwelt durch kausale Einwirkung verändert, tut etwas, wer den Dingen ihren **Lauf lässt**, unterlässt etwas.[23]

16   Beide Kriterien – Energieeinsatz und Kausalität – werden auch kumulativ verwendet:[24] dann unterscheiden sich Tun und Unterlassen dadurch, „dass der Handelnde durch positiven Energieeinsatz einen Kausalverlauf anstößt, während der Unterlassende es gerade unterlässt, durch Einsetzen von Energie auf das Kausalgeschehen einzuwirken."[25] Mit diesen Kriterien bzw. mit ihrer Kombination hat man zwar „festeren Boden unter den Füßen", doch können sie wegen ihrer äußerlichen Betrachtungsweise auch zu schwer verständlichen, willkürlichen Ergebnissen führen.[25a] Ob diese durch eine zweistufige Prüfung – zuerst Charakterisierung des schadensnächsten Verhaltens nach der natürlichen Betrachtung der Dinge, danach Kontrolle des Ergebnisses anhand der „Erwartung der Rechtsordnung"[25b] – vermie-

---

[19] *Wessels/Beulke*, Rn. 700.

[20] Vgl. zur „Kritik an der Schwerpunktformel" *Stoffers*, JuS 1993, 27–29; *Struensee*, Fs. Stree/Wessels, 1993, S. 136 ff.; *Kargl*, GA 1999, 459, 463; *Kindhäuser*, AT, 35/4; *Maiwald*, Fs. Küper, 2007, S. 329, 333 u. *Zieschang*, Rn. 47 (Art. 103 II GG).

[21] Vgl. als Begründer dieses Kriteriums *Engisch*, Fs. Gallas, 1974, S. 170, und *ders.* schon in: Die Kausalität als Merkmal der strafrechtlichen Tatbestände, 1931, S. 29; vgl. außerdem: *Welp*, 1968, S. 110 ff.; *Otto*, 9/2; *Schlüchter*, JuS 1976, 795; *Zieschang*, Rn. 47; kritisch zum Energiekriterium *Kargl*, GA 1999, 459, 463; eine „Stützung" der Energieformel durch den „Schwerpunkt der Vorwerfbarkeit" schlägt *v. Coelln*, 2008, S. 68, vor.

[22] *Jescheck/Weigend*, S. 603; *Fünfsinn*, 1985, S. 42; *Küpper*, 1990, S. 73; *Samson*, Fs. Welzel, 1974, S. 595; *Stoffers*, GA 1993, 262 ff.: „(Nicht-)Kausalität der Sich-Verhaltenden"; vgl. auch *Röhl*, JA 1999, 899. – Krit. aber *Struensee*, Fs. Stree/Wessels, 1993, S. 140 ff. u. *Kargl*, GA 1999, 459, 466 ff., der selbst aber auf einen „kognitiven Kausalitätsbegriff" abstellt: Tun, wenn der Täter sich zur „gesetzmäßigen Bedingung ... für die schließlich eingetretene Rechtsgutslage gemacht" hat; Unterlassen dagegen ist das „Nichterbringen einer verbessernden Leistung" (S. 475).

[23] *Küpper*, 1990, S. 73; ähnlich *Gropp*, Fs. Schreiber, 2003, S. 113, 120.

[24] *Sieber*, JZ 1983, 435; NK-*Wohlers*, § 13 Rn. 7. – SK-*Rudolphi/Stein*, Vor § 13, Rn. 1, 6 u. 77, stellen für das Tun auf die „Aktivität" ab.

[25] So die Formulierung SK-*Rudolphi*, Rn. 6 Vor § 13, in früheren Auflagen, zuletzt Sept. 2000.

[25a] Demgegenüber will *Ransiek*, 1996, S. 30 ff., in Zweifelsfällen die Abgrenzung von Tun und Unterlassen vernachlässigen und an die Pflichtwidrigkeit des Verhaltens anknüpfen.

[25b] *Schneider*, 1997, S. 142 ff.

den werden können, erscheint angesichts der Unbestimmtheit der „natürlichen" Betrachtung und der schwer definierbaren „Erwartung" der Rechtsordnung eher fraglich. – Bei mehrdeutigem Verhalten wird auch – einfach, aber zu schematisch – vom Primat des positiven Tuns als Regelfall ausgegangen; erst wenn das nicht zur Strafbarkeit führt, ist nach der Strafbarkeit wegen Unterlassens zu fragen.[25c]

> Aus der **Übungsfall-Literatur** zur Abgrenzung von Tun und Unterlassen vgl.: *Beulke*, KK I, Fall 6 Rn. 225 u. 242; *Bott/Kühn*, Jura 2009, 72 u. 77; *Fahl*, Jura 2009, 234 u. 236; *Gropp*, in: G/K/M, Fallsammlung, Fall 2, S. 25 f. u. 26–28; Fall 3, S. 47 f. u. 55–57 sowie Fall 4, S. 73 f. u. 75 f.; *Hilgendorf*, KK II, Fall 4, Rn. 34 (bei § 263) u. KK III, Fall 1, Rn. 22–26; *Jäger*, Bsp. Rn. 342 a, b (= BGHSt 52, 159) u. Fall 64, Rn. 365, 366 (Inverkehrbringen eines Produkts); *Kudlich*, PdW AT, Fall 181; *Lindhelm/Uhl*, JA 2009, 783 u. 783 f., 787; *Murmann*, JA 2011, 593 u. 600; *Otto/Bosch*, Übungen, Fall 2, S. 73–75; *Riemenschneider*, JuS 1997, 628 u. 633; *Rotsch*, JuS 2004, 607 u. 611 f. (bei § 263); *Rudolphi*, AT-Fälle, Fall 6, S. 65 u. 69; *Tiedemann*, Anfängerübung, Fall 10, S. 229 f. u. 230, 231; *Stoffers*, Jura 1993, 376 u. 379 f.; *Stoffers/Murray*, JuS 2000, 986 u. 987; *Wank*, JuS 1995, 1086 u. 1088.

So sehr die Fronten zwischen der wertenden und der auf solche Wertungen 17 verzichtenden Auffassung auch verhärtet erscheinen, so selten wirken sich die unterschiedlichen Auffassungen in der Lösung von Fällen aus; oft kommen beide Auffassungen zu demselben Ergebnis. So etwa beim Nichteinschreiten des Wohnungsinhabers gegen Straftaten in seiner Wohnung und beim Nichtergreifen von Kontroll- und Gegenmaßnahmen gegen strafbare Inhalte durch den Provider (zu den Garantenstellungen s. u. Rn. 112 ff. u. 115 b); jeweils Unterlassen, da das Halten einer Wohnung und das Weiterbetreiben des Netzes als sozialadäquate Begehungen nicht als Ansatzpunkt für eine Strafbarkeit in Betracht kommen.[25d] Das gilt allerdings nicht für den **Schulfall** des Abschaltens des Reanimators/Respirators durch den behandelnden Arzt.[26] Da der Arzt hier Energie beim Knopfdruck einsetzt und durch diesen Knopfdruck den Tod des Patienten kausal herbeiführt, ist nach dem Energie-/Kausalitätskriterium aktiv in die Außenwelt eingegriffen worden.[27] Obwohl sich der BGH gegen „äußerliche Kriterien" bzw. gegen ein „Kriterium" ausspricht, das an „äußeren Erscheinungsformen" anknüpft, geht er von „tatsächlich aktivem Verhalten" aus und hat dafür keine andere Begründung als die „erlebte Wirklichkeit"; Zweifel an diesem „Erleben" kommen erst gar nicht auf: „Pech" für den, der es nicht so erlebt (BGHSt 55, 191, 201–203; noch selbstsicherer *Fischer*, § 13 Rn. 5 u. 62 vor § 211 u. in:

[25c] Vgl. *Frister*, 22/12; ähnlich die Konkurrenzlösung von *Kindhäuser*, AT, 35/4; *Puppe*, AT 2, 45/15, LK-*Weigend*, § 13 Rn. 7 u. *Jäger*, BT, Rn. 333: Lehre vom Primat des kausalen Tuns; für Vorrang des Tuns bei mehrdeutigen Verhaltensweisen auch *Kuhlen*, Fs. Puppe, 2011, S. 669, 682 u. *Puppe*, AT² 2011, 28/19 ff. mit einer Ausnahme (Rn. 20).

[25d] Vgl. *Popp*, 2002, S. 121 ff., 124 f. u. *Kudlich*, 2004, S. 408 ff., 451.

[26] Ausführlich dazu *Stoffers*, 1992, S. 387 ff., und 457 ff.; vgl. auch *Jakobs*, Fs. Schewe, 1991, S. 76 f.; *Walter*, ZStW 116 (2004), S. 555, 563 ff.; *Czerner*, JR 2005, 94 ff.; *Führ*, Jura 2006, 265, 266, 268 f. u. *Herzberg*, Fs. Röhl, 2003, S. 270, 283 ff., der aktives Handeln annimmt, dieses aber einem Unterlassen gleichstellt und deshalb eine Garantenstellung verlangt.

[27] So *Otto/Brammsen*, Jura 1985, 531: Fall 1; *Otto*, Jura 1999, 434, 438 u. 2000, 549, 550; *Brammsen*, GA 2002, 193, 210; ebenso: B-*Weber/Mitsch*, 15/33; *Gimbernat*, Schünemann-Symposium, 2005, S. 163 u. 188 f.; *Gössel/Dölling*, BT 1, 2/58; *Joerden*, 2003, S. 177; *Joecks*, § 13 Rn. 15; *Küpper*, 1990, S. 81 (m. w. N. in Fn. 52); M-*Gössel/Zipf*, AT 2, 45/32; *Zieschang*, Rn. 590 f. u. in: Fs. Knemeyer, 2012, S. 449, 469; LK¹¹-*Jähnke*, 18 vor § 211; LK-*Weigend*, § 13 Rn. 9; MK-*Freund*, § 13 Rn. 11; NK-*Wohlers*, § 13 Rn. 10; SK-*Sinn*, § 212 Rn. 28; *Stoffers*, 1992, S. 458; *Mosenheuer*, Unterlassen und Beteiligung, 2009, S. 42 ff. m. zust. Bspr. *Bachmann*, ZJS 2010, 349; diff. *Gropp*, 11/67: aktives Tun nur, wenn „Rettungshandlungen einen Zustand herbeigeführt haben, der einen positiven Verlauf erwarten lässt"; dem liegt die Unterscheidung von unbeendeten und beendeten Erfolgsverhinderungsversuchen zu Grunde, *Gropp*, Gs. Schlüchter, 2002, S. 173, 178 ff.

Fs. Roxin, 2011, S. 557, 569 ff.; auch für Tun *Hirsch,* JR 2011, 37, der aber die Abqualifizierung „äußerlicher" Kriterien als unnötig bezeichnet; zu Recht krit. *Walter,* ZIS 2011, 76, 77: auf die „äußere Handlungsform" kam es nicht an, dann aber auch für aktives Tun: „Daran führt kein vernünftiger Weg vorbei" [S. 81] = in der Selbstsicherheit *Fischer* noch übertreffend). Bei wertender Betrachtung hingegen ist der Umstand entscheidend, dass der Knopfdruck zur Unterlassung weiterer Rettungsbemühungen geführt hat.[28] Diese Einordnung des Verhaltens des Arztes als Unterlassen der Erfolgsabwendung wird durch den Vergleich mit der Beendigung einer manuellen Herzmassage gestützt, denn in diesem Fall hat der Helfer nur aufgehört, weiter zu helfen.[29] Unterlassen liegt deshalb auch vor, wenn der Arzt die Magensonde entfernt und der Patient nur noch mit Tee ernährt wird (BGHSt 40, 257, 265 f. = *Roxin,* HRR AT, Fall 33, S. 44 ff. u. 174, Antwort 1).[29a] Man spricht in diesen Fällen auch von einem „Unterlassen durch Tun".[29b] Diese wohl begründete Rechtsfigur verwirft jetzt der BGH unter Aufgreifen wenig überzeugender Literaturmeinungen und vermittelt über den Praktikerkommentar von *Fischer* unnötig polemisch einen dogmatisch(!) unzulässigen „Kunstgriff" (angesichts der bisher h. M. in ihrer Zahl ziemlich überraschend dem BGH zust. *Bosch,* JA 2010, 908, 911; *Eidam,* GA 2001, 232, 239; *Engländer,* JZ 2011, 513, 517; *Hirsch,* JR 2011, 37; *Rosenau,* Fs. Rissing-van Saan, 2011, S. 547, 555; *Schneider,* MittBayNot 2011, S. 102, 103; *Uhl/Joerden,* AL 2011, 369, 373; *Verrel,* NStZ 2010, 671, 672 („Irrweg"). Nicht weniger gekünstelt zaubert er dann den „normativ wertenden Oberbegriff des Behandlungsabbruchs" hervor, der eine „Vielzahl von aktiven und passiven Handlungen" umfassen soll (BGHSt 55, 191, 202 f.; zust. *Fischer,* 62 vor § 211; auch *Wolfslast/Weinrich,* StV 2011, 286, 287; krit. *Dölling,* ZIS 2011, 345, 346; *Duttge,* MedR 2010, 36, 38; *Walter,* ZIS 2011, 76, 78 f.; *Zieschang,* Fs. Knemeyer 2012, S. 449, 469; *Eisele,* BT I, Rn. 167); aber auch dieser beschreibende Begriff ändert nichts daran, dass es sich der Sache nach um ein Unterlassen handelt: es wird nicht weiterbehandelt.

---

[28] So *Engisch,* Fs. Gallas, 1974, S. 177 f.; *Geilen,* JZ 1968, 151; *Hilgendorf,* JuS 1993, 98; *Jäger,* ZStW 115 (2003), 765; *Czerner,* JR 2005, 94, 98; *Führ,* Jura 2006, 265, 269; *Kühl,* Jura 2009, 881, 886; *Ebert,* S. 174; *Haft,* S. 177; *Krey/Esser,* AT, Rn. 1115 (referierend und auf die Rspr.-Änderung hinweisend, Rn. 1117–1120); *Krey/Heinrich,* BT 1, Rn. 11; *Murmann,* GK, 29/15; *Rengier,* BT II, 7/7; *Roxin,* AT II, 31/117; *W-Beulke,* Rn. 704; NK-*Neumann,* 122 f. vor § 211; S/S-*Stree/Bosch,* Vorbem. §§ 13 ff., Rn. 160; *v. Coelln,* 2008, S. 68 f.; vgl. auch *Merkel,* 2001, S. 245 f., *Dreier,* JZ 2007, 317, 323 u. *Ingelfinger,* 2004, S. 308 ff. sowie *Ast,* 2010, S. 148 f. mit normtheoretischer Begründung des Unterlassens.

[29] Vgl. die Argumentation von *Roxin,* Fs. Engisch, 1969, S. 397 ff. u. in: Roxin/Schroth, 2010, S. 94; *Küper,* JuS 1971, 476; *Jäger,* ZStW 115 (2003), S. 765, 769; *Kuhlen,* Fs. Puppe, 2011, S. 669, 683, sieht hierin eine „normativ argumentierende Kritik an einer naturalistischen Unterscheidung"; weitere Begründung für Unterlassen bei SK-*Rudolphi/Stein,* Vor § 13 Rn. 81 f. u. *Schneider,* 1997, S. 175 ff.; kritisch zu dieser Argumentation *Seelmann,* JuS 1987, L 34; *Jakobs,* 1996, S. 38: „Bilder und Ahnungen"; *Kargl,* GA 1999, 459, 480, der für Handeln plädiert, weil das Abschalten den Tod „unmittelbarer und absehbarer" festlegt, und *Winter,* 2000, S. 90 Fn. 310; krit. auch *Merkel,* Fs. Herzberg, 2008, S. 193, 222, der Unterlassen annimmt, weil der abschaltende Arzt in seinem eigenen Rechtskreis geblieben ist.

[29a] Vgl. zur unterschiedlich beurteilten Abgrenzung von Tun und Unterlassen in dieser Entscheidung *Merkel,* ZStW 107 (1995), 545, 552 f.; *Schöch,* NStZ 1995, 153 f.; *Vogel,* MDR 1995, 337, 338 f.; *Rönnau,* JA 1996, 108, 111 f.; *Stoffers,* Jura 1998, 580 ff.; *Brammsen,* NStZ 2000, 337, 341 f. u. GA 2002, 193, 210 f.; *Ast,* 2010, S. 167 f.; *Czerner,* JR 2005, 94, 98. – Vgl. auch OLG Frankfurt NJW 1998, 2747. – Vergleichbarer Fall der Beihilfe zur Steuerhinterziehung bei *Samson/Langrock,* wistra 2007, 161, 162 f.

[29b] *Roxin,* HRR AT, S. 174; gegen diese „Konstruktion" *Otto,* Jura 2000, 549, 550 u. *Herzberg,* Fs. Röhl, 2003, S. 270, 283.

Bricht freilich ein **Dritter** den vom Arzt laufengelassenen, rettenden Kausalverlauf **18** durch eigenmächtiges Abschalten ab, so wird allgemein eine Tötung durch aktives Verhalten angenommen.[30] Dies ist jedoch dann nicht zwingend, wenn der Dritte auf Verlangen des angeschlossenen Patienten den Reanimator/Respirator abstellt;[31] zumindest ist der Dritte deshalb nicht strafbar, weil er das Recht des Patienten auf Behandlungsfreiheit realisiert.[32] Zutreffend lässt auch der BGH, der gerade über diese Fallkonstellation – auf den Rat eines Rechtsanwalts durchtrennt die Tochter Schlauch zur Sonde, über die ihre im Wachkoma liegende Mutter ernährt wird; die Einordnung des Rechtsanwalts als Mittäter per Raterteilung ist problematisch (*Schumann*, JR 2011, 142, 145: Anstiftung; ebenso *Walter*, ZIS 2011, 76, 79) – zu entscheiden hatte, eine Rechtfertigung über die Einwilligung zu (BGHSt 55, 191, 206). Bedenklich aber ist, dass der BGH den Kreis der Personen, die für eine Rechtfertigung in Betracht kommen, auf Arzt, Betreuer, Bevollmächtigte beschränken will (BGHSt 55, 191, 206; zu Recht krit. *Engländer*, JZ 2011, 513, 518, der auch eigenmächtig handelnde Angehörige einbeziehen will; ebenso *Verrel*, NStZ 2010, 671, 674; a. A. *Walter*, ZIS 2011, 79); immerhin wird der Anwalt der Tochter als „Hilfsperson" einbezogen (zust. *Hecker*, JuS 2010, 1027, 1030; *Rosenau*, Fs. Rissing-van Saan, 2011, S. 547, 556, der aber die „Hilfsperson" als freie Erfindung bezeichnet [S. 564]; gegen die Einbeziehung in den „Behandlungsabbruch" *Schneider*, MittBayNot 2011, 102, 105 (zu weit); für die Einbeziehung Dritter *Walter*, ZIS 2011, 76, 79; krit. wegen der befürchteten Eigenmächtigkeit von Betreuer und Dritten *Wiebe*, ZfL 2010, 130, 132, *Wolfslast/Weinrich*, StV 2011, 286, 288, *Kutzer*, Fs. Rissing-van Saan, 2011, S. 337, 355 u. *Zieschang*, Fs. Knemeyer, 2012, S. 449, 470).

Die Annahme eines aktiven Tuns beim Knopfdruck durch den abstellenden Arzt **19** führt übrigens auch nicht zwingend zur Strafbarkeit wegen aktiver Tötung („aktive Euthanasie"). Die Pflicht zur Weiterbehandlung endet bei deren vom Arzt festzustellender Sinnlosigkeit; muss aber eine Behandlung wegen Sinnlosigkeit nicht aufgenommen werden, so darf sie nach erkannter Sinnlosigkeit auch abgebrochen werden.[33] Die Einordnung als Tun oder Unterlassen entscheidet den Fall also nicht automatisch.[34] Allerdings tut sich die Strafrechtslehre leichter, die Straflosigkeit der

---

[30] Vgl. *Küpper*, 1990, S. 81; *Stoffers*, 1992, S. 458 f.; *Duttge*, GA 2006, 573, 576. – Zu Kausalität und objektiver Zurechnung s. 4/17 f., 26, 51, 57.

[31] Vgl. LG Ravensburg NStZ 1987, 229 m. Anm. *Herzberg*, JZ 1988, 182 ff.; *Otto*, JK 87, StGB § 216/3; *Roxin*, NStZ 1987, 348 ff.; SK-*Rudolphi/Stein*, Vor § 13 Rn. 82. – Für positives Tun *Stoffers*, Jura 1998, 553. – Zum Fall auch *Achenbach*, Jura 2002, 542, 547: Fall 9; *Gropp*, 11/68–70 u. in: Gs. Schlüchter, 2002, S. 183 ff.; *Puppe*, AT 2, 46/9–15.

[32] Vgl. *Kühl*, Jura 2010, 81, 84 u. *Lackner/Kühl*, § 216 Rn. 6: „gerechtfertigt"; *Otto*, 9/5: „nicht rechtspflichtwidrig" sowie *Otto*, BT, 6/27: „rechtmäßig"; *Roxin*, AT II 31/123: „straflos"; vgl. auch *Rieger*, 1997, S. 57; *Schneider*, 1997, S. 242 u. MK¹-*Schneider*, 111 vor §§ 211 ff.: Rechtfertigungslösung nach § 34.

[33] Vgl. *Kühl*, Jura 2009, 881, 885; *Küpper*, 1990, S. 82; *Hirsch*, Fs. Lackner, 1987, S. 605 f.; *Ingelfinger*, 2004, S. 332 ff.; *Kubiciel*, JZ 2009, 600, 607 u. B-*Weber/Mitsch*, 15/33; ähnlich *Jäger*, ZStW 115 (2003), S. 765, 769 („aussichtslose Lage"), *Otto*, NJW 2006, 2217 f. u. *Roxin*, in: Roxin/Schroth, 2010, S. 96 f.; *Jakobs*, 1996, S. 38; krit. zum Kriterium der Sinnlosigkeit NK-*Neumann*, 102 vor § 211; auch S/S-*Eser*, Vorbem §§ 211 ff. Rn. 29, die auf eine normative Unzumutbarkeit abstellen; ebenso *Joecks*, Rn. 34 Vor § 211; im Erg. auch *Gropp*, 11/70. – Für § 34 – Rechtfertigung beim Abbruch lebenserhaltender Maßnahmen *Gössel/Dölling*, BT 1, 2/57–62: Fall 57.

[34] Nach *Volk*, Fs. Tröndle, 1989, S. 223, darf davon nichts abhängen; zust. *Freund*, 1992, S. 19 Fn. 6; *Merkel*, 2001, S. 243, 247; *Otto*, Jura 2000, 549, 550; *Brammsen*, GA 2002, 193, 210 u. *Walter*, ZStW 116 (2004), S. 555 u. 564; vgl. aber auch *Joerden*, 2003, S. 177 f.

passiven Sterbehilfe zu begründen. Das ist allerdings nur dann „leicht", wenn eine eigenverantwortliche Entscheidung des Patienten gegen die Weiterbehandlung vorliegt; soll aber bei einem einwilligungsunfähigen Patienten „abgeschaltet" werden, so ist die Rechtfertigung nicht „einfach" zu begründen.[35] Hier hat nun der BGH – ohne dass es der Erfindung des Kriteriums Behandlungsabbruch bedurft hätte – insofern zu einer Klärung beigetragen, als in bestimmten Fällen die „Sterbehilfe durch Unterlassen, Begrenzen oder Beenden einer begonnenen medizinischen Behandlung" mit (auch mutmaßlicher) Einwilligung gerechtfertigt werden kann (BGHSt 55, 191 Ls. 1). Diese Klärung erfährt eine weitere Präzisierung, weil der BGH auf das neue Patientenverfügungsgesetz verweisen kann, in dem die Voraussetzungen der Einwilligung und das Verfahren zu deren Feststellung in den §§ 1901 a ff. BGB (dazu *Kühl*, Jura 2009, 881, 886 u. *Lackner/Kühl*, 8 vor § 211). In einer weiteren Entscheidung erklärt der BGH die Einhaltung der zivilrechtlichen Vorgaben zur Voraussetzung der Rechtfertigung, was eine (auch allgemein nicht geklärte) Zivilrechtsakzessorietät bedeuten würde (BGH NJW 2011, 161 ff.; abl. *Engländer*, JZ 2011, 512, 516, 519; krit. *Rosenau*, Fs. Rissing-van Saan, 2011, S. 547, 559 u. *Verrel*, NStZ 2010, 671, 674, auch *Walter*, ZIS 2011, 76, 79 f.; die unmittelbare Wirkung des Zivilrechts begrüßend *Eidam*, GA 2011, 232, 235 f.; für Beachtung des Betreuungsrechts *Dölling*, ZIS 2011, 345, 348; ebenso *Gaede*, NJW 2010, 2925, 2926 f. [Rechtssicherheit vermehrt]; *Hirsch*, JR 2011, 37, 39 [Klarstellungen]; *Schneider*, MittBayNot 2011, 102, 105 [Harmonisierung]. Zu begrüßen ist, dass die Rechtfertigung auch die sog. „Vorsterbephase" vor der eigentlichen Sterbephase erfasst; das entspricht § 1901 a III BGB und wird vom BGH sicherheitshalber bestätigt (BGHSt 55, 191, 200; näher *Eidam*, GA 2011, 232, 238; zust. *Hirsch*, JR 2011, 37 f.; *Rosenau*, Fs. Rissing-van Saan, 2011, S. 547, 551, 557, *Wolfslast/Weinrich*, StV 2011, 286 u. *Geppert*, JK 1/11, StGB 316/8). Undeutlich sind die Kriterien der Rechtfertigung; sie sollen sich „aus den Begriffen der ‚Sterbehilfe' und des ‚Behandlungsabbruchs' selbst und aus der Abwägung der betroffenen Rechtsgüter vor dem Hintergrund der verfassungsrechtlichen Ordnung ... ergeben" (BGHSt 55, 191, 204; krit. *Duttge*, MedR 2011, 36, 37; *Engländer*, JZ 2011, 513, 517; *Gaede*, NJW 2010, 2925, 2926; *Walter*, ZIS 2011, 76, 78 f.; *Rosenau*, Fs. Rissing-van Saan, 2011, S. 547, 557; *Uhl/Joerden*, JR 2011, 369, 375; *Verrel*, NStZ 2010, 671, 673; *Walter*, ZIS 2011, 76, 78). Unklar bleibt, wie man gezielte Angriffe auf das Leben – das gezielte Töten ist bisher nur zur Abgrenzung von direkter und indirekter Sterbehilfe herangezogen worden (oben 8/165) – weiterhin für rechtswidrig erklären und nach § 216 bestrafen will (so BGHSt 55, 191 Ls. 3; das Kriterium dennoch lobend *Verrel*, NStZ 2010, 671, 673; krit. *Zieschang*, Fs. Knemeyer, 2012, S. 449, 469); die teleologische Reduktion des § 216 für die Sterbehilfe (so etwa *Walter*, ZIS 2011, 76, 81 f.) ist ein „Kunstgriff" (vgl. auch *Joerden*, Fs. Roxin, 2011, S. 593). Bei soviel Anerkennung für das Selbstbestimmungsrecht ist eine „paternalistische" Überstimmung des Willens des Todeswilligen schwerlich aufrechtzuhalten (dazu *Lackner/Kühl*, § 216 Rn. 1 m. w. N.). – Vorschnell abgelehnt wird vom BGH die bei der indirekten Sterbehilfe von der Rspr. praktizierte Notstandslösung nach § 34 (*Lackner/Kühl*, 7 vor § 211 m. N.), denn auch hier könnte man zu einem wesentlich überwiegenden Interesse am menschwürdigen Sterben im Vergleich zum Weiterleben kommen (abl. BGHSt 55, 191, 197 f.; i. Erg. zust. *Engländer*, JZ 2011, 513, 517; auch *Eidam*, GA 2011, 232, 241 [Einwilligung sachnäher]; *Gaede*, NJW 2010, 2925, 2927 [nicht vorzugswürdig]; diskutabel ist § 34 für *Bosch*, JA 2010, 908, 911 u. *Brunhöber*, JuS 2011, 401, 404; für analoge Anwendung mit Einwilligung als Abwägungsfaktor zugunsten menschen-

---

[35] Vgl. *Merkel*, 2001, S. 247.

würdigen Sterbens *Rosenau*, Fs. Rissing-van Saan, 2011, S. 541, 560 f.). – Zur Notwehrhilfe s. oben 7/138. Als Alternative zu den Rechtfertigungslösungen (Einwilligung [auch mutmaßliche] und/oder Notstand nach § 34) präsentiert sich neuerdings auch eine Tatbestandslösung, die schon die Weiterbehandlung ohne Einwilligung für rechtswidrig hält, weshalb der Tod durch Behandlungsabbruch dem Abbrechenden schon objektiv nicht zugerechnet werden könne (s. *Uhlig/Joerden*, AL 2011, 369, 375, die diese Lösung ablehnen; für diese Lösung etwa *Engländer*, JZ 2011, 513, 517 u. *Rissing-van Saan*, ZIS 2011, 544, 548). Darauf und auf weitere Probleme der Sterbehilfe durch „Behandlungsabbruch" kann hier (bei der Abgrenzung von Tun und Unterlassen) nicht mehr eingegangen werden. Zur neuesten Sterbehilfeproblematik vgl. *Eisele*, BT I, Rn. 164–169; *Kindhäuser*, BT I, 3/7; *Rengier*, BT II, 7/7 a–8 b; *W-Hettinger*, Rn. 37 ff.; *Murmann*, GK, 21/79; *Zieschang*, Rn. 590 f.

Aus der **Übungsfall-Literatur** zum Behandlungsabbruch durch Abschalten vgl.: *Fateh-Moghadam/Kohake*, ZJS 2012, 98 u. 99 f.; *Haft*, Fallrepetitorium, Nr. 375 (Unterlassen bei normativer Betrachtung); *Jäger*, AT, Fall 57, Rn. 335 b, 336 (Sterbehilfe-Fall nach BGH NStZ 2010, 630); *Hilgendorf*, KK II, Fall 11, Rn. 56–60 (Abschalten durch Dritten nicht straflos); u. KK III, Fall 1, Rn. 25 f. (pro Unterlassen bei Abschalten durch Arzt); *Krüger*, AL 2001, 235 u. 236 f. (Abschalten als Unterlassen); *Kudlich*, PdW AT, Fälle 186, 187; *Marxen*, BT, Fall 1 a, S. 1 f. („eigentlichen Sinngehalt nach als Unterlassen") u. Fall 1 d, S. 8 f. (Sterbehilfe durch medizinischen Laien – LG Ravensburg NStZ 1987, 229); *Murmann*, JuS 1998, 630 u. 632 (Unterlassen der Aufrechterhaltung der Ernährung); *Otto*, Übungen, Anfängerhausarbeit, S. 114 u. 118 f. (aktives Tun bei Abschalten durch Laien); *Rudolphi*, Jura 1979, 39 f. (positives Tun wegen Energieeinsatzes zur Verursachung des tatbestandsmäßigen Erfolges); *Vogel/Hocke*, Jura 2005, 709 (Fall Schiavo).

Weitgehende Einigkeit besteht in der – sonstigen – Behandlung der Fälle, in denen 20 der Täter einen sog. **rettenden Kausalverlauf abbricht**, den ein Dritter zur Rettung des Gefährdeten eingeleitet hat: positives Tun.[36] So etwa der Vater, der sich dem Arzt, der seinem Sohn eine lebensrettende Bluttransfusion geben will, hindernd in den Weg stellt.[37] Oder der Bootseigentümer, der den rettungswilligen Helfer daran hindert, dass er – nach § 904 BGB gerechtfertigt – dem Ertrinkenden mit dem Boot zu Hilfe kommt.[38] Dies lässt sich mit dem Schwerpunkt der Vorwerfbarkeit und der Umgestaltung des Kausalgeschehens begründen. Beschränkt sich der Rettungsunwillige freilich darauf, dass er den Rettungswilligen nur nicht unterstützt, so liegt ein Unterlassen vor.[38a]

---

[36] H.L.; vgl. etwa *Lackner/Kühl*, § 13 Rn. 3; ebenso *Gropp*, Gs. Schlüchter, 2002, S. 173, 179; *Herzberg*, Fs. Röhl, 2003, S. 270, 277; *Rengier*, AT, 48/18; *Zieschang*, Rn. 593; LK-*Weigend*, § 13 Rn. 8; NK-*Wohlers*, § 13 Rn. 9; diff. *Frister*, AT, 22/12, bei ungeeigneten oder unvollständigen Rettungsmaßnahmen und *Haas*, 2002, S. 131, der ein subjektives Recht des Opfers gegenüber dem Täter auf Wahrung des rettenden Kausalverlaufs verlangt; speziell zum („Rettungs"-)Folterverhinderer *Mitsch*, Fs. Roxin, 2011, S. 639, 645: aktives Tun eines unmittelbaren Täters.

[37] So im Übungsfall *Ebert*, JuS 1976, 319 f.

[38] Vgl. *Otto*, 9/10: 4. Var. des Beispielsfalls; S/S-*Stree/Bosch*, Vorbem §§ 13 ff. Rn. 159; W-*Beulke*, Rn. 701; *Röhl*, JA 1999, 900 f.; ausführlich *Stoffers*, JA 1992, 141, 177 u. 182, und *Winter*, 2000, S. 136 f., der 10 Beispiels-Fälle behandelt. – Aus der Rechtsprechung vgl. OLG Düsseldorf bei *Geppert*, JK 88, StGB § 13/15; zu dieser Entscheidung vgl. auch *Küpper*, 1990, S. 78; *Stoffers*, JuS 1993, S. 25 Fn. 25.

[38a] So auch *Winter*, 2000, S. 137 u. 151 ff. mit Beispiels-Fällen 10 und 11; ebenso *Brammsen*, GA 2002, 193, 211, wenn sich „der konkrete Rettungsprozess noch nicht zum rettungstauglichen Geschehensablauf entwickelt" hat.

Aus der **Übungsfall-Literatur** zum Abbruch rettender Kausalverläufe vgl.: *v. Danwitz*, Jura 2000, 486 u. 490; *Dencker*, Klausuren, Fall 26, S. 31 u. 91; *Ellbogen*, JuS 2002, 151 u. 154; *Ebert*, JuS 1976, 319 f.; *Gössel*, Fälle, Fall 4, S. 77 f. u. 90 f.; *Gropp*, in: G/K/M, Fallsammlung, Fall 3 S. 47 f. u. 55–57; *Hilgendorf*, KK II, Fall 14, Rn. 58; *Kudlich*, AT-Fälle, Fall 4, S. 51 f. u. in: PdW AT, Fälle 183–185; *Meurer/Kahle/Dietmeier*, Übungskriminalität, Fall 2, S. 13 u. 17; *Riemenschneider*, JuS 1997, 628 u. 633; *Rudolphi*, AT-Fälle, Fall 6, S. 65 u. 69 f.; *Sternberg-Lieben/Sternberg-Lieben*, JuS 2005, 47 f. u. 50 (Entstehen eines rettenden Kausalverlaufs verhindert); *Stoffers*, JA 1994, 35 u. 45; *Tenckhoff*, JuS 1976, 526 u. 529 f.; *Tiedemann*, Anfängerübung, Fall 10, S. 229 f.

21   Weitgehende Einigkeit besteht umgekehrt darin, dass der **Abbruch eigener Rettungsbemühungen** als Unterlassen einzuordnen ist. Dieser auch sog. Rücktritt vom Gebotserfüllungsversuch[39] ist nicht anders zu beurteilen, als eine von vornherein unterlassene Rettungshandlung. Wer den Rettungsring, den er gerade aus der Halterung genommen hat, nun doch nicht wirft, hat trotz des Ansetzens zur Rettungshandlung nur die Rettung unterlassen.[40] Umstritten ist hingegen die Situation, in der sich das Rettungsgeschehen schon soweit auf das gefährdete Opfer zubewegt hat, dass dieses kurz vor seiner Rettung steht, z. B. den geworfenen Rettungsring nur noch zu ergreifen braucht. Rechnet man hier dem Opfer die zugewachsene Rettungschance schon als einen seine Lage normalisierenden Umstand zu, so verschlechtert der „Retter" diese Situation durch Aktivität, wenn er das Opfer (z. B. durch Zurückziehen des Rettungsringes) wieder in die Gefahrenlage zurückversetzt.[41] Wann genau das Unterlassen in ein Tun umschlägt, wird freilich unterschiedlich beantwortet.[42] Man wird dies erst dann annehmen können, wenn der rettende Kausalverlauf die Sphäre des Opfers erreicht hat,[42a] nicht schon dann, wenn der Täter einen rettenden Kausalverlauf abbricht, den er schon aus der Hand gegeben hatte.[42b] Keinen Unterschied macht es, ob der Täter den Rettungsring an der Leine zurückzieht oder diesen aus dem Wasser fischt, bevor er das Opfer erreicht.[42c]

Aus der **Übungsfall-Literatur** zum Abbruch eigener Rettungsbemühungen vgl.: *Alpmann/Schmidt*, AT 1, Fall 42, S. 207–212; *Berg*, Jura-Sonderheft Examensklausurenkurs, 2000, S. 56 u. 57; *Beulke*, KK II, Fall 5, Rn. 129 u. 147–149; *Gropp*, in: G/K/M, Fallsammlung, Fall 4, S. 73 f. u. 76; *Haft*, Fallrepetitorium, Nr. 380, 381; *Kudlich*, PdW AT, Fall 182; *Phillips/Boley*, Jura 1993, 256 u. 258; *Hilgendorf*, KK III, Fall 1, Rn. 25 f.; *Meurer/Kahle/Dietmeier*, Fall 6, S. 103 f. u. 130 f.; *Stoffers*, JuS 1993, 837 u. 841 f.

---

[39] So *Roxin*, AT II, 31/109; SK-*Rudolphi/Stein*, Vor § 13 Rn. 80; diff. *Herzberg*, Fs. Röhl, 2003, S. 270, 278; vgl. dazu ausführlich *Stoffers*, JA 1992, 141 u. 180 f. und *Winter*, 2000, S. 46 ff.

[40] Vgl. mit diesem Bsp. *Otto*, 9/10: 1. Var. des Beispielfalles; ebenso *Bockelmann/Volk*, S. 148; *Ebert*, S. 174; *Jäger*, Rn. 335; *Kindhäuser*, § 13 Rn. 80; *Ransiek*, JuS 2010, 490, 494; *Walter*, ZStW 116 (2004), S. 555, 561 und *Winter*, 2000, S. 74 f. mit eigener Lösungsformel auf S. 77.

[41] Vgl. zu dieser h. M. *Roxin*, Fs. Engisch, 1969, S. 387; *Otto*, 9/10: 2. Var. des Beispielfalles; *Haft*, S. 177; *Kindhäuser*, § 13 Rn. 81; S/S-*Stree/Bosch*, Vorbem §§ 13 ff. Rn. 160; W-*Beulke*, Rn. 702 u. *Walter*, ZStW 116 (2004), S. 555, 561 f., der darauf abstellt, ob der Status des Opfers bereits rechtlich geschützt ist.

[42] Vgl. die Darstellung der unterschiedlichen Zeitpunkte bei *Stoffers*, JA 1992, 180 f., der sich gegen ein solches Umschlagen ausspricht; ebenso *Seelmann*, JuS 1987, L 34: auch hier fehle es an der Kausalität.

[42a] *Roxin*, AT, 31/110; nur im Erg. zust. *Merkel*, Fs. Herzberg, 2008, S. 193, 200; a. A. SK-*Rudolphi/Stein*, 81 vor § 13 u. *Rengier*, AT, 48/22 f.: Abbrechen eines Kausalverlaufs, der das Opfer mit an Sicherheit grenzender Wahrscheinlichkeit gerettet hätte; so wohl auch *Zieschang*, Rn. 592.

[42b] *Samson*, Fs. Welzel, 1974, S. 579, 598 ff.; B-*Weber/Mitsch*, 15/31.

[42c] *Ransiek*, JuS 2010, 490, 494.

Unterlassen wird zu Recht auch in den Fällen der sog. **omissio libera in causa** 22 angenommen, obwohl sich der Täter hier durch positives Tun (z. B. Alkoholkonsum) außerstande setzt, eine für ihn später aktuell werdende Handlungspflicht (z. B. Bahnschranke herunterlassen) zu erfüllen.[43] Für diese Einordnung spricht, dass der Täter hier letztlich untätig bleibt,[44] auch wenn er im Vorfeld dazu selbst den entscheidenden Grund durch aktives Verhalten gesetzt hat. Gegen die Annahme eines Unterlassens wird eingewandt, dass zum Zeitpunkt des Entstehens der konkreten Handlungspflicht die Handlungsmöglichkeit fehlt.[45] Dagegen kann man anführen, dass das den Schrankenwärter treffende Erfolgsverhinderungsgebot auch zum Inhalt habe, „sich die Handlungsfähigkeit bis zum Zeitpunkt des Eingreifens zu erhalten oder sie gegebenenfalls wieder herzustellen."[46] – Zum Versuchsbeginn s. Rn. 150 a.

> Aus der **Übungsfall-Literatur** zur omissio libera in causa vgl.: *Baier*, JA 2000, 300 u. 302; *Kudlich*, PdW AT, Fall 190 (Unterlassen); *Mitsch*, in: G/K/M, Fallsammlung, Fall 18, S. 325 f. u. 335–337 (Sonderkonstellation bei § 266 a) und JA 2006, 509 u. 514.

Ein „klassisches ‚Abgrenzungs'-Problem"[47] enthält auch das doppelrelevante 23 bzw. ambivalente Verhalten von Fahrlässigkeitstätern. Diese **Fahrlässigkeits-Fälle** werden hier nur deshalb schon erörtert, weil sonst die Abgrenzungsproblematik beim fahrlässigen Unterlassungsdelikt noch einmal aufgegriffen werden müsste. Der „klassische Fall" ist der sog. Ziegenhaar-Fall (RGSt 63, 211: pro Unterlassen; dazu *Führ*, Jura 2006, 265 ff. u. *Kaspar*, JuS 2012, 112, 117 sowie schon *Engisch*, Fs. Gallas, 1973, 184 ff.), in welchem der Fabrikant dem Arbeiter Ziegenhaare zur Bearbeitung gegeben hatte (= Tun), die er zuvor nicht desinfizieren hatte lassen (= Unterlassen). Solche Fälle kommen häufig im Straßenverkehr vor, wie das Eingangsbeispiel – Radfahren ohne Beleuchtung – zeigt. Auch das unbeleuchtete Abstellen eines Pkw gehört hierher, freilich als Grenzfall (s. u. 19/1 mit weiteren Fällen aus der Rspr.).[48]

Abstrakt geht es um Fälle, in denen eine gefährliche Handlung erlaubt ist, wenn 24 ihre Gefährlichkeit durch komplementäre Sicherungen aufgefangen wird.[49] Er-

---

[43] *Fischer*, § 13 Rn. 43; *Joecks*, § 13 Rn. 67; SK-*Rudolphi/Stein*, Vor § 13 Rn. 79; vgl. auch *Roxin*, AT II, 31/103: Unterlassen durch Tun; ausführlicher mit Beispielsfällen: *Stoffers*, JA 1992, 140 u. 181; *Winter*, 2000, S. 113 ff., 132 u. *Walter*, ZStW 116 (2004), S. 555, 568 f. – Aus der Rspr. zu § 266 a vgl. OLG Celle wistra 1996, 114 m. Anm. *Bente* und *Rönnau*, wistra 1997, 13; aus der Zivilrechtsprechung vgl. BGHZ 134, 304 mit zust. Bspr. *Hellmann*, JZ 1997, 1005, krit. aber *Frister*, JR 1998, 63; zu § 266 a vgl. auch *Satzger*, JA 2006, 513, 516; *Mitsch*, BT 2/2, 4/19; zu §§ 258, 258 a OLG Koblenz NStZ-RR 2006, 77 m. Anm. *Cramer* NStZ 2007, 334. – Weitere Beispiele aus der Rspr. bei *Baier*, GA 1999, 272, 275 f.

[44] *Ebert*, S. 174; *Kindhäuser*, AT, 35/14; *Puppe*, AT 2, 46/7; *Rengier*, AT, 49/11; *Stoffers*, JA 1992, 181; *Brammsen*, GA 2002, 193, 211 f. Vgl. auch *Satzger*, JA 2006, 513, 517 u. *Struensee*, Fs. Stree/Wessels, 1993, S. 151. Für aktives Tun *Jakobs*, 7/69; dagegen *Baier*, GA 1999, 272, 273.

[45] *Seelmann*, JuS 1987, L 35.

[46] *Stoffers*, JA 1992, 181; z. T. wird auch ein doppeltes Unterlassen angenommen, vgl. *Hellmann*, JZ 1997, 1005: omissio libera in omittendo, u. *Müller*, 2001 a, S. 138 ff., 169; krit. dazu *Baier*, GA 1999, 272, 274 f.; nach *Brammsen*, GA 2002, 193, 212 müsste erst eine „Lehre vom Vorverschulden" ausgearbeitet werden.

[47] *Seelmann*, JuS 1987, L 34 f.; a. A. B-*Weber/Mitsch*, 15/26 f.: Tun und Unterlassen; nach NK-*Wohlers*, § 13 Rn. 6: „doppelrelevantes Verhalten".

[48] Vgl. OLG Celle VRS 63 (1982), 72, m. Bspr. *Maiwald*, JuS 1989, 186 f.; für Tun *Mitsch*, JuS 2001, 105, 107 u. *Brammsen*, GA 2002, 193, 209 f.

[49] *Maiwald*, JuS 1989, 186; so auch schon *Engisch*, Fs. Gallas, 1973, S. 163, 184 f.

schöpft sich hier die Unterlassens-Komponente im Außerachtlassen der gebotenen Sorgfalt, im Unterlassen der sichernden Vorkehrungen, so wird ganz überwiegend von einem Tun ausgegangen.[50] Die Teilnahme am Straßenverkehr, das Ausgeben der Ziegenhaare ist der richtige Anknüpfungspunkt für die Prüfung der Tatbestandsmäßigkeit, das **Unterlassen** der Sicherungsvorkehrungen nur eine für Fahrlässigkeitsdelikte notwendige **Begleiterscheinung** dieses Tuns.[51] Das kann sowohl mit dem Schwerpunkt der Vorwerfbarkeit als auch mit dem Energie-/Kausalitätskriterium begründet werden. Beide Begründungen führen das OLG Karlsruhe (GA 1980, 429) zur Annahme positiven Tuns in einem Fall, in dem der Täter sein Kfz einer fahruntüchtigen Person überlassen hatte, die damit einen tödlichen Unfall verursachte.[52]

> Aus der **Übungsfall-Literatur** zu den „Fahrlässigkeits-Fällen" vgl.: *Bühler*, Jura 1989, 651 u. 659 (Übergabe eines Pkw mit nicht reparierter Lenkung); *Dannecker*, Jura 1988, 657 f. (Betreiben einer Anlage ohne Sicherheitsvorkehrungen); *Hilgendorf*, KK II, Fall 13, Rn. 5 und *Jäger*, Fall 64, Rn. 365, 366 (beide zum Vertrieb eines schadenträchtigen Produkts unter Außerachtlassung von Vorsichtsmaßregeln); *Kudlich*, PdW AT, Fall 181 a (BGH NStZ 2003, 657 nachgebildet; s. unten Fn. 51); *Marxen*, Fall 26 c, S. 245 f. (Grubenarbeiten); *Otto/Bosch*, Übungen, Fall 13, S. 294 (Anfahren); *Seier*, JuS 1984, 706 u. 710 (Überlassen eines Kfz mit Sicherheitsmängeln: nicht vorschriftsmäßig montierte Reifen).

25   An der Grenze von Tun und Unterlassen stehen die auch die Rechtsprechung beschäftigenden Fälle einer Teilnahme an Gesprächen. Beschränkt sich die Teilnahme auf die **bloße Anwesenheit** am Tatort z. B. der Erpressung, so fehlt es jedenfalls am minimalen Energieeinsatz, so dass nur ein Unterlassen anzunehmen ist (s. unten 20/228).[53] Ein Tun kommt erst in Betracht, wenn sich der Dabeisitzende an der Kommunikation irgendwie **beteiligt,** weil er dadurch das deliktische Verhalten der anderen psychisch beeinflusst.[54]

---

[50] *Ebert*, S. 173; *Fünfsinn*, 1985, S. 41; *Jakobs*, 28/6; *Krey/Esser*, AT, Rn. 1110; *Küpper*, 1990, S. 76 f.; *Seelmann*, JuS 1987, L 35; *W-Beulke*, Rn. 700; *Schneider*, 1997, 151 ff.; *Brammsen*, GA 2002, 193, 209; *Walter*, ZStW 116 (2004), S. 555, 571; *S/S-Stree/Bosch*, Vorbem. §§ 13 ff., Rn. 158 a; im Erg. auch MK-*Freund*, § 13 Rn. 11; anders *Herzberg*, Fs. Röhl, 2003, S. 270. – Aus der Rspr.: BGH NStZ 2003, 657, 658 m. Bspr. *Duttge*, JR 2004, 34; *Führ*, Jura 2006, 265; *Nepomuk*, StraFo 2004, 9 u. *Ulsenheimer*, StV 2007, 77. – Krit. zu dieser Begründung *Struensee*, Fs. Stree/Wessels, 1993, S. 152 ff. – Bei Fahrlässigkeitstaten immer für Unterlassen *Röhl*, JA 1999, 900 f.; dagegen zu Recht *Mitsch*, JuS 2001, 105, 106 mit Fn. 30.

[51] Vgl. BGH NStZ 2003, 657 mit Bspr. *Duttge*, JR 2004, 34 u. *Geppert*, JK 4/04, StGB § 13/38: Unterlassen von Kontrolluntersuchungen durch HIV-infizierten Chirurg vor OP; zum Fall auch unter Kausalitäts-, Fahrlässigkeits- und Einwilligungsgesichtspunkten *Paeffgen*, Fs. Rudolphi, 2004, S. 187 ff. und *Puppe*, AT^2 2011, 28/7–10: positives Tun durch Operieren als Hepatitis B infizierter Arzt; ebenso *Ulsenheimer*, StV 2007, 79 u. *S/S-Stree/Bosch*, Vorbem. §§ 13 ff., Rn. 158 a. – Vgl. *Jescheck/Weigend*, S. 604; krit. zu dieser Begründung *Stoffers*, JuS 1993, 28. – Nach der sog. Konkurrenzlösung (s. o. Fn. 12) liegt neben dem Tun auch ein Unterlassen vor, das aber subsidiär sein soll; vgl. *Kindhäuser*, § 13 Rn. 75.

[52] Zust. *Jescheck/Weigend*, S. 602; M-*Gössel/Zipf*, AT 2, 45/30; *S/S-Stree/Bosch*, Vorbem. §§ 13 ff., Rn. 158 a; *Küpper*, 1990, S. 77, der die Lösung allein durch das Kausalitätskriterium erreichen will; zum Fall vgl. auch *Stoffers*, JuS 1993, 25 u. 28. – Beachte jedoch BGH NJW 1959, 1979, wo von einem Unterlassen ausgegangen wird.

[53] Vgl. BGH StV 1982, 517 m. Anm. *Rudolphi*, 518, *Sieber*, JZ 1983, 431 u. *Ranft*, JZ 1987, 861; vgl. zu dieser Entscheidung kritisch außerdem: *Brammsen*, GA 2002, 193, 211; *Jescheck/Weigend*, S. 604; LK-*Weigend*, § 13 Rn. 7 Fn. 16 im Erg. auch MK-*Freund*, § 13 Rn. 11. – Mit BGH JZ 1983, 462 auch *Walter*, ZStW 116 (2004), S. 555, 574.

[54] Vgl. SK-*Rudolphi/Stein*, Vor § 13, Rn. 83; *Jescheck/Weigend*, S. 602.

III. Der objektive Tatbestand

1. Der Erfolgseintritt

Da beim Unterlassungsdelikt kein aktives, in die Außenwelt eingreifendes Verhalten vorliegt, ist man zunächst auf das verwiesen, was sich in der Außenwelt zeigt. Und das muss bei Erfolgs-Unterlassungsdelikten der jeweilige tatbestandsmäßige Erfolg sein.[55] Also z. B. der Tod des ertrinkenden Sohnes, den der Vater nicht gerettet hat. Fehlt es an diesem Erfolg, so ist an ein versuchtes Unterlassungsdelikt zu denken, wenn der Unterlassende den Entschluss zur Nichtabwendung des Erfolges hatte. (Näheres zum versuchten Unterlassungsdelikt unter VII. = Rn. 142 ff.). Eine Nichtabwendung des Erfolges i. S. von § 13 liegt auch beim Fortdauernlassen eines bereits eingetretenen Erfolges vor; dies gilt nicht nur für Dauerdelikte wie die Freiheitsberaubung (§ 239), sondern auch für eine fortdauernde Körperverletzung (§ 223), wenn z. B. der Arzt die Schmerzen des Unglücksopfers nicht behandelt.[55a] – Zur umstrittenen Anwendbarkeit des § 13 auf Tätigkeits- und Gefährdungsdelikte sowie eigenhändige Delikte *Ransiek*, JuS 2010, 490, 495.

> Aus der **Übungsfall-Literatur** vgl.: *Tiedemann*, Anfängerübung, Fall 10, S. 229 f. u. 235 (§ 223-Fall); *Wagner*, BT-Fälle, Fall 11, S. 112 u. 118 (§ 239-Fall); *Berg*, Jura-Sonderheft Examensklausurenkurs, 2000, S. 56 u. 62; *Kudlich*, JuS 2000, L 13 u. L 16 (§ 223-Fall).

2. Nichtvornahme der erforderlichen Rettungshandlung trotz Handlungsmöglichkeit

a) Nichtvornahme einer Rettungshandlung

Das bloße Nichtstun ist noch kein Unterlassen. Von einem Unterlassen, an das möglicherweise Sanktionen geknüpft werden sollen, kann erst die Rede sein, wenn **etwas Bestimmtes** unterlassen worden ist.[56] Dieses Bestimmte ist bei den Erfolgsunterlassungsdelikten die Abwendung des tatbestandsmäßigen Erfolgs. Der Täter muss eine bestimmte Rettungshandlung unterlassen, deren Vornahme die Abwendung des Erfolgs erwarten lässt.[57] Die vom Täter unterlassene positive Handlung muss also zur Rettung des bedrohten Rechtsguts **erforderlich** sein.[58] Die Hinzuziehung fremder Hilfe bei der Geburt ist nicht „stets", wohl aber dann erforderlich, „wenn es für die Schwangere im Hinblick auf bekannte Vorerkrankung oder sonstige Risiken absehbar ist, dass bei der Geburt Gefahren für Leib und Leben des Kindes entstehen können" (BGH NStZ 2010, 214 f. m. Bspr. *Hecker*, JuS 2010, 454 u. *Satzger*, JK

26

27

---

[55] *Ebert*, S. 176; *W-Beulke*, Rn. 707; krit. *Langer*, 2007, S. 454, der den „Erfolg" „in der im Zeitpunkt des gebotenen Handelns existenten Gefahr für das bedrohte Rechtsgutobjekt" sieht.

[55a] *Schröder*, NJW 1966, 1002; *Hruschka*, GA 1968, 198; *Murmann*, GK, 29/18; anders aber SK-*Horn/Wolters*, § 223 Rn. 19 u. 25; zur Körperverletzung als Zustandsdelikt vgl. *Roxin*, AT I, 10/106. – Zu den weiteren Schmerzen des unversorgt „liegengelassenen" Frühgeborenen nach zulässiger Spätabtreibung vgl. *Tröndle*, NStZ 1999, 462 f.

[56] Vgl. *Otto*, 9/1; S/S-*Stree/Bosch*, Vorbem §§ 13 ff. Rn. 138/139.

[57] *Lackner/Kühl*, § 13 Rn. 5.

[58] *Haft*, S. 181; *Jescheck/Weigend*, S. 616; *W-Beulke*, Rn. 708, spricht von der erforderlichen Handlung; S/S-*Stree/Bosch*, Vorbem §§ 13 ff. Rn. 151, sprechen von der „geforderten Handlung". – LK-*Weigend*, § 13 Rn. 63: „geeignet und erforderlich". – Nach *Naucke*, 7/263, geht es um die „Beschreibung des zur Verhinderung des Erfolges technisch notwendigen Verhaltens".

5/10, StGB § 13/43). Sinnlose, nutzlose und damit ungeeignete Rettungsbemühungen wie etwa der Gebrauch einer zu kurzen Rettungsleine[58a] verlangt das Recht nicht.

28   Eine solche, zur Lebenserhaltung erforderliche Handlung ist etwa das Hinschwimmen und Herausziehen des Ertrinkenden durch einen (Rettungs-)Schwimmer oder das Zuwerfen des Rettungsrings durch einen Nichtschwimmer. Aber auch der Rückruf von als gefährlich erkannten Produkten kann eine Handlung sein, welche das Ausbleiben weiterer Gesundheitsbeschädigungen bei Verwendern dieses Produkts erwarten lässt.[59] Ebenso ist die Rücknahme einer fehlerhaft erteilten Genehmigung zur Abwassereinleitung erforderlich, das Umweltrechtsgut Wasser vor weiterer nachteiliger Veränderung (§ 324 I) zu bewahren. **Grenzfälle** erforderlicher Rettungshandlungen sind solche Handlungen, die den Erfolgseintritt nur zeitlich hinausschieben oder abschwächen, also relativ sinnlos sind.[60] So ist zweifelhaft, ob die bloße Erschwerung der Begehung einer Straftat eine sinnvolle Erfolgsabwendungshandlung ist.

29   Bei der Bearbeitung von strafrechtlichen Übungsarbeiten ist hier „Arbeit am Sachverhalt" gefordert, denn die weitere Prüfung des Unterlassungsdelikts kann kaum noch etwas „retten", wenn schon an dieser Stelle nicht alle geeigneten Rettungshandlungen, die der Sachverhalt „anbietet", erfasst werden.

> Aus der **Übungsfall-Literatur** vgl.: *Esser,* Jura 2004, 273 u. 274 („Öffentlichkeitswarnung" vor gefährlichen Produkten); *Hilgendorf,* KK II, Fall 13, Rn. 33 („Rückrufaktion") sowie den „Urlauber-Fall" bei *Naucke,* 7/233 u. 263.

b) Handlungsmöglichkeit bzw. Handlungsfähigkeit

30   Die Vornahme der zur Erfolgsabwendung geeigneten Handlung muss dem Täter möglich sein. Möglich ist dem Täter aber nur die Rettungshandlung, zu deren Vornahme er **individuell fähig** ist.[61] Diese individuelle Handlungsfähigkeit fehlt z.B. dem Nichtschwimmer, der den Ertrinkenden im Wasser umkommen lassen muss, weil ihm keine Hilfsmittel (Boot, Rettungsring, Herbeirufen eines Rettungsschwimmers) zur Lebensrettung zur Verfügung stehen.[61a] Diese Handlungsfähigkeit kann nicht nur infolge physischer Mängel (Nichtschwimmer), sondern auch wegen mangelnder technischer Kenntnisse fehlen,[62] so z.B. wenn der Täter das Funkgerät, mit dem er einen Rettungsschwimmer herbeirufen könnte, nicht bedienen kann.[63]

31   Auf die zutreffende Beurteilung der Situation als Gefahrenlage und insbesondere auf die Kenntnis der in der Situation vorhandenen Rettungsmittel kommt es nicht an. War die Situation als Gefahrenlage und waren die Rettungsmittel **objektiv er-**

[58a] Bsp. bei *Ebert,* S. 176.

[59] BGHSt 37, 106 ff.; *Hilgendorf,* 1993, S. 109, nennt noch die Produktüberwachung und die Warnung, *Eidam,* 2001, S. 445, auch einen vorläufigen Vertriebsstopp; eingehend zur „Pflicht zum Rückruf in der strafrechtlichen Produkthaftung" *Kuhlen,* Fs. Eser, 2005, S. 359 ff.

[60] Vgl. NK-*Wohlers,* § 13 Rn. 12.

[61] So die ganz h. M.; vgl. etwa *Roxin,* AT II, 31/8; anders aber *Maiwald,* JuS 1981, 479, der hier wie bei der Fahrlässigkeit generalisiert: Nichterbringen derjenigen Leistung, „für die er kraft seiner sozialen Stellung auf Posten gestellt ist" [krit. dazu *Roxin,* AT II, 31/15]. – Kritisch zum Begriff „Handlungsfähigkeit" *Stratenwerth/Kuhlen,* 13/57, die von „Tatmacht" sprechen, weil es um die Fähigkeit gehe, eine „ganz bestimmte Handlung vorzunehmen".

[61a] Ebenso *Kindhäuser,* AT, 36/9.

[62] *Maiwald,* JuS 1981, 478; SK-*Rudolphi/Stein,* Rn. 3 Vor § 13.

[63] Vgl. NK-*Wohlers,* § 13 Rn. 12.

kennbar,[64] so ist der Täter durch sein Unterlassen der Erfolgsabwendung hinter den Erwartungen (den Anforderungen der Situation[65]) zurückgeblieben. Der Nichtschwimmer, der den sichtbar angebrachten Rettungsring nicht sieht, unterlässt die ihm mögliche Rettungshandlung (Abnehmen und Werfen des Rettungsrings), allerdings fehlt ihm der Vorsatz (§ 16 I 1) bezüglich der Handlungsmöglichkeit. Verkennt freilich der Täter die Möglichkeit, mit dem ihm zur Verfügung stehenden Mittel das gefährdete Rechtsgut zu retten, so soll es doch an der Handlungsmöglichkeit fehlen,[66] so z. B. wenn der Arzt nicht weiß, dass mit einem bestimmten Schmerzmittel auch Lähmungserscheinungen bekämpft werden können.

> Aus der **Übungsfall-Literatur** zur Handlungsfähigkeit und Erkennbarkeit von Gefahrenlage und Rettungsmitteln vgl.: *v. Danwitz*, Jura 2000, 486 u. 487; *Esser*, Jura 2004, 273 u. 274; *Heghmanns/Keck*, AL 2011, 225 u. 232; *Kudlich*, PdW AT, Fall 188; *Kühl/Hinderer*, JuS 2009, 921 u. 924; *Meurer/Kahler/Dietmeier*, Übungskriminalität, Fall 2, S. 13 u. 14 sowie Fall 7, S. 137 f. u. 146; *Tiedemann*, Anfängerübung, Fall 10, S. 229 f. u. 231; *Riemenschneider*, JuS 1997, 628 u. 632; *Stoffers*, Jura 1993, 376 u. 380; *Wagner*, BT-Fälle, Fall 11, S. 112 u. 118; *Wolters*, Fall 1, S. 1 f. u. 10.

Der **völlig Handlungsunfähige** (z. B. der Ohnmächtige, der Gefesselte) unterlässt **32** nicht die Erfolgsabwendung (s. o. Rn. 12).[67] Ist er freilich für seinen Zustand selbst verantwortlich, weil er ihn z. B. durch Alkoholkonsum herbeigeführt hat, so unterlässt er dennoch auf tatbestandsmäßige Weise nach den Regeln der sog. omissio libera in causa[68] (s. o. 22).

Die Rspr. verlangt, dass dem Unterlassenden die Vornahme der Handlung „mög- **33** lich" und „zumutbar" ist (BGHSt 55, 206, 220); das wird etwa abgelehnt, wenn der Arzt „Embryonen gegen den Willen seiner Patientinnen in die Gebärmutter" übertragen soll, u. a. weil er sich dann nach § 223 und § 4 I Nr. 2 ESchG strafbar machen würde. Umstritten ist, ob die Handlungsfähigkeit auch wegen **Unzumutbarkeit** ausgeschlossen sein kann. Die Fälle der Unzumutbarkeit können sich denen der Handlungsunfähigkeit stark annähern. Der Schwimmer, der mit einem Herzinfarkt rechnen muss, wenn er zur Rettung des Ertrinkenden ins kalte Wasser springt, ist zwar deshalb noch kein handlungsunfähiger Nichtschwimmer, aber diesem doch schon sehr nahe stehend. Die Zumutbarkeit ist beim echten Unterlassungsdelikt der unterlassenen Hilfeleistung gem. § 323 c als Tatbestandsmerkmal auch weitgehend anerkannt.[69] Dennoch sollten die Fälle der Unzumutbarkeit beim unechten Unterlassungsdelikt erst auf der individuellen Prüfungsstufe der Schuld „gelöst" werden (s. u. Rn. 140 f.), weil sie auch – wie der Beispielsfall zeigt – in deutlicher Nähe zu den gesetzlich geregelten (z. B. § 35, s. u. Rn. 139) und sonst anerkannten Entschuldigungsgründen stehen.[70]

---

[64] Ganz h. M.; vgl. nur SK-*Rudolphi/Stein*, Rn. 5 Vor § 13; S/S-*Stree/Bosch*, Vorbem §§ 13 ff. Rn. 141.

[65] *Maiwald*, JuS 1981, 478.

[66] Vgl. zu diesem Bsp. näher *Hruschka*, S. 430.

[67] Vgl. *Otto*, 5/39; W-*Beulke*, Rn. 708.

[68] Vgl. näher SK-*Rudolphi/Stein*, Rn. 48 Vor § 13; S/S-*Stree/Bosch*, Vorbem §§ 13 ff. Rn. 144; kritisch aber NK-*Wohlers*, § 13 Rn. 13: nur kriminalpolitisch wünschenswerte Bestrafungsmöglichkeit. – Aus der Rspr. vgl. OLG Frankfurt NStZ-RR 2001, 57, 59: Straffreiheit widerspräche „grundlegenden Gerechtigkeitsvorstellungen".

[69] Vgl. *Lackner/Kühl*, § 323 c Rn. 7, m. w. N., sowie *Hilgendorf*, JuS 1993, 99 u. *Freund*, 6/41, 41 a.

[70] So auch die h. M., vgl. *Ebert*, S. 183 f.; W-*Beulke*, Rn. 739; a. A. aber *Stree*, Fs. Lenckner, 1998, S. 393 ff.; NK-*Wohlers*, § 13 Rn. 17; S/S-*Stree*, Vorbem §§ 13 ff. Rn. 155; differenzie-

34　　Die faktische Handlungsmöglichkeit wird nicht dadurch ausgeschlossen, dass bei Vornahme der möglichen Rettungshandlung ein anderer Schaden eintreten würde; so z. B. wenn der Bürgermeister die Gewässerverunreinigung durch einleitende Abwässer in einen Bach nur um den Preis verhindern kann, dass er seine Pflicht zur Abwasserbeseitigung verletzt (vgl. jedoch OLG Saarbrücken NStZ 1992, 531).[71] In solchen Fällen ist auf der Rechtswidrigkeitsebene nach einer Rechtfertigungsmöglichkeit zu suchen (§ 34; Pflichtenkollision; s. u. Rn. 133 ff.).

3. Die „Kausalität" des Unterlassens für den Erfolg

35　　Soweit die Unterlassungsdelikte Erfolgsdelikte sind, muss zwischen der Nichtvornahme der Rettungshandlung und dem Erfolgseintritt eine Verbindung bestehen, die es rechtfertigt, den Erfolg dem Unterlassenden zuzurechnen. Da der Unterlassende aber nicht in das außenweltliche Kausalgeschehen eingreift, sondern den Dingen ihren Lauf lässt (s. o. Rn. 13 u. 15), ist es zweifelhaft, ob von einem kausalgesetzlichen Zusammenhang gesprochen werden kann.[72] Dieses Bedenken hindert jedoch nicht von einer **Quasikausalität** zwischen dem Unterlassen der Erfolgsabwendung und dem Eintritt des Erfolgs auszugehen.[73] Ebensowenig ist man gehindert, die bei der Prüfung der Kausalität des Tuns für den Erfolg „bewährte" **condicio-sine-qua-non-Formel anzuwenden.**[74]

36　　Danach ist „die Unterlassung des Garanten … kausal für den Eintritt des Erfolges, wenn die von ihm erwartete Handlung diesen Erfolg verhindert hätte" (*Arzt,* JA 1980, 556). Prüft man die Kausalität – wie hier vorgeschlagen (s. o. Rn. 8) – vor der Garantenstellung, so ist zu fragen, „ob die unterbliebene Handlung nicht ‚hinzugedacht' werden kann, ohne dass der Erfolg entfiele, d. h. ob sie mit an Sicherheit grenzender Wahrscheinlichkeit den Erfolg **verhindert hätte.**"[75] So verfährt auch die Rechtsprechung.[76] Etwa im Brand-Rettungsfall (*BGH* bD MDR 1971, 361

---

rend *Otto,* 9/104. Auch die Rspr. tendiert zum Tatbestandsausschluss, vgl. BGH NJW 1994, 1357, u. OLG Hamburg StV 1996, 437.

[71] Für die Bejahung der Handlungsmöglichkeit in diesem Fall *Otto,* JK 92, StGB § 13/17; *Hoyer,* NStZ 1992, 388.

[72] Vgl. *Lackner/Kühl,* Rn. 12 Vor § 13, m. w. N. zum Streitstand, sowie *Puppe,* JR 1992, 33; *Merkel,* 2001, S. 270 ff. – *Köhler,* S. 228 f. – Für eine mögliche reale Bewirkensqualität unechter Unterlassungen *Kahlo,* 2001, S. 251 ff. im Anschluss an *Wolff,* 1965, S. 36 ff.

[73] *Arzt,* JA 1980, 556; *Walter,* 2006, S. 49; *Zieschang,* Rn. 598; LK-*Weigend,* § 13 Rn. 70: „Feststellung einer ‚hypothetischen' Kausalität"; zur Problematik der psychischen Kausalität *Bosch,* Fs. Puppe, 2011, S. 373 ff. u. schon in: S/S-*Stree/Bosch,* § 13 Rn. 62: hängt die Erfolgsverhinderung vom schwer vorauszusagenden Verhalten eines Dritten (z. B. einem Produktnutzer) ab, soll ein „pflichtgemäßes bzw. eigene Interessen wahrendes Verhalten" des Dritten „unterstellt" werden; krit. zur Begrifflichkeit *Spendel,* Fs. Herzberg, 2008, S. 247, 253, der von einem „Konditionalzusammenhang" spricht, bei dem „eine passive Unterlassung … negative Bedingung" ist.

[74] *Arzt,* JA 1980, 556.

[75] Ebenso *Ransiek,* JuS 2010, 490, 495; *Schwab,* 1996, S. 30 f.; *Ebert,* S. 177; *Kindhäuser,* AT, 36/14; *Krey/Esser,* AT, Rn. 1123; *Murmann,* GK, 23/22 u. 29/24; *Naucke,* 7/266; *Rengier,* AT, 49/13; *W-Beulke,* Rn. 711. – Im Unterlassungsbereich operieren auch Vertreter der Theorie von der gesetzlichen Bedingung mit der umgekehrten condicio-Formel, vgl. *Beulke/Bachmann,* JuS 1992, 744, m. N. in Fn. 100.

[76] Von BGHSt 6, 2 bis zu BGHSt 48, 77, 93; vgl. außerdem BGHSt V 1985, 229, m. Anm. *Schünemann,* sowie BGH JA 1987, 210 f. mit Problemstellung *Sonnen* (210); BGH JR 1994, 514 m. Anm. *Puppe;* BGH NStZ 2000, 414 m. Bspr. *Engländer,* JuS 2001, 958; BGH NStZ 2000, 583; BGH NJW 2000, 2754, 2757 m. krit. Anm. *Altenhain,* NStZ 2001, 189; BGH NStZ-RR 2002, 303; BayObLG NStZ-RR 2004, 45; OLG Düsseldorf NStZ 1991, 531, m.

= JZ 1973, 173 m. Bspr. *Herzberg*, MDR 1971, 881; *Ulsenheimer*, JuS 1972, 252; im Übungsfall *Hettinger*, JuS 2011, 910, 911), in dem es der Vater unterließ, seine Kinder aus 6 Meter Höhe zur Lebensrettung vor Brandgefahr in die Arme von 3 kräftigen auffangbereiten Männern zu werfen: Quasikausales Unterlassen, wenn die Kinder beim Abwurf mit an Sicherheit grenzender Wahrscheinlichkeit am Leben geblieben wären und nur leichte Verletzungen erlitten hätten (zur Fallabwandlung – die Kinder wären auch beim Abwurf getötet worden – s. unten Rn. 40).[76a] Dabei ist die Rspr. sehr zurückhaltend bei der Bejahung der Kausalität. So etwa bei dem **Werkstattleiter,** der u.a. die defekten Bremsbeläge an der Hinterachse des Sattelschleppers nicht vor der Fahrt, bei der dieser infolge Bremsversagens in einen Supermarkt „rauschte" und mehrere Kunden tötete, ausgetauscht hatte; ob dieser Austausch den Unfall vermieden hätte, sei nicht festgestellt (BGHSt 52, 159, 164), ebensowenig sei belegt, ob der Arbeitgeber sich hätte umstimmen lassen und von der Anordnung dieser (tödlich endenden) Fahrt abgesehen hätte, wenn er vollständig auf die abgefahrenen Bremsen der Hinterachse hingewiesen worden wäre (BGHSt 52, 159, 165 m. z.T. krit. Bspr. *Bosch*, JA 2008, 737, 739 [gefragt werden könne „nur, ob mit an Sicherheit grenzender Wahrscheinlichkeit feststeht, dass eine umfassende Information über die bestehenden Mängel der Bremsanlage einen pflichtgemäß handelnden Vorgesetzten zur vorübergehenden Stilllegung des Fahrzeugs bewegt hätte];[76b] *Kühl*, NJW 2008, 1899; *Lindemann*, ZJS 2008, 404, 407 f. [es sei vom „rechtmäßigen Verhalten des Dritten" auszugehen] u. *Geppert*, JK 11/08, StGB § 13 I/2; zust. *Jäger*, Rn. 342a, b; abl. *Puppe*, AT² 2011, 30/18–21 [pflichtgemäßes Verhalten des Fuhrunternehmers zu unterstellen, helfe hier nichts; aber: niemand kann sich zu seiner Entlastung auf eine fiktive Sorgfaltspflichtverletzung eines anderen berufen, beide seien für den Erfolg verantwortlich]. Ganz ähnlich argumentiert der BGH hinsichtlich des Einsturzes des Daches einer Eissporthalle („Bad Reichenhall"), durch den mehrere Besucher getötet oder verletzt wurden: „Quasi-Kausalität" sei nur dann gegeben, wenn diese „Erfolge" beim Hinzudenken der gebotenen Handlung – „handnahe" Untersuchung von Trägern eines Hallendaches) entfallen wären; auch hinsichtlich der sog. „Feststellung fehlender Ursächlichkeit eines Pflichtenverstoßes" – hätten die Verantwortlichen der Stadt bei Warnhinweisen reagiert? – ist der BGH – wieder – zurückhaltend (BGH NJW 2010, 1087, 1090 f. m. Anm. *Kühl*, 1092, 1093; weitere z.T. krit. Bspr. durch *Kahrs*, NStZ 2011, 14; *Kudlich*, JA 2010, 552; *Puppe*, JR 2010, 355; *Stübinger*, ZIS 2011, 602, 609 ff.; *Greco*, ZIS 2011, 674, 688 ff. u. *Bosch*, JK 5/11, StGB § 13/44; Fallaufbereitung bei *Puppe*, AT² 2011, 28/11–18 u. bei *Jäger*, Fall 65, Rn. 336 b, c).

Die in dieser leicht handhabaren Formel steckende **Einschränkung** („mit an Sicherheit grenzender Wahrscheinlichkeit") ist deshalb praktisch sinnvoll, weil eine hundertprozentige Sicherheit, dass der Erfolg durch die Vornahme der Rettungshandlung ausgeblieben wäre, kaum zu erreichen ist.[77] Es lässt sich wohl selten völlig

37

Anm. *Hassemer*, JuS 1992, 164; OLG Düsseldorf StV 1993, 477 u. NStZ-RR 2001, 1999 mit zust. Bspr. *Beulke/Swoboda*, Fs. Gössel, 2002, S. 73, 96; BGH NStZ 2007, 463; LG Saarbrücken NStZ-RR 2006, 75 f.

[76a] Dem BGH zust. *Frister*, AT, 22/23; MK-*Freund*, § 13 Rn. 203; vgl. auch *Walter*, 2006, S. 50: Frage der objektiven Zurechnung (s. unten Rn. 40).

[76b] Zu diesem Abstellen auf das – hypothetisch unterstellte – pflichtgemäße Verhalten Dritter vgl. schon *Bosch*, 2002, S. 106 f. u. in: Fs. Puppe, 2011, S. 373 ff.; vgl. auch *Frister*, 9/30 u. 22/20. – Fallaufbereitung von BGHSt 52, 159 durch *Hoffmann-Holland*, Rn. 786.

[77] Vgl. LK¹¹-*Jescheck*, § 13 Rn. 17; ähnlich jetzt *Murmann*, GK, 29/24; *Rengier*, AT, 49/14; LK-*Walter*, Rn. 86 vor § 13 u. LK-*Weigend*, § 13 Rn. 72.

ausschließen, dass der Erfolg trotz der Vornahme der Rettungshandlung möglicherweise eingetreten wäre (z.B. dass der Patient auch bei Vornahme der unterlassenen Operation gestorben wäre).

38	Die „an Sicherheit grenzende Wahrscheinlichkeit" der Verhinderung des Erfolgseintritts ist aber jedenfalls **zu fordern;** andernfalls würde die zu fordernde Quasikausalität des Unterlassens für den Erfolg preisgegeben, was mit dem Gesetz (z.B. „verursachen" in §§ 222, 229) kaum zu vereinbaren wäre.[78] Demgegenüber wird in der Literatur zunehmend eine **Risikoverminderung** hinsichtlich der dem Rechtsgut drohenden Gefahr für ausreichend erachtet (sog. „Risikoverminderungslehre").[79]

39	Für dieses Kriterium der eindeutigen Risikoverminderung spricht die **Erhöhung der Rettungschancen** für das bedrohte Rechtsgut, denn danach muss z.B. der Arzt ein Medikament auch dann verabreichen, wenn es nur eine fünfzigprozentige Heilungschance verspricht. Allerdings hat diese „Lehre" zur Folge, dass der Arzt wegen vollendeter (vorsätzlicher oder fahrlässiger) Tötung zu bestrafen ist, wenn er dieses Medikament nicht verabreicht. Außerdem führt dieses Kriterium zu einer **Ausweitung** der Unterlassungsstrafbarkeit in Fällen, in denen die Erfolgsabwendung höchst unsicher ist (Fälle der „Nichtwahrnehmung einer ungewissen Rettungschance"[80]). Der Erfolg ist dann wohl kaum als „Werk" des Unterlassenden anzusehen.[81] Die Rechtsprechung hält deshalb auch gerade im sensiblen Arzt-Patienten-Verhältnis daran fest, dass die vom Arzt unterlassene Behandlung die weitere Gesundheitsbeeinträchtigung oder gar den Tod des Patienten mit an Sicherheit grenzender Wahrscheinlichkeit verhindert haben müsste;[81a] das gilt auch für den Werkstattleiter (o. Rn. 36), dem der Tod der Kunden „kausal" anzulasten gewesen wäre, wenn dafür die Risikoverminderung ausreichen würde (so zu BGHSt 52, 159, 163f., *Lindemann,* ZJS 2008, 404, 408 u. *Jäger,* Rn. 424a, b); ebenso für den die Dachkonstruktion prüfenden Sachverständigen (so auch BGH NJW 2010, 1087, 1091 [64] u. *Jäger,* Rn. 366b, c, die beide die Risikoverminderungslehre ablehnen).[81b] Von der Frage der Haftung für den Erfolg und damit für die Bestrafung wegen eines vollendeten Delikts ist aber die Frage zu unterscheiden, ob nicht doch auch Rettungshandlungen, die keine solche Rettungswahrscheinlichkeit versprechen, zur Vermeidung

---

[78] Vgl. *Lackner/Kühl,* Rn. 14 Vor § 13; krit. *Engländer,* JuS 2001, 958, 960: nicht zur Bestimmung, sondern zum Beweis der Kausalität dienend; vgl. aber *Merkel,* 2001, S. 275: „de facto (und prozessual)"; „mehr ist dogmatisch nicht zu verlangen."

[79] So genannt von *Beulke/Bachmann,* JuS 1992, 743 Fn. 90; vertreten wird diese Lehre von: *Otto,* 9/101 u. Jura 2001, 275, 277; *Greco,* ZIS 2011, 674, 675–681; SK-*Rudolphi/Stein,* Rn. 32 Fn. 42 Vor § 13; *Stratenwerth/Kuhlen,* 13/54; eine nach Risikominderung „ex ante" (keine Zurechnung) und „ex post" (Zurechnung) differenzierende Lösung entwirft *Roxin,* AT II, 31/54–63 u. in: GA 2009, 73, 77: er verlangt, „dass sich das gebotene Handeln mit Sicherheit auf den Gefahrenherd risikomindernd ausgewirkt hätte"; krit. zur Risikoverminderungslehre *Köhler,* S. 229; *Gimbernat,* ZStW 111 (1999), 323: Verstoß gegen „in dubio pro reo"; *Sering,* 2000, S. 103 ff., 136; *Hoyer,* Fs. Rudolphi, 2004, S. 95 f.; *Murmann,* GK, 29/25; *Rengier,* AT, 49/16; S/S-*Stree/Bosch,* § 13 Rn. 63 („Verdachtsstrafe") u. eingehend *Ransiek,* JuS 2010, 490, 495–497.

[80] *Schünemann,* StV 1985, 232; zustimmend *Sonnen,* JA 1987, 210; *Fincke,* NJW 1987, 1025.

[81] *Schlehofer,* Jura 1989, 268.

[81a] Vgl. BGH NStZ 1987, 505, mit abl. Anm. *Otto,* JK 88, StGB § 13/14, da eine Chance der Erfolgsvermeidung realiter gegeben gewesen sei. – Die Verneinung der Kausalität für den Tod ist mit der Bejahung der Kausalität für zwischenzeitlich eingetretene Schmerzen i.S. der §§ 223, 229 vereinbar (*Tröndle,* NStZ 1999, 462, 463).

[81b] Zu beiden Entscheidungen *Roxin,* Fs. Achenbach, 2011, S. 409, 425 ff., 430 f., der das Problem der psychischen Kausalität hervorhebt.

einer **Versuchs**strafbarkeit vorgenommen werden müssen. Die letztere Frage ist mit der Rechtsprechung zu bejahen, wenn es immerhin zur Rettung geeignete, erforderliche Handlungen sind (s. o. Rn. 27).[82]

Ein Sonderproblem der Kausalität beim Unterlassungsdelikt stellt sich bei sog. **Kollektiv- 39a entscheidungen** (s. o. 4/20 b) wie z. B. der Beschlussfassung einer mehrköpfigen Geschäftsführung über einen Produktrückruf.[82a] Hier fragt sich, inwieweit das Abstimmungsverhalten jedes Teilnehmers für die garantenpflichtwidrige Entscheidung des Gremiums kausal ist.

Uneingeschränkt zu bejahen ist diese Frage dort, wo die Beschlussfassung durch ein Gre- **39b** mium nur einstimmig erfolgen kann. Ebenfalls keine Schwierigkeiten bereiten die Fälle, in denen Entscheidungen zwar nach dem Mehrheitsprinzip getroffen werden, im konkreten Fall aber nur eine Stimme den Ausschlag gibt. Jedem Teilnehmer, der mit der Mehrheit gestimmt hat, wäre es nämlich möglich gewesen, durch ein anderes Stimmverhalten die Mehrheiten unmittelbar zu verändern. An ihre Grenzen stößt aber jedenfalls die Äquivalenztheorie bei Kollektiventscheidungen, die mit „klarer Mehrheit" getroffen werden. So könnte jeder der Mehrheitswähler einwenden, dass er mit dem Versuch, die erforderliche Entscheidung herbeizuführen, am Widerstand der übrigen gescheitert und letztlich überstimmt worden wäre. Weitgehende Einigkeit besteht hier noch im Ergebnis, „dass dies nicht rechtens sein kann" (BGHSt 37, 106, 132). Heftig umstritten ist dagegen die Begründung, deren unterschiedliche Ansätze hier nur skizziert werden sollen.[82b]

In seiner „Lederspray-Entscheidung" differenziert der BGH (St 37, 106 ff.) zunächst da- **39c** nach, ob es sich um ein vorsätzliches oder fahrlässiges Unterlassen handelt. Soweit ein vorsätzliches Unterlassen in Frage steht, bejaht der BGH die fragliche Kausalität, indem er jedem Geschäftsführer das Abstimmungsverhalten der jeweils anderen nach den Grundsätzen der Mittäterschaft zurechnet.[82c] In den Fällen des fahrlässigen Unterlassens bemüht der BGH dagegen eine Parallele zur kumulativen Kausalität bei den Begehungsdelikten. Kann danach die gebotene Handlung „nur durch das Zusammenwirken mehrerer Beteiligter zustande kommen, so setzt jeder, der es trotz seiner Mitwirkungskompetenz unterlässt, seinen Beitrag dazu zu leisten, eine Ursache dafür, dass die gebotene Maßnahme unterbleibt" (BGHSt 37, 106, 131). Zutreffend ist dies jedoch nur für solche Fallkonstellationen, in denen „die erforderliche ... Mehrheit gerade erreicht ist, nicht dagegen bei größeren Mehrheiten ... bei denen die weiteren Ja-Stimmen nicht mehr ins Gewicht fallen".[82d]

Hier setzen deshalb auch die Lösungsvorschläge anderer Autoren an. So soll auf der **39d** Grundlage der Äquivalenztheorie eine Kausalität dadurch begründet werden, dass man auch für diese Fälle eine „Ausnahme von der condicio-sine-qua-non-Formel" zulässt.[82e] Die Lehre von der gesetzmäßigen Bedingung kann einen Zusammenhang mit der Begründung dartun, dass auch bei einer deutlichen Stimmenmehrheit zwischen dem Verhalten jedes einzelnen und dem Beschluss *eine* gesetzmäßige Beziehung besteht.[82f] Keine Probleme bereitet auch eine Lö-

---

[82] Vgl. BGHSt 14, 282, 284; BGH StV 1985, 229 m. Anm. *Schünemann*, u. BGH NStZ 2000, 414 f. Wie hier *Arzt*, S. 87 u. in: Gs. Schlüchter, 2002, S. 163, 171 f.; *Jakobs*, 29/20; *Krey/Esser*, AT, Rn. 1125; *Heinrich*, AT II, Rn. 889; *Jäger*, Rn. 333; *Roxin*, AT II, 31/48; *Merkel*, 2001, S. 273 f. u. LK-*Weigend*, § 13 Rn. 72; vgl. auch *Kölbel*, JuS 2006, 309, 311.

[82a] Kritisch zur Kausalität des Rückrufs für das Ausbleiben des Erfolgs *Otto*, Fs. Hirsch, 1999, S. 291, 311 f.; *Seelmann*, 2002, S. 12 u. *Greco*, ZIS 2011, 674, 682 ff., der für die Heranziehung der Figur der Mittäterschaft sowohl bei vorsätzlichen als auch bei fahrlässigen Unterlassungen plädiert (S. 688). – Zur Garantenstellung s. u. 18/103 a u. 110.

[82b] Einen guten Überblick zum Meinungsstand bieten *Beulke/Bachmann*, JuS 1992, 742 ff. und *Hilgendorf*, NStZ 1994, 562 f.; vgl. auch *Schall*, 1996, S. 116; *Joecks*, § 13 Rn. 79; *Rengier*, AT, 49/20–23 u. *Roxin*, AT II, 31/65–68.

[82c] BGHSt 37, 106, 129 [Mittäterschaft abl. jetzt aber BGHSt 48, 77, 95, zust. *Puppe*, GA 2004, 129, 144 f. dafür *Knauer*, NJW 2003, 3101, 3103 u. *Otto*, JK 9/03, StGB vor § 13/15] m. abl. Anm. *Puppe*, JR 1992, 32, *Samson*, StV 1991, 184 f. und *Rotsch*, wistra 1999, 324; krit. auch *Otto*, Jura 1998, 409, 412; zu beiden Entscheidungen jetzt auch *Puppe*, AT 2, 48/5 f.

[82d] S/S-*Lenckner/Eisele*, Vorbem §§ 13 ff., Rn. 83 a.

[82e] *Beulke/Bachmann*, JuS 1992, 743; ebenso *Kuhlen*, NStZ 1990, 570: „unbefangenes Kausalitätsverständnis"; vgl. auch *Köhler*, S. 229 Fn. 92 u. *Roxin*, AT II, 31/67.

[82f] Vgl. *Hilgendorf*, NStZ 1994, 565; *Weißer*, 1996, S. 81 ff., 116.

sung nach der Risikoerhöhungslehre: Selbst wenn ein Teilnehmer allein die übrigen nicht um-
zustimmen vermag, kann er das Risiko einer pflichtwidrigen Entscheidung dadurch vermin-
dern, dass er – entsprechend der ihn treffenden Garantenpflicht (s. u. 18/103 a) – für den erforderlichen Beschluss eintritt. Weiterhin wird auch eine Lösung über die – von der h. M.
abgelehnte – Figur einer fahrlässigen Mittäterschaft (s. u. 20/10, 116 a u. 269) versucht.[82g]
Schließlich wird ein Fall von „Mehrfachkausalität" angenommen (s. o. 4/27 a).[82h] Es wird
auch auf Kausalitätslösungen verzichtet, weil es um die normative Frage gehe, „warum in dieser Konstellation trotz fehlender Erfolgsabwendungsmöglichkeit durch den Garanten als Einzelperson die Erfolgszurechnung nicht entfallen soll" (*Bloy*, Fs. Maiwald, 2010, S. 35, 57:
„Da das Rettungsgebot alle Garanten trifft, ist im Interesse eines wirksamen Rechtsgüterschutzes bei der Beurteilung des Verhaltens eines einzelnen Garanten rechtmäßiges Verhalten
der Mitgaranten zu unterstellen. Unter dieser Voraussetzung wäre die Rettungsinitiative des
Einzelnen nicht vergeblich gewesen, so dass im Falle des Unterbleibens die Erfolgszurechnung
legitim ist"). – Bei Stimmenthaltung (oben 4/20 b) wird für Aufsichtsratsmitglieder ein Unterlassen angenommen, wenn sie nichts gegen einen treuwidrigen Beschluss unternehmen (*Tiedemann*, AT Rn. 179 b).

39e   Eine vergleichbare Problematik stellt sich beim „Kollegialen Unterlassen" von Mitgliedern
des Politbüros des Zentralkomitees der DDR, die nicht gegen die Todesschüsse an der Mauer
eingetreten sind. Auch hier bejaht der BGH die Kausalität des „parallelen" oder „kumulativen" Unterlassens für jeden der es „trotz seiner Mitwirkungskompetenz unterlässt, seinen Beitrag dazu zu leisten" (BGHSt 48, 77, 94 m. z. T. krit. Bspr. *Dreher*, JuS 2004, 17, 18; *Knauer*,
NJW 2003, 3101, 3103 u. *Otto*, JK 9/03, StGB vor § 13/15; im Erg. zust. *Puppe*, AT 2 48/1–
12; nach *Otto*, 9/102: BGH begnügt sich „mit dem Unterlassen der Gefahrminderung für die
Erfolgszurechnung").

> Aus der **Übungsfall-Literatur** zur „Kausalität" des Unterlassens vgl.: *Alpmann/Schmidt*,
> AT 1, Fall 47, S. 236 f. und AT 2, Fall 5, S. 22 u. 24 f. („Gremienentscheidung"); *Bohnert*, Jura
> 1999, 533 u. 536, 537; *Brunhöber*, JuS 2011, 229 u. 232; *Esser*, Jura 2004, 273 u. 274;
> *Frisch/Murmann*, JuS 1999, 1196 u. 1199; *Gropp*, in: G/K/M, Fallsammlung, Fall 2, S. 25 f. u.
> 36; *Grothenrath/Hillenkamp*, StudZR 2008, 438 u. 455; *Günther*, JuS 1988, 386 u. 388; *Haft*,
> Fallrepetitorium, Nr. 388 u. 390–392; *v. Heintschel-Heinegg/Kudlich*, JA 2001, 129 f. u. 133;
> *Heger*, JA 2008, 859 u. 863; *Hertel*, Jura 2011, 391 u. 393; *Hettinger*, JuS 2011, 910, 911 f.;
> *Hilgendorf*, KK II, Fall 10, Rn. 48; KK III, Fall 1, Rn. 29 u. Fall 14, Rn. 45; *Hohmann/Matt*, Jura
> 1990, 544 u. 548; *Jäger*, Fall 64, Rn. 365, 366 u. Fall 65, Rn. 366 b, c (BGH NJW 2010, 1087,
> nachgebildet); *Kudlich*, AT-Fälle, Fall 3, S. 32–34 u. Fall 9, S. 130 u. in: PdW AT, Fall 191; *Kud-
> lich/Schuhr*, JA 2007, 349 und 351; *Lindhelm/Uhl*, JA 2009, 783 u. 784; *Meurer/Kahle/
> Dietmeier*, Übungskriminalität, Fall 2, S. 13 u. 14, sowie Fall 4, S. 49 u. 68; *Noak/Collin*, JA
> 2006, 544 u. 548; *Otto/Bosch*, Übungen, Fall 2, S. 75 f.; Fall 9, S. 200 f. u. Fall 14, S. 299;
> *Ransiek*, JuS 1989, L 60–L 62; *Rudolphi*, AT-Fälle, Fall 13, S. 148 u. 157; *Schlehofer*, Jura
> 1989, 263 u. 268; *Thoss*, JA 2001, 951 u. 952; *Tiedemann*, Anfängerübung, Fall 10, S. 229 f.
> u. 231.

40   Zunehmend wird auch beim vorsätzlichen Unterlassungsdelikt zusätzlich (= kau-
salitätseinschränkend) verlangt, dass sich im Erfolg ein vom Täter nicht abgewende-
tes, **rechtlich missbilligtes Risiko realisiert** haben muss (= objektive Zurechnung des
Erfolgs).[83] Darauf wird unten (Rn. 104, 105 und 117, 118: Eigenverantwortlichkeit

---

[82g] Vgl. *Brammsen*, Jura 1991, 537, sowie *Ransiek*, ZGR 1999, 613, 643 ff., *Schaal*, 2001,
S. 242 ff. u. *Knauer*, 2001, S. 181 ff.

[82h] Vgl. *Puppe*, JR 1992, 32 u. in: NK, Rn. 122 vor § 13; vgl. auch *Dreher*, JuS 2004, 17,
18: alternative Kausalität (ebenso *Kindhäuser*, AT 36/22), u. *Röckrath*, NStZ 2003, 641.

[83] LK-*Weigend*, § 13 Rn. 71; SK-*Rudolphi/Stein*, Vor § 13 Rn. 26–32; *Freund*, 1992, S. 9 ff.,
37 f.; *Krey/Esser*, AT, Rn. 1129; *Otto*, 9/104; *Rengier*, AT, 49/24 u. W-*Beulke*, Rn. 713 sowie
schon *Herzberg*, 1984, S. 217 ff.; eingehend zur objektiven Erfolgszurechnung bei den unechten Unterlassungsdelikten *Merkel*, 2001, S. 268 ff. u. *Kölbel*, JuS 2006, 309 ff., der die „rechtlich missbilligte Risikoerhaltung" und die „Risikorealisierung" hervorhebt; knapper, aber mit
Hinweis zur Prüfungsreihenfolge *Ransiek*, JuS 2010, 490, 493.

des aktiv Handelnden) sowie beim fahrlässigen Unterlassungsdelikt zurückzukommen sein (s. u. 19/4–6). Auch kann das beim Begehungsdelikt geltende Prinzip der Eigenverantwortlichkeit (4/83 ff.) zu einer Begrenzung des Verantwortungsbereichs eines Garanten führen; so etwa, wenn eine Apothekerin als Garantin die R infolge einer bewusst eingenommenen Überdosis Betablocker bewusstlos auf der Straße liegend findet, aber aus Rücksicht auf den Suizidwunsch der R weitergeht, ohne rettend einzugreifen (Gegenbeispiel bei *Morgenstern*, Jura 2008, 625, im Falle eine Depression der R, die A bekannt ist). Auch kann ein vorsätzlich handelnder Brandstifter dem möglicherweise zur Verhinderung des Brandes verpflichteten Polizeibeamten (s. u. Rn. 86 Fn. 187) die Verantwortung mit der Folge abnehmen, dass der Brandstiftungserfolg dem Polizeibeamten nicht objektiv zugerechnet werden kann (OLG Rostock NStZ 2001, 199 m. zust. Bspr. *Geppert*, JK 01/StGB § 13/32; zust. auch *Kölbel*, JuS 2006, 309, 312 f.; krit. zur Begründung *Puppe*, AT 2, 47/30–40). Dagegen führt das fahrlässige Anfahren eines Betrunkenen durch eine Taxifahrerin nicht zur Verneinung der objektiven Zurechnung des Todes des Angefahren zum Unterlassen des Taxifahrers, der die Beförderung des Betrunkenen tatsächlich übernommen hatte (s. u. Rn. 71), ihn dann aber bei einem kurzfristigen Aussteigen im Stich gelassen hatte (§ 221 I Nr. 2; vgl. LG Zweibrücken VRS 98 [2000] 284 m. Bspr. *Otto*, JK 00, StGB § 13/30). In der oben (Rn. 36) angesprochenen Fallabwandlung des Brand-Rettungsfalls wird häufig erst die objektive Zurechenbarkeit des Todes der aus dem Fenster geworfenen Kinder mit der Begründung verneint, dass bei der Kausalität nicht die Ersetzung des Brandtodes durch den Aufpralltod erfasst werden könne.[83a] Unter dem nicht ganz passenden Stichwort der möglichen Unterbrechung des „Kausalzusammenhangs" bejaht der BGH zu Recht die objektive Zurechnung wegen Gefahrrealisierung, wenn das eigene Verhalten der Täterin (todesverursachendes längeres Ansichpressen des gerade ohne die erforderliche Hinzuziehung fremder Geburtshilfe [= Unterlassen] geborenen Kindes) nur fahrlässig – „aus Unachtsamkeit" erfolgte; eine solche „Fehlreaktion" liege „noch innerhalb der Grenzen des nach allgemeiner Lebenserfahrung Vorhersehbaren (BGH NStZ 2010, 214, 215 m. Bspr. *Hecker*, JuS 2010, 454 u. *Satzger*, JK 5/10, StGB § 13/43, der treffend begründet: „Es realisiert sich in dieser Fehlreaktion noch die Gefahr, die die Angekl. dadurch geschaffen hat, dass sie es unterließ, eine fachgemäße Erstversorgung zu gewährleisten."); wäre das Ansichpressen (bedingt) vorsätzlich erfolgt, so wäre nur auf dieses aktive Tun abzustellen, ohne dass es auf das Unterlassen der „Absicherung des Geburtsverlaufs" ankäme (BGH a. a. O.).

Einen anderen Ansatz verfolgt *Gimbernat* (ZStW 111 [1999], 307, 324 ff.; dazu **40a** *Roxin*, GA 2009, 73 ff.), der zunächst fragt, ob ein Gefahrenherd kausal für den tatbestandsmäßigen Erfolg war, um sodann zu differenzieren, ob die Überschreitung der erlaubten Gefahrengrenze einem Tun oder Unterlassen des Täters zuzurechnen ist. Hier handelt es sich nicht um eine Frage der Quasikausalität, denn es geht um die mit Sicherheit feststellbare Verwirklichung einer Gefahr (z. B. Tod nach lebensgefährlicher Erkrankung); es kommt nicht darauf an, ob der Täter den Tod mit an Sicherheit grenzender Wahrscheinlichkeit verhindert hätte, sondern nur darauf, ob wegen seines Untätigbleibens ein erlaubter Gefahrenherd (z. B. die Erkrankung) in einen unerlaubten umgeschlagen ist.

[83a] Vgl. *Haft*, S. 181; *Heinrich*, AT II, Rn. 891 (kein Pflichtwidrigkeitszusammenhang); W-*Beulke*, Rn. 712 (auch die objektive Zurechnung bejahend [Rn. 713 a. E.]); MK-*Freund*, § 13 Rn. 107 u. SSW-*Kudlich*, § 13 Rn. 12; bereits die Kausalität verneinend *Ulsenheimer*, JuS 1972, 252, 253. – Zum Streitstand *Murmann*, GK, 29/26.

Aus der **Übungsfall-Literatur** zur objektiven Zurechnung vgl.: *Grotenrath/Hillenkamp*, StudZR 2010, 438 u. 455 f.; *Hettinger*, JuS 2011, 910 u. 911 (Brand-Rettungsfall); *Kudlich*, PdW AT, Fall 192 (überholende Kausalität); *Lindhelm/Uhl*, JA 2009, 783 u. 788 (deliktisches Eingreifen Dritter); *Meurer/Kahle/Dietmeier*, Übungskriminalität, Fall 7, S. 137 f. u. 146; *Mitsch*, JA 2006, 509 u. 514 („Schutzzweck"; „unerlaubtes Risiko"); *Morgenstern*, Jura 2008, 625 u. 626 (eigenverantwortliches Verhalten des Opfers); *Otto/Brammsen*, Jura 1986, 37 u. 40 (Gefahrrealisierung); *Schlehofer*, Jura 1989, 263 u. 269 (Risikorealisierung); *Tiedemann*, Anfängerübung, Fall 10, S. 229 f. u. 231 f. (kaum beherrschbar).

4. Garantenstellungen

41　　§ 13 I verlangt als eine erste Voraussetzung für die Gleichstellung des Unterlassens mit einem Tun, dass der Unterlassende „rechtlich dafür einzustehen hat, dass der Erfolg nicht eintritt." Das ist unter dem Gesichtspunkt der gesetzlichen Bestimmtheit der Strafbarkeitsvoraussetzungen (Art. 103 II GG) eine bedenklich offene Formulierung (BVerfG NJW 2003, 1030 sieht die Bestimmtheit gewahrt, s. oben Rn. 2). Immerhin sind bloß moralisch gebotene Einstandspflichten für andere, deren Rechtsgüter in Gefahr sind, als Garantenstellungen[83b] begründende Pflichten ausgeschlossen.[83c] **Rechtliche** Einstandspflichten findet man außerdem in zahlreichen Gesetzen außerhalb des StGB. An dieser Relevanz fehlt es etwa bei den Pflichten des Wasserschutzbeauftragten aus §§ 21 b ff. WHG (*Schall*, Fs. Amelung, 2009, S. 287, 291 f.) oder bei der Mitteilungspflicht des Sozialleistungsempfängers nach § 60 I Nr. 2 SGB I.[83d] Auch bei Pflichten, die sich aus dem StGB ergeben, handelt es sich nicht zwangsläufig um Garantenpflichten. So etwa bei der Anzeigepflicht aus § 138, die keine Garantenpflicht zur Aufklärung einer Straftat begründet (*Lackner/Kühl*, § 138 Rn. 8; S/S-*Sternberg-Lieben*, § 138 Rn. 2),[83e] erst recht bei der Hilfeleistungspflicht aus § 323 c (BGHSt 3, 65, 67; *Ransiek*, JuS 2010, 585, 587; AWHH-*Hilgendorf*, 46/4; *Lackner/Kühl*, § 13 Rn. 7; S/S-*Stree/Bosch*, § 13 Rn. 57). So sind z. B. die Schutzpflichten der Eltern gegenüber ihren Kindern im Familienrecht des BGB, die Pflichten des Gastwirts im Gaststättengesetz formuliert, doch ist deren strafrechtliche Relevanz jeweils gesondert zu begründen.

42　　Ein **einheitliches Prinzip** zur Begründung von Garantenstellungen, das weitgehend akzeptiert wäre, ist bis heute **nicht** gefunden worden. Die zahlreichen Versuche, ein solches Prinzip zu formulieren,[84] enden bisher in so abstrakten Kriterien, dass eine Subsumtion des Sachverhalts unter sie kaum zu eindeutigen Ergebnissen führt. Das

---

[83b] Krit. bis abl. zum Erfordernis der Garantenstellung *Freund*, 1992, S. 51, 124, und *Jakobs*, 1996; krit. zu diesen „normativistischen" Positionen *Schünemann*, 1995 a, S. 49, 50 ff. Zur überwiegenden Anerkennung dieses Erfordernisses mit umfassenden Nachweisen *Lackner*, § 13 Rn. 6.

[83c] Zur Abgrenzung von Recht und Moral bei Einstandspflichten vgl. *Kühl*, Fs. Herzberg, 2008, S. 178, 183; *Grünewald*, 2001, S. 133 ff.; vgl. auch *Kretschmer*, JR 2008, 51, 52. – Garantenpflichten als Solidarpflichten entwickelt *Schulte*, Garantenstellung und Solidarpflicht, 2001, S. 17 ff., 183.

[83d] OLG München NStZ 2009, 156 m. Bspr. *Hecker*, JuS 2010, 266; OLG Köln NStZ-RR 2010, 79, 80.

[83e] Vgl. LG Itzehoe NStZ-RR 2010, 10 m. insoweit zust. Bspr. *Hecker*, JuS 2010, 549, 551, der jedoch eine Garantenstellung des Zeugen aus seiner „strafprozessualen Pflichtenstellung" ableitet, so dass sich der Zeuge wegen Strafvereitelung durch Unterlassen (§§ 258 I, 13 I) strafbar macht, wenn er sein Wissen über die Identität eines Tatbeteiligten nicht preisgibt.

[84] Vgl. den Überblick bei *Kühl*, JuS 2007, 497, 500. – Mit verfassungsrechtlichem Ausgangspunkt beim Verhältnismäßigkeitsprinzip und unter Berücksichtigung gesellschaftlicher Erwartungen *v. Coelln*, 2008, S. 129 ff., die sich auch eingehend mit den bisher diskutierten Prinzipien auseinandersetzt (S. 87–129); vgl. auch *Böhm*, 2006, S. 45 ff.

gilt für die „faktischen Erwartungs-Erwartungen" in der Gesellschaft ebenso wie für die „Herrschaft über den Grund des Erfolgs" und für die „Entscheidungshoheit des Individuums".[85] Auch das sog. Vertrauensprinzip ist zumindest konkretisierungsbedürftig.[85a] Es ist deshalb für Bearbeiter von strafrechtlichen Übungsarbeiten zwingend erforderlich, dass sie über ein Reservoir (weitgehend) anerkannter Garantenstellungen verfügen.

Dabei kann man sich an den **Entstehungsgründen** (Rechtsquellen) der Garanten- 43
stellungen orientieren.[86] Man wird sich dann mindestens das Gesetz,[86a] den Vertrag bzw. die tatsächliche Übernahme, das vorangegangene gefährliche Tun (Ingerenz) und zusätzlich wohl noch die enge Lebens- und Gefahrengemeinschaft sowie die Verantwortung des Zuständigen für Gefahrenquellen merken müssen.[87] Schutzrichtung und Umfang dieser Garantenstellungen sind dann aber noch zusätzlich zu kennen. So nützt die Kenntnis der aus Gesetz oder enger Familienverbundenheit abgeleiteten Garantenpflicht der Ehegatten untereinander allein nichts, wenn man nicht zusätzlich weiß, dass es dabei nur um Schutzpflichten für den anderen, nicht aber um Aufsichtspflichten über den anderen geht (z. B. Bewahrung des anderen vor einem tätlichen Angriff eines Dritten, aber z. B. nicht Abhaltung des anderen von der Begehung von Straftaten).

Die beiden letzteren Erfordernisse – Schutzrichtung und Umfang – hat man eher 44
im Griff, wenn man sich die Garantenstellungen in zwei großen Gruppen merkt, die die unterschiedlichen Funktionen der Garantenstellungen hervorheben. Nach dieser **funktionellen Zweiteilung**[88] gibt es zum einen Beschützergaranten mit Obhutspflichten für bestimmte Rechtsgüter und zum anderen Überwachungsgaranten mit Sicherungspflichten in Bezug auf Gefahrenquellen.

---

[85] Zu diesen Topoi von *Brammsen, Schünemann* und *Herzberg* vgl. die kritische Darstellung bei *Freund,* 1992, S. 2 und 137–153, dessen eigene Konzeption der von *Schünemann* am nächsten steht. – *Schünemann,* 1995 a, S. 49, 72 ff. (auch in: Fs. Amelung, 2009, S. 303 ff., s. auch schon in: GA 1985, 341, 374 ff.), verteidigt sein Herrschaftsprinzip mit der Akzeptanz der Unterscheidung von Herrschaft „über die Gefahrenquelle oder über die Hilflosigkeit des Rechtsguts"; *Schünemanns* Zweiteilung wird im Lehrbuch von *Roxin* zugrundegelegt, AT II, 32/8 u. 17–31; ähnlich *Kretschmer,* Jura 2006, 898, 899: „Kontrollherrschaft". – Ein „Erfordernis der Vorhandlung" für alle Garantenstellungen behauptet *Grünewald,* 2001, S. 136; ähnlich LK-*Weigend,* § 13 Rn. 24, für die Übernahme, Ingerenz und Herrschaftsbereichsinhaber an ein früheres Verhalten anknüpfen will (dagegen *Schünemann,* Fs. Amelung, 2009, S. 303, 305 f.). – Ablehnend zu allen monistischen Lösungsansätzen *Popp,* 2002, S. 129.
[85a] Zur Begründung dieses Prinzips vgl. *Wolff,* 1965, S. 37 ff.; zur Konkretisierungsbedürftigkeit vgl. *Otto,* 9/28; *Nikolaus,* JA 2005, 605 f. u. *Perdomo-Torres,* 2006, S. 59, der selbst Garantenpflichten aus „Vertrautheit" entwickelt, S. 20 ff.; vgl. auch *Böhm,* 2006, S. 60 ff.
[86] So *Lackner/Kühl,* § 13 Rn. 7–11. – Die sog. „formelle Rechtspflichttheorie" für alle 4 Entstehungsgründe abl. *Roxin,* AT II, 32/10–16; abl. für das „Gesetz" *Schall,* Fs. Amelung, 2009, S. 287, 292, zur „gesetzlichen Bestellungspflicht" des Umweltschutzbeauftragten.
[86a] Auf Gesetz gegründete Garantenstellungen sind aufgelistet bei *Lackner/Kühl,* § 13 Rn. 8.
[87] So ist die knappe, aber informative Darstellung im Lehrbuch von *Ebert,* S. 177–180, aufgebaut.
[88] *Kühl,* Fs. Herzberg, 2008, S. 177, 185, *Ransiek,* JuS 2010, 585, 586 f. u. *Lackner/Kühl,* § 13 Rn. 12 mit Nachweisen zu den Begründungen dieser Funktionenlehre; vgl. zur Zweiteilung auch *Arzt,* JA 1980, 648, der selbst zu einer Fünfteilung der Garantenstellungen kommt, weil er die Funktionenlehre mit den Entstehungslehren kombiniert; kritisch zur Bedeutung der funktionellen Zweiteilung *Freund,* 1992, S. 159, 265 u. *Schlüchter,* Fs. Salger, 1995, S. 139, 145. – Die Funktionenlehre wird auch in Rspr. rezipiert, vgl. BGHSt 48, 77, 82 u. 301; OLG Stuttgart, NJW 1998, 3131. – In der Rechtslehre hat sie die „führende Stellung", so *Roxin,* AT II, 32/6, der auf ihre „Weiterentwicklung" u. a. durch *Jakobs* und *Schünemann* hinweist (32/7, 8).

45   Während der Beschützergarant wie z. B. die Mutter (mehr oder weniger umfassend) ein bestimmtes Rechtsgut wie z. B. das Leben ihres Kindes gegen Angriffe **aus allen Richtungen** zu beschützen hat, ist der Überwachungsgarant wie z. B. der Hauseigentümer **zugunsten aller möglichen Betroffenen** verpflichtet zu verhindern, dass aus einer Gefahrenquelle wie z. B. einem defekten Dach eine Gefahr oder gar ein Schaden für Passanten wird (z. B. durch herunterfallende Ziegel). Der mit der Pausenaufsicht auf dem Schulhof betraute Lehrer ist sowohl Beschützergarant für die ihm anvertrauten Schüler als auch Überwachungsgarant hinsichtlich Schülern, die als Schläger eine Gefahrenquelle für andere Schüler darstellen (im Übungsfall *Weißer,* JA 2010, 433, 434 f.). Während der obhutspflichtige Beschützergarant in einer unmittelbaren Beziehung zum potentiellen Opfer eines Angriffs steht, ist der sicherungspflichtige Überwachungsgarant „gewissermaßen dem Täter zur Seite" gestellt,[89] um ihn in Schach zu halten. Hat der Beschützergarant eine besondere Beziehung zum „Zielort der abzuwendenden Gefahr", so hat der Überwachungsgarant eine besondere Beziehung „zum Ursprung der abzuwendenden Gefahr."[90] So ist der Gewässerschutzbeauftragte (oder ein sonstiger Umweltschutzbeauftragter) kein Beschützergarant, der das Gewässer gegen Gefahren von allen Seiten in einer Art „Rundumverteidigung" zu beschützen hat, sondern Überwachungsgarant, der – im umweltgefährdenden Betrieb stehend – die von diesem Betrieb ausgehenden Gefahren für das Gewässer zu kontrollieren hat (*Schall,* Fs. Amelung, 2009, S. 287, 291).

46   Die Funktion der jeweiligen Garantenstellung besagt freilich noch nichts über die einzelnen Entstehungsgründe der so zweigeteilten Garantenstellungen. Zusätzlich zur funktionalen Zweiteilung gilt es deshalb auch die **typischen Entstehungsgründe** innerhalb beider Gruppen zu kennen.[90a]

46a   **Garantenstellungen**[90b]

Beschützergaranten	*Überwachungsgaranten*
– Natürliche, familiäre Verbundenheit (Rn. 47)	– Vorausgegangenes gefährliches Tun (Rn. 91)
– Enge Lebens- und Gefahrengemeinschaften (Rn. 61)	– Tatsächliche und rechtliche Herrschaft über (gefährliche) Sachen (Rn. 106)
– Tatsächliche, freiwillige Übernahme (Rn. 68)	– Verantwortung für rechtswidriges Verhalten Dritter (Rn. 116)
– Garantenstellung von Organen und Amtsträgern (Rn. 78)	– Übernahme von Sicherungspflichten (Rn. 119)

---

[89] Vgl. *Tiedemann,* Anfängerübung, S. 156, im Anschluss an *Arzt,* JA 1980, 648.

[90] *Freund,* 1992, S. 156.

[90a] Kritisch zu dieser „schlichten" Verbindung *Pawlik,* ZStW 111 (1999), 335, 339, der der Funktionenlehre vorhält, dass sie die materialen Prinzipien der Garantenstellung nicht offenlegt; krit. auch *ders.,* in: Fs. Roxin, 2011, S. 931, 938 ff., der ein neues System der „Mitverantwortlichkeit" entwirft; vgl. auch schon *Jakobs,* 29/27, wonach die Funktionenlehre die Herleitung der Garantenstellung aus einem Rechtsgrund nicht ersetze, sondern voraussetze.

[90b] Vgl. die ganz ähnliche Einteilung bei *W-Beulke,* Rn. 716; das dort als eigene Garantenstellung aufgeführte „Inverkehrbringen von Produkten" wird hier bei der Ingerenz (Rn. 103, 103 a) und bei der tatsächlichen und rechtlichen Herrschaft über (gefährliche) Sachen (Rn. 110) behandelt; ähnlich auch *Zieschang,* Rn. 602 f., der allerdings bei den Beschützergaranten das „Gesetz" als Entstehungsgrund anführt. Überblick bei *Kühl,* JuS 2007, 497, 500–503.

a) Beschützergaranten mit Obhutspflichten

aa) Natürliche, familiäre Verbundenheit

Eine natürliche Verbundenheit besteht vor allem unter Mitgliedern einer Familie.   47
Familienmitglieder stehen sich näher als Personen ohne Familienbande. Während
der Jedermann, der auf Notsituationen trifft, „nur" nach § 323 c verpflichtet ist,
mitmenschliche (Mindest-)Solidarität mit dem Verunglückten zu üben, können sich
Familienmitglieder wegen einer Körperverletzung gem. § 223 oder gar wegen eines
Totschlags gem. § 212 strafbar machen, wenn sie ein in Not geratenes Familienmit-
glied leiden oder sterben lassen. Unter welchen Familienmitgliedern solche rechtliche Einstandspflichten i. S. des § 13 (= Garantenstellungen) bestehen, ist freilich umstritten.[90c] Einfache Lösungen haben sich bisher nicht durchsetzen können, weil sie
zu pauschal vorgehen und den Kreis der Garanten und damit den Umfang der
Strafbarkeit (statt § 323 c: §§ 223, 212, 13) unangemessen ausdehnen. Dies gilt für
die – in der Tendenz der Rechtsprechung liegende[91] – Erfassung aller „Angehörigen" i. S. des § 11 I Nr. 1 a als Garanten ebenso wie für die Erfassung aller „nahe
stehenden Personen" i. S. des § 35.[92]

Im Kernbereich natürlicher Verbundenheit stehen die **Eltern** zu ihren **Kindern**. So-   48
lange die Kinder noch konstitutionell unfähig sind, aus eigener Kraft zu überleben,
sind die Eltern verpflichtet, diese Hilflosigkeit ihrer Kinder durch fürsorgerische
Maßnahmen auszugleichen.[93] Kinder sind wegen ihres generellen Schutzbedürfnis-
ses „Schützlinge" der Eltern. Unterlassen die Eltern die erforderlichen Schutzmaß-
nahmen, erfüllen sie ihre Sorge- und Aufsichtspflichten nicht, so ist das für das Kind
ebenso gefährlich wie ein aktiver Angriff auf seine Rechtsgüter.[94] Vergiften und
Verhungernlassen des Kleinkindes sind gleichermaßen gefährliche Angriffe auf das
Rechtsgut Leben.

Für dieses allgemein akzeptierte Ergebnis – Garantenstellung der Eltern für das   49
Wohl ihrer Kinder[95] – lassen sich noch weitere Gründe angeben. So werden mit den
Eltern diejenigen besonders verpflichtet, welche die Kinder „ins Leben gerufen ha-
ben."[96] Die Rechtsordnung hat außerdem die Eltern mit entsprechenden **Elternrech-**

[90c] Vgl. *Grünewald*, 2001, S. 139: auf die „Zugehörigkeit zu einer Familie" allein könne
eine Garantenstellung nicht gestützt werden.

[91] So *Gallas*, 1989 [1963], S. 93. – Gegen die Heranziehung von § 11 I Nr. 1 a zur Bestimmung des Kreises der beistandspflichtigen Familienmitglieder LK[11]-*Jescheck*, § 13 Rn. 22.

[92] So *Lilie*, JZ 1991, 541 ff.; ähnlich *Albrecht*, 1998, S. 189 ff.; dagegen *Otto*, 9/48 Fn. 22:
zu weit; ebenso *Kühl*, JuS 2007, 497, 500; SK-*Rudolphi/Stein*, § 13 Rn. 51 a: irreführend. –
Einschränkend spricht *Kretschmer*, Jura 2006, 898, von Garantenstellungen auf „familien-
rechtlicher Grundlage".

[93] *Gallas*, 1989 [1963], S. 92; *Kahlo*, 1990, S. 316 f. u. *ders.*, 2001, S. 256 ff.; *Kühl*,
JuS 2007, 497, 500 f.; SK-*Rudolphi/Stein*, § 13 Rn. 47; vgl. *Freund*, 1992, S. 273; *Neuheuser*,
NStZ 2000, 174 f. u. *Nikolaus*, JA 2005, 605, 609. – *Jakobs*, 1996, S. 34, hebt auf die
Organisationszuständigkeit der Eltern ab; ähnlich *Perdomo-Torres*, 2006, S. 65, 231 ff.: Ver-
trautheit als Institution. – Auf das Vorverhalten stellt *Pawlik*, Fs. Roxin, 2011, S. 931, 945
ab.

[94] *Gallas*, 1989 [1963], S. 93.

[95] BGHSt 7, 272: „Fürsorgepflicht" des Vaters „gegenüber seinem Kinde"; die Garantenstellung der Mutter, die ihr Kind ohne die erforderliche Geburtshilfe zur Welt brachte, beginnt
mit dem „Einsetzen der Geburtswehen", BGH NStZ 2010, 214 m. Bspr. *Hecker*, JuS 2010,
454 u. *Satzger*, JK 5/10, StGB § 13/43. – Vgl. *Albrecht*, 1998, S. 99 ff. m w. N., *Böhm*, 2006,
S. 203 ff., 229 u. *Otto*, Fs. Herzberg, 2008, S. 255, 266.

[96] *Freund*, 1992, S. 273; ähnlich *v. Coelln*, 2008, S. 196.

ten ausgestattet, denen – als **Kehrseite** – besondere Pflichten entsprechen.[97] Die soziale Position der Eltern (die Mutterposition, die Vaterposition) eröffnet ihnen besonders effektive Einflussmöglichkeiten, die Außenstehende nur zufällig haben. Diese besondere **Familiensphäre** wird auch von den Außenstehenden respektiert, die sich angesichts vorrangiger Hilfsmöglichkeiten der Eltern nicht aufdrängen.[98]

50   Schließlich ist diese Sicht der Garantenverantwortlichkeit der Eltern auch die Sicht des **Gesetzgebers** im Familienrecht des BGB, insbesondere der §§ 1618a, 1626. Teilweise wird diesen Vorschriften Garantenstellungs-begründende Kraft zugesprochen,[99] jedenfalls bestätigen sie das (auch) aus anderen Gründen hergeleitete Ergebnis.[100] Sie zeigen auch, dass dieses Ergebnis ein rechtlich gültiges und nicht nur moralisch gerechtfertigtes Ergebnis ist.[101] Sie gebieten außerdem, die Garantenstellung der Eltern gegenüber ihren Kindern nicht auf die Kinder zu beschränken, die konstitutionsbedingt (meist altersbedingt) von ihnen abhängig sind.[102] Auch konstitutionell nicht mehr von ihren Eltern abhängigen, **minderjährigen Kindern** muss von diesen in dennoch auftretenden akuten Notsituationen geholfen werden. Dies gilt zumindest für Fälle, in denen dem Kind Gesundheits- und Lebensgefahren drohen, wird jedoch auch dann anzunehmen sein, wenn dem Eigentum oder Vermögen des Kindes erhebliche Schäden drohen.[103] Erwachsene Kinder sind nur bei Fortbestehen der familiären Lebensgemeinschaft erfasst.[103a]

51   Die **Grenzen** der elterlichen Garantenpflicht sind bisher wenig diskutiert.[103b] Sicher muss nicht bei jedem gefährlichen Verhalten des Kindes, das sich erproben will, eingeschritten werden, will man nicht das „behütete Kind" zum Erziehungsideal erheben.[104] Auch für diese Grenzen kann man sich auf die familienrechtliche Vorgabe des § 1626 II BGB berufen; danach müssen die Eltern Rücksicht auf die mit zunehmendem Alter wachsende Fähigkeit zu selbständigem Verhalten des Kindes nehmen.[104a] Besteht das Kindergartenkind auf Erprobung seiner Balancierkünste auf einer Mauer, so kann die Mutter dies zulassen, auch wenn die Gefahr einer Platzwunde besteht, nicht jedoch, wenn erhebliche Verletzungen drohen, weil sich hinter der Mauer ein gefährlicher Abgrund befindet.[105]

52   Dass die Handlungspflicht der Eltern auch wegen eines **Aufwandes**, den sie zur Rettung des Kindes betreiben müssen, begrenzt sein kann, ist auch jenseits **eigener**

---

[97] *Freund*, 1992, S. 274.

[98] Vgl. *Otto*, 9/49, sowie *Otto/Brammsen*, Jura 1985, 538 ff.

[99] B-*Weber/Mitsch*, 15/53; *Ebert*, S. 178; W-*Beulke*, Rn. 718. – Aus der Rechtsprechung vgl. BGH bD MDR 1971, 361: § 1626 II BGB; BGH NStZ 1999, 607: §§ 1606 ff. BGB.

[100] Vgl. *Freund*, 1992, S. 273; *Maiwald*, JuS 1981, 481; *Grünewald*, 2001, S. 140; *Schramm*, 2011, S. 245; *Kretschmer*, Jura 2006, 898, 900: „Widerhall" im Gesetz; nach *Nikolaus*, JA 2005, 605, 609: gesetzliche Regelungen „lediglich Indiz für die Garantenstellung"; s. auch *Kühl*, Fs. Herzberg, 2008, S. 177, 186.

[101] Vgl. *Kahlo*, 1990, S. 318.

[102] *Gallas*, 1989 [1963], S. 92 f.

[103] Vgl. *Jakobs*, 29/59.

[103a] *Kretschmer*, Jura 2006, 898, 900; *Schramm*, 2011, S. 260 u. S/S-*Stree/Bosch*, § 13 Rn. 18, auch wenn die abstrakte Grenze von 18 Jahren ohne Rücksicht auf die Entwicklung des Kindes „formal" erscheine; vgl. auch *Perdomo-Torres*, 2006, S. 208 ff.

[103b] Zur Dauer dieser Garantenstellung vgl. *Albrecht*, 1998, S. 110 ff.; zur Beendigung der Garantenstellung z. B. durch Adoption oder Sorgerechtsentziehung vgl. *Brückner*, 2000, S. 160 u. 265 f., 270 f. u. *Nikolaus*, JA 2005, 605, 610.

[104] Gegen dieses Ideal *Arzt*, Einführung in die Rechtswissenschaft, 1987, S. 105 u. *Roxin*, AT II, 32/35; vgl. *Sangenstedt*, 1989, S. 434 f.

[104a] *Schramm*, 2011, S. 248.

[105] Bsp. von *Freund*, 1992, S. 276 f.

Gefährdungen der Eltern denkbar,[106] so möglicherweise bei Schürfwunden des Kindes und einem aufwändigen Krankentransport.[107]

Umstritten ist aber schon die Garantenstellung des **Vaters** gegenüber seinem **53** nichtehelichen Kind. Das Verwandtschaftsverhältnis zwischen beiden spricht für eine Garantenstellung.[108] Auch hat nach der Kindschaftsrechtsreform von 1998 der Vater eines nichtehelichen Kindes jetzt gem. § 1684 I BGB ein Recht auf Umgang mit seinem Kind; er kann u. U. sogar gem. § 1626 a I Nr. 1 BGB gemeinsam mit der Mutter sorgeberechtigt sein. Insofern hat sich die Bedeutung des gegen eine Garantenstellung des nichtehelichen Vaters vorgebrachten Argument, dass das Recht dem „Zahlvater" keine Möglichkeit verschafft habe, auf die Lebensgestaltung des Kindes Einfluss zu nehmen, auf Grund der nunmehr gestärkten zivilrechtlichen Stellung des Vaters relativiert.[109] Wer nur mit der Mutter eine gemeinsame Wohnung bezieht und die „Vaterpflichten" für das von einem anderen gezeugte Kind übernimmt, soll auch schon Beschützergarant sein (so wohl BGH NStZ 2012, 29f., m. abl. Anm. *Mandla*). – Noch nicht abschließend geklärt ist die Frage nach der Garantenstellung des Elternteils, dem das **Sorgerecht** für das Kind **entzogen** wurde.[109a] Umstritten ist auch die Garantenstellung der **Großeltern** gegenüber ihren Enkelkindern. Die Familienbande sprechen für deren Einstandspflicht, doch wird man diese Pflicht, die sich ja auch gegen die Eltern richten kann, nur dann bejahen können, wenn die Großeltern auch tatsächlich das zu schützende Enkelkind in ihrer Obhut haben[110] oder die Großeltern mit dem Enkelkind tatsächlich in der Familie zusammenleben und die (Mit-)Betreuung der Kinder übernommen haben.[110a] Dies gilt auch für Stiefeltern, wohingegen Adoptiveltern wie Eltern zu behandeln sind und auch bei Pflegeeltern eine Beschützergarantenstellung aus freiwilliger, tatsächlicher Übernahme anzunehmen ist.[110b]

Berechtigt scheint hingegen die Annahme einer Garantenstellung der **Kinder ge- 54 genüber ihren Eltern**.[110c] Zumindest geht die Rechtsprechung von der Verpflichtung sogar des volljährigen Kindes zum Schutze des Lebens eines Elternteils aus, und zwar auch dann, wenn dieses Leben durch den anderen Elternteil und durch Geschwister bedroht ist (so im sog. Mordkomplott-Fall des BGHSt 19, 167 = *Jescheck*, *Fälle*, Fall 70, S. 87 ff.).[111] Auch hier sprechen die Familienbande für eine Schutzver-

---

[106] Vgl. *Freund*, GA 1991, 396 ff.

[107] Vgl. OLG Düsseldorf NStZ 1989, 269, und *Freund*, 1992, S. 279.

[108] RGSt 66, 71; S/S-*Stree/Bosch*, § 13 Rn. 18. – Zum Streitstand vgl. *Albrecht*, 1998, S. 115 ff. u. *Kretschmer*, Jura 2006, 898, 901.

[109] Vgl. *Brückner*, 2000, S. 68 Fn. 134: im Falle gemeinsamen Sorgerechts komme eine Ungleichbehandlung des nichtehelichen zum ehelichen Erzeuger bei der Garantenstellung nicht in Betracht; ebenso *Böhm*, 2006, S. 33, 217 u. 229.

[109a] Die Garantenstellung abl. LK-*Weigend*, § 13 Rn. 26; dafür *Schramm*, 2011, S. 255 u. a. weil sich in Art. 6 II 1 GG gewährte Elternschutz auch auf den nichtsorgeberechtigten Elternteil beziehe.

[110] *Otto*, Fs. Herzberg, 2008, S. 255, 271. *Roxin*, AT II, 32/44 u. SK-*Rudolphi/Stein*, § 13 Rn. 48; abl. *Böhm*, 2006, S. 37, 225.

[110a] *Schramm*, 2011, S. 273.

[110b] Näher *Brückner*, 2000, S. 89 (Adoptiveltern), S. 94 (Pflegeeltern) und S. 105 (Stiefeltern); zu Adoptiveltern auch NK-*Wohlers*, § 13 Rn. 60. – Zu noch entfernteren Verwandten wie Onkel, Tante, Neffe, Schwager vgl. *Böhm*, 2006, S. 39, 228: keine Garanten.

[110c] Vgl. zum Streitstand *Albrecht*, S. 118 ff; gänzlich ablehnend, weil umstritten, *Böhm*, 2006, S. 35, 218, 230; abl. auch MK-*Freund*, § 13 Rn. 177.

[111] Der Fall wird außerdem behandelt bei *Arzt*, JA 1980, 651; *Otto/Brammsen*, Jura 1985, 538; *Otto*, 9/50 u. in: Fs. Herzberg, 2008, S. 255, 268 f.: gegenseitiges Vertrauens- und Verantwortungsverhältnis bei intaktem Gemeinschaftsverhältnis.

pflichtung der Kinder. Diese Verpflichtung wird von den Kindern wohl durchaus als berechtigte empfunden und seitens der Eltern wird wohl erwartet, dass die Kinder in (Lebens-)Gefahrsituationen für sie da sind. Der Rechtscharakter dieser Schutzpflicht wird durch familienrechtliche Regelungen unterstrichen: so enthält § 1618 a BGB[112] eine gegenseitige Beistandsverpflichtung zwischen Eltern und Kindern, und die Regelung der Unterhaltpflicht in § 1601 BGB[113] zeigt, dass die Kinder ihre Eltern zumindest finanziell vor dem Ende bewahren müssen.

55   Dennoch erheben sich **Zweifel** an der Berechtigung der Umkehrung dieser Eltern-Kind-Beziehung. Die Kinder sind schon nicht für die Existenz der Eltern „verantwortlich", die Eltern sind auch nicht wie Kinder konstitutionell abhängig von Beschützern.[114] Ein Obhutsverhältnis, das dem der Eltern für ihre Kinder entspricht, liegt jedenfalls im Normalfall (Ausnahmefall: Betreuung des kranken und deshalb hilflosen Vaters durch den Sohn) nicht vor.[115] Geht es freilich um die dem Kind mögliche Beseitigung von akuten Gefahrenlagen, die Leib und Leben eines Elternteils bedrohen, so kann die Wahrnehmung dieser Möglichkeit vom Kind rechtlich verlangt werden, denn die Verbindung zwischen Eltern und Kind ist eben doch **elementar**. Eine häusliche Gemeinschaft zwischen Eltern und Kind ist dafür nicht unbedingt erforderlich,[116] denn die elementare Verbundenheit besteht auch bei ansonsten losen Kontakten fort.

56   Gegenseitigen Beistand in der Gefahr für wichtige Rechtsgüter schulden sich **Eheleute**.[116a] Das ist im Grundsatz „unstreitig" (BGHSt 48, 301, 302). Zwar sind Ehegatten nicht wie konstitutionell abhängige Kinder voneinander wechselseitig abhängig,[117] doch haben sie sich freiwillig in eine (eheliche) Gemeinschaft begeben, die auf gegenseitigen Schutz und auf gegenseitige Fürsorge angelegt ist.[118] Der Vorteil eines solchen zusätzlichen Schutzes durch den anderen ist selbstverständlich, d. h. ohne dass darüber gesprochen werden muss, mit dem Nachteil (= der Verpflichtung) verbunden, dem anderen diesen zusätzlichen Schutz ebenfalls zur Verfügung zu stellen. Jeder Ehegatte vertraut deshalb berechtigterweise darauf, dass der andere ihm im Notfall Schutz gewährt.

57   Die eheliche Gemeinschaft begründet zumindest „die Rechtspflicht, einander in **Lebensgefahr** nach Kräften zu schützen und zu helfen" (BGHSt 2, 153 = *Roxin*,

---

[112] Diese Vorschrift bemühen: *Ebert*, S. 178 u. *Schramm*, 2011, S. 263. Gegen die Ableitung einer Garantenstellung der Kinder für die Eltern aus dem familienrechtlichen „Programmsatz" des § 1618 a BGB *Jakobs*, 29/62 u. *Roxin*, AT II, 32/42: „uneinklagbarer Programmsatz"; ebenso im Übungsfall *Murmann*, JuS 1998, 630, 634.

[113] Auf diese Vorschrift hebt vor allem ab: *Blei*, S. 321, aber auch *Fischer*, § 13 Rn. 15; kritisch aber *Arzt*, JA 1980, 650 und S/S-*Stree/Bosch*, § 13 Rn. 18.

[114] Vgl. *Freund*, 1992, S. 290 f.

[115] SK-*Rudolphi*, § 13 Rn. 49; *Jescheck/Weigend*, S. 622; NK-*Wohlers*, § 13 Rn. 61; LK-*Weigend*, § 13 Rn. 26.

[116] So aber auch *Jescheck*, Fälle, Fall 70, S. 88: intensive häusliche Gemeinschaft; wohl auch *Kretschmer*, Jura 2006, 898, 900 f.; wie hier *Schramm*, 2011, S. 262.

[116a] Zum anerkannten grundsätzlichen Bestehen einer solchen Garantenstellung vgl. *Albrecht*, 1998, S. 63 ff. m. w. N.; ebenso *Otto*, Fs. Herzberg, 2008, S. 255, 258 f. – Gegen eine Garantenstellung wegen fehlenden Minimalkonsenses über die Pflichten der Eheleute untereinander *Böhm*, 2006, S. 19, 193 u. 230 ff., die eine gesetzliche Regelung fordert.

[117] Deshalb gegen eine Garantenstellung *Gallas*, 1989 [1963], S. 92 f.: es bleibe § 323 c; abl. auch *Gimbernat*, ZStW 111 (1999), 307, 330 ff. (dagegen überzeugend *Roxin*, GA 2009, 73, 81).

[118] Vgl. *Freund*, 1992, S. 289: selbstgesetzte Verantwortlichkeitsverteilung, u. *Freund*, 6/88: längerfristig angelegter Zusammenschluss und gegenseitige Hilfszusage; zweifelnd aber *Jakobs*, 1996, S. 34.

HRR AT, Fall 86, S. 131 f. u. 208 f.).[118a] Rechtliche Fundierung erhält die Garantenstellung der Ehegatten durch § 1353 I 2 BGB, wonach die Ehegatten einander zur ehelichen Lebensgemeinschaft verpflichtet sind.[119] Dasselbe hat für Lebenspartner zu gelten; die rechtliche Fundierung ist durch § 2 LPartG v. 16. 2. 2001 geschaffen worden.[119a]

Die gegenseitige Schutzverpflichtung von Ehegatten ist aber schon dann nicht 58 mehr selbstverständlich, wenn die Ehe „zerrüttet" ist, und erst recht dann nicht mehr, wenn diese „Zerrüttung" zu einem **Getrenntleben** der Ehegatten geführt hat. Genauer endet die „strafrechtliche Garantenpflicht unter Eheleuten" schon dann, „wenn sich ein Ehegatte vom anderen in der Absicht getrennt hat, die eheliche Lebensgemeinschaft nicht wieder herzustellen" (BGHSt 48, 301 m. im Erg. zust. Bspr. *Freund*, NJW 2003, 3384; *Ingelfinger*, NStZ 2004, 409; *Rönnau*, JR 2004, 158; *Kühl*, JuS 2007, 497, 501 u. *Geppert*, JK 02/04 StGB § 13/37).[119b] In solchen Fällen entfällt das berechtigte Vertrauen des Ehegatten, der andere werde ihm notfalls beistehen.[120] § 1353 I 2 BGB verpflichtet zwar zur Herstellung der ehelichen Gemeinschaft,[121] doch solange diese nicht wieder hergestellt ist, sind die getrennt lebenden Ehegatten nur für sich selbst verantwortlich. Dies gilt erst recht in Fällen des § 1353 II BGB, in denen sogar die Herstellung der ehelichen Lebensgemeinschaft verweigert werden kann, denn das dann nur noch bestehende formale Band der Ehe ist keine hinreichende Grundlage für eine Garantenstellung.[122] Leben die Ehegatten freilich noch zusammen, so kann nicht jede „Zerrüttung" der Ehe zum Wegfall der Obhutspflichten führen,[123] da man trotz Zerrüttung davon ausgehen kann, dass man vom anderen in der Not nicht alleingelassen wird.

Die **Schutzrichtung** der Garantenstellung der Ehegatten geht auf den Schutz der 59 Rechtsgüter des jeweils anderen Ehegatten. Zu schützen ist der Ehegatte gegenüber Angriffen auf Leben, Leib und Freiheit, mit Einschränkung auf Straftaten auch auf Eigentum und Vermögen.[123a] Eine Beaufsichtigung und Bevormundung des jeweils anderen Ehegatten ist davon nicht umfasst.[123b] Sie verbieten sich schon wegen des partnerschaftlichen Verständnisses der Ehe.

[118a] Für eine Begrenzung der Schutzpflicht auf bestimmte Rechtsgüter *Otto*, Fs. Herzberg, 2008, S. 255, 260 f.

[119] Auf diese Vorschrift verweisen: *Arzt*, JA 1980, 651; B-*Weber/Mitsch*, 15/55; *Ebert*, S. 178. – Vorsichtiger: *Freund*, 1992, S. 289; *Gallas*, 1989 [1963], S. 92 f.; *Kretschmer*, JR 2008, 51: „normative Grundlage" u. *Otto*, Fs. Herzberg, 2008, S. 255, 259: nicht mehr als ein „Anknüpfungspunkt".

[119a] Ebenso *Schramm*, 2011, S. 282; B-*Weber/Mitsch*, 15/55 u. *Fischer*, § 13 Rn. 15 sowie *Kretschmer*, JR 2008, 51.

[119b] Dem BGH zust. *Ransiek*, JuS 2010, 585, 588; *Joecks*, § 13 Rn. 26; *Kindhäuser*, AT, 36/76; *Fischer*, § 13 Rn. 13; kritisch *Kretschmer*, Jura 2006, 899, 901 f.: „ziemlich unbestimmte Bestimmung"; zu BGHSt 48, 301 vgl. auch *Kühl*, Fs. Herzberg, 2008, S. 177, 187 f.

[120] SK-*Rudolphi/Stein*, § 13 Rn. 50 sowie im Übungsfall *Stein/Schneider*, AL 2011, 45, 51 f.; *Joecks*, § 13 Rn. 26; *Roxin*, AT II, 32/45: „tatsächlich praktizierte Lebensgemeinschaft"; *Jäger*, Rn. 339; *Krey/Esser*, AT, Rn. 1131.

[121] Dieses „Soll" reicht nach *Jakobs*, 29/64, rechtlich für die Begründung der Garantenstellung aus; anders *Kühl*, Fs. Herzberg, 2008, S. 177, 188; *Otto*, Fs. Herzberg, 2008, S. 255, 259 f. u. S/S-*Stree/Bosch*, § 13 Rn. 19/20.

[122] S/S-*Stree/Bosch*, § 13 Rn. 19/20; *Freund*, 6/88; auch *Schramm*, 2011, S. 274.

[123] So auch SK-*Rudolphi/Stein*, § 13 Rn. 51; s. auch *Albrecht*, 1998, S. 77 ff., die auf § 323 c verweist.

[123a] *Kretschmer*, Jura 2006, 898, 901 u. *Schramm*, 2011, S. 279.

[123b] Ebenso NK-*Wohlers*, § 13 Rn. 58.

60 Das bedeutet zum einen, dass der Ehegatte, der von deliktischen Plänen des anderen Ehegatten weiß, nicht verpflichtet ist, diesen an der Ausführung seiner Pläne zu hindern. Es besteht **keine Pflicht zur Beaufsichtigung** der Lebensführung[124] des Ehepartners (s. unten Rn. 117). Zum anderen bedeutet das „Verbot" der Bevormundung des Partners, dass z. B. der Ehemann nicht als Lebensrettungsgarant verpflichtet ist einzugreifen, wenn sich die Ehefrau frei verantwortlich zu einem Suizid entschließt und diesen Entschluss auch ausführt.[125] Dies hat auch die Rechtsprechung in einem Fall anerkannt, in dem der in „zerrütteter" Ehe lebende Ehemann seine Frau verließ, obwohl er die Gefahr erkannt hatte, dass seine Ehefrau sich umbringen würde (BGHSt 7, 271 f.).

60a Auch zwischen Geschwistern kann eine gegenseitige Beistandspflicht bestehen, wenn sie in häuslicher Gemeinschaft leben;[125a] sie setzt nicht voraus, dass der rettungsbedürftige Teil vom Täter in „tatsächliche Obhut" genommen wurde (so LG Kiel NStZ 2004, 157 m. krit. Bspr. *Otto,* JK 10/04, StGB § 13/39, zust. aber *Nikolaus,* JA 2005, 605, 606–608 u. *Kretschmer,* Jura 2006, 898, 903).

> Aus der **Übungsfall-Literatur** zur natürlichen, familiären Verbundenheit vgl.: *Berkl,* JA 2006, 276 u. 278 (Bruder); *Bohnert,* Jura 1999, 533 u. 536 (Eltern für Sohn); *Bott/Kühn,* JA 2009, 72 u. 76 (Vater); *v. Danwitz,* Jura 2000, 486 u. 491 („gespannte Beziehung" unter Eheleuten); *Dencker,* Klausuren, Fall 5, S. 8 u. 50 (eheliche Lebensgemeinschaft verpflichtet nicht zur Straftatverhinderung); *Grotenrath/Hillenkamp,* StudZR 2010, 438 u. 456 f. (getrennt lebende Ehegatten) u. 459 („Ehekrise"); *Hettinger,* JuS 2011, 910 u. 911 (Geschwister); *Hilgendorf,* KK I, Fall 16, Rn. 21 (Vater); *Hinderer,* JA 2009, 25 u. 26 (Eltern); *Jescheck,* Fälle, Fall 70, S. 87 u. 88 (Sohn als Obhutsgarant für Vater); *Kudlich,* AT-Fälle, Fall 9, S. 130 (Ehefrau) u. Fall 10, S. 147 (Ehemann) u. in: PdW AT, Fall 193 (Ehegatten); *Kühl/Hinderer,* JuS 2009, 919 u. 924 f. (zerrüttete Ehe); *Lindhelm/Uhl,* JA 2009, 783 u. 787 f. (getrennt lebende Ehegatten); *Meurer/Dietmeier,* JuS 2001, L 36 u. L 38 (getrennt lebende Ehegatten); *Meurer/Kahle/Dietmeier,* Übungskriminalität, Fall 3, S. 23 ff. u. 40 f. (keine Pflicht der Ehefrau zur Rettung des sich selbst tötenden Ehemannes); *Mitsch,* JuS 1996, 310: Fall 29 b (Sohn für Mutter); *Murmann,* JuS 1998, 630 u. 633 f. (Sohn nur Garant für das Leben der Mutter, wenn zu ihrem Betreuer bestellt); *Norouzi,* JuS 2005, 914 u. 916 (Mutter – 6-jährige Tochter); *Putzke,* ZJS 2011, 522 u. 528; *Otto,* Jura 2008, 954 u. 958 (Geschwister); *Rudolphi,* AT-Fälle, Fall 6, S. 65 u. 72 (Eltern Obhutsgaranten für Kinder), sowie Fall 13, S. 148 u. 157 (keine Straftatverhinderungspflicht); *Samson,* Strafrecht I, Fall 42, S. 239 u. 248 f. (Mutter als Garantin für das Leben ihrer Tochter, aber keine Garantenpflicht zur Verhinderung des Selbstmordes der Tochter); *Seier,* Anfängerklausur, Nr. 11, S. 129 u. 139 (Vater–Sohn); *Stein/Schneider,* AL 2011, 45 u. 51 f. (getrennt lebende Ehegatten); *Tiedemann,* Anfängerübung, Fall 9, S. 222 f. u. 225 (Großeltern als Obhutsgaranten für ungeborenes Enkelkind).

bb) Enge Lebens- und Gefahrengemeinschaften

61 Beschützergarantenstellungen können sich nicht nur aus rechtlich fundierten und anerkannten familiären Gemeinschaften wie der ehelichen Gemeinschaft ergeben,

---

[124] *Lackner,* JR 1969, 30, in abl. Anm. zu KG JR 1969, 27; vgl. auch *Otto,* 9/56; *Roxin,* AT II, 32/49; SSW-*Kudlich,* § 13 Rn. 124 u. SK-*Rudolphi/Stein,* § 13 Rn. 52. Eingehend *Albrecht,* 1998, S. 74 ff. u. *v. Coelln,* 2008, S. 218 f.; wie hier auch *Kretschmer,* Jura 2006, 898, 902 f., *Otto,* Fs. Herzberg, 2008, S. 255, 263 f. u. *Schramm,* 2011, S. 279. – Das gilt auch für den „Lebensgefährten", OLG Karlsruhe StraFo 2007, 162, 163.

[125] Vgl. *Kindhäuser,* AT, 36/28; *Otto,* 9/58, 60 (mit BGH NStZ 1983, 117); *Otto/Brammsen,* Jura 1985, 539; SK-*Rudolphi/Stein,* § 13 Rn. 52; vgl. auch *Schramm,* 2010, S. 281 (mit Hinweis auf pathologische Suizidversuche).

[125a] Ebenso *Schramm,* 2011, S. 269; W-*Beulke,* Rn. 718 u. *Roxin,* AT II, 32/44: „bei Zusammenleben"; enger MK-*Freund,* § 13 Rn. 180: nur, „wenn sich ein Verhältnis gegenseitiger Fürsorge herausgebildet hat"; ähnlich einschr. *v. Coelln,* 2008, S. 227 ff. u. *Otto,* Fs. Herzberg, 2008, S. 255, 270; ganz abl. *Böhm,* 2006, S. 226 u. *Frister,* AT, 22/41: mangels BGB-Unterhaltspflicht.

sondern auch aus sonstigen engen, nichtehelichen Lebensgemeinschaften. So etwa aus **eheähnlichen** Lebensgemeinschaften,[126] die wie die Ehe auf Dauer angelegt sind und gegenseitige Hilfe im Notfall beinhalten. Bei solchen Gemeinschaften ist das gegenseitige Vertrauen auf den Schutz durch den anderen im Notfall und der entsprechende Verzicht auf eigene autarke Schutzvorkehrungen ebenso gegeben wie bei einer ehelichen Gemeinschaft. Es fehlt in diesen Fällen nur die unterstützende gesetzliche Regelung der Gemeinschaft im BGB, doch ist eine solche Regelung schon bei den gesetzlich geregelten Familiengemeinschaftsverhältnissen nicht der tragende Grund für die Entstehung von Obhutspflichten gewesen.

Der tragende Grund für die Entstehung von Obhutspflichten ist bei allen Ge- **62** meinschaftsverhältnisse deren **Angelegtsein auf gegenseitigen Beistand in der Not**.[127] Diese gegenseitige Hilfe müssen sich die in der Gemeinschaft lebenden Personen nicht ausdrücklich zusagen, es reicht, wenn sie stillschweigend davon ausgehen und ihr Zusammenleben dementsprechend gestalten. Die daraus für jeden erwachsenden Vorteile (zusätzlicher Schutz, Entlastung von eigenen Schutzvorkehrungen) ziehen eine gesteigerte Verantwortlichkeit für den anderen nach sich.[128]

Nicht auf gegenseitige Hilfe angelegt sind etwa „bloße" **Freundschaften**[129] und **63** Liebesverhältnisse,[130] so dass Sachverhaltsangaben wie „der Freund der X unternahm nichts zu ihrer Rettung" nicht als Garantenpflicht begründend anzusehen sind (häufiger Fehler in Übungsarbeiten!). Moralische Vorbehalte gegen Lebensgemeinschaften z. B. Homosexueller sprechen nicht gegen die Entstehung von Obhutspflichten, wenn die Gemeinschaft auf gegenseitigen Beistand angelegt ist;[131] dies ist für Paare nach dem LPartG bei tatsächlichem Zusammenleben anzunehmen (zur rechtlichen Fundierung o. Rn. 57).

Eine generelle Einordnung von sog. **Haus- und Wohngemeinschaften** ist nicht **64** möglich.[131a] Auch sie sind im Einzelfall am Kriterium des begründeten gegenseitigen Vertrauens auf Hilfe im Notfall zu messen. Personen, die nur tatsächlich zusammenleben, z. B. um Mietkosten zu sparen, sind keine Beschützergaranten füreinander. Entwickelt sich das Zusammenleben aber – von den Zusammenlebenden gewollt – erkennbar zu einer gegenseitigen Schutzgemeinschaft,[132] so muss der Mitbewohner

---

[126] Vgl. *Albrecht*, 1998, S. 86 ff.; *Kahlo*, 2001, S. 259; *Kretschmer*, JR 2008, 51, 52; *Otto*, Fs. Herzberg, 2008, S. 255, 265; *Joecks*, § 13 Rn. 27; *Köhler*, S. 217; *Roxin*, AT II, 32/51; SK-*Rudolphi/Stein*, § 13 Rn. 51; krit. *Ransiek*, JuS 2010, 585, 588.

[127] *Kühl*, JuS 2007, 497, 501; *Otto*, Fs. Herzberg, 2008, S. 255, 272; *Fischer*, § 13 Rn. 25; S/S-*Stree/Bosch*, § 13 Rn. 25. – *Kretschmer*, JR 2008, 51, 59: „berechtigte Erwartungshaltung"; auf wechselseitiges Anvertrauen von Schutzfunktionen stellt ab *Schünemann*, ZStW 96 (1984), 287, 307, auf die Vertrauenslage *Perdomo-Torres*, 2006, S. 220 ff., 235.

[128] Vgl. *Freund*, 1992, S. 290.

[129] SK-*Rudolphi*, § 13 Rn. 57.

[130] Siehe OLG Düsseldorf NJW 1994, 272; *Kretschmer*, JR 2008, 51, 52; *Ransiek*, JuS 2010, 585, 588; *Arzt*, JA 1980, 713: anders bei Dauerbeziehung; anders SSW-*Kudlich*, § 13 Rn. 26 (nur bei „kurzen Affären") u. auch LK-*Weigend*, § 13 Rn. 38, wenn „das Gesamtverhalten der Beteiligten die Zusage des Beistands in Gefahren ausdrückt."

[131] AG Duisburg MDR 1971, 1027; M-*Gössel/Zipf*, AT 2, 46/91; SK-*Rudolphi/Stein*, § 13 Rn. 51; a. A. *Jakobs*, 29/66: ohne rechtliche Stütze.

[131a] Vgl. zum Diskussionsstand *Albrecht*, 1998, S. 92 ff. u. *Otto*, Fs. Herzberg, 2008, S. 255, 265 f. – Aus der Rspr. zur möglichen Hausgemeinschaft vgl. BGH NJW 2012, 540 m. Bspr. *Bosch*, JK 3/12, StGB § 221 I, 2/7, der zur Abgrenzung von moralischen Pflichten verlangt, dass die Gemeinschaft „auf gegenseitige Hilfeleistung und Beistand angelegt" ist.

[132] Ebenso *Joecks*, § 13 Rn. 27 u. *Perdomo-Torres*, 2006, S. 222 f. – *Roxin*, AT II, 32/55, stellt auf die „Abhängigkeit" des „zu Beschützenden" ab. – *Otto*, 9/53, verlangt „die Manifestation einer auf Dauer angelegten engen persönlichen Beziehung unter den Beteiligten";

den bewusstlos und hilflos gewordenen Mitbewohner vor dem drohenden Tod schützen, wenn er sich nicht wegen eines vorsätzlichen Tötungsdelikts (z.B. § 212) strafbar machen will.

65   Zu diesem Ergebnis kann man auch kommen, wenn man statt auf die Gegenseitigkeitsverbindung auf die – ebenfalls den Umständen des Einzelfalls zu entnehmende – **Übernahme von Schutzfunktionen** durch die Beteiligten abstellt.[133] Die Rechtsprechung hat auch den letzteren Gesichtspunkt herangezogen, um Garantenpflichten in Wohngemeinschaften zu begründen.[134]

66   Bloße **Zechgemeinschaften** oder Gemeinschaften zum Erwerb und Konsum von Drogen weisen weder das erforderliche Gegenseitigkeitsverhältnis auf, noch kann bei ihnen eine Übernahme von Schutzfunktionen angenommen werden.[135] Auch eine Gruppe illegal eingereister Personen ist keine Gemeinschaft mit gegenseitigen Hilfspflichten (BGH NStZ 2008, 276, 277 m. Bspr. *Kühl,* HRRS 2008, 359, *Wilhelm,* NStZ 2009, 15, 17 [mögliche Gefahrengemeinschaft] u. *Satzger,* JK 8/08, StGB § 13/40; zum Fall auch *Kretschmer,* StraFo 2009, 189, 192, der fragt, ob Straftäter überhaupt darauf vertrauen können, dass Tatbeteiligte ihnen helfen).

67   Eng, nämlich auf Gedeih und Verderb miteinander verbunden, sind Personen, die sich zu einer sog. **Gefahrengemeinschaft** zusammengeschlossen haben, welche bestimmte Gefahren reduzieren soll.[136] So müssen sich die Teilnehmer an einer Bergbesteigung in Notsituationen aufeinander verlassen können. Das wissen und wollen auch alle in der Gefahrengemeinschaft zusammengeschlossenen Personen. Zu dieser engen gegenseitigen Verbindung[137] kommt auch in diesen Fällen als (weitere) Begründungsmöglichkeit die Übernahme von Schutzfunktionen in Betracht.[138] Eine garantenstellungsbegründende Gefahrengemeinschaft liegt nicht vor, wenn Personen z.B. bei einem Schiffbruch zufällig „in einem Boot" sitzen (sog. **Unglücksgemeinschaft**); hier muss niemand als Garant für das Leben der anderen Schiffsbrüchigen eintreten.[139]

Aus der **Übungsfall-Literatur** zu engen Lebensgemeinschaften und Gefahrengemeinschaften vgl.: *Alpmann/Schmidt,* AT 1, Fall 43, S. 213 u. 221 f. („tatsächliches Zusammenwohnen");

ähnlich schon *Otto/Brammsen,* Jura 1985, 540; ähnlich *Kretschmer,* Jura 2006, 898, 903: auf gegenseitiges Vertrauen und Beistand angelegt. Noch strenger *Seelmann,* in: Gerechtigkeit = Rechtsphilosophische Hefte, 1993, S. 124, der ein zurechenbares vertrauenschaffendes Vorverhalten verlangt.

[133] So SK-*Rudolphi/Stein,* § 13 Rn. 56. – Nach *Arzt,* JA 1980, 713, fließen Übernahme und Lebensgemeinschaft ineinander.

[134] Vgl. BGH NStZ 1984, 163 mit Besprechung *Rudolphi,* NStZ 1984, 149 ff., zu dieser Entscheidung vgl. auch *Roxin,* AT II, 32/56 f.; vgl. BGH NStZ 1985, 122; BGH NJW 1987, 850; BGH NStE Nr. 3 zu § 13 = *Otto,* JK 88, StGB § 13/15; – zu einer Gruppe illegal eingereister Personen, die als Gemeinschaft keine gegenseitigen Hilfspflichten begründet, BGH NStZ 2008, 276.

[135] Vgl. *Otto,* 9/63; *Otto/Brammsen,* Jura 1985, 594; *W-Beulke,* Rn. 719: „bloße Zufallsgemeinschaften"; aus der Rspr.: *OLG Stuttgart,* Die Justiz 2008, 76, 77, mit *BGH NJW* 1953, 556 als Beleg.

[136] *Maiwald,* JuS 1981, 481; *Grünewald,* 2001, S. 138; *Kühl,* JuS 2007, 497, 501; vgl. auch *Frister,* AT, 22/47: Konkludente Übernahme.

[137] Vgl. *Otto,* 9/62: „ihrem Wesen nach auf gegenseitige Hilfe und Beistand angelegt"; ausführlich mit zahlreichen Fallbspen. auch aus der Rechtsprechung *Otto/Brammsen,* Jura 1985, 592 f.; *Ransiek,* JuS 2010, 585, 588, geht von einer „konkludent erklärten" gegenseitigen Übernahme von Schutzpflichten aus.

[138] *Lackner/Kühl,* § 13 Rn. 10.

[139] M-*Gössel/Zipf,* AT 2, 46/92; NK-*Wohlers,* § 13 Rn. 40; *Grünewald,* 2001, S. 138; *Momsen,* 2006, S. 400: „Schicksalsgemeinschaften"; vgl. jedoch *Arzt,* JA 1980, 713.

Beulke/Mayer, JuS 1987, 125 u. 128 (Gefahrgemeinschaft); *v. Danwitz,* Jura 2000, 486 u. 487 f. (eheähnliche, enge Lebensgemeinschaft); *Haurand/Vahle,* JA 1996, 466 u. 471; *Gössel,* Fälle, Fall 15, S. 244 u. 250 (Zechgemeinschaft); *Hilgendorf,* KK I, Fall 17, Rn. 30 (bloße Liebesbeziehung); *K/S/L,* Klausurtraining, Fall 3, S. 95 u. 99 (Bootsfahrt); *Kudlich,* PdW AT, Fälle 194, 195, 196 (Gefahrgemeinschaft, auch ungeplante; Zechkumpanen); *Meurer/Kahle/Dietmeier,* Übungskriminalität, Fall 6, S. 103 f. u. 116 f. („Klosterbrüder"), sowie Fall 7, S. 137 f. u. 144 („normales" Liebesverhältnis); *Oglakcioglu,* ZJS 2010, Fall 8, S. 343 (bloße Drogen-Konsumgemeinschaft, keine Gefahrengemeinschaft); *Otto/Bosch,* Übungen, Fall 2, S. 76 (Wohngemeinschaft; Gefahrengemeinschaft).

cc) Tatsächliche, freiwillige Übernahme

Der Gesichtspunkt der Übernahme von Schutzaufgaben spielte schon bei der Begründung von Beschützergarantenstellungen in engen Lebens- und Gefahrengemeinschaften eine Rolle. Eigenständige Bedeutung gewinnt die freiwillige Übernahme von Garantenpflichten im Zusammenhang mit vertraglichen Vereinbarungen. Dabei ist der **Vertrag** in seiner Bedeutung für die Begründung einer Garantenstellung zunehmend in den Hintergrund gerückt.[140] Dies kommt sprachlich darin zum Ausdruck, dass eine **tatsächliche Übernahme** der Garantenpflicht bzw. ein tatsächlicher Eintritt in die Schutzfunktion gefordert wird.[141] 68

Die Zurückdrängung des Vertrags als pflichtbegründendes Kriterium ist in zweierlei Hinsicht berechtigt. Zum einen kommt es **nicht** auf die zivilrechtliche **Wirksamkeit** des Vertrags an. So ist z.B. der Babysitter Garant, auch wenn er minderjährig ist und sich ohne Genehmigung der Eltern zur Übernahme des „Kinderhütens" bereit erklärt hat.[142] Zum anderen begründet **nicht schon** der **Vertragsschluss** die Garantenstellung. Erscheint der Bergführer entgegen der vertraglichen Vereinbarung nicht, so begeht er zwar eine Vertragsverletzung, aber keine Tötung durch garantenpflichtwidriges Unterlassen, wenn er den Tod eines auch ohne ihn zur Bergtour aufgebrochenen Touristen nicht verhindert.[143] Den besonderen Gefahren einer schwierigen Bergtour darf sich der Tourist im Vertrauen auf den Bergführer erst dann aussetzen, wenn dieser ihn auch wirklich begleitet. 69

Vertrauen auf die Übernahme der Schutzaufgabe ist erst dann **berechtigt**, wenn der Übernehmende die Aufgabe auch **tatsächlich übernommen** hat. Erst dann darf auch der ursprüngliche Garant (z.B. die Eltern) seine schützende Hand über den Schützling (z.B. das Baby) zurückziehen. Die durch diesen Rückzug des bisherigen Garanten begründete Gefahr für den Schützling[144] muss jetzt durch den Übernehmenden von dem Schützling ferngehalten werden. Das bedeutet aber nicht, dass damit der bisherige Garant keinerlei Garantenpflichten mehr unterliegt; solche treffen ihn vielmehr sowohl hinsichtlich der Auswahl des Übernehmenden (ungeeigneter Babysitter) als auch hinsichtlich dessen Überwachung (Kontroll-Telefon- 70

---

[140] Vgl. *Otto/Brammsen,* Jura 1985, 594, mit Hinweisen zur älteren Rechtsprechung. – Vgl. jedoch aus der neueren Rspr. BGHSt 46, 196, 202 m. Anm. *Joerden,* JZ 2001, 614 ff. und Bspr. *Heger,* JA 2001, 536, 539; *Ransiek,* JuS 2010, 585, 588, spricht von „vertragsähnlichen Pflichten".

[141] *Gallas,* 1989 [1963], S. 79; *Maiwald,* JuS 1981, 481; *Bringewat,* NStZ 1996, 437; *Kühl,* JuS 2007, 497, 502; ähnlich *Freund,* 6/87: „wirksame Verantwortungsübernahme", krit. NK-*Wohlers,* § 13 Rn. 31; aus der Rspr. vgl. BGH NStZ 2008, 276; zur Übernahme von Sicherungspflichten vgl. BGHSt 47, 224 mit Bspr. *Kudlich,* JR 2002, 468 u. *Otto,* JK 1/03, StGB § 13/33; Bsp. bei *Morgenstern,* Jura 2008, 625, 626; s. dazu unten Rn. 120.

[142] *Arzt,* JA 1980, 653.

[143] Zum Bsp. vgl. SK-*Rudolphi/Stein,* § 13 Rn. 59.

[144] *Gallas,* 1989 [1963], S. 82. – Nach *Jakobs,* 1996, S. 23, organisiert der Übernehmende durch sein Versprechen eine Schutzminderung, die er ausgleichen muss.

anruf).[144a] **Ausnahmsweise** kann aber auch schon durch eine **Zusage** (z. B. des Arztes zur Übernahme der Behandlung des Patienten[145]) ein solches Vertrauen zwischen den bisherigen Garanten und dem Zusagenden begründet sein, dass eine Garantenstellung auch ohne tatsächliche Übernahme der zugesagten Tätigkeit entsteht. So etwa wenn die Eltern mit dem Babysitter vereinbaren, dass dieser kurz nach ihrem Weggang das schlafengelegte Baby übernehmen soll, der Babysitter aber nicht erscheint.[146]

71   Auch an diesem Beispiel zeigt sich, dass zwar nicht die Gültigkeit des Vertrags, aber auch nicht die bloße Faktizität der tatsächlichen Übernahme der entscheidende Grund des Garantenwechsels sind.[146a] Verantwortung geht nur über, wenn dies dem Willen der Beteiligten entspricht.[147] Deren **Vereinbarung** entscheidet auch darüber, welchen Inhalt die übernommene Aufgabe hat. So hat der Kursleiter keine Garantenstellung für die erwachsenen Teilnehmer eines Kletterkurses, wenn er ihnen erklärt, dass die Übungen auf eigene Gefahr erfolgen (BayObLG NStZ-RR 1998, 328). Dagegen hat der Taxifahrer, der einen Fahrgast aufnimmt, der infolge Trunkenheit nicht mehr zu eigenverantwortlichem Handeln in der Lage ist, einen Vertrauenstatbestand geschaffen, der ihn auch nach dessen kurzfristigem Aussteigen verpflichtet, diesen vor Gefahren zu schützen (LG Zweibrücken VRS 98 [2000], 284 m. zust. Bspr. *Otto,* JK 00/StGB § 13/30). Läufer (z. B. Teilnehmer des „Zugspitzlaufs") dürfen davon ausgehen, dass der Veranstalter den Lauf so durchführen wird, dass niemand zu Schaden kommt; insoweit trifft ihn eine Garantenstellung aus Übernahme von Schutzfunktionen (*Jahn,* JuS 2011, 844, 845 in Bspr. zu AG Garmisch-Partenkirchen SpuRt 2011, 128 f., das die Garantenstellung aus Vertrag ableitet). Ein Reiseleiter übernimmt freiwillig eine Schutzfunktion hinsichtlich der Reisenden, selbst wenn es sich um Mitglieder einer Gruppe illegal Einreisender handelt; knüpft er sie aber an die „Bedingung des Eingreifens eines weiteren Hilfswilligen", so endet die „Hilfszusage", wenn dieser ablehnt (BGH NStZ 2008, 276, 277 m. Bspr. *Kühl,* HRRS 2008, 359; *Wilhelm,* NStZ 2009, 15, 17 und *Satzger,* JK 8/08, StGB § 13/40; zum Fall auch *Kretschmer,* StraFo 2009, 189, 192 f.: keine hinreichende Hilfszusage).

72   Letzteres ist gerade für von **Ärzten** übernommene Garantenstellungen wichtig.[147a] Will der Patient Sterbehilfe in der straflosen Form der Beihilfe zum Selbstmord (z. B. durch Bereitstellung eines Giftbechers[148]), so gilt die Garantenpflicht des Arztes nicht wie im Normalfall auf Gesundheits- und Lebenserhaltung. Anders ist es natürlich dann, wenn der Arzt vom Patienten gerade im Hinblick auf seine Neigung zum

---

[144a] Zur Delegierung von Garantenpflichten vgl. *Bringewat,* 1997, S. 65 ff.

[145] *Maiwald,* JuS 1981, 481; *Rengier,* AT, 50/30; *Roxin,* AT II, 32/70, sieht darin keine Ausnahme, sondern eine Eigenart der Garantenstellung des Arztes durch „Begründung des Patiententenstatus".

[146] Bsp. bei *Joecks,* § 13 Rn. 30 u. *Krey/Esser,* AT, Fall 144, Rn. 1142 f. SK-*Rudolphi/Stein,* § 13 Rn. 62, verlangt einen „Vertrauensakt", der im Hilfsversprechen oder im tatsächlichen Antritt der Stellung liegen könne (Rn. 58); krit. *Roxin,* AT II, 32/66: Preisgabe des Übernahmeprinzips ohne hinreichenden Grund.

[146a] Vgl. *Bringewat,* 1997, S. 51.

[147] Vgl. *Freund,* 1992, S. 303: privatautonome Gestaltung der Verantwortlichkeit.

[147a] Vgl. BGH NJW 2000, 2741 f. für den zum Dienst eingeteilten Pädiater in einer Klinik; BGH NJW 2000, 2754, 2756 m. Anm. *Altenhain,* NStZ 2001, 189, für den stellvertretenden Leiter eines Transfusionszentrums. Zur Verantwortlichkeit des Arztes für Folgen behandlungsbedingter Fahrunsicherheit vgl. *Riemenschneider/Paetzold,* NJW 1997, 2420 ff.

[148] Vgl. den Fall Hackethal des OLG München NJW 1987, 2942; sowie allgemein zur Begrenzung der Reichweite der Garantenstellung durch den „Anvertrauungsakt" *Schünemann,* LdR, S. 1081, sowie *Otto,* Jura 1999, 434, 438.

Suizid in Anspruch genommen wird.[149] Wieder anders zu beurteilen ist die Situation, in der dem Arzt ein Eingreifen nach versuchtem Suizid vom Patienten ausdrücklich verboten ist (anders aber BGHSt 32, 367, 373 = *Roxin*, HRR AT, Fall 87, S. 132 ff. u. 209).[150] Die Garantenposition kann auch nach Übernahme gekündigt werden. Respektiert der Arzt das Behandlungsverbot bzw. die Kündigung nicht, so wird der Patient bevormundet, wenn der Arzt trotzdem „helfend" einschreitet. Aus dem Behandlungsauftrag des Arztes ergibt sich keine Pflicht, den Patienten vor vorsätzlichen Schädigungen Dritter (z. B. seitens seines Aids-kranken Lebenspartners) zu warnen (a. A. OLG Frankfurt NStZ 2001, 150 m. zu Recht abl. Bspr. *Wolfslast* u. *Otto*, JK 01, StGB § 203/2); die aktive Warnung des gefährdeten Patienten ist aber nach § 34 gerechtfertigt (8/33).

> Aus der **Übungsfall-Literatur** zur Garantenstellung von Ärzten vgl.: *Aselmann/Krack,* Jura 1999, 254 u. 258; *Gössel*, Fälle, Fall 4, S. 77 f. u. 90 f.; *Gropp*, in: G/K/M, Fall 2, S. 25 f. u. 29 f. (Limitierte Behandlungsbefugnis); *Hilgendorf*, KK II, Fall 11, Rn. 44 u. KK III, Fall 1, Rn. 11 u. 31 f. (Obhutspflicht endet bei Behandlungsverzicht des Patienten); *Kudlich*, PdW BT II, Fall 24 (an OLG München NJW 1987, 2940 ausgerichtet); *Meurer/Kahle/Dietmeier,* Übungskriminalität, Fall 7, S. 137 f. u. 148; *Morgenstern*, Jura 2008, 625 u. 626 (Pflicht der Apothekerin zur Suizidverhinderung bei altersdepressiven Menschen); *Thoos*, JA 2001, 951 u. 952 f.

Umstritten ist die Garantenstellung des **Bereitschaftsarztes**.[151] Für dessen Garan- 73 tenstellung kraft Übernahme spricht, dass „die Pflichten anderer Ärzte gegenüber ihren Patienten für die Dauer des Bereitschaftsdienstes zumindest erheblich eingeschränkt werden" (BGHSt 7, 212 = *Roxin*, HRR AT, Fall 88, S. 135 f. u. 209 f.). Der Bereitschaftsarzt hat „durch die Übernahme dieser Funktion, die ja zugleich die anderen Ärzte entlasten soll, die Chance hilfsbedürftiger Personen, eine anderweitige ärztliche Versorgung zu finden, verringert."[152] Zweifelhaft ist aber, ob eine solche Übernahme zugunsten der Bevölkerung (= alle Patienten, die sich an ihn wenden) wirkt, oder ob sie nicht auf die Übernahme der Schutzaufgaben der wirklich entlasteten Ärzte beschränkt ist. Im letzteren Fall wäre eine Garantenstellung nur dann **weiter** zu übernehmen, wenn der durch den Bereitschaftsarzt entlastete Arzt schon die Behandlung des Patienten übernommen hatte.[153]

Das Vertrauen auf die besondere Einsatzbereitschaft des Bereitschaftsarztes ist 74 aber auch bei Patienten vorhanden, die z. Zt. noch nicht in Behandlung bei einem der entlasteten Ärzte sind. Ihre Chancen auf das Erreichen z. B. ihres Hausarztes sind über das Wochenende durch die Einrichtung des Bereitschaftsdienstes ebenfalls herabgesetzt. Diese Gesichtspunkte sprechen für eine über die allgemeine Hilfspflicht nach § 323 c hinausgehende Garantenpflicht des Arztes im Bereitschaftsdienst wegen Übernahme seines Postens.[154] Das vertragliche Band fehlt hier zwar, es liegt aber eine

---

[149] Vgl. *Lackner/Kühl*, Rn. 14 Vor § 211; *Herzberg*, NJW 1986, 1638. – Aus der Rspr. vgl. OLG Stuttgart NJW 1997, 3103.

[150] *Lackner/Kühl*, Rn. 15 Vor § 211; *Otto/Brammsen*, Jura 1985, 596, gegen BGHSt 32, 367 ff., 377; dagegen auch *Jakobs*, Fs. Schewe, 1991, S. 75, u. *Roxin*, HRR AT, S. 209 m. w. N.

[151] Vgl. *Rieger*, 1997, S. 47 f.; zur ähnlichen Problematik der Garantenstellung der Hebamme OLG Düsseldorf NJW 1991, 2980: tatsächliche Übernahme einer Schutzfunktion; vgl. dazu *Meurer*, JR 1992, 38.

[152] *Gallas*, 1989 [1963], S. 83 f.

[153] Vgl. *Ranft*, JZ 1987, 914; *Schöch*, in: Roxin/Schroth, 2010, S. 163 f.; *Roxin*, AT II, 32/75; SK-*Rudolphi/Stein*, § 13 Rn. 61.

[154] S/S-*Stree*, § 13 Rn. 28 a; ähnlich *Otto/Brammsen*, Jura 1985, 595; *Fischer*, § 13 Rn. 22, nimmt sogar eine tatsächliche Gewährsübernahme an; mit den „Erwartungen in der Gesellschaft" begründet *v. Coelln*, 2008, S. 205 f., die Garantenstellung des Bereitschaftsarztes.

vertrauensbegründende, gefahrenerhöhende Übernahmebereitschaftserklärung vor. Der Bereitschaftsarzt wird damit in die Nähe sonstiger Rettungs- und Hilfsorganisationen gerückt, die häufig auch öffentlichrechtlich organisiert sind (z.B. Polizei, z.T. auch Feuerwehr).[155]

75   Auch eine **Vermögensschutzpflicht** kann freiwillig übernommen werden. Doch ist bei gleichberechtigten Vertragspartnern auch dann Vorsicht angebracht, wenn es zu wiederholten Vertragsabschlüssen zwischen ihnen kommt. **Treu und Glauben** bzw. § 242 BGB sind zu unbestimmt, um daraus eine generelle Offenbarungspflicht in Vertragsbeziehungen ableiten zu können.[155a] Allein auf das kompetente Auftreten eines Vertragspartners darf sich das Vertrauen des anderen Vertragspartners nicht gründen.[156] An einem Vertrauensverhältnis fehlt es zwischen dem Referendar, der neben einem bestehenden ein zusätzliches Referendariat in einem anderen Bundesland übernimmt, und der Einstellungsbehörde (OLG Saarbrücken NJW 2007, 2868 m. Bspr. *Kudlich,* JA, 2008, 72; *Fahl,* Jura 2008, 453 u. *Satzger,* JK 3/08, StGB § 263/81). Den Arbeitnehmer trifft keine Pflicht zur Aufklärung des Arbeitgebers bei ungerechtfertigten Lohn-Zuviel-Zahlungen (OLG Celle NStZ-RR 2010, 207). Anders ist dies aber bei Geschäften (z.B. Kreditgeschäften, Versicherungen[157]), bei denen der zu schützende Partner für den anderen ersichtlich auf dessen Information angewiesen ist und ihm sich selbst „anvertraut" hat,[158] d.h. auf eigene Vorkehrungen zur Ermittlung dieser Informationen verzichtet hat.[159]

75a   Eine Garantenstellung kraft freiwilliger Übernahme folgt nicht schon daraus, dass jemand einem Verunglückten oder Hilfsbedürftigen beisteht. Eine Garantenpflicht zur **Vollendung der begonnenen Hilfeleistung** entsteht erst dann, wenn der Helfer andere konkrete Rettungsmöglichkeiten vereitelt oder die Situation des Hilfsbedürftigen sonst in risikosteigernder Weise verändert.[159a] Strafbarkeitsbegründend ist hier also nicht etwa die Hilfsbereitschaft als solche, „sondern die mit ihr einhergehende Gefährdung des Opfers".[159b] Demgegenüber hält der BGH jedoch neuerdings nicht mehr an dem Erfordernis einer konkreten Gefahrerhöhung fest und bejaht eine Garantenpflicht bereits dann, wenn der Helfer durch sein Eingreifen nur eine abstrakt mögliche Rettungschance für das Opfer ausgeschlossen hat.[159c]

---

[155] Vgl. *Freund,* 1992, S. 291 ff.; *Rieger,* 1997, S. 47 f.

[155a] K/H/H-*Hellmann,* BT 2, Rn. 353; W-*Hillenkamp,* Rn. 517; so sind wohl auch BGH wistra 1988, 262 f.; BGHSt 39, 302, 400 f.; BGHSt 46, 196, 202 f. [dazu *Rengier,* BT I, Rn. 13/30] u. BGH NStZ 2010, 502 zu verstehen; vgl. *Naucke,* NJW 1994, 2809.

[156] *Otto/Brammsen,* Jura 1985, 598, gegen BGHSt 30, 177 ff., sowie *Otto,* 9/73.

[157] Vgl. OLG Düsseldorf NStZ 1992, 176, mit kritischer Besprechung von *Ranft,* Jura 1992, 67 f., der die Übernahme einer Schutzposition zugunsten der Landesversicherungsanstalt erwägt.

[158] Vgl. *Gallas,* 1989 [1963], S. 85; ähnlich W-*Hillenkamp,* Rn. 506. Allgemein zu den verschiedenen Entstehungsgründen einer Garantenpflicht zur Aufklärung beim Betrug vgl. die Übersicht bei *Lackner/Kühl,* § 263 Rn. 14; *Seibert,* 2006, S. 177 ff. und den Übungsfall von *Meier/Loer,* Jura 1999, 424, 427.

[159] SK-*Rudolphi/Stein,* § 13 Rn. 62.

[159a] So schon BGHSt 26, 39; vgl. auch *Mitsch,* JuS 1994, 556: „Erhöhung von Risikofaktoren oder Verringerung von Chancenfaktoren" u. (krit.) *Otto,* Fs. Geppert, 2011, S. 441, 456: der „Gefahrsteigerungsaspekt" sei die „Beseitigung bestehender oder die Verhinderung bevorstehender alternativer Schutz- und Rettungspflichten".

[159b] *Mitsch,* JuS 1994, 556.

[159c] BGH NJW 1993, 2628 f. mit krit. Bspr. *Hoyer,* NStZ 1994, 85; *Jung,* JuS 1994, 262; *Mitsch,* JuS 1994, 555; ablehnend auch S/S-*Eser,* § 221 Rn. 10; wie hier jetzt OLG Stuttgart NStZ 2009, 102, das für § 221 I Nr. 2 eine „Risikoerhöhung" für die körperliche Unversehrt-

Das **einseitige Übernehmen** einer Schutzaufgabe kann ausnahmsweise auch zu ei- 76 ner Fortführung der Aufgabe als Garant verpflichten, z. B. dann, wenn der dem verunglückten Opfer helfende Arzt das Herbeirufen des Rettungswagens für überflüssig erscheinen lässt[160] (vgl. BGH NJW 1993, 2628 m. krit. Anm. *Hoyer,* NStZ 1994, 85 u. *Mitsch,* JuS 1994, 555).

Von der Garantenstellung kraft Übernahme einer Schutzaufgabe wird auch dann 77 gesprochen, wenn es nicht um die Übernahme von Schutzfunktionen im privaten Bereich, sondern um „die tatsächliche und freiwillige Übernahme von Schutzfunktionen ... auf Grund einer Amts- und Dienstpflicht" geht.[161] Diese Garantenpflichten „auf Grund von Organstellungen"[162] sind aber gesondert zu behandeln, wobei auch an die Organe der juristischen Personen des Privatrechts zu denken ist. – Neuerdings wird auch bei der strafrechtlichen Produkthaftung eine Garantenstellung aus Übernahme einer Schutzfunktion für den Erwerber eines Produkts diskutiert (s. unten Rn. 110).

> Aus der **Übungsfall-Literatur** zur freiwilligen Übernahme und „Treu und Glauben" vgl.: *Berg,* Jura-Sonderheft Examensklausurenkurs, S. 56 u. 61 (keine risikosteigernde Übernahme durch abgebrochenen Rettungsbeginn); *Bergmann,* JA 2008, 504 u. 508 (gegen „Treu und Glauben"); *Braum,* JuS 2004, 225 f. (§ 263 durch Unterlassen bei Aufklärungspflichten aus verschiedenen Gründen); *Bülte/Becker,* Jura 2012, 319 f. u. 322; *Eisele,* Jura 2002, 59 u. 61 (vertraglich begründetes Vertrauensverhältnis und „Treu und Glauben" beim Betrug gem. § 263); *Korte,* in: *Frister* (Hrsg.), Die strafrechtliche Klausur, Fall 5, S. 96 f. u. 110 ff. (Versicherungsnehmer als Garant gegenüber der Versicherung), sowie *Pöstges,* ebenda, Fall 6, S. 121 f. u. 124 ff. (Aufklärungspflicht über Zahlungsunfähigkeit bei vertraglichen Beziehungen); *Jescheck,* Fälle, Fall 73, S. 92 f. (= BGHSt 16, 155: freiwillige Übernahme des Schutzes eines Fahrgastes durch den Taxifahrer); *Kaspar,* JuS 2012, 628 f. u. 632 (keine Vertrauenslage); *Kudlich,* PdW BT I, Fall 96 (keine Garantenstellung des Hotelgastes aus Vertrag oder Treu und Glauben); *Marxen,* BT, Fall 29 b, S. 338 f. (keine Garantenstellung des Bankkunden aus Girovertrag – BGHSt 46, 196); *Otto/Bosch,* Übungen, Fall 2, S. 84; *Rudolphi,* AT-Fälle, Fall 12, S. 134 u. 138 (Wachmann zum Eigentumsschutz verpflichtet), Fall 13, S. 148 u. 161 f. (Schutzversprechen in Versicherungsvertrag), sowie Fall 15, S. 177 u. 187 f. (Übernahme einer Ingerenz-Schutzaufgabe); *Schwind/Franke/Winter,* Anfängerübung, 3. Klausur, S. 173 u. 175 (vertragliche Übernahme der Aufsicht über ein Ferienkind); *Radtke/Steinsiek,* JuS 2010, 417 u. 418 (Treu und Glauben für Mietvertrag abl.); *Sengbusch,* Jura 2009, 307 u. 312 (Aufnahme des Referendariats, OLG Saarbrücken NJW 2007, 2868, nachgebildet); *Weißer,* JA 2010, 433 u. 434 (der mit der Pausenaufsicht betraute Lehrer, wenn nicht Beamter [dann „kraft Amtes"]); *Wrage,* JuS 2003, 985 u. 986 (aus Versicherungsvertrag bei Brandstiftung gem. § 316 a I).

dd) Garantenstellung von Organen und Amtsträgern

Eine Obhutsgarantenpflicht zum Schutz der Rechtsgüter einer juristischen Person 78 des Privatrechts haben die Organe dieser selbst handlungsunfähigen Person. Durch die **Übernahme** dieser **Organstellung** sind sie verpflichtet, Schaden (z. B. an Eigentum und Vermögen) von der juristischen Person fernzuhalten.[163] Eine entsprechende Beschützergarantenstellung haben auch Organe und Amtswalter von juristischen

---

heit verlangt, dazu *Otto,* Fs. Geppert, 2011, S. 441, 456: geht über Ingerenz hinaus, weil durch die Hilfeleistung eine vorher nicht bestehende Gefahr geschaffen wird.

[160] Vgl. *Arzt,* JA 1980, 713; *Joecks,* § 13 Rn. 31; *Roxin,* AT II, 32/62; SK-*Rudolphi/Stein,* § 13 Rn. 64, der hier eine selbstständige Garantenstellung „kraft einseitigen Ergreifens einer Schutzaufgabe" annimmt.

[161] *Otto,* 9/67.

[162] So SK-*Rudolphi/Stein,* § 13 Rn. 54–54 e.

[163] Vgl. SK-*Rudolphi/Stein,* § 13 Rn. 54; *Otto,* JK 97, StGB § 13/29, betrachtet deshalb diese Garantenstellung als „Untergruppe der Garantenstellung aus tatsächlicher, freiwilliger Übernahme".

Personen des öffentlichen Rechts, die ebenfalls die juristische Person, für die sie handeln, vor Schaden bewahren müssen.[163a] Solche Schäden sind nicht nur im Bereich Eigentum und Vermögen z.B. der Gemeinde, sondern auch beim staatlichen Steueranspruch und bei der Strafverfolgung/Strafvollstreckung denkbar.[164] So kann ein zur Strafverfolgung berufener **Amtsträger** z.B. durch willkürliche Nichtzuleitung einer Strafanzeige an die Staatsanwaltschaft eine Strafvereitelung im Amt durch Unterlassen begehen (§ 258a).[165] Auch kann ein im Bereich der Kinder- und Jugendhilfe tätiger Sozialarbeiter für den Tod eines Kindes verantwortlich sein, wenn für dessen Familie sozialpädagogische Hilfe eingeleitet worden war.[165a] – Von der Rspr. werden diese Übernahmefälle häufig auf gesetzliche Vorschriften wie § 2 StVollzG oder § 1 II 2 SGB VIII zurückgeführt, doch ergeben sich aus diesen Vorschriften allein noch keine strafrechtlichen Garantenpflichten.[165b] – Auch ein **Schulleiter** ist Garant für die ihm anvertrauten Schüler, die er durch Maßnahmen zur Verhinderung weiterer sexueller Übergriffe vor gesundheitlichen Schäden bewahren muss (BGH NStZ-RR 2008, 9 m. Bspr. *Kudlich*, JA 2008, 233).

79   Der **problematische Bereich** von Garantenstellungen, die von Amtspflichten abgeleitet werden, beginnt bei den Pflichten, die Amtsträgern zum Schutze der (strafrechtlich geschützten) Rechtsgüter ihrer Bürger oder der Allgemeinheit auferlegt sind.[166] Am weitesten fortgeschritten ist die Diskussion im Bereich des Schutzes der Umweltrechtsgüter wie Wasser und Luft durch die Umweltschutzbehörden. Hier ist eine weitgehende Übereinstimmung[167] dahingehend festzustellen, dass die für den **Umweltschutz zuständigen Behörden** als Beschützergaranten verpflichtet sind, Schaden von den Umweltrechtsgütern abzuwehren. Dies kann durch die Beseitigung einer fehlerhaften Erlaubnis geschehen, verlangt aber häufiger ein behördliches Einschreiten gegen rechtswidrige Umweltbeeinträchtigungen durch Dritte.[168] Während sich

---

[163a] Ebenso *Joecks*, § 13 Rn. 32 u. *Roxin*, AT II, 32/78.

[164] Vgl. SK-*Rudolphi/Stein*, § 13 Rn. 54a.

[165] Vgl. *Freund*, 1992, S. 310, m.N. aus Rechtsprechung und Literatur, sowie *Lackner/Kühl*, § 258 Rn. 3 u. 7a u. *Roxin*, AT II, 32/80–84. – Aus der neueren Rspr. s. OLG Hamburg NStZ 1996, 102 mit zust. Anm. *Klesczewski* und abl. Bspr. *Küpper*, JR 1996, 52 u. *Verrel*, GA 2003, 595 (Straftaten eines Gefangenen); OLG Koblenz NStZ-RR 1998, 322 (unterlassene Vollstreckung eines Haftbefehls); einschr. BGHSt 43, 82 mit Bspr. *Rudolphi*, NStZ 1997, 599, *Seebode*, JR 1998, 338 und *Geppert*, JK 98, StGB § 258/10 (Meldepflicht von Vollzugsbeamten hinsichtlich der Straftaten seitens Vollzugsbeamter an Gefangene, die im Erg. verneint wurde, weil Vollzugsbeamte keine Aufgaben der Strafverfolgung wahrzunehmen hätten; zust. *Roxin*, AT II, 32/82). – *Übungsfall* bei *Neubacher*, JuS 2005, 1101 u. 1103.

[165a] Vgl. OLG Oldenburg StV 1997, 133 mit Bspr. *Bringewat* und *Otto*, JK 97, StGB § 13/26; vgl. auch OLG Stuttgart NJW 1998, 3131; zur Beschützergarantenstellung des Jugendamts *Beulke/Swoboda*, FS. Gössel, 2002, S. 73ff.; *Dießner*, 2008, S. 262ff., 462; abl. *Zaczyk*, Fs. Rudolphi, 2004, S. 361; eingehend *Bohnert*, ZStW 117 (2005), S. 290, 301ff. – Zur ärztlichen Verantwortung für rechtswidrige Taten Untergebrachter während ihres Freiganges s. die Einstellungsverfügung der StA Paderborn NStZ 1999, 51 m. zust. Anm. *Pollähne*; in BGHSt 49, 1, 5, wurde nur der „gewährte Ausgang als Erfolgsursache" geprüft; vgl. auch W-*Beulke*, Rn. 724.

[165b] Vgl. *Lackner/Kühl*, § 13 Rn. 8 m.w.N.

[166] Vgl. BGHSt 54, 44, 48; *Otto*, 9/67, u. SK-*Rudolphi/Stein*, § 13 Rn. 54b bis 54e. – Zur grundsätzlichen Problematik *Kahlo*, 2001, S. 262ff.

[167] Vgl. aus der Rechtsprechung: OLG Frankfurt NJW 1987, 2757; OLG Köln NJW 1988, 2121; OLG Stuttgart NStZ 1989, 122f.; weitere Rechtsprechungsnachweise bei *Schall*, NStZ 1992, 268, und *Horn/Hoyer*, JZ 1991, 704f. – Zur Literatur LK-*Weigend*, § 13 Rn. 32; weitere Nachweise bei *Rogall*, 1991, S. 218 Fn. 515 und *Nappert*, 1997, S. 71ff., 239ff.

[168] Vgl. zu diesen beiden Formen des Umweltschutzes durch Garanten *Lackner/Kühl*, Rn. 11 u. 12 Vor § 324; SK-*Horn*, Rn. 23 vor § 324 u. *Roxin*, AT II, 32/100–106. – Ob es um die

diese Dritten als aktive Täter nach §§ 324ff. strafbar machen können, kommt für die Amtsträger bei Nichteinschreiten eine Unterlassungshaftung als Täter oder Gehilfe in Betracht.

Zur Begründung der Beschützergarantenstellung der Umweltbehörden wird in 80 bildhafter Sprache darauf verwiesen, dass die Umweltschutzbeamten als „geborene Beschützergaranten" kraft ihrer beruflichen Stellung zum Schutze der Umwelt geradezu „auf Posten" gestellt seien.[169] Diese Bilder haben einen realen Hintergrund: Der Schutz der Umwelt ist nach unserer Rechtsordnung weitgehend den Umweltschutzbehörden anvertraut; zur Erfüllung ihrer Aufgaben ist ihnen ein umfangreiches rechtliches Instrumentarium zur Verfügung gestellt worden; das ganze **Umweltschutzsystem** ist auf die Kontrolle und Überwachung durch kompetente Behörden ausgerichtet.[170] Diese besondere Ausgestaltung des Umweltschutzes spricht für eine Obhutsstellung der Umweltbehörden für die Umweltrechtsgüter, weil sie die Umweltbehörden durch die Einräumung besonderer Einflussmöglichkeiten auch in eine besondere Verantwortlichkeit[171] für die Umwelt bringt.

Unbestritten ist die Beschützergarantenstellung der Umweltbehörden freilich 81 nicht.[172] So wird eingewandt, dass die Umweltbehörden auch Umweltbelastungen genehmigen dürften, d.h. nicht nur zum Schutz der Reinheit der Umwelt da seien. Das ist richtig, ändert aber nichts an der zumindest partiellen, vom jeweiligen Umweltgesetz vorgegebenen Schutzverpflichtung der Umweltbehörden. Auch wenn die Umweltbehörden nicht mit den Eltern als umfassenden Beschützergaranten für ihre Kinder vergleichbar sind, so sind sie doch noch kein „Zerrbild eines Garanten".[173] Die Obhutspflicht der Umweltbeamten ist auch nicht deshalb zu bestreiten, weil sie sich in der Verhinderung von rechtswidrigen Taten Dritter äußert, denn diese Zurückdrängung der „Gefahrenquelle" Mensch (= der Dritte) ist eben zum Schutz des bedrohten Umweltrechtsguts erforderlich.[174]

Zu einer „uferlosen Ausdehnung der Garantenpflichten der Amtsträger"[175] muss 82 die Beschützergarantenstellung der Umweltbehörden nicht führen. Zum einen ist die Verbindung von Behörden zum zu schützenden Rechtsgut in anderen Verwaltungsbereichen nicht so eng ausgestaltet wie im Umweltverwaltungsrecht; die **besondere Verantwortlichkeit** der Umweltbehörden für die Umweltrechtsgüter begründet also zunächst nur ihre Beschützergarantenstellung. Zum anderen sind die Umweltbehör-

---

2. Form dieser Garantenstellung bei einem Bürgermeister ging, der nicht-vorgereinigte Abwässer in der gemeindlichen Kläranlage „annahm" (BGHSt 38, 325), ist umstritten; dafür S/S-*Heine*, vor §§ 324ff. Rn. 39f., dagegen *Puppe*, AT 2, 47/41–44; zu dieser Entscheidung s. unten Rn. 110 Fn. 238.

[169] Vgl. *Winkelbauer*, NStZ 1986, 151; *Horn*, NJW 1991, 9; *Otto*, Jura 1991, 315; *Rengier*, BT II, 47/31; *Saliger*, UmwStrR, Rn. 208–211; NK-*Ransiek*, § 324 Rn. 69; ähnlich anschaulich *Freund*, 1992, S. 309; auf „öffentlich-rechtliche Aufgabenzuweisung" stellt *Ransiek*, JuS 2010, 585, 588, ab, auf die „Zuständigkeit" für ganz bestimmte Aufgaben *Rengier*, AT, 50/34.

[170] Ebenso *Roxin*, AT II, 32/102. – Vgl. zu diesen Argumenten *Rogall*, 1991, S. 226f., der auf S. 219–221, auch weitere Begründungsansätze referiert.

[171] Vgl. *Freund*, 1992, S. 305.

[172] Vgl. zur Kritik der Beschützergarantenstellung von Umweltbehörden *Jescheck/Weigend*, S. 624; SK-*Rudolphi/Stein*, § 13 Rn. 54e; *Schall*, NJW 1990, 1269; *Winkemann*, 1991, S. 67; *Kirchner*, 2003, S. 36; eingehende „Widerlegung" der Kritik bei *Dominok*, 2007, S. 239–241, knapper *Saliger*, UmwStrR, Rn. 209.

[173] So aber *Schünemann*, wistra 1986, 244, der, 1995a, S. 49, 65f., nur eine Beihilfe bei aktiver Duldung für möglich hält.

[174] Vgl. *Rogall*, 1991, S. 225 gegen *Rudolphi*, Fs. Dünnebier, 1982, S. 579.

[175] SK-*Rudolphi*, § 13 Rn. 54d.

den nur dann als Garanten zum Einschreiten verpflichtet, wenn das **Umweltverwaltungsrecht** dies von ihnen verlangt. Solange der Umweltbeamte noch ein Entschließungsermessen hat, muss er gegen die ihm bekannte Umweltbeeinträchtigung durch Dritte nicht einschreiten. Die Pflicht des Garanten ist also durch den verwaltungsrechtlichen Pflichtenkreis erheblich begrenzt,[176] nur eindeutige Ermessensüberschreitungen führen zur Strafbarkeit.[177] – Zu den Überwachungsgarantenstellungen der Umweltbehörden s. u. Rn. 99, 118, 120 f.

> Aus der **Übungsfall-Literatur** zur Garantenstellung von Amtsträgern vgl.: *Hellmann/Beckemper,* ZJS 2008, 60 u. 66 (Betriebsprüferin nach §§ 399 II 1 AO, 163 I StPO); *Marxen,* BT, Fall 21 b, S. 236–238 (gegen Garantenstellung des Bürgermeisters zum Einschreiten gegen rechtswidriges Verhalten Dritter); *Neubacher,* JuS 2005, 1101 u. 1102 f. (Anstaltsleiter; BGHSt 43, 82 [oben Fn. 165] nachgebildet); *Rudolphi,* AT-Fälle, Fall 16, S. 191 u. 197 f., 199 f.; *Seher,* in *Ebert* (Hrsg.), Fall 12, S. 12 f. u. 188 („Kriminalbeamter" zum Schutz der Rechtsgüter des vom Straftäter Verletzten).

83   Heftiger **umstritten** ist die Frage, ob es eine öffentlichrechtliche Pflicht zum Schutze strafrechtlich geschützter Individualrechtsgüter gibt, die eine **Beschützergarantenstellung der Polizeibeamten** auslöst. Ist der Polizeibeamte als Beschützergarant verpflichtet, den durch einen Dritten auf straftatbestandsmäßige Weise bedrohten Bürger zu schützen? Bei der Beantwortung dieser Frage prallen fundamental unterschiedliche Auffassungen zum Verhältnis von Bürger und Staat aufeinander. Die ablehnende Auffassung geht davon aus, dass der **Bürger** zum **Selbstschutz** fähig (umfassende Notwehr-, Notstands- und Selbsthilfebefugnisse) und für diesen deshalb auch primär **verantwortlich** ist. Die Verantwortlichkeit der Polizei, den Bürger zu schützen, ist danach keine besondere Verantwortlichkeit, sondern nur eine allgemeine Pflicht zur Hilfe in Notfällen, die auch Bürger untereinander gem. §§ 138, 323 c trifft.[178] Polizeibeamte seien primär zum Schutz der öffentlichen Sicherheit und Ordnung verpflichtet, die Pflicht, den Bürger zu schützen, sei allenfalls eine Reflex- und Nebenwirkung der Berufspflicht.[179]

84   Diese Sicht der Problematik überzeugt die überwiegende Auffassung nicht. Sie bejaht – zumindest bei drastischen Gefahren wie Lebensbedrohungen[180] – die Beschützergarantenstellung des Polizeibeamten, weil der Bürger trotz der ihm eingeräumten Notrechte **häufig schutzlos** sei[181] und deshalb mit Recht auf den Schutz durch die **Polizei vertraue.**[182] Die primäre Verantwortung für den Schutz der Bürger liege beim Staat. Der Staat sei nur durch den Schutz der Freiheit der Bürger legitimiert, und diese **Freiheitsschutzaufgabe** delegiere er in Form von Amtspflichten auf den zuständigen Polizeibeamten; zu dessen „ureigenster Aufgabe" gehöre deshalb der Schutz der beim Bürger bedrohten Rechtsgüter (wie z. B. der Schutz des Lebens).[183]

---

[176] *Lackner/Kühl,* Rn. 12 Vor § 324; *Rogall,* 1991, S. 228, und schon S. 214 f.; *Saliger,* UmwStrR, Rn. 212; vgl. SK-*Horn,* Rn. 24 vor § 324: Die Behörde, die sich am materiellen Verwaltungsrecht ausrichtet, ist auch strafrechtlich „im Recht".

[177] Nach *Schall,* NStZ 1992, 268 ist es erst in einem Fall (AG Hanau wistra 1988, 199) zu einer Verurteilung gekommen; dies liege wohl am Erfordernis der „Ermessensüberschreitung".

[178] Vgl. SK-*Rudolphi/Stein,* § 13 Rn. 54 c sowie *Schünemann,* GA 1985, 379 f.; mit rechtsphilosophischer Begründung auch *Zaczyk,* Fs. Rudolphi, 2004, S. 361 ff.

[179] Vgl. *Herzberg,* 1972, S. 356; dagegen *Pawlik,* ZStW 111 (1999), 335, 352.

[180] *Jakobs,* 29/77 c; weitergehend *Krey,* 1993, S. 247.

[181] Vgl. *Otto,* 9/68, unter aa.

[182] Vgl. *Otto/Brammsen,* Jura 1985, 597: wird erwartet.

[183] Vgl. *Freund,* 1992, S. 293–295; ähnlich *Roxin,* AT II, 32/93–95; vgl. auch *Schultz,* 1984, S. 161 f., der auf den Verzicht des Rechtsgutsträgers auf eigene Sicherungsmaßnahmen ab-

Diese Auffassung überzeugt im Grundsatz sowohl wegen ihrer realistischen Perspektive (eigene Schutzlosigkeit, Erwartung von Schutz durch die Polizei) als auch wegen ihrer normativen Begründung (Staat als Freiheitsschutzgarant).

Nach **BGH** (St 38, 388 m. krit. Anm. *Mitsch*, NStZ 1993, 384 f.; *Bergmann*, StV 85
1993, 518; *Laubenthal*, JuS 1993, 907, und *Rudolphi*, JR 1995, 167) begründet die polizeiliche Pflicht, den Bürger vor Straftaten zu schützen, eine entsprechende „Obhuts"- bzw. „Beschützer"-Garantenstellung des einzelnen Polizeibeamten.[184] Die Verpflichtung, auch individuelle Rechtsgüter zu verteidigen, stelle nämlich nicht lediglich eine Reflex- oder Nebenwirkung der den Polizeibeamten gesetzlich zugewiesenen Aufgaben dar, vielmehr sei sie wesentlicher Bestandteil der polizeilichen Berufspflicht, weshalb nicht zuletzt der Bürger als Träger subjektiver Rechte einen Anspruch auf polizeilichen Schutz seiner privaten Rechtsgüter habe.[184a] Aufgrund ihrer **Berufsbezogenheit** unterliege die Garantenstellung jedoch Einschränkungen. So müsse zum einen der jeweilige Beamte für das zu schützende Rechtsgut örtlich und sachlich zuständig sein, zum anderen treffe den Polizeibeamten eine entsprechende Garantenstellung nur im Rahmen seiner Dienstausübung.[184b] Bei außerdienstlich erlangter Kenntnis von Straftaten komme eine Garantenpflicht nur in Betracht, wenn es sich um Delikte wie z.B. Dauerstraftaten handelt, die während der Dienstausübung fortwirken.[184c] Dabei sei die Frage nach dem Vorliegen einer entsprechenden Handlungspflicht durch Abwägen von öffentlichen Interessen und privaten Belangen zu beantworten. Dabei komme dem Gewicht des betroffenen Rechtsgutes und der Intensität der Bedrohung entscheidende Bedeutung zu. Diese Grundsätze wendet der BGH (NStZ 2000, 147) auch bei Vermögensstraftaten mit hohem wirtschaftlichen Schaden oder besonderem Unrechtsgehalt an.

Auch wenn dem BGH hinsichtlich der Feststellung zuzustimmen ist, der Schutz 86
vor Straftaten stelle einen wesentlichen Bestandteil der polizeilichen Berufspflicht dar,[185] so bedarf die hierauf begründete strafrechtliche Garantenpflicht der **Einschränkung**.[185a] Dies gilt insbesondere deshalb, weil bei einer generellen Gleichstel-

---

stellt; kritisch dazu *Pawlik*, ZStW 111 (1999), 335, 344 f., der jedoch seinerseits den „Verzichtsgedanken" aufgreift (S. 347) und auf den Verzicht des Bürgers auf seine „naturzuständliche Freiheit" im Gegenzug zur Freiheitsgewährleistung durch den Staat abstellt; ähnlich schon *Gallas*, 1989, S. 84. – Zu weiteren Argumenten s. *Vogt*, Berufstypisches Verhalten und Grenzen der Strafbarkeit im Rahmen der Strafvereitelung, 1992, S. 207 f.

[184] Mit dieser Entscheidung geht der BGH über seinen Beschluss v. 15. 7. 1986 = JZ 1986, 967 hinaus, indem er eine Garantenstellung des Leiters eines Ordnungsamtes im Hinblick auf den durch § 180 a Abs. 1 geschützten Personenkreis aus dessen Stellung und Aufgabe, die Einhaltung des Gaststättengesetzes zu überwachen, bejaht hat. Zugleich stellt diese Entscheidung eine Abkehr von BGH NJW 1989, 914, 916 dar, in der eine entsprechende Garantenstellung eines Kriminalbeamten hinsichtlich der Verhinderung künftiger Prostitutionsausübung verneint wurde; vgl. hierzu *Bottke*, JR 1989, 432 f. und *Geppert*, JK 89, StGB § 332/4.

[184a] Nach *Pawlik*, ZStW 111 (1999), 335 ff., korrespondiert dieser polizeirechtlichen Eingriffsverpflichtung eine strafrechtliche Handlungspflicht nach § 13.

[184b] Beidem zustimmend *Pawlik*, ZStW 111 (1999), 335, 353 f.

[184c] „Gebilligt" vom BVerfG NJW 2003, 1030; vgl. dazu und zum zugrundeliegenden Fall *Laubenthal*, Fs. Weber, S. 109 ff., der das „Erfordernis dienstlicher Kenntniserlangung" aufstellt, S. 117 ff. Ganz abl. bei außerdienstlicher Kenntniserlangung OLG Koblenz NStZ-RR 1998, 322 mit Bspr. *Martin*, JuS 1999, 194 f. (unterlassene Vollstreckung eines Haftbefehls keine Strafvereitelung im Amt gem. § 258 a). – Vgl. auch Fall 14 bei *Piatkowski/Saal*, JuS 2005, 979, 983 f.

[185] Im Gegensatz zu *Herzberg*, 1972, S. 356, der von einer Reflex- bzw. Nebenwirkung spricht.

[185a] Gegen eine Privilegierung des Amtsträgers *Köhler*, S. 227.

lung von Amts- und Garantenpflicht[186] den allgemeinen Ordnungsbehörden „alles und jedes zur besonderen Obhut anvertraut" wäre, was eine uferlose Ausdehnung der Garantenpflichten von Amtsträgern zur Folge hätte.[187] Für die Begründung einer polizeilichen Obhuts- bzw. Beschützergarantenstellung ist deshalb eine über die dienstpflichtenbegründende Generalklausel hinausgehende **besondere Überantwortung** des individuellen Schutzgutes[188] zu fordern, so dass der konkreten Amtspflicht eine personale Beziehung zwischen Amtsträger und Träger des betroffenen Rechtsguts zugrundeliegt.[189]

87   Die Annahme einer Garantenstellung von Polizeibeamten ist dementsprechend auf die Fälle zu beschränken, in denen erstens auf Grund der Intensität der Störung oder Gefährdung wichtiger Rechtsgüter eine – vom Strafrichter festzustellende – **Pflicht** des Beamten zum Einschreiten besteht[190] (= Ermessensreduzierung auf Null[191]) und in denen zweitens der Träger des betroffenen Rechtsguts den damit korrespondierenden Anspruch auf behördliches Einschreiten[192] **geltend macht**.[193] Durch die Geltendmachung des Anspruchs besteht einerseits zwischen dem betroffenen Bürger und dem pflichtigen Amtsträger die geforderte personale Beziehung, andererseits wird durch die geforderte Pflicht zum Einschreiten einer uferlosen Ausdehnung der Garantenpflichten von polizeilichen Amtsträgern wirksam begegnet.[193a]

88   Vom Erfordernis der Geltendmachung des Anspruchs ist jedoch in den Fällen abzusehen, in denen dem betroffenen Bürger dies auf Grund der tatsächlichen Situation nicht möglich ist. Hier kann wegen der polizeilichen **Straftatverhinderungspflicht** und der dadurch begründeten Verhaltenserwartung in der Bevölkerung eine

---

[186] Zur entsprechenden Kritik vgl. *Rudolphi*, JR 1987, 339.

[187] Ebenso *Winkelbauer*, JZ 1986, 1120; hierauf hinweisend auch *Wagner*, JZ 1987, 713. – Gegen eine Garantenstellung *Schünemann*, 1995 a, S. 49, 63 ff., der eine Beihilfe durch Tun für möglich hält. – Allzu problemlos bejaht das OLG Rostock NStZ 2001, 199 m. zu Recht krit. Bspr. *Geppert*, JK 01, StGB § 13/32, eine Garantenstellung eines Polizeibeamten zur Verhinderung eines Brandes; im Erg. zust. *Puppe*, AT 2, 47/30–40.

[188] Vgl. *Ranft*, JZ 1987, 915. – So nun auch BGHSt 43, 84 ff. (§§ 258 I, 13 können nur Personen verwirklichen, die Belange der Strafrechtspflege wahrzunehmen haben); zust. *Rudolphi*, NStZ 1997, 600 f.; *Martin*, JuS 1997, 1047, und *Sonnen*, JA 1997, 838 f.

[189] Vgl. *Winkelbauer*, JZ 1986, 1120; SK-*Rudolphi/Stein*, § 13 Rn. 54 d, spricht in diesem Zusammenhang von einem „besonderen Vertrauensakt".

[190] BGHSt 43, 88. – Diese Einschränkung fordern auch *Joecks*, § 13 Rn. 34; *Krey/Esser*, AT, Rn. 1134, 1164; *Otto*, JK 87, StGB § 13/12; *Pawlik*, ZStW 111 (1999), 335 f., 355 f.; *Roxin*, AT II, 32/98; *Wagner*, Amtsverbrechen, 1975, S. 250 ff.; ausdrücklich anderer Auffassung *Ranft*, JZ 1987, 915, der auch bei Reduzierung des Ermessensspielraums auf Null eine Eingriffspflicht des Beamten verneint.

[191] Zur Ermessensreduzierung vgl. grundlegend BVerwGE 11, 97 sowie NK-*Wohlers*, § 13 Rn. 64; zu den Kriterien der Bedeutung des verletzten Rechtsguts und des Grades der drohenden Gefahr bei Ermessensreduktion vgl. *Schultz*, 1984, S. 162 f.

[192] Vgl. BVerwGE 11, 97; *Götz*, Allgemeines Polizei- und Ordnungsrecht, 12. Aufl. 1995, § 14 Rn. 357; *Drews/Wacke/Vogel/Martens*, Gefahrenabwehr, 9. Aufl. 1986, § 24 = S. 396 ff.

[193] Ähnlich *Roxin*, AT II, 32/97. – Hingegen erkennt SK-*Rudolphi/Stein*, § 13 Rn. 54 c; *ders.*, JR 1987, 338 f. und 1995, 168; *ders.*, Fs. Dünnebier, 1982, S. 578 ff., eine Garantenstellung des Amtsträgers nur dann an, wenn der bedrohte Bürger generell oder partiell unfähig ist, seine Rechtsgüter zu schützen; im Ergebnis ebenso *Schünemann*, 1971, S. 363; *ders.*, GA 1985, 380; *Herzberg*, 1972, S. 356.

[193a] Umgekehrt folgt aus dem Grundsatz der „Polizeirechtsakzessorietät der strafrechtlichen Garantenstellung", dass diese kein Ersatz für eine fehlende Eingriffsermächtigung sein kann, vgl. *Rudolphi*, JR 1995, 168.

Beschützergarantenstellung von Polizeibeamten kraft freiwilliger Übernahme eines öffentlichen Amtes angenommen werden.[194]

Von der Geltendmachung des Anspruches kann auch dann abgesehen werden, wenn auf Grund der Bedeutung des Rechtsguts und der Intensität der Gefährdung ein entgegenstehender Wille des Rechtsgutinhabers unbeachtlich ist. Dies hat wegen der staatlichen Schutzpflicht des Art. 2 GG jedenfalls für die Individualgüter **Leben und Gesundheit**[195] zu gelten. 89

Auch wenn BGH (St 38, 388) im **konkreten Fall** das Bestehen einer strafrechtlichen Garantenpflicht im Ergebnis unter Hinweis auf das nicht besonders schwerwiegende Tatbild (§ 180 a) verneint, vermisst man in der Entscheidung doch Feststellungen zu den Umständen, die das behördliche Entschließungsermessen auf Null reduzieren und dadurch einen entsprechenden Anspruch des Bürgers begründen.[195a] Ebenso vermisst man Ausführungen zu der Frage, ob seitens der Rechtsgutsträger überhaupt ein Interesse an einem polizeilichen Einschreiten bestand, zumal für die dem BGH vorliegende Fallkonstellation nicht ausgeschlossen werden kann, dass die durch § 180 a geschützten Prostituierten[196] ein polizeiliches Einschreiten letztlich nicht beanspruchten. 90

> Aus der **Übungsfall-Literatur** zu Polizeibeamten als Beschützergaranten vgl.: *Alpmann/Schmidt*, AT 1, Fall 44, S. 223–225; *Ellbogen/Stage*, JA 2005, 353 u. 355; *Krey/Esser*, AT, Fall 142, Rn. 1134–1140; *Radtke/Meyer*, JuS 2011, 521 u. 525 f.; *Rosenau/Witteck*, Jura 2002, 781 u. 784 f. (auch bei außerdienstlicher Kenntniserlangung § 258 a durch Unterlassen).

b) Überwachungsgaranten mit Sicherungspflichten

aa) Vorausgegangenes gefährliches Tun (sog. Ingerenz)

Wer durch sein Verhalten die **Gefahr** eines Schadenseintritts **heraufbeschwört**, ist als Garant verpflichtet, den **Schadenseintritt zu verhindern**. Dieser Satz hat auch ohne nähere Begründung eine Überzeugungskraft, die ihn fast als gewohnheitsrechtlich geltenden Rechtssatz erscheinen lässt.[197] Es erscheint sachgerecht, denjenigen zur Gefahrabwendung heranzuziehen, der einen anderen durch sein Verhalten überhaupt erst in eine gefährliche (z.B. lebensbedrohliche) Lage gebracht hat. Dennoch ist die Garantenstellung aus vorausgegangenem gefährlichen Tun weder im Prinzip[198] noch in ihren näheren Voraussetzungen unumstritten. 91

---

[194] A.A. *Brammsen*, 1986, S. 190 ff., der wegen der polizeilichen Straftatverhinderungspflicht und der dadurch begründeten Verhaltenserwartung in der Bevölkerung eine Beschützergarantenstellung von Polizeibeamten kraft freiwilliger Übernahme eines öffentlichen Amtes generell begründet sieht; ebenso *Otto/Brammsen*, Jura 1985, 596 f.

[195] Vgl. hierzu *Drews/Wacke/Vogel/Martens* (o. Fn. 192) § 14 = S. 229 f.

[195a] Nachgeholt von BGHSt 43, 88, allerdings zu §§ 258 I, 13.

[196] Zum Schutzgut von § 180 a vgl. nur *Lackner/Kühl*, 4 vor § 174.

[197] *Gallas*, 1989 [1963], S. 87. Das Gebot, selbstgeschaffene Gefahren zu beseitigen, wird auf das Verbot, andere zu verletzen, zurückgeführt; *Arzt*, JA 1980, 714; *Welp*, 1968, S. 191; and. jetzt S/S-*Stree/Bosch*, § 13 Rn. 32; *Ransiek*, JuS 2010, 585, 589, leitet die Sicherungspflicht aus der „rechtlich" gewährten Freiheit zur Gefährdung anderer her. – Eine Beschützergarantenstellung nimmt *Krey/Esser*, AT, Rn. 1137, an; wie hier die h.M., vgl. etwa *Jäger*, Rn. 352; *Roxin*, AT II, 32/107, 143 ff.

[198] Ablehnend etwa *Schünemann*, GA 1974, 231 ff., der, 1995 a, S. 49, 59 ff., für die Erfassung des Ingerenten eine Qualifikation von § 323 c vorschlägt. Weitere Vertreter der sog. Antiingerenztheorie sowie deren Argumente finden sich bei *Hillenkamp*, 29. AT-Problem, S. 217 f. Gegen die Ablehnung einer Ingerenzhaftung im Übungsfall *Freund*, JuS 1990, 216 u. in: AT, 6/15 a (mit Bsp. nach BGHSt 7, 287), der auf die „Sonderverantwortlichkeit" abstellt.

92   Der **typische**, weitgehend außer Streit stehende **Ingerenz-Fall** (*Kühl*, JuS 2007, 497, 503) ist der des Kraftfahrers, der aus Unachtsamkeit (= fahrlässig) einen Radfahrer anfährt, diesen aber liegenlässt, obwohl er erkennt, dass der schwerverletzte Radfahrer ohne ärztliche Hilfe sterben könnte (vgl. den Fall des BGH NStZ 1992, 125). Stirbt der Radfahrer, wie vom Täter für möglich gehalten, so kommt neben einer Fahrlässigkeitstat auch ein vorsätzliches Tötungsdelikt in Betracht, wenn der Täter sich mit dem als möglicherweise eintretenden Tod des Opfers abgefunden hat (Eventualvorsatz). Während das Fahrlässigkeitsdelikt durch aktives Verhalten (das Anfahren) verwirklicht wurde, wurde das Vorsatzdelikt durch Unterlassen (Liegenlassen) verwirklicht. Das Fahrlässigkeitsdelikt ist eine fahrlässige Tötung gem. § 222, wenn man nicht den Zurechnungszusammenhang zwischen dem sorgfaltswidrigen Verhalten des Täters und dem Todeserfolg dadurch als unterbrochen ansieht, dass das Geschehen nach der Verletzung des Opfers ein Vorsatzgeschehen wird: dann fahrlässige Körperverletzung gem. § 229.[199] Das Vorsatzdelikt ist ein Totschlag gem. §§ 212, 13 (möglicherweise sogar Verdeckungsabsichts-Mord gem. §§ 211, 13).[199a] Auch dieses vorsätzliche Unterlassen kann den Zurechnungszusammenhang zwischen dem fahrlässigen Anfahren und dem Tod unterbrechen, obwohl sich der Täter in seine eigene Tat einschaltet (s. oben 4/70). Die für dieses vorsätzliche Tötungs-Unterlassungsdelikt erforderliche Garantenstellung des Kraftfahrers ergibt sich aus dessen pflichtwidrigem gefährlichem Vorverhalten.

> Vgl. zu diesem **typischen** Ingerenz-Fall in der **Übungsfall-Literatur:** *Arzt*, S. 72 f.: Bsp. 45; *Günther*, JuS 1988, 386 u. 388; *Haas*, AL 2012, 119 u. 122; *Hellmann*, JuS 1990, L 61–64 (versuchtes Tötungsdelikt); *Hilgendorf*, KK II, Fall 1, Rn. 29 u. KK III, Fall 14, Rn. 46; *Hohmann/Matt*, Jura 1990, 544 f. u. 549; JA-Übungsblätter 1981, 43 ff.; *Krey/Esser*, AT, Fall 145, Rn. 1147 f.; *Mitsch*, JuS 1996, 218: Fall 28; *Jescheck*, AT-Fälle, Fall 71, S. 89 f. (versuchtes Unterlassungsdelikt); *Gössel*, Fälle, Fall 7, S. 124 f. u. 129 (§ 223 durch Unterlassen); *Tiedemann*, Anfängerübung, Fall 1, S. 165 ff. – Vgl. auch Bsp. 1 bei *Sowada*, Jura 2003, 236, 237. – **Weitere** Ingerenz-Fälle finden sich bei *Berg*, Jura-Sonderheft Examensklausurenkurs, S. 56 u. 61 (§ 221 III-Fall); *v. Danwitz*, Jura 2000, 486 u. 488 f. (§ 212 durch Unterlassen); *Hecker*, Jura 1999, 197 u. 198 (§ 306 a I Nr. 1 durch Unterlassen zum Nachteil eines Retters); *Wagner*, BT-Fälle, Fall 11, S. 112 u. 118, 120 (§ 239 durch Unterlassen).

93   Weitgehend außer Streit steht dieser Ingerenz-Fall, weil der Täter die Gefahr für das Opfer nicht nur durch ein kausales Vorverhalten, sondern durch ein **pflichtwidriges Vorverhalten** geschaffen hat.[200] Gelegentlich wird auch von „**schädigendem** Vorverhalten" gesprochen; so etwa bei einer Mutter, die unmittelbar vor der Geburt in dem Bewusstsein Alkohol zu sich nahm, dass sie damit gesundheitliche Risiken für das Kind schuf (BGH NStZ 2010, 214, 215 m. Bspr. *Hecker*, JuS 2010, 454, 455 u. *Satzger*, JK 5/10, StGB § 13/43). Einschränkend verlangt die Rechtsprechung, dass das Vorverhalten die „**nahe Gefahr**" des Erfolgseintritts"[200a] schafft (BGH NJW 1992, 1246 [m. krit. Bspr. *Seelmann*, StV 1992, 416 u. *Neumann*, JR 1993, 161] u. 2000,

---

[199] Vgl. *Otto*, 6/64, sowie *Otto*, JK 90, StGB § 222/4.

[199a] Vgl. *Joecks*, § 211 Rn. 59 u. *Rengier*, BT II, 4/64, jeweils mit Beispielen; näher zur Begründung der Garantenstellung *Hillenkamp*, Fs. Otto, 2007, S. 287, 301; eingehend *Schlüchter*, Fg. BGH, 2000, S. 933, 944 ff.; *Grünewald*, GA 2005, 502 ff. u. *Theile*, JuS 2006, 110 ff.

[200] *Arzt*, JA 1980, 714 f.: relativ unproblematischer Ingerenzfall; ähnlich *Jakobs*, 1996, S. 22 f.: kaum Zweifel; vgl. auch *Momsen*, 2006, S. 394, der die Risikoerhöhung bei verkehrsordnungswidrigem Verhalten betont.

[200a] Vgl. aus der Lit. *Rengier*, AT, 50/72: zu präzisieren durch objektive Zurechnung; für eine Übertragung der objektiven Zurechnung „auf die Ingerenz" *Roxin*, AT II, 32/157; krit. NK-*Wohlers*, § 13 Rn. 43, der auf das (noch) erlaubte Risiko abstellen will.

2756; BGH NStZ 2009, 381 u. 2012, 319 m. Bspr. *Kudlich*, JA 2012, 470 u. *Bosch*, JK 6/12, StGB § 13 Abs. 1/47). Dies wird „bei der Missachtung einer Vorschrift angenommen", wenn diese „dem Schutz des betroffenen Rechtsguts dient"; daran fehlt es, wenn das „betroffene Rechtsgut" Leib oder Leben ist, die Straftat – wie etwa § 95 I Nr. 3 AufenthG: illegale Einreise, zu der der Reiseleiter Beihilfe geleistet hatte (= pflichtwidriges, sogar strafbares Vorverhalten) – aber „keine Individualrechtsgüter schützt" (BGH NStZ 2008, 276, 277 m. Bspr. *Kühl*, HRRS 2008, 359; *Wilhelm*, NStZ 2009, 15, 16 ff. u. *Satzger*, JK 8/08, StGB § 13/40). Der notwendige Pflichtwidrigkeitszusammenhang fehlt auch, wenn das Vorverhalten in einer Straftat gegen das Eigentum – wie etwa ein Raub – liegt und es um die Begründung einer Garantenpflicht zum Schutz des strafrechtlichen Strafanspruchs – das Rechtsgut der Strafvereitelung gem. § 258 – geht (LG Itzehoe NStZ-RR 2010, 10 m. Bspr. *Hecker*, JuS 2010, 549, 551). Liegt das pflichtwidrige Vorverhalten in der Verabredung eines bestimmten delikten Verhaltens – z. B. einer Freiheitsberaubung (§ 235) eines Wohnungsinhabers –, so fehlt es an der nahe liegenden Gefahr, wenn „ausdrücklich abgemacht ist, dass der Einbruch sofort abgebrochen wird, wenn der Wohnungsinhaber anwesend ist" (BGH NStZ-RR 2009, 366 m. zust. Bspr. *Kudlich*, JA 2010, 151 f.: Begrenzung des Schutzzwecks der verletzten Norm). Dagegen kann sich aus gemeinsamen Gewalthandlungen, z. B. von Mitgefangenen in einer Justizvollzugsanstalt, die nahe Gefahr einer tödlichen Eskalation ergeben (BGH NStZ 2009, 321 m. Bspr. *Becker*, HRRS 2009, 242; *Bosch*, JA 2009, 655 u. *Geppert*, JK 12/09, StGB § 13/21; zum Fall auch *Jäger*, Fall 67, Rn. 373 a, b sowie unten 20/230 a). – Doch zurück zum pflichtigen Vorverhalten. Die Meinung, dass nur pflichtwidriges Vorverhalten eine **Ingerenz**-Garantenstellung begründet, ist in Rechtsprechung und Literatur weit verbreitet.[201] Es wird aber zunehmend bezweifelt, ob die Pflichtwidrigkeit bzw. Rechtswidrigkeit des Vorverhaltens der entscheidende Grund für die Entstehung der Garantenpflicht ist.[202] Diese Zweifel ergeben sich aus der Überlegung, dass sich auch aus **erlaubten Risikovorhandlungen** Gefahrabwendungspflichten ergeben können.[203] Selbst **gerechtfertigte Risikovorhandlungen** werden als garantenpflichtbegründende Handlungen diskutiert.

Wer allerdings den rechtswidrigen Angreifer unter Einhaltung der gesetzlichen 94 Voraussetzungen des § 32 in **Notwehr** lebensgefährlich verletzt, ist nach weit überwiegender Auffassung[204] nicht als Garant verpflichtet, lebensrettend tätig zu werden (BGHSt 23, 327 = *Roxin*, HRR AT, Fall 93, S. 144 f. u. 212).[205] Dafür spricht vor

---

[201] Vgl. *Lackner/Kühl*, § 13 Rn. 13 m. w. N. – Aus der Rspr. vgl. BGH NStZ 2000, 414.

[202] Vgl. wieder *Lackner/Kühl*, § 13 Rn. 13 m. w. N. zu alternativen Konzepten, sowie *Dencker*, Fs. Stree/Wessels, 1993, S. 163 ff.; *Merkel*, 2001, S. 228; *Bosch*, 2002, S. 196 ff., 213; *Sowada*, Jura 2003, 236, 241 f. [vorerst noch Festhalten am Pflichtwidrigkeitserfordernis]; *Otto*, 9/81 u. *Roxin*, AT II, 32/155–159, der auf die objektive Zurechenbarkeit der Vorhandlung abstellt sowie LK-*Weigend*, § 13 Rn. 44, nachdem es um die „Abgrenzung der Verantwortungssphären" von Täter und Opfer geht.

[203] Vgl. *Maiwald*, JuS 1981, 482 f.; *Grünewald*, 2001, S. 136 u. *Merkel*, 2001, S. 229, mit Unfall-Bsp.

[204] Vgl. *Gallas*, 1989 [1963], S. 90; *Jakobs*, 2012, S. 37 f.; *Freund*, 6/74; *Joecks*, § 13 Rn. 42; LK-*Rönnau/Hohn*, § 32 Rn. 288; *Otto*, 9/81 u. in: Fs. Hirsch, 1999, S. 291 u. 309; *Roxin*, AT II, 32/181–185; SK-*Rudolphi/Stein*, § 13 Rn. 40 a; W-*Beulke*, Rn. 726; *Sowada*, Jura 2003, 236, 240; *Jasch*, NStZ 2005, 8, 12; *Zieschang*, Rn. 613–617. – Weitere Nachweise aus der Literatur bei *Hillenkamp*, 29. AT-Problem, S. 215; ergänzend sei auf *Dencker* (o. Fn. 202), S. 175, hingewiesen.

[205] Vgl. auch BGH NStZ 1987, 171 m. Anm. *Otto*, JK 88, StGB § 13/13 sowie BGH NStZ 2000, 414 (= „Notwehrfall" bei *Puppe*, AT 2, 47/7–15) m. Bspr. *Engländer*, JuS 2001, 958, 959; *Schröder*, JA 2001, 191 u. *Geppert*, JK 01, StGB 13/31.

allem, dass das Notwehropfer die Lebensgefahr durch seinen rechtswidrigen Angriff selbst heraufbeschworen hat. Derjenige, der seinen **Freiheitsraum** gegen diesen Übergriff des Angreifers **verteidigt,** besteht nur auf der Einhaltung der rechtlich geschützten Freiheitssphären.[206] Das Opfer, das sich die Folgen selbst zuzuschreiben hat, kann nicht erwarten, dass ihm gerade von demjenigen geholfen wird, den es angegriffen hat. Durch einen rechtswidrigen Angriff kann man sich keinen Garanten verschaffen. Wer nur den von § 32 erwünschten Erfolg herbeiführt, ist dem Opfer nicht näher verbunden als ein unbeteiligter Zuschauer eines Unglücksfalls (§ 323 c-Pflicht).[207]

95   Zweifel an der Richtigkeit dieses Ergebnisses – keine Tötung durch Unterlassen gem. §§ 212, 13, sondern nur unterlassene Hilfeleistung gem. § 323 c – ergeben sich aus dem Umstand, dass es eben doch die Verteidigungshandlung des Notwehrübenden war, die zu der Lebensgefahr des Notwehropfers geführt hat. Der Verteidiger hat sich zwar zu Recht gegen den Angriff zur Wehr gesetzt, doch **nach** der erfolgreichen Verteidigung sollte er sehen, was noch zu retten ist.[208] Ob diese Distanzierung vom überstandenen Geschehen freilich nur moralisch gefordert ist oder ob sie auch rechtlich verlangt werden kann, ist die Frage.[209]

> Aus der **Übungsfall-Literatur** zu durch Notwehr gerechtfertigtem Vorverhalten vgl.: *Alpmann/Schmidt,* AT 1, Fall 45, S. 226–230; *Eisenberg,* Jura 1989, 41 u. 46; *Ellbogen/Richter,* JuS 2002, 1192 u. 1195; *Grebing,* Jura 1980, 91 u. 100 f.; *Hillenkamp,* 29. AT-Problem, Bsp. 1, S. 213 u. 218; *Jescheck,* Fälle, Fall 74, S. 93 f.; *Gössel,* Fälle, Fall 16, S. 260 f. u. 272 f. (gegen BGHSt 23, 327!); *Kudlich,* JuS 2000, L 13 u. L 16; AT-Fälle, Fall 7, S. 104 f. sowie PdW AT, Fall 196; *Kühl/Hinderer,* JuS 2009, 919 u. 923 f.; *Meurer/Kahle/Dietmeier,* Übungskriminalität, Fall 4, S. 49 f. u. 70 f.; *Rudolphi,* AT-Fälle, Fall 3, S. 24 u. 37 f.; *Stoffers,* JuS 1993, 837 u. 842; einen Sonderfall pflichtwidrigen Vorverhaltens, das in eine Notwehrhandlung übergeht, behandelt *Mitsch,* JuS 1988, 468 u. 471.

96   An der Übertragbarkeit des von der überwiegenden Meinung für richtig gehaltenen Ergebnisses – keine Garantenpflicht aus durch Notwehr gerechtfertigtem Vorverhalten – auf gefährliches Vorverhalten, das durch **andere Rechtfertigungsgründe** gerechtfertigt ist, wird zunehmend gezweifelt. So etwa für folgenden § 34-Fall: Der Radfahrer, dem in einer Kurve ein rasender Autofahrer entgegenkommt, reißt sein Fahrrad auf den Gehweg, um nicht getötet zu werden; dadurch verletzt er eine Fußgängerin. Nimmt man hier eine § 34-Notstandsrechtfertigung wegen des wesentlich überwiegenden Erhaltungsguts (Leben im Vergleich zur körperlichen Unversehrtheit) an, so wird man dennoch eine Garantenpflicht des Radfahrers zur Verhinderung weiterer Schadensfolgen bei der von ihm angefahrenen Fußgängerin annehmen müssen.[210] Der Täter hat hier nicht nur seinen Freiheitsraum gegen einen rechtswid-

---

[206] Auf die Wahrung des status quo stellt *Freund,* 1992, S. 185, ab.

[207] Vgl. zu diesen Argumenten der sog. Pflichtwidrigkeitstheorie *Hillenkamp,* 29. AT-Problem, S. 215 f.; *Maiwald,* JuS 1981, 483; *Ransiek,* JuS 2010, 585, 589; *Kindhäuser,* AT, 36/68; *Puppe,* AT 2, 47/9.

[208] Vgl. zu diesen Argumenten der sog. Verursachungstheorie sowie zu deren Vertretern *Hillenkamp,* 29. AT-Problem, S. 213–215 f.; *Herzberg,* JuS 1971, 74 ff.; *Welp,* 1968, S. 209, 271 u. in: JZ 1971, 433 sowie *Kühl,* JuS 2007, 497, 503 u. in: Fs. Herzberg, 2008, S. 177, 188 f.

[209] Für § 323 c als „Auffangtatbestand" im Grenzbereich von Recht und Moral *Gallas,* 1989 [1963], S. 90; für eine Klarstellung in § 323 c de lege ferenda *Walther,* Fs. Herzberg, 2008, S. 503, 512 f.; vgl. auch *Meurer/Kahle,* JuS 1993, L 13.

[210] Ebenso für diesen Fall *Otto,* 9/76 und 84: Fall 4. – Gegen die unterschiedliche Behandlung von § 32 und § 34-Fällen durch die h. M. *Jäger,* 2006, S. 11 f.

rigen Angreifer bewahrt, sondern, wenn auch gerechtfertigt, in den Rechtskreis eines **Unbeteiligten** eingegriffen. Dieser kann zu Recht erwarten, dass ihm der Eingreifende hilft.[211]

Als **Ausnahme** vom Grundsatz, dass rechtmäßiges Verhalten keine Ingerenz-Garantenstellung zu begründen vermag, werden außerdem die § 34-Fälle anerkannt, die zu einem **Dauerzustand** führen. Wer einen gefährlichen Volltrunkenen einsperrt (§ 239), ist nach § 34 gerechtfertigt, wenn er die Fortbewegungsfreiheit überwiegende Interessen wahrt (bei sog. Defensivnotstandslagen auch gleichrangige), dennoch ist er verpflichtet, den Volltrunkenen nach Beendigung der Trunkenheit wieder freizulassen.[212] 97

Eine ähnliche Situation liegt möglicherweise vor, wenn es um einen Betrug durch Unterlassen geht, bei dem der Täter den Mieter nicht darüber aufklärt, dass der ursprünglich bestehende Eigenbedarf, der den Anspruch auf Räumung der Wohnung begründete, **nachträglich entfallen ist**.[213] 98

Schließlich ist auch an den **Wegfall** der Voraussetzungen zu denken, die einer pflichtgemäß erteilten Genehmigung (z.B. zur Einleitung von Abwässern) zugrunde lagen. Hier ist der Umweltbeamte, der die Genehmigung erteilt hat, verpflichtet, die rechtswidrig gewordene **Genehmigung zurückzunehmen**, obwohl er sie zu Recht erteilt hatte.[214] Eine Ingerenz-Garantenstellung der Umweltbehörden liegt natürlich erst recht dann vor, wenn schon die Erteilung der Genehmigung pflichtwidrig war, denn dann ist das Vorverhalten (Genehmigungserteilung) nicht nur gefährlich, sondern auch pflichtwidrig.[215] 99

Überwiegend wird eine Ingerenz-Garantenstellung dann abgelehnt, wenn sich der Täter **sozialadäquat**[215a] **und/oder sorgfaltsgemäß** verhalten hat (*Ransiek*, JuS 2010, 585, 589). Fährt etwa der sich den Verkehrsregeln entsprechend verhaltende Kraftfahrer einen ihm vor das Auto torkelnden Fußgänger an, so soll er nicht als Garant zur Gefahrabwendung verpflichtet sein (BGHSt 25, 218 [m. Anm. *Rudolphi*, JR 1974, 160] = *Roxin*, HRR AT, Fall 94, S. 145 ff. u. 212 f.).[216] Wer sein Fahrzeug verkehrsgerecht handhabe, sei nicht zur Gefahrabwendung zugunsten desjenigen verpflichtet, der durch sein Verhalten den Unfall verursacht habe. Das bloße Auslösen des zu einer Rechtsgutsverletzung hin strebenden Kausalverlaufs begründe keine Ingerenz-Garantenpflicht, solange keine zum Schutz des bedrohten Rechtsguts bestehende Sorgfaltspflichtverletzung hinzukomme.[217] 100

---

[211] Vgl. *Freund*, 1992, S. 185; *Timpe*, 1983, S. 182; *Roxin*, AT II, 32/186–188; LK-*Weigend*, § 13 Rn. 46.

[212] SK-*Rudolphi/Stein*, § 13 Rn. 40 a; S/S-*Stree/Bosch*, § 13 Rn. 36. Kritisch zur Differenzierung zwischen durch § 32 und durch § 34 gerechtfertigtem Vorverhalten *Joecks*, § 13 Rn. 43 sowie *Sowada*, Jura 2003, 236, 241.

[213] Vgl. *Hillenkamp*, JR 1988, 303; *Rengier*, JuS 1989, 807.

[214] Vgl. *Rengier*, BT II, 47/27–29; SK-*Rudolphi/Stein*, § 13 Rn. 40 b; *Schall*, NStZ 1992, 267; *Nappert*, 1997, S. 262, sowie *Rogall*, 1991, S. 206 (zum Meinungsstand), u. 208 (ablehnend), abl. auch *Dominok*, 2007, S. 242; probl. nach *Saliger*, UmwStrR, Rn. 206.

[215] Vgl. *Rengier*, BT II, 47/27–29; *Fischer*, Rn. 20 vor § 324; *Otto*, Jura 1991, 315 f.; *Rogall*, 1991, S. 205 (zum Meinungsstand); *Dominok*, 2007, S. 242.

[215a] Dazu mit Grundwissen *Rönnau*, JuS 2011, 311–313; zu „sozialüblichem Vorverhalten" *Lackner/Kühl*, § 13 Rn. 11, mit BGHSt 26, 35, 38.

[216] Vgl. zum Fall auch *Arzt*, JA 1980, 716; *Herzberg*, JZ 1986, 986; *Sowada*, Jura 2003, 236, 239 u. *Kudlich*, 2004, S. 413.

[217] *Otto*, 9/76 und 84: Fall 3; *Roxin*, AT II, 32/165; LK-*Weigend*, § 13 Rn. 46; SK-*Rudolphi/Stein*, § 13 Rn. 41; S/S-*Stree/Bosch*, § 13 Rn. 35; *Murmann*, GK, 29/69; *Rengier*, AT, 50/82–90; W-*Beulke*, Rn. 726.

101   **Zweifel** an der Richtigkeit dieses Ergebnisses kommen freilich auch in diesen Fällen auf, weil es eben auch der Kraftfahrer war, der den Fußgänger in die gefährliche Lage gebracht hat. Dass er sich das Anfahren nicht als Fahrlässigkeitsdelikt anrechnen lassen muss, besagt noch nicht zwangsläufig, dass er nur wie ein unbeteiligter Zuschauer des Unfalls nach § 323 c zur Hilfe verpflichtet ist. Das Sterbenlassen des angefahrenen Fußgängers ist jedenfalls nicht durch die Risikoerlaubnis gedeckt, die das riskante Autofahren bei Einhaltung der Verkehrsregeln gestattet.[218]

> Aus der **Übungsfall-Literatur** zu gerechtfertigtem und sorgfaltsgemäßem Vorverhalten vgl.: *Beulke,* KK I, Fall 6, Rn. 225 u. 244; *Beulke,* KK III, Fall 12, Rn. 555 u. 585–587; *Heinrich,* Jura 1997, 366 f. u. 370; *Hillenkamp,* 29. AT-Problem, Bsp. 2, S. 218; *Kudlich,* PdW AT, Fall 197; *Mitsch,* Jura 2006, 381 u. 383 (sozialadäquates Vorverhalten); *Müller,* JuS 1980, 749 f.; *Otto/Bosch,* Übungen, Fall 2, S. 84 f.; *Rudolphi,* AT-Fälle, Fall 16, S. 191 u. 201–203.

102   Die neuere Rechtsprechung hält zwar an dem haftungseinschränkenden Erfordernis der Pflichtwidrigkeit bzw. Sozialwidrigkeit des gefährlichen Vorverhaltens fest, doch besteht sie nicht darauf, dass sich die **Pflichtwidrigkeit** auch in dem späteren Erfolg **niedergeschlagen** hat.[218a] So soll eine Geschwindigkeitsübertretung auch dann eine Ingerenz-Garantenstellung des zu schnell Fahrenden begründen, wenn sie sich in dem Unfall mit tödlichem Ausgang nicht ausgewirkt hat, weil der Unfall auch bei Einhaltung der zulässigen Geschwindigkeit passiert wäre (vgl. BGHSt 34, 82).[219] Das führt zu dem wenig einleuchtenden Ergebnis, dass der Tod des Unfallopfers dem Fahrer zwar nicht wegen seines aktiven Verhaltens, wohl aber auf dem Umweg über sein nachfolgendes Unterlassen zugerechnet wird.[220] In der Literatur wird deshalb zu Recht ein **Pflichtwidrigkeitszusammenhang** zwischen dem pflichtwidrigen Vorverhalten und der abzuwendenden Gefahr verlangt.[221] Ist zweifelhaft, ob die Gefährdung auf der Pflichtwidrigkeit beruht, ist danach eine Garantenstellung aus Ingerenz zu verneinen.

> Aus der **Übungsfall-Literatur** zum Pflichtwidrigkeitszusammenhang vgl.: *Freund,* JuS 1990, 213 u. 215; *Ransiek,* JuS 1989, L 60–63.

103   Das Erfordernis der Pflichtwidrigkeit wird von der Rechtsprechung der Sache nach dadurch preisgegeben, dass es auch dann noch bejaht wird, wenn der Erfolg **nicht** einmal **vorhersehbar** war. So hat der BGH in der „Lederspray-Entscheidung" (BGHSt 37, 115 = *Roxin,* HRR AT, Fall 92, S. 141 ff. u. 211 f.) ein pflichtwidriges Vorverhalten angenommen, obwohl die Auslieferung des Produkts sorgfaltspflichtgemäß erfolgte, weil die Gefährlichkeit des Ledersprays für den ausliefernden Produzenten nicht erkennbar war. Die rechtliche Missbilligung des (nur ex post feststellbaren) Gefahrerfolgs kann aber nicht die (ex ante zu bestimmende) Pflichtwidrigkeit des Vorverhaltens begründen.[222] Im Ergebnis ist freilich die Verpflichtung des

---

[218] Vgl. *Freund,* 1992, S. 182; *Jakobs,* 29/42; *M-Gössel/Zipf,* AT 2, 46/102; vgl. auch *Merkel,* 2001, S. 229: „Vermeidepflicht", die „trotz korrekten Vorverhaltens im Augenblick der Verdichtung des erlaubten Risikos zur drohenden Verletzungsgefahr" entsteht; ebenso SSW-*Kudlich,* § 13 Rn. 23.

[218a] Vgl. jüngst BGH NJW 2000, 2754, 2757.

[219] Vgl. zu dieser Entscheidung *Herzberg,* JZ 1986, 986 f.; *Ranft,* JZ 1987, 864; *Rudolphi,* JR 1987, 164; *Sowada,* Jura 2003, 236, 242 f. u. *Jakobs,* Fg. BGH, 2000, S. 29, 39.

[220] Vgl. SK-*Rudolphi/Stein,* § 13 Rn. 39 u. LK-*Weigend,* § 13 Rn. 47.

[221] *Murmann,* GK, 29/66; (nicht mehr ausdrücklich) S/S-*Stree/Bosch,* § 13 Rn. 35 a; *Jasch,* NStZ 2005, 8, 11.

[222] Vgl. *Beulke/Bachmann,* JuS 1992, 739; *Brammsen,* GA 1993, 108 f.; *Freund,* 1992, S. 219 Fn. 84; *Kuhlen,* NStZ 1990, 568; *Meier,* NJW 1992, 3196; *Puppe,* JR 1992, 30; *Samson,* StV 1991, 184; SK-*Rudolphi/Stein,* § 13 Rn. 40 c; *Hilgendorf,* 1993, S. 138 ff.; *Schüne-*

Herstellers zum **Rückruf** der Waren, deren Gefährlichkeit sich nachträglich herausgestellt hat, als Garantenpflicht anzuerkennen. Ihre genauere Einordnung[223] ist aber noch nicht gelungen (vgl. u. Rn. 110). Soweit man im Rahmen der Ingerenz-Garantenstellung die Lösung versucht, wird man das Erfordernis der Pflichtwidrigkeit des Vorverhaltens zugunsten des Erfordernisses der Gefahrschaffung durch ein gegenüber dem alltäglichen Handeln **gesteigert riskantes Vorverhalten**[224] aufgeben müssen. Ein solch gesteigert riskantes Vorverhalten liegt in der Auslieferung von Produkten mit Schädigungspotential,[225] auch wenn deren Gefährlichkeit nicht vorhersehbar war. Gesteigert riskantes Verhalten liegt sicher auch beim Inverkehrbringen von neuen Arzneimitteln vor; ob auch schon die Teilnahme am Straßenverkehr unter diese Kategorie fällt, erscheint hingegen zweifelhaft.

Weitere Schwierigkeiten einer „**strafrechtlichen Produkthaftung**" ergeben sich dadurch, **103a** dass es sich bei den Herstellern schadensursächlicher Konsumartikel zumeist um Unternehmen handelt, die strafrechtlich nicht zur Verantwortung gezogen werden können (s. o. 2/9 u. 10/7).[225a] Hier ist deshalb zunächst eine Individualisierung der aus der Garantenstellung folgenden Handlungspflicht auf das innerhalb des Unternehmens zuständige Entscheidungsorgan erforderlich.[225b] Dies ist in den Fällen des Rückrufs gefährlicher Produkte die Geschäftsleitung, der ihrerseits z. B. mehrere Geschäftsführer (bei der GmbH) oder Vorstandsmitglieder (bei der AG) angehören können.[225c] Ist dabei innerhalb solcher Kollegialorgane jedem Mitglied ein eigener Geschäftsbereich zugeteilt, gilt infolge dieser innerbetrieblichen Arbeitsteilung zwar der Vertrauensgrundsatz,[225d] so dass eine Handlungspflicht grds. nur den betreffenden Ressortleiter trifft.[225e] Geht es jedoch angesichts einer gegenwärtigen Krisen- und Ausnahmesituation, die das Unternehmen ressortübergreifend als Ganzes betrifft, um eine weitreichende Entscheidung wie einen Produktrückruf, dann „ist die Geschäftsführung insgesamt zum Handeln berufen", d. h. ggf. auch mehrere Geschäftsführer gemeinsam (BGHSt 37,

---

mann, in: Breuer u. a. (Hrsg.), Umweltschutz und technische Sicherheit im Unternehmen, 1994, S. 137, 163 ff.; *Weißer*, 1996, S. 35 ff., 64; *Otto*, Fs. Hirsch, 1999, S. 291, 304; weitere Lit. bei *Schünemann*, Fs. Amelung, 2009, S. 303, 317 Fn. 47.

[223] *Brammsen*, GA 1993, 98 ff., 110 ff., plädiert für eine „Einordnung in die Überwachungsgarantenpflichten des Betriebsinhabers/Geschäftsherrn"; zust. *Schwartz*, 1999, S. 50 ff.; krit. dazu *Schünemann*, 1995a, S. 49, 66 ff., der die Anwendung von § 323c für ausreichend hält; vgl. auch *Kuhlen*, Fs. Eser, S. 359, 363 ff., der die Rückrufpflicht auf eine „ganze Reihe von Zurechnungsgründen" zurückführt; vgl. dazu knapper *Stratenwerth/Kuhlen*, 13/33 u. 49; zur Verletzung von „Sicherungspflichten" in Unternehmen *Otto*, Fs. Schroeder, 2006, S. 339 ff.

[224] *Kuhlen*, NStZ 1990, 568; *Meier*, NJW 1992, 3196; krit. *Schall*, 1996, 109; *Schwartz*, 1999, S. 49 f., und *Otto*, Fs. Hirsch, 1999, S. 291, 307 f.; vgl. auch *Jakobs*, 29/42 u. LK-*Weigend*, § 13 Rn. 46.

[225] *Freund*, 1992, S. 218 f.: potentiell gefährliche Produkte; vgl. auch *Freund*, 6/71 f.: „Sachgedanke der bedingten Gestattung bestimmter qualifiziert riskanter Tätigkeiten"; ähnlich *Krey/Esser*, AT, Rn. 1168; *Freund*, Fs. Herzberg, 2008, S. 225, 234, betont die „Sonderverantwortlichkeit".

[225a] Vgl. *S/S-Heine*, Vorbem §§ 25 ff. Rn. 119.

[225b] Vgl. *Beulke/Bachmann*, JuS 1992, 741; *Kuhlen*, NStZ 1990, 569; *Otto*, Jura 1998, 411, 413; *Stratenwerth/Kuhlen*, 16/7.

[225c] Vgl. nur BGHSt 37, 114.

[225d] Vgl. auch BGHSt 37, 123; ferner z. B. *Ransiek*, 1996, S. 41; *S/S-Sternberg-Lieben*, § 15 Rn. 223.

[225e] Zweifeln begegnet eine allgemeine gegenseitige Kontrollpflicht über die Ressortgrenzen hinweg, vgl. *S/S-Perron*, § 14 Rn. 18 f. Ein unzuständiges Organmitglied kann strafrechtlich deshalb nur dann verantwortlich sein, wenn es von einer Pflichtverletzung in einem anderen Geschäftsbereich weiß, oder diese sich ihm aufdrängen musste; generell ablehnend jedoch *Schünemann*, 1994, S. 159 ff. – Kritisch zur Ausdehnung der strafrechtlichen Haftung auf die Geschäftsleitung auch *Heine*, 1995, S. 158 ff. („Täterkloning"), und *Rotsch*, wistra 1999, 321, 326.

124: **Grundsatz der Generalverantwortung und Allzuständigkeit der Geschäftsleitung**). Das Erfordernis einer Kollektiventscheidung ändert dabei nichts an der Garantenstellung jedes Geschäftsführers,[225f] sie führt lediglich zu einer Begrenzung der aus seiner Garantenstellung folgenden konkreten Handlungspflicht. So ist der einzelne Geschäftsführer nur verpflichtet, „unter vollem Einsatz seiner Mitwirkungsrechte das ihm Mögliche und Zumutbare zu tun, um einen Beschluss der Gesamtgeschäftsführung über Anordnung und Vollzug des gebotenen Rückrufs zustandezubringen" (BGHSt 37, 126).[225g]

> Aus der **Übungsfall-Literatur** zu riskantem Vorverhalten vgl.: *Alpmann/Schmidt*, AT 2, Fall 5, S. 22 u. 23 („Produktrückruf"); *Esser*, Jura 2004, 273 u. 274 f. („Produkthaftung"); *Hilgendorf*, KK II, Fall 13, Rn. 34–39 („Produkthaftung"); *Hillenkamp*, 27. AT-Problem, Bsp. 3, S. 218; *Jäger*, Fall 64, Rn. 365, 366 („Produkthaftung", BGHSt 37, 106, nachgebildet); *Kudlich*, AT-Fälle, Fall 3, S. 35; *Seher*, in: *Ebert* (Hrsg.), Fall 13, S. 13 f. u. 198 f. (ungesichertes Erdloch an entlegener Stelle gegraben); *Sternberg-Lieben*, Jura 1996, 544 u. 549; *Sternberg-Lieben/Sternberg-Lieben*, JuS 2005, 47 f. u. 51 f. (Nichtunterrichtung potenzieller Käufer).

104   Umstritten ist, ob ein Vorverhalten, welches die Gefahr schafft, dass ein Dritter eine Straftat begehen wird, eine Ingerenz-Garantenpflicht zur Verhinderung dieser Straftat begründen kann.[226] Erschöpft sich das Vorverhalten im **Schaffen einer Tatgelegenheit** (z. B. Leihen eines Taschenmessers), so ist der diese Gelegenheit zu einer Vorsatztat (gefährliche Körperverletzung mittels des Messers gem. § 224) ausnutzende **Dritte** auf Grund seiner eigenverantwortlichen Entscheidung allein für diese Tat verantwortlich.[227] Er muss von demjenigen, der nur die Tatgelegenheit geschaffen hat, nicht abgehalten werden. Tötet ein **Mittäter** einer gefährlichen Körperverletzung das Opfer auf Grund eigenen Entschlusses, so haftet der andere Mittäter für diesen Erfolg nicht schon deshalb als Unterlassungstäter, weil er dem „Totschläger" zu verstehen gegeben hatte, dass er sich beim Zusammenschlagen des Opfers keine Hemmungen aufzuerlegen brauchte (anders aber BGH NJW 1992, 1246, m. abl. Anm. *Neumann*, JR 1993, 162, wie hier *Otto*, 9/76 u. 84: Fall 1 u. eingehend in: Fs. Geppert, 2011, S. 441, 448–451; für eine Garantenstellung und eine Pflicht einzuschreiten *Zimmermann*, JuS 2011, 629, 632, u. a. weil die Bestrafungsmöglichkeit nach § 323 c „unbillig" sei; sog. „Ingerenzhaftung für Weiterungstaten" [Jakobs]).[228] Ein „Grenzfall" im Hinblick auf eine Garantenstellung aus zu verantwor-

---

[225f] Zur persönlichen Pflichtenstellung der vom Unternehmen zur Überwachung eingesetzten Personen s. auch *Ransiek*, 1996, S. 38, u. in: ZGR 1999, 614 ff.

[225g] Vgl. dazu auch *Schünemann*, 1994, S. 158 f., sowie *Dencker*, in: *Amelung* (Hrsg.), 2000, S. 63, 68, der betont, dass die Verpflichtungshandlungen den übrigen Verpflichteten „noch möglich erscheinen" müssen. – Schaubilder zur unternehmensinternen Arbeitsteilung und Organisation in Fällen zur strafrechtlichen Produkthaftung bei *Eidam*, 2001, S. 445 ff.

[226] Vgl. verneinend *Otto*, 9/78; bejahend bei Pflichtwidrigkeit: *Ebert*, S. 180; SK-*Rudolphi/Stein*, § 13 Rn. 42; bejahend selbst bei nicht-pflichtwidrigem Vorverhalten: *Freund*, 1992, S. 247 ff. – Die Pflichtwidrigkeit muss auf die Gefahr bezogen werden, dass der andere die Situation zu einer (weiteren) Straftat (Eigentumsdelikt nach Schlägerei) ausnutzt, vgl. *Küper*, JZ 1981, 573 f. zu BGH JZ 1981, 596.

[227] S/S-*Stree/Bosch*, § 13 Rn. 39 auch mit diesem Bsp. (= BGHSt 11, 353, 355, wo eine Garantenstellung erwogen wurde); zum Beispielsfall vgl. auch *Gallas*, 1989 [1963], S. 90; *Frisch*, 1988, S. 360 f. Fn. 489, 490; *Freund*, 1992, S. 237 f. u. in: MK § 13 Rn. 142–147; *Neumann*, JR 1993, 162; *Joecks*, § 13 Rn. 81; *Grünewald*, 2001, S. 137; SK-*Rudolphi/Stein*, § 13 Rn. 44; vgl. auch *Renzikowski*, 1997, S. 139–142: „Regressverbot" u. *Sowada*, Jura 2003, 236, 245: Parallelen zur Regressverbotsproblematik; mit Bsp. auch *Kölbel*, JuS 2006, 309, 312 Fn. 26; zur umstr. Lösung der Problematik vgl. auch *Otto*, Fs. Geppert, 2011, S. 441, 442 f.

[228] Vgl. auch die Anm. von *Seelmann*, StV 1992, 416 f. – Vgl. auch BGH NStZ 1998, 83 f.: trotz Bestärkung des Mittäters zum „Reindreschen" auf das Opfer keine nahe Gefahrschaffung, wenn dieser eine „Exzesshandlung" begeht. – Anders wieder BGH NJW 1999, 69, 71 f.

tender Hilflosigkeit eines anderen" (*Otto* a.a.O. S. 458) liegt vor, wenn die Hilflosigkeit – in einer „Atmosphäre der Gewalt" (BGH NStZ 2009, 321f. m. Bspr.
Bosch, JA 2009, 657 u. *Geppert*, JK 09, StGB § 27/21; zum Fall auch *Otto* a.a.O.
S. 453–455) – auf dem Bewusstsein des Opfers beruht, dass Gegenwehr aussichtslos
sei. Verabreden Mittäter einen Raub, so schafft das nicht die nahe Gefahr der plan-
widrigen Vergewaltigung des Opfers durch Mittäter, der der damit nicht einverstandene Mittäter entgegentreten müsste (BGH NStZ-RR 1997, 292 m. zust. Bspr. *Otto*,
JK 98, StGB § 13/27). Keine Garantenstellung ergibt sich nach der Rspr. aus
vorsätzlichen „Exzesshandlungen" von Mittätern für denjenigen, dem diese nicht
zugerechnet werden können,[228a] es sei denn er hat durch seine Schläge die anderen
in ihrem tödlichen Vorgehen „bestärkt" (BGH NStZ 2000, 583); diese Ausnahme
erscheint angesichts des eigenverantwortlichen „Exzesses" der anderen Mittätern
nicht gerechtfertigt. Die Eigenverantwortlichkeit des falsch aussagenden Zeugen
(§ 153) kann die Verantwortlichkeit des Angeklagten als Gehilfen durch Geschehenlassen der Falschaussage ausschließen, auch wenn dieser ihn als Entlastungszeugen
benannt hat (s.u. 20/231a).[228b]

Anders ist dies nur dann, wenn derjenige, der die Straftat begeht, wegen des Vor- **105**
verhaltens des Unterlassungstäters **nicht** mehr **eigenverantwortlich** entscheiden
konnte. So etwa in dem Fall der Verabreichung von Alkohol durch einen Gastwirt
an einen Gast, der infolge des Alkohols nicht mehr zu verantwortlichen Entscheidungen imstande war (BGHSt 26, 38 = *Roxin*, HRR AT, Fall 91, S. 139ff. u. 211
sowie BGHSt 19, 155 = *Roxin*, HRR AT, Fall 90, S. 137f. u. 210f. u. BGH NJW
2004, 3350, 3354).[229] Diese Grundsätze gelten auch für die **Nichthinderung von
Selbstgefährdungen/-schädigungen.** So ist der Lieferant von Heroinspritzen nicht
wegen dieser Vorhandlungen verpflichtet, das Leben desjenigen zu retten, der sich
auf Grund **eigenverantwortlicher** Entscheidung bewusst selbst gefährdet hat, indem
er sich die Spritze setzte (anders aber BGH NStZ 1984, 452 m. abl. Anm. von *Fünfsinn*, StV 1985, 57 und *Stree*, JuS 1985, 179, abl. auch *Kölbel*, JuS 2006, 309, 314,
sowie BGH NStZ 1985, 319 mit abl. Anm. *Roxin*).[230] Dies gilt auch für Fahrlässig-

---

m. Bspr. *Geppert*, JK 4 zu § 212, wonach die Garantenstellung des Mittäters einer Körperverletzung für das in Todesgefahr schwebende Opfer nicht schon deshalb verneint werden kann,
weil die lebensgefährliche Verletzung auf der Handlung des anderen Mittäters beruht; ebenso
BGH NStZ 2004, 294, 296 u. 2009, 381, 382; selbst die psychische Beihilfe soll eine Garantenstellung begründen können, BGH NStZ 2002, 139 mit Bspr. *Geppert*, JK 12/02, StGB
§ 27/16. – *Jakobs*, Fg. BGH, 2000, S. 29, 44ff. nimmt eine „Ingerenzhaftung für Weiterungstaten" unter zwei Voraussetzungen an: „Zuständigkeit für die Schutzlosigkeit des Opfers und
für das Ausschöpfen des zum Tattyp Gehörenden".

[228a] Vgl. *Lackner/Kühl*, § 13 Rn. 11. – Zur Ingerenz bei Mittätern vgl. *Kindhäuser*, § 13
Rn. 45 u. *Sowada*, Jura 2003, 236, 245.

[228b] Vgl. *Welp*, 1968, S. 309; *Schünemann*, 1971, S. 215; aus der Rspr. LG Münster StV
1994, 134 mit Anm. *Brammsen*.

[229] Vgl. zu diesen Fällen auch *Arzt*, JA 1980, 715; *Heinrich*, AT II, Rn. 354: Bsp. 1; *Otto*,
9/76 u. 84: Fall 2; S/S-*Stree/Bosch*, § 13 Rn. 40/41. Zur Haftung des Gastwirts aus zivilrechtlicher Sicht s. OLG Saarbrücken NJW-RR 1995, 986 m. Bspr. *Schreiber*, JK 1996, BGB
§ 823/46.

[230] Sehr weit BGH NStZ 2012, 319 m. Bspr. *Kudlich*, JA 2012, 470 u. *Bosch*, JK 6/12, StGB
§ 13 Abs. 1/47. – Vgl. zu diesen Fällen *Ebert*, S. 180; *Heinrich*, AT II, Rn. 954: Bsp. 2;
Lackner/Kühl, Rn. 16 Vor § 211; *Otto*, 9/76 u. 84: Fall 7; *Roxin*, AT I, 11/112 u. AT II
32/175; *Schultz*, JuS 1985, 274; LK-*Schünemann*, § 25 Rn. 112 u. schon *Schünemann*, GA
1985, 341, 378f.; NK-*Wohlers*, § 13 Rn. 44; SK-*Rudolphi/Stein*, § 13 Rn. 43f.; *Walther*,
1991, S. 211–226; *Zaczyk*, 1993, S. 47; *Sowada*, Jura 2003, 236, 244 u. *Jasch*, NStZ 2005, 8,
11 u. *Kölbel*, JuS 2006, 309, 314 Bsp. 10: schon die Rettungszuständigkeit fehlt; dem BGH

keitsdelikte (s. 19/6) und für das Geschehenlassen einer frei verantwortlichen Selbsttötung (s. 20/138).

> Aus der **Übungsfall-Literatur** zum Schaffen von Tatgelegenheiten vgl.: *Jäger,* Fall 67, Rn. 373 a, b (gemeinsame Gewalthandlungen = BGH NStZ 2009, 321); *Jescheck,* AT-Fälle, Fall 72, S. 91 f.; *Gössel,* Fälle, Fall 15, S. 244 u. 248 f. (Wirt als Garant für Gast); *Murmann,* JA 2011, 593 u. 600 f.; *Oglakcioglu,* ZJS 2010, Fall 8, S. 343 f. (BGH NStZ 1985, 319 f. nachgebildet); *Otto/Bosch,* Übungen, Fall 14, S. 300 f. (eigenverantwortliche Selbstgefährdung); *Seier,* JuS 1979, 732 u. 734 f.; *Stoffers,* JA 1994, 35 u. 42 f.; *Vogel/Fad,* JuS 2002, 786 u. 789; *Zimmermann,* JuS 2011, 629 u. 632 (pro Ingerenz-Garantenstellung).

105a   Allgemein bejaht wird eine Garantenstellung aus Ingerenz bei vorhergehenden **vorsätzlichen** Verletzungshandlungen. Wer sein Opfer mit Körperverletzungsvorsatz attackiert und danach liegenlässt, ist als Garant für die Abwehr drohender Lebensgefahren verantwortlich; stirbt das Opfer wegen der Untätigkeit des Täters, stehen §§ 223, 227 zu §§ 212, 211, 13 in Tateinheit (vgl. BGH NStZ 2000, 29). Umstritten ist aber, ob dies auch gilt, wenn bereits die Verletzungshandlung mit **Tötungsvorsatz** vorgenommen wurde. Der BGH hat zwar zunächst eine Garantenstellung verneint: „Bei einem vorsätzlichen Angriff auf dieses Rechtsgut kann der Täter, wenn er sich später eines besseren besinnt und – erfolgreich – Hilfe leistet, zwar den Strafmilderungsgrund des Rücktritts erlangen, eine rechtliche Verpflichtung zur Hilfeleistung besteht jedoch nicht" (BGH NStZ-RR 1996, 131).[230a] Überzeugender ist es aber, das nachfolgende Unterlassen als tatbestandsmäßiges Verhalten eines Ingerenzgaranten einzuordnen und es erst auf Konkurrenzebene hinter das vorsätzliche Begehungsdelikt zurücktreten zu lassen.[230b] Anders ist dies dann, wenn das Unterlassen, z. B. wegen Grausamkeit, schwerer wiegt;[230c] hier gewinnt das Unterlassen selbständige Bedeutung. Nur so ist auch eine Strafbarkeit von Dritten möglich, die sich erst am Untätigbleiben des Täters beteiligen.[230d]

---

zust. *Jescheck/Weigend,* S. 626 und *Rengier,* BT II, 8/27 sowie *Gössel/Dölling,* BT 1, 2/111. – BGH NJW 2001, 1802, kommt zu diesem Ergebnis über die Verneinung einer Rettungsmöglichkeit; krit. zu dieser Begründung *Sternberg-Lieben,* JZ 2001, 153, 156. – Zur Sonderkonstellation der Förderung der Selbstschädigung im Maßregelvollzug vgl. BGH NJW 1983, 462, m. Bspr. *Amelung/Weidemann,* JuS 1984, 595 u. 599 f.

[230a] Offen gelassen von BGH NJW 2003, 1060 m. krit. Bspr. *Otto,* JK 8/03, StGB § 211/40 u. Anm. *Freund,* NStZ 2004, 123, *Schneider,* NStZ 2004, 91, *Stein,* JR 2004, 79 u. *Wilhelm,* NStZ 2005, 177; vgl. auch BGH NStZ 2004, 89 m. Anm. *Schneider* u. BGH NStZ-RR 2006, 10 m. Bspr. *Satzger,* JK 4/06, StGB § 227/2; gegen eine Garantenstellung in der Rechtslehre *Kaufmann,* 1959, S. 228 f. Fn. 301; *Tag,* JR 1995, 133, 165; *Otto,* Fs. Hirsch, 1999, S. 291, 305: ansonsten sei das Begehungsdelikt garantenstellungsbegründend in das (nachfolgende) Unterlassungsdelikt einbezogen, was mit der Konzeption des § 13 nicht vereinbar sei; vgl. auch *Otto,* 9/76 u. 84: Fall 10; *Otto* „verteidigend" *Hillenkamp,* Fs. Otto, 2007, S. 287 ff.; scharf gegen *Hillenkamp* jetzt *Freund,* 6/68 d ff. u. in: MK § 13 Rn. 136.

[230b] So auch *Welp,* 1968, S. 321 ff.; *Herzberg,* 1972, S. 282 ff.; *Stein,* JR 1999, 265, 271 ff. [zust. *Walter,* NStZ 2005, 240, 241 f.]; *Schroeder,* Fs. Küper, 2007, S. 539, 540; *Freund,* 6/68 a–68 k und in: MK § 13 Rn. 130–140; *Roxin,* AT II, 327/193; *W-Beulke,* Rn. 725; SK-*Rudolphi/Stein,* § 13 Rn. 42 a; *Fischer,* § 13 Rn. 32; *Kindhäuser,* § 13 Rn. 74: „evident subsidiär"; ebenso *Rengier,* AT, 50/75; zusf. *Krack,* ZStW 117 (2005), 555, 569; vgl. auch *Sowada,* Jura 2003, 236, 245 f.

[230c] LK-*Weigend,* § 13 Rn. 10. Auch bei niedrigen Beweggründen, *Grünewald,* GA 2005, 502, 517.

[230d] Ebenso *Stein,* JR 1999, 265, 268; *Freund,* 6/68 k; *Roxin,* AT II, 32/194 u. *W-Beulke,* Rn. 725. – Im Fall BGH NStZ-RR 1996, 131, wäre damit die doppelte Anwendung von „in dubio pro reo" zu vermeiden gewesen.

Aus der **Übungsfall-Literatur** zu vorsätzlichem Vorverhalten vgl. *Brunhöber,* JuS 2011, 229 u. 232 f. (Konkurrenzlösung); *Haverkamp/Kaspar,* JuS 2006, 895 u. 898 (ausnahmsweise kein Vorrang des Begehungsdelikts, wenn erst beim Unterlassen ein Mordmerkmal hinzukommt); *Norouzi,* JuS 2005, 914 u. 915 („Konkurrenzlösung"); *Otto,* Jura 2008, 954 u. 957 (gegen Garantenstellung; *Theile,* Jura 2007, 463 u. 464 (pro Ingerenz und „Konkurrenzlösung", S. 465); *Walter/Schneider,* JA 2008, 62 u. 67 (gegen BGH NStZ-RR 1996, 131).

Zur **Übernahme** einer Ingerenzgarantenstellung s. unten Rn. 121.

bb) Tatsächliche und rechtliche Herrschaft über (gefährliche) Sachen

Von Sachen wie z. B. Kraftfahrzeugen, Tieren, Grundstücken, Anlagen können **106** Gefahren ausgehen, für deren Eindämmung der Inhaber der Sachherrschaft wie z. B. der Halter, Eigentümer, Betriebsinhaber zu sorgen hat.[231] Da Außenstehende auf Sachen, die von anderen beherrscht werden, keinen Zugriff haben, müssen sie sich darauf verlassen,[232] dass der **Inhaber der Sachherrschaft** seine Sache so kontrolliert, dass von ihr keine Gefahren nach außen dringen. Wem die Rechtsordnung eine Sachherrschaft einräumt, dem muss sie auch zum Schutze der von dieser Sache möglicherweise gefährdeten Bürger eine besondere Pflicht zur Absicherung der Sache auferlegen.[233] Man spricht auch von sog. Verkehrssicherungspflichten (*Kühl,* JuS 2007, 497, 502; LK-*Vogel,* § 15 Rn. 299 u. LK-*Weigend,* § 13 Rn. 51). Wer dem Opfer lediglich Gegenstände wie z. B. Kletterseile überlässt, deren Benutzung es gefährden können, ist aber nur dann Garant zur Abwendung solcher Gefahren, wenn für das Opfer die mögliche Gefährdung nicht erkennbar ist oder es über nicht ohne weiteres erkennbare Gefahren getäuscht worden ist (BayObLG, NStZ-RR 1998, 328). Das Schaffen einer Gefahrenquelle wird auch im Abstellen einer Flasche mit einem lebensgefährlichen Mittel auf dem Tisch in der Wohnung einer „Freundin" gesehen (BGH NStZ 2012, 319 m. Bspr. *Kudlich,* JA 2012, 470 u. *Bosch,* JK 6/12, StGB § 13 Abs. 1/47); trinkt die „Freundin" aus dieser Flasche, soll die Pflicht entstehen, „unverzüglich den Notarzt zu rufen" (BGH a. a. O. S. 320; krit. *Kudlich,* a. a. O. S. 472), was eher für Ingerenz spricht (oben Rn. 93).

Allgegenwärtige **Schulbeispiele** bereiten keine rechtlichen Schwierigkeiten: repa- **107** riert der **Hauseigentümer** sein nach einem Sturm defektes Dach nicht, so haftet er als Überwachungsgarant für die Körperverletzung (§ 229), die ein Passant durch einen heruntergefallenen Ziegel erleidet. Ebenso haftet der **Tierhalter,** der seinen bissigen Hund nicht einsperrt, so dass er ein im benachbarten Garten spielendes Kind beißen kann.[233a] Der **Halter eines Kfz** ist verpflichtet, sein Fahrzeug in einem verkehrssicheren Zustand zu halten,[233b] ansonsten haftet er z. B. für die durch eine ihm bekannte defekte Bremsleitung entstehenden Unfallfolgen beim Unfallgegner.

---

[231] LK-*Weigend,* § 13 Rn. 51 u. S/S-*Stree/Bosch,* § 13 Rn. 43; zum Betriebsinhaber *Böse,* NStZ 2003, 636 ff.; zum „Gesellschafter-Geschäftsführer" LG Nürnberg-Fürth NJW 2006, 1824, 1826; zum Sportveranstalter *Fischer,* § 13 Rn. 36 u. BGH NJW 2003, 2018 m. Bspr. *Emmerich,* JuS 2003, 1026; zum Hausmeister einer Schule LG Saarbrücken NStZ-RR 2006, 75 f.; zum Grundstücksinhaber *Schall,* Fs. Achenbach, 2011, S. 463, 466.

[232] *Otto,* 9/85; s. auch *Brammsen,* in: *Amelung* (Hrsg.), 2000, S. 105, 111 ff. zu den „betriebsfundierten" Garantenpflichten.

[233] SK-*Rudolphi/Stein,* § 13 Rn. 27.

[233a] Zu den Sorgfaltspflichten eines Hundehalters und der Voraussehbarkeit eines Hundebisses vgl. BayObLG NJW 1993, 2001 (bisher gutartiger Hund); OLG Düsseldorf NJW 1993, 1609 (scharf abgerichteter Wachhund) m. Anm. *Brammsen* JR 1994, 373; OLG Hamm NJW 1996, 1295; SK-*Rudolphi/Stein,* § 13 Rn. 30.

[233b] *Fischer,* § 13 Rn. 36 m. w. N.

Aus der **Übungsfall-Literatur** vgl.: *Rudolphi,* AT-Fälle, Fall 13, S. 148 u. 158 (tatsächliche Herrschaft über das in Brand gesetzte Bauerngehöft).

108   Nicht mehr ganz so einfach liegen die Fälle, in denen **Dritte** bei der Gefährdung **mitwirken.** Zu den Überwachungspflichten des Fahrzeughalters gehört neben der Pflicht zur Erhaltung der Verkehrssicherheit des Kfz auch die Pflicht zu verhindern, dass Fahrunfähige oder Fahrunkundige sein Kfz benutzen.[234] Auch muss er, wenn er am Unfallort anwesend ist, den Unfallverursacher, den er zum Führen seines Fahrzeugs ermächtigt hatte, an der Weiterfahrt hindern.[234a] Zweifelhaft ist aber schon die Verpflichtung der Ehefrau, die Benutzung ihres Kfz durch ihren „führerscheinlosen" Ehemann unter allen Umständen zu verhindern, denn die Erfüllung dieser Pflicht würde möglicherweise die Ehefrau zu den Ehemann „entwürdigenden" Vorkehrungen zwingen.[235] Zweifelhaft ist auch die Annahme einer Garantenpflicht des „Alkoholikers" zur Selbstüberwachung in der Form, dass er sich seines Fahrzeugs entledigen muss, um es nicht in fahruntüchtigem Zustand zu benutzen, denn die eigentliche Gefahr ist nicht die Sache, sondern die sie benutzende Person.[236]

109   Zu diesen Zweifelsfällen gehört auch die Verpflichtung des **Grundstückseigentümers** als Überwachungsgarant aufgrund Sachherrschaft gegen „wilde" Müllablagerungen, die die Umwelt gefährden, einzuschreiten. Zwar geht hier die Gefahr vom Grundstück aus, doch ist sie von demjenigen geschaffen worden, der rechtswidrig den Müll auf einem fremden Grundstück abgelagert hat.[237]

110   Neu im Kreis der Sachüberwachungsgaranten sind die **Inhaber industrieller Anlagen,** die z. B. Umweltgefahren entgegenzuwirken haben, die von ihrer Anlage ausgehen.[238] Aber auch den Gefahren, die von potentiell gefährlichen Produkten eines Unternehmens ausgehen, hat der Unternehmer entgegenzuwirken, z. B. dadurch, dass er sie nach erkannter Gefährlichkeit zurückruft (BGHSt 37, 106 ff.). Diese **Produktrückrufpflicht**[238a] ist schon bei der Ingerenz auf gesteigert riskantes Vorverhal-

---

[234] Vgl. BGHSt 17, 289; 18, 359; OLG Hamm NJW 1983, 2456 f.; *Otto/Brammsen,* Jura 1985, 600 f.; SK-*Rudolphi/Stein,* § 13 Rn. 30; S/S-*Stree/Bosch,* § 13 Rn. 43.

[234a] Vgl. OLG Stuttgart NJW 1981, 2369; *W-Hettinger,* Rn. 1023.

[235] Vgl. OLG Düsseldorf StV 1983, 253; *Freund,* 1992, S. 230 f.; SK-*Rudolphi/Stein,* § 13 Rn. 30.

[236] Bejahend aber BayObLG JR 1979, 289; *Freund,* 1992, S. 178; *Jakobs,* 29/31 Fn. 58; *Jescheck/Weigend,* S. 627; S/S-*Stree/Bosch,* § 13 Rn. 43; krit. aber *Horn,* JR 1979, 292; *Otto/Brammsen,* Jura 1985, 601; *Roxin,* AT II, 32/113; SK-*Rudolphi/Stein,* § 13 Rn. 30.

[237] Vgl. OLG Stuttgart NJW 1987, 1282; *Nappert,* 1997, S. 99 ff.; *Schall,* Fs. Achenbach, 2011, S. 463, 464 f.; *Roxin,* AT II, 32/110; *Lackner/Kühl,* § 326 Rn. 7; NK-*Ransiek,* § 326 Rn. 33; S/S-*Stree/Bosch,* § 13 Rn. 44; gegen die Garantenpflicht des Grundstückseigentümers aber SK-*Rudolphi/Stein,* § 13 Rn. 28; ebenso *Kirchner,* 2003, S. 111, 119 ff.; *Hecker,* NJW 1992, 873 ff., der aber andere Begründungen für möglich hält und speziell für eine Meldepflicht plädiert; einschränkend zur Garantenpflicht auch *Schmitz,* NJW 1993, 1167 ff.; *Wessel,* Die umweltgefährdende Abfallbeseitigung durch Unterlassen, 1993, S. 54 ff. – Vgl. auch StA *Landau* MDR 1994, 935 m. krit. Bspr. *Otto,* JK 95, StGB § 327/1. – Zur Sachherrschaft über Gefahrenquellen im Umweltstrafrecht *Schall,* NStZ-RR 2005, 33, 34.

[238] SK-*Rudolphi/Stein,* § 13 Rn. 28 b; S/S-*Sternberg-Lieben,* § 15 Rn. 223; vgl. auch BGH NJW 1992, 122, als Bsp. bei *Otto,* 9/86, Fall 4; sowie *Winkemann,* 1991, S. 141 f.; eine entsprechende Garantenstellung abl. *Dominok,* 2007, S. 242. – Zur entsprechenden Gefahrenquellen-Garantenstellung des Hauptverwaltungsbeamten einer Gemeinde für eine von der Gemeinde betriebene Kanalisationsanlage vgl. BGHSt 38, 325, 330 ff. (= JuS 1993, 346 f. m. Anm. *Jung*); *Otto,* JK 93, StGB § 13/21; *Schall,* JuS 1993, 719 u. *Schwarz,* NStZ 1993, 285 f.; eingehend zu dieser Entscheidung *Puppe,* AT 2, 47/41–44; vgl. außerdem *Odersky,* Fs. Tröndle, 1989, S. 294.

[238a] *Schünemann,* Fs. Amelung, 2009, S. 303, 316, zur „deutschen Diskussion" mit zahlreichen Nachweisen in Fn. 44.

ten „gestützt" worden (s. o. Rn. 103), doch erscheint auch die Sachherrschaft als ein Ansatzpunkt zur Begründung dieser Pflicht. Man muss dann nur neben der rein tatsächlichen Sachherrschaft auch „rechtliche Einfluss- bzw. Verfügungsverhältnisse"[239] zur Begründung von Überwachungsgarantenstellungen ausreichen lassen.[239a] – Alternativ wird auch eine Garantenstellung des Produzenten aus „Übernahme einer Schutzfunktion" für den auf ihn angewiesenen Erwerber des Produkts" angenommen.[239b]

> Aus der **Übungsfall-Literatur** zu Sachüberwachungsgaranten vgl.: *Dannecker,* Jura 1988, 657–659 (Betriebsleiter einer Gasabfüllungsanlage); *Esser,* Jura 2004, 273 u. 274 f. („Produkthaftung"); *Gössel,* Fälle, Fall 11, S. 183 ff. u. 194 (Bürgermeister für Kläranlage); *Hilgendorf,* KK II, Fall 13, Rn. 40 (GmbH-Geschäftsführer); *Kudlich,* AT-Fälle, Fall 3, S. 34 f. (Verkehrssicherungspflicht); *Rudolphi,* AT-Fälle, Fall 16, S. 191 u. 205 (Leiter einer Kläranlage); *Sternberg-Lieben/Sternberg-Lieben,* JuS 2005, 47 f. u. 51 f. (Nichtunterrichtung potenzieller Käufer).

Der Gefahrüberwachungsgarant hat **nur** die **akute Gefahr einzudämmen,** ihn treffen aber keine Rettungspflichten zur Verhinderung weiterer Schäden bei demjenigen, der Opfer der Gefahr geworden ist. Ist in dem Eingangsbeispiel (s. o. Rn. 107) der Passant durch den herunterfallenden Dachziegel verletzt worden, so ist der Hauseigentümer nicht wegen seiner Sachherrschaft, sondern nur wie jedermann nach § 323c verpflichtet, einen Arzt herbeizurufen.[240] **111**

Als **sächliche Gefahrenquelle** kommen auch **Wohnungen** in Betracht. Die Wohnung ist zwar normalerweise ein ungefährlicher Herrschaftsbereich, doch kann sie auch Gefahrenquellen (z. B. schadhafte Stellen in einer Wohnung, z. B. unbeleuchtete Galerie) beherbergen. Insoweit bestehen keine Besonderheiten zwischen dem sicherungspflichtigen Hauseigentümer und dem sicherungspflichtigen Wohnungsinhaber oder Vermieter.[241] Problematischer ist die Frage, ob der Wohnungsinhaber (nicht der Vermieter, der nach Einräumung des Besitzes an den Mieter = Wohnungsinhaber **112**

---

[239] *Brammsen,* GA 1993, 113, u. in: *Amelung* (Hrsg.), 2000, 105, 113 u. 117 ff.: „positionsspezifische" Fundierung; krit. zu *Brammsen* jetzt *Roxin,* AT II, 32/209; vgl. auch *Hilgendorf,* 1993, S. 141 f.; *Schall,* 1996, S. 109, und *Weißer,* 1996, S. 57 ff., 64. – *Bode,* Fs. BGH, 2000, S. 517, 522 ff. will die Garantenstellung aus der im Zivilrecht anerkannten „Produktbeobachtungspflicht" herleiten; zur Produktbeobachtungspflicht s. auch *Bloy,* Fs. Maiwald, 2010, S. 44–49.
[239a] Zur besonderen Verantwortung für betriebliche Gefahrenquellen vgl. S/S-*Cramer/Heine,* Vorbem §§ 25 ff. Rn. 109 c. Ähnlich *Ransiek,* 1996, S. 35, der als Gefahrenquelle das Unternehmen als solches ansieht und die Garantenstellung aus der rechtlich fundierten Herrschaft über die Organisation ableitet, so dass die Garantenstellung auch nicht auf sächliche Gefahren begrenzt ist, sondern darüber hinaus allgemeine Gefahren aus der Organisation für Dritte erfasst; auf die „rechtlich" gewährte Freiheit, die Gefahrenquelle betreiben zu dürfen, hebt *Ransiek,* JuS 2010, 585, 588 f. ab; vgl. auch *Schwartz,* 1999, S. 52 f. u. KK OWiG-*Rengier,* § 8 Rn. 50. Abl. *Schünemann,* 1995 a, S. 49, 67, weil „der Produzent eines bereits in Verkehr gebrachten Produkts jegliche Sachherrschaft" verloren habe; das nachträglich erworbene Wissen um die Gefährlichkeit des Produkts könne nur eine Pflicht zur Hilfeleistung nach § 323c begründen; vgl. auch *Schünemann,* wistra 1986, 235 ff. u. in: Fs. Rudolphi, 2004, S. 297, 309; abl. auch *Otto,* Fs. Hirsch, 1999, S. 291, 301; einschr. auch *Böse,* wistra 2005, 41, nach dem die „Regeln über die Geschäftsführung ... immanente Grenzen der strafrechtlichen Garantenpflicht" sind, so dass der einzelne Geschäftsführer nur über § 323c „eigenmächtigen Warn- und Rückrufaktionen" verpflichtet ist.
[239b] *Roxin,* AT II, 32/210–216 im Anschluss an *Schünemann,* Fg. BGH, 2000, Bd. IV, S. 70 f.
[240] *Roxin,* AT II, 32/124; SK-*Rudolphi/Stein,* § 13 Rn. 31; S/S-*Stree/Bosch,* § 13 Rn. 45; anders *Herzberg,* 1972, S. 322 ff.; *Brammsen,* 1986, S. 241 ff.
[241] Vgl. *Otto,* JK 99, StGB § 13/28; S/S-*Stree/Bosch,* § 13 Rn. 47. – Ebenso für den Haftraum *Kretschmer* ZfStrVo 2003, 212, 214.

keinen Einfluss mehr auf das Geschehen in den vermieteten Räumen hat[241a]) in seiner Wohnung für Ordnung zu sorgen hat, insbesondere ob er **verhindern** muss, dass in seiner Wohnung **Straftaten** begangen werden. Dafür könnte sprechen, dass die Wohnung ein gegenüber (staatlichen) Eingriffen von außen rechtlich besonders geschützter Bereich ist, der deshalb auch vom Inhaber besonders überwacht werden muss.[242] – Es geht hier „nur" um eine etwaige Strafbarkeit des Wohnungsinhabers wegen **Beihilfe** durch Unterlassen (s. unten 20/229ff., 272) zu der Straftat, die etwa ein Gast gegenüber einem anderen Gast begeht.[242a]

113   Die Rechtsprechung hat zunächst der Inhaberin einer Gaststätte eine „Rechtspflicht" auferlegt, „in den Räumen, über die sie Verfügungsgewalt hat, für Ordnung zu sorgen, insbesondere ihre Gäste vor ... Ausschreitungen anderer Gäste ... zu schützen" (BGH NJW 1966, 1763).[243] Diese Rechtspflicht wurde dann auf den „Wohnungsinhaber" übertragen (BGHSt 27, 12 = *Roxin*, HRR AT, Fall 95, S. 147f. u. 213),[244] wobei freilich dem Umstand Rechnung getragen wurde, dass der Wohnungsinhaber durch die Aufnahme des durch einen weiteren Gast erpressten Opfers eine „Vertrauensgrundlage geschaffen" hatte: das in die Wohnung aufgenommene Opfer „darf sich darauf verlassen, dass ihm dieser [der Wohnungsinhaber] – in seinem ‚Herrschaftsbereich' – bei schwerwiegenden Gefahren zur Seite steht." Gerade dieser zusätzliche Gesichtspunkt – das „**Vertrauenselement**"[245] – schwächt die Bedenken gegen den Wohnungsinhaber als Hilfspolizisten[246] ab, denn rechtswidrige Eindringlinge wie z.B. Einbrecher muss der Wohnungsinhaber danach nicht überwachen. Anders aber bei Gästen: „Wer sich in eine Wohnung aufnehmen lässt, muss darauf vertrauen dürfen, dass er nicht in eine Räuberhöhle gerät; ebenso muss der Wohnungsinhaber dafür sorgen, dass sein Haus, das Schutz und Obdach gewähren soll, nicht zu einer Stätte des Verbrechens wird."[247]

114   Eine „**allein** aus der Eigenschaft als Wohnungsinhaber abgeleitete Garantenstellung" zur Verhinderung von Straftaten in der Wohnung hat der BGH in einem Fall abgelehnt, in dem der aktive Täter sein Vergewaltigungsopfer in die Wohnung seines Bruders entführt hatte, wogegen der Wohnungsinhaber nichts unternahm (BGHSt 30, 391 ff.).[248]

[241a] Vgl. KG NJW 1998, 3791 mit klarstellender Bspr. *Otto*, JK 99, StGB § 13/28.

[242] Vgl. *Lackner*, JR 1969, 30; aufgegriffen von *Otto*, 9/88 f.; für den Haftraum *Kretschmer* o. Fn. 241, S. 215.

[242a] *Haas*, ZIS 2011, 392, 397.

[243] Kein hinreichender Grund nach S/S-*Stree/Bosch*, § 13 Rn. 54; zust. aber *Roxin*, HRR AT, S. 213 (in Antwort 1 zu Fall 95) u. *Murmann*, GK, 29/52 sowie *Rengier*, AT, 50/33; eine „vertrauenssetzende Herrschaft über Räumlichkeiten" verlangt *Jäger*, AT, Rn. 370; nach *Ransiek*, JuS 2010, 585, 588, folgt die Überwachungspflicht aus der „rechtlich" gewährten Freiheit, die Gefahrenquelle betreiben zu dürfen.

[244] Vgl. die kritischen Anmerkungen von *Naucke*, JR 1977, 290, und *Tenckhoff*, JuS 1978, 308.

[245] *Otto*, 9/89, der es für zutreffend hält, zumindest auch auf das Vertrauensverhältnis abzustellen (9/90, Fall 2); vgl. auch *Otto*, JK 99, StGB § 13/28, der zwei Vertrauenselemente verlangt: im Vertrauen auf Wohnungsinhaber keine Sicherungsmaßnahmen getroffen und vertrauensschaffende Einladung.

[246] *Stratenwerth/Kuhlen*, 13/45.

[247] *Roxin*, HRR AT, S. 213 (in Antwort 1 zu Fall 95); ebenso *Krey/Esser*, AT, Rn. 1159: Fall 146 b.

[248] Vgl. zu dieser Entscheidung *Otto/Brammsen*, Jura 1985, 647; *Roxin*, HRR AT, S. 213 (in Antwort 2 zu Fall 95); *Rudolphi*, NStZ 1984, 154; *Reuß/Vogel*, MDR 1990, 874f. u. *Ebert*, S. 179. – Die Entscheidung wird bestätigt durch KG NJW 1998, 3791 mit Bspr. *Otto*, JK 99, StGB § 13/28; OLG Zweibrücken NStZ-RR 2000, 119 (für den Inhaber eines Grund-

Eine Garantenpflicht soll aber dann entstehen, „wenn die Wohnung wegen ihrer **115** besonderen Beschaffenheit oder Lage eine **Gefahrenquelle** darstellt, die er [der Wohnungsinhaber] so zu sichern und zu überwachen hat, dass sie nicht zum Mittel für die leichtere Ausführung von Straftaten gemacht werden kann" (BGHSt 30, 396 [= „Entführungsfall" bei *Puppe*, AT 2, 47/23–29]; bestätigt durch BGH NJW 1993, 76, m. Bspr. *Otto*, JK 93, StGB § 13/20; ebenso für den Vermieter einer Garage BGHStV 1993, 25). Diese Einschränkung der Überwachungsgarantenpflicht des Wohnungsinhabers hat der BGH aus der wissenschaftlichen Diskussion übernommen,[249] diese Übernahme hat dementsprechend auch weitgehend Zustimmung in der Literatur gefunden. Die Wohnung ist nicht schon dann eine vom Inhaber zu überwachende Gefahrenquelle, wenn sie der **Tatort** einer Straftat ist, sie muss vielmehr im konkreten Tatablauf eine **tatfördernde Rolle** spielen.[250] Dies wird man wohl bei sicht- und lärmgeschützten (Keller-)Räumen annehmen können (*Bosch*, JA 2010, 308).

Ein **Casinobesitzer** hat die Risiken des Spielbetriebs einzudämmen und auf die **115a** Einhaltung der Regeln zu achten (BGH NJW 2009, 3173 m. Bspr. *Jahn*, JuS 2009, 1142 u. *Ransiek*, JuS 2010, 585, 589). **Inhaber von Grundstücken** sind nicht ohne weiteres verpflichtet, gegen rechtswidrige Taten oder Zustände auf ihrem Grundstück einzuschreiten, so etwa gegen den Anbau von Cannabis durch die Mieterin des Anwesens (OLG Zweibrücken NStZ-RR 2000, 119).[250a]

Neuerdings wird auch eine Überwachungsgarantenstellung des Internet-Providers **115b** diskutiert, der nicht verhindert, dass z.B. pornographische Daten (§ 184) zugänglich gemacht werden;[250b] dafür spricht der Vergleich mit dem Wohnungsinhaber, der Straftaten seiner Gäste nicht unterbindet.[250c]

> Aus der **Übungsfall-Literatur** zu sächlichen Gefahrenquellen vgl.: *Gülzow*, Jura 1983, 102 u. 104; *Gössel*, Fälle, Fall 15, S. 244 u. 248 f.; *Hillenkamp*, JuS 2001, 159 u. 163 (Gastwirtin); *Jäger*, AT, Fall 66, Rn. 369, 370 (Gastwirtin; NJW 1966, 1763, abgewandelt); *Kudlich*, PdW AT, Fall 198 (Wohnungsinhaber); *Meier*, JuS 1989, 992 u. 996; *Oglakcioglu*, ZJS 2010, 343 f.

---

stücks) u. BGH NStZ-RR 2003, 153 mit zust. Bspr. *Otto*, JK 12/03, StGB § 13/35 (in Wohnung betriebener Betäubungsmittelhandel), bestätigt von BGH StraFo 2006, 468 f.; dazu auch OLG Karlsruhe StraFo 2007, 162, 163 (Anbau von Cannabispflanzen in der Wohnung); zur Lagerung zum Vertrieb von Betäubungsmitteln mit Wissen und Billigung des Wohnungsinhabers BGH NStZ-RR 2009, 184 u. NStZ 2010, 221 m. Bspr. *Bosch*, JA 2010, 306, der auch noch zutreffend anmerkt, dass der Wohnungsinhaber nicht zum Schutz der Volksgesundheit gegen Betäubungsmittelhandel „auf den Posten" gestellt ist; neuestens BGH NStZ-RR 2012, 58 m. Bspr. *Bosch*, JK 5/12, StGB § 13 Abs. 1/45.

[249] Vgl. insbesondere schon *Schünemann*, 1971, S. 361, sowie jetzt dem BGH zustimmend in: LdR 8/1740 unter B 3.

[250] Vgl. *Roxin*, AT II, 32/120 f.; *Fischer*, § 13 Rn. 35; SK-*Rudolphi/Stein*, § 13 Rn. 37; S/S-*Stree/Bosch*, § 13 Rn. 54. Kritisch zur Unterscheidung von Wohnung als „bloßem Ort oder förderndem Faktor der Straftat" *Freund*, 1992, S. 239, der nur in Ausnahmefällen eine Garantenstellung des Wohnungsinhabers annimmt (z. B. Hereinlassen des potenziell güterschädigenden Dritten, S. 240); krit. auch *Bosch*, JA 2010, 308 zu BGHSt 30, 391 u. BGH NJW 1998, 3731; ähnlich einschr. *Puppe*, AT 2, 47/26 u. 47/26 u. *v. Coelln*, 2008, S. 219 ff.

[250a] Vgl. *Lackner/Kühl*, § 326 Rn. 7 a m. w. N.

[250b] Vgl. SK-*Rudolphi/Stein*, § 13 Rn. 30 a; *Lackner/Kühl*, § 184 Rn. 7 a; aus der Rspr. LG München NJW 2000, 1051.

[250c] Vgl. *Popp*, 2002, S. 135, der grundsätzlich für eine Unterlassungsstrafbarkeit des Providers plädiert (S. 121–179), aber auch auf die mögliche Rechtfertigung nach § 5 TDG (a. F.) hinweist (S. 179; vgl. nunmehr § 11 TMG); diff. nach unterschiedlichen Providern *Kudlich*, 2004, S. 504 ff.; *W-Beulke*, Rn. 723; LK-*Weigend*, § 13 Rn. 54 u. MK-*Freund*, § 13 Rn. 146 ff.; vgl. auch *Liebau*, Jura 2006, 520.

(Wohnungsinhaber); *Saal,* Jura 1996, 476 u. 478 f.; *Seher,* in: *Ebert* (Hrsg.), Fall 13, S. 13 f. u. 197 (Grube im Wald).

cc) Verantwortung für rechtswidriges Verhalten Dritter (und das eigene Verhalten)

116   Eine Aufsichtspflicht über andere Personen haben zunächst nur bestimmte „Autoritätspersonen", die von Rechts wegen dazu verpflichtet sind, bestimmte gefährliche Personen so zu **überwachen,** dass sie Dritte nicht in ihren Rechtsgütern gefährden.[250d] Dazu gehören etwa Lehrer, die während der Schulzeit zu verhindern haben, dass Schüler zu Lasten Dritter Straftaten begehen;[250e] aber auch Betreuer nach § 1901 BGB, die die betreute Person von Straftaten (z.B. Tierquälerei nach § 17 Nr. 2 b TierschutzG) abhalten müssen (OLG Celle NJW 2008, 1012 m. krit. Bspr. *Bosch,* JA 2008, 471). Ebenso haben die Eltern ihre minderjährigen Kinder[251] so zu beaufsichtigen, dass sie nicht für andere zu einer Gefahr werden; ihre Beschützergarantenstellung aus natürlicher, familiärer Verbundenheit (s.o. Rn. 48) behalten Eltern dagegen „lebenslang", zumindest hinsichtlich existentieller Rechtsgüter ihrer Kinder, soweit die familiäre Lebensgemeinschaft fortbesteht (o. Rn. 50).[251a] Außerhalb dieser klaren Fälle besteht der Grundsatz, dass jeder für sein Verhalten selbst verantwortlich ist. Deshalb wird auch eine Pflicht der volljährigen Geschwister zur Überwachung ihrer minderjährigen Geschwister erst dann angenommen, wenn ihnen diese Aufgabe von den Eltern übertragen wurde.[215b]

117   Die Bedeutung des Grundsatzes der **Eigenverantwortlichkeit** hat bereits dazu geführt, dass bei der ehelichen Gemeinschaft zwar eine gegenseitige Schutzpflicht, aber keine Beaufsichtigungspflicht anerkannt wurde (s.o. Rn. 59 f.). Kein Ehegatte ist verpflichtet, den anderen von Straftaten abzuhalten.[252] Desweiteren wurde wegen der Eigenverantwortlichkeit von jedermann eine Ingerenz-Garantenstellung desjenigen abgelehnt, der einem anderen nur die Tatgelegenheit verschafft (s.o. Rn. 104). Schließlich wurde auch schon die generelle Verpflichtung des Wohnungsinhaber, Straftaten in seiner Wohnung zu unterbinden, abgelehnt (s.o. Rn. 115). Eine solche Straftat-Verhinderungspflicht lässt sich keinesfalls auf eine „Aufsichts- und Befehlsgewalt" des Wohnungsinhabers über seine Gäste und andere Personen, die sich in seiner Wohnung aufhalten, stützen.[253]

118   Ob es trotz des Grundsatzes der Eigenverantwortlichkeit eine Verpflichtung geben kann, andere von der Begehung von Straftaten abzuhalten, ist noch nicht zufrieden stellend geklärt. Bei bestimmten Abhängigkeitsverhältnissen erscheint dies, ohne dass die Verantwortung des Abhängigen ausgeschlossen sein muss, diskutabel. Für Vorgesetzte ordnet § 357 sogar eine Strafbarkeit an, wenn sie rechtswidrige Taten eines Untergebenen im Amt geschehen lassen. Erfahren sie nachträglich von der Straftat eines Untergebenen, kann zwar eine Pflicht zur Anzeige bestehen, doch folgt nur bei nach öffentlichem Recht zur Strafverfolgung verpflichteten Personen aus

---

[250d] *Meurer,* S. 185: Garantenstellung auf Grund von „Aufsichts- oder Befehlsgewalt"; zur „Willensherrschaft über Personen" vgl. *Brammsen,* 1986, S. 224.

[250e] Ebenso *Roxin,* AT II, 32/130 u. *Satzger,* Jura 2011, 432, 433 f. mit Fall 1.

[251] *Otto,* 9/93; anders beim volljährigen Sohn, vgl. *Otto/Brammsen,* Jura 1985, 599, gegen KG JR 1969, 27 ff., mit abl. Anm. *Lackner.* – Zum Streitstand vgl. *Albrecht,* 1998, S. 108 ff. u. *Böhm,* 2006, S. 32, 216, 229; vgl. auch *Neuheuser,* NStZ 2000, 174.

[251a] *Brückner,* 2000, S. 66 f.

[215b] *Schramm,* 2011, S. 271.

[252] Ebenso SK-*Rudolphi/Stein,* § 13 Rn. 36 b; S/S-*Stree/Bosch,* § 13 Rn. 21 a u. *v. Coelln,* 2008, S. 218 f.

[253] SK-*Rudolphi/Stein,* § 13 Rn. 37.

dem Unterlassen der Anzeige eine Strafbarkeit gemäß §§ 258 I, 13.[254] Eine Aufsichtspflicht der **Amtsträger von Umweltbehörden** zur Verhinderung von Umweltstraftaten durch private Anlagenbetreiber lässt sich mangels eines Unterwerfungsverhältnisses wohl kaum begründen[255] (zur möglichen Obhutsgarantenpflicht der Amtsträger der Umweltbehörden s. o. Rn. 79–82). Dasselbe gilt für den Polizeibeamten, der möglicherweise Schutzgarant für den von Straftaten Dritter betroffenen Bürger (s. o. Rn. 83–90), nicht aber Überwachungsgarant über den sich zu Straftaten anschickenden Bürger ist (SK-*Rudolphi/Stein*, § 13 Rn. 56).

> Aus der **Übungsfall-Literatur** vgl.: *Bottke*, Jura 1991, 266 u. 269 (keine rechtswidrige Tat im Amt i. S. v. § 357, wenn der Richter den Betrug des Referendars zulässt); *Esser*, Jura 2004, 273 u. 274 („Geschäftsherrenhaftung"); *Haft*, Fallrepetitorium, Nr. 415 (zehnjähriger Sohn) u. 146 (Ehefrau); *Hellmann/Beckemper*, ZJS 2008, 60 u. 67 (keine Pflicht der Steuerbehörden zu Gunsten Dritter vor Straftaten des Steuerpflichtigen); K/H/H-*Heinrich*, BT 1, Rn. 867–871: Fall 97 (volljähriger Sohn); *Seier*, JuS 1979, 732 u. 735 (minderjähriges Kind); *Tiedemann*, Anfängerübung, Fall 9, S. 222 f. u. 225 (volljährige Tochter); *Weißer*, JA 2010, 433 u. 434 (der mit der Pausenaufsicht betraute Lehrer).

Wenig diskutiert ist die Frage, ob es auch eine Überwachungsgarantenstellung im Hinblick auf von einem selbst ausgehende Gefahren geben kann (MK-*Freund*, § 13 Rn. 109 f.), so etwa für den Epileptiker oder für den „Schlafwandler" (so im Übungsfall *Kaspar*, JA 2006, 855 u. 856; s. oben 2/6 u. 10).

Diskutiert wird sodann die sog. **Geschäftsherrenhaftung**, d. h. die Frage, ob eine Garantenpflicht des **Betriebsinhabers** zur Verhinderung von im Betrieb begangenen Straftaten der Angestellten besteht. Eine allgemeine Garantenpflicht zur Verhinderung jedweder Straftaten im Unternehmen (etwa hinsichtlich von Körperverletzungen oder Sexualdelikten, die unter den Mitarbeitern begangen werden) ist zu verneinen, da insoweit allein der Verantwortungsbereich der Mitarbeiter berührt wird.[256] Vielmehr kann nur eine besondere Pflicht des Geschäftsherrn zur Verhinderung von **betriebsbezogenen Straftaten** bestehen, d. h. solcher Delikte, die einen Zusammenhang mit der betrieblichen Tätigkeit aufweisen (z. B. Umweltdelikte durch Chemieunternehmen, Straßenverkehrsdelikte durch Transportunternehmen oder illegale Waffenexporte durch Rüstungsunternehmen, aber auch Straftaten wie die Untreue, Bestechung oder Wettbewerbsdelikte).[256a] Eine Garantenstellung des Geschäftsherrn wird in diesen Konstellationen damit begründet, dass er die Befehls- und Organisationsherrschaft über die Untergebenen innehat bzw. eine Verkehrssicherungspflicht über seinen Betrieb als Gefahrenquelle besitzt.[256b]

118a

Die **Rechtsprechung** hatte schon lange die Geschäftsherrenhaftung zwar der Sache nach,[256c] nicht aber explizit anerkannt.[256d] In seinem Urteil zur strafrechtlichen Haftung des Innenrevisors bzw. Compliance-Beauftragten (BGHSt 54, 44) dürfte der BGH sie jedoch implizit vorausgesetzt haben. Denn eine Garantenstellung des

118b

---

[254] BGHSt 43, 82 m. Anm. *Rudolphi*, NStZ 1997, 599 ff.

[255] SK-*Rudolphi/Stein*, § 13 Rn. 36 a; *Nappert*, 1997, S. 261; *Saliger*, UmwStrR, Rn. 214.

[256] *Fischer*, § 13 Rn. 38; *Rönnau/Schneider*, ZRP 2010, 56 („Exzesstaten").

[256a] *Rönnau/Schneider*, ZRP 2010, 56; *Roxin*, AT II, 32/139; *Wittig*, WiStR, 6/58; NK-*Wohlers*, § 13 Rn. 53; krit. zur Weite der Geschäftsherrenhaftung etwa *Bosch*, 2002, S. 145, 217, der eine Garantenstellung des Leitungsmitglieds primär in dessen eigenem Geschäftsbereich annimmt.

[256b] *Rönnau/Schneider*, ZIP 2010, 53; *Roxin*, AT II, 32/134; *Fischer*, § 13 Rn. 38; auf das Direktions- und Weisungsrecht abstellend *Tiedemann*, AT, Rn. 185.

[256c] BGHSt 25, 158; BGHSt 37, 106; vgl. *Dannecker/Dannecker*, JZ 2010, 981.

[256d] Vgl. *Dannecker/Dannecker*, JZ 2010, 981: In der Rspr. keine ausführliche Begründung der Geschäftsherrenhaftung und keine Einordnung in das Garantenschema.

Innenrevisors setzt logisch voraus, dass prinzipiell die Leitungsebene des Betriebs eine entsprechende Verantwortung trägt, da sie andernfalls nicht auf den Innenrevisor delegiert werden kann.[256e] Jüngst hat der **BGH** – in Anschluss an die h. M. – ausdrücklich die **Möglichkeit** einer **Garantenpflicht des Betriebsinhabers** oder des **Vorgesetzten** zur Verhinderung von Straftaten nachgeordneter Mitarbeiter anerkannt.[256f] Es müsse sich – einschränkend – um betriebsbezogene Straftaten handeln und nicht um solche, die der Mitarbeiter lediglich bei Gelegenheit seiner Tätigkeit im Betrieb begeht. Die Entscheidung betraf den bei einem städtischen Bauhof angestellten Vorarbeiter einer Straßenarbeiterkolonne, innerhalb derer es durch andere, ihm untergeordnete Arbeiter wiederholt zu massiven demütigenden Übergriffen (vor allem einfache und gefährliche Körperverletzungen) gegenüber dem Arbeiter einer anderen Kolonne gekommen war. Der BGH verneinte eine Strafbarkeit des Vorgesetzten wegen Beihilfe durch Unterlassen unter anderem deshalb, weil eine solche Schikanierung keinen Zusammenhang zu der Aufgabe der Mitarbeiter und dem Betrieb aufgewiesen habe, wie auch solche Umgangsformen nicht Firmenpolitik gewesen seien. Daran soll sich auch nichts dadurch ändern, dass die Taten wiederholt begangen wurden und eine Art „Mobbing" darstellten. Der Vorgesetzte könne sich daher nur wegen unterlassener Hilfeleistung nach § 323 c strafbar machen.

118c   Unterhalb der Ebene des Geschäftsherren oder des Vorgesetzten, d. h. bei **Betriebsangehörigen,** kann die Pflicht zur Abwendung von betriebsbezogenen Straftaten auf **Übernahme** (s. u. Rn. 120 f.) beruhen. Eine solche Rechtspflicht i. S. des § 13 kann mit der Stellung als Beauftragter, etwa für den Wasser-, Immissions- oder Strahlenschutz (§ 21 a WHG, § 53 BImSchG, § 31 StrahlenschutzVO) verbunden sein. Aber auch der Abschluss eines Dienstvertrags mit einem entsprechenden Pflichtenkreis kann genügen, sofern dieser tatsächlich übernommen wurde.[256g] Der BGH fordert darüber hinaus ein spezifisches Vertrauensverhältnis, das den Übertragenden gerade dazu veranlasst, dem Verpflichteten besondere Schutzpflichten zu überantworten.[256h] Im Regelfall habe der Beauftragte zum Schutz der Interessen des Unternehmens zumindest solche Straftaten zu verhindern, die von außen gegen das Unternehmen begangen werden.[256i] Ob er darüber hinaus auch externe Interessen Dritter zu schützen habe, d. h. solche Straftaten verhindern muss, die aus dem Unternehmen heraus gegenüber Dritten begangen werden, hänge von den konkret übernommenen Pflichten und den damit verbundenen Zielsetzungen zusammen. Angenommen wurde ein so weitreichender Aufgabenkreis beim Leiter der Rechtsabteilung und **Innenrevision** der Berliner Stadtreinigung bejaht (BGHSt 54, 44), da bei einer solchen Anstalt des öffentlichen Rechts im hoheitlichen Bereich der Gesetzesvollzug im Mittelpunkt stehe. Der Innenrevisor hätte deshalb dafür Sorge tragen müssen, dass die zuständigen Mitarbeiter der Stadtreinigung den Bürgern keine überhöhten Gebührenbescheide erlassen. Da er es versäumt habe, den Vorstandsvorsitzenden oder den Aufsichtsrat über das betrügerische Handeln des Haupttäters zu informieren (zu dessen Strafbarkeit BGH NJW 2009, 2900), habe der Innenrevisor sich der Beihilfe eines Betrugs durch Unterlassen schuldig gemacht.[256j] Dabei soll

---

[256e] *Mosbacher/Dierlamm,* NStZ 2010, 268.
[256f] BGHSt 57, 42 m. Bspr. *Grützner,* BB 2012, 151 u. *Bosch,* JK 4/12, StGB § 13 I/45.
[256g] BGHSt 54, 44, 48.
[256h] BGHSt 54, 44, 49.
[256i] BGHSt 54, 44, 49.
[256j] Krit. dazu *Kretschmer,* JR 2009, 477: Es widerspreche dem Verantwortungsprinzip und es sei Leitungsorganen auch nicht zumutbar, Betrugstaten von Führungspersonen oder Bediensteten zu verhindern.

es dahinstehen können,[256k] ob der Innenrevisor als Beschützer[256l] – und/oder Überwachungsgarant[256m] hätte tätig werden müssen.

Im (Wirtschafts-)Strafrecht gewinnt die sog. **Compliance** eine immer größere Bedeutung. Darunter versteht man die von einem Unternehmen getroffenen Maßnahmen zur Sicherstellung der Regelkonformität, d. h. der Einhaltung der für das Unternehmen maßgeblichen Verhaltensregeln und der (primär internen) Aufdeckung von Verstößen gegen diese Regeln.[256n] Ob der in diesem Rahmen vom Unternehmen eingesetzte sog. **Compliance-Beauftragte (CB;** engl.: Compliance Officer)[256o] eine **Straftatverhinderungspflicht** besitzt, wird teilweise verneint bzw. bezweifelt oder doch mit erheblichen Einschränkungen versehen.[256p] Die **h. M.** hingegen **bejaht** eine entsprechende Garantenstellung im Grundsatz.[256q] Der BGH hat in seinem Urteil zur Berliner Stadtreinigung die Garantenstellung des CB anerkannt, allerdings nur in einem obiter dictum: Der CB habe für die Regelkonformität im Betrieb zu sorgen und müsse daher auch Rechtsverstöße unterbinden, die aus dem Unternehmen heraus begangen werden, da diese mit erheblichen Nachteilen verbunden sein können, etwa in Gestalt von Haftungsrisiken oder Ansehensverlust. Als „notwendige Kehrseite dieser Verpflichtung" könne die strafrechtliche Garantenpflicht i. S. des § 13 abgeleitet werden, „solche im Zusammenhang mit der Tätigkeit des Unternehmens stehende Straftaten von Unternehmensangehörigen zu verhindern" (BGHSt 54, 44, 50).

Dem wird freilich entgegengehalten, dass der CB keine (originäre) Beschützer- oder Überwachungsgarantenstellung besitze, namentlich nicht bezüglich der Interessen Dritter, etwa hinsichtlich deren Vermögen.[256r] Allerdings wird auch von den Kritikern meist eine Garantenstellung des CB, im Regelfall als sog. **Überwachungsgarant,**[256s] bejaht. Jedoch reiche diese nur soweit wie die Pflichten, die den Geschäftsherrn nach den Grundsätzen der Geschäftsherrenhaftung (s. oben Rn. 118 a) treffen.[256t] Es handle sich um eine sekundäre, **abgeleitete Garantenstellung,** die auf

118d

118e

[256k] BGHSt 54, 44, 49.

[256l] So etwa *Dannecker/Dannecker*, JZ 2010, 981, 986.

[256m] Beide Formen der Garantenstellung hier in Betracht ziehend *Rotsch*, ZJS 2009, 718.

[256n] Zum sehr schillernden Begriff der Compliance vgl. nur *Bock*, 2011, S. 19 ff. u. in: ZIS 2009, 68, *Kraft/Winkler*, CCZ 2009, 29 sowie *Kuhlen*, in: Maschmann (Hrsg.), Corporate Compliance und Arbeitsrecht, 2009, S. 11, der hervorhebt, dass es sich dabei nicht nur um eine Compliance-„Mode" handle, sondern um „Änderungen in der Sache" im Sinne einer Verschärfung der strafrechtlichen Verhaltensregeln in Unternehmen.

[256o] Häufig wird daher auch die Abkürzung CO (für Compliance Officer) verwendet, etwa von *Kraft/Winkler*, CCZ 2009, 29.

[256p] Krit. etwa *Spring*, GA 2010, 222, 227, der eine Aufsichtsgarantenstellung, etwa des CB, nur dann annimmt, wenn ein „materieller Haftungsgrund vorliege", etwa der untergeordnete Täter nicht vollverantwortlich handle, sondern ein Defizit an Kenntnissen oder Fähigkeiten aufweise. Ablehnend auch *Beulke*, Fs. Geppert, 2011, S. 39 (nur Haftung aus Ingerenz bei gefährlicher Betriebsorganisation), *Stoffers*, NJW 2009, 3176 (mit § 130 OWiG unvereinbar) und *Rotsch*, ZJS 2009, 718 (nicht alles „kriminalpolitisch Notwendige" sei auch „dogmatisch machbar").

[256q] Vgl. etwa BGHSt 54, 44 m. Bspr. *Berndt*, StV 2009, 689 u. zust. Anm. *Kudlich*, HRRS 2012, 177; *Campos Nave/Vogel*, BB 2009, 2549; *Dannecker/Dannecker*, JZ 2010, 981; *Jahn*, JuS 2009, 1142; *Mosbacher/Dierlamm*, NStZ 2010, 268; *Rönnau/Schneider*, ZIP 2010, 53 u. *Satzger*, JK 2/10, StGB § 13/42; dazu auch *Hombrecher*, JA 2012, 535, 536 f. u. *Momsen*, Fs. Puppe, 2011, S. 751 ff.

[256r] *Berndt*, StV 2009, 689, 690; *Mosbacher*, NStZ 2010, 268; and. *Kraft*, wistra 2010, 81, 84.

[256s] So etwa *Dannecker/Dannecker*, JZ 2010, 981, 992; *Rönnau/Schneider*, ZIP 2010, 57.

[256t] *Mosbacher*, NStZ 2010, 268; *Rönnau/Schneider*, ZIP 2010, 53; *Rübenstahl*, NZG 2009, 1341.

Delegation beruhe.[256u] Es spreche alles dafür, dass im Rahmen der Compliance nur derjenige Pflichtenkreis auf den CB übertragen werden könne, der dem Geschäftsherrn selbst auferlegt sei. Dazu gehöre im Übrigen auch die Verhinderung solcher betriebsbezogener Straftaten, die ein Mitarbeiter nicht im Interesse des Unternehmens, sondern ausschließlich im eigenen Interesse begehe (etwa Untreuehandlungen oder Betrügereien).[256v] Denn auch solche Straftaten könnten das Unternehmen erheblich schädigen, und die Regelkonformität im Unternehmen bezwecke auch den Schutz seiner eigenen (Vermögens-)Interessen.[256w]

118f   **Inhaltlich** trifft den CB in erster Linie – und zwar nur im Rahmen des ihm übertragenen Aufgabenbereichs[256x] – eine **Aufklärungs- und Informationspflicht,** d. h. die Pflicht, beim Verdacht einer betriebsbezogenen Straftat (z. B. der Bildung von schwarzen Kassen zu Bestechungszwecken) den Vorstand zu informieren.[256y] Ob er darüber hinaus gehend in bestimmten Fällen (etwa bei Versäumnissen des Vorstands) auch den Aufsichtsrat informieren oder weitere Aktivitäten entfalten muss (bis hin zur Anzeige bei der Polizei und Staatsanwaltschaft), ist im Einzelnen sehr umstritten.[256z] Die Form der **Beteiligung** des CB an der nicht unterbundenen Straftat des Betriebsangehörigen richtet sich nach allgemeinen Grundsätzen. Das (vorsätzliche) Unterlassen des CB wird – bei entsprechender vorsätzlicher und rechtswidriger Haupttat, fehlender Tatherrschaft des CB und gegebenem Teilnehmervorsatz – in Anlehnung an BGHSt 54, 44, 51 regelmäßig unter die Beteiligungsform der **Beihilfe durch Unterlassen** (zu deren Voraussetzungen siehe unten 20/229) fallen.

dd) Übernahme von Sicherungspflichten

119   Die Übernahme von Garantenpflichten ist bisher nur ausdrücklich bei der Übernahme von Obhutspflichten thematisiert worden. Standardbeispiel war der Babysitter, der vorübergehend die Obhutspflichten der Eltern gegenüber ihren Kindern übernahm (s. o. Rn. 69). Dieser Babysitter übernimmt aber regelmäßig auch die Sicherungspflichten der Eltern z. B. zur Verhinderung von Straftaten ihrer minderjährigen Kinder. Der Babysitter wird durch die Übernahme dieser Aufsichtspflicht **auch** zum Überwachungsgaranten für die Kinder.

120   Eine Übernahme von Sicherungspflichten kommt aber nicht nur bei Aufsichtspflichten über andere Personen in Betracht, sondern auch bei **(Verkehrs-)Sicherungspflichten** hinsichtlich sächlicher Gefahrenquellen. Deshalb treffen etwa den Fahrer eines Kfz die Verkehrssicherungspflichten des Halters, wenn ihm das Kfz anvertraut ist.[257] Der Werkstattleiter eines Transportunternehmens übernimmt durch den Arbeitsvertrag die Verpflichtung zur Überwachung der Verkehrssicherheit der

---

[256u] *Bock,* 2011, S. 762; *Dann/Mengel,* NJW 2010, 3267; *Wittig,* WiStR, 6/58.

[256v] Vgl. *Dann/Mengel,* NJW 2010, 3267: bedeutungslose Differenzierung in diesem Kontext.

[256w] *Dann/Mengel,* NJW 2010, 3267.

[256x] Vgl. *Dannecker/Dannecker,* JZ 2010, 991; *Dann/Mengel,* NJW 2010, 3267; *Rönnau/Schneider,* ZIP 2010, 58: CB sei kein „institutionalisierter Sündenbock"; *Satzger,* JK 2/10, StGB § 13/42: Man dürfe aus dem CB keinen „Hilfspolizisten mit enormen Strafbarkeitsrisiken" machen.

[256y] *Rodewald/Unger,* BB 2007, 1629, 1630; *Rönnau/Schneider,* ZIP 2010, 59 („Eskalationspflicht").

[256z] Wegen der Einzelheiten muss auf das wirtschaftsstrafrechtliche Schrifttum verwiesen werden; zur Diskussion vgl. etwa *Dann/Mengel,* NJW 2010, 3267; *Rönnau/Schneider,* ZIP 2010, 59. Vgl. auch *Krüger,* ZIS 2011, 7 ff.: sogar Täterschaft des CB, sofern primär Überwachungsgarant.

[257] *S/S-Stree/Bosch,* § 13 Rn. 26, m. w. Bsp. zur Übernahme von Sicherungspflichten; dazu auch NK-*Wohlers,* § 13 Rn. 50.

LKWs zu Gunsten aller möglichen Personen, die durch den defekten LKW gefährdet sind (BGHSt 52, 159, 163 m. zust. Bspr. *Bosch,* JA 2008, 737, 739; *Kühl,* NJW 2008, 1899 u. in: HRRS 2008, 359; *Lindemann,* ZJS 2008, 404, 405 f., 408 [dieser Garantenstellung sei der Werkstattleiter durch Information des Chefs gerecht geworden] u. *Geppert,* JK 11/08, StGB § 13 I/2; zust. auch *Jäger,* Rn. 342 a, b; Fallaufbereitung durch *Hoffmann-Holland,* Rn. 786).[257a] Sicherungspflichten können auch übernommen werden durch den sog. Sanierungsbeauftragten für eine Schule (BGHSt 53, 38, 44) oder für eine Eissporthalle (BGH NJW 2010, 1087 m. Anm. *Kühl,* 1092 u. Bspr. *Bosch,* JK 5/11, StGB § 13/44). Der Veranstalter z. B. von Rennsportveranstaltungen übernimmt die Verkehrssicherungspflicht gegenüber den durch die Veranstaltung gefährdeten Zuschauern.[257b] Ebenso übernimmt etwa der Gewässerschutzbeauftragte eines Unternehmens oder der, für den Umweltschutz zuständige Gemeindebedienstete durch den Stellen- bzw. Amtsantritt die Sicherungspflicht hinsichtlich der Abwasser- bzw. Kläranlage, die das Unternehmen bzw. die Gemeinde betreibt.[257c] Auch übernimmt eine Bietergemeinschaft vertraglich die Verkehrssicherungspflicht für die Betreiberin einer Schwebebahn (BGHSt 47, 224, 229 [„Wuppertaler-Schwebebahn"] m. Bspr. *Freund,* NStZ 2002, 424 f.; *Kudlich,* JR 2002, 468 u. *Otto,* JK 1/03, StGB § 13/33; Fallaufbereitung durch *Hoffmann-Holland,* Rn. 785; zum Fall auch *Jasch,* NStZ 2005, 8, 10).[257d] Die Sicherung einer Baustelle fällt in die Verantwortlichkeit des beauftragten Bauunternehmers, doch ist auch der Bauherr sicherungspflichtig, wenn er bemerkt, dass der Bauunternehmer nachlässig arbeitet (OLG Stuttgart NJW 2005, 2567 unter Berufung auf BGHSt 19, 286, 289; s. zur OLG-Entscheidung 17/39 u. 19/6).[257e]

Umstritten ist, ob eine Übernahme auch bei Ingerenz-Garantenstellungen in Betracht kommt, denn allein durch eine Stellen- bzw. Amtsnachfolge übernimmt der **Nachfolger** noch nicht automatisch die Verantwortung für das vorangegangene gefährliche Tun seines Vorgängers. Hat etwa der Amtsträger einer Umweltbehörde eine fehlerhafte Genehmigung erteilt, so verpflichtet dieses pflichtwidrige, die Umwelt gefährdende Vorverhalten seinen Amtsnachfolger noch nicht unter dem Gesichtspunkt einer persönlichen Nachfolge in die Ingerenz-Garantenstellung zur Rücknahme der Genehmigung.[258] Da die Erteilung der Genehmigung durch den Vorgänger aber der Behörde zugerechnet wird, ist diese – unabhängig von der Person des Amtswalters – zur Beseitigung des rechtswidrigen Zustands verpflichtet; **121**

[257a] S/S-*Stree/Bosch,* § 13 Rn. 26; SSW-*Kudlich,* § 13 Rn. 21: „vertraglich vereinbarte Garantenposition".

[257b] Vgl. BGH NJW 1975, 533, 534; speziell für die Vorsitzenden des Wettkampfausschusses bei einem Mountainbike-Rennen LG Waldshut-Tiengen NJW 2002, 153 m. Bspr. *Rammig/Schödel,* SpuRt 2002, 189 u. *Duttge,* NStZ 2006, 271.

[257c] So für den Gewässerschutzbeauftragten *Schall,* Fs. Amelung, 2009, S. 287, 293 f., der auf die verbleibenden, sog. „sekundären Garantenpflichten in Form von Auswahl-, Instruktions- und Kontrollpflichten" des Unternehmensinhabers hinweist.

[257d] S/S-*Stree/Bosch,* § 13 Rn. 26 a: Übernahme gegenüber einer Person, die ihrerseits Garant ist; SSW-*Kudlich,* § 13 Rn. 30.

[257e] Zu beiden Entscheidungen LK-*Weigend,* § 13 Rn. 51 Fn. 166; zu BGHSt 19, 286 vgl. *Roxin,* AT II, 32/11; zu OLG Stuttgart s. auch S/S-*Stree/Bosch,* § 13 Rn. 26 a. – Zum Verhältnis Hausmeister und Gebäudemanager in der Verwaltung ebenso LG Saarbrücken NStZ-RR 2006, 75 f.

[258] SK-*Rudolphi/Stein,* § 13 Rn. 40 b; a. A. *Otto,* Jura 1991, 315, u. in: Fs. Hirsch, 1999, S. 291, 294 ff. u. MK-*Schmitz,* Rn. 112 vor § 324; abl. auch NK-*Ransiek,* Rn. 70 vor § 324, der aber den materiell fehlerhaften Verwaltungsakt „als (rechtliche) Gefahrenquelle" begreift, die der jeweils zuständige Amtsträger zu überwachen hat; zweifelnd *Fischer,* Rn. 20 Vor § 324.

diese Verpflichtung kann dem Nachfolger nur im Wege einer, die Figur der Ingerenz ausdehnenden, „behördenbezogenen Betrachtungsweise" überbürdet werden.[258a] Die diesem Nachfolger zugewachsene Obhutspflicht über die Umweltrechtsgüter verpflichtet ihn aber jedenfalls, gegen rechtswidrige Umweltbeeinträchtigungen durch Dritte einzuschreiten, denn dafür ist er „auf Posten gestellt" (s. o. Rn. 80). – Der BGH hat die Übernahme einer Ingerenzgarantenstellung eines Bordellbesitzers, der einen Gast schwer misshandelt hatte (= gefahrbegründendes Vorverhalten), durch seinen „Sicherheitsberater", dem er „das weitere überließ", offengelassen (BGH NStZ 2003, 259 m. Bspr. *Jasch,* NStZ 2005, 8 u. *Otto,* JK 11/03, StGB § 13/35); sie ist auch wegen der Verbindung dieser Garantenstellung mit dem persönlichen Vorverhalten des Garanten (sog. Verantwortungsprinzip) kaum zu begründen (abl. *Jasch,* a. a. O.; „skeptisch" auch *Otto,* a. a. O.).

> Aus der **Übungsfall-Literatur** zur Übernahme von Sicherungspflichten vgl.: *Eiden/Köpferl,* Jura 2010, 780 u. 788; *Vormbaum,* Jura 2010, 862 u. 865 (Leiter der Innenrevision; BGHSt 54, 44, nachgebildet).

5. Die Entsprechungsklausel

122   Das Unterlassen einer möglichen Erfolgsabwendung ist nur dann wie eine Tatbestandsverwirklichung durch Tun strafbar, wenn der Unterlassende „rechtlich dafür einzustehen" hatte, dass der Erfolg nicht eintritt. Außer diesem Erfordernis der Garantenstellung verlangt § 13 I aber noch zusätzlich, dass „das Unterlassen der Verwirklichung des gesetzlichen Tatbestandes durch ein Tun entspricht". Dieses **zweite Gleichstellungserfordernis** (*Ransiek,* JuS 2010, 585, 589) ist wegen seiner fehlenden gesetzlichen Bestimmtheit[258b] in seiner Bedeutung noch nicht zufrieden stellend geklärt,[259] zuweilen wird die Entsprechungsklausel sogar für funktionslos gehalten.[260]

123   Weitgehend anerkannt ist ihre strafbarkeitseinschränkende Funktion bei **verhaltensgebundenen** Erfolgsdelikten, welche für die Erfolgsherbeiführung ein bestimmtes Verhalten voraussetzen[261] (so etwa der Betrug gem. § 263, der eine Vermögensbeschädigung durch Täuschung voraussetzt). Der in dieser Tatmodalität liegende besondere Handlungsunwert muss bei der Verwirklichung des entsprechenden Tatbestandes durch Unterlassen ebenfalls vorhanden sein.[261a] Die Entsprechungsklausel verlangt danach eine sog. **Modalitätsäquivalenz:**[261b] das Unterlassen muss denselben sozialen Sinngehalt aufweisen wie das im jeweiligen Tatbestand umschriebene Tun. So muss ein Unterlassen, das einen Vermögensschaden „bewirkt", Täuschungscha-

---

[258a] LK[11]-*Steindorf,* Rn. 57 vor § 324; mögliche Begründung auch nach *Saliger,* UmwStrR, Rn. 207.

[258b] Vgl. *Jähnke,* Fs. BGH, 2000, S. 393, 401 f.; K/H/H-*Hellmann,* BT 2, Rn. 521.

[259] *Schünemann,* ZStW 96 (1984), 287, 312 u. GA 1984, 341, 375; *Roxin,* Fs. Lüderssen, 2002, S. 577; NK-*Wohlers,* § 13 Rn. 19; *Naucke,* 7/269.

[260] *Nitze,* Die Bedeutung der Entsprechungsklausel beim Begehen durch Unterlassen (§ 13 StGB), 1989, S. 111 u. 189.

[261] Vgl. *Jakobs,* 29/7, sowie ausführlicher 29/78–81; knapper *Ransiek,* JuS 2010, 585, 589; kritisch LK-*Weigend,* § 13 Rn. 77, der der Entsprechungsklausel nur bei näherer Charakterisierung des subjektiven Unrechts im Tatbestand, etwa durch „roh" bei § 225 I oder „grausam" bei § 211 II, einen eigenen Anwendungsbereich zuerkennt.

[261a] *Satzger,* Jura 2011, 749, 751.

[261b] Zu abweichenden Ansichten vgl. *Satzger,* Jura 2011, 749, 752 f., *Satzger* selbst hält die Theorie der Modalitätsäquivalenz für richtig, ihre Beschränkung auf Handlungsmodalitäten aber für zu eng.

rakter haben, wenn es zur Strafbarkeit wegen Betrugs führen soll.[262] Dies ist etwa dann der Fall, wenn der Irrtum des Opfers auf den Täter als falsche Informationsquelle zurückgeht und der Täter dennoch nichts zur Beseitigung dieses Irrtums unternimmt.[263] Ein weiteres (in Anfängerübungen mit typischer Ingerenzproblematik [s. o. Rn. 92] häufig auftretendes) „Entsprechungs"-Problem stellt sich beim Mordmerkmal der **Verdeckungsabsicht,** welches der dem angefahrenen Radfahrer nicht helfende PKW-Fahrer möglicherweise deshalb nicht verwirklicht, weil er – anders als der Begehungstäter – durch die Rettungshandlung seine Taten aufdecken müsste.[263a]

Aus der **Übungsfall-Literatur** zur Modalitätsäquivalenz vgl.: *Beulke,* KK III, Fall 14, Rn. 643 u. 683–685 (Verdeckungsmord-Fall); *Brunhöber,* JuS 2011, 229 u. 233 (Verdeckungsmord); *Bülte/Becker,* Jura 2012, 319 f. u. 322 (Verletzung von Aufklärungspflichten bei § 263); *Freund/Schaumann,* JuS 1995, 801 u. 805 f. (Verdeckungsmord); *Haas,* AL 119 u. 123 (Verdeckungsmord); *Haverkamp/Kaspar,* JuS 2006, 895 u. 899 (Ermöglichungsmord-Fall); *Heger,* JA 2008, 859 u. 863 (Verdeckungsmord); *Hellmann,* JuS 1990, L 61–L 64 (Verdeckungsmord); *Herzberg,* JuS 1994, 492 f. (§ 123-Fall); *Hilgendorf,* KK III, Fall 1, Rn. 13 (nicht bei § 212); *Hinderer,* JA 2009, 25 u. 30 (Verdeckungsmord); *Murmann,* Jura-Sonderheft Examensklausurenkurs, S. 67 u. 68 (§ 263-Fall); *Norouzi,* JuS 2005, 914 u. 916 (Verdeckungsmord); *Otto/Bosch,* Übungen, Fall 9, S. 206 (Verdeckungsfall: Liegenlassen als menschlich nachziehbare Panikreaktion); *Radtke,* Jura 1999, 477 u. 483 (Habgier und Ermöglichungs- bzw. Verdeckungsabsicht bei Mord); *Rudolphi,* AT-Fälle, Fall 15, S. 177 u. 188 (Verdeckungsmord); *Seher,* in: *Ebert* (Hrsg.), Fall 13, S. 13 f. u. 200 (grausam i. S. des § 211); *Theile,* Jura 2007, 463 u. 465 (Verdeckungsmord); *Tiedemann,* Anfängerübung, Fall 1, S. 165 u. 167 f. (Verdeckungsmord).

Handelt es sich um ein nicht verhaltensgebundenes Delikt, so reicht die Bejahung **124** der sog. **Bewirkensäquivalenz** durch Feststellung einer Garantenstellung für die Gleichstellung des Unterlassens mit einem Tun aus.[264] Geht es also etwa um die Prü-

[262] Vgl. *Ebert,* S. 181; *Haft,* S. 190 f.; *Meurer,* S. 192; LK-*Tiedemann,* § 263 Rn. 51 u. 73 ff.; *Gössel,* BT 2, 21/69 f.; *Rengier,* BT I, 13/27–38 u. *Rengier,* JuS 1989, 808 (Bspr. von BayObLG NJW 1987, 1654); krit. *Roxin,* AT II, 32/230–233 u. in: Fs. Lüderssen, 2002, S. 577, 581; stark einschr. *Kargl,* ZStW 119 (2007), 250 ff., 287, u. a. weil der Wortlaut „eine Irreführung durch gezieltes Lügen" verlange, u. LK-*Weigend,* § 13 Rn. 77; nach *Ransiek,* JuS 2010, 585, 589, erfolgt die Gleichstellung schon aus der Bejahung der Garantenpflicht; ähnlich *Satzger,* Jura 2011, 749, 755 f.; auch bei § 266 wird die Entsprechungsklausel von der Rspr. geprüft (BGHSt 52, 323, 334; b aber *Lackner/Kühl,* § 266 Rn. 2); zum Raub nach § 249 *Satzger* a. a. O. S. 756 mit BGHSt 48, 365 ff. als Bsp.-Fall; abl. *Perdomo-Torres,* Fs. Jakobs, 2007, S. 497, 500, der auf eine normativierende Interpretation einzelner Deliktstatbestände wie §§ 263, 240, 242, 211 setzt.

[263] Vgl. OLG Stuttgart NJW 1969, 1975, mit zustimmender Kommentierung von LK-*Tiedemann,* § 263 Rn. 74 u. *Gössel,* BT 2, 21/68; vgl. auch *Seibert,* 2006, S. 169 ff.

[263a] Vgl. dazu *Roxin,* AT II, 32/243–245 u. in: Fs. Lüderssen, 2002, S. 577, 584 f.; *Joecks,* § 13 Rn. 46; K/H/H-*Hellmann,* BT 1, Rn. 71 ff., 75: Fall 9; *Küper,* S. 351 f.; *Rengier,* BT II, 4/63 f.; SK-*Sinn,* § 211 Rn. 84; LK[11]-*Jähnke,* § 211 Rn. 20; eingehend *Grünewald,* GA 2005, 502 ff. u. *Theile,* JuS 2006, 110 ff. sowie *Satzger,* Jura 2011, 749, 754 f. – Aus der Rspr. vgl. BGH NJW 2000, 1730, 1732: ärztliche Hilfe von Eltern trotz Lebensgefahr für das Kind nicht herbeigeholt, um die Entdeckung von Misshandlungen zu vermeiden; zur Möglichkeit eines Verdeckungsmordes durch Unterlassen auch BGH NJW 2003, 1060 mit krit. Bspr. *Freund,* NStZ 2004, 123, 124 f. u. *Otto,* JK 8/03, StGB § 211/40 sowie BGH NStZ-RR 2006, 10 m. Bspr. *Satzger,* JK 4/06, StGB § 227/2. – Zum Unterlassen beim Mord mit gemeingefährlichen Mitteln *Murmann,* GK, 28/70, mit BGHSt 34, 13, 14; zum Heimtücke-Mord *Ransiek,* JuS 2010, 585, 589, zum grausamen und gemeingefährlichen Mord *Satzger,* Jura 2011, 749, 754; zum Unterlassen bei tatbezogenen Mordmerkmalen *Grünewald,* Jura 2005, 519 ff.

[264] Bedenken bei *Arzt,* JA 1980, 716 f. u. *Kahlo,* 1990, S. 322. – Aus der h. L. vgl. *Roxin,* Fs. Lüderssen, 2002, S. 577, 580; *Satzger,* Jura 2011, 749, 751; SK-*Rudolphi/Stein,* § 13 Rn. 15–17; W-*Beulke,* Rn. 730, sowie *Lackner/Kühl,* § 13 Rn. 16 m. w. N.

fung eines Totschlags gem. § 212 oder einer Körperverletzung gem. § 223,[265] so reicht in Fallbearbeitungen die Feststellung, dass die Entsprechungsklausel nicht heranzuziehen ist, weil schon das Vorliegen einer Garantenstellung die ausreichende Bewirkensäquivalenz herstellt.

> So in der **Übungsfall-Literatur:** *Haft,* Fallrepetitorium, Nr. 426 (§ 212-Fall); *Hilgendorf,* KK III, Fall 1, Rn. 13; *Rudolphi,* AT-Fälle, Fall 6, S. 65 u. 72 (§ 212-Versuchsfall) sowie Fall 13, S. 148 u. 158 (§ 306 a-Fall); *Schlehofer,* Jura 1989, S. 263 u. 269 (§ 223-Fall).

IV. Der subjektive Tatbestand, insbes. der Vorsatz

125　　Der Vorsatz des Unterlassenden besteht in der Entscheidung, den Dingen ihren Lauf zu lassen, obwohl ein tatbestandsmäßiger Erfolg eintreten könnte. Auch wenn der Unterlassende anders als der Begehungstäter den Erfolg nicht durch aktives Verhalten verwirklichen will, so trifft er doch mit seiner **Entscheidung** für das **Untätigbleiben**[266] eine Entscheidung für den (als möglicherweise eintretend erkannten) Erfolg. In dieser „Entscheidung für den Eintritt des tatbestandlichen Unrechtserfolges" liegt das Gemeinsame von Unterlassungsvorsatz und Begehungsvorsatz.[267]

126　　Wie beim Begehungsdelikt muss sich auch beim Unterlassungsdelikt der Vorsatz **auf alle objektiven Tatumstände** beziehen. Der Unterlassende muss erkennen, dass ein tatbestandsmäßiger Erfolg einzutreten droht. Er muss auch sehen, dass die erwartete, geeignete Rettungshandlung ausbleibt. Außerdem muss er das Bewusstsein haben, dass ihm die Abwendung des drohenden Erfolges möglich ist (BGH NStZ 2007, 469).[268] Dafür ist mindestens ein sog. Mitbewusstsein am Rande[269] erforderlich, d.h. der Täter muss seine eigene Handlungsmöglichkeit wenigstens ansatzweise/undeutlich erfasst/geahnt haben.[270] **Bloße Erkennbarkeit** der Rettungsmöglichkeit genügt **nicht,** da dann das Untätigbleiben keine Entscheidung für den tatbestandlichen Unrechtserfolg ist;[271] der Täter, der keine Handlungsmöglichkeit erkennt, hat keinen Anlass darüber nachzudenken, ob er den Erfolg abwenden will oder nicht. Die Kenntnis der konkreten, von ihm realisierbaren Rettungshandlung wird man freilich nicht verlangen können.[271a] Es reicht ein sog. **generelles** Bewusstsein der Ret-

---

[265] *Jakobs,* 29/7, sieht in § 223 wegen des Erfordernisses der üblen unangemessenen Behandlung für die körperliche Misshandlung ein verhaltensgebundenes Delikt; dagegen zu Recht mit Hinweis auf § 222 *Meurer,* JR 1992, 39. – Zu den speziellen Entsprechungsvoraussetzungen bei der Körperverletzung mit Todesfolge gem. § 227 vgl. *Ingelfinger,* GA 1997, 573, 589: das Unterlassen müsse die Todesgefahr erst „heraufbeschwören".

[266] Vgl. BGHSt 19, 299; *Satzger,* Jura 2011, 432, 433 mit Fall 1; *W-Beulke,* Rn. 732; vgl. auch *Jescheck/Weigend,* S. 632: ein eigentlicher Entschluss sei nicht immer nachweisbar. – Vgl. jedoch *Kaufmann,* 1959, S. 66, 110, 149, 309, 319: mangels „Verwirklichungswillens" fehle beim Unterlassungsdelikt der Vorsatz; nach LK-*Vogel,* § 15 Rn. 59, entspricht das nicht mehr dem Gesetz.

[267] Vgl. SK-*Rudolphi/Stein,* Rn. 33 Vor § 13; *Stratenwerth/Kuhlen,* 13/71; *Roxin,* AT II, 31/184–193.

[268] *W-Beulke,* Rn. 732; NK-*Puppe,* § 15 Rn. 118.

[269] *Jescheck/Weigend,* S. 632; S/S-*Sternberg-Lieben,* § 15 Rn. 94; „sachgedankliches Mitbewusstsein" verlangen *Otto/Brammsen,* Jura 1986, 39; „sachgedankliches Bewusstsein" verlangt *Jakobs,* 29/88.

[270] Vgl. LK[11]-*Jescheck,* Rn. 89 Vor § 13: „wenigstens in Umrissen" müsse sich der Täter die konkrete Handlung vorgestellt haben; nach LK-*Vogel,* § 15 Rn. 60, muss der Täter die „tatbestandsmäßige Situation" erkennen.

[271] SK-*Rudolphi/Stein,* Rn. 33 Vor § 13.

[271a] Ebenso LK-*Weigend,* § 13 Rn. 73.

tungsmöglichkeit als solcher,[272] d. h. das Bewusstsein, konkrete Rettungshandlungen könnten sich bei näherem Zusehen als möglich erweisen.[273] Auch die „Quasikausalität" (oben Rn. 35 ff.) muss vom Vorsatz umfasst sein, d. h. dem Täter muss es bewusst sein, dass die ihm mögliche Rettungshandlung den Erfolg mit an Sicherheit grenzender Wahrscheinlichkeit verhindert hätte (BGH NStZ 2007, 463).

Wer die Zumutbarkeit der Rettungshandlung als Tatbestandsmerkmal betrachtet, **127** muss auch den Vorsatz darauf erstrecken;[274] dieser Vorsatz würde bei der irrigen Annahme des Täters fehlen, die Vornahme der geeigneten/erforderlichen Rettungshandlung sei ihm nicht zuzumuten.[275]

> Aus der **Übungsfall-Literatur** zum Vorsatz beim Unterlassungsdelikt vgl.: *Dencker*, Klausuren, Fall 24, S. 28 u. 87; *Mitsch*, JA 2006, 509 u. 511 (hinsichtlich Zumutbarkeit); *Otto/Bosch*, Übungen, Fall 2, S. 85 (Eventualvorsatz); *Otto/Brammsen*, Jura 1986, 37 f.; *Rudolphi*, AT-Fälle, Fall 6, S. 65 u. 71 f.; *Stoffers*, Jura 1993, 376 u. 380.

Besondere Aufmerksamkeit ist dem Vorsatz hinsichtlich der Garantenstellung zu **128** widmen. Da sich der Vorsatz nur auf Tatumstände beziehen muss, sind auch beim Tatbestandsmerkmal der Garantenstellung nur die **tatsächlichen Umstände**[276] zu kennen, die die **Garantenstellung** des Täters **begründen**.[277] Erkennt der Vater den Ertrinkenden nicht als seinen Sohn, so ist ihm der seine Garantenstellung begründende Umstand der engen familiären Verbindung zwischen ihm und dem rettungsbedürftigen Opfer nicht bekannt. Damit liegt ein vorsatzausschließender Tatumstandsirrtum gem. § 16 I vor. – Im umgekehrten Fall – der Vater hält das rettungsbedürftige Opfer O irrig für seinen Sohn – liegt ein untauglicher Versuch vor, wenn er trotzdem nicht hilft (*Satzger*, Jura 2011, 432, 436 mit Fall 2-Abwandlung).

Die aus der Garantenstellung folgende **Garantenpflicht** ist dagegen kein Tatum- **129** stand, sondern ein allgemeines Verbrechensmerkmal wie die Rechtswidrigkeit oder ein gesamttatbewertendes Merkmal. Wertet hier der Täter anders als die Rechtsordnung, nimmt er trotz Kenntnis der die Garantenstellung begründenden Umstände irrig zu seinen Gunsten an, er sei nicht als Garant zum Eingreifen verpflichtet, so unterliegt er einem Verbotsirrtum (BGHSt 16, 155, 158 = *Roxin*, HRR AT, Fall 96, S. 148 ff. u. 213 f. = Bsp. 25 bei *Arzt*, S. 46), den man auch als **Gebotsirrtum** (= Irrtum über die Gebotswidrigkeit seines Unterlassens) bezeichnet.[278] Dieser Irrtum

---

[272] SK-*Rudolphi/Stein*, Rn. 35 Vor § 13.

[273] *Stratenwerth/Kuhlen*, 13/75; ebenso *Joecks*, § 13 Rn. 50.

[274] So konsequent S/S-*Stree/Bosch*, Vorbem §§ 13 ff. Rn. 155.

[275] So W-*Beulke*, Rn. 739, der aber – wie oben im Text – die Zumutbarkeit im Schuldbereich einordnet.

[276] Zur Problematik der Kenntnis auch des sozialen Konnexes, in dem diese Tatsachen eingeordnet sind, vgl. *Jakobs*, 29/90 u. in: RW 2010, 283, 302 (keine „nackten" Tatsachen, sondern „Ereignisse in einer normativ strukturierten Gesellschaft") sowie *Stratenwerth/Kuhlen*, 13/74, die „die Einsicht in die soziale Bedeutung und Funktion" des Unterlassens verlangen; – „Bedeutungswissen" verlangt *Köhler*, S. 231; nach *Kahlo*, 2001, S. 268, muss sich der Vorsatz „auf die bestehende Rettungspflicht beziehen".

[277] *Meurer*, S. 189 f.; LK-*Vogel*, § 15 Rn. 60; LK-*Weigend*, § 13 Rn. 73; *Jakobs*, 29/89; W-*Beulke*, Rn. 732 sowie *Kühl*, JuS 2007, 497, 503 f. u. *Satzger*, Jura 2011, 432, 434 f. mit Fall 2.

[278] *Arzt*, Fg. BGH, 2000, S. 755, 758; *Satzger*, Jura 2011, 432, 434 f. mit Fall; SK-*Rudolphi/Stein*, Rn. 36, 53 Vor § 13; S/S-*Sternberg-Lieben*, § 15 Rn. 96; KK OWiG-*Rengier*, § 11 Rn. 31; anders *Köhler*, S. 231 f.; krit. *Jakobs*, RW 2010, 283, 302, nach dem dem BGH diese Trennung nur gelingt, weil sich aus den dem Täter bekannten Tatsachen keine Pflicht ergab. – Aus der Rspr. zum echten Unterlassungsdelikt vgl. BGHSt 46, 374, 379 m. zust. Anm. *Lemme*, NStZ 2001, 602, 603.

lässt nach § 17 die Schuld des Täters nur bei Unvermeidbarkeit entfallen; den Vorsatz des Täters lässt er unberührt. Erkennt also z. B. der Vater den Ertrinkenden als seinen Sohn, meint er aber, nicht helfen zu müssen, weil dieser den ihm mehrfach angebotenen Schwimmunterricht nicht genommen hat, so befindet er sich in einem (vermeidbaren) Gebotsirrtum.[278a] – Im umgekehrten Fall – V hält sich irrig für verpflichtet, jedem Hilfebedürftigen als Garant helfen zu müssen – liegt ein strafloses Wahndelikt vor (*Satzger,* Jura 2011, 432, 437 mit Fall 3-Abwandlung und Hinweis auf BGHSt 16, 155, 160; näher oben 15/100a).

> Aus der **Übungsfall-Literatur** zum Vorsatz hinsichtlich der Garantenstellung vgl.: *v. Danwitz,* Jura 2000, 486 u. 491 (Gebotsirrtum); *Gropp,* in: G/K/M, Fallsammlung, Fall 3, S. 47 f. u. 49 f. (Wahndelikt); *Hertel,* Jura 2011, 391 u. 393; *Kaspar,* JA 2006, 855 u. 859 (Irrtum über Garantenstellung); *Kudlich,* PdW AT, Fall 199; *Meurer/Kahle/Dietmeier,* Übungskriminalität, Fall 4, S. 49 f. u. 70; *Morgenstern,* Jura 2008, 625 u. 626; *Otto/Brammsen,* Jura 1986, 37 ff.; *Otto/Bosch,* Übungen, Fall 17, S. 371 (Irrtum über die Ingerenz-Garantenstellung); *Radtke/Meyer,* JuS 2011, 521 u. 525 (Irrtum über die Amtsträger-Garantenstellung); *Rudolphi,* AT-Fälle, Fall 6, S. 65 u. 72; *Samson,* Strafrecht I, Fall 8, S. 33 u. 38; *Seher,* in: Ebert (Hrsg.), Fall 12, S. 12 f. u. 189 (§ 17-Irrtum über Garantenpflicht); *Stein/Schneider,* AL 2011, 45 u. 51 (Vorsatz hinsichtlich Garantenstellung bei zerrütteter Ehe).

130　　Der Unterlassungsvorsatz kann auch ein **Eventualvorsatz** sein. Wie beim Begehungsdelikt muss der Täter den Erfolgseintritt für konkret möglich halten und sich mit ihm abfinden.[278b] Vertraut er dagegen darauf, dass der als möglicherweise eintretend erkannte Erfolg trotz seines Nichteingreifens schon nicht eintreten werde, d. h. vertraut er ernsthaft auf einen guten Ausgang, so liegt nur (bewusst) fahrlässiges Verhalten vor. Der PKW-Fahrer, der einen Frontalzusammenstoß mit einer Mofa-Fahrerin durch seine Unaufmerksamkeit verursacht, wird, wenn die Fahrerin und ihr Fahrzeug einige Meter weit seitlich auf eine Wiese geschleudert werden und der Fahrer dies erkennt, lebensgefährliche Verletzungen für möglich halten; fährt er dennoch, ohne zu halten, weg, so findet er sich mit dem Tod des Opfers ab (vgl. BGH NStZ 1992, 125).[279] Die Annahme, das durch die Luft geschleuderte Opfer sei nicht lebensgefährlich verletzt, ist ebenso unrealistisch wie die, das Opfer sei sofort tot gewesen.[279a] Sollte freilich ein Sachverhalt einer Übungsarbeit so „unrealistisch" hinsichtlich der Sicht des Täters formuliert sein, so würden diese „unrealistischen" Vorstellungen des Täters seinen (Eventual-)Unterlassungsvorsatz ausschließen.

131　　Die **Rechtsprechung** stellt an den bedingten Unterlassungs-Tötungsvorsatz sogar geringere Anforderungen als an den bedingten Begehungs-Tötungsvorsatz. Die besonders hohe Hemmschwelle, die vor einer aktiven Tötung eines anderen Menschen stehen soll, sei bei einer Tötung durch Unterlassen nicht in vergleichbarer Höhe

---

[278a] Ähnlich Fall 11 von *Herzberg/Hardtung,* JuS 1999, 1073, 1076.

[278b] Ebenso LK-*Weigend,* § 13 Rn. 73 u. *Satzger,* Jura 2011, 432, 433. – Aus der Rspr. vgl. den Versuchsfall des BGHSt 56, 277, 284 ff. m. Bspr. *Kudlich,* NJW 2011, 2856, 2858: „vertuschendes" Unterlassen nach fehlerhafter Operation, der Eventualvorsatz dann annehmen würde, wenn dies „sinnvoll" nicht anders „erklärt/gedeutet" werden kann, denn als bewusstes Außerachtlassen von Lebensrettungschance; zur BGH-Entscheidung vgl. auch *Beckemper,* ZJS 2012, 132, 135.

[279] Vgl. zu dieser Entscheidung *Hassemer,* JuS 1992, 524 f.; *v. Heintschel-Heinegg,* JA 1992, 287 f.; *Otto,* JK 92, StGB § 15/5. – Aus der Rspr. vgl. noch BGH StraFo 2007, 298.

[279a] Anders verhält es sich nur dann, wenn der Täter auf Grund seines Eindrucks von dem Zustand des Unfallopfers eine Rettungsmöglichkeit für ausgeschlossen hielt, insbesondere wenn die schwerwiegenden Verletzungen des Opfers für jedermann als solche erkennbar waren und dessen Tod auch tatsächlich wenige Minuten nach dem Unfall eingetreten ist, vgl. BGH NZV 1993, 197.

vorhanden, zumindest nicht in Fällen schuldhaften Vorverhaltens, weil dann die „typischen gegenläufigen Selbstschutzmotive" die **Hemmschwelle senkten** (BGH NJW 1992, 583 m. krit. Bspr. *Puppe*, NStZ 1992, 576 f., *Schwarz*, JR 1993, 31 u. *Otto*, JK 92, StGB § 15/5). Das ist zwar nachvollziehbar, doch fragt es sich, ob die hohe Hemmschwelle vor der aktiven Tötung wirklich ein realitätsgerechtes Element der Einschränkung der Vorsatzstrafbarkeit ist.[280]

> Aus der **Übungsfall-Literatur** zum Eventualvorsatz und zum Tötungsvorsatz beim Unterlassungsdelikt vgl.: *Eisenberg*, Jura 1989, 41 u. 44; *Otto*, Übungen, Anfängerklausur Nr. 2, S. 51 u. 59 f.; *Otto/Brammsen*, Jura 1986, 37 f.; *Rudolphi*, AT-Fälle, Fall 6, S. 65 u. 70 f.; *Tiedemann*, Anfängerübung, Fall 1, S. 165 u. 166.

Außer dem Vorsatz enthalten manche Tatbestände des BT noch zusätzliche sub- **132** jektive Unrechtsmerkmale, insbesondere **Absichten**. Auch deren Verwirklichung durch Unterlassen ist nicht grundsätzlich ausgeschlossen. Wer z.B. als Garant in ein einen Irrtum bewirkendes Geschehen nicht aufklärend eingreift, kann damit durchaus das Ziel der Bereicherung verfolgen und also § 263 durch Unterlassen in Bereicherungsabsicht verwirklichen.[281]

V. Die Rechtswidrigkeit

Auch beim Unterlassungsdelikt gilt, dass die Tatbestandsmäßigkeit die Rechts- **133** widrigkeit der unterlassenen Erfolgsabwendung indiziert. Dieses Indiz kann freilich auch hier durch das Eingreifen eines Rechtfertigungsgrundes widerlegt werden.[282] So ist etwa eine **Notstandsrechtfertigung** gem. § 34 anzunehmen, wenn der Täter einer Handlungspflicht (z.B. zum übernommenen Schutz für verwahrte Gegenstände) nicht nachkommt, um bei einem Brand höherwertige Sachen eines anderen zu retten, zu deren Rettung er nicht verpflichtet gewesen wäre.[283] Wann hier ein wesentliches Überwiegen vorliegt, ist umstritten: bei Gleichrangigkeit oder auch bei geringeren Einbußen.[283a] Könnte etwa der Täter bei einem Schiffsunglück ihm anvertraute Goldbarren nur durch Überbordwerfen anderer Gegenstände von gleichem oder nicht deutlich geringerem Wert retten, so ist die Untreue nach § 266 gerechtfertigt, wenn er dies unterlässt; für aktives Eingreifen wäre erforderlich, dass die Goldbarren wesentlich wertvoller wären (Bsp. u. Lösung von *Roxin*, AT I, 31/205). Daher ist der Vater gerechtfertigt, der zur Rettung seines zu Ertrinken drohenden Kindes das Motorboot des E gegen dessen Willen benutzt (§ 248 b), weil das Lebens des Kindes schwerer wiegt als das Eigentum des O (Bsp. von *Murmann*, GK, 25/66).

> Zu den Notstandsfragen des „Brand-Rettungsfalls" (zu diesem Fall s. 4/55; 8/34 u. 119; 18/36, 40 u. 144; 19/5) in der vom BGH entschiedenen **Unterlassungs**variante (BGH MDR bH 1971, 361 = JZ 1973, 173) vgl. die „Aufbereitung" als **Übungsfall** bei *Alpmann/Schmidt*, AT 1, Fall 46, S. 232 u. 234 f. u. *Hettinger*, JuS 2011, 910 ff. sowie die Anmerkungen von

---

[280] Zur Kritik dieser Hemmschwellentheorie s. *Roxin*, AT I, 12/68.

[281] Vgl. SK-*Rudolphi/Stein*, Vor § 13, Rn. 37; für § 263 ebenso S/S-*Sternberg-Lieben*, § 15 Rn. 98; NK-*Wohlers*, § 13 Rn. 20.

[282] Vgl. S/S-*Stree/Bosch*, Vorbem §§ 13 ff. Rn. 157; W-*Beulke*, Rn. 735.

[283] Vgl. S/S-*Perron*, § 34 Rn. 5.

[283a] Für Ersteres *Küper*, 1979, S. 96, für letzteres *Hoyer*, Fs. Küper, 2007, S. 173, 181. – Nach *Murmann*, GK, 25/66, ist ein untätig bleibender Garant schon dann gerechtfertigt, wenn das Interesse, in das er zur Rettung aktiv eingreifen müsste, nicht deutlich weniger wert ist als das durch Unterlassen preisgegebene Interesse; ähnlich *Roxin*, AT II, 31/205.

Spendel, JZ 1973, 141 und *Ulsenheimer*, JuS 1972, 255.[283b] – Einen Defensivnotstand-Fall (vgl. 8/134–141) bei einem Totschlag durch Unterlassen durch einen Arzt behandelt *Gropp*, in: G/K/M, Fallsammlung, Fall 2, S. 25 f. u. 45 f.

134 Einen besonderen Rechtfertigungsgrund beim Unterlassungsdelikt stellt die sog. **rechtfertigende Pflichtenkollision** dar.[284] Dieser (als solcher nicht unumstrittene) Rechtfertigungsgrund greift in Konstellationen ein, in welchen den Täter (mindestens) zwei Handlungspflichten treffen,[284a] von denen er nur eine erfüllen kann, auch sog. **Handlungspflichtenkollision.**[285] Diese Pflichten können von unterschiedlichem Rang sein, sie können aber auch gleichrangig sein. Ersteres ist z. B. der Fall, wenn das Krankenhauspersonal bei einem Brand mit den Pflichten, das wertvolle medizinische Gerät und die gefährdeten Patienten zu retten, konfrontiert ist. Letzteres ist z. B. der Fall, wenn der einzige Rettungsschwimmer am Strand von zwei Ertrinkenden zu Hilfe gerufen wird[286] oder wenn der Arzt von zwei seiner Patienten zur Lebensrettung benötigt wird.[287]

135 Die Besonderheit dieser Konstellationen liegt darin, dass der Garant nur **einer** der beiden Pflichten nachkommen kann, die **andere** aber verletzen muss. Die Folge dieser Nichterfüllung der Erfolgsabwendungspflicht ist der Eintritt des Erfolgs (z. B. der Tod des Ertrinkenden). Da der Garant hier auch die Rettungsmöglichkeit hatte und erkannte, seine Rettungshandlung den Erfolg auch mit an Sicherheit grenzender Wahrscheinlichkeit verhindert hätte, liegt der objektive und subjektive Tatbestand eines vorsätzlichen Unterlassungsdelikts (z. B. Totschlag gem. §§ 212, 13) vor.

136 Die Rechtswidrigkeit dieses tatbestandsmäßigen Verhaltens könnte aber durch den Rechtfertigungsgrund der Pflichtenkollision ausgeschlossen sein. Für eine solche Rechtfertigung spricht, dass der Garant nicht mehr tun kann, als eines der beiden bedrohten Rechtsgüter zu retten. Entscheidet er sich für die Rettung des **höherrangigen**

[283b] Zu den § 34-Problemen der BGH-Entscheidung vgl. auch *W-Beulke*, Rn. 322; LK-*Zieschang*, § 34 Rn. 59, 61; S/S-*Perron*, § 34 Rn. 4; zur Anwendbarkeit des § 34 bei Identität von geschütztem und beeinträchtigtem Rechtsgut s. o. 8/34.

[284] Zu der Besonderheit der Handlungspflichtenkollision gegenüber Pflichtenkollisionen im weiteren Sinne vgl. *Küper*, JuS 1987, 88. – Krit. *Gropp*, Fs. Hirsch, 1999, S. 207: „Die ‚Pflichtenkollision': weder eine Kollision von Pflichten noch Pflichten in Kollision". – Zu vielfältigen, wenig diskutierten sog. Erlaubniskollisionen *Mitsch*, Fs. Otto, 2007, S. 331 ff. – Zu weiteren Pflichtenkollisionen *Satzger*, Jura 2010, 753 ff.

[284a] Kollidiert hingegen eine Handlungspflicht (verunglücktes Kind ins Krankenhaus bringen) mit einer Unterlassungspflicht (Kfz gegen den Willen des Berechtigten benutzen), kommt nach h. M. eine Rechtfertigung nicht wegen Pflichtenkollision, sondern wegen Notstands (§ 34) in Betracht; vgl. *Gropp*, Fs. Hirsch, 1999, S. 207, 212; *Neumann*, Fs. Roxin, 2001, S. 421, 427; *Renzikowski*, JahrbRuE 2005, 643, 658 f.; *Satzger*, Jura 2010, 753, 755: Fall 3; B-*Weber/Mitsch*, 17/133; *Murmann*, GK, 25/66 f.; *Roxin*, AT I, 16/117; S/S-*Perron*, § 34 Rn. 4; *W-Beulke*, Rn. 735; krit. *Otto*, Jura 2005, 470, 472 f., der aber bei Erfüllung einer Pflicht zum Ergebnis: „nicht rechtswidrig", kommt. Übungsfall bei *Aselmann/Krack*, Jura 1999, 254, 255 f. – Aus der Rspr.: OLG München MedR 2003, 174 m. Bspr. *Ulsenheimer*, Fs. Eser, 2005, 1225, 1238: entschuldigende Pflichtenkollision.

[285] Vgl. zu solchen Konstellationen *Günther*, 1983, S. 332 f.; *Otto*, 8/197 ff.; *Schlehofer*, 1996, S. 72; *Kindhäuser*, AT, 18/1: Fall 1; *Zieschang*, AT, S. 153 f.; speziell zum Zusammentreffen zwischen strafrechtlichen und zivilrechtlich geschützten Handlungspflichten bei § 266a vgl. BGHSt 48, 307, 311; BGH JZ 2008, 44 m. Anm. *Rönnau*; LK-*Rönnau*, Rn. 116 vor § 32 mit Fn. 479. – Vgl. auch *Lampe*, Fs. Lenckner, 1998, S. 159, 174: „Gebotskollision".

[286] *Blei*, PdW AT, Fall 202; ähnliches Beispiel bei *Köhler*, S. 296, und bei *Joerden*, JahrbRuE 1997, S. 43, 45.

[287] Zum Arzt-Fall vgl. *Gropp*, 1981, S. 109: Fall 4.

Gutes (z. B. des Patienten statt des medizinischen Geräts), so wahrt er das überwiegende Interesse.[288]

Entscheidet er sich bei **gleichrangigen** Pflichten für die Rettung eines der bedroh- 137 ten Rechtsgüter (das Leben des Ertrinkenden X, das Leben des Patienten X), so wahrt er immerhin ein Rechtsgut.[289] Das ist im Interesse der Rechtsordnung, die die Rechtsguterhaltung, soweit möglich, verlangt. Da ihm die Rechtsordnung keinen „Rat" geben kann, welches Rechtsgut er retten soll, hat er die freie Wahl (BGHSt 48, 307, 311; *Satzger,* Jura 2010, 753, 755: Fall 5). Mehr als die Rettung eines der bedrohten Rechtsgüter kann die **Rechtsordnung** aber **nicht** verlangen, weil sie sonst **Unmögliches verlangen** würde.[290] Dass beide Rechtsgüter, insbesondere beide Menschenleben, erhaltenswert sind, ändert nichts daran, dass der Garant in der konkreten Situation nur ein Rechtsgut, ein Menschenleben, retten kann. Tut er dies, so ist er **gerechtfertigt.** Eine bloße Entschuldigung[290a] seines immerhin das Mögliche ausschöpfenden Verhaltens würde dessen Rechtswidrigkeit implizieren, obwohl das Recht vom Garanten in dieser Situation nicht mehr verlangen konnte, als er getan hat. Handelt der Täter in der Situation überhaupt nicht, so verhält er sich rechtswidrig, weil er eine Handlungspflicht hätte erfüllen können; es kann ihm aber nur eine Pflichtverletzung angelastet werden, da die Erfüllung der weiteren Pflichten nicht möglich war.[291] – Rechtfertigung ist auch dann anzunehmen, wenn der Täter nach dem Kentern eines Bootes nicht das Leben seiner Frau, sondern das seines Freundes rettet; die unterschiedliche Pflichtenbindung ändert nichts daran, dass er nur eines von zwei gleichwertigen Leben retten konnte (so auch *Joecks,* § 13 Rn. 54 mit diesem Bsp.).

---

[288] *Küper,* JuS 1971, 475; *Gropp,* Fs. Hirsch, 1999, S. 207, 214 mit Bsp.; *Erb,* JuS 2010, 17, 20; *Satzger,* Jura 2010, 753, 755; *Zieschang,* Fs. Knemeyer, 2012, S. 449, 456; *Stratenwerth/Kuhlen,* 9/122.

[289] Vgl. *Kindhäuser,* § 34 Rn. 60; SK-*Rudolphi/Stein,* Rn. 45 Vor § 13; S/S-*Lenckner/Sternberg-Lieben,* Vorbem §§ 32 ff. Rn. 73; M-*Zipf,* AT 1, 27/55; *Roxin,* AT I, 16/118; *Jakobs,* 15/6; *Hruschka,* S. 61 u. 309 Fn. 65; *Renzikowski,* 1994, S. 218 u. in: JahrbRuE 2005, 643, 657; *Schlehofer,* 1996, S. 72; *Gropp,* Fs. Hirsch 1999, S. 207, 216 f., 224; *Otto,* Jura 2005, 470, 471 f.

[290] *Ebert,* S. 182; *Erb,* JuS 2010, 17, 20; *Eser/Burkhardt,* Strafrecht I, Nr. 12 A 74; *Fischer,* § 13 Rn. 42; *Jäger,* Rn. 209 f.: Fall 38; *Joecks,* § 13 Rn. 52 f.; *Kindhäuser,* 18/3; *Köhler,* S. 297; *Küper,* JuS 1987, 89 f.; *Kühl.* Jura 2009, 881, 883; *Lenckner,* GA 1985, 304; *Meurer,* S. 64; *Murmann,* GK, 25/65; *Roxin,* Fs. Oehler, 1985, S. 186; *Satzger,* Jura 2010, 753 f.: Fall 1; *Zieschang,* Fs. Knemeyer, 2012, S. 449, 456; *Stratenwerth/Kuhlen,* 9/125; SSW-*Rosenau,* vor § 32 Rn. 59; vgl. auch *Freund,* 1992, S. 281, der hier schon einen Verstoß gegen eine Verhaltensnorm verneint; ähnlich *Hoyer,* 1997, S. 144 u. in: ARSP-Beiheft 104 (2005), S. 99, 110 sowie in: SK vor § 32 Rn. 42–43: der Tatbestand der Verhaltensnorm entfalle infolge eines „ungeschriebenen negativen Merkmals"; *Scheid,* Grund- und Grenzfragen der Pflichtenkollision beim strafrechtlichen Unterlassungsdelikt, 2000, S. 150 ff., 157: kein tatbestandsmäßig zu missbilligendes Verhalten; Tatbestandslösung auch bei *Jäger,* 2006, S. 30: Risikoverringerung. – Nach *Joerden* (o. Fn. 286), S. 47, trifft ihn nur eine alternative Pflichtenstellung, d. h. nur die Pflicht, einen zu retten.

[290a] Dafür aber *Gallas,* 1968, S. 75 f. (= Fs. Mezger, 1954, S. 332 f.); *Jescheck/Weigend,* S. 367 f.; NK-*Paeffgen,* Rn. 174 u. 295 vor § 32 u. *Fischer,* Rn. 11a vor § 32; dagegen *Gropp,* Fs. Hirsch, 1999, S. 207, 215 f.; *Neumann,* Fs. Roxin, 2001, S. 421, 431 u. in: NK, § 34 Rn. 133; *Otto,* Jura 2005, 470, 472.

[291] Ebenso *Kindhäuser,* § 34 Rn. 62: Verletzung der Pflicht mit dem geringsten Unrecht; ebenso SSW-*Rosenau,* vor § 32 Rn. 60 u. LK-*Rönnau,* vor § 32 Rn. 126; a. A. LK[11]-*Hirsch,* Vor § 32 Rn. 81: Verletzung aller nicht erfüllten Pflichten; unentschieden S/S-*Lenckner/Sternberg-Lieben,* Vorbem §§ 32 ff. Rn. 73.

Aus der **Übungsfall-Literatur** zur Rechtfertigung des Unterlassens vgl.: *Alpmann/Schmidt,* AT 1, Fall 48, S. 237–239; *Aselmann/Krack,* Jura 1999, 254 u. 259; *Eiden/Köpferl,* Jura 2010, 780 u. 788 (Pflichtenkollision); *Haft,* Fallrepetitorium, Nr. 403 (Entschuldigung analog § 35); *Heimann/Prisille,* JA 2002, 305 f. u. 313 f.; *Hettinger,* JuS 2011, 910 u. 912 (Kollision von Handlungs- und Unterlassungspflicht im Brand-Rettungsfall nach BGH JZ 1973, 173); *Hilgendorf,* KK III, Fall 1, Rn. 15–17; *Kudlich,* PdW AT, Fälle 104 u. 201; *Schütze,* in: *Ebert* (Hrsg.), Fall 4, S. 4 f. u. 80 f. (Pflichtenkollision); *W-Beulke,* Fall 16 b, Rn. 694 u. 737.

137a   Der Rechtfertigungsgrund der **mutmaßlichen Einwilligung** (s. o. 9/46, 47) gewinnt im Unterlassungsbereich bei der sog. **passiven Sterbehilfe** praktische Bedeutung.[291a] Die mutmaßliche Einwilligung kann die Nichtaufnahme oder Beendigung einer Intensivbehandlung, die nur noch den Sterbeprozess verlängern könnte, auch für den Arzt als Lebensschutzgaranten (s. o. Rn. 72) rechtfertigen.[291b] Diese Rechtfertigung kommt nicht nur für die passive Sterbehilfe i. e. S. (auch sog. „Hilfe beim Sterben") in Betracht, sondern auch für Fälle, in denen der Sterbevorgang noch nicht eingesetzt hat (passive Sterbehilfe i. w. S., auch sog. „Hilfe zum Sterben"); die Rspr. stellt in diesen Fällen zu Recht erhöhte Anforderungen an die Annahme einer mutmaßlichen Einwilligung (BGHSt 40, 257, m. zust. Bspr. *Schöch,* NStZ 1995, 153, *Verrel,* JZ 1996, 224 u. *Otto,* NJW 2006, 2217, 2220; krit. aber *Höfling,* JuS 2000, 111, 116 f.: „zweifelhafte Figur", u. *Merkel,* ZStW 107 [1995] 558, der auf rechtfertigenden Notstand gem. § 34 und damit auf eine Interessenabwägung abstellt; eine notstandsähnliche Pflichtenkollision nimmt *Vogel,* MDR 1995, 337, an; zur Entscheidung auch *Achenbach,* Jura 2002, 542, 546 f.: Fälle 7 u. 8, *Sternberg-Lieben,* Fs. Eser, 2005, S. 1187, 1190 f., der das Abstellen auf den zu erschließenden Willen des Betroffenen als primäre Handlungsanweisung für den Arzt begrüßt, *Popp,* ZStW 118 (2006), 639, 643 ff. sowie *Verrel,* Fs. Jakobs, 2007, S. 715, 720 ff.: inkonsequente Entscheidung, u. *Dreier,* JZ 2007, 317, 323).[291c]

Für den von der Rspr. an die Stelle der passiven Sterbehilfe gesetzten **Behandlungsabbruch** soll nach dieser Rspr. die Patientenautonomie, die nach dem neuen Patientenverfügungsgesetz (dazu *Lackner/Kühl,* 8 vor § 211) festzustellen ist, entscheidend sein. Dadurch gewinnen die Einwilligung oder die mutmaßliche Einwilligung als Rechtfertigungsgründe an Bedeutung (BGHSt 55, 191; näher dazu oben Rn. 19). In der Strafrechtswissenschaft wird im Hinblick auf die Einwilligungssperre des § 216 auch weiterhin eine Notstandslösung nach § 34 vertreten (etwa von

---

[291a] Vgl. *Kühl,* Jura 2009, 881, 885; präzise *Ebert,* S. 89: mutmaßliche Nichteinwilligung in einen lebensverlängernden ärztlichen Eingriff, der dann rechtswidrig ist; vgl. auch *Otto,* Jura 1999, 434, 435 f. u. NJW 2006, 2217, 2220, der noch zwischen gemutmaßtem (realem) und mutmaßlichem (hypothetischem) Willen methodisch unterscheidet; *Fischer,* Fs. Deutsch, 1999, S. 545, 554 ff.; nach *Sternberg-Lieben,* Fs. Eser, 2005, S. 1187, 1189 Fn. 19: „Notkonstrukt"; eingehend zu BGHSt 40, 257, auch was die tatsächlichen Feststellungen angeht, *Tolmein,* 2004, zur mutmaßlichen Einwilligung S. 86 ff.; vgl. auch *Lackner/Kühl,* Rn. 8 vor § 211 m. w. N.

[291b] BGHSt 37, 376; ebenso NK-*Paeffgen,* Rn. 166 vor § 32. – *Ingelfinger,* 2004, S. 294 ff., sieht in der mutmaßlichen Einwilligung ein „Behandlungsveto"; letzteres betont auch *Hillenkamp,* Fs. Küper, 2007, S. 123 ff. bei verweigerten Bluttransfusionen.

[291c] Zu den umstrittenen Fragen, ob ein Betreuer eingeschaltet und das Vormundschaftsgericht dessen Entscheidung analog § 1904 BGB genehmigen muss, vgl. OLG Frankfurt NJW 1998, 2747 u. 2002, 689; *Otto,* Jura 1999, 434, 439 ff.; *Heyers,* Passive Sterbehilfe bei entscheidungsunfähigen Patienten und das Betreuungsrecht, 2001; diese Fragen sind durch BGHZ 154, 205 mit krit. Bspr. *Höfling/Rixen,* JZ 2003, 884 u. *Verell,* NStZ 2003, 449 [krit. auch *Sternberg-Lieben u. Ulsenheimer,* Fs. Eser, 2005, S. 1187, 1195 u. 1225, 1230], nicht geklärt; vgl. *Ingelfinger,* 2004, S. 319 ff.; *Popp,* ZStW 118 (2006), 639, 649 ff.; *W-Hettinger,* BT 1, Rn. 39 a u. *Lackner/Kühl,* Rn. 8 vor § 211 m. w. N.

Rosenau, Fs. Rissing-van Saan, S. 547, 560: analog § 34 mit der Einwilligung als Abwägungsfaktor).

Aus der **Übungsfall-Literatur** vgl.: *Jäger,* Rn. 243, 244: Fall 50 (BGHSt 40, 257); *Kudlich,* PdW BT II, Fall 2; *Marxen,* BT, Fall 1 a, S. 1 u. 3–5 (BGHSt 40, 257 nachgebildet); *Vogel/Hocke,* Jura 2005, 709 u. 711 (Fall Schiavo).

VI. Die Schuld

Auch für das Unterlassungsdelikt gelten die für das Begehungsdelikt behandelten **138** Schuldausschließungs- und Entschuldigungsgründe. Wie bei der fehlenden Schuldfähigkeit gem. § 20 dort an die actio libera in causa zu denken war, so ist hier an die **omissio libera in causa** zu denken (s. schon o. Rn. 12, 22 u. 32), wenn der Täter seine Schuldunfähigkeit selbst herbeigeführt hat. Die Schuld kann auch wegen eines unvermeidbaren Verbotsirrtums gem. § 17, der beim Unterlassungsdelikt auch **Gebotsirrtum** genannt wird, ausgeschlossen sein, so z. B. wenn sich der Täter in Kenntnis der seine Garantenstellung begründenden Umstände nicht als Garant für verpflichtet hält (s. o. Rn. 129).

Die beim Begehungsdelikt behandelten Entschuldigungsgründe sind auch beim **139** Unterlassungsdelikt zu erwägen. Praktische Bedeutung hat hier der aber auch bei Begehungsdelikten oben anerkannte Entschuldigungsgrund des Handelns aus **Gewissensnot** gem. Art. 4 I GG (12/109 ff.),[292] so z. B. wenn die Eltern die Zustimmung zur Bluttransfusion bei ihrem lebensgefährdeten Kind unterlassen (im Übungsfall bei *Rudolphi,* AT-Fälle, Fall 6, S. 66 u. 75 f. u. *Stoffers/Murray,* JuS 2000, 986 u. 987 f.; dazu auch *Hillenkamp,* Fs. Küper, 2007, S. 123 ff.).[292a] Aber auch an den entschuldigenden **Notstand** gem. § 35 ist in Fällen zu denken, in denen der Unterlassende sich oder nahe stehende Personen durch die Vornahme der Rettungshandlung in Lebens-/Leibes-/Freiheitsgefahr bringen würde, z. B. der Vater, der beim Versuch der Rettung seines Kindes in Lebensgefahr geraten würde.[293]

Darüber hinausgehend wird auch die Gefährdung anderer, eigener billigenswerter **140** Interessen beim Unterlassungsdelikt entschuldigend berücksichtigt, wenn die Vornahme der Rettungshandlung für den Täter **unzumutbar** ist.[294] Rettet etwa der Garant seinen Bruder nicht aus dem brennenden Haus, sondern seine Freundin, für die

---

[292] S/S-*Lenckner/Sternberg-Lieben,* Vorbem §§ 32 ff. Rn. 120.

[292a] Zur Problematik vgl. *Hillenkamp,* Fs. Küper, 2007, S. 123 ff. u. *Freund,* 6/52 a: keine Pflicht kraft Sonderverantwortlichkeit.

[293] Vgl. *Freund,* 1992, S. 279 f., der allerdings nicht § 35 anwendet, sondern schon eine Gebotsverletzung verneint; vgl. auch *Jakobs,* 15/11.

[294] Vgl. auch SK-*Rudolphi,* Rn. 31 Vor § 13 (Stand: Sept. 2000), der diese Erweiterung der Entschuldigung mit dem geringeren Unrechts- und Schuldgehalt des Unterlassungsdelikts begründet (and. jetzt *Rudolphi/Stein,* Vor § 13, Rn. 51, der die „Existenz eines solchen Entschuldigungsgrundes" mit der nach seiner Einschätzung „wohl h. L." verneint; ebenso *Ulsenheimer,* GA 1972, 26; *Kindhäuser,* AT, 36/37; *Murmann,* GK, 29/80; *W-Beulke,* Rn. 739; SSW-*Kudlich,* § 13 Rn. 31, 41; ähnlich *Roxin,* AT II 31/233: ausgeschlossene Verantwortlichkeit. – Anders S/S-*Lenckner/Sternberg-Lieben,* Vorbem §§ 32 ff. Rn. 125 und S/S-*Stree/Bosch,* Vorbem §§ 13 ff. Rn. 155, sowie eingehend *Stree,* Fs. Lenckner, 1998, S. 393 ff., die hier bereits die **Tatbestandsmäßigkeit** des Unterlassens verneinen; ebenso *Krey/Esser,* AT, Rn. 1173; *Naucke,* 7/270, *Fischer,* § 13 Rn. 44; LK-*Weigend,* § 13 Rn. 68; *Ransiek,* JuS 2010, 585, 586 und wohl auch BGH NJW 1994, 1357. – Für Rechtfertigung *Wortmann,* 2002, S. 131, 160; *Barthel,* 2004, S. 132 ff., 237 u. *Gropp,* 11/53–56. – Gegen das Kriterium der Unzumutbarkeit überhaupt *Achenbach,* Jura 1997, 631, 634 f. u. NK-*Paeffgen,* Rn. 242 vor § 32 sowie *Momsen,* 2006, S. 403 u. *Donner,* 2007, S. 224. – Zur Unzumutbarkeit beim Zustandsstörer im Umweltstrafrecht *Schall,* Fs. Achenbach, 2011, S. 463, 471 ff.

ihn keine Beschützergarantenpflicht trifft, so ist er zwar nicht nach § 35 entschuldigt, weil die Freundin auch keine nahe stehende Person i. S. dieser Vorschrift ist. Doch kann auf die Erhebung eines Schuldvorwurfs wegen Unzumutbarkeit der Erfüllung der Garantenpflicht gegenüber seinem Bruder verzichtet werden, weil er immerhin ein Menschenleben gerettet hat und bei Rettung seines Bruders eigene billigenswerte Interessen (spätere Heirat der Freundin) preisgegeben hätte.[295] Schwierig ist die Unzumutbarkeit in den schon mehrfach angesprochenen Brand-Rettungsfällen (oben Rn. 36, 40, 133, 137) zu beurteilen: kann das eigene Interesse des Vaters, nicht durch Hinabwerfen des vom Brand tödlich bedrohten Kindes an dessen Tod mitzuwirken, die Bedrohung des Lebens des Kindes durch Unterlassen des Hinabwerfens aufwiegen oder ist ihm nicht doch zuzumuten, seine Hemmungen (= psychische Belastung) zu überwinden?[295a]

141   **Typische Unzumutbarkeitsfälle** sind die Fälle, in denen die Vornahme der Rettungshandlung die **Gefahr strafrechtlicher Verfolgung** für den Täter oder eine ihm nahe stehende Person heraufbeschwören würde. Die Gefahr der berechtigten Strafverfolgung führt allerdings im Regelfall nicht zur Unzumutbarkeit der Garantenpflichterfüllung.[296] Die eigenen billigenswerten Interessen (z. B. an der Freiheit von Strafverfolgung) müssen immer gegen das abgewogen werden, was im Falle der Nichtvornahme der Rettungshandlung zu geschehen droht.[296a] So hat das Interesse, den für das Familieneinkommen sorgenden Ehemann durch Nichtanzeige vor Strafhaft zu bewahren, kein solches Gewicht, dass die Strafanzeige unzumutbar wird, wenn es um schwere, sich ständig wiederholende Straftaten des Ehemannes an seinen Töchtern geht (BGH NStZ 1984, 164 = *Roxin*, HRR AT, Fall 44, S. 65 f. u. 182 f., Antworten 1 u. 2).[297] Auch der betrunkene Autofahrer, der den von ihm lebensgefährlich Verletzten liegen lässt, um nicht den Führerschein zu verlieren, ist angesichts des drohenden Lebensverlustes des Angefahrenen nicht wegen Unzumutbarkeit entschuldigt (*Kühl*, Jura 2009, 881, 883). Auch sonstige Eigeninteressen, insb. materielle Interessen, können zu opfern sein; aber eine Existenzgefährdung ist dann nicht zumutbar, wenn auf der gefährdeten Seite nur geringe Schäden zu befürchten sind.[297a] Das eigene Leben oder das eines nahen Angehörigen braucht sicher nicht aufgeopfert zu werden.[297b]

Aus der **Übungsfall-Literatur** zur Unzumutbarkeit vgl.: *Alpmann/Schmidt*, AT 1, Fall 46, S. 232 u. 235; *Brunhöber*, JuS 2011, 229 u. 233; *Haas*, AL 2012, 119 u. 122; *Hettinger*, JuS 2011, 910 u. 913 (Brand-Rettungsfall des BGH JZ 1973, 173, nachgebildet); *Hilgendorf*, KK I,

---

[295] So mit diesem Bsp. W-*Beulke*, Rn. 694 u. 738: Fall 16 c; Fallabwandlung bei *Momsen*, 2006, S. 396–398, der die Unzumutbarkeitslösung ablehnt, aber „das Nichtentstehen einer Rechtspflicht" und damit eine rechtfertigende Pflichtenkollision annimmt. – Zur Unzumutbarkeit beim Zustandsstörer im Umweltstrafrecht *Schall*, Fs. Achenbach, 2011, S. 463, 471 ff.

[295a] Für Zumutbarkeit *Hettinger*, JuS 2011, 910, 913, in einem vergleichbaren Übungsfall; anders *Kahlo*, 1990, S. 337.

[296] *Lackner/Kühl*, § 13 Rn. 5, mit Nachweisen aus der Rechtsprechung; *Lampe*, Fs. Lenckner, 1998, S. 159, 168; *Roxin*, AT II, 31/223–228; *Stratenwerth/Kuhlen*, 13/84; SSW-*Kudlich*, § 13 Rn. 41; vgl. auch *Kölbel*, 2006, S. 449 u. in: GA 2005, 36, 42. – Anders *Kargl*, Strafrecht, S. 115: in der Regel unzumutbar.

[296a] *Zieschang*, Rn. 626; bei der Abwägung sind auch die Erfolgsaussichten der in Betracht kommenden Rettungshandlung zu berücksichtigen, BGH NJW 1994, 1357 m. Anm. *Loos*, JR 1994, 511.

[297] Vgl. dazu *Otto/Brammsen*, Jura 1985, 540; *Ranft*, JZ 1987, 980 f.; S/S-*Stree/Bosch*, Vorbem §§ 13 ff. Rn. 156; *Stree*, Fs. Lenckner, 1998, S. 393, 404 f.; *Jakobs*, 29/98 Fn. 192.

[297a] *Stree*, Fs. Lenckner, 1998, S. 393, 405 mit BGHSt 37, 122.

[297b] *Stree*, Fs. Lenckner, 1998, S. 393, 405.

Fall 16, Rn. 22 u. 24 f. (Gebotsirrtum); KK II, Fall 1, Rn. 33; KK III, Fall 1, Rn. 3–7 u. Fall 14, Rn. 52 f.; *Jescheck*, Fälle, Fall 75, S. 94 f. u. 96; K/H/H-*Hellmann*, BT 2, Rn. 507–513: Fall 92; *Mitsch*, JuS 1988, 468 u. 471; *Murmann*, JA 2011, 593 u. 601; *Radtke*, Jura 1997, 477 u. 483; *Theile*, Jura 2007, 463 u. 464; *Tiedemann*, Anfängerübung, Fall 1, S. 165 u. 166 f., sowie Fall 8, S. 204 u. 216 f.; *Wagner*, BT-Fälle, Fall 11, S. 112 u. 118.

VII. Versuch und Rücktritt

Tritt der vom Garanten abzuwehrende tatbestandsmäßige Erfolg nicht ein oder 142 ist der eingetretene Erfolg dem Garanten nicht objektiv zuzurechnen, so ist auch beim unechten Unterlassungsdelikt ein Versuch zu prüfen, wenn es sich um ein Delikt handelt, bei dem der Versuch strafbar ist (Verbrechen oder Vergehen mit ausdrücklicher Strafbarkeitsanordnung für den Versuch). Nichtvollendung und Strafbarkeit können in klaren Fällen innerhalb der Versuchsprüfung einleitend kurz festgestellt werden (im Übungsfall so etwa bei *Weber*, JuS 1988, 886 u. *Stoffers/Murray*, JuS 2000, 986 u. 987; Aufbaumuster bei *Ebert*, S. 255; *Kudlich*, JA 2008, 601, 602 u. *Exner*, Jura 2010, 276, 277; vollständig durchgeprüfter Fall eines versuchten Unterlassungsdelikts [§ 212-Versuch durch Unterlassen] bei K/S/L, Klausurtraining, Fall 3, S. 95 u. 97–102). Häufig übersehen wird die mögliche Versuchsstrafbarkeit in Fällen, in denen es an der „Quasikausalität" (oben Rn. 35 ff.) fehlt, etwa weil der Verletzte selbst durch sofort eingeleitete Rettungsbemühungen nicht mehr am Leben zu erhalten gewesen wäre; ist der Garant aber der irrigen Meinung, die ihm mögliche Rettungshandlung hätte dem verletzten Opfer den Tod „erspart", so muss (Totschlags-)Versuch durch Unterlassen geprüft werden.

1. Der Versuch des unechten Unterlassungsdelikts

a) Der Entschluss

Anders als der Entschluss des Begehungstäters, der auf aktive Verwirklichung der 143 Tat geht, ist der Entschluss des Unterlassungstäters darauf gerichtet, den bevorstehenden Erfolg nicht abzuwenden, obwohl ihm dies möglich wäre. Nach der Vorstellung des Unterlassungstäters muss also der Eintritt des Erfolgs zu erwarten sein,[297c] erkennt er die Möglichkeit des Erfolgseintritts und findet er sich damit ab, so liegt auch hier ausreichender Eventualvorsatz vor (vgl. oben Rn. 278 b). Der Eintritt des Erfolgs muss nach seiner Vorstellung durch eine bestimmte Rettungshandlung abwendbar sein, zu deren Vornahme sich der Täter für fähig halten muss.[297d] Die Vornahme der Rettungshandlung muss auch nach Ansicht des Täters den Erfolgseintritt mit an Sicherheit grenzender Wahrscheinlichkeit verhindern.[297e] Schließlich müssen dem Unterlassungstäter noch die **Umstände** bekannt sein, die seine **Garantenstellung** begründen,[297f] eine Garantenpflicht braucht er daraus nicht selbst ableiten (*Exner*, Jura 2010, 276, 277: Fall 2 mit BGHSt 16, 155, 158; dazu oben Rn. 129).

Aus der **Übungsfall-Literatur** zum Entschluss beim Unterlassungsversuch vgl.: *v. Heintschel-Heinegg/Kudlich*, 129 f. u. 133 (Eventualvorsatz); *Hettinger*, JuS 2011, 910 u. 912 (Brand-Rettungsfall des BGH JZ 1973, 173, nachgebildet); *Kudlich/Schuhr*, JA 2007, 349 u. 352 (voll-

---

[297c] Vgl. *Herzberg*, MDR 1973, 89, 96: Vollendungsvorsatz.

[297d] *Kudlich*, JA 2008, 601, 602.

[297e] BGH bD MDR 1971, 361 = JZ 1973, 173, 174; dagegen *Engländer*, JuS 2001, 958, 961 weiter, die Vorstellung der Rettungsmöglichkeit und die Billigung ausreichen lassend BGH NStZ 2000, 414, 415.

[297f] *Ransiek*, JuS 2010, 678, 681.

ständige Prüfung); *Meurer/Dietmeier,* JuS 2001, L 36 u. L 38 (Eventualvorsatz); *Thoos,* JA 2001, 951 u. 952 (Eventualvorsatz).

144   Mit diesen zusätzlichen Voraussetzungen ist die Entschlussprüfung erheblich umfangreicher als beim Versuch des Begehungsdelikts. Vor allem die Erörterung der Garantenstellung in subjektiver Perspektive kann bei mehreren in Betracht kommenden Garantenstellungen aufwändig sein. Bei verhaltensgebundenen Delikten muss der Täter auch die Umstände kennen, die die Gleichwertigkeit seines Unterlassens mit einem bestimmten Tun (z. B. Täuschung) begründen. Wer die Zumutbarkeit nicht als Schuld-, sondern als Tatbestandsmerkmal ansieht (s. o. Rn. 40), muss sie beim Versuch im Rahmen des Entschlusses prüfen.[297g] – Speziell zu „Irrtümern über die Garantenhaftung" *Kudlich,* JA 2008, 601, 602.

Beispiele für solch aufwändige Entschlussprüfungen finden sich in der **Übungsfall-Literatur** bei: *Rudolphi,* AT-Fälle, Fall 6, S. 70 u. 75–77 (dreistufige Entschlussprüfung) Zwischenprüfung, Fall 6, S. 65 u. 70–72; weniger klar gegliedert auch bei: *Freund,* JuS 1990, 213 u. 215 f. – Knappere Entschlussprüfungen finden sich bei: *Bühler,* Jura 1989, 651 u. 659; *Cramer,* JuS 1964, 360 u. 363; *Eisenberg,* Jura 1989, 41 u. 46; *Eisenberg,* JuS 1986, 795 f.; *Grebing,* Jura 1980, 91 u. 100 f.; *Jescheck,* AT-Fälle, Fall 71, S. 89 f.; *Radtke,* Jura 1997, 477 u. 483, 489; *Rudolphi,* AT-Fälle, Fall 3, S. 24 u. 37 f.; *Tiedemann,* Anfängerübung, Fall 10, S. 229 f. u. 232.

b) Das unmittelbare Ansetzen zur Tatbestandsverwirklichung

145   Die Ansatzformel des § 22 bringt nur für Begehungsdelikte eine einigermaßen zuverlässige Richtschnur für die Abgrenzung von Vorbereitung und Versuch.[298] Da aber eine Tatbestandsverwirklichung auch durch Unterlassen möglich ist, lässt sich nach dieser Formel immerhin fragen, wann der Garant zur Nichtabwendung des drohenden Erfolges unmittelbar ansetzt. Bei dieser Frage ist schon vorausgesetzt, dass es sich um einen Garanten handelt, der die ihm mögliche Erfolgsabwendung unterlässt. Der Versuch des Unterlassungsdelikts kann also erst beginnen, wenn die Rechtsordnung vom Garanten aktuell verlangt, dass er seine Garantenpflicht nicht durch Untätigkeit verletzt.[299] Wann aber die **Lage** für das gefährdete Rechtsgut so **bedrohlich** ist, dass sich die **Handlungspflicht** für den Garanten **aktualisiert,** ist damit noch nicht entschieden (zu den verschiedenen Theorien im Überblick *Kudlich,* JA 2008, 601, 603).

146   Nicht überzeugend ist die Festlegung des Versuchsbeginns auf den Zeitpunkt, in dem der Garant die **erste Erfolgsabwendungsmöglichkeit,** die sich ihm bietet, verstreichen lässt (sog. Theorie des erstmöglichen Eingriffs[300]). Zwar ist es im Interesse des gefährdeten Rechtsguts, dass schon die erste Chance vom Garanten genutzt wird, zumal auch der Garant nicht wissen kann, ob sich ihm weitere Rettungschancen bieten werden. Geht der Garant aber davon aus, so verlangt diese Theorie zu viel von ihm. Sie verlegt die Versuchsstrafbarkeit beim Unterlassungsdelikt **zu weit nach vorne** und gerät deshalb in die Nähe einer Gesinnungsstrafbarkeit.[301] Der Täter geht eben davon aus, dass er die Rettung des bedrohten Guts noch später verhindern kann, ohne dass dieses Rechtsgut zwischenzeitlich einer erhöhten Gefahr

---

[297g] Vgl. den Übungsfall von *Radtke,* Jura 1997, 483 mit Fn. 59.

[298] Vgl. *Krey/Esser,* AT, Rn. 1243; *Tiedemann,* Anfängerübung, S. 73.

[299] Vgl. SK-*Rudolphi/Stein,* Rn. 65 Vor § 13.

[300] Zu deren Vertretern und Argumenten vgl. *Hillenkamp,* 14. AT-Problem, S. 104 f.; scharfsinnig *Herzberg,* MDR 1973, 89, 96.

[301] LK[10]-*Vogler,* § 22 Rn. 110; anders LK-*Hillenkamp,* § 22 Rn. 143, der sich aber auch gegen die zu weite Vorverlagerung des Versuchsbeginns ausspricht.

ausgesetzt wird. So etwa wenn die Mutter, die ihr Kleinkind verhungern lassen will, die erste Fütterung ausfallen lässt.[302] Dasselbe gilt im Fall der Krankenschwester, die der zu tötenden Patientin erstmals die zum Überleben notwendige Spritze nicht verabreicht, wenn dadurch – wie die Krankenschwester weiß – noch keine Lebensgefahr für die Patientin entsteht.[303] Zu weit nach vorne verlagert wird der Versuchsbeginn auch dann, wenn die Anweisung des Arztes (als mittelbarer Täter, s. u. 20/90–97) zur Nichtvornahme der Weitererernährung bei einer unheilbar erkrankten, nicht mehr ansprechbaren, aber noch nicht im Sterbevorgang befindlichen Patientin (sog. „Hilfe zum Sterben") als unmittelbares Ansetzen zur Tötung gewertet wird (BGHSt 40, 257, 270 = *Roxin*, HRR AT, Fall 33, S. 44 ff. u. 174 f., Antwort 4); zum einen ist eine konkrete Gefährdung des Lebens der Patientin zweifelhaft, zum anderen hätte der Arzt noch jederzeit rettend eingreifen können (vgl. die Kritik bei *Hillenkamp*, 14. AT-Problem, S. 107 f. sowie bei *Vogel*, MDR 1995, 337, 339 f. u. *Bosch*, Jura 2011, 909, 914).[303a]

Nicht überzeugend ist auch die Festlegung des Versuchsbeginns auf den Zeitpunkt, in dem der Täter nach seiner Vorstellung die Rettungshandlung **spätestens** hätte vornehmen müssen (sog. Theorie des letztmöglichen Eingriffs[304]). Zwar geht der Täter hier davon aus, den Erfolgseintritt schon noch verhindern zu können. Er setzt aber das Opfer einer erheblichen, sich vergrößernden Gefahr aus, wenn er mehrere Erfolgsabwendungsmöglichkeiten ungenutzt verstreichen lässt. Garantenpflichten aber verlangen nicht nur die letztendliche Erfolgsabwendung, sondern auch schon die **Verhinderung erfolgsnaher Gefährdungen** des Rechtsguts. Wenn etwa der Bäckergeselle den von ihm fahrlässig in einen Teigkessel gestoßenen Kollegen im Teig ersticken lassen will, würde er zu dieser Tötung durch Unterlassen nach dieser Theorie auch dann noch nicht unmittelbar ansetzen, wenn die Erstickungsgefahr mit jeder Sekunde wächst.[305] – Ein etwas früherer Versuchsbeginn ergibt sich, wenn man das „Vorbereitungsunterlassen", das auch schon eine „‚Pflichtverletzung' und damit eine Gefahrenlage voraussetzt", dann enden und damit den Unterlassungsversuch beginnen lässt, wenn „eine Geschehensphase, in der aus der Sicht des Täters" die „‚letzte Chance', den Erfolg noch zu vermeiden, unmittelbar bevorsteht (Versuchsbeginn als Vorstadium der ‚letzten Chance')".[305a] **147**

Ganz überwiegend wird deshalb zu Recht für den Versuchsbeginn beim unechten Unterlassungsdelikt auf den Zeitpunkt abgestellt, in dem für das geschützte Rechtsgut eine **unmittelbare Gefahr** entsteht.[306] Diese unmittelbare Gefahr für das bedroh- **148**

---

[302] Bsp. bei S/S-*Eser*, Vorbem § 22 Rn. 51; *Baumann/Weber/Mitsch*, 26/57.

[303] Bsp. von *Hillenkamp*, 14. AT-Problem, Bsp. 1, S. 103, mit Lösung nach der Theorie des erstmöglichen Eingriffs auf S. 107 f.

[303a] Dem BGH zust. *Fischer*, § 22 Rn. 33, der aber dann anders entscheiden will, wenn die Vollendung nach dem Tatplan noch einen „Zwischenschritt" des Opfers oder Dritter voraussetzt.

[304] Zu deren Vertretern und Argumenten vgl. *Hillenkamp*, 14. AT-Problem, S. 103 f.

[305] Bsp. von *Hillenkamp*, 14. AT-Problem, Bsp. 2, S. 108 (BGHSt 1, 357, nachgebildet).

[305a] So ein allerdings noch nicht ausgearbeiteter Vorschlag von *Küper*, ZStW 112 (2000), 1, 29 Fn. 62.

[306] Vgl. *Hillenkamp*, 14. AT-Problem, S. 105–107, der hier von einer „allgemeinen Theorie" spricht und die Alternative miteinbezieht, dass der Täter den Kausalverlauf aus der Hand gibt; so kombinieren auch *Putzke*, JuS 2009, 1083, 1084 u. *Bosch*, Jura 2011, 909, 914. – Auf die unmittelbare Gefährdung stellen ab: *Jescheck/Weigend*, S. 638; *Krey/Esser*, AT, Rn. 1245; *Murmann*, GK, 29/112; *Otto*, 18/45; SSW-*Kudlich/Schuhr*, § 22 Rn. 68; *Kudlich*, JA 2008, 601, 603; *Exner*, Jura 2010, 276; *Ransiek*, JuS 2010, 678, 681; diff. nach der konkreten Gefährlichkeit *Malitz*, 1998, S. 48, 200, 219. – Noch enger LK[10]-*Vogler*, § 22 Rn. 116, der – wie

te Rechtsgut hat der Garant zu bannen, bleibt er auch in diesem Zeitpunkt noch untätig, so verletzt er seine Garantenpflicht. Der Versuch hat dann begonnen, der Täter
kann aber immer noch Strafbefreiung wegen Rücktritts erlangen, wenn er sich zur
Erfolgsabwendung entschließt und die § 24-Voraussetzungen erfüllt.

149   Aus der Sicht des Täters muss das bedrohte Rechtsgut unmittelbar gefährdet sein.
Damit ist eine konkrete Gefahr[307] gemeint, die jederzeit in einen Schaden umschlagen kann.[308] Umstritten ist, ob von einer solch unmittelbaren/konkreten Gefahr
immer schon dann ausgegangen werden kann, wenn der Täter sich von der **Gefah-
renstelle entfernt** und den Bedrohten seinem **Schicksal überlässt**.[309] Würde man dies
bejahen, so läge ein Versuch in dem Zeitpunkt vor, in dem sich der Streckenwärter
von dem auf den Schienen liegenden Betrunkenen entfernt, auch wenn er mit dem
baldigen Herannahen eines Zuges nicht rechnet.[310] Geht der Garant allerdings davon aus, dass das bewusstlos geschlagene und auf die Bahngleise gelegte Opfer
durch einen in wenigen Minuten einfahrenden Zug tödlich erfasst wird, so liegt eine
unmittelbare Gefährdung des Opfers vor (so im Fall des BGHSt 38, 356 ff. [=
„Bahngleisfall" bei *Puppe*, AT 2, 50/1–8] m. Anm. *Otto*, JK 93, StGB § 22/16;
ebenso *Exner*, Jura 2010, 276, 278 f.: Fall 3 u. *Putzke*, JuS 2009, 1083, 1084:
Fall 27).

150   Eine unmittelbare/konkrete Gefahr für das Leben ist etwa im obigen Beispielsfall
der Krankenschwester, die der Patientin die lebensnotwendigen Spritzen nicht verabreicht, nicht schon dann gegeben, wenn die Körperkräfte der Patientin schwin-
den, sondern erst dann, wenn **Todesgefahr** für die Patientin besteht.[311] Auch im Falle der Mutter, die ihr Kind verhungern lassen will, beginnt der Tötungsversuch
durch Unterlassen erst, „wenn durch das Nicht-Ernähren des Kindes eine konkrete
Gefahr für sein Leben entsteht".[312] Ein Versuch eines Totschlags durch Unterlassen
gem. §§ 212, 22, 23, 13 liegt auch dann vor, wenn der PKW-Fahrer, der aus Unachtsamkeit einen Radfahrer angefahren hat, diesen liegen lässt, obwohl er bei diesem
lebensgefährliche Verletzungen erkannt hat bzw. für möglich gehalten hat (so im
Fall des BGH NStZ 1992, 125, in dem die angefahrene Mofa-Fahrerin zwar einen

---

beim Begehungsdelikt – verlangt, dass „das weitere Untätigbleiben qualitativ der Vornahme
einer für die Verwirklichung des tatbestandlichen Unrechts spezifischen Handlung entspricht"; ähnlich *Zaczyk*, 1989, S. 319, NK-*Zaczyk*, § 22 Rn. 64 u. *Köhler*, S. 467; kritisch
Papageorgiou-Gonatas, 1988, S. 285.
[307] Darauf stellen ab: *Gropp*, 9/39 u. LK-*Weigend*, § 13 Rn. 80.
[308] M-*Gössel/Zipf*, AT 2, 40/106, stellen darauf ab, dass sich die tatbestandliche Rechtsgutsbeeinträchtigung ohne weitere Handlungsakte unmittelbar anschließt; ähnlich arbeitet
Zieschang, Rn. 526, mit der Zwischenaktstheorie.
[309] Dafür *Roxin*, JuS 1979, 12 u. *Jäger*, Rn. 303; dagegen aber LK-*Hillenkamp*, § 22
Rn. 148.
[310] Dafür in diesem Beispielsfall W-*Beulke*, Rn. 742, dagegen in diesem Beispielsfall *Otto*,
18/45. Vgl. zu diesen Verlassensfällen auch *Zaczyk*, 1989, S. 319, KK OWiG-*Rengier*, § 13
Rn. 42 und *Papageorgiou-Gonatas*, 1988, S. 291.
[311] Vgl. *Hillenkamp*, 14. AT-Problem, S. 107 f. – Aus der Rspr. vgl. den „Kemptener-Tee"-
Fall BGH NStZ 1995, 80 = Beispiel 9/8 bei *Gropp*, 9/38.
[312] SK-*Rudolphi*, Rn. 54 Vor § 13 (Stand Sept. 2000); *Rengier*, AT, 36/38, Bsp. 2, verlangt
eine (erkannte) „unmittelbare Lebensgefahr"; LK[10]-*Vogler*, § 22 Rn. 119, verlangt in diesem
Fall, dass „das Unterlassen … die Qualität einer Tötungshandlung" erhält. Im Ergebnis wie
im Text *Rath*, JuS 1999, 32, 35 f., der auch hier auf das Kriterium der Notwendigkeit einer
tatbestandsspezifischen Verteidigungshandlung abstellt. – Nach *Vehling*, 1991, S. 163, beginnt
der Tötungsversuch der Mutter erst, wenn sie die „Standards elterlicher Fürsorge verlässt, indem sie das Kind nicht mehr wie gewöhnlich versorgt". – Weitere Bspe. bei *Malitz*, 1998,
S. 221.

Oberschenkelhalsbruch erlitten hatte, aber von dritter Seite alsbald lebensrettend versorgt worden war).

Das Gefahrkriterium gilt auch in Fällen der **omissio** libera in causa (o. Rn. 22), so 150a dass im Bahnwärter-Fall der Versuch nicht schon im Betrinken oder im Steuerungsverlust liegt, sondern das Herannahen des Zuges voraussetzt.[312a]

> Aus der **Übungsfall-Literatur** zum Versuchsbeginn vgl.: *Beulke*, KK I, Fall 9, Rn. 300 u. 315 f.; *Beulke*, KK III, Fall 14, Rn. 643 u. 679 f.; *Freund*, JuS 1990, 213 u. 216 f.; *Frisch/Murmann*, JuS 1999, 1196, 1199; *Deiters*, in: *Frister* (Hrsg.), Die strafrechtliche Klausur, Fall 1, S. 1 u. 12 ff.; *Gropp*, in: G/K/M, Fallsammlung, Fall 2, S. 25 f. u. 33; *Hanft*, JuS 2005, 1010 u. 1013; *Haas*, AL 2012, 119 u. 123 f.; *Haverkamp/Kaspar*, JuS 2006, 895 u. 899; *Heger*, JA 2008, 859 u. 863; *v. Heintschel-Heinegg/Kudlich*, JA 2001, 129 f. u. 134 f.; *Hellmann*, JuS 1990, L 61 u. 64; *Hillenkamp*, 14. AT-Problem, Bsp. 1, S. 107 f. und Bsp. 2, S. 108 sowie Bsp. 3, S. 108 f.; *Jescheck*, AT-Fälle, Fall 71, S. 89 f.; *K/S/L*, Klausurtraining, Fall 3, S. 95 u. 100 f.; *Kudlich*, AT-Fälle, Fall 9, S. 131 f. u. Fall 10, S. 147 f. sowie in: PdW AT, Fall 225; *Kudlich/Schuhr*, JA 2007, 349 u. 352; *Ladiges/Glückert*, Jura 2011, 552 u. 556 f.; *Lindheim/Uhl*, JA 2009, 783 u. 785; *Otto/Bosch*, Übungen, Fall 9, S. 201–203; *Radtke/Meyer*, JuS 2011, 521 u. 525; *Rudolphi*, AT-Fälle, Fall 6, S. 65 u. 72 f. (durch Eltern verweigerte Einwilligung in Bluttransfusion für das lebensgefährdete Kind); *Seher*, in: *Ebert* (Hrsg.), Fall 14, S. 14 f. u. 221 f.; *Stoffers*, Jura 1993, 376 u. 380; *Stoffers/Murray*, JuS 2000, 986 u. 987; *Tiedemann*, Anfängerübung, Fall 10, S. 229 f. u. 231; *Weber*, JuS 1988, 885 ff.

c) Der untaugliche Versuch

Auch beim Unterlassungsdelikt ist der untaugliche Versuch strafbar (bejahend 151 etwa BGHSt 56, 277, 288). Dies wird freilich von *Rudolphi* deshalb **bestritten,** weil in diesen Fällen dem Rechtsgut keine abzuwendende Gefahr drohe, so dass nur wegen des Entschlusses zur Untätigkeit, also einer bloßen Auflehnung des Willens gegen die Rechtsordnung, gestraft werde (= bloßer **Gesinnung**sunwert).[313] Da aber nach § 22 die Vorstellungen des Täters über den Versuchsbeginn entscheiden, reicht die irrige Annahme einer unmittelbaren/konkreten Gefahr durch den Täter für die Begründung des Versuchsunrechts aus.[314] Auch das äußerliche Verhalten des Begehungstäters ist beim untauglichen Versuch ungefährlich und dennoch strafbar. – Auch beim Unterlassungsdelikt kann sich die Frage der Abgrenzung des (strafbaren) untauglichen Versuchs vom (straflosen) Wahndelikt stellen; s. dazu 15/100a und LK-*Hillenkamp*, § 22 Rn. 209; aus der Rspr.: BGH NJW 1994, 1357 = untauglicher Versuch, wenn der Täter irrig annahm, ein Rettungsversuch hätte den drohenden Erfolgseintritt abwenden können.

[312a] Ebenso LK-*Hillenkamp*, § 22 Rn. 168.

[313] SK[7]-*Rudolphi*, Rn. 55 Vor § 13 (anders jetzt SK-*Rudolphi/Stein*, Rn. 64 vor § 13); ebenso NK-*Zaczyk*, § 22 Rn. 60; diff. *Rath*, JuS 1999, 32, 36; dagegen *Freund*, 1992, S. 110 Fn. 163; *Küpper*, JuS 2000, 225, 228, und *Otto*, JK 93, StGB § 22/16; *Niepoth*, JA 1994, 339 ff., bejaht die Strafwürdigkeit, verneint aber die Strafbedürftigkeit und plädiert für einen Strafausschließungsgrund (= Unverhältnismäßigkeit).

[314] So die ganz h. M. in der Literatur, vgl. nur NK-*Wohlers*, § 13 Rn. 24; *Putzke*, JuS 2009, 1083, 1084: Fall 28; offen gelassen von BGHSt 38, 359, obwohl der Fall eine Entscheidung für die Strafbarkeit verlangt hätte (so die Kritik von *Otto*, JK 93, StGB § 22/16; ähnlich *Malitz*, 1998, S. 223: aus der Sicht eines objektiven Dritten sei bei regulärem Ablauf eine Rechtsgutsgefährdung oder sogar -verletzung durchaus nahe liegend gewesen; krit. zu diesem in der praktischen Anwendung unsicheren Kriteriums *Bloy*, GA 2000, 498, 500); für Strafbarkeit BGHSt 40, 257, 272 (dazu *Exner*, Jura 2010, 276, 277: Fall 1); vgl. auch *Radtke*, JuS 1996, 878, sowie eingehend *Malitz*, 1998, S. 222 ff., die den „Gefährlichkeitsgedanken" auch „im Rahmen des untauglichen Versuchs beim Unterlassungsdelikt" anwenden will; s. auch BGH NStZ-RR 2006, 10 m. Bspr. *Satzger*, JK 4/06, StGB § 227/2: Ingerenz-Fall.

Aus der **Übungsfall-Literatur** zum untauglichen Versuch vgl.: *Eisenberg*, JuS 1986, 795 ff.; *Freund*, JuS 1990, 213 u. 217; *Hillenkamp*, 14. AT-Problem, Bsp. 3, S. 108 f.; *Hinderer*, JuS 2009, 25 u. 30; *Kudlich*, PdW AT, Fall 200; *Meurer/Dietmeier*, JuS 2001, L 36 u. L 38; *Radtke*, Jura 1997, 477 u. 482; *Rath*, JuS 1999, 36: Fall 28.

2. Der Rücktritt vom Versuch

152   Während der Versuchstäter beim Begehungsdelikt auch durch schlichtes Nichtweiterhandeln (Aufgeben der Tat i. S. des § 24 I 1 Alt. 1) strafbefreiend zurücktreten kann (= Rücktritt vom unbeendeten Versuch), **muss** der Versuchstäter beim Unterlassungsdelikt „nach bislang einhelliger Meinung"[314a] **immer aktiv werden**, d. h. zur (bisher unterlassenen) Erfolgsabwendung schreiten.[315] Die „Rabenmutter", die ihr Kind nicht ernährt und dadurch zum Versuch des Totschlags unmittelbar angesetzt hat (dazu näher oben Rn. 145–150 a), muss für einen strafbefreienden Rücktritt die Ernährung wieder aufnehmen oder – falls das keinen Erfolg mehr verspricht – ärztliche Hilfe in Anspruch nehmen (Bsp. bei *Engländer*, JZ 2012, 130), jedenfalls muss sie aktiv werden. Nicht selten wird deshalb die Unterscheidung von unbeendetem Versuch und beendetem Versuch für entbehrlich gehalten (sog. „Einheitstheorie").[316]

153   Überwiegend wird aber diese Unterscheidung auch beim Versuch des Unterlassungsdelikts für möglich und im Hinblick auf das **Erfolgsabwendungsrisiko** für relevant gehalten (sog. „Differenztheorie"). Nur beim beendeten Versuch habe der Garant das Erfolgsrisiko immer zu tragen, dagegen brauche er das Risiko, dass der Erfolg trotz seiner Gegenaktivität eintrete, nicht zu tragen, wenn der Versuch noch unbeendet sei.[317] Diese Differenzierung erscheint wegen des aus der Sicht des Täters unterschiedlichen Gefährdungsgrads gerecht, doch ist es zweifelhaft, ob es für sie eine dogmatisch konsistente Begründung gibt; denn wenn beim unbeendeten und beendeten Begehungsversuch der Erfolgseintritt eine Strafbefreiung wegen Rücktritts ausschließt (s. o. Rn. 79), so müsste dies wohl auch für den Unterlassungsversuch gelten, so dass auch beim unbeendeten Unterlassungsversuch der Täter das „Erfolgsabwendungsrisiko" tragen müsste.[317a] So sieht das auch die Rspr.: „der

---

[314a] So *Engländer*, JZ 2012, 130, der diese Meinung revidiert und Fälle aufzeigt, in denen der Täter durch „Nichtstun" vom Versuch des Unterlassungsdelikts zurücktreten kann, z. B. wenn der Vater das „über Bord" gefallene Kind nicht aus dem Wasser zieht, es aber auch nicht zurückstößt, als es an Bord zurückklettert: ist der Verzicht auf das Zurückstoßen eine Tataufgabe i. S. des § 24 I 1 Alt. 1? Dies bejaht *Engländer* auf der Grundlage der Gesamtbetrachtungslehre (s. o. 16/18 ff.); ebenso MK-*Herzberg/Hoffmann-Holland*, § 24 Rn. 83.

[315] *Küper*, ZStW 111 (2000), 1, 4 u. 42; *Küpper*, JuS 2000, 225, 228; *Exner*, Jura 2010, 276, 280; *Ransiek*, JuS 2010, 679, 681; *Gropp*, 9/72; *Jescheck/Weigend*, S. 639; HK-GS/*Ambos*, § 24 Rn. 18; S/S/W-*Kudlich/Schuhr*, § 24 Rn. 40; S/S-*Eser*, § 24 Rn. 30. – Vgl. auch BGH NStZ 1997, 485 mit hinsichtlich der Begründung kritischer Bspr. *Kudlich/Hannich*, StV 1998, 370; *Brand/Fett*, NStZ 1998, 507; *Stuckenberg*, JA 1999, 273.

[316] So *Roxin*, AT II, 30/138, der dieser Theorie „grundsätzlich" zustimmt (Rn. 139); Vertreter dieser Theorie sind: *Freund*, 8/67 u. 9/48; *Haft*, S. 251; *Rengier*, AT, 49/63; *Murmann*, GK, 29/120: für den Regelfall; im Hinblick auf die „Rücktrittsleistung" auch *Fischer*, § 24 Rn. 14 a; NK-*Zaczyk*, § 24 Rn. 47; eingehend jetzt zum Diskussionsstand *Ahmed*, 2007, S. 68 ff., der wie hier differenziert (S. 162). – *Kudlich*, JA 2008, 601, 603 f.: spielt keine entscheidende Rolle. – Krit. zur h. L. *Stein*, GA 2010, 129, der einen dem beendeten Versuch vorgelagerten unbeendeten Versuch wie beim Begehungsdelikt annimmt, diese Differenzierung aber nur für § 22, nicht für § 24 vornimmt (S. 129 Fn. 3 a. E.).

[317] S/S-*Eser*, § 24 Rn. 30 u. LK[11]-*Jescheck*, § 13 Rn. 49 (ebenso jetzt LK-*Weigend*, § 13 Rn. 81) sowie *Exner*, Jura 2010, 280.

[317a] So *Küper*, ZStW 111 (2000) 1, 42 f., der aber der hier (noch) vertretenen „Differenzierungslehre" zugesteht, dass sie „das Gerechtigkeitsempfinden besser befriedigt als die ‚norma-

Grund der Strafbefreiung wurzelt letztlich in der freiwilligen Änderung der Verhaltensrichtung, weil und solange der Täter alle unerlaubten Risiken noch sicher in der Hand hat" (BGH NJW 2000, 1730, 1732 m. Bspr. *Kudlich,* JA-R 2000, 142; BGH NJW 2003, 1057, 1058 mit Anm. *Kudlich,* JR 2003, 380). Anders könnte dies allenfalls in Fällen sein, in denen der Erfolg vom Täter zwar verursacht wurde, ihm aber nicht objektiv zugerechnet werden kann (s. o. 16/79); muss es dann bei der Versuchsstrafbarkeit bleiben oder kommt hier nicht doch Rücktritt wegen Nachholung der unterlassenen Handlung in Betracht?

Unbeendet ist der Unterlassungsversuch, wenn der Täter davon ausgeht, durch **154** schlichte Nachholung der unterlassenen Rettungshandlung den Erfolgseintritt noch verhindern zu können (z. B. durch Wiederaufnahme der normalen Fütterung des Kleinkindes sei die Lebensgefahr gebannt). **Beendet** ist der Unterlassungsversuch, wenn der Erfolgseintritt nach den Vorstellungen des Täters nur noch durch den Einsatz riskanterer Gegenmittel verhindert werden kann (z. B. durch künstliche Ernährung des stark geschwächten Kleinkindes).[318] Scheitert hier der Täter mit seiner Gegenaktivität (weil etwa dem Kleinkind nur noch Ärzte helfen können), so ist er nicht strafbefreiend vom Versuch zurückgetreten, wenn die Ärzte das Leben des Kleinkindes ohne Veranlassung durch den Täter dann doch noch retten. Ist der Unterlassungsversuch untauglich (z. B. weil das Opfer, dem vom Täter zunächst nicht geholfen wird, bereits tot oder nicht mehr zu retten ist [Bsp. bei *Noltensmeier/Henn,* JA 2010, 269, 272]), so muss sich der Täter, der noch an die Rettungsmöglichkeit glaubt, nach § 24 I 2 freiwillig und ernsthaft um die Verhinderung der Vollendung bemühen (s. o. 16/83–87).[318a] Das volle Erfolgsabwendungsrisiko soll auch jeden Täter eines tauglichen Unterlassungsversuch (Mangelernährung eines Kleinkindes über zwei Wochen hinaus) treffen, selbst wenn der „plötzliche Kindstot" davon unbeeinflusst war (BGH NStZ 2012, 29 f. m. abl. Anm. *Mandla,* S. 32: „Die erfolgreiche Verhinderung eines durch eine andere Ursache herbeigeführten Erfolges gehört nicht zu den Voraussetzungen eines Rücktritts.").

Inwieweit die Differenzierung zwischen unbeendetem und beendetem Unterlas- **154a** sungsversuch von Bedeutung sein kann, zeigt auch der Fall, der in einer von *Küper* gestellten baden-württembergischen Examensklausur behandelt wurde: Verletzt der PKW-Fahrer F aus Unachtsamkeit den Mopedfahrer M lebensgefährlich, fährt aber aus Angst, wegen des Unfalls belangt werden zu können, weiter, so fragt es sich, ob er Straffreiheit wegen Rücktritts dadurch erlangen kann, dass er nach Erreichen des 5 km entfernt liegenden Dorfes eine ältere Dame auffordert, die Polizei anzurufen, weil er einen Unfall beobachtet habe, bei dem wahrscheinlich jemand verletzt worden

---

le' Bestrafung wegen vollendeter Vorsatztat"; ebenso LK-*Weigend,* § 13 Rn. 81 u. NK-*Zaczyk,* § 24 Rn. 47 sowie *Exner,* Jura 2010, 276, 280. – Krit. zur unterschiedlichen Behandlung des Irrtums über die Wirksamkeit des Getanen beim Rücktritt vom Versuch des Begehungsdelikts und des Unterlassungsdelikts *Schliebitz,* 2002, S. 158.

[318] Vgl. zu diesen Definitionen und zu den Beispielen *Exner,* Jura 2010, 276, 280; *Ebert,* S. 185; *Otto,* 19/88; *Kindhäuser,* § 24 Rn. 80 f.; S/S-*Eser,* § 24 Rn. 28, 29 sowie W-*Beulke,* Rn. 744; aus der Rspr. vgl. BGH NJW 2000, 1730, wo die Wiederaufnahme der Fütterung das Leben des Pflegekindes nicht mehr gerettet hätte (so treffend *Roxin,* AT II, 30/149–151).

[318a] So auch *Brand/Fett,* NStZ 1998, 507; *Kudlich/Hannich,* StV 1998, 370; *Stuckenberg,* JA 1999, 273; *Küpper,* JuS 2000, 225, 229; *Kudlich,* JA 2008, 601, 604; *Noltensmeier/Henn,* JA 2010, 269, 273 f.; *Jäger,* Rn. 328; *Murmann,* GK, 29/121; W-*Beulke,* Rn. 745; anders aber BGH NStZ 1997, 485, der zu Unrecht darauf abstellt, dass der Täter „die Vollendung der Tat nicht mehr verhindern konnte"; dies führt zu dem paradoxen Ergebnis, dass das beim vollendeten Delikt privilegierende Fehlen der Kausalität beim Unterlassungsdelikt in sein Gegenteil verkehrt wird (*Noltensmeier/Henn* a. a. O. u. *Kudlich,* AT-Fälle, S. 125 f., 132).

sei. Wird der verletzte M durch Dritte (einen Radfahrer, der den Notarzt herbeirief) gerettet, so scheidet ein Rücktritt wegen Erfolgsverhinderung (§ 24 I 1 Alt. 2) aus, weil das Ausbleiben des Erfolgs nicht auf der Gegenaktivität des F beruht. Maßgeblich ist also § 24 I 2. Behandelt man jeden Versuch des Unterlassungsdelikts nach den Regeln des beendeten Versuchs (so etwa BGH NStZ 1997, 485), hätte F sich ernsthaft um die Erfolgsverhinderung bemühen müssen; dies dürfte hier zu verneinen sein, da er sich nicht vergewisserte, ob die ältere Dame die Polizei verständigt hat (s. o. 16/85). Differenziert man – wie hier – auch beim Unterlassungsversuch zwischen unbeendetem und beendetem Versuch, so könnte man beendeten Versuch mit der Begründung annehmen, dass die Nachholung der ursprünglich gebotenen Handlung – unverzügliche Rettungsmaßnahmen nach dem Unfall – nach der Vorstellung des Täters (s. o. 16/24) nicht mehr möglich war; dann wäre das Bemühen des F wieder keine ausreichende Rücktrittsleistung i. S. des § 24 I 2, da sie aus seiner Sicht (s. o. 16/87) zur Erfolgsverhinderung nicht geeignet war. Unbeendeten Versuch könnte man mit der Begründung annehmen, dass die ursprünglich geforderte Rettungsmaßnahme lediglich in der Verständigung der Polizei bzw. des Rettungsdienstes bestanden habe; dann fragt sich aber immer noch, ob F durch die Aufforderung der älteren Dame diese Rettungsmaßnahme in einer für § 24 I 2 ausreichenden Weise nachgeholt hat oder ob er sicherere Rettungsmaßnahmen hätte einleiten müssen (so *Küper* in seinem Lösungsvorschlag) und es deshalb an subjektiv optimalen Rettungsbemühungen[319] gefehlt hat.

154b Behandelt man den Rücktritt des Unterlassungstäters nach den Regeln des beendeten Versuchs, so ist nach § 24 I 1 Var. 2 die aktive und freiwillige Verhinderung der Vollendung zu verlangen, wobei es auf den Zeitpunkt nicht ankommt (BGH NJW 2003, 1057 mit Anm. *Kudlich,* JR 2003, 380). Die Rspr. verlangt auch hier, wie beim beendeten Versuch (16/71), **nicht** die Wahl der sichersten oder **optimalen** Möglichkeit der Erfolgsverhinderung (BGHSt 48, 147 m. z. T. krit. Bspr. *Engländer,* JuS 2003, 641; *Jakobs,* JZ 2003, 743; *Martin,* JuS 2003, 619; *Neubacher,* NStZ 2003, 576; *Puppe,* NStZ 2003, 309; *Seelmann,* JR 2004, 162; *Trüg,* JA 2003, 836; *Zwiehoff,* StV 2003, 631; eingehend *Puppe,* AT 2, 36/72–79; vgl. auch schon BGH NJW 2002, 3719 m. Bspr. *Beckemper,* JA 2003, 277 u. *Otto,* JK 6/03, StGB § 24/31).[320] – Rücktrittsunfähig ist auch hier der fehlgeschlagene Versuch, der etwa vorliegt, wenn der Garant erst dann mit seinen Rettungsbemühungen beginnt, wenn dem Opfer – wie der Garant erkennt – bereits von einem anderen geholfen worden ist, er also den Tod des Opfers nicht mehr, wie er es sich vorgestellt hatte, durch Unterlassen „bewirken" kann[320a] (zu mehraktigem Geschehen z. B. bei Unterbrechung der Gefährdungslage in einem Teilabschnitt vgl. BGH NJW 2003, 1057 mit Bspr. *Baier,* JA 2003, 629; *Freund,* NStZ 2004, 326 u. *Kudlich,* JR 2003, 380).[321] Wie auch beim versuchten Begehungsdelikt (o. 16/11) ist mit dem fehlgeschlagenen Versuch der subjektiv erkannte Fehlschlag gemeint (*Exner,* Jura 2010, 276, 279 f. mit BGH NStZ 1997, 485, als Fall 4). Erkennt im obigen Bsp. (von anderem geholfen) der Garant die Hilfe durch den anderen nicht, so kann er nach § 24 I 2 zurücktreten[321a] (SSW-*Kudlich/Schuhr,* § 24 Rn. 42).

[319] Vgl. *Roxin,* AT II, 30/281.
[320] Krit. zur Rspr. *Ahmed,* 2007, S. 162, der die einschlägigen Fälle bespricht (S. 2–10 mit Lösungen S. 156–162); zust. zur Rspr. LK-*Weigend,* § 13 Rn. 81.
[320a] *Murmann,* GK, 29/115; W-*Beulke,* Rn. 743 m. Bsp.; *Exner,* Jura 2010, 279.
[321] Vgl. LK-*Weigend,* § 13 Rn. 81 Fn. 272.
[321a] SSW-*Kudlich/Schuhr,* § 24 Rn. 42.

Aus der **Übungsfall-Literatur:** vgl.: *Blei,* PdW AT, Fälle 205, 206; *Frisch/Murmann,* JuS 1999, 1196 u. 1199f.; *Haas,* AL 2012, 119 u. 124f.; *v. Heintschel-Heinegg/Kudlich,* JA 2001, 129f. u. 135f.; *Jäger,* Rn. 327, 328: Fall 56 (BGH NStZ 1997, 485, nachgebildet) u. Rn. 326a und b: Fall 55 (BGH NStZ 2003, 28 nachgebildet); *Kudlich,* JuS 1999, 351f.: Fälle 7a und 7b, in: AT-Fälle, Fall 9, S. 132 sowie PdW AT, Fälle 247, 248; *Kudlich/Schuhr,* JA 2007, 349 u. 352f; *Ladiges/Glückert,* Jura 2011, 552 u. 559; *Otto/Bosch,* Übungen, Fall 9, S. 203, 205.

VIII. Abgrenzung von Täterschaft und Teilnahme beim Unterlassungsdelikt

S. dazu u. 20/266–272.   155

§ 19. Das fahrlässige Unterlassungsdelikt

I. Abgrenzung von Tun und Unterlassen

Auch fahrlässige Erfolgsdelikte, die wie die fahrlässige Tötung gem. § 222 oder 1 die fahrlässige Körperverletzung gem. § 229 zu ihrer Verwirklichung ein positives Tun vorauszusetzen scheinen, können durch ein Unterlassen der Erfolgsabwendung begangen werden. Allerdings ist schon bei der Abgrenzung von Tun und Unterlassen (s.o. 18/23) klargestellt worden, dass ein Verhalten nicht schon dadurch zu einem Unterlassen wird, dass der Täter die erforderliche Sorgfalt außer Acht lässt (*Kaspar,* JuS 2012, 112, 117; anders aber *Röhl,* JA 1999, 900f.). Wer also sein Fahrzeug im Straßenverkehr führt, nimmt aktiv am Verkehr teil, auch wenn er es unterlässt, bei schlechten Sichtverhältnissen die Beleuchtung einzuschalten. Ein Grenzfall von Tun und Unterlassen liegt etwa dann vor, wenn der Täter sein Fahrzeug an einer dunklen Stelle parkt, ohne es zu beleuchten: das Parken kann als positives Tun eingestuft werden, weil der Täter sein Fahrzeug abstellt; das Nichteinschalten der Schluss- oder Parkleuchte kann als ein Unterlassen eingestuft werden (vgl. OLG Celle VRS 63 [1982], 72, m. Bspr. *Maiwald,* JuS 1989, 186f.; „Grenzfall" nach MK-*Duttge,* § 15 Rn. 211). Fährt ein Mopedfahrer auf das nicht rechtzeitig bemerkbare Fahrzeug auf, so können dessen Verletzungen dem Täter als fahrlässige Körperverletzung gem. § 229 zugerechnet werden, wobei bei der Annahme eines Unterlassens eine Garantenstellung des Täters festgestellt werden müsste. Sie ergibt sich im Beispielsfall eindeutig aus der Zuständigkeit des Halters für die Überwachung und Sicherung der Gefahrenquelle Fahrzeug (*Maiwald,* JuS 1989, 187, mit Fn. 8). Fahrlässiges **Unterlassen** (§ 222) nimmt der BGH (NStZ 1999, 607) nach der Schwerpunktformel in einem Fall an, in dem die Mutter ihre 3 Jahre alte Tochter trotz eingeschalteter Herdplatten für längere Zeit allein in der Wohnung ließ; das Verlassen der Wohnung sei zwar ein Tun, doch wäre dies für sich genommen unschädlich gewesen, wenn es die Mutter nicht unterlassen hätte, für eine anderweitige Aufsicht zu sorgen oder zumindest den Herd technisch zu sichern. Auf diese Entscheidung bezieht sich der BGH (NStZ 2005, 446, 447; dazu schon oben 17/25) in einem Fall, in dem die Mutter nach dem Rauchen von Zigaretten die Wohnung (und ihr hierauf durch Brandentwicklung zu Tode gekommenes Kleinkind) verließ, ohne zu kontrollieren, ob die Zigarettenreste noch glimmten (der BGH sieht wohl auch in diesem Fall ein Unterlassen; dafür auch *Kudlich,* JuS 2005, 848, 850, da es kein aktives Verhalten gäbe, das eine „neue [pflichtwidrig nicht verringerte] Gefahr" geschaffen hätte). Aktives Tun hingegen wurde angenommen für einen Speditionsunternehmer, der seinen Betrieb so organisiert hatte, dass es regelmäßig zu Lenkzeitüberschreitungen kam; dass er es unterlassen hatte, die Fahrer, die dann infolge Übermüdung Dritte fahrlässig töteten, an der Weiterfahrt zu hindern, trete hinter dem aktiven Tun zurück (LG Nürnberg-Fürth NJW 2006, 1824). Die Problematik der Abgrenzung von Tun und Unterlassen beim Abbruch eigener und fremder Rettungsbemühungen (s. o. 18/20, 21 beim vorsätzlichen Unterlassungsdelikt) stellt sich auch beim fahrlässigen Unterlassungsdelikt und ist wie bei vorsätzlichen Straftaten zu entscheiden: positives Tun, wenn dem rettungswilligen Dritten aus Unachtsamkeit ein Bein gestellt wird, das die rettende Kausalität abbricht; dagegen Unterlassen, wenn dem Retter die von ihm geworfene Rettungsleine aus Unachtsamkeit entgleitet; im letzteren Fall ist an ein Unterlassen im erlaubten Risiko zu denken, wenn der Retter durch die fahrlässige Rückgängigmachung selbst gesetzter Rettungsbemühungen für das Opfer, das zu ertrinken droht, nur den lebensgefährlichen Zustand wiederherstellt.[1]

II. Typische Fälle

2   Typische Fälle fahrlässigen Unterlassens[1a] sind etwa die Unaufmerksamkeit des Übernahme-Beschützergaranten (z. B. des fernsehenden Kindermädchens), die dazu führt, dass der „Schützling" (das Kleinkind) von dem teilweise erklommenen Bücherregal herabstürzt und sich verletzt. Aber auch der Ingerenz-Garant (z. B. der Kraftfahrer), der nach dem fahrlässigen Anfahren des Radfahrers weiterfährt, weil er den Radfahrer irrtümlich für tot hält, obwohl dieser erkennbar nur schwer verletzt ist. Auch der Vater, der im Ertrinkenden sein Kind nicht erkennt, kann dessen fahrlässige Tötung durch Unterlassen zu verantworten haben, wenn er bei genauerem Hinsehen den Ertrinkenden als sein Kind hätte erkennen können. Ein fahrlässiges Unterlassungsdelikt kommt auch für den rettungswilligen Nichtschwimmer in Betracht, wenn er den erkennbar angebrachten Rettungsring, mit dem er den Ertrinkenden hätte retten können, aus Unachtsamkeit übersehen hat.

III. Der Tatbestand

1. Erfolgseintritt, Nichtvornahme der Rettungshandlung, „Quasikausalität" und Garantenstellung

3   Der Tatbestand des fahrlässigen Unterlassungsdelikts setzt sich aus dem objektiven Tatbestand des vorsätzlichen Unterlassungsdelikts und dem Tatbestand des fahrlässigen Begehungsdelikts zusammen. Dies führt zu einer Vermehrung der zu prüfenden Punkte. Die ersten Prüfungsschritte entsprechen dem objektiven Tatbestand des vorsätzlichen Unterlassungsdelikts:[1b] Eintritt des tatbestandsmäßigen Erfolgs, Nichtvornahme der geeigneten/erforderlichen Rettungshandlung trotz individueller Handlungsfähigkeit/-möglichkeit,[2] Quasikausalität des Unterlassens für den Erfolgseintritt[3] und Garantenstellung des Täters. Mit der Garantenstellung ist auch

---

[1] *Winter,* 2000, S. 159 ff., 168 mit zahlreichen Beispielsfällen.

[1a] Vgl. zu diesen auch *Jäger,* Rn. 374 u. *Roxin,* AT II, 31/196–200.

[1b] Vgl. die Aufbaumuster bei *Beck,* JA 2009, 268, 270 f.; *Ebert,* S. 255; *W-Beulke,* Rn. 877; *Schwind/Franke/Winter,* Anfängerübung, S. 176, 1. a) und b); *Seier/Jörgens,* JA-Übungsblätter, 1980, 155.

[2] Zur Beschränkung der Sorgfaltspflicht auf das, was der Täter in der konkreten Situation leisten kann, s. S/S-*Sternberg-Lieben,* § 15 Rn. 143.

[3] Zum Sonderproblem der „Kausalität" in Fällen, in denen nicht feststeht, auf wessen Unterlassen der Erfolg zurückgeht, vgl. *Beulke/Bachmann,* JuS 1992, 743 f. zu BGHSt 37, 106 ff. – Bei der Nichtvornahme von Rettungshandlungen, die nicht mit an Sicherheit grenzender

schon die Pflicht des Garanten festgestellt, eine bestimmte Rettungshandlung vorzunehmen. Erfüllt der Garant seine Garantenpflicht nicht, so liegt also schon eine konkrete Pflichtverletzung vor.[3a]

2. Sorgfaltspflichtverletzung

Trotz teilweisen Zusammenfallens von **Garantenpflicht** und **Sorgfaltspflicht**[4] muss zusätzlich noch die Verletzung einer Sorgfaltspflicht wie beim fahrlässigen Begehungsdelikt geprüft werden, wobei – wie dort – der Eintritt des Erfolges objektiv vorhersehbar sein muss.[5] Diese Vorhersehbarkeit bezieht sich beim fahrlässigen Unterlassungsdelikt auch auf die Erkennbarkeit der Handlungsmöglichkeit sowie auf die Umstände, welche die Garantenstellung begründen.[6]

3. Objektive Zurechnung

Wie beim fahrlässigen Begehungsdelikt sind bei der objektiven Zurechnung des **4a** Erfolgs der **Pflichtwidrigkeits- und** der **Schutzzweckzusammenhang** zu prüfen, jetzt bezogen auf das pflichtwidrige Unterlassen.[7] Die Pflichtwidrigkeit des Unterlassens muss sich im Erfolg niedergeschlagen haben, wenn dieser Erfolg das Werk des unterlassenden Garanten sein soll; wäre der Erfolg auch beim pflichtgemäßen Verhalten eingetreten, so ist er nicht auf die Pflichtwidrigkeit zurückzuführen.[8]

Der Pflichtwidrigkeitszusammenhang wird z. B. in dem (schon mehrfach als Be- **5** gehungs-Fall behandelten, s. o. 4/55; 8/34, 36, 40, 119, 133 u. 143) **Brand-Rettungs-fall** diskutiert, in welchem der Vater sich nicht entschließen kann, sein Kind in die Arme der Retter zu werfen (BGH bD MDR 1971, 361 = JZ 1973, 173; in einem vergleichbaren Übungsfall bei *Hettinger*, JuS 2011, 910, 911). Die Entscheidung über die Zurechnung des Flammentodes des Kindes zum pflichtwidrigen (nicht-vorsätzlichen[9]) Unterlassen des Vaters hängt davon ab, welche Risiken mit dem Herabwerfen des Kindes verbunden waren bzw. welche ernsthaften Rettungschancen dem Kind genommen wurden.[10] Hätte auch das Herunterwerfen des Kindes

---

Wahrscheinlichkeit den Erfolg verhindert hätten, ist nach h. L. der Erfolg nicht „quasi-kausal" verursacht, so dass das Unterlassen – auf Versuch kann nicht ausgewichen werden (s. o. 18/39) – straflos ist. – Aus der Rspr.: BGH NJW 2008, 1897 m. Anm. *Kühl*.

[3a] *Murman*, GK, 30/11.

[4] Vgl. *Stratenwerth/Kuhlen*, 16/2; *Hohmann/Matt*, Jura 1990, 550; NK-*Wohlers*, § 13 Rn. 21; ausführlich *Fünfsinn*, 1985, S. 98 ff., dazu zust. *Rackow*, 2007, S. 162.

[5] Vgl. *Dießner*, 2008, S. 160, 460; W-*Beulke*, Rn. 877; *Schwind/Franke/Winter*, Anfängerübung, S. 176, 1. c) und d).

[6] Vgl. *Ebert*, S. 185; *Jescheck/Weigend*, S. 633 f.; SK-*Rudolphi/Stein*, Vor § 13, Rn. 26, 35 f.

[7] W-*Beulke*, Rn. 877; *Seier/Jörgens*, JA-Übungsblätter, 1980, 155; aus der Rspr. vgl. BGHSt 56, 277, 287: Realisierung des Übernahmeverschuldens und des Schutzzwecks der verletzten Aufklärungspflicht eines fehlerhaft – ohne Anästhesisten – operierenden Arztes, der dann die gebote Reanimation unterließ (zum Fall auch *Kudlich*, NJW 2011, 2856 u. *Beckemper*, ZJS 2012, 132) anders bezüglich des Pflichtwidrigkeitszusammenhangs *Schwind/Franke/Winter*, Anfängerübung, S. 176, die diesen schon mit der Kausalitätsprüfung als erledigt ansehen; ebenso *Gropp*, 11/76–78: „Scheinerfordernis".

[8] Vgl. zum Pflichtwidrigkeitszusammenhang beim Unterlassungsdelikt W-*Beulke*, Rn. 713, sowie *Kahlo*, 1990, S. 319–321, mit Beispielsfällen aus der Rechtsprechung, S. 331–337.

[9] So mangels „Billigung desjenigen Verlaufs, der es dem Anderen zum Schlechten wendet" *Kahlo*, 1990, S. 337, u. schon *Wolff*, 1965, S. 52. – Weitere Entscheidungen zum Pflichtwidrigkeitszusammenhang bei unechten fahrlässigen Unterlassungsdelikten (§ 222) behandelt *Kahlo*, 1990, S. 331–336.

[10] Vgl. zum Fall mit zahlreichen Nachweisen W-*Beulke*, Rn. 712.

eine erhebliche Gefahr für dessen Leben heraufbeschworen, so wird dem Kind wohl keine echte Rettungschance vorenthalten.[11] Der Lehre von der objektiven Zurechnung nähert sich der BGH, wenn er beim Einsturz des Daches einer Eissporthalle, durch den Besucher getötet und verletzt wurden, nicht nur nach der „Quasikausalität" (dazu o. 18/36, 39), sondern auch nach der Ursächlichkeit des Pflichtverstoßes" des prüfenden Sachverständigen, der die Verantwortlichen der Stadt nicht aureichend informiert hatte, fragt (BGH NJW 2010, 1087, 1091 m. Anm. *Kühl*, 1092, 1093 u. Bspr. *Bosch*, JK 5/11, StGB § 13/44).

6   Neben diesen speziellen Zurechnungskriterien beim Fahrlässigkeitsdelikt gelten auch die allgemeinen Kriterien der **objektiven Zurechnung** wie das der Realisierung der vom Täter geschaffenen Gefahr, hier: der Realisierung der durch Unterlassen nicht abgewendeten Gefahr. Eine solche Gefahrrealisierung fehlt etwa, wenn der Unterlassende das Opfer (mit dessen Tod er nicht gerechnet hat, aber hätte rechnen können = Sorgfaltspflichtverletzung bei objektiver Voraussehbarkeit des Erfolges) zwar sterben lässt, dieses sich aber durch Heroinkonsum **eigenverantwortlich selbst gefährdet** hat. Dieses Ergebnis ist beim vorsätzlichen Unterlassungsdelikt schon durch die Begrenzung der Ingerenz-Garantenstellung des Heroinspritzenlieferanten begründet worden (s. o. 18/105); diese Begründung würde auch beim fahrlässigen Unterlassungsdelikt zum selben Ergebnis[12] führen: Keine fahrlässige Tötung durch Unterlassen. Stellt sich das selbstgefährdende Handeln des Opfers hingegen nicht als freiverantwortlich dar, macht sich ein Garant nach § 222, 229, 13 strafbar (z.B. wenn der zuständige Arzt bei Einlieferung eines suizidgefährdeten Kindes dessen Durchsuchung auf gefährliche Gegenstände unterlässt, mit denen das Kind später Selbstmord begeht[13]). Den Zurechnungsausschließungsgrund der Selbstgefährdung hat das OLG Stuttgart (NJW 2005, 2567) übersehen, als es einen Bauherrn wegen fahrlässiger Tötung durch Unterlassen nach §§ 222, 13 verurteilte, weil er die Mitarbeiter eines Abrissunternehmens nicht davon abhielt, gefährliche Dacharbeiten ohne Sicherungsgerüst und Fangnetz durchzuführen, denn der zu Tode gekommene Arbeiter hatte sich bewusst in eine gefahrenträchtige Situation begeben (*Duttge* NStZ 2006, 266, 271). Nicht erwogen wurde auch die mögliche eigenverantwortliche Selbstgefährdung des Fahrers eines Sattelschleppers, der mit von ihm nicht – allerdings auch vom Werkstattleiter unvollständig – geprüften Bremsen in einen Supermarkt rauschte und dadurch auch seinen Tod verursachte (s. oben 18/36, 39 zu BGHSt 52, 159, 163 f.; erwogen von *Kühl*, NJW 2008, 1899 u. *Lindemann*, ZJS 2008, 404, 408). Eine fahrlässige Tötung nach § 222 soll aber dann vorliegen, wenn bei vorsätzlichem Handeln die Mitwirkung an der Tötung des Lebensmüden wegen eigenhändiger Vornahme nach § 216 zu beurteilen gewesen wäre, diese Vorsatztat aber ausscheidet, weil der Mitwirkende die Wirkung des eingesetzten Mittels – er hält die tödlich wirkende Waffe für ungeladen – verkennt (so BGH NJW 2003, 2326; dazu und zu OLG Nürnberg NJW 2003, 454, vgl. *Lackner/Kühl*, Rn. 11 vor

---

[11] Vgl. *Kahlo*, 1990, S. 337; *Ulsenheimer*, JuS 1972, 253. – Der BGH hat dies aber anders gesehen; ihm im Ergebnis zustimmend *Herzberg*, MDR 1971, 881; *Spendel*, JZ 1973, 137. – Für Erfolgszurechnung schon bei Nichtnutzen einer unsicheren Rettungschance *Brammsen*, MDR 1989, 123. – Hingegen verneint *Lampe*, Fs. Lenckner, 1998, S. 170 ff. bereits eine Garantenpflicht, wenn deren Erfüllung in der Begehung eines nach § 34 gerechtfertigten Verbrechens bestünde. Nach *Freund*, AT, 6/111 „liegen keine tatbestandsmäßigen Verhaltensfolgen vor", wenn „ex-post betrachtet ... die Kinder durch das Hinabwerfen ebenfalls zu Tode gekommen wären."

[12] Anders die Rspr.: BGH NStZ 1984, 452; 1985, 320 m. abl. Anm. *Roxin*.

[13] Nach OLG Stuttgart NJW 1997, 3103.

§ 211 und unten 20/51 a, 138). Ob die fahrlässige Nichthinderung einer Tötung auf Verlangen nach § 216 eine fahrlässige Tötung ist, ist umstritten.[14] – Bei **arbeitsteiliger** Beseitigung einer Gefahrenquelle darf nicht immer darauf vertraut werden, dass die anderen ihre Aufgabe ordnungsgemäß erfüllen (BGHSt 47, 224 [Fallaufbereitung durch *Hoffmann-Holland*, Rn. 785] m. Bspr. *Freund*, NStZ 2002, 424, *Kudlich*, JR 2002, 468, *Duttge*, NStZ 2006, 266, 269 u. *Otto*, JK 1/03, StGB § 13/33; auch zur arbeitsteiligen Erledigung einer Bauleistung durch Unternehmer und Subunternehmer BGHSt 53, 38 m. Bspr. *Bußmann*, NStZ 2009, 386; *Duttge*, HRRS 2009, 149; *Kraatz*, JR 2009, 182; *Renzikowski*, StV 2009, 443 u. *Satzger*, JK 8/09, StGB § 222/8).

> In der **Übungsfall-Literatur** werden fahrlässige Unterlassungsdelikte behandelt bei: *Eiden/Köpferl*, Jura 2010, 780 u. 787 f. (Nichteinschreiten gegen Verweisung aus Zug durch Kontrolleur); *Esser*, Jura 2004, 273 u. 274–276 („Produkthaftung" mit Zurechnungsproblematik); *Hohmann/Matt*, Jura 1990, 544 f. u. 550 f. (fahrlässige Tötung durch Wegfahren nach Unfall); *Gössel*, Fälle, Fall 15, S. 244 u. 248 f. (fahrlässige Körperverletzung des alkoholisierten Gastes durch den Wirt); *Gropp*, in: G/K/M, Fallsammlung, Fall 3, S. 47 f. (§ 212-Versuch durch Weigerung, PKW zur Rettung zur Verfügung zu stellen); *Jäger*, Bsp. mit Lösung, Rn. 375 (= BGHSt 53, 38); *Krumdiek*, Jura 2009, 623 u. 626 [Pflichtwidrigkeitszusammenhang]; *K/S/L*, Klausurtraining, Fall 2, S. 80 u. 87 f.; *Meurer/Kahle/Dietmeier*, Übungskriminalität, Fall 6, 103 f. u. 114–117 (fahrlässige Körperverletzung des betrunkenen Gastes durch Wirt); *Rudolphi*, AT-Fälle, Fall 13, S. 148 u. 160 (garantenpflichtwidriges Nichtlöschen eines Brandes, das objektiv zurechenbar zu einer fahrlässigen Körperverletzung des Feuerwehrmannes nach §§ 229, 13 führt; keine Zurechnung des Todes des freiwilligen Retters, da außerhalb des Schutzbereichs von § 222); *Schwind/Franke/Winter*, Anfängerübung, 3. Klausur, S. 173 u. 175–177 (Tötung des Kindes durch fahrlässiges Nichteinschreiten desjenigen Beschützergaranten, der die Aufsicht des Kindes übernommen hatte); *Sternberg-Lieben Sternberg-Lieben*, JuS 2005, 47 u. 49 f. (Nichtherbeirufen eines Arztes durch Tante).

Auch Vorsatz-Fahrlässigkeits-Kombinationen wie die **erfolgsqualifizierten Delikte** 7 (z. B. § 277; näher § 17 a) können durch Unterlassen begangen werden. Dabei muss das Unterlassen die Todesgefahr geschaffen und zumindest wesentlich erhöht haben (BGH NJW 1995, 3194 f., BGH NStZ 2006, 686; H-H/*Eschelbach*, § 227 Rn. 11; *Lackner/Kühl*, § 277 Rn. 3.

> Aus der **Übungsfall-Literatur** vgl.: *Beulke*, KK III, Fall 1, Rn. 37; *Singelnstein*, ZJS 2012, 229, 236.

---

[14] Abl. *Roxin*, Fs. Schreiber, 2003, S. 399, 400 f. u. S/S-*Eser*, § 222 Rn. 5; a. A. *Herzberg*, NStZ 2004, 1, 8.

6. Abschnitt. Täterschaft und Teilnahme

§ 20. Täterschaft und Teilnahme

I. Überblick über die Grundformen der Beteiligung

1   Wie bereits einleitend (s. o. 1/20) ausgeführt, stellt sich das Thema ‚Täterschaft und Teilnahme' immer dann, wenn an der Verwirklichung eines Tatbestandes wie z. B. eines Totschlags gem. § 212 oder eines Diebstahls gem. § 242 mehrere Personen beteiligt sind. Die gesetzliche Regelung dieses Themas erfolgt im 3. Titel des 2. Abschnitts des AT: „Täterschaft und Teilnahme", §§ 25–31. Die Grundformen der Beteiligung mehrerer an einer Tatbestandsverwirklichung sind danach Täterschaft und Teilnahme. Unter den Oberbegriff der **Beteiligung** (s. zur Terminologie § 28 II[1]) fallen die in § 25 geregelten Formen der Täterschaft und die in §§ 26, 27 geregelten Formen der Teilnahme (s. zur Terminologie § 28 I).

2   **Täterschaft** meint die eigene Verwirklichung eines Tatbestands, die nicht nur durch eigenhändige Tatbegehung (§ 25 I Alt. 1: „wer die Tat selbst … begeht") als unmittelbarer Täter erfolgen kann. Die Straftat kann der dann sog. mittelbare Täter auch „durch einen anderen" begehen lassen (§ 25 I Alt. 2); „begehen mehrere die Straftat gemeinschaftlich", so sind sie nach § 25 II „Mittäter".

3   **Teilnahme** ist die Beteiligung an der Begehung einer Straftat[1a] eines anderen, des sog. Haupttäters. Teilnahmeformen sind die Anstiftung gem. § 26 und die Beihilfe gem. § 27. Nach dem Wortlaut beider Vorschriften muss der Beitrag des Teilnehmers (Anstifters oder Gehilfen) „zu dessen [des Haupttäters] vorsätzlich begangener rechtswidriger Tat" geleistet werden (**sog. limitierte Akzessorietät der Teilnahme**).

4   Während die Regelungen der mittelbaren Täterschaft, der Mittäterschaft, der Anstiftung und der Beihilfe notwendige Regelungen in einem System mit verschiedenen Beteiligungsrollen sind, bringt § 25 I Alt. 1 nur etwas zum Ausdruck, das sich schon aus den Straftatbeständen des BT ergibt: Denn selbstverständlich kann derjenige als Täter bestraft werden, der den jeweiligen Tatbestand **eigenhändig** verwirklicht. Wer einen anderen durch einen Schuss tötet, ist „Totschläger" i. S. des § 212, wer eine fremde bewegliche Sache durch einen Hammerschlag beschädigt, ist Täter einer Sachbeschädigung i. S. des § 303. Wer also die Tat **selbst** (= eigenhändig) in allen Einzelakten begeht, ist immer Täter. In Übungsarbeiten erübrigt sich in solchen Fällen jede besondere Feststellung, dass derjenige, der den Tatbestand verwirklicht hat, auch Täter ist, denn das folgt schon aus der Verwirklichung sämtlicher (objektiver und subjektiver) Tatbestandsmerkmale.[1b]

5   Täterschaft ist damit im Kern tatbestandsbezogen, die Erörterung von Beteiligungsformen gehört deshalb in den das Unrecht begründenden (Unrechts-)-Tatbestand.[2] Die **Tatbestandsbezogenheit** der Täterschaft[3] bedeutet, dass nicht jede

---

[1] Nach *Schroeder,* JuS 2002, 139, eine „irreführende Legaldefinition".

[1a] Die „Begehung" von Straftaten problematisiert *Lampe,* GA 2009, 673 ff.

[1b] Vgl. *W-Beulke,* Rn. 881.

[2] Vgl. *Roxin/Schünemann/Haffke,* Klausurenlehre, S. 21 f. Zur Teilnahmelehre als „Stück der Lehre vom Tatbestand" s. *Jescheck/Weigend,* S. 643.

[3] Vgl. zum im Text folgenden *Tiedemann,* Anfängerübung, S. 158; speziell zum tatbestandsbezogenen Täterbegriff *Krey/Esser,* AT, Rn. 791; *W-Beulke,* Rn. 508.

Tatverursachung zur Täterschaft führt. Ein solch extensiver Täterbegriff würde jede kausale Herbeiführung eines tatbestandsmäßigen Erfolges (z. B. durch Herstellung der Pistole, mit der der Täter das Opfer erschießt) als Täterschaft erfassen; Anstiftung und Beihilfe wären dann Strafeinschränkungsgründe. Die Tatbestandsbezogenheit der Täterschaft verlangt vielmehr die „Vornahme der tatbestandsmäßigen Handlung". Der **Täterbegriff** ist also **restriktiv**[4] und verlangt nach § 25 I Alt. 1 die „Begehung" der Straftat; – das gilt jedenfalls für Vorsatzdelikte.[4a]

Freilich erweitert der Gesetzgeber schon die Täterschaft und erst recht die sonstige Beteiligung über die eigenhändige Tatbestandsverwirklichung hinaus auf „Außenstehende".[5] Eine **erste Erweiterung** der Täterstrafbarkeit ordnet § 25 I Alt. 2 dadurch an, dass er die Begehung der Tat „durch einen anderen" als **(mittelbare) Täterschaft** erfasst.[5a] „Totschläger" i. S. des § 212 ist nicht nur der Todesschütze, sondern z. B. auch der Arzt, der den Patienten durch eine ahnungslose Krankenschwester mittels einer „Giftspritze" töten lässt. Eine **zweite Erweiterung** der Täterstrafbarkeit ordnet § 25 II dadurch an, dass er auch die „gemeinschaftliche" Tatbegehung als **(Mit-)Täterschaft** erfasst. Zum (Mit-)„Totschläger" i. S. des §§ 212, 25 II wird damit z. B. auch derjenige, der das Opfer nach gemeinsamem Plan mit dem Todesschützen so zusammenschlägt, dass der Schütze es sicher treffen kann. Zu Mittätern eines Raubes gem. § 249 werden auch die nach gemeinsamem Plan arbeitsteilig vorgehenden Komplizen, wenn der eine nur droht und der andere nur wegnimmt (jeweils i. S. des § 249). Die **Notwendigkeit** von Täterschaft erweiternden Vorschriften (§§ 25 I Alt. 2, 25 II) ist damit deutlich: sie gestatten die Zurechnung des Verhaltens einer anderen Person (z. B. des Werkzeugs Krankenschwester oder z. B. des Komplizen bei Tötung oder Raub), als hätte es der mittelbare Täter oder der Mittäter selbst vollzogen.

Strafbarkeitsausdehnungsgründe auf Personen, die mit der Ausführung der Tat 7 unmittelbar nichts mehr zu tun haben, enthalten die **Teilnahmevorschriften** des § 26 (Anstiftung) und des § 27 (Beihilfe). Auch wer selbst nichts wegnimmt, ist Teilnehmer eines Diebstahls gem. §§ 242, 26 (Anstiftung), wenn er nur den Dieb durch einen heißen Tipp zur Wegnahme gebracht hat. Auch wer, ohne selbst etwas wegzunehmen, dem Dieb nur das Einbruchswerkzeug besorgt, ist Teilnehmer an einem Diebstahl gem. §§ 242, 243 I 1, 27 (Gehilfe). Vom Tatbestand des § 242 ist das geschilderte Verhalten des Anstifters und des Gehilfen nicht mehr erfasst: beide nehmen nichts weg. Diese Entfernung vom tatbestandsmäßigen Verhalten ist nur deshalb zu rechtfertigen, weil Anstifter und Gehilfe „zu" einer Haupttat (einem Diebstahl) einen Beitrag leisten, deren Tatbestand der Haupttäter verwirklicht. Durch diese Anlehnung an die Haupttat (**Akzessorietät der Teilnahme**) erhält die Teilnahme einen festen gesetzlichen Bezugspunkt, der Rechtsunsicherheit verhindert.[6]

---

[4] *Jescheck/Weigend*, S. 648; SSW-*Murmann*, vor § 25 Rn. 4. – Eingehend zum restriktiven und extensiven Täterbegriff SK-*Hoyer*, Rn. 1–8 Vor § 25.

[4a] Anders für Fahrlässigkeitsdelikte *Schlehofer*, Fs. Herzberg, 2008, S. 355, 377 im Anschluss an *Herzberg*, TuT, S. 100.

[5] *Roxin*, in: *Roxin/Arzt/Tiedemann*, Einführung, S. 17 f. u. 20, dem auch der Text folgt; zur strafausdehnenden Wirkung der §§ 25 I Alt. 2 und 25 II s. SK-*Hoyer*, Rn. 8–15. – Zur Abgrenzung der Täterschaftsformen vgl. *Küpper*, GA 1998, 519 ff.

[5a] Zum koreanischen Strafrecht *Son*, ZStW 119 (2007), 750 ff.

[6] *Roxin*, (o. Fn. 5), S. 18; vgl. auch MK-*Freund*, Rn. 480 vor §§ 13 ff. – Zu möglichen Regelungen der Anstiftung in einem europäischen Modellstrafgesetzbuch *Syrrothanassi*, 2007.

8　　Das geltende Recht hat sich damit im Strafrecht gegen den im Ordnungswidrigkeitenrecht (§ 14 OWiG) geltenden **Einheitstäter**[7] entschieden. Nach dem Einheitstäterbegriff ist jeder Täter, der zur Tatbestandsverwirklichung ursächlich beiträgt, sei es auch nur durch Veranlassung und Förderung der Tat eines anderen. Dieser extensive Täterbegriff[8] lässt Art und Bedeutung des Tatbeitrags erst bei der Strafzumessung zur Geltung kommen. Demgegenüber unterscheiden die §§ 25–27 verschiedene Beteiligtenrollen nach der Qualität des Tatbeitrags. Diesem **differenzierenden System** liegt ein restriktiver Täterbegriff zugrunde, der Erweiterungen auf nicht selbst den Tatbestand verwirklichende Täter und Ausdehnungen auf Teilnehmer nur bei einer entsprechenden gesetzlichen Anordnung zulässt.

9　　Die Vorteile dieser Differenzierung liegen zunächst darin, dass „das spezifische Handlungsunrecht der einzelnen Delikte in Richtung auf den Täter erhalten bleibt".[9] Die **plastischen Figuren** der mittelbaren Täterschaft, Mittäterschaft, Anstiftung und Beihilfe steuern zudem der Gefahr einer Ausuferung der Strafbarkeit (z. B. durch Erfassung sonstiger kausaler Tatbeiträge) entgegen.[10] Schließlich werden die verschiedenen Tatbeiträge ihrem sachlichen Gewicht (insb. ihrem besonderen Handlungsunwert) nach erfasst.[11] Der Nachteil dieser Differenzierung liegt darin, dass sie zur Entwicklung von Abgrenzungskriterien zwischen Täterschaft und Teilnahme zwingt. Vernunft und Gerechtigkeit erzwingen dieses System aber nicht, so dass verschiedene Lösungen denkbar und argumentativ vertretbar sind und weltweit auch vertreten werden.[11a] Auch die angedrohten Strafen „privilegieren" nur die Beihilfe, für die § 27 II S. 2 einen obligatorischen besonderen gesetzlichen Milderungsgrund i. S. des § 49 I enthält (*Lackner/Kühl*, § 27 Rn. 10), wohingegen der Anstifter zwar

---

[7] Vgl. dazu näher *Seier*, JA 1990, 342 ff.; 382 ff. u. *Bock,* Jura 2005, 673 ff.; vgl. auch *Hruschka*, ZStW 110 (1998), 581, 610 Fn. 84, *Volk*, Fs. Roxin, 2001, S. 563, *Dencker*, Fs. Lüderssen, 2002, S. 525, 530 ff. u. *Schmoller*, GA 2006, 365 ff. – Eine Wiederbelebung normativ-funktionaler Art findet sich bei *Rotsch*, 2008 (m. Bspr. *Meyer*, ZIS 2010, 447 u. [krit.] *Renzikowski*, ZStW 122 [2010], 854), der nur zwischen unmittelbarer und mittelbarer Rechtsgutsbeeinträchtigung unterscheidet. – So weit geht das „normative Tätermodell" von *Weisser*, 2011, S. 549, nicht, es entfällt die Unterscheidung von Ausführungstäterschaft, mittelbarer Täterschaft und Mittäterschaft, fehlen aber tatprägende Beiträge, so liegt keine Form der Täterschaft vor (S. 551). Zu anderen zwölf Regelungsmodellen *Vogel*, ZStW 114 (2002), 403, 406; zum europäischen Strafrecht *Tiedemann*, Fs. Nishihara, 1998, S. 496 ff.; *Rehaag*, Prinzipien von Täterschaft und Teilnahme in europäischer Rechtstradition, 2009; *Weisser*, 2011 u. *Klescewski*, Fs. Puppe, 2011, S. 613, der drei Typen unterscheidet; zum spanischen Recht *Cerezo Mir*, Fs. Roxin, 2001, S. 549 ff.; zum österreichischen Recht *Fuchs*, Fs. Burgstaller, 2004, S. 41 ff.; zum österreichischen und skandinavischen Recht *Harmdorf*, 2002; zum italienischen Strafrecht *Miller*, Die Beteiligung am Verbrechen nach italienischem Strafrecht, 2007 u. *Maiwald*, 2009, S. 134 ff.; zum japanischen Strafrecht *Shimoda*, GA 2009, 469.

[8] Vgl. zum im Text folgenden *Frisch*, LdRerg 8/1620, S. 1.

[9] *Frisch*, LdRerg 8/1620, S. 1.

[10] Ob der Gesetzgeber bei der Erfassung der Beteiligtenrollen durch die Natur der Sache oder sachlogische Strukturen festgelegt ist, ist allerdings umstritten; dafür z. B. *Küpper*, 1990, S. 145 ff.; *Jescheck/Weigend*, S. 644; dagegen z. B. *Cramer*, Fs. Bockelmann, 1979, S. 396 f.; nach *Selter*, APSP 2011, 249, 268, ist die Unterscheidung von Täterschaft und Teilnahme „mit dem Fortgang der Zurechnungslehre rechtsgeschichtlich und philosophisch präjudiziert". – Zur Entstehung der Teilnahmeformen in Deutschland *Maiwald*, Fs. Schroeder, 2006, S. 283 ff.; rechtsvergleichend zum spanischen Recht *Pérez Alonso*, ZStW 117 (2005), 431; rechtsvergleichend im Überblick LK-*Schünemann*, Rn. 17 vor § 25; „transnationale" Untersuchung bei *Miller/Rakow*, ZStW 117 (2005), 379; zum Völkerstrafrecht, *Werle*, VölkerStrR, Rn. 470–536.

[11] Vgl. W-*Beulke*, Rn. 505.

[11a] *Frisch*, GA 2007, 250, 262.

nicht als Täter – deshalb die Differenzierung von Täter und Teilnehmer –, aber nach § 26 „gleich einem Täter" bestraft wird.[11b]

Diese Abgrenzung ist nach weit überwiegender Meinung nur im Bereich der vor-   10 sätzlichen (Begehungs- und Unterlassungs-)Delikte möglich bzw. erforderlich.[11c] Im Bereich der Fahrlässigkeitsdelikte ist jeder Täter, der durch eine Sorgfaltspflichtverletzung in objektiv zurechenbarer Weise zur Tatbestandsverwirklichung beiträgt.[11d] Zunehmend wird aber die Möglichkeit einer **fahrlässigen Mittäterschaft** – auch bei Unterlassungsdelikten (s. u. Rn. 269) – diskutiert, mit der Fälle aus dem Bereich der Produkthaftung und der Umweltdelikte bewältigt werden könnten, in denen Kollegialentscheidungen fahrlässige Tatbestandsverwirklichungen nach sich ziehen, oder in denen nicht zu klären ist, welche von mehreren Handlungen den Erfolg verursacht hat (sog. additive Kausalität).[12] Auch bleibt für die Anerkennung einer fahrlässigen mittelbaren Täterschaft mangels Tatherrschaft bzw. Täterwillens wenig Raum.[12a] Fahrlässige Anstiftung zur Vorsatz(haupt)tat ist nicht nach § 26 i. V. m. der Haupttat strafbar (s. u. Rn. 196), kann aber zur Täterschaft eines Fahrlässigkeitsdelikts führen; dasselbe gilt für die fahrlässig geleistete Beihilfe (s. u. Rn. 241), so z. B. wenn die Geliebte ihrem verheirateten Liebhaber Gift verschafft, obwohl sie argwöhnt, dass er damit seine Ehefrau töten will (= Fall 69 bei *Herzberg*, Täterschaft, S. 99 f.).[12b] Allerdings ist auch in diesen Fällen das Prinzip der Eigenverantwortlichkeit (s. o. 4/83 ff. u. 17/45) zu beachten; es kann zum Ausschluss der Haftung des fahrlässigen Erstverursachers (z. B. des Polizisten, der seine Dienstwaffe ungesichert auf dem Handschuhfach während eines Zigaretteneinkaufs liegen lässt) führen, wenn das Opfer sich freiverantwortlich selbst schädigt (z. B. durch Benutzen der Waffe zum Selbstmord; vgl. BGHSt 24, 342 = *Roxin*, HRR AT, Fall 5, S. 6 u. 159 = Fall 71 bei *Herzberg*, Täterschaft, S. 101 f.; s. o. 4/87 Fn. 228).[12c]

[11b] Zu kriminalpolitischen Zweifeln LK-*Schünemann*, § 26 Rn. 15; vehement dafür *Nepomuk*, 2008, S. 57 ff.; aus europäischer Perspektive auch *Weisser*, 2011, S. 508, 513 ff.; dagegen *Nikolidakis*, 2004, S. 56.

[11c] *Kindhäuser*, AT, 38/54–56.

[11d] B-*Weber/Mitsch*, 29, 5 u. 90; *Stratenwerth/Kuhlen*, 15/76; MK-*Freund*, Rn. 494 vor §§ 13 ff. – nach *Freund*, 10/26 f., ist die Bildung von Beteiligungsformen „in aller Regel nicht erforderlich", vgl. dazu auch *Otto*, Jura 1998, 409, 411 u. in: Gs. Schlüchter, 2002, S. 77, 92, der sich auch zur Haftungsbeschränkung nach dem Verantwortungsprinzip (s. o. 4/84), insb. im Bereich der Produkthaftung, äußert, u. *Puppe*, GA 2004, 129 ff. – Neuansatz bei *Sánchez-Lázaro*, 2007, S. 84 ff. (= Zusf.), der die „Zuständigkeit für die Risikoquelle" zum Kriterium eines restriktiven Täterbegriffs erhebt.

[12] *Roxin*, TuT, S. 694; aus der Diskussion in der Rechtslehre vgl.: *Beulke/Bachmann*, JuS 1992, 744; *Brammsen*, Jura 1991, 537; *Otto*, 21/114, sowie *ders.*, in: Jura 1990, 47 ff. u. 1998, 409, 412 ff.; *Dencker*, 1996, S. 176–178; *Weißer*, 1996, S. 143 ff., u. in: JZ 1998, 230 ff.; *Renzikowski*, 1997, S. 282 ff.; *Ransiek*, ZGR 1999, 613, 644 ff.; *Küpper*, GA 1998, 520, 525 ff.; *Kamm*, 1999, S. 86 ff. – Diff. zwischen einer und mehreren Risikoquellen *Sánchez-Lázaro*, 2007, S. 86.

[12a] Vgl. *Jescheck/Weigend*, S. 644 ff.; S/S-*Heine*, Vorbem §§ 25 ff. Rn. 114; abl. auch OLG Braunschweig NJW 1997, 3254 f. – Für *Otto*, Jura 1998, 409, 412 f., ist eine mittelbare Täterschaft im Fahrlässigkeitsbereich dann vorstellbar, wenn eine nicht verantwortliche Person erkennbar zu einer vorausschaubaren Rechtsgutsbeeinträchtigung veranlasst wird; allerdings bezweifelt *Otto* das kriminalpolitische Bedürfnis für eine solche Konstruktion. – *Renzikowski*, 1997, S. 262, 273, nimmt mittelbare Täterschaft bei einer gegenüber dem Tatmittler „überlegenen Vermeidemacht" an.

[12b] H. M., vgl. nur *Lackner/Kühl*, Rn. 2 Vor § 25, § 26 Rn. 1, § 27 Rn. 1 m. N. auch zu Gegenstimmen.

[12c] Ebenso *Otto*, Jura 1998, 409, 411 u. in: Gs. Schlüchter, 2002, S. 77, 93; zum Fall auch *Eisele*, JuS 2012, 577, 581.

Aus der **Übungsfall-Literatur** vgl.: *Hilgendorf,* Fallsammlung, Fall 9, S. 59 u. 63 (mittäterschaftlich begangene fahrlässige Körperverletzung gem. § 229); *Hohmann,* JuS 1994, 860 u. 862 (fahrlässige Tötung in Mittäterschaft).

II. Die Abgrenzung von Täterschaft und Teilnahme

11   Allgemeine Kriterien zur Abgrenzung von Täterschaft und Teilnahme müssen für diejenigen Straftatbestände entwickelt werden, die von jedermann begangen werden können. Diese sog. **Allgemeindelikte** bezeichnen den Täter meist nur mit „wer" (z. B. § 212: „wer einen Menschen tötet, ..."). Es gibt aber auch Straftatbestände im BT, welche die Täterschaft auf bestimmte Personen **beschränken**. Bei diesen Delikten entscheidet der „Tatbestandszuschnitt"[13] über die Täterschaft, d. h. die Abgrenzung von Täterschaft und Teilnahme erfolgt nicht nach allgemeinen, sondern nach tatbestandsspezifischen Kriterien.

1. Tatbestandsspezifische Abgrenzung

12   Aus der Tatbestandsbezogenheit des Täterbegriffs folgt nicht nur, dass Täter ist, wer selbst den Tatbestand verwirklicht, sondern auch, dass der **nicht** Täter ist, dem eine bestimmte, vom Tatbestand geforderte Täterqualität fehlt. Er ist selbst dann nicht Täter, wenn er die zur Tatbestandserfüllung ausreichende Handlung selbst ausführt und den tatbestandsmäßigen Erfolg objektiv zurechenbar verwirklicht.

13   Solche Fälle der Nicht-Täterschaft gibt es zunächst bei den sog. **echten Sonderdelikten,**[13a] die eine bestimmte Subjektsqualität des Täters verlangen.[13b] So setzen etwa die Straftaten im Amt (§§ 331 ff.) überwiegend die Amtsträgereigenschaft (§ 11 I Nr. 2) des Täters voraus. Wer sich also z. B. bestechen lässt, bevor er zum Amtsträger ernannt worden ist, kann nicht Täter der §§ 331, 332 sein,[14] auch nicht mittelbarer Täter oder Mittäter (zur umstrittenen Konstruktion der mittelbaren Täterschaft mit qualifikationslos dolosem Werkzeug s. u. Rn. 56 b). Auch die Ehefrau des Arztes, der dieser anrät, doch selbst in der Krankenkartei nachzusehen, wenn sie etwas über die mysteriöse Krankheit ihrer Freundin erfahren wolle, kann deren Privatgeheimnis nicht als Täterin des § 203 I Nr. 1 verletzen, weil sie nicht der Berufsgruppe der Heilberufe angehört.

---

[13] *Frisch,* LdRerg 8/1620, S. 2.

[13a] Vgl. zu dieser Deliktsgruppe *Frister,* AT, 8/86 u. 25/13; *Lackner/Kühl,* Rn. 33 vor § 13; LK-*Schünemann,* § 25 Rn. 42, der die sog. „Garantensonderdelikte", zu denen er etwa die Untreue zählt, hervorhebt; *Renzikowski,* 1997, S. 27–29; eingehend und von der h. M. abw. (vgl. *Lackner/Kühl* a. a. O. zur Voraufl. von 1972) *Langer,* 2007, S. 352: Straftaten mit einem durch objektiv-personale Unrechtstatbestandsmerkmale näher gekennzeichneten Subjekt; zu den einzelnen „Sonderverbrechen" s. S. 478 ff. – Nach LK-*Walter* Rn. 59 vor § 13, ist Unterscheidung von Allgemein- und Sonderdelikten „problematisch". – Zur Abgrenzung von Allgemein- und Sonderdelikten im Umweltstrafrecht *Schall,* Fs. Schöch, 2010, S. 619 ff.

[13b] Krit. zu dieser Fixierung auf die Täterschaft *Langer,* 2007, S. 218.

[14] Beispiel von *Blei,* PdW BT 2, Fälle 346, 347; vgl. allgemein *Lackner/Kühl,* Rn. 2 Vor § 331. – Zur „täterschaftsbegründenden Schuldnereigenschaft" bei § 288 und deren „verkleinernde" Auswirkung auf die mittelbare Täterschaft vgl. *Mitsch,* BT 2/2, 5/106–108 mit Beispielen.

Andere Straftatbestände verlangen vom Täter, dass er eine bestimmte **Pflichten-** 14
stellung innehat.[14a] Wer z. B. bestimmte Vermögensgegenstände im Auftrag des Geschäftsführers eines Unternehmens fortschafft, begeht keine Untreue gem. § 266,
wenn ihn keine Vermögensfürsorgepflicht trifft.[15] Ebensowenig begeht die Beifahrerin ein unerlaubtes Entfernen vom Unfallort gem. § 142 I, wenn sie dem nach einem
Unfall im Pkw sitzengebliebenen Fahrer wahrheitswidrig berichtet, der Angefahrene
habe auf Feststellungen verzichtet, denn sie trifft als am Unfall nicht Beteiligte keine
Warte- und Feststellungspflicht (so im Übungsfall *Rudolphi*, AT-Fälle, Fall 15,
S. 181 u. 193: trotz ihrer durch Täuschung erlangten Irrtumsherrschaft kann sie
nicht einmal mittelbare Täterin des § 142 I sein). Sieht man in der Beleidigung gem.
§ 185 ein Pflichtdelikt, so hat man es leicht, den Verfasser/Urheber eines beleidigenden Schriftstücks auch dann als Täter einzuordnen, wenn der Überbringer der Tat-
nähere ist;[15a] wenn man diesen Weg über das Pflichtdelikt nicht gehen will, ist die
Begründung schwieriger.[15b]

Wieder andere Straftatbestände setzen neben dem Vorsatz weitere **subjektive Un-** 15
rechtsmerkmale beim Täter voraus. So kann etwa derjenige, der auf Grund eines gemeinsamen Plans mit einem anderen zusammen fremde bewegliche Sachen wegnimmt, nicht Mittäter des Diebstahls sein, wenn er selbst keine (Sich- oder Dritt-
)Zueignungsabsicht[16] hat; er ist dann nur Gehilfe des Diebes (= des anderen, der Zueignungsabsicht bei der vorsätzlichen Wegnahme hat). – Zur umstrittenen Konstruktion der mittelbaren Täterschaft mit absichtslos dolosem Werkzeug s. u. Rn. 54–56 a. –
Handeln Mittäter unterschiedlich in Sichzueignungsabsicht und Drittzueignungsabsicht, so wird erwogen, ob zwischen ihnen ein „normatives Tatherrschaftsgefälle" mit
der Folge besteht, dass der in Drittzueignungsabsicht Handelnde nur Gehilfe ist, auch
wenn er einen objektiv gleichwertigen Tatbeitrag leistet.[16a]

> Aus der **Übungsfall-Literatur** zur tatbestandsspezifischen Abgrenzung von Täterschaft und
> Teilnahme vgl.: *Kudlich*, PdW AT, Fälle 260, 261; *Maier*, JuS 2000, 677, 680; *Marxen*, Fall 18 b,
> S. 160 f. (§ 203-Fall); *Marxen*, BT, Fall 19 c, S. 213 f. (§ 142-Fall); *Rudolphi*, AT-Fälle, Fall 9,
> S. 101 u. 106; *Tiedemann*, Anfängerübung, Fall 7, S. 196 u. 201 f.

Schließlich gibt es noch Delikte, bei denen derjenige, der als Täter in Frage kom- 16
men will, die Tathandlung **eigenhändig**[17] ausführen muss. So muss z. B. der Täter ei-

---

[14a] Zur Kategorie der **Pflichtdelikte** vgl. *Roxin*, AT II, 25/267 ff. in: TuT, S. 352 ff., 458 ff. sowie 695 ff. m. N. in Fn. 538 zur Rezeption dieser Kategorie in der Rechtslehre; eingehend *Sanchez-Vera*, 1999, S. 147 ff., *Bacigalupo*, Fs. Tiedemann, 2008, S. 253 u. *Pariona Arana*, 2010,
S. 213 (zusf.). – Sowohl der Umfang der Pflichtdelikte als auch ihre Bedeutung für die Abgrenzung von Täterschaft und Teilnahme (*Putzke*, Fs. Roxin, 2011, S. 425, 436: kein „Täterschaftskriterium") sind umstritten. Pflichtdelikte werden idR mit den Sonderdelikten gleichgesetzt (s. o.
Rn. 13 mit Fn. 13 a); vgl. *Krey/Esser*, AT, Rn. 227. – Krit. zu *Roxins* Konzeption SK-*Hoyer*, § 25
Rn. 21; im Erg. zust. *Frister*, AT, 26/31–33, nach dem die speziellen Pflichtmerkmale zusätzlich
zu den allgemeinen Täterschaftsvoraussetzungen erfüllt sein müssen.

[15] Beispiel bei *Frisch*, LdRerg 8/1620, S. 3; ähnliche Beispiele finden sich bei *Otto*, Jura
1987, 257: Fall 1 u. *Saliger*, 2005, S. 20 ff., 660 ff.; *Frister*, AT, 25/17.

[15a] *Roxin*, TuT, S. 390 ff.

[15b] Dazu *Krack*, Fs. Achenbach, 2011, S. 219 ff.

[16] Vgl. *Jescheck/Weigend*, S. 677: ebenso beim Raub und bei der Hehlerei (Vorteilsabsicht);
Otto, Jura 1987, 248, mit BGH JZ 1986, 764.

[16a] *Kudlich*, Fs. Schroeder, 2006, S. 271, 275, 282.

[17] Vgl. dazu *Jescheck/Weigend*, S. 266; *Roxin*, AT II, 25/288 ff.; LK-*Schünemann*, § 25
Rn. 45–52; *W-Beulke*, Rn. 40; *Renzikowski*, 1997, S. 33 f.; krit. *Weisser*, 2011, S. 299 ff.; SK-
Hoyer, § 25 Rn. 17–20: keine „eigenständige" Deliktsgruppe; eingehend *Fuhrmann*, 2004 u.
Satzger, Jura 2011, 103, 107–110.

ner Falschaussage nach § 153 selbst die falsche Aussage machen und der Täter eines Meineids nach § 154 selbst das falsch Ausgesagte beschwören.[17a] Allerdings schafft hier § 160 (Verleitung zur Falschaussage) einen gewissen Ausgleich für Fälle, die sonst, d.h. wenn die Aussagedelikte nicht eigenhändig begangen werden müssten, als mittelbare Täterschaft nach §§ 153, 154 zu bestrafen wären.[18] Durchsuchen z.B. zwei Privatdetektive „gemeinschaftlich" eine Rechtsanwaltskanzlei, so sind sie zwar mögliche Mittäter des Hausfriedensbruchs gem. § 123,[18a] nicht aber des § 132a, wenn nur einer dabei eine Uniform trägt, die mit der eines Polizisten verwechselt werden kann (so der Beispielsfall bei *Blei*, PdW AT, Fall 276: „tätigkeitsgebundenes Sonderdelikt"). Scheiden bei eigenhändigen Delikten also mittelbare Täterschaft und Mittäterschaft aus (*Satzger*, Jura 2011, 103, 106 f. m. Bsp.fällen), kommen Anstiftung und Beihilfe in Betracht (unten Rn. 166 u. 213).

Aus der **Übungsfall-Literatur** zu den eigenhändigen Delikten vgl.: *Kudlich*, PdW AT, Fall 262; *Tiedemann*, Anfängerübung, Fall 3, S. 175 u. 178 f. (§ 123-Fall).

2. Die Abgrenzung bei den Allgemeindelikten

17   Die Straftatbestände des BT, die von jedermann verwirklicht werden können, bestimmen über die Täterschaft nur insofern, als derjenige unmittelbarer Täter ist, der den jeweiligen Tatbestand selbst/eigenhändig verwirklicht. Dieses Ergebnis wird von § 25 I Alt. 1 „nur" bestätigt. Darüber hinaus enthalten die **Allgemeindelikte** des BT **keine Kriterien** zur Bestimmung der Täterschaft und **zur Abgrenzung** der Täterschaft von der Teilnahme. Da das StGB aber in den §§ 25–27 eine Differenzierung nach unterschiedlichen Beteiligtenrollen verlangt, sind Rechtsprechung und Wissenschaft aufgefordert, solche Abgrenzungskriterien zu entwickeln.

18   **Typische Abgrenzungsprobleme** bestehen zum einen zwischen mittelbarer Täterschaft und Anstiftung, zum anderen zwischen Mittäterschaft und Beihilfe. Die erstgenannte Abgrenzungsproblematik ergibt sich daraus, dass sowohl der mittelbare Täter als auch der Anstifter einen anderen (das Werkzeug des mittelbaren Täters oder den angestifteten Haupttäter) zur Tatbegehung **veranlassen.** Bringt etwa der die Tat selbst nicht Ausführende einen Geisteskranken dazu, einen Dritten zu erschlagen,[19] so stellt sich die Frage, ob er **mittelbarer Täter** dieses Totschlags gem. §§ 212, 25 I Alt. 2 oder „nur" **Anstifter** zum Totschlag gem. §§ 212, 26 ist (letzteres ist wegen der limitierten Akzessorietät der Teilnahme möglich, nach der – wie § 26 ausdrücklich festlegt – die Haupttat vom Haupttäter nur vorsätzlich und rechtswidrig, nicht aber schuldhaft begangen sein muss; vorsätzlich und rechtswidrig ist aber auch der Totschlag, den ein gem. § 20 schuldunfähiger Geisteskranker ausführt).

19   Die zweitgenannte Abgrenzungsproblematik ergibt sich daraus, dass sowohl der Mittäter als auch der Gehilfe etwas zur Tatbegehung **beitragen.** Wer etwa bei einem Bankraub den Bankräuber zur Bank hinfährt, ihn während der Ausführung auf der Straße „absichert" und ihn nach erfolgreicher Durchführung vom Tatort wegfährt, kann sowohl **Mittäter** des Raubes gem. §§ 249, 25 II als auch „nur" **Gehilfe** des

---

[17a] Für die Einstufung der Aussagedelikte des §§ 153 ff. *Satzger*, Jura 2011, 103, 109; *Lackner/Kühl*, 7 vor § 153; anders *Puppe*, ZStW 120 (2008), 504, 514, 525.

[18] Vgl. *Lackner/Kühl*, § 160 Rn. 1. – Nach *Frister*, 25/19, sind die §§ 153 ff. nicht nur eigenhändige Delikte, sondern auch Sonderdelikte.

[18a] Gegen die Einstufung des Hausfriedensbruchs gem. § 123 als eigenhändiges Delikt *Satzger*, Jura 2011, 102, 110; *Lackner/Kühl*, § 123 Rn. 12; anders *Herzberg*, ZStW 82 (1970), 896, 927.

[19] *Ebert*, S. 188.

Räubers gem. §§ 249, 27 sein. Das sieht auch die Rechtsprechung, die häufig das „Fahren eines Fluchtfahrzeugs" zu beurteilen hat, so: ein solches Verhalten führe nicht „stets zur Annahme von Mittäterschaft", es könne sich – „je nach den weiteren Umständen" – „auch als Beihilfe darstellen" (BGH NStZ-RR 2010, 139 m.w.Nw. aus der Rspr.; *Graf*, 2011, S. 14: die betroffene Person müsse für Mittäterschaft über „Tatherrschaftsmöglichkeiten" verfügen).

Die Lösung der Abgrenzungsproblematik in diesen Problembereichen ist bis heute **20** nicht außer Streit. Immer noch stehen sich **objektive** und **subjektive** Ansätze gegenüber. Während die Literatur (im Ansatz objektiv) auf die Beherrschung des konkreten Tatgeschehens abstellt, sucht die Rechtsprechung die Lösung (im Ansatz subjektiv) in der Ermittlung der inneren Willensrichtung der Beteiligten. Objektiv werden die Täter als „Zentralgestalten", die Teilnehmer als „Randfiguren" des Tatgeschehens umschrieben. Subjektiv müssen die Täter die Tat als eigene wollen, d.h. Täterwillen („animus auctoris") haben, die Teilnehmer dagegen müssen die Tat als fremde wollen, d.h. Teilnehmerwillen („animus socii") haben.

Bevor diese sich heute (zumindest im Ansatz) noch gegenüberstehenden objektiven und subjektiven Theorien näher gekennzeichnet und begründet werden können, **21** sind vorab noch objektive und subjektive Theorien auszuscheiden, die **überholt,** ja sogar nicht einmal mehr vertretbar sind.[20] Wenn diese überholten, nicht mehr vertretbaren Theorien dennoch in allen Lehrbüchern noch vorgestellt werden, so hat das nur deshalb eine Berechtigung, weil anhand dieser Theorien gezeigt werden kann, dass die Frontstellung zwischen objektiven und subjektiven Ansätzen nicht mehr eine totale Konfrontation ist. Die Vertreter objektiver und subjektiver Theorien haben erkannt, dass gewisse Extrempositionen nicht haltbar sind. In strafrechtlichen Fallbearbeitungen, insb. in Hausarbeiten, stellt es aber ein Ärgernis dar, wenn seitenlang auch noch diese überholten, nicht mehr vertretbaren Theorien vorgestellt und auf den Sachverhalt angewendet werden.

Verbunden mit der „Warnung", diese Theorien in Fallbearbeitungen nicht mehr **22** zu bemühen, können sie auch hier kurz zur Begrenzung des wirklichen Streitstands vorgestellt werden. Da ist zunächst die sog. **extrem** bzw. streng **subjektive Theorie.**[21] Sie geht mit der Äquivalenztheorie davon aus, dass alle Bedingungen eines Erfolges gleichwertig sind und deshalb Täter von Teilnehmern nur durch ihre unterschiedliche innere Willensrichtung abgehoben werden können. Diese extrem/streng subjektive Theorie hat das Reichsgericht im bekannten „Badewannen-Fall" dazu geführt, die Schwester, die das gerade geborene Kind in der Badewanne eigenhändig ertränkte, als Gehilfin dieser Tötung einzustufen, weil sie im ausschließlichen Interesse ihrer Schwester (= der Mutter) handelte (RGSt 74, 84 = Bsp. 1 bei *Hillenkamp*, 19. AT-Problem, S. 141 = Fall 76 bei *Jescheck*, Fälle, S. 96 f. = Einführungsfall a) bei *Otto*, Jura 1987, 249). Ebenso hat der BGH im bekannten „Stachynskij-Fall" einen Agenten, der eigenhändig Menschen tötete, als Gehilfen dieser Tötungen eingestuft, weil er im Auftrag seines Geheimdienstes handelte (BGHSt 18, 87 = *Roxin*, HRR AT, Fall 76 S. 113 ff. u. 203 = *Otto*, 21/33: Fall 5).

Schon diese Ergebnisse zeigen, dass das alleinige Abstellen auf die innere Willens- **23** richtung die Qualität des objektiven Tatgeschehens nicht zutreffend erfasst. Täterwille und Teilnehmerwille sind, wenn sie von den objektiven Geschehnissen berührt werden

[20] Vgl. *Frisch*, LdRerg 8/1620, S. 3; *Küpper*, GA 1986, 438 f.
[21] So *Frisch*, LdRerg 8/1620, S. 3 f. und *Küpper*, GA 1986, 437, denen auch der Text folgt. – Aus der Rspr. vgl. nur RGSt 31, 193, 196 und BGHSt 6, 226, 227 f. sowie die oben im Text genannten Entscheidungen; zu dieser Rspr. s. auch *Weisser*, 2011, S. 26–32.

können, **beliebig** verfügbare Kriterien für den Rechtsanwender.[21a] Dem Rechtsanwender aber hat § 25 I Alt. 1 die Verfügung über die Zuteilung von Beteiligtenrollen insofern genommen, als er die eigenhändige Tatbegehung („wer die Straftat selbst ... begeht") immer zur Täterschaft erklärte.[22] Damit ist der extrem/streng subjektiven Theorie der Boden entzogen, sie ist überholt/nicht mehr vertretbar.

24   Dasselbe gilt für die sog. **formal-objektive Theorie**,[23] nach der nur derjenige Täter ist, der die im Tatbestand umschriebene Handlung (z. B. die Wegnahme bei § 242) ganz oder teilweise selbst vornimmt. Sie war „im 19. Jahrhundert populär und dominierte in der Lehre bis in die 30-er Jahre des 20. Jahrhundert".[23a] Diese Theorie ist zwar – wie oben für die Täterschaft gefordert – tatbestandsbezogen, doch verfährt sie **zu formal**, wenn sie allein auf den äußeren Vollzug der Ausführungshandlung abstellt. Diese radikale Beschränkung der Täterschaft führt schon bei der vom Gesetz vorgesehenen Mittäterschaft zu nicht akzeptablen Ergebnissen, weil sie arbeitsteiliges Vorgehen nur dann als Mittäterschaft erfasst, wenn jeder der Beteiligten zumindest einen Teil der Tatbestandsausführungshandlung des jeweiligen Delikts selbst ausführt; das zerstückelt das Gesamtgeschehen und macht die Mittäterschaft von Zufälligkeiten der Rollenverteilung abhängig.[24] Entscheidend aber spricht gegen die formal-objektive Theorie, dass sie die im Gesetz vorgesehene mittelbare Täterschaft nicht erklären kann,[25] denn dabei handelt es sich um eine Täterschaftsform, bei welcher allein der andere (das Werkzeug) die Tatbestandsausführungshandlung vornimmt.

25   Es verbleiben nach dieser Ausscheidung bestimmter objektiver und subjektiver Theorien jedoch weiterhin Theorien, die sich durch ihren objektiven bzw. subjektiven Ansatz unterscheiden. In der Literatur dominiert die sog. Tatherrschafts-Theorie, die zur Abgrenzung von der formal-objektiven Theorie auch **materiell-objektive Theorie** genannt wird.[26] Objektiv heißt diese Theorie deshalb, weil sie auf die Beherrschung der Tat als Kriterium der Täterschaft abstellt. Materiell heißt sie, weil sie nicht nur formal auf die Ausführung der tatbestandsmäßigen Handlung abstellt, sondern auch Formen geistiger Tatbeherrschung ohne unmittelbaren Beitrag zur Tatbestandsverwirklichung erfasst.[27]

26   **Tatherrschaft** wird anschaulich umschrieben als das vom Vorsatz umfasste „In-den-Händen-Halten" des Tatgeschehens bzw. als die vom Willen getragene beherr-

---

[21a] Zu den Folgen dieser Theorie bei ihrer Anwendung auf NS-Gewaltverbrechen *Dencker,* ZNR 2005, 49 ff.

[22] Vgl. *Roxin,* JuS 1973, 335; NK-*Schild,* § 25 Rn. 51; SK-*Hoyer,* § 25 Rn. 7 u. *Freund,* 10/40.

[23] Vgl. zu deren Vertretern und Argumenten *Hillenkamp,* 19. AT-Problem, S. 141 f. – Repräsentiert wird sie von *Beling,* 1906, S. 408 (so *Weisser,* 2011, S. 34 Fn. 132).

[23a] *Weisser,* 2011, S. 34.

[24] Vgl. *Hillenkamp,* 19. AT-Problem, 6. Argument der Tatherrschafts-Theorie, S. 144; sowie *Küpper,* GA 1986, 439.

[25] Ebenso *Cramer,* Fs. Bockelmann, 1979, S. 391; *Frisch,* LdR, S. 974; *Küpper,* GA 1986, 439; vgl. aber *Freund,* 10/35, nach dem diese Theorie zu sachgerechten Ergebnissen führt (Rn. 36).

[26] So von *Hillenkamp,* 19. AT-Problem, S. 142. Gebräuchlich ist auch die Bezeichnung „Tatherrschaftslehre", so z. B.: LK-*Schünemann,* § 25 Rn. 7, 31 u. *Otto,* Jura 1987, 248, der noch eine stärker subjektiv akzentuierte und eine stärker objektiv akzentuierte Tatherrschaftslehre unterscheidet. – Zur Entwicklung der Tatherrschaftslehre vgl. NK-*Schild,* Vorbem §§ 25 ff. Rn. 1. – Die Entwicklung wurde u. a. geprägt von *Gallas,* in: Materialien zur Strafrechtsreform, Bd. 1 (1954), 121, 128, u. *Roxin,* TuT, 1963, der erstmals ein umfassendes Konzept der Tatherrschaftslehre erarbeitete (so *Weisser,* 2011, S. 37), wobei er sich ausdrücklich *Gallas* „verpflichtet" fühlt (*Roxin,* AT II, 25/32).

[27] *Lackner/Kühl,* Rn. 4 Vor § 25.

schende Steuerung des Tatablaufs.[28] Solche Tatherrschaft hat, wer die Tat nach seinem Willen hemmen oder ablaufen lassen kann.[29] Wer solchermaßen die Tat beherrscht, ist die „Zentralgestalt" des Geschehens[30] und damit Täter.

Diese Umschreibungen erfassen zunächst den unmittelbaren Täter, der die Tat **27** selbst begeht und deshalb sog. **Handlungsherrschaft** ausübt.[30a] Zur Erfassung der Tatbegehung durch einen anderen (mittelbare Täterschaft) ist als weitere Unterform der Tatherrschaft die sog. **Wissens-** oder **Willensherrschaft** täterschaftsbegründend. Der Wissensvorsprung oder das Willensübergewicht ermöglicht es dem Hintermann, das menschliche Werkzeug zur Tatbegehung steuernd einzusetzen. Zur Erfassung der gemeinschaftlichen Tatbegehung (Mittäterschaft) ist die sog. **funktionelle Tatherrschaft** der arbeitsteilig vorgehenden Beteiligten geeignet.[31]

Allen Unterformen der Tatherrschaft – Handlungsherrschaft, Wissens- oder Wil- **28** lensherrschaft, funktionelle Tatherrschaft – ist gemeinsam, dass derjenige, der sie ausübt, eine **maßgebliche steuernde Rolle im Tatablauf** hat; er entscheidet über das „Ob" und „Wie" der Tat maßgebend zumindest mit.[32] Teilnehmer sind dagegen eher „Randfiguren" des Tatgeschehens, die sich auf die Veranlassung oder Förderung der Haupttat beschränken.[33]

Die Tatherrschaftslehre erfüllt die Forderung nach **Tatbestandsbezogenheit** der **29** Täterschaft optimal,[33a] weil sie sich nicht nur auf die Vornahme der Tatbestandsausführungshandlung konzentriert, sondern auch Tatbestandsverwirklichungen erfasst, bei denen der Täter die Tat beherrscht, ohne eine Tatbestandsausführungshandlung eigenhändig vornehmen zu müssen. Für ein Tatstrafrecht ist die **objektive Tatbeherrschung** das adäquate Kriterium zur Bestimmung der Täterschaft. Dass die Tatbegehung bei einem Vorsatzdelikt auch die **Kenntnis** des Täters von seinem bestimmenden Einfluss auf das Tatgeschehen zusätzlich voraussetzt,[34] ändert an der

---

[28] *Samson*, Strafrecht II, S. 72. Vgl. auch *Gallas*, 1968, S. 78; *Jescheck/Weigend*, S. 651; *Kindhäuser*, AT, 38/42; *Krey/Esser*, AT, Rn. 829; krit. *Lampe*, ZStW 119 (2007), 471, 517, der an die Stelle der Tatherrschaftslehre eine „Täterlehre" setzt, nach der Täter ist, wer seine „Tatmacht" missbraucht; krit. auch *Haas*, ZStW 119 (2007), 519ff., der eine normative Begründung vermisst, den fehlenden objektiven Tatbezug moniert und einen Rückgriff auf die subjektive Lehre [dazu oben im Text Rn. 30ff.] für angezeigt hält u. *Haas*, 2009, S. 80, 112, 134, der bei mittelbarer Täterschaft und Mittäterschaft die Unrechtsbegründung auf eine Verhaltenszurechnung stützt, bei der Teilnahme hingegen auf das nach der äußeren Tatsituation die rechtswidrige Tat veranlassende oder unterstützende Verhalten; krit. auch *Schlehofer*, Fs. Herzberg, 2008, S. 355, 360; zur Steuerungsherrschaft kommt die „Verantwortlichkeitsherrschaft" hinzu bei *Herzberg*, in: Amelung (Hrsg.), Individuelle Verantwortung..., 2000, 33, 40, der letztere auch „Unmittelbarkeitsherrschaft" nennt; dazu *Hoyer*, Fs. Herzberg, 2008, S. 379ff.; krit. auch *Marlie*, 2009, 179.

[29] Vgl. *Frisch*, LdR, S. 975; *Hillenkamp*, 19. AT-Problem, S. 142.

[30] *Roxin*, TuT, S. 25 u. 655ff. m.N. zur h.L.; LK[11]-*Roxin*, § 25 Rn. 36: oder „Schlüsselfigur"; beide Begriffe verwendet auch W-*Beulke*, Rn. 513. Krit. zu diesen Begriffen *Stein*, 1988, S. 62ff. u. 196ff.; *Marlie*, 2009, S. 179f., 214ff., *Rotsch*, 2009, S. 417, 421ff.

[30a] Dieser Begriff wurde geprägt von *Roxin*, TuT, S. 127, und hat „in die Literatur Eingang gefunden" (*Roxin*, TuT, S. 673 m.N. in Fn. 426).

[31] Vgl. zu diesen drei Unterformen der Tatherrschaftslehre *Roxin*, AT II, 25/38, 45 u. 188; SK-*Hoyer*, § 25 Rn. 27.

[32] S/S-*Heine*, Vorbem §§ 25ff. Rn. 62, übernommen von BGH NJW 1992, 3115; ähnlich formuliert *Otto*, 21/24.

[33] Vgl. W-*Beulke*, Rn. 513.

[33a] Kritisch *Freund*, 10/45: eine überzeugende Einordnung des Tatherrschaftsbegriffs in den jeweiligen Deliktsstatbestand sei bisher nicht gelungen.

[34] Vgl. näher zu diesem Bewusstsein bei mittelbarer Täterschaft und Mittäterschaft *Küpper*, GA 1986, 442f.

entscheidenden objektiven Ausrichtung der Tatherrschaftslehre nichts. Dass die Tatherrschaft trotz der anschaulichen Umschreibung kein deskriptiver Begriff ist, unter den zwanglos subsumiert werden könnte, muss freilich eingeräumt werden; auch bei Anwendung dieses Kriteriums müssen Wertungen vorgenommen werden.[35] Vor allem bei der Mittäterschaft ist die Steuerung des Geschehens nicht fortwährend in der Hand aller Beteiligten, so dass ein mittäterschaftlicher Tatbeitrag von einem tatfördernden Tatbeitrag eines Gehilfen nur durch das Gewicht und die Bedeutung des Tatbeitrags unterschieden werden kann.[36] – Zur Problematik der Tatherrschaft bei der Beteiligung am Suizid, auch in Form der „Quasi-Mittäterschaft" und der „Quasi-mittelbaren Täterschaft" s. unten Rn. 138.

29a   Die Tatherrschaftslehre erhält neuerdings eine (in sie zu integrierende?) inhaltliche Konkretisierung, die – wie schon beim Prinzip aller Garantenstellungen (18/42) – in der „Herrschaft über den Grund des Erfolges" die für alle Delikte gültige Täterschaftsvoraussetzung sieht.[36a]

30   Die Rechtsprechung[37] verfährt nach wie vor im Ansatz nach der **subjektiven Theorie**: „Für die Abgrenzung zwischen Täterschaft und Teilnahme kommt es auf die innere Willensrichtung der Beteiligten an. Täter ist, wer die Tat als eigene will (animus auctoris), Teilnehmer, wer sie als fremde will (animus socii)."[38] Extrem oder streng subjektiv kann diese Theorie nicht mehr genannt werden, weil sie auch **objektive Gesichtspunkte** für die Ermittlung des Täter- bzw. Teilnehmerwillens mitheranzieht. Obwohl zu diesen objektiven Gesichtspunkten von der Rechtsprechung u. a. auch die Tatherrschaft gezählt wird, ist es kaum gerechtfertigt, von einer „gemischt subjektiv/objektiven Tatherrschaftslehre"[39] zu sprechen; wegen des subjektiven Ansatzes erscheint die Bezeichnung als „subjektive Theorie auf objektiv-tatbestandlicher Grundlage"[40] treffender.

31   Nach der neueren Rechtsprechung hat die Ermittlung des Täterwillens „in **wertender** Betrachtung" zu erfolgen, wobei die „gesamten Umstände", die von der Vorstellung des Beteiligten umfasst sind, zu berücksichtigen sind.[41] Wesentliche „**Anhaltspunkte**", an der sich die wertende Betrachtung auszurichten hat, sind:

---

[35] SK-*Hoyer*, § 25 Rn. 26; kritischer *Meurer*, NJW 1990, 2540: es sei „bisher nicht gelungen, den Begriff ‚Tatherrschaft' für die Rechtsanwendung hinreichend exakt zu bestimmen"; noch kritischer *Geerds*, Jura 1990, 173: die Tatherrschaft sei als Systemelement bisher nicht schlüssig begründet.

[36] *Frisch*, LdRerg 8/1620, S. 5.

[36a] LK-*Schünemann*, § 25 Rn. 16, 39 ff.; krit. *Otto*, Jura 2008, 317, 319. – „Verbesserungsvorschläge" auch bei *Heinrich*, 2002, der auf die „Entscheidungsträgerschaft" abstellen will; auch *Renzikowski*, 1997, der auf die „Autonomie" abhebt; krit. zu beiden *Roxin*, AT II, 25/183–185 *(Heinrich)* u. 25/175 f. *(Renzikowski)*; krit. zu *Heinrich* auch LK-*Schünemann*, § 25 Rn. 13.

[37] Erschöpfende Nachweise zur Rechtsprechung des BGH finden sich bei LK-*Schünemann*, § 25 Rn. 19, 20, 20 a.

[38] So fasst *Hillenkamp*, 19. AT-Problem, S. 144, die subjektive Theorie zusammen (bei *Hillenkamp* finden sich auch die wenigen Vertreter dieser Theorie in der Literatur sowie Rechtsprechungsnachweise bis 2006; auch die Argumente dieser subjektiven Theorie werden sauber aufgelistet, S. 118 f.); ganz ähnlich *Otto*, Jura 1987, 247 f.

[39] So aber *Küpper*, GA 1986, 441.

[40] So *Frisch*, LdRerg 8/1620, S. 4 f. – Nach *Arzt*, S. 116, macht die Rspr. immer mehr Konzessionen an die objektive Theorie.

[41] Vgl. BGHSt 34, 125; 36, 367; 37, 291; 38, 319 mit Bspr. *Wiegmann*, JuS 1993, 1003; 39, 386; 40, 299 f.; 48, 52, 56; 53, 145, 154; BGH wistra 2001, 420 m. Bspr. *Baier*, JA 2002, 273; BGH NStZ 2007, 531; BGH NStZ-RR 2009, 199 f.; 2010, 139 u. 236 u. 2011, 111 f.; BGH NStZ 2010, 445, 447.

– der Grad des eigenen Interesses am (Tat-)Erfolg
– der Umfang der Tatbeteiligung
– die Tatherrschaft oder der Wille zur Tatherrschaft.[42]

Von diesen Anhaltspunkten sind wegen ihrer objektivierenden Tendenz der Um- **32**
fang (das Gewicht) der Tatbeteiligung und die Tatherrschaft positiv einzuschätzen.
Der Grad des **eigenen Interesses am Taterfolg** ist dagegen ein wenig brauchbarer
Anhaltspunkt, weil bestimmte Tatbestände durch drittbegünstigendes Verhalten zu
erfüllen sind („sich oder einem Dritten einen rechtswidrigen Vermögensvorteil zu
verschaffen" beim Betrug gem. § 263 oder – neuerdings – die Dritt-Zueignungsabsicht beim Diebstahl gem. § 242[42a]) und auch Teilnehmer, insbesondere Anstifter,
häufig ein eigenes Interesse am Gelingen der Tat haben (z.B. der vom Anstifter „ge-
dungene" Mörder).[43] Doch kann ein geringer Beuteanteil gegen Mittäterschaft sprechen (BGH NStZ 2006, 94 = *Jäger,* Rn. 227b und c: Fall 47), erst recht ein vom Erfolg der Tat unabhängiger feststehender Beuteanteil. Zu Recht nimmt die Rspr. aber
auch bei fehlendem Eigeninteresse des Beteiligten an der Tat Mittäterschaft dann an,
wenn er einen wesentlichen Tatbeitrag geleistet hat, z.B. dem Mörder den Zugang
zur Wohnung des Opfers verschafft hat (BGH NStZ 2008, 273, 275 m. Bspr. *Kudlich,* JA 2008, 310; ebenso zu Recht lehnt sie Mittäterschaft ab, wenn – wie bei
„RAF"-Angehörigen hinsichtlich der Tötung von Generalbundesanwalt Buback –
das Interesse an der Tat sehr groß war, die „Tatherrschaft"(!) aber ausschließlich bei
den unmittelbaren Tätern des Attentats lag (BGH NStZ 2010, 445, 448).

Die objektivierenden Anhaltspunkte verringern die Distanz zur Tatherrschaftsleh- **33**
re.[44] **Umfang, Gewicht und Bedeutung des Tatbeitrags** muss auch die Tatherrschaftslehre bewerten, wenn eine durchgehende Steuerung des Tatgeschehens durch
alle an einer Tat Beteiligten nicht auszumachen ist. Gefordert ist damit die „klare
Benennung des Gewichts der Beiträge",[45] und das trägt trotz der damit einfließen-
den Bewertung zur Rationalität der Abgrenzungsentscheidung bei. Erst recht findet
eine Annäherung an die Tatherrschaftslehre dann statt, wenn auf die **Mitbeherrschung** des Geschehensablaufs abgestellt wird;[46] vereinzelt ist sogar entsprechend
der Tatherrschaftslehre auf die vom Täterwillen getragene objektive Tatherrschaft
abgestellt worden.[47]

---

[42] BGHSt 37, 291; 38, 319; 43, 219, 232; 53, 145, 154; BGH NStZ 1991, 91; BGH StV 1994,
241; BGH NJW 1998, 2149f.; BGH NJW 1999, 2449 u. 3131 m. Bspr. *Kudlich,* JAR 2000, 46,
48; BGH NStZ-RR 2001, 148 u. 2002, 74f.; BGH NStZ 2002, 145f. u. 2003, 253, 254; BGH
NStZ-RR 2003, 265, 267 u. 2004, 40f.; BGH NStZ 2005, 228 u. 2006, 94 (= Fall 47 bei *Jäger,*
Rn. 227b und c, der von einer „normativen Kombinationstheorie" spricht); BGH NStZ-RR
2007, 345; BGH NStZ 2009, 25, 26; BGH NStZ-RR 2009, 10; BGH StV 2009, 130; 2010, 139
u. 236 u. 2011, 111f.; BGH NStZ 2010, 445, 447 u. 2012, 41, 42; BGH NStZ-RR 2012, 120 u.
121 f. – Nachweise zur „älteren" Rechtsprechung, die auch schon diese oder ähnliche „Anhaltspunkte" nannte, finden sich bei *Küpper,* GA 1986, 440, *Otto,* Jura 1987, 249 u. bei *Meurer,*
S. 143 f. – Zur „Entwicklungslinie" der Rspr. *Weisser,* 2011, S. 33.

[42a] *Jäger,* JuS 2000, 651, 653, der von einer „Verdrängung" der subjektiven Theorie durch
den Gesetzgeber spricht.

[43] Vgl. *Küpper,* GA 1986, 441; *Roxin,* JR 1991, 208; *Herzberg,* JZ 1991, 861. Dagegen hält
Geerds, Jura 1990, 177, das „unmittelbare Interesse an der Tat oder ihrem Erfolg" für ein
„durchaus hilfreiches Kriterium".

[44] Vgl. *Geerds,* Jura 1990, 175.

[45] *Frisch,* LdRerg 8/1620, S. 5.

[46] Vgl. BGHSt 8, 393; 28, 349; BGH NStZ 1987, 364; zur „neueren Rspr. des BGH" *Fischer,* 4 vor § 25 u. § 25 Rn. 12, 14.

[47] Vgl. BGHSt 35, 353; 48, 77, 90; BGH NStZ-RR 2002, 74 m. krit. Bspr. *Heger,* JA 2002,
628; BGH NStZ 2010, 445, 448.

34 „Gefährlich" wird der subjektive Ansatz, wenn er trotz der objektivierenden Anhaltspunkte Täterschaft allein deshalb annimmt, weil der Täter den **Willen** zu einer gewichtigen Tatbeteiligung hatte.[48]

35 Die **Annäherung** der subjektiven Theorie an die Tatherrschaftslehre ist zumindest begrifflich, was die Kriterien anbetrifft, nicht zu bestreiten.[49] Dass diese vergleichbaren, objektiven Kriterien für die Rechtsprechung nur „Anhaltspunkte" neben subjektiven Kriterien sind, macht ihre Ergebnisse **unberechenbar.**[50] Während manche Entscheidungen (Mit-)Täterschaft ablehnen, wenn das Tatgeschehen (Einfuhr von Betäubungsmitteln gem. § 30 I Nr. 4 BtMG) in seiner entscheidenden Phase dem Einfluss des an der Tat Interessierten entzogen war, nehmen andere Entscheidungen bei persönlichem Interesse eines Beteiligten am Taterfolg auch dann (Mit)Täterschaft an, wenn dieser keinen solchen beherrschenden Einfluss auf die Tatausführung hatte.[51] Scharfe Kritik hat der BGH auf sich gezogen, als er zwei vollendete und zwei versuchte Morde einem Beteiligten als (Mit-)Täter zurechnete, der dem Todesschützen „nur" durch seine passive Anwesenheit am Tatort den Rücken stärkte, die im Vorfeld verabredete tätige Unterstützung durch Schießen auf festnahmebereite Polizisten nicht erbrachte, sondern mit erhobenen Händen zu Boden sank und nach dem zweiten Schuss weglief (vgl. den Fall des BGHSt 37, 289, 291 ff. = *Otto,* 21/131: Fall 3, der dem BGH in der Annahme von Mittäterschaft zustimmt = Fall 13 bei *Seher,* JuS 2009, 304, 308, der die Entscheidung zu Recht ablehnt: distanzierte Untätigkeit).[52]

> In der **Übungsfall-Literatur** finden sich Fallbearbeitungen, die sich sinnvollerweise auf die beiden verbliebenen Abgrenzungstheorien beschränken, bei: *Amelung/Boch,* JuS 2000, 261 u. 262 (pro Tatherrschaftslehre bei Abgrenzung mittelbarer Täterschaft von Anstiftung); *Hilgendorf,* KK I, Fall 14, Rn. 22 u. KK III, Fall 5, Rn. 28–30 sowie Fall 7, Rn. 9 f. (Tatherrschaft als Indiz für eine nach subjektiven Kriterien definierte Täterschaft); *Beulke,* KK II, Fall 1, Rn. 1 u. 19–21 (Abgrenzung von Mittäterschaft und Anstiftung); *Otto/Bosch,* Übungen, Fall 6, S. 151 und *Rudolphi,* AT-Fälle, Fall 4, S. 39 u. 51 (wie *Otto/Bosch* zur Abgrenzung von mittelbarer Täterschaft und Anstiftung), Fall 9, S. 101 u. 103–105 (zur Abgrenzung von Mittäterschaft und Beihilfe) und Fall 16, S. 191 u. 206; **zur Abgrenzung von Mittäterschaft und Beihilfe auch:** *Ambos,* Jura 1997, 602 u. 606 f.; *Bakowski/Bülte,* StudZR 2010, 150 u. 173–175; *Beulke,* KK I, Fall 3, Rn. 150 u. 158–160; *Beulke,* KK II, Fall 6, Rn. 157 u. 167; *Beulke,* KK III, Fall 7, Rn. 278

---

[48] Vgl. *Frisch,* LdRerg 8/1620, S. 5.

[49] Nach *Herzberg,* JZ 1991, 861, hat der BGH nur das Wort „Tatherrschaft" übernommen, mache die Tatherrschaft aber nicht zum Prüfstein für die Täterschaft; ähnlich krit. *Hillenkamp,* 19. AT-Problem, S. 145: allenfalls leicht modifizierte subjektive Lehre.

[50] Vgl. *Lackner/Kühl,* Rn. 5 Vor § 25: „Unsicherheit der Anknüpfung"; vgl. auch *Krey,* AT 2, Rn. 62: „Beliebigkeit in der Argumentation"; krit. zur sog. „normativen Kombinationstheorie" *Roxin,* AT II 25/22–26.

[51] Vgl. einerseits BGH JZ 1985, 100, m. zust. Anm. *Roxin,* StV 1985, 278 f.; andererseits BGH StV 1986, 384, m. abl. Anm. *Roxin,* 384 f., dessen Kritik *Otto,* JK 87, StGB § 25 II/3, teilt. – Aus der jüngeren (vom BVerfG NStZ 2008, 39, nicht beanstandeten) Rspr. zu „Drogenkurieren" vgl. BGHSt 50, 252 [dazu *Weber,* JR 2007, 400] u. 51, 219 [m. krit. Bspr. *Puppe,* JR 2007, 298]; BGH NStZ-RR 2007, 152, 246 u. 320; BGH NStZ 2007, 529 u. 530 u. 531 sowie 2008, 284 m. abl. Anm. *Krumdiek,* HRRS 2008, 288, 290 f. u. in: StV 2009, 385, 387; BGH NJW 2008, 1460 (m. krit. Anm. *Krack,* JR 2008, 339 u. *Weber,* NStZ 2008, 467) u. 2276; BGH NStZ-RR 2009, 121 u. 254; BGH StraFo 2009, 38 u. 2011, 332; BGH NStZ 2010, 224; näher zur, auch unveröffentlichten Rspr. *Fischer,* § 25 Rn. 16 c; zusf. *Schmidt,* NJW 2009, 2999, auch zur Vollendung der Beihilfe (S. 3000). – Speziell zu Problemen der „Beteiligung im Ausländerstrafrecht" *Cannawurf,* 2007.

[52] Krit. Anmerkungen und Besprechungen von *Roxin,* JR 1991, 206 ff.; *Geppert,* JK 91, StGB § 25 II/5; *Herzberg,* JZ 1991, 861; *Puppe,* NStZ 1991, 571 ff.; *Erb,* JuS 1992, 197 ff.; *Stein,* StV 1993, 412 ff.

u. 284–286 (auch noch mit überholter „formal-objektiver Theorie"); *Cornelius,* JA 2009, 425 u. 429; *Eisele,* Jura 2005, 204 u. 209 f.; *Fahl,* JA 2011, 836 u. 840; *Gaede,* JuS 2003, 774 u. 776; *Goeckenjahn,* JuS 2001, L 4 u. L 7 (bei § 249), L 8 (bei § 240); *Gropp,* in: G/K/M, Fallsammlung, Fall 1, S. 1 f. u. 10–12; *Kauerhof,* Jura 2005, 790 u. 792 f. (auch noch nach „formal-objektiver Theorie"); *Kinzig/Luczak,* Jura 2002, 493 u. 495; *Krey/Esser,* AT, Fall 107, Rn. 855–862 (BGHSt 37, 289 ff. nachgebildet); *Kühl/Kneba,* JA 2011, 426 u. 429 f.; *Kühl/Hinderer,* JuS 2009, 919 u. 921 (BGHSt 48, 301, nachgebildet); *Meier,* JuS 1989, 992 u. 995 sowie Jura 1991, 142 u. 146; *Meurer/Dietmeier,* JuS 1999, L 13 u. L 15 f.; *Momsen/Sydow,* JuS 2001, 1194 u. 1196; *Neubacher,* JuS 2005, 1101 u. 1102; *Petermann,* JuS 2009, 1119 u. 1123; *Petrovic/Hillenkamp,* StudZR 2008, 66 u. 78 f.; *Seibert,* JA 2008, 31 u. 34 (auch noch nach „formal-objektiver Theorie"); *Schütze,* in: *Ebert* (Hrsg.), Fall 8, S. 8 f. u. 130 f. sowie *Seher,* ebda., Fall 14, S. 14 f. u. 214; *Schwind/Franke/Winter,* 3. Hausarbeit, S. 131 u. 165; *Sternberg-Lieben/von Ardenne,* Jura 2007, 149 u. 151 f., *Zöller,* Jura 2007, 305 u. 311; **zur Abgrenzung von Mittäterschaft und Anstiftung** vgl. *Hettinger,* JuS 2011, 910 u. 915 f.; *Kaspar,* JuS 2004, 409 u. 410 f.; *Reschke,* JuS 2011, 50 u. 53; *Seier,* JA 1992, 206 u. 209; *Ellbogen,* JuS 2002, 151 u. 156; *Weißer/Kreß,* JA 2003, 857 u. 865 f.; *Seher,* JuS 2007, 132 u. 136 f.; *Wolters,* Fall 2, S. 27 f. u. 45. – **Zur Abgrenzung von mittelbarer Täterschaft und Anstiftung** vgl.: *Schütze,* in: *Ebert* (Hrsg.), Fall 16, S. 16 f. u. 239 f.; *Stoffers/Murray,* JuS 2000, 986 u. 989; *Wagner,* BT-Fälle, Fall 2, S. 12 u. 17 f. sowie Fall 14, S. 147 u. 152–154 (zur Abgrenzung von Beihilfe und Täterschaft); zur Abgrenzung von Fremdtötung zu strafloser Beihilfe zum Suizid *Weißer,* JuS 2009, 135 u. 136. – Angesichts der verbleibenden Gegensätze von Tatherrschaftslehre und subjektiver Theorie (auf objektiv tatbestandlicher Grundlage) erscheint es nicht zweckmäßig nur nach einer vermittelnden Theorie, die objektive und subjektive Merkmale berücksichtigt, zu prüfen; so aber: *Geerds,* Jura 1986, 438 u. 440.

III. Erscheinungsformen der Täterschaft

1. Der unmittelbare Täter i. S. des § 25 I Alt. 1

Unmittelbarer Täter ist nach § 25 I Alt. 1 derjenige, der die Tat „selbst … begeht", d. h. wer den Unrechtstatbestand eines Delikts in vollem Umfang und sämtlichen Einzelakten **eigenhändig** verwirklicht.[53] Dabei wird, obwohl das Gesetz diese Begriffe nicht kennt, unterschieden, ob der Tatbestand durch einen **Alleintäter** oder durch unabhängig voneinander agierende **Nebentäter** verwirklicht wird; auch Nebentäter sind selbstständige Täter.[53a] Ob aus § 25 I Alt. 1 zwingend gefolgert werden kann, dass derjenige, der alle Tatumstände in eigener Person verwirklicht, **immer Täter** ist[53b] und nie bloßer Gehilfe sein kann,[54] wird allerdings bestritten.[54a] Die Formulierung des § 25 I Alt. 1 lässt aber immerhin erkennen, dass der Tendenz in

36

---

[53] Vgl. die Definitionen von *Otto,* Jura 1987, 252 sowie *Roxin,* (o. Fn. 5), S. 17 u. in: TuT, S. 547 m. w. N. in Fn. 2. – *Bottke,* 1992, S. 44, spricht von eigenkörperlichem Verhalten, das z. B. auch die „eigenfüßige" Tötung eines Menschen umfasst; vgl. auch *Bottke,* Fs. Rudolphi, 2004, S. 15, 19 ff. – Einschränkend verlangt *Schild,* 1994, S. 6, 43 ff., vom Alleintäter eine materielle Tatherrschaft, die trotz Eigenhändigkeit der Tatausführung fehlen könne, z. B. bei der Vornahme von „Tätigkeiten dienender Natur" durch einen Kellner, Briefträger oder Tankwart (sog. „Figur eines eigenhändigen Nicht-Tatherrn", der nur als Gehilfe der selbst ausgeführten Tötungshandlung in Betracht kommen soll).

[53a] S. BGHSt 4, 20; *Otto,* 21/54. – Eingehend zur Nebentäterschaft, *Murrmann,* Die Nebentäterschaft im Strafrecht, 1993, knapper *Murmann,* GK, 27/19: „mehrfache Alleintäterschaft" ohne „wechselseitige Zurechnung der Tatbeiträge", und SSW-*Murmann,* § 25 Rn. 3; krit. *Fincke,* GA 1975, 161.

[53b] Er kann bei eigenhändiger Ausführung der tatbestandlichen Handlung auch sog. additiver Mittäter sein; vgl. zur dann möglichen Zurechnung von Erfolgen, die ein anderer Mittäter verursacht hat, *Bloy,* GA 1996, 424, 426; *Kamm,* 1999, S. 55 ff.

[54] So vor allem *Roxin,* JuS 1973, 335; ebenso *Küpper,* JuS 1991, 640; dagegen soll nach *Weber,* JR 2011, 455 BGH NJW 2011, 1461 (Anbau von Cannabis) verstoßen.

[54a] So von *Otto,* Jura 1987, 252, m. w. N.

der Rechtsprechung entgegengewirkt werden sollte, „eigenhändige Tatbestandsverwirklichung unter Berufung lediglich auf den angeblich fehlenden Täterwillen zu
bloßer Teilnahme abzuwerten".[55]

37   Nach der obigen Ablehnung der extrem/streng subjektiven Theorie (Rn. 23) ergibt sich dieses Ergebnis – Täter ist immer derjenige, der den Tatbestand eigenhändig verwirklicht – zwangsläufig, denn nur eine Theorie, die allein die innere Willensrichtung zum Täterschaftskriterium macht, kann ein „Selbst"-Begehen bei
eigenhändiger Tatbestandsverwirklichung dann verneinen, wenn dem die Tat
„Selbst"-Begehenden der Täterwille fehlt. Die oben (Rn. 22) schon vorgestellten Fälle („Badewannen-Fall"; „Stachynskij-Fall") sind Belege für diese Möglichkeit, obwohl die Entscheidung des RG und des BGH noch vor der Einführung des § 25 I
Alt. 1 ergingen. Der BGH hat – auch schon vor Einführung dieser Vorschrift – sich
von dieser Möglichkeit aber dadurch **distanziert,** dass er denjenigen, der „mit eigener Hand einen Menschen tötet", nicht deshalb zum Gehilfen machte, weil „er es
unter dem Einfluss und in Gegenwart eines anderen nur in dessen Interesse tut"
(BGHSt 8, 393 = *Roxin,* HRR AT, Fall 75, S. 110 ff. u. 202 = Einübungsfall b) bei
Otto, Jura 1987, 249). Nach dem „Rückfall" durch die „Stachynskij-Entscheidung"
(BGHSt 18, 87)[55a] hat es die neuere Rechtsprechung **offengelassen,** ob sie nach Einführung des § 25 I Alt. 1 eigenhändige Tatbestandsverwirklichung noch als Beihilfe
erfassen zu können glaubt.[56] Die sog. „Mauerschützen" hat die Rspr., abstellend auf
ihren „gewissen Handlungsspielraum" (BGHSt 39, 1, 31 f.; 40, 218, 232), jedenfalls
nicht zu bloßen Gehilfen der von ihnen ausgeführten Tötungshandlungen „herun-
tergestuft" (zur mittelbaren Täterschaft der „Befehlsgeber" s. u. Rn. 73 a).[57]

37a   Unmittelbare (Begehungs-)Täterschaft nimmt die Rspr. im Rahmen der strafrechtlichen **Produkthaftung** auch für die Geschäftsführer einer GmbH an, wenn sie die
Produktion und den Vertrieb von Erzeugnissen veranlasst haben, die Verbraucher
verletzen (BGHSt 37, 106, 114). Dies ist mit der Tatherrschaftslehre jedenfalls dann
nicht vereinbar, wenn die Werks- und Vertriebsleiter – wie im Normalfall – noch eigene Entscheidungsmacht haben; dann sind sie „als Herren der Ausführungshandlung die unmittelbaren Täter", so dass für die Geschäftsführer nur die Rolle des Anstifters oder des Gehilfen übrigbleibt.[57a] Wird ein anderer als nicht handelndes
Objekt (s. o. 2/4 ff.) für die Tatbegehung eingesetzt, z. B. mit unwiderstehlicher Gewalt (vis absoluta) gegen eine Fensterscheibe gestoßen, so liegt unmittelbare Täterschaft des (stoßenden) Hintermannes vor.[57b]

> Aus der **Übungsfall-Literatur** zur unmittelbaren Täterschaft vgl.: *Baumann/Arzt/Weber,* Straf-
> rechtsfälle, Fall 3, S. 9 u. 11 f. (nach der subjektiven Theorie „Wille zur Tatbegehung" bei ei-

---

[55] *Lackner/Kühl,* § 25 Rn. 1. Nach *Hillenkamp,* 19. AT-Problem, S. 147, gibt der Gesetzestext jedenfalls „Anlass, der extrem subjektiven Position mit noch mehr Skepsis zu begegnen
als zuvor". Nach *Weisser,* 2011, S. 32, ist die extreme subjektive Theorie nach der Regelung
des § 25 I „obsolet und hat heute nur noch historische Bedeutung".

[55a] Dazu unter dem Gesichtspunkt der „Schuld des Fremden" *Jakobs,* ZStW 118 (2006),
831 ff.

[56] BGH NStZ 1987, 224 f.; vgl. auch BGH NStZ-RR 1999, 186: „...grundsätzlich Täter,
wer den Tatbestand mit eigener Hand erfüllt". – BGHSt 38, 315, 316, hält „Abweichungen in
extremen Ausnahmefällen" für denkbar.

[57] *Weisser,* 2011, S. 32. – Krit. zur Begründung *Rogall,* Fg. BGH, 2000, S. 383, 418 ff.

[57a] So *Schünemann,* 1994, S. 139, 144–146; vgl auch *Heine,* 1996, S. 51, 59, und *Ransiek,*
ZGR 1999, 613, 633.

[57b] Vgl. etwa *Küpper,* GA 1998, 519; *Jescheck/Weigend,* S. 666; a. A. M-*Gössel/Zipf,* AT 2,
48/49: mittelbare Täterschaft.

genhändiger Körperverletzung im Interesse des Arbeitgebers doch zu bejahen); *Roxin/Schünemann/ Haffke,* Klausurenlehre, Fall 6, S. 119–121 (uneingeschränkte Tatherrschaft bei eigenhändiger Durchführung der Tötung, auch wenn der Täter kein eigenes Interesse an der Tötung des Opfers hat).

2. Der mittelbare Täter i. S. des § 25 I Alt. 2

a) Allgemeine Kennzeichnung

§ 25 I Alt. 2 kennzeichnet den mittelbaren Täter als denjenigen, der „die Straftat 38 ... durch einen anderen begeht".[57c] Es geht also um Konstellationen, in denen zwei Personen an der Begehung einer Straftat beteiligt sind: der mittelbare Täter und der „andere", „durch" den der Täter die Tat begeht. Der Wortlaut des § 25 I Alt. 2 legt damit zumindest nahe, dass der „andere" nicht auch Täter ist. Freilich ist es nicht zwingend ausgeschlossen, dass der (mittelbare) Täter zur Tatbegehung eine Person heranzieht, die ihrerseits für die Tatbegehung (eingeschränkt, z. B. wegen vermeidbaren Verbotsirrtums) verantwortlich, also auch (unmittelbarer) Täter ist. Das Merkmal „**durch**"[58] verlangt auch in solchen, umstrittenen Fällen des Täters hinter dem Täter, dass der mittelbare Täter den „**anderen**" Täter zur Tatbestandsverwirklichung einsetzt, d. h. ihn in gewisser Weise bei der Tatbegehung **steuert**.

„Durch" einen „anderen" begeht jedenfalls – und das ist der unumstrittene Kern- 39 bereich der mittelbaren Täterschaft – die Tat derjenige, der für die Tatbestandsverwirklichung ein **menschliches Werkzeug**, den sog. Tatmittler[59] einsetzt. Der Tatmittler (das Werkzeug) führt die Tat eigenhändig aus und „macht sich die Hände schmutzig", der mittelbare Täter (= der auch sog. Hintermann) bleibt im Hintergrund, lässt für sich „arbeiten" und „wäscht seine Hände in Unschuld". Das Vorschicken des Tatmittlers befreit den **Hintermann** aber nicht von seiner herausgehobenen Verantwortlichkeit als **Täter** der von seinem Werkzeug begangenen Tat, wenn bestimmte Voraussetzungen vorliegen. Er kann freilich auch nur Anstifter sein, denn auch dieser bringt (veranlasst) einen anderen zur Begehung einer Straftat.

Die **Abgrenzung** von (mittelbarer) Täterschaft und Anstiftung (als einer der bei- 40 den Teilnahmeformen) erfolgt entsprechend den obigen Ausführungen zur Abgrenzung von Täterschaft und Teilnahme nach dem Kriterium der **Tatherrschaft**.[59a] Damit ist allgemein vorausgesetzt, dass der Hintermann, soll er mittelbarer Täter sein, eine **überlegene Stellung** hinsichtlich des Tatgeschehens haben muss, woraus für den Tatmittler eine unterlegene Position folgt, und dies, obwohl er den Tatbestand eigenhändig verwirklicht. Das Tatgeschehen muss sich als „Werk" des Hintermanns darstellen, d. h. er muss das Tatgeschehen trotz der Einschaltung eines anderen planvoll durch seinen Willen steuern. Die Tatherrschaft muss – wie allgemein (o. Rn. 26) – auch bei der mittelbaren Täterschaft vom Vorsatz des Täters „umfasst" sein, d. h. er muss **Tatherrschaftsvorsatz** haben. Daran kann es etwa fehlen, wenn derjenige, der möglicherweise einen anderen zur Tatbegehung veranlasst, dessen Irr-

---

[57c] Nach *Schild,* 1994, S. 24, 28, ist diese Regelung überflüssig, weil auch der mittelbare Täter Alleintäter sei, der die „Tatbestandsbehandlung selbst" setze; krit. dazu *Bloy,* GA 1996, 239.

[58] Vgl. zum allgemeinen Sprachgebrauch des Merkmals „durch" *Bottke,* JuS 1992, 765, 768.

[59] *Frisch,* LdRerg 8/1620, S. 6; *Freund,* 10/54; *Tiedemann,* Anfängerübung, S. 159; W-*Beulke,* Rn. 535; ebenso *Bottke,* JuS 2002, 320, 322.

[59a] Krit. *Haas,* ZStW 119 (2007), 519, 537, der auf das „Mandat" (Auftrag) oder den „Befehl" abstellen will.

tum, der ihn zum Werkzeug machen könnte, gar nicht erkennt; es bleibt dann wegen der Veranlassung mangels „Irrtumsherrschaftsvorsatz" nur Anstiftung (im Übungsfall *Kühl/Hinderer*, Jura 2012, 488, 491).

41   Wie bereits bei der Abgrenzung von Täterschaft und Teilnahme angesprochen (s. o. Rn. 27), kann diese Beherrschung eines anderen, dem die Tatausführung überlassen wird, nur durch überlegenes Wissen oder durch einen überlegenen Willen des Hintermanns begründet werden. Wer einem anderen z. B. durch Drohungen seinen Willen „aufdrückt",[59b] hat die sog. **Nötigungsherrschaft** (= typische Form der Willensherrschaft). Wer einen anderen z. B. durch Täuschung (oder auch nur durch Ausnützung eines Irrtums) zu einem bestimmten Verhalten bringt, hat die sog. **Irrtumsherrschaft** (auch sog. Wissensherrschaft).[60] In beiden Fällen hat der Hintermann eine so beherrschende Rolle hinsichtlich des Gesamtgeschehens, dass die Tat als seine Tat erscheint, als eine Tat, die er „durch" einen „anderen" begangen hat.

42   Es handelt sich also – bei Vorliegen der Tatherrschaft – um die **Tat des Hintermannes.** Ihm werden wegen seiner beherrschenden Rolle die Handlungen, die der Tatmittler ausgeführt hat, so zugerechnet, als ob er sie selbst/eigenhändig ausgeführt hätte.[61] Diese Zurechnung der vom „anderen" begangenen Handlungen ist der „springende Punkt" bei der mittelbaren Täterschaft. Nur diese **Zurechnung fremder Tatteile** machte es auch erforderlich, die Voraussetzung der mittelbaren Täterschaft wenigstens ansatzweise im Gesetz (§ 25 I Alt. 2) festzulegen.[61a]

43   Dass es sich bei der „durch einen anderen" begangenen Straftat um eine Tat des Hintermannes handelt, hat zur Folge, dass alle Voraussetzungen der Straftat (Tatbestandsmäßigkeit, Rechtswidrigkeit und Schuld) **auf die Person des mittelbaren Täters** zu beziehen sind.[62] Handelt also der **Tatmittler** schon **nicht tatbestandsmäßig,** z. B. weil er sich selbst verletzt, so kann für den ihn lenkenden mittelbaren Täter ein tatbestandsmäßiges Verhalten (Fremdverletzung durch Benutzung des Opfers als Werkzeug gegen sich selbst) vorliegen. Handelt der Tatmittler gerechtfertigt, so kann das Verhalten des ihn lenkenden mittelbaren Täters dennoch rechtswidrig sein, z. B. weil er die Umstände kennt, die dem Tatmittler verborgen sind. Auch der subjektive Tatbestand (Vorsatz, Absichten) und die Schuld müssen für die Person des mittelbaren Täters geprüft werden; fehlender Vorsatz des Tatmittlers oder dessen Entschuldigung z. B. wegen entschuldigenden (Nötigungs-)Notstands stehen der Strafbarkeit des Hintermannes nicht entgegen.

44   In **Fallbearbeitungen** ist es sinnvoll, mit der Prüfung des Tatmittlers als Tatnächstem zu beginnen,[62a] es sei denn, er hat schon keinen objektiven Tatbestand verwirklicht (z. B. bei Selbstverletzungen). Muss diese Prüfung abgebrochen werden, weil der Tatmittler keinen Vorsatz hat, gerechtfertigt oder ohne Schuld/entschuldigt ist, so ist die Frage aufzuwerfen, ob für das von ihm „Angerichtete" ein Hintermann verantwortlich sein könnte. Kommt ein solcher Hintermann im Sachverhalt vor, so ist dessen Tatherrschaft zu prüfen. Fällt diese Prüfung po-

---

[59b] Aufgegriffen von *Koch,* JuS 2008, 496.

[60] Vgl. zu diesen beiden Tatherrschaftsformen LK-*Schünemann,* § 25 Rn. 54, 69 u. 78; fünf Konstellationen der Willensherrschaft unterscheidet *Schroth,* BT, S. 61. – Neuerdings entwickelt *Bottke,* 1992, S. 64 ff., ein Konzept „relevant überlegener Gestaltungsmacht" für die mittelbare Täterschaft.

[61] Vgl. S/S-*Heine,* § 25 Rn. 6 a.

[61a] Vgl. *Haas,* ZStW 119 (2007), 519, 542: „Der Hintermann wird kraft Rechtsfiktion so behandelt, als ob er den Tatbestand selbst verwirklicht hat."

[62] Vgl. *Jescheck/Weigend,* S. 665; S/S-*Heine,* § 25 Rn. 7, sowie *Tiedemann,* Anfängerübung, S. 159 f.

[62a] Ebenso *Ebert,* S. 255; *Gössel,* Fälle, S. 13 f.; *Koch,* JuS 2008, 399, 400; *Scholz/Wohlers,* Klausuren, S. 33; W-*Beulke,* Rn. 883.

sitiv aus, so können ihm die Handlungen des Tatmittlers als eigene zugerechnet werden. Danach sind die weiteren Strafbarkeitsvoraussetzungen für die Person des mittelbaren Täters zu prüfen. Ist nach dem Sachverhalt klar, dass ein Tatbeteiligter nur „Werkzeug" ist, so kann auch gleich mit dem ihn steuernden mittelbaren Täter begonnen und das Werkzeug inzident geprüft werden.[62b]
Zur Prüfungsreihenfolge bei mittelbarer Täterschaft vgl. die **Übungsfälle** und Beispiele bei: *Amelung/Boch,* JuS 2000, 261 u. 262; *Frank,* Jura 2006, 783 ff., 786; *Rudolphi,* AT-Fälle, Fall 4, S. 39 u. 50 f.; Fall 8, S. 89 u. 99 sowie Fall 16, S. 191 u. 194 f.; *Scholz/Wohlers,* Klausuren, S. 33: Bsp; *Wagner,* BT-Fälle, Fall 2, S. 12, 14 u. 18 f. – Es gibt aber auch Übungsfälle, die mit dem möglichen mittelbaren Täter beginnen und das Verhalten des Tatmittlers „inzident" prüfen: *Tiedemann,* Anfängerübung, Fall 3, S. 175 f. u. 178 f. sowie Fall 11, S. 239 u. 240 f.; *Wagner,* BT-Fälle, Fall 2, S. 12 u. 14–16 sowie Fall 11, S. 112 u. 115 f. – Prüfungsschema mit Erläuterungen bei *Seier,* Anfängerklausur, S. 146 ff.
Grundwissen zur mittelbaren Täterschaft bei *Murmann,* JA 2008, 321 ff. – **Grundfälle** bei *Koch,* JuS 2008, 399 ff., 496 ff.

Die verschiedenen „Defekte",[62c] die zum Abbruch der Strafbarkeitsprüfung des 45
Tatmittlers führen, ergeben eine mögliche Einteilung der verschiedenen Konstellationen der mittelbaren Täterschaft. Möglich wäre auch eine Einteilung nach den verschiedenen Formen der Tatherrschaft des mittelbaren Täters.[63] Im folgenden wird die erste Möglichkeit gewählt, nicht zuletzt weil man in Fallbearbeitungen **bei** dem jeweiligen „**Defekt**" des Tatmittlers zum **Übergang** auf die Prüfung einer mittelbaren Täterschaft des Hintermannes „aufgefordert" wird. Dabei ist freilich schon vorab darauf hinzuweisen, dass mit der Feststellung eines „Defekts" beim Tatmittler nicht schon die Tatherrschaft des mittelbaren Täters begründet ist. Es kommt vielmehr „entscheidend auf die Unterlegenheit des Tatmittlers" an, für die „der Defekt beim Tatmittler nur ein regelmäßig (nicht immer) für Unterlegenheit des Mittlers maßgebendes (Teil-)Moment ist".[64] Außerdem ist schon vorab darauf hinzuweisen, dass es nach der Rechtsprechung und einem Teil der Rechtslehre auch Fälle mittelbarer Täterschaft gibt, bei denen der Tatmittler keinen „Defekt" aufweist und der mittelbare Täter also ein „Täter hinter dem Täter" ist (s. u. Rn. 72 ff.).

b) Konstellationen der mittelbaren Täterschaft

aa) Das tatbestandslos handelnde Werkzeug

Der (aufbaumäßig) frühestmögliche „Defekt" des Tatmittlers besteht darin, dass er 46
durch sein Verhalten schon keinen Straftatbestand erfüllt. Solch tatbestandsloses Verhalten liegt bei einer **Selbstverletzung** oder einer **Selbstschädigung** durch den Tatmittler vor. Tötet sich z. B. der Tatmittler auf Veranlassung eines anderen hin, so verwirklicht er keinen Straftatbestand, da die §§ 211 ff. nur bei Tötung eines anderen Menschen eingreifen. Für den Veranlasser (oder auch den Förderer) liegt dagegen eine straftatbestandsmäßige **Fremdtötung** vor. Aus der Sicht des Täters ist das (als Werkzeug gegen sich selbst eingesetzte) Opfer ein „anderer". Da Werkzeug und Opfer identisch sind, wird neuerdings von manchen auf die Figur der mittelbaren Täterschaft verzichtet und direkt mit der objektiven Zurechnung zum (unmittelbaren) Täter gearbeitet.[64a] Seine mögliche Haftung als mittelbarer Täter wird aber nicht schon durch die

---

[62b] *Arzt,* S. 200.
[62c] *Ebert,* S. 194.
[63] So z. B. geht *Roxin,* AT II 25/45 ff. vor; ähnlich, *Otto,* Jura, 1987, 254 ff.
[64] So „klarstellend" *Frisch,* LdRerg 8/1620, S. 6.
[64a] Vgl. *Murmann,* GK, 27/22; z. B. von *Schumann,* Fs. Puppe, 2011, S. 970 f. u. von HK-GS/*Ingelfinger,* § 25 Rn. 33.

Tatbestandslosigkeit des selbsttötenden Verhaltens des Opfers begründet,[64b] sie muss vielmehr mit der **Tatherrschaft des Veranlassers/Förderers** begründet werden. Kommt dem Veranlasser (er rät dem Opfer, sich doch umzubringen) oder dem Förderer (er reicht dem Opfer den zum Erhängen geknoteten Strick) keine beherrschende Rolle hinsichtlich des Tötungsgeschehens zu, so bleibt er in der Teilnehmerrolle (der Veranlasser als Anstifter, der Förderer als Gehilfe), doch führt das zu keiner Strafbarkeit, weil es an einer vorsätzlich begangenen Haupttat i. S. der §§ 26, 27 fehlt.[65] Es stellt sich also nicht die Alternative: strafbare Täterschaft oder strafbare Teilnahme, sondern die Alternative: strafbare mittelbare Täterschaft oder Straflosigkeit.

47　　Die beherrschende Rolle kann der Veranlasser/Förderer auf unterschiedliche Weise erlangen. So kann der Hintermann **konstitutionelle Mängel des Opfers ausnutzen**,[65a] indem er z. B. einem Kind zur Zerstörung seines Spielzeugs oder z. B. einem Geisteskranken zur Selbsttötung rät. Zumindest wenn die Situation so angelegt ist, dass das Opfer dem Ansinnen nicht widerstehen kann, entscheidet der Veranlasser über die Tat und wird dadurch zum mittelbaren Täter.[66] Depressive oder stark alkoholisierte Menschen sind, auch wenn die Grenze des § 20 (Schuldunfähigkeit) noch nicht erreicht ist, leicht zu steuern, auch gerade gegen sich selbst.[67]

48　　Die Tatherrschaft kann sich auch aus einer durch Täuschung (oder Ausnutzen eines Irrtums) begründeten **Irrtumsherrschaft** ergeben. Führt die Täuschung dazu, dass das getäuschte Opfer den selbstschädigenden Charakter seiner Handlung gar nicht erkennt,[67a] so liegt mittelbare Täterschaft des Täuschenden vor. So etwa, wenn der Täuschende das Opfer zu einer „Mutprobe" herausfordert („Hältst Du einen kräftigen Stromschlag aus?"), aber nur er weiß, dass das vom Opfer angefasste Stromkabel mit tödlichem Starkstrom geladen ist (Fall 2 bei *Koch*, JuS 2008, 399, 400). Hierher gehört auch der kaum glaubliche **„Sirius-Fall"**, den der BGH (St 32, 38 = *Roxin*, HRR AT, Fall 80, S. 119 f. u. 205 = Fall 3 bei *Koch*, JuS 2008, 399, 400; als „Klassiker" aufbereitet von *Kubiciel*, JA 2007, 729) aber tatsächlich (wenn auch nur als Versuchsfall) zu entscheiden hatte: der Täter, der sich als Bewohner des Sirius ausgab, brachte das leichtgläubige Opfer dazu, sich durch einen in die Badewanne getauchten Föhn zu töten, weil er ihm einreden konnte, es würde dann ebenfalls als Sirius-Bewohner weiterleben. Ist es dem Täter gelungen, dem Opfer den endgültig tödlichen Ausgang seines Verhaltens zu verschleiern, glaubte das Opfer also an ein Weiterleben, so ist der Täuschende mittelbarer Täter kraft überlegenen Wissens (so der BGHSt 32, 42).[68] – Überlegenes Sachwissen kann auch beim sog.

[64b] Ebenso *Murmann*, 2005, S. 462 f. – Vgl. auch *Eschenbach*, Jura 1999, 88, 92 f., für ein Untätigbleiben des Garanten gegenüber dem aus moralischen Bedenken sich nicht Rettenden.

[65] Vgl. *Bottke*, 1992, S. 45: „Straftatbestandslosigkeit des Freitodes und der Freitodteilnahme"; *Bottke* entwickelt S. 74 ff. sein Konzept einer „relevant überlegenen Gestaltungsherrschaft" bei der aktiven Beteiligung an Suiziden, das sich an den §§ 19, 20, 35 orientiert; vgl. auch *Günzel*, 2000, S. 187.

[65a] So *Ebert*, S. 196; *Kindhäuser*, § 25 Rn. 30; *Roxin*, AT II, 25/140: „Benutzung Schuldunfähiger".

[66] Vgl. *Zaczyk*, 1993, S. 43 f.

[67] Vgl. *Herzberg*, JA 1985, 342, mit Bsp. in Fn. 146. – Zur Bedeutung der Alkoholabhängigkeit vgl. *Amelung/Weidemann*, JuS 1984, 598 ff. = kritische Besprechung von BGH NJW 1983, 462. – Für die Einbeziehung von § 21, nicht aber „geringfügigere Störungen" *Renzikowski*, 1997, S. 99.

[67a] *Murmann*, JA 2008, 321, 322 mit Bsp. 1.

[68] Vgl. zu dieser Entscheidung überwiegend zustimmend *Küpper*, JA 1983, 672 f.; *Roxin*, NStZ 1984, 71 ff.; *Neumann*, JuS 1985, 677 ff.; *Otto*, Jura 1987, 256; *Merkel*, JZ 1999, 502, 504; *Achenbach*, Jura 2002, 542, 543: Fall 2; *Engländer*, Jura 2004, 234, 235; *Eisele*, JuS

Wetttrinken zur mittelbaren Täterschaft führen; so wenn einer der Teilnehmer heimlich nur Wasser trinkt, den Wettkollegen aber tödliche 45 Gläser Tequila, die zu einer BAK von 4,4‰ führten, trinken lässt.[68a]

Freilich schließt nicht jeder Irrtum eine freiverantwortliche bzw. eigenverantwort- **49** liche Entscheidung des Irrenden aus. Insbesondere ein **Motivirrtum** beseitigt nicht die Einsicht in den selbstschädigenden Charakter des eigenen Verhaltens, der Irrende hätte sich nur nicht selbst geschädigt, wenn ihm kein falsches Motiv geliefert worden wäre. Im Bereich von Selbsttötungen ist man freilich geneigt, auch das Hervorrufen eines Motivirrtums zu sanktionieren. Deshalb wird von einigen auch in dem Fall mittelbare Täterschaft angenommen, in dem dem Opfer vorgespiegelt wird, es leide an einer unheilbaren Krebserkrankung, die unter Schmerzen zum Tode führen werde.[69] Doch kann man sich hier auch auf den Standpunkt stellen, dass eine solche Vorspiegelung allein die **Entscheidungsfreiheit des Opfers**, das sich ja anderweitig vergewissern kann, nicht so einschränkt, dass die Entscheidung praktisch vom Vorspiegelnden getroffen wird.[70]

Verengt der Täuschende über die Täuschung hinaus die Entscheidungsfreiheit des **50** Opfers durch **zusätzliche Einflussnahme** auf die erwünschte Reaktion des Opfers, so wird er zum mittelbaren Täter, weil er dem Opfer praktisch keine Wahl mehr lässt. So z.B., wenn die Ehefrau dem Opfer – wie im Fall des BGH GA 1986, 508 – nicht nur vorspiegelt, mit ihm gemeinsam in den Tod gehen zu wollen (sog. vorgetäuschter Doppelselbstmord; s. *Kühl*, Jura 2010, 81, 82), sondern „zusätzlich die gesamte Tatsituation gestaltet und den ‚Suizid' ihres Ehemanns gleichsam überwacht".[71] Die Entscheidung des Opfers erscheint dann **nicht** mehr als **freiverantwortliche**, auch wenn es sich noch nicht – wie von manchen gefordert[72] – in einer den § 20 oder

---

2012, 577, 580; *Freund*, 10/60 f. u. 98, der allerdings überlegenes Wissen verneint, weil das Opfer gewusst habe, dass es sich selbst tötet, weshalb es sich um ein „nichtfreiverantwortliches Selbsttötungsunternehmen" handle; *Krey/Esser*, AT, Fall 115, Rn. 911 f.; *W-Beulke*, Rn. 539; *W-Hettinger*, Rn. 52; *Gössel/Dölling*, BT 1, 2/88 f.; *Rengier*, BT II, 8/2 u. 7; *Zieschang*, Rn. 669–673; LK-*Schünemann*, § 25 Rn. 108; NK-*Neumann*, Rn. 66 vor § 211; SK-*Hoyer*, § 25 Rn. 80; *Bottke*, 1992, S. 82: Gestaltungsherrschaft wegen des Informationsplus beim Hintermann; *Hillenkamp*, Fs. Schreiber, 2003, S. 135, 146: durch Täuschung bedingter Verlust der Eigenzuständigkeit des Opfers für seine Tötung, die den Täuschenden zum mittelbaren Täter macht; *Renzikowski*, 1997, S. 97 mit Fn. 195; für unmittelbare Täterschaft *Spendel*, Fs. Lüderssen, 2002, S. 605, 607 u. allgemein *Schumann*, Fs. Puppe, 2011, S. 970, 975.

[68a] Vgl. LG Berlin bei *Krawczyk/Neugebauer*, JA 2011, 264, 267; ähnlich der sog. „Obstschnaps"-Fall des BGH NStZ 1986, 266.

[69] So z.B. von M-*Gössel/Zipf*, AT 2, 48/91; ebenso *Eisele*, BT I, Rn. 184, *Frister*, 27/22 u. *Heinrich*, AT II, Rn. 1264; allgemein für die Berücksichtigung von Motivirrtümern, *Otto*, Jura 1987, 257 u. *Rengier*, BT II 8/5. Auf die Rechtsgutsbezogenheit des Irrtums stellt *Seier*, JuS 1993, L 77, ab.

[70] Gegen mittelbare Täterschaft in diesem Fall daher z.B. *Zaczyk*, 1993, S. 46; *Zieschang*, Fs. Otto, 2007, S. 505, 521 f., pro mittelbare Täterschaft *Frister*, 27/22: die auf einem Irrtum beruhende Entscheidung zur Selbsttötung sei nicht als nur dem Betroffenen zuzurechnende Selbstschädigung zu bewerten; vgl. zum Fall auch *Küpper*, JA 1983, 672; *Herzberg*, JA 1985, 430; *Neumann*, JA 1987, 253 f.; *Koch*, JuS 2008, 399, 400 f.; *Murmann*, GK, 27/24; *Roxin*, AT II, 25/72.

[71] So *Zaczyk*, 1993, S. 46; vgl. zu diesem Fall *Charalambakis*, GA 1986, 485 ff.; *Brandts/Schlehofer*, JZ 1987, 442 ff.; *Neumann*, JA 1987, 244 ff.; NK-*Neumann*, 67 vor § 211; *Murmann*, 2005, S. 484 ff.; *Freund*, 10/63 f. u. 99; *Krey/Esser*, AT, Rn. 917; *Otto*, 21/100: Fall 2; *Rengier*, BT II, 8/6: Fall 2; *Roxin*, AT II, 25/56 f. u. 71; *W-Hettinger*, Rn. 52; LK-*Schünemann*, § 25 Rn. 109, 118; SK-*Hoyer*, § 25 Rn. 84.

[72] *Roxin*, TuT, S. 688 f.; *Charalambakis*, GA 1986, 485; *Jäger*, Rn. 247. Vgl. auch *Bottke*, GA 1983, 32, der eine rechtliche Relevanz des Irrtums verlangt.

§ 35 entsprechenden psychischen Verfassung befindet, denn diese strengeren Regeln gelten nur für Fremdschädigungen, d. h. für Eingriffe in fremde Rechtskreise.

51 Schließlich kann sich der Täter die beherrschende Stellung auch durch **Drohungen** (Nötigungsmittel) verschaffen. Setzen diese Drohungen das Opfer unter einen dem Notstandstäter gem. § 35 vergleichbaren psychischen Druck (Lebens-/Leibes-/Freiheitsgefahr für sich oder eine nahe stehende Person), so wird der Drohende zum mittelbaren Täter kraft **Nötigungsherrschaft**.[73] Überzeugend wird aber auch dann eine mittelbare Täterschaft angenommen, wenn die Drohung die Entscheidungsfreiheit des Opfers nicht so drastisch verengt. Die genaue **Grenze der freiverantwortlichen Entscheidung** ist dann freilich nicht mehr so klar vorgezeichnet. Die Orientierung an den Grundsätzen der rechtsverbindlichen Einwilligung[74] (oder bei der Selbsttötung an § 216: „ausdrückliches und ernstliches Verlangen") ist immerhin möglich: Freiheit von Willensmängeln und Bewusstsein von der Tragweite der Entscheidung. Zu fordern dürfte eine solche Einengung der Entscheidungsfreiheit sein, dass die Selbstschädigung als letzter Ausweg erscheint (*Kühl*, Jura 2010, 81, 82). Dies setzt mindestens voraus, dass das vom Drohenden in Aussicht gestellte Übel ebenso schwer wiegt wie der durch die erzwungene Handlung angerichtete Schaden.[74a] Wer mit einer Sachbeschädigung droht, falls sich das Opfer nicht umbringt, hat dessen Selbsttötung nicht „in der Hand"; anders wenn der Täter droht, einen von ihm ungeliebten Kühlschrank zu zerstören, wenn nicht das Opfer selbst es tut.[75]

51a Hat der Suizident – im spiegelbildlichen Fall[75a] – die tatbeherrschende Stellung inne und lässt er die Tat durch einen getäuschten Dritten ausführen, so scheidet dessen Strafbarkeit auch wegen fahrlässiger Tötung gem. § 222 aus (anders OLG Nürnberg NJW 2003, 454; offengelassen von BGH NJW 2003, 2326; s. unten Rn. 138; im Übungsfall *Norouzi*, JuS 2007, 146 u. 149); es liegt ein Suizid in mittelbarer Täterschaft vor (*Roxin*, TuT, S. 625).

> Aus der **Übungsfall-Literatur** zum tatbestandslos handelnden Werkzeug vgl.: *Achenbach*, Jura 2002, 542, 543 f.: Fälle 3 a und b; *Alpmann/Schmidt*, AT 2, Fall 9, S. 47–49 (§ 303-Fall); *Berkl*, JA 2006, 276 u. 277 (mittelbarer Täterschaft „ähnlicher" Fall); *Brandts*, Jura 1986, 495 u. 496 ff. (in Selbstmord „getrieben"); *Ensenbach*, Jura 2011, 787 u. 792 („Sachbeschädigung" am eigenen Fahrzeug); *Haft*, Fallrepetitorium, Nr. 436 (angebliche Krebserkrankung); *Heinrich/Reinbacher*, JA 2007, 264 u. 266 f. (trotz Täuschung freiverantwortliches Handeln); *Herzberg*, Täterschaft, Fall 24, S. 31–33 (qualifikationsloser Tatmittler); *Kudlich*, AT-Fälle, Fall 8, S. 116 (Opfer als Werkzeug gegen sich selbst) u. in: PdW AT, Fälle 263, 264 u. BT II, Fall 4 („Sirius"-Fall des BGHSt 32, 38); *Mitsch*, JuS 1995, 889 f.: Fall 6; *Seier*, JuS 1993, L 75 u. 78 (Sachbeschädigung durch getäuschten Eigentümer); *Meurer/Kahle/Dietmeier*, Übungskriminalität, Fall 3, S. 23 ff. u. 32 (auf's Glatteis geschickt), Fall 4, S. 49 f. u. 50 (mit Schmierseife eingeschmierte Stufen betreten), Fall 5, S. 77 f. u. 93 (Gift in Zahnpulver gemischt), sowie Fall 8, S. 165 f. u. 167 (vergiftete Brötchen überreicht); *Otto/Bosch*, Übungen, Fall 4, S. 108 f. (Opfer als Tatmittler gegen sich selbst); *Rengier/Brand*, JuS 2008, 514 u. 516 (Schlafmittel ins Bier gemischt, das die Opfer tranken); *Schapiro*, JA 2005, 615 u. 616 (Gift dem Opfer zur Einnahme übergeben); *Vogel/Fad*, JuS 2002, 786 u. 790 (Selbstgefährdung

---

[73] So *Roxin*, AT II 25/34 u. in: TuT, S. 685; ebenso *Otto*, 21/71 f., mit Fall 2 u. LK-*Schünemann*, § 25 Rn. 69.

[74] Vgl. *Otto*, Jura 1987, 257, m. w. N. in Fn. 58; *Amelung*, 1995, S. 247–257, ebenfalls m. w. N., sowie *Renzikowski*, 1997, S. 98; wohl auch *Murmann*, GK, 27/23 u. in: JA 2008, 321, 322 mit Bsp. 2; kritisch LK-*Schünemann*, § 25 Rn. 73.

[74a] Vgl. auch zu den folgenden Beispielen *Zaczyk*, 1993, S. 47; sowie schon *Küper*, JZ 1986, 225.

[75] Vgl. S/S-*Heine*, § 25 Rn. 10: rechtfertigungsähnliche Situation i. S. des § 34; vgl. auch *Kindhäuser*, AT, 39/34: Fall 8.

[75a] So W-*Beulke*, Rn. 539 u. 684 a sowie W-*Hettinger*, BT 1, Rn. 65 a.

des Opfers, die sich in einer Fremdverletzung realisiert); *Vogel/Hocke,* Jura 2005, 709, 714 (Fall Schiavo). – Speziell in einer Versuchskonstellation *Küpper,* in: G/K/M, Fallsammlung, Fall 7, S. 131 f. u. 132 f. – Den Aufbau in den Vordergrund rückend *Otto,* Jura 2003, 100, 101 f. mit „Ausgangsfall".

bb) Das unvorsätzlich handelnde Werkzeug

Handelt das Werkzeug unvorsätzlich, so weiß es nicht, in welcher Situation es handelt, weil es Tatumstände nicht kennt oder falsch einschätzt (Tatumstandsirrtum i. S. des § 16 I). Ein solchermaßen irrender Tatmittler kann von einem Hintermann, der die Sachlage überblickt, kraft seines **überlegenen Wissens** gesteuert werden (auch sog. **Irrtumsherrschaft**);[75b] – „das gesichertste Beispiel mittelbarer Täterschaft".[75c] Typische Schulfälle, die die beherrschende Rolle des Hintermannes verdeutlichen, sind die Tötung des Patienten durch den Arzt, der eine ahnungslose Krankenschwester die tödliche Spritze setzen lässt (§§ 212, 25 I Alt. 2 für den Arzt = Fall 1 bei *Koch,* JuS 2008, 399, 400), oder die Wegnahme eines fremden Ledermantels durch den Theatergast, der einen gutgläubigen anderen Theatergast bittet, ihm doch seinen Ledermantel aus der Garderobe zu reichen (§§ 242, 25 I Alt. 2 für den bittenden Theatergast). Die eingesetzten, benutzten Werkzeuge, die den objektiven Tatbestand des Totschlags bzw. des Diebstahls verwirklicht haben, können aus diesen Tatbeständen nicht bestraft werden, da sie nicht vorsätzlich gehandelt haben (keine Kenntnis vom tödlichen Inhalt der Spritze; irrige Annahme, dem Eigentümer seinen Mantel zu reichen = Unkenntnis, wegzunehmen). Dass die Werkzeuge möglicherweise die wahre Sachlage hätten erkennen können, begründet allenfalls einen Fahrlässigkeitsvorwurf, der nur bei der Krankenschwester zu einer Strafbarkeit führen könnte (§ 222: fahrlässige Tötung; dagegen gibt es keinen fahrlässigen Diebstahl). Die Strafbarkeit des Hintermannes als mittelbarer Täter des Vorsatzdelikts (§ 212 bzw. § 242) wird durch die etwaige Strafbarkeit des Werkzeugs aus einem Fahrlässigkeitsdelikt nicht berührt. Da der unmittelbar Handelnde selbst bei bewusster Fahrlässigkeit (die Krankenschwester rechnet mit der Möglichkeit, eine tödliche Spritze zu setzen) die Gefährlichkeit seines Handelns nicht ernst nimmt, sondern auf einen guten Ausgang vertraut, ist ihm der Hintermann im voluntativen Element (= der Entscheidung für die Rechtsgutsverletzung) überlegen.[76] – Auch wer dem irrenden Jäger nur das Gewehr zur unvorsätzlichen Tötung des Spaziergängers reicht, hat Irrtumsherrschaft über den „blinden" Tatausführenden, weil sein überlegenes Sachwissen ihn zum „Tatherrn" macht, obwohl er beim irrenden Vordermann nicht den Tatentschluss hervorruft, sondern ihn nur unterstützt.[76a] – Irrtumsherrschaft hat auch, wer jemanden als **Werkzeug** benutzt, der sich **in** einem vor-

52

[75b] *Roxin,* Fs. Lange, 1976, S. 173, 183. *Ebert,* S. 195: „Tatherrschaft kraft Wissenschaft"; *Murmann,* JA 2008, 321, 323: Fall 6; *Küpper,* GA 1998, 519, 522, spricht von „Irrtums- und Wissensherrschaft"; zusf. *Weisser,* 2011, S. 216 f. – Nach *Schild,* 1994, S. 18, ist eine Handlung des Täters erforderlich, „die den Irrenden als Werkzeug umgreift und dessen Aktivität einbezieht in die eigene Willensverwirklichung". – Anders *Jakobs,* GA 1997, S. 553, 567, der auf die „Zuständigkeit für die Unzulänglichkeit des Ausführenden" abstellt; auf die objektive und subjektive Zurechnung des „Defizits" des Vordermannes zum Hintermann stellt *Kindhäuser,* Fs. Bemmann, 1997, S. 339, 346, ab.

[75c] *Roxin,* TuT, S. 671 u. *Engländer,* Jura 2004, 234, 237.

[76] Vgl. S/S-*Heine,* § 25 Rn. 16; vgl. auch *Puppe,* JR 1999, 338, 339 (= Anm. zu BGH 1 StR 456/97 v. 16. 12. 1997) u. *Engländer,* Jura 2004, 234, 237. – Aus der Rspr. vgl. OLG München NStZ 2007, 157 f., aufbereitet von *Hoffmann-Holland,* Rn. 521.

[76a] H.M., vgl. etwa *Roxin,* TuT, S. 671 u. *W-Beulke,* Rn. 536; im Erg. ebenso *Freund,* 10/58; dagegen *Schumann,* 1986, S. 89 ff., der wegen des Prinzips der Selbstverantwortung eine Tatveranlassung und Beherrschung durch den Hintermann verlangt.

satzausschließenden **Erlaubnistatumstandsirrtum** befindet; erst recht, wenn er diesen Irrtum hervorruft.[76b]

53   Erst der Vorsatz des unmittelbar Handelnden schließt mittelbare Täterschaft kraft überlegenen Wissens des Hintermanns aus, da dann auch derjenige, der die Tat eigenhändig ausführt, weiß, was er tut. Dadurch wird der Veranlasser in die Anstifterrolle, der Förderer in die Gehilfenrolle zurückgedrängt. Anders ist dies aber, wenn sich der Vorsatz des Tatmittlers nur auf **eine** der Taten bezieht, die er begeht. Dann ist er bezüglich der **anderen** Taten, die er auch verwirklicht, ein vorsatzloses Werkzeug desjenigen, der ihn zu allen Taten veranlasst hat. Veranlasst z. B. der im Hintergrund Verbleibende einen anderen zur Ausführung eines Raubes und eines Mordes, so ist er Anstifter zum Raub, den der Veranlasste vorsätzlich als Täter begeht, jedoch mittelbarer Täter eines Mordes, wenn nur er weiß, dass das angebliche Betäubungsmittel, das er dem Räuber mit auf den Weg gibt, bei seinem Einsatz tödlich wirkt (sog. „Salzsäure-Fall" des BGHSt 30, 363, wo es aber nicht zum Einsatz des Tatmittels kam, weshalb der Fall beim Versuch des mittelbaren Täters[77] wieder aufgegriffen werden wird, s. u. Rn. 94). Hinsichtlich der Tötung hat nur der Hintermann Tatherrschaft kraft seines überlegenen Wissens hinsichtlich des Tatmittels.[78] Die Problematik des Täters hinter einem auch verantwortlichen Täter, stellt sich also nicht, wenn hinter dem Räuber ein „Mörder" steht, denn hier geht es um unterschiedliche Taten und dementsprechend **unterschiedliche tatbestandsbezogene Tatherrschaften.**[79] Auch ein „Mörder" hinter dem Totschläger" ist denkbar, wenn nur der Hintermann Mord-begründende Tatumstände kennt,[80] doch ist diese Konstruktion eher dem „Täter hinter dem Täter" zuzurechnen,[81] da es sich jeweils um vorsätzliche Tötungen handelt (s. u. Rn. 76).

Aus der **Übungsfall-Literatur** zum unvorsätzlich handelnden Werkzeug vgl.: *Beulke,* KK I, Fall 4, Rn. 175 u. 192 f. sowie KK II, Fall 8, Rn. 224 u. 229; *Cantzler,* JA 1999, 859 u. 864; *Edlbauer,* Jura 2007, 941 u. 942; *Eisele,* Jura 2002, 59 u. 66 (seltener § 263-Fall); *Ensenbach,* Jura 2011, 787 u. 793; *Frister/Rasemann/Schneiders,* AL 2008, 180 u. 184 (Werkzeug im Erlaubnistatumstandsirrtum); *Hohmann/Matt,* JuS 1993, 131 f.; *Kudlich,* AT-Fälle, Fall 11, S. 162 f. (Werkzeug im Erlaubnistatumstandsirrtum) u. in: PdW AT, Fall 266; *Mitsch,* JuS 1995, 890: Fall 8 a; *Mitsch,* JuS 2007, 555 u. 557; *Morgenstern,* JuS 2010, 146 u. 151 (im Versuchsfall beim Entschluss); *Murmann,* Jura 2001, 258 u. 263 f. (seltener § 306 a-Fall); *Norouzi,* JuS 2007, 146 u. 150; *Ostendorf,* JuS 1980, 665; *Otto/Bosch,* Übungen, Fall 17, S. 376 f. (§ 263-Fall); *Rackow,* JA 2003, 218 f. u. 219 f.; *Rengier,* Jura 1984, 212 u. 214; *Rönnau/Nebendahl,* JuS 1990, 745 f.; *Rudolphi,* AT-Fälle, Fall 4, S. 39 u. 51; *Schultz/Richter,* JuS 1985, 798 u. 801 f.; *Stein,* AL 2008, 242 u. 245 (nur hinsichtlich der § 226-Qualifikation vorsatzlos); *Stein/Schneider,* AL 2011, 45 u. 50 f. (nur hinsichtlich der Tötung vorsatzlos); *Thoss,* JuS 1996, 816 u. 818; *Tiedemann,* Anfängerübung, Fall 3, S. 175 f. (= RGSt 48, 58: „Gänsebucht-Fall"); sowie Fall 11, S. 239 u. 241, 243; *Vogel,* Jura 1996, 265 u. 269; Die Examensklausur, Klausur Nr. 17, S. 197 u. 198; *Vormbaum,* Jura 2010, 861 u. 863 (seltener § 263-Fall; BGH NJW 2009, 2900, nachgebildet); speziell zu einer „partiellen Tatherrschaft" (oben im Text Rn. 53) *Krack/Schwarzer,* JuS 2008, 140 u. 141.

[76b] *Murmann,* JA 2008, 321, 323; *Roxin,* AT II, 25/67, mit Beispielen; *Zieschang,* Rn. 685; im Übungsfall auch *Kudlich,* AT-Fälle, Fall 11, S. 150, 162.

[77] Vgl. *Hillenkamp,* 15. AT-Problem, Bsp. 3, S. 116 = BGHSt 30, 363; zu dieser Entscheidung vgl. *Heinrich,* 2002, S. 223 f.; *Puppe,* AT 2, 40/1–11; *Roxin,* AT II, 25/66.

[78] Vgl. SK-*Hoyer,* § 25 Rn. 66: jede Tatbestandsverwirklichung sei „für sich" zu betrachten.

[79] Vgl. LK-*Schünemann,* § 25 Rn. 84 sowie *Krey/Esser,* AT, Fall 110, Rn. 891–894.

[80] Vgl. *Küpper,* JuS 1991, 640 zu BGHSt 36 231, wo aber der ausführende „Totschläger" die mord-begründenden Sachverhaltsumstände kannte, nur eben die persönlichen Motive nicht selbst aufwies.

[81] Vgl. *Rengier,* JuS 1991, 938, 939.

cc) Das absichtslos/qualifikationslos dolose Werkzeug

Ein weiterer „Defekt" im Bereich des subjektiven Tatbestands ist das Fehlen der von 54
manchen Tatbeständen vorausgesetzten Absicht beim Werkzeug, das hinsichtlich der
Verwirklichung dieses Tatbestandes vorsätzlich (= dolos) handelt. Der typische Fall
des absichtslos dolosen Werkzeugs war vor dem 6. Strafrechtsreformgesetz der Diebstahl,[81a] bei dem derjenige, der die fremde bewegliche Sache wegnimmt, dies zwar vorsätzlich tut, aber **ohne** die bisher von § 242 vorausgesetzte **Sich-Zueignungsabsicht.**
Lässt man einmal die BT-Problematik beiseite[82] und unterstellt, dass es bei sofortiger
Weitergabe der weggenommenen Sache an einen Auftraggeber Fälle geben kann, in
denen dem Wegnehmenden und Weitergebenden die Absicht fehlt, **sich** die Sache zuzueignen, so handelte es sich unter dem AT-Gesichtspunkt der mittelbaren Täterschaft
dennoch um einen problematischen Fall. Denn anders als beim vorsatzlosen Werkzeug
kann von einer Tatherrschaft des Veranlassers kraft überlegenen Wissens keine Rede
sein, denn hinsichtlich des Wissens von den Tatumständen des Diebstahls unterscheiden sich der unmittelbar Handelnde und der Veranlasser nicht. Das Tatgeschehen
wird außerdem faktisch allein vom unmittelbar Handelnden beherrscht.

Die Tatherrschaftslehre hatte also Schwierigkeiten in diesen Fällen eine mittelbare 55
Täterschaft des Auftraggebers zu begründen. Die subjektive Theorie, die diese Begründung leisten konnte (der Auftraggeber hat wegen seines Interesses am Taterfolg
Täterwillen[83]), scheidet aus den o. g. Gründen (Rn. 32 u. 35) aus. Die Begründung
musste Kriterien benennen, die ein Übergewicht des Veranlassers und eine Unterlegenheit des vorsätzlich Wegnehmenden begründen können. Es wurde etwa neben
der tatsächlichen Tatherrschaft eine **normative Tatherrschaft** kreiert, die auch demjenigen eine beherrschende Stellung im Tatgeschehen einräumt, der die Absicht mit-
bringt, von deren Vorliegen die Begehung einer (Absichts-)Straftat abhängt: so hat
es bei fehlender Zueignungsabsicht des Wegnehmenden allein der Veranlasser, der
Zueignungsabsicht hat, aber nicht selbst wegnehmen will, in der Hand, dass es zu
einem Diebstahlsgeschehen kommt.[84] Es wurde aber auch eine mittelbare Täterschaft kreiert, die nicht auf Tatherrschaft basiert, sondern auf der „Innehabung der
tatbestandlichen Täterqualifikation", zu welcher auch die Absicht als „subjektiv-
täterschaftliches Merkmal" zählt.[85]

Derjenige, den diese Kreierungen nicht überzeugten, konnte bisher nicht auf An- 56
stiftung (zum Diebstahl) ausweichen, da es an einer tatbestandsmäßigen Haupttat
fehlte (s. u. Rn. 144). Denkbar war eine Unterschlagung durch den die weggenommene Sache annehmenden Auftraggeber, zu welcher der Wegnehmende dann Beihilfe leistet.[85a] Wer eine mittelbare Täterschaft des Hintermannes mit Zueignungsab-

---

[81a] Heute wird als Anwendungsfall noch § 239a diskutiert, vgl. *Mitsch,* BT 2/2, 2/83 m.
Bsp.; auch § 252, vgl. *Dehne-Niemann,* JuS 2008, 589 m. Fallbsp. u. *W-Hillenkamp,* BT 2,
Rn. 374 sowie im Übungsfall *Beulke,* KK II, Fall 9, Rn. 250 u. 266–268.

[82] Vgl. dazu K/H/H-*Hellmann,* BT 2, Rn. 98–112 *Otto,* BT, 40/73.

[83] Vgl. B-*Weber/Mitsch,* 29/128 f. m. Bsp.

[84] Vgl. *Gallas,* 1968, S. 102; *Cramer,* Fs. Bockelmann, 1979, S. 398; *Jescheck/Weigend,*
S. 669 f.; *Rengier,* AT, 43/22. – Kritisch dazu *Roxin,* TuT, S. 718; *Neumann,* JuS 1993, 747 f.;
Krämer, Jura 2005, 833, 837 f.; *Dehne-Niemann,* JuS 2008, 589, 591; *Köhler,* S. 512; *Freund,*
10/69–74; abl. *Krey/Esser,* AT, Rn. 921; abl. *Zieschang,* Fs. Otto, 2007, S. 505, 517 f. u. *Putzke,* FS. Roxin, 2011, S. 425, 437, der nach der objektiven Zurechnung entscheiden will; monographisch *Witzigmann,* 2009.

[85] So *Ebert,* S. 195 f.

[85a] So noch *Krey/Hellmann,* BT 2, 11. Aufl. 1997, Rn. 82 ff., u. *Rengier,* BT I, 2. Aufl. 1998,
2/56. – Aktuell noch *Zieschang,* Rn. 679–681, für den abgewandelten Fall, dass der beauf-

sicht anerkannte, musste daran denken, dass das absichtslos dolose **Werkzeug** als **Gehilfe** dieses Diebstahls in Betracht kommt. War mit der Prüfung des Werkzeugs begonnen worden und nach Abbruch der Prüfung im subjektiven Tatbestand auf die Prüfung der mittelbaren Täterschaft des Hintermannes übergegangen worden, so musste man „zurück zum Werkzeug" springen, weil eine Teilnahme nie vor einer (vorsätzlich, rechtswidrig begangenen) Täterschaft geprüft werden darf.

56a   Die Notlösung über die Unterschlagung (o. Rn. 56) und die Konstruktion einer normativen Tatherrschaft (o. Rn. 55) sind nach der Einfügung der **Dritt-Zu-eignungsabsicht** in § 242 für den Standardfall des absichtslos dolosen Werkzeugs (o. Rn. 54) nicht mehr erforderlich: wer im Auftrag eine fremde bewegliche Sache wegnimmt und diese an den Auftraggeber sofort und unentgeltlich weitergibt, ist Täter eines Diebstahls in Dritt-Zueignungsabsicht (§ 242), der Auftraggeber ist An-stifter zu diesem Diebstahl (§§ 242, 26).[85b] Fehlt dem Wegnehmenden allerdings auch diese Dritt-Zueignungsabsicht, etwa weil er meint, die Sache dem Auftragge-ber nur zum vorübergehenden Gebrauch und also nicht unter auf Dauer angelegter Enteignung des Eigentümers zu übergeben – T bittet W, ihm den Schirm des O zu holen und versichert, er wolle sich den Schirm nur leihen, er will ihn aber behalten – ,[85c] so ist er zwar ein absichtsloses Werkzeug, doch ergibt sich die Tatherrschaft des Auftraggebers aus der Täuschung, die überreichte Sache nach vorübergehendem Gebrauch an den Eigentümer zurückgeben zu wollen (Tatherrschaft kraft überlege-nen Wissens bzw. Irrtumsherrschaft, o. Rn. 52); das gilt auch für den Fall, dass der Vorsatz des Wegnehmenden über die Rechtswidrigkeit der Zueignung infolge der Täuschung durch den Auftraggeber entfällt, er habe auf die angeblich bereits ge-kaufte Sache einen Anspruch.[85d] Im ersteren Fall fehlt dem Wegnehmenden jegliche Sich- und Dritt-Zueignungsabsicht, im letzteren die Absicht rechtswidriger Zueig-nung, so dass er als Täter des Diebstahls ausscheidet. Mittelbarer Täter des Dieb-stahls ist aber der täuschende Auftraggeber, der Sich-Zueignungsabsicht hat und den getäuschten Wegnehmenden beherrscht. Diese Lösung hilft nicht in dem freilich etwas „konstruierten" Fall, dass der Wegnehmende dem Auftraggeber die Sache nicht absichtlich zueignet: es kommt ihm nicht – auch nicht als notwendiges Zwi-schenziel (s. o. 5/35) – auf die Dritt-Zueignung an den Auftraggeber, sondern auf die Schädigung des bestohlenen Eigentümers an.[85e] Hier hilft nur die Konstruktion der normativen Tatherrschaft (o. Rn. 55), so dass für einen kleinen Bereich der Streit

---

tragte Vordermann die Uhr mit dem einzigen Motiv der Schädigung des Eigentümers und da-mit ohne Sich- oder Drittzueignungsabsicht wegnimmt.

[85b] *Rengier*, BT I, 2/77; ebenso *Freund*, 10/70 f.; *Jäger*, JuS 2000, 651, 652; *Murmann*, JA 2008, 321, 323; *Noak*, 1999, S. 75; *Roxin*, AT II, 25/115 u. in: TuT, S. 718 f.; *Straten-werth/Kuhlen*, 12/37; *Mitsch*, BT 2/1, 7/71. – *Otto*, BT, 40/73, nimmt Sich-Zueignungsabsicht des Wegnehmenden an. – Zur Abgrenzung der täterschaftlich begangenen Drittzueignung von der auch möglichen Beihilfe zur Selbstzueignung des Dritten *Hauck,* 2007, S. 214 f. m. Bspr. *Duttge*, ZIS 2008, 183, 184: annehmbare Lösung.

[85c] Vgl. das Bsp. bei W-*Beulke*, Rn. 537; übernommen von *Joecks*, § 25 Rn. 26; *Murmann*, JA 2008, 321, 323 u. *Otto*, 21/97; ebenso *Roxin*, TuT, S. 719: „Irrtumsherrschaft"; krit. *Freund*, 10/72 Fn. 93; vgl. auch das Bsp. von *Jäger*, JuS 2000, 651, 652 f., der eine Ausnut-zung des Irrtums über den „Handlungssinn" annimmt.

[85d] Vgl. das Bsp. bei *Krüger*, Jura 1998, 616; s. auch *Fahl*, JuS 1998, 24, sowie *Roxin*, TuT, S. 719.

[85e] Vgl. den „Champagner-Fall" bei *Noak*, 1999, S. 73 u. 75; ähnlicher Fall bei *Rengier,* BT I, 2/82 f. – Für Fälle fehlender Dritt-Aneignungsabsicht halten auch W-*Hillenkamp*, Rn. 167, das Fortleben der mittelbaren Täterschaft mit absichtslos dolosem Werkzeug für möglich; ebenso *Mitsch*, BT 2/1, 1/166 f.

um das absichtslos dolose Werkzeug fortbesteht. Deshalb ist auch noch der „Gänsebucht-Fall" (RGSt 48, 58) von Interesse (als „Klassiker" aufbereitet von *Fahl*, JA 2004, 287 ff.).

> Aus der **Übungsfall-Literatur** zum absichtslos dolosen Werkzeug vgl.: *Alpmann/Schmidt*, AT 2, Fall 7, S. 32 f. u. 36–38 u. 40; *Beulke*, KK II, Fall 9, Rn. 250 u. 266–268; *Dehne/Niemann/Weber*, JA 2009, 868 u. 870; K/H/H-*Hellmann*, BT 2, Rn. 98–112: Fall 22; *Hillenkamp*, JuS 2003, 157 u. 160 f.; *Kudlich*, PdW AT, Fall 267 u. PdW BT I, Fall 29; *Otto/Bosch*, Übungen, Fall 15, S. 328–330 (bei § 252); *Wagner*, BT-Fälle, Fall 2, S. 12 u. 14–16, 17 f.

Die umstrittene normative Tatherrschaft wird auch zur Begründung der mittelba- **56b** ren Täterschaft mit sog. **qualifikationslos dolosem Werkzeug** herangezogen,[85f] in denen dem unmittelbar Handelnden die vom Tatbestand vorausgesetzte Täterqualität z. B. als Vollstreckungsschuldner bei § 288 I fehlt; bringt der Hintermann diese Täterqualität mit, so soll er mittelbarer Täter sein, auch wenn er einem Nichtvollstreckungsschuldner das Beiseiteschaffen von Vermögensbestandteilen (= Beihilfe zu § 288) überlässt.[85g] Dasselbe soll auch für den Grundbuchbeamten G gelten, der einen Nichtamtsträger zur Vornahme einer Falschbeurkundung (§ 348) veranlasst: der unmittelbar die Tathandlung vornehmende Nichtamtsträger ist nur Gehilfe des mittelbaren Täters G.[85h] – Auch die Tatherrschaft von Amtsträgern wird z. T. normativ begründet (u. Rn. 60).

> Aus der **Übungsfall-Literatur** zum qualifikationslos dolosen Werkzeug vgl.: *Alpmann/Schmidt*, AT 2, Fall 7, S. 32 f. u. 38–41; *Mitsch*, JuS 2004, 323 u. 324 f. (§ 288 I-Fall).

dd) Das rechtmäßig handelnde Werkzeug

Außer „Defekten" im Tatbestand kommen solche auch auf der Rechtswidrig- **57** keitsebene vor. Ein Tatmittler kann rechtmäßig handeln und dennoch kann ein Hintermann eine Straftat durch ihn begehen, die rechtswidrig ist. **Typische Fälle** (z. B. Fall 5 bei *Koch*, JuS 2008, 339, 401), die auch die Rechtsprechung beschäftigt haben,[86] sind die Freiheitsberaubung, die der Hintermann durch falsche Angaben erreicht, welche den Polizisten zur vorläufigen Festnahme bzw. den Richter zur Anordnung der Untersuchungshaft nach den Vorschriften der StPO zwingen.[87] Die

---

[85f] So etwa *Jescheck/Weigend*, S. 669 f. u. *Murmann*, GK, 27/25 mit § 266-Beispiel. – Im Erg. ebenso *Roxin*, AT II, 25/275–280 u. in: TuT, S. 746 ff., der aber auf die Pflichtenbindung des Hintermanns abstellt; ebenso *Sanchez-Vera*, 1999, 163, der deshalb unmittelbare Täterschaft annimmt; so auch *Jakobs*, 21/104, 115 ff. Abl. *Stratenwerth/Kuhlen*, 12/38–41, die aber für manche Fälle auch unmittelbare Täterschaft annehmen; ebenso NK-*Schild*, § 25 Rn. 72; für Unterlassen *Joecks*, § 25 Rn. 27 f.

[85g] Abl. mit diesem Bsp. *Freund*, 10/73 u. *Koch*, JuS 2008, 496, 499 mit Fall 19; vgl. zur möglichen mittelbaren Täterschaft bei § 288 *Lackner/Kühl*, § 288 Rn. 7; LK[11]-*Schünemann*, § 288 Rn. 39; *Rengier*, BT I, 27/3; gegen mittelbare Täterschaft W-*Hillenkamp*, BT 2, Rn. 480: Strafbarkeitslücke de lege lata hinzunehmen; ebenso K/H/H-*Hellmann*, BT 2, Rn. 415–418: Fall 80. – Mit § 266-Bsp. *Murmann*, JA 2008, 321, 322 f.

[85h] So mit diesem Bsp. *Ebert*, S. 191 u. 195; abl. mit diesem Bsp. *Otto*, 21/93–96 u. *Zieschang*, Rn. 674–677, mit eingehender Begründung auch *Zieschang*, Fs. Otto, 2007, S. 505, 516.

[86] BGHSt 3, 4; 10, 306; 42, 275, 277. – Ergänzend *Lackner/Kühl*, § 239 Rn. 4.

[87] Vgl. B-*Weber/Mitsch*, 29/132 m. Bsp.; *Gössel/Dölling*, BT 1, 19/25; LK-*Schünemann*, § 25 Rn. 85; SK-*Hoyer*, § 25 Rn. 71; S/S-*Eser*, § 239 Rn. 10; mit Beispielsfall *Otto*, Jura 1987, 254, der aber das urteilende Gericht nicht als Werkzeug des Anzeigenden betrachtet (*Otto*, BT, 28/7; ebenso *Hohmann/Sander*, BT II, 11/19); gegen mittelbare Täterschaft mit genötigtem

Vorlage falscher Beweismittel durch den Kläger im Zivilprozess kann zur Vermögensschädigung (§ 263: Betrug) des Beklagten führen, die unmittelbar der Richter – befugt – durch sein Urteil, das den Vorschriften der ZPO entspricht, bewirkt.[88]

58 Wie diese Beispiele zeigen, wird auch hier die beherrschende Rolle des Hintermannes nicht durch den „Defekt" des Tatmittlers (dessen rechtmäßiges Verhalten) begründet.[88a] Die Überlegenheit des Hintermannes beruht vielmehr auf seiner **besseren Sachverhaltskenntnis,** die es ihm gestattet, den infolge Täuschung irrenden Polizisten/Richter in die gewünschte Richtung zu steuern.[89] Da der Hintermann auch weiß, dass in Wahrheit kein Grund für eine Festnahme/Verhaftung bzw. kein Anspruch gegen den Beklagten besteht, ist für ihn die Tatbegehung durch das rechtmäßig handelnde Werkzeug auch eine rechtswidrige.[90]

59 Auch ein durch Notwehr gerechtfertigtes Verhalten kann sich ein Hintermann zu Nutze machen, wenn er absichtlich eine **Notwehrlage herbeiführt,** in der sich der Angegriffene – wie vom steuernden Hintermann gewollt – durch Verletzung des Angreifers verteidigen „muss".[90a] Einschränkend wird in solchen Fällen jedoch verlangt, dass der Hintermann das gesamte Geschehen beherrschen muss, d. h. auch dem Angreifer überlegen sein muss; dies wird bei einem Geisteskranken zu bejahen sein, dagegen nicht schon bei einem im Motivirrtum befindlichen Angreifer,[91] der z. B. durch falsche Angaben über eine angebliche Beleidigung zum Angriff auf den angeblichen Beleidiger verleitet wird.[92] – Mittelbare Täterschaft des Vorgesetzten kommt in Betracht, wenn der Untergebene durch den Befehl gerechtfertigt handelt.[92a] – Eine überraschende Ausweitung hat die Fallgruppe durch das Bundesverfassungsgericht erhalten, das in den Sitzblockadefällen der sog. „Zweite-Reihe-Rechtsprechung" des BGH (St 41, 182) die Blockierer als mittelbare Täter mittels der gerechtfertigt (§ 34 oder defensiver Nötigungsnotstand; vgl. *Jahn,* JuS 2011, 563, 565) Anhaltenden in der ersten Reihe eingestuft hat (BVerfG JZ 2011, 685 m. krit. Bspr. *Jäger,* JA 2011, 553, 554, der zu Recht die Erzeugung der „Rechtfertigungslage kraft Nötigung oder kraft Irrtums" verlangt).

Werkzeug auch *Puppe,* Fs. Küper, 2007, S. 443, 450 f.: Denunziant „verantwortlich weil er rechtmäßig gemacht hat, was ursprünglich rechtswidrig war".

[88] Vgl. *Eisele,* BT II, Rn. 572: Bsp. 2; *Krey/Esser,* AT, Rn. 897: Fall 112 u. K/H/H-*Hellmann,* BT 2, Rn. 594: Fall 22; *Mitsch,* BT 2/1, 7/76 f.; *Rengier,* BT I, 13/113; S/S-*Cramer/Perron,* § 263 Rn. 69–71; *Kretschmer,* GA 2004, 458 ff.; abl. *Fahl,* Jura 1996, 74, 78. – Aus der Rspr.: OLG München NJW 2006, 3364 m. Bspr. *Schiemann* 3366; *Bosch,* JA 2007, 531 u. *Kraatz,* Jura 2007, 531.

[88a] *Mitsch,* 2004, S. 501.

[89] Vgl. *Ebert,* S. 196; *Frisch,* LdRerg 8/1620, S. 7; *Kudlich,* JuS 2000, L 49, L 50; *Murmann,* JA 2008, 321, 323 f.: Fall 7 (BGHSt 10, 306, nachgebildet). Krit. *Weisser,* 2011, S. 253 ff., 540: „systemwidrige individualisierte Sicht auf die Rechtswidrigkeit des Ausführungshandelns" des mittelbaren Täters und: „gespaltenes Unrechtsurteil". – Nach *Bottke,* 1992, S. 68: „überlegene Informations- und Gestaltungsherrschaft". Für Irrtumsherrschaft in den „Verdächtigungsfällen" *Randt,* 1997, S. 83 ff. Anders *Puppe,* AT 1, 28/16 f.: Fälle der actio illicita in causa.

[90] Vgl. *Jescheck/Weigend,* S. 667. – Zur mittelbaren Täterschaft des eine rechtswidrige Genehmigung erteilenden Amtsträgers vgl. *Nappert,* 1997, S. 226 ff.

[90a] Eingehend *Randt,* 1997, der auch die Ausnutzung einer vorgefundenen Notstands-/Notwehrsituation erfasst (S. 62 ff.), sowie *Kudlich,* JuS 2000, L 49 ff. u. *Puppe,* Fs. Küper, 2007, S. 443 ff.

[91] Vgl. *Jescheck/Weigend,* S. 667 f.; LK-*Schünemann,* § 25 Rn. 75. – Ohne diese Einschränkung: M-*Gössel/Zipf,* AT 2, 48/73.

[92] Bsp. von S/S-*Heine,* § 25 Rn. 28; ähnliches Bsp. bei *Kudlich,* JuS 2000, L 49, L 50.

[92a] S/S-*Heine,* § 25 Rn. 29; weitergehend *Hoyer,* 1998, S. 18 f.

Neuerdings werden auch Fälle aus dem Bereich des Umweltstrafrechts diskutiert, 60
in denen eine von einem Amtsträger **zu Unrecht erteilte Erlaubnis** z.B. zur Abwassereinleitung von dem einleitenden Erlaubnisempfänger genutzt wird, dessen Verhalten zwar tatbestandsmäßig § 324 unterfällt, aber wegen der Wirksamkeit der fehlerhaften Genehmigung gerechtfertigt ist. Die **Tatherrschaft des Amtsträgers** wird
mit dem Argument bestritten, dass in der Erteilung der Erlaubnis noch kein Beherrschen des späteren Geschehens (der vom Erlaubnisempfänger zu verantwortenden
Abwassereinleitung) zu sehen sei.[93] Für die Begründung der Tatherrschaft wird angeführt, dass es allein der Amtsträger in der Hand habe, die Verbotsschranke hinsichtlich von Abwassereinleitungen zu öffnen und den Eingriff in das Schutzgut
„Gewässer" freizugeben.[94] Diese Zuständigkeit der Umweltbehörden für die Freigabe der Umweltrechtsgüter verleiht ihnen eine **normativ** beherrschende Rolle im späteren Geschehen, obwohl man einräumen muss, dass es faktisch der Erlaubnisempfänger in der Hand hat, ob es zu straftatbestandsmäßigen Eingriffen in
Umweltrechtsgüter kommt.[95]

Aus der **Übungsfall-Literatur** zum rechtmäßig handelnden Werkzeug vgl.: *Beulke,* KK III,
Fall 6, Rn. 243 u. 258 f. („Prozessbetrug" bejaht, ohne auf mittelbare Täterschaft einzugehen);
Bühler, Jura 1989, 651 u. 656; *Bung,* JA 2007, 868 u. 869 f. („Prozessbetrug" mittels Sachver-
ständigem und Richter; OLG München, NJW 2006, 3364 nachgebildet); *Dencker,* Klausuren,
Fall 3, S. 5 f. u. 45; *Hecker,* Jura 1999, 197 u. 200 f.; *Herzberg,* Täterschaft, Fall 13, 14, S. 14 f.;
Jäger, Rn. 292, 293: Fall 48 (versuchter Prozessbetrug); *Jescheck,* Fälle, Fall 78, S. 98 f.;
K/H/H-*Hellmann,* BT 1, Rn. 364: Fall 40 (§ 239); K/H/H-*Hellmann,* BT 2, Rn. 593–596: Fall 110
(§ 263); *Kudlich,* PdW AT, Fälle 268 (§ 239 III Nr. 1 durch Richter; BGHSt 3, 4 nachgebildet) u.
269 (Notwehrlage herbeigeführt) sowie PdW BT I, Fall 10 („Prozessbetrug") u. PdW BT II,
Fall 89 (§ 239 I-Fall); *Marxen,* BT, Fall 5 d, S. 56 („Haftbefehls"-Fall); *Rudolphi,* AT-Fälle,
Fall 16, S. 191–194 f.; *Saliger,* UmwStrR, Rn. 139 u. 201: Fall 8 (OLG Frankfurt NJW 1987,
2753, nachgebildet); *Sengbusch,* Jura 2007, 623 u. 626 (Zivilprozessbetrug); *Vogel/Hocke,*
Jura 2005, 709, 714 (Fall Schiavo); *Wagner,* BT-Fälle, Fall 11, S. 112 u. 115 f.

ee) Schuldlos oder entschuldigt handelnde Werkzeuge

Schuldlos (in der Terminologie des Gesetzes: „ohne Schuld") handelt, wer schuld- 61
unfähig ist (§§ 19, 20) oder sich in einem unvermeidbaren Verbotsirrtum befindet
(§ 17). Entschuldigt handelt, wer sich z.B. in der Situation des entschuldigenden
Notstands gem. § 35 befindet und sich unter Einhaltung der Voraussetzungen des
§ 35 rettet. In diesen Fällen stellt sich die Abgrenzungsproblematik von mittelbarer
Täterschaft und Anstiftung, weil hier die Strafbarkeit wegen einer Anstiftung nicht
am Fehlen einer Haupttat und damit an der Akzessorietät der Teilnahme scheitert,

---

[93] Vgl. *Otto,* Jura 1991, 314: keine planende Beherrschung der Rechtsgutsbeeinträchtigung;
Schall, NJW 1990, 1269, und *ders.,* JuS 1993, 721; ebenso wegen der „Eigenverantwortlichkeit" des Genehmigungsempfängers *Renzikowski,* 1997, S. 93 f.

[94] Für mittelbare Täterschaft auch OLG Frankfurt NJW 1987, 2757; *Rengier,* BT II, 47/25;
NK-*Ransiek,* § 324 Rn. 74; SK-*Horn,* Rn. 22 Vor § 324. Auf dieser Linie jetzt auch
BGHSt 39, 381, 389 (= Fall 20 bei *Koch,* JuS 2008, 496, 499) mit zust. Anm. *Rudolphi,* NStZ
1994, 435 u. *Horn,* JZ 1994, 633; krit. zur „Schrankentheorie" *Schirrmacher,* JR 1995, 389;
krit. auch *Puppe,* Fs. Küper, 2007, S. 443, 450: BGH verwende nicht Zurechnungsmuster der
mittelbaren Täterschaft, sondern der actio illicita in causa. Zum Meinungsstand ausführlich
Wohlers, ZStW 108 (1996), 61 (64–75) und *Randt,* 1997, S. 99 ff.; knapper *Saliger,*
UmwStrR, Rn. 194–200 u. *Weisser,* 2011, S. 257 f., 540.

[95] Zweifelnd deshalb *Immel,* ZRP 1989, 107; *Schall,* JuS 1993, 721; BGHSt 39, 381 letztlich doch zustimmend *Lackner/Kühl,* § 25 Rn. 4 und Rn. 10 vor § 324, mit Einschränkungen
auch *Fischer,* 16 vor § 324.

denn diese **Akzessorietät** ist **limitiert:** die Haupttat muss nach § 26 nur eine vorsätzlich begangene rechtswidrige Tat sein, d. h. eine für die „Anlehnung" einer Anstiftung ausreichende Haupttat liegt auch dann vor, wenn der Haupttäter „ohne
Schuld" oder entschuldigt ist.

62   *(1)* Typischer und unstreitiger Fall einer mittelbaren Täterschaft durch ein entschuldigtes Werkzeug ist der sog. **Nötigungsnotstand,** soweit er § 35 unterfällt (s. o.
8/132 u. 12/17, 44). Zwingt der Hintermann den Tatmittler mit vorgehaltener Pistole zur Tötung seines Feindes (ähnliches Bsp. 11 bei *Koch,* JuS 2008, 496), so beherrscht er das Tatgeschehen durch den von ihm ausgeübten Nötigungsdruck
(„Wenn Du nicht tust, was ich will, werde ich Dich erschießen"). Zwar bleibt es
dem unter Nötigungsdruck Gesetzten faktisch überlassen, ob er der Aufforderung
des Nötigers nachkommt, doch zeigt § 35, dass man bei eigener Lebensgefahr solchem Druck nachgeben darf, auch wenn dies das Leben eines anderen kostet. Der
tödliche Schuss auf den Feind des Hintermannes durch den unmittelbar Handelnden ist zwar rechtswidrig, dennoch wird kein Schuldvorwurf erhoben, weil man für
diese Lösung des Konflikts durch den in Not Befindlichen Verständnis hat. Das Gesetz übt Nachsicht und der zum tödlichen Schuss Gezwungene ist gem. § 35 entschuldigt.

63   Die Aufforderung des Hintermannes ist keine bloße Anstiftung (s. unten Rn. 170)
des entschuldigten Täters zur Tötung des Feindes, denn der Auffordernde überlässt
die Entscheidung zur Tatbegehung dem Auffordernden nur um den Preis, dass er
sein Leben verliert. Die eigentliche Entscheidung für den Tod des Feindes trifft der
Hintermann. Er übt über das Tatgeschehen eine „Willensherrschaft kraft Nötigung"[96] aus (auch sog. **Nötigungsherrschaft**[97]), welche die (eingeschränkte) Handlungsherrschaft des die Tat unmittelbar Ausführenden überlagert. Jedenfalls ist die
Anstiftung gegenüber der mittelbaren Täterschaft subsidiär (s. unten 21/54 bei
Fn. 73 d).

64   Die Grenze dieser Konstruktion ist erreicht, wenn der vom Veranlasser ausgeübte
Nötigungsdruck nicht die von § 35 vorausgesetzte Qualität erreicht. Wer z. B. seine
Geliebte zur Tötung ihres Ehemannes dadurch bringt, dass er ihr droht, sich eine
andere Geliebte zu suchen,[98] **beeinflusst** die Entscheidung der Ehefrau zwar auch,
aber nicht so, dass diese dadurch in eine § 35-Notlage geriete (keine Lebens-, Lei-
bes-, Freiheitsgefahr). Tötet die Ehefrau ihren Ehemann, um den Geliebten nicht zu
verlieren, so ist sie nicht entschuldigt, sondern trägt die Verantwortung für das von
ihr beherrschte Tötungsgeschehen. Damit ist zugleich eine gleichgewichtige, täterschaftliche Verantwortung des Hintermannes ausgeschlossen, ihm bleibt die Anstifterrolle, die hier auch zur Strafbarkeit führt (im Beispielsfall: §§ 212, 26).[99] An einer
§ 35-Notlage fehlt es auch bei dem Arbeitnehmer, der aus Angst vor dem Verlust

---

[96] So *Otto,* Jura 1987, 254, mit Bsp., das dem des Textes entspricht; so auch die Überschrift
bei *Roxin,* AT II, 25/47, unter der derselbe Bsp.fall behandelt wird; nach *Murmann,* JA 2008,
321, 324: überlegener Wille.

[97] So LK-*Schünemann,* § 25 Rn. 69 u. *Roxin,* AT II, 25/48: „Verantwortungsprinzip"; kritisch zu diesem Prinzip *Küper,* JZ 1989, 946 ff., der aber auch § 35 als Maßstab akzeptiert
(948), sowie *Schild,* 1994, S. 15: „widersprüchlich". – Kritisch *Hruschka,* ZStW 110 (1998),
581, 603; krit. auch *Köhler,* AT, S. 510: Anstiftung. – Rechtsvergleichend *Weisser,* 2011, S.
441 ff.

[98] Vgl. den Beispielsfall von *Otto,* Jura 1987, 254; ähnliches Bsp. 12 bei *Koch,* JuS 2008,
496.

[99] Für Anstiftung in solchen Fällen: *Rengier,* AT, 43/45; *Stratenwerth/Kuhlen,* 12/57; LK-
Schünemann, § 25 Rn. 70, 71; *Otto,* Jura 1987, 254. – Für mittelbare Täterschaft *Frister,*
27/29 u. SK-*Hoyer,* § 25 Rn. 101; dagegen *Krey/Nuys,* Fs. Amelung, 2009, S. 203, 215.

seines Arbeitsplatzes eine Gewässerverunreinigung (§ 324) ausführt, so dass der anweisende Vorgesetzte nur Anstifter (§§ 324, 26) ist.[99a] Auch die Ausübung der Anordnungsbefugnis durch den behandelnden Arzt bringt den weisungsgebundenen Pfleger nicht in eine Notlage.[99b]

Umstritten sind die § 35-Fälle, in denen der Hintermann die Notlage nicht durch 65 Nötigung selbst geschaffen hat. Nutzt er hier die durch andere Umstände entstandene Notstandslage aus, indem er z. B. dem in Not Geratenen den Ausweg durch die Verletzung seines Feindes weist, so erreicht er zwar auch die von ihm gewünschte Tötung durch ein entschuldigtes Werkzeug, doch hat er das Geschehen nicht planend gestaltet.[100] Vgl. auch den Beispielsfall o. 2/5.

> Aus der **Übungsfall-Literatur** zum entschuldigt handelnden Werkzeug vgl.: *Frank,* Jura 2006, 783 u. 786; *Haft,* Fallrepetitorium, Nr. 442; *Helmrich,* JA 2006, 353 u. 355; *Herzberg,* Täterschaft, Fall 14, S. 15 f.; *Hilgendorf,* KK II, Fall 5, Rn. 30 f.; *Kühl,* JuS 2007, 742 u. 748 (Nötigungsnotstand); *Seier,* JuS 1994, L 92 u. L 95; *Seier,* Anfängerklausur, Nr. 12, S. 143 u. 151; *Tiedemann,* Anfängerübung, Fall 9, S. 222 f. u. 226; *Ulsenheimer,* Jura 1985, 97 u. 99 (§ 267).

(2) Fast allgemein anerkannt ist auch die Form der mittelbaren Täterschaft, bei der 66 sich der Hintermann eines **schuldunfähigen Werkzeugs** zur Tatbegehung bedient. Wie die §§ 19, 20 zeigen, sind Kinder und sonst Schuldunfähige wie Geisteskranke nicht für ihre Taten verantwortlich.[100a] Werden sie zu diesen von einem Hintermann gebracht, so könnte in dieser Veranlassung eine Anstiftung liegen, weil der Schuldunfähige eine vorsätzliche rechtswidrige Haupttat begeht. Dieses Ergebnis befriedigt aber nicht, weil der „normale" Hintermann einen ihm konstitutionell **unterlegenen Vordermann** zur Tatbegehung gebracht hat. Da er dessen unterlegene Position kennt, kann er seine Überlegenheit ausnutzen, indem er dem Werkzeug seinen Willen aufdrückt.[100b]

Dies kann er dadurch erreichen, dass er „entweder die mangelnde Widerstands- 67 kraft oder die fehlende Einsicht des Tatmittlers für seine Zwecke benutzt."[101] So etwa, wenn der Hintermann einen Geisteskranken zur Tötung seines Feindes „aufhetzt", oder wenn er einen 12-jährigen Jungen durch Zahlung von 5,– Euro zum Einwurf einer Fensterscheibe bei seinem Feind veranlasst.[102] Die **maßgebliche Ent-**

[99a] Bsp. von *Schall,* 1996, S. 102; für mittelbare Täterschaft *Heinrich,* AT II, Rn. 1261.

[99b] Vgl. aber BGHSt 40, 257, 267 f. m. krit. Bspr. *Merkel,* ZStW 107 (1995) 545, 556; *Vogel,* MDR 1995, 337, 339; *Rönnau,* JA 1996, 108, 112; zu dieser Entscheidung vgl. auch Antwort 3 von *Roxin,* HRR AT, Fall 33, S. 44 f. u. 174 f.

[100] Gegen mittelbare Täterschaft in solchen Fällen: *Jescheck/Weigend,* S. 669; *S/S-Heine,* § 25 Rn. 33; *Renzikowski,* 1997, S. 98.

[100a] Für die „Heranziehung des Verantwortungsprinzips" *Roxin,* TuT, S. 693; diff nach Einsichtsfähigkeit MK-*Joecks,* § 25 Rn. 103, der nicht auf die „rechtliche Überlegenheit", sondern auf die „tatsächliche Überlegenheit im Einzelfall" abstellen will; krit. zur faktischen Tatherrschaft *Schlehofer,* Fs. Herzberg, 2008, S. 355, 361; auf das „Machtprinzip" stellt auch hier *Sinn,* 2007, S. 329, ab, doch müssten hier „keine weiteren Ressourcen" zur Machterlangung aktiviert werden, wohingegen die Herbeiführung der Schuldunfähigkeit vis-absoluta – ähnlichen Gewalteinsatz verlange (S. 16, 328); auf das „Freisetzen eines Werkzeugs in Richtung auf ein Ziel" stellt NK-*Schild,* Rn. 112, 114, ab.

[100b] Ähnlich *Krey/Esser,* AT, Rn. 898, der auch noch das vorsätzliche Hilfeleisten zur Tat des Schuldunfähigen als mittelbare Täterschaft wertet (Rn. 899); ähnlich auch *Zieschang,* Rn. 684: Schuldunfähigkeit „bewusst als Mittel zur Tatbegehung einsetzt und ausnutzt".

[101] LK[11]-*Roxin,* § 25 Rn. 54 u. 118; einschr. *Jakobs,* 21/96: nur bei vorrangiger Zuständigkeit.

[102] Bsp. von *Otto,* Jura 1987, 255; weiteres Bsp. bei *Murmann,* JA 2008, 321, 324: Fall 8 (RGSt 61, 265, nachgebildet); Fall 13 bei *Koch/Wirth,* JuS 2010, 203, 204 und schon *Koch,* JuS 2008, 399, 401: Fall 6.

scheidung über die Tötung bzw. Sachbeschädigung liegt in diesen Fällen **beim Hintermann**, der allein einschätzen kann, was hier passiert.

68   Umstritten ist die Möglichkeit der Beherrschung eines nur vermindert Schuldfähigen (§ 21). Seine Verantwortlichkeit für das, was er tut, spricht gegen eine gleichwertige, täterschaftliche Verantwortlichkeit des ihn Veranlassenden.[103] Dies ist zumindest dann richtig, wenn der vermindert Schuldfähige Unrechtseinsicht hatte und es nur nicht schaffte, sich dieser Einsicht gemäß zu steuern.[104]

> Aus der **Übungsfall-Literatur** zum schuldunfähigen Werkzeug vgl.: *Bruckauf,* in: *Ebert* (Hrsg.), Fall 7, S. 7 f. u. 120 (Erkennen und Ausnutzen); *Edlbauer,* Jura 2007, 941 u. 942 f. (error in persona des nach § 19 schuldunfähigen Werkzeugs); *Herzberg,* Täterschaft, Fälle 22, 23, S. 29–31; *Kudlich,* PdW AT, Fall 275 (error in persona bei schuldunfähig betrunkenem Werkzeug) u. Fall 276 (Exzess des betrunkenen Werkzeugs); *Mitsch,* Jura 1989, 485 u. 487; *Rudolphi,* AT-Fälle, Fall 4, S. 39 u. 51 (Benutzung eines infolge Alkohols Schuldunfähigen zur Begehung eines Raubes); *Safferling,* JA 2007, 183 u. 188 (kein Defekt bei Werkzeug wegen alic).

69   *(3)* Auch der im **unvermeidbaren Verbotsirrtum** (§ 17) Befindliche kann von einem Hintermann, der nicht nur wie der Vordermann die Sachlage, sondern auch noch die **rechtliche Tragweite** des Geschehens zutreffend **erfasst,** zu eigenen Zwecken eingesetzt werden.[105] Beispiele aus dem Kernstrafrecht für den direkten Verbotsirrtum sind freilich kaum zu finden, denn selbst im Falle des im fremden Kulturkreis aufgewachsenen Täters, der die §§ 173, 182-Verbote (Beischlaf zwischen Verwandten, sexueller Missbrauch von Personen unter 16 Jahren) nicht kennt und von einem Hintermann zu einer solchen Tat gebracht wird, scheitert die (mittelbare) Täterschaft an der bei diesen Delikten vorausgesetzten eigenhändigen Tatbegehung. Die Beispielsfälle in der Literatur sind dementsprechend dem Nebenstrafrecht entnommen (z. B. Unkenntnis des Verbots, Haschisch anzupflanzen[106]). Anders könnte es bei dem auch nach § 17 (Verbotsirrtum) zu beurteilenden indirekten Verbotsirrtum = Erlaubnisirrtum (o. 13/53) sein. Wenn etwa der Strafrechtsprofessor den Vater eines „lärmenden Kindes" zur „schallenden Ohrfeige" (Körperverletzung nach § 223) veranlasst, um danach in Ruhe Examensklausuren korrigieren zu können, so könnte er mittelbarer Täter der Körperverletzung sein, wenn sich der Vater beim „Zuschlagen" in einem unvermeidbaren Erlaubnisirrtum befindet (Fall 7 bei *Koch,* JuS 2008, 399, 401; einem Bsp. von *Frister,* 27/10, nachgebildet), dann müsste er dem Professor Glauben schenken, wenn dieser ihm mit seiner ganzen professionellen Autorität sagt, das sei nach dem immer noch fortbestehenden „Züchtigungs-

---

[103] So auch *Otto,* Jura 1987, 255 u. SK-*Hoyer,* § 25 Rn. 51.

[104] Vgl. LK[11]-*Roxin,* § 25 Rn. 120, der bei verminderter Fähigkeit zur Unrechtseinsicht eine mittelbare Täterschaft bejaht, weil sich der unmittelbar Handelnde dann in einem Verbotsirrtum befinde; ebenso jetzt LK-*Schünemann,* § 25 Rn. 115 a, der mittelbare Täterschaft aber bei vermindertem „Hemmungsvermögen" verneint (Rn. 115). – Für mittelbare Täterschaft bei § 21-Werkzeugen S/S-*Heine,* § 25 Rn. 41; *Renzikowski,* 1997, S. 86 f. (krit. *Roxin,* TuT, S. 681 f.); *Frister,* 28/35; dagegen *Jakobs,* 21/94; MK-*Streng,* § 21 Rn. 29.

[105] Vgl. LK[11]-*Roxin,* § 25 Rn. 83; *Gropp,* 10/52; *Murmann,* GK, 27/35 u. in: GA 1998, 78 ff.; abl. *Köhler,* S. 509; vgl. auch NK-*Schild,* § 25 Rn. 109: „das ohne Unrechtseinsicht tätig werdende menschliche Werkzeug". – Zum Tatmittler, der sich im vorsatzausschließenden Erlaubnistatumstandsirrtum befindet, s. oben Rn. 52. – Befindet sich der Hintermann in demselben Irrtum wie der die Tat (Totschlag durch Unterlassen) Ausführende, so liegt keine mittelbare Täterschaft vor, *Roxin,* HRR AT, S. 174 zu Fall 33 gegen BGHSt 40, 257; gegen mittelbare Täterschaft auch *Merkel,* ZStW 107 (1995), S. 545, 555; vgl. auch *Jäger,* Rn. 243, 244 (BGHSt 40, 257 nachgebildet).

[106] Vgl. *Otto,* Jura 1987, 255.

recht" der Eltern gegenüber ihren Kindern erlaubt. Der Fall taugt als Beispiel für einen unvermeidbaren Erlaubnisirrtum aber nur, wenn man entgegen der hier vertretenen Rechtsauffassung (oben 9/77b) von einer Derogation des „Züchtigungsrechts" durch § 1631 II BGB ausgeht; hält man es als gewohnheitsrechtlichen Rechtfertigungsgrund für fortbestehend, so handelt der Vater – bei gegebenem Anlass im angemessenem Rahmen – gerechtfertigt. Ein Fall des Erlaubnisirrtums ergäbe sich aber, wenn der Strafrechtsprofessor seinen „fundierten" Rat einem Lehrer zur „Züchtigung" seines „lärmenden Schülers" gegeben und dieser dem gefolgt wäre; hier könnte der Professor mittelbarer Täter der Körperverletzung sein, die der Lehrer dem Schüler durch die „schallende Ohrfeige" zugefügt hat, doch dürfte der Erlaubnisirrtum des L – das „Züchtigungsrecht" der Lehrer ist in allen Schulgesetzen der Bundesländer entweder verboten oder als Erziehungsmaßnahme nicht erlaubt (oben 9/80) – vermeidbar, weil jeder Lehrer die gesetzlichen Grundlagen seiner Erziehungsmaßnahmen kennt bzw. kennen muss. Die Suche nach geeigneten Beispielsfällen muss also weiter gehen.

Umstritten ist die mittelbare Täterschaft mit einem in **vermeidbarem Verbotsirr-** **70** **tum** befindlichen Tatmittler.[106a] Da dieser Tatmittler für seine Tat verantwortlich ist, spricht dies wiederum gegen eine gleichwertige, täterschaftliche Verantwortung des das Geschehen auch in seiner rechtlichen Bedeutung erfassenden Hintermannes. Auf diese (und andere) Konstellation(en) des „Täters hinter dem Täter" ist aber sogleich noch gesondert einzugehen (s. u. Rn. 77 ff.).

(4) Der im **Irrtum über die tatsächlichen Voraussetzungen eines Entschuldigungs-** **71** **grundes** (§ 35 II) Befindliche kann von dem, der die Situation richtig sieht, als Werkzeug eingesetzt werden.[107] Wer einen anderen dadurch zur Tötung seines Feindes bringt, dass er in ihm die irrige Vorstellung erweckt, er werde sonst selbst von einem Dritten getötet, beherrscht das Tötungsgeschehen.[108] Ebenso diejenige, die die Tötung ihrer Konkurrentin dadurch erreicht, dass sie dem Täter einredet, er müsse die Tötung vornehmen, um das Leben zahlreicher, vom „Katzenkönig" (zu diesem Fall näher in Rn. 77) bedrohter Menschen zu retten (= Irrtum über die tatsächlichen Voraussetzungen eines übergesetzlichen entschuldigenden Notstands, der analog § 35 II zu behandeln ist[109]).

> Aus der **Übungsfall-Literatur** vgl.: *Dannecker,* JuS 1989, 215 u. 218; *Mitsch,* JuS 1995, 890: Fall 6.

ff) Tatmittler ohne „Defekte": der „Täter hinter dem Täter"

Heftig umstritten ist die Möglichkeit einer mittelbaren Täterschaft in Fällen, in **72** denen der Hintermann dem Vordermann zwar überlegen ist, der **Vordermann** jedoch denselben Tatbestand voll deliktisch verwirklicht, d. h. ohne dass bei ihm einer der unter aa)–ee) behandelten „Defekte" zur Straflosigkeit führt. Ist aber der Vor-

---

[106a] Kritisch zur Vermeidbarkeit bzw. Unvermeidbarkeit des Verbotsirrtums als Kriterium zur Abgrenzung von Täterschaft und Teilnahme *Roxin,* TuT, S. 697 f.; ebenso *Köhler,* S. 509, der Anstiftung annimmt, u. *Murmann,* GA 1998, 78, 83, der mittelbare Täterschaft nur dann bejaht, wenn der Irrtum des Vordermannes ausgenutzt wird, obwohl den Hintermann eine Aufklärungspflicht trifft. – Zum Sonderfall des Verbotsirrtums beim Hintermann vgl. *Murmann* a. a. O.

[107] Vgl. *Roxin,* AT II, 25/91.

[108] Vgl. das Bsp. von *Otto,* Jura 1987, 255.

[109] Vgl. BGHSt 35, 350 f., der die Frage offenlässt; wie im Text aber *Küper,* JZ 1989, 936; zum „Katzenkönig"-Fall vgl. auch *Roxin,* TuT, S. 602–604 u. *Hillenkamp,* Fs. Schreiber, 2003, S. 135, 146 f.: abergläubische Fehlvorstellung als Erlaubnistatbestandsirrtum?

dermann als Täter für die Tat **verantwortlich,** so kann der Hintermann nur dann mittelbarer Täter sein, wenn sich die Rechtsfigur des „Täters hinter dem Täter"[110] begründen lässt. Verlangt man für die mittelbare Täterschaft grundsätzlich den Einsatz bzw. die Steuerung eines Werkzeugs, das nicht Täter ist, so geht es um die Frage, ob von diesem Grundsatz nicht Ausnahmen möglich sind. Diese Ausnahmen sind nur in eng begrenzten Fällen anzuerkennen,[110a] denn der Hintermann eines ohne „Defekt" handelnden Vordermannes (= Täters) ist „regelmäßig nicht mittelbarer Täter" (BGHSt 40, 218, 236).

Als solche Ausnahmen werden diskutiert:

73   *(1)* Mittelbare Täter sollen die sog. „Schreibtischmörder" sein,[110b] die die Tötung durch die voll verantwortlichen, unmittelbar Handelnden kraft ihres Machtapparats lenken können (sog. **„Organisationsherrschaft").**[111] Ein solcher Fall kann etwa im bereits oben (Rn. 22 u. 37) behandelten „Stachynskij-Fall" gesehen werden.[112] Ging es oben darum, die unmittelbare Täterschaft des Agenten, der die Tötungen eigenhändig vornahm, gegen dessen Einstufung als Gehilfen zu verteidigen, so geht es hier darum, eine mittelbare Täterschaft des lenkenden Geheimdienstlers zu begründen. Die Tatherrschaft ergibt sich hier nicht aus der Irrtums- oder Nötigungsherr-

---

[110] Grundlegend *Schroeder,* Der Täter hinter dem Täter, 1965; neuerdings: *Schünemann,* Fs. Schroeder, 2006, S. 401 ff. u. *Kutzner,* Die Rechtsfigur des Täters hinter dem Täter ..., 2004; zu den verschiedenen Fallgruppen vgl. *Lampe,* ZStW 119 (2007), S. 471, 503 ff.; *Freund,* 10/86–104; *S/S-Heine,* § 25 Rn. 21–25 b u. 38 sowie *Kutzner,* 2004, S. 155 (m. Bspr. *Schroeder,* GA 2008, 413), der die Rechtsfigur weitgehend ablehnt und nur „Sonderfälle" ausnimmt, S. 236 ff.; krit. *Hruschka,* ZStW 110 (1998), 581, 606; abl. *Krey/Nuys,* Fs. Amelung, 2009, S. 200, 209 ff. – Krit. zur „Aufwertung des ‚Hintermannes' zum Hintertäter" *Arzt,* S. 118; krit. auch *Wolf,* Fs. Schroeder, 2006, S. 415 ff. – Neuer Anwendungsbereich in Krankenhäusern (näher *Kudlich/Schulte-Sasse,* NStZ 2011, 241).

[110a] *W-Beulke,* Rn. 541; ebenso *Kindhäuser,* Fs. Bemmann, 1997, S. 339, 341: „von umstrittenen Ausnahmefällen abgesehen ist grundsätzlich anerkannt, dass mittelbare Täterschaft zugunsten von Anstiftung ausscheidet, wenn der Vordermann das Delikt in vollem Umfang vorsätzlich und schuldhaft verwirklicht." – Noch enger *Zieschang,* Fs. Otto, 2007, S. 505 ff.: nur wenn Vordermann im vermeidbaren Verbotsirrtum. – Neue Fallgruppe bei *Schroeder,* Fs. Küper, 2007, S. 539 ff.: Verhinderung des Rücktritts.

[110b] *LK-Schünemann,* § 25 Rn. 122: „Schreibtischtäter"; gegen deren Einordnung als bloße Gehilfen schon *Roxin,* GA 1963, 193.

[111] Grundlegend *Roxin,* GA 1963, 193, ausgebaut in: AT II, 25/105 ff.; ebenso *Frisch,* LdRerg 8/1620, S. 9; *Ambos,* 2002, S. 590 u. *Freund,* 10/90–92; *Greco,* ZIS 2011, 9 ff., der diese gegen die Vertreter des „Selbstverantwortungsprinzips" – beginnend mit *Welzel,* SJZ 1947, Sp. 645, 650, über *Otto,* Jura 1987, 246, 255 u. 2001, 753, 756 f.; *Renzikowski,* 1997, S. 89; *Zaczyk,* GA 2006, 411, 413; *Zieschang,* Fs. Otto, 2007, S. 505, 514 f. zu NK-*Schild,* § 25 Rn. 123 – verteidigt, u. a. mit dem Hinweis auf nachprüfbare Kriterien wie Machtstellung in Organisation, Fungibilität der Ausführenden und Rechtsgelöstheit der Organisation (S. 12); das entspricht dem Konzept *Roxins,* der in dessen Fortentwicklung noch als viertes Kriterium die wesentlich erhöhte Tatbereitschaft der Ausführenden hinzunimmt (ZStR 125 [2007], 1, 2 u. in: ZIS 2009, 565); im Erg. auch *Schlösser,* 2004, S. 357, der von „sozialer Tatherrschaft" spricht sowie *Schlösser,* GA 2007, 161 u. in: JR 2006, 102 ff., der auch die Frage aufwirft, ob das „Ausführungsorgan" auch als Gehilfe eingestuft werden kann (S. 107 ff.). – *Bottke,* 1992, S. 71–74, spricht von strafrechtsbegründungsrelevanter überlegener Gestaltungsherrschaft des Tat-Anweisenden im Unrechtsapparat. Vgl. auch *Nack, Radtke,* GA 2006, 342, 350. – Nach *Sinn,* 2007, S. 155, 375, kommt es auf die „Macht" in bestimmten sozialen Konstellationen an: Täter ist der „Gestalter eines Machtverhältnisses" („einleuchtend" nach *Roxin,* JZ 2007, 835). – Aus europäischer Perspektive ist die „Organisationsherrschaft" ein „deutscher Sonderweg", so *Weisser,* 2011, S. 291 ff., 461.

[112] Für mittelbare Täterschaft in diesem Fall LK[11]-*Roxin,* § 25 Rn. 129; ebenso LK-*Schünemann,* § 25 Rn. 123; dagegen *Herzberg,* Täterschaft, S. 42 f.; *Schmidhäuser,* 10/95.

schaft, dennoch wird man die beherrschende Rolle des an den Schalthebeln sitzenden Auftraggebers in solchen Ausnahmefällen nicht bestreiten können, wenn der Hintermann die einzelnen Taten des Vordermanns nach Belieben bzw. bedingungslos lenken kann[113] und der Vordermann als beliebig austauschbares Rädchen im Getriebe des Machtapparats erscheint.[114] Das galt etwa für den SS-General, der im Auftrag *Himmlers,* den Abtransport der im Warschauer Ghetto lebenden Juden ins Vernichtungslager Treblinka organisierte (Fall 14 bei *Koch,* JuS 2008, 496, in Anlehnung an BGH DRiZ 1966, 59, wo nur „untergeordnete Hilfe" des Generals angenommen wurde.

Praktische Relevanz erlangt und endgültige Akzeptanz gefunden hat die mittelbare Täterschaft kraft „Organisationsherrschaft" in Entscheidungen des BGH zur strafrechtlichen Verantwortlichkeit von Mitgliedern des Nationalen Verteidigungsrats der ehemaligen DDR (BGHSt 40, 218 = *Roxin,* HRR AT, Fall 82, S. 122 ff. u. 206 = Fall 15 bei *Koch,* JuS 2008, 496, 497; ebenso für Mitglieder des Politbüros der SED BGHSt 45, 270, 296; vgl. auch BGHSt 47, 100: bloße „Vergatterung", die die Befehlslage für die Grenzsoldaten lediglich aktualisiert, ist nur Beihilfe).[114a] Trotz der Verantwortlichkeit der Grenzsoldaten (= Tatmittler) als unmittelbare Täter der tödlichen „Mauerschüsse" auf Flüchtlinge (o. Rn. 37), stellt der BGH auch bei den **Befehlsgebern** (= Hintermänner) eine zur mittelbaren Täterschaft führende Tatherrschaft fest: der Hintermann nutze durch Organisationsstrukturen vorgegebene Rahmenbedingungen aus, innerhalb derer sein Tatbeitrag regelhafte Abläufe auslöse.[114b] Der Hintermann muss nach der Rspr. von diesen Umständen, insb. von der

73a

---

[113] Vgl. LK[11]-*Roxin,* § 25 Rn. 54 u. 128 ff. u. *Frisch,* LdRerg 8/1620, S. 9; ähnlich *Schild,* 1994, S. 22. – Anerkannt wird diese Organisationsherrschaft von *Ebert,* S. 198 u. in: Fs. Hanack, 1999, S. 501, 533; S/S-*Heine,* § 25 Rn. 25–25 b; W-*Beulke,* Rn. 541; weitere Nachweise bei *Roxin,* TuT, S. 704 f. Fn. 581. – Krit. u. zusf. *Rotsch,* NStZ 2005, 13 ff.

[114] So LK[11]-*Roxin,* § 25 Rn. 128; die „**Fungibilität**" betont auch LK-*Schünemann,* § 25 Rn. 122; dagegen *Jakobs,* 21/103 Fn. 190; krit. auch *Rotsch,* ZStW 112 (2000) S. 518 ff.; *Murmann,* JA 2008, 321, 325 u. SK-*Hoyer,* § 25 Rn. 87–92 [zu diesen und anderen Einwänden *Roxin,* AT II, 25/113–119]; die Tatbereitschaft des Vordermannes betont dagegen *Schroeder,* 1964, S. 166, 222 u. in: JR 1995, 177 ff.; s. auch *Heinrich,* 2002, S. 271 ff.; dass darauf auch *Roxin* einschwenkt, meint *Rotsch,* ZIS 2008, 263. – Für Mittäterschaft: *Jescheck/Weigend,* S. 670; *Otto,* Jura 1987, 255 u. 2001, 753; dagegen *Roxin,* TuT, S. 709–711.

[114a] Vgl. auch BGHSt 42, 65, 68 m. krit. Bspr. *Otto,* JK 97, StGB § 25 I/6; trotz der Bedenken *Heines,* 1996, S. 51, 62, liegt der BGH in der Begründung auf der Linie von *Roxin,* das auch so sieht (*Roxin,* Fs. Grünwald, 1999, S. 549, 551); diff. *Rogall,* Fg. BGH, 2000, S. 383, 421. – Zur Anerkennung dieser Rechtsfigur durch das Bundesverfassungsgericht vgl. BVerfGE 95, 96 m. Anm. *Starck,* JZ 1997, 147; auch der EGMR hat diese Rspr. gebilligt (EuGRZ 2001, 210 u. 219).

[114b] BGHSt 40, 218, 236 f. mit unterschiedlichem Echo in den Besprechungen von *Jakobs,* NStZ 1995, 26 (für Mittäterschaft); *Roxin,* JZ 1995, 49; *Schroeder,* JR 1995, 177, 179; *Bloy,* GA 1996, 424, 440 f.; *Gropp,* JuS 1996, 13, 16 (Besonderheit der „Hinrichtungsfälle"); *Murmann,* GA 1996, 269, 272–275; vgl. auch die didaktischen „Aufbereitungen" von *Jung,* JuS 1995, 173; *Otto,* JK 95, StGB § 25 I/3; *Sonnen,* JA 1995, 98; *Schulz,* JuS 1997, 109. – Für **mittelbare Täterschaft** auch B-*Weber/Mitsch,* 29/46 (anders 29/147); *Heinrich,* AT II, Rn. 1257 (mit Kurzbegründungen gegen Anstiftung, Beihilfe, Neben- und Mittäterschaft); W-*Beulke,* Rn. 541; einschr. MK-*Joecks,* § 25 Rn. 147 f. – Für **Mittäterschaft** außer *Jakobs* auch *Joecks,* § 25 Rn. 48, *Otto,* 21/92; *Krey/Nuys,* Fs. Amelung, 2009, S. 203, 221; *Jescheck/Weigend,* S. 670; *Frister,* 27/40; dagegen zu Recht *Roxin,* AT II, 25/123. – Für **Anstiftung** *Köhler,* S. 510; *Renzikowski,* 1997, S. 89; *Herzberg,* in: *Amelung* (Hrsg.), 2000, S. 33, 48; *Rotsch,* ZStW 112 (2000), 561 f.; *Schmucker,* StraFo 2010, 235, 240; *Kutzner,* 2004, S. 260 ff.; *Zaczyk,* GA 2006, 411, 414; dagegen *Roxin,* TuT, S. 711–715, *Rogall,* Fg. BGH, 2000, S. 383, 427 u. *Otto,* Jura 2001, 753, 758.

unbedingten Bereitschaft der unmittelbar Handelnden zur Tatbestandserfüllung (dazu *Schroeder,* JR 1995, 179 u. *Roxin,* Fs. Schroeder, 2006, S. 387 ff.) Kenntnis haben und den Erfolg als Ergebnis seines eigenen Handelns wollen: dann „ist er Täter in Form der mittelbaren Täterschaft" und „besitzt insbesondere die Tatherrschaft" (BGHSt 45, 270, 296). Vorausgesetzt sind dabei **hierarchische Machtstrukturen,** in denen die Befehlsgeber die Befehlsempfänger reibungslos und austauschbar zur Begehung von Straftaten einsetzen können.[114c] Mittelbare Täterschaft soll aber bei der „Vergatterung" von Soldaten an der innerdeutschen Grenze ausscheiden; darin liege nur eine Beihilfe zum Totschlag, weil der „Vergatterer keinen inhaltlichen Spielraum" habe (BGHSt 47, 100; bestätigt von BGHSt 48, 77, 80 f.). Auf die in der Strafrechtswissenschaft, insb. von *Roxin,* aufgestellten Kriterien der „Fungibilität" der Ausführenden und der „Rechtsgelöstheit" des Apparats (oben Fn. 114 u. 114c) geht der BGH nicht ein (*Koch,* JuS 2008, 496, 497: „um die Figur der Organisationsherrschaft für das Gebiet des Wirtschaftsstrafrecht operabel zu machen"; dazu sogleich in Rn. 73 b, c, d). – Zur **völkerstrafrechtlichen** Dimension: *Kreß,* GA 2006, 304; *Werle/Burghardt,* Fs. Maiwald, 2010, S. 849 und in: Fs. Geppert, 2011, S. 757, 783: Verbrechen gegen die Menschlichkeit! Internationale Anerkennung hat die Organisationsherrschaft im „Fujimori"-Urteil des Obersten Gerichtshofs Perus gefunden (dazu *Roxin,* ZIS 2009, 565 ff.).

73b   Die mittelbare Täterschaft kraft „Organisationsherrschaft" soll nach der Rspr. auch auf unternehmerische oder gesellschaftsähnliche (auch „mafiaähnliche") Organisationsstrukturen anwendbar sein.[114d] Die Gleichsetzung von Wirtschaftseinheiten/**Unternehmen** mit verbrecherischen Machtapparaten ist jedoch nur ausnahmsweise dann möglich, wenn diese hierarchische Organisationsstrukturen aufweisen, so dass die unmittelbar tatausführenden Arbeitnehmer von ihren Vorgesetzten (z.B. Mitgliedern der Geschäftsleitung) reibungslos und austauschbar eingesetzt werden können (z.B. zu einer Gewässerverunreinigung gem. § 324 [BGHSt 37, 106 m. Bspr. *Hoyer,* AT I, S. 50], oder z.B. „formelle Geschäftsführer" zu einem Betrug gem. § 263 [BGH NJW 1998, 767, 769 = Fall 17 bei *Koch,* JuS 208, 496, 498]). In solchen Fällen nutzt der Hintermann „unternehmerische oder geschäftsähnliche Orga-

---

[114c] Vgl. *Roxin,* Fs. Grünwald, 1999, S. 550 ff., insoweit folgend *Ambos,* 2002, S. 60 ff. u. in: GA 1998, 41, der aber – anders als *Roxin* – die „**Rechtsgelöstheit**" des Machtapparates nicht zur Voraussetzung erhebt; krit. zur „Fungibilität" *Herzberg* (o. Fn. 114 b) S. 37; *Rotsch,* wistra 2001, 374, 375 u. JuS 2002, 887, 888 sowie *Urban,* 2004, S. 134 ff., 152; weitere Nachweise oben Fn. 114; vgl. auch *Radtke,* ZStW 119 (2007), 69, 78 ff. u. 91 f. – Von einer nur „potentiellen Tatherrschaft" spricht *Schlehofer,* Fs. Herzberg, 2008, S. 355, 361.

[114d] BGHSt 40, 218, 236 mit insoweit abl. Anm. *Roxin,* JZ 1995, 51; abl. auch *Küpper,* GA 1998, 519, 525; *Murmann,* GA 1996, 279, einschr. jetzt in: GK 27/48: doch, wenn die Geschäftsleitung eine Sonderverantwortlichkeit zur Verhinderung von Straftaten nachgeordneter Mitarbeiter trifft; *Rotsch,* ZStW 112 (2000) S. 518, 536 u. in: wistra 1999, 326; *Schulz,* JuS 1997, 111; *Bosch,* 2002, S. 241–264; *Roxin,* NJW Sonderheft für G. *Schäfer,* 2002, S. 52, 56 f.; *Schünemann,* Fg. BGH, 2000, S. 621, 631 u. in: Fs. Roxin, 2011, S. 799, 803 ff.; einschr. *Bottke,* Fs. Gössel, 2002, S. 235. Befürwortet wird die Erstreckung des Kriteriums der Organisationsherrschaft auf Unternehmen von *Ransiek,* 1996, S. 46–49 u. in: NK-Ransiek, § 324 Rn. 57 ff.; *Eidam,* 2001, S. 453 f.; grundsätzlich auch von *Kuhlen,* in: Amelung (Hrsg.), 2000, S. 71, 80 ff., *Meurer,* S. 149 f., u. S/S-Heine, § 25 Rn. 25–25 b; eingehend *Urban,* 2004, S. 201 ff., die „Grenzlinien" aufzeigt, u. *Corell,* 2007, S. 85 ff. sowie *Nack,* GA 2006, 342, der auf die praktische Bedeutung dieser Fallgruppe hinweist. Für Organisationsmittäterschaft LK-*Schünemann,* § 25 Rn. 130–132, 186. – Vgl. auch BGHSt 40, 257, 267 f. m. krit. Bspr. *Rönnau,* JA 1996, 108, 112; abl. auch *Roxin,* HRR AT, Antwort 3 zu Fall 33, S. 174 f.; BGHSt 48, 331, 342 (= Fall 18 bei *Koch,* JuS 2008, 496, 498) u. 49, 147, 163, beide besprochen von *Schlösser,* GA 2007, 161; BGH JR 2004, 245 mit krit. Anm. *Rotsch.*

nisationsstrukturen aus, innerhalb derer sein Tatbeitrag regelhafte Abläufe auslöst"
(BGH NStZ 2008, 89, 90 m. Bspr. *Satzger*, JK 7/08, StGB § 25 I/19); der mittelbare
Täter muss diese Umstände kennen, die „unbedingte Bereitschaft des unmittelbar
Handelnden, den Tatbestand zu erfüllen", ausnützen und den „Erfolg als Ergebnis
seines Handelns" wollen; außerdem muss „der räumliche, zeitliche und hierarchische Abstand zwischen der die Befehle verantwortenden Organisationsspitze und
den unmittelbar Handelnden gegen arbeitsteilige Mittäter" sprechen (BGH a. a. O.).

Daran fehlt es schon bei hinreichender Information des Arbeitnehmers über die **73c**
ihm angesonnene Tat und erst recht bei Organisationsstrukturen, die durch „funktionelle Differenzierung der Kompetenzen und (vertikale und horizontale) Dezentra-
lisierung gekennzeichnet sind."[114e] Ebenso erscheint es problematisch, bei einem
Unternehmen, das „in ein rechtsstaatliches Normgefüge eingeordnet ist",[114f] den
faktischen GmbH-Geschäftsführer als mittelbaren Täter eines Betruges zum Nachteil von Lieferanten einzuordnen, weil er auf die Geschäftsführung einen überragen-
den Einfluss ausübt.[114g] Gehen etwa der „Chef" und dessen „rechte Hand" bei Betrügereien „arbeitsteilig" vor, so nimmt auch die Rspr. „nur" Mittäterschaft an
(BGH NStZ 2008, 89, 90 m. zust. Bspr. *Satzger*, JK 7/08, StGB § 25 I/9).

Mittelbare Täterschaft scheidet aus, wenn sich die Organisation (z. B. das Kran- **73d**
kenhaus) an bestimmte strafrechtliche Verbote (z. B. vorsätzliche Tötung bei Sterbehilfe) gebunden fühlt.[114h]

> In der **Übungsfall-Literatur** ist die mittelbare Täterschaft kraft „Organisationsherrschaft" be-
> handelt bei: *Hillenkamp*, 21. AT-Problem, Bsp. 3, S. 161–163; *Kudlich*, PdW AT, Fall 271;
> *Rotsch*, JuS 2002, 887 f. u. 888–890; *Rotsch*, Klausur 21, S. 313 f. u. 319–322; *Tiede-
> mann/Walter*, Jura 2002, 708 u. 712, 713 („Schreibtischtäter").

(2) Mittelbare Täter sollen auch die Hintermänner sein, die hinter einem irrenden **74**
Vordermann stehen, auch wenn dessen Irrtum seinen Vorsatz unberührt lässt. Dies
ist etwa dann der Fall, wenn sich der unmittelbar Handelnde in einem error in persona befindet und statt des X den Y, den er für X gehalten hat, erschießt (vgl. Fall 9
bei *Koch*, JuS 2008, 399, 402; s. u. Rn. 89 a). Ist dem irrenden Vordermann der Y
von einem Hintermann gezielt „vor die Flinte" geschickt worden (sog. **manipulier-
ter error in persona**), so spricht einiges für die Steuerung der Tötung gerade des Y
durch den Hintermann.[115]

[114e] *Heine*, 1996, S. 67; ebenso schon *ders.*, 1995, S. 95. Kritisch bis ablehnend auch *Merkel*, ZStW 107 (1995), 545, 555 f.; *Murmann*, GA 1996, 269; *Ambos*, GA 1998, 226, 239 f.;
Renzikowski, 1997, S. 90 f.; *Hoyer*, 1998, S. 28 f.; *Saliger*, UmwStrR, Rn. 169; MK-*Joecks*,
§ 25 Rn. 150 f.; *Brammsen*, in: *Amelung* (Hrsg.), 2000, S. 105, 140 ff. u. *Weisser*, 2011,
S. 291 ff.; die fehlende Erfolgssicherheit kritisiert *Koch*, JuS 2008, 496, 498 f.: Mitarbeitern sei
es zuzumuten, rechtswidriges Ansinnen zurückzuweisen; zur fehlenden „Fungibilität" vgl. den
Hinweis von *Radtke*, ZStW 119 (2007), 69, 91 f.
[114f] *Otto*, JK 98, StGB § 25 I/7.
[114g] So aber BGH NJW 1998, 767 m. krit. Bspr. *Dierlamm* NStZ 1998, 569 u. *Otto*, JK 98,
StGB § 25 I/7, nach denen nur Mittäterschaft in Betracht kommt; dem BGH zust. *Urban*,
2004, S. 204, 232; krit. *Rotsch*, NStZ 1998, 491 u. *Koch*, JuS 2008, 496, 498 f.; zum Fall
auch *Murmann*, JA 2008, 321, 325.
[114h] *Roxin*, HRR AT, S. 174 (zu Fall 33 = BGHSt 40, 257), der deshalb versuchte Anstiftung
zum Totschlag durch Unterlassen (§§ 212, 13, 30 I) seitens des Arztes hinsichtlich des Pflege-
dienstleiters annimmt; zu BGHSt 40, 257, vgl. auch *Roxin*, TuT, S. 612 f., 716 u. LK-
Schünemann, § 25 Rn. 130: hier werde die Organisationsherrschaft „entkernt".
[115] Für mittelbare Täterschaft etwa: *Haft/Eisele*, Gs. Keller, 2003, S. 81, 99; *Murmann*, GK,
27/40; LK-*Schünemann*, § 25 Rn. 105; S/S-*Heine*, § 25 Rn. 23; dagegen *Jescheck/Weigend*,

75   Zum anderen geht es um die Beherrschung von vorsätzlich handelnden unmittelbaren Tätern, die sich auf Grund einer „Täuschung über die Unrechtshöhe"[115a] in einem „den **konkreten Handlungssinn**" betreffenden **Irrtum** befinden: „A veranlasst den einfältigen B, ein dem C gehörendes, sehr wertvolles Kandinsky-Gemälde wegzuwerfen, indem er ihm vorspiegelt, es handele sich um ein wertloses Geschmiere."[116] Dass B als unmittelbarer Täter eine Sachbeschädigung begangen hat, ist wegen der eigenhändigen Tatbegehung unstreitig. (Mittelbarer) Täter der Sachbeschädigung kann der Veranlasser A nur sein, wenn innerhalb derselben Tatbegehung eine **Teilung der Tatherrschaft** möglich ist. Angesichts der Möglichkeit, das Unrecht zu quantifizieren (geringeres Unrecht begeht der B, größeres Unrecht der A), sollten auch unterschiedlich große Tatherrschaftsteile möglich sein.[117] Einschränkend sollte allerdings die „überschießende Unrechtskenntnis des Hintermannes einige Erheblichkeit" besitzen (LK-*Schünemann*, § 25 Rn. 99).

76   Schließlich wird hier noch der Irrtum über gesetzliche Qualifikationsmerkmale behandelt (s. schon o. Rn. 53), der den Tatmittler zum Totschläger macht, während der die Situation überschauende Hintermann ein „Mörder" ist (z. B. nur er weiß, dass der vom unmittelbar Handelnden vorsätzlich Getötete unschuldig ist).[118] – Ein „unechter" Täter hinter dem Täter soll der „Rücktrittsverhinderer" sein, wenn er etwa durch Täuschung oder Drohung einen Rücktritt des Getäuschten oder Bedrohten verhindert (*Schroeder*, Fs. Küper, 2007, S. 539, 542).

> Aus der **Übungsfall-Literatur** vgl.: *Alpmann/Schmidt*, AT 2, Fall 8, S. 41 u. 45 f. (Irrtum über die Dauer der Freiheitsberaubung); *Blei*, PdW AT, Fall 290 (Irrtum über den konkreten Handlungssinn) u. Fall 293 (manipulierter error in persona); *Krüger*, in: *Frister* (Hrsg.), Die strafrechtliche Klausur, Fall 3, S. 51 u. 66 ff. (Hervorrufen eines error in persona bei „Werkzeug"); *Kudlich*, PdW AT, Fälle 273 (manipulierter error in persona) u. 274 (gesteigerte Unrechtsqualifizierung); *Meier/Momberg*, JuS 1983, 699 u. 703 (Irrtum über den konkreten Handlungssinn); *Meurer/Kahle/Dietmeier*, Übungskriminalität, Fall 5, S. 77 f. u. 84; *Mitsch*, Jura 1989, 485 u. 487 (error in persona des Tatmittlers); *Rengier*, JuS 1991, 938 u. 939 f. („Mörder hinter Totschläger"); zum manipulierten error in persona vgl. außerdem: *Saal*, JA 1998, 563 u. 568 f.; *Sahan*, ZJS 2008, 177 u. 179 f.; *Teubner*, Die Examens- und Übungsklausur, Fall 5, S. 185 u. 188 f. und *Wolters*, Fall 2, S. 27 f. u. 51 f.

77   *(3)* Im Zentrum der Diskussion um die Rechtsfigur des „Täters hinter dem Täter" ist der Hintermann gerückt, der hinter einem Vordermann steht, der sich im **vermeidbaren Verbotsirrtum** befindet.[118a] Diese Belebung der Diskussion hat die Wissenschaft dem BGH zu „verdanken", der seinerseits das „Glück" hatte, einen

---

S. 667; *Krey*, AT 2, Rn. 161 (and. jetzt *Krey/Esser*, AT, Rn. 937); vgl. auch die eingehende Kritik bei *Bloy*, 1985, S. 358 ff., und *Renzikowski*, 1997, S. 83 f. – Nach *Schild*, 1994, S. 28, hat der Hintermann sogar „die Tatbestandshandlung des § 212 I gesetzt". – Für eine Kombination von Nebentäterschaft und mittelbarer Täterschaft *Küpper*, GA 1998, 519, 528 f.

[115a] So *Roxin*, AT II, 25/96–98.

[116] LK[11]-*Roxin*, § 25 Rn. 97, der hier – wie *Koch*, JuS 2008, 399, 402: Fall 10 – ein Bsp. von *Herzberg*, Täterschaft, S. 27 = Fall 20, übernimmt; ähnliches Bsp. bei *Ebert*, S. 197 f., *Murmann*, JA 2008, 321, 324 u. S/S-*Heine*, § 25 Rn. 22. – Zur Problematik der Abgrenzung dieses Irrtums vom bloßen Motivirrtum vgl. *Bloy*, 1985, S. 351 ff. u. *Renzikowski*, S. 82, der hier mittelbare Täterschaft ablehnt; kritisch zur Autonomie-Begründung *Roxin*, TuT, S. 681 f. Vgl. auch SK-*Hoyer*, § 25 Rn. 76.

[117] Gegen diese Konstruktion der mittelbaren Täterschaft und für Anstiftung aber *Jescheck/Weigend*, S. 667; *Krey*, AT 2, Rn. 162 (anders jetzt *Krey/Esser*, AT, Rn. 938); *Otto*, 21/88–90 u. in: Jura 1987, 255; *Murmann*, GK, 27/39.

[118] Vgl. LK[11]-*Roxin*, § 25 Rn. 101 ff.

[118a] *Meurer*, S. 147 f.; *Otto*, Fs. Roxin, 2001, S. 483; *Puppe*, Fs. Rudolphi, 2004, S. 231, 240 f.; *Rengier*, AT, 43/40–43; *Zieschang*, Rn. 688 f. u. in: Fs. Otto, S. 505, 519 ff.

„Wunschfall" des „Täters hinter dem Täter" zur Entscheidung vorgelegt zu bekommen (von der Möglichkeit der Zurückweisung hat der BGH trotz der unwahrscheinlichen Sachverhaltsfeststellungen des Tatgerichts keinen Gebrauch gemacht). Im sog. **„Katzenkönig-Fall"** (BGHSt 35, 347 = *Roxin*, HRR AT, Fall 81, S. 120 ff. u. 205 = Fall 8 bei *Koch*, JuS 2008, 399, 401 = Fall 11 bei *Murmann*, JA 2008, 321, 325) hat die Hinterfrau den (vermeidbaren) Irrtum des unmittelbar Handelnden, man dürfe zur Rettung zahlreicher Menschenleben einen Menschen töten (= Erlaubnisirrtum bezüglich § 34, der eine solche Verrechnung von Leben gegen Leben nicht erlaubt, da auch viele Leben nicht ein Leben „wesentlich überwiegen"),[118b] durch Täuschung (der „Katzenkönig" fordere ein „Menschenopfer", es liege ein göttlicher Auftrag vor) mit-herbeigeführt und ausgenutzt, um ihre Rivalin töten zu lassen.

Der BGH hat die bis dahin höchstrichterlich noch nicht entschiedene Frage, ob der **78** Hintermann eines schuldhaft handelnden Täters mittelbarer Täter sein kann, weder generell bejaht noch generell verneint. Verneint wurde allerdings das aus dem **Verantwortungsprinzip** abgeleitete enge Verständnis des Begriffs der mittelbaren Täterschaft, das bei Verantwortung des Vordermannes die Annahme einer dahintergeschalteten Verantwortung des Hintermannes verbietet. Auf den im Verbotsirrtum befindlichen Vordermann übertragen bedeutet dies, dass mittelbare Täterschaft nicht nur bei einem im unvermeidbaren Verbotsirrtum befangenen, „ohne Schuld" handelnden Vordermann in Betracht kommt. Die Lösung sucht der BGH mit dem Kriterium der „vom Täterwillen getragenen objektiven Tatherrschaft". Dieses Kriterium verlange, im **Einzelfall** auf „Art und Tragweite des Irrtums" und die „Intensität der Einwirkung des Hintermannes" abzustellen. Für den „Katzenkönig-Fall" ist damit die mittelbare Täterschaft der Hinterfrau anzunehmen, weil diejenige, die mit Hilfe des von ihr „bewusst hervorgerufenen Irrtums das Geschehen bewusst auslöst und steuert", bei „**wertender Betrachtung**" den irrenden Vordermann als ihr Werkzeug benutzt, obwohl dieser „(noch) schuldhaft" handelt.[118c]

Gegen eine solche individualisierende Wertung des Einzelfalles wendet sich die sog. **79** strenge Verantwortungstheorie.[119] Sie entnimmt die Entscheidung dieser Fälle dem **Gesetz**, genauer der gesetzlichen Regelung des Verbotsirrtums in § 17, wonach zur Freiheit der Entscheidung des Täters nur eine mögliche Kenntnis des Nicht-Erlaubtseins vorausgesetzt wird (der vermeidbare Erlaubnisirrtum schließt die Schuld des Täters nicht aus). Wo aber das Gesetz von einem **noch freien Handeln** des irrenden Täters ausgehe, könne dieses vom Rechtsanwender nicht als ein unfreies, vom Hintermann instrumentalisiertes Handeln angesehen werden. Derjenige, der infolge falscher Wertung sein Verhalten für erlaubt halte, sei nicht mit dem irrenden Werkzeug gleichzusetzen, das unvorsätzlich handele, weil es die tatsächliche Situation falsch einschätze. Da die Schuld nicht quantifizierbar sei, könne nur „volle Schuldlo-

---

[118b] Hinzu kam ein Irrtum über die tatsächlichen Voraussetzungen eines Entschuldigungsgrundes analog § 35 II; s. o. 13/84 u. 20/71.

[118c] Zum „Katzenkönig-Fall" jetzt *Kutzner*, 2004, S. 180 ff.; *Roxin*, AT II, 25/76–90 u. *Weisser*, 2011, S. 218 ff. – BGHSt 40, 257, 267, will diese „Betrachtung" auch für den Fall „durchhalten", dass sich der Hintermann seinerseits in einem Verbotsirrtum befindet; zu Recht krit. *Vogel*, MDR 1995, 337, 339, *Rönnau*, JA 1996, 108, 112 und *Roxin*, HRR AT, Antwort 3 zu Fall 33, S. 174. – Für Mittäterschaft *Krey/Nuys*, Fs. Amelung, 2009, S. 203, 221.

[119] So genannt von *Hillenkamp*, 21. AT-Problem, S. 157 f., wo auch die Vertreter dieser Theorie und deren Argumente zu finden sind; ergänzend *Krey/Esser*, AT, Rn. 927–931; *Stratenwerth/Kuhlen*, 12/53–55.

sigkeit des Werkzeugs" mittelbare Täterschaft begründen.[120] Für den Hintermann kommt danach nur Anstiftung in Betracht.

80   Für die Möglichkeit der Beherrschung einer Tat, die unmittelbar ein im vermeidbaren Verbotsirrtum Befindlicher ausführt, spricht, dass der unmittelbar Handelnde sich eben in einem Irrtum befindet, dem der Hintermann nicht unterliegt. Dieser Irrtum mache den Irrenden **anfällig** für die Bestimmung zur Begehung einer Straftat, weil der Irrende – auch wenn er es besser wissen könnte – glaube, sein Verhalten sei durch einen Rechtfertigungsgrund gedeckt. Er werde dadurch faktisch[121] für jemanden **beherrschbar**, der diesen Ausfall von Hemmungsmotiven[122] für eigene Zwecke ausnutze. Wo die Veranlassung des einen gemindert ist, ist nach der sog. **eingeschränkten Verantwortungstheorie**[123] Platz für die Verantwortung des anderen.

81   Eine Entscheidung zwischen diesen „Theorien" fällt schwer: die Anbindung an das Gesetz schafft Rechtssicherheit, kann aber auch zu Starrheit führen; die wertende Berücksichtigung der faktischen Beherrschungsmöglichkeiten kann materiell gerechter sein, aber zu Rechtsunsicherheit führen. Letztlich geht es – wie schon bei anderen Konstellationen der mittelbaren Täterschaft – darum, ob Tatherrschaft rein faktisch zu verstehen ist oder ob sie auch an normativen, gesetzlichen Vorgaben ausgerichtet werden muss.[123a]

81a   *(4)* Wer als Geschäftsführer einer GmbH Abfälle dadurch kostengünstig beseitigt, dass er sie Abnehmern überlässt, die nicht über die Möglichkeiten einer geordneten Abfallbeseitigung verfügen, ist mittelbarer Täter einer umweltgefährdenden Abfallbeseitigung gem. § 326 I Nr. 4 a, weil er „den Weg dahin eröffnet und vorgezeichnet" hat, „dass Abfälle illegal entsorgt wurden" (BGHSt 43, 219, 231).[123b] Dass die Abnehmer die Abfälle als unmittelbare Täter selbst abgelagert haben, soll bei einer „wertenden Betrachtung" angesichts der „vom Täterwillen getragenen Tatherrschaft" des GmbH-Geschäftsführers nicht gegen dessen mittelbare Täterschaft sprechen (BGH a. a. O.).

Aus der **Übungsfall-Literatur** zur mittelbaren Täterschaft bei vermeidbarem Verbotsirrtum vgl.: *Beulke,* KK III, Fall 2, Rn. 59 u. 87–89; *Bottke,* JuS 1992, 765 u. 767–770 (für die strenge Verantwortungstheorie); *Hillenkamp,* 21. AT-Problem, Bsp. 1, S. 156 mit Lösung nach beiden Theorien auf S. 160 f., sowie Bsp. 2, S. 161; *Jäger,* Rn. 240, 241: Fall 42 („Katzenkönig-Fall");

---

[120] *Jakobs,* 21/94, u. in: GA 1996, 253, 267 f.; bei Zuständigkeit für den Irrtum aber doch mittelbare Täterschaft (*Jakobs,* GA 1997, 570 f.); ähnlich *Murmann,* GA 1998, 78, der auf die eigene Verantwortlichkeit des Hintermannes abstellt.

[121] Von „realer Herrschaftsmacht" spricht LK[11]-*Roxin,* § 25 Rn. 87; krit. dazu *Bottke,* JuS 1992, 768 f.; im Erg. wie *Roxin* jetzt LK-*Schünemann,* § 25 Rn. 118 u. 89–93; auf die „tatsächliche Herrschaftsposition" hebt *Koch,* JuS 2008, 399, 402, ab. – Für mittelbare Täterschaft auch *Renzikowski,* 1997, S. 81, weil der im Verbotsirrtum Befindliche „nicht autonom" handle; dagegen *Roxin,* TuT, S. 681 f. – Für mittelbare Täterschaft auch *Kindhäuser,* Fs. Bemmann, 1997, S. 339, 343 f., der auf die „rechtliche Unzuständigkeit" des Vordermannes und die Verantwortlichkeit des Hintermannes für dessen „Defizit" abhebt, sowie *Sinn,* 2007, S. 16, 330 f., nach dem der Hintermann Täter ist, weil er „Gestalter des Machtverhältnisses" zum Vordermann ist. – Für Anstiftung *Spendel,* Fs. Lüderssen, 2002, S. 605, 610 u. schon *Köhler,* S. 509.

[122] Darauf hebt *Küper,* JZ 1989, 943, ab; kritisch dazu *Timpe,* JZ 1990, 97 Fn. 4; krit. zu *Küper* auch *Kutzner,* 2004, S. 191 ff. – Gegen das ähnliche Argument von *Roxin,* der Irrtum verschleiere dem Irrenden die Sozialschädlichkeit seines Tuns, *Bottke,* 1992, S. 69 f.

[123] So genannt von *Hillenkamp,* 21. AT-Problem, S. 158, wo auch Vertreter dieser Theorie und deren Argumente zu finden sind (S. 159 f.); ergänzend ist auf *Ingelfinger,* 1992, S. 176 u. *Gropp,* 10/70, 73, hinzuweisen.

[123a] Dies bezweifelt *Rotsch,* Klausur 20, S. 286 f. u. 308.

[123b] Für Anstiftung *Roxin,* AT II, 25/132.

Krey/Esser, AT, Fall 116, Rn. 924–931 („Katzenkönig"-Fall); Kudlich, PdW AT, Fall 272 mit Lösung auf der Basis von BGHSt 35, 347; Rotsch, Klausur 20, S. 286 f. u. 308 f.

c) Irrtum des Tatveranlassers über die eigene Beteiligungsform

Der Veranlasser einer Straftat kann mittelbarer Täter oder Anstifter sein, je nach- 82 dem, ob er Tatherrschaft hat oder nicht. Der Tatveranlasser kann sich über die eigene Rolle im Tatgeschehen irren, weil er den Vordermann falsch einschätzt. So kann er etwa irrtümlich annehmen, das Tatgeschehen wegen eines „Defekts" des Vordermannes, der bei diesem aber gar nicht vorliegt, zu beherrschen (sog. **eingebildete Tatherrschaft**). Er kann aber auch umgekehrt verkennen, dass ihm objektiv eine beherrschende Rolle im Tatgeschehen zukommt, weil sich der Vordermann – vom Hintermann unerkannt – wegen eines „Defekts" in der unterlegenen Position befindet (sog. **potenzielle Tatherrschaft**). Diese Irrtumsfälle werfen schwierige Fragen erst dann auf, wenn der (vermeintliche oder nicht erkannte) „Defekt" des Vordermannes dessen Vorsatz ist. Deshalb sollen zunächst die einfacher liegenden Fälle mit „Defekten" im Schuldbereich „gelöst" werden.

Veranlasst jemand einen anderen, den er für geisteskrank hält, zu einer Tat, so 83 nimmt er irrig einen Umstand (die Schuldunfähigkeit des Veranlassten gem. § 20) an, der seine Tatherrschaft begründen würde. Zum „Tatherrn" wird er damit nicht, weil in Wirklichkeit der Veranlasste, der die Tat eigenhändig begeht, (unmittelbarer) Täter ist. Mittelbare Täterschaft des Veranlassers kann hier nur die (oben abgelehnte) subjektive Theorie annehmen, da sie den „Täterwillen" für täterschaftsbegründend hält. Verlangt man (wie hier) für die mittelbare Täterschaft eine objektiv beherrschende Stellung des Hintermannes, so reicht die bloß eingebildete Tatherrschaft nicht aus. **Objektiv** ist vielmehr durch die Tatveranlassung „nur" eine **Anstiftung** verwirklicht worden. Der für die Strafbarkeit der Anstiftung erforderliche **Vorsatz** hinsichtlich der vorsätzlichen Begehung der Haupttat ist im Vorsatz zur Tatherrschaft **mitenthalten**, denn wer meint, einen Geisteskranken zu veranlassen, weiß, dass er jemand veranlasst, der die Tat vorsätzlich begeht. Da die objektiven und subjektiven Voraussetzungen der Anstiftung vorliegen, ist der „eingebildete Tatherr" als Anstifter gem. § 26 zu der Tat zu bestrafen, zu der er den Täter veranlasst hat.[124]

Wegen der irrigen Annahme von Umständen, die, wenn sie vorgelegen hätten, den 84 Hintermann zum mittelbaren Täter gemacht hätten, ist – auf dem Boden der sog. Einwirkungstheorie (s. u. Rn. 92) – auch die Annahme eines „(untauglichen) Versuchs einer mittelbar-täterschaftlichen Tat",[125] kürzer: **versuchte mittelbare Täterschaft**, begründbar.[126] Bei Delikten ohne Versuchsstrafbarkeit (z. B. die Aussetzung gem. § 221) wird aber auf die Anstiftung „zurückgegriffen" werden müssen,[127] wenn man die Straflosigkeit des Veranlassers nicht hinnehmen will.

Im umgekehrten Fall wird von der überwiegenden Meinung ebenfalls eine Anstif- 85 tung desjenigen angenommen, der den „Defekt", z. B. die Geisteskrankheit, des Vordermannes nicht erkannt hat. Subjektiv will der Veranlasser hier nur einen anderen zu einer Straftat anstiften (bestimmen i. S. des § 26). Objektiv kommt ihm aber wegen der konstitutionellen Unterlegenheit des Veranlassten eine überlegene Position

---

[124] So auch die h. M.; vgl. Gallas, 1968, S. 107; Bloy, ZStW 117 (2005), S. 3, 26; Jescheck/Weigend, S. 671; S/S-Heine, Vorbem §§ 25 ff. Rn. 79; W-Beulke, Rn. 547.

[125] Frisch, LdRerg 8/1620, S. 9 f.

[126] Herzberg, JuS 1974, 575; dagegen Bloy, ZStW 117 (2005) S. 3, 25.

[127] So LK[11]-Roxin, § 25 Rn. 147.

im Tatgeschehen zu. „Tatherr" wird er freilich dadurch nicht, weil dafür das Bewusstsein der Beherrschung des Geschehens erforderlich ist (sog. Bewusstsein der Tatherrschaft[128]). Es bleibt also zu klären, ob der beim Veranlasser vorhandene Anstiftervorsatz in die Wirklichkeit umgesetzt wurde. Dies wird z. T. mit der Folge verneint, dass nur ein „(untauglicher) **Anstiftungsversuch**"[129] gem. § 30 I (i. V. m. dem Delikt, zu dem anzustiften versucht wurde) vorliegt.[130] Überwiegend wird aber zu Recht **vollendete Anstiftung** gem. § 26 (i. V. m. dem Delikt, zu dessen Begehung veranlasst wurde) angenommen, weil in dem objektiven Mehr an Tatbeherrschung als Minus auch eine objektive Anstiftung **enthalten** ist.[131] Wer hinsichtlich derselben Tat objektiv auf der höheren (täterschaftlichen) Beteiligungsstufe handelt, agiert zugleich auch auf der niedrigeren.

86   Schwieriger gestaltet sich die Lösung der beiden Irrtumskonstellationen, wenn der Veranlasser irrig vom Vorsatz des Veranlassten ausgeht bzw. dessen Vorsatz nicht erkennt. Zunächst wieder zur sog. **vermeintlichen Tatherrschaft,** jetzt in der Form, dass sich der Veranlasser deshalb für den „Tatherrn" hält, weil er **irrig** annimmt, ein **unvorsätzlich handelndes Werkzeug** einzusetzen.[131a] So z. B. wenn die vom Arzt zur Tötung eines Patienten eingesetzte Krankenschwester nicht arglos ist, wie der Arzt meint, sondern den Patienten durch Injektion der Giftspritze vorsätzlich tötet.[131b] Wegen der irrigen Annahme eines Umstands, der, wenn er vorgelegen hätte, ihn zum „Tatherrn" gemacht hätte, kann wieder – auf dem Boden der (hier nicht vertretenen) sog. Einwirkungstheorie (s. u. Rn. 92)[131c] – eine **versuchte mittelbare Täterschaft** begründet werden,[132] im Beispielsfall ein versuchter Totschlag in mittelbarer Täterschaft (§§ 212, 22, 23, 25 I Alt. 2). Wurde zu einer Tat veranlasst, bei welcher der Versuch nicht strafbar ist, so bleibt die Veranlassung straflos, so z. B. wenn der Jagdaufseher dem nur vermeintlich arglosen Jagdgast den Schuss auf einen noch im fremden Jagdrevier stehenden Hirsch freigibt (§ 292 = Vergehen ohne Anordnung einer Versuchsstrafbarkeit).

87   Die Annahme einer **Anstiftung** ist deshalb **problematisch,** weil der Veranlasser hier nicht davon ausgeht, dass der Veranlasste eine vorsätzliche rechtswidrige Tat i. S. des § 26 begeht.[133] Dennoch wird diese Anstiftungs-Lösung überwiegend für richtig gehalten, weil nur so die Mitwirkung des Veranlassers an der vollendeten Tat zu erfassen ist. Zur Begründung der Anstiftung kann man anführen, dass diese zwar eine vor-

---

[128] *Gallas,* 1968, S. 107; *Roxin,* TuT, S. 556.

[129] *Frisch,* LdRerg 8/1620, S. 10.

[130] So z. B. M-*Gössel/Zipf,* AT 2, 48/28.

[131] Vgl. aus der h. M.: *Kretschmer,* Jura 2003, 535, 537; *Kudlich,* AT-Fälle, S. 83: auch sonst werde die irrige Annahme eines Merkmals – wie hier der Tatherrschaft – als untauglicher Versuch bestraft; *Jescheck/Weigend,* S. 671 f.; S/S-*Heine,* Vorbem §§ 25 ff. Rn. 79; SK-*Hoyer,* § 25 Rn. 140; W-*Beulke,* Rn. 546. – „Wie" einen Anstifter bestrafen will den Veranlasser *Gallas,* 1968, S. 108.

[131a] Eingehend zur irrigen Annahme „tatherrschaftsbegründender Umstände" *Küper,* Fs. Roxin, 2011, S. 895 ff.

[131b] Vgl. auch das Diebstahlsbeispiel bei *Murmann,* JA 2008, 321, 326.

[131c] Nicht auf dem Boden der hier vertretenen sog. strengen Theorie (s. u. Rn. 91), worauf *Küper,* Fs. Roxin, 2011, S. 895, 900, aufmerksam macht.

[132] Vgl. *Gropp,* 10/77; *Zieschang,* Rn. 697; *Kretschmer,* Jura 2003, 535, 537; SK-*Hoyer,* § 25 Rn. 144–148; für Vollendung NK-*Schild,* § 25 Rn. 68; krit. zur Terminologie *Küper,* Fs. Roxin, 2011, S. 895, 897 f., der klarstellt, dass die sog. Versuchslösung keine Selbstverständlichkeit ist, sondern indirekt mit dem Versuchsbeginn zusammenhängt (S. 900).

[133] Anstiftung wird deshalb abgelehnt von *Bloy,* ZStW 107 (2005), S. 3, 26 ff.; *Frisch,* LdRerg 8/1620, S. 10; *Ebert,* S. 199; *Joecks,* § 25 Rn. 50 u. *Rengier,* AT, 43/82: § 26-Wortlaut u. Art. 103 II GG-Verstoß.

sätzlich begangene rechtswidrige Tat des Haupttäters voraussetze, dass aber der Anstifter vom gegebenen Vorsatz des Haupttäters keine Kenntnis haben müsse.[134] Der Anstiftervorsatz sei im schwererwiegenden und weitergehenden Tatherrschaftswillen als Minus **enthalten**[135] bzw. der fehlende Anstiftervorsatz werde durch den Tatherrschaftswillen ersetzt.[136] Diese Begründungen überzeugen, denn wer die Tat sogar als Täter durch einen anderen begehen lassen will, will den anderen zumindest auch zur Tatbegehung „anstiften". Da der Hintermann zudem das Ziel erreicht, den (nicht als bösgläubig angesehenen) Vordermann zur Tatbegehung zu veranlassen, liegt dem Unwertgehalt nach ein vollendetes (Anstiftungs-)Geschehen vor, dem die Annahme eines Versuchs (in mittelbarer Täterschaft) nicht gerecht würde.[136a]

Eine neuere Ansicht lehnt sowohl die Versuchs- als auch die Anstiftungslösung ab 87a und schlägt eine Fahrlässigkeitslösung vor. Danach enthält das vorsätzliche Handeln des vermeintlichen mittelbaren Täters zugleich eine Sorgfaltspflichtverletzung i. S. eines Fahrlässigkeitsdelikts und mit dem eingetretenen Erfolg verwirkliche sich das Risiko der Tathandlung. Da der Hintermann den Dritten für seine Zwecke einsetzt, kann er sich nicht – die Zurechnung ausschließend – auf das eigenverantwortliche Handeln des Dritten berufen (*Küper*, Fs. Roxin, 2011, S. 895, 914 f.).

Noch größere Schwierigkeiten bereitet die Begründung einer Anstiftung im um- 88 gekehrten Fall, in welchem der Veranlasser **irrig vom Vorsatz des Veranlassten ausgeht**. So z. B. wenn er den anderen zur Falschverdächtigung eines Dritten überredet, der Veranlasste die objektiv falschen Angaben, die er vor einer Behörde i. S. des § 164 I macht, aber für wahr hält.[136b] Der objektiv falsche Angaben Machende handelt dann unvorsätzlich, begeht also nicht die Haupttat, zu der ihn der Veranlasser anstiften wollte. Eine **versuchte, erfolglose Anstiftung** (§ 30 I) ist auch hier wieder zwanglos zu begründen, doch führt das nur bei Verbrechen, also nicht im Beispielsfall (§ 164 ist Vergehen) zur Strafbarkeit.[136c]

§ 26 ist zumindest nicht direkt anwendbar, weil es an der dort für die Anstiftung 89 vorausgesetzten vorsätzlich begangenen Haupttat fehlt. Wer den Wortlaut des § 26 für eindeutig hält, muss die gesetzgeberische Entscheidung respektieren, auch wenn sie bei der Veranlassung zu einem Vergehen zur Straflosigkeit des Tatveranlassers führt.[137] Es wird aber eine Bestrafung des Veranlassers „wie" ein Anstifter für möglich gehalten,[138] weil das Handeln auf der objektiv höheren (täterschaftlichen) Betei-

---

[134] LK-*Schünemann*, § 25 Rn. 147; krit. *Küper*, Fs. Roxin, 2011, S. 895, 909.

[135] *Jescheck/Weigend*, S. 671 (im Anschluss an *Gallas*); *Murmann*, GK, 27/51; S/S-*Heine*, Vorbem §§ 25 Rn. 79; krit. *Kudlich*, AT-Fälle, S. 83 u. *Rengier*, AT, 43/82.

[136] Vgl. W-*Beulke*, Rn. 549; a. M. *Norouzi*, JuS 2007, 146, 152, der ein gegenseitiges Ausschließen annimmt; ebenso *Bock*, JA 2007, 600 u. *Küper*, Fs. Roxin, 2011, S. 895, 911.

[136a] Dagegen jedoch *Kudlich*, JuS 2003, 755 f., 758 u. in: AT-Fälle, S. 84: der „Verantwortlichkeitszuweisung" für die Rechtsgutsverletzung sei dadurch genügt, dass einer der Beteiligten – hier der Vordermann „voll deliktisch verantwortlich gemacht werden" könne; für Aussagedelikte wegen des Vergleichs von §§ 153, 26 und § 160 auch *Böse/Nehring*, JA 2008, 110, 114; für §§ 348, 26 und § 271 auch *Zieschang*, JA 2008, 192, 197; zu beiden Ausnahmen vgl. W-*Beulke*, Rn. 549 a. E.

[136b] Vgl. *Kretschmer*, Jura 2003, 537: Beispiel 1 mit Lösung wie im Text. – Diebstahlsbeispiel bei *Murmann*, JA 2008, 321, 326: Fall 14.

[136c] *Bock*, JA 2007, 599 f.; LK-*Schünemann*, § 25 Rn. 144; SK-*Hoyer*, § 25 Rn. 138–140; SSW-*Murmann*, § 25 Rn. 30; vgl. auch *Roxin*, TuT, S. 556 f. mit Bsp.

[137] So *Frisch*, 1988, S. 627; W-*Beulke*, Rn. 548; *Jescheck/Weigend*, S. 656; *Murmann*, GK, 27/50 u. in: JA 2008, 321, 325; *Zieschang*, Rn. 701; *Joecks*, § 25 Rn. 52, *Ebert*, S. 199; *Geppert*, Jura 1997, 358, 364.

[138] B-*Weber/Mitsch*, 30/26; dagegen *Rengier*, AT, 43/78: mit dem Wortlaut nicht vereinbar.

ligungsstufe zur Strafbarkeit aus der niedrigeren Beteiligungsform (Anstiftung) führe, wenn der Veranlasser subjektiv anstiften wolle.[139] Solange diese Begründung vom Gesetzgeber nicht in eine Vorschrift verwandelt wird, die auch bei unvorsätzlicher Haupttatbegehung eine Anstiftung für strafbar erklärt, muss es wegen der Wortlautgrenze bei der Anwendung von § 30 I oder bei Straflosigkeit bleiben (o. Rn. 88).

> Aus der **Übungsfall-Literatur** zum Irrtum des Tatveranlassers vgl.: *Alpmann/Schmidt*, AT 2, Fälle 49 u. 50, S. 227–229; *Beulke*, KK I, Fall 8, Rn. 275 u. 283–285, 288 f., 296 f.; *Beulke*, KK III, Fall 5, Rn. 198 u. 209–211 sowie 215–217; *Böse/Nehring*, JA 2008, 110 u. 114; *Ernst*, ZJS 2011, 382 u. 385 f., 387 f.; *Herzberg*, Täterschaft, Fälle 32–36, S. 43–46; *Hilgendorf*, KK I, Fall 17, Rn. 14–17 u. 26; *Korte*, in: *Frister* (Hrsg.), Die strafrechtliche Klausur, Fall 5, S. 96 f. u. 106 ff.; *K/S/L*, Klausurtraining, Fall 5, S. 134 f. u. S. 148 f.; *Krell*, ZJS 2010, 640 u. 642; *Kudlich*, JuS 2003, 755 u. 757 f. u. in: AT-Fälle, Fall 6, S. 83 f. u. Fall 10, S. 145 f. sowie PdW AT, Fälle 277 u. 278; *Küpper*, in: G/K/M, Fallsammlung, Fall 9, S. 167 f. u. 181 f.; *Norouzi*, JuS 2007, 146 ff.; *Rengier*, Jura 1984, 213 u. 215 f. (aufgegriffen von *Tiedemann*, Anfängerübung, S. 106 f.); *Rudolphi*, AT-Fälle, Fall 8, S. 89 u. 100; *Samson*, Strafrecht I, Fall 39, S. 209 u. 212–215; *Schapiro*, JA 2005, 615 u. 620 f.; *Schütze*, in: *Ebert* (Hrsg.), Fall 16, S. 16 f. u. 241 f.; *Seier*, JuS 2000, L 85 u. L 88; *Tenckhoff*, JuS 1976, 526 ff.; *Zieschang*, JA 2008, 192 u. 197, 198.

d) Error in persona des Werkzeugs

89a   Der error in persona ist für den Vorsatz des Vordermannes unbeachtlich (s. 13/20 ff.). Es fragt sich aber, ob dies auch auf den mittelbaren Täter durchschlägt. Dies wird bei der Anstiftung von der Rspr. so gesehen; der error in persona des Haupttäters ist auch für den Anstiftervorsatz unbeachtlich (s. unten Rn. 207 f.). Das ist schon bei der Anstiftung zweifelhaft (s. unten Rn. 209; zum Gehilfenvorsatz Rn. 241a), bei der mittelbaren Täterschaft aber noch mehr, denn hier geht ein vom mittelbaren Täter beherrschtes (menschliches) Werkzeug und damit die Tat des mittelbaren Täters fehl, indem es z. B. das Fahrzeug einer anderen als der vom Veranlasser (= mittelbarer Täter) angegebenen Person beschädigt. Es ist deshalb in Regelfällen eine aberratio ictus anzunehmen,[140] so dass die Tat am nicht beschädigten PKW versucht ist (die fahrlässige Sachbeschädigung am tatsächlich beschädigten PKW ist straflos); – wäre vom Werkzeug die falsche Person getötet worden (z. B. von der Krankenschwester, die nicht wusste, dass ihr der ihr behilfliche Arzt Gift in die Spritze gefüllt hat [oben Rn. 52], so hätte der Veranlasser als mittelbarer Täter einen versuchten Totschlag und eine fahrlässige Tötung begangen).[140a] Das trifft jedenfalls für Fälle zu, in denen der Vordermann „von konkreten Vor- bzw. Angaben" des Hintermanns deutlich abweicht (*Kudlich*, AT-Fälle, S. 164); anders könnte zu entscheiden sein, wenn die Verwechslung des Opfers durch den Vordermann erwartbar war (*Kudlich* a. a. O.: in der „Streubreite" des vom Hintermann durch Einsatz eines Vordermanns geschaffenen „Risikos" lag). Behandelt man Fälle des gegen sich selbst gerichteten Werkzeugs – wie oben Rn. 46 ff. – als Fälle der mittelbaren Täterschaft, so sind hier wohl auch Fälle der „Fallenstellung" (oben 13/27) zu verorten (so *Otto/Bosch*, Übungen, Fall 4, S. 108 f., mit Hinweis auf den „Bärwurz"- oder

---

[139] Vgl. *Lackner/Kühl*, Rn. 10 Vor § 25 u. *Roxin*, TuT, S. 557.

[140] So die h. M.; vgl. etwa B-*Weber/Mitsch*, 21/15; *Ebert*, S. 200; *Heinrich*, AT II, Rn. 1267; *Roxin*, AT II, 25/169; LK-*Schünemann*, § 25 Rn. 149; a. A. *Kindhäuser*, AT, 39/72; *Zieschang*, Rn. 703 f. u. *Gropp*, 10/79: es fehle an der die aberratio ictus kennzeichnenden Zufälligkeit des Fehlgehens; a. A. für den Fall, dass dem Werkzeug die Individualisierung des Tatobjekts überlassen wurde: *Streng*, JuS 1991, 916; *Haft/Eisele*, Gs. Keller, 2003, S. 81, 98 f.; W-*Beulke*, Rn. 550 u. S/S-*Cramer/Heine*, § 25 Rn. 52 f.; zusf. *Lubig*, Jura 2006, 655, 658.

[140a] Bsp. von *Roxin*, AT II, 25/71.

„Passauer Giftfalle"-Fall, bei dessen Beurteilung der BGH [St 40, 177] davon ausging, dass das gutgläubige Opfer als „Tatmittler gegen sich selbst" eingesetzt werden sollte (Versuchsfall, s. oben 15/85 a–d). Dies würde hier (wie oben 13/27) zu einem error in persona des Fallenstellers führen, weil sich sein Tötungsvorsatz gegen jeden richtet, der in die Falle tappt. Zumindest hat er „Mitbewusstsein", dass auch ein anderes Opfer als das von ihm gewünschte Opfer in die Fall geht und sich selbst tötet (so *Otto/Bosch* a. a. O. S. 111).

> Aus der **Übungsfall-Literatur** zum Irrtum des Werkzeugs vgl. *Alpmann/Schmidt,* AT 2,
> Fall 47, S. 220 ff.; *Bruckauf,* in: *Ebert* (Hrsg.), Fall 7, S. 7 f. u. 120 ff. (versuchter Totschlag und
> fahrlässige Tötung); *Edlbauer,* Jura 2007, 941 u. 943 (bei auftragsgemäßem Verhalten unbe-
> achtlicher error in persona); *Kudlich,* AT-Fälle, Fall 6, S. 86 („Streubreite des Risikos") u.
> Fall 11, S. 163 f.; *Otto/Bosch,* Übungen, Fall 4, S. 107 u. 109–111.

e) Versuchsbeginn bei mittelbarer Täterschaft

Eine versuchte Tat kann auch der mittelbare Täter begehen, wenn er sich ent- 90 schließt, durch einen anderen eine Tat begehen zu lassen. Die Voraussetzung der mittelbaren Täterschaft, insbesondere die **Tatherrschaft,** sind **im Entschluss** (= im subjektiven Tatbestand des Versuchsdelikts) und damit in subjektiver Perspektive **zu prüfen.** Liegt ein solcher, die Tatherrschaft umfassender Tatentschluss vor, so ist im objektiven Tatbestand des Versuchsdelikts weiter zu prüfen, ob der Entschlossene zur Tatbestandsverwirklichung **unmittelbar angesetzt** hat. Diese „Ansatzformel" des § 22 ist in Ermangelung einer besonderen Regelung des Versuchsbeginns bei mittelbarer Täterschaft auch hier anzuwenden. Dass dabei Streit um die richtige Anwendung entsteht, verwundert nicht, denn die Formel ist auf den unmittelbaren Täter zugeschnitten.

Direkte Anwendung kann die „Ansatzformel" finden, wenn man auch beim Ver- 91 such des mittelbaren Täters auf die vom Werkzeug vorgenommenen Ausführungsakte abstellt, denn dann ergeben sich keine Besonderheiten. Nach der (hier vertretenen, s. o. 15/58 ff.) Teilaktstheorie kommt es auf die sog. Handlungsunmittelbarkeit an, d. h. darauf, dass der Täter mit dem nächsten Schritt die Tatbestandsausführungshandlung vornehmen würde, nach der (tatbestandsspezifischen) Gefährdungstheorie darauf, dass er das betroffene Rechtsgut bereits unmittelbar gefährdet.[140b] Das **Abstellen** auf den unmittelbar Handelnden, **auf das Werkzeug,** ist deshalb berechtigt, weil der mittelbare Täter die Tat durch das Werkzeug begeht.[140c] Dieses Werkzeug ist kein mechanisch wirkendes Werkzeug, sondern ein anderer Mensch, der an der Tatbestandsverwirklichung – wenn auch als Werkzeug im Regelfall straflos – beteiligt ist. Führt aber der mittelbare Täter die Tat durch das Werkzeug aus, so beginnt der Versuch dieser Tat auch nicht früher, als das Werkzeug zur Tatbestandsverwirklichung unmittelbar ansetzt.[141] Das Verhalten von Tatmittler und

---

[140b] S/S-*Eser,* § 22 Rn. 54 a.

[140c] Auf das Verhalten des Werkzeugs stellen ab *Rath,* JuS 1999, 140, 143; *Küper,* JZ 1983, 361, 369; *Küpper,* GA 1998, 519, 521; *Kühl,* Fs. Küper, 2007, S. 289, 303 f.; *Haas,* 2008, S. 81 ff.; *Krack,* Gs. für J. Eckert, 2008, S. 467, 469 ff.; *Krey/Esser,* AT, Rn. 1239; *Stratenwerth/Kuhlen,* 12/105; im Übungsfall *Bung,* JA 2007, 868, 871; abl. u. a. wegen des § 22-Wortlauts *Putzke,* JuS 2009, 985, 989, krit. aus „Opferschutzgesichtspunkten" *Bosch,* Jura 2011, 909, 915.

[141] Es kommt deshalb auf dessen Vorstellungen vom Fortschritt des Tatgeschehens an, jedoch ist beim unvorsätzlichen Tatmittler auch die Vorstellung des mittelbaren Täters zu beachten; vgl. *Küper,* JZ 1983, 370; nur auf die Sicht des letzteren stellen ab *Hillenkamp,* Fs.

„Tatherr" bildet eine Gesamttat, die erst durch das – dem „Tatherrn" zuzurechnende – unmittelbare Ansetzen des Tatmittlers ins Versuchsstadium gelangt (sog. **Gesamtlösung** oder auch „Zurechnungslösung"); diese Gesamtlösung stellt damit
strenge Anforderungen an den Versuchsbeginn (deshalb auch sog. strenge Theorie[142]).

92   Die Rechtsprechung und die in der Literatur wohl überwiegende Auffassung stellen weniger strenge Anforderungen an den Versuchsbeginn bei mittelbarer Täterschaft. Mit dem unmittelbaren Ansetzen zur Tatbestandsverwirklichung durch den
Tatmittler beginnt der Versuch des mittelbaren Täters spätestens, er soll aber auch
schon früher beginnen können. Am frühesten beginnt der Versuch des mittelbaren
Täters, wenn man mit der sog. **Einwirkungstheorie**[143] nur auf das eigenhändige Verhalten des mittelbaren Täters abstellt: es besteht im Einwirken auf den Tatmittler,
also beginnt der Versuch mit dem Beginn dieser Tathandlung des mittelbaren Täters
(auch sog. **Einzellösung**). Damit wird aber der Versuchsbeginn weit vor die vom
Tatmittler verwirklichte Tatbestandsausführungshandlung gelegt, so dass das Unmittelbarkeitserfordernis des § 22 leerläuft.[144]

93   Überwiegend wird deshalb alternativ darauf abgestellt, ob der mittelbare Täter
mit seiner Einwirkung auf den Tatmittler das Rechtsgut schon **unmittelbar gefährdet** hat oder ob er das **Geschehen aus der Hand gegeben** und dem Tatmittler überlassen hat (sog. **allgemeine Theorie**).[145] Auch diese Theorie wendet sich wie die
Einwirkungstheorie bzw. Einzellösung gegen die Konstruktion einer Gesamttat aus
dem Verhalten des Tatmittlers und des „Tatherrn". Es gehe nur um die eigene Tat
des mittelbaren Täters, er beherrsche das Gesamtgeschehen, und deshalb liege es
nahe, „bei der Abgrenzung zwischen Vorbereitung und Versuch vorrangig auf sein
eigenes Verhalten abzustellen".[146] In der Regel habe der mittelbare Täter mit der
Beauftragung des handlungswilligen Tatmittlers „das Seine getan, so dass das
Schicksal nun ‚seinen Lauf nimmt'."[147]

Roxin, 2001, S. 689, 708 u. in: LK, § 22 Rn. 159 u. M-*Gössel/Zipf*, AT 2, 48/119–121; kritisch zu beiden Lösungen *Roxin*, AT II, 29/248–256.

[142] So genannt von *Hillenkamp*, 15. AT-Problem, S. 110, wo auch deren Vertreter und Argumente aufgelistet sind (S. 110 f.); ergänzend *Krack*, ZStW 110 (1998), 611, 625 ff.; krit.
Herzberg, Fs. Roxin, 2001, S. 749, 756, der in der unmittelbaren Gefährdung den richtigen
Kern der Gesamtlösungen sieht; MK-*Herzberg*, § 22 Rn. 143–146, verlangt einen „Versuchs-
erfolg" bzw. „Ansetzungserfolg"; ebenso *Herzberg/Putzke*, Fs. Szwarc, 2009, S. 205, 210,
232; krit. zu *Herzberg* jetzt *Roxin*, AT II, 29/250–254. – Eine gesamttatbezogene Versuchsab-
grenzung nach allgemeinen Kriterien vertritt *Krüger*, 1994, S. 88 ff.: der Versuch beginne,
„wenn der Täter mit einer tatbestandsnahen Handlung das angegriffene Rechtsgut so ‚in den
Griff' bekommt, dass er ihm gegenüber eine überlegene Stellung einnimmt" (S. 186).
[143] Zu deren Vertretern und Argumenten vgl. *Hillenkamp*, 15. AT-Problem, S. 111 f.; so
etwa jüngst wieder *Puppe*, Fs. Dahs, 2005, S. 173, 186 u. in: Fs. Küper, 2007, S. 443, 453;
abl. u. a. wegen des § 22-Wortlauts *Putzke*, JuS 2009, 985, 989.
[144] Vgl. die Kritik bei M-*Gössel/Zipf*, AT 2, 48/113 sowie LK-*Hillenkamp*, § 22 Rn. 156.
[145] So genannt von *Hillenkamp*, 15. AT-Problem, S. 113, der auch die Vertreter dieser Theorie und deren Argumente auflistet (S. 113–115); vgl. auch *Angerer*, 2004, S. 27 ff.; KK OWiG-
Rengier, § 13 Rn. 27, 28; *Jäger*, Rn. 304; *Murmann*, GK, 28/90 f.; *Bosch*, Jura 2011, 909, 915
sowie NK-*Zaczyk*, § 24 Rn. 30; eingehend *Prüßner*, 2004, S. 79 ff., 194. Nach *Fischer*, § 22
Rn. 27, sind beide Kriterien nicht unabhängig voneinander zu beurteilen, so dass es darauf
ankomme, ob der Hintermann bei Abschluss seiner Einwirkung davon ausgeht, dass der konkrete Erfolg ohne jedes weitere Zutun seinerseits in einem von ihm vorgestellten Kausalverlauf eintreten werde.
[146] W-*Beulke*, Rn. 614, auch *Zieschang*, Rn. 523.
[147] LK[11]-*Roxin*, § 25 Rn. 152; ebenso jetzt LK-*Schünemann*, § 25 Rn. 151, der von „Frei-
setzungstheorie" spricht.

Diese Sicht der Dinge hat sich auch die Rechtsprechung zu eigen gemacht. In dem 94
schon beim unvorsätzlichen Werkzeug angesprochenen (o. Rn. 53) „Salzsäure-Fall"
(BGHSt 30, 363 = *Roxin*, HRR AT, Fall 52, S. 75 f. u. 187)[147a] waren die unmittelbar Handelnden vom Hintermann, der durch sie einen Nebenbuhler töten lassen
wollte, über den wahren Inhalt des ihnen (für die vorsätzliche Begehung eines Raubes) mitgegebenen Tatmittels (Plastikflasche mit Salzsäure und nicht mit bloßem Betäubungsmittel) getäuscht worden. Auf den Weg zum Opfer geschickt, überprüften
sie aber die Plastikflasche und gaben ihr Vorhaben auf, weil sie die Gefährlichkeit
des Inhalts erkannten. Sie sind damit – was ihre eigene Strafbarkeit betrifft – von
der Bereiterklärung zur Begehung eines Raubes (§§ 249, 30 II Alt. 1) strafbefreiend
zurückgetreten (§ 31 I Nr. 2), im Versuchsstadium des Raubes befinden sie sich
noch nicht, weil sie erst auf dem Weg zum Tatort sind (sie haben noch wesentliche
Zwischenschritte zurückzulegen bzw. das Rechtsgut [Freiheit und Eigentum bei
§ 249] wird von ihnen noch nicht unmittelbar gefährdet). Hinsichtlich der Tötung
(§ 212) des auserkorenen Raubopfers scheitert eine Strafbarkeit der auf dem Weg
zum Tatort Befindlichen schon am fehlenden Vorsatz. Diesen hatte aber der Veranlasser, so dass er die Veranlassten kraft überlegenen Wissens für eigene Zwecke
steuern konnte (s. o. Rn. 53).

Den Entschluss, das Opfer durch unvorsätzliche Werkzeuge töten zu lassen, hat 95
der Veranlasser insoweit in die Tat umgesetzt, als er die von ihm zu erbringenden
Tatanteile vollständig ausgeführt hat: die Tatmittler wurden getäuscht und auf den
Weg geschickt. Dies soll nach der h. M. für den Versuchsbeginn ausreichen: „... wer
die Tat durch einen anderen begehen will (§ 25 Abs. 1), setzt zur Verwirklichung des
Tatbestandes der geplanten Tat unmittelbar an (§ 22), wenn er den Tatmittler zur
Tatausführung bestimmt hat und ihn aus seinem Einwirkungsbereich in der Vorstellung entlässt, dass er die tatbestandsmäßige Handlung nunmehr vornehmen werde"
(BGHSt 30, 365). Es soll bereits ein „unmittelbarer Angriff" auf das Leben des Tatopfers vorliegen, weil „dieses bereits gefährdet war und der Schaden sich unmittelbar anschließen konnte".

Die mehrfache Betonung der **Unmittelbarkeit** kann als der Versuch verstanden 96
werden, die Lösung als Ergebnis einer § 22-Anwendung darzustellen. Dieser Versuch der Anbindung an das Unmittelbarkeitserfordernis des § 22 wird noch deutlicher bei *Beulke*, der darauf abstellt, dass der Geschehensablauf in der Weise vom
mittelbaren Täter aus der Hand gegeben sein müsse, „dass der daraus resultierende
Angriff auf das Opfer ... ohne weitere wesentliche Zwischenschritte und ohne längere Unterbrechung im nachfolgenden Geschehen unmittelbar in die Tatbestandsverwirklichung einmünden soll".[148]

[147a] Weiter vorverlagernd noch BGHSt 4, 270 = *Roxin*, HRR AT, Fall 51, S. 73 f. u. 186 f.;
auf der Linie von BGHSt 30, 363 [krit. *Lampe*, ZStW 119 (2007), 471, 503] jetzt BGHSt 40,
257, 268 m. Bspr. *Otto*, JK 95, StGB § 25 I/5 = *Roxin*, HRR AT, Fall 33, S. 44 ff. u. 174 f.:
Einstellung der künstlichen Ernährung, nicht schon schriftliche Anweisung dazu; vgl. auch
Hillenkamp, 15. AT-Problem, Bsp. 1, S. 109 u. 115; aus der Rspr. vgl. außerdem BGHSt 43,
177, 179 („Bärwurz"-Fall, s. o. 15/85 b; die Einordnung als mittelbare Täterschaft lässt der
BGH allerdings offen, dafür *Weddig*, 2008, S. 51) m. zust. Anm. *Roxin*, JZ 1998, 211 f. u.
Gössel, JR 1998, 293, 295; BGH StV 2001, 272, 273; BGH NStZ 2004, 401; OLG München
wistra 2006, 436 (Versicherungsbetrug) und NJW 2006, 3364 m. Bspr. *Bosch*, JA 2007, 153
u. *Kraatz*, Jura 2007, 531 (Prozessbetrug). – Rspr.-Analyse bei LK-*Hillenkamp*, § 22
Rn. 163 f. u. LK-*Schünemann*, § 25 Rn. 153 f.
[148] W-*Beulke*, Rn. 613, ähnlich zum „Salzsäure-Fall" in Rn. 615; ebenso *Eschenbach*, Jura
1992, 637.

97   Der BGH hat mit dieser Annahme eines versuchten Mordes Zustimmung,[149] aber auch Kritik[150] gefunden. Die Zustimmung hat wohl das Rechtsgefühl auf ihrer Seite, weil der Veranlasser es nur der Neugier der Tatmittler zu verdanken hat, dass es nicht zum Tod des Opfers kam. Die Kritik aber kann geltend machen, dass der „Mörder" mittels seines Werkzeugs erst auf dem Weg zum Tatort war, das Tatgeschehen also noch nicht unmittelbar vor der Tötungshandlung (Einflößen der Salzsäure) angelangt war.

> Aus der **Übungsfall-Literatur** zum Versuchsbeginn bei mittelbarer Täterschaft vgl.: *Bergmann/Kroke,* Jura 2010, 946 u. 947 f.; *Beulke,* KK I, Fall 4, Rn. 175 u. 194 f. sowie KK II, Fall 4, Rn. 90 u. 115 f. sowie KK III, Fall 5, Rn. 198 u. 213 f.; *Bruckauf,* in: *Ebert* (Hrsg.), Fall 7, S. 7 f. u. 122 f.; *Bung,* JA 2007, 868 u. 870 f. (OLG München NJW 2006, 3364 nachgebildet: versuchter Prozessbetrug mittels Sachverständigen und Richter); *Cantzler,* JA 1999, 859 u. 864; *Dencker,* Klausuren, Fall 6, S. 9. u. 52; *Edlbauer,* Jura 2007, 941 u. 945; *Ensenbach,* Jura 2011, 787 u. 793 f. (bei § 306 I Nr. 4-Versuch); *Gössel,* Fälle, Fall 5, S. 92 f. u. 95–98; *Haft,* Fallrepetitorium, Nr. 534, 535; *Hilgendorf,* KK I, Fall 17, Rn. 21 u. KK III, Fall 5, Rn. 70; *Krack/Schwarzer,* JuS 2008, 140 u. 141; *Krahl,* JuS 2003, 1187 u. 1190 f.; *K/S/L,* Klausurtraining, Fall 5, S. 134 f. u. 154 f.; *Kudlich,* JuS 1997, L 69 u. 71 u. JuS 2002, 27 u. 28 f., auch in: AT-Fälle, Fall 8, S. 116, Fall 10 S. 144 u. Fall 11, S. 164 f. sowie PdW AT, Fall 226; *Meurer/Kahle/Dietmeier,* Übungskriminalität, Fall 3, S. 23 ff. u. 27–29, Fall 4, S. 49 f. u. 55, sowie Fall 8, S. 165 f. u. 173 f.; *Mitsch,* JuS 1988, 468 u. 470; *Mürbe,* AT, Fall 32, S. 188 u. 230 f.; *Morgenstern,* JuS 2010, 146 u. 151; *Otto/Bosch,* Übungen, Fall 16, S. 343 f.; *Putzke,* ZJS 2011, 522 u. 523; *Rackow,* JA 2003, 218 f. u. 220–224; *Raddatz/Krüger,* JA-Übungsblätter 1983, 130 f. („Salzsäure-Fall"); *Rath,* JuS 1999, 142 f.: Fall 34; *Rönnau/Nebendahl,* JuS 1990, 745–747 („Salzsäure-Fall"); *Saliger,* JuS 1995, 1004 u. 1008 f.; *Schuster,* Jura 2008, 228 u. 233; *Seier,* JuS 1987, L 68 u. 70; *Stein/Schneider,* AL 2011, 45 u. 50.

3. Die „Mittäter" i. S. des § 25 II

a) Allgemeine Kennzeichnung

98   „Mittäter" sind nach § 25 II die Täter, die eine „Straftat gemeinschaftlich" begehen. Gemeinschaftlich wird eine Tat durch **bewusstes und gewolltes Zusammenwirken** mehrerer begangen. Jeder dieser „Mehreren" ist nach § 25 II Täter der Straftat, zu deren Begehung die Mehreren bewusst und gewollt zusammengewirkt haben.

99   Typisch für Mittäter ist, dass sie eine Straftat auf Grund eines **gemeinschaftlichen Entschlusses** als gleichberechtigte Partner **arbeitsteilig** und nach einer bestimmten funktionellen Rollenverteilung gemeinsam begehen.[151] Jedem Mittäter wird durch den gemeinschaftlichen Entschluss eine **bestimmte Funktion** bei der Tatbegehung so **zugewiesen,** dass die Tat insgesamt zu gelingen verspricht, weil sich die unterschied-

---

[149] Vgl. *Herzberg,* JuS 1985, 1; *Kratzsch,* JA 1983, 587; *Jescheck,* ZStW 99 (1987), 131; *Frister,* 29/3; *Puppe,* AT 2, 40/7, 8.
[150] *Kadel,* GA 1983, 299; *Kühl,* JuS 1983, 180; *Küper,* JZ 1983, 369; *Köhler,* S. 541; *Krey/Esser,* AT, Rn. 1235–1239: Fall 152 (= BGHSt 30, 363 nachgebildet).
[151] Vgl. *Frisch,* LdRerg 8/1620, S. 10, zum „Wesen" der Mittäterschaft; ähnlich *Ebert,* S. 201; *Seher,* JuS 2009, 304 f.; krit. *Seelmann,* 2002, S. 8 f.: Haftung des Einzelnen für „Kollektivhandeln". – *Bottke,* 1992, S. 87, verlangt eine „arbeitsteilig-kooperative ,Mitbewerkung' des tatbestandsmäßigen Geschehens, der ,Tat' ". – Aus der Rspr. vgl. BGH NJW 1999, 2449; BGH NStZ-RR 1998, 136; BGH wistra 2001, 217 f. u. OLG München NJW 2011, 3364, 3366 zum „Scalping" nach § 20 a I Nr. 3 WpHG. – Die Rspr. spricht oft auch von der Einfügung des eigenen Tatbeitrags in die gemeinsame Tat, so dass er als Teil der Handlung eines anderen Tatbeteiligten erscheint und umgekehrt als Ergänzung des eigenen Tatanteils (BGHSt 37, 289, 291; BGH NStZ-RR 2010, 236; BGH NStZ 2010, 445, 447; BGH NStZ-RR 2012, 120).

lichen Tatbeiträge zu einem Ganzen (= der Straftat) ergänzen. Der eine hält z. B. wie besprochen, das Opfer fest, der andere schlägt zu. Der eine bedroht z. B. den Kassierer, der andere rafft das Geld zusammen.[151a] Jeder übt also bei der Tatbegehung eine Funktion aus, die für eine erfolgreiche Realisierung des gemeinschaftlichen Entschlusses wesentlich ist (sog. **funktionelle Tatherrschaft**[152]). Das arbeitsteilige Vorgehen grenzt die Mittäterschaft von der mittelbaren Täterschaft qua Organisationsherrschaft ab, das eine hierarchische Organisationsstruktur voraussetzt (näher dazu oben Rn. 73 b und c).

Der „springende Punkt" der gesetzlichen Regelung der Mittäterschaft ist nun, dass **100** nach § 25 II in diesen Fällen gemeinschaftlicher Tatbegehung jeder Beteiligte Täter der gemeinschaftlich geplanten und begangenen Tat ist, auch wenn er die Tat nicht eigenhändig ausführt. Jedem Mittäter werden die abgesprochenen Tatbeiträge der anderen Mittäter so zugerechnet, als habe er sie eigenhändig verwirklicht (sog. **wechselseitige Zurechnung**).[152a] Wer das Opfer z. B. festgehalten hat, begeht wie derjenige, der zugeschlagen hat, eine Körperverletzung gem. § 223, weil ihm die Schläge des anderen zugerechnet werden;[153] für denjenigen, der zugeschlagen hat, bedarf es des § 25 II nicht, weil er unmittelbarer Täter der eigenhändig ausgeführten Körperverletzung ist. Wer das Opfer z. B. bedroht hat, begeht einen Raub gem. § 249, auch wenn er dem anderen nach gemeinschaftlichem Entschluss die Wegnahme überlassen hat; auch wer nur eigenhändig wegnimmt, ist nicht nur Dieb, sondern auch Räuber, wenn er dem anderen nach gemeinschaftlichem Entschluss die Vornahme der Drohung überlassen hat.[153a] Auch bei Tötungs- und Körperverletzungsdelikten wie §§ 211, 212, 223, 224 muss nicht jeder Mittäter die Tötungs- oder Verletzungshandlung (z. B. der Schuss oder Schlag) selbst ausführen, sie kann ihm unter der Voraussetzung des § 25 II („gemeinschaftlich") zugerechnet werden (BGH NStZ-RR 2000, 327 [Tötungsdelikt]; BGHSt 47, 383, 385; BGH NStZ 2003, 662 [Körperverletzungsdelikte] u. 2008, 273, 275 [Mord]).

Funktionelle Tatherrschaft reicht freilich nicht bei allen Delikten für die Begrün- **101** dung von Mittäterschaft aus, denn – wie oben Rn. 14–16 gezeigt – stellen **bestimmte Delikte** an die Tauglichkeit des Täters besondere Anforderungen (z. B. Absichten

---

[151a] Ähnlicher Fall 1 bei *Seher*, JuS 2009, 304, der dem Tatentschluss die „Schlüsselstellung" für die Mittäterschaft zuweist; ebenso schon *Seher*, JuS 2009, 1, 3.

[152] Vgl. LK-*Schünemann*, § 25 Rn. 156, *Geppert*, Jura 2011, 30 u. *Bloy*, GA 1996, 424, 425, auch zu den idealtypischen Fällen der Mittäterschaft. – Zur Übernahme dieses Begriffs in der Literatur vgl. *Roxin*, TuT, S. 794 m. N. in Fn. 648.

[152a] Ebenso *Ebert*, S. 201; *Krey/Esser*, AT, Rn. 941; *Zieschang*, Rn. 647; *Murmann*, GK, 27/52; S/S-*Heine*, Vorbem §§ 25 ff. Rn. 73; mit handlungs- und normtheoretischer Begründung auch *Kindhäuser*, Fs. Hollerbach, 2001, S. 627, 652 sowie *Kindhäuser*, AT, 40/2: „zuständigkeitsbegründende Doppelwirkung"; ähnlich *Haas*, ZStW 119 (2007), 519, 535: „wechselseitige Repräsentation"; nach MK-*Freund*, Rn. 491 Fn. 502 vor §§ 13 ff., bedarf es des Rückgriffs auf wechselseitige Zurechnung nicht. – Aus der Rspr. vgl.: BGHSt 48, 189, 192; vgl. auch schon BGH NStZ 1990, 130; BGH wistra 2001, 217 f.; BGH NStZ 2004, 263; 2007, 289, 290; BGH NJW 2008, 387, 388 (Zurechnung einer Qualifikation); BGH NStZ 2008, 89, 90 m. Bspr. *Satzger*, JK 7/08, StGB § 25 I/9 (Zurechnung von Täuschungen i. S. des § 263); OLG Frankfurt NStZ 2009, 700 m. Bspr. *Kudlich*, JA 2009, 551; weitere Nachweise bei *Lackner/Kühl*, § 25 Rn. 9.

[153] Selbst dieser Schulfall der Mittäterschaft ist nicht unumstritten; so hält z. B. *Cramer*, Fs. Bockelmann, 1979, S. 403, eine Beihilfe des Festhaltenden für möglich, wenn er nur eine untergeordnete Rolle ausübe (z. B. dem Täter nur gefällig sein wolle); kritisch dazu *Bloy*, 1985, S. 370 ff.; LK-*Roxin*, § 25 Rn. 156.

[153a] Nur im Ergebnis übereinstimmend *Freund*, 10/23, 149 u. 167, der die wechselseitige Zurechnung für eine „missverständliche Redeweise" hält.

wie die [Sich- oder Dritt-]Zueignungsabsicht beim Diebstahl gem. § 242;[153b] z. B. eigenhändige Tatbegehung[153c] oder z. B. eine bestimmte Pflichtenstellung,[154] objektive Tätereigenschaften wie z. B. die Amtsträgerstellung bei §§ 331 ff. oder die Garantenstellung bei Unterlassungen).[154a] Ebenso unanwendbar ist § 25 II in Fällen sog. notwendiger Teilnahme in Form von Konvergenzdelikten wie §§ 224 I Nr. 4 u. 244 I Nr. 2 (*Geppert*, Jura 2011, 30, 31 m. w. N. aus der Rspr.). Auch bestimmte Strafschärfungen wie das Mitsichführen einer Waffe können wegen des damit geforderten eigenen, unmittelbaren Besitzes von Waffen einem unbewaffneten Mittäter nicht nach § 25 II zugerechnet werden (BGHSt 48, 189 m. zust. Anm. *Altenhain*, NStZ 2003, 437, zu § 30a II Nr. 2 BtMG; ebenso für §§ 51, 52 WaffG BGH NStZ 2010, 456), doch erfasst der Gesetzeswortlaut mancher Vorschriften auch den unbewaffneten Mittäter durch die Formulierung, dass der Täter „oder ein anderer Beteiligter" die Waffe mitsichführt (z. B. §§ 244 I Nr. 1, 250 I Nr. 1). Der Besitz der Beute ist keine Voraussetzung für die Mittäterschaft am räuberischen Diebstahl gem. § 252, weil er mit der Folge zurechenbar ist, dass auch die „Nicht-Besitzenden" Mittäter sind; allerdings müssen bei diesem zusammengesetzten Delikt beide Teile (Wegnahme und Gewalt/Drohung) täterschaftlich begangen werden, so dass der „Wegnahme-Gehilfe" selbst bei Beutebesitz durch dessen Verteidigung mit Nötigungsmitteln nicht zum § 252-Mittäter werden kann.[154b]

102   Die durch gemeinschaftlichen Entschluss zur arbeitsteiligen Ausführung einer Tat zusammengeschlossenen Mittäter müssen nicht alle Tatbestände, die bei der Ausführung des Entschlusses begangen werden, als Mittäter verwirklichen. Aus der Tatbestandsbezogenheit auch der Mittäterschaft ergibt sich vielmehr, dass eine **teilweise Mittäterschaft**[155] möglich ist. Entschließen sich A und B, den E zu bestehlen, so kann Mittäterschaft zwischen dem A als Dieb und dem B als Räuber (er hat auf Grund eigenen Entschlusses Gewalt zur Wegnahme angewandt) bestehen, weil der Diebstahl im selbstständigen Delikt des Raubes „steckt".[155a] Auch eine Mittäterschaft zwischen einem „Mörder" (z. B. aus Habgier) und einem „Totschläger" (ohne Mordmerkmal) ist möglich, wenn man die vorsätzliche Tötung eines Menschen als gemeinsamen Nenner beider Tatbestände anerkennt (so jetzt auch BGHSt 36, 233 ff., gegen BGHSt 6, 330, wo noch von einer Exklusivität der beiden Tatbestände ausgegangen wurde).[156]

[153b] *Seher,* JuS 2009, 304, 305: Fall 6 u. *Seher,* JuS 2009, 1, 6 (der daraus die Notwendigkeit ableitet, Vorsatz und Absichten des Täters vor dem spezifischen Mittäterschaftskriterium des gemeinsamen Tatentschlusses zu prüfen); *Mitsch,* BT 2/1, 1/64; *W-Hillenkamp,* Rn. 356; vgl. auch *Dencker,* Fs. Lüderssen, 2002, S. 525, 533 u. *Kudlich,* Fs. Schroeder, 2006, S. 271, 275, 282, der zwischen Beteiligten mit Sichzueignungsabsicht und solchen mit Drittzueignungsabsicht ein „normatives Tatherrschaftsgefälle" annimmt, nachdem für letztere selbst bei gleichwertigem Tatbeitrag nur Beihilfe vorliegen soll.

[153c] *Geppert,* Jura 2011, 30 f.

[154] Vgl. *Seher,* JuS 2009, 304, 305; *Lackner/Kühl,* § 25 Rn. 9 u. LK-*Schünemann,* § 25 Rn. 167 f.

[154a] *Seher,* JuS 2009, 304, 305.

[154b] *W-Hillenkamp,* Rn. 407.

[155] Vgl. LK-*Schünemann,* § 25 Rn. 169; *W-Beulke,* Rn. 531.

[155a] Für den in § 255 enthaltenen § 240 ebenso *Puppe,* JR 1999, 338 (= Anm. zu BGH – 1 StR 456/97 v. 16. 12. 1997); für eine noch weitergehende Zurechnung, z. B. bei § 252, *Rengier,* Fs. Puppe, 2011, S. 849 ff. u. in: AT, 44/29 a.

[156] Vgl. dazu *Beulke,* NStZ 1990, 278 f.; *Hassemer,* JuS 1990, 148 f.; *Küper,* JZ 1991, 866 f.; *Küpper,* JuS 1991, 641 f.; *Rotsch,* JA 1992, 11 ff.; *Timpe,* JZ 1990, 98; *Vietze,* Jura 2003, 397 u. *Geppert,* JK, StGB § 211/18; krit. zur Begr. MK¹-*Schneider,* § 211 Rn. 203.

Aus der **Übungsfall-Literatur** vgl.: *Küper,* Jura 1996, 205 u. 209 f.; *Petermann,* JuS 2009, 1119 u. 1122; *Singelnstein,* JA 2011, 756 u. 760 (zu BGHSt 36, 233); *Weißer/Kreß,* JA 2003, 857 u. 863; Die Examensklausur, Klausur Nr. 17, S. 197 u. 202. – Instruktiver Übungsfall zur Mittäterschaft bei sog. Pflichtdelikten (§§ 266, 283) bei *Jordan,* Jura 1999, 304 u. 306, 309. Ausführliche **Aufbauempfehlung** zur Mittäterschaft bei *Ebert,* S. 256 u. *Seier,* Anfängerklausur, S. 157 ff.; ähnlich *W-Beulke,* Rn. 882; außerdem: *Safferling,* JuS 2005, S. 135, 136 mit Prüfungsschema; abweichend *Marlie* JA 2006, 613, der den sog. Verursachungsbeitrag und die gemeinsame Tatausführung vor dem gemeinsamen Tatentschluss prüfen will; eine „neue Prüfungsstruktur" entwirft *Seher,* JuS 2009, 1 ff., der den Vorsatz aller Mittäter und eventuell geforderte Absichten vor dem gemeinsamen Tatentschluss prüfen will (Prüfungsschema auf Tatbestandsebene auf S. 7).

b) Die Voraussetzungen der Mittäterschaft

Wie die Tatherrschaft allgemein, so enthält auch die funktionelle Tatherrschaft, 103 welche die Mittäterschaft begründet, subjektive und objektive Komponenten. Dementsprechend verlangt die Mittäterschaft, soll sie die soeben beschriebene wechselseitige Zurechnung fremder Tatbeiträge (als wären sie eigene) leisten, subjektive **und** objektive Voraussetzungen.

aa) Der gemeinschaftliche Entschluss

Die mehreren Beteiligten müssen, wenn sie Mittäter sein sollen, einen gemein- 104 schaftlichen Entschluss gefasst haben, eine Tat gemeinsam, d. h. als gleichberechtigte Partner, arbeitsteilig auszuführen.[156a] „Tat" ist dabei nach dem Grundsatz der Tatbestandsbezogenheit (o. Rn. 29) eine konkrete einzelne Tatbestandsverwirklichung, so dass die Verabredung von A und B, getrennt voneinander X und Y zu verprügeln, kein gemeinsamer Tatentschluss ist.[156b] Dazu bedarf es keiner ausdrücklichen Vereinbarung, der gemeinschaftliche Entschluss kann vielmehr auch **konkludent** hergestellt werden.[157] Das Einverständnis zwischen den Mittätern kann auch dadurch hergestellt werden, dass ein zum planenden Mittäter Hinzustoßender dessen Plan **übernimmt** und zur Grundlage weiteren gemeinschaftlichen Handelns macht.[158] Schon daran zeigt sich, dass die gemeinsame subjektive Grundlage der Mittäterschaft auch noch **nach** Beginn der Tatausführung jedenfalls solange hergestellt werden kann, als auf seiner Grundlage (weitere) tatbestandsverwirklichende Handlungen vorgenommen werden.[159] Da ein gemeinsamer Entschluss einen „Kommunikationsakt" voraussetzt, der zur auch objektiven Willensübereinstimmung führen

---

[156a] *Geppert,* Jura 2011, 30, 32, verlangt – wohl nur sprachlich abweichend – einen „wechselseitigen Willen", „die Tat ganz bewusst zusammen verwirklichen zu wollen". – Die Tatbestandsbezogenheit betont *Seher,* JuS 2009, 304, 305.

[156b] So zutr. *Stein,* StV 1997, 582, in krit. Anm. zu BGH NStZ 1997, 82.

[157] *Frisch,* LdRerg 8/1620, S. 11; *Seher,* JuS 2009, 304, 305; *Freund,* 10/158; LK-*Schünemann,* § 25 Rn. 173; NK-*Schild,* § 25 Rn. 128; aus der Rechtsprechung: BGHSt 37, 289, 292 (zu weit nach *Seher* a. a. O.); BGH NStZ 1999, 510 u. 2003, 85 (krit. dazu *Puppe,* NStZ 1991, 572, die in diesem Fall eine „Plangemeinschaft" vermisst); BGH NStZ-RR 2011, 200; vgl. auch *Puppe,* Fs. Spinellis, 2000, S. 915, 917, 924, die Mittäterschaft als „gegenseitige Anstiftung" versteht (dazu *Jakobs,* Fs. Puppe, 2011, S. 547); krit. NK-*Schild,* § 25 Rn. 129; zu dieser „Verwandtschaft" von Anstiftung und Mittäterschaft vgl. *Kindhäuser,* Fs. Hollerbach, 2001, S. 627, 653.

[158] Vgl. LK-*Schünemann,* § 25 Rn. 173; s. auch OLG Köln JR 1980, 422, m. Anm. *Beulke.*

[159] Vgl. BGHSt 37, 106, 130: durch „Billigung ‚komplettiertes' Einverständnis" vor Vollendung der Tat; s. auch BGH NStZ-RR 2011, 111 f. (sich mit anderen zur „weiteren Ausführung verbindet") u. 2012, 77, 78. Ebenso *Geppert,* Jura 2011, 30, 32, mit Hinweis auf die Problematik der sukzessiven Mittäterschaft (dazu unten Rn. 126 ff.).

muss, hat dieses subjektive Merkmal auch eine objektive Komponente.[159a] – Zu Abweichungen vom gemeinsamen Entschluss s. unten Rn. 118.

> Aus der **Übungsfall-Literatur** zum gemeinschaftlichen Entschluss vgl.: *Beulke*, KK III, Fall 15, Rn. 694 u. 696; *Britz*, JuS 1997, 147 f.; *Daleman/Heuchemer*, JA 2004, 460 u. 464 f.; *Ebert*, in: *Ebert* (Hrsg.), Fall 3, S. 3 f. u. 52 f.; *Goeckenjan*, JuS 2001, L 1 u. L 6 f.; *Hilgendorf*, KK II, Fall 15, Rn. 105 f.; *Hörnle*, Jura 2001, 44 u. 49; *Kuhlen/Roth*, JuS 1995, 711; *Jordan*, Jura 1999, 304 u. 306; *Laue/Dehne-Niemann*, Jura 2010, 73 u. 77 (zu §§ 212, 211); *Meier/Verrel*, JuS 1994, 1039 u. 1041; *Meurer/Kahle/Dietmeier*, Übungskriminalität, Fall 8, 165 f. u. 175 f.; *Noltenius*, JuS 2006, 988 u. 989; *Seher*, in: *Ebert* (Hrsg.), Fall 14, S. 14 f. u. 213 (konkludenter, sukzessiver Entschluss).

105 Wer sein Einverständnis vor Versuchsbeginn **zurückzieht,** scheidet als Mittäter (nicht aber als möglicher Gehilfe) der von dem oder den anderen fortgeführten Tat aus;[160] eine Strafbarkeit wegen Verabredung eines Verbrechens nach § 30 II bleibt möglich.[160a] Wer sein Einverständnis im Versuchsstadium der Tat zurückzieht, haftet als Mittäter nicht nur für die versuchte Tat, sondern – bei Vollendung der Tat durch die anderen – auch wegen vollendeter, wenn er nicht nach § 24 II strafbefreiend zurücktritt.[160b] Der BGH freilich erkennt eine solche Distanzierung von der vorbereiteten/versuchten Tat nicht an und verlangt, dass der Ausscheidende die anderen über sein Nicht-mehr-Mitmachen informiert (BGHSt 37, 289, 293 = *Roxin*, HRR AT, Fall 79, S. 118 f. u. 204 f. = Bsp. bei *Heinrich*, AT II, Rn. 1234),[161] obwohl es am gemeinsamen Tatplan auch ohne Information der Weitermachenden fehlt. An einem gemeinsamen Tatplan fehlt es auch, wenn sich ein Mittäter zur erneuten Tötung des nur vermeintlich mit dem anderen Mittäter getöteten Opfers **entschließt,** nachdem sich der andere Mittäter in der irrigen Meinung, erfolgreich gewesen zu sein, entfernt hat (anders aber BGHSt 9, 180).[162]

> Aus der **Übungsfall-Literatur** vgl.: *Hörnle*, Jura 2001, 44 u. 60; *Meurer/Kahle/Dietmeier*, Übungskriminalität, Fall 8, S. 165 f. u. 177; *Zöller*, Kriminalistik 1996, 215 u. 218.

[159a] *Marlie*, JA 2006, 613, 616 m. w. N.

[160] Vgl. *Küper*, JZ 1979, 781 f.; *Puppe*, NStZ 1991, 572: mindestens in dem Moment, in dem die Tat ins Ausführungsstadium tritt, müsse der gemeinsame Tatentschluss noch vorhanden sein (zu *Puppe* kritisch *Linke*, 2010, S. 68–70); *Seher*, JuS 2009, 304, 306; *Graul*, Gs. Meurer, 2002, S. 89, 99; B-*Weber/Mitsch*, 27/40; *Murmann*, GK, 27/62 u. *Lackner/Kühl*, § 25 Rn. 10; beachte auch unten Rn. 257.

[160a] Eingehend *Angerer*, 2004, S. 125 ff., 201 ff.

[160b] Vgl. *Eisele*, ZStW 112 (2000), 745, 756; *Rengier*, JuS 2010, 281, 286; *Geppert*, JuS 2011, 30, 38; *Stratenwerth/Kuhlen*, 12/86.

[161] Krit. dazu *Roxin*, AT II, 30/319–321 u. in: JR 1991, 208, der dann sogar Beihilfe verneint, weil die „Bestärkung des Tatentschlusses" entfalle, aber mit anderer Begründung die Gehilfenstellung des Angeklagten bejaht; krit. zum Erfordernis der „Kundgabe" *Eisele*, ZStW 112 (2000), 745, 761 f. u. *Murmann*, GK, 27/62; für bloße Strafbarkeit nach § 30 II *Erb*, JuS 1992, 200 f. – Nach *Stein*, StV 1993, 412, hat der Angeklagte nicht einmal zum Versuch in zurechenbarer Weise als Teilnehmer beigetragen. Dem BGH zust. *Hauf*, NStZ 1994, 265; *Rengier*, JuS 2010, 281, 287; *Kölbel/Selter*, JA 2012, 1, 3 u. 6; *Heinrich*, AT II, Rn. 1234 (mit zusätzlicher Begründung aus § 24 II in Rn. 1235); *S/S-Cramer/Heine*, § 25 Rn. 71; zur Entscheidung vgl. außerdem *Renzikowski*, 1997, S. 101 Fn. 213 u. *Stratenwerth/Kuhlen*, 12/87.

[162] Krit. dazu LK-*Schünemann*, § 25 Rn. 178. – Vgl. auch BGH NStZ 2009, 26, 27 m. krit. Bspr. *Roxin*, NStZ 2009, 7, 8, der auf den Unterschied hinweist, dass hier „ein Beteiligter ohne sein Wissen und Wollen von der geplanten Mitwirkung an der späteren Durchführung der Tat ausgeschlossen wird".

Das Zusammenwirken muss als gemeinsames gewollt sein, so dass ein „einseiti- 106
ges Zusammenwirken"[163] nur Beihilfe begründen kann (*Geppert*, Jura 2011, 30,
32). Wenn sich der Dieb der Beute bemächtigt, ihm dies aber nur gelingt, weil ein
anderer den Eigentümer hindert, die Ausführung des Diebstahls und den Abtransport der Beute zu verhindern, so ist dieser andere wegen seiner einseitigen Mitwirkung nur Gehilfe, wenn der Dieb von dieser Unterstützung nichts weiß (vgl.
BGHSt 6, 248 f. = *Roxin*, HRR AT, Fall 77, S. 115 f. u. 203 f.). Die noch ganz h.M.
ist aber nicht mehr unangefochten. Das Erfordernis der Gemeinsamkeit des Tatentschlusses wird in Frage gestellt, und mittäterschafts-begründend soll auch ein „Einpassungsentschluss" sein, „mit dem der nicht unmittelbar Ausführende, aber gestal-
tend mitwirkende Beteiligte seinen Beitrag mit dem Tun des Ausführenden
verbindet".[164] Hier hat aber der Dazustoßende seine Funktion selbst bestimmt und
den anderen nicht darüber mit-bestimmen lassen; die Rollenverteilung hat also
nicht im gegenseitigen Einvernehmen stattgefunden, so dass von einer „gemeinschaftlichen Begehung" i.S. des § 25 II nicht die Rede sein kann (*Seher*, JuS 2009, 1,
6: Verstoß gegen die Wortlautgrenze des Art. 103 II GG).

> Aus der **Übungsfall-Literatur** vgl.: *Herzberg*, Täterschaft, Fall 45, S. 62 (einseitiger Anschluss
> an Verschwörer); *Knauer*, JuS 2002, 53 u. 54 („Einpassungsentschluss" reicht nicht); *Kraatz*,
> ZJS 2011, 147 u. 154; *Kudlich*, PdW AT, Fall 287 („einseitiger Wille … unbeachtlich"); *Ueh-
> ling*, in: *Ebert* (Hrsg.), Fall 9, S. 10 u. 153; *Wagemann*, Jura 2006, 867 u. 869 f. („Einpassungs-
> entschluss" reicht nicht).

bb) Die gemeinschaftliche Tatbegehung

Jeder Mittäter muss auch einen objektiven Beitrag zur Begehung der Tat leisten 107
(zum Versuch s. unten Rn. 125). Dieser Beitrag muss von einigem **Gewicht** und von
Bedeutung für das Gelingen der Tat sein, um den Mittäter vom Gehilfen als untergeordnete Randfigur des Geschehens abgrenzen zu können.[164a] Im Regelfall der arbeitsteiligen Mittäterschaft (s. o. Rn. 99 f.) ist dieser Beitrag auch mitursächlich für den
tatbestandsmäßigen Erfolg des jeweiligen Delikts (in den obigen Beispielen: die
Körperverletzung bzw. die Wegnahme beim Raub), doch ist es umstritten, ob diese
Mitursächlichkeit jedes einzelnen Tatbeitrags zwingende Voraussetzung der Mittäterschaft ist. Dafür spricht, dass der Verzicht auf dieses Erfordernis eine begrün-
dungsbedürftige Abweichung vom Individualdelikt darstellt.[164b] Eine solche Begründung könnte im Hinweis auf das Prinzip der wechselseitigen Zurechnung (s. o.

---

[163] LK-*Schünemann*, § 25 Rn. 175.

[164] *Jakobs*, 21/43, inzwischen stellt *Jakobs*, Fs. Herzberg, 2008, S. 395, 397 Fn. 5, auf die
„objektive Gemeinsamkeit" ab; vgl. auch *Stein*, 1988, S. 326 f. sowie ausführlich *Derksen*, GA
1993, 163 ff.; *Lesch*, ZStW 105 (1993), 271 ff. u. in: JA 2000, 73; gegen *Lesch* vgl. *Küpper*,
ZStW 105 (1993), 295 ff. u. in: GA 1998, 519, 524, der den gemeinsamen Tatentschluss für
ein „unverzichtbares Moment der Mittäterschaft" hält; ebenso *Roxin*, TuT, S. 723 ff.; gegen
den „Einpassungsentschluss" auch *Renzikowski*, 1997, S. 102; *Kamm*, 1999, S. 38 ff.; *Kindhäuser*, Fs. Hollerbach, 2001, S. 627, 630 f.; *Puppe*, Fs. Spinellis, 2001, S. 915, 920; NK-
Schild, § 25 Rn. 137; SK-*Hoyer*, § 25 Rn. 126 f.

[164a] Wesentliche Tatbeiträge verlangen *Rönnau*, JuS 2007, 514, 515, *Seher*, JuS 2009, 304,
307 u. *Geppert*, Jura 2011, 30, 31.

[164b] Mitursächlichkeit verlangten bis zur 24. Aufl. *Lackner/Kühl*, § 25 Rn. 11; NK-*Puppe*,
Rn. 109 vor § 13; krit. zum Verzicht auf das Kausalitätserfordernis *Walther*, NStZ 2005, 657,
661, 663. – An die Stelle der Kausalität setzt *Jakobs*, Fs. Herzberg, 2008, S. 395, 410, die
„Sinnvermittlung".

Rn. 100) zu sehen sein, denn dieses könnte neben der Verhaltenszurechnung auch die Erfolgszurechnung bewerkstelligen.[164c]

108   Die Tatbestandsbezogenheit auch der Mittäterschaft wird dann besonders streng beachtet, wenn man nur solche objektiven Tatbeiträge zur Begründung von Mittäterschaft ausreichen lässt, die **im Ausführungsstadium** der Tat geleistet werden.[165] Damit sollen vor allem solche Beiträge ausgeschieden werden, die in der Planungsphase und im Vorbereitungsstadium erbracht werden. Nicht verlangt wird eine teilweise Vornahme der eigentlichen Tatbestandsausführungshandlung, denn zum „Ausführungsstadium gehört ... der gesamte Zeitabschnitt zwischen Versuchsbeginn und materieller Beendigung der Tat".[166] Stellt man einmal die Bedenken gegen die Einbeziehung der Tatbeendigung in die Ausführungsphase zurück (= Beutesicherung nach Ausführung des Diebstahls, der als Ausführungshandlung die Wegnahme vorgibt?), so steht hinter dieser Beschränkung der Mittäterschaft auf das Ausführungsstadium eine enge Auffassung von Tatherrschaft als **„Mitherrschaft"**, die verlangt, dass das Ausführungsgeschehen von den Mittätern nicht nur wie von dem Gehilfen beeinflusst, sondern beherrscht wird.[167] Zusätzlich verlangt diese Auffassung deshalb noch, dass dem im Ausführungsstadium geleisteten Beitrag eine wesentliche Funktion zukommt: **unerhebliche Tatbeiträge** wie das Reichen eines Erfrischungsgetränkes an den schwer „arbeitenden" Einbrecher **begründen keine Mittäterschaft,** auch wenn sie bei der Tatausführung erbracht werden.[168]

109   Noch enger wird von *Rudolphi* eine **gegenseitige Beherrschung** der Tatbeiträge im Ausführungsstadium verlangt,[169] so dass bei der Erbringung von alternativen Tatbeiträgen auf Grund gemeinschaftlichen Tatentschlusses Mittäterschaft ausscheidet. So z.B. wenn A und B auf Grund Absprache dem zu ermordenden Opfer an verschiedenen Wegen auflauern, weil sie nicht wissen, welchen Weg das Opfer heute nimmt; nimmt nun das Opfer den Weg, an dem A lauert, und wird er von diesem erschossen, so fragt es sich, ob dieser tödliche Schuss auch dem B als Mittäter zugerechnet werden kann. In diesen Fällen der sog. **„alternativen"** Mittäterschaft[169a] liegt jedoch Mittäterschaft deshalb vor, weil sich die jeweiligen Tatbeiträge zum Gelingen der Tat sinnvoll ergänzen und auch der B wesentlichen Tatbeitrag geleistet hat. – Mittäterschaft wird in Fällen angenommen, in denen mehrere Beteiligte (z.B.

[164c] So *Bloy,* 1985, S. 373 f.; *Kamm,* 1999, S. 60 ff.; krit. zu dieser Argumentation *Puppe,* JR 1992, 32. – Gegen das Kausalitätserfordernis auch *Jakobs,* 21/51: nicht alles Notwendige sei erheblich i.S.v. tatprägend, und *Dencker,* in: *Amelung* (Hrsg.), 2000, S. 63; vgl. auch *Roxin,* TuT, S. 283, nach dem ein Tatbeitrag wie etwa Wachestehen schon dann eine notwendige Funktion erfüllt, wenn es auf ihn hätte ankommen können.

[165] Vgl. *Heinrich,* 2002, S. 290 ff.; *Herzberg,* Täterschaft, S. 64 ff.; *Puppe,* Fs. Spinellis, 2001, S. 915, 931 ff.; *Krey/Esser,* AT, Rn. 969; *Rudolphi,* Fs. Bockelmann, 1979, S. 374 ff.; krit. zu diesem „Zeitfaktor" *Kindhäuser,* Fs. Hollerbach, 2001, S. 627, 651 u. *Seher,* JuS 2009, 304, 308: auch bei unmittelbarer und mittelbarer Tätigkeit nicht erforderlich; auf die „Ausführungsphase" stellt ab NK-*Schild,* § 25 Rn. 139.

[166] LK[11]-*Roxin,* § 25 Rn. 182 einschr. LK-*Schünemann,* § 25 Rn. 183: „zwischen Versuchsbeginn und formeller Vollendung der Tat".

[167] LK-*Schünemann,* § 25 Rn. 182; nach *Zieschang,* ZStW 107 (1995), 361, 375, muss der bloß in der Vorbereitung Tätige die Tat „aus den Händen" geben.

[168] *Roxin,* AT II, 25/211–218.

[169] *Rudolphi,* Fs. Bockelmann, 1979, S. 369 ff., 380; kritisch zu dieser engen Auffassung *Roxin,* TuT, S. 735; M-*Gössel/Zipf,* AT 2, 49/39–42; *Seelmann,* JuS 1980, 574; *Bloy,* 1985, S. 376 f.; *Renzikowski,* 1997, S. 287.

[169a] *Kamm,* 1999, S. 58–61, *Murmann,* GK, 27/66 u. SK-*Hoyer,* § 25 Rn. 110; zum Aufbau *Marlie,* JA 2006, 613, 614 f. u. *Seher,* JuS 2009, 1, 4, der den Tatplan zum „Schlüssel der Mittäterschaft" erklärt.

20 Attentäter) verabredungsgemäß gleichzeitig einen Schuss auf das Opfer abgeben, später aber nicht festgestellt werden kann, wessen Kugel tödlich wirkte (sog. „additive" Mittäterschaft); dafür spricht, dass alle Schützen einen wesentlichen Tatbeitrag geleistet und absprachegemäß geschlossen gehandelt haben.[169b] In einem etwas anders gelagerten Fall – die Kausalität der Schüsse des einen Grenzsoldaten stand ebenso fest wie die Nichtkausalität der Schüsse des anderen Grenzsoldaten – hat der BGH (St 39, 1, 30) zwei „Mauerschützen" als Mittäter der Tötung behandelt und damit auch denjenigen, dessen Schüsse nicht-kausal waren.[169c] Geht man entgegen der hier vertretenen Auffassung (s. o. 4/20 b, 27 a) davon aus, dass für die Entscheidung nicht notwendige Stimmen in einem Gremium auch nicht kausal für die Entscheidungsfolgen sind, so kann eine Zurechnung nach den Regeln der Mittäterschaft diese fehlende Kausalität mit der Folge ersetzen, dass alle Ja-Stimmen für die (z. B. schädlichen Gesundheits-)Folgen haften, Nein-Stimmen und Enthaltungen aber nicht.[169d]

> Vgl. zu diesen Sonderkonstellationen in der **Übungsfall-Literatur:** *Rudolphi,* AT-Fälle, Fall 7, S. 77 u. 81 f.; – gegen *Rudolphis* Ablehnung der Mittäterschaft vgl.: *Schwind/Franke/Winter,* Anfängerübung, 3. Hausarbeit, S. 131 u. 149, 151, 153, 155, *Kindhäuser/Korthals,* JA-Übungsblätter 1991, 39 u. 41, *Marquardt/v. Danwitz,* JuS 1998, 814 u. 819 f.; *Safferling,* Jura 2004, 64 u. 65 und *Wolters,* Fall 2, S. 27 f. u. 39–43; vgl. auch *Alpmann/Schmidt,* AT 2, Fall 2, S. 15 f.

Ob auch die auf Tatbeiträge im Ausführungsstadium beschränkte Auffassung[169e] **110** zu eng ist, muss mit einem Blick auf die **Tatbeiträge,** die bei der Planung und **im Vorbereitungsstadium** geleistet werden, untersucht werden. Diese Beiträge können nämlich von unterschiedlichem Gewicht im Hinblick auf die später von dem/den anderen ausgeführte Tat sein. Nur solche Beiträge im Vorbereitungsstadium, die von erheblicher Bedeutung für die Ausführung der Tat sind, d. h. in dieser **weiterwirken,** können Mittäterschaft begründen. Als „Paradebeispiel", das auch die Rechtsprechung beschäftigt (BGHSt 33, 53), gilt der Fall des „**Bandenchefs**", der zwar bei der Tatausführung nicht präsent ist, aber die Täter in der Hand hat. Dies reicht der engen Auffassung nur dann, wenn der Bandenchef „von einer Befehlszentrale aus telefonisch, per Funkspruch oder durch Mittelsmänner die einzelnen Ausführungshandlungen durch Weisungen dirigiert oder koordiniert".[170]

Eine solche aktuelle Verbindung zwischen Bandenchef und den tatausführenden **111** Bandenmitgliedern ist aber nicht zu verlangen. Zwar wird von der engen Auffassung auch keine Anwesenheit des Mittäters am Tatort verlangt, doch wird zu wenig berücksichtigt, dass das Gelingen der Tat entscheidend von der genauen Planung und Organisation durch den Bandenchef oder sonstige Organisatoren[171] abhängen

---

[169b] So im Erg. mit diesem Bsp. *Herzberg,* Täterschaft, S. 57 f.; im Erg. ebenso *Roxin,* JA 1979, 524, u. in: TuT, S. 733; *Bloy,* 1985, S. 372 ff.; *Kamm,* 1999, S. 55–58; *Puppe,* Fs. Spinellis, 2001, 915, 930; *Krey/Esser,* AT, Rn. 808: Fall 104; *Murmann,* GK, 27/67; *Zieschang,* Rn. 645 u. 656; *Seher,* JuS 2009, 304, 307: Fall 9 (BGHSt 37, 106, nachgebildet); einschr. *Jakobs,* 21/55: nur bei „Mitgestaltung"; vgl. auch SK-*Hoyer,* § 25 Rn. 111 u. *Kelker,* GA 2009, 86, 91.

[169c] Vgl. dazu *Amelung,* JuS 1993, 637; *Kamm,* 1999, S. 56 Fn. 189.

[169d] So *Dencker,* in: *Amelung* (Hrsg.), 2000, S. 63, 68 ff. u. *Knauer,* 2001, S. 159 ff.; s. auch *Marlie,* JA 2006, 613, 614 f. mit Aufbauvorschlag.

[169e] Vgl. *Rudolphi,* Fs. Bockelmann, 1979, S. 369 ff.; *Renzikowski,* 1997, S. 103; *Zieschang,* ZStW 107 (1995), 361 ff., 373 f.; *Kamm,* 1999, S. 43, 52 f.

[170] LK-*Schünemann,* § 25 Rn. 185; vgl. auch *Roxin,* TuT, S. 280, 299 und 732; ebenso *Krey/Esser,* AT, Rn. 979.

[171] Vgl. zum Aufruf zu einer Blockade als Landfriedensbruch BGHSt 32, 165 m. Anm. *Arzt,* JZ 1984, 428; *Küpper,* GA 1986, 444 f.; – einschränkend jedoch S/S-*Lenckner/Sternberg-*

kann. Steht erst der Plan, so rollt die Ausführung fast von alleine ab. Bei wertender Betrachtung ist deshalb in solchen Fällen **entscheidender Vorbereitungsakte** der Planungs- und Organisationsbeitrag im Vorbereitungsstadium dem körperlich erbrachten Tatbeitrag im Ausführungsstadium gleichrangig und deshalb mittäterschaftsbegründend.[172]

112 **Unwesentliche Tatbeiträge,** die im Vorbereitungsstadium geleistet werden, begründen keine Mittäterschaft. So ist derjenige nicht Mittäter einer Urkundenfälschung, dessen Beteiligung sich darauf beschränkt, dass er die Kennzeichenveränderung am PKW mitplant und verspricht, das Fahrzeug mit den veränderten Kennzeichen später zu benutzen (so im Übungsfall *Berz,* Jura 1990, 313). Wer seinen Zechkumpanen durch eine versprochene Belohnung überredet, das Haus seiner Lebensgefährtin anzuzünden, weil er sich einen Teil der Versicherungssumme erhofft, leistet für die selbstständig und allein ausgeführte Brandstiftung des Zechkumpanen keinen so wesentlichen Beitrag im Vorbereitungsstadium, dass er als Mittäter zu qualifizieren wäre (so im Übungsfall *Seier,* JA 1992, 206 u. 209).

113 Die **Rechtsprechung** geht hier freilich viel **weiter** und verlangt keine „Mitwirkung am Kerngeschehen" (BGH NStZ-RR 2009, 199). Sie lässt vielmehr „jede beliebige und noch so geringfügige Mitwirkung im Vorbereitungsstadium Mittäterschaft begründen";[173] selbst das „Bestärken" des anderen durch Anwesenheit in Tatortnähe soll ausreichen.[173a] Damit werden typische Anstifterhandlungen wie das Erteilen von Ratschlägen und typische Beihilfehandlungen wie das Hinfahren zum Tatort zu mittäterschaftlichen Handlungen erhoben (einschränkend BGH NStZ 2006, 94 [= Fall 47 bei *Jäger,* Rn. 227b und c], wonach das Überwachen der Zufahrt zum Tatort und das Steuern des Fluchtfahrzeugs nicht für Mittäterschaft ausreicht). Wird sogar die bloße Verabredung als mittäterschaftsbegründend angesehen, so wird auf die objektive Komponente der Mittäterschaft – die gemeinsame Ausführung – prak-

---

Lieben, § 125 Rn. 13 f.: nur die Aufforderung reicht nicht für die (Mit-)Täterschaft am gewalttätigen Landfriedensbruch gem. § 125 I Alt. 1.

[172] Vgl. *Angerer,* 2004, S. 125 ff.; *Beulke,* JR 1980, 424; *Cramer,* Fs. Bockelmann, 1979, S. 400 ff.; *Küpper,* GA 1986, 445 f.; *Seelmann,* JuS 1980, 571; *Seher,* JuS 2009, 304, 308: Fall 12; *Rengier,* JuS 2010, 281 f.; *Geppert,* Jura 2011, 30, 34; *Murmann,* GK, 27/68; *Stratenwerth/Kuhlen,* 12/94; ähnlich SK-*Hoyer,* § 25 Rn. 119. – Vgl. auch *Jakobs,* 21/48, der das Minus an Entscheidungsherrschaft durch ein Plus an Gestaltungsherrschaft ausgeglichen sieht; ähnlich *Otto,* 21/61 (auch für das Unternehmensstrafrecht, *Otto,* Jura 1998, 410): fehlende Tatunmittelbarkeit werde ausgeglichen durch das Gewicht des Tatbeitrags und die Stellung des Täters in der Gesamtorganisation; vgl. auch *Lampe,* ZStW 119 (2007), 471, 513; *Seher,* JuS 2009, 1, 4, verlangt subjektiv den Vorsatz des Bandenchefs: „dezidierte Vorstellungen über den Ablauf der Tat". – Für Anstiftung aber *Puppe,* AT 2, 38/5 u. 9 sowie 39/5 u. 28 sowie NK-*Schild,* § 25 Rn. 139; zu *Puppe* vgl. *Jakobs,* Fs. Puppe, 2011, S. 547, 562, der Mittäterschaft durch Vorfeldbeteiligung als Obliegenheitsverletzung für möglich hält.

[173] So die zutreffende Einschätzung von LK[11]-*Roxin,* § 25 Rn. 179, der zahlreiche Entscheidungen des RG und des BGH zum Beleg anführen kann. – Vgl. etwa BGH NJW 1993, 1405, m. N. zur ständigen Rspr. u. zust. Anm. *Küpper,* JR 1993, 293 sowie BGHSt 39, 381, 386; BGH NStZ 1995, 122 u. 285; BGH NStZ 1999, 609; BGHStV 1999, 317; BGH NJW 1999, 2449; BGH NStZ-RR 2002, 74 m. krit. Bspr. *Heger,* JA 2002, 628 (bloßes Beschaffen des „Fluchtautos"); BGH NStZ 2001, 247 (= Fall 2 bei *Rengier,* JuS 2010, 281, 283); 2002, 145 f.; einschr. BGH NStZ 2002, 200: unwesentliche Beteiligung in Planungsphase. – Vgl. auch BGH NJW 2009, 3448 = Fall 1 bei *Rengier,* JuS 2010, 281 f. u. BGH NJW 2011, 2375 m. Bspr. *Satzger,* JK 1/12, StGB § 25 II/18.

[173a] BGH NJW 1999, 3131 f. m. Bspr. *Martin,* JuS 2000, 96 f.; vgl. auch schon BGHSt 37, 289, 292 m. abl. Anm. *Schirrmacher,* JR 1995, 386; BGH NStZ 1995, 122 m. abl. Bspr. *Küpper,* NStZ 1995, 331; einschr. BGH NStZ 2003, 85: bloße Anwesenheit und Billigung reichen nicht.

tisch verzichtet. Einschränkend lässt aber der BGH eine „bloße Absatzzusage" nicht für einen mittäterschaftlichen Betrugsversuch gelten (NStZ 2002, 200).

Verabreden A und B das „Besorgen" eines PKW, um eine gemeinsame Autofahrt **114** unternehmen zu können, so ist B nicht Mittäter des PKW-Diebstahls, wenn er außer dieser Verabredung und der Zusage, das Benzin für die gemeinsame Autofahrt zu bezahlen, keine Tatbeiträge mehr erbracht hat, und A sich allein auf die Suche nach einem geeigneten PKW gemacht hat, den er dann auch gefunden und weggenommen hat (anders aber BGHSt 16, 12 = *Roxin*, HRR AT, Fall 78, S. 116 ff. u. 204). Zwar hat auch B ein eigenes Interesse[174] am Diebstahl des PKW, doch macht ihn das nur nach der hier abgelehnten subjektiven Theorie zum (Mit-)Täter. Nach der Tatherrschaftslehre scheidet eine (Mit-)Tatherrschaft des B jedoch aus, selbst wenn man Tatbeiträge, die im Vorbereitungsstadium erbracht werden, zur Begründung von Mittäterschaft ausreichen lässt, denn er hat die gesamte **Tatgestaltung** des Diebstahls allein dem A überlassen, sich selbst jeder **Einflussmöglichkeit begeben,** ohne wie ein „Organisator" im Hintergrund die Fäden in der Hand zu halten. Dass B dem A vor Ausführung der Tat durch die gemeinsame Verabredung den Rücken gestärkt hat, reicht als geistige Mitwirkung im Vorbereitungsstadium nicht für eine Tatbeherrschung aus (so aber BGHSt 16, 14). Wer die Ausführung der Tat nicht mitbeherrscht, muss wenigstens – wie der „Bandenchef" oder der „Organisator" – die **Tat prägende Beiträge** im Vorbereitungsstadium erbracht haben.[174a] Hat B den A zur Tat bestimmt, so bleibt ihm die Rolle des Anstifters (§§ 242, 26), hat er den A nur in dessen Tatentschluss bestärkt, so bleibt ihm allenfalls die Rolle des (psychischen) Gehilfen (§§ 242, 27). – Beiträge im Vorbereitungsstadium einer Tat können nur dann Mittäterschafts-begründend sein, wenn später im Wesentlichen **dieselbe Tat** ausgeführt wird; das ist zweifelhaft, wenn der im Vorbereitungsstadium noch Beteiligte ausscheidet und – ohne darüber informiert zu werden – durch einen anderen ersetzt wird (im Übungsfall *Petermann*, JuS 2009, 1119, 1123, in Anlehnung an BGH NStZ 2009, 25 [dazu *Roxin*, NStZ 2009, 7]). Wer für Mittäterschaft Tatbeiträge im Ausführungsstadium verlangt (oben Rn. 108), muss hier ohnehin Mittäterschaft ablehnen.

Aus der **Übungsfall-Literatur** zu Tatbeiträgen im Vorbereitungsstadium vgl.: *Alpmann/Schmidt,* AT 2, Fall 3, S. 17–19; *Beulke,* KK I, Fall 11, Rn. 350 u. 376–378 sowie KK II, Fall 8, Rn. 224 u. 235–237; *Corell,* Jura 2010, 627 u. 630 (auch der „ortsabwesende Planungsherr" ist Mittäter); *Drenkhahn,* Jura 2011, 63 u. 68, 69; *Jäger,* Rn. 227 b, 227 c: Fall 41 (BGH NStZ 2006, 94 nachgebildet); *Gaede,* JuS 2003, 774 u. 776 f.; *Gropp,* in: G/K/M, Fallsammlung, Fall 1, S. 1 f. u. 11 f.; *Herzberg,* Täterschaft, Fall 48, S. 63–67; *Hilgendorf,* KK III, Fall 5, Rn. 29 f.; *Hillenkamp,* 19. AT-Problem, Bsp. 2, S. 148; *Weißer/Kreß,* JA 2003, 857 u. 859 f.; *Kudlich,* JA 2008, 703 u. 705 sowie in: PdW AT, Fälle 279, 280; *Kühl/Kneba,* JA 2011, 426 f. u. 430; *Morgenstern,* Jura 2008, 625 u. 629; *Noltenius,* JuS 2006, 988 u. 990 f.; *Petermann,* JuS 2009, 1119 u. 1122 f.; *Poller/Härtl,* JuS 2004, 1075 u. 1079; *Küper,* Jura 1996, 205 u. 210; *Radtke/Krutisch,* JuS 2001, 258 u. 262; *Rössner/Guhra,* Jura 2001, 404 u. 410 (§ 298-Fall); *Rotsch,* Klausur 20, S. 286 f. u. 304–307 („im Vorfeld der Tat"); *Rudolphi,* AT-Fälle 9, S. 101 u. 103–105 sowie Fall 16, S. 191 u. 206 (kein Tatbeitrag im Ausführungsstadium); *Schwind/Franke/Winter,* 3. Hausarbeit, S. 131 u. 157, 159, 161, 163 („Bandenchef"); *Safferling,* JuS 2005, 135 u. 139; *Safferling/Menz,* Jura 2008, 382 u. 386 f. („Bandenchef"); *Schütze,* in: *Ebert* (Hrsg.), Fall 16, S. 16 f. u. 241 f. (Mitwirkung bei Vorbereitung); *Seher,* in: *Ebert*

---

[174] Zu dieser Begründung des BGH kritisch *Roxin*, HRR AT, S. 204: „kehrt ... zu einer einseitigen subjektiven Theorie zurück." Einschr. jetzt BGH NStZ-RR 2003, 309 f. u. 2004, 40 f., wo zusätzlich „der Umfang der Tatbeteiligung und die Tatherrschaft oder doch wenigstens der Wille zur Tatherrschaft" verlangt wird.

[174a] Auf die Tatprägung stellt auch *Weisser*, 2011, S. 337 ff., 513 ab.

(Hrsg.), Fall 14, S. 14 f. u. 210 (Mitwirkung bei Planung); *Seier*, Anfängerklausur, Nr. 13, S. 156 u. 166 („Bandenchef" nicht); *Singelnstein*, JA 2011, 756 u. 759 f. („Plus" bei Planung und Vorbereitung gleicht „Minus" im Ausführungsstadium aus).

115   An einer gemeinsamen Tatausführung fehlt es auch, wenn z. B. Mutter und Tochter gemeinsam beschließen, ein Kaufhaus dadurch zu betrügen, dass sie sich Waren nach Hause liefern lassen, ohne zur Zahlung bereit zu sein. Führen sie diese Betrügereien getrennt und selbstständig aus, so verbindet sie allein der gemeinsame Tatentschluss – sofern dieser überhaupt vorliegt (s. o. Rn. 104) – nicht zu Mittäterinnen (so auch BGHSt 24, 286).[175] Die Beurteilung getrennten, sukzessiven Handelns kann sich ändern, wenn auf Grund gemeinschaftlichen Entschlusses (nur) so ein **Gesamterfolg** herbeigeführt werden kann (z. B. Stehlen einer ganzen Bibliothek durch aufeinander folgende Wegnahme von Büchern durch mehrere Mittäter).[176] Zwar beherrscht in solchen Fällen jeder Mittäter in der Ausführungsphase nur seinen Tatanteil, doch verbindet der gemeinsame Tatentschluss die einzelnen tatbestandsmäßigen Handlungen zu einer Gesamttat. Zwischen den Mittätern muss während der Tatausführung (Schuss auf den Flüchtling) kein Kontakt bestehen, wenn sie „unter dem Einfluss des gleichen Befehls mit gleicher Zielrichtung handeln" (BGHSt 39, 31).[176a]

116   Handelt es sich um den „Normalfall" der Mittäterschaft, bei dem die von den Beteiligten geleisteten Beiträge so **ineinandergreifen,** dass eine gemeinschaftlich begangene Tat herauskommt, so ist auch in den Fällen, in denen diese ineinandergreifenden, sich ergänzenden Tatbeiträge im Ausführungsstadium erbracht werden, das Gewicht dieser Tatbeiträge zu bewerten. Wie schon bei der Vorstellung der engen Auffassung (nur im Ausführungsstadium erbrachte Tatbeiträge können Mittäterschaft begründen) erwähnt, reichen unwesentliche Ausführungsbeiträge nicht aus. Zu fordern ist ein Beitrag, der sich als **wesentlich mitgestaltendes Teilstück** der gemeinschaftlichen Tatausführung darstellt.[177] Ein Streitfall ist dabei das sog. „Schmierestehen" z. B. bei einem von den anderen ausgeführten Einbruchsdiebstahl. Für Mittäterschaft des „Schmierestehenden" spricht, dass die anderen ihn brauchen, um ungestört „arbeiten" zu können, und dass ihm deshalb eine Funktion bei der Tatausführung durch den gemeinsamen Tatplan zugewiesen wurde.[178] Gegen Mittäterschaft spricht die bloße unterstützende Rolle, die der „Schmierestehende" spielt; sie erscheint im Vergleich zu den Rollen der Einbrecher weniger wesentlich.[179]

Aus der **Übungsfall-Literatur** zur gemeinschaftlichen Tatbegehung vgl.: *Alpmann/Schmidt*, AT 2, Fall 3, S. 17–19; *Ambos*, JuS 2000, 465 u. 468, 471 sowie Jura 2004, 492 f. u. 493 („Schmierestehen"); *Berz*, Jura 1990, 313 ff.; *Beulke*, KK III, Fall 15, Rn. 694 u. 696; *Buttel/Rotsch*, JuS 1995, 1096 u. 1101; *Fabricius*, JuS 1991, 393 u. 398 f.; *Gaede*, JuS 2003, 774 u. 776 („Schmierestehen"); *Herzberg/Scheinfeld*, JuS 2003, 881 u. 885; *Hilgendorf*, KK II,

---

[175] Vgl. LK-*Schünemann*, § 25 Rn. 174.

[176] Bsp. von *Jakobs*, 21/42; vgl. auch BGH StV 1992, 376 f. m. Anm. *Zaczyk*, dem auch der Text folgt.

[176a] Zu weiteren Begründungen der Mittäterschaft bei „Mauerschützen" vgl. BGH NJW 1994, 2708 und 1995, 2998. Eingehend zu den mittäterschaftlichen Zurechnungsproblemen in den „Mauerschützen"-Fällen *Dencker*, 1996, S. 232–239.

[177] Vgl. *Frisch*, LdRerg 8/1620, S. 12; *Jescheck/Weigend*, S. 680; *Renzikowski*, 1997, S. 103 Fn. 226 u. konkretisierend auf Tathandlungen wie Gewalt, Täuschung, Drohung *Lampe*, ZStW 119 (2007), 471, 495 f.

[178] Vgl. *Roxin*, TuT, S. 282 f.; ebenso SK-*Hoyer*, § 25 Rn. 109; diff. *Köhler*, S. 518, *Puppe*, AT 2, 39/23, 26 ff. u. *Stratenwerth/Kuhlen*, 12/94; vgl. auch *Freund*, 10/168, der auf die Zueignungsabsicht abstellt.

[179] Vgl. *Jakobs*, 21/54; zum Aufbau in solchen Fällen *Gaede*, JA 2007, 757.

Fall 13, Rn. 51 u. KK III, Fall 14, Rn. 14–19 (Handzeichen für Steinwurf geben); *Jescheck,* Fälle, Fall 82, S. 102 f. (= BGHSt 24, 286); *Jordan,* Jura 1999, 304 u. 306; *Kauerhof,* Jura 2005, 790 u. 792 f. (Überwachen der Umgebung); *Kindhäuser/Korthals,* JA-Übungsblätter 1991, 39 ff.; *Kudlich,* PdW AT, Fall 281; *Kunz,* Jura 1995, 483 u. 485; *Küper,* Jura 1996, 205 u. 210; *Meier,* JuS 1989, 992 u. 995, sowie in: Jura 1991, 145 f.; *Müller,* Jura 2005, 635 u. 640; *Paeffgen,* Jura 1980, 479 u. 491 f.; *Petermann,* JuS 2009, 1119 u. 1122 f.; *Radtke,* JuS 1994, 589 u. 591; *Schwind/Franke/Winter,* Anfängerübung, 3. Hausarbeit, S. 131 u. 149, 151, 153, 155, 157; *Saliger,* JuS 1995, 1004 u. 1007; *Seher,* JuS 2007, 132 f. u. 136 f.; *Seier,* JA-Übungsblätter 1992, 206 u. 209; *Seier,* Anfängerklausur, Nr. 13, S. 156 u. 165 (Wagen steuern und Augen aufhalten); *Stoffers,* JuS 1994, 948 u. 952; *Tiedemann,* Anfängerübung, Fall 6, S. 189 f. u. 191 f. („Schmiere"-Stehen); *Tiedemann/Walter,* Jura 2002, 708 u. 713 (Mittäterschaft zwischen Begehungs- und Unterlassungstäter); *Wagemann,* Jura 2006, 867 u. 872 (Mitwirken am „Kerngeschehen" erforderlich); *Zöller,* Jura 2007, 305 u. 311 („Schmierestehen").

cc) Fahrlässige Mittäterschaft

Nach immer noch h. L. gibt es wegen des Erfordernisses des gemeinschaftlichen **116a** Entschlusses zur Tatbestandsverwirklichung (s. o. Rn. 104) Mittäterschaft nur beim Vorsatzdelikt;[179a] auch die Rspr. hat bisher die fahrlässige Mittäterschaft noch nicht zur Entscheidung von Fällen herangezogen, in denen sie in der Literatur diskutiert wird.[179b] Es zeigt sich aber ein gewisses **Bedürfnis** für die Konstruktion einer Mittäterschaft bei der Verwirklichung von Fahrlässigkeitsdelikten, so z. B. **bei Kollektiventscheidungen** (s. o. 4/20 b, 27 b; 18/39 d; dem Bedürfnis gilt nach *Greco,* ZIS 2011, 684, 687) und bei Fällen sog. additiver Kausalität (s. o. Rn. 10 u. 109). Jeweils schafft die schwer begründbare oder nicht nachweisbare Kausalität das Bedürfnis, durch mittäterschaftliche wechselseitige Zurechnung von Tatbeiträgen zu einer einfacheren oder sichereren Begründung der Strafbarkeit zu kommen.

Bevor jedoch die neue Rechtsfigur der fahrlässigen Mittäterschaft herangezogen **116b** wird, sollte der Versuch unternommen werden, durch die bei Fahrlässigkeitsdelikten nicht unübliche **Vorverlagerung der Sorgfaltspflichtverletzung** (s. o. 17/35, 91, 94) zu akzeptablen Fall-Lösungen zu kommen. So stellt etwa *Günther* in dem Wett-

---

[179a] Dies sehen auch die „Protagonisten" der fahrlässigen Mittäterschaft so; vgl. etwa *Otto,* Fs. Spendel, 1992, S. 271, 281 Fn. 42; *Renzikowski,* 1997, S. 283 Fn. 90; *Weißer,* JZ 1998, 230 Fn. 9; *Küpper,* GA 1998, 519, 526 Fn. 50; *Kamm,* 1999, S. 87 ff., 172 m. Bspr. *Bloy,* GA 2000, 392 ff., der die Begriffsbildung „fahrlässige Mittäterschaft" kritisiert, weil es um die Begehung eines Fahrlässigkeitsdelikts in Mittäterschaft gehe (S. 395); auch *Kuhlen,* Fg. BGH, 2000, S. 647, 670, zieht die fahrlässige Mittäterschaft einer Modifikation des Kausalerfordernisses vor; krit. zur Beteiligung bei Fahrlässigkeitsdelikten *Puppe,* AT 2, 39/24 u. 44/4 sowie in: Fs. Spinellis, 2001, 915, 922 f. u. *Kraatz,* 2006, S. 366 (dagegen *Greco,* ZIS 2011, 674, 687). – Nach *Schlehofer,* Fs. Herzberg, 2008, S. 355, 368, reicht eine Verabredung, die nicht ein gemeinsamer Tatentschluss sein müsse. – Nach *Gropp,* GS 2009, 265, verbietet es sich von „fahrlässiger Mittäterschaft" zu sprechen, obwohl es beim Fahrlässigkeitsdelikt eine „Begehbarkeit ,mit- und nebeneinander' gibt." – Zur japanischen Diskussion *Utsumi,* ZStW 119 (2007), 768 ff.

[179b] Diskutiert werden in der Rechtslehre etwa BayObLG NJW 1990, 3032 (sog. Kerzenfall); OLG Schleswig NStZ 1982, 116 f. (sog. Streichholzfall); BGHSt 37, 106 (sog. Lederspray-Fall), sowie der „rollende Steine"-Fall des schweizerischen Bundesgerichts = BGE IV 1987, 58 ff. = Fall 3 bei *Weißer,* JZ 1998, 234 u. 237, dazu auch *Hoyer,* Fs. Puppe, 2011, S. 515, 523 f.; *Kaspar,* JuS 2012, 112, 116; *Gropp,* GA 2009, 265, 274 ff.: „Rolling-Stones-Fall"; *Murmann,* GK, 27/54 f.; *Rengier,* AT 53/4–8; *Roxin,* AT II, 25/240 f.; LK-*Schünemann* § 25 Rn. 216 u. S/S-*Heine,* Vorbem. §§ 25 ff. Rn. 115. – Zur ablehnenden Rspr. und deren alternativen Lösungswegen (Vorverlagerung der Fahrlässigkeit oder Unterlassungslösung) *Kraatz,* 2006, S. 45, 76, 80, zu den Lösungsansätzen in der Literatur S. 86 ff., insb. zu der fahrlässige Mittäterschaft befürwortenden S. 110 ff., 361.

fahrtbeispiel, in dem nicht zu klären ist, welcher der beiden Teilnehmer das verletzte Kind angefahren hat, auf die Teilnahme an der Wettfahrt ab;[179c] diese sorgfaltswidrige Teilnahme ist kausal für die Verletzung des Kindes, da keiner der beiden Teilnehmer ohne den anderen eine Wettfahrt hätte durchführen können. Diese Lösung versagt aber bei mehreren Teilnehmern.[179d] – Eine Vorverlagerung auf ein Unterlassen könnte eine akzeptable Lösung in Fällen sein, in denen vor der aktiven Verletzungshandlung alle Beteiligten ihre Garantenpflicht zur Verhütung der aus arbeitsteiligem Vorgehen erwachsenen Gefahren verletzt haben.[179e] Daran ist etwa zu denken, wenn die Bauarbeiter A und B bei der gemeinsamen Räumung eines Dachstuhls Balken auf die Straße werfen, ohne die Baustelle zuvor abgesperrt zu haben, und dabei Passanten verletzen.[179f] Das Ergebnis der Strafbarkeit von A und B als Täter überzeugt, doch ist hinsichtlich der Begründung zu bezweifeln, ob der Schwerpunkt des Fehlverhaltens auf dem Unterlassen liegt und die Ingerenz-Garantenstellung auch hinsichtlich des Handelns des anderen gegeben ist.[179g]

116c   Zunehmend wird deshalb versucht, die fahrlässige Mittäterschaft als Rechtsfigur aufzubauen (aktueller Überblick bei *Geppert,* Jura 2011, 30, 32–34 u. bei *Kaspar,* JuS 2012, 112, 116; zur Notwendigkeit der Rechtsfigur *Hoyer* u. *Rotsch,* jeweils in Fs. Puppe, S. 515 ff. u. 887 ff.). Rechtlicher Ausgangspunkt ist dabei § 25 II, der es nicht ausschließe, auf den gemeinschaftlichen Entschluss zur Tatbestandsverwirklichung zu verzichten.[179h] Gefordert ist damit, die von § 25 II verlangte **gemeinschaftliche Tatbegehung** für das Fahrlässigkeitsdelikt zu bestimmen, d. h. einen „präzisen Begriff fahrlässiger Gemeinschaftlichkeit" zu entwickeln.[179i] Ein solcher Begriff müsste etwa folgenden Fall aus dem Bereich der Produkthaftung ebenso lösen können wie den obigen Bauarbeiter-Fall (Rn. 116 b): Der für die Herstellung des Produkts verantwortliche A und der für den Vertrieb zuständige B kommen nach ersten Anzeichen für die Gefährlichkeit des Produkts („Lederspray" im Fall von BGHSt 37, 106) auf Grund gemeinsamer Bewertung unter falscher Einschätzung der Gegebenheit zu dem Ergebnis, dass eine Gefahrensituation nicht vorliegt; sie führen deshalb Herstellung und Vertrieb weiter, und es kommt zu Körperverletzungen bei Verbrauchern. Sind A und B (wie o. Rn. 116 b die Bauarbeiter A und B) Mittäter einer fahrlässigen Körperverletzung gem. § 229?

116d   Dies wird zunehmend mit freilich (noch) **divergierenden Begründungen** bejaht. *Otto* löst den von ihm gebildeten Produkthaftungsfall, in dem die Verletzungen der Verbraucher das „gemeinsame Werk" von A und B seien, mit dem objektiven Zu-

---

[179c] *Günther,* JuS 1988, 386 f.

[179d] So der Einwand von *Kamm,* 1999, S. 96, die bei der Teilnahme mehrerer Personen an der Wettfahrt deshalb auf fahrlässige Mittäterschaft abstellt (S. 202 f.).

[179e] So die Lösung von *Walder,* Fs. Spendel, 1992, S. 363 ff.

[179f] Beispielsfall von *Otto,* Fs. Spendel, 1992, S. 271, 282, von *Renzikowski,* 1997, S. 289, sowie von *Stratenwerth/Kuhlen,* 15/73, 77, die aber im „rollende Steine"-Fall (s. o. Fn. 179 b) Mittäterschaft ablehnen; für fahrlässige Tötung in Nebentäterschaft *Kretschmer,* Jura 2000, 267, 268 Fn. 10.

[179g] So die Kritik von *Otto,* Jura 1998, 409, 412; *Renzikowski,* 1997, S. 291; *Weißer,* JZ 1998, 230, 235 f.; krit. auch *Kamm,* 1999, S. 96 f., 175 ff.

[179h] Dies wird besonders hervorgehoben von *Renzikowski,* 1997, S. 288; *Weißer,* JZ 1998, 230, 232 f.; *Ransiek,* ZGR 1999, 613, 645; *Roxin,* AT II, 25/242 u. LK-*Schünemann,* § 25 Rn. 217. Dagegen verweist *Bottke,* GA 2001, 463, 481, auf den Wortlaut des § 25 II, um die Unmöglichkeit der fahrlässigen Mittäterschaft „de lege domestica" zu begründen; abl. auch *Kraatz,* 2006, S. 147, 237, 364; gegen eine „originäre Anwendung" des § 25 II S/S-*Heine,* Vorbem §§ 25 ff. Rn. 116.

[179i] *Roxin,* TuT, S. 695; vgl. *Rotsch,* Fs. Puppe, 2011, S. 887: „gemeinsames Versagen".

rechnungskriterium der arbeitsteiligen Gefahrbegründung/-erhöhung und dem subjektiven Kriterium des Bewußtseins der Beteiligten vom arbeitsteiligen, der gemeinsamen Steuerbarkeit unterliegenden Vorgehen.[179k] Eine Verbindung objektiver und subjektiver Kriterien legen auch andere Autoren ihrer Mittäterschaftskonzeption beim Fahrlässigkeitsdelikt zugrunde. So fordert *Renzikowski* zunächst ein gemeinsames Handlungsprojekt, das alle als gleichberechtigte Partner ausweist; in dem von ihm behandelten Bauarbeiter-Fall (o. Rn. 116 b) ist das die Räumung des Dachstuhls, im obigen Produkthaftungs-Fall wäre das die Herstellung und der Vertrieb des Produkts; objektiv fordert er sodann eine gemeinschaftliche Gefahrbegründung (nicht notwendig die Verletzung einer gemeinsamen Sorgfaltspflicht) und das Erbringen (nicht notwendig kausaler) der im gemeinsamen Plan vorgesehenen Tatbeiträge sowie – subjektiv – die Erkennbarkeit der Gefährlichkeit des Gesamtprojekts.[179l] Objektiv strenger verlangt *Weißer,* dass alle Beteiligten derselben Sorgfaltspflicht unterliegen; hinzukommen müsse das Bewusstsein gemeinsamen Handelns sowie das Bewusstsein gleicher Sorgfaltspflichten der Täter; sie bejaht eine fahrlässige Mittäterschaft wegen des Vorliegens dieser Voraussetzungen in dem – dem obigen Bauarbeiter-Fall ähnlichen – Fall der „rollenden Steine", in dem Felsbrocken Passanten töteten, ohne dass zu klären war, welcher der beiden Männer den tödlich wirkenden Felsbrocken den steilen Abhang hinuntergerollt hatte.[179m] Nach *Küpper* wird bei der fahrlässigen Mittäterschaft zwar kein deliktischer Erfolg angestrebt, dafür sei der Handlungswille auf ein bewusstes und gewolltes Zusammenwirken bei einem gemeinsamen Handlungsprojekt bezogen.[179n] Als gemeinsam gewolltes Ziel reicht nach *Ransiek* jedes beliebige Ziel, das gemeinschaftlich erreicht werden soll; so wolle z. B. bei Kollegialentscheidungen jeder, dass die Stimmen der ebenso wie er Entscheidenden auch für ihn wirken, damit gemeinsam eine Mehrheit entsteht.[179o] *Gropp* verlangt neben der Gefahrerhöhung durch das Zusammenwirken die objektive und subjektive Erkennbarkeit i. S. des Fahrlässigkeitsdelikts.[179p] Strenger als die bisher vorgestellten Konzeptionen verlangt *Kamm* die objektive Notwendigkeit des Zusammenwirkens (einer allein kann den Erfolg nicht herbeiführen), die auch subjektiv – neben dem Bewusstsein gemeinsamen Handelns – den Beteiligten als wechselseitige Abhängigkeit bewusst sein müsse; darüber hinaus müsse die Sorgfaltspflichtverletzung – bei Hinwegdenken sämtlicher „überschüssiger" Tatbeiträge zu Kollegialentscheidungen – „unabdingbar" für die erfolgreiche Tatbegehung sein.[179q]

Aus der **Übungsfall-Literatur** zur fahrlässigen Mittäterschaft vgl.: *Hilgendorf,* KK II, Fall 13, Rn. 16 f.; *Seher,* in: *Ebert* (Hrsg.), Fall 2, S. 2 f. u. 35–39.

[179k] *Otto,* Jura 1998, 409, 412; ebenso schon *ders.,* Fs. Spendel, 1992, S. 271, 282; auf Kriterien der objektiven Zurechnung – unerlaubte Gefahrschaffung und Gefahrrealisierung – stellen auch ab: *Knauer,* 2001, S. 221; *Roxin,* AT II, 25/242 u. LK-*Schünemann,* § 25 Rn. 217: „gemeinsame Gefährdung".

[179l] *Renzikowski,* 1997, S. 288 f. u. in: Fs. Otto, 2007, S. 423, 429 ff.; krit. *Gropp,* GA 2009, 265, 276: gemeinsames Handlungsprojekt nicht erforderlich.

[179m] *Weißer,* JZ 1998, 230, 239; ähnlich *Greco,* ZIS 2011, 674, 688: gemeinsame Sorgfaltspflichtverletzung und Kenntnis der gemeinsamen Vorgehensweise. – Für fahrlässige Mittäterschaft in diesem Fall auch SK-*Hoyer,* § 25 Rn. 154.

[179n] *Küpper,* GA 1998, 519, 526 f.; *Kuhlen,* Fg. BGH, 2000, S. 647, 670, verlangt ein Zusammenwirken mehrerer „in dem Bewusstsein der Gefährlichkeit ihres Tuns".

[179o] *Ransiek,* ZGR 1999, 613, 644 ff.; *Schaal,* 2001, S. 242 ff.

[179p] *Gropp,* GA 2009, 265, 276.

[179q] *Kamm,* 1999, S. 209; einschr. auch *Mitsch,* JuS 2001, 105, 109 f.: die Mittäter müssen „die Pflicht zur gegenseitigen Verhaltenskontrolle" verletzen.

c) Exzess und Irrtum eines Mittäters

aa) Der „absichtliche" Exzess eines Mittäters

117   Die **Zurechnung** von Tatbeiträgen, die ein anderer erbracht hat, ist nach den Regeln der Mittäterschaft nur dann möglich, wenn sich die Tatbeiträge des anderen **im Rahmen des gemeinschaftlichen Entschlusses** gehalten haben. Der „Tatplan" legitimiert (neben der gemeinschaftlichen Begehung) die wechselseitige Zurechnung der Tatbeiträge des jeweils anderen Mittäters, er begrenzt diese Zurechnung aber auch. Geht einer der Beteiligten über das vom Tatplan vorgesehene Verhalten hinaus, so begeht er einen sog. **Exzess**,[180] für den nur er (und nicht auch der andere) haftet. War z. B. das Verprügeln des Opfers gemeinschaftlich von A und B beschlossen worden, so haftet B nicht für die von A auf Grund spontanen Entschlusses selbstständig vorgenommene Tötung des Opfers als Mittäter;[181] er ist jedoch Mittäter der Körperverletzung (§§ 223, 224) und möglicherweise auch der Körperverletzung mit Todesfolge (§ 227), wenn der Tod des Opfers vorhersehbar war und sich sein Vorsatz auf die Lebensgefährlichkeit der Verletzungshandlung (= tatbestandsspezifischer Gefahrzusammenhang; s. oben 17 a/30) erstreckte (vgl. BGH NStZ 2005, 93 m. Anm. *Heinrich* u. Bspr. *Kudlich,* JuS 2005, 568; vgl. auch schon BGH NStZ 2004, 684 [dazu krit. *Rengier,* Fs. Geppert, 2011, S. 479, 493 u. *Stuckenberg,* Fs. Jakobs, 2008, S. 693, 707] u. jetzt BGH NStZ-RR 2007, 76 [m. krit. Bspr. *Geppert,* JK 7/07, StGB § 227/3, krit. auch *Rengier* a. a. O. S. 492 f.]; BGH NStZ-RR 2009, 309 m. krit. Bspr. *Rengier* a. a. O. S. 491 f. u. BGH NStZ 2010, 33 m. Bspr. *Geppert,* Jura 2011, 30, 32 u. *Satzger,* JK 3/10, StGB § 251/9).[181a] Haben A und B einen Einbruchsdiebstahl gem. §§ 242, 243 I Nr. 1 verabredet und auszuführen begonnen, so haftet nur A wegen Raubes gem. § 249, wenn er die überraschend auftauchende Hausgehilfin zum Zwecke der weiteren Wegnahme von Wertgegenständen fesselt.[182] Kein Exzess liegt vor, wenn eine nicht verabredete Variante in der Tatausführung der verabredeten in Gefährlichkeit und Schwere gleichwertig ist (BGH NStZ 2010, 81).[182a]

118   Ein Exzess sollte aber nicht voreilig immer schon dann angenommen werden, wenn sich ein Mittäter nicht genau an den gemeinsamen „Tatplan" hält. Denn es gibt **„Tatpläne"**, die das Vorgehen nicht exakt festlegen, sondern **offen gestaltet** sind. Es bedarf also der „verständigen" Auslegung des Tatplans, um feststellen zu können, welches nicht ausdrücklich besprochene Verhalten noch von ihm „gedeckt" ist. Bestimmte Ausweitungen des ursprünglich Geplanten können ausdrücklich oder – häufiger – stillschweigend im gemeinschaftlichen Tatentschluss einbezogen sein.[183]

---

[180] Vgl. die Definition von *Lackner/Kühl,* § 25 Rn. 17: „Exzess ist Überschreitung des gemeinschaftlichen Entschlusses"; ebenso *Seher,* JuS 2009, 304, 305 f. – Vgl. auch BGHSt 53, 145, 154 f. m. Bspr. *Jahn,* JuS 2009, 466: Haftung nur im Rahmen des Vorsatzes, was aber bei Eventualvorsatz in Form der Gleichgültigkeit hinsichtlich der Handlungsweise des Komplizen zu einer weiten Mit-Haftung führt. – Zur systematischen Einordnung *Dencker,* 1996, S. 272. – Rechtsvergleichend *Weisser,* 2011, S. 486 ff., 542 ff.

[181] Bsp. bei *Otto,* JuS 1987, 252.

[181a] Eingehend u. krit. *Sowada,* Fs. Schroeder, 2006, S. 621, 624 ff. u. *Stuckenberg,* Fs. Jakobs, 2007, S. 693, 704 ff.; als „Beispiel" bereitet W-*Beulke,* Rn. 531, den „Schweinetrogfall" BGH NStZ 2005, 93, auf; dazu auch (krit.) *Rengier,* FS Geppert, 2011, S. 479, 493 f.; *Murmann,* GK, 27/58 u. *Fischer,* § 227 Rn. 5.

[182] Bsp. von *Blei,* PdW AT, Fall 281; mit ähnlichem Bsp. *Krey/Esser,* AT, Rn. 946 u. *Kindhäuser,* AT, 40/19.

[182a] W-*Beulke,* Rn. 531; *Rengier,* AT, 44/23.

[183] Vgl. *Frisch,* LdRerg 8/1620, S. 12 u. *Murmann,* GK, 27/57.

Vor allem **unwesentliche Abweichungen,** mit denen man ohnehin rechnet, sind vom gemeinschaftlichen Entschluss noch „gedeckt" (BGHSt 53, 145, 155).[183a] Verabreden z.B. A und B, im Schlosspark Omas die Handtaschen zu entreißen, wehrt sich beim Zugriff des A aber eine alte Dame und setzt daraufhin A Gewalt zur Überwindung des Widerstands ein, so haftet auch B für diesen Raub (§ 249: Gewalt zur Wegnahme eingesetzt), wenn der Tatplan so zu verstehen ist, dass notfalls auch Gewalt eingesetzt werden sollte, um an die Handtaschen heranzukommen.[184] Im Rahmen der „üblichen Spielbreite" liegt es auch, wenn statt Geld andere Sachen, die in Geld „umgemünzt" werden können, weggenommen werden.[185] Eine wesentliche, den gemeinsamen Tatentschluss „sprengende" Abweichung soll vorliegen, wenn die Tat absprachewidrig zu einem anderen Zeitpunkt, in anderer Besetzung und mit anderer Rollenverteilung begangen wird (BGH NStZ 2009, 25 m. Bspr. *Geppert,* JK 7/09, StGB § 25 II/16 sowie in: Jura 2011, 30, 38; *Roxin,* NStZ 2009, 7, 9 u. *Rengier,* JuS 2010, 281, 285, der den Vorsatz des „Übergangenen" verneint, weil dieser nicht damit „gerechnet" habe, „dass die Komplizen ohne seine Mitwirkung und ‚Regie' den Überfall durchführen könnten").

> Aus der **Übungsfall-Literatur** zum Exzess des Mittäters vgl.: *Ambos,* JuS 2000, 465 u. 468; *Cornelius,* JA 2009, 425 u. 429; *Kudlich,* PdW AT, Fall 284 (mit Beispielen auch in der ergänzenden Bemerkung); *Murmann,* JA 2011, 593 u. 596 f.; *Paeffgen,* Jura 1980, 479 u. 492 (statt des geplanten Betrugs gem. § 263 wird zum selben Zweck ein Verwahrungsbruch gem. § 133 vorgenommen); *Radtke,* Jura 1997, 477 u. 480 (Schwerer Raub gem. § 250 statt geplanten Diebstahls gem. § 242); *Radtke/Matula,* JA 2012, 265 u. 270 (§ 251-Mittäter); *Safferling,* JuS 2005, 135 u. 139 f.; *Seher,* JuS 2007, 132 u. 137; *Walter/Schneider,* JA 2008, 262 u. 265.

bb) Error in persona des Mittäters: „fahrlässiger" Exzess?

Der error in persona des Einzeltäters lässt dessen Vorsatz unberührt, denn das **119** anvisierte Opfer ist getroffen worden, auch wenn sich bei näherem Hinsehen herausstellt, dass es nicht dasjenige ist, das er treffen wollte (s.o. 13/22). Dies gilt auch für den Mittäter, der auf die hinter ihm herlaufende Person zielt und sie auch trifft, selbst wenn er dann sehen muss, dass er **nicht** einen **Verfolger, sondern** einen **Komplizen** (= Mittäter) getroffen hat. Fraglich ist allerdings, ob auch die übrigen Mittäter einschließlich des getroffenen Mittäters für die Personenverwechslung (error in persona) des schießenden Mittäters einzustehen haben.

Dies wird von nicht wenigen Stimmen in der Literatur mit der Begründung ver- **120** neint, dass in solchen Fällen zumindest dann ein **(fahrlässiger) Exzess** des schießenden Mittäters vorliege, wenn der gemeinschaftliche Entschluss nur das Schießen auf Verfolger vorgesehen habe. Der Tatplan sei die Grenze der mittäterschaftlichen Haftung, die ende, wenn der Tatplan von einem Mittäter – sei es absichtlich oder (wie hier) irrtümlich – überschritten werde.[186] Der Tötungsversuch ist dann allein Sache

---

[183a] *Rengier,* AT, 44/24.

[184] OLG Düsseldorf NJW 1987, 268; *Otto,* Jura 1987, 252 f.

[185] BGH MDR 1966, 197; *Rengier,* AT, 44/23 f.; LK-*Schünemann,* § 25 Rn. 176; MK-*Joecks,* § 25 Rn. 237; krit. zur Begründung *Puppe,* Fs. Spinellis, 2001, S. 915, 935. Weitere Entscheidungen, in denen ein Exzess des Mittäters behandelt wird, sind z.B. BGHSt 36, 231, 234; BGH GA 1968, 18; BGH GA 1968, 212; BGH NJW 1973, 377; BGH GA 1986, 450; NStZ 2000, 29 f. („ein Grenzfall"); 2002, 597; 2003, 662, 663 (kein Exzess, weil stillschweigend vereinbart); 2005, 261 f.; BGH NStZ-RR 2005, 71; 2006, 37.

[186] So vor allem *Roxin,* TuT, S. 736 mit Fn. 737; ebenso *Rudolphi,* Fs. Bockelmann, 1979, S. 426; *Seelmann,* JuS 1980, 572; *Bottke,* 1992, S. 89; LK-*Schünemann,* § 25 Rn. 177; krit. *Puppe,* Fs. Spinellis, 2001, S. 915, 937 ff.: „Einen fahrlässigen Mittäterexzess gibt es nicht" (S. 943).

des irrenden und schießenden (Mit-)Täters, die übrigen machen sich nur wegen Verabredung eines Totschlags bzw. Mordes gem. §§ 211, 212, 30 II strafbar.[187]

121   Überwiegend wird jedoch angenommen, dass die **Unbeachtlichkeit der Personenverwechslung** auch für die nicht-irrenden Mittäter gilt.[187a] Dahinter steht die überzeugende Begründung, dass sich auch der irrende Mittäter noch an den Tatplan hält, wenn er auf die hinter ihm herlaufende Person als vermeintlichen Verfolger schießt. Er vollzieht die jedem Mittäter vom Tatplan abverlangte Konkretisierung, auf wen als Verfolger zu schießen ist, und diese Konkretisierung müssen sich die anderen Mittäter auch dann zurechnen lassen, wenn dem schießenden Mittäter ein **Fehler** – eine Personenverwechslung – unterläuft. Die Fehlleistung gehört zu dem mit dem Tatplan verbundenen **Risiko der Planverwirklichung,** sie ist im Tatplan gewissermaßen „vorprogrammiert".[188]

122   Besondere Brisanz erhält die Personenverwechslung eines Mittäters dann, wenn dessen Fehlleistung demjenigen zugerechnet werden soll, der von ihm getroffen wurde. So lag es in dem viel diskutierten, in zahlreichen Übungsfällen aufbereiteten **„Verfolger-Fall"** (BGHSt 11, 268 = *Roxin,* HRR AT, Fall 11, S. 13 f. u. 162 = Fall 5 bei *Seher,* JuS 2009, 304, 306), in dem der BGH die Verurteilung des durch den Schuss des irrenden Mittäters getroffenen Komplizen wegen versuchten Mordes für richtig hielt. Die Annahme eines versuchten Mordes wird vor allem deshalb kritisiert, weil damit die Straflosigkeit/Tatbestandslosigkeit der versuchten Selbsttötung umgangen werde: auch ein untauglicher Versuch setze voraus, dass das Rechtsgut, das der Täter verletzen wolle, ihm gegenüber geschützt sei.[189] Dem kann man entgegenhalten, dass sich auch der getroffene Mittäter die Handlung des schießenden Mittäters zurechnen lassen müsse, weil er dann nur so behandelt würde, als ob er unter Personenverwechslung auf einen Komplizen geschossen habe.[190]

Aus der **Übungsfall-Literatur** zum error in persona des Mittäters vgl.: *Alpmann/Schmidt,* AT 2, Fall 45, S. 214–217; *Arzt,* S. 125: Bsp. 88; *Gössel,* Fälle, Fall 16, S. 260 f. u. 267–269; *Haft,* Fallrepetitorium, Nr. 457; *Herzberg,* Täterschaft, Fall 47, S. 63 f.; *Hilgendorf,* KK III, Fall 5, Rn. 37; *Jäger,* Rn. 225, 226: Fall 40 (BGHSt 11, 268); *Krey/Esser,* AT, Fall 119, Rn. 949–953 („Verfolger"-Fall des BGHSt 11, 268); *K/S/L,* Klausurtraining, Fall 4, S. 111 u. 124–127 sowie 127–130 („Verfolger"-Fall); *Kudlich,* PdW AT, Fall 285; *Laue/Dehne-Niemann,* Jura 2010, 73 u. 78; *Noltensmeier/Henn,* JA 2007, 772 u. 776 f. („Verfolger"-Fall); *Safferling,* Jura 2004, 64 u. 65 sowie JuS 2005, 135 u. 139; *Scholz/Wohlers,* Klausuren, Bsp. einer Hausarbeitsbearbeitung, S. 102 u. 113; *Sternberg-Lieben/von Ardenne,* Jura 2007, 149 u. 152 f.; *Tiedemann,* Anfängerübung, Fall 6, S. 189 f. u. 194 f.

---

[187] *Schreiber,* JuS 1985, 876.

[187a] *Geppert,* Jura 2011, 30, 32.

[188] So vor allem *Küper,* 1978, S. 38 ff.; ebenso *Frisch,* LdRerg 8/1620, S. 12; *Freund,* 10/174; *Haft/Eisele,* Gs. Keller, 2003, S. 81, 88 u. 99 f.; *Jakobs,* 21/45; *M-Gössel/Zipf,* AT 2, 49/60; *Puppe,* Fs. Spinellis, 2001, S. 915, 938, 943; *Scheffler,* JuS 1992, 922; *Streng,* JuS 1991, 916; *Toepel,* JA 1997, 250 f. u. 949; *S/S-Heine,* § 25 Rn. 96. Vgl. auch SK-*Hoyer,* § 25 Rn. 143, der zwischen „Planungs-" und „Ausführungsfehlern" unterscheidet. – Zusf. *Lubig,* Jura 2006, 655, 659 f.

[189] *Schreiber,* JuS 1985, 876; *Gropp,* 13/81; ähnlich *Scheffler,* JuS 1992, 922, der aber doch zur Bestrafung wegen untauglichen Versuchs am vermeintlichen Verfolger kommt (923); so auch *Ebert,* S. 203; krit. zu *Scheffler Dehne-Niemann,* ZJS 2008, 354, 356, 359 ff.; *Zieschang,* Rn. 660–663; dem BGH zust. *Weisser,* 2011, S. 368 ff., 436.

[190] *Küper,* 1978, S. 40 ff.; ebenso *Seher,* JuS 2009, 304, 306; *Freund,* 10/175 f.; *Kindhäuser,* AT, 40/22; *S/S-Heine,* § 25 Rn. 96; mangels „Mitbeherrschung" verneint *Krey/Esser,* AT, Rn. 953, Mittäterschaft am Mordversuch, bejaht aber eine Verbrechensverabredung nach §§ 211, 30 II; gegen Mittäterschaft auch *Roxin,* AT II, 25/195.

d) Zeitliche Grenzen der Mittäterschaft

aa) Versuchsbeginn

Der Versuchsbeginn bei einer von Mittätern begangenen Tat kann, wenn diese **123** ihre Tatbeiträge nicht gleichzeitig erbringen, entweder für die gemeinschaftlich begangene Gesamttat (sog. **Gesamtlösung**) oder für das Verhalten jedes einzelnen Mittäters gesondert (sog. **Einzellösung**)[191] bestimmt werden. Die vorzugswürdige Gesamtlösung[192] entspricht der Struktur der Mittäterschaft, bei der die Mittäter auf Grund eines gemeinschaftlichen Entschlusses bestimmte gleichgewichtige Tatbeiträge erbringen, die sich zu einer Gesamttat ergänzen. Wird aber nach § 25 II jedem Mittäter das Verhalten des/der anderen Mittäter so zugerechnet, als ob er es selbst vollzogen hätte, so muss er sich die das Vorbereitungsstadium verlassende **Versuchshandlung**, die ein anderer Mittäter verabredungsgemäß erbringt, als eigene Versuchshandlung **zurechnen** lassen. Da ihm auch funktionelle Tatherrschaft über die vom/von anderen ausgeführten Tatbeiträge zukommt, ist diese Zurechnung auch dann gerechtfertigt, wenn er durch eigenes Verhalten noch nicht unmittelbar zur Tatbestandsverwirklichung i. S. des § 22 angesetzt hat.[193] So liegt es etwa, wenn bei einem Bankraub nach § 249 der eine absprachegemäß schon den Schalterraum betreten und die von ihm zu bedrohende Kassiererin im Blick hat (= das Versuchsstadium erreicht hat), der Komplize aber noch mit dem Parken des Fluchtautos in Richtung Autobahn beschäftigt ist (für sich genommen also noch im Vorbereitungsstadium steckt); mit dem absprachegemäßen „Überschreiten" der Versuchsschwelle durch den einen hat auch der Versuch durch den Mittäter begonnen, weil ihm das unmittelbare Ansetzen des schon im Schalterraum Befindlichen zugerechnet wird (ähnliches Bsp. 14 bei *Seher*, JuS 2009, 304, 308 f.). Dabei wird – subjektiv – vorausgesetzt, dass der „Ansetzende" noch einen Tatbeitrag erbringen und nicht etwa durch sein Klingeln an der Tür des Raubopfers der Polizei ein Zeichen geben will (BGHSt 39, 236 = *Roxin*, HRR AT, Fall 53, S. 77 u. 187 f.; sog. „Scheintäter"-Fall);[193a] dem klingelnden „Scheintäter" fehlt der für den Versuch erforderliche Tat-

---

[191] Diese „Lösungen" stellte erstmals gegenüber *Schilling*, Der Verbrechensversuch des Mittäters und des mittelbaren Täters, 1975, S. 1; vgl. zu diesen beiden „Lösungen" die kritische Darstellung bei *Stoffers*, MDR 1989, 211–213. – Zur „Vorzugswürdigkeit der Einzellösung" *Roxin*, AT II, 29/297–317 u. LK-*Schünemann*, § 25 Rn. 203 f. u. *Putzke*, JuS 2009, 1083: Fall 25. – Rechtsvergleichend mit der griechischen Dogmatik *Mylonopoulos*, GA 2011, 462 ff., der den „scheinbar Untätigen" nur dann wegen Versuchs bestrafen will, wenn Kriterien wie Anwesenheit und Handlungsbereitschaft vorliegen.

[192] Ebenso LK-*Hillenkamp*, § 22 Rn. 173; *Murmann*, GK 28/94; *Zieschang*, Rn. 512–515; u. *Prüßner*, 2004, S. 147 ff., 189 f.; *Geppert*, Jura 2011, 30, 36 u. *Bosch*, Jura 2011, 909, 915; sie wird auch von der Rechtsprechung vertreten, vgl. BGHSt 11, 268; 36, 249; 39, 236; BGH NStZ 1981, 99 (dazu *Geppert*, Jura 2011, 30, 36); BGH NStZ-RR 1998, 203; BGH NStZ 1999, 609, 610; krit. zur Gesamtlösung MK¹-*Herzberg*, § 22 Rn. 148–152, and. jetzt *Herzberg/Hoffmann-Holland*, § 22 Rn. 139.

[193] Vgl. näher zur Begründung der Gesamtlösung *Küper*, 1978, S. 60 ff.; *Krack*, ZStW 110 (1998), 611 ff.; *Buser*, 1998, S. 16 ff.; *Angerer*, 2004, S. 33 f.; NK-*Zaczyk*, § 22 Rn. 67; einschr. *Köhler*, S. 541; *Seher*, JuS 2009, 304, 309; vgl. auch *Roxin*, JuS 1979, 13, der sich aber in: LK¹¹-*Roxin*, § 25 Rn. 198 ff., davon (teilweise) distanziert. Eingehend zur Gesamtlösung und speziell zu *Roxin* jetzt *Dencker*, 1996, S. 191–217.

[193a] Auch sog. „Haustür"- oder „Türklingel"-Fall, so *Weber*, Fs. Lenckner, 1998, S. 435, der auf der Grundlage der subjektiven Theorie dem BGH widerspricht und für Zurechnung plädiert (S. 441); ebenso *Buser*, 1998, S. 87 u. 113; *Gropp*, 10/91 c; *Heinrich*, AT I, Rn. 745 u. *Fischer*, § 22 Rn. 22. Die Entscheidung wird ablehnend besprochen von *Hauf*, NStZ 1994, 263 und JA 1995, 776, 778 f.; gegen *Hauf* zu Recht *Dencker*, 1996, S. 241 f. – *Roxin*, AT II, 29/308 f. u. in: HRR AT, S. 187 f. stimmt auf der Grundlage der Einzellösung zu; dem BGH zust. *Krack*, ZStW

entschluss, aber auch die Zurechnung solcher zum Schein erbrachter Tatbeiträge zu Lasten der anderen Mittäter ist ausgeschlossen.[193b] Beim Versuch kommt es nach § 22 zwar auf die Tätervorstellungen an, doch die Zurechnung von Mittäteranteilen erfolgt nach § 25 II objektiv; danach muss die Tat auch seitens des vermeintlichen Mittäters in dem Bewusstsein erfolgen, die verabredete Tat auszuführen (vgl. *Weißer/Kreß*, JA 2003, 857, 861; ebenso *Kudlich*, AT-Fälle, S. 114, 118f.: der subjektiven Beurteilung ist die Frage vorgelagert, „ob es überhaupt ein zurechenbares Verhalten als Grundlage dieser Beurteilung gibt").

123a   Daneben muss der „Ansetzende" auch in **objektiv** tatbestandlicher Hinsicht einen **Tatbeitrag** leisten, der dem gemeinsamen Tatplan entspricht. Daran fehlt es etwa im Fall des Münzhändlers (M), dessen Schadensmeldung bei der Versicherung völlig legal ist (vgl. den **„Münzhändler"-Fall** BGHSt 40, 299 = *Roxin*, HRR AT, Fall 54, S. 78f. u. 188 = Fall 6 bei *Seher*, JuS 2009, 304, 306). Hält sich ein anderer im Hinblick auf die Schadensmeldung – infolge der Täuschung eines Dritten – irrig für einen „Mittäter" des M am gemeinsamen Versicherungsbetrug (§ 263), darf ihm die legale Schadensmeldung des M nicht als mittäterschaftlicher Tatbeitrag zugerechnet werden; es fehlt an dem nach der Gesamtlösung objektiv erforderlichen „unmittelbaren Ansetzen" zumindest von einem der „Mittäter" (hier des M).[193c] Die gegenteilige Auffassung des BGH geht zu Unrecht über dieses objektive Erfordernis von § 22 hinweg, indem sie – entsprechend den Regeln des untauglichen Versuchs – lediglich auf die subjektive Tatseite des irrenden „Mittäters" abhebt.[193d] Er setzt sich damit dem Vorwurf aus, nur den bösen Willen zu sanktionieren und Gesinnungsstrafrecht zu betreiben.[193e]

---

117 (2005), 555, 557 u. *Gorka*, 2000, S. 170ff., der auf die „Unterlassungsstruktur der Mittäterschaft" abhebt. Vgl. auch *Streng*, ZStW 109 (1997), 862, 893: „Möchtegern-Mittäter" u. LK-*Hillenkamp*, § 22 Rn. 175; Falllösung bei *Geppert*, Jura 2011, 30, 37.

[193b] So auch *Otto*, 21/126; *Jäger*, Rn. 308; S/S-*Eser*, § 22 Rn. 55a; anders *Putzke*, JuS 2009, 1083f.: Fall 26.

[193c] H.M., vgl. etwa die Besprechungen von BGHSt 40, 299, durch *Erb*, NStZ 1995, 424, 426; *Ingelfinger*, JZ 1995, 704, 714; *Geppert*, JK 95, StGB § 25 II/9b; *Kühne*, NJW 1995, 934; *Küpper/Mosbacher*, JuS 1995, 488, 491f.; *Zopfs*, Jura 1996, 19, 23f. u. *Geppert*, JK 95, StGB § 25 II/9a und 9b; vgl. außerdem: *Dencker*, 1996, S. 244; *Streng*, ZStW 109 (1997), 862, 890 u. in: Gs. Zipf, 1999, S. 325, 327; *Gorka*, 2000, S. 183f.; *Otto*, § 21 Rn. 126; *Kindhäuser*, AT, 40/16–18: Fall 2; MK-*Herzberg/Hoffmann-Holland*, § 22 Rn. 142; S/S-*Eser*, § 22 Rn. 55a u. SSW-*Kudlich/Schuhr*, § 22 Rn. 32: tatsächliche Möglichkeit einer Einflussnahme fehlte. Weitere Nachweise zu dieser h. M. bei *Heckler*, GA 1997, 73–75 Fn. 8–20.

[193d] BGHSt 40, 299, 302, mit im Ergebnis zust. Bspr. *Jung*, JuS 1995, 360; *Sonnen*, JA 1995, 361; *Roßmüller/Rohrer*, MDR 1996, 986; *Heckler*, GA 1997, 72, 76ff.; zust. auch *Putzke*, JuS 2009, 1083; *Weber*, Fs. Lenckner, 1998, S. 435, 446ff.; *Buser*, 1998, S. 88, 127ff.; *Gropp*, 10/91a; *Fischer*, § 22 Rn. 23a; **krit. dagegen** *Bloy*, ZStW 117 (2005), S. 3, 29; *Graul*, JR 1995, 427ff.; *Roxin*, Fs. Odersky, 1996, 489, 496f. u. in: AT II, 29/310; *Krack*, ZStW 110 (1998), 611, 623f. u. 117 (2005), 555, 560; *Geppert*, Jura 2011, 30, 37; *Joecks*, § 25 Rn. 81; *Kindhäuser*, § 22 Rn. 41; *Krey/Esser*, AT, Rn. 1242: Verletzung des Analogieverbots; LK-*Hillenkamp*, § 22 Rn. 176; NK-*Zaczyk*, § 22 Rn. 68; SK-*Hoyer*, § 25 Rn. 148; krit. zur Subjektivierung aus rechtsvergleichender Sicht *Jung*, in: *Ranieri* (Hrsg.), Die Europäisierung der Rechtswissenschaft, 2002, S. 41 u. 45; vgl. auch *Streng*, Gs. Zipf, 1999, S. 325, 327ff., 337, der das Ergebnis des BGH allenfalls über eine „Unterlassungslösung" für begründbar hält. – Der 4. Strafsenat setzt seine Rspr. fort in: BGH NStZ 2004, 110 mit zu Recht abl. Bspr. *Geppert*, JK 8/04, StGB § 25 II/15; krit. auch *Krack*, NStZ 2004, 697 u. ZStW 117 (2005), 555, der auch ein Unterlassen „konstruiert".

[193e] Vgl. *Gropengießer/Kohler*, Jura 2003, 277, 282; *Weißer/Kreß*, JA 2003, 857, 861; *Zieschang*, Rn. 520; dagegen *Bosch*, Jura 2011, 909, 915, der aber auch dem BGH widerspricht und einen § 30 II-Fall annehmen will.

Aus der **Übungsfall-Literatur** zum unmittelbaren Ansetzen bei vermeintlicher Mittäterschaft vgl.: *Beulke,* KK II, Fall 8, Rn. 224 u. 240 f.; *Gropp,* in: G/K/M, Fallsammlung, Fall 1, S. 1 f. u. 15 f. („Münzhändler"-Fall des BGHSt 40, 299); *Hanft,* JuS 2005, 1010 f. („Münzhändler"-Fall des BGHSt 40, 299); *Hilgendorf,* KK II, Fall 15, Rn. 110–113 u. KK III, Fall 10, Rn. 38–41; *Jäger,* Rn. 309, 310: Fall 50 („Münzhändler"-Fall); *Krell,* Jura 2012, 150 u. 152 (vermeintliche Mittäterschaft); *Kudlich,* JA 2008, 703 u. 707; AT-Fälle, Fall 8, S. 118 f. sowie PdW AT, Fälle 229 u. 230 (anknüpfend an BGHSt 39, 236 u. 40, 299); *Otto/Bosch,* Übungen, Fall 17, S. 380 f.

Die Ansatzformel des § 22 ist auf das aus den einzelnen Tatbeiträgen zusammen- **124** gesetzte Gesamtverhalten zu beziehen, d. h. es ist so zu tun, als ob alle Tatbeiträge von einer Person mit vielen Händen/Füßen/Zungen erbracht worden seien. Wenn diese gedachte Person[194] nach ihren Vorstellungen von der Tat objektiv betrachtet unmittelbar vor der Tatbestandsausführungshandlung steht, so beginnt der Versuch der Gesamttat mit der Folge, dass die Mittäter **gemeinsam ins Versuchsstadium** gelangt sind. Lässt man gewichtige, entscheidende Tatbeiträge, z. B. des „Banden-chefs", im Vorbereitungsstadium zur Begründung von Mittäterschaft ausreichen (s. o. Rn. 110 f.), so ist die von ihm dirigierte Tat (z. B. ein Bankraub) noch nicht im Versuchsstadium, wenn sich die anderen Mittäter (die „Bandenmitglieder") erst auf der Anfahrt zum Tatort befinden; dass der „Bandenchef" im Planungsstadium schon alles geleistet hat, was er zu leisten hatte, ändert daran nichts, da nur nach der sog. Einzellösung ein Versuch des „Bandenchefs" schon jetzt angenommen werden könnte (= Vorverlegung des Versuchsbeginns!).

Weniger „Glück" hat derjenige, der verabredungsgemäß beim Bankraub das Geld **125** wegnehmen soll, denn er gelangt durch das Ansetzen des Komplizen zur Bedrohung des Kassierers schon mit diesem ins Versuchsstadium des Raubes, auch wenn er noch nicht am Tatort anwesend ist und also außer der Verabredung noch nichts zur Tat beigetragen hat, insbesondere noch nicht zur Wegnahme des Geldes angesetzt hat. Bedenken[195] gegen die letztere Konsequenz könnten dadurch beseitigt werden, dass man zwar für den Versuchsbeginn auf die Gesamttat abhebt, aber **zusätzlich** noch verlangt, dass jeder **einzelne Mittäter selbst** unmittelbar zu seinem Tatbeitrag angesetzt hat.[196] Doch wird damit die Einheitlichkeit der gemeinsamen Tat der Mittäter aufgelöst, ohne dass der freilich auf den Einzeltäter zugeschnittene § 22 dazu zwingt (§ 22 verlangt nicht zwingend „eigenes" unmittelbares Ansetzen). Dass nach der hier vertretenen Lösung ein Beteiligter, der selbst noch keinen objektiven Tatbeitrag vom oben (Rn. 107) geforderten Gewicht erbracht hat, einen Versuch als Mittäter begehen kann, ist kein Widerspruch (so aber brieflich *Mitsch*), denn ihm wird der absprachegemäß von einem anderen Beteiligten vollzogene Schritt ins Versuchsstadium so zugerechnet, als habe er ihn selbst vollzogen. Die Zurechnung muss der Mittäterschaft nicht nachfolgen, sondern kann sie auch begründen.[196a]

Aus der **Übungsfall-Literatur** zum Versuchsbeginn bei Mittäterschaft vgl.: *Alpmann/Schmidt,* AT 2, Fall 48, S. 223–226 (nach BGHSt 40, 299); *Ambos,* Jura 2004, 492 f. u. 494; *Beulke,* KK I, Fall 11, Rn. 350 u. 380 f. sowie KK II, Fall 8, Rn. 224 u. 238 f.; *Britz,* JuS 1997, 147 u. 151; *Gössel,* Fälle, Fall 6, S. 108 f. u. 113–115; *Gropengießer/Kohler,* Jura 2003, 277 u. 280; *Hörn-le,* Jura 2001, 44 u. 48; *Kudlich,* PdW AT, Fall 228; *Küper/Dratova,* StudZR 2008, 58 u. 63, 64; *Kunz,* JuS 1997, 242 f. u. 246 f.; *Laue/Dehne-Niemann,* Jura 2010, 73 u. 78; *Otto/Bosch,* Übungen, Fall 17, S. 379 f.; *Otto/Ströber,* Jura 1989, 426 u. 428; *Otto/Petersen,* Jura 1999,

---

[194] Vgl. *Jakobs,* 21/61, auch zu den im Text folgenden Beispielen.

[195] Solche Bedenken formuliert *Günther,* GA 1983, 333; *Maiwald,* ZStW 93 (1981), 884.

[196] So SK-*Rudolphi,* § 22 Rn. 19 a; krit. dazu *Küper,* JZ 1979, 786; *Stoffers,* MDR 1989, 213.

[196a] Anders *Bloy,* 1985, S. 266: vor Zurechnung muss er sich als Mittäter erwiesen haben.

480 u. 481; *Rath,* JuS 1999, 144: Fälle 36, 37; *Riemenschneider,* JuS 1997, 628 u. 630 f.; *Rönnau/Nebendahl,* JuS 1990, 745; *Rudolphi,* AT-Fälle, Fall 9, S. 101 u. 108 (gleichzeitiges Ansetzen zweier Mittäter); *Safferling,* JuS 2005, 135 u. 140; *Seier,* Anfängerklausur, Nr. 13, S. 156 u. 163; *Sternberg-Lieben/Sternberg-Lieben,* JuS 2005, 47 f. u. 49; *Stoffers,* JuS 1994, 948 u. 952; *Tiedemann,* Anfängerübung, Fall 6, S. 189 f. u. 192; *Weißer/Kreß,* JA 2003, 857 u. 860 f., 865. – Bei *Ebert* (Hrsg.) behandeln die Problematik *Ebert,* Fall 3, S. 3 f. u. 59; *Seher,* Fall 14, S. 14 f. u. 218 f. sowie *Schütze,* Fall 16, S. 16 f. u. 247–249.

bb) Sukzessive Mittäterschaft

126   Die eigentliche Problematik der sukzessiven Mittäterschaft ist nicht schon dann gegeben, wenn sich ein bisher an der Tatausführung Unbeteiligter mit Einverständnis[196b] des/der die Tat bisher allein Ausführenden einschaltet und gemeinschaftlich mit diesem/diesen absprachegemäß (weitere) Tatbestandsausführungshandlungen vornimmt. Diese Möglichkeit einer Einschaltung in eine schon laufende Tat ist unbestritten (s. schon oben Rn. 104),[197] so dass ein von einem Mittäter begonnener Diebstahl mit einem hinzugerufenen Mittäter durch Wegnahme weiterer Sachen fortgesetzt werden kann. Diese Fortsetzung der Tat als mittäterschaftlich begangene Tat ist auch noch nach Vollendung der Tat durch den Alleintäter möglich, wenn die Tat in der nachfolgenden **Beendigungsphase** noch weiter ausgeführt wird. Dies ist z. B. bei Dauerdelikten wie der Freiheitsberaubung möglich, bei der die Aufrechterhaltung der Freiheitsberaubung – wie § 239 III Nr. 1 zeigt – das tatbestandsmäßige Unrecht der Tat erhöht; wer sich also in eine vom Alleintäter durch Einschließen vollendete Freiheitsberaubung mit dessen Einverständnis einschaltet, kann noch Mittäter der Freiheitsberaubung werden, wenn das Gewicht seiner Tatbeiträge dafür ausreicht (bei bloßer Kontrolle des Schlosses oder Versorgung des Opfers kommt nur Beihilfe in Betracht; s. u. Rn. 235).[197a]

127   Fasst man freilich die Beendigungsphase **nicht tatbestandskonform,**[198] sondern lässt man auch nicht mehr unter den Tatbestand des jeweiligen Delikts fallende Handlungen als die Tat beendende Handlungen zu, so erweitert man die Tatbegehung in einer Art. 103 II GG verletzenden Weise, weil solche Handlungen nicht gesetzlich als strafbare Handlungen bestimmt sind.[199] Damit verliert zugleich die Mittäterschaft ihre Tatbestandsbezogenheit.[199a] Wer sich z. B. erst beim Abtransport der von einem anderen weggenommenen Sachen beteiligt, kann trotz dessen Einverständnisses mit seiner Unterstützung keinen Tatbeitrag mehr zum Diebstahl leisten, da dieser Tatbestand nur die Wegnahme und nicht Beutesicherung erfasst (anders aber BGH NStZ 2003, 85 m. zu Recht abl. Bspr. *Otto,* JK 10/03, StGB § 25 II/14).

[196b] Zum Erfordernis eines „wechselseitigen Einverständnisses" bei der sukzessiven Mittäterschaft s. BGH NStZ 1996, 227 f. m. krit. Bspr. *Otto,* JK 96, StGB § 25 II/11.

[197] Mit Bsp. *Gössel,* Fs. Jescheck, 1985, S. 552 ff. u. 555 ff.; *Otto,* Jura 1987, 253; *Kaczmarek,* Fs. Rudolphi, 2004, S. 123 ff.; *Freund,* 10/160; *Krey/Esser,* AT, Rn. 1197; *Grabow/Pohl,* Jura 2009, 656. – Vgl. auch BGH NJW 1993, 3152 u. BGH NStZ 2008, 280; BGH NStZ-RR 2011, 111 f. u. 2012, 77, 78.

[197a] Zur sukzessiven Mittäterschaft beim Dauerdelikt vgl. *Schmitz,* 2001, S. 195 ff. u. knapp *Geppert,* Jura 2011, 30, 35.

[198] *Kühl,* JuS 1982, 190; noch strenger gegen die Verwendung des Beendigungsbegriffs auch bei der Mittäterschaft *Bitzilekis,* ZStW 99 (1987), 732; krit. aber *Walther,* NStZ 2005, 657, 662 unter Berufung auf „Belange des Rechtsgüterschutzes".

[199] Zum Verstoß gegen das Analogieverbot in diesen Fällen vgl. *Krey,* ZStW 101 (1989), 848 u. *Krey/Esser,* AT, Rn. 1198; *Eisele,* BT II, Rn. 340; *Schmitz,* 2001, S. 195; *Murmann,* GK, 27/61, 69 u. *Geppert,* Jura 2011, 30, 35.

[199a] Näher *Kühl,* Fs. Roxin, 2001, S. 665, 681 ff. u. knapper in: JuS 2002, 729, 733; zust. LK-*Vogel,* § 253 Rn. 43.

Eine funktionelle **Mit-Beherrschung** der Tat ist in dieser nicht mehr zum Tatbe- **128** stand gehörigen Phase **ausgeschlossen;**[200] dennoch lässt es die Rspr. ausreichen, dass die Willensübereinstimmung (o. Rn. 104) vor Beendigung der Tat hergestellt wird.[200a] Auch wenn man in der Beutesicherung eine Intensivierung der Gefährdung des Rechtsguts Eigentum sieht, so reicht jedenfalls für die Täterschaft „eine Rechtsgutsverletzung unabhängig von den Modalitäten der gesetzlichen Tathandlung ... nicht".[201] Erst recht ist keine Mittäterschaft am Raub mehr dadurch zu begründen, dass nach „gesicherter" Wegnahme der Beute durch einen der beiden Mittäter einer Körperverletzung der andere doch noch einen Teil dieser von ihm bei der Körperverletzung nicht erstrebten Beute annimmt (so aber BGH JZ 1981, 596 = Fall 59 bei *Kühl*, JuS 1982, 189 f.; abl. zur BGH-Entscheidung LK-*Vogel*, § 249 Rn. 55). Nach Beendigung des Diebstahls – das Diebesgut ist vom Tatort an einen entfernten Ort verbracht und die Beute geteilt worden, als ein möglicher „Mittäter" um Fahrdienste für die Diebe „gebeten" wurde – ist „sukzessive Mittäterschaft" auch nach der Rspr. nicht mehr möglich (BGH NStZ 2008, 152, wo zu Recht auf Begünstigung nach § 257 verwiesen wird).

Eine andere Frage, die ebenfalls unter dem Stichwort „sukzessive Mittäterschaft" **129** diskutiert wird,[201a] ist dann aufgeworfen, wenn es um die **Zurechnung von Tatteilen** – meist Erschwerungsgründen – geht, die vor dem Eintritt des Mittäters in die Tatausführung **schon** vollständig vom bisherigen Alleintäter bzw. von den bisherigen Mittätern **verwirklicht** wurden. So z. B. wenn A schon eingebrochen ist und der hinzugerufene B nur noch bei der Wegnahme hilft.[202] Oder wenn A Gewalt gegen das Raubopfer ausgeübt hat und B sich danach mit der Wegnahme einschaltet.[203] Auch wenn sich ein „Unterstützer" erst nach der von den anderen vollzogenen Täuschung i. S. des § 263 einschalten will (vgl. BGH NJW 2009, 3448 = Fall 1 bei *Rengier*, JuS 2010, 281, 282 f.). In diesen Fällen steht sowohl der fehlende gemeinschaftliche Entschluss, der nicht durch ein nachträgliches Einverständnis oder durch nachträgliche wechselseitige Billigung (so aber BGH NStZ 1996, 227 m. Bspr. *Otto*, JK 96, StGB § 25/11; s. dazu o. Rn. 104 f.) ersetzt werden kann, als auch die fehlende gemeinsame Tatbeherrschung hinsichtlich des abgeschlossenen Tatteils (Einbruch, Gewalt)

---

[200] Ebenso *Roxin*, AT II, 25/221; *M-Gössel/Zipf*, AT 2, 49/67; *Geppert*, JK 99, StGB § 25 II/12; *Jäger*, Rn. 231; *Joerden*, 1988, S. 81 Fn. 201; *Kindhäuser*, AT, 40/12; *Krey/Esser*, AT, Rn. 1198; *Mitsch*, BT 2/1, 1/90 (zu § 242) u. BT 2/2, 2/38 (zu § 316a); *Rengier*, JuS 1993, 463 u. BT I, 7/44–47; *Seher*, JuS 2009, 304, 306 f.: Fall 8; MK-*Joecks*, § 25 Rn. 208 a. E.; SK-*Hoyer*, § 25 Rn. 114 u. 123–125.

[200a] BGH NStZ 1999, 510; 2000, 594; 2004, 263; 2008, 280, 281 (m. Bspr. *Murmann*, ZJS 2008, 456, 461 u. *Walter*, NStZ 2008, 548 = Bsp. Fall bei *Grabow/Pohl*, Jura 2009, 656, 658); BGH StraFo 2011, 66 (Bedenken der Lit. teilend); *Kaczmarek*, Fs. Rudolphi, 2004, S. 123, 134; *Weisser*, 2011, S. 516 f.; krit. *Geppert*, Jura 2011, 30, 34 f.

[201] *Otto*, Jura 1987, 253; ebenso *Otto*, 21/66, u. in: JK 96, StGB § 25 II/11, sowie in: Fs. Lackner, 1987, S. 719: „nach Abschluss des tatbestandsmäßigen Verhaltens" keine Begründung von Mittäterschaft mehr möglich.

[201a] Vgl. etwa *Hoyer*, AT I, S. 53; *Rengier*, BT I, 7/44–47; SSW-*Murmann*, § 25 Rn. 38 u. *Geppert*, Jura 2011, 30, 35 f.

[202] Vgl. jedoch BGHSt 2, 344 [wie hier aber *Otto*, Jura 1987, 254, m. w. N. in Fn. 43] sowie BGH NStZ 1994, 123 mit Bspr. *Otto*, JK 94, StGB § 27/4, zur Beihilfe; vgl. zu diesen Entscheidungen auch *Ebert*, S. 202; zu weit BGH NStZ 2003, 85 f. mit zu Recht abl. Bspr. *Otto*, JK 10/03, StGB § 25 II/14; zu Recht die Zurechnung einer Qualifikation abl. BGH NJW 2008, 387, 388; dafür aber *Weisser*, 2011, S. 517 ff.

[203] Zur uneinheitlichen Rechtsprechung in diesen Fällen *Gössel*, Fs. Jescheck, 1985, S. 540 ff., vgl. auch *Küper*, JuS 1986, 862 ff. = Besprechung von BGH NJW 1985, 814; wie hier die Rspr. ablehnend LK-*Vogel*, § 249 Rn. 55.

dessen Zurechnung zum später Eintretenden entgegen.[204] Deshalb rechnet der BGH einen schon vollständig abgeschlossenen Messereinsatz (§ 224) dem Mittäter nicht zu, der sich erst danach unter Billigung des bisherigen Geschehens durch Fußtritte der Körperverletzung angeschlossen hatte (BGH NStZ 1997, 272).[204a] Eine mittäterschaftliche Zurechnung lebensgefährlicher Messerstiche soll auch dann ausscheiden, wenn der Hinzutretende dem Opfer weitere, aber nicht-kausale Messerstiche beibringt; denn Mittäterschaft setze voraus, „dass der zur Tat Hinzutretende selbst einen für die Tatbestandsverwirklichung ursächlichen Beitrag leistet" (BGH NStZ 1998, 565 m. abl. Bspr. *Geppert*, JK 99, StGB § 25 II/12; zu diesem umstr. Kausalitätserfordernis s. o. Rn. 107).[204b] – Eine sukzessive Beihilfe nach der Verwirklichung von Tatteilen ist dagegen möglich, weil es sich um eine akzessorische Beteiligung an der Tat eines anderen handelt, zu der bis zur Vollendung Hilfe geleistet werden kann (s. unten Rn. 234).[204c]

> Aus der **Übungsfall-Literatur** zur sukzessiven Mittäterschaft vgl.: *Ambos*, JuS 2000, 465 u. 468; *Beulke*, KK II, Fall 9, Rn. 250 u. 255; *Freund/Schaumann*, JuS 1995, 801 u. 804; *Herzberg*, Täterschaft, Fall 53, S. 71 f.; *Hohmann*, JuS 1994, 860 u. 864; *Kudlich*, PdW AT, Fall 288; *Kühl*, Fall 59, JuS 1982, 189 f.; *Mitsch*, in: G/K/M, Fallsammlung, Fall 14, S. 251 f. u. 259; *Murmann*, JA 2011, 593 u. 596 f.; *Radtke*, Jura 1997, 477 u. 480 f.; *Riemenschneider/Paetzold*, Jura 1996, 316 u. 318; *Roxin*, Fall 19, JA 1979, 525; *Rudolphi*, AT-Fälle, Fall 8, S. 89 u. 95 f.; *Uhlig/Brockhaus*, JuS 2006, 311 u. 314 f.; *Ulsenheimer*, Jura 1981, 149 u. 153 f.; *Vogel/Fad*, JuS 2002, 786 u. 788 f.

IV. Wesen, Strafgrund und Akzessorietät der Teilnahme

1. Wesen und Strafgrund der Teilnahme

130 Ist die Täterschaft als eigene, nicht notwendig eigenhändige Tatbegehung gekennzeichnet worden (s. o. Rn. 2 u. 25), so ist im Gegensatz dazu das Charakteristikum der Teilnahme die Beteiligung an einer **fremden** Tat, die Haupttat genannt wird.[205] Nur über diese Haupttat wird die Teilnahme an den Tatbestand des jeweiligen Delikts angebunden. Der Teilnehmer ist noch weiter als der mittelbare Täter und der nur einen Teilakt selbst ausführende Mittäter von der Tatbestandsverwirklichung entfernt. Während diese, obwohl sie das Werkzeug bzw. den/die anderen Mittäter (mit-)agieren lassen, die Tat als „Zentralgestalten" (mit-)beherrschen, erscheinen die Teilnehmer eher als **„Randfiguren"** des Tatgeschehens, die nur untergeordnete Beiträge zur Tat beisteuern.

131 Diese Tatbeiträge werden in den Formen der Anstiftung gem. § 26 und der Beihilfe gem. § 27, d. h. in anschaulichen Typen, strafrechtlich erfasst. Während der An-

---

[204] Ebenso *Roxin*, AT II, 25/224–228 u. in: TuT, S. 693 mit Fn. 529; besonders nachdrücklich i. S. dieser Meinung *Seher*, JuS 2009, 304, 306: Fall 7; *Grabow/Pohl*, Jura 2009, 656, 658 ff.: Fälle 3 u. 4; *M-Gössel/Zipf*, AT 2, 49/76; *Freund*, 10/160; *Köhler*, S. 520; *Krey/Esser*, AT, Rn. 961; *Stratenwerth/Kuhlen*, 12/88 f.; MK-*Joecks*, § 25 Rn. 208; NK-*Schild*, § 25 Rn. 140.

[204a] Vgl. W-*Hillenkamp*, Rn. 357.

[204b] Diese Rspr. wird fortgesetzt von BGH NStZ 2009, 631; 2010, 146; 2011, 112 u. 699, 702; dazu *Geppert*, Jura 2011, 30, 36, der eine Aufgabe der sonstigen Rspr. zur sukzessiven Mittäterschaft prophezeit, und *Graf*, 2011, S. 16.

[204c] *Grabow/Pohl*, Jura 2009, 656, 660; *Rengier*, BT I, 7/49; s. auch *Lackner/Kühl*, § 27 Rn. 3. – Aus der Rspr. vgl. BGH NStZ 1994, 123.

[205] *Ebert*, S. 204; *Frisch*, LdRerg 8/1620, S. 12. – *Kindhäuser*, Fs. Hollerbach, 2001, S. 627, 652, spricht von einer „unselbstständigen ‚Anbindung'" des Teilnehmers.

stifter die Tatbegehung durch den Haupttäter veranlasst, fördert der Gehilfe die Haupttatbegehung auf unterstützende Weise. Beide Formen der Teilnahme verlangen, dass die jeweiligen Tatbeiträge **vorsätzlich** erbracht werden. Anders als bei der Täterschaft, bei der es den Fahrlässigkeits-Täter gibt, ist eine fahrlässige Veranlassung oder Förderung einer Haupttat nicht über die Teilnahmeformen der Anstiftung und der Beihilfe zu erfassen. In Betracht kommt allenfalls eine Strafbarkeit des fahrlässigen Veranlassers/Förderers als Täter eines Fahrlässigkeitsdelikts.[206]

Der Strafgrund der Teilnahme,[206a] der die Teilnahmeregelung des geltenden Rechts am besten, wenn auch nicht vollständig erklärt, ist die Verursachung der rechtswidrigen Haupttat i.S. der §§ 26, 27, an die sich der Teilnehmer anbindet (sog. „**akzessorietätsorientierte Verursachungstheorie**"[207]). Danach ist der Unrechtsgehalt der Teilnahme aus dem Unrecht der Haupttat abzuleiten und zugleich von ihm abhängig.[207a] Der Anstifter bindet sich dadurch an die Haupttat, dass er sie durch Veranlassen des Haupttäters zur Tatbegehung mit-verursacht; der Gehilfe bindet sich dadurch an die Haupttat, dass er die Tatbegehung des Haupttäters durch fördernde Unterstützungshandlungen mit-verursacht (auch sog. „Förderungs- und Verursachungstheorie"[208]). Den vom Täter ausgeführten **Rechtsgutsangriff** muss sich der Teilnehmer als Mit-Verursacher **zurechnen lassen**. Daneben soll die Teilnahme aber auch einen **selbständigen** (mittelbaren) Rechtsgutsangriff (Erfolgsunrecht) enthalten (dann sog. „gemischte Verursachungstheorie"[209]). Als (ergänzendes) Element wird auch der Solidarisierungsgedanke in die Strafgrunddiskussion einbezogen: der Teilnehmer, der sich mit dem Täter solidarisiere, gebe ein für die Rechtsgemeinschaft „unerträgliches Beispiel" und verwirkliche schon damit einen besonderen Aktunwert (Handlungsunrecht).[210] Schließlich wird die gemeinsame Organisation als Voraussetzung der Akzessorietät angesehen: das erforderliche Teilnahmeverhalten bestehe in einem mit dem ausführenden Haupttäter „objektiv gemeinschaftlichen Verhalten", das den Grund für die Zurechnung der durch den Haupttäter vollzogenen Ausführung zum Teilnehmer abgebe.[210a]

132

---

[206] Vgl. wieder *Ebert*, S. 204; *Frisch*, LdRerg 8/1620, S. 12; S/S-*Heine*, Vorbem. §§ 25 ff. Rn. 15.

[206a] Klare Übersicht bei *Geppert*, Jura 2008, 34 f. u. *Satzger*, Jura 2008, 514, 516 f.

[207] So *Küper*, ZStW 104 (1992), 577; *Theile*, 1999, S. 42; *Kudlich*, 2004, S. 359 f.; *Seher*, JuS 2009, 793; *Koriath*, Fs. Maiwald, 2010, S. 417, 425; krit. *Renzikowski*, 1997, S. 41 ff.; *Rackow*, 2007, S. 75; *Kindhäuser*, AT, 38/13 u. SK-*Hoyer*, vor § 26 Rn. 16.

[207a] So auch die Rspr.: BGH NStZ 1999, 513; OLG Frankfurt NJW 2004, 2028, 2032.

[208] Vgl. *Ebert*, S. 204; *Frisch*, LdRerg 8/1620, S. 12; *Jescheck/Weigend*, S. 685; *Meurer*, S. 162; S/S-*Heine*, Vorbem §§ 25 ff. Rn. 17; *Otto*, JuS 1982, 558: „sog. Förderungs- oder Unrechtsteilnahmetheorie", *Otto*, 22/7: „Unrechtsteilnahmetheorie"; ebenso *Stratenwerth/Kuhlen*, AT I, 12/121; *Schumann*, Fs. Stree/Wessels, 1993, S. 383; eingehend *Nikolidakis*, 2004, S. 19, 49.

[209] *Roxin*, AT II, 26/27 u. in: Fs. Stree/Wessels, 1993, S. 369 ff.; ebenso *Geppert*, Jura 1997, 299 f.: „Theorie des akzessorischen Rechtsgutsangriffs", u. Jura 1999, 266: „Theorie des selbstständigen akzessorischen Rechtsgutsangriffs"; ebenso *Satzger*, Jura 2008, 514, 517; auch nach S/S-*Heine*, Vorbem §§ 25 ff. Rn. 17a, verkörpert die Teilnahme einen eigenen Unwert (Handlungs- und Erfolgsunwert); zu dieser Lehre eingehend SK-*Hoyer*, Vor § 26 Rn. 17–21.

[210] Vgl. *Roxin*, Rn. 21 Vor § 26, insb. zur neuen Konzeption von *Schumann*, 1986, S. 49 ff. (dem zust. *Selter*, ARSP 2011, 249, 271: „Theorie von der Störung des sozialen Friedens"); knappe Darstellung dieser Konzeption und ihrer strafbarkeitseinschränkenden Folgen bei S/S-*Heine*, Vorbem §§ 25 ff. Rn. 18; krit. auch *Stein*, 1988, S. 112 ff. sowie mit Blick auf die Anstiftung *Christmann*, 1997, S. 69 ff.

[210a] *Jakobs*, GA 1996, 253, 265.

133   Aus der gegenwärtigen Diskussion um den Strafgrund der Teilnahme ist die sog. Schuldteilnahmetheorie ausgeschieden. Danach hatte der Teilnehmer, insb. der Anstifter, das Schuldigwerden des Täters mitzuverantworten, er korrumpiere ihn.[210b] Wie die §§ 26, 27 und 29 jedoch zeigen, ist die Schuld des Haupttäters keine Voraussetzung der akzessorischen Teilnahme.[211] Die Konstruktion eines selbstständigen Teilnehmerdelikts scheitert an der akzessorischen Ausgestaltung der Teilnahme im geltenden Recht.[212]

> Auf den Strafgrund der Teilnahme ist auch bei der Entscheidung von Streitfragen in **Übungsarbeiten** einzugehen: *Gössel,* Fälle, Fall 11, S. 183 ff. u. 186 f. (keine Anstiftung zu Eigentumsdelikt durch Eigentümer); *Rudolphi,* AT-Fälle, Fall 9, S. 101 u. 106 f. (Anstiftervorsatz muss auf die materielle Vollendung der Haupttat gerichtet sein).

133a   Der Schutzzweck der jeweiligen Haupttat – deshalb eigentlich eine BT-Materie – entscheidet über die Strafbarkeit der im jeweiligen Tatbestand vorgesehenen, sog. **notwendigen Teilnahme.** Als allgemeine Leitlinie kann gelten: Dient der Tatbestand ausschließlich dem Schutz des „Teilnehmers" – so dem Bewucherten bei § 291 I –, so ist dieser immer straflos. In allen anderen Tatbeständen mit notwendigem Teilnehmer – etwa der begünstigte Gläubiger bei § 283 c I – geht dieser nur dann straflos aus, wenn er sich auf das zur Tatbestandserfüllung Notwendige beschränkt.[212a] Als notwendiger Teilnehmer bleibt derjenige Lebensmüde straflos, der einen Dritten zu seiner Tötung anstiftet (= von ihm seine Tötung i. S. des § 216 „verlangt"). Zu diesem Ergebnis – Straflosigkeit des Anstifters – kommt man in diesem Fall aber auch schon mit dem Argument, dass das Leben des Anstifters ihm gegenüber kein fremdes Rechtsgut ist (s. oben Rn. 139). Stiftet ein Dritter jemanden zur Selbsttötung an, so ergibt sich die Straflosigkeit daraus, dass es an einer Haupttat fehlt, an die sich die Anstiftung „anlehnen" könnte (s. oben Rn. 138).

> Aus der **Übungsfall-Literatur** vgl. *Seier,* Anfängerklausur, Nr. 14, S. 169 u. 178.

2. Die Akzessorietät der Teilnahme

a) Rechtsstaatliche Bedeutung und Sinn der Akzessorietät

134   Die Teilnahme ist zunächst deshalb akzessorisch, weil sie die **Haupttat,** die ein anderer begeht, **voraussetzt.** Der Sinn dieser Akzessorietät der Teilnahme lässt sich ohne Schwierigkeiten einsehen: „Einen anderen zu irgendeiner Übeltat zu ‚bestimmen' oder ihm dabei ‚Hilfe zu leisten', kann so pauschal natürlich nicht verboten und strafbedroht sein. Das Gesetz muss genauer sagen, wozu man den anderen nicht bestimmen und wozu man ihm keine Hilfe leisten darf".[213] Die erforderliche **rechtsstaatliche Bestimmtheit** erhält die Strafbarkeit der Teilnahme erst durch

---

[210b] Vgl. aber *Selter,* ARSP 2011, S. 249, 271.

[211] Ebenso *Otto,* JuS 1982, 557; *Geppert,* Jura 1997, 299; *Freund,* 10/109 u. LK-*Schünemann,* 9 vor § 26.

[212] *Frisch,* LdRerg 8/1620, S. 13; *Geppert,* Jura 1997, 299 f.; *Otto,* JuS 1982, 558, sowie *Otto,* 21/5 f. – Zu den Vertretern der Lehre vom selbstständigen Teilnahmedelikt gehören u. a. *Lüderssen,* Fs. Miyazawa, 1995, S. 449, 463, und *Schmidhäuser,* 10/9 f.; ähnlich auch *Herzberg,* GA 1971, 1 f.; *Meyer,* GA 1979, 271; *Sax,* ZStW 90 (1978) 961. Vgl. auch *Renzikowski,* 1997, S. 127 ff., nach dem der Teilnehmer gegen ein Gefährdungsverbot verstößt; ähnlich *Heghmanns,* GA 2000, 473, 476 ff.; vgl. auch den Überblick bei *Ambos,* 2002, S. 616 ff.

[212a] So mit diesen Beispielen *Ebert,* S. 216; ebenso *Lackner/Kühl,* Rn. 12 vor § 25; im Wesentlichen auch LK-*Schünemann,* Rn. 24–34 vor § 26 (anders für § 283 c aber in Rn. 33); eingehend *Gropp,* 1992 u. in: AT 10/157–179.

[213] *Herzberg,* GA 1991, 148; *Seher,* JuS 2009, 793.

die gesetzlich mit Strafe bedrohte Haupttat, auf die sie sich als unentbehrliche Grundlage beziehen muss. Insofern repräsentiert der Akzessorietätsgrundsatz „zugleich die rechtsstaatliche Schranke des Garantietatbestandes".[214]

Aufbauhinweis: Wegen der gesetzlichen festgelegten Akzessorietät der Teilnahme dürfen in strafrechtlichen Fallbearbeitungen Anstifter und Gehilfen nie geprüft werden, bevor nicht eine andere Person wegen einer tatbestandsmäßigen, vorsätzlichen und rechtswidrigen (Haupt-)Tat mit positivem Ergebnis durchgeprüft wurde. „Faustregel: Haupttäter geht vor Teilnehmer."[214a] Ein Verstoß gegen diesen einzigen, aus dem Gesetz ableitbaren Aufbaugrundsatz gilt als „Todsünde".[214b] Da man aber bei Beginn der Prüfung eines Tatbeteiligten oft nicht weiß, ob er Täter oder Teilnehmer sein wird, ist mit dem „Tatnächsten" zu beginnen, weil er als im Zentrum des Tatgeschehens Agierender voraussichtlich Täter sein wird.[214c] Dies gilt selbst in Fällen der mittelbaren Täterschaft, in denen der Agierende letztlich nicht Täter, sondern dessen Werkzeug ist (vgl. o. Rn. 44). **134a**

b) Die sog. limitierte Akzessorietät

Der Gesetzgeber hat freilich hinsichtlich der Anforderungen, die an die „unentbehrliche" Haupttat zu stellen sind, einen Spielraum.[215] Von diesem Spielraum hat der Gesetzgeber in §§ 26, 27 auch Gebrauch gemacht: Anstiftung und Beihilfe setzen eine vorsätzlich begangene rechtswidrige Tat voraus. Da eine „rechtswidrige Tat" nach § 11 I Nr. 5 nur vorliegt, wenn die Tat „den Tatbestand eines Strafgesetzes" verwirklicht, muss also eine **tatbestandsmäßige rechtswidrige Tat**, begangen durch den Haupttäter, vorliegen.[216] Im Hinblick auf den dreistufigen Aufbau der Straftat müssen beim zuerst zu prüfenden Haupttäter objektive und subjektive Tatbestandsmäßigkeit sowie das Nichtvorliegen von Rechtfertigungsgründen festgestellt sein, bevor man sich der Frage der Strafbarkeit eines Teilnehmers zuwenden darf. **135**

Scheitert die Strafbarkeit des Haupttäters auf der dritten Stufe – der Schuldebene –, so muss dennoch die Strafbarkeit des Teilnehmers geprüft werden, da schon nach dem klaren Wortlaut der §§ 26, 27 eine schuldhafte Tatbegehung durch den Haupttäter nicht vorausgesetzt ist. Dieser Grundsatz der sog. **limitierten Akzessorietät** lockert die Anbindung der Teilnahme an die Haupttat bzw. die Täterschaft, weil er keine strafbare Haupttat bzw. Täterschaft voraussetzt. Diese im Schuldbereich gelockerte Akzessorietät wird durch § 29 bestätigt, wonach jeder „Beteiligte" – also alle Täter und alle Teilnehmer[217] – „ohne Rücksicht auf die Schuld des anderen nach seiner Schuld bestraft" wird. Teilnahme ist also **unrechts-akzessorisch**, der Teilnehmer mit-verursacht über den Haupttäter dessen tatbestandsmäßiges Unrecht. **136**

Die positive Voraussetzung der Tatbestandsmäßigkeit der Haupttat ist nicht nur dann gegeben, wenn der Haupttäter den objektiven Tatbestand erfolgreich verwirklicht, d. h. die Haupttat vollendet. Auch eine nur **versuchte Haupttat** reicht als vorsätzlich begangene rechtswidrige Tat i. S. der §§ 26, 27 aus, wenn der Versuch bei **137**

---

[214] *Küper*, ZStW 104 (1992), 585.

[214a] *Arzt*, S. 198; ebenso *Tiedemann*, Anfängerübung, S. 161; *Scholz/Wohlers*, Klausuren, S. 33 u. *Stiebig*, Jura 2007, 908, 909: „zwingend".

[214b] *Geppert*, Jura 2008, 34, 35.

[214c] Vgl. *Otto*, Übungen, S. 40; *Gössel*, Fälle, S. 13 f.

[215] *Herzberg*, GA 1991, 148.

[216] LK-*Schünemann*, Rn. 19 Vor § 26; *Murmann*, JuS 1999, 548 f.; *Seher*, JuS 2009, 793: Fälle 1 und 2; krit. *Hruschka*, ZStW 110 (1998), 581, 603.

[217] Vgl. *Lackner/Kühl*, § 29 Rn. 1: „Danach sind Mittäter, Anstifter und Gehilfen … von der Schuld der anderen Beteiligten unabhängig."

dieser Tat mit Strafe bedroht ist.[218] Es ist also z.B. eine strafbare Anstiftung zum Totschlag(sversuch) auch dann gegeben, wenn der vom Anstifter erfolgreich zur Tötung eines Dritten bestimmte Haupttäter diesen Dritten durch einen Messerstich in die Herzgegend „nur" verletzt (= §§ 212, 22, 23, 26 sowie §§ 224, 26). Ist dagegen der zur Tat bestimmte Täter erst auf dem Weg zum Tatort, so liegt keine Anstiftung zur ins Auge gefassten Tat vor, da sich der Täter noch im Vorbereitungsstadium bewegt. Eine Strafbarkeit des Veranlassers kann sich dann nur aus § 30 I i.V.m. dem ins Auge gefassten Delikt ergeben, wenn sich die (noch) erfolglose, versuchte Anstiftung auf ein Verbrechen bezog; nur **versuchte Anstiftung** gem. § 30 I liegt auch dann vor, wenn der „Anstifter" deshalb erfolglos war, weil der andere keinen Tatentschluss fasste oder schon selbst zur Tat entschlossen war.[219]

138　　Die positive Voraussetzung der Tatbestandsmäßigkeit verlangt auch, dass der Haupttäter durch sein Verhalten einen Straftatbestand erfüllt. Daran fehlt es, wenn er sich z.B. selbst tötet oder verletzt, denn die §§ 211 ff., 223 ff. erfassen nur die Tötung, Verletzung eines anderen Menschen. Deshalb ist eine Anstiftung oder Beihilfe zur Selbsttötung straflos, weil es an einer **tatbestandsmäßigen** Haupttat fehlt.[219a] Geht der Veranlasser einer Selbsttötung über das bloße Bestimmen eines frei verantwortlich Handelnden hinaus, so kommt mittelbare Täterschaft in Betracht, wobei der mittelbare Täter einen anderen durch diesen selbst tötet (s.o. Rn. 46). Nach der Rechtsprechung soll auch eine Unterlassungstäterschaft dann vorliegen, wenn der **Suizident bewusstlos wird;**[219b] danach dürfte man dem Suizidenten den Strick reichen, müsste aber rettend eingreifen, sobald der sich Erhängende bewusstlos wird (*Kühl*, JA 2009, 321, 325); eine solche Garanten-Handlungspflicht trifft aber nicht denjenigen, der die frei verantwortliche Selbsttötung nur geschehen lässt und damit den Willen des Suizidenten respektiert.[219c] – Auch die **„Quasi-Mittäterschaft"** ist straflos, wenn der Suizident die volle Herrschaft über den lebensbedrohenden Akt hat.[219d] Eine solche Konstellation wird im bekannten „Gisela"-Fall diskutiert (s. schon oben 4/89), in dem es um einen fehlgeschlagenen bzw. missglückten Doppelselbstmord ging; – nicht zu verwechseln mit dem oben bei der mittelbaren Täterschaft mit einem tatbestandslos handelndem (sich selbst tötendem) Werkzeug vorgestellten Fall des vorgetäuschten Doppelselbstmords, bei dem der Täuschende sich

---

[218] *Frisch*, LdRerg 8/1620, S. 13; SK-*Hoyer*, Vor § 26 Rn. 28; für die Anstiftung *Deiters*, JuS 2006, 302, 303. – Aus der Übungsfall-Literatur: *Noltensmeier/Henn*, JA 2007, 772 u. 776.

[219] Vgl. zu den drei Formen der versuchten Anstiftung *Geppert*, Jura 1997, 299, 302 u. *Dessecker*, JA 2005, 549, 551. – LK-*Schünemann*, § 30 Rn. 13, bildet „sieben Sachverhaltsgruppen".

[219a] *Achenbach*, Jura 2002, 542 f.: Fall 1; *Kühl*, JA 2009, 321, 324; *Dreier*, JZ 2007, 317, 319. – Kritisch zum sog. Teilnahmeargument und für das Prinzip der Eigenverantwortlichkeit als Begründung *Ingelfinger*, 2004, S. 222 ff.; *Murmann*, 2005, S. 391 ff., NK-*Neumann*, 45 vor § 211. u. *Putzke*, Fs. Roxin, 2011, 425, 430 ff. – Zu Forderungen nach Strafbarkeit des „assistierten Suizids" *Roxin*, Fs. Jakobs, 2007, S. 571, 579 f. u. *Schreiber*, Fs. Jakobs, 2007, S. 615 ff.; *Lüttig*, ZRP 2008, 57; zur Strafbarkeit der Suizidbeihilfe bei „Gewinnsucht" de **lege ferenda** *Schöch/Verrel*, GA 2006, 553, 581; krit. *Kühl*, JahrbRuE 2006, 243, 257.

[219b] Vgl. BGHSt 32, 367 (= *Roxin*, HRR-AT, Fall 87 [„Wittig"]); mit abl. Bspr. *Eser*, MedR 1985, 6; *Sowada*, Jura 1985, 75; *Gropp*, NStZ 1985, 97 u. *Schultz*, JuS 1985, 270; krit. auch *Ingelfinger*, 2004, S. 234 ff.; der Rspr. im Erg. zust. *Gössel/Dölling*, BT 1, 2/94 f., aber auch 100.

[219c] *Lackner/Kühl*, 15 vor § 211; ebenso *Achenbach*, Jura 2002, 542, 544: Fall 4; *Kühl*, Jura 2010, 81; *Kutzer*, Fs. Schöch, 2010, S. 481, 485; *Otto*, Jura 2003, 100, 102; *Steinhilber*, JA 2010, 432; *Eisele*, JuS 2012, 577, 580; *Rengier*, BT II, 8/14–16; im Übungsfall *Morgenstern*, Jura 2008, 625, 626.

[219d] *Lackner/Kühl*, § 216 Rn. 3; *Rengier*, BT II, 8/8.

gar nicht töten wollte (oben Rn. 50). Im „Gisela"-Fall versuchte sich ein Liebespaar durch Zufuhr von Auspuffgas ins Wageninnere zu töten, was aber insofern miss-glückte, als das Gas nur zum Tode der auf dem Beifahrersitz sitzenden „Gisela" führte, während der auf dem Fahrersitz Gas gebende „Täter" überlebte. Der BGH erkannte die Problematik für den Gasgebenden: Tötung von „Gisela" auf deren Verlangen hin (§ 216) oder straflose Beihilfe zum Suizid von „Gisela" (BGHSt 19, 135, 139). Außerdem erkannte der BGH, dass seine subjektive Theorie zur Abgren-zung von Täterschaft und Teilnahme (s. oben Rn. 30 ff.) hier nichts zur Lösung bei-tragen kann, weil § 216 schon tatbestandlich „die Unterordnung unter den fremden Willen" voraussetzt (BGH a. a. O.). Dann aber wird zu sehr auf die Aktivität des Gasgebenden und seine Mitbeherrschung des Gesamtgeschehens abgestellt und zu wenig das aktive und freiwillige Einatmen des Gases durch „Gisela" sowie der Um-stand berücksichtigt, dass sich „Gisela" durch Öffnen der von ihr verriegelten Tür auf der Beifahrerseite hätte am Leben erhalten können (*Kühl*, Jura 2010, 81, 83 u. 84; *Eisele*, JuS 2012, 577, 578). Dass sie diese Möglichkeit nicht ergriff, macht „Gisela" zu einer sich freiverantwortlichen Suizidentin, weil sie die Herrschaft über den unmittelbar lebensbeendenden Akt hatte. Sie ist dem Partner eines geplanten Doppelselbstmords gleichzustellen, der den vom Partner mit Gas gefüllten Raum nicht durch die Tür verlässt.[219e]

Straflos ist auch die „**Quasi-mittelbare Täterschaft**", wenn der Suizident den die Tötung Ausführenden z. B. durch die Täuschung, die Pistole sei ungeladen, be-herrscht und also einen straflosen Suizid in mittelbarer Täterschaft begeht, woran die fahrlässige Beteiligung des Ausführenden nicht nach § 222 strafbar ist (oben Rn. 51 a; anders BGH NJW 2003, 2326; OLG Nürnberg NJW 2003, 454 [§ 222]; dazu *Engländer*, Jura 2004, 234, 237 f.; *Herzberg*, Jura 2004, 670 u. in: NStZ 2004, 2 sowie in: FS. Puppe, 2011, S. 503 ff. [Fremdtötung]; *Hecker/Witteck*, JuS 2005, 397 [Eigenverantwortlichkeit des Suizidenten]; *Küpper*, JuS 2004, 757 [der Rspr. zust.]; *Duttge*, NStZ 2006, 266, 271 [krit zur Rspr.] u. *Otto*, JK 3/04, StGB § 216/7;[219f] im Übungsfall *Kudlich*, PdW BT II, Fall 25 u. *Norouzi*, JuS 2007, 146 u. 149; die Prüfungsrelevanz dieser Konstellation bestätigt die von *Eisele* entworfene baden-württembergische Examensklausur vom Herbst 2007, in der bei einem „Rus-sischen Roulette" der Todesschütze vom lebensmüden Opfer dadurch zum Schuss veranlasst wurde, dass ihm vorgespiegelt wurde, es handle sich um eine Farbspritz-pistole).

[219e] Im Ergebnis ebenso *Roxin*, TuT, S. 570: durch Einatmen des Giftes sei „Gisela" „den Weg durch die Todespforte selbst gegangen"; *Eisele*, BT I, Rn. 196–200; krit. zur Begründung im Text *Murmann*, GK, 23/91, 99, der auf die rechtlich missbilligte Gefahrschaffung abstellen will; für Tatherrschaft und § 216 nur, wenn „Gisela" keine Möglichkeit mehr hatte, sich der tödlichen Wirkung des Gases in freier Entscheidung zu entziehen, *Rengier*, BT II, 8/10.

[219f] Vgl. dazu *W-Hettinger*, BT 1, Rn. 65 a, der wie *Engländer*, Jura 2004, 234, 236, den „Selbstverletzungscharakter" betont; ebenso *Duttge*, Fs. Otto, 2007, S. 227, 245 f. u. MK-*Duttge*, § 15 Rn. 158 sowie *Kühl*, Jura 2010, 81, 82; *Roxin*, AT I, 11/126–130 u. eingehend in: Fs. Otto, 2007, S. 441 ff. (gegen *Herzberg* und *Küpper*, S. 447 ff. und 451 f.); ebenso NK-*Puppe*, 185 vor § 13: weil der Täuschende „der alleinige (mittelbare) Täter" ist; für § 222 aber *Eisele*, JuS 2012, 577, 581 u. in: BT I, Rn. 188–192; *Gössel/Dölling*, BT 1, 2/104; *Jäger*, Rn. 54 c (wohl auch) *Kindhäuser*, BT I, 4/25–27: Fall 5 u. *Rengier*, BT II, 20/6 a; § 222 hält für möglich auch *Murmann*, 2005, S. 343, 364 Fn. 188 u. in: GK, 23/92, 99: rechtlich missbilligte Gefahrschaffung; gegen § 222 *W-Beulke*, Rn. 684 a: Fremdgefährdung mit rechtfertigender Einwilligung; für Fremdtötung LK-*Walter*, Rn. 135 vor § 13. – Zu beiden Entscheidungen auch *Schlehofer*, Fs. Herzberg, 2008, S. 355, 357 f., 364, der das Abstellen auf die Tatherr-schaft kritisiert, u. LK-*Walter*, Rn. 134 vor § 13.

139   Aus dem Strafgrund der Teilnahme ergibt sich die weitere Voraussetzung jeglicher Teilnahme: die Haupttat muss nicht nur für den Täter tatbestandsmäßig sein, sondern auch ein Rechtsgut verletzten, das auch **für den Teilnehmer fremd** ist.[220] Ist das vom Täter angegriffene Rechtsgut nur für diesen ein fremdes, z. B. weil der Haupttäter den Teilnehmer verletzt, so fehlt es für den Teilnehmer an einem Angriff auf ein fremdes Rechtsgut, denn das Leben bzw. die körperliche Gesundheit ist gegenüber Angriffen seitens des Rechtsgutsträgers selbst nicht geschützt. An dieser Voraussetzung der „Nichtidentität" des Teilnehmers „mit dem Tatopfer" fehlt es z. B., wenn der Masochist einen anderen bestimmt, ihn blutig zu schlagen (= keine Anstiftung zu § 223).[221] Stiftet der Eigentümer aus Versehen einen Dritten zur Beschädigung seiner Sache an, so liegt keine Anstiftung zu § 303 vor.[221a] Greift aber der Teilnehmer nur irrtümlich eigene Güter an, so ist eine Teilnahme am (aus Teilnehmersicht untauglichen) Versuch der Haupttat dennoch möglich.[221b]

> Aus der **Übungsfall-Literatur** zur limitierten Akzessorietät vgl.: *Dehne-Niemann*, JA 2009, 868 u. 873 f.; *Jäger*, Fall 9, Rn. 54 b, c (BGH NStZ 2003, 537 – „Müllcontainer"-Fall – nachgebildet; auch zum Fall des OLG Nürnberg, s. oben Rn. 138); *Kudlich*, AT-Fälle, Fall 12, S. 177 f. u. in: PdW AT, Fall 301; *Kudlich/Pragal*, JuS 2004, 791 f. u. 794; *Lindheim/Uhl*, JA 2009, 783 u. 785 (Suizidverhinderung); *Mitsch*, JuS 1999, 372 u. 373 f.; *Park*, JuS 1999, 887 u. 890.

140   Die Haupttat muss nach §§ 26, 27 vom Haupttäter **vorsätzlich** begangen sein. Geht der Teilnehmer **irrig** davon aus, der Haupttäter handle vorsätzlich, so bleibt allenfalls eine Strafbarkeit wegen versuchter Beteiligung nach § 30 (s. o. Rn. 88 f.). Eine vorsätzliche Haupttat liegt nach § 11 II auch bei sog. Vorsatz-Fahrlässigkeitskombinationen vor (z. B. bei der Gefährdung des Straßenverkehrs gem. § 315 c I Nr. 1 a, III Nr. 1). Teilnahme ist demnach trotz der Fahrlässigkeitskomponente dieser Delikte möglich, erfordert jedoch, dass auch der Teilnehmer fahrlässig hinsichtlich der besonderen Folge handelt.[221c] Dies ergibt sich bei erfolgsqualifizierten Delikten, z. B. bei der Körperverletzung mit Todesfolge (§ 227), bereits aus § 18, bei den übrigen Vorsatz-Fahrlässigkeitskombinationen, z. B. bei § 315 c I Nr. 1 a, III Nr. 1, aus den allgemeinen Teilnahmeregeln (§ 29).[221d] Überredet der Beifahrer den Haupttäter des § 315 c I Nr. 1 a, III Nr. 1 zur Trunkenheitsfahrt, dann ist er als Anstifter strafbar, wenn die fahrlässige Gefahrverursachung des Haupttäters auch für ihn voraussehbar war.[221e] – Handelt der Haupttäter nicht vorsätzlich, dann wird er oft Werkzeug in der Hand des veranlassenden, fördernden Hintermannes sein, so dass dessen Strafbarkeit als mittelbarer Täter in Betracht kommt (s. o. Rn. 52 f.).

---

[220] LK-*Schünemann*, Vor § 26 Rn. 30; NK-*Schild*, Vor §§ 26, 27 Rn. 6; SK-*Hoyer*, Vor § 26 Rn. 32; S/S-*Heine*, Vorbem §§ 25 ff. Rn. 17 a; zusf. *Satzger*, Jura 2008, 514, 517. – Zur Straflosigkeit des Eigentümers bei der „Diebesfalle" vgl. *Geppert*, JK 93, StGB § 242/15 unter 3 b sowie im Übungsfall: *Geppert*, Jura 2002, 281 u. 282.

[221] *Herzberg*, GA 1991, 145 f.; *Sitzmann*, GA 1991, 80 f.; mit weiteren Beispielen *Geppert*, Jura 2008, 34, 35 u. *Nowak*, JuS 2004, 197 (zu § 246).

[221a] Bsp. von *Joecks*, § 26 Rn. 5.

[221b] *Jakobs*, 22/8; vgl. auch *Stieper*, JuS 2000, 832 u. *Nowak*, JuS 2004, 197, 199.

[221c] B-*Weber/Mitsch*, 30/19; *Heinrich*, AT II, Rn. 1282; *Roxin*, AT II, 26, 167, 284; LK-*Schünemann*, § 26 Rn. 92 u. § 27 Rn. 62; W-*Beulke*, Rn. 554; a. A. *Noack*, JuS 2005, 312, der Vorsatz des Teilnehmers verlangt; abl. *Gössel*, Fs. Lange, 1976, S. 219, der Täterschaft erwägt (dagegen *Frister*, 28/4 u. LK-*Schünemann*, § 26 Rn. 93 mit Hinweis auf den Wortlaut des § 18). – Aus der Übungsfall-Literatur: *Alpmann/Schmidt*, AT 2, Fall 10, S. 56 f. u *Noak/Sengbusch*, Jura 2005, 494 u. 499.

[221d] S/S-*Eser/Hecker*, § 11 Rn. 64; S/S-*Cramer/Sternberg-Lieben*, § 18 Rn. 7; *Frister*, 28/3; LK-*Vogel*, § 18 Rn. 68; abl. aber *Noack*, JuS 2005, 312, 314 f.

[221e] *Arzt/Weber*, 35/126.

Diese Möglichkeit fehlt freilich bei Delikten, die besondere Täterschaftsvoraussetzungen aufstellen (s. o. Rn. 14 u. 16), so dass z. B. mangels eigenhändiger Begehung
der Tat straflos bleibt, wer böswillig die ihr Geschwisterverhältnis nicht kennenden
Geschwister verkuppelt (§ 173 II 2).[222] Ebenso bleibt mangels Täterqualität bzw.
Pflichtenstellung derjenige straflos, der den nach einem Verkehrsunfall wartepflichtigen Fahrer zum unvorsätzlichen Entfernen vom Unfallort gem. § 142 I durch die
Vorspiegelung veranlasst, der andere Unfallbeteiligte habe auf Feststellungen verzichtet.[223] Solche sog. **Urheberschaft** (z. B. „Anstiftung" zur unvorsätzlichen Tat) ist
nach geltendem Recht nicht über die Teilnahmevorschriften zu erfassen.[224]

Das letztgenannte § 142 I-Beispiel ist freilich nur dann ein klarer Fall eines un- **141**
vorsätzlich handelnden Haupttäters, wenn der Verzicht auf Feststellungen die Tatbestandsmäßigkeit und die irrige Annahme des Verzichts dementsprechend den Vorsatz gem. § 16 I ausschließt.[225] Wer im Verzicht des Unfallgegners nur eine
rechtfertigende Einwilligung sieht, muss in der irrigen Annahme des Verzichts einen
Erlaubnistatumstandsirrtum (hier: irrige Annahme der tatsächlichen Voraussetzungen einer rechtfertigenden Einwilligung) sehen.[226] Damit stellt sich eine besonders
strittige Problematik: „Liegt eine vorsätzliche Tat i. S. der §§ 26, 27 StGB vor, wenn
sich der Haupttäter in einem Erlaubnistatbestandsirrtum befindet?" (so gestellt von
Hillenkamp, 22. AT-Problem, S. 163; Problemschwerpunkt 29 bei *Heinrich*, AT II,
Rn. 1136–1141). Die Problematik ist auch hier dann von besonderer praktischer
Relevanz, wenn es sich um Tatbestände handelt, bei denen die Alternative mittelbare Täterschaft ausscheidet. So z. B. wenn der Veranlasser den Arzt durch die Vorspiegelung, der Patient habe ihn von der Schweigepflicht entbunden bzw. sei mit der
Weitergabe des Gutachtens über seine Verletzung einverstanden, zur Offenbarung
ihm anvertrauter Privatgeheimnisse i. S. des § 203 I Nr. 1 bringt. Wirkt die Einwilligung des Patienten bei § 203 rechtfertigend, so führt ihre irrige Annahme zu einem
Erlaubnistatumstandsirrtum.[227]

Keine Probleme mit der Annahme einer Anstiftung hat die strenge Schuldtheorie, **142**
die den Erlaubnistatumstandsirrtum wie den Erlaubnisirrtum nach § 17 behandelt,
denn danach handelt der Täter vorsätzlich und nur bei Unvermeidbarkeit des Irrtums ohne Schuld.[228] Ebenso unproblematisch können diejenigen Vertreter der eingeschränkten Schuldtheorie vorgehen, die beim Erlaubnistatumstandsirrtum den
Unrechtsvorsatz bestehen lassen und nur die Vorsatzschuld verneinen (sog. rechtsfolgenverweisende Variante der eingeschränkten Schuldtheorie[229]). Wer dagegen den
(Unrechts-)Vorsatz des im Erlaubnistatumstandsirrtum befindlichen Täters in analoger (so hier, s. o. 13/73: vorsatzunrechtsverneinende eingeschränkte Schuldtheorie)
oder direkter (Lehre von den negativen Tatbestandsmerkmalen) Anwendung des

---

[222] Bsp. von *Ebert*, S. 205 f.; zur Eigenhändigkeit dieses Delikts vgl. *Lackner/Kühl*, § 173
Rn. 6.

[223] Bsp. von *Samson*, Strafrecht I, S. 220 f.; mit ähnlichem Bsp. *Krey/Esser*, AT, Fall 126,
Rn. 1004.

[224] *Lackner/Kühl*, Rn. 9 Vor § 25.

[225] So für § 142 z. B. *Fischer*, § 142 Rn. 30 u. 39 m. w. N.

[226] So für § 142 z. B. *Lackner/Kühl*, § 142 Rn. 33 f., mit zahlreichen Nachweisen. – Im
Übungsfall: *Rudolphi*, AT-Fälle, Fall 15, S. 177 u. 185.

[227] Vgl. *Fischer*, § 203 Rn. 31 u. 48 sowie *Lackner/Kühl*, 2 vor § 201; anders aber *K/H/H-
Heinrich*, BT 1, Rn. 574 f., der Tatbestandsirrtum annimmt, weil die Einwilligung tatbestand-
sausschließend wirke; ebenso *Roxin*, AT II, 26/38 u. in: TuT, S. 556, der in solchen Fällen eine
„Strafbarkeitslücke" sieht.

[228] So M-*Gössel/Zipf*, AT 2, 51/25.

[229] So W-*Beulke*, Rn. 478; im Übungsfall *Noltensmeier/Henn*, JA 2007, 772 u. 777.

§ 16 verneint, scheint gezwungen zu sein, auch eine vorsätzliche Tat i. S. der §§ 26, 27 verneinen zu müssen.[230] Diese sog. **Gleichbehandlungstheorie**[231] betont die Nähe des Erlaubnistatumstandsirrtums zum Tatumstandsirrtum, bei dessen Vorliegen in der Person des Haupttäters nach fast allgemeiner Ansicht keine Teilnahme möglich ist.

143   Dem widerspricht die sog. **Differenzierungstheorie,**[232] nach der die Vorsätzlichkeit der Haupttat auch dann vorliegt, wenn sich der Haupttäter in einem Erlaubnistatumstandsirrtum befindet. Ausreichend für die Vorsätzlichkeit i. S. der §§ 26, 27 sei der auf den Strafandrohungstatbestand bezogene **Verwirklichungswille** (= der auf den Tatbestand bezogene Vorsatz). Der Unrechtsvorsatz erfasst mit den tatsächlichen Umstände eines Rechtfertigungsgrundes **mehr** als der auf die tatsächlichen Umstände eines objektiven Tatbestandes bezogenen Tatbestandsvorsatz,[232a] und kann deshalb verneint werden, ohne den für die Teilnahme ausreichenden Tatbestandsvorsatz zu beseitigen. Die typischen Merkmale, auf die die Teilnahme bezogen bleiben solle, seien ohnehin im auch sog. **Leitbildtatbestand** versammelt, mit dessen bewusster Verwirklichung durch den Täter man sich zufrieden geben könne.[233] Die konstruktiven Schwächen dieser Differenzierungstheorie werden für viele durch die Schließung von Strafbarkeitslücken, die sie ermöglicht, kompensiert. Gerade bei Delikten wie §§ 142, 203 (z. B. bei Vorspiegelung dem Arzt gegenüber, er sei von der Schweigepflicht entbunden), bei denen die mittelbare Täterschaft als Strafbarkeits-Alternative ausscheidet, erscheint es schwer erträglich, den bösgläubigen Veranlasser und Förderer straflos zu lassen.[233a] Im Fall des im Tatumstandsirrtum befindlichen Täters ist man freilich bereit, diese Strafbarkeitslücken hinzunehmen.[234]

> Aus der **Übungsfall-Literatur** zu Gleichbehandlungs- und Differenzierungstheorie vgl.: *Alpmann/Schmidt,* AT 2, Fall 39, S. 193 u. 200 f.; *Herzberg,* Täterschaft, Fall 77, S. 109–111 (Gleichbehandlungstheorie); *Hillenkamp,* 22. AT-Problem, Bsp. 1, S. 163 u. 166, sowie Bspe. 2 u. 3, S. 166 f. (Lösungen jeweils nach allen Theorien); *K/H/H-Heinrich,* BT 1, Rn. 552 u. 573–582: Fall 64 (Gleichbehandlungstheorie); *Kudlich,* PdW AT, Fall 151 (mittelbare Täterschaft möglich); *Kühl/Hinderer,* Jura 2012, 488 u. 491 („Differenzierungstheorie"); *Mitsch,* JA 1995, 32 u. 41; *Noltensmeier/Henn,* JA 2007, 772 u. 777; *Otto,* JuS 1982, 559 f.: Fall 2 (Gleichbehandlungstheorie); *Rudolphi,* AT-Fälle, Fall 15, S. 177 u. 189 (Differenzierungstheorie); Die Examensklausur, Klausur Nr. 20, S. 233 u. 241 f.

144   Soweit der subjektive Tatbestand eines Delikts zusätzlich zum Vorsatz weitere **subjektive Unrechtsmerkmale** wie z. B. Absichten verlangt, ist deren Vorliegen beim Haupttäter Voraussetzung für eine strafbare Teilnahme, da nur dann eine tatbestandsmäßige Haupttat vorliegt. Wer dem ohne Zueignungsabsicht Wegnehmenden

---

[230] Diese Konsequenz ziehen *Krey,* AT 2, Rn. 228 (and. jetzt *Krey/Esser,* AT, Rn. 1007, die auf der Basis der „rechtfolgeneinschränkenden Schuldtheorie" den Vorsatz bejahen); S/S-*Heine,* Vorbem §§ 25 ff. Rn. 32.

[231] So genannt von *Hillenkamp,* 22. AT-Problem, S. 164, der auch deren Vertreter und deren Argumente auflistet (S. 164 f.); ergänzend *Streng,* Fs. Otto, 2007, S. 469, 479 ff., der den Rechtsgedanken des § 28 II heranzieht, und SK-*Hoyer,* Vor § 26 Rn. 37 gegen SK-*Rudolphi,* § 15 Rn. 13.

[232] So genannt von *Hillenkamp,* 22. AT-Problem, S. 165, der auch deren Vertreter und deren Argumente auflistet (S. 165 f.); ergänzend *Murmann,* GK, 27/73, unter zutreffender Berufung auf *Frisch,* 1983, S. 252 f.

[232a] Vgl. *Roxin,* AT I, 14/70.

[233] LK[11]-*Roxin,* Rn. 27 Vor § 26.

[233a] Ebenso LK-*Vogel,* § 16 Rn. 126; anders LK-*Schünemann,* 21 vor § 26.

[234] Darauf verweist *Otto,* 22/30; vgl. auch *Roxin,* TuT, S. 556.

hilft, leistet keine Beihilfe zum Diebstahl (s. o. Rn. 56 zum absichtslos dolosen Werkzeug).[235]

Ebensowenig liegt Beihilfe zur Körperverletzung durch Reichen eines Stockes an 145 den unmittelbar Handelnden vor, wenn dieser sich gegen einen gegenwärtigen rechtswidrigen Angriff in erforderlicher Weise wehrt, denn dann fehlt wegen der **Notwehr** – Rechtfertigung gem. § 32 des Haupttäters – eine rechtswidrige Haupttat.[236]

Schuldhaft muss die Haupttat nach §§ 26, 27 nicht begangen sein, die Akzessorie- 146 tät der Teilnahme zur Haupttat ist insoweit gelockert (sog. limitierte Akzessorietät). Wie jedoch bei der Behandlung der mittelbaren Täterschaft mit einem ohne Schuld oder entschuldigt handelnden Werkzeug gezeigt wurde (s. o. Rn. 61 ff.), ist ein ohne Schuld oder entschuldigt Handelnder leicht für einen Hintermann steuerbar. Die durch die limitierte Akzessorietät ermöglichte Strafbarkeit des Veranlassers oder Förderers eines ohne Schuld oder entschuldigt Handelnden als Anstifter oder Gehilfe ist deshalb nicht von großer praktischer Bedeutung,[237] denn diese Teilnahmeformen werden von der mittelbaren Täterschaft, so sie vorliegt, verdrängt (sog. Subsidiarität). Gleichwohl gibt es auch außerhalb der Delikte, bei denen keine mittelbare Täterschaft möglich ist, Fälle, in denen mangels Tatherrschaft durch den Veranlasser/Förderer auf eine Bestrafung wegen Teilnahme (Anstiftung/Beihilfe) zurückgegriffen werden muss. So z. B. wenn jemand dem in einer lebensgefährlichen Notstandslage Befindlichen nur den Weg weist, wie er sich durch Tötung eines Dritten retten kann;[238] ergreift der in Lebensgefahr Befindliche die ihm gewiesene Möglichkeit, so ist sein Totschlag gem. § 35 entschuldigt, der den Weg Weisende aber hat sich nach §§ 212, 26 als Anstifter zum Totschlag strafbar gemacht.

Aus der **Übungsfall-Literatur** zu limitierten Akzessorietät vgl.: *Blei,* PdW AT, Fall 292.

c) Lockerungen der Akzessorietät

Die Akzessorietät der Teilnahme bedeutet nicht nur, dass eine strafbare Teilnahme 147 eine bestimmte Haupttat als unentbehrliche Grundlage für die „Anlehnung" der Teilnahme voraussetzt. Akzessorisch ist auch die Konstruktion der **Rechtsfolge,**[239] denn der Teilnehmer wird nach der für den Täter geltenden Strafdrohung bestraft, wobei nur für die Beihilfe in § 27 II 2 eine Milderung gem. § 49 I vorgesehen ist. Diese akzessorische Regelung trägt dem Umstand Rechnung, dass das Unrecht der Teilnahme auch qualitativ vom Unrecht der Haupttat abhängig ist.[240] Eine Abhängigkeit der Teilnahme besteht also nicht nur hinsichtlich des **Ob,** sondern auch hinsichtlich des **Wie** der Teilnehmerhaftung.[241]

aa) Die besonderen persönlichen Merkmale bei § 28

Die Anlastung von Unrecht, das der Haupttäter begangen hat, an den Teilnehmer 148 erscheint im Hinblick auf die Verantwortlichkeit des Haupttäters für die Tat problematisch.[242] Der Gesetzgeber hat wohl auch deshalb die Akzessorietät weiter gelo-

---

[235] *Ebert,* S. 206; *Mitsch,* BT 2/1, 1/164.
[236] *Ebert,* S. 206.
[237] So auch LK-*Schünemann,* Rn. 25 Vor § 20.
[238] Vgl. zum Beispiel *Ebert,* S. 206.
[239] *Frisch,* LdRerg 8/1620, S. 13.
[240] *Ebert,* S. 207.
[241] *Blei,* PdW AT, Fall 327.
[242] Vgl. *Herzberg,* GA 1991, 145.

ckert, soweit es um persönliche Merkmale geht. Eine solche „gegenakzessorische Rechtsregel"[243] enthält § 28 für strafbegründende und strafmodifizierende „besondere persönliche Merkmale". Merkmale, die nicht die Ausführung der Tat, sondern die Person des an der Tatbegehung Beteiligten charakterisieren, sollen möglichst nur der Person angelastet werden, bei der sie vorliegen.[244] „Vorliegen" meint hier, dass der Beteiligte diese Merkmale in seiner Person aufweisen muss, m. a. W. diese Merkmale müssen die Person charakterisieren.

149, 150   Eine nur **geringe Lockerung** der Akzessorietät in der Rechtsfolge bringt § 28 I, wonach die Strafe des Anstifters oder Gehilfen nach § 49 I zu mildern ist, wenn bei ihm „besondere persönliche Merkmale" fehlen, welche die Strafbarkeit des Täters „begründen". § 28 I führt also nur zur **Strafmilderung** innerhalb desselben Tatbestandes, ist also insofern akzessorisch, als die Strafe der Strafdrohung des Tatbestandes zu entnehmen ist, den der Haupttäter verwirklicht hat. Wer z. B. als Nichtrichter einen Richter zur Rechtsbeugung gem. § 339 bestimmt, wird wie dieser – wenn auch nur als Anstifter – aus § 339 bestraft: §§ 339, 26. Bei diesem Beispiel[245] ist vorausgesetzt, dass die Richtereigenschaft ein „besonderes persönliches Merkmal" i. S. des § 28 ist. Fehlt dieses Merkmal, das der Haupttäter aufweist, beim Teilnehmer (z. B. beim Anstifter), so kommt ihm lediglich eine Strafmilderung zugute. Weiß der Teilnehmer allerdings nicht, dass der Täter ein besonderes persönliches Merkmal i. S. des § 28 I aufweist, so scheitert dessen Zurechnung schon am **fehlenden Vorsatz** des Teilnehmers; auf die in § 28 I vorgesehene Akzessorietätslockerung kommt es dann nicht mehr an. Betrachtet man mit der Rspr. die Habgier als strafbegründendes besonderes persönliches Merkmal (s. u. Rn. 164), so scheitert die Bestrafung des von der Habgier des Haupttäters nichts wissenden Gehilfen wegen Beihilfe zum Mord schon am fehlenden Haupttat-Vorsatz (s. u. Rn. 242), ohne dass § 28 I eine Bedeutung erlangt.[245a]

> Aus der **Übungsfall-Literatur** zu § 28 I vgl.: die Nachweise bei 20/161 sowie *Fischer/Gutzeit*, JA 1998, 43: Bsp. 3; *Miehe,* JuS 1996, 1000 u. 1008.

151   Eine sehr viel **weitergehende Lockerung** der Akzessorietät in der Rechtsfolge bringt § 28 II, wonach „besondere persönliche Merkmale", die „die Strafe schärfen, mildern oder ausschließen", nur für den Beteiligten gelten, „bei dem sie vorliegen". § 28 II führt – was freilich nicht ganz außer Streit steht[246] – also dazu, dass auf die Beteiligten (Mittäter oder Teilnehmer wie Anstifter und Gehilfen) unterschiedliche Tatbe-

---

[243] *Herzberg,* GA 1991, 145; aufgegriffen von *Küper,* ZStW 104 (1992), 559 u. *Bacigalupo,* Fs. Tiedemann, 2008, S. 253, 269.

[244] Vgl. zum Grundgedanken von § 28 *Lackner/Kühl,* § 28 Rn. 1; vgl. auch *Bacigalupo,* Fs. Tiedemann, 2008, S. 253, 269.

[245] Beispiel bei *Ebert,* S. 207, bei dem auch die im Text folgenden Bspe. zu finden sind; § 332-Bsp. bei *Seher,* JuS 2009, 793, 794: Fall 3.

[245a] BGH NStZ 1996, 385, zum Mordmerkmal der „niedrigen Beweggründe"; dazu auch BGH NStZ 2008, 273, wo aber missverständlich formuliert wird, dass es für die Beihilfe zum Mord aus niedrigen Beweggründen reiche, wenn der Tatbeitrag „entweder ebenfalls aus niedrigen Beweggründen oder in Kenntnis der niedrigen Beweggründe des (Haupt-)Täters" erbracht wurde; zu Recht krit. *Kudlich,* JA 2008, 310.

[246] § 28 II wird auch als bloße Strafzumessungsregel verstanden, so dass der Teilnehmer aus demselben Tatbestand wie der Täter nur mit modifiziertem Strafrahmen bestraft wird, so z. B. LK[11]-*Roxin,* § 28 Rn. 4 [abl. *Otto,* Jura 2004, 469 u. LK-*Schünemann,* § 28 Rn. 9: „ingeniöser Ansatz", aber nicht mit dem geltendem Recht vereinbar.] u. SK-*Hoyer,* § 28 Rn. 5; zur Kritik dieser Position vgl. eingehend *Küper,* ZStW 104 (1992), 578 ff. u. in: Fs. Jakobs, 2007, S. 311 ff.; zusf.: *Geppert,* Jura 1997, 299, 301.

stände Anwendung finden (**Tatbestandsverschiebung/Tatbestandsveränderung**).[246a] Wer z. B. als Nichtamtsträger einen Amtsträger zur Körperverletzung eines Dritten im Amt gem. § 340 I anstiftet, wird nicht wegen Anstiftung zur Körperverletzung im Amt gem. §§ 340, 26 bestraft, sondern wegen Anstiftung zur Körperverletzung gem. §§ 223, 26, weil das „besondere persönliche Merkmal" der Amtsträgereigenschaft bei § 340 nur der Grund für die Strafschärfung im Vergleich zu § 223 ist. Solche strafschärfende „besondere persönliche Merkmale" gelten aber nur für den, bei dem sie vorliegen, und das ist im Beispielsfall[247] der zuschlagende Amtsträger.

> Aus der **Übungsfall-Literatur** vgl.: *Rudolphi*, AT-Fälle, Fall 5, S. 52 u. 64 (§ 258 a-Fall). – **Aufbauhinweise** bei *Gaede*, JA 2007, 775 u. 761 f.

Diese Regelungstechnik kann sich natürlich **auch zum Nachteil** eines Anstifters 152, 153 auswirken. Stiften z. B. die Eltern ihre schwangere Tochter zum Abbruch der Schwangerschaft an, so kommt ihnen die Privilegierung des § 218 III nicht zugute, weil die Schwangerschaft ein (strafmilderndes) besonderes persönliches Merkmal i. S. des § 28 II ist.[247a]

> Aus der **Übungsfall-Literatur** vgl.: *Tiedemann*, Anfängerübung, Fall 9, S. 222 f. u. 224.

Die in den einführenden Beispielsfällen vorausgesetzten „besonderen persönli- 154 chen Merkmale" wie die Amtsträger- oder Richtereigenschaft, die Eigenschaft als nichteheliche Mutter und die Habgier zeigen schon die Vielfalt dieser Merkmale. Allgemein lassen sich die „besonderen persönlichen Merkmale" nach der Legaldefinition des § 14 I als im gesetzlichen Tatbestand genannte „besondere persönliche Eigenschaften, Umstände oder Verhältnisse" kennzeichnen. Für die in § 28 angesprochenen „besonderen persönlichen Merkmale" wird aber einschränkend verlangt, dass es sich um die Strafbarkeit mitbestimmende Umstände handeln muss, die gerade die Person des Täters charakterisieren. Man spricht von **täterbezogenen** Merkmalen, die von den sog. **tatbezogenen** Umständen abzugrenzen sind.[248] Dabei ist § 28 auffällig offen formuliert, so dass als „besondere persönliche Merkmale" nicht nur persönliche Merkmale, die das Unrecht mitbestimmen, sondern auch individuelle Schuldmerkmale (sowie die die Strafwürdigkeit mitbestimmenden Umstände)[249] in Betracht kommen.

§ 28 verlangt nach diesem – freilich wieder nicht unbestrittenen – Verständnis 155 nicht, bei „besonderen persönlichen Merkmalen" zwischen Unrechts- und Schuld-

---

[246a] *Geppert*, Jura 2008, 34, 36; *Satzger*, Jura 2008, 514, 516.

[247] Beispiel bei *Frisch*, LdRerg 8/1620, S. 13 f., u. bei *Sanchez-Vera*, 1999, S. 184, der diese Privilegierung des Teilnehmers für „ungerechtfertigt" hält, weil auch er „an der Verletzung der positiven Institution" beteiligt sei; er will deshalb auch die unechten Sonder- bzw. Pflichtdelikte der Regelung des § 28 I unterwerfen (S. 225); § 246 I und II-Bsp. bei *Seher*, JuS 2009, 793, 794: Fall 4.

[247a] *Lackner/Kühl*, § 218 Rn. 16; vgl. auch *Arzt*, S. 130 mit Bsp. 94.

[248] Vgl. *Ebert*, S. 208; *Frisch*, LdRerg 8/1620, S. 14; *Geppert*, Jura 2008, 34, 35 u. *Kindhäuser*, AT, 38/27 f. – Aus der Rspr. vgl. BGHSt 22, 375, 23, 39 u. 39, 328; BGH NJW 2005, 996, 997. – Kritisch zu dieser Unterscheidung der h.M. *Herzberg*, GA 1991, 148 ff.; *Schünemann*, Jura 1980, 367 ff. u. in: LK, § 28 Rn. 32 f.: „Etikett", „Leerformel", ähnlich in: Fs. Küper, 2007, S. 561, 564; *Otto*, 22/16 u. in: Jura 2004, 469 ff.; NK-*Puppe*, §§ 28, 29 Rn. 16, die jeweils eigenständige Kriterien zur Bestimmung der „besonderen persönlichen Merkmale" entwickeln (in krit. Auseinandersetzung mit *Puppe* unternimmt *Frister*, Fs. Puppe, 2011, S. 450, eine „Ehrenrettung" des § 28); krit. auch *Roxin*, AT II, 27/28 ff., der ebenfalls eine eigene Meinung entwickelt (27/51 ff.).

[249] *Lackner/Kühl*, § 28 Rn. 1.

merkmalen zu differenzieren. Allerdings erhält § 28 dann durch § 29[250] eine Konkurrenz bei den speziellen Schuldmerkmalen. Diese Konkurrenz-Vorschrift führt freilich bei den **strafmodifizierenden speziellen Schuldmerkmalen** des § 28 II zum selben Ergebnis, denn auch nach § 29 werden diese Merkmale, so sie Schuldmerkmale sind, nur dem angelastet, der sie in seiner Person aufweist. § 28 II und § 29 sind also hinsichtlich der Erfassung von speziellen Schuldmerkmalen als „idealkonkurrierend" nebeneinander zu denken: „§ 29 StGB formuliert das allgemeine Prinzip, dem die aus § 28 Abs. 2 StGB abzuleitenden Konsequenzen nicht widersprechen dürfen; andererseits setzt § 28 Abs. 2 StGB mit seiner deutlicheren Bezugnahme auf bestimmte ‚persönliche Merkmale' die insoweit etwas farblose Grundregel des § 29 StGB in die konkrete ‚Geltungsanordnung' um, dass solche Merkmale tatbestandlich individuell zuzurechnen sind."[251]

156   Problematischer ist das Verhältnis von § 28 I und § 29, denn die akzessorische Behandlung strafbegründender „besonderer persönlicher Merkmale", die beim Täter vorliegen, beim Teilnehmer aber fehlen, widerspricht der individuellen Zurechnungsregel des § 29 für spezifische Schuldmerkmale. Zwar gibt es nur wenige **strafbegründende spezielle Schuldmerkmale**, doch muss für diese entschieden werden, ob § 28 I oder § 29 anzuwenden ist. So z.B. für den Fall, dass nur der Täter „rücksichtslos" den Straßenverkehr gefährdet (§ 315 c I Nr. 2), der Anstifter, der dies weiß, aber aus verständlichen und anerkennenswerten Beweggründen handelt; oder z.B. für den Fall, dass nur der Täter durch Verbreiten von Schriften die Bundesrepublik Deutschland „böswillig" verächtlich macht (§ 90 a I Nr. 1), der die Schriften verbreitende Gehilfe aber aus der Überzeugung handelt, künstlerisch wertvolle Schriften zu verkaufen. Nach § 29 müsste der Teilnehmer (Anstifter, Gehilfe) straflos ausgehen, weil er das spezielle Schuldmerkmal („rücksichtslos", „böswillig") nicht aufweist,[252] nach § 28 I wäre er als Teilnehmer (Anstifter zu § 315c; Gehilfe zu § 90a) zu bestrafen, wobei ihm nur die Strafmilderung gem. § 49 I zugute käme.[253]

157   Die Anwendung von § 28 I würde den Teilnehmer also **schlechter** stellen, als er stünde, wenn er die Tat als Täter begangen hätte, denn dann wäre er infolge des Nichtvorliegens des speziellen Schuldmerkmals straflos. Als Teilnehmer würde er entgegen § 29 nicht nach „seiner Schuld" (dem bei ihm nicht vorliegenden speziellen Schuldmerkmal) bestraft. Die dem Schuldprinzip entsprechende individuelle Zurechnungsregel des **§ 29 sollte sich** deshalb in diesen Fällen **durchsetzen**.[254] – Im umgekehrten Fall – nur der Teilnehmer, nicht aber der Täter weist das spezielle Schuldmerkmal auf – ist auch der Teilnehmer mangels eines (vorsätzlich und rechtswidrig handelnden) Haupttäters straflos.[254a]

---

[250] Für die alleinige Anwendung von § 29 auf spezielle Schuldmerkmale z.B. *Jescheck/Weigend*, S. 474f. u. 659 sowie W-*Beulke*, Rn. 422ff. u. 559; SK-*Hoyer*, § 28 Rn. 6–14. – Zur Kritik dieser Position vgl. *Küper*, ZStW 104 (1992), 569ff., 574ff.

[251] *Küper*, ZStW 104 (1992), 575 u. in: Fs. Jakobs, 2007, S. 311, 322.

[252] Für die § 29-Anwendung: *Jakobs*, 23/7; *Jescheck/Weigend*, S. 659; *Otto*, 22/18; W-*Beulke*, Rn. 559; MK-*Joecks*, § 28 Rn. 16; kritisch *Puppe*, ZStW 120 (2008), 504, 505 ff.

[253] Für die § 28 I-Anwendung: *Gallas*, 1968, S. 156; *Schünemann*, Jura 1980, 363 u. in: LK, § 28 Rn. 14–21; *Niedermair*, ZStW 106 (1994), 388, 397; *Grünwald*, Gs. A. Kaufmann, 1990, S. 568 f.; *Frister*, AT, 25/33; *Roxin*, AT II, 27/12–15; S/S-*Heine*, § 28 Rn. 5 u. § 29 Rn. 4; ebenso die Rspr., vgl. BGHSt 22, 375, 378.

[254] Ebenso mit ausführlicher und überzeugender Begründung *Küper*, ZStW 104 (1992), 587–590 u. *Langer*, 2007, S. 406; ebenso *Stratenwerth/Kuhlen*, 12/187; krit. NK-*Puppe*, §§ 28, 29 Rn. 19–26.

[254a] *Roxin*, AT II, 27/10; a. A. S/S-*Heine*, § 28 Rn. 5.

Aus der **Übungsfall-Literatur** vgl.: *Blei*, PdW AT, Fall 329 (im § 90 a-Fall für § 28 I-Anwendung); *Herzberg*, Täterschaft, Fall 88, S. 120–122 (im § 315 c-Fall für § 29-Anwendung); *Wittig*, Jura-Sonderheft Examensklausur, 2000, S. 45 u. 49 (im § 315 c-Fall für § 29-Anwendung).

Die **Einordnung** bestimmter Merkmale als „besondere persönliche" bereitet **158** selbst dann nicht geringe Schwierigkeiten, wenn man mit der ganz h. M. auf den Gegensatz: **täterbezogene** – **tatbezogene** Merkmale abstellt.[255] So ist zwar typisches Beispiel für ein täterbezogenes Merkmal die Amtsträger- oder Richtereigenschaft, mit welcher die Person des möglichen Täters bei bestimmten Delikten näher gekennzeichnet wird, doch ist **nicht jede** Hervorhebung der Person, die nur Täter sein kann, als täterbezogene Festlegung zu verstehen. So ist z. B. die Eigenschaft als Mann in § 183[255a] und die Stellung als Gefangener gem. § 121 I, IV[256] kein täterbezogenes Merkmal und damit kein „besonderes persönliches Merkmal". Bei der Stellung des Unfallbeteiligten gem. § 142, der Eigenschaft als Verwandter gem. § 173,[256a] der Bandenmitgliedschaft gem. § 244 I Nr. 2[256b] und der Vermögensfürsorgepflichtenstellung gem. § 266 ist diese Einordnung als täterbezogenes oder tatbezogenes Merkmal umstritten.[256c]

Gefährlich, weil fehlerbehaftet, ist die Gleichsetzung von **subjektiven** Merkmalen **159** mit **täterbezogenen** Merkmalen, denn das trifft zwar für Motive und Gesinnungsmerkmale wie die Absicht und die niedrigen Beweggründe des § 211 zu, nicht aber für die den Taterfolg widerspiegelnden Absichten, wie sie die §§ 242, 253, 263, 259 voraussetzen.[257] Dies gilt für die Bereicherungsabsicht bei der mittelbaren Falschbeurkundung i. S. des § 271 III (BGHSt 53, 34, 38; a. A. SK-*Hoyer*, § 271 Rn. 36) ebenso wie für die bei der Entziehung Minderjähriger i. S. des § 235 IV Nr. 2 (BGHSt 55, 229, m. zust. Anm. *Wieck-Noodt*, NStZ 2011, 459 u. *Satzger*, JK 5/11, StGB § 28 II 2; abl. *Schünemann*, GA 2011, 445, 452 ff.: Schutzzweck des § 235 IV Nr. 2 ist die Gefährlichkeit des Täters [S. 455]; a. A. SK-*Hoyer*, § 28 Rn. 26 zur Bereicherungsabsicht bei § 263: Motiv des Täters).[257a]

Angesichts der Vielfalt der in Frage kommenden Merkmale kann hier nur eine **160** **grobe Orientierung** geboten werden, die nicht beansprucht, jedem Merkmal in seiner bestimmten Funktion im jeweiligen BT-Tatbestand gerecht zu werden, die aber immerhin das Problembewusstsein dadurch schärfen will, dass sie die am häufigsten diskutierten Merkmale vorstellt:

---

[255] *Geppert*, Jura 2008, 34, 35 f.

[255a] *Lackner/Kühl*, § 183 Rn. 1 a.

[256] *Ebert*, S. 208; *Roxin*, AT II, 27/70; LK-*v. Bubnoff*, § 121 Rn. 10.

[256a] BGHSt 39, 326, verneint ein besonderes persönliches Merkmal; zust. *Dippel*, NStZ 1994, 182 f. u. *Stein*, StV 1995, 253; krit. aber *Jung*, JuS 1994, 440 u. *Schünemann*, Fs. Küper, 2007, S. 561, 568, 572.

[256b] BGHSt 46, 120, 128; 47, 214, 216; BGH NStZ 2007, 526 f. m. zust. Bspr. *Satzger*, JK 5/08, StGB § 244 a/1; *Lackner/Kühl*, § 244 Rn. 7; *Langer*, 2007, S. 403 (anders für die bandenmäßige Begehung); ebenso bei § 30 a I BtMG: BGH StraFo 2008, 215; BGH NStZ-RR 2012, 121, 122 u. bei § 29 a BtMG: BGH NStZ 2007, 101; a. M. *Rengier*, BT I, 4/106 f., der sie als tatbezogenes Merkmal ansieht; ebenso SK-*Hoyer*, § 28 Rn. 34. – Tatbezogen ist „unter Mitwirkung eines anderen Bandenmitglieds", *Lackner/Kühl*, § 244 Rn. 8 m. w. N.

[256c] Für § 28 I-Anwendung BGHSt 41, 1, 2; BGH NStZ 1997, 281; *Mitsch*, BT 2/1, 8/52; *Rengier*, BT I, 18/66 mit Fall 2; ergänzend s. unten Rn. 161.

[257] *Ebert*, S. 208 f.; *Haft*, S. 207; W-*Beulke*, Rn. 558; *Mitsch*, BT 2/1, 1/164 (zu § 242); krit. SK-*Hoyer*, § 28 Rn. 23–31.

[257a] Anknüpfend an BGHSt 55, 229, nimmt *Hoyer*, GA 2012, 123 ff., Stellung „zur Reichweite des Akzessorietätserfordernisses bei überschießenden Innentendenzen".

161   Als **strafbegründende** „besondere persönliche Merkmale" i. S. des § 28 I werden wegen ihrer Täterbezogenheit Merkmale diskutiert, die sich in Tatbeständen finden, die nicht auf einem Grundtatbestand aufbauen. Die Amtsträgereigenschaft bei den echten Amtsdelikten wie z. B. der Falschbeurkundung im Amt gem. § 348 und die Richtereigenschaft bei der Rechtsbeugung gem. § 339 sind unbestritten täterbezogene Merkmale. Täterbezogen ist auch die Amtsträgereigenschaft bei der Vollstreckung gegen Unschuldige gem. § 345, doch ist nicht unbestritten, ob dieses Merkmal hier strafbegründende Funktion hat, da die Freiheitsberaubung gem. § 239 als mögliches Grunddelikt in Betracht kommt.[258] Weitgehend als täterbezogene Merkmale anerkannt sind die Stellung als Arzt z. B. bei der Verletzung von Privatgeheimnissen gem. § 203 I[258a] und die Eigenschaft als „Pfandleiher" beim unbefugten Gebrauch von Pfandsachen gem. § 290. Umstritten ist die Einordnung der Unfallbeteiligteneigenschaft bei der Entfernung vom Unfallort gem. § 142[258b] und die Stellung als Garant bei den Unterlassungsdelikten (s. unten Rn. 271).[258c] Überwiegend als täterbezogen angesehen wird die Pflichtenstellung bei der Untreue gem. § 266 (BGHSt 26, 53, 54; 36, 61 f. u. 55, 266, 286; BGH NStZ 2011, 399 [m. zust. Bspr. *Bosch*, JK 7/11, StGB § 27/23] u. 2012, 316; *Fischer*, § 28 Rn. 5 a; a. A. S/S-*Perron*, § 266 Rn. 52: rechtsgutsbezogen; *Lackner/Kühl*, § 266 Rn. 2; s schon oben Rn. 158 a. E.). Verneint wird die Täterbezogenheit der Schuldnereigenschaft bei der Gläubigerbegünstigung gem. § 283 c; auch die Zeugenstellung i. S. der Aussagedelikte der §§ 153 ff.[258d] Als tatbezogen gelten die Absichten bei den sog. Absichtsdelikten wie §§ 253, 263, 259, doch ist dies bei der Zueignungsabsicht gem. § 242 bezüglich der Aneignungsabsicht umstritten.[259] Tatbezogen ist auch das „Mitsichführen" eines Gegenstandes i. S. des § 30 a II Nr. 2 BtMG (BGH StraFo 2008, 254; *Lackner/Kühl*, § 28 Rn. 6 mit weiterer Rspr.). – Zu den Mordmerkmalen des § 211 II s. unten Rn. 164.

> Aus der **Übungsfall-Literatur** zu täterbezogenen strafbegründenden Merkmalen vgl.: *v. Danwitz*, Jura 2000, 486 u. 492 (Garantenstellung bei § 212); *Haas*, AL 2012, 119 u. 161 (Garantenstellung); *Herzberg*, Täterschaft, Fälle 85–87, S. 117 (§§ 290, 336 a. F. [jetzt § 339], 203 I alle +), u. Fall 91, S. 126 (§ 288 –), sowie Fall 92, S. 128 (§ 263 –, § 242 differenzierend); *Hinderer*, JA 2009, 25 u. 27 f. (Garantenstellung bei § 212); *Marxen*, BT, Fall 22 c, S. 248 f. (§ 332 +); *Rudolphi*, AT-Fälle, Fall 5, S. 52 u. 62, 64 (§ 336 a. F. [jetzt § 339] +), u. Fall 12, S. 134 u. 138, 140 (§ 266 –; 242), u. Fall 13, S. 148 u. 163 (Garantenstellung –), u. Fall 15, S. 177 u. 183 (§ 316 –), sowie Fall 15, S. 177 u. 189 (§ 142 +); *Seier*, JuS 2000, L 85 u. L 88 (§ 278 +); *Seier/Löhr*, JuS 2006, 241 u. 245 f. (§ 283 und § 266 +); *Vormbaum*, Jura 1980, 421 (§ 283 –). – Vgl. außerdem den § 339-Fall 1 bei *Rengier*, BT II, 59, Fall 1, vor Rn. 1 mit Lösung Rn. 5.

---

[258] Für eigentliche Amtsdelikte aber die h. M., vgl. *Lackner/Kühl*, § 345 Rn. 1 u. *Roxin*, AT II, 27/65.

[258a] *Lackner/Kühl*, § 203 Rn. 2; jetzt auch S/S-*Lenckner/Eisele*, § 203 Rn. 73.

[258b] *Lackner/Kühl*, § 142 Rn. 39; LK-*Geppert*, § 142 Rn. 182 und SK-*Rudolphi/Stein*, § 142 Rn. 53 a (Täterbezogenheit verneinend); NK-*Puppe*, §§ 28, 29 Rn. 72, MK-*Zopfs*, § 142 Rn. 124 sowie SK-*Hoyer*, § 28 Rn. 34 (Täterbezogenheit bejahend).

[258c] Vgl. *Hake*, JR 1996, 161 (Anm. zu BGH NJW 1995, 1764); für § 28 I-Anwendung NK-*Wohlers*, § 13 Rn. 28; NK-*Puppe*, §§ 28, 29 Rn. 72; LK-*Weigend*, § 13 Rn. 87; a. M. *Geppert*, ZStW 82 (1970) 40 ff.; *Freund*, Fs. Herzberg, 2008, S. 225, 238; *Fischer*, § 13 Rn. 50; *Gropp*, 10/112; S/S-*Heine*, § 28 Rn. 19; beim „Gemeindelikt" nach LK-*Schünemann*, § 28 Rn. 58 u. in: Fs. Küper, 2007, S. 561, 573 ff.; diff. *Sanchez-Vera*, 1999, S. 43, 64 u. 187. – Zu § 370 I Nr. 2 AO vgl. *Grunst*, NStZ 1998, 551 (Anm. zu BGHSt 41, 1, wo die Frage offen gelassen bleibt; dazu auch diff. SSW-*Murmann*, § 28 Rn. 8).

[258d] *Lackner/Kühl*, § 153 Rn. 7 u. MK-*Müller*, 19 vor §§ 153 ff.; a. A. LK-*Vormbaum*, § 153 Rn. 111.

[259] Vgl. *Schünemann*, Jura 1980, 581 f.; SK-*Hoyer*, § 28 Rn. 25 f.

Strafändernde täterbezogene Merkmale kommen in Tatbeständen vor, die auf ei- 162 nem Grunddelikt aufbauen[260] und dieses qualifizieren oder privilegieren.

Strafschärfende „besondere persönliche Merkmale" i.S. des § 28 II sind die Amts- 163 trägereigenschaft – anders als bei den echten Amtsdelikten (oben Rn. 161)[260a] – bei unechten Amtsdelikten wie der Körperverletzung im Amt gem. § 340, die auf dem Grunddelikt des § 223 aufbaut,[261] und die Bandenmitgliedschaft i.S. §§ 244 I Nr. 2, 244 a I, die auf § 242 aufbauen (o. Rn. 158) sowie die gewerbsmäßige Hehlerei nach § 260, die auf § 259 aufbaut (BGH NStZ 2009, 95). Als täterbezogenes Merkmal ist das Anvertrautsein der Sache bei der veruntreuenden Unterschlagung gem. § 246 II anerkannt, die auf der einfachen Unterschlagung aufbaut,[261a] auch die Schutzverhältnisse des § 225 I sind besondere persönliche Merkmale, soweit § 225 die Körperverletzung nach § 223 qualifiziert.[261b] Die Ermöglichungsabsicht gem. § 306 b II Nr. 2 ist ebenso wie die Verdeckungsabsicht gem. § 211 II ein täterbezogenes strafschärfendes Merkmal (BGH NStZ 2000, 197 f.). – Für besondere persönliche Merkmale in Form von (strafschärfenden) Regelbeispielen (z.B. § 263 III 2 Nr. 4: Befugnismissbrauch) ist vom Grundgedanken des § 28 II auszugehen.[261c]

> Aus der **Übungsfall-Literatur** zu täterbezogenen strafschärfenden Merkmalen vgl.: *Bruckauf*, in: *Ebert* (Hrsg.), Fall 15, S. 15 f. u. 234 f. (§ 340 +); *Drenkhahn*, Jura 2011, 63 u. 70 (§ 263 V: bandenmäßige Begehung); *Eisele*, Jura 2005, 207 u. 216 (§ 263 III 2 Nr. 4); *Fischer/Gutzeit*, JA 1998, 42: Bsp. 2 (§ 340 +); *Poller/Härtl*, JuS 2004, 1075 u. 1080 („Bandenmitgliedschaft" bei § 244); *Seier/Justenhoven*, JuS 2010, 795 u. 799 (gewerbsmäßig i.S. des § 263 III Nr. 1); *Seier*, Anfängerklausur, Nr. 15, S. 151 u. 193 f. (Obhutsverhältnis i.S. des § 225 I Nr. 1); *Wagner*, BT-Fälle, Fall 3, S. 21 u. 24 (§ 246 II +).

Die häufigsten Beispielsfälle aber bilden die täterbezogenen Motiv- und Ab- 164 sichtsmerkmale der ersten und dritten Gruppe der **Mordmerkmale** gem. § 211, die sich von den die Tatausführung näher bestimmenden tatbezogenen Mordmerkmalen der zweiten Gruppe plastisch abheben;[262] freilich ist die Beschränkung auf reine Tatausführung bei der grausamen und der heimtückischen Tötung nicht unbestritten.[263] Bei dieser Eingruppierung in § 28 II ist vorausgesetzt, dass der Mord gem. § 211 auf dem Totschlag gem. § 212 als Grunddelikt aufbaut, was die Rechtsprechung seit BGHSt 1, 368, 370 bis heute bestreitet; sie wendet § 28 I an, weil die

---

[260] *Ebert*, S. 209.

[260a] Diese Differenzierung ist nach *Schünemann*, Fs. Küper, 2007, S. 561, 564, der einzige feste Boden, den das Gesetz vorgibt; dennoch für Gleichbehandlung NK-*Puppe*, §§ 28, 29 Rn. 40: auch bei unechten Amtsdelikten ist die Amtsträgereigenschaft strafbegründend.

[261] Vgl. SK-*Rudolphi/Stein*, Rn. 23 Vor § 331 u. SK-*Wolters*, § 340 Rn. 9, die in § 28 II aber nur eine Strafzumessungsregel sehen, so dass sich der Teilnehmer nach § 340 strafbar macht, der Strafrahmen aber § 223 zu entnehmen ist; mit der h.M. für Strafbarkeit aus § 223 *Lackner/Kühl*, 2 vor § 331.

[261a] *Lackner/Kühl*, § 246 Rn. 13; *Mitsch*, BT 2/1, 2/66.

[261b] *Lackner/Kühl*, § 225 Rn. 3.

[261c] *Lackner/Kühl*, § 46 Rn. 16; für unmittelbare Anwendung der §§ 26 ff., auch des § 28 II, *Eisele*, 2004, S. 340.

[262] K/H/H-*Hellmann*, BT 1, Rn. 20 f.; *Lackner/Kühl*, § 211 Rn. 16; W-*Hettinger*, Rn. 92, 123 u. 141, der aber schuldsteigernde täterbezogene Merkmale annimmt, die § 29 unterfallen sollen; ebenso *Haft*, S. 147. – Aus der Rspr.: BGHSt 50, 1, 5 f.; BGH NStZ 2006, 288, 289.

[263] Vgl. *Geppert*, Jura 2008, 34, 36 f.; K/H/H-*Hellmann*, BT 1, Rn. 41, mit Hinweisen zu anderen Auffassungen bei der Heimtücke sowie Rn. 42, für die Grausamkeit; vgl. auch *Roxin*, AT II, 27/76; LK-*Schünemann*, § 28 Rn. 72, 73 u. SK-*Hoyer*, § 28 Rn. 40.

Mordmerkmale beim angeblich selbstständigen Mordtatbestand die Strafbarkeit begründen sollen.[263a]

Fehlt dem Anstifter oder Gehilfen das besondere persönliche Mordmerkmal der Habgier, so wird er nach der Rspr. in Anwendung von § 28 I wegen Anstiftung oder Beihilfe zum Mord nach § 211 mit der in § 28 I angeordneten Strafmilderung nach § 49 I bestraft; nach der Rechtslehre wird er dagegen in Anwendung von § 28 II „nur" wegen Anstiftung oder Beihilfe zum Totschlag nach § 212 bestraft. Danach muss die Rspr. ihn bestrafen, wenn nur er, aber nicht der Haupttäter ein besonderes persönliches Merkmal aufweist (BGHSt 50, 1, 6); die Rechtslehre kann ihm das so anlasten, dass er wegen Anstiftung oder Beihilfe zum Mord nach § 211 bestraft wird. Weist der Anstifter oder Gehilfe ein anderes, vergleichbares besonderes persönliches Merkmal (z. B. niedrige Beweggründe) als der (durch Habgier motivierte) Haupttäter auf (sog. **gekreuzte Mordmerkmale**), so bleibt der Rspr. nur die Anwendung von § 28 I, jedoch versagt sie dem Teilnehmer am Mord die dort vorgesehene Strafmilderung (vgl. BGHSt 50, 1, 5, 9; zu diesen gekreuzten Mordmerkmalen vgl. schon BGHSt 23, 39, 40).[263b] Die Rechtslehre kommt in zweifacher Anwendung von § 28 II ebenfalls zur Teilnahme (Anstiftung oder Beihilfe) am Mord, aber nicht wegen der Habgier des Haupttäters – sie wird dem Teilnehmer nicht angelastet (= erste § 28 II-Anwendung zugunsten des Teilnehmers) –, sondern weil er aus niedrigen Beweggründen getötet hat (= zweite § 28 II-Anwendung zulasten des Teilnehmers).

Aus der **Übungsfall-Literatur** zu den täterbezogenen Mordmerkmalen vgl.: *Ambos,* Jura 2004, 492 f. u. 497 f., 499, 500 f. (zuletzt „gekreuzte Mordmerkmale"); *Beulke,* KK I, Fall 3, Rn. 159 u. 164–166; KK II, Fall 1, Rn. 1 u. 24 f., 32 sowie KK III, Fall 2, Rn. 59 u. 100 f. (§ 29-Anwendung „vorzugswürdig"); *Bosch,* JA 2007, 418 u. 419 f.; *Bruckauf,* in: *Ebert* (Hrsg.), Fall 15, S. 15 f. u. 228–230; *Cornelius,* JuS 2009, 425 u. 432; *Dannecker,* JuS 1988, L 67 ff.; *Esser/Röhling,* Jura 2009, 866 u. 871; *Krüger,* in: *Frister* (Hrsg.), Die strafrechtliche Klausur, Fall 3, S. 51 u. 64 ff.; *Gössel,* Fälle, Fall 4, S. 77 f. u. 89 f.; *Herzberg,* Täterschaft, Fall 89, S. 123; *Hettinger,* JuS 2011, 910 u. 916 f. (gekreuzte Mordmerkmale); *Hilgendorf,* KK I, Fall 15, Rn. 34–38; KK II, Fall 6, Rn. 23–27 u. KK III, Fall 13, Rn. 66–68; *Hillenkamp,* 1. BT-Problem, Bsp. 1, S. 1 u. 4, sowie Bsp. 2, S. 4; *Hohmann/König,* Jura 1990, 200 u. 203; *Hohmann,* JuS 1995, 135 u. 139; *Hussels,* Jura 2005, 877 u. 882; *Ihring/Noak,* Jura 2007, 787 u. 790 f.; *Jäger,* Fall 49, Rn. 281 b u. c (gekreuzte Mordmerkmale, BGHSt 50, 142, nachgebildet); *Käßner/Seibert,* JuS 2006, 810 u. 816; *Knauer,* JuS 2002, 53 u. 58; *Krahl,* JuS 2003, 57 u. 59–61; *Kühl/Hinderer,* JuS 2010, 697 u. 701 f. (Kettenanstiftung); *Kühl/Kneba,* JA 2011, 426 f. u.

[263a] Aus der Rspr. BGHSt 50, 1, 5 [unter Berufung auf die ständige Rspr. seit BGHSt 1, 368] mit krit. Bspr. *Jäger,* JR 2005, 477, *Kudlich,* JuS 2005, 1051, *Puppe,* JZ 2005, 902 u. *Kraatz,* Jura 2006, 613; BGH NStZ 2006, 288, 289 mit krit. Bspr. *Satzger,* JK 6/06, StGB § 211/48; zweifelnd jetzt BGH NJW 2006, 1008, 1012 m. Bspr. *Küper,* JZ 2006, 608, 612; zur Problematik vgl. auch *Küper,* JZ 2006, 1157; BGH NStZ-RR 2002, 139 mit Bspr. *Baier,* JA 2002, 925 u. *Otto,* JK 12/02, StGB § 211/37; BGH NJW 2005, 996; bei *Altvater,* NStZ 2005, 22, 24; BGH NStZ 2008, 273 m. Bspr. *Kudlich,* JA 2008, 310. – **Aufbauhinweise** und Formulierungsvorschläge zur Darstellung dieses Streits in Fallbearbeitungen geben etwa *Arzt,* S. 129 f.; *Fischer/Gutzeit,* JA 1998, 43 ff. u. 46 f.; *Stiebig,* Jura 2007, 908, 910; *Rengier,* BT II, 5/13 u. W-*Hettinger,* Rn. 134–137; hinsichtlich der „gekreuzten Mordmerkmale" *Vietze,* Jura 2003, 394 ff. u. *Geppert,* Jura 2008, 34, 39. – Allgemein zum Verhältnis von § 211 und § 212 *Geppert,* Jura 2008, 34, 37 f.; *Hillenkamp,* 1. BT-Problem, S. 1–4; *Otto,* Jura 2003, 612, 614 f. (auch zu den „unbefriedigenden Ergebnissen" der Rspr.); K/H/H-*Hellmann,* BT 1, Rn. 19–27; *Rengier,* BT, 5/3–12; *Lackner/Kühl,* Rn. 22 vor § 211 u. § 211, Rn. 16; NK-*Puppe,* §§ 28, 29 Rn. 27–31; für eine Aufgabe der Eigenständigkeitsthese durch die Rspr. *Gössel,* ZIS 2008, 153 ff.; zur Reform *Köhne,* ZRP 2007, 165, 166. – Zur „Teilnahme an Mord und Totschlag" mit „Überblickschema" vgl. *Engländer,* JA 2004, 410 ff., 413.

[263b] Krit. zu dieser Rspr. mit Bsp. AWHH-*Hilgendorf,* 2/35.

430 f.; *K/S/L*, Klausurtraining, Fall 6, S. 160 f. u. 166 f.; *Küpper*, in: G/K/M, Fallsammlung, Fall 7, S. 131 f. u. 144 f.; *Kudlich*, PdW BT II, Fälle 30, 31; *Linke/Hacker*, JA 2009, 347 u. 351 f.; *Lotz*, JuS 2011, 982 u. 985 (gekreuzte Mordmerkmale); *Mitsch*, JuS 1996, 311 u. 312 f.: Fall 30 c; *Norouzi*, JuS 2005, 914 u. 916 f.; *Otto/Bosch*, Übungen, Fall 4, S. 116–119 u. Fall 6, S. 153 f.; *Petrovic/Hillenkamp*, StudZR 2008, 66 u. 83 f.; *Rosenau/Zimmermann*, JuS 2009, 541 u. 547 (gekreuzte Mordmerkmale mit Schaubild); *Rudolphi*, AT-Fälle, Fall 7, S. 77 u. 87; *Safferling*, JA 2007, 183 u. 189; *Sahan*, ZJS 2008, 177 u. 184 (gekreuzte Mordmerkmale); *Samson*, Strafrecht I, Fall 37, S. 191 ff.; *Sievert/Kalkofen*, JA 2012, 107 u. 111; *Sowada*, Jura 1994, 37 f. u. 43; *Steinberg/Blumenthal*, ZJS 2011, 81 u. 83 f.; *Scholz/Wohlers*, Klausuren, Bsp. einer Klausurbearbeitung, S. 80 u. 86–88; *Tiedemann*, Anfängerübung, Fall 9, S. 222 f. u. 228 f. sowie Fall 10, S. 229 f. u. 237; *Wagemann*, Jura 2006, 867 u. 871; *Walter/Schneider*, JA 2008, 262 u. 269 (gekreuzte Mordmerkmale); *Weißer*, JuS 2009, 135 u. 137 f.; *Wolters*, Fall 2, S. 27 f. u. 48 f.; *Zöller*, Jura 2007, 305 u. 312. – Hinweise zur Fallbearbeitung bei *Rengier*, BT II, 5/13.

Strafmilderndes „besonderes persönliches Merkmal" ist vor allem das Motiviert- **165** sein durch ein ausdrückliches und ernstliches Verlangen gem. § 216, eine Privilegierung, die auf dem Grunddelikt des Totschlags gem. § 212 mehr oder weniger selbständig aufbaut.[264] Wer also dem § 216-Täter das Tatmittel besorgt, ohne selbst durch das Verlangen des Getöteten motiviert zu sein, ist Gehilfe zum Totschlag (§§ 212, 27).[265] Geht der Täter irrig von einem Verlangen aus, greift die Privilegierung des § 216 über § 16 II ein (BGH NStZ 2012, 85 m. Anm. *Hecker*, JuS 2012, 365; s. oben 13/16). – Zur Schwangerschaft s. o. Rn. 152, 153.

Aus der **Übungsfall-Literatur** vgl.: *Gössel*, Fälle, Fall 4, S. 77 f. u. 89 (§ 216); *Haft*, Fallrepetitorium, Nr. 469; *Hilgendorf*, KK I, Fall 15, Rn. 4 f.; *Kühl/Kneba*, JA 2011, 426 f. u. 430; *Küpper*, in: G/K/M, Fallsammlung, Fall 7, S. 131 f. u. 141 f., 143 f.; *Kudlich*, PdW BT II, Fall 32; *Linke/Hacker*, JA 2009, 347 u. 352; *Otto/Bosch*, Übungen, Fall 6, S. 144 f.; *Sahan*, ZJS 2008, 177 u. 184 f. (§ 216); *Tiedemann*, Anfängerübung, Fall 9, S. 222 f. u. 224 (§ 218 I, III).

bb) Die besonderen persönlichen Merkmale bei § 14

Der Begriff der besonderen persönlichen Merkmale kommt auch bei der Rege- **165a** lung der strafrechtlichen **Organ- und Vertreterhaftung** in § 14 I vor, hat dort jedoch eine **andere** Bedeutung als in § 28 I.[265a] Aufgabe des § 14 ist es, diejenigen Strafbarkeitslücken zu schließen, die dadurch entstehen, dass der Adressat einer Norm seine Pflichten nicht selbst wahrnimmt oder wahrnehmen kann und daher andere für ihn stellvertretend handeln.[265b] § 14 erlaubt es, unter bestimmten Voraussetzungen die an sich nur beim Vertretenen vorliegenden strafbarkeitsbegründenden Merkmale

---

[264] *Ebert*, S. 209; *Lackner/Kühl*, § 216 Rn. 2; SK-*Sinn*, § 216 Rn. 16; differenzierend *Schünemann*, Jura 1980, 579 f. u. *Roxin*, AT II, 27/77; für spezielles Schuldmerkmal und § 29-Anwendung SK-*Hoyer*, § 28 Rn. 42; ein tatbezogenes Merkmal nimmt NK-*Neumann*, § 216 Rn. 20, an.

[265] *Kühl*, Jura 2010, 81, 86; *Rengier*, BT II, 6/12 u. LK-*Schünemann*, § 28 Rn. 77; a. M. für diesen Fall *Otto*, BT, 6/14: §§ 216, 27, weil kein „Sonderpflichtmerkmal".

[265a] So die h. M.; vgl. *Blauth*, 1968, S. 52 ff.; *Gallas*, ZStW 80, I, 21; *Lackner/Kühl*, § 14 Rn. 9; *Rogall*, in: Amelung (Hrsg.), 2000, S. 145, 168; *Roxin*, AT II, 27/97. – Die besonderen persönlichen Merkmale sind „ein geradezu klassisches Beispiel für die Relativität der Rechtsbegriffe" (S/S-*Perron*, § 14 Rn. 8). Dagegen *Langer*, Fs. Lange, 1976, S. 254 f.

[265b] *Rogall* (o. Fn. 265 a) S. 158. Von Bedeutung ist § 14 nicht nur im Kern-, sondern auch im Nebenstrafrecht, wie etwa die bei S/S-*Perron*, § 14 Rn. 5 u. LK-*Schünemann*, § 14 Rn. 42, genannten Vorschriften zeigen; zur Bedeutung für das Wirtschaftsstrafrecht *Hombrecher*, JA 2012, 535, 538 ff. Noch bedeutsamer ist der gleich lautende § 9 OWiG; vgl. *Göhler*, OWiG, § 9 Rn. 1 ff. – Zur umstrittenen dogmatischen Ableitung des § 14 (Pflichttheorien; Garantentheorie) vgl. *Roxin*, AT II, 27/98 ff.; KK OWiG-*Rogall*, § 49 Rn. 13–20; LK-*Schünemann*, § 14 Rn. 10 ff. u. *Schünemann*, Fs. Rudolphi, 2004, S. 297, 310.

auf den Handelnden **„überzuwälzen"** und so dessen strafrechtliche Haftung als **Täter** zu begründen,[265c] sofern er zum Kreis der in § 14 I–III genannten **Vertreter und Beauftragten** gehört. Soweit allerdings der Vertreter bereits selbst Adressat der Strafnorm ist, bedarf es nicht des Rückgriffs auf § 14, um ihn bestrafen zu können. Wer beispielsweise als Vorstandsmitglied einer AG und somit als deren vertretungsberechtigtes Organ einen Betrug zugunsten der AG begeht, ist Täter nach § 263, da dieser Tatbestand auch die Drittbereicherungsabsicht erfasst;[265d] ebenso macht sich der Geschäftsführer einer GmbH direkt nach § 84 I Nr. 2 GmbHG strafbar, wenn er gegen die Insolvenzantragspflicht verstößt. Generell setzt § 14 daher zunächst voraus, dass es sich überhaupt um ein „Sonderdelikt"[265e] handelt. Deshalb sollte die mögliche unmittelbare Strafbarkeit von Normadressaten[265f] immer geprüft werden, bevor man auf § 14 zurückgreift.

165b Anders als § 28 I, der eine entlastende Regelung zugunsten eines Teilnehmers enthält, hat § 14 eine **strafausdehnende** Funktion zu Lasten des Beteiligten. Daraus schließt die h. M., dass über § 14 nur **solche Merkmale** übergewälzt werden dürfen, deren durch sie gekennzeichnete Funktionen auch von einem anderen wahrgenommen werden können und deshalb **austauschbar** sind.[265g] Dazu zählen etwa besondere persönliche Verhältnisse wie die Stellung als Schuldner bei §§ 283 ff., 288,[265h] als Arbeitgeber bei § 266 a,[265i] als Veranstalter eines Glücksspiels bei §§ 284, 286[265j] oder als Kraftfahrzeughalter bei § 21 StVG.[265k] Nicht dem Täter zugerechnet werden können jedoch solche Merkmale, die so sehr an die Person oder den Status des Vertretenen anknüpfen, dass ihr Austausch bzw. ihre Überwälzung mit dem Erfordernis personaler Unrechtsverwirklichung nicht in Einklang gebracht werden könnte. Hierher gehören etwa subjektiv-täterschaftliche Merkmale (wie z. B. die Rücksichtslosigkeit oder die Böswilligkeit[265l]), egoistisch beschränkte Innentendenzen[265m]

[265c] KK OWiG-*Rogall*, § 9 Rn. 1, spricht deshalb von einem wichtigen „Instrument der Zurechnungssicherung". – Die strafrechtliche Verantwortlichkeit des Vertretenen wird, sofern er handlungs- und deliktsfähig ist, dadurch aber nicht ausgeschlossen; vgl. S/S-*Perron*, § 14 Rn. 7.

[265d] Beispiel von B-*Weber/Mitsch*, 29/18. Auch im Rahmen des § 266 ist der Vertreter vielfach bereits selbst treupflichtig; S/S-*Perron*, § 14 Rn. 4f. Ebenso spielt § 14 im Umweltstrafrecht erst dann eine Rolle, wenn es sich nicht um ein von jedermann begehbares Allgemeindelikt handelt; vgl. *Schall*, Fs. Schöch, 2010, S. 619, 623; speziell zu § 326 LK-*Steindorf*, § 326 Rn. 131.

[265e] LK-*Schünemann*, § 14 Rn. 19. So stellt sich nicht die Frage einer Anwendung des § 14 bei denjenigen unechten Unterlassungsdelikten, deren Begehungstatbestand von jedermann erfüllt werden kann; dazu und zur umstrittenen Geltung des § 14 bei Unterlassungsdelikten vgl. *Blauth*, 1968, S. 114 ff.; LK-*Schünemann*, § 14 Rn. 25 ff.

[265f] Hierzu können auch faktische Organe zählen; zum faktischen Geschäftsführer bei § 266 vgl. etwa LK-*Schünemann*, § 266 Rn. 125, und bei §§ 82 I, 84 I, II GmbHG vgl. BGHSt 46, 62 mit Bspr. *Joerden*, JZ 2001, 310. – Bedarf es hingegen des § 14 III, um ein faktisches Organ bestrafen zu können, so ist höchst umstritten, wann eine solche Organstellung i. S. dieser Vorschrift vorliegt; vgl. *Lindemann*, Jura 2004, 305, 311; SK-*Hoyer*, § 14 Rn. 79 u. S/S-*Perron*, § 14 Rn. 42/43 m. w. N.

[265g] Welche Merkmale dazu zählen, ist im Einzelnen z. T. sehr umstritten; vgl. *Roxin*, AT II, 27/105, 113; *Lackner/Kühl*, 14 Rn. 10; S/S-*Perron*, § 14 Rn. 8.

[265h] LK-*Tiedemann*, Vor § 283 Rn. 78 m. w. N.

[265i] *Fischer*, § 266 a Rn. 6 m. w. N.

[265j] So die h. M.; vgl. *Lackner/Kühl*, § 284 Rn. 11; krit. etwa NK-*Marxen/Böse*, § 14 Rn. 19.

[265k] NK-*Marxen/Böse*, § 14 Rn. 27 m. w. N.

[265l] LK-*Schünemann*, § 14 Rn. 39 m. w. N.

[265m] BGHSt 40, 8, 19; BGHSt GS 41, 187, 189 m. w. N.; a. A. *Bruns*, GA 1982, 28 ff.

(z. B. der nur beim Vertretenen, nicht jedoch beim Handelnden vorliegende Zueignungswille[265n]) und objektiv-täterschaftliche Merkmale, sofern sie höchstpersönlicher Natur sind (z. B. die Stellung als Amtsträger nach § 11 I Nr. 2 bei den Amtsdelikten,[265o] als Unfallbeteiligter bei § 142[265p] oder als Arzt bei § 203[265q]).

Darüber hinaus verlangt § 14, dass der Täter „als" Organ usw. gehandelt hat. **165c** Heftig umstritten ist, wann dieser vom Gesetz geforderte Vertretungsbezug des Handelns gegeben ist. Im Schrifttum wird überwiegend darauf abgestellt, ob zwischen dem Handeln und dem wahrzunehmenden Aufgaben- und Pflichtenkreis ein funktionaler Zusammenhang besteht (sog. Funktionentheorie).[265r] Die Rechtsprechung hat bislang den Bezug erst dann bejaht, wenn der Vertreter (zumindest auch) im wirtschaftlichen Interesse des Vertretenen gehandelt habe; verfolge der Täter dagegen ausschließlich eigennützig Interessen (z. B. egoistisch nur seine eigenen Vermögensinteressen), sollte § 14 nicht zur Anwendung kommen (sog. Interessentheorie).[265s] Inzwischen haben der 3. Strafsenat und ihm folgend der 1. Strafsenat des BGH die Interessentheorie aufgegeben und sich der Sache nach der „herrschenden" Funktionentheorie angenähert. Demnach muss der Vertreter im Geschäftskreis des Vertretenen tätig geworden sein, was bei rechtsgeschäftlichem Handeln zu bejahen sein soll, wenn der Vertreter entweder im Namen des Vertretenen auftritt oder letzteren wegen der bestehenden Vertretungsmacht jedenfalls im Außenverhältnis die Rechtswirkungen des Geschäfts unmittelbar treffen.[265t] Es bleibt abzuwarten, ob diese Rechtsprechung auch von den übrigen Strafsenaten des BGH übernommen wird;[265u] ein entsprechendes Anfrageverfahren des 3. Strafsenats ist im Gange.[265v] In **subjektiver** Hinsicht setzt die Anwendbarkeit des § 14 bei einem Vorsatzdelikt voraus, dass der Vertreter die Umstände kennt, die ihn zum Normadressaten machen.[265w]

Aus der **Übungsfall-Literatur** zu § 14 vgl.: *Alpmann/Schmidt*, AT 2, Fall 1, S. 3–5 (§ 288 durch einen faktischen GmbH-Geschäftsführer); *Esser*, JA 2011, 513 f., u. 519 f. (§ 283 I Nr. 1-Fall zur Übertragung der Schuldnereigenschaft einer GmbH auf den Geschäftsführer); *Hellmann/Beckemper*, ZJS 2008, 60 u. 61 („faktischer Geschäftsführer" bei § 325 I, II); *Jordan*, Jura 1999, 304 ff. (§ 283 und § 266 durch einen GmbH-Geschäftsführer); *Seier/Löhr*, JuS 2006, 241 u. 242 f., 244 f. (faktischer Geschäftsführer bei §§ 283, 266).

[265n] Die Drittzueignungsabsicht war in §§ 242, 246 aF nicht erfasst; vgl. die 4. Aufl. mit Nachweisen in dieser Fn.

[265o] KK OWiG-*Rogall*, § 9 Rn. 39; *Schramm*, JuS 1999, 338 m. w. N.

[265p] NK-*Marxen/Böse*, § 14 Rn. 26; SK-*Hoyer*, § 14 Rn. 31.

[265q] LK-*Schünemann*, § 14 Rn. 34 m. w. N.

[265r] *Köhler*, S. 557; S/S-*Perron*, § 14 Rn. 26; MK-*Radtke*, § 14 Rn. 60 ff.; LK-*Tiedemann*, Vor § 283 Rn. 83; *Weber*, StV 1988, 17; *Winkelbauer*, wistra 1986, 19 und *ders.*, in: JR 1988, 34; vermittelnd *Rogall*, in: Amelung (Hrsg.), 2000, S. 145, 173.

[265s] BGHSt 30, 127 m. Bspr. *Geilen*, JK 83, StGB § 14/1; BGHSt 34, 221; ebenso *Roxin*, AT II, 27/122; NK-*Marxen/Böse*, § 14 Rn. 28 ff.; KK OWiG-*Rogall*, § 9 Rn. 60 f.

[265t] Vgl. zum 3. Strafsenat BGH NJW 2009, 2225 mit Bspr. u. a. von *Brand*, NStZ 2010, 9; *Radtke*, JR 2010, 233; *Schwarz*, HRRS 2009, 341; BGH NStZ 2012, 89; zum 1. Strafsenat NStZ-RR 2009, 373 mit Bspr. *Habenicht*, JR 2011, 17; BGH GmbHR 2012, 91.

[265u] MK-*Radtke*, § 14 Rn. 59.

[265v] BGH NStZ 2012, 89 mit Bspr. *Radtke*, GmbHR 2012, 28, *Radtke/Hoffmann*, NStZ 2012, 91; *Valerius*, NZWiSt 2012, 65.

[265w] S/S-*Perron*, § 14 Rn. 45; KK OWiG-*Rogall*, § 9 Rn. 86; zu Fahrlässigkeits- und Irrtumsfällen vgl. LK-*Schünemann*, § 14 Rn. 78.

V. Anstiftung

1. Allgemeine Kennzeichnung und Einordnung der Anstiftung

166   Nach § 26 wird als Anstifter bestraft, „wer vorsätzlich einen anderen zu dessen vorsätzlich begangener rechtswidriger Tat bestimmt hat". Die Anstiftung ist damit eine akzessorisch an die Haupttat gebundene Teilnahmeform. Die **Voraussetzungen**, die an die **Haupttat** als unentbehrliche Grundlage einer Anstiftung zu stellen sind, wurden bereits bei der Akzessorietät der Teilnahme behandelt: es muss sich um eine tatbestandsmäßige rechtswidrige (§ 11 I Nr. 5) Haupttat handeln, die mindestens ins strafbare Versuchsstadium gelangt sein muss;[266] ein nicht strafbarer Versuch etwa eines Vergehens nach § 156 reicht nicht (BGHSt 24, 38). Auf die schuldhafte Tatbegehung durch den Haupttäter kommt es dagegen nicht an (sog. limitierte Akzessorietät), sodass auch Geisteskranke (§ 20) und Kinder unter 14 Jahren (§ 19) angestiftet werden können.[266a] Die Haupttat kann auch ein eigenhändiges Delikt oder ein Sonderdelikt sein,[267] so dass z. B. auch ein Nichtamtsträger einen Amtsträger zu einem echten Amtsdelikt wie der Falschbeurkundung im Amt gem. § 348 anstiften kann;[268] nur als Täter dieses Amtsdelikts scheidet der Nichtamtsträger aus. Da er aber dann, ohne Täter sein zu können, aus Akzessorietätsgründen wie ein Täter zu bestrafen wäre, „gewährt" ihm § 28 I wenigstens Strafmilderung.

167   Von der **Täterschaft**, insbesondere der mittelbaren Täterschaft, ist die Anstiftung schon bei der allgemeinen **Abgrenzungsproblematik** von Täterschaft und Teilnahme dadurch abgehoben worden, dass nur der mittelbare Täter das Tatgeschehen als „Zentralgestalt" beherrscht, wohingegen der Anstifter eine „Randfigur" ohne Tatherrschaft im Vorfeld der Tat ist.[268a] Die Abgrenzung der Anstiftung zur anderen Teilnahmeform – der **Beihilfe** – wird in der Mitverantwortlichkeit des Anstifters für den vom Haupttäter gefassten Tatentschluss gesehen.[269] Der spezielle Strafgrund der Anstiftung und die Kriterien zur Abgrenzung der Anstiftung von der Beihilfe, insbesondere der psychischen Beihilfe, sind aber noch nicht konsensfähig geklärt.[270] Eine genauere Bestimmung des Begriffs der Anstiftung wird vor allem deshalb als dringlich empfunden, weil der Gesetzgeber die Anstiftung im Strafrahmen der Täterschaft gleichgestellt hat: der Anstifter wird zwar nicht zum Täter erklärt, aber „gleich einem Täter bestraft" (§ 26).

168   Die fehlende Einigkeit über den **Strafgrund der Anstiftung**[270a] und die mangelnde Präzision des Begriffs der Anstiftung führt zu zahlreichen Streitfragen bei den einzelnen objektiven und subjektiven Voraussetzungen der Anstiftung. Bei der Beantwortung dieser Streitfragen (Auf welche Weise kann ein anderer zu einer Tat bestimmt werden? Kann der andere noch zu einer Tat bestimmt werden, wenn er von

---

[266] LK-*Schünemann*, § 26 Rn. 38.

[266a] Vgl. die Fälle 2 u. 3 bei *Koch/Wirth*, JuS 2010, 203, 204, die auch eine Abgrenzung zur möglichen mittelbaren Täterschaft vornehmen (zu dieser Fallgruppe der mittelbaren Täterschaft s. oben Rn. 61 u. 66 f.

[267] S/S-*Cramer/Heine*, § 26 Rn. 26, 27.

[268] *Ebert*, S. 210.

[268a] *Koch/Wirth*, JuS 2010, 203.

[269] So W-*Beulke*, Rn. 567.

[270] Vgl. eingehend LK-*Schünemann*, § 26 Rn. 1–15 (Begriff und Strafgrund) sowie *Ingelfinger*, 1992, S. 120 ff. u. *Baunack*, 1999, S. 132 ff.

[270a] Zum Streitstand *Geppert*, Jura 1997, 299 f. u. *Heghmanns*, GA 2000, 473, 482 ff., der auf eine doppelte Gefahrschaffung (für das Rechtsgut und für Exzesse) abstellt sowie *Satzger*, Jura 2008, 514, 516.

dieser selbst schon gewisse Vorstellungen hat?) wird auf den Begriff und den Strafgrund der Anstiftung zurückzukommen sein. Klar ist nach dem **allgemeinen** Strafgrund der Teilnahme (oben Rn. 132) nur, dass auch der Anstifter für den in der Haupttat liegenden Rechtsgutsangriff mitursächlich geworden sein muss:[270b] „Der Anstifter greift das geschützte Rechtsgut durch seine Einwirkung auf den Täter mittelbar an" (BGHSt 37, 217). Wie allgemein bei der Teilnahme (o. Rn. 139) muss das angegriffene Rechtsgut auch für den Anstifter fremd sein, so dass keine Anstiftung zum Diebstahl vorliegt, wenn der Anstifter jemanden – um ihn auf die Probe zu stellen – auffordert, das Fahrrad des X zu klauen, das in Wirklichkeit dem Anstifter gehört (Fall 1 bei *Satzger,* Jura 2008, 514, 516 f.). Auch ist der schwerkranke S, der seine Tötung von T „verlangt", nicht Anstifter des T zu dessen § 216-Versuch (der Schuss geht fehlt), weil sein Leben nicht ihm gegenüber geschützt ist (Fall 1 bei *Koch/Wirth,* JuS 2010, 203 f.). Klar ist auch, dass **speziell** der Anstifter vor der Tat aktiv wird, indem er den Haupttäter überhaupt erst zur Begehung einer Straftat oder zur Begehung einer anderen als der von diesem geplanten Straftat bestimmt. Der Anstifter steht somit am Beginn des Gesamtgeschehens, das vom Haupttäter in eine (zumindest versuchte) Straftat umgesetzt wird.

▌ Aufbauschema bei *Bock,* JA 2007, 599; *Koch/Wirth,* JuS 2010, 204 u. *Zieschang,* Rn. 723.

2. Die objektiven Voraussetzungen der Anstiftung

a) Das Bestimmen i. S. des § 26

Unter „Bestimmen" wird das **Hervorrufen des Tatentschlusses** beim Haupttäter **169** verstanden.[271] Mit dieser Definition ist freilich noch nicht viel an Klarheit gewonnen, denn zum einen sind die in Betracht kommenden Mittel der Anstiftung noch offen, zum anderen ist auch die Qualität der Einwirkung des Anstifters auf den Haupttäter noch nicht bestimmt.

Die geringsten Qualitätsanforderungen an das „Bestimmen" werden von denjeni- **170** gen gestellt, die ein **Verursachen** des Tatentschlusses in einem anderen genügen lassen.[272] Damit wird zugleich der größtmögliche Kreis für „Bestimmungs-" Mittel gezogen, denn wenn es nur auf die Verursachung des Tatentschlusses ankommt, ist das **Mittel,** das den Tatentschluss im anderen hervorruft, **gleichgültig.**[273] Selbst eine Drohung ist „taugliches Anstiftungsmittel" (BGH NJW 2003, 1060);[273a] sie kann aber auch mittelbare Täterschaft begründen (s. oben Rn. 63). Mit diesen geringen Anforderungen wird die sog. reine Verursachungstheorie[274] dem allgemeinen Strafgrund der Teilnahme gerecht, soweit man ihn mit der ganz h. L. von der „akzessorischen Förderungs- und Verursachungstheorie" erfasst sieht. Ob der – noch unklare – spezielle Strafgrund der Anstiftung strengere Anforderungen verlangt, ist damit aber noch nicht entschieden.

[270b] *Roxin,* AT II, 26/65; *Satzger,* JK 7/06, StGB § 211/49.

[271] *Ebert,* S. 210; *Frisch,* LdRerg. 8/1620, S. 14; *S/S-Heine,* § 26 Rn. 4; *W-Beulke,* Rn. 568; nach *Amelung,* Fs. Schroeder, 2006, S. 147, 178: „zu weit", nach *Scheinfeld,* GA 2007, 695, 702, 709, soll ein „mitbestimmen" ausreichen.

[272] So etwa *Lackner/Kühl,* § 26 Rn. 2; *Kindhäuser,* AT, 41/9 f.

[273] Aus der Rspr. vgl. BGHSt 2, 279; 45, 373, 374; BGH NStZ 2000, 421; 1 StR 250/05 v. 11. 10. 2005 m. krit. Bspr. *Puppe,* NStZ 2006, 424; BGH NStZ 2008, 42. – Aus der Literatur *Kindhäuser,* AT, 41/9 f. und jüngst *Hardtung,* Fs. Herzberg, 2008, S. 394, 418 f.

[273a] *Joerden,* Fs. Puppe, 2011, S. 563, 571 f.: bei Aufforderungscharakter Prototyp der Anstiftung.

[274] So genannt von *Hillenkamp,* 23. AT-Problem, S. 168.

171   Im Zentrum des Streits über die an das „Bestimmen" zu stellenden Anforderungen steht die als Anstiftung umstrittene Konstellation des **Schaffens einer Sachlage, die** einen anderen zur Begehung einer Straftat **anreizt.**[274a] So etwa wenn der Räuber, der ein Juweliergeschäft ausgeräumt hat, einige der Beutestücke auf der Flucht fallen lässt, die die Verfolger – wie vom Räuber gewollt – an sich nehmen.[275] Anstifter zu einer Hehlerei (§ 259) oder einer Unterschlagung (§ 246; bei § 259-Bejahung: subsidiär), die die Verfolger begehen, kann der Räuber nur dann sein, wenn man jede Verursachung eines Tatentschlusses, gleichgültig durch welches Mittel er hervorgerufen wird, als „Bestimmen" gelten lässt. Der Begriff „Bestimmen" lässt eine solche weite Auslegung sicher zu, als verhaltensneutraler Begriff legt er sie sogar nahe.[276] Auch fehlt es beim Arrangieren einer Tat-provozierenden Situation nicht an einer geistigen Einflussnahme auf die Entscheidung des mit der Situation Konfrontierten.[276a] Schließlich kann die Sachlage so anreizend gestaltet werden, dass sich kaum jemand die gebotene außergewöhnliche Chance entgehen lassen wird.[277] Dann aber erscheint das Aufbauen einer Tatprovozierenden Situation sogar „aussichtsreicher, raffinierter und damit für das Angriffsobjekt gefährlicher" als eine verbale Aufforderung zur Tat.[278] Das Erfordernis der Tatverursachung mit beliebigen Mitteln (o. Rn. 170) ist damit gewahrt.

172   Überwiegend wird jedoch in der Literatur eine **kommunikative Beeinflussung** des Täters durch den Anstifter gefordert (sog. Theorie des geistigen Kontaktes[279]). Für diese Einschränkung des „Bestimmens" lassen sich beachtliche Gründe anführen, die meist aus einem besonderen Strafgrund der Anstiftung abgeleitet werden. So lässt etwa *Roxin* nur „kollusive Verhaltensweisen mit Aufforderungscharakter" als Mittel der Anstiftung zu, weil er als Strafgrund der Anstiftung „die kollusive Tatveranlassung in Form der Hervorrufung … eines Tatentschlusses" sieht.[280] Dahinter

---

[274a] Mit eigenem Lösungsansatz *Christmann,* 1997; zust. *Ambos,* 2002, S. 659; abl. *Otto,* Fs. Amelung, 2009, S. 225, 240 f.: keine eigenständige Gefahrbegründung; knapper Überblick bei *Bock,* JA 2007, 599, 601.

[275] Ähnliches Bsp. 1 bei *Otto,* 22/36 = Fall 5 bei *Otto,* JuS 1982, 560 u. bei *Kretschmer,* Jura 2008, 265, 266: 2. Beispiel, der Anstiftung wegen der Eigenverantwortlichkeit dessen ablehnt, der einer tatanreizenden Situation „erliegt"; ebenso *Satzger,* Jura 2008, 514, 517; weiteres Bsp. bei *Amelung/Boch,* JuS 2000, 261 u. 262 f. u. Fälle 4, 5 bei *Koch/Wirth,* JuS 2010, 203, 204.

[276] Vgl. das 6. Argument der sog. reinen Verursachungstheorie bei *Hillenkamp,* 23. AT-Problem, S. 169; *Herzberg,* Täterschaft, S. 147, und *Christmann,* 1997, S. 20; krit. aber *Stein,* 1988, S. 270 ff.; abl. *Krüger,* JA 2008, 492 ff., der systematische Gründe anführt und auf § 30 I hinweist; abl. auch *Koch/Wirth,* JuS 2010, 203, 205: gegen „natürlichen Sprachgebrauch".

[276a] Siehe *Christmann,* 1997, S. 32.

[277] *Lackner/Kühl,* § 26 Rn. 2, verlangen dementsprechend deshalb das Schaffen einer sozialinadäquaten, zur Tat anreizenden Sachlage; zust. *Murmann,* GK, 27/102 Fn. 203 unter Berufung auf *Frisch,* 1988, S. 343 ff.; anders *Satzger,* Jura 2008, 514, 517, der deshalb die objektive Zurechnung ablehnt.

[278] *Herzberg,* Täterschaft, S. 146; *Hilgendorf,* Jura 1996, 9; *Heghmanns,* GA 2000, 473, 487; dagegen MK-*Joecks,* § 26 Rn. 18 f.; sogar das Gegenteil hält LK-*Schünemann,* § 26 Rn. 4, für richtig.

[279] So genannt von *Hillenkamp,* 23. AT-Problem, S. 169, wo auch die Vertreter dieser Theorie und deren Argumente aufgelistet werden (S. 169 f.); ergänzend vgl. *Geppert,* Jura 1997, 299, 303 f.; *Krüger,* JA 2008, 492, 498; *Fischer,* § 26 Rn. 3, 6; *Freund,* 10/115; *Krey/Esser,* AT, Fall 131, Rn. 1035–1039 („Diebesfalle"); *Rengier,* AT, 45/27–31; *Zieschang,* Rn. 731.

[280] LK[11]-*Roxin,* § 26 Rn. 15 u. 58, u. in: Fs. Stree/Wessels, 1993, S. 365, 376 ff.; ebenso *Schlüchter/Duttge,* NStZ 1997, 595 u. NK-*Schild,* § 26 Rn. 5 f.

steht die Überzeugung, dass die Gleichbestrafung des Anstifters mit dem Täter nur dann zu rechtfertigen ist, wenn seine mangelnde Tatbeherrschung infolge seiner Tatferne durch eine besonders intensive Einwirkung auf den Täter kompensiert wird: der Anstifter müsse die „Intitialzündung" zur Tatbegehung geben, sein „zielgerichtetes Andringen" müsse die Tat überhaupt erst auslösen, er müsse das entscheidende „Motiv zur Tatbegehung" liefern.[280a]

Zu einem entsprechend einschränkenden Verständnis des „Bestimmens" kommt **173** man auch, wenn man den Strafgrund der Anstiftung in der **Solidarisierung** des Anstifters mit dem Haupttäter sieht.[281] Unabhängig vom Strafgrund der Anstiftung kann man „das bloße Arrangement zugkräftiger Situationen" auch deshalb von den möglichen Anstiftungsmitteln ausscheiden, weil es an der für die objektive Zurechnung des Anstiftungserfolges erforderlichen Schaffung einer unerlaubten Gefahr fehle.[282] Eine solche unerlaubte Gefahr schafft auch aber derjenige, der dem Adressaten eines Tatsachenarrangements aus objektiver Sicht einen bestimmten Vorteil in Aussicht stellt, für dessen Realisierung gerade eine bestimmte Tatbegehung als geeignetes Mittel erscheint.[282a] Weitergehende Einschränkungen, die einen **Unrechtspakt** zwischen Anstifter und Täter, eine Abhängigkeit des Täters vom Willen des Anstifters oder eine Planherrschaft des Anstifters verlangen, verengen den Begriff des „Bestimmens" und damit die Strafbarkeit der Anstiftung zu sehr.[283]

Auch innerhalb der kommunikativen Beeinflussung des Täters werden nicht alle **174** Mittel als „Bestimmen" anerkannt. Diese Einschränkung ist deshalb und dann richtig, wenn die sprachliche Äußerung weniger **Aufforderungscharakter**[284] hat als ein zur Tat reizendes außergewöhnliches Arrangement der Sachlage. Als Mittel der Anstiftung scheidet deshalb „eine im Rahmen des Vertretbaren erteilte ‚reine' Rechtsauskunft" aus.[285] Auch wer dem anderen **nur Möglichkeiten aufzeigt,** wie er durch eine Straftat Schaden von sich abwenden (z.B. nach Verkehrsunfall wegfahren, da sonst der Anzug durch den starken Regen ruiniert werde = Fall 6 bei *Otto,* JuS 1982,

---

[280a] So *Renzikowski,* 1997, 193 f.; ebenso SK-*Hoyer,* § 26 Rn. 13: „Motivherrschaft", u. *Müller,* 2000, S. 161: „Motivationsakt", der deshalb die Benennung eines Zeugen, von dem eine Falschaussage erwartet werden kann, nicht ausreichen lässt.

[281] So *Schumann,* 1986, S. 52 ff.

[282] So *Frisch,* 1988, S. 333 ff., 343 f.

[282a] *Christmann,* 1997, S. 129 ff.: sog. „Zweck-Mittel-Relation", die einen „objektiv tatbefürwortenden Grund" schafft. Statt dessen hebt *Hilgendorf,* Jura 1996, 10, darauf ab, ob das Arrangement einen Risikograd für das geschützte Rechtsgut schafft, der über den alltäglichen Reizpegel hinausgeht.

[283] Vgl. zu diesen Konzepten von *Puppe, Jakobs* und *Schulz* m.N. *Hillenkamp,* 23. AT-Problem, S. 170 f., der sie unter der Bezeichnung „Kollusionstheorie" mit weiteren Ansätzen zusammenfasst; zur Kritik an den Ansätzen von *Puppe* (*Koch/Wirth,* JuS 2010, 203, 205, mit Fall 6: „Bestimmen bedeutet nicht Verpflichten"), *Jakobs* und *Schulz* vgl. LK-*Schünemann,* § 26 Rn. 7–14 u. *Scheinfeld,* GA 2007, 695, 704; ähnlich wie *Puppe* (GA 1984, 112 u. in: Fs. Spinellis, 2001, S. 915, 920) jetzt auch SK-*Hoyer,* § 26 Rn. 12; vgl. auch *Paeffgen,* Fs. Hanack, 1999, S. 591, 593: „Minderform der Tatherrschaft"; eine intellektuelle Lenkung oder eine voluntative Dominanz verlangt *Ingelfinger,* 1992, S. 175, 210 u. 233 (krit. *Roxin,* AT II 26/144–147).

[284] Vgl. zur Anstiftung als „Aufforderung" *Joerden,* 1988, S. 120–124 u. in: Fs. Puppe, 2011, S. 562 ff.: „vorschreibende Sprache"; eine korrumpierende Aufforderung als Sprechakt oder einen „sanktionsträchtigen Apell" verlangt *Amelung,* Fs. Schroeder, 2006, S. 147 ff., 178; eine Autoritäts- oder Abhängigkeitsverhältnisse ausnutzende Tataufforderung verlangt *Nepomuk,* 2008, S. 167 ff.; abl. *Christmann,* 1997, S. 46 ff.

[285] *Lackner/Kühl,* § 26 Rn. 2, m.N. – Zur ebenfalls umstrittenen Möglichkeit einer Beihilfe durch einen Rechtsrat vgl. BGH NStZ 1993, 43, m. krit. Anm. *Otto,* JK 93, StGB § 27/8.

560) oder zu Geld kommen kann (z. B. durch Schilderung eigener erfolgreicher Betrügereien), „bestimmt" ihn nicht zu einer Tat (einem Entfernen am Unfallort gem. § 142 bzw. einem Betrug gem. § 263).

175   Ein **Grenzfall** liegt vor, wenn dem Täter, der Geld für eine Flucht ins Ausland benötigt, gesagt wird: „Dann müsstest Du eine Bank oder Tankstelle machen" (vgl. den Fall des BGHSt 34, 63).[286] Unterschiedlich beurteilt wird der Fall des BGH GA 1980, 183 f., in dem der Vergewaltiger den anderen durch die Frage „Willst du auch noch?" zu einer Vergewaltigung brachte. Auch hierin wird man wohl nur einen Hinweis auf die Möglichkeit der Tatbegehung sehen müssen, es sei denn, der Fragende hätte nach den konkreten Umständen der Situation für den Gefragten erkennbar die Erwartung zum Ausdruck gebracht, er werde sich doch nicht als „Feigling" erweisen.[287]

176   **Typische Fälle** einer kommunikativen Beeinflussung des Täters sind die Überredung, die Raterteilung, der Hinweis auf eine günstige Tatgelegenheit die Beauftragung, das Versprechen einer Belohnung, die Inaussichtstellung eines hohen Verkaufspreises (für einzuführendes Heroin, BGH StV 2007, 527) und die Erregung eines Irrtums, bei der aber vorrangig an mittelbare Täterschaft kraft Irrtumsherrschaft zu denken ist. Auch konkludente Aufforderungen z. B. durch eindeutige Gesten sind mögliche Anstiftungshandlungen,[287a] eine Anstiftung durch Unterlassen aber wird – anders als eine Beihilfe durch Unterlassen (s. u. Rn. 229–231) – mangels psychischer Einwirkung überwiegend nicht für möglich gehalten;[288] dazu näher unten Rn. 271.

176a   **Zeitlich** geht die Anstiftung der Haupttat voraus, doch sie kann einer bereits vom Haupttäter vollendeten Tat nachfolgen, wenn diese durch weitere, den Tatbestand vollständig verwirklichende Einzelakte vertieft wird (sog. **sukzessive** Anstiftung; *Börner,* Jura 2006, 415, 416; *Grabow,* Jura 2009, 408 ff.).[288a] So etwa wenn der Täter, der von dem von ihm zusammengeschlagenen Opfer ablassen will, durch den Zuruf: „Nochmal" zu einem weiteren Schlag gebracht wird; mangels nachhaltiger Veränderung der Unrechtsdimension wird für solche Fälle auch nur Beihilfe angenommen.[288b] In Konsequenz der hier bei der sukzessiven Mittäterschaft (o. Rn. 126) und Beihilfe (u. Rn. 232) vertretenen Auffassung, scheidet eine sukzessive Anstiftung in der sog. Beendigungsphase z. B. des Diebstahls aus, sodass der Tipp der

---

[286] Der BGH hat die Anstiftung erst an der fehlenden Bestimmtheit der Tat in der Vorstellung des Anstifters scheitern lassen; für die Ablehnung des „Bestimmens" dagegen LK[11]-*Roxin,* § 26 Rn. 51: „noch keine zielgerichtete Tataufforderung"; ebenso LK[12]-*Schünemann,* § 26 Rn. 44; nach *Herzberg,* JuS 1987, 620 ff., fehlt es an der objektiven Zurechnung, weil kein rechtlich relevantes Risiko geschaffen worden sei. Ein Bestimmen bejaht *Christmann,* 1997, S. 141: Fall 7, ebenso *Murmann,* GK, 27/102.

[287] Vgl. zu diesem Fall *Geilen,* JK 80, StGB § 26/1; *Hillenkamp,* 23. AT-Problem, Bsp. 2, S. 172; *Otto,* JuS 1982, 560: Fall 7; Bsp. bei *Satzger,* Jura 2008, 514, 518. – Der BGH hat erst den Anstiftervorsatz verneint.

[287a] Ebenso *Fischer,* § 26 Rn. 6.

[288] Vgl. *Amelung,* Fs. Schroeder, 2006, S. 147, 178; *Otto,* 22/39; S/S-*Heine,* § 26 Rn. 5; NK-*Wohlers,* § 13 Rn. 28, *Schwab,* 1996, S. 60 f.; ausführlich LK-*Schünemann,* § 26 Rn. 54–56, der auch auf die nicht wenigen Gegenstimmen (dort Fn. 80) eingeht; vgl. auch *Lackner/Kühl,* § 26 Rn. 3: nur regelmäßig, nicht notwendig ausgeschlossen; ebenso LK-*Weigend,* § 13 Rn. 88; zusf. *Geppert,* Jura 1997, 358, 365.

[288a] Aufgegriffen von *Lackner/Kühl,* § 26 Rn. 2 b u. *Fischer,* § 26 Rn. 5.

[288b] So etwa von *Grabow,* Jura 2009, 408, 409–411; LK-*Schünemann,* § 26 Rn. 35; S/S-*Heine,* § 26 Rn. 8 a; wie hier *Börner,* Jura 2006, 415, 416 u. *Heinrich,* AT II, Rn. 1302 a: Bsp. 1.

Freundin, die weggenommene CD (= vollendeter § 244) in ihrer Tasche an der Kasse vorbeizuschmuggeln, zu spät für eine Anstiftung kommt.[288c]

Aus der **Übungsfall-Literatur** zum „Bestimmen" i. S. des § 26 vgl.: *Amelung/Boch*, JuS 2000, 261 u. 262 f.; *Beulke*, KK III, Fall 7, Rn. 278 u. 298–300 (keine Anstiftung durch Unterlassen möglich); *Cornelius*, JA 2009, 425 u. 431 (Schaffung einer tatanreizenden Situation); *Geppert*, Jura 2002, 281 u. 282; *Goeckenjahn*, JuS 2008, 702 u. 706; *Haas*, AL 2012, 119 u. 128; *Herzberg*, Täterschaft, Fallbeispiel, S. 142 u. 146 f.; *Hilgendorf*, KK III, Fall 8, Rn. 20–24 (Bitte um Falschaussage; Zeugenbenennung); *Hillenkamp*, 23. AT-Problem, Bsp. 1, S. 167, mit Lösung auf S. 172, u. Bsp. 2 u. 3, S. 172 f.; *Hinderer*, JuS 2009, 625 u. 629 (bloße Information); *Krumdiek*, Jura 2009, 623 u. 627 (Überreden); *K/S/M*, Klausurtraining, Fall 7, S. 177 f. u. 182–184; *Kudlich*, PdW AT, Fall 293; *Küpper*, in: G/K/M, Fallsammlung, Fall 12, S. 221 u. 229 (Schaffen einer tatprovozierenden Situation); *Kuhlen/Roth*, JuS 1995, 711 u. 712 f.; *Kühl*, JuS 2007, 742 u. 748 (Drohung); *Langer*, JuS 1987, 896 ff.; *Murmann*, JA 2011, 593 u. 602; *Otto*, Fälle 5–7, JuS 1982, 560; *Otto*, Übungen, Anfängerklausur Nr. 5, S. 90 u. 97; *Petrovic/Hillenkamp*, StudZR 2008, 66 u. 74 f.; *Rudolphi*, AT-Fälle, Fall 9, S. 101 u. 106, 113 u. 117 f., sowie Fall 10, S. 121 u. 126; *Safferling*, JA 2007, 183 u. 188; *Singelstein*, ZJS 2012, 229 u. 231; *Sowada*, Jura 1994, 37 u. 41; *Schulz*, JA 1995, 390 u. 403; *Steinberg*, AL 2009, 179 u. 184; *Vogel/Fad*, JuS 2002, 786 u. 791 („Entschluss- und Planherrschaft" erforderlich); *Wagemann*, Jura 2006, 867 u. 870 („kommunikative Einwirkung" erforderlich); *Walter/Uhl*, JA 2009, 32 u. 37 (Anfeuern); *Wolters*, Fall 2, S. 27 f. u. 46.

b) Kein Bestimmen des zur Tat entschlossenen Täters

Objektive Voraussetzung einer Anstiftung gem. § 26 sind nicht nur eine ausrei- **177** chende Bestimmungshandlung und die Begehung der Haupttat durch den zu Bestimmenden, sondern auch eine für die Entstehung des Tatentschlusses **ursächliche Bestimmungshandlung** sowie eine darauf basierende Tathandlung.[289] Für den Tatentschluss ursächlich werden kann aber eine Anstiftungshandlung dann nicht, wenn der anzustiftende Haupttäter schon fest zur Tatbegehung entschlossen ist. Der sog. **omnimodo facturus** kann nicht mehr erfolgreich angestiftet werden,[290] so dass keine vollendete Anstiftung i. S. des § 26 erfolgen kann. In Betracht kommt „nur" noch eine versuchte Anstiftung gem. § 30 I und eine psychische Beihilfe gem. § 27, wenn der als Anstifter erfolglose Beteiligte immerhin den vom Täter selbst gefassten Tatentschluss bestärkt hat.[291]

Bietet etwa A dem T eine Belohnung für den Fall, dass dieser ihren gemeinsamen **178** Konkurrenten umbringt, ist T aber zur Tötung des K schon vorher fest entschlossen gewesen, so ist A nicht wegen Anstiftung zum Totschlag gem. §§ 212, 26 zu bestrafen, falls T den K umbringt, sondern „nur" wegen **versuchter Anstiftung** zum Mord gem. §§ 211, 30 I (vgl. Fall 10 bei *Otto*, JuS 1982, 561). Redet etwa B dem zum Einbruchsdiebstahl fest entschlossenen T, dem plötzlich bei dem Gedanken an die Tat nicht mehr ganz wohl ist, diese „dummen Gedanken" aus, so ist er nicht Anstifter des T gem. §§ 242, 243 I Nr. 1, 26, sondern nur dessen **Gehilfe gem. §§ 242,**

[288c] Ähnliches Bsp. bei *Grabow*, Jura 2009, 408, 411, der zu Recht darauf hinweist, dass die Rspr. anders entscheiden müsste.

[289] *Frisch*, LdRerg. 8/1620, S. 14. – „Mitursächlichkeit" genügt, vgl. SK-*Hoyer*, § 26 Rn. 5–9.

[290] *Bock*, JA 2007, 599, 600; *Ebert*, S. 211; *Meurer*, S. 163; *W-Beulke*, Rn. 569; mit Fällen 8, 9 *Koch/Wirth*, JuS 2010, 203, 205; abl. NK-*Puppe*, § 15 Rn. 140 u. in: AT 2, 38/6: „gibt es nicht"; *Puppe*, zust. *Scheinfeld*, GA 2007, 695, 702. – Aus der Rspr. vgl. BGHSt 45, 373, 374; BGH NStZ-RR 1996, 1 m. Bsp. *Geppert*, JK 96, StGB § 26/5. – Zur historischen Entwicklung *Bock*, JR 2008, 143 ff. – Krit. *Steen*, 2011, S. 121 ff. (m. Bsp. *Kudlich*, GA 2012, 379), nach dem die Abgrenzung von Anstiftung und (psychischer) Beihilfe von dem Gewicht des kausalen Beitrags für die Haupttat abhängen soll.

[291] S/S-*Heine*, § 26 Rn. 7. So auch BGH NStZ-RR 1996, 1.

243 I Nr. 1, 27, weil er den schon vorhandenen **Tatentschluss** lediglich **bestärkte,** als er ins Wanken gekommen war (vgl. *Blei,* PdW AT, Fall 300; s. u. Rn. 227).

179   Schwankt dagegen derjenige, der die Begehung einer bestimmten Straftat ins Auge gefasst hat, noch, so kann in ihm der (noch nicht selbst gebildete, feste) Entschluss durch Anstiftungshandlungen hervorgerufen werden.[292] Wer nur **tatgeneigt** ist, ist noch unschlüssig, so dass in ihm ein Entschluss hervorgerufen werden kann. Erst recht kann der nur allgemein zur Begehung von Eigentums- und Vermögensdelikten Bereite zu einem konkreten Einbruchsdiebstahl bestimmt werden.

> Aus der **Übungsfall-Literatur** zum omnimodo facturus vgl.: *Corell,* Jura 2010, 627 u. 633; *Dannecker,* JuS 2002, 1087 u. 1090; *Dannecker/Gaul,* JuS 2008, 345 u. 348; *Esser/Röhling,* Jura 2009, 866 u. 870 f.; *Hilgendorf,* KK I, Fall 13 Rn. 15; *Jordan,* Jura 2001, 554 u. 557; *Kudlich,* AT-Fälle, Fall 12, S. 176 u. in: PdW AT, Fall 294; *Laubenthal,* JA 2004, 39 u. 45 f.; *Laue/Dehne-Niemann,* Jura 2010, 73 u. 76 f.; *Noak/Sengbusch,* Jura 2005, 494 u. 498 f.; *Otto,* JuS 1982, 561: Fall 10; *Meurer/Kahle/Dietmeier,* Übungskriminalität, Fall 5, S. 77 f. u. 85 f., sowie Fall 8, S. 165 f. u. 183; *Peterek/Ingelfinger,* StudZR 2008, 94 u. 113 f.; *Rudolphi,* AT-Fälle, Fall 9, S. 101 u. 105; *Seier,* Jura 1981, 215 u. 221 f.; *Steinberg,* ZJS 2010, 518 f.; *Tiedemann,* Anfängerübung, Fall 8, S. 202 u. 218.

c) Das Bestimmen zu einer Entschlussänderung

180   Führt die Einwirkung des möglichen Anstifters dazu, dass der Täter, der schon zur Begehung einer bestimmten Straftat entschlossen ist, seinen **Entschluss ändert,** so fragt es sich, ob und wann darin ein Hervorrufen eines neuen Entschlusses gesehen werden kann. Unproblematisch liegt dann eine Anstiftung vor, wenn der zum Diebstahl Entschlossene zu einer ganz **anderen Tat** wie z.B. einer Erpressung umgestimmt wird. Problematisch sind erst die Umstimmungen, bei denen der ursprüngliche Entschluss des Täters bestehen bleibt, aber durch eine Einwirkung des möglichen Anstifters erweitert oder verengt wird. Dann fragt es sich, „wo die Scheidelinie zwischen identischer und anderer Tat zu ziehen ist."[293]

181   Die meist diskutierte Form der Umstiftung ist die auch sog. **Aufstiftung**[294] oder **Überstiftung,**[294a] die etwa vorliegt, wenn der A den T, der zur Begehung eines Raubes gem. § 249 entschlossen ist, zur Mitnahme einer Schusswaffe oder eines Knüppels und damit zur Begehung eines schweren Raubes i.S.v. § 250 I Nr. 1a oder Nr. 1b überredet (vgl. BGHSt 19, 339 = *Roxin,* HRR AT, Fall 84, S. 126 ff. u. 207 = Fall 17 bei *Koch/Wirth,* JuS 2010, 203, 207 = *Gropp,* Beispiel 10/39 in § 10 Rn. 122 = *Hillenkamp,* 25. AT-Problem, Ausgangsbeispiel, S. 178 = *Jescheck,* Fälle, Fall 81, S. 101 f. = *Otto,* JuS 1982, 561: Fall 11 = „Knüppelfall" bei *Puppe,* AT 2, 41/8 ff.; Fall 132 bei *Krey/Esser,* AT, Rn. 1044–1046; Fall 6 bei *Nepomuk,* 2008, S. 275; Bsp. bei *Welz,* 2008, S. 156, der auf der Grundlage des „analytischen Trennungsprinzips" zur § 250 II Nr. 1-Anstiftung kommt, ebenso *Kindhäuser,* AT, 41/14: Fall 2). Der BGH hat in diesem Fall eine Anstiftung zum schweren Raub angenommen, obwohl der Täter zur Begehung eines Raubes schon vor der Einwirkung

---

[292] LK-*Schünemann,* § 26 Rn. 17, mit BGH bD MDR 1972, 569; *Geppert,* Jura 1997, 299, 304; *Bock,* JA 2007, 599, 600 f.

[293] *Hillenkamp,* 25. AT-Problem, S. 178.

[294] *Ebert,* S. 211; *Haft,* S. 216; *Küpper,* JuS 1996, 23 f.; *Geppert,* Jura 1997, 299, 305; *Kindhäuser,* AT, 41/13; *Rengier,* AT, 45/35; eingehend zur „Umstiftungsproblematik" *Nepomuk,* 2008, S. 242, 311 u. *Welz,* 2010, S. 117 u. 155–157; gegen alle „Sonderlösungen" *Hardtung,* Fs. Herzberg, 2008, S. 394, 440, der vor allem Unrechtsintensivierungen und Unrechtsverknüpfungen behandelt.

[294a] *Bock,* JA 2007, 599, 602; *Rengier,* BT I, 7/50.

des „Anstifters" fest entschlossen war: der Anstifter habe den Entschluss des Täters „übersteigert",[294b] weil er ihn zu einer in ihrer „Ausführungsart" gefährlicheren Tat mit „erheblich erhöhtem Unrechtsgehalt" verleitet habe.[294c]

In der Literatur ist diese Entscheidung für die Anstiftung zum Tatganzen bei den **182** Vertretern der sog. Qualifikationstheorie[295] deshalb auf Zustimmung gestoßen, weil der schwere Raub im Vergleich zum einfachen Raub nicht nur ein isolierbares Unrechtsplus enthalte, sondern eine **selbständige Unrechtseinheit** bilde, wie die gesetzliche Entscheidung für den Qualifikationstatbestand des § 250 zeige. Auch ohne das Abstellen auf die gesetzgeberische Entscheidung für den Qualifikationstatbestand wird von der sog. Unwertsteigerungstheorie[296] eine Anstiftung zum Tatganzen angenommen, weil (und wenn) durch die Einwirkung des Anstifters der **Unwertgehalt** der konkreten Tatbegehung **gesteigert** wurde (wird). Beide „Theorien" zusammengenommen lautet die Argumentation: „durch die Kombination alter und neuer Deliktselemente" ist ein „ganzheitlich neues Unrecht" entstanden, das „in seiner konkreten Gestalt durch den Hintermann hervorgebracht worden und von diesem daher als Anstifter zu verantworten" ist.[296a]

Das Hauptbedenken gegen diese Lösung besteht darin, dass dem Anstifter Un-**183** recht angelastet wird, das nicht auf seinen Anstoß zurückgeht. Der Anstoß zum Raub konnte vom „Anstifter" nicht mehr gegeben werden, weil der Täter den Entschluss zur Begehung des Raubes schon selbst gefasst hatte (omnimodo facturus); die **bloße Übersteigerung** des Tatentschlusses ist kein Hervorrufen des Tatentschlusses (so die Vertreter der sog. aliud-Theorie[297]). Danach scheidet eine Anstiftung zum schweren Raub aus, eine Anstiftung zu dem erweiterten Teil kommt nur in Betracht, wenn dieser Tatteil selbstständig mit Strafe bedroht ist (z. B. nach dem Waffengesetz oder z. B. nach § 224).[298] Hinsichtlich des Raubes kommt nur (psychische) Beihilfe in Betracht, die von manchen nicht auf den schweren,[299] sondern nur auf den einfachen Raub[300] bezogen wird. Zur Strafbarkeit nur wegen

---

[294b] Als „Übersteigerung" wird diese Fallgruppe auch von *Krey/Esser,* AT, Rn. 1044, bezeichnet.

[294c] Dem BGH im Erg. zust. *Puppe,* AT 2, 41 ff., die die Rechtsfigur des omnimodo facturus (oben Rn. 177) ablehnt; zust. auch *Kudlich,* AT-Fälle, S. 177: andere Qualität des Unrechts bei Qualifikationen (zu § 224 gegenüber § 223).

[295] So genannt von *Hillenkamp,* 25. AT-Problem, S. 178, der auch deren Vertreter u. Argumente auflistet (S. 178 f.); für eine Anstiftung zum Tatganzen (= §§ 249, 250): *Frister,* AT, 28/19; *Rengier,* BT I, 7/50; *Roxin,* AT II, 26/104.

[296] So genannt von *Hillenkamp,* 25. AT-Problem, der auch deren Vertreter und Argumente auflistet (S. 181).

[296a] *Amelung/Boch,* JuS 2000, 261 u. 267, die dies als „Theorie von der synthetischen Konzeption" bezeichnen; ebenso *Roxin,* AT II, 26/104, der diese Bezeichnung auf *Schulz,* JuS 1986, 935 zurückführt.

[297] So genannt von *Hillenkamp,* 25. AT-Problem, S. 179, der auch deren Vertreter und Argumente auflistet (S. 179 f.); *Amelung/Boch,* JuS 2000, 261, 267, nennen das die „Theorie vom analytischen Trennungsprinzip"; ebenso SK-*Hoyer,* § 26 Rn. 19 f.

[298] Vgl. näher LK-*Schünemann,* § 26 Rn. 31 f., der aber selbst der Rspr. folgt (Rn. 34); wie im Text *Joerden,* Fs. Puppe, 2011, S. 563, 578; *Freund,* 10/119; *Heinrich,* AT II, Rn. 1298 ff.; *Joecks,* § 26 Rn. 14 u. in: MK-*Joecks,* § 26 Rn. 43; S/S-*Heine,* § 26 Rn. 8; SK-*Hoyer,* § 26 Rn. 19; W-*Hillenkamp,* Rn. 358; *Bock,* JA 2007, 602; *Hardtung,* Fs. Herzberg, 2008, S. 411, 434.

[299] So *Cramer,* JZ 1965, 31, in Anm. zu BGHSt 19, 339, der zusätzlich aber noch eine Anstiftung zur Körperverletzung annimmt; ähnlich *Nepomuk,* 2008, S. 275 f.

[300] Konsequenter nach *Ebert,* S. 211; dagegen *Schulz,* JuS 1986, 936, da dann die Beteiligung am gefährlichen Teil der Tatbestandsverwirklichung ausgeblendet bleibe.

Beihilfe zum (einfachen oder schweren) Raub kommt auch die sog. Wesentlichkeitstheorie,[301] die in dem Mitführen einer Waffe oder eines Knüppels nur eine **unwesentliche Modifizierung** der Raubtat sieht.

184   Die Überzeugungskraft der unterschiedlichen Theoriengruppen hängt zunächst davon ab, ob man sich an jede **gesetzgeberische Entscheidung** zur Bildung eines Qualifikationstatbestandes ebenso gebunden fühlt wie an die gesetzgeberische Entscheidung für ein eigenständiges Delikt, auch wenn es ein anderes Delikt „umfasst" (z.B. der Raub, der Diebstahl). Verlässt man den sicheren Boden des Gesetzes, so kommen **Wertungen** ins Spiel („erhebliche", „wesentliche" Übersteigerung; noch „dieselbe", schon eine „andere" Tat), die rational kaum entscheidbar sind. – Keine Aufstiftungsproblematik gibt es in dem Fall, in dem der Täter nicht nur zum Grunddelikt (z.B. Körperverletzung nach § 223), sondern auch zur Qualifikation (z.B. hinterlistiger Überfall i.S. des § 224 I Nr. 3) entschlossen ist, jetzt aber angeraten bekommt, ein „Pfefferspray" einzusetzen, denn durch diesen Rat wird er „nur" zu einer weiteren Qualifikation des § 224 I gebracht, nämlich der Nr. 2: mittels eines gefährlichen Werkzeugs (so im Übungsfall *Kudlich*, AT-Fälle, Fall 12, S. 168, 177). Ebenso wenn A dem B, der C Ohrfeigen verpassen will, rät, den C lieber ordentlich zu verprügeln, beides bleibt im Rahmen des § 223 (Fall 18 bei *Koch/Wirth*, JuS 2010, 203, 207).

185   Im umgekehrten Fall – dem zum schweren Raub entschlossenen Täter wird erfolgreich abgeraten, die Waffe oder den Knüppel mitzunehmen – spricht man von **Abstiftung**.[302] Der „Abwiegler" ist hier nicht Anstifter zum Grunddelikt (dem einfachen Raub gem. § 249), da der Täter der zum schweren Raub schon entschlossen war, auch zum einfachen Raub entschlossen ist (omnimodo facturus).[302a] Die denkbare psychische Beihilfe zum Grunddelikt[302b] scheitert daran, dass dem „Gehilfen" der von ihm veranlasste Erfolg wegen der von ihm bewirkten **Risikoverringerung**[303] nicht zugerechnet werden kann. Auch ist in Fällen, in denen der „Abstifter" nicht nur abwiegelt, sondern dem Täter die Tatbegehung auch schmackhaft macht (machen muss) [= Erhöhung des Begehungsrisikos], an eine Rechtfertigung der psychischen Beihilfe wegen Notstandes gem. § 34 zu denken, wenn die Abstiftung das einzige Mittel war, um die Begehung der schweren Tat zu verhindern.[304]

186   Eine Abstiftung wird nicht nur dann angenommen, wenn vom qualifizierten Delikt zum Grunddelikt „heruntergestiftet" wird, sondern auch dann, wenn **innerhalb desselben Delikts** auf eine abgeschwächte Tatausführung hingewirkt wird (z.B. Wegnahme von 1000,– Euro statt wie geplant der gesamten Ersparnisse des Opfers in Höhe von 5000,– Euro; oder z.B. Ohrfeige statt Prügel).[305]

---

[301] So genannt von *Hillenkamp*, 25. AT-Problem, S. 181, der auch deren Vertreter und Argumente auflistet (S. 182).

[302] LK-*Schünemann*, § 26 Rn. 28; *Roxin*, AT II, 26/69; *Krey*, 1993, S. 254; *Küpper*, JuS 1996, 23 f.; *Geppert*, Jura 1997, 299, 304; *Nepomuk*, 2008, S. 307: Fall 1; *Freund*, 10/122.

[302a] Ebenso *Kudlich*, JuS 2005, 592; *Joerden*, Fs. Puppe, 2011, S. 563, 577 f.; SK-*Hoyer*, § 26 Rn. 17.

[302b] Sie liegt nach *Joecks*, § 26 Rn. 13, „regelmäßig" vor; zu Recht diff. *Kudlich*, JuS 2005, 592, 593 f.

[303] LK-*Schünemann*, § 26 Rn. 28; S/S-*Heine*, § 26 Rn. 8; SK-*Rudolphi*, Rn. 58 vor § 1 u. *Kudlich*, JuS 2005, 592, 594 sowie *Koch/Wirth*, JuS 2010, 203, 207, mit Fall 19.

[304] LK-*Schünemann*, § 26 Rn. 30; SSW-*Murmann*, § 26 Rn. 6; *Otto*, JuS 1982, 561 Fn. 48; *Küpper*, JuS 1996, 23 f.; *Geppert*, Jura 1997, 299, 304 f.; *Kudlich*, JuS 2005, 592, 594 f. u. *Koch/Wirth*, JuS 2010, 203, 207; allg. für § 34-Lösung K/H/H-*Hellmann*, BT 1, Rn. 302.

[305] Beispiele von LK-*Schünemann*, § 26 Rn. 28; vgl. auch Fall 3 bei *Nepomuk*, 2008, S. 308 u. *Mitsch*, BT 2/2, 1/34 mit § 248 b – Bsp.

Zu **weiteren Umstiftungen** (z. B. Wechsel des Täters, Veränderung des Tatobjekts 187
oder Tatmotivs, Wechsel von Tatmodalitäten: der zum Wohnungseinbruch nach
§ 244 I Nr. 3 Entschlossene wird zur Mitnahme einer Waffe nach § 244 I Nr. 1 a
überredet) und deren Einordnung als anstiftungsbegründende Hervorrufung eines
neuen Tatentschlusses oder als beihilfebegründende Veranlassung einer Tatplanän-
derung vgl. LK-*Schünemann*, § 26 Rn. 22–27; SK-*Hoyer*, § 26 Rn. 21–24; *Ingelfinger*, 1992, S. 189–193; *Schulz*, JuS 1986, 933 ff.; *Küpper*, JuS 1996, 23 f.; *Geppert*,
Jura 1997, 299, 305; *Mitsch*, BT 2/2, 1/34 (Ausdehnung des Fahrens bei § 248 b);
zur Veranlassung der Änderung der Tatzeit *Schroeder*, GA 2006, 375; gegen Anstiftung bei „Änderungen des Tatmittels, des Tatorts oder der Tatzeit" *Welz*, 2008,
S. 157, ebenso hinsichtlich der „Tatmodalitäten" *Lackner/Kühl*, § 26 Rn. 2 a. – Aus
der Rspr. vgl.: BGH NStZ-RR 1996, 1, m. zust. Bspr. *Geppert*, JK 96, StGB § 26/5:
Keine Umstiftung des zur Strafvereitelung (§ 258) Entschlossenen durch Nennung
eines neuen Fahrtziels für die Flucht.

Aus der **Übungsfall-Literatur** zu verschiedenen Umstiftungen vgl.: *Amelung/Boch*, JuS 2000,
261 u. 266 f. (Überstiftung zu § 224 I Nr. 2 durch Zuruf, für die Körperverletzung Hockey-
schläger zu benutzen); *Berz/Saal*, Jura 2003, 205 u. 208 (von § 223 zu § 224); *Beulke*, KK III,
Fall 10, Rn. 478 u. 503 f. (von § 223 zu § 224); *Bruckauf*, in: *Ebert* (Hrsg.), Fall 7, S. 7 f. u. 126 f.
(von § 316 zu § 315 c) sowie Fall 15, S. 15 f. u. 230–233 (Umstiftungen hinsichtlich des Tatobjekts); *Cornelius*, JA 2009, 425 u. 431 f. („Hochstiftung" von § 223 zu § 212); *Dencker*, Klausuren, Fall 22, S. 26 u. 84 (Überstiftung zu §§ 224, 250 I Nr. 2); *Ellbogen/Stage*, JA 2005, 353 u.
354 (von § 223 zu § 224 I Nr. 2); *Haft*, Fallrepetitorium, Nr. 488, 489 (Über- und Abstiftung bei
§§ 249, 250); *Hilgendorf*, KK I, Fall 12, Rn. 15–21; *Hillenkamp*, 25. AT-Problem, Beispiel 2,
S. 183 (von Totschlag zu Mord überstiftet); *Hussels* Jura 2005, 877 u. 880 f. (Aufstiftung von
§ 224 zu § 212); *Jeßberger/Book*, JuS 2010, 321 u. 325 f. (von § 223 zu § 224 „angestiftet",
da „klar abgrenzbare Unwertsteigerung"); *Kaspar*, JuS 2004, 409 u. 411 (Aufstiftung zu
§ 224); *Krey*, 1993, Fall 1, Rn. 517–522; K/H/H-*Hellmann*, BT 1, Rn. 292 u. 302: Fall 32; *Kudlich*, AT-Fälle, Fall 12, S. 177 (Aufstiftung) u. 183 (Abstiftung) sowie in: PdW AT, Fälle 295, 296
(Auf- und Abstiftung); *Langer*, Jura 2003, 135 u. 136 f. (von § 223 zu § 224); *Laubenthal*, JA
2004, 39 u. 46 (Aufstiftung zu § 224); *Marxen*, Fall 19 b, S. 170 f. („Aufstiftung" zu § 224 I
Nr. 2); *Mitsch*, JuS 1987, 726 ff. (zur Tatänderung bestimmt); *Otto/Bosch*, Übungen, Fall 10,
S. 222 (Abstiftung); *Petrovic/Hillenkamp*, StudZR 2008, 66 u. 70 ff. (von § 212 zu § 211); *Rudolphi*, AT-Fälle, Fall 10, S. 113 u. 118 f. (= BGHSt 19, 339: zu § 250 II Nr. 1 u. 3 b überstiftet),
u. S. 122 „Zusatzfrage" (Abstiftung zu § 249); *Steinberg*, ZJS 2010, 518 u. 520 (Aufstiftung);
Sternberg-Lieben, JuS 1996, 136 u. 142; *Wagner/Drachsler*, ZJS 2011, 530 u. 537 (Aufstiftung).

d) Konkretisierung von Tat und Täter

Der Anstifter muss einen anderen zu einer konkreten Tat „bestimmen" und er 188
muss denjenigen/diejenigen („bestimmen"), welcher/welche die Tat ausführen
soll/sollen. Wer einen unbestimmten Personenkreis auffordert, nicht näher konkretisierte Straftaten zu begehen, macht sich allenfalls nach § 111 strafbar.[306] Die Problematik der **Tat- und Täterkonkretisierung** wird zwar üblicherweise erst beim Vorsatz des Anstifters unter der Fragestellung: wie bestimmt müssen die Vorstellungen
des Anstifters von der Haupttat und dem Haupttäter sein? behandelt,[307] doch stellt

---

[306] Vgl. zu diesem „ergänzenden Auffangtatbestand" für die Anstiftung und die versuchte
Anstiftung *Lackner/Kühl*, § 111 Rn. 1, 3 u. 5.
[307] So etwa von BGH NStZ-RR 2004, 40 f. u. BGH NJW 2005, 996, 997 sowie
von *Geppert*, Jura 1997, 358 ff. u. von *Satzger*, Jura 2008, 514, 518 f., der dies als h. M. aus-
gibt, wofür er anführen kann: *Roxin*, AT II, 26/133 ff. [zw.] u. W-*Beulke*, Rn. 572; anführen
könnte man auch *Fischer*, § 26 Rn. 8 u. *Rengier*, AT, 45/49–54. Kritisch zu dieser Einordnung

das „Bestimmen" i. S. des § 26 schon **objektive Anforderungen** auf, die nicht nur die Mittel der Anstiftung, sondern auch deren Konkretheit betreffen.[308] Unabhängig von dieser Einordnungsfrage besteht keine Einigkeit in der Sache, d. h., die Anforderungen an die objektive Konkretheit des „Bestimmens" bzw. an die Bestimmtheit der Vorstellungen des Anstifters von der Haupttätertat sind wenig geklärt und deshalb umstritten.

189   Hinsichtlich des ins Auge gefassten Täters steht immerhin fest, dass die Aufforderung zur Tatbegehung nicht an einen unbestimmten Personenkreis gerichtet sein darf. Ebenso, dass nicht ein bestimmter Täter zur Tat veranlasst werden muss. Dazwischen liegt die noch als Anstiftung einzustufende Aufforderung an einen **bestimmten Personenkreis,** wenn aus diesem Kreis einer oder einige zur Tat schreiten.[309] Aus der Sicht des Anstifters muss der Täter aus dem angesprochenen Personenkreis ermittelbar sein.[310]

190   Hinsichtlich der **Konkretisierung der Haupttat** steht immerhin fest, dass die bloße Aufforderung zur Begehung von Straftaten („Du musst eben mal ein Ding drehen") ebenso wenig ausreicht wie die abstrakte Angabe des zu verwirklichenden Tatbestandes („Du solltest es einmal mit einem Diebstahl versuchen").[311] Was darüber hinaus an Konkretisierung erforderlich ist, wird unterschiedlich beurteilt. Die Rechtsprechung hat lange auf die Festlegung von Ort und Zeit der Tat und die Individualisierung des Tatopfers verzichtet (so RGSt 26, 361, in einem Betrugsfall, und BGHSt 15, 276, bei der Aufforderung zur Anfertigung unzüchtiger Fotos i. S. des § 176 I Nr. 3 a. F.).

191   In der schon beim Aufforderungscharakter des „Bestimmens" angesprochenen Entscheidung des BGHSt 34, 63 (s. o. Rn. 175) wurde die Äußerung „Dann [wenn Du 10.000,– DM für eine Flucht ins Ausland brauchst] müsstest Du eine Bank oder Tankstelle machen" nicht für bestimmt genug gehalten: „Der Vorsatz des Anstifters muss aber, ohne sämtliche Einzelheiten der auszuführenden Haupttat schon zu erfassen, jedenfalls soviel von den sie kennzeichnenden Merkmalen enthalten, dass die Tat selbst als konkret-individualisierbares Geschehen erkennbar ist" (BGHSt 34, 67 f. = *Roxin,* HRR AT, Fall 83, S. 125 f. u. 206 f. = Fall 13 bei *Koch/Wirth,* JuS 2010, 203, 206).[311a] Damit wird zwar **nicht** das **Vorliegen aller Individualisierungsfaktoren** wie Tatobjekt, Zeit, Ort und Art/Umstände der Tatbegehung verlangt, aber

---

Herzberg, JuS 1987, 617, der selbst auf das Überschreiten der relevanten Risikoschaffung der Tatbegehung abstellt; dagegen *Roxin,* AT II, 26/142 f.

[308] Für die Einordnung bei den objektiven Voraussetzungen der Anstiftung *Berz,* JA 1990, 249; *Bock,* JA 2007, 599, 601; *Kretschmer,* NStZ 1998, 401 u. in: Jura 2008, 265, 267; *Koch/Wirth,* JuS 2010, 203, 205 f.; *Ebert,* S. 211; *Frister,* 28/24; *Heinrich,* AT II, Rn. 1288; M-*Gössel/Zipf,* AT 2, 51/8; *Murmann,* GK, 27/111; *Puppe,* AT 2, 41/2; *Schmidhäuser,* 10/111.

[309] So auch *Joecks,* § 26 Rn. 18; a. A. SK-*Hoyer,* Vor § 26 Rn. 55.

[310] So *Rogall,* GA 1979, 14; zust. *Roxin,* AT II, 26, 149.

[311] So LK[11]-*Roxin,* § 26 Rn. 52, 53; abweichend hinsichtlich des letzteren Punktes *Wolf,* JR 1992, 429, nach dem es reicht, wenn der Teilnehmer weiß, dass der Haupttäter einen Diebstahl begeht.

[311a] Zu dieser Entscheidung vgl. *Satzger,* Jura 2008, 514, 519, *Ebert,* S. 212; *Frister,* 28/24; *Heinrich,* AT II, Rn. 1288, *Hoffmann-Holland,* Rn. 571 u. 580; *Murmann,* GK, 27/103, *Rengier,* AT 45/53 u. *Puppe,* AT 2 41/1–7, nach der entscheidend ist, „dass der Täter die Tat begeht, um die Verabredung mit dem Anstifter zu erfüllen" (41/6) sowie *Warneke,* 2007, S. 172 ff., der allgemein für alle Teilnehmer „das Wissen um die Verwirklichung eines bestimmten Tatbestandes" für ausreichend hält. – Ähnlich BGHSt 42, 332, 334 m. Anm. *Schlüchter/Duttge,* NStZ 1997, 595, 596 u. BGH NStZ 2006, 288, 289 mit krit. Bspr. *Satzger,* JK 6/06, StGB § 211/48.

ihr völliges Fehlen führt zur Verneinung (der Anstiftung bzw.) des Anstiftervorsatzes.[312] Beziehen sich die Äußerungen des Anstifters auf die Tötung eines bestimmten Opfers, so soll das Fehlen von Einzelheiten über Ort, Zeit, Art und Weise der Tatausführung eine Anstiftung nicht ausschließen (BGH NStZ 2006, 96 m. krit. Bspr. *Puppe*, NStZ 2006, 424 u. *Satzger*, JK 7/06, StGB § 211/49: „vergleichsweise extensiv"; zust. aber *Rengier*, AT, 45/52: Bsp. 2). Ein Heimtücke-Mord soll sich bei einer sog. „Auftragstötung" auch dann aufdrängen, wenn es dem Anstifter „egal" ist, „wie die Tat durchgeführt würde" (BGHSt 50, 1, 7 mit z.T. krit. Bspr. *Jäger*, JR 2005, 477 ff., *Kudlich*, JuS 2005, 1051, 1053, *Puppe*, JZ 2005, 902, 904, *Valerius* JA 2005, 682 = Fall 43 bei *Jäger*, Rn. 258 a u. b).

Diese Anforderungen an die Individualisierung der Haupttat entsprechen denen, **192** die überwiegend in der Literatur gestellt werden, wonach der Vorsatz des Anstifters von den die Tat kennzeichnenden Merkmalen wenigstens soviel enthalten muss, dass die Tat als ein **konkret-individualisierbares Geschehen** erkennbar ist.[313] Demgegenüber soll es nach Roxin ausreichen, dass neben der Angabe eines bestimmten Tatbestandes die „wesentlichen Dimensionen des Unrechts"[314] feststehen. Diese wesentlichen Unrechtsdimensionen stehen nach *Roxin* im Fall des BGHSt 34, 63 deshalb fest, weil die Tatobjekte nach allgemeinen Artmerkmalen bezeichnet wurden und auch die Schadenshöhe der Größenordnung nach feststand.[315] Es fragt sich aber, ob nicht über die wesentlichen Dimensionen des Unrechts der Haupttat hinaus der zeitliche und örtliche Rahmen, innerhalb dessen sich die Haupttat abspielen soll, abgesteckt sein muss.[316]

> Aus der **Übungsfall-Literatur** zur Konkretisierung der Haupttat vgl.: *Berz*, JA-Übungsblätter 1990, 246 u. 249; *Bott/Pfister*, Jura 2010, 226 u. 232 (beim Vorsatz); *Dannecker*, JuS 1988, L 67 u. L 69 f.; *Hettinger*, JuS 2011, 910 u. 916 (beim Vorsatz); *Hilgendorf*, Fallsammlung, Fall 17, S. 139 u. 145; *Hohmann*, Jura 1993, 321 u. 323; *Kudlich*, PdW AT, Fall 297 (BGHSt 34, 63, nachgebildet); *Koch/Exner*, JuS 2007, 40 u. 42 (beim Anstiftervorsatz); *Langer*, Jura 2003, 135 u. 139 („Anstiftungsbewusstsein"); *Murmann*, JA 2011, 593 u. 602 f.; *Otto/Bosch*, Übungen, Fall 16, S. 352; *Sowada*, Jura 1994, 37 u. 41; *Stoffers*, JuS 1993, 837 u. 839; *Tiedemann*, Anfängerübung, Fall 10, S. 229 f. u. 237 f. sowie Fall 12, S. 244 u. 248 f.

e) Sonderfälle der Anstiftung

Der Anstifter muss nicht direkt auf den Haupttäter einwirken. Auch wer einen **193** anderen dazu bestimmt, einen Täter anzustiften, ist Anstifter zu der Haupttat, die er über einen Anstifter mittelbar verursacht hat (sog. **Kettenanstiftung**[317]). Dabei wird

---

[312] Vgl. *Geppert*, Jura 1997, 358–360; *Koch/Wirth*, JuS 2010, 203, 206; *Kindhäuser*, AT, 41/23. – Ausführlich zu BGHSt 34, 63, *Ingelfinger*, 1992, S. 23 ff., 42 ff. u. 229–231, der eine Anstiftung mangels Kenntnis der „Angriffsrichtung" der Tat durch den „Anstifter" verneint, aber psychische Beihilfe für möglich hält, weil der Rat hier nicht „lenken", aber „unterstützen" konnte (S. 230).

[313] So *W-Beulke*, Rn. 572; ebenso *Frisch*, LdRerg. 8/1620, S. 15 u. *Koch/Wirth*, JuS 2010, 203, 206; zusf. *Satzger*, Jura 2008, 514, 519 f., der selbst einen „Test der hypothetischen Anwesenheit" empfiehlt.

[314] *Roxin*, AT II, 26/136; kritisch zu dieser von ihm sog. Leerformel *Wolf*, JR 1992, 428.

[315] Vgl. *Roxin*, JZ 1986, 908, u. *ders.*, Fs. Salger, 1995, S. 129, 130–136; zust. *Jäger*, Rn. 258.

[316] Kritisch dazu *Ingelfinger*, 1992, S. 70 f.: manchmal zu eng.

[317] LK-*Schünemann*, § 26 Rn. 101; SK-*Hoyer*, § 26 Rn. 32; *Murmann*, GK, 27/119; *Küpper*, JuS 1996, 23, 25; *Geppert*, Jura 1997, 358, 364 f.; *Sowada*, Fs. Tiedemann, 2008, S. 273, 274; *Krell*, Jura 2011, 499; monographisch *Selter*, Kettenanstiftung und Kettenbeihilfe, 2008 m. Bspr. *Murmann*, GA 2009, 444. – Aus der Rspr. vgl. BGHSt 40, 218 u. 307, 313 (zu Tötungen an der ehemaligen Grenze zur DDR und zu Wahlfälschungen in der DDR).

die Anstiftung von manchen als die Haupttat betrachtet, zu der der „Kettenanstifter" anstiftet;[317a] für andere handelt es sich um eine Art von „mittelbarer" Anstiftung über ein Zwischenglied,[317b] was aber nur auf Fälle mit gutgläubigem Zwischenglied so richtig passt, sodass bei bösgläubigem Zwischenglied besser von „vermittelter" Anstiftung gesprochen werden sollte (*Krell*, Jura 2011, 499, 502). Bringt etwa die Mutter den Sohn dazu, einen Killer mit der Tötung des Ehemanns/Vaters zu beauftragen, so ist auch sie Anstifterin zu dem vom Killer begangenen Mord gem. §§ 211, 26. Bei der Kettenanstiftung kommt es weder auf die Zahl der Glieder noch darauf an, dass der „mittelbare Anstifter" diese Zahl kennt; auch den Haupttäter muss er nicht kennen (BGHSt 6, 359; *Koch/Wirth*, JuS 2010, 203, 209 u. *Krell*, Jura 2011, 499, 502).

194   Überschaut ein gutgläubiger Mittelsmann den Sachverhalt nicht, so liegt eine Anstiftung in mittelbarer Täterschaft vor (BGHSt 8, 137).[318] Auch eine **Mitanstiftung** durch gemeinschaftliches Bestimmen eines anderen ist möglich,[319] da auch die Anstiftung als eine „Straftat" i.S. des § 25 II verstanden werden kann.[320] Anstiftung zur Beihilfe ist mittelbare Förderung der Haupttat und damit **Beihilfe** zu dieser;[320a] diese Beihilfe zur Haupttat verdrängt als schwerere Beteiligungsform die Anstiftung zur Beihilfe (*Koch/Wirth*, JuS 2010, 203, 209 Fn. 91: Subsidiarität).

> Aus der **Übungsfall-Literatur** zu Sonderfällen der Anstiftung vgl.: *Ambos*, Jura 2004, 492 f. u. 500 (Kettenanstiftung); *Eisele*, Jura 2005, 204 u. 210 (Kettenanstiftung); *Kühl/Hinderer*, JuS 2010, 697 u. 702 (Kettenanstiftung); *Langer*, JuS 1987, 896 ff.; *Murmann*, JuS 1998, 630 u. 634 (Kettenanstiftung); *Teubner*, Die Examens- und Übungsklausur, Fall 8, S. 204 u. 207 (Bestimmen zur Beihilfe an der eigenen Anstiftung).

3. Die subjektiven Voraussetzungen der Anstiftung

a) Der „doppelte" Anstiftervorsatz

195   Der Vorsatz des Anstifters muss sich zum einen auf die **eigene Anstiftungshandlung**, das „Bestimmen" eines anderen zur Tat, beziehen, zum anderen muss auch die Ausführung der **Haupttat** vom Vorsatz des Anstifters umfasst sein.

196   Die Anstiftungshandlung ist noch vom Vorsatz des Anstifters umfasst, wenn er es nur für möglich hält, dass der andere auf seine Schilderung einer günstigen Tatgelegenheit hin den Entschluss zur Begehung dieser Tat fasst, sofern er sich damit abfindet (**Eventualvorsatz** des Anstifters hinsichtlich des Erfolgs seiner Anstiftungshandlung).[320b] Bedenkt er hingegen leichtfertig nicht, dass seine Schilderung den anderen zur Tat veranlassen könnte, so liegt nur ein fahrlässiges „Bestimmen" vor, das von § 26 nicht erfasst ist („wer vorsätzlich einen anderen ... bestimmt hat").[321] Gleiches

---

[317a] So aber *Gallas*, JR 1956, 227 f.; B-*Weber/Mitsch*, 30/95.

[317b] Vgl. BGHSt 8, 137; *Lackner/Kühl*, § 26 Rn. 8.

[318] Vgl. näher *Krell*, Jura 2011, 499, 502 u. LK-*Schünemann*, § 26 Rn. 100; a.A. M-*Gössel/Zipf*, AT 2, 50/130 f.; im Übungsfall *Singelnstein*, ZJS 2012, 229 u. 231.

[319] W-*Beulke*, Rn. 570. – Aus der Rspr. BGH NStZ 2000, 421 f. m. Bspr. *Otto*, JK 01, StGB § 26/7.

[320] LK-*Schünemann*, § 26 Rn. 97; a.A. M-*Gössel/Zipf*, AT 2, 50/130, die hier eine Teilhabe an der Tatherrschaft vermissen.

[320a] *Geppert*, Jura 1997, 358, 365; B-*Weber/Mitsch*, 30/96; *Jescheck/Weigend*, S. 697; LK-*Schünemann*, § 26 Rn. 103; S/S-*Cramer/Heine*, § 26 Rn. 13.

[320b] Vgl. aus der Rspr. BGH NStZ 1996, 434 f. – Aus der Literatur *Bock*, JA 2007, 599, 602 u. *Satzger*, Jura 2008, 514, 517 f.; im Übungsfall *Singelnstein*, ZJS 2012, 229 u. 231.

[321] Vgl. LK-*Schünemann*, § 26 Rn. 58. – Es kommt aber fahrlässige Täterschaft in Betracht sowie eine Unterlassungsstrafbarkeit als Gehilfe mit Ingerenzgarantenstellung (*Ebert*, S. 211).

gilt für nicht ernst gemeinte „Anstiftungen".[321a] Dagegen soll es ausreichen, dass der Anstifter aus „Gleichgültigkeit" mit jeder eintretenden Möglichkeit einverstanden ist (BGHSt 50, 1, 7 [unter Berufung auf BGHSt 40, 304, 306 f.] m. krit. Bspr. *Jäger*, JR 2005, 477 ff. u. *Puppe*, JZ 2005, 902, 903; ebenso BGH NStZ 2006, 288, 289 m. krit. Bspr. *Satzger*, JK 6/06, StGB § 211/48).

Der Vorsatz des Anstifters hinsichtlich der Haupttat kann auch ein **bedingter** sein **197** (BGHSt 44, 99 m. Anm. *Roxin*, NStZ 1998, 616; BGH NJW 2005, 996, 997). Er muss alle Umstände erfassen, die die Strafbarkeit der Haupttat begründen. Dazu gehören nicht nur die **äußeren** Tatumstände der Tatausführung, sondern auch die für die Strafbarkeit erforderliche **innere** Beteiligung des Täters an seiner Tat. Gehören dazu außer dem Vorsatz bei bestimmten Delikten weitere subjektive Unrechtsmerkmale, so muss der Anstifter auch diese kennen.[322] So muss er z.B. wissen, dass der von ihm zum Betrug bestimmte Täter den Vermögensschaden des Opfer in der von § 263 geforderten Vermögensvorteilsabsicht begeht; beim Anstifter selbst muss diese Absicht nicht vorliegen. Ein **Irrtum** des Anstifters über die Rechtswidrigkeit der Haupttat lässt den Vorsatz des Anstifters entfallen.[322a]

Der Vorsatz des Anstifters begrenzt seine akzessorische Haftung für das Haupt- **198** tatunrecht. Geht der Haupttäter mit seiner Tat über das hinaus (sog. **Exzess**[323]), wozu ihn der Anstifter bestimmen wollte, so haftet der Anstifter für diesen zusätzlichen Tatteil nicht. Wer zu einem Diebstahl anstiftet, bleibt Anstifter zum Diebstahl gem. §§ 242, 26, auch wenn der Haupttäter, was der Anstifter sich nicht vorstellte und nicht wollte, Gewalt zur Wegnahme einsetzt, d.h. einen Raub begeht.

Begeht der Haupttäter eine ganz **andere Tat** als die, zu der ihn der Veranlasser **199** bestimmen wollte, so haftet der Veranlasser für diese andere Tat nicht als Anstifter. Rät der A dem B die erstrebte Sache wegzunehmen (= einen Diebstahl gem. § 242 zu begehen), verschafft sich B die Sache aber von einem Dieb (= Hehlerei gem. § 259), so fehlt dem A der Vorsatz hinsichtlich dieser Haupttat; sein erfolgloser Versuch einer Anstiftung zum Diebstahl ist wegen dessen Vergehenscharakter straflos (§ 30 I).[324]

Unwesentliche Abweichungen in der Tatausführung sind hingegen vom Tatvor- **200** satz des Anstifters, der sich nicht auf alle Einzelheiten der Tat beziehen muss, umfasst (BGH NStZ 1996, 434 f.). Die Grenze zur wesentlichen Abweichung der Haupttat von der Vorstellung des Anstifters ist freilich ebenso unsicher wie die Grenzziehung bei der oben (Rn. 180 ff.) erörterten Veranlassung zur Tatänderung.[325]

Aus der **Übungsfall-Literatur** zu Abweichungen in der Tatausführung vgl.: *Börgers/Grunewald*, ZJS 2008, 521 u. 523 f. (kein Vorsatz hinsichtlich rechtswidriger Haupttat); *Haller/ Steffens*, JA 1996, 649 u. 660 f.; *Hilgendorf*, Fallsammlung, Fall 9, S. 59 u. 68 f.; *Käßner/Seibert*, JuS 2006, 810 u. 815 f.; *Otto*, Fälle 16 u. 17, in: JuS 1982, 562; *Scholz/Wohlers*, Klausuren, Bsp. einer Klausurbearbeitung, S. 91 u. 97; *Schwind/Franke/Winter*, Anfängerübung, 2. Hausarbeit, S. 65 u. 107; *Stiebig*, JA 2009, 600 u. 605; *Tiedemann/Walter*, Jura 2002, 708 u. 711; *Wagner*, BT-Fälle, Fall 2, S. 12 u. 19; Die Examensklausur, Klausur Nr. 20, S. 203 u. 212.

[321a] Vgl. den Übungsfall von *Nutzinger/Sauer*, JuS 1999, 980 u. 985.

[322] *Roxin*, AT II, 26/164; W-*Beulke*, Rn. 572.

[322a] Ebenso LK-*Schünemann*, § 26 Rn. 59; *Ebert*, S. 212, der aber auch einen Erlaubnisirrtum nach § 17 erwägt; vgl. auch *Schumann*, Fs. Stree/Wessels, 1993, S. 383 ff.

[323] *Frisch*, LdRerg 8/1620, S. 13; eingehend *Altenhain*, 1994.

[324] Beispiel von LK[11]-*Roxin*, § 26 Rn. 87 = Fall 23 bei *Koch/Wirth*, JuS 2010, 203, 208.

[325] Vgl. näher LK-*Schünemann*, § 26 Rn. 80 u. 82, mit Bspen.

b) Der agent provocateur

201   Nach ganz h. M. muss der **Vorsatz** des Anstifters **auf die Vollendung der Haupttat** durch den Haupttäter gerichtet sein. Wer – wie z. B.[326] der sog. agent provocateur – die Haupttat, zu deren Begehung er einen anderen bestimmt hat, nur bis ins
Versuchsstadium gelangen lassen will, um den Versuchstäter auf frischer Tat festnehmen zu lassen, hat danach keinen ausreichenden Anstifter-Vorsatz.[327] Diese Verneinung des Anstifter-Vorsatzes entspricht dem Strafgrund der Teilnahme, der die
Mit-Verursachung der Rechtsgutsverletzung durch den Anstifter verlangt. Eine solche Rechtsgutsverletzung will aber der nicht mit-verursachen, der die Tat im Versuchsstadium stoppen bzw. stoppen lassen will. Zwar enthält auch der Versuch
strafrechtlich relevantes Unrecht (s. o. Rn. 137), doch besteht dieses nur im Handlungsunrecht, während das Erfolgsunrecht fehlt; damit entfällt aus der Sicht des Anstifters der von ihm über den Angestifteten laufende Angriff auf das geschützte
Rechtsgut.[328]

202   Typische Fälle sind die sog. **Diebesfallen,** bei denen der Anstifter den anderen zu
einem Diebstahl überredet oder durch Schaffen einer günstigen Zugriffsmöglichkeit
zu einem Diebstahl anreizt, um ihn beim Zugreifen festzunehmen oder festnehmen
zu lassen. Ist die Wegnahme durch den angestifteten Täter noch nicht durch Bruch
fremden und Begründung neuen Gewahrsams vollzogen, so ist der Diebstahl noch
im Versuchsstadium und das Rechtsgut Eigentum noch nicht verletzt.[329] Das
Rechtsgut Leben ist noch nicht verletzt und A bleibt straflos, wenn er den B zur Tötung des O „angestiftet" hat, es jedoch nur zu einem Totschlagsversuch von B an O
kommt, weil A ohne Wissen des B dessen Revolver entladen hat.[329a]

203   Der **Vollendungszeitpunkt** wird damit zum entscheidenden Kriterium für die
Straflosigkeit des Anstifters: nimmt er die Vollendung der Haupttat in seinen (Even-
tual-)Vorsatz auf, so hat er ausreichenden Anstifter-Vorsatz, will er es dagegen nicht
zur Vollendung kommen lassen, so fehlt ihm der erforderliche Anstifter-Vorsatz. Der
Vorteil dieses Kriteriums der sog. Lehre von der formellen Vollendungsgrenze[330]
liegt in seiner Bindung an die **gesetzlichen Vorgaben** für Rechtsgutsverletzungen in
den gesetzlichen Tatbeständen. Freilich ist der Vollendungszeitpunkt nur abstrakt
leicht zu bestimmen (§ 263: Vermögensschaden), im Einzelfall kann dessen genauere
Bestimmung Schwierigkeiten bereiten (Stichwort: schadensgleiche Vermögensgefährdung bei § 263).

---

[326] Als weitere Fallgruppe behandelt LK[11]-*Roxin*, § 26 Rn. 67, hier die Veranlassung zur
Begehung eines untauglichen Versuchs, bei der es jedoch schon am Rechtsgutsangriff durch
den die Untauglichkeit kennenden Anstifter fehlt (so auch *Roxin;* ebenso LK-*Schünemann,*
§ 26 Rn. 60). Vgl. Fall 12 bei *Otto,* JuS 1982, 561.

[327] Vgl. aus der h. M. *Frisch,* LdRerg. 8/1620, S. 15; *Krey,* 1993, S. 258 ff.; *Küper,* GA 1974,
321; *Satzger,* Jura 2008, 514, 523; *Zieschang,* Rn. 737 f.; *S/S-Heine,* § 26 Rn. 20; SK-*Hoyer,*
Vor § 26 Rn. 64; eingehend *Nikolidakis,* 2004, S. 57 ff.

[328] LK-*Schünemann,* § 26 Rn. 61; *Roxin,* AT II, 26/152 u. *Stratenwerth/Kuhlen,* 12/151
sowie *Geppert,* Jura 1997, 358, 369; *Deiters,* JuS 2006, 302, 303 u. *Koch/Wirth,* JuS 2010,
203, 208 mit Fall 20.

[329] Ist der Eigentümer mit dem Gewahrsamswechsel einverstanden, kommt schon deshalb
nur Versuch in Betracht, vgl. *Krey/Hellmann,* BT 2, 1/34: Fall 8 („Diebesfalle"); *Rengier,* BT I,
2/33; W-*Hillenkamp,* BT 2, Rn. 118; zur „Diebesfalle" als „Grundfall" *Deiters,* JuS 2006,
302 u. *Bock,* JA 2007, 599, 602 f.

[329a] Bsp. von *Geppert,* JK 00, StGB § 26/6.

[330] So genannt von *Hillenkamp,* 24. AT-Problem, der auch deren zahlreiche Vertreter und
deren Hauptargumente auflistet (S. 174 f.). – Vgl. auch *Schwarzburg,* NStZ 1995, 469, 470 f.

Löst man sich von den gesetzlichen Vorgaben, so sind die Abgrenzungsschwierig- **204** keiten kaum mehr zu bewältigen. Das gilt sowohl für die sog. Lehre von der Rechtsgutsgefährdungsgrenze als auch für die Lehre von der materiellen Vollendungsgrenze.[331] Wer Anstiftervorsatz schon bejaht, wenn es der Anstifter zur **Gefährdung des Rechtsguts** kommen lassen will (z.B. der Anstifter rechnet auch damit, dass der Dieb mit der Sache entkommt, vertraut aber darauf, dies verhindern zu können), erfasst fahrlässiges Unrecht als vorsätzliche Anstiftung.

Weniger Bedenken löst die Erweiterung der Straflosigkeit aus, die dadurch er- **205** reicht wird, dass der Anstifter-Vorsatz auch dann noch verneint wird, wenn der Anstifter es zur Vollendung der Haupttat, nicht aber zu deren **Beendigung** kommen lassen will. Zwar geht dann die Orientierung an den gesetzlichen Tatbeständen weitgehend verloren, doch kann man diesem Tatveranlasser zugestehen, dass er das nach den Festlegungen der gesetzlichen Tatbestände schon verletzte **Rechtsgut** letztlich **vor** der **endgültigen**, irreparablen **Verletzung bewahren** zu können glaubt (z.B. den Dieb nach Wegnahme der Sache unter Sicherstellung dieser Sache festnehmen zu können).[331a] Die endgültige Rechtsgutsverletzung verhindern will aber nicht der Anstifter zu einem Betrug, der es zum Vermögensschaden kommen lassen will; dass er die Bereicherung des Täters oder eines anderen verhindern zu können glaubt, ist unerheblich, da dadurch die Endgültigkeit der Rechtsgutsverletzung (= Vermögensschaden) nicht berührt wird.[332]

Diese Grundsätze gelten auch für eine Anstiftung durch einen **polizeilichen Lock-** **205a** **spitzel,** der bei fehlendem Vollendungs- oder Beendigungsvorsatz mangels Anstiftungsvorsatzes unabhängig von einer möglichen Rechtswidrigkeit seines Tuns nicht strafbar ist; nimmt er eine Beendigung der Haupttat allerdings billigend in Kauf, ist das Vorliegen eines Rechtfertigungsgrundes, etwa rechtfertigender Notstand gem. § 34, zu prüfen (8/180);[332a] bei § 34 dürfte es meist an der gegenwärtigen Gefahr und ihrer Abwendbarkeit sowie am Interessenübergewicht fehlen.[332b] Die Rechtswidrigkeit einer Tatprovokation kann aber nicht nur Einfluss auf die Strafbarkeit des Lockspitzels haben, sondern wirkt auf die Strafe des **provozierten Angestifteten** zurück. Die staatlich veranlasste Tatprovokation eines bislang Unverdächtigen kann einen gem. Art. 6 I EMRK konventionswidrigen Verstoß gegen das Gebot eines fai-

---

[331] Zu beiden Lehren mit deren Vertretern und Argumenten vgl. *Hillenkamp*, 24. AT-Problem, S. 175 ff.; ergänzend: *Geppert*, Jura 1997, 358, 360–362; abl. *Heghmanns*, GA 2000, 473, 487 f.; *Mitsch*, BT 1/1, 1/90 u. NK-*Schild*, § 26 Rn. 12; vgl. auch *Nikolidakis*, 2004, S. 71, 81.

[331a] So etwa *Heinrich*, AT II, Rn. 1315; *W-Beulke*, Rn. 573 u. *Stratenwerth/Kuhlen*, 12/150, die das aber als „sehr fraglich" bezeichnen (Fn. 176); *Koch/Wirth*, JuS 2010, 203, 208, mit Fall 21; *Kindhäuser*, AT, 41/26: auf die „Eigenart des jeweiligen Delikts" abstellend; *Deiters*, JuS 2006, 302, 303: Fall 2. Aus der Rspr. vgl. OLG Oldenburg NJW 1999, 2751 f. (zu §§ 96 Nr. 11, 48 I AMG) m. zust. Bspr. *Geppert*, JK 00, StGB § 26/6, zust. auch *Murmann*, GK, 27/112 Fn. 239, als Beispiel 3 bei *Kretschmer*, Jura 2008, 265, 267; BGH StV 2007, 527 (zu § 29 I Nr. 1 BtMG) m. zust. Bspr. *Geppert*, JK 6/08, StGB § 26/8.

[332] Vgl. LK-*Schünemann*, § 26 Rn. 77; ebenso *Nikolidakis*, 2004, S. 100, der aber dennoch zu § 26 kommt, weil auch bei der Betrugsanstiftung Bereicherungsabsicht haben müsse (krit. *Mitsch*, GA 2007, 718, 720). – Vgl. zur „Diebesfalle" *Janssen*, NStZ 1992, 238; *Geppert*, Jura 1997, 358, 360 f.; *Hefendehl*, NStZ 1992, 544. – Vgl. auch *Joecks*, § 26 Rn. 22 mit § 146-Bsp.

[332a] Vgl. *Roxin*, AT II, 26/154 mit Fn. 199; *Deiters*, JuS 2006, 302, 304 (noch zu Fall 2) sowie *Hillenkamp*, 24. AT-Problem, Bsp. 2, S. 177 f. u. 5. AT-Problem, Bsp. 2, S. 45 f. – Gegen behördliche Agent-provocateur-Einsätze *Gänßle*, 2003, S. 221 mit zust. Bspr. *Heghmanns*, ZIS 2006, 262, 263.

[332b] LK-*Schünemann*, § 26 Rn. 69.

ren Strafverfahrens darstellen (klare Regeln für den Einsatz verdeckter Ermittler verlangt EGMR NJW 2009, 3565); zu dessen Kompensation hält der BGH eine wesentliche Strafmilderung unter ausdrücklicher Feststellung des EMRK-Verstoßes für ausreichend (BGHSt 45, 321; 47, 44),[332c] noch nicht praktiziert wird die für Fälle konventionswidriger Verfahrensdauer vom BGH (St 52, 124) entwickelte sog. „Vollstreckungslösung" (*Lackner/Kühl*, § 46 Rn. 30 u. 44),[332d] während der EGMR sogar ein Verfahrenshindernis wegen der Tatprovokation für möglich hält (EGMR NStZ 1999, 47, dazu *Kinzig*, StV 1999, 288 u. *Roxin*, JZ 2000, 369; s. auch BVerfG NJW 1995, 651: Verfahrenshindernis wegen Verstoßes gegen Art. 1 GG und das Rechtsstaatsprinzip; vgl. für außergewöhnliche Fälle auch BGHSt 45, 321, 332; 46, 159, ein wichtiger Schritt zur Annäherung an die Rspr. des EGMR).[333] Für den von einem rechtsstaatswidrig vorgehenden Lockspitzel zur Begehung einer Straftat Verführten wird ein übergesetzlicher Schuld- oder Strafausschließungsgrund erwogen;[333a] begeht der „Verleitete" nur einen Versuch, wird sogar Straflosigkeit kraft teleologischer Reduktion der Strafbarkeit diskutiert.[333b]

> Aus der **Übungsfall-Literatur** zum agent provocateur vgl.: *Alpmann/Schmidt*, AT 2, Fall 11, S. 58–62; *Beulke*, KK III, Fall 9, Rn. 399 u. 450 ff.; *Engelhart/Burchard*, Jura-Examens-Klausurenkurs, 3. Aufl. 2008, S. 56 u. 62; *Geppert*, Jura 2002, 281 u. 282; *Hanft*, JuS 2005, 1010 u. 1013 (Vorsatz „nur" hinsichtlich Vollendung eines Vorbereitungsdelikts); *v. Heintschel-Heinegg*, Strafrecht 2, S. 218 u. 243 (dabei umfangreiche gutachterliche Vorüberlegungen zur Sonderproblematik des polizeilichen Lockspitzels, S. 220–236); *Hilgendorf*, KK III, Fall 10, Rn. 64; *Hillenkamp*, 24. AT-Problem, Bsp. 1, S. 173 mit Lösung auf S. 177; Bsp. 2, S. 177 f. (Sonderproblematik des polizeilichen Lockspitzels); *Hinderer*, JuS 2009, 625 u. 629 („Diebesfälle"); *Kinzig/Luczak*, Jura 2002, 493 f. u. 499 f. (Verdeckte Ermittler); *Kudlich*, PdW AT, Fall 299; *Mitsch*, JuS 2007, 557 u. 557 f.; *Otto*, Fälle 12, 14 u. 15 in: JuS 1982, 561 f.; *Ranft*, Jura 1993, S. 487 ff. u. 492; *Rudolphi*, AT-Fälle, Fall 9, S. 101 u. 106; *Seier/Schlehofer*, JuS 1983, 50 u. 54; *Seier*, JA 1992, 206 u. 209; *Krey/Esser*, AT, Fall 135, Rn. 1059–1063 („Diebesfälle"); *Teubner*, Die Examens- und Übungsklausur, Fall 3, S. 173 u. 176 f.

c) Auswirkungen des error in persona des Täters auf den Anstifter

206   Erschießt der zum Totschlag angestiftete Täter infolge einer Personenverwechslung eine andere Person als die, zu deren Tötung er angestiftet worden war, so ändert das an seiner Strafbarkeit wegen Totschlags gem. § 212 nichts, weil der error in

---

[332c] Dieser Strafzumessungslösung zust. *Beulke*, StPR, Rn. 288; krit. LK-*Theune*, § 46 Rn. 262; als Alternative schlagen ein Verfahrenshindernis vor *Krey/Esser*, Rn. 1068 (dazu bei und in Fn. 333).

[332d] Die Übertragung auf die unzulässige Tatprovokation ist nach *Fischer*, § 46 Rn. 145, offen. – Vgl. *Kraatz*, JR 2008, 189, 194; SSW-*Eschelbach*, § 46 Rn. 139, nach dem auch diese „Vollstreckungslösung" nicht mit der Rspr. des EGMR übereinstimmt (Rn. 141).

[333] Vgl. dazu mit zahlreichen Nachweisen *Lackner/Kühl*, § 26 Rn. 4 u. § 46 Rn. 30, 33; *Ebert*, S. 213; S/S-*Heine*, § 26 Rn. 21; LK-*Schünemann*, § 26 Rn. 71; LK-*Theune*, § 46 Rn. 256, 262 [die an sich gebotene Einstellung werde vom BGH zwar theoretisch erwogen, praktisch aber selbst in Extremfällen wie BGHSt 46, 160, abgelehnt]; nach *Satzger*, 2011, 11/79, ist die BGH-Rspr. mit den Vorgaben der MRK nicht zu vereinbaren; ähnlich *Hecker*, 2010, 3/55; SK-*Hoyer*, Vor § 26 Rn. 60–66; SSW-*Eschelbach*, § 46 Rn. 141; W-*Beulke*, Rn. 574; eingehend *v. Danwitz*, 2005, S. 263 ff.

[333a] *Beulke*, StPR, Rn. 288; *Roxin*, Strafverfahrensrecht, 10/28 (and. jetzt *Roxin/Schünemann*, Strafverfahrensrecht, 22/20 u. 37/8, wo eine „Gleichbehandlungslösung" hinsichtlich Provokateur und Provoziertem vorgeschlagen wird); für einen vortatbestandsmäßigen „Strafrechtsausschließungsgrund" *v. Danwitz*, 2005, S. 225 ff., 329 m. krit. Bspr. *Renzikowski*, ZStW 119 (2007), 137, 145 ff.

[333b] Von *Schünemann*, StV 1985, 429 u. in: LK, § 26 Rn. 71.

persona den Vorsatz des Täters unberührt lässt: er hat denjenigen getötet, auf den er angelegt hat, auch wenn er ihn für einen anderen gehalten hat (s. o. 13/22). **Ob dieser Irrtum auch für** den **Anstifter**-Vorsatz **unbeachtlich** ist, ist aber **zweifelhaft**, denn aus seiner Sicht hat der Täter die Tat am falschen Opfer ausgeführt.

Die Fallkonstellation mutet wie ein Fall aus der Lehrbuchliteratur an, doch hat **207** sich die Rechtsprechung im Abstand von mehr als 130 Jahren immerhin zweimal mit dieser Konstellation beschäftigen müssen. Dem vom preußischen Obertribunal entschiedenen sog. „**Rose-Rosahl-Fall**" vom 5. 5. 1859 (als „klassische Entscheidung" aufbereitet von *Dehne-Niemann*, Jura 2009, 373 ff., 379: Fehlentscheidung nach damaligem Recht, weil die allein vorliegende versuchte Anstiftung nicht strafbar war; heute § 30 I) wurde 1990 durch den vom BGH (St 37, 214 = *Roxin*, HRR AT, Fall 12, S. 14 ff. u. 162 = Fall 24 bei *Koch/Wirth*, JuS 2010, 203, 209; als „Klassiker" aufbereitet von *Kubiciel*, JA 2005, 694) entschiedenen sog. „**Hoferben-Fall**" (auch „Rose-Rosahl II" genannten Fall) die vermeintlich verlorengegangene praktische „Relevanz" zurückgegeben. Beide Entscheidungen[334] halten den Irrtum des Täters auch für den Vorsatz des Anstifters für **unbeachtlich** und kommen deshalb zur Bestrafung des Anstifters wegen Anstiftung zum Totschlag bzw. Mord gem. §§ 212, 211, 26. Der BGH anerkennt zwar, dass sich der Irrtum des Täters für den Anstifter als eine „Abweichung" von dem geplanten „Tatgeschehen" darstellt: „sie ist aber unbeachtlich, weil sie sich in den Grenzen des nach allgemeiner Lebenserfahrung Vorhersehbaren hielt, so dass eine andere Bewertung der Tat nicht gerechtfertigt ist" (BGHSt 37, 218).

Auf die Wesentlichkeit der Abweichung der Tat von den Vorstellungen des Täters **208** stellt auch die in der Literatur vertretene sog. Wesentlichkeitstheorie[335] ab, doch kommt sie bei der Verwechslung von höchstpersönlichen Rechtsgütern wie dem Leben im Gegensatz zum BGH zur Annahme einer **wesentlichen Abweichung**. Dagegen führt die sog. Unbeachtlichkeitstheorie[336] zu dem vom BGH für richtig gehaltenen Ergebnis: Der für den Täter unbeachtliche error in persona ist auch für den Anstifter unbeachtlich. Eine Besserstellung des Anstifters erscheint vor allem deshalb unangebracht, weil (oder jedenfalls wenn[337]) er die Identifizierung des Opfers letztlich in der konkreten Tatsituation dem Täter überlässt. Macht der Täter dabei einen Fehler, der auch dem Anstifter hätte passieren können, so muss sich der Anstifter diesen **Fehler zurechnen** lassen. Das was der Täter getan hat, liegt dann noch im Rahmen dessen, womit man, also auch der Anstifter, rechnen muss. Der Fehler

---

[334] Zu den Sachverhalten und Entscheidungen vgl. LK-*Schünemann*, § 26 Rn. 84 u. 86; SK-*Hoyer*, Vor § 26 Rn. 49–53; *Gropp*, 13/83, sowie *Geppert*, Jura 1992, 166; – zum „Hoferben-Fall" vgl. *Puppe*, AT 2, 43/5–15; *Murmann*, GK, 27/115–117 u. *Zieschang*, Rn. 743–746 (dem BGH folgend).

[335] So genannt von *Hillenkamp*, 26. AT-Problem, S. 185, der auch deren Vertreter und Argumente auflistet (S. 185 f.).

[336] So genannt von *Hillenkamp*, 26. AT-Problem, S. 184, der auch deren Vertreter und Argumente auflistet (S. 184 f.); ergänzend *Schroth*, 1998, S. 107 u. *Sinn*, 2007, S. 369 f.: der Strafausspruch sei wegen der „Macht" des „Spitzels" auf Null zu reduzieren (krit. *Jakobs*, ZStW 119 [2007], 1002, 1008 f.).

[337] So S/S-*Heine*, § 26 Rn. 23 und W-*Beulke*, Rn. 579; wohl auch *Ebert*, S. 213; im Erg. auch *Nikolidakis*, 2004, S. 113, 177, der weder einen error in persona noch eine aberratio ictus annimmt, es aber für den Vorsatz ausreichen lässt, dass das Opfer die vom Anstifter angenommene Stellung im Kausalverlauf habe (ob das in den vorliegenden Fällen so ist, bezweifelt *Mitsch*, GA 2007, 718, 721). – Nach der Konkretheit der Beschreibung des Opfers durch den Hintermann diff. *Toepel*, JA 1997, 251 ff.; *ders.*, JA 1997, 345 u. 950 f., stellt darauf ab, ob der Hintermann das Geschehen zumindest mit bedingtem Vorsatz erfasst hat.

ist dem Täter erst recht dann zuzurechnen, wenn er ihn durch seine Angabe quasi „vorprogrammiert" hat.[337a]

209 Es fragt sich aber, ob damit die Sicht des Anstifters, sein Anstifter-Vorsatz, richtig bestimmt ist. Die von ihm gewollte Tötung einer bestimmten Person ist nicht erfolgt, so dass nur eine versuchte erfolglose Anstiftung vorliegen könnte.[337b] Zu diesem Ergebnis kommen diejenigen Vertreter der sog. aberratio-ictus-Theorie,[338] die – wie hier – beim Fehlgehen der Tat anders als bei der Personenverwechslung nur einen **Versuch am verfehlten Objekt** (und evtl. ein Fahrlässigkeitsdelikt am getroffenen Objekt) annehmen. Für diese Lösung spricht, dass der Anstifter die Individualisierung des Opfers, das er ja nicht vor Augen hat,[339] nur durch dessen Beschreibung vornehmen kann. Hält sich der Täter nicht an diese Vorgaben, so tötet er eine andere Person als die, zu deren Tötung der Anstifter ihn bestimmen wollte.[339a] Das eingesetzte menschliche Tatmittel **trifft nicht das angegebene Opfer, sondern ein anderes.** Hält er sich aber an die Vorgaben, so gilt die oben (Rn. 208) begründete Unbeachtlichkeitstheorie, so dass Anstiftungsvorsatz zu bejahen ist.[339b] Das gilt – wie oben (Rn. 208) gesagt – auch, wenn der Anstifter dem Täter die Individualisierung des Opfers überlässt.

210 Neuerdings wird auch für die Zurechnung zum Vorsatz vorausgesetzt, dass sich im Erfolg der Plan des Anstifters verwirklicht hat;[340] auch daran fehlt es hier. – In Betracht kommen soll aber eine (erfolgreiche = vollendete) Anstiftung gem. § 26 zum (untauglichen) Tötungsversuch am „gemeinten Opfer" durch Schießen auf das „falsche" Opfer.[340a] Dies überzeugt aber nicht, weil im Schuss auf das „falsche" Opfer nicht zugleich ein Tötungsversuch auf die am Tatort gar nicht anwesende gemeinte Person gesehen werden kann;[340b] der irrende Haupttäter will nur die von ihm anvisierte Person (= das „falsche" Opfer) töten.[340c]

Zur **Vertiefung** dieser hier nur angerissenen Problematik eignen sich die zahlreichen zustimmenden und ablehnenden Anmerkungen und Besprechungen von BGHSt 37, 214: *Bemmann*, Fs. Stree/Wessels, 1993, S. 397ff.; *Geppert*, Jura 1992, 166–168; *Haft/Eisele*, Gs. Kel-

---

[337a] Vgl. zu dieser Argumentation *Stratenwerth*, Fs. Baumann, 1992, S. 57ff.; *Gropp*, Fs. Lenckner, 1998, S. 55, 68; *Kubiciel*, JA 2005, 694ff.; *Freund*, 10/131; im Übungsfall auch *Kudlich*, PdW AT, Fall 300 u. in: AT-Fälle, Fall 11, S. 164: „Streubreite des Risikos"; ähnlich *MK-Joecks*, § 26 Rn. 85, der aber zwischen Anstiftung zur Vollendung und zum Versuch differenziert.

[337b] *Roxin*, AT II, 26/119: unvorsätzlicher Exzess des Täters. – Eine versuchte Anstiftung zu einer im Vorbereitungsstadium steckengebliebenen Tat des Vordermannes nimmt *Toepel*, JA 1997, 351, an.

[338] So genannt von *Hillenkamp*, 26. AT-Problem, S. 186, der auch deren Vertreter und Argumente auflistet (S. 186f.); vgl. etwa *Jescheck/Weigend*, S. 690, *Köhler*, S. 528f. u. *Otto*, 22/46 sowie *Dehne-Niemann/Weber*, Jura 2009, 373, 378: „Strukturgleichheit" u. *Fahl*, ZJS 2009, 65; krit. NK-*Puppe*, §§ 28, 29 Rn. 43.

[339] Nach *Puppe*, NStZ 1991, 125, ist in solchen Fällen die Frage, ob eine aberratio ictus oder ein error in persona vorliegt, unentscheidbar.

[339a] Ebenso SK-*Hoyer*, Vor § 26 Rn. 52, wenn sich der Täter „entweder vorsätzlich oder jedenfalls fahrlässig von den Planungen" des Anstifters gelöst hat; ebenso *Kindhäuser*, AT, 41/34, u. *Joecks*, § 26 Rn. 26f.

[339b] Vgl. *Lackner/Kühl*, § 26 Rn. 6 a.E.; *Kindhäuser*, AT, 41/33; ähnlich *Bock*, JA 2007, 599, 603 f. u. *Murmann*, GK, 27/117

[340] So LK[11]-*Roxin*, § 26 Rn. 96.

[340a] *Freund*, 10/132; *Stratenwerth*, Fs. Baumann, 1992, S. 66ff.

[340b] Ebenso *Jescheck/Weigend*, S. 690 Fn. 32; *W-Beulke*, Rn. 578.

[340c] *Hillenkamp*, 1971, S. 66; SK-*Rudolphi*, § 16 Rn. 30 [Stand: August 1995]; vgl. auch LK-*Schünemann*, § 26 Rn. 90.

ler, 2003, S. 81, 82–86 u. 96 f.; *Küpper*, JR 1992, 294–296; *Müller*, MDR 1991, 830 f.; *Puppe*, NStZ 1991, 124–126; *Roxin*, JZ 1991, 680 f.; *Schlehofer*, GA 1992, 307–318; *Stratenwerth*, Fs. Baumann, 1992, S. 57; *Streng*, JuS 1991, 910–917; *Weßlau*, ZStW 104 (1992), 105–131; *Sowada*, Jura 1994, 37, 41; *Toepel*, JA 1997, 248 ff., 344 ff. u. 950 f.; zusf. *Geppert*, Jura 1997, 358, 362 f., *Lubig*, Jura 2006, 655, 658 f. u. *Bock*, JA 2007, 599, 603 f.

Aus der **Übungsfall-Literatur** zu den Auswirkungen des error in persona auf den Anstifter vgl.: *Alpmann/Schmidt*, AT 2, Fall 46, S. 218–220; *Ambos*, Jura 2004, 492 f. u. 498 f.; *Beulke*, KK I, Fall 3, Rn. 150 u. 162; *Dehne-Niemann/Weber*, JA 2009, 868 u. 872; *Dohmen*, Jura 2006, 143 u. 145; *Freund*, JuS 1990, L 36 ff.; *Gössel*, Fälle, Fall 5, S. 92 f. u. 99 f.; *Heger*, JA 2008, 859 u. 865; *Hilgendorf*, KK I, Fall 5, Rn. 12–16; *Hussels*, Jura 2005, 877 u. 881; *Jäger*, Rn. 261 f., Bsp. („Rose-Rosahl-Fall II"); *Jescheck*, Fälle, Fall 37, S. 50 f.; *Kudlich*, AT-Fälle, Fall 11, S. 163 f. u. in: PdW AT, Fall 300; *Kudlich/Pragal*, JuS 2004, 791 f. u. 794 f.; *Mitsch*, Jura 1991, 373 u. 375 f.; *Meurer/Kahle/Dietmeier*, Übungskriminalität, Fall 6, S. 103 f. u. 126 f., sowie Fall 7, S. 137 f. u. 161 f.; *Müller-Dietz/Backmann*, JuS 1971, 412 u. 415 f.; *Noltensmeier/Henn*, JA 2007, 772 u. 778; *Rönnau/Nebendahl*, JuS 1990, 745 u. 748 f.; *Otto/Bosch*, Übungen, Fall 4, S. 114 ff. u. JuS 1982, 562: Fall 18; *Rosenau/Zimmermann*, JuS 2009, 541 u. 545; *Safferling*, JA 2007, 183 u. 188 f.; *Scholz/Wohlers*, Klausuren, Bsp. einer Hausarbeitsbearbeitung, S. 102 u. 116–118; *Schuster*, Jura 2008, 228 u. 230; *Sievert/Kalkofen*, JA 2012, 107 u. 110; *Sowada*, Jura 1994, 37 f. u. 41 f.; *Stoffers*, JuS 1993, 837 u. 839; *Strauß*, Strafrecht, Fall 7, S. 61 u. 63–66; Die Examensklausur, Klausur Nr. 20, S. 233 u. 243 f.; *Wolters*, Fall 2, S. 27 f. u. 46–48. – Zur Auswirkung auf den Gehilfenvorsatz vgl. *Krüger*, in: *Frister* (Hrsg.), Die strafrechtliche Klausur, Fall 3, S. 51 u. 60 ff.

VI. Beihilfe

1. Allgemeine Kennzeichnung und Einordnung der Beihilfe

Nach § 27 I wird als „Gehilfe" bestraft, „wer vorsätzlich einem anderen zu des- **211** sen vorsätzlich begangener rechtswidriger Tat Hilfe geleistet hat". Der Gehilfe als Teilnehmer **unterscheidet sich vom Täter** (insb. vom Mittäter) dadurch, dass er nicht selbst Tatherrschaft (auch keine funktionelle Tatherrschaft wie der Mittäter) hat.[341] Er ist also wie der Anstifter eine „**Randfigur**" des Tatgeschehens, zu dem er ja nur Hilfe leistet. Als Hilfeleisten kommt jeder Tatbeitrag in Betracht, der nicht als Täterschaft oder Anstiftung zu qualifizieren ist.[342] Beihilfe liegt auch dann vor, wenn die eigene Rolle im Tatgeschehen überschätzt wird, z. B. wenn der „Täter" meint, sein Beitrag habe täterschaftliches Gewicht oder rufe den Tatentschluss bei einem Anderen hervor.[342a] Die **Abgrenzung** der Beihilfe **von der Anstiftung** bereitet deshalb Schwierigkeiten, weil der Gehilfe nicht nur zur äußeren Tatbegehung Hilfe leisten kann, sondern die Tat auch dadurch unterstützen kann, dass er den Entschluss des Haupttäters durch Raterteilung oder Bestärkung beeinflusst (sog. psychische Beihilfe; s. u. Rn. 226–228).

Als Teilnahmeform ist die Beihilfe von einer (mindestens vom Haupttäter strafbar **212** versuchten)[342b] Haupttat abhängig. **Akzessorisch** ist auch die Rechtsfolge der Beihilfe geregelt, doch „gewährt" § 27 II 2 dem Gehilfen, der aus dem vom Haupttäter verwirklichten Straftatbestand bestraft wird, eine obligatorische Strafmilderung

---

[341] *Joecks*, § 27 Rn. 1.
[342] LK-*Schünemann*, § 27 Rn. 1; krit. *Harzer/Vogt*, StraFo 2000, 39, 46.
[342a] *Bloy*, ZStW 117 (2005), S. 3, 30 f.
[342b] *Geppert*, Jura 1999, 266, 267, mit 1. Bsp. – Falls die Haupttat in einem untauglichen Versuch besteht, ist umstritten, in welchem Umfang Beihilfe möglich ist; vgl. *Baunack*, 1999, S. 81 ff.

gem. § 49 I. Die Suche nach einem besonderen Strafgrund der Beihilfe ist deshalb nicht so dringlich wie bei der der Täterschaft in der Strafe gleichgestellten Anstiftung. Der allgemeine Strafgrund der Teilnahme deckt deshalb auch die Beihilfe ab: **Förderung/Mitverursachung** der vom Täter begangenen rechtswidrigen **Tat** (sog. akzessorietätsorientierte Förderungs- oder Verursachungstheorie). Die Aufnahme der „Förderung" der Tat in diese Theorie macht jedoch schon bei der ersten objektiven Voraussetzung der Beihilfe – deren Kausalität – eine Präzisierung erforderlich, denn es könnten auch nicht-kausale Förderungen der Tathandlung durch diese Theorie abgedeckt sein.

213   Wie der Anstifter braucht auch der Gehilfe tatbestandlich vorausgesetzte **Täterqualifikationen nicht** aufzuweisen, so dass die Haupttat ein eigenhändiges Delikt oder ein Sonderdelikt sein kann;[343] nur die Täterschaft setzt bei diesen Delikten die eigenhändige Begehung bzw. die besondere Täterqualifikation (z. B. Amtsträgereigenschaft) voraus. Übt der „Extraneus" die Tatherrschaft über das vom Sonderdelikt erfasste Geschehen aus, so bleibt ihm mangels tatbestandlich vorausgesetzter Sonderstellung nur die Gehilfenrolle.[344]

> In **Fallbearbeitungen** ist deshalb zunächst die Strafbarkeit des Haupttäters zu prüfen bzw. auf deren vorangehende Prüfung zu verweisen. Im Tatbestand sind – wie im Folgenden – die objektiven vor den subjektiven Voraussetzungen zu prüfen. – **Aufbauvorschlag** bei *Gaede*, JA 2007, 757, der auch die Aufbaustufen Rechtswidrigkeit und Schuld enthält, die hier nicht gesondert behandelt werden, da sie nach den in den obigen §§ 9–13 behandelten allgemeinen Maßstäben zu prüfen sind (z. B. liegen Rechtfertigungs- oder Entschuldigungsgründe vor?). Zu den Konkurrenzen bei der Beihilfe vgl. unten 21/8 sowie *Gaede*, a. a. O. S. 762.

2. Die objektiven Voraussetzungen der Beihilfe

a) Das Hilfeleisten i. S. des § 27 I

214   Der Begriff „Hilfeleisten" könnte nach dem natürlichen Wortsinn auch so verstanden werden, dass eine Handlung erbracht werden muss, die dem Täter und seiner Tat zugute kommen soll. Das „Hilfeleisten" kann aber auch so verstanden werden, dass sich die Unterstützung **in der Tat** einschließlich des Erfolgs dieser Tat **niedergeschlagen** haben muss. Das letztere Verständnis entspricht dem Strafgrund der Beihilfe, die einen akzessorischen, über den Täter laufenden Rechtsgutsangriff verlangt. Dieser mittelbare Rechtsgutsangriff muss zur Verletzung des Rechtsguts mit-beitragen. Dementsprechend verlangt die überwiegende Lehre als Mindestvoraussetzung jeder Teilnahme und damit auch der Beihilfe einen **kausalen Tatbeitrag:** „Der Gehilfenbeitrag muss den Erfolg der Haupttat mitverursachen" (sog. Erfolgsverursachungstheorie).[345]

---

[343] *Ebert*, S. 214.

[344] *Seelmann*, JuS 1991, 293. – Etwas anderes gilt freilich dann, wenn ein Fall des § 14 vorliegt und deshalb die strafbarkeitsbegründende Sonderstellung auf ihn übergewälzt werden kann (dazu o. Rn. 165 a ff.).

[345] So formuliert *Hillenkamp*, 27. AT-Problem, S. 189, die von ihm so genannte Theorie; zu deren Vertretern und Argumenten vgl. *Hillenkamp*, S. 189 f.; vgl. etwa *Roxin*, Fs. Miyazawa, 1995, 510 f. – Ähnlich sog. Lehre vom „akzessorischen Rechtsgutsangriff"; vgl. *Murmann*, JuS 1999, 548, 549 m. N., der selbst dahin präzisiert, dass sich die Handlung des Gehilfen in der Haupttat „niedergeschlagen haben muss." – Vgl. auch *Geppert*, Jura 1999, 266: „Theorie des selbstständigen akzessorischen Rechtsgutsangriffs", sowie *Baunack*, 1999, S. 72 ff. und *Theile*, 1999, S. 35 ff., die beide eine kausale Risikoerhöhung verlangen. – Krit. zur von ihm sog. „Verursachungstheorie" *Timpe*, JA 2012, 430 u. 432.

Hilfeleisten ist danach ein für die Begehung der Haupttat kausaler Tatbeitrag, 215 der „die Rechtsgutsverletzung ermöglicht oder verstärkt oder die Durchführung der Tat erleichtert oder absichert".[346] Mit dieser Umschreibung der auf die Beihilfe zugeschnittenen Kausalität werden schon die **typischen Beihilfehandlungen** hervorgehoben. Treffend ist auch die Kurzbezeichnung „**Zufluss- oder Verstärkerkausalität**", doch darf diese Bezeichnung nicht so verstanden werden, als gäbe es für die Beihilfe eine andere Kausalität als für die Täterschaft.[347] Wer die konkrete Tatausführung durch noch so unwichtige Tatbeiträge zufließender oder verstärkender Art tatsächlich beeinflusst und umgestaltet, ist auch für die Tat einschließlich ihres Erfolges mit-ursächlich geworden.

Bei der Kausalität der Beihilfe ist wie auch sonst bei der Kausalität zwar das Hin- 216 wegdenken der (Gehilfen-)Handlung geboten, **verboten** aber ist es, Ersatzursachen **hinzuzudenken** (OLG Frankfurt NStZ-RR 2005, 184, 186). Wer dem Einbrecher die Leiter zum Tatort getragen hat, hat eine nicht hinwegdenkbare Bedingung für den mit dieser Leiter bewerkstelligten Einbruch gesetzt. Der Umstand, dass der Einbrecher die Leiter selbst zum Tatort getragen hätte, wenn ihm der Gehilfe diese „Arbeit" nicht abgenommen hätte, darf als hypothetischer nicht berücksichtigt werden, so dass er an der Kausalität des Gehilfenbeitrags (Leiter zum Tatort tragen) zum erfolgreichen Einbruchsdiebstahl nichts ändert.[348] Das anerkennt im Ergebnis auch die Rechtsprechung (BGH NJW 2007, 384, 388), die aber dennoch – wie gleich (Rn. 218) zu zeigen sein wird – auf die ausreichende Tatförderung abstellt und keine Kausalität des Hilfeleistens für den Erfolg der Haupttat verlangt (vgl. *Jäger*, Rn. 266 a und b: Fall 44).

An einem für den Erfolg der Haupttat kausalen Gehilfenbeitrag fehlt es dagegen, 217 wenn dieser Beitrag **weggedacht**/vernachlässigt werden kann, ohne dass der Haupttaterfolg entfiele, denn dann hat er sich in der erfolgreichen Tatbegehung nicht ausgewirkt. So in dem vieldiskutierten Fall, in dem der G dem zum Diebstahl entschlossenen T einen Nachschlüssel zusteckt, der sich als untauglich erweist, weshalb der Dieb durch ein Seitenfenster einsteigt und den Diebstahl erfolgreich zu Ende führt (RGSt 6, 169 = *Hillenkamp*, Ausgangsbeispiel zum 27. AT-Problem, S. 189). Bei der erfolgreichen Durchführung des Diebstahls hat sich das von G gelieferte Werkzeug nicht mehr ausgewirkt, eine solche Wirksamkeit des vom Gehilfen gelieferten Werkzeugs ist aber bis zum Erfolg der Tat hin, d.h. bis zu deren Vollendung, zu fordern.[349] Eine vollendete Beihilfe zum Diebstahl gem. §§ 242, 27 scheidet also entgegen dem RG und der seither ständigen Rspr. (BGH NJW 2001, 2409 u. 2003, 2296) aus, eine **versuchte** (erfolglose) **Beihilfe** ist im Gegensatz zur von § 30 I erfassten versuchten Anstiftung **straflos**. In Betracht kommt aber eine Beihilfe zum versuchten Diebstahl gem. §§ 242, 22, 23, 27, wenn der Diebstahlsversuch schon mit

---

[346] *Lackner/Kühl*, § 27 Rn. 2; ähnlich LK-*Schünemann*, § 27 Rn. 2: „... in der Weise kausal ..., dass der Beitrag die Tatbestandsverwirklichung ermöglicht, erleichtert, intensiviert oder absichert"; ähnlich SK-*Hoyer*, § 27 Rn. 9–19 u. *Geppert*, Jura 2007, 589, 590.

[347] So die Klarstellung von LK[11]-*Roxin*, § 27 Rn. 3, gegenüber dem Erfinder dieser Kurzbezeichnung *Claß*, Fs. Stock, 1966, S. 125 f. – *Schlüchter/Duttge*, NStZ 1997, 595 f.: „Modifikationskausalität"; übernommen von *Seher*, JuS 2009, 793, 794.

[348] Ebenso *Geppert*, Jura 1999, 266, 268; *Weigend*, Fs. Nishihara, 1998, S. 197, 207; *Kudlich*, 2004, S. 363; SK-*Hoyer*, § 27 Rn. 9; W-*Beulke*, Rn. 582, zu diesem von *Schaffstein*, Fs. Honig, 1970, S. 182, gebildeten und anders entschiedenen (keine Risikoerhöhung) Beispiel. Die Risikoschaffung bejaht in diesem Bsp. *Murmann*, JuS 1999, 548, 550; anders *Frisch*, 1988, S. 294 f.

[349] *Roxin*, AT II, 26/189; LK-*Schünemann*, § 27 Rn. 8 u. 29; *Murmann*, JuS 1999, 548, 549; anders *Seher*, JuS 2009, 793 ff.: Fall 6; *Ebert*, S. 214.

dem Probieren des Nachschlüssels begonnen hat;[349a] hätte der zum Diebstahl Entschlossene den gelieferten Nachschlüssel zu Hause liegengelassen, so scheitert diese Strafbarkeit daran, dass der Tatbeitrag des Nachschlüssellieferanten nicht einmal bis zum Versuch gewirkt hat: der Tatbeitrag des Gehilfen kann zwar im Vorbereitungsstadium erbracht werden, muss aber mindestens bis ins Versuchsstadium **fortwirken.**

218   Die Kausalität eines geleisteten Gehilfenbeitrags wird nicht dadurch beseitigt, dass sich der Beitrag nachträglich als überflüssig herausstellt. Wer Schmiere gestanden hat (ohne Mittäter zu sein), während der Dieb fremde Sachen aus einem Kiosk wegnahm, hat zu diesem konkreten, von zwei Beteiligten durchgeführten Diebstahl einen kausalen Beitrag geleistet, auch wenn kein potentieller Störer am Tatort erschien.[350] Die oben (Rn. 214) sog. Erfolgsverursachungstheorie ist freilich nicht unangefochten. Vor allem die Rechtsprechung hat immer wieder betont, dass der Erfolg der Haupttat nicht durch den Gehilfenbeitrag ursächlich mitbewirkt sein muss. Freilich fordert sie gleichzeitig, dass die Handlung des Täters durch das Tätigwerden des Gehilfen tatsächlich **gefördert** worden ist (vgl. grundlegend RGSt 58, 113; außerdem BGHSt 2, 129, 131; 46, 107, 109; 53, 238, 247; 54, 140, 142 m. zu Recht krit. Bspr. *Satzger,* JK 4/10, StGB § 27/22, krit. auch *Möller,* StV 2010, 249, 250, zust. aber *Mosbacher,* NStZ 2010, 457; BGH NJW 2001, 2409, 2410; BGH NStZ 2004, 499, 500; BGH NStZ-RR 2007, 37; BGH NJW 2007, 384, 388 m. z. T. krit. Bspr. *Jahn,* JuS 2007, 382, *Kudlich,* JA 2007, 309 u. *Satzger,* JK 12/07, StGB § 27 Abs. 1/20 [die Entscheidung war im Frühjahr 2008 Gegenstand einer von *Hillenkamp* gestellten baden-württembergischen Examensklausur]; BGH NStZ 2008, 284; 2011, 399 [m. Bspr. *Bosch,* JK 7/11, StGB § 27/23] u. 2012, 316; OLG Frankfurt NStZ-RR 2005, 184, 186).[350a]

219   Die auch in der Literatur vertretene sog. **Förderungstheorie**[351] nimmt die Anforderungen an die Kausalität gegenüber den Anforderungen, die an die Kausalität des Täterverhaltens gestellt werden, zurück, weil es nicht „um das Werk" des Täters gehe und weil sonst Strafbarkeitslücken entstünden. Diese Förderungstheorie trifft zwar den Hilfeleistungs-Charakter der Beihilfe und führt wegen des Erfordernisses der **tatsächlichen Förderung**[352] auch in den meisten Fällen zu gleichen Ergebnissen wie die Verursachungstheorie. Doch würde etwa im obigen Nachschlüssel-Fall eine vollendete Beihilfe zum Diebstahl „herauskommen" (vgl. die Lösung dieses Beispiels durch *Hillenkamp,* 27. AT-Problem, S. 193), obwohl sich die Lieferung des Nachschlüssels im Wegnahme-Erfolg nicht ausgewirkt hat.

[349a] So im Bsp. 4 bei *Geppert,* Jura 1999, 266, 268 f. u. 2007, 589, 591; vgl. auch *Rackow,* 2007, S. 80; a. M. *Osnabrügge,* 2002, S. 19, 252, 262.

[350] Vgl. näher LK-*Schünemann,* § 27 Rn. 9; ebenso *Kindhäuser,* § 27 Rn. 5; krit. *Osnabrügge,* 2002, S. 134 ff. u. *Seher,* JuS 2009, 793 f.: Fall 5.

[350a] Zur Rspr. vgl. *Fischer,* § 27 Rn. 14 u. *Gaede,* JA 2007, 757, 758 f.

[351] So genannt von *Hillenkamp,* 27. AT-Problem, S. 191, der die Vertreter dieser Theorie in der Literatur und deren Argumente auflistet (S. 191 f.; ergänzend *Krey/Esser,* AT, Rn. 1079); nach *Timpe,* JA 2012, 430: „Förderungsformel"; ähnlich *Jakobs,* Fs. Rüping, 2008, S. 17, 26 f.: Akzeptieren der „Ausführungssequenz"; krit. *Osnabrügge,* 2002, S. 17, 261 u. *Ambos,* 2002, S. 623, auch *Fischer,* § 27 Rn. 14: „Förderung" ohne Ursächlichkeit „schwer denkbar".

[352] Die tatsächliche Erleichterung der Durchführung der Tat betont *Frisch,* LdRerg 8/1620, S. 16, dem die Forderung nach einer Kausalität des Gehilfenbeitrags zu weit geht; nach NK-*Schild,* § 27 Rn. 19, muss sich die Hilfeleistungshandlung „tatsächlich als hilfreich" erweisen; aus der Rspr. vgl. BGH NStZ 2004, 499, 500; OLG Düsseldorf StV 2002, 312; BayObLG NJW 2002, 1664 f.

Der Verzicht auf das Kausalitätserfordernis steht aber nicht nur im **Widerspruch** 220 **zum Strafgrund** der akzessorischen Beihilfe, sondern **weitet** vor allem den **Bereich der strafbaren** vollendeten **Beihilfe** zu Lasten des Bereichs der straflosen versuchten Beihilfe **aus**.[353] Wer nur erfolglos versucht hat, einen Beitrag zur Tatbestandsverwirklichung zu leisten, der Täter die Tat aber, ohne auf diesen Beitrag zurückzugreifen, verwirklicht hat, ist kraft gesetzgeberischer Entscheidung straflos. Dieses Argument gilt auch für die **weitergehenden Konzepte**, nicht-kausale Tatbeiträge wegen ihrer Gefährlichkeit für das Gelingen der Haupttat als Beihilfe zu erfassen.[354] Straflose versuchte Beihilfe liegt nach Rspr. erst dann vor, „wenn der Beihilfehandlung jede Einigung zur Förderung der Haupttat fehlt und sie erkennbar nutzlos für das Gelingen der Tat ist" (BGH NJW 2008, 1460, 1461; ebenso zur fehlgeschlagenen oder nutzlosen Beihilfehandlung BGH NStZ 2008, 465, 466: strafloser untauglicher Versuch der Beihilfe; dazu *Weber,* NStZ 2008, 467, 469 u. *Schmidt,* NJW 2009, 3000).

Von dieser Kritik nicht erfasst werden hingegen die noch nicht allgemein aner- 221 kannten Versuche, die (einige) Regeln der **objektiven Zurechnung** auch auf die Beihilfe zu übertragen, denn die Kriterien der objektiven Zurechnung schränken die kausalen Tatbeiträge ein. Überzeugend ist dies bei der sog. **Risikoverringerung**,[355] denn Tatbeiträge, die die Chancen für das Gelingen der Haupttat verringern, sind keine Handlungen, die die Situation für das Rechtsgut verschlechtern (z.B. Ablenken des Schlages vom Kopf auf die Schulter). Auch der positive Grundsatz der **Chancenerhöhung** erscheint diskutabel, weil er nur solche Tatbeiträge aus der Beihilfe ausscheidet, die trotz ihrer kausalen Beeinflussung des Geschehens für das Gelingen der Tat gleichgültig waren (so z.B. das Reichen eines Erfrischungsgetränks an den Urkundenfälscher; anders aber, wenn das Reichen des Erfrischungsgetränkes bewirkt, dass der ermüdete Einbrecher wieder in Schwung kommt).[356]

---

[353] Vgl. LK-*Schünemann,* § 27 Rn. 2; krit. auch *Gropp,* 10/148.

[354] Zu diesen Konzepten vgl. den Überblick bei *Lackner/Kühl,* § 27 Rn. 2; zur Kritik dieser Konzepte s. LK-*Schünemann,* § 27 Rn. 34f.; vgl. etwa *Zieschang,* Rn. 758: konkrete Gefährlichkeit der Tathandlung, eingehend *Zieschang,* Fs. Küper 2007, S. 733, 744; zu Recht krit. *Fischer,* § 27 Rn. 14a.

[355] Vgl. LK-*Schünemann,* § 27 Rn. 6; MK-*Joecks,* § 27 Rn. 46; SK-*Hoyer,* § 27 Rn. 23; *Vogler,* Fs. Heinitz, 1972, S. 314 Fn. 100; *Geppert,* Jura 1999, 266, 269; *Grünewald,* KJ 2000, 49, 58ff.; *Hartmann,* ZStW 116 (2004), S. 585, 600: mit Beispiel *Otto,* JuS 1982, 564: Fall 25; weiteres § 248b-Bsp. bei *W-Hillenkamp,* Rn. 438: Hilfe bei der Rückführung des Fahrzeugs an den Berechtigten (a.M. aber OLG Düsseldorf NStZ 1985, 413; *Lackner/Kühl,* § 248b Rn. 3: keine tatbestandsmäßige Haupttat); nach *Jäger,* 2006, S. 5, 19: fehlende rechtliche Verantwortung; abl. *Schroeder,* Schünemann-Symposium, 2005, S. 151, 161: mutmaßliche Einwilligung.

[356] Vgl. LK-*Schünemann,* § 27 Rn. 5, zum Beispiel Rn. 6; *Geppert,* Jura 1999, 266, 269, mit Bsp. 46; *Kudlich,* 2004, S. 364f.; vgl. auch *Otto,* 22/53: „Risikoerhöhungsprinzip", das aber nicht auf der Kausalität aufbaut, zum Beispiel vgl. *Otto,* JuS 1982, 564: Fall 23. Mit ähnlichem Beispiel *Kindhäuser,* NStZ 1997, 273, 275; weitere probl. Bspe. bei *Murmann,* JuS 1999, 548, 551 u. 552, der darauf abstellt, dass der Gehilfe „die Tat sicherer macht" = „Gefahrerhöhung", ebenso in: GK, 27/127: Risikoerhöhung mit Niederschlag in der Haupttatbegehung; nach *Heghmanns,* GA 2000, 477 u. in: Fs. Roxin, 2011, S. 867, 873, besteht heute weitgehende Einigkeit darin, „das Handeln des Gehilfen (jedenfalls) als Risikosteigerung für das von der Haupttat bedrohte Rechtsgut zu begreifen"; vgl. auch *Geppert,* Jura 1999, 266, 267: „Erfolgschancen"-Erhöhung, u. *Hartmann,* ZStW 116 (2004), S. 585, 600. – Neuansatz bei *Hoyer,* Fs. Jakobs, 2007, S. 175, 188: effektive Erhöhung der Wahrscheinlichkeit, dass die Haupttat Erfolgsunrecht verwirklicht (ähnlich *Timpe,* JA 2012, 430, 433), u. bei *Zieschang,* Fs. Küper, 2007, S. 733, 746, der darauf abstellt, ob der Gehilfenbeitrag für das durch die Strafvorschrift geschützte Rechtsgut konkret gefährlich ist.

222 Das Kriterium der rechtlich mißbilligten Gefahrschaffung bzw. Risikosteigerung wird in letzter Zeit vermehrt – fast schon ein „Modethema"[356a] – im Hinblick auf **neutrale Handlungen**[356b] bzw. Alltagshandlungen wie z.B. das Verkaufen von Schraubenziehern mit dem Ziel diskutiert, sie als Beihilfehandlungen auszuscheiden. Umstritten ist aber, ob nicht doch unter gewissen Voraussetzungen bei Anknüpfung eines Täters an diese Alltagshandlung (z.B. Verwenden des Schraubenziehers beim Einbruch) der Tatbeitrag z.B. des Verkäufers zu einer Beihilfehandlung wird (etwa wenn er den deliktischen Plan des Käufers erkennt).[357]

222a Praktische Bedeutung erlangt dieser Streit bei sog. **berufstypischem Verhalten** wie etwa dem Einrichten eines Kontos durch einen Bankangestellten oder dem Abtippen eines Briefes durch eine Sekretärin, das als Beihilfe zur Steuerhinterziehung oder zur Beleidigung bewertet werden kann.[357a] Ob es sich bei diesem Verhalten um einen aus-

---

[356a] *Amelung,* Fs. Grünwald, 1999, S. 9; zur „Aufmerksamkeit", die diese Fragestellung erfahren hat, vgl. *Wohlers,* NStZ 2000, 169 u. *Frisch,* Fs. Lüderssen, 2002, S. 539 ff. – Zur japanischen Diskussion *Yamanaka,* Fs. Jakobs, 2007, S. 767 ff.

[356b] Vgl. die Definition von *Wohlleben,* 1996, S. 4: „jede Handlung . . ., die der Ausführende einem jeden anderen in der Lage des Täters gegenüber vorgenommen hätte, weil er mit der Handlung im vorhinein (auch) – tat- und täterunabhängige eigene, rechtlich nicht mißbilligte Zwecke verfolgt"; übernommen von W-*Beulke,* Rn. 582 a; wie hier *Geppert,* Jura 2007, 589, 590; kritisch zum Begriff *Fischer,* § 27 Rn. 17. – Von der „unverdächtigen" Handlung spricht *Rackow,* 2007, S. 44 m. krit. Bspr. *Otto,* ZStW 120 (2008), 418.

[357] Ausführlich und mit instruktiven Beispielen LK-*Schünemann,* § 27 Rn. 17–28; *Krey/Esser,* AT, Rn. 1082–1087; *Geppert,* Jura 1999, 266, 269 f.; *Seher,* JuS 2009, 793, 795 f.: Fall 9; knapper *Ebert,* S. 215 f. u. *Frisch,* LdRerg 8/1620, S. 17 f.; vgl. auch AWHH-*Arzt,* BT, 29/39 ff.; SK-*Hoyer,* § 27 Rn. 24–33. Eingehend zur Beihilfe durch „neutrales Verhalten" *Tag,* JR 1997, 49 ff. u. *Müller,* 2000, S. 169 ff. sowie *Robles Planas,* GA 2008, 18 ff., der auf eine mögliche Strafbarkeit nach §§ 138, 323 c hinweist. – Zur Strafbarkeit von „Alltagshandlungen" vgl. *Roxin,* Fs. Miyazawa, 1995, S. 501, 512 f.; den Ansatz von *Roxin* aufgreifend *Wohlleben,* 1996, S. 120 ff., 160: „Bei sicherer Voraussicht der Haupttat oder bei erkannter Tatgeneigtheit des Haupttäters ist regelmäßig wegen Beihilfe zu verurteilen" (krit. *Murmann,* GA 1999, 406, 408 u. *Beckemper,* Jura 2001, 163, 168); zum „Schraubenzieher-Fall" s. *Wohlleben,* S. 7: Fall 3, mit diff. Lösung S. 169; *Schneider,* NStZ 2004, 312 ff. – Zu möglichen völkerstrafrechtlichen Fallkonstellationen *Ambos,* 2002, S. 631 ff. u. *Rackow,* 2007, S. 437 ff.

[357a] Eingehend zu dieser Problematik *Niedermair,* ZStW 107 (1995) 507 ff.; *Wolff-Reske,* 1995, passim; *Weigend,* Fs. Nishihara, 1998, S. 197 ff.; *Amelung,* Fs. Grünwald, 1999, S. 9 ff.; *Gaede,* JA 2007, 757, 759 ff.; *Kretschmer,* Jura 2008, 269 ff.; *Hillenkamp,* 28. AT-Problem, S. 195–211; knapper *Frisch,* LdRerg 8/1620, S. 17 f. u. *Seher,* JuS 2009, 793, 795 f.: Fall 10; gegen eine Sonderstellung der Beihilfe durch „alltägliche Geschäftsvorgänge" *Beckemper,* Jura 2001, 163 ff.; diff. zwischen Alltagshandlungen und berufsspezifischen Verhaltensweisen *Otto,* Fs. Lenckner, 1998, S. 193, 214 u. JZ 2001, 436, 443, der Letztere von der Beihilfe ausscheidet, „solange der berufstypisch Handelnde ... nur die Gefahr einer Mitwirkung an einer Straftat zu erkennen meint"; anders bei Wissen oder beabsichtigter Deliktsförderung [krit. *Beckemper* a.a.O. S. 168 f.]; ähnlich *Ransiek,* wistra 1997, 41 ff. u. in: *Amelung* (Hrsg.), 2000, S. 95 ff., der aber selbst bei sicherem Wissen Beihilfe verneint, wenn der Tatbeitrag nur allgemeine Bedürfnisse des Täters deckt, dessen Handlungsspielraum nicht erweitert oder notwendig und gleichzeitig nichtdeliktische Ziele fördert; zust. hinsichtlich existenzwichtiger Leistungen *Amelung,* Fs. Grünwald, 1999, S. 9, 21, der ansonsten – ähnlich wie *Otto* – auf der subjektiven Tatseite mit dem Gedanken des erlaubten Risikos zu Einschränkungen gelangt, aber – anders als *Otto* – bei konkreten Anhaltspunkten Eventualvorsatz ausreichen lässt; ebenso *Mitsch,* JahrbRuE 2007, 203 ff., 217; auf den Vorsatz des Helfers abstellend *Ambos,* JA 2000, 721; zeitlich differenzierend *Puppe,* AT 1, 5/39–43. – Aus der Rspr. zur Beihilfe zur Steuerhinterziehung durch Transfer von Geld ins Ausland vgl. BGHSt 46, 107 m. Bspr. *Jäger,* wistra 2000, 344; *Kudlich,* JZ 2000, 1178 u. in: Fs. Tiedemann, 2008, S. 221, 230 f.; *Lesch,* JA 2001, 188 u. JR 2001, 383; *Samson/Schillhorn,* wistra 2001, 1 u. *Otto,* JK

reichenden (mittelbaren) Rechtsgutsangriff handelt, ist ebenso wenig geklärt wie der Inhalt des Kriteriums der qualifizierten Risikoschaffung bzw. -erhöhung. Der **BGH** nahm in einer Entscheidung, in der es um die Mitwirkung eines Notars an einem als Untreue bewerteten Währungsgeschäfts ging, eine Beihilfe des Notars mit der Begründung an, dass dieser das **„berufstypisch erlaubte Risiko"** überschritt und sich die Förderung der erkennbar tatgeneigten Täter „angelegen sein ließ" (BGH NStZ-RR 1999, 184 mit zust. Bspr. *Otto,* JK 99, StGB § 27/13; zu der von dieser Entscheidung begründeten neuen subjektiven Linie *Rackow,* 2007, S. 307 ff.). An diese Grundsätze knüpft der BGH in einer weiteren Entscheidung, in der es um die mögliche Beihilfe zum Betrug bei chancenlosen Warentermingeschäften durch einen Rechtsanwalt ging, der den Haupttätern eine den Anschein von Seriosität erweckende Broschüre zur Verfügung stellte; Beihilfe sei dann zu bejahen, wenn der die Haupttat Fördernde von dem betrügerischen Zweck, den die Haupttäter verfolgen, wisse oder diesen für hochgradig wahrscheinlich hält und wenn er sich deren betrügerische Zwecke „angelegen sein" lässt, denn dann verliere sein Tun den „Alltagscharakter" und sei als „Solidarisierung" mit dem Täter zu deuten (BGH NStZ 2000, 34 mit Bspr. *Wohlers,* NStZ 2000, 169, 174 u. *Otto,* JK 00, StGB § 27/14; zu dieser Entscheidung vgl. auch *Puppe,* AT 2, 42/20–26 u. *Rackow,* 2007, S. 309). Diese Argumentation setzt sich in einem weiteren Fall der Beihilfe zu § 263 durch einen Rechtsanwalt (BGH NStZ-RR 2001, 241, 242: „Solidarisierung") und in Fällen der Beihilfe von Bankangestellten zur Steuerhinterziehung fort, wenn diesen „Solidarisierung" mit den Tätern und Anpassung an deren deliktisches Ziel vorgehalten wird (BGHSt 46, 107, 114; Besprechungsnachweise o. Fn. 357a). Die Unterstützungshandlung verliert jedenfalls dann ihren „Alltagscharakter", wenn der Hilfeleistende weiß, dass das Handeln des Haupttäters auf eine strafbare Handlung abzielt (BGH NJW 2001, 2409, 2410 m. Bspr. *Kudlich,* JuS 2002, 751, wo eine Beihilfe zum Totschlag durch Mitwirkung an sog. „Jahresbefehlen" mit Hinweisen zum Verhalten der DDR-Grenztruppen gegenüber „Grenzverletzern" verneint wurde; vgl. auch BGHSt 47, 100).

Zusammenfassend kann man als gegenwärtigen Stand der **Rechtsprechung** (dazu **222b** *Fischer,* § 27 Rn. 18; zust. auch im Ansatz *Seher,* JuS 2009, 793, 796) festhalten: Eine Beihilfe begründende Solidarisierung mit dem Täter liegt zum einen dann vor, wenn der Hilfeleistende sicher weiß, dass das Handeln des Täters ausschließlich auf die Begehung einer Straftat abzielt, zum anderen dann, wenn der Hilfeleistende zwar nur mit einer Straftatbegehung rechnet, die Tatgeneigtheit des Täters aber erkennt und deshalb das Risiko einer Tatbegehung hoch ist. In beiden Konstellationen verliert der Tatbeitrag seinen Charakter als neutrale oder berufstypische Handlung. – Neuerdings hat es der 3. Strafsenat allerdings offengelassen, ob diese Kriterien „der Sache nach weiterführen" oder ob die Regeln über die objektive Zurechnung

---

01, StGB § 27/15; BGH NJW 2002, 1963, 1965 u. 2003, 2996, 2999 mit Bspr. *Otto,* JK 4/04, StGB § 27/18; LG Wuppertal wistra 1999, 473, 474 ff., u. LG Bochum NJW 2000, 1430 ff.; OLG Köln BeckRS 2011, 03078 m. Bspr. *Kudlich,* JA 2011, 472; aus der Literatur *Behr,* wistra 1999, 245, 247 ff.; *Harzer/Vogt,* StraFo 2000, 39 ff. u. *Pilz,* Beihilfe zur Steuerhinterziehung durch neutrale Handlungen und Beihilfe zur Steuerhinterziehung durch Bankmitarbeitern, 2001; zur Beihilfe zur Steuerhinterziehung durch „Schwarzverkäufe" *Samson/Langrock,* wistra 2007, 161. – Zum unerlaubten Handeltreiben mit Betäubungsmitteln OLG Düsseldorf StV 2003, 626: Zurverfügungstellen eines Fahrzeugs für Kurierfahrten; zum unerlaubten Aufenthalt nach dem Ausländergesetz OLG Frankfurt NStZ 2005, 184, 186; speziell zu § 95 AufenthG BGHSt 54, 140 m. Anm. *Mosbacher,* NStZ 2010, 457 u. *Satzger,* JK 4/10, StGB § 27/22; LG Landshut NStZ-RR 2009, 61. – Rspr.-Übersicht bei *Kudlich,* 2004, S. 127–129; zur Rspr. auch *Satzger,* Jura 2008, 514 ff.

oder den Gehilfenvorsatz ausreichen (BGH NJW 2006, 522, 528 = „Mannesmann"-Fall [in BGHSt 50, 331 nicht abgedruckt], wo die Zahlung von Anerkennungsprämien zu Recht nicht als alltägliches Geschäft eingestuft wurde; zu dieser möglicherweise „neuen Linie" vgl. *Rackow*, 2007, Fn. 1494 ff.; ähnlich *Gaede*, AfP 2007, 410, 413; weitere Urteilsanm. oben 13/14 a Fn. 16 d; zur Feststellung der „Tatgeneigtheit" im Strafprozess *Schröder*, Fs. Geppert, 2011, S. 633 ff.).

222c   In der **Rechtslehre** wird für die Einstufung einer berufsbedingten Handlung als Beihilfe gefordert, sie müsse eine Förderung der Haupttat als einzig denkbaren Zweck haben, einen **„deliktischen Sinnbezug"** aufweisen, eine erkennbare Tatgeneigtheit fördern oder eine „Verhaltensmodifikation" (= Überschreitung der beruflichen „Rolle") im Hinblick auf die fremde Deliktsbegehung darstellen.[357b] Jedenfalls scheitert die Annahme einer qualifizierten Risikoschaffung nicht schon daran, dass das fragliche Verhalten äußerlich (auch) dem Beruf des Handelnden angehört,[357c] und schon gar nicht daran, dass das Verhalten allgemein üblich ist.[357d] Alternative Lösungsansätze zur Risikoschaffung kommen zu ähnlichen Ergebnissen durch ein Abstellen auf den Strafgrund der Teilnahme oder auf den Gedanken der **„professionellen Adäquanz"**.[357e] Trotz oder wegen der regen Diskussion ist eine „konsensfähige Lösung nicht in Sicht".[357f] Der Sache nach geht es um die Bestimmung der Grenzen der allgemeinen Handlungsfreiheit, die nicht zu einer Beihilfestrafbarkeit führen darf, solange sich der Handelnde trotz der kausalen Förderung einer Straftat im – allerdings konkretisierungsbedürftigen – erlaubten Risiko bewegt.[357g] Bei der Kon-

---

[357b] So in der im Text vorgenommenen Reihung: *Jakobs* 24/15; *Frisch*, 1988, S. 284; *Roxin*, Fs. Stree/Wessels, 1993, S. 378 ff., sowie in: Fs. Miyazawa, 1995, S. 512 ff.; *Wolff-Reske*, 1995, S. 127 ff.; einen „Sinnzusammenhang" verlangt *Timpe*, JA 2012, 430, 433. – Zum Kriterium des „eindeutigen deliktischen Sinnbezugs" s. *Freund*, 10/138–142; *Lesch*, JA 2001, 986, 991; *Schall*, Gs. Schlüchter, 2002, S. 103, 115; *Frisch*, Fs. Lüderssen, 2002, S. 539, 544; *Murmann*, GK, 27/135 u. LK-*Schünemann*, § 27 Rn. 18; krit. *Rackow*, 2007, S. 140 ff.; dieses Kriterium wird abgelehnt von *Beckemper*, Jura 2001, 163, 167; *Hartmann*, ZStW 116 (2004), S. 585, 590 ff. (der selbst die „normalen" Beihilfekriterien für ausreichend hält); *Otto*, JZ 2001, 436, 441 ff. u. *Weigend*, Fs. Nishihara, 1998, S. 197, 203 f., der selbst eine „messbare" bzw. „nennenswerte" Risikosteigerung verlangt (S. 208 ff.); ähnlich *Rogat*, 1997, S. 97 ff.; eine objektive Abstimmung auf die Haupttat und Abstimmungsvorsatz verlangen S/S-*Heine*, § 27 Rn. 10a; krit. zu diesen „quantitativen" Kriterien *Wohlers*, NStZ 2000, 169, 172.

[357c] Vgl. *Jescheck/Weigend*, S. 695, u. *Weigend*, Fs. Nishihara, 1998, S. 197, 206, aber auch *Otto*, 22/67.

[357d] *Ransiek*, wistra 1997, 41, 42; ähnlich *Amelung*, Fs. Grünwald, 1999, S. 9, 11, gegen das „sozial Übliche" als Maßstab für das „normativ Richtige".

[357e] So in der im Text vorgenommenen Reihung: *Schumann*, 1986, S. 60 ff. (Solidarisierung); *Hassemer*, wistra 1995, 41 ff. u. 81 ff.; *Samson/Langrock*, wistra 2007, 161, 163 u. *Joecks*, § 27 Rn. 17 mit Bsp.: G beliefert Bordellbetrieb mit Getränken; ähnlich *John*, 2006, S. 130 ff., 203: „Rollenadäquanz"; krit. zur Sozialadäquanz und zur Solidarisierung *Beckemper*, Jura 2001, 163, 165 u. 166; krit. zur professionellen Adäquanz *Müller*, 2000, S. 177, 184; *Puppe*, 2000, S. 151; *Rackow*, 2007, S. 200 ff.; LK-*Schünemann*, § 27 Rn. 26; *Fischer*, § 27 Rn. 17, 19 u. NK-*Paeffgen*, Rn. 38–40 vor § 32, der aber die Sozialadäquanz zur Haftungsbegrenzung heranziehen will; zur Sozialadäquanz bei berufstypischem Verhalten *Rönnau*, JuS 2011, 311; allgemein und krit. zur Sozialadäquanz *Otto*, Fs. Amelung, 2009, S. 225, 245: der „Schluss vom sozial Üblichen auf das normativ Richtige" führe nicht weiter. – Vgl. auch *Schünemann*, GA 1999, 225, der auf die Effizienz des Verbots zur Verhinderung der drohenden Rechtsgutsverletzung abstellt.

[357f] *Wohlers*, NStZ 2000, 169. – Hilfreicher Überblick über die „vertretenen Lösungsansätze" bei *Kretschmer*, Jura 2008, 265, 269.

[357g] Vgl. *Wohlers*, NStZ 2000, 169, 173 f.; SK-*Hoyer*, § 27 Rn. 24–33; das erlaubte Risiko wird auch beim Gehilfenvorsatz herangezogen (*Amelung* o. Fn. 357 b); auf eine Optimierung

kretisierung können gesetzliche Verbote hilfreich sein, wenn sie auch zur Verhinderung von Anschlusstaten beitragen wollen; so etwa im Bereich des Waffen- und Arzneimittelrechts.[357h] Ansonsten kann das von der Rspr. verwendete Kriterium der Einpassung in den deliktischen Plan des (Haupt-)Täters hilfreich sein.[357i] Zustimmungsfähig erscheint der gemischt objektiv-subjektive Ansatz von *Kudlich*, der Beihilfe bei unbedingtem Vorsatz annimmt, bei bedingtem Vorsatz aber zusätzlich „trifftige Anhaltspunkte" für die deliktische Verwendung „gerade der erbrachten Leistung selbst" verlangt.[357j] – Als neues Anwendungsfeld wird die abgesprochene Veröffentlichung von Dienstgeheimnissen i. S. des § 353 b durch Journalisten diskutiert (so von *Gaede*, AfP 2007, 410, 413, der ein erlaubtes Risiko – verfassungsrechtlich untermauert – annimmt). – Auch auf das Vorschubleisten in BT-Tatbeständen, z. B. § 233 a (Menschenhandel), sollen die Kriterien für neutrale Handlungen Anwendung finden (*Kudlich*, Fs. Roxin, 2011, S. 881 ff.).

Aus der **Übungsfall-Literatur** zum „Hilfeleisten" i. S. des § 27 vgl.: *Alpmann/Schmidt*, AT 2, Fall 12, S. 67–70; *Ambos*, JuS 2000, 465 u. 471 sowie Jura 2004, 492 f. u. 496 f.; *Amelung/Boch*, JuS 2000, 261 u. 263; *Beulke*, KK I, Fall 11, Rn. 350 u. 389 f.; *Bott/Kühn*, Jura 2009, 72 u. 75; *Burchard/Engelhart*, JA 2009, 271 u. 278 (fehlende Chancenerhöhung beim omnimodo facturas); *Corell*, Jura 2010, 627 u. 633 (Forderungsformel u. a.); *Cornelius*, JA 2009, 425 u. 429 (condicio sine qua non); *Drenkhahn*, Jura 2011, 63 u. 70; *Dencker*, Klausuren, Fall 9, S. 12 u. 59; *Hefendehl*, Jura 1992, 374 u. 376 f.; *Hillenkamp*, 27. AT-Problem, Bsp. 1, S. 189 mit Lösung auf S. 193, u. Bspe. 2–4, S. 194 f. sowie 28. AT-Problem, Bsp. 1, S. 195 mit Lösung S. 208 f., und Bsp. 2, S. 209 ff.; *Hörnle*, Jura 2001, 44 u. 50 f.; *Hohmann*, JuS 1995, 135 u. 138; *Ingelfinger*, JuS 1998, 531 u. 534, 535; *Jäger*, Fall 45, Rn. 270 f. (Personentransport als neutrale Handlung, auch wenn der Fahrer den Fahrgast als „Hütchenspieler" kennt); *Jordan*, Jura 1999, 304 u. 307, 309; *Koch/Exner*, JuS 2007, 40 u. 43 (Hervorrufen des Entschlusses zu nicht konkretisierter Tat); *Krack/Gasa*, JuS 2008, 1005 u. 1009 f. (pro subjektive Abgrenzung bei neutralen Handlungen); *K/S/L*, Klausurtraining, Fall 6 S. 160 f. u. 170–173 (alltägliche Handlungen); *Kudlich*, AT-Fälle, Fall 12, S. 181 f. (Verkauf von Pfefferspray) u. in: PdW AT, Fall 307 (BGHSt 46, 107, nachgebildet); *Ladiges*, JuS 2012, 50 u. 55; *Lotz/Reschke*, Jura 2012, 481 u. 485 f.; *Otto*, Fälle 21–25, JuS 1982, 563 f.; *Peterek/Ingelfinger*, StudZR 2008, 94 u. 114 f.; *Rotsch*, JuS 2004, 607 u. 612 f. (Herausgabe eines in einer Boutique gekauften Kleides); *Rotsch*, Klausur 22, S. 326 f. u. 342–345 (Herausgabe eines Medikaments gegen Vorlage eines Rezepts); *Rudolphi*, AT-Fälle, Fall 8, S. 89 u. 90–93; *Radtke/Krutisch*, JuS 2001, 258 u. 262; *Raschke/Zirzlaff*, ZJS 2012, 219 u. 227; *Sahan*, ZJS 2008, 177 u. 181 f. (berufstypischer Ölverkauf); *Timpe*, JA 2010, 514 u. 518, 520 (berufstypisches Verhalten); *Wagemann*, Jura 2006, 867 u. 871 („heimliche" Beihilfe).

von Handlungsfreiheit durch eine Gesamtabwägung zielt *Lüderssen*, Fs. Grünwald, 1999, S. 329, 341 ff. ab.

[357h] So *Wohlers*, NStZ 2000, 169, 173; ebenso *Otto*, JZ 2001, 436, 444 mit Bsp.; vgl. auch *Lesch*, JA 2001, 986, 990 mit § 3 I Nr. 2 b Chemikaliengesetz-Bsp.; zu berufstypischem Verhalten von Ärzten *Mitsch*, JahrbRuE 2007, S. 203, 205 ff.

[357i] Zu weiteren Konkretisierungen vgl. *Wohlers*, NStZ 2000, 169, 173 f. u. *Frisch*, Fs. Lüderssen, 2002, S. 539, 550 ff., der auf Notstandsprinzipien rekurriert und deshalb eine „sehr nahe liegende Möglichkeit" einer Tatbegehung und „wesentliche Tatbeiträge" verlangt.

[357j] *Kudlich*, 2004, S. 534, knapper *ders.*, in: Fs. Roxin, 2011, S. 881, 885–889 u. in: AT-Fälle, S. 181 f.; krit. aber *Pawlik*, GA 2006, 240: „Gesinnungsstrafrecht"; ähnlich krit. *Kindhäuser*, Fs. Otto, 2007, S. 355, 371, der eine „tatspezifische Risikosteigerung" verlangt; ähnlich wie *Kudlich* verlangt *Zieschang*, Rn. 766, „Anhaltspunkte" dafür, dass „das Mittel zur Deliktsbegehung benutzt" wird. – Zu *Kudlich* auch *Rackow*, 2007, S. 38, 238 ff., 542 f., der selbst nach unterschiedlichen Fallgestaltungen differenziert (dazu krit. *Kudlich*, GA 2008, 741 ff. u. *Otto*, ZStW 120 [2008], 481). – Eine subjektiv ansetzende, objektive Kriterien berücksichtigende Lösung vertreten auch *B-Weber/Mitsch*, 31/32 c, *Roxin*, AT II, 26/218–246 u. LK-*Schünemann*, § 27 Rn. 17–20; kritisch zur subjektiven Abgrenzung bei *Roxin* (und dem BGH) *Hartmann*, ZStW 116 (2004), S. 585, 596 ff.

> Zur **Fallbearbeitung** im Gutachten: *Rotsch,* Jura 2004, 14, der „Korrekturen" einer Beihilfe-Bejahung im objektiven Tatbestand (Sozialadäquanz, professionelle Adäquanz, objektive Zurechnung), im subjektiven Tatbestand (Straflosigkeit bei dolus eventualis, Tatförderungswille, deliktischer Sinnbezug) und in der Rechtswidrigkeit unterscheidet; angesichts des Streitstands wertvolle Aufbauhinweise bei *Gaede,* JA 2007, 757 u. 759–761, der u.a. empfiehlt das Problem der neutralen Handlungen im objektiven Tatbestand aufzuwerfen; ebenso *Kretschmer,* Jura 2008, 265, 270, m.w. Hinweisen zur „Fallbearbeitung"; zusf. *Satzger,* Jura 2008, 514, 515f.

b) Die Mittel der Beihilfe

223　　Die **Mittel** der Beihilfe sind durch die verhaltensneutrale Formulierung der Gehilfenhandlung als Hilfeleisten **unbegrenzt.** Nach der bisherigen Konkretisierung des Begriffs „Hilfeleisten" muss es sich aber bei allen Mitteln um solche handeln, die für den Erfolg der Haupttat kausal sind. Innerhalb dieser kausal wirkenden Mittel ist zwischen den Fällen der physischen (technischen) Beihilfe und den Fällen der psychischen (intellektuellen) Beihilfe zu unterscheiden.[358] Beihilfe kann durch Rat und Tat geleistet werden.

224　　Die **physische** Beihilfe wirkt sich auf die Tat des Haupttäters aus, etwa dadurch, dass günstige Vorbedingungen für die Tatausführung geschaffen werden (z.B. Leiter zum Einstieg am Vorabend bereitgelegt) oder dadurch, dass die Tatausführung erleichtert wird (z.B. Brecheisen zum Einbruch zur Verfügung gestellt oder z.B. Mitarbeit beim Aufbrechen). Auch die Übernahme von Abwehr- und Warnfunktionen gegen mögliche Störungen gehört hierher[359] (z.B. Schmierestehen, soweit nicht als Mittäterschaft zu werten).

225　　Die **psychische** Beihilfe wirkt über die Psyche des Täters auf die Tat,[360] so dass sie sich auch auf deren Erfolg auswirkt; eine Auswirkung, die freilich tatsächlich nicht so leicht festzustellen ist (Beweisprobleme!). Innerhalb der psychischen Beihilfe ist zwischen den Fällen der technischen Rathilfe und den Fällen der Bestärkung des Tatentschlusses zu unterscheiden. Die Fälle der **technischen Rathilfe**[360a] sind als Beihilfe allgemein anerkannt. So ist etwa Gehilfe, wer dem Täter den Tatort (z.B. die Bank) so genau beschreibt, dass die Tat (z.B. der Bankraub) sehr viel schneller und Erfolg versprechender ausgeführt werden kann.

226　　Die Fälle der **Bestärkung des Tatentschlusses** werden vereinzelt ganz aus der Beihilfe ausgeschieden, da deren Kausalität nicht feststellbar sei oder weil hier nur auf den Täter und nicht auf die Tat eingewirkt werde.[361] Die Feststellungsschwierigkeiten ändern aber nichts an der möglichen Kausalität des Bestärkens und auf die Tat wird bei der psychischen Beihilfe immer über den Täter eingewirkt.[361a] Ganz

---

[358] *Frisch,* LdRerg 8/1620, S. 15f.; *Meurer,* S. 169. – Nach *Renzikowski,* 1997, S. 125, schafft der Gehilfe die „praktischen Voraussetzungen" für die Tatbegehung. – *Müller,* 2000, S. 161, spricht vom „(Mit)Schaffen einer Tatsituation".

[359] Vgl. W-*Beulke,* Rn. 581 u. *Osnabrügge,* 2002, S. 137.

[360] Vgl. LK[11]-*Roxin,* § 27 Rn. 11 sowie *ders.,* Fs. Miyazawa, 1995, 501, 505ff. – Eingehend zur psychischen Beihilfe mit zahlreichen Beispielsfällen, auch aus der Rspr., *Baunack,* 1999, S. 97ff.; Beispiele auch bei *Seher,* JuS 2009, 793, 795: Fälle 7 und 8. – Zur psychischen Beihilfe im Völkerstrafrecht *Ambos,* 2002, S. 637.

[360a] Dazu LK-*Schünemann,* § 27 Rn. 12 u. 49 m. N. aus der Rspr., u. *Timpe,* JA 2012, 430, 435.

[361] Vgl. *Hruschka,* JR 1983, 177f.; dagegen wie hier S/S-*Heine,* § 27 Rn. 12; ebenso OLG Düsseldorf StV 2002, 312 [anders in: NStZ-RR 2005, 336] u. BayObLG NJW 2002, 1663f. – Einen konkreten Tatbeitrag verlangt BGH NStZ 2012, 316; – krit. zur weiten Rspr. *Timpe,* JA 2012, 430, 435.

[361a] Zust. *Kudlich,* 2004, S. 370 u. in: JuS 2005, 592, 593; vgl. auch *Murmann,* JuS 1999, 548, 551.

deutlich ist dies, wenn etwa anfeuernde Rufe von Zeugen einer Schlägerei dazu führen, dass der Täter das Opfer noch intensiver verletzt.[362] Reine Zustimmungs- und Solidarisierungsbekundungen hingegen reichen nicht für eine Beihilfe aus (vgl. BGH NStZ 1998, 662 m. zust. Bspr. *Geppert*, JK 99, StGB § 27/12; BGH NStZ 2002, 139 m. Bspr. *Geppert*, JK 12/02, StGB § 27/16),[362a] wohl aber die Zusage von Hilfe bei der Flucht (BGH NStZ 1993, 535) oder einer späteren Unterstützungs- handlung (BGH NStZ 1999, 609, 610 m. abl. Anm. *Krack*, JR 2000, 425; OLG Stuttgart wistra 2000, 392 m. Bspr. *Otto*, JK 01, StGB § 27/6); auch die Zusage an den Täter, ihm später ein Alibi zu geben, ist ein den zur Tat Entschlossenen bestär- kender Umstand (so in einer baden-württembergischen Examenklausur vom Herbst 2001).

Als psychische Beihilfe kommt auch die Bestärkung des „festen", aber jederzeit **227** aufgebbaren Tatentschlusses in Betracht, so etwa wenn dem zur Tat Entschlossenen letzte **Bedenken** oder **Zweifel ausgeredet** oder ihm zusätzliche Motive für die Tatbe- gehung geliefert werden.[362b] Für eine Anstiftung ist hier kein Raum, da der ins Wanken gekommene Tatentschluss immer noch ein fester Tatentschluss ist, der nicht erst hervorgerufen werden muss (s. o. Rn. 178).[363]

Problematisch sind die Fälle, in denen sich eine mögliche Bestärkung des Tatent- **228** schlusses nur aus der **Anwesenheit** des möglichen Gehilfen **am Tatort** ergeben kann. So hat der BGH das bloße Dabeistehen z. B. bei einem Raubüberfall als geistige Unter- stützung des Räubers angesehen, obwohl sich der Dabeistehende sogar zugunsten des Opfers eingesetzt hatte.[364] Auch das **Dabeisitzen** an einem Tisch in einem Restaurant, an dem beim Essen eine Erpressung begangen wird, ist vom BGH (StV 1982, 517 = Erpressungsfall bei *Puppe*, AT 2, 42/16–19)[364a] als psychische Beihilfe eingestuft wor- den. Ein aktiv förderndes Verhalten setzt aber mindestens eine gewisse Beteiligung an der Kommunikation am Tisch voraus.[365] Kann man – wie der BGH – dem passiv da- beisitzenden Angeklagten nur vorhalten, dass er sich nicht entfernt hat oder nicht ge- gen die Erpressung eingeschritten ist, so ist das ein Unterlassungsvorwurf (s. oben 18/25), der zur Strafbarkeit nur dann führt, wenn der Unterlassende als Garant zum

---

[362] Beispiel von LK-*Schünemann*, § 27 Rn. 14, *Osnabrügge*, 2002, S. 224 ff. u. *Seher*, JuS 2009, 793, 795. – Vgl. auch OLG Naumburg NJW 2001, 2034, wo Beihilfe zu § 125 schon bei „ostentativen" Sichanschließen an eine Menschenmenge bejaht wird; ebenso S/S- *Lenckner/Sternberg-Lieben*, § 125 Rn. 14 m. w. N.

[362a] H. M. in der Literatur, vgl. *Geppert*, Jura 1999, 266, 270 u. 2007, 589, 591; NK-*Schild*, § 27 Rn. 9. – Aus der neueren Rspr. vgl. BGH NStZ 1998, 622; außerdem BGHSt 47, 100: „Vergatterung" von sog. „Mauerschützen", die bereits durch die bestehende Befehlslage zum Schusswaffengebrauch entschlossen waren.

[362b] *Geppert*, Jura 1999, 266, 270; *Roxin*, AT II, 26/68 u. 200; MK-*Joecks*, § 27 Rn. 40; SK-*Hoyer*, § 27 Rn. 14; vgl. auch *Murmann*, JuS 1999, 548, 551 f.: Risikoerhöhung, da auch der zur Tat „fest" Entschlossene ständig die Möglichkeit habe, seinen Entschluss aufzugeben; einschränkend mit dem Erfordernis der „messbaren" Förderung der Tat *Weigend*, Fs. Nishi- hara, 1998, S. 197, 209; krit. *Krey/Esser*, AT, Rn. 1077: eher Anstiftung. – Zur psychischen Beihilfe „gegenüber einem bereits zur Tat Entschlossenen" vgl. BGH NJW 1951, 451, zitiert von BGHSt 40, 307, 316 f.

[363] Wie hier LK-*Schünemann*, § 27 Rn. 14 und *Otto*, 22/56; zweifelnd *Kudlich*, 2004, S. 371 Fn. 856.

[364] BGH bD MDR 1967, 173; BGH bH MDR 1985, 284; kritisch zu beiden Entschei- dungen LK-*Schünemann*, § 27 Rn. 51; vgl. zu den Entscheidungen auch *Stoffers*, Jura 1993, 13.

[364a] Krit. *Roxin*, AT II, 26/206.

[365] Vgl. *Sieber*, JZ 1983, 437; *Jescheck/Weigend*, S. 602, 604; M-*Gössel/Zipf*, AT 2, 45/30; ähnlich *Murmann*, GK, 27/130: Tatortanwesenheit reicht nicht.

Einschreiten verpflichtet ist.[366] Nach der neuesten Rspr. reicht weder die „bloß einseitige Kenntnisnahme von der Tat" (BGH NStZ 1993, 233) noch das „bloße ‚Dabeisein'" (so etwa bei einem Raub BGH NStZ 1993, 385; 1995, 490 oder einer räuberischen Erpressung BGH NStZ-RR 2007, 37; bei einem Vertragsabschluss, der einen Betrug beinhaltet BGH StraFo 2010, 339 f.; beim Totschlag und Raub NStZ 2002, 139; beim Mitfahren zum Tatort eines Raubes BGH NStZ-RR 2001, 40 oder einer räuberischen Erpressung OLG Düsseldorf NStZ-RR 2005, 336 m. zust. Bspr. *Geppert,* JK 4/06, StGB § 27/19; bei einer Körperverletzung BGH NStZ-RR 2011, 111, 112; bei der Steuerhinterziehung BGH NStZ 1996, 564; beim Drogenhandel BGH NStZ 1999, 451; StV 2003, 280, 2007, 81, NStZ 2008, 465 f. [m. zust. Anm. *Weber,* 470] u. 2010, 221 f. u. 224 f.; bei der Fälschung von Zahlungskarten nach § 152 a BGH wistra 2004, 180; diff. BGH NStZ-RR 1996, 290) als aktiver Gehilfenbeitrag aus. – Der Haupttäter muss auch bei der psychischen Beihilfe keine Kenntnis von der Hilfeleistung haben; sog. „heimliche Beihilfe".[366a]

Aus der **Übungsfall-Literatur** zu den Mitteln der Beihilfe vgl.: *Beulke,* KK II, Fall 3, Rn. 68 u. 88; *Bloy,* JuS 1994, L 69 u. L 70; *Bott/Pfister,* Jura 2010, 226 u. 232 (psychische Beihilfe); *Daleman/Heuchemer,* JA 2004, 460 u. 465 f.; *Dannecker,* JuS 2002, 1087 u. 1090 f.; *Esser/Röhling,* Jura 2009, 866 u. 871 (psychische Beihilfe); *Fahl,* JA 1996, 40 u. 44; *Hellmann/Beckemper,* JuS 2001, 1095 u. 1099 f.; *Hillenkamp,* JuS 2003, 157 u. 159 f. (psychische Beihilfe beim Diebstahl durch Zusage, behilflich zu sein); *Jordan,* Jura 2001, 554 u. 557; *Kaspar,* JuS 2004, 409 u. 411 f. (psychische Beihilfe); *Kudlich,* PdW AT, Fälle 304, 305; *Küpper,* in: G/K/M, Fallsammlung, Fall 9, S. 167 f. u. 180; *Kunz,* Jura 1995, 483 u. 487; *Laubenthal,* JA 2004, 39 u. 46 f. (psychische Beihilfe); *Otto,* Fälle 26–28, JuS 1982, 564; *Otto/Bosch,* Übungen, Fall 15, S. 325 f.; *Petrovic/Hillenkamp,* StudZR 2008, 66 u. 73 (psychische Beihilfe); *Rudolphi,* AT-Fälle, Fall 8, S. 89 u. 90–93; *Sengbusch,* Jura 2007, 623 u. 629 f. (Zusage späterer Unterstützungshandlung); *Steinberg,* ZJS 2010, 518 f. (psychische Beihilfe); *Weißer,* JuS 2005, 620 u. 624 f.; *Wittig,* Jura-Sonderheft Examensklausur, 2000, S. 45 u. 50; *Zöller,* Kriminalistik 1996, 215 u. 218; Die Examensklausur, Klausur Nr. 16, S. 185 u. 190. – Hinweise für die Fallprüfung bei *Gaede,* JA 2007, 757, 759.

c) Beihilfe durch Unterlassen

229   Die Möglichkeit, Hilfe durch Unterlassen leisten zu können, ist schon im Prinzip **nicht unbestritten.**[367] So wird etwa angenommen, jede unterlassene Erfolgsverhinderung durch einen Garanten sei Täterschaft, so dass Beihilfe nur bei Delikten in Betracht komme, die besondere Täterqualifikationen voraussetzen.[368] Von dieser sog.

---

[366] So LK-*Schünemann,* § 27 Rn. 16; *Ebert,* S. 214; *Krey/Esser,* AT, Rn. 1077 (u. U. schlüssige Handlung); *Geppert,* JK, StGB § 27/3 u. in: Jura 2007, 589, 591; *Ranft,* JZ 1987, 861; *Rudolphi,* StV 1982, 518; *Stoffers,* Jura 1993, 13 f. u. 15 f.; *Sonnen,* JA 1995, 746; *Baunack,* 1999, S. 155 ff.; *Gaede,* JA 2007, 757, 759. – Aus der Rspr. vgl. BGH NStZ 2000, 139; OLG Düsseldorf NStZ-RR 2005, 336 f. verlangt einen „durch Handeln erbrachten Tatbeitrag"; nach OLG Karlsruhe StraFo 2007, 162, reicht ein Dulden (des Anbaus von Cannabis) weder für aktives Tun noch – mangels Garantenstellung – für ein Unterlassen aus (zust. *Fischer,* § 27 Rn. 13; zum Anbau von Cannabis vgl. auch BGH NJW 2011, 1461 m. krit. Anm. *Weber,* JR 2011, 454.

[366a] BGH NStZ 2004, 499, 500; *Lackner/Kühl,* § 27 Rn. 4; a. M. *Heghmanns,* GA 2000, 474, 479; diff. LK-*Schünemann,* § 27 Rn. 10; anders auch für das „Schmierestehen" BGH StraFo 2012, 151.

[367] Vgl. den einführenden Beitrag von *Sowada,* Jura 1986, 399 ff.; guter Überblick mit Theoriendiskussion bei *Haas,* ZIS 2011, 392–396; *Murmann,* GK, 29/93–100 u. *Hoffmann-Holland,* Rn. 798–807.

[368] So LK[11]-*Roxin,* § 27 Rn. 43, mit ausführlicher Begründung § 25 Rn. 201–216 [diff. jetzt LK-*Schünemann,* § 27 Rn. 52 u. § 25 Rn. 205–214]; SK[7]-*Rudolphi,* Rn. 37 vor § 13 (and.

Tätertheorie[369] wird die Garantenpflicht zugleich als täterbegründendes Kriterium angesehen, das zudem nicht abstufbar ist. – Für die Beihilfe durch Unterlassen sind – „in spiegelbildlicher Betrachtung" – dieselben Kausalitäts-/Förderungsvoraussetzungen und die „Quasikausalität" zu verlangen (*Samson/Langrock*, wistra 2007, 161, 164, die von „hypothetischer Kausalität" als Zurechnungsvoraussetzung sprechen). Die Erfolgsabwendung verlangt vom Garanten nicht nur, dass er die Tatausführung unterbindet, sondern auch – wenn er dies nicht schaffen kann –, dass er die Tatausführung wenigstens erschwert (BGHSt 48, 301 f.; BGH NJW 1953, 1831; *Bachmann/Eichinger*, JA 2011, 509, 511; *Ransiek*, JuS 2010, 678, 681 (pro Beihilfe); abl. *Roxin*, AT II, 31/169). So etwa, wenn die Ehefrau jegliche Bemühungen unterlässt, den Täter von dessen geplanter, ihr bekannten Tat gegen ihren Ehemann abzuhalten, oder ihren Ehemann nicht telefonisch warnt (*Kühl/Hinderer*, JuS 2009, 919, 924).

Das Bestehen einer **Garantenpflicht** ist sicher Voraussetzung **jeder** Beteiligung 230 (Täterschaft und Teilnahme) durch Unterlassen (*Fischer*, § 13 Rn. 52), doch besagt es noch nichts über die Rollenverteilung in einem Tatgeschehen, an dem auch ein aktiv Handelnder beteiligt ist.[369a] So etwa, wenn der vom Wohnungsinhaber mitgebrachte Zechkumpan den Untermieter erpresst, ohne dass der Wohnungsinhaber etwas dagegen unternimmt, obwohl ihm dies möglich wäre (BGH NJW 1977, 204 = Ausgangsbeispiel bei *Hillenkamp*, 20. AT-Problem, S. 149). Hinsichtlich der Erpressung erscheint der aktiv Drohende als die einzige „Zentralgestalt" des Geschehens, der dagegen nicht Einschreitende ist eher eine „Randfigur" dieses Tatgeschehens.[370] Nach dieser vorzugswürdigen sog. **Gehilfentheorie**[371] verstellt der die Tat unmittelbar selbst Ausführende dem Unterlassenden die **Tatbeherrschung**, solange er Handlungsherrschaft ausübt. Herausgehobene Täterverantwortlichkeit kommt nur dem den Erfolg unmittelbar Bewirkenden zu, die Verantwortlichkeit des Nichteinschrei-

---

jetzt SK[8]-*Rudolphi/Stein*, Rn. 54 vor § 13); *Haft*, S. 197 u. 222 f.; *Stratenwerth/Kuhlen*, 14/23; krit. *Schwab*, 1996, S. 205–208.

[369] So genannt von *Hillenkamp*, 20. AT-Problem, S. 151, der auch deren Vertreter und Argumente auflistet (S. 153 f.).

[369a] Anders *Roxin*, TuT, S. 458 ff., 750, der Unterlassungsdelikte als **Pflichtdelikte** und deshalb die Verletzung der Garantenpflicht idR als Täterschaft begründend betrachtet; grundsätzlich für Täterschaft auch *Bachmann/Eichinger*, JA 2011, 105, 107; *Stratenwerth/Kuhlen*, 14/13; krit. dazu *Renzikowski*, 1997, S. 29 ff.; *Haas*, ZIS 2011, 392, 395 u. *Hoffmann-Holland*, Rn. 803; krit. auch *Sanchez-Vera*, 1999, S. 65, weil nicht alle Unterlassungsdelikte Pflichtdelikte seien; soweit es sich aber um Pflichtdelikte handele, hafte „der Verpflichtete schon auf Grund seiner Pflichtverletzung" immer als Täter, unabhängig von seiner Tatherrschaft (S. 148); weitere Kritik an den Pflichtdelikten *Mosenheuser*, 2009, S. 171 ff. und *Ransiek*, JuS 2010, 678, 680.

[370] *Gallas*, JZ 1960, 687; *Jescheck/Weigend*, S. 696; *Puppe*, AT 2, 50/26; für die Anwendung der Tatherrschaftslehre *Ransiek*, JuS 2010, 678, 680; krit. *Schwab*, 1996, S. 202–205, der aber mit Hilfe der Entsprechungsklausel (s. o. 18/122) im Regelfall auch zu diesem Ergebnis kommt (S. 217); krit. auch *Renzikowski*, 1997, S. 32 u. *Sering*, 2000, S. 25 ff. sowie *Lampe*, ZStW 119 (2007), 471, 500 f., der nach der „sozialen Nähe" zum gefährdeten Rechtsgut differenziert.

[371] So genannt von *Hillenkamp*, 20. AT-Problem, S. 153, der dort auch deren Vertreter und Argumente auflistet; ergänzend *Mosenheuer*, 2009, S. 189 m. krit. Bspr. *Bachmann*, ZIS 2010, 349 f.; *Jakobs*, GA 2010, 361 u. *Murmann*, ZIS 2010, 387; intensive Auseinandersetzung mit dieser Theorie bei *Bottke*, Fs. Rudolphi, 2004, S. 15, 39 f.; *Roxin*, AT II, 31/151–157, spricht von der „Theorie der Einheitsbeihilfe", der er „sechs durchschlagende Argumente" entgegenhält; krit. bis abl. auch *Hoffmann-Holland*, Rn. 805 u. ausführlicher in: ZStW 118 (2006), 620, 625; *Heinrich*, AT II, Rn. 1216; *Rengier*, AT, 51/15 u. W-*Beulke*, Rn. 734.

tenden ist mit der Gehilfenrolle zutreffend erfasst, weil er die Chancen des Gelingens der Tat des Täters erhöht.[371a]

230a   Zu anderen Ergebnissen kommt die hier abgelehnte (o. Rn. 30–35) **subjektive Theorie** zur Abgrenzung von Täterschaft und Teilnahme. Sie wird von der Rechtsprechung und Teilen der Literatur auch bei der Abgrenzung von (Mit-)Täterschaft und Teilnahme (Beihilfe) durch Unterlassen eingesetzt.[371b] Gehilfe ist danach etwa der Vater, der gegen das Verhungernlassen des Kindes durch die Mutter nichts unternimmt, nur dann, wenn sie der dominierende Ehepartner ist, und er sich auch ihrem Tötungsentschluss unterordnet; (Mit-)Täter soll er dagegen sein, wenn er den Tötungsentschluss der M uneingeschränkt mitträgt oder wenn ihm die Tötung des Kindes aus eigennützigen Motiven willkommen ist (Bsp. 1 bei B-*Weber/Mitsch*, 29/72). Wer es als bloßer Zuschauer ohne innere Beteiligung oder gesteigertes Interesse geschehen lässt, dass ein Mithäftling in Atemnot gerät, weil ihm nach Stecken des Kopfes in eine Schlinge der Stuhl, auf dem er steht, weggezogen wird, soll Gehilfe zur Körperverletzung sein (BGH NStZ 2009, 321, 322, aufbereitet durch *Hoffmann-Holland*, Rn. 808, besprochen von *Becker*, HRRS 2009, 242, *Bosch*, JA 2009, 655 u. *Geppert*, JK 12/09, StGB § 13/21, dazu auch *Rengier*, JuS 2010, 284 u. *Rengier*, AT, 51/19; zum Fall schon o. 18/93).

231   Zu überlegen ist immerhin, ob nicht wenigstens dann die Rolle des Unterlassenden zur Täterschaft aufzuwerten ist, wenn er **Beschützergarant** hinsichtlich des Opfers der Tat ist,[371c] denn dieser steht dem Opfer näher als der Überwachungsgarant den von der Gefahrenquelle gefährdeten Personen.[371d] Diese sog. differenzierende Theorie[372] bewertet das Unterlassen des Beschützergaranten negativer als das des

---

[371a] Ebenso SSW-*Kudlich*, § 13 Rn. 43, 47; kritisch dazu *Geppert*, Jura 1999, 266, 271 u. MK-*Joecks*, § 25 Rn. 270, der auf den „Grad der Einflussmöglichkeiten" abstellen will; ähnlich *Rengier*, AT; 51/21, der zwischen Zentral- und Randfiguren differenziert.

[371b] Aus der Rspr. vgl.: BGHSt 38, 360 f. u. 48, 77, 97; BGH NJW 1992, 1246, 1247; BGHStV 1986, 59 m. Anm. *Arzt*, 337 u. *Puppe*, AT 2, 50/14–29; BGH NJW 1996, 1763 (dazu *Hoffmann-Holland*, Rn. 800 und 806 f., sowie in ZStW 118 (2006), 620, 624, 633 ff.; Fall 3 bei *Rengier*, JuS 2010, 281, 284 u. Bspr. 4 bei *Rengier*, AT, 51/26 u. bei *Bachmann/Eichinger*, JA 2011, 105–108) und 1998, 1572 f.; BGH NStZ 2009, 321 f. m. abl. Bspr. *Becker*, HHRS 2009, 242; *Ranft*, JZ 1987, 917; *Geppert*, JK 8 zu § 13; eingehende Analyse der Rspr. bei *Sering*, 2000, S. 8 ff. – Aus der Lit. vgl.: *Arzt*, JA 1980, 559; B-*Weber/Mitsch*, 29/71 f. u. 89; *Fischer*, § 13 Rn. 51 a. – Dem „wertenden" Vorgehen der Rspr. zustimmend, jedoch objektive Gesichtspunkte einbauend *Otto*, 21/50; auf eine „wertende Gesamtschau" will *Sering*, 2000, S. 101, abstellen; krit. zur Rspr. *Ransiek*, JuS 2010, 678, 680 u. *Zimmermann*, JuS 2011, 629, 632.

[371c] So etwa *Seier*, JA 1990, 383; *Kindhäuser*, AT, 38/68–70; *Krey/Esser*, AT, Rn. 1181–1183; S/S-*Heine*, Vorbem §§ 25 ff. Rn. 104; LK-*Schünemann*, § 25 Rn. 211; krit. *Saal*, Jura 1996, 481; *Ransiek*, JuS 2010, 678, 680; *Rengier*, AT, 51/17; NK-*Wohlers*, § 13 Rn. 26.

[371d] So *Otto*, 21/45, der aber auch Überwachungsgaranten als Teilnehmer einstuft, z. B. wenn der Überwachungsgarant aus Gleichgültigkeit dem Geschehen seinen Lauf lässt (21/50); ebenso *Hohmann*, JuS 1995, 137. – Auf andere Weise differenziert *Haas*, ZIS 2011, 392, 396 f. zwischen Beschützer- und Überwachungsgaranten, entscheidend sei aber, was dem Garanten aufgrund der Verletzung des Erfolgsabwendungsgebots zugerechnet werden kann.

[372] So genannt von *Hillenkamp*, 20. AT-Problem, S. 154, der auch deren Vertreter und Argumente auflistet (S. 154 f.); ergänzend *Geppert*, Jura 1999, 266, 271; *Ransiek*, ZGR 1999, 613, 636; *Seher*, JuS 2009, 793, 797 u. *Hoffmann-Holland*, ZStW 118 (2006), 620, der nach der „direkten Steuerung" differenziert (S. 637 f., dazu krit. *Bachmann/Eichinger*, JA 2011, 105, 107 f.); krit. *Renzikowski*, 1997, S. 32 f., u. *Kuhlen*, in: *Amelung* (Hrsg.), 2000, S. 71, 88 f., nach dem die Praktikabilität dieser Theorie bei Personen, die Beschützer- und Überwachergaranten sind (z. B. Gewässerschutzbeauftragte), fehlt; krit. auch *Ranft*, Fs. Otto, 2007, S. 403, 406 ff.

Überwachungsgaranten, und zwar so negativ, dass die Strafmilderung des § 27 II 2 nicht angebracht erscheint. Der Wohnungsinhaber im obigen Beispielsfall wäre danach Gehilfe der Erpressung, weil er nur Überwachungsgarant hinsichtlich seiner Wohnung ist. Dagegen wäre der Vater, der die Tötung seines Sohnes durch einen aktiv handelnden Täter nicht hindert, auch Täter dieses Tötungsdelikts, allerdings begangen durch Unterlassen (§§ 212, 13).[373] Das Rechtsgefühl spricht für diese Lösung, doch ist die Tötung unmittelbar nur vom aktiv Handelnden beherrscht und an dieser beherrschenden Stellung ändert auch eine erfolgversprechende Eingriffsmöglichkeit („potenzielle Tatherrschaft" nach LK-*Weigend*, § 13 Rn. 94; ähnlich *Satzger*, Jura 2011, 432, 434: eine „Pauschallösung" verbiete sich, es sei eine „wertende Betrachtung im Einzelfall" gefordert – das klingt nicht nur nach Rspr., sondern auch gar nicht dogmatisch; zu Recht krit. zur „Potentiellen Tatherrschaft" *Seelmann*, StV 1992, 416 u. *Zimmermann*, JuS 2011, 629, 632) nichts. Dieser Einwand trifft auch die umgekehrt differenzierende Theorie nach der Überwachungsgaranten Täter und Beschützergaranten Gehilfen sein sollen (so *Krüger*, ZIS 2011, 1, 8). Das gilt auch für die Differenzierung zwischen situationsbezogenen und situationsunabhängigen Garantenpflichten (so *Hoffmann-Holland*, Rn. 807).

Aus der **Übungsfall-Literatur** zur Beihilfe oder Mittäterschaft durch Unterlassen vgl.: *Alpmann/Schmidt*, AT 2, Fall 6, S. 26–28; *Beulke*, KK II, Fall 1, Rn. 1 u. 29f. sowie KK III, Fall 3, Rn. 106 u. 138–141; *Bosch*, JA 2007, 418 u. 420f. (pro differenzierende Theorie); *Brunhöber*, JuS 2011, 229 u. 234; *Eiden/Köpferl*, Jura 2010, 780 u. 789; *Eisenberg*, Jura 1987, 265 u. 267f.; *Ellbogen/Stage*, JA 2005, 353 u. 355f.; *Freund*, JuS 1990, 213 u. 218f.; *Grotenrath/Hillenkamp*, StudZR 2010, 438 u. 459–462; *Herzberg*, Täterschaft, Fälle 61 u. 68, S. 82f. u. 98f.; *Heinrich*, Jura 1997, 366f. u. 371; *Hillenkamp*, JuS 2001, 159 u. 164; *Hillenkamp*, 20. AT-Problem, Bsp. 1 S. 149 mit Lösung auf S. 155, sowie Bspe. 2 u. 3 S. 155f.; *Hohmann*, JuS 1995, 135 u. 137; *Jäger*, Fall 67, Rn. 873a und b (BGH NStZ 2009, 321); *K/H/H-Heinrich*, BT 1, Rn. 867–869: Fall 97; *Kindhäuser/Korthals*, JA-Übungsblätter 1991, 39 u. 44; *Kühl/Hinderer*, JuS 2009, 912 u. 924; *Lindheim/Uhl*, JA 2009, 783 u. 788; *Marxen*, Fall 25d, S. 236f.; *Murmann*, JuS 1998, 630 u. 632f.; *Noak/Collin*, JA 2006, 544 u. 548f. („Tatherrschaftstheorie"); *Otto*, Fälle 31–33, JuS 1982, 565; *Putzke*, ZJS 2011, 525 u. 528; *Radtke/Meyer*, JuS 2011, 521 u. 527; *Rudolphi*, AT-Fälle, Fall 13, S. 148 u. 158f.; *Saal*, Jura 1996, 476 u. 478; *Seier*, Anfängerklausur, Nr. 11, S. 129 u. 139, 141f. (diff. nach Garantenstellungen); *Tiedemann*, Anfängerübung, Fall 4, S. 179 u. 183f. sowie Fall 9, S. 222f. u. 225f.; *Vormbaum*, Jura 2010, 862 u. 865 (je nach Tatherrschaft); *Weißer*, JA 2010, 433 u. 435f.: Lehre von der potentiellen Tatherrschaft; *Zimmermann*, JuS 2011, 629 u. 632. – **Aufbauhinweise** bei *Gaede*, JA 2007, 775 u. 761.

Eine hier nur kurz anzusprechende **Sonderkonstellation** der Beihilfe durch Unterlassen ergibt sich bei den Aussagedelikten wie z.B. dem Meineid gem. § 154: Unter welchen Voraussetzungen liegt eine Beihilfe durch Unterlassen zum Meineid vor, wenn die Prozesspartei im Zivilprozess oder der Angeklagte im Strafprozess nicht verhindert, dass ein (von ihr bzw. ihm benannter) Zeuge einen Meineid leistet?[373a] Problematisch ist hier vor allem die Begründung der Garantenstellung (vgl. BGHSt 17, 321 = *Roxin*, HRR AT, Fall 89, S. 136f. u. 210) und die Bedeutung der Eigenverantwortlichkeit des Zeugen (= Gehilfen). **231a**

---

[373] Bsp. von *Ebert*, S. 192.
[373a] Vgl. *Heinrich*, JuS 1995, 1119f.; *Bartholme*, JA 1998, 204; *Geppert*, Jura 2002, 173, 178; *Kudlich/Henn*, JA 2008, 510f.; *Roxin*, AT II, 177–180; *Eisele*, BT I, Rn. 1392–1394; *Hohmann/Sander*, BT II, 21/34; *K/H/H-Heinrich*, BT 1, Rn. 773; *Rengier*, BT II, 49/68–72; *Lackner/Kühl*, Rn. 7 vor § 153; *S/S-Lenckner/Bosch*, Vorbem §§ 153ff. Rn. 40; sehr restriktiv MK-*Müller*, § 153 Rn. 105–109; eingehend *Müller*, 2000, S. 292ff. u. *Sering*, 2000, S. 137, 151 sowie *Kölbel*, 2006, S. 413.

Aus der **Übungsfall-Literatur** zur Meineidsbeihilfe durch Unterlassen vgl.: *Kelker*, Jura 1996, 89 u. 97; *Hilgendorf*, KK III, Fall 8, Rn. 27–36; *Beulke*, KK III, Fall 11, Rn. 517 u. 547–549; *Gaede*, JuS 2003, 774 u. 778; *Haft*, Fallrepetitorium, Nr. 416a; *Hillenkamp*, 11. BT-Problem, Bsp. 1, S. 46 u. 50 sowie Bspe. 2–4, S. 50; *K/H/H-Heinrich*, BT 1, Rn. 767–774: Fall 81; *Marxen*, BT, Fall 14b, S. 153–155. – Aufbaumuster bei *Bartholme*, JA 1998, 204, 208.

d) Der Zeitpunkt des Hilfeleistens

232   Die Hilfeleistung des Gehilfen kann unstreitig vor der Tatausführung durch den Haupttäter erbracht werden. So kann der Gehilfe bereits im **Planungs- und Vorbereitungsstadium** (BGHSt 46, 107, 115) durch Rat (Beschreibung des Tatorts) und Tat (Lieferung der Tatwerkzeuge) seinen Tatbeitrag vollständig erbringen. Erforderlich ist freilich, dass dieser Tatbeitrag mindestens bis ins Versuchsstadium **fortwirkt:**[373b] dann vollendete Beihilfe zum Versuch; sie kann geleistet werden als „Versuchsbegründungsbeihilfe" (der Gehilfe liefert das Werkzeug, mit dem der Täter unmittelbar zum Einbruchsdiebstahlsversuch ansetzt) oder als „Versuchsfortsetzungsbeihilfe" (der Gehilfe fördert den vom Täter durch Täuschung begonnenen Betrugsversuch hinsichtlich Vermögensverfügung und Vermögensschaden, der aber aus zufälligen Umständen ausbleibt).[373c] Wirkt sich der Tatbeitrag auch im Erfolg der Haupttat aus, so liegt vollendete Beihilfe zum vollendeten Delikt vor.

232a   Strafbare vollendete Beihilfe kann auch zum unvollendbaren untauglichen Versuch geleistet werden. So ist der Giftlieferant Gehilfe zum Totschlagsversuch (§§ 212, 22/23, 27), auch wenn der Haupttäter infolge Verwechslung des Giftes mit einem harmlosen Pulver (= untaugliches Mittel) die Tötung des Opfers nicht bewirken kann. Zwar fördert der Giftlieferant in diesem Fall keine konkrete Gefährdung des Opfers, doch fördert er – was entscheidend ist – die Handlung des Haupttäters. Diese Handlung ist nach den gesetzgeberischen Wertungen der §§ 22, 23 III (s. o. 15/86f.) ein strafbarer Rechtsgutsangriff, an dem sich der Gehilfe akzessorisch und deshalb ebenfalls strafbar beteiligt.[373d]

233   Umstritten ist der **spätestmögliche** Zeitpunkt der Beihilfe. Da Beihilfe einen kausalen Beitrag für den Erfolg der Haupttat voraussetzt, ist jedenfalls bis zum Eintritt des tatbestandsmäßigen Erfolgs (= bis zur **Vollendung**) Beihilfe möglich.[373e] Wer dem Erpresser bei der Schädigung des Opfers z. B. durch Entgegennahme des erpressten Geldes hilft, nachdem der Erpresser das Opfer bedroht hat, unterstützt noch den Eintritt des tatbestandsmäßigen Erfolges i. S. des § 253.[374] Auch wer weitere Schädigungen z. B. des Betrugsopfers durch Entgegennahme des durch Täuschung erschlichenen Geldes nach Vollendung des Betruges, die durch die erste täuschungsbedingte Zahlung eintrat, mit-verursacht und unterstützt noch den Eintritt weiterer tatbestandsmäßiger Erfolge.[375]

[373b] Vgl. BGH NStZ 1993, 440; BGH NJW 2001, 2409, 2410; BGH NStZ-RR 2006, 87; BGH NJW 2007, 384, 388 m. Bspr. *Satzger*, JK 12/07, StGB § 27 Abs. 1/20; ebenso *Schlüchter/Duttge*, NStZ 1997, 595, 596: „anerkannt"; a. A. *Osnabrügge*, 2002, S. 232 ff., 262, der den „objektiven Bezugspunkt" dieser Beihilfe vermisst.

[373c] Begriffe und Beispiele von *Küper*, JuS 1986, 862, 864, übernommen.

[373d] *Küper*, JuS 1986, 862, 865; *Krack*, JuS 1995, 585, 589; a. A. *Otto*, 22/65: Fall strafloser versuchter Beihilfe; diff. *Harzer*, StV 1996, 336, 339; vgl. auch *Stein*, 1988, S. 279 ff.

[373e] Ebenso *Grabow/Pohl*, Jura 2009, 656.

[374] Ebenso LK-*Schünemann*, § 27 Rn. 43.

[375] Vgl. näher *Kühl*, 1974, S. 101 ff.; zustimmend LK-*Schünemann*, § 27 Rn. 43; ablehnend aber *Jakobs*, 22/41: Verstoß gegen Art. 103 II GG, da kein voll tatbestandliches Geschehen mehr unterstützt werde.

Denkbar wäre freilich auch eine strenge Bindung des Hilfeleistens an die tatbe- 234
standsmäßige Handlung des Täters.[376] Dann wäre nach Abschluss des Täterverhaltens (z. B. nach der Täuschung oder Drohung) bis zum Eintritt des tatbestandsmäßigen Erfolges (z. B. des Vermögensschadens gem. §§ 263, 253) schon keine Beihilfe
mehr möglich. Auch wäre die Zurechnung bereits verwirklichter Tatanteile – wie bei
Mittäterschaft (oben Rn. 126) – schon vor Tatvollendung ausgeschlossen, z. B. des
Einbruchs beim Wohnungseinbruchsdiebstahl (Bsp. 3 bei *Grabow/Pohl*, Jura 2009,
656, 658 f. in Anlehnung an BGHSt 2, 344) oder der Körperverletzungs-Gewalt
beim Raub (Bsp. 4 bei *Grabow/Pohl* a. a. O. u. Bsp. 3 bei *Rengier*, BT I, 7/46 u. 49
in Anlehnung an BGH bei *Dallinger*, MDR 1969, 533). Ein solches Abstellen auf die
Verhaltensbeendigung (s. o. 14/27 f.) müsste aber vom Strafgrund der Beihilfe her
gefordert sein. Dies ist aber nicht der Fall, weil die Beihilfe erfolgsorientiert ist: Mit-
Verursachung des tatbestandsmäßigen Erfolges.[376a]

Verhält sich freilich der Täter noch nach der Vollendung tatbestandsmäßig (durch 235
Tun oder Unterlassen), so ist, da das Delikt dann noch durch tatbestandsmäßiges
Verhalten zu weiteren Erfolgen **fortgeführt** wird, noch Beihilfe möglich.[376b] Unstreitig ist dies bei **Dauerdelikten** wie der Freiheitsberaubung gem. § 239, die der Gehilfe
durch Kontrolle des Schlosses und Versorgung des Eingesperrten noch nach der
durch Einschließen eingetretenen Vollendung unterstützen kann (vgl. RGSt 38,
417).[377]

Dagegen ist eine Beihilfe nicht mehr möglich, wenn sich an die Vollendung kein 236
weiteres tatbestandsmäßiges Verhalten und keine weiteren tatbestandsmäßigen Erfolgseintritte mehr anschließen. Die bloße Intensivierung der Rechtsgutsverletzung
legitimiert nicht die Ausdehnung der Tatbestandsverwirklichung. Die **Hilfeleistung**
muss aber **zur Tatbestandsverwirklichung** erfolgen, den tatbestandsmäßigen Erfolg
mitverursachen (sog. tatbestandskonformer Beendigungsbegriff; s. 14/27). Wird der
Beendigungsbegriff vom Tatbestand gelöst und mit der Rechtsgutsverletzung verbunden, so verstößt die **strafbegründende** Anwendung dieses nicht mehr tatbe-
standskonformen Beendigungsbegriffes auf den Gehilfen gegen den Grundsatz der
gesetzlichen Bestimmtheit der Strafbarkeit (Art. 103 II GG: nullum crimen sine
lege).[378] Dennoch verfährt die Rechtsprechung nach diesem tatbestandsgelösten Beendigungsbegriff (BGH NStZ-RR 1996, 374 u. 1999, 208),[378a] und auch in der Li-

---

[376] So *Rudolphi*, Fs. Jescheck, 1985, S. 576; vgl. dazu *Schmitz*, 2001, S. 204 f.

[376a] Ebenso *Rönnau*, JuS 2004, 481, 482 zum „Lösegeldboten".

[376b] *Krack*, JuS 1995, 585, 589; speziell für § 353 b *Brüning*, NStZ 2006, 253, 254 f., offengelassen von BVerfGE 117, 244 = NJW 2007, 1117 („Fall Cicero"); anders *Lackner/Kühl*,
§ 353 b Rn. 13 a m. w. N.: keine Beendigungsphase nach Vollendung durch Offenbarung;
ebenso *Gaede*, AfP 2007, 410 ff. u. NK-*Kuhlen*, § 353 b Rn. 58; grundsätzliche Bedenken auch
bei LK-*Vormbaum*, § 353 b Rn. 40; für sukzessive Beihilfe *Fischer*, § 353 b Rn. 14 a; SSW-
Bosch, § 353 b Rn. 15.

[377] Ebenso *Jakobs*, 22/40; *Murmann*, GK, 27/139; *Mitsch*, NZV 2009, 105, 110; LK-
Schünemann, § 27 Rn. 46; *Kindhäuser*, § 27 Rn. 21; *Fischer*, § 27 Rn. 8, 8 a u. *Schmitz*, 2001,
S. 199 ff., der aber „das Maß der Haftung des Gehilfen" problematisiert. – Aus der Rspr. vgl.
BGHSt 54, 140; OLG Düsseldorf StV 2002, 312 u. BayObLG NJW 2002, 1663 f. m. krit. Bspr.
König, NJW 2002, 1623.

[378] Näher *Kühl*, Fs. Roxin, 2001, S. 665, 679 f.; ebenso *Jakobs*, 22/41; LK-*Hillenkamp*, 34 f.
u. 37 vor § 22; LK-*Schünemann*, § 27 Rn. 42; MK-*Joecks*, § 27 Rn. 19; NK-*Schild*, § 27
Rn. 12; SK-*Hoyer*, § 27 Rn. 18; *Joecks*, § 27 Rn. 9; *Kindhäuser*, BT II, 2/125; *Mitsch*, BT 2/1,
1/90; *Murmann*, GK, 27/139; *Rengier*, BT I, 7/48; *Roxin*, AT II, 26/259–262; *Geppert*, Jura
1999, 266, 272; *Grabow*, Jura 2009, 656 f.; a. A. *Krey/Esser*, AT, Rn. 1088.

[378a] Vgl. auch BayObLG NStZ 1999, 568 m. krit. Bspr. *Otto*, JK 00, StGB § 353 b/1, zum
konkreten Gefährdungsdelikt des § 353 b; zu § 29 BtMG vgl. BGH NStZ 2008, 284 f. – Nach

teratur wird mit diesem Beendigungsbegriff der spätestmögliche Zeitpunkt der Beihilfe festgelegt.[379]

237 Danach begeht noch Beihilfe zum Diebstahl, wer nach der Wegnahme der Sache durch den Täter diesem beim Abtransport der Beute hilft (vgl. BGHSt 4, 132). Erst wenn der Dieb die Beute in Sicherheit gebracht hat, der Diebstahl also nach dieser Ansicht beendet ist, soll Beihilfe nicht mehr möglich sein (BGH StV 1981, 127; BGH NStZ 2000, 31 u. 2008, 152; OLG Düsseldorf NStZ-RR 2005, 336 f. m. zust. Bspr. *Geppert,* JK 4/06, StGB § 27/19); auch wenn die versteckte Beute von der Polizei sichergestellt ist, soll das Abholen der Beute keine Beihilfe mehr sein (vgl. BGH NJW 1985, 814, m. Bspr. *Laubenthal,* Jura 1985, 630, u. *Küper,* JuS 1986, 862).[380]

238 Diese Zeitpunkte liegen aber viel zu spät. Der vom **Gesetz** vorgegebene Zeitpunkt ist die Wegnahme, und diese ist mit dem Bruch fremden Gewahrsams und der Begründung neuen Gewahrsams gegeben, auch wenn der neubegründete Gewahrsam noch unsicher ist. Beutesicherung ist keine Wegnahme mehr. Die Intensivierung der Verletzung des Rechtsguts „Eigentum" ist als solche nicht strafrechtlich erfasst, nur die durch Wegnahme bewirkte Eigentumsverletzung ist Diebstahl. Für Hilfeleistungen nach Vollendung des Diebstahls z. B. beim Abtransport der Beute stellt das StGB sog. **Anschlussdelikte** zur Verfügung, die die strafwürdigen Fälle erfassen (z. B. §§ 257, 259).[380a] Damit ist eine klare Abgrenzung von sukzessiver Beihilfe (bis Vollendung der Haupttat) und Begünstigung nach § 257 (ab Vollendung der Vortat) erreicht, wohingegen es nach der Rspr. zu Überschneidungen in der Phase zwischen Vollendung und Beendigung kommen kann; in diesen Fällen soll die subjektive Willensrichtung des Hilfeleistenden entscheiden (BGHSt 4, 132, 133).[380b]

239 Beihilfe zum unerlaubten Entfernen vom Unfallort gem. § 142 I kann dann nicht mehr geleistet werden, wenn sich der Täter vom Unfallort so entfernt hat, dass er mit dem Unfallgeschehen von einem Dritten nicht mehr in Verbindung gebracht würde.[380c] Wer also z. B. dem verfolgten Unfallflüchtigen lange Zeit nach dem Unfall und weit weg vom Unfallort den Tipp gibt, wie er den Verfolger abhängen kann, unterstützt zwar den Erfolg der Flucht, aber nicht mehr das Entfernen vom Unfallort (vgl. näher Fall 61 bei *Kühl,* JuS 1982, 191).[381] Die Erreichung des Tatziels oder das sich endgültig In-Sicherheit-Bringen (vgl. BayObLG JZ 1981, 241)[382] sind keine vom Gesetz vorgegebenen tatbestandlichen Erfolge und deshalb **willkürlich** gewählte Zeitpunkte.

LK-*Vogel,* § 249 Rn. 43, vernachlässigt die Rspr. „die den Tatbestand begrenzende Funktion des Handlungsunrechts".

[379] So etwa S/S-*Heine,* § 27 Rn. 17; *Fischer,* § 27 Rn. 6; W-*Beulke,* Rn. 583; *Frister,* AT, 28/50; *Jäger,* Rn. 231; – nach *Gaede,* JA 2007, 757, 758, die „herrschende Ansicht". – Vgl. *Otto,* 22/66, m. w. N. zur Literatur in Fn. 44 sowie *Geppert,* Jura 1999, 266, 272 m. N. in Fn. 91.

[380] Vgl. auch BGH NJW 1990, 654 f. u. BayObLG NStZ-RR 1999, 314.

[380a] Ebenso *Köhler,* S. 536; *Roxin,* AT II, 26/259; *Eisele,* BT II, Rn. 340; W-*Hillenkamp,* Rn. 806; *Seher,* JuS 2009, 793 f., 797, Fall: 11; *Zieschang,* Rn. 761; eingehend *Wolff,* 2002, S. 89 ff.; zur Vorrangigkeit von § 257 vgl. *Schmitz,* 2001, S. 209 ff., 213; anders *Piatkowski/Saal,* JuS 2005, 979, 981: Beihilfe.

[380b] Vgl. *Küper,* S. 209 m. w. N., auch zur weiteren Variante, wegen § 257 III der Beihilfe den Vorrang zu geben.

[380c] Wie hier gegen Beihilfe in einer „außertatbestandsmäßigen" Beendigungsphase des § 142 *Mitsch,* NZV 2009, 105, 110.

[381] Zustimmend *Roxin,* AT II, 26/262; ebenso *Bottke,* JA 1980, 379; SK-*Rudolphi/Stein,* § 142 Rn. 53.

[382] Vgl. dazu „großzügiger" *Küper,* JZ 1981, 209 ff., 213 ff. u. MK-*Zopfs,* § 142 Rn. 51.

Erst recht kann eine Beihilfe dann nicht mehr geleistet werden, wenn sich der un- **240** terstützte „Erfolg" nicht einmal als endgültige Rechtsgutsverletzung verstehen lässt. So etwa wenn der Gehilfe den Erpresser nur noch bei der Realisierung von dessen Bereicherungsabsicht unterstützt (z. B. durch Abholen des postlagernden Geldes). Da die endgültige Rechtsgutsverletzung bei § 253 schon mit dem Eintritt des Vermögensschadens (z. B. mit dem Absenden des Geldes durch den Erpressten) vorliegt, bewirkt die spätere Unterstützung weder den tatbestandsmäßigen Erfolg noch die endgültige Rechtsgutsverletzung (vgl. näher Fall 58 bei *Kühl*, JuS 1982, 189 sowie *Kühl*, Fs. Roxin, 2001, S. 665, 674, 679 u. *Kühl*, JuS 2002, 729, 731, 734).[383]

Keine Beihilfe ist nach der Rspr. möglich, wenn die Haupttat beendet ist,[383a] bei **240a** § 316 a nach Abschluss des Angriffs auf das Opfer (BGH NStZ 2007, 35, 36 m. Bspr. *Kudlich*, JA 2007, 308 f.).

Aus der **Übungsfall-Literatur** insb. zur sukzessiven Beihilfe vgl.: *Beulke*, KK II, Fall 9, Rn. 250 u. 256–258, sowie KK III, Fall 7, Rn. 278 u. 287–289; *Blei*, PdW BT 2, Fall 180 (§ 142-Fall); *Bott/Kühn*, Jura 2009, 72 u. 75 (Dauerdelikt des § 239); *Hillenkamp*, JuS 2003, 157 u. 159 f.; *Kuhlen/Roth*, JuS 1995, 711 u. 714; *K/H/H-/Heinrich*, BT 1, Rn. 859–861: Fall 96; *Kraatz*, ZJS 2011, 147 u. 154; *Kudlich*, PdW AT, Fall 306; *Lotz/Reschke*, Jura 2012, 481 u. 486; *Mitsch*, in: G/K/M, Fallsammlung, Fall 14, S. 251 f. u. 260; *Otto/Bosch*, Übungen, Fall 15, S. 324 f. (abl. für § 242); *Petermann/Savanovic*, JuS 2011, 1003 u. 1008 (§ 263-Fall); *Radtke*, Jura 1997, 477 u. 481; *Rönnau/Golombek*, JuS 2007, 348 u. 351; *von Schenk*, Jura 2008, 553 u. 556 (nicht bei § 238 I Nr. 1); *Roxin/Schünemann/Haffke*, Klausurenlehre, Fall 12, S. 217 u. 226, 234, sowie Fall 20, S. 343 u. 356 f.; *Rudolphi*, AT-Fälle, Fall 8, S. 89 u. 96; *Samson*, Strafrecht II, Fall 26, S. 233 ff.; *Seelmann*, Grundfälle zu den Eigentums- und Vermögensdelikten, 1988, Fall 1, S. 109 ff.; *Seher*, in: *Ebert* (Hrsg.), Fall 12, S. 12 f. u. 182; *Sengbusch*, Jura 2007, 623 u. 629 f.; *Tenckhoff*, JuS 1976, 526 u. 529 f.; *Wagner*, BT-Fälle, Fall 5, S. 41 u. 49, sowie Fall 9, S. 88 u. 95; *Weißer*, JuS 2005, 620 u. 625. – **Aufbauhinweise** bei *Gaede*, JA 2007, 757, 758 f.

3. Die subjektiven Voraussetzungen der Beihilfe

Die subjektiven Voraussetzungen der Beihilfe entsprechen weitgehend denen der **241** Anstiftung. Auch der Gehilfe muss einen sog. **doppelten** Gehilfen-Vorsatz haben.[384] Danach muss zunächst die eigene Hilfeleistung gerade in ihrer die Haupttat fördernden Wirkung zumindest bedingt vorsätzlich erbracht werden.[384a] Fahrlässige Unterstützungshandlungen reichen nicht aus, auch wenn sie durchaus zur Förderung der Haupttat geeignet sind (z. B. Nichtabschließen des Ladengeschäfts); sie können aber als fahrlässige Täterschaft erfasst sein.[385] Auch der Gehilfe muss die

---

[383] Zust. LK-*Schünemann*, § 27 Rn. 44; *Roxin*, AT II, 26/265; M-*Schroeder/Maiwald*, BT 1, 41/149; *Mitsch*, BT 2/1, 7/111; MK-*Joecks*, § 27 Rn. 20; anders in einem ähnlichen Betrugsfall S/S-*Heine*, § 27 Rn. 17, *Fischer*, § 27 Rn. 7 u. *Stratenwerth/Kuhlen*, 12/134, nach denen die hier vertretene Auffassung „offenbar sachwidrig" sein soll; wie hier bei § 263 NK-*Kindhäuser*, § 263 Rn. 386: Rückgriff auf § 258 möglich.

[383a] BGH NStZ 2000, 31 (zu §§ 249, 257); BGH NJW 2008, 1460, 1461 (zu § 242); BGH NStZ 2008, 284 (BtMG); BGH wistra 2009, 113 f. (zu § 263); BGH NStZ 2012, 264 u. 316, 317; OLG Düsseldorf NStZ-RR 2005, 336 f. m. zust. Bspr. *Geppert*, JK 4/06 StGB, § 27/19.

[384] *Frisch*, LdRerg. 8/1620, S. 16; *Jescheck/Weigend*, S. 695; *Otto*, 22/62; zusf. *Geppert*, Jura 1999, 266, 273 u. *Satzger*, Jura 2008, 514, 517 ff.; krit. *Murmann*, JuS 1999, 548, 552, nach dem sich der Vorsatz „auf die Hilfeleistungshandlung", nicht auf die Haupttat als zukünftiges Ereignis beziehen muss.

[384a] BGH NStZ 1985, 318; 2007, 289, 290; BGH NStZ 2011, 399; BayObLG NStZ 1999, 627; OLG Düsseldorf StV 2002, 312, 313 u. NStZ-RR 2005, 336 m. zust. Bspr. *Geppert*, JK 4/06, StGB § 27/19; LG Bochum NJW 2000, 1430, 1432.

[385] Vgl. *Jescheck/Weigend*, S. 695.

Vollendung der Haupttat wollen; daran fehlt es etwa, wenn er willentlich ein untaugliches Tatmittel liefert.[386] Für einen **Exzess** des Täters haftet der Gehilfe nicht, weil er sich davon keine Vorstellung macht (z. B. von der Ermordung des Opfers, zu dessen „Beraubung" der Gehilfe das Tatwerkzeug geliefert hatte).[386a]

242　　　Die **Haupttat** muss der Gehilfe in ihren wesentlichen Merkmalen erfassen.[387] Wie bei der Anstiftung geht es der Sache nach um die Konkretisierung von Tat und Täter (vgl. deshalb zunächst o. Rn. 188–192; ebenso *Kretschmer*, Jura 2008, 265, 268; die Feststellung einer „konkreten, durch die Handlung geförderten Haupttat" verlangt BGH NStZ-RR 2011, 359 f. zu § 29 BtMG – Handeltreiben –). Dabei sollen allerdings die Anforderungen an die Konkretisierung geringer sein als bei der Anstiftung (BGHSt 42, 135 = *Roxin*, HRR AT, Fall 85, S. 128 f. u. 207 f.; BGH NStZ 2002, 145 f.).[387a] Nach der Rechtsprechung reicht es, dass „das Vorstellungsbild" des Gehilfen „den wesentlichen Unrechtsgehalt und die Angriffsrichtung" der von ihm unterstützten Tat erfasst (BGH NStZ 1990, 501; BGH StV 1985, 100; BGH NStZ 2011, 399 u. 2012, 264; krit. *Seher*, JuS 2009, 793, 797: der Gehilfe müsse den vom Haupttäter verwirklichten Straftatbestand richtig erfasst haben); selbst eine andere rechtliche Einordnung der Haupttat – z. B. Untreue (§ 266) statt Betrug (§ 263) – schließt den Vorsatz nicht aus, wenn es sich nicht um eine „grundsätzlich andere Tat" handelt (BGH NStZ 2011, 339; [m. Bspr. *Bosch*, JK 7/11, StGB § 27/23]: Beihilfe zur Vortat statt Begünstigung).[387b] Die Kenntnis des zu verwirklichenden Tatbestandes hinausgehende konkrete „Unrechtsdimension" z. B. eines terroristischen Anschlags muss er nicht kennen (BGH NJW 2007, 384, 389 m. Bspr. *Jahn*, JuS 2007, 382; *Kudlich*, JA 2007, 309 u. *Satzger*, JK 12/07, StGB § 27 Abs. 1/20; zum 2. „Motassadeq"-Urteil = Fall 53 bei *Jäger*, Rn. 266 a, 266 b = Fall 4 bei *Satzger*, Jura 2008, 514, 518; vgl. auch LK-*Schünemann*, § 27 Rn. 58 u. zust. *Fischer*, § 27 Rn. 22; die Entscheidung war im Frühjahr 2008 Gegenstand einer von *Hillenkamp* gestellten baden-württembergischen Examensklausur) Einzelheiten der Tat („wann, wo, wem gegenüber und unter welchen Umständen") muss er nicht kennen (BayObLG NJW 1991, 2582 m. Anm. *Wolf*, JR 1992, 428 und *Wild*, JuS 1992, 911).[387b] Deshalb reicht es aus, wenn der Ersteller eines falschen Wertgutachtens weiß, dass es vom Auftraggeber als Täuschungsmittel bei einem Betrug zum Nachteil eines Kreditgebers oder eines Erwerbers der Edelsteine gebraucht werden

---

[386] Vgl. LK-*Schünemann*, § 27 Rn. 59; *Otto*, 22/64, sowie den Beispielsfall bei *Blei*, PdW AT, Fall 311: völlig harmloses Stärkungspräparat als Gift verkauft.

[386a] Zusf. *Satzger*, Jura 2008, 514, 522 f.

[387] *Fischer*, § 27 Rn. 22. – Vgl. LK-*Roxin*, § 27 Rn. 47: die wesentlichen Dimensionen des Unrechts muss der Gehilfe kennen [anders jetzt LK-*Schünemann*, § 27 Rn. 56: Kenntnis des zu verwirklichenden Tatbestandes]; ebenso *Geppert*, Jura 1999, 266, 273; kritisch zu dieser Formel *Theile*, 1999, S. 121 ff. – Enger *Erb*, JuS 1992, 200: der Beteiligte müsse sich vorstellen, dass der Erfolg aus der von ihm vorgestellten Wirkungsweise resultiere; ebenso im Übungsfall *Meurer/Kahle/Dietmeier*, Übungskriminalität, S. 178; aus der Rspr. zu § 266 BGH wistra 2007, 143: „in ihren wesentlichen Merkmalen und Grundzügen".

[387a] *Roxin*, Fs. Salger, 1995, S. 129, 136; S/S-*Heine*, § 27 Rn. 19; zur unterschiedlichen Strenge zwischen Anstifter- und Gehilfenvorsatz *Geppert*, Jura 1999, 266, 273, *Kretschmer*, Jura 2008, 265, 268 u. *Satzger*, Jura 2008, 514, 520 f.; dagegen SK-*Hoyer*, Vor § 26 Rn. 47 u. eingehend *Warneke*, 2007, S. 141, der für alle Teilnehmer „das Wissen um die Verwirklichung eines bestimmten Tatbestandes" für ausreichend hält; zu BGHSt 42, 135 vgl. *Warnecke*, 2007, S. 174 ff.

[387b] Zust. *Fischer*, § 27 Rn. 22.

[387b] Vgl. auch BGHSt 42, 332, 334 m. Anm. *Schlüchter/Duttge*, NStZ 1997, 595, 596. – Eingehend *Theile*, 1999, S. 144, 193, der einen „abstrakt anschaulichen Haupttatvorsatz" verlangt.

wird (BGHSt 42, 135 m. Bspr. *Fahl*, JA 1997, 11; *Kindhäuser*, NStZ 1997, 273; *Loos*, JR 1997, 297; *Roxin*, JZ 1997, 210; *Scheffler*, JuS 1997, 598; *Schlehofer*, StV 1997, 412; *Büscher*, JuS 1998, 384, sowie *Otto*, JK 97, StGB § 27/11). Dabei stellt der BGH auch auf das Wissen um die Lieferung eines „entscheidenden Tatmittels" ab.[388] Den Haupttäter muss der Gehilfe nicht unbedingt kennen (BGH NStZ 2002, 145 f.).[388a]

Wie schon beim Anstiftervorsatz (oben Rn. 206 ff.) stellt sich auch beim Gehil-   242a
fenvorsatz die Frage, wie sich ein **error in persona des Täters** – er erschießt z. B. die anvisierte Person, die aber nicht die Identität derjenigen Person hat, die er erschießen wollte (auch sog. Motivirrtum; dazu oben 13/18 ff.) – auf den Vorsatz des Gehilfen auswirkt. Da der Gehilfenvorsatz bzgl. der Haupttat von geringerer Konkretheit sein darf (oben Rn. 242), kann er bei entsprechender Weite auch solche Irrtümer – dem Gehilfen ist die Identität des Erschossenen egal – umfassen, so dass er – wie beim Täter – unberührt bleibt. Hat der Gehilfe aber bzgl. des Opfers konkrete Vorstellungen, so kommt – wie beim Anstiftervorsatz – eine aberratio ictus in Betracht (*Haft/Eisele*, Gs. Keller, 2003, S. 81, 89 ff.). Die „Risikostreuung" ist bei Anstifter und Gehilfe gleich, weil sie mit dem Täter einen eigenverantwortlich Handelnden einschalten, bei dem mit Abweichungen von den Vorstellungen des Teilnehmers gerechnet werden muss (*Kudlich*, AT-Fälle, S. 180); das bedeutet im Regelfall, dass der Gehilfenvorsatz zu bejahen sein wird. Wie bei der Anstiftung (oben Rn. 201) muss auch der Vorsatz des Gehilfen auf die **Vollendung** der Haupttat durch den Haupttäter gerichtet sein; will der Gehilfe die Haupttat nur bis zum Versuch kommen lassen und liefert er deshalb ein Tatmittel, das für die Vollendung untauglich ist, so fehlt der Vorsatz des Gehilfen hinsichtlich der Haupttat.[388b]

> Aus der **Übungsfall-Literatur** zum Gehilfenvorsatz vgl.: *Ambos*, Jura 2004, 492 f. u. 497 (hinsichtlich Haupttat); *Bott/Kühn*, Jura 2009, 72 u. 75; *Corell*, Jura 2010, 627 u. 633; *Esser/Röhling*, Jura 2009, 866 u. 871; *Gropp*, in: G/K/M, Fallsammlung, Fall 1, S. 1 f. u. 7 f. (hinsichtlich Haupttat); *Halecker*, AL 2010, 121 u. 127 (Gehilfenvorsatz hinsichtlich § 224 I Nr. 4, nicht Nr. 2 u. 5); *Jordan*, Jura 1999, 304 u. 307, 309; *Krüger*, in: *Frister* (Hrsg.), Die strafrechtliche Klausur, Fall 3, S. 51 u. 60 ff. (error in persona des Täters); *Kudlich*, AT-Fälle, Fall 12, S. 179 f. (error in persona des Haupttäters); und in: PdW AT, Fall 308 (BGHSt 42, 135, nachgebildet); *Meier/Momberg*, JuS 1983, 699 u. 703; *Meurer/Kahle/Dietmeier*, Übungskriminalität, Fall 3, S. 23 ff. u. 43 f., Fall 5, S. 77 f. u. 86 f., sowie Fall 8, S. 165 f. u. 178; *Otto*, Fälle 34, 35, JuS 1982, 565; *Petermann/Savanovic*, JuS 2011, 1003 u. 1008 (Vorsatz auf Begehung von Vermögensdelikten bezogen = ausreichend); *Rudolphi*, AT-Fälle, Fall 7, S. 77 u. 83 (error in persona des Täters); *Samson*, Strafrecht I, Fall 41, S. 227 u. 233; *Schmidt*, JA 1992, 84 u. 87 (wesentliche Abweichung vom Kausalverlauf); *Seier*, Anfängerklausur, Nr. 14, S. 169 u. 177 (kein Gehilfenvorsatz, wenn Gehilfe die Tat nur zum Versuch kommen lassen will); *Tiedemann*, Anfängerübung, Fall 7, S. 196 u. 202 („Exzess") sowie Fall 8, S. 202 u. 218; *Tiedemann/Walter*, Jura 2002, 708 u. 712 (vorsätzliche Abweichung des Haupttäters in der Tatausführung); *Walter/Schneider*, JA 2008, 262 u. 268 f. (unwesentliche Abweichung); Die Examensklausur, Klausur Nr. 16, S. 185 u. 190. – **Aufbauhinweise** bei *Gaede*, JA 2007, 775 u. 761.

---

[388] BGHSt 42, 135, 138; BGH NStZ-RR 2000, 326; ebenso LG Bochum NJW 2000, 1430, 1432; kritisch zu diesem Kriterium *Theile*, 1999, S. 133 ff., der selbst auf den „abstraktanschaulichen Vorstellungsinhalt" abstellt (S. 144 ff.).

[388a] Vorsichtiger LK-*Schünemann*, § 27 Rn. 57: u. U. braucht der Gehilfe nicht einmal die Identität des Täters zu kennen.

[388b] *Roxin*, AT II, 26/270, der zur Begründung zu Recht auf den „Charakter der Teilnahme als eines Rechtsgutsangriffs" abstellt. Im Erg. ebenso *Fischer*, § 27 Rn. 26 m. Nw. aus der Rspr., etwa BGH NJW 1996, 1605: der Beziehungsgegenstand soll in die Hände der Polizei gespielt werden.

4. Sonderformen der Beihilfe

242b   Beihilfe zur Beihilfe (sog. **Kettenbeihilfe**)[388c] ist ebenso mittelbare Beihilfe zur Haupttat wie die Beihilfe zur Anstiftung;[388d] letztere soll bis zur Beendigung der Haupttat möglich sein (OLG Bamberg NJW 2006, 2935, 2937 m. abl. Anm. *Müller*, StV 2007, 531, 532). Beihilfe soll ebenso wie Anstiftung (s. o. Rn. 194) sowohl in mittelbarer Täterschaft als auch in Mittäterschaft begangen werden können.[388e]

> Aus der **Übungsfall-Literatur** vgl.: *Ambos*, Jura 2004, 492 f. u. 497; *Gössel*, Fälle, Fall 4, S. 77 f. u. 89 f.

VII. Vorstufen der Beteiligung und Rücktritt der „Beteiligten"

1. Vorstufen der Beteiligung gem. § 30

243   Wie bereits bei den Stufen der Deliktsentwicklung (s. o. 14/1–13 u. 19) angesprochen, ist das dem Versuchsstadium vorgelagerte Stadium der Planung und Vorbereitung einer Straftat nur für den Einzeltäter grundsätzlich straflos. Sind an der Deliktsplanung und -vorbereitung dagegen **mehrere** Personen **beteiligt,** so können sie sich nach § 30 in Verbindung mit dem Verbrechen strafbar machen, an dessen Planung/Vorbereitung sie arbeiten. Es handelt sich bei den in § 30 erfassten Verhaltensweisen nicht um echte Teilnahmefälle, da es an einer (wenigstens versuchten) Haupttat fehlt, aus der sie ihr Unrecht akzessorisch ableiten könnten. Man spricht deshalb von „Vorstufen der Beteiligung",[389] womit klargestellt ist, dass die Regelung des § 30 in den „Bereich der **Vorfeldkriminalität**" fällt.[390]

244   Will der **Gesetzgeber** bereits im Vorfeld der Kriminalität mit Strafe auf bestimmte Verhaltensweisen reagieren, so muss seine **Legitimation** besonders gründlich geprüft werden. Dies gilt sowohl für die im BT verselbstständigten Vorbereitungsdelikte wie §§ 149, 234a III (Vorbereitung der Fälschung von Geld und Wertzeichen, Vorbereitung der Verschleppung) als auch für die hier allein interessierende AT-Regelung des § 30.[391] Ein einheitlicher Grundgedanke, der alle von § 30 I und II geregelten Ver-

---

[388c] *Geppert*, Jura 1999, 266, 267; *Sowada*, Fs. Tiedemann, 2008, S. 273, 274; B-*Weber/Mitsch*, 31/40; *Jescheck/Weigend*, S. 697; *Murmann*, GK, 27/144; monographisch: *Selter*, Kettenanstiftung und Kettenbeihilfe, 2008, m. Bspr. *Murmann*, GA 2009, 444. – Aus der Rspr. vgl. BGH NJW 2001, 2409, 2410.

[388d] BGH NStZ 1996, 562 f.; BGH NStZ 2000, 421 f. m. Bspr. *Otto*, JK 01, StGB § 26/7; OLG Bamberg NJW 2006, 2935, 2937 m. krit. Anm. *Müller*, StV 2007, 531, 532, der im zu entscheidenden Fall einen „Austausch" zwischen Anstifter und Haupttäter nach der Beihilfehandlung vermisst, weshalb es selbst an der mittelbaren Unterstützung des Haupttäters fehle; LK-*Schünemann*, § 26 Rn. 103; a. A. S/S-*Heine*, § 27 Rn. 18: unmittelbare Beihilfe zur Anstiftung.

[388e] LK-*Schünemann*, § 27 Rn. 70 u. 72. – Aus der Rspr. vgl. BGH NJW 1999, 589 m. Anm. *Rotsch*, NStZ 1999, 239.

[389] So der Titel der Monographie von *Letzgus*, 1972; vgl. auch die Überschrift von § 65 bei *Jescheck/Weigend*, S. 700. – Krit. zur Verwendung des Begriffs „Beteiligte" in § 30 *Schroeder*, JuS 2002, 139.

[390] So *Bloy*, JR 1992, 494, für § 30 I; ähnlich *Dessecker*, JA 2005, 549: im „Vorfeld eines Verbrechens". – Vgl. auch *Thalheimer*, Die Vorfeldstrafbarkeit nach §§ 30, 31 StGB, 2008, der die Regelung für gelungen hält (S. 237).

[391] Kritisch zur gesetzgeberischen Legitimation der Vorschrift *Jakobs*, ZStW 97 (1985), 752 u. 756 [krit. zu *Jakobs* jetzt *Lagodny*, 1996, S. 231 f.]; *Roxin*, in: *Hirsch/Weigend* (Hrsg.), Strafrecht und Kriminalpolitik in Japan und Deutschland, 1989, S. 206 f., sowie *Bloy*, JZ

haltensweisen als strafwürdige Taten erklärt, existiert nicht,[391a] man benötigt vielmehr **zwei** (Straf-)**Gründe** zu einer überzeugenden Begründung der Strafwürdigkeit dieser unterschiedlichen Verhaltensweisen.[392] Der in § 30 I geregelte Versuch der Bestimmung eines anderen, ein Verbrechen zu begehen oder zu ihm anzustiften, erscheint deshalb strafwürdig, weil der sich so Verhaltende das von ihm angestoßene verbrecherische Geschehen „derart aus der Hand gegeben hat, dass es sich ohne sein weiteres Zutun ... bis zur Vollendung der Straftat fortentwickeln kann" (BGHSt 44, 99, 103); dieser „**Einflussverlust**" lässt den Bestimmungsversuch als abstrakt gefährliche Handlung für das vom jeweiligen Tatbestand geschützte Rechtsgut erscheinen.[393]

Die in § 30 II Alt. 3 geregelte **Verbrechensverabredung** erscheint deshalb straf- **245** würdig,[394] weil **konspirative** geistige **Verbindungen** im Hinblick auf die Begehung der verabredeten Tat **gefährlich** erscheinen; man „steht beim anderen im Wort" und kommt deshalb von der Vereinbarung nicht so leicht los.[395] Am schwierigsten unter einen dieser Grundgedanken zu bringen ist das Bereiterklären i.S. des § 30 II Alt. 1 in der Form, dass sich jemand gegenüber einem potentiellen Anstifter erbietet, ein Verbrechen zu begehen, denn der Sich-Erbietende hat das Geschehen weder aus der Hand gegeben, noch sich an den etwaigen Anstifter gebunden. Es handelt sich hierbei um eine praktisch wenig relevante Alternative (vgl. jedoch OLG Hamm NStZ-RR 1997, 133 f.: Sichbereiterklären zum schweren Raub; dazu *Dessecker*, JA 2005, 549, 552), die aber immerhin die historische „Keimzelle"[396] der heutigen Vorschrift darstellt: Ein belgischer Kesselschmied namens Duchesne hatte sich im Jahre 1873 während des Kulturkampfes gegenüber dem Erzbischof von Paris zur Ermordung Bismarcks gegen eine Zahlung von 60.000 Franken erboten.[397]

Eine gewisse Zurückhaltung des Gesetzgebers bei der Pönalisierung von Pla- **246** nungs- und Vorbereitungshandlungen lässt sich zum einen daran erkennen, dass die „versuchte Beihilfe" im Gegensatz zu der in § 30 I geregelten „versuchten Anstif-

---

1999, 157 m.w.N. in Fn. 1, der deshalb für eine „restriktive Auslegung" plädiert; die Legitimität von § 30 bestreitet „prinzipiell" NK-*Zaczyk*, § 30 Rn. 4: Kein „Tatunrecht"; ähnlich *Köhler*, S. 545 u. *Becker*, 2012, S. 240 (zusf.). – Rechtsvergleichend ordnet *Jescheck*, ZStW 99 (1987), 136–141, § 30 ein. – Zur Entstehungsgeschichte vgl. *Dessecker*, JA 2005, 549, 550; *Thalheimer*, 2008, S. 5; *Rogall*, Fs. Puppe, 2011, S. 859, 861 ff. u. *Becker*, 2012, S. 15 ff.

[391a] Vgl. jedoch *Rogall*, Fs. Puppe, 2011, S. 859, 879: „besonders gefährliche Vorbereitung einer schweren Rechtsgutverletzung"; an der Kombination von „Kontrollverlust" und „Bindungswirkung" sei der „Gedanke konspirativer Bindung" richtig.

[392] Zu diesen „zwei Rechtsgedanken" vgl. *Roxin*, JA 1979, 170 f.; *Kühl*, JuS 1979, 875; SK-*Hoyer*, § 30 Rn. 11. – Mit diesen beiden Gründen verbindet *Jakobs*, 27/2, die weitere, verklammernde Begründung der „Kommunikation" über ein Verbrechen, das stattfinden soll.

[393] So *Bloy*, JR 1992, 493, 495; ebenso *Geppert*, Jura 1997, 546, 547; *Kretschmer*, NStZ 1998, 401 u. *Roxin*, AT II, 28/5; aus der Rspr. vgl. noch BGH NStZ 1998, 347 f.: „abstrakte Gefährlichkeit"; abl. *Nikolidakis*, 2004, S. 54 m. insoweit abl. Bspr. *Mitsch*, GA 2007, 718, 719.

[394] Die Regelung wird dennoch für „verfehlt" gehalten von *Stratenwerth/Kuhlen*, 11/5 u. 12/179. Vgl. zur kontroversen Entstehungsgeschichte *Kühl*, JuS 1979, 874 f. m.w.N.

[395] Auf diese „größere Rechtsgutsbedrohung" hebt *Roxin*, JA 1979, 171, ab; auf die schwer lösbare „Willensbindung" hebt *Roxin*, AT II, 28/5 ab; zust. BGH NStZ 2011, 570 f.; ebenso *Fischer*, § 30 Rn. 2; ähnlich *Schlehofer*, Fs. Herzberg, 2008, S. 355, 367 f. – BGHSt 44, 91, 95, verwendet die „konspirative Bindung mehrerer Beteiligter" auch als Strafgrund der versuchten Anstiftung gem. § 30 I. – Konkreter HK-GS/*Letzgus*, § 30 Rn. 7: „suggestive Einflüsse" und „psychische Stärkung".

[396] So *Roxin*, JA 1979, 170; *Rogall*, Fs. Puppe, 2011, S. 859, 861 ff.

[397] Vgl. *Dessecker*, JA 2005, 549, 554; *Jescheck/Weigend*, S. 700; SK-*Hoyer*, § 30 Rn. 1.

tung" bewusst nicht unter Strafe gestellt wurde.[398] Zum anderen setzen alle in § 30
I u. II erfassten Verhaltensweisen als in Aussicht genommene Tat ein **Verbrechen**
voraus. Damit ist die Verabredung eines (Wohnungs-)Einbruchdiebstahls gem.
§§ 242, 243 I Nr. 1, 244 I Nr. 3 ebenso straflos wie die „versuchte Anstiftung" zu
einer gefährlichen Körperverletzung gem. § 224, da es sich bei diesen Taten um Vergehen handelt (§ 12 I).

247   Die Anwendung von § 30 I ist umstritten, wenn sich die Tat bei ihrer Ausführung
nur für den Täter als Verbrechen darstellen würde, der nach § 30 I-Handelnde aber
wegen eines strafmildernden besonderen persönlichen Merkmals (s. o. Rn. 165) nur
aus einem Vergehen zu bestrafen wäre. So etwa, wenn A motiviert durch das ernstliche Tötungsverlangen der F den D zu bestimmen versucht, die F zu töten. Hier
würde nur D ein Verbrechen gem. §§ 211/212 begehen, dem A hingegen käme über
§ 28 II seine Motivierung durch das Verlangen der F mit der Folge zugute, dass er
nur wegen eines Vergehens der Anstiftung zur Tötung auf Verlangen gem. §§ 216,
26 zu bestrafen wäre (ähnlicher Fall 34 bei *Putzke*, JuS 2009, 1083, 1087). Obwohl
der Strafgrund des § 30 I für ein Abstellen auf die gefährliche, in Aussicht genommene **Tat** (= Verbrechen) und damit für die §§ 211/212, 30 I-Strafbarkeit des A
spricht (so jetzt auch zu § 30 II Var. 1 BGHSt 53, 174 m. krit. Bspr. *Dehne-
Niemann*, Jura 2009, 695, *v. Heintschel-Heinegg*, JA 2009, 547; *Mitsch*, JR 2010,
359 u. *Geppert*, JK 9/09, StGB § 30/7; krit. auch *Schünemann*, GA 2009, 445,
456 ff. u. *Fischer*, § 30 Rn. 6 b),[399] erscheint es vorzugswürdig, auf den nach § 30-
Handelnden (= Anstifter zu einem Vergehen) abzustellen und also Straflosigkeit anzunehmen, weil nur so die volle **Geltung des § 28 II** (nichtakzessorische Zurechnung
besonderer persönlicher Merkmale) **auch für die „versuchte Teilnahme"** erreicht
werden kann.[400]

| Aus der **Übungsfall-Literatur** zu § 30 vgl.: *K/S/L*, Klausurtraining, Fall 7, S. 177 f. u. 181–183;
Kudlich, PdW AT, Fall 310; *Kühl*, JuS 1979, 876: Fall 5; *Nutzinger/Sauer*, JuS 1999, 980 u.
984 f.; *Roxin*, JA 1979, 173 f.: Fälle 8 a und b; *Vogler/Kadel*, JuS 1976, 245 u. 249. – **Grundfälle** bei *Hinderer*, JuS 2011, 1072 ff.

248   Die „versuchte Anstiftung" i. S. des § 30 I ist oben (Rn. 137, 177 f.) schon in Abgrenzung zur Anstiftung zum Versuch angesprochen worden. Zur Vermeidung von
Fehlern in Fallbearbeitungen sollte man sich zumindest zusätzlich zur gebräuchlichen Bezeichnung des § 30 I-Verhaltens als „versuchte Anstiftung" merken, dass es
sich im Gegensatz zur Anstiftung zum Versuch, die ja zu der in § 26 vorausgesetzten

---

[398] W-*Beulke*, Rn. 565; krit. *Letzgus*, Gs. Vogler, 2004, S. 49 ff., der die „versprochene und
ermöglichende Beihilfe" für strafwürdig hält und vermutet, dass sie in der Praxis über die
Verabredung i. S. des § 30 II Alt. 3 erfasst wird. – Auch Beihilfe zur versuchten Anstiftung ist
straflos (OLG Düsseldorf NJW 1993, 2188).

[399] So *Jescheck/Weigend*, S. 702 f.; *Frister*, 29/33; *Murmann*, GK, 28/15; *Straten-
werth/Kuhlen*, 12/173; *Putzke*, JuS 2009, 1087 u. mit eingehender Begründung *Rogall*, Fs.
Puppe, 2011, S. 859, 879 f. In der Rspr. ebenso: BGHSt 6, 308; BGHStV 1987, 386; BGH
NStZ 2006, 34, 35.

[400] So *Joecks*, § 30 Rn. 8; *Otto*, 22/80; *S/S-Heine*, § 30 Rn. 14; W-*Beulke*, AT, Rn. 562 u.
Langer, 2007, S. 423 f. – Eine dritte Ansicht (u. a. *Roxin*, AT II, 28/27 f. u. *Kindhäuser*, AT,
43/8–12: Fall 2) unterscheidet danach, ob das persönliche Merkmal dem Unrecht oder der
Schuld zuzuordnen ist. – SK-*Hoyer*, § 30 Rn. 17–23, verlangt ein **kumulatives Vorliegen** ver-
brechensbegründender Schuldmerkmale bei Täter und Teilnehmer; ebenso *Dehne-Niemann*,
Jura 2009, 695, 699 f.; LK-*Schünemann*, § 30 Rn. 34 ff., 43–45 a und 75; HK-GS/*Letzgus*,
§ 30 Rn. 46; NK-*Zaczyk*, § 30 Rn. 22–29. – Zu den unterschiedlichen Ansichten vgl. *Geppert*,
Jura 1999, 546, 549 u. *Dessecker*, JA 2005, 549, 553 f. sowie *Eisele*, BT I, Rn. 153, 154.

(versuchten) Haupttat geführt hat, um eine **erfolglose** Anstiftung handelt.[400a] Dies bringen Bezeichnungen wie „misslungene Anstiftung" bzw. „missglückte Anstiftung" deutlicher als der Begriff „versuchte Anstiftung" zum Ausdruck.[401] Auch auf die drei Erscheinungsformen des § 30 I-Bestimmungsversuchs ist schon (s. o. Rn. 137) hingewiesen worden: der in Aussicht genommene Täter ist schon von sich aus zur Tat entschlossen,[401a] oder er führt den vom „Anstifter" hervorgerufenen Entschluss nicht bis zum Erreichen des Versuchsstadiums aus; im frühestmöglichen Zeitpunkt bleibt die „Anstiftung" stecken, wenn es dem nach § 30 I-Handelnden nicht einmal gelungen ist, einen Tatentschluss beim anderen zu erwecken (mit Beispielen zu diesen 3 Erscheinungsformen *Geppert*, Jura 1997, 546 f., *Hinderer*, JuS 2011, 1072, 1074 und *Ebert*, S. 217).

▌ **Aufbauschema** bei *Zieschang*, Rn. 724.

Gerade für die zuletzt genannte Konstellation ist umstritten, ab wann die **§ 30 I-** 249 **Strafbarkeitsgrenze** erreicht ist. Bedient man sich, was angesichts des Wortlauts („zu bestimmen versucht") naheliegt, aber nicht zwingend ist,[402] der **Ansatz-Formel** des § 22, so könnte man schon den Beginn des Bestimmungs-Gesprächs ausreichen lassen.[403] Sehr viel später läge die Strafbarkeitsgrenze, wenn man in einschränkender Auslegung des § 30 I auf den **Zugang** der Anstiftungserklärung oder darauf abstellen würde, dass der Adressat von ihr Kenntnis nehmen kann.[404] Orientiert man sich am Strafgrund des § 30 I, so wird man es genügen lassen müssen, dass die Anstiftungserklärung die **Sphäre des Bestimmenden** in der Form **verlassen** hat, dass sie alle für die Tatbegehung unentbehrlichen Angaben enthält.[405] Solange eine für die Tatbegehung unentbehrliche Mitwirkungshandlung des nach § 30 I-Handelnden noch aussteht, geht vom anderen noch „keine rechtlich relevante Gefahr für geschützte Rechtsgüter" Dritter aus.[406] Aus der Perspektive des „anderen" i. S. des § 30 I formuliert, ist also hinsichtlich der **Konkretisierung** des in Aussicht genommenen Verbrechens zu verlangen, dass es so bestimmt sein muss, „dass der andere es – und zwar ohne notwendige Hilfestellung des Anstifters – begehen könnte, wenn er es wollte".[407] Daran fehlt es etwa bei dem Ansinnen, einen lästigen Menschen aus dem Weg zu räumen, ohne das Opfer konkret zu benennen (*Krack/Schwarzer*, JuS 2008, 140, 144). – Diese Formel hat sich auch in der Rspr. durchgesetzt (BGHSt 50, 142 mit z. T. krit. Bspr. *Kühl*, NStZ 2006, 94 f., *Kudlich*, JA 2006, 91, *Kütterer/ Lang*, JuS 2006, 206 f. u. *Mosenheuer*, ZIS 2006, 100; krit. zur Entscheidung im

---

[400a] Zust. *Murmann*, GK, 28/10.

[401] So bezeichnet von *Dreher*, GA 1954, 14, bzw. *Bloy*, JR 1992, 494; vgl. auch LK-*Schünemann*, § 30 Rn. 13, der außer der misslungenen und der erfolglosen Anstiftung noch fünf weitere Fallgruppen bildet.

[401a] Dagegen NK-*Zaczyk*, § 30 Rn. 30.

[402] Vgl. einerseits LK-*Schünemann*, § 30 Rn. 17; andererseits *Bloy*, JR 1992, 494.

[403] So S/S-*Cramer/Heine*[27], § 30 Rn. 19: „Beginn der Einwirkung auf den Anzustiftenden"; zu Recht enger jetzt S/S-*Heine*, § 30 Rn. 19.

[404] So *Stratenwerth/Kuhlen*, 12/175; HK-GS/*Letzgus*, § 30 Rn. 19; SK-*Hoyer*, § 30 Rn. 32. – Aus der Rspr. vgl. BGHSt 8, 261 = *Roxin*, HRR AT, Fall 72, S. 106 f. u. 201; zur umstrittenen Lösung dieses Falles vgl. *Geppert*, Jura 1997, 546, 550 f.

[405] So überzeugend *Bloy*, JR 1992, 496, gegen OLG Hamm JR 1992, 521. Ebenso *Joecks*, § 30 Rn. 9 und *Kindhäuser*, AT, 43/4–7: Fall 1.

[406] So *Otto*, JK 93, StGB § 30/3. – Aus der Rspr. zum sog. „Entscheidungsvorbehalt" vgl. BGH NStZ 1998, 347 f.

[407] *Lackner/Kühl*, § 30 Rn. 3; *Roxin*, AT II, 28/13; LK-*Schünemann*, § 30 Rn. 26; vgl. auch *Putzke*, JuS 2009, 1083, 1087: Fall 34.

konkreten Fall auch *Murmann*, GK, 28/19 Fn. 39; BGH NStZ 1998, 347f. m. Bspr. *Kretschmer*, NStZ 1998, 401 u. *Graul*, JR 1999, 249; LG Zweibrücken NStZ-RR 2002, 136); zu weiterer Konkretisierungsvorschlägen s. o. Rn. 188–192 zu § 26. Auch bei der versuchten Anstiftung ist umstritten, ob sie Aufforderungscharakter haben muss,[407a] oder ob das Schaffen tatanreizender Situationen ausreicht (s. o. Rn. 170–175 für § 26).[407b]

> Aus der **Übungsfall-Literatur** zur § 30 I-Strafbarkeitsgrenze vgl.: *Krack/Schwarzer*, JuS 2008, 140 u. 144; *Kudlich*, PdW AT, Fall 311 a (BGHSt 50, 142 nachgebildet); *Kühl*, JuS 1979, 877: Fall 7; *Roxin*, JA 1979, 171–176: Fälle 1, 2 u. 5; Die Examensklausur, Klausur Nr. 16, S. 185 u. 194.

250   § 30 erfasst außer der versuchten, aber erfolglosen Anstiftung eines Täters auch die versuchte, aber erfolglose Anstiftung eines Anstifters (sog. versuchte bzw. **misslungene Kettenanstiftung**[408]). „Erst recht" sollte auch der Fall unter § 30 I subsumiert werden, in dem der Bestimmende bei der Suche nach einem Anstifter **erfolgreich** ist, dann aber der Angestiftete keinen Täter findet (z. B. die Mutter bringt ihren Sohn dazu, einen bezahlten Mörder zur Tötung ihres Ehemannes anzusprechen; dieser lehnt jedoch wegen der zu geringen Bezahlung ab), denn die Gefährdung des Rechtsguts (hier: Leben des Ehemannes) ist größer als bei dem ausdrücklich von § 30 I erfassten Fall der Kettenanstiftung (sog. Anstiftung zur versuchten Anstiftung).[409] – Nicht von § 30 I erfasst ist der Versuch, einen Geisteskranken (= Schuldunfähigen gem. § 20) für die Begehung eines Verbrechens zu gewinnen; es kommt nur **mittelbare** Täterschaft in Betracht, bei der die Tat aber das strafbare Versuchsstadium erreicht haben muss.[409a]

251   Subjektiv verlangt § 30 I denselben – **doppelten** – Anstiftervorsatz wie § 26.[410] Der Bestimmungsversuch muss also auch hinsichtlich der Ausführungen und Vollendung der in Aussicht genommenen Tat „ernstlich"[411] sein, d. h., der nach § 30 I-Handelnde muss mindestens **Eventualvorsatz** hinsichtlich der Begehung des Verbrechens bzw. der Anstiftung zum Verbrechen haben.[412] Zu Recht hat der BGH (St 44, 99 mit zust. Bspr. *Roxin*, NStZ 1998, 616, *Bloy*, JZ 1999, 157, und *Otto*, JK 99, StGB § 30/5) klargestellt, dass das hier in Anführungszeichen gesetzte Merkmal „ernstlich" keine eigenständige Bedeutung für den Vorsatz bei § 30 I hat. Sowohl der erfolgreiche Anstifter (§ 26) als auch der erfolglose Anstifter (§ 30 I) können selten sicher wissen, ob der Adressat die Tat auch wirklich begehen wird; schon deshalb sollte dieser typische Fall nicht straflos sein, sondern für die (versuchte) Anstiftung Eventualvorsatz ausreichen (*Roxin* a. a. O.). Eventualvorsatz liegt dann vor,

---

[407a] So *Roxin*, NStZ 1998, 616 u. in: AT II, 28/10; vgl. *Scheinfeld*, GA 2008, 695, 709.

[407b] Vgl. *Geppert*, Jura 1997, 546, 550; abl. NK-*Zaczyk*, § 30 Rn. 13.

[408] *Lackner/Kühl*, § 30 Rn. 4, bzw. *Bloy*, JR 1992, 494; aus der Rspr. vgl. BGHSt 7, 234 u. 14, 156; krit. HK/GS-*Letzgus*, § 30 Rn. 23: Verstoß gegen den Schuldgrundsatz; näher zur „Teilnahme an der versuchten Anstiftung" LK-*Schünemann*, § 30 Rn. 46–51, sowie *Geppert*, Jura 1997, 546, 551 f. mit zahlreichen Bspen.

[409] So auch *Kroß*, Jura 2003, 250, 251: Fall 4; *Roxin*, AT II, 28/31; HK-GS/*Letzgus*, § 30 Rn. 91; NK-*Zaczyk*, § 30 Rn. 65 u. S/S-*Heine*, § 30 Rn. 35.

[409a] LK-*Schünemann*, § 30 Rn. 23; NK-*Zaczyk*, § 30 Rn. 10; S/S-*Heine*, § 30 Rn. 31; a. A. SK-*Hoyer*, § 30 Rn. 5–10. – Im Übungsfall *Ensenbach*, Jura 2011, 757, 794.

[410] Eingehend *Geppert*, Jura 1997, 546, 549 f.; aus der Rspr. vgl. LG Zweibrücken NStZ-RR 2002, 136.

[411] Vgl. S/S-*Heine*, § 30 Rn. 26 u. 28.

[412] Vgl. *Bloy*, JR 1992, 495; *Murmann*, GK, 28/13; direkten Vorsatz fordert HK-GS/*Letzgus*, § 30 Rn. 15; Absicht oder Wissentlichkeit verlangt NK-*Zaczyk*, § 30 Rn. 17.

wenn der Täter die Möglichkeit der Tatbestandsverwirklichung erkannt, **ernst** genommen und sich mit ihr abgefunden hat (s. o. *5/85*). Das gilt auch für den Eventualvorsatz des Anstifters (o. Rn. 196) und des erfolglosen Anstifters nach § 30 I; mehr als diese „Ernstnahme" der erkannten Möglichkeit der Tatausführung durch den ins Auge gefassten Haupttäter und das „Sichabfinden" mit der Tatbegehung durch ihn kann nicht verlangt werden (*Bloy* a.a.O., S. 159). Bei dieser Einstellung ist es unmöglich, dass der Anstifter dies „ernstlich" nicht will (*Roxin* a.a.O.), zumindest wird er mit Einwänden, er habe nur einen „Scherz" machen oder „Dampf ablassen" oder nur „provozieren" wollen, nicht gehört (*Bloy*, a.a.O.) bzw. ist sein Vorbehalt, die Tat nicht „ernstlich" zu wollen „irrelevant" (*Otto* a.a.O.). – Der Vorsatz soll entfallen, wenn „auf das extrem Unwahrscheinliche spekuliert wird", etwa dass ein „biederer Spaziergänger" eine Joggerin allein deshalb vergewaltigt, weil er dazu aufgefordert wird (Fall 35 bei *Putzke*, JuS 2009, 1083, 1087; dazu MK[1]-*Herzberg*, § 22 Rn. 83).

> Weitere Fälle aus der **Übungsfall-Literatur** zu § 30 I finden sich bei: *Bruckauf*, in: *Ebert* (Hrsg.), Fall 15, S. 15 f. u. 228; *Ellbogen*, JuS 2002, 151 u. 153; *Ensenbach*, Jura 2011, 787 u. 794 (versuchte mittelbare Täterschaft); *Fad*, Jura 2002, 632 u. 637; *Füllkrug*, Jura 1992, 154 f.; *Gleß*, Jura 2003, 496; *Herzberg*, Jura 1983, 367 u. 372; *Herzberg/Schlehofer*, JuS 1990, 559 u. 563 f.; *Hilgendorf*, KK III, Fall 11, Rn. 50–58 (Abgrenzung zu § 160); JA-Übungsblätter 1989, 7–13 (Aldejohann); *Jeßberger/Book*, JuS 2010, 321 u. 325; *Kindhäuser/Korthals/Nußbaum*, JA-Übungsblätter 1991, 107 ff.; *Krack/Schwarzer*, JuS 2008, 140 u. 144; *K/S/L*, Klausurtraining, Fall 7 S. 177 f. u. 180–185; *Kühl*, JuS 1979, 876: Fall 3; *Sowada*, Jura 1994, 37 f. u. 42–44; *Gössel*, Fälle, Fall 13, S. 213 f. u. 227 f.; *Mitsch*, JuS 2005, 340 f. u. 342 f. (vollständig durchgeprüfter § 30 I-Fall einschließlich „Vorprüfung" und Rücktritt) u. JA 2009, 116 ff. (verschiedene Probleme beim Vorsatz hinsichtlich der Haupttat); *Riemenschneider*, JuS 1997, 628 u. 631 f., 632; *Rudolphi*, AT-Fälle, Fall 5, S. 52 u. 61 f., sowie Fall 7, S. 77 u. 86 f.; *Samson*, Strafrecht I, Fall 40, S. 218 u. 222 ff.; *Tiedemann*, Anfängerübung, Fall 8, S. 218; *Winters*, JuS 1977, 819 u. 822 ff.; Die Examensklausur, Klausur Nr. 16, S. 185 u. 194 f.
> **Aufbauhinweise** zur versuchten Anstiftung bei W-*Beulke*, Rn. 886; *Beulke*, KK I, Rn. 299; *Jäger*, Rn. 276; *Otto/Bosch*, S. 367 f.

Die praktisch **wichtigste** der drei Alternativen des § 30 II ist die Verbrechensverabredung.[413] Bei dieser Vorstufe der Beteiligung wird die Strafbarkeit so weit nach vorne verlagert, dass eine einschränkende Auslegung angebracht erscheint, denn „greifbar" sind bei der Verabredung nur gegenseitig mitgeteilte Entschlüsse zur Begehung eines Verbrechens. Eine erste Einschränkung liegt in der Beschränkung des § 30 II Alt. 3 als **Vorstufe der Mittäterschaft**[414] gem. § 25 II: die sich Verabredenden müssen sich auf die mittäterschaftliche Begehung eines Verbrechens festlegen; die bloße Zusage eines Gehilfenbeitrages gem. § 27 reicht dafür nicht aus (BGH NStZ-RR 2002, 74 m. Bspr. *Heger*, JA 2002, 628; BGH NStZ 2007, 697 m. Bspr. *Kudlich*, JA 2008, 146).[415] Die „Ernstlichkeit" der Verabredung wird hier – anders als bei § 30 I (s. o. Rn. 251) – zu Recht gefordert, so dass § 30 II voraussetzt, dass mindestens zwei Personen ernstlich entschlossen sind (RGSt 58, 392; BGHSt 53, 174, 176; 252

---

[413] Ebenso *Dessecker*, JA 2005, 549, 551 u. W-*Beulke*, Rn. 564.

[414] H.M.; vgl. etwa *Dessecker*, JA 2005, 549, 551; *Hinderer*, JuS 2011, 1072, 1074; LK-*Schünemann*, § 30 Rn. 60 u. 72; MK-*Joecks*, § 30 Rn. 54; aus der Rspr. ebenso: BGH NStZ 1988, 406; 1993, 137; BGH NStZ-RR 2002, 74 m. Bspr. *Heger*, JA 2002, 628.

[415] Vgl. *Lackner/Kühl*, § 30 Rn. 6; *Roxin*, AT II, 28/60 f.; LK-*Schünemann*, § 30 Rn. 72; SK-*Hoyer*, § 30 Rn. 46, 50; aus der Rspr. ebenso: BGH NStZ 1982, 244 = *Roxin*, HRR AT, Fall 74, S. 108 f. u. 201 f.; BGH bH MDR 1988, 452; BGH HRRS 2006 Nr. 506 m. Bspr. *Kudlich*, JA 2006, 824.

BGH NStZ 2009, 497 u. 2011, 570, 571).[415a] Auch ist § 30 II subjektiv nur bei dem
Beteiligten erfüllt, der die Tat ernstlich will (BGH NStZ 1998, 403 m. Bspr. *Geerds,*
JR 1999, 425 u. *Otto,* JK 1999, StGB § 30/5);[415b] doch schaden äußere Bedingungen, die dem Einfluss der „Beteiligten" entzogen sind, dem innerlich festen, gemeinsamen Entschluss nicht (BGHSt 12, 306 = *Roxin,* HRR AT, Fall 45, S. 67 f. u.
183 f.).[416] Wie beim Versuch (näher 15/30 f.) geht es um einen innerlich festen Tatentschluss, es muss z. B. „das Ob der Tötung fest beschlossen" sein, was auch bei
„unsicherer Tatsachengrundlage möglich ist" (BGH NStZ 2007, 697), nicht jedoch
bei bloßer Tatgeneigtheit (BGH NStZ 2009, 497 f.).[416a] Die objektive Tauglichkeit
von Tatobjekt und Tatmittel ist nicht erforderlich[417] (BGHSt 4, 254 = Fall 3 bei *Ro-*
xin, JA 1979, 172), wie sich aus dem Verweis des § 30 I 3 auf § 23 III ergibt.

253 Problematisch und umstritten sind die Anforderungen, die an die **Bestimmtheit**
der Verabredung zu stellen sind: wie genau muss eine Verabredung i. S. des § 30 II
Alt. 3 **konkretisiert** sein? Um eine zu weite Vorverlagerung der Strafbarkeit zu vermeiden und um nur gefährliche, konspirative Verabredungen (= Strafgrund des § 30
II Alt. 3) zu erfassen, wird man fordern müssen, dass der Tatplan bereits „Konturen" angenommen hat.[418] Nach der Rspr. muss die Tat in ihren wesentlichen
Grundzügen konkretisiert, es müssen aber nicht alle Einzelheiten der geplanten Tat
wie Zeit, Ort und Modalitäten festgelegt sein (BGH NStZ 2007, 697 m. krit. Bspr.
Kudlich, JA 2008, 146, zu einem Mordplan, bei dem die Arbeitsteilung hinsichtlich
der Giftgabe offen geblieben war; ähnlicher Übungsfall bei *Kühl/Hinderer,* JuS
2010, 697, 699 f.). Dann reicht die Verabredung zur Begehung eines nicht näher bezeichneten Raubes ebenso wenig aus wie die Verabredung zu einem **gattungsmäßig**
festgelegten Bankraub mit Geiselnahme.[419] Da die sich Verabredenden ihren offenen
Plan notwendigerweise noch ergänzen müssen, ist es ausreichend, eine Verabredung
erst bei der Fixierung auf die konkrete, zu beraubende Bank anzunehmen. Die Festlegung des **Opfers** ist aber nicht generell zu fordern, da konkrete Verabredungen
auch so erfolgen können, dass die Entscheidung über das Opfer (z. B. das zu vergewaltigende, möglichst hübsche Mädchen) erst am Tatort getroffen werden soll (so
Fall 5 bei *Roxin,* JA 1979, 172 f., zust. *Ingelfinger,* 1992, S. 165; *Roxin,* AT II,
28/57; LK-*Schünemann,* § 30 Rn. 68). Nach der Rspr. muss der Verabredende die
„Identität des präsumtiven Mittäters" nicht kennen, es soll ausreichen, dass sich die

---

[415a] NK-*Zaczyk,* § 30 Rn. 50; *Fischer,* § 30 Rn. 12; *Thalheimer,* 2008, S. 99; a. A. HK-
GS/*Letzgus,* § 30 Rn. 79 u. S/S-*Heine,* § 30 Rn. 29, die es ausreichen lassen, dass der eine
„nur zum Schein" mitwirkt.
[415b] Vgl. LK-*Schünemann,* § 30 Rn. 62 u. SK-*Hoyer,* § 30 Rn. 48.
[416] Vgl. LK-*Schünemann,* § 30 Rn. 62: bloße Tatgeneigtheit reicht nicht, wohl aber eine
Verabredung auf unsicherer Tatsachengrundlage. – Ebenso für das Sichbereiterklären OLG
Hamm NStZ-RR 1997, 133.
[416a] HK-GS/*Letzgus,* § 30 Rn. 67.
[417] Vgl. W-*Beulke,* Rn. 564.
[418] Vgl. *Ingelfinger,* 1992, S. 164, auch zum im Text folgenden Beispiel; *Joecks,* § 30 Rn. 11
mit problematischem Bsp. – Zum Erfordernis der Tatkonkretisierung s. auch BGHStV 1994,
528; BGH NStZ 2009, 497 f.: Tat „in ihren wesentlichen Grundzügen konkretisiert"; OLG
Hamm NStZ-RR 1997, 133, 134; *Dessecker,* JA 2005, 549, 551 f. und NK-*Zaczyk,* § 30
Rn. 52.
[419] Letzteres hält für ausreichend *Roxin,* JA 1979, 172; LK-*Schünemann,* § 30 Rn. 67, hält
es für unabdingbar, dass „die ungefähren Dimensionen des Unrechts" des verabredeten Delikts feststehen; vgl. dazu SK-*Hoyer,* § 30 Rn. 54; S/S-*Heine,* § 30 Rn. 25. Eine weitere Konkretisierung verlangt *Jakobs,* 27/11: Banken eines Bezirks, die dürftige Sicherheitsvorkehrun-
gen haben.

Verabredenden „lediglich über einen Tarnnamen in einem Internetchatforum kennen (BGH NStZ 2011 570, 571).

Fassen die Beteiligten bei ihrer Verabredung „mehrere Begehungsmöglichkeiten" 253a ins Auge, so ist § 30 II Var. 3 schon erfüllt, wenn nur „eine von ihnen Verbrechen" ist (BGH NStZ 2011, 158).

Aus der **Übungsfall-Literatur** zu § 30 II Var. 1–3 vgl. ergänzend: *Alpmann/Schmidt*, AT 2, Fall 13, S. 76–78; *Ambos*, Jura 2004, 492 f. u. 496; *Ellbogen*, JuS 2002, 151 u. 152; *Fisch/Sternberg-Lieben*, JA 2000, 124 u. 128–130 (zu allen 3 Varianten!); *Haft/Eisele*, Jura 2000, 313 f. u. 317; *Hilgendorf*, KK III, Fall 5, Rn. 27–30; *Hillenkamp*, JuS 2003, 157 u. 162 f. (Verabredung), 164 (Erbieten angenommen); *Kinzig/Luczak*, Jura 2002, 493 u. 498, 499; *K/S/M*, Klausurtraining, Fall 7, S. 177 f. u. 185 ff. (zu Var. 1, 2); *Krell*, Jura 2012, 150 u. 152 f.; *Kudlich*, JuS 2002, 27 u. 29, 30 u. in: AT-Fälle, Fall 8, S. 117; *Kühl*, JuS 1979, 876: Fälle 4 u. 6; *Kühl/Hinderer*, JuS 2010, 697 u. 699 f. (hinreichende Konkretisierung); *Laubenthal*, Jura 1989, 99; *Mitsch*, JuS 2005, 340 f. u. 342 sowie JA 2009, 115 u. 117 f. (jeweils zum Bereiterklären); *Nutzinger/Sauer*, JuS 1999, 980 u. 981–985; *Otto/Bosch*, Übungen, Fall 17, S. 366 f. (Verbrechensverabredung); *Petermann*, JuS 2009, 1119 ff. (Verabredung); *Roxin*, JA 1979, 172 f.: Fall 4 (= BGHSt 10, 388), sowie Fall 6; *Rudolphi*, AT-Fälle, Fall 5, S. 52 u. 58, sowie Fall 7, S. 77 u. 85; *Stoffers*, JuS 1994, 948 u. 950; *Tiedemann*, Anfängerübung, Fall 6, S. 189–191; *Wagner*, BT-Fälle, Fall 8, S. 75 u. 84 f.; *Walter/Schneider*, JA 2008, 262 u. 270; *Weißer/Kreß*, JA 2003, 857 u. 864.

Als **Hinweis zur Fallbearbeitung** sei davor gewarnt, dann chronologisch mit der Prüfung der 254 Vorstufen der Beteiligung zu beginnen, wenn die „Beteiligten" die in Aussicht genommenen Taten laut Sachverhalt auch noch realisieren; zur ausführlichen Begründung vgl.: *Kühl*, JuS 1979, 875 mit Fall 2; ebenso *Arzt*, S. 216 f. mit Bsp. 147, u. *Tiedemann*, Anfängerübung, S. 53, der aber auch davor warnt, § 30 zu übersehen. Bei zeitlich voneinander abgehobener § 30-Handlung und Tatausführung kann dagegen chronologisch vorgegangen werden (so im Übungsfall *Marquardt/v. Danwitz*, JuS 1998, 814 f.). Zum Aufbau bei den Vorstufen der Beteiligung vgl. *Kienapfel*, Strafrechtsfälle, § 14 = S. 124 ff.; zum § 30 I-Aufbau vgl. *Samson*, Strafrecht I, S. 224 u. 260; *W-Beulke*, Rn. 886; *Geppert*, Jura 1997, 546, 548.

2. Rücktritt des „Beteiligten" gem. § 31 und Beteiligtenrücktritt gem. § 24 II

Der „Rücktritt vom Versuch der Beteiligung" gem. § 31 ist ebenso wie der Rück- 255 tritt vom Versuch gem. § 24 ein persönlicher Strafaufhebungsgrund („wird nicht bestraft").[419a] § 31 enthält spezielle gesetzliche Regelungen der sog. „Abstandnahme von der Tat" vor Versuchsbeginn bei mehreren Beteiligten, die in der Mehrzahl der Fälle nicht geregelt ist.[419b] Die Anforderungen an das zur Straffreiheit führende Rücktrittsverhalten sind je nach dem § 30-Verhalten des „Beteiligten" **unterschiedlich** (s. Nr. 1–3 des § 31 I). Gemeinsame Voraussetzungen aller Rücktrittsalternativen sind zum einen die **Freiwilligkeit** des Rücktrittsentschlusses, die wie bei § 24 (s. o. 16/55) zu verstehen ist: der Zurücktretende muss trotz äußeren Anstoßes noch „Herr seiner Entschlüsse" sein, so dass z. B. „Mutlosigkeit als Motiv für den Rücktritt dessen Freiwilligkeit" ebenso wenig ausschließt „wie Gewissensgründe oder Furcht vor Strafe" (BGH NStZ 1992, 537, m. zust. Anm. *Otto*, JK 93, StGB § 31/2).[419c] Werden dagegen von Angestellten des Autohauses die Eingangstüren verschlossen, weil sie den Verdacht eines neuerlichen Überfalls durch zwei anwesende „faule Kunden" geschöpft hatten; bemerken die „Eingeschlossenen" dies und brechen die weitere Tatausführung ab, weil sie „erkennen, dass ein Überfall auf das Autohaus jetzt nicht mehr möglich" ist, so liegt keine freiwillige Tataufgabe i. S. des

---

[419a] Anders NK-*Zaczyk*, § 31 Rn. 1: „Unrechtsaufhebungsgrund".
[419b] Terminologie von *Eisele*, ZStW 112 (2000), 745, übernommen.
[419c] Weitere Beispiele aus der Rspr. bei *Roxin*, AT II, 28/88.

§ 31 I Nr. 2 vor (BGH NStZ-RR 2010, 139 f.; vgl. auch schon BGH NStZ 1998, 510).

256   Zum anderen setzt der § 31-Rücktritt den **endgültigen Verzicht** auf die Ausführung des ins Auge gefassten Verbrechens voraus;[420] eine vorübergehende Zurückstellung des Vorhabens reicht dafür ebenso wenig aus wie die Aufgabe einer bestimmten Tatausführung („Schreckschusspistole statt Chloroform", BGH NStZ-RR 1997, 133, 134). Ausreichend ist der Verzicht auf die **konkret** ins Auge gefasste Tat. Wie bei § 24 fordert die Rechtsprechung auch bei § 31 eine **Tatidentität,** die aber schon dann ausgeschlossen ist, „wenn der Tatplan auf Grund des Ausscheidens eines Tatbeteiligten von den übrigen zunächst aufgegeben wird, diese die Tat aber später auf Grund eines neuen Tatentschlusses ausführen" (BGH NStZ 1992, 537). Fehlt es an einer solchen Tataufgabe, z.B. infolge des Vorbehaltes eines „Beteiligten", die Tat bei geeigneter Gelegenheit mit anderen Personen weiterzuführen, so muss der Rücktrittswillige nicht diese vorbehaltene Tat, sondern nur die jetzt nicht durchgeführte Tat verhindern, weil die vorbehaltene Tat mit der jetzigen Tat nicht identisch ist. Damit werden dem rücktrittswilligen Ausscheidenden „beachtliche Rücktrittsmöglichkeiten"[421] auch für den Fall der späteren Durchführung der mit ihm geplanten Tat unter Beteiligung anderer eingeräumt.

257   **Misslingt** freilich der Rücktritt, weil die übrigen Beteiligten dieselbe Tat auch ohne den Ausscheidenden durchführen, so ist der Ausscheidende Teilnehmer (§§ 26, 27) der von den anderen versuchten oder vollendeten Tat, wenn sein geleisteter Tatbeitrag in dieser Ausführung fortwirkt.[422] Von diesem Grundsatz ist der BGH (NStZ 1999, 449 m. abl. Bspr. *Rengier,* JuS 2010, 281, 286 f.) in einem Fall ausgegangen, in dem die Geschwister Petra und Bernd beschlossen, ihren Vater durch Messerstiche, die Bernd in der Wohnung des Vaters ausführen sollte, umzubringen; Bernd nahm jedoch im Vorbereitungsstadium trotz Tatgelegenheit in der Küche von dem Plan Abstand, woraufhin sich Petra – immer noch in der Wohnung des Vaters – aus der für sie vorgesehenen passiven Rolle löste, die Initiative ergriff und mit Tötungsvorsatz auf ihren Vater einstach, der jedoch den Stich (= den versuchten Totschlag gem. §§ 212, 22/23) überlebte. Zur Begründung für die Bestrafung auch des Bernd wegen (mittäterschaftlich begangenen) Totschlagsversuchs führt der BGH an, dass diese Tat nicht ohne Zutun des Bernd begangen worden sei, weil er entscheidend zur Entstehung des konkreten Tatplans beigetragen und mit seiner Schwester den Vater zur Tatausführung aufgesucht habe. Dabei wird davon ausgegangen, dass keine wesentliche Abweichung vom verabredeten Tatplan, die die Tatidentität ausschlösse, vorlag, weil in diesem nicht ausgeschlossen worden sei, dass auch Petra eigenhändig Tötungshandlungen vornehmen könnte. Für den Fall freilich, dass im Plan ausdrücklich nur Bernd für die Ausführung der Tötungshandlung vorgesehen war, müsste das Ergebnis anders (= für Straflo-

---

[420] Vgl. *Fischer,* § 31 Rn. 2.
[421] So *Otto,* JK 93, StGB § 31/2; vgl. zu BGH NStZ 1992, 537 auch *Roxin,* AT II, 28/104; NK-*Zaczyk,* § 31 Rn. 10 u. SK-*Hoyer,* § 31 Rn. 19.
[422] Vgl. BGHSt 28, 346 = *Roxin,* HRR AT, Fall 71, S. 105 f. u. 200 = Fall 2 bei *Otto,* 21/131 = Fall 4 bei *Roxin,* Fs. Lenckner, 1998, S. 267, 272 = Bsp. 91 bei *Arzt,* S. 128; Bsp. auch bei *Rengier,* JuS 2010, 281, 286; ähnliches Bsp. bei *Heinrich,* AT I, Rn. 805 u. 808; BGH NStZ 1987, 118; BGHSt 37, 289 = *Roxin,* HRR AT, Fall 79, S. 118 f. u. 204 f. = Fall 5 bei *Roxin,* Fs. Lenckner, 1998, S. 267, 274 f.; *Otto,* JA 1980, 708; *Kudlich,* JuS 1999, 449, 450; *Eisele,* ZStW 112 (2000), 745, 767 ff.; *Kölbel/Selter,* JA 2012, 1, 4; *Linke,* 2010, S. 66 ff. u. 398 f. (zu Mittätern); *Roxin,* AT II, 30/314–318; W-*Beulke,* Rn. 566; vgl. auch NK-*Zaczyk,* § 31 Rn. 10.

sigkeit) lauten, denn dann wäre die Vornahme der Tötungshandlung durch Petra ein „Exzess", der die Tatidentität beseitigt (*Otto*, JK 00, StGB § 30/6; *Roxin*, AT II, 28/105; zu dieser Entscheidung vgl. auch *Angerer*, 2004, S. 130, 204 f.: „Brotmesserfall"). Von einem solchen, die Tatidentität zwischen geplanter und ausgeführter Tat aufhebenden „Exzess" ist die Rspr. bisher bei Tatplanänderungen dann ausgegangen, wenn aus der Sicht des Aussteigenden die ausgeführte Tat hinsichtlich Objekt, Mittel oder sonstigen räumlich-zeitlichen Modalitäten wesentlich von der verabredeten Tat abweicht.[422a]

Beim Rücktritt vom Bestimmungsversuch gem. § 30 I stellt § 31 I Nr. 1 unter- **258** schiedliche Anforderungen an das Rücktrittsverhalten. Die **Aufgabe** weiteren Bestimmens, d.h. „bloßes Untätigwerden", reicht aus, wenn der andere durch das bisherige Verhalten des nach § 30 I-Handelnden noch nicht zur Tat bestimmt worden ist und auch „keine Gefahr entstanden ist" (BGH StV 2008, 248). Besteht hingegen schon die Gefahr, dass der andere – weil etwa schon bestimmt – die Tat begeht, so muss diese **Gefahr abgewendet** werden. Im ersten Fall liegt ein unbeendeter Anstiftungsversuch vor, im letzteren Fall ein beendeter.[422b] Geht der nach § 30 I-Handelnde irrig davon aus, dass noch keine Gefahr der Tatbegehung durch den anderen besteht, und ist er in der Meinung untätig geblieben, es könne auf Grund seines bisherigen Verhaltens ohnehin nicht zur Tat kommen, so ist trotz des entgegenstehenden Wortlauts ein strafbefreiender Rücktritt anzunehmen, da über den Stand des Geschehens – wie bei § 24 (s. oben 16/24) – nur die Vorstellungen des „Täters" entscheiden.[423] Begeht der andere die Tat dann, so ist der vermeintlich nicht erfolgreiche Anstifter Beteiligter an der vollendeten Tat, wenn sein Anstiftungsbemühen dafür mitursächlich war.[423a] Bei der versuchten Kettenanstiftung (oben Rn. 250) ist für den Rücktritt nach § 31 zwischen dem präsumtiven Haupttäter, dem zur Haupttat Aufgeforderten und dem Erstanstifter zu unterscheiden.[423b]

Hält der Täter den Bestimmungsversuch irrig (oder der Wahrheit entsprechend) **259** für gescheitert, so liegt ein **fehlgeschlagener** Bestimmungsversuch vor, der nicht rücktrittsfähig nach § 31 ist.[424] Vom **objektiv** fehlgeschlagenen Bestimmungsversuch ist dagegen ein Rücktritt nach § 31 II solange möglich, wie der „Täter" den Fehlschlag nicht erkennt (BGHSt 50, 142 m. Bspr. *Kühl*, NStZ 2006, 94, *Kudlich*, JA 2006, 91, *Kütterer-Lang*, JuS 2006, 206 f., *Mosenheuer*, ZIS 2006, 100, 103 u. *Puppe*, JR 2006, 75 = Fall 47 bei *Jäger*, Rn. 281 b, c). Ein ernsthaftes Bemühen, das § 31 II hier verlangt, setzt voraus, dass der Anstifter alle Kräfte anspannt, um den vermeintlichen Tatentschluss des präsumtiven Täters rückgängig zu machen; er muss dadurch die aus seiner Sicht bestehende Gefahr, dass der „Angestiftete" die Tat begeht, beseitigen (BGH a.a.O.).[425] Dies kann auch durch Unterlassen geschehen,

---

[422a] *Otto*, JK 00, StGB § 30/6; vgl. auch *Geppert*, Jura 1999, 274, *Puppe*, JR 2000, 72 u. *Eisele*, ZStW 112 (2000), 745, 755 f., 766.

[422b] Vgl. SK-*Hoyer*, § 31 Rn. 7.

[423] Vgl. *Lackner/Kühl*, § 31 Rn. 3, m. N. auch zur Gegenstimme von *Bottke*, Rücktritt vom Versuch der Beteiligung nach § 31 StGB, 1980, S. 54, der aber ein „ernsthaftes Bemühen" i.S. v. § 31 II annimmt; wie hier *Roxin*, AT II, 28/94 f.; LK-*Schünemann*, § 31 Rn. 5–8 u. SK-*Hoyer*, § 31 Rn. 9; gegen Straflosigkeit *Vogler*, ZStW 98 (1986), 353. – Aus der Rspr. vgl. BGH NStZ-RR 1997, 289 m. Bspr. *Otto*, JK 98, StGB § 31/3.

[423a] SK-*Hoyer*, § 31 Rn. 9.

[423b] Eingehend *Kroß*, Jura 2003, 250, 252–255: Fälle 9–15.

[424] LK-*Schünemann*, § 30 Rn. 9; MK-*Joecks*, § 31 Rn. 8; SK-*Hoyer*, § 31 Rn. 5 f.; ebenso im Übungsfall *Kindhäuser/Korthals/Nußbaum*, JA-Übungsblätter 1991, 108. – Aus der Rspr. vgl. BGH NStZ-RR 1997, 260 u. 2002, 311; BGH StV 2008, 248.

[425] *Lackner/Kühl*, § 31 Rn. 3; LK-*Lilie/Albrecht*, § 24 Rn. 67.

wenn der Anstifter davon ausgehen kann, dass der „Täter" noch auf sein „Startzeichen" zur Ausführung wartet (*Kühl*, NStZ 2006, 94 f.). – Kein fehlgeschlagener, sondern ein rücktrittsfähiger **unbeendeter Bestimmungsversuch** liegt vor, wenn der Täter nach „anfänglichem Misslingen" sogleich zur Annahme gelangt, „er könne ohne zeitliche Zäsur mit den bereits eingesetzten oder anderen bereitstehenden Mitteln die Anstiftung noch vollenden" (BGH StV 2008, 248). – Ein fehlgeschlagener Versuch vom Bereiterklären gem. § 30 II Var. 1 nach § 31 I Nr. 2 könnte vorliegen, wenn T dem D verspricht, den O zu töten, dieses Vorhaben aber deshalb nicht verwirklichen kann, weil O zwischenzeitlich verstorben ist (Bsp. von *Mitsch*, der § 24 I Nr. 2-Rücktritt ablehnen würde, weil T nichts „aufgeben" kann; auch an einen Rücktritt nach § 31 II wäre zu denken).

260   Beim Rücktritt von der Verabredung gem. § 30 II Alt. 3 verlangt § 31 I Nr. 3, dass „die Tat verhindert" wird. Das setzt im Regelfall ein aktives Verhalten des Rücktrittswilligen voraus, doch kann auch sein innerer Rückzug bei äußerem **Untätigbleiben** als Rücktrittsverhalten ausreichen, wenn er davon ausgeht, dass ohne seine weitere Mitwirkung „nichts läuft". Dessen kann er sich sogar sicher sein, wenn nur er das Versteck der zu stehlenden Beute kennt oder wenn nur er als „Schweißer" den zu knackenden Tresor öffnen kann.[425a] Aber auch derjenige, der nach mehreren vergeblichen Anläufen zu einem Sparkassenüberfall nicht mehr beim nächsten Treffen mit den Komplizen erscheint, tritt nach § 31 I Nr. 3 zurück, wenn er davon ausgeht, dass sich der Komplize die Begehung der Tat allein nicht zutrauen wird.[426]

261   Verliert dann auch der andere Komplize das Interesse an der Tat, so kann er ebenfalls durch Untätigbleiben zurücktreten, allerdings, da der andere die Tat durch Untätigbleiben schon verhindert hat, nach § 31 II Alt. 1. Dass von dieser Vorschrift ein „**Bemühen**" um Tatverhinderung verlangt wird, steht einer Auslegung, die **auch** ein **Unterlassen** als „Bemühen" versteht, nicht entgegen,[427] denn jede Entfaltung von Aktivität wäre nach der Vorstellung des Zurücktretenden von der Situation überflüssig. Er geht, ohne zu wissen, dass der andere die Tat schon verhindert hat, davon aus, durch die Nichterbringung weiterer Tatbeiträge die Tat zu verhindern.

262   War die Beteiligung des Rücktrittswilligen für die Tatbegehung des anderen so unwesentlich, dass die Tat **auch ohne ihn** von den anderen ausgeführt wird, so kommt unter den Voraussetzungen des § 31 II Alt. 2 ein Rücktritt des Aussteigenden in Betracht.[428]

262a   Nach der Rspr. sind die Grundsätze zum fehlgeschlagenen Versuch (oben 16/9 ff.) „nicht ohne Weiteres" auf die Verabredung gem. § 30 II zu übertragen, „da der Täter beim Versuch der Beteiligung an einem Verbrechen nach seiner Vorstellung noch nicht unmittelbar zur Tatbestandsverwirklichung ansetzt" (BGH StraFo 2003, 139). Das ist insofern richtig, als es bei § 30 II häufig an einer hinreichend konkretisierten Tat fehlen wird. So muss etwa die Stornierung eines Fluges in die Türkei (zur uner-

---

[425a] Ebenso *Roxin*, AT II, 28/102.

[426] Vgl. BGHSt 32, 133; BGH NJW 1984, 2169, beide m. Anm. *Kühl*, JZ 1984, 292 u. *Küper*, JR 1984, 265; BGH NStZ 2007, 287, 288; vgl. auch *Vogler*, ZStW 98 (1986), 353; LK-*Schünemann*, § 30 Rn. 20; MK-*Joecks*, § 31 Rn. 23; NK-*Zaczyk*, § 31 Rn. 9; SK-*Hoyer*, § 31 Rn. 20; S/S-*Heine*, § 31 Rn. 11.

[427] Ebenso BGH NStZ-RR 1997, 289 m. Bspr. *Otto*, JK 98, StGB, § 31/3.; *Fischer*, § 31 Rn. 5.

[428] Vgl. BGH NStZ 1987, 119, mit Problemstellung *Sonnen*, JA 1987, 280; krit. LK-*Schünemann* § 30 Rn. 23, der mit BGH NStZ 1992, 537, darauf abhebt, ob die spätere Ausführung noch mit der ursprünglich geplanten Tat identisch ist (Rn. 22). – Zu § 31 II mit Beispielen *Joecks*, § 31 Rn. 8–10.

laubten Einfuhr von Betäubungsmitteln) nicht als Fehlschlag verstanden werden, wenn die Verabredenden davon ausgingen, dass nach der Stornierung ein neuer Flugtermin vereinbart und der abgesagte Kurierflug nachgeholt werde (BGH StraFo 2003, 139).

> Aus der **Übungsfall-Literatur** zu § 31 vgl.: *Ambos,* Jura 2004, 432 f. u. 496; *Ellbogen,* JuS 2002, 151 u. 152 f.; *Fisch/Sternberg-Lieben,* JA 2000, 124 u. 128, 130; *Gössel,* Fälle, Fall 6, S. 108 f. u. 112 f.; *Haft/Eisele,* Jura 2000, 313 u. 317; *Jäger,* Rn. 281 b und c: Fall 47 (BGHSt 50, 142 nachgebildet und dem BGH zustimmend: kein Rücktritt nach § 31, weil „Restgefahr im Hinblick auf die Tatbegehung verblieben"); *Kindhäuser/Korthals/Nußbaum,* JA-Übungsblätter 1991, 107 u. 108 f.; *Kinzig/Luczak,* Jura 2002, 493 u. 498, 499; *Weißer/Kreß,* JA 2003, 857 u. 864; *Kudlich,* JuS 2002, 27 u. 29, 30 u. in: AT-Fälle, Fall 8, S. 117 sowie PdW AT, Fall 311 a (BGHSt 50, 142 nachgebildet); *Mitsch,* Jura 1991, 373 u. 376; *Rönnau/Nebendahl,* JuS 1990, 745 u. 749; *Rudolphi,* AT-Fälle, Fall 7, S. 77 u. 85; Walter/*Schneider,* JA 2008, 262 u. 268. Die Examensklausur, Klausur Nr. 16, S. 185 u. 195.

Ist eine Tat, an der mehrere beteiligt sind, bis in das strafbare **Versuchsstadium** 263 vorangetrieben, das Vorbereitungsstadium also überschritten worden, so kommt ein Rücktritt der an der Versuchstat **Beteiligten** unter den Voraussetzungen des § 24 II in Betracht.[428a] Ein solcher Rücktritt setzt aber – wie auch bei § 24 I 1 – voraus, dass der Versuch mehrerer nicht **fehlgeschlagen** ist, weil der einzige Mittäter, der noch einen zu werfenden Brandsatz zur Verfügung hat, davon ausgeht, dass auch dieser Wurf – wie die vier vorangegangenen – den Erfolg nicht herbeiführen werde (BGH StV 2012, 16, m. Bspr. *Kudlich,* JA 2011, 869, 871: „Rücktrittssperre" auch für § 24 II). Die Anforderungen an das Rücktrittsverhalten sind – wie bereits oben (16/91) angesprochen – strenger als beim Einzeltäter, denn es reicht nicht, dass der rücktrittswillige Beteiligte lediglich seinen Tatbeitrag zurückzieht.[429] § 24 II 1 verlangt (zusätzlich), dass „freiwillig[429a] die Vollendung verhindert" wird (wie bei § 24 I 1 Alt. 2, s. o. Rn. 64–78). Dafür reicht es wie beim beendeten Versuch des Alleintäters (16/71) aus, dass der Mittäter „eine neue Kausalkette in Gang gesetzt" hat, „die für die Nichtvollendung der Tat ursächlich geworden ist" (BGH NStZ 2004, 614, 615 m. krit. Bspr. *Rotsch/Sahan,* JZ 2005, 205 u. JA 2005, 171; als Übungsfall bei *Kudlich,* PdW AT, Fall 251 a; s. auch Bsp. 10 bei *Kölbel/Selter,* JA 2012, 1, 5), z.B. durch Verständigung mit den Mittätern einer versuchten Gasexplosion (§§ 306, 308) und Sperren der Gaszufuhr; nicht erforderlich ist das Lüften des bereits mit einem explosiven Luft-Gasgemisch belasteten Gebäudes oder das Alarmieren von Feuerwehr oder Polizei (BGH a.a.O.: das „überspannt ... die Anforderungen, die § 24 II 1 an den Rücktritt stellt"). Subjektiv verlangt § 24 II 1, dass der Rücktrittswillige die Erfolgsabwendung „bezweckt" (*Kölbel/Selter,* JA 2012, 1, 5). Tritt der Täter des geplanten Verbrechens strafbefreiend gem. § 24 vom Versuch zu-

---

[428a] Zu dieser wichtigen Anwendungsvoraussetzung vgl. *Roxin,* Fs. Lenckner, 1998, S. 267 f.; *Eisele,* ZStW 112 (2000), 745; *Kölbel/Selter,* JA 2012, 1 f.; *Krey/Esser,* AT, Rn. 1322; LK-*Lilie/Albrecht,* § 24 Rn. 370 f. – Krit. zum Begriff des „Beteiligten" in § 24 II *Schroeder,* JuS 2002, 139 f. – Zum Sonderfall des antizipierten Rücktritts und anderer Formen des Rücktritts im Vorbereitungsstadium einer versuchten Tat *Mitsch,* Fs. Herzberg, 2008, S. 443, 445 ff.; *Linke,* 2010, S. 170 f., 402 u. SSW-*Kudlich/Schuhr,* § 24 Rn. 61. – Rechtshistorisch zur Entstehung des § 24 II *Linke,* 2010, S. 1–26, rechtsvergleichend: S. 27–48, Änderungsvorschlag: S. 413.

[429] *Kölbel/Selter,* JA 2012, 1; *Roxin,* AT II, 30/303; *Lackner/Kühl,* § 24 Rn. 26: nicht unbedenkliches, aber „nach dem Gesetzeswortlaut zwingendes Ergebnis". – Nach *Prüßner,* 2004, S. 190, wird ein „rollenüberschreitendes tatplandurchkreuzendes Gegensteuern" verlangt.

[429a] *Kölbel/Selter,* JA 2012, 1, 5.

rück, so lebt die Strafbarkeit nach § 30 i. V. m. dem geplanten Verbrechen nicht wieder auf (BGHSt 14, 378 = *Roxin,* HRR AT, Fall 73, S. 107 f. u. 201).[429b]

264   Für den **Alleintäter,** der von einem Anstifter veranlasst oder von einem Gehilfen unterstützt wird, wirkt sich diese „Strenge" freilich nicht aus, da er schon durch das Aufgeben der weiteren Ausführung der Tat deren Vollendung i. S. des § 24 II verhindert.[430] Für **andere** rücktrittswillige Beteiligte, insb. Anstifter, Gehilfen, aber auch Mittäter, u. U. sogar mittelbare Täter,[431] reicht es – wie bei § 31 (s. o. Rn. 260) – aus, dass sie **untätig bleiben,** sofern sie davon ausgehen, schon dadurch die Vollendung derselben Tat durch die anderen zu verhindern.[431a] Für **Mittäter** ist es ausreichend, dass sie „nach unbeendetem Versuch einvernehmlich nicht mehr weiterhandeln" (BGHSt 42, 158, 162),[432] oder ein Mittäter mit dem die Tatvollendung hindernden Rücktritt eines anderen einverstanden ist.[432a] Ein solches Nichtweiterhandeln von Mittätern liegt auch vor, wenn der einzige Mittäter, der die Tat durch den fünften Wurf einer Brandflasche noch vollenden könnte, darauf verzichtet und die anderen Mittäter nicht mehr am Tatort anwesend sind (4 StR 268/11 v. 26. 6. 2011 m. Bspr. *Kudlich,* JA 2011, 869). Ein bloß „innerliches" Lossagen von der Tat soll nach der Rspr. nicht genügen, wenn der bereits erbrachte Tatbeitrag fortwirkt (vgl. BGHSt 37, 289; s. o. Rn. 105 und 257 zu dem Fall, dass ein Mittäter noch im Vorbereitungsstadium seinen Tatentschluss aufgibt).[432b] – Fehlt es bei mehreren Beteiligten am gemeinsamen Tatplan, so kommt Mittäterschaft nicht in Betracht; ist **Nebentäterschaft** (durch Unterlassen) anzunehmen – so etwa bei einer „Bestrafungsaktion" durch Anzünden des mit Benzin überschütteten Opfers, wobei zwei Beteiligte eher am Rande beteiligt waren (beim Kauf des Benzins und beim Einschnüren des Opfers) –, ist nicht § 24 II, sondern § 24 I anzuwenden (BGH NStZ 2010, 690, 691 m.

[429b] BGH NStZ 1999, 449, 451. Vgl. *Jescheck/Weigend,* S. 706, auch zur umstrittenen Frage, ob dies auch dann gelten soll, wenn die geplante Tat schwerer wiegt als die versuchte Tat; zum letzteren vgl. auch *Küper,* JZ 1979, 783; *Roxin,* JA 1979, 175; NK-*Zaczyk,* § 24 Rn. 128; krit. *Mitsch,* Fs. Herzberg, 2008, S. 443, 451 ff., der Konstellationen anführt, in denen trotz Versuchs § 31 heranzuziehen ist.

[430] Vgl. *Tiedemann,* Anfängerübung, S. 151 u. 233. *Mitsch,* Fs. Baumann, 1992, S. 89 ff., will dagegen auf den Alleintäter § 24 I anwenden; ebenso *Fischer,* § 24 Rn. 37. Gegen die Anwendung von § 24 II auf den „angestifteten oder unterstützten Einzeltäter" *Roxin,* Fs. Lenckner, 1998, S. 267, 269; *Schroeder,* JuS 2002, 139, 140 („teleologische Reduktion"); LK-*Lilie/Albrecht,* § 24 Rn. 69; wie hier dafür NK-*Zaczyk,* § 24 Rn. 96 u. SSW-*Kudlich/Schuhr,* § 24 Rn. 52. – Überblick über die Einschlägigkeit des § 24 II in Abgrenzung zu § 24 I bei *Kölbel/Selter,* JA 2012, 1 f.; eingehend zum Anwendungsbereich der Vorschrift *Linke,* 2010, S. 84 ff. u. 399.

[431] Vgl. *Roxin,* Fs. Lenckner, 1998, S. 267, 269 f. u. *Roxin,* AT II, 30/308 (auf „Täter hinter dem Täter" beschränkt); *Loos,* Jura 1996, 518; *Mitsch,* Fs. Baumann, 1992, S. 89 ff.; *Murmann,* GK, 28/160; HK-GS/*Ambos,* § 24 Rn. 23: für § 24 II hinsichtlich des mittelbaren Täters, ebenso SSW-*Kudlich/Schuhr,* § 24 Rn. 54.

[431a] Vgl. BGH StV 1992, 10; *Otto,* Jura 1992, 430 f.; *Kudlich,* JuS 1999, 449, 450 mit Bsp.; *Kölbel/Selter,* JA 2012, 1; *Murmann,* GK, 28/162; LK-*Lilie/Albrecht,* § 24 Rn. 400; NK-*Zaczyk,* § 24 Rn. 98.

[432] *Heger,* StV 2010, 320, 325; *Kölbel/Selter,* JA 2012, 1, 6; *Lackner/Kühl,* § 24 Rn. 25; LK-*Lilie/Albrecht,* § 24 Rn. 402 u. SSW-*Kudlich/Schuhr,* § 24 Rn. 58; ebenso BGH NStZ 1989, 317 f.; 2007, 91, 92; BGH StraFo 2009, 519 m. krit. Bspr. *Satzger,* JK 3/10, StGB § 24 II/40; BGH NStZ 2009, 688 f. m. Bspr. *Bosch,* JA 2010, 70 und W-*Beulke,* Rn. 649; vgl. auch *Vogler,* ZStW 98 (1986), 346 ff. u. NK-*Zaczyk,* § 24 Rn. 101.

[432a] *Fischer,* § 24 Rn. 40 a; *Vogler,* ZStW 98 (1986), 348; aus der Rspr. vgl. BGH NStZ-RR 2007, 91, 92 u. 2009, 335.

[432b] Ebenso NK-*Zaczyk,* § 24 Rn. 101 u. 119; eingehend *Eisele,* ZStW 112 (2000), 745, 752 ff.; zum „Sonderfall des vermeintlichen Umstimmens" *Angerer,* 2004, S. 196 ff.

krit. Bspr. *Jahn*, JuS 2011, 78 u. *Satzger*, JK 1/11, StGB § 24/41, der aktive Beihilfe annimmt und deshalb für die Anwendung des § 24 II plädiert).

Wird die Tat ohne sein Zutun nicht vollendet (**§ 24 II 2 Alt. 1**), z. B. weil der Ein- 265 bruchsdiebstahl mit dem von ihm gelieferten Werkzeug fehlschlug, so genügt für Strafbefreiung wegen Rücktritts nicht, dass er sich das Werkzeug zurückgeben lässt; er muss sich schon ernsthaft um die Vollendungsverhinderung bemühen, z. B. durch Überreden des Täters zur Tataufgabe;[432c] bemühen kann sich der Beteiligte auch durch listiges Vorgehen, z. B. durch Warnung vor einem das Entdeckungsrisiko erhöhenden, angeblich nahenden Bus (BGH NStZ-RR 2007, 37). Wird die Tat unabhängig von dem früheren Tatbeitrag eines rücktrittswilligen Tatbeteiligten von anderen Beteiligten begangen, so ermöglicht **§ 24 II 2 Alt. 2** weitere Rücktrittsmöglichkeiten (dazu mit Bsp. 12 und 13 *Kölbel/Selter*, JA 2012, 1, 7 f.; eingehend *Linke*, 2010, S. 257 ff., 404 f. und zu „weichenstellendem Begriff" der „Tat" S. 101 ff., 400 f.). So etwa für den mittelbaren Täter, wenn der Tatmittler (oder ein anderes Werkzeug) die Vollendung in bewusster Willensvertretung des mittelbaren Täters nach dessen Weisungen verhindert (BGHSt 44, 204 m. krit. Bspr. *Rotsch*, NStZ 1999, 239; *Schroeder*, JR 1999, 297; *Kudlich*, JA 1999, 624; *Müssig*, JR 2001, 228 u. *Otto*, JK 99, StGB § 24/27); dies gilt auch für den mit der Erfolgsverhinderung einverstanden Gehilfen des mittelbaren Täters (BGH a. a. O., wo allerdings § 24 II 1 angewendet wurde).[432d] Rücktritt nach § 24 II 2 Alt. 2 ist auch möglich für den Anstifter, der den Haupttäter von der Tatbegehung **abbringt**, auch wenn sich dieser dann später doch zur Begehung der Tat neu entschließt und diese auch ausführt.[433] Geht der Haupttäter aber nur **zum Schein** auf das Abraten des Anstifters ein, so hat der Anstifter „Pech gehabt", denn dann bleibt er Anstifter zu der vom Haupttäter ausgeführten Tat, obwohl dieser ihn getäuscht hat.[434] „Pech" hat auch der Gehilfe, wenn der Täter mit dem von ihm gelieferten Werkzeug den Einbruchsdiebstahl ausgeführt hat, nachdem G vergeblich versucht hat, das Werkzeug zurückzubekommen und T von der Tat abzubringen.[434a] Das gilt auch, wenn das „Abstiften" durch den ursprünglichen „Anstifter" im Vorbereitungsstadium geschah (s. o. Rn. 257);[434b] dis-

---

[432c] So mit diesem Bsp. *Ebert*, S. 140 f.; vgl. auch *Kudlich*, JuS 1999, 449, 450 mit Fall 14; näher zu dieser Rücktrittsalternative *Roxin*, Fs. Lenckner, 1998, S. 267, 280 ff. u. *Linke*, 2010, S. 215 ff. u. 402 f.: der nicht kausale Rücktritt; näher zum ernsthaften Bemühen *Kölbel/Selter*, JA 2012, 1, 6 f.: es muss nicht die beste Rettungschance gewählt werden; and. *Gropp*, 9, 91; einen „gewissen Umfang der Bemühungen" verlangt *Linke*, 2010, S. 403.

[432d] Zu dieser Entscheidung vgl. auch *Kölbel/Selter*, JA 2012, 1, 6; SSW-*Kudlich/Schuhr*, § 24 Rn. 58 u. NK-*Zaczyk*, § 24 Rn. 100 u. 102, der im Fall Mittäterschaft annimmt; abl. zum „Rücktritt durch Einverständnis" *Rotsch*, GA 2002, 165, der eine Zurechnung des Rücktrittsverhaltens eines anderen beim persönlichen Strafaufhebungsgrund für widersprüchlich hält und „mindestens eine mit kausale Rettungshandlung" vom Zurücktretenden verlangt; zust. aber *Heger*, StV 2010, 320, 325 u. W-*Beulke*, Rn. 649.

[433] Vgl. *Otto*, JA 1980, 711; *Eisele*, ZStW 112 (2000), 745, 779; *Linke*, 2010, S. 278 (zum Gehilfen S. 279, zum Mittäter S. 285); LK-*Lilie/Albrecht*, § 24 Rn. 397; NK-*Zaczyk*, § 24 Rn. 113; S/S-*Eser*, § 24 Rn. 80. Vgl. Fall 3 bei *Roxin*, Fs. Lenckner, 1998, S. 267, 268, sowie Fall 15 bei *Kudlich*, JuS 1999, 449, 451.

[434] Vgl. *Murmann*, GK, 28/163; LK-*Lilie/Albrecht*, § 24 Rn. 388–390; SK-*Rudolphi*, § 24 Rn. 36; S/S-*Eser*, § 24 Rn. 81; vgl. zu dieser „strengen Erfolgshaftung" *Vogler*, ZStW 98 (1986), 345; dagegen *Ingelfinger*, JuS 1998, 531, 534.

[434a] *Ebert*, S. 140 f., mit diesem Bsp.; ebenso *Eisele*, ZStW 112 (2000), 745, 774 ff.: der Gehilfe hafte „grundsätzlich" für die Vollendung u. *Kölbel/Selter*, JA 2012, 1, 4.

[434b] Vgl. *Roxin*, Fs. Lenckner, 1998, S. 267 f., 275 f.: Fall 6 (RGSt 55, 105); vgl. zu dieser harten Konsequenz auch *Lenckner*, Fs. Gallas, 1973, 288: „Unbehagen"; *Otto*, JA 1980, 711, nimmt hier eine Unterbrechung des Zurechnungszusammenhangs an; krit. dazu *Roxin*, a. a. O.

tanziert sich der ins Auge gefasste Haupttäter aber im Vorbereitungsstadium ernsthaft von der Tatbegehung, so haftet der ihn dazu Umstimmende nicht für die von diesem dann doch begangene Tat, wenn diese auf eine neue Entschlussfassung, die den Zurechnungszusammenhang unterbricht, zurückzuführen ist.[434c] Auch in sonstigen Fällen erlangt der sich im Vorbereitungsstadium von der Tat distanzierende Teilnehmer unabhängig von § 24 II Straffreiheit, wenn es ihm gelingt, seinen Vorbereitungsbeitrag (z.B. Besorgen des Tatfahrzeugs) zu neutralisieren (Verschwinden mit dem Fahrzeug); begeht der Haupttäter die Tat dann ohne das Fahrzeug, hat der „Gehilfe" keinen „beihilferelevanten kausalen Tatbeitrag" zu dieser (neuen) Tat geleistet.[434d]

> Aus der **Übungsfall-Literatur** zu § 24 II vgl. ergänzend: *Alpmann/Schmidt*, AT 2, Fall 28, S. 149–155 und Fall 29, S. 155–157 („Abstiften" durch „Anstifter" vor Versuchsbeginn); *Ambos*, Jura 2004, 492 f. u. 495 (u. a. Rücktritt des Mittäters durch Einverständnis – BGHSt 44, 204); *Beulke*, KK I, Fall 4, Rn. 175 u. 184 f., 197 f.; *Fisch/Sternberg-Lieben*, JA 2000, 124 u. 131 („Rücktritt" des Täters im Vorbereitungsstadium); *Frommeyer/Nowak*, JuS 2001, L 44 u. L 48 (irrige Annahme eines Umstimmens im Vorbereitungsstadium); *Grotenrath/Hillenkamp*, StudZR 2010, 438 u. 458 (schlichtes Unterlassen kann reichen, wenn der Beteiligte mit Sicherheit davon ausgehen kann, dass die Tat ohne sein Mitwirken nicht zum Erfolg kommen wird); *Haas*, AL 2012, 119 u. 122 (§ 24 II Alt. 1); *Ingelfinger*, JuS 1998, 531 u. 534 (scheinbar erfolgreiches Abbringen des Haupttäters nach Beihilfe im Vorbereitungsstadium); *Kinzig/Luczak*, Jura 2002, 493 u. 495, 496, 498; *Kudlich*, PdW AT, Fälle 252–255; *Küper/Dratova*, StudZR 2008, 58 u. 63 f.; *Kunz*, Jura 1995, 483 u. 486 f.; *Lotz/Reschke*, Jura 2012, 481 u. 485; *Maier/Ebner*, JuS 2007, 651 u. 654 (freiwillige „Gegenaktivität mit Verhinderungskausalität"); *Marquardt/v. Danwitz*, JuS 1998, 814 u. 817 f., 820; *Meurer/Kahle/Dietmeier*, Übungskriminalität, Fall 8, S. 165 f. u. 176; *Mitsch*, JuS 2005, 340 f. u. 343; *Momsen/Sydow*, JuS 2001, 1194 u. 1195, 1196; *Mürbe*, AT, Fall 35, S. 189 u. 234; *Putzke*, Jura 2009, 631 u. 636; *Otto*, Jura 1992, 431: Fall 21 (= BGH NJW 1992, 989) u. Fall 22 (= BGH NStZ 1989, 317); *Rotsch*, JuS 2002, 887 u. 891 f. (Rücktritt des Anstifters); *Rotsch*, Klausur 21, S. 319 f. u. 323 f. (BGHSt 44, 204 nachgebildet; vgl. zu diesem Fall auch *Kudlich*, PdW AT, Fall 253); *Rudolphi*, AT-Fälle, Fall 11, S. 124 u. 129 f., 131; *Samson*, Strafrecht I, Fall 41, S. 227 u. 233 ff.; *Schulz*, JA 1999, 203 u. 207; *Seier*, Anfängerklausur, Nr. 13, S. 156 u. 163 (Gefahr des Entdecktwerdens); *Stoffers*, JuS 1994, 948 u. 949 f., 952; *Tiedemann*, Anfängerübung, Fall 10, S. 229 f. u. 233 f.; *Uehling*, in: Ebert (Hrsg.), Fall 10, S. 11 u. 164–166 (§ 24 II analog bei Abstiftung im Vorbereitungsstadium); Die Examensklausur, Klausur Nr. 16, S. 185 u. 193 f. („Abstiften" im Vorbereitungsstadium); *Wagemann*, Jura 2006, 867 u. 871 (kein „ernstliches Bemühen"); *Walter/Schneider*, JA 2008, 262 u. 269 (§ 24 II 1 u. § 24 II 2 Alt. 2).

VIII. Täterschaft und Teilnahme bei garantenpflichtwidrigem Unterlassen

266 Die in diesem Paragraphen unterschiedenen Erscheinungsformen der Täterschaft (s.o. Rn. 36–129) und die beiden Teilnahmeformen (s.o. Rn. 166–240) können nur zum Teil auch beim Unterlassungsdelikt auftreten. – Guter Überblick mit „Vertiefungen" bei *Bachmann/Eichinger*, JA 2011, 105–109 u. 509–512.

S. 275. – Allgemein zum Ausstieg des Anstifters im Vorbereitungsstadium *Linke*, 2010, S. 80, dort auch zum Ausstieg des Gehilfen.

[434c] So auch die h.M., vgl. *Roxin*, Fs. Lenckner, 1998, S. 267, 276; NK-*Zaczyk*, § 24 Rn. 103; krit. *Angerer*, 2004, S. 232 ff.; aus der Rspr. vgl. BGH NJW 1956, 30 f.; BGH MDR bD 1966, 22.

[434d] So *Geppert*, Jura 1999, 266, 274, mit Beispiel (modifiziert nach BGHSt 28, 346); vgl. auch *Kölbel/Selter*, JA 2012, 1, 4; *Krey/Esser*, AT, Fall 163, Rn. 1324 ff., 1332; *Lackner/Kühl*, § 24 Rn. 28 u. LK-*Lilie/Albrecht*, § 24 Rn. 376; eingehend zur „neuen" oder „anderen" Tat *Roxin*, AT II, 30/345–353; für analoge Anwendung von § 24 II *Eisele*, ZStW 112 (2000), 745, 773 f.

1. Mittelbare Täterschaft

Mittelbare Täterschaft durch Unterlassen ist schon konstruktiv **nicht möglich,**[435] 267 weil eine steuernde Beherrschung eines Tatmittlers durch einen Hintermann, der als Unterlassender gerade keinen steuernden Einfluss auf einen anderen nimmt, nicht festzustellen ist. Unterlässt es etwa der aufsichtspflichtige Pfleger („Irrenwärter"), gegen die Tötung eines Dritten durch den von ihm zu beaufsichtigenden Geisteskranken einzuschreiten, so liegt unmittelbare Täterschaft durch Unterlassen vor, da ein Garant die ihm mögliche Abwendung des Todeserfolges unterlassen hat.[436] – Unmittelbarer (Begehungs-)Täter ist hingegen derjenige, der durch Gewalt (= Aktivität) einen anderen zur Unterlassung einer von diesem beabsichtigten Erfolgsabwendung bringt.[437] Erreicht er dies durch Täuschung oder Drohung, so ist er mittelbarer (Begehungs-)Täter;[438] dabei ist hinsichtlich des Unrechts auf den Tatbestand abzustellen, den der Hintermann selbst verwirklicht.[438a] Wenn etwa der Vater V, der Nichtschwimmer ist, als Garant für das Leben seines Sohnes S einen rettungswilligen Nichtgaranten durch den täuschenden Hinweis, das Kind könne sich selbst retten, davon abhält, S zu Hilfe zu kommen, so ist V mittelbarer Täter eines Totschlags (§ 212) durch aktives Tun, während der rettungswillige Vordermann mangels Vorsatzes nicht einmal § 323c verwirklicht.

Der BGH hat eine mittelbare Täterschaft durch Unterlassen kraft Organisations- 267a herrschaft (s. oben Rn. 73, 73a) für Mitglieder des Politbüros des Zentralkomitees der SED angenommen, weil sie nicht gegen die Todesschüsse an der Mauer eingetreten sind (BGHSt 48, 77, 89 = Fall 13 bei *Murmann*, JA 2008, 321, 325). Dafür spricht die Einflussmöglichkeit der Unterlassenden auf Grund ihrer Stellung im hierarchischen System;[438b] ob deshalb schon von einer „steuernden Beherrschung" gesprochen werden kann, ist aber eher zweifelhaft.[438c] Auf jeden Fall liegt eine Beschützergarantenstellung für das Leben der sog. Republikflüchtlinge vor (BGH a.a.O. 91 verweist auf die DDR-Verfassung und internationale Menschenrechtspakte).[438d]

---

[435] So *Otto*, 21/108 u. *Mosenheuer*, 2009, S. 116, 121 m. Bspr. *Bachmann*, ZIS 2010, 349; anders *Brammsen*, NStZ 2000, 337ff., und in: *Amelung* (Hrsg.), 2000, S. 105, 135ff., der die „mittelbare Unterlassungstäterschaft" aber auf die „klassischen" Fälle der Irrtums- und Nötigungsherrschaft beschränkt; anders auch *Ranft*, Fs. Otto, 2007, S. 403, 410ff. u. *Frister*, AT, 27/47; einschränkend auch *Renzikowski*, 1997, S. 273, 279, u. SK-*Hoyer*, § 25 Rn. 153. – *Bottke*, Fs. Gössel, 2002, S. 235, 259, verlangt „den straftatbewirkenden Gebrauch relevant überlegener Gestaltungsherrschaft"; vgl. auch *Bottke*, Schünemann-Symposium, 2005, S. 191, 203; zusf. *Ransiek*, JuS 2010, 678f.

[436] So, meist mit diesem oder einem ähnlichen Beispiel: *Schwab*, 1996, S. 54 u. 215; *Gropp*, 10/68; *Jescheck/Weigend*, S. 640; *Krey/Esser*, AT, Rn. 1185; *Rengier*, AT, 51/5; LK[11]-*Roxin*, § 25 Rn. 216 [anders jetzt LK-*Schünemann*, § 25 Rn. 214]; S/S-*Heine*, § 25 Rn. 55; a.M. B-*Weber/Mitsch*, 29/118f.; problematisch nach *Renzikowski*, 1997, S. 145; *Ebert*, S. 200f.; vgl. auch *Sanchez-Vera*, 1999, S. 161ff. gegen die mittelbare Täterschaft des Verpflichteten.

[437] LK-*Schünemann*, § 25 Rn. 214.

[438] *Vogel*, 1993, S. 295; *Schwab*, 1996, S. 55; *Jescheck/Weigend*, S. 640; *Jakobs*, 29/110; krit. *Schroeder*, Fs. Küper, 2007, S. 539, 541.

[438a] Vgl. *Roxin*, TuT, S. 492; S/S-*Cramer/Heine*, § 25 Rn. 56; *Stree*, GA 1963, 1f.

[438b] Zust. deshalb *Dreher*, JuS 2004, 17, 18, *Murmann*, GK 29/90 u. in: JA 2008, 321, 326 sowie *Fischer*, § 13 Rn. 51a; abl. *Kindhäuser*, AT, 39/39, der sie als „(unmittelbare) Nebentäter" einstuft; für Mittäterschaft *Ranft*, JZ 2003, 582, 584 u. in: Fs. Otto, 2007, S. 403, 417ff.

[438c] Abl. deshalb *Knauer*, NJW 2003, 3101, 3102 u. *Otto*, JK 9/03, StGB § 13/34.

[438d] So auch *Jäger*, Rn. 366, der deshalb eine unmittelbare Täterschaft annehmen will; ähnlich *Haas*, ZIS 2011, 392, 396: unnötige Konstruktion einer mittelbaren Täterschaft,

2. Mittäterschaft

268   „Mittäterschaft" zwischen zwei oder mehreren Garanten ist bei Absprache unproblematisch **möglich,** so etwa, wenn Vater und Mutter gemeinsam beschließen, ihr Kind sterben zu lassen.[439] Der gegenseitigen Zurechnung von Tatbeiträgen, die sonst die Mittäterschaft kennzeichnet und die von § 25 II legitimiert ist (s. o. Rn. 100), bedarf es angesichts des Fehlens solcher Tatbeiträge allerdings nicht.[439a] Eigentliche Mittäterschaft liegt erst dann vor, wenn mehrere eine **gemeinsam** zu erfüllende Pflicht trifft, z. B. zum Rückruf eines gefährlichen Produkts (s. o. 18/28 u. 39 a),[440] oder wenn nur Vater und Sohn die Mutter aus dem Haus tragen können.[441] Mittäterschaft durch Unterlassen setzt daher das Zusammenwirken mehrerer Garantenpflichtiger voraus (s. o. Rn. 230); eine Garantenstellung wird nicht schon durch den gemeinsam mit einem (Ingerenz-)Garanten gefassten Entschluss begründet, Rettungshandlungen zu unterlassen (BGH NStZ 1998, 83 f.).

269   Wer auch bei Fahrlässigkeitsdelikten Mittäterschaft für möglich hält (s. o. Rn. 10 u. 116 a), wird auch eine **„fahrlässige Mittäterschaft"** beim Unterlassungsdelikt anerkennen, und damit etwa die gemeinsame Verantwortung, die von mehreren arbeitsteilig in einem Unternehmen wahrgenommen wird, zum Ausgangspunkt einer Produkthaftung aller (z. B. wegen fahrlässiger Verletzung der Rückrufpflicht hinsichtlich eines gefährlichen Produkts) als Mittäter machen können.[442] An fahrlässige Mittäterschaft wäre aber auch in dem Fall zu denken, in dem der Gemeinderat den Beschluss zur Vornahme bestimmter notwendiger Verkehrssicherungsmaßnahmen unterlässt und sich daran die Verwirklichung eines Fahrlässigkeitstatbestandes durch einen Verkehrsteilnehmer anschließt.[442a]

270   Mittäterschaft zwischen einem Unterlassenden und einem aktiv Handelnden ist nach der hier vertretenen sog. Gehilfentheorie (s. o. Rn. 230) nicht möglich, da der Tatherrschaft ausübende aktiv Handelnde den Unterlassenden in die Rolle des Gehilfen abdrängt, so z. B. die Mutter den Vater, der der Tötung des Kindes durch die

---

„weil der Unterlassende schon aufgrund seiner Garantenstellung verpflichtet ist, die Tatbegehung zu unterbinden, und ihm deshalb das Verhalten der ihm unterstellten Person zugerechnet wird."

[439] *Arzt,* JA 1980, 557; *Schwab,* 1996, S. 52 u. 213; B-*Weber/Mitsch,* 29/72 u. 89; *Jescheck/Weigend,* S. 640 u. 682; LK-*Schünemann,* § 25 Rn. 213; NK-*Wohlers,* § 13 Rn. 27; S/S-*Heine,* Vorbem §§ 25 ff. Rn. 110; abl. *Mosenheuer,* 2009, S. 135 m. zust. Bspr. *Bachmann,* ZIS 2010, 349; zusf. *Ransiek,* JuS 2010, 678.

[439a] Nach LK-*Weigend,* § 13 Rn. 82, ist deshalb die Annahme von Mittäterschaft „ohne Relevanz".

[440] So *Jescheck/Weigend,* S. 682 mit BGHSt 37, 106, 129; *Ransiek,* JuS 2010, 678 f.; vgl. zu dieser Entscheidung auch *Murmann,* GK, 29/87, *Rengier,* AT, 51/3 f., SK-*Hoyer,* § 25 Rn. 149 u. *Dencker,* 1996, S. 167–174, der die von ihm entwickelte „Figur der Gesamttat" so auf das „gemeinsame Unterlassen" anwendet, dass eine Haftung wegen „mittäterschaftlicher Gesamtunterlassung" entsteht; vgl. auch *Bottke,* Fs. Gössel, 2002, S. 235, 257; *Bloy,* Fs. Maiwald, 2010, S. 35, 56 f. u. *Ransiek,* JuS 2010, 678 f. Nach *Krey/Esser,* AT, Rn. 1186, bedarf es auch in diesen Fällen nicht der Konstruktion einer Mittäterschaft; ebenso *Bachmann/Eichinger,* JA 2011, 105, 108: „unmittelbarer (Neben-)Täter".

[441] *Schwab,* 1996, S. 52; vgl. auch *Sanchez-Vera,* 1999, S. 159 Fn. 43 u. 161 Fn. 46, der hier nur eine Frage der physisch-realen Handlungsmöglichkeit sieht.

[442] Eingehend *Otto,* 21/119–123 u. in: Jura 1998, 411 f. mit BGHSt 37, 106, 130, sowie *Weißer,* 1996, S. 143 ff. u. in: JZ 1998, 230 ff.; *Renzikowski,* 1997, S. 290; *Ransiek,* ZGR 1999, 613, 643 ff. – Vgl. auch BGHSt 48, 77, 94, dazu *Murmann,* GK, 29/88 u. oben 20/267 a.

[442a] Bsp. von *Weißer,* JZ 1998, 230 f.

Mutter nur zusieht, oder der Einbrecher den Nachtwächter, der verabredungsgemäß wegsieht, als der Einbruch beginnt.[443]

3. Anstiftung

Während die Möglichkeit einer Anstiftung durch Unterlassen überwiegend verneint wird (s. o. Rn. 176), wird die Möglichkeit einer aktiven Anstiftung zum Unterlassen weit überwiegend anerkannt,[444] so z. B. wenn die Freundin der Ehefrau (= Garantin) rät, ihr in den Teich gefallenes Kind nicht zu retten (Ausgangsbeispiel bei *Hillenkamp*, 30. AT-Problem, S. 219 mit Lösung S. 222). Dagegen wird eingewandt, dass infolge der Nichtexistenz eines Vorsatzes beim Unterlassenden ein solcher auch nicht hervorgerufen werden könne; die „Abstiftung" von der Gebotserfüllung sei das Gegenteil einer Anstiftung und als Begehungstäterschaft zu bewerten.[445] Letzteres kommt für die Tatherrschaftslehre, wie sie hier vertreten wird (s. o. Rn. 25–29), nicht in Betracht, da man durch Abraten nicht zur Zentralgestalt des Geschehens wird, dessen negative Folgen der Garant abzuwenden verpflichtet ist.[446] Auch fehlt es bei dem Unterlassenden nicht am (hervorzurufenden) Vorsatz, da er sich entschließt, nicht rettend einzugreifen.[447] Ob dieser Vorsatz auch durch das Schaffen einer tatanreizenden Situation (Offenlassen des Küchenfensters, um Diebstahl des Fernsehers zu „provozieren" hervorgerufen werden kann, ist hier – wie bei der aktiven Anstiftung (o. Rn. 176) – umstritten (abl. *Bachmann/Eichinger*, JA 2011, 509 f. u. LK-*Schünemann*, § 26 Rn. 55). Dass die anstiftende Freundin keine Garantin ist, schadet bei ihrer aktiven Anstiftung nicht;[447a] ob sie die Strafmilderung nach § 28 I erhält, hängt von der umstrittenen Frage ab, ob es sich bei der Garantenstellung um ein (strafbegründendes) besonderes persönliches Merkmal handelt (dazu oben Rn. 161 Fn. 258 c). Umstritten ist, ob der Anstifter zu einem Unterlassungsdelikt (z. B. dem Totschlagsversuch und der gefährlichen Körperverletzung, die der Arzt am verunglückten Konkurrenten des Anstifters durch Unterlassen begeht) durch untätiges Verweilen am Unfallort zum Unterlassungstäter werden kann; auch wer dies bejaht, sollte das „Unterlassen nach Tun" als subsidiär zurücktreten lassen.[447b] Die Nichtverhinderung der Anstiftung eines Freundes durch seinen vierzehnjährigen Sohn seitens des Vaters führt zur Unterlassungstäterschaft (näher *Bachmann/ Eichinger*, JA 2011, 509 f.: Bsp. 3, nach *Jakobs*, 29/104).

4. Beihilfe

Ebenso wie eine Beihilfe durch Unterlassen (s. o. Rn. 229–231) ist auch eine Beihilfe durch aktives Tun zum Unterlassen möglich.[448] Sie wird meist in einer psychischen Bestärkung des Tatentschlusses (s. o. Rn. 225–228) des Unterlassungstäters

271

272

---

[443] Beispiel von *Schwab*, 1996, S. 53 u. 212; – eine gemeinschaftliche Begehung verneint auch *Krey/Esser*, AT, Rn. 1191.

[444] BGHSt 14, 280, 282; *Arzt*, JA 1980, 553; *Vogel*, 1993, S. 296; *Schwab*, 1996, S. 55 u. 215; *Jescheck/Weigend*, S. 639 f.; *Joecks*, § 13 Rn. 64 f.; *Heinrich*, AT II, 878–880; *Krey/Esser*, AT, Rn. 1184; LK-*Schünemann*, § 26 Rn. 95; vgl. auch *Bachmann/Eichinger*, JA 2011, 509 f. mit BGH NJW 2003, 1060, als Bsp. 1.

[445] *Kaufmann*, 1959, S. 190 ff., 317.

[446] Vgl. *Schwab*, 1996, S. 60.

[447] LK-*Schünemann*, § 26 Rn. 95.

[447a] Vgl. *Joecks*, § 13 Rn. 66 m. w. N.

[447b] Vgl. *Tiedemann*, Anfängerübung, Fall 10, S. 229 f., 238 m. N.

[448] B-*Weber/Mitsch*, 31/22; *Jescheck/Weigend*, S. 640; *Krey/Esser*, AT, Rn. 1190; *Fischer*, § 13 Rn. 52; *Bachmann/Eichinger*, JA 2011, 509 ff. mit BGH NStZ 1998, 83 als Bsp. 4.

bestehen,[448a] kann aber auch durch physische Förderung geleistet werden, so z. B. wenn G dem Vater, der die Schmerzschreie seines Kindes nicht mehr hören kann, einen Ohrenschutz reicht (= Beihilfe zur Körperverletzung durch Unterlassen gem. §§ 223, 13, 27).[449]

> Aus der **Übungsfall-Literatur** zur Beteiligung beim Unterlassen vgl.: *Beulke,* KK III, Fall 7, Rn. 278 u. 298–300 (keine Anstiftung durch Unterlassen möglich); *Bott/Kühn,* Jura 2009, 72 u. 77 f. (mittelbare Täterschaft); *v. Danwitz,* Jura 2000, 486 u. 490 f. (Anstiftung durch Unterlassen); *Haas,* AL 2012, 119 u. 128 (Anstiftung zum Unterlassen); *Hellmann/Beckemper,* ZJS 2008, 60 u. 67 (§ 265 b I Nr. 1 b); *Hillenkamp,* 30. AT-Problem, Bsp. 1, S. 178 u. 180 f. sowie Bspe. 2 u. 3, S. 181; *Hinderer,* JA 2009, 25 u. 26 f. (Anstiftung); *Radtke,* Jura 1997, 477 u. 485 (Mittäterschaft; Abstiftung eines Rettungswilligen); *Rudolphi,* AT-Fälle, Fall 13, S. 148 u. 163; *Stoffers/Murray,* JuS 2000, 986 u. 989 f. (Anstiftung zum Unterlassen); *Tiedemann,* Anfängerübung, Fall 10, S. 229 f. u. 237 f.; *Tiedemann/Walter,* Jura 2002, 708 u. 713 (Mittäterschaft zwischen Unterlassungs- und Begehungstäter).

5. Akzessorietät der Teilnahme

273   Die Unterlassungshaupttat muss die Anforderungen der §§ 26, 27 erfüllen und deshalb eine vorsätzlich begangene rechtswidrige Tat sein (s. o. Rn. 135–146). In Fällen der Unzumutbarkeit des Unterlassens (s. o. 18/33 u. 139–141) ist diese Anforderung nur erfüllt, wenn dadurch die Schuld des Haupttäters ausgeschlossen wird, nicht dagegen, wenn dadurch bereits der Tatbestand der Haupttat entfällt.[450] Der hier vertretene Schuldausschluss hat zur Konsequenz, dass der Hinweis auf die Unzumutbarkeit, z. B. wegen erheblicher Lebensgefahr bei Vornahme der Rettungshandlung, eine strafbare Teilnahme zur unterlassenen Lebensrettung eines Garanten ist (§§ 212, 13), aber keine Teilnahme an der unzumutbaren und deshalb nach h. L. tatbestandslosen unterlassenen Hilfeleistung eines Nicht-Garanten i. S. des § 323 c.

IX. Täterschaft und Teilnahme bei erfolgsqualifizierten Delikten

274   Bei den erfolgsqualifizierten Delikten konnte in § 17 a zwar Vollendung und Versuch behandelt, kurz auch die Begehung des Grunddelikts durch Unterlassen (Rn. 2) angesprochen werden, doch musste die Problematik von Täterschaft und Teilnahme bei diesen Delikten zurückgestellt werden, bis die Beteiligten in § 20 vorgestellt worden waren; das ist jetzt geschehen. In § 20 ist zwar auf zwei der wichtigeren Probleme aus dem Themenbereich von Täterschaft und Teilnahme bei den erfolgsqualifizierten Delikten bereits eingegangen worden (20/117 zu Mittäterexzessen und 20/140 zur Akzessorietät), doch soll hier noch eine geschlossene Behandlung dieses Themenbereichs erfolgen.

1. Täterschaft

Eine **mittelbare** Täterschaft ist beim erfolgsqualifizierten Delikt wie etwa Körperverletzung mit Todesfolge nach § 227 oder Raub mit Todesfolge nach § 251 nur schwer vorstellbar, von der Rechtsprechung – soweit ersichtlich – noch nicht ent-

---

[448a] Vgl. etwa BGH NStZ 1998, 83: ein Garantenpflichtiger wird in seinem Entschluss, eine notwendige Rettungsmaßnahme nicht zu veranlassen, dadurch bestärkt, dass ihm sein nichtgarantenpflichtiger Begleiter rät, besser keine Hilfe zu holen, weil sonst die Polizei kommen werde.

[449] Beispiel von B-*Weber/Mitsch*, 31/23; ähnliches Beispiel bei *Vogel*, 1993, S. 297.

[450] So etwa *Stree,* Fs. Lenckner, 1998, S. 393, 401.

schieden worden und wird selbst in großen Lehrbüchern wie dem von *Roxin* nicht behandelt. In Großkommentaren wird aber etwa der Fall streitig diskutiert, in dem der Täter die besondere (Todes-)Folge vorsätzlich herbeiführen will und dabei ein irrendes Werkzeug einsetzt, das das Grunddelikt vorsätzlich, die besondere Folge aber nur fahrlässig verursacht.[451] Dagegen ist die Möglichkeit von **Mittäterschaft** weitgehend anerkannt, obwohl sich der gemeinsame Tatenschluss nur auf das vorsätzliche Grunddelikt – die Körperverletzung nach § 223 oder den Raub nach § 249 – beziehen kann. Dem Mittäter, der die besondere (Todes-)Folge noch zusätzlich fahrlässig verursacht, wird diese nach §§ 227, 251 angelastet; dem Mittäter, der hinsichtlich der besonderen Folge nicht fahrlässig handelt, wird nur das Grunddelikt (§§ 223, 249) angelastet.[452] Eine besondere Problematik ergibt sich aus der bereits oben behandelten Kombination von Mittäterschaftsexzess und erfolgsqualifiziertem Delikt (s. oben Rn. 117 mit Bsp.).[453]

2. Teilnahme

Die Möglichkeit einer von der vorsätzlichen (rechtswidrigen) Haupttat abhängi- 275 gen Teilnahme ermöglicht § 11 Abs. 2 (dazu schon 17 a/3–5 u. 20/240), der auch erfolgsqualifizierte Delikte zu Vorsatztaten erklärt; dass hinsichtlich der besonderen Folge Fahrlässigkeit reicht, ergänzt § 18 (s. wieder 20/140). Wer also einen Täter zu einem vorsätzlichen Grunddelikt (§§ 223, 249) anstiftet oder ihm bei dessen Begehung Hilfe leistet, ist Anstifter (§ 26) oder Gehilfe (§ 27) auch zum erfolgsqualifizierten Delikt (§§ 227, 251), wenn er hinsichtlich der besonderen (Todes-)Folge fahrlässig handelt (vgl. BGHSt 19, 339, 341 m. Anm. *Cramer*, JZ 1965, 37 = Fall 84 bei *Roxin*, HRR AT = Bsp. bei LK-*Schünemann*, § 26 Rn. 92; BGH NStZ 2008, 280).[454] Die Beteiligung muss spätestens zum Zeitpunkt der Vollendung des Grunddelikts erfolgen, denn nur dann kann ein „tatbestandsspezifischer Schutzzweckzusammenhang" vorliegen (vgl. *Grabow/Pohl*, Jura 2009, 656, 660 f. [BGH NStZ 2008, 280, nachgebildet]: „spätestens zum Zeitpunkt der Begehung des Grunddelikts").

3. Beteiligung durch Unterlassen

Wer als Garant nur nicht verhindert, wie ein anderer aktiv einen Dritten vorsätz- 276 lich so verletzt, dass dieser den Tod findet (= bei Fahrlässigkeit hinsichtlich dieser Todesfolge § 227), ist nach der hier mehrfach vorgeschlagenen Abgrenzung von Täterschaft und Teilnahme bei garantenpflichtwidrigem Unterlassen nur Gehilfe (s. oben Rn. 230 u. 270). Dies würde in dem oben (§ 17 a Rn. 2) angesprochenen Fall

---

[451] Für mittelbare Täterschaft LK-*Vogel*, § 18 Rn. 67; dagegen MK-*Hardtung*, § 18 Rn. 59; für mittelbare Täterschaft auch *Kudlich*, JA 2000, 511, 514 mit Fn. 26.

[452] *Geppert*, Jura 2011, 30, 32; *Roxin*, AT II, 25/197; *W-Beulke*, Rn. 531; *Rengier*, BT I, 9/23 (zu § 251); LK-*Schünemann*, § 25 Rn. 179; LK-*Vogel*, § 18 Rn. 67; S/S-*Cramer/Sternberg-Lieben*, § 18 Rn. 7; aus der Rspr.: BGH NStZ 2008, 280.

[453] Darauf weisen auch besonders hin: *Geppert*, Jura 2011, 30, 32 u. *W-Beulke*, Rn. 531; so auch BGH NStZ 2010, 81 u. *Kudlich*, JA 2009, 246, 250; *Rengier*, BT II, 16/34 f.

[454] Anschaulich und eingehend *Kudlich*, JA 2000, 511 und *Rengier*, 1986, S. 254 ff. außerdem vgl. *Frister*, 28/3 f. u. SK-*Rudolphi/Stein*, § 18 Rn. 33, jeweils mit Anstiftungsbsp.; *Heinrich*, AT II, Rn. 1282; *Roxin*, AT II, 26/167 u. 284; *W-Beulke*, Rn. 554; LK-*Vogel*, § 18 Rn. 68; LK-*Schünemann*, § 26 Rn. 92 f. u. § 27 Rn. 62; einschr. MK-*Hardtung*, § 18 Rn. 60: die Folge dürfe nicht schon aus der Teilnehmerhandlung herrühren; krit., aber letztlich der h. L. zust. *Sowada*, Jura 1995, 644, 646 f. u. NK-*Paeffgen*, § 18 Rn. 132 f.: „Zwitterfigur", für die er Leichtfertigkeit vom Teilnehmer verlangt.

des BGHSt 41, 113, für den unterlassenden Ehemann gelten: neben seiner gewalttätigen Ehefrau, die den Tod des Kindes aktiv verursacht hat, bleibt ihm „nur die Nebenrolle" des Gehilfen (§§ 227, 27).

> Aus der **Übungsfall-Literatur** zur Beteiligung am erfolgsqualifizierten Delikt vgl: *Alpmann/Schmidt*, AT 2, Fall 10, S. 56 f. (Anstiftung zu § 239 I, IV); *Beulke*, KK III, Fall 10, Rn. 468 u. 495 (Anstiftung zu § 226); *Cornelius*, JA 2009, 425 u. 430 (Beihilfe zu § 227); *Jäger*, Fall 68, Rn. 381 b u. c (Anstiftung zu § 251); *Krey/Esser*, AT, Fall 174, Rn. 1377 f. (Anstiftung zu § 227); *Laue/Dehne-Niemann*, Jura 2010, 73 u. 76 (Mittäter bei § 251); *Murmann*, JA 2011, 593 u. 596 f. (sukzessive Mittäterschaft bei § 227); *Otto/Bosch*, Übungen, Fall 10, S. 221. – **Prüfungsschema** bei *Kudlich*, JA 2000, 511, 515.

7. Abschnitt. Konkurrenzen

§ 21. Konkurrenzen

A. Grundwissen

Das von Studenten oft als „leidig" empfundene Thema der Konkurrenzen[1] ist in 1 strafrechtlichen Fallbearbeitungen immer, aber auch nur dann zu behandeln, wenn ein Täter mehrere Tatbestände oder denselben Tatbestand mehrmals verwirklicht hat. Das festgestellte Konkurrenzverhältnis bildet dabei die Grundlage für den Rechtsfolgenausspruch.[2]

Entsprechend der in den §§ 52, 53 vorgenommenen Differenzierung bildet die 2 Unterscheidung von **Handlungseinheit** und **Handlungsmehrheit** – synonym und häufig verwendet: Idealkonkurrenz und Realkonkurrenz – den Ausgangspunkt der Konkurrenzlehre,[3] wobei das Gesetz (§ 52) bei der Verletzung mehrerer „Strafgesetze" bzw. bei der mehrmaligen Verletzung desselben Strafgesetzes durch eine Handlung von **Tateinheit** spricht, während die Begehung mehrerer „Straftaten", die gleichzeitig abgeurteilt werden, von § 53 als **Tatmehrheit** bezeichnet wird.[3a]

Diese letztere **Rechtsfolge** ist die für den Täter ungünstigere,[3b] denn nach den 3 §§ 53 bis 55 werden zwar die verwirkten Strafen nicht addiert (§ 54 II), doch muss aus ihnen eine Gesamtstrafe durch Erhöhung der verwirkten höchsten bzw. schwersten Strafe gebildet werden (§ 54 I). Dieses bedeutet z.B. in einem Fall, in dem der Täter durch mehrere Handlungen Strafen wegen Raubes (§ 249) und Urkundenfälschung (§ 267) verwirkt hat, dass zwei Einzelstrafen festgesetzt werden müssen und dass dann die wegen Raubes an sich angemessene Strafe erhöht werden muss.

Bei Tateinheit gem. § 52 hingegen ist nur auf eine Strafe zu erkennen, die aus dem 4 schärfsten der verletzten Gesetze bestimmt wird.

Keine dieser beiden Rechtsfolgen tritt jedoch ein, wenn sich herausstellt, dass die im 5 strafrechtlichen Gutachten bejahten Tatbestände nur **scheinbar** miteinander **konkurrieren**, in Wirklichkeit jedoch ein Tatbestand den oder die anderen Tatbestände verdrängt.[4] Dies ist bei der gesetzlich nicht geregelten[5] sog. **Gesetzeskonkurrenz** der

---

[1] Vgl. *Kühl*, JA 1978, 475 ff.

[2] Zur Bestimmung der Rechtsfolge vgl. *Walter*, JA 2004, 133–135; B-*Weber/Mitsch*, 36/32 u. 34–38; *Gropp*, 14/3; *Stratenwerth/Kuhlen*, 18/35–39 u. 44–46.

[3] B-*Weber/Mitsch*, 36/14. – *Tiedemann*, Anfängerübung, S. 90, spricht insoweit von der 1. Grundfrage der Konkurrenzbearbeitung; *ders.*, JuS 1987, L 18 – Zur Entwicklung der Konkurrenzen im 19. Jahrhundert *Lang*, 2008, der die Idealkonkurrenz (= Tateinheit) als „Missverständnis" bezeichnet. – Für eine „Neuordnung" der Konkurrenzen *Erb*, ZStW 117 (2005), 37 ff., nach dem die Einheitsstrafe die Gesamtstrafe ablösen soll.

[3a] Krit. zu dieser unterschiedlichen Begrifflichkeit *Lang*, 2008, S. 478 f.

[3b] *Haft*, S. 284 f.

[4] *Tiedemann*, Anfängerübung, S. 90, spricht insoweit von der 2. Grundfrage der Konkurrenzbearbeitung; *ders.*, JuS 1987, L 18; ebenso *Seher*, JuS 2004, 392 u. *Stiebig*, Jura 2007, 908 u. 913; diesen beiden Grundfragen fügt als 3. Grundfrage *Walter*, JA 2004, 133, hinzu, „ob die Handlungen innerhalb einer Handlungseinheit sogar zu einem einzigen Gesetzesverstoß zusammenschmelzen"; zum Einfluss auf die Prüfungsreihenfolge, S. 136 f. (dazu s. unten Rn. 74 b). – Zur Gesetzeskonkurrenz als scheinbarer Konkurrenz in Abgrenzung zu den ech-

Fall, die deshalb scheinbare oder unechte Konkurrenz genannt wird.[5a] Hier verdrängt ein Gesetz ein anderes oder andere, so dass letztlich **Gesetzeseinheit** vorliegt,
weshalb sich eine Anwendung der §§ 52 ff., die nur bei **Gesetzesmehrheit** (vgl. insoweit auch den dritten Titel des dritten Abschnitts des AT des Strafgesetzbuches)
greifen, verbietet.

5a　　Der Begriff der Tat(einheit) ist vom prozessualen Tatbegriff (§ 264 StPO) zu trennen; letzterer ist sogar weiter als die Tatmehrheit i. S. des § 53.[5b] Während der prozessuale Tatbegriff und die Tatidentität i. S. des Art. 103 III GG die Grenzen der materiellen Rechtskraft abstecken, haben die §§ 52 ff. StGB das „Ziel bestmöglicher
Verwirklichung materieller Gerechtigkeit" bei der Bildung des Schuld- und Straf-
ausspruchs (BVerfG NJW 2004, 279).[5c]

> **Grundfälle** bei *Seher*, JuS 2004, 392 ff. u. 482 ff.; didaktisch aufbereiteter Überblick bei *Stein-*
> *berg/Bergmann*, JuS 2009, 909, 910; weitere Überblicke bei *Warda*, JuS 1964, 81; *Kühl*, JA
> 1978, 475; *Mitsch*, JuS 1993, 385; *Geppert*, Jura 2000, 598, 651; *Walter*, JA 2004, 133, 572 u.
> ausführlicher bei *Seier*, Anfängerklausur, S. 195 ff.

I. Handlungseinheit – Tateinheit

1. Handlungseinheit

6　　Bei der Bestimmung der Handlungseinheit ist von der natürlichen Lebensauffas-
sung ausgehend zwischen der natürlichen Handlung bzw. der Handlung im natürlichen Sinne und der natürlichen Handlungseinheit zu unterscheiden.[6] Daneben unterfallen auch solche Handlungen dem Begriff der Handlungseinheit, die unter
rechtlicher Betrachtungsweise eine Handlungseinheit (= rechtliche Handlungseinheit) bilden. Wird eine Tat von mehreren Beteiligten (Täter oder Teilnehmer) begangen, so ist die Frage, ob eine Handlungseinheit oder eine Handlungsmehrheit vorliegt, allein nach dem Tatbeitrag des einzelnen Beteiligten zu entscheiden.[6a]

> Aus der **Übungsfall-Literatur** vgl.: *Kudlich*, PdW AT, Fall 315 (Anstiftung); *Maier*, JuS 2000,
> 677, 680 (Beihilfe); *Murmann*, JuS 1998, 630 u. 634 f. (Anstiftung); *Rudolphi*, AT-Fälle, Fall 9,
> S. 101 u. 108 (Anstiftung).

---

ten Konkurrenzen der §§ 52, 53 *Zabel*, KritV 2009, 57, 61, der dieses System als „formalisier-
ten Ausdruck tatproportionalen Strafhandelns" versteht (S. 60), das aber von der „Abspra-
chenpraxis" normativ überlagert sei (S. 62), die zur „richterlichen Strafzumessungswillkür"
führen könne, weil sie „den strikten Begründungszusammenhang von Tatsachen, rechtlicher
Würdigung und Einzel- und Gesamtstrafenbildung zu Gunsten einer ‚interessengeleiteten Gesamtschau'" unterlaufe (S. 64).
　[5] Vgl. *Mitsch*, JuS 1993, 385; LK-*Rissing-van Saan*, Vor § 52 Rn. 2. Sie ist nach *Lang*,
2008, S. 479, älter als die Unterscheidung von Ideal- u. Realkonkurrenz.
　[5a] *Stiebig*, Jura 2007, 908 u. 913: „unechte"; *Freund*, 11/2: „Straftateinheit"; diff. zwischen
scheinbarer und unechter Konkurrenz *Heinrich*, AT II, Rn. 1387, der unter letzterer etwa den
Fall mehrerer Ohrfeigen behandelt, der hier als tatbestandliche Handlungseinheit eingestuft
wird (unten Rn. 22).
　[5b] Vgl. BGHSt 45, 211, 212; *Ranft*, JuS 2003, 417, 421; *Lackner/Kühl*, 34 vor § 52; *Mey-*
er/Goßner StPO, § 264 Rn. 6 a.
　[5c] Vgl. zu dieser Unterscheidung mit Rspr.-Nachweisen *Paeffgen*, Gs. Heinze, 2005, S. 615,
618 Fn. 18.
　[6] Vgl. LK-*Rissing-van Saan*, Vor § 52 Rn. 7.
　[6a] Vgl. BGHSt 40, 238; BGHStV 2002, 73; BGH NStZ-RR 1996, 227; 2003, 267 u. 2004,
342; *Lackner/Kühl*, Rn. 22 vor § 52; jetzt auch bei Mittäterschaft S/S-*Stree/Sternberg-Lieben*,
§ 52 Rn. 21. – Speziell zur Anstiftung mit Beispielsfällen *Geppert*, Jura 1997, 358, 366.

a) Natürliche Handlung bzw. Handlung im natürlichen Sinn

Keine Probleme hinsichtlich der Feststellung einer Handlungseinheit ergeben sich 7 in den Fällen, in denen der Täter nur **eine Willensbetätigung** im natürlichen Sinne zur Deliktsbegehung benötigt.[6b] Eine solche einmalige Willensbetätigung ist selbst dann eine Handlungseinheit, wenn sie mehrere tatbestandliche Erfolge zeitigt, ja sogar dann, wenn hinter diesen Erfolgen höchstpersönliche Rechtsgüter stehen;[7] z.B. der eine Schuss, der mehrere Personen verletzt, oder der Bombenwurf in ein Haus, der zu einer Sachbeschädigung (§ 303), einer vorsätzlichen Tötung (§§ 211, 212), einer fahrlässigen Tötung einer anderen Person (§ 222) und einer gemeingefährlichen Tat nach § 308 führt (= *Kudlich*, PdW AT, Fall 314). Das gilt auch für den Schlag mit dem Bügeleisen, der unmittelbar zu Platzwunden und mittelbar – das Opfer sprang aus dem Fenster – zu einem Fußbruch führte, sofern letzterer dem Täter als fahrlässig herbeigeführter Erfolg noch objektiv zugerechnet werden kann (*Paul*, JZ 1998, 297f.; nur im Erg. auch für Tateinheit zwischen § 224 I Nr. 2 und § 229 BGH NStZ 1997, 493).

> Aus der **Übungsfall-Literatur** zur Handlung im natürlichen Sinn vgl.: *Corell*, Jura 2010, 627 u. 634f.; *Kudlich*, PdW AT, Fall 314 (mit obigem „Bombenwurf"-Beispiel); *Seher*, in: *Ebert* (Hrsg.), Fall 12, S. 12f. u. 192 (verfolgendem Polizisten Bein gestellt: §§ 113 I, 240, 223 I, 258-Versuch und § 242-Beihilfe) sowie die *Tiedemann*-Fälle, die unten Rn. 74b zitiert werden.

Zur Handlungseinheit bei Beteiligungen und Unterlassungen vgl. auch die folgenden zwei Beispiele:

1. Beispiel nach *Brandts*, Jura 1986, 495 u. 498: A bewirkt durch Täuschung des 8 P, dass dieser als „Werkzeug" – wie von A beabsichtigt – zunächst den Liebhaber der Ehefrau des A und dann sich selbst tötet.

Zwar hat P beide Tötungen durch zwei verschiedene Handlungen bewirkt, doch ist bei der **mittelbaren Täterschaft** das eigene Handeln des Hintermannes entscheidend; dieses stellt jedoch nur eine einzige Handlung dar. Das Gleiche gilt für Tötungshandlungen, die auf derselben Entscheidung der mittelbaren Täter beruhen[7a] sowie für mehrere in mittelbarer Täterschaft bewirkte betrügerische Vertragsabschlüsse auf Grund nur eines Auftrags des Hintermanns.[7b] Ebenso wenn der mittelbare Täter das Werkzeug „zur Verwirklichung des Raub- und des Körperverletzungstatbestandes" bestimmt (*Rudolphi*, AT-Fälle, Fall 4, S. 39 u. 51f.). – Dasselbe

---

[6b] *Seher*, JuS 2004, 392, 393; *Murmann*, GK, 31/14; *Roxin*, AT II, 33/17; krit. aber NK-*Puppe*, § 52 Rn. 22, die in 35ff. u. 37ff. ein abweichendes Konzept entwickelt, das auf „Unrechtseinheit" und „Zeiteinheit" abstellt; krit. dazu SK-*Samson/Günther*, Rn. 20 vor § 52 m.N.

[7] Vgl. BGHSt 1, 20; 16, 397ff.; *Klumpe*, 1998, S. 130; *Geppert*, Jura 2000, 598, 601; *Seher*, JuS 2004, 392, 393; LK-*Rissing-van Saan*, § 52 Rn. 6; SK-*Samson/Günther*, Rn. 21 vor § 52; krit. NK-*Puppe*, § 52 Rn. 22. – Ebenso für mehrere Todesfolgen i.S. des § 251, die auf einer Gewalthandlung beruhen, *Schroeder*, Fs. Lüderssen, 2002, S. 598, 604. – Ebenso für mehrere Vergewaltigungen (§ 177 II), bei denen durchgehend dasselbe Nötigungsmittel eingesetzt wird (BGH StraFo 2003, 281), auch wenn gegen mehrere Opfer (BGH StraFo 2003, 281f.).

[7a] Z.B. die Tötung von Flüchtlingen durch DDR-Grenzsoldaten auf Grund einer Entscheidung des Nationalen Verteidigungsrats; vgl. BGHSt 40, 218, 239. – Aus der Rspr. vgl. außerdem BGHStV 2000, 196. – Aus der Übungsfall-Literatur vgl. *Rudolphi*, AT-Fälle, Fall 4, S. 39 u. 51f.: durch eine Handlung das Werkzeug zur Verwirklichung des „Raub- und des Körperverletzungstatbestandes" bestimmt".

[7b] BGH wistra 1996, 230; BGH NStZ-RR 2004, 9; BGHSt 49, 147, 164; vgl. auch BGH NStZ-RR 2008, 275 u. BGH wistra 2010, 344; LK-*Rissing-van Saan*, Rn. 83 vor § 52 u. *dies.*, in: Fs. Tiedemann, 2008, S. 391, 397f.

gilt für **eine Beihilfehandlung** (z. B. Schmierestehen), mit der 2 Einbruchsdiebstähle (des A und B) gefördert werden.[7c] Werden dagegen mehrere selbständige Taten durch mehrere Hilfeleistungen unterstützt, liegt Tatmehrheit nach § 53 vor (BGH NJW 2009, 690, 692); nicht jedoch, wenn die Hilfeleistungen die Haupttaten „fortlaufend" absichern sollen und sich nicht mehr einer konkreten Haupttat zuordnen lassen (OLG Hamm NStZ-RR 2009, 274, 275). Tateinheit liegt vor bei einer **Anstiftung** zur Tötung zweier Konkurrenten (Fall 34 bei *Bock*, JA 2007, 599, 604; aus der Rspr. vgl. BGHSt 40, 307, 314). – Auch bei **Mittätern** wird „jeder Täter nur nach seinem eigenen Tatbeitrag beurteilt" (BGH NStZ-RR 1998, 234 u. 2004, 342 für Beitrag im Vorfeld, der zu mehreren Ausführungstaten der anderen Mittäter führte = „gleichartige Tateinheit"; BGHSt 49, 177; BGH wistra 2007, 100 u. 2010, 19; vgl. auch *Rissing-van Saan*, Fs. Tiedemann, 2008, S. 391, 397). – Auch bei der Verbrechensverabredung (§ 30 II Var. 3) richten sich die Konkurrenzen für jeden Tatbeteiligten „allein nach dessen Tathandlung(en)" (BGHSt 56, 170 m. zust. Bspr. *Satzger*, JK 1/12, StGB § 25 II/18; zust. auch *Fischer*, § 30 Rn. 16), also nicht danach, in welchem Verhältnis die verabredeten Taten im Falle ihrer Verwirklichung gestanden hätten (so noch BGH NJW 2010, 623). Insgesamt gilt: sind an einer Deliktsserie mehrere Personen als Mittäter, mittelbare Täter, Anstifter oder Gehilfen beteiligt, so ist die Frage „Tateinheit oder Tatmehrheit" für jeden Beteiligten gesondert zu prüfen (näher BGH wistra 2010, 19; *Lackner/Kühl*, 22 vor § 52).

9   2. Beispiel nach *Dannecker*, Jura 1988, 657 u. 663: E unterlässt es, die Feuerwehr zur Löschung seines bereits brennenden ehelichen Wohnhauses zu rufen, da er die Versicherungssumme kassieren will. Die nebenstehende Lagerhalle brennt ebenfalls ab.

Selbst wenn bzgl. beider **Unterlassungsdelikte** verschiedene Garantenpflichten bestehen, ist auch hier Handlungseinheit gegeben, da hinsichtlich beider Brandstiftungsdelikte die Garantenpflichten durch die gleiche Handlung (= Verständigung der Feuerwehr) hätten erfüllt werden können. Dies gilt auch beim Betrug durch Unterlassen, der zu laufenden Leistungen von Sozialhilfe führt, wenn die Pflicht zur Schadensverhinderung durch eine Meldung erfüllt werden konnte.[7d] Bedarf es hingegen mehrerer Handlungen (z. B. Zahlungen des Unterhaltspflichtigen gem. § 170) zur Erfüllung von Pflichten gegenüber mehreren Unterhaltsberechtigten, so liegt bei deren Nichterfüllung Tatmehrheit vor (vgl. BGHSt 18, 376 = *Roxin*, HRR

[7c] Bsp. von *Geppert*, Jura 1999, 266, 274. – Aus der Rspr. vgl. BGHSt 40, 374, 377 u. 49, 306, 316; BGH NStZ 1999, 451 u. 513 sowie 2000, 83 u. 430 f.; BGH wistra 2001, 144 u. 2002, 421; BGH NStZ-RR 2003, 309, 310; BGH NStZ 2007, 526; BGH wistra 2007, 100; BGH StraFo 2008, 254; BGH StV 2009, 130; BGH wistra 2010, 19; weitere Rspr. bei LK-*Rissing-van Saan*, Rn. 83 vor § 52. – Mehrere Beihilfehandlungen zu einer Tat sollen wegen des in ihnen liegenden akzessorischen Rechtsgutsangriffs auch nur eine Beihilfe sein, *Rengier*, AT, 56/81; *Roxin*, AT II, 26/285; LK-*Schünemann*, § 27 Rn. 67; ebenso *Fischer*, § 27 Rn. 31a sowie Rn. 11 u. 36 vor § 52 mit BGH NStZ-RR 2008, 386; s. auch BGHSt 46, 107, 116 (dazu *Heghmanns*, Fs. Roxin, 2011, S. 867, 877 f., der für die „mehrfache Bestrafung mehrerer Beihilfen zu derselben Tat" plädiert). – Mehrere an sich selbstständige Beihilfehandlungen können aber „zu einer Tat im Rechtssinne zusammengefasst werden", wenn die Taten des Haupttäters eine „Bewertungseinheit" darstellen (BGH NStZ 1999, 451; vgl. auch BGH wistra 1999, 376 f.).

[7d] Vgl. SchlHOLG SchlHA 1999, 172; aus der Rspr. zu Unterlassungsdelikten vgl. BGHSt 37, 106, 134 [= „Lederspray"-Fall: Schädigung mehrerer Personen durch Unterlassen einer Rückrufaktion; zust. W-*Beulke*, Rn. 762 u. *Roxin*, AT I, 33/63, für den Regelfall, dass alle schädlichen Produkte zurückgerufen werden müssten u. 48, 77, 97; wie hier B-*Weber/Mitsch*, 36/31; *Stratenwerth/Kuhlen*, 18/27.

AT, Fall 99, S. 153 u. 215; als Übungs-Fall 320 bei *Kudlich,* PdW AT).[7e] – Das pflichtwidrige Unterlassen ist auch dann eine „einzige Unterlassungstat", wenn es zu mehreren Tötungen führt (BGHSt 48, 77, 99 zum mittelbaren Unterlassungstäter; dazu s. oben 20/267a); das gilt auch für eine Beihilfe durch Unterlassen (BGH NStZ 2009, 443; *Lackner/Kühl,* 22 vor § 52).

b) Natürliche Handlungseinheit[8]

Lassen sich die Fälle der natürlichen Handlung bzw. der Handlung im natürlichen Sinne relativ einfach bestimmen, so stellt der Begriff „natürliche Handlungseinheit"[9] den zumindest in seinen Grenzen wohl umstrittensten Begriff der Konkurrenzlehre dar. In seiner weitesten Fassung umfasst er die Verletzung mehrerer Straftatbestände, wenn sie nur durch eine – nach **natürlicher Betrachtungsweise** bestimmte – Handlung bewirkt wurde.   10

So etwa wenn T seinem Beifahrer A mit einem großen Schraubenschlüssel mehrmals heftig auf den Kopf schlägt, um diesen zum Verlassen des PKW zu bewegen, was A schließlich auch tut (Bsp. von *Mitsch,* JuS 1993, 222 u. 224). Hier verwirklicht T die Straftatbestände der gefährlichen Körperverletzung (§§ 223, 224) und der Nötigung (§ 240) durch „ein und dieselbe Handlung" (= Schläge mit dem Schraubenschlüssel). Dieser aus mehreren Aktionen bestehenden Handlung liegt ein **einheitlicher Wille** zugrunde (= A zum Verlassen des PKW zu bewegen), wobei die Aktionen in einem so **engen zeitlichen und räumlichen Zusammenhang** stehen, dass sie als natürliche Handlungseinheit[10] anzusehen sind. Am einheitlichen Willen fehlt es nicht, wenn der Täter eines Diebstahls wertvolle Tatobjekte auswählt (OLG Frankfurt NStZ-RR 2004, 74). Bei „natürlicher Betrachtungsweise" ist nach st. Rspr. nur ein Diebstahl nach § 242 gegeben, „wenn der Täter seinem – gegebenenfalls während der Tatausführung erweiterten – Tatplan entsprechend mehrere Sachen (z.B. Fahrzeuge) entwendet (BGH NStZ-RR 2009, 279 unter Berufung auf BGHSt 22, 350, 351 zu § 249; s. unten Rn. 17). Eine Sachbeschädigung nach § 303 ist anzunehmen, wenn der enttäuschte Fan nach einem verlorenen Fußballderby auf dem Heimweg bei sechs Autos, die am Straßenrand stehen, nacheinander die Außenspiegel abtritt (*Steinberg/Bergmann,* Jura 2009, 905, 908).   11

Nach BGHSt 4, 219, 220 (= *Roxin,* HRR AT, Fall 97, S. 151 u. 214) ist die „natürliche Handlungseinheit" durch einen „solchen unmittelbaren Zusammenhang zwischen mehreren menschlichen, strafrechtlich erheblichen Verhaltensweisen gekennzeichnet, dass sich das gesamte Tätigwerden an sich (objektiv) auch für einen Dritten als ein einheitliches zusammengehöriges Tun bei natürlicher Betrachtungsweise erkennbar macht".   12

In dem dieser Entscheidung zugrundeliegenden Fall war ein begonnener Einbruchsdiebstahl nach kurzfristiger[11] Aufgabe des Entschlusses schließlich doch zu   13

[7e] Vgl. *Walter,* JA 2004, 572; *Roxin,* AT II, 33/62; *Lackner/Kühl,* § 170 Rn. 12 u. LK-*Rissing-van Saan* 85 vor § 52. – Mit anderem Bsp. ebenso *Ebert,* S. 221 f.

[8] Vgl. in diesem Zusammenhang auch die von *Wolter,* StV 1986, 315 ff., 320 f., vorgeschlagene Rechtsfigur einer „normativen Sinneinheit" oder „normativen Handlungseinheit".

[9] Speziell zur Behandlung der natürlichen Handlungseinheit in strafrechtlichen Übungsarbeiten: *Schroeder,* Jura 1980, 240 ff. und *Wagner,* BT-Fälle, Fall 1, S. 8 Fn. 33.

[10] Vgl. hierzu *Sowada,* Jura 1995, 245; *Warda,* JuS 1964, 83 u. *Steinberg/Bergmann,* Jura 2009, 905, 908.

[11] Allerdings steht nach BGH NStZ 1990, 490 f. auch ein längerer zeitlicher Abstand zwischen zwei Angriffen der Annahme von natürlicher Handlungseinheit in den Fällen nicht entgegen, in denen der Täter das zunächst nur verletzte Opfer, das er für tot gehalten hatte, nach Erkennen seines Irrtums tötet; vgl. in diesem Zusammenhang auch BGH NStZ 1984, 214 f.

Ende geführt worden, ohne dass deshalb die Möglichkeit einer natürlichen Handlungseinheit in Zweifel gezogen wurde.[12]

In späteren Entscheidungen stellte der BGH jedoch noch zusätzlich auf das Erfordernis eines einheitlichen **fortbestehenden** Willensentschlusses für die Annahme einer natürlichen Handlungseinheit ab. Dies kommt in der Definition der natürlichen Handlungseinheit durch BGHSt 10, 231 zum Ausdruck, wonach eine solche dann gegeben ist, „wenn der Handelnde den auf die Erzielung eines Erfolges in der Außenwelt gerichteten, einheitlichen Willen durch eine Mehrheit gleichgearteter Akte betätigt und diese einzelnen Betätigungsakte auf Grund ihres räumlichen und zeitlichen Zusammenhanges objektiv erkennbar derart zusammengehören, dass sie nach der Auffassung des Lebens **eine** Handlung bilden".[13]

14   Zusammenfassend lassen sich demnach folgende **vier Voraussetzungen** der natürlichen Handlungseinheit nennen:[14]

– gleichartige Begehungsweise;
– unmittelbarer räumlicher und zeitlicher Zusammenhang der einzelnen Teilakte;
– einheitliche Willensbetätigung;
– Vorgang muss sich für Dritten erkennbar als zusammengehöriges, einheitliches Tun darstellen.

15   Teilweise wird hinsichtlich der **subjektiven Voraussetzung** auf eine „einheitliche Motivationslage (in derselben fortbestehenden Situation) bzw. auf das Bewusstsein kontinuierlichen Handelns" abgestellt,[15] wobei sich die einzelnen Aktionen „als Ausdruck einmaligen Versagens des Täters"[16] darstellen müssen. So hat der BGH eine natürliche Handlungseinheit zwischen Diebstahl (§ 242) und Brandstiftung (§ 306 a. F.; jetzt § 306 a) auch unter Hinweis auf einen engen motivatorischen Zusammenhang angenommen: der Täter habe den Brand zur Verwischung der Spuren gelegt, die ihn als Dieb hätten ausweisen können (BGH NStZ 1997, 276).[16a] Bei der

---

[12] Vgl. im Gegensatz hierzu BGHStV 1986, 293, mit abl. Anm. *Wolter,* StV 1986, 315 ff., wo die zwischenzeitlich vom Täter geleistete Hilfe als ein solch gravierender Einschnitt angesehen wird, dass eine natürliche Handlungseinheit ausscheidet. – Zur Handlungseinheit bei § 244 I Nr. 3 a. F. (jetzt Nr. 2), wenn mehrere Diebstähle am gleichen Ort und im zeitlichen Zusammenhang begangen werden, s. BGHStV 1996, 605.

[13] Vgl. darüber hinaus BGHSt 16, 398; 40, 75, 78; 41, 368 m. Anm. *Beulke/Satzger,* NStZ 1996, 432; 43, 312, 314 u. 381, 386; 44, 258, 265; BGH NJW 1977, 2321 u. NJW 1984, 1568 m. Bspr. *Kindhäuser,* JuS 1985, 100 ff.; BGH NJW 1997, 3322; BGH NStZ-RR 2006, 202 u. 2010, 375; OLG Brandenburg NZV 2006, 109 sowie BGH NStZ 1998, 621, wo der „einheitliche Wille" betont wird; speziell für einzelne Versuchshandlungen BGH NStZ 2005, 263 f. – Eingehend zur Rspr. *Meurer,* S. 208–212.

[14] Vgl. *Sowada,* Jura 1995, 245 m. Bspen.; *Warda,* Fs. Oehler, 1985, 257 f.; *Klumpe,* 1998, S. 139 ff.; *Geppert,* Jura 2001, 598, 601; MK[1]-*v. Heintschel-Heinegg,* § 52 Rn. 55; NK-*Puppe,* § 52 Rn. 17; ähnlich *Kindhäuser,* 10 vor §§ 52–55, der noch die „quantitative Steigerung des tatbestandlichen Schadens" hinzunimmt (ebenso *Kindhäuser,* AT, 45/6–10 mit Beispielen); kritisch hierzu *Werle,* Die Konkurrenz bei Dauerdelikt, Fortsetzungstat und zeitlich gestreckter Gesetzesverletzung, 1981, S. 97 ff. Zum Zeitfaktor, zur einheitlichen Willensbetätigung und zur Gleichartigkeit der Einzelakte unter Aufarbeitung der Rechtsprechung *Blei,* JA 1973, 96 ff.

[15] Vgl. *Wolter,* StV 1986, 320, mit Hinweis auf *Maiwald,* Die natürliche Handlungseinheit, 1964, S. 70 ff., 75 f., 90 ff. u. *Kindhäuser,* JuS 1985, 103, 105.

[16] *Maiwald,* Die natürliche Handlungseinheit, 1964, S. 76.

[16a] Vgl. jedoch BGHSt 45, 211 m. Bspr. *Kudlich,* JA 2000, 361: Tatmehrheit zwischen Brandstiftung, die zum Zwecke eines späteren Betruges begangen wird, und dem dann versuchten Betrug; ebenso schon BGHSt 11, 398, zum vergleichbaren Verhältnis zwischen § 265

durchgängigen Absicht, Geld zu erlangen, besteht natürliche Handlungseinheit zwischen vollendeter Erpressung an der (nicht erstrebten) Uhr und dem damit in engem zeitlichen und räumlichen Zusammenhang stehenden erfolglosen Erpressungsversuch am (erstrebten) Geld (BGH NStZ 1999, 406 m. Bspr. *Baier*, JA 2000, 12, 14). Verneint wurde eine natürliche Handlungseinheit zwischen Mord (§ 211) und Unterschlagung (§ 246), weil zwischen der Tötungshandlung und der Wegnahme eine deutliche Zäsur eingetreten war; dass der Tötungserfolg erst im Zeitpunkt der Wegnahme eintrat, soll daran nichts ändern (BGH NStZ-RR 2006, 202).

Einen Hauptanwendungsbereich der natürlichen Handlungseinheit bilden in der 16 Rechtsprechung die Fälle, in denen ein an einem Verkehrsunfall Beteiligter auf seiner Flucht weitere Straftaten begeht (sog. **Polizeiflucht**).[17] In diesen Fällen wurde eine natürliche Handlungseinheit zwischen Unfallflucht (§ 142), Fahren ohne Fahrerlaubnis (§ 21 StVG), gefährlicher Körperverletzung (§ 224) und Widerstand gegen die Staatsgewalt (§ 113) vereinzelt allein wegen des einheitlichen Fluchtwillens des Täters angenommen, jedoch stellte der BGH in späteren Entscheidungen wieder mehr auf „objektivere Kriterien" (= gleichartige Betätigungen) ab.[18] Neuerdings hat der BGH eine natürliche Handlungseinheit und damit eine Handlung, die mehrere Handlungen im natürlichen Sinn zur Tateinheit gem. § 52 verbindet, angenommen, wenn der mit einem Kraftfahrzeug vor der Polizei flüchtende Täter in der Berliner Innenstadt 3 vorsätzliche Straßenverkehrsgefährdungen (§ 315c I) und 2 Unfallfluchten (§ 142 I Nr. 1) nach den ersten beiden Gefährdungstaten beging (BGH NZV 2001, 265 m. Bspr. *Geppert*, JK 01, StGB § 142/19).

Man sollte diese Rechtsprechung zwar kennen, sich durch sie aber nicht zu dem 17 häufigen Fehler verleiten lassen, allein auf Grund eines mehrere Einzelakte umspannenden Gesamtplans eine Handlungseinheit zwischen den Einzelakten anzunehmen. Aber auch darüber hinaus sollte man sich gegenüber dieser Rechtsprechung zur natürlichen Handlungseinheit nicht unkritisch verhalten, denn mit dem Kriterium der „natürlichen Betrachtungsweise" wird ihm kein zuverlässig brauchbares Instrument in die Hand gegeben.[19] Eher sollte man der Warnung *Maiwalds*[20] vor der „Aufweichung des Bestimmtheitsgrundsatzes im Konkurrenzbereich" folgen und den Begriff

---

a.F. und § 263. – Einschränkend zur natürlichen Handlungseinheit bei nur einheitlicher Zielverfolgung BGH NStZ-RR 1998, 68 f.

[17] Vgl. hierzu BGHSt 22, 67, 76 u. 48, 233, 239; BGH NStZ-RR 1997, 331 f. u. BGH NZV 2001, 265 f.; zur Rspr. *Walter*, JA 2004, 572 u. *Fischer*, Rn. 6 a vor § 52; einschränkend BGH NJW 1995, 1766; BGH VRS 36, 354 u. BGH bD MDR 1974, 13.

[18] Vgl. *Roxin*, AT II, 33/51 f.; *Stratenwerth/Kuhlen*, 17/10; LK-*Rissing-van Saan*, Rn. 16, 18 vor § 52 u. § 52 Rn. 8; MK¹-*v. Heintschel-Heinegg*, § 52 Rn. 58 f.; S/S-*Stree/Sternberg-Lieben*, Vorbem §§ 52 ff. Rn. 24 f.; SK-*Samson/Günther*, Rn. 28, 29 vor § 52; *Geppert*, Jura 2000, 598, 601.

[19] S. *Blei*, S. 347, sowie ausführlich zur Kasuistik der Rspr. in JA 1972, 711 ff. und 1973, 95 ff. Vgl. auch *Maiwald*, NJW 1978, 303; ebenfalls kritisch insoweit *Kindhäuser*, JZ 1997, 101 und *Klumpe*, 1998, S. 144; die Ausdehnung des Anwendungsbereiches der natürlichen Handlungseinheit durch die Rspr. ablehnend *Haft*, S. 282; die Kritik zusf. *Seher*, JuS 2004, 392, 395; *Steinberg/Bergmann*, Jura 2009, 905, 908, empfehlen: „Wenden Sie die Figur in der Klausur eher zurückhaltend an". – Nach SK-*Samson/Günther*, Rn. 35 vor § 52, ist die „Nähe und Ähnlichkeit zur natürlichen Handlung" der maßgebliche Anhaltspunkt für die Konturierung der natürlichen Handlungseinheit; ähnlich geht *Klumpe*, 1998, S. 180 ff. vor, bildet dann aber verschiedene Handlungseinheiten wie die „iterative", die „fortgesetzte" und die „finale" Handlungseinheit.

[20] *Maiwald*, NJW 1978, 303. – Weitergehend *Ebert*, S. 221, wenn zeitlich und räumlich unmittelbar zusammenhängende Einzelakte z.B. eine Sachbeschädigung an einer Vitrine (§ 303) und gleich anschließend einen Diebstahl an ihrem Inhalt (§ 242) erfüllen.

„natürliche Handlungseinheit" nur in den Fällen verwenden, in denen der Täter einen **Tatbestand** zwar formell mehrfach erfüllt, aber bei „natürlicher Betrachtungsweise" nur eine einzige Tatbestandserfüllung vorliegt (z. B. die berühmte „Tracht
Prügel" [s. unten Rn. 22: tatbestandliche Handlungseinheit], eine Serie von
Schimpfworten[21] oder die Wegnahme mehrerer Sachen[22]).

18   In diesen Fällen der **wiederholten Tatbestandsverwirklichung** sind folgende
Voraussetzungen für die Annahme von Handlungseinheit konstitutiv:

1. Die wiederholte Tatbestandsverwirklichung stellt eine rein quantitative Steigerung der Rechtsgutsverletzung dar (= einheitliches Unrecht);
2. die Tat beruht auf einer einheitlichen Motivationslage (= einheitliche Schuld).[22a]

19   Problematisch wird diese Form der natürlichen Handlungseinheit dann, wenn
sich die mehreren Einzelakte gegen **höchstpersönliche Rechtsgüter**[22b] **verschiedener
Personen** richten. In solchen Fällen fehlt es nach *Maiwald*[23] an dem inneren Grund,
der den „natürlichen Betrachter" bei einer Tracht Prügel für ein Opfer zu der Annahme einer Körperverletzung bringt: der nur quantitativen Steigerung des Unrechts. Da höchstpersönliche Rechtsgüter keine quantifizierbaren Größen seien, sei
z. B. die Tötung mehrerer Personen nacheinander nicht „eine ,verstärkte' Tötung",
weshalb sich die Annahme von natürlicher Handlungseinheit verbiete.

20   Diesen Gesichtspunkt der quantitativen Steigerung des Unrechts missachten diejenigen, die allein auf den einheitlichen Eindruck des Gesamtgeschehens abstellend
auch bei Höchstpersönlichkeit der Rechtsgüter natürliche Handlungseinheit annehmen.[24] Dies gilt – wenn auch nicht durchgehend – auch für die Rechtsprechung
des BGH, wonach bei höchstpersönlichen Rechtsgütern verschiedener Opfer natürliche Handlungseinheit dann vorliegen soll, wenn die Verletzungsakte von einem
einheitlichen Willen getragen sind und aus räumlich und zeitlich unmittelbar zu

---

[21] S. *Maiwald*, NJW 1978, 301; *Mitsch*, JuS 1993, 385, 388; B-*Weber/Mitsch*, 36/16; vgl. in
diesem Zusammenhang auch *Otto*, 23/8; *Sowada*, Jura 1995, 249, spricht von „iterativer"
Tatbegehung; *Gropp*, 14/32, von „iterativer Verwirklichung eines Tatbestandes".

[22] BGH NStZ 1996, 493; *Ebert*, S. 221; *Tiedemann*, Anfängerübung, S. 91; *Seher*,
JuS 2004, 392, 395: Bsp. 8 u. *Walter*, JA 2004, 572: allgemein anerkannte Fallgruppe der
natürlichen Handlungseinheit; im Erg. auch *Keller*, 2004, S. 140. – Näher dazu oben
Rn. 11.

[22a] Ebenso *Murmann*, GK, 31/25.

[22b] Grundwissen zum strafrechtlichen Rechtsgutsbegriff bei *Rönnau*, JuS 2009, 209–211.

[23] *Maiwald*, NJW 1978, 301; *ders.*, Die natürliche Handlungseinheit, 1964, S. 80 f. u. in: JR
1985, 514; ebenfalls gegen die Annahme einer natürlichen Handlungseinheit bei Angriffen auf
höchstpersönliche Rechtsgüter verschiedener Personen B-*Weber/Mitsch*, 36/16; *Kindhäuser*,
Vor § 52 Rn. 15; *Lackner/Kühl*, 7 vor § 52; *Mitsch*, JuS 1993, 385, 388; *Murmann*, GK,
31/25; *Roxin*, AT II, 33/38; *Schmidhäuser*, 14/11; *Warda*, JuS 1964, 84 u. *Walter*, JA 2004,
572 f. – Aus der Rspr. vgl. BGH NJW 1998, 619 m. krit. Bspr. *Momsen*, NJW 1999, 982, 985;
BGH NStZ-RR 2001, 82: mehrere Schüsse auf zwei Personen innerhalb weniger Stunden,
zust. *Fischer*, Rn. 7 vor § 52; nach LK-*Rissing-van Saan*, Rn. 14 vor § 52 nicht grundsätzlich
ausgeschlossen bzw. in Ausnahmefällen möglich; so in der Rspr.: BGH NStZ 2003, 366;
2005, 262 f. (m. Bspr. *Kudlich*, JuS 2005, 383); 2006, 284, 286; der Rspr. zust. *Wagemann*,
Jura 2006, 580, 581 ff.

[24] So etwa *Seher*, JuS 2004, 392, 396: Bsp. 9; *Otto*, 23/14 f.; *Jescheck/Weigend*, S. 712;
Geerds, Zur Lehre von der Konkurrenz im Strafrecht, 1961, S. 289 f. *Klumpe*, 1998, S. 185,
hält die obige Kritik zwar für überzeugend, doch soll sie die von ihm gebildete „iterative
Handlungseinheit" nicht treffen, weil sie ein „rein situativ geprägtes Institut" sei; mit dem
„zeitlich-situativen Zusammenhang" begründen Handlungseinheit auch in diesen Fällen SK-
Samson/Günther, 35, 38 vor § 52.

sammenhängenden Aktionen bestehen,[25] so etwa bei vier Schüssen des Täters auf die ihn „stellenden" Polizisten (vgl. den Fall BGHSt 37, 289 m. Bspr. *Geppert*, JK 91, StGB § 25 II/5, der dieses Verhalten einem Feuerstoß aus einer Maschinenpistole gleichstellt). Allerdings hat der BGH auch betont, dass insbesondere beim Rechtsgut Leben „nur ausnahmsweise eine additive Betrachtungsweise, wie sie der natürlichen Handlungseinheit zugrundeliegt",[25a] zulässig sei: Wechsle der Täter nach Scheitern des ursprünglichen Tatplans die Tatmittel und töte er auf Grund eines neuen Tatentschlusses mit deutlicher zeitlicher Zäsur sukzessive zwei Menschen, fehle es an dem für die Annahme einer natürlichen Handlungseinheit erforderlichen engen Zusammenhang zwischen den Tatausführungen (BGH NStZ 1996, 129 m. Bspr. *v. Heintschel-Heinegg*, JA 1996, 537 und *Geppert*, JK 96, StGB § 52/8; zur „Zäsur" zwischen einer Aussetzung nach § 221 und nachfolgenden Körperverletzungen nach § 224 und Tötungen vgl. BGH NStZ 2002, 432). Zu Recht abgelehnt wurde deshalb auch eine natürliche Handlungseinheit für die „im Rahmen einer Vergeltungsaktion erfolgten Körperverletzungen im Lokal und einer Tötung vor dem Lokal" (BGH NJW 1999, 1413); zu Unrecht wurde eine natürliche Handlungseinheit von Ohrfeigen (§ 223) bejaht, wenn bei einer Prügelei abwechselnd auf verschiedene Opfer eingeschlagen wurde (BGH NStZ 2003, 366; abl. *Kudlich*, PdW AT, Fall 323 c; zust. *Kindhäuser*, AT, 47/24 f.). Am Fehlen eines einheitlichen Entschlusses soll die natürliche Handlungseinheit scheitern, wenn der Täter zunächst seinen Adoptivvater zu töten versucht, dann aber auf Grund neuen Entschlusses die Adoptivmutter tötet (BGH NStZ-RR 1998, 203).

> Aus der **Übungsfall-Literatur** zur natürlichen Handlungseinheit vgl.: *Basak*, Jura 2007, 553 u. 557 (Fälschungen von Kontoauszügen über Jahre hinweg); *Frank*, Jura 2006, 783 u. 789 (ausnahmsweise auch bei Verletzung höchstpersönlicher Rechtsgüter verschiedener Rechtsgutsträger); *Gaede*, JuS 2003, 774 u. 775 (mehrere Sachen entwendet); *Gössel*, Fälle, Fall 15, S. 244 u. 258 f. („Polizeiflucht", BGHSt 22, 67, 76); *Haft*, Fallrepetitorium, Nr. 632 (Ausräumen einer Villa); *Heger*, JA 2008, 859 u. 862 (mehrere Schläge); *Hilgendorf*, KK I, Fall 5, Rn. 19–21 (nicht zwischen 2 Mordtaten gem. § 211) u. KK III, Fall 4, Rn. 77 f. (gegen „Polizeiflucht"-Rechtsprechung); *Hörnle*, Jura 2001, 44 u. 48 (keine natürliche Handlungseinheit zwischen Raubversuch und Mord); *Kudlich*, PdW AT, Fälle 321–324; *Murmann*, Jura 2001, 258 u. 262 (zwei Inbrandsetzungshandlungen); *Rudolphi*, AT-Fälle, Fall 8, S. 89 f. mit Fn. 2 (Diebstahl an mehreren Fernsehgeräten u. mehrfacher Hausfriedensbruch), Fall 9, S. 101 u. 113 (PKW-Diebstahl gem. § 242 und versuchter Einbruchsdiebstahl gem. §§ 242, 243 I 2 Nr. 1, 22/23); *Schwind/Franke/Winter*, 1. Hausarbeit, S. 5 u. 47 (keine natürliche Handlungseinheit nach äußerem Erscheinungsbild); *Schütze*, in: *Ebert* (Hrsg.), Fall 8, S. 8 f. u. 144 („enger räumlicher und zeitlicher Zusammenhang" sowie „einheitlicher Entschluss" begründen natürliche Handlungseinheit zwischen §§ 223, 224-Versuch und § 229); *Seher*, in: *Ebert* (Hrsg.), Fall 12, S. 12 f. u. 191 (keine natürliche Handlungseinheit bei „Polizeiflucht" mit Zäsur durch Unfall); *Seier/Justenhausen*, JuS 2010, 795 u. 799 (zwei Betrügereien, die durch eine „Zweck-Mittel-

---

[25] Vgl. BGH JZ 1985, 250, mit zust. Bspr. *Otto*, JK, StGB § 52/5, aber abl. Anm. *Maiwald*, JR 1985, 513; BGH StV 1990, 544; BGH NStZ 2003, 366; BGH NStZ-RR 2004, 14, 16; BGH NStZ 2005, 262 f. mit Bspr. *Kudlich*, JuS 2005, 383; ebenso im Ergebnis bereits RGSt 27, 21; BGHSt 1, 22; 2, 247; dies gilt auch für BGH NStZ 1984, 311, soweit danach nicht die unterschiedlichen höchstpersönlichen Rechtsgüter, sondern die mehrfachen Willensbetätigungen der Annahme natürlicher Handlungseinheit entgegenstehen; ebenso BGHSt 16, 398 und BGHStV 1994, 537 m. Bspr. *Otto*, JK 95, StGB § 52/7. – Weitere Rspr. schon oben Fn. 23 u. bei *Altvater*, NStZ 2003, 21, 26; 2006, 86, 88.

[25a] Ebenso BGH NStZ-RR 1998, 233; vgl. jetzt auch BGH NStZ-RR 2003, 366, 367, wonach von einer „Mehrheit selbstständiger Taten" auch dann auszugehen ist, „wenn die Angriffe zeitnah aufeinander folgen und auf derselben Motivation ... beruhen", BGH StraFo 2008, 383, 384 u. 2009, 246; BGH 3 StR 422/11 v. 29. 3. 2012 m. Bspr. *Kudlich*, JA 2012, 554.

Relation" verbunden sind); *Tiedemann,* Anfängerübung Fall 4, S. 179 u. 183 (mehrtägige Giftbeibringung gem. § 211); *Tiedemann/Walter,* Jura 2002, 708 u. 711 (Serienbetrug); *Wagner,*
BT-Fälle, Fall 14, S. 147 u. 154 (Inbrandsetzung von Mietshaus und Scheune zum Zwecke
des Versicherungsmissbrauchs gem. § 265); vgl. außerdem die instruktiven Beispiele 1–17 bei
Sowada, Jura 1995, 245 ff.

c) Rechtliche Handlungseinheit

21   Neben den unter a) und b) genannten Formen umfasst der Begriff der Handlungseinheit auch die Fälle der sog. rechtlichen Handlungseinheit, d.h. Konstellationen, in denen die Annahme von Handlungseinheit auf einer rechtlichen Betrachtungsweise beruht. Zu unterscheiden sind dabei folgende drei Formen: die
tatbestandliche Handlungseinheit, die fortgesetzte Handlung und die Handlungseinheit bei partieller Handlungsidentität.

aa) Die tatbestandliche Handlungseinheit

22   Der Begriff der tatbestandlichen Handlungseinheit sorgt bei Studierenden schon
deshalb oft für Verwirrung, weil bisweilen auch die hier unter „b) Natürliche Handlungseinheit" behandelten Fälle der mehrfachen Verwirklichung eines einzigen Tatbestandes der tatbestandlichen Handlungseinheit bzw. der tatbestandlichen Handlungseinheit i.w.S. zugeordnet werden.[26] Zuzustimmen ist einer solchen Zuordnung
insoweit, als hierdurch treffend zum Ausdruck gebracht wird, dass z.B. der Tatbestand des § 223 nicht notwendig so ausgelegt werden muss, dass er nur jeden einzelnen Schlag als Körperverletzung erfasst, sondern auch so verstanden werden
kann, dass er eine Serie von Schlägen als eine Körperverletzung zusammenfasst.[26a]
Eine tatbestandliche Handlungseinheit liegt auch vor, wenn erst mehrere Handlungen zu der von § 238 – Nachstellung bzw. „Stalking" – geforderten Beeinträchtigung der Lebensführung des Opfers führen (BGHSt 54, 189, 197, 201; *Lackner/*
Kühl, § 238 Rn. 12; ebenso *Fischer,* § 238 Rn. 39).

23   Im Rahmen der hier folgenden Darstellung soll der Begriff der tatbestandlichen
Handlungseinheit jedoch auf solche Fälle beschränkt werden, in denen bereits der
Tatbestand selbst mehrere natürliche Handlungen zu einer **„Bewertungseinheit"**[27]

[26] So S/S-*Stree/Sternberg-Lieben,* Vorbem §§ 52 ff. Rn. 13; *Ebert,* S. 221; *Jescheck/Weigend,*
S. 712 f., behandeln „die wiederholte Verwirklichung des gleichen Tatbestandes" in dem Abschnitt „Die tatbestandliche Handlungseinheit im weiteren Sinne"; *Haft,* S. 280 ff., unterteilt
die tatbestandliche Handlungseinheit in folgende fünf Fallgruppen: Bewertungseinheit, mehraktige (zusammengesetzte) Delikte, unvollkommen mehraktige Delikte, Dauerdelikte, Klammerwirkung. – Kritisch zur unklaren Abgrenzung von natürlicher und tatbestandlicher Handlungseinheit *Keller,* 2004, S. 74 m. zust. Bspr. *Erb,* GA 2007, 180, 181.

[26a] Ebenso *Steinberg/Bergmann,* Jura 2009, 905, 907: iterative Tatbegehung als Unterfall
der tatbestandlichen Handlungseinheit. – Nach BGHSt 41, 113, soll bzgl. des Merkmals
„Quälen" in § 223 b a. F., jetzt § 225, sogar dann noch tatbestandliche Handlungseinheit in
Betracht kommen, wenn die Mißhandlungen 6 Monate angedauert haben; krit. dazu *Wolfs-*
last/Schmeissner, JR 1996, 338: Keine Handlungseinheit bei monatelanger „ständiger Wiederholung" der Misshandlung, sowie LK-*Hirsch,* § 225 Rn. 30: „sachwidrige Vergünstigung";
gegen das Erfordernis des engen zeitlichen Zusammenhangs aber *Warda,* Fs. Hirsch, 1999,
391, 400, 414 ff.; dem BGH zust. *Rissing-van Saan,* Fs. BGH, 2000, S. 475, 480 f.; für natürliche Handlungseinheit *Zieschang,* Rn. 781; eingehend *Brähler,* 2000, S. 226 ff. u. 363 ff.

[27] Vgl. zu dieser Formulierung *Lackner/Kühl,* Rn. 10 vor § 52; *Otto,* 23/9 u. 17; *Straten-*
werth/Kuhlen, 17/5; *Walter,* JA 2004, 572, 573; krit. aber NK-*Puppe,* § 52 Rn. 19. – Zu den Fallgruppen der tatbestandlichen Handlungseinheit s. *Klumpe,* S. 147 ff.; *Geppert,* Jura 2000, 598,
601 ff.; *Warda,* Fs. Hirsch, 1999, S. 391, 399 u. *Kindhäuser,* Vor § 52 Rn. 16 f. – Aus der Rspr. vgl.
BGHSt 43, 312; BGH NJW 2000, 2118 (m. krit. Bspr. *Puppe,* JZ 2000, 735: „Erfolgseinheit");
BGH NStZ 2007, 578: „Bewertungseinheit" beim Subventionsbetrug gem. § 264.

verbindet, wie dies beispielsweise bei mehraktigen und zusammengesetzten Delikten der Fall ist.[28] Da hier schon der jeweilige Tatbestand erkennbar mehrere Einzelakte als eine Einheit bewertet, macht diese Form der Handlungseinheit keine Schwierigkeiten bei ihrer Anwendung.[28a] Niemand wird bei einem Raub deshalb die Frage nach der Handlungseinheit aufwerfen, weil der Täter nacheinander Gewalt angewendet und eine fremde bewegliche Sache weggenommen hat.[29] Ebenso unproblematisch ergibt sich eine Handlungseinheit bei der Verwirklichung der Tatbestände, die „ganze **Handlungskomplexe** pauschal als eine Tat" behandeln, z. B. in §§ 84, 129 IV die Rädelsführerschaft,[30] in §§ 98, 99 mehrere Aktionen im Rahmen derselben Agententätigkeit (BGHSt 43, 1 m. Bspr. *Rudolphi*, NStZ 1997, 489, *Schlüchter/Duttge/Klumpe*, JZ 1997, 995, *Paeffgen*, JR 1999, 89 u. *Popp*, Jura 1999, 577; eingehend *Brähler*, 2000, S. 358 ff.), in § 29 BtMG mehrere Akte des Handeltreibens (BGHSt 43, 252, 259; BGH NJW 2011, 1461 m. zust. Anm. *Weber*, JR 2011, 454), oder in § 38 I Nr. 1 GWB mehrfaches Sich-Hinwegsetzen über die Unwirksamkeit einer Kartellabsprache (BGH NJW 1996, 1973 m. Bspr. *Kindhäuser*, JZ 1997, 101 u. *Rissing-van Saan*, Fs. BGH, 2000, S. 475, 481 f.).[30a] Mehrere Unterstützungshandlungen i. S. §§ 129a und b bilden nur dann eine tatbestandliche Handlungseinheit, wenn es um „ein und denselben Unterstützungserfolg" – Stärkung einer terroristischen Vereinigung – geht (BGHSt 54, 69, 131; *Lackner/Kühl*, § 129 Rn. 13). Auch können einzelne, über einen längeren Zeitraum begangene Betrugsdelikte bei Beteiligung Mehrerer dann zu einem „uneigentlichen Organisationsdelikt" i. S. einer rechtlichen Handlungseinheit zusammengefasst werden, wenn die einzelnen Taten nicht mehr individuell zugeordnet werden können (BGHSt 49, 177; krit. *Rissing-van Saan*, Fs. Tiedemann, 2008, S. 391, 394).

Hierher gehören auch die sog. **Dauerstraftaten** wie z. B. die Freiheitsberaubung **24** gemäß § 239, bei der der Tatbestand nach seiner ersten Verwirklichung durch das Einsperren des Opfers i. d. R. über längere Zeit weiter verwirklicht wird; sei es durch nachfolgendes Unterlassen oder durch nachfolgende Tätigkeiten zur Aufrechterhaltung der Gefangenschaft.[31] Weitere Dauerdelikte sind der Hausfriedensbruch (§ 123) und das Fahren in fahruntüchtigem Zustand (§ 316),[32] während

---

[28] Ebenso *Tiedemann*, JuS 1987, L 18; *Walter*, JA 2004, 572, 573 f. u. *Seher*, JuS 2004, 392, 393.

[28a] Ebenso *Gropp*, 14/27: unproblematische Fälle im Vorfeld der Konkurrenzlehre; s. auch *Murmann*, GK, 31/34.

[29] Beispiel bei *Steinberg/Bergmann*, Jura 2009, 905, 907 u. bei *Krey/Esser*, AT, Rn. 1385. – Weitere Beispiele bei *Lackner/Kühl*, Rn. 10 vor § 52.

[30] *Seher*, JuS 2004, 392, 394 u. *Walter*, JA 2004, 572, 573; S/S-*Stree/Sternberg-Lieben*, Vorbem §§ 52 ff. Rn. 15 f.

[30a] Weitere Bspe. aus der Rspr. bei *Lackner/Kühl*, Rn. 10 Vor § 52.

[31] B-*Weber/Mitsch*, 36/20; *Otto*, 23/9; *Stratenwerth/Kuhlen*, 17/8 u. *Seher*, JuS 2004, 392, 394. – Zur ganz ähnlichen Definition der „Dauerstraftat" durch die Rspr. vgl. BGHSt 42, 215 f. und BGHSt 43, 312, 315. Zum Vorliegen einer prozessualen Tat i. S. des § 264 StPO bei Dauerdelikten vgl. *Paeffgen*, Gs. Heinze, 2005, 615, 623 ff.; *Meyer-Goßner*, StPO, § 264 Rn. 6–6 b; ausführlich SK StPO-*Schlüchter*, § 264 Rn. 29 ff.; allgemein zum materiellrechtlichen und prozessualen Tat-Begriff *Neuefeind*, JA 2000, 791.

[32] *Eisele*, JA 2007, 168, 172; vgl. speziell hierzu BGHSt 21, 203, 205 (= *Roxin*, HRR AT, Fall 100, S. 154 f. u. 215; als Übungsfall 324 bei *Kudlich*, PdW AT; zum Fall auch *Seher*, JuS 2004, 392, 394 bei Fn. 30), wonach allerdings der vom Täter verursachte Verkehrsunfall das Dauerdelikt unterbrechen soll; zur Fortsetzung der Fahrt bedürfe es eines neuen Willensentschlusses. Zur Handlungseinheit von Dauerdelikten im Straßenverkehr vgl. auch *Seier*, NZV 1990, 129 ff.

§ 315 c I Nr. 1 a kein Dauerdelikt darstellt.[33] Ebenfalls als Dauerdelikt zu qualifizieren sind der Besitz von Betäubungsmitteln (§ 29 I Nr. 3 BtMG),[34] der unerlaubte Waffenbesitz (vgl. §§ 52 a, 53 WaffG)[35] und die nach § 129 strafbare Bildung krimineller Vereinigungen.[36]

25   Schließlich sind noch die Fälle „**fortlaufender** Tatbestandsverwirklichung"[37] hier zu behandeln, bei denen sich der Täter dem tatbestandsmäßigen Erfolg nach und nach nähert, z. B. über das Versuchsstadium zur Vollendung des Diebstahls gelangt. Auch die Fortsetzung des Angriffs auf das Rechtsgut, z. B. des Subventionsbetrugs gem. § 264, soll zu einer „Bewertungseinheit" führen, auch wenn dies erst im Stadium zwischen Vollendung und Beendigung des § 264 geschieht (BGH NStZ 2007, 578, 579). Entspringen in diesen Fällen die „Einzelakte aus derselben motivatorisch wirkenden Situation",[38] so ist Handlungseinheit anzunehmen.[39] Keinesfalls sollte man sich bei der Begründung der Handlungseinheit in diesen und ähnlichen Fällen allein darauf stützen, dass ein enger raum-zeitlicher Zusammenhang zwischen den Einzelakten bestand oder dass alle Einzelakte zur Verwirklichung eines Gesamtplans ausgeführt wurden.[40]

25a   Den Begriff der tatbestandlichen Handlungseinheit wendet der BGH nunmehr auch in der Fällen der **sukzessiven Ausführung** an, in denen der Täter mit **mehreren Versuchakten** (Sprengstoffexplosionen) zur Tatvollendung (der Erpressung) ansetzte, **ohne** dass er dadurch **den Erfolg** (Durchsetzung seines Zahlungsverlangens) herbeiführen konnte. In der Dagobert-Entscheidung (BGHSt 41, 368 = Bsp. bei *Heinrich*, AT II, Rn. 1423) greift der BGH bei der Frage, wann Tateinheit bei Erpressungsversuchen vorliegt, auf seine Rechtsprechung zum Rücktritt zurück. Eine Tat im Rechtssinne liegt danach vor, wenn die verschiedenen Teilakte einen „einheitlichen Lebensvorgang" bilden und in „engem räumlichen und zeitlichen Zusammenhang stehen". Wenn der Täter noch strafbefreiend zurücktreten könne, d. h. sein Ziel noch nicht erreicht habe oder der Versuch nicht fehlgeschlagen sei, liege

---

[33] So nunmehr BGHSt 23, 148; a. A. noch BGHSt 22, 271; zu § 315 c auch *Walter*, JA 2004, 572, 574. – Zur Möglichkeit von Tateinheit bei gleichzeitiger bzw. nachfolgender konkreter Gefährdung (§ 315 c) mehrerer Personen vgl. BGH JR 1990, 72 ff., mit Anm. *Werle*, JR 1990, 74 ff., sowie *Geppert*, NStZ 1989, 321 ff. – Auch § 315 b ist kein Dauerdelikt, dennoch ist nach der Rspr. Tateinheit möglich, BGH NJW 1995, 1767.

[34] Vgl. hierzu BGHStV 1982, 366; StV 1984, 286 u. BayObLG JZ 1991, 1095 f. m. Bspr. *Schlüchter*, JZ 1991, 1057 ff. sowie *Sonnen*, JA 1991, 375.

[35] Das Dauerdelikt erfährt eine „Zäsur", wenn dessen Täter auf Grund eines neuen Entschlusses mit der unerlaubt geführten Waffe ein Verbrechen begeht, so dass das Dauerdelikt nicht dieses Verbrechen und den strafbaren Erwerb der Waffe (§ 53 I Nr. 3 a Alt. 1) zu einer Handlungseinheit verklammern kann, BGH NStZ-RR 1999, 8 m. Bspr. *Geppert*, JK 99, StGB § 52/11. – Zur Frage des Strafklageverbrauchs bei rechtskräftiger Verurteilung wegen unerlaubten Waffenbesitzes hinsichtlich eines mit dieser Waffe durchgeführten Verbrechens vgl. BGHSt 36, 151 ff., m. Anm. *Mitsch*, JR 1990, 162 ff. und Bspr. *Peters*, JR 1993, 268 ff.

[36] Als den Dauerdelikten nur „ähnliches" Delikt wird das Organisationsdelikt des § 129 eingestuft von *Rissing-van Saan*, Fs. BGH, 2000, S. 475, 482. – Zur Frage des Strafklageverbrauchs bei Verurteilung wegen einer Dauerstraftat vgl. BGHSt 29, 288, sowie die hierzu ergangene Entscheidung des BVerfGE 56, 34.

[37] *Jescheck/Weigend*, S. 713; *Kindhäuser*, AT, 45/12; LK-*Rissing-van Saan*, Vor § 52 Rn. 35; s. auch *Otto*, 23/8 u. *Sowada*, Jura 1995, 247.

[38] *Maiwald*, NJW 1978, 302; ähnlich *Jescheck/Weigend*, S. 713: „Fortbestehen der gleichen Motivationslage bei einheitlicher Tatsituation".

[39] Vgl. in diesem Zusammenhang die Anm. von *Wolter*, JR 1990, 471, zu BGH JR 1990, 470, der für eine vergleichbare Konstellation natürliche Handlungseinheit annimmt.

[40] So freilich häufig die Rspr., kritisch dazu *Jescheck/Weigend*, S. 713; zurückhaltender auch BGH JZ 1983, 907 f.

eine „tatbestandliche Einheit" und demnach Tateinheit vor. Die BGH-Entscheidung führt insoweit zu einer begrüßenswerten Einschränkung der Grundsätze der natürlichen Handlungseinheit[40a] und ist konsequent: kommt man bei mehreren Ausführungsakten zu einer tatbestandlichen Handlungseinheit, bestehen keine Bedenken, die Wertungen des Rücktrittsrechts heranzuziehen.[41] Diese Grundsätze sollen bei der Erpressung auch dann gelten, wenn durch die einzelnen, sukzessiv ausgeführten Versuchsakte letztlich nur die ursprüngliche Drohung durchgehalten wird; die tatbestandliche Handlungseinheit ende mit der vollständigen Zielerreichung oder dem Fehlschlag des Versuchs (BGH NJW 1998, 619 m. Bspr. *Satzger*, JR 1998, 518, *Wilhelm*, NStZ 1999, 80 u. *Momsen*, NJW 1999, 982; dem BGH folgend OLG Stuttgart, Die Justiz, 2002, 132; die Rspr. fortführend BGH NStZ-RR 2008, 239). Dasselbe gilt für den Fehlschlag einer versuchten Anstiftung (s.u. Rn. 67).

Aus der **Übungsfall-Literatur** zur tatbestandlichen Handlungseinheit vgl.: *Beulke*, KK III, Fall 12, Rn. 555 u. 596f. (Zäsurwirkung des Unfalls bei §§ 315c, 316); *Burchard/Engelhart*, JA 2009, 271 u. 273 (Verwirklichung verschiedener Tatmodalitäten bei § 292); *Staudinger*, in: Frister (Hrsg.), Die strafrechtliche Klausur, Fall 2, S. 25 u. 40f. (Dauerstraftat gem. § 123); *Jescheck*, Fälle, Fall 87, S. 108f.; *Kudlich*, PdW AT, Fälle 316, 317, 318 und 324 (letzterer zur unterbrochenen Trunkenheitsfahrt nach § 316); *Rudolphi*, AT-Fälle, Fall 14, S. 166 u. 173f. (unterbrochene Trunkenheitsfahrt nach § 316); *Steinberg/Bergmann*, Jura 2009, 907: Beispielsfall 3; *Tiedemann*, Anfängerübung, Fall 2, S. 171 u. 172 (mehrere Ohrfeigen); *Wagner*, BT-Fälle, Fall 5, S. 41 u. 45.

bb) Fortgesetzte Tat

Durch die **fortgesetzte Tat** wurden von der Rechtsprechung des Reichsgerichts 26 und des Bundesgerichtshofs[42] an sich selbstständige Tatbestandsverwirklichungen, die sich gegen denselben Deliktstypus richteten, dann zu einer rechtlichen Handlungseinheit zusammengefasst, wenn sie objektiv eine Gleichartigkeit der Begehungsweise aufwiesen und subjektiv von einem einheitlichen Vorsatz, dem sog. Gesamtvorsatz, getragen wurden.[43] Mit dieser rechtlichen Handlungseinheit wurden vor allem Serienstraftaten wie Diebstähle und Betrügereien einfach und praktikabel bewältigt.[44] Die einschneidende Begrenzung erlangte die fortgesetzte Tat über das

---

[40a] Vgl. *Lesch*, JA 1996, 631: „Die natürliche Handlungseinheit hat also jetzt eine Metamorphose zur tatbestandlichen Handlungseinheit vollzogen"; zweifelnd *Walter*, JA 2004, 572: Unterschiede zur früheren Rspr. nur in der Formulierung. – Zur Notwendigkeit der Ersetzung der „natürlichen" durch eine „rechtliche" Betrachtung vgl. *Maiwald*, JR 1985, 515; *Sowada*, Jura 1995, 245; *Momsen*, NJW 1999, 982, 986; *Rissing-van Saan*, Fs. BGH, 2000, S. 475, 478f. – *Kindhäuser*, Vor § 52 Rn. 12, spricht von „sukzessiver natürlicher Handlungseinheit".

[41] *Beulke/Satzger*, JR 1996, 433; *Steinberg/Bergmann*, Jura 2009, 905, 907; W-*Beulke*, Rn. 763a; *Murmann*, GK, 31, 21; *Lackner/Kühl*, Rn. 6 vor § 52; ebenso bereits *Roxin*, JuS 1981, 7; SK-*Samson/Günther*, Rn. 54 vor § 52; krit. zum BGH aber *Puppe*, AT 2, 53/8–12 u. in: JR 1996, 514, die auf die „Erfolgseinheit" abstellt; krit. dazu *Momsen*, NJW 1999, 982, 986f. – Grundsätzlich gegen die Anwendung der Rücktrittsregeln auf die vorliegende Konkurrenzproblematik, da es sich um völlig unterschiedliche Fragenkomplexe handle, z.B. *Bergmann*, ZStW 100 (1988), 341; *Otto*, Jura 1992, 427; kritisch zu einem „auf Rücktritt und Konkurrenzen gleichermaßen zuzuschneidenden Tatbegriff" *Momsen*, NJW 1999, 982, 986: muss „mit Weite – und auch Vagheit – ausgestattet werden".

[42] Knapp zur geschichtlichen Entwicklung des Instituts *v. Heintschel-Heinegg*, JA 1993, 136.

[43] Zu den Voraussetzungen der fortgesetzten Tat vor Änderung der Rspr. s. *Jung*, JuS 1989, 289, 290f.; *Geppert*, Jura 1993, 651–653; *v. Heintschel-Heinegg*, JA 1993, 136, 137–140.

[44] Zur Begründung des Instituts durch die Rspr. vgl. *v. Heintschel-Heinegg*, JA 1993, 136f.

Erfordernis des Gesamtvorsatzes,[45] denn dieser musste von vornherein sämtliche Teile der Handlungsreihe als Teilstücke eines einheitlichen Geschehens erscheinen lassen.[46]

27-32 Seit dem Beschluss des Großen Senats für Strafsachen vom 3. Mai 1994 (BGHSt 40, 138ff.) hat die Rechtsprechung auf das Rechtsinstitut grundsätzlich **verzichtet**.[47] Sie hat sich zwar für Ausnahmefälle die weitere Verwendung der fortgesetzten Tat vorbehalten, doch ist deren Kennzeichnung bisher nur allgemein erfolgt: „Die Verbindung mehrerer Verhaltensweisen, die jede für sich einen Straftatbestand erfüllen, zu einer fortgesetzten Handlung setzt voraus, dass dies, was am Straftatbestand zu messen ist, zur sachgerechten Erfassung des verwirklichten Unrechts und der Schuld unumgänglich ist" (Leitsatz von BGHSt 40, 138). Mit dieser Kennzeichnung wird der möglicherweise verbleibende Bereich der fortgesetzten Tat so stark der tatbestandlichen Handlungseinheit (s.o. Rn. 22–25) angenähert, dass diese ihre Funktion übernehmen könnte.[48] Als Beispiel nennt der BGH das „Quälen" i.S. des § 225 und die „gröbliche Verletzung der Fürsorgepflicht" i.S. des § 171 (BGHSt 40, 138, 164f.). Daraus schließt *Geppert* nicht zu Unrecht, dass der BGH entgegen eigenem Bekunden „den Fortsetzungszusammenhang ... der Sache nach völlig aufgegeben hat".[49] Dementsprechend nimmt der BGH jüngst „die pauschalierende Handlungsbeschreibung des Ausübens der geheimdienstlichen Agententätigkeit" in § 99 zum Anlass, mehrere „Agententreffs" zu einer „tatbestandlichen Handlungseinheit" auch dann zusammenzufassen, wenn sie sich über Jahrzehnte erstreckten (BGHSt 42, 215; vgl. dazu *Rissing-van Saan*, Fs. BGH, 2000, S. 475, 483ff.). Neben dieser „großzügigen Bildung von Bewertungseinheiten" bieten sich zur sachgerechten Erfassung von Serienstraftaten die „extensive Annahme natürlicher Handlungseinheit" und die „Verhängung von Gesamtstrafen" an, „die den Strafen für fortgesetzte Taten nahekommen."[50]

> Aus der **Übungsfall-Literatur** vgl.: *Ambos*, Jura 1997, 602 u. 606 (keine tatbestandliche Handlungseinheit in Fällen des früheren „Fortsetzungszusammenhangs"); *Beulke*, KK I, Fall 4, Rn. 175 u. 199 (Realkonkurrenz); *Beulke*, KK III, Fall 7, Rn. 278 u. 326–328 (Tatmehrheit statt „fortgesetzte Tat"); *Kudlich*, PdW AT, Fall 325 (Tatmehrheit in Fällen der früheren „fortgesetzten Tat"). – Vgl. die Empfehlung zur fortgesetzten Tat von *Steinberg/Bergmann*, Jura 2009, 905, 908: „In Klausuren ist sie nicht mehr zu diskutieren; mit Blick auf die mündliche Prüfung sollte man sie kennen".

cc) Handlungseinheit bei partieller Handlungsidentität

33 Eine rechtliche Handlungseinheit (Verletzung mehrerer Strafgesetze durch „dieselbe Handlung" i.S. des § 52 I) liegt nicht nur in den Fällen vor, in denen sich die **Tatbestandsausführungshandlungen,** die zur Verwirklichung verschiedener Straftatbestände führen, vollständig decken (der Schuss tötet einen Menschen und beschä-

---

[45] Vgl. *Timpe*, JA 1991, 12 ff.; *Tiedemann*, Anfängerübung, S. 98.

[46] *Lackner/Kühl*, Rn. 12 vor § 52. – Aus der Rspr. vgl. zuletzt: BGHSt 36, 105; 37, 45.

[47] *Lackner/Kühl*, Rn. 13 vor § 52; *Roxin*, AT II, 32/264.

[48] Ähnliche Einschätzung bei SK-*Samson/Günther*, Rn. 55 u. 67 vor § 52 u. bei *Walter*, JA 2004, 572, 576. – Nach *Schlüchter/Duttge*, NStZ 1996, 465f. und *Klumpe*, 1998, S. 187ff., 197, soll an die Stelle des Fortsetzungszusammenhangs die „fortgesetzte Handlungseinheit" treten, nach *Sowada*, NZV 1995, 465: die natürliche Handlungseinheit (zust. B-*Weber/Mitsch*, 36/21). – Zur Behandlung rechtlicher Handlungseinheiten in der Rspr. nach Aufgabe der fortgesetzten Handlung vgl. *Rissing-van Saan*, Fs. BGH, 2000, S. 475ff. u. *Brähler*, 2000 sowie *Keller*, 2004, S. 80ff. (m. insoweit krit. Bspr. *Erb*, GA 2007, 180, 182), der ein flexibles typologisches Modell entwirft.

[49] *Geppert*, NStZ 1996, 57, 59 u. 2000, 598, 603.

[50] *Ebert*, S. 223; W-*Beulke*, Rn. 774.

digt eine Sache),[50a] sondern auch dann, wenn sich beide Tatbestandsausführungshandlungen nur **teilweise decken**.[50b] So z.B.[51] wenn A nach der Herstellung einer
unechten Urkunde diese täuschend dem X vorlegt und dieser sich auch daraufhin
unbewusst selbst schädigt. In diesem Beispielsfall decken sich die Tatbestandsausführungshandlungen des § 267 I Alt. 3 und § 263, da das Gebrauchmachen der Urkunde zugleich den Täuschungsakt i.S. des § 263 begründet.

Auch die gefährliche Körperverletzung steht wegen **Teilidentität** der Ausfüh- 34
rungshandlungen zur Vergewaltigung im Verhältnis der Tateinheit, wenn der durch
die Verabreichung von Schlafmitteln hervorgerufene Zustand der Bewußtlosigkeit
von Anfang an der Durchführung des Geschlechtsverkehrs dienen sollte (so *Eger*,
Jura 1991, 645 u. 652, im Gegensatz hierzu BGH bH MDR 1979, 987). Partielle
Handlungsidentität zwischen gefährlicher Körperverletzung, Nötigung, Entführung
und Freiheitsberaubung kann deshalb angenommen werden, weil die körperverletzende Gewaltanwendung zugleich den Beginn der Entführung und der Freiheitsberaubung begründet (so im Übungsfall von *Mitsch*, JuS 1993, 222 u. 224). Dasselbe
gilt für das Zusammentreffen von Körperverletzung und Raub, wenn der verletzende Schlag zugleich die Gewaltanwendung i.S. des § 249 ist.[51a] Zu Unrecht wird Tateinheit zwischen (Prozess-)Betrug gem. § 263 und der Anstiftung zur Falschaussage
gem. §§ 153, 26 im Hinblick auf den durch beide Taten verfolgten betrügerischen
Zweck angenommen (BGHSt 43, 317), denn die Tatbestandsausführungshandlung
der Anstiftung liegt weit vor dem Täuschungsverhalten i.S. des § 263 im Prozess
und ist deshalb nicht teilidentisch mit ihm (zu Recht krit. die Bspr. durch *Momsen*,
NStZ 1999, 306 u. *Geppert*, JK 98, StGB § 52/10; ebenfalls krit. *Kudlich*, PdW AT,
Fall 327 u. *Walter*, JA 2004, 572, 576: allenfalls Tateinheit wegen natürlicher Handlungseinheit; wie hier S/S-*Stree/Sternberg-Lieben*, § 52 Rn. 9; dem BGH zust. *Fischer*, Rn. 25 vor § 52). Zutreffend ist dagegen die Verneinung einer Handlungseinheit mangels Teilidentität zwischen Körperverletzungen im Lokal und einer dem
Täter außerdem zurechenbaren Tötung außerhalb des Lokals (BGH NJW 1999,
1413), zwischen der zunächst vorgenommenen Brandstiftung und dem später zu
begehenden Betrug gegenüber dem Versicherungsunternehmen (BGH NStZ-RR
2004, 235, 236) sowie zwischen Mord und Unterschlagung (s. oben Rn. 15), weil
„die tödlichen Schläge … nicht dieselbe Handlung wie die Wegnahme der Gegenstände" (BGH NStZ-RR 2006, 202) sind. – Die Annahme von Handlungseinheit
wegen Teilidentität wird nicht dadurch ausgeschlossen, dass sich die überschneiden-
den Ausführungshandlungen gegen **höchstpersönliche Rechtsgüter verschiedener**
Personen richten (vgl. BGHSt 43, 366f. zur Tateinheit bei § 174, wenn mehrere Op-

---

[50a] LK-*Rissing-van Saan*, § 52 Rn. 19.

[50b] LK-*Rissing-van Saan*, § 52 Rn. 20 u. MK-*v. Heintschel-Heinegg*, § 52 Rn. 86–89, jeweils
m.N. aus der Rspr.; ergänzend: BGH NStZ 2008, 42, 43 u. BGH StraFo 2009, 246: auch bei
Verletzung höchstpersönlicher Rechtsgüter (dazu *Lackner/Kühl*, § 52 Rn. 4); *Murmann*, GK,
31/39; nach *Heinrich*, AT II, Rn. 1417: „natürliche Handlungseinheit"; nach NK-*Puppe*, § 52
Rn. 24: „Konkurrenzform der Deliktseinheit". – „Weitergreifend" stellen S/S-*Stree/Sternberg-
Lieben*, § 52 Rn. 9, auf das „Kriterium (nahezu) vorliegender Zeitgleichheit" ab. – Kritisch
Seher, JuS 2004, 392, 393: „recht schillernd".

[51] Bei diesem Bsp. hebt *Walter*, JA 2004, 572, schon hervor, dass es sich bei der Vorlage der Urkunde um „eine Handlung im natürlichen Sinne" handelt. – Zu dem im Text folgenden Bsp. vgl.
auch *Ebert*, S. 224 u. NK-*Puppe*, § 52 Rn. 27, 34; weitere Beispiele bei *Blei*, S. 355 u. *Meurer*,
S. 214 f.

[51a] So LK-*Rissing-van Saan*, § 52 Rn. 20 mit BGHSt 22, 362, 364; mit diesem Bsp. auch
Ebert, S. 227, im Übungsfall 326 *Kudlich*, PdW AT u. im Beispielsfall 4 *Steinberg/Bergmann*,
Jura 2009, 905, 907 f. mit Formulierungsvorschlag für die Lösung.

fer betroffen sind, und BGH NStZ-RR 2000, 139 zur Tateinheit bei § 177, wenn mehrere Opfer unter fortwirkender Gewaltanwendung zur Duldung sexueller Handlungen genötigt werden).

34a   Umstritten ist, ob beim Zusammentreffen eines **Unterlassungsdelikts** mit einer **Begehungstat** Tateinheit angenommen werden kann. Die Rechtsprechung bejaht dies z. B. bei zeitlicher Kongruenz einer unterlassenen Hilfeleistung und eines unerlaubten Entfernens vom Unfallort oder einer vorsätzlichen Tötung (BGH GA 1956, 120; BGH NStZ 1992, 125 u. 2001, 101 m. krit. Anm. *Wilhelm*, NStZ 2001, 404).[51b] Dagegen wird jedoch eingewandt, dass in diesen Fällen positives Tun und Unterlassen zwar zeitlich zusammenfallen, aber verschiedenartiges Unrecht darstellen und sich daher die Ausführungshandlungen nicht decken.[51c] Unbestritten ist, dass eine Handlungseinheit dann in Betracht kommt, wenn das Unterlassungsdelikt ein Dauerdelikt ist und das Begehungsdelikt der Aufrechterhaltung des Zustandes dient.[51d]

34b   Überhaupt ergeben sich bei **Dauerdelikten** auf Grund ihrer (s. o. Rn. 24) beschriebenen zeitlichen Erstreckung vermehrt Teilüberschneidungen mit anderen Delikten. Zur Handlungseinheit – nicht schon zur Tateinheit (*Seher*, JuS 2004, 392, 394) – führen diese Teilüberschneidungen jedoch nicht schon dann, wenn die Ausführungshandlungen beider Delikte nur zeitlich parallel laufen, das andere Delikt also nur während und „gelegentlich" des Dauerdelikts begangen wird,[51e] wie etwa die Beleidigung (§ 185) eines Gastes während des Hausfriedensbruchs (§ 123). Vielmehr ist auch hier Teilidentität der Tatbestandsausführungshandlungen zu verlangen, die z. B. gegeben ist, wenn der Täter das der Freiheit beraubte Opfer durch einen körperverletzenden Faustschlag am Verlassen des Raumes hindert, weil dann die Körperverletzungshandlung die Freiheitsberaubung aufrechterhält.[51f] Umstritten sind die Fälle, in denen das Dauerdelikt (z. B. der Hausfriedensbruch gem. § 123) die Voraussetzung für die Begehung des anderen Delikts (z. B. eine Vergewaltigung gem. § 177 II Nr. 1) schaffen soll.[51g] Teilidentität mit Geiselnahme (§ 239a) nimmt die Rspr. an, wenn die Vergewaltigungen (§ 177 II Nr. 1) mittels eines einheitlichen, durchgehend und ohne Zäsuren im Geschehensablauf eingesetzten Nötigungsmittels, etwa Einsperrung des Opfers zum Zwecke der Vornahme sexueller Übergriffe, begangen wurden (Rspr.-Übersicht bei *Pfister*, NStZ-RR 2010, 365 f. u. a. mit BGH NStZ-RR 2003, 42; s. auch *Fischer*, 28 vor § 52).

[51b] Zur uneinheitlichen Rspr. s. LK-*Rissing-van Saan*, § 52 Rn. 14; für Tateinheit bei Gleichzeitigkeit jetzt S/S-*Stree/Sternberg-Lieben*, § 52 Rn. 19.

[51c] B-*Weber/Mitsch*, 36/31; *Jescheck/Weigend*, S. 723; *Stratenwerth/Kuhlen*, 18/31 u. grundsätzlich auch BGHSt 6, 230.

[51d] *Mitsch*, JuS 1993, 385, 387; *Walter*, JA 2004, 572; *Jescheck/Weigend*, S. 723 u. S/S-*Stree/Sternberg-Lieben*, § 52 Rn. 19 mit dem Beispiel des Vereitelns der Zwangsvollstreckung (§ 288) zwecks Nichtleistung des Unterhalts (§ 170). – Krit. zur Begründung der Befürworter von Tateinheit auch NK-*Puppe*, § 52 Rn. 40, die mit dem Kriterium der „Gleichzeitigkeit" zur Tateinheit kommt.

[51e] Ebenso *Seher*, JuS 2004, 392, 394; *Lackner/Kühl*, § 52 Rn. 7; LK-*Rissing-van Saan*, § 52 Rn. 24; W-*Beulke*, Rn. 779 mit ähnlichem Bsp. nach OLG Koblenz NJW 1978, 716.

[51f] Ebenso *Lackner/Kühl*, § 52 Rn. 7; LK-*Rissing-van Saan*, § 52 Rn. 22; MK¹-*v. Heintschel-Heinegg*, § 52 Rn. 91; zur umstrittenen Reichweite der Klammerwirkung des Dauerdelikts Hausfriedensbruch gem. § 123 vgl. *Walter*, JA 2004, 572, 575. – Aus der Rspr. vgl. BGHSt 18, 29, 33; BGH NStZ 1999, 83 u. 2000, 641 (Verwahren eines Springmessers nach §§ 52, 53 WaffG und Diebstählen nach § 242 nicht teilidentisch).

[51g] Für Handlungs- bzw. Tateinheit die h. L., vgl. etwa *Rengier*, BT II, 30/29; NK-*Puppe*, § 52 Rn. 42; S/S-*Stree/Sternberg-Lieben*, Vorbem §§ 52 ff. Rn. 91 (offen gelassen bei § 123 Rn. 36); anders die Rspr., vgl. LK-*Rissing-van Saan*, § 52 Rn. 23 m. N. aus der Rspr., sowie *Hohmann/Sander*, BT II, 13/24; *Roxin*, AT II, 33/95.

Eine solche Handlungseinheit entsteht auch dann, wenn eine „durchlaufende" 35
Ausführungshandlung sich mit zwei untereinander selbständigen Ausführungshandlungen zu anderen Tatbeständen deckt; so z. B. wenn während der „durchlaufen-
den" Verwirklichung eines Raubes selbstständige Körperverletzungen gegen verschiedene Personen, die zugleich Gewalt i. S. des § 249 darstellen, begangen werden.
Eine solche **Klammerwirkung**[52] der dritten Straftat wird jedoch von der Rechtsprechung grundsätzlich nicht anerkannt, wenn das verklammernde Delikt in seinem
Unrechtsgehalt gegenüber dem Unrechtsgehalt der beiden verklammerten Delikte
zurücktritt;[52a] kommt nur einem der betroffenen Delikte größeres Gewicht zu als
demjenigen, das die Verbindung begründet, so bleibt es bei der Klammerwirkung.[53]
Allerdings soll es nach einigen Entscheidungen des BGH (vgl. etwa BGHSt 33, 6 f.;
BGH NStZ 1993, 133, 134) hinsichtlich der Schwere nicht auf eine abstrakte, sondern auf die konkrete Betrachtungsweise ankommen, so dass im Einzelfall ein Vergehen geeignet sein kann, zwei Verbrechen zur Tateinheit zu verbinden.[53a]

Als Beispiel für eine Klammerwirkung kann der unbefugte (Dauer-)Gebrauch ei- 36
nes Fahrzeugs (§ 248 b) angeführt werden, der eine Unfalltat (z. B. fahrlässige Tötung gem. § 222) und die anschließende Flucht (§ 142) verklammert.[53b] Der durch
strafbares Sich-Verschaffen kinderpornographischer Schriften (§ 184 V 1 Alt. 1 a. F.;
jetzt § 184 b IV 1 Alt. 1) begründete Besitz (strafbar nach § 184 V 2 a. F.; jetzt § 184
b IV 2) verklammert als Dauerstraftat das Sich-Verschaffen mit der späteren, auf
neuem Entschluss beruhenden Weitergabe (= Dritt-Verschaffen i. S. des § 184 V 1
Alt. 2; a. F.; jetzt § 184 b II), wenn er in diese unmittelbar einmündet (OLG Hamburg StV 2000, 204 f.). Die Nachstellung nach § 238 („Stalking") verklammert die
Beleidigung nach § 185 und die Bedrohung nach § 241 (BGHSt 54, 189, 201). Die
Bildung einer terroristischen Vereinigung (§ 129 a) verklammert als schwereres Delikt mehrere Betrugsversuche nach § 263, 22/23 (BGHSt 54, 69, 131; *Lackner/Kühl*,
§ 52 Rn. 6). Ebenso kann der Raub (§ 249) eine Körperverletzung (§ 223) und eine
Sachbeschädigung (§ 303) zur Handlungseinheit verklammern, wenn die angewand-
te Gewalt mit der Körperverletzungshandlung und die Wegnahme mit der Beschädigung identisch ist.[53c] Mehrere (an sich selbstständige) Betrugshandlungen, die in der
Abgabe von Schadensmeldungen gegenüber mehreren Versicherungsgesellschaften

---

[52] LK-*Rissing-van Saan*, § 52 Rn. 28; *Murmann*, GK, 31/41–44; *Seher*, JuS 2004, 392, 395:
Beispiel 6 u. 7; kritisch zur Klammerwirkung *Geppert*, Jura 1997, 214 u. 2000, 651, 652 f.;
Schlehofer, GA 1997, 101, 104 f.; *Wahle*, GA 1968, 97 ff.; insb. im Hinblick auf § 264 StPO
Otto, 23/24–26; einschränkend *Peters*, JR 1993, 265 ff.; der Rspr. folgend *Mitsch*, JuS 1993,
385, 389.

[52a] Vgl. BGH NJW 1998, 619 m. krit. Bspr. *Satzger*, JR 1998, 518 f., *Momsen*, NJW 1999,
982, 983 ff. u. *Wilhelm*, NStZ 1999, 80, 82, wo zwar eine Klammerwirkung der (versuchten)
Erpressung für zwei selbstständige Mordversuche mangels vergleichbaren Unwertgehaltes zu
Recht verneint wird, doch nicht beachtet wird, dass die mehreren Versuchsakte eine tatbestandliche Handlungseinheit bilden (s. o. Rn. 25 a am Ende).

[53] So nun BGHSt 31, 30 f. mit Anm. *Geppert*, JK, StGB § 52/1; bestätigend BGH NStZ
1993, 40 mit Anm. *Geppert*, JK 93, StGB § 239 a/3 a + b; krit. *Roxin*, AT II, 33/106; anders
noch BGHSt 33, 167 f., wonach auch bei Vorliegen nur einer schwereren Straftat Klammerwirkung ausscheidet; eingehend zur Rspr. LK-*Rissing-van Saan*, § 52 Rn. 30, knapper *Walter*, JA
2004, 572, 575; ablehnend gegenüber diesen Begrenzungen SK-*Samson/Günther*, § 52 Rn. 19
und *Fezer*, 18/27–30.

[53a] Vgl. zur Rspr. krit. W-*Beulke*, Rn. 780; krit. auch *Roxin*, AT II, 33/107; LK-*Rissing-van
Saan*, § 52 Rn. 32.

[53b] Früheres Bsp. von *Rengier*, BT II, 46/40; ähnliches Beispiel jetzt bei *Rengier*, AT, 56/67:
Fall 3 (Verklammerung von § 229 und § 222 durch § 248 b).

[53c] So mit Bsp. B-*Weber/Mitsch*, 36/29 f.; ebenso LK-*Rissing-van Saan*, § 52 Rn. 28.

liegen, führen ausnahmsweise zur Handlungseinheit, wenn eine Ausführungshandlung (die Erstellung eines einheitlichen Anspruchsschreibens) sich auf sämtliche Tatbestandsverwirklichungen bezieht (BGH NStZ-RR 1998, 234).

37   Eine Urkundenfälschung gem. § 267 soll eine Falschbeurkundung im Amt (§ 348) und einen sich hieran anschließenden selbstständigen Betrug des Amtsträgers (§ 263), der mit Hilfe der im Amt verfälschten Urkunde begangen wird, zur Tateinheit verklammern (so *Kraß,* JuS 1991, 822 f.: Fall 9). – Keine Klammerwirkung wegen fehlender Wertgleichheit entfaltet hingegen der versuchte schwere Raub gegenüber mehreren selbstständigen Mordversuchen (s. hierzu *Kraß,* JuS 1991, 823: Fall 10, sowie BGHSt 2, 246 = *Roxin,* HRR AT, Fall 98, S. 152 f. u. 214 f.); das gilt auch für die versuchte räuberische Erpressung mit Todesfolge (§§ 255, 251, 22/23) gegenüber zwei Morden (BGH NStZ 2005, 262 mit Bspr. *Kudlich,* JuS 2005, 383).

38   Vgl. in diesem Zusammenhang auch die Bspe. 2–4 bei *Geppert,* Jura 1997, 216 f. zu Fällen, in denen das verklammernde Delikt nicht nachweisbar ist, Bagatellcharakter hat oder keine ununterbrochene Handlung darstellt; zum Fall, dass das verklammernde Delikt infolge einer Einstellung nach §§ 154, 154 a StPO gar nicht verfolgt wird vgl. BGH NStZ 1989, 20: schadet Klammerwirkung nicht; krit. *Walter,* JA 2004, 572, 576.

39   Die „Formel"[54] von der teilweisen Identität der Ausführungshandlungen bringt gegenüber dem Begriff der natürlichen Handlungseinheit, wie ihn die Rechtsprechung verwendet, insofern ein Mehr an rechtlicher Bestimmtheit, als sie streng auf die durch die jeweiligen Tatbestände festgelegten Ausführungshandlungen abstellt. Deshalb sollte in den von der Rechtsprechung mit der „natürlichen Handlungseinheit" gelösten Fällen dann besser mit dieser Formel gearbeitet werden, wenn verschiedene Tatbestände durch den Täter verletzt wurden.

Aus der **Übungsfall-Literatur** zur teilweisen Identität der Tatbestandsausführungshandlungen, auch zur Klammerwirkung und zur Konkurrenz mit Dauerdelikten vgl.: *Baier,* JA 2000, 300, 304 (keine Verklammerung von § 315 c und § 142 durch die Dauerdelikte §§ 248 b, 316 wegen der „Zäsur" durch den Unfall); *Böse/Kappelmann,* ZJS 2008, 290 u. 293 (Konkurrenz von Dauer- und Zustandsdelikt); *Dessecker,* Jura 2000, 592 u. 598 (Hausfriedensbruch gem. § 123 verklammert nicht zwei Morde); *Hellmann/Beckemper,* JA 2004, 891 u. 897 (Gebrauchmachen i. S. des § 267 I Var. 3 ist zugleich Täuschung i. S. des § 263); *Hilgendorf,* KK III, Fall 4, Rn. 78 (keine Klammerwirkung des Dauerdelikts § 316 gegenüber schwerwiegenden Delikten) und der Fall 9, Rn. 45 (Brandstiftung während Dauerdelikt des Hausfriedensbruchs: Tateinheit); *Kudlich,* PdW AT, Fälle 328, 329 (jeweils zur Klammerwirkung); *Kühl/Brutscher,* JuS 2011, 335 u. 340 (Teilidentität von § 263 und § 267 I Var. 3); *Meurer/Dietmeier,* Jura 1999, 643, 645 (versuchter Raub während des Dauerdelikts Hausfriedensbruch gem. § 123); *Murmann,* Jura-Examenklausurenkurs, 2000, S. 67 u. 70 („gelegentlicher" Betrug gem. § 263 während des Dauerdelikts Hausfriedensbruch gem. § 123); *Seher,* in: *Ebert* (Hrsg.), Fall 12, S. 12 f. u. 190 (§ 303 während § 123); *Seher,* JuS 2004, 392, 394: Beispiel 4, 5 (zum Zusammentreffen von Dauer- und Zustandsdelikt); *Steinberg/Bergmann,* JuS 2009, 908: Beispielsfall 5 (während schwerer Freiheitsberaubung nach § 239 III Nr. 1 werden eine Körperverletzung nach § 223 und eine Beleidigung nach § 185 am bzw. der Eingesperrten begangen); *Tiedemann,* Anfängerübung, Fall 1, S. 165 u. 170 (keine Klammerwirkung des Dauerdelikts § 316 für § 315 c und § 212); *Walter/Schneider,* JA 2008, 262 u. 270 (Mordversuch durch Unterlassen und aktiv begangene Aussetzung gem. § 221); *Walter/Uhl,* JA 2009, 32 u. 38 (Teilidentität und Klammerwirkung); *Wolters,* Fall 3, S. 60 f. u. 82 f. (Zäsur durch Unfall).

40   Das durch diese „Formel" erreichte Mehr an rechtlicher Bestimmtheit im Konkurrenzbereich wird jedoch teilweise dadurch wieder preisgegeben, dass Rechtspre-

---

[54] So *Maiwald,* NJW 1978, 301. – In der Rspr. BGH NStZ-RR 2011, 111.

chung[55] und herrschende Lehre[56] eine Teilidentität auch noch in der Deliktsphase **zwischen Vollendung und Beendigung** anerkennen, obwohl es – außer bei Dauerstraftaten – kaum möglich ist, hier noch von einer Tatbestandsausführungshandlung zu sprechen; die endgültige Sicherung der Beute eines Diebstahls lässt sich nur schwer als „Wegnehmen" bezeichnen.

Da diese Verwendung des Beendigungsbegriffs hier ausnahmsweise zu einer für **41** den Täter günstigen Ausdehnung der Tateinheit gem. § 52 im Verhältnis zur Tatmehrheit gem. § 53 führt, könnte man im Hinblick auf Art. 103 II GG (Analogie zugunsten des Täters ist nicht verboten) eher bereit sein, die Grenzen des gesetzlichen Tatbestandes zu **lockern.** Von einem teilweisen Überschneiden der Tatbestandsausführungshandlungen kann man dann aber streng genommen nicht mehr sprechen, denn es überschneiden sich nur die Tatbestandsausführungshandlung eines Delikts und eine nichttatbestandsmäßige Rechtsgutverletzungshandlung.[56a] Das zeigt sich am typischen Fall einer in der Beendigungsphase des zuerst ausgeführten Delikts begründeten Tateinheit: der Räuber ist mit der Beute auf der Flucht (= nach der Rspr.: in der Beendigungsphase von § 249) und schießt – auch zur Beutesicherung – mit (bedingtem) Tötungsvorsatz auf den ihn verfolgenden Polizisten (§ 212-Versuch, wenn er ihn verfehlt). Hier stehen § 249 und der § 212-Versuch in Tateinheit gem. § 52 zueinander, wenn man zugesteht, dass wegen der täterbegünstigenden Wirkung der Annahme von Tateinheit diese auch noch nach der Tatbestandsausführungshandlung (bei § 249: Gewalt und Wegnahme), nämlich in der „Beendigungsphase" (nach der Rspr. bei § 249: Beutesicherungsphase), begründet werden kann.[57] Gleiches gilt für eine räuberische (Sicherungs-)Erpressung unter Einsatz körperlicher Gewalt (§§ 253, 255, 223, 224) zur Besitzerhaltung betrügerisch erlangter Sachen zwischen Vollendung und Beendigung des Betrugs (BGH NStZ 2002, 33 m. Bspr. *Heger,* JA 2002, 454, 456; ebenso für eine Nötigung in der Beutesicherungs- = Beendigungsphase einer räuberischen Erpressung, BGH NStZ 2005, 387). – Teilidentität ist jedenfalls nicht mehr nach Beendigung einer Tat möglich, so etwa der Verkehrsunfall (§§ 222, 229, 315 c) mit dem gestohlenen Kfz, der nicht in Tateinheit mit dem bereits beendeten § 242 steht (vgl. BGH NStZ 2001, 88 f.; ebenso BGH NStZ-RR 2001, 298 f.: nach § 315 c III Nr. 1 – Beendigung auf Opfer eingestochen (§ 224 I Nr. 2); keine Teilidentität zwischen Beihilfe zum „abgeschlossenen" Diebstahl und anschließender Hehlerei nimmt OLG München NStZ-RR 2006, 371, an, obwohl der Diebstahl erst „vollendet" gewesen sein soll.

Aus der **Übungsfall-Literatur** vgl.: *Kühl/Schramm,* JuS 2003, 681 u. 687 (Mordversuch in sog. Beendigungsphase des Raubes); *Roxin/Schünemann/Haffke,* Klausurenlehre, Fall 9,

---

[55] Vgl. BGHSt 26, 27 f.; BGH JA 1983, 615, m. Bspr. *Seier;* BGH NStZ 1984, 409; BGH NJW 1992, 2104; BGH NStZ 1993, 77; BGH NStZ-RR 2000, 367 u. 2002, 334; BGH NStZ 2003, 371 u. 2004, 329 u. 2005, 387.

[56] Vgl. nur *Fischer,* Rn. 26 vor § 52; *Jescheck/Weigend,* S. 720; *Roxin,* AT II, 33/98; LK-*Rissing-van Saan,* § 52 Rn. 21; SK-*Samson/Günther,* Rn. 12 vor § 52; *Stratenwerth/Kuhlen,* 18/29; *Warda,* JuS 1964, 87; *Seher,* JuS 2004, 392, 393 f.: Beispiel 3 u. *Walter,* JA 2004, 572, 575; strenger *Jakobs,* 33/7: nur bei „Sicherungsverhalten".

[56a] Näher *Kühl,* JuS 2002, 729 ff.; zust. B-*Weber/Mitsch,* 36/26.

[57] Vgl. hierzu BGH StV 1983, 104 f. mit Anm. *Geppert,* JK, StGB § 52/2, u. BGH NJW 1992, 2103 f.; ebenso für den in der Beendigungsphase der räuberischen Erpressung nach § 255 begangenen Verdeckungsmord nach § 211 BGH StraFo 1999, 100 f.; BGH NStZ-RR 2000, 367; BGH NStZ 2003, 371; BGH NStZ 2004, 329 (Mord vor Raub-Beendigung; dazu auch schon BGH NJW 2001, 363 u. BGH StV 2004, 480: Leitsatz) und für eine Nötigung eines Dritten vor § 255 – Beendigung BGH NStZ-RR 2002, 334; vgl. auch BGH NStZ 2005, 262 m. Bspr. *Kudlich,* JuS 2005, 383.

S. 175 f., 188 (Abfahren vom Tatort = noch Beendigungsphase) u. 190 (Flucht = nicht mehr Beendigungsphase).

42   Eine Überschneidung von Handlungen im straflosen **Vorbereitungsstadium** reicht hingegen nicht aus;[58] ebenso wenig genügt Teilidentität im **Versuchsstadium**,[59] es sei denn, es wird bereits mit der Tatbestandsausführungshandlung (s. o. 15/20 u. 55) begonnen. Darüber hinaus stellen weder ein **einheitliches Motiv** noch das nur im **subjektiven Tatbestand** stattfindende Zusammentreffen mehrerer Tatbestandsausführungshandlungen eine ausreichende Begründung für die Annahme einer Handlungseinheit dar.[59a]

2. Handlungseinheit und Tateinheit

43   Liegt nach den unter 1. genannten Bedingungen Handlungseinheit vor, so ist damit die erste Voraussetzung für die Annahme von Tateinheit (§ 52) gegeben; insoweit ist die **Handlungseinheit** zwar notwendige, nicht aber hinreichende Bedingung der Tateinheit.[59b] Hinzukommen muss, als zweites Erfordernis jeder Tateinheit, die **mehrfache Gesetzesverletzung**.[60] Sie wird nach § 52 I aufgegliedert in die Verletzung mehrerer Strafgesetze (= ungleichartige Tateinheit) und in die mehrmalige Verletzung desselben Strafgesetzes (= gleichartige Tateinheit).[60a] Gleichartige Tateinheit liegt etwa bei einem Serienbetrug vor, wenn eine „Vielzahl gleichartiger Einzelakte durch dieselbe Handlung begangen" werden (BGHSt 56, 183, 186; zur Fassung des Anklagesatzes ebda. sowie *Meyer-Goßner*, 9 a zu § 200 StPO mit BGHSt 56, 109).

44   Aus diesem Grund wird auch die soeben vorgestellte „Formel" von der Teilidentität der Tatbestandsausführungshandlungen meistens nicht bei der Handlungseinheit, sondern erst bei der Tateinheit behandelt. Dies ist insofern richtig, als erst in diesen Fällen (folgt man dagegen der Rspr. zur natürlichen Handlungseinheit, so liegt auch bei dieser z. T. schon eine mehrfache Gesetzesverletzung vor) außer dem Erfordernis „Handlungseinheit" auch das zweite Erfordernis „die mehrfache Gesetzesverletzung" vorliegt.

45   Keine Tateinheit liegt etwa bei den natürlichen bzw. rechtlichen Handlungseinheiten „Dauerstraftat" oder „fortgesetzter **Handlung**" vor, da es bei ihnen an der Verletzung mehrerer Gesetze fehlt. „Das wird erst dann anders, wenn sie im ganzen oder durch einzelne ihrer Teilakte mehrere Straftatbestände zugleich (oder denselben Tatbestand mehrfach) erfüllen, die körperliche Mißhandlung z. B. aus einer Reihe – zugleich beleidigender – Ohrfeigen besteht, eine Schimpfkanonade sich gegen eine ganze Gruppe von Personen gleichermaßen richtet oder die Täuschung bei einem oder mehreren Teilakten eines fortgesetzten Betruges in der Vorlage gefälschter Urkunden besteht. Erst dann begründet die (natürliche oder juristische) Handlungseinheit wie jede andere Handlung, die mehrere Gesetzestatbestände verwirklicht, Idealkonkurrenz".[61]

---

[58] Vgl. BGHSt 33, 165 sowie bezugnehmend hierauf *Gribbohm/Utech*, NStZ 1990, 212; B-*Weber/Mitsch*, 36/26: doch bei von § 30 erfassten strafbaren Vorbereitungshandlungen.

[59] *Roxin*, AT II, 33/92; LK-*Rissing-van Saan*, § 52 Rn. 22; a. A. SK-*Samson/Günther*, § 52 Rn. 12; *Zieschang*, Fs. Rissing-van Saan, 20111, S. 785, 794 ff.

[59a] BGHSt 43, 149 (zu § 261); vgl. auch BGH NJW 1998, 1001 (zu §§ 263; 153, 26).

[59b] Ebenso *Ebert*, S. 220 und SK-*Samson/Günther*, Rn. 17 vor § 52.

[60] *Warda*, JuS 1964, 86; *ders.*, Fs. Oehler, 1985, 244; *Sowada*, Jura 1995, 246.

[60a] Vgl. *Ebert*, S. 227; *Kuhlen*, JR 2000, 36 f.

[61] *Warda*, JuS 1964, 86.

Tateinheit wegen Teilidentität[62] der Ausführungshandlungen soll z.B. zwischen 46
§§ 224, 113 I, II, 239 und §§ 250, 133 bestehen, wenn ein Gefangener den Gefäng-
niswärter bewusstlos schlägt, um diesem die Zellenschlüssel zu entwenden (Bsp. von
Krehl, Jura 1989, 646 u. 651). Hinsichtlich der ebenfalls verwirklichten Freiheitsentziehung liegt allerdings dann keine Idealkonkurrenz vor, wenn man sie allein als
Mittel zur Verwirklichung des Raubes ansieht (insoweit tritt § 239 hinter § 249 aus
Gründen der Gesetzeskonkurrenz[63] zurück, s. u. Rn. 51 ff.).

Nach BGH NStZ 1993, 39 f. besteht zwischen Erpressung und erpresserischem 47
Menschenraub schon deshalb bei Vollendung beider Delikte Tateinheit, weil bei
§ 239 a die Absicht der Erpressung für die Vollendung der Tat genügt – ebenso bestehe Tateinheit zwischen der Erpressung und der Nötigung, wenn der Täter sowohl
das Vermögen (§ 255) als auch die allgemeine Entscheidungsfreiheit (§ 240) des Opfers angreife. Verwirklicht der Täter den Tatbestand der Körperverletzung mit Todesfolge (§ 227) und den des Totschlags und Unterlassen (§§ 212, 13), so kann nach
BGH NStZ 2000, 29 f., der Todeserfolg die Taten zur Tateinheit verbinden.

Liegen die Voraussetzungen einer einzigen Handlung mit mehrfacher Gesetzesver- 48
letzung vor, so bedarf die endgültige Annahme von Tateinheit gem. § 52 (= Idealkonkurrenz) abschließend der „Negativprüfung", ob nicht ein Fall von Gesetzeskonkurrenz bzw. Gesetzeseinheit vorliegt (s. u. III. = Rn. 51 ff.).[64]

> Aus der **Übungsfall-Literatur** zur Tateinheit vgl.: *Eisenberg*, Jura 1989, 41 u. 44; *Reg-
> ge/Rose/Steffens*, JuS 1999, 159 u. 162; *Steinberg*, AL 2009, 179 u. 184 sowie ZJS 2010,
> 518 u. 522.

II. Handlungsmehrheit – Tatmehrheit

1. Handlungsmehrheit

Liegt bei mehreren Handlungen im natürlichen Sinn unter keinem der vorstehend 49
erörterten Gesichtspunkte eine Handlungseinheit vor, so bleibt es bei der Handlungsmehrheit; die Anwendung des § 52 ist damit ausgeschlossen.

2. Handlungsmehrheit und Tatmehrheit

Ebenso wie die endgültige Annahme von Tateinheit (s. o. Rn. 48) setzt auch die 50
Anwendbarkeit von § 53 (Tatmehrheit = Realkonkurrenz) neben dem Vorliegen von
Handlungsmehrheit voraus, dass kein Fall der Gesetzeskonkurrenz bzw. Gesetzes-
einheit vorliegt.[65]

---

[62] Zur Tateinheit wegen Teilidentität der Ausführungshandlungen bei Verkürzung verschiedener Steuerarten BGHSt 33, 165 u. BGH wistra 1989, 267 f.

[63] Vgl. S/S-*Eser/Bosch*, § 249 Rn. 13.

[64] Vgl. zu dieser „Negativprüfung" auch *Tiedemann*, JuS 1987, L 18 ff.

[65] *Tiedemann*, JuS 1987, L 20 f.

III. Gesetzeskonkurrenz[66] bzw. Gesetzeseinheit[66a]

51　Das Vorliegen einer Gesetzeskonkurrenz[67] verhindert das Eingreifen der gesetzlichen Bestimmungen über die „Strafbemessung bei mehreren Gesetzesverletzungen", der §§ 52–55.[68] Es handelt sich dabei um Fälle, in denen letztlich nur eine Gesetzesverletzung vorliegt, weil das verletzte Gesetz andere nur scheinbar verletzte Gesetze **verdrängt**. Dabei darf das Mindestmaß der in dem verdrängten Gesetz angedrohten Hauptstrafe nicht unterschritten werden (sog. Sperrwirkung).[69] Die Gesetzeseinheit ist von der tatbestandlichen Exklusivität zu unterscheiden, denn bei dieser weist ein Tatbestand ein Merkmal auf, dessen Negation oder Gegenteil begriffliche Voraussetzung für die Erfüllung des anderen Tatbestandes ist (z. B. Tötungsdelikte und Schwangerschaftsabbruch).[69a]

1. Spezialität

52　Das Vorliegen dieser Form der Gesetzeskonkurrenz ist oft eindeutig auszumachen,[70] weil bei ihr der eine Tatbestand vollständig in einem anderen Tatbestand enthalten ist, der seinerseits noch mindestens eine weitere Tatbestandsvoraussetzung, die den Sachverhalt unter einem genaueren Gesichtspunkt erfasst, aufweist[70a] (vgl. BGH NJW 1999, 348, zu §§ 130 III Alt. 1 u. 140 Nr. 2); z. B. § 223 in § 224 und § 242 in § 244; die §§ 240, 242 in § 249;[71] § 239 I in § 239 III Nr. 1, nicht jedoch § 235 in § 239 (BGHSt 39, 239, 242 zu § 235 a. F.). Manchmal bedarf es aber zur Feststellung der Spezialität einer teleologisch-systematischen Auslegung der Vorschriften.[71a] Das ist etwa im Verhältnis von Widerstand gegen die Staatsgewalt (§ 113) und Nötigung (§ 240) der Fall (BGHSt 48, 233: § 113 als lex specialis we-

---

[66] Gegen die Verwendung des Begriffes der Gesetzeskonkurrenz *Ebert*, S. 219; *Vogler*, Fs. Bockelmann, 1979, S. 715; *Mitsch*, JuS 1993, 385; „Konkurrenz" meint bei „Gesetzkonkurrenz" kein konkurrieren i. S. v. „gegeneinander antreten", sondern „zusammenlaufen" (abgeleitet von „concurrere"), *Seher*, JuS 2004, 482.

[66a] So u. a. MK¹-*v. Heintschel-Heinegg*, 18 vor §§ 52 ff., der aber auch diesen Begriff nicht für „in der Sache" treffend hält, Rn. 21.

[67] Einen guten Überblick zur Gesetzeseinheit gibt *Seier*, Jura 1983, 225 ff., über die „unechten" Konkurrenzen *Stiebig*, Jura 2007, 908 u. 913.

[68] Nach *Vogler*, Fs. Bockelmann, 1979, S. 715 ff., 721, erhält die Gesetzeseinheit ihr „dogmatisches Fundament durch den Gedanken der unzulässigen Doppelbestrafung"; so auch *Puppe*, Idealkonkurrenz und Einzelverbrechen, 1979, S. 313 ff.; vgl. zu den Ansätzen von *Vogler* und *Puppe: Seier*, Jura 1983, 231.

[69] *Haft*, S. 275; *Lackner/Kühl*, 29 vor § 52 m. w. N.

[69a] Vgl. *Mitsch*, JuS 1993, 471, 472.

[70] Weshalb sie nach *Tiedemann*, Anfängerübung, S. 92, vorab zu untersuchen ist; nach *Roxin*, AT II, 33/178: „einfachste und anwendungssicherste" Gesetzeskonkurrenzform.

[70a] Ebenso *Seher*, JuS 2004, 482; *Steinberg/Bergmann*, Jura 2009, 905, 909 u. *Kindhäuser*, AT, 46/5. – Aus der Rspr.: BGHSt 53, 288, 293: „wenn ein Strafgesetz alle Merkmale einer anderen Strafvorschrift aufweist und sich nur dadurch von dieser unterscheidet, dass es wenigstens noch ein weiteres Merkmal enthält, das den in Frage kommenden Sachverhalt unter einem genaueren (spezielleren) Gesichtspunkt erfasst, und der Täter durch die Spezialvorschrift privilegiert werden soll."

[71] *Tiedemann*, Anfängerübung, S. 92, weist zusätzlich darauf hin, dass Spezialität stets im Verhältnis von Grundtatbestand, Qualifizierung und Privilegierung besteht; *ders.*, JuS 1987, L 18 f.

[71a] Vgl. SK-*Samson/Günther*, Rn. 83 vor § 52; vgl. zum umstr. Verhältnis von § 212 zu § 211 S/S-*Eser*, Vorbem § 211 Rn. 5; zum Verhältnis des Missbrauchs- zum Treubruchstatbestand bei § 266 s. *Lackner/Kühl*, § 266 Rn. 21.

gen gesetzgeberischer Privilegierungsabsicht).[71b] Auch § 266 a soll nach einer Gesetzesänderung im Jahre 2004 jetzt „lex specialis" gegenüber dem Betrug nach § 263 sein (BGH StraFo 2007, 342).[71c] – Das speziellere Delikt kann, wenn seine Voraussetzungen nicht erfüllt sind, eine **Sperrwirkung** gegenüber dem allgemeineren Delikt entfalten, wenn es sich um eine „privilegierende Spezialität" handelt (BGHSt 53, 288, 293: § 30 I Nr. 3 BtMG ist spezieller als § 222 bei der tödlich endenden Überlassung von Drogen, privilegiert aber angesichts seines höheren Strafrahmens nicht).

Aus der **Übungsfall-Literatur** zur Spezialität vgl · *Beulke,* KK II, Fall 9, Rn. 250 u. 279 (§ 253 spezieller als § 240); *Geisler/Meyer,* Jura 2010, 388 u. 352 (§§ 252, 250 II Nr. 1 spezieller als § 242); *Gössel,* Fälle, Fall 15, S. 244 u. 258 (§ 113 spezieller als § 240); *Halecker,* AL 2010, 121 u. 127 (§ 224-Beihilfe spezieller als § 223-Beihilfe); *Hilgendorf,* KK I, Fall 5, Rn. 8 (§ 211 spezieller als § 212) u. Fall 10, Rn. 23 (§ 224 spezieller als § 223); *Stein/Schneider,* AL 2011, 45 u. 52 (§ 224 I Nr. 5 spezieller als § 223); *Tiedemann,* Anfängerübung, Fall 10, S. 229 f. u. 237 (§ 224 spezieller als § 223); *Zieschang,* JuS 1999, 49 u. 52 (§ 244 I Nr. 3 spezieller als § 243 I 2 Nr. 1).

2. Subsidiarität

Soweit es sich um eine **ausdrückliche** Subsidiaritätsklausel[72] innerhalb eines 53 Strafgesetzes handelt (sog. **formelle Subsidiarität**),[72a] war bisher nur das Finden dieser Klauseln (z. B. in den §§ 265 a, 248 b, 316) „problematisch". Inzwischen ist aber auch die Reichweite der Klauseln umstritten, vor allem bei der neuen Klausel in § 246: „... wenn die Tat nicht in anderen Vorschriften mit schwererer Strafe bedroht ist." Der Bundesgerichtshof nimmt die ohne Einschränkung formulierten Klauseln beim Wort und kommt so zur Subsidiarität gegenüber allen Delikten mit schwererer Strafandrohung (BGHSt 43, 237 zu § 125; BGHSt 47, 243 m. krit. Bspr. *Küpper,* JZ 2002, 1115; *Hoyer,* JR 2002, 517; *Freund/Putz,* NStZ 2003, 242; *Duttge/Sotelsek,* NJW 2002, 3756 u. *Geppert,* JK 10/02, StGB § 246/13; zust. aber *Heghmanns,* JuS 2003, 954, *Steinberg/Bergmann,* Jura 2009, 905, 909 u. *Otto,* NStZ 2003, 87: Zusammentreffen von § 246 mit § 212; als „Unterschlagungsmordfall" bei *Puppe,* AT², 2012, 34/21 ff.). Dafür spricht, dass eine eingeschränkte Subsidiaritätsklausel wie z. B. in § 145 d I („..., wenn die Tat nicht in § 164, § 258 oder § 258 a mit Strafe bedroht ist") möglich gewesen wäre. Speziell bei der Unterschlagung ist zu beachten, dass der Fall der wiederholten Zueignung ein- und derselben Sache nicht von der Subsidiaritätsklausel erfasst ist („die Tat" ist nicht eine spätere Tat);[73] ob die wiederholte Zueignung schon nicht den Tatbestand des § 246 erfüllt oder mitbestrafte Nachtat (u. 63 ff.) ist, ist umstritten (vgl. *Lackner/Kühl,* § 246 Rn. 7). Das Merkmal „in anderen Vorschriften" ergibt nicht, dass damit nur Vorschriften gemeint sind, die teilweise dasselbe Rechtsgut schützen.[73a]

[71b] Vgl. AWHH-*Hilgendorf,* BT, 45/6 u. 54; W-*Hettinger,* BT 1, Rn. 621.

[71c] Vgl. *Lackner/Kühl,* § 266 a Rn. 20.

[72] *Ebert,* S. 225, unterscheidet innerhalb dieser sog. „formellen Subsidiarität" weiter nach absoluter, relativer und spezieller Subsidiarität. Zu dieser einzigen „positivgesetzlich" angeordneten Form der Gesetzeseinheit durch „verstreute Subsidiaritätsklauseln" vgl. *Mitsch,* JuS 1993, 471, 473, der sich gegen die im Text und von der h. M. verwendete terminologische Unterscheidung der Fallgruppen wendet.

[72a] *Steinberg/Bergmann,* Jura 2009, 905, 909 mit Prüfungshinweisen.

[73] Zum Regelungsgehalt dieser neuen Subsidiaritätsklausel vgl. *Lackner/Kühl,* § 246 Rn. 14; *Mitsch,* BT 2/1, 2/72–79; W-*Hillenkamp,* Rn. 328–331.

[73a] So aber *Cantzler/Zauner,* Jura 2003, 483, 485; *Rengier,* BT I, 5/29; *Roxin,* AT II, 33/196 u. MK¹-*v. Heintschel-Heinegg,* 45 vor §§ 52 ff.

Aus der **Übungsfall-Literatur** zur § 246-Subsidiaritätsklausel vgl.: *Beulke,* KK II, Fall 3, Rn. 68 u. 87 (§ 246 subsidiär gegenüber § 242) u. Fall 4, Rn. 90 u. 107–109 (wiederholte Zueignung: mitbestrafte Nachtat); *Dedy,* Jura 2002, 137 u. 143 (auch § 246-Versuch „erst recht" subsidiär); *Fahl,* JuS 2004, 885 u. 887 („wiederholte" Zueignung schon nicht tatbestandsmäßig); *Dittrich/Pintaske,* ZJS 2011, 157 u. 162 (sog. Zweitzueignung); *Geppert,* Jura 2002, 281 u. 282 (vollendeter § 246 nicht subsidiär gegenüber versuchtem § 242, sondern Tateinheit aus Klarstellungsgründen); *Graul,* JuS 1999, 562 u. 566 (§ 246-Subsidiaritätsklausel bei gleichzeitigem § 263); *Graul,* Jura 2000, 204 u. 209 (§ 246-Subsidiaritätsklausel bei gleichzeitigem § 263 a; folgt § 246 dagegen 263 a nach, so ist die Unterschlagung entweder nicht tatbestandsmäßig oder mitbestrafte Nachtat); K/H/H-*Hellmann,* BT 2, Rn. 241–247: Fall 53 (tatbestandsmäßig schon kein § 246, wenn gleichzeitig mit § 263, aber auch, wenn danach); *Jordan,* Jura 1999, 304 u. 311 (§ 246 I, nicht aber § 246 II subsidiär gegenüber Beihilfe zu § 266); *Kudlich,* PdW BT I, Fälle 75–79 (verschiedene Konstellationen); *Kühl/Brutscher,* JuS 2011, 335 u. 339 („wiederholte" Zueignung); *Poller/Härtl,* JuS 2004, 1075 u. 1077 (nur für Gleichzeitigkeitsfälle); *Schultze,* JA 2002, 777 u. 781 (vollendeter § 246 nicht subsidiär gegenüber §§ 242, 243 I 2 Nr. 1-Versuch); *Rosenau/Zimmermann,* JuS 2009, 541 u. 545 („wiederholte" Zueignung); W-*Hillenkamp,* Fall 23, Rn. 325 u. 332 (§ 246 gleichzeitig mit § 263 führt zur Anwendung der Subsidiaritätsklausel; die spätere Unterschlagung ist mitbestrafte Nachtat); *Zieschang,* JuS 1999, 49 u. 52 (§ 246 subsidiär gegenüber § 244). – Vgl. auch *Jäger,* JuS 2000, 1167, 1170, mit Formulierungsvorschlag. – Zur Subsidiaritätsklausel des § 265 I vgl. *Hilgendorf,* Fallsammlung, Fall 20, S. 171 u. 179, zu der des § 248 *Kraatz,* ZJS 2011, 147 u. 154.

54   Kommt dagegen eine nicht gesetzlich angeordnete, **materielle** (auch „systematische" genannt)[73b] Subsidiarität in Betracht, so kann erst die Auslegung der „konkurrierenden" Tatbestände die Lösung bringen. Ergibt diese Auslegung, dass eines der „verletzten" Gesetze nur für den Fall Geltung beansprucht, dass nicht das andere zugleich verletzt,[73c] wurde, so tritt es aus Gründen der Subsidiarität zurück. Dies ist z. B. dann der Fall, wenn eine Tatbestandsverwirklichung weniger **intensiv** als die andere oder in verschiedenen Stadien das von beiden Tatbeständen geschützte Rechtsgut verletzt,[73d] z. B. die versuchte gegenüber der vollendeten Deliktsverwirklichung (BGH NStZ-RR 2005, 201, 202), die Anstifterhandlung gegenüber einem Täterverhalten,[73e] die Verabredung nach § 30 II Var. 3 gegenüber der tatnäheren versuchten Anstiftung nach § 30 I (BayObLG NJW 1956, 1000, 1001; *Lackner/Kühl,* § 30 Rn. 10; a. A. BGH NStZ 1994, 383; nach Fallgestaltung diff. LK-*Schünemann,* § 30 Rn. 79 u. *Fischer* § 30 Rn. 15), auch die aktive Beihilfe gegenüber der Täterschaft durch Unterlassen (*Rotsch,* JuS 2004, 607 u. 613). Aber auch die bloße Gefährdung tritt in diesen Fällen (= Einheitlichkeit des geschützten Rechtsguts) hinter der Verletzung zurück. Nach *Tiedemann,* Anfängerübung, S. 94, mit Hinweis auf BGHSt 4, 116, gilt dies beispielsweise im Verhältnis von § 221 (Lebensgefährdungsdelikt) zu § 212 (Lebensverletzungsdelikt); nach BGHSt 38, 325, 338, soll dies auch im Verhältnis von § 326 I Nr. 3 [inzwischen Nr. 4 a] (Gefährdungsdelikt) zu § 324 (Verletzungsdelikt) gelten, zumindest wenn eine nachhaltige Gewässerverunreinigung durch die Beseitigung von Abwasser herbeigeführt wird und damit bei beiden

---

[73b] *Heinrich,* AT II, Rn. 1440.

[73c] Ebenso *Meurer,* S. 203 f.

[73d] *Seher,* JuS 2004, 482, 483; *Steinberg/Bergmann,* Jura 2009, 905, 909; *Kindhäuser,* AT, 46/10, mit weiteren Beispielen, z. B. Beihilfe gegenüber Anstiftung; *Krey/Esser,* AT, Rn. 1390.

[73e] *Köhler,* S. 691; *Lackner/Kühl,* Rn. 13 vor § 25. – Zu letzterem *Geppert,* Jura 1997, 358, 366, u. 1999, 266, 274; aus der Rspr.: BGHSt 10, 230, 232; 30, 28 u. 47, 188, 202; BGH NStZ 1997, 281 u. 2000, 421; BGH NStZ-RR 2005, 201, 203. – NK-*Puppe,* Rn. 14, 21 vor § 52, nimmt in diesen Fällen ein „Spezialitätsverhältnis" an; das erwägen auch B-*Weber/Mitsch,* 36/6 Fn. 15 (wie hier aber 36/11).

Straftatbeständen dasselbe Schutzgut betroffen ist;[74] nach BGH StraFo 2007, 430 auch im Verhältnis von konkretem Gefährdungsdelikt (§ 306 b II Nr. 1) zu abstraktem Gefährdungsdelikt (§ 224 I Nr. 5).

Ein weiteres Beispiel für Subsidiarität **bei identischen Rechtsgütern** nennt *Tiedemann,* Anfängerübung, S. 94, und Fall 1, S. 165 u. 170, wonach die fahrlässige Tötung gegenüber der vorsätzlichen Tötung derselben Person [= Autofahrer (A) verletzt Fußgänger (F) lebensgefährlich, lässt diesen, nachdem er das Ausmaß der Tat erkannt hat verbluten, obwohl F bei sofortiger ärztlicher Behandlung hätte gerettet werden können] subsidiär ist. – Dies soll jedoch dann nicht gelten, wenn das Vorsatzdelikt nur versucht, das Fahrlässigkeitsdelikt hingegen vollendet ist.[75] – Auch bei Rechtsgütern unterschiedlicher Rechtsgutsträger kommt Subsidiarität in Betracht. So verdrängt § 218 die Körperverletzungen nach §§ 223, 224 (BGHSt 28, 11, 16; zust. *Lackner/Kühl,* § 218 Rn. 21, abl. *Satzger,* Jura 2008, 424, 434, and. für § 224 BGH NJW 2007, 2565 m. zust. Bspr. *Satzger,* JK 1/08, StGB § 52/13). **55**

Subsidiarität besteht zwischen der vollendeten Körperverletzung und der vollendeten Tötung, auch zwischen Körperverletzung mit vorsätzlich herbeigeführter Todesfolge (§ 227) und Mord (§ 211) oder Totschlag (§ 212). Ist aber das (schwerere) Tötungsdelikt nur versucht, das (minderschwere) Körperverletzungsdelikt dagegen vollendet (der mit Tötungsvorsatz abgegebene Schuss verletzt das Opfer „nur"), so stehen §§ 212, 22, 23 und § 224 I Nr. 2 in Tateinheit, weil nur so klargestellt werden kann, dass der Schuss für das Opfer keineswegs folgenlos war (**„Klarstellungsfunktion"** der Idealkonkurrenz).[75a] Tateinheit besteht deshalb auch zwischen Mordversuch und vollendetem Totschlag oder zwischen Raubversuch und vollendetem Diebstahl.[75b] Zwischen vollendetem Raub mit Todesfolge (§ 251) und Körperverletzung mit Todesfolge (§ 227) besteht Gesetzeskonkurrenz mit Vorrang des § 251, weil derjenige, der § 251 verwirklicht, die Todesfolge regelmäßig durch eine Gewalthandlung herbeiführt, die sich als vorsätzliche Körperverletzung (§ 223) darstellt; dagegen steht der versuchte Raub mit Todesfolge (§§ 251, 22/23) wegen des „Gesichtspunkts des Klarstellungsinteresses" mit dem vollendeten § 227 in Tateinheit, da bei Verurteilung nur wegen § 251-Versuchs nicht klar wäre, dass dieser sog. erfolgsqualifizierte Versuch (17 a/39 ff.) zum Tod eines anderen Menschen geführt hat (BGHSt 46, 24 m. Bspr. *Kudlich,* JA 2000, 748 u. *Kindhäuser,* NStZ 2001, 31; *Stein,* JR 2001, 72 u. *Geppert,* JK 7 zu § 251). Aus Gründen der Klarstellung soll auch die schwere Körperverletzung nach § 226 I Nr. 3 mit der sonst verdrängt gefährlichen Körperverletzung (§ 224) in Tateinheit stehen, wenn es um die lebensgefährdende Behandlung i. S. des § 224 I Nr. 5 geht (BGHSt 53, 23 m. zust. Bspr. *Geppert,* JK 8/09, StGB § 226/12; *Lackner/Kühl,* 28 vor § 52 und § 224 Rn. 12). Der Versuch des schweren Bandendiebstahls (§§ 244 a, 22/23) steht mit dem weniger qualifizierten Wohnungseinbruchsdiebstahl (§ 244 I Nr. 3) in Tateinheit (BGH NStZ-RR 2010, 170; *Lackner/Kühl,* § 244 a Rn. 6). Aus Klarstellungsgründen wird auch Tateinheit zwischen versuchter Brandstiftung mit Todesfolge (§§ 306 c, 22/23) **56**

---

[74] Ebenso *Fischer,* § 326 Rn. 18 u. LK-*Rissing-van Saan,* Rn. 130 vor § 52 u. S/S-*Heine,* § 326 Rn. 22; a. A. LK[11]-*Steindorf,* § 324 Rn. 129 u. § 326 Rn. 157.

[75] Vgl. *Tiedemann,* Anfängerübung, S. 94, mit Hinweis auf BGHSt 7, 287 ff.; *ders.,* JuS 1987, L 19.

[75a] So jetzt auch die Rspr.: BGHSt 44, 196, m. Bspr. *Kudlich,* JA 1999, 452, *Satzger,* JR 1999, 203 u. *Geppert,* JK 4 zu § 212. – Aus der Lit. vgl. *Hohmann/Sander,* BT II, 1/24; *Krey/Esser,* AT, Rn. 1390; *Rengier,* BT II, 21/5–8; *Seher,* JuS 2004, 482, 483; *Stiebig,* Jura 2007, 908, 913.

[75b] Vgl. *Lackner/Kühl,* Rn. 28 vor § 52, m. N.

und schwerer Brandstiftung angenommen (BGH NStZ-RR 2004, 367 m. Bspr. *Kudlich*, JuS 2005, 276), zwischen dem Eigentumsdelikt des § 306 I Nr. 1 und dem Gemeingefährlichkeitsdelikt des § 306 a I Nr. 1 diskutiert (*Wrage*, JuS 2003, 985 u. 986: Bsp. 6; dagegen BGH NJW 2001, 765 mit Bspr. *Baier*, JA-R 2001, 148 u. *Kreß*, JR 2001, 315: § 306 tritt zurück, weil auch ihm ein „Element der Gemeingefährlichkeit" anhafte), auch für das Verhältnis zwischen versuchter Erpressung nach §§ 253, 22/23 und Bedrohung nach § 241 (W-*Beulke*, Rn. 787 m. w. N.).

57   Nach den Grundsätzen materieller Subsidiarität verdrängt § 263 einen vorhergehenden Kreditbetrug i. S. des § 265 b (BGHSt 36, 130 m. abl. Anm. *Kindhäuser*, JR 1990, 520). Ob dies bereits für den Versuch des § 263 gelten soll, wie vom BGH in dieser Entscheidung angenommen, ist indes fraglich; um **klarzustellen**, dass die Täuschung – anders als der daran anknüpfende Betrug – vollendet ist, liegt Tateinheit hier näher (*Kindhäuser*, § 265 b Rn. 18; *Lackner/Kühl*, § 265 b Rn. 10).

58   Auch bei nicht voll identischen Rechtsgütern (unterlassene Hilfeleistung u. Tötung durch Unterlassen) wird Subsidiarität angenommen.[75c] Dafür spricht, dass § 323 c „nur" ein Lebensgefährdungsdelikt, § 212 durch Unterlassen dagegen ein Lebensverletzungsdelikt ist; dagegen könnte man einwenden, dass „nur" § 323 c eine objektiv vorliegende Gefahr verlangt (zum Streitstand *Stein/Schneider*, AL 2011, 45, 52); man kann aber auch den Tatbestand des § 323 c verneinen, weil die Erfüllung der Hilfeleistungspflicht nicht zu erwarten sei, wenn der durch Unterlassen bewirkte Erfolg vorsätzlich herbeigeführt wurde (*Lackner/Kühl*, § 323 c Rn. 8). Deshalb erscheint auch die Annahme von Subsidiarität der Bedrohung gem. § 241 gegenüber der Nötigung gem. § 240 möglich.[75d] § 240 ist gegenüber § 239 subsidiär, es sei denn, der angestrebte Nötigungserfolg ging über die Duldung der Freiheitsberaubung hinaus.[75e]

59   Zu den klausurrelevanten Fällen der gleichzeitigen Erfüllung verschiedener Qualifikationen desselben Grundtatbestandes *Tiedemann*, Anfängerübung, S. 95; *ders.*, JuS 1987, L 20. – Zur Behandlung subsidiärer Delikte und der Klarstellung in Übungsarbeiten *Seher*, JuS 2007, 132, 134.

Aus der **Übungsfall-Literatur** zur Subsidiarität vgl.: *Beulke*, KK I, Fall 1, Rn. 1 u. 17 (§ 224 subsidiär gegenüber § 211); *Bruckauf*, in: *Ebert* (Hrsg.), Fall 6, S. 6f. u. 110 („Klarstellung"); *Dessecker*, Jura 2000, 592 u. 596 („Klarstellung"); *Engelhart/Burchard*, Jura Examensklausurenkurs, 3. Aufl. 2008, 56 u. 61 („Klarstellungsfunktion"); *Frisch/Murmann*, JuS 1999, 1196 u. 1201 (§ 240 wegen weiteren Nötigungserfolges nicht subsidiär gegenüber § 239); *Gaede*, JuS 2003, 774 u. 776 (§ 123 durch § 244 a „vollständig abgegolten"); *Geisler/Meyer*, Jura 2010, 388 u. 392 (Tateinheit zur „Klarstellung" zwischen §§ 252, 250 II Nr. 1 und §§ 223, 224 I Nr. 2); *Haas*, AL 2012, 119 u. 126 („Feststellungsfunktion"); *Hellmann/Beckemper*, ZJS 2008, 60 u. 67 (§ 325 II subsidiär zu § 325 I) u. 68 (§ 265 b subsidiär zu § 263); *Herzberg/Scheinfeld*, JuS 2003, 881 u. 885 („Klarstellung", dass Anstifter auch Beihilfe geleistet hat); *Hilgendorf*, KK I, Fall 4, Rn. 21 (Klarstellung), Fall 12, Rn. 20 (§ 323 c subsidiär zu §§ 223, 224); *Jäger*, Fall 69, Rn. 392, 393 (§ 316 II ausdrücklich subsidiär zu § 315 c I Nr. 1 a, III Nr. 2); *Kudlich*, AT-Fälle,

---

[75c] So *Haft*, S. 271; *Geppert*, Jura 2005, 39, 47; *Kindhäuser*, § 323 c Rn. 20; S/S-*Sternberg-Lieben/Hecker*, § 323 c Rn. 31; H-H/*von Heintschel-Heinegg*, § 323 c Rn. 29; *Rengier*, BT II, 42/21; für Tateinheit oder Tatmehrheit SK-*Rudolphi/Stein*, § 323 c Rn. 30 a: denn sonst fehle die Klarstellung, dass nicht etwa nur ein untauglicher Versuch vorliegt, sondern auch aus der Ex-Post-Perspektive eine Gefahrabwendungschance vertan wurde.

[75d] Näher *Freund*, 11/26; dies gilt selbst für den § 240-Versuch (BGH NStZ 2006, 342 m. zust. Bspr. *Satzger*, JK 5/06, StGB § 52/12); *Lackner/Kühl*, § 241 Rn. 4.

[75e] *Lackner/Kühl*, § 240 Rn. 27; *Rengier*, BT II, 22/26. – Zu Fällen der Tateinheit vgl. BGH NStZ 2006, 340 u. 2008, 209, 210: gewaltsames Verbringen in die sargähnliche Kiste, das erzwungene Anziehen von Dessous und das Dulden von Fotoaufnahmen als selbständige Nötigungen.

Fall 10, S. 143 (§ 212-Versuch und vollendeter § 223) sowie in: PdW AT, Fälle 332, 334 (beide zur „Klarstellung"; BGHSt 44, 196 und 46, 24 nachgebildet) u. PdW BT II, Fall 217 („Klarstellende" Idealkonkurrenz zwischen § 306 I und § 306 d I i. V. m. § 306 a II); *Kudlich/Schuhr,* JA 2007, 349 u. 354 (§ 323 c subsidiär auch gegenüber dem „nur" versuchten Erfolgsdelikt der §§ 223, 224 I Nr. 5 durch Unterlassen); *Kühl,* JuS 2007, 742 u. 748 (Anstiftung subsidiär gegenüber mittelbarer Täterschaft); *Laubenthal,* JA 2004, 39 u. 47 (Beihilfe gegenüber Anstiftung); *Marxen,* Fall 27 g, S. 258 f. („Klarstellende Funktion"); *Meurer/Kahle/Dietmeier,* Übungskriminalität, Fall 2, S. 13 u. 22 (§ 240 idR gegenüber § 239 und § 323 c gegenüber § 212 subsidiär), sowie die Fälle 3, S. 23 ff. u. 46, 5, S. 77 f. u. 102, 7, S. 137 f. u. 152 (alle drei zur „Klarstellungsfunktion" der Tateinheit zwischen § 224 und Totschlagversuch, zwischen Totschlag und versuchtem Mord, zwischen § 224 und Mordversuch); *Otto,* Jura 2008, 954 u. 959 (§ 323 c subsidiär zu Mordversuch durch Unterlassen); *Petermann,* JuS 2009, 1119 u. 1124 (Verabredung nach § 30 II Var. 3 tritt hinter § 212 zurück); *Radtke/Meyer,* JuS 2011, 521 u. 528 (Tateinheit zur „Klarstellung" zwischen § 229 und § 315 c); *Rotsch,* JuS 2004, 607 u. 611 (aktive Beihilfe auch gegenüber Täterschaft durch Unterlassen subsidiär); *Rotsch,* JA 2004, 532 u. 539 (versuchter gegenüber vollendetem Diebstahl subsidiär); *Rudolphi,* AT-Fälle, Fall 8, S. 89 u. 98 (Anstiftung subsidiär zu täterschaftlicher Beteiligung); *Saal,* Jura 1998, 563 u. 568 (§ 224 subsidiär zu § 212 und § 227); *Scholz/Wohlers,* Klausuren, Bsp. einer Hausarbeitsbearbeitung, S. 102 u. 109 (vollendeter § 223 tritt zur „Klarstellung" nicht hinter versuchtem Raub zurück); *Seher,* in: *Ebert* (Hrsg.), Fall 12, S. 12 f. u.192 („formelle Subsidiarität" des § 316 I gegenüber § 315 c I Nr. 2 b, III Nr. 1); *Siebrecht,* JuS 1997, 1101 u. 1102 (§ 224 subsidiär zu § 227); *Stein/Schneider,* AL 2011, 45 u. 52 (zwischen § 212 durch Unterlassen und § 323 c Subsidiarität oder Tateinheit); *Tiedemann,* Anfängerübung, Fall 1, S. 165 u. 170 (§ 222 subsidiär zu § 212), Fall 6, S. 189 f. u. 195 (Verabredung zum schweren Raub gem. §§ 249, 250 I 1, 30 II subsidiär zum Versuch des schweren Raubes), Fall 10, S. 229 f. u. 236 (§ 323 c subsidiär zu §§ 223, 224 I Nr. 5 durch Unterlassen) sowie Fall 12, S. 244 u. 247 (§ 242 am Benzin gegenüber § 248 b subsidiär); *Valerius,* Klausur 6, S. 109 u. 114 („Klarstellung"); *Wagner,* BT-Fälle, Fall 13, S. 133 u. 139, 141 (§ 224-Versuch subsidiär zu § 226-Versuch, vollendete gefährliche Körperverletzung gem. § 224 aber nicht); *Wolters,* Fall 1 S. 1 f. u. 23 f. („Klarstellung").

3. Konsumtion

Auch hier ergibt sich die Verdrängung des einen Gesetzes durch ein anderes nur **60** auf Grund einer „wertenden Betrachtung".[76] Verdrängt werden bei einer solchen Betrachtung insbesondere die **typischen Begleittaten** anderer Straftaten,[76a] so der Hausfriedensbruch (§ 123) und die Sachbeschädigung (§ 303) durch den als Regelbeispiel ausgestalteten Einbruchsdiebstahl (§ 243 I 2 Nr. 1)[76b] bzw. den mit qualifizierten Tatbestandsmerkmalen versehenen Wohnungseinbruchsdiebstahl (§ 244 I Nr. 3).[77] Keine typische Begleittat des Diebstahls nach § 243 I 2 Nr. 1, 2 ist § 303

---

[76] *Warda,* JuS 1964, 90. *Haft,* S. 277, sieht den Unterschied von Konsumtion und Subsidiarität darin begründet, dass letztere generell auf das Verhältnis der Tatbestände, die Konsumtion dagegen auf den konkreten Fall abstellt; ebenso *Tiedemann,* Anfängerübung, S. 93. *Stratenwerth/Kuhlen,* 18/9, sprechen vom „wertmäßigen Einschluss der Begleittat". – Zur Eigenständigkeit und Begründung der Konsumtion vgl. *v. Heintschel-Heinegg,* Fs. Jakobs, 2007, S. 131 ff., der von dominantem und rezessivem Delikt spricht.

[76a] *Steinberg/Bergmann,* Jura 2009, 905, 909; *Heinrich,* AT II, Rn. 1441.

[76b] Zur Konkurrenz von Regelbeispielen mit anderen Tatbeständen vgl. einschr. *Lackner/Kühl,* § 46 Rn. 18; wer sie als Tatbestandsmerkmale auffasst, kann sie den Konkurrenzregeln unterwerfen, so *Eisele,* 2004, S. 354 ff. u. *Roxin,* AT II, 33/216; and. *Steinberg/Bergmann,* Jura 2009, 905, 909.

[77] *Meurer,* S. 204; *Roxin,* AT II, 33/213; SK-*Samson/Günther,* Rn. 98 vor § 52. B-*Weber/Mitsch,* 36/12 u. *Ebert,* S. 226, sprechen insoweit von mitbestraften Begleittaten, *Freund,* 11/42 f., von mitbestrafter regelmäßiger oder typischer Begleittat. – Zum Beispiel s. *Blei,* PdW AT, Fall 368; für Tateinheit in diesem Beispiel *Köhler,* S. 691 u. *Marquardt/v. Danwitz,* JuS 1998, 814, 816. – Krit. zum Kriterium der „Typizität" der Begleittat *Hochmayr,* 1997, S. 27 ff., 93 f.

dann, wenn die Sachbeschädigung bei konkreter Betrachtung vom regelmäßigen Verlauf des Diebstahls abweicht und einen eigenständigen Unrechtsgehalt aufweist, z. B. bei einem Sachschaden von 20.000,– Euro und einer Diebesbeute von 8000,– Euro (BGH NJW 2002, 150, 152 m. Bspr. *Fahl*, JA 2002, 541; *Kargl/Rüdiger*, NStZ 2002, 202; *Rengier*, JuS 2002, 850; *Sternberg-Lieben*, JZ 2002, 514 u. *Geppert*, JK 5/02, StGB § 243/5; zum Fall auch *Seher*, JuS 2004, 482, 483).

61   Bei der Verletzung des Briefgeheimnisses (§ 202) ist regelmäßig der Tatbestand der Sachbeschädigung (§ 303) durch das Öffnen des Briefes erfüllt, so dass § 202 die Sachbeschädigung konsumiert.[77a] Die veruntreuende Unterschlagung (§ 246 II) wird als typische Begleittat von der Untreue (§ 266) konsumiert.[77b] Der versuchte Totschlag durch Unterlassen (§§ 212, 22/23, 13) konsumiert die Aussetzung (§ 221 I Nr. 2 und § 221 I Nr. 2, III, 22) und die unterlassene Hilfeleistung (§ 323c).[77c] Ob der Totschlag nach § 212 die Sachbeschädigung nach § 303 den (durch den Schuss in die Brust) „verdorbenen Smoking" konsumiert, ist mangels Typizität eher fraglich (als Bsp. aber bei *Steinberg/Bergmann*, Jura 2009, 905, 909).

62   Der Grund für diese Verdrängung wird allgemein darin gesehen, dass der **Unwert** der typischen Begleittat so durch den Unwert der verbleibenden Straftat **abgedeckt** ist, dass der Unwert des Gesamtgeschehens durch die Verurteilung wegen der verbleibenden Straftat erschöpft wird (vgl. BGH NJW 2002, 150, 151).

Beachte: Trotz höherer Strafandrohung und der Subsidiaritätsklausel in § 248b I werden bei unbefugtem Gebrauch eines fremden Kfz Diebstahl bzw. Unterschlagung am Benzin (§ 242 bzw. § 246) von § 248b jedenfalls als typische Begleittat konsumiert[78], wenn der Benzinverbrauch nicht schon so von § 248b „umfasst" ist, dass §§ 242, 246 bereits tatbestandlich ausscheiden.[78a]

Aus der **Übungsfall-Literatur** zur Konsumtion vgl.: *Beulke*, KK III, Fall 4, Rn. 155 u. 191 f. (§§ 242, 243 konsumieren § 123); *Bindzus/Ludwig*, JuS 1998, 1123 u. 1128 (§ 306a I Nr. 1 konsumiert § 306); *Dietmeier*, JuS 2007, 824 u. 828 (§ 243 I 2 Nr. 1 konsumiert regelmäßig § 303 I); *Ellbogen*, Jura 1998, 483 u. 489 (§§ 306a f. konsumieren § 306); *Kauerhof*, Jura 2005, 790 u. 792 (§§ 242, 243 I Nr. 1 konsumieren i. d. R. § 303); *Kudlich*, PdW AT, Fall 333 (BGH NJW 2002, 150 nachgebildet) u. PdW BT I, Fall 185 (§ 316a konsumiert §§ 253, 255-Versuch, es sei denn dieser ist durch § 250 II Nr. 1 qualifiziert); *Meurer/Kahle/Dietmeier*, Übungskriminalität, Fall 1, S. 1 u. 4 (Einbruchsdiebstahl gem. §§ 242, 243 I 2 Nr. 1, 2 konsumiert § 303); *Neuhaus*, AL 2010, 43 u. 48 (§ 248b-Fall bezüglich Benzin: kein § 242); *Rudolphi*, AT-Fälle, Fall 6, S. 65 u. 76 (Totschlagsversuch durch Unterlassen konsumiert § 323c) sowie Fall 9, S. 101 u. 103, 111 (Einbruchsdiebstahl gem. §§ 242, 243 I 2 Nr. 1 konsumiert § 303, nicht dagegen konsumiert § 244 die versuchte Sachbeschädigung gem. §§ 303, 22/23) sowie Fall 10, S. 113 u. 122 (§ 251 konsumiert § 223); *Schultze*, JA 2002, 777 u. 781 (§§ 242, 243 I 2 Nr. 1-Versuch konsumiert § 123 nicht); *Seher*, in: *Ebert* (Hrsg.), Fall 12, S. 12 f.

[77a] *Haft*, S. 274.
[77b] *Rengier*, BT I, 18/30; a. A. M-*Schroeder/Maiwald*, BT 1, 45/59: aus Klarstellungsgründen Tateinheit.
[77c] *Rengier*, BT II, 10/24.
[78] Für Konsumtion *Jakobs*, 31/31; *Krey/Esser*, AT, Rn. 1391; NK-*Kindhäuser*, § 248b Rn. 13; *v. Heintschel-Heinegg*, Fs. Jakobs, 2007, S. 131, 143 u. *Seher*, JuS 2004, 482, 483. – Für Subsidiarität S/S-*Eser/Bosch*, § 248b Rn. 15; H-H-*Wittig*, § 248b Rn. 12; *Haft*, Fallrepetitorium, Nr. 615; *Marxen*, Fall 27b, S. 253; *Samson*, JuS 2003, 263 f. – Nach *Otto*, BT, 48/13, ist § 248b lex specialis; krit. zu den Konkurrenzlösungen *Mitsch*, BT 2/2, 1/41 f.
[78a] BGHSt 14, 386; vgl. hierzu das entsprechende Bsp. bei *Blei*, PdW AT, Fall 369; *Geppert*, Jura 1982, 418 ff. (426); *Lackner/Kühl*, § 248b Rn. 6; *Rengier*, BT I, 6/9; SK-*Hoyer*, § 248b Rn. 18; LK-*Ruß*, § 242 Rn. 58 u. § 248b Rn. 13; NK-*Puppe*, Rn. 20 vor § 52; a. A. *Ranft*, JA 1984, 281 f., jedenfalls für die Fälle, in denen „die Zueignung des Treibstoffs im Vordergrund" steht.

u. 190 f. (§§ 242, 243 konsumieren §§ 123, 303 nicht); *Tiedemann*, Anfängerübung, Fall 9, S. 223 f. (§ 218 I konsumiert §§ 223, 224) sowie Fall 12, S. 244 u. 247 (versuchter Einbruchsdiebstahl gem. §§ 242, 243 I 2 Nr. 1, 22/23 konsumiert versuchte Sachbeschädigung gem. §§ 303, 22/23); *Walter/Uhl*, JA 2009, 32 u. 38 (Vorbereitungshandlungen sind grundsätzlich konsumiert); *Zieschang*, JuS 1999, 49 u. 52 (§ 244 I Nr. 3 konsumiert §§ 123, 303) sowie JA 2008, 192 u. 195 f. (§ 267 I Var. 2 durch nachträgliche Abänderung konsumiert § 274).

Sonderfall: Die mitbestrafte Vor- bzw. Nachtat[79]

Mit dem zuletzt unter 3. (Rn. 62) genannten Grund wird teilweise[80] auch bei **63** **Handlungsmehrheiten** eine Gesetzeskonkurrenz begründet: die sog. mitbestrafte Vor- bzw. Nachtat.[81] Teilweise wird jedoch auch auf Erwägungen abgestellt, die sonst zur Subsidiarität führen (der Eingriff in die fremde Rechtssphäre besitze gegenüber dem Ausbau und der Vertiefung dieser Interessenverletzung eine exklusive Wirkung).[82]

Gemeint sind Fälle wie der sog. „**Sicherungsbetrug**", bei dem z. B. der Täter da- **64** durch im Besitz der durch eine vorangegangene Unterschlagung erlangten Sache bleibt, dass er dem Eigentümer vorspiegelt, er habe sie nicht mehr; hier wird der nachfolgende Betrug, sofern er, was man im Hinblick auf den Schaden bezweifeln kann, überhaupt tatbestandsmäßig vorliegt,[82a] durch die vorangegangene Unterschlagung aus Gründen der mitbestraften Nachtat verdrängt.[83] – Auch die betrügerische Abhebung (§ 263) von durch Diebstahl (§ 242) erlangten (Post-)Sparbüchern ist eine mitbestrafte Nachtat (BGH StV 1992, 272; BGH wistra 1999, 108; BGH NStZ 2008, 396),[83a] es sei denn das Abheben erfordert das Überwinden einer Kontosperre und ist deshalb ein selbstständiges schadensverursachendes Betrugsverhalten i. S. des § 263 (BGH NStZ 1992, 591). Die Zerstörung der Sache i. S. des § 303 ist mitbestraft durch vorangehende Wegnahme derselben Sache i. S. des § 242 (BGH NStZ-RR 1998, 294).[83b]

---

[79] Vgl. dazu allg. die Darstellung von SK-*Samson/Günther*, Rn. 99–102 vor § 52.

[80] *Jescheck/Weigend*, S. 735 f.; nach *W-Beulke*, Rn. 793–795 u. *Geppert*, Jura 2000, 651, 656, handelt es sich bei der mitbestraften Vortat um einen Fall der Subsidiarität oder der Konsumtion, während auf die mitbestrafte Nachtat durchweg der Grundgedanke der Konsumtion zutreffe.

[81] Zum Vorliegen einer Tat im prozessualen Sinne (§ 264 StPO) vgl. SK StPO-*Schlüchter*, § 264 Rn. 42, m. w. N.

[82] Die mitbestrafte Vor- und Nachtat auch (neben der Konsumtion) als Fall der Subsidiarität bejahend: *Steinberg/Bergmann*, Jura 2009, 905, 909; S/S-*Stree/Sternberg-Lieben*, Vorbem §§ 52 ff. Rn. 127, 129. *Stratenwerth/Kuhlen*, 18/16, sieht eine „enge Verwandtschaft zur Subsidiarität".

[82a] Gegen Tatbestandsmäßigkeit in Fällen, in denen der durch das Eigentumsdelikt verursachte Schaden weder erweitert noch vertieft wird, *Otto*, BT, 51/152 mit dem Bsp. des obigen Textes; ebenso *W-Hillenkamp*, Rn. 599, mit dem Bsp. des Täuschens der Kassiererin beim Verlassen des Kaufhauses mit der zuvor gestohlenen Ware, sowie *Sickor*, GA 2007, 590, 598.

[83] Nach *Kindhäuser*, BT II, 27/115: „h. M."; ebenso *Seher*, JuS 2004, 482, 484 u. *Fischer*, § 263 Rn. 233; zu den „mannigfaltigen Konstellationen" *Sickor*, GA 2007, 590 ff. – Vgl. außerdem *Tiedemann*, Anfängerübung, S. 96 f., der beim „Sicherungsbetrug" Gesetzeskonkurrenz in Form der Konsumtion annimmt, und darauf hinweist, dass in diesen Fällen trotz der insoweit unterschiedlich geschützten Rechtsgüter die Gleichbehandlung im Rahmen der Konkurrenzen zutreffend sei, da sich das Eigentum nur als ein „spezielles" (und teilweise formalisiertes) Vermögensrecht" darstelle.

[83a] Mit diesem Bsp. *Rengier*, BT I, 13/270; dazu auch LK-*Rissing-van Saan*, Rn. 156 vor § 52.

[83b] Bsp. bei *Steinberg/Bergmann*, Jura 2009, 905, 910; ebenso *Kindhäuser*, AT, 46/14; *Krey/Esser*, AT, Rn. 1392; *Fischer*, § 242 Rn. 59; *Lackner/Kühl*, § 242 Rn. 30; S/S-

65　　Zur Begründung kann man mit BGHSt 38, 366, 369 anführen: „Der Unrechtsgehalt der (mitbestraften) Nachtat wird durch die Bestrafung der in erster Linie strafwürdigen Haupttat abgegolten", insoweit werde die Nachtat durch die Strafe der Haupttat „schon hinreichend gesühnt"; könne „eine Bestrafung der Haupttat nicht erfolgen", so entfalle „der Grund für die Straflosigkeit der Nachtat, ohne dass es darauf ankommt, weshalb die Haupttat straffrei bleibt".[84]

66　　Allerdings wird der Anwendungsbereich der mitbestraften Nachtat – auch bei Verwertungs- und Sicherungshandlungen – dann verkleinert, wenn man mit der h. M. die Nachtaten **ausnimmt,** durch die der Vortatschaden vergrößert, ein neues Rechtsgut desselben Opfers verletzt oder aber Rechtsgüter dritter Personen beeinträchtigt werden (z. B. Missbrauch betrügerisch erlangter Kreditkarten, BGH NStZ 1993, 283: § 266 b regelmäßig nicht bloß von § 263 mitbestrafte Nachtat).[84a] Schulfall ist der Verkauf der Beute durch den Dieb an einen gutgläubigen Käufer, der an der abhandengekommenen Sache (§ 935 BGB) kein Eigentum erwirbt und deshalb einen Schaden an seinem Vermögen erleidet, während durch den vorangegangenen Diebstahl der Eigentümer der Sache einen Besitzverlust erlitten hat.[84b] Ein Fall aus der Praxis ist der hehlerische Ankauf einer Ware zu Lasten der bestohlenen Firma und der anschließende betrügerische Verkauf an einen neuen Geschädigten bzw. anderen Rechtsgutsträger (BGH NStZ 2009, 38 m. zust. Bspr. *v. Heintschel-Heinegg,* JA 2008, 899 f.). – Die mitbestrafte Nachtat, z. B. versuchter Prozessbetrug nach §§ 263, 22/23, lebt hinsichtlich ihrer Strafbarkeit wieder auf, wenn die Haupttat, z. B. Untreue nach § 266, verjährt (BGH NStZ 2009, 203 m. Bspr. *Geppert,* JK 11/09, StGB § 52/14; *Lackner/Kühl,* 32 vor § 52, auch zu weiteren Fallgruppen wie fehlender Strafantrag oder Rücktritt).

67　　Hingegen wird die sog. **mitbestrafte Vortat** allgemein von dem aus der Subsidiarität stammenden Gedanken getragen, dass Durchgangsstadien wie z. B. strafbare Vorbereitungs- oder Versuchshandlungen in ihrem Unwert von der vollendeten Straftat mitbewertet sind, wenn es zu dieser kommt.[84c] Dementsprechend ist die versuchte Anstiftung (§ 30 I) zu einem Verbrechen (z. B. bewaffneter Überfall auf ein Lebensmittelgeschäft, §§ 253, 255, 250 II Nr. 1) mitbestrafte Vortat der späteren erfolgreichen Anstiftung zum Versuch oder zur Vollendung des Verbrechens (vgl. BGHSt 8, 38 = 2. Bsp. bei *Geppert,* NStZ 1997, 546, 552 f.; vgl. auch BGH NStZ 2000, 197, 199 zur „Subsidiarität" eines „vergeblichen" Anstiftungsversuchs gegenüber der späteren [mit-]täterschaftlichen Begehung der Tat); Tatmehrheit gem. § 53 liegt hingegen vor, wenn die erfolgreiche Anstiftung zur versuchten Tötung eines Menschen auf Grund eines neuen Entschlusses erfolgte, nachdem die versuchte Anstiftung zur Tötung desselben Opfers aber mit einem anderen „Täter" fehlgeschlagen war (BGHSt 44, 91 m. Bspr. *Beulke,* NStZ 1999, 26; als Fall aufbreitet von *Müller-Christmann,* JuS 1999, 678 f.; vgl. auch schon BGH NStZ 1998, 189 m. Anm. *Geppert*). Der Diebstahl der ec-Karte (§ 242) ist mitbestrafte Vortat des mit dieser Karte begangenen Computer-

---

Stree/Sternberg-Lieben, Vorbem §§ 52 ff., Rn. 131; einschr. LK-*Rissing-van Saan,* Rn. 156 vor § 52; a. A. *Roxin,* AT, 33/224: Verletzung des Eigentums „in ganz anderer Weise".

[84] Ebenso BGHSt 39, 233, 235; *Schneider,* wistra 2001, 408; krit. zur Rspr. *Stree,* JZ 1993, 476.

[84a] *Roxin,* AT II, 33/220 u. LK-*Rissing-van Saan,* Rn. 157 vor § 52; a. A. für den Beispielsfall *Küpper,* NStZ 1988, 60; nach *Mitsch,* JZ 1994, 877, 886, verdrängt § 266 b den Betrug gem. § 263 als mitbestrafte Vortat.

[84b] Vgl. *Geppert,* Jura 2000, 651, 656; im Übungsfall *Kühl/Brutscher,* JuS 2011, 335 u. 340.

[84c] *Seher,* JuS 2004, 482, 484; *Freund,* 11/37; *Jescheck/Weigend,* S. 735 f.; W-*Beulke,* Rn. 794. – NK-*Puppe,* Rn. 21 vor § 52, nimmt in diesen Fällen „annähernde Spezialität" an.

betrugs (§ 263 a), es sei denn, die beiden Taten richten sich gegen verschiedene Rechtsgutträger (BGH NJW 2001, 1508 m. zust. Bspr. *Fad*, JA-R 2001, 110; *Wohlers*, NStZ, 2001, 539; *Schnabel*, NStZ 2005, 18, 21 f. u. *Otto*, JK 01, StGB § 263 a/12; als „kurzgelöstes" Bsp. bei *Steinberg/Bergmann*, Jura 2009, 905, 910); dagegen ist beim Diebstahl einer Geldkarte der Schaden für den Berechtigten mit der Wegnahme eingetreten, so dass der Computerbetrug als mitbestrafte Nachtat zurücktritt.[85]

Aus der **Übungsfall-Literatur** zur mitbestraften Vor- und Nachtat vgl.: *Beulke*, KK II, Fall 4, Rn. 90 u. 108 f. (wiederholte Zueignung derselben Sache); *Berz/Saal*, Jura 2003, 205 u. 210 (Körperverletzung durch Unterlassen mitbestrafte Nachtat zur vorangegangenen aktiven Körperverletzung); *Börner*, Jura 2003, 855 u. 858 (Sicherungsbetrug nach Anstiftung zu Diebstahl); *Böse/Nehring*, JA 2008, 110 u. 114 (Sachbeschädigung der gestohlenen Sache); *Corell*, Jura 2010, 627 u. 635 (§§ 253, 255-Versuch mitbestraft von Vollendung); *Ebert*, in: *Ebert* (Hrsg.), Fall 3 S. 3 f. u. 60 (vorangehender fehlgeschlagener Tötungsversuch keine mitbestrafte Vortat zu später auf andere Weise vollendeter Tötung); *Fahl*, JuS 2004, 885 u. 889 („Herstellen" i. S. des § 267 ist mitbestrafte Vortat zum „Gebrauchen" i. S. dieser Vorschrift); *Gössel*, Fälle, Fall 12, S. 199 f. u. 206 (§ 263 keine mitbestrafte Nachtat zu § 242); *Graul*, Jura 2000, 204 u. 209 (§ 242 an Codekarte mitbestrafte Vortat zu § 263 a) sowie 210 (§ 263 a mitbestrafte Nachtat zur schweren räuberischen Erpressung gem. §§ 253, 255, 250); *Haft*, Fallrepetitorium, Nr. 620 (§ 303 mitbestrafte Nachtat zu § 242); *Kinzig/Luczak*, Jura 2002, 493 u. 499 (§ 30 II nur mitbestrafte Vortat, wenn die verabredete Tat auch zur Ausführung kommt); *Kudlich*, PdW AT, Fall 335 („Sicherungsbetrug" nach Diebstahl); *Kühl/Brutscher*, JuS 2011, 335 u. 340 (§ 263 keine mitbestrafte Nachtat zu § 242, wenn die gestohlene Sache an Gutgläubigen betrügerisch verkauft wird); *Marxen*, Fall 27 d, S. 254 f. (§ 263 a keine mitbestrafte Nachtat zu § 242 durch Entwenden der Codekarte – BGH NJW 2001, 1508) u. 27 e, S. 256 (keine mitbestrafte Nachtat bei verjährter „Vortat" – BGHSt 38, 366); *Seibert*, JA 2008, 31 u. 33 (Sicherungserpressung); *Tiedemann*, Anfängerübung, Fall 3, S. 175 u. 179 (§ 263 keine mitbestrafte Nachtat zu § 242, da Schaden bei verschiedenen Personen verursacht); *Wagner*, BT-Fälle, Fall 1, S. 1 u. 4, 10 (§ 303 u. § 263 mitbestrafte Nachtaten zu § 242) sowie Fall 3, S. 21 u. 23, 28 (erneute Unterschlagung gem. § 246 „mitbestraft" durch frühere Unterschlagung gem. § 246; Beihilfe zur Hehlerei gem. §§ 259, 27 ist „mitbestraft" durch Vortatbegehung gem. § 246); *Zöller*, Jura 2003, 637 u. 642 (betrügerische Erlangung einer Kreditkarte und anschließendes Abheben von Geld bei Automaten von Fremdbanken; zum Streitstand vgl. *Lackner/Kühl*, § 266 b Rn. 9).

Exkurs: Wahlfeststellungen
68

Kein Problem der Konkurrenzen im eigentlichen Sinne, aber doch zumeist im Zusammenhang damit behandelt und nicht ohne Examensrelevanz, ist der Umgang mit unklaren Sachverhalten, insb. die sog. **Wahlfeststellungen**.[85a] Geht es bei den Konkurrenzen um das Verhältnis mehrerer, nebeneinander verwirklichter Tatbestände, ist Platz für Wahlfeststellungen nur bei unklaren Sachverhalten, wie sie in Klausuren selten, in der Praxis jedoch häufiger anzutreffen sind. Im Zusammenhang mit der sog. echten Wahlfeststellung ist der Grundsatz in dubio pro reo und der Vorrang einer eindeutigen Verurteilungsmöglichkeit zu beachten.

Soweit es um nicht auszuräumende Zweifel am Vorliegen eines Tatbestandsmerkmals geht, ist **in dubio pro reo** von dessen Nichtverwirklichung auszugehen;[85b]

---

[85] LK-*Tiedemann*, § 263 a Rn. 98; ebenso *Joecks*, § 263 a Rn. 44.

[85a] Dazu vgl. B-*Weber/Mitsch*, § 10; *Jescheck/Weigend*, S. 143 ff.; *Lackner/Kühl*, § 1 Rn. 9–20; SK-*Rudolphi/Wolter*, Anh. zu § 55 Rn. 1–62; *Stuckenberg*, JA 2001, 221 ff. sowie *Norouzi*, JuS 2008, 17 ff. u. 113 ff.

[85b] Zu in dubio pro reo vgl. B-*Weber/Mitsch*, 9/106 ff.; *Stuckenberg*, JA 2000, 568, 572 f.; *Wachsmuth/Waterkamp*, JA 2005, 509, 510 u. *Zieschang*, Rn. 806–811.

hierbei sollte der Zweifelssatz jedoch nicht vorschnell angewandt, sondern zunächst versucht werden, bestehende Zweifel durch Sachverhaltsauslegung bzw. Beweiswürdigung auszuräumen. Wenn trotzdem einzelne Handlungen oder Handlungsabläufe unklar bleiben, sind die möglichen Sachverhaltsvarianten getrennt voneinander jeweils als wahr unterstellt auf ihre Strafbarkeit hin zu überprüfen. Kommt man danach zu dem Ergebnis, dass nach einer Variante Straflosigkeit eintritt, so ist die Strafbarkeit insgesamt zu verneinen („in dubio"). Ergibt sich hingegen, dass der Täter sich in jeder der Varianten strafbar gemacht hat, so ist eine Wahlfeststellung grundsätzlich möglich.[85c]

68a　　Von einer **gleichartigen** bzw. unechten **Wahlfeststellung** spricht man, wenn nicht geklärt werden kann, durch welche von mehreren Verhaltensweisen das Täterverhalten einen bestimmten Straftatbestand erfüllt und sich die Strafbarkeit jeweils aus derselben Vorschrift ergibt; der Täter ist dann wegen dieses Delikts zu bestrafen (z. B. sich widersprechenden Aussagen eines Zeugen in zwei Prozessen: einmal § 153).[85d] Eine fahrlässige Tötung (§ 222) liegt deshalb vor, wenn ein Fußgänger auf Grund eines Fahrfehlers getötet wird und sich nicht klären lässt, ob der Täter das Unfallfahrzeug selbst gefahren oder dieses einem führerscheinlosen Fahrer überlassen hat; zu dem in der 2. Alternative mitverwirklichten § 21 I Nr. 2 StVG fehlt es für eine echte Wahlfeststellung an der rechtsethischen Vergleichbarkeit.

68b　　Ist eine gleichartige bzw. unechte Wahlfeststellung nicht möglich, weil der Täter sich in den verschiedenen Sachverhaltsvarianten jeweils nach unterschiedlichen Vorschriften strafbar gemacht hat, so ist zu prüfen, ob nicht aus anderen Gründen eine eindeutige Verurteilungsmöglichkeit wegen eines der möglicherweise verwirklichten Delikte gegeben ist (SK-*Rudolphi/Wolter*, Anh. zu § 55 Rn. 15).

Dies ist insbesondere der Fall, wenn zwischen den in Betracht kommenden Straftatbeständen ein logisches oder normatives **Stufenverhältnis** („Mehr – Weniger") besteht.[85e] Der Täter ist dann – unter Anwendung des Zweifelssatzes – aus dem milderen Tatbestand zu bestrafen, also etwa wegen § 223, wenn feststeht, dass er diesen verwirklicht hat, die tatsächlichen Voraussetzungen einer Qualifikation nach § 224 jedoch nicht zweifelsfrei vorliegen.[85f] Dies gilt auch bei einem zur Tatzeit betrunkenen Täter, dessen alkoholbedingte Schuldunfähigkeit nicht ausgeschlossen, aber auch nicht sicher bejaht werden kann (BGHSt 32, 55 ff.: in dubio pro reo § 323a wegen Stufenverhältnisses; dagegen SK-*Rudolphi/Wolter,* Anh. zu § 55 Rn. 23a). Neuerdings nimmt die Rspr. ein normatives Stufenverhältnis zwischen der Nichtanzeige nach § 138 und der Beteiligung an späterer Katalogtat (z. B. schwere räuberische Erpressung, §§ 253, 255, 250 II Nr. 1) wegen Identität des geschützten Rechtsguts an und wendet § 138 an (BGHSt 55, 148 m. Bspr. *Heghmanns,* ZIS 2010, 788; *Schiemann,* NJW 2010, 229; *Ziemann/Ziethen,* HRRS 2010, 477 u. *Geppert,* JK 10/10, StGB § 138/4; zust. *Lackner/Kühl,* § 138 Rn. 6; abl. wegen der Unterschiedlichkeit der Rechtsgüter *Rengier,* BT II, 52/10. Ein Stufenverhältnis besteht außerdem z. B. zwischen Täterschaft und Teilnahme (*Zieschang,* Rn. 810; *Fischer,* § 1 Rn. 22 m. N. aus

---

[85c] BGHSt 12, 386, 388; *W-Beulke,* Rn. 806; *Lachner/Kühl,* § 1 Rn. 12.

[85d] Vgl. B-*Weber/Mitsch,* 10/19 ff.; *Zieschang,* Rn. 812 (Tatsachenalternativität); SK-*Rudolphi/Wolter,* Anh. zu § 55 Rn. 16; *Wachsmuth/Waterkamp,* JA 2005, 509: Bsp. 2; obiger Bsp. Fall von *Alpmann/Schmidt,* AT 2, Fall 52, S. 247 f.

[85e] Näher zu den logischen und normativen Stufenverhältnissen SK-*Rudolphi/Wolter,* Anh. zu § 55 Rn. 17–19 u. 20–23; *W-Beulke,* Rn. 806 sowie *Noak,* Jura 2004, 539, 542 u. *Norouzi,* JuS 2008, 17, 19.

[85f] Ein Stufenverhältnis besteht auch zwischen §§ 212, 211 und § 227, jedoch nicht im Verhältnis zur Freiheitsberaubung mit Todesfolge, vgl. *Fad,* JA 2002, 745, 748.

der Rspr.), Tun und Unterlassen,[85g] Vollendung und Versuch bzw. Vorbereitung;[85h] es wird auch für Vorsatz- und Fahrlässigkeitsdelikt angenommen (HK-GS/*Duttge*, § 15 Rn. 52; SSW-*Momsen*, §§ 15, 16 Rn. 95). – Aus der Rspr.: BGHSt 9, 390, 393 (dazu *Lackner/Kühl*, § 1 Rn. 16) u. BGH NJW 2011, 2067, 2068.

Zu einer eindeutigen Verurteilung kommt man schließlich in Fällen sog. **Postpen-** **68c** **denz:** Hat der Gesetzgeber die Strafbarkeit wegen eines Straftatbestandes vom Nichtvorliegen der Voraussetzungen eines anderen abhängig gemacht (z. B. § 259 nur, wenn Hehler nicht Täter des vorhergehenden Diebstahls war) und ist die frühere Diebstahlstäterschaft nicht aufzuklären, hat der Täter aber mit Sicherheit die spätere Tathandlung des § 259 begangen, so kann man ihn nach h. M. wegen § 259 verurteilen (BGHSt 35, 86).[85i] Kein Fall von Postpendenz soll vorliegen, wenn ungeklärt bleibt, ob die spätere Angabe eines falschen Alibis dem davon Begünstigten bereits vor dessen Tat zugesagt worden war (dann Beihilfe nach § 27) und die Strafbarkeit wegen Strafvereitelung nach § 258 I gegebenenfalls an § 258 V scheitern würde (BGHSt 43, 356 m. Bspr. *Joerden*, JuS 1999, 1063 = Fall 338 bei *Kudlich*, PdW AT). Neben dieser tatbestandsmäßigen Postpendenz gibt es Fälle der konkurrenzrelevanten Postpendenz; ein solcher liegt z. B. vor, wenn dem Täter nur die nach einiger Zeit der Benutzung erfolgte Zerstörung einer nicht ihm gehörenden Sache nachgewiesen werden kann, aber unklar bleibt, ob er diese zuvor auch entwendet hatte: eindeutige Bestrafung wegen § 303, welcher bei Bejahung der Diebstahlsstrafbarkeit als mitbestrafte Nachtat zurückträte. Entsprechend der Postpendenz ist die **Präpendenz** zu behandeln. So ist eindeutig wegen §§ 242, 27 zu bestrafen, wenn erwiesen ist, dass der Täter einen Gehilfenbeitrag zu einem später begangenen Diebstahl geleistet hat, aber unklar bleibt, ob er an diesem darüber hinaus mittäterschaftlich mitgewirkt hat.[85j]

Eine **wahldeutige Verurteilung** ist hingegen die einzige Lösung bei Tatsachen- **und** **68d** Rechtsalternativität, wenn also nicht feststeht, welche von zwei Verhaltensweisen ein Täter begangen hat und beide unterschiedliche Straftatbestände erfüllen würden.[85k] Bei bloßer Anwendung des in dubio-Grundsatzes käme man hier zur Straflosigkeit, was nicht sachgerecht ist, weil feststeht, dass ein Straftatbestand verwirklicht ist.[85l] Der Täter ist deswegen zu verurteilen wegen „**§ 242 oder § 259**", wenn

[85g] Vgl. BGH NStZ 2004, 91, 93 und BGH NStZ 2004, 94; LK-*Dannecker*, Anh. § 1 Rn. 87.

[85h] *Fischer*, § 1 Rn. 21 (mit BGHSt 36, 268) u. *Lackner/Kühl*, § 1 Rn. 16. Vgl. z. B. BGH NStZ 1992, 83: Ein Häftling hatte sich entweder seines Mitgefangenen bemächtigt, um ein Gespräch mit der Anstaltspsychologin zu erzwingen (= § 239 b), oder dieser war mit der „Bemächtigung" einverstanden, um die Psychologin in die Zelle zu locken, sich dort ihrer zu bemächtigen und so ein Fluchtauto zu erpressen. Da die Psychologin nicht in die Zelle kam, blieb in der zweiten Konstellation nur §§ 30 II, 239 a, b. Der BGH verwarf den in dubio pro reo ergangenen Freispruch des LG und bejahte auf Grund der mehrdeutigen Tatsachengrundlage §§ 30 II, 239 b, weil die Verbrechensverabredung als minder schwer gegenüber dem Verbrechen jedenfalls gegeben sei; eine Verabredung (auch) zu § 239 a scheide aber in dubio pro reo aus.

[85i] Vgl. B-*Weber/Mitsch*, 10/25 ff.; *Zieschang*, Rn. 813; LK-*Dannecker*, Anh. § 1 Rn. 105 f., 114, 124; LK-*Rissing-van Saan*, Vor §§ 52 ff. Rn. 162; SK-*Rudolphi/Wolter*, Anh. zu § 55 Rn. 25; *Walper*, Jura 1998, 622 ff.; *Joerden*, JuS 1999, 1063, 1064 ff.; *Stuckenberg*, JA 2001, 221, 225; *Wachsmuth/Waterkamp*, JA 2005, 509, 510 f. u. *Norouzi*, JuS 2008, 113, 115.

[85j] Vgl. *Noak*, Jura 2004, 539, 542 f.

[85k] Vgl. B-*Weber/Mitsch*, 10/31 ff.; *Stuckenberg*, JA 2001, 221, 223 f.; *Norouzi*, JuS 2008, 113 ff.

[85l] Vgl. B-*Weber/Mitsch*, 10/32; W-*Beulke*, Rn. 805; anders *Köhler*, S. 96; NK-*Frister*, Nach § 2 Rn. 83 ff.

er mit Diebesgut angetroffen wird und es sich nicht klären lässt, ob er dieses gestohlen oder hehlerisch erworben hat (anders als beim Postpendenz-Fall ist hier das Vorliegen einer Hehlerei-Handlung nicht mit Sicherheit gegeben). Eine solche Wahlfeststellung setzt nach h. M. die **rechtsethische und psychologische** Vergleichbarkeit beider Tatbestände voraus.[85m] Die rechtsethische Vergleichbarkeit erfordert eine annähernd gleiche Schwere der Schuldvorwürfe und eine nach dem allgemeinen Rechtsempfinden sittlich und rechtlich vergleichbare Bewertung, wobei maßgeblich und ausreichend ist, wenn dieselben oder ähnliche Rechtsgüter verletzt werden. Die psychologische Vergleichbarkeit setzt eine vergleichbare seelische Beziehung des Täters zu den in Frage stehenden Verhaltensweisen voraus.[85n] Anerkannt wird von der Rspr. eine wahldeutige Verurteilung von Diebstahl oder Hehlerei (BGHSt 1, 304), Diebstahl oder Begünstigung (BGHSt 23, 360, 361) und Betrug oder Computerbetrug (BGH NJW 2008, 1394); verneint wird sie zwischen Diebstahl und Betrug (BGH NJW 1985, 123), auch zwischen Betrug und Bestechlichkeit (BGHSt 15, 88, 100). An der mangelnden Vergleichbarkeit scheitert eine Wahlfeststellung zwischen § 323 a und der „Rauschtat", wenn nicht geklärt werden kann, ob der Täter berauscht war oder nicht (vgl. BGHSt 9, 390, 394 f.; vgl. auch OLG Karlsruhe NJW 2004, 3356) oder zwischen Diebstahl und Betrug/Erpressung (BGH NStZ 1985, 123; OLG Hamm NStZ-RR 2008, 143). Mitunter eröffnet sich die auf den ersten Blick versperrte Möglichkeit einer echten Wahlfeststellung dadurch, dass man einen Straftatbestand auf sein Grunddelikt oder ein mitenthaltenes schwächeres Delikt reduziert. So ist zwischen Raub und Hehlerei eine Wahlfeststellung nicht möglich; beschränkt man die rechtliche Würdigung jedoch auf den vom Raub umfassten Diebstahl, kann man den Täter doch wegen „Diebstahls oder Hehlerei" schuldig sprechen.[85o] Das gilt auch im Verhältnis von Wohnungseinbruchdiebstahl nach § 244 I Nr. 3 und Hehlerei nach § 259, die rechtsethisch und psychologisch gleichartig bzw. gleichwertig erst dann werden, wenn man § 244 auf den in ihm enthaltenen Diebstahl nach § 242 reduziert (BGH NStZ 2008, 646).

> Aus der **Übungsfall-Literatur** zu Wahlfeststellungen vgl.: *Alpmann/Schmidt*, AT 2, Fälle 51–54, S. 245–258; Bspe. 114–116 bei *Arzt*, S. 156–159; *Beulke*, KK III, Fall 11, Rn. 517 u. 553 (Wahlfeststellung zwischen § 242 und § 259); *Cantzler*, JA 1999, 859 u. 861; *Jäger*, Rn. 397 f.: Fall 70 (normatives Stufenverhältnis zwischen § 138 u. Beteiligung an Katalogtat; BGHSt 55, 148, nachgebildet); *Kudlich*, PdW AT, Fälle 336, 338; *Marxen*, BT, Fall 12 e, S. 132–134; *Noak*, Jura 2004, 539 u. 541 ff.; *Norouzi*, JuS 2007, 146 u. 53 (zum Stufenverhältnis zwischen Täterschaft und Teilnahme sowie zwischen Vollendung und Versuch); *Otto*, Übungen, Examensklausur Nr. 2, S. 164 u. 175; *Rosenau/Zimmermann*, JuS 2009, 541 u. 544 f. (zwischen § 263 und § 259-Anstiftung); *Roxin/Achenbach*, PdW Strafprozessrecht, Fall Nr. 347 (Wahlfeststellung zwischen § 242 und 249) u. Fall 348 (normatives Stufenverhältnis zwischen Vorsatz [§ 223] und Fahrlässigkeit [§ 229]); *Schütze*, in: *Ebert* (Hrsg.), Fall 4, S. 4 f. u. 64 (Wahlfeststellung zwischen § 242 und § 259); *Seibert*, JA 2008, 31 u. 35 („echte Wahlfeststellung" zwischen § 242 und § 249); *Siebrecht*, JuS 1997, 1101 ff.

[85m] Vgl. B-*Weber/Mitsch*, 10/41 ff.; *Zieschang*, Rn. 816; *Wachsmuth/Waterkamp*, JA 2005, 509, 512; Beispiele aus der Rechtsprechung bei *Jescheck/Weigend*, S. 148 Fn. 22 f. u. LK-*Dannecker*, Anh. § 1 Rn. 146 f.; SK-*Rudolphi/Wolter*, Anh. zu § 55 Rn. 31–37; in der Lit. wird z. T. auf die „Identität des Unrechtskerns" abgestellt (Nachw. bei *Lackner/Kühl*, § 1 Rn. 19 u. LK-*Dannecker*, Anh. § 1 Rn. 150–156); auf die „Vergleichbarkeit im gesetzlich vertypten Unrechts- und Schuldgehalt" stellen ab SK-*Rudolphi/Wolter*, Anh. zu § 55 Rn. 42–42 d.

[85n] Vgl. etwa BGHSt 9, 390, 394; 21, 152, 153.

[85o] Vgl. BGHSt 25, 182, 185 f. (schwerer Raub – Unterschlagung); B-*Weber/Mitsch*, 10/47; W-*Beulke*, Rn. 807. – Zur Ausklammerung solcher tateinheitlich verwirklichter Delikte, die die Wahlfeststellung verhindern würden, LK-*Dannecker*, Anh. § 1 Rn. 138 u. *Fischer*, § 1 Rn. 28.

Aufbauhinweise zur Wahlfeststellung finden sich bei *Arzt,* S. 232 f.; *Gössel,* Fälle, S. 12, sowie bei *Otto/Bosch,* Übungen, S. 49 f.; speziell zum Vorgehen bei Postpendenz *Kindhäuser,* Vor § 52 Rn. 56.
Überblicksbeitrag: *Wachsmuth/Waterkamp,* JA 2005, 509–513.
Zur Wahlfeststellung in Gutachten, Strafurteilen und Anklageschrift *Kruse,* Jura 2008, 173 ff.
Grundfälle zur Wahlfeststellung, Präpendenz und Postpendenz bei *Norouzi,* JuS 2008, 17–21 u. 113–116.

B. Hinweise zur Fallbearbeitung

Außer der Beherrschung des soeben dargestellten Grundwissens und der dabei 69 verwendeten Grundbegriffe der Konkurrenzlehre ist das Wissen um den richtigen Standort und die Art der Behandlung von Konkurrenzproblemen in strafrechtlichen Fallbearbeitungen unverzichtbar. Dabei geht es um Antworten auf Fragen folgender Art:

Kann man sich durch ein Vorziehen von Konkurrenzerörterungen am Ende der Gesamtprüfung entlasten?

Kann man sich durch Erkennen und Feststellen von Gesetzeskonkurrenz die Prüfung der verdrängten Gesetze ersparen?

Gerade bei der Bearbeitung umfangreicher Klausuren, die im Strafrecht bei Fort- 70 geschrittenen-Übungen und im Examen durchaus üblich und im Hinblick auf die spätere Berufstätigkeit auch pädagogisch notwendig sind, entsteht regelmäßig das Problem der knappen Zeit. Diese Zeitnot aber wirkt sich naturgemäß bei der Behandlung der Probleme am nachteiligsten aus, die wie die Konkurrenzen am Ende des Gutachtens behandelt werden. An dieser Stelle bereut man spätestens, dass man bei der Prüfung der einzelnen Tatbestände nicht zielstrebig genug vorgegangen ist und sich alle Konkurrenzerwägungen für den Schluss aufgespart hat, obwohl man aus Erfahrung wusste, dass die Nicht- oder Schlechtbehandlung der Konkurrenzen beim Korrektor – eben weil sie den Abschluss der Arbeit bildet – einen schlechten letzten Eindruck hervorruft, der sich besonders nachteilig für den Gesamteindruck von der Arbeit auswirken kann.[86]

In dieser Drucksituation ist zur Vermeidung des schlechten letzten Eindrucks – 71 neben einem soliden Grundwissen – zweierlei unbedingt erforderlich:
1. Klarheit über das gedankliche Vorgehen bei der Prüfung der Konkurrenzen;
2. Klarheit über die Darstellung der Konkurrenzen in der strafrechtlichen Fallbearbeitung,

d. h. Klarheit über den richtigen Standort und die Art der Behandlung von Konkurrenzproblemen in strafrechtlichen Fallbearbeitungen.

I. Das gedankliche Vorgehen bei der Prüfung der Konkurrenzen

Liegt der Fall nicht ausnahmsweise so, dass eine physische, natürliche Handlung 72 eines Täters, die zu mehreren Straftaten führt, unter Konkurrenzgesichtspunkten geprüft werden muss, so ist zunächst einmal davon auszugehen, dass eine Handlungsmehrheit auf Grund mehrerer physischer, natürlicher Handlungen vorliegt, die in der Regel zur Rechtsfolge „Tatmehrheit" führt. Die Rechtsfolge „Tatmehrheit"

---

[86] So auch *Blei,* JA 1973, 99.

ist jedoch keine zwingende Folgerung aus dem Vorliegen mehrerer physischer, natürlicher Handlungen, denn diese können aus rechtlichen Gründen zu einer Handlungseinheit zusammengefasst werden,[87] so dass sich **zunächst** die Frage stellt: Handlungseinheit oder Handlungsmehrheit?

73　　Unabhängig davon, zu welchen Ergebnissen man bei der Beantwortung der ersten Frage gekommen ist, muss jedoch vor der Niederschrift des Ergebnisses (da Handlungseinheit, ist § 52 anzuwenden; da Handlungsmehrheit, ist § 53 anzuwenden) folgende **zweite Frage** gestellt und beantwortet werden: Sind wirklich alle erfüllten Strafgesetze i.S. der §§ 52, 53 anwendbar oder wird nicht eines oder werden mehrere der verwirklichten Strafgesetze durch ein anderes verwirklichtes Strafgesetz verdrängt?[87a]

74　　Die möglichen Ergebnisse der Konkurrenzprüfung lauten also:
  – wurde nur eine Handlung – Handlungseinheit – festgestellt, dann stehen die durch sie erfüllten Strafgesetze/Straftatbestände im Konkurrenzverhältnis der Tateinheit, oft auch noch Idealkonkurrenz genannt, zueinander oder es liegt ein Fall der Gesetzeskonkurrenz vor, weil ein Strafgesetz/Straftatbestand andere verdrängt;
  – wurden mehrere Handlungen – Handlungsmehrheit – festgestellt, dann stehen die durch sie erfüllten Strafgesetze/Straftatbestände im Konkurrenzverhältnis der Tatmehrheit, oft auch noch Realkonkurrenz genannt, zueinander, oder es liegt ein Fall der Gesetzeskonkurrenz vor, weil ein Strafgesetz/Straftatbestand andere verdrängt.

74a　　Ein „Konkurrenzprogramm" mit umgekehrter Reihenfolge empfiehlt *Haft*, S. 274 (deutlicher noch in der 8. Aufl. 1998, 285):

1. Frage: Liegt Gesetzeskonkurrenz vor?
2. Frage: Liegt Handlungseinheit vor?

Auch mit diesem Programm können Konkurrenzprobleme erfolgreich bewältigt werden; es hat bei offensichtlichen und unumstrittenen Fällen von Gesetzeskonkurrenz sogar den „ökonomischen" Vorteil, dass Frage 2 nicht mehr gestellt werden muss. Die hier empfohlene Vorgehensweise kommt vor allem dann in Betracht, wenn die Konkurrenzen erst am Ende der Übungsarbeit behandelt werden. Sie ist deshalb vorzuziehen, weil sich die Formen der Gesetzeskonkurrenz sich danach unterscheiden, ob die Delikte durch eine oder mehrere Handlungen begangen worden sind[87b] (s. oben Rn. 51 ff. u. 63 ff.).

74b　　Dem hier empfohlenen Vorgehen entsprechen die Konkurrenzerörterungen von *Tiedemann*, Anfängerübung, Fall 3, S. 175 u. 179: „*A* hat durch das Aufbrechen des Türschlosses zum Stall und die Veranlassung des *W*, die Gans mitzunehmen, folgende Tatbestände erfüllt: §§ 242, 263, 303, 123. Alle diese Delikte mit Ausnahme der zeitlich früheren Sachbeschädigung wurden durch eine Handlung, die Wegnahme und Veräußerung, verwirklicht; es liegt also Idealkonkurrenz (§ 52) vor, soweit nicht Gesetzeskonkurrenz eingreift. Die Strafbarkeit wegen Betruges entfällt nicht

---

[87] Vgl. in diesem Zusammenhang die Warnung von *Arzt*, S. 104, wonach eine „vorschnelle Festlegung in der Konkurrenzfrage" u.U. „den Blick auf das entscheidende Problem" verbauen kann.

[87a] Ebenso die Konkurrenzfragen von *Steinberg/Bergmann*, Jura 2009, 905, 906 u. von *Krey/Esser*, AT, Rn. 1382, ähnlich die von *Joecks*, 4, 5 vor § 52; zur Reihenfolge vgl. *W-Beulke*, Rn. 852 im Schaubild; ein eigenes Schema entwickelt *Kindhäuser*, AT, 44/12.

[87b] *Seher*, JuS 2004, 392.

etwa unter dem Gesichtspunkt der Konsumtion oder der mitbestraften Nachtat, da durch den Betrug ein andersartiger Schaden (bei einer anderen Person) verursacht wurde." Ebenso *Tiedemann*, Anfängerübung, Fall 8, S. 202 u. 217: „M hat sich nach §§ 211, 222; 308 I, III strafbar gemacht. Diese Delikte wurden durch eine natürliche Handlung, das versteckte Legen der Bombe, verwirklicht. Daher gilt § 52. §§ 212, 22 treten hinter den speziellen §§ 211, 22 zurück. § 222 bleibt neben dem Mordversuch wegen Verschiedenheit der Opfer (P und S) bestehen." Dieses „Modell" ergänzt *Walter* (JA 2004, 133, 136 f.) um einen Zwischenschritt, der Fälle „einer Tat im Rechtssinne" vor den Gesetzeskonkurrenzerwägungen ausscheidet; gemeint sind Fälle mehrerer Schläge auf das Opfer (= eine Tat nach § 223) oder die Wegnahme von Sachen unterschiedlicher Eigentümer durch eine Handlung (= eine Tat nach § 242). An diesem „Modell" ist positiv die Klarstellung hervorzuheben, dass in diesen Fällen weder Tateinheit noch eine Form der Gesetzkonkurrenz vorliegt. – Man kann auch zunächst das Vorliegen einer „echten Konkurrenz", z. B. zwischen Submissionsbetrug (§ 298) und Betrug (§ 263), offenlassen, dann Spezialität oder Subsidiarität erwägen und ausscheiden, um dann schließlich zur „echten Konkurrenz" der Tateinheit gem. § 52 zurückzukehren und diese positiv mit den „unterschiedlichen Schutzgütern" begründen (so im Übungsfall *Regge/Rose/ Steffens*, JuS 1999, 159 u. 162).[87c]

Die **Prüfungsreihenfolge** bei der Gesetzeskonkurrenz sollte – dem Gesetz folgend – mit der formellen Subsidiarität (o. Rn. 53) beginnen; falls diese nicht eingreift, ist die einfach zu handhabende Spezialität (o. Rn. 52) und nach deren Ablehnung materielle Subsidiarität (o. Rn. 54 ff.) oder Konsumtion (o. Rn. 60 ff.) zu prüfen.[87d]

II. Die Darstellung der Konkurrenzen in der strafrechtlichen Fallbearbeitung

1. Der richtige Standort

Soweit man in Anleitungen zur Bearbeitung strafrechtlicher Übungsarbeiten sowie in strafrechtlichen Fallsammlungen den richtigen Standort der Konkurrenzen in strafrechtlichen Gutachten behandelt, ist man sich weitgehend darüber einig, dass sie grundsätzlich **ans Ende** der Bearbeitung gehören.[88] Dies ist für den großen Teil aller strafrechtlichen Gutachten auch durchaus der richtige Standort der Konkurrenzen, denn erst wenn alle Delikte und Personen durchgeprüft sind, hat man einen vollständigen Überblick über die Handlungen und Gesetze, die noch in ein Konkurrenzverhältnis zueinander gebracht werden müssen. Würde man schon nach der Bejahung des zweiten Delikts und dann nach der Bejahung jedes weiteren Delikts die Konkurrenzfrage fortlaufend aufwerfen, so würden die meisten Bearbeiter zu viel und Überflüssiges prüfen, weil sich mit dem Fortschreiten der gutachtlichen Prüfung neue Überlegungen und andere Ergebnisse zeigen können.[89]

75

[87c] In der Sachfrage für Tateinheit zwischen § 298 und § 263 *Lackner/Kühl*, § 298 Rn. 9, mit Hinweisen auf abweichende Ansichten.

[87d] So der Vorschlag bei MK¹-*v. Heintschel-Heinegg*, 34 vor §§ 52 ff.

[88] *Blei*, JuS 1963, 409 Fn. 7; *Fahse/Hansen*, Übungen für Anfänger, S. 45 f.; *Kunz*, Jura 1997, 152 u. 157; *Salger*, JA 1978, 204; ebenso *Tiedemann*, Anfängerübung, S. 89 f.; *Roxin/Schünemann/Haffke*, Klausurenlehre, S. 19 f., differenzierend jedoch für die Fälle der Gesetzeskonkurrenz; zur Behandlung der Konkurrenzen s. auch *Schwind/Franke/Winter*, Anfängerübung, S. 186 f.

[89] So mit Recht *Salger*, JA 1978, 204.

76   Nur für Fortgeschrittene – und auch bei diesen nur für die sicheren und guten Kandidaten – kann deshalb die von den sonstigen Empfehlungen abweichende Faustregel von *Arzt*[90] gelten: „Konkurrenzen **schrittweise entwickeln** und nicht in einem an den Schluss der Arbeit gestellten gesonderten Abschnitt untersuchen." *Arzt* rät denn auch Anfängern und schwachen Kandidaten, sich nicht an diese Faustregel zu halten, da sie sonst „früh Zeit für Konkurrenzüberlegungen aufwenden und dabei oft zu viel Zeit investieren"; wer stets in Zeitnot gerate, belasse die Konkurrenzprüfung lieber am Ende seines Gutachtens.

77   Bei guter Zeiteinteilung des Bearbeiters können bei einem Aufbau rein nach Personen die Konkurrenzen natürlich auch am Ende der Prüfung jeder Person erörtert werden. Weniger empfehlenswert ist es dagegen, beim Aufbau nach Tatkomplexen die Konkurrenzen nach Erledigung des jeweiligen Tatkomplexes zu untersuchen, denn in diesem Fall muss zur Sicherheit noch einmal am Ende des Gutachtens überprüft werden, ob sich bestimmte Handlungen nicht über mehrere Tatkomplexe hinwegziehen und deshalb eine Korrektur der vorgezogenen Konkurrenzprüfungen erforderlich wird. Außerdem verliert bei einer Prüfung der Konkurrenzen nach jedem Tatkomplex die Gesamtarbeit, gerade wenn sie umfangreich ist, an Übersichtlichkeit für den Leser.[91]

78   Der auch hier vorangestellte Grundsatz, die Konkurrenzen am Ende des Gesamtgutachtens zu prüfen, ist aber auch für den in Zeitnot befindlichen Bearbeiter nur ein Grundsatz und kein starres, stets zu befolgendes Konzept, denn gegen Ende der Bearbeitungszeit steht er jetzt vor der Bewältigung der gesamten Konkurrenzproblematik. Nun könnte man geneigt sein, das Fehlen oder das kursorische Behandeln von Konkurrenzen im Verhältnis zu einer unvollständigen Tatbestandsprüfung als das kleinere Übel anzusehen und hinzunehmen, doch muss dies nicht hingenommen werden, wenn man sich von der Erörterung aller Konkurrenzen am Ende des Gutachtens **entlasten** kann, ohne dafür wesentlich mehr Zeit bei der Prüfung der einzelnen Tatbestände aufwenden zu müssen.

2. Vorwegbehandlung der Gesetzeskonkurrenz[92]

79   Eine solche Entlastung wird allgemein[93] dadurch für möglich gehalten, dass man die Erörterung von Gesetzeskonkurrenzen (Spezialität, Konsumtion, Subsidiarität sowie mitbestrafte Vor- bzw. Nachtat) unter bestimmten Umständen innerhalb des Gutachtens **nach vorne zieht.** Eine „vorweggenommene Ausscheidung nicht zum Zuge kommender Tatbestände" ist nach *Blei*[94] dann zulässig und zweckmäßig, „wenn hierzu längere Ausführungen nicht erforderlich sind." Handelt es sich z.B. um den Versuch und die Vollendung desselben Delikts durch einen Täter oder um die Tatbeteiligung derselben Person als Täter und Anstifter an derselben Tat, so kann das (subsidiäre) Zurücktreten des Versuchs bzw. der Anstiftung nach der Bejahung der Deliktsvollendung bzw. der Täterschaft kurz festgestellt werden. Damit entlastet man nicht nur die Konkurrenzprüfung am Ende des Gutachtens, sondern man kann sich auch eine ausführliche Prüfung des Versuchs bzw. der Anstiftung er-

---

[90] *Arzt*, S. 223; ebenso *Haft*, S. 273 u. im Fallrepetitorium, Nr. 610.

[91] So auch *Roxin/Schünemann/Haffke*, Klausurenlehre, S. 19.

[92] Zur Methodik der Fallbearbeitung in Fällen der Gesetzeseinheit vgl. *Seier*, Jura 1983, 236 f.

[93] Für eine weitergehende Vorwegbehandlung der Konkurrenzen nur *Arzt*, S. 222 ff.; ähnlich *Steinberg/Bergmann*, Jura 2009, 905, 910. Vgl. in diesem Zusammenhang auch die klausurtechnische Ratschläge bei *Gropp*, 14/9 u. *Wagner*, BT-Fälle, Fall 1, S. 4 Fn. 19.

[94] *Blei*, JuS 1963, 409 Fn. 7.

sparen,[95] ja sich häufig sogar mit der knappen Feststellung begnügen, dass auch die Voraussetzungen des zurücktretenden Tatbestandes vorliegen.[96] Hat man gar schon bei der Prüfung des übrigbleibenden Delikts, z.B. bei der Gewalterörterung im Rahmen des Raubtatbestandes auf die zurücktretende Strafbestimmung, die Nötigung, hingewiesen, so ist die selbstständige Prüfung des § 240 überflüssig, wenn, wie in diesem Beispielsfall, das Ergebnis eindeutig ist.[97]

Die Frage, ob man das Vorliegen der Voraussetzungen des zurücktretenden Tatbe- **80** standes mit der Begründung **offen lassen** kann, dass er ohnehin aus Gründen der Gesetzeskonkurrenz ausscheide, wird meistens verneint.[98] Wählt der Bearbeiter dennoch diesen zeitsparenden Weg, so kann er sich bei den meisten Prüfern sicher sein, dass seine Abkürzung als „lässliche Sünde" geduldet wird.[98a] Ist der zurücktretende Tatbestand jedoch ausnahmsweise als Haupttat Anknüpfungspunkt für die Beteiligung Dritter, so sollte sogar ausführlich geprüft werden, ob seine Voraussetzungen wirklich vorliegen.

Entlastungen der soeben vorgestellten Art[99] sind nicht nur wegen der Zeitersparnis **81** zu empfehlen, sondern – wie *Arzt*[100] eindringlich und anschaulich gezeigt hat – auch deshalb berechtigt, weil sie den engen „Zusammenhang zwischen Tatbestandsauslegung und Konkurrenzen ... auch in der Darstellung zum Ausdruck" bringen. Häufig ist es nämlich umstritten, ob ein Delikt schon aus Gründen der Tatbestandsauslegung ausscheidet oder nur aus Konkurrenzgründen hinter ein anderes zurücktritt (z.B. § 153 hinter § 154). Hat man in solchen Fällen die Konkurrenzerwägungen nach vorne gezogen, so kann man die Entscheidung der umstrittenen Frage wegen des gleichen Ergebnisses dahingestellt sein lassen.[101] So in der häufig in strafrechtlichen Fallbearbeitungen vorkommenden Konstellation der wiederholten Zueignung derselben Sache, in der der BGH[102] die Tatbestandslösung vorgezogen hat, während im Schrifttum das Vorliegen einer mitbestraften Nachtat angenommen wird: hier muss sich der Verf. dann nicht zu einer eigenen Stellungnahme durchringen, wenn das Ergebnis bei Anwendung beider Lösungswege dasselbe bleibt.

Bei allen vorgezogenen Konkurrenzprüfungen und Abkürzungen ist aber zu be- **82** achten, dass man sich deren Vorteile nur so lange reuelos erfreuen kann, als man sich in der Feststellung der Gesetzeskonkurrenz sicher ist. Ist dies auch nur zweifelhaft, so sollte – wie in allen Fällen von Tateinheit und Tatmehrheit – die Konkurrenzerörterung dem letzten Abschnitt des Gutachtens vorbehalten bleiben.

---

[95] So für diese und andere Fälle *Fahse/Hansen*, Übungen für Anfänger, S. 46.

[96] Ebenso *Arzt*, S. 226 f.; kritisch dagegen *Gössel*, Fälle, S. 15.

[97] So wohl auch *Salger*, JA 1978, 204.

[98] *Arzt*, S. 227; *Gössel*, Fälle, S. 15; *Sowada*, Jura 1994, 40 Fn. 26; *Otto*, 23/35, lässt bei Vorliegen von lex specialis einen Hinweis auf den ausgeschlossenen Tatbestand der lex generalis genügen. – Nach *Hilgendorf*, Fallsammlung, Fall 13, S. 104 u. erübrigt sich ein näheres Eingehen auf einen subsidiären Tatbestand wie § 263 a I Alt. 4. – *Scholz/Wohlers*, Klausuren, S. 96 Fn. 16, empfehlen für die Klausur, „ebenfalls erfüllte Delikte, die offenbar wegen Gesetzeskonkurrenz hinter ein bejahtes Delikt zurücktreten, nur im Rahmen der Konkurrenzen kurz anzusprechen".

[98a] Zustimmend *Arzt*, S. 222 Fn. 16, u. *Hardtung*, JuS 1996, 612 f.

[99] Ein interessantes Beispiel eleganter u. zeitsparender Vorwegbehandlung geben *Roxin/Schünemann/Haffke*, Klausurenlehre, S. 20: „Der in der späteren Täuschung des Eigentümers über den Verbleib der Sache tatbestandsmäßig liegende Betrug ist ein bloßer Sicherungsbetrug und kommt daher als mitbestrafte Nachtat nicht selbstständig zum Ansatz."

[100] *Arzt*, S. 222.

[101] So auch *Arzt*, S. 223.

[102] BGHSt 14, 38.

3. Darstellungsstil der Konkurrenzprüfung

83   Innerhalb dieser Schlussprüfung sollte man sich vor der bloßen Etikettierung der bejahten Tatbestände mit den §§ 52, 53 StGB hüten, denn bloße Behauptungen sind, auch wenn sie zufällig das richtige Ergebnis treffen, für den Beurteiler nichts wert, wenn sie nicht erkennen lassen, auf welchem **Weg** und nach welchen **Kriterien** der Verf. zu ihnen gekommen ist. Eine unrühmliche Rolle spielt dabei die stereotype Behauptung, es liege eine „natürliche Handlungseinheit" vor.[103]

84   Nicht zu beanstanden hingegen ist es, wenn bei der Prüfung der Konkurrenzen in den Fällen von dem oft umständlich wirkenden Gutachtenstil abgewichen wird, in denen das Ergebnis nicht umstritten ist.[104] In diesen Fällen ist es erlaubt, **in einem Nebensatz** der Ergebnisformulierung die Gründe für dieses Ergebnis unterzubringen.

85   Vgl. z. B. die Konkurrenzprüfung bei *Rudolphi*, AT-Fälle, Fall 1, S. 1 u. 12: „B ist strafbar wegen versuchten Totschlags in Tateinheit mit Körperverletzung und versuchter Nötigung, da er diese Delikte durch ein und dieselbe Handlung, nämlich das Verstellen des Weges und das Einschlagen auf A verwirklicht hat (§§ 212, 22, 23; 223; 240, 22, 23; 52)." Oder ähnlich knapp mit zwei Sätzen bei einer komplizierteren Fallgestaltung:[105] „X hat als mittelbarer Täter durch ein und dieselbe Handlung den A als Werkzeug zur Verwirklichung des Raub- und des Körperverletzungstatbestandes bestimmt. Da § 249 und § 223 unterschiedliche Rechtsgüter schützen, besteht keine Gesetzeseinheit. X ist daher wegen Raubes in Tateinheit mit Körperverletzung strafbar (§§ 249, 223, 25 I, 52)."

86   Ist das Ergebnis jedoch nicht so eindeutig oder auch nur nicht so leicht zu begründen, so sollte der **Gutachtenstil** gewählt werden,[106] der jedoch bei Klausuren knapp gehalten werden kann. Vgl. etwa die Konkurrenzprüfung von *Wagner*, BT-Fälle, Fall 1, S. 1 u. 4: „Es fragt sich, ob die Verletzung des Briefgeheimnisses *mitbestrafte Nachtat* zum Diebstahl des Briefes ist. Dies ist der Fall, wenn der Diebstahl den Unrechtsgehalt der Verletzung des Briefgeheimnisses mit umfasst. § 202 bezweckt den Schutz der Geheimsphäre, also eines Rechtsguts, das von § 242 nicht geschützt wird. Die Verletzung des Briefgeheimnisses verwirklicht somit zusätzliches Unrecht. Eine mitbestrafte Nachtat liegt nicht vor."

---

[103] *Blei*, JA 1973, 99, spricht diesbezüglich von einer „probaten Aussage"; speziell zur Behandlung der „natürlichen Handlungseinheit" in strafrechtlichen Übungsarbeiten vgl. *Schroeder*, Jura 1980, 240 ff. u. *Steinberg/Bergmann*, Jura 2009, 905, 908.

[104] Ebenso *Walter*, JA 2004, 133, 137.

[105] *Rudolphi*, AT-Fälle, Fall 4, S. 39 u. 51 f.

[106] Ebenso *Walter*, JA 2004, 133, 137.

Sachverzeichnis

Die Zahlen vor dem Schrägstrich verweisen auf den Paragraphen,
die Zahlen nach dem Schrägstrich auf die Randnummern.